Dicţionar român-englez • Romanian-English Dictionary

LEON LEVIȚCHI

DICȚIONAR
ROMÂN-ENGLEZ
•
ROMANIAN-ENGLISH
DICTIONARY

Ediția a VII-a

Editura 100+1 GRAMAR
Bucureşti, 2001

Coperta: *Ioan Nicolau*

ISBN 973-591-179-5

Tiparul executat sub comanda nr. 228/2000,
la Imprimeria de Vest, Oradea,
str. Mareşal Ion Antonescu nr. 105.
România.

CUVÎNT ÎNAINTE

Dicționarul de față a fost conceput, în primul rînd, ca un auxiliar în munca de traducere a textelor românești moderne în limba engleză, adresîndu-se cu precădere elevilor, studenților și traducătorilor din țara noastră.

Într-o mai mică măsură – datorită faptului că, prin proporțiile sale, el nu oglindește decît în parte uriașele posibilități ale limbii române – dicționarul poate fi de folos și cercetătorilor din domeniul lingvisticii. În sfîrșit, el poate servi și străinilor care vor să studieze limba noastră, deși lucrarea pornește de la necesitățile cititorului român (majoritatea covîrșitoare a explicațiilor sînt date în limba română).

La baza lucrării stă *ideea unei informări cît mai ample într-un minimum de pagini, cu o organizare internă a materialului care să permită cititorului să găsească cît mai ușor expresia sau cuvîntul căutat.*

I. Fondul lexical

Numărul cuvintelor-titlu din prezentul dicționar se ridică la aproximativ 40.000 (în afară de compușii din interiorul cuiburilor). El reprezintă majoritatea articolelor din *Dicționarul explicativ la limbii române* [1] cu foarte mici adaosuri din alte surse [2] și cu eliminarea aproape totală a arhaismelor, a regionalismelor, a formelor duble, a diminutivelor și a augmentativelor [3].

Cuvintelor de mare circulație — celor din fondul principal lexical — li s-a dat în schimb o deosebită atenție, după cum se poate vedea din numărul mare de construcții și exemple care le însoțesc.

Pornind de la ideea că sensul sau nuanța de sens a unui cuvînt este întotdeauna condiționată de context și că, în consecință, acesta reclamă o extrem de atentă mînuire a sinonimelor, li s-a acordat acestora un rol primordial în economia dicționarului, folosindu-se în acest scop atît explicațiile din paranteze, prescurtările indicând domeniul sau apartenența stilistică (limbaj familiar, slang etc.) etc., cît și încadrarea cuvîntului în combinații lexicale.

---

1 *Dicționarul explicativ al limbii române,* Editura Academiei Române, Buc., 1988.
2 V. Bibliografie, pag. XIII.
3 Cele mai multe diminutive din limba engleză se formează cu ajutorul adjectivului *little* așezat înaintea substantivului *(a little house* = o căsuță etc.); augmentativele se formează cu ajutorul adjectivelor *big* și *large (a big house* = o căsoaie etc.).

Cuvîntul românesc „istoric" *(adj.)* se poate traduce fie prin „historic", fie prin „historical"; dar aceşti doi termeni alcătuiesc sinonime ideografice care trebuie explicate: *historic* înseamnă „istoric, de importanţă istorică", iar *historical* — „istoric, referitor la istorie" etc.

Considerîndu-se absolut necesară tratarea cuvintelor şi a sensurilor pe baze sinonimice, s-a compensat încărcarea spaţiului grafic:

a) prin folosirea barei oblice, pentru a arăta că, într-un context, cuvîntul după care ea este aşezată poate fi înlocuit cu cel pe care îl precede.

Astfel, exemplele: *he is good at arithmetic, he is clever at arithmetic, he is good at sums* şi *he is clever at sums* (egale ca sens) se reduc în cadrul expresiei „e bun la socoteli" la: *he is good/clever at arithmetic/sums.*

b) cu ajutorul parantezelor ce cuprind litere, cuvinte sau grupuri de cuvinte a căror folosire în contextul respectiv e facultativă.

Exemple: *a se trezi (din somn)* to (a)wake (from sleep) — citeşte : to awake, to wake, to awake from sleep, to wake from sleep.

c) prin reducerea maximă a prescurtărilor (fără ca prin aceasta reconstituirea sensului lor să aibă de suferit);

d) prin folosirea cîtorva prescurtări în afara celor obişnuite pentru cuvintele des întrebuinţate (d. = despre; smb. = somebody etc.);

e) prin folosirea în exemple a tildei (~) în locul cuvîntului titlu;

f) prin renunţarea la paranteze pentru includerea domeniilor etc.;

g) prin descongestionarea de expresii a verbelor; expresiile sînt grupate mai cu seamă în cuiburile substantivelor;

h) prin reducerea tratării anumitor substantive verbale (terminate de obicei în engleză în *-ing* sau *-ion*), adjective verbale (în *-ing*) şi adverbe de mod (în *-ly*) la simple exemplificări: *a bate* to beat, F→to cob, to larrup, to wallop etc.; subst. verb. *batere* beating etc. v. b a t e (citeşte: beating, cobbing, larruping, walloping etc.).

În aceeaşi ordine de idei, o mare economie de spaţiu a putut fi realizată cu ajutorul *trimiterilor bazate pe sinonimie*. Acestea apar sub forma de sinonime-explicaţii ale cuvintelor titlu.

Astfel, înaintea traducerilor englezeşti ale cuvîntului *fond* sensul 1, există o paranteză cuprinzînd un sinonim explicativ *(conţinut)*. Dacă cititorul are nevoie de un număr mare de soluţii, va deschide dicţionarul la cuvîntul *conţinut (s.n.)* unde va găsi mai multe soluţii.

Traducerea cuvintelor şi a expresiilor prin echivalenţi stilistici a constituit o preocupare permanentă a autorului. Cuvintele şi expresiile neînsoţite de indicaţii stilistice (F = familiar, S = savant etc.) pot fi considerate neutre din punctul de vedere al stilului. Indicaţiile stilistice sînt date întotdeauna fie după cuvîntul titlu (mai exact după caracterizarea gramaticală), fie după compuşi, expresii etc. În felul acesta, *ele preced traducerea engleză.* În cazul cînd valoarea stilistică a cuvîntului sau a expresiei traduse este alta decît cea din limba română, se foloseşte o săgeată (← sau →) care, dacă este aşezată după indicaţia stilistică (→), arată că echivalentul românesc nu-i corespunde acesteia, iar dacă este așezată înaintea ei (←), indică lipsa de corespondență stilistică a cuvîntului sau a expresiei din engleză.

Exemple: *frumoasă afacere!* F a nice thing indeed! (atît expresia românească cît și traducerea au un colorit stilistic familiar, de „limbă vorbită"); *galerie* 4. *teatru* gallery, F→the gods (numai forma *gallery* corespunde stilistic celei românești; *the gods* e o formă familiară; *belearte s.f. pl.* ←*înv.* fine arts (termenul englez nu e învechit) etc.

II. Gramatica

Atît cuvintele românești cît și traducerile lor în engleză sînt redate în prezenta lucrare în forma lor de bază (substantivele la cazul nominativ, adjectivele la gradul pozitiv, verbele la infinitiv fără particulă etc.). Se indică numărul plural *(pl.)* numai atunci cînd substantivul respectiv (în totalitatea lui sau numai un sens al lui) nu are singular sau cînd acesta e foarte rar întrebuințat. Întrucît în limba engleză se întîlnesc adesea substantive de genul comun (adică substantive ce pot fi întrebuințate atît ca masculine cît și ca feminine), formele feminine ale substantivelor românești masculine sînt trecute ca articole separate de dicționar numai atunci cînd și în engleză există forme speciale de feminine (de ex. *actriță* — actress etc.). Altminteri, ele trebuie căutate la forma de masculin corespunzătoare (de ex. *doctoriță* — v. d o c t o r etc.).

III. Aspecte tehnice

Cuvintele din dicționar (articolele) sînt așezate în ordine strict alfabetică.

Compușii formați cu ajutorul cuvintelor-articole de dicționar, precum și expresiile sau exemplele *nu sînt așezate în cadrul sensului respectiv al cuvîntului, ci după epuizarea tuturor sensurilor unui cuvînt privit ca unitate gramaticală (morfologică)* (deci fie după epuizarea sensurilor unui cuvînt care are o singură funcție gramaticală, fie după epuizarea sensurilor unei funcții gramaticale, cînd cuvîntul respectiv are mai multe asemenea funcții însemnate cu cifre romane — I, II, III etc.); vezi de ex. articolul *bate.*

După epuizarea sensurilor diferitelor articole, în dicționar se folosesc patru grupări sau subdiviziuni:

GRUPAREA Ⓐ conține compuși, echivalenți ai acestora și expresii (fără verbe la forme personale) în care primul element lexical coincide cu articolul de dicționar. Astfel, în cadrul articolului „găină", găsim:

~ de apă
~ de baltă
~ de pădure
~ îngrășată
~ plouată.

Să se observe că aşezarea alfabetică a compuşilor etc. se face pe baza cuvîntului sau cuvintelor ce urmează după articol.

Notă: Tot în gruparea ⓐ în cadrul verbelor, intră şi anumite forme verbale de bază, alcătuite din verb şi prepoziţie, verb şi conjuncţie sau verb şi un complement direct obligatoriu. Exemple: a se abate de la ...; a se abate pe la ...; a o sfecli etc.

GRUPAREA ⓑ conţine compuşi, echivalenţi ai acestora şi expresii (fără verbe) în care articolul de dicţionar nu mai este primul element lexical, ci al doilea, uneori al treilea etc.:

orbul găinilor
ou de ~
pui de ~
Se aşază alfabetic primele elemente lexicale.

GRUPAREA ⓒ conţine expresii, locuţiuni, exemple. Dacă numărul acestora este mic, o încercare de aşezare a lor în ordine alfabetică nu are nici o importanţă practică. Aşezarea lor în ordine alfabetică este, dimpotrivă, de mare ajutor pentru cititori atunci cînd există unităţi lexicale numeroase (altminteri, cititorii sînt nevoiţi adesea să parcurgă pagini întregi).

La baza aşezării în ordine alfabetică a unităţilor lexicale amintite mai sus stă criteriul gramatical, repartizarea din punct de vedere gramatical a materialului făcîndu-se după cum urmează:

1. *La substantive se aşază alfabetic:*

a) verbele tranzitive (substantivul respectiv e complement direct, răspunzînd la întrebarea *pe cine?* sau *ce?*);
b) prepoziţiile care le preced ă;
c) prepoziţiile de care sînt urmate;
d) alte construcţii.

Exemplu: articolul de dicţionar **bătaie:**

ⓒ îmi dă multă ~ de cap; a **primi/mînca** o ~ bună; a **trage** o (sfîntă de) ~;
a aranja în ordine **de** ~; a se aranja în ordine **de** ~;
a omorî/F snopi **în** ~; a lua în ~ de joc; a se lua **la** ~; e o curată ~ **de** joc.

2. *La adjective se aşază alfabetic:*

a) substantivele care le însoţesc;
b) prepoziţiile care le preced ă;
c) prepoziţiile de care sînt urmate;
d) alte construcţii.

Exemplu: articolul de dicţionar **bun**:

© e cel mai ~ **elev**; a avea un **miros** ~; Cine e acolo? **Om** ~; a duce la ~ **sfîrşit**; a avea o **zi** ~ă; e o **zi** ~ă pentru plimbare; a da **ziua** ~ă cuiva; a o lua de ~ă; a fi **de** ~ă credinţă; sînt la fel **de** ~i; chinina e ~ă **contra** febrei; e ~ **la** ceva? e ~ **pentru** sănătate; asta e ~ă!; eşti ~ să...; fii ~ **şi**...; la ce e ~?; na-ţi-o ~ă!; nu prevestea nimic ~; nu va duce la nimic ~; o ţine una şi ~ă; vrei să fii ~ şi să...

3. *La verbele tranzitive se aşază alfabetic:*

a) complementele directe (inclusiv propoziţiile completive);
b) prepoziţiile de care sînt urmate;
c) alte construcţii.

Exemplu: articolul de dicţionar a **băga** I. *vb. tr.:*

© a ~ **aţa** în ac; a-şi ~ **banii** în...; a ~ **ceva** în capul cuiva; a-şi ~ **nasul** în cărţi; a-şi ~ **nasul** peste tot, a ~ pe **cineva** la apă/în bucluc; a ~ **sabia** în teacă; a ~ **de** seamă; a ~ în buzunar; a ~ în fiare; a ~ în pămînt.

4. *La verbele intranzitive şi reflexive se aşază alfabetic:*

a) subiectele (inclusiv propoziţiile subiective);
b) prepoziţiile de care sînt urmate;
c) alte construcţii.

Exemplu: articolul de dicţionar **a se face (face II.** *vb. refl.***):**

© **căsătoria** se va ~ curînd; **copilul** se ~ mare; a i se ~ **foame;** se ~ **noapte;** a i se ~ **sete;** se făcu o mare **tăcere;** se ~ **ziuă;** a se ~ de rîs; s-a făcut!; a se ~ bine; a se ~ că e bolnav; a se ~ frumoasă; se ~ frumos; a se ~ nevăzut; a se ~ stăpîn; se ~ tîrziu; se făceau că nu ne văd; nu se ~.

5. *La adverbe, se aşază alfabetic* verbele pe care le determină sau modifică.

Exemplu: articolul de dicţionar **bine** I. *adv.* ...

© **arăţi** foarte ~; am **auzit** ~?; a **cunoaşte** ~ pe cineva; e ~ aşa?; a **crede/** socoti că e ~ să...; etc.

6. *La prepoziţii, se aşază alfabetic* cuvintele înaintea cărora sînt plasate.

Exemplu: articolul de dicţionar **fără**...

© a **muri** ~ **copii;** e un om ~ **onoare;** am plecat ~ să fiu văzut; ~ să mint, e un om ciudat; a spune ceva ~ să se gîndească; ~ **tine** n-aş fi reuşit.

7. *La conjuncţii, se aşază alfabetic* cuvintele înaintea căror sînt plasate.

Exemplu: articolul de dicţionar **dacă I.** *conj.:*

© chiar ~ **ar** costa atît; ~ **ar** fi aici; ~ **ar** şti, mi-ar spune; ~ **ar** trebui să-ţi spun adevărul; ~ **aş** fi ştiut etc.

Notă: Cele expuse la punctele 1—7 explică doar *metoda* folosită la asezarea în ordine alfabetică a unităţilor lexicale din ©. Cititorii nu sînt cîtuşi de puţin îndemnaţi să reţină pe dinafară subdiviziunile amintite, care li se vor impune prin însuşi materialul tratat în diferitele cuiburi de cuvinte.

GRUPAREA ① conţine proverbe.

LISTA PRESCURTĂRILOR
ȘI A SEMNELOR

acuz.	acuzativ	entom.	entomologie
adj.	adjectiv	etc.	et caetera
adv.	adverb	F	familiar; folosit în
agr.	agricultură		„limba vorbită"
amer.	americanism	farm.	farmaceutică
anat.	anatomie	fem.	feminin
ant.	antonim	ferov.	(termen etc.) feroviar
aprox.	aproximativ (tradus	fig.	(termen etc.) figurat
	aproximativ prin)	filoz.	filozofie
arheol.	arheologie	fiz.	fizică
arhit.	arhitectură	fiziol.	fiziologie
art.	articol; articulat	fon.	fonetică
art. hot.	articol hotărît	fot.	fotografie
art. nehot.	articol nehotărît	gastr.	gastronomie
astr.	astronomie	geogr.	geografie
augm.	augmentativ	geol.	geologie
auto.	auto(mobilism)	geom.	geometrie
av.	aviație	gram.	gramatică
bibl.	termen biblic	hidr.	hidrologie
biol.	biologie	hort.	horticultură
bis.	biserică, termen biseri-	iht.	ihtiologie
	cesc	impers.	(verb etc.) impersonal
bot.	botanică	interj.	interjecție
chim.	chimie	ist.	istorie; istoria...
cin.	cinema(tografie)	înv.	(termen) învechit
col.	colectiv		(scos din uz)
com.	comerț	jur.	(termen) juridic
conj.	conjuncție	lat.	latin(esc)
constr.	construcții	lingv.	lingvistică
d.	despre, referitor la	lit.	literatură
dem.	demonstrativ	loc.	locuțiune
dim.	diminutiv	log.	logică
ec.	economie	masc.	masculin
ec. pol.	economie politică	mat.	matematică
electr.	electricitate	med.	medicină
elev.	(stil) elevat	metal.	metalurgie

meteor.	meteorologie	*ret.*	retorică
metr.	metrică, versificație	S	(termen) savant;
mil.	(termen) militar		științific
min.	mine	*s.f.*	substantiv feminin
mineral.	mineralogie	*sg.*	singular
mit.	mitologie	*silv.*	silvicultură
muz.	muzică	*sl.*	„slang" (argoul din limba
nav.	navigație		engleză)
nehot.	nehotărît	*s.m.*	substantiv masculin
num.	numeral	*smb.*	somebody
num. card.	numeral cardinal	*smth.*	something
num. ord.	numeral ordinal	*s.n.*	substantiv neutru
odin.	odinioară (folosit în tre-	*școl.*	(termen etc.) școlar
	cut în legătură cu o	*tehn.*	tehnică
	noțiune azi perimată)	*tel.*	telecomunicații
opt.	optică	*top.*	topografie
ornit.	ornitologie	*univ.*	(termen etc.) universitar
P	(termen etc.) popular	v.	vezi
paleont.	paleontologie	*vb. intr.*	verb intranzitiv
pas.	pasiv	*vb. refl.*	verb reflexiv
peior.	(termen etc.) peiorativ	*vb. tr.*	verb tranzitiv
pers.	personal	*vet.*	medicină veterinară
pl.	plural	*vînăt.*	(termen etc.) vînătoresc
pol.	politică	*zool.*	zoologie
poligr.	poligrafie	<	cuvîntul care urmează
pos.	posesiv		are un sens mai accentuat
prep.	prepoziție		(calitativ, cantitativ etc.)
pron.	pronume	>	cuvîntul care urmează
psih.	psihologie		are un sens mai puțin
pt.	pentru		accentuat etc.)
rad.	radio		(calitativ, cantitativ
reg.	regionalism		
rel.	religie	↓	mai ales

BIBLIOGRAFIE

B a n t a ş, A n d r e i, G h e o r g h i ţ o i u, A n d r e e a şi L e-
vi ţ c h i, L e o n, *Dicţionar frazeologic român-englez*, Bucureşti, 1966.
B o r z a, A l. *Dicţionar etnobotanic*, Bucureşti, 1968.
C a n d r e a, I. A. *Dicţionar enciclopedic ilustrat*, Bucureşti, 1931.
C l i f t o n, E. A. *New French-English Dictionary*, Paris, 1923.
F o w l e r, H. G. şi F o w l e r, F. G., *The Concise Oxford Dictionary*,
Oxford, 1967.
F u n k a n d W a g n a l l s, *Standard Dictionary of the English Language*,
New York, 1960.
H o r n b y, A. S. e t a l t., *The Advanced Learner's Dictionary of Current
English*, London, 3rd ed., 1967.
J o n e s, T r e v o r (general editor), *Harrap's Standard German-
English Dictionary*, vol. I (A-E, 1963), vol. II (F-K, 1967), Boston.
K u n i n, A. V., *Anglo-russkii frazeologhiceskii slovari*, Moskva, 1967.
M a n s i o n, J. E. (editor), *Harrap's Standard French-English Dictio-
nary*, London, etc., 1968.
M a r c u, F l o r i n şi M a n e c a, C o n s t a n t, *Dicţionar de neolo-
gisme*, Bucureşti, 1966.
M u r e t-S a n d e r s, *German-English Dictionary*, Grosse Ausgabe, Berlin,
1901.
R o g e t, P i e r r e, *Thesaurus of English Words and Phrases (diferite
ediţii)*
S c h r o f f, M a x i m i l i a n, *Dicţionar român-german*, Bucureşti, 1925.
S m i r n i ţ k i, A. I. *Russko-angliiskii slovari*, Moskva, 1957.

•

Dicţionar enciclopedic român, 4 vol., Bucureşti, 1962—1966.
Dicţionar român-german, sub redacţia prof. Mihai Isbăşescu, Bucureşti, 1963.
Dicţionar tehnic român-englez, Bucureşti, 1970.
Dicţionar tehnic englez-român, Bucureşti, 1967.
Dicţionarul limbii române literare contemporane, 4 vol., Bucureşti, 1955—
1957.

Dicționarul limbii române moderne, București, 1958.
The Holt Intermediate Dictionary of American English, New York, 1966.
The Oxford Dictionary of English Proverbs, Oxford, 1963.
Webster's Seventh New Collegiate Dictionary, Springfield, 1969.
Webster's Geographical Dictionary, Springfield, 1967.
Webster's New World Dictionary, Cleveland and New York, 1957.
Webster's Third New International Dictionary, Springfield, 1966.

A

A, a *s.m.* A, a *(the first letter of the Romanian alphabet).* ⓐ *A mare* big/capital A; *a mic* small/little a. ⓑ *de la A la Z* from A to Z; from beginning to end.

a¹ *particulă a inf. lung* to. ⓐ *~ picta* to paint.

a² *art. hot. fem.* the. ⓐ *~ doua* the second (one). ⓑ *cea de-~ patra* the fourth (one); *schiţa ~ cincea* the fifth sketch.

a³ *pron. dem. fem.* ←F that; > the. ⓐ *~ de colo* the one (over) there.

a⁴ *art. pos.* ↓ *fem.* of *(sau gen. în 's).* ⓐ *~ lui Ion* of John, John's, ↓ *peior.* → of John's; *~ mea* mine; *~ noastră* ours; *~ voastra* yours. ⓑ *această nuvelă ~ ei* this short-story of hers; *mamă ~ doi copii* mother of two children; *răspunsurile ~ trei dintre ei* the answers of three of them.

a⁵ *vb. aux. (serveşte la formarec. perfectului compus pers. 3 sg.)* has, *înv.* → hath. ⓒ *(el) nu ~ scris acest roman* he has not written this novel; he did not write this novel.

a⁶ *prep. (introduce un num. distributiv)* each; apiece. ⓑ *trei volume ~ 100 pagini (fiecare)* three volumes 100 pages each, three 100-page volumes.

a⁷ *prep.* **1.** *(exprimă un raport de comparaţie sau asemănare)* of; like. **2.** *(în semn de)* in sign of. **3.** *(pe)* on. ⓑ *de-~ dreapta* on the right (side). ⓒ *aduce ~ poveste* that sounds like a fairy-tale; *se pregăteşte ~ furtună.* ← P there is a storm gathering/brewing; *ce simt eu nu-i ~ bună* my heart/mind misgives me, I have strange misgivings/forebodings; *mirosea ~ butoi* it smelt of the cask; *seamănă ~ ploaie* it looks like rain; *sună ~ gol* it sounds hollow.

a⁸ *interj.* **1.** *(exprimă diferite stări emotive)* oh! *(exprimă* ↓ *uimirea sau mila)* ah! **2.** *(exprimă durerea)* o(h)! ah! **3.** *(foarte bine)* very well! F all right! O.K.! **4.** v. a h a.

aba *s.f.* **1.** *(stofă)* frieze, flushing, dreadnought; *(mai puţin specific)* rough wool. **2.** *(haină)* frieze coat, rough woollen coat; *(palton)* bearskin overcoat.

abac *s.n. mat.* abacus, bead/counting frame.

abacă *s.f.* **1.** *arhit.* abacus. **2.** *text.* abaca. **3.** *(grafic)* graph, diagram. **4.** *mat.* v. a b a c. **5.** *top.* abacus.

abagiu *s.m.* ← *înv.* draper; weaver.

abajur *s.n.* (lamp) shade, (lamp) screen; *(de hîrtie)* paper shade.

abandon *s.n.* **1.** *jur.* abandonment of domicile. **2.** *jur.* desertion/renunciation of rights. **3.** *jur.* desertion of wife *or* children. **4.** *com., nav.* abandonment. **5.** *psih.* abandon. **6.** *sport* giving up; retirement.

abandona I *vb. tr. (a părăsi)* to abandon, to desert, to leave, to quit; *(a renunţa la)* to abandon, to give up, to renounce; *mil.* to abandon; to surrender; *(drepturi, pretenţii etc.)* to relinquish; *(un joc etc.)* to throw up; *(un bolnav etc.)* to give over/up. **II.** *vb. intr.* *sport* to abandon, to give up.

abandonare *s.f. (părăsire)* abandonment, abandoning, desertion, leaving; *(renunţare)* (la) relinquishing, relinquishment, giving up (of).

abanos *s.m.* **1.** *bot.* ebony tree *(Diospyros ebenum).* **2.** *(lemn)* ebony. ⓑ *ca ~ul; de ~* ebony; *negru ca ~ul* ebony (black), jet-black, *poetic* → ebon ⓒ *a sta/a se ţine ~* ←F to carry one's age well.

abataj *s.n.* **1.** *min.* *(loc)* (coal) face, stope, working, ↓ workings. **2.** *min.* *(acțiune)* mining, cutting, hewing. **3.** *silv.* felling. **4.** *(sacrificare a animalelor)* slaughter. **5.** *nav.* careening. ⓐ ~ *frontal* min. longwall; ~ *normal* min. normal face.

abate [1] *s.m.* abbot, Father Superior; *(ca titlu)* Father.

abate [2] **I.** *vb. tr.* **1.** *(din drum)* to turn off/aside/away, to divert (from his etc. course); *(prin forță)* to push/to drive away. **2.** *(de la o linie dreaptă, ↓ fiz.)* to deflect. **3.** *fig. (a distrage)* (de la) to divert, to call off, to draw/to turn off, to distract (from); *(prin povață)* to dissuade (from). **4.** *(a doborî)* to knock/to break/to pull/to beat down; ↓ *silv.* to fell. **5.** *nav.* to steer off. **6.** *(a aduce, a îndrepta)* to bring. **7.** *(a deprima)* to depress; *(a mîhni)* to sadden, to make grieve/sad. ⓐ *a ~ de la (prin motivare)* to reason... out of. ⓒ *a ~ atenția cuiva de la* to call away/to divert smb.'s attention from; to call/to draw/to turn off smb.'s attention from; *a ~ cursul unui rîu* to turn the course of a river; *a ~ gîndurile cuiva de la* to turn/to divert smb.'s thoughts from; *vîntul ~ grindina în altă parte* the wind drives the hail away; *a ~ pe cineva de la calea (cea) dreaptă/drumul (cel) drept* a. to lead smb. astray; to show smb. the wrong way. b. *fig.* to lead smb. astray, to turn smb. from the path of duty, to hold a candle to the devil; *ce vînt te ~ pe aici?* F what (business) brings you here? *a ~ de la băutură* to wean from his drunken habits. **II.** *vb. refl.* **1.** *(a lua o altă direcție)* to go out of one's way, to change the direction, to take another direction, to swerve, to bear off. **2.** *fig.* (de la) to deviate (from); to digress, to wander (from). **3.** *fiz.* to deviate. **4.** *nav.* to deviate from the right course; *(brusc)* to sheer, to yaw. **5.** ←*rar* *(a cădea)* to fall (down). ⓐ *a se*

~ *asupra (cu gen.)* a. to fall/to rush (up)on. b. *(d. vînt etc.)* to burst upon; *a se ~ de la* a. to be an exception to *(a rule, etc.)*. b. *jur.* to infringe, to violate, to transgress *(cu acuz.)*. c. v. II., 2.; *a se ~ pe la* a. *(cineva)* to call on, to call at smb.'s house. b. *(cîrciumă etc.)* to drop in at; *a i se ~* a. *că* to occur to smb., to strike smb., to come/to get into smb.'s head that. b. *să* to have a mind to, to be seized with a desire to; to feel inclined/disposed to. ⓒ *a se ~ de la adevăr* to depart/to swerve from the truth; *a se ~ de la datorie* to depart/to swerve from one's duty, to fail in one's duty; *a se ~ de la drumul (cel) drept/calea (cea) dreaptă.* a. to go astray. b. *fig.* to go astray/adrift, to get off the right way; *a se ~ de la subiect* to digress from the matter/subject, to make a digression, to ramble; to wander in one's speech; *nu te ~ de la subiect* keep to the subject, don't ramble; *a nu se ~ din cuvîntul cuiva* to obey smb. blindly; *a se ~ din drum* to go out of one's way; *ce ți s-a abătut?* a. *(ce vrei să spui?)* what do you mean? b. *(ce idee!)* the idea (of such a thing)! what an idea! how could such an idea get into your head? c. *(nu ți-e bine?)* F what possesses you? *nu știu ce i s-a abătut* I don't know what's come to/over him. **III.** *vb. intr.* v. ~ II., 1., 5. ⓐ *a-i ~ v.* a i se ~.

abatere *s.f.* **1.** turning off/away, diverting etc. (v. a b a t e [2]). **2.** deviation; digression. **3.** *jur.* trespass(ing); violation; infringement; transgression. **4.** *(morală etc.)* misbehaviour; misdemeanour. **5.** *(de la regulă)* exception; anomaly; nonconformity. **6.** *mat., fiz.* departure, deviation, deflection. **7.** *(a unui rîu etc.)* diversion. ⓐ ~ *de la datorie* breach of duty, dereliction of one's duty; ~ *de la regulă* exception (to the rule); ~ *disciplinară* infraction of discipline.

abatiză *s.f. mil.* abattis.

abator *s.n.* **1.** slaughter house, shambles, butchery; *(public)* abattoir. **2.** *fig.* shambles; scene of carnage; bloodshed.

abaţie *s.f.* **1.** *(mănăstire)* abbey. **2.** *(funcţie)* abbacy, abbotship.

abătut *adj. (deprimat)* depressed, low-spirited, downcast, dejected, (heart-)heavy, F→downsome, out of sorts, mopish; *(descurajat)* disheartened, discouraged, crest-fallen, dispirited; *(melancolic)* melancholy, gloomy.

abces *s.n.* abscess, boil, aposteme.

abdica *vb. intr.* **1.** to abdicate, to give up the crown, to resign the crown. **2.** *(a se retrage)* to retire, to resign; *(a renunţa)* to renounce. ⓐ *a ～ de la (a renunţa la)* to give up, to renounce *(cu acuz.)*.

abdicare *s.f.* abdication, abdicating etc. v. a b d i c a.

abdomen *s.n.* abdomen, belly.

abdominal *adj.* belly..., abdominal, hypogastric, *S* coeliac. ⓕ *cavitate ～ă* abdominal/visceral cavity; *durere ～ă* abdominal complaint.

abductor *adj. anat.* abducent. ⓕ *muşchi ～* abducent muscle, abductor (muscle).

abducţie *s.f. fiziol.* abduction.

abecedar *s.n.* primer, ABC book, (first) spelling book.

aberant *adj.* aberrant; anomalous; *(greşit)* wrong.

aberaţie *s.f.* **1.** *astr., opt., biol.* aberration; *(deviere)* deviation. **2.** *psih.* (mental) aberration, mental derangement; insanity. **3.** *(absurditate)* absurdity, nonsense; fallacy.

abia *adv.* **1.** *(cu greutate)* hardly; with (↓ much) trouble/difficulty/ ado. **2.** *(f. puţin)* hardly, scarcely; very little; *(mai nimic)* next to nothing; *(nu tocmai)* not quite/wholly. **3.** *(numai)* only, but, just, merely; no more than. **4.** *(legat de noţiuni temporale)* only; not later than; *(prea tirziu, într-un moment trecut)* no longer ago than; not before/till/until, as late as. **5.** *(cel puţin)* at least. **6.** *(de îndată ce)* as soon as. ⓐ ～, ～ v. ～1;

～ *acum* only now; not till now; *(chiar acum)* just now; ～ *atunci* only then, (then and) not till then; ～ *peste două zile* not for another two days; ～ ... *şi...* scarcely... when..., no sooner... than... ⓑ *de* ～ v. ～ ⓒ ～ *acum ştiu adevărul* only now do I know the truth; ～ *ajunge* it is hardly/scarcely enough; ～ *(dacă) avea cu ce să trăiască* he had barely enough to live (up)on, he lived from hand to mouth; ～ *intrase în casă* he had just stepped inside; ～ *ne puteam ţine de rîs* we could scarcely keep/refrain from laughing; ～ *poate să citească* he can hardly/ scarcely read; he reads but indifferently; *un băiat care ～ terminase şcoala* a boy fresh from school; ～ *venise* he had only just come; *era ～ de cinci ani cînd* she was scarcely five (years old) when; *l-am văzut ～ ieri* I saw him only yesterday, I didn't see him before yesterday, I saw him no longer ago than yesterday; *voi afla ～ mîine* I shall only know tomorrow.

abil **I.** *adj.* **1.** *(în sens pozitiv)* *(îndemînatic)* skilful; adroit; *(iute)* quick; *(deştept)* clever, F→cute; *(uşor de mînă)* handy, light-handed, F→natty; *(intelectualiceşte)* versatile; *(cu experienţă)* (în) experienced, expert (in), F→a dab (at); *(↓ datorită educaţiei etc.)* dexterous, ready, shifty; *(capabil)* capable, able; *(competent)* fit, competent; qualified; *(ingenios)* ingenious, inventive, resourceful; artistic. **2.** *(în sens negativ)* *(subtil)* subtle, sharp, F→smart, deep; *(viclean)* sly, artful, crafty, cunning; *(d. un truc etc.)* clever, F→neat, P→clean. **II.** *adv.* skilfully, etc. v. ～ I.

abilita *vb. tr.* **1.** to qualify, to capacitate. **2.** *univ.* to establish as a (university) lecturer.

abilitate *s.f.* **1.** ability, capability; *(competenţă)* competence; *(iscusinţă, îndemînare)* skill; address; dexterity; *(deşteptăciune)* cleverness; *(uşurinţă)* facility, ease; *(artă)* art; talent; craft; *(inventivitate)* ingenuity, resourcefulness; genius.

2. *(tact)* tact (fulness). **3.** *pl.* *(şmecherii)* tricks, stratagems.

abis *s.n.* **1.** *(prăpastie)* abyss, chasm, gulf; *(adînc)* depth; *(rîpă adîncă)* precipice; ravine. **2.** *fig.* deep/ bottomless pit, *poetic→*abysm; *(iad)* abyss, hell; *(mister)* mystery. ⓑ *la/pe marginea ~ului* at the edge of the abyss; on the brink of the precipice.

abisal *adj.* abysmal. ⓑ *regiune/ zonă ~ă* abysmal zone.

abisinian *adj.*, *s.m.* Abyssinian, Ethiopian.

abitaclu *s.n. nav.* binnacle.

abitaţie *s.f.* **1.** *jur.* occupancy (of a house). **2.** *zool.* etc. habitat.

abitir *adv.* ⓑ *mai ~ a. (mai mult)* more. **b.** *(mai bine)* better. **c.** *(mai repede)* quicker; more quickly. **d.** *(mai tare)* stronger, more strongly.

abject I. *adj.* abject; *(josnic)* base, mean; *(respingător)* loathsome, repulsive; *(infam)* infamous, foul; *(servil)* servile, cringing; *(decăzut moraliceşte)* depraved, (morally) abandoned. **II.** *adv.* abjectly etc. v. ~ I.

abjecţie *s.f.* **1.** abjection, (piece of) meanness; *(infamie)* infamous action. **2.** *(degradare)* abasement, degradation, humiliation.

abjura *vb. tr.* **1.** *rel.* to abjure, to deny (by oath). **2.** *(a renunţa la)* to abjure, to renounce, to give up.

abjurare *s.f.* abjuration, abjuring etc. v. a b j u r a.

ablativ *s.n. gram.* ablative (case). ⓐ *~ absolut* ablative absolute.

ablaţiune *s.f. geogr., med.* ablation.

ablaut *s.n. gram.* ablaut, (vowel) gradation.

abnegaţie *s.f.* self-denial/-abnegation/-sacrifice, abnegation, ⓑ *plin de ~* selfless, self-denying/-sacrificing; *spirit de ~* spirit of abnegation, selflessness.

aboli *vb. tr. (a desfiinţa)* to abolish; to annul.

abolire *s.f. (desfiinţare)* abolition, abolishment; annulment.

aboliţionism *s.n. ist.* abolitionism.

aboliţionist *s.m. ist.* abolitionist.

abominabil I. *adj.* abominable, dreadful, dire; rank; *(respingător)* loathsome, repulsive; *(oribil)* horrible, execrable; *(odios)* hateful, detestable. **II.** *adv.* abominably etc. v. ~ I.

abona I. *vb. tr.* to enrol in a list of subscribers; *(la)* to subscribe (to *a paper* etc.) for *(smb.)*, to take out a subscription (to *a paper* etc.) in favour of *(smb.)*. **II.** *vb. refl. (la)* to subscribe (to), to become a subscriber (to); to take (in) *a paper* etc.; *(la teatru* etc.) to buy a season-ticket/a subscriber's ticket (at); *(la restaurant)* to buy (a book of) luncheon vouchers/*amer.* meal tickets; to take one's meals regularly (at a restaurant) at reduced prices; *(la telefon)* to become a (telephone) subscriber.

abonament *s.n.* **1.** *(la un ziar* etc.) subscription (to). **2.** *(ca preţ)* subscription price; subscription rate *(for periodicals* etc.*); (la restaurant)* reduced price for regular customers. **3.** *(ca bilet) (la teatru, tramvai* etc.) season ticket, F→ season; *(la tren, amer. şi)* commutation ticket; *(la restaurant)* luncheon voucher; book of luncheon vouchers, *amer.* (reduced-price) meal ticket. ⓐ *~ anual ferov.* annual ticket. ⓒ *a face un ~ (la)* v. a s e a b o n a (l a); *au făcut un ~ colectiv la un ziar* they took in a newspaper between them.

abonare *s.f.* enrolling in a list of subscription etc. v. a b o n a.

abonat I. *adj., part. tr.* enrolled in a list of subscribers; with a season-ticket etc. ⓒ *a fi ~ la un ziar* to be a subscriber to a newspaper, to take in a newspaper. **II.** *s.m.* *(la un ziar, la televiziune* etc.*)* subscriber; *(la tramvai* etc.*)* season-ticket holder; regular traveller; *(la electricitate* etc.*)* consumer; *(telefonic)* telephone user; *(la restaurant)* luncheon-voucher/*amer.* meal-ticket holder.

aborda I. *vb. intr.* **1.** *nav. (a trage la ţărm)* to land, to put ashore; *(a acosta)* to moor. **2.** *nav. (a se*

alătura *lîngă o navă)* to board.
II. *vb. tr.* **1.** *nav. (un vas)* to collide
with, to run foul of, to come
into collision with; *(↓ ca inamic)*
to board. **2.** *fig. (pe cineva)* to
accost, to address (oneself to), to
approach, to speak to. **3.** *fig.
(o problemă etc.)* to tackle, to deal
with, to attack; *(un subiect)* to
broach; *(a începe să discute etc.)*
to begin discussing etc.; to enter
upon; to come to. **III.** *vb. refl.
nav.* to collide.

abordabil *adj.* accessible, approach-
able; *(numai d. persoane)* affable,
accostable, F→come-at-able, get-
at-able, Ⓛ *uşor* ~ easy of access/ap-
proach.

abordaj *s.n. nav.* collision;*(↓ ostil)*
boarding.

abordare *s.f.* landing etc. v. a b o r-
d a; *(a unei probleme)* approach
(to), tackling (of).

aborigen *adj.*←*rar* aboriginal, native,
autochtonous.

abortiv I. *adj. med., biol.* abortive.
II. *s.n. med.* abortive medicine.

abracadabra *s.f.* abracadabra, F→
Mumbo Jumbo.

abracadabrant *adj.* **1.** extraordinary;
bizarre; fantastic, odd. **2.** *(de ne-
înţeles)* unintelligible, incompre-
hensible; abstruse.

abradant *s.m.* grinding material.

abraş *adj.* **1.** *(d. cai)* vicious. **2.** *(d.
cineva)* peevish, fractious, crusty,
F grumpy; *(rău)* wicked; *(pericu-
los)* dangerous; *(violent)* violent,
vehement. **3.** *(d. acţiuni etc.)* un-
successful; vain, fruitless; abor-
tive. **4.** *(de piază rea)* ominous;
inauspicious; ill-fated. Ⓒ *a ieşi/a
rămîne* ~ to fail, not to succeed;
to be unsuccessful; *are o gură* ~*ă*
he is a prophet of evil, F→he is
a croaker.

abraziune *s.f. tehn., geogr.* abrasion.

abraziv I. *adj.* abrasive; grinding.
II. *s.m.* abrasive, abradant; grind-
ing material.

abrazor *s.n. tehn.* abrasive blade,
disc etc.

abrămească *s.f. bot.* bitterwort, yel-
low gentian *(Gentiana lutea).*

abrevia *vb. tr.* to abbreviate; *(a*

prescurta) to abridge, to shorten
abreviat *adj.* abbreviated; abridged
shortened.

abreviaţie *s.f.* abbreviation; abridg
ment.

abreviere *s.f.* **1.** abbreviation, abbre-
viating etc. v. a b r e v i a. **2.** v.
a b r e v i a ţ i e.

abroga *jur.* **I.** *vb. tr.* to abrogate, to
annul, to repeal. **II.** *vb. refl.* to be
abrogated/annulled/repealed.

abrogare *s.f. jur.* abrogation, annul-
ment, abrogating.

abrupt I. *adj.* **1.** abrupt, steep, ar-
duous, precipitous, F→breakneck...
2. *fig. (d. stil)* abrupt, harsh. **3.**
fig. (nelegat) disconnected, dis-
jointed. **II.** *s.m. geogr.* steep slope.
III. *adv.* **1.** abruptly; precipitous-
ly.**2.** *fig.* abruptly; *(brusc)* sudden-
ly, (all) of a sudden.

abrutiza I. *vb. tr.* to brutalize, to
brutify, to imbrute; *(mintea, sim-
ţirea)* to stupefy; *(↓ prin băutură)*
to besot. **II.** *vb. refl.* to grow brutal,
to become brutalized etc. v. ~I;
to sink into a brute/an animal.

abrutizant *adj.* brutalizing, bruti-
fying; stupefying; besotting.

abrutizare *s.f.* brutalization, bruta-
lizing etc. v. a b r u t i z a.

abrutizat *adj.* brutalized, bruti-
fied; stupefied; besotted.

abscisă *s.f. mat.* abscissa.

absciziune *s.f. med.* abscision.

abscons *adj.* abstruse, recondite.

absent I. *adj.* **1.** *(d. cineva) (de la)*
absent, missing (from); not pre-
sent (at); *(plecat din)* away (from).
2. *(d. ceva) (din)* absent, missing,
wanting (from); *(omis din)* omit-
ted (from); *(pierdut etc.)* lost, *pre-
dic.* gone. **3.** *fig. (distrat)* absent-
minded; *(neatent)* inattentive; *(cu-
fundat în gînduri)* abstracted, with-
drawn in thought, F→woolgather-
ing; *(indiferent)* indifferent. **4.**
interjecţional absent! wanting! Ⓒ
a fi ~ to be absent etc.; *(a nu
fi acasă)* to be away from home,
to be out/away. **II.** *adv.* absently,
absent-mindedly; inattentively.**III.**
s.m. absentee, person absent/mis-
sing. Ⓛ *listă de absenţi* list of ab-
sence/absentees.

absenta *vb. intr.* to be absent/missing; *(a fi plecat de acasă)* to be away (from home); *(de la școală)* to absent oneself (from).

absentare *s.f.* being absent/missing; absence; keeping away.

absenteist *s.m. jur.* absentee; remittance man.

absență *s.f.* **1.** *(lipsă la apel)* absence; non-attendance. **2.** *(lipsă, nevoie)* absence, want, lack, shortage. **3.** *(neatenție)* inattention; absence of mind, F→brown study. ⓐ ~ *de la domiciliu jur.* nonresidence, absenteeism; ~ *nemotivată* absence without leave/permission. ⓑ *într-un moment de* ~ in a fit of absence; *aprox.* in an unthinking moment.

absidă *s.f. arhit.* apse, apsis.

absint *s.n.* **1.** absinth(e). **2.** *bot.* wormwood *(Artemisia absinthium).*

absolut I. *adj.* **1.** *(în diferite sensuri)* absolute. **2.** *(desăvîrșit)* absolute, perfect; finished. **3.** *(complet)* complete, entire, thorough. **4.** *(sigur)* absolute, sure, positive, unequivocal, categorical, unmistakable. **5.** *(nemărginit)* boundless, unbounded, unlimited. **6.** *(liber)* absolute, unrestricted. **7.** *(autocratic)* absolute, authoritative; *(sever)* strict, severe, imperative; coercive. **8.** *(pur)* absolute, pure. **9.** *(necontestat)* absolute, unchallenged. **10.** *(inalienabil)* absolute, inalienable. **II.** *adv.* **1.** *(completamente)* absolutely, completely, quite, thoroughly, altogether, utterly. **2.** *(neapărat)* unfailingly, without fail, by all means. **3.** *(categoric)* absolutely, (definitely and) positively, unmistakably; *(sigur)* surely, certainly. **4.** *interjecțional* absolutely! to be sure! quite! there is no doubt about it! **III.** *s.n.* ~*ul* the absolute.

absolutism *s.n.* absolutism.

absolutist *s.m.* absolutist.

absolutiza I. *vb. tr.* to absolutize, to uphold as absolute; to render absolute; to generalize. **II.** *vb. refl.* to be absolutized *or* generalized.

absolutizare *s.f.* absolutization; generalization.

absolvent *s.m.,* **absolventă** *s.f. (de școală)* school-leaver, *amer.* graduate; *(de facultate etc.)* graduate.

absolvență *s.f.* completion of a course of studies *(without a final examination), amer.* graduation.

absolvi I. *vb. tr.* **1.** to finish one's studies at, *univ.* to graduate (from). **2.** *rel. (de)* to absolve (from/of), to give absolution to *smb.* (from/of). **3.** *jur.* to acquit, to find/to pronounce not guilty. **4.** *fig.* to absolve; to forgive, to excuse.

absolvire *s.f.* **1.** *rel.* absolution. **2.** *jur.* acquittal. **3.** *fig.* release, liberation, enfranchisement; *(de obligații, datorii etc.)* acquittance; exoneration; *(iertare)* forgiveness, excuse, pardon. **4.** *(cu gen.)* completion of a course of studies (at); *amer.* graduation (at). ⓑ *examen de* ~ final/leaving examination.

absorbant I. *adj.* **1.** absorbent. **2.** *fig.* absorbing, engrossing; captivating, fascinating. **II.** *s.m.* absorbent.

absorbi I. *vb. tr.* **1.** to absorb, to suck (in), to drink in/up; *(a inhala)* to inhale; to breathe in. **2.** *fig.* to absorb, to engross; to captivate, to fascinate; to transport. **3.** *fig. (a-și însuși)* to drink in, to imbibe. **II.** *vb. refl.* to be absorbed etc.

absorbire *s.f.* absorption, absorbing etc.

absorbit *adj.* **1.** absorbed, sucked (in), drunk in/up; inhaled; breathed in. **2.** *fig.* (< intensely) preoccupied; captivated, fascinated.

absorbitor *adj.* **1.** absorbent, absorbing, sucking-in. **2.** *fig.* absorbing, engrossing; captivating, fascinating.

absorbție *s.f.* absorption. ⓑ *capacitate de* ~ absorption capacity.

abstinent I. *adj.* abstinent; *(la mîncare și băutură)* abstemious; *(↓ la băutură)* temperate, teetotal; *(sexualicește)* continent, chaste. **II.** *s.m. (la băutură)* abstainer, teetotal(l)er, F→water drinker; *(sexualicește)* chaste person.

abstinență *s.f. (↓ periodică)* abstinence; *(↓ de durată)* abstemiousness; *(de la băutură)* temperance, teetotal(l)ism; *(post)* fast(ing); *(sexuală)* continence.

abstract I. *adj.* **1.** *(ant.* c o n c r e t) abstract. **2.** *(teoretic)* abstract, theoretical; ideal; not practical. **3.** *arte* abstract; not representational. **4.** *(abscons)* abstract, abstruse, not easy to understand. ⓓ *idee ∼ă* abstract idea, abstraction; *substantiv ∼ gram.* abstract noun. **II.** *adv.* abstractly, in an abstract way/manner. **III.***s.n.* abstract(ness). ⓐ *∼ verbal gram.* verbal noun. ⓓ *in ∼* in the abstract, *lat.* in abstracto.

abstractiza *vb. tr.și intr.* to abstract.

abstractizare *s.f.* abstracting.

abstracție *s.f.* abstraction. ⓓ *făcind ∼de* leaving aside, leaving... aside; apart from, barring, ...excepted; *(nemaivorbind de)* to say nothing of. ⓒ *a face ∼ de* to leave... aside, to exclude, to ignore, not to take... into account.

abstracționism *s.n. arte* abstractionism.

abstracționist *s.m. arte* abstractionist.

abstracțiune *s.f.* abstraction.

abstrage *vb. tr.* to abstract; to separate; to detach.

abstragere *s.f.* abstraction; separation; detachment; abstracting.

abstrus *adj.* abstruse; *(confuz)* confused; *(complicat)* intricate.

absurd I. *adj.* absurd, nonsensical; *(nelogic)* illogical; *(nerațional)* irrational; *(contrar naturii sau bunului simț)* preposterous; senseless; *(scos din minți; stăpînit de o idee)* infatuating; *(prostesc, nesăbuit)* foolish, unreasonable, silly; *(ridicol)* ridiculous, laughable; *(care este o aberație)* fallacious. **II.** *s.n.* absurdity; *∼ul* the absurd. ⓓ *prin ∼* contrary to all reason, against all reason; *reducere la ∼ lat.→*reductio ad absurdum; *teatrul ∼ului* the theatre of the absurd, the absurdist theatre. ⓒ *a reduce ceva la ∼* to drive smth. to absurdity; to show the absurdity of smth., to demonstrate the ab-

surdities of smth. **III.** *adv.* absurdly, illogically etc.

absurditate *s.f.* **1.** absurdity; irrationality; unreasonableness; preposterousness; foolishness; nonsense; *(aberație)* aberration, fallacy. **2.** *(ca act)* piece of folly, foolish thing; *(idee absurdă)* foolish notion; nonsense. ⓒ *e o ∼!* it's an absurdity! it's perfectly ridiculous! F→stuff and nonsense!

abțibild *s.n.* **1.** transfer (picture). **2.** *pl. (nimicuri)* trifles; trifling matters. **3.** *pl. (șmecherii)* tricks, dodges.

abține *vb. refl.* **1.** *(de la)* to abstain (from); to refrain (from), to forbear *(cu acuz.)*; *(a refuza)* to refuse, to decline *(cu acuz.)*; *(a nu participa la)* not to participate, not to take part (in); *(a-și stăpîni pasiunile etc.)* to subdue/to control/to master one's passions etc.; *(a se stăpîni)* to refrain oneself. **2.** *(de la vot)* to abstain (from voting). ⓒ *a se ∼ de la băutură* to abstain from drinking; *nu m-am putut ∼ să nu rid* I could not help laughing; *∼-te!* F what a story! tell that to the marines! tell that to others/to your granny! that won't do for me! *(taci !)* shut up! *(prostii !)* stuff and nonsense!

abulic *med.* **I.** *adj.* ab(o)ulic. **II.** *s.m.* ab(o)ulic person.

abulie *s.f. med.* ab(o)ulia.

abunda *vb. intr.* to abound, to be plentiful, to be in plenty/abundance. ⓓ *a ∼ in* to abound in/with, to be rich in; to teem/to swarm/to bristle with.

abundent I. *adj.* abundant, plentiful, exuberant; *(bogat)* rich, < copious; *(luxuriant)* luxurious; *(amplu)* ample; *(implicînd și ideea de risipă)* profuse, lavish; *(excesiv)* excessive. ⓓ *recoltă ∼ă* bumper crop, ample harvest. **II.** *adv.* in abundance, abundantly etc. v. *∼* **I.**

abundență *s.f.* abundance, plenty, exuberance; *(bogăție)* richness, opulence, < copiousness; *(implicînd și ideea de risipă)* profuseness, lavishness. ⓓ *cornul abundenței* the horn of plenty, cornucopia; *din ∼*

in abundance/plenty, abundantly.
abur *s.m.* **1.** *(de apă)* steam; *(lichid sau solid vaporizat)* vapour; *(idem, puternic mirositor)* fume, ↓ fumes; *(exalare)* exhalation, reek; *(ceață umedă)* damp; *(al pămîntului)* damp, exhalation of the earth; *(ceață rară)* haze; *(fum)* smoke. **2.** *(suflu)* breath of air/wind, puff, breeze. **3.** *(răsuflare)* breath, breathing. **4.** *fig.* *(nălucă)* mere phantom/phantasm. **5.** *fig.* *(cantitate f. mică)* idea, bit, shade. ⓓ *baie de ~i* steam/vapour bath; *corabie cu ~i* steamship, steam vessel; *mașină cu ~i* steam engine. ⓒ *a scoate ~i* to steam; to fume; to exhale/to emit vapours; *(a fumega)* to throw out/to emit smoke; to smoke, to fume; *a scoate ~i pe gură* F to talk at random, to talk through one's hat; *a se transforma în ~i* to vaporize.
aburca←*P* **I.** *vb. tr.* to lift up. **II.** *vb. refl.* **1.** *(a se cățăra)* to climb (up), to clamber (up). **2.** *(a se ridica în zbor)* to take wing, to fly up.
aburcare *s.f.*←*P* lifting up etc. v. **a b u r c a**.
abureală *s.f.* *(exalare)* exhalation; *(produsă de lichide)* steam, vapour; fume; *(miasmă)* miasma; reek; *(care se depune pe lucruri)* damp, vapour. **2.** *(adiere)* gentle/mild/soft wind/breeze, *poetic* gale.
aburi I. *vb. tr.* **1.** *(a expune la aburi)* to steam, to apply steam to; *(a expune la fum)* to expose to smoke; *(a umple cu aburi)* to fill with steam; to disinfect by fumes/vapours; *(a curăți cu fum)* to fumigate, to disinfect *or* to purify by smoke; *(a umple cu parfumuri)* to fill with a sweet odour/perfume. **2.** *(a exala)* to exhale; to give out. **II.** *vb. refl.* **1.** *(a se acoperi cu aburi)* to steam, to be covered with steam. **2.** *(d. sticlă, oglinzi etc.)* to cloud/to mist/ to film over. **3.** *(a se umezi)* to sweat, to be(come) damp. **4.** *(a deveni neclar)* to grow dull/dim. **5.** *(d. persoane, a se înfierbînta)* to become heated, to become/to get/to grow hot; *(la față)*

to flush; *(la față, ↓ de rușine)* to blush. **III.** *vb. intr.* v. **a s c o a t e a b u r i**. ⓐ *aburește (adie)* there is a gentle/soft breeze on, the air/breeze is very soft.
aburire *s.f.* **1.** steaming, fuming etc. **2.** v. **a b u r 1 — 3**.
aburit *adj.* **1.** *(acoperit cu aburi)* covered with steam; reeky, smoky. **2.** *(aprins la față)* glowing, red in the face; *(de emoție)* flushing.
aburitor *s.n.* *tehn.* steamer.
aburos *adj.* **1.** *(plin de aburi)* steamy; reeky. **2.** *(producînd aburi)* vapoury, steam-engendering. **3.** *(vaporos)* vapoury; *(cețos)* foggy, hazy. **4.** *(ca aburul)* steam-like. **5.** *fig.* *(nedeslușit)* hazy. **6.** *fig.* *(vaporos)* vaporous, airy, ethereal.
abuz *s.n.* **1.** *(exces)* abuse, excess; intemperance. **2.** *(întrebuințare greșită)* abuse, misuse, perversion. **3.** *(obicei rău)* abuse, corrupt practice. **4.** *(înșelăciune)* abuse, deceit, fraud. **5.** *(încălcare)* encroachment, transgression; *(ilegalitate)* illegal action. ⓐ *~ de alcool* excessive use of alcohol; *~ de încredere* breach of trust, abuse of smb.'s trust/confidence, F→con(fidence) game; *~ de putere* misuse of authority; *~ de termeni* abuse of terms. ⓒ *a face ~ de* to make too free a use of, to indulge too freely in; *a face ~ de putere* to override one's commission.
abuza I. *vb. intr.* *(a exagera)* to exaggerate; *(a face abuz de ceva)* to indulge too freely in smth. ⓐ *a ~ de* **a.** *(cineva)* to take an unfair advantage of; *(a-și bate joc de)* to make fun/sport/game of. **b.** *(cineva)* v. *a ~ d e a m a b i l i t a t e a / b u n ă t a t e a c u i v a*. **c.** *(alcool etc.)* v. *a f a c e a b u z d e*. **d.** *(a folosi greșit)* to misuse *(cu acuz.)*, to make ill use of, to abuse *(cu acuz.)*; *(a aplica greșit)* to misapply *(cu acuz.)*. **e.** *(un privilegiu etc.)* to abuse, to stretch *(cu acuz.)*, **f.** *(a exagera)* to exaggerate *(cu acuz.)*. **g.** *(a prejudicia)* to encroach (up)on; to prejudice *(cu acuz.)*; *a ~ de amabilitatea/bunătatea cuiva* to impose/to presume

upon smb.'s kindness, to intrude upon/to abuse smb.'s good nature; *a ~ de o femeie* to lead a woman astray; *a ~ de forţele sale* to over-exert oneself; *a ~ de medicamente* to take too much medicine; *a ~ de răbdarea cuiva* to presume upon smb.'s patience; to tax smb.'s patience; *a ~ de timpul cuiva* to intrude/to trespass (up)on smb.'s time. **II.** *vb. refl.* ⓐ *a se ~ de v.* ⓒ ⓒ *s-a ~t de bunătatea lui* his kindness has been imposed/presumed upon, his good nature has been intruded upon/abused; *se abuzează de cuvinte* words are made too free a use of; there are (↓ far) too many words; *se abuzează de medicamente* people take too much medicine.

abuziv I. *adj.* **1.** abusive, founded on abuse; improper. **2.** *(arbitrar)* arbitrary; *(ilegal)* illegal. **II.** *adv.* **1.** abusively; improperly. **2.** arbitrarily; illegally.

ac *s.n.* **1.** needle; *(cu gămălie)* pin. **2.** *bot. (frunză aciculară)* needle (leaf), pointed/acicular leaf; *(ghimpe)* prickle, thorn, spike; *(de cactus)* spine. **3.** *zool. (de arici etc.)* spine; *(de porc spinos)* quill. **4.** *entom.* sting. **5.** *med.* needle, acus, stiletto. **6.** *ferov.* shunt(ing), siding, (turn-out) switch; *(de macaz)* switch blade. **7.** *(inţepătură)* sting. **8.** *fig. (stimulent)* sting, spur, goad. **9.** *fig. (durere)* pang. **10.** *fig. (impunsătură)* hit/F dig (at smb.); *(provocare ironică)* taunt. **11.** *fig. (al conştiinţei)* prick. **12.** *text.* comb. **13.** *(de ceas)* hand. **14.** *(de patefon)* needle; *(de picup)* stylus. ⓐ *~ de albină* sting of a bee; *~ de busolă* compass needle; *~ de cale ferată* v. *~ 6*; *~ de cravată* tie pin; *~ de croşetat* crotchet (needle); *~ de cusut* (sewing) needle; *~ de gheaţă* ice needle; icicle; *~ de împletit* knitting needle; *~ de macaz ferov.* switch blade, point rail, rail tongue; *~ de mare iht.* needle fish, gar(fish), great pipefish *(Syngnatus acus)*; *~ de patefon* gramophone needle; *~ de păr* hair pin/ needle; *~ de picup* stylus; *~ de*

siguranţă safety pin; *~ magneti* magnetic needle; *~ orar* hour hand; *~ul pămîntului bot.* maidenhair, Venus's hair *(Adiantum capillus Veneris)*. ⓑ *ca pe ~e* on thorns/ tenterhooks, (like a cat) on hot bricks; *gămălie de ~* pin/pin's head; *împunsătură de ~* needle prick; pin prick; *lucrător cu ~ul* needleman, needle hand; *lucru cu ~ul* needlework; *perniţă cu ~e* pin cushion; *urechea ~ului* ear/eye of a needle, needle eye/ear. ⓒ *a căuta ~ul în carul cu fin* to seek a needle in a haystack, to look/to seek for a needle in a bottle/bundle of hay; *a lucra cu ~ul* to do needlework; *a prinde/a fixa cu un ~* to fix/to fasten with a pin *or* a needle; to pin (up); *a sta ca pe ~e* to sit (up)on pins (and needles); to be on (the) tenterhooks, to sit (up)on thorns, *amer.* to be on the anxious seat/bench; *a scăpa ca prin urechile ~ului* to make a hair-breadth escape, to escape by the skin of one's teeth.

acadea *s.f.* caramel; sweetmeat.

academic I. *adj.* **1.** academic, scholarly; of an academy. **2.** academical, of a university, university... **3.** *(d. stil etc.)* academic; solemn. **4.** *filoz.* Academic. ⓑ *cu studii ~e* having received a university education; *sfert ~* **a.** quarter of an hour's allowance (previous to a lecture). **b.** *fig.* pardonable unpunctuality. ⓒ *a conferi cuiva un titlu ~* to confer a degree on smb.; *a primi un titlu ~* to obtain/to receive a degree. **II.** *adv.* academically. **III.** *s.m.←inv.* academician.

academician *s.m.* academician, member of an Academy.

academie *s.f.* **1.** *şi univ.* academy. **2.** *filoz.* Academy, *poetic→*Academe. ⓐ *Academia Republicii Socialiste România* the Academy of the Socialist Republic of Romania; *~ de arte frumoase* academy of fine arts; *~ comercială* (higher) commercial school; *~ de muzică* academy of music; *~ de ştiinţe* academy of sciences; *~ militară* military academy; ~ *navală* naval academy/college.

academism *s.n.* **1.** academi(ci)sm. **2.** formalism.

acaju *s.m.* **1.** *bot.* mahogany (tree) *(Swietenia Mahagoni).* **2.** *bot.* cashew *(Anachardium occidentale).* **3.** *(lemn)* mahogany (wood).

acalmie *s.f.* **1.** *nav.* lull, calm at sea. **2.** *(liniște)* lull, quiet, abeyance; *(pauză)* pause; rest; *(răgaz)* respite. **3.** *(armistițiu)* armistice, truce.

acana *adv.*←P aside; on the side; out of the way.

acant *s.n. arhit.* acanthus.

acantacee *s.f. pl. bot.* acanthaceae.

acantă *s.f.* **1.** *bot.* acanthus *(Acanthus sp.).* **2.** *arhit.* acanthus.

acapara *vb. tr.* **1.** *com.* to buy up; *(pt. a urca și controla prețurile)* to forestall, to corner; *(a monopoliza)* to monopolize. **2.** *fig.* to monopolize; *(a absorbi)* to absorb, to swallow up; *(a pune stăpînire pe)* to seize; to take hold of; to secure; *(a răpi tot timpul cuiva)* to take up all the time of.

acaparare *s.f.* buying up etc. v. a c a p a r a.

acaparator I. *adj.* **1.** *com.* forestalling; monopolizing. **2.** acquisitive; *(lacom)* greedy, grasping. **3.** *fig.* absorbing, engrossing. **II.** *s.m.* **1.** *com.* buyer-up; monopolizer; speculative buyer; *(de alimente)* food hoarder; *peior.* grabber, shark. **2.** *fig.* monopolizer.

acar[1] *s.m.* **1.** *(fabricant de ace)* needler, needle maker; pinner, pinmaker. **2.** *ferov.* pointsman, switchman, signalman, shunter, switch tender.

acar[2] *s.n.* *(cutie)* needle/pin box/case; *(perniță)* pin cushion.

acaret *s.n.* **1.** *(dependință)* outbuilding, annex. **2.** *(clădire mare cu dependințe)* premises, a big building/a mansion with its annexes. **3.** *pl.* household implements, belongings, ↓ agricultural/farming implements.

acarioză *s.f. entom.* acarine disease.

acarniță *s.f.* v. a c a r.

acasă *adv.* *(static)* at home; within, in(doors); *(spre casă)* home (wards). ⓐ *ca* ~ very much as at home, in a family way; *cei de* ~ one's family/relations/parentage/F people. ⓒ *a ajunge* ~ to reach/to arrive/to come home; *a conduce pe cineva* ~ to take/to see smb. home; *e* ~? is he at home? is he in? *nu e* ~ he is not at home, he is not about, he is away; *a se întoarce* ~ to come/to get home/in, to return home; *nu-i sînt (toți) boii* ~ F he is out of sorts, he feels cheap, he is feeling all nohow, he's like a cat on hot bricks, *sl.* he has the hump up; *a sta* ~ to stay/to remain/to stop at home, to stay back/behind/in; *(mai mult timp)* to keep indoors; *trebuie să stea* ~ he must keep indoors/within doors; *a veni* ~ to come home; to return home; *a veni tîrziu* ~ to come home late; *(de obicei)* to keep bad hours; *a fi dus de* ~ **a.** to be (away) from home; *(a fi în oraș etc.)* to be abroad/out/out of doors. **b.** *fig.* to be wool-gathering, to be in the clouds; *nu pleca niciodată de* ~ he was a home-bird, he was a regular stay-at-home, he never went/stirred out; *a scrie* ~ to write home, to write to one's family; *a veni de* ~ **a.** to come from/home. **b.** *fig.* to twig, to tumble; *așa mai vii de-* ~ F now you are talking! *(asta e altă poveste)* F that's another pair of breeches.

acatină *s.f. bot.* common matrimony vine *(Lycium halimofolium).*

acatist *s.n. bis.* prayer for the dead; service with prayers and hymns to the Holy Virgin.

acătării *adj. predic.* **1.** *(d. cineva)* *(judicios)* sensible; < wise; *(de nădejde)* reliable; *(vrednic)* worthy. **2.** *(d. ceva)* as it should be; *atrib.* meet and proper; proper; decent, becoming; *(bun)* good; *(frumos)* beautiful.

accelera I. *vb. tr.* **1.** ↓ *tehn.* to accelerate, to speed (up), to increase the speed of. **2.** *(a precipita)* to precipitate; *(a grăbi)* to hasten, to quicken; *(a urgenta)* to dispatch, to expedite. **II.** *vb. refl. pas.* to accelerate, to increase in speed; to become faster; to be accelerated etc. v. ~ I. **III.** *vb. intr. tehn.* to accelerate; *auto.* to step on the gas.

accelerando *adv. ital. muz.* accelerando.

accelerare *s.f.* acceleration; speeding, hastening etc.

accelerat I. *adj.* **1.** accelerated, quickened. **2.** fast, quick, brisk, rapid. **II.** *s.n. ferov.* express train.

accelerator I. *adj.* accelerating, accelerative. **II.** *s.n.* **1.** *tehn.* accelerator; *auto.* accelerator (pedal), throttle. **2.** *chim.* accelerant, promoter.

acceleraţie *s.f.* acceleration.

accent *s.n.* **1.** *fon.* accent; stress. **2.** *(particularitate lingvistică)* accent; *(pronunţie)* pronunciation. **3.** *(ton)* accent, tone. **4.** *muz.* accent. **5.** *(subliniere)* emphasis, stress, accent(uation). ⓐ ~ *ascuţit* acute/sharp accent; ~ *circumflex* circumflex accent; ~ *grav* grave accent; ~ *greşit* wrong accent *or* pronunciation; ~ *metric* metrical/rhythmical accent/stress, ictus; ~ *principal* principal/primary accent; ~ *secundar* secondary accent; ~ *tonic* tonic/syllabic accent. ⓒ *are un* ~ *foarte pronunţat* he has a very broad accent; *a nu avea* ~ to speak without any peculiar accent; *a pune* ~*ul pe, fig.* v. a c-c e n t u a 4.

accentua I. *vb. tr.* **1.** *(silabe)* to accent, to stress, to lay the stress on. **2.** *(cuvinte)* to stress, to emphasize. **3.** *(a pune accente pe)* to mark with an accent *or* accents. **4.** *fig. (a sublinia)* to emphasize, to lay stress (up)on, to underline, to accentuate; *(a întări)* to strengthen; *(a reliefa)* to point out; to bring out; to render conspicuous, to bring into prominence. **II.** *vb. refl.* **1.** *pas.* to be accented etc. v. ~ I. **2.** to become more prominent *or* conspicuous *or* striking. **3.** *(a se agrava)* to change for the worse; to worsen, to grow worse. **4.** *(a spori)* to increase.

accentuare *s.f.* accentuation, accenting etc.

accentuat *adj.* **1.** *(d. silabe)* accented, stressèd. **2.** *(d. cuvinte)* emphasized, stressed. **3.** *fig.* stressed, underlined; *(pronunţat)* marked, pronounced; *(izbitor)* striking; conspicuous; prominent.

accept *s.n. ec.* acceptance.

accepta I. *vb. tr.* **1.** to accept; *(tacit)* to acquiesce in; *(a primi)* to receive; *(a lua)* to take; *(a adopta)* to adopt; *(a îmbrăţişa)* to embrace; to espouse; *(o cerere, o rugăminte etc.)* to agree/to accede/to assent/to consent to; *(o ofertă etc.)* to accept, to agree to, to close with; *(o provocare)* to accept, to take up; *(un rămăşag)* to accept, to hold; *(o scuză)* to accept, to receive; *(un sfat)* to take; *(un proiect de lege)* to adopt, to pass. **2.** *(a presupune)* to admit, to assume. **3.** *ec.* to adopt. ⓒ *a fi* ~*t de cineva* to be accepted by smb., to find acceptance with smb. **II.** *vb. refl. pas.* to be accepted etc. v. ~ I; *(a trece)* to pass. **III.** *vb. intr.* to accept, to agree, to acquiesce, to come round, to (nod) assent, F→to okay.

acceptabil I. *adj.* acceptable; satisfactory; *(admisibil)* admissible; *(pasabil)* passable; tolerable; *(d. mîncare)* palatable; *(plauzibil)* plausible; *(rezonabil)* reasonable; *(d. preţuri etc.)* reasonable, fair. **II.** *adv.* acceptably; passably (well); tolerably etc. v. ~ I.

acceptant *s.m. ec.* accepter, acceptor.

acceptare *s.f.* acceptance; *(tacită)* acquiescence; accepting.

accepţi(un)e *s.f.* accept(at)ion; *(sens)* sense, meaning, signification.

acces[1] *s.n. (la)* access, admittance (to); *(intrare)* entrance; entry. ⓐ ~*ul interzis* no entry; no admittance. ⓑ *rampă de* ~ *constr.* ramp of access. ⓒ *are* ~ *peste tot* he is welcome everywhere; *a avea* ~ *în casa cuiva* to have (free) access to smb.'s house, to be free of smb.'s house; *(continuu)* to have the run/the entrée of smb.'s house; *a* *avea* ∼ *la bucătărie* to have (free) access to the kitchen.

acces² *s.n.* **1.** *med.* attack, access, stroke, touch; *(brusc)* (sudden) seizure; *(brusc și violent)* outburst, fit, bout; *(izbucnire a unei boli)* outbreak; *(revenire a unei boli etc.)* relapse. **2.** *(impuls)* impulse, fit, outburst. ⓐ ∼ *de friguri* attack/fit of fever, ague fit; cold; chill; ∼ *de gelozie* fit of jealousy; ∼ *de tuse* coughing bout/fit. ⓒ *a fi apucat de un* ∼ *de* to be seized with an attack/a fit of.

accesibil I. *adj.* *(d. persoane și lucruri)* accessible, approachable; *(d. cineva)* affable, F→come-at-able, get-at-able; easy of access. ⓑ *greu* ∼ difficult of access/approach; *ușor* ∼ easy of access/approach. **II.** *adv.* accessibly.

accesibilitate *s.f.* access; accessibility, accessibleness, approachability.

accesiune *s.f.* accession.

accesoriu I. *adj.* accessory; *(incidental)* incidental, accidental, adventitious; *(secundar)* secondary, collateral, subsidiary, subordinate. ⓑ *cheltuieli accesorii* incidental expenses. **II.** *s.n.* **1.** accessory, secondary consideration. **2.** *pl. (dependințe)* outbuildings, outhouses. **3.** *pl. (dichisuri)* accessories. **4.** *pl. tehn.* appliances, gear, tool and machinery, parts, accessories.

accident I. *s.n.* **1.** accident; *(întîmplare neprevăzută)* casual event; chance; *(întîmplare nenorocită)* mishap, mischance;|misfortune; *(moarte, pierdere)* casualty; *(cu un vehicul)* breakdown. **2.** *(fenomen trecător)* accident, happening, event. **3.** *med.* unexpected symptom, *înv.* →accident. **4.** *gram.* accident; *pl. și* accidence. **5.** *muz.* accidental. ⓐ ∼ *de automobil* motoring accident; ∼ *de muncă* labour accident; ∼ *de teren* accident of the ground, inequality of the soil, *pl.* rise and fall of the ground, unevenness; ∼ *de tren* train/railway accident. ⓒ *a suferi un* ∼ to meet with/to have an accident. **II.** *s.m. muz.* accidental.

accidenta I. *vb. tr.* to wound (by accident/in an accident); to hurt; to cause an accident to. **II.** *vb. refl.* **1.** to meet with/to have an accident; to be hurt/wounded in an accident; to be the victim of an accident. **2.** *(a se răni)* to hurt oneself.

accidental I. *adj.* **1.** accidental, casual, adventitious; chance…, random…; *(fortuit)* fortuitous; *(neintenționat)* undesigned. **2.** *(neesențial)* non-essential; secondary. **3.** *(posibil)* possible, contingent. **4.** *med.* adventitious. **II.** *adv.* accidentally, casually, adventitiously; *(din întîmplare)* by accident/chance; fortuitously.

accidentat I. *adj.* **1.** *(rănit)* injured, hurt. **2.** *(d. teren)* broken, uneven, not level, troubled, rough, undulating; *(d. un drum)* rugged; *(cu coline sau dealuri)* hilly. **II.** *s.m.* injured/wounded person; sufferer from/victim of an accident; casualty.

accidență *s.f. poligr.* display/job work, job.

acciz *s.n. odin.* excise.

accizar *s.m. odin.* exciseman.

acea *adj. dem.* v. a c e e a II.

aceasta I. *pron. dem. fem.* **1.** this; *(↓ cu referire la un antecedent)* that; *(cu o mai slabă nuanță demonstrativă)* it; *(acest fapt)* this fact; *(acest lucru)* this (thing); *(subliniindu-se contrastul sau comparația)* this one. **2.** *(ca pron. personal) masc.* he; *fem.* she; *neutru* it. ⓑ *cu* ∼ with this, *rar*→herewith; *de(spre)* ∼ of/about this, *rar*→hereof; *după* ∼ after this; then; *rar*→here(up)on; *la* ∼ to this, *rar*→hereat; hereto; *pentru* ∼ **a.** for this/it. **b.** *(în acest scop)* for this purpose, to this end; *(pt. a face acest lucru)* in order to do it. **c.** *(din această cauză)* for this reason; that is why; *pe lîngă* ∼ in addition to that, besides (that), moreover; *prin* ∼ by this, *rar*→hereby. ⓒ *nu voi face una ca* ∼ I won't do such a thing, I'll do nothing of the kind; *nu e nevoie de* ∼ there's no need of it; *este* ∼ *posibil?* is that/it

possible? ~ *este părerea mea despre*
such is my opinion of; ~ *e tot*
that is all; *cam* ~ *e tot* that's
about all; ~ *zic și eu că e fugă*
that is what I call running. **II.** *adj.*
dem. fem. (postpozițional) v.
a c e a s t ă.

aceasta *adj. dem. fem.* this; F→this...
here; *(↓ cu referire la un antece-
dent)* that.

aceea I. *pron. dem. fem.* that; *(sub-
liniindu-se contrastul sau compara-
ția)* that one. ⓐ ~ *care* the one
who; she/*inv.* that who. ⓑ *de* ~
therefore; so; that is why; for that
reason; *(in consecință)* consequently
v. și d r e p t ~; *drept* ~ conse-
quently, accordingly; whereupon;
după ~ after that, next, then, af-
terwards, *rar*→thereafter. **II.** *adj.
dem. fem. (postpozițional)* that,
F→that... there, *inv.*→yon(d), yon-
der.

aceeași I. *adj. dem. fem.* the same;
that same; *(chiar* ~*)* the very
same, the self-same; *(identic)* iden-
tical. ⓐ ~... *ca și* the same... as.
ⓑ *in* ~ *lună* in the same month,
that same month; *in* ~ *zi* (on)
the same day. **II.** *pron. dem. fem.*
the same; the same one.

acefal *adj.* acephalous, headless.

acei *adj. și pron. dem. masc.* v.
a c e i a.

aceia I. *pron. dem. pl. masc.* those.
ⓐ ~ *care* those who/*inv.*→that.
II. *adj. dem. pl. masc.* those, F→
those... there, *inv.*→yon(d), yon-
der.

aceiași I. *adj. dem. pl. masc.* the
same; *(chiar* ~*)* the very same,
the self-same; *(identici)* identical.
II. *pron. dem. pl. masc.* the same;
the same ones.

acel *adj. dem. masc. sau neutru*
v. a c e l a II.

acela I. *pron. dem. masc. sau neutru*
that; *(subliniindu-se contrastul sau
comparația)* that one. ⓐ ~ *care*
the one who; he who/*inv.*→ that.
ⓒ *tu ai fost* ~? was it you? **II.** *adj.
dem. masc. sau neutru* that, F→
that... there, *inv.*→yon(d), yonder.

același I. *adj. dem. masc.* the same;
that same; *(chiar* ~*)* the very

same, the self-same; *(identic)* iden-
tical. ⓑ *de* ~ *fel cu* of the same
kind as; *(inrudit cu)* related/akin
to; *(asemănător cu)* similar to.
II. *pron. dem. masc.* the same; the
same one.

acele *adj. dem. pl. fem. și neutru
(pre-pozițional)* v. a c e l e a. **II.**

acelea I. *pron. dem. pl. fem.* those.
ⓐ ~ *care* those who/*inv.*→that.
II. *adj. dem. pl. fem. și neutru
(postpozițional)* those, F→those
there, *inv.*→yon(d), yonder.

acerb I. *adj.* bitter, harsh; *(tăios)*
biting, poignant, sharp, cutting;
(necruțător) pitiless, merciless. **II.**
adv. bitterly etc. v. ~ **I.**

acerbitate *s.f.*←*rar, elev.* acerbity,
bitterness, harshness.

acest *adj. dem. masc. și neutru*
v. a c e s t a II.

acesta I. *pron. pos. masc. și neutru*
1. this; *(↓ cu referire la un antece-
dent)* that; *(cu o mai slabă nuanța
demonstrativă)* it; *(subliniindu-se
contrastul sau comparația)* this one;
that one. **2.** *(ca pron. personal)*
masc. he; *fem.* she; *neutru* it.
3. *(~ din urmă)* the latter. ⓒ *este*
~ *tatăl tău?* is that *or* this *or* he
your father? **II.** *adj. dem. masc. și
neutru (postpozițional)* this; F-›
this... here; *(↓ cu referire la un
antecedent)* that.

aceste *adj. dem. pl. fem. și neutru
(pre-pozițional)* v. a c e s t e a II.

acestea I. *pron. dem. pl. fem. și
neutru.* **1.** these; *(↓ cu referire la
un antecedent)* those; *(subliniin-
du-se contrastul sau comparația)*
these ones; those ones. **2.** *(ca pron.
personal)* they. **3.** *(~ din urmă)*
the latter. **4.** *(toate* ~*)* (all) this
sau that. ⓑ *cu toate* ~ however,
yet, for all that, nevertheless, but
yet, *rar*→notwithstanding this; *(in
ciuda acestor lucruri)* despite (all)
this *sau* that, inspite of (all) this
sau that. **II.** *adj. dem. pl. fem. și
neutru (postpozițional)* these, F→
these... here; *(↓ cu referire la un
antecedent)* those. ⓑ *toate* ~ all
this *sau* that; *zilele* ~ **a.** *(in tre-
cut)* the other day; a few days

ago. **b.** *(în viitor)* in the next few days (or so).

aceşti *adj. dem. pl. masc. (pre-poziţional)* v. a c e ş t i a II.

aceştia I. *pron. dem. pl. masc.* **1.** these; *(↓ cu referire la un antecedent)* those; *(subliniindu-se contrastul sau comparaţia)* these ones; those ones. **2.** *(ca pron. personal)* they. **3.** *(∼ din urmă)* the latter. **II.** *adj. dem. pl. masc. (postpoziţional)* these, F→these... here; *(↓ cu referire la un antecedent)* those.

acetaldehidă *s.f. chim.* acetaldehyde.

acetamidă *s.f. chim.* acetamide.

acetat *s.m. chim.* acetate. ⓐ ∼ *de argint* silver acetate; ∼ *de cupru* acetate of copper; ∼ *de plumb* acetate of lead, salts of Saturn; ∼ *de polivinil* (poly)vinyl acetate.

acetic *adj. chim.* acetic. ⓑ *acid* ∼ acetic acid.

acetifica *chim.* **I.** *vb. tr.* to acetify. **II.** *vb. refl. pas.* to acetify, to be acetified.

acetificare *s.f. chim.* acetification.

acetil *s.n. chim.* acetyl.

acetilenă *s.f. chim.* acetylene (gas), ethine. ⓑ *lampă cu* ∼ acetylene lamp.

acetonă *s.f. chim.* acetone.

achenă *s.f. bot.* achene, akene.

achita I. *vb. tr.* **1.** *(a plăti)* to pay; *(complet; o datorie)* to pay off. **2.** *jur.* to acquit; *(↓ d. un judecător de instrucţie)* to discharge. **3.** *(a ucide)* F to do (the job) for; to settle *smb.'s* account; to do *smb.* in. ⓒ *a* ∼ *o notă* to foot a bill; *a* ∼ *o poliţă* to take up/to pay/to honour a bill. **II.** *vb. refl.* **1.** *(de)* to acquit oneself (of). **2.** *pas.* to be paid *sau* paid off. ⓐ *a se* ∼ *de (a îndeplini)* to fulfil, to carry out *(cu acuz.)*; to perform, to execute *(cu acuz.)*. ⓒ *a se* ∼ *de o obligaţie* to acquit oneself of an obligation; *a se* ∼ *onorabil* to acquit oneself well. **III.** *vb. intr.* *(a plăti)* to pay; *(complet)* to pay off; *("a pune banii jos")* F→to come down (with the ready).

achitare *s.f.* **1.** *(plată)* payment; paying off. **2.** *jur.* acquittal, absolution; *(de către juraţi)* deliver-

ance; *(de către un judecător de instrucţie)* discharge.

achiu[1] *s.m.*←*înv. bot.* (turnip-rooted) celery *(Apium graveolens)*.

achiu[2] *s.n. (la biliard)* lead; *(tac)* (billiard) cue.

achizitor *s.m.* acquirer, buyer, purchaser; *(colector)* collector.

achiziţie *s.f.* **1.** *(cumpărătură)* purchase, acquisition (by purchase); thing bought. **2.** *(achiziţionare)* purchase, purchasing; acquiring; acquisition (by purchase); *(de piese de schimb etc.)* provision. **3.** *fig.* acquisition, valuable addition; *(descoperire)* discovery, finding; *(comoară)* treasure; *(noroc neaşteptat)* lucky find, godsend. **4.** *fig. (ant „înzestrare firească")* acquirement. ⓒ *a face o* ∼ to make an acquisition; *e o adevărată* ∼ *pentru echipa noastră* he is a distinct acquisition/he is quite an acquisition to our team; *fusese o* ∼ *valoroasă* it had been a valuable acquisition.

achiziţiona I. *vb. tr.* **1.** *ec.* to acquire (by purchase), to buy, to purchase; *(în ţările socialiste)* to purchase by contract. **2.** *(a dobîndi prin efort)* to acquire; *(a obţine, a procura)* to obtain, to procure, to get; *(ceva dificil)* to secure; *(a deveni posesorul)* to become possessor of. **3.** *(a aduna)* to collect, to gather. **II.** *vb. refl. pas.* to be acquired (by purchase), to be bought etc. v. ∼ **I.**

achiziţionare *s.f.* acquisition, acquiring.

aci *adv.* v. a i c i.

aciclic *chim., bot.* **I.** *adj.* acyclic. **II.** *adv.* acyclically.

acicular *adj. bot.* acicular, needle-like/-shaped.

acid I. *adj.* acid; *(acru)* sour. **II.** *s.m. chim.* acid; *(pt. compuşi, v. adjectivele respective)*.

acidimetru *s.n. chim.* acidimeter.

aciditate *s.f.* acidity. ⓐ ∼ *gastrică med.* acidity, gastric acid, (an) acid stomach; ∼ *specifică chim.* specific acidity. ⓑ *cifră de* ∼ acid value.

acidoliză *s.f. chim.* acidolysis.

acidoză *s.f. med.* acidosis.

acidula I. *vb. tr.* to acidulate, to make somewhat acid *sau* sour, < to acidify. **II.** *vb. refl. pas.* to become acidulated/somewhat acid *sau* sour; < to acidify.
acidulare *s.f.* acidulation.
acidulat *adj.* acidulated, somewhat acid *sau* sour. ⓓ *apă ~ă* acidulated water.
acil *s.m. chim.* acyl.
acilea *adv.←reg.* v. a i c i.
acioaie *s.f.←*P **1.** bronze. **2.** *(clopot de ~)* bronze bell. **3.** *(aliaj)* alloy, composition.
acioală *s.f.←rar (adăpost)* shelter; *(locuință)* dwelling (place), lodgings; *(casă)* house.
acipenseride *s.f. pl. iht.* acipenseres, acipenseroidei.
aciua I. *vb. tr. (a adăposti)* to shelter, to give shelter to; *(a acorda protecție)* to protect, *poetic→*to shield; *(a pune la adăpost)* to put under shelter; *(a găzdui)* to lodge, to house, to put up, to roof; *(a ascunde)* to hide. **II.** *vb. refl.* **1.** *(a se adăposti)* to shelter oneself, to take shelter/refuge; *(a căuta adăpost)* to seek (a) shelter; *(a se ascunde)* to hide (oneself), to ensconce oneself. **2.←rar (a se odihni)* to rest (oneself); to have a rest; *(a se cuibări pe divan etc.)* to ensconce oneself.
aciuare *s.f.* sheltering etc.
aciuat *adj. (ferit)* safe; *(apărat)* protected; *(adăpostit)* sheltered; *peior.* (safely) ensconced, snug.
aciui(a) *vb. tr., vb. refl.* v. a c i u a.
aclama I. *vb. tr.* to acclaim, to cheer, to hail, to hurrah, to welcome (with acclamations); to applaud loudly. **II.** *vb. intr.* to cheer, to welcome (with acclamations), to shout for joy.
aclamare *s.f.* acclamation, acclaiming etc.
aclamație *s.f. pl.* acclaim, acclamation(s), ovations, cheers. ⓓ *o propunere votată prin ~* a proposal carried by acclamation.
aclimatiza I. *vb. tr.* to acclimate, to acclimatize; *(a adapta)* to adapt. **II.** *vb. refl.* **1.** *bot. etc.* to acclimate, to acclimatize, to get/to become

acclimatized (to new surroundings); *(a se adapta)* to adapt oneself. **2.** *fig. (d. oameni)* to accustom oneself to new surroundings, to get/to become accustomed/used to new surroundings; to acclimatize oneself, to become/to get acclimatized (to new surroundings); to settle down *(in a new place of work, etc.).* ⓒ *a trebuit să treacă mult pînă cînd s-a aclimatizat (acolo)* it was a long time before he felt at home there.
aclimatizare *s.f.* acclimation, acclimatization; adaptation etc.
acnee *s.f. med.* acne(ε).
acoladă *s.f.* **1.** *ist., arhit., muz.* acolade. **2.** *poligr.* brace, bracket.
acolea *adv.←*P F→over there.
acolit *s.m.* **1.** *bis.* acolyth. **2.** *fig.* acolyte; *(ajutor)* helper, assistant, attendant. **3.** *fig. (complice)* acolyte, confederate, accomplice.
acolo *adv.* there, *inv.→*yonder; *(colea)* F→over there; *(în locul acela)* at sau in that place; *(cu verbe care arată deplasarea)* there, to that place, *poetic, inv.→*thither, thitherward(s); *(în alt loc)* in another place. ⓐ *~ afară* out there; *~ jos* down there; *~ sus* up there. ⓑ *cam pe ~* about there, about that place; *chiar ~* **a.** right there; precisely there; at that very place. **b.** *(cu verbe ale deplasării)* to that very place, to the very same place; *de ~* **I.** *adj.* of that place, from there. **II.** *adv.* **a.** *(din locul acela)* from there, from that place, *rar→*thence. **b.** *fig. (din acestea)* from that, thence, therefrom; *dintr- ~* from there, from that place; *intr- ~* there, to that place, *inv.→*thither; *pe ~* **a.** there; thereabouts, in those parts; at *sau* in that place; *(cam pe ~)* about there, about that place, thereabouts; **b.** *(în direcția aceea)* that way; *pînă ~* **a.** up to that point, up to there, so/this far, as far as there/that. **b.** *(temporal)* till then. **c.** *fig.* as/so far as that, to that length; *pînă ~ încît* so far that, so far as *(to say, etc.),* to the length of *(saying, asserting etc.).* ⓒ *drumul*

ce duce ~ the road (leading) there, the road leading to that place; *cît (de departe) e pînă* ~? how far is it to go/to get there? *fugi de* ~! F the idea (of such a thing)! you don't say so! you don't mean it! *(spune-i-o lui mutu')* tell that/it to the marines! *(deloc)* not at all, by no means! *e destul de departe pînă* ~ it is a good way off; it is a long journey (to that place); *a mers pînă* ~ *încît a înjurat* he went so far as to swear, he went to the length of swearing.

acomoda *vb. refl.* **1.** *biol. etc. (cu, la)* to adapt/to accomodate oneself (to). **2.** *(d. cineva) (cu, la)* to adapt/to accomodate oneself (to); *(a se împăca)* to put up, to make shift (with); to reconcile oneself (to); *(a se obişnui)* to get accustomed (to).

acomodabil *adj.* **1.** *biol.* adaptable. **2.** *(d. cineva)* accomodating; conformable.

acomodare *s.f.* **1.** *(la)* adaptation, accomodation (to); putting up, making shift (with); reconciliation (to). **2.** *(la)* assimilation (to, with). ⓐ ~ *vizuală fiziol.* accomodation of the eye.

acomodat *adj. (cu, la)* adapted, accomodated (to); reconciled (to).

acompania I. *vb. tr.* **1.** *(a însoţi)* to accompany; to go *sau* to come with; *(o doamnă)* to attend, to escort; *(a conduce pînă într-un loc)* to conduct, to bring, to see *(home etc.)*. **2.** *muz.* to accompany. ⓒ *a* ~ *la pian* to accompany *smb.* on the piano; *a* ~ *la vioară* to accompany *smb.* on/with the violin. **II.** *vb. refl. muz.* to play one's own accompaniments.

acompaniament *s.n. muz.* accompaniment. ⓒ *a cînta fără* ~ to sing *sau* to play unaccompanied.

acompaniatoare *s.f. muz.* (lady) accompanist.

acompaniator *s.m. muz.* accompanist.

acompaniere *s.f.* **1.** accompanying. **2.** *muz.* accompaniment.

acont *s.n. com. (plată parţială)* sum paid on account, part payment; payment on account; *(prima rată)* first instalment, deposit, down/cash payment; *(arvună)* earnest money; *(avans)* advance (money). ⓒ *a plăti un* ~ *cuiva* to pay smb. a sum on account; to pay smb. a deposit, to pay smb. a first instalment.

aconta *vb. tr. com.* **1.** *(a sumă) (pentru)* to pay on account (for); to pay as a deposit/as a first instalment (on). **2.** *(un articol)* to pay on account for; to pay on *smth.* as a deposit/as a first instalment; to pay/to give earnest money for.

acontare *s.f. com. (cu gen.)* paying on account (for); paying as a deposit/as a first instalment (on); paying/giving earnest money (for).

acoperămînt *s.n.* **1.** *(ceea ce serveşte la acoperit)* cover; *(strat acoperitor)* layer; *(văl)* veil; *(capac)* lid. **2.** *(acoperiş)* roof(ing); *(adăpost)* shelter, refuge. ⓐ ~*ul Maicii Domnului bot.* fig (tree) *(Ficus carica)*.

acoperi I. *vb. tr.* **1.** *(în diferite sensuri)* to cover; *(în întregime)* to cover up; to envelop. **2.** *(o casă etc.)* to roof, to supply with a roof; *(cu ţigle)* to tile; *(cu paie, stuf)* to thatch; *(cu şindrilă)* to shingle. **3.** *(un obiect deschis)* to cover; *(cu un capac)* to put a *sau* the lid on. **4.** *(a proteja)* to cover, to protect; *(a adăposti)* to shelter, to give shelter to; *(a ascunde)* to hide; to harbour; *(a masca)* to mask; *(a pune bine)* to secure. **5.** *fig. (a apăra)* to cover; to protect, < to defend; to stand up for. **6.** *(a umple)* to fill (in). **7.** *(a ascunde vederii)* to cover, to screen; to hide (from sight). **8.** *(cu un strat, a pune deasupra)* to coat; *(cu fier)* to iron; *(cu vopsea)* to paint, to overlay; *(cu pete)* to spot, to speckle; *(cu lac)* to varnish; *(cu paie)* to straw; *(cu pămînt)* to earth up. **9.** *(a înveli, a înfăşura)* to cover; to wrap; *(cu o foaie de cort)* to tilt; *(cu fularul etc.)* to muffle. **10.** *(a îmbrăca)* to cover; to dress; *(a împodobi)* to (be)deck, to adorn. **11.** *(a răspîndi peste)* to spread over; to scatter over; *(a presăra)* to

strew (over). **12.** *fig. (a ascunde)*
to hide, to conceal; *(a tăinui)* to
ke p secret; to keep back; *poe-
tic→*to shroud in mystery, *elev.→*to
draw a veil over; *(prin tăcere)* to
hush up; *(a ascunde sub aparenţe
false)* to disguise, to dissemble.
13. *fig. (vocea etc.)* to drown;
(toba etc. ca să nu se audă) to
muffle. **14.** *(o distanţă)* to cover.
15. *mil.* to cover, to protect. **16.**
(a corespunde) to correspond to;
(a fi identic cu) to be identical
with; *(a fi parţial identic cu)* to
dovetail with. **17.** *ec.* to cover.
ⓒ *a ~ cheltuielile* to cover/to
meet/to defray the expenses; *a ~
costul* to cover the cost; *a ~ un
deficit* to make up/to cover/to
supply a deficit; *a-şi ~ faţa cu
mîinile* to hide/to bury one's face
in one's hands; *>* to put one's
hands over one's face; *a ~ un gol
fig.* to fill the gap; *a ~ masa* **a.**
to put a cloth on the table. **b.** *(a
pune masa)* to lay/to spread the
cloth; *a ~ necesităţile/nevoile* to
cover/to meet the needs/the require-
ments; *a ~ pierderea* to make
good the loss/the damage; *a ~
retragerea mil.* to cover the re-
treat/the rearguard; *a-şi ~ retra-
gerea mil.* to secure one's retreat;
a-şi ~ ruşinea to cover one's shame.
II. *vb. refl.* **1.** *pas. (cu, de)* to be
covered etc. (with) v. ~ **I. 2.** *(d.
cineva)* to cover oneself; *(a-şi pune
pălăria etc.)* to put on one's hat,
cap etc. **3.** *(a se înveli)* to wrap/to
muffle oneself up. **4.** *(a coincide)*
to coincide (with one another);
(parţial) to dovetail (with one
another). **5.** *(d. cer)* to lower; to
cloud over. ⓒ *a se ~ cu coajă* to
crust (over); *a se ~ cu flori* to
cover/to deck/to adorn oneself with
flowers; *a se ~ de glorie* to cover
oneself with glory; *a se ~ de ruşine*
to cover oneself with shame (*<* and
infamy); *acoperiţi-vă!* be covered!
put your hats on!
acoperire *s.f.* **1.** covering etc. **2.** *ec.,
com.* cover; coverage; surety, se-
curity; guarantee; *(fonduri pt. o
acţiune)* provision, necessary funds;

(rezervă) reserve. **3.** *mil.* cover,
protection. **4.** *tehn.* coat; coating;
plating. ⓐ *~ în aur ec., com.* gold
coverage. ⓒ *a avea ~ ec., com.* to
be covered, to hold security; *a nu
avea ~ ec., com.* to be uncovered,
to lack security, to be without
funds (in hand).
acoperiş *s.n.* roof; *>* rooflet; *constr.
şi* dome; blinds, surface coverage;
geol. overlying bed; *auto* top. ⓐ
~ conic conical hip/roof; *~ cu
două pante/versante* couple/saddle
roof, double-sloping/-ridged roof;
~ cu mansardă mansard (roof);
~ cu o pantă/un versant simple/
lean-to/pent roof; *~ de olane*
(pan)tiled roof; *~ de paie sau stuf*
thatch(ed) roof; *~ de protecţie
ferov.* protecting roof, penthouse;
~ de scînduri boarding/plank roof;
~ de şindrilă shingle roof; *~ de
ţiglă* v. d e o l a n e; *~ dublu*
false work roof; *~ în consolă*
cantilever roof; *~ metalic auto*
hard top; *~ plan/plat* flat roof;
~-terasă flat/platform roof; *~-tur-
lă* helm. ⓓ *coama ~ului* coping
(of a roof), crest, ridge; *fără ~*
roofless; *panta ~ului* slope/pitch/
inclination of a roof. ⓒ *a trăi sub
acelaşi ~ (cu cineva)* to live under
the same roof (with smb.).
acoperit *adj.* **1.** covered etc. **2.**
(ascuns vederii) protected from
view, out of sight. **3.** *(înnorat)*
overcast. **4.** *fig. (tainic)* secret;
(ascuns) hidden; *(misterios)* myste-
rious; *(abscons)* abstruse. ⓐ *~ cu
flori (d. pajişte etc.) poetic→*car-
peted with flowers; *~ cu zăpadă*
covered with snow; *(d. munţi etc.)
poetic→*snow-capped.
acoperitoare *s.f.* cover.
acord *s.n.* **1.** *muz.* chord; *(armonie)*
harmony, accord, concord; *pl.
(sunete plăcute)* strains. **2.** *fig.
(înţelegere, potrivire)* agreement;
(armonie) harmony, accord, con-
cord; unison, congeniality; *(potri-
vire)* congruence, concordance, con-
sonance, consonancy; *(conformi-
tate)* conformity; *(corespondenţă)*
correspondence; *(unitate)* unity,
unison; *(coincidenţă)* coincidence;

(↓ a planurilor) concert. concurrence; *(coeziune)* solidarity. **3.** *gram.* agreement, concord. **4.** *tel.* tuning. **5.** *jur. etc.* agreement; settlement. ⓐ ~ *bilateral* bilateral agreement; ~ *comercial* trade agreement; ~ *consonant muz.* consonant chord; ~ *de plăți ec.* clearing; ~ *disonant muz.* disonant chord; ~ *după înțeles gram.* agreement/concord by meaning; ~ *major muz.* major chord; ~ *minor muz.* minor chord; ~ *prin atracție gram.* agreement/concord by attraction; confusion by proximity. ⓑ *de* ~ *adj.* **a.** at one (with smb.), of one mind; agreed. **b.** *interjecțional* agreed! granted! quite so! all right! *de* ~ *cu* **a.** *(în conformitate cu)* in keeping/conformity/accord with. **b.** *(cineva)* in mutual understanding/agreement with; *de comun* ~ **a.** with one accord/consent. **b.** by mutual agreement; *lipsă de* ~ **a.** disonance, discord, dissension; lack of concord/agreement. **b.** *gram.* disagreement; *muncă în* ~ piecework; *plată în* ~ piece wage. ⓒ *a cădea de* ~ **a.** to come to an agreement/an understanding/terms/an arrangement, to agree. **b.** *(a încheia un tîrg)* to conclude/to strike a bargain. **c.** *(a consimți)* to consent, to accede, to assent; *a fi de* ~ to agree; *a fi de* ~ *cu* **a.** *(cineva)* to agree with, to be at one/in agreement with. **b.** *(„a nu zice nu la")* to agree to. **c.** *(a fi de aceeași părere cu privire la)* to agree on; *nu pot fi de* ~ *cu dumneata asupra acestui punct* I cannot agree with you there; *a pune de* ~ to bring into accord; to adjust, to accomodate, to reconcile, to conciliate; *sînt întru totul de* ~ *cu ceea ce spui* I'm quite in agreement with what you say; *a fi în* ~ *cu* to correspond/to answer to; *(a se potrivi cu)* to tally, to dovetail *(cu acuz.)*; to agree with; *a lucra/a munci în* ~ to work by agreement/contract/the job.

acorda I. *vb. tr.* **1.** *muz.* to tune, to put in tune, to attune; *(după*

diapazon) to put to concert pitch. **2.** *rad.* to tune in; to syntonize. **3.** *gram.* to make agree, to put in concord. **4.** *(a concede)* to grant, to concede; to accord; *(a oferi)* to offer; to afford; *(a da)* to give; *(a binevoi să dea)* to vouchsafe; *(a permite)* to allow, to permit; *(drepturi și privilegii)* to license. **5.** *tehn.* to adjust, to trim. ⓒ *a* ~ *ajutor cuiva* to lend assistance to smb.; *a* ~ *o audiență cuiva* to grant/to give smb. a hearing; *a* ~ *drepturi* to grant/to concede rights; *a~importanță unei probleme* to attach importance to a problem; *a* ~ *încredere cuiva* to place confidence in smb., to put one's trust in smb.; *a* ~ *protecție cuiva* to afford smb. protection; *a* ~ *un rabat/o reducere com.* to give discount, to yield an abatement; *a* ~ *răgaz cuiva* to give smb. time, to give a respite to smb.; *a* ~ *vioara după pian muz.* to tune the violin to the piano; *cinstea care i-a fost* ~*tă* the honour that has been bestowed upon him. **II.** *vb. refl.* **1.** *pas.* to be tuned etc. **2.** *gram.* to agree, to be in concord. ⓒ *subiectul se acordă în număr cu predicatul gram.* the subject agrees with the predicate in number.

acordant *s.m.* piece worker, jobber, tasker.

acordare *s.f.* tuning, granting etc.

acordat *adj.* **1.** *muz.* in tune, attuned; *poetic→*attune; *ca part. tr.* pitched. **2.** *gram.* agreed, in agreement/concord.

acordeon *s.n. muz.* accordion; melodeon; *(hexagonal)* concertina.

acordeonist *s.n. muz.* accordion *sau* concertina player.

acordor *muz.* **I.** *s.m.* tuner (of a musical instrument). **II.** *s.n. (pt. pian)* tuning key/hammer; *(pt. orgă)* tuning cone.

acosta I. *vb. tr. (pe cineva)* to accost, to go up to and speak to; *(a opri)* to stop. **II.** *vb. intr. nav.* to moor; to land; to come alongside.

acostament *s.n. constr.* footway; *drumuri* verge, road shoulder.

acostare *s.f.* accosting etc. ⓓ *ponton de* ~ gangway.

acotiledon(at) *adj. bot.* acotyledonous.

acotiledonate *s.f. pl. bot.* acotyledons.

acreală *s.f.* **1.** sourness; acidity, acidness; *(caracter înţepător)* tartness, pungency. **2.** sour food; sour drink. **3.** *fig.* sourness, acrimony; *(iritabilitate)* petulance, irritability; *(arţag)* peevishness, cantankerousness. **4.** *fig. (amărăciune)* bitterness. ⓐ ~ *la stomac* acidity of stomach.

acredita **I.** *vb. tr.* **1.** *com., ec.* to open a credit for; to give a credit to. **2.** *(un diplomat)* to accredit; *(a împuternici)* to authorize; to empower. **3.** *(a da crezare)* to accredit, to credit, to give credit to, to believe. **II.** *vb. refl. pas.* to be accredited etc.

acreditare *s.f.* opening a credit, accreditation, accrediting *etc.* ⓓ *scrisori de* ~ **a.** letters of accreditation, credential letters, credentials. **b.** *ec., com.* letters of credit.

acreditat **I.** *adj.* accredited etc. **II.** *s.m.* plenipotentiary.

acreditiv *s.n. ec., com.* letter of credit.

acrescămînt *s.n. jur.* accretion.

acri **I.** *vb. tr.* **1.** to (make) sour, to acidify; *(a mura)* to pickle; to salt. **2.** *fig.* to make sour, to embitter; *(a învenina)* to envenom. **II.** *vb. refl.* **1.** *pas.* to be soured etc. **2.** *(a se face acru)* to grow/to go/to get/to turn sour, to sour; *(d. lapte)* to curdle, to clabber; *(d. bere)* to fox, to prick. **3.** *fig.* to become sour, embittered, peevish etc. v. a c r u[1] I, 3. ⓐ *a i se* ~ *(de)*to be sick/tired of smth., F to be fed up with smth.

acridă *s.f. entom.* grasshopper *(Locusta viridissima).*

acridină *s.f. chim.* acridine.

acrilat *s.n. chim.* acrylate.

acrime *s.f.←rar* **1.** v. a c r e a l ă. **2.** *(gust acru)* sour taste. **3.** *fig. (duşmănie)* enmity; hostility; *(pică)* grudge.

acrimonios *adj.←rar* acrimonious.

acrire *s.f.* souring etc.

acriş[1] *s.m. bot.* barberry, devil's bit *(Berberis vulgaris).*

acrişor *adj.* sourish, tartish; acidulous, subacid, acidulent.

acrit **I.** *adj.* **1.** soured, (made) sour, acidified; *(murat)* pickled. **2.** *(alterat, stricat)* tainted, spoilt, damaged; *(vechi)* old. **3.** *fig. (plictisit)* bored; sick, tired; v. şi a c r u I, 3. **II.** *s.n.* souring etc. ⓒ *a pune la* ~ *(a mura)* to pickle.

acritură *s.f.* **1.** *(aliment acru)* sour food; *(băutură acră)* sour drink. **2.** *pl. (murături)* pickles.

acrobat *s.m.* rope dancer/walker, acrobat.

acrobatic *adj.* **1.** acrobatic. **2.** *fig.* neckbreaking...; of an acrobat.

acrobaţie *s.f.* **1.** acrobatics, (art of) rope dancing/walking. **2.** acrobatic feat; an acrobat's trick. **3.** *fig.* acrobatics. ⓐ ~ *aeriană* aerobatics, F→air circus. ⓒ *a face acrobaţii* to stunt, to perform stunts/ acrobatic feats/tricks.

acromatic *adj. opt.* achromatic; colourless.

acromatism *s.n. opt.* achromatism; lack of colour.

acromatopsie *s.f. med.* achromatopsy, achromatism, colour blindness.

acropolă *s.f.* acropolis.

acrostih *s.n. metr.* acrostic.

acroşa *fr.* **I.** *vb. tr.* **1.** *tehn. (a agăţa) (de)*to hang (up) (on); *(un vehicul)* to couple/to hitch on (to). **2.** *(a prinde)* to hold; *(într-un cîrlig)* to hook. **II.** *vb. refl.* ⓐ *a se* ~ *de* to cling/to fasten to.

acroteră *s.f. arhit.* acroterium, acroterion.

acru[1] **I.** *adj.* **1.** sour; tart; testy, acid, touchy; *(tăios, astringent)* acrid, sharp; *(ca oţetul)* vinegarish; *chim.* acid, acetous, acetose; *(acrişor)* sourish; acidulous. **2.** *(necopt)* unripe, green. **3.** *fig.* sour; *(supărăcios)* sour, sulky, acrimonious, crabbed, peevish; *(supărat)* angry, cross; *(morocănos)* morose, surly; *(ţîfnos)* grumpy, cantankerous. **4.** *fig. (amar)* bitter; *(greu)* painful. ⓐ ~-*dulce* sour-sweet; ~ *la gust* sour-tasted. ⓓ *apă acră* carbonic/acid water; *bere* acră foxy/pricky beer; *castraveți acri* pickled cucumbers; *cu o mină acră* sour-/vinegar-faced; *gust* ~ sour/harsh/acrid taste; *lapte* ~ sour milk; *măr* ~ sour apple; *mină acră* sour/vinegar face; *om* ~ sour, peevish, morose *etc.* man/fellow *v.* ~ 3; snarler; *piatră acră* alum stone, alunite; *varză acră* pickled/salted/sour cabbage; *vin* ~ sour wine. ⓒ *a avea o figură acră* to look (as sour as) vinegar; *a face o mină acră* to put on/to make a sour face. II. *adv.* sourly, morosely, peevishly, sulkily. ⓒ *a se uita* ~ to look sour, to look (as sour as) vinegar, to look as sour as verjuice; *îmi vine* ~ *de, mi se face* ~ *de...* makes me sick; ...goes against my stomach; my gorge rises at...

acru² *s.m.* acre *(4046,94 m²).*

act *s.n.* 1. *(faptă)* act; action, deed. 2. *jur.* (official) deed, document; act; legal instrument; writ; *pl.* judicial acts; *(certificat)* certificate. 3. *teatru* act. ⓐ ~ *administrativ* administrative act; ~ *constituțional* constitutional act; ~ *de acuzare jur.* (act of) indictment, (act of) accusation; ~ *de botez* ←*inv.* certificate of baptism; ~ *de caritate* act of charity; *pl.* charities; ~ *de căsătorie*←*inv.* certificate of marriage; ~ *de credință* act of faith; ~ *de cununie*←*inv.* wedding certificate; ~ *de curaj* brave deed/action, act of bravery; ~ *de deces* ←*inv.* certificate of death; ~ *de dreptate* act of justice; ~ *de eroism* act of heroism, heroic deed; ~ *de impietate* impiety; ~ *de naștere*←*inv.* certificate of birth, birth certificate; ~ *de nepolitețe* incivility; ~ *de nesupunere* act of disobedience; ~ *de notariat* notarial act, solicitor's deed; deed executed and authenticated by a notary; ~ *de procedură jur.* procedure act; ~ *de stare civilă* certificate of birth, marriage, or death; ~ *de violență* act of violence; ~ *de vînzare* bill of sale; ~ *deznădăjduit* act of despair, desperate act; ~*e publice* public documents;

public registers; ~ *fals* forged deed, forgery; ~ *juridic* judicial act *sau* document; juristic fact; ~ *nebunesc* foolish/reckless act(ion), daredevil trick/stunt, mad action; ~ *necugetat* rash act(ion); ~ *normativ* normative act; ~ *oficial* official document; ~ *penal jur.* penal act; ~ *public* public document; ~ *terorist* terroristic act, act of terror. ⓑ *piesă în cinci* ~*e* five-act play. ⓒ *a face* ~ *de autoritate* to exercise one's authority/willa; *a face* ~ *de complezență* to show one's readiness to oblige; *a face* ~ *de prezență* to enter an appearance, F→to show up; *a lua* ~ *de ceva* a. *jur.* to take (legal) cognizance of smth. b. to note smth., to take note of smth.; *a redacta un* ~ to draw up a deed/a document.

actinic *adj. fiz.* actinic.

actinie *s.f. zool.* actinia *(Actinia).*

actinism *s.m. fiz.* actinism.

actinometru *s.m. chim., fiz.* actinometer.

actiniu *s.n. chim.* actinium.

activ I. *adj.* 1. active; *(harnic)* industrious, diligent; busy; *(vioi)* brisk. 2. *(operativ)* efficient, operative. 3. *(în funcție)* acting; *mil.* in active service. 4. *gram., chim. etc.* active. 5. *com.* due (to the firm). ⓑ *armată* ~*ă mil.* standing/regular army; *membru* ~ active member; *remediu* ~ efficaceous remedy; *serviciu* ~ *mil.* active service; *sprijin* ~ active support; active aid/assistance; co-operation; *verb* ~ *gram.* active verb; *vulcan* ~ active volcano. ⓒ *a lua parte* ~*ă la* to take an active part in. II. *adv.* actively, in an active manner. ⓒ *a participa* ~ *la* to take an active part in. III. *s.n.* 1. *pol.* active; the most active members. 2. *com., ec.* assets; credit (account). 3. *gram.* active voice. ⓐ ~ *de partid pol.* Party active, the most active members of the Party organization; ~ *și pasiv com., ec.* assets and liabilities; ~*ul (celor) fără de partid pol.* the active of non-

Party people. © *a avea la* ~*ul său* to have on one's score/records; to account for.

activa I. *vb. tr.* **1.** *(a intensifica)* to intensify; *(a accelera)* to speed up, to accelerate; to dispatch, to expedite; *(a grăbi)* to hasten; *(a învora)* to enliven, to brisk up; *(a stimula)* to stimulate. **2.** *fiz.* to activate. **II.** *vb. refl.* **1.** *pas.* to be intensified, sped up etc. **v.** ~ I. **2.** *(a spori)* to intensify; to increase. **3.** *(a se accelera)* to accelerate, to speed up. **4.** *mil.* to enter/to join the regular army. **III.** *vb. intr. (a lucra)* to work; *(într-o anumită funcție)* to act; to function. © *activează ca traducător* he works/functions as a translator.

activare *s.f.* intensification, intensifying etc.

activator *s.m. fiz.*, *chim.* activating agent.

activist *s.m.* activist, active worker. ⓐ ~ *de partid* Party activist/worker; ~ *pe tărîm obștesc* worker in public and social affairs.

activitate *s.f.* **1.** activity; *(lucru, muncă)* work; *(funcție)* function, job; *(treabă)* business; *(mișcare)* movement. **2.**←*rar (sirguință)* diligence, industry, industriousness. ⓐ ~*a conștientă a oamenilor* the conscious activity of men; ~ *editorială* publishing (activity); ~ *obștească* (public and) social activity; ~ *personală* (personal) record, record of activity; background; ~ *practică* practical activity *sau* activities; ~ *revoluționară* revolutionary activity. ① *în* ~ **a.** in activity/action/operation/progress, at work. **b.** *(d. un vulcan)* active; *sferă de* ~ sphere of action; field; domain; province; *în plină* ~ in full operation; *(d. un furnal etc.)* in full blast; *(în toi)* in full swing.

activiza I. *vb. tr. (oameni)* to make more active; to rouse, to stir up, to stir to activity. **II.** *vb. refl.* to be(come) more active; to liven (up).

activizare *s.f.* making more active etc.

actor *s.m.* actor, player, performer, *rar*→histrionic, F→theatrical; *(de estradă)* artiste. ⓐ ~ *ambulant* strolling/itinerant/touring actor / player, stroller; ~ *de comedie* comedian; ~ *de tragedie* tragedian; F→Thespian; ~ *principal* chief/principal/leading actor, leading man, protagonist; star; ~ *prost* poor actor, F→ham (actor), *amer. sl.* hamfather.

actoraș *s.m. dim. peior.* **v.** a c t o r p r o s t.

actoricesc *adj.* an actor's...; theatrical, histrionic; dramatic.

actorie *s.f.* acting, performing (on the stage), histrionism.

actriță *s.f.* actress, player; *(de tragedie)* tragédienne; *(de comedie)* comédienne.

actual I. *adj.* **1.** *(de acum)* present, present-day..., *rar*→actual; contemporary; *(existent)* existing...; *(curent)* current; *(modern)* modern. **2.** *(de actualitate)* topical; up-to-date; *(d. un articol etc.)* right up to the minute; *(oportun)* opportune, seasonable. ① *limba engleză* ~*ă* present-day English; *prețurile* ~*e* the present/ruling/existing prices; *starea* ~*ă de lucruri* the present state of things. **II.** *adv. (ca adj.)* © *sună foarte* ~ it sounds very topical.

actualitate *s.f.* **1.** *(prezent)* present, present time *sau* hour/moment, *the* time being; *(stare actuală)* present state, present condition *sau* situation. **2.** *(caracter actual)* topicalness, topicality, topical character; up-to-dateness; actuality; *(oportunitate sau conformitate cu momentul)* seasonableness, opportuneness; *(semnificație contemporană)* contemporary significance; *(interes actual)* present interest. **3.** *(moda zilei)* fashion of the day/hour, novelty. **4.** *pl. (noutăți)* questions *sau* events of the (present) day/of the moment; passing/current events; news of the day/the moment. ⓐ *actualitățile zilei* the passing/current events v. *și* 4. ① *de* ~ **a.** v. a c t u a l. **b.** *(arzător, fig.)* burning, keen; urgent;

chestiune lipsită de ~ question lacking present interest; *lucrare plină de* ~ work replete with present interest.

actualiza I. *vb. tr.* to bring up-to-date; to make topical. **II.** *vb. refl. pas.* to be brought up-to-date; to be made topical.

actualizare *s.f.* bringing up-to-date; making topical.

actualmente *adv.←elev.* at present, at the present moment/hour, at this time; nowadays; *(acum)* now.

actuar *s.m.* actuary.

acționa I. *vb. intr. (d. cineva)* **I.** to act, to take action; to proceed. ⓐ *a* ~ *asupra (cu gen.)* **a.** to have effect on; to act/to operate on; *(a influența)* to influence *(cu acuz.).* **b.** *(a convinge)* to convince *(cu acuz.);* to bring *smth. home to.* **c.** *(pozitiv)* to have the desired effect on. **d.** *(nervilor etc.)* to tell on. **e.** *chim. etc.* to react on. ⓒ *tu cum ai fi* ~*t?* how would you have acted? what would you have done? **II.** *vb. tr. tehn.* to set in action/motion; to drive, to run; to move, to operate. ⓒ *a* ~ *în judecată pe cineva jur.* to bring/to take an action against smb., to sue smb.

acționar *s.m.* shareholder, *amer.* stockholder.

acționare *s.f.* acting; *(acțiune)* action; *(activitate)* activity. ⓐ ~ *în judecată jur.* action (brought) against smb., suing smb. at law; ~ *mecanică tehn.* mechanical/power drive/operation; ~ *prin transmisie tehn.* transmission drive. ⓓ *cu* ~ *mecanică tehn.* powered, power-actuated.

acțiune *s.f.* **1.** action; act; deed; *(curajoasă)* feat. **2.** *mil.* action, fight, engagement, operation. **3.** *gram.* action. **4.** *lit.* action; plot. **5.** *(influență)* action, influence; *(efect)* effect; agency. **6.** *(funcționare)* function(ing). **7.** *jur.* (civil) action, lawsuit, civil trial. **8.** *ec.* share, *pl.* shares, F→scrip, *amer.* stock. **9.** *(campanie)* action; campaign, drive. ⓐ ~ *agresivă* (act of) aggression; *(incursiune)* inroad;

~ *bancară ec.* bank security; ~ *civilă jur.* v. ~ 7; ~ *personală ec.* personal share; ~ *premeditată* premeditated action; ~ *privilegiată ec.* preferance share. ⓒ *în* ~ in action, F→on foot; at work; in operation; *tehn. și* ·in gear; *în plină* ~ in full activity/swing; *(lucrînd mereu)* working full time; *locul acțiunii* the scene (of action); *om de* ~ man of action; *plin de* ~ *(d. un roman etc.)* full of action; dramatic; *societate pe acțiuni ec.* joint-stock company; company of share-holders; *unitate de* ~ unity of action. ⓒ *a intenta (o)* ~ *împotriva cuiva* to sue smb. (at law), to bring/to take action against smb.; *a intra în* ~ **a.** *(d. oameni)* to come into action, to engage in action. **b.** *mil.* to go into action; to begin operations. **c.** *(d. forțe, interese etc.)* to come into play. **d.** *tehn.* to be put in action, to be set going; to start; *a pune în* ~ **a.** to set/to put in action, to call/to bring into action; *(forțe noi etc.)* to call into play. **b.** *tehn.* to actuate; to set to work; *(a porni)* to start; *a trece la* ~ **a.** to act, to take action; *(a se apuca de lucru)* to set to work. **b.** *(a lua măsuri)* to take measures.

acu *adv.←F* v. a c u m.

acuaforte *s.f. arte* etching.

acuarelă *s.f.* **1.** *(vopsea)* water colour. **2.** *(pictură)* aquarelle, water colour, painting in water colour(s).

acuarelist *s.m. pict.* aquarellist, water-colour painter.

acuitate *s.f.* **1.** *(a simțurilor)* acuity, sharpness, acuteness, keenness. **2.** *(a durerii)* sharpness, poignancy. **3.** *(a unei crize etc.)* acuteness. ⓐ ~ *auditivă* sharpness/keenness of hearing; keen ear; ~ *vizuală* visual acuity, keenness of sight.

acum *adv.* **1.** now; *(în prezent)* at present, at this time; *(în acest moment)* at this moment, F→at this time of day; *(astăzi)* today; *(în zilele noastre)* nowadays; in our days. **2.** *(atunci — pt. a învidra povestirea)* now. **3.** *(adineauri)* just/but now; a little while ago, a minute ago, a few moments ago. **4.** *(in urmă cu)* ago. **5.** *(la rînd, după aceasta)* now, next. **6.** *(îndată)* immediately, directly, at once, in a moment, just/right now. **7.** *(la start)* ready! steady! go! ⓐ ~ ..., ~ ... now..., now then ...; ~ *un an* a year ago; ~ *că* now that; ~ *ori niciodată* now or never. ⓑ *ca* ~ **a.** *(așa cum e acum)* as it is now, as it is at present. **b.** *(de parcă ar fi acum)* as if it were now. **c.** *(în mod clar)* clearly, distinctly; *(în mod viu)* vividly; *chiar* ~ **a.** *(adineauri)* v. ~ **3.** **b.** *(chiar în acest moment)* this very moment, right now; *de* ~ I. *adj.* present; present-day... v. *și* a c t u a l I, **1.** II. *adv.* from now on, henceforward, henceforth; *de* ~ *înainte/încolo* v. d e ~ II; *numai* ~ now only; *pînă* ~ till/until now, so far, as yet, *înv.*→ hitherto; *(încă)* still; *pînă mai* ~ *cinci ani* till about five years ago; *și* ~ **a.** and now. **b.** *(încă)* still; to this day/time; even now. ⓒ ~ *e* ~ now/this is the critical/decisive moment; ~ *e momentul* now is the time for it, now is the time to do it; ~ *pot veni* now let them come, now for them; ~ *să te văd!* **a.** *(arată de ce ești în stare)* now show your mettle! **b.** *(mă-ntreb ce ai să faci)* I wonder what you'll do now.

acuma *adv.←reg.* v. a c u m.

acuminat *adj. bot.* acuminate.

acumula I. *vb. tr.* to accumulate, to amass; *(a îngrămădi)* to heap (up), to pile; *(↓ bani)* to hoard up; *(a rezerva)* to pile up, to hoard, to build up; *(a înmagazina)* to store; *(a aglomera)* to agglomerate; *(a aduna)* to gather (up); *(a spori)* to increase, to augment. ⓒ *a* ~ *cunoștințe* to store knowledge; *a* ~ *experiență* to gather/to get experience. II. *vb. refl.* **1.** to be accumulated etc. **2.** to accumulate; *(a se îngrămădi)* to heap (up); *(a se aglomera)* to agglomerate; *(a se aduna)* to gather (up); *(a spori)* to increase, to augment.

acumulare *s.f.* **1.** accumulation, accumulating etc. **2.** *(grămadă)* accumulation, hoard; collection. ⓐ ~ *de capital ec.* accumulation of capital; ~ *de cunoștințe* storing of knowledge; ~ *primitivă ec.* primitive accumulation; ~ *rapidă* rapid accumulation; ~ *socialistă ec.* socialist accumulation.

acumulator *s.n. electr.* (battery) accumulator, storage battery. ⓐ ~ *de abur tehn.* accumulator; ~ *hidraulic tehn.* hydraulic accumulator.

acupla I. *vb. tr.* **1.** v. c u p l a. **2.** *(a împerechea)* to couple, to mate, to pair. II. *vb. refl.* **1.** v. a s e c u p l a. **2.** *(a se împerechea)* to mate, to pair; to copulate, to couple.

acuplaj *s.n. tehn.* (clutch) coupling.

acuplare *s.f.* **1.** v. c u p l a r e. **2.** mating etc.

acupunctură *s.f. med.* acupuncture.

acuratețea, acuratețe *s.f.* accuracy.

acustic *adj.* acoustic.

acustică *s.f.* **1.** science of sounds; acoustics *(cu vb. la sg.).* **2.** *(a unei săli etc.)* acoustics *(cu vb. la pl.).*

acustician *s.m.* acoustician.

acușa[1] *adv.* ←*reg.* v. a c u ș i.

acușa *vb. tr. fr.* to give birth to.

acuși *adv. (chiar acum)* right now; *(îndată)* immediately, directly, in a minute, F in no time, in a jiffy.

acușica *adv.* F in no time, in a jiffy; v. a c u ș i.

acușor *s.n. dim. de la* a c little needle *sau* pin.

acut I. *adj.* **1.** *(pătrunzător)* acute, keen; *(puternic)* strong; *(violent)* violent. **2.** *(d. dureri)* acute; violent; severe. **3.** *(d. boli)* acute, not chronic. **4.** *(critic)* critical; crucial. **5.** *muz.* acute, shrill, high in pitch. ⓑ *febră* ~*ă med.* high fever; *registru* ~ *muz.* head register. II. *adv.* acutely; strongly; violently; severely.

acuza I. *vb. tr.* **1.** *(de)* to accuse (of); *(a învinovăți)* to blame (for); to charge (with); to tax (with). **2.** *jur.* to prosecute, to sue, to bring/to enter/to lay an action/a charge

against, to proceed against; (↑ *un
funcţionar public*) to impeach. 3.
med. şi fig. to indicate; to mani-
fest; to evince; to have. ⓒ *a ~
pe cineva de înaltă trădare* to im-
peach smb. for high treason. **II.**
vb. refl. **1.** to accuse/to blame one-
self. **2.** *(reciproc)* to accuse/to
blame each other. **3.** *pas.* to be
accused etc. (v. ~I). **III.** *vb. intr.*
to accuse.

acuzabil *adj.* accusable, impeach-
able, indictable.

acuzare *s.f.* **1.** *(ca acţiune)* accusa-
tion, accusing, blaming etc. **2.**
(ca act) accusation, charge; blame.
3. *jur.* charge; *(pt. diferite vini,
scrisă)* indictment; *(penală)* ar-
raignment; *(pt. călcarea datoriei)*
impeachment; *(inculpare)* incul-
pation, imputation, incrimina-
tion. **4.** *jur.* *(ca persoană)* accuser,
indicter, impeacher, arraigner; *pl.*
accusers etc. ⓑ *act de ~* bill
of indictment; *cap de ~' jur.* count
(of indictment/an indictment); *de
~* accusatorial, accusatory; *pu-
nere sub ~ jur.* ⓒ *a pune sub ~
pe cineva jur.* to arraign smb., to
commit smb. for trial.

acuzat I. *adj.* accused. **II.** *s.m. jur.*
accused person; *~ul* the accused;
*(în Anglia, într-un proces civil;
în Ş.U.A. într-un proces penal)*
defendant; *(sub stare de arest, la
bară)* prisoner (at the bar); *(la
un proces de divorţ etc.)* respondent;
(intimat) appellee.

acuzativ *s.n. gram.* accusative (case);
(în gram. engleză, uneori) object-
ive (case). ⓐ *~ dublu* double ac-
cusative; *~ul obiectului interior*
accusative of content; *(privit sin-
tactic)* cognate object.

acuzator I. *adj.* accusing; accusa-
tory, incriminating. **II.** *s.m.* **1.**
jur. accuser, indicter, impeacher,
arraigner, prosecutor. **2.** accuser;
(în parlament) impeacher, arraign-
er. ⓐ *~ public* public prosecu-
tor.

acuzaţie *s.f. şi jur.* accusation, charge.
ⓐ *~ de furt jur.* indictment for
theft, indictment on a charge of
theft; prosecution for theft. ⓑ

sub acuzaţia de on a charge of, under
an accusation of. ⓒ *a aduce o
~ împotriva cuiva* to bring an
accusation against smb.

acuză *s.f.*←*rar* accusation, charge.

acvaforte *s.n. arte* etching, etched
copper-plate.

acvamarin *s.n. mineral.* aquama-
rine.

acvaplan *s.n. sport* surf board.

acvariu *s.n.* aquarium.

acvatic *adj.* aquatic, water ...

acvifer *adj.* aquiferous; water-
bearing; watery.

acvilă *s.f.* **1.** *orn.* eagle, *poetic*
Jove's bird *(Aquila).* **2.** *ornit.*
golden eagle *(Aquila imperialis).*
3. *(ca stemă)* eagle. ⓑ *pui de ~*
eaglet.

acvilin *adj.* aquiline. ⓐ *nas ~*
aquiline/Roman nose, eagle's beak;
privire ~ă keen/penetrating glance;
eagle eye; hawk eye.

acvilon *s.n.*←*rar* north wind; cut-
ting blast.

adagio *muz.* **I.** *adv.* adagio, slowly.
II. *s.n.* adagio.

adagiu *s.n.* adage, saying, saw,
(proverb) proverb.

Adam *nume masc.; şi bibl.* Adam.
ⓐ *~ şi Eva bibl.* Adam and Eve.
ⓑ *de cînd cu moş ~, de cînd ~
Babadam* F since Adam, *amer.*
since Adam was a boy; *mărul lui
~ anat.* Adam's apple; *neam de
pe ~* remote relative, very dis-
tant relative, F thirty-second cou-
sin; *pe vremea lui ~* in Adam's
time, in the days of yore, ages
ago. ⓒ *era îmbrăcat în costumul
lui ~ glumeţ* he was stripped to
the buff.

adamant *s.n.* diamond, *înv.*→ada-
mant.

adamantin *adj.* adamantine; dia-
mond...; diamond-like.

adamic *adj.* Adamic.

adaos *s.n.* addition; *(spor, creştere)*
increase, rise; *(plus)* extra; *(su-
pliment)* supplement; *(mărire)*
enlargement, augmentation, am-
plification; *(completare)* comple-
tion; appendage, pendant; *(ata-
şare)* attachment, subjunction;
(urmare) sequel; *(interpolare)* inter-

polation, interjection; *(prin ames-tecare)* admixture, intermixture; *(de metale)* alloy; *(anexă)* annex; *(accesoriu)* accessory; *(amenda-ment)* amendment; *(la o carte etc.)* addendum, addenda, appendix; *(la o scrisoare)* postscript;. *(la o lege, un document)* additional clause, rider, schedule; *(la un testament)* codicil; *(la o poliță)* slip; *(in-gredient)* ingredient; *tehn.* insert, shim; stock; distance piece. ⓐ ~ *de cheltuieli* extra expenses; ~ *de sa-lariu* increase/augmentation/F→ raise of salary; additional salary/ pay. ⓑ *apă cu un mic* ~ *de oțet* water with just a dash/a thim-bleful/F→ a small drop of vinegar; *cu un* ~ *de* with an admixture of; with a dash/a sprinkling of; to which ... is added; *cu* ~*ul că* with the addition that; *(cu corec-tivul că)* with the qualification that; *fără nici un* ~ without any further addition. ⓒ *a porni intr-* ~ ←*reg.* F→ to get in the family way, to be in interesting circum-stances, P→ to be big(-bellied), — to be pregnant.

adapta I. *vb. tr.* **1.** *(la)* to adapt (to; for) to accommodate (to); *(a ajusta)* to adjust (to); *(timpului, imprejurărilor)* to time (to); *(a face să se potrivească)* to tally, to make agree (with); *(a conforma)* to conform (to); *(a aclimatiza)* to acclimat(iz)e (to); *(a face potrivit)* to fit (to); to suit (to). **2.** *tehn.* to adjust, to fit; *(a monta)* to mount. **3.** *ec. (la)* to suit (to). **4.** *(pt. scenă etc.)* to adapt; to dramatize. **5.** *(a reface)* to remo-del, to recast, to work over; *(a scrie din nou)* to re-write. ⓐ *a* ~ *la (a deprinde cu)* to custom/ to inure to; *(a aduce la nivelul)* to level to. **II.** *vb. refl.* **1.** *(la)* to adapt/to adjust oneself (to); to accommodate oneself (to); *(d. lu-cruri)* to be adapted (to); *(impre-jurărilor etc.)* to time oneself (to); *(a se conforma)* to conform (one-self) (to); to comply (with); *(a se aclimatiza)* to acclimat(iz)e (one-self) (to). **2.** *pas.* to be adapted etc.

v. ~ I. ⓐ *a se* ~ *la (a se deprinde cu)* to accustom oneself to, to get accustomed / inured to, to inure oneself to. ⓒ *a se* ~ *imprejură-rilor* to adapt/to accommodate one-self to circumstances; to make the best of circumstances; *a se* ~ *me-diului (inconjurător)* to adapt one-self to one's environment, to fit oneself (in)to one's surroundings.

adaptabil *adj.* *(la)* adaptable (to).

adaptare *s.f.* **1.** *(la) (ca acțiune)* adaptation, adapting etc. (to) *v.* a d a p t a. **2.** *(la) (ca act)* adap-tation (to); accommodation (to); conformity (with, to). **3.** *biol. (la)* adaptation (to). **4.** *lit.* adaptation; *muz.* adaptation; arrangement. ⓐ ~ *cinematografică* screen/film adaptation/version; ~ *radiofonică* adaptation for broadcasting, ra-dio adaptation/version.

adaptat *adj.* *(la)* adapted (to).

adaus *s.n.* *v.* a d a o s.

adăoga ... *v.* a d ă u g a ...

adăogi ... *v.* a d ă u g a ...

adăpa I. *vb. tr.* **1.** *(animale)* to water. **2.** ←*peior. (pe cineva)* to give *smb.* to drink (↓ his fill); *(a imbăta)* to make drunk, to swill, to fuddle, *sl.* to soak. **3.** *fig. (pămintul etc.)* to water, to wet, to soak. **II.** *vb. refl.* **1.** *(d. animale)* to drink; *pas* to be watered. **2.** *(d. oameni* ← *peior.* to drink (↓ one's fill); to quench one's thirst; *(a bea lacom)* to swill. ⓐ *a se* ~ *din/la fig.* **a.** *(a sorbi)* to drink in, to imbibe *(cu acuz.)*. **b.** *(a se inspira din)* to draw on; *(a imprumuta de la)* to borrow from. ⓒ *a se* ~ *in aceeași apă cu cineva* F to sing the same song with smb., to sail in the same boat with smb.; *știu eu in ce apă se adapă* F I summer and winter him, -I know him well.

adăpare *s.f.* watering, wetting, etc.

adăpat *s.n.* **I.** *v.* a d ă p a r e **2.** *v.* a d ă p ă t o a r e.

adăpătoare *s.f.* **1.** *(pt. animalele domestice)* watering place; *(pt. animalele sălbatice)* drinking place. **2.** *(jgheab)* water trough, run.

adăpost *s.n.* **1.** shelter, refuge; *(loc, sigur)* safe place, place of security, cover; *mil.* dug-out. **2.** *(locuință)* house, lodging(s), housing; *(cămin)* home; *(acoperămînt)* roof (ing); *(azil)* asylum (for the homeless), house of refuge, *sl.* straw yard. **3.** *fig. (liman)* shelter, refuge, harbour (age), retreat, port, *poetic→*haven. **4.** *fig. (ungher ascuns)* recess; *(sanctuar)* sanctuary. **5.** *fig. (protecție)* protection; *(scut)* shield; *(sprijin)* support; *(ajutor)* help, assistance, aid; *(acoperire)* cover, shroud, screen; *(pază)* *(împotriva)* safeguard (against); guard (ianship). ⓐ ~ *antiaerian mil.* air-raid shelter; ~ *antiatomic mil.* atomic-bomb shelter; ~ *colectiv mil.* collective shelter; ~ *contra bombelor mil.* bomb shelter, bomb-proof dug-out; ~ *contra bombelor atomice mil.* atomic shelter; ~ *contra gazelor mil.* gas-proof shelter; ~ *contra/împotriva ploii* shelter from rain; ~ *împotriva soarelui* shelter from the sun; ~ *public mil.* public shelter. ⓑ *fără* ~ homeless, houseless, shelterless, roofless, unsheltered; *la* ~ safe, in safety; under shelter/cover; in a safe place; *la* ~ *de* protected against/from; safe/sheltered from; *la* ~*ul (cu gen.)* under cover/shelter of, under the protection of; *la* ~*ul nopții* under shelter / cover of the night; *persoană fără* ~**a.** homeless/shelterless/houseless person. **b.** *(vagabond)* tramp, vagabond. ⓒ *a căuta* ~ to seek (a) shelter; *(d. animale)* to take soil; *a căuta* ~ *în fig.* to seek refuge in; *(a recurge la)* to resort/ /to recur/to have recourse to; *a cere* ~ *cuiva* to ask smb. for hospitality; *a da* ~ *cuiva* to give/ /to afford shelter to smb.; to lodge /to harbour smb.; *voi găsi un* ~ *undeva* I'll find accommodation somewhere (or other); *a oferi*~*cuiva* v. a d a ~ c u i v a; *a lăsa fără* ~ *pe cineva* to unhouse smb.; *a rămîne fără* ~ to be left without a roof, F→to have got the key of the street; *a pune la* ~ to place

in safety; to get out of danger; *(a‧salva)* to save; *(a adăposti)* to shelter; *(a ascunde)* to hide; *a se pune la* ~ *(de)* to (take) shelter (from), to secure oneself (against); to get out of danger, to get out of harm's way; *a se pune la* ~ *de (a evita)* to avoid *(cu acuz.).*

adăposti **I.** *vb. tr.* **1.** to shelter; to give / to afford shelter to; *(a găzdui)* to lodge, to harbour, to house, to take in, to receive (under one's roof), to put up, to accommodate; *(a încartirui)* to quarter, to billet; *(oameni, cai, vehicule)* to put up; *(vite)* to house, to stable; *(ca într-un cuib)* to nestle. **2.** *(de)* *(a ascunde)* to hide(from); *(a apăra)* to protect, to shield (from); *(a duce într-un loc sigur)* to take to a place of safety; to secure (from); *(a păzi)* to (safe)guard (against) **3.** *(a înmagazina)* to store, to stow / to put away. **4.** *(a încăpea, a avea loc pt.)* to hold. **II.** *vb. refl.* **1.** to shelter oneself, to seek (a) shelter; to take shelter; *(d. animal)* to take soil; *(a găsi adăpost)* to find shelter/ refuge; *(a găsi protecție)* to find protection. **2.** *(a se păzi) (de)* to (safe)guard oneself (against); *(a se ascunde)* to hide (oneself) (from).

adăpostire *s.f.* **1.** *(ca acțiune)* sheltering *etc.* **2.** v. a d ă p o s t 1, 3, 5.

adăpostit *adj.* sheltered; secure, safe, in safety; *(în afara primejdiei)* out of danger; *(ascuns)* hidden. ⓐ ~ *de vînt* sheltered from the wind.

adăsta←*înv.*; *reg.* **I.** *vb. intr.* **1.** *(a aștepta)* to wait. **2.** *(a poposi)* to (make a) halt. **II.** *vb. tr.* **1.** *(a aștepta)* to wait for, to await. **2.** *(a păsui)* to grant *smb.* an extension of time/a delay; *com.* to grant *smb.* a deferment.

adăuga **I.** *vb. tr.* **1.** *(la)* to add (to); *(a mai pune deasupra)* to superadd (to), to superinduce (on, upon). **2.** *(a spori)* to increase, to augment; *(a mări)* to enlarge, to extend; to magnify. **3.** *mat. (la)* to add (to). **4.** *(a pune alături) (la)* to

annex, to adjoin, to put on (to)
to append (to); *(a ataşa)* to at-
tach (to); *(a include)* to include
(into); *(a insera)* to insert (into);
(a introduce) to introduce (into);
to interpolate, to interject (into);
(a completa cu) to complete, to
fill (up) (with). ⓒ *fără a mai* ∼
/*să mai adăugăm* without adding;
to say nothing of; not including.
II. *vb. refl.* **1.** *pas.* to be added,
superadded etc. v.∼ I. **2.** *(a inter-
veni în plus)* to supervene. **3.**
(a apărea) to appear. ⓒ *la
acestea se mai adaugă (şi)* add to
this; in addition to this there is
sau are; to this ... must be added;
s-au mai ∼*t şi alte elemente* be-
sides/in addition (to that)/moreover,
there were other elements. **III.** *vb.
intr.* to add.

adăugare *s.f. (la)* addition, adding
(to) etc.

adăugi v. a d ă u g a ...

adăugit *adj.* added; completed. ⓓ
ediţie ∼*ă* enlarged edition.

adăugitor *adj.* additional.

addenda *s.f. lat.* addenda, addendum.
Addison   ⓓ *boala lui* ∼ *med.* Ad-
dison's disease.

adecuat, adecvat I. *adj.* adequate;
proper; *(potrivit)* fit, suitable.
II. *adv.* adequately; properly.

ademeni I. *vb. tr.* **1.** *(a atrage)* to
attract, to draw; *(a momi)* to
allure; *(a fermeca, a încînta)* to
charm; *(a cuceri)* to conquer;
(a fascina) to fascinate; *(a ispiti)*
to tempt. **2.** *(a seduce)* to seduce;
(a duce pe căi greşite) to lead astray.
3. *fig. (clienţi)* to entice away; to
steal. **4.** *(fig. (o fată)* to entice
away from home. ⓐ *a* ∼ *să* to en-
tice into *(doing smth.)*/to *(do
smth.)*; to seduce to *(do smth.)*;
(cu vorbe) to talk into *(doing smth)*.
ⓒ *a* ∼ *pe cineva cu vorbe* to talk
smb. round; *a* ∼ *pe cineva în-
tr-un loc* to inveigle smb. into a
place. **II.** *vb. refl.* **1.** *pas.* to be
attracted, drawn etc. v. ∼ I. **2.**
(a se amăgi singur) to delude/to
deceive oneself, to indulge in illu-
sions. **3.** ←*rar (a fi încîntat)* to

be delighted; to be enthusiastic;
< to be thrown into raptures.

ademenire *s.f.* **1.** *(ca acţiune)* at-
tracting, attraction, drawing etc.
2. *(concret)* attraction; allurement;
temptation. **3.** ←*rar (încîntare)* de-
light; < raptures; *(admiraţie)* ad-
miration.

ademenitor I. *adj.* attractive; allur-
ing; tempting; < charming; fas-
cinating. **II.** *adv.* attractively; al-
luringly; temptingly; < charm-
ingly. **III.** *s.m.* ← *rar* seducer; *(is-
pititor)* tempter; *(corupător)* cor-
rupter; perverter.

ademţiune *s.f. jur.* ademption.

adenită *s.f. med.* adenitis.

adenoid *adj. med.* adenoid.

adenom *s.n. med.* adenoma.

adept *s.m.* **adeptă** *s.f.* partisan, fol-
lower, adherent; *(sprijinitor)* sup-
porter, backer, advocate; *peior.*→
hanger-on; *(al unui maestru)* dis-
ciple; *(prozelit)* proselyte; *(închi-
nător)* votary, votarist; *(zelos)*
zealot.

adera *vb. intr.* **1.** to adhere; *(a-şi
da adeziunea)* to give in one's
adhesion. **2.** *tehn.* to adhere; to
stick, to cling, to hang on. **3.**
constr. to bond. ⓐ *a* ∼ *la* **a.** to
adhere/to cleave/to stick to; *(a se
alătura la)* to join *(cu acuz.)*; *(a
fi ataşat de)* to be attached/devoted
to; *(a fi pentru)* to side with; *(a
se înscrie în)* to join *(cu acuz.)*;
to become a member of; *(a adopta)*
to adopt *(cu acuz.)*; *(a îmbrăţişa)*
to embrace, to espouse *(cu acuz.)*;
(a consimţi la) to consent/to ac-
cede to; to agree to; *(a subscrie
la)* to subscribe to. **b.** *tehn.* to
adhere / to cling / to stick to.

aderare *s.f.* **1.** *(ca acţiune) (la)*
adhesion, adhering etc. (to). **2.**
(concret) adhesion; *(consimţămînt)*
consent, assent; agreement.

aderent I. *adj.* adherent, adhering;
(lipicios) adhesive. **II.** *s.m.* adher-
ent; partisan, follower.

aderenţă *s.f.* **1.** *med.* adherence. **2.**
tehn. adherence; adhesiveness; ad-
hesive power. **3.** *met.* linkage. **4.**
mat. closure. **5.** *fiz.* adhesion. **6.**

(lipire) adhesion, adherence. ⓐ
~ *de nisip met.* sand crust.
ades *reg.*→ **adese** *adv.* v. a d e s e a.
adesea *adv.* often, *poetic*→oft, oft-
times; *(frecvent)* frequently; *(re-
petat)* repeatedly; *(de multe ori)*
many times, time after time, time
and again, *poetic*→many a time;
(de cele mai multe ori) more often
than not. ⓓ *mai* ~ especially,
chiefly, mainly. ⓒ *vine* ~ *pe la
noi* he often comes to see us, he
often calls on us.
adeseori *adv.* v. a d e s e a.
adet *s.n.*←*înv. (impozit)* tax.
adevăr *s.n.* **1.** *(ant. eroare)* truth.
2. *(ant. minciună)* truth; *(axi-
omă)* axiom; *(realitate)* reality;
(fapt) fact; *(certitudine)* certainty.
3. *(exactitate)* exactness, accuracy;
rightness; correctness; justness;
truth. **4.** *(conformitate cu adevărul)*
true-to-factness; *(veracitate)* vera-
city, truthfulness; verisimilitude;
(realism) realism; (real) life ⓐ ~
banal commonplace truth, tru-
ism; ~ *obiectiv* objective truth;
~ *subiectiv* subjective truth; ~
ştiinţific scientific truth; ~*ul
adevărat* the plain/the naked/the
honest/F→the sober truth; ~*ul
complet* the whole truth; ~*ul
gol* the naked truth; ~*ul întreg*
the whole truth; ~*ul şi numai* ~*ul*
the truth, the whole truth and
nothing but the truth. ⓓ *căută-
tor de* ~ inquirer/seeker after
truth; *dragoste de* ~ love of truth,
veracity; *iubitor de* ~ *adj.* truth-
-loving, veracious; *în (tr-)* ~ I. *adv.*
(cu adevărat) indeed; *(realmente)*
really, actually; in reality. II.
interj. **a.** indeed! in truth! *înv.* →in
(good) sooth! **b.** *(zău?)* really?
you don't mean it! *(bineînţeles
că nu)* of course not! ⓒ *a afla* ~*ul*
a. to learn the truth. **b.** v. a d e s-
c o p e r i ~*ul*; *a descoperi* ~*ul*
to find out / to discover/F→to get
at the truth; *a mărturisi* ~*ul* to
confess the truth; *a recunoaşte* ~*ul*
to admit the truth; *ca să spun* ~*ul*
to say/to tell the truth; truth to
say/to tell; *a spune* ~*ul* to say/to
tell the truth; *a spune* ~*ul cuiva*

to tell smb. the truth; *(„de la
obraz")* to be plain with smb.,
not to mince matters; *e mai
aproape de* ~ it is nearer the truth/
the mark; *a corespunde* ~*ului* to
be in accordance with (the) truth;
~*ul este că* the truth is that. ⓓ
~*ul iese la suprafaţă ca untdelem-
nul* truth and oil are ever above;
~*ul iese la lumină* truth will out;
~*ul nu îmbătrîneşte* truth never
grows old; ~*ul supără* truth of-
fends.
adevărat I. *adj.* **1.** *(ant. mincinos)*
true; true-to-fact, real, actual;
positive; *(sigur)* certain, sure, <
undeniable, incontestable. **2.** *(ant.
fals)* true, real; *(autentic)* genuine,
authentic; veritable; *(sadea d.
cineva)* regular, true-born; *(↓d.
rude)* one's own; full; first; *(d.
aur sau argint)* sterling; *(original)*
original ; *(legitim)* legitimate,
lawful; *(natural)* natural; *(pur)*
pure; unalloyed. **3.** *(ant. inexact)*
right; *(corect)* correct; accurate;
(just) just; *(cum se cuvine)* proper.
4. *(conform cu realitatea)* true-to-
fact; truthful; veridical, vera-
cious. **5.** *(sincer)* sincere, frank;
(cinstit) honest; loyal; *(fidel)*
faithful ⓓ cu ~ v. în (îr-)
a d e v ă r; *un englez* ~ a regular/a
genuine/a true-born Englishman;
fiu ~ one's own son, *jur.* son of
one's body; *frate* ~ one's own
brother, full brother, brother ger-
man; *înţelesul* ~ *al acestui cuvînt*
the real meaning of this word;
mamă ~*ă* one's own mother, *jur.*
venter; *perle* ~*e* real/genuine
pearls; *un prieten* ~ a true/a genuine
friend; *văr* ~ i.'rst cousin, cousin
german. ⓒ *e o* ~*ă cocină* it is a
regular pigsty, it is nothing bet-
ter than a pigsty; *e o* ~*ă comoară*
a. *(d. cineva)* he is quite a treas-
ure, F he is a perfect gem, he is
a real brick (of a man/of a fellow)
(and no mistake); *(d. o femeie)*
she is quite a treasure, F she is a
peach of a woman/girl. **b.** *(d. ceva)*
it is quite a treasure; *e un* ~ *noroc
că* it is really very fortunate/lucky
that; it is really a blessing that;

e o ~*ă nulitate* he is a mere cipher /nobody/nonentity; *e o* ~*ă rușine că* it is a sin and a shame that; it is a veritable/F→downright shame that; *a crede că ceva e* ~ to believe smth. to be true; *(a lua ceva drept bun)* to take smth. for granted; *e* ~ *că e drăguță, dar* I admit that she is pretty, but; though I agree that she is nice--looking, yet; *e* ~, *cum mă vezi și te văd!* F (it's) as true/sure as I live! (it's) as (true as) I stand here! *din nefericire/păcate e foarte* ~ *că* it is unfortunately only too true that; *nu e nimic* ~ *din toate acestea* there is not a word/a grain of truth in it/all that; *nu e* ~? is it not so? don't you think so? eh? *aceasta nu e* ~ that's not true (to fact), that's not the case; *e perfect* ~ it is perfectly/quite true; it is gospel truth; *a nu recunoaște că ceva e* ~ not to admit the truth of smth./that smth. is true (to fact). **II.** *adv.* **1.** *(cu adevărat)* indeed; truly, really, actually; *(in realitate)* in reality/truth. **2.** *(in mod sincer)* sincerely, frankly; *(in mod cinstit)* honestly; *(in mod deschis)* openly. **3.** *(in mod pozitiv)* positively. **4.** *interjecțional (afirmativ)* in truth! really and truly! *(pe cuvintul meu)* honestly! upon my word/ < soul! *elev.* →forsooth! *(desigur)* of course! certainly! **5.** *interjecțional (ironic)* now then! *(negativ)* not at all! by no means! not in the least! F not by a long chalk! *(prostii)* F stuff and nonsense! **6.** *interjecțional (interogativ)* really? do you really mean it? aren't you joking? is it true? can it be true?

adeveri I. *vb.tr.* **1.** *(a confirma)* to confirm; to bear out; *(a confirma adevărul)* to ascertain the truth of; *(a dovedi)* to prove; *(prin jurămint)* to declare on oath; to attest; *(a atesta)* to attest; *(a garanta)* to vouch, to warrant, to guarantee; *(a ține mărturie pt.)* to witness; to bear witness/testimony; *(a motiva suficient)* to substantiate; *(a intări)* to corroborate;

(a certifica) to certify. **2.** *(a sprijini)* to support. **II.** *vb. refl.* **1.** *pas.* to be confirmed etc. v. ~I. **2.** *(a se confirma)* to prove (to be) true; to hold good/true; to turn out to be true. **3.** *(d. vise, profeții etc.)* to come true. ⓐ *a nu se* ~ to prove false, incorrect *sau* unfounded; *(d. vise etc.)* not to come true.

adeverință *s.f.* **1.** *(de primire)* receipt; *(cupon)* counterfoil; *(recipisă de depunerea mărfurilor)* warrant. **2.** *(certificat)* voucher; certificate. ⓒ *a elibera o* ~ to draw up/to give a receipt etc. v. ~.

adeverire *s.f.* confirmation, confirming. etc.

adeveritor *adj.* confirming, etc.

adeziune *s.f.* **1.** *(la)* adhesion (to); solidarity (with). **2.** *fiz. (la)* adhesion (to); adherence (to); surface attraction (to). ① *forță de* ~ *fiz.* adhesive power/force. ⓒ *a-și da* ~*a (la)* to give one's adhesion (to).

adeziv I. *adj.* adhesive, sticky. **II.** *s.m.* adhesive; glue; *chim.* cement.

adezivitate *s.f.* adhesiveness, stickiness.

ad-hoc *adv. lat.* ad hoc, for this purpose.

adia I. *vb. intr.* **1.** *(d. vint)* to blow/ /to breeze/to breathe gently. **2.** *impers.* v. ~ ⓒ. **3.** *(d. miros) (a veni)* to come; *(a se simți)* to be felt; *(a fi)* to be. **4.** *(a se mișca)* to move about; *(a foșni)* to rustle; *(a se undui)* to flutter, to wave; to float. ⓒ *adie* there is a gentle breeze (on), the air/the breeze is very soft. **II.** *vb. tr.* **1.** *(a murmura)* to murmur; *(a șopti)* to whisper; *(a cinta incet)* to sing slowly, to sing in a low voice; *(a fredona)* to hum. **2.** ←*reg. (a atinge ușor)* to touch softly; *(cu coada etc.)* to brush; *(a mingiia)* to caress.

adiabată *s.f. fiz.* adiabat, adiabatic curve.

adiabatic *adj. fiz.* adiabatic.

adiacent *adj.* adjacent, contiguous; adjoining. ① *unghiuri* ~*e geom.* adjacent angles.

adiafor *adj.*←*inv.* indifferent.

adică *adv.* **1.** *(va să zică)* that is (to say), namely, *rar→*to wit; *(în texte)* viz., videlicet, i.e., id est; *(anume)* namely; *(echivalent cu)* that is euqivalent to, that is nothing else but/than; *(cum ar veni)* as it were; *(de fapt)* in (point of) fact; *(într-un sens strict)* in a strict sense, strictly (speaking); *(propriu zis)* properly (speaking); *(cu alte cuvinte)* in other words; *(pe scurt)* in brief/short, briefly, to make a long story short. **2.** *(exprimat în timpul unei reflecții)* now ..; that is ...; well...; -er... **3.** *interogativ* namely? v. şi *cum* ∼ ? ⓑ *cum* ∼ ? **a.** *(cum?)* how? *(cum se face?)* how's that? **b.** *(ce vrei să spui?)* what do you mean? **c.** *(ce înseamnă toate acestea?)* what is the real/the exact meaning of (all) this? *la o* ∼ **a.** *(la urma urmelor)* after all; *(în fond)* at (the) bottom, fundamentally; *(în concluzie)* in conclusion; *(de fapt)* in (point of) fact, as a matter of fact. **b.** *(vorbind în general)* as a whole, on the whole, in the main, generally speaking. **c.** *(ca să spun adevărul)* truth to say; *(sincer vorbind)* to speak/speaking frankly/plainly/candidly. **d.** *(în momentul hotărîtor)* at the critical/crucial moment, F when it comes to the pinch. ⓒ *cînd va fi la o* ∼ when it comes to the point, when the worst comes to the worst; v. şi *l a o* ∼ d; *vorbind la o* ∼ v. *l a o* ∼ c.

adicăle(a), **adicăte(lea)** *adv.*←P v. a d i c ă.

adiere *s.f.* **1.** *(ca acţiune)* gentle blowing, coming etc. **2.** *(concret)* breath of air/wind, gentle/fanning breeze, *poetic* gale; *nav.* light air. ⓒ *nu se simte nici o* ∼ there is not a breath (of wind) stirring.

adinamic *adj. med.* adynamic(al).

adineaori, **adineauri** *adv.* a little while/time ago; *(chiar acum, cu preteritul)* just now; *(cu perfectul prezent)* just; *(nu cu mult în urmă)* not long ago, only just now. ⓑ *de* ∼ of a little time /while ago; *pînă* ∼ till/until a little time/while

ago; till/until just now; till/until not long ago.

adins *s.n.* ⓑ *într-* ∼ **a.** *(intenţionat)* purposely, on purpose, deliberately. **b.** *(premeditat)* wilfully.

ad-interim *adj. lat.* (ad) interim.

adio I. *interj.* **1.** adieu! farewell! good-bye! **2.** *(s-a terminat cu)* good-bye to; farewell to; F it's all over with; *(s-a terminat)* F all over! mafeesh! *sl. amer.* good-bye, John! ⓐ ∼ *şi n-am cuvinte!* F all over! mafeesh! **II.** *s.n.* adieu, farewell, good-bye. ⓒ *a-şi lua* ∼ to take one's leave, to make one's farewells, to bid farewell; *a-şi lua* ∼ *de la ceva* to give smth. up for lost; *a-şi lua* ∼ *de la cineva* to say good-bye to smb., to bid/to wish smb. adieu/farewell/good-bye; *(sărutindu-l)* to kiss smb. good-bye.

adipos *adj.* adipose; fat. ⓑ *ţesut* ∼ *anat.* adipose tissue.

adipozitate *s.f.* adiposity; fatness.

aditiv *s.n. chim.* additive, dope.

adiţie *s.f. chim.* addition.

adiţiona *vb. tr. şi. intr. mat, chim.* to add.

adiţional *adj.* additional; added; extra; further ...; *(suplimentar)* supplementary; *(secundar)* secondary, subordinate. ⓑ *articol* ∼ additional article *sau* item; *(la o lege etc.)* extra/additional clause, schedule, rider.

adiţionara *s.f.* adding, addition.

adînc I. *adj.* **1.** deep; profound; *(jos)* low. **2.** *(dens)* thick; dense. **3.** *(întins, vast)* vast, huge. **4.** *fig.* deep, profound; *(temeinic)* thorough; *(serios)* serious; *(mare)* great, < considerable, remarkable. **5.** *fig.* deep, profound; *(total)* total; *(deplin)* full, complete; *(desăvîrşit)* perfect; *(nemărginit)* unbounded; endless. **6.** *fig.* deep, profound; *(tainic)* secret; mysterious; *(obscur)* obscure. ⓐ ∼*i bătrîneţe* old/great/*poetic* hoary age. ⓑ *brazdă* ∼*ă* **a.** deep furrow. **b.** *(cută)* deep-knit furrow; *farfurie* ∼*ă* soup plate; *iubire* ∼*ă* deep/fervent love; passionate love; *linişte* ∼*ă* deep/dead silence; *noapte* ∼*ă* (pitch-)dark night; the dead of night; *oftat* ~ deep/deepfetched /heavy sigh; *pace* ~ă profound peace; *pădure* ~ă thick wood; *plecăciune* ~ă deep/low bow; *puțin* ~ not deep, shallow; *răsuflare* ~ă deep breath; *somn* ~ deep/ heavy/profound sleep; *suspin* ~ v. o f t a t; *tăcere* ~ă v. l i n i ș t e ~ă; *voce* ~ă profound/grave voice; *vorbă* ~ă wise word *sau* saying *sau* sentence *sau* thought; wise/sage maxim. ⓒ *a prinde rădăcini* ~i *și fig.* to strike/to take deep root; *rădăcinile sînt* ~i deep are the roots. **II.** *adv.* **1.** deeply; < (↓ *fig.*) profoundly; *(cu anumite verbe)* deep. **2.** *(jos, adînc sub pămînt etc.)* low. **3.** *(extrem de)* profoundly, deeply; extremely, exceedingly. **4.** *(cu înțelepciune)* wisely. **5.** *(departe)* far. ⓐ ~ *înrădăcinat fig.* deeprooted, inveterate. ⓑ *a ara* ~ to plough deep; *a cădea* ~ *fig.* to fall / to sink low; *a fi* ~ *cufundat in ceva* to be deeply engaged in smth. to be deeply absorbed by smth., to be (completely) engrossed in smth.; *a fi* ~ *cufundat în gînduri* to be deep/lost in thought (s), F→to be in a brown study; *a dormi* ~ to be fast asleep, to sleep heavily, F→to sleep like a top/a log; *a fi* ~ *mișcat* to be deeply moved; *a intra* ~ *într-o problemă* to go/to get deep into a problem; *a se inrădăcina* ~ *și fig.* to strike/to take deep root; *a ofta* ~ to sigh deeply/heavily, to heave/ to draw /to fetch/to give a deep sigh; *a pătrunde* ~ *într-o chestiune* to penetrate deeply into a matter, to sink deep into a problem; *a se pleca/a se ploconi* ~ *în fața cuiva* to bow low to smb.; *a răsufla* ~ v. a r e s p i r a ~; *a regreta* ~ to regret deeply; *a respira* ~ to breathe deeply, to draw/to fetch a deep/a long breath; *a sorbi* ~ **I.** *vb. intr.* to take a long/a deep draught/F→pull. **II.** *vb. tr.* to breathe deeply, to draw/to fetch a long/a deep draught of; *a vorbi* ~ **a.** to speak wisely; to speak like a wise man. **b.** to speak in parables. **III.** *s.n.* **1.** *(adîncime)* depth,

deep; deep place; *(fund)* bottom. **2.** *(depărtare)* distance; < the remotest distance; *(partea cea mai lăuntrică)* inmost part; deep. **3.** *(prăpastie)* gulf, pit, chasm, abyss, < unfathomable depth(s). **4.** *(apă adîncă)* deep water; *și nav.* deep. **5.** *fig. (iad)* hell, the bottomless pit. **6.** *fig. (loc ascuns)* hidden place, recess, ↓ recesses. ⓑ *din* ~*ul inimii (mele)* from the bottom/the depth of my heart; *în* ~*ul iernii* in the depth/the dead of winter; *în* ~*ul inimii sale* at the bottom of her heart, deep down in her heart; *în* ~*ul pădurii* in the depth of the wood/the forest, in the (very) heart of the wood/the forest; *pînă în* ~*urile sufletului său* to the (very) depths of his soul.

adîncat *adj.*←*rar (adînc)* deep; *(profund)* profound.

adîncătură *s.f.* v. a d î n c i t u r ă.

adînci I. *vb. tr.* **1.** to deepen, to make deeper; *(a săpa)* to dig; to excavate; *(scobind)* to hollow (out); *(făcînd o gaură)* to hole *(prin spălare, d. ape)* to wash away; *(a roade, d. ape)* to wear away, to corrode; *(cu dalta)* to gouge, to scoop out with the gouge; *(a lărgi)* to widen; *(a extinde)* to extend. **2.** *fig. (a lărgi)* to widen; *(a extinde)* to extend; *(a spori)* to increase; *(a intensifica)* to intensify. **3.** *fig. (a cufunda)* to sink; *(a arunca)* to throw. **4.** *fig. (a examina)* to examine (< thoroughly), to delve (< deep) into, to search (< thoroughly); *(a analiza)* to analyse (< profoundly); *(a studia)* to study (< thoroughly); to go deeply into. **5.** *fig. (a înrăutăți)* to worsen, to aggravate; *(a adînci)* to deepen. ⓒ *a-și* ~ *cunoștințele* to improve *sau* to extend one's knowledge; *a* ~ *o problemă* to examine/to study a problem (< thoroughly); *a* ~ *un șanț* to deepen a ditch, to make a ditch deeper. **II.** *vb. refl.* **1.** *(a deveni mai adînc)* to deepen, to grow/to become deeper. **2.** *pas.* to be deepened, to be made deeper etc. v. ~ **I. 3.** *(a intra adînc)* to go deep; *(a intra mai adînc)* to go deeper; *(a pătrunde în interior)* to go inside; *(dinspre mare, pe uscat)* to go inland; *(a se depărta)* to go off/away; *(a dispărea)* to disappear, to vanish. **4.** *(a se scufunda)* to sink (< low); to plunge, to submerge; *(a se duce la fund)* to go to the bottom. **5.** *fig. (a se lărgi)* to widen; *(a se extinde)* to extend; *(a spori)* to increase; *(a se intensifica)* to intensify. **6.** *fig. (a se îmbunătăți)* to improve; *(a se întări)* to strengthen. **7.** *fig. (a se înrăutăți)* to worsen; to deteriorate. ⓐ *a se ~ în (studiu etc.)* to be deep/absorbed in.

adîncime *s.f.* **1.** depth, *rar→*deepness, *elev.→*profoundness, profundity; *nav.* deep; *(lungime)* length; *(lățime)* breadth, width; *(înălțime)* height; *(distanță)* distance. **2.** *geogr.* depression. **3.** *(adincitură)* hollow. **4.** *(depărtare)* distance; <the remotest distance. **5.** *(loc ascuns)* v. a d î n c III. 6. **6.** *(prăpastie)* v. a d î n c III. 3. **7.** *fig. (profunzime)* depth, deepness, profoundness, profundity; *(înțelepciune)* wisdom; *(pătrundere)* insight; acumen; *(cuprindere)* scope. **8.** *fig. (intensitate)* intensity; *(putere)* power, force. ⓐ *~ abisală* abyssal depth; *~a timpurilor* remote/*poetic* antiquity, *poetic* hoary eld. ⓑ *din ~a timpurilor* from times immemorial; *în ~a timpurilor* time out of mind, in times of old; *la o ~ de* 3 *metri* at a depth of 3 metres; *la mare ~* at a great depth, very deep. ⓒ *a avea o ~ de o milă* to have a depth of one mile, to be one mile deep; *a măsura ~a mării* to sound the (depth of the) sea.

adîncire *s.f.* deepening etc.

adîncit *adj. (adînc)* deep. ⓐ *~ în gânduri* deep/absorbed/engrossed/plunged /*poetic* wrapt in thought, musing, F→in a brown study; *~ în studiu* deeply engaged in study.

adîncitură *s.f.* **1.** *(scobitură)* hollow; *(crestătură)* notch; *tehn.* flute, dint; cup; recess. **2.** *(firidă)* niche, recess. **3.** ↓ *geogr.* depression; *(groa-*

pă) pit; *(vale)* valley; *(vale îngustă împădurită)* dingle; *(înclinare)* slope; *(cavitate)* cavity; *(peșteră)* cave; grotto. **4.** *(loc retras)* v. a d î n c III. 6.

adjectiv *s.n. gram.* adjective. ⓐ *~ verbal* verbal adjective.

adjectival *gram.* **I.** *adj.* adjectival, adjective ... ⓑ *funcție ~ă* adjectival /adjective function. **II .** *adv.* adjectively; (used) as an adjective.

adjudeca I. *vb. tr.* ⓐ *a ~ cuiva* **a.** *(la licitație)* to knock down to, *jur.* to adjudge to. **b.** *(a conferi)* to award to, to confer on; to bestow on. **II.** *vb. refl. pas. jur. (cuiva)* to be adjudged (to).

adjudecare *s.f.* **1.** *jur.* adjudgment. **2.** *(conferire)* award(ing). ⓐ *~ publică ec.* open tendering, public adjudication.

adjudecatar *s.m. (la licitație)* highest bidder; purchaser.

adjunct I. *adj.* deputy ...; assistant; adjunct. ⓑ *director ~* deputy manager; *ministru ~* deputy minister; *redactor șef ~* deputy/assistant chief editor. **II.** *s.m.* adjunct; deputy; assistant.

adjutant *s.m.* **1.** *mil.* adjutant, *înv.→* adjutor; *(de regiment)* regimental adjutant; *(de general)* aid(e)-de-camp. **2.** *mil.←înv.* sergeant major, warrant officer.

adjutantură *s.f. mil.* adjutancy, adjutantship.

ad litteram *lat.* **I.** *adj.* ad-litteram, literal. **II.** *adv.* ad litteram, literally,

administra I. *vb. tr.* **1.** *(a conduce)* to manage, to administer; to husband; *(a avea grijă de)* to look after; *(a avea în grija sa)* to have in charge, to be in charge of, to have charge of. **2.** *(a da)* to give, to administer. ⓒ *a ~ o bătaie cuiva* to administer smb. the cane; *a ~ o doctorie unui bolnav* to give/to administer a (dose of) medicine to a patient; *a ~ o moșie* to manage/ *rar→*to administer an estate. **II.** *vb. refl. pas.* to be administered etc. v. ~I.

administrabil *adj.* administrable.

administrare *s.f.* administration, administering etc.

administrativ I. *adj.* administrative. ⓑ *autoritate* ~ă administrative authority; *funcţionar* ~ administrative officer/functionary; *drept* ~ administrative law; *măsură* ~ă administrative measure; *pe cale* ~ă administratively; through the administration; *putere* ~ă administrative power; *serviciu* ~ administrative service. **II.** *adv.* administratively.

administratoare *s.f. rar*→administratrix; directress; v. și a d m i n i s t r a t o r.

administrator *s.m.* **1.** administrator; *(director)* director; manager; superintendent; *(al unui spital etc.)* warden, governor. **2.** *(al bunurilor altuia)* trustee; steward; *(vechil)* bailiff. **3.** *(al unei gospodării etc.)* steward; *(al unei clădiri)* custodian, caretaker, keeper. **4.** *(gestionar al unei societăţi etc.)* treasurer. ⓐ ~ *delegat* managing director.

administraţie *s.f.* **1.** *(conducere)* administration, management; *(consiliu de* ~*)* board of directors; *(direcţie)* direction; superintendence. **2.** *(guvernare, guvern)* government; *(în S.U.A.)* administration. **3.** *mil.*←*odin.* commissariat. **4.** administrative service *sau* department. ⓐ ~ *financiară*←*odin.* revenue/tax office; fiscal office. ⓓ *cheltuieli de* ~ expenses of administration/management; *comitet de* ~ managing/working committee; *consiliu de* ~ board of directors; council board, board of administration; *ofiţer de* ~ *mil.*←*odin.* commissary.

admira I. *vb.tr.* to admire; *(a preţui mult)* to prize highly; *(a respecta)* to respect, to revere, to reverence, <to venerate. ⓒ *a fi* ~*t de toţi* to be admired by all, to be much admired. **II.** *vb.refl.* **1.** to admire oneself. **2.** *(reciproc)* to admire each other.

admirabil I. *adj.* admirable; *(minunat)* wonderful, *poetic*→wondrous; *(excelent)* excellent; *(extraordinar)* extraordinary; *(neîntrecut)* matchless, *poetic* → peerless; unique; *(splendid)* splendid, F→capital, grand. **II.** *adv.* **1.** admirably etc. v. ~I. **2.** *interjecţional* (that's) splendid/wonderful/F→capital/F→grand!

admirativ I. *adj.* admiring; (full) of admiration. **II.** *adv.* admiringly, with admiration.

admiratoare *s.f.* admirer; < votaress v. și a d m i r a t o r 1.

admirator *s.m.* **1.** *(al cuiva sau a ceva)* admirer, lover, enthusiast; < adorer, reverer, worshipper, votary. **2.** *(al unei femei)* admirer; *(pretendent)* wooer; *(îndrăgostit)* lover; *(amorez)* beau.

admiraţie *s.f. (pentru, faţă de)* admiration (for, of); *(preţuire)* appreciation (of); *(respect)* respect (for); high esteem (for); *(veneraţie)* veneration (of). ⓑ *cu* ~ admiringly, with admiration.

admis *adj.* **1.** *(acceptat)* accepted; received; *(recunoscut)* acknowledged. **2.** *(d. un candidat)* that has passed an examination.

admisibil *adj.* **1.** admissible; *(permisibil)* permissible, allowable; *(tolerabil)* tolerable; bearable; *(acceptabil)* acceptable; *(bun)* good; *(valabil)* valid. **2.** *(posibil)* possible; *(imaginabil)* imaginable, conceivable.

admisibilitate *s.f.* admissibility.

admisi(un)e *s.f.* **1.** *tehn.* admission; entrance; input; inlet; intake. **2.** *hidr.* induction, suction. ⓐ ~ *de abur tehn.* steam admission/intake.

admitanţă *s.f. electr., fiz.* admittance.

admite I. *vb.tr.* **1.** *(a considera ca adevărat)* to admit; to take for granted; to allow (of); *(a presupune)* to assume. **2.** *(a îngădui)* to admit; to allow, < to permit; *(ceva supărător, ↓ poetic*→*)* to suffer; *(a tolera)* to tolerate; *(a fi de acord cu)* to agree/to consent to; to grant; *(a aproba)* to approve (of). **3.** *tehn.* to admit, to let in. **4.** *(o cerere)* to grant; *(un privilegiu etc.)* to allow, to grant. **5.** *(a primi)* to receive; *(a accepta)* to accept; *(un candidat)* to admit, to let in; *univ.* to matriculate; *(a conţine)* to contain. **6.** *(a numi)* to appoint; *(a fi numit)* to be appointed. **7.** *(a introduce) (în)* to introduce (into). ⓒ *a admis că nu are dreptate* he admitted he was wrong; *admiţind că...* granting that..., admitting that; ~ *o margine de...* it leaves a margin of...; *a ~ la examen* to admit (a candidate); *a fi admis printre...* to be admitted among..., to become one of...; *cererea v-a fost admisă* your request has been granted/attended to/complied with; *recursul a fost admis* the appeal has been allowed. **II.** *vb. refl. pas.* to be admitted etc. v. ~ **I.**

admitere *s. f.* **1.** admission, admittance; *(primire)* receiving, reception *(într-o şcoală, într-un post, într-un cerc)* admission, admittance, *univ.* matriculation; *(intrare)* entrance; *(înregistrare)* enlisting, enlistment, enrolment. **2.** *(adoptare)* adoption; *(recunoaştere)* acknowledgment; *(acceptare)* acceptance. ⓐ ~ *de noi membri* admission of new members; ~ *la un examen* admission to an examination. ⓑ *bilet de* ~ ticket of admission; *cerere de* ~ application for admission; *examen de* ~ entrance examination.

admonesta *vb. tr.* to admonish, to scold; *(oficial)* to reprimand.

admonestare *s.f.* admonition etc. v. a d m o n e s t a.

admoniţie *s.f.* v. a d m o n e s t ar e.

adnota *vb. tr. (o carte)* to annotate; *(un text)* to comment upon.

adnotare *s.f.* **1.** *(faptul de a adnota)* annotation. **2.** *(notă explicativă)* annotation, (explanatory) note, *pl. (comentarii)* comments, commentaries; *(notă marginală)* marginal note; *(la subsol)* foot/bottom-note.

adnotat *adj.* annotated.

adnotator *s.m.* annotator; *(comentator)* commentator.

adnotaţie *s.f.* v. a d n o t a r e 2.

adolescent *s.m.* youngster, teens/ teen-ager, stripling, juvenile, *rar→* adolescent; *(imberb)* beardless youth, greenhorn, *peior.→* youngling, stripling, F→egg squash; *(tinăr)* youth.

adolescentă *s.f. (fată)* girl, teen-ager, F→flapper, *rar→* adolescent.

adolescenţă *s.f.* adolescence, teens, teen-age; *(tinereţe)* youth, youthful age.

adonis *s.m.* Adonis, beau, prince charming, handsome man.

adopta *vb. tr.* **1.** *jur.* to adopt. **2.** to adopt; *(a îmbrăţişa)* to embrace, to espouse; *(a alege)* to choose; *(a lua)* to take; *(a asuma)* to assume, to put on; *(a imita)* to imitate; *(a primi)* to receive, to take in. ⓒ *a ~ o părere* to adopt/embrace/espouse an opinion; *a ~ un proiect de lege* to adopt/pass a bill; *a ~ o rezoluţie* to pass/adopt/approve/carry a resolution; *a ~ un ton sever* to adopt/take/assume a severe tone.

adoptare *s.f.* **1.** adoption etc. v. a d o p t a. **2.** *jur.* adoption (of a child).

adoptat *s.m. jur.* adoptive child.

adoptator *s.m. jur.* adopter.

adoptiv *adj.* adoptive. ⓘ *copil* ~ adoptive/foster child; *mamă* ~*ă* adoptive/foster mother; *patrie* ~*ă* foster land, one's adopted country, the country of one's adoption; *tată* ~ adoptive/foster father.

adopţi(un)e *s.f. jur.* adoption.

adora *vb. tr.* **1.** *rel.* to worship, to offer/render worship to, to adore; *(a preamări)* to glorify; to exalt. **2.** *fig.* to adore; *(a idolatriza)* to worship, *poetic→*to love fervently, F→to be mad about; *(a venera)* to venerate.

adorabil *adj.* adorable, worthy of worship, worshipful; *(vrednic de a fi iubit)* love-worthy, loveable, amiable; *(admirabil)* admirable; *(încîntător)* delightful, delicious, charming; *(ales)* choice, exquisite; *(minunat)* wonderful.

adorare *s.f.* adoration, worship.

adorat I. *adj.* adored; *(adorabil)* adorable; *(iubit)* beloved; *(drag)* dear; *(venerat)* revered. **II.** *s.m.* beloved (one), object of one's affections, one's sweet choice.

adorator I. *adj.* adoring, worshipping. **II.** *s.m.* **1.** adorer, worshipper; *(al idolilor)* idolater, idolizer, idol

worshipper; *(tnchinător) rel., fig.,*
poetic votary. **2.** *(curtezan)* admir-
er; *(pretendent)* suitor.
adoraţie *s.f.* v. a d o r a r e. © *cu*
~ adoringly.
adormi I. *vb. tr.* **1.** to cause/send/lull
to sleep, to lull asleep, to put to
bed/sleep; *(prin cîntec)* to sing
to sleep; *(prin citit)* to read to
sleep; *(prin hipnoză)* to hypnotize.
2. *(a alina)* to allay, to soothe,
to soften; *(a potoli)* to assuage;
(a uşura) to alleviate; *(a micşora)*
to lessen; *(a amorţi)* to benumb,
to make torpid. **3.** *fig. (a înşela)*
to cheat, to delude; *(prin făgădu-
ieli)* to lull to sleep, to deceive
with fine promises; *(a lega la ochi)*
to hoodwink. **4.** *fig. (a plictisi)* to
make sleep/yawn, to send to sleep.
© *a* ~ *bănuielile cuiva* to lull
smb.'s suspicions; *a-şi* ~ *conştiinţa*
to lull/silence/quiet one's consci-
ence; *a* ~ *un copil* to put a child
to bed/sleep; *a* ~ *durerea (fizică)*
to blunt/deaden/allay the pain;
(sufletească) to soothe grief; *a* ~
vigilenţa cuiva to lull smb.'s vigi-
lance to sleep. **II.** *vb. intr.* **1.** to
fall/drop/get asleep, to go/get to
sleep, to go to one's dreams; *(a
aţipi)* to doze (off), to fall into a
doze; to nod (off). **2.** *fig. (a se
stinge)* to die out/away. **3.** *fig. (a
amorţi)* to get benumbed, to go to
sleep. **4.** *fig. (a muri)* to die, to
breathe one's last, to give up one's
ghost. © *a nu putea* ~ not to be
able to sleep (a wink), to be unable
to sleep, to be sleepless.
adormire *s.f.* **1.** falling asleep etc. v.
a d o r m i. **2.** *rel.* death, demise,
passing away. @ ~*a Maicii Dom-
nului rel.* **a.** Assumption of the Vir-
gin. **b.** *fig.* F sleepy person; scatter-
brain.
adormit I. *adj.* **1.** sleeping, *predic.*
asleep; *(somnoros)* sleepy, drowsy.
2. *(leneş)* lazy, sluggish, sleep(y)-
headed, humdrum...; *(indolent)* re-
miss, indolent; *(fără vlagă)* tame,
languid, flat, enervated; *(greoi)*
dull. **3.** *(amorţit)* numb, benum-
bed. **4.** *(mort) şi fig.* dead. @ ~
buştean fast/dead asleep. **II.** *s.m.*

1. sleeper. **2.** *fig. (moltu)* F drowsy-
head, dullard, muff, mope. **3.** *ador-
miţii pl. (morţii)* the dead; ↓ *rel.*
the departed (souls/spirits), those
who have gone before us.
adormitor *adj.* causing/producing
sleep, sleep-compelling/producing,
sleeping, somnific, soporific, dor-
mitive; *(plictisitor)* dull enough
to send one to sleep, boring to
death; *(mîngîietor)* soothing. ①
băutură adormitoare sleeping/sleepy
draught; *buruieni adormitoare* sleep-
-compelling weeds; *doctorie adormi-
toare* sleeping medicine, dormitive,
soporific; *influenţă adormitoare* lull,
soothing, influence.
adormiţele *s.f. pl. bot.* **1.** pasque
flower *(Anemone pulsatilla).* **2.**
anemone, anemony, wind flower
(Anemone nemorosa).
adragant *s.m.* **1.** *bot.* milk vetch. **2.**
farm. (gum) tragacanth.
adrenalină *s.f. chim., biol.* adrenalin.
adresa I. *vb. tr.* **1.** *(o scrisoare)* to
address, to direct; *(a pune adresa
pe)* to put the address on, to address;
(mărfuri) to forward, to consign.
2. *(a exprima)* to express, *elev.* to
voice; *(a prezenta)* to present. ©
a ~ *complimente cuiva* to present
one's (best) compliments to smb.;
a ~ *o întrebare cuiva* to address/put
a question to smb., to ask smb.
a question; *a* ~ *mulţumiri cuiva*
to thank smb., to give/return thanks
to smb.; *a* ~ *reproşuri cuiva pen-
tru...* to reproach smb. with...;
a ~ *o scrisoare cuiva* to address/di-
rect a letter to smb.; *a* ~ *greşit* to
misdirect; *scrisoarea nu mi-e* ~*tă
mie* the letter is not addressed to
me, the letter is not intended for
me. **II.** *vb. refl.* @ *a se* ~ *(cu dat.)*
to address oneself to...; to address
(smb.), to approach; *(pt. a cere
ceva)* to apply to...; *(a apela la)*
to appeal to...; *(a recurge la)* to
resort to..., to have recourse to...,
to recur to...; *(a se întoarce către)*
to turn to...; *(a vorbi)* to speak to...;
(a informa pe) to inform... © *unde
să mă adresez?* where shall I go/ap-
ply to? *pentru informaţii suplimen-*

tare ~*ţi-vă lui N.* for further par-
ticulars apply to N.
adresant *s.m.* addressee, recipient;
(primitor de mărfuri) consignee.
adresare *s.f.* addressing etc. v.
a d r e s a.
adresă *s.f.* **1.** *(pe plic)* address, di-
rection. **2.** *(locul unde se găseşte
cineva)* address; *(domiciliu)* domi-
cile, residence; *(destinaţie)* desti-
nation. **3.** *(scrisoare oficială)* ad-
dress; *(comunicare)* communica-
tion. **4.** *(discurs)* address. ⓐ *un
atac la adresa (cu gen.)* an attack/
outburst against...; *carte de adrese*
directory; *la adresa lui* **a.** *(impo-
triva lui)* against him; *(pe soco-
teala lui)* on his behalf; *(d. el)*
about him. **b.** *(la domiciliul lui)*
at his residence/house/home; *pe
adresa...* **a.** to the address of... **b.**
(prin grija) care of..., c/o..., under
cover of...; *plecat fără* ~ gone
without leaving one's address;
schimbare de ~ change of address/
domicile; *scrisoare fără* ~ letter
without address. ⓒ *a greşi adresa*
a. to write the address incorrectly,
to miswrite the address. **b.** *(d. o
scrisoare)* to have miscarried, not
to reach its destination. **c.** *fig.* to
have come to the wrong man, F
to have got into the wrong box,
to have caught a Tartar, to have
caught the wrong sow by the ear;
a-şi schimba adresa to change/shift
one's lodgings/quarters; *a scrie/pu-
ne adresa pe un plic* to put the ad-
dress on an envelope, to address
an envelope; *a ajunge la* ~ to
reach one's (place of) destination;
scrisoarea nu are ~ the letter bears
no address, the letter is under
blank cover, the letter is not ad-
dressed; *ce* ~ *are?* what is his
address?
adsorbant *s.m. fiz., chim.* adsorbent.
adsorbţie *s.f. fiz., chim.* adsorbtion.
aducător I. *adj.* bringing; *(purtător)*
bearing. ⓒ ~ *de nenorociri* destruc-
tive, fatal, pernicious; ~ *de ploaie*
rain-bringing, rainy, pluvious; ~
de venituri yielding; *(de profituri)*
profitable, lucrative. **II.** *s.m.* bring-
er; *(purtător)* bearer, carrier. ⓐ

~*ul prezentei* the bearer of this.
aduce I. *vb. tr.* **1.** to bring; *(a se
duce să aducă)* to fetch; *(a se duce
după)* to go for; *(a trimite după)*
to send for; *(a duce)* to carry, to
take; *(a transporta)* to transport,
to convey. **2.** *(a produce, a da)* to
bring in, to yield; *(a rodi)* to pro-
duce, to yield, to bear, to afford;
(a furniza) to furnish, to supply;
(a procura) to get, to procure, to
secure; *(a oferi)* to offer. **3.** *(a
determina, a face)* to bring, to get,
to move, to put up, to prevail upon;
(a cauza) to bring on/along with,
to bring about, to cause; *(a im-
plica)* to involve. **4.** *(a însoţi, a
conduce)* to see (off), to accompa-
ny; *(a duce)* to take. **5.** *(a strînge)*
to gather, to collect. **6.** *(a îndoi)*
to bend. **7.** *(a mînui)* to wield. ⓒ
a ~ *ajutoare* to bring (in) reinforce-
ments; *a-i* ~ *cuiva aminte de-
(spre) ceva* to remind smb. of smth.,
to put smb. in mind of smth.;
a-şi ~ *aminte* to remember, to
recollect, to bear in mind; *a* ~
bucurie to cause/afford joy; *a* ~
cinste cuiva to do credit to smb.,
to be a credit to smb.; *a* ~ *dobîn-
dă* to bear/yield interest; *a* ~ *doc-
torul* to send for the doctor; *a* ~
dovezi to produce/adduce proofs, to
bring forward proofs; *a* ~ *folos*
to be of use/benefit, to be benefi-
cial/profitable; *a* ~ *o jertfă* to
make a sacrifice; *a* ~ *la cunoş-
tinţa cuiva* to inform/apprize smb.
about smth./that...; *a* ~ *lucrurile
pînă acolo încît...* to bring matters
to such a pass that..., to push
things to the length of...; *a* ~ *lu-
mină într-o chestiune* to throw light
upon a matter; *a* ~ *mîngîiere* to
bring/offer consolation, to (afford)
comfort; *a* ~ *mulţumiri* to express
thanks; *a* ~ *nenoroc* to bring bad
luck; *(a fi piază rea)* to forebode
evil; *războaiele aduc mari nenorociri*
wars bring/cause great calamities,
great misfortunes attend wars; *nu
s-a putut* ~ *nimic împotriva lui*
nothing could be proved against
him; *a* ~ *noroc* to bring good luck;
a ~ *ocară (cuiva)* to reflect discred-

it on..., to be a discredit on...; to bring disgrace/shame (up)on...; *a ~ pagubă cuiva* to be detrimental to smb., to cause injury/detriment to smb.; *adă-mi pălăria* fetch me my hat, go for my hat; *vîntul ~ ploaie* the wind brings rain; *marfa a adus preț bun* the wares fetched a good price; *a ~ profit* to bring/yield/produce profit, to be profitable; *a ~ (un) răspuns* to bring an answer, to bring word; *a ~ rod* to bear/yield fruit; *a ~ supărare* to cause (a great deal of) annoyance, to cause trouble; *ce te ~ aici?* what brought you here? what have you come about? F what wind blows you here? *doctoria nu mi-a adus nici o ușurare* the medicine has not brought me any relief; *a ~ vorba despre...* to turn the conversation (up)on...; *(a menționa, a pomeni)* to mention...; *(a atinge)* to touch upon... Ⅱ. *vb. intr.* ⓐ *a ~ cu...* to be like..., to take after... to have a certain resemblance to..., to bear a likeness to..., to have a certain analogy with... ⓒ *a ~ de departe cu...* to have a distant resemblance to... Ⅲ. *vb. refl. pas.* to be brought etc. v. ~ Ⅰ. ⓒ *a i se ~ ceva la cunoștință* to be informed about smth., to gain intelligence of smth.; *mi s-a adus la cunoștință că...* I was apprised of..., I was informed that...

aducere *s.f.* bringing etc. v. **a d u c e.** ⓐ *~ aminte* remembrance, recollection; *~ înapoi* bringing back, reconveyance; *~ la cunoștință* publication; *(comunicare)* communication; *~ la îndeplinire* execution, carrying out. ⓑ *mandat de ~* warrant to appear (in court).

aductor *adj.* ⓑ *mușchi ~ anat.* adductor (muscle), adductive muscle.

aducți(un)e *s.f.* **1.** *anat.* adduction. **2.** *tehn.* supply. ⓑ *conductă de ~ hidr.* feed pipe.

adula *vb. tr.* to adulate, to fawn upon, to cringe to, to toady; *(a linguși)* to flatter, F→to butter (up), to blarney; *(a lăuda exagerat)* to praise in fulsome terms, to cajole.

adulare *s.f.* adulation etc. v. **a d u l a.**

adulator I. *adj.* adulatory, adulating; *(lingușitor)* flattering; *(exagerat)* cajoling. **Ⅱ.** *s.m.* adulator, F→toad eater, lickspittle; *(lingușitor)* flatterer.

adulmeca *vb. tr.* **1.** *vînăt.* *(a lua urma)* to follow the scent of, to trail, to trace (by sniffing/by the scent); *(a mirosi)* to scent, to smell, to sniff, to get/catch the scent of. **2.** *fig.* to scent, to smell, to sniff, to get/catch the scent of, to get wind of; *(a bănui)* to suspect, to sense; *(a observa)* to notice; *(a da de urma)* to trace; *(a simți)* to feel; *(a ghici)* to guess; *(a presimți)* to foreknow, to foresee.

adulmecare *s.f.* trailing etc. v. **a d u l m e c a.**

adulmecător *adj.* trailing etc. v. **a d u l m e c a.**

adult I. *adj.* grown(-up), adult; *(major)* full-aged. **Ⅱ.** *s.m.* grown(-up) person/man, grown-up, adult.

adulter I. *adj.* adulterous, adulterate, *elev.*→false to wedlock. **Ⅱ.** *s.m.* adulterer. **Ⅲ.** *s.n.* adultery; adulterous intercourse; *jur.* criminal conversation. ⓒ *a comite (un) ~* to commit adultery.

adulteră *s.f.* adulteress.

adulterin *adj. jur.* adulterine, illegitimate.

adumbri I. *vb. tr. (a umbri)* to shade, to cast shade on; *(a întuneca, a arunca umbră asupra)* to adumbrate; *fig.* to obscure, to cast aspersions (up)on. **Ⅱ.** *vb. refl.* to sit in the shade.

adumbrire *s.f.* shading etc. v. **a d u m b r i.**

aduna I. *vb. tr.* **1.** *(a aduce laolaltă ceva împrăștiat)* to gather (up); *(a stringe într-un tot)* to bring/get/draw together; *(grămadă)* to heap, to accumulate, to heap/lay up, to hoard (up), to stock; *(a colecta)* to collect, to make a collection of; *(a masa)* to mass (together); *(a aduce la o adunare)* to assemble, to congregate; *(în vederea unei acțiuni concentrate)* to rally, to muster; *(a mări, a face să crească treptat)* to amass, to store up; *(a recolta)* to gather/get in, to harvest, to reap; *(de jos)* to take/pick up; *(spicele lăsate în urma culegătorilor)* to glean. **2.** *mat.* to add. © *a ~ bani* **a.** to amass riches, to hoard up money. **b.** *(prin colectă)* to collect money/subscriptions. **c.** *(ca impozit)* to raise money, to levy/collect taxes/money; *a ~ bucatele* to gather in the harvest; *a ~ comori* to hoard up treasures; *a ~ cunoștințe* to treasure/gather/store knowledge; *a ~ flori* to pick up/to cull flowers; *a ~ fonduri* to collect funds; *a-și ~ gîndurile* to collect one's thoughts; *a-și ~ mințile* to come to one's senses; *a ~ noi puteri* to gather new strength, F→to pick up again; *a-și ~ puterile* to summon up/to gather strength, to collect/muster/rally (all) one's energies. **II.** *vb. refl.* to assemble, to collect, to cluster, to club (together), to troop, to flock together, *mil.* to concentrate; (↓ *pt. o trecere în revistă*) *mil.* to muster; *(a se însoți) (cu)* to associate (with), to herd (with). ⓓ *spune-mi cu cine te aduni, ca să-ți spun cine ești* a man is known by the company he keeps; *cine se aseamănă se adună* birds of a feather flock together. **III.** *vb. intr. mat.* to add.

adunare *s.f.* **1.** gathering etc. v. **a d u n a. 2.** *(persoane adunate)* gathering, *(și mil.)* assembly; *(mulțime)* multitude; crowd. **3.** *(intrunire)* meeting, rally; *(ședință)* sitting. **4.** *(politică)* congress, convention, meeting, rally. **5.** *(științifică etc.)* conference, congress. **6.** *(credincioșii din biserică)* congregation; *(conclav)* conclave. **7.** *(colecție)* collection; *(grămadă)* heap, pile, mass; *(acumularc)* accumulation; *(mănunchi)* cluster; *(agregat)* aggregate. **8.** *mat.* addition. ⓐ *~ constituantă* constituent assembly; *~ generală* general assembly; *~ legislativă* legislative assembly; *Adunarea Națională* the National Assembly. ⓓ *loc de ~* place of assembly, meeting/gathering place; resort; *vînăt.* meet; *Ma*

rea Adunare Națională a R.S.R. the Grand National Assembly of the Socialist Republic of Romania. © *a convoca o ~* to call a meeting; *a face o ~ mat.* to add (up); *a vorbi în fața unei adunări* to address a meeting, to speak in public.

adunător *s.m.* **1.** gatherer, collector. **2.** *agr.* hay collector/gatherer.

adunătură *s.f.* **1.** *(mulțime)* crowd, multitude. **2.** *peior.* mob, rabble, tagrag (and bobtail), riff-raff. **3.** *(adunare)* gathering; *(grup)* group, *(ceată)* troop. **4.** *(d. lucruri grămadă)* heap, pile; *(amestecătură)* mixture, medley, mash, congeries, amalgam, F mingle, mish-mash, hodge-podge, hotch-potch, omnium-gatherum, hash; *(vechituri)* lumber, F sticks (of furniture); *(zdrențe)* rags.

adus I. *adj. (încovoiat)* bent, crooked. ⓐ *~ de/din spate* stooping; *~ din condei* arranged; *(falsificat)* rigged. **II.** *s.n.* **1.** v. **a d u c e r e. 2.** *(cadou)* present, gift.

adventism *s.n. rel.* Adventism, Millerism.

adventist *adj., s.m. rel.* Adventist.

adventiv *adj. bot., zool.* adventitious, *rar*→adventive.

adverb *s.n. gram.* adverb. ⓐ *~ de cantitate* adverb of quantity; *~ de grad* adverb of degree; *~ de loc* adverb of place; *~ de mod* adverb of manner; *~ de timp* adverb of time. © *ca ~* adverbially.

adverbial *gram.* **I.** *adj.* adverbial. ⓓ *locuțiune ~ă* adverbial phrase. **II.** *adv.* adverbially.

advers *adj.* adverse, opposite, contrary, counter... ⓓ *părere ~ă* contrary/opposite opinion/view, counterview; *parte ~ă* opposite/adverse/hostile party, *și jur.* counter part(y), opponent(s).

adversar *s.m.* adversary; *(↓ de idei)* opposer, opponent; *(într-o dispută)* disputant; *(ca luptător)* antagonist; *(atacator)* assailant, oppugner; *(dușman)* enemy, foe; *(rival)* rival; *jur.* counter part(y).

adversativ *adj. gram.* adversative. ⓓ *conjuncție ~ă* adversative conjunction.

adversitate *s.f.* adversity; *(calamitate)* calamity; disaster, misfortune.

advocat ... v. a v o c a t.

advocăţesc *adj.* v. a v o c ă t e s c.

aed *s.m.* bard, singer.

aer *s.n.* **1.** air; *(răsuflare)* breath. **2.** *(aspect)* look, aspect; *(înfăţişare)* appearance; *(al unei persoane)* air, presence; *(mină)* countenance; mien; *(maniere)* manners, ways; *(asemănare)* likeness, resemblance. **3.** *pict.* air, attitude, turn of the head. ⓐ *~ atmosferic* atmospheric/common air; *~ comprimat* compressed air; *~ condiţionat* conditioned air; *then.* artificial atmosphere; *(↓ ca instalaţie)* air-conditioning; *~ curat* fresh air; *~ închis* stuffy/confined/dead/stale air; *~ înviorător* bracing/invigorating air; *~ lichid* liquid air; *~ maiestuos fig.* majestic air; *~ nesănătos* unhealthy/unwholesome air; *~ proaspăt* fresh/sweet air; *~ rar* thin air; *~ răcoros* cool air; *~ stricat/viciat* foul/vitiated/tainted air; *~ stătut* stale air; *~ vătămător* noxious/injurious air, *min.* choke damp, styfe; *~ vesel fig.* cheerful air. ⓑ *baie de ~* air bath; *baie de ~ cald* hot-air bath; *băşică de ~* **a.** *fiz.* air bubble. **b.** *(la metalele topite)* blister. **c.** *iht.* bladder, sound; *boare de ~* breath of air, gentle breeze; *calitatea ~ului* condition of the air; *cărămidă uscată în ~* air-dried unburnt brick, air/cob brick; *centură de ~* air belt; *clădit în ~* air-built; *coloană de ~ fiz.*column of air; *cu ~ condiţionat* air-conditioned; *cură de ~ med.* air cure; *curent de ~* draught, air/atmospheric current, current/stream/flow of air; *densitatea ~ului* density of the air; *electricitatea din ~* atmospheric electricity; *exerciţii în ~ liber* out-door/open-air exercises; *filtru de ~* air strainer; *injector de ~* air-injector; *în ~ liber* in the open (air); *per(i)nă de ~* air cushion/pillow/bed; *pompă de ~ fiz.* air/atmospheric/pneumatic pump; *presă cu ~ fiz.* air press;

presiunea ~ului pressure of the air, atmospheric/pneumatic pressure; *primenirea ~ului* change of air; *răcire cu ~* air cooling; *răcitor cu ~* air cooler, air-cooling apparatus; *rărirea ~ului* rarefaction of the air; *schimbarea ~ului* change of air; *strat de ~* stratum/layer of air; *sus în ~* in the upper air; *ventil de ~* relief valve; *viaţa în ~ liber* outdoor life; *vîrtej de ~* atmospheric eddy. ⓒ *nu avea ~ul unui...* he had not the air/look/appearance of..., he did not look like...; *a-şi da ~e* to give oneself airs, to put on airs, F→to ride the high horse; *a lua ~* to take the air/an airing; *a trage ~* to draw breath; *să luăm puţin ~* let's go out and have some fresh air; *a trăi cu ~* to live on air; *a umple cu ~* to fill with air, to pneumatize, to aerify; *a feri de ~* to avoid exposure (to the air); *a arunca în ~ (o pălărie etc.)* to throw/toss up; *(a face să sară în aer)* to blow up; *a clădi castele în ~* to build castles in the air; *e ceva în ~* there's something in the wind; *a dispărea în ~* to vanish into space; *a pluti în ~* **a.** to float/swim *poetic*→soar in the air. **b.** *fig.* to tread on air; *a se ridica în ~* to fly up, to take one's flight, to spring (up); to raise; to start (flying); to burst upon the wing, to soar; *a expune la ~* to (expose to the open) air, to breathe, to give an airing to, to weather, to ventilate; *a ieşi la ~* to have a blow, to go for a blow.

aera I. *vb. tr.* v. a e r i s i. **II.** *vb. refl.* *(a-şi face vînt)* to fan oneself.

aeraj *s.n. min.* ventilation.

aerare *s.f.* aeration.

aerat *adj.* aired, aerated.

aerian *adj.* **1.** *(format din aer)* airy, aerial; aeriform; *(plutind în aer, ca aerul)* airy, aerial, skyey; *(gazos)* gaseous; *(nebulos)* vaporous, hazy, cloudlike; nebulous; *(expus la aer)* breezy, exposed to the air. **2.** *(uşor ca aerul)* light as air, featherlike, unsubstantial; *(rar, subţire)* thin; *(transparent)* transparent, gauzy. **3.** *fig.* airy, ethereal, vaporous. ⓑ

baraj ~ air barrage; *bătălie* ~*ă* air battle; *cablu* ~ aerial cable; *călătorie* ~*ă* aerial voyage, air-voyage; *cale* ~ *ă* air passage; *(traseu)* airway; *cale ferată* ~*ă* aerial railway; *flotă* ~*ă* air fleet; *forţă* ~*ă* air force; *imagine* ~*ă opt.* aerial image; *linie* ~*ă* air line; *luptă* ~*ă* air fight; *navigaţie* ~*ă* aerial navigation; *plantă* ~*ă bot.* aerial plant; *raid* ~ air raid; *roci aeriene geol.* aerial/Aeolian rocks; *rută* ~*ă* air route.

aerifer *adj.* aeriferous.

aeriform *adj.* aeriform.

aeriseală *s.f.* v. a e r i s i r e.

aerisi I. *vb. tr. (a expune la aer)* to (expose to the) air, to weather; *(a ventila)* to ventilate; *(a împrospăta aerul în)* to renew the air in, to aerate. **II.** *vb. refl.* **1.** *pas.* to be aired/ventilated. **2.** to take an airing; to be refreshed.

aerisire *s.f.* airing, ventilation, aeration.

aerisit I. *s.n.* v. a e r i s i r e. **II.** *adj.* airy, breezy, fresh; *fig.* și open-/broad-minded.

aerob *adj.* aerobian, aerobic.

aerodinamic *adj.* aerodynamic.

aerodinamică *s.f.* aerodynamics.

aerodină *s.f.* aerodyne.

aerodrom *s.n. av.* airport, airfield, aerodrome, *amer.* airdrome.

aerofagie *s.f. med.* aerophagia.

aerofob *adj.* aerophobe.

aerofobie *s.f.* aerophoby, aerophobia.

aerofon *s.n.* aerophone.

aerofor *s.n.* aerophore.

aerofotografie *s.f. av. etc.* aerial photographic mapping.

aerogară *s.f. av.* air-station, airport building.

aerograf *s.n.* aerograph.

aerografie *s.f.* aerography.

aerogramă *s.f. meteor.* aerogram.

aerolit *s.m. astr.* aerolite, aerolith.

aerologie *s.f.* aerology.

aerometrie *s.f.* aerometry.

aerometru *s.n. fiz.* aerometer.

aeromobil *s.n. av.* flying body.

aeromodel *s.n. av.* (air)plane model.

aeromodelism *s.n.* model plane flying.

aeromodelist *s.m. av.* flying-model constructor.

aeronaut *s.m. av.* aeronaut, aeronavigator.

aeronautic *adj. cv.* aeronautic.

aeronautică *s.f. av.* aeronautics.

aeronavă *s.f. av.* airship, space ship, space craft.

aeronavigaţie *s.f.* aeronavigation, aerial navigation.

aeroplan *s.n. av.* (air)plane, aeroplane; *(aparat zburător)* flying machine.

aeroport *s.n. av.* airport, aeroport.

aeropurtat *adj. av.* airborne. ① *trupe* ~*e* airborne troops.

aeros *adj.* airy.

aeroscop *s.n.* aeroscope.

aerosol *s.m. chim., fiz.* aerosol; *chim.* sogasoid.

aerostat *s.n. av.* aerostat, air balloon.

aerostatic *adj. av.* aerostatic(al).

aerostatică *s.f. av.* aerostatics.

aerostaţie *s.f. av.* aerostation.

aerotaxi *s.n. av.* charter plane.

aerotehnică *s.f. av.* aerotechnics.

aeroterapie *s.f. med.* aerotherapeutics.

aerotopograf *s.m.* aerotopograph.

aerotopografie *s.f.* aerotopography.

aevea *adv., adj.* v. a i e v e a.

afabil I. *adj.* affable; *(curtenitor)* courteous; *(politicos)* polite, civil; *(amabil)* amiable. **II.** *adv.* affably etc. v. ~ I.

afabilitate *s.f.* affability; *(curtenie)* courteousness; *(politeţe)* politeness, civility; *(amabilitate)* amiability.

afacere *s.f.* **1.** *(ca noţiune generală, legată de interese mai mari decît ale individului, de ex. ale statului)* affair; *(ca noţiune legată de profit în general)* business; *com.* business, *pl.* dealings; *(negoţ)* trade, commerce; *(încheiată, ↓ reuşită)* bargain; *(tranzacţie)* transaction, enterprise, undertaking; *(speculaţie)* speculation. **2.** *(chestiune)* affair, F business; *(subliniindu-se caracterul de discuţie)* matter; *(chestiune afectînd pe cineva)* concern, F thing. **3.** *pl. (îndeletniciri particulare)* affairs; *(sarcini, treburi)* tasks. **4.** *pl. (treburi de stat)* affairs. **5.** *jur.* case, affair. ⓐ ~ *bună* good stroke of business; bargain; ~ *ci-*

vilă jur. civil case/suit; ~ *crimina-lă jur.* criminal case; ~ *de stat* state affair; ~ *dubioasă* shady affair; ~ *faimoasă* famous affair; ~ *importantă* important affair, matter of moment; ~ *proastă* bad stroke/piece of business, bad/losing bargain; ~ *publică* public concern/business/affair; ~ *rentabilă* paying concern, com. capital stroke of business, F→go; ~ *sentimentală* love affair, affair of the heart; ~ *urgentă* pressing business; *afaceri externe* foreign/external affairs; *afaceri interne* home/internal/domestic affairs; *afaceri zilnice* daily tasks, routine. ⓕ *frumoasă* ~ *peior.* F it's a pretty business/job/hobble, it's a fine/nice mess; *om de afaceri* man of business, business-man; *proastă* ~ that's an awkward affair, it's a nice mess, P.→ it's a devil of a go! ©️ *a face o* ~ to make/strike a bargain; *a face o* ~ *bună* to make a good bargain, to do a good fine business; *a face afaceri com.* to carry on/do business, to buy and sell; *a face afaceri cu... (ceva)* to deal trade in...; *am făcut o* ~ *proastă* I did not get my full money's worth, I've done a bad stroke of business; *a se băga în afacerile altora* to meddle/concern oneself/busy oneself with the affairs of others; *nu e nici o* ~ **a.** *(afacerile merg slab)* there is no business doing/stirring, trade is slack. **b.** *(n-am făcut nici o ispravă)* we have come back as wise as we went. **c.** *(nu e bun de nimic)* that's good for nothing, that's useless/of no use. **d.** *(nu rentează)* it doesn't pay, no profit is to be made out of it, the game is not worth the candle; *ar fi o* ~ that would be a bargain.

afacerism *s.n.* **1.** profiteering, shady affairs. **2.** *(spirit negustoresc)* mercantile spirit, businesslike manner.

afacerist *s.m.* businessman, man about town, *peior.* trafficker, racketeer.

afară I. *adv.* **1.** out; *(în afara casei)* out of doors/the house, without doors, outdoor(s); *(în exterior)* outside, without; *(în aer liber)* in the (open) air; *(departe de aici; în străinătate)* abroad; *(plecat)* out, forth; *(la țară)* in the country. **2.** *interjecțional* out (with you)! be off/gone! get out/away you! get gone! F pack off! ⓐ ~ *cu el!* out with him! turn him out!; ~ *de... v.* în ~ d e; except(ing)... *poetic*→save...; ~ *de aceasta* besides (this), moreover; ~ *(numai) dacă...* only if..., except when... ⓕ *din cale* ~ *de...* too...; exceedingly..., ...beyond measure/all bounds..., to excess; *în afara atingerii mele* beyond my reach; *în* ~ *de* **a.** *(pe lîngă)* besides, in addition to, apart from, *poetic*→save. **b.** *(cu excepția)* except(ing); *pieptul* ~ *mil.* throw out your chest; *toți* ~ *de...* all but/except... ©️ *a alerga* ~ to run out; *a arunca* ~ to throw out; *a chema* ~ to call out; *a (con)duce* ~ to lead out/forth; *a da* ~ **a.** *(a izgoni)* to drive/chase/turn out; *(cu bătaie)* to beat/whip out; *(cu forța)* to force out; *(a îndepărta)* to expel; *(a porunci să iasă)* to order out. **b.** *(a concedia)* to release, F to sack, to give *smb.* the sack. **c.** *(a vomita)* to throw up, to vomit; *a da* ~ *pe ușă* to put/throw out of doors, to push out of the room; *dă-l* ~ turn him out; *a dormi* ~ to sleep in the open air; *ieși* ~*!* (get) out! be gone!, F pack off!; *a vrea (să iasă)* ~ to want to go/get out; *e prea din cale* ~ that's too much, that exceeds all bounds, F it beats the devil! well, I never! *nu vă aplecați în* ~ do not lean out of the window; *a ieși în* ~ to jut (out), to project, to protrude, to extend. **II.** *s.f.* ⓕ *pe din* ~ **a.** on the outside; outwardly, externally. **b.** *(pe de rost)* by heart/rote.

afazic *med.* **I.** *adj.* aphasic. **II.** *s.m.* aphasiac.

afazie *s.f. med.* aphasia, aphasy.

afect *s.n.* affection, emotion.

afecta I. *vb. tr.* **1.** to affect; *(a simula)* to assume, to put on, to feign, to sham, to simulate; *(a imita)* to imitate, to mimic. **2.** to affect; *(a preocupa)* to concern;

(a tulbura) to trouble; (a mișca) to move; (a atinge) to touch; to touch/sting to the quick; (a mîhni) to afflict, to grieve; (a supăra) to offend. **3.** to affect; (a modifica) to modify, to alter. **4.** (o sumă) to assign, to appropriate. **5.** com. to mortgage. © nu mă afectează cîtuși de puțin it does not affect me in the least. **II.** vb. intr. to pretend.

afectare s.f. **1.** affecting etc. v. a f e c t a. **2.** (prefăcătorie) affectation, dissimulation, makebelieve, pretence, sham, feint; (imitare) imitation; fastidiousness, hypercriticism, prudishness, mincing; (cochetărie) primness, demureness; archness.

afectat I. adj. **1.** affected; (studiat) studied, elaborate, recherché; (și curios) curious, fastidious; (în comportare, în felul de a se îmbrăca) prim; (ipocrit) mincing, miminy-piminy, demure, miminy-piminy; (exagerat) gushing; (d. stil) euphuistic, stilted, highflown, highfaluting. **2.** (mîhnit) affected; sad, < grieved. **II.** adv. with affectation, affectedly, on stilts; (cochet) primly, demurely. © a vorbi ~ to mince; to mouth; (pe nas) to speak with a twang.

afectiv adj. **1.** affective, emotional. **2.** (care denotă afecțiunea) affectionate. **3.** (simțitor) sensitive.

afectivitate s.f. emotionality, sensitiveness; sensibility; emotional life; affectivity.

afectuos I. adj. affectionate; (iubitor) loving. **II.** adv. affectionately, lovingly.

afecțiune s.f. **1.** (dragoste) affection, love; (atașament) attachment; (simpatie) sympathy. **2.** med. affection; (boală) disease. **3.** pl. affections, passions. ⓐ ~ nervoasă med. nervous affection. © a avea o ~ pentru cineva to feel/ entertain affection for/towards smb., to bear smb. goodwill, to be attached to smb., to be fond of smb.

afeliu s.n. astr. aphelion.

afemeiat I. adj. lewd, lecherous, bawdy, mad after women. **II.** s.m. woman dangler, amorous fool, ge-

neral lover, ladies' man, lecher. P→wencher, smell-smock.

aferat adj. pretending to be busy, fussy; self-important.

aferent adj. **1.** și jur. due. **2.** fiz. afferent, adherent. **3.** anat. afferent. ⓑ nerv ~ anat. afferent nerve; vase ~e anat. afferent ducts/vessels.

afereză s.f. lingv. aph(a)eresis.

aferim interj.←înv. (bravo!) bravo! well done! that's well! peior. that's rather too much! that's (coming it) too strong!; (te felicit, ce să-ți spun!) peior. I wish you joy of it!

afet s.n. mil. gun carriage. ⓐ ~ mobil mobile guncarriage. ⓑ tun fără ~ dismounted gun. © a pune tunul pe ~ to mount a gun (on a carriage).

afgan s.m., adj. Afghan.

afilia I. vb. tr. to affiliate. **II.** vb. refl. to affiliate, to be affiliated.

afiliat adj. **1.** affiliated. **2.** (înrudit) kindred, allied.

afiliație s.f. affiliation.

afiliere s.f. affiliation.

afin¹ s.m. bot. bilberry (bush) (Vaccinium myrtillus).

afin² s.m. in-law; relative, relation, kinsman.

afin³ adj. jur. allied, related.

afina vb. tr. **1.** metal. to (re-)fine, to affine. **2.** text. to affine.

afinaj s.n., **afinare** s.f. metal. refining, affinage.

afinată s.f. bilberry brandy.

afină s.f. bot. bilberry.

afiniș s.n. bilberry grove.

afinitate s.f. **1.** chim., biol. affinity. **2.** (înrudire) affinity, congeniality; (asemănare) resemblance, similarity; (analogie) analogy. ⓐ ~ electivă elective affinity; ~ moleculară chim. molecular affinity. © a avea ~ cu... to hold affinity with..., to be akin to...

afinor s.m. refining man.

afion s.n. **1.** opium. **2.** fig. torpor.

a-fir-a-păr adv. to a hair/nicety; in full detail.

afirma I. vb. tr. **1.** (a prezenta drept real) to affirm, elev.→to aver; (a susține) to maintain, to hold; (a declara) to state, to declare; (↓ dîrz) to assert; solemn) to asseverate; *(a spune)* to say; *(a promova)* to advance; *(a pretinde)* to allege. 2. *log.* to predicate. © *pot ~că...* I don't mind saying that..., I daresay that...; *eu unul afirm că...* I myself/for my part maintain that...; *el afirmă că relatarea e falsă* he declares the account to be false; *el dovedeşte ceea ce afirmă* he proves what he advances/says/asserts. II. *vb. refl.* 1. to be affirmed etc. v. ~ I. 2. *(a se impune)* to make oneself conspicuous; *(a se face respectat)* to make oneself respected; *(a se distinge)* to distinguish oneself; *(a-i merge bine)* to boom. © *se afirmă că a spus...* he is alleged to have said...

afirmare *s.f.* affirmation etc. v. a f i r m a.

afirmativ I. *adj.* affirmative. ① *propoziţie ~ă gram.* affirmative clause. II. *adv.* affirmatively, in the affirmative.

afirmaţie *s.f.* 1. *(declaraţie)* statement; *(spusă)* say(ing); *(↓ dîrză)* assertion; *(solemnă)* asseveration; *(alegaţie)* allegation; *(asigurare)* assurance; *(prin care se susţine că ceva e real)* affirmation. 2. *log.* predication. © *a face o ~* to make an assertion/a statement.

afiş *s.n.* placard, poster, (posting) bill, billboard; *(ca reclamă)* advertisement; *(de teatru)* (theatrical) poster, playbill. ① *om-~* sandwich man. © *piesa aceasta ţine ~ul de trei luni* this play has been on for three months.

afişa I. *vb. tr.* 1. to post (up), to bill, to placard; *(a publica)* to publish, to announce; *(pt. vînzare, ca reclamă)* to advertise; *(a proclama)* to proclaim. 2. *(a face paradă de)* to display, to make show/parade of; *(a etala)* to exhibit; *(a proclama)* to proclaim; *(cu reclamă, zgomotos)* to puff. II. *vb. refl. (a atrage atenţia asupră-şi)* to make a show of oneself, to make oneself conspicuous; *(a face să se vorbească despre sine)* to get oneself talked about; *(a vrea să devină notoriu)* to court notoriety. ⓐ *a se ~ ca... (a pretinde că este)*

to pretend to be...; *(a trece drept)* to pass oneself off for...; *(a se proclama)* to call/style/proclaim oneself...; *a se ~ cu cineva* to go (ab)out with smb.; to herd with smb.

afişaj *s.n.* 1. bill sticking etc. v. a f i ş a. 2. *(publicitate)* publicity; *(etalare)* exhibition; *(zgomotos)* puffing; *(proclamare)* proclamation.

afişare *s.f.* bill sticking etc. v. a f i ş a.

afişier *s.n.* notice board.

afişor *s.m.* bill sticker/poster.

afix *s.n.* lingv. affix.

afixa *vb. tr. lingv.* to affix.

afixare, afixaţie *s.f. lingv.* affixation.

afîna *vb. tr.* to break up, to make loose/spongy, to stir.

afînare *s.f.* breaking up.

afînat *adj. agr.* loose, spongy.

afla I. *vb. tr.* 1. *(a găsi)* to find; *(a întîlni)* to meet with, to fall in with, to come up with; *(a da peste)* to come across/upon, to light (up)on; *(a descoperi)* to discover, to find out; *(a inventa)* to invent; *(a vedea)* to see. 2. *(a prinde de veste)* to hear, to learn; *(a fi informat despre)* to be informed of/about, to have information of; *(a înţelege)* to understand, to make out; *(a şti)* to know. 3. *(a socoti)* to think, to consider, to suppose. 4. *mat.* to determine. 5. *(a i se întîmpla)* to happen (to), to befall (to). 6. *(a-i trece prin minte)* to occur to smb.; to come/get into smb.'s head; to strike. ① *uşor de ~t* easily found (out). © *am ~t aceasta dintr-o sursă sigură* I have it from a reliable source; *am ~t aceasta încă de mult* I have known it for a long time (past); *de la cine ai ~t asta?* from whom did you hear that? *de unde ai ~t asta?* where have you heard that? where have you been told so? *află că...* I must tell/inform you that...; *am ~t că...* I heard (it said) that..., people/they say (that)...; *(mi s-a spus că)* I have been told that...; *am ~t din ziar că...* I've read in the paper that...; *nu se poate ~ dacă...* there is no knowing whether...; *a nu-şi ~ locul* to be restless; to fret about; *(a se simţi prost)* to feel ill at ease; *am ~t lucruri frumoase despre tine peior.* I hear fine things about you, they tell me of nice doings of yours; *a ~ mijloace* to find means; *a-şi ~ moartea* to meet with one's death; *am ~t-o chiar din gura ei* I have it from her own mouth, she told me (so) herself; *a-şi ~ omul/naşul* to find one's man/match, to meet with one's match. **II.** *vb. refl.* **1.** *(a fi)* to be; *(a exista)* to be (found), to exist; *(a fi prezent)* to be present; *(a avea loc; a se întîlni)* to occur. **2.** *(a fi aşezat)* to be situated, to lie; *(a se ridica)* to stand. **3.** *(a ajunge la cunoştinţa publică)* to become known, to be spread abroad, F→to ooze out; *(a se dovedi)* to be proved, to come to light, to turn out; to appear. ⓒ *se află* there is; there are; *se află că...a. (se anunţă)* it is announced that... **b.** *(se zvoneşte că)* it is rumoured/reported that...; *s-a ~t că e un impostor* he was found/discovered to be an impostor; he turned out/proved to be an impostor; *greşeala s-a ~t* the mistake has been found/discovered; *nu s-a ~t nimic care să...* nothing has been found that...; *a se ~ de faţă* to be present, to attend; *a se ~ în primejdie* to be in danger; *a se ~ în treabă* a. to meddle, to poke one's nose (into everything); *(a nu face nimic)* to be a busybody. **b.** *(a se învîrti fără rost)* to potter about; *a nu se ~ nicăieri* not to be found anywhere; *nu se află a. (nu e adevărat)* that is not true (to fact). **b.** *(e imposibil)* it's impossible. **c.** *(ferit-a sfîntul)* God forbid! never! no, no! on no account!... *ce te afli!...* that you are; *cum te (mai) afli?* how are you? **III.** *vb. intr.* to hear/learn about smth. ⓐ *a ~ despre...* **a.** to hear about/of, to learn about...; to be informed about..., to have information about..., to gain intelligence about... **b.** *(a găsi)* to find... ⓒ *a ~ cu cale să..., a ~ de cuviinţă să...* to think/deem fit/right/it prop-

er to...; *din cîte am ~t* from what they tell me.

aflare *s.f.* **1.** being etc. v. **a f l a.** **2.** *(prezenţă)* presence.

aflător *adj.* being, existing; extant; *(prezent)* present.

afloriment *s.n. agr.* outcrop.

afluent *s.m.* tributary (stream), affluent, confluent, feeder, influent.

afluenţă *s.f.* **1.** *(belşug)* affluence, plenty. **2.** *(multă lume)* affluence, throng; *(năvală)* rush.

aflux *s.n.* **1.** *med.* afflux, rush. **2.** *hidr.* afflux, flow, inflow (of water). ⓐ *~ catodic fiz.* cathodic influx.

afon *adj.* voiceless, aphonous; silent.

afonie *s.f.* voicelessness, aphonia.

aforism *s.n.* aphorism; *(maximă)* maxim.

aforistic *adj.* aphoristic(al).

african *adj., s.m.* African.

africand *s.m.* Africander.

africată *s.f. fon.* affricate (consonant).

afrodiziac *s.n., adj., fiziol.* aphrodisiac.

afront *s.n.* affront; offence; *(jignire personală)* insult, outrage. ⓒ *a face un ~ cuiva* to put an affront upon smb., to offer an affront to smb.

afte *s.f. pl. med.* milk thrush, ulcer(s) in the mouth, aphtha.

aftos *adj. med.* aphthous. ⓑ *anghină aftoasă med.* aphthous angina; *febră aftoasă vet.* foot-and-mouth disease.

afuma **I.** *vb. tr.* **1.** *(pt. conservare)* to (expose to) smoke; *(peşte)* to kipper; *(scrumbii)* to smoke, to cure, to bloat; *(şuncă)* to smoke-dry, to gammon; *(şi a săra)* to cure. **2.** *(a înnegri cu fum)* to blacken with smoke; *(a strica bucatele)* to burn. **3.** *(a umple cu fum)* to (fill with) smoke, to infest/incommode with smoke; *(d. o cameră etc., cu fum de tutun)* to fill... with smoke of tobacco; *(a acoperi cu fum)* to cover with smoke; *(albine etc.)* to smoke out; *(ţînţarii, făcînd foc)* to smudge. **4.** *(pt. a dezinfecta)* to fumigate, to deodorize; to disinfect; *(a curăţa prin fum)* to purify/ medicate by smoke, to fumigate; *(butoaie, cu sulf etc.)* to (fumigate

with) sulphur; *(a parfuma)* to
perfume, to scent. **5.** *(a îmbăta)*
F to fuddle. **II.** *vb. refl. pas.* **1.** to
be/get smoked etc. v. ~ I. **2.** *(a
se îmbăta)* F to get fuddled/mellow/
squiffy. **III.** *vb. intr. (a fumega)* to
smoke; *(a scoate aburi)* to reek,
to fume, to steam.

afumare *s.f.* smoking etc. v. a f u-
m a.

afumat I. *adj.* **1.** smoked etc. v.
a f u m a. **2.** *(d. alimente și)* smoke-
dried. **3.** *(beat)* F boozy, tipsy,
half-seasoned, fuddled, mellow,
squiffy. ⓕ *cîrnat* ~ smoked sau-
sage; *carne* ~*ă* smoked meat; *carne
de vacă* ~*ă* smoked/hung beef; *lap-
te* ~ burnt milk; *limbă* ~*ă* dried
tongue; *scrumbie* ~*ă* red herring,
bloater; *sticlă* ~*ă* smoked glass.
II. *s.n.* v. a f u m a r e.

afumătoare[1] *s.f.* **1.** perfuming pan,
censer. **2.** v. a f u m ă t o r.

afumătoare[2] *s.f. pl.* articles for fu-
migating; perfumes, scents, per-
fumery.

afumător *s.n.* **1.** (bee) smoker. **2.**
smoke house.

afumătorie *s.f.* smoke house.

afumătură *s.f.* **1.** v. a f u m a r e. **2.**
(carne afumată) smoked meat.

afund I. *adv. (în adînc)* deep; *(jos)*
low; *(la fund)* at the bottom; *(spre
fund)* to the bottom. ⓒ *a băga/da*
~ to dip, to plunge, to thrust into
the water; to sink, to submerge,
to submerse; *(violent, pe cineva)* to
duck, v. și a f u n d a I; *a se da*
~ **a.** to sink (deep). **b.** *fig. (a dis-
părea)* to disappear, to vanish; *(a
se topi)* to pass away, to dissolve;
(a se ascunde) to keep in hiding,
F→to take earth, to lie low; to
secrete oneself; *(a tăcea)* to be
silent; *(a trăi retras)* to live in
retirement. **II.** *adj. (adînc)* deep;
(jos) low. **III.** *s.n.* **1.** *(adîncime)*
depth, deep. **2.** *(fund)* bottom.

afunda I. *vb. tr.* **1.** *(a cufunda)* to
(cause to) sink, to submerge; *(su-
perficial)* to dip; *(aruncînd în apă)*
to plunge; *(adînc)* to dive; *(a
băga și a scoate repede din apă)* to
duck; *(a muia)* to soak, to steep,
to sop; *(complet)* to drench; to

immerse, to immerge. **2.** *(a adînci)*
to deepen. **II.** *vb. refl.* **1.** *(a se
scufunda, a se îneca)* to sink; *(a
se duce la fund)* to go/sink to the
bottom; *(a dispărea sub apă)* to
dip (below the surface); *(a plonja)*
to plunge; *(a se băga și a ieși din
apă)* to duck; *(↓ d. înotători)* to
dive. **2.** *și fig. (a fi înghițit)* to be
engulfed, to be swallowed up; *(a
cădea)* to fall. **3.** *fig. (a dispărea)* to
vanish, to disappear, to be lost,
to sink; *(la orizont)* to dip; *(a
se pierde, a se topi)* to pass away;
to dissolve; *(a pătrunde adînc) (în)*
to become lost/merged (in), to
lapse (in). ⓒ *a se* ~ *în cugetări* to
be lost/absorbed/buried/wrapt in
(deep) thought.

afundare *s.f.* sinking etc. v. a f u n-
d a.

afundat *adj. (foarte depărtat)* remote,
very distant.

afundător *s.m.* diver.

afundătură *s.f.* **1.** v. a d î n c i t u-
r ă. **2.** *(fundătură)* blind alley/
lane, turn-again (alley); *(loc ascuns)*
secret corner, hidden recess, co-
vert, nook; *(văgăună)* hollow; den;
(fund) bottom.

afundiș *s.n.* deep, depth.

afurca *vb. tr. nav. (cu două ancore)*
to moor by the head; *(cu patru
ancore)* to moor to all fours.

afurisenie *s.f.* **1.** *bis.* ban; curse of
the church; *(anatemă)* anathema;
(excomunicare) excommunication.
2. *(blestem)* curse.

afurisi I. *vb. tr.* **1.** *rel.* to lay under
the ban of the church; *(a excomu-
nica)* to excommunicate; *(a ana-
temiza)* to anathematize. **2.** *(a
blestema)* to curse, to invoke/call
down curses on, to damn. **II.** *vb.
refl.* to swear.

afurisit I. *adj. (blestemat)* accursed,
damned; *fig.* damned, confounded,
F deuced, blessed, *vulg.*→blooming,
bloody; *(neascultător)* naughty. ⓕ
femeie ~*ă* shrew. **II.** *s.m.* knave,
scoundrel, rogue, scamp, rascal, <
arrant knave/rogue.

agale *adv.* **1.** *(încet)* slowly, leisure-
ly; *(treptat)* gradually, step by
step; *(în voie)* deliberately; *(cu*

lenevie) lazily, idly. **2.** *(neatent)* carelessly, heedlessly. © *a merge* ~ to saunter, to walk in a leisurely way; to go/walk slowly.

agapă *s.f.* **1.** *rel.* agape, love feast. **2.** *(masă comună)* brotherly repast.

agar-agar *s.n.* agar-agar.

agaric *s.m.* *bot.* agaric *(Agaricus).*

agasa *vb. tr.* to worry, to plague, to pester; *(a enerva)* to irritate, to annoy; *(a necăji)* to tease, to banter, to chaff.

agasant *adj.* annoying, provoking, F→aggravating.

agat *s.n.*, **agată** *s.f.* *mineral.* agate.

agavă *s.f.* *bot.* American aloe *(Agave americana).*

agă *s.m.* *odin.* ag(h)a, police prefect.

agăța I. *vb. tr.* **1.** *(a atîrna)* to hang (up), to put up; to suspend; *(a atașa)* to attach; *(cu sau pe un cîrlig)* to hook up. **2.** *(a acosta)* to accost; to waylay; *(și a ține de vorbă)* to buttonhole. **3.** *(a pune mîna pe)* to catch hold of, to seize; *(a captura)* to capture. © *iși ~se șalul de clanță* she had caught her shawl on the door-knob. **II.** *vb. refl. pas.* to be hung (up) etc. v. ~ **I.** ⓐ *a se ~ de...* **a.** *(a găsi vină)* to find fault with...; *(a se lega de)* to nag at...; *(a critica)* to carp at..., to cavil at...; *(a nu da pace)* to importune..., not to leave alone..., to plague... to pester...; *(a asalta)* to assail...; *(a ataca)* to attack...; *(a ridica obiecții nefondate față de)* to cavil at...; to raise captious objection(s) at/about...; to pick a hole in *smb.'s* coat. **b.** *(a nu se mai desprinde de)* to cling to..., to stick to..., to hold on by..., to cleave to... **c.** *(a se prinde de)* to catch one's hand etc. on... **d.** *(a se folosi de)* to seize (up)on... © *se agață de fiecare cuvînt* he cavils at every word.

agățare *s.f.* hanging (up) etc. v. a g ă ț a.

agățătoare *s.f.* **1.** *(la haină)* tab, hanger. **2.** *pl. bot.* climbers, trailers, climbing/trailing plants.

agățător *adj.* climbing etc. v. a g ă-ț a.

ageamíu *s.m.* F new hand, greenhorn, tenderfoot, *pl.* babes and sucklings.

agendă *s.f.* **1.** *(carnet)* note/pocket book. **2.** *(ordine de zi)* agenda, order (of the day).

agent *s.m.* **1.** agent; agency, medium, acting power; *(factor)* factor. **2.** agent; *(intermediar)* go-between, medium, middleman, F→bodkin; *(slujbaș)* clerk; *(împuternicit)* proxy, mandatary. **3.** *chim. etc.* agent. ⓐ ~ *atmosferic* atmospherical agent; ~ *chimic* chim. chemical agent; ~ *de poliție←odin.* policeman; ~ *de legătură mil.* **a.** liaison officer. **b.** connecting file; ~ *de schimb com.←odin.* (stock) broker; ~ *diplomatic* diplomatic agent; ~ *fizic* physical agent; ~ *monetar* circulating medium; ~ *provocator←odin.* agent provocateur (police) decoy, *amer.* stool-pigeon, stoolie; ~ *sanitar* health officer; *agenții poliției←odin.* the police spies, plain clothes men; v. și ~ *provocator.*

agentură *s.f.* agents; agency.

agenție *s.f.* **1.** *(intermediu)* agency, medium. **2.** *(ca întreprindere)* agency, company; *(sediul)* agency office. **3.** *(forță)* agency, force. ⓐ ~ *comercială* agency; ~ *de publicitate* advertising agency; ~ *de voiaj* tourist agency; ~ *telegrafică* news/telegraph agency.

ager *adj.* **1.** *(pătrunzător)* keen, penetrating, piercing. **2.** *(sprinten)* nimble, quick, agile, *poetic→*fleet. **3.** *(harnic)* active, industrious. **4.** *(abil)* shrewd, clever, F→cute; *(dibaci)* skilful. **5.** *(viguros)* vigorous, staunch. ⓑ *ochi* ~ quick/piercing eye.

agerime *s.f.* **1.** *(ascuțime)* și *fig.* sharpness. **2.** *(pătrundere)* penetration, insight, acumen; *(discernămînt)* discernment; *(subtilitate)* subtlety. **3.** v. a b i l i t a t e.

agheasmatar *s.n.* **1.** *bis.* *(vas)* holy-water font. **2.** *bis* *(carte)* book containing the prayers that are recited during holy-water sprinkling.

agheasmă *s.f.* **1.** *bis.* holy/consecrated water. **2.** *(rachiu)* F lush, the creature. ⓒ *a stropi cu* ~ to sprinkle with holy water; *vrei, nu vrei, bea Grigore* ~ F you must sing or sink; pay or play; neck or nothing.

aghesmui I. *vb. tr.* **1.** *bis.* to sprinkle with holy water. **2.** *(a bate)* F to thwack, to pepper. **3.** *(a fura)* F to bag, to shark. **II.** *vb. refl. (a se îmbăta)* F to get/grow fuddled.

aghesmuire *s.f.* sprinkling with holy water etc. v. a g h e s m u i.

aghesmuit I. *adj. (beat)* F fuddled, boozy, bosky, tipsy. **II.** *s.n.* v. -a g h e s m u i r e.

aghios *s.n.* ⓒ *i-a cîntat popa* ~*ul* F he has turned up his toes (to the daisies), he has hopped the twig; *a trage un* ~, *a trage aghioase* **a.** *(a cînta tare)*←F to be in full song, to sing in a loud voice. **b.** *(a sforăi)* F to drive one's pigs/hogs to market, to snore like a pig in the sun.

aghiotant *s.m.*←*inv.* v. a d j u t a n t.

Aghiuță *s.m. propriu* F Old Nick/ Harry/Scratch/Gooseberry. ⓒ *a-l fura* ~ F to let the dustman get hold of smb.; *l-a luat* ~ F he has kicked the bucket; *lua-te-ar* ~ go to hell; why don't you get lost? get lost!

agie *s.f.*←*odin.* police station.

agil I. *adj.* agile, quick-moving, nimble. **II.** *adv.* with agility/nimbleness, agilely.

agilitate *s.f.* agility, nimbleness.

agio *s.n. com*←*odin.* agio.

agiota *vb. intr. com*←*inv.* to job, to speculate in public securites, F→ to bull and bear.

agiotaj *s.n. com.*←*inv.* agiotage, stock jobbing.

agiotar *s.m. com.*←*inv.* agio/stock jobber.

agita I. *vb. tr.* **1.** *(a mişca)* to move, to agitate; *(a pune în mişcare)* to set in motion, to put into (com)motion; *(un lichid etc.)* to stir (up); *(a clătina)* to shake; *(o sabie etc.)* to wield, to brandish; *(a flutura)* to wave. **2.** *fig. (a tulbura)* to disturb, to perturb, to stir, to trouble; *(a stîrni)* to agitate, to incite, to excite, to in-

flame, to arouse, to raise, to stir/work up. ⓒ *a* ~ *o chestiune* to agitate a question. **II** *vb. refl.* **1.** *pas.* to be moved etc. v. ~ I. **2.** *(a se nelinişti)* to fret, to fume; *(a fi neliniştit) şi med.* to be restless; *(a nu-şi găsi astîmpăr)* to fidget; to go, to and fro; to wring one's hands; to bustle; to bestir oneself. **3.** *(a se discuta)* to be under discussion. ⓒ *marea se agită* the sea is getting rough.

agitare *s.f.* moving etc. v. a g i t a.

agitat *adj.* agitated; *(emoţionat)* excited; *(iritat)* irritated; *(supărat)* angry; *(neliniştit, nervos)* restless; fidgety; *(cuprins de febră)* feverish; *(d.mare sau vînt)* angry; *(d. mare)* rough.

agitator[1] *s.m. pol.* propagandist, agitator.

agitator[2] *s.n. tehn.* stirrer, mixer, agitator.

agitatoric *adj.* agitational; propaganda...

agitaţie[1] *s.f. pol.* agitation, propaganda. ⓐ ~ *subversivă* sedition, subversion.

agitaţie[2] *s.f.* **1.** *v.* a g i t a r e. **2.** *(emoţie)* emotion, excitement; *(zăpăceală)* flurry; *(nerăbdare)* impatience; *(nelinişte)* unrest, nervousness, F→the fidgets; *(aprindere)* inflammation; *(febră)* fever.

aglică *s.f. bot.* dropwort, queen of the meadow *(Spiraea filipendula)*.

aglicon *s.n. chim.* aglycone, aglucon.

aglomera I. *vb. tr.* to agglomerate, to crowd, to throng; *(a acumula)* to accumulate; *(a stringe)* to gather up; *(a îngrămădi)* to heap up, to pile (up) ; *(drumul)* to congest. **II.** *vb. refl.* **1.** to agglomerate, to accumulate; *(d. oameni)* to crowd, to gather, to throng. **2.** *(a spori)* to increase.

aglomerant *s.m.* fixing/binding agent.

aglomerare *s.f.* agglomeration etc. v. a g l o m e r a.

aglomerat I. *s.n. mineral.* agglomerate. **II.** *adj.* crowded, congested, thronged.

aglomeraţie *s.f.* agglomeration; *(mulţime)* crowd; *(înbulzeală)* crowd, throng, crush, concourse. ⓒ *era o* ~ *atît de mare incit...* the crowd was so dense that...

aglutina *vb. tr. şi refl. lingv.* to agglutinate.

aglutinant *adj.* agglutinant; *lingv.* agglutinative. ⓓ *limbi* ~*e* agglutinative languages.

aglutinare *s.f. lingv. etc.* agglutination.

agnostic *adj. s.m. filoz.* agnostic.

agnosticism *s.n. filoz.* agnosticism.

agonă *s.f. fiz.* agone, agonic line.

agonic *adj.* 1. agonizing. 2. *mat. fiz.* agonic.

agonie *s.f.* agony (of death), death agony/ struggle, fast struggle/agony, death throes. ⓐ ~ *lentă* lingering death. ⓓ *in* ~ **a.** in one's death agony, breathing one's last, at one's last gasp. **b.** *fig.* dying, at the point of death, moribund. ⓒ *a fi/în zăcea*~ to be struggling with death, to lie in one's death agony.

agoniseală *s.f. (avere)* fortune; *(puţinul pe care-l are cineva)* the little smb. has; *(cîştig, profit)* gain, profit, acquisition; *(cîştig prin muncă)* earnings; *(venit)* income; *(economii)* savings.

agonisi *vb. tr. (a dobîndi prin efort)* to acquire; *(a căpăta)* to get; *(a cîştiga)* to gain; *(prin muncă)* to earn. ⓒ *a*~ *avere* to acquire property; *a* ~ *cunoştinţe* to acquire/store knowledge; *a-şi* ~ *nume rău* to gain a bad reputation; *a-şi* ~ *viaţa* to earn one's living/ bread.

agonisire *s.f.* acquirement etc. v. a g o n i s i.

agonisită *s.f.* **1.** v. a g o n i s e a l ă. **2.** v. a g o n i s i r e.

agoniza *vb. intr. şi fig.* to agonize, to be agonizing/dying.

agonizant *adj.* agonizing.

agonizare *s.f.* agonizing.

agora *s.f. ist.* agora.

agorafobie *s.f.* agoraphobia.

agrafă *s.f.* **1.** brooch, clasp iron. **2.** *(de păr)* hair pin. **3.** *(ac de siguranţă)* safety pin. **4.** *(copcă, in chirurgie)* suture, wound clip.

agramat I. *adj.* illiterate, unlettered. **II.** *s.m.* illiterate (person), *inv.*→agrammatist.

agrar *adj.* agrarian; *(agricol)* agricultural. ⓓ *lege* ~*ă* agrarian law; *reformă* ~*ă* agrarian reform; *regiune* ~*ă* agrarian region, farming area.

agrava I. *vb. tr.* to aggravate, to make worse/more severe, to worsen to render less tolerable/excusable, to increase the gravity of; *(boala)* to aggravate. **II.** *vb. refl.* to grow worse, to worsen; to change for the worse, to deteriorate.

agravant *adj.* aggravating.v ⓓ *circumstanţe* ~ *e jur.* aggravating circumstances.

agravare *s.f.* aggravating etc. v. a g r a v a .

agrea *vb. tr.* **1.** *(a-i plăcea)* to like, < to love; *(a vedea cu ochi buni)* to be well disposed towards, to be/ feel well inclined to, to favour, to bear *smb.* goodwill. **2.** *(ceva)* to approve (of), to take in good part, to sanction, to express one's approbation of; *((a fi de acord cu)* to consent to; *(a accepta)* to accept; *(a primi favorabil)* to receive favourably.

agreabil I. *adj. (plăcut)* agreeable; *(d. vreme, comportare, lucruri)* pleasant; *(ca persoană)* pleasing; *(incîntător)* delightful, charming, pleasurable; *(distractiv)* amusing, funny. ⓒ *are un gust*~ it is grateful to the taste. **II.** *adv.* agreeably etc. v. ~ I. **III.** *s.n. agreabilul* the agreeable. ⓒ *a îmbina utilul cu* ~*ul* to combine the pleasant with the useful.

agrega *vb. tr. şi refl.* ↓ *geol.* to aggregate

agregare *s.f.* v. a g r e g a ţ i e .

agregat *s.n.* **1.** *chim., geol.* aggregate. **2.** *tehn.* unit, assembly, generating set.

agregaţie *s.f. chim., geol.* aggregation.

agrement *s.n.* **1.** *(sentiment)* agreement, consent, assent. **2.** *(distracţie)* diversion, amusement, recreation, sport. ⓓ *de* ~ pleasure...

agrementa *vb. tr.* **1.** to colour, to

brighten; to adorn, to embellish; to illustrate. 2. to render more agreeable; to make charming.

agresiune *s.f.* aggression; *(atac)* attack.

agresiv I. *adj.* aggressive. **II.** *adv.* aggressively.

agresivitate *s.f.* aggressiveness.

agresor *s.m.* aggresor.

agricea *s.f. bot.* cowslip, lady key *(Primula veris).*

agricol *adj.* agricultural, farming. ① *academie* ~ă agricultural college; *bancă* ~ă agricultural bank; *chimie* ~ă agricultural chemistry; *cooperativă* ~ă *de producție* agricultural production co-operative; co-operative farm; *district* ~ rural district; agricultural district; *expoziție* ~ă agricultural show; *mașini* ~e agricultural machinery; *metode* ~e agricultural methods; *munci* ~e agricultural/farm/field work/labour; *muncitor* ~a. agricultural worker. **b.** *(argat)* ←*odin.* farmhand; *plantă* ~ă agricultural plant; *producție* ~ă agricultural output; *produse* ~e agricultural produce; *stațiune* ~ă *experimentală* agricultural experiment station; *țară* ~ă agrarian country; *unelte* ~e agricultural farming stock, implements of husbandry.

agricultor *s.m.* farmer, ploughman, cultivator, husbandman, tiller (of the soil); agriculturist; *(țăran)* peasant.

agricultură *s.f.* agriculture, farming, rural economy, husbandry, culture of the ground, tillage. ⓐ~ *mecanizată* mechanized agriculture; ~ *socialistă* socialist agriculture. ① *Ministerul Agriculturii* the Board of Agriculture; *transformare socialistă a agriculturii* socialist transformation of agriculture.

agrimensor *s.m.* (land) surveyor, geodesian.

agrimensură *s.f.* (land) surveying, survey, geodesy.

agriș *s.m. bot.* gooseberry (bush) *(Ribes grossularia).* ⓐ ~ *roșu* barberry (bush) *(Berberis vulgare);* ~

negru black currant *(Ribes nigrum).*

agrișă *s.f. bot.* 1. gooseberry. 2. barberry.

agrobiolog *s.m.* agrobiologist.

agrobiologic *adj.* agrobiological.

agrobiologie *s.f.* agrobiology.

agrochimie *s.f.* agrochemistry, agricultural chemistry.

agrogeologie *s.f.* agrogeology.

agrologie *s.f.* agrology.

agrominim *s.n.* agrominimum, essential agronomical rules.

agronom *s.m.* agronomist, agronome. ⓐ *inginer*~ agricultural/farming engineer/expert.

agronomic *adj.* agronomic(al). ① *institut de cercetări* ~e Institute for Agronomical Research; *știință* ~ă agronomical science.

agronomie *s.f.* agronomy, agronomics.

agrosilvic *adj.* agrosylvicultural.

agrotehnic *adj.* agrotechnical.

agrotehnică *s.f.* agrotechnics, land use, agricultural engineering.

agrotehnician *s.m.* agricultural technician.

agrozootehnie *adj.* agricultural and zootechnic.

agrozootehnică *s.f.* agricultural zootechny.

agrozootehnician *s.m.* zootechny expert.

agud *s.m. bot.* mulberry tree *(Morus).*

agudă *s.f. bot.* mulberry.

aguridar *s.m. bot.* ivy *(Hedera).*

aguridă *s.f. bot.* 1. unripe/sour grape. 2. *(fruct necopt)* green/unripe fruit. ⓒ *s-a făcut agurida miere* they have patched/made it up. ① *încetul cu încetul se face agurida miere* time and straw make medlars ripe, patience and time make all things chime; *părinții mănîncă* ~ *și copiilor li se strepezesc dinții* the fathers have eaten a sour grape and the children's teeth are set on edge.

agurijoară *s.f. bot.* rose moss *(Portulaca grandiforma).*

agurizar *s.m. bot.* v. a g u r i d a r.

ah I. *interj.* 1. *(exprimînd emoție, în general)* ah! 2. *(exprimînd mi-*

rare) oh! ha(h)! **3.** *(exprimînd lamentaţie)* oh! alas! ah me! oh dear! oh heavens! good(ness) gracious! my goodness! F goodness me! good luck! **4.** *(exprimînd satisfacţie, bucurie)* oh! *(„foarte bine")* (very) well! all right! **II.** *s.n.* sigh, moan, complaint.

aha *interj.* **1.** *(înţeleg)* (oh) I see! oh! **2.** *(da)* yes.

aho *interj.* **1.** *(pt. a opri boii)* ho! who(a)! geewho(a)! **1.** *(destul)* enough! that will do! *(opreşte)* hoy ! ho!

ahtia *vb. refl.* ⓐ *a se ~ după* ...to be keen/ F→nuts on..., to be extremely fond of; to hanker after, to covet, to crave for.

ahtiat *adj.* ⓐ *~ de/după...* craving/hankering after...

ai¹ *interj.* **1.** *(cum?)* what? eh? **2.** *(ei?)* well? v. şi n u - i a ş a ? **3.** v. a h . **4.** *(hai)* come (on)!

ai² *art. pos. masc. pl* of *(sau gen. în's)* ⓐ *~ lor* theirs, of theirs; *ai mei* **a.** mine. **b.** *(familia mea)* my family F people.

ai³ *s.m. bot.* garlic, clown's treacle *(Allium sativum).* ⓐ *~ de pădure* **a.** v. a i ş o r **3.** **b.** v. *~*u l u r s u l u i ; *~ de vară* v. *~* ; *~ sălbatic* cabbage garlic *(Allium oleraceum)*; *~ul şarpelui* sand leek, viper's garlic, rocambole *(Allium scorodaprasum)*; *~ul ursului* wild/bear's garlic *(Allium ursinum)*. ⓑ *căţel de ~* clove of garlic.

aia *adj. dem., pron. dem.* v. a c e ea . ⓒ *~ e!* F **a.** that's it; that's the ticket! **b.** that's the truth! **c.** *(aici e aici)* there's the rub!

aialaltă *adj. dem., pron., dem.* v. c e a l a l t ă.

aiasta *adj. dem.*←*reg.* v. a c e a s t a.

aiastă *adj. dem.*←*reg.* v. a c e a s t ă.

aice(a) *adv.* v. a i c i.

aici *adv.* **1.** here; *(încoace)* here, *poetic şi înv.*→ hither; *(în acest loc)* at this place; in/on this place *acolo)* there; *(în acest punct)* at this point; *(în această parte, regiune etc.)* in this quarter; in this region; in

this city; in this country; *(pe această parte)* (on) this side; *(aici jos, pe pămînt)* here below; *(la noi)* with us, in this/our country, *amer.* (on) this side (of) the ocean **2.** *(prezent)* present. **3.** *(la aceste cuvinte)* at these words ; *(la care)* whereupon. **4.** *interjecţional* present; *şcol.* adsum! here! **5.** *interjecţional (unui cîine)* (to) heel! ⓐ *~ ..., ~ ...* now..., now...; alternately, by turns; *~ afară* out here; *~ jos* here below; *~ sus* above here. ⓑ *cît pe ~* nearly, almost, well nigh, within an ace of, all but; *de ~* **a.** *(din acest loc)* from here, *(din această ţară)* of this country, indigenous. **b.** *(în consecinţă)* hence; *de ~ înainte* from now on, from this day on, henceforth, henceforwards; *de ~ într-o lună* within a month of this; *de ~ pînă acolo* from here to there, from this place to the other; *de ~ pînă la Bucureşti* from here to Bucharest; *nici~, nici acolo* neither here nor there; *omul ăsta de ~* this/that man, P → that here man; *pe ~* **a.** *(aici)* here. **b.** *(la noi)* with us **c.** *(prinprejur)* hereabout(s), about here, round here. **d.** *(cu ideea de trecere sau pătrundere)* through here, through this place. **e.** *(pe acest drum)* this way; *pe ~ pe-aproape* hereabouts; around here; *pînă ~* **a.** *(spaţial)* to this place, so/thus far; *(în cărţi)* down to there. **b.** *(temporal)* till now, until now, so far, as, yet, hitherto. **c.** *interjecţional* enough! that will do! *pînă ~ toate bune* so far so good. ⓒ *~ ai dreptate* in/on this point you are right, F there you're right; *~ e punctul lui slab* that is his vulnerable point; *~ greşeşti* there you are mistaken; *de ~ urmează că...* hence it follows that...; *de ~ vedem că...* hence we (may) see that...; *nu sînteţi de (pe) ~?* are you a stranger in these parts?

aida, aide *interj.* v. h a i d e.

aidoma *adj.* alike; the very picture of, the living likeness of; *(identic)* identical. ⓒ *e ~ taică-său* he is the very image/ F→spit of his father; *erau* ~ *la chip* they were like twins/like two peas in a pod.

aievea I. *adv.* actually, really, in reality/truth, face to face. **II.** *adj.* real, actual, true.

ailaltă *pron. dem.* v. c e a l a l - t ă etc.

ainfas *s.n. poligr.* border.

aior *s.m. bot.* **1.** spurge, devil's milk, milk weed *(Euphorbia).* **2.** leafy spurge *(Euphorbia esula).*

aisberg *s.n.* iceberg, berg.

aişoară *s.f. bot.* garlic mustard, garlicwort, hedge garlic *(Alliaria officinalis).*

aişor *s.m. bot.* **1.** v. a i ş o a r ă. **2.** snow drop, fair maid of February *(Galanthus nivalis).* **3.** Turk's cap, martagon lily *(Lilium martagon).* **4.** wild/bear's garlic *(Allium ursinum).*

aiura *vb. intr. (a vorbi fără noimă)* to talk nonsense /foolishly/at random/F through one's hat, to drivel, F to ass, to moon; *med.* to wander (in one's mind), to speak insanely, to rave; *(d. bătrini)* to dote; *(a visa)* to dream; *(a devia)* to ramble, to run off/away, to stray.

aiurare *s.f.* wandering, delirium; talking nonsense etc. v. a i u r a.

aiurea I. *adv.* **I.** elsewhere, in another place, somewhere else; anywhere else; *(spre un alt loc)* to some other place; *(în străinătate/ în altă parte)* abroad. © *a se gindi (intr-)* ~ to be absent-(minded)/ wandering /F muzzy; *a vorbi (intr-)* ~ to talk nonsense, v. şi a i u r a. **II.** *adj.* v. a i u r i t. **III.** *interj.* bah! *(nu se poate)* you don't mean it! *(spune-o lui mutu)* F tell it to the marines! *(prostii)* F stuff and nonsense! rubbish! fiddlesticks! *(abţine-te)* F stow it!

aiureală *s.f.* **1.** *şi med.* wandering, delirium, drivelling nonsense. **2.** *(vorbe fără sens)* F twaddle, rigmarole, babble, moonshine; drivel(-ling), doting, dotage. **3.** *(prostie)* piece of extravagance, tomfoolery; *(lipsă de judecată)* thoughtlessness. **4.** *(zăpăceală)* flurry, confusion; *(haos)* chaos; *(amestecătură)* F jumble; *(zarvă)* F fuss, hubbub.

aiuri *vb. tr.* F to kid, to humbug, to hoodwink, to dupe, to wheedle.

aiurit I. *adj.* **1.** *(zăpăcit)* giddy, hare-brained; *(prost)* silly, foolish; *(fluşturatic)* light-headed, inconsiderate. **2.** *(care vorbeşte fără noimă)* F twaddling; drivelling; thoughtless. **II.** *s.m.* **1.** F driveller, dribbler, blunder-head, whiffler, hare-brained fellow, scatter-brain. **2.** *(pieton distrat)* jay-walker.

ajun *s.n.* **1.** eve, day *sau* evening before (some event). **2.** *(post)*← *înv.* fasting. ⓐ *Ajunul Anului Nou* New Year's Eve. ⓑ *in* ~ on the eve of that day, the day before; *in* ~*ul (cu gen.)* on the eve of..., on the day before..., shortly before...; *in* ~*ul plecării sale* (on the day) before his departure; shortly before his departure.

ajuna *vb. intr. rel. (a posti)* to fast, to abstain from food; *(a minca de sec)* to abstain from meat.

ajunare *s.f.* fasting etc. v. a j u n a.

ajunge I. *vb. tr.* **1.** *(pe cineva din urmă)* to catch up (to), to come up with, to get up to/with; *fig.* to match, to equal; *(la învăţătură etc.)* to come up with; *(a prinde ceva)* to catch, to overtake; *(un vas, nav.)* to come up with, to reach/gain (up)on..., to join... (at sea); *(ca inamic)* to catch up; *(la întreceri de regate)* to bump; *vinăt.* to take, to catch. **2.** *(a atinge)* to touch; *(a apuca)* to seize; *(a* ~ *la)* to reach, *fig.* to attain, to gain, to carry, to secure; *(a nimeri)* to hit. **3.** *(a apuca, a trăi)* (to live) to see. ⓐ *a-l* ~ **a.** *(oboseala etc.)* to overcome, to overpower, to overwhelm, to master; to be succumbing to smth.; *(a fi cuprins de)* to be seized with; *(a-i veni)* to dawn upon. **b.** *(a i se intimpla)* to happen to, to fall on, to affect, to meet with. © *a* ~ *fundul* to reach the bottom; *a face după cum îl* ~ *capul* to use one's own discretion/ pleasure, to take one's own course; *il ajunse(se) somnul* he was overcome by sleep, he was succumbing to sleep, sleep was getting the better of him; *nu-l ~ capul (e prost)* he is empty-headed, F he is empty-pated; *(îl depăşeşte)* that's beyond him; *(nu se pricepe la asta)* that's not in his line, F he is not up to that sort of thing; *a nu-l ~ puterile* to lose (one's) strength, to become weak, to fail, to sink, to fall away; *m-a ajuns frigul* I'm chilled (right) through; *mă ajunsese oboseala* I was overcome by fatigue; *ne ajunse furtuna pe drum* the storm overtook us on the way; *a-şi ~ scopul/ţinta* to attain/gain one's end, to come to one's end, to carry one's point, to hit one's aim; *să n-ajung ziua de mîine!* F upon my life! *a ~ din urmă* to catch up with. **II.** *vb. refl.* **1.** *reciproc* to meet; to catch up with one another. **2.** *(a fi destul)* to suffice, to be enough/ sufficient. **3.** *fig.* to make one's mark, to come into one's own, to reach a fine position, to get a safe berth, to get/be there; *(a parveni)* to be an upstart/a mushroom, to climb the social scale. © *s-a ajuns!* F he's a heavy weight! *cum de s-a ajuns la asta?* how did that come about? *s-a ajuns la ceartă* it came to quarrelling. **III.** *vb. intr.* **1.** *(a veni) şi (fig.) (la)* to come (to); *(a sosi)* to arrive (at). **2.** *(a fi deajuns)* to do, to suffice, to be enough/sufficient; to be ample. **3.** *(a deveni)* to become; *(a fi făcut)* to be made. ⓐ *a ~ la...* **a.** to arrive at..., to reach..., to come to... **b.** *(a dobîndi)* to obtain..., to get...; *(a atinge)* to attain...; *(a cîştiga)* to gain...; *(prin efort)* to acquire...; *a ~(pînă) la (a atinge)* to touch...; to reach to...; *(a dura)* to last till/until...; *a ~ să* **a.** *(a reuşi să)* to succeed in *(cu forme în -ing)*; to manage to... **b.** *(a începe)* to begin..., to start... **c.** *(a fi deajuns să)* to be enough/sufficient to... © *a ~ cu bine* to arrive (quite) safe; *~ cu cearta* have done quarrelling! a truce to quarrelling! *pînă unde aţi ajuns cu lucrul?* how far have you

got on/advanced with your work? *~ cu plînsul!* no more tears! have done crying; *a ~ cu trenul de şapte* to arrive by the seven o'clock train; *ajungă-ţi de glumă* enough of joking! stop joking! have done with your jokes! *a ~ de rîsul lumii* to become a laughing stock (of others); *a ~ în frunte şi fig.* to come to the front; *fig.* to get to the top of the hill; *a ~ în puterea cuiva* to come into smb.'s hands; *a ajuns în stare bună* it is safe, it has come through safely; *cum (de) aţi ajuns la aceasta?* how did you come to that?; *ai ajuns la asta?* have you come (down) to that? *mai-mai să ajungă la bătaie* they nearly came to blows; *a ~ la cineva* to gain access to smb., to get admittance to smb.; *a ~ la o concluzie* to arrive at a conclusion; *(repede)* to jump at a conclusion; *a ~ la o convingere* to be brought to a conviction; *a ~ la destinaţie* to arrive at one's destination; *am ajuns la ideea că...* I have been brought to the conviction that...; *(mi-a trecut prin minte ideea că...)* I hit upon the idea that..., it/the idea occurred to me that..., the idea struck me that...; *a ~ la o înţelegere* to come to an understanding/to terms; *a ~ la cele mai înalte onoruri* to come/be promoted to the highest honours; *a ~ la perfecţiune* to attain perfection; *a ~ la putere* to come in(to) power; *nu vom ~ la nici un rezultat dacă...* we shall get nowhere if...; *a ajuns la situaţia cînd/că...* he is in such a situation that...; *a ~ la vîrsta de 20 ani* to have attained one's 20th year; *a ~ la o vîrstă înaintată* to reach a great age, to attain old age; *n-am ajuns încă pînă acolo* I have not got so far (yet); *a ajuns pînă acolo încît...* he has gone to the length of *(cu -ing)*; he has gone so far as to...; *lucrurile n-au ajuns încă pînă acolo* it has not come to that yet, matters have not come to that yet; *nu-mi ~ nici pînă la bărbie* he does not come up to my chin; *romanul ~*

ript#67

AJU-AJU

pînă la capitolul 7 the novel comes down to chapter VII, the novel is brought down to chapter VII; *apa îi ~ pînă la genunchi* the water comes up to his knees, the water is knee-deep; *a ~ pînă la tavan* to touch the ceiling; *a ~ pe mîna cuiva* to fall into smb.'s hands; *a ~ pe urmele cuiva* to get on smb.'s track, to track smb.; *~ pentru moment* so much for the present, enough for now; *cum a ajuns el să afle asta?* how came he to know it? *a ~ să fie cunoscut* to become known; *a ~ să se bucure de...* to live to see great joy from; *~ să spunem că...* suffice it to say that...; *a ~ acasă* to reach home; *înainte de a ~ acolo fig.* before things can come to that (pitch), before things are reduced to that (extremity); *dacă lucrurile au ajuns aici* if things have come to such a pass; *a ~ avocat* to become a barrister/solicitor, to be called to the bar; *a ~ bine* to raise oneself very high; *a ajuns căpitan* he has been promoted to captain; *cît timp o să ne ajungă (asta)?* how long will that suffice? how far will it go? *băiatul ăsta o să ajungă cineva* the boy will do well, the boy is promising well; *a ~ departe* a. to get far. b. to get on (in the world), to go a long/great way, to attain eminence; *n-o să ajungă departe* he will never come to much; *a ajuns prea departe fig.* he's pushing it too far, he is going too far, he overshoots himself; *încă nu-ți ~ ?* haven't you enough yet? are you not yet satisfied? ; *a ~ prost/rău* to sink, to get/be brought low, to go down; *a ~ tîrziu* to arrive/come late; *a ~ prea tîrziu* to come too late, F→to come a day after the fair; *unde ai ajuns?* how far have you gone/advanced? *a ajuns unde a vrut* he has carried his point; *unde vrei să ajungi? fig.* what are you driving at? what are you leading up to? *~ (!)* it is sufficient/enough, it will do; *imperativ* enough! that'll do/serve; *(tăcere)* silence! keep quiet! stop talking!

F→shut up; *(mie) îmi ~* that's enough/sufficient for me, that will do for me; *nu ~* it falls short, it won't do; *nu ~ ?* isn't that enough? won't that do? *au mers cale lungă să le ajungă* they went a fair distance, they went a good step/stretch, they went on and on, on and on they went; *să-ți ajungă* let that suffice you! put up with that! *sper că o să ajungă* I hope it will do. ① *încet, încet, departe ajungi* soft and fair goes far, slow and steady wins the race.

ajungere *s.f.* coming etc. v. **a j u n g e**.

ajuns I. *adj.* **1.** *(răzbit)* overcome, overwhelmed. **2.** *(înțeles)* agreed. **3.** *fig. (realizat)* successful, well-established. ① *~ de cap/minte* clever, sharp(-witted); *(judicios)* sensible, F common-sensical; *~ de oboseală* worn/tired out. ② *e un om ~* he has made his mark, he has come into his own. **II.** *s.n.* v. **a j u n g e r e**. ② *bun ~* (be) welcome! *(în)de~* enough, sufficient; *(în)de~ de...* sufficiently... rather..., ...enough; *de ~ și de rămas/întrecut* more than necessary, in plenty/profusion.

ajur *s.n.* open/pierced work.

ajura *vb. tr.* to pierce, to perforate; to sew in openwork.

ajurat *adj.* **1.** perforated, pierced. **2.** *(cusut)* openwork. **3.** *arhit.* fretwork, openwork.

ajusta I. *vb. tr. (la)* to adjust (to); *(a pune în ordine)* to arrange, to put in order; *(a adapta)* to adapt (to), to fit (up) (to); *(a potrivi)* to level, to match, to tally, *tehn.* to fit. ② *a ~ piesele unei mașini* to adjust the parts of a machine. **II.** *vb. refl. pas.* to be adjusted etc. v. **~ I.**

ajustaj *s.n. tehn.* adjustage, fitting.

ajustare *s.f.* adjustment etc. v. **a j u s t a**.

ajustor *s.m.* **1.** adjuster, adapter. **2.** *tehn.* adjuster, fitter; engine fitter, adjusting man.

ajuta I. *vb. tr.* **1.** *(pe cineva, ↓ într-o situație căreia nu-i poate face*

față singur) (la) to help (with; in);
*(a contribui la eforturi deja depu-
se de cineva)* to aid; *(nu ca egal)* to
assist; *(a sprijini, ↓ materialiceș-
te)* to support; *(a susține)* to sus-
tain, to back up; *(a veni în ajuto-
rul cuiva, ↓ elevat)* to succour: *(a
seconda)* to second; *(a ușura condi-
ția cuiva)* to relieve, to abet; *(a
da o mînă de ajutor)* to lend a (help-
ing) hand to, to give *smb.* help,
to do *smb.* a good turn; *(a fi de
partea)* to side with, to take *smb.'s*
part; *(prin cuvinte)* to plead/ar-
gue the cause of; *(a mîngîia)* to
comfort; *(a încuraja)* to encourage;
(a fi de folos) to be of use to.
2. *(a sluji, a folosi la)* to help, to
serve, to be of use/service to, to
aid, to answer, to profit, to boot,
to benefit, to advantage, to do
good to; *(a favoriza)* to favour.ⓒ
nu-l ajută mintea/capul he hasn't
got enough wit for that; *nu-l aju-
tă puterile* his strength fails him;
nu mă ajută picioarele my legs
won't carry me (any longer), my
legs sink (down) under me. **II.** *vb.
refl.* **1.** *(reciproc)* to help each o-
ther; *(a se sprijini)* to support each
other. **2.** to help oneself, to shift
for oneself. ⓐ *a se ~ cu...* to ap-
ply/resort to..., to make use of...
III. *vb. intr.* to help etc. v. ~ I. ⓐ
a~ la... **a.** to be serviceable for....,
to serve/help to... **b.** *(a contri-
bui la)* to contribute to...; *(a cau-
za)* to cause...; *(a promova)* to
promote... **c.** *(a remedia)* to reme-
dy..., to redress...; *(a drege)* to
mend... ⓒ *la ce ajută asta?* what's
the good of that? *(ce folos aduce?)*
what's the use of it? *la ce-mi ajută
toate aceste cuvinte frumoase?* what
is the good of all these fine phra-
ses? *nu ajută la nimic* it is (of) no
use, it is of no avail, it answers no
purpose, it avails nothing, F→it's
no go; *crezi că o să-i ajute?* do you
think he will be the better for it?
F→*peior.* much good may it do him !
ajutaj *s.n. tehn.* spout, tip, mouth-
piece; *auto. etc.* nipple.
ajutător *adj.* **1.** *(care ajută)* help-
ing, helpful, ready/inclined to

help others. **2.** *(auxiliar) și gram.*
auxiliary; *(accesoriu)* accessory;
(secundar) secondary, subordinate;
(suplimentar) supplementary, ad-
ditional. ① *verb ~ gram.* auxi-
liary verb.
ajutor I. *s.n. (acordat ↓ în situații pe
care cineva nu le poate rezolva)* help;
helping; helpfulness; *(colaborare
în vederea unui scop)* aid; co-oper-
ation, collaboration; *(asistență)*
assistance; *(sprijin, mai ales ma-
terial)* support; ↓ *fig.* backing (up);
(scăpare dintr-o situație proastă)
succour; *(ușurare)* relief; *(reme-
diu)* remedy; *(redresare)* redress;
(salvare) rescue, salvation; *(pa-
liativ)* palliative; *(refugiu)* refuge,
sheet anchor; *(contribuție)* contri-
bution. ⓐ *~ de boală* sick(ness)
benefit; *~ familiar de stat* State
grants to mothers of many child-
ren, grant to large families; *~
prompt* prompt assistance, speedy
aid, instant relief; *~ reciproc*
mutual aid/help. ① *casă de ~
reciproc* mutual insurance/ benefit
fund, mutual aid fund; *cu ~ul
(cu gen.)* with the help of..., by
means of...; *cu ~ul cuiva* by/
through/with smb.'s help/assistance,
helped/assisted by smb., thanks
to smb.; *de (mare) ~* helpful,
useful; of (< much) benefit ; essen-
tial, capital, instrumental; *fără ~*
helpless; unassisted, unaided, un-
relieved, by oneself, single-handed;
post de prim ~ first aid station ; ⓒ *a
cere ~ cuiva* to call upon smb. for
assistance, to call in the aid of smb.,
to appeal to smb. for help; *a da
~ cuiva* to give/render/lend assist-
ance to smb., to help smb. (out);
a primi ~ to get assistance, to
receive succour, to be succoured,
to obtain/get relief; *a-i fi de ~
cuiva (a ajuta)* to help (out) smb.,
to be of any help to smb.; *(a fi
de folos)* to be of use to smb.;
a da o mînă de ~ (cu dat.) to
lend a (helping) hand (to), to
bear a hand (to); *a nu fi de nici
un ~* to be of no assistance; *(de
nici un folos)* to be of no avail/
use; *a striga după ~* to cry/call

out for help/succour/relief; *a veni/ sări in ~ul cuiva* to come/hasten/ run/fly to smb.'s aid/assistance/ succour; *a recurge la ~ul cuiva* to resort to smb.'s help/aid/succour/ assistance. **II.** *s.m.*, *s.n.* **1.** helper, aid(er); assistant, assister, adjutor, second; *(susţinător)* backer, supporter, sustainer, stand-by. **2.** *(locţiitor)* deputy; *(adjunct)* adjunct, adjoint. **3.** *(salvator)* saver, rescuer. **4.** *(complice)* accomplice, abettor, *jur.* accessory. ⓐ ~ *de bucătar* under-cook; ~ *de chirurg* assistant surgeon; ~ *de judecător* assessor, assistant.

ajutora *vb.* v. a j u t a .

ajutorare *s.f.* **1.** help(ing) etc. **v.** a j u t a. **2.** v. a j u t o r, I.

al *art. pos. masc. şi neutru* of *(sau gen. in 's)* ⓒ ~ *băiatului* the boy's, of the boy; ~ *lui George* George's, of George; ~ *meu* mine; ~ *tău* yours; ~ *vostru* yours.

ala-bala *interj.* ⓒ *ce mai* ~ ? F **a.** what is the news? what news (is there)? **b.** *(ce mai incoace-încolo?)* the long and the short of the matter (is...); to put it bluntly, to make/cut a long story short.

alabastru *s.n. mineral.* alabaster.

alac *s.n. bot.* spelt (wheat), bearded/ German wheat *(Triticum spelta).*

alai *s.n.* **1.** *(pompă)* pomp, (great) show, showiness, magnificence, display; pageantry; *(paradă)* parade. **2.** *(suită)* train, suite; *(de onoare)* retinue (of honour), cortège; *(insoţitori)* followers, retainers, people; *(slujitori)* attendants, attendance; *(procesiune,* ↓ *rel.)* procession; *(escortă)* escort. **3.** *fig.* cohort, cortège, concatenation; array; *(urmări)* consequences; **4.** *fig.* *(funerar)* funeral train/procession. **5.** *fig. peior.* F row, hubbub, shindy; *(scandal)* fuss.

alaltăieri *adv.* the day before yesterday. ① *de* ~ of the day before yesterday; *de ieri de* ~ F in one's salad days.

alaltăseară *adv.* the night before last.

alamă *s.f.* **1.** *(metal)* (yellow) brass,

cock brass/metal, latten. **2.** *pl.* brass ware, brass utensils, brasses. **3.** *pl. muz.* the brass (winds). ① *placă de* ~ brass plate; *sîrmă de* ~ brass wire.

alambic *s.n. chim.* alembic, still, *inv.*→limbec.

alambica *vb. tr. chim.* to alembicate.

alambicat *adj.* elaborate, sophisticated; *(abscons)* abstruse; *(preţios)* high-flown.

alandala *adv.* **1.** *(pe dos)* wrong, amiss, awry, the wrong way, against the grain, upside down. **2.** *(in dezordine)* in disorder, F at sixes and sevens, higgledy-piggledy, pell-mell, harum-scarum. **3.** *(fără noimă)* at random, without rhyme or reason. ⓒ *a vorbi* ~ to talk nonsense/at random/F through one's hat, to fiddle-faddle.

alarma I. *vb. tr.* **1.** *mil.* to alarm, to beat up, to alert. **2.** *(a tulbura)* to alarm, to disturb, to perturb; *(a nelinişti)* to disquiet. **II.** *vb. refl.* to take alarm; to become alarmed/restless, to be disquieted/ restless/uneasy, to alarm oneself.

alarmant *adj.* alarming.

alarmare *s.f.* alarming etc. **v.** a l a r m a.

alarmat *adj.* alarmed; *(neliniştit)* disquieted, uneasy; *(tulburat)* troubled.

alarmă *s.f.* **1.** *(semnal)* ↓ *mil.* alar(u)m. **2.** *(panică)* alarm, panic; *(teroare)* terror; *(nelinişte)* alarm, disquiet, uneasiness. ⓐ ~ *aeriană* air-raid alarm/alert; ~ *de incendiu* alarm of fire, fire alarm; ~ *falsă* false alarm. ① *clopot de* ~ alarm bell; *post de* ~ *mil.* alarm place/ post; *semnal de* ~ alarm signal, *nav.* signal of distress; *(in tren)* danger signal; communication cord; *stare de* ~ (state of) alarm, alert; *in stare de* ~ on the alert, alarmed, alerted; *strigăt de* ~ cry of alarm. ⓒ *a da alarma* to give the/an alarm; *a suna alarma* to beat/blow/ sound/strike the alarm; *(pt. foc)* to sound/ring a fire alarm.

alarmist I. *adj.* alarmist. **II.** *s.m.* panic-monger, scaremonger, alarmist.

alaun *s.n. chim.* alum, alumen.

alămar *s.m.* **1.** *(cel ce lucrează la facerea alamei)* brass maker, lattener; *(la facerea obiectelor de alamă)* brass smith, brazier, *înv.→* brasier. **2.** *(vînzător)* brazier, *înv.* →brasier.

alamină *s.f. chim.* lactanic acid.

alămărie *s.f.* **1.** *(comerț)* brass-mongery, brass trade. **2.** *(turnătorie)* brass forge; *(uzină)* brass works. **3.** v. a l a m ă 2.

alămi *vb. tr.* to (coat with) brass.

alămiu *adj.* brassy.

alăpta I. *vb. tr.* to suckle, to nurse, to give suck to. II. *vb. intr.* to suckle a child.

alăptare *s.f.*, **alăptat** *s.n.* suckling, nursing.

alătura I. *vb. tr.* **1.** *(a pune alături)* to lay by, to join, to add/adjoin/ subjoin to; *(a anexa)* to annex; *(a include)* to enclose. **2.** *(a apropia)* to draw near. **3.** *(a compara)* to compare; *(a contrasta)* to contrast; *(a confrunta)* to confront; *(a colaționa)* to collate. II. *vb. refl.* *(a se apropia)* to approach, to draw near. ⓐ *a se* ~ *(unei grupări etc.)* to join..., to become a member of..., to affiliate (oneself) with...

alăturare *s.f.* annexation etc. v. a l ă t u r a.

alăturat I. *adj.* **1.** *(învecinat)* neighbouring, adjoining, next; *(adiacent)* adjacent. **2.** *(anexat)* enclosed, annexed. ⓑ *unghiuri* ~*e geom.* adjacent angles. II. *adv.* ⓒ *aici* ~ here enclosed, herewith.

alături *adv.* **1.** by, beside, near(by), close by; *(în camera sau casa vecină)* next door. **2.** *(împreună)* together. ⓐ ~ *cu drumul* I. *adv.* aside, out of the way; *(paralel cu drumul)* parallel to the road; **2.** *fig.* at random. II. *adj.* halfcrazy, F bee-/wrong-headed; ~ *de...* **a.** by (the side of)..., at *smb.'s* side, alongside of..., beside..., close to..., near...; *(în camera vecină)* next door to... **b.** *(pe lîngă)* by..., past... **c.** *(în comparație cu)* in comparison with..., compared with...

(spre deosebire de) in contrast with... ① *cel de* ~ the next man; *odaia de* ~ the adjoining/next room; *pe* ~ **a.** sideways. **b.** *(de jur împrejur)* round about; *unul* ~ *de altul* side by side, abreast. ⓒ *a merge* ~ to walk abreast, to walk side by side; *a pune* ~ to put together, to put side by side; *(a compara)* to compare; *(a contrasta)* to contrast; *(a colaționa)* to collate; *șade* ~ he lives next door.

alăută *s.f. muz.* v. l ă u t ă.

alb I. *adj.* **1.** white, *poetic→*milky, snowy, niveous, chalky, silvery, argent(ine); *(brumat)* hoary. **2.** *(curat)* clean, pure, immaculate, unstained, unspotted. **3.** *(liber, gol)* blank. **4.** *pol.* white, blue, conservative. **5.** *(d. glas)* toneless. ⓐ *Albă ca Zăpada* Snow-White; ~ *ca varul fig.* (as) white as a sheet, chalky, dead-white; ~ *ca zăpada* (as) white as snow, snow-white. ① *armă* ~*ă* arme blanches, *pl.* side arms; *bani* ~*i* silver money; *bere* ~*ă* white/pale beer; *(englezească)* ale; *cal* ~ white/grey horse; *cămașă* ~*ă (curată)* clean shirt; *cu aripi* ~*e* white-winged, leucopterous; *cu barbă* ~*ă* with a white beard, white-bearded; *cu buzele* ~*e* white-lipped, with white lips; *cu dungi* ~*e* streaked with white, white-stained/-striped; *cu fața* ~*ă* white-faced; *cu floarea* ~*ă* white-flowered; *cu fruntea* ~*ă* white-browed; *cu frunza* ~*ă* white--leaved; *cu gîtul* ~ white-necked; *cu mîna* ~*ă* white-handed; *cu părul* ~ white-haired/-headed; *cu pete* ~*e* white-spotted/stained, sprinkled white; *cu picioare* ~*e* white-footed; *cu pielea* ~*ă* white--skinned, of fair complexion; *cu pieptul* ~ white-breasted; *foaie* ~*ă (de hîrtie)* white/blank sheet of paper; *lemn* ~ white wood; *Marea Albă* the White Sea; *noapte* ~*ă* sleepless night; *pîine* ~*ă* white/ wheaten bread; *pagină* ~*ă* blank page; *păr* ~ white hair; *pînă în pînzele* ~*e* to the uttermost stretch, to one's last breath, to the last push, right to the bitter end; *rufe ~e* clean linen; *spaţiu ~ poligr.* blank (space); *ten ~* fair complexion; *vers ~* blank verse; *vin ~* white wine; *vite ~e* horned cattle. ⓒ *ba e ~ă, ba e neagră* shilly-shallying, dilly-dallying, humming and hawing; *a se face ~ ca varul/hîrtia la faţă* to go as white as the wall/as a sheet of paper; *a stringe bani ~i pentru zile negre* to lay by for/against a rainy day, to save up for a rainy day; *cunoscut ca un cal ~* F as well known as a bad shilling; *a impleti cosiţa/coada ~ă* to become an old maid; F→to run/go to seed; *a scoate cuiva peri ~i* to be the death of smb., to vex smb. within an inch of his life; *~ă, neagră, asta e/este* you've got to put up with it, whether you like it or not; *(asta-i toată povestea)* that is the long and the short of it; *nici ~ă, nici neagră* **a.** *(nehotărît)* shilly-shally, hum and haw. **b.** *(pe neaşteptate)* unexpectedly, unawares, without notice, like a thunderbolt; *(fără multă vorbă)* without more ado, unceremoniously, without more ceremony; *e cu totul ~* he is greyheaded, he is quite grey. **II.** *s.n.* white (colour). ⓐ *~ de plumb* lead white; *~ul ochiului anat.* the white of the eye; *~ul oului* the white of the egg, the glair; *~ul zilei/zorilor* daybreak, break of day, dawn. ⓑ *poliţă in ~ com.* blank cheque ⓒ *a deosebi ~ul de negru* to distinguish/tell white from black; *a face din ~ negru şi din negru ~* to misrepresent smth., to twist/distort the meaning of smth.; *(e scris) negru pe ~* it is beyond question, there can be no doubt about it; *(se) roşi pînă in ~ul ochilor* he coloured up to his eyes/ears. **III.** *s.m.* **1.** *(om alb)* white (man); *(in vorbirea indienilor)* paleface. **2.** *pol.* conservative, true blue, stationary, fossil Tory.

albanez *adj.*, *s.m.* Albanian, Albanese.

albaneză *s.f.* **1.** Albanian (woman *sau* girl). **2.** Albanian, the Albanian language.

albastru I. *adj.* blue; *(ca cerul)* sky-blue, azure, cerulean; *(ca safirul)* sapphire. ⓐ *~ ca floarea de cicoare* chickory blue; *~ deschis* light blue; *~ inchis* dark blue. ⓑ *Barbă Albastră* Blue Beard; *cer ~* blue sky; *culoarea albastră* blue (colour), blueness; *floare albastră bot.* iris, flag *(Iris)*; *haine albastre* townsman's clothes; *ochi albaştri* blue eyes; *piatră albastră mineral.* lapis lazuli. ⓒ *e cam ~* F things look black/blue; *ar fi fost cam ~* F it would have been too bad; *(am fi fost într-o situaţie grea)* F we'd have been in a fix/hole, we'd have been in a tight place/in a scrape/in a corner; *(ar fi fost un lucru greu)* F it would have been a tough piece of work; *a cinta de inimă albastră*←F to sing love songs. **II.** *s.n.* blue (colour); *(al cerului)* blue sky, azure (of the sky). ⓐ *~ de anilină chim.* anilin blue; *~ de fier chim.* Berlin blue; *~ de metilen chim.* methylene blue; *~ de rufe* blue.

albatros *s.m. ornit.* albatross *(Diomedea)*.

albă *s.f.* **1.** white animal, horse, cow, etc. **2.** *(zori)* dawn, daybreak, break of day. **3.** *(făină)* flour. **4.** *pl. (rufe)* linen. ⓐ *Albă-ca-Zăpada* (Little) Snow-White. ⓒ *a fi mincat ca alba de ham* F to have been through the mill, to be an old stager, to be an old hand at it; *a trecut alba dealul* F after meat mustard, after death the doctor; *a venit alba in sat.* **a.** *(ninge)* it snows/is snowing. **b.** *(s-a crăpat de ziuă)* it is dawning, it begins to dawn.

albăstrea *s.f. bot.* blue bottle/cap, corn flower *(Centaurea cyanus)*.

albăstreală *s.f.* **1.** blue (colour), blueness, bluishness. **2.** *(cer albastru)* blue (sky), azure (of the sky).

albăstri I. *vb. tr.* to (make/render/colour/dye) blue. **II.** *vb. refl.* to turn blue *sau* bluish. **III.** *vb. intr.* **1.** *(a se vedea albastru)* to shine

blue, to shine with a blue lustre.
2. v. ~ II.

albăstrime *s.f.* 1. *(culoare albastră)* blue (colour), blueness, bluishness. 2. *(întindere albastră)* blue. 3. *(cer albastru)* blue (sky), azure (of the sky). 4.←*peior.* townspeople, townsfolk.

albăstriță *s.f. bot.* v. a l b ă s t r e a.

albăstriu, albăstrui *adj.* bluish, pale blue, bluey.

albeală *s.f.* 1.←*rar* v. a l b e a ț ă. 2. *(suliman)* white, *rar*→cerusé.

albeață *s.f.* 1. white(ness). 2. white spot. 3. *med.* leucoma, leukoma; cataract.

albi I. *vb. intr.* 1. to whiten, to turn/get white, to blanch; *(d. materii textile)* to bleach; *(d. culori)* to fade. 2. *(a încărunți)* to turn/become/grow grey/*poetic* hoary. 3. *(a se zări alb)* to shine/gleam white; *(a licări)* to gleam, to shimmer. © ~*se de groază* he had grown grey with fear; *incep să .albesc* I'm beginning to turn grey; *părul meu a* ~*t* my hair has grown/turned/gone grey. II. *vb. tr.* 1. to make white, to whiten, to blanch; *(textile)* to bleach; *(a acoperi cu ceva alb)* to cover with a white... 2. *(a încărunți)* to make *smb.* grow grey; to be the death of *smb.* 3. *(a curăți)* to render clean; *(a spăla)* to wash. 4. *(a vărui)* to whitewash. III. *vb. refl.* v. ~ I, 1, 2.

albicios *adj.* whitish, albescent, canescent.

albie *s.f.* 1. *(matcă de rîu)* river bed, bottom, channel/bed of a river. 2. *(covată)* trough; *(pt. spălat)* trough for washing; *(ciubăr)* tub. © *riul ieşise din* ~ the river had broken out, the river had overflown its banks; *a face pe cineva* ~ *de porci* to throw/fling/shy mud/dirt at smb.; *to call smb.* foul/hard/ugly names.

albiliță *s.f. entom.* large cabbage white *(Pieris brassicae)*.

albinar *s.m.*←P bee master/keeper, S→apiarist.

albină *s.f.* 1. *entom.* (honey/hive) bee, S→apis *(Apis mellifica)*. 2.

bot. bee flower/orchis *(Ophrys apifera)*. ⓐ ~ *bărbătească* (bee), drone; ~ *împărătească* queen (bee), mother bee; ~ *lucrătoare* working bee, worker, barren female bee; ~ *mare/de pămînt/de pădure entom.* humble/bumble bee, bumber *(Bombus terrestris)*. ⓑ *crescător de albine* bee master/keeper, S→apiarist; *creşterea albinelor* bee culture/keeping, rearing of bees, S→apiculture; *harnic ca o* ~ (as) busy as a bee. © *l-au muşcat albinele de limbă.* **a.** *(tace)* F he keeps his tongue between his teeth. **b.** *(e beat)* F he's jug-bitten, he's bitten by a barnmouse.

albinărie *s.f.* 1. *(multe albine)* (swarm of) bees. 2. *(loc unde se cresc albinele)* bee house, stand/shed for bees, S→apiary. 3. *(creşterea albinelor)* bee culture/keeping.

albinărit *s.n.* bee culture/keeping.

albinism *s.n.* albinism.

albinos *s.m.* albino.

albire *s.f.* 1. whitening, blanching; *(a rufelor)* bleaching. 2. *(a părului)* grizzling, greying.

albişoară *s.f.* 1. *iht.* ablet, bleak, blay *(Alburnus lucidus)*. 2. *bot.* variety of grapes.

albişor I. *adj.* whitish. II. *s.m.* 1. *iht.* v. a l b i ş o a r ă. 2. *pl.*←F silver coins; F dough, tin.

albit[1] *s.n.* 1. *mineral.* albite. 2. washing, laundering; bleaching. 3. v. a l b i r e.

albit[2] *adj.* 1. *(cărunt)* grey; *(cu părul cărunt)* grey-haired. 2. *fig.* bright.

albitorie *s.f. text.* bleach works, bleaching house.

albitură *s.f.* 1. v. a l b i ş o r II, 2. 2. *poligr.* whites, leads, spaces. 3. *pl. (rufe)* linen. 4. *(zarzavat)* parsley (and parsnip).

albiță *s.f.* 1. *iht.* v. a l b i ş o a r ă 1. 2. *bot.* shepherd's purse *(Alyssum incanum)*.

album *s.n.* album; *(pt. articole, decupaje etc.)* scrap book; *(pt. desene)* sketch book. ⓐ ~ *de fotografii* photo/picture album; ~ *de mărci* stamp album; ~ *de versuri* verse album.

albumeală *s.f.* *bot.* lion's foot, edelweiss *(Gnaphalium leontopodium)*.
albumen *s.n.* *bot.* (vegetable) albumen.
albumină *s.f.* *chim.* albumin(e).
albuminiza *vb.* *tr.* to albuminize.
albuminoid *adj.* *s.m.* *chim.* albuminoid.
albuminos *adj.* albuminous, albuminose.
albuminurie *s.f.* *med.* albuminuria.
alburi *vb.* *intr.* v. a l b i I, 3.
alburiu *adj.* v. a l b i c i o s.
alburn *s.n.* *bot.* alburn(um), sapwood.
albuş *s.n.* white (of an egg), glair. ⓐ ~*ul ochiului* *anat.* the white of the eye.
alcaic *adj.* *metr.* Alcaic.
alcalescent *adj.* *chim.* alkalescent.
alcalimetrie *s.f.* *chim.* alkalimetry.
alcalimetru *s.n.* *chim.* alkalimeter.
alcalin *adj.* *chim.* alkaline, alkalinous, lixivial, lixiviate(d). ⓑ *metale* ~*e* alkaline metals.
alcalinitate *s.f.* *chim.* alkalinity, lixivity.
alcaliniza *vb.* *tr.* *chim.* to alkalize, to treat with an alkali, to alkalify.
alcalie *s.f.*, **alcaliu** *s.n.* *chim.* alkali.
alcaloid *adj.*, *s.m.* *chim.* alkaloid.
alcătui I. *vb.* *tr.* **1.** *(a face)* to make; *(a crea)* to create, to elaborate; *(a construi)* to construct, to build; *(a monta)* to mount, to put together. **2.** *(a organiza)* to organize. **3.** *(a întocmi)* to make up; *(a schiţa, a redacta)* to draw up; *(a compila)* to compile; *(a compune)* to compose; *(a scrie)* to write. **4.** *(a inventa)* to invent, to devise. **5.** *(a forma)* to form, to make up; *(a constitui)* to constitute. ⓒ *a* ~ *un plan* to draw up a plan. **II.** *vb.* *refl.* *pas.* to be made etc. v. ~ I. ⓐ *a se* ~ *din...* to be composed of..., to consist of..., to be made up of...; to be formed of...
alcătuială *s.f.* **1.** v. a l c ă t u i r e. **2.** *(clădire)* building, construction.
alcătuire *s.f.* **1.** making etc. v. a l c ă t u i. **2.** *(structură)* structure, make; *(organizare)* organization.

alcătuitor *adj.* component, constitutive.
alchimie *s.f.* alchemy, occult/hermetic art.
alchimist *s.m.* alchemist.
alcion *s.m.* **1.** *ornit.* halcyon *(Alcedo ispida)*. **2.** *(polip)* alcyonium.
alcool *s.n.* alcohol; *(in comerţ)* spirits, alcohol of commerce. ⓐ ~ *absolut* absolute alcohol; ~ *brut* raw spirit, raw alcohol; ~ *denaturat* methylated spirit; ~ *etilic* ethyl(ic) alcohol; ~ *industrial* industrial spirit; ~ *metilic* methyl(ic) alcohol; ~ *pur* pure alcohol.
alcoolic I. *adj.* **1.** *(conţinînd alcool)* alcoholic. **2.** *(beţiv)* addicted to alcohol. ⓑ *băuturi* ~*e* alcoholic liquors; *substanţe* ~*e* alcoholic substances. **II.** *s.m.* *(beţiv)* alcoholic, alcohol addict; habitual drinker.
alcoolism *s.n.* alcoholism.
alcoolizare *s.f.* alcoholization.
alcoolmetru *s.n.* *fiz.* alcohol(o)meter.
alcoolometric *adj.* *fiz.* alcoholmetrical.
alcoolometrie *s.f.* *fiz.* alcoholometry.
alcov *s.n.* alcove, recess.
aldan *s.n.* *bot.* v. h ă l d a n.
aldămaş *s.n.* *drink offered on concluding a bargain, aprox.* wet/Dutch bargain. ⓒ *a da/bea* ~*ul* P to wet the bargain.
alde I. *art.* the *(adesea nu se traduce).* ⓒ ~ *naşu-său* his godfather; *m-am întîlnit cu* ~ *învăţătorul* I met the schoolmaster. **II.** *prep.* like, such as. ⓑ *(de)* ~ *astea* such things/matters, the like(s of it); *(de)* ~ *tine* people like you, people of your stamp.
aldehidă *s.f.* *chim.* aldehyd(e). ⓐ ~ *formică* formaldehyde.
aldin *adj.* *poligr.* Aldine, fat (print), black (type).
aldoză *s.f.* *chim.* aldose.
ale *art.* *pos.* *fem. şi neutru pl.* of *(sau gen. in 's).* ⓐ ~ *lui Vasile* of Basil, Basil's.
alea *adj.* *dem.*, *pron.* *dem.*←F those. ⓑ *alte* ~ ←P falling sickness, epilepsy.

alean *s.n.* **1.** *(dor)* longing, yearning; nostalgia; melancholy. **2.** *(suferință)* suffering, grief, sorrow.

aleasă *s.f.* the girl of one's choice, sweetheart, F→one's lady love.

aleatoriu *adj.* *și jur.* aleatory. Ⓛ *contract* ~ aleatory contract.

alebard... v. h a l e b a r d ...

alee *s.f.* walk, avenue, alley; *(pt. trăsuri etc.)* drive.

alega *vb. tr.* *jur.* to allege.

alegație *s.f.* allegation.

alegător *s.m.* **1.** chooser, one who chooses/selects. **2.** *pol.* voter, elector. Ⓛ *carte de* ~ voting card/ticket/paper; *drept de* ~ franchise.

alege I. *vb. tr.* **1.** to choose, to make choice of; *(a selecta)* to select, to pick (out), to single (out), to screen; *(întîmplător)* to pitch upon. **2.** *pol.* to elect, to vote for; *(pt. președinte)* to vote into the chair. **3.** *fig.* *(a cerne)* to sift, to winnow. **4.** *(a se hotărî pentru)* to fix upon, to decide in favour of; *(a lua partea)* to side with, to take sides with. **5.** *(a despărți)* to separate, to sever, to part, to sunder; *(a asorta)* to sort; *(a distinge)* to distinguish, to discriminate. **6.** *(a decide)* to decide. **7.** *(a arăta)* to show (in the true light). **8.** *(a da la o parte)* to reject, to refuse. **9.** *(a scoate coaja)* to shell, to peel; *(a spicui)* to glean. **10.** *(a înțelege)* to understand, to make out. Ⓒ *a* ~ *adevărul de minciună* to sift/discriminate truth from falsehood, *poetic* to winnow false from true; *a-și* ~ *un domiciliu* to choose a domicile, to fix upon a place of residence; *a* ~ *pleava de grîu* to sift/separate/winnow the chaff from the wheat; *a* ~ *un timp nepotrivit* to choose/select the wrong time, to come at an inconvenient hour; *a* ~ *untul* to churn (butter). **II.** *vb. refl.* **1.** *pas.* to be chosen, etc. v. ~ **1.** **2.** *(a se despărți)* to separate. **3.** *(a se decide)* to settle. **4.** *(a deveni)* to become. **5.** *(a ieși la iveală)* to come out, to appear; *(a rămîne)* to remain; *(a avea ca rezultat)* to result, to come

out, to have such and such a result. **6.** *(a se desprinde)* to detach oneself, to come off, *chim.* to be disengaged. **7.** *(a se deosebi)* *(de)* to differ (from); to be different (from). ⓐ *a se* ~ *cu...* **a.** *(a rămîne cu...)* to be left with..., to come off with... **b.** *(a primi)* to get...; *a se* ~ *numai cu frica* to come off with a mere fright; *n-o să se aleagă nimic din asta* there is nothing to be gained by it, *P* →it's of no earthly good; *a nu se* ~ *cu nimic* to get nothing, to go away empty(-handed); ~-*s-ar praful din/de...* F confusion seize..., a plague upon...; *a se* ~ *praf și pulbere* to end in smoke, to come to nothing. **III.** *vb. intr.* to choose. Ⓒ *a nu avea de ales* to have Hobson's choice; *nu aveam de ales* I had no (other) choice left (me); *n-ai decît să alegi* you have only to choose, you may have your pick; *a* ~ *bine* to make a good choice; Ⓛ *cine* ~ *culege*, ~ *pînă culege* pick and choose and take the worst.

alegere *s.f.* **1.** choosing, etc. v. a l e g e. **2.** choice; *(selecție)* selection, *filoz.* election; *(optare)* option; *(între două lucruri)* alternative; *(fără alternativă)* F → Hobson's choice. **3.** *pol.* election, *parl.* return (to parliament); *(prin vot secret sau bile)* ballot(ing), voting by ballot. **4.** *(decizie)* decision. **5.** *(asortiment)* choice, pick assortment. **6.** *(separare)* separation, parting; *(distingere)* distinction; *(discriminare)* discrimination. ⓐ ~ *parțială* by-election. Ⓛ *la* ~ at will/option, at/on/upon one's discretion, at one's pleasure, as you like it, as you see occasion. Ⓒ *n-am altă* ~ *de făcut (decît să...)* I have no (other) choice (but...); *a face o* ~ to make/take one's choice; *a face o* ~ *bună* to make a good choice; *a face o* ~ *proastă* to make a bad choice; ~*a a căzut asupra lui* he was given the preference; *a se duce la alegeri* to go/report the polls.

alegoric I. *adj.* allegoric(al). ① *car* ~ pageant; *înţeles* ~ allegorical meaning. **II.** *adv.* allegorically.
alegorie *s.f.* allegory.
alegorist *s.m.* allegorist.
alei *interj.* v. **a l e l e i.**
alelei *interj.* **1.** *(ah!)* ah! oh! **2.** *(vai)* alas!
aleluia *interj.* **1.** *rel.* halleluiah, hallelujah, alleluia(h). **2.** *fig.* F good(-bye) John! all's U.P.! ma-feesh! ⓒ *a cînta cuiva* ~ F to put smb. to bed with a shovel/ spade; *a face cuiva* ~ F to tree smb.
alemandă *s.f. muz.* Allemande.
alene I. *adv. (cu lene)* idly, lazily; *(somnoros)* drowsily, sleepily; *(neglijent)* carelessly; *(încet)* slowly; *(uşor)* gently; *(treptat)* gradually, step by step. **II.** *adj.←rar (leneş)* idle, lazy; *(somnoros)* drowsy, sleepy; *(neglijent)* careless; *(încet)* slow; *(uşor)* gentle; *(treptat)* gradual.
alerga I. *vb. intr.* **1.** *(a da fuga)* to run, F→to walk, to go; *(foarte repede)* to course, to career, to race, to scour, F→to powder away/along, to whip/pelt/cut/scorch along, to split, to spank, *sl.* to cheese, to chevy; *(d. tren etc.)* to run; *(a curge)* to run, to flow. **2.** *(a se grăbi)* to make (one's best) haste, to haste(n), to hurry, to ply, *poetic→*to hie oneself; *(a da năvală)* to rush; *(a zbura)* to fly. **3.** *fig. (d. timp etc.)* to pass, to elapse, to go by, to run out. ⓐ *a ~ după (a rîvni)* to hunt after/for..., to run/prowl/fish for...; *a ~ la fig.* to apply to..., to resort to...* ⓒ *a ~ ca nebun* to run like mad; *a ~ cît îl ţin picioarele* to run as fast as one's legs will carry one, F to run as hard as one can split; *~ de-i sfîrîiau călcîiele* F he tore along like mad, he ran for his life, he scorched along; *~ după bogăţii* he was hunting for wealth; *a ~ după cineva* to run after smb., to pursue/follow smb.; *a ~ după doctor* to run for the doctor; *a ~ în toate părţile* to run to and fro, to gad about; *a ~ într-un suflet,*

a ~ în fuga mare to run oneself out of breath, to run full speed, to run neck or nothing, to run at the top of one's speed, to get out of breath with running; *a ~ mai repede decît cineva* to outrun/outstrip smb. *amer.* to head smb. off; *alergînd* running etc.; at a run. ⓓ *leneşul mai mult aleargă* idle people take the most pains, idle folks have the most labour; *cine aleargă după doi iepuri nu prinde nici unul* he that hunts two hares often loses both, between two stools one falls to the ground. **II.** *vb. tr.* **1.** *(a goni)* to run; *(a zori)* to urge, to drive. **2.** *(a cutreiera)* to scour, to wander through. ⓒ *a ~ un cal* to run a horse; *a-şi ~ ochii peste...* to run one's eyes over...
alergare *s.f.* **1.** running, etc. **v. a l e r g a**; *(zbor)* flight. **2.** *(cursă)* run(ning), race. **3.** *(osteneală)* pains, much running (about). **4.** *(urmărire)* pursuit. ⓐ ~ *de cai* horse race.
alergătoare *s.f.* **1.** *text.* revolving yard-winding frame. **2.** *(la mori)* runner, upper millstone.
alergător I. *adj.* **1.** running, etc. **v. a l e r g a**. **2.** *(harnic)* active, industrious. ⓑ *piatră alergătoare* **v. a l e r g ă t o a r e** 2; *pas* ~ run, sling(ing) trot, *mil.* double-time pace; *(ca ordin)* double quick! double time! **II.** *s.m.* runner, etc. **v. a l e r g a**; *(curier)* courier, express messenger.
alergătură *s.f.* **1.** running, etc. **v. a l e r g a**. **2.** *(du-te vino)*coming and going.
alergic *adj. med.* allergic(al).
alergie *s.f. med. (la)* allergy (to).
alerta *vb. tr.* to alert.
alertă *s.f.* alert.
ales I. *adj.* **1.** *(select)* choice, select, picked, *elev.→*recherché, *rel.* elect.**2.** *(rar)* rare; *(distins)* distinguished; *(excelent)* excellent, exquisite; *(suprem)* supreme; *(de prima clasă)* firstrate, F→prime, capital; *(splendid)* splendid; *(admirabil)* admirable; *(cel mai bun)* best; *(nobil)* noble; *(remarcabil)* remarkable;

(valoros) valuable. **3.** *(distinct)* distinct; *(precis)* definite, precise. **4.** *(vădit)* obvious, clear. ⓑ *o bucată aleasă* lit. a choice passage; *mîncăruri alese* dainty dishes; *opere ~e* selected works; *vinuri ~e* select wines. **II.** *adv.* ⓑ *mai ~* **a.** *(mai cu seamă)* (e)specially, particularly. **b.** *(cu atît mai mult) (că)* all the more (as). **III.** *s.n.* choosing, choice, etc. v. **a l e g e.** ⓒ *pe ~(e)* at choice. **IV.** *s.m.* **1.** person of one's choice; *my etc.* darling, love; **2.** chosen one, one chosen; selected person.

Alexandrie *s.f.* Alexander book, legend/romance of Alexander.

alexandrin **I.** *adj. și metr.* Alexandrine, Alexandrian. **II.** *s.m. metr.* Alexandrine.

aleza *vb. tr. tehn.* to bore (out); to ream out, to broach.

alezaj *s.n. tehn.* cylinder bore; boring, bore hole.

alezor *s.n. tehn.* reamer, broach. ⓑ *~ ascuțit* ground reamer; *~ conic* taper/broach reamer; *~ unghiular* angular reamer.

alfa¹ *s.m.* alpha. ⓒ *a fi ~ și omega* to be Alpha and Omega.

alfa² *s.f. bot.* alfa (grass), esparto (grass) *(Stipa tenacissima).*

alfabet *s.n.* alphabet, ABC. ⓐ *~ arab* Arabic alphabet; *~ cirilic* Cyrillic/Russian alphabet; *~ grecesc* Greek alphabet; *~ latin* Latin alphabet; *~ telegrafic* telegraphic alphabet.

alfabetic **I.** *adj.* alphabetic(al); abecedarian. **II.** *adv.* alphabetically, in alphabetical order.

alfabetism *s.n.* alphabetism.

alfabetiza *vb. tr.* **1.** to teach *smb.* to read and write, to teach *smb.* the three r's. **2.** to arrange alphabetically.

alfabetizare *s.f.* teaching *smb.* to read and write; liquidation of illiteracy.

alfenid *s.n. mineral.* alfenid(e).

algă *s.f. bot.* alga. ⓐ *~ marină* sea weed/wrack, fungus.

algebră *s.f. mat.* algebra.

algebric **I.** *adj.* algebraic(al). ⓑ *calcul ~* algebraic(al) calculation;

funcție ~ă algebraic function. **II.** *adv.* algebraically.

algerian *adj., s.m.* Algerian, Algerine.

algid *adj. med.* algid.

alhim... v. **a l c h i m...**

alia **I.** *vb. tr.* **1.** *(prin căsătorie)* to ally. **2.** *metal.* to alloy. **II.** *vb. refl. reciproc* **1.** *(a face o alianță)* to enter into an alliance, to make/ form an alliance. **2.** *(prin căsătorie)* to be(come) allied (by marriage). **3.** *metal.* to alloy. ⓐ *a se ~ cu...* to ally oneself with/to...

aliaj *s.n. metal.* alloy(age).

alianță *s.f.* **1.** *(între state)* alliance; *(ligă)* league; *(confederație)* confederacy. **2.** *(căsătorie)* alliance, connection, match, union; *(rudenie)* alliance, lineage; *(după tată)* agnation. **3.** *fig.* alliance, union. ⓑ *(rudă) prin ~* in-law; *Sfînta Alianță* the Holy Alliance; *Tripla Alianță* the Triple Alliance. ⓒ *a încheia un tratat de ~* to conclude a treaty of alliance, to draw up a deed of alliance.

aliat **I.** *adj.* allied. **II.** *s.m.* ally.

alibi *s.n. jur., fig.* alibi. ⓐ *a stabili un ~* to prove an alibi.

alică *s.f.* **1.** *vînăt.* grain of shot, pellet; ↓ *pl.* (small) shot, hail dust/ shot; swan shot. **2.** *pl. (pietriș)* pebble, flint/gravel stone.

alicotă *s.f.* ⓑ *parte ~ mat.* aliquot part.

alidadă *s.f. topogr.* alidad(e).

aliena *vb. tr. jur., fig.* to alienate.

alienabil *adj. jur.* alienable.

alienare *s.f. jur., fig.* alienation.

alienat **I.** *adj.* **1.** *jur.* alienated. **2.** *med.* mentally alienated. **II.** *s.m.* lunatic, psychopath(ic). ⓑ *spital de alienați* lunatic asylum.

alienație *s.f. med.* mental alienation, alienation of mind/nature.

alienist *s.m.* alienist, psychiater, psychiatrist, F→mad doctor.

alifie *s.f.* **1.** *farm.* ointment, unguent, onguent, unction, salve, liniment, embrocation. **2.** *fig.* chrism, balm.

aligator *s.m. zool.* alligator *(Alligator mississipiensis).*

aliment *s.n.* **1.** food, nutriment, aliment. **2.** *pl. jur.* alimony, allowance. @ ~*e lichide* spoonmeat, F→slops.
alimenta I. *vb. tr.* **1.** to feed, to nourish; *(rîuri, maşini)* to supply; *(focul)* to feed; *(piaţa)* to supply. **2.** *jur.* to feed. **3.** *(o persoană, a întreţine)* to support, to maintain. **4.** *(ura etc.)* to keep alive/up. **5.** *tehn.* to feed. II. *vb. refl. pas.* to be fed, etc. v. ~ I.
alimentar *adj.* food...; alimentary; ① *canal* ~ *anat.* alimentary canal; *pensie* ~*ă* alimony, alimentary allowance; *regim* ~ dietary, alimentary regimen; *substanţe* ~*e* alimentary/alimental substances.
alimentară *s.f.* provision/food store.
alimentare *s.f.* feeding, etc. v. a l i m e n t a.
alimentator *s.n.* feeder.
alimentaţie *s.f.* food, nourishment.
alina I. *vb. tr.* **1.** *(a potoli)* to temper, to mitigate, to quiet; to assuage; *(a uşura)* to lighten, to relieve; *(a îndulci)* to appease, to dulcify; *(a micşora)* to lessen. **2.** *med.* to palliate, to ease; *(setea)* to quench, to appease; *(durerea morală)* to soothe; *(suferinţa)* to alleviate, to allay; *(a consola)* to comfort, to solace. II. *vb. refl.* to calm down; *(d. furtună)* to abate; *(a se opri)* to stop.
alinare *s.f.* **1.** tempering, etc. v. a l i n a. **2.** *(uşurare)* relief; *(mîngîiere)* comfort, consolation.
alinător *adj.* solacing etc. v. a l i n a.
alineat *s.n.* v. a l i n i a t I.
alinia I. *vb. tr.* **1.** to align, to arrange in a line; *(drumuri etc.)* to range; to line. **2.** *mil.* to dress; to put in line. **3.** *poligr.* to range. II. *vb. refl.* **1.** to be in line. **2.** *pas.* to be arranged in a line etc. v.~I.
aliniament *s.n.* alignment, line; *mil. şi* disposition.
aliniat I. *s.n.* indented line; *(paragraf)* paragraph. II. *adj.* aligned, (fallen) in line.
aliniere *s.f.* **1.** alignment, setting in a straight line. **2.** *mil.* alignment, dressing. **3.** *poligr.* ranging.
alint *s.n.* caress, endearment.

alinta I. *vb. tr.* **1.** *(a dezmierda)* to caress, to fondle, to pet. **2.** *(a răsfăţa)* to spoil; *(a fi prea indulgent cu)* to coddle, to pamper; to humour. II. *vb. refl.* **1.** *(a se zbengui)* to play pranks, to frolic, to gambol. **2.** *(a se legăna)* to swing, to rock. **3.** *(d. îndrăgostiţi)* to bill and coo, *amer.* to pet. **4.** *(a fi afectat)* to mince, to be finical/affected; to attitudinize, to give oneself airs and graces.
alintare *s.f.* **1.** caressing etc. v. a l i n t a. **2.** *(ca act)* caress. **3.** *(ca vorbă)* (term of) endearment.
alintat *adj.* spoilt.
alintător *adj.* caressing etc. v. a l i n t a.
alintătură *s.f.* **1.** v. a l i n t a r e 1. **2.** spoilt child.
alior *s.m. bot.* **1.** v. l a p t e l e c u c u l u i. **2.** spurge, milk weed *(Euphorbia)*.
alipi I. *vb. tr.* to join, to unite; *(a apropia)* to draw near, to approach; *(un teritoriu)* to annex. II. *vb. refl.* @ *a se* ~ *de/la...* to join...; *(a se lipi de, fig.)* to cling to...; *(a adera)* to adhere to...
alipire *s.f.* **1.** joining etc. v. a l i p i.
alişveriş *s.n.*←F *(vînzare)* sale; *(negoţ)* business. ① *a face* ~ *cuiva* to buy from smb.
alitera *vb. tr.* to alliterate.
aliteraţie *s.f.* alliteration.
alivancă *s.f. Moldavian cake made of maize flour, butter, milk and cheese;* *aprox.* cream burn.
alivanta *adv.* head over heels. ① *a se da* ~ to turn a somerset/somersault, to topple over.
alizarină *s.f. chim.* alizarine.
alizee *s.n. pl. meteor.* trade winds.
allegretto *adv., s.n. muz.* allegretto.
allegro *adv.,s.n. muz.* allegro, lively.
almanah *s.n.* almanac(k).
alo *interj.* **1.** *(la telefon)* hullo! hallo! **2.** *(hei)* halloa! hallo!hullo!
aloca *vb.tr.* to assign, to allocate, to allot; to allow; to appropriate; *(a destina)* to ear-mark.
alocare *s.f.* allocation etc. v. a l o c a.

alocație *s.f.* **1.** v. a l o c a r e. **2.** allocation, allotment, assignment; *(ajutor bănesc)* grant-in--aid, gratuity, allowance; *(de șomaj)* dole.

alocuri *adv.* ⓑ *pe* ~ here and there.

alocuțiune *s.f.* allocution; address.

alodial *adj. ist.* allodial, freehold...

alodiu *s.n. ist.* allodium, freehold estate.

aloe(s) *s.f. bot.* aloe, century plant *(Aloes).*

alogen *adj. geol.* allogeneous.

alonjă *s.f.* **1.** lengthening/eking piece, extension; *tehn.* adapter. **2.** *(la box)* reach.

alopat *s.m. med.* allopathic. ⓑ *medic* ~ allopathist.

alopatie *s.f. med.* allopathy.

alotropic *adj. chim.* allotropic.

alotropie *s.f. chim.* allotropy.

alpaca¹ *s.f.* **1.** *zool.* alpaca *(Lama pacos).* **2.** *(stofă)* alpaca.

alpaca² *s.f. metal.* German silver, argentan, pack fong.

alpestru, alpin *adj.* alpine.

alpinism *s.n.* mountaineering, mountain/alpine climbing. ⓒ *a face* ~ to go in for mountaineering.

alpinist *s.m.* mountaineer, alpinist; (mountain) climber, rock climber.

alsacian *adj., s.m.* Alsatian.

alt I. *adj. nehot.* **1.** *(diferit)* other. **2.** *(încă)* another; *(suplimentar)* further, supplementary, additional. ⓐ ~*e alea* ←P. falling sickness, epilepsy; *alți oameni* o- ther people. ⓑ *ca apucat de* ~*e alea* ←F in a bate, like mad/a maniac; *ca o* ~*ă aia/arătare (urît)* F like nothing on earth, a perfect sight; *(ciudat)* F as a dancing bear, neither fish, flesh nor fowl nor good red herring; *într-un fel sau* ~*ul* one way or other; *pe de* ~*ă parte* on the other hand. ⓒ *asta-i* ~*ă căciulă!* gîscă/poveste **a.** *(e altceva)* F this is another pair of breeches. **b.** *(asta schimbă lucru- rile)* ←F this alters the case. **II.** *pron. nehot. altul, alta* another; *alții, altele* others. ⓐ ~*ul nu eu!*not I, indeed! *un* ~*ul* another. ⓑ *cine* ~*ul dacă nu...?* no other than..; *cîte* ~*e*

many other things; what not; *din(tr-)una în* ~*a* what with... and...; *intre* ~*ele* **a.** among other things, inter alia. **b.** *(apropo)* by the way; *nici una, nici* ~*a* **a.** neith- er the one nor the other. **b.** *(fără ceremonie)* without ado, uncere- moniously; *nimic* ~*a* nothing else, that's all; *nu de* ~*a, dar...* for the only reason that....; *(ca nu cum- va)* lest....; *pina una* ~*a* in the meanwhile, for the moment, F in the interim, between cup and lip; *una peste* ~*a* **a.** *(in dezordine)* helter-skelter, harum-scarum. **b.** *(la un loc)* in all; *unul cu* ~*ul* with one another, with each other; *unul pe* ~*ul* one another, each other. ⓒ *ce* ~*a să-ți mai spun?* what else shall I tell you?; *să mă înghită, nu alta!* he would have none of that! he was out to kill me!; *alții mai buni nu sint* they don't make them any better.

alta *pron. fem.* v. a l t **II.**

altaic *adj.* Altaic, Altaian.

altar *s.n.* **1.** *rel.* altar; communion table; *(ca parte a bisericii)* apse, chancel, sanctuary. **2.** *fig.* shrine, altar, sanctuary. ⓒ *a duce la* ~ to lead to the (hymeneal) altar.

altă *adj. și pron. fem.* v. a l t.

altădată *adv.* **1.** *(odinioară)* once, formerly, in former days; in the past; in times past. **2.** *(in alte rinduri)* at other times. **3.** *(in viitor)* some other time, some day; one of these days; some time or other. ⓑ *de* ~ former, *inv.* →of yore.

altcareva *pron. nehot.* v. a l t c i- n e v a.

altceva *pron. nehot.* something else/ different; *(in propoziții negative și interogative)* anything else. ⓒ *n-ai* ~ *mai bun să-mi arăți?* haven't you (got) anything better to show me? *asta e cu totul* ~ that's quite different; it's (as) different as chalk from cheese; *voia să mă înghită, nu* ~ he was literally/actually going to swallow me up.

altcineva *pron. nehot.* somebody else; *(in propoziții negative și interoga-*

tive) anybody else; *(un altul)* another.

altcîndva *adv.* some other time.

altcum *adv.* **1.** otherwise, or; else. **2.** differently, in a different way/manner.

alte *adj. fem. pl.* v. a l t **I. 1.**

altele *pron. fem. şi neutru pl.* others; the others; the other ones.

alteori *adv.* (at) other times; (now)... now...

altera I. *vb.tr.* **1.** to alter, to modify, to change; *(a strica)* to spoil; to falsify; *(alimente)* to adulterate; *(carnea)* to taint; *(un text)* to corrupt. **2.** to corrupt; to deprave; to distort; to misrepresent. **3.** *fig.* to falsify, to forge, to counterfeit. **II.** *vb. refl.* **1.** to alter, to change. **2.** *(d. alimente)* to go bad, to be tainted.

alterabil *adj.* alterable; changeable.

alterare *s.f.* alteration etc. v. a l t e r a.

alterat *adj.* adulterated etc. v. a l t e r a.

altercaţie *s.f.* altercation, wrangle.

altern *adj.* **1.** *geom., bot.* alternate. **2.** *agr.* rotating.

alterna *vb. tr. şi intr.* to alternate.

alternant *adj.* **1.** alternating. **2.** *agr.* rotating.

alternanţă *s.f.* **1.** alternation. **2.** *(∼ vocalică)* *lingv.* vowel gradation, ablaut.

alternare *s.f.* alternation.

alternativ I. *adj.* alternative. ⓓ *curent ∼ electr.* alternating current. **II.** *adv.* alternatively.

alternativă *s.f.* alternative.

alternator *s.n. electr.* alternator, alternating current machine.

alteţă *s f.* Highness. ⓐ *alteţa sa* His Highness.

altfel *adv.* **1.** *(în alt chip)* differently, in a different way/manner, otherwise. **2.** *(dacă nu, atunci)* or, otherwise. **3.** *(de altminteri)* otherwise, in other respects; as for the rest. ⓐ *∼ de...* other..., different... ⓓ *cu totul ∼* quite differently; *de ∼ a.* as a matter of fact; *(în plus)* moreover, besides; further, in addition to which. **b.** *(în alte privinţe)* otherwise, in other re-

spects. ⓒ *nici nu se poate ∼* it is a matter of course.

altimetrie *s.f.* altimetry.

altimetru *s.n.* altimeter.

altist *s.m. muz.* alto.

altitudine *s.f.* altitude, height.

altiţă *s.f.* **1.** *stream of ornaments on a peasant shirt* sau *blouse.* **2.** *(cămaşă)* shirt.

altminteri *adv.* v. a l t f e l 1,2.

alto *s.m. muz.* **1.** *(voce)* alto. **2.** *(vioară)* tenor violin, alto viola.

altoi[1] I. *vb. tr.* **1.** *hort.* to (en)graft, to ingraft. **2.** *fig.* to engraft, to implant, to instil. **3.** *med.* to inoculate; to vaccinate with. **4.** *(a bate)* F to dust *smb.'s jacket for him.* **II.** *vb. refl.* **1.** *pas.* to be (en)grafted, etc. v. ∼ I. **2.** *(a se îmbăta)* F to get tight/tipsy.

altoi[2] *s.n.* **1.** *(mlădiţă)* cutting, graft, scion; *(plantă altoită)* stock, parent (plant). **2.** *(altoire)* grafting, ingraftment. **3.** *med.* vaccine (matter).

altoire *s.f.* grafting, etc. v. a l t o i.

altoit I. *s. n.* grafting. **II.** *adj.* grafted.

altruism *s.n.* altruism, selflessness.

altruist *adj.* altruistic, unselfish.

altul *pron. masc. şi neutru* another (one).

altundeva *adv.* somewhere else, elsewhere.

alţi *adj. masc. pl.* v. a l t I. **1.**

alţii *pron. masc. pl.* others; the others; the other ones.

aluat *s.n.* dough, paste. ⓓ *din acelaşi ∼* of the same kind/sort much of a muchness, *peior.* that ilk. ⓒ *sînt toţi dintr-un ∼* they are all tarred with the same brush.

alumină *s.f. geol.* alumina, alumine.

aluminiu *s.n.* aluminium.

aluminos *adj.* aluminous.

aluminotermie *s.f.* aluminothermics, aluminothermic process.

alun *s.m. bot.* hazel/nut tree *(Corylus avellana).* ⓐ *∼ american* pea / ground/earth/monkey nut *(Arachis hypogaea); ∼ turcesc* filbert (tree) *(Corylus tubulosa).*

alunar *s.m.* **1.** hazel-nut seller. **2.** *(spărgător de alune)* nut cracker.

3. *zool.* (common) dormouse *(Muscardinus avellanarius).* 4. *ornit.* nuthatch, nutjobber, nutpecker *(Sitta).*

alună *s.f.* hazel(-nut); filbert; *(americană)* pea/ground/earth nut.

aluneca *vb. intr.* 1. to slide; *(cu piciorul)* to slip, to miss one's footing. 2. *(a se mişca liber)* to shift, to slide, to glide, to slither. 3. *fig.* to slip, to fall, to lapse; to go astray; to err. ⓒ *barca ~ pe apă* the boat glided (along) on the water; *bagă de seamă să nu aluneci* mind you do not make a slip; *mi-a ~t din mîini* it slipped out of my hands; *îi alunecă banii printre degete* money runs between his fingers; *îţi alunecă printre degete fig.* he is as slippery as an eel.

alunecare *s.f.* 1. sliding etc. v. a l u n e c a. 2. *(ca act)* slide; slip. 3. *fig.* slip, error.

alunecos *adj.* slippery.

alunecuş *s.n.* v. l u n e c u ş.

alunel *s.m. lively Romanian dance.*

alunele *s.f. pl.* 1. *bot.* yarrow, milfoil, tansy *(Achille millefolium).* 2. *bot.* earth/hawk nut *(Garum bulbocastanum).* 3. *(pe corp)* sun-burns.

alunga I. *vb. tr.* 1. *(din urmă)* to chase; to press on; *(a urmări)* to pursue, to follow. 2. *(a îndepărta)* to drive away, to remove; *(a izgoni)* to chase/drive/send away; *(a exila)* to banish, to exile; *(a concedia)* to expel, to dismiss, to turn away/off, F to sack; *(gînduri etc.)* to banish. ⓒ *a ~ muştele* to drive away the flies; *a ~ supărarea* to drive away sorrow. II. *vb. refl. reciproc* to chase each other.

alungare *s.f.* chasing etc. v. a l u n g a.

alunică *s.f.* v. a l u n i ţ ă.

aluniş *s.n.* hazel wood.

aluniţă *s.f.* mole, beauty/mother spot, mother's mark.

aluniu *adj.* hazel.

alură *s.f.* 1. *(ţinută)* carriage, gait, bearing. 2. *(înfăţişare)* aspect, look, air. 3. *sport* pace. 4. speed, rate, pace.

aluvial, aluvionar *adj. geol.* alluvial.

aluviu *s.n. geol.* alluvium.

aluviune *s.f.* alluvial deposit.

aluzie *s.f.* allusion, hint, suggestion. ⓐ *~ răutăcioasă* innuendo; *~ străvezie, transparentă/vădită* broad hint. ⓓ *prin ~ la...* in allusion to... ⓒ *a face ~ la...* to allude to..., to hint at...,; *a face o ~* to give/ to drop a hint.

alveolar *adj.* 1. *anat.* alveolate, cell--like. 2. *fon.* alveolar. ⓓ *fon. consoană ~ă* alveolar consonant.

alveolat *adj.* alveolate.

alveolă *s.f.* 1. *(la faguri)* cell. 2. *(la dinţi)* socket. 3. *(la fructe)* cell. 4. *agr.* seed cell.

alviţă *s.f.* nougat.

amabil I. *adj.* amiable, nice; kind; *(afabil)* affable; *(binevoitor)* kind(ly); *(plăcut)* agreeable; pleasant; *(curtenitor)* courteous; *(politicos)* polite, civil. ⓒ *sînteţi foarte ~* you are very kind (to me). II. *adv.* amiably; kindly; politely.

amabilitate *s.f.* amability, amiableness; civility; *(bunătate)* kind(li)ness; *(favoare)* favour, politeness.

amalgam *s.n.* 1. *chim.* amalgam. 2. *fig.* amalgam, blend, mixture; congeries.

amalgama I. *vb. tr.* 1. *chim.* to amalgamate. 2. *fig.* to amalgamate, to blend. II. *vb. refl.* 1. to amalgamate. 2. *fig.* to blend, to coalesce.

amalgamare *s.f.* amalgamation.

aman I. *interj.* mercy! woe! II. *s.n.* ⓒ *la ~* F in a cleft stick, in a tight spot/fix.

amanet *s.n. (zălog)* pawn, deposit, gage, forfeit, pledge; *(ipotecă)* mortgage; *(ostatic)* hostage. ⓓ *casă de ~* pawn shop, pawn-broker(s). ⓒ *a da/lăsa ~* to pawn; *a pune ~* v. a m a n e t a; *a scoate din ~* to take out of pawn.

amaneta *vb.tr.* to pawn, to put in pawn; *sl.* to (put up the) spout.

amanetare *s.f.* pawning etc. v. a m a n e t a.

amanetat *adj.* in/at pawn, *sl.* up the spout.

amant *s.m.* lover, sweetheart; *(curtezan)* suitor, wooer, admirer.

amantă *s.f.* love, sweetheart; *(in sens rău)* mistress.

amar **I.** *adj.* **1.** bitter. **2.** *(dureros)* bitter, painful, sharp, sore; *(grozav)* bitter, dreadful, cruel, severe. **3.** *fig. (trist)* sad; *(nenorocit)* miserable, wretched. ⓓ *durere ~ă* poignant/sore/baleful grief; *lacrimi ~e* bitter tears; *migdală ~ă* bitter almond. ⓒ *a face cuiva zile ~e* to worry smb.'s life out. **II.** *adv.* și *fig.* bitterly; *(grozav)* terribly. **III.** *s.n.* bitterness; gall, pain, suffering. ⓓ *de atita ~ de vreme* for ever so long, for ages; *plin de ~* full of bitterness. ⓒ *a bea tot ~ul* to empty the (bitter) cup of sorrow/grief. ⓓ *cine n-a gustat ~ul, nu știe ce e dulcele* no sweet without sweat.

amarnic **I.** *adj.* bitter, terrible, dreadful. **II.** *adv.* bitterly, terribly, dreadfully.

amator **I.** *adj.* ⓐ *~ de...* fond of... **II.** *s.m.* **1.** lover. **2.** amateur, dilettante, connoisseur. ⓐ *~ de concerte* concertgoer, music fan; *~ de teatru* playgoer, theatre fan. ⓓ *de ~i* amateur...; amateurish; *spectacol de ~* amateur theatricals.

amatorism *s.n.* amateurism; dilettantism.

amazoană *s.f.* **1.** *mit.* Amazon. **2.** horse woman, female equestrian. **3.** *(rochie)* riding habit.

amăgeală *s.f.* delusion, deception, sham, deceit; *(minciună)* lie, deceit.

amăgi **I.** *vb.tr.* **1.** *(a înșela)* to deceive, to cheat, to delude, to inveigle, F→ to take in, *sl.* to gyp, to chouse; *(a mistifica)* to mistify. **2.** *(a ispiti)* to tempt, to entice; *(a seduce)* to seduce, to lure; to abuse the confidence of. **II.** *vb. refl.* to deceive oneself, to be mistaken, to indulge in illusions.

amăgire *s.f* cheat(ing) etc. v. a m ă g i.

amăgitor **I.** *adj.* cheating, delusive, deceptive, seducing. **II.** *s.m.* deceiver, deluder, baffler, seducer.

amănunt *s.n.* detail, particular; *(împrejurare)* circumstance. ⓐ *~e importante* essential details; *~e insignifiante | neînsemnate | mărunte* trivialities, trifles, trifling matters; *~e tehnice* technicalities. ⓓ *cu ~ul* by retail; *in ~, cu de ~ul, in tot ~ul* in detail, minutely. ⓒ *n-am omis nici un ~* I have omitted none of the circumstances.

amănunți *vb. tr.* **1.** *agr.* to break, to loosen *the ground.* **2.** to detail, to particularize. **3.** *(a povesti detaliat)* to relate *a story* in detail.

amănunțime *s.f.* detail, particular; technicality. ⓓ *în ~* in great detail, in all particulars.

amănunțit **I.** *adj.* minute, detailed; *(d. o descriere etc.)* circumstantial. **II.** *adv.* minutely, F→to a T; circumstantially.

amărăciune *s.f.* **1.** bitterness. **2.** *fig.* bitterness; gall, grief. ⓓ *cu ~* bitterly.

amăreală *s.f.* **1.** bitterness. **2.** *bot.* cross flower, milkwort *(Polygala vulgaris).*

amări **I.** *vb. tr.* **1.** to embitter. **2.** *(a întrista)* to sadden. **3.** *(a irita)* to embitter, to envenom. **II.** *vb. refl.* **1.** to get bitter. **2.** *fig.* to feel hurt/grieved/ annoyed. **3.** *fig.* to sadden, to become sad. **4.** *fig.* to become embittered.

amărît **I.** *adj. (trist)* sad; ill-at-ease, heavy-hearted; *(abătut)* downcast; *(supărat)* embittered. **II.** *adv.* sadly. **III.** *s.m.* **1.** *(sărac)* F poor devil, mumper. **2.** *(nenorocit)* wretch.

amărui *adj.* bitterish.

ambala **I.** *vb. tr.* **1.** to wrap (up), to pack (up). **2.** *(a stîrni)* to stir (up), to rouse, to incite, to excite. **3.** *(motorul)* to race. **II.** *vb. refl.* **1.** *(d. motor)* to race. **2.** *fig.* to be carried away *by anger etc.*; to fly into a passion; to get excited, to work oneself up.

ambalaj *s.n.* **1.** v. a m b a l a r e. **2.** wrapping, package; wrapper.

ambalare *s.f.* packing (up) etc. v. a m b a l a.

ambarasa *vb. tr.* to embarrass, to perplex.

ambarasant *adj.* embarrassing; awkward.

ambarcader *s.n.* v. d e b a r c a d e r.

ambarcație *s.f.* boat, craft.

ambasadă *s.f.* embassy.

ambasadoare *s.f.* ambassadress.

ambasador *s.m.* 1. ambassador. 2. *fig.* ambassador, legate, representative; deputy.

ambiant *adj.* surrounding, encompassing, (circum)ambient.

ambianță *s.f.* surroundings, environment.

ambidextru I. *adj.* ambidextrous. II. *s.m.* ambidexter.

ambigen *adj. gram.* neuter; epicene.

ambiguitate *s.f.* ambiguity, ambiguousness, equivocation.

ambiguu I. *adj.* ambiguous, equivocal, doubtful; *(d. un compliment)* backhanded. II. *adv.* ambiguously.

ambii *num. col.* both, the two.

ambiție *s.f.* ambition; *(dorință)* wish; *(aspirație)* aspiration. ⓒ *a se pune la* ~ v. a m b i ț i o n a II.

ambiționa I. *vb. tr.* to stimulate, to pique. II. *vb. refl.* not to give in, not to yield; to be obstinate. ⓐ *a se* ~ *să...* to be obstinate in *(cu forme în -ing)*, to persist in *(cu forme în -ing)*, to be firmly bent on *(cu forme în -ing)*; to be eager to...

ambițios *adj.* ambitious; *(care vrea să parvină)* aspiring, high-aimed; *(care nu cedează)* unyielding, obstinate, stubborn.

ambranșament *s.n.* 1. branching (off); branch. 2. *(de drumuri)* junction. 3. *ferov.* branch line.

ambrazură *s.f.* 1. embrasure, aperture, opening, window. 2. *mil.* embrasure; battlement.

ambră *s.f.* v. c h i h l i m b a r.

ambreia I. *vb. tr.* to connect, to couple, to engage, to clutch. II. *vb. refl.* to come into gear. III. *vb. intr.* to let in the clutch; *auto.* to release the clutch pedal.

ambreiaj *s.n. auto.* connecting gear, clutch, coupler; *(pedală)* clutch pedal.

ambreiare, ambreiere *s.f.* throwing into gear, coupling, connecting.

ambrozic *adj.* ambrosial.

ambrozie *s.f. și fig.* ambrosia.

ambulant *adj.* itinerant, strolling. ⓒ *actor* ~ strolling actor/player; *negustor* ~ haberdasher; *vînzător* ~ pedlar, sheet vendor, peddler, huckster.

ambulanță *s.f.* ambulance; *mil.* field hospital.

ambulatoriu I. *adj.* ambulatory. II. *s.n.* policlinic, out-patients' clinic/department.

ambuscadă *s.f.* ambuscade, ambush.

ameliora I. *vb. tr.* to (m)eliorate, to make better, to improve. II. *vb. refl.* to (m)eliorate, to improve, to get better.

ameliorare *s.f.* (a)melioration, improvement.

amenaja I. *vb. tr.* to arrange, to lay out (in order); *(o casă)* to fit up, to dispose; *(un oraș)* to plan; *(a echipa)* to fit out, to appropriate. II. *vb. refl. pas.* to be arranged, etc. v. ~ I.

amenajament *s.n.* ⓐ ~ *silvic* forest planning.

amenajare *s.f.* arrangement etc. v. a m e n a j a.

amenda *vb. tr.* 1. *(a îmbunătăți)* to amend, to improve; *(o lege)* to amend; *agr.* to manure. 2. *(a pune la amendă)* to fine, to mulct, to penalize.

amendabil *adj.* amendable, improvable.

amendament *s.n.* 1. amendment. 2. *agr. (și ~e calcaroase)* soil liming.

amendare *s.f.* amendment etc. v. a m e n d a.

amendă *s.f.* fine, penalty, mulct; amercement. ⓐ ~ *onorabilă* amende honorable, public apology.

amenința I. *vb. tr. (cu)* to threaten (with), to menace (with); *(d. o primejdie)* to hang over. ⓐ *a* ~ *să ...* to be about to ..., to be on the point of *(cu forme în -ing)*. ⓒ *a* ~ *cu pumnul* to shake/double/clinch the fist (at). II. *vb intr.* 1. to menace, to threaten, F → to look daggers, to bluster. 2. *(d. un pericol)* to impend.

ameninţare *s.f.* **1.** threatening etc.
v. a m e n i n ţ a. **2.** threat, men-
ace.
ameninţător I. *adj.* menacing, threat-
ening; impending. **II.** *adv.* men-
acingly, threateningly.
amenitate *s.f.* amenity.
ament *s.m.* *bot.* ament(um).
amentacee *s.f.* *pl.* *bot.* amentaceae.
America *s.f.* ⓒ *ai descoperit* ~! F
the Dutch have taken Holland.
american *adj.*, *s.m.* American.
americanism *s.n.* Americanism.
americaniza *vb.* *tr.* to Americanize.
americă *s.f.* *kind of low-quality cot-
ton fabric.*
americănesc *adj.* American.
americăneşte *adv.* in the American
manner/way, after the American
fashion.
ameriza *vb.* *intr.* *av.* to alight (on
the sea).
amerizare *s.f.* *av.* alighting (on the
sea).
amestec *s.n.* **1.** *fiz.* mixture. **2.** *(un
tot lipsit de coerenţă)* (ad)mixture;
(lucruri amestecate) medley, con-
geries; F→mess, odds and ends,
hash, hotchpotch; *(dezordine)* jum-
ble; disarray, F→mix-up, huddle;
(de oameni) medley, F→jam. **3.**
lit. miscellany. **4.** *(participare)*
share, participation; *(legătură)*
connection; relation; *(intervenţie)*
intervention; interference. **5.** *farm.*
mixture. **6.** *(încrucişare)* cros-
sing. ⓒ *a nu avea nici un* ~ *în* ...
to have nothing to do with ...;
to have nothing in common with ..
amesteca I. *vb.* *tr.* **1.** *fiz.* to mix (up).
2. *(lucruri)* to mix, to mingle;
(a combina) to combine. **3.** *(căr-
ţile)* to shuffle. **4.** *(a dilua)* to
dilute. **5.** *(a încurca)* to entangle;
fig. to confound, to mix up. **6.**
(a implica) to involve; to imply. **7.**
(a încrucişa) to cross. **8.** *(a uni)*
to blend, to unite. ⓒ *a* ~ *culo-
rile* to blend colours; *a-şi* ~ *hîrtiile*
to confuse one's papers; *a* ~
vinul cu apa to mix wine with
water. **II.** *vb.* *refl.* **1.** *pas.* to be
mixed etc. v. ~ I. **2.** *(a se conto-
pi)* to blend, to mingle; *(a se contopi)* to blend,
to combine. **3.** *(a se băga) (în)* to

(inter)meddle (with), to interfere
(with); *(în conversaţie)* to chime in.
ⓒ *a nu se* ~ *în* ... not to meddle
with...; to stand/keep aloof from
...; *nu te* ~! F mind your own busi-
ness! *sl.* let her rip! *de ce te ames-
teci?* what business is that of
yours? why do you interfere?
amestecare *s.f.* mixing (up) etc. **v.**
a m e s t e c a.
amestecat I. *adj.* **1.** mixed (up) etc.
v. a m e s t e c a. **2.** *(divers)* mixed,
sundry, varied, various, divers.
ⓒ *a fi* ~ *în* ... to be implicated
in ...; *a fi* ~ *în ceva* F→to have
a hand/foot in the dish. **II.** *adv.*
F so-so, — not very well.
amestecător *s.n.* *chim.* mixer.
amestecătură *s.f.* v. a m e s t e c 2.
ametist *s.n.* *mineral.* amethyst.
ameţeală *s.f.* giddiness, dizziness,
swimming in the head, vertigo.
ⓒ *a-l apuca ameţeala* to be/feel
giddy.
ameţi I. *vb.* *tr.* **1.** to drug, to anaes-
thetize, to narcotize; *(cu o lovitură
etc.)* to stun. **2.** *(moraliceşte)* to
stun, to stupefy; to amaze, to stag-
ger, to make *smb.* lose one's head;
to bewilder. **3.** *(d. vin)* to fluster;
(a îmbăta) şi *fig.* to intoxicate. **4.**
(a amăgi) F to diddle, to nab, to
doublecross. **II.** *vb.* *refl.* şi *intr.* **1.**
to become dizzy/giddy etc. v.
a m e ţ i t. **2.** *(a se îmbăta)* F to
get tight.
ameţit *adj.* **1.** dizzy, giddy; bewil-
dered, wild. **2.** *(beat)* tipsy, intoxi-
cated, F flustered, half-seas over.
ameţitor *adj.* stunning, astounding;
(asurzitor) deafening; *(d. o înăl-
ţime)* giddy; *(zăpăcitor)* stag-
gering.
amfibiu I. *adj.* amphibian, amphi-
bious. **II.** *s.n.* *av.*, *auto.* amphibian.
amfibol *s.m.* *mineral.* amphibole.
amfibologie *s.f.* *lingv.* amphibology.
amfibrah *s.m.* *metr.* amphibrach.
amfiteatru *s.n.* **1.** şi *ist.* amphithea-
tre. **2.** *univ.* lecture room; *med.*
theatre.
amfitrioană *s.f.* hostess.
amfitrion *s.m.* host, amphitryon.
amforă *s.f.* *ist.* amphora.

amiază, amiazi *s.f.* **1.** noon, midday.
2. *(zenit)* zenith. ① *după* ~ I.
s.f. afternoon. II. *adv.* in the after-
noon; *înainte de* ~ in the forenoon,
in the morning; *la* ~ at noon;
pe la ~ about noon; *ziua(-n)* a-
miaza mare in broad daylight.
amibă *s.f. zool.* amoeba.
amic *s.m.* (male) friend. ⓐ ~e (my)
friend, my good fellow, old boy/
bean/man/chap.
amical I. *adj.* friendly, amicable. ①
în relații ~e on friendly terms. **II.**
adv. friendly, as a friend, amica-
bly.
amiciție *s.f.* friendship, friendliness;
(între state) amity.
amidă *s.f. chim.* amide.
amidon *s.n.* starch; amidin(e).
amigdală *s.f. anat.* tonsil.
amigdalită *s.f. med.* amygdalitis,
tonsilitis.
amigdaloid I. *adj.* amygdalaceous. **II.**
s.m. amygdaloid.
amil *s.m. chim.* amyl.
amilaceu *adj.* amylaceous, starchy.
amin *interj.* **1.** *rel.* amen. **2.** F all
over! mafeesh!
amină *s.f. chim.* amine.
aminte *adv.* ① *cu luare* ~ attentive-
ly. ⓒ *a-și aduce* ~ *(de)* to re-
member *(cu acuz.)*; to recollect *(cu
acuz.)*; *adu-ți* ~ *că* ... remember
that ...; *a-i aduce* ~ *cuiva despre
ceva* to remind smb. of smth.; *a
lua* ~ *la*... to pay attention to ...;
to mind..., to heed, to take ...
into account.
aminti I. *vb. tr.* **1.** *(despre)* to remind
smb. *(of)*. **2.** to mention; to give
an inkling of; to insinuate; to al-
lude, to suggest. **II.** *vb. refl. pas.*
to be mentioned. **III.** *vb. intr.* ⓐ
a-i ~ *de(spre)* ... to remind one
of ...; to carry one back to ...;
a-și ~ *de* ... to remember ..., to
(re)call ...; to bear ... in mind;
to call back... ⓒ *după câte îmi
amintesc* to the best of my remem-
brance; *îmi amintesc perfect de
bine* I can record it perfectly well.
amintire *s.f.* **1.** *(memorie)* memory.
2. *(aducere aminte)* memory, re-
membrance, recollection. **3.** *(su-
venir)* keepsake, token, souvenir.

① *ca* ~ for a keepsake; *în* ~a *(cu
gen.)* in memory/commemoration
of ...
amiral *s.m.*, *adj. nav.* admiral. ⓐ
Amiralul flotei Admiral of the
Fleet. ① *contra-*~ rear-admiral;
mare ~ High Admiral; *vas* ~ flag
ship; *vice-* ~ vice-admiral.
amiralitate *s.f. nav.* admiralty.
amâna *vb. tr.* **1.** to put off, to post-
pone; to procrastinate; *parl.* to
prorogue, to prorogate; *jur.* to
adjourn; *(a întârzia)* to delay. **2.**
(a păsui) to reprieve, to respite.
amânare *s.f.* adjournment, postpon-
ing etc. **v.** a m â n a.
amândoi *pron.* both (of us *sau* you
sau them); the two.
amnar *s.n.* **1.** flint steel; tinder box.
2. *arhit.* post. ⓒ *cât ai da în* ~ in
no time, F before you could say
Jack Robinson.
amnezie *s.f.* amnesia, loss of me-
mory.
amnios *s.n. anat.* amnion, F→wat-
er-bag.
amniotic *adj. anat.* amniotic.
amnistia *vb. tr.* to amnesty.
amnistiat I. *adj.* amnestied, par-
doned. **II.** *s.m.* person amnestied.
amnistie(re) *s.f.* amnesty.
amoc *s.n. med.* amuck (frenzy).
amoniac *s.n. chim.* ammonia.
amoniacal *adj. chim.* ammoniac(al).
amonit *s.n. geol.* ammonite.
amoniu *s.n. chim.* ammonium.
amonte *adv.* ⓒ *în* ~ upstream.
amor *s.n.* love. ⓐ ~ *propriu* self-
-respect; *(mândrie)* pride, amour-
propre.
amoral *adj.* amoral, non-moral.
amoralitate *s.f.* amorality.
amoraș *s.m.* Amor, Cupid.
amorez *s.m. rar* lover, F→spark.
amoreza *vb. refl. (de)* to fall in love
(with), to become enamoured (of)/in-
fatuated (with).
amorezat I. *adj. (de)* in love (with),
enamoured (of), infatuated (with),
F→smitten, beaten, sweet (upon).
ⓒ ~ *lulea (de)* F nuts (on), over
head and ears in love (with). **II.** *s.m.*
lover; sweetheart.

amorf *adj.* amorphous.
amorfie *s.f.* amorphism.
amoros *adj.* amorous, loving; tender, endearing. ⓑ *intrigă amoroasă* love intrigue.
amorsa I. *vb. tr.* 1. *mil.* to prime. 2. *(o undiță)* to bait. 3. *tehn.* to set in; to kick off; to start; *electr.* to induce. II. *vb. refl. tehn.* to start.
amorsă *s.f.* 1. *mil. etc.* primer, fuse, detonator. 2. *(nadă)* bait. 3. *constr.* by-road. 4. *cin.* leaders.
amortisment *s.n. com.* 1. buying up (of annuities). 2. liquidation, paying off, payment.
amortiza I. *vb. tr.* 1. *com. (o datorie)* to liquidate to pay/clear off; *(o anuitate)* to redeem. 2. *jur.* to amortize. 3. *(un şoc)* to absorb, to deaden, to cushion; *(oscilaţii)* to damp down/out. II. *vb. refl. pas.* to be liquidated etc. v. ~ I. *(d. o maşină etc.)* to be amortized.
amortizabil *adj.* redeemable.
amortizare *s.f.* liquidation etc. v. a m o r t i z a. ⓑ *fond de* ~ sinking fund.
amortizor *s.n. tehn.* damper, absorber.
amorţeală *s.f.* 1. numbness, insensibility, insensibleness, stupor; torpor, torpidness, torpidity; drowsiness, langour, heaviness; somnolence. 2. weakness; effeminacy.
amorţi I. *vb. intr.* 1. *(a-şi pierde sensibilitatea)* to get benumbed, to become torpid, to be dull/insensible/callous. 2. *(a cădea în toropeală)* to become flat/torpid/sluggish/drowsy. 3. *(a se învîrtoşa) fig.* to be hardened. 4. *(a amuţi)* to be silent, to keep silence; to be hushed/mute. ⓒ *mi-a* ~*t un picior* my leg is benumbed/asleep/ stiff. II. *vb. tr. (picioarele etc.)* to benumb; *(o cădere, o ciocnire)* to break off; *(o durere)* to temper, to mollify.
amorţire *s.f.* 1. benumbing etc. v. a m o r ţ i. 2. v. a m o r ţ e a l ă.
amorţit *adj.* benumbed etc. v. a m o r ţ i; *(d. picior etc.)* asleep.
amovibil *adj.* removable, liable to dismissal.

amovibilitate *s.f.* removability.
ampelografie *s.f.* ampelography.
ampenaj *s.n. av.* tail (unit) rudders, empennage.
amper *s.m. electr.* ampere.
amperaj *s.n. electr.* amperage.
ampermetru *s.n: fiz.* amperemeter, ammeter.
amplasa *vb. tr.* to place; to lay out; to locate.
amplasament *s.n.* 1. *mil.* emplacement, gun pit. 2. *constr.* location, site.
amplifica *vb. tr.* 1. to amplify. 2. *(d. o lentilă)* to magnify.
amplificare *s.f.* 1. amplification. 2. magnifying.
amplificator *s.n.* amplifier.
amplitudine *s.f.* 1. amplitude. 2. *astr.* diurnal arc.
amploare *s.f.* ampleness, proportions; *fig. şi* scope, amplitude; *(răspîndire)* spreading, extension. ⓑ *de* ~ ample, vast, of vast proportions, important; *(răspîndit)* widespread.
amploiat *s.m.* employee, clerk.
amplu I. *adj.* 1. ample; spacious; extensive; broad. 2. profuse, abundant. II. *adv.* amply etc. v. ~ I.
amprentă *s.f. şi fig.* impress(ion), stamp, imprint, mark. ⓐ ~ *digitală* fingerprint, →F dab. ⓒ *a-şi lăsa/pune amprenta asupra...* to leave one's mark on..., to have an influence/impact on...
amputa *vb. tr.* to amputate, to cut off, to ablate.
amputare, amputaţie *s.f.* amputation; surgical sacrifice.
amuletă *s.f.* amulet, charm, talisman.
amurg *s.n.* 1. twilight, dusk, afterglow, F→blind man's holiday. 2. *fig.* old age; decline. ⓑ *in* ~ in the twilight.
amurgi *vb. intr.* 1. *impers.* to get/ grow dark. 2. *fig.* to fade; to dim.
amurgit *s.n.* v. a m u r g.
amuţi I. *vb. intr.* 1. *(a deveni mut)* to be struck dumb, to become mute, to remain speechless. 2. *(a nu mai vorbi etc.)* to be/become silent/ mute, to hush. II. *vb. tr.* to dumb-

(found); to render silent; to hush, to muffle.

amuțire *s.f.* dumbing etc. v. a m u ț i.

amuza I. *vb. tr.* to amuse, to divert, to entertain. **II.** *vb. refl.* to amuse/ enjoy/divert oneself; to make merry; to have a good time.

amuzament *s.n.* amusement, pastime, diversion.

amuzant *adj.* amusing, diverting; *(nostim)* funny.

amuzat I. *adj.* amused, merry. **II.** *adv.* merrily, in amusement.

amvon *s.n.* pulpit.

an I. *s.m.* year, twelvemonth. ⓐ ~ *bisect* leap year; ~ *bogat* year of plenty; ~ *civil* civil/calendar year; ~ *cu* ~ every year; *ani grei de închisoare* long term(s) of emprisonment; ~ *iulian* Julian year; *un* ~ *întreg* a whole year/twelvemonth; ~ *slab* lean year; ~ *școlar* school/scholastic year; ~*ul curent* inst., this year; *Anul Geofizic Internațional* the International Geophysical Year; *Anul Internațional al Soarelui Calm* the International Quiet Sun Year; *Anul Nou* the New Year; New Year's Day; ~*ul trecut s.*, *adv.* last year; ~ *universitar* academic year. ⓑ *acum un* ~ a year ago; *de un* ~ a year old; *de* ~*i de zile* for years (running/together); *de peste* ~ a year's ...; *din* ~ *în paște* F once in a blue moon; *împovărat de* ~*i* old/hoary with age, far gone in years; *în fiecare* ~ every year; *într-un* ~ **a.** one year. **b.** in a/one year; *la* ~*ul* next year; *la* ~*ul cu bine/sănătate* I wish you a happy New Year; *la fiecare doi* ~*i* every second/other year; *la mulți* ~*i!* **a.** a happy New Year (to you)! **b.** *(felicitări)* congratulations! **c.** *(de ziua nașterii cuiva)* many happy returns of the day!; *mai mare de* ~*i* older, more advanced in years; *odată la un* ~ once (in) a year; *pe* ~ (in) a year; *pe un* ~ for a year; *tot* ~*ul* all the year round. ⓒ *câți* ~*i ai?* how old are you? *e mai mare cu 7* ~*i decît mine* he is 7 years older than

I; *de câți* ~*i ești?* how old are you? *când era de zece* ~*i* when (he was) ten (years old); *e în vîrstă de 20* ~*i* he is twenty (years old); *cît e* ~*ul de mare* all the year round. ⓓ *nu aduce* ~*ul ce aduce ceasul* things may happen in an hour that don't happen in a year. **II.** *adv.* ←*P* last year, a year ago.

Ana¹ *s.f.* ⓒ *a duce de la* ~ *la Caiafa* to drive from post to pillar.

ana² *s.f.* upper cord of a fishing net.

anabaptism *s.n. rel.* anabaptism.

anabaptist *s.m.*, *adj. rel.* anabaptist.

anabolism *s.n. biol.* anabolism.

anacolut *s.n. gram.* anacol(o)uthon.

anacreontic *adj. lit.* Anacreontic.

anacronic *adj.* anachron(ist)ic, superannuated.

anacronism *s.n.* anachronism.

anaerob *adj.* anaerobic.

anafilactic *adj.* anaphylactic.

anaforă *s.f. gram.* anaphora.

anaforic *adj.* anaphoric.

anafură *s.f. rel.* wafer, Eucharist bread.

anaglifă *s.f.* anaglyph.

anagramă *s.f.* anagram.

anahoret *s.m.* an(a)chorite, anchoret, hermit.

anal *adj. anat.* anal.

analactic *adj.* anal(l)actic, anallatic.

anale *s.f. pl.* annals.

analecte *s.f. pl. înv.* analecta, analects.

analfabet I. *adj.* illiterate. **II.** *s.m.* illiterate person.

analfabetism *s.n.* illiteracy, illiterateness.

analgezic *s.f. med.* analgesia.

analist *s.m. chim. etc.* analyst.

analitic *adj.* **1.** *(de la „analiză")* analytic(al). **2.** *(de la „anale")* annalitic(al).

analiza I. *vb. tr.* **1.** to analyse; to dissect; to examine, to test. **2.** *gram.* to analyse; (↓*morfologic*) to parse; *(sintactic)* to construe. **II.** *vb. refl.* **1.** to analyse oneself. **2.** *pas.* to be analysed etc. v. ~I.

analizabil *adj.* analysable.

analizare *s.f.* analysis etc. v. a n a-l i z a.

analizator *s.n.* analyser.

analiză *s.f.* 1. analysis; test. 2. synopsis, abstract. 3. critical examination; review. 4. *gram.* analysis; (↓*morfologică*) parsing. ⓐ *analiza sîngelui* blood test; ~ *sintactică gram.* syntactic analysis. ⓑ *in ultimă* ~ in the last analysis; when all is said and done; all things considered.

analizor *s.n.* analyser.

analog[1] I. *adj.* analogous, similar. II. *adv.* analogically, similarly.

analog[2] *s.n. bis.* lectern.

analogic *adj.* analogical.

analogie *s.f.* analogy, similarity. ⓒ *prin* ~ similarly; *prin* ~ *cu...* by analogy with ..., on the analogy of ...

ananas *s.m.* 1. *bot.* pine plant/apple, anana(s) *(Ananas sativus).* 2. *(fruct)* pine(apple), anana(s).

ananghie *s.f.* hardship, hard condition; *(necaz)* predicament, F mess; *(lipsă)* want, need(iness). ⓒ *a fi la* ~ F to be in a cleft/stick, to be hard up, to be in a tight spot/fix.

anapest *s.m. metr.* anapaest.

anaplastie *s.f. med.* anaplasty; plastic surgery.

anapoda I. *adj.* F cross-patched, wrong-headed, cross-grained. II. *adv. (pe dos)* wrong side out, upside down; *(razna)* astray.

anarhic I. *adj.* anarchical. II. *adv.* anarchically.

anarhie *s.f.* anarchy.

anarhism *s.n.* anarchism.

anarho-individualism *s.n.* anarcho-individualism.

anarho-sindicalist *s.m.* anarcho-syndicalist.

anasîna *s.f.* ⓑ *cu* ~ a. by force; under compulsion; arbitrarily, forcibly. b. *(împotriva voinţei sale)* unwillingly, reluctantly, in spite of oneself.

anason *s.m.* 1. *bot.* anise *(Pimpinella anisum).* 2. *(sămînţă)* aniseed, anise seed. ⓐ ~ *dulce bot.* fennel *(Foeniculum vulgare)* ⓑ *rachiu de* ~ anisette.

anastatic *adj. poligr.* anastatic.

anastigmat(ic) *adj. opt.* anastigmatic.

anastigmatism *s.n. opt.* anastigmatism.

anastomoză *s.f. anat., bot.* anastomosis.

anastrofă *s.f. gram.* anastrophe.

anatemă *s.f.* anathema.

anatemiza *vb. tr.* to anathematize.

anatemizare *s.f.* anathematization.

anatomic I. *adj.* anatomical. II. *adv.* anatomically.

anatomie *s.f.* anatomy.

anatomist *s.m.* anatomist.

anatomo-patologic *adj.* anatomico-pathologic(al).

anatoxină *s.f.* anatoxin.

ancestral *adj.* ancestral.

ancheta I. *vb. tr.* to inquire into, to investigate; *(pe cineva)* to interrogate, to question; to subject to an interrogation. II. *vb. intr.* to hold an inquiry, to make investigations, to investigate.

anchetare *s.f.* investigation (of), inquiry (into), inquest.

anchetator *s.m.* investigator; inquirer; cross-examiner.

anchetă *s.f.* 1. *jur.* inquest, inquiry, investigation; (cross)examination. 2. *(socială etc.)* investigation; inquiry; survey. ⓐ ~ *Gallup* Gallup poll; ~ *judiciară* judicial investigation; ~ *socială* social investigation. ⓒ *a face o* ~ a. *jur.* to hold an inquiry (into a case); b. *(socială etc.)* to make an investigation, a survey etc. *a ordona o* ~ to order an inquiry to be made; *a proceda la o* ~ to set on foot an inquiry.

anchiloza I. *vb. tr.* to ankylose, to stiffen. II. *vb. refl.* 1. to ankylose, to become ankylosed, to grow stiff. 2. *fig.* to become hide-bound; to become ossified.

anchilozare *s.f.* stiffening etc. v. a n c h i l o z a.

anchilozat *adj.* 1. stiff, ankylosed. 2. *fig.* hide-bound, who has become a stick-in-the-mud.

anchiloză *s.f.* ankylosis.

ancie *s.f. muz.* reed *of a bassoon etc.*

ancora *vb. intr.* 1. *nav.* to (cast) anchor. 2. *fig.* to anchor, to pitch one's tent, to shelter oneself.

ancoraj *s.n. nav.* anchorage, berth.

ancorare *s. f.* anchoring etc. v. a n c o r a. ⓑ *drept de* ~ anchorage.

ancorat *adj. nav.* anchored, (lying/riding) at anchor.

ancoră *s.f.* **1.** *nav.* anchor. **2.** *(a balonului)* grapnel. **3.** *arhit.* brace. **4.** *fig.* anchor, shift; *(de salvare)* (one's) sheet anchor. ⓐ ~ *plutitoare nav.* sea/driving anchor. ⓒ *a arunca ancora* to cast/drop anchor; *a ridica ancora* to weigh/raise anchor.

ancorot *s.n. nav.* kedge/mushroom anchor.

ancrasa I. *vb. tr.* to dirty, to soil; *tehn.* to foul, to clog, to choke; to oil/soot up. **II.** *vb. refl.* to (get) foul, to get dirty, to oil/soot/gum up.

ancrasare *s.f.* fouling, *etc.* v. a n c r a s a.

ancrasat *adj.* foul, dirty, sooted/gummed up; clogged/choked with dirt.

andaluz *adj., s.m.* Andalusian.

andante *adv., s.n. muz.* andante.

andantino *adv., s.n. muz.* andantino.

andezit *s.n. mineral.* andesite.

andivă *s.f. bot.* endive *(Cichorium endivia)*.

andosa *vb. tr. com.* to endorse.

andosant *s.m. com.* endorser.

andosat *adj. com.* endorsee.

andrea *s.f.* v. u n d r e a.

androgin *adj.* androgynous.

anecdotă *s.f.* anecdote.

anecdotic *adj.* anecdotical.

anelide *s.n. pl. zool.* annelida, annelides.

anemia I. *vb. tr.* to affect with anaemia, to render weak/feeble/debile; to debilitate, to deprive of strength, to weaken. **II.** *vb. refl.* to be affected with anaemia; to languish.

anemiat *adj.* anaemic, etiolated, feeble, enfeebled.

anemic I. *adj.* anaemic, affected with anaemia; *(slab)* weak, feeble, debile. **II.** *adv.* weakly, faintly.

anemie *s.f.* anaemia, want/defficiency of blood.

anemiere *s.f.* debilitation.

anemograf *s.n. meteor.* anemograph.

anemometrie *s.f. meteor.* anemometry.

anemometru *s.n. meteor.* anemometer.

anemonă *s.f. bot.* wind flower *(Anemone nemorosa)* ⓐ ~ *de mare* v. a c t i n i e.

anemoscop *s.n. meteor.* anemoscope; weathercock.

aneroid *adj.* aneroid. ⓑ *barometru* ~ aneroid barometer.

anestezia *vb. tr.* to anaesthetize.

anestezic *adj., s.n. med.* anaesthetic.

anestezie *s.f. med.* anaesthesis, anaesthesia.

anevoie *adv.* with difficulty; *(de abia)* hardly.

anevoios *adj.* difficult, hard, laborious; critical.

anevrism *s.n. med.* aneurism.

anex *adj.* annexed; enclosed.

anexa *vb. tr.* **1.** to annex; to join; to add; to append; *(într-un plic)* to enclose. **2.** *(o ţară etc.)* to annex.

anexare *s.f.* annexation etc. v. a n e x a.

anexat I. *adj.* annexed; *(alăturat)* enclosed. **II.** *adv.* enclosed.

anexă *s.f.* **1.** annex(e); *(la un raport)* rider, schedule, voucher. **2.** *(dependinţă)* annex; dependency, appurtenance; *(clădire etc.)* addition. **3.** *fig.* appendage.

anexiune *s.f.* annexation.

anfiladă *s.f.* **1.** *mil.* enfilade. **2.** succession, series of doors etc.

angaja I. *vb. tr.* **1.** *(cu vorba)* to engage, to oblige, to pledge to commit. **2.** to engage; *(personal)* to busy; *(a tocmi)* to hire, to employ; to take in one's service. **3.** *(a folosi)* to employ, to use. **4.** *(a invita)* to invite. **5.** *(a începe)* to start, to begin, to commence. **6.** *(a implica)* to involve; *(a atrage după sine)* to entail. ⓒ *care te angajează* committing, committal. **II.** *vb. refl.* **1.** *(a se obliga)* *(să)* to engage (oneself) (to), to pledge/bind oneself (to); to commit oneself (to); *(a promite)* to promise (to). **2.** *mil.* to enlist. **3.** *(într-un serviciu)* to become employed; to go into service. **4.** *(d. o luptă etc.)* to begin, to commence, to start.

angajament *s.n.* obligation, commitment, committal, engagement; pledge. ⓒ *a-şi îndeplini* ~*ul* to meet one's engagement, to fulfil one's obligation; *a-şi lua un* ~ *(în întrecerea socialistă)* to make a pledge; *a-şi lua ul de a face* *ceva* to pledge to do smth., to bind oneself to do smth. to make/take the pledge to do smth., to commit oneself.

angajare *s.f.* engagement etc. v. a n g a j a.

angajat *s.m.* person engaged *sau* employed.

angambament *s.n. metr.* enjambment, overflow; run-on line.

angara *s.f.* **1.** *ist.* gratuitous service (to be) rendered to the lord of the manor; compulsory service, statute labour, corvée. **2.** *pl. (necazuri)* ←F troubles, cares. **3.** *pl. (cheltuieli)* expenses, duties.

angelic *adj.* angelic(al); cherubic.

anghelică *s. f.bot.* angelica *(Archangelica officinalis)*.

anghilă *s.f. iht.* eel *(Anguilla anguilla)*.

anghinare *s.f. bot.* artichoke *(Cynara scolymus)*.

anghină *s.f. med.* angina. ⓐ ~ *difterică* diphtheritis; ~ *gangrenoasă* malignant sore throat; ~ *pectorală* angina/angor pectoris; ~ *pseudomembranoasă* croup; ~ *tonsilară* quinsy, amygdalitis.

angină *s.f. med.* v. a n g h i n ă.

angiosperm *adj. bot.* angiospermous.

angiospermă *s.f. bot.* angiosperm.

anglican I. *adj.* Anglican, Church of England... ⓑ *biserica* ~*ă* the Church of England. **II.** *s.m.* Anglican.

anglicanism *s.n.* Anglicanism.

anglică *s.f. bot.* v. c i u b o ț i c a c u c u l u i.

anglicism *s.n.* Anglicism.

anglist *s.m.* Anglicist.

anglistică *s.f.* Anglistics.

anglofobie *s.f.* anglophobia.

anglomanie *s.f.* anglomania.

anglo-saxon *adj., s.m.* Anglo-Saxon.

angora *s.f.* Angora. ⓑ *iepure de* ~ Angora rabbit; *pisică de* ~ Angora cat.

angrena I. *vb. tr.* **1.** to (put into) gear; *(roți)* to put into gear. **2.** *fig.* v. a n t r e n a I, 2. **II.** *vb. refl. pas.* to be geared etc. v. ~ I.

angrenaj *s.n.* gearing. ⓐ ~ *cu lanț* chain drive.

angrenare *s.f.* gearing etc. v. a n g r e n a.

angro *adv.* wholesale.

angrosist *s.m.* wholesale dealer.

angstrom *s.m.* Angström (unit).

angular *adj.* angular.

anhidridă *s.f. chim.* anhydride. ⓐ ~ *carbonică* carbonic acid gas.

anhidru *adj. chim.* anhydrous.

anihila *vb. . tr.* to annihilate, to destroy.

anihilare *s.f.* annihilation.

anilină *s.f. chim.* aniline.

anima I. *vb. tr.* **1.** to animate, to quicken; *(a da viață)* to endow with life. **2.** *(conversația etc.)* to quicken, to enliven. **3.** *(a împinge, a pune în mișcare)* to actuate, to drive. ⓒ *a fi* ~*t de...* to be actuated by...; *a fi* ~*t de un sentiment de...* to entertain a feeling of ... **II.** *vb. refl.* **1.** to quicken, to come to life. **2.** *fig.* to become animated; *(d. fața euiva)* to brighten/light up; *(d. ceartă etc.)* to wax hot.

animal I. *s.n.* **1.** animal. **2.** *fig.* brute, beast, F blighter. ⓐ ~ *biped* biped; ~ *carnivor* carnivore, carnivorous animal; ~ *de povară* pack animal, beast of burden; ~ *de pradă* beast of prey, predator; ~ *de tracțiune* beast of draught, *amer.* pack animal; ~*e de reproducție* bloodstock, pedigree stock; ~ *ierbivor* herbivore, herbivorous animal; ~ *nevertebrat* invertebrate; ~ *patruped* four-footed/-legged animal; ~ *sălbatic* wild beast; ~ *vertebrat* vertebrate. ⓒ *ce* ~*!* what a brute/beast! **II.** *adj.* animal ... ⓑ *regnul* ~ the animal kingdom.

animalic I. *adj.* **1.** animal ..., sensual, brutal, brutish. **2.** *(brutal)* brutal, bestial. **II.** *adv.* brutally, brutishly etc. v. ~ I.

animalier *adj.* animal... ⓑ *pictor* ~ animalist.

animalitate *s.f.* animality, animal nature.

animat *adj.* animated; *(viu)* lively, spirited; *(plin de viață)* full of life. ⓑ *desen* ~ animated cartoon/drawing.

animatoare *s.f.* entertainer.

animator I. *adj.* animating, life-giving. **II.** *s.n. și cinema* animator.
animație *s.f.* animation, briskness, liveliness.
animism *s.n.* animism.
animist I. *adj.* animistic. **II.** *s.m.* animist.
animozitate *s.f.* animosity, spite.
anin *s. m. bot.* v. a r i n.
anina I. *vb. tr.* **1.** *(a atirna)* to hang (up); *(de un cîrlig)* to hook; *(a cupla)* to couple, to hitch. **2.** *fig. (pe cineva)* to accost; to waylay. © *a-și ~ rochia într-un/de un cui.* **a.** to catch one's dress on a nail. **b.** to hang (up) one's dress on a nail. **II.** *vb. refl.* **1.** *pas.* to be hung etc. v. ~ **I. 2.** *(d. o haină etc.)* to get caught. ⓐ *a se ~ de ...* **a.** *(d. o haină)* to get caught on ... **b.** *(a nu da drumul)* to cling to ...; *(a acosta)* to waylay ...; *(a căuta pricină)* to find fault with...
aninare *s.f.* hanging (up) etc. v. a n i n a.
anion *s.m. chim.* anion.
anison *s.m.* v. a n a s o n.
aniversa I. *vb. tr.* to celebrate. **II.** *vb. refl.* to be celebrated.
aniversar *adj.* anniversary.
aniversare *s.f.* anniversary; *(a zilei de naștere)* birthday.
anod *s. m. electr.* anode (plate), positive electrode.
anodic *adj. electr.* anodic, anodal.
anodin *adj.* harmless.
anofel *s.m.* ⓛ *țînțar ~ entom.* anopheles.
anomalie *s.f.* anomaly, abnormity.
anonim I. *adj.* anonymous ; authorless ; *(care nu vrea să-și dea numele)* unnamed. ⓛ *societate ~ă com.* limited company. **II.** *adv.* anonymously. **III.** *s.m.* anonymous person; *(autor)* anonymous author.
anonimat *s.n.* anonymity.
anonimă *s.f.* anonymous letter.
anorganic *adj.* inorganic. ⓛ *chimie ~ă* inorganic chemistry.
anormal I. *adj.* **1.** abnormal. **2.** *(mintal)* mentally defective. **II.** *adv.* abnormally.
anost *adj.* insipid, flavourless, și *fig.* stale; *fig.* dull; *(d. persoane)* stodgy.
anotimp *s.n.* season.

ansamblu *s.n.* **1.** ensemble; *(totalitate)* aggregate. **2.** *(efect general)* general effect. **3.** *muz. etc.* ensemble. **4.** *arhit.* pile. ⓐ *Ansamblu de cîntece și dansuri* Song and Dance Ensemble. ⓐ *de ~* general; *idee de ~* broad/general idea; *în ~* on the whole, in the aggregate; *vedere de ~* general view/survey.
anșoa *s.n.* anchovy.
antagonic *adj.* antagonistic. ⓐ *clase ~e* antagonistic/opposing classes; *contradicție ~ă filoz.* antagonistic contradiction.
antagonism *s.n.* antagonism.
antagonist *adj.* antagonistic, opposed.
antantă *s.f. ist.* Entente.
antarctic *adj.* Antarctic.
antebelic *adj.* pre-war...
antebraț *s.n. anat.* forearm.
antecedente *s.n. pl.* **1.** antecedents. **2.** *med.* case history.
antecesor *s.m.* predecessor, forerunner.
antedata *vb. tr.* to antedate, to foredate.
antediluvian *adj.* antediluvian.
antemeridian *adj.* antemeridian, a.m.
antenă *s.f.* **1.** *entom. etc.* antenna, F→ feeler. **2.** *rad., tel.* aerial, antenna. **3.** *nav.* lateen yard.
antepenultim *adj.* antepenultimate, last but two.
anteproiect *s.n.* first draft.
anteră *s.f. bot.* anther.
anterior I. *adj.* **1.** *(cu dat.)* anterior (to); *(d. o perioadă)* former; *(d. o dată)* earlier (than); *(d. o întimplare etc.)* prior (to), antecedent (to). **2.** *fon.* front... **3.** *anat.* fore... **II.** *adv.* previously, before; earlier, formerly; prior to this.
anterioritate *s.f.* previousness, anteriority; priority, precedence.
anteriu *s.n. bis.* surplice.
antet *s.n.* heading *of a letter etc.*
antetren *s.n.* fore carriage.
antetrupiță *s.f. agr.* co(u)lter, jointer.
antevorbitor *s.m.* foregoing speaker.
antiaerian *adj.* anti-aircraft... ⓛ *apărarea ~ă* anti-aircraft defence.
antialcoolic I. *adj.* anti-alcoholic. **II.** *s.m.* anti-alcoholist; *(persoană care nu bea)* teetotaller.

antibiotic *adj., s.n.* antibiotic.
antic I. *adj.* **1.** *ist. lit.* ancient. **2.** *(d. mobilă etc.)* antique; *(demodat)* old-fashioned, antiquated. **II.** *s.m.* ancient.
anticameră *s.f.* anteroom, waiting room. © *a face* ~ to dance attendance, to cool one's heels in the waiting room.
anticar[1] *adj. mil.* anti-tank...
anticar[2] *s.m.* **1.** second-hand bookseller. **2.** *(colecționar)* antiquary, antiquarian, curio dealer.
anticariat *s.n.* second-hand bookshop.
anticatod *s.m. electr.* anti-cathode.
anticărie *s.f.* v. a n t i c a r i a t.
antichitate *s.f.* **1.** *ist.* antiquity, ancient times. **2.** *(ca obiect)* antiquity; curio.
anticiclon *s.m.* anticyclone.
anticipa *vb. intr. (asupra)* to anticipate *(cu acuz.)*, to forestall *(cu acuz.)*.
anticipabil *adj.* foreseeable, predictable.
anticipare *s.f.* anticipation.
anticipat I. *adj.* anticipated; advance... **II.** *adv.* beforehand, in advance; by/in anticipation. © *mulțumindu-vă* ~ thanking you in anticipation.
anticipație *s.f.* anticipation. ⓑ *cu* ~ v. a n t i c i p a t II; *literatură de* ~ science fiction.
anticlerical *adj.* anticlerical.
anticlericalism *s.n.* anticlericalism.
anticlinal *s.n. geol.* anticline, saddle.
anticolonial *adj.* anti-colonial.
anticolonialism *s.n.* anti-colonialism.
anticolonialist *adj.* anti-colonialist(ic).
anticoncepțional I. *adj.* contraceptive, birth control... **II.** *s.n.* contraceptive, birth-control method.
anticonstituțional *adj.* anticonstitutional.
anticorp *s.m. biol.* antibody.
antidata *vb. tr.* v. a n t e d a t a.
antidăunător *s.m.* pesticide.
antidemocratic I. *adj.* antidemocratic. **II.** *adv.* antidemocratically.
antiderapant *adj. auto* nonskid(ding), antiskid...
antidot *s.n. (împotriva)* antidote (for/to/against).

antiepidemic *adj.* anti-epidemic.
antifascist *adj., s.m.* antifascist.
antiferment *s.m. chim. etc.* antiferment.
antifon *s.n.* antiphon.
antigripal *adj.* anti-flu.
antiguvernamental *adj.* anti-government.
antihrist *s.m.* antichrist, archfiend, foe.
antiimperialist *adj.* anti-imperialist.
antilopă *s.f.* **1.** *zool.* antelope *(Antilope).* **2.** chamois, shammy.
antimarxist *adj.* anti-Marxian.
antimonarhic *adj.* antimonarchic(al).
antimoniu *s.n. chim.* antimony.
antimuncitoresc *adj.* anti-working-class..., anti-labour...
antinațional *adj.* antinational.
antinevralgic *adj., s.n.* antineuralgic.
antinomic *adj. filoz.* antinomic.
antinomie *s.f. filoz.* antinomy.
antipartinic *adj.* anti-Party...
antipatic *adj.* unlikable, repugnant, hatable, hateful. © *mi-e* ~ I have an aversion to him, I dislike him.
antipatie *s.f. (față de/pentru)* antipathy (to/against), repugnance (of/to), aversion (for/from/to).
antipiretic *adj., s.n. med., farm.* antipyretic.
antipirină *s.f. farm.* antipyrin(e).
antipod *s.m.* antipode.
antirabic *adj. med.* anti-rabic.
antirăzboinic *adj.* anti-war...
antirealist *adj.* antirealistic.
antiregalist I. *adj.* antimonarchic(al). **II.** *s.m.* antiroyalist.
antireligios *adj.* anti-religious.
antisclavagist *adj.* against the slave (-owning) system.
antisemit I. *adj.* anti-Semitic. **II.** *s.m.* anti-Semite.
antisemitism *s.n.* anti-Semitism.
antisepsie *s.f. med.* antisepsis.
antiseptic *adj., s.n. med.* antiseptic.
antispasmodic *adj., s.n. med.* antispasmodic.
antistatal *adj.* anti-State...
antistrofă *s.f.* antistrophe.
antișoc *adj.* shock proof.
antiștiințific I. *adj.* anti-scientific. **II.** *adv.* anti-scientifically.
antitanc *adj. mil.* anti-tank.
antiteatru *s.n.* anti-theatre.

antitetic *adj.* antithetic(al).
antiteză *s.f.* antithesis.
antitoxină *s.f. med.* antitoxin.
antologic *adj.* anthological.
antologie *s.f.* anthology.
antonică *s.f. bot.* chervil, cow weed *(Chaerophyllum)*.
antonim I. *adj.* antonymous. **II.** *s.n.* antonym.
antonimie *s.f.* antonymy.
antonomasie *s.f. ret.* antonomasia.
antracen *s.n. chim.* anthracene.
antrachinonă *s.f. chim., fot.* anthraquinone.
antracit *s.n. min.* anthracite (coal).
antract *s.n.* interval; *şi muz.* entr'acte.
antrax *s.n. med.* carbuncle.¹
antren *s.n.* liveliness, briskness.
antrena I. *vb. tr.* **1.** *sport etc.* to train; *(o echipă)* to coach; *(un biciclist)* to pace. **2.** *(a stimula)* to stimulate; *(a atrage)* to draw. **3.** *(a atrage după sine)* to involve, to entail; *(a cauza)* to bring about. **II.** *vb. refl.* **1.** *sport. etc.* to train, to undergo training. **2.** *(a se aprinde)* to be carried away. ⓐ *a se ~ in...* to be drawn into...
antrenament *s.n.* training; *(al unei echipe)* coaching; *(rutină, practică)* practice.
antrenant *adj.* **1.** stimulating. **2.** entertaining; amusing; captivating; *(d. muzică etc.)* lively.
antrenare *s.f.* training etc. v. a n-t r e n a.
antrenor *s.m.* trainer; *(al unei echipe)* coach; *(al unui alergător)* pacer.
antrepozit *s.n.* warehouse, storehouse, repository; *(maritim)* wharf.
antreprenor *s.m.* contractor, enterpriser, undertaker, entrepreneur. ⓐ *~ de pompe funebre* undertaker, *amer.* mortician.
antrepriză *s.f.* **1.** private enterprise; *(societate)* company. **2.** *(contract)* contract. © *a da în ~* to put out to contract; *a lua în ~* **a.** to contract for, to take by contract. **b.** *fig.* to seize/pounce upon; to take up.
antreu *s.n.* anteroom; *(vestibul)* vestibule, (entrance) hall.

antricot *s.n.* steak cut from the ribs, entrecôte.
antropofag I. *adj.* anthropophagous. **II.** *s.m.* man eater, cannibal, *pl.* anthropophagi.
antropofagie *s.f.* anthropophagy, cannibalism.
antropogeneză *s.f.* anthropogeny.
antropogeografie *s.f.* anthropogeography.
antropoid *adj., s.m.* anthropoid.
antropolog *s.m.* anthropologist.
antropologic *adj.* anthropological.
antropologie *s.f.* anthropology.
antropometric *adj.* anthropometric(al).
antropometrie *s.f.* anthropometry.
antropomorf *adj.* anthropomorphous.
antropomorfism *s.n.* anthropomorphism.
antroponim(ic) *adj.* anthroponomical.
antroponimie *s.f.* anthroponomy, anthroponomics.
antum *adj.* published during the author's life.
anturaj *s.n.* environment, entourage.
anţărţ *adv.* two years ago. ① *mai ~* about two years ago, two or three years ago.
anual I. *adj.* yearly, annual; anniversary. ① *dare de seamă ~ă* annual report; *plantă ~ă* annual; *rentă ~ă* annuity. **II.** *adv.* yearly, annually, every year.
anuar *s.n.* annual, year book.
anuitate *s.f. com.* annuity.
anula I. *vb. tr.* to annul; *(o lege, un testament, etc.)* to render void, to repeal; *(un contract, un cec etc.)* to cancel; *(un aranjament)* to call off; *(un tîrg)* F→to cry off. **II.** *vb. refl. pas.* to be annulled etc. v. ~ I.
anulare *s.f.* annulment etc. v. a n u l a.
anume I. *adj.* **1.** special. **2.** *(nişte)* certain. ① *un ~ ...* a certain... **II.** *adv.* **1.** *(cu numele de)* named. **2.** *(şi ~)* namely; that is to say. **3.** *(înadins)* purpose(ful)ly, deliberately, on purpose; specially. **4.** *(exact)* exactly; *(precis)* precisely.
anumit *adj.* certain.

anunţ *s.n.* announcement, notice, poster, notification; *(în ziar etc.)* advertisement © *a da un ~ la ziar* to advertise in a newspaper, to put an advertisement.
anunţa 1. *vb. tr.* **1.** *(a vesti)* to announce, to give notice of, to let know. **2.** *(a da un anunţ despre)* to advertise. **3.** *(pe cineva;un vizitator etc.)* to announce, to usher in. **4.** *(a prevesti)* to foretell, to herald; *(a făgădui)* to promise. **II.** *vb. refl.* **1.** to announce oneself. **2.** *(a promite)* to promise. © *vremea se anunţă frumoasă* the weather promises to be fine.
anunţare *s.f.* announcing etc. **v.** anunţa.
anus *s.n. anat.* anus.
anvelopă *s.f.* **1.** *auto* outer cover (of a tyre) tyre, tire. **2.** *fiz.* cover, envelope. **3.** *poligr.* jacket.
anvergură *s.f.* **1.** *av.* breadth, span. **2.** *fig.* scope, amplitude, proportions. ① *de mare ~ fig.* far-reaching, wide-spreading.
anxietate *s.f.* anxiety.
aoleu *interj.* **1.** *(exprimînd durerea, suferinţa)* ah! **2.** *(exprimînd spaima)* ah! bless you! oh dear! **3.** *(exprimînd surprinderea)* ah! F bless me! blow me! oh boy! crikey! cripes! dear me! oh my! *sl.* blim(e)y! **4.** *(exprimînd regretul)* oh! alack (the day)! **5.** *(exprimînd compătimirea)* ah! **6.** *(exprimînd ameninţarea)* ah! **7.** *(exprimînd nerăbdarea)* chut! oh dear, dear! **8.** *(exprimînd reproşul)* come!
aolică *interj.* P v. aoleu 4, 8.
aorist *s.n. gram.* aorist.
aortă *s.f. anat.* aorta.
apanaj *s.n.* ap(p)anage, prerogative, attribute.
aparat *s.n.* **1.** apparatus, .device, appliance; *(maşină)* machine; *(instrument)* instrument; *(mecanism)* gear, mechanism. **2.** *anat.* apparatus; system. **3.** *fig.* apparatus; *(de stat etc.)* machinery; *(personal)* staff. ⓐ *~ auditiv* hearing aid; *~ chimic* chemical apparatus; *~ critic* critical apparatus; *~ de proiecţie* projecting machine; *~ de radio* radio/wireless (set); *~ de*

ras shaving set; *(maşină de ras)* safety razor; *~ de stat* State machinery; *~ de vînătoare av.* fighter plane/machine; *~ fotografic* camera; *~ul digestiv anat.* the digestive system/apparatus. © *cine e la ~? tel.* who is there? who is speaking? *la ~(e) tov. N.* comrade N. speaking.
aparataj *s.n.* apparatus.
aparatură *s.f.* apparatus.
apare *vb.* v. apărea.
aparent I. *adj.* **1.** *(nereal)* apparent, not real; *(care pare)* seeming; *(prefăcut)* sham; *(fals)* false. **2.** *(vizibil)* apparent, visible; *(evident)* conspicuous, evident, manifest. **II.** *adv.* apparently, to all appearances.
aparenţă *s.f.* appearance. ① *după toate aparenţele* to all appearances; *falsă ~* false/fallacious appearance; *în ~* in semblance, on the surface v. şi aparent II. © *a judeca după aparenţe* to judge by appearances; *a salva aparenţele* to keep up appearances. ① *aparenţele înşeală* appearances are deceptive, beauty is but skin-deep.
apariţie *s.f.* **1.** *(ivire)* appearance, coming out; *(neaşteptată)* apparition; *(sosire)* advent; *(publicare)* publication; *(naştere)* birth, emergence, coming into being; *(înfiinţare)* setting up. **2.** *(nălucă)* apparition; ghost, spectre. © *a-şi face apariţia* to make one's appearance, to show oneself; to heave in sight, to put in an appearance.
apartament *s.n.* flat; suite, set of rooms.
aparte I. *adj.* peculiar, special, apart. **II.** *adv.* **1.** apart; *(separat)* separately. **2.** *teatru* aside.
apartenenţă *s.f.* *(la)* belonging (to), affiliation (to); *(la un partid)* membership *of a party*; party allegiance. ⓐ *~ de clasă* class affiliation.
aparteu *s.n. teatru* aside, stage whisper.
apartheid *s.n. pol.* apartheid.
aparţine *vb. intr.* *(cu dat.)* to belong/ appertain to.

apaş *s.m.* gangster; hooligan, ruffian, rough, *amer.* tough.

apatic **I.** *adj.* apathetic, listless, F→lackadaisical; *(indolent)* indolent; *(nepăsător)* indifferent. **II.** *adv.* apathetically etc. v. ~ **I.**

apatie *s.f.* apathy, listlessness.

apatit *s.n.* *mineral.* apatite.

apatrid *s.m.* stateless person.

apă *s.f.* **1.** water, S→aqua, F→A-dam's ale; *(curs de ~)* waterway, stream; *(riu)* river; *(mare)* sea; *(ocean)* ocean. **2.** *pl.* waters; *(valuri)* waves. **3.** *(a unei stofe, pietre prețioase etc.)* water, lustre. **4.** *(lacrimi)* tears; *(salivă)* saliva; *(sudoare)* sweat, perspiration; *(in care stă fetusul)* water; *(urină)* urine, water. **5.** *med.* dropsy. ⓐ ~ *chioară* **a.** *(lichid slab sau fără gust)* F wish-wash; *(fără gust)* slop. **b.** *(vorbărie goală)* F water bewitched, eyewash; ~ *curgătoare* running water; river water; ~ *de băut* drinking water; ~ *de clor* *chim.* chlorine water; ~ *de Colonia* eau de Cologne; ~ *de exploatare* *hidr.* service water; ~ *de gură* mouth water; ~ *de infiltrație* *hidr.* percolating water; ~ *de izvor* spring water; ~ *de mare* sea water; ~ *de mină* mine water; ~ *de ploaie* **a.** rain water. **b.** *fig.* *(vorbărie goală)* F water bewitched, eyewash; *(prostii)* F moonshine, fiddlesticks; ~ *de var* *chim.* lime water; ~ *disponibilă* clear water; ~ *dulce* fresh/sweet water; ~ *filtrată* *hidr.* filtering water; ~ *freatică* *geol.* subsoil water; ~ *gazoasă* soda (water); aerated water; ~ *grea* *chim.* heavy water; ~ *industrială* industrial water; ~ *la plămîni* F pleurisy; ~ *minerală* mineral water; ~ *moale* soft water; ~ *oxigenată* oxigenated water; ~ *regală* *chim.* aqua regia, nitromuriatic acid; ~ *reziduală* residual water; ~ *sărată* salt/brackish water; ~ *sfințită* holy/consecrated water; ~ *stătătoare* stagnant water; ~ *tare* *chim.* aqua fortis, nitric acid; ~ *termală* thermal water; ~ *vie* life-giving water. ⓑ *ca apa,* *ca pe* ~ smoothly; fluently; *ca două*

picături de ~ as like as two peas; *in josul apei* downstream; *in susul apei* upstream; *la/pe malul apei* at the waterside; *pe* ~ *și (pe)* *uscat* by sea/main and land, by flood and field; ⓒ *a bate apa in piuă* to beat the air, to mill the wind, to plough the sand(s); *a nu mai bea* ~ *rece* F to kick the bucket; *n-are după ce bea* ~ he has nothing to eat, he is starving, F he is as poor as a church mouse, he hasn't a penny to bless himself with; *a căra* ~ *cu ciurul* to draw water in a sieve; *a căra* ~ *la puț* to carry coals to Newcastle; *ii lasă gura* ~ his mouth waters, F→he licks his chops; *a lua* ~ to take water; *(d. o locomotivă)* to take in water; *a lua/fura cuiva apa de la moară* to cut the ground from under smb.'s feet; *oprește apa!* turn off the water; *a scoate* ~ *din piatră seacă* to get/wring water from a flint; *a cădea in* ~ **a.** to fall into the water. **b.** *fig.* *(d. un plan etc.)* to fall through, F to peter out; *a nu fi in apele lui* F to be out of sorts, to feel seedy; *a muia in* ~ to soak (in water); *a pescui in* ~ *tulbure* *fig.* to fish in troubled waters; *a băga la* ~ *pe cineva* to get smb. into a scrape; *a intra la* ~ F to get into hot water; *a călători pe* ~ to travel by water; *a se duce pe apa simbetei* to fly/go to the winds; *(a muri)* F to go to grass, to go off the hooks; *a fi tot o* ~ F to be of the same kidney; to be both of a hair; *multă* ~ *a trecut* *fig.* much water has flowed under the bridge(s); *nu știu in ce* ~ *se adapă/scaldă* F I don't know/ I haven't got his number; he is as slippery as an eel; *sint (tot) o* ~ I'm dripping with perspiration.

apăra **I.** *vb. tr.* *(in sens activ)* to defend; *(in sens pasiv)* to protect, to shield, to guard; *(a sprijini)* to support; *(a menține)* to maintain. ⓒ *a* ~ *numai in vorbe (o cauză etc.)* to give lip service to (a cause etc.). **II.** *vb. refl.* **1.** to defend oneself, to hit back. **2.** *pas.* to be defended etc. v. ~ **I.**

apăraie *s.f.* v. a p ă r i e.

apărare *s.f.* **1.** defence, *amer.* defense; protection etc. v. a p ă r a. **2.** *(pledoarie)* pleading. **3.** *jur.*, *mil.* defence. ⓐ ~ *antiaeriană* anti--aircraft defence; air defence; ~ *elastică mil.* elastic defence. ⓑ *fără* ~ defenceless; *(neapărat)* unprotected; *in* ~*a (cu gen.)* in defence of...; *legitimă* ~ self-defence; *martorii apărării jur.* witnesses for the defence. ⓒ *a lua* ~*a cuiva* to stand up for smb., to take up smb.'s cause.

apărătoare *s.f.* protector; protecting device. ⓐ ~ *de creion* pencil protector; ~ *de muşte* fly whisk/flapper; ~ *de noroi* mud guard; ~ *de soare auto* dark glass.

apărător I. *adj.* protecting etc. v. a p ă r a. **II.** *s.m.* **1.** protector, defender. **2.** *jur.* counsel for the defence.

apărea *vb. intr.* **1.** to appear; to become visible, to come into sight; *(la orizont, prin ceaţă etc.)* to loom; *(a veni)* to come; *(a se prezenta)* to turn up; *(a-şi face apariţia)* to make one's appearance, to show oneself, to show up; *(la suprafaţă)* to emerge; *(brusc, în ochii cuiva)* to break out upon the eye, to burst upon *smb.'s* view; *(distinct)* to come out, to appear, to arise. **2.** *(a lua naştere)* to spring up, to come into being, to emerge; *(a se revela)* to reveal oneself, to be revealed; *(d. soare etc.)* to come out. **3.** *(a se intimpla)* to occur, to happen; *(a avea loc)* to take place. **4.** *(d. o carte)* to appear, to come out, to be published; *(d. articole de sezon etc.)* to come in. ⓐ *a* ~ *ca* ... **a.** *(a fi)* to be ... **b.** *(a părea)* to seem (to be) ..., to appear (to be) ... **c.** *(a se revela ca)* to reveal oneself as... ⓒ *a* ~ *pe firmament/la orizont* to come on the carpet; to heave in sight.

apărie *s.f.* puddle, pool.

apăsa I. *vb. tr.* **1.** *(a atîrna greu pe)* to weigh on, to lie heavy on; *(a presa)* to press; *(a stoarce, a stringe cu putere)* to squeeze; *(butonul*

etc.) to push. **2.** *(a accentua)* to stress, to emphasize. **3.** *fig. (a asupri)* to oppress; *(a fi o povară pentru)* to lie heavy on; *(a chinui)* to torment, to torture. **II.** *vb. intr.* to weigh, to lie heavy; to press. ⓐ *a* ~ *pe* ... 1. v. ~ I, 1. 2. *(a accentua)* v. ~ I, 2.

apăsare *s.f.* **1.** pressing etc. v. a p ă s a. **2.** *şi fig.* pressure. **3.** *fig. (asuprire)* oppression.

apăsat I. *adj.* **1.** *(greu)* heavy. **2.** *(subliniat, răspicat)* emphatic, deliberate. **3.** *(energic)* energetic, *(puternic, plin de efect)* forcible. **II.** *adv.* heavily etc. v. ~ I.

apăsător I. *adj.* **1.** *(copleşitor)* overwhelming; *(insuportabil)* unbearable; *(chinuitor)* torturing, tormenting; *(aspru)* hard, harsh, severe; *(deprimant)* depressing. **2.** *(asupritor)* oppressive. **II.** *adv.* overwhelmingly etc. v. ~ I.

apătos *adj.* watery, S→aqueous.

apeduct *s.n.* aqueduct, culvert.

apel *s.n.* **1.** appeal; *(chemare)* call. **2.** *(strigarea catalogului)* roll call, call-over. **3.** *tel.* telephone call. **4.** *jur.* appeal. ⓐ ~ *fonic tel.* audible call; ~ *magnetic tel.* ringdown operation; ~ *nominal* v. ~ 2; ~*ul pentru interzicerea armelor atomice* the Appeal to ban atomic weapons. ⓑ *curte de* ~ Court fo Appeal; *amer.* appelate court; *fără drept de* ~ final judgment etc. ⓒ *a face* ~ *jur.* to appeal; *a face* ~ *la* to appeal to ..., to make an appeal to ...; *(a recurge la)* to resort to ..., *(a invoca)* to invoke...; *a face* ~ *la cineva* to appeal to smb., to call on smb., to call upon smb.'s help *sau* services; *(a chema)* to call in smb.; *a face* ~*ul* to call (over) the roll, to take the call-over; *a lipsi de la* ~ to be absent; *a răspunde la* ~ to answer the roll call, to answer (to) one's name.

apela *vb. intr.* ⓐ *a* ~ *la* ... to appeal to ..., *(a recurge la)* to resort to ..., *(a invoca)* to invoke... v. ş i a f a c e a p e l l a c i n e v a.

apelant *s.m. jur.* appealing party.

apelativ *s.n.* appellative; *(nume)* name.

apelpisit adj.←inv. desperate, despondent; exasperated; frenzied, mad, raving.

apendice s.n. 1. anat. appendix; (generic) appendage. 2. (intr-o carte) appendix, supplement.

apendicită s.f. med. appendicitis.

aperceptiv adj. psih. apperceptive.

apercepție s.f. psih. apperception.

aperitiv s.n. appetizer, stomachic, F→whet, bitters.

apetisant adj. appetizing.

apetit s.n. appetite. ⓐ ~ sexual sexual appetite.

apical adj. apical.

apicol adj. apiarian, bee ...

apicultor s.m. apiarist, apiculturist, beekeeper.

apicultură s.f. apiculture, beekeeping.

aplana I. vb. tr. to settle (a dispute), to arrange (differences), to accommodate (a quarrel). II. vb. refl. pas. to straighten out; to be settled.

aplanare s.f. settling.

aplauda I. vb. intr. to applaud, to clap one's hands, to cheer. II. vb. tr. 1. to applaud; to cheer, to receive with applause. 2. fig. to applaud, to greet, to welcome, to acclaim; (a lăuda) to commend. III. vb. refl. (pentru) to congratulate oneself (on).

aplauze s.n. pl. applause, clapping, cheering; curtain call. ⓐ a răspunde la ~ to take a curtain (call).

apleca I. vb. tr. 1. (a inclina) to incline; (a încovoia) to bend, to bow; (a lăsa în jos) to lower; (ochii) to cast down; (un ulcior etc.) to tilt. 2. (a supune) to subdue; (a subjuga) to enslave, to subjugate; (a umili) to humiliate. 3. P v. alăpta. ⓒ a ~ urechea la ... to lend an/one's/ear to ... II. vb. refl. 1. to incline, to bend, to stoop, to lean out; (d. un pom plin de rod) to bend/bow down; (d. o corabie) to list, to be heeling over. 2. (pt. a saluta) to bow, to make a bow. 3. fig. (a se supune) to bend, to bow, to submit, to give in, to surrender. ⓐ a i se ~ to feel sick; a se ~ asupra ... to see to ..., to look after ... to take care

of ...; to lend ears/(an/one's) ear to ... ⓒ a se ~ pe fereastră to lean out of the window.

aplecare s.f. 1. bending etc. v. a - pleca. 2. fig. inclination.

aplecat adj. 1. stooping, bent; inclined. 2. fig. inclined.

aplica I. vb. tr. 1. (la) to apply (to); (ceva, pe ceva) to lay (smth. on smth.). 2. (a da) to give; (a administra) to administer. ⓒ a ~ cuiva o corecție to chastise smb.; a ~ frîna to apply the brake; a ~ legea to bring/put the law into operation. II. vb. refl. pas. to be applied etc. v. ~ I; (d. o lege etc.) to apply. ⓒ cui i se aplică remarca? to whom does this remark apply? metodele care se ~u atunci the methods then in force; regula aceasta nu se aplică întotdeauna this rule does not always apply; ceea ce spun nu ți se aplică ție what I am saying does not apply to you.

aplicabil adj. that can be applied; (d. o lege etc.) applicable.

aplicare s.f. application etc. v. a p l i c a.

aplicat adj. 1. applied. 2. (la cusături) appliqué, appliqued. 3. (serios) diligent, earnest. ① știinţe ~e applied sciences.

aplicaţie s.f. 1. v. a p l i c a r e. 2. (folosire) use. 3. (talent) talent; (aptitudine) aptitude, proficiency. 4. (broderie) appliqué.

aplică s.f. 1. application. 2. (lampă) bracket.

aplomb s.n. aplomb, coolness, (self-) assurance, self-possession; (neruşinare) cheek, impudence.

apocalips s.n. apocalypse, revelation.

apocaliptic adj. apocalyptic(al).

apocopă s.f. lingv. apocope.

apocrif adj. apocryphal. ① cărţi ~e bibl. Apocrypha.

apod adj. zool. apodal, apodous.

apodictic adj. log. apod(e)ictic.

apodoză s.f. gram. apodosis, 'then' clause.

apofiză s.f. anat. apophysis.

apoftegmă s.f. apo(ph)thegm.

apogeu s.n. 1. apogee. 2. fig. height, acme, zenith, heyday; climax, summit. © *a ajunge la* ~ to come to a head.

apogiatură *s.f. muz.* appoggiatura.

apoi *adv.* **1.** *(pe urmă)* then; *(după aceea)* afterthat, afterwards. **2.** *(pe lîngă aceasta)* besides (that). **3.** *(totuşi)* however. **4.** *(în apodoze)* then, in this case. **5.** *(conjuncţional, „dar")* but. **6.** *(interjecţional, „vezi"?)* (do) you see? well! why? **7.** *(bagă de seamă)* mind ... ⓐ~*de* ! v. ~ ① *că* ~ or (else); *d-*~ ... to say nothing of...; *d-*~ *cum (nu)?* certainly! to be sure!; *de* ~ last; *şi-*~ **a.** and (besides). **b.** *(ei şi ce?)* and what of it?

apolitic I. *adj.* indifferent to politics, apolitical. **II.** *s.m.* non-politician.

apolitism *s.n.* indifference to politics, apoliti(ci)sm.

apolog *s.n.* apologue.

apologet *s.m.* apologist.

apologetic I. *adj.* eulogistic(al), encomiastic(al), commendatory, laudatory; F→ scratch my back and I'll scratch yours, roll my log and I'll roll yours. **II.** *adv.* eulogistically, complimentarily, encomiastically.

apologetică *s.f.* apologetics.

apologie *s.f.* apology. © *a face apologia (cu gen.)* to vindicate/justify *(cu acuz.)*.

apometru *s.n.* watermeter.

aponevrotic *adj. anat.* aponeurotic.

aponevroză *s.f. anat.* aponeurosis.

apoplectic *adj.*, *s.m.* apoplectic.

apoplexie *s.f. med.* apoplexy. ① *atac de* ~ apoplectic fit, F→stroke.

aport¹ I. *interj.* fetch it! **II.** *s.n.* ① *cîine de* ~ retriever. © *a face* ~ to retrieve.

aport² ** *s.n.* **1. contribution. **2.** *com.* contribution of capital. **3.** *tehn.* supply; application.

apos *adj.* watery, S→aqueous.

apostat *adj.*, *s.m.* apostate, F→turncoat.

apostazie *s.f.* apostasy.

aposteriori *adv.* a posteriori.

apostilă *s.f. (marginal)* recommendation (on a petition); *(semnătură)* signature.

apostol *s.m.* **1.** *şi fig.* apostle. **2.** *(carte)* Books/Acts of the Apostles, Acts.

apostolat *s.n.* apostolate, apostleship.

apostoleşte *adv.* on foot, F on Shank's mare/pony. © *a merge/a o lua* ~ to walk, to go on foot, F to foot it, to ride/go on Shank's mare.

apostolic *adj.* apostolic.

apostrof *s.n. gram.* apostrophe.

apostrofa *vb. tr.* to apostrophize.

apostrofare *s.f.* apostrophizing.

apostrofă *s.f. ret.* apostrophe.

apotemă *s.f. geom.* apothem.

apoteoza *vb. tr.* to apotheosize.

apoteoză *s.f.* apotheosis; deification.

apoziţie *s.f. gram.* apposition.

aprecia *vb. tr.* **1.** *(a estima)* to estimate the value of, to value, to set a value on, to appraise; *(distanţa, temperatura, sunetul)* to determine, to estimate; *(a judeca)* to judge; *(a socoti)* to consider. **2.** *(a preţui)* to appreciate.

apreciabil I. *adj.* appreciable, sensible, considerable, noticeable. **II.** *adv.* appreciably etc. v. ~ I.

apreciat *adj.* appreciated, successful; *(respectat)* respected; *(valoros)* valuable.

apreciativ *adj.* appreciative, favourable, approving.

apreciere *s.f. (estimare)* estimate, opinion, judgement, assessment; *(preţuire)* appreciation; *(stimă)* esteem. © *a face aprecieri asupra (cu gen.)* to give an appreciation of...; *a lăsa ceva la* ~*a cuiva* to leave smth. to smb.'s discretion/judgement, to leave smth. to smb.

aprehensiune *s.f.* apprehension.

apret *s.n. text.* finishing preparation, finish, size.

apreta *vb. tr. text.* to dress, to finish, to size; *(o cămaşă etc.)* to get up; *(a scrobi)* to starch.

apretare *s.f.* dressing etc. v. a p r e t a.

apretură *s.f.* v. a p r e t a r e.

aprig I. *adj.* **1.** *(înfocat)* fiery, ardent; *(pătimaş)* passionate; *(năvalnic)* impetuous; *(cu sînge fierbinte)* hot-blooded; *(d. cai)* fiery, high-spirited. **2.** *(aspru)* harsh, severe, hard-hearted; *(crud)* cruel, grim; *(feroce)* fierce, ferocious, truculent. **3.** *geogr.*

steep. **II.** *adv.* **1.** passionately;
impetuously. **2.** harshly etc. v.
~ I, 2.

april(ie) *s.m.* **1.** April. **2.** ← *po-
etic* spring.

aprinde I. *vb. tr.* **1.** (*lampa, focul,
pipa*) to light; (*cu ajutorul unui
buton*) to switch on; (*a da foc la*)
to kindle, to ignite, to set fire to;
(*a incendia*) to set on fire, to set
fire to, to fire; (*un chibrit*) to strike.
2. *fig.* to excite, to animate, to
stir up; (*a infuria*) to get *smb.*'s
temper up. ©️ *a* ~ *lampa* to put/
switch/turn on the light/lamp;
a ~ *radioul* to turn the wireless/
radio on. **II.** *vb. refl.* **1.** to kindle;
(*a lua foc*) to take fire; to catch
light; (*a lumina*) to light; (*a stră-
luci*) to shine. **2.** (*a izbucni*) to
break out. **3.** (*la față*) to blush;
(*d. față*) to redden. **4.** (*în legătură
cu un subiect*) to warm up to
one's subject; (*de băutură*) to
grow excited; (*a se infuria*) to
fly into a passion, F → to flare
up, to get waxy. **5.** *med.* to
become inflamed. **6.** (*a putrezi*)
to rot. ©️ *lemnele s-au aprins
curînd* the wood soon caught.

aprindere *s.f.* **1.** kindling etc. v.
a p r i n d e. **2.** (*pasiune*) pas-
sion, ardour, fire; (*mînie*) fury,
anger; (*exaltare*) exaltation; (*avînt*)
impetus. @️ ~*a plămînilor* ← P
pneumonia. ①️ *cu* ~ passionately,
with ardour etc. v. ~ 2.

aprins I. *adj.* **1.** kindled etc. v.
a p r i n d e r e; (*arzînd*) burning.
2. (*strălucitor*) bright, brilliant;
(*fierbinte*) hot; (*viu*) vivid; (*d. cu-
lori*) bright. **3.** (*pătimaș*) hot(-hea-
ded), headish, ardent, passionate;
(*focos*) fiery; (*brusc*) sudden; (*nă-
valnic*) impetuous; (*violent*) vehe-
ment, violent, hasty; (*zelos*) zeal-
ous, eager; (*d. o ceartă*) heated;
(*d. o discuție*) heated, hot; (*d. o
dorință*) ardent, fervent; (*d. dra-
goste*) ardent, passionate. **4.** (*la
față*) red in the face. **II.** *s.n.* v.
a p r i n d e r e. ①️ *la* ~*ul lumi-
nilor* at nightfall.

aprinzător *s.n.* ignition device.
apriori *adv.* a priori.

aprioric *adj.* aprioristic, a priori,
antecedent.

apriorism *s.n.* apriorism.

apriorist *s.m.* apriorist, a priori
reasoner.

aproape I. *adv.* **1.** near (by), close
by, *înv.* → nigh; (*d. cineva*) within
call; (*în vecinătate*) in the vicinity.
2. (*temporal*) near; (*în curînd*) soon;
shortly; (*peste puțin*) in a short
time. **3.** (*cam*) nearly; (pretty)
much; about, approximately, some;
(*cît pe-aici*) about; almost, nearly,
all but, *înv.* → nigh. @️ *că* ... all
but ..., almost ..., on the point
of (*cu forme în -ing*); ~ *de*...*a*.
(*spațial*) near (to)... close to/by...,
hard by..., < next door to...;
(*în vecinătatea*) in the vicinity
of... **b.** (*temporal*) nearly ...,
close on ...; (*către*) towards ... **c.**
(*gata să*) about to ..., on the point/
brink of ...; ~ *exact* about right.
①️ *de* ~ (*a cerceta ceva* ...) closely;
on close inspection; (*a urmări* ...)
close (upon); *pe* ~ near/close by.
©️ *e* ~ *același lucru* it is (pretty)
much the same (thing); *e* ~ *de
amiază* it is close on/nearly twelve;
a examina de ~ to examine closely;
ne privește de ~ it concerns us
nearly; *e pe undeva pe* ~ it is some-
where near here; *era* ~ *sigur că*...
he was fairly/tolerably certain that
..., he was all but certain that ...;
are ~ *15 ani* she is nearly 15. **II.**
s.m. neighbour, fellow man.

aproba I. *vb. tr.* to approve of, to
sanction, to express one's appro-
bation of, to applaud; (*a fi de
acord cu*) to agree with *sau* to;
(*a consimți*) to consent to; (*a ra-
tifica*) to ratify. ©️ *a nu* ~ *ceva* to
disapprove of smth.; ~*t* (*ca for-
mulă*) approved. **II.** *vb. refl. pas.*
to be approved (of) etc. v.~ I.
III. *vb. intr.* to approve, < to
express one's approbation; (*cu
capul*) to nod assent/approval;
(*cu privirea*) to look approval.

aprobare *s.f.* approval, approba-
tion etc. v. a p r o b a; ap-
plause; consent. ©️ *a supune apro-
bării* to submit for approval.

aprobativ *adj., adv.* v. a p r o b a t o r.

aprobator I. *adj.* approving. **II.** *adv.* approvingly.

aprod *s.m.* **1.** *jur.* process server, bailiff. **2.** *(om de serviciu)* usher.

aprofunda *vb. tr.* to go deeply/thoroughly into, to study thoroughly.

aprofundare *s.f.* profound study.

aprofundat I. *adj.* elaborate, careful, thorough. **II.** *adv.* elaborately etc. v. ~ I.

apropia I. *vb. tr.* **1.** to bring/draw near *sau* nearer; *(un scaun etc.)* to draw up/in, to bring up. **2.** *fig.* to bring/draw together. © *n-a reușit să și le apropie* she has failed to make friends of/with them. **II.** *vb. refl.* **1.** *(de)* to come/draw/get near (to), to approach *(cu acuz.)*; to get/come around; *(d. noapte etc.)* to draw on. **2.** *fig. (a se împrieteni)* to become {< good) friends. © *a se ~ de adevăr* to approximate to the truth; *a se ~ de cineva fig.* to take to smb. ....; *a se ~ de sfîrșit* to draw to a close.

apropiat *adj.* **1.** near. **2.** *fig.* near; *(intim)* intimate, close; *(drag)* dear. ⓐ *prieten* ~ close/bosom friend.

apropiere *s.f.* **1.** *(ca acțiune)* approach(ing) etc. v. a p r o p i a. **2.** *(ca distanță)* nearness, closeness, proximity. **3.** *fig. (intimitate)* intimacy. **4.** *(metodă la vînătoare)* stalking. ⓑ *in* ~ close/near by; *(de acest loc)* near here; *prin* ~ somewhere near here *sau* there.

apropo I. *adv.* by the way, F→by the by(e); that puts me in mind of ... ⓐ ~ *de* ... apropos of ..., in connection with ... **II.** *s.n.* hint.

apropria *vb. tr.* to make appropriate. ⓐ *a-și*~ to appropriate ... to oneself.

apropriat *adj.* appropriate, adapted; *(potrivit)* proper, suitable.

apropriere *s.f.* appropriation.

aproviziona I. *vb. tr. (cu)* to supply (with); to provision, to victual, to cater for. **II.** *vb. refl.* to take/ lay in a stock/supply, to buy in,

to provide oneself. © *a se ~ cu lemne pentru iarnă* to lay in one's stock of (fire)wood for the winter.

aprovizionare *s.f.* provisioning, supply etc. v. a p r o v i z i o n a.

aproxima *vb. tr.* to approximate; to estimate.

aproximativ I. *adj.* approximate; *(d. un calcul)* rough. **II.** *adv.* approximately, roughly; *(cam)* about, some.

aproximație *s.f.* approximation. © *cu* ~ approximately, at a rough guess.

apsidă *s.f. arhit.* apse.

apt *adj.* capable; able; qualified; fitted.

aptitudine *s.f.* aptitude, natural disposition.

apuca I. *vb. tr.* **1.** to seize, to grip, to catch; *(a captura)* to capture; *(a pune mîna pe)* to take hold of; *(brusc)* to snatch, to catch up; *(a lua)* to take. **2.** *(a prinde trenul etc.)* to catch; *(a găsi)* to find. **3.** *(a surprinde)* to catch; *(d. noapte etc.)* to overtake. **4.** *fig. (a cuprinde cu privirea)* to take in. **5.** *(un drum)* to take. **6.** *fig. (a trece prin)* to experience, to go through. **7.** *(tradiții* etc.) to have known, to have been of a time with, to have been a contemporary of; *(cu referire la viitor)* to live to see. **8.** *(a înțelege)* to comprehend, to understand. **9.** *(d. melancolie etc.)* to seize. ⓐ *a ~ să...* **a.** *(a începe să)* to start *cu forme în -ing)*; to begin to ...; *(a fi pe punctul de a)* to be about to...; to be on the point of *(cu forme în -ing).* **b.** *(a reuși să)* to succeed in *(cu forme în -ing)*; *a nu (mai)* ~ *să...* not to have the (necessary) time to...; *a fi* ~*t de...* *(friguri)* etc. to catch (a chill) etc.; *a o* ~ *spre...* v. ~ III. © *a* ~ *drumul cel mai scurt spre...* to take the shortest way to..., to make a beeline for...; *eu nu am* ~*t felinarele cu gaz* gaslamps were before my time; *il* ~ *se o frică teribilă* he was seized with a terrible fright; *il* ~*se noaptea* night had overtaken him, he had been overtaken by the night; *aşa l-am* ~*t* he's always been like that, it's just like him; *ce l-a* ~*t?* F what has come over him? what's up/the matter with him now? (*de ce e supărat?*) F what has put him in a fume/out of temper? *P*→what is he so ratty about? *a-l* ~ *dorul de*... to yearn after...; (*dorinţa*) to be seized with a desire to...; *ne apucă ploaia* we were caught in the rain; *abia* ~*sem să adorm* I had hardly fallen asleep; *a* ~ *de gît* to take/seize smb. by the collar/(scruff of the) neck; *a* ~ *de mînă* to seize smb. by the hand; *a* ~ *de păr* to lay hold of/grasp smb. by the hair. **II.** *vb. refl.* ⓐ *a se* ~ *cu*... to start fighting with...; *a se* ~ *de*... **a.** (*a se prinde de*) to catch at... **v.** **şi** ~ **I,** 1. **b.** (*o activitate*) to take up..., to turn one's hand to...; (*a începe*) to begin..., to start..., to set about (*cu forme în -ing*), to set a hand to...; to get around to; to address oneself to; (*a întreprinde*) to undertake...; (*băutură etc.*) to take to... **c.** (*unul pe altul*) to take each other by ...; *a se* ~ *să*... (*a începe*) to start..., to begin..., to set about ... ⓒ *a se* ~ *de un* (*fir de*) *pai* to catch at a straw. **III.** *vb. intr.* ⓐ *a* ~*spre* ...to wend one's way to/towards..., to make for..., (*a merge spre*) to go to/towards... ⓒ *a* ~ *cuiva înainte* to outstrip smb.; (*a lăsa în urmă*) to leave smb. behind; *nu ştia încotro să apuce* he didn't know which way to go; *fig.* he was at a loss what to do.

apucare *s.f.* seizing etc. **v.** a p u c a.

apucat I. *adj.* **1.** seized etc. **2.** *fig.* F hot-headed, peppery, hag-ridden. **II.** *s.n.* **v.** a p u c a r e. ① *pe* ~ *e* (*incidental*) incidentally, occasionally; (*la întîmplare*) at random/a guess, by guess work; by fits and starts. **III.** *s.m.* madman. ⓒ *a urla ca un* ~ to roar double tides.

apucător I. *adj.* grasping; (*lacom*) greedy. **II.** *s.n. tehn.* grab.

apucătură *s.f.* **1.** grasp. **2.** *fig.* (*deprindere*) habit; (*purtare*) behaviour; *pl.* manners.

apune *vb. intr.* **1.** (*d. soare etc.*) to set (down), to go down. **2.** *fig.* to fade; (*a decădea*) to decline; (*a muri*) to die; (*a dispărea*) to vanish, to disappear.

apus I. *adj. fig.* faded; (*mort*) dead; (*dispărut*) vanished; (*de demult*) bygone, far-off. **II.** *s.n.* **1.** sunset. **2.** *fig.* (*declin*) decline; (*moarte*) death; (*dispariţie*) disappearance. **3.** (*vest*) west.

apusean I. *adj.* western, west ...; (*occidental*) occidental. **II.** *s.m.* western, westerner.

ar *s.m.* are (= 100 square meters).

ara *vb. tr. şi intr.* to plough, to till; *amer.* to plow.

arab I. *adj.* (*d. persoane etc.*) Arab; (*d. obiceiuri etc.*) Arabian; (*d. limbă, literatură, fire*) Arabic. **II.** *s.m.* Arab.

arabă *s.f.* Arabic, the Arabic language.

arabesc *s.n.* arabesque.

arabic *adj.* Arabic.

arabil *adj.* arable, tillable.

arac *s.m.* vine prop.

aragaz *s.n.* **1.** *aprox.* blaugas. **2.** gas stove range, cooker.

aragonit *s.n. mineral.* aragonite.

arahidă *s.f. bot.* ground/pea/earth nut (*Arachis hypogaea*).

arahnide *s.f. pl. zool.* arachnida.

arahnoidă *s.f. anat.* arachnoid (membrane).

aramaic *adj.* Aramaic.

aramaică *s.f.* Aramaic.

aramă *s.f.* **1.** copper; (*galbenă*) brass, yellow copper; (*roşie*) cuprite, red copper. **2.** *pl.* copper/ brass kitchen-utensils. **3.** (*clopot*) bell. **4.** (*tun*) cannon. ⓒ *a-şi da arama pe faţă* to come out in one's proper colours, to show one's true colours.

aranja I. *vb. tr.* **1.** (*a pune în ordine*) to arrange, to set in order; (*cravata*) to adjust, to straighten; (*părul*) to tidy, to put straight; (*camera*) to tidy up, to put straight; (*a înfrumuseţa*) to trim (up). **2.** (*a organiza*) to organize, to arrange;

(*o serbare*) to get up; (*a pune la cale*) to plan, to arrange. **3.** *fig.* (*a pune la punct*) to settle; (*lucrurile*) to put straight. **4.** *fig.* (*pe cineva*) F to make *smb.* smart; (*a se răfui cu*) ←F to square/settle accounts with. **5.** *muz.* to set; to arrange. © *mă aranjează* it suits me/my book. **II.** *vb. refl.* **1.** *pas.* to be arranged etc. **v.** ~ **I. 2.** (*a-și potrivi aspectul exterior*) to trim oneself up. **3.** (*a se stabili*) to settle, (*a-și găsi o situație*) to find a situation, to get a job. **4.** (*a se aplana, a ieși bine*) to come right, to turn out all right. © *o să se aranjeze de la sine* the matter will take care of itself; *s-a* ~*t!* (it's) settled! F there you are!

aranjament *s.n.* **1.** arrangement; (*ordine*) order; (*înțelegere*) agreement, settlement. **2.** *muz.* arrangement, setting; orchestration.

aranjare *s.f.* arrangement, arranging etc. **v.** a r a n j a.

aranjat *adj.* **1.** well-arranged, ordered, tidy. **2.** (*d. oameni*) trim, neat. **3.** *fig.* (*rezolvat*) settled, solved. **4.** *fig.* (*căpătuit*) (safely) ensconced, in a nice berth, snug.

arap *s.m.* **1.** blackamoor. **2.** **v.** a r a b II.

arar(eori) *adv.* rarely, seldom.

arat *s.n.* ploughing, tilling.

arăbesc *adj.* Arabian.

arăbește *adv.* **1.** like an Arabian, like Arabians. **2.** (*ca limbă*) Arabian.

arămar *s.m.* brazier, copper smith.

arămărie *s.f.* **1.** copper foundry. **2.** *col.* copper goods.

arămi *vb. tr.* to copper, to coat with copper.

arămire *s.f.* coppering.

arămiu *adj.* copper-coloured, coppered.

arăta I. *vb. tr.* **1.** to show; (*a expune*) to exhibit, to display; (*a indica*) to indicate, to evince; (*a marca*) to mark; (*d. contoar etc.*) to read; (*cu degetul*) to point out; to point to; (*cuiva, un oraș etc.*) to show round. **2.** to show; (*a dovedi*) to show, to prove, to evince; (*a manifesta, a da dovadă de*) to show,

to display; (*a trăda emoții etc.*) to betray; (*a revela*) to reveal; (*a vorbi despre, fig.*) to betoken, to speak of; (*a învăța*) to teach; (*motive etc.*) to adduce. © *a* ~ *interes pentru...* to show/betray interest in...; *a-și* ~ *recunoștința față de...* to give expression to one's gratitude to... **II.** *vb. refl.* **1.** to show oneself; (*a apărea*) to appear; (*a se înfățișa*) to put in an appearance, to turn up; (*a se arăta la chip*) to show up; (*d. soare*) to shine. out, to burst forth; (*a se vedea*) to be seen; (*a deveni vizibil*) to come in sight; (*a răsări*) to rise. **2.** (*a se dovedi*) to show oneself, to prove (to be), to make (a good doctor etc.) **3.** (*a părea*) to seem, to appear. @ *a se* ~*(a)...* to look like... © *a se* ~ *doctorului* to see a doctor; *după cum/cîte se arată* to all appearances, seemingly. **III.** *vb. intr.* to look. @ *a* ~ *spre/către...* to point to... © *a* ~ *bine* to look well; to be the picture of health; to look healthy; *arată bine pentru vîrsta ei* she bears her age well; *a* ~ *prost/rău* not to look oneself; to look ill; to be seedy/to look weedy; (*lasă că*) *îți arăt eu (ție)!* I'll make you behave yourself! I shall fall heavy upon you! F you'll catch it (hot)! *arăți mai tînără decît ești* you look younger than you are.

arătare *s.f.* **1.** showing etc. **v.** a r ă t a. **2.** (*apariție*) apparition, ghost, phantom; (*monstru*) monster.

arătător I. *adj.* ① *degetul* ~ **v.** ~ **II. 2. II.** *s.n.* **1.** *tehn.* hand. **2.** *anat.* forefinger.

arător *adj.* arable.

arătos *adj.* stately, portly; (*chipeș*) handsome, good-looking.

arătură *s.f.* **1.** **v.** a r a t. **2.** ploughland.

arbaletă *s.f. ist.* crossbow, arbalest.

arbitra I. *vb. tr.* **1.** *jur.* to arbitrate, to settle as arbitrator. **2.** *sport* to referee, to umpire. **3.** *fig.* to umpire. **II.** *vb. intr.* **1.** *jur.* to arbitrate. **2.** *sport* to referee. **3.** *fig.* to umpire between two parties.

arbitraj *s.n.* arbitration.
arbitral *adj. jur.* arbitral.
arbitrar I. *adj.* arbitrary. **II.** *adv.* arbitrarily.
arbitru *s.m.* **1.** *jur.* arbitrator, arbiter, referee. **2.** *sport* referee, umpire. **3.** *fig.* judge. **4.** *(al eleganţei etc.)* arbiter, disposer. ⓐ ~ *al eleganţei* arbiter of taste; ~ *de tuşă fotbal* linesman; *rugby* touch judge.
arbora *vb. tr.* **1.** *(un steag)* to hoist, to raise. **2.** *fig.* to declare in favour of, to make an open/a public profession of; to make parade of, to put on, to display.
arboradă *s.f. nav.* masting, masts (and spars).
arbore *s.m.* **1.** *bot.* tree, arbor. **2.** *nav.* mast. **3.** *tehn.* shaft, arbor. ⓒ ~ *de pîine bot.* bread (fruit) tree *(Artocarpus incisa)*; ~ *de mare* main mast; ~ *gabier nav.* top mast; ~*le vieţii bot.* arbor vitae, thuja *(Thuia occidentalis)*; ~ *motor tehn.* motor shaft; ~ *planetar* **a.** *tehn.* planetary spindle. **b.** *auto.* semi-axle.
arborescent *adj. bot.* arborescent.
arborescenţă *s.f. bot.* arborescence.
arboret *s.n.* brush, stand.
arboricultor *s.m.* arboriculturist.
arboricultură *s.f.* arboriculture.
arbust *s.m.* bush; *(arborescent)* shrub.
arc *s.n.* **1.** *(armă)* bow. **2.** *geom.* arc (of a circle). **3.** *constr.* arch; *(boltă)* vault. **4.** *tehn.* spring. ⓐ ~ *butan* flying buttress; ~ *de triumf* triumphal arch; ~ *electric/voltaic electr.* electric/voltaic arc.
arcadă *s.f.* **1.** archway. **2.** *anat.* arch.
arcan *s.n.* lasso. ⓒ *a prinde cu* ~*ul* to (catch with a) lasso.
arcaş *s.m. odin.* bowman, archer.
arcat *adj. poetic* arched.
arcă *s.f.* ark. ⓐ *arca lui Noe* Noah's ark.
archebuză *s.f. odin.* (h)arquebus.
archebuzier *s.m. odin.* (h)arquebusier.
arctic *adj.* arctic.
arcui I. *vb. tr.* to bend, to arch. **II.** *vb. refl.* to bend.
arcuş *s.n. muz.* bow, F→fiddlestick.

arde I. *vb. intr.* **1.** to burn, to be on fire, to be alight; *(înăbuşit)* to smoulder; *(ca iasca)* to burn like tinder; *(pînă-n temelii)* to burn down; *(a lumina)* to light; *(d. soare)* to burn, to be hot, < to scorch; *(a da căldură)* to give heat. **2.** *(a fi fierbinte)* to be hot; *(a avea febră)* to have a fever, to be feverish/in a fever; *(d. faţă etc.)* to burn. **3.** *(d. carne etc.)* to burn. **4.** *(d. siguranţă)* to blow out. ⓐ *a* ~ *de... fig.* to burn/boil with... *a-i* ~ *de...* to have a mind/desire to... ⓒ ~! *(în jocurile de copii)* you are getting hot/warm! *a* ~ *de dorinţa de a...* to be consumed/to be all afire with a desire to...; *a* ~ *de nerăbdare să...* to burn/boil with impatience to..., to be aching to...; *îmi* ~ *capul* my head is burning hot; *îmi* ~ *faţa* my face burns; *lemnele nu ard* the wood will not burn, the wood does not ignite, the wood does not take fire; *îţi ard miinile* your hands are hot. **II.** *vb. tr.* **1.** to burn, to consume (by fire). **2.** *(a consuma)* to burn up, to consume. **3.** *(a încălzi)* to heat, to warm up. **4.** *(o mîncare)* to burn, to smoke. **5.** *tehn.* to calcinate, to burn; to dry; to cremate; to roast. **6.** *(a distruge)* to destroy (by fire), to burn down, to scorch; *(gunoiul etc.)* to burn up. **7.** *(a frige)* to scorch, to burn; *(a opări)* to scald. **8.** *(a pîrli)* to singe, to burn, to roast. **9.** *(a cauteriza)* to cauterize, to sear. **10.** *(d. soare)* to burn, to scorch; *(a bronza)* to (sun-)tan. **11.** *fig. (a înţepa)* to lash, to prick. **12.** *fig. (a înşela)* F to diddle, to take in, to swindle, to do. **13.** *fig. (a păgubi)* to damage. **14.** *fig. (a lovi)* to deliver, to deal (a blow). **15.** *fig. (a face)* to do, to make, to get (ready); to prepare, to cook; to put up, to arrange. ⓒ *arză-l-ar focul!* confound/blast/damn it! the devil may take him; *a* ~ *o palmă cuiva* to slap smb.'s face, to box smb.'s ear! *a* ~ *cu fierul roşu* to brand; *fig.* to brand, to stigmatize, to condemn, to anathematize. **III.**

vb. refl. **1.** to be/get burnt /scalded/singed. **2.** *(la soare)* to get/be sun burnt. **3.** *fig.* to get hurt, to burn one's fingers. **4.** *fig. (a se păcăli)* to be deluded, to deceive oneself, F to be taken in. **5** *(a pierde bani)* to be out of pocket. ⓒ *m-am ars!* F I'm booked!

ardei *s.m. bot.* **1.** pepper *(Capsicum annuum).* **2.** *(de salată)* pimento *(Capsicum frutescens sp.).* **3.** *(roşu)* paprica *(Capsicum annuum sp.).* ⓐ ~ *gras* green/mild pepper *(Capsicum annuum sp.)* ~ *iute.* **a.** cayenne (pepper) *(Capsicum annuum sp.; Capsicum fruitens amarum).* **b.** *(roşu)* paprica *(Capsicum annuum sp.)*; chilli pepper, chilly *(Capsicum bacatum).*

ardeia I. *vb. tr.* to pepper, to sprinkle/season with pepper. **II.** *vb. refl.* F to fly off the handle.

ardeiat *adj.* peppery, hot.

ardelean *adj. s.m.* Transylvanian.

ardeleancă *s.f.* Transylvanian (woman *sau* girl).

ardelenesc *adj.* Transylvanian.

ardelenism *s.n.* Transylvanian word *sau* idiom.

ardere *s.f.* combustion, burning etc. v. a r d e. ⓐ ~ *internă* internal combustion.

ardezie *s.f. geol.* (roof) slate.

ardoare *s.f.* ardour, ardency; *(zel)* zeal; *(pasiune)* passion. ① *cu* ~ ardently, passionately.

arenă *s.f.* **1.** arena; *(ring)* ring; *(amfiteatru)* amphitheatre. **2.** *fig.* arena; lists; field. ① *pe arena politică* in the political arena. ⓒ *a intra în* ~ *fig.* to enter the lists.

arenda I. *vb. tr.* to lease; to rent, to hold on lease. **II.** *vb. refl. pas.* to be leased etc. v. ~ I.

arendare *s.f.* leasing etc. v. a r e n d a.

arendaş *s.m.* leaseholder, lessee, tenant.

arendă *s.f. (drept)* lease; *(plată)* rent. ⓒ *a da în/cu* ~ to (grant on) lease; *a lua în* ~ to (take on) lease.

areolar *adj.* areolar.

areometru *s.n. fiz.* hydrometer, areometer.

areopag *s.n. ist.* Areopagus.

arest *s.n.* **1.** arrest, apprehension; *(întemniţare)* imprisonment, confinement. **2.** *(închisoare)* prison, jail. ⓐ ~ *preventiv* imprisonment before trial. ⓑ *în/sub stare de* ~ under arrest.

aresta *vb. tr.* to arrest, to apprehend; to confine.

arestare *s.f.* arrest(ing), apprehension; confinement.

arestat *s.m.* prisoner.

argat *s.m.*←*odin.* farm hand; *(slugă)* servant.

argăseală *s.f.* **1.** tanning. **2.** *(tanin)* tannin.

argăsi I. *vb. tr.* to tan. **II.** *vb. refl. pas.* to be tanned.

argăsire *s.f.* tanning.

argăsit I. *adj.* tanned. **II.** *s.n.* tanning.

argăţi *vb. intr.*←*odin.* to work as a farm labourer; *(a sluji)* to serve.

argăţime *s.f.*←*odin.* farm labourers/ hands; *(slugi)* servants.

argea *s.f. text.*←, Ploom.

argentifer *adj.* argentiferous.

argentinian *adj., s.m.* Argentine, Argentinÿan.

arghirofil←*rar* **I.** *adj.* grasping, greedy (for money); cupid, rapacious, moneygrubbing. **II.** *s.m.* lover of money/gold; miser, usurer, moneygrub(ber).

arghirofilie *s.f.*←*rar* moneygrubbing, love of money, usuriousness, cupidity.

argilă *s.f.* clay.

argilos *adj.* argillaceous; *(d. pământ)* clayey.

argint *s.n.* silver. ⓐ ~ *viu* quick silver.

arginta I. *vb. tr.* **1.** to silver; *(a albi)* to whiten. **2.** *fig. poetic* to cast a silver shimmer on. **II.** *vb. refl. pas.* to be silvered; to whiten.

argintar *s.m.* silversmith; v. ş i b i j u t i e r.

argintare *s.f.* silvering etc. v. a r g i n t a.

argintat *adj.* **1.** silvered. **2.** *fig.* silvery, silver...

argintărie *s.f.* silver ware; *(de masă)* silver (plate).

argintiu *adj.* silvery, silver...

argintos *adj.* 1. argentiferous. 2. v. a r g i n t i u.

arginţi *s.m. pl.* money; pieces of silver, silver coins.

argon *s.n. chim.* argon.

argonaut *s.m.* argonaut.

argotic *adj.* argot...; slangy, slang...

argou *s.n.* argot; *(in Anglia şi S.U.A.)* slang; *(al hoţilor etc.)* cant.

argument *s.n.* argument; *(dovadă)* proof, evidence. ⓐ ~ *puternic* strong argument.

argumenta *vb. intr.* to argue.

argumentare *s.f.* argumentation, reasoning.

argumentaţie *s.f.* argumentation.

arguţie *s.f.* quibble, sophistry, dodging. F→gift of the gab.

arhaic *adj.* archaic; *(invechit)* obsolete, obsolescent, antiquated.

arhaism *s.n.* archaism.

arhaiza *vb. tr.* to archaize.

arhaizant *adj.* obsolete.

arhanghel *s.m.* archangel.

arheolog *s.m.* archaeologist, antiquarian, antiquary.

arheologic *adj.* archaeological, antiquarian.

arheologie *s.f.* archaeology.

arhetip *s.n.* archetype; prototype.

arhicunoscut *adj.* very well known, commonly known, renowned, staple.

arhidiacon *s.m.* archdeacon.

arhiducat *s.n.* archduchy.

arhiduce *s.m.* archduke.

arhiducesă *s.f.* archduchess.

arhiepiscop *s.m.* archbishop.

arhiepiscopal *adj.* archiepiscopal.

arhiepiscopat *s.n.*, arhiepiscopie *s.f.* archiepiscopate.

arhieresc *adj.* bishop's...

arhiereu *s.m.* bishop.

arhierie *s.f.* archiepiscopate.

arhimandrit *s.m.* archimandrite.

arhimilionar *adj.*, *s.m.* multimillionaire.

arhipelag *s.n.* archipelago.

arhiplin *adj.* overcrowded; full to the brim, *(d. un autobuz)* chock-full, crammed, packed. ⓑ *sală ~ă* packed house; house filled to capacity.

arhitect *s.m.* architect.

arhitectonic *adj.* architectonic(al).

arhitectonică *s.f.* architectonics.

arhitectural *adj.* architectural.

arhitectură *s.f.* 1. architecture. 2. *fig.* architecture, framework.

arhitravă *s.f. arhit.* architrave.

arhivar *s.m.* archivist; keeper of (public etc.) records.

arhivă *s.f.* archives, records.

arhivist *s.m.* archivist.

arhivistic *adj.* archive...

arhivistică *s.f.* archive/record keeping.

arhondaric *s.n.* xenodochium, guest chamber.

arhondologie *s.f.* almanack of the nobility.

arhonte *s.m. ist.* archon.

arian *adj.*, *s.m.* Arian, Aryan.

ariceală *s.f. vet.* scratches, malanders.

arici *s.m.* 1. *zool.* hedgehog, (land) urchin *(Erinaceus).* 2. *vet.* v. a r i c e a l ă. 3. *t^hn.*. porcupine. 4. *mil.* hedgehog.

arid *adj. şi fig.* arid, dry, barren.

ariditate *s.f. şi fig.* aridity, dryness, barrenness.

arie[1] *s.f.* 1. threshing floor/ground. 2. *(bătătură in faţa casei)* front yard/court, forecourt.

arie[2] *s.f.* area; *(suprafaţă)* surface; *(zonă)* zone; *(intindere)* extent, expanse.

arie[3] *s.f. muz.* aria.

arierat I. *adj.* backward, half-witted. II. *s.m.* half-wit.

arierate *s.f. pl. fin.* arrears.

ariergardă *s.f. mil.* rear guard.

arin *s.m. bot.* alder (tree) *(Alnus glutinosa).* ⓐ ~ *negru* common alder (tree).

aripat *adj.* wing..., şi *fig.* winged.

aripă *s.f.* 1. wing, *poetic→*pinion ; *(de şoim)* sail; *(de peşte)* fin; *(de moară)* (sail) arm, sail; *(la roata unei trăsuri)* splash board, auto mudguard, wing; *(de clădire)* wing; *(de ventilator)* vane; *(de elice)* fan, vane. 2. *(flanc)* flank. 3. *pol.* wing. 4. *fig.* wing, shelter, protection. ⓑ *pe aripile (cu gen.)* fig. on the wings of... ⓒ *a căpăta/prinde aripi* a. to fledge. b. *fig.* to try one's wings; to leave the (family) nest; to begin to stand on one's own feet; to take one's flight; to spring into life (and vigour); *a tăia aripile cuiva* to cut/clip smb.'s wings; *a da/bate din aripi* to flap the wings; *a lua sub aripa sa* to take under one's wing.

aripioară *s.f.* **1.** *ornit.* little wing/pinion. **2.** *iht.* fin. **3.** *av.* aileron; wing tip. **4.** *tehn.* blade; fin; rib; paddle.

aristocrat *s.m.* aristocrat.

aristocratic *adj.* aristocratic.

aristocrație *s.f.* aristocracy.

aritmetic I. *adj.* arithmetical. **II.** *adv.* arithmetically.

aritmetică *s.f.* arithmetic.

aritmograf *s.n.* arithmograph.

aritmogrif *s.n.* puzzle with figures.

aritmometru *s.n.* arithmometer, calculating machine.

arivism *s.n.* self-seeking; unscrupulous ambition.

arivist I. *s.m.* self-seeker, thruster, careerist, climber; pusher, *amer.* go-getter, place hunter. **II.** *adj.* pushful.

arlechin *s.m.* **1.** harlequin. **2.** *(culisă)* wing. **3.** *(reflector)* boom, perch.

arma *vb.tr.* **1.** *mil. etc.* to cock, to prime. **2.** *rar* v. î n a r m a. **3.** *constr.* to reinforce. **4.** *nav. (o navă)* to commission, to fit out; *(o barcă etc.)* to man; *(ramele)* to let fall.

armament *s.n.* armament; *(arme)* arms, weapons; munitions.

arman *s.n.* threshing floor.

armare *s.f.* cocking etc. v. a r m a.

armaș *s.m. ist aprox.* provost marshal.

armat *adj.* **1.** armed. **2.** cocked. ⓐ *conflict ~* armed conflict; *forțe ~e* armed forces.

armată *s.f.* **1.** army, force(s). **2.** *fig.* army, host. ⓐ *~ terestră/de uscat* land forces; *~ permanentă* regular/standing army. ⓒ *a face ~* F to be in the military service, to serve in the army, to be under the flag, to be conscripted; *a intra în ~* to take service, to enter/go into/join the army.

armator *s.m.* fitter-out (of a ship); *(proprietar)* ship owner.

armatură *s.f. muz.* key signature.

armă *s.f.* **1.** weapon; *pl.* arms; *(pușcă)* gun, rifle. **2.** *fig.* weapon. ⓐ *arma chimică* chemical weapons; *~ liberă sport* sighting rifle; *~ termonucleară* thermonuclear weapon; *arme albe* side arms; *arme atomice* atomic/nuclear weapons; *arme bacteriologice* bacterial/bacteriological/ germ weapons; *arme de exterminare în masă* mass destruction weapons; *arme de foc* fire arms; *arme portative* small arms; *arme rachetă* rocketry. ⓒ *a depune armele* to lay down one's arms; *a ridica/a lua armele* to take up arms; *ți bătu cu propriile lor arme* he beat them with their own arms; *a chema sub arme* to call to arms; *a fi chemat sub arme* to be called/receive a call to arms; *a fi sub arme* to bear arms.

armăsar *s.m. (pt. prăsilă)* stallion; *(tînăr)* colt; *(pt. călărie)* steed. *poetic* palfry, courser.

armătură *s.f.* **1.** *tehn.* armour; casing; fitting; fixture; plate; jacket. **2.** *constr.* reinforcement. **3.** *electr.* armature.

armean *adj., s.m.* Armenian. ⓓ *limba ~ă* Armenian, the Armenian language.

armeancă *s.f.* Armenian (woman).

armenesc *adj.* Armenian.

arminden *s.m.* **1.** May Day. **2.** *(pom.)* May pole.

armistițiu *s.n.* **1.** armistice, truce. **2.** *fig.* truce. ⓒ *a încheia un ~* to conclude a truce.

armoarii *s.f. pl.←înv.* (coat of) arms, armorial bearings.

armonic *adj.* **1.** *muz.* harmonic(al). **2.** *fig.* harmonious; symmetrical.

armonică *s.f.* accordion; *(hexagonală)* concertina; *(de gură)* mouth organ.

armonie *s.f. și fig.* harmony; *fig.* concord.

armonios I. *adj.* harmonious. **II.** *adv.* harmoniously.

armonist *s.m.* **1.** *(compozitor)* harmonist. **2.** *(acordeonist)* accordion *sau* concertina player.

armoniu *s.n. muz.* harmonium, reed organ.

armoniza I. *vb. tr.* 1. *muz.* to harmonize. 2. *fig. (idei etc.)* to attune; *(culori)* to match. II. *vb. refl. (cu)* to harmonize (with); to chime in (with); to be in keeping (with); *(d. culori)* to tone, to match (with).

armonizare *s.f.* harmonization.

armură *s.f.* 1. armour; mail coat. 2. *text.* pattern, weave. 3. *electr.* pole-piece.

armurărie *s.f.* 1. gun/smith's shop; arms factory. 2. *mil.* armoury.

armurier *s.m. mil.* armourer.

arnăut I. *adj.* ① *grîu* ~ *bot.* Algerian/hard wheat *(Triticum durum).* II *s.m.* 1. *(albanez)* Albanian. 2. *inv. (mercenar)* hireling, mercenary.

arnăuțesc *adj.* 1. Albanian. 2. hireling's...

arnici *s.n.* dyed cotton thread.

aroga *vb.tr.* ⓐ *a-și* ~ .... to arrogate... to oneself, to assume...

arogant I. *adj.* arrogant, haughty, overbearing. II. *adv.* arrogantly, haughtily.

aroganță *s.f.* arrogance, overbearing manner.

aromat I. *adj.* aromatic, fragrant; *(d. vin etc.)* flavoured. II. *s.n.* spice.

aromatic *adj.* aromatic, flavoured, fragrant, perfumed. ① *oțet* ~ toilet/aromatic vinegar.

aromatiza *vb.tr.* to aromatize; to give aroma, flavour etc. to.

aromă *s.f.* 1. aroma, fragrance, perfume, flavour. 2. *fig.* aroma; impress.

aromân I. *adj.* Macedo-Romanian. II. *s.m.* Macedonian Romanian.

aromeală *s.f.* doze, drowse, drowsiness.

aromi *vb.intr.* to doze/drowse off, to fall into a light slumber.

aromit *adj.* v. a r o m i t o r .

aromitor *adj.* 1. fragrant, scented, perfumed. 2. drowsy, S→soporific.

arpacaș *s.m.* French/peeled/pearl barley.

arpagic *s.n. bot.* 1. chive, scallion *(Allium Schoenoprasum).* 2. bulb for planting.

arpegiu *s.n. muz.* arpeggio.

ars *adj.* 1. burnt, scorched; *(uscat)* dried (up); *(ofilit)* withered; *(fierbinte)* hot; *(bronzat)* sun-burnt, bronzed. 2. *fig. (neconsolat)* disconsolate grieved, sore at heart. 3. *fig. (înșelat)* F diddled. ⓒ *a sări ca* ~ to flinch, to wince as if lashed/whipped.

arsătură *s.f.* burn.

arsen *s.n.* v. a r s e n i c II.

arsenal *s.n.* 1. arsenal, armoury. 2. *fig.* stock(-intrade); battery.

arsenic *chim.* I. *adj.* ① *acid* ~ arsenic acid. II. *s.n.* arsenic.

arsenios *adj.* arsenious. ① *acid* ~ arsenious acid.

arsură *s.f.* 1. v. a r ș i ț ă . 2. *(ca rană)* burn; *(opăreală)* scald. 3. *(la stomac)* heartburn.

arșic *s.n.* 1. *anat.* anklebone. 3. *(la joc)* knucklebone, dib.

arșin *s.m.ist.* arshin(e), archin(e), 0,711 m.

arșiță *s.f.* 1. intense/ < scorching heat; *(caniculă)* dog days. 2. v. f e b r ă .

artă *s.f.* art; *(dibăcie)* skill; *(măiestrie)* mastery; craftsmanship. ⓐ ~ *aplicată* applied art; ~ *pentru* ~ art for art's sake; ~ *poetică* art of poetry; ~ *militară* military art, art of war, warcraft; *arte frumoase* fine arts; *arte grafice* graphic arts; *arte plastice* plastic arts. ① *operă de* ~ work of art.

artel *s.n.* artel.

arteră *s.f.* 1. *anat.* artery. 2. *(în orașe)* thoroughfare; *(în țară)* channel of communication. ⓐ ~ *de circulație* thoroughfare; ~ *magistrală* backbone road; ~ *principală* arterial highway/road, trunk.

arterial *adj. anat.* arterial.

arterioscleroză *s.f. med.* arteriosclerosis.

artezian *adj.* artesian. ① *fîntînă* ~*ă* artesian well.

articol *s.n.* 1. *(de ziar)* article. 2. *(de lege)* article, item. 3. *com.* article, commodity, *pl.* goods, wares. 4. *gram.* article. ⓐ ~ *conta-*

bil entry, item; ∼ *de dicţionar* entry; title word; ∼*e de larg consum* consumer's goods, articles of general consumption; ∼*e de menaj* household commodities; ∼ *hotărît gram.* definite article; ∼ *nehotărît gram.* indefinite article.

articula I. *vb.tr.* 1. to articulate, to utter/pronounce distinctly. 2. *gram.* to use a noun *sau* an adjective with an article. II. *vb. refl.* 1. *anat.* to be jointed. 2. *gram.* to be used with an article, to take an/the article.

articular *adj. anat.* articular.

articulare *s.f.* articulation etc. v. a r t i c u l a.

articulat *adj.* 1. *(clar)* articulate, distinct, clear. 2. *gram.* (used) with an/the article, taking the article.

articulaţie *s.f.* 1. *anat.* articulation, joint. 2. *tehn.* joint; knuckle; link.

artificial I. *adj.* artificial; *(forţat)* forced; *(nefiresc)* unnatural. II. *adv.* artificially.

artificialitate *s.f.* artificiality; *(nefiresc)* unnaturalness.

artificier *s.m.* pyrotechnist, *mil.* artificer; *min.* shotsman, shotfirer.

artificios *adj.*←*rar* v. a r t i f i c i a l I.

artificiu *s.n.* 1. artifice, artificial means; (guileful) expedient/contrivance. 2. *pl.* fireworks.

artilerie *s.f. mil.* artillery. Ⓐ ∼ *antiaeriană* anti-aircraft artillery; ∼ *antitanc* anti-tank artillery; ∼ *cu tragere lungă* long-range artillery; ∼ *de cîmp* field artillery; ∼ *de coastă* coast artillery; ∼ *grea* heavy artillery; ∼ *uşoară* light artillery.

artilerist *s.m. mil.* artillerist, artilleryman, gunner.

artist *s.m.* 1. *(plastic)* artist; *(dar nu în domeniul artelor frumoase)* artiste; *(în arta spectacolelor)* artiste; *(actor) muz., teatru* performer. 2. *fig.* artist.

artistic I. *adj.* artistic. II. *adv.* artistically.

artizan *s.m.* artisan, handicraftsman, craftsman.

artizanat *s.n.* 1. handicraft; manual work. 2. *col.* artisans, handicrafts-

men. Ⓑ *obiecte de* ∼ handicraft ware, hand-made goods; *industrie de* ∼ domestic industry.

artrită *s.f. med.* arthritis.

artritic *adj.* arthritic; gouty. II. *s.m.* arthritic/gouty patient.

artritism *s.n. med.* arthritism, gout.

artropod *s.n. zool.* arthropod.

arţag *s.n.* quarrelsomeness; peevishness. Ⓒ *a avea* ∼ to be peevish/F cantankerous; *a-i veni* ∼*ul* F to lose one's shirt/goat.

arţar *s.m. bot.* maple (tree) *(Acer platanoides)*.

arţăgos *adj.* quarrelsome; peevish, F cantankerous.

arunca I. *vb.tr.* 1. to throw, F→ to shy, to chuck; *mai ales fig.* to cast; *(a azvîrli)* to hurl, to fling, to pitch; *(mingea)* to throw, to deliver, to bowl, to pitch; *(raze)* to dart (forth); *(o scrisoare la cutie)* to drop. 2. *(a lepăda)* to throw off. Ⓒ *aruncă-mi mingea* throw me the ball; *a-şi* ∼ *ochii asupra/ la/spre...* to glance at..., to cast a glance at; *a* ∼ *peste bord* to throw overboard; *a fi (bun) de* ∼*t* not to be worth a rap/fig; not to be fit for the dogs; *nu e de* ∼*t* it is not half bad; F not so dusty! II. *vb. refl.* 1. to throw/fling oneself; *(înainte)* to throw/fling oneself forward, to rush; to precipitate oneself. 2. *pas.* to be thrown etc. v. ∼ I. Ⓒ *a se* ∼ *în apă* to plunge into the water; *a se* ∼ *în braţele cuiva* to rush in smb.'s arms; *a se* ∼ *în şa* to fling oneself on horseback, to vault into the saddle. III. *vb. intr.* Ⓐ *a* ∼ *cu.... în....* to throw/fling... at.... Ⓒ *a* ∼ *cu pietre în cineva* to throw/F → shy stones at smb.; to pelt smb. with stones.

aruncare *s.f.* throwing etc. v. a - r u n c a; *(a zarului etc.)* cast. Ⓐ ∼*a ciocanului sport* throwing the discus; ∼*a suliţei sport* javelin throwing.

aruncător[1] *s.n.* Ⓐ ∼ *de bombe* thrower; ∼ *de flăcări* flame thrower; ∼ *de mine* (trench) mortar.

aruncător[2] *s.m.* Ⓐ ∼ *de ciocan sport* hammer thrower.

aruncătură *s.f.* throw. ⓐ ~ *de ochi* glance; ⓑ *la o ~ de piatră* at a stone's throw.

arvună *s.f.* earnest (money). ⓒ *a da o ~* to bind a bargain.

arvuni *vb. tr.* to give earnest money for.

arzător I. *adj.*1. burning, hot, scorching, ardent. 2. *fig.* burning; *(la ordinea zilei)* topical; urgent. ⓑ *dorință arzătoare* ardent wish. **II.** *adv.* ardently; passionately; *(intens)* intensely. **III.** *s.n.* burner.

as *s.m.* 1. *(la cărți)* ace. 2. *fig. av. etc.* ace; *(geniu)* genius; *(campion)* champion. ⓐ ~ *al volanului auto* crack racing driver.

asalt *s.n.* storm, assault; *(atac)* attack, onslaught. ⓑ *car de ~ mil.* tank; *muncă în ~* fitful / irregular work, work by fits and jerks; *trupe de ~* storm troops. ⓒ *a da ~ (cu dat.)* to make an assault on.... to storm....; *a lua cu ~* to take by storm, to take /to carry by assault.

asalta *vb.tr.* 1. to storm, to assail, to assault; *(a ataca)* to attack, to beset. 2. *fig.* to assail, to beset, to besiege; to make an assault on. ⓒ *a ~ cu întrebări* to assail/ besiege with questions.

asambla I. *vb. tr. tehn.* to assemble. **II.** *vb. refl. pas.* to be assembled.

asamblare *s.f.* assembling, assemblage, assembly.

asana *vb.tr.* 1. *agr.* to dike in; *(o mlaștină)* to reclaim; *(un oraș)* to improve the sanitation of; *hidr.* to drain. 2. *fig.* to improve; to normalize; *(literatură etc.)* to purge; *(finanțele etc.)* to reorganize.

asanare *s.f.* diking in etc. v. **asana**; sanitation. ⓑ *măsuri de ~* sanitation measures.

asasin *s.m.* murderer, assassin.

asasina *vb.tr.* 1. to murder, to assassinate. 2. *fig.* to pester to death; to murder.

asasinare *s.f.* murdering, assassination.

asasinat *s.n.* murder, assassination, *jur.* premeditated murder; *(crimă)* crime.

ascendent I. *adj.* ascending, upward; *(d. zbor)* climbing. ⓑ *li-*

nie ~ă ascending line. **II.** *s.n.* ascendency, ascendancy, influence. **III.** *s.m.* ancestor, *rar*→ascendant.

ascendență *s.f.* ascending line, ancestry; *(origine)* origin, descent, extract.

ascensiune *s.f.* 1. climbing, ascension, ascent. 2. *fig.* ascent, advancement; *(progres)* progress. ⓑ *în ~* rising; in progress; ⓒ *a face o ~* to make an ascent.

ascensor *s.n.* lift, *amer.* elevator.

ascet *s.m. și fig.* ascetic, hermit, anchorite; *(om retras)* recluse. v. și **anahoret**.

ascetic *adj.* ascetic(al), austere.

ascetism *s.n.* asceticism, austerity.

ascită *s.f. med.* ascites.

asculta I. *vb.tr.* 1. to listen to; *(un cântăreț etc.)* to hear. 2. *(a examina)* to examine. 3. *(a crede)* to believe, to credit. 4. *(a ține seama de)* to listen to, to hear, to take into account; *(a se supune)* to obey. 5. *med.* v. **ausculta**. ⓒ *dacă vrei să mă asculți* if you (want to) take my advice. **II.** *vb. intr.* to listen. ⓐ *a ~ de/la...* v. ~ I.4.

ascultare *s.f.* 1. listening etc. v. **asculta**. 2. obedience. ⓑ *post de ~ și mil.* listening post.

ascultător I. *adj.* obedient, dutiful. **II.** *adv.* obediently. **III.** *s.m.* listener.

ascunde I. *vb.tr.* 1. to hide, to conceal; *(vederii)* to screen, to hide from view. 2. *fig.* to hide, to dissemble, to keep back; to keep to oneself, to cover; *(sentimente etc.)* to mask, to dissemble. **II.** *vb. refl.* to hide. ⓒ *ce se ~ îndărătul (cu gen.)* what's at the back of...? what lies (hidden) behind...?

ascuns I. *adj.* 1. hidden, secret, concealed; *(izolat)* secluded, recondite. 2. *(obscur)* obscure, hidden, abstruse. 3. mysterious, secret, hidden. 4. *fig. (secretos)* secretive, self-contained, uncommunicative. **II.** *s.n.* secret, secrecy. ⓑ *în/pe ~* secretly, stealthily, surreptitiously, clandestinely; *de-a ~ul etc.* v. **ascunselea**.

ascunselea *s.f.* ⓒ *de-a v-ați ~* hide and seek.

ascunzătoare *s.f.* hiding place; *(refugiu)* shelter.

ascunziş *s.n.* **1.** v. a s c u n z ă-
t o a r e . **2.** *fig.* secret.

ascuţi I. *vb.tr.* **1.** to sharpen; *(cuţitul, toporul etc. şi)* to grind; *(la tocilă)* to whet; *(briciul)* to strop. **2.** *fig.* to sharpen; *(a rafina)* to refine; to cultivate. ⓒ *a-şi ~ urechile* to prick up one's ears **II.** *vb. refl. pas.*1. to be sharpened etc. v. ~ I. **2.** to sharpen, to become sharp etc. v. a s c u ţ i t. **3.** *fig.* *(d. cineva)* to become sharp *sau* sharper.

ascuţime *s.f. şi fig.* sharpness, acuteness; *(a minţii)* acumen.

ascuţire *s.f.* sharpening etc. v. a s-
c u ţ i. ⓐ *~ a contradicţiilor* intensification/aggravation of antagonism.

ascuţiş *s.n.* **1.** *(de cuţit etc.)* (cutting) edge; *(lamă)* blade. **2.** *fig.* *(ascuţime)* sharpness, acuteness; mordancy; sarcasm; *(subtilitate)* subtlety.

ascuţit I. *adj.* **1.** *(d. un cuţit, dinte etc.)* sharp; *(ascuţit la tocilă)* whetted; *(d. unghiuri)* acute; *(cu vîrful ~)* pointed. **2.** *fig.* keen; sharp; acute; *(d. durere)* acute, keen, stinging; *(d. o remarcă)* witty; *(subtil)* subtle; *(sfredelitor)* piercing. **II.** *s.n.* v. a s c u ţ i r e.

ascuţitoare *s.f.*1. *(pt.cuţite)* knife sharpener. **2.** *(pt. creioane)* pencil sharpener. **3.** *tehn.* hone.

aseară *adv.* last night, *poetic* → yesternight.

asedia *vb.tr.* to besiege, to beleaguer.

asediator I. *adj.* besieging, beleaguering. **II.** *s.m.* besieger, beleaguerer.

asediere *s.f.* **1.** besieging, beleaguering. **2.** v. a s e d i u.

asediu *s.n.* siege. ⓓ *stare de ~* state of siege/emergency; martial law. ⓒ *a proclama starea de ~ intr-un oraş* to declare a town in a state of siege, to proclaim (martial law in) a town; *a ridica ~l* to raise the siege.

asemăna I. *vb.tr.* *(cu)* to liken (to), to compare (to), to assimilate (to).

II. *vb. refl.* *(cu acuz.)*, to be (a)like. ⓓ *cine se aseamănă se-adună* birds of a feather flock together, like likes/loves like, like draws attendance.

asemănare *s.f.* **1.** similitude; *(între oameni, lucruri)* resemblance, likeness; *(între idei etc.)* similarity. **2.** comparison. ⓓ *fără ~* beyond compare; *după chipul şi ~a (cu gen.)* in the likeness of... ⓒ *a avea ~ cu...* to resemble..., to bear resemblance to..., to be like...; *to remind one of...; a face o ~ între....* to establish a parallel between..., to draw a comparison between...

asemănător I. *adj.* similar, semblable. ⓓ *în mod ~* similarly. **II.** *adv.* similarly.

asemenea, asemeni I. *adj.* **î.** like. **2.** *(astfel de)* such. ⓐ *~ cu...* v. *~ I*, **1. II.** *adv.* *(de asemenea)* also.

asemui *vb. tr.* **1.** v. a s e m ă n a. **2.** v. c o n f u n d a.

asemuire *s.f.* **1.** comparison, likening. **2.** v. a s e m ă n a r e; *(ca figură de stil)* simile.

asemuit *adj.* **1.** like. **2.** identical.

asentiment *s.n.* assent, consent; acquiescence; approval, approbation. ⓓ *cu ~ul (cu gen.)* with the approval of...; with the assent/consent of... ⓒ *a-şi da ~ul* to give one's consent; *a fi în ~ul cuiva* to enjoy/meet smb.'s approval/approbation.

asepsie *s.f. med.* asepsis.

aseptic *adj.* aseptic.

asertoric *adj.* assertory.

aserţiune *s.f.* assertion, affirmation, statement.

aservi *vb.tr.* to enslave, to subjugate.

aservire *s.f.* **1.** enslaving, enslavement, subjugation. **2.** *(stare de ~)* servitude, bondage.

aservit *adj.* ⓐ *~ (cu dat.)* a slave to..., the slave of...; *(la cheremul)* at the beck and call of...

asesor *s.m.* assessor; *(~ popular)* people's assessor.

asexuat *adj. biol.* asexual, sexless.

asezona *vb.tr.* to season.

asfalt *s.n.* asphalt, (mineral) pitch, bitumen.

asfalta *vb.tr.* to (lay with) asphalt.

asfaltat *adj.* ① *carton* ~ felt/roofing board.

asfaltare *s.f.* asphalting.

asfinți *vb. intr.* **1.** to set, to go down. **2.** *fig.* to be on the wane; to be in decay.

asfințit *s.n.* **1.** sunset. **2.** *fig.* decline; twilight, crepuscle. **3.** *(vest)* west. ① *la* ~*ul soarelui* at sunset.

asfixia I. *vb. tr.* to asphyxiate, to choke, to suffocate; *mine etc.* to gas. **II.** *vb. refl.* to asphyxiate, to undergo asphyxia, to be asphyxiated, to choke, to suffocate; *(din cauza oxidului de carbon)* to be poisoned by charcoal fumes.

asfixiant *adj.* asphyxiating, suffocating; *(d. un gaz)* poisonous.

asfixiat *adj.* asphyxiated; stifled, choked.

asfixie *s.f.* asphyxia, suffocation.

asfixiere *s. f.* asphyxia, suffocation.

asiatic *adj.*, *s.m.* Asiatic, Asian.

asiduitate *s.f.* assiduousness, assiduity.

asiduu I. *adj.* assiduous. **II.** *adv.* assiduously.

asignație *s.f.* *ist.* assignat, promissory note.

asigura I. *vb. tr.* **1.** *(materialicește)* to provide (for); *(a da cele necesare)* to provide; *(a garanta etc.)* to secure, to ensure; to assure. **2.** *(a încredința) (de)* to assure (of). **3.** *(împotriva)* to insure (against). **II.** *vb. refl.* **1.** *(a se convinge)* to make sure/certain. **2.** *(împotriva)* to insure oneself (against).

asigurare *s.f.* **1.** ensuring etc. v. a s i g u r a. **2.** *(dată cuiva)* assurance; *(solemnă)* protestation. **3.** *(contra accidentelor etc.)* insurance. ⓐ ~ *contra accidentelor* accident insurance; ~ *pe viață* life assurance/insurance.

asigurat I. *adj.* provided etc. v. a s i g u r a I. ⓑ *un venit* ~ an assured income. **II.** *s.m.* insured person.

asimetric *adj.* asymmetrical.

asimetrie *s.f.* asymmetry.

asimila I. *vb. tr.* *(în diferite sensuri)* to assimilate; *(a compara) (cu)* to assimilate (to); to compare (with,

to); to liken (to). **II.** *vb. refl. pas.* to be assimilated etc. v. ~ I.

asimilabil *adj.* **1.** *(d. hrană)* assimilable. **2.** *(comparabil) (cu)* comparable (to), similar (to).

asimilare, asimilație *s.f.* assimilation.

asimptotă *s.f.* *geom.* asymptote.

asin *s.m.* v. m ă g a r.

asindetic *adj.* *gram.* asyndetic.

asirian *adj.*, *s.m.* Assyrian.

asista I. *vb. intr.* *(la)* to attend *(cu acuz.)*, to be (at), to be present (at). **II.** *vb. tr.* to assist, to help.

asistent I. *adj.* present. **II.** *s.m.* **1.** assistant; helper; coworker. **2.** *(~ universitar)* assistant lecturer, professor's assistant. **3.** *(spectator)* bystander, onlooker. ⓐ ~ *de regie* assistant director/producer; stage-manager.

asistență *s.f.* **1.** *(prezență)* presence. **2.** *(public)* audience; *(cei de față)* those present; *(societate)* company. **3.** *(ajutor)* assistance, help, aid. ⓐ ~ *medicală* medical attendance.

asmuți *vb. tr. și fig.* *(împotriva)* to set (on), to hound (at), to urge (on).

asmuțire *s.f.* setting etc. v. a s m u ț i.

asocia I. *vb. tr.* to associate. ⓐ *a-și* ~ *pe cineva com.* to take smb. into partnership. **II.** *vb. refl.* **1.** *reciproc* to associate. **2.** to join a corporate body etc. ⓐ *a se* ~ *cu...* **a.** to associate with... **b.** *com.* to enter into partnership with...; *a se* ~ *la...* to join..., to associate oneself with...; *(păreri etc.)* to endorse...; *(o crimă etc.)* to be a party to..., to be a participator in...

asociat *s.m.* **1.** fellow worker, associate. **2.** *com.* partner.

asociativ *adj.* associative; associatiion...

asociație *s.f.* **1.** *(în diferite sensuri)* association; *(societate)* society; company. **2.** *com.* partnership.

asociere *s.f.* association.

asolament *s.n.* *agr.* rotation/alternation of crops, crop rotation, cropping system.

asonanţă *s.f.* assonance.
asorta I. *vb. tr.* **1.** to assort, to sort; to match, to suit, to fit. **2.** *(un magazin)* to stock, to furnish. **II.** *vb. refl.* to match; to go well together, to suit one another.
asortare *s.f.* assorting etc. **v. a s o r- t a.**
asortat *adj.* assorted etc. **v. a s o r t a.** ① *bine* ~ well-stocked/-furnished; *cravată* ~*ă* a tie to match.
asortiment *s.n.* assortment, range, variety.
aspect *s.n.* **1.** aspect, look, appearance. **2.** *gram.* aspect. ① *sub* ~*ul (cu gen.)* in point of..., from the point of view of...; *sub toate* ~*ele* in all respects/aspects, back and forth. ⓒ *a cerceta o problemă sub toate* ~*ele* to consider a question in all its bearings.
aspectuos *adj.* of striking appearance, showy.
asperitate *s.f.* asperity; *(a unei supra- feţe)* ruggedness, roughness; *(a stilului)* crabbedness; *(a caracte- rului)* harshness.
aspic *s.n.* aspic (jelly).
aspidă *s.f. zool.* asp.
aspira I. *vb. tr.* **1.** *(aer, parfum)* to inspire, to breathe in, to inhale; *(apă etc.)* to suck up, to exhaust. **2.** *fon.* to aspirate, to breathe. **II.** *vb. intr.* **1.** to inspire, to breathe in, to inhale. **2.** *(la)* to aspire (to/after/at).
aspirant *s. m.* **1.** *(la)* aspirant (to; for); candidate (for); applicant (for). **2.** *univ.* post-graduate (student). ⓐ ~ *de marină nav.* midship- man; F, middy. ⓐ ~ *la mina cuiva* aspirant to/for/after smb.'s hand.
aspirantură *s.f.* post-graduate/re- search studentship, post-graduate course(s).
aspirare *s.f.* inspiration etc. **v. a s p i r a.**
aspirat *adj. fon.* aspirate(d).
aspirator I. *adj.* suction..., sucking. **II.** *s.n.* **1.** *tehn.* aspirator, exhaus- tor. **2.** *(~ de praf)* (vacuum) cleaner.
aspiraţie *s.f.* **1.** *tehn.* aspiration, sucking. **2.** *fig. (la, spre)* aspira-

tion (for), striving (for), yearning (for), urge (towards).
aspirină *s.f.* aspirin.
aspri *vb.* **v. î n ă s p r i.**
asprime *s.f.* **1.** *(a pielii etc.)* callos- ity; *(a unei suprafeţe)* roughness, ruggedness; *(a drumului)* asperity; *(a părului)* shagginess. **2.** *fig. (de caracter)* harshness; *(a vocii, vinu- lui etc.)* harshness, roughness; *(severitate)* severity, sternness; rigour; *(a unui reproş, a vremii)* sharpness, bitterness; *(a tonului)* asperity.
aspru I. *adj.* **1.** *(ant. „moale")* hard; *(ant. „neted")* rough, rug- ged; *(d. păr)* shaggy, wiry; *(d. apă)* hard; *(d. piele, stofă, nisip etc.)* coarse. **2.** *fig. (sever)* severe, stern, strict, rigid; rigorous; *(exigent)* exacting; *(d. condiţii etc.)* rigid, strict; *(d. tră- sături)* harsh; *(d. măsuri)* strict, strong; *(d. iarnă, vreme, climă etc.)* severe, inclement; *(tăios)* biting; *(d. ton)* brisk; *(d. disciplină, pri- vire)* severe, stern; *(d. legi, măsuri)* drastic; *(d. pedepse)* severe. **II.** *adv.* severely etc. **v** ~I,2.
asta I. *adj. dem.* this; that. **II.** *pron. dem.* this one, that (one). ⓒ ~ *e!* F that's it/that; *(de asta e nevoie)* F that's the card! *(asta e problema)* F there's the rub!; *(asta e tot)* that's all!
astă *adj. dem.* ← ↓ *poetic* **v. a s t a I.** ① *de* ~ *dată* this time.
astăzi *adv.* today; *(în zilele noastre)* nowadays; *(în prezent)* at present, at the present day; *(acum)* now. ⓐ ~*-mîine* one of these days. ① *de* ~ **I.** *adj.* present- day...; contem- porary; modern. **II.** *adv. (de* ~ *înainte, încolo)* from now on, hence- forth, henceforward; *de* ~ *într-o săptămînă* today week; *pînă* ~ till/ until now, to this day, so far, as yet.
astenic *adj. med.* asthenic.
astenie *s.f. med.* asthenia; *(slăbi- ciune)* debility.
astereală *s.f. constr.* roof boarding, roofing.

asterie *s.f. zool.* v. s t e a d e
m a r e.

asterisc *s.n.* asterisk.

asteroid *s.m. astr.* asteroid; *(pla-
netă mică)* planetoid.

astfel *adv.* in this way, thus; like
this; *(aşa)* so; *(în felul următor)*
in the following way; *(după cum
urmează)* as follows. ⓐ ∼ că/încît
... so that...; *(prin urmare)* there-
fore..., hence...; ∼ de... such...

astigmatic *adj. med.* astigmatic.

astigmatism *s.n. fiz, med.* astigma-
tism.

astîmpăr *s.n.* peace, rest, quiet. ⓑ
fără ∼ **a.** *(într-una)* incessantly,
ceaselessly. **b.** *(neodihnit)* restlessly.
ⓒ *a nu avea* ∼ , *a nu-şi găsi* ∼
to fidget, to be fidgety/jumpy.

astîmpăra I. *vb. tr. (a potoli)* to
quiet; *(setea etc.)* to quench, to
appease. **II.** *vb. refl. (a se potoli)*
to calm down, to be at ease.

astîmpărat *adj.* quiet.

astmatic *med.* **I.** *adj.* asthmatic(al).
II. *s.m.* asthmatic subject.

astmă *s.f. med.* asthma.

astragal *s.n.* **1.** *anat.* astragalus,
ankle bone. **2.** *arhit.* astragal.

astrahan *s.n.* Astrak(h)an fur.

astral *adj.* astral.

astringent *adj.* astringent, tart.

astringenţă *s.f.* astringency, tartness.

astrofizică *s.f.* astrophysics.

astrolog *s.m.* astrologer, F→star gazer.

astrologic *adj.* astrological.

astrologie *s.f.* astrology.

astronaut *s.m.* astronaut, spaceman,
cosmonaut.

astronautică *s.f.* astronautics.

astronom *s.m.* astronomer.

astronomic *adj. şi fig.* astronomic(al).

astronomie *s.f.* astronomy.

astru *s.m.* heavenly body; *(stea)*
star; *(planetă)* planet; *înv.→*orb.

astupa I. *vb. tr. (o gaură etc.)* to
stop up, to plug; *(o sticlă, cu dopul)*
to cork (up); *(gura cuiva)* to stop,
fig. şi to silence *smb.*; *(urechea)* to
close; to stop up; *(a închide)* to close
up; *(a zidi)* to wall up; *(o groapă)*
to fill up; *(a înveli)* to wrap up;
(o scurgere) to choke; *(a bloca)*
to block; *(o ţeavă)* to stop, to
obturate; *(a bara)* to bar, to ob-

struct. **II.** *vb. refl. pas.* to be stop-
ped up etc.v. ∼ I.

astupare *s.f.* stopping up etc. v.
a s t u p a. ⓐ ∼*a focurilor ist.*
curfew.

astupătoare *s.f. (capac)* lid; cover;
(dop) cork, stopper, choke.

astupuş *s.n.* v. a s t u p ă t o a r e.

asuda *vb. intr.* **1.** to sweat, to per-
spire. **2.** *(a se aburi)* to steam, to
become damp/misty, to be covered
with steam; *(a scoate aburi)* to
steam. **3.** *fig.* to toil, to grind, to
drudge.

asudat *adj.* sweaty, damp with
perspiration, in a sweat, in a bath of
perspiration; *(d. mîini)* clammy.

asuma *vb. tr.* to assume, to take
upon oneself. ⓒ *a-şi* ∼ *răspunde-
rea/responsabilitatea* to assume the
responsibility; *a-şi* ∼ *riscul* to
run/incur/assume the risk.

asupra *prep.* **1.** *(peste)* over. **2.**
(despre) about, on, concerning.
3.←*înv. (împotriva)* against;
(faţă de) towards; for; *(spre)* to.

asupri *vb. tr.* to oppress, to grind/
bear/weigh down; *(a nedreptăţi)* to
wrong; *(a exploata)* to exploit.

asuprire *s.f.* oppression; exploitation.

asuprit I. *adj.* oppressed; ground/
borne down, downtrodden. **II.** *s.m.*
oppressed man; *pl. asupriţii* the
oppressed, the downtrodden; the
victims of fortune.

asupritor I. *s.m.* oppressor, tyrant,
autocrat; exploiter. **II.** *adj.* op-
pressive, oppressing.

asurzi I. *vb. intr.* to grow deaf;
(brusc) to lose one's hearing. **II.**
vb. tr. **1.** to make deaf, to deafen. **2.**
fig. to deafen, to split *smb.'s* ear(s).

asurzire *s.f.* deafening.

asurzitor *adj.* deafening.

aş[1] *aux.* should; would. ⓒ *eu* ∼
merge I should *sau* would go.

aş[2] *interj.* F not at all! by no means!
not in the least! not by a long chalk!
not half! *(prostii!)* F stuff and
nonsense! fiddlesticks!

aşa I. *adj.* such; of this kind/sort
ⓐ ∼ *ceva* the like (of it); such a
thing; *(asta)* this; it; ∼ *şi* ∼ so so,
betwixt and between. ⓑ *în* ∼ *fel încît
să...* in such a way as to...; *mai* ∼ not

very good, not very beautiful etc.
II. *adv.* **1.** so; *(astfel)* thus, in this
way, like this; *(în felul următor)*
in the following way; *(după cum
urmează)* as follows. **2.** *(întocmai)*
F that's it/the thing/the stuff! it
is so!, *(bine)* F there (you are)!,
(desigur) of course, certainly; *(te
asigur)* I assure you, depend on it.
3. *(la întîmplare)* at random;
(oricum) anyhow. **4.** *(interogativ)*
really? indeed? ⓐ ~ *că...* so that;
~ *de ...* so... good a child etc.; ~
de ... ca şi... as... as...; ~ *de mult* so
much; *(temporal)* so long; ~ *de pildă*
thus for instance; ~ *şi* ~ so so,
tolerably, middling, nothing/not
much to boast/to speak of, betwixt
and between; ~*-zisul* the so-called
...,the would-be...,the self-styled...
ⓑ *cînd* ~, *cînd* ~ now this
way, now that; now one way, now
another; *cum* ~? how so? how is
that? how do you mean? *nu* ~ *de
... not* so ...; *nu* ~ *de... ca...* not so
...as ...; *nu-i* ~? *v. exemplele din* ⓒ;
şi ~ *mai departe* and so on (and so
forth); et caetera; *şi tot* ~ *şi...* and
so do..., and so is... etc. ⓒ ~ *a
fost să fie* it was fated to be; ~
cred I believe/think so; that's
what I think about it; ~ *cum...*
as...; in the way...; ~ *mă gîndeam
şi eu* I thought as much; ~ *e*?
v. n u - i ~?; ~ *e bine* that's
right, quite right; *dacă e* ~ if
(that be) so, if that is true/the case;
if it comes to that; *e mai bine* ~
it is better as it is; *nu e* ~ that
is not so/the case; *nu mai e* ~ it
is not so any longer; ~ *se face că...*
thus/so it came about that..., that
is why..., hence it is...; ~ *o fi* may-
be, perhaps; ~ *să fie!* let it be so!
be it so; ~ *fiind* this being the
case; *e un elev bun, nu-i* ~? he is a
good pupil, isn't he? *nu e un băiat
bun, nu-i* ~ ? he is not a good boy,
is he? *îl cunoaşteţi, nu-i* ~ ? you
know him, don't you? *nu-l cunoaş-
teţi, nu-i* ~? you don't know
him, do you? *dacă o iei* ~ if you
take it that way, if you feel like
that about it; ~ *se întîmplă ade-
sea* it often happens so; ~ *(mai)*

merge that will do, that's better;
~ *se pare* it seems so, it seems like
it; ~ *te porţi cu mine?* is this the
way you treat me? *de ce te porţi* ~?
why do you behave like that? ~
sînt eu that is my nature/way, I
was made like that; ~ *sînt oame-
nii* that's what they are like, that
is how (the) people are; ~ *spunea
(el)* that is what he said; *nu i
s-a spus* ~ *niciodată* he was never
called that/so; ~ *stau lucrurile* it
is like this, this is how matters
stand; that is the way things are;
dacă ~ *stau lucrurile* if things are
so, if such is the state of affairs, if
things are in that condition; *n-am
mai văzut* ~ *ceva* I never saw any-
thing like it, I never saw the like of
it; *nu se vorbeşte* ~ that is not the
way to speak; ~*(care) va să zică!*
oh, that is what you mean, is it?
~ *ziceam şi eu* I thought as much;
~ *zicînd* so to speak, as it were.
la ~ *ceva nu m-am aşteptat* I didn't
think of that; this is more than I
bargained for; *dacă e vorba pe* ~
if it comes to that. **III.** *interj.* all
right; FO.K.! fine! that's it!
that's the ticket; there (you are)!

aşadar *adv. (deci)* therefore, hence,
consequently; so; *(astfel)* thus, in
this way.

aşchia *vb. tr. şi refl.* to split, to
splinter, to (be) cut.

aşchie *s.f.* chip, sliver; *care intră
sub unghie)* splinter.

aşchiere *s.f.* splinting, splintering.

aşeza I. *vb. tr.* **1.** *(pe cineva)* to seat,
to give/offer a seat to, to make
smb. sit down, F to sit *smb.* down.
2. *(a plasa)* to place; *(a aranja)*
to arrange; *(a pune)* to put, to
set, to lay; to bestow; *(în or-
dine)* to put in order; *(lemne)*
to stow; *(grămadă)* to pile; *(în
stive)* to stack; *(şine etc.)* to lay.
3. *(a ridica)* to raise, to erect; *(a
construi)* to build; *(a face)* to make;
(un cort) to pitch. **4.** *(a întemeia)*
to found, to set up; *(a organiza)*
to organize, to set up. **5.** v.
c ă p ă t u i I. **6.** *(a fixa)* to
fix; *(a stabili)* to establish. **7.** *(a*

limpezi) to clarify. **II.** *vb refl.* **1.** *pas.* to be placed etc. v. ~ I. **2.** *(pe scaun etc.)* to sit down, to seat oneself, to take a seat; *(a se instala comod)* to make oneself comfortable. **3.** *(în rînd)* to draw/line up. **4.** *(a se stabili)* to settle (down). **5.** *(d. casă, teren etc.)* to settle, to subside. **6.** *(d. precipitații)* to fall; *chim.* to fall out. **7.** *(a poposi)* to make a halt. **8.** *(a se potoli)* to calm down. **9.** *(a începe)* to begin, to start. ⓐ *a se* ~ *pe...* *fig.* to set to *(cu forme în -ing)* to apply oneself to..., to settle down to... ⓒ *a se* ~ *în pat* to go to bed; *a se* ~ *la masă* to sit down to table; ~*ți-vă!* sit down! take a seat! be seated!

așezare *s. f.* **1.** *(ca acțiune)* seating etc. v. a ș e z a. **2.** *(situație)* position, *amer.* location. **3.** settlement; *(loc)* place; *(locuință)* dwelling; *(casă)* house. **4.** *(orînduire)* system.

așezat I. *adj.* **1.** situated; seated etc. v. a ș e z a. **2.** earnest, serious, reliable; quiet; wise; reasonable, sober-minded; sensible; calm. **II.** *adv.* seriously etc. v. ~ I, 2.

așezămînt *s.n.* institution; establishment.

așijderea *adv.* also, too, likewise.

aștepta I. *vb. tr.* **1.** to wait for, to await; *(cu nerăbdare)* to look forward to; *(a se* ~ *la)* to expect. **2.** v. p ă s u i. **3.** *(a spera în)* to hope for. ⓒ *a căzut la examen după cum era și de* ~*t* he failed in his exam all right; *e* ~*t în astă seară* he is expected tonight, he is expected/supposed to come tonight, we're expecting him tonight; *te aștept mîine* I'll be waiting for you tomorrow, I shall book you for tomorrow. **II.** *vb. refl.* ⓐ *a se* ~ *la...* to expect... ⓒ *e mai mult decît m-am* ~*t* it's more than I expected/I bargained for. **III.** *vb. intr.* to wait. ⓒ *așteaptă puțin* wait a little, P F (wait) half a mo; *a* ~ *degeaba* to wait in vain, F→to cool one's heels; *după cum era de* ~*t* according to expectation.

așteptare *s.f.* **1.** waiting. **2.** *pl. fig.* expectations, hopes. ⓑ *contrar*

așteptărilor contrary to expectation; *cu mult peste așteptări* far better than expected; *contrar tuturor așteptărilor* contrary to all expectation; *în* ~ in abeyance; *în* ~*a (cu gen.)* in anticipation of..., in the expectation of...; *în* ~*a răspunsului dvs.* awaiting your reply, looking forward to your reply; *a întrece toate așteptările* to exceed all expectation(s); *într-o* ~ *continuă* in constant expectation; *sală de* ~ waiting room; *corespunde așteptărilor noastre* it has come up to our expectations; *a întrece toate așteptările* to exceed all anticipation, to surpass anticipations.

așteptat *s.n.* waiting.

așterne I. *vb. tr.* **1.** *(a întinde pe jos etc.)* to spread (out), to lay. **2.** *(a scrie)* to write, to put down. **3.** *(a trînti)* to knock down. ⓒ *a* ~ *fața de masă* to lay the cloth; *a* ~ *masa* to lay the table, to lay dinner/supper etc.; *a* ~ *patul* to make the bed; *a* ~ *pe hîrtie* to commit to paper. ⓓ *cum îți vei* ~ *așa vei dormi* as you make your bed, so you must lie upon it. **II.** *vb. refl.* **1.** to spread. **2.** *(d. zăpadă etc.)* to fall. ⓐ *a se* ~ *pe...* v. a se a ș e z a pe.

așternut *s.n.* **1.** bed clothes. **2.** *(strat)* layer, stratum. **3.** *tipogr.* blanket. **3.** *(culcuș)* bed(ding). ⓒ *a cădea la* ~ to fall ill, to be taken ill.

atac *s.n.* **1.** attack, onslaught, onset; *(asalt)* assault; *(ofensivă)* offensive. **2.** *fig.* attack. **3.** *med.* fit; *(ușor)* touch; apoplexy, apoplectic stroke; *(de gută)* attack, touch, go. ⓐ ~ *armat mil.* armed attack; ~ *prin surprindere mil.* surprise attack. ⓒ *a porni un* ~ to launch/start an attack.

ataca I. *vb. tr.* **1.** *mil.* to attack, to assail; to set upon. **2.** *(d. acizi)* to attack, to bite/eat into; *(d. boli)* to attack; to affect. **3.** *(a începe)* to begin, to start, to tackle; to attack. **II.** *vb. intr.* to attack.

atacabil *adj.* *(d. o părere etc.)* contentious, contestable, assailable, disputable; *(d. un codicil etc.)* open to attack.

atacares *.f.* attacking etc. **v. a t a c a.**

atacat *adj.* **1.** attacked, assailed. **2.** *(la plămîni)* consumptive, wasted.

atacator *s.m.* assailant, attacker.

ataman *s.m.* **1.** chief fisherman. **2.** *ist.* hetman.

ataraxie *s.f. med.* ataraxia, ataraxy.

atare *adj.* such. ⓐ *ca* ~ ... **a.** as such. **b.** *(deci)* therefore..., consequently..., accordingly... ⓒ *e un impostor şi trebuie tratat ca* ~ he's an impostor and must be treated as such.

ataş *s.n. auto.* side car, buddy seat.

ataşa I. *vb. tr.* to attach. **II.** *vb. refl.* ⓐ *a se* ~ *de...* **a.** to be attached to... **b.** to become attached to..., to become fond of...

ataşabil *adj.* attachable.

ataşament *s.n. (pentru/faţă de)* attachment (to), affection (for).

ataşare *s.f.* attaching.

ataşat *s.m.* attaché. ⓐ ~ *cultural* cultural attaché; ~ *militar* military attaché.

atavic *adj.* atavistic.

atavism *s.n.* atavism.

atebrină *s.f. chim.* atabrine.

ateism *s.n.* atheism.

ateist *adj.* atheistic(al).

atelaj *s.n.* team; pair *sau* pairs of horses, oxen etc,; *(harnaşament)* harness.

atelă *s.f. med.* splint.

atelier *s.n.* **1.** (work)shop, workroom; *(de fabrică)* department. **2.** *(de pictor etc.)* studio. **3.** *(muncitorii dintr-un* ~*)* shop/workroom staff. **4.** *fig.* workshop. ⓐ ~ *de reparaţii* repair(ing) shop/workshop; ~ *de turnătorie metal.* casting, house; ~ *plutitor nav.* repair ship.

atemporal *adj.* without relation to time, epoch etc.

atemporalitate *s.f.* absence of references to time, epoch, etc.

atenansă *s.f.* dependency.

ateneu *s.n.* athenaeum.

atenian *adj., s.m.* Athenian.

atent I. *adj.* **1.** *(la)* attentive (to), heedful (of), careful (of); mindful *(of)*; *(d. o cercetare)* careful, searching, thorough; *(acurat)* accurate. **2.** *(curtenitor)* courteous; *(amabil)* amiable; *(grijuliu)* considerate. ⓒ *nu eşti* ~*!* you are not attending! *a fi* ~ *la...* to pay attention to...; to take care of...; to mind...; to apply oneself to... *fii* ~*!* have a care! look out! **II.** *adv.* attentively etc. **v.** ~ **I.**

atenta *vb. intr. a* ~ *la...* *fig.* to encroach/infringe on/upon... ⓒ *a* ~ *la viaţa cuiva* to make an attempt on smb.'s life.

atentat *s.n.* **1.** *(la)* attempt (upon), assault (upon); outrage. **2.** *fig. (la)* encroachment (on/upon). ⓐ ~ *la bunele moravuri jur.* immoral offence. ~ *la pudoare* indecent assault. ⓒ *a săvîrşi un* ~ *la viaţa cuiva* to make an attempt (up)on smb.'s life.

atentator *s.m.* would-be assassin.

atenţie I. *s.f.* **1.** *psih.* attention. **2.** attention, heed; note, notice; *(grijă)* care. **3.** *fig.* kindness, consideration; *(cadou)* present. **4.** *interjecţional* look out! take care! have a care! be careful! ⓐ ~ *la tren* beware of the trains! ~ *la treaptă* mind the step! ~ *vopsit!* mind the paint. ⓑ *cu* ~ attentively; carefully; accurately; *în atenţia cititorilor* advertisement to the reader. ⓒ *a acorda* ~ **v. a** d a ~; *a atrage cuiva atenţia (ca avertisment)* to put smb. on his guard; *(d. ceva)* to attract smb.'s attention/notice; to catch smb.'s eye; < to engross/rivet/compel smb.'s attention; *a atrage cuiva atenţia asupra (cu gen.)* to call/draw/direct smb.'s attention to smth., *(a-i arăta ceva)* to point smth. out to smb.; *a da/acorda* ~ *(cu dat.)* to pay attention (to), to take heed/notice (of), to give/pay heed (to); *a da* ~ *cuiva* to give (one's) attention to smb.; *a nu da/acorda* ~ *(cu dat.)* not to pay attention to, to take no account of; *nu da nici o* ~ *(cu dat.)* do not take any notice of..., never mind...;

a distrage atenţia cuiva de la... to distract/divert smb.'s attention from...; *a-şi îndrepta atenţia asupra (cu gen.)* to turn one's attention to; to concentrate/fix/focus one's attention on...; *a fi plin de atenţii faţă de cineva* to show smb. much attention; *a scăpa ~i cuiva* to slip/escape smb.'s attention. **II.** *interj.* careful! (pay) attention! *inv.* beware; *sl.* nix!

atenua *vb. tr.* to attenuate; *(o pedeapsă, urmări etc.)* to mitigate; *(a micşora)* to lessen, to diminish; *(durerea)* to alleviate; *(gravitatea unei fapte)* to extenuate; to render less grave; *(forţa avîntului etc.)* to break.

atenuant *adj.* ⓘ *circumstanţe ~e jur.* extenuating/palliating circumstances.

atenuare *s.f.* attenuation etc. v. **a t e n u a.**

aterină *s.f. iht.* atherine *(Atherina hepsetus).*

ateriza *vb. intr. av.* to land, to alight.

aterizaj *s.n.* v. **a t e r i z a r e.**

aterizare *s.f. av.* landing, alighting. ⓐ *~ forţată* forced/emergency landing. ⓑ *teren de ~* landing ground; *tren de ~* undercarriage.

ateroscleroză *s.f. med.* atherosclerosis.

atesta *vb. tr.* to attest, to certify.

atestare *s.f.* attestation.

atestat *s.n.* certificate.

ateu *s.m.* atheist.

atic *adj.* Attic.

atică *s.f. arhit.* attic (storey).

aticism *s.n.* Atticism, atticism.

atingător *adj.* **1.** *(jignitor)* hurtful, vexatious, offensive. **2.** *(înduioşător)* touching, moving, pathetic.

atinge I. *vb. tr.* **1.** to touch; *(la suprafaţă)* to brush (against); *(a se lovi de)* to knock (against). **2.** *(a deranja)* to disturb, to trouble. **3.** *(a ajunge la)* to reach; *(un nivel)* to reach; *(un scop)* to achieve, to gain, to attain; *(a realiza)* to achieve. **4.** *fig. (a mişca)* to move, to touch, to affect; *(a jigni)* to offend, to hurt; *(a răni)* to wound. **5.** *fig. (a privi)* to concern, to affect. **6.** *fig. (a*

menţiona) to touch (upon). **7.** *fig.* F v. **p o c n i.** ⓒ *a-şi ~ scopul/ ţinta* to attain one's object; *a ~ ţărmul nav.* to win shore; *~-mă cu zece lei* F chuck me a tenner. **II.** *vb. refl.* to be in contact; to be contiguous. ⓐ *a se ~ de...* to touch...

atingere *s.f.* **1.** touching etc. v. **a t i n g e. 2.** touch; contact. **3.** *(ştirbire)* prejudice; damage; detriment. ⓒ *a aduce o ~ (cu dat.)* to cause/do damage to...; *a intra/ ajunge în ~ cu...* to come into contact with...

atins *adj.* touched etc. v. **a t i n g e.** ⓐ *~ de...* suffering from...

atitudine *s.f.* **1.** *(faţă de)* attitude (towards). **2.** *(a corpului)* attitude, posture. ⓒ *a lua ~* to take up an attitude.

atîrna I. *vb. intr.* **1.** to hang; *(a fi atîrnat)* to be suspended; *(în jos)* to hang down. **2.** *(a cîntări)* to weigh; *(a valora)* to be worth. ⓐ *a ~ de...* **a.** to hang from... **b.** *(a depinde de)* to depend on... **II.** *vb. tr.* to hang (up) ⓐ *a ~ pe funie* to hang on/upon the line. **III.** *vb. refl. pas.* to be hung etc. v. **~ I.**

atîrnare *s.f.* **1.** hanging (position). **2.** *(dependenţă)* dependence, dependency.

atîrnătoare *s.f.* v. **a g ă ţ ă t o a r e 2.**

atît I. *adj. nehot.* v. **a t î t a I. II.** *adv.* so much; so long, so dearly etc. v. şi **a t î t a III.** ⓐ *~ că...* only...; with the (only) difference that...; *~ cît* as much as...; as far as...; *~... cît şi...* both... and ...; *~ de...* so... ⓑ *cu ~ mai mult* so much the more; *cu ~ mai mult cu cît...* the more so as..., especially as..., doubly so as...; *cu ~ mai puţin* so much the less; *cu ~ mai rău* so much the worse; *încă o dată pe ~* as much again, twice as much; *într-~* to such an extent; *nu ~ cît...* not so much for (this reason etc.)... as for (the other); (it's this) rather than...; *tot ~ de...* as...; *tot ~ de... ca (şi)...* as... as...; *tot ~ as much* (again); *tot* ~ *cît și...* as much (...) as... *nu* ~ *de...* not so/as...; *nu* ~ *de... ca...* not so/as... as...; *a nu fi* ~ *de... încît/ca să...* not to be so... as to. ⓒ *fă* ~ *cît poți* do as much as you can; *sînt cu* ~ *mai surprins, cu cît...* I am all the more surprised as...; *o să-ți vină cu* ~ *mai ușor, cu cît...* it will be (all) the easier for you as...

atîta I. *adj. nehot.* 1. so much; so long etc.; *atîția* so many. 2. *(singurul)* the only/sole/unique. ⓐ ~ *pagubă!* F never mind! so much the better! good riddance to bad rubbish! ~ *timp...* for so long (a time); ~ *timp cît...* as/so long as... ⓑ *de atîtea ori* so often; *pentru* ~ *lucru* for so little. II. *pron. nehot.* 1. so much; *(temporal)* so much time, for so long a time. 2. *atîția* so many (people). 3. *atîtea* so many things. 4. *(numai atît)* no more. F→this/that much. ⓐ ~ *tot!* that's (about) all! III. *adv.* so much etc. v. a t î t. ⓑ *încă pe* ~ as much again; as many again. ⓒ ~ *mi-a fost* F that's the end of me; ~ *mai lipsea!* F that's the last straw! that crowns (it) all!

atîtea I. *adj.* so many. II. *pron. fem. și neutru pl.* so many; so many things.

atîtica *adj.* F a wee little/lil bit. ⓑ *nici* ~ F not a jot/whit. ⓒ *erai numai* ~! F you were a chit of a girl *sau* a slip of a boy.

atîți *adj.* so many.

atîția I. *adj.* so many. II. *pron. masc. pl.* so many (people).

atlant *s.m.* Atlas, *pl.* Atlantes, *arhit.* atlantes.

atlas *s.n.* 1. *(geografic)* atlas, book of maps/plates; *(istoric etc.)* atlas. 2. *anat.* atlas.

atlaz *s.n.* Indian satin.

atlet *s.m.* athlete.

atletic *adj.* athletic, agonistic.

atletică *s.f.* athletics. ⓐ ~ *ușoară* light athletics, track-and-field athletics/events.

atletism *s.n.* athleticism; athletics.

atmosferă *s.f.* 1. *și fig.* atmosphere; *(aer)* air; *(ambianță)* environment. 2. *fiz.* atmosphere; atmo.

atmosferic *adj.* atmospheric, air... ⓑ *perturbații* ~*e tel.* atmospherics; *presiune* ~*ă* air pressure.

atmosferiza *vb. tr.* 1. to weather. 2. *fig.* to air.

atmosferizat *adj. fig.* airy, breezy.

atoate... v. a t o t. ...

atol *s.m.* atoll, coral island.

atom *s.m.* atom. ⓐ ~ *de uraniu* uranium atom; ~ *marcat* tagged/labelled atom; ~ *trasor* tracer atom.

atomic *adj.* *(d. greutate, teorie etc.)* atomic; *(d. bombă etc.)* atom... ⓑ *arme* ~*e* atomic/nuclear weapons; *bombă* ~*ă* atom-bomb, A-bomb; *era* ~*ă* the atomic age.

atomism *s.n.* 1. *filoz.* atomism. 2. *chim.* the atomic theory.

atomist I. *adj.* atom... II. *s.m.* 1. *filoz.* atomist. 2. *fiz.* atomist/nuclear physicist/expert.

atomiza *vb. tr.* to atomize; to spray.

atomizator *s.n.* atomizer, spray(er).

aton *adj. anat., fon.* atonic.

atonalism *s.n. muz.* atonalism.

atonalitate *s.f. muz.* atonality.

atonie *s.f. anat.* atony.

atotbiruitor *adj.* all-conquering.

atotcuprinzător *adj.* all-inclusive/-embracing.

atotprevenitor *adj.* all-too-cautious.

atotputernic I. *adj.* all-powerful, omnipotent. II. *s.m. Atotputernicul* God Almighty, Almighty God.

atotputernicie *s.f.* almightiness, omnipotence.

atotștiutor I. *adj.* omniscient. II. *s.m. glum.* hepcat.

atotvăzător *adj.* all-seeing.

atractiv *adj.* *(atrăgător)* attractive; *(distractiv)* entertaining, diverting; *(plăcut)* pleasant; v. *și* a t r ă-g ă t o r.

atracție *s.f.* 1. attraction, pull. 2. *fig.* attraction, attractiveness, appeal. 3. *pl. fig.* amusements. ⓐ ~ *moleculară* molecular attraction, cohesive force; ~ *universală* gravitation. ⓑ *forță/putere de* ~ appeal, attraction, attractiveness; *număr de* ~ special number/act.

atrage I. *vb. tr.* **1.** *(d. magnet, soare etc.)* to attract, to draw. **2.** *fig.* to attract, to draw; *(a momi)* to lure, to entice; *(a ispiti)* to prompt; *(a cîştiga)* to win. ⓐ *a-şi* ~... to draw... upon one; *(ura, blamul)* to incur...; *(critica, elogiile)* to come in for...; *(mînia)* to bring down *smb.'s*... upon one, to draw down the lightning; *a* ~ *asupra (cu gen.)* to bring down... upon... ⓒ *a* ~ *după sine* to entail. **II.** *vb. refl. reciproc* to attract one another.

atragere *s.f.* attracting, attraction etc. v. a t r a g e.

atrăgător I. *adj.* attractive, winning; winsome; *(ademenitor)* alluring, inviting; appealing; appetizing; *(distractiv)* entertaining, diverting; *(plăcut)* pleasant, agreeable; *(frumos)* beautiful. **II.** *adv.* attractively etc. v. ~ I.

atribui I. *vb. tr.* **1.** *(cu dat.)* to assign (to), to allot (to); *(a acorda)* to confer (on), to bestow (on); *(un rol, teatru)* to cast *smb.* for... **2.** *(o faptă, o intenţie etc.)* *(cu dat.)* to attribute (to); to ascribe (to), to put/set down (to); *(un proiect etc.)* to credit *smb.* with..., *(în sens negativ)* to fasten... on *smb.* ⓐ *a-şi* ~... to assume..., to claim..., to arrogate... to oneself. **II.** *vb. refl. pas.* to be assigned etc. v. ~ I.

atribuire *s.f.* assigning etc. v. a t r i b u i.

atribut *s.n.* **1.** attribute; *(calitate)* quality; *(simbol)* symbol; *(semn)* sign; *(emblemă)* emblem, hall-mark. **2.** *gram.* attribute.

atributiv *gram.* **I.** *adj.* attributive. **II.** *adv.* attributively.

atribuţie *s.f.* prerogative, competence, powers; *(domeniu)* province; *(însărcinare)* task; obligation.

atrium *s.n. ist.* atrium.

atroce I. *adj.* atrocious, heinous. **II.** *adv.* atrociously, heinously.

atrocitate *s.f.* **1.** atrociousness. **2.** *(ca act)* atrocious act, atrocity; dreadful thing, horrible deed/crime.

atrofia *vb. tr. şi refl.* to atrophy.

atrofiat *adj. med.* atrophied.

atrofie *s.f. med.* atrophy.

atrofiere *s.f.* atrophying; atrophy.

atropină *s.f. chim.* atropin(e).

atu *s.n. şi fig.* trump; *fig.* the best card.

atunci *adv.* **1.** then, at that time; in those times. **2.** *(deci)* (well) then; consequently; so; therefore. **3.** *(în acest caz)* in that case, then. ⓐ ~ *cînd*... when ... at a time when... ⓑ *chiar/tocmai* ~ just then; *chiar* ~ *cînd*... even when...; at the very moment (when)...; *de* ~ since (then), since that time; *pe* ~ then; about that time; *pînă* ~ till/until then; *şi* ~? and what then? *tot* ~ at the same time; simultaneously.

aţă *s.f.* **1.** *(în diferite sensuri)* thread. **2.** *bot.* fibre, thread, filament. ⓑ *ca pe* ~←F directly, straight; *cusut cu* ~ *albă* ←F obvious, easily seen through; *din fir pînă in* ~ F the long and the short of it; *mai mult* ~ *decît faţă* threadbare; *nici cît un fir de* ~←F nothing at all; *pînă la un fir de* ~ F to a hair/nicety. ⓒ *a întinde aţa* to stretch the tether; *a se ţine/a sta numai într-un fir de* ~ to hang by a slender/thin thread; *e mai scumpă aţa decît faţa* the game is not worth the candle; *îl trage aţa acolo* he can't help going there, it's stronger than he. ⓓ *nu întinde aţa că se rupe* a bow too tightly strung will break.

aţică *s.f. sort of cheap cotton fabric.*

aţine I. *vb. tr.* ⓒ *a* ~ *drumul etc. cuiva* to be on the watch for smb., to be in wait for smb., to waylay smb.; *(a prinde)* to catch smb. **II.** *vb. refl.* to watch; *(a fi gata)* to be ready. ⓐ *a se* ~ *după*... **a.** to watch..., to be on the watch for... **b.** *(a urmări)* to follow...

aţinti I. *vb. tr.* **1.** to direct, to fix, to rivet; *(a concentra)* to concentrate, to focus. **2.** *(o armă)* to aim. ⓒ *a-şi* ~ *ochii asupra (cu gen.)* to fix one's eyes on...; to gaze/stare at... **II.** *vb. refl.* to stare, to look fixedly/intently.

ațintire *s.f.* directing etc. **v.**
a ț i n t i.
ațintit I. *adj.* fixed, intent, riveted.
II. *adv.* fixedly, intently.
ațipeală *s.f.* doze, drowse, forty
winks, nap.
ațipi *vb. intr.* to doze/drowse off,
to fall into a light slumber; to get
forty winks.
ațîța *vb. tr.* **1.** *(a aprinde)* to light,
to kindle; *(a înteți)* to stir, to
poke, to trim, to mend, to rake.
2. *fig.* to fan, to stir up, to add
fuel to; *(a asmuți)* to set; *(a
instiga)* to instigate, to incite.
ațîțare *s.f.* lighting etc. v. **a ț î-
ț a.**
ațîțat *adj.* stirred, fanned, set;
(instigat) incited, instigated.
ațîțător I. *adj.* instigating, insti-
gative etc. v. **a ț î ț a. II.** *s.m.*
instigator, F firebrand. ⓐ *~ la
război* warmonger, instigator/ fo-
menter of war.
ațos *adj.* fibrous.
au I. *adv.←inv.* possibly; perhaps.
II. *conj.* *(sau)←inv.* or. **III.**
interj. oh! ah!
audia *vb. tr.* **1.** *jur.* to examine,
to interrogate, to hear. **2.** *(cursuri)*
to attend. **3.** *(a asculta)* to list-
en to, to hear.
audibilitate *s.f.* audibility, audible-
ness.
audient *s.m.* unattached student,
F→tosher.
audiență *s.f.* audience. ⓒ *a fi pri-
mit în ~* to be received in audi-
ence.
audiere *s.f.* examination, hearing
etc. v. **a u d i a.**
audiometru *s.n.* audiometer.
audiovizual *adj.* audio-video.
auditiv *adj. anat.* auditory.
auditor *s.m.* listener.
auditoriu *s.n.* **1.** *(sală)* auditorium,
auditory. **2.** *(persoane)* audience,
auditory, public.
audiție *s.f.* hearing, audition; *(con-
cert)* concert. ⓑ *primă ~* first
hearing.
augment *s.n. lingv.* augment.
augmentativ *adj. lingv.* augmen-
tative.

augur I. *s.n.* augury, omen. ⓑ
de bun ~ auspicious; *de rău ~*
boding, ominous, of ill omen.
II. *s.m.* augur.
august[1] *s.m.* August.
august[2] *adj.* august, majestic.
aui *vb. intr.* v. **h ă u i.**
aulă *s.f. univ.* assembly hall,
lecture room.
aur *s.n.* **1.** gold, *chim.* aurum. **2.**
col. gold, money, wealth. ⓑ *de
~ a.* gold ... **b.** *fig. poetic* golden;
(d. cineva) (as) good as gold;
epoca de ~ the Golden Age;
mină de ~ și fig. gold mine;
miini de ~ hands of gold. ⓒ
a plăti cu ~ to pay in gold.
aurar *s.m.* **1.** goldsmith. **2.** *(bă-
ieș)* gold washer.
aură *s.f.* aura, halo.
aurărie *s.f. col.* golden ware.
aureolat *adj.* haloed.
aureolă *s.f.* aureola, glory, halo.
aureomicină *s.f.* aureomycin.
auri *vb. tr. și fig.* to gild.
auricul *s.n. anat.* auricle.
auricular *adj.* **1.** *anat.* auditory,
acoustic. **2.** *(d. martori)* auri-
cular.
auriculă *s.f. anat.* external ear.
aurifer *adj.* auriferous, gold-bearing.
aurire *s.f.* gilding.
aurit *adj.* **1.** gilded, gilt. **2.** v.
a u r i u.
auriu *adj.* **1.** golden. **2.** *fig.* golden;
bright, brilliant.
auroră *s.f.* dawn, daybreak, aurora.
ⓐ *~ boreală* Aurora Borealis,
northern lights.
ausculta *vb. tr. med.* to examine
by auscultation, to sound.
auscultație *s.f. med.* auscultation.
auspiciu *s.n. ist.* auspice. ⓑ *sub
auspiciile (cu gen.)* under the
auspices/patronage/aegis of ...; *sub
cele mai bune auspicii* under the
most favourable auspices.
auster *adj. (d. cineva)* stern; *(d.
viață)* austere; *(d. stil)* severe.
austeritate *s.f.* sternness; austerity.
austral *adj.* austral, southern.
australian *adj., s.m.* Australian.
austriac *adj., s.m.* Austrian.
austru *s.n.* southern *sau* south-
-western wind (in Romania).

aușel *s.m.* *ornit.* (gold-)crested wren, kinglet *(Regulus cristatus)*.

aut *adv.* *sport* out.

autarhic I. *adj.* autarchic(al). II. *adv.* autarchically.

autarhie *s.f.* autarchy.

autentic *adj.* authentic, genuine; *(d. o copie)* certified, exemplified.

autenticitate *s.f.* authenticity, genuineness.

autentifica *vb.* *tr.* to authenticate, to legalize, to certify.

autentificare *s.f.* authentication etc. v. a u t e n t i f i c a.

auto *adj.* motor ...; automobile...

autoadministra *vb.* *refl.* to be self--governed.

autoamăgire *s.f.* self-delusion, indulging in illusions; self-complacency.

autoapărare *s.f.* self-defence.

autoaprindere *s.f.* spontaneous combustion, self-ignition.

autobascul(ant)ă *s.f.* dump truck, tip(ping) lorry.

autobază *s.f.* mechanical transport depot, motor depot.

autobiografic I. *adj.* autobiographic(al). II. *adv.* autobiographically.

autobiografie *s.f.* autobiography; *fig.* personal record, background.

autoblindat *s.n.* armoured car.

autobuz *s.n.* bus; *(pt. curse lungi)* coach. © *a pierde ~ul* F to miss the bus.

autocamion *s.n.* (motor) lorry, load carrier, *amer.* truck.

autocamionetă *s.f.* light motor truck.

autocar *s.n.* 1. (motor) char-à-banc, (motor) coach. 2. intercity bus.

autocefal *adj.* autocephalous.

autocisternă *s.f.* (motor) tank waggon, road tank-car/tanker, *amer.* tank truck, trucktank.

autoclavă *s.f.* autoclave, sterilizer, digester.

autoconservare *s.f.* self-preservation.

autocrat *s.m.* autocrat.

autocratic I. *adj.* autocratic. II. *adv.* autocratically.

autocrație *s.f.* autocracy.

autocritic I. *adj.* self-critical. II. *adv.* self-critically.

autocritică *s.f.* self-criticism. © *a-și face autocritica* to pass self-criti-

cism one's activity, to apply self-criticism.

autodafé *s.n.* auto-da-fé; *(rel. și)* pyre, bonfire.

autodemasca *vb.* *refl.* to expose oneself.

autodemascare *s.f.* self-exposure.

autodescărcare *s.f.* tipping, self-unloading.

autodescărcător *adj.* dump (truck), tip/tipping (lorry etc.).

autodeterminare *s.f.* self-determination.

autodidact *s.m.* self-taught/-educated person, autodidact.

autodistrugere *s.f.* self-destruction.

autodrezină *s.f.* *ferov.* auto track car, rail car, track motor car.

autodubă *s.f.* motor van.

autofecundare *s.f.* *biol.* self-fertilization.

autofinanțare *s.f.* self-financing.

autoflagela *vb.* *refl.* to whip oneself.

autoflagelare *s.f.* self-flagellation.

autofurgonetă *s.f.* pick-up truck, light/small lorry.

autogară *s.f.* bus terminal.

autogenă *adj.* ① *sudură ~* autogenous welding.

autogir *s.n.* *av.* autogyro, autogiro.

autograf I. *adj.* autograph(ic). II. *s.n.* autograph.

autoguverna *vb.* *refl.* to be self--governed/-governing.

autohton I. *adj.* autochthonous, aboriginal. II. *s.m.* native.

autoimpunere *s.f.* self-taxation.

autoîncîntare *s.f.* self-admiration/-complacency/-flattery/-deception/-delusion/-deceit.

autoliniștire *s.f.* complacency.

automat I. *adj.* automatic; mechanical; *(d. aparate)* self-acting;/-moving. ① *pușcă ~ă mil.* sub-machine/F tommy gun, *amer.* machine carbine. II. *s.n.* 1. automaton; self-acting apparatus; automatic machine; *(pentru țigări etc.)* slot machine. 2. *fig.* automaton, a mere machine.

automatic *adj.* automatic.

automatism *s.n.* automatism.

automatiza *vb.* *tr.* to automatize.

automatizare *s.f.* *psih.* automatization; *(în industrie)* automation.

automobil I. *adj.* self-propelling. **II.** *s.n.* (motor) car, *amer.* automobile; *(de bîlci)* dodg'em car; *(de joacă)* go-kart. ⓐ ~ *blindat mil.* armoured car; ~ *de curse* racing car; ~ *sport* (two-seater) run about, roadster. ⓑ *fabrică de* ~ automobile/ motor works, car plant.

automobilism *s.n.* motoring, automobilism.

automobilist *s.m.* motorist.

automobilistic *adj.* motor(-car)...

automotor *s.n.* *ferov.* motorailer, motor railway engine; self-propelling railway carriage.

automulțumire *s.f.* self-satisfaction, complacency.

automutila *vb.* *refl.* to maim oneself, to inflict a wound upon oneself.

automutilare *s.f.* self-inflicted disability/wound.

autonom *adj.* autonomous, self--governing.

autonomie *s.f.* **1.** autonomy, self--government, independence. **2.** *av.* flight range.

autoobservare *s.f.* self-analysis, introspection; self-control.

autoplastie *s.f.* *med.* autoplasty, plastic surgery.

autoportret *s.n.* self-portrait, autoportrait.

autoportretizare *s.f.* description of oneself.

autopropulsat, autopropulsor *adj.* self-propelled/-propelling.

autopsie *s.f.* autopsy, post-mortem (examination).

autor *s.m.* **1.** author, maker; creator. **2.** *(al unui proiect)* contriver, promoter. **3.** *(al unei scrieri)* author, writer. **4.** *(al unei crime)* perpetrator. ⓑ *drept de* ~ copyright.

autorapid *s.n.* diesel-driven/-engined /-powered train.

autoreclamă *s.f.* self-advertisement. ⓒ *a-și face* ~ to ring one's own bell.

autoreglaj *s.n.,* **autoreglare** *s.f.* self-adjustment; automatic regulation; self-regulation.

autoritar I. *adj.* authoritative. **II.** *adv.* authoritatively.

autoritate *s.f.* **1.** authority. **2.** *pl.* authorities, F→the law. ⓑ *în mîna autorităților* in the hands of the law. ⓒ *a avea* ~ to carry (<great) authority; *a avea* ~ *asupra (cu gen.)* to have authority over ...; *a da pe mîna autorităților* to have the law of *(smb.)*; *care se bucură de* ~ of much account; *a fi o* ~ *în materie de* ... to be an authority on ...

autoriza *vb.* *tr.* **1.** to authorize; *(a permite)* to allow, to permit. **2.** *(pe cineva)* to authorize, to empower.

autorizare *s.f.* authorization etc. v. a u t o r i z a.

autorizat *adj.* authorized; *(d. o traducere etc.)* authoritative; *(serios)* reliable.

autorizație *s.f.* permit; *(de vînzare etc.)* licence.

autosanitară *s.f.* (motor) ambulance, ambulance car.

autoservire *s.f.* **1.** self-service. **2.** *(ca magazin)* self-service store; *(bufet cu* ~*)* cafeteria.

autostop *s.n.* **1.** *(stop)* traffic lights. **2.** *ferov.* block signal. **3.** hitch--hiking, hitch hike. ⓑ *cu* ~*ul* hitch hiking.

autostradă *s.f.* autostrada, motor/ arterial highway, *amer.* superhighway. ⓐ ~ *cu două benzi* dual--dual highway, dual carriage-way.

autostropitoare *s.f.* watering cart.

autosugestie *s.f.* autosuggestion.

autotipie *s.f.* *poligr.* autotypy.

autotractor *s.n.* motor tractor; agrimotor.

autoturism *s.n.* touring car, (motor) car, passenger car.

autovaccin *s.n.* autogenous vaccine.

autovehicul *s.n.* motor vehicle, autocar, power-driven vehicle.

auxiliar *adj.* auxiliary; *(suplimentar)* supplementary; *(adițional)* additional.

auz *s.n.* hearing. ⓑ *la* ~*ul (cu gen.)* on hearing ... ⓒ *a-i lua cuiva* ~*ul* to deafen smb.

auzi I. *vb.* *tr.* to hear; *(a afla)* to learn; *(a i se spune)* to be told.

ⓒ *de la cine ai ~t asta?* from whom did you hear that? *am ~t asta chiar de la ea* I have it from her own mouth; *cine a mai ~t aşa ceva?* who ever heard of such things? *am ~t că ...* I have heard/ I hear/I have been told that ...; *a nu vrea să audă ceva* to be deaf to smth.; *am ~t-o cu urechile mele* I heard it with my own ears; *a ~ un zgomot* to hear a noise. **II.** *vb. refl. pas.* to be heard; *(d. zvonuri)* to be spread abroad. ⓒ *se auzea musca* you might hear a feather/ pin drop; *se auzea că ...* it was rumoured/ reported that... **III.** *vb. intr.* to hear. ⓐ *a ~ de/despre...* to hear of ..., to get wind of ... ⓒ *aud?* F what? *nici nu vreau să aud de aşa ceva* I won't hear anything about it; *să ~m de bine!* good--bye! F so long! *nu aude de o ureche* he is deaf of one ear; *auzi!* F (just) fancy! *auzi?* do you hear? *a nu ~ bine* to be hard/dull of hearing.

auzit *s.n.* hearing. ⓑ *din ~e* by/ from hearsay.

aval[1] *s.n.* lower part of a stream; ⓑ *în ~* downstream.

aval[2] *s.n. com.* endorsement on a bill.

avalanşă *s.f.* **1.** avalanche. **2.** *fig.* avalanche, shower.

avan I. *adj.* terrible, awful; *(rău)* wicked; *(crud)* cruel. **II.** *adv.* terribly, awfully.

avangardă *s.f.* **1.** *mil.* advanced detachment/guard; vanguard. **2.** *fig.* vanguard. **3.** *lit. etc.* avant--garde. ⓑ *în avangarda (cu gen.)* in the van of ...; *de ~* vanguard..., leading; progressive, advanced, forward-looking.

avangardism *s.n.* vanguardism.
avangardist *s.m.* vanguardist.

avanport *s.n. nav.* outer harbour.

avanpost *s.n. mil.* outpost.

avanpremieră *s.f. teatru* dress rehearsal.

avans *s.n.* **1.** *com.* advance (money). **2.** *tehn.* advance; feed(ing). **3.** *pl.* advances, overtures, approaches.

4. *sport* start. ⓒ *a avea un ~ faţă de ...* to get the start of ...; *a face cuiva ~uri* to make advances/ overtures to smb.; *a respinge ~urile cuiva* to repel smb.'s advances.

avansa I. *vb. intr.* **1.** *(a înainta)* to advance, to move forward. **2.** *(a progresa)* to advance, to progress, to get on, to make headway, to go forward. **3.** *(în slujbă)* to advance, to be promoted; *(în grad)* to advance in rank. **II.** *vb. tr.* **1.** *(pe cineva)* to promote. **2.** *(bani)* to advance; to pay in advance.

avansare *s.f.* promotion etc. v. a v a n s a.

avansat I. *adj.* advanced. **II.** *s.m.* advanced student.

avanscenă *s.f. teatru* proscenium, forestage, apron.

avantaj *s.n.* advantage.

avantaja *vb. tr.* to favour. ⓒ *haina aceasta îl avantajează* he looks best in this coat.

avantajare *s.f.* favouring.

avantajat *adj.* **1.** *(faţă de)* enjoying an advantage (over); favoured. **2.** *sport* who has been given odds. ⓒ *e ~ faţă de tine* he has an advantage over you.

avantajos I. *adj.* advantageous, favourable. **II.** *adv.* advantageously, to advantage.

avantren *s.n.* fore-carriage.

avar I. *adj.* **1.** miserly, avaricious. **2.** *ist.* Avar. **II.** *s.m.* **1.** miser, niggard, F→screw. **2.** *ist.* Avar.

avaria I. *vb. tr.* to damage, to spoil. **II.** *vb. refl.* to deteriorate.

avarie *s.f.* damage, injury; accident; failure.

avariere *s.f.* damaging.

avariţie *s.f.* avarice, stinginess.

avat *s.m. iht.* rapacious carp *(Aspius aspius)*.

avea I. *vb. tr.* **1.** to have, F→ to have got; *(a poseda)* to possess, to be possessed of; *(a se bucura de)* to enjoy. **2.** *(a fi compus din)* to consist of, to be composed of. **3.** *(a purta)* to carry; *(haine)* to wear. **4.** *(a fi de o anumită înălţime etc.)* to be... high etc. **5.**

(a simţi) to feel. **6.** *(a fi autorul)* to be the author of. ⓐ *a ~ să/ de...* to have to ... ⓒ *ce ai?* what's the matter with you? *ce ai cu mine?* what do you want of me? *are 15 ani* he is fifteen (years old); *a ~ de toate* to live in affluence; *n-are nimic!* F it doesn't matter! never mind! *ce-am avut şi ce-am pierdut* good riddance to bad rubbish. **II.** *vb. aux.* to have. ⓒ *am fost* I have been; *am să mă duc* I shall go. **III.** *vb. refl.* ⓒ *a se ~ bine cu cineva* to stand well with smb., to be on good terms with smb.; *a se ~ rău cu cineva* to stand ill with smb., to be on bad terms with smb.

aventura *vb. refl.* to expose oneself, to take too many risks. ⓐ *a se ~ în...* to venture into...

aventură *s.f.* **1.** adventure. **2.** *(amoroasă)* intrigue; (love) affair. ⓐ *~ militaristă* military gamble. ⓑ *roman de aventuri* adventure novel, romance, thriller.

aventurier *s.m.* adventurer; soldier of fortune.

aventurism *s.n.* recklessness, gamble, dare-devil spirit.

aventuros *adj.* adventurous, venturesome, dare-devil.

avere *s.f.* fortune, wealth; *(bani)* money; *(bunuri)* goods (and chattels); *(proprietate)* property. ⓐ *~ imobilă* immovable property, chattels real; *~ mobilă* movable property, chattels (personal); *~ mobilă şi imobilă* movable and immovable property.

avers *s.n.* observe (of a coin).

aversă *s.f.* sudden shower, downfall, downpour.

aversiune *s.f.* *(faţă de)* aversion (to/for/from), dislike (to/for/of).

avertisment *s.n.* warning; *(înştiinţare)* notice. ⓑ *mustrare severă cu ~* severe reprimand and warning.

avertiza *vb. tr.* to warn, to caution; *(a înştiinţa)* to tell *smb.* beforehand; *(a da smb.* notice.

avertizare *s.f.* warning etc. v. a v e r - t i z a.

avertizor *s.f. tehn.* alarm signal.

aviasan *s.n.* emergency air service, ambulance plane (service).

aviatic *adj.* air ..., aircraft... ⓑ *bază ~ă* air base.

aviator *s.m.* flier, flyer, airman, aviator; pilot.

aviaţie *s.f.* aviation; *(forţă aeriană)* air force, aircraft. ⓐ *~ civilă* civil aviation; *~ de bombardament* bombing aircraft; *~ de recunoaştere* reconnaissance aircraft; *~ de transport* transport aircraft; *~ de vînătoare* fighting aircraft; *~ utilitară* utility/service aircraft. ⓑ *regiment de ~* air-force squadron.

avicultor *s.m.* poultry farmer/breeder.

avicultură *s.f.* poultry raising/farming.

avid I. *adj.* greedy, keen, eager; avid. **II.** *adv.* greedily, with avidity.

aviditate *s.f.* greed(iness); avidity, eagerness, keenness.

avion *s.n.* (air)plane, aeroplane, aircraft. ⓐ *~ cu reacţie* jet plane, rocket/jet-propelled plane; *~ de asalt* strike plane; *~ de bombardament* bomber, bombing plane; bomb carrier; *~ de pasageri* air liner, passenger aircraft; *~ de recunoaştere* scouting plane; *~ de transport* commercial/transport plane; *~ de vînătoare* fighter (plane); *~ sanitar* ambulance plane. ⓑ *prin ~* by air mail.

avionetă *s.f.* light plane/aircraft. ⓐ *~ sanitară* ambulance plane, aerial ambulance.

avitaminoză *s.f. med.* avitaminosis, vitamin deficiency.

aviz *s.n.* **1.** note; notice, notification, intimation; *com.* advice, note. **2.** *(sfat)* advice; *(părere)* opinion, reference; *(punct de vedere)* point of view.

aviza I. *vb. tr.* to give *smb.* notice; *(a avertiza)* to warn; *(a înştiinţa)* to inform. **II.** *vb. intr. (a hotărî)* to decide.

avizare *s.f.* warning etc. v. a v i z a.

avizier *s.n.* notice/bulletin/poster board.

avînt s.n. 1. (la fugă) running start; (la salt) running jump; (la plonjare) running dive; (salt) spring, bound, dash. 2. (dezvoltare) raising, development; (progres) advance, progress; (înflorire↓ec.). boom; (elan) élan, upsurge. 3. (impuls) impetus, momentum; (entuziasm) enthusiasm; (însufleţire) animation. ⓐ ~ revoluţionar revolutionary enthusiasm; ~ul continuu al economiei naţionale the continuous progress/advance/rise of the national economy. ⓑ cu ~ a. (făcîndu-şi vînt) amain. b. fig. enthusiastically; un nou~ în muncă a new upsurge in labour activity; în plin ~ in full swing of development, on the rise. ⓒ a lua ~ to gather momentum; a lua un mare ~ to advance/progress by leaps and bounds; to make great strides; a realiza un ~ rapid al producţiei agricole to bring about a rapid advance/a sharp rise in agricultural production; a munci cu ~ to work wholeheartedly/enthusiastically, to work with a will; a sări cu ~ to take a running jump; vorbea cu mult ~ he spoke with great animation.

avînta I. vb. tr. 1. to push. 2. (a însufleţi) to inspirit; (a învicra) to enliven. II. vb. refl. to rush, to dart, to dash, to soar.

avîntat adj. enthusiastic; (d. zbor) soaring; (exaltat) exalted.

avocat s.m. 1. advocate; attorney and counsellor-at-law; (pledant) barrister; (al apărării) pleader, counsel for the defence. 2. (în Anglia) (pledant de profesie la curţile judecătoreşti) advocate; (licenţiat în drept, putînd pleda în instanţe superioare) barrister; (la curţile obişnuite) counsel; (jurisconsult care îndrumează clienţii, pregăteşte dosarele pentru barristers, dar nu apare ca avocat decît în unele instanţe inferioare) solicitor; înv.→ attorney; (prost) F→pettifogger. 3. fig. advocate, champion; supporter; (intermediar) interceder; mediator. ⓑ colegiu de avo-

caţi Bar Association; corpul avocaţilor the (whole) body of barristers, the Bar. ⓒ a deveni ~ to be called to the bar; a pleda ca ~ to plead as an advocate.

avocatură s.f. legal/lawyer's profession, the Bar.

avocăţesc adj. lawyer's ..., concerning the Bar.

avocăţeşte s.f. like a lawyer.

avocăţime s.f. the (whole) body of barristers, the Bar.

avort s.n. (spontan) miscarriage; (provccat) (procured) abortion.

avorta vb. intr. to miscarry, to abort.

avorton s.m. abortion; freak, monster.

avrămească s.f. bot. v. veninariţă.

avuabil adj. avowable.

avut I. adj. well-off, rich, wealthy. II. s.n. v. avere. ⓐ ~ obştesc national/public property.

avuţie s.f. wealth.

ax s.n. 1. tehn. axle, spindle, shaft, bolt. 2. constr. beam. 3. (la pendule) staff.

axa vb. tr. şi refl. şi fig. (pe/în jurul) to centre (round).

axare s.f. centring.

axă s.f. axis. ⓐ axa y-ilor mat. y-axis.

axial adj. tehn. axial.

axilar adj. anat., bot. axillary.

axiomatic I. adj. axiomatic(al). II. adv. axiomatically.

axiomă s.f. axiom.

azalee s.f. bot. azalea.

azbest s.n. mineral. asbestos, rack wool.

azbuche s.f. fig. ABC, the three r's.

azi adv. v. astăzi. ⓐ ~-mîine one of these days. ⓑ de ~ înainte from now on, henceforth, henceforward; de ~ pe mîine from hand to mouth.

azil s.n. 1. asylum; (pentru bătrîni, săraci) alms-house. 2. fig. asylum, place of safety, refuge, shelter. ⓐ ~ de nebuni lunatic asylum; ~ de noapte night shelter, F→dosshouse; (piesa lui Gorki) The Lower Depths; ~ politic political asylum.

ⓑ *drept de* ∼ right of sanctuary.
ⓒ *a acorda* ∼ *politic* to grant political asylum.
azimă *s.f.* unleavened bread, azym(e).
azimut *s.n. astr.* azimuth.
azot *s.n. chim.* nitrogen.
azotat *chim.* **I.** *adj.* nitrogenous. **II.** *s.m.* nitrate.
azotic *adj. chim.* nitric. ⓑ *acid* ∼ nitric acid.
azotos *adj.* nitrous. ⓑ *acid* ∼ nitrous acid.
azur *s.n.* azure, blue.
azuriu *adj.* azure.

azvîrli I. *vb. tr. (a arunca)* to fling; *(afară)* to throw out; *(în sus)* to throw up. ⓛ *(bun) de* ∼*t* not worth a fig/a rap, not fit for a dog. ⓒ *nu e de* ∼*t* F it's not half bad, not so dusty. **II.** *vb. refl. (a se arunca)* to fling oneself. **III.** *vb. intr. (d. animale)* to kick. ⓐ *a* ∼ *cu* ... v. a r u n c a cu...
azvîrlire *s.f.* flinging etc. v. a z - v î r l i.
azvîrlită *s.f.* ⓒ *a da de-a azvîrlita cu* to toss up and down.
azvîrlitură *s.f.* throw. ⓑ *la o* ∼ *de băț* at a stone's throw.

Ă

A, ă *s.m.* the second letter of the Romanian alphabet.
ăi(a) *adj. dem. masc. pl., pron. dem. masc. pl.* F. v. c e i.
ăl *adj. dem., pron. dem.* F. v. c e l.
ăla *adj. dem. masc. și neutru, pron. dem. masc. și neutru* F. v. a c e l a.

ălălalt *pron. dem. masc.* F. v. c e l ă - l a l t.
ăst *adj. dem.*←*înv.* v. a c e s t.
ăsta *adj. dem., pron. dem.* ← F v. a c e s t a.
ăstălalt I. *adj. dem.*←F this. **II.** *pron. dem.* ←F this one.
ăștia *adj. dem. masc. pl., pron. dem. masc. pl.* F v. a c e ș t i a.

B

B, b *s.m.* B, b the third letter of the Romanian alphabet.

ba *adv.* **1.** *(nu)* no, *înv.*→nay; <oh no! no sure! indeed/certainly not! (no!) a thousand times no!; *(dimpotrivă)* on the contrary; *(nicidecum)* by no means, on no account; *(deloc)* not at all. **2.** *(da)* oh yes; of course I do etc.; yes, yes! To be sure; indeed, I shall etc.; I am, etc., though; *(politicos)* I beg your pardon, to be sure, without doubt; F rather; **3.** *(mai mult decît atît)* moreover, *înv.*→ nay. ⓐ ~ ... ~ ... now ... then ..., now ... now ..., alternately, by turns, half ... half ...; ~ *aici*, ~ *acolo* now here, now there; ~ *bine că nu!* (oh) yes, certainly! F (why) to be sure! sure enough! by all means! I daresay! shouldn't I? rather! didn't I just ...?; ~ *că chiar (nicidecum)* by no means! *(spune-i lui mutu)* F tell it to the marines! *(e posibil?)* can it be true? *(nu se poate)* you don't say so! F just fancy! *(nici n-am pomenit aşa ceva)* well, I never!; ~ *chiar ... even...*; ~ *de ce nu?* (and) why not?; ~ *din pricina... (cu gen.)* what with ... and with...; ~ *încă/chiar/şi/ce zic* and what is more; *(pe lîngă asta)* besides; ~ *încoace*, ~ *încolo* here and there, to and fro, now to the right, then to the left; ~ *nu* a. oh no! **b.** *(nicidecum)* by no means (whatever), not at all; ~ *tu*, ~ *tu!* ditto, brother smut!; ~ *una*, ~ *alta* first this thing then that. ⓑ *da ori* ~ yes or no. ⓒ *a răspunde* ~ to answer in the negative; *a spune* ~ not to agree/consent; to object;

~ *unii mai spun că ... moreover,* some say that ...; *mergi ori* ~? do you go or not?; *N-a făcut el asta? — Ba da* "Didn't he do that?" "Indeed he did."; — *Sper că nu te grăbeşti. — Ba da.* "You are not in a hurry I hope?" "I am, though."

baba *s.f. nav.* mooring, bitts, bollard.

babac(ă) *s.m.* **1.** F dad, pop; *pl.* the old folks. **2.** *sl. înv.* a 1,000 lei banknote. ⓒ *trai, neneaco, cu banii babachii aprox.* to live in clover/ on the fat of the land.

babalîc *s.m.* F *peior.* dry old stick, old dugout/crock.

baban *adj.* F king-size, whacking, thumping, sizable, considerable.

babă *s.f.* **1.** old woman, mother. **2.** *peior.* dam, gossip, crone, F old hag, harridan; *(apelativ)* matron, P gammer, my dear old woman, F grandma, granny, dame; *(fără dinţi)* F old mother Gum. **3.** *(d. un bărbat) peior.* milksop, a regular old woman. **4.** *(soţie)* F my old lady, my mistress/Missis, rib; *(baba lui)* F his good lady; *(apelativ)* F wifie, (dear) old girl. **5.** *(bunică)*←*reg.* grandmother. **6. Babele** *the first 9 or 12 days of March when, according to the popular belief, Baba Dochia shakes off her furcoats one by one.* **7.** *(grindă de lemn)* wooden beam. **8.** *iht.* miller's thumb, (river) bullhead *(Cottus gobio).* **9.** *(copcă)* hook. **10.** *constr.* crossbeam. ⓐ *baba gaia* follow my leader; *baba hîrca/cloanţa* a. *peior.* F beldam(e), harridan, hellcat. **b.** *(vrăjitoare)* witch, *peior.* hag; *baba mija* hide-and-seek;

baba-oarba blindman's buff; ~ *şi 'noş (copci)* hook and eye. ① *ctinele-babei entom.* slater, sow bug *(Oniscus asellus)* ; *colţul-babei bot.* caltrap, caltrop *(Tribulus)* ; *zilele babei/babelor* v. 6. ⓒ *a se juca de-a baba-oarba* to play at blindman's buff; *îşi scutură Baba Dochia/baba cojocul* P Mother Carey is plucking her geese; *ce mi-e baba Rada, ce mi-e Rada baba* F it is six of one and half a dozen of the other, < there is not a pin to choose between them.

babbit *s.n. met.* babbitt.

babetă *s. f.* 1. crone, (fussy) old woman. 2. *(pentru copii)* v. b a v e t ă.

babeţică *s.f.* v. b a v e t ă.

babic *s.n. kind of flat-shaped highly-seasoned mutton salame.*

babilonian *adj. ist.* Babylonian.

babilonie *s.f.* Babel, chaos; *(zarvă)* confused noise, hubbub, F row, hullabaloo.

babiţă *s.f.* 1. *ornit.* common pelican *(Pelecanus onocrotalus).* 2. *bot.* female agaric *(Polyporus ignarius).* 3. *bot.* male agaric *(Polyporus fomentarius).*

baboi *s.m. iht.* 1. (European) perch *(Perca fluviatilis).* 2. *(peşte mărunt)* (fish) fry.

babord *s.n. nav.* port, larboard.

babornriţă *s.f. (babă)* F old hag, harridan.

baboşe *s.f. ornit.* v. b a b i ţ ă 1.

babuin *s.m. zool.* baboon *(Cynocephalus).*

babuşcă *s.f. iht.* 1. roach, red eye *(Leuciscus rutilus).* 2. v. b a b o i. ⓐ ~ *roşie iht.* plain/red surmullet *(Mullus barbatus).*

bac¹ *s.n.* ferry (boat).

bac² *s.n. tehn.* cheek, jaw. ⓐ ~ *de celulă electrolitică electr.* accumulator box ; ~ *de filetat/filieră* threading die; ~-*scafandru nav.* diving boat.

bacalaureat I. *s.n.* school-leaving examination *(qualifying smb. for higher studies).* ⓒ *a-şi da ~ul* to go in for one's school-leaving examination. **II.** *s.m.* person who has passed the „bacalaureat" v. ~ I.; graduate.

bacanale *s.f. pl. şi fig.* Bacchanals, Bacchanalia, orgies.

bacantă *s.f.* bacchante, maenad.

bacara¹ *s.f.* baccara(t).

bacara² *s.f.* crystal made at Baccarat.

bacă *s.f. bot.* berry, bacca.

bacău *s.m.* ⓒ *a-şi găsi ~l* F to get into hot water/into a scrape.

baccea *s.f. peior.* v. b a b a l î c.

bacceli *vb. refl.* F to become an old dugout/crock.

bachelită *s.f.* bakelite.

baci *s.m.* shepherd in charge of a sheepfold.

bacil *s.m. biol.* bacillus.

bacilar *adj. biol.* bacillar(y).

baciliform *adj.* bacilliform.

baciloză *s.f. med.* bacillus infection.

baclava *s.f.* baklava, baklawa.

bacşiş *s.n.* tip, gratuity, douceur; drink money; baksheesh. ⓒ *a da cuiva un ~* to give smb. a gratuity, to give smb. smth. for himself, F to tip smb.

bacterian *adj. biol.* bacterial.

bactericid I. *adj.* bactericidal. **II.** *s.n.* bactericide.

bacterie *s.f. biol.* bacterium.

bacteriofag *s.m.* bacteriophage.

bacteriofagie *s.f.* bacteriophagy.

bacteriolog *s.m.* bacteriologist.

bacteriologic *adj.* bacteriological.

bacteriologie *s.f. biol.* bacteriology.

bacteriostatic *biol.* **I.** *s.n.* bacteriostat. **II.** *adj.* bacteriostatic.

baculit *s.m. geol.* baculite.

bade *s.m.* ←P 1. *(frate mai mare)* elder brother; *(apelativ)* brother. 2. *(„prietene")* my friend, F old man; *(„domnule")* Mister ... 3. *(iubitul ţărăncii)* lover, sweetheart, F *poetic* swain.

badijona *vb. tr. med.* to paint.

badijonaj *s.n.*, **badijonare** *s.f. med.* painting.

badinerie *s.f.* 1. jest, fun; banter(ing). 2. *muz.* badinerie, badinage.

bae ... v. b a i e ...

baedeker *s.n.* traveller's guide(-book).

baftă I. *s.f. (noroc)* good luck, F a good swim, < drunkard's luck;

(neașteptată) F luck. © *a avea*
~ ←F to be lucky, to be in luck;
a se face de ~ to make a fool
of oneself, to become everybody's
laughing-stock. II. *interj.* good
luck/chance!

baga *s.f.* tortoise/turtle shell.

bagaj *s.n.* 1. luggage, *mil. amer.* bag-
gage. 2. *fig.* stock. © ~ *de cunoș-*
tințe (stock of) knowledge/informa-
tion. © *a-și face* ~*ele* a. to pack
up. b. *fig.* F to pack off (bag and
baggage).

bagatelă *s.f.* 1. trinket. 2. *fig.* trifle,
trifling/insignificant matter, small
change, cherry stone, a mere no-
thing. 3. *muz.* bagatelle.

bagateliza *vb. tr.* to slight, to mini-
mize.

bagatelizare *s.f.* slighting.

bagdadie *s.f.* ←*reg. (tavan)* ceiling.

baghetă *s.f.* 1. *(vergea)* wand, rod,
switch; *(bețișor)* stick; *(fermecată)*
charming rod, magic wand; *(a*
căutătorilor de comori) divining/
dowsing rod. 2. *muz.* (conductor's)
baton. 3. *tehn.* rod. 4. *arhit.* mould-
ing, baguette. 5. *poligr.* tail/head
piece. 6. *chim.* glass stick/rod.

bahic *adj.* 1. Bacchic. 2. *metr.* bac-
chiac.

bahnă *s.f.* marsh, fen.

bai *s.n. (necaz)*←*reg.* trouble. ©
nu-i (nici un) ~ it doesn't matter,
never mind.

baiaderă *s.f.* bayadere.

baie *s.f.* 1. *(îmbăiere)* bath; *(în*
aer liber) bathe, dip (in the sea);
(prin afundare) (înot)
swim(ming). 2. *(ca stabiliment)*
bathing house/establishment; *(ca-*
meră) bathroom; *(cadă)* bath tub.
3. *(etuvă)* drying stove. 4. *(mină)*
mine, pit. 5. *(recipient etc.)* bath.
6. *tehn., fot.* bath. 7. *auto.* oil-pan/
sump. 8. *pl. (izvoare minerale)*
mineral springs, spa; *(mare)* sea-
side; *(stațiune balneară)* bathing/
watering place; *(la antici)* ther-
mae. ⓐ ~ *caldă* warm bath; ~ *de*
aburi steam bath; ~ *de aramă*←*înv.*
copper mine; ~ *de fixare (rapidă)*
fot. (rapid) fixing bath; ~ *de mare*
sea bathing; ~ *de nămol* mud bath;
~ *de putină* (warm) bath in a tub,

F→tubbing; ~ *de soare* sunbath;
~ *de șezut* sitz/hip bath; ~ *fier-*
binte hot bath; ~ *generală* full
bath; ~ *rece* cold bath; ~ *tur-*
cească hammam, Turkish/steam
bath. ① *chiloți de* ~ bathing trunks/
slips; *costum de* ~ bathing cos-
tume/suit, swimsuit; *halat de* ~
bath gown. © *a face* ~ to take/
have a bath; *(în aer liber)* to
bathe; *a se duce la băi* to go to a
spa *sau* bathing place.

baieră *s.f. (curelușă)* band, strap;
(șnur) (draw) string; *(ață)* thread.
ⓐ *băierile inimii anat.* cardiac
blood vessels, (one's) heart-strings;
băierile pungii purse strings. ©
a avea nouă băieri la pungă F to
be tight-fisted/curmudgeonly; *a*
striga din (toate) băierile inimii to
shout at the top of one's voice;
a-și strînge băierile pungii to tight-
en one's purse strings.

baionetă *s.f.* bayonet, side arm. F→
pigsticker. ① *atac la* ~, *atac cu*
baioneta bayonet charge. © *a*
străpunge cu baioneta to bayonet.

bairam *s.n.* 1. Bairam, Beiram. 2.
fig. F (fine) spread, (good) tuck-in.

baironian *adj.* Byronic.

baiț *s.n. chim.* 1. (tanner's) mordant,
bate, drench. 2. *(vopsea)* stain of
caustic.

baiu *interj.* not at all, by no means,
certainly not. © *a zice* ~ not to
consent/agree, to refuse; *care-i* ~*l?*
F what's the trouble/matter? where
does the shoe pinch? *nu-i nici un*
~ F it doesn't matter, never mind,
don't bother.

bal[1] *s.n.* ball; *(dans)* dance; *(costu-*
mat) fancy dress ball; *(mascat)*
masked ball. ① *regina* ~*ului* the
reine of the ball; *rochie de* ~ ball
dress. © *dacă-i* ~, ~ *să fie!* ←F
aprox. in for a penny, in for a pound.

bal[2] *s.n. (măsură)* bale, package.

baladă *s.f. lit., muz.* ballad. ⓐ ~
haiducească ballad of outlawry;
~ *istorică* historical ballad; ~
populară popular ballad.

baladesc *adj.* ballad(-like).

balafră *s.f.* scar (on the face).

balalaică *s.f. muz.* balalaika.

balama *s.f.* **1.** hinge; *tehn. şi* loop, hasp. **2.** *fig. (articulaţie)* F joint. ⓒ *a-i slăbi* ~*lele*←F to lose one's strength, to decay; *a-şi ieşi din* ~*le* F to fly off the handle, to get all hot and bothered; *cît îl ţin* ~*lele* as far as his strength goes; while he has the guts to do it.

balamuc *s.n.* **1.** lunatic asylum, madhouse, F rubber room, booby hatch; *(în Anglia şi)* Bedlam. **2.** *fig. (zarvă)* F devilish row, a devil of a row, hubbub; *(dezordine)* F muddle, jumble; confusion, disorder.

balang(a) *interj.* ding-dong!

balangă *s.f.* cow('s) *sau* horse ('s) bell.

balans *s.n.* **1.** *nav.* tossing. **2.** v. b a l a n s a r e.

balansa I. *vb. tr.* **1.** to balance; *(suliţă etc.)* to poise; *(a legăna)* to swing, to rock. **2.** *fig.* to (counter) balance. **II.** *vb. refl.* to swing, to rock, to sway.

balansare *s.f.* balancing etc. v. b a l a n s a.

balansier *s.n.* **1.** *tehn.* working beam; *(la un ceas)* balance wheel. **2.** *min.* walking beam. **3.** *constr.* swing support. **4.** *ferov.* equalizer. **5.** *text.* swing lever. **6.** *min.* jack. **7.** *(al acrobaţilor)* balancing pole.

balansină *s.f. nav.* lift.

balansoar *s.n.* rocking chair, F rocker.

balansor *s.n.* v. b a l a n s i e r 1.

balanţă *s.f.* **1.** balance, (pair of) scales, weighing machine. **2.** *com.* v. b i l a n ţ. **3.** *ec.* balance. **4.** *Balanţa astr.* Libra, the Scales. **5.** *fig.* balance. ⓐ ~ *analitică/de precizie* analytical balance; ~ *comercială com.* balance of trade; ~ *de plăţi ec.* balance of payment(s); ~ *electrodinamică el.* current balance; ~ *pasivă ec.* an adverse balance; ~ *romană* steelyard, Roman balance; ~ *zecimală* decimal weighing machine, *fiz.* decimal balance. ⓑ *pod* ~ weigh bridge. ⓒ *a apleca balanţa* to tip the scales, to turn the balance; *a ţine balanţa dreaptă* to keep the balance even;

a atîrna în ~ *fig.* to be/hang in the balance.

balaoacheş *adj.* ← *glumeţ* brown (-faced), < swarthy.

balast *s.n.* **1.** ballast; *ferov.* metal ballast; gravel sand bed; *nav.* shingle ballast. **2.** *(lest)* deadwe ght, ballast **3.** *fig.* lumber, worthless stuff.

balasta *vb. tr. ferov.* to ballast (the track).

balastieră *s.f. constr.* ballast-pit.

balaur *s.m.* **1.** dragon; (grifon) griffin; *(monstru)* monster; *(cu şapte capete)* hydra. **2.** *Balaurul astr.* Draco, the Dragon.

bală *s.f.* **1.** *(monstru)* monster; *(balaur)* dragon. **2.** *(fiară)* wild beast.

balcaniadă *s.f. sport* Balkan Games.

balcanism *s.n.* Balkanism.

balcanic *adj.* Balkan...

balcon *s.n.* **1.** *constr.* balcony. **2.** *teatru* dress circle. ⓐ ~ *I/întîi* dress circle; ~ *II/doi/al doilea* upper circle.

baldachin *s.n.* canopy, baldachin, baldaquin.

bale *s.f. pl.* slobber, drivel, slabber, slaver; *(la animale)* foam, froth. ⓒ *îi curg* ~*le* he slobbers; *fig.* his mouth waters; *a umple de* ~ *pe cineva* to slobber (over) smb.

balegă *s.f.* v. b a l i g ă.

baleia *vb. tr.* **1.** *tehn.* to scavenge. **2.** *tel.* to scan.

baleiaj *s.n.* **1.** *tehn.* scavenging. **2.** *tel.* scanning.

balenar *s.m.* whaler, whaleman.

balenă *s.f.* **1.** *zool.* whale *(Balaena mysticetus)*. **2.** *Balena astr.* Cetus, the whale. **3.** *(lamelă, pt. guler)* baleen, whalebone. **4.** *(la corset)* rib. ⓑ *os de* ~ v. ~ 2. *untură de* ~ whale oil.

balenieră *s.f. nav.* whale boat/ship, whaler.

balercă *s.f. (butoiaş)* keg, (small) barrel.

balerin *s.m.* figurant, (ballet) dancer.

balerină *s.m.* ballet dancer/girl, ballerina, figurante.

balet *s.n.* ballet. ⓐ ~ *comic* comedy ballet. ⓑ *corp de* ~ corps de ballet; *maestru de* ~ ballet master.
baletist *s.m.* ballet dancer.
baletistă *s.f.* v. b a l e r i n ă.
baligă *s.f.* dung, manure, F muck. ⓐ ~ *de vacă* cow dung/flop/droppings.
balistă *s.f.* ballista.
balistic *adj.* ballistic; *rachetă ~ă* ballistic missile/rocket.
balistică *s.f.* ballistics.
balistician *s.m.* ballistician.
baliverne *s.f. pl.* F cock-and-bull stories, old wives' tales; *(prostii)* F moonshine, fiddlesticks, rubbish.
baliza *vb. tr.* to beacon, to buoy, to mark out.
balizaj *s.n. nav.* beaconing, buoying, buoyage, marking out; beacons, buoys.
baliză *s.f.* 1. *nav.* beacon, sea mark, balize; *(plutitoare)* buoy. 2. *top.* landmark.
balnear *adj.* balneary, balneal, watering. ⓑ *stațiune ~ă* watering/bathing place.
balneoclimat(er)ic *adj.* balneary and climatic.
balneolog *s.m.* balneologist.
balneologie *s.f.* balneology.
balneoterapie *s.f.* balneotherapy.
balon *s.n.* 1. *av.* balloon. 2. *sport* ball. 3 *(sticlă)* balloon flash; bulb. 4. F. *(fulgarin)* mack (intosh), raincoat. ⓐ *baloane de săpun* soap bubbles; ~ *captiv* captive/kite balloon; ~*de observație* war balloon; ~ *de oxigen* oxygen bag/bomb/flask; ~ *de încercare* a. pilot balloon. b. *fig.* feeler; ~ *de protecție mil.* barrage balloon; ~ *sondă* sounding balloon. ⓒ *a lua pe cineva în* ~ F. to pull smb.'s leg, to cheek smb., to snap one's fingers at smb.
balona I. *vb. tr. med.* to distend. II. *vb. refl.* 1. *med.* to swell, to distend. 2. *arhit.* to bulge (out).
balonare *s.f.* 1. *med.* distension. 2. *arhit.* bulging (out).
balonat *adj.* swollen, distended; bulging (out).
balonseide, balonzaid *s.m.* v. b a - l o n 4.
balot¹ *s.n. fier* ~ band iron.

balot² *s.n.* bale, ballot, pack.
balotaj *s.n.* tie vote, ballotage.
balsam *s.n.* 1. balsam, balm. 2. *fig.* balm; consolation. ⓐ ~ *de tolu* (balsam of) tolu.
balsamic *adj.* balsamic, balmy.
balt *s.m.* Balt.
baltag *s.n.* 1. *(topor mic)* (small) hatchet, axe. 2. *(halebardă) odin.* halberd. 3. *(ciomag)* club; *(ghioagă)* mace.
baltă *s.f.* 1. marsh, swamp, pool, moor; *(lac)* lake; *(eleșteu)* pond, pool; *(ținut mocirlos)* moorland, marsh(y) country; *(pămînt umed, noroios)* (quag)mire, slough, bog, morass; *(băltoacă)* puddle, plash, mudhole. ⓐ ~ *de pește* fish pond. ⓑ *pasăre de* ~ fen fowl. ⓒ *a cădea* ~ to go phut, to be off; to peg out; *a lăsa (toate)* ~ to leave (all) in the lurch; *s-o lăsăm* ~ we'll let the matter drop; *a rămîne* ~ to be left unfinished; to be dropped.
baltic *adj.* Baltic.
balustradă *s.f. arhit.* balustrade, rail(ing); *(la scară)* banisters; *(parapet)* parapet, (guard) rails, life-line.
balustru *s.m.* 1. *arhit.* baluster, rail column, rail(ing) post. 2. *tehn.* bow compasses.
balzacian *adj., s.m.* Balzacian.
bamă *s.f. bot.* okra, edible hibiscus, gumbo. *(Hibiscus esculentus); pl.* okra pods.
bambu(s) *s.m. bot.* bamboo *(Bambusa arundinacea).*
ban¹ *s.m.* 1. *(ca monedă)* the hundreth part of a „leu"; the smallest coin in existence aprox. penny, farthing; *înv.*→groat; *(monedă)* coin. 2. *pl. rar sg.* money; *sl.* oof, dough, tin, rhino, dust, roll, jack, dibs, chink, F→blunt, *peior.*→dross, filthy lucre; *(monede)* coin(s), coinage; *(avere)* fortune; *(mijloace)* means. 3. *pl. (mită)* bribe, *sl.* soap. ⓐ ~*i de aramă* copper (money); ~*i de buzunar* pocket/pin money; ~*i de hîrtie* paper money; ~*i falși* false/counterfeit/phoney money; ~*i gheață* ready money, (hard/cold) cash; ~*i mărunți* change,

small money/coin; ~*i potriviți* change; ~*i publici* public funds. ⓓ *casă de* ~*i* (iron) safe; *criză de* ~*i* monetary crisis; F→straitened circumstances; *cu* ~*i* I. *adj.* moneyed, well-to-do, well-off, in easy circumstances. II. *adv.* by/on/in/ with cash, cash down; *fără* ~*i* I. *adj.* out of cash, short of money, moneyless, < hard up, penniless. II. *adv. (gratis)* free of charge, for nothing, gratuitously; *lipsă de* ~*i* shortness/ F→pinch of money, pecuniary embarrassment; *oameni cu* ~*i* moneyed people, men of substance, F→goldbugs, moneybags. ⓒ *nu are un singur* ~ he hasn't a penny (piece) to bless himself with; *a avea (mulți)* ~*i* to have plenty of money; F→to be flush of money; *a da* ~*i cu dobîndă* to lend (out) money at/on interest; *a da cu* ~*ul* to spin a coin, to draw lots; to leave it to chance, to trust one's good fortune; *a nu da un* ~*/doi* ~*i pe ceva* to hold smth. cheap; *nu face un* ~ it isn't worth a groat/ farthing/rap; *a investi* ~*i* to invest money; *a minca* ~*i cu lingura* F to roll in money, to be made of money; *a stringe* ~*i* to hoard up money; *ieși cu* ~*ii!* F down the dust! *a inota în* ~*i* F to roll in money, to be made of money; *a plăti pînă la ultimul* ~ to pay to the uttermost farthing; ~*ii nu contează la el* money is no object with him. ⓓ ~*ul e ochiul dracului aprox.* money is the root of all evil; ~*ul n-are miros* money never smells badly; ~ *la* ~ *trage* money begets money.

ban² *s.m. ist.* ban.

banal I. *adj.* commonplace, banal, trite/hackneyed; ordinary; *(de fiecare zi)* workaday, everyday, routine, usual, ordinary, of daily occurrence; *(neimportant)* trivial. II. *adv.* in a banal/commonplace manner.

banalitate *s.f.* banality, truism, cliché, triteness, commonplace; *pl.* F→ small change/talk.

banaliza I. *vb. tr.* to trivialize, to vulgarize, to render commonplace.

II. *vb. refl.* to become trite etc. b a n a l I.

banalizare *s.f.* trivialization, vulgarization etc. v. b a n a l i z a.

banan *s.m. bot.* banana (tree) *(Musa sapientium)*.

banană *s.f.* **1.** *bot.* banana. **2.** *electr.* terminal, jack, banana pin/plug.

bananier *s.m. bot.* v. b a n a n.

banat *s.n. ist.* banat(e).

banc¹ *s.n.* **1.** *(de nisip)* sand bank/ bar; *(de gheață)* ice field; *(recif)* reef; *(de piatră)* bed. **2.** *(de pești)* shoal; *(de stridii)* oysterbed.

banc² *s.n.* **1.** *tehn.* bed. **2.** *(pt. timplărie)* bench. ⓐ ~ *de atelier* shop bench; ~ *de probă* test stand; ~- *de strung* lathe bed.

banc³ *s.n.* **1.** *(bacara)* baccara(t). **2.** *(glumă)* F quip, crank, wisecrack,←joke, anecdote. **3.** *(minciună)* lie; fib; sham, phon(e)y. ⓐ *un* ~ *bun* a side-splitter, a side-splitting joke; ~ *ieftin/pentru galerie* hokum; ~ *prost* flat joke, joke in bad taste; *un* ~ *răsuflat/ vechi* a chestnut, a flat/corny/stale joke. ⓑ *așa, de* ~ F for a lark, (just) for fun, perfunctorily. ⓒ *a spune un* ~ *bun* to crack a good joke.

bancar *adj.* banking, bank ...

bancă¹ *s.f. (de șezut)* bench; *(școlară)* form; *(pupitru)* desk; *(a acuzaților)* bar, dock; *(în biserică)* pew. ⓐ *banca ministerială (în Anglia)* the Treasury bench. ⓑ *în prima* ~ in the first row.

bancă² *s.f.* **1.** *com.* bank, banking house/establishment. **2.** *(la joc)* bank. ⓐ ~ *de credit* loan bank; ~ *de emisiune* bank of issue; *Bancă de Stat* State Bank; ~ *națională* national bank; ~ *sucursală* branch bank. ⓑ *acționar de* ~ holder of bank stock; *acțiuni de* ~ bank stock; *afaceri de* ~ banking (transactions); *bilet de* ~ banknote; *carnet de* ~ bank book; *casă de* ~ banking house; *director de* ~ director/manager of a bank; *mandat de* ~ bank postbill, post note. ⓒ *a sparge banca (la joc)* to break the bank; *a avea un cont la* ~ to have an account open at the bank.

bancher *s.m.* **1.** banker; *(mare fi-nanciar)* financier, F→goldbug. **2.** *(la jocuri)* banker, keeper of the bank; *(crupier)* croupier.

banchet *s.n.* banquet, feast.

banchetă *s.f.* **1.** (backless) bench, settee. **2.** *tehn., constr.* bench, banquette.

banchiză *s.f.* ice floe/pack/bank; *banchiza* the Great Ice Barrier.

bancnotă *s.f.* banknote, treasury note.

banco *s.n.* ⓒ *a face* ~ to go .banco (against the bank).

bancrut *adj., s.m.* v. f a l i t.

bancrută *s.f.* bankruptcy, insolvency.

bandaj *s.n.* **1.** *med.* bandage, dressing (for a wound); *(pt. hernie)* truss. **2.** *tehn.* wheel tyre/rim; *auto.* flipper, tyre-flap.

bandaja *vb. tr.* to dress, to bandage (up).

bandajare *s.f.* dressing (of a wound).

bandă¹ *s.f.* gang, set, pack; *(clică)* clique, clan; *(ceată)* troop, party, band, mob. ⓐ ~ *militară* military brass band.

bandă² *s.f.* **1.** band; *(fîşie)* strip; *(de metal)* strap; *(panglică)* ribbon. **2.** *tel.* (paper) tape; *(de magnetofon)* (magnetic) tape. **3.** *(de biliard)* cushion. **4.** *(de circulaţie)* (traffic) lane. ⓐ ~ *de cartuşe* cartridge belt; ~ *de circulaţie* v. ~ 4; ~ *de frecvenţe* frequency band; ~ *de frînă* tehn. brake band; ~ *de mitralieră* cartridge belt; ~ *de transport/transportoare* tehn. conveyor (belt), endless band; ~ *izolatoare* tehn. insulating tape; ~ *rulantă* conveyor/conveyer (belt); ~ *sonoră* cin. sound track; ~ *spectrală* fiz. spectrum band.

banderilă *s.f.* banderilla.

banderolă *s.f.* banderol(e); *(de hîrtie)* strip/slip of paper; *(poligr.)* wrapper.

bandieră *s.f.* flag; banner.

bandit *s.m.* **1.** bandit, brigand, highwayman; gangster; *(asasin)* murderer. **2.** *fig.* gangster; ruffian, villain.

banditesc *adj.* bandit-like; *(de jaf)* predatory; *(ce ţine de banditism)* highway-robbery ... ⓓ *atac* ~ *şi*

fig. predatory attack; *(la drumul mare)* highway robbery.

banditeşte *adv.* like a bandit; predatorily.

banditism *s.n.* banditry; brigandage; highway robbery.

bandotecă *s.f.* library of recorded tapes.

bandulă *s.f. nav.* reeving line.

bandulieră *s.f. mil.* shoulder belt/ strap, cross belt. ⓓ *arma in* ~ l sling arms l

bandură *s.f. muz.* bandore.

bang *interj.* ding l dong l

baniţă *s.f. aprox.* bushel (in Moldavia, 0.591 bushels; in Wallachia, 0.935 bushels).

banjo *s.n. muz.* banjo.

bantă *s.f.* **1.** v. b a n d ă². **2.** *(manşetă)* cuff; *(guler)* collar.

bantu *s.m., s.f., adj.* Bantu.

baobab *s.m.* baobab (tree) *(Adansonia digitata).*

baptism *s.n.* religion of the Baptists.

baptist *adj., s.m.* Baptist.

baptisteriu *s.n.* baptistery.

bar¹ *s.m. fiz. (măsură)* bar.

bar² *s.n.* **1.** night club, F→ hot spot. **2.** *(tejghea)* bar. **3.** *(joc)* prisoner's base. ⓐ ~ *de zi* (public) bar.

bara *vb. tr.* **1.** *(drumul)* to bar, to obstruct; *(un rîu)* to dam; *(a bloca)* to block (up), to close. **2.** *(un text)* to cross/strike out.

barabois *.m.* **1.** *bot.* parsnip/wild chervil, cow parsley *(Chaerophyllum bulbosum).* **2.** *Romanian folk dance.*

barabulă *s.f. (cartof)* ← reg. potato, tater, sl.→murphy.

baracament *s.n.* hutting, hutments; compound.

baracă *s.f. mil. etc.* hut; *(prăvălie)* booth. ⓐ ~ *de tir sportiv* shooting gallery.

baraj *s.n.* **1.** *hidr.* dam, barrage, weir. **2.** *mil.* barrage. ⓐ ~ *antiaerian* umbrella; ~ *de acumulare* (water) storage dam; ~ *de artilerie* mil. curtain fire, artillery barrage; ~ *de baloane* balloon barrage; ~ *deversor* hidr. overfall/ waste weir/dam.

barat *adj.* barred.

bară *s.f.* **1.** bar; *(de aur, argint)* ingot, bullion; *(de traversă)* cross-

beam; *(drug)* crossbar; *(pîrghie)*
lever; *(stinghie)* perch; *(vergea)*
rod, stick. 2. *jur.*, *muz.*, *sport* bar.
3. *tipogr.* line, dash, stroke, bar.
ⓐ ~ *colectoare electr.* bus bar; ~
de direcţie/comandă auto. (steer-
ing) tie rod, steering gear; ~ *de
mînă* hand rail, banisters; ~ *de
protecţie auto.* bumper, buffer, fend-
er; ~ *de tracţiune ferov.* draw
bar; ~ *din spate auto.* rear guard;
~ *fixă sport* horizontal bar; *bare
transversale sport* crossbars; goal
posts. © *a o da în* ~ F to blund-
er, to get the cheese.

barbacană *s.f. constr.* weeper.

barbar I. *adj.* **1.** barbarian. **2.** *fig.*
barbarous, inhuman, cruel. **II.** *adv.
fig.* barbarously etc. v. ~ I. **III.**
s.m. barbarian.

barbaresc *adj.* Barbaresque, Berber.

barbarie *s.f.* **1.** barbarian. **2.** *fig.*
barbarousness, barbarity, cruelty;
(sălbăticie) savageness; *(vanda-
lism) (ca act)* barbarous act.

barbarism *s.n. lingv.* barbarism.

barbă *s.f.* **1.** beard; *(la curcani)*
wattle. **2.** *(bărbie)* chin. **3.** *bot.*
beard. **4.** *(minciună)* fib. ⓐ *barba
boierului bot.* v. v e n i n a r i ţ ă;
barba caprei bot. **a.** goat's beard, sal-
sify *(Trapogon major).* **b.** cowslip
(Primula officinalis); *barba împă-
ratului bot.* **a.** heart's ease, pansy
(Viola). **b.** marvel of Peru *(Mira-
bilis Jalapa);* *barba lui Aron bot.*
cuckoo pint, wake-robin *(Arum
maculatum);* *barba lupului bot.*
hellebore *(Helleborus); barba ungu-
rului bot.* feathered/plumed pink
(Dianthus spiculifolius); ~ *roşie*
a. red beard. **b.** red-bearded per-
son; *Barbă-Albastră,* *barbă albastră*
Bluebeard. ⓑ *cîţi peri în* ~ numer-
ous as hairs an the head; their
name is Legion. © *cînd va face
spînul* ~ F when two Sundays
come together; *a-şi lăsa* ~ to
grow/F→sport a beard; *a pune cui-
va o* ~ *fig. (a înşela)*F to diddle/
cheat smb.; *(a prosti)* F to fool/
dupe/gull/hoax smb.; *a pune bărbi*
F to fib, to tell tall tales; to heave
the hatchet; *a rade barba cuiva* F

to beat smb. black and blue; *a-şi
rade barba* to shave, to get shaved,
F→ to have a shave; *a-i da tuleiele
tn* ~ to show signs of a beard, to
get one's whiskers; *a murmura în*
~ to mumble, to mutter to one-
self; *a ride in* ~ to laugh in one's
sleeve; *a face dîră prin* ~ ←F to
take the initiative, to move first,
to break the ice. © *cine poartă*
~ *să-şi cumpere şi pieptene* don't
bark if you cannot bite.

Barbăcot *s.m.* cheeper, cheese,
nudge(t).

barbet *s.m. zool.* French poodle.

barbetă *s.f.* **1.** *pl.* *(*(pair of) whiskers.
2. *nav.* boat rope. **3.** *mil.* barbette.

barbişon *s.n.* imperial, goatee, Van-
dyke beard.

barbituric I. *adj.* barbituric. **II.** *s.n.*
barbiturate.

barboteză *s.f.* romper.

barbotină *s.f.* **1.** *nav.* chain grab.
2. *constr.* slip(s).

barbugiu *s.m.* F crap-shooter.

barbun *s.m. iht.* red mullet *(Mul-
lus barbatus).*

barbut *s.n.* dice-game, *aprox.* (shoot-
ing) craps.

barcagiu *s.m.* boatman, ferryman.

barcarolă *s.f. muz.* barcarol(l)e,
boat song.

barcană *s.f. geol.* sand drift, crescent-
ic dune.

barcaz *s.n.* long boat; launch.

barcă *s.f.* **1.** boat,< barge; *(pescă-
rească)* fishing smack/boat; *(lun-
tre)* canoe; *(iolă)* jolly boat; *(pt.
trecere pe celălalt mal)* ferry. **2.** *pl.
(la bîlci)* swinging boats/chairs. ⓐ
~ *cu motor* motor boat; ~ *cu
pînze* sail(ing) boat; ~ *cu rame/
vîsle* row(ing) boat; ~ *de salvare*
life boat. © *a se da în bărci* to go in
the swinging boats/chairs.

bard *s.m.* **1.** *(celtic)* bard; *(anglo-
-saxon)* skop, scop(e). **2.** *poetic* bard,
minstrel.

bardacă *s.f.* v. b ă r d a c ă.

bardă *s.f. (cu un tăiş)* hatchet, broad/
hewing ax(e); *(cu două tăişuri)*
block bill; *(de tîmplar)* chip axe.
© *a da cu barda-n Dumnezeu* to
act without any scruple; *a da
cu barda-n lună* to act foolishly,

< to be a madcap, < to be crazy/ F cracked/F potty.

bàrem[1] *adv.* at least.

barèm[2] *s.n.* **1.** standard; norm. **2.** *mat.* ready reckoner.

baretă *s.f.* **1.** (connecting) strap. **2.** *(la cască etc.)* chin strap.

barhet *s.n.* fustian.

baricada I. *vb. tr. (o intrare)* to block/bar up; *(o stradă etc.)* to barricade, to obstruct. **II.** *vb. refl.* to barricade oneself.

baricadă *s.f.* barricade.

barieră *s.f.* **1.** *(grindă)* barrier; *(de cale ferată)* railway gate, railway-crossing barrier; *(împrejmuire)* fencing; *(zăbrele)* grating; *(în judecătorii, parlament)* bar; *(la şosele, zăbreliță)* turnpike; *(la garduri vii)* stile; *(vamală)* toll (gate), turnpike. **2.** *fig.* barrier, obstacle, bar, fence, hindrance; impediment; *(graniță)* border. ⓐ ~ *de culoare pol.* colour bar.

baril *s.n.* barrel.

barisferă *s.f.* barysphere.

bariş *s.n.* **1.** v. m a r a m ă. **2.** *text.* barege.

barită *s.f. chim.* barium/baric oxide; baryta hydrate.

baritină *s.f. mineral.* barytine, barite; cauk, cawk.

bariton *s.m., s.n., muz.* baritone, barytone.

bariu *s.n. chim.* barium.

baroc I. *adj.* **1.** *arte* baroque. **2.** *fig.* baroque, quaint, strange; grotesque. **II.** *s.n.* baroque (style).

barograf *s.n. av.* barograph.

barogramă *s.f. av.* barogram.

barometric *adj.* barometric(al).

barometru *s.n.* barometer, (weather) glass. ⓐ ~ *cu mercur* mercury/mercurial barometer.ⓒ ~*l s-a urcat* the glass is high.

baron *s.m.* baron.

baronesă *s.f.* baroness; baron's wife; baron's daughter.

baronet *s.m.* baronet.

baronie *s.f.* baronage.

baros *s.n.* sledge hammer.

barosan I. *adj.* **1.** *(mare)* F sizable, considerable, ← large, bulky, big; *(enorm)*←F huge; *(greu)*←F heavy, weighty; *(corpolent)* F strapping;

stout, plump. **2.** *(bogat)* F warm, purse-proud; well-off. **II.** *s.m.* ←F oof bird; *pl.* F silk-stocking gentry.

baroscop *s.n.* baroscope.

barou *s.n. jur.* bar (association).

barză *s.f. ornit.* stork *(Ciconia)*.

bas[1] **I.** *s.m. (voce)* bass (voice); *(sunet)* bass. **II.** *s.n. (instrument)* (bass) euphonium, bass saxhorn.

bas[2] *s.m.* bass singer.

basamac *s.n. raw spirits containing much water.*

basc[1] *s.n.* v. b a s c ă.

basc[2] *adj., s.m.* Basque.

bască *s.f.* peakless cap; *(de munte)* beret; *(scoţiană)* tam-o'-shanter.

basket (bal) *s.n.* basket-ball.

basketbalist *s.m.* basket-ball player, F→cager.

bascheţi *s.m. pl.* F bumpers.

basculant *adj.* rocking, tilting, tip-up. ⓑ *vagon* ~ tip-up truck/cart.

basculare *s.f.* tipping.

basculator *s.n.* tipper.

basculă *s.f.* **1.** weighing machine. **2.** *constr.* fan-light opener.

baset *s.m. zool.* basset *(Canis vertagus)*.

basfond *s.n. nav.* shallow (water).

basist *s.m.* **1.** bass singer. **2.** euphonium player.

basm *s.n.* **1.** fairy-tale; *(ficţiune)* fiction, fable. **2.** *fig.* fabulous/ cock-and-bull story, fabrication, concoction; *(minciuni)* lies. ⓐ ~*ul cu cocoşul roşu* cock-and-bull story, a shaggy-dog story. ⓑ *carte cu* ~*e* book of fairy-tales; ⓒ *a spune* ~*e* **a.** to tell tales. **b.** *fig. (a exagera)* F to draw/pull the long bow; *(a face pe nebunul)* F to play the giddy goat; *a se face de* ~ to become a laughing stock (of the others); *astea-s* ~*e!* F fiddlesticks! moonshine!

basma *s.f.* kerchief; *(batistă)* handkerchief; *(de cap)* headkerchief; *(de gît)* neckerchief; *(de lînă)* muffler, comforter; *(şal)* shawl, wrap. ⓒ *a ieşi (cu)* ~ *curată* to escape scot-free; *(nepedepsit, nevătămat)* to have/make a narrow escape.

basorelief *s.n.* bas-relief, basso-relievo, basso-rilievo.

basta *adv.* no more, no longer; *(asta e tot)* that's all; *(ajunge)* that will do. ⓒ *şi cu asta* ~ F and that's all there is to/of it, that will do, there's an end to/of it.

bastard I. *adj.* hybrid, bastard. **II.** *s.m.* **1.** bastard, love/illegitimate child. **2.** *bot.* bastard, hybrid.

bastiment *s.n.* *nav.* ship, vessel; *(de război)* warship.

bastingaj *s.n.* *nav.* bulwarks, top sides.

bastion *s.n.* **1.** bastion. **2.** *fig.* bulwark, stronghold.

baston *s.n.* **1.** stick; *(toiag)* staff; *(pt. a bate)* cudgel; *(pt. plimbare)* walking stick. **2.** *nav.* stanchion. ⓐ ~ *de mareşal* marshal's truncheon.

bastonadă *s.f.* beating, flopping; *odin.* bastinado.

başbuzuc *s.m.* **1.** *odin.* Bashibazouk; bashi-bazouk. **2.** *fig.* brute, savage, Turk.

başca¹ *adv.* **1.** *(separat)* separately; in addition, into the bargain. **2.** *(diferit)* differently; *(altfel)* otherwise.

başca² *prep.* besides, to say nothing of ..., without mentioning.

başcă *s.f.* cellar.

başoldină *s.f.* **1.** dowdy, fat woman. **2.** F whore, broad, tart, slut.

baştină *s.f.* *rar* **1.** *(patrie)* one's (own) country, motherland, native land. **2.** *(origine)* origin, descent. ⓓ *de* ~ hereditary; *(natal)* native; *loc de* ~ native place; *ţară de* ~ v. ~ **1.**

batal¹ *s.m.* *zool.* wether.

batal² *s.n.* *tehn.* pit; *(de petrol)* (catch) pit, clearing tank.

batalion *s.n.* *mil.* battalion.

batant I. *adj.* swinging. **II.** *s.m.* *constr.* leaf, wing.

batard *adj.* ⓓ *scriere* ~*ă* slanting/inclined writing; *literă* ~*ă* slanting character.

batardou *s.n.* *hidr.* coffer dam.

batată *s.f.* *bot.* sweet potato *(Ipomoea batatum)*.

bată *s.f.* **1.** *(betelie)* waistband of trousers; *(cusătură)* seam; *(tivi-*

tură) hem. **2.** *pl.* belt, girdle; *(la femei)* waist belt; *(pe dedesubt)* body belt. ⓒ *a da pe bete afară* to turn out of doors; *a da pe bete* to give away.

bate I. *vb. tr.* **1.** *(pe cineva)* to beat, F→to cob, to larrup, to wallop, to wipe, to give smb. the stick; to lace (smb.'s jacket); F→to give smb. a (good) dressing down; *(a lovi)* *(cu bastonul)* to cane; to club; *(cu ceva lat sau greu)* to thwack; *(cu cureaua)* to leather; *(cu mina)* to buffet; *(cu palma)* to slap, to box, F→to spank; *(cu pumnul)* to cuff, to punch; *(a lovi puternic)* to swinge; *(a biciui)* to whip, to lash; *(a „tăbăci")* F→to tan, to thrash, to thresh, to drub, to belabour, < to flog, to pommel; *(peste mîini)* to strike; *(uşor)* to tap, to pat; *(a pedepsi)* to punish, to chastise. **2.** *fig.* *(a învinge)* to beat, to defeat; to overcome. **3.** *(a castra)* to cut, to geld. **4.** *text.* to comb. **5.** *(laptele)* to churn; *(smîntîna)* to mill; *(frişca)* to whisk. ⓒ *bată-te să te bată! (în sens rău)* F go and be hanged; the deuce take you! *(în sens bun)* F God bless you! *(exprimînd surpriza)* F dear me! good gracious! goodness alive! *a* ~ *albuşul* to whisk/beat the whites of eggs; *a* ~ *un berbec* to geld a ram; *a* ~ *caii* **a.** to give the horses the whip. **b.** *fig.* F to step on the gas; *a* ~ *ca la fasole* to drub/to thrash *smb.* all right, to give *smb.* a sound thrashing; *a* ~ *capul cuiva* to pester/to bother *smb.,* to chew the fat/rag; *a* ~ *cercuri la o butie* to hoop a cask; *a* ~ *cînepa* to tew the hemp; *a* ~ *coasa* to sharpen the scythe by hammering it; *a* ~ *covoarele* to beat the carpets; *a* ~ *un cui în...* to strike/drive a nail into...; *a* ~ *fierul* to forge the iron; *a* ~ *fierul cît e cald* to strike the iron while/when it's hot, to make hay while the sun shines, to seize opportunity by the forelock; *a* ~ *inul* to swingle the flax; *a-l* ~ *gîndul să...* to intend *(cu forme* *în -ing)*, to mean to...; *a ~ laptele* to churn the milk; *a ~ medalii* to stamp medals; *a ~ mingea* to play (the) ball; *a ~ monedă* to coin money; *a ~ nucile* to beat down the nuts; *a ~ palma fig.* to conclude/F strike a bargain; *a-şi ~ picioarele* to run one's legs off; *~ podurile←înv.* F he's an inspector of the pavement; *a ~ porumbul* to thrash the maize; *a ~ un record* to break a record; *a ~ toba* to beat the drum; *a ~ ţăruşi* to drive/ram piles into the ground; *a ~ cu maiul* to ram (into the ground); *a ~ la puncte sport* to outpoint, to beat on points; *a ~ măr* to trounce, to lick, to beat black and blue; to beat (smb.) out of (his etc.) boots; *a ~ pe umăr* to pat/tap/clap *smb.* on the shoulders; *asta le ~ pe toate* this beats cock-fight(ing) the devil, it beats hell. **II.** *vb. refl.* **1.** to fight; to exchange blows/ fisticuffs. **2.** *mil.* to (have a) skirmish; to fight. **3.** *fig.* to contend, to fight. © *părerile noastre se bat cap în cap asupra acestui punct* our opinions clash/collide on this point; *a se ~ cu pumnii în piept* to beat one's breast; *a se ~ pe burtă cu cineva* to hobnob/to chum with smb., to be hail-fellow (well-met) with smb. **III.** *vb. intr.* **1.** *(ritmic)* to beat rhythmically. **2.** *(d. inimă)* to beat, to throb, to pulsate; *(d. pendulă)* to oscillate; *(d. ceas)* to tick; *(a bate ora)* to strike the hours; *(d. clopot)* to ring, to toll, to tinkle, to ding-dong. **3.** *(d. arme)* to rattle. **4.** *(d. ploaie)* to beat, to patter; *(d. grindină)* to burst, to patter. **5.** *(d. puls)* to beat, to throb. **6.** *(d. valuri)* to dash. **7.** *(la uşă)* to knock, > to rap. **8.** *(a lovi)* to strike, to beat; *(d. cai)* to kick out, to lash out, to paw. **9.** *(a sufla)* to blow. **10.** *(a lumina)* to light, to shine. **11.** *(a lătra)* to bark, to bay. **12.** *(într-o culoare)* to colour (red, etc.), to have a shade of (red etc.). ⓐ *a ~ cu...* to like..., to favour..., to be par-

tial to..., to be fond of..., to be keen on..., to be a great one for... © *i-a bătut ceasul* his hour has/is come, his hour is at hand; *ceasul va ~ în curînd 9* it's close upon nine; *îmi ~ inima* my heart is beating/throbbing; *~ un vînt puternic* there is a strong gale (of wind) blowing, the wind is high; *~ vîntul* the wind is blowing; *a ~ cu pumnul în masă* to pound the table; *a ~ din aripi* to flap one's wings; *a ~ din palme* to clap one's hands; *(aprobator)* to applaud; *cît ai ~ din palme* in a trice/twinkle, F in a jiffy; *a ~ în... (d. culori)* to have a... tint, to be inclining to...; *ploaia ~ în fereastră* the rain beats/patters against the window; *~ în lemn!* F touch wood!; *a ~ în retragere* **a.** *mil.* to beat a retreat, to draw off (one's forces). **b.** *fig.* to retrace one's steps, to dance the back steps; to recoil; to withdraw; *a ~ la ochi* to strike/catch the eye, to be obvious, to attract notice, to be suspicious; *a ~ la uşă* **a.** to rap/< knock at the door. **b.** *fig.* to be near/approaching, to be near at hand; *a bătut 4 chiar acum* it has just struck four; *văd unde baţi* I see/realize what you mean/think, I see what you are driving/hinting at.

batere *s.f.* **1.** beating etc. v. b a-t e. **2.** v. b ă t a i e.

baterie *s.f.* **1.** *mil., electr., tehn.* battery. **2.** cooler, *ice bucket for cooling bottles of drink (usually a bottle of wine and one of soda water).* **3.** *muz.* drums, battery. ⓐ *~ de acumulatoare/condensatoare electr.* storage battery; *~ de aprindere auto.* ignition battery; *~ de cocsificare* coking battery, coke oven; *~ de duş* shower battery; *~ -tampon* buffer battery; *~ termoelectrică* thermopile. © *bateria s-a terminat/epuizat* the battery is flat.

batic *s.n.* **1.** printed silk (head-) kerchief *(usually triangular)*, coif. **2.** *text.* printed silk.

batiscaf *s.n.* bathyscaphe.

batisferă *s.f.* bathysphere.
batist *s.n.* batiste.
batistă *s.f.* handkerchief; *(în limbajul copiilor)* hanky.
batiu *s.n. tehn.* **1.** body, frame. **2.** stand, cheek.
batjocori *vb. tr.* **1.** to laugh at, to deride, to make fun of, <to scoff at, to sneer at, to mock(at), to flout. **2.** *(a dispreţui)* to disdain, to scoff, to jeer at. **3.** *(a insulta)* to insult, to offend, to offer insult. **4.** *(a profana)* to profane; to trample underfoot. **5.** *(a necinsti)* to rape, to violate, to abuse; *amer. şi* to assault.
batjocorire *s.f.* derision etc. v. b a t j o c o r i.
batjocoritor I. *adj.* mocking, sneering, jeering, scoffing; *(dispreţuitor)* scornful. **II.** *adv.* mockingly etc.. v. ~ I. **III.** *s.m.* scoffer, mocker; profaner; abuser.
batjocură *s.f.* **1.** *(bătaie de joc)* mockery; *(ocară)* insult. **2.** *(lucru făcut prost)* careless work, botchery. **3.** *(parodie etc.)* a travesty (of justice etc.). ⓑ *în* ~ v. b a t j o c o r i t o r **II.** ⓒ *a ajunge de* ~ to become the laughing stock (of the others); *a face de* ~ a. v. b a t j o c o r i. **b.** *(a face de rîs)* to put to shame; *a lua în* ~ to laugh at, to deride, to make fun of, F→ to snap one's fingers at; to poke fun at.
batog *s.n.* **1.** *(sărat)* stockfish; *(nesărat)* haddock. **2.** *iht.* cod (fish) *(Gadus morrhua).*
batolit *s.m. geol.* batholite.
baton *s.n.* **1.** stick, roll. **2.** bar (of chocolate).
batozar *s.m. agr.* thresher.
batoză *s.f. agr.* threshing machine, thresher.
batură *s.f. nav.* rabbet.
batracieni *s.m. pl. zool.* batrachia(ns).
bau *interj.* ugh! hugh!
bauxită *s.f. mineral.* bauxite.
bavetă, baveţică *s.f.* bib, feeder.
bavură *s.f. tehn.* burr.
baza I. *vb. tr.* to found, to base, to ground. **II.** *vb. refl.* ⓐ *a se* ~ *pe...* to rely on ..., to depend (up)on ...; to take one's stand on ...

bazaconie *s.f. (excentricitate)* eccentricity, extravagance; oddity, singularity; *(absurditate)* absurdity, folly, foolish thing, piece of folly; *(poznă)* prank, hoax, F lark.
bazalt *s.n.* basalt.
bazaltic *adj.* basaltic.
bazar *s.n.* baza(a)r; *(piaţă)* market (place). ⓐ ~ *cu/de solduri* jumble sale; ~ *de jucării* toy bazaar.
bază *s.f.* **1.** *(temelie)* foundation, groundwork; *(parte de jos)* lower part, foot, bottom, base. **2.** *fig.* basis, foundation, ground. **3.** *(sprijin)* support. **4.** *chim., geom.* base. **5.** *mat. (a unui logaritm)* radix, root. **6.** *pl. fig.* rudiments, elements, ABC. **7.** *mil.* base (of operations); station. ⓐ ~ *aeriană* air base; ~ *de materii prime* source of raw materials; ~ *economică* economic/material foundation; ~ *furajeră* forage base; ~ *militară* military base; ~ *navală* naval base; ~ *sportivă* sports base/grounds; ~ *tehnico-materială* technical and material resources/supplies; ~ *tubulară tehn.* pipe control plant. ⓑ *de* ~ basic, fundamental; *pe/în baza (cu gen.)* on the basis of..., under...; in terms of...; *(în virtutea)* by dint of... ⓒ *a pune bazele (cu gen.)* to lay the foundations of...; *a lua ca/drept* ~ to assume as a basis, to take as a principle; *a sta/fi la baza (cu gen.)* to be the basis of..., to be/lie at the bedrock of...
bazedov *s.n.* Basedow's diṣease, exophthalmic goitre.
bazedovian *adj.* Basedowian, affected by exophthalmic goitre.
bazic *adj. chim.* basic.
bazicitate *s.f.* basicity.
bazilică *s.f.* basilica.
bazilisc *s.m. zool. şi mit.* cockatrice, basilisk *(Basiliscus americanus).*
bazin *s.n.* **1.** *(ornamental)* ornamental lake; *(pt. înot etc.)* swimming pool, piscine. **2.** *tehn.* bazin, pit; reservoir, tank. **3.** *nav.* wet dock. **4.** *geogr., geol.* basin; *(regiune)* region, area; *(district)* district. **5.** *anat.* pelvis. ⓐ ~ *acoperit* indoor piscine/swimming-pool; ~ *carbo-*

nifer coal field/basin; ~ *colector* catchment/drainage basin; *min.* water sump; ~ *de înot* swimming pool; *(în aer liber)* open-air swimming pool; ~ *de pești* fish basin; ~ *forestier* forest district; ~ *portuar* v. ~ 2. ⓐ *marele* ~ *anat.* false pelvis; *micul* ~ *anat.* true pelvis.

bazinet *s.n. anat.* renal pelvis.

bazon *s.n.* double seat.

bă *interj.* v. m ă.

băbătie *s.f.* 1. v. b a b ă. 2. *peior.* harridan, hellcat, old crow.

băbesc *adj.* old-womanish, old woman's... ⓑ *leac* ~ kitchen physic, quack remedy.

băbește *adv.* like an old woman; *(empiric)* empirically; *(simplu)* in a simple way.

băcan[1] *s.m.* grocer.

băcan[2] *s.n.* 1. *bot.* red dye-wood, logwood *(Haematoxylon campechianum).* 2. *(culoare)* rouge, French red, F→raddle.

băcănie *s.f.*←*rar* 1. *(ca prăvălie)* grocer's (shop), *amer.* grocery store. 2. *(ca meserie)* grocery trade. 3. *pl. (aromate)* spicery. ⓒ *a se face de* ~ F to make a fool of oneself, to become a laughing-stock.

bădăran *s.m.* boor, churl, cad.

bădărănie *s.f.* 1. boorishness, churlishness. 2. *(ca act)* piece of insolence/rudeness.

bădie, bădiță *s.m. reg.* v. b a d e.

băftos *adj. sl.* (happy-go-)lucky.

băga I. *vb. tr.* 1. *(în)* to put (into/in); *(prin împingere)* to push/thrust in, F to shove (into); *(prin apăsare)* to wedge in; *(cu efort)* to edge in; *(cu dibăcie)* to shuffle in; *(cu vîrful)* to drive in; *(prin loviri)* to strike in; to knock in; *(forțind)* to force in; *(a ghiftui)* to stuff/cram in; *(a introduce)*' to introduce, F to stick in. 2. *(a numi, a angaja) (în)*←F to put (in a place), to give *smb.* an appointment, to find a post for; to engage. 3. *fig. (în)* to take (into/in), to introduce. ⓒ *bagă-ți asta (bine) în cap* put this/that in/under your hat; *a* ~ *ața în ac* to thread a needle; *a(-și)* ~ *banii în...* to put/sink one's mon-

ey into...; *a* ~ *fitile* F to cast a bone (between), to set people by the ears; *a-și* ~ *nasul în cărți*←F to pore over one's books; *a-și* ~ *nasul peste tot* F to poke one's nose into everything; *a-i* ~ *pumnul în gură cuiva* to ram smth. down smb.'s throat, to force smb.'s will; to put smb.'s nose out of joint; *a* ~ *sabia în teacă* to sheathe one's word; *a* ~ *de seamă* to observe, to notice; *a* ~ *în buzunar* to (put in one's) pocket; *a* ~ *în capul cuiva* to get/beat/knock smth. into smb.'s head; *a* ~ *în fiare* to put/cast into chains/fetters; *a* ~ *în pămînt* to put/fix/plant into the earth; *a* ~ *în viteză auto.* to clutch in; *a* ~ *pe cineva în viteză fig.* F to make smb. step on the gas; *a* ~ *la apă/în bucluc* F to get smb. into a scrape. II. *vb. refl. (nepoftit)* to intrude; *(a intra) (în)* to enter *(cu acuz.)*; *(a se amesteca)* to (inter)meddle (in), to interfere (in smb.'s affairs); to interpose (in), to intercede (in a dispute); *(a se strecura)* to worm oneself in; to insinuate oneself; *(imperceptibil)* to slide in. ⓒ *a se* ~ *singur în gura lupului* to put a halter round one's neck; *a se* ~ *în sufletul cuiva* to pester smb. F to plague smb.'s life out; *a se* ~ *în vorbă* to chime in, to interfere; F to put one's oar in it; *a se* ~ *la stăpîn* to hire oneself out; *a se* ~ *pe sub pielea cuiva* to ingratiate oneself/to curry favour with smb., to toady/fawn upon smb.; *nu vrea să se bage* he will have nothing to do with it; *nu te* ~ *!* F keep off the grass! keep (your mouth) out of this.

băgare *s.f. (în)* putting (into) etc. v. b ă g a.

băgăcios, băgăreț I. *adj.* intruding, prying. II. *s.m.* intruder, meddler, F busy-body, gate crasher, Paul Pry, pusher.

băgător *adj.* ⓐ ~ *de seamă* attentive; *(precaut)* wary, cautious.

băiaș *s.m.* 1. bathhouse attendant. 2. v. b ă i e ș.

băiat *s.m.* 1. boy; lad; *(copil)* child, kid; *(tînăr)* youth; *(fiu)* son;

(ins) fellow, F chap. **2.** *băiatul* F number one, yours truly. ⓐ *un* ∼ *bun* F a good/the right sort; ∼ *de prăvălie* shopboy; ∼ *de serviciu* office-boy; *un* ∼ *de viață* a (real) sport, a gay (old) dog; *un* ∼ *de zahăr* F a brick (of a fellow), a (good) sport, a trump, a fine fellow; ∼*ul mamei* mamma's darling/pet; *un* ∼ *vesel* a jolly fellow, F a merry sort.

băieş *s.m.* gold washer.

băieşiţă *s.f.* bathhouse (woman) attendant.

băieţandru, băietan *s.m.* youth, lad, stripling; *peior.* youngster, F→ young nipper/shaver.

băieţaş, băieţel *s.m.* little boy; *(pici)* brat, urchin.

băieţesc *adj.* boyish, a boy's...

băieţeşte *adv.* like a boy.

băieţism *s.n.* F hoydenism, tomboyish behaviour.

băieţoasă *adj.* hoydenish, tomboyish.

băieţoi *s.m.* **1.** hobbledehoy. **2.** *(d. o fată)* tomboy, hoyden.

băiţui *vb. tr. tehn.* to drench, to bate, to treat with a mordant. **2.** *(a vopsi)* to mordant paint/spray, to stain.

băjenar *s.m.* refugee, fugitive; exile.

băjenie *s.f.* exile, refuge; exodus.

bălai I. *adj. (d. fată)* fair, blonde; *(d. păr)* fair, light, flaxen, *rar* →golden. ⓑ *cu păr(ul)* ∼ fair-haired. **II.** *s.f.* ⓒ *a intrat* ∼*a in sat*←P it is (broad) daylight.

bălan *adj.* v. **b ă l a i**.

bălăbăneală *s.f.* dangling etc. v. **b ă l ă b ă n i**.

bălăbăni I. *vb. tr. (picioarele etc.)* to dangle; *(braţele)* to fling (about), to swing (about). **II.** *vb. refl.* to swing; *(d. picioare)* to dangle.

bălăbănit *adj. (d. mers)* shambling.

bălăcări *vb. refl.* v. **b ă l ă c i**.

bălăceală *s.f.* (s)plashing, wading.

bălăci *vb. refl.* to wallow, to (s)plash through (the mud), to wade in/ through (water *sau* mud); *(d. copii)* to dabble (in water), to paddle.

bălăcire *s.f.* (s)plashing etc. v. **b ă l ă c i**.

bălălăi *vb. intr.* v. **b ă l ă b ă n i II.**

bălălău I. *adj.* F flippety-floppety. **II.** *s.m.* lubberly fellow.

bălăngăni I. *vb. intr.* to tinkle, to ring. **II.** *vb. refl.* v. **b ă l ă b ă n i II.**

bălării *s.f. pl.* weeds.

bălbisă *s.f. bot.* hedge woundwort/ nettle *(Stachys silvatica).*

bălboare *s.f. bot.* globe flower *(Trollius Europaeus).*

bălegar *s.n.* v. **b ă l i g a r**.

băliga *vb. refl.* to dung; *(d. cai)* to drop.

băligar *s.n.* **1.** manure, dung, natural fertilizer; *(fermentat)* compost. **2.** *(ca grămadă)* dunghill, dungheap.

bălmăjeală *s.f.* confusion, jumble, muddle; muddling, mixing up.

bălmăji *vb. tr.* **1.** *(a amesteca)* to mix up (in a heap), to throw into confusion, F to muddle/jumble up. **2.** *(a îndruga)* to mumble, to jabber.

bălos *adj.* drivelling, slobbering.

băltăreţ I. *adj.* bog..., swamp..., marsh...; living near a marsh. **II.** *s.n.* **1.** name of a warm south wind blowing in Romania. **2.** inhabitant of a fen country, F→ bog lander.

băltoacă *s.f.* puddle; plash, mud hole.

bălti *vb. intr.* to bog.

băltire *s.f.* water bogging.

băltiş *s.n.* marsh, marshy country.

băltoi *s.n.* v. **b ă l t o a c ă**.

băltos *adj.* marshy, swampy, miry, boggy.

bălţa *vb. tr. (cu dungi)* to streak, to stripe; *(cu pete)* to speckle, *(şi fig.)* to colour.

bălţat *adj.* **1.** *(cu dungi)* striped, streaked; *(cu pete)* spotted speckled, motley; *(în două culori)* parti-coloured; *(multicolor)* variegated, many-coloured. **2.** *fig. (variat)* mixed, motley.

bălţătură *s.f. bot.* horehound, hoarhound *(Marrubium).*

bănat *s.n.* **1.** *(supărare)* annoyance, vexation; *(jale)* sorrow, grief. **2.** *(deranj)* trouble. **3.** *(minie)* anger, < rage, < wrath; *(ciudă)* spite; *(pică)* grudge. **4.** *(reproş)* reproach, accusation, blame. **5.** *(bănuială)* suspicion. ⓒ *a-i fi* ∼ to be sorry,

to regret; *a-i fi cu* ~ to take
ill/amiss/in ill part, to take offence;
să nu vă fie cu ~! no offence, I
hope! I meant no harm!

bănăţean I. *adj.* from the Banat(e).
II. *s.m.* inhabitant of the Banat(e).

bănăţeancă *s.f.* woman of/from the
Banat(e).

băncuţă *s.f. ist.* small coin; half a
leu.

bănesc *adj.* money..., pecuniary,
monetary. ⓑ *dificultăţi băneşti*
pecuniary embarrassment/difficul-
ties.

băneşte *adv.* pecuniarily. ⓒ *stă
prost* ~ he is in straits (for money),
F→ he's rather hard up.

bănet *s.n. col.* much money, <
heaps/piles/tons of money.

bănie *s.f. ist.* banat(e), a ban's office
or residence.

bănos *adj.* paying, yielding money;
remunerative, profitable, lucrative.

bănui *vb. tr.* 1. *(a presupune)* to
suppose, to presume; *(a-şi închi-
pui)* to fancy, to imagine, to con-
jecture, to guess; *(a presimţi)* to
feel; *(a prevedea)* to foresee, to
foreknow; *(a crede)* to think. 2.
(a suspecta) to suspect, to surmise;
(a nu avea încredere în) to distrust,
to mistrust, to have no confidence
in. ⓒ *a nu* ~ *nimic* to be entirely
unsuspicious/unsuspecting; *nimeni
nu* ~*a ceva* nobody had any
suspicion/idea/F→ inkling of such
a thing; ~*esc că a şi sosit* I have an
idea (that) he is already here.

bănuială *s.f.* 1. *(presupunere)* sup-
position, presumption, F→hunch;
(ipoteză) conjecture; *(gînd)* no-
tion, idea, inkling; *(îndoială)*
doubt; *(temere)* apprehension; *(pre-
vedere)* foresight; *(sentiment)* mis-
giving. 2. *(neîncredere)* suspicion,
distrust, mistrust, lack of confi-
dence. ⓒ *a fi mai presus de orice*
~ to be above/beyond suspicion;
a intra la ~ to grow suspicious.

bănuire *s.f.* supposition, supposing
etc. v. b ă n u i.

bănuit *s.m.*ⓒ *a da de* ~ to excite/incur/
raise suspicion; to be doubtful/
dubious/suspicious.

bănuitor *adj.* suspicious; *(neîncre-
zător)* distrustful.

bănuţ *s.m.* 1. *(monedă neînsemnată)*
penny, farthing. 2. *(la ouă)* cock('s)
tread(le). 3. *pl.* v. b ă n u ţ e l.

bănuţel *s.m. bot.* daisy *(Bellis pe-
rennis)*.

bărăgan *s.n. (şes întins)* vast plain;
steppe; *(pîrloagă)* moor, heath
(y ground/land).

bărbat I. *s.m.* 1. man; male, F→one
of the male sex. 2. *(soţ)* husband,
F→hubby, rar→spouse. 3. *zool.*
male; *(d. iepure)* buck; *(d. vite
cornute etc.)* bull. ⓐ ~ *de stat*
statesman; *un* ~ *frumos* a hand-
some man. ⓒ *a lua de* ~ to marry;
to accept as husband; to take for
better or for worse; *a deveni* ~
to grow up to manhood, to be a
man. II. *adj.* manly, manful, virile;
(hotărît) resolute; *(curajos)* brave.

bărbătesc *adj.* male, man's...; mas-
culine, virile; *(hotărît)* resolute;
(curajos) brave. ⓑ *haine bărbă-
teşti* man's clothing.

bărbăteşte *adv.* like *sau* as a man;
manly, manfully; resolutely; bra-
vely.

bărbătos *adj.* manly.

bărbătuş *s.m., zool. etc.* male.

bărbăţel *s.m.* F hubby.

bărbăţie *s.f.* 1. masculinity, man-
hood; *(virilitate)* virility; *(a firii)*
manliness, manly nature; red blood;
(hotărîre) resoluteness; *(energie)*
energy. 2. *(ca vîrstă)* years of man-
hood, man's estate.

bărbătoi *s.m.* virago, masculine wom-
an.

bărbie *s.f.* 1. *(la om)* chin; *(la
cocoş)* gills; *(la vite)* dewlap. 2.
(şervet) bib, feeder; napkin. 3. *(la
vioară)* chin rest. ⓐ *bărbia urechii
anat.* ear lobe; ~ *dublă* double
chin. ⓒ *a mîngîia pe cineva pe
sub* ~ to chuck smb. under the
chin.

bărbier *s.m.* 1. barber; *(frizer şi)*
hairdresser. 2. *fig.* F fibster, story
teller, Baron Munchhausen.

bărbiereală *s.f.* 1. shave. 2. *fig. (min-
ciuni)* F fibs, fables.

bărbieri I. *vb. tr.* 1. *(pe cineva)* to
shave, F→to beard. 2. *fig. (a*

înșela) F to dupe, to make an ass of. **II.** *vb. refl.* **1.** to get shaved, to have a shave. **2.** *fig. (a minți)* F to tell stories/crammers, to (tell a) fib; *(a exagera)* F to tell a cram, to pull the long bow. © *nu te ~ !* F draw it mild!

bărbierit *s.n.* shaving; shave.

bărbiță *s.f.* **1.** goatee; imperial. **2.** *(la cocoș etc.)* wattle. **3.** *(bavetă)* bib, feeder.

bărboasă *s.f. bot.* beard grass *([1]ndropogon ischaemon)*.

bărbos *adj.* **1.** bearded, whiskered; *(cu barbă mare)* long-bearded; *(neras)* unshaved.**2.** *bot., zool.* barbed; barbate.

bărbușoară *s.f. bot.* winter cress, rocket gentle *(Barbarea vulgaris)*.

bărdacă *s.f.* (clay) jug.

bărdaș *s.m.* carpenter.

bărzăun(e) *s.m. entom.* humble/bumble bee *(Bombus)*.

băsmăluță *s.f.* **1.** (hand)kerchief. **2.** *(batic)* headkerchief.

băsni *vb. intr.←rar* to tell tales.

băscălie *s.f.* F razzing, —mockery © *a face ~ (de ceva)* to make fun/sport (of smth.); *a face ~ de cineva, a lua pe cineva în ~* F to snap one's fingers at smb., to pull smb.'s leg.

bășica I. *vb. tr.* to blister the skin, to cause/raise blisters on. **II.** *vb. refl.* to be blistered.

bășică *s.f.* **1.** *med.* blister, pimple, S→vesicle, pustule. **2.** *(urinară)* bladder; *(a fierii)* gall bladder; *(de bou)* ox bladder; *bot.* bladder, S→vesicle. **3.** *(glob)* globe. **4.** *(de aer)* (air) bubble; *(de cauciuc)* rubber bladder; *(de săpun)* soap bubble. **5.** F *(minge)* pill, (foot) ball. **6.** F *(pt. alcoolmetrie)* vial, breathalizer. **7.** *tehn.* blister, bubble. @ *~ înotătoare* air bladder. ⓓ *inflamație a bășicii* inflammation of the bladder; *ploaie cu bășici* heavy shower, pelting rain, F downpour © *a bate bășica* F to play ball.

bășicător *adj.* blistering.

băștinaș I. *adj.* native, indigenous; autochthonous. **II.** *s.m.* native;

(în societățile primitive) pl. aborigines.

bătaie I. *s.f.* **1.** beating, F→drubbing, thrashing; *(cu bățul)* cudgelling; *(cu palma)* slapping; *(cu pumnul)* cuffing, punching. **2.** *(încăierare)* scuffle, tussle, row. **3.** *(lovitură)* blow; *(percuție)* concussion, percussion; *(cu biciul)* lash; *(cu palma)* slap, box; *(cu pumnul)* cuff, punch; *(ciocnit)* knock; *(ușoară)* pat(ting), tap(ping); *(surdă)* thud, thump; *(din picior)* stamp(ing). **4.** *(ritmică)* (rhythmical) beating; *(a inimii)* beating, pulsation, throbbing; *(a unei pendule)* oscillation; *(a ceasului)* tick(ing); *(tact)* measure, cadence; *muz.* time; beat; *(a clopotelor)* sound, toll; *a armelor)* rattle; *(a grindinei)* bursting, pattering; *(a ploii)* pattering. **5.** *mil. (bătălie)* battle; *(luptă)* fight; *(hărțuială)* skirmish. **6.** *(distanță, limită)* range; reach; *(a focului)* mil. firezone, range of big guns; cannon shot; *(a săgeților)* shot of arrows. **7.** *(a ochiului)* blinking; beating of the eye. **8.** *(îmblătire)* thrashing, threshing. **9.** *(a vinatului)* battue; *(a peștelui)* spawning time. **10.** *fiz.* beat. **11.** *tehn.* clatter(ing). **12.** *text.* pick(ing). @ *bătaia motorului* motor knocking; *bătaia puștii* rifle range; *bătaia soarelui* heat of the sun; *~ bună* good beating, F good hiding, sound cudgelling/< thrashing; *~ cu perne* pillow-fight; *~ de cap* trouble, anxiety, concern, uneasiness; care and trouble; severe mental effort, racking, F cudgelling of the brain; *~ de joc* **a.** mockery, scoffing, jeering, sneering, < **b.** v. b a t j o c o r i r e, b a t j o c u r ă. ⓓ *cîmp de ~* battle field, field of battle; *cu multă ~ de cap* with much trouble/difficulty, *rar* →by dint of great exertion; *în bătaia (cu gen.)* within the reach of...; within...; *în bătaia puștii* within musket shot; *în bătaia soarelui* exposed to the sun; sun-beaten; *în bătaia tunului* within cannon shot; *în ordine de ~* in order of battle; in line. © *a-i da ~* F to step on it/on the gas, — to hurry up, to make haste; *acest lucru îmi dă multă* ~ *de cap* this matter/business gives/causes me great trouble/bother; *a primi/F mînca o* ~ *bună* to get a good/sound beating, F to come in for a good licking/hiding/dressing down; *a pune la*~ to come down with, to use, to put on the carpet; to make available; to risk; *a trage cuiva o sfîntă de* ~ F to lick/tan smb., < to thrash smb. soundly, to beat smb. black and blue, to dust smb.'s jacket; *a aranja în ordine de* ~ to draw up in order of battle; *a se aranja în ordine de* ~ to draw up in battle array; *a lua în* ~ *de joc* to laugh at, to deride, to make fun of, to (turn into) ridicule, < to make a mockery of; *a se lua la* ~ to come to blows; *a omorî/F snopi în* ~ F to sandbag, to beat to jelly /a mummy; *e o curată* ~ *de joc* it's sheer mockery. **II.** *interj.* F step on the gas! step on it! — hurry up!

bătăiaş *s.m. vînăt.* beater.

bătăios *adj.* pugnacious, truculent, aggressive, combative, full of fight, *rar* bellicose, F→cocky; *(gîlcevitor)* fond of picking quarrels, quarrelsome, litigious, F litigating.

bătălie *s.f.* battle, action, fight, engagement; *(navală)* sea engagement. ⓐ ~ *sîngeroasă* sanguinary battle. ⓒ *a cîştiga o* ~ to win a battle; *a da o* ~ to give battle (to the enemy); to fight a battle.

bătătarnică *s.f. bot.* groundsel *(Senecio)*.

bătătoare *s.f.* 1. batler, batlet. 2. *poligr.* planer.

bătător¹ *s.m.* beater.

bătător² *s.n.* 1. *(pt. lapte)* churn staff. 2. *(pt. spălat)* batler, batlet. 3. *(pt. covoare)* carpet beater. 4. *text.* beater, cylinder. 5. *tehn.* rammer, mallet.

bătător³ *adj.* 1. *(prea luminos)* dazzling; *(d. culori)* glaring, gaudy; glowing, flaming. 2. *(pronunţat)* prominent, striking; *(evident)* evident, obvious, ostensible. ⓐ ~ *la*

ochi glaring, blatant; *(suspect)* suspicious, arousing suspicion.

bătători **I.** *vb. tr.* 1. to tread; to stamp down. 2. *constr.* to ram. **II.** *vb. refl. (d. mîini)* to get callous.

bătătorire *s.f.* treading etc. v. b ă-t ă t o r i.

bătătorit *adj.* beaten, trodden. ⓑ *drum* ~ well-worn road, beaten path; frequented thoroughfare.

bătătură *s.f.* 1. *(în faţa casei)* front yard/court, forecourt, trodden path. 2. *text.* filling, weft. 3. *(pe piele)* callosity, hard flesh, horny skin; *(la picior)* corn. 4. *silv.* windfall(en wood).

bătăuş **I.** *adj.* v. b ă t ă i o s. **II.** *s.m.* 1. *(cel ce bate)* beater, striker, cudgeller. 2. *(căruia îi place bătaia)* brawler, bully, pugnacious fellow, rowdy; quarrelsome fellow.

băteală *s.f. text.* v. b ă t ă t u r ă 2.

bătrîior *adj.* elderly.

bătrîn **I.** *adj. (ca vîrstă)* old, (old-) aged, ancient. ⓑ *din*~*i* of old/yore, from ancient times; *mai* ~ *(cu...)* older (by...). **II.** *s.m.* 1. old/aged man, man advanced in years, hoary man; *pl.* old people/folk(s). 2. F *bătrînul* pop, father, the old man. 3. *sl.* *bătrînul (eu)* number one, yours truly, the undersigned. 4. *pl.* F *bătrînii* the old folks.

bătrînă *s.f.* 1. old/aged woman. 2. *sl. înv. a thousand lei banknote.* 3. F *bătrîna* mam, mother, the old woman.

bătrînel *s.m.* elderly man.

bătrînesc *adj.* old; *(de modă veche)* old-fashioned. ⓑ *casă bătrînească* parental house; *cîntec* ~ (popular) ballad; *vorbă bătrînească* old saying.

bătrîneşte *adv.* like an old man; *(ca altădată)* as of old; *(tradiţional)* traditionally.

bătrîneţe *s.f.* old/*poetic*→hoary age. ⓐ ~ *haine grele* chair days. ⓒ *a trăi pînă la adînci bătrîneţi* to live to a venerable age, to live to be very old, F→to make old bones.

bătuci **I.** *vb. tr.* to stamp/ram/beat down. **II.** *vb. refl.* to grow hard *sau* callous etc. v. b ă t u c i t.

bătucit *adj.* **1.** v. b ă t ă t o r i t. **2.** *(d. fructe)* bruised. **3.** *(cu bătături)* horny, callous, toil-hardened. **4.** *(bătut)* beaten soundly, F pommelled.

bătut I. *adj.* beaten etc. v. b a t e. ⓐ ~ *de brumă* blighted by frost; ~ *de gînduri* full of care/anxiety, troubled; thoughtful; meditative, pensive, melancholy, F→wool-gathering; ~ *de grindină* spoilt by hail; ~ *de soare* sun-beaten, sun-burnt; ~ *de vînt* wind-beaten/swept; exposed to the wind; ~ *în cap* F beef-witted, blockheaded, batty, dull, dense; ~ *în pietre scumpe* set in jewels. ⓑ *aur* ~ pure/solid/sterling gold; *bani bătuţi* ready money, hard cash; *berbec* ~ gelded ram; *pînză* ~*ă* stout/thick cloth; *a se da* ~ to give it up, F→to hollow/*amer.* to holler uncle; *a nu se da* ~ not to yield to hold one's ground/own, F→to stick it out (bravely), to take things on the chin. **II.** *s.n.* beating etc v. b a t e.

bătută *s.f. name of a Romanian folk dance.*

băţ *s.m.* **1.** stick; *(mai mic)* little stick/cane; *(scurt, gros)* cudgel; v. ş i b a s t o n; *(al conferenţiarului etc.)* pointer; *(vargă)*switch, rod. **2.** *bot.* stalk, ha(u)lm, stem. **3.** *sl. (picior)* pin, trotter. ⓐ ~ *de chibrit* match; ~ *de ski* ski stick; ~ *de tobă* drum stick. ⓑ *cu traista-n* ~ begging, F pinched, under hatches. ⓒ *a se lua în beţe cu cineva* to heckle smb., to come to high words with smb.; *a pune beţe în roate (cuiva)* to put/throw obstacles (in smb.'s way), F to put a spoke in the wheel, to lock/scotch the wheel; *a-şi lua traista-n* ~ ←F to leave, to depart; to pack (up); *(a o şterge)* F to walk one's chalks, to make tracks, to cut one's stick.

băţos I. *adj.(rigid)* stiff; stand-offish; *(afectat)* affected; mannered; *(ceremonios)* formal, precise, standing on ceremony; *(ţeapăn)* awkward, clumsy, heavy; *(arţăgos)* clean-cravatish, cantankerous, peev-

ish. **II.** *adv.* stiffly etc. v. ~ I.

băut I. *adj.* **1.** who has drunk (his fill). **2.** v. b e a t. **II.***s.n.* drinking. ⓑ *apă de* ~ drinking wate·.

băutor*s.m.* **1.** drinker. **2.** v. b e ţ i v.

băutură *s.f.* **1.** drink, beverage, F→ potable; *(cu care te dregi)* F chaser; *(înainte de culcare)* night cap; *(la botul calului)* stirrup-cup. **2.** *med.* potion, decoction. **3.** *(băut)* drinking. ⓐ ~ *proastă* bad liquor, P→rotgut; ~ *răcoritoare* cooling drink, cooler; ~ *slabă* weak drink, F → wish-wash, swish-swash, slip-slop; ~ *tare* strong drink/liquor, F→something short; *băuturi spirtoase* spirits, liquors, alcoholic/spirituous drinks. ⓑ *la* ~ over a glass of wine; in one's cups. ⓒ *a se apuca de* ~ to take to drinking, F to take to the bottle.

băuturică *s.f.* drink, draught, F booze.

bea I *vb. tr.* **1.** to drink; *(cu încetul)* to sip; *(cu înghiţituri mari)* to swig; swill; *(tot)* to drink up; quaff; *(pe nerăsuflate)* to drink off; *(cu lăcomie)* to drink in. **2.** *med.* to take. **3.** *(a adăpa)* to water. **4.** *(tutun)* to smoke. ⓒ *îşi* ~ *banii* he drinks his money away, he spends all his money on drinking; *a* ~ *gaz/benzină/fără sifon* F to talk nonsense/through one's hat; *ce bei?* what do you drink/take? What's your drink/liquor?; *ce vrei să bei?* what will you have (to drink)?; *a* ~ *dintr-o înghiţitură* to drink at a draught; *a* ~ *la botul calului* to drink a stirrup-cup; *a* ~ *pînă la fund* to drink up, to drink to the dregs. **II.** *vb. intr.* to drink,F→to be fond of the bottle, to booze, to bib. ⓒ *a-i place să* ~ to be given to drinking, F→to be fond of one's glass/of a drop; *a* ~ *în sănătatea cuiva* to drink smb.'s health; to pledge smb. (in drinking); *a* ~ *serios* to drink hard; ~ *toată lumea?* drinks all round?

bearcă *adj* v. b e r c.

beat[1] *adj.* **1.** drunk, intoxicated, the worse for drink, F tipsy, tight, screwed, lit up; *(afumat)* elevated,

F mellow, merry, squiffy, < F
befuddled, sozzled, boozy, three
sheets in the wind, < under the
table, blind to the world, one over
the eight. **2.** *fig. (de)* intoxicated
(with), drunk; (with). ⓐ ~ *ca un
porc* swine-drunk; ~ *mort/turtă* F
dead/blind/roaring drunk. ⓑ *pe
jumătate* ~ half tipsy.
beat² *adj. (pronunţat [bi:t]) muz., lit.
etc.* beat.
beatitudine *s.f.* bliss, beatitude; su-
preme/perfect happiness.
beatnic, beatnik *s.m.* beatnic. ⓑ
generaţia ~ *ilor* the beat generation.
bebe(luş) *s.m.* baby, babe, chicka-
biddy, nurseling; kid.
bec *s.n.* **1.** *(electric)* bulb, (electric/
glow/incandescent) lamp; *(de gaz)*
gas burner, (gas) light. **2.** *(gură)* F
chops, jaw, potato trap;—mouth.
3. *(nas)* F *sl.* bugle. ⓐ ~ *Auer*
Auer burner; ~ *Bunsen* Bunsen
burner; ~ *de gaz* gas burner; ~
de control pilot lamp; ~ *de sigu-
ranţă* safety burner. ⓒ *a cădea pe*
~ *după cineva sl.* to be sweet/nuts
on smb., to fall for smb., — to
fall in love with smb.; *a vorbi la* ~
F to talk in vain, not to be lis-
tened to.
becar *s.m. muz.* natural.
becaţă *s.f. ornit.* snipe *(Scolopax
rusticola)*.
becaţină *s.f. ornit.* small/jack/half
snipe *(Gallinago gallinaria)*.
becher I. *adj.* single, celibate; wife-
less, spouseless. **II.** *s.m.* bache-
lor. *peior.* → agamist.
becherie *s.f.* bachelor's life, bache-
lorhood, F → single blessedness.
bechie *s.f. av.* tail-skid.
beci *s.n.* **1.** cellar; *(subsol)* base-
ment. **2.** *(închisoare)* jail, prison.
becisnic I. *adj.* **1.** *(neputincios)* pow-
erless, impotent; *(bolnăvicios)*
sickly, ailing; *(slab)* weakly, frail,
delicate; *(vrednic de compătimit)*
pitiable, woeful. **2.** *(sărac)* poor.
II. *s.m.* (molly) coddle, weakling;
powerless/impotent person etc. v.
~ **I.**
becisnicie *s.f.* lack of power, impo-
tency, sickliness; weakly state,

frailty, invalidity; harmlessness.
beduin *s.m.* Bedouin.
beethovenian, beethovian *adj.* Beet-
hovenian, Beethovian.
begonie *s.f. bot.* begonia *(Begonia)*.
behăi *vb. intr.* to bleat, to baa.
behăit *s.n.* bleating.
behehe *interj.* baa!
behliţă *s.f.* fish fry.
bei *s.m.* bey.
beizadea *s.f. ist.* young prince; son
of a sultan; son of a hospodar/
prince.
bej *adj.* beige.
bejanie, bejenie *s.f.* trek. ⓒ *a pleca
în* ~ to be on the trek.
bel *s.m. fiz.* bel.
beladonă *s.f. bot.* deadly nightshade,
belladonna, banewort (Bella-
donna).
belaliu *adj.* **1.** *(sensibil)* sensitive;
(care se ofensează uşor) touchy. **2.**
(dificil) hard, difficult; *(greu de
mulţumit)* fastidious. **3.** v. b e-
c i s n i c I, 1.
belciug *s.n.* metal ring; hook; *(pt.
vită)* cattle leader. ⓒ *a cîştiga la*
~*e* F to get for nothing/for a
(mere) song.
belciugat *adj.* **1.** ring-shaped; an-
nular. **2.** v. b î r l i g a t.
beldie *s.f.* ← *reg.* **1.** *bot.* stem; *(la
păioase)* stalk; *(la copaci)* trunk.
2. *(prăjină)* pole, perch.
belea *s.f. (necaz)* trouble, F scrape,
mess; *(întîmplare nenorocită)* mis-
hap, mischance, misadventure; *(în-
curcătură)* embarrassment; *(neno-
rocire)* misfortune; *(năpastă)* ca-
lamity, adversity; bother, pest,
plague; worry, affliction, tribula-
tion; *(povară)* burden, nuisance.
ⓒ *a-şi lua o* ~ *pe cap* ←F to take
a burden upon oneself; *a da de* ~ ,
a intra în ~ , *a-şi găsi* ~ *ua* F to
get into trouble/hot water/ a mess/
a scrape; *a scăpa de (o)* ~ to get
out of an encumbrance/F a scrape;
a scoate din ~ F to get out of a
scrape; *a băga în* ~ F to draw/lead
into a scrape; *a fi o* ~ *pe capul (cu
gen.)* F to hang upon the hands
of...; to be a burden/an encum-
brance to...

bele-arte *s.f. pl.* ← *inv.* fine arts.

belemnit *s.m. mineral.* belemnite, F← finger stone.

beletrist *s.m.* person cultivating polite letters; literary man.

beletristic *adj.* belletristic.

beletristică *s.f.* belles lettres, fiction.

belfer *s.m.* F pedant, dry nurse.

belgian *adj., s.m.* Belgian.

beli I. *vb. tr.* **1.** *(pielea)* to flay, to skin, S→ to excoriate; *(arbori)* to bark, to peel off. **2.** *(ochii)* ←F to open wide; *(dinţii)* to show. **3.** *fig. (a jefui)* F to fleece, to rob. ©️ *a o* ~ ← *vulg.* to get it hot, to get it in the neck, to get into hot water. **II.** *vb. refl. pas.* to be flayed etc. v. ~ I.

belicos *adj.* warlike, fond of fighting, *rar* → bellicose.

beligerant I. *adj.* engaged in war, belligerent. **II.** *s.m.* belligerent.

beligeranţă *s.f.* warfare, belligerence.

belinograf *s.n.* Belin's picture telegraph, phototelegraph.

belinogramă *s.f.* Belin's picture telegram, phototelegram.

belşiţă *s.f. bot.* Indian cane, canna *(Canna indica).*

belşug *s.n.* plenty, abundance, rich store; *(surplus)* profusion, overflow, exuberance; cornucopia; *(bogăţie)* wealth, opulence. ①️ *din* ~ in abundance, plentifully, F → galore.

beltea *s.f.* v. p e l t e a .

belvedere *s.n.* belvedere.

Belzebut *s.m.* Beelzebub.

bemol *s.m. muz.* flat.

benă *s.f.* **1.** *tehn.* grab, bucket; (charging) bin; hopper. **2.** *auto.* bin.

benchet *s.n.* carousal, F fine spread, good tuck-in.

benchetui *vb. intr.* to feast; to junket, *inv.* → to banquet.

benchetuială, benchetuire *s.f.* feasting etc. v. b e n c h e t u i .

benedictin *s.m.* **1.** Benedictine (monk). **2.** erudite, scholar.

benedictină *s.f.* Benedictine.

beneficia *vb. intr. (de pe urma)* to derive advantage (from), to turn

smth. to account; to profit (by), to derive profit (from); to gain (from), to benefit (by).

beneficiar I. *adj. jur.* liable to no debts beyond the value of the assets. **II.** *s.m.* beneficiary.

beneficiere *s.f.* enjoying, possession; benefit(ting).

beneficiu *s.n. com.* profit, gain; *jur.* benefit, privilege, usufruct; *teatru* benefit; *(avantaj)* benefit, advantage. @️~ *brut com.* gross profit; ~ *net com.* net profit. ⓑ️ *în* ~*l (cu gen.)* for the benefit of...; *mari beneficii* large profit(s); *sub* ~ *de inventar* **a.** *jur.* under beneficium inventarii. **b.** *fig.* with reservations/qualifications. ©️ *a realiza un* ~ to realize a profit.

benevol I. *adj.* voluntary, spontaneous. **II.** *adv.* voluntarily, at pleasure, of one's own accord, spontaneously, optionally.

bengal *adj.* Bengal. ①️ *foc* ~ Bengal firelight.

benghi *s.n.* beauty spot.

benign *adj. med.* benign.

benocla *vb. refl.* F to stare, to gaze (at smb.).

bentiţă *s.f.* ribbon, band.

bentonită *s.f. tehn.* bentonite.

benzaldehidăs.f.*chim.*, benzaldehyde.

benzedrină *s.f. chim. farm.* Benzedrine, amphetamine.

benzen *s.m. chim.* benzene.

benzenic *adj. chim.* benzene...

benzil *s.n. chim.* benzyl.

benzină *s.f.* **I.** *auto., av.* petrol, *amer.* gas(oline), gasolene. **2.** *(neofalină)* benzine. @️ ~ *cu cifră octanică ridicată* high-octane petrol/ *amer.* gasoline; ~ *de aviaţie* aviation petrol, avgas; ~ *etilată* ethylated petrol; ~ *grea* heavy naphta; ~ *uşoară* light naphta.

benzinărie *s.f.* filling/petrol station.

benzoat *s.m. chim.* benzoate.

benzoic *adj. chim.* benzoic.

benzonaftol *s.m. chim.* benzonaphthol.

benzopiridină *s.f. chim.* quinoline

berar *s.m.* brewer.

berărie *s.f.* **1.** brewery. **2.** *(local)* beer/ale house, beer saloon.

berbant s.m. ← F rake, loose fellow, philanderer, charmer.

berbantlîc s.n. ← F rakishness, dissoluteness, debauchery, dissipation.

berbec(e) s.m. 1. zool. ram, F → tup; (castrat) wether. 2. Berbecele astr. the Ram, S→ Aries. 3. tehn. rammer, pile driver, (battering) ram. 4. nav. Neptune's sheep, chop (sea). ⓑ mare cu ∼i choppy sea, chop.

berbecuț s.m. 1. zool. v. b e r b e c. 2. ornit. common snipe (Scolopax gallinago).

berbeleacul s.n. ⓑ de-a ∼ head over heels. ⓒ a da de-a ∼ to overthrow, to overturn; a se da de-a∼ to turn a somersault/somerset.

berc adj. bob-tailed.

bere s.f. beer; malt liquor; (albă, engl.) (pale) ale; (neagră engl.) stout; porter; (bavareză) lager (beer); (in sticle) bottled beer. ⓐ ∼ caramel aprox. ginger ale; ∼ de la butoi/canea draught beer.

berechet adv. in abundance, plentifully, F galore.

beregată s.f. throat, gullet, wind pipe, F → swallow.

beretă s.f. beret; (a studenților engl.) student's/graduate's cap.

bergamotă s.f. bot. bergamot (pear).

beri-beri s.n. med. beriberi.

beril s.n. mineral. beryl.

bériliu s.n. metal. berylium.

berlină s.f. berline.

berlinez I. adj. Berlin..., of Berlin. II. s.m. native of Berlin, Berliner.

bermă s.f. constr. berm(e), terrace.

bernardin s.m. 1. (călugăr) Bernardine. 2. (ciine) St. Bernard (dog).

bernă s.f. ⓑ in ∼ nav. half mast.

bernevici s.m. pl. reg. loose trousers.

besactea s.f. inv. casket, box.

beschie s.f. cross-cut/two-handled saw.

bestial I. adj. brutish, bestial, F → beastly. II. adv. like a beast, brutally, bestially.

bestialitate s.f. bestiality, beastliness.

bestie s.f. 1. wild beast. 2. fig. (ferocious) beast/brute.

beșniță s.f. ← P 1. lazy/blowzy woman, lazy-bones; slut, slattern. 2. fat woman.

beșteleală s.f. scolding, abuse, taking to task, censure, F a good dressing-down.

beșteli vb. tr. to take to task, to scold, to abuse, to haul over the coals.

betatron s.n. betatron.

bete s.f. pl. v. b a t ă 2.

beteag adj. physically afflicted, rickety, delicate, < crippled, deformed; (bolnav) ill, sick. ⓐ ∼ de o mină one-armed/branched; ∼ de un ochi one-eyed.

beteală s.f. tinsel (paper); (de aur) gold thread.

betegi vb. v. b e t e j i.

beteji I. vb. tr. to cripple; (a strica) to spoil, to mar; (a vătăma) to injure, to damage. II. vb. refl. 1. to become an invalid, to be crippled. 2. (a se îmbolnăvi) to fall ill, to be taken ill.

betelie s.f. waistband.

beteșug s.n. (bodily) defect/imperfection, affliction, <infirmity; (neajuns) drawback.

beton s.n. concrete. ⓐ ∼ armat a. tehn. reinforced concrete, ferro--concrete. b. F (la cărți) royal flush; ∼ de ciment cement concrete; ∼ precomprimat pre-stressed concrete; ∼ prefabricat built-up concrete; ∼ torcretat gunite, shot crete.

betona vb. tr. to (build with) concrete.

betonier s.m. v. b e t o n i s t.

betonieră s.f. tehn. concrete mixer.

betonist s.m. concreter.

betonit s.n. constr. betonite (bricks).

beție s.f. 1. (ca stare) drunkenness, intoxication, <drunk/ F → tipsy state, < F tipsiness. 2. (petrecere) drinking bout, carousal, F→ booze. 3. fig. intoxication, inebriation <delirium; frenzy, ecstasy. ⓐ ∼ de cuvinte verbosity, bombast, profusion/rich flow/torrent of words, F → (long) rigmarole.

ⓑ *cîntec de* ~ drinking song. ©
a avea darul ~*i* to be addicted to
drink(ing), to be of intemperate
habits, F to be fond of one's drops.
beţigaş, beţişor *s.n.* **1.** small stick,
rod. **2.** *pl. (pt. mîncat)* chopsticks.
beţiv *s.m.* drunkard, tippler, al-
cohol addict, F → boozer, sot.
beţivan *s.m.* hard drinker, F soak-
er.
beut... v. b ă u t ...
bezea *s.f.* **1.** *(sărutare) aprox.* kis-
sing one's hand to smb. **2.** *(prăji-
tură)* meringue. © *a face bezele
cuiva* to kiss one's hand to smb.,
to blow smb. kisses.
bezmetic I *adj.* brainless, giddy,
< insane, mad, F → batty. **II.**
s.m. giddy-head, F → madcap.
beznă *s.f.* **1.** *(întunecime)* dark(ness),
gloom, obscurity. **2.** *fig.* dark, ob-
scurity. ⓑ *întuneric* ~ pitch dark-
(ness)/black.
biacid *s.m. chim.* diacid, biacid.
bianual *adj.* biannual, semi-annual.
biarticulat *adj.* biarticulate.
biatomic *adj.* biatomic.
biban *s.m. iht.* perch *(Perca).*
bibazic *adj. chim.* bibasic.
bibelou *s.n.* gewgaw, trinket, knick-
-knack.
biber *s.m. zool.* beaver, castor *(Cas-
tor fiber).*
bibernil *s.m. bot.* garden/salad bur-
net *(Sanguisorba minor).*
biberon *s.n.* sucking/feeding bot-
tle. © *a hrăni cu* ~*ul* to feed at
the bottle.
bibic *s.m.* ~*ule* → F darling.
bibilică *s.f.* **1.** *ornit.* guinea fowl/
hen *(Numida meleagris).* **2.** *bot.*
crown imperial, fritillary *(Fritil-
laria imperialis).*
bibiluri *s.n. pl.* frills, (lace) orna-
ments.
biblic I. *adj.* biblical. ⓑ *aluzii* ~*e*
Scriptural allusions. **II.** *adv.* bibli-
cally.
biblie *s.f.* Bible, Holy Scripture(s).
bibliofil *s.m.* lover of books, *rar* →
bibliophile.
bibliofilie *s.f.* love of books; *(ca şti-
inţă)* bibliophily.
bibliograf *s.m.* bibliographer.
bibliografic *adj.* bibliographical.

bibliografie *s.f.* bibliography.
bibliologie *s.f.* bibliology.
biblioman *s.m.* bibliomaniac.
bibliomanie *s.f.* bibliomania.
bibliraft *s.n.* (ring) file.
bibliotecar *s.m.* librarian.
bibliotecă *s.f.* **1.** *(instituţie) şi fig.*
library; *(dulap)* bookcase; *(raf-
turi)* book shelves. **2.** *sl. glum.
(cărţi de joc)* card pack. ⓐ ~ *de
împrumut* lending library; ~ *docu-
mentară* reference library; ~ *porta-
tivă* bookmobile, mobile/drive-in
library, bibliobus.
biblioteconomie *s.f.* librarianship.
bicameral *adj. pol.* bicameral.
bicapsular *adj.* bicapsular.
bicarbonat *s.n. chim.* bicarbonate.
bicarbură *s.f. chim.* bicarbide.
bicefal *adj.* two-headed, bicepha-
lous.
biceps *s.m. anat.* biceps.
bici *s.n.* **1.** whip; *(de călărie)*
horsewhip; *nav., mil.* cat (of nine
tails); *(lovitură)* whip stroke. **2.**
fig. scourge. ⓐ ~*ul lui Dumnezeu*
scourge of God. ⓑ *în* ~ at full gal-
lop/speed, posthaste. © *a da bice
(cu dat.)* **a.** to apply the whip to...
b. *fig.* to spur... on; to goad/egg
...on, < to rouse...; *a-i da bice* F
step on it/on the gas, to hurry up,
to make haste; *a lua în vîrf de* ~
a. to whip/flog well/soundly. **b.**
fig. to scourge, to cut up, F to slate.
bicicletă *s.f.* **1.** bicycle, F → bike,
wheel, machine; *(pt. femei)* lady's
bicycle; *(pt. curse)* racer; *(pt. tu-
rism)* roadster. **2.** F *glum. (oche-
lari)* specs, goggles, — spectacles.
biciclist, *s.m.* cyclist, F → wheel-
man, bicycler; *(profesionist)* bi-
cyclist, bicycle racer.
bicisnic *adj., s.m.* v. b e c i s n i c .
biciui *vb. tr.* **1.** to whip, to lash, to
flog. **2.** *fig.* to censure, to criticize
severely, to lash, F → to slate.
biciuială *s.f.,* **biciuire** *s.f.* whipping
etc. v. b i c i u i.
biciuitor *adj.* lashing, biting, harsh,
severe.
biciuşcă *s.f.* horse/riding whip.
bicolor *adj.* bicoloured; partico-
loured.

biconcav *adj.* concavo-concave, biconcave.
biconjugat *adj.* biconjugate.
biconvex *adj.* biconvex.
bicord *adj.* bicordate.
bicorn *adj.* bicornous, F → two-horned.
bicromat *adj.* bichromate.
bics *s.n.* ← *sl.* cigarette butt/stamp, fag end.
bideu *s.n.* bidet.
bidimensional *adj.* bidimensional, two-dimensional. ⓓ *caracter* ~ bidimensionality.
bidinea *s.f.* mason's brush.
bidiviu *s.m.* barbary (horse).
bidon *s.n.* 1. can, *rar* → bidon. 2. *mil.* soldier's flask/canteen.
bidonville *s.n.* shanty town.
bief *s.n. hidr.* 1. *(canal)* reach, level. 2. *(scoc)* water race, mill-race. ⓐ ~ *amonte* head/upper water, head bay; ~ *aval* tail/lower water, tail/aft bay.
bielă *s.f. tehn.* connecting rod; piston rod.
bieletă *s.f. tehn.* auxiliary connecting rod.
bielorus *adj., s.m.* Byelorussian.
bienal *adj.* biennial.
bienală *s.f.* biennial exhibition.
biet *adj.* poor, needy; *(fără bani în buzunar)* penniless. F→ hard up; *(nenorocit)* piteous, unfortunate, miserable, unlucky. ⓐ ~*ul copil!* poor child!/ ~*ul de el!* poor fellow! F→ poor devil! ~*ul de mine!* F poor me!
bif *s.n., interj.* F *glum.* beaver (!)
bifa *vb. tr.* to put a stroke through, to check, to mark.
bifazat *adj. electr.* two-phase, biphase.
bifă *s.f. (bifare)* check.
bifid *adj.* bifide, bifidate.
biflor *adj. bot.* biflorous, F → two-flowered.
biftec *s.n.* (beef)steak; *(fript)* roast steak.
bifurca *vb. refl.* to be bifurcate/F → forked; *(d. drumuri)* to fork.
bifurcare, bifurcație *s.f.* bifurcation, forking; *ferov.* junction, branching (off).

bigam I. *adj.* bigamous. II. *s.m.* bigamist.
bigamie *s.f.* bigamy.
bigă *s.f. nav.* sheers; derrick, loading boom.
bigot I. *adj.* bigoted, religiose. II. *s.m.* bigot.
bigotism *s.n.* bigotry.
bigudiu *s.n.* (hair) curler.
bigui *vb. tr. poligr.* to bend, to wrap.
biguire *s.f.*, biguit *s.n. poligr.* (cover) bending.
bijuterie *s.f. și fig.* jewel; *pl.* jewelry. ⓐ ~ *falsă* costume jewel, shine stone.
bijutier *s.m.* jeweller.
bikini *s.n.* bikini.
bilabial *adj. lingv.* bilabial.
bilabiat *adj. bot.* bilabiate.
bilanț *s.n.* 1. balance sheet; *(total)* sum, total. 2. *(rezultat)* result. 3. *tehn.* balance. ⓐ ~ *energetic* energy balance. ⓒ *a face* ~*ul (cu gen.)* a. to strike the balance of... b. *fig.* to survey, to review.., to sum up...; *(a socoti)* to reckon up...
bilateral *adj.* bilateral; *jur.* reciprocal.
bilă *s.f.* 1. ball; *(de biliard)* billiard ball; *(pt. joacă)* marble. 2. *(cap)* F pate, nut, chump. 3. *anat.* bile, gall. 4. *(trunchi de lemn)* log, butt; pile; stake. ⓒ *a fi atins/scrîntit la* ~ F to be off one's nut/chump, to be nutty; *bila la cutie* F *glum.* tuck in your twopenny.
bilbochet *s.n. (joc)* cup and ball.
bildungsroman *s.n.* bildungsroman.
bilet *s.n.* 1. slip; *(scrisoare)* note, billet; *(de dragoste)* love letter, billet doux; *(invitație)* invitation (card). 2. *com.* bill; hand bill. 3. *(de teatru)* (admission) ticket, theatre ticket; *(de tren)* (railway) ticket; *(de loterie)* lottery ticket; *(de examen)* examination ticket. ⓐ ~ *cu preț redus* cheap ticket; *ferov.* half fare; ~ *de bancă com.* banknote; treasury note; ~ *de favoare* guest/privilege ticket; ~ *de peron* platform ticket; ~ *dus și întors* return ticket; ~ *în circuit* circuit, circular/round-trip/tourist ticket; ~ *la ordin com.* bill payable to order;

promissory note, note of hand;
~ *la purtător com.* bill payable to
bearer.
biletă *s.f. metal.* billet.
bilețel *s.n.* **1.** v. b i l e t **1. 2.** slip
(of paper). **3.** *(pt. tragere la sorți)*
cut.
biliar *adj. anat.* biliary.
biliard *s.n.* billiards. ⓓ *masă de* ~
billiard table. ⓒ *a juca* ~ to play
at billiards.
biliargiu *s.m.* billiards player/ad-
dict.
bilingv *adj.* bilinguist.
bilingvism *s.n.* bilingualism.
bilion *s.n.* billion.
bilios *adj.* bilious.
bilobat *adj.* bilobate(d), two-lobed.
bilunar *adj.* bimonthly.
biman *adj.* bimanous, two-handed.
bimensual, bimestrial *adj.* v. b i-
l u n a r.
bimetal *s.n. metal.* bimetal.
bimetalic *adj.* bimetallic.
bimetalism *s.n.* bimetallism.
bimilenar *adj.* bi-millenary.
bimolecular *adj. chim.* bimolecular.
bimotor *adj. av.* twin-engine...
binzuire *s.f. tehn.* pumicing, fluf-
fing.
bina *s.f.* **1.** building/construction
scaffolding. **2.** building under re-
pair.
binar *adj.* binary; ⓑ *sistem* ~ binary
scale.
bine **I.** *adj.* well', right; all right;
(cum trebuie) properly, aright. ⓐ
~ *clădit* v. ~ *legat;* ~ *dispus* in
high spirits; ~ *făcut* v.~ l e g a t;
~ *fript* well-done; ~ *intenționat*
well-intentioned/-meaning /-meant;
~ *îmbrăcat* well-dress ed;
~ *înarmat* well-armed; ~ *înte-
meiat* well-grounded; ~ *legat (d.
trup)* clean-built/-limbed/ -made;
well-formed; ~ *zis !* well said!
ⓑ *așa de* ~ *că...* so well that...;
ba mai ~ and more; *ce* ~ *!* F
that's fine! *ce*~*că...*! F it's a bles-
sing that...; *cel mai* ~ best; *cu
atît mai* ~ so much the better;
dar ~ *...* but...; well, but...; *(pen-
tru Dumnezeu)* for Heaven's sake;
de doi ani și mai ~ for more than
two years; *destul de* ~ pretty/tol-

erably well; *din ce în ce mai* ~
better and better; *ei* ~ well; *foar-
te* ~ very well, all right, F → all
serene, O.K.; *mai*~ better; rath-
er; sooner; *mai* ~ *de o sută de
oameni* over a hundred people; more
than a hundred persons; *nici* ~ ,
nici rău neither good, nor bad, in-
different(ly well); *nici prea* ~ *nici
prea rău* so, so; tolerably; *nu prea*
~ not quite/exactly well; *prea* ~
very well, *rar* → full well; *puțin
mai* ~ rather/a little better; *tot
așa de* ~ *ca și...* as well as... ⓒ
arăți foarte ~ you are looking very/
F → jolly well; *am auzit* ~ *?* did
I understand rightly? *a crede/soco-
ti că e* ~ *să...* to think it proper to
..., to consider it right to...; *a cu-
noaște* ~ *pe cineva* to know smb.
(thoroughly) well, to know smb. in-
timately; *e* ~ *așa?* will that do?
is it all right? *cum e mai* ~ in the
best manner possible/conceivable;
nu e ~ it isn't right; F → it won't
do; *nu e* ~*să faci asta* it is not right/
proper to do it; *nu ți-e* ~ *?* *nu te
simți* ~ *?* **a.** *(d. sănătate)* what
ails you? aren't you feeling all
right? **b.** *(ești nebun?)* F are you
in your right senses? are you un-
well? *a face un lucru* ~ to do a
thing well/ <capitally/ F →
first-rate; *sper că o să-ți facă* ~
I trust it may do you good; *a se
face* ~ to recover, to get well a-
gain, F → to be picking up (one's
strength) again; *trebuie să facem*
~*ceea ce facem* we should do right/
properly what we do at all; *doresc
să te faci* ~ I hope you may be
soon better; *fă* ~*și pleacă* go away
please, you had better go away; *a
făcut* ~ *că...* he was right to..; he
was all the better for...; *a fi* ~
pentru ... to be good/fit/suitable/
appropriate for...; *poate că ar fi* ~
să... it might not be amiss to...;
gîndește-te ~ *înainte de a o face*
think it over/think twice before
doing it; *nici nu ieșise* ~ *din odaie*
before he was well gone out of the
room; *a înțelege* ~ to understand
rightly/ fully; *a-i merge* ~ to
be getting on well/comfortably/F

nicely, <to be in affluence/ F clo-
ver; *îi merge~in dragoste* he's luck-
y in love; *îi merge ~ în toate* he
succeeds in everything, he is al-
ways lucky, all his cards are trumps;
fortune smiles in a fine pickle; *a-i
merge mai ~ (d. sănătate)* to get
well, to be better; *a mirosi ~* to
have a nice/pleasant smell; *a-i
părea ~* to be glad, to be pleased;
a petrece ~ to spend a happy time/
day, F → to make a day of it; *ai
picat numai/tocmai~* you've come
in the (very) nick of time; *a
primi ~* to receive hospitably; *a
se purta~* **a.** to behave well/prop-
erly. **b.** *(d. o haină)* to wear well;
o să-ți prindă ~ you'll need it;
călătoria mi-a prins ~ I feel all
the better for the journey; *ți-a
prins ~* ? has it benefited you? has
it done you good? *s-ar putea foarte
~ să...* and well it might...; *a se
simți cît se poate de ~* F → to be
feeling very fit; *a nu se simți (prea)
~* to be (rather) unwell, F → not
to be feeling quite the thing; *(a-
bătut)* to feel queer, to feel low-
-spirited, F → not to feel up to
much; *a sta ~ cu cineva* to be on
good terms with smb.; *a-i ședea ~
să... fig.* to be right/proper for
smb. to...; *a ști foarte ~ că...*
to know very well that...; *nici nu
știu ~ ce să fac* I hardly know
what to do; *a trăi ~* to lead a
pleasant/an easy life, F→to have
a good time of it; *a se ține ~ fig.*
to keep/preserve oneself well; *a-i
veni ~ (d. o haină)* to suit *(cu
acuz.); a vorbi ~* to speak well;
vezi ~ F by all means, of course,
naturally, that is understood, it
stands to reason; *~ a zis cine a
zis că...* it was well said that...;
că ~ zici! right you are! F a
capital idea!; *~ ți-a făcut!*
serve(s) you right!; *~ că ai venit*
I'm glad you've come; I was
waiting for you; *mai ~ ai tăcea*
you had better keep silent; *mai
~ mort!, mai ~ mă spînzur!* not
for the world! I'd rather die
(than...)!; I'll eat my hat first!

II. *s.n.* good; *(beneficiu)* benefit,
advantage, service; *(cîștig)* profit,
gain; *(binecuvîntare)* blessing,
boon; *(noroc)* luck, fortune; *(re-
mediu)* remedy. ⓐ *~le obștesc/co-
lectivității* public good. ⓑ *cel mai
mare ~* the greatest good; *cu ~*
a. *(teafăr)* safely, all right. **b.**
(izbutit) successfully. **c.** *(la reve-
dere)* good-bye! F→so long! *de ~
de rău* somehow; *(și) la ~ și la
rău* for better, for worse; through
thick and thin; *pentru ~le (cu
gen.)* for the good/benefit of...
ⓒ *a dori ~le cuiva* to wish smb.
well, to mean well to smb.; *a face
un ~ cuiva* to do good by
smb.; to do good to smb., to
act kindly to smb., to confer/
bestow a benefit upon smb., to be
beneficial to smb.; *nu-i a ~* every-
thing forebodes stormy weather,
F I smell a rat; *mergi cu ~* !
farewell! I wish you a pleasant
journey! *inv.→*good speed!; *rămîi
cu ~* ! good bye! I hope to see
you again; *s-auzim de ~*! good-
-bye! F→so long!; *să-ți fie de ~*!
(după masă) to your pleasure! to
your heart's content! *(de ziua
nașterii)* many happy returns of
the day! *(după strănutat)* bless
you! *(în general)* much good may
it do you! good luck! *a vorbi de
~ pe ...* to speak well of...,
F→to give a good character of...;
a se schimba în ~ (d. lucruri) to
turn for the best; *e numai spre
~le tău* it's only for your good.
III. *adj.* **1.** fine, handsome, good-
-looking. **2.** stately, well-built, im-
posing. **3.** *fig.* educated, cultured,
refined. **4.** *fig.* well-bred, distin-
guished. **5.** *fig.* respectable, hon-
ourable. **IV.** *interj.* well! good!
right! F that's settled! well then!
O.K.!

bine-crescut *adj.* well-educated/bred.
binecuvînta *vb. tr.* **1.** to bless;
(a face semnul crucii) to cross.
2. *(a lăuda)* to praise, to bless.
binecuvîntare *s.f.* **1.** blessing etc.
v. b i n e c u v î n t a. **2.** *(feri-*

cire) blessing, blessedness, happiness.

binecuvîntat *adj.* blessed; happy.

binefacere *s.f.* **1.** good/kind action, charity, philanthropy. **2.** boon, advantage, profit. ⓑ *serbare de* ~ charity fête.

binefăcătoare *s.f.* benefactress.

binefăcător 1. *adj.* doing good, beneficent; *(caritabil)* charitable; *(pt. sănătate)* beneficial, salutary, wholesome; *(d. aer)* bracing. **II.** *s.m.* benefactor, well-doer, doer of good.

bineînţeles *adv.* of course, naturally, certainly, it goes without saying, as is but natural.

binemerita *vb. intr.* ⓐ *a* ~ *de la...* to deserve well of...

binemirositor *adj.* sweet-smelling, of a pleasant odour.

bineţe *s.f. pl.* greeting, salutation. ⓒ *a da* ~ *(cu dat.)* to greet smb., to hail smb., to pass the time of day to smb.

binevenit *adj.* welcome; *(oportun)* timely, seasonable.

binevoi *vb. intr. (să)* to be willing (to), to be pleased (to); *(a admite)* to condescend (to), to deign (to). ⓒ *n-a* ~*t să răspundă* she did not condescend/choose to reply; *cum* ~*ţi* as you feel inclined, as you like; *peior.* at your own sweet will; *dacă* ~*ţi* if you please; if such be your pleasure.

binevoitor I. *adj.* well-disposed, favourably inclined; gracious; benevolent; affable; *(bine intenţionat)* well-meaning/wishing. **II.** *s.m.*well-wisher.

binigiu *s.m.* horse breaker/trainer/master.

binişor I. *adj.* **1.** *(destul de bine)* passably/tolerably/fairly well. **2.** *(cu grijă)* softly, gently; *(uşor)* lightly; *(încet)* slowly. **3.** *(pe furiş)* stealthily. ⓒ *ia-o* ~ take it easy, come, come, don't be so rash; *îmi merge* ~ I am getting on fairly well, F things are pretty middling with me. **II.** *s.n.* ⓑ *cu* ~*ul* gradually, by degrees; *(cu precauţie)* cautiously; *(uşor)* gently, softly; *(pe departe)* in a

roundabout way. **III.** *interj.* gently! don't hurry! not so fast! *(nu te înfierbînta)* don't flurry yourself! keep your hair/shirt on!

binoclu *s.n.* **1.** binocular(s). **2.** *(de teatru)* opera glasses.

binom *s.n. mat.* binomial.

binominal *adj.* binominal.

bintă *s.f. nav.* bitt.

biobibliografic *adj.* bio-bibliographical.

biobibliografie *s.f.* bio-bibliography.

biocatalizator *s.m. chim.* biocatalyst.

biocenoză *s.f. biol.* biocoenosis.

biochimic *adj.* biochemical.

biochimie *s.f.* biochemistry.

biochimist *s.m.* biochemist.

biodinamică *s.f.* biodynamics.

biogen *s.n. biol.* biogen.

biograf *s.m.* biographer.

biografic I. *adj.* biographical. **II.** *adv.* biographically.

biografie *s.f.* biography.

biolog *s.m.* biologist.

biologic I. *adj.* biological. **II.** *adv.* biologically.

biologie *s.f.* biology.

biopsihic *adj.* biopsychical.

biosferă *s.f.* biosphere.

biotină *s.f. biol.* biotin.

bioxid *s.m. chim.* dioxide. ⓐ ~ *de carbon* carbon dioxide, *min.* black/choke damp.

bipartit *adj.* bipartite; *pol. şi* bipartizan.

bipartiţie *s.f.* bipartition.

bipătrat *adj. mat.* biquadratic.

biped I. *adj.* bipedal, two-legged/footed. **II.** *s.m.* biped...

bipenat *adj.* bipennated.

biplan *s.n. av.* biplane.

bipolar *adj.* bipolar.

bipolaritate *s.f.* bipolarity.

bir *s.n. odin.* tribute, impost. ⓒ *a da* ~ *cu fugiţii* to bolt, to take to flight, to take to one's heels, F to cut one's stick, to walk one's chalks.

biraport *s.n. mat.* cross ratio.

birefringent *adj. fiz.* double-refracting.

birefringenţă *s.f. fiz.* birefringence, double refraction.

birjar *s.m.* cab driver, cabman, flyman, F→cabby, Jehu. ⓒ *a*

injura ca un ~ to swear like a trooper/bargee.
birjă *s.f.* (hackney) carriage; *(cu 4 roţi)* cab, fly, F→fourwheeler, growler; *(cu 2 roţi)* hansom; *(cu un cal)* one-horse carriage.
birjăresc *adj.* cabman('s)...; cabman like.
birjăreşte *adv.* like a cabman. ⓒ *a injura* ~ to swear like a trooper/bargee.
birlic *s.m.* ace.
birnă *s.f. min.* swage, swedge.
birocrat *s.m.* bureaucrat, F→red-tapist, Jack-in-office, *amer.* chair warmer.
birocratic *adj.* bureaucratic, F→red-tape...
birocratism *s.n.*, **birocraţie** *s.f.* bureaucracy, officialdom F→red-tape.
birou[1] *s.n.* **1.** *(masă)* writing table, (writing) desk, bureau; *(cu oblonrulou)* roll-top desk. **2.** study; *(public)* office. **3.** *(de avocatură)* chambers. **4.** *(cancelariat)* chancellery, chancery. **5.** *fig. (slujbă)* office. ⓐ ~ *de asistenţă juridică* legal aid bureau; ~ *de mişcare ferov.* management office; ~ *de proiectare,*~*ul proiectanţilor* drawing/designing office; ~*l dactilo-(grafelor)* typing pool.
birou[2] *s.n. pol.* bureau, executive. ⓐ ~ *politic* political bureau.
birt *s.n.* pub, chop/eating house, inn, public house, F→slap-bang shop.
birtaş *s.m.* landlord, innkeeper, pubman.
birtăşiţă *s.f.* landlady.
birui I. *vb. tr.* **1.** *(a învinge)* to defeat, to vanquish; to conquer; to gain a victory over. **2.** *(a război prin)* to get through. **3.** *(a copleşi)* to overcome, to overwhelm. **4.** *(a stăpîni)* to master; *(a supune)* to subdue. **II.** *vb. intr.* to conquer, to be victorious; to carry the day, to gain a victory.
biruinţă *s.f.* victory; triumph.
biruitor I. *adj.* victorious, triumphant. **II.** *adv.* victoriously, triumphantly. **III.** *s.m.* victor, conqueror, vanquisher.
bis I. *adv.* twice; *com.* bis; *(la numere de case)* and a half. **II.**

interj. encore! once more! ⓒ *a striga* ~ to cry encore.
bisa *vb. tr.* to encore.
biscuit *s.m.* biscuit, *amer.* cracker.
bisect *adj.* ① *an* ~ leap year.
bisectoare *s.f. geom.* bisectrix, bisector, bisecting line.
bisector *adj. geom.* bisecting.
biserică *s.f.* **1.** church, *elev.*→Lord's House; *(capelă)* chapel. **2.** *fig.* church; *(cler)* clergy. ⓐ *biserica anglicană* the Church of England; ~ *de stat* Established Church.
bisericesc *adj.* church..., ecclesiastical; religious; canonical. ① *cîntare bisericească* (church) hymn; *muzică bisericească* sacred music.
bisericos *adj.* churchy, religiose, pious, religious; *(temător de Dumnezeu)* godly.
bisericuţă *s.f. (gaşcă)* clique, coterie, set.
bisext(il) *adj.* bissextile, leap...
bisexual *adj.* **1.** hermaphrodite. **2.** *bot.* bisexual, bisexed.
bisexuat *adj.* bisexed, bisexual.
bisilabic *adj.* bisyllabic, two-syllabled, dissyllabic.
bismut *s.n. chim.* bismuth, F→tin glass.
bismutat *s.m. chim.* bismuthate.
bisturiu *s.n. med.* bistoury; scalpel.
bisulfat *s.m. chim.* bisulphate.
bisulfură *s.f. chim.* bisulphide, bisulphuret.
biştari *s.m. pl.* F spondulicks, brass, rhino, horsenail.
bitum *s.n.* bitumen.
bitumen *s.n. mineral.* bitumen.
bituminit *s.n. min.* boghead.
bituminiza *vb. tr.* to bituminize.
bituminos *adj.* bituminous.
biuretă *s.f.* **1.** *chim.* burette. **2.** *tehn.* oiler, oil can.
biuro... v. **biro**...
biută *s.f.* butte, stop-butt; knoll, mound.
bivalent *adj. chim.* bivalent, divalent.
bivalv *adj.* bivalve, bivalvous, two-valved.
bivol *s.m. zool.* buffalo *(Bos bubalus)*. ⓒ *cînd vor zbura* ~*ii* F when

the cows come home, when two Sundays come together.
bivolar *s.m.* buffalo boy.
bivoliță *s.f. zool.* buffalo cow.
bivuac *s.n.* bivouac.
bizam *s.m. zool.* muskrat, musquash *(Ondatra/Fiber zibethica)*.
bizantin *adj., s.m.* Byzantine, Byzantian.
bizantinism *s.n.* **1.** *(știință)* Byzantinism. **2.** double-dealing, duplicity.
bizantinist *s.m.* Byzantinist.
bizant(in)olog *s.m.* student of Byzantine lore.
bizant(in)ologie *s.f.* Byzantinism.
bizar *adj.* bizarre, queer, quaint, odd, F→rum.
bizarerie *s.f.* **1.** bizarrerie, fantasticalness, queerness. **2.** *(ca act)* oddness, oddity, extravagance.
bizeț *s.n.* **1.** toe cap (seam). **2.** *text.* trimmings.
bizon *s.m. zool.* bison *(Bos primigenius)*.
bizui *vb. refl.* a se ~ pe... to rely/depend on...; *(a se încrede.în)* to trust (to)..., to confide in...
bîcsai *s.m.* F *(grăsan)* chunk.
bîigui **I.** *vb. tr.* to mumble, to stammer out. **II.** *vb. intr.* **1.** *(a vorbi alandala)* to ramble, to (talk) twaddle, to drivel; *(a delira)* to wander (in one's mind). **2.** *(a vorbi nedeslușit)* to jabber, to mumble.
bîiguială *s.f.* mumbling etc. v. b î i g u i.
bîiguit *adj.* **1.** *(d. cuvinte)* indistinct. **2.** *(d. oameni)* dumbfounded, taken aback.
bîjbîi *vb. intr.* **1.** *(a orbecăi)* to grope (in the dark), to feel one's way. **2.** v. b î i g u i II. **3.** *(a mișuna)* to teem, to swarm.
bîjbîială *s.f.* groping etc. v. b î j-b î i.
bîjbîit *s.n.* groping etc. v. b î j-b î i. ⓒ pe ~e groping(ly).
bîlbîi **I.** *vb. tr.* to stammer out. **II.** *vb. refl.* to stammer, to stutter; *(a vorbi neclar)* to speak confusedly, to jabber; *(a vorbi repede)* F to sp(l)utter.
bîlbîială *s.f.* stammering etc. v. b î l b î i.
bîlbîilă *s.f.* v. b î l b î i t II.

bîlbîit **I.** *adj., s.n.* stammering etc. v. b î l b î i. **II.** *s.m.* stammerer, stutterer.
bîlci *s.n.* **1.** fair. **2.** *fig.* F v. g ă-l ă g i e. ⓑ de ~ **a.** noisy, boisterous, loud. **b.** cheap, vulgar. **c.** ridiculous, ludicrous.
bîldîbîc *interj.* kesouse, plump! thump!
bîntui **I.** *vb. tr.* **1.** *(d. animale)* to infest, to overrun; *(d. dușmani)* to invade, to ravage, to lay waste: *(d. molime)* to rage in; to sweep over. **2.** *(d. stafii)* to haunt. **II.** *vb. intr.* to rage, to work havoc.
bîntuit *adj.* haunted.
bîrfă *s.f.* **1.** v. b î r f e a l ă. **2.** *(persoană)* gossip, scandal monger, tattler.
bîrfeală *s.f.* *(pe socoteala cuiva)* slander, scandal, backbiting, calumny; *(pălăvrăgeală)* gossip; small talk, chatter, F prattle.
bîrfi **I.** *vb. tr.* to gossip about, to slander, to speak ill of, to revile, to defame, to decry, to bring into bad repute; *(a calomnia)* to calumniate, to backbite. **II.** *vb. intr.* **1.** to slander, to backbite. **2.** *(a flecări)* to gossip, to talk scandal, to chatter, F to prattle, to babble.
bîrfire *s.f.* slandering etc. v. b î r f i.
bîrfit *adj.* maligned; slandered, calumniated.
bîrfitor **I.** *adj.* slanderous, libellous. **II.** *s.m.* slanderer; *(calomniator)* calumniator, backbiter.
bîrîi *vb. tr.* F to pester, to bother, to bore, to annoy.
bîrliga *vb. tr., vb. refl.* to curl, to turn up.
bîrlog *s.n.* **1.** den, lair. **2.** *(pt. cîini)* (dog) kennel; *(pt. porci)* pig sty. **3.** *fig. (de hoți)* den; *(cocioabă)* hovel, F hole; *(sălaș)* home. **4.** *fig.* v. c u l c u ș.
bîrnă *s.f.* beam; *(grindă)* joist; *(stîlp sprijinitor)* girder; *(traversă)* sleeper. ⓐ ~ transversală crossbeam.
bîrsan *adj.* *(d. oi)* with long rough wool.
bîrzoi *s.n.* ⓑ cu coada ~ with one's tail up. ⓒ a-și face coada ~ F to pack off, to skulk away.

bîtă *s.f.* 1. cudgel, club. 2. *fig.* beating, cudgelling.

bîtlan *s.m. ornit.* heron *(Ardea)*. ⓐ ~ *de stuf* bittern, mire drum *(Botaurus stellaris)*.

bîții *vb. refl. și intr. (a tremura)* to tremble, to shiver; *(a se mișca cu corpul)* to wriggle; to move convulsively, to jerk, to sprawl/ kick/toss about; *(cu miinile și picioarele)* to struggle with one's hands and feet; *(mai ales d. copii)* to fidget about, to be restless; *(în apă)* to flounder about, *(a dansa)* F to jitterbug, *sl.* to shake the leg.

bîțîială *s.f.* jitters; trembling etc. v. b î ț î i.

bîz *interj.* buzz!

bîza, bîză *s.f. (joc)* hot cockles.

bîzălău *s.m.←reg.* v. g ă r g ă u n.

bîzdîc *s.n.* ⓒ *a-i sări* ~*ul* F to fly off the handle, to get the breeze up; *cînd îi vine* ~*ul* F when the fly stings, when the humour takes him.

bîzdîganie *s.f. (monstru)* monster.

bîzîi I. *vb. intr.* 1. *(d. insecte)* to buzz, to hum; *(d. bondari etc.)* to drone. 2. *(a murmura)* to growl, to grumble. 3. *(a plinge)* to cry; *(a se smiorcăi)* to whimper. ⓒ *îmi* ~*e în urechi* my ears are buzzing/ tingling. II. *vb. tr.* v. b î r î i.

bîzîilă *s.m. (copil plingăreț)* cry baby.

bîzîit *s.n.* 1. hum, buzz; *(al bondarilor)* drone. 2. *(plîns)* whining, whimpering, boo-hoo.

bîzîitoare *s.f.* rattle.

bîzîitor *adj.* buzzing etc. v. b î z î i.

bîzîitură *s.f.* buzz.

blacheu *s.n.* iron/steel tip, toe plate, clout.

blagoslovenie *s.f.* blessing, saining.

blagoslovi *vb. tr.* to bless, to sain.

blagoslovire *s.f.* blessing.

blagoslovit *adj.* blessed; happy, lucky.

blagoveștenie *s.f. rel.* the Annunciation.

blajin I. *adj.* mild; clement; good/ kind-hearted, kind, benign, calm,

placid, sweet, soft, gentle, meek. II. *adv.* kindly etc. v. ~ I.

blam *s.n.* blame; *(reproș)* reproach. ⓓ *vot de* ~ vote of censure.

blama *vb. tr.* to blame, to reprehend, to fault; to vituperate; *(a dezaproba)* to disapprove of, to take exception to/at; *(a critica)* to censure.

blamabil *adj.* blamable, blameworthy; censurable.

blamare *s.f.* blaming etc.v. b l a m a.

blană *s.f.* 1. fur, skin, coat. 2. *(scîndură)* board. 3. *(manta)* fur cloak/coat. ⓐ ~ *de oaie* sheepskin; ~ *de vizon* mink (fur). ⓓ *animale cu* ~ fur-bearing animals; *guler de* ~ fur collar; *haină de* ~ fur coat.

blanc *s.n.* 1. *tel.* blank (tape). 2. *(pielărie)* harness leather.

blanchetă *s.f.* (blank) form. ⓐ ~ *telegrafică* telegraph form. ⓒ *a completa o* ~ to fill up a form.

blasfemator *adj.* blasphemous.

blasfemie *s.f.* blasphemy.

blat *s.n.* F shift, trick, dodge, wile, (flim)flame. ⓓ *pe* ~ welshing, shirking, without paying. ⓒ *a avea un* ~ *(cu cineva)* to make shift (with smb.), to have an arrangement with smb.

blaza I. *vb. tr.* to pall; to weary; to deaden, to sicken. II. *vb. refl.* to be palled/cloyed/sickened; to become blasé/indifferent.

blazare *s.f.* surfeit, satiety; blasé state, ennui, spleen, boredom, world-weariness.

blazat *adj.* blasé, life-weary, surfeited, jaded, weary of life.

blazon *s.n.* coat of arms, armorial bearings, (e)scutcheon, blazon.

blănar *s.m.* furrier, fur merchant.

blănărie *s.f.* 1. *(magazin)* furrier's. 2. *(comerț)* fur trade. 3. *(blănuri)* furs.

blănos *adj.* furry.

blefarită *s.f. med.* blepharitis.

bleg I. *adj.* 1. *(lăbărțat)* flaccid, flabby; *(atîrnînd în jos)* drooping;

(d. urechi) loppy; *(d. cineva)* lop-eared. **2.** *(indolent)* indolent, lazy, sluggish; *(lăsător)* languid, half-hearted, negligent, F lackadaisical; *(moale)* weak(ly). **3.** *(prost)* silly, foolish, F soft. **4.** *(timid)* timid, shy, sheepish. **II.** *s.m.* **1.** *(prost)* blockhead, F ninny, dolt, noodle, sap, dope. **2.** *(indolent)* lazybones, skulker. **3.** *(om moale)* F milksop. **4.** *(om timid)* sheepish fellow.

blegi *vb. refl.* **1.** v. p r o s t i **II.** **2.** v. r a m o l i. **3.** *(d. urechi)* to become loppy.

blegit *adj.* hanging down, loose, loppy.

blendă *s.f. mineral.* blende.

blenoragie *s.f. med.* gonorrhoea, blennorrhagia, V.D., F→clap.

bleojdi I. *vb. tr.* Ⓒ *a ~ ochii* to stare, to open one's eyes (wide) with astonishment. **II.** *vb. refl.* to stare, to gape.

bleojdit *adj.* staring, gaping.

bleotocări *vb. intr.* **1.** *(a flecări)* to gabble, to chatter, F to jabber; *(a vorbi alandala)* to talk nonsense, F to wish-wash, to fiddle-faddle. **2.** *(a se bălăci)* to (s)plash through (the mud).

blestem *s.n.* **1.** curse; imprecation, execration; *rel.* anathema; *(blasfemie)* blasphemy; *(înjurătură)* oath. **2.** *(nenorocire)* curse, plight; hardship; calamity. Ⓐ *~ asupră-i!* a curse upon him! Ⓒ *a fi un ~ pentru...* to be/prove a curse to...; *a rosti ~e* to curse.

blestema I. *vb. tr.* to curse, to accurse, to damn, to execrate, to utter imprecations against; *rel.* to anathematize; to excommunicate; *(a blasfema)* to speak blasphemy against; *(a injura)* to swear at. **II.** *vb. intr.* to curse.

blestemare *s.f.* (ac)cursing etc. v. b l e s t e m a.

blestemat *adj.* **1.** accursed, (lying) under a curse. **2.** *(ticălos)* rascally, knavish, villainous; *(josnic)* mean, shabby. **3.** *(cumplit)* fiery; terrible; *(rău)* wicked; evil-minded; *(îndrăcit)* devilish; diabolic(al). Ⓒ *~ să fie!* may it be accursed!;

e un frig ~ it is devilishly cold. **blestemăţie** *s.f.* (piece of) rascality, knavish act *sau* trick; *(porcărie)* smut, swinishness, dirt; *(josnicie)* baseness, meanness, infamy.

bleu *adj.*, *s.n.* light blue, azure.

bleumarin *adj.*, *s.n.* dark/navy/sea blue.

blid *s.n.* **1.** dish, (earthenware) pan; *(de lemn)* platter, wooden bowl; *(pt. supă)* tureen. **2.** *pl.* pots and pans. Ⓐ *~ de linte fig.* pottage of lentils, mess of pottage.

blidar *s.n.* dish shelf.

blinda *vb. tr.* **1.** *mil.* to blind; *(un vas)* to armourplate. **2.** *electr.* to screen, to shroud.

blindaj *s.n.* **1.** *mil.* blindage, cladding, *nav.* armour (plating). **2.** *electr.* screening, shrouding, shielding.

blindat *adj.* armoured, iron-clad. Ⓓ *adăpost ~* bombproof shelter; *car ~* armoured car; *tren ~* armoured train; *vas ~* armoured ship.

bliţ *s.n. fot.* flash gun.

blînd I. *adj.* **1.** *(bun)* kind, soft-hearted; *(îngăduitor)* clement, tolerant; *(care nu e violent)* gentle, mild; *(moale)* soft; *(liniştit)* calm, placid; *(iubitor)* lovable; *(paşnic)* peaceable; *(supus)* docile, tractable; meek; *(inofensiv)* harmless, inoffensive; *(d. caracter)* sweet. **2.** *(d. animale)* tame; *(d. cai)* steady, quiet. **3.** *(d. vreme, climă)* mild, clement, bland. Ⓐ *~ ca un miel* (as) gentle as a lamb. Ⓓ *cu glas ~* soft-spoken. **II.** *adv.* kindly etc. v. ~ **I.**

blîndeţe *s.f.* **1.** kindness, good-heartedness, clemency; kid glove etc. v. b l î n d I, 1; placidity; docility, tractability; good-nature (dness). **2.** tameness, steadiness. **3.** *(a climei etc.)* clemency, mildness. Ⓓ *cu ~* kindly v. b l î n d II.

bloc *s.n.* **1.** block; *(de lemn)* (wooden) block, log, < clog; *(de metal)* pig; *geol.* erratic block, boulder stone. **2.** *(casă)* apartment house, block (of flats); *(de case)* block of houses. **3.** *(de desen)* drawing block/tablet. **4.** *pol.* bloc, body, coalition. **5.** *(grămadă)* lump; *(un tot)* whole unit. ⓐ ~ *de stație ferov.* station block; ~ *turn arhit.* tower house; ~*uri* prefabricate *constr.* prefab panels. ⓑ *în* ~ *(d. lucruri)* in the lump; *(împreună)* together, conjointly. ⓒ *a forma un* ~ *cu...* to form a unit with...

bloca I. *vb. tr.* **1.** to block; *(a bara)* to bar; *(a închide)* to shut off; *(a izola)* to confine; *(a împiedica)* to stop, to obstruct; *(a întrerupe)* to cut off. **2.** *arhit.* to block up. **3.** *mil.* to blockade. **4.** *poligr.* to turn. **5.** *(un capital)* to lock up. **6.** *sport* to block, to stop; *(la baschet)* to screen. **7.** *tehn.* to lock, to block. **II.** *vb. refl. pas.* **1.** to be shut off. **2.** *(d. motor)* to seize up.

blocadă *s.f. mil.* blockade. ⓒ *a ridica blocada* to raise the blockade.

blocaj *s.n.* **1.** *constr.* bottoming. **2.** *sport* blocking, stopping; *(la baschet)* screening.

blocare *s.f.* shutting off etc. **v. b l o c a.**

blocat *adj.* blocked etc. **v. b l o c a** **I.** ⓐ ~ *de intemperii* weather bound.

blochaus *s.n.* block of flats, apartment-house, building.

blocnotes *s.n.* note book, jotter.

blocus *s.n.* **v. b l o c a d ă.**

blond I. *adj.* **1.** *(d. păr)* fair, blond(e). **2.** *(d. cineva)* fair(-haired), of/with fair/light hair (and complexion), fair-complexioned, blond(e). ⓑ *bere* ~*ă* pale beer; (pale) ale. **II.** *s.m.* fair-/light-haired man.

blondă, blondină *s.f.* fair-/light-haired woman; fair(-haired) girl, blonde.

bluf *s.n.* bluff, hoax.

blugi *s.m. pl.* F *(pantaloni)* blue jeans.

blum *s.n. metal.* bloom.

bluming *s.n. metal.* blooming (mill).

blutstein *s.n. mineral.* bloodstone, h(a)ematite.

bluză *s.f.* blouse; *(pt. mil.)* (military) blouse; *(pt. muncitori)* (working) overalls.

boa *s.m.* **1.** *zool.* boa (constrictor). **2.** *(blană)* boa, collaret(te).

boabă *s.f.* **1.** *bot.* berry, S→bacca; *(bob)* grain; *(sămînță)* seed; *(de strugure)* grape. **2.** *(picătură de apă)* drop; *(de sudoare)* bead; *(de ploaie)* drop; *(lacrimă)* tear drop; *(de mărgean)* bead. **3.** *(lucru mărunt)* trifling matter, trifle; nothing worth speaking of; next to nothing. **4.** *adverbial (nimic)* (mere) nothing; not a bit of it; *(nici un cuvînt)* not a word. ⓐ *boaba-vulpii bot.* herb Paris, F true love *(Paris quadrifolius).* ⓒ *nu e* ~ *de adevăr în asta* there isn't a word/grain of truth in it; *nu știe (o)* ~ he hasn't the faintest notion, he is completely/fully ignorant; *știu și eu să îndrug două boabe* I can only speak a word or two.

boacă *s.f. adverbial* **v. b o a b ă 4.**

boacănă I. *adj. f.* too bad; too simple; too silly. ⓑ *greșeală* ~ blunder, howler, glaring mistake. ⓒ *asta e prea* ~*!* F that crowns it all! that beats the devil!; *a o face* ~ F to put one's foot in it, to make a blunder/bloomer/a bad break. **II.** *s.f.* F caulker, howler, blunder, bloomer.

boaită *s.f.* **1.** *(mîrțoagă)* jade, F crock, tit, *sl.* screw. **2.** *fig. peior.* parson.

boală *s.f.* **1.** illness; *(de durată)* disease; *(indispoziție, durere)* ailment; *(indispoziție simplă)* indisposition; *(locală)* complaint; *(tulburare, dezordine)* disorder; *(stare bolnăvicioasă)* sickness; *(eufemistic)* trouble; *(mai ales sufletească și med.)* malady; *vet.* distemper; *bot.* disease. **2.** *fig.* passion. ⓐ *boala copiilor* infantile convulsions; falling sickness, epilepsy; *boala lui Basedow* **v. b a z e d o v**; *boala lui Parkinson* Parkinson's disease; *boala somnului* sleeping/sleepy sickness; ~ *cîinească* wasting (away), emaciation, tabes; ~ *contagioasă* contagious/F→catching disease; ~ *de copii* child's complaint; ~ *de ficat* liver complaint; ~ *de inimă* heart complaint/disease; ~ *de ochi* eye disease; ~ *de piele* skin disease; ~ *de plămîni* lung trouble; ~ *de stomac* stomach complaint; ~ *de zahăr* diabetes, S→glycosuria; ~ *gravă* severe illness; serious/malignant complaint; ~ *infecţioasă* catching/infectious disease; ~ *lumească/venerică* sexual/venereal disease, V.D.; ~ *mintală* mental disorder; ~ *molipsitoare* infectious/contagious/F→catching disease; ~ *uscată*←P consumption; S phthisis; ~ *uşoară* slight illness, ailment; slight disease; *boli de femei* diseases of women, S gynaecopathies, gynaecological affections. © *a băga pe cineva în ~/în toate boalele* to frighten smb. out of his wits/senses/F seven senses; *a muri de ~* to die of an illness; to die of a disease.

boare *s.f.* **1.** breath of wind, gentle breeze. **2.** v. a r o m ă.

boarfă *s.f.* **1.** v. z d r e a n ţ ă. **2.** *pl.* rags; *(haine vechi)* old clothes; shabby clothes; threadbare clothes; second-hand clothes; *(haine)* F toggery, togs,←clothes. **3.** F slut, slatternly woman, (low-down) whore.

Boarul *s.m. astr.* Boötes, the Bear Driver.

boarze *s.f. pl. bot.* fennel flower *(Nigella damascena)*.

bob[1] *s.n.* v. b o a b ă. © *din ~ în ~* in detail, in full length, minutely.

bob[2] *s.m.* **1.** *bot.* horse/broad/straight bean *(Vicia faba)*. **2.** *(de fasole)* bean (seed); *(de mazăre)* pea (seed). **3.** *pl.* (forty-one) beans *sau* peas for telling people's fortune. @ *~ de ţarină bot.* vetchling *(Lathyrus platyphyllos)*. © *a da cu ~ii/în ~i* to tell people's fortunes (with beans *sau* peas); *a nu zice ~* not to utter a word.

bob[3] *s.n.* *(sanie)* bobsleigh, bobsled.

bober, bobeur *s.m. sport* bob-rider/-sleigher.

bobina *vb. tr.* to reel, to wind.

bobinaj *s.n.* reeling, winding.

bobinare *s.f.* reeling, winding.

bobinatoare *s.f. text.* spooler.

bobinator *s.m.* reeler, winder.

bobină *s.f.* **1.** *text.* bobbin, spool; *(mosor)* reel. **2.** *electr.* coil. **3.** *cinema* (film) reel/spool. @ *bobina Ruhmkorff electr.* sparking coil; ~ *de inducţie electr.* induction field coil.

bobiţă *s.f.* v. b u l i n. @ *bobiţa ţapului bot.* true love *(Paris quadrifolius)*.

bobiţel *s.m. bot.* cytisus *(Cytisus nigricans)*.

bobîlnic *s.n. bot.* water cress *(Nasturtium officinale)*.

bobîrnac *s.n.* **1.** flick, fillip. **2.** *fig. (insultă)* snub. © *a da un ~ şi fig.* to give a fillip.

boboc *s.m.* **1.** *bot.* bud; flower bud; leaf bud. **2.** *(de raţă)* duckling; *(de gîscă)* gosling. **3.** *(răcan)* glumeţ rookie. **4.** *univ.* fresher, freshman. **5.** F *(ageamiu)* colt, tenderfoot, greenhorn. @ *un ~ de fată* a sweet girl, a sight for sore eyes, F a jam, a peach, a beauty. ⓑ *frumoasă ca un ~ de trandafir* charming, perfectly sweet. © *a paşte bobocii* **a.** *(a fi credul)* F to be gullible. **b.** *(a fi prost)* F to be feeble-minded, to be weak in the upper story.

bobocel *s.m. fig.* F love, darling, sweet one, ducky.

boboşa *vb. refl.* to swell up.

bobot *s.n.* **1.** blaze, blazing fire, F→flare. **2.** *(furie)* fury. ⓑ *în ~(e)* blindly, at random, haphazard. © *a vorbi în ~(e)* F to talk through one's hat/neck, to talk at random; *amer. sl.* to talk wet; *a umbla în ~e* F to wander aimlessly.

bobotează *s.f.* Epiphany, Twelfth day, Twelfth night.

boboti I. *vb. intr.* to blaze/flare up. **II.** *vb. refl.* to fire up.

bobslei *s.n.* bobsleigh, bobsled.

bobuşor *s.m. bot.* **1.** v. o r e ş n i ţ ă. **2.** v. m ă z ă r i c h e.

boc[1] *interj.* boom! (slap) bang!

boc[2] *s.n. tehn.* wooden leg.

bocanc *s.m.* (work) boot; *mil.* ankle boot; *(de fotbal)* football boot; *(cu cuie)* hobnailed boot; *(cu ţinte)* spiked boot; *(de alpinist)*

BOC-BOI

158

mountaineering boot; *(de schi)* ski boot.

bocaport *s.n. nav.* hatch (way); *(de buncăr)* coal hatch/hole.

bocăneală *s.f.* knocking etc. v. b o c ă n i.

bocăni *vb. intr. (a ciocăni)* to knock, to thump; *(cu ciocanul)* to hammer; *(cu încălţămintea)* to clamp, to tramp, to stamp (one's feet); to tread heavily.

bocănit *s.n.* knocking etc. v. b o- c ă n i.

bocănitoare *s.f. ornit.* woodpecker *(Picus).*

bocănitură *s.f.* 1. knock, thump. 2. v. b o c ă n e a l ă.

boccea *s.f.* 1. *(legătură)* bundle; *(pt. tutun)* tobacco pouch. 2. *(şal)* wrap, shawl; *(de cap)* headcloth, kerchief. © *a umbla cu ~ua* to hawk.

boccegiu *s.m.* chapman, (John) pedlar, huckster, hawker, F cheap jack.

bocciu I. *adj. (urît)* ugly. II. *s.m.* 1. *(bădăran)* boor. 2. *(prost)* blockhead.

bocet *s.n.* 1. lamentation; wailing, keen(ing); *(gemete)* moaning, groans. 2. *(ritual etc.)* dirge, lament.

boci I. *vb. tr.* 1. to lament, to keen, to bewail, to bemoan. 2. *fig.* to mourn (for). II. *vb. intr. şi refl.* to lament, to wail, to keen.

bocitoare *s.f. woman hired to raise loud lamentations at a funeral,* howler, lamenter, wailer.

bocnă *adv. (îngheţat)* frozen; *(d. persoane, membre)* numb, stiff (with cold); *(d. apă)* (completely) frozen.

bocşă *s.f.* 1. charcoal kiln. 2. *min.* heap.

bodegă *s.f.* taphouse, pub(lic house), tavern, *rar→*bodega.

bodogăneală *s.f.* murmur(ing) etc. v. b o d o g ă n i.

bodogăni I. *vb. intr.* to mumble; *(a bombăni)* to growl, to grumble, to mutter, to murmur. II. *vb. tr.* to mumble.

boem *adj., s.m. şi fig.* Bohemian.

boemă *s.f.* Bohemia; Bohemianism.

bogat I. *adj.* 1. rich; *(cu bani)* moneyed; *(avut)* wealthy, opulent, well-to-do, well-off, F→warm, rolling in money. 2. *fig. (în)* rich (in); *(abundent)* abundant, plentiful, plenteous; *(copios)* ample, copious, < exuberant, redundant; *(fertil)* rich, fertile. 3. *fig. (valoros)* valuable, precious; *(scump)* expensive; *(luxos)* luxurious; *(fastuos)* sumptuous, gaudy; *(măreţ)* magnificent; *(strălucitor)* bright. ① *an ~* year of plenty; *masă ~ă* sumptuous repast; *minereu ~* rich soil; *pradă ~ă* rich booty; *putred de ~* rolling in riches/wealth; *recoltă ~ă* rich/abundant crop. © *a deveni ~* to become rich, to make money, *sl.* to make one's pile. II. *adv.* richly, abundantly, amply, copiously; *(din plin)* fully; *(foarte)* very highly. ⓐ *~ ilustrat* richly/fully/splendidly illustrated; *~ în semnificaţii* significant, meaningful. III. *s.m.* rich man; *bogaţii pl.* the rich (people), the wealthy/ moneyed classes, the well-to-do, the upper ten (thousand), the upper crust.

bogătan *s.m. peior.* F oof-bird, gold bug; money bug.

bogătaş *s.m.* (very) rich man, man of substance.

bogăţie *s.f.* 1. riches; *(avere)* wealth, opulence, means, easy circumstances; *(abundenţă)* abundance, profusion; richness; copiousness. 2. *pl.* riches; *(lucruri scumpe)* valuables, precious things. 3. v. m i n u n ă- ţ i e.

bogdaproste I. *interj.* God bless you for it! ⓐ *~ că...* Heaven be praised that... © *a umple de ~* F to blow up, to overwhelm with abuse. II. *s.n.* (grateful) thanks. ① *pui de ~* F cadger.

boghiu *s.n. ferov.* bogie, *amer.* truck.

bogomil *s.m. rel.* bogomil.

bogomilism *s.n. rel.* bogomilism.

bohoci *s.m. entom.* cabbage moth *(Plutella maculipennis).*

boi¹ I. *vb. tr.* 1. to colour; *(stofe)* to dye; *(sticlă)* to stain; *(a spoi)* to whitewash; *(a zugrăvi)* to paint; *(a lustrui)* to varnish (over);

(neglijent) to daub, to smear; *(cu cat an)* to tar; *(a ruja)* to paint, to rouge. **2.** *(a înșela)* F to cog, to take in, to diddle. **II.** *vb. refl.* to paint one's face, to rouge (oneself), to lay on (the) paint/rouge, F to get/make oneself up.

boi[2] *s.n.* shape, make; *(statură)* stature, size.

boia *s.f.* **1.** colour; *(vopsea)* paint; *(ruj)* paint (for the face), cosmetic; *(ruj-roșu)* rouge. **2.** *(piper)* ground pepper; *(sos)* sauce.

boiangerie *s.f.* dye house, dyer's works.

boiangiu *s.m.* dyer.

boicot *s.n.* boycott.

boicota *vb. tr.* to boycott.

boicotare *s.f.* boycotting.

boier *s.m.* **1.** *ist.* boyar(d). **2.** *(moșier)* landowner, gentleman farmer; *(nobil)* nobleman, aristocrat; *(magnat)* magnate; *(persoană importantă)* man of distinction, personage, F great swell/gun, big bug; *(stăpîn)* master, lord, chief, F governor. **3.** F pimp, bawd, procurer. ©️ *a face pe ~ul* F to lord it, to do the swell, to do the (fine) gentleman, to cut the dash; *(pe stăpînul)*←F to play the master; *a trăi ca un ~* to live in grand/fine style F to do it fine/fat.

boieresc I. *adj.* **1.** boyar..., boyar's. **2.** noble, F of blue blood. **II.** *s.n.* *ist.* gratuitous service rendered to the *lord of the manor*, compulsory service, statute labour, corvée.

boierește *adv.* lordly, like a boyar etc. v. **b o i e r**; exploiting others; in grand/fine style.

boieri I. *vb. tr.* to raise to the title of boyar(d). **II.** *vb. refl.* to play/F do the (fine) gentleman, F to cut the dash.

boierie *s.f.* **1.** dignity *sau* title of a boyar; nobility. **2.** *fig.* lordliness, grandness.

boierime *s.f.* nobility, gentry.

boiernaș *s.m.* F gent; *(de curte)* F←page; lord-in-waiting; *(de țară)* ←F country squire.

boieroaică *s.f.* gentlewoman; lady (of position); wife of a boyar(d).

boieros *adj.* *(mofturos)* fastidious, pretentious; *(mîndru)* haughty; proud; *(arogant)* high-handed, overbearing, arrogant.

boiler *s.n. tehn.* boiler; *(în casă)* water heater.

boire *s.f.* colouring etc. v. **b o i**[1].

boiștean *s.m. iht.* minnow *(Phoxinus)*.

boit *s.n.* colouring etc. v. **b o i**.

bojdeucă *s.f.* mud house; *(casă sărăcăcioasă)* hovel, F hole.

bojoci *s.m. pl.* **1.** *zool.* lights; *anat.* ←F lungs, *sl.* bellows. **2.** *(mărun-taie)* bowels, F guts; *(ca mîncare)* tripe.

bol *s.n.* **1.** *med.* bolus. **2.** *mineral.* bole. **3.** *(strachină)* bowl.

bolard *s.m. nav.* bollard, bitt.

bolboroseală *s.f.* v. **b o l b o r o-s i r e**.

bolborosi I. *vb. intr.* **1.** *(a rosti neclar)* to stammer, to stutter, to balbutiate, F to haw; *(a mormăi)* to mumble, to mutter, to slummock; *(pe nas)* to speak thick, to speak through the nose; *(a gîngăvi, d. copii)* to lisp; *(a vorbi repede, neînțeles)* to babble, to gabble; *(a gunguri)* to babble. **2.** *(d. apă)* to bubble, to murmur; *(d. ploaie)* to patter. **3.** *(d. curcani)* to gobble. **II.** *vb. tr.* to mumble, to mutter.

bolborosire *s.f.* stammering etc. v. **b o l b o r o s i**.

bolboșa *vb. tr.* ©️ *a ~ ochii* to stare (one's eyes out), to open one's eyes wide.

bold *s.n.* **1.** *(ac)* pin; *(de siguranță)* safety pin; *(ghimpe)* thorn. **2.** *(înțepătură)* sting. **3.** *(pt. vite)* goad. **4.** *(stimulent)* stimulus, incentive.

boldei *s.m. zool.* badger dog, terrier.

boldi reg. I. *vb. tr.* **1.** v. **î m b o l d i**. **2.** v. **î n ț e p a**. **3.** *(ochii)* to open wide. **II.** *vb. refl.* to open wide one's eyes; to stare.

boldit *adj.* gaping, wide-open.

bolero *s.n.* *(haină, dans)* bolero.

boleșniță *s.f.* epidemic (disease), contagious/infectious malady.

bolfă *s.f. med.* **1.** swelling, wen. S→inflation. **2.** *pl.* v. **g î l c i**.

boli *vb. intr.* to be ill/sickly/suffering/F poorly; to be ailing, to be diseased.

bolid *s.m.* fire ball, bolide; (fiery) meteor.

bolivian *adj., s.m.* Bolivian.

bolmoj(e)ală *s.f.* v. b ă l m ă g i.

bolnav I. *adj.* 1. ill, sick, unwell, < diseased; *(suferind)* afflicted, suffering, ailing, in ill/bad/weak/poor health, F→poorly, out of sorts, off colour; *(fără vlagă)* infirm, broken-down, feeble; *(care nu se simte bine)* unwell. 2. *(deranjat mintal)* deranged, F→crazy. ⓐ ~ *de dragoste* love-sick; ~ *de ficat* with a diseased liver; ~ *de gută* afflicted with gout, suffering from gout; ~ *de inimă* a. suffering from the heart. b. *fig.* sick at heart; ~ *de nervi* unstrung (in one's nerves); of weak nerves, nervous, neuropathic; ~ *de ochi* suffering from the eyes; ~ *de plămîni* suffering from the lungs; *vet.* lung-sick; ~ *de stomac* having a gastric disease; ~ *de supărare* ill with/through grief; ~ *trupeşte şi sufleteşte* diseased in mind and body. ⓒ *a arăta* ~ to look ill; *a cădea* ~ to fall ill, to be taken ill; *(din nou)* to have a relapse; *a fi* ~ to be ill; *se preface* ~ he shams/feigns illness, he pretends to be ill; *mil.* he malingers; *a se simţi* ~ to feel ill/F→queer *(nu sick)*. **II.** *s.m.* invalid; patient. ⓐ ~*cronic* chronic. ⓒ *a face pe*~*ul* to malinger.

bolnăvicios *adj.* 1. sickly, of weak health, delicate; weedy, seedy, weakly. 2. *fig.* unhealthy; morbid. ⓑ *om* ~ sickly man, valetudinarian.

bolnăvior *adj.* sickly, F poorly.

bolniţă *s.f.* infirmary; *(spital)*←*inv.* hospital.

boloboc *s.n.* 1. v. p o l o b o c. 2. *(nivelă)* carpenter's /water level.

bolometru *s.n. fiz.* bolometer.

bolovan *s.m.* block; *geol.* boulder; *(piatră)* stone; *(de pavaj)* cobble (stone).

bolovăniş *s.n. (bolovani)* blocks.

bolovănos *adj.* 1. with blocks *sau* stones; rough; uneven. 2. *glum. (obscen)* smutty, dirty; foul-mouthed.

boloza *s.f. inv.* v. c a i c.

bolşevic I. *adj.* Bolshevist, Bolshevik. **II.** *s.m.* Bolshevik.

bolşevism *s.n.* Bolshevism.

bolşeviza *vb. tr.* to render Bolshevik.

bolşevizare *s.f.* turning/rendering Bolshevik.

boltă *s.f.* 1. *arhit.* vault, arch. 2. *anat.* arch. 3. *fig.* arch, vault, archway. 4. *nav.* counter. ⓑ *bolta cerului* the vault of heaven, the celestial vault/dome, the canopy of heaven; *bolta înstelată* the starry arch/expanse; ~ *de viţă* vine arbour/bower. ⓑ *cheie de* ~ a. crown of an arch. b. *fig.* keystone.

bolti I. *vb. tr.* to vault, to arch. **II.** *vb. refl.* to form a vault, to (form an) arch.

boltire *s.f.* vaulting, arching.

boltit *adj.* vaulted, arch-like, arched. ⓑ *frunte* ~*ă* bulging forehead; domed forehead.

bolţ *s.n. tehn.* bolt, pin.

bolundariţă *s.f. bot.* 1. thorn apple *(Datura stramonium)*. 2. *(fructul)* stramony.

bomba I. *vb. tr.* to swell out, to cause to bulge; to render convex; to make jut out. **II.** *vb. refl.* to swell out, to bulge; to be convex, to jut out.

bombagiu *s.m.* F 1. newsmonger, tell-tale. 2. reveller, carouser. 3. terrorist, rioter.

bombament *s.n. tehn.* convexity; camber.

bombarda *vb. tr.* 1. to bombard; to shell, to ply with shells; *(intens)* to strafe; *(cu grenade)* to shell. 2. *fig.* to importune, to besiege.

bombardament *s.n.* 1. *av.* air raid, bombardment. 2. *(de artilerie)* shell fire, cannonade, strafe; *fiz.* (electron) bombardment. ⓐ ~ *în picaj* dive-bombing. ⓑ *avion de* ~ bomber.

bombardare *s.f.* bombardment etc. v. b o m b a r d a.

bombardă *s.f. mil. inv.* bombard, mortar.

bombardier *s.n. av.* bomber. ⓐ
~ *greu* heavy bomber.
bombastic I. *adj.* bombastic, fustian, swollen; F → high-faluting.
II. *adv.* bombastically.
bombasticism *s.n.* bombast, fustian, F→gas.
bombat *adj.* convex, curved, bulging, dished.
bombă *s.f.* 1. *mil.* bomb (shell); shell; projectile; *av.* air/aerial bomb, F→egg; *(torpilă)* torpedo. 2. *sport* smash (hit). 3. *fig.* F bomb; big/ surprising news. 4. F *(local)* speak easy, honky tonk. 5. F *(băiat simpatic)* brick, sport, fine chap. ⓐ ~ *atomică* atom bomb, A-bomb; ~ *brizantă* high explosive shell; ~ *cu hidrogen* hydrogen/fusion/ H bomb; ~*cu întîrziere* time-bomb; ~ *de adîncime nav.* depth bomb; ~ *explozivă* high-explosive/demolition bomb; ~ *fumigenă* smoke shell/bomb; ~ *incendiară* fire/ incendiary bomb; ~ *lacrimogenă* tear-gas bomb/shell, tear-shell; ~ *luminoasă* candle bomb. ⓑ *ca o* ~ suddenly, unawares, out of the blue; bursting in. ⓒ *a lansa bombe asupra (cu gen.)* to drop/throw bombs over...
bombăneală *s.f.* grumbling etc. v. b o m b ă n i.
bombăni I. *vb. intr.* to grumble, to growl, to murmur; *sl.* to chew the fat. II. *vb. tr.* 1. v. c i c ă l i. 2. v. g î n g u r i.
bombănit I. *adj.* grumbling, grumpy. II. *s.n.* grumbling etc. v. b o m b ă n i.
bombănitor *adj.* grumbling, grumpy; *(ursuz)* morose, crusty.
bombeu *s.n.* (toe) cap.
bombiță *s.f.* small globe/sphere.
bomboană *s.f.* sweet(meat), bon--bon; F→ lollipop; *(cu lămîie)* acid drop; *pl.* confectionery, sweetmeats; fruit drops; *(mici)* hundreds and thousands. ⓐ ~ *de ciocolată* chocolate; *o* ~ *de fată* F a jam, a sweet/charming girl; ~ *de tuse* cough drop.
bombonerie *s.f.* sweetmeat shop.
bomfaier *s.f. tehn.* hack saw.
bombonieră *s.f.* bowl of sweets.

bompres *s.n. nav.* bowsprit.
bon *s.n.* bill, order, voucher, ticket; *(de cartelă)* coupon; *(chitanţă)* receipt; *(de la spălătorie etc.)* claim check; *(de intrare, de ordine)* letter. ⓐ ~ *de casă* cash voucher; sales slip; ~ *de livrare* delivery order; ~ *de piine etc.* bread etc., ticket; ~ *de tezaur* treasury bond/bill. ⓑ *pe* ~ on the rationbook; rationed.
bonă *s.f.* nurse(ry maid), nurse girl; *(guvernantă)* nursery governess.
boncăi, boncălui *vb. intr.* to low, to bellow; *(d. cerbi)* to bell.
bondar *s.m. entom.* humble/bumble bee *(Bombus)*.
bondăresc *adj.* ⓑ *viespe bondărească entom.* horner *(Vespa crabro)*.
bondoc I. *adj.* thickset, dumpy, stumpy; short and stout, square--built, *(cu burtă mare)* F pot--bellied. II. *s.m.* chunk, short and stout man; F pot-belly, tummy.
bondocel *s.m., adj.* fatty.
bonetă *s.f.* 1. cap; *(femeiască)* bonnet; woman's/lady's cap, coif; *mil.* (forage) cap, field-service cap; *(cu coarne)* cocked hat. 2. *auto.* bonnet. 3. *nav.* studding sail. ⓐ ~ *de baie* bathing cap; ~ *de noapte* night cap; ~ *de operaţie* operating cap; ~ *de vînătoare* hunting cap; ~ *frigiană* Phrygian cap; ~ *scoţiană* glengarry (cap).
bonifica *vb. tr.* to make up/good.
bonificaţie, bonificare *s.f.* 1. *com.* allowance, reduction; rebate, discount, bonus. 2. *sport* bonus time.
bonjur *interj.* hello! good morning! *sau* good afternoon!
bonjurism *s.n. ist. movement and manners of the Frenchified young Romanians.*
bonjurist *s.m. ist.* Frenchified young man, *aprox.* macaroni.
bonom I. *s.m.* good-natured/genial/ bland fellow. II. *adj.* genial, bland, good-natured. III. *adv.* genially, blandly, good-naturedly.
bonomie *s.f.* good nature, geniality, blandness; guilelessness.

bont *adj.* **1.** blunt, edgeless; pointless. **2.** crippled; *(de o mînă)* one-armed; *(de un picior)* one-legged.

bonton *s.n.* good manners.

bonz *s.m.* **1.** bonze. **2.** *fig.* high official; leader; boss; magnate, tycoon.

bonzar *s.m.* *entom*, cleg(g) *(Tabanus bovinus)*.

bor[1] *s.m.* *chim.* boron.

bor[2] *s.n.* *(la pălărie)* brim.

bora *s.n.* *meteor.* bora.

boraci *s.m.* *tehn.* ratchet drill.

boracit *s.n.* *mineral.* boracite.

borangic *s.n.* **1.** raw/cocoon/flock/floss silk/gre(i)ge. **2.** *bot.* v. t o r ţ e l.

borat *s.m.* *chim.* borate.

borax *s.n.* *chim.* borax.

borcan *s.n.* **1.** *(fără toartă)* glass jar; *(vas)* pot; *(de pămînt)* earthen(ware), vessel; *(pt. murături)* preserving bottle; *(pt. cafea etc.)* canister; *(ulcior)* jug, pitcher. **2.** F *(de miliţian)* traffic policeman's booth. ⓒ *a încurca ~ele* to make a mess of things, to put one's foot in it.

borcănaş *s.n.* small jar; *(pt. doctorii)* gallipot.

borcănat *adj.* bellied, inflated, padded. ⓐ *nas ~* bottle nose.

borceag *s.n.* *bot.* **1.** Hungarian vetch *(Vicia)*. **2.** winter fodder.

bord *s.n.* **1.** *nav.*, *av.* board. **2.** *(margine)* border, edge. **3.** *auto.* dashboard, instrument panel/*amer.* board. ⓐ *~ de atac av.* leading edge; *~ de fugă* trailing edge. ⓓ *hîrtii de ~* ship's papers; *jurnal de ~* ship's log; *la ~* I. *adv.* on board, aboard. II. *interj.* come on board! come aboard! *pe ~* on board, aboard, on ship board; *pe ~ul unei corăbii* on board a ship; *peste ~* by the board, overboard.

bordaj *s.n.* *nav.* planking, side plating.

bordei *s.n.* **1.** cot(tage); cabin; *(colibă)* hut, hovel, shelter; *(de scînduri)* booth; *(de pămînt)* earth house/hut; *(în pămînt)* pit house.

2. *(casă sărăcăcioasă)* (mere) hovel, F hole. ⓘ *cîte ~e atîtea obiceie aprox.* so many men, so many minds.

bordel *s.n.* brothel, disorderly/bawdy house, F→ knocking shop, kip, cab, *amer.* cathouse.

borderou *s.n.* bordereau, (detailed) memorandum, docket.

bordo I. *s.n.* Bordeaux (wine); claret. II. *adj.* dark red.

bordura *vb.* *tr.* *tehn.* to crimp, to flange.

bordură *s.f.* **1.** *(la trotuar)* curb/kerb (stone). **2.** *(la haine etc.)* trimming, border. **3.** *poligr.* border. **4.** *(ramă)* frame.

boreal *adj.* boreal, northern. ⓘ *auroră ~ă* northern light(s), aurora borealis.

borfaş *s.m.* thief; *(hoţ de buzunare)* pickpocket; *(escroc)* sharper, cheat.

borghis *s.n.* *poligr.* bourgeois, long primer.

borhot *s.n.* **1.** *(de orz etc.)* draff, brewer's grains; *(de struguri)* husks; *(de fructe)* marc. **2.** *(reziduuri)* dregs, lees, grounds. ⓐ *~ de sfeclă* beet pulp.

boric *adj.* *chim.* bor(ac)ic. ⓘ *acid ~* bor(ac)ic acid.

boricat *adj.* *chim.* boracic.

borî *vb.* *tr.* *şi intr.* *(a vomita)*←P to puke, to spew, to heave, to throw/to cast up, to retch, F to belch out, S→to vomit, *glum.* to feed the fish.

borîtură *s.f.* ← P. vomit.

bormaşină *s.f.* (dentist's) drill.

bornă *s.f.* **1.** *(piatră de hotar)* landmark, boundary mark *sau* stone *sau* post. **2.** *electr.* clamp, terminal. ⓐ *~ kilometrică* kilometer-stone, milestone.

boroană *s.f.* (spike-toothed) harrow; brake.

boroboaţă *s.f.* *(ştrengărie)* (piece of) roguery; *(farsă)* trick, farce, dodge, prank, F lark; *(faptă rea)* mischievous act, mad trick; *(prostie)* foolish act, piece of folly; *(necaz)* trouble, nuisance; *(pagubă)* damage. ⓒ *a face o ~* to play smb. a nasty/foul trick.

boroni *vb.* *tr.* to harrow.

boronit *s.n.* harrowing.

borş *s.n.* **1.** (sour) bran and water; *(ciorbă)* bortsch; beetroot potage; *(de carne)* beef tea, gravy soup; (mutton) broth; *(supă)* soup. **2.** *(oţet)* vinegar; *(vin prost)* crab-wine. F rot gut. **3.** F *(singe)* claret, blood. ⓒ *a minca* ~ **a.** *(a min-ţi)*← F to lie (like a trooper). **b.** *(a exagera)* F to draw/stretch the long bow; *a sufla cuiva în* ~ F to poke one's nose into smb.'s business; *a umple pe cineva de* ~ to tap smb.'s claret. ⓓ *cine s-a fript cu* ~ *suflă şi în iaurt* once bitten twice shy.

borşi *vb. refl.* **1.** to turn sour. **2.** *fig.* F to boil over.

borşişor *s.m. bot.* houseleek *(Semper-vivum tectorum).*

borţos *adj.* **1.** F big/pot-bellied. **2.** *fem.* high/big-bellied, in the family way.

borură *s.f. chim.* boride.

borviz *s.n.* mineral water.

bosă *s.f.* bump; boss. ⓒ *a avea bosa afacerilor* to have a bump/ gift for business, to be an old hand at business.

boscar, boscărie v. s c a m a t o r, s c a m a t o r i e.

boschet *s.n. (desiş)* thicket; *(crîng)* grove; *(pt. recreaţie)* bower, arbour.

boscorodeală *s.f.* muttering etc. v. b o s c o r o d i.

boscorodi I. *vb. intr. (a bodogăni)* to mutter, to murmur; to grumble. **2.** *(a intinde vorba)* to drawl out, F to rattle/reel off. **II.** *vb. tr.* v. c i c ă l i.

bosniac *adj., s.m.* Bosnian.

boştan *s.m.* **1.** *bot.* pumpkin *(Cu-curbia).* **2.** *bot. (pepene verde)* (water) melon. **3.** *(cap)* F noddle, noggin, pate; (cocoa) nut. ⓓ *cap de* ~ F blockhead, duffer. ⓒ *la anul cind o-nflori* ~*ul, la anul cu* ~*ul* F when two Sundays come together.

bostană *s.f.* v. b o s t ă n ă r i e.

bostangiu, bostănar *s.m.* kitchen gardener *(one who sells melons, pumpkins, etc.)*; melon grower.

bostănărie *s.f.* melonfield.

boston *s.n.* **1.** *(vals)* boston. **2.** *(joc de cărţi)* solo whist. **3.** *poligr.* jobbing-hand press, lever press.

bosumfla *vb. refl.* to pout (one's lips), F→ to make a mouth; *(a se imbufna)* to sulk, to be sulky, F→ to be in the sulks; F→ to get a miff.

bosumflare *s.f.* pouting; sulking.

bosumflat *adj.* sulky, ill-humoured, glum.

boşar *s.m. bot.* water melon with yellow pulp.

boşorog I. *adj.* **1.** ruptured, herniated, F broken. **2.** *fig.* doddery, doddering, tottering. **II.** *s.m.* **1.** *(bolnav de hernie)* ruptured/herniated person, F broken fellow. **2.** *(bătrin)* decrepit, helpless old man, F old blighter, dodderer, dotard, totterer.

boşorogeală *s.f. med.* **1.** rupture, F burst, S→ hernia. **2.** *(din cauza virstei)* decrepitude, senility, helplessness, softening of the brain; *(impotenţă)* impotence.

boşorogi I. *vb. tr.* F to beat smb. within an inch of his life, F to kick in the groin. **II.** *vb. refl.* **1.** to get a rupture/F burst/S→ hernia. **2.** *fig.* F to be(come) a dodderer; to grow decrepit; *(a deveni impotent)* ←F to become impotent.

boşorogit *adj.* **1.** ruptured, F broken. **2.** *(impotent)* impotent. **3.** *(slăbit de bătrineţe)* decrepit, F tottering.

boştină *s.f.* **1.** *(tescovină)* pomace/ husks/skins of pressed grapes. **2.** *(din faguri)* (unrefined) beeswax.

bot *s.n.* **1.** animal's mouth; muzzle; *(rit)* snout. **2.** *(gură)* F chops, jaw, potato trap; mouth. **3.** *(virf)* top, point; *(capăt)* end. ⓐ ~ *de corabie* forebody bow, stem; ~ *de gheaţă* point of a boot sau shoe: ~ *in* ~ **a.** muzzle to muzzle. **b.** *fig.* F billing and cooing. ⓒ *a-şi băga* ~*ul* F to poke and pry; *a face* ~ to pout; *a inchide* ~*ul cuiva* F to muzzle smb.'s press, to stop smb.'s mouth, to cut smb. short; *ţine-ţi* ~*ul!*

F hold your gab! shut up! stash
it! cheese it! stop your jaw(ing)!;
a pune pe cineva cu ~ul pe labe
F to put smb.'s nose out of joint;
a pica în ~ F to be on one's last
legs, to be dog-tired; *a atinge pe
cineva la ~ ←*F to give smb. a
punch in the face; *a bea la ~ul
calului* to drink the stirrup/part-
ing cup; *a se linge pe ~* F to go
off with a flea in one's ear; to
be sent home empty-handed; *a
unge pe cineva pe ~* F to grease/
tickle smb./smb.'s palm; *a da
cuiva peste ~* F to take smb. down
a peg or two.
botanic *adj.* botanic(al). ⓛ *grădi-
nă ~ă* botanical gardens.
botanică *s.f.* botany.
botanist *s.m.* botanist.
botaniza *vb. tr.* to botanize, to
herborize.

botez *s.n.* **1.** *rel.* baptism; *(al co-
piilor)* christening; *(al adulți-
lor)* adult baptism, immersion.
2. *nav.* ducking. ⓐ *~ul focului
mil.* baptism of fire; *~ul singelui*
baptism of blood. ⓛ *de ~* baptism-
al; *certificat de ~* certificate
of baptism; *nume de ~* Christian
name.
boteza I. *vb. tr.* **1.** *rel.* to baptize;
(copii) to christen; *(a da un nume)*
to christen, to name; *(ca naș)*
to stand godfather *sau* godmother
to; to present a baby at the font;
(a converti) to convert. **2.** *(a numi)*
to name, to call, to term; *(a po-
recli)* to surname; to nickname,
to dub. **3.** *(a stropi) ←*F to sprin-
kle, to wet; *(a amesteca cu apă)*
F to doctor; to put water into,
to mix/dilute with water. **II.**
vb. refl. to be baptized/chris-
tened. **III.** *vb. intr.* **1.** *(a face un
botez)* to perform the christening
ceremony. **2.** *(ca naș sau nașă)*
to stand godfather *sau* godmother.
botezare *s.f.* christening etc. v.
b o t e z a.
botezat *adj.* **1.** christened, baptized,
christianized. **2.** *fig.* (nick)named.
3. *(d. vin)* doctored, diluted.
botfori *s.m. pl.* top boots.

botgros *s.m. ornit.* gros(s) beak
(Coccothraustes).
botină *s.f.* low(-laced *sau* -buttoned)
boot.
botniță *s.f.* **1.** muzzle. **2.** *fig. (gură)*
F chops, jaw, potato trap. ⓒ *a
pune ~ cuiva* F to stop smb.'s
gab.
botos *adj.* **1.** large-mouthed. **2.**
*fig. (bosumflat)←*F sulky, glum;
(obraznic) F saucy, cheeky; *(lă-
udăros)* F big in one's talk.
botoșel *s.m.* bootee.
botriocefal *s.m. zool.* botriocephalus.
botroș *s.m. ornit.* bullfinch *(Pyr-
rhula vulgaris)*.
boț *s.n. (de pîine, hîrtie, ceară, ză-
padă etc.)* ball; *(cocoloș)* pellet;
(de pămînt) clod ball; *(pt. în-
grășat păsări)* cob. ⓐ *un ~ cu
ochi* a (mere) chit/brat. ⓒ *a face
~ to roll up.
boța *vb. tr. nav.* to stopper.
boți *vb. tr., vb. refl.* to (c)rumple,
to ruck.
boțitură *s.f.* crease, crumple.
bou *s.m.* **1.** *zool.* ox *(Bos taurus)*.
2. *fig. (timpit)* F blockhead, duf-
fer. **3.** *(joc, pe apă)* ducks and
drakes. ⓐ *~ de baltă* **a.** *ornit.*
bittern, mire drum *(Botaurus stel-
laris)*. **b.** *zool.* orange-speckled toad
(Bombinator igneus); *~ de noapte
ornit.* eagle owl *(Strix bubo)*;
~l lui Dumnezeu entom. lady
bird/cow *(Coccinella septempunc-
tata)*. ⓛ *coada ~lui bot.* high
taper, mullein *(Verbascum thap-
sus)*; *limba ~lui bot.* ox tongue,
bugloss *(Anchusa officinalis)*; *ochiul
~lui* **a.** *bot.* aster *(Aster)*. **b.**
ornit. wren *(Troglodytes parvulus)*.
ⓒ *a face ~l (cu piatra în apă)*
to play (at) ducks and drakes;
a-și pune boii în plug cu cineva
F to pick a quarrel with smb.;
a merge ca cu boii to go at a snail's
trot; *a căuta lapte de ~* to extract
sunbeams from cucumbers, F to
milk a he-goat into a sieve; *a
lăsa pe cineva în boii lui* to leave
smb. to himself, to leave smb. a-
lone; *a nu-i fi toți boii acasă* F
to be in the wrong box, to have
(got) the blues/the blue devils,

to be in the mumps, to feel rum;
s-au dus boii dracului F all's
up, all's gone bang, mafeesh.
boulean *s.m.* bullock.
bour *s.m. zool.* aurochs, ureox,
European bison *(Bos primigenius).*
bourel I. *adj. (cu coarne)* horned;
(ţeapăn) stiff. **II.** *s.m.* **1.** *(melc)*
snail. **2.** *ornit.* wren *(Troglodytes
parvulus).* **3.** *entom.* v. r ă d a ş-
c ă.
bou-vagon *s.n.* F cattle box.
bovarism *s.n.* Bovarysm, Bova-
rism.
bovin *adj.* bovine.
bovindou *s.n.* bow window.
bovine *s.f. pl.* bovines, (horned)
cattle.
box[1] *s.n. (piele)* box calf.
box[2] *s.n. sport* boxing, pugilism,
manly art, fisticuffs. ⓐ ∼ *cu
umbra* shadow boxing. ⓑ *meci de*
∼ boxing match.
box[3] *s.n. (pumnar)* brass knuckles,
knuckle-duster.
boxa I. *vb. tr.* to box. **II.** *vb. intr.*
to box; *(cu dibăcie)* to spar. ⓒ
a ∼ *cu umbra* to shadow-box.
boxă *s.f.* **1.** *jur.* dock. **2.** *(pt. cai)*
horse box; *(pt. vite)* box stall.
3. *constr.* box. ⓐ *boxa martori-
lor* witness box.
boxer *s.m.* boxer, (prize) fighter,
pugilist.
boz *s.m. bot.* dwarf elder *(Sambucus
ebulus).*
brac[1] *s.n.* refuse, trash; sweepings;
(de lemne) brack, wrack. ⓑ *de* ∼
good for nothing; *cal de* ∼ jade,
crock; discharged horse.
brac[2] *s.m. zool.* brach (hound),
harrier.
braca *vb. tr.* **1.** *(arma)* to aim, to
level. **2.** *auto.* to defleet, to change
the direction of.
brachial *adj.* v. b r a h i a l.
bracona *vb. intr.* to poach.
braconaj *s.n.* poaching.
braconier *s.m.* poacher.
bractee *s.f. bot.* bract(e).
brad *s.m. bot.* **1.** fir (tree) *(Abies
alba).* **2.** v. m o l i d; p i n;
i e n u p ă r. ⓐ ∼ *alb* v. ∼ l.;
∼ *roşu bot.* larch fir *(Larix).* ⓑ
ac de ∼ needle, leaf of a fir tree;

con de ∼ fir cone/F→ apple; *lemn
de* ∼ fir wood, deal; *pădure de* ∼
fir wood; *scîndură de* ∼ fir/deal
board.
bragagerie *s.f.* booth where millet
beer is sold.
bragagiu *s.m.* seller of millet beer.
bragă *s.f.* millet beer. ⓒ *ieftin ca
braga* F cheap as dirt, dirt-cheap.
braghină *s.f.* **1.** *variety of grapes.*
2. wine made of „braghină".
brahial *adj. anat.* brachial.
brahicefal *adj.* brachycephalic, short-
-headed.
brahicefalie *s.f.* brachycephalism.
brahman *s.m.* Brahmin, Brahman.
brahmanic *adj.* Brahmanic(al).
brahmanism *s.n.* Brahminism, Brah-
manism.
bramă *s.f. met.* slab.
brambura *adv.* ⓒ *a umbla* ∼ F to
ramble, to lop about; *a vorbi* ∼
F to talk through one's hat.
brancardă *s.f.* stretcher.
brancardier *s.m.* stretcher bearer.
brand *s.n. mil.* mine-thrower.
brandenburg *s.n.* frog, braid, de-
corative loop.
branhii *s.f. pl.* gills, branchiae.
branişte *s.f.* fenced-in district; *(pă-
dure)* wood; forest.
branşa *vb. tr.* **1.** to detach, to set
apart. **2.** *electr.* to plug in.
branşament *s.n.* **1.** *electr.* lead,
branch circuit. **2.** *tehn.* branching,
service line, branch pipe.
branşă *s.f.* branch, F→line; *(do-
meniu)* domain, sphere, province.
ⓑ *de* ∼ specialist.
branţ *s.n.* insole, inner sole.
bras *s.n. sport* breast stroke.
brasardă *s.f.* armlet, arm badge.
braserie *s.f.* brasserie, beer saloon/
house.
brasieră *s.f. (de femei)* brassière,
bust bodice; *(de copii)* (child's)
sleeved vest.
brasse *s.n.* v. h r a s.
braşoavă *s.f.* F gammon, fudge,
bounce(r), *pl.* hot air. ⓒ *a spune
braşoave* F to draw the long bow,
to throw the hatchet.
braţ *s.n.* **1.** *anat. etc.* arm. **2.** *(cantita-
te)* armful. **3.** *pl. fig.* hands, workers.
4. *fig.* arm; *(forţă)* strength,

power. **5.** *nav.* fathom. **6.** *(al crucii)* bar. ⓐ ∼ *de ancoră* arm of an anchor; ∼ *de balanţă* balance arm/beam; ∼ *de fotoliu* arm of an easychair; *un* ∼ *de lemne* an armful of wood; ∼ *de manivelă* web of a crank; ∼ *de mare* arm/horn of the sea; ∼ *de moară (de vînt)* whip of a windmill; ∼ *de picup* tone arm; ∼ *de pîrghie* arm of a lever; ∼ *de rîu* arm/branch/horn of a river; ∼*e de muncă* **a.** manpower, labour (force). **b.** labour exchange/office. ⓑ *cu* ∼*ele în şolduri* with arms akimbo; *cu* ∼*ele suflecate pînă la cot* with one's arms bare to the elbows; *cu* ∼*ul/*∼*ele* by hand, by main force; *la* ∼ *cu* arm in arm with; *sub* ∼ under one's arm. ⓒ *a da/oferi* ∼*ul (cuiva)* to give/offer (smb.) one's arm; *a întinde* ∼*ele (cu dat.)* to put forth/hold out/stretch out one's arms to ...; *a lua* ∼*ul cuiva* to take smb.'s arm; *a primi cu* ∼*ele deschise* to receive with open arms; *a sta cu* ∼*ele încrucişate* to stand with folded/crossed arms; *e nevoie de multe* ∼*e* there is need of a great number of hands, labour is wanted; *a se sprijini de* ∼*ul cuiva* to lean on smb.'s arm; *a stringe în* ∼*e* to embrace, to clasp in one's arms; *a merge* ∼ *la* ∼ *cu* ... to go/walk arm in arm with ...; *a fi* ∼*ul drept al cuiva* to be smb.'s right hand; *lipseau* ∼*ele de muncă* there was a shortage of labour(ers).

braţa *vb. tr. nav.* to brace.

brav I. *adj.* brave; *(viteaz)* valiant, gallant, valorous; *(curajos)* courageous, plucky; *(îndrăzneţ)* bold, daring. **II.** *adv.* bravely, etc. v. ∼ **I.**

brava *vb. tr. (pe cineva)* to defy, to set at defiance/nought, F→ to beard; *(ceva)* to face, to encounter fearlessly, to fly in the face of.

bravadă *s.f.* bravado, brag(ging), blustering.

bravo(s) *interj.* bravo! capital! hear! hear! excellent! well done! F good show! hot dog!

bravură *s.f.* bravery; valour; courage, valiance, gallantry.

brazdă *s.f.* **1.** *(de plug)* furrow; *(strat)* bed; *(pt. zarzavaturi)* drill; *(între două ogoare)* balk, ridge between two fields; *(de pămînt, bucată)* clod, furrow, slice; *(de iarbă cosită)* swath, windrow. **2.** *fig. (urmă)* track, trace, mark, furrow; *(de corabie)* wake, track; *(de roată)* trace. **3.** *fig. (de lumină)* streak, trail, train. **4.** *fig. (zbîrcitură)* furrow, wrinkle. ⓐ ∼*de fin* row/line of mown grass; ∼ *de flori* flower bed; ∼ *de iarbă* sod (of turf). ⓒ *a da pe* ∼ *(a domoli)* to tame, to curb; *(a obişnui)* to accustom/inure to smth.; *(a învăţa)* to teach; *a se da pe* ∼ to see one's way through smth.; *(a se obişnui)* to get accustomed, F to rub off corners; *(a se face de treabă)* to set to work, to leave off bad habits.

brazilian *adj., s.m.* Brazilian.

brăcinar *s.n.* waistband.

brăcui *vb. tr.* **1.** to reject as defective, to cast off, to discard; *(cai etc.)* to cast. **2.** *silv.* to clear of timber.

brădet, brădiş *s.n.* fir wood, fir-tree forest.

brădiş *s.n. bot. (în apă)* hornwort *(Ceratophyllum)*.

brădişor *s.m.* **1.** *bot.* a species of clubmoss *(Lycopodium selago)*. **2.** *bot.* shave/pewter grass, toadpipe *(Equisetum)*.

brăţară *s.f.* **1.** bracelet, bangle. **2.** *(inel)* ring. **3.** *tehn.* clamps; clamp, band, collar, hoop, collet. **4.** *electr.* clamp, collar. **5.** *arhit.* v. ciubuc **2.**

brăzda *vb. tr.* **1.** *(cu plugul)* to furrow, to ridge, to trace/draw furrows across; to plough up the ground. **2.** *(a cresta)* to notch, to indent, to score, to tally. **3.** *fig.* to cross; *(marea)* to plough; *(fruntea)* to wrinkle; *(pielea)* to mark with wrinkles; *(a lăsa urme pe)* to leave traces on. ⓒ *fulgere brăzdează cerul* lightnings flash through the sky.

brăzdar *s.n. agr.* co(u)lter, furrow opener, (plough) share.

brăzdat adj. (cu zbîrcituri) wrinkled, furrowed.

brăzdătură s.f. furrow.

bre interj. 1. heigh! I say! F halloo!; (măi) man, fellow, look here, listen; pl. folks! 2. (exprimă mirare) ah! < indeed, < you don't say so!

breabăn s.m. bot. v. b r e b e n e l.

breaslă s.f. guild, corporation; craft, company; corporate body.

breaz I. adj. (cu o pată albă) white--spotted (on the head); (vărgat) dapple(d), piebald; (d. cai) piebald; (d. vaci) brindle(d); (cu pete) spotted, speckled, checkered. ① cunoscut ca un cal ~ F well known as a bad shilling. ② nu eşti mai ~ ca alţii you are no better than others. II. s.m. dappled/piebald horse.

brebenel s.m. pl. bot. hollowwort (Corydalis).

brecie s.f. geol. breccia.

bref adv. fr. well, to cut a long story short.

brei s.m. bot. periwinkle (Vinca).

brelan s.n. (joc de cărţi) brelan; (3 cărţi) pair royal, (la pocher) three of a kind.

breloc s.n. trinket; (la ceasuri) charm, fancy ornament, seal.

breslaş s.m. member of a guild/corporation.

breşă s.f. breach, gap, break, opening.

bretele s.f. pl. (pair of) braces, amer. suspenders; (la combinezon etc.) shoulder straps.

breton I. adj. Breton. II. s.m. Breton. III. s.n. (coafură) fringe, bang(ed hair).

brevet s.n. patent; certificate, warrant. ④ de autor author's certificate; ~ de capacitate certificate of ability for teaching etc.; ~ de căpitan/comandant nav. master's certificate; ~ de import patent for importation; ~ de invenţie (letters) patent; ~ de medalie citation for a medal; ~ de ofiţer mil. officer's commission; ~ de pilot pilot's licence/certificate.

breveta vb. tr. (pe cineva) to grant a patent/certificate to; (o invenţie) to (protect by) patent

brevetat adj. patented, appointed by letters patent. ① invenţie ~ă patented invention; ofiţer ~ de stat major mil. officer holding a staff college certificate.

breviar s.n. 1. vademecum; (rezumat) summary. 2. (la catolici) breviary.

brezaie s.f. 1. man wearing a motley costume and masked as an animal or bird; during Christmastide he dances in front of the peasants' houses and plays the buffoon. 2. (la bîlciuri) Merry Andrew, rar→ Jack Pudding; (pe scenă) harlequin. 3. fig. weathercock.

briant adj. fr. brilliant, clinquant.

briantină s. f. brilliantine.

briboi s.m. bot. wood geranium (Geranium silvaticum).

bric s.m. nav. brig.

briceag s.n. penknife, pocket/clasp knife; (cu tirbuşon etc.) all in one.

bricheta vb. tr. to briquette.

brichetă s.f. 1. (cărbune) briquette, coal brick, patent fuel. 2. (aprinzătoare) (cigarette)lighter.

brici s.n. razor.

bridă s.f. 1. (shoulder) strap. 2. tehn. flange; clip; carrier.

bridge s.n. bridge.

brie s.f. bot. 1. spignel (Meum athamanticum). 2. balsam(ine) (Impatiens Balsamina). 3. v. t r e p ă d ă t o a r e.

brigadă s.f. 1. mil. brigade; (trupe) body, troop. 2. (de muncitori) brigade; (echipă) team; ferov. crew. ② ~ de producţie production brigade; ~ uşoară mil. light brigade. ① aghiotant de ~ mil. aide-de-camp to a brigadier-general; comandant de ~ mil. brigadier, general officer commanding a brigade; general de ~ mil. brigadier (general); şef de ~ brigade/team leader.

brigadier s.m. 1. (şef de brigadă) brigade/team leader; (membru al unei brigăzi) brigade member; (voluntar) volunteer. 2. mil. brigadier (general). **3.** *(silvic)* forester, forest keeper/ranger.

brigand *s.m.* highwayman, brigand.

brigandaj *s.n.* highway robbery, brigandage.

brigantină *s.f. nav.* **1.** *(vas)* brigantine. **2.** *(pînză)* brigantine, spanker.

briliant *s.n.* **1.** brilliant, diamond cut in(to) facets. **2.** *poligr.* brilliant.

brio *s.n. muz.* brio, vigour, spirit.

brioală *s.f. bot.* meum, baldmoney *(Meum mutellina)*.

brioşă *s.f.* brioche.

bristol *s.n.* **1.** Bristol cardboard. **2.** visiting card.

brişcar *s.m.* britzka driver; *(birjar)* coachman.

brişcă *s.f.* **1.** britzka; *(birjă)* hackney carriage. **2.** *(briceag)* clasp/pocket knife.

britanic I. *adj.* British; *(englezesc)* English. ⓑ *Majestatea Sa Britanică* Her Britannic Majesty. **II.** *s.m.* Britisher.

brizant I. *adj.* shattering, disruptive, high-explosive. ⓑ *proiectil* ~ high--explosive shell. **II.** *s.m. nav.* breaker, comber.

briză *s.f.* breeze; *(de uscat)* land breeze; *(de mare)* sea breeze.

brînă *s.f.* **1.** belt, girdle. **2.** mountain path.

brîncă *s.f.* **1.** *(mînă)*←*reg.* hand, P fin, forefoot, claw; *(labă)* paw. **2.** *pl.* push. **3.** *med.* St. Anthony's fire, S→erysipelas. **4.** *vet.* red murrain. **5.** *bot.* glasswort *(Salicornia herbacea)*. ⓐ*brînca porcului bot.* brownwort *(Scrophularia)*; *brînca ursului bot.* hogweed *(Heracleum)*. ⓑ *pe / în brînci* on all fours; on one's (bended) knees. ⓒ *a da brînci cuiva* to push smb., to give smb. a push; *(cu cotul)* to elbow smb., to nudge smb. with the elbow; *(cu piciorul)* to kick smb.; *a-i da inima brînci să* ... to have a mind to ..., to feel inclined to...; *a-şi da brînci* to jostle each other; *nu-mi dă inima brînci* I have not the/no heart to do it, I cannot prevail upon myself to do it; *a da / cădea în/pe brînci* **a.** to fall flat to the ground. **b.** *fig.* to be dead tired, to be

ready to drop; *a da pe cineva în brînci afară* F to kick smb. out.

brînduşă *s.f. bot.* **1.** *(ca gen)* colchicum *(Colchicum)*. **2.** *(~ de primăvară)* spring crocus *(Crocus Heufellianus)*. **3.** *(~ de toamnă)* meadow saffron, autumn crocus, naked lady *(Colchicum autumnale)*.

brînzar *s.m.* *(vînzător)* cheesemonger; *(fabricant)* cheesemaker.

brînză *s.f.* cheese. ⓐ ~ *bună în burduf de cîine aprox.* a rough-diamond; ~ *de capră* goat's cheese; ~ *de oaie* ewe's milk cheese; ~ *de Olanda* Dutch cheese; ~ *de vacă* cow cheese; ~ *grasă* rich cheese; ~ *proaspătă* green cheese; ~ *topită* process cheese; ⓑ *la anul cu* ~ F when two Sundays come together; *plăcintă cu* ~ cheese cake. ⓒ *a nu face~cu cineva* F to cut no ice with smb.; *du-te opt şi cu a brînzei nouă* F go to bath!< go to hell! the deuce take you!; *nu e nici o* ~ *de el* F he is no great shakes, there is nothing in him; *a nu face nici o* ~ F to get the cheese, to cut no ice; *nu face nici o* ~ *(d. lucruri)* F it is fit for the dusthole, it is not worth powder and shot.

brînzărie *s.f.* **1.** cheese dairy. **2.** *(ca negoţ)* cheese trade.

brînzeturi *s.f. pl.* (different) sorts of cheese.

brînzi *vb. refl.* to curd(le), to change; S→ to coagulate.

brînzoaică *s.f.* cheese cake.

brînzos *adj.* cheesy, cheese-like, S→ caseous.

brîu *s.n.* **1.** girdle, belt, *rar*→zone; *(de piele)* belt; *(ca podoabă)* girdle; *(preoţesc)* girdle, cincture; *(de femei)* band; waistband, waist ribbon; *(eşarfă)* sash. **2.** *arhit.* frieze; moulding; cincture, cornice; *(la sobe)* mantel(piece). **3.** *(dungă)* strip, streak; line. **4.** *(talie)* waist. **5.** *(îngrăditură)* zone, enclosure, fence, screen. **6.** *med.* bandage, belt. **7.** *nav.* swifter. **8.** *(dans)* girdle dance. ⓐ ~ *de mătase* silk waistband; ~ *de munţi* mountain range; *un* ~ *de ziduri şi şanţuri* a zone of walls and ditches. ⓑ *cu*

apa pînă la ~ having water up to the waist; *de la* ~ *in sus* from the waist upwards. © *a fi de* ~ *(cu cineva)* F to be hand and glove together, to row in the same boat; *stă cu miinile in* ~ he sits with his hands before him (doing nothing), F→he rests on his oars.
broască *s.f.* **1.** *zool.* frog *(Rana).* **2.** *min.* spider. **3.** *(la o uşă etc.)* lock. **4.** *(palier)* bearing. **5.** *med.* *(la ochi)* stye; *(sub limbă)* S→ ranula. **6.** *vet.* carney. **7.** *(joc de copii)* leap frog. **8.** *bot.* Indian fig (tree), papal *(Opuntia ficus indica).* **9.** *poligr.* lay guide. ⓐ *broasca apei bot.* pond weed, frog lettuce *(Potamogeton natans);* ~ *de siguranţă/iale/yale* safety lock; ~ *rîioasă zool.* toad, *rar*→paddock; ~ *ţestoasă* tortoise; turtle *(Chelonia, Testudo).* ⓘ *iarba broaştelor bot.* frog bit *(Hydrocharis morsus ranae);* *isteţ ca broasca* weak-headed, F pig-/beetle-headed; *lină/mătasea broaştei bot.* hair/river weed *(Conferva bombycina);* *plin de noroc ca broasca de păr* unlucky, born under an evil star, F planet-struck, born with a wooden ladle in one's mouth. © *a se face* ~ *la/pe pămint* to make oneself small, to squat; *cînd o face broasca păr* F when two Sundays come together.
broatec *s.m. zool.* green/tree frog *(Hyla arborea).*
brobinţă *s.f. bot.* dyer's weed, weld wold *(Reseda luteola).*
broboadă *s.f.* (head)kerchief; shawl.
broboană *s.f.* **1.** *(boabă)* berry. **2.** *(de sudoare)* bead. **3.** v. z g r ă- b u n ţ ă.
broboni **I.** *vb.* *tr.* to (be)drop. © *sudoarea ii* ~*se fruntea* the sweat stood in drops on his forehead. **II.** *vb. refl.* to be speckled with drops.
brobonit *adj.* **1.** dripping; pearled. **2.** *(ca broboanele)* pearly, pearled; berry-shaped. ⓐ ~ *de rouă* dew-pearled.
brocart *s.n.* brocade.
broda · **I.** *vb. tr.* **1.** to embroider. **2.** *fig.* to embellish, to overdraw, to amplify; *(o povestire)* to make up.

II. *vb. intr.* **1.** to embroider. **2.** to spin a yarn, to concoct a story.
brodechin *s.m. teatru* sock.
broderie *s.f.* **1.** embroidery. **2.** *muz.* grace notes.
brodeză *s.f.* embroideress.
brodi **I.** *vb. tr. (a intîlni)* to meet (with), to light on, to fall in with; to come across/upon; *(a găsi)* to find; *(a nimeri)* to hit; *(a ghici)* to guess, to hit. ⓐ *a o* ~ ~ ←F to guess it/right. © *l-am* ~*t acasă* I happened/chanced to find him at home; *ai* ~*t-o bine* F you have hit the right thing; ←F you have come at the right season/ time; *a o* ~ *ca Ieremia cu oiştea-n gard* F to get the wrong sow by the ear, to get the dirty end of the stick; to put the saddle on the wrong horse; to be in the wrong box; *ai* ~*t-o prost*←F you have come at the wrong time/season.
II. *vb. refl.* to happen, to chance, to occur, *rar*→to betide, to coincide. ⓐ *a se* ~ *bine* to come at the suitable time/F in the nick of time; *nu ştiu cum s-a* ~*t* I don't know how it happened.
brodire *s.f.* coincidence, concurrence.
brodit *s.n.* © *pe* ~*e* by hazard, F by a fluke.
brom *s.n. chim.* bromine.
broma *vb. tr. chim.* to bromize.
bromat *s.m. chim.* bromate.
bromhidric *adj. chim.* hydrobromic.
bromic *adj. chim.* bromic.
bromoform *s.n. chim.* bromoform.
bromurare *s.f. chim.* bromination.
bromură *s.f. chim.* bromide. © ~ *de argint* silver bromide; ~ *de potasiu* potassium bromide.
bronhial *adj.* bronchial. ⓘ *catar* ~ bronchitis, bronchial catarrh.
bronhie *s.f. anat.* bronchus *(pl.* bronchi), bronchi.
bronhopneumonie *s.f. med.* broncho-pneumonia.
bronşită *s.f. med.* bronchitis, bronchial catarrh. © ~ *tabagică* smoker's cough.
brontograf *s.n.* brontograph.
brontozaur *s.m. paleont.* brontosaurus.

bronz *s.n.* **1.** *metal.* bronze. **2.** *arhit.* monumental brass/bronze. **3.** *fig.* iron, steel, flint, adamant. ⓑ *epoca de* ~ the Age of Bronze.
bronza I. *vb. tr.* **1.** to bronze. **2.** *(d. soare)* to tan. **II.** *vb. refl.* **1.** to become of a bronze colour. **2.** *(de soare)* to be tanned/sun-burnt.
bronzare *s.f.* bronzing etc. v. b r o n- z a.
bronzat *adj.* *(de soare)* sun-burnt, tanned.
bronzărie *s.f.* bronze ware/articles; bronze manufacture.
broscan *s.m.* *zool.* (male) frog.
broscar *s.m.*←*peior.* wop, macaroni, spaghetti, dago.
broscărie *s.f.* frog's pond; place full of frogs.
broscoi *s.m.* **1.** *zool.* male frog; big frog. **2.** *fig.* F urchin, brat, chit.
broșa *vb. tr.* to sew, to stitch.
broșare *s.f.* v. b r o ș a t II.
broșat I. *adj.* in paper/loose cover; paperback. **II.** *s.n.* sewing, stitching.
broșă *s.f.* brooch.
broștesc *adj.* frog-like, S→ranoid.
broșură *s.f.* **1.** pamphlet; booklet. **2.** stitched book. ⓐ ~ *de probă* pre-print.
brotac *s.m.* **1.** *zool.* green/tree frog *(Hyla arborea).* **2.** *constr.* cleat.
brr *interj.* phew! *exclamation of one shivering with cold, aversion, etc.*
bruceloză *s.f.* brucellosis, brucelliasis.
bruft *s.n.* rough-plastering.
bruftu(lu)i *vb. tr.* **1.** to rough-plaster. **2.** *fig.* to reprimand, F to bully, to blow up; to treat roughly, to abuse.
bruftu(lu)ială *s.f.* rough-plastering, etc. v. b r u f t u i.
bruia *vb. tr.* to jam *(broadcasts).*
bruiaj *s.n.* jamming (of broadcasts).
bruion *s.n.* rough copy, draft.
brum *s.n.* *tele* network hum.
bruma I. *vb. tr.* to cover with hoar-frost, to rime. **II.** *vb. refl.* **1.** to be covered with hoar-frost. **2.** *fig.* to get hoary.
Brumar *s.m.* P←November.

brumat *adj.* **1.** covered with hoar-frost, rimed; covered with dust. **2.** v. b r u m ă r i u I.
brumă *s.f.* **1.** hoar/white frost, *rar*→ rime. **2.** *(pe fructe)* dust. **3.** *(cantitate mică)* a little; F a (little) bit. ⓐ *bruma lui de avere* his few belongings, what little he has; *bruma lor de mobilă* F→their few sticks (of furniture); *o* ~ *de latină* a smattering of Latin. ⓑ *bătut de bruma iernii* grown hoary (with age) ⓒ *cade* ~ there is hoar-frost, we are having white frost.
Brumărel *s.m.* P wine month; October.
brumăriu *adj.* **1.** light grey, greyish. **2.** autumnal.
brumos *adj.* **1.** *(cețos)* foggy, misty. **2.** *(geros)* frosty.
brun I. *adj.* brown; dark-haired; dark-skinned. **II.** *s.m.* v. b r u- n e t II.
bruna *vb. tr.* *tehn.* to brown, to blue.
brunet I. *adj.* dark(-haired); of dark *sau* swarthy complexion. **II.** *s.m.* dark-haired/-skinned man.
brunetă *s.f.* dark-haired/-skinned woman/lady *sau* girl, brunette.
brusc I. *adj.* *(neașteptat)* sudden, sharp, unexpected; *(pripit)* rash. **II.** *adv.* suddenly, sharply, all of a sudden; unawares, abruptly, unexpectedly.
brusca *vb. tr.* **1.** *(a se răsti)* to speak with rudeness/harshness to; *(a trata aspru)* to treat rudely/offensively/harshly. **2.** *(ceva)* to press, to push on, to hasten; *(o intrare)* to break/force (open).
bruschețe *s.f.* *(asprime)* gruffness; offensive language, offhandishness, < rudeness; offensive action; offensive manner; *(pripă)* suddenness, unexpectedness.
brustur(e) *s.m. bot.* common bur(dock) *(Arctium Lappa).* ⓐ ~ *dulce* pestilence weed/wort, Indian plantain *(Petasites);* ~ *negru* comfrey, cumfrey *(Symphytum).*
brut *adj.* **1.** *(neprelucrat)* raw; crude; *(needucat)* rough, unpolished; *(neterminat)* in the rough, unfinished; *(pur)* sheer. **2.** gross. ⓑ *diamant*

~ rough/uncut diamond; *fier* ~ crude iron; *forţă* ~*ă* brute force; *greutate* ~*ă* gross weight; *material* ~ raw material; *minereu* ~ crude ore; *oţel* ~ raw steel; *petrol* ~ crude oil, native naphta; *piele* ~*ă* raw/undressed/untanned hide/skin; *produse* ~*e* raw products; *teren* ~ land that has never been cultivated; *venit* ~ gross proceeds; *zahăr* ~ raw sugar.
brutal I. *adj.* brutal, savage, inhuman; violent; *(bădărănos)* boorish, churlish, rude. **II.** *adv.* brutally, cruelly, savagely, churlishly.
brutalitate *s.f.* brutality, violence, cruelty; brutal action *sau* language, ill-treatment.
brutaliza *vb. tr.* to brutalize, to ill-treat, to maltreat, to bully.
brutar *s.m.* baker.
brută *s.f.* brute, beast.
brutărie *s.f.* bakehouse, bakery; baker's (shop).
bruto I. *adv.* in the gross; roughly (speaking). **II.** *adj. ec.* gross.
bubă *s.f.* **1.** *(umflătură)* bump, swelling; *(prin lovire)* bruise; *(abces)* abscess, boil, S→ulcer; < tumour. **2.** *fig.* difficulty; *(obstacol)* hindrance; *(neajuns)* drawback; *(necaz)* trouble; *(durere)* sorrow, grief; *(punct slab)* weak point; sore point; *(meteahnă)* foible, hobby. ⓐ *buba minzului vet.* glanders; ~ *rea/neagră med.* carbuncle, S→anthrax; ~ *spurcată* scab, scurf, scald; ~ *vînătă/roşie med.* (heat) pimple, pustule; *bube dulci med.* S → *(cronică)* impetigo; scald head, S→ porrigo. ⓒ *aici e buba* F there's the hitch, there's the rub; that's the (main) point/ sore point; *fiecare-şi ştie buba* F everybody knows where his own shoe pinches him.
buboi *s.n. med.* abscess, boil; ulcer, furuncle; carbuncle.
bubon *s.n. med.* swelling in the groin, bubo.
bubonic *adj.* ⓓ *ciumă/pestă* ~*ă med.* bubo pest.
bubos *adj. med.* ulcerated; scabby, scurfy, scurvy. ⓓ *broască buboasă zool.* toad *(Bufo).*

bubui I. *vb. intr.* to thunder, to peal; *(d. tunet)* to rumble, to peal; *(d. tunuri)* to boom. **II.** *vb. tr.* F to scold, to rate.
bubuit *s.n.* **1.** thundering, etc. v. **bubui. 2.** peal, clap (of thunder), thunderclap; roar (of a cannon).
bubuitor *adj.* thundering, etc. v. **bubui.**
bubuitură *s.f.* v. **bubuit** 2.
bubuliţe *s.f. pl.* heat pimples, pustules.
buburuz *s.m.* **1.** *entom.* lady bird *(Coccinella).* **2.** *med.* heat pimple. **3.** *(cocoloş)* small ball/bullet.
buburuză *s.f.* v. **buburuz** 1.
buc *s.n.* **1.** *pl. (resturi)* waste, rubbish; *(de fructe etc.)* refuse, garbage; *(după tăierea animalelor)* offal; *(la bucătărie)* slops, leavings. **2.** *bot.* beech *(Fagus).* ⓐ ~*i de lînă* combings; ~*i de mătase* waste/sleave/floss silk.
bucal *adj.* buccal. ⓓ *pe cale* ~*ă* per os, orally.
bucată *s.f.* **1.** piece, bit; *(parte)* part, portion; *(fragment)* fragment; *(căpeţel)* end. **2.** *(extras)* extract, passage; *(articol)* article. **3.** *(îmbucătură)* mouthful; morsel. **4.** *(vită)* head *of cattle.* ⓐ ~ *aleasă* select/choice piece. *(de mincare)* tit/tid bit; *(de literatură)* select piece, elegant extract; ~ *cu* ~ piece for piece, bit by bit; ~ *de ansamblu muz.* concerted music; ~ *de citire* reading piece; *o (bună)* ~ *de drum* a (good) stretch, a long distance; ~ *de hîrtie* piece of paper; ~ *de iarbă* sod; ~ *de luminare* candle's end;~ *muzicală* piece (of music); *(populară)* (popular) air, tune; *(dintr-un cintec)* snatch (of a song); ~ *de pămint* piece/plot of land; ~ *de piine* piece/slice of bread; ~ *de postav* piece of cloth; ~ *de unt* pat of butter; *o* ~ *de vreme* a time, a while. ⓓ *o bună* ~ *de vreme adv.* (for) a long time/ spell, (for) long; ~ *de zahăr* lump of sugar; *cu bucata* piece by piece; piecemeal, in pieces; *com.* by the piece; *de la o* ~ *de vreme* for a short time, lately, latterly, for

some little time (now); *dintr-o* ~
a. all of a piece. **b.** *fig.* straightfor-
ward; *într-o mie de bucăți* in a
thousand bits, F→all to smithe-
reens; *mărfuri cu bucata* piece
goods; *vînzare cu bucata* retail sel-
ling/sale; *zece lei bucata* ten lei
a piece, ten lei each. ⓒ *mi-a făcut
bucata* ←F he has played me a
(nice) trick; *a rupe în bucăți* to tear
to pieces; *a tăia în bucăți* to cut/
chop in pieces/bits; to mince.
bucate *s.f. pl.* **1.** *(feluri de mîncare)*
dishes; *(hrană, mîncare)* fare, diet,
F→grub; *(merinde)* victuals, pro-
visions, *rar*→viands. **2.** *(grîne)*
grain, corn; *(cereale)* cereals; *(re-
coltă)* crop. ① *listă de* ~ bill of
fare; *(meniu)* menu. ⓒ *s-au făcut
bucate anul acesta* we have a rich
harvest this year.
bucă *s.f.* **1.** cheek, *mai ales pl.*
cheeks. **2.** *(a șezutului)* buttock,
mai ales pl. buttocks.
bucălaie *s.f.* black-muzzled sheep.
bucălat *adj.* chubby (-faced), chub-
by-cheeked/faced, chubbed, che-
rubic. ① *copil* ~ cherub, chub-
by(-faced) kid.
bucătar *s.m.* man/male cook. ①
foamea e cel mai bun ~ hunger is
the best sauce.
bucătăreasă *s.f.* cook (maid).
bucătărie *s.f.* **1.** *(odaie etc.)* kitchen;
cook house *sau* room; *nav.* galley.
2. *fig.* cooking, cookery, cuisine.
ⓐ ~ *de campanie* field/travelling
kitchen.
bucătărioară *s.f.* *(auxiliară)* scul-
lery; *(chicinetă)* kitchenette.
bucăți *vb. tr.* to take apart, to take
to pieces, to disjoin(t); to undo;
(prin tăiere) to cut up; *(mărunt)*
to chop up, to mince; *(a împărți)*
to divide, to parcel out; *(bunuri)*
to partition.
bucățică *s.f.* bit; *(îmbucătură)* mor-
sel; *(căpețel)* end v. și b u c a t ă.
ⓐ *bucățica cu rușinea* the last piece
in the dish; *o* ~ *de ...* smth. of a
..., a little ..., F a show of; ~
ruptă din ... the very picture of...,
the very likeness of ... ⓒ *a-și lua/
rupe bucățica de la gură* to give

one's last penny, to deprive one-
self to help another.
bucea *s.f.* collar; *(de roată)* box *of
a carriage wheel*, wheel box; *(de
șfeșnic)* socket.
buche *s.f.* **1.** the second letter in the
Cyrillic alphabet. **2.** *(literă)*←F
letter. **3.** *pl.* *(alfabet)* alphabet;
Cyrillic alphabet; *(carte)* book;
book written in Cyrillic script;
(scriere și citire) reading and writ-
ing, first elements, rudiments,
ABC. **4.** *(nimic)* F not a jot/whit.
① *cu* ~ on purpose, designedly,
deliberately.
bucher *s.m.* **1.** *(tocilar)* crammer,
swot. **2.** *fig. pol.* dogmatist.
buchereală *s.f.* mechanical reading/
study.
bucherie *s.f.* *(toceală)* hard study/
reading, F cramming.
buchet *s.n.* **1.** nosegay, posy, bou-
quet; bunch (of flowers). **2.** *(de
vin)* (fine) aroma of wine, bou-
quet. ⓐ ~ *de arbori* clump of
trees, hurst.
buchetare *s.f.* *agr.* blocking, thin-
ning.
buchetieră *s.f.* nosegay woman,
flower girl/woman.
buchiseală *s.f.* **1.** grinding, F cram-
ming. **2.** *(bătaie)* F good hiding,
sound cudgelling.
buchisi *vb. tr.* **1.** to grind, F to cram.
2. *(a bate)* F to flog, to pommel.
buchisire *s.f.* grinding, etc. v. b u-
c h i s i.
buciarda *vb. tr. constr.* to bush-ham-
mer, to roughen.
buciardă *s.f.* bush/granulating ham-
mer.
bucipal *s.m.* proud horse.
bucium[1] *s.n.* P **1.** *(de viță)* grape
vine. **2.** *(butuc de roată)* wheel
nave, hub.
bucium[2] *s.n.* **1.** *Romanian shepherd's
musical instrument consisting of a
very long conical tube, aprox.*
alp(en)horn; bugle; horn; trumpet.
2. *(sul)* (sc)roll of paper, etc. **3.**
(teacă) sheath.
buciuma **I.** *vb. intr.* to blow the
„bucium". **II.** *vb. tr. fig.* to trum-
pet forth, F→to blaze about.

buciumaş *s.m.* "bucium" blower; *(trompetist)* trumpeter.

bucla *vb. tr. şi refl.* to curl.

buclat *adj.* curly, curled, wavy, in curls/locks/ringlets.

buclă *s.f.* **1.** ringlet, curl, lock, F→ corkscrew curl. **2.** *tehn., av., ferov. etc.* loop. **3.** *text.* eyelet, loop.

bucluc *s.m.* **1.** *(necaz)* trouble, F scrape, mess, hot water; *(încurcătură)* embarrassment, *(nenorocire)* misfortune; *(năpastă)* calamity, adversity; scrape, mess, pest, plague, cross, affliction, tribulation, predicament; *(povară)* burden, nuisance; disgrace, inconvenience, bad affair. **2.** *(ceartă)* quarrel. **3.** *pl. (calabalîc)* goods and chattels, F one's traps/sticks. ⓒ *a da de~* F to get into a scrape/ mess, *sl.* to come a cropper.

buclucaş **I.** *adj.* **1.** fond of picking quarrels, quarrelsome; litigious, captious, F litigating. **2.** *(supărător)* troublesome; *(neplăcut)* unpleasant, ticklish, difficult, intricate. **II.** *s.m.* pettifogger, cock sparrow.

bucoavnă *s.f.* **1.** *(abecedar)* ABC book. **2.** old book.

bucolic *adj.* bucolic, pastoral.

bucolice *s.f. pl.* bucolics.

bucovinean **I.** *adj.* of/from (the) Bucovina/Bukovina. **II.** *s.m.* inhabitant of (the) Bucovina/Bukovina.

bucşă *s.f.* **1.** *tehn.* bushing, sleeve; box; roller; collet. **2.** *tel.* jack.

bucşi **I.** *vb. tr.* to cram; to crowd. **II.** *vb. refl.* to crowd.

bucura **I.** *vb. tr.* to gladden, to give smb. pleasure, to make glad/ < happy, to please, < to delight; *(a mulţumi)* to gratify. ⓒ *bucură ochiul* it gladdens the eye. **II.** *vb. refl.* **1.** to rejoice, to fill with joy; *(a fi bucuros)* to be glad/ < happy. **2.** *(a petrece)* to feast. ⓐ *a se ~ de* ... **a.** to rejoice at/in ...; to be pleased/glad about/ at ... **b.** *(a avea)* to enjoy ..., to have ..., to possess ..., *a se ~ la* ... to covet ..., to hunt after ...

bucureştean **I.** *adj.* of/from Bucharest, Bucharest ... **II.** *s.m.* inhabitant of Bucharest, Bucharester.

bucurie *s.f.* joy; *(ca stare sufletească)* gladness; < happiness, < exultation, ecstasy, rapture(s), transport; felicity, enjoyment of pleasure; *(veselie)* gayety, mirth, glee, merriment, mirthfulness, joyfulness, gladness, cheerfulness; *(plăcere)* pleasure; *(desfătare)* delight; *(mîngîiere)* comfort. ⓐ *~ nestăpînită* unsuppressed/immoderate joy. ⓑ *beat de ~* overjoyed, intoxicated with joy; F as happy as a clam (at high tide); *cîntec de ~* song / hymn of joy; *cu ~* gladly, merrily, joyfully; *de ~* for/with joy; *lacrimi de ~* tears of joy; *lipsit de ~* joyless, cheerless, void of mirth; *nebun de ~* mad/frantic with joy; *nemaiputînd de ~* brimming over with joy; *sentiment de ~* feeling of gladness; *strigăte de ~* cries/shouts of joy; *(aclamaţii)* cheering. ⓒ *a umple de ~* to fill with joy; *a fi bucuria cuiva* to be smb.'s joy/comfort, to be the apple of smb.'s eyes; *cea mai mare ~ a lui e să* ... it is his greatest happiness/joy to ...

bucuros **I.** *adj. (mulţumit)* glad, pleased; gratified; content, thankful; *(vesel)* cheerful; *(exprimînd veselie)* gay. ⓑ *bun ~ înv.* very glad/pleased, very content. ⓒ *a fi ~ de* ... to be glad/pleased about/at ...; *am fost ~ să scap de el* I was thankful/glad to get rid of him; *sînt ~ că-l voi vedea* I am looking forward to meeting him, I am anticipating the pleasure of seeing him; *sînt ~ că te văd aici* I am glad that you are here, I am glad to see you here; *sînt foarte ~ că te-am cunoscut* (I am) delighted to have met you. **II.** *adv.* gladly, with pleasure, willingly, F→like hot cakes. **III.** *interj.* **1.** gladly! (why) of course! **2.** *(ca răspuns la mulţumesc)* don't mention it! you're welcome!

budană *s.f.* wine-cask.

budincă *s.f.* pudding. ⓐ *~ cu stafide* plum pudding/cake; *~ de*

mere apple pudding; ~ *de orez* rice pudding.
budism *s.n.* Buddhism.
budist *adj.*, *s.m.* Buddhist.
budoar *s.n.* boudoir, lady's dressing room.
buf[1] *interj.* bang! dash! smash!
buf[2] *adj.* farcical, ludicrous, slapstick, cheap. ① *operă* ~*ă* opera bouffe, comic opera.
bufant I. *adj.* (*d. pantaloni*) baggy; (*d. fustă*) full; (*d. mînecă*) puffed, bouffant. **II.** *s.m.* (*la mînecă*) puff.
bufet *s.n.* **1.** (*de sufragerie*) sideboard; (*pt. tacîmuri, şervete etc.*) cupboard, closet, buffet. **2.** (*la baruri, gări etc.*) refreshment room; (*la teatru*) refreshment/cake room. **3.** (*restaurant*) refreshment bar; (*cîrciumă*) tavern, pub, bar. **4.** (*în fabrică, instituţie etc.*) tommy shop; (*în şcoală*) tuck-shop. **5.** F (*stomac*) tummy. ⓐ~ *ambulant* chuck waggon; ~ *expres* (*cu autoservire*) snackbar, *amer.* cafeteria, drugstore.
bufetier *s.m.* barkeeper, *amer.* bartender.
bufneală *s.f.* F sulks, moping.
bufni I. *vb. intr.* **1.** (*a se bosumfla*) to pout (one's lips), F to make a mouth, to pull a long face/F mug. **2.** (*a se umfla*) to be puffed. **3.** (*a sări în sus*) to rebound, to bounce; (*d. flăcări*) to blaze up; (*a izbucni*) to spring up; to break out, to gush forth. ⓒ *a* ~ *în lacrimi*/*plîns* to break out/burst into tears; *a* ~ *în rîs* to burst out laughing; *flacăra* ~ *prin acoperiş* the flame burst through the roof. **II.** *vb. tr.* to bang. ⓒ *a-l* ~ *rîsul* to burst out laughing. **III.** *vb. refl.* to knit one's brows, to frown.
bufnitură *s.f.* bang, thud.
bufniţă *s.f.* **1.** *ornit.* owl (*Strix bubo*). **2.** *ornit.* great owl, eagle owl (*Bubo maximus*). **3.** *fig.* F fright, scarecrow, hag.
bufon *s.m.* **1.** *şi fig.* buffoon, fool, jester; Merry Andrew, Jack Pudding; clown. **2.** *fig.* laughing stock, butt. ⓒ *a face pe* ~*ul* to play the buffoon, to bear the cap and bells.

bufonadă, bufonerie *s.f.* buffoonery, piece of drollery, practical joke; (*umor ieftin*) slapstick (humour).
buftan, buftea *s.m.* F pot(-bellied man), belly, *amer.* chunk.
buged *adj.* swollen.
buget *s.n.* budget. ⓐ ~ *de pace* peace budget; ~ *de război* war budget. ① *dezbaterea* ~*ului* debate on the budget. ⓒ *a prezenta* ~*ul* to introduce the budget, to bring in the estimates.
bugetar *adj.* budgetary; (*fiscal*) fiscal. ① *an* ~ fiscal year.
buh *s.n.* ⓒ *a-i merge* / *a i se duce* ~*ul* **a.** to become famous, to be in the news/limelight, to make headlines. **b.** *peior.* to get/acquire/have a bad name, to stain one's reputation, to be(come) notorious; to become the talk of the town, to become a laughing-stock.
buhai *s.m.* **1,** *zool.* bull (kept for breeding). **2.** *şi* *s.n.* *small bottomless barrel covered with skin*; *by pulling a tuft of hair which passes right through the middle of the cover, a low sound is produced imitating the roaring of a bull; the contrivance is used on New-Year's Eve by Romanian waits.* **3.** *fig.* F lump. **4.** (*rindea*) trying plane. ⓐ ~ *de baltă ornit.* bittern, mire drum (*Botaurus stellaris*).
buhă *s.f. ornit.* **1.** v. b u f n i ţ ă. **2.** v. c u c u v e a.
buhăi *vb. refl.* to swell up/out.
buhăit *adj.* swollen, bloated, swelled; puffy, puffed.
buhnă *s.f. ornit.* v. b u h ă.
buhos *adj.* dishevelled, tousled; unkempt, hirsute.
buiandrug *s.n. constr.* lintel.
buiestraş *s.m.* ambling horse.
buiestru I. *adj.* ambling. **II.** *s.m.* **1.** amble, ambling pace. **2.** v. b u i e s t r a ş.
buimac *adj.* dumb, stupefied (with sleep); (*zăpăcit*) dizzy; (*îngrozit*) horrified, dismayed; (*uluit*) amazed, astounded, dumbfounded, taken aback, F flummoxed, flabbergasted.

buimăceală *s.f.* alarm, dismay; consternation, perplexity; confusion, dizziness; stupefaction.
buimăci I. *vb. tr. (prin lovire)* to stun, to stupefy; *(a amorți)* to (be)numb; to make unconscious; *(prin ceva neînțeles)* to amaze, to astound; *(prin ceva neobișnuit)* to astonish; *(prin ceva neașteptat)* to surprise; *(a stupefia)* to dumbfound, to stupefy, to bewilder; to put out (of countenance, F to flabbergast, to flummox; *(a înfricoșa)* to horrify. **II.** *vb. refl.* **1.** to be(come) stupefied etc. v. b u i m a c. **2.** *(a se zăpăci)* to be dizzy.
buimăcit *adj.* v. b u i m a c.
buiotă *s.f.* hot-water bottle/bag.
bujie *s.f. tehn.* spark(ing) plug.
bujor *s.m. bot.* **1.** peony *(Paeonia)*; common peony *(Paeonia officinalis).* **2.** v. s m i r d a r. **3.** v. p o r o i n i c. ⓐ *un ~ de fată* a very pretty girl, F a peach of a girl. ⓑ *are ~i în obraji* she has a florid complexion, she is rosy-cheeked.
bujorel *s.m. bot.* v. g e m ă n a r i-ț ă.
bulă *s.f. (pecete)* bulla; *(scrisoare)* bull. ⓐ *~ de aer* air bubble.
bulb *s.m.* **1.** *bot.* bulb(ous root). **2.** *anat.* bulb. ⓐ *~ dentar* root of a tooth; *~ de păr* bulb/root of a hair; *~ul ochiului* the eye ball, the globe of the eye.
bulboacă, bulboană *s.f.* whirlpool, eddy, vortex, swirling water.
bulbos *adj.* bulbous.
bulbuc *s.m.* **1.** water bubble; *(de săpun)* soap bubble. **2.** v. b u l-b o a n ă. **3.** *bot.* marsh marigold, caltha *(Caltha palustris).* ⓒ *plouă cu ~i* F it's raining cats and dogs.
bulbuca I. *vb. intr.* to bubble up/forth. **II.** *vb. tr.* ⓒ *își bulbucă ochii* his eyes started from their sockets. **III.** *vb. refl.* **1.** to form a vault, to (form an) arch. **2.** *(d. ochi)* to start from their sockets, to goggle. **3.** v. ~ I.
bulbucat *adj. (d. ochi)* staring, wide open, goggled, protruding; *(um-*

flat) swollen, swelled; bloated, puffy; *(boltit)* vaulted, arched.
bulbucătură *s.f.* swelling; vault, bulge, bulging out.
bulbuci *vb. intr.* to bubble up; *(prin căldură)* to boil up.
buldog *s.m. zool.* bulldog.
buldozer *s.n. constr.* bulldozer.
buleandră *s.f.* **1.** *(zdreanță)*←F rag, shred, piece of cloth; *(cîrpă)*←F duster, rubber; *pl. (haine uzate)* F rags, cast-off clothes. **2.** *pl. (lucruri uzate)* F sticks, < lumber. **3.** *fig.* slut, trollop, slattern, draggle, tail; *(om bun de nimic)* F scamp.
buletin *s.n.* bulletin; *(chitanță)* ticket, receipt; *(raport oficial)* official report; *(formular)* form. ⓐ *~ de bagaj* luggage ticket/check; *~ de comandă* com. order form; *~ de expediție* way bill; *~ de știri* news bulletin; *~ de vot* voting paper, ballot; *~ medical* medical bulletin; *~ meteorologic* weather report/forecast; *~ oficial* journal in which all new laws are published; official gazette; *~ sportiv* sporting news, sports round-up.
bulevard *s.n.* boulevard.
bulevardier *adj.* cheap; sensational. ⓑ *roman ~* cheap novel, penny dreadful.
bulgar *adj., s.m.* Bulgarian; *ist.* Bulgar.
bulgară *s.f.* Bulgarian, the Bulgarian language.
bulgăre *s.m.* lump, ball, chunk; *(de pămînt)* clod; *(de zăpadă)* snow ball.
bulgăresc *adj.* Bulgarian.
bulgărește *adv.* **1.** like a Bulgarian; Bulgarian-like. **2.** *(ca limbă)* Bulgarian.
bulgăroaică *s.f.* Bulgarian (woman sau girl).
bulgăros *adj.* lumpy, consisting of lumps/clods; *(d. drumuri)* rough.
bulibașă *s.m.* captain of a gipsy band.
bulimie *s.f. med.* bulimia, bulimy, voracious appetite.
bulin *s.n.* **1.** *med.* capsule, tabloid, tablet. **2.** *pl. (picățele)* (polka) dots.
bulion *s.n.* **1.** *(sos de roșii)* tomato sauce. **2.** *(de carne)* broth; *(de oase)* stock; *(supă)* soup. **3.** *agr.*

liquid manure. **4.** *med. (cultură de bacterii)* colony. ⓐ ~ *de legume* herb soup; ~ *de pui/găină* chicken broth; ~ *rărit* broth/stock weakened by the addition of water.
bulmea *s.f. nav.* v. **b u l u m e a.**
bulon *s.n.* bolt.
bulonare *s.f. constr.* bolting.
buluc I. *s.n.* **1.** *mil. odin.* troop/squad of (about a hundred) soldiers; *(ceată)* troop, crowd. **2.** *(grămadă)* heap, pile. **II.** *adv.* in crowds/multitudes/great numbers, F in heaps/clusters; *(d. animale)* in flocks, in herds; *(de-a valma)* F higgledy-piggledy, helter-skelter. ⓒ *a da* ~ → *peste* ... to break/burst in upon...; to butt in..., to invade ..., to encroach upon ...
bulueeală *s.f.* crowding, thronging, jostling.
buluci *vb. refl.* to push/jostle one another; *(a da năvală)* to flock; *(a se ingrămădi)* to crowd.
bulumae *s.m.* post, pole, stake.
bulumea *s.f. nav.* bulkhead.
bulz *s.n.* **1.** chunk lump **2.** *(de lemne)* sawn log
bum *interj.* boom! (slap) bang!
bumb *s.m. (nasture)* ←P button. ⓒ *a se juca în* ~*i cu* ... F to trifle /dally with ...
bumbac *s.m.* **1.** *bot.* cotton plant *(Gossypium).* **2.** cotton; *(in stare brută)* raw cotton; *(vată)* cotton wool. **3.** cotton (thread).ⓐ ~ *de șters tehn.* cleaning cloth. ⓓ *ață de* ~ v. ~ 3 ; *de* ~ cottony, (made of) cotton; *stofă de* ~ cotton cloth. ⓒ *a avea* ~ *în urechi* to be hard/dull of hearing, to be deaf(ish), F to have no ear.
bumbăcar *s.m. (crescător)* cotton grower; *(negustor)* cotton merchant /dealer.
bumbăcariță *s.f. bot.* moor grass *(Eriophorum angustifolium).*
bumbăcărie *s.f.* **1.** cotton trade. **2.** cotton manufacture. **3.** *(articole de bumbac)* cottons, cotton fabrics.
bumbăceală *s.f.* thrashing, beating, pommelling.
bumbăcel *s.n.* cotton yarn/twine, twist.

bumbăci I. *vb. tr.* **1.** *(cu vată)* to wad, to line/stuff with wadding. **2.** *fig. (a bate)* F to sandbag, to pommel, to comb, to beat black and blue, to beat to a mummy. **II.** *vb. refl.* to turn soft (like cotton).
bumbăcos *adj.* (made of) cotton, cottony, containing cotton; soft as cotton.
bumerang *s.n.* boomerang.
bun I. *adj.* **1.** good; *(la suflet)* good, kind; *(profitabil)* profitable; *(sănătos)* good, wholesome; salutary, beneficial; *(potrivit)* good, suitable, fit, proper, right; *(favorabil)* good, favourable; fortunate, happy. **2.** *(nobil)* good, noble; virtuous; *(serios)* earnest, serious; *(ascultător)* obedient, dutiful; *(cinstit)* honest, good, upright; *(drept)* good, just, right(eous); *(iubitor)* kind, good, affectionate, loveable; *(plăcut)* good, nice, pleasant, pleasurable; *(amabil)* kind, obliging. **3.** *(priceput)* good, skilful, clever; *(deștept)* clever; proficient; *(eminent)* good, eminent. **4.** *(veritabil)* good, genuine; *(adevărat)* good, true; *(real)* real. **5.** *(in bună stare)* good, <perfect. **6.** *(imbelșugat)* good, rich; *(lucrativ)* good, lucrative. **7.** *(norocos)* good, lucky. **8.** *(gustos)* tasty, savoury. ⓐ *o* ~*ă bucată de drum* a good/long way to go; *o* ~*ă bucată de vreme* (for) a long time/spell; ~*ă dimineața* good morning; *o* ~*ă parte* a good/considerable part; ~*ă seara!* good evening!; ~*ă ziua* hello; ~ *de...* *(d. persoane)* good/qualified for...; *(d. lucruri)* useful for..., good to...; ~ *de cules poligr.* ready for composition; ~ *de gură* glib, voluble, fluent, F having the gift of the gab; ~ *de imprimat* ready/fit for press/printing; ~ *de însurat* marriageable; ~ *de mină* deft, skilful; ~ *de mincat* eatable, good to eat; ~ *de plată* able to pay; ~ *de tipar* a. "print"; ready/passed for press/printing. b. *(ca subst.)* imprimatur, permission to print; ~ *la inimă* kind-hearted, ~ *la latină* good at Latin; ~ *la nimic*

good for nothing, F no good; ~ *pentru...* cut out for..., fit for...; ~ *pentru două persoane (d. bile-te)* available for/admitting two persons; ~ *pentru o mie de lei* good for a thousand lei; ~*ul mers al...* the good progress of... ⓑ *aer* ~ good/pure/salubrious / fresh air; *aliment* ~ good/whole-some food; *avocat* ~ able/clever lawyer; *bani* ~*i* good money; *bătaie* ~*ă* sound flogging/thrash-ing; *cel mai* ~ (the) best; *doc-tor* ~ good/skilful/clever physi-cian; *faptă* ~*ă* good deed; *frate* ~ one's own brother; *o glumă* ~*ă* a good/capital joke; *în stare* ~*ă* in good repair/condition; *la ce* ~? what is the good of it?; *mai* ~ bet-ter; *meserie* ~*ă* a good/profit-able/lucrative trade; *miros* ~ nice/ pleasant smell; *mină* ~*ă* lucky hand; *o mustrare* ~*ă* a good scold-ing; *nici* ~, *nici rău* neither good, nor bad; *noapte* ~*ă* ! good night! *oameni* ~*i* good/kind-heart-ed people; *pămînt* ~ good/fer-tile land; *părere* ~*ă* good/favour-able opinion; *rezultat* ~ good/for-tunate/favourable result; *semn* ~ good omen; *sfat* ~ good/salutary advice; *sfîrşit* ~ happy end, hap-py outcome; *teren* ~ *pentru vie* soil suitable for the vine; *toate* ~*e dar...* that's all very well, but..., I admit/allow/grant such to be the case, but...; *toate* ~*e pînă acum* all's well so far, so far so good; *ureche* ~*ă* good ear; *văr* ~ first cousin; *venit* ~ good/com-fortable/ F → nice income; *veste* ~*ă* good/favorable news; *vînt* ~ fair wind; *vreme* ~*ă* fine/nice/ pleasant weather. ⓒ *a avea un miros* ~ to smell good/nice; *cine e acolo? Om* ~ "Who is there?" "A friend"; *a avea o zi* ~*ă* to spend a happy day/time, F to make a day of it; *a da ziua* ~*ă cuiva* to bid smb. good morning etc.; *a fi de* ~*ă credinţă* to act in full faith/ with full confidence; *sînt la fel de* ~*i* they are equally good; *a o lua de* ~*ă* to take it for granted; *chinina e* ~*ă contra febrei* Peru-

vian bark is good against fever; *a fi* ~ *cu...* to be kind to...; *ai fost* ~ *cu mine* you have been kind to me; *a fi* ~ *de gură* F to have one's tongue well hung; *a da* ~ *de ti-par la o carte* to pass a book for press; *e* ~ *la ceva?* is it of any use?; *e* ~ *pentru sănătate* it is good for the health; *e o zi* ~*ă pentru plim-bare* it is a good/fair/capital walk-ing to-day; *asta e* ~*ă!* F that beats all! here's a fine/nice how-d'ye-do! *e cel mai* ~ *elev* he's the top boy; *eşti* ~ *să...? fii* ~ *şi...* be so kind and..., be so kind as to..., will you...? kindly *(cu impe-rativul); la ce e* ~? what is it good for?; *na-ţi-o* ~*ă!* **a.** *(da'de unde)* F not at all! by no means! *(nu mai spune)* you don't say so! F you don't mean it; *(vorbeşti serios?)* F are you in earnest? **b.** *(sigur)* F of course, certainly; *nu va duce la nimic* ~ that will come to no good; *nu prevesteşte nimic* ~ that bodes no good, that is not of good omen; *o ţine una şi* ~*ă* F he won't give in; *vrei să fii* ~ *şi să* ... would you mind *(cu forme în -ing).* **II.** *adv., interj.* good, all right, F O.K.; *(splendid)* splen-did! capital! grand! v. şi b i n e. **III.** *s.n.* **1.** *(al statului)* domain; *(avere)* property, fortune, (one's) belongings/effects/possessions; *(pă-mînt)* estate, manor; *(mobilă)* goods and chattels. **2.** *pl.* goods. **3.** *şi fig.* asset. ⓐ *un* ~ *ciştigat* a definite gain; ~ *de folosinţă în-delungată* household appliance; ~ *de larg consum* staple/consumer good; ~ *imobil* real estate(s), landed property; *un* ~ *al maselor largi* the possession of the broad masses, an asset of the masses at large; ~*uri culturale* cultural as-sets; ~*uri imobile/imobiliare* chat-tels real; real estate; ~*uri mo-bile* chattels personal; ~*uri ob-şteşti* public assets, collective goods. **IV.** *s.m.(bunic)* grandfather.

buna *s.f. chim.* buna.

bunavestire *s.f. rel.* Annunciation, Lady Day.

bună *s.f. (bunică)* grandmother.

bună-credință s.f. good faith.
bună-cuviință s.f. decorum, decency propriety; good manners/breeding.
bună-dimineața s.f. bot. v. z o r e l e.
bunăoară adv. for instance, for example, by way of example.
bunăseamă s.f. © de ~ to be sure, of course, surely.
bunăstare s.f. well-being, welfare, prosperity; inv. → weal.
bunătate s.f. 1. kindness, bounty; (a persoanelor sau lucrurilor) goodness, intrinsic worth, virtue, excellency; (calitate) (first) quality. 2. pl. dainties, dainty dishes; (finețuri) finery. ⓐ o ~ de... (a) grand/capital/ excellent /splendid..., first quality. © aibi ~a și... have the kindness to..., pray oblige me by (cu forme în -ing).
bunăvoie s.f. ① de ~ of one's own will/accord.
bunăvoință s.f. goodwill, benevolence.
buncăr s.n. 1. (coal) bunker. 2. mil. stronghold.
bundă s.f. reg. sort of long furred coat worn by men.
bunget s.n. (pădure) (thick) old forest; (desiș) thicket; covert.
bunghi vb. refl. F to gape, to stare; to peep, to peer.
bun-gust s.n. good taste.
bunic s.m. grandfather, F → grand-(pa)pa.
bunică s.f. grandmother, F → grand-ma(mma), granny.
bunicel adj. pretty good, pretty large etc.
bunicuță s.f. F granny.
bunișor adj. passably/pretty good.
bun-simț s.n. 1. good-breeding, manners; fine character. 2. wisdom, common sense, commonsensicalness. ① o chestiune de ~ a matter of common sense/of good breeding; fără ~ wanting manners, ill-bred.
bura I. vb. intr. to drizzle, to mizzle. II. vb. tr. min. to tamp.
buratic s.m. zool. green/tree frog (Hyla arborea).

qură s.f. 1. (ploaie măruntă) drizzle, drizzling rain; (șuvoi) shower; (chiciură) rime. 2. (ceață) fog.

burduf s.n. 1. skin, a primitive leather bag made out of the hide of oxen, sheep etc. or a bladder; cheese, flour, water, oil etc. are usually kept in it. 2. (foale) (pair of) bellows. 3. vet. farding bag, S → rumen. 4. muz. top, sound(ing) board. 5. adverbial fast. ⓐ ~ de sticlă belly of a bottle; ~ de trăsură splash leather, mud protector; ~ de vioară violin top. © e ~ de carte he's over-learned; a face spinarea cuiva ~ F to sandbag smb., to beat smb. to a jelly; a lega ~ to bind fast, to bind hand and foot.
burduhan s.n. 1. (pielea stomacului) S → peritoneum; vet. goldbeater('s skin). 2. (burta rumegătoarelor) farding bag, S → rumen. 3. fig. F pot-belly, periphery, forty-guts.
burduh(ăn)os adj. 1. (cu burta mare) big-bellied, F pot-bellied. 2. (însărcinată) big with child, pregnant, F in the family way.
burdușeală s.f. 1. swelling, inflammation, bloatedness. 2. med., vet. flatulence. 3. fig. F sound flogging/thrashing.
burduși I. vb. tr. 1. to stuff, to cram, to chunk. 2. fig. F to flog/thrash soundly, to sandbag. II. vb. refl. 1. (a se coșcovi) to shrink; (d. lemn) to warp, to get warped; (d. fructe) to grow tender/soft/mellow. 2. (a se umfla) to swell.
burdușire s.f. stuffing etc. v. b u r - d u ș i.
buret s.n. text. bourette.
burete s.m. 1. zool. sponge, S → porifer (Spongia). 2. bot. mushroom, S → fungus. 3. (de șters) sponge. ⓐ ~ creț bot. species of hydnum (Hydnum coralloides); ~ de rouă bot. species of agaric (Coprinus micaceus); ~ de spin bot. russula (Russula grisea); ~le calului ~ bot. species of agaric (Coprinus fimetarius); ~le vacii bot. lacteous agaric (Lactarius subdulcis); pucios bot. devil's egg (Ithyphallus impudicus); ~ șerpesc bot. parasol mushroom (Lepiota procera). © a tăia dracului

bureţi F to loll about; *a-i toca
gura bureţi* F to talk through one's
hat; *a bea/suge ca un* ~ to drink
like a fish; *a da/şterge cu* ~*le* a.
to sponge. b. *fig.* to pass the
sponge over.
buretos *adj.* spongy, S → fungous.
burg *s.n. ist.* burgh.
burghez I. *s.m.* 1. *pol.* bourgeois;
Philistine. 2. *odin.* burgher, citi-
zen. ⓑ *mic* ~ petty bourgeois. II.
adj. bourgeois, middle-class...;
burghezo-moşieresc bourgeois-land-
lord.
burghezi(m) e *s.f.* bourgeoisie, mid-
dle class(es). ⓑ *marea* ~ the up-
per/big bourgeoisie; *mica* ~ the
petty bourgeoisie, the lower mid-
dle classes.
burghiu *s.n.* borer; *(mare)* (ground)
auger; *(lung)* churn drill, wimble;
(sfredel) gimlet; (spiral) screw tap.
buric *s.n.* 1. *anat.* navel, S → umbi-
lical cord, funicle. 2. *fig.* F dap-
perling, dandiprat, scalawag. ⓐ
~*ul dealului* the top of the
hill; ~*ul pămîntului* a. the cen-
tre of the earth. b. *fig* the hub of
the universe; ~*ul vinerii bot.* na-
vel wort *(Cotiledon)*. ⓒ *a se crede
~ul pămîntului* to think oneself
the hub of the universe. ⓓ *copi-
lul cu prea multe moaşe rămîne cu
~ul netăiat* too many cooks spoil
the broth.
burica *vb. refl. (a se ridica)* ← F
to rise.
burjui *s.m.* P oof bird; toff; bour-
geois, Philistine.
burlac I. *adj.* single. II. *s.m.* bache-
lor.
burlan *s.n.* 1. *(ţeavă)* pipe, tube; *(de
sobă)* stove pipe; *(de ploaie)* drain
pipe; *(pt. aburi)* eduction pipe;
(de canale) waste pipe. 2. F *(pi-
cior)* pin, prop.
burlăci *vb. intr.* to lead a bachelor's
life, to live single.
burlăcie *s.f.* bachelor's life, *glumeţ*
→ single harness/blessedness.
burlesc I. *adj.* burlesque, ludicrous.
II. *s.n.* burlesque.
burniţa *vb. tr.* v. b u r a.
burniţă *s.f.* v. b u r ă.

burnuz *s.n.* burnous, burnoose; *(alb
şi)* cabaan.
bursă[1] *s.f. com. în ec. cap.* stock ex-
change, money market. ⓐ *bursa
muncii* Labour Exchange; ~ *de
mărfuri* commodity exchange;
~ *neagră* black market. ⓑ *afacere
de* ~ stock exchange transaction;
agent de ~ stock broker/jobber;
cotat la ~ quoted/current on ex-
change; *cursul bursei* stock list,
list of prices, quotation of prices;
market report; *efecte de* ~ stock
exchange securities, (scrip of)
bonds *sau* shares; *fluctuaţiile bur-
sei* fluctuation of the money mar-
ket; *hîrtii de* ~ stock(s); *joc/spe-
culaţie la* ~ stock exchange gam-
bling, F → operating; *manevră
de* ~ stock exchange manoeuvre/
stratagem; *speculant de* ~ stock
exchange operator/speculator F →
wire puller. ⓒ *a da o lovitură de* ~
to make a lucky hit by speculating
in the funds; *a juca la* ~ to spec-
ulate (in the funds).
bursă[2] *s.f. (şcolară)* stipend, schol-
arship (grant); *(în Scoţia)* bur-
sary.
bursier *s.m.* scholar; *(al unei fun-
daţii)* foundationer; *(în Scoţia)*
bursar, stipended student *sau* pu-
pil.
bursuc *s.m.* 1. *zool.* (common) bad-
ger *(Meles taxus)*. 2. *fig.* F dumpy/
stumpy fellow; *(om ursuz)* grum-
bler, growler.
bursucar *s.m. zool.* badger dog, ter-
rier.
burtă *s.f.* 1. *(pîntec)* belly; *(stomac)*
stomach S → abdomen, F pouch,
paunch, periphery. 2. *(măruntaie)*
bowels, F guts; *(mîncare)* tripe. 3.
(partea mai umflată a unui lucru)
belly, bulge; curvature, convexity;
(a unei viori) body; *(a unei coră-
bii)* bottom; *arhit.* bulge. 4. *(plon-
jon prost)* belly flop. ⓑ *culcat
pe* ~ lying on one's belly, in a
prone position; *de* ~ ventral; *du-
rere de* ~ stomach ache. ⓒ *a face
~* F a. to get a paunch/big/belly/
corporation. b. *teatru* to have lon-
gueurs; *a-şi umple burta* F to fill
one's belly, to gorge/stuff oneself;

a da cu burta de pămînt F to knock down; *a fi cu burta mare* F to be in the family way/straw; *a scoate din* ~ ← F to invent, to devise, to fabricate; *a sta cu burta la soare* F a. to bask in the sun. **b.** *fig.* F to rest upon one's oars, to let the grass grow under one's feet, P. to lollop; *a rîde ţinîndu-se cu mîinile de* ~ to split one's sides with laughter; *a se bate pe* ~ *cu cineva* F to set one's horses together, to catch fleas for smb.; to be on intimate friendly terms with smb.

burtăverde *s.m. peior.* Philistine. ⓣ *de* ~ cit-like.

burtos *adj.* big/pot-bellied.

buruiană *s.f.* **1.** weed, wild-growing plant; *(iarbă)* herb; *med.* medicinal herb; *(plantă)* plant; *(legumă)* vegetable. **2.** *fig.* creature; good-for-nothing. ⓐ *buruiana vîntului bot.* mountain meadow-saxifrage *(Seseli rigidum)*; ~ *de cinci degete bot.* five-finger (grass) *(Potentilla recta)*; ~ *de leac* medicinal plant/herb; ~ *porcească bot.* cat's ear *(Hypochoeris)*. ⓒ *se sperie de toate buruienile* F he is unable to say "bo,, to a goose, he is milk-livered.

buruieniş *s.n.* weeds.

buruienos *adj.* weedy.

burzului *vb. refl.* **1.** *(d. păr)* to stand (up) on end; *(ca peria)* to bristle up. **2.** *fig.* F to fire up; < to fly into a passion, F to boil over. **3.** v. **b o s u m f l a. 4.** *(d. vreme)* to break up.

burzuluială *s.f.* **1.** bristling up etc. v. **b u r z u l u i. 2.** *(supărare)* anger; *(mînie)* fury, wrath.

burzuluit *adj.* **1.** *(d. păr)* dishevelled. **2.** angry, in high dudgeon.

busolă *s.f.* **1.** compass. **2.** *nav.* marine compass, mariner's needle. **3.** *Busola astr.* the Compass. **4.** *fig.* guide; *(îndrumar)* rule (of conduct). ⓐ ~ *de cîmp* field compass; ~ *electrică* electrical compass; ~ *giroscopică* gyrocompass; ~ *magnetică* magnetic(al) compass; ~ *marină* v. ~ **2.** ; ~ *radiogoniometrică* *av., nav.* direction-finder, wireless compass. ⓒ *a-şi pierde*

busola fig. to be all at sea, to lose one's head.

bust *s.n.* **1.** bust. **2.** *(sîni)* bust, bosom, breasts.

busuioacă *s.f. bot.* muscadel, muscat(el).

busuioc *s.n. bot.* (sweet/common) basil *(Ocimum basilicum)*. ⓐ ~ *de cîmp* self-heal *(Prunella vulgaris)*; ~*ul copiilor* sharp-pointed toad flax *(Mentha pulegium)*.

buşeală *s.f.* blow/stroke with the fist, cuff, F punch; *(ghiont)* nudge, F dig /poke in the ribs. ⓒ *a lua pe cineva la buşeli* F to bang smb. about.

buşi I. *vb. tr. (a înghionti)* to push, to elbow; *(cu o armă etc.)* to thrust; *(cu piciorul)* to kick; *(a da lovituri)* to cuff, to thump, F to bang/knock about. **II.** *vb. refl.* reciproc to jostle each other. ⓒ *a se* ~ *de* to knock/run against.

buşitură *s.f.* blow/stroke with the fist.

buşon *s.n.* **1.** *tehn.* stopper, plug. **2.** *electr.* fusible plug. ⓐ ~ *de radiator auto.* filler cap.

buştean I. *s.m.* **1.** stump of a tree, log (of wood). **2.** *(la roată)* wheel nave, hub. **II.** *adv.* ⓑ *adormit* ~ fast asleep; *mort* ~ stone-dead, (as) dead as mutton/a doornail. ⓒ *a dormi* ~ to sleep like a top/log.

but *s.n.* **1.** leg of mutton *sau* pork *sau* veal; *the* hock with *the* fillet. **2.** *sport* goal area.

butadă *s.f.* witticism, sally, flash of wit, bon mot, mot d'esprit.

butadienă *s.f. chim.* butadiene.

butan *s.n. chim.* (normal) butane.

butaş *s.m. hort.* cutting, slip seedling, sucker.

butăşi *vb. tr. hort.* to propagate by cuttings, to layer, to slip.

bute *s.f.* butt, hogshead, tun *(capacity: 100—200 decalitres)*. ⓒ *a-i merge din* ~ *în* ~ to go from bad to worse; *a dormi* ~ to sleep like a top/log.

butelcă *s.f.* **1.** bottle. **2.** demijohn.

butelie *s.f.* bottle; *(de gaze)* cylinder. ⓐ ~ *de aragaz* gas cylinder; ~ *de Leyda* Leyden/electric jar.

buterolă *s.f. tehn.* rivet(ing) set, swap.

buteur *s.m. sport (la rugbi)* full back.

butie *s.f.* v. b u t e .

butileauciuc *sn. chim.* butyl rubber.

butilenă *s.f. chim.* butene, butylene.

butiric *adj. chim.* ⓐ *acid* ~ butyric acid.

butisă *s.f. constr.* header.

butoi *s.n.* cask; *(mic)* barrel, kilderkin; *(mare)* butt, hogshead, tun; *(bac)* vat. ⓐ ~ *fără fund* F soaker, sot, tippler. ⓑ *gras ca un* ~ F as big as a butt/tub. ⓒ *a cercui un* ~ to hoop a cask; *a mirosi a* ~ to taste of the cask; *a băga în butoaie* to barrel, to cask.

butoiaş *s.n.* **1.** (small) barrel, kilderkin, keg. **2.** *(de revolver)* cylinder.

buton *s.m.* **1.** *(nasture)* button; *(de manşetă)* sleeve/cuff/ link, sleeve/ wristhand button. **2.** *(la uşă etc.)* knob, hand; *electr.* push; *(comutator)* switch key. **3.** *tehn.* pin. ⓐ ~ *de acord tel.* tuning knob; ~ *de apel tel.* call key; ~ *de comandă tel.* control knob; ~ *de guler* collar stud; ~ *de manivelă tehn.* driving pin; ~ *de mătase* silk button; ~ *de radio* knob; ~ *de sonerie* (bell) button, push button; ~ *electric* electric bell push. ⓒ *a răsuci* ~*ul electr. (a aprinde)* to switch on; *(a stinge)* to switch off; *rad. (a deschide)* to turn/click on; *(a închide)* to turn/click off; *a apăsa pe* ~ to press the button.

butonieră *s.f.* buttonhole.

butuc *s.m.* **1.** stump of a tree, log (of wood); tree trunk, sawn timber; *(de viţă)* vine. **2.** *(la roată)* wheel nave, hub. **3.** *(de călău)* block; *(cu găuri)* stocks. **4.** *(de măcelar)* chopping block; *(de cizmar etc.)* block; *(de fier)* pig of lead, iron. ⓐ ~*ul eliciii* propeller hub. ⓑ *beat* ~ F drunk as a fiddler/ lord; *pe* ~*i* on the stocks. ⓒ *a-i trage cuiva* ~*ul* to fool/F sell smb.; *a sta ca un* ~ F to stand like a post; *a fi din* ~*i* to be a clumsy

fellow/a duffer/ a clodhopper; *a băga/pune în* ~*i* to put in the stocks; *a dormi* ~ to sleep like a top/log.

butucănos *adj.* stumpy; *(grosolan)* boorish; rough; *(stîngaci)* clumsy.

buture *s.m.* v. b u ş t e a n şi b u - t u c.

buturugă *s.f.* **1.** stump (of a tree); *(ciot)* knot (in wood); gnarled branch; wooden block, chump, stub. **2.** *poligr.* block press. ⓒ *a sta ca o* ~ to stand like a post. ⓓ *buturuga mică răstoarnă carul mare* little strokes fell great oaks.

buzat *adj.* thick-lipped, F → blubber-lipped. ⓒ *a rămîne/a se întoarce* ~ to have one's trouble for nothing, to be too late in the field.

buză *s.f.* **1.** *anat.* lip. **2.** *(margine de sticlă, de farfurie)* rim; *(de ţărm)* edge; *(de stînoă)* ledge; *(limită)* border; *(tăiş)* edge. **3.** *(deschizătură)* mouth, opening; *(orificiu)* orifice; *(de tun)* muzzle, mouth. ⓐ *buza de jos* the under/ lower lip; *buza de sus* the upper lip. ⓒ *a lăsa buzele* to pout (one's lips), to sulk; *a rămîne cu buzele umflate/cu buza friptă* to have one's trouble for nothing, to be too late in the field, F to get the cheese; *a-i crăpa buza după ceva* F to want smth. badly; *a-i crăpa buzele de ruşine* to be too ashamed to look anyone in the face; *a lăsa pe cineva cu buza umflată* to give smb. the mitten/push.

buzdugan *s.n.* **1.** *(ghioagă)* club, mace, *inv.→* martel; *(sceptru)*sceptre. **2.** *bot.* bur flag/reed *(Sparganium ramosum)*.

buzer *s.n. tel.* buzzer.

buzna *adv. (brusc)* all of a sudden, suddenly; *(năvalnic)* impetuously, boisterously. ⓒ *a da* ~ *în...* to rush in(to)..., to break/burst in upon...; *a da* ~ *peste cineva* to rush at/upon smb...

buzunar *s.n.* pocket; *(pt. ceas)* fob; *(de cangur)* pouch. ⓐ ~ *aplicat* patch pocket. ⓑ *bani de* ~ pocket /pin money; *batistă de* ~ pocket handkerchief, F → wipe; *ca lendar de* ~ pocket almanac; *car-*

net de ~ pocket/note book; *ceas de* ~ pocket watch; *cuțitaș de* ~ pocket/clasp knife; *dicționar de* ~ pocket dictionary; *ediție de* ~ pocket edition; *format de* ~ pocket size; *hoț de* ~*e* pickpocket; *oglindă de* ~ pocket glass; *piep-*

tene de ~ pocket comb. ⓒ *a plăti din* ~ to pay out of one's pocket.
buzunăraș *s.n.* change pocket.
buzunări *vb. tr.* to pick/rifle *smb.'s* pockets; to rob.
buzzer *s.n. tel.* buzzer.
byronian *adj.* Byronic.

C

C, c, *s.m.* C, c, the fourth letter of the Romanian alphabet.

ca *conj.* **1.** *(tot aşa de... ca şi...)* as, as... as, so... as; *(asemenea)* like. **2.** *(nu atît de... ca)* not so... as, unlike, not like. **3.** *(decît)* than. **4.** *(drept)* as, for. **5.** *(în calitate de)* as. **6.** *(sub raportul)* as to, from the point of view of, considering. **7.** *(cum ar fi)* such as, like. ⓑ ~ *altădată* as before; ~ *în...* as in...; ~ *la 3000 de oameni* about 3,000 people; ~ *să* (in order) to, (so) that...; so as to...; ~ *nu cumva să...* ~ *să nu...* lest... should..., (so) that... may/might not..., for fear of..., in order not to...; ~ *semn de prietenie* as a token of friendship; ~ *şi...* **a.** *(întocmai ca)* (just) like..., in the same manner as...; such as..., the same as...; **b.** *(precum şi)* as well as..., also, too. **c.** *(~ şi cum ar fi)* as good as...; as much as...; ~ *şi cum/cînd ... as if/though...* ⓑ *alb* ~ *zăpada* (as) white as snow, snow-white; *o fată* ~ *de/la vreo 12 ani* a girl of about twelve years old; *înainte* ~ *(să)...* before...; *rece* ~ *gheaţa* (as) cold as ice; *roşu* ~ *sîngele* blood-red; *student* ~ *(şi) mine* another student; *toate* ~ *toate, dar...* all's right, but... ⓒ *creionul acesta nu e (aşa de) ascuţit* ~ *acela* this pencil is not so pointed as that one; *n-am auzit de cînd sînt una* ~ *asta* it's for the first time in my life that I hear such a thing; *nu e* ~ *mine* he is unlike me, he is not like me; *fă* ~ *mine* do as I do; *e privit* ~ *romantic* he is looked upon as romantic; *am spus aceasta* ~ *să fiu înţeles de toţi* I have said this that I may be understood by everybody; ~ *să*

zicem aşa as it were; ~ *şi cum i-aş cere eu asta* as if I asked him to do it; *e* ~ *şi mort* he is as much as dead; *camera aceasta e tot aşa de confortabilă* ~ *şi salonul* this room is as/so comfortable as the drawing room.

cabală *s.f.* **1.** *(carte)* cab(b)ala. **2.** *fig.* cabal.

cabaline *s.f. pl.* horses.

cabalistic I. *adj.* cab(b)alistic(al). **II.** *(adv.)* cab(b)alistically.

cabană *s.f.* chalet, (Alpine) hut, mountain shed/shelter/refuge.

cabaret *s.n.* cabaret, night club.

cabestan *s.n. nav.* capstan.

cabină *s.f.* box, cabin; *(de vapor)* cabin, berth, stateroom; *(de vagon-lit)* berth; *(de baie)* bathing hut; *(de camion)* cab(in); *(de avion)* cockpit. ⓐ ~ *de ascensor* lift cage; shaft; ~ *de semnalizare ferov.* signal box; ~ *telefonică* call box, *amer.* telephone booth.

cabinet *s.n.* **1.** *(cameră)* private room, closet, study, cabinet; *(birou)* office. **2.** *pol.* cabinet; government. ⓐ ~ *de lectură* reading hall; ~ *dentar* dental surgery; ~ *de partid* party cabinet; ~ *medical* consulting room; surgery; ~ *tehnic* technical office. ⓑ *şef de* ~ (minister's) principal secretary.

cablogramă *s.f.* cablegram.

cablu *s.n.* **1.** cable; *(electric)* electric cable; *(telegrafic)* telegraphic cable. **2.** *(măsură)* cable's length, 100 fathoms. ⓐ ~ *aerian* overhead cable; ~*submarin* submarine cable; ~ *subteran* underground cable.

cabotaj *s.n. nav.* cabotage, coasting.

cabotier *s.n. nav.* coaster.

cabotin *s.m.* **1.** sorry player. **2.** *fig.* petty meddler *(in politics, etc.)*;

a face pe ∼*ul* to seek cheap effects, to attitudinize, to strike a pose; to act (badly).

cabotinism *s.n.* (third-rate) acting, histrionics; pose, attitudinizing.

cabra I. *vb. intr.* to rear, to prance. **II.** *vb. refl.* **1.** to rear, to prance about, to get on one's hind legs. **2.** *fig.* to jib (at smth.), to kick.

cabrioletă *s.f.* cabriolet, gig.

cacao *s.f.* cocoa. ⓑ *arbore de* ∼ *bot.* cacao tree *(Theobroma cacao).*

cacealma *s.f.* **1.** *(la jocul de cărți)* bluff. **2.** *fig.* bluff, humbug. ⓒ *a trage cuiva o* ∼ **a.** to bluff smb. **b.** *fig.* F to diddle smb., to take smb. in, to bluff smb.

cacofonic *adj.* cacophonous.

cacofonie *s.f.* cacophony.

cactus *s.m. bot.* cactus plant *(Cactus).*

cadastra *vb. tr.* to make the cadastre of; to survey and value.

cadastral *adj.* cadastral.

cadastru *s.n.* cadastre, cadastral survey.

cadaveric *adj.* cadaverous, cadaveric. ⓑ *paloare* ∼*ă* cadaverousness; *rigiditate* ∼*ă* cadaveric rigidity, rigor mortis.

cadavru *s.n.* (dead) body, corpse.

cadă *s.f.* tub, vat.

cadențat I. *adj.* cadenced; *(ritmat)* rhythmical; *(d. pași)* measured. **II.** *adv.* in cadence, in regular succession.

cadență *s.f.* **1.** *muz.* cadence; *(tact)* time; *(ritm)* rhythm. **2.** *(în vorbire)* cadence, modulation. **3.** *(a pasului)* regularity of the step; *(pas)* step, pace. ⓓ *în* ∼ *cu... și fig.* keeping step/pace with..., a-breast of... ⓒ *a ține cadența* **a.** *mil.* to keep (the) time, to keep step, to keep in the line, to mark time. **b.** *muz.* to keep time; *a nu merge în* ∼ *mil.* to get out of step.

cadet *s.m. mil. odin.* cadet.

cadiu *s.m. odin.* cadi, Mussulman judge.

cadînă *s.f. odin.* odalisque.

cadmiu *s.n. chim.* cadmium.

cadou *s.n.* present, gift. ⓒ *a face un* ∼ *cuiva* to present smb. with

smth.; *a primi ...* ∼ to receive... as a present.

cadra *vb. intr. (a se cădea)* to be becoming/meet/seemly/fit. ⓐ *a* ∼ *cu...* to fit..., to suit...; to correspond to...; to agree with..., to become...

cadran *s.n.* **1.** *geom.* quadrant. **2.** *(de ceas)* dial, hour plate; face (of a clock *sau* of a watch). ⓐ ∼ *de radio* tuning dial/scale; ∼ *solar* sun dial; ∼ *telefonic* (number) dial.

cadră *s.f.* **1.** v. c a d r u **1. 2.** *(tablou)* picture, painting. ⓐ *o* ∼ *de fată* F a (regular) peach.

cadril *s.n.* quadrille.

cadrilat *adj.* checked, chequered, crossly-streaked.

cadru *s.n.* **1.** frame; *(de tablou)* picture frame. **2.** *(tablou)* picture, painting. **3.** *(de cinema)* frame, still, close-up. **4.** *pl.* staff, personnel; ↓ *pol., mil. etc.* cadre(s); *(specialiști)* specialists; *mil.* effectives; *(ofițeri)* regimental staff of officers. **5.** *(plan)* arrangement, plan. **6.** *fig.* frame, background; framework; *(limite)* compass; limits. ⓐ *cadre cu studii superioare* universitary-graduated specialists; *cadre de rezerviști mil.* list/body of reserve officers; *cadre didactice* teaching staff; professorial staff; *cadre ofițerești mil.* (corps of) commissioned officers. ⓑ *alegerea cadrelor* selection of cadres; *antenă în formă de* ∼ frame aerial; *în cadrele active ale armatei mil.* on the regular establishment; *în* ∼*l (cu gen.)* **a.** as part of...; within the framework of...; *(printre)* among..., *(la)* at..., on... **b.** *(sub)* under...; *(sub auspiciile)* under the auspices of... **c.** *(în timpul)* during...

caduc *adj.* **1.** decaying, falling; *(fragil)* frail. **2.** *jur.* null, void; *(d. un testament)* lapsed. ⓑ *pomi cu frunza* ∼*ă* deciduous trees.

caduceu *s.n.* caduceus.

caducitate *s.f.* **1.** caducity; *(fragilitate)* frailty. **2.** *jur. (a unui testament)* lapse; *(a unui vot etc.)* nullity.

cafas *s.n.* *nav.* trellis-work mast, steel-lattice mast.

cafea *s.f.* **1.** coffee. **2.** coffee time. **3.** *pl. bot.* v. c a f e l u ţ ă. ⓐ ~ *boabe* coffee, coffee (in) beans; ~ *cu lapte* coffee with milk, milk and coffee, white coffee, *elev.* → café au lait; ~ *de cicoare* chicory coffee; ~ *filtru* drip coffee; ~ *măcinată/ rîşniţă* ground coffee; ~ *mokka* Mocha coffee; ~ *neagră* black coffee; ~ *prăjită* roasted coffee; ~ *turcească* Turkish coffee. ⓑ *arbore de* ~ *bot.* coffee tree *(Coffea arabica);* *bob/boabă de* ~ coffee bean; *o ceaşcă de* ~ a cup of coffee; *(pentru cafea)* coffee cup; *de culoarea cafelei cu lapte* coffee-coloured/-tinted; *drojdie de* ~ grounds of coffee; *ibric de* ~ coffee pot; *serviciu de* ~ coffee service/set/things. ⓒ *a bea* ~ to drink/take coffee.

cafegiu *s.m.* **1.** *(amator de cafea)* lover of coffee. **2.** *(stăpînul unei cafenele)* coffee-house keeper.

cafeină *s.f.* *chim.* caffeine, theine.

cafeluţă *s.f.* *bot.* white lupine *(Lupinus albus).*

cafenea *s.f.* coffee house, *(dar nu în Anglia)* cafe. ⓑ *de* ~ worthless; idle; frivolous; *stîlp de* ~ habitué of coffee houses.

cafeniu *adj.* coffee-coloured/-tinted; *(brun)* brown.

caftan *s.n.* **1.** (velvet) gown, mantle. **2.** *ist. (şi* ~ *domnesc) Romanian hospodar's costume;* *fig.* lease of the throne; appointment to the throne; rank of hospodar.

caia *s.f.* horseshoe nail.

caiac *s.n.* kayak, flat boat.

caiafă *s.m.* hypocrite, dissembler, double dealer. ⓒ *a trimite/purta/ duce de la Ana la Caiafa* to send from pillar to post (and from post to pillar).

caic *s.n.* *nav.* caïc, caïque.

caier *s.n.* **1.** *(de in)* flax tress, tress lock; *(de cinepă)* hemp bundle; beat; *(de lină)* flock of wool. **2.** *(de păr)* tuft of hair, bush (of hair).

caiet *s.n.* **1.** (writing) book; stitched /stitch book; *(pt. şcolari)* exercise book; *(pt. copiat)* copy book;

(maculator) rough-note book; *(fasciculă)* fascicle. **2.** *(carte)* booklet (of miscellanea). ⓐ ~ *de aritmetică* summing book; ~ *de caligrafie* copy book; ~ *de cuvinte* word book; ~ *de desen* drawing book; ~ *de muzică* music book; ~ *de sarcini* a. *(note de livrare)* terms of supply. b. *(condiţii tehnice)* technical conditions; ~ *de schiţe* sketch book.

caimac *s.n.* **1.** *(pojghiţă de lapte)* skin; *(smîntînă)* cream. **2.** *fig.* cream, flower, pick. ⓑ *cafea cu* ~ coffee with cream. ⓒ *a lua* ~*ul* a. to cream off/skim (the milk). b. *fig.* to skim the cream.

caimacam *s. m. odin.* caimacan.

caiman *s.m.* *zool.* cayman, alligator *(Alligator).*

cais *s.m.* *bot.* apricot tree *(Prunus armoniaca).*

caisă *s.f. bot.* apricot. ⓑ *marmeladă de caise* apricot jam.

caisiu *adj.* apricot-coloured.

cal *s.m.* **1.** *zool.* horse; *(în limbajul copiilor)* gee-gee; *(căluţ)* nag; *(f. bun)* noble steed/charger. **2.** *(pt. gimnastică)* (wooden) vaulting horse. **3.** *(la şah)* knight. **4.** *(ca jucărie)* hobby horse. **5.** *(al dulgherului)* carver's chopping bench. ⓐ *cai verzi pe pereţi (prostii)* nonsense, F rot, rubbish; *(fantezii)* fables, F cock-and-bull stories; ~ *alb* white/greyish horse; ~ *arab* Arab; ~ *de bătaie* a. *(obiect de batjocură)* laughing stock; butt; *(ţap ispăşitor)* scapegoat, F whipping boy. b. *(marotă)* hobby (horse); ~ *de călărie* saddle/riding horse, mount; ~ *de căruţă* cart horse; ~ *de curse* racehorse; ~ *de ham* draught horse; ~ *de mare iht.* sea horse *(Hippocampus);* ~ *de muncă/cîmp* farm/ work horse, dobbin; ~ *de paradă* ambler, ambling/parade horse; ~ *de poştă* coach horse; ~ *de povară* cart horse; ~ *de praştie* v. ~ l ă t u r a ş; ~ *de saca* F jade, old crock, P knocker; ~ *de samar* pack horse; ~ *de trăsură* carriage horse; ~ *de hulube* v. ~ r o t a ş; ~ *lăturaş* off-horse, outrunner; ~ *murg* bay horse; ~ *năravaş* balky/

restive/*amer.* ornery horse; ~ *negru* black horse; ~ *pintenog* white--footed horse; ~*pursinge* thorough-bred (horse); ~ *putere fiz.* horse power, H.P.; ~ *roib* chestnut horse, sorrel; ~ *rotaş* shaft/thill/wheel horse, wheeler; ~*ul dracului/popii/ de apă* **a.** *entom.* dragon fly *(Libellula).* **b.** *fig.* F (regular) tartar; ~*ul troian* the Trojan horse. ⓑ *carne de* ~ horse flesh; *coama* ~*ului* horse's mane; *crescător de cai* breed-er of horses; *cursă de cai* horse race; *grajd pentru cai* horses' stable; *hoţ de cai* horse thief/steeler; *iarba cailor bot.* v. f l o c o ş i c ă 1; *negustor de cai* horse dealer; *păr de* ~ horse hair; *păzitor de cai* horse holder; *pe* ~ on horseback; *rindaş de cai* (h)ostler, groom. ⓒ *a spune cai verzi pe pereţi (prostii)* to talk nonsense / at random/F through one's hat; *(a exagera)* F to pull the long bow; *a trimite după cai verzi pe pereţi* to send *smb.* for pigeon's milk; *a umbla după cai verzi pe pereţi* to look for a mare's nest; *a visa cai verzi pe pereţi* F to be wool-gathering/day--dreaming; to chase the wild goose; *e cunoscut ca un* ~ *breaz* he is known all over the place, F he is well known as a bad shilling; *a munci ca un* ~ to work like a bear, to work double tides; *a umbla după potcoave de cai morţi* to run a wild goose chase, to look for a mare's nest; *a se da jos de pe* ~ to dismount; *a ajunge din* ~ *măgar* **a.** *(a ajunge la sapă de lemn)* to come down in the world, F to go to the dogs/to pot; *(din ce în ce mai rău)* to go from bad to worse. **b.** *(a se umili)* F to eat humble pie; *a face pe cineva din* ~ *măgar* **a.** *(a discredita)* ←F to bring dis-credit upon smb., to cry smb. down. **b.** *(a umili)* to bring/take/pull smb. down, F to take smb. down a peg or two; *mănîncivrei* ~*ule ovăz/orz* ← F that's a matter of course, there's no question about it.

calabalîc *s.n.* **1.** *(catrafuse)* belong-ings, things; goods and chattels,

F (one's) traps/sticks; *(bagaj)* lug-gage. **2.** *(gloată)* crowd, mob. ⓑ *cu tot* ~*ul* with bag and baggage.
calabrez *adj.*, *s.m.* Calabrian.
calafat *s.n.* tow; *(din funii desple-tite)* oakum.
calaican *s.n.* *chim.* copperas, green vitriol.
calambur *s.n.* pun, quibble.
calamitate *s.f.* calamity, disaster; catastrophe. ⓐ ~ *naturală* natu-ral calamity, *jur.* act of God. .
calandru *s.n.* *tehn.* calender (roll).
calapod *s.n.* **1.** *(al cizmarului)* (shoemaker's) last; *(pt. mărit)* boot tree/block. **2.** *fig.* pattern, cliché. ⓑ *pe acelaşi* ~←F in the same way. ⓒ *sînt după acelaşi* ~ F they are of a kidney, they are tarred with the same brush.
cală *s.f.* **1.** *nav. (pt. incărcături)* (cargo) hold. **2.** *nav. (platformă)* slip; *(pt. construcţii)* building slip/hold, stocks, ships. **3.** *tehn., av.* wedge. ⓐ ~ *de lansare nav.* slip-way; ~ *de ridicare nav.* hauling-up slip.
calc *s.n.* **1.** *(hîrtie de* ~*)* tracing paper. **2.** *(copie)* copy. **3.** *(lingvistic)* loan translation, *inv.* trans-lation loan word. **4.** *fig.* imitation, copy, decal(comania).
calcan[1] *s.m.* *iht.* **1.** plaice *(Pleuro-nectes).* **2.** turbot *(Scophthaimus maloticus).* ⓐ ~ *mic* brill *(Rhom-bus laevis).*
calcan[2] *s.n.* *(zid)* fire wall.
calcar *s.n.* *mineral.* limestone, chalk-y/calcareous stone.
calcaros *adj.* calcareous, limy.
calcavură *s.f.* **1.** *(a cizmarului)* knee strap. **2.** *(bătaie)* F drubbing, thrashing, hiding, jacketing. ⓐ *a trage cuiva o* ~ F to give smb. a (good) drubbing etc. v. ~ 2.
calcedonie *s.f.* *mineral.* calcedony.
calchia *vb.* *tr.* **1.** to trace (through transparent paper), to calk. **2.** *lingv.* to translate (words etc.) from a foreign language. **3.** *fig.* to imitate servilely, to copy.
calchiat *s.n.* ⓑ *hîrtie de* ~ tracing paper.
calchiere *s.f.* tracing etc. v. c a l-c h i a.

calcifia, calcifica *vb. tr. și refl.* to calcify.

calcificare, calcifiere *s.f.* calcification.

calcina I. *vb. tr.* to calcine; *(var)* to burn; *(minereu)* to roast. **II.** *vb. refl.* to calcine, to become calcined.

calcinare *s.f.* calcination.

calcinație *s.f.* v. c a l c i n a r e.

calcit *s.n.* geol. lune spar.

calciu *s.n. chim.* calcium. ⓑ *carbonat de* ~ calcium/calcic carbonate; *hidrat de* ~ calcium hydroxine/hydrate; *oxid de* ~ calcium/calcic oxide/lime.

calcografie *s.f. poligr.* chalcography.

calcopirită *s.f. mineral.* chalcopyrites.

calcul[1] *s.m. med.* calculus, concretion, F→gravel. ⓐ ~ *biliar* biliary calculus, F→gall stone.

calcul[2] *s.n.* **1.** *mat.* calculation, reckoning; calculus; *(evaluare) și fig.* estimate. **2.** *pl. fig. (planuri)* calculations, reckonings, plans. ⓐ ~ *aproximativ* rough estimate; ~ *diferențial* differential calculus; ~ *fals* miscalculation, false reckoning; ~ *infinitezimal* infinitesimal calculus; ~ *integral* integral calculus; ~*ul probabilităților* calculus of probability. ⓑ *după* ~*ele mele* according to my calculation *sau* estimate; *riglă de* ~ slide rule. ⓒ *a face un* ~ to make a calculation/reckoning; *a se înșela în* ~*ele sale* to be out in one's reckoning, to be mistaken.

calcula î. *vb. tr.* **1.** *mat.* to calculate, to reckon, to compute; *(a aduna)* to sum/cast/total up; *(a număra)* to count. **2.** *fig.* to calculate, to reckon; *(a chibzui)* to consider; *(a estima)* to estimate, to rate; *(a aprecia)* to appreciate. ⓒ *a* ~ *greșit* to make a wrong calculation, to calculate ill, to miscalculate, to be out in one's reckoning. **II.** *vb. refl.* to be calculated/reckoned/counted; *(a fi determinat)* to be determined.

calculabil *adj.* calculable, computable.

calculare *s.f.* calculation, reckoning etc. v. c a l c u l a.

calculat I. *adj. fig. (prudent)* prudent, calculating, well-balanced; *(econom)* economical. **II.** *s.n.* v. c a l c u l a r e. ⓑ *mașină de* ~ arithmometer, calculating machine.

calculator I. *s.m.* calculator, computer, reckoner. **II.** *s.n.* calculator, calculating machine. **III.** *adj.* calculating, computing, reckoning.

calculație *s.f.* v. c a l c u l a r e.

cald I. *adj.* **1.** *(ant. rece)* warm; *(fierbinte)* hot; *(călduț)* lukewarm, warmish, tepid. **2.** *(proaspăt)* fresh, new. **3.** *fig.* warm; *(afectuos)* affectionate; kindly; *(inflăcărat)* zealous, ardent. **4.** *fig. (proaspăt)* fresh, new, recent. ⓑ *apă* ~*ă* warm water; *baie* ~*ă* warm bath; *cu inima* ~*ă* warm-/soft-hearted; *cu singe* ~ warm-blooded; *cuvinte* ~*e* kindly/warm words; *haine* ~*e* warm clothes; *o inimă* ~*ă* a warm heart; *izvoare* ~*e* hot/thermal springs; *nici* ~ *nici rece și fig.* neither hot, nor cold; *(călduț)* lukewarm; *piine* ~*ă* newly baked bread; *ton* ~ cordial tone; *vreme* ~*ă* warm/ mild weather. ⓒ *a face o baie* ~*ă* to take a warm bath; *aș vrea să măninc ceva* ~ I should like smth. warm to eat, I should like a hot dinner; *e* ~ it is warm, < it is hot; *mi-e* ~ I am/feel warm. ⓓ *bate fierul cit e* ~ strike the iron while it is hot. **II.** *adv.* warmly. **III.** *s.n.* warmth, *rar*→warmness, < heat, v. și c ă l d u r ă. ⓒ *a-l lua cu* ~ *med.*←F to have a fever, to be feverish; *a ține cuiva* ~ to keep smb. warm; *asta nu-mi ține de* ~ this doesn't comfort me; *asta nu-mi ține nici de* ~ *nici de rece* it does not affect me, it leaves me unmoved; *a ține la* ~ to keep in a warm place.

caldarîm *s.n.* cobblestone, pavement.

cale *s.f.* **1.** *(in sens abstract)* way, course, path; *(in sens concret)* road, street; track; *(trecere)* passage; *(rută)* route; *(mai scurtă)* (short) cut. **2.** *(depărtare)* distance; long way. **3.** *(călătorie)* journey. **4.**

(mijloc) way, means. **5.** *anat.* duct, passage. **6.** *(proces)* process. ⓐ ~*a binelui* the path of virtue; ~*a de mijloc* the golden mean; ~*a pierzării* the way to perdition; *Calea Robilor/Laptelui astr.* the Milky Way; ~ *bătută!* F good riddance! nobody is keeping you! ~ *de acces* approach; ~ *de o oră* an hour's walk/journey *sau* drive/ride; ~ *ferată* railway, *amer.* railroad; ~ *ferată îngustă* narrow-gauge railway; *căi de comunicație* lines of communication; *căi maritime* sea lines; *căi nestrăbătute/neumblate/* uncharted / unexplored / untrodden paths *fig.* ⓑ *din* ~ *afară de...* exceedingly..., unusually..., uncommonly..., singularly...; *în* ~ on the way; *în* ~*a lui* **a.** on his way; **b.** *(ca obstacol)* in his way; *la jumătate* ~ half way, midway; *pe* ~*a aerului* by air; *pe* ~*a armelor* by an appeal to arms; *pe* ~ *disciplinară* as a penalty/punishment, by way of punishment; *pe* ~ *ierarhică* hierarchically, through the usual channels; *pe* ~ *legală* in a legal way, by law, legally; *pe* ~ *pașnică* peacefully; *(prietenește)* amicably, in a friendly way; *pe* ~ *umedă chim.* by moist/humid process; *pe căile obișnuite* through the usual channels; *pe căi ocolite* in/by a roundabout way. ⓒ *a arăta cuiva* ~*a* to show smb. the way; *a pregăti* ~*a pentru...* to pave the way for...; *a găsi cu* ~ to deem/ think (it) right, to think proper; *a se abate din* ~ **a.** to swerve from one's way, to lose one's way. **b.** *fig.* to go astray; *a se feri din* ~*a cuiva* to keep out of smb.'s way; *a pune obstacole în* ~*a cuiva* to lay/place/throw obstacles in(to) smb.'s way; *a sta în* ~*a cuiva* to be/stand in smb.'s way; *se punea ceva rău la* ~ there was mischief afoot; *a ieși la* ~ *cu cineva* to come to terms/an understanding/an agreement/an arrangement with smb.; *a pune la* ~ **a.** *(a urzi)* to plot, to concoct; *(ceva rău)* to brew mi chief; *(a pregăti)* to prepare; *(a organiza)* to organize. **b.**

(a cădea de acord asupra) to agree upon; *a pune pe cineva la* ~ *(a învăța)* to teach/instruct smb.; *a fi pe* ~*a cea bună/dreaptă fig.* to be on the right path, to be in a fair way; *a fi pe* ~ *de a/să..* to be going/about to..., to be on the point of *(cu forme în -ing)*; *altă* ~ *nu e* there are no two ways about it; *e* ~*a cea mai scurtă* it is the nearest way, it is the shortest cut; *e o* ~ *lungă și fig.* it is a long way off.

caleașcă *s.f. odin.* calash, barouche; carriage.

caleidoscop *s.n.* kaleidoscope.

caleidoscopic *adj.* kaleidoscopic.

calemgiu *s.m. ist.* secretary, clerk, scribe.

calendar *s.n.* calendar; *(cu indicații astronomice)* almanac, *rar*→almanack. ⓐ ~ *gregorian* Gregorian/ new-style calendar; ~ *iulian* Julian/old-style calendar; ~ *pt. o sută de ani* perpetual almanac/calendar. ⓒ*a-i face cuiva capul* ~ F to muddle smb.'s brains, to turn smb.'s head, to make smb. dizzy by dinning smth. into smb.'s ears, *amer.* to talk the bark off a tree; *a se uita ca pisica/mîța în* ~ F to be past one's Latin, to be put to a nonplus.

calendaristic *adj.* calendar..., according to the calendar. ⓑ *plan* ~ schedule.

calende *s.f. pl.* calends. ⓑ *la* ~*le grecești* on/at the Greek calends, at Calendas Graecas.

calfă *s.f.* journeyman. ⓐ ~ *de cizmar* journeyman shoemaker; ~ *de croitor* journeyman tailor.

calibra *vb. tr. tehn.* to calibrate.

calibru *s.n.* **1.** *mil.* calibre, bore. **2.** *tehn.* gauge; *(diametru)* diameter; *(al unei țevi)* bore; *(tipar)* mould; *(mărime)* size. **3.** *fig.* calibre; *(fel)* sort; *(capacitate)* compass, capacity. ⓑ *de același* ~ *și fig.* of the same calibre; *pușcă de mic* ~ gun of small bore.

calic I. *adj.* **1.** *(sărac)* poor, needy; *(zdrențăros)* ragged. **2.** *(zgîrcit)* stingy, avaricious, miserly. **3.** *(lacom)* greedy. **4.** *(olog)* ← *inv.*

cripple. **II.** *s.m.* **1.** *(sărac)* pauper; *(cerşetor)* beggar; cadger; *(zdrenţăros)* ragamuffin, tatterdemalion. **2.** *(zgîrcit)* niggard, F skinflint. **3.** *(lacom)* glutton. © *parcă se bat* ~*ii la gura lui* **a.** he does not eat, he feeds; F he is cramming/ stuffing himself with food. **b.** F he runs on/talks like a mill-race, he talks the hind legs off a mule.
calicenie *s.f.* niggardliness, meanness.
calicesc *adj.* **1.** v. c a l i c. I, 1. **2.** *(jalnic)* miserable, wretched.
caliceşte *adv.* like a beggar etc. v. c a l i c II.
calici I. *vb. tr.* **1.** *(a sărăci)* to impoverish, to ruin. **2.** *(a ologi)*←*inv.* to cripple, to maim. **II.** *vb. refl.* to be stingy/sparing. @ *a se* ~ *la...* to stint *(cu acuz)*; to kick/ grumble at... **III.** *vb. intr. (a cerşi)* to beg, to ask for alms.
calicie *s.f.* **1.** *(sărăcie)* poverty. **2.** *(zgîrcenie)* niggardliness, meanness, stinginess.
calicime *s.f. col.* **1.** *(sărăcime)* beggars, paupers; *(ca gloată)* beggarly/ ragged mob. **2.** *(zgîrciţi)* niggards.
caliciu *s.n. bot.* calix, cup.
calif *s.m. ist.* caliph, calif.
califat *s.n. ist.* caliphate.
califica I. *vb. tr.* **1.** to qualify. **2.** *(a denumi)* to term, to style, to name, to call. **II.** *vb. refl.* to qualify (oneself).
calificare *s.f.* qualification; *(în industrie)* skill. @ ~ *la locul de muncă* training at the job. © *a-şi ridica* ~*a* to extend one's qualification.
calificat *adj.* qualified; *(cu experienţă)* skilled, trained; *(competent)* competent. ⓑ *muncă* ~*ă* skilled labour; *muncitor* ~ skilled/trained worker.
calificativ I. *adj. gram.* qualifying. ⓑ *adjectiv* ~ qualifying adjective. **II.** *s.n.* **1.** *gram.* qualificative, qualifier. **2.** *(nume)* epithet, title, name. **3.** *(notă)* mark.
caligraf *s.m.* calligrapher, calligraphist, fine penman.
caligrafia *vb. tr.* to write calligraphically.

caligrafic I. *adj.* calligraphic. ⓘ *scriere* ~*ă* good hand. **II.** *adv.* calligraphically.
caligrafie *s.f.* calligraphy, penmanship; *(scris)* hand(writing).
calitate *s.f.* **1.** *(însuşire)* quality, property, attribute; *(însuşire superioară)* (high) quality; *(distincţie)* quality, rank, distinction; *(caracteristică)* (distinctive) feature, character(istic). **2.** *(fel)* sort, kind. **3.** *(poziţie)* position, capacity. **4.** *(titlu)* title. @ *calităţi bune* good points; *calităţi chimice* chemical properties.ⓑ*brigadă de*~first-class/ -rate brigade/team, crack brigade/ team; *cele mai bune calităţi com.* best sorts/brands; *de aceeaşi* ~ of the same quality/batch; *de bună* ~ of good quality; *de* ~ *inferioară* of low quality, < bastard; *de* ~ *superioară* of high quality; *în* ~*a mea de...* in my position/capacity as (a)...; *în* ~ *de...* in the capacity of..., as...; *produse de* ~ *superioară* top-quality goods.
calitativ I. *adj.* qualitative. ⓘ *analiză* ~*ă chim.* qualitative analysis; *salt* ~ *filoz.* qualitative leap; *schimbare* ~*ă* qualitative change. **II.** *adv.* qualitatively.
calm I. *adj. (liniştit)* calm, tranquil, unruffled; quiet; *(senin)* serene; *(reţinut)* composed; *(cu sînge rece)* cool (and collected); *(paşnic)* peaceful; *(care nu se grăbeşte)* unhurried; *(d. mare)* calm, smooth, unruffled. **II.** *adv.* calmly etc. v. ~ I. **III.** *s.n.* calm(ness), collectedness; quiescence; *(al caracterului)* even temper; *(reţinere)* coolness, composure; *(indiferenţă)* unconcern, indifference. ⓘ *zonă de* ~ *meteor.* calm zone.
calma I. *vb. tr. (pe cineva)* to calm down, to set at ease; *(dureri etc.)* to alleviate, to still, to appease, to quiet; *(nervii)* to soothe, to steady. **II.** *vb. refl.* **1.** *(d. persoane)* to calm down; to be at ease. **2.** *(d. vînt, mare)* to be(come) calm/ still, F to settle down (into a dead calm). ©*calmează-te!* compose yourself! be calm! make yourself easy! relax!

calmant I. *adj. med.* soothing, seda-
tive. **II.** *s.n.* sedative, soothing
medicine/draught.
calmuc *adj., s.m.* Kalmu(c)k.
calomel *s.n. med.* calomel.
calomfir *s.m. bot.* costmary *(Tana-
cetum balsamita).*
calomnia *vb. tr.* to slander, to calum-
niate, to traduce; to libel; *(a de-
făima)* to defame, to decry, to
bring into bad repute; *(intr-ascuns)*
to backbite.
calomniator *s.m.* slanderer, calum-
niator; *(defăimător)* defamer, back-
biter.
calomnie *s.f.* *(inventată)* calumny;
(transmisă) slander; *(defăimare)*
defamation; *(ponegrire)* backbit-
ing. ⓑ *proces de* ∼ action for libel.
calomniere *s.f.* **1.** slandering; defa-
mation; backbiting. **2.** v. c a l o m-
n i e.
calomnios *adj.* slanderous; calum-
nious; calumniatory; *(defăimător)*
defamatory, backbiting, libellons.
caloric *adj. fiz.* caloric. ⓑ *mașină*
∼*ă* caloric engine.
caloricitate *s.f. fiz.* caloricity.
calorie *s.f. fiz.* calorie, calory, heat
unit, caloric unit. ⓐ ∼ *mare* large
/kilogram calorie; ∼ *mică* small/
gram calorie.
calorifer *s.n.* **1.** *(incălzire centrală)*
central heating; *(cu apă fierbinte)*
warm-water heating; *(cu aburi)*
steam heating. **2.** *(radiatoare)* ra-
diators; *(cu aer cald, la baie)*hot-
air apparatus.
calorific *adj. fiz.* calorific.
calorimetric *adj.* calorimetric(al).
calorimetrie *s.f. fiz.* calorimetry.
calorimetru *s.n. fiz.* calorimeter.
calos *adj. anat.* callous.
calotă *s.f.* **1.** *(tichie)* skull cap, ca-
lotte; *(preoțească)* calotte. **2.** *anat.*
brain pan. **3.** *constr., arhit.* calotte.
ⓐ ∼ *craniană* v. ∼ 2; ∼ *glacială*
ice cap; ∼ *sferică geom.* spherical
cap/calotte.
calozitate *s.f.* callosity.
calp *adj.* spurious, false.
calpuzan *s.m.*←*inv.* forger, conn-
terfeiter, coiner of spurious money.
caltaboș *s.m.* black/blood pudding.
calup *s.n.*←*P* **1.** *(tipar, formă)*

mould. **2.** *(al cizmarului)* (shoe-
maker's) last; *(pt. dilatat)* boot
tree, block; *(pt. pălării)* (hatter's)
form/block. **3.** *(pt. prăjituri)* cake
mould. **4.** *(de săpun)* cake (of
soap). ⓒ *a pune/trage cuiva* ∼*ul*
F to diddle smb., to take smb. in;
sint făcuți pe un ∼ they are of a
kidney, they are tarred with the
same brush.
calvar *s.n. fig.* calvary, ordeal, pun-
ishment, expiation.
calvin I. *adj.* Calvinist(ic). **II.** *s. n.*
Calvinist.
calvinism *s.n. rel.* Calvinism.
calvinist *s.m., adj.* Calvinist.
cam *adv.* **1.** *(aproximativ)* about,
some, around, approximately; *(a-
proape)* nearly, almost. **2.** *(intru-
citva)* a little, somewhat; a bit of
a *(+ subst.)*; *(destul de)* rather,
pretty. ⓐ ∼ *așa (ceva)* somewhat
like this; ∼ *două săptămini* a
fortnight or thereabout(s); ∼ *o
sută de lei* a hundred lei or so; ∼
tinăr rather young, F→youngish;
∼ *tot atît(a)* almost just as much;
∼ *trei sute de oameni* about/some
300 people. ⓒ ∼ *ai dreptate* you
are about right; ∼ *asta e tot*
that's about all; *e* ∼ *același lucru*
it is very nearly the same thing,
it amounts much to the same thing,
F it is much of a muchness; *e* ∼
de virsta mea he is pretty much
the same age as I (am), he is just
about the same age as I (am);
ar ∼ *fi timpul* it is about time;
e ∼ *fricos* he is a bit of a cow-
ard; *e* ∼ *răcoare* it's coldish;
e∼ *mult de atunci* it's rather long
ago; *e* ∼ *tirziu* it's rather/some-
what late; *sint* ∼ *la fel* they are
almost alike/identical; *vorbea* ∼
ca X he spoke (much) to the same
effect as X.
camarad *s.m.* comrade; *(de școală)*
schoolmate, schoolfellow. ⓐ ∼ *de
arme/regiment mil.*←*inv.* fellow sol-
dier, comrade in arms; brother in
arms; *(ofițer)* brother officer.
camaraderesc *adj.* comradely, mat-
ey, friendly.
camaraderește *adv.* in a comradely
way, like a friend/comrade.

camaraderie *s.f.* comradeship; *mil.* și ésprit de corps; *(bună tovărășie)* goo d fellowship, companionship.

camarilă *s.f.* camarille, court clique.

camă *s.f. tehn.* cam. ① *arbore/axă cu came* cam shaft.

camătă *s.f.* **1.** *(dobîndă exagerată)* usury, usurious/exorbitant interest. **2.** *(dobîndă)←inv.* interest. ⓒ *a face ~* to practise usury; *a da cu ~* to lend out one's money at exorbitant/usurious rates of interest.

cambial *adj. com.* bill... ① *drept ~* law of exchange.

cambie *s.f. com. (poliță)* bill (of exchange).

cambulă *s.f. iht.* flounder, fluke *(Pleuronectes flesus).*

cambuză *s.f. nav.* caboose, larder.

camee *s.f.* cameo.

cameleon *s.m.* **1.** *zool.* chameleon *(Chamaeleon).* **2.** *fig.* chameleon, weather cock.

camelie *s.f. bot.* camel(l)ia *(Camellia).*

cameră *s.f.* **1.** *(odaie)* room; *(mai ales dormitor sau cameră mobilată)* chamber; apartment; *(mică)* closet, cabinet. **2.** *(o ~ plină)* roomful. **3.** *pol.* chamber, house. **4.** *tehn.* chamber. **5.** *(a unei arme de foc)* (cartridge) chamber. **6.** *(de minge)* bladder. **7.** *auto* inner/tyre/ tire tube, tube. ⓐ *Camera Agricolă* Chamber of Agriculture; *Camera Comunelor (în Anglia)* the House of Commons, the Lower House; *Camera de Comerț* Chamber of Commerce; *Camera Deputaților ←odin.* Chamber of Deputies; *Camera Lorzilor (în Anglia)* the House of Lords; *~ de baie* bathroom; *~ de comandă* **a.** *electr.* control chamber, switch room. **b.** *tehn.* combustion chamber; *~ de culcare/dormit* bedroom, sleeping apartment/room; *~ de explozie tehn.* explosion chamber; *~ de gardă med.* emergency room; *~ de odihnă teatru* green room; *~ de păstrare a bagajelor* cloak room; check room; *~ fotografică* camera; *~ mobilată* furnished room/apartment. ① *o casă*

cu trei camere a three-roomed house; *coleg de ~* room mate; *muzică de ~* chamber music. ⓒ *camere care comunică între ele/care dau una în alta* connecting rooms.

camerier *s.m.←inv.* valet.

cameristă *s.f.←inv.* (lady's) maid, chambermaid.

camerton *s.n. muz. (pt. coruri)* pitch pipe; *(pt. coarde)* tuning pipe.

camfor *s.n.* camphor.

camforat *adj.* camphorated.

camgar(n) *s.n.* worsted (yarn), combed wool yarn.

camilafcă *s.f.* kamelavkion.

camion *s.n. (cu tracțiune mecanică)* lorry, *amer.* truck: *(cu tracțiune animală)* dray, rulley, rolley, camion; *(de mobilă)* van. ⓐ *~ basculant* tip(ping) lorry, dump truck.

camionagiu *s.m.* carter, drayman.

camionaj *s.n.* carting.

camionar *s.m.* v. c a m i o n a g i u.

camionetă *s.f.* pickup (truck), light lorry; delivery car/van.

campa *vb. intr.* to camp (out).

campament *s.n. mil.* **1.** *(campare)* (en)camping. **2.** *(loc)* site of a camp, place of campment.

campanie *s.f.* **1.** *mil.* campaign, warlike expedition. **2.** *fig.* campaign; *(obștească și)* drive. ⓐ *~ de însămînțări agr.* sowing campaign; *~ electorală* election/electoral campaign. ① *echipament de ~ mil.* field equipment; *pat de ~ mil.* field/camp/campaign bed; *poștă de ~ mil.* (military) field post; *serviciu de ~ mil.* service in the field, active service; *spital de ~ mil.* field hospital; *ținută de ~ mil.* field-service uniform.

campanulă *s.f. bot.* v. c l o p o ț e l 2.

campare *s.f. mil.* (en)camping, encampment.

campion *s.m.* **1.** *(as)* champion, ace, *F →* champ. **2.** *(apărător)* champion, defender; *(luptător)* fighter.

campionat *s.n. (concurs)* championship(s); tournament; *(supremație)* championship.

camufla 1. *vb. tr.* **1.** *mil.* to camouflage; *(ferestre etc.)* to black-out. **2.** *fig.* *(a masca)* to disguise; *(a ascunde)* to hide, to conceal. **II.** *vb. refl.* **1.** *mil.* to camouflage. **2.** *fig.* *(a se masca)* to disguise oneself; *(a se ascunde)* to hide (oneself).

camuflaj *s.n. mil.* camouflage/disruptive painting; *(noaptea)* blackout.

camuflat *adj. mil.* camouflaged; *(noaptea)* black-outed *fig.* hidden, disguised; gilded.

cana *s.f. (cep)* top, spigot.

canadian *adj s.m.* Canadian.

canaf *s.n.* tassel.

canafas *s.n. text.* canvas.

canal *s.n.* **1.** *(natural)* channel; *(artificial)* canal. **2.** *(de scurgere)* drain; *(din case)* sewer; *(rigolă)* gutter; *(colector)* sewer. **3.** *(conductă)* conduit. **4.** *anat.*, *bot.* canal, duct, tube. **5.** *televiziune* channel. ⓐ ~ *alimentar* *anat.* alimentary canal; ~ *de derivaţie hidr.* by-pass canal; ~ *de evacuare hidr.* outlet canal; ~ *de irigaţie* irrigation canal; ~ *navigabil* navigable canal; ~*ul ţevii mil.* bore; ~ *urinar anat.* urethra.

canalie *s.f. (ticălos)* rascal,<knave, scoundrel, villain.

canaliza *vb. tr.* **1.** to sewer, to supply with sewerage system. **2.** *fig.* *(inspre)* to canalize (to), to direct (to/towards).

canalizare *s.f.* sewerage; *(sistem de* ~) sewerage system.

canapea *s.f.* couch, sofa, settee; *(pt. dormit)* sofa, bed(stead); bed settee.

canar *s.m. ornit.* canary, canary bird/finch *(Serinus canaria).*

canarisi *vb. tr. nav.* to heel.

canat *s.n. (de uşă)* leaf, fold; *(de fereastră)* wing. ① *uşă cu două* ~*uri* folding door.

canava *s.f.* **1.** *text.* canvas. **2.** *fig.* groundwork; outline; design, sketch; skeleton.

cană *s.f. (mare, cu toartă)* decanter, jug; *(de metal, cu capac)* tankard; *(mică)* mug, >noggin, <pitcher; *(fără toartă)* jar.

cancan *s.n.* **1.** *(dans)* cancan. **2.** *pl.* *(vorbe răutăcioase)* malicious tales, scandal, tittle-tattle, gossip.

cancelar *s.m.* chancellor.

cancelariat *s.n.* ← *inv.* **1.** *(funcţie)* chancellorship; **2.** *(birou)* chancellor's office.

cancelarie *s.f.* **1.** *(birou)* office. **2.** *(a profesorilor)* common room; *univ.* professors/staff room; *(la şcoli)* teachers'/staff room.

cancer *s.m. med.* cancer, carcinoma, neoplasm.

canceraţie *s.f. med.* canceration.

canceros *med.* **I.** *adj.* cancerous, cancroid, carcinoid. **II.** *s.m.* cancer patient, person suffering from cancer.

canci *adv.* ← F nothing (at all); F not a scrap/a ghost of it; not a jot/a bit, not the least bit. ⓒ *El să priceapă?* ~ *!* F he doesn't know a cow from a haystack.

canciog *s.n.* mason's ladle, dipper, scoop.

candel *s.n.* sugar candy.

candelabru *s.n.* chandelier, candelabrum, candelabra; *(lustră)* lustre.

candelă *s.f.* **1.** *bis.* votive light; icon lamp. **2.** *(lampă de noapte)* night lamp/light. **3.** *fig.* light, lamp. **4.** *constr.* prop, stay.

candid **I.** *adj.* simple, artless, ingenuous; pure(-minded); innocent. **II.** *adv.* artlessly etc. v. ~ I.

candida *vb. intr.* **1.** *(la)* to come forward/stand as a candidate (for). **2.** *(a aspira) (la)* to aspire (to). ⓐ ~ *la şi* to run for.

candidat *s.m.* **1.** *(la un post)* candidate, applicant (for a post). **2.** *(in alegeri)* nominee, candidate. **3.** *(la un examen)* candidate. ⓐ ~ *de partid* party probationer / probationist; ~ *în ştiinţe* candidate of science. ⓒ *a propune un* ~ to nominate a candidate.

candidatură *s.f.* candidature, candidateship; *(stagiu)* probation period. ⓒ *a propune candidatura cuiva* to nominate smb. for election, to put up/forward smb.'s cand.dature; *a-şi retrage candidatura* to withdraw one's candidature.

candoare *s.f.* purity, pure-mindedness; innocence.

candriu *adj.* **1.** foolish, F<cracked, dotty. **2.** *(beat)* elevated, F a bit on.

canea *s.f.* tap, spigot.

canelat *adj.* **1.** *tehn.* grooved. **2.** *arhit.* channelled, fluted.

canelură *sf.* **1.** *tehn.* groove. **2.** *arhit.* fluting (of a column).

canevas *s.n. arte etc.* canvas, groundwork, sketch, outline.

cange *s.f.* **1.** hook; *(harpon)* harpoon, harping iron; *nav.* grapnel, grapping irons. **2.** *(gheară)* ← *înv.* fang, talon. ⓒ *a pune ~a pe cineva* F to get smb. into one's clutches; *a se lua în căngi* F to fall together by the ears, to come to blows.

cangrena *vb. intr. și refl.* **1.** *med.* to gangrene, to become mortified. **2.** *fig.* to canker.

cangrenat *adj. med.* gangrened.

cangrenă *s.f.* **1.** *med.* gangrene, mortification. **2.** *fig.* canker, corruption.

cangrenos *adj. med.* gangrenous.

cangur *s.m. zool.* kangaroo *(Macropus giganteus)*.

canibal *s.m.* **1.** cannibal, man-eater; *pl.* anthropophagi. **2.** *fig.* ferocious/savage person.

canibalic *adj.* cannibalic, man-eating, anthropophagous.

canibalism *s.n.* cannibalism, anthropophagy, anthropophagism.

canicular *adj.* ⓓ *zile ~e* dog-days, canicular days, boiling hot days.

caniculă *s.f.* **1.** *astr.* dog star, Canicula, Sirius. **2.** *(perioadă)* dog--days, canicular days. ⓓ *de ~* canicular, hot, scorching.

canin I. *s.m.* canine/eye tooth; *(la câine)* holder, fang. II. *adj.* canine, dog-like. ⓓ *dinte ~ anat.* canine/eye tooth.

canistră *s.f.* can; canister.

canoe *s.f.* canoe.

canon *s.m.* **1.** *(regulă)* canon, dogma, tenet; *rel.* canon, church decree. **2.** *rel. (tropar)* daily motet. **3.** *muz.* canon, catch, round. **4.** *rel. (pedeapsă)* penance (imposed by the church). **5.** *fig. (chin)* torment, torture; *(durere)* pain;

(pedeapsă) ordeal, punishment. **6.** *geogr.* canon, canyon.

canonadă *s.f. mil.* cannonade, gun fire; roar of guns.

canoneală *s.f.* pains, toil (and moil).

canoni I. *vb. tr. (a istovi)* to weary, to tire, to wear out; *(a chinui)* to torture, to torment. II. *vb. refl. (a se trudi)* to toil, to exert oneself (to the utmost); *(a se istovi)* to wear oneself out.

canonic I. *adj.* canonical. ⓓ *dreptul ~* canon/canonical law. II. *s.m. rel.* canon, prebendary.

canonier *s.m. mil. odin.* cannoneer, bombardier.

canonieră *s.f. nav.* gunboat.

canoniza *vb. tr. rel.* to canonize.

canonizare *s.f. rel.* canonization.

canotaj *s.n.* boating; *(academic)* rowing. ⓒ *a face ~* to row, to go in for rowing.

canotieră *s.f.* sailor hat, boater, straw hat.

canotor *s.m.* rower.

cant *s.n.* edge, edging.

cantabil *adj. muz.* singing, in the manner of a song, cantabile, lyrical.

cantabile *adv. muz.* cantabile.

cantalup *s.m. bot.* cantaloup(e) *(Cucumis melo)*.

cantaragiu *s.m.* (check) weigher.

cantaridă *s.f. entom.* Spanish fly, cantharis *(Lytta vesicatoria)*.

cantată *s.f. muz.* cantata.

cantilenă *s.f. muz.* cantilena.

cantină *s.f.* **1.** canteen; *(sală de mîncare)* eating hall. **2.** *mil.* canteen.

cantinier *s.m.* canteen keeper/attendant.

cantitate *s.f.* quantity, amount; *(număr)* number; *(de fapte etc.)* body. ⓐ *~ neglijabilă* negligible quantity. ⓓ *în cantități mari/considerabile* in large quantities; *în cantități mici* in small amounts. ⓒ *~a se transformă în calitate filoz.* quantity is transformed into quality.

cantitativ I. *adj.* quantitative. ⓓ *analiză ~ă chim.* quantitative analysis; *schimbare ~ă* quantitative change; *trecere de la schimbări ~e la schimbări calitative* transition from quantitative changes to qualitative changes. **II.** *adv.* quantitatively, as to quantity.

canto *s.n. muz.* vocal music, singing. ⓑ *lecție de* ~ singing lesson.

canton *s.n.* **1.** *(subdiviziune administrativă)* canton, district. **2.** *ferov.* watchman's/lineman's hut/cabin; *(de șosea)* district road surveyor's hut/cabin. **3.** *(silvic)* forest range.

cantona I. *vb. tr. mil.* to canton, to billet, to quarter. **II.** *vb. intr.* to be billeted/quartered; *fig.* to tarry, to linger.

cantonal *adj.* cantonal.

cantonament *s.n.* **1.** *mil.* canton ment. **2.** *sport* training camp.

cantonier *s.m. ferov.* watchman, lineman, line inspector; *(de șosea)* district road surveyor.

cantor *s.m.←reg.* **1.** *(dascăl)* (psalm) reader. **2.** *(corist)* chorister. **3.** *(dirijor de cor)* precentor, leader of a choir.

canțonetă *s.f. muz.* canzonet; song with patter.

canulă *s.f. med.* can(n)ula, tubule; nozzle (of a syringe).

canură *s.f.* combings.

caolin *s.n. mineral.* kaolin, porcelain earth.

cap[1] *s.n.* **1.** *anat.* head; *(țeastă)* skull, brain pan, F→pate, noddle; *sl.* attic, nob, (cocoa) nut. **2.** *(vîrf, creștet)* top; head. **3.** *fig. (minte, pricepere)* mind, sense, understanding, judgment, brain(s), F grey matter. **4.** *(individ)* head; *(fiecare)* each; *(persoană)* person; *(bucată)* piece. **5.** *(capitol)* chapter; *(titlu)* title, heading. **6.** *fig. (început)* beginning. **7.** *fig. (capăt)* end. ⓐ ~ *de bostan* v. ~ s e c; ~ *de mort* death's head; ~*ete de acuzare jur.* counts of the charge/indictment; ~ *de alimentare tehn.* valve for boiler; ~ *de aprindere tehn.* hot bulb; *un* ~ *de ață* a whit, a bit, a whittle; ~ *de cocoș bot.* v. d u l c i ș o r II; ~ *de pagină* top of the page; ~ *de pod mil.* bridge head, beach head; ~*ete de vite* heads of cattle; ~ *încoronat* crowned head; royalty; ~ *limpede* lucid mind; ~ *luminat*

bright intellect/spirit; ~ *sec* F empty pate, numskull, blockhead; ~*ul cerbului, entom.* v. r ă d a ș c ă; ~*ul patului* head of the bed; ~*ul răutăților* mischief maker, firebrand; ~*ul sau coroana?* heads or tails? ~*ul unei monede* head of a coin. ⓑ *basma de* ~ head cloth/kerchief; *bătut în,* ~ F thick--headed, dull-witted; *cît păr în* ~ countless multitudes, hosts; *clătinare a* ~*ului* shaking/shake of the head; *cu* ~*ul gol* bareheaded, in one's hair, with one's head bare; *cu* ~*ul limpede* clearheaded; *cu* ~*ul între umeri* with a good/sound head on his shoulders; *din* ~ *pînă în picioare* from head to foot, from top to toe; *din* ~*ul locului* from the very beginning; *din* ~*ul lui* off his bat; *durere de* ~ headache F→bad head; *greu/tare de* ~ dull-witted, F thick-headed, wooden-headed; *în* ~ *(toți)* to a man; *în* ~*ul mesei* at the head of the table; *în* ~*ul oaselor* sitting (up), in a sitting position; *în* ~*ul scărilor* at the top of the stairs, on the top landing, at the stair-head; *în ruptul* ~*ului* F not for love or money; *legătură de* ~ head band(age); *lovitură cu* ~*ul sport* heading; *mai înalt cu un* ~ taller by a head; *odată cu* ~*ul!* not for the world! not for the life of me; *om cu* ~ a man with brains, a man of sense; *peste* ~ **a.** head foremost, head over heels. **b.** *(pînă peste* ~*)* head over ears; up to the elbows, F up to the hub; *pielea* ~*ului* scalp; *rană la* ~ wound in the head; *semn cu* ~*ul* nod; *ușor de* ~ quick-witted, sharp, bright. ⓒ *a avea un* ~ *bun* to have a good head/brain, to have good brains; *a nu avea nici* ~ *nici coadă* to have neither head nor tail, to have neither rhyme nor reason; *a nu avea unde să-și pună* ~*ul* to be shelterless; *a bate* ~*ul cuiva* to pester smb.; to bother smb., to bore smb. (< to death), F to have smb. on the line; *a-și bate* ~*ul* to rack/to cudgel one's brains; to think hard; *a-și băga*

~ul sănătos sub evanghelie to go asking for trouble; a nu şti unde să-şi bage/vîre ~ul not to know which way to turn; a-şi bate ~ul cu... to trouble one's head about...; a deschide ~ul cuiva to open smb.'s eyes; îmi pun ~ul că... I'll bet anything you like that...; îmi pun ~ ul pentru... I'll answer/vouch for... I'll stake my life on...; a-şi pleca ~ul, a lăsa ~ul în jos to hang one's head (down); a-şi pierde ~ul to lose one's head/wits/presence of mind/self-possession; pun ~ul jos F I'll bet a cookie/my hat/my boots; a nu-şi pierde ~ul not to lose one's head/wits, not to lose one's presence of mind/self possession, F→to have one's brains on ice; a tăia ~ul cuiva to behead smb., to strike/F→chop smb.'s head off; a ţine ~ul sus to keep/ hold one's head up; e un om cu ~(ul între umeri) he is a sensible man, he has a (good/sound) head on his shoulders; a plăti cu ~ul to pay with one's life; a se apuca cu mîinile de ~ to clutch at one's head; a-şi face de ~ a. (a fi încăpăţînat) to be self-willed, to have a head of one's own. b. (a face prostii) to do foolish things; (a face pe nebunul) F to play the fool/giddygoat; au revenit 100 lei de ~ each person's portion was 100 lei; a se ţine de ~ul cuiva to importune smb., to worry smb., to badger smb.; a clătina din ~ to shake one's head; a da din ~ a. (afirmativ) to nod (one's head); (negativ) to shake one's head. b. (a moţăi) to nod, to drop off to sleep, F→to (have a) snooze; i-a ieşit din ~ F he clean forgot it; a-şi scoate ceva din ~ F to get/put smth. out of one's head; a scoate ceva din ~ul cuiva to put/F get/knock smth. out of smb.'s head/mind; nu face nimic după ~ul altuia he follows nobody's advice but his own; a face toate după ~ul lui to have a head/ mind of one's own, to be self-willed/stubborn; are ceva în ~ a. (e deştept) he has smth. on the

brain. b. (are o idee) he is planning smth.; a se bate ~ în ~ to be contradictory/conflicting; a băga ceva în ~ul cuiva to put/<hammer smth. into smb.'s head; a-şi băga în ~ că... F to take/get it into one's head that...; nu ştiu ce i-a intrat în ~ I don't know what (idea) can have entered his head, I don't know what (idea) has possessed him; nu-i intră în ~ he doesn't understand, he can't make out; a şi-o lua în ~ F to get/grow too big for one's boots/breeches; to show/display signs of a swollen head; a-şi lua lumea în ~ to follow one's nose, to go into the wide world; i-a pus Dumnezeu mîna în ~ (e norocos) F he's a lucky dog, he's born with a silver spoon in his mouth; (a dat de noroc) F he has the devil's own luck; a se ridica în ~ul oaselor to sit up; n-are nimic în ~ he is empty-headed; a se scula cu noaptea în ~ to get up at daybreak/dawn, to get up early in the morning; a merge în ~ul... (cu gen.) to head...; a sta în ~ul oaselor to sit up; a bate pe cineva la ~ to bother smb., < to pester smb.; a-i da cuiva la ~ a. (a bate) F to belabour smb., to pitch into smb. b. (a nimici) F to do smb. in; a o lua de la ~ to start from the beginning again; a o scoate la ~ cu... (a termina) to bring... to an end/a close, to carry... through/ out; a o scoate la ~ to make both ends meet; a i se urca la ~ şi fig. to go to one's head; a da pe cineva peste ~ to overthrow smb.; to defeat smb.; a da ochii peste ~ a. to roll(about) one's eyes. b. (a muri) F to kick the bucket; a da paharul peste ~ to drink the draught; a se da peste ~ a. to turn/throw a somersault. b. fig. F to lay oneself out; a fi pînă peste ~ în datorii to be head over ears in debt; sînt sătul pînă peste ~ de... I'm fed up with...; a-i trece prin ~ to dawn on one; mă doare ~ul my head aches, I have a headache; mi se învîrteşte ~ul

I feel/am giddy; *nu mă taie ~ul* I can't understand/make out, < I am at my wits' end; *cum îl taie ~ul* at his own sweet will, what he pleases, taking nobody's advice. ⓐ *cîte capete, atîtea păreri/căciuli* so many men, so many minds; *~ul face, ~ul trage* you must reap what you have sown; *unde nu e ~ e vai de picioare* woe to the mule that sees not her master.

cap² *s.m.* *(şef)* head, chief; *(conducător)* leader. —

cap³ *s.n.* geogr. cape, headland, foreland; point. ⓐ *Capul Bunei Speranţe* the Cape of Good Hope.

capabil *adj.* **1.** capable, able, efficient; *(talentat)* gifted; *(competent)* competent, fit. **2.** *jur.* qualified, competent. ⓐ *e un om foarte ~* he is a man of much ability, he is a very able man; *e ~ de orice* he shrinks from nothing, he is capable of anything, he is capable of any deed of infamy; *nu e ~ de aşa ceva* he is not the man to do such a thing, he is not made for it.

capac *s.n.* lid; *(la cuptor)* oven door. ⓑ *ouă la ~* fried eggs. ⓒ *asta a pus ~ la toate* F that's too much, that's a bit/little too thick; that puts the tin hat/the lid on it! *(asta-i culmea)* F it beats all creation/the devil; *a găsi ~ la toate* to be ready with an answer; *şi-a găsit ~ul* diamond cut diamond.

capacitate *s.f.* **1.** *(volum)* capacity, volume. **2.** ability, capability, qualification, capacity; calibre; *(talent)* talent, gift; *(competenţă)* fitness, competence. **3.** *(persoană)* person of capacity. **4.** *tehn., electr.* capacity. **5.** *jur.* capacity, legal competence. ⓐ *~ de apărare* defensive capacity; *~ de cumpărare* purchasing power/capacity; *~ de luptă* fighting capacity/force; *~ de muncă* ability to work, capacity for work; *~ de plată* solvency; *~ de producţie* production capacity, output, out-turn. ⓑ *măsură de ~* liquid measure. ⓒ *sala are o ~*

de 800 de locuri the hall admits 800 persons.

capă *s.f.* (hooded) cape.

capăt *s.n.* **1.** end; *(extremitate)* extremity; *(limită)* limit. **2.** piece, bit. **3.** *(început)* beginning, outset. ⓐ *~ de funie* a piece of rope end; *~ de luminare* candle end. ⓑ *de la un ~ la celălalt, din~ pînă-n ~* from one end to the other, throughout; from beginning to end, from first to last, from start to finish; *fără ~* without end, endless; *la ~ul celălalt al grădinii etc.* at the far end of the garden etc.; *la ~ul puterilor* at the end of one's/the tether; exhausted; *la ~ul răbdării* at one's wits' end, having lost patience; *la ~ul săptămînii* at the end/close of the week; *la ~ul străzii* at the bottom of the street; *pînă la ~* (up) to the end; to the end of the chapter; *(complet)* through, thoroughly, completely; *pînă la ~ul lumii* to the end of the world, poetic to the confines of the earth. ⓒ *a pune ~ (cu dat., la)* to put an end (to); *a fi la ~ul puterilor* to be worn out/spent; *a scoate/duce la ~* to bring to an end/a close; to carry through; to carry/bring to its conclusions; *a o scoate la ~ (a ieşi dintr-o încurcătură)* to get out of a difficulty/F scrape; *(a răzbi)* to make both ends meet, to keep the wolf from the door; *a o scoate la ~ cu cineva (a se înţelege)* to get on (well) with smb.; *(a ajunge la o înţelegere)* to come to terms with smb.;

capcană *s.f. şi fig.* trap, snare; *fig.* pitfall, F catch. ⓒ *a pune/întinde/aşeza o ~* to set a trap, to lay a snare; *a cădea în ~ fig.* to fall into a trap; to take the bait; *a fi prins în ~* to be caught in a trap.

capelan *s.m.* chaplain.

capelă *s.f.* **1.** *(bisericuţă)* chapel. **2.** *muz.* musical band. **3.** *mil.* forage/uniform cap.

capelmaistru *s.m. muz.←înv.* bandmaster, conductor of a band/an orchestra.

caperă *s.f. bot.* caper.

capie *s.f. vet.* sturdy, turn-sick.
capilar *adj.* capillary. ① *vase* ~e *anat.* capillary vessels.
capilaritate *s.f. fiz.* capillarity, capillary attraction.
capişon *s.n.* hood.
capişte *s.f.*←*inv.* (pagan) temple.
capital[1] *adj.* capital; chief, principal, essential. ① *construcţie* ~ă capital construction; *crimă* ~ă capital crime; *importanţă* ~ă cardinal importance; *investiţii* ~e capital investments; *literă* ~ ă *poligr.* capital letter; *păcat* ~ deadly sin; *pedeapsă* ~ă death penalty; *reparaţii* ~e thorough/capital repairs.
capital[2] *s.n.* capital, assets. ② ~ *bancar* banking capital; ~ *circulant/de rulment* circulating/working capital; ~ *comercial* trade capital; ~ *fix/de bază* fixed capital; ~ *industrial* industrial capital; ~ *marfar* commodity capital; ~ *mort* dead stock, unemployed capital; ~ *social* registered capital; ~ *variabil* variable capital. ① *investiţie de* ~ capital investment.
capitală *s.f.* 1. capital, chief town. 2. *poligr.* capital (letter).
capitalism *s.n.* capitalism. ② ~ *industrial* industrial capitalism; ~ *monopolist (de stat)* (state) monopolistic/monopoly capitalism.
capitalist I. *adj.* capitalist(ic). ① *orînduirea* ~ă the capitalist system; *sistemul economic* ~ the capitalist economic system; *societate* ~ă capitalist society; *ţări* ~e capitalist countries. **II.** *s.m.* capitalist, financier, F→moneyed man, bourgeois.
capitaliza *vb. tr.* 1. *(a finanţa)* to capitalize, to finance. 2. *(a transforma în capital)* to convert into capital, to turn into money, to realize (în the market). 3. *(a acumula)* to accumulate; *(bani)* to amass, to hoard up.
capitaluţă *s.f. poligr.* small capital (letter).
capitel *s.n. arhit.* capital, cap.
capitol *s.n. şi fig.* chapter.
capitolin *adj.* Capitol(ine).
capitona *vb. tr.* to upholster.

capitonat *adj.* upholstered, quilted.
capitula *vb. intr. mil., fig.* to capitulate, to surrender.
capitulant, capitulard 1. *adj.* capitulating, surrendering. **II.** *s.m.* capitulator.
capitulare *s.f. mil.* capitulation, surrender. ② ~ *necondiţionată* unconditional surrender.
capitulaţie *s.f.* capitulation.
capiu *adj.* 1. *vet.* suffering from (the) sturdy. 2. *(ameţit)* giddy, dizzy. 3. *(nebun)* F cracked, dotty, off one's head/nut.
capodoperă *s.f.* masterpiece.
caporal *s.m. mil.* corporal.
capot *s.n.* 1. dressing gown. 2. *nav.* hood, tarpaulin.
capota *vb. intr.* to capsize, to overturn.
capotă *s.f. (a motorului)* hood, cowling; *(de piele)* top; *(pliantă)* folding top.
capră *s.f.* 1. *zool.* (she-)goat, F→nanny goat *(Capra)*. 2. *(de gimnastică)* (wooden) vaulting horse. 3. *(scaun de trăsură)* coach/driving box, dicky, (coachman's) seat. 4. *(pt. tăiat lemne)* sawing jack/trestle. 5. *constr.* trestle; bent, chock. 6. *(joc de copii)* leap frog. 7. *(arşic)* lamb's heelbone (for play). ② *capra dracului ornit.* great/grey shrike *(Lanius excubitor)*; ~ *de sirma mil.* herisson; ~ *neagră/sălbatică/de munte* chamois *(Capella rupicapra)*; ~ *nemţească bot.* marsh marigold *(Caltha palustris)*; ~ *rîioasă fig.* F struck-up/uppish person. ① *barba caprei bot.* a. goat's beard, salsify *(Tragopogon)*. b. v. a g l i c ă; *piciorul caprei bot.* ash weed, gout wort, goutweed *(Aegopodium podagraria)*. © *a împăca (şi) capra şi varza.* a. to reconcile both parties etc. b. to run with the hare and hunt with the hounds; *a se juca de-a capra* to play at leap frog.
capricios I. *adj.* freakish, capricious, whimsical; *(încăpăţinat)* wayward. **II.** *adv.* freakishly etc. v. ~ **I.**
capriciu *s.n.* 1. freak, caprice, whim. 2. *muz.* capriccio, caprice.
capricorn *s.n.* 1. *astr.* Capricorn. 2. *entom.* capricorn beetle *(Ceram-*

byx). ⓑ *Tropicul Capricornului* the Tropic of Capricorn.

caprifoi *s.m. bot.* honeysuckle *(Lonicera caprifolium).*

capsa *vb. tr.* to staple.

capsă *s.f.* **1.** *mil.* percussion cap. **2.** *(detonantă)* (detonating) primer. **3.** *electr.* capsule. **4.** *(pt. hîrtii etc.)* staple.

capsoman *s.m.* F **1.** *(încăpățînat)* mule, mulish person. **2.** *(prost)* blockhead, dolt.

capsular *adj. bot. etc.* capsular, capsuliform.

capsulă *s.f.* **1.** *bot., anat., chim. etc.* capsule; *(păstaie)* pod. **2.** *(la sticle)* cap, crown; seal.

capta *vb. tr.* **1.** *tehn.* to catch; to pick up; to trap; to take; to capture; to collect. **2.** *fig.* to captivate; *(a atrage)* to attract; *(atenția, și)* to rivet.

captalan *s.m. bot.* black/dark mullein *(Verascum nigrum).*

captiv I. *adj.* captive. ⓑ *balon* ∼ captive/kite balloon. **II.** *s.m.* captive, prisoner.

captiva *vb. tr.* to captivate, to charm, to fascinate; *(a cîștiga)* to win; *(a subjuga)* to subjugate.

captivant *adj.* captivating, charming, fascinating, thrilling, exciting, engrossing; breath-taking.

captivitate *s.f.* captivity. ⓒ *a lua în* ∼ to take/lead away captive, to lead into captivity.

captura *vb. tr.* to capture, to take, to seize. ⓒ *a* ∼ *un vas nav.* to capture/bring in a vessel as a prize.

captură *s.f.* capture, prize.

caput *adj.* F kaput, smashed, up a tree.

car¹ *s.n.* **1.** cart; *(conținutul unui car)* cartful, cartload. **2.** *ist.* chariot. ⓐ ∼ *alegoric* pageant; ∼ *blindat/de asalt/de luptă mil.* armoured car, tank; *un* ∼ *de fin* a cartful of hay; ∼ *de mașină de scris* typewriter carriage; ∼ *funebru* hearse; ∼ *triumfal/de triumf* triumphal car; *Carul mare astr.* Charles'(s) Wain, the Great(er) Bear; *Carul mic astr.* the Lesser Bear. ⓑ *cu* ∼*ul* in abundance/peinty,

profusely, F galore; *de un* ∼ *de ani* for ages; *nici în* ∼, *nici în căruță* a.←F stubborn, mulish. b. F blowing hot and cold. ⓒ *a pune* ∼*ul înaintea boilor* to put the cart before the horse.

car² *s.m. entom.* death watch *(Anobium pertinax).*

carabină *s.f. mil.* car(a)bine, rifle.

carabinier *s.m. odin.* carabineer, rifleman.

caracatiță *s.f. zool.* **1.** octopus *(Octopus).* **2.** sea spider, king crab *(Maria squinado).*

caracter *s.n.* **1.** *(literă)* character, letter; *poligr.* (metal) type. **2.** *psih.* character, nature, disposition. **3.** *(aspect)* aspect; *(natură)* nature; *(trăsătură)* feature, characteristic. ⓓ *comedie de* ∼ character comedy; *dans de* ∼ character dance; *defect de* ∼ fault/defect in smb.'s character; *fără* ∼ unprincipled, spineless, characterless; of weak/ wavering character; *lipsă de* ∼ lack of principle, fickleness of character, F→spinelessness, want of backbone; *om de* ∼ a man of (pronounced) character, a man who knows his own mind; *slăbiciune de* ∼ weakness of character; *tărie de* ∼ strength of character.

caracteristic *adj. (pentru)* characteristic (of), specific (to), illustrative (of), typical (of); distinctive.

caracteristică *s.f.* characteristic (feature); salient feature.

•caracteriza I. *vb. tr.* to characterize, to describe/show the character of; to be characteristic of, to mark, to distinguish. **II.** *vb. refl.* to be characterized/marked.

caracterizare *s.f.* **1.** characterization, portraiture. **2.** *(referință)* character (sketch), reference, testimonial.

caracterizator *adj.* defining, characteristic, characterizing; typifying; typical.

caracterologic *adj.* (referring to a man's) character, of character; moral, ethical.

caracudă *s.f.* **1.** *iht.* crucian *(Carassius vulgaris).* **2.** *și fig.* small fry.

caracul *s.n. com.* caracul/karakul (fur).

carafă *s.f.* water bottle, carafe; decanter.

caragață *s f.* **1.** *ornit.* v. c o ț o-f a n ă. **2.** *fig.* F v. g a i ț ă **2.**

caraghios I. *adj.* **1.** *(ridicol)* ridiculous; ludicrous; *(prostesc)* foolish. **2.** *(comic)* funny, comical. **3.** *(ciudat)* funny, singular, queer, odd. **II.** *adv.* ridiculously v. ~ I. **III.** *s.m.* **1.** *(bufon)* buffoon, droll/ funny fellow. **2.** *(prost)* fool, dolt, blockhead. **3.** ridiculous person. **4.** *(poznaș)* practical joker; *(original)* eccentric, F crank, queer card.

caraghioslîc *s.n.* **1.** *(glumă)* joke, quip, prank; *(glumă grosolană)* coarse jest. **2.** *(bufonerie)* buffoonery, drollery. **3.** *(glume)* joking, fun, sport. **4.** *(prostii)* tomfoolery. **5.** *(ridicol)* ridicule. © *a face* ~uri to fool/F lark about.

carambol *s.n.* **1.** *(bilă)* red ball. **2.** *(atingere)* cannon.

carambola *vb. intr.* to (make a) cannon.

carambolaj *s.n.* v. c a r a m b o l 2.

caramea *s.f.* v. ç a r a m e l ă.

caramel *s.n.* caramel, burnt sugar.

caramelă *s.f.* caramel.

carantină *s.f.* quarantine. ① *ofițer de* ~ quarantine officer; *spital de* ~ quarantine station/hospital. © *a sta/fi în* ~ to pass/perform/do quarantine.

carapace *s.f.* carapace, shell.

caras *s.m. iht.* crucian *(Carassius vulgaris)* .

carat *s.n.* carat. ① *aur de 14* ~e 14-carat gold.

caraulă *s.f.←rar (strajă)* guard, watch; *(santinelă) mil.* sentinel, sentry.

caravană *s.f.* caravan; desert convoy. ⓐ ~ *cinematografică* mobile cinema (unit), drive-in cinema.

caravanserai *s.n.* (caravan)serai, inn.

caravelă *s.f. nav. odin.* car(a)vel.

carbid *s.n. chim.* (calcium) carbide.

carbon *s.n.* *(pl.)* **1.** *chim.* carbon. **2.** *(hîrtie de* ~) carbon paper. ① *bioxid de* ~ carbon dioxide; *oxid de* ~ carbon monoxide.

carbonar *s.m. ist.* carbonaro.

carbonat *s.m. chim.* carbonate. ⓐ ~ *de calciu* calcium carbonate; ~ *de potasiu* potassium carbonate.

carbonic *adj. chim.* carbonic. ⓑ *acid* ~ carbonic acid.

carbonifer *adj. min.* carboniferous, coal-bearing. ① *bazin* ~ coal basin; coalfield; *industrie* ~ă coal industry; *terenuri* ~e coal fields.

carboniza I. *vb. tr. (lemn)* to burn to coal, to char; *(oase etc.)* to carbonize, to calcin(at)e. **II.** *vb. refl.* to turn to coal, to get charred; *chim.* to be(come) converted into carbon.

carbonizare *s.f.* charring, carbonization.

carborund(um) *s.n. chim., tehn.* carborundum, silicon carbide.

carburant *s.m. tehn.* (motor) fuel, power fuel, carburant.

carburator *s.n. tehn.* carburettor, carburetter.

carbură *s.f. chim.* carbide.

carcasă *s.f.* **1.** *(schelet)* carcass, carcase. **2.** *(cadru)* frame(work); *(a unui vas etc.)* shell, ribs and timbers.

carceră *s.f.* lock-up (room).

carcinom *s.n. med.* carcinoma.

carda *vb. tr. text.* to card, to comb.

cardamă *s.f. bot.* dyer's wood *(Isatis tinctoria)* . ⓐ ~ *de izvoare* water cress *(Nasturtium officinale)* .

cardan *s.n. tehn.* cardan (joint).

cardanic *adj. tehn.* cardanic, cardan... ① *arbore/ax* ~ cardan shaft/axle.

cardare *s.f. text.* carding.

cardator *s.m. text.* carder.

cardă *s.f. text.* card, carding engine.

cardiac I. *adj.* cardiac, heart... **II.** *s.m.* heart case, person suffering from the heart.

cardialgie *s.f. med.* cardialgia, gastralgia.

cardinal¹ *adj.* cardinal; principal, essential. ① *număr/numeral* ~ cardinal number; *punct* ~ cardinal point; *virtuți* ~e cardinal virtues.

cardinal² *s.m.* **1.** *bis.* cardinal. **2.** *ornit.* cardinal (bird) *(Cardinalis virginians)* .

cardiograf *s.n. med.* cardiograph.

cardiogramă *s.f. med.* cardiogram.

cardiolog *s.m. med.* cardiologist, heart specialist.

cardiologic *adj. med.* cardiologic(al), heart...

cardiologie *s.f. med.* cardiology.

cardiovascular *adj.* cardiovascular.

care I. *pron. rel.* **1.** *(pt. persoane,* ↓ *descriptiv)* who; *(restrictiv)* that; *bibl.*→which. **2.** *(pt. animale, lucruri* ↓ *descriptiv)* which; *(restrictiv)* that. **3.** *(greşit sau P, la acuz. fără prep.* „*pe*") whom; which; that. ⓐ ~ *să nu...* but *(+ prop. afirm.).* ⓑ *(a)cei/aceia* ~ *(pt. persoane)* those who/that; *(pt. animale, lucruri)* those which/that; *acela/cel/înv.*→*acel* ~ *(pt.persoane)* the one who; he who/*înv.*→that; *(pt. animale, lucruri)* the one which; that which; *cu* ~ with whom *sau* which, *rar*→where-with; *despre* ~ about/of whom *sau* which, *rar*→whereof; *din* ~ out of which; from which etc.; *prin* ~ by whom *sau* which, *rar*→whereby. ⓒ *băiatul* ~ *te-a salutat* the boy who/that greeted you; *N. a fost cel* ~ *a răspuns* it was N. who answered; *dintre* ~ *ultimul era...* the last *sau* the latter of whom *sau* of which was...; *găinile* ~ *ouă* the hens which/that lay; laying hens; *locul în* ~ *s-a născut* the place in which he was born; the place where he was born; *fratele meu,* ~ *este inginer* my brother, who is an engineer; *nu era nimeni* ~ *să nu fi văzut piesa* there was no one but had seen the play; *omul* ~ *susţine asta* the man who maintains *sau* asserts that; *omul pe* ~ *l-ai văzut* the man (whom/that) you saw; *persoana căreia i-am scris* the person to whom I wrote. **II.** *pron. interog.* **1.** *(selectiv)* which? *(neselectiv)* what? **2.**←F (în loc de „*cine*"?) who? ⓐ ~ *alta?* what else? ~ *din aceşti oameni?* which of these men? ~ *din doi?* which of the two? ~ *pe* ~ ? who will win? who'll be the winner? who is the stronger? ⓒ ~ *este numele lui adevărat?* what is his real name? ~ *eşti?*←F **a.** who's there? **b.** what's your name? **c.** who's your

father? **d.** who's spoken? etc.; ~*-i ăla?* **a.** whom *sau* which do you mean? **b.** v. ~ *eşti?* ~ *va fi rezultatul?* what will the result/ outcome be? how will all this end? **III.** *pron. dem.* **1.** *(cel* ~*)* he who; *(cea* ~*)* she who; *(cei* ~*)* those who *sau* which. **2.** *(ceea ce)* which. ⓐ ~ *va să zică, rar*→~ *cum s-ar prinde* which means; *(de aici)* hence (it follows); *(prin urmare)* so, then, therefore; consequently; *(cu alte cuvinte)* in other words. ⓑ *după* ~ after which, whereupon; (and) then. **IV.** *pron. nehot.* *(fiecare)* each; every one. ⓐ ~*...* ~*...* some..., some/others...; ~ *încotro* in all directions, right and left; ~ *mai de* ~ each and all; in eager rivalry; trying to outdo each other. ⓑ *nu* ~ *cumva...?* ...by chance/accident...? ...possibly...? ...perhaps...? ...maybe...? *(să)* *nu* ~ *cumva să...* mind you don't..., be sure not to..., take care not to... ⓒ *(să) nu* ~ *cumva să întîrzii!* be sure and come in time! mind you aren't late! **V.** *adj. rel. şi interog. (selectiv)* which (?); *(neselectiv)* what (?) ⓐ ~ *femeie?* which *sau* what woman?

carenă *s.f. nav.* bottom hull.

carenţă *s.f. rar* default, deficiency.

caretaş *s.m.* coachmaker, cartwright, wheelwright.

caretă *s.f.* coach.

careu *s.n.* **1.** *şi mil.* square. **2.** *(la pocher)* four of a kind. ⓑ *formaţie în* ~ *mil.* square formation.

careva *pron. nehot.* somebody, someone; *(în genere sau în prop. interogative)* anybody, anyone.

cargobot *s.n. nav.* cargo boat, F→tramp.

caria *med.* **I.** *vb. tr.* to rot, to decay. **II.** *vb. refl.* to rot, to decay, to grow carious.

cariat *adj. med.* decayed, carious.

cariatidă *s.f. arhit.* caryatid.

caricatural *adj.* caricatural.

caricatură *s.f.* caricature; *(mai ales politică)* cartoon.

caricaturist *s.m.* caricaturist; cartoonist; distortionist.

caricaturiza *vb. tr.* to caricature; to take off.

caricaturizare *s.f.* caricature, skit.

carie *s.f. med.* caries, decay (of a bone). ⓐ ~ *dentară* dental decay.

carieră[1] *s.f. (de piatră)* quarry, (stone) pit. ⓐ ~ *de marmură* marble quarry.

carieră[2] *s.f.* career. ⓑ *diplomat de* ~ professional diplomatist. ⓒ *a face* ~ to work one's way up, to have a good record; *a îmbrățișa o* ~ to take up a career.

carierism *s.n.* self-seeking.

carierist *s.m.* careerist, place hunter, climber, self-seeker, F→go-getter.

cariopsă *s.f. bot.* caryopsis.

caritabil *adj.* charitable, open-handed.

caritate *s.f.* charity; philanthropy, almsgiving. ⓑ *soră de* ~ ←*inv.* nurse.

cariu *s.m. entom.* v. c a r[2].

carîmb *s.m.* top (of a boot), bootleg.

carlingă *s.f. av.* cockpit.

carmin **I.** *adj.* carmine, crimson--hued. **II.** *s.n.* carmine.

carnaj *s.n.* massacre, slaughter, carnage.

carnal *adj.* carnal, bodily, sensual, sensuous, of the flesh; worldly.

carnasier *adj. zool.* carnivorous, flesh-eating.

carnație *s.f. pict.* carnation, flesh colour/tint.

carnaval *s.n.* carnival.

carne *s.f.* **1.** *(vie)* flesh; *(tăiată sau preparată)* meat; *(cu excepția vînatului și a cărnii de găină)* butcher's meat; *(de vacă, oaie etc.)* red meat; *(de porc, vițel, găină)* white meat. **2.** *pl.* meat; *(mîncăruri cu* ~*)* dishes of meat. **3.** *fig.* flesh; body. **4.** *bot.* flesh, pap, pulp, parenchyma. ⓐ ~ *afumată* smoked/smoke-dried meat; *(de porc și)* brawn, *amer.* headcheese; ~ *albă* white meat; ~ *conservată* tinned/preserved/potted/*amer.* canned meat; ~ *crudă* raw/uncooked meat; ~ *de cal* horse beef; ~ *de gîscă* goose; ~ *de miel* lamb; ~ *de oaie/berbec/ovine* mutton; ~ *de pasăre* fowl; ~ *de porc* pork; ~ *de tun* cannon fodder; ~ *de*

vacă/bovine beef; *de vînat*; venison; ~ *de vițel* veal; ~ *friptă* roasted meat; ~ *proaspătă* fresh/butcher's meat; ~ *sărată* salt meat; ~ *tare* tough meat, F→mahogany, shoe leather. ⓑ *conserve de* ~ preserved/tinned/*amer.* canned meat; *extract de* ~ extract of meat; *fără* ~ fleshless; *hală de* ~ meat market; *în*~*și oase* in the flesh, in person; *masă de* ~ **a.** lump of flesh/meat; **b.** *fig.* mountain of flesh; *plăcintă cu* ~ meat pie; *supă de* ~ meat soup; beef tea. ⓒ *a pune* ~ *pe el* to put on flesh; *a-și pune/băga* ~*a în saramură* to strain every nerve, to set every spring in motion, *amer.* to crack on all hands; *a tăia/da în* ~ *vie.* **a.** *(a lovi în plin)* to deal a heavy/< deadly blow; *fig.* to sting to the quick; **b.** *(a curma răul din rădăcină)* to uproot/eradicate the evil; *tremură* ~*a pe el* he trembles all over (his body), F he is all of a tremble. ⓓ ~ *fără ciolan nu se poate* no rose without a thorn.

carnet *s.n.* **1.** *(pt. note)* note book. **2.** *(act)* card; *(permis)* license. ⓐ ~ *de cecuri com.* cheque book; ~ *de cuvinte* word book; ~ *de identitate* identity/identification card; ~ *de membru* membership card; ~ *(de membru) de partid* Party(-membership) card; ~ *de șofer* driver's licence.

carnețel *s.n.* notebook, jotter; pocketbook.

carnivor **I.** *adj.* carnivorous, flesh--eating. **II.** *s.n.* carnivore; *pl.* carnivora.

carnivore *s.n. pl. zool.* carnivorous animals, carnivora.

caro *s.n.* diamond(s).

caroiaj *s.n.* squares (on the map).

carosabil *adj.* carriageable, passable for vehicles. ⓑ *partea* ~*ă* roadway, carriage/traffic road.

caroserie *s.f.* body, coachwork (of a car etc.).

carotaj *s.n. min.* logging, sampling. ⓐ ~ *radioactiv* radioactive logging.

carotă *s.f. bot.* (French) carrot.

carotidă *s.f. anat.* carotid (artery).

carou *s.n.* small square. ⓑ *stofă în* ~*ri* check material.

carp *s.n. anat.* carpus, wrist.

carpatic, carpatin *adj.* Carpathian.

carpelă *s.f. bot.* carpel.

carpen *s.m. bot.* hornbeam *(Carpinus betulus)*.

carpetă *s.f.* rug.

carstic *adj. geol.* karst.

cart *s.n. nav.* watch. ⓒ *a fi de* ~ to be on watch.

carta *vb. tr.* to sort, to classify.

cartaginez *adj. s.m.* Carthaginian.

cartă *s.f. ist., poetic, pol.* charter. ⓐ *Carta Organizaţiei Naţiunilor Unite* U.N.(O.) Charter.

carte *s.f.* 1. book. 2. *(diviziune a unei lucrări)* book. 3. *(ştiinţă de* ~*)* reading and writing; literacy; *(învăţătură)* learning; *(cunoştinţe)* knowledge; *(şcoală)* schooling. 4. *(de joc)* playing card. 5. *(scrisoare)* letter. 6. *(act)* deed, document; *(cartă)* charter. ⓐ ~*a mare com.* ledger; *Cartea Facerii bibl.* Genesis; ~*a funduară*←the real estate office; *Cartea sfîntă* the (Holy) Book; ~ *de alegător* voting/ voter's card; ~ *de bucate* cookery book; ~ *de citire* reading book, reader; ~ *de judecată* judge's/ judicial sentence; ~ *de muncă* workman's pass(port); ~ *cu poze* picture book; ~ *de rugăciuni* prayer book; ~ *de şcoală* school book; ~ *de telefon* telephone directory; ~ *de vizită* visiting card; ~ *închisă fig.* closed book; ~ *poştală* postcard; *(ilustrată)* picture postcard. ⓑ *ca la* ~, *cum scrie la* ~ complete, perfect; quite as it should be; in accordance with the regulations; *catalog de cărţi* catalogue of book; *colecţie de cărţi* collection of books; *colecţionar de cărţi* collector of books; *dulap de cărţi* book case; *format de* ~ *poligr.* size of a book; *iubitor de cărţi* lover of books, bibliophile; *joc de cărţi* game of cards; *jucător de cărţi* card player; *legător de cărţi* bookbinder; *om cu* ~ lettered man; < man of learning; *om fără* ~ unlettered/untaught/illiterate man; *pereche/joc de cărţi* pack of

cards; *vînzător de cărţi* bookseller. ⓒ *a avea cărţi proaste* to have bad cards, to have a bad hand; *cine dă cărţile?* whose deal is it? *a da cărţile* to deal the cards, to (have the) deal; *a-şi da cărţile pe faţă* to call/declare one's hand; *a face cartea/cărţile* to shuffle/F make the cards; *a juca cărţi* to play at cards; *a(-şi) juca ultima* ~ *fig.* to play one's last card; *a publica o* ~ to publish/edit a book; *a şti* ~ **a.** *(a putea citi)* to be able to read; to know the three r's. **b.** *(a fi instruit)* to be educated/well-informed; *a tăia cărţile* to cut (the cards for deal); *a juca cu cărţile pe faţă fig.* to act fairly and above board; *a nu şti boabă de* ~ to be perfectly illiterate; *a vorbi ca din* ~ to speak like a book; *a ghici/da cuiva în cărţi* to tell smb.'s fortunes from cards; *a sta veşnic cu nasul în cărţi* to be for ever poring over books; *a da la* ~ to send to school; *a juca totul pe o* ~ to take all (in one) venture. ⓓ *ai* ~, *ai parte* knowledge is a treasure.

cartel *s.n.* 1. *com.* cartel. 2. *pol.* cartel, coalition.

cartela *vb. refl. pol.* to form a coalition/*com.* cartel.

cartelă *s.f.* ration card/book. ⓐ ~ *de îmbrăcăminte* clothing coupons.

carter *s.n. tehn.* case, casing box.

cartezian *adj., s.m. filoz.* Cartesian.

cartezianism *s.n. filoz.* Cartesianism.

cartier *s.n.* 1. district, section, ward; *(specific, industrial etc.)* quarter; *(în Anglia, murdar, sărăcăcios)* slum. 2. *mil.* quarters. ⓐ ~ *chinez(-esc) amer.* Chinatown; ~ *de locuinţe* residential district; ~ *de vile*, ~ *elegant* brownstone district; ~ *general mil.* headquarters; ~ *mărginaş* outlying district, suburb, outskirts; ~ *muncitoresc/de locuinţe muncitoreşti* workers' (residential) district/ quarter; ~ *rău famat* redlight district. ⓑ *în* ~*ul nostru* in the neighbourhood.

cartilaginos *adj. anat.* cartilaginous, F→gristly.

cartilaj *s.n. anat.* cartilage, F→ gristle.

cartirui *vb. tr. mil.* to billet, to quarter.

cartiruire *s.f. mil.* billeting, quartering.

cartnic *s.m. nav.* petty officer.

cartof *s.m.* **1.** *bot.* potato plant *(Solanum tuberosum).* **2.** *(tubercul)* potato. ⓐ ∼ *dulce* sweet potato *(Ipomoca batatum)*; ∼*i fierţi* boiled potatoes; ∼*i în coajă* potatoes in the(ir) skins, potatoes with their jackets on; ∼*i pai* chip potatoes, chips; ∼*i prăjiţi* fried potatoes; *(subţiri)* chips. ⓑ *cîmp de* ∼*i* potato field; *cultura* ∼*ilor* cultivation/growing of potatoes; *făină de* ∼*i* potato flour; *găluşte de* ∼*i* potato dumplings; *pireu de* ∼*i* mashed potatoes; *rachiu de* ∼*i* potato spirit(s); *recoltă de* ∼*i* potato crop; *salată de* ∼*i* potato salad; *supă de* ∼*i* potato soup. ⓒ *a curăţa* ∼*i* to peel potatoes; *a pune/semăna* ∼*i* to sow potatoes.

cartofor *s.m.* gambler; card player.

cartograf *s.m.* cartographer, map maker, designer of maps.

cartografic *adj.* map-drawing.

cartografie *s.f.* cartography, map making.

carton *s.n.* **1.** *(mucava)* pasteboard; *(mai subţire)* cardboard. **2.** *(cutie de mucava)* box (made) of cardboard, cardboard box; *(pt.pălării)* bandbox. **3.** *pict.* cartoon. **4.** *(de prăjituri etc.)* carton. ⓐ ∼ *asfaltat* tar paper, felt board; ∼ *bristol* Bristol board.

cartona *vb. tr.* to bind in boards; to paste.

cartonaj *s.n.* **1.** *(cartonare)* pasteboard work. **2.** *(obiecte de carton)* pasteboard goods/wares.

cartonat *adj.* (bound) in boards.

cartotecă *s.f.* card index (of books).

cartuş *s.n.* **1.** *mil.* cartridge; shell case; bullet. **2.** *(∼ filtrant)* receptacle. **3.** *arhit.* cartouche, tablet. **4.** *poligr.* scroll. ⓐ ∼ *de exerciţiu mil.* dummy cartridge; ∼ *de manevră mil.* blank cartridge; ∼ *de război mil.* ball cartridge;

∼ *de vînătoare* sporting cartridge; ∼ *trasor mil.* tracer bullet.

cartuşieră *s.f.* cartridge box, pouch (for cartridges).

carusel *s.n.* merry-go-round.

casa *vb. tr. jur.* to annul, to set aside, to quash,

casabil *adj.* **1.** v. ç a s a n t. **2.** *jur.* annullable.

casant *adj.* breakable; *(fragil)* frail.

casap *s.m.* butcher.

casare *s.f. jur.* cassation, annulment.

casată *s.f.* ⓐ ∼ *siciliană* combined ice (cream).

casaţie *s.f. odin. jur.* cassation. ⓑ *cerere în* ∼ *jur.* notice/petition of appeal; *curte de* ∼ *jur.* court of cassation; *(în Anglia)* (highest) court of appeal.

casă¹ *s.f.* **1.** house; *(locuinţă)* dwelling, habitation; *(săracă)* (mere) hovel, cottage; *(frumoasă)* mansion, manor; *(fără etaj, ↓ de lemn)* bungalow. **2.** *(familie)* house; family; dynasty. **3.** *(plină)* house-(ful). **4.** *(căsnicie)* house. **5.** *(gospodărie)* household. **6.** *(la jocuri, pătrat)* square. **7.** *anat.* placenta. **8.** *com.* house. **9.** *fig. (cămin)* home. ⓐ *casa alegătorului* agitation station; ∼ *bătrînească* old-fashioned house; *casa părintească* the paternal roof; *Casa Pionierilor* the (Young) Pionieers' Palace; *casa scării* staircase; ∼ *de adăpost* v. c a b a n ă; ∼ *de ajutor reciproc* mutual insurance/benefit fund; ∼ *de amanet* pawnshop, pawn-broker's; ∼ *de bancă* banking house; ∼ *de bani* safe, strong box; ∼ *de bilete* booking office; ∼ *de comerţ* firm; ∼ *de corecţie* reformatory (school), remand home; ∼ *de creaţie* creators' home; ∼ *de cultură* house of culture; ∼ *de economii* savings bank; ∼ *de la oraş* town house; ∼ *de ţară* country house; ∼ *de lectură* village reading-room; ∼ *de locuit* dwelling/living house; ∼ *de naşteri* maternity/lying-in home; ∼ *de odihnă* rest home; ∼ *de piatră* stone house; ∼ *de raport* tenement (house); F→weekly; ∼ *de sănătate* health establishment; *(sanatoriu)* nursing home, sanatorium; ~ *de toleranţă* bawdy house, brothel, F→*kip, amer.* cathouse; ~ *de vînătoare* hunting box; ~ *de zid* brick house; ~ *prefabricată* prefabricated house, F→prefab. ⓓ *afară din* ~ out of doors; *(cei) ai casei (locatarii)* the inmates; *(familia)* my family/F people: *copil de* ~ *odin.* page; *făcut în* ~ home-made; *fată în* ~ housemaid; *fără* ~ houseless; *femeie în* ~ (domestic) servant, housemaid; *haină de* ~ everyday dress; *(pt. doamne)* morning dress; *în* ~ indoors, within doors: *locatarii unei case* persons living in the same house, inmates of a house, fellow lodgers; *pragul casei* threshold of a house; *stăpîna casei* mistress/lady of the house; *stăpînul casei* master of the house. ⓒ *a duce* ~ *bună cu cineva* to live like husband and wife, to be hand and glove with each other; *(a se împăca)* to get on (with smb.); *a ţine/face* ~ *cu cineva* to be married to smb., to live together in the conjugal state, to cohabit; *a ţine* ~ *mare* to live in great style; *a da pe cineva afară din* ~ to turn smb. out (of doors); *a sta în* ~ to stay in (doors); *trebuie să stea în* ~ he is confined to his room; he has to keep indoors; *a fi la casa lui* to be married; to settle down.

casă² *s.f.* **1.** *(cutie)* cash/money box, money chest; *(safe)* (money) safe, strong box, strong room. **2.** *(loc de plată)* pay office; *(ghişeu)* pay desk: *ferov.* booking/ticket office; *teatru* box office; *(în magazine)* desk; cash register; *(la bănci)* counter. **3.** *(bani, valori) com.* cash.

cascadă *s.f.* waterfall, cascade, falls, cataract. ⓐ ~ *de rîs* round of laughter.

cască *s.f.* **1.** *mil.* helmet; *poetic* helm; *(coif) odin.* casque. **2.** *radio* head/ear phones.

cască-gură *s.m.* v. g u r ă - c a s c ă.

caschetă *s.f.* (visored) cap.

caseină *s.f.* casein.

caserolă *s.f.* casserole.

casetă *s.f.* **1.** *(pt. bijuterii etc.)* casket; *(pt. instrumente)* case; *(pt. bani)* money box. **2.** *poligr.* fo(u)nt, case. **3.** *fot.* cassette, *inv.*→plate holder.

casier *s.m.* cashier; *ferov. etc.* booking clerk.

casierie *s.f.* pay office.

casieriţă *s.f.* (woman) cashier; *ferov. etc.* booking clerk.

casiterită *s.f. mineral.* cassiterite.

casnic I. *adj.* **1.** *(de casă)* home...; home-made; *(de gospodărie)* household...; *(domestic)* domestic. **2.** *(conjugal)* conjugal, married; *(de familie)* homely, family... **3.** *(familist)* settled, domesticated, < wedded to one's home. ⓐ *industrie* ~*ă* domestic/cottage industry; *om* ~ v. ~ II, 3; *viaţă* ~*ă* family life. **II.** *s.m.* **1.** friend of the family. **2.** married person. **3.** *(om de casă)* stay-at-home, F→home bird.

casnică I. *s.f.* housewife. **II.** *adj.* stay-at-home, housewifely.

casoletă *s.f.* cassolette, perfume pan.

cast *adj.* chaste.

castan *s.m. bot.* **1.** Spanish/sweet chestnut-tree *(Castanea sativa).* **2.** *(~ porcesc)* common/horse chestnut-tree *(Aesculus hippocastanum).*

castană *s.f.* chestnut; *(comestibilă)* edible/sweet chestnut, maroon; *sălbatică)* horse chestnut. ⓒ *a scoate castanele din foc cu mîna altuia* to make a cat's paw of other people.

castaniete *s.f. pl. muz.* castanets, F→bones.

castaniu *adj.* chestnut(-coloured), maroon; *(d. păr)* chestnut; *(roşcat)* auburn.

castă *s.f.* caste. ⓑ *spirit de* ~ clannishness, caste feeling, exclusiveness.

castel *s.n.* castle. ⓐ ~ *de apă* water tower; ~*e în Spania* castles in the air/in Spain; day dreams.

castelan *s.m.* lord/owner of a castle.

castelană *s.f.* lady/owner of a castle.

castitate *s.f.* chastity, virtue, innocence.

castor *s.m.* **1.** *zool.* beaver, *rar*→castor *(Castor fiber).* **2.** *(ca pălărie)* beaver hat. ⓑ *blană de* ~ beaver

skin; *vizuină de* ~ beaver's den/
lodge.
castra *vb. tr.* to castrate, to emascu-
late; *(animale)* to geld.
castrare *s.f.* castration; gelding.
castravecior *s.m.* gherkin *(Cucumis
anguria).*
castravete *s.m. bot.* cucumber *(Cu-
cumis sativus).* ⓐ ~ *amar bot.*
colocynth, bitter apple *(Citrullus
colocynthis)*; *castraveţi muraţi* pi-
ckled cucumbers. ⓑ *salată de cas-
traveţi* (sliced) cucumbers dressed
as salad. ⓒ *nu vinde castraveţi la
grădinar* F→don't teach your grand-
mother/grannie to suck eggs.
castron *s.n.* tureen.
castronaş *s.n.* bowl, porringer.
castru *s.n. ist.* Roman camp.
caş *s.n.* **1.** whey/pot cheese; *(proas-
păt)* green cheese. **2.** *ornit.* cere.
3. *(salivă)* saliva. ⓐ *cu* ~ *la
gură* callow, unfledged. ⓒ *nu i-a
căzut încă* ~*ul de la gură* peior.
F he's still a squash/an egg/*amer.*
a sucker; he is still unfledged/
callow.
caşalot *s.m. zool.* cachalot, sperm
whale *(Physetes).*
caşcaval *s.n. Romanian pressed cheese.*
ⓒ *a se întinde la* ~ F to become
cock(s)y/cockish/saucy; *(a-şi per-
mite prea mult)*←F to take li-
berties, to presume; *aprox.* give
him an inch and he'll take an ell.
caşetă *s.f. med.* cachet.
caşmir *s.n.* *(ţesătură)* cashmere;
(şal) cashmere shawl.
cat *s.n.* story, floor. ⓒ *cu două* ~*uri*
two-storied.
catabolism *s.n.* catabolism.
cataclism *s.n.* cataclysm, disaster.
catacombe *s.f. pl.* catacombs.
catacreză *s.f. lingv.* catachresis.
catadicsi *vb. tr.* to deign.
catafalc *s.n.* catafalque.
cataif *s.n. kind of Turkish whisked
cream cake.*
catalan *adj., s.m.* Catalan, Catalo-
nian.
catalectic *adj. metr.* catalectic.
catalepsie *s.f. med.* catalepsy.
cataleptic *adj., s.m.* cataleptic.
catalige *s.f. pl.* **1.** stilts. **2.** *fig.*
F drumsticks, broomsticks.

catalitic *adj. chim.* catalytic.
cataliza *vb. tr. chim.* to catalyse.
catalizator *chim.* **I.** *adj.* catalytic.
II. *s.m.* catalyst, catalyser; accele-
rant, accelerator.
cataliză *s.f. chim.* catalysis.
catalog *s.n.* **1.** catalogue; *(listă)*
list. **2.** *com.* inventory, catalogue.
3. *(şcolar)* register of a class,
classbook, roll; list of attendance;
(apel) call-over. ⓒ *a face/striga
~ul* to call over (the names), to
call the roll; *a înscrie/trece în* ~
to (put in a) catalogue, to enter
in a catalogue.
cataloga *vb. tr.* to catalogue, to
put/enter in a catalogue.
catalogare *s.f.* cataloguing.
catapeteasmă *s.f. bis.* catapetasma,
altar screen.
cataplasmă *s.f.* poultice, cataplasm.
catapultă *s.f.* **1.** *mil. odin.* catapult,
ballista. **2.** *av.* launching rail,
catapult.
catar *s.n. med.* **1.** *(inflamaţie)* ca-
tarrh. **2.** *(guturai)* cold in the
head, nasal catarrh.
cataractă *s.f.* **1.** *geogr.* cataract,
falls. **2.** *pl. (ale cerului)* sluice
gates. **3.** *med.* cataract.
cataral *adj. med.* catarrhal.
cataramă *s.f.* buckle, clasp. ⓑ *bătaie
la* ~ F good licking/thrashing,
sound drubbing; *beţie la* ~ F
booze, spree, Irish wedding; *prie-
teni la* ~ F bosom friends, great
chums, cup and can; *la* ~ **I.** *adj.*
F sound; thorough, capital. **II.** *adv.*
F soundly; thoroughly.
catarg *s.n.* **1.** *nov.* mast. **2.** *(stîlp)*
pole.
catargel *s.n. nov.* topgallant mast.
catastif *s.n.* *(listă)* roll, list: *(re-
gistru)* book, register. ⓒ *a trece
în* ~ to enter, to register (in a
roll); *te trec eu la* ~, *n-avea grijă!*
F I'll pay you out for it! I'll make
you remember it!
catastrofal *adj.* catastrophic.
catastrofă *s.f.* **1.** catastrophe, disas-
ter; calamity. **2.** *lit.* catastrophe.
ⓐ ~ *de cale ferată* railroad acci-
dent.
catedrală *s.f. bis.* cathedral (church).

catedră *s.f.* **1.** chair, lecturer's/professor's chair, lecturing desk; master's desk. **2.** *fig. (departament)* chair, department; *(funcție)* chair, professorship. ⓐ ~ *de istorie* history department; ~ *de rusă* Russian department.

categorie I. *adj.* categorical, positive, definite; *(d. un răspuns etc.)* categorical, explicit, clear; *(d. un refuz etc.)* categorical, flat, point-blank; *(d. o afirmație)* unqualified. **II.** *adv.* categorically, positively, definitely; explicitly, simply, flatly.

categorie *s.f.* **1.** category; *(fel)* kind, sort; *(clasă)* class, order. **2.** *log.* category, predicament. **3.** *(la box)* weight. ⓐ *categoria cocoș* bantam weight; *categoria grea* heavy weight; *categoria mijlocie* middle weight; *categoria muscă* fly weight; *categoria pană* feather weight; *categoria semigrea* light-heavy/cruiser weight; *categoria semimijlocie* welter weight; *categoria ușoară* light weight. ⓑ *boxer de* ~ *grea etc.* heavy weight (boxer).

categorisi *vb. tr.* **1.** to categorize, to classify. **2.** to qualify, to style.

catehism *s.n. rel.* catechism.

catenă *s.f.* **1.** chain of mountains, mountain range. **2.** *chim.* chain.

caterincă *s.f. muz. rar* barrel/street organ.

caterpilar *s.n. agr. etc.* caterpillar (tractor).

catetă *s.f. geom.* cathetus.

catetometru *s.n. fiz.* cathetometer.

catgut *s.n.* catgut.

catifea *s.f.* velvet. ⓐ ~ *reiată* ribbed cotton.

catifelat *adj.* velvety, (as) soft as velvet, velvet-like.

catihet *s.m. rel.* catechist, catechizer; religious teacher.

catilinară *s.f.* **1.** Catilinic oration/speech. **2.** *fig.* diatribe, outburst.

cation *s.m. fiz.* cation.

catiușă *s.f. mil.* jet mortar.

catîr *s.m. și fig.* F mule.

catod *s.m. electr.* cathode.

catodic *adj. electr.* cathodic.

catolic *rel.* **I.** *adj.* (Roman) Catholic. **II.** *s.m.* (Roman) Catholic. ⓒ *a fi*

mai ~ *decît papa* F to out-Herod Herod.

catolicism *s.n. rel.* (Roman) Catholicism, Popery, Popish religion.

catoptrică *s.f. opt.* catoptrics.

catrafuse *s.f. pl.* (one's) belongings, F (one's) traps/sticks. ⓒ *a-și lua/ stringe* ~*le* **a.** F to pack up one's traps. **b.** *(a pleca)* F to pack up and be off, to pack off/away.

catran *s.n.* **1.** tar. **2.** *fig.* bad temper, F wax, waxiness. ⓑ *negru ca* ~*ul* pitch-/coal-black.

catren *s.n.* quatrain.

catrință *s.f.* Romanian peasant homespun skirt.

cațaveică *s.f.* **1.** long *(often fur-trimmed) jacket worn by Romanian countrywomen.* **2.** small mortar board.

cață *s.f.* **1.** *(a ciobanului)* sheep hook. **2.** *(gură rea)* F←slanderous tongue. **3.** *fig.* F←scold, termagant, gossip. ⓒ *tacă-ți cața!* *vulg.* hold your jaw! *a se pune* ~ *pe capul cuiva* F to pester smb.; to batten on smb.

cauă *s.f.* bugbear, bugaboo.

cauc *s.n.* v. **conci.**

caucazian *adj., s.m.* Caucasian.

cauciuc *s.n.* **1.** (India) rubber, caoutchouc. **2.** *auto etc.* tyre, tire. ⓐ ~ *sintetic* synthetic rubber; ~ *spongios* foam rubber. ⓑ *arborele de* ~ *bot.* caoutchouc tree *(Siphonia elastica)*; india-rubber tree *(Ficus elastica)*; *manta de* ~ india-rubber coat, waterproof, mackintosh.

cauciuca *vb. tr.* to rubberize, to treat with rubber.

cauciucat *adj.* rubberized.

caudal *adj.* caudal.

caudin *adj.* ⓑ *furcile* ~*e* Caudine Forks.

caustic I. *adj.* **1.** *chim.* caustic, burning. **2.** *fig.* caustic, biting, cutting. ⓑ *sodă* ~*ă* caustic soda, sodium hydroxide. **II** *adv.* caustically, bitingly.

causticitate *s.f.* **1.** *chim.* causticity. **2.** *fig.* biting/stinging nature; acrimony.

cauter *s.n. med.* cautery.

cauteriza *vb. tr. med.* to cauterize, to sear.

cauterizare *s.f. med.* cauterization, cautery.

cauţiune *s.f.* **1.** security, guarantee. **2.** *jur.* bail. **3.** *(persoană)* surety, bondsman. ⓒ *a depune (o)* ~ *pentru cineva* to go bail for smb.; *a fixa* ~*a la... jur.* to set bail at...

cauza *vb. tr.* to cause, to bring about; *(a da prilej)* to occasion, to give rise to; *(a produce)* to produce; *(a da naştere la)* to call forth; *(a necesita)* to entail.

cauzal *adj.* causal. ⓑ *propoziţie* ~*ă gram.* causal clause.

cauzalitate *s.f. filoz.* causality.

cauzativ *adj.* causative.

cauză *s.f.* **1.** cause; *(motiv)* reason, ground. **2.** *jur.* (legal) case, lawsuit, trial. **3.** *fig.* cause. ⓐ *cauza ultimă* the ultimate cause. ⓑ *din această* ~ for this reason; *din care* ~? for what reason? why? *din cauza (cu gen.)* on account of..., because of..., through..., owing to...; *din cauza mea* on my account; *(de dragul meu)* for my sake; *din* ~ *că* because..., for..., as..., since...; *din* ~ *de...* for reasons of...; *through* ~...; *din* ~ *de boală* through illness, on account of/owing to illness; *în cunoştinţă de* ~ with full knowledge of the case; *pentru cauza socialismului etc.* in the cause of/in behalf of socialism. ⓒ *a face* ~ *comună cu cineva* to make common cause with smb., to side with smb.; *a scoate pe cineva din* ~ **a.** *jur.* to rule smb. out of court. **b.** *fig.* to exonerate smb.; *a fi în* ~ to be involved/implicated, to be concerned; *a pune pe cineva în* ~ **a.** *jur.* to sue smb., to summon smb. **b.** *fig.* to implicate smb.

caval *s.n.* long shepherd's pipe.

cavalcadă *s.f.* cavalcade, mounted procession.

cavaler I. *s.m.* **1.** *ist.* knight. **2.** one's young man; *(însoţitor al unei doamne)* escort; *(la dans)* partner; *(admirator)* admirer. **3.** *(om bine crescut)* gentleman, gallant; chevalier. **4.** *(holtei)* bachelor. **5.** *(al*

anumitor ordine, ↓ *în Franţa)* chevalier. ⓐ ~ *al ordinului...* knight of the order...; ~ *de industrie* adventurer, sharper, swindler; ~ *de onoare* best man; ~ *rătăcitor* knight errant; ~*ul tristei figuri* the knight of the rueful/sorrowful countenance. ⓒ *a investi/face pe cineva* ~ *ist.* to dub/make/create smb. a knight; *(în Anglia, astăzi)* to knight smb. **II.** *adj.* gallant. ⓒ *fii* ~ *!* F be a sport!

cavaleresc *adj.* **1.** *ist.* knightly, chivalrous, chivalric. **2.** gallant; *(brav)* brave, valiant. ⓓ *întrecere cavalerească ist.* tournament, tilting; *roman* ~ chivalry romance; *spirit* ~ chivalrous spirit.

cavalereşte *adv.* gallantly; *(curtenitor)* courteously; *(deschis)* openly, frankly.

cavalerie *s.f. mil.* cavalry, horse; *(trupe de* ~*)* horsemen, mounted troops. ⓐ ~ *uşoară* light cavalry/ horse. ⓑ *regiment de* ~ regiment of horse/cavalry.

cavalerism *s.n.* gallantry, chivalrousness.

cavalerist *s.m. mil.* cavalry/horse soldier, cavalry man, horseman.

cavalin *adj.* equine, horse...

cavatină *s.f. muz.* cavatina.

cavă *s.f.* ⓓ *vînă/vena* ~ *anat.* vena cava.

cavernă *s.f.* **1.** cave, cavern. **2.** *med.* cavity. ⓑ *omul cavernelor* cave man.

cavernos *adj.* **1.** cavernous, caverned. **2.** *med.* cavernous. **3.** *(d. voce)* hollow, deep-sounding, sepulchral.

caviar *s.n.* caviare.

cavitate *s.f.* **1.** hollow, cavity. **2.** *anat.* pocket. ⓐ ~ *abdominală anat.* abdominal cavity.

cavou *s.n.* burial/family vault, tomb.

caz *s.n.* **1.** *med., gram. etc.* case. **2.** *(întîmplare)* event, happening, occurrence; *(accident)* accident. **3.** *(exemplu)* instance. ⓐ ~ *de conştiinţă* matter of conscience; ~ *neprevăzut* unforeseen event, emergency; ~*ul nominativ gram.* the nominative case. ⓑ *exceptînd* ~*ul cînd* except if...; *în acest* ~ in this/that case; *în* ~ *că..., în*

~ul cînd... in case (that)...; *(cu condiţia)* provided (that)...; *(în eventualitatea)* in the event that...; *în ~ de...* in case of...; *în/la ~ de nevoie* in case of need/emergency; *în cel mai bun ~* at (the) best; *în cel mai rău ~* at (the) worst, at a pinch, if the worst comes to the worst; *în nici un ~* on no account, in no case, by no means; *(în nici o împrejurare)* under no circumstances; *în orice ~* **a.** *(oricum)* at all events, in any case, at any rate, anyhow. **b.** *(neapărat)* by all means; *în tot ~ul* v. î n o r i c e ~ **1.** © *a face ~ de...* to make much of...; to have a high opinion of..., to make (a) great fuss about...; to take stock in...; *în ~ că vine* if he should come, in the event of his coming; *în ~ul cînd s-ar întîmpla aşa ceva* in case this should happen; *a judeca de la ~ la ~* to judge each case on its own merits; *e ~ul să...* it is not out of place to...; it would be a good thing to...; it is meet and proper to...; *nu e ~ul* that's not the case.

caza *vb. tr.* **1.** *mil.* to quarter, to billet. **2.** to accommodate.

cazac *s.m.* Cossack.

cazacioc *s.n.* v. c ă z ă c e a s c ă.

cazan *s.n.* **1.** *(de bucătărie, tehn.)* boiler; *(cu aburi)* steam boiler; *(pt. rufe)* copper, kettle, cauldron. **2.** *(alambic)* alembic. **3.** *geol.* v. c ă l d a r e 3.

cazangerie *s.f.* boiler room/house.

cazangiu *s.m.* boiler maker, brazier, coppersmith.

cazanie *s.f. bis.* **1.** *(predică)* sermon; *(omilie)* (simple) homily. **2.** *(carte de predici)* homiliary, collection of homilies.

cazare *s.f.* **1.** *mil.* quartering, billeting. **2.** accommodation.

cazarmament *s.n. mil.* barrack equipage.

cazarmă *s.f. mil.* barracks.

cazeină *s.f. chim.* casein(e).

cazemată *s.f. mil.* casemate; blockhouse.

cazier *s.n.* **1.** *jur. (~ judiciar)* criminal/identification record, records of punishment. **2.** *(mobilă)* set of pigeon holes.

cazinou *s.n.* casino, club house.

cazma *s.f.* **1.** *(hîrleţ)* spade. **2.** *(tîrnăcop)←reg.* pick (hammer). **3.** *(tăietură cu hîrleţul)* cut with a spade.

caz, ă *s.f.* **1.** *(tortură)* torture, rack; *(martiriu)* martyrdom; *(suferinţă)* torment, agony. **2.** *(trudă)* strain, pains; *(efort)* effort(s). ⓓ *cu multă ~* with much trouble/difficulty; by dint of great exertion; *fără (nici o) ~* easily, without (much) difficulty; *(fără bătaie de cap)* without trouble.

cazon *adj.* **1.**←*inv.* barrack..., barrack-like; *(de soldat)* soldier's; *(milităresc)* military. **2.** *fig.* rigid, stiff, harsh.

cazual *adj.* **1.** casual, fortuitous, accidental. **2.** *gram.* case...

cazualism *s.n. filoz.* casualism.

cazualist *s.m. filoz.* casualist.

cazuar *s.m. ornit.* cassowary *(Casuarius)*.

cazuist *s.m.* casuist.

cazuistic *adj.* casuistic.

cazuistică *s.f. rel., fig.* casuistry.

că *conj.* **1.** that *(adesea se omite)*. **2.** *(fiindcă)* for, because. **3.** *(altfel)* or (else), otherwise. **4.** *(încît)* that. ⓓ *acum ~ ...* now that...; *cum ~ ...* that...; *(chipurile)* allegedly...; *cu toate ~...* (although...; *pe lîngă ~...* besides (the fact that)...; *pentru ~* v. p e n t r u c ă. © *~ bine zici!* right you are! *cred ~ va veni diseară* I think he will come tonight; *fie ~ scrie sau nu* whether he writes or not; *grăbeşte-te ~ nu-l mai găseşti* make haste, for/or/ otherwise you will not find him.

căci *conj.* because, for, since.

căciular *s.m.* cap maker, capper; hatter.

căciulă *s.f.* **1.** (high) fur cap; *(mare)* busby. **2.** *fig.←F* person, head. ⓐ *~ de astrahan* astrakhan cap. ⓓ *cel cu musca pe ~* the guilty person; *cu căciula în mînă fig.* bowing (low) to smb., eating humble pie; *prieten de ~* bowing acquaintance. © *a da cu căciula*

în cîini. **a.** *(a fi băut)* F to be
three sheets in the wind. **b.** *(a
face pe nebunul)* F to play the
fool/giddygoat; *să dai cu căciula
în cîini* F toothsome, tasty; *a se
şti/simţi cu musca pe ∼* to have
a sense of guilt, not to have a clean
conscience; *a-i ieşi părul prin ∼*
a. *(a i se urî aşteptînd)* to wait
till one gets tired and sick of it.
b. *(a o duce greu)* to be hardly
able to keep body and soul together;
to be down, to be in a weak/low
condition; *(a sărăci)* to go to the
dogs, to come upon the parish;
asta e altă ∼ F that's another
pair of breeches. ⓓ *la aşa cap,
aşa ∼* like master, like man; kit
will to kind; cat will after kind.
căciuli *vb. refl.* to bow (low), F to
eat humble pie, to kow-tow, to
cringe.
căciuliţă *s.f.* bonnet. ⓐ *Căciuliţa
Roşie* (Little) Red Riding Hood.
cădea I. *vb. intr.* **1.** to fall (down);
(a se desprinde) to fall off; *(a se
prăbuşi)* to collapse, to break
down; *(a se lăsa)* to fall, to sink.
2. *(a sosi)* to come, to arrive;
(a apare) to appear. **3.** *(a scade)*
to fall (down), to lower. **4.** *(a greşi)*
to err, < to sin; *(a da greş)* to
fail. **5.** *(d. planuri etc.)* to break
down. ⓐ *a ∼ asupra (cu gen.)*
to fall (up)on..., to rush on... ⓒ *a
∼ cu capul în jos* to take a flier;
a-i ∼ cu drag to fall in love with...,
to take a fancy to...; *a ∼ de acord*
to agree, to come to an agreement;
a ∼ de oboseală to drop with fati-
gue, to be dead/dog tired, to be
exhausted; *aprox.* my legs won't
carry me any more; my knees give
way; *a ∼ de pe bicicletă* to fall
off one's bicycle; *a ∼ de pe cal*
to fall off one's horse; *a ∼ de
somn* to be dead sleepy; *îi căzu
de gît* she fell on/round his neck;
mi-a căzut o piatră de pe inimă
a burden has been taken off my
shoulders; *a ∼ din picioare* to be
worn/fagged out; *i-a căzut din cer*
it came to him by sheer luck, it
was a windfall (to him); *conserva-
torii căzură în alegeri* the tories

were defeated at the elections; *a
∼ în apă* to fall into the water;
(d. cineva) to get a ducking;
a ∼ în bot. v. a ∼ de obosea-
lă; *a ∼ în braţele cuiva* to fling/
throw oneself into smb.'s arms;
a ∼ în flancul inamicului mil. to
turn the enemy's flank; *a ∼ în
genunchi* to fall on one's knees;
a ∼ în mizerie to go down; *a ∼
în mîinile cuiva* to fall into smb.'s
hands/clutches; *a ∼ în păcat* to
(commit a) sin, to trespass; *cade
întotdeauna în picioare* he always
(a)lights on his feet; *a ∼ în spatele
inamicului mil.* to attack the
enemy in the rear; *Anul Nou cade
într-o vineri* the New Year falls
on a Friday; *a ∼ la examen* to
fail in one's examination, F→to
be plucked/*sl.* ploughed; *a ∼ la
fund* to sink down; *a ∼ la învoială*
to come to terms/an agreement;
com. to strike a bargain; *a ∼ la
pat* to fall/be taken ill; *a ∼ la
pămînt* to fall to the ground;
a ∼ la picioarele cuiva to fall at
smb.'s feet; *a-ţi ∼ greu la stomac*
to lie/sit heavy upon one's stom-
ach; *a ∼ pe bec* to fall in love,
to be infatuated (with smb.);
a ∼ pe gînduri to fall musing, to
sink into thoughts; *a ∼ pe spate*
to fall backwards; *a ∼ peste cap*
to topple over; *a face să cadă* to
cause to/make fall, to hurl; *a lăsa
să cadă* to let... fall, to drop; *a
lăsa să cadă cortina* to ring down/
drop the curtain; *barometrul cade*
the barometer is falling/subsiding;
cei care au căzut (în luptă) those
who fell; *îi căzu părul* his hair
fell off; *noaptea cade* night is
setting in; *planurile lor au căzut*
their plans have fallen through;
planul căzuse the plan had broken
down; *preţurile cad* prices are
falling/receding/going down/drop-
ping; *a ∼ bine* to come oppor-
tunely/in season; *îi cade greu* it
comes hard to him; *a ∼ lungit* to
tumble down (at) full length, to
topple over; *a ∼ mort* to fall
dead. **II.** *vb. refl. (a se cuveni)*
to be proper/becoming/fit. ⓐ *a i*

se ~ ... to deserve... © *aşa ţi se cade* it serves you right, serve you right; *nu se cade să vorbeşti aşa* you ought not to/should not speak like that, it does not behave you to speak like that.

cădelniţa I. *vb. intr. bis.* to (in)cense. **II.** *vb. tr.* to sing the praises of, to sing praises to; to cajole, to flatter, to coax.

cădelniţă *s.f. bis.* censer, thurible.

cădere *s.f. bis.* **1.** *(prăbuşire)* collapse, (down)fall; *(ruină)* ruin; *(distrugere)* destruction. **2.** *(nereuşită)* failure. **3.** *(calitate)* capacity, competence quality, authority. **4.** *(cuviinţă)* becomingness, decorum, decency. ⓐ ~a părului fall/shedding of the hair; ~ *de apă* waterfall, falls, cascade, < cataract; *căderi radioactive* (radioactive) fall-out. ⓑ *la* ~*a serii* at nightfall. © *nu este în* ~*a lui* he is not competent in the matter.

căi *vb. refl. (de)* to repent (of), > to regret *(cu acuz.)*. © *o să se căiască!* he shall rue/smart.

căina I. *vb. tr.* **1.** *(a compătimi)* to commiserate, to pity. **2.** *(a jeli)* to lament over, to mourn for, to deplore. **II.** *vb. refl.* to lament, to wail, to moan.

căinţă *s.f.* repentance; *(regret)* regret; *(pt. păcate)* penitence, compunction; *(remuşcare)* remorse. ⓑ *cu* ~ ruefully, with a contrite heart.

căiţă *s.f.*←*reg.* bonnet. © *a se naşte cu căiţa-n cap* to born with a caul on one's head.

călare I. *adj.* mounted. **II.** *adv. (pe)* astride (of); *(pe cal)* on horseback. ⓑ *de-a-n* ~*le* v. ~ **II.** © *a face o plimbare* ~ to take a ride on horseback, to ride out on horseback; *a fi* ~ *pe situaţie* to be master of the situation, to have the ball at one's feet; *a sta/şedea* ~ *pe...* to bestride...

călăfătui *vb. tr. nav.* to caulk.

călăraş *s.m.*←*inv. mil.* cavalry man; *(călăreţ)* horseman.

călăreţ *s.m.* **1.** horseman, rider, equestrian. **2.** *mil.* horseman, cavalry man.

călări *vb. intr.* **1.** to ride (on horseback), to go on horseback; *(în galop)* to gallop; *(la pas)* to pace, to amble. **2.** *fig.* to ride on; to tyrannize over.

călărie *s.f.*, **călărit** *s.n.* **1.** riding (on horseback), equitation. **2.** *(plimbare călare)* ride (on horseback).

călător I. *adj.* **1.** travelling, itinerant, roaming; *(nomad)* vagrant, nomadic; *(migrator)* migratory. **2.** *fig.* fleeting, short-lived, transitory. ⓑ *păsări călătoare* migratory birds. **II.** *s.m.* **1.** traveller; wayfarer; *(pe mare)* voyager. **2.** *(pasager)* passenger; *(turist)* tourist, excursionist.

călători I. *vb. intr. (fără a indica destinaţia)* to travel (about), to be/go on one's travels; to be/go touring; *(implicind o destinaţie)* to (make a) journey; *(pe apă)* to voyage; *(a rătăci)* to wander, to roam. © *a* ~ *cu trenul* to go/travel by rail/train; *a* ~ *dintr-un loc în altul* to journey/travel from one place to another, to move/shift from place to place; *a* ~ *pe acelaşi drum* to travel by/follow the same route; *a* ~ *pe jos* to go on foot, to walk (F→it), F → to tramp it; *a* ~ *pe mare* to go by sea, to voyage. **II.** *vb. refl.* **1.** *(a pleca)* to go away; *(a se sfirşi)* to (come to an) end. **2.** *(a muri)* to die, to give up one's ghost, to pass away.

călătorie *s.f. (de obicei mai lungă)* travel; *(cu destinaţie precisă)* journey; trip; *(scurtă)* tour, trip, excursion, F→run; *(pe mare)* (sea) voyage; *(cu o ambarcaţiune cu pînze)* sail; *(călare sau cu bicicleta)* ride; *(cu un vehicul)* drive, ride. ⓐ ~ *de plăcere* pleasure trip; ~ *oficială* state visit; ~ *plăcută!* a pleasant journey, to you! bon voyage! ⓑ *amintiri/note de* ~ travelling impressions; *tovarăş de* ~ travelling companion, fellow traveller. © *a face o* ~ to make a journey; *(intr-o ambarcaţiune cu pînze)* to go for a sail; *a pleca în* ~ to set out on a journey;

(în străinătate) to go abroad; ∼ *sprîncenată!* F good riddance!

călătorit *adj.* travelled. ⓓ *oameni călătoriți* (widely) travelled people.

călău *s.m.* **1.** hangman, executioner, F→Jack Ketch. **2.** *fig.* blood sucker, tyrant, butcher, assassin.

călăuză *s.f.* **1.** *și fig.* guide; *(sfătuitor)* adviser. **2.** *(carte)* guide (book). **3.** *fig.* guiding principle. ⓐ ∼ *în acțiune* guide to action.

călăuzi **I.** *vb. tr. și fig.* to guide, to conduct, to lead; *(a sfătui)* to advise; *(a învăța)* to teach. **II.** *vb. refl. (după)* to be guided (by); to follow *(cu acuz.).*

călăuzire *s.f.* guidance.

călăuzitor *adj.* guiding; *(îndrumător)* directing. ⓓ *idee călăuzitoare* leading/guiding idea.

călca **I.** *vb. tr.* **1.** to step on, < to tread/trample on; to work with one's feet; to break by treading; to kill... by stamping; *(a zdrobi)* to crush/tread underfoot, to trample down; *(cu trăsura etc.)* to run/drive over; *(cu calul)* to ride over. **2.** *fig.* to crush under one's heel(s). **3.** *(a străbate)* to cover, to go. **4.** *(a vizita)* to call on/at; to visit. **5.** *(a năvăli peste)* to fall upon, to attack suddenly. **6.** *(a trece hotarele)* to trespass. **7.** *(cu fierul)* to press, to iron. **8.** *(d. cocoș etc.)* to tread. **9.** *fig. (a încălca)* to violate, to infringe; *(o promisiune, cuvîntul etc.)* to break. ⓒ *a* ∼ *o distanță de...* to walk a distance of...; *a* ∼ *drepturile cuiva* to encroach upon smb.'s rights/ privileges; *a* ∼ *iarba* to trample down the grass; *a* ∼ *legea* to infringe/break the law; *a* ∼ *un ordin* to act contrary to an order, to act in contravention to an order; *a* ∼ *o pălărie* to iron a hat; *nu-ți voi mai* ∼ *pragul* I shall never cross your threshold again; *a*∼ *strugurii* to press the grapes (with the feet); *dușmanii ne călcaseră țara* the enemies had invaded/made an inroad into our country; *ne-au* ∼*t hoții* we have had burglars in our house, our house has been robbed/burgled;

a ∼ *în picioare* to tread/trample under foot; *a* ∼ *pe picior.* **a.** to tread/stamp on smb.'s foot. **b.** *fig.* to trample down, to ride roughshod over; *(în secret)* to kick *smb.* under the table, to give *smb.* a sly hint. **II.** *vb. intr.* **1.** to tread, to put/set one's foot on the ground; *(a păși)* to take a step. **2.** *(cu fierul)* to iron, to press linen. ⓒ *a* ∼ *alături cu drumul* to stray from the right path; *a-și* ∼ *pe inimă* to mortify oneself, to make a sacrifice; to do smth. reluctantly/ against one's will; *a* ∼ *pe urmele cuiva* to follow in smb.'s footsteps; *a* ∼ *apăsat* to walk with a firm step; *a* ∼ *încet* to walk/go slowly; *a* ∼ *strîmb/rău* **a.** to miss one's footing. **b.** *fig.* to slip, to stumble; to make a faux pas, to take a false step; *a* ∼ *ușor* to tread lightly; *(fără zgomot)* to tread softly/gently.

călcare *s.f.* **1.** treading etc. v. c ă l c a. **2.** *fig.* breach, violation; infringement; invasion; transgression.

călcat *s.n.* ironing.

călcătorie *s.f.* ironing, laundry.

călcătură *s.f.* **1.** *(urmă de picior)* footprint. **2.** *(mers)* gait; *(pas)* step.

călcîi *s.n.* **1.** *anat., fig.* heel. **2.** *(de ciorap, de pantof etc.)* heel. ⓐ ∼ *dublu* double heel. ∼*ul lui Achile* Achilles' heel. ⓒ *a da* ∼*e calului* to spur the horse; *i s-au aprins* ∼*ele după...* he is madly in love with..., F he is nuts ⟨n ...; *îl doare în* ∼*e* F he doesn't care a rap/fig/ straw; *fugea de-i sfîriiau* ∼*ele* F he ran like a lamp-lighter/rabbit.

căldare *s.f.* **1.** *(găleată)* pail, bucket. **2.** *(cazan)* boiler. **3.** *geol.* hollow. ⓐ ∼ *cu vapori* steam boiler.

căldărar *s.m.* boiler maker, copper--smith.

căldărușă *s.f. bot.* columbine *(Aquilegia vulgaris).*

căldură *s.f.* **1.** heat, warmth. **2.** *fig.* warmth, ardour; fervidness, fervour, zeal. **3.** *fiz.* heat, caloric. **4.** *med.* fever. **5.** *pl.* hot weather, hot days. **6.** *pl. zool.* rut., heat; ⓐ

~ *animală* animal heat; ~ *înăbu-șitoare* stifling heat; ~ *specifică* specific heat; *călduri caniculare* sultry heat, dog days. ① *conducător de* ~ I. *adj.* conducting heat. II *s.m.* conductor of heat; *cu* ~ warmly, < ardently, devoutly; *(cu pasiune)* passionately; *pierdere de* ~ loss of heat; *senzație de* ~ a. glow after a cold bath. b. burning sensation; *unitate de* ~ unit of heat, calorie; *val de* ~ heat wave. ② *are* ~ he is feverish, he is in a (burning) fever; *a fi în călduri* to be in a heat; to be sex-ridden; *e o* ~ *insuportabilă* it/the weather is intolerably hot.

călduros I. *adj.* 1. warm, < hot. 2. *fig.* ardent; devout, passionate, cordial; warm II. *adv. fig.* warmly, ardently, devoutly, passionately. ② *vă mulțumim* ~ we warmly thank you; *l-am primit* ~ we received him warmly, we gave him a warm reception.

căldut *adj.* 1. lukewarm, tepid. 2. *fig.* lukewarm, half-hearted.

căli I. *vb. tr.* 1. *(fier, oțel)* to temper, to harden. 2. *(varza)* to stew (in fat). 3. *fig.* to temper, to strengthen; to harden. II. *vb. refl.* 1. *(d. fier, oțel)* to be(come) hardened/tempered. 2. *fig.* to steel/harden/brace oneself. 3. *(a se îmbăta)* F to get/grow tipsy/screwed.

călimară *s.f.* *(propriu-zisă)* inkpot; *(cu suport)* inkstand.

călin *s.m. bot.* snowball tree, guelder rose *(Viburnum opulus)*.

călire *s.f.* *și fig.* (case) hardening, steeling.

călit *adj.* 1. *și fig.* hardened, steeled. 2. *(beat)* F fuddled, muddled. ① *varză* ~*ă* cabbage stewed in fat.

călțun *s.m.* ⓐ ~*ul doamnei bot.* (herb) bennet *(Geum)*.

călțunaș *s.m.* 1. curd *sau* fruit dumpling. 2. *bot.* violet *(Viola)*. 3. sweet violet *(Viola odorata)*. 3. *bot.* Indian cress, nasturtium *(Tropaeolum maius)*. 4. *bot.* bennet *(Geum urbanum)*.

călugăr *s.m.* monk, conventual; *(ținând de un ordin)* friar. ① *floarea* ~*ului bot.* soapwort *(Saponaria)*.

călugăresc *adj.* monkish, monastic. ① *ordin* ~ monastic/religious order.

călugări I. *vb.tr.* to make a monk of, to frock; *(femei)* to make a nun of. II. *vb. refl.* to turn monk, to go into/enter a monastery; *(d. femei)* to take the veil, to go into a nunnery.

călugărie *s.f.* 1. monkish/monastic life. 2. monachism, monasticism.

călugăriță *s.f.* 1. nun, conventual religious. 2. *entom.* Camberwell beauty *(Vanessa antiopa)*.

căluș *s.n.* 1. gag. 2. *muz.* bridge of a violin. 3. *pict.* easel. 4. *(pt. rufe)* clothes peg. ⓒ *a pune cuiva* ~*ul (în gură)* a. to gag/garrotte smb. b. *fig.* to stop smb.'s talk.

călușari *s.m. pl.* 1. *kind of Romanian folk dance*. 2. *group of dancers performing it*.

călușei *s.m. pl.* 1. roundabout, merry-go-round. 2. v. **călușari**.

căluț *s.m.* 1. little horse, small horse, pony, nag. 2. *entom.* grasshopper *(Ortoptera saltatoria)*.

cămară *s.f.* pantry, larder.

cămașă *s.f.* 1. *(bărbătească)* (man's) shirt, P. → smish; *(femeiască)* chemise, P. → shimmy. 2. *tehn.* casing, cover, jacket. 3. *electr.* cable lead sheath. 4. *bot.* pellicle; peel; *(a bobului)* husk. 5. *(a unei cărți)* (dust) jacket; *(învelitoare)* wrap(per), cover(ing). 6. *(pojghiță)* film; *(crustă)* crust. 7. *anat.* caul. ⓐ *cămașa cepei* onion skin; ~ *de fier/zale* mail shirt; ~ *de forță* strait jacket; ~ *de noapte* night shirt; *(femeiască)* night gown/dress, F→nightie; ~ *de pînză* linen shirt; ~ *de sport* sport shirt; ~ *de zi* day shirt; ~ *fără mîneci* sleeveless shirt. ① *cu* ~ *murdară* dirty-shirted; *fabrică de cămăși* shirt manufactory; *guler de* ~ shirt collar; *mînecă de* ~ shirt sleeve; *nasture de* ~ shirt button; *(numai) în* ~ in, one's shirt, P. → shirt-tail. ⓒ *a-și da și cămașa de pe el* to give the very shirt off one's back;

a-și pune o ~ curată to put on a clean shirt, to change one's shirt; *a nu şti pe unde să scoată cămaşa* to be hard pressed/pushed/set/cornered, *sl.* to be up a/the tree, to be in a sad tweak; *a-și scoate/dezbrăca cămaşa* to take off one's shirt; *a-și vinde şi cămaşa de pe el* to sell the very shirt off one's back; *a lăsa pe cineva in ~* to strip smb. naked/bare tot he skin/ F→ to the buff; *a dezbrăca pe cineva pînă la ~ fig.* to fleece smb., F →to clean smb. out; *arde cămaşa pe el* F he is pushed/pressed for time; *n-are nici ~ pe el* he has not a shirt to his back. ⓕ *cămaşa e mai aproape decît haina/sumanul* near is my shirt, but nearer is my skin; close sits my shirt, but closer (still) my skin; charity begins at home.

cămăşuică, cămăşuţă *s.f.* little shirt; *(camizol)* chemisette.

cămătar *s.m.* usurer, money lender.

cămătăresc *adj.* usurious.

cămătărie *s.f.* usury, extortionate practice(s).

cămilar *s.m.* camel driver.

cămilă *s.f. zool.* camel *(Camelus)*; *(cu două cocoaşe)* (Bactrian) camel *(Camelus bactrianus)* ; *(cu o cocoaşă)* dromedary *(Camelus dromedarius)* ⓕ *conducător de cămile* camel driver; *lapte de ~* camel's milk; *păr de ~* camel's hair.

cămin *s.n.* **1.** *(sobă)* hearth, fireplace, fireside. **2.** *(coş pt. fum)* chimney (pot). **3.** *fig.* home. **4.** *(de studenţi)* student(s') hostel. ⓐ *~ cultural* club; *~ de studenţi* v. *~ 4*; *~ de zi* day nursery; *~ părintesc* father's house, paternal roof. ⓕ *fără ~* homeless, without a home.

căminar *s.m. ist.* collector of duties on spirits.

căni *vb.tr.* to dye.

cănire *s.f.* dyeing.

căpăstru *s.n.* **1.** halter, bridle. **2.** *fig.* bridle. ⓒ *a scoate ~l (cu gen.)* to unbridle...., to take the bridle off...; *a duce pe cineva de ~* to lead smb. by the nose.

căpăta I. *vb.tr.* **1.** to obtain, to get; *(a primi)* to receive; *(a do-* *bîndi)* to acquire; *(în dar)* to get as a present, to pe presented with; *(a cîştiga prin muncă)* to earn. **2.** *(a asuma)* to assume. **3.** *(a contracta)* to contract; *(o boală)* to contract, to catch. ⓐ *a o ~ F* to get -it (hot.) ⓒ *a ~ curaj* to take courage; *a ~ formă definitivă* to be finalized; *a ~ guturai* to catch a cold (in the head); *a ~ o deprindere* to contract a habit; *putem ~ sare din apă sărată* salt can pe obtained/made from salt water; *a ~ ştiri* to receive/have news; *a ~ voie/permisiune* to obtain/get permission, to be permitted/allowed. **II.** *vb. refl.* to be obtained etc. v. *~* I.

căpătat *s.n. (cerşit)* begging. ⓐ *a umbla după ~* to beg (alms).

căpătîi *s.n.* **1.** *(al patului)* head (of the bed). **2.** *(pernă)* pillow; *(sul)* bolster. **3.** *(suport)* support, rest. **4.** *(bucată)* bit, piece. **5.** *(inceput)* beginning; *(sfîrşit)* end. **6.** *fig. (cămin)* home; *(acoperiş)* roof; *(adăpost)* shelter. ⓐ *un ~ de sfoară* a bit of string. ⓕ *carte de ~* bedside book; fundamental book; *de ~* fundamental; basic; *din ~* from the first, from the very outset/start; *fără ~* I. adj. *(neaşezat)* unsettled; *(fără adăpost)* homeless; *(fără lucru)* out of work. II. *adv.* aimlessly; *om fără ~* loafer, do-nothing. ⓒ *a-și face un ~* to settle (down); *a da de ~ (cu dat.)* to clear up..., to elucidate..., to unravel..., to untangle....; *a umbla fără ~ (a vagabonda)* to be on the tramp; *(a rătăci)* to roam/wander aimlessly; *(a trîndăvi)* to idle/F → loll about, to loaf (about); *a o scoate la ~* v. a o scoate la capăt. ⓒ *a scoate ceva la ~* to bring smth. to an end/a close, to carry smth. through/ out; *a sta la ~ul cuiva* to sit at the head of smb.'s bed.

căpătui I. *vb.tr.* **1.** to settle, to place; *(a numi)* to appoint. **2.** to marry; *(o fată)* to give away in marriage, to marry (away). **II.** *vb. refl.* **1.** to settle, to find a situation/berth, to get employment/a job/a place. **2.** *(a se căsători)* to get married.

căpătuială *s.f. (situaţie)* place, situation; *(bună)* good/nice berth; *(avere)* fortune; *(bani)* money.

căpătuit *adj.* **1.** that has found a situation etc. v. c ă p ă t u i II. **2.** *(aşezat)* settled.

căpăţînă *s.f.* **1.** *(cap de vită)* head. **2.** *(cap de om)* F pate, nut, *sl.* knowledge box, nob. **3.** *(craniu)* skull. **4.** *bot.* bulb. **5.** *(butucul roţii)* hub, wheel nave. ⓐ ~ *de ceapă* an onion; ~ *de cui* nail head; ~ *de mac* poppy head; ~ *de usturoi* a garlic; ~ *de varză* (head of) cabbage; ~ *de zahăr* sugar loaf.

căpăţînos *adj.* **1.** *(cu capul mare)* *peior.* big-headed. **2.** *(prost)* F thick-skulled. **3.** *(încăpăţînat)* F pig-headed.

căpcăun *s.m.* **1.** *(în poveşti)* ogre. **2.** cannibal, man eater. **3.** *fig. (monstru)* monster, brute; *(sălbatic)* savage.

căpetenie *s.f.* chief, head; *(comandant)* commander; *(a unui trib)* chieftain. ⓑ *de* ~ principal, main, chief; *lucru de* ~ chief thing/matter.

căpeţel *s.n. (bucată)* bit. ⓐ ~ *de luminare* candle end.

căpia *vb. intr.* **1.** *vet.* to have the sturdy. **2.** *fig.* F to go mad, to be crazy/cracked/dotty.

căpiat *adj.* **1.** sturdied. **2.** F cracked, dotty.

căpistere *s.f.* ←*reg.* kneading trough.

căpitan *s.m.* **1.** *mil.* captain. **2.** *nav.* captain; *(pe vasele de riu şi)* skipper; *(pe vasele de comerţ)* shipmaster; *(în marina de război engleză)* captain R.N. (= of the Royal Navy). **3.** *sport etc.* skipper, captain. **4.** *fig.* commander; *(şef)* chief, leader, head. ⓐ ~ *de cursă lungă* *nav.* master mariner; ~ *de fregată* *nav.* commander; ~ *de infanterie* *mil.* infantry captain; ~ *de pompieri* firemaster; ~ *de port nav.* harbour master, captain of the port; ~*ul unei echipe de fotbal* skipper/ captain of an eleven. ⓒ *ori Stan, ori* ~ it is neck or nothing.

căpităneasă *s.f.* captain's wife.

căpitănie *s.f.* ⓐ *căpitănia portului* harbour master's office.

căpiţă *s.f.* cock. ⓐ ~ *de fîn* hay cock.

căprar *s.m.* **1.** *mil.←înv.* corporal. **2.** *(păzitor de capre)* goatherd, goat keeper.

căprărie *s.f.* **1.** *mil.* group (under a corporal's command). **2.** *mil.* (routine) drill. **3.** *fig.* group, herd. ⓒ *a merge pe căprării* to herd, to march gregariously, to be marched.

căpresc *adj.* goat's....

căprioară *s.f. zool.* **1.** deer; roe; doe; *masc.* roebuck *(Capraeolus capraea)*. **2.** *(capră tînără)* (little) kid. ⓐ ~ *de munte* chamois *(Capella rupicapra)*.

căprior *s.m.* **1.** *zool.* roebuck *(Capraeolus capraea)*. **2.** *arhit.* rafter (of the roof). **3.** *(pt. tăiat lemne)* sawing jack/trestle.

căprişor *s.n. bot.* cypress grass, cyperus *(Cyperus)*.

căpriţă *s.f. (ied)* kid(ling).

căprui *adj.* hazel.

căpşun *s.m. bot.* strawberry plant *(Fragaria)*.

căpşună *s.f.* strawberry.

căptuşeală *s.f.* **1.** lining. **2.** *arhit.* facing; boarding, planking. **3.** *tehn.* coating. **4.** *min.* timbering. **5.** *fig. (înşelăciune)* F taking in, diddling.

căptuşi **I.** *vb.tr.* **1.** to line (inside), to provide with a(n inside) lining. **2.** *arhit.* to face; *(cu scînduri)* to board, to plank; *(a tapisa)* to wainscot. **3.** *min.* to timber. **4.** *fig. (a ticsi)* to stuff. **5.** *fig. (a înşela)* F to take in, to diddle. **6.** *fig. (a şterpeli)* F to bag, to shark, P to cop, to prig. **7.** *fig. (a pune mîna pe)* ←F to get hold of. **8.** *fig. (a aranja)* ←F to drive/get into a corner. ⓒ *il căptuşesc eu!* F I'll show him! **II.** *vb. refl.* **1.** *pas.* to be lined etc. v. ~ I. **2.** *(a se îmbăta)* F to get tipsy/boozy.

căptuşire *s.f.* lining etc. v. c ă p-t u ş i.

căpuitor *s.n.* riveting set.

căpuşă *s.f.* **1.** *entom.* sheep louse/tick *(Melophagus ovinus)*. **2.** *bot.* castor-oil plant *(Ricinus communis)*.

ⓒ *ce-i în gușă și-n* ~ open (-hearted), plain(-spoken).

căputa *vb. tr. (încălțăminte)* to new--foot, to new-front, to refoot, to put new feet to; *(ciorapi)* to (new-) foot.

căpută *s.f.* **1.** *anat.* foot. **2.** *(la încălțăminte)* forepart, toe cap; *(piele de deasupra)* upper leather, vamp.

căra I. *vb. tr.* **1.** *(a tr¹nsporta, a duce)* to carry, to take, to transport; *(peste un rîu etc.)* to take/put across. **2.** *(a îndepărta)* to carry away/off; *(a muta)* to remove. **3.** *(mîncare)* F to fall to... with great vigour, to eat heartily of; *(băutură)* ←F to drink copiously, to partake freely of. ⓒ *a ~ pumni (cu dat.)* to strike/hit... with one's fist, to fist..., to cuff....; *a ~ în spinare* to carry on one's back/shoulders. **II.** *vb. refl.* **1.** *(a pleca)* to go away; *(a o șterge)* F to pack off, to clear out. **2.** *pas.* to be carried etc. v. ~ I.

cărare *s.f.* **1.** *(potecă)* path, narrow way; *(pt. mers pe jos)* foot path. **2.** *fig.* path, way. **3.** *(în păr)* parting. ⓐ ~ *bătută* beaten path/track; ~ *lăturalnică* by-path; *cărări întortochiate* **a.** sinuous paths. **b.** *fig.* crooked ways. ⓑ *(pieptănat) cu ~ la mijloc* with middle parting; ⓒ *a umbla pe două cărări.* **a.** *(a fi beat)* F to be half-seas-over, to be making indentures with one's legs, *amer.* to make a Virginia fence. **b.** *(a fi cu două fețe)* to be a double dealer, to be a hypocrite.

cărat *s.n.* carrying etc. v. c ă r a; t r a n s p o r t.

cărăbăni I. *vb. tr.* **1.** *(a căra* I, 1) to carry. **2.** *(a îndepărta)* to carry/take away, to remove. **3.** *(a trage)* to deal *blows etc.* ⓒ *a ~ pumni cuiva* v. a c ă r a p u m n i. **II.** *vb. refl.* v. c ă r a II, 1.

cărăbuș *s.m. entom.* cock chafer, blind/tree beetle *(Melolontha vulgaris).*

cărămidar *s.m.* brick maker; *(zidar)* brick layer.

cărămidă *s.f.* brick. ⓐ ~ *aparentă* face brick; ~ *pisată* brick dust; ~ *refractară* fire-clay brick; ⓑ

arderea cărămizilor burning of bricks; *clădire în/din* ~ brick structure/building; *cuptor de ars* ~ brick kiln; *fabrică de* ~/*cărămizi* brickyard. ⓒ *a arde* ~ to burn bricks; *a fabrica/face* ~ to make bricks.

cărămidărie *s.f.* brick yard/field; *(cuptor)* brick kiln.

cărămiziu *adj.* brick-red/-coloured.

cărăuș *s.m.* **1.** carter, waggoner. **2.** *Cărăușul astr.* the Waggoner, Auriga.

cărăuși *vb. intr.* to be a carter/waggoner; to earn one's living as a carter/waggoner.

cărăușie *s.f.,* **cărăușit** *s.n.* **1.** *(meserie)* carting, carrying (trade), business of a carter. **2.** *(plată)* cartage, carriage, charges of conveyance.

cărbunar *s.m.* **1.** coal miner, pitman. **2.** coal vendor. **3.** *ist.* carbonaro.

cărbunărie *s.f.* **1.** *(cuptor)* charcoal kiln. **2.** *(magazie)* coal depot.

cărbune *s.m.* **1.** *(mineral)* (mineral) coal; *(mangal)* charcoal; *(carbon)* carbon. **2.** *(jar)* live/red-hot coal(s), embers. **3.** *bot.* smut; *(la grîu și)* brand. **4.** *med.* anthrax. **5.** *electr., pict.* carbon. **6.** *artă și* crayon, carbon. ⓐ ~ *acoperit* double dealer, hypocrite; *(mironosiță)* Sunday saint; ~ *activ* active carbon/charcoal; ~ *alb* white coal; ~ *animal* animal charcoal, bone black; ~ *brun* brown coal, lignite; ~ *bucăți* lump/large coal; ~ *de lemn* charcoal; ~ *de pămînt/piatră* (mineral) coal, coal from the pit; *(cocs)* coke; ~ *de piatră* stone coal; ~ *de retortă* gas/retort carbon; ~ *fix* fixed carbon; ~ *mărunt* small/slack coal; ~ *praf/pulverizat* coal powder, F→duff; ~ *pur* pure coal; ~ *vegetal* charcoal; *cărbuni aprinși* glowing embers, live coals. ⓑ *arderea cărbunilor* charcoal burning; *încălzire cu* ~ heating with coal; *mină de cărbuni* coal mine, colliery; *praf de* ~ coal dust; *strat de cărbuni geol.* layer/bed of coal, coal seam/measure. ⓒ *a preface în* ~ to char, to carbonize; *a se preface în* ~ to turn to coal, to be/become carbonized; *a schița în*

~ to sketch in carbon; *a sta pe cărbuni (aprinşi)* to sit/be on thorns, F→to be on tenterhooks, to be in a stew.

cărdăşie v. c î r d ă ş i e.

cărnos *adj.* **1.** flesh-like. **2.** *anat.* sarcous. **3.** *bot.* pulpy, pulpous. **4.** *(gras)* plump, corpulent, F→ crumby.

cărpănos *adj. (zgircit)* mean, niggardly, F close-fisted, stingy.

cărpănoşie *s.f. (zgîrcenie)* niggardliness, stinginess.

cărpiniş *s.n.* hornbeam grove.

cărticică *s.f.* **1.** little book, booklet. **2.** *(scrisoare)* letter.

cărturar *s.m.* learned/well-read/F→ bookish man, (great) scholar.

cărturăreasă *s.f.* fortune teller.

cărturăresc *adj.* **1.** scholarly. **2.** *(literar)* literary.

cărţulie *s.f.* v. c ă r t i c i c ă 1.

cărucior *s.n.* **1.** *(pt. copii)* perambulator, F→pram. **2.** *(vagonet)* trolley, truck. **3.** v. c ă r u ţ 1.

cărunt *adj.* **1.** *(d. păr)* grey(ish); *poetic* hoary; *(cu părul ~)* grey-haired; *(încărunţit)* grown grey. **2.** *(vechi)* ancient, primeval. ⓘ *cap* ~greyhead, greyheaded person.

căruţ *s.n.* **1.** little cart; small cart; *(de mînă)* hand cart. **2.** *(pt. copii)* v. c ă r u c i o r 1. **3.** *tehn.* truck; bogie.

căruţaş *s.m.* carter, carman, drayman.

căruţă *s.f.* **1.** cart, wag(g)on. **2.** *(ca încărcătură)* cartful, cart/wag(g)on load. ⓐ *o* ~ *de fîn* a cartful of hay. ⓑ *a cincea roată la* ~ superfluous, of no use; not wanted. ⓒ *a fi de* ~ to bear the brunt/burden; *a rămîne de* ~ *(a pierde un prilej)* to miss an opportunity; *(a rămîne in urmă)* to lag behind, to be backward/behind; *(în muncă)* to be behindhand.

căsăpi *vb. tr.* **1.** to kill, to slaughter; *(viţei etc.)* to butcher, to stab. **2.** *fig.* to butcher, to slay, to massacre; to mangle.

căsăpie *s.f.* **1.** *(măcelărie)* butcher's (shop). **2.** *(abator)* slaughter house.

căsători I. *vb. tr. (cu)* to give (away) in marriage (to), to marry away/off (to), F→to get off. **II**

vb. refl. (cu) to marry (cu *acuz.)* to get married/F→spliced (to), *elev.*→to wed *(cu acuz.)*, to contract a marriage (with); *(d. bărbat)* to take a wife to oneself, to take a wife to one's bosom; *(d. femeie)* to change one's name. ⓒ *a se* ~ *din nou* to marry again, to remarry; *s-a* ~*t din dragoste* he made a love match.

căsătorie *s.f.* marriage, match; *(ca instituţie)* matrimony, wedlock. ⓐ ~ *civilă* civil marriage, marriage before a registrar; ~ *de convenienţă* marriage of convenience; ~ *din dragoste* love match; ~ *fericită* happy union; ~ *nepotrivită* ill-assorted match; ~ *religioasă* wedding. ⓑ *candidat la* ~ suitor, wooer; *certificat de* ~ certificate of marriage, F→marriage lines; *contract de* ~ marriage contract/settlement; *copil din prima* ~ child by the first wife *sau* husband; *dispensă de* ~ marriage license; *propunere/cerere in* ~ marriage proposal. ⓒ *a da cuiva in* ~ to give (away) in marriage to smb.; *a lua in* ~ *pe cineva* to take smb. in marriage.

căsătorit *adj.* married, wedded. ⓘ *tinerii căsătoriţi* the bridal couple, the newly married pair; a just married couple.

căsca I. *vb. tr. (gura etc.)* to open (wide); *(a întredeschide)* to open slightly, to half-open; *(uşa)* to set ajar. ⓒ *a* ~ *gura* **a.** to open one's mouth (wide). **b.** *(a-şi pierde vremea)* to gape about, to stand gaping about, to lounge/hang about; *nu* ~ *gura!* wake up↑ look sharp! *a* ~ *gura la ceva* to gape/<stare at smth.* **II.** *vb. refl. (a se întredeschide)* to open slightly, to half-open; *(d. o prăpastie etc.)* to gape, to yawn. **III.** *vb. intr.* **1.** *(de somn etc.)* to yawn. **2.** *(a sta cu gura căscată)* to gape, to stand gaping, F to seek gape seed.

căscat I. *adj.* **1.** *(deschis)* open, < wide open; *(cu gura ~ă)* agape, open-mouthed; *(întredeschis)* slightly open; *(d. uşă)* ajar; *(d. o prăpastie etc.)* gaping, yawning. **2.**

fig. gaping, open-mouthed; *(nătă-fleţ)* foolish, stupid; *(distrat)* absent-minded, F moony. ⓒ *a rămîne cu gura ~ă* to be dumbfounded, to be struck with amazement; *a umbla cu gura ~ă după...* F to be agog for... **II.** *s.n.* **1.** yawning, S→oscitation. **2.** *(ca act)* yawn; gape; *glumeţ* the gapes.

căscătură *s.f.* **1.** v. c ă s c a t **II. 2.** *fig.* opening, gap, crevice.

căscăun(d) *s.m.* F gaper, simpleton, booby.

căscioară *s.f.* little house, *rar→* houselet.

căsnicie *s.f.* married/wedded life; wedlock, family life.

căsoaie *s.f.* **1.** *(cămară)* larder, pantry; *(pt. unelte)* lumber room. **2.** *augm.* big house.

căsuţă *s.f.* **1.** little house, *rar→* houselet. **2.** *(firidă)* pigeonhole. ⓐ *~ poştală* post-office box, POB.

căşărie *s.f.* cheese dairy.

căşuna I. *vb. tr. (a pricinui)* to cause, to bring about; *(a determina)* to determine. **II.** *vb. intr.* ⓐ *a-i ~ să...* to dawn upon..., to occur to...; *a ~ asupra (cu gen.)/ pe...* **a.** *(a prinde ură pe)* to begin/ come to hate..., to conceive a hatred for... **b.** *(a tăbărî asupra)* to fall upon..., to rush (in) upon..., to throw oneself upon..., to attack.. ⓒ *îi ~se să se însoare* the idea of marriage had crossed his mind.

căta I. *vb. tr. şi refl.* v. c ă u t a. **II.** *vb. intr.* **1.** *(a privi)* to look. **2.** *(a trebui)* must. ⓒ *cată să te duci acolo* you must go there.

cătană *s.f. mil.* soldier; *glumeţ* rookie.

cătare *s.f.* **1.** v. c ă u t a r e. **2.** *(privire)* look. **3.** *mil.* sight. ⓒ *a lua la ~ mil.* to sight, to point one's gun at.

cătănie *s.f.* military service, conscription. ⓑ *cîntec de ~* soldier's song. ⓒ *a merge la ~* to enter the army, to join the ranks/regiment/ colours.

cătină *s.f. bot.* **1.** box thorn *(Lycium barbarum)*. **2.** sea buckthorn *(Hippophaë rhamnoïdes)*.

cătinel *adv.* slowly; *(binişor)* softly, gently, easy, gingerly; *(pe furiş)* stealthily, by stealth; *(în vîrful picioarelor)* (on) tiptoe.

cătrăni I. *vb. tr.* **1.** *(a unge cu catran)* to tar. **2.** *(a amărî)* to embitter, to pain, to grieve; to vex, to mortify; *(a învenina)* to embitter, to envenom. **3.** *(a otrăvi)* to poison. **II.** *vb. refl.* to be embittered etc. v. *~* **I, 2**; *(a se supăra)* to grow angry; *(a se înfuria)* to grow furious.

cătrănit *adj.* **1.** tar-coloured, black. **2.** *fig. (cu arţag)* peevish; *(posac)* morose, surly, sulky; *(abătut)* downcast; *(supărat)* angry; *(furios)* furious, enraged, embittered. **3.** *fig. (veninos)* venomous, poisonous.

către *prep.* **1.** *(spaţial)* to(wards). **2.** *(temporal)* about, towards; by, against. **3.** *(împotriva)* against. **4.** *(faţă de)* to. ⓐ *~ ora 9* about nine (o'clock); *~ sfîrşitul săptămînii* towards/by/against the end of the week; *~ sud* to the south, southward; ⓑ *de ~* **a.** by. **b.** *(dinspre)* from.

cătun *s.n.* hamlet, small village/ parish.

cătuşe *s.f. pl.* **1.** handcuffs, manacles; P *→* bracelets, darbies. **2.** *fig.* chains.

căţăra *vb. refl.* **1.** to climb; *(cu trudă)* to clamber/scramble up. **2.** *(d. plante)* to creep, to twine. ⓐ *a se ~ pe un/într-un pom* to climb/ swarm up a tree; *a se ~ pe un vîrf de munte* to mount (up) a peak.

căţărare *s.f.* climbing up etc. v. c ă ţ ă r a.

căţărătoare *s.f.* **1.** *ornit.* common creeper *(Certhia familiaris)*. **2.** *ornit.* wood-pecker *(Picus)*. **3.** *pl.* *ornit.* climbers, scansores. **4.** *pl.* *bot.* creepers, climbing plants.

căţărător *adj.* climbing. ⓑ *plante căţărătoare bot.* creepers, climbing plants.

căţea *s.f.* **1.** *zool.* bitch, F→lady-dog. **2.** *fig.* F bitch, (low) hussy, slut. **3.** *mil.*←F machine gun. ⓐ *o ~ de vreme* F a beastly day, wretched weather.

căţel *s.m.* **1.** *(pui de ciine)* puppy, şi *fig.* whelp; *(ciine mic)* little dog, doggie, lap dog; *(pui de fiară sălbatică)* cub. **2.** *fig.* F toady, flunkey, *inv.*→lickspittle. ⓐ ~ *de usturoi* clove (of garlic); ~*ul pămintului zool.* ground squirrel *(Spalax typhus)*. ⓑ *cu* ~ *(şi) cu purcel* F with bag and baggage.

căţelandru *s.m.* bigger puppy *sau* cub v. c ă ţ e l 1.

căţeli I. *vb. tr. (d. căţea)* to pup; *(d. fiare sălbatice)* to cub. **II.** *vb. refl.* to pair, to couple.

căţeluş *s.m.* little dog, doggie, lap dog.

căţuie *s.f.* perfume burner, censer, S→thurible.

căuş *s.n.* **1.** *(lingură mare)* ladle, dipper, scoop; *(conţinutul)* ladleful, scoopful. **2.** *(ispol)* bailer, scoop. **3.** *(al roţii morii)* bucket. **4.** *(al zidarului)* mason's ladle, dipper, scoop. ⓐ ~*ul miinii*, the hollow of one's hand. ⓒ *a face mina* ~ to hollow one's hand; *a bea cu mina* ~ to drink from one's cupped hand.

căuta I. *vb. tr.* **1.** to look for; to seek for/after, to seek; *(scotocind)* to search/hunt for; *(bijbiind)* to grope for; *(a cerceta)* to go in search/quest of; *(a se duce să caute)* to go and fetch; *(prin anunţ)* to advertise for; *(a întreba de)* to inquire after. **2.** *(a vrea)* to want; *(a tinde la)* to aspire after; *(a rîvni)* to covet. **3.** *(a îngriji)* to attend (to), to look after, to take care of; *(mai ales bolnavi)* to nurse. ⓐ *a* ~ *să...* **a.** to try to..., to endeavour to..., to do one's best/utmost to... **b.** *(a avea grijă să)* not to fail to... **c.** *(a vrea să)* to want to... ⓒ *ce caută el aici?* what business has he (to be) here? what does he want here? what is he doing here? *(ce vînt îl aduce?)* what brings him here? *u* ~ *casă* to look for a house, to be in search of a house; *n-am ce* ~ *acolo* I am not wanted there; I have no business there; *ce cauţi?* what are you looking for? *a* ~ *un cuvînt în dicţionar* to look up/out a word in the

dictionary; *caut cuvîntul potrivit* I am at a loss for the proper word; *a* ~ *dragostea cuiva* to seek smb.'s love; *l-am* ~*t peste tot* I searched/ looked for it high and low, I've hunted for it everywhere; *a* ~ *pieirea cuiva* to seek/plot smb.'s ruin; *mereu caută să-i intre în voie* he is always anxious to please her; *caută să jignească pe toată lumea* he makes it a point to offend everybody; *a* ~ *să placă* to (try to) make oneself agreeable; *a* ~ *să scape* to try to escape; *caută să vii mai devreme* mind you come earlier, > try and come earlier; *a* ~ *o scuză* to try to find an excuse; *fără a* ~ *să se ascundă* without any attempt at concealing; *a* ~ *soluţia unei probleme* to try to find the solution of a problem; *a* ~ *ziua de ieri* F to run a wild-goose chase; *e* ~*t de...* he is wanted by... **II.** *vb. refl.* **1.** *(a fi căutat)* to be required/wanted/demanded; *com.* to be in great demand. **2.** *(a se îngriji de sănătate)* to undergo a cure. ⓒ *se caută o cameră* room wanted; *nu prea se caută lina* there is little demand/inquiry for wool. **III.** *vb. intr.* to seek. ⓐ *a* ~ *de...* to attend (to)..., to take care of...; to look after; *(mai ales de bolnavi)* to nurse; *a* ~ *la...* to take into account..., to mind...; to pay heed to...; *caută-ţi de drum!* go your way! get along! *a-şi* ~ *de sănătate* v. ~ II, 2; *a nu-şi* ~ *de sănătate* to neglect one's health.

căutare *s.f.* **1.** seeking etc. v. c ă u t a. **2.** *com.* demand. **3.** *(îngrijire)* care; *med.* nursing (of a patient). ⓑ *în* ~*a (cu gen.)* in pursuit of. ⓒ *untul avea mare* ~ there was a brisk/real demand for butter, butter was in great/actual demand.

căutat I. *adj.* **1.** appreciated, prized; in demand. **2.** artificial, affected, over-elaborate; recherché. **II.** *s.n.* v. c ă u t a r e 1.

căutător *s.m.* searcher, seeker.

căutătură *s.f.* **1.** look; *(repede)* glance; *(fixă)* gaze, stare; *(insistentă şi duşmănoasă)* glare. **2.** *(înfăţişare)* look, mien, appearance. ⓒ *a arun-*

ca o ~ *(cu dat.)* to cast a glance/ look at...; to dart/shoot a glance at..., to fling one's eyes at.

căuzaş *s.m. ist.* revolutionist; conspirator, plotter; partizan, zealot.

căzăcească *s.f.* kasatchok, *a lively Ukrainian dance.*

căzăcesc *adj.* Cossack...

căzăceşte *adv.* like a Cossack.

căzăcime *s.f. col.* Cossacks.

căzător *adj.* falling. ⓓ *stea căzătoare* shooting/falling star.

căzătură *s.f.* **1.** *(cădere)* fall, tumble. **2.** *(casă dărăpănată)* dilapidated/ramshackle/tumble-down house. **3.** *(animal prăpădit)* crock, rotter; *(iapă slabă)* jade. **4.** *(om prăpădit)* wreck, ruin, F old blighter. **5.** *(deşeuri)* waste (material).

căzni I. *vb. tr.*←*înv.* to torture, to torment, to (put to the) rack. **II.** *vb. refl.* **1.** *(a se chinui)* to torment/torture oneself. **2.** *(a se trudi)* to endeavour, to strive; to be at pains.

căzut *adj.* fallen etc. v. c ă d e a.

ce I. *pron.* **1.** *interogativ* what? **2.** *relativ, exclamativ* what(!) ⓓ *ceea* ~ what; *(cu referire la o propoziţie)* which; *cel* ~ he who; *cei* ~ those who; *cu* ~? with what? *despre* ~? of/about what? *din* ~? out of what? from what? *pe* ~? on what? *pentru* ~? why? what for? ⓒ ~ *am de plată?* how much is my account? F what's to pay? ~ *doriţi?* what do you want? *(cu ce vă pot servi?)* what can I do for you? ~ *e?* what is it? *(ce s-a întîmplat?)* what's up? what's the matter? ~ *faci acolo?* what are you doing there? ~*-i cu tine?* what's the matter with you? what ails you? ~ *mă uimeşte...* what astonishes me...; ~ *mi-e una,* ~ *mi-e alta(?)* that's all the same (to me), it comes all to the same thing, it's six of one and half a dozen of the other, not much/nothing to choose between them, F 'tis tweedledum and tweedledee; ~ *nu vedeai acolo!* how much there was to be seen! F what a lot there was to be seen! ~ *s-a întîmplat?* what happened? v. şi ~ *e?* ~ *spui!*

you don't say so! *eşti grozav,* ~ *să spun!* F *peior.* you are a beauty! *a nu avea de* ~ *să...* to have no reason for *(cu forme în -ing)*; *despre* ~ *e vorba?* what's the matter? what is it (all) about? *după* ~ *l-am văzut* after seeing him; *fie* ~*-o fi* come/happen what may; *iată* ~ look here, I say, listen; *în* ~ *mă priveşte* l, for one; as for me, as regards myself; *n-ai pentru* ~ not at all, don't mention it, you're welcome; *tot* ~ *ştie el* all (that) he knows. ⓓ ~ *ţie nu-ţi place, altuia nu face* do as you would be done by. **II.** *adj.* **1.** *interogativ, relativ (neselectiv)* what; *(selectiv)* which. **2.** *exclamativ* what...! *(înaintea unui subst. la sing.)* what a(n)...! ⓒ ~ *cărţi?* what (kind of) books? ~ *fel de...?* what kind/sort of...? ~ *importanţă are?* what does it matter? ~ *om!* what a man! ~*om înalt!* what a tall man! ~ *prostie* how stupid! *din* ~ *cauză?* why? **III.** *adv.* **1.** *(cît)* how; how much etc. **2.** *(de ce)* why. ⓐ ~ *de... (cît)* how much...; *(ciţi)* how many... ⓒ ~ *aş mai rîde dacă...!* how I should laugh if...! ~ *bine călăreşte băiatul!* how well the boy rides! *ca un băiat cuminte* ~ *este* the sensible boy he is, as a good boy; *te miri* ~ next to nothing, nothing to boast of. **IV.** *s.m.* something.

cea¹ *art. adj.* the, v. şi c e l. ⓐ *care* she who; that which.

cea² *interj.* ho! gee (ho)! ho hoa! ⓓ *unul zice hăis şi altul* ~ one pulls one way and the other pulls the other way; they don't see eye to eye.

ceacîr *adj.* **1.** *(d. ochi)* of different colour; *(d. animale)* with eyes of different colour. **2.** *(saşiu)* squint-eyed, squinting.

ceac-pac *adv.* F so so.

ceafă *s.f.* **1.** *anat.* nape (of the neck), backhead, back of the head;→F scruff of the neck. **2.** *(de animal, d. carne)* neck. ⓓ *gras la* ~ F well-off/-in; *gros la* ~ **a.** *(voinic)* square-built, thick-set, F strapping. **b.** *(stîngaci)* clumsy; boorish.

ⓒ *a face* ~ to put on flesh, to grow stout; *a întoarce ceafa cuiva* to give smb. the cold shoulder; *cînd mi-oi vedea ceafa* F when pigs fly; *a căra la* ~ *cuiva* F to drub/ thrash/tan smb., to tan smb's hide; *a se strica la* ~ F to be at odds with smb.

ceai *s.n.* **1.** *bot.* tea plant/shrub *(Thea chinensi).* **2.** *(băutură)* tea. **3.** *(reuniune)* tea party. ⓐ ~ *chinezesc* China tea; ~ *de mușețel* camomile tea; ~ *de tei* lime-blossom infusion; ~ *slab* weak tea; ~ *tare* strong tea; ~*ul de ora cinci* five o'clock tea. ⓒ *a da un* ~ to arrange/ give a tea party.

ceainărie *s.f.* tea house.

ceainic *s.n.* tea pot.

cealaltă I. *adj.* the other. **II.** *pron.* the other (one).

ceangău *s.m.* Csángó, *Hungarian living in the Bacău region, Moldavia.*

ceapă *s.f. bot.* **1.** onion, F→poor man's treacle *(Allium cepa).* **2.** bulb(ous root). **3.** *sl. (ceas)* F→onion, ticker. ⓐ *ceapa ciorii* **a.** meadow gagea *(Gagea pratensis).* **b.** grape hyacinth *(Muscari botroides).* **c.** star of Bethlehem *(Ornithogalum).* **d.** meadow saffron *(Colchicum autumnale);* ~ *ciorească.* **a.** rock onion, stone leek *(Allium fistulosum).* **b.** carline (thistle) *(Carlina acaulis).* ⓑ *coajă de* ~ onion skin, skin of an onion; *gust de* ~ taste of onions; *miros de* ~ smell of onions; *sos de* ~ onion sauce; *supă de* ~ onion soup. ⓒ *a minca ceapa ciorii* F to go off one's chump; *nu face/plătește nici (cît) o* ~ *degerată* F it isn't worth a pin/fig/button/ rap/straw; *a făcut niște ochi cît cepele* he opened his eyes wide, his eyes started out of his head.

ceapraz *s.n.* **1.** *(ciucure)* passementerie; *(fig)* galloon, braid lace. **2.** *(pt. fierăstrău)* saw file.

ceaprazer *s.m.* **1.** maker of passementerie; lace maker. **2.** *(negustor)* dealer in passementerie; haberdasher.

ceaprazărie *s.f.* **1.** haberdasher's shop, smallware shop. **2.** trade of a lace maker, lace making. **3.** *(mărfuri)* passementerie/lace work, trimmings, haberdashery.

ceară *s.f.* **1.** (bees)wax, bee's wax, *inv.*→cere; **2.** *(din urechi)* ear wax, cerumen; **3.** *bot.* wax plant *(Hoya carnosa).* ⓐ ~ *de albine* beeswax; ~ *minerală/de pămînt* fossil wax, ozokerite; ~ *roșie* sealing wax; ~ *vegetală* vegetable wax. ⓑ *ca ceara* wax-like, waxy; *de* ~ (of) wax, waxen; *de culoarea cerii* wax-coloured; *figură de* ~ wax figure; *floare de* ~ **a.** wax flower. **b.** *bot. v.* ~ 3; *galben ca ceara /turta de* ~ **a.** as yellow as wax, wax-coloured. **b.** *fig.* (as) white as a sheet, deadly pale, paper-faced; *luminare de* ~ wax candle/light; *pictură în* ~ encaustic/ wax painting; *topitorie de* ~ melting house for wax; *turtă de* ~ cake of beeswax, wax tablet. ⓒ *n-aș face asta să mă pici cu* ~ F I wouldn't do it for the life of me.

cearcăn *s.n.* **1.** *(în jurul ochiului)* dark ring, circle. **2.** *astr.* corona, halo. ⓒ *a avea* ~*e la ochi* to have circles round the eyes.

ceardaș *s.n.* csárdás, *Hungarian national dance.*

cearșaf *s.n.* (bed) sheet. ⓐ ~ *de baie* bath sheet; ~*uri ude* wet pack.

ceartă *s.f.* quarrel, wrangle; altercation; *(zgomotoasă)* brawl(-ing), squabble, row; *(luptă)* conflict, contention, F→tussle; *(schimb de cuvinte)* discussion, dispute; *(discuție)* discussion; *(idem, între savanți)* controversy;*(disensiune)* dissension, F falling out. ⓑ *cată-* ~ F tease, bully. ⓒ *a căuta* ~ to be spoiling for a fight with smb.; *a căuta* ~ *cu luminarea* to seize the first opportunity for picking a quarrel; *a fi în* ~ *cu cineva* to be at odds/loggerheads/variance with smb., to be on bad terms with smb.; *a se lua la* ~ to pick/start a quarrel, to come to words with smb.

ceas *s.n.* **1.** hour (of the day); *(ora...)* ... o'clock; *fig. (timp)* time; *(moment)* instant. **2.** *(aparat)* timepiece; chronometer; *(de mină etc.)* watch, F→tick(er), *sl.* onion, *(în* *limbajul copiilor)* tick-tack; *(mare)* clock. **3.** *pl. bis.* Hours of Devotion. ⓐ ~ *bun* happy/lucky/propitious hour; ~ *cu cuc* Dutch/German/wooden/cuckoo clock; ~ *cu nouă pietre* watch jewelled in nine holes; ~ *cu repetiţie* repeater (watch); ~ *de argint* silver watch; ~ *de aur* gold watch; ~ *de buzunar* (pocket) watch; ~ *de* ~ hour by hour, every hour; ~ *de mînă* wrist watch; ~ *de nisip* sand glass, hourglass; ~ *de perete* (hall) clock; ~ *de soare* sundial; ~ *deşteptător* alarm clock; ~ *de turn* turret clock; ~ *electric* electric(al) clock; ~ *rău* **a.** evil hour. **b.** *med.,* ← P. falling sickness; epilepsy; ~*ul morţii* death/dying hour; ~*uri întregi* for hours on end. ⓑ *arc de* ~ watch spring; *bătaie a* ~*ului* strike of a clock; *buzunar pentru* ~ watch pocket; *(mic, la pantaloni)* fob; *(ca) după* ~ like clockwork; *într-un* ~ *rău* in an evil hour; *în* ~*ul al unsprezecelea/doisprezecelea* at the eleventh hour, at the last moment; *lanţ de* ~ watch chain/guard; *peste un* ~ in an hour('s time); *o plimbare de un* ~ an hour's walk; *sticlă de* ~ watch glass. ⓒ *a da* ~*ul înainte* to put/set the clock/watch on; *a da* ~*ul înapoi* to put the clock/watch back; *a întoarce* ~*ul* to wind up the watch/clock; *a regla* ~*ul* to regulate/set the watch/clock; *a se da de* ~*ul morţii* to fret, to bother, to agonize; *să fie într-un* ~ *bun* good luck! *i se apropia* ~*ul morţii* his death(hour) was near/approaching; he was at his last gasp, he was at his death's door; ~*ul bate sfertul* the clock strikes the quarter; *cît e* ~*ul?* what time is it? what is the time? what does the clock say? what o'clock is it? *e* ~*ul trei* it is three o'clock; ~*ul meu întîrzie cu cinci minute* my watch is five minutes slow, F→I am five minutes slow; ~*ul s-a oprit* the clock *sau* watch has stopped (going); *i-a sunat* ~*ul* (his) last hour has arrived/come.

ceaslov *s.n. bis.* breviary, book of hours.

ceasornic *s.n.* **1.** v. c e a s 2. **2.** *bot.* common/blue passion-flower *(Passiflora coerulea).* ⓐ ~ *de nisip* sand glass.

ceasornicar *s.m.* watchmaker, clockmaker.

ceasornicărie *s.f.* **1.** *(magazin, atelier)* watchmaker's, clockmaker's. **2.** *(meserie)* watchmaking, clockmaking. **3.** *(marfă)* clocks and watches.

ceaşcă *s.f.* cup; *(conţinutul)* cupful. ⓐ ~ *de ceai* cup of tea; ~ *de lapte* cup of milk.

ceată *s.f.* **1.** *(de oameni)* band, troop, group; *(în sens rău)* clique, set, ring, F→tribe; *(bandă)* gang. **2.** *(de lupi etc.)* pack, flock. **3.** *(suită)* suite. ⓐ *cete-cete, în cete* in troops/bands/flocks.

ceaţă *s.f.* **1.** mist; *(deasă)* (thick) fog; *(rară)* (light) haze; *(umedă)* Scotch mist; *(pe mare)* sea fog. **2.** *fig.* mist, veil, cloud. ⓐ ~ *artificială* artificial mist. ⓒ *învăluit în* ~ wrapped in fog, *şi fig.* shrouded in mist; *a vedea ca prin* ~ to have a dim sight, to have dim eyes.

ceaun *s.n.* cast-iron kettle. ⓑ *negru ca* ~*ul/fundul* ~*ului* F (as) black as ink/coal, jet-black.

ceauş *s.m. ist.* **1.** courier, messenger; deputy. **2.** usher. **3.** captain, chieftain, commander.

cec[1] *s.n.* cheque. ⓐ ~ *barat* crossed cheque; ~ *de casier/bancă* cashier's cheque, banker's cheque/draft; ~ *girat* endorsed cheque; ~ *în alb şi fig.* blank cheque; ~ *la purtător* cheque to bearer, bearer cheque; ~ *simplu/nebarat* open/uncrossed cheque. ⓑ *beneficiarul unui* ~ payee of a cheque; *carnet de* ~ *uri* cheque book; *emiţătorul unui* ~ drawer of a cheque. ⓒ *a gira un* ~ to endorse a cheque.

cec[2] *s.n. anat.* caecum.

cecitate *s.f.* cecity, blindness.

cecum *s.n. anat.* v. c e c[2].

ceda I. *vb. tr.* to give up, to yield (up), to cede, to resign; to surrender; *(un drept)* to surrender; *(un* *teritoriu)* to concede; *F*→to lower one's colours. ⓒ *a* ~ *locul cuiva* to give up one's seat to smb. **II.** *vb. intr.* **1.** *(sub presiune)* to yield, to give way. **2.** *(a se supune)* to submit, to give in, F→to knuckle under; *(somnului)* to succumb (to); *(a se recunoaște inferior)* to acknowledge oneself inferior. ⓒ *a* ~ *dorinţelor cuiva* to yield to smb., to give in to smb., to comply/fall in with smb.'s wish(es); *a sili pe cineva să cedeze* to bring smb. to terms.

cedare *s.f* giving up etc. v. c e d a.

cedru *s.m.* **1.** *bot.* cedar *(Pinus cedrus)* **2.** *(lemn de* ~*)* cedar (wood). ⓐ ~ *de Liban* cedar of Lebanon *(Cedrus Libani)*.

ceea *adj.*, *pron.* v. a c e e a. ⓐ ~ *ce...* what...; *(referitor la o propoziţie)* which...

cefalic *adj. anat.* cephalic.

cefalopode *s.n. pl. zool.* cephalopoda.

cefalorachidian *adj.* ① *lichid* ~ *fiziol.* cerebrospinal fluid.

ceferist *s.m.* Romanian railwayman/railwayworker.

cegă *s.f. iht.* sterlet *(Acipenser ruthenus).*

ceh I. *adj.* Czech. ① *limba* ~*ă* the Czech language, Czech. **II.** *s.m.* Czech.

cehă *s.f.* **1.** Czech (woman *sau* girl). **2.** the Czech language, Czech.

cehoslovac *adj., s.m.* Czecho-Slovak.

cei I. *art. adj. pl.* the ⓐ ~ *bogaţi* the rich. **II.** *adj. dem.* v. a c e i. **III.** *pron. dem. pl.* v. a c e i a. ⓐ ~ *ce/care... (pt. persoane)* those who; *(pt. lucruri)* those which...

ceilonez *adj.*, *s.m.* Ceylonese, Sinhalese.

cel I. *art. adj.* the. ⓐ ~ *mai bun* the best. **II.** *adj. dem.* v. a c e l. **III.** *pron. dem.* v. a c e l a. ⓐ ~*ce/care...(pt. persoane)* he who/that...; *(pt. lucruri)* the one which...; ~ *din urmă (ultimul)* the last (one); *(cel de-al 2-lea)* the latter; *Cel de Sus* God (in Heaven above); ~ *de-al doilea* the second; ~*e de mai sus* the above (facts etc.); *this;* all these things; ~ *mult* at the most; ~ *puţin* at least.

celar *s.n.* pantry, larder; *(pt. unelte)* lumber room.

celălalt I. *adj. dem.* the other; *(de colţ, capăt)* far(thest). **II.** *pron. dem.* the other (one).

cele I. *art. adj. pl.* the. **II.** *adj. dem. pl.* v. a c e l e. **III.** *pron. dem. pl.* v. a c e l e a. ⓐ ~ *ce/care... (pt. persoane)* those who...; *(pt. lucruri)* those which...; *(lucrurile care)* the things which..., all that...

celebra I. *vb. tr. (a sărbători, a oficia)* to celebrate, to solemnize, to keep(up); *(a comemora)* to commemorate, to celebrate. ⓐ *a* ~ *o cununie* to celebrate/solemnize a marriage. **II.** *vb. refl. pas.* to be celebrated etc. v. ~ **I.**

celebrare *s.f.* **1.** celebration etc. v. c e l e b r a. **2.** *(solemnitate)* solemnity, ceremony. ⓐ ~ *a cununiei* marriage ceremony/service; *(nuntă)* wedding, nuptial feast.

celebritate *s.f.* **1.** renown, fame, (great/world-wide) reputation. **2.** celebrity, illustrious/eminent person, famous man, F→(great) star, lion of the day.

celebru *adj.* renowned, celebrated, famous, illustrious.ⓒ *a deveni*~*peste noapte* to become famous in a day, to awake to find oneself famous.

celenterate *s.n. pl. zool.* coelentera.

celest *adj.* **1.** celestial heavenly. **2.** *poetic* heavenly, divine.

celesta *s.f. muz.* celesta.

celibat *s.n.* celibacy, celibate, F→ single blessedness.

celibatar I. *adj.* unmarried, single. ⓒ *e* ~ he lives/is single, F his hat covers his family. **II.** *s.m.* bachelor, single man.

celibatară *s.f.* spinster.

celofan *s.n.* cellophane.

celofibră *s.f.* staple fibre, rayon.

celt *s.m.* Celt, *rar*→Kelt.

celtă *s.f.* **1.** v. c e l t. **2.** Celtic, the Celtic language.

celtic *adj.* Celtic, *rar*→Keltic. ⓐ *limba* ~*ă* v. c e l t ă 2.

celular *adj.* cellular, cell... ⓐ *regim* ~ solitary confinement (in cells); *ţesut* ~ *anat.* cellular tissue, parenchyme.

celulă *s.f.* **1.** *biol., pol., mil.* cell. **2.** *anat.* celli; *(globulă)* blood co.puscle. **3.** *av.* cellule. **4.** *tehn.* cubicle. ⓐ ~ *albă* white blood corpuscle; ~ *roşie* red blood corpuscle.

celuloid *s.m.* celluloid.

celuloză *s.f.* cellulose; *(pastă)* pulp.

cenaclu *s.n.* literary circle/club.

cenotaf *s.n.* cenotaph.

cens *s.n.* **1.** *ist. (la romani)* census. **2.** *ist. (în orînduirea feudală)* quit rent. **3.** *odin.* qualification, right. ⓐ ~ *de avere odin.* property qualification, ~ *de instrucţiune odin.* educational qualification; ~ *electoral odin* electoral qualification.

cent *s.m. (monedă americană)* cent; F penny.

centaur *s.m.* **1.** centaur. **2.** *Centaurul astr.* the Centaur.

centenar **I.** *adj.* centenary, centennial, of a hundred years' standing. **II.** *s.m.* centenarian. **III.** *s.n.* centenary, hundredth anniversary, centennial (celebration).

centezimal *adj.* centesimal.

centiar *s.m.* centiare, one square metre.

centigrad *adj.* centigrade. ⓑ *termometru* ~ centigrade thermometer.

centigram *s.n.* centigramme.

centilitru *s.m.* centilitre.

centimă *s.f.* **1.** ←*rar (ban)* farthing, penny. **2.** *(franceză)* centime. ⓒ *n-aş da o* ~ I would not give half a farthing for it; *nici o* ~ not a farthing/pennypiece; *pînă la (o)* ~ to a penny; to the last farthing.

centimetru *s.m.* **1.** centimetre. **2.** *(pt. măsurat)* tape measure, metre tape.

centiron *s.n.* belt, girdle.

centra **I.** *vb. tr.* **1.** *tehn.* to centre, to adjust. **2.** *sport* to centre. **3.** *fig.* to centre, to focus. **II.** *vb. intr. sport* to centre.

central **I.** *adj.* **1.** central. **2.** *fig.* central, principal, main, fundamental. ⓑ *cu încălzire* ~*ă* central-heated; *încălzire* ~*ă* central heating. **II.** *adv.* in the centre.

centrală *s.f.* **1.** central (office). **2.** *v.* ~ ⓐ . ⓐ ~ *atomo-electrică* atomic electric power station; ~ *electrică* power station/house, generation station, electricity works; ~ *hidroelectrică* hydro(-electric) power station/plant; ~ *telefonică* telephone exchange, *amer.* central; ~ *termică* steam-generating station; ~ *termoelectrică* thermo-electric power station.

centralism *s.n. pol.* centralism. ⓐ ~ *democratic* democratic centralism.

centralist *adj. pol.* centralist.

centraliza *vb. tr. şi refl.* to centralize.

centralizare *s.f.* centralization.

centralizator *adj.* centralizing.

centrifug *adj. fiz.* centrifugal. ⓐ *forţă* ~*ă* centrifugal force/power.

centripet *adj. fiz.* centripetal. ⓐ *forţă* ~*ă* centripetal force/power.

centrism *s.n. pol.* centrism.

centrist *s.m. pol.* centrist, member of the Centre.

centru **I.** *s.n.* **1.** *geom.* centre, central point. **2.** centre, middle. **3.** *fig.* centre. **4.** *pol.* Centre (party). **5.** *com.* shop, unit. ⓐ ~ *cultural* cultural centre; ~ *comercial* commercial centre, centre of trade; ~ *de atracţie* centre of attraction; ~ *de colectare agr.* grain-collecting station; ~ *de gravitate fiz.*, *fig.* centre of gravity; ~ *de înmagazinare a cerealelor agr.* storing place; ~*l unui pătrat geom.* the centre of a square. ⓑ *în* ~*l atenţiei* in the centre of attention, in the highlights/swim; *în* ~*l oraşului* up town, in the (centre of the) city, *amer.* downtown. **II.** *s.m.* centre. ⓐ ~ *înaintaş sport* centre (forward); ~ *nervos anat.* nerve centre. ⓑ *mijlocaş/ half* ~ *sport* centre half (-back).

centură *s.f.* belt, girdle. ⓐ ~ *de castitate* chastity belt; ~ *de salvare* life b lt. ⓒ *a lovi pe cineva sub* ~ *şi fig.* to hit smb. below the belt.

centurie *s.f. ist. Romei* century, centuria.

centurion *s.m. ist* centurion.

cenuşar **I.** *s.n.* **1.** *(la sobă etc.)* ash pan. **2.** *(de tăbăcărie)* tanner's lime pit. **3.** *(scrumieră)←îno.* ash pot/tray. **4.** *(urnă cinerară)* cinerary urn. **II.** *s.m.* F ink spiller, *amer.* ink slinger.

cenuşă *s.f.* **1.** ashes, cinders; *(scrum)* ash. **2.** *rel.* mortal/earthly remains, *poetic* dust, ashes. ⓐ ~ *vulcanică* volcanic ash. ⓑ *conţinut în* ~ percentage of ash; *ploaie cu* ~ rain of ashes; *prefacere în* ~ burning to ashes, *chim.* calcination. ⓒ *a nu avea nici•* ~ *în vatră* to be utterly ruined, F→to be on one's beam ends; *a-i lua cuiva şi cenuşa din vatră* to eat smb. out of house and home; *a preface în* ~ to reduce/burn to ashes/cinders; *(un oraş etc.)* to burn down; *chim.* to calcine; *a-şi pune* ~ *pe cap fig.* to do penance in sackcloth and ashes; *a trage cenuşa pe turta sa* F to look after number one; *a renaşte din propria-i* ~ to rise from one's ashes; *a se preface în* ~ to turn to ashes.

cenuşăreasă *s.f.* **1.** *Cenuşăreasa şi fig.* Cinderella. **2.** *fig.* (domestic) drudge, scullion, F→slavey.

cenuşărit *s.n. tehn.* lime bathing.

cenuşerniţă *s.f.←P* ash pot/tray.

cenuşiu I. *adj.* grey, gray; *(d. păr şi)* grizzled, grizzly; hoary; *(ca cenuşa)* ash-coloured. **II.** *s.n.* grey (colour).

cenzitar *adj. odin.* qualification…, based on qualification.

cenzor *s.m.* **1.** *ist.* censor. **2.** *(al tipăriturilor)* censor, licenser of press etc. **3.** *(financiar)* auditor. ⓑ *comisie de* ~*i* auditing commission.

cenzura *vb. tr. şi fig.* to censor.

cenzurare *s.f.* censoring; censorship.

cenzurat *adj.* censored; passed by the censor, licensed.

cenzură *s.f.* **1.** *the* Board of Censors, *the* Censor's office. **2.** *(cenzurare)* censorship. **3.** *ist.* censorship.

cep *s.n.* **1.** bung; plug, spigot. **2.** *(canea)* tap. **3.** *tehn.* tenon; fancet; arrow; plug. **4.** *bot. (nod)* knot, knag, knob. ⓒ *a da* ~ *unui butoi* to broach/tap a cask.

cepeleag *adj., adv.←reg.* lisping.

cepşoară *s.f. bot.* shallot *(Allium ascalonicum).*

cer[1] *s.n.* **1.** sky, *pl.* skies; *(firmament)* firmament; *(boltă)* heaven; *(atmosferă)* atmosphere, air. **2.** *(climă)* sky, clime, zone. **3.** *rel.* Heaven(s), (Heavenly) Paradise; (divine) providence. ⓐ ~ *înnorat* cloudy sky; ~ *senin* clear sky; ~*ule! sfinţi din* ~*uri!* good Heavens/Lord! bless me! good gracious! ~*ul gurii anat.* palate, roof of the mouth. ⓑ *albastrul* ~*ului* sky-blue, azure; *bolta* ~*ului poetic* vault of heaven, celestial vault; *cu o falcă în* ~ *şi alta în pămînt* breathing rage, mad/foaming with rage; *de culoarea* ~*ului* sky-blue, azure, *poetic→*cerulean; *departe ca* ~*ul de pămînt.* **a.** as far removed as heaven from earth. **b.** *fig.* as different as day and night, F→as different as chalk from cheese; *înalt cît* ~*ul* sky-high, towering (to the sky); *în înaltul* ~*urilor* on high; *spre/către* ~ (up) to heaven/the skies, heavenward(s); *strigător la* ~ crying, scandalous; flagrant, glaring, revolting, infamous. ⓒ *a făgădui cuiva* ~*ul şi pămîntul* to promise smb. wonders/mountains, to make smb. mighty fine promises; ~*ul fie lăudat!* Thank Heaven! Heaven be praised! *a răsturna* ~*ul şi pămîntul* to move heaven and earth, to leave no stone unturned; *a se ruga cu* ~*ul şi cu pămîntul de cineva* to entreat smb. on one's knees; *a pica/cădea ca din* ~ *fig.* **a.** to drop from the sky, to come unexpectedly out of the blue. **b.** *(a nu putea înţelege)* to fall from the moon; *(că) doar nu s-o face gaură în* ~*! (nu face nimic)* it doesn't matter! *(ei şi?)* and what of it? *a fi în al şaptelea/ nouălea* ~ to be in the seventh heaven (of delight); *a ridica în slava* ~*ului* to laud/extol/exalt to the skies; *a se urca la* ~ to go to heaven; *a dormi sub* ~*ul liber* to sleep in the open (air), to sleep under the open sky; *parcă a căzut*

~ul pe mine I'm dying of/with shame.

cer² *s.m. bot.* bitter, Turkey oak, cerris *(Quercus cerris).*

ceramică *s.f.* ceramics, (art of) pottery.

ceramist. *s.m.* ceramist.

cerat *adj.* waxed, polished. ⓑ *hîrtie* ~ă greased paper.

cerb *s.m. zool.* stag; buck *(Cervus elaphus); (de 2 ani)* brocket; *(de cinci ani)* hart. ⓐ ~ *lopătar* roe deer. ⓑ *coarne de* ~ stag('s) horns, antlers of a stag; *com.* hartshorns; *limba* ~*ului bot.* hart's tongue *(Scolopendrium officinarum).*

cerber *s.m. mit., fig.* Cerberus.

cerbice *s.f.* **1.** *anat.* nape (of the neck); *(de cal)* withers. **2.** *fig. (mîndrie)* pride; *(încăpăţînare)* obstinacy; *(rigiditate)* stiffness. ⓑ *tare de* ~ *fig.* stiff-necked.

cerbicie *s.f.*←*rar* tenacity, obstinacy, stiff-neckedness.

cerboaică *s.f. zool.* hind, female hart.

cerc *s.n.* **1.** *geom.* circle. **2.** *(de butoi)* hoop. **3.** *(al roţii)* (wheel) band. **4.** *fig. (sferă)* district, sphere, range, province; *(mărime)* extent, size, compass. **5.** *(cu care se joacă copiii)* hoop. **6.** *(în apă)* ripple. **7.** *(la ochi)* v. c e a r c ă n. **8.** *fig. (roată)* circle, ring. **9.** *fig. (de prieteni etc.)* circle, set. **10.** *pl. fig. (grup)* circles; quarters. ⓐ ~ *de prieteni* circle of friends; ~ *de recrutare mil.*←*odin.* recruiting station; ~ *de studii* circle for studying ...; ~ *literar* literary circle/society; ~ *polar* polar circle; ~ *ştiinţific (studenţesc)* (students') debating society/circle; ~*ul cunoştinţelor sale.* **a.** *(cunoştinţe)* one's circle of acquaintances. **b.** *(învăţătură)* the range of one's knowledge; ~*uri conducătoare* ruling circles; ~*urile oficiale* the official circles; ~*urile politice* the political circles; ~*vicios* (vicious) circle. ⓑ *în* ~ in a circle. ⓒ *a face* ~*uri (d. apă)* to ripple; *a pune* ~*uri la un butoi* to hoop a cask; *a se învîrti într-un* ~ *vicios* to argue/reason in a circle.

cerca... v. î n c e r c a...

cercănat *adj.* **1.** ringed, with dark rings/circles round the eyes. **2.** *(d. animale)* spectacled.

cercel *s.m.* ear ring.

cercelat *adj.* ear-ringed. ⓑ *cu păr* ~ curly (-haired).

cerceluş *s.m.* **1.** *bot.* lily-of-the-valley *(Convallaria majalis).* **2.** *bot.* fuchsia *(Fuchsia).* **3.** *bot.* v. c o a d a c o c o ş u l u i.

cerceta I. *vb. tr.* **1.** to examine, to inspect, to inquire/search/look into, to scrutinize; < to sift, to investigate, to go thoroughly into, to study. **2.** *(a proba)* to try, to (put to the) test; *(a gusta)* to taste; *(a verifica)* to verify; to check up; *(a analiza)* to analyse; *(a explora)* to explore; *(a sonda)* to fathom; *(cu curiozitate)* to pry/ spy into; *(a întreba)* to question; to query, to sound, < to cross-question. **3.** *(a consulta)* to consult; *(a studia)* to study; *(a întreba)* to ask. **4.** *jur.* to try, to examine; *(a ancheta)* to institute an inquiry into. **5.** *(a vizita)*←*înv.* to visit; *(d. boli etc.)* to afflict. ⓒ *a* ~ *un caz jur.* to make a judicial inquiry into a case; to try/hear a case; *a* ~ *o chestiune* to dive into a matter; *a* ~ *o regiune* to explore a region; *a* ~ *toate ungherele* to hunt through every corner. II. *vb. refl. pas.* to be examined etc. v. ~ I.

cercetare *s.f.* **1.** *jur. (anchetă)* judicial inquiry, official examination; *(audiere)* trial, hearing. **2.** *(ştiinţifică)* research, investigation; *(studiu)* study; paper, essay. **3.** control, examination; inspection; analysis; verification; *(probă)* test. **4.** investigation; *(pt. a afla ceva)* inquiry; *(anchetă)* research. **5.** *mil.* reconnaissance. **6.** *geol.* prospect-(ing). ⓐ *cercetări preliminare* preliminary investigations. ⓑ *institut de cercetări ştiinţifice* scientific research institute. ⓒ *a face cercetări în legătură cu...* to investigate...; to make inquiries about..., v. şi c e r c e t a.

cercetaş *s.m.* **1.** *mil.* skirmisher, scout. **2.** *(persoană trimisă să cer-*

ceteze) scout; spy. **3.** *(explorator)* explorer; *(deschizător de drumuri)* pathfinder, pioneer. **4.** *(membru al cercetășiei)* (boy) scout.

cercetășie *s.f.* scouting (for boys).

cercetător I. *adj.* investigating, searching *etc.* v. c e r c e t a; *(d. priviri)* searching, peering; *(curios)* curious, inquisitive. **II.** *adv.* searchingly, curiously, inquisitively. **III.** *s.m.* **1.** examiner. **2.** v. c ă u t ă t o r. **3.** *(științific)* research worker, scholar (devoted to research), scientific explorer.

cercevea *s.f.* frame. ⓐ ∼ *de fereastră* transom, (window) sash; ∼ *de oglindă* mirror frame; ∼ *de tablou* picture frame.

cerchez *adj.*, *s.m.* Circassian.

cercheză *s.f.* **1.** Circassian (woman *sau* girl). **2.** Circassian, the Circassian language.

cercui I. *vb. tr.* **1.** *(un butoi)* to hoop. **2.** *(a înconjura)* to encircle, to encompass, to surround. **3.** *(a limita)* to limit, to circumscribe. **II.** *vb. intr.* to sit *sau* to stand in a circle.

cerculeț *s.n.* little circle, circlet.

cerdac *s.n.* **1.** *(pridvor)* verandah; *(balcon)* balcony. **2.** *(turn de observație)* watch tower. **3.** *(chioșc)* summer house; arbour; pergola. **4.** *(de fîntînă)* well roof(ing).

cere I. *vb. tr.* **1.** to ask (for), < to demand, to request; *(a revendica)* to claim, to lay claim to; *(de lucru)* to apply for. **2.** *(a tinji după)* to long/yearn for; *(a pretinde)* to exact; *(a aștepta)* to expect. **3.** *(a dori)* to wish for, to desire; *(a insista asupra)* to urge. **4.** *(a cerși)* to beg. **5.** *(a necesita)* to require, to call for, to necessitate. ⓒ *le-a cerut ajutor* he begged them for help, he solicited/< ↑ implored their help; *el nu-mi* ∼ *asta* he does not expect that of me; *banii pe care îi* ∼ *the* sum he asks (for), what he charges, his charges; *ce ceri de la el?* what do you require/want of him? *a* ∼ *ceva de la cineva* to ask smth. of smb., to ask smb. for smth.; *ai cerut ceva?* did you call for smth.?

a ∼ *iertare* to apologize, < to ask for forgiveness; *vă cer iertare/ scuze* I beg your pardon, I apologize; *a* ∼ *îndurare* to beg/plead for mercy; *pot să vă mai cer niște...?* may I trouble you for a little more...? I will thank you for a little more...; *i-o* ∼ *propria lui conștiință* his own conscience urges/ imposes that upon him; *a* ∼ *pace* to ask for/seek peace; *a* ∼ *prea mult de la cineva*. **a.** *com.* to overcharge smb. **b.** *fig.* to ask too much of smb.; *munca* ∼ *răbdare* work requires patience; *a* ∼ *satisfacție cuiva* to demand from smb. satisfaction for an offence; *a* ∼ *socoteală cuiva (pentru)* to bring/call smb. to account (for), F→to bring smb. to book; *a* ∼ *voie* to ask for permission/leave; *a* ∼ *de mîncare* to ask for smth. to eat; *a* ∼ *de pomană* to beg (for alms), to go begging; *a* ∼ *în căsătorie* to propose marriage to; to claim for a wife; *cît ceri?* how much do you want/charge for it? *a* ∼ *cuvîntul* to ask for the floor. **II.** *vb. refl.* **1.** *com.* to be in request/demand. **2.** *(a fi de nevoie)* to be needed. **3.** *(a cere voie)←rar* to ask leave. ⓒ *mi s-a cerut s-o fac* I was urged/requested/asked to do it; *se* ∼ it is necessary..., ...is required/necessary.

cereale *s.f. pl.* cereals, cereal plants, bread stuffs, F→grain.

cerealier *adj.* cereal..., grain... ⓘ *culturi* ∼*e* food/bread grains, cereals; *economie* ∼*ă* grain farming.

cerealist *s.m. în ec. cap.* corn dealer.

cerebel *s.n. anat.* cerebellum.

cerebral *adj.* **1.** *anat.*, *lingv.* cerebral. **2.** *fig.* cerebral, brain..., mental.

cerebral *s.f.* rationality; intellectual / rational / speculative / cerebral nature.

cerebrospinal *adj. anat.* cerebrospinal.

ceremonial I. *adj.* ceremonial, formal. **II.** *s.n.* ceremonial.

ceremonie *s.f.* ceremony, solemnity, ceremoniousness. ⓑ *fără* ∼ without ceremony, unceremoniously; *maestru de* ∼ master of (the) ceremonies; *ţinută de* ~ full dress. ⓒ *a face o vizită de* ~ **to** pay a ceremonial/formal call.

ceremonios I. *adj.* ceremonious, formal. ⓓ *un om extrem de* ~ a stickler for etiquette. **II.** *adv.* ceremoniously.

cerere *s.f.* **1.** asking etc. v. c e r e. **2.** *(scrisă)* petition, application; suit; memorial. **3.** *(dorinţă)* wish, desire. **4.** *(rugăminte)* request; *(care cere satisfacţie)* demand, claim; *(apel)* appeal; *(făcută cu umilinţă)* supplication; *(stăruinţă)* entreaty. **5.** *com.* demand. ⓓ ~ *în căsătorie* offer/proposal of marriage. ⓓ *la* ~ **a.** *com.* on demand/application. **b.** *(cînd i se cere)* when requested; *la* ~*a cuiva* at smb.'s request; ⓒ *a înainta o* ~ to file/present/send up a petition/memorial; *a încuviinţa/satisface o* ~ to grant a request *sau* petition; to comply with a request; *a refuza o* ~ to refuse a request *sau* petition.

ceresc *adj.* **1.** heavenly, celestial. **2.** *fig.* heavenly, divine; *(sublim)* sublime; *poetic*→ethereal; *(de înger)* angelic. ⓓ *bolta cerească* canopy, vault of heaven, celestial vault, dome.

cerezină *s.f.* ceresin wax.

cergă *s.f.* **1.** *(de pat)* counterpane; *(covor)* rug, carpet. **2.** *(de cal)* horse rug/cloth. **3.** *(la o trăsură)* tilt.

cerinţă *s.f.* **1.** *(nevoie)* want, < need; *(necesitate)* necessity, requirement. **2.** *(cerere)* demand.

ceriu *s.n. chim.* cerium.

cerne I. *vb. tr.* **1.** *(prin sită)* to pass through a sieve, to sift, to riddle; *(făină)* to bolt; *(cărbune, pietriş)* to screen. **2.** *fig.* to sift, to sort; *(a distinge)* to discern, to distinguish. **II.** *vb. refl. pas.* to be sifted etc. v. ~ I. **III.** *vb. intr.* to drizzle, to sprinkle.

cerneală *s.f.* ink (for writing;) *poligr.* printing ink. ⓐ ~ *de copiat* copying ink; ~ *de şapirograf* hectograph ink; ~ *minerală* etching ink; ~ *simpatică* invisible ink. ⓓ *negru ca cerneala* inky black, (as) black as ink; *scris cu* ~ written

in ink. ⓒ *a murdări/păta cu* ~ to (smear with) ink, to blot with ink.

cerni I. *vb. tr.* **1.** *(a înnegri)* to blacken, to make black; *(a vopsi în negru)* to dye black. **2.** *(a întuneca) şi fig.* to darken, to spread a gloom over. **II.** *vb. refl.* **1.** *(a se înnegri)* to blacken. **2.** *(a se îmbrăca în negru)* to dress in black/mourning. **3.** *(a se întuneca)* to darken, to grow dark/dim/dusky. **4.** *fig.* *(a se posomorî)* to darken, to become gloomy; *(a se întrista)* to grow sad.

cernire *s.f.* blackening etc. v. c e r n i.

cernit *adj.* **1.** blackened; darkened. **2.** *(negru)* black; *(de doliu)* mourning... **3.** *(întunecat)* dark, dim, dusky; *(înnorat)* clouded, cloudy. **4.** *(posomorît)* sad, sullen, mournful, melancholy, gloomy; *(sumbru)* sombre, dull.

cernoziom *s.n.* black earth, chernozem. ⓑ *zonă de* ~ chernozem zone, black earth zone/belt.

cernut *adj.* sifted etc. v. c e r n e.

ceros *adj.* waxy.

cerşetoare *s.f.* beggar woman, v. şi c e r ş e t o r.

cerşetor *s.m.* beggar (man), mendicant, almsman, F→cadger; *pl. şi* beggary; *(vagabond)* tramp.

cerşetorie *s.f.* begging, mendicancy, F→cadging.

cerşetorime *s.f.* beggars, beggary.

cerşi I. *vb. intr.* to beg (alms), to go (a-)begging/F→a-cadging. **II.** *vb. tr.* **1.** to beg. **2.** *fig.* to beg for.

cert I. *adj.* certain, sure, doubtless; absolute. **II.** *adv.* certainly, surely, (most) assuredly.

certa I. *vb. tr.* to reprove, < to censure, to rebuke, to scold, to berate, F→to blow up; *(nu prea aspru)* to chide; *(a aduce injurii)* to abuse; *(a învinui)* to blame, *rar*→to reprehend. **II.** *vb. refl.* **1.** to quarrel, to wrangle with smb., F→to have a tiff, < to altercate; *(cu zgomot)* to squabble, to brawl, to (have a) row; *(pt. fleacuri)* to bicker. **2.** *(a fi certat)* to quarrel, to be on bad terms, < to be at loggerheads/variance. ⓐ *a se* ~

cu... to fall out with... © *s-au
~t între ei* they have quarrelled
(among themselves); *a se ~ pentru
nimicuri* to quarrel about trifles;
to bicker. ① *cînd doi se ceartă al
treilea cîştigă* two dogs strive for
a bone and a third runs away
with it.

certat *adj.* scolded etc. v. c e r t a
I. ⓐ *~ cu...* at odds/variance
with..., on ill/bad terms with...
© *a fi ~ cu...* **a.** *(cineva)* to be
on bad terms with..., < to be at
loggerheads/odds/variance with...
b. *(ceva)* to fall out with..., to
have fallen out with...

certăreţ I. *adj.* quarrelsome, cap-
tious, querulous, peevish, ill-tem-
pered, F→litigating; huffish. **II.**
s.m. quarrelsome person, dispu-
tant, brawler.

certifica *vb. tr.* to certify, to attest;
(o semnătură) to witness, to au-
thenticate.

certificare *s.f.* certification, authen-
tification.

certificat *s.n.* certificate; *(atestat)*
attestation, voucher. ⓐ *~ de
botez* baptismal certificate; *~ de
bună purtare* good-conduct certif-
icate, F→good character; *~ de
căsătorie* certificate of marriage,
marriage lines; *~ de naştere* birth
certificate; *~ medical* health cer-
tificate; *~ şcolar* school certificate.

certitudine *s.f.* certainty, surety,
assurance. ① *cu ~* (most) assu-
redly/positively, for a certainty.

cerui *vb. tr.* to wax; *(duşumeaua)*
to polish.

ceruire *s.f.* waxing; polishing.

cerumen *s.n.* cerumen, ear wax.

ceruză *s.f. chim.* ceruse, white lead.

cervical *adj. anat.* cervical.

cesiona *vb. tr. jur. (cuiva)* to cede
(to smb.), to assign (to smb.), to
transfer, to make over (to smb.).

cesiu *s.n. chim.* caesium.

cesiune *s.f.* transfer, assignment.

cestălalt I. *adj. dem.* this; *(celălalt)*
the other. **II.** *pron. dem.* this one;
(celălalt) the other.

cetaceu *s.n. zool.* cetacean.

cetate *s.f. odin.* **1.** *(oraş întărit)*
walled city, fortified town. **2.**

(fortăreaţă) stronghold, *mil.* for-
tress. **3.** *(oraş)←înv.* town, city.

cetăţean *s.m.* **1.** citizen. **2.** *(în evul
mediu)* burgess, freeman, burgher.
ⓐ *~ al lumii* denizen (of the
world).

cetăţeancă *s.f.* **1.** citizen, *rar*→citi-
zeness. **2.** *(în evul mediu)* burgess,
burgher.

cetăţenesc *adj.* civil, civic. ① *drep-
turi cetăţeneşti* civic/civil rights;
îndatorire/datorie cetăţenească civic
duty; *spirit ~* public spirit; *vir-
tute cetăţenească* civic virtue/excel-
lence.

cetăţeneşte *adv.* like a (good) citizen.

cetăţenie *s.f.* citizenship. © *arc
cetăţenia română* he is a Roman-
ian citizen; *a căpăta cetăţenia*
to be admitted to the citizenship;
a căpăta drept de ~ to be granted
civic rights.

cetăţuie *s.f.* citadel.

ceteraş *s.m.←reg.* violin player,
F→fiddler.

ceteră *s.f.←reg.* violin, F→fiddle.

cetină *s.f. bot.* **1.** branch of a fir
tree. **2.** *(frunză)* needle leaf (of
a fir tree). **3.** *col.* fallen needle
leaves. **4.** v. i e n u p ă r. ⓐ *~
de negi* savin, sabine *(Juniperus
sabina).*

cetlui *vb. tr.* **1.** to fasten/bind with
rope *sau* string. **2.** *fig. (a bate)*
to beat.

cetonă *s.f. chim.* cetone, ketone.

ceţos *adj.* **1.** misty, hazy, < foggy.
2. *(neclar)* hazy, vague, dim.

ceva I. *adj. nehot. (nişte)* some;
(puţin) a little. **II.** *pron. nehot.
(în prop. afirm.)* something; *(în
prop. interog.)* anything. ⓐ *~,
~ F A₁,* tip-top, first-class. ① *aşa
~ a. (ceva în felul acesta)* some-
thing *sau* anything of the kind,
a thing like this, such a thing.
b. *interjecţional* F just fancy! well,
I never! *după două ore şi ~* after
two hours and more; *mai ~* better;
worse; more beautiful etc. © *cum
a putut să facă aşa ~?* how could
he do such a thing? *ai mai pome-
nit aşa ~?* did you ever hear of
such a thing? *ţi s-a întîmplat ~?*
did anything happen to you? what's

the matter (with you)? *vreau să-ți spun* ~ I want to tell you something.

cezar *s.m.* Caesar.

cezariană *s.f. med.* Caesarian/Caesarean operation/section.

cezură *s.f. metr.* c(a)esura.

cheag *s.n.* **1.** *(ferment)* rennet, runnet. **2.** *(stomac de rumegătoare)* rennet bag, S→abomasus. **3.** *(de sînge)* clot. **4.** *fig. (capital)* funds, stock; *(economii)* savings. **5.** *fig. (forță)* F beef. ⓒ *a avea ~* **a.** *(a fi viguros)* F to be beefy/hefty. **b.** *(a fi bogat)* F to be well-off,< to live in clover; *a prinde ~* **a.** *(a se întări)* to grow hard(er), to harden; *(a deveni viguros)* to grow vigorous/strong/F beefy/F hefty. **b.** *(a se îmbogăți)* F to feather one's nest, to develop/acquire custom.

chef *s.n.* **1.** *(dispoziție)* good humour, high spirits. **2.** *(capriciu)* caprice, whim, fancy, freak. **3.** *(dorință)* desire, mind; *(inclinație)* fancy, inclination, liking. **4.** *(petrecere)* feast, banquet; *(beție)* F drinking booze, spree, libation, potation, racket, *sl.* blow-out; *(masă bogată)* F (fine) spread, (good) tuck-in. ⓑ *cu ~* F a bit on; *fără ~* out of spirits/humour. ⓒ *am ~ de lucru azi* I feel like work(ing) to-day; *am ~ să te bat* I have a (good) mind to beat you; *are ~ de băutură* he is in a drinking mood; *n-are ~ de nimic* he doesn't care for anything, he is quite listless; *a avea ~ să/de...* F to feel like *(cu forme în -ing)*, to have a mind to..., to feel inclined/disposed/minded to..., to be in the humour/mood/vein for...; *a nu avea ~ de...* F not to feel like *(cu forme în -ing)*, to be/feel loath/unwilling to..., to have no stomach for...; *a nu prea avea ~ de...←*F to have little disposition/inclination to...; *a avea un ~ grozav de...* F to have a great/good mind to...; *a face ~ (a bea)* F to guzzle, to tipple, to booze, to lush up; *a-și face ~ul* **a.** to use one's own discretion, to do as one likes. **b.** *(a-și revărsa furia asupra*

cuiva) to vent one's anger/rage on smb. **c.** *(a-și împlini dorința)* to satisfy one's desire (for smth.); *a fi cu ~* **a.** *(a fi bine dispus)* F to be in one's cups, to be in a good humour, to be good-humoured/in high spirits. **b.** *(a fi beat)* F to be a bit on; *e un om de ~uri* he is a reveller/F fast liver/F high liver; *a fi fără ~* to be in bad humour, to be ill-humoured, to be in low spirits, to be out of humour/F sorts; not to care for anything; *mi-a trecut (tot) ~ul* my wish for it is gone, I don't care for it any more, < I am disgusted with it; *cînd îi vine ~ul* F when the fly stings, when the humour takes him.

chefal *s.m. iht.* grey mullet *(Mugil cephalus)*.

chefir *s.n.* kefir.

chefliu I. *adj.* **1.** *(căruia îi plac chefurile)* fond of the bottle, fond of drinking bouts. **2.** *(beat)* F a bit on, elevated. **3.** *(bine dispus)* F (as) merry as a cricket/grig. **II.** *s.m.* **1.** *(om vesel)* jolly/good fellow/F brick, trump. **2.** *(băutor)* reveller, drinker, tippler, F jolly/merry dog, boozer, soaker, thirsty soul.

chefui *vb. intr.* to tipple, to carouse, F to booze, to be on the booze, to make good cheer; F to go on bat/the batter.

chei *s.n.* embankment, quay; *(în port)* pier, landing stage; *(pt. încărcare și descărcare)* wharf.

cheie *s.f.* **1.** key. **2.** *muz.* clef, key. **3.** *fig.* key, clue; *(mijloc)* means, device. **4.** *mai ales pl. (în munți)* gorge, (narrow) pass/strait. **5.** *fortificații* gorge. ⓐ *cheia bolții* keystone, crown; *cheia de fa* bass/F clef; *cheia de sol* treble/G clef; *cheia misterului* the key to the mystery; *cheia și lacătul* everything; the beginning and the end, Alpha and Omega; *cheia unei enigme* the clue to a puzzle; *~ falsă* skeleton key, picklock; *~ fixă/simplă tehn.* spanner, wrench, screw key, *~ franceză* universal/monkey wrench, spanner. ⓑ *industrie ~* key industry; *poziție ~* key posi-

tion. © *a răsuci cheia în broască*
to turn the key in the lock, to
lock the door; *a ține ceva sub* ~
to keep smth. under lock and key.

chel I. *adj.* *(d. cineva)* bald(-headed)/
(-pated), calvous, scalpless; *(d.
cap)* bald. **II.** *s.m.* bald(-headed)
person, bald head/coot, baldicoot.

chelar *s.m.*←*înv.* butler; housekeeper,
steward.

chelălăi *vb. intr.* to yelp.

chelălăit *s.n.* yelp(ing). © *a scoate
un* ~ to give a yelp.

chelăreasă, chelăriță *s.f.*←*înv.* house-
keeper.

chelbe *s.f. med.* scald head, S→por-
rigo.

chelbos *adj.* **1.** v. c h e l. **2.** *med.*
scald-/scall-headed, F scald-/scall-
-pated.

chelboşi *vb. intr.* **1.** *med.* to become
scald-/scall-headed. **2.** *(a deveni
chel)* to become bald(-headed).

chelfăneală *s.f. (bătaie)* F licking,
spanking. © *a primi o* ~ F to
get/take one's gruel.

chelfăni *vb. tr. (a bate)* F to lick,
to spank.

cheli *vb. intr.* to become/grow bald
(-headed), to lose one's hair. ©
cheleşti your hair is thinning, you're
growing rather bald.

chelie *s.f.* **1.** baldness, bald-headed-
ness. **2.** *(cap chel)* bald head/
F→ pat :; *(loc chel)* bald spot.

chelner *s.m.* waiter; *(barman)* bar-
man, tapster; *(pe vapor)* steward.

chelneriță *s.f.* waitress, waiting
maid/girl; *(la bar)* barmaid, tap-
ster, F→pot girl.

cheltui I. *vb. tr.* **1.** to spend, to
expend; *(a scoate din pungă)* to
lay out; *(a risipi; şi fig.)* to waste,
to squander. **2.** *fig.* to spend, to
consume; *(a folosi)* to employ,
to devote. © *a* ~ *bani (cu/pe)*
to spend money (on); ~*a tot ce
ciştiga* he lived up to his income,
he lived up to the hilt. **II.** *vb.
refl. pas.* to be spent etc. v. ~ I.
III. *vb. intr.* to spend; *(mult)*
F→to buy a white horse.

cheltuială *s.f.* expense, expenditure,
outgoings; *pl.* charges; *(spese)*
outlay, disbursement; *(pierdere)*
loss; *(risipă)* waste. ⓐ ~ *de timp*
expenditure of time; *cheltuieli de
administrație* management expenses;
cheltuieli de deplasare travelling
expenses; *cheltuieli de judecată*
(law) costs, legal charges/expenses;
cheltuieli de producție working ex-
penses; *cheltuieli de regie* overhead
expenses; *cheltuieli diverse* sundry
charges, sundries; *cheltuieli extra-
ordinare* extra(ordinary) expenses,
extras. ⓑ *bani de* ~ **a.** pocket
money; *(în gospodărie)* housekeep-
ing money. **b.** *(bacşiş)* tip; *cu
mare* ~ at great cost; *mici cheltu-
ieli* petty expenses; *pe cheltuiala
(cu gen.)* at the expense of... ©
a-şi acoperi cheltuielile to cover
one's expenses, to get back one's
money; to get out of a transaction
without loss; *a face cheltuieli* to
incur expenses; *a lua toate cheltu-
ielile asupra sa* to defray expenses;
a-şi reduce cheltuielile to reduce
one's expenses, F→to draw in;
a da cuiva de ~ F to give smb.
a thrashing/a good hiding; *a se
pune pe* ~ to go to (< great)
expense.

cheltuire *s.f.* spending etc. v. c h e l-
t u i.

cheltuitor I. *adj.* extravagant, waste-
ful, spendthrift. **II.** *s.m.* squanderer,
spendthrift; waster.

chema I. *vb. tr.* **1.** *(a striga)* to call;
(a invita) to invite; *(a trimite
după)* to send for, to call in; *(la
telefon)* to call/ring up. **2.** *(a im-
plora)* to implore, to entreat;
(a invoca) to invoke. **3.** *(a con-
voca)* to convoke, to assemble, to
summon. **4.** *(a evoca)* to call up;
(duhuri) to raise, to conjure.
5. *jur.* to cite, to summon. ⓐ *a-l*
~ to be called/named... © *ar
trebui să chemi un doctor* you
should call in a doctor, you should
send for a doctor; *a fost* ~*t doctorul*
the doctor was sent for; *îl cheamă...*
his name is...; *cum îl cheamă!*
what's his name? *cheamă-l înăuntru*
call him in; *a* ~ *după ajutor* to
shout/call/cry for help; *a* ~ *în
ajutor* to appeal to smb. for help,
to call upon smb. for help; *a* ~

la *arme* to call to arms; *a ~ la
ordine* to call to order; *a ~ la
o parte* to call aside; *a ~ la sine*
a. *(ca să se apropie)* to bid *smb.*
to come near. **b.** *(ca să se prezinte)*
to summon *smb.* into presence;
a ~ pe nume to call *smb.* by name;
a ~ sub arme/drapel mil. to call
up, to call to the colours. **II.** *vb.
refl.* **1.** *(a se numi)* to be called/
named, to go by the name of. **2.**
(a avea semnificaţia) to signify.
ⓒ *se cheamă că...* the question/
point is..., as a matter of fact...,
in point of fact..., it is as if *(cu
conjunctivul)*, so to speak..., as
it were...; *asta se cheamă somn, nu
glumă* that's what I call a sound
sleep, I call that a sound sleep;
cum se cheamă asta? (mustrător)
what does all that mean? what is
the meaning of it all? *cum se
cheamă asta în englezeşte?* how is
that expressed in English? what
is it in English? what is the English
(word) for that? **III.** *vb. intr. (a
striga)* to cry (out), to shout.
chemare *s.f.* **1.** calling, call; *(stri-
găt)* cry, shout. **2.** *(apel)* appeal;
(convocare) convocation. **3.** *(lo-
zincă)* slogan. **4.** *(invocare)* invo-
cation; *(evocare)* calling up. **5.**
(vocaţie) vocation; *(înclinare)* in-
clination. **6.** *(necesitate de a se
prezenta)* summons, *jur.* subpoena;
(la întrecere etc.) challenge. **7.**
mil. call-up; *(recrutare)* recruit-
ing. **8.** *(invitaţie)* invitation. ⓐ
~a mării the call of the sea;
~ la întrecere socialistă challenge
to socialist emulation; *~ la rampă*
curtain call; *~ sub arme/drapel
mil.* call to military service, call-
-up, *amer.* selection; *~ telefonică*
telephone call; *chemări de întîi
Mai* May Day slogans. ⓒ *a-şi
greşi ~a* to mistake one's voca-
tion; *a răspunde la ~* to answer
the call.
chemător I. *adj.* **1.** calling. **2.** *fig.*
attractive, appealing, alluring, <
fascinating. **II.** *s.m.*← P **1.** *one
who invites the wedding guests.* **2.**
bride's best man.

chembrică *s.f.* *teat.* cambric.

chem(i)oterapie *s.f. med.* chemothe-
rapy.
chenar *s.n.* **1.** *(cadru)* frame, fram-
ing; *arhit.* cornice; *(de fereastră)*
ledge. **2.** *(margini)* border, edg-
ing; *(la covor)* border; *text.* list,
festoon. **3.** *(la ochelari)* rim, mount-
ing. **4.** *poligr.* (ornamental) bor-
der. **5.** *fig.* framework.
chenzinal *adj.* fortnightly.
chenzină *s.f.* **1.** fortnight. **2.** *(leafă)*
(fornightly) wage(s).
cheotoare *s.f.* **1.** *(butonieră)* but-
tonhole; *(de gheată)* lacing hole;
(copcă) clasp, hasp. **2.** *arhit.* join-
ing, assemblage.
chepeng *s.n.*← P trap door.
cheratină *s.f.* keratin, ceratin.
chercheli *vb. refl. (a se îmbăta)* F
to booze, to get lit up/tippled/tip-
sy/fuddled.
cherchelit *adj. (beat)* F lit up, fud-
dled, boozy; *~ dacă...* even if/
though...
cherci *s.m.* kipper, cured herring.
cherem *s.n.* ⓒ *a fi la ~ul cuiva (la
discreţia cuiva)* to be/lie at smb.'s
mercy; *(la ordinele cuiva)* to be
at smb.'s beck and call.
cherestea *s.f.* **1.** *(lemne de construc-
ţie)* timber, lumber; *(lemnărie de
clădire)* timber/frame work. **2.** *fig.*
build, make, frame.
cherhana *s.f. (loc de pescuit)* fishing
ground; *(staţie)* fisheries station,
installation for preparing and con-
serving fish; *amer.* fishing room.
chermesă *s.f.* outdoor fête; *aprox.*
kermis.
chervan *s.n.* **1.** *(caravană)* caravan;
(şir) row, line. **2.** *(car mare)* wag-
gon; *(acoperit)* van; *(ţărănesc)*
wain.
cheson *s.n.* **1.** *mil.* ammunition
waggon/cart. **2.** *nav. (ladă)* bin,
locker; *(încăpere)* caisson. **3.**
constr. caisson.
chestie *s.f.* **1.** F thing(amy); affair,
business. **2.** v. c h e s t i u n e.
chestiona *vb. tr.* to ask, to question,
to examine.
chestionar *s.n.* questionnaire, ques-
tionary; list/set of questions;
(formular) form. ⓒ *a completa un
~* to fill in a questionnaire.

chestiune *s.f.* **1.** *(întrebare)* question. **2.** *(de examen)* question, subject. **3.** *(subiect)* question, matter, point, problem, issue; affair; *(lucru)* thing; *(fapt)* fact. **4.** *(discuție)* discussion. ⓐ ~ *delicată/dificilă* tickler, ticklish point; ~ *de onoare* point of honour; *o* ~ *de viață și moarte* a matter of life and death; ~ *litigioasă* litigious/moot question; ~ *particulară* private affair; *chestiunile la ordinea zilei* (points on the) agenda. ⓑ *în afară de* ~ beside the question; *persoana în* ~ the person in question; *problema în* ~ the matter in handquestion, the affair in question/the point at issue. ⓒ *a se abate de la* ~ to digress (from the subject); *veniți la* ~*!* come to the point; *e o* ~ *de câteva zile* it is an affair/a matter of a few days; *e o* ~ *de gust* it is a matter of taste; *e doar o* ~ *de timp* it is simply a matter of time; ~*a e că...* the fact/thing is that...; ~*a este dacă...* the question is whether...; *asta e altă* ~ that is another/a different question/matter, F→that's another pair of breeches.

chestor *s.m.*←*odin.* **1.** police officer. **2.** *ist., parl. etc.* quaestor.

chestură *s.f.*←*odin.* police station.

chetă *s.f.* collection; *(banii)* takings. ⓒ *a umbla cu cheta* to take up the collection, to take round the plate; *(într-un caz urgent)* to pass the hat round.

chezaș *s.m.*←*înv.* *(garant)* guarantee, guarantor, bail, security; *(ostatec)* hostage. ⓒ *a fi/se pune* ~ *pentru cineva* to stand bail for smb., to be security/surety for smb.

chezășie *s.f.* **1.** *fig.* pledge, guarantee. **2.** *jur.*←*înv.* bail, surety; *com.* security.

chezășui *vb. tr. fig.* to warrant, to guarantee, to answer/vouch for.

chezășuire *s.f.* warranting etc. v. c h e z ă ș u i.

chiabur I. *adj.* rich, well-to-do, well-of. **II.** *s.m.* kulak.

chiaburesc *adj.* (characteristic) of a kulak.

chiaburi *vb. refl.* to become a kulak.

chiaburime *s.f. col.* kulaks.

chiaburoaică *s.f.* kulak woman, kulak's wife.

chiar *adv.* **1.** *(până și)* even. **2.** *(însuși)* oneself; myself, yourself etc. **3.** *(tocmai)* just; *(exact)* exactly; *(nu altul decît)* the very... ⓐ ~ *acum, în acest moment* just now, this (very) moment/minute; ~ *așa (întocmai)* even so, exactly, just like this; *(asta e)* that's it; *(ăsta-i cuvîntul)* that's the word for it; *(te cred)* right you are; groggy; ~ *de la început* from the very beginning. ⓑ *ba* ~*...* nay, even...; actually... ⓒ *a fost aici* ~ *acum* he was here just now, he was here a minute ago; ~ *dacă ar veni* even if he came.

chiasm *s.n. ret.* chiasmus.

chibiț *s.m.* kibitzer, kiebitz.

chibița *vb. intr.* to (be a) kiebitz.

chibrit *s.n.* (friction) match; *odin.* lucifer (match); *(suedez)* safety match. ⓑ *băț de* ~ match; *cutie cu* ~*uri* box of matches; *cutie de* ~*uri* match box. ⓒ *a aprinde un* ~ to strike/light a match.

chibritelniță *s.f.* match pot.

chibzui I. *vb. tr.* **1.** *(a judeca)* to consider, to ponder (over); *(a gîndi bine)* to think over; *(a cumpăni)* to weigh, to balance (in one's mind); *(a se gîndi la)* to think of, to reflect upon. **2.** *(a pune la cale)* to plan, to arrange; *(în sens rău)* to plot. **II.** *vb. refl.* **1.** *(cu cineva)* to deliberate/consult with smb. **2.** *v.* ~ **III. III.** *vb. intr.* to think, to ponder, to reflect, to meditate. ⓐ *a* ~ *la/asupra* v. ~I, 1.

chibzuială *s.f.* thinking, consideration, reflexion, meditation etc. v. c h i b z u i. ⓑ *cu* ~ *(gîndit)* deliberately; *(înțelept)* wisely; *(ordonat)* in an orderly fashion; *(treptat)* gradually; *după (multă)* ~ after mature/careful consideration. ⓒ *a sta la* ~ to hesitate, to waver; to think hard.

chibzuință, chibzuire *s.f. v.* c h i b z u i a l ă.

chibzuit *adj.* **1.** *(gîndit)* (well) thought-out. **2.** *(precaut)* cautious,

prudent; *(circumspect)* deliberate,
wary, circumspect; *(înţelept)* wise;
(echilibrat) balanced; *(atent, gri-
juliu)* careful; *(econom)* thrifty.
chică *s.f.* *(păr)* hair; *(păr netuns)*
fringe; *(smoc)* tuft of hair; *(plete)*
loose-flowing hair. ⓐ *chica voini-
cului bot.* fennel flower *(Nigella
damascena).* ⓒ *a lua pe cineva de
~ to* catch hold of smb. by the
hair.
chichineaţă *s.f.* F hovel, hole (of a
place).
chichion *s.n.* v. b u c l u c.
chichirez *s.n.*←F sense. ⓓ *fără* ~
dull, flat, stale, poor, tame. ⓒ
n-are nici un ~ **a.** *(e searbăd)*←F
it's dull etc. v. f ă r ă ~ **b.** *(n-are
rost)* F it has neither rhyme nor
reason; it's absurd/senseless; *(e
ridicol)*←F it's (perfectly) ridicu-
lous.
chichiţă *s.f.*←F 1. *(pretext)* pretext;
(scuză) excuse; *(subterfugiu)* pre-
tence, subterfuge, dodge, evasion,
shift, F knick-knack; *(urzeală)*
device, contrivance, stratagem; *pl.*
sly manoeuvres/intrigues, under-
hand work, F artful dodges. 2. *(se-
cret)* F knack; secret. ⓒ *a căuta
chichiţe cuiva* to find fault with
smb., to cavil at smb.; *trebuie să
te deprinzi cu toate chichiţele mese-
riei* you must learn all the knacks
of the trade.
chicinetă *s.f.* little kitchen (in a
small apartment).
chiciură *s.f.* hoar frost, white frost,
rar→rime.
chicot *s.n.* 1. *(rîs înfundat)* snigger,
giggle, titter, chuckle. 2. *(hohot)*
burst of laughter.
chicoti *vb. intr.* 1. *(a rîde înfundat)*
to snigger, to giggle, to titter, to
chuckle, to chortle. 2. *(cu hohote)*
to laugh out loud, to roar with
laughter.
chicotit *s.n.* 1. sniggering etc. v.
c h i c o t i. 2. v. c h i c o t.
chiflă *s.f.* (French) roll, *amer.* Par-
ker House roll.
chiftea *s.f.* minced-/hash-meat ball.
chihăi *vb. tr.* to tease, < to pester.
chihlimbar *s.n.* amber. ⓐ ~ *negru*
jet.

chihlimbariu *adj.* amber-coloured.
chil[1] *s.n. fiziol.* chyle.
chil[2] *s.n.* F kilo.
chilă *s.f. odin. former dry measure*
(= 500 kg).
chilian *adj., s.m.* Chilean, Chilian.
chilie *s.f.* 1. *(de mănăstire etc.)* cell;
(de schimnic) hermitage; *(peşteră)*
cave. 2. *(odăiţă)* little/small room.
chilifer *adj. fiziol.* chyliferous.
chilipir *s.n.* 1. *(cumpărătură ieftină)*
chance purchase/bargain, F job
lot, (lucky) bargain. 2. *(noroc ne-
aşteptat)* godsend, windfall; lucky
find. ⓒ *a da de* ~ to make a
lucky find, to find smth. of value;
a umbla după ~*(uri)* to hunt for
bargains, to be on the look-out
for bargains; *e un adevărat* ~ it's
a (real) bargain.
chilipirgiu *s.m.* hunter for bargains.
chiloţi *s.m. pl.* 1. *(de baie)* (bathing)
trunks, slips, bathing drawers;
swimbriefs; swimsuit; *(largi, de
sport, pentru femei)* bloomers. 2.
(ca rufărie) drawers, knickers, F
bloomers, pants.
chilug *s.m.* v. p i l u g.
chimen *s.n. bot.* 1. caraway *(Carum
carvi).* 2. v. c o r i a n d r u. ⓐ ~
de cîmp pepper/meadow saxifrage
(Silaus pratensis); ~ *dulce* fennel
(Foeniculum vulgare); ~ *negru*
fennel flower *(Nigella damascena);*
~*ul porcului* hog fennel, sulphur
wort *(Peucedanum officinale).*
chimic I. *adj.* chemical. ⓓ *compus*
~ chemical compound; *element* ~
(chemical) element. II. *adv.* chem-
ically.
chimicale *s.f. pl.* chemicals.
chimie *s.f.* chemistry. ⓐ ~ *anorga-
nică/minerală* inorganic chemistry;
~ *aplicată* applied/practical chem-
istry; ~ *biologică* biochemistry;
~ *organică* organic chemistry.
chimion *s.n. bot.* cumin *(Cuminum
Cyminum).* ⓐ ~ *de cîmp.* v.
c h i m e n 1.
chimir *s.n.* 1. *(brîu)* peasant (waist)
belt, girdle. 2. *(şerpar)* money
belt/pouch; *(pungă)* purse. ⓒ *a
pune bani la* ~ *(a face bani)* to
make money; to make a fortune;
(a pune bani la o parte) to lay

money by; *(a fi zgîrcit)* to be
stingy/niggardly.

chimist *s.m.* scientific chemist,
chemical investigator.

chimiza *vb. tr.* to chemify.

chimizare *s.f.* chemification.

chimono *s.n.* kimono.

chimval *s.n. muz. odin.* cymbal.

chin *s.n.* **1.** *(tortură)* torture, torment; *(suferință grozavă; și fig.)*
agony, excruciating pain; *(numai
sufletesc)* great affliction/distress.
2. *(trudă)* pains, effort(s). ⓐ *~urile
facerii* (birth) throes, birth struggle,
travail; *~uri sufletești* anguish of
soul, mental agony, vexations of
spirit. ⓒ *a pune la ~uri* to put
to the rack.

chinchină *s.f. bot.* c(h)inchona, bark
tree *(Cinchona).*

chindie *s.f.* **1.** *(după amiază)* afternoon *(between two and five o'clock)*;
(asfințit) sunset. **2.** *Romanian folk
dance.*

chinez **I.** *adj.* Chinese. **II.** *s.m.* Chinaman.

chineză *s.f.* Chinese, the Chinese
language.

chinezesc *adj.* Chinese. ⓓ *umbre
chinezești* shadow theatre, galanty
show; *zidul ~* the Great Wall of
China.

chinezește *adv.* like the Chinese; *(ca
limbă)* Chinese.

chinezoaică *s.f.* Chinese woman *sau*
girl.

chingă *s.f.* **1.** *(la cai)* belly band,
girth; *(de șa)* saddle girth. **2.** v.
c h i m i r 1, 2. **3.** *tehn.* tie band.
ⓓ *pat de chingi* folding bed(stand).
ⓒ *a slăbi din chingi* a. to loosen
the saddle girth(s) of **b.** *fig.* to
loosen one's grip on; to loosen
smb.'s bonds; *a strînge în chingi*
a. to girth (up). **b.** *fig. (a nu slăbi)*
to give *smb.* no quarter; *(a oprima)*
to oppress, to lay low; *(a ține în
frîu)* to hold in leash.

chinină *s.f.* quinine, Peruvian bark.

chinoroz *s.n.* smoke flaw.

chinovar *s.n. mineral.* cinnabar, native red, mercurio sulphide.

chintal *s.n.* quintal *(= 100 kg).*

chintă *s.f.* **1.** *muz.* fifth, quint. **2.**
(de tuse) fit (of coughing). **3.** *(la*

pocher) straight (flush). ⓐ *~ regală* royal flush.

chintesență *s.f.* quintessence.

chinui **I.** *vb. tr.* **1.** to put to the
rack, to torture, to torment; to
martyr. **2.** *fig. (a produce suferințe)*
to torture, to torment; to tantalize; *(a nu da pace)* to harass, to
worry, to trouble; *(a fi o pacoste
pentru)* to plague, to pester, to
harry, to bait; *(a plictisi)* to bore.
ⓒ *a-și ~ creierii* to rack/cudgel
one's brains. **II.** *vb. refl.* **1.** *(a
trudi)* to moil and toil, to labour;
(făcînd muncă de corvoadă) to
drudge, F→to slave, P→to fag
(away); *(a-și stoarce creierii)* to
rack/cudgel one's brains. **2.** *(singur)* to torment oneself. **3.** *(a suferi)* to agonize, to be in agonies,
to suffer agonies; to suffer; *(a fi
neliniștit)* to be uneasy, to fret,
to worry. ⓐ *a se ~ cu ceva* to slave/
drudge one's life out over smth.;
s-a ~t în zadar he has toiled to
no purpose, he laboured in vain.

chinuire *s.f.* tormenting etc. v.
c h i n u i.

chinuit *adj.* **1.** tortured etc. v.
c h i n u i; agonizing. **2.** *(nenorocit)* miserable, wretched, unfortunate; *(neliniștit)* uneasy, fretful, agitated, worried; *(furtunos)*
stormy. **3.** *(nefiresc)* overdone, unnatural, exaggerated; *(d. stil)* overelaborate.

chinuitor **I.** *adj.* tormenting etc. v.
c h i n u i. **II.** *adv.* tormentingly
etc. v. c h i n u i. **III.** *s.m.* tormentor, torturer.

chioara *s.f.* ⓒ *de-a ~ (orbește)*
blindly; *(bîjbîind)* gropingly.

chiolhan *s.n.* F spree, booze, blow
-out.

chiolhănos **I.** *adj.* vile, loathsome,
abject. **II.** *s.m.* villain, scoundrel.

chiomp *adj. reg.* **1.** dim-eyed, purblind. **2.** dull, stupid.

chiondoriș *adv.* v. c h i o r î ș.

chior **I.** *adj.* **1.** blind in/of one eye,
one-eyed, F boss-eyed; *(orb)* blind;
(miop←peior.) short-sighted. **2.** *(cu
lumină slabă)* dim. ⓓ *apă chioară
peior.* a. *(apă)* Adam's ale; fish
broth; *(poșircă)* wish-wash. **b.** *(vor*

be goale) wish-wash, talkee-talkee, idle talk; *săptămîna chioară* hobble-dehoyhood. ⓒ *a nu avea para chioară* F not to have a penny to bless oneself with, to be penniless/ *sl.* broke/*sl.* hard-up; *nu face o para chioară* F it isn't worth a straw/rap/bean/fig; *eşti* ~? F where are your eyes? **II.** *s.m.* one-eyed person, *sl.* single peeper. ⓒ *a nu avea un* ~ *v.* a n u a v e a p a r a c h i o a r ă.

chiorăi *vb. intr.* ⓒ *îmi* ~*e maţele* F my bowels rumble, my stomach worm gnaws, I feel grubby, my stomach cries cupboard.

chiorăială *s.f.,* **chiorăit** *s.n.* rumbling, collywobbles.

chiorî I. *vb. tr.* **1.** to put *smb.'s* eye out. **2.** *(a orbi)* to blind. **3.** *fig.* to blind, to dazzle; *(a înşela)* to deceive, to delude. ⓒ *n-are cu ce* ~ *un şoarece* F he is (as) poor as a church mouse; *(nici) cît să chiorăşti un şoarece* (not) the thiniest little bit. **II.** *vb. refl.* **1.** *(a privi chioriş)* to squint, to look awry. **2.** *(a se zgîi) (la)* to stare (at), to goggle (at). **III.** *vb. intr.* to lose one eye; *(a orbi)* to grow/F go blind, to lose one's sight. ⓒ *să chiorăsc dacă...* P may I fall down dead if...

chioriş I. *adv.* askance, askew, asquint, awry. ⓒ *a privi/se uita* ~ **a.** to squint, to look awry, F→to look both ways for Sunday, < to look nine ways. **b,** *fig.* to look askance/awry. **II.** *adj.* squinting.

chiostec *s.n.* v. c h i ş t o c **1.**

chioşc *s.n.* **1.** *(într-un parc public)* kiosk; *(gheretă)* booth; *(pt. vînzări)* stall; *(de ziare)* news stall/ stand; *(tutungerie)* tobacconist's; *(pt. muzică)* bandstand. **2.** *(foişor)* summer house; alcove; *(frunzar)* arbour, pergola.

chioşcar *s.m.* seller in a kiosk etc. v. c h i o ş c; *(tutungiu)* tobacconist.

chiot *s.n.* *(strigăt)* cry, shout; *(ascuţit)* yell(ing), shriek; *(de bucurie)* exultant shout/yell, lusty cheer. ⓒ *a da* ~*e* to shout/yell (exultantly).

chioti *vb. intr.* to shout; *(ascuţit)* to yell, to shriek, v. şi c h i u i.

chip *s.n.* **1.** *(imagine)* image; *(portret)* portrait; *(pe monede)* effigy; *(poză)* picture. **2.** *(imagine identică)* (exact) likeness, image. **3.** *(faţă)* face; *(înfăţişare)* appearance, air, aspect, look. **4.** *(formă)* form, shape. **5.** *(fel)* manner, way, mode; line. **6.** *(mijloc)* means; *(posibilitate)* possibility. ⓐ ~ *cioplit* graven image, idol. ⓑ *cu* ~ *că...* under/in the guise of...; *cu* ~ *să...* (in order) to..., for *(cu forme în -ing)*; *cu nici un* ~ by no means, on no account; *cu orice* ~ at any price/sacrifice, at all costs; *după* ~ by appearance; *după* ~*ul (cu gen.)* after the manner/ style of...; *după* ~*ul şi asemănarea cuiva* in smb.'s own image, after smb.'s likeness; *fel şi* ~, *în toate* ~*urile* every way possible; *fel şi* ~ *de...* all kinds of...; *frumos la* ~ fair-faced, good-looking, well-favoured/-featured; *în acest* ~ (in) this way, in this manner; *(astfel)* thus, so; *în ce* ~? in what way? how? *în* ~ *de...* under/in the guise of...; *(ca)* like...; as...; *în* ~*ul următor* in the following way; as follows; *în nici un* ~ by no means, on no account, in no wise; *într-alt* ~ otherwise, differently; *într-un* ~ *sau altul* some way or other. ⓒ *a-şi arăta* ~*ul adevărat* to show oneself in one's true colours/character; ~*ul cum i-a vorbit* the way he spoke to him; *nu e* ~ *să...* it's impossible to...

chiparoasă *s.f. bot.* tuberose *(Polianthes tuberosa).*

chiparos *s.m. bot.* cypress (tree) *(Cupressus sempervirens).*

chipeş *adj.* *(frumos)* good-looking, handsome, fairfaced, well-favoured; *(bine făcut)* well-made, finely-shaped.

chipiu *s.n.* (peak) cap.

chipurile *adv.* **1.** *(vorba vine)* allegedly; ostensibly, *rar*→reportedly; *(ca să zicem aşa)* so to speak, as it were. **2.** *adjectival* would-be, so- -called, selfstyled, alleged to be. ⓒ *a ieşit,* ~, *să-şi cumpere tutun* he

went out ostensibly to buy tobacco;
venise, ~, *să lucreze* he had come
with the alleged purpose of work-
ing.

chirăi *vb. intr.* **1.** *(a ţîrîi)* to chirp;
(a ciripi) to twitter; *(a cîrîi)* to
crow. **2.** *(a ţipa)* to shout; *(ascu-
ţit)* to yell, to shriek.

chirci *vb. refl.* **1.** *(în creştere)* to
be(come) stunted in (one's) growth.
2. *(a se ghemui)* to crouch/double/
curl up.

chircit *adj.* **1.** *(în creştere)* stunted,
dwarfed, abortive. **2.** *(ghemuit)*
crouched, crouching.

chircitură *s.f.* **1.** dwarf, stunted
person. **2.** dwarfed/stunted tree etc.
3. *peior.* starveling.

chiriaş *s.m.* lodger, tenant.

chiriaşă *s.f.* lodger, tenant.

chirie *s.f.* **1.** (house) rent, hire. **2.**
(pt. o trăsură) hire; *(pt. transport
de mărfuri)* portage, charge for
carriage. © *gura nu-i ţine* ~ F her
clack goes thirteen to the dozen,
she clacks like a hen; *a da cu* ~
(imobile) to let out (on hire); *(tră-
suri)* to job; *a lua cu* ~ *(imobile)*
to rent, to take; *(trăsuri)* to hire,
to job; *a sta cu* ~ to live in a
house as (a) tenant/lodger.

chirilic *adj.* Cyrillic. ⓑ *alfabetul* ~
Cyrillic alphabet.

chiromant *s.m.* palmist, chiromanc-
er.

chiromanţie *s.f.* palmistry, chiro-
mancy.

chirovnic *s.m. min.* tool pusher.

chirpici *s.n. constr.* adobe.

chirurg *s.m. med.* surgeon, *înv.→*chi-
rurgeon.

chirurgical *adj. med.* surgical, *înv.→*
chirurgical. ⓑ *intervenţie* ~*ă* oper-
ation.

chirurgie *s.f.* surgery.

chisea *s.f.* **1.** *(pt. dulceaţă)* jam pot/
jar. **2.** *(pt. tutun)←înv.* tobacco
pouch.

chiseliţă *s.f.* **1.** stewed plums etc.
2. *fig.* jumble, helter-skelter. © *a
face pe cineva* ~ to beat/pound
smb. into a jelly.

chist *s.n. med.* cyst.

chistic *adj. med.* cystic.

chişcă *s.f.* pudding, sausage.

chişiţă *s.f. (la cai)* fetlock.

chişleag *s.n.←reg.* curds, curdled
milk.

chiştoc *s.n.* **1.** stump, cigarette end/
butt. **2.** *(copil)* chit, brat, kid.

chit[1] *s.n. (pastă)* putty.

chit[2] *adv.* © *a fi* ~ to be quits.

chitanţă *s.f.* receipt, acknowledg-
ment.

chitanţier *s.n.* receipt book.

chitară *s.f. muz.* guitar.

chitarist *s.m. muz.* guitar player.

chiti←*reg.* **I.** *vb. tr.* **1.** *(a ochi)* to
aim at, *mil.* to take aim/sight at;
(a nimeri) to hit. **2.** *(a pune ochii
pe)* to set one's eyes on. **3.** *(a căuta)*
to look (out) for. **4.** *(a socoti)* to
consider, to think; *(a intenţiona)*
to intend, to mean; *(a închipui)*
to imagine; *(a potrivi)* to arrange.
5. *(a împături)* to fold (up). **6.** *(a
împodobi)* to adorn, to embellish.
II. *vb. refl.* **1.** to think. **2.** *(a se
întîmpla)* to happen, to turn out.

chitic *s.m.* **1.** *iht.←reg.* (common)
gudgeon *(Gobio vulgaris).* **2.** *(peşte
mic)* fry. © *a tăcea* ~ to be stock-
still/quite hushed, P as mum as
a mouse.

chitină *s.f.* chitin.

chitinos *adj.* chitinous.

chitră *s.f.* citron.

chitru *s.m.* citron *(Citrus medica).*

chitui *vb. tr.* to putty.

chiţ *interj.* squeak! eek!

chiţăi *vb. intr.* to give a squeak; to
squeak.

chiţăit *s.n.* squeak(ing).

chiţibuş *s.n.* **1.** *(fleac)* trifle. **2.** *(ter-
tip)* dodge, shift, F knick, knack;
(subtilitate) subtlety; *(întrebare
grea)* catch. © *a umbla cu* ~*uri* to
shuffle, to beat about the bush, to
use trickery/shifts.

chiţibuşar I. *adj.* cavilling, F per-
nickety. **II.** *s.m.* caviller; petti-
fogger.

chiţibuşării *s.f. pl.* cavilling; petti-
foggery.

chiu *s.n. (strigăt)* shout; *(ascuţit)*
yell, shriek; *(de veselie)* cheer,
hurra(h), huzza. ⓑ *cu* ~ *cu vai*
with the greatest difficulty, F
with moil and toil; by the skin
of one's teeth, only just.

chiui *vb. intr.* to shout; *(ascuţit)* to yell, to shriek; *(de bucurie)* to shout/yell exultantly; *(din răsputeri)* to shriek at the top of one's voice.

chiuit *s.n.* **1.** shouting etc. v. c h i- u i. **2.** v. c h i o t.

chiuitură *s.f.* **1.** shout; yell, shriek. **2.** *(la joc)* extempore (alternate) song.

chiul *s.n.* **1.** *(absentare nemotivată)* ←F truancy, absence without leave. **2.** *(înşelătorie)* F take-in, fraud; *(renghi)* F dirty trick. ⓒ *a trage ∼ul* F to play truant; *(şcol. şi)* F to play (the) wag from school, *amer.* to play hookey; *a trage ∼ul cuiva* F to gull smb., to take smb. in.

chiulangiu *s.m.* F slacker, loafer, *şcol.* truant.

chiulasă *s.f.* **1.** *mil.* breech (of a gun). **2.** *tehn.* combustion head.

chiuli *vb. intr.* F to play truant/*amer.* hookey, *(şcol. şi)* F to play (the) wag from school. ⓐ *a ∼ de la...* F to give *smth.* the go-by.

chiup *s.n.* large jar/ewer/vessel.

chiuretaj *s.n.* curettage, curettement.

chiuretă *s.f.* curet(te), scoop.

chiuvetă *s.f. (de bucătărie)* sink; *(de baie)* wash-hand basin; *amer.* wash bowl.

chivără *s.f. mil.*←*odin.* shako.

chiverniseală *s.f.* **1.** *(administrare)* management, administration. **2.** *(subzistenţă)* means of subsistence, sustenance, livelihood, keep. **3.** *(sinecură)* sinecure; *(post lucrativ)* profitable/paying job, good/snug berth, F fine screw.

chivernisi **I.** *vb. tr.* **1.** *(a administra)* to administer, to manage. **2.** *(a economisi)* to save, to lay by; *(a câştiga)* to earn. **3.** *(a aproviziona)* to provide for; *(cu)* to supply *smb.* (with). **4.** *(a numi într-un post)* to settle, to fix, to place; to find a good/F snug berth for. **II.** *vb. refl.* **1.** *(a fi numit într-un post)* to get a place to settle; *(cu câştig)* to get a paying job, to find a good/F snug berth; *(a se îmbogăţi)* to get rich, F to feather one's nest. **2.** *(a trăi cu economie)* to live thriftily.

chivernisire *s.f.* **1.** v. c h i v e r n i- s e a l ă. **2.** settling etc. v. c h i- v e r n i s i.

chivernisit *adj.* well-in/-off, well-to- -do.

chivot *s.n.* **1.** *bibl.* ark. **2.** *(din altar)* shrine. ⓐ *∼ul lui Noe* Noah's ark.

chivuţă *s.f.*←*reg* whitewasher, house painter.

chix *s.n.* **1.** *(la biliard)* F boss. **2.** *(nereuşită)* F flop; failure, fiasco. ⓒ *a da ∼* F to come a cropper/ howler/mucker; to fail, to miss the mark, to be wide of/beside the mark.

ci *conj.* **1.** *(dar, dimpotrivă)* but. **2.** *(mai ales înaintea unui imperativ)* do; *(neapărat)* without fail, by all means, don't fail to. ⓒ *nu el, ∼ ea a făcut asta* not he, but she has done it; *nu numai..., ∼ şi...* not only..., but also...; *∼ vino cu noi!* come with us, do! come along, do!

cianhidric *adj. chim.* ① *acid ∼* hydrocyanic/prussic acid.

cianogen *s.n. chim.* cyan(ogen).

cianoză *s.f. med.* cyanosis, blue disease.

cianură *s.f. chim.* cyanide. ⓐ *∼ de potasiu* potassium cyanide.

cibernetic *adj.* cybernetic.

cibernetică *s.f.* cybernetics.

cibernetician *s.m.* cyberneticist.

cicatrice *s.f.* scar.

cicatriza *vb. refl.* to cicatrize, to heal (up), to skin/scar over.

cicatrizare *s.f.* cicatrization, healing, closing (up) (of a wound).

cică *adv.* **1.** *(contras din „se zice că")* they/people say, it is (being) said, the story goes that; *(chipurile)* as it were. **2.** *(contras din „el zice că")* he says; *(se preface că)* he pretends (that). **3.** *(nici mai mult nici mai puţin)* neither more nor less. **4.** *(închipuieşte-ţi)* fancy (that). ⓒ *∼ era odată...* once upon a time there was.

cicăleală *s.f.* **1.** *(reproş plictisitor)* teasing, < nagging; *(constant)* fault-finding. **2.** *(sicţială)* vexing, annoying.

cicăli *vb. tr.* to tease, < to nag, to bicker, to pester, *sl.* to nagnag.

cicălitor I. adj. nagging, fault-finding; *(sîcîitor)*; annoying. ① femeie cicălitoare shrew. **II.** s.m. nagger, grumbler.

ciclamen I. s.n. **1.** bot. cyclamen *(Cyclamen).* **2.** cyclamen colour. **II.** adj. cyclamen-coloured.

ciclic I. adj. cyclic(al). ⓑ criză ~ă ec. pol. recurring crisis; organizarea ~ă a producției ec. synchronization of production. **II.** adv. cyclically.

ciclism s.n. cycling.

ciclist s.m. cyclist.

ciclocros s.n. cross-country race, steeple chase.

ciclon s.n. cyclone.

ciclop s.m. mit. Cyclops.

ciclopic adj. Cyclopean, gigantic.

ciclotron s.n. fiz. cyclotron.

ciclu s.n. cycle; *(serie)* series, course ⓐ ~ de prelegeri series/course of lectures; ~ de producție production cycle; ~ epic lit. epic cycle; ~ lunar astr. lunar/Metonic cycle.

cicoare s.f. **1.** bot. chicory, succory *(Cichorium).* **2.** *(surogat de cafea)* chicory. ⓐ ~ de grădină bot. endive *(Cichorium endivia);* ~ de vară bot. wild succory/chicory *(Cichorium intybus).*

cidru s.n. cider.

cifra I. vb. tr. **1.** *(a numerota)* to number; *(a pagina)* to page. **2.** *(a scrie cu caractere secrete)* to cipher, to write in cipher; to code. **II.** vb. refl. to be numbered. ⓐ a se ~ la... to amount/F total up/F come to..., com. și to figure/run up to..., to run into...

cifrat adj. in cipher/code, code... ⓑ cuvînt ~ code word; scriere ~ă cipher, writing in cipher.

cifră s.f. **1.** figure, number, numeral; cipher, cypher; *(între 0 și 9)* digit. **2.** *(total)* amount, total. ⓐ cifre arabe Arabic numbers/numerals; cifre romane Roman numbers/numerals. ⓑ un număr de trei cifre a number (consisting) of three digits.

cifric adj. numerical, (expressed) by figures.

cifru s.n. cipher, code.

cil s.m. biol. cilium, hair. ⓐ ~i vibratili cilia.

ciliar adj. anat. ciliary.

cilindric adj. cylindrical.

cilindru¹ s.m. **1.** geom. cylinder. **2.** tehn. cylinder, drum. ⓐ ~ de căldare tehn. boiler cylinder; ~ de pompă body of a pump; ~ uscător tehn. drying cylinder.

cilindru² s.n.←odin. top hat.

cimbrișor s.m. bot shepherd's/wild thyme *(Thymus serpyllum).*

cimbru s.m. bot. **1.** savory, bean tressel *(Satureia hortensis).* **2.** v. l ă m î i o a r ă.

ciment s.n. constr. fig. cement.

cimenta I. vb.tr. **1.** to cement; *(oțel etc.)* to case-harden. **2.** fig. *(substanțe)* to glue/stick/piece together. **3.** fig. *(a întări)* to cement, to strengthen, to consolidate, to fortify. **II.** vb. refl. **1.** to be cemented etc. v. ~ I. **2.** fig. to grow firm, to consolidate, to strengthen.

cimentare s.f. cementation etc. v. c i m e n t a.

cimilitură s.f. riddle. ⓒ a dezlega cimilituri to read/solve riddles.

cimișir s.m. bot. box (tree) *(Buxus sempervirens).*

cimitir s.n. graveyard, cemetery, burial ground/place, God's Acre; *(în curtea bisericii, în Anglia)* churchyard.

cimpanzeu s.m. zool. chimpanzee, F→chimp *(Simia troglodytes).*

cimpoi s.n. muz. bagpipe, scoț. bagpipes.

cimpoier s.m. (bag)piper.

cina vb. intr. to take/have supper.

cinabru s.n. mineral. cinnabar, vermillion, native red, mercuric sulphide.

cină s.f. supper. ⓑ după ~ after supper.

cinci num. card., adj., s.m. five. ⓐ ~ coade/clopoței bot. v. c ă l d ă r u ș ă; ~ degete bot. five-finger (grass), cinquefoil *(Potentilla);* ~ foi bot. sanicle *(Sanicula Europaea);* ~ gemeni quintuplets; ~ sute five hundred; ~ și jumătate five and a half. ⓑ cu ~ degete with five fingers, quinquedigitate; de ~ ori five times; douăzeci și ~ twenty-five, five-and-twenty; o da-

tă în ~ *ani* once in every five years; *o piesă în* ~ *acte* a five-act play. © *are* ~ *ani* he is five years old; *e* ~ *la sută* it is five per cent; *e* ~ *și jumătate* it is half past five.

cincilea *num. ord., adj.* the fifth. ⓑ *a cincea parte* a fifth (part); *al* ~ *capitol* the fifth chapter, chapter five, chapter the fifth; *Henric al* ~ Henry V (*citit*: Henry the Fifth).

cincime *s.f.* fifth (part). ⓑ *trei cincimi* three fifths.

cincinal *adj.* of five years. ⓑ *plan* ~ five-year plan.

cincisprezece *num. card., adj., s.m.* fifteen.

cincisprezecelea *num. ord., adj.* the fifteenth.

cincizeci *num. card., adj., s.m.* fifty.
cincizecilea *num. ord., adj.* the fiftieth.

cine I. *pron. interog.* who?; *(cu sens de „care", selectiv)* which? II. *pron. rel.* 1. who; *(acela care)* (he) who. 2. *(oricine)* whoever. ⓐ ~ ..., ~ ... some..., some... ⓑ *cu* ~ *(?)* with whom (?); *pe* ~ *(?)* whom (?). © ~ *altul decît el?* who but he? ~ *e acolo?* who is there? *mil.* who goes there? ~ *e tatăl copilului?* whose (child) is it? *glum.* who has a bun in the oven? ~ *să fie?* who(ever) can it be? ~ *pe* ~ v. c a r e pe c a r e; © ~ *știe cîștigă* radio/TV quizz; brains trust. ⓓ ~ *nu muncește, nu mănîncă* he who does not work, neither shall he eat.

cineast *s.m.* cinema worker/man.
cinefil *s.m.* film fan; picturegoer.
cinegetic *adj.* hunting, cynegetic.
cinegetică *s.f.* cynegetics.
cinel-cinel *interj.* riddle-me-ree!
cinema *s.n.* v. c i n e m a t o g r a f.
cinemascop *s.n.* cinemascope.
cinematecă *s.f.* film library.
cinematică *s.f.* kinematics.
cinematograf *s.n.* cinema, (motion) pictures, *amer.* movies, *rar→* cinematograph, silver screen; *(clădirea)* picture palace, *amer.* movie theater, *austr.* theater, *înv.* bioscope, picture palace, picturedrome.

ⓐ ~ *în relief* 3-D cinemascope; ~ *sonor* sound films, talkies.
cinematografia *vb. tr.* to film, *rar* →to cinematograph.
cinematografic *adj.* film..., cinematographic.
cinematografie *s.f.* cinematography.
cinematografiere *s.f.* filming.
cinerar *adj.* cinerary, funeral. ⓓ *urnă* ~*ă* cinerary/funeral urn.
cinetic *adj. fiz.* kinetic, motive.
cinetică *s.f.* kinetics.
cineva *pron. nehot.* somebody, someone; *(în prop. interog. și neg.)* anyone, anybody. ⓐ ~ *important* somebody important, F some (great) swell. © *e* ~ he is (a) somebody, he is a man of name; *e* ~ *acolo?* is anybody there? *e* ~ *cu el* there is someone with him; *îmi spunea* ~ *mai deunăzi* somebody or other was telling me the other day; *vine* ~ there is somebody coming.
cingătoare *s.f.* girdle, belt.
cinic I. *adj.* cynic(al); *(nerușinat)* shameless; *(sfruntat)* bare-faced; *(d. indecență)* brazen. II. *adv.* cynically; shamelessly, brazenly, unblushingly. III. *s.m.* cynic; shameless/brazen person.
cinism *s.n.* cynicism, shamelessness, effrontery.
cinocefal *s.m. zool.* cynocephalus *(Cynocephalus)*.
cinste *s.f.* 1. honesty, probity, integrity, uprightness. 2. *(credință)* faithfulness; loyalty, fealty; *(virtute)* virtue; *(castitate)* chastity, maidenhood. 3. *(prețuire)* appreciation; *(respect)* respect, esteem, consideration; *(vază)* repute, credit, (fair) fame; good name; *(onoare)* honour; *(glorie)* glory. 4. *(onoare)* honour; *(favoare)* favour. 5. *(pompă)* pomp, ceremony, display. 6. *(cadou)* gift, present. 7. *(ospătare, cinstire)* treat. 8. *(băutură)* drink. ⓐ ~ *și onoare lui* F hats off to him! ⓓ *cu* ~ creditably, honourably; *cuvînt de* ~ word of honour; *în* ~ *a dumitale!* *(la ridicarea paharului)* (to) your health! *om de* ~ man of honour, honest-minded fellow; *pe* ~ F

mighty fine, swell, A₁; *pe ~a mea!* upon my honour! by Jove/ Hercules/Jupiter! F honour bright! *semn de* ~ mark of respect; *sentimentul* ~*i* the sense of honour. ⓒ *am ~a să...* I have the honour to...; *a da ~a pe ruşine* to commit/ expose oneself, F to make a blunder, to put one's foot in it; *a face* ~ to pay for all, F to stand a treat (all round), to pay the piper; *îţi face* ~ it does you credit; *a-şi îndeplini îndatoririle cu* ~ to perform one's duties creditably; *a trece un examen cu* ~ to pass an examination with distinction; *a socoti drept o ~să...* to consider it an honour to...; *a bea în ~a cuiva* to drink smb.'s health; *e un băiat pe* ~ F he's a brick of a fellow; *e o fată pe* ~ F she's a peach of a girl; *o facem în ~a lui* we do it in honour of him.

cinsteţ *s.m. bot.* sage *(Salvia).*

cinsti I. *vb. tr.* **1.** *(a onora)* to honour. **2.** *(a respecta)* to esteem, to respect; *(a aduce omagiu)* to do/render homage to. **3.** *(a dărui) (cu)* to present... (with); *(a da un bacşiş)* to tip. **4.** *(a trata)* to treat. **5.** *(a bea)* to drink; *(a da pe gît)* to swig off. **II.** *vb. intr. şi refl.* *(a bea)* to drink F to booze, to lush up.

cinstire *s.f.* **1.** honouring etc. v. c i n s t i. **2.** *(trataţie)* treat. **3.** v. c i n s t e **3.**

cinstit I. *adj.* **1.** *(onest)* honest, upright, straightforward; *(in comerţ, la jocuri)* fair(-dealing); *(de încredere)* reliable; *(credincios)* true, loyal; *(sincer)* true, honest-minded, sincere. **2.** *(virtuos)* virtuous; *(cast)* chaste. **3.** *(onorabil)* honourable; *(venerat)* venerable. **4.** *(care se bucură de respect)* respectable. **II.** *adv.* honestly, sincerely, in all sincerity.

cintez *s.m.,* **cinteză** *s.f.,* **cintezoi** *s.m. ornit.* chaffinch *(Fringilla coelebs).*

cinzeacă *s.f.* liquid measure *(= 0.16l)* *aprox.* a quarter of a pint.

cioară *s.f.* **1.** *ornit.* crow *(Corvus).* **2.** *ornit.* rook *(Corvus frugilegus).*

ⓑ *ce ciorile...?* F what the deuce/ devil...? *cit cioara în par* F a jiffy; *cum ciorile...?* F how the deuce...? ⓒ *a sta înfipt ca cioara în par* F to get on/ride the high horse, to be stuck-up; *fire-ai al ciorilor să fii!* F go and be hanged! the deuce take you!

cioareci *s.m. pl.* tight peasant trousers.

cioarsă *s.f.* jagged/dull knife *sau* scythe etc.

ciob *s.n.* **1.** *(hîrb)* shiver, crock. **2.** *(bucată)* piece, fragment. ⓓ *ride ~ de oală spartă* the pot calls the kettle black.

ciobacă *s.f.* (trough-shaped) boat.

cioban *s.m.* shepherd. ⓐ *Ciobanul cu oile astr.* Lyra. ⓑ *steaua ~ului astr.* evening star, (the planet) Venus; *traista ~ului bot.* shepherd's purse *(Capsella bursa pastoris).*

ciobănaş *s.m.* *(băiat)* shepherd boy; *poetic* swain, Corydon.

ciobănesc *adj.* shepherd's..., shepherdish, shepherd-like; pastoral, bucolic. ⓑ *cîine* ~ shepherd('s) dog; *cîntec* ~ shepherd's/pastoral song; *colibă ciobănească* shepherd's hut; *fluier* ~ shepherd's flute/pipe.

ciobăneşte *adv.* like a shepherd.

ciobăni I. *vb. intr.* to be a shepherd. **II.** *vb. refl.* to become a shepherd.

ciobănie *s.f.,* **ciobănit** *s.n.* shepherd's/ pastoral life.

ciobăniţă *s.f.* **1.** shepherdess. **2.** shepherd's wife.

ciobi *vb. tr.* to break into pieces.

cioc¹ *s.n.* **1.** *ornit.* beak, bill, rostrum. **2.** *(de ceainic etc.)* spout. **3.** *(la o corabie)* *odin.* rostrum; *(provă)* prow, cutwater. **4.** *(ţăcălie)* imperial, F goatee. **5.** *(gură)* F kissing/potato trap; *(fleancă)* F jaw. **6.** *(sărutare)* F buss, lip salve, smouch. **7.** *(înghiţitură)* drink, < sip. **8.** *(minciună)* F fib, *sl.* shave, crammer. ⓐ ~ *de papagal med.* v. s p o n d i l o z ă; ~*gros ornit.* v. b o t g r o s; ~*ul berzei bot.* stork's bill, cranesbill *(Geranium pratense).* ⓒ *a pune* ~ *cuiva (a înşela)* F to dupe sm.b, to take smb. in, to sell smb.; *(a escroca)* F to do smb. (brown); *(a juca o* *festă)*←F to play smb. a trick; *(soțului)* F to cuckold smb.; *(a minți)* to tell smb. a cock and bull story.

cioc² *interj.* 1. *(ca bătaie la ușă)* knock! 2. *(ca lovitură răsunătoare)* bang! 3. *(d. moară)* click-clack! click-click! 4. *(cu picioarele)* pit-a--pat! ⓐ ~*-boc!* ~*a-boca!* bang!

ciocan I. *s.n.* 1. hammer; *(de lemn)* mallet. 2. *anat., sport* hammer. 3. street-door knocker. 4. *(de rachiu)* (long-necked) small glass. ⓐ ~ *cu aburi* steam hammer; ~ *cu coadă* helve hammer; ~ *daltă* chisel hammer; scrap chisel; ~ *de cizmar* shoemaker's hammer; ~ *de dogar* cooper's driver; ~ *de fierar* smith's hammer, < sledge forge hammer; ~ *de lipit* soldering gun; ~ *de mină* hand hammer; ~ *de potcovar* riveting hammer/clamp; ~ *de tîmplar* joiner's hammer; ~ *mecanic* machine hammer; ~ *pneumatic* air/pneumatic hammer; ~ *universal* claw hammer. ⓕ *în-tre* ~ *și nicovală* between hammer and anvil, between the sea and the devil, between the beetle and the block. ⓒ *a sta* ~ *pe capul cuiva* to press smb. hard, to nag/pelt smb. II. *s.m. iht.* hammer/balance fish *(Zygaena mallens)*.

ciocăni I. *vb. tr.* 1. to hammer. 2. *(cu ciocul)* to peck, to pick. 3. *fig.* to nag, to pelt. II. *vb. intr.* 1. to hammer. 2. *(la ușă)* to knock. 3. *(cu ciocul)* to peck. 4. *fig.* to work.

ciocănit *s.n.* 1. hammering etc. v. c i o c ă n i. 2. v. c i o c ă n i - t u r ă.

ciocănitoare *s.f. ornit.* wood-pecker *(Picus).* ⓐ ~ *mică* v. s c o r - ț a r.

ciocănitură *s.f.* 1. *(la ușă etc.)* knock. 2. *(cu ciocanul)* hammer stroke/blow.

ciochină *s.f.* pommel (of the saddle).

ciocîrlan *s.m. ornit.* crested/tufted lark *(Galerida cristata).* ⓒ *a prinde* ~*ul de coadă* F to be half seas over, < to feel flushed with liquor.

ciocîrlie *s.f.* 1. *ornit.* (sky)lark *(Alauda).* 2. Romanian folk song and dance. ⓐ ~ *mică/fluierătoare ornit.* woodlark *(Alauda arborea).*

cioclu *s.m.* sexton, grave digger.

ciocnet *s.n.* knock, clashing together.

ciocni I. *vb. tr. (de)* to push/strike/knock (against); *(pahare)* to touch/to clink (together); *(cu ciocul)* to pick, to peck; *(a sparge)* to break; *(d. o mașină)* to ram. ⓒ *a* ~ *paharele* to touch/clink glasses, to hobnob. II. *vb. refl. reciproc.* 1. to knock/strike/dash/rush against each other; *(d. trenuri etc.)* to run into each other, to collide, to come into collision. 2. *fig.* to collide, to clash; to be conflicting. ⓐ *a se* ~ *de...* to knock/dash/strike/hit *etc.* against...; to run foul of... III. *vb. intr.* to clink glasses.

ciocnire *s.f.* 1. concussion, knocking etc. v. c i o c n i. 2. *(de trenuri)* collision (of trains), F smash(-up). 3. *mil.* encounter; armed conflict, clash (of arms); 4. *fig.* collision, clash, conflict; contradiction. ⓐ ~ *de păreri* clash of views/opinions.

ciocnit *adj.* 1. *(spart)* broken; *(crăpat)* split. 2. F v. ț i c n i t.

ciocnitură *s.f.* chink (of glasses).

ciocoaică *s.f.* 1. wife of a boyar etc. v. c i o c o i. 2. exploiter; extortioner, *peior.* fleecer.

ciocoi *s.m. odin.* 1. *(boier)* boyar; *(nobil)* noble-(man); *(exploatator)* exploiter, extortioner, *peior.* fleecer. 2. *(parvenit)* upstart, parvenu, F mushroom. 3. *(lingău)* *peior.* flunkey; toad eater, toadie.

ciocoiesc *adj.* 1. *(de ciocoi)* boyar's... etc. v. c i o c o i. 2. *(slugarnic)* sneaking, cow-towing, cringing and fawning.

ciocoime *s.f. col.* boyars etc. v. c i o c o i.

ciocoism *s.n.* 1. state/condition of a boyar etc. v. c i o c o i. 2. *(servilism)* flunkeyism, servility.

ciocolată *s.f. (și ca băutură)* chocolate. ⓐ ~ *cu lapte* milk chocolate. ⓕ *arbore de* ~ *bot.* chocolate/cacao tree *(Theobroma cacao);*

tort de ∼ chocolate cake. ⓒ *de culoarea ciocolatei* chocolate.

cioflingar *s.m. (vagabond)* tramp, vagabond, straggler; *(om de nimic)* good-for-nothing (fellow), ne'er-do--well, scamp, black sheep.

ciolan *s.n.* **1.** *(os)* bone; marrow bone. **2.** *(mădular)* limb. **3.** *fig. amer. sl.* pork barrel; *(situaţie bună)* F nice berth; *(afacere bănoasă)*← F lucrative business. ⓒ *a da cuiva un* ∼ *de ros* F to find a nice berth for smb.; *a-i rupe/ muia cuiva* ∼*ele* F to sandbag smb., to tan smb.'s hide, to beat smb. black and blue; *a-i trece* ∼ *prin* ∼ F to be fagged out; *a umbla după* ∼ F to be looking for a nice berth; *mă dor toate* ∼*ele* all my bones are aching.

ciolănos *adj.* bony, raw-boned.

ciomag *s.n.* **1.** *(bîtă)* cudgel, club; *(cu plumb la capăt)* bludgeon; *(băţ)* stick. **2.** *(lovitură cu* ∼*ul)* blow, whack (with a cudgel etc., v. ∼ 1).

ciomăgar, ciomăgaş *s.m.* swashbuckler, bully, brawler.

ciomăgeală *s.f.* sound cudgelling/ thrashing/ beating; F good hiding.

ciomăgi *vb. tr.* to cudgel, F to sandbag, to pommel.

ciondăneală *s.f.* scolding, chiding, F blowing up; *(cicălire)* bickering, F nagging; *(ceartă)* jangle, < F row, blow-up; high/hot/hard words.

ciondăni I. *vb. tr.* to scold, to chide, F to blow up; *(a cicăli)* F to nag. **II.** *vb. refl. (cicălitor)* to bicker, F to nag, to nagnag; *(a se certa)* to wrangle, < to quarrel; to come/ get to (high) words.

ciopîrţi *vb. tr.* **1.** to cut/hack into pieces/bits/morsels; *(cu satîrul)* to chop up; *(a dezmembra)* to dismember; *(a mutila)* to mutilate. **2.** *fig.* to mutilate.

ciopîrţilă *s.m.* the Mangler.

ciopîrţire *s.f.* cutting to pieces etc. v. c i o p î r ţ i.

ciopli I. *vb. tr.* **1.** *(figuri, în lemn)* to carve/cut... in wood; *(lemn)* to cut even, to smooth, to dress; *(a da la rindea)* to plane; *(piatră)*

to cut; *(a cizela)* to chisel. **2.** *fig.* to lick into shape, to polish, to fashion. **II.** *vb. refl. pas. fig.* **1.** to be carved etc. v. ∼ I. **2.** to become refined, to polish.

cioplire *s.f.,* **cioplit** *s.n.* carving in wood etc. v. c i o p l i.

cioplitor I. *s.m. (în lemn)* carver in wood; *(în piatră)* stone cutter/ dresser/mason; *(de sare)* salt hewer. **II.** *s.n. tehn.* jack plane.

cioplitură *s.f.* **1.** v. c i o p l i r e. **2.** *(aşchii)* shavings, chippings.

ciopor *s.n.* **1.** *(cireadă)* herd; *(turmă, stol)* flock. **2.** *(mulţime)* crowd, multitude; *(ceată)* troop, group.

ciorap *s.m.* **1.** *(lung, mai ales de damă)* stocking; *odin.*→hose; *(şosetă)* sock; *com.* half hose, *pl.* hosery, hose. **2.** *electr.* tube. ⓑ *fabrică de* ∼*i* stocking manufactory; *negustor de* ∼*i* hosier, haberdasher; *o pereche de* ∼*i* a pair of stockings *sau* socks. ⓒ *a-şi pune* ∼*ii* to put on one's stockings *sau* socks; *a pune bani la* ∼←F to save money, to save (up).

ciorăpar *s.m. (vînzător)* hosier, haberdasher.

ciorăpărie *s.f.* **1.** *(ca marfă)* hosiery. **2.** *(fabricare)* manufacture/making of stockings. **3.** *(magazin)* small-ware shop; *(ca raion)* hosiery counter.

ciorbă *s.f. aprox.* julienne (soup); *(borş)* borsch, bortsch; *(supă)* soup. ⓐ ∼ *de cartofi* potato soup; ∼ *de fasole* bean soup; ∼ *de găină* chicken broth; ∼ *de legume* vegetable soup; ∼ *de vacă* beef soup; *(concentrată)* beef tea; ∼ *lungă* **a.** washy/watery soup, slops, skilly. **b.** *(vorbărie)* F twaddle, gas, froth. **c.** *(flecar)* F gabbler, chatterbox, *pop.* poll parrot. ⓒ *a se amesteca în ciorba cuiva* F to thrust one's nose into smb.'s affairs. ⓓ *cine s-a fript cu* ∼ *suflă şi-n iaurt* a burnt child dreads the fire, once bit(ten) twice shy.

ciorchine *s.m.* **1.** bunch of grapes. **2.** *fig.* bunch, cluster.

ciordeală *s.f.* F pinching, scrounging, boning.

ciordi *vb. tr. (a fura)* F to scrounge, to nick, to sneak, to pinch, *sl.* to make.

ciorese *adj.* crow('s)..., corvine.

ciornă *s.f.* rough copy, (rough) draft/sketch/outline.

cioroi *s.m. ornit.* raven, crow *(Corvus).*

ciorovăi *vb. refl.* v. c i o n d ă n i.

ciorovăială *s.f.* F. v. c i o n d ă-n e a l ă.

ciortan *s.m. iht.* (scale) carp (weighing 1—2 kg) *(Cyprinus carpio).*

ciot *s.n.* 1. *(nod în lemn)* knot (in wood), knag, gnarl, snag, boss. 2. *(trunchi rămas după tăiere)* stump, stub. 3. *(parte rămasă după ciuntire)* stump. 4. *(stîrpitură)* runt; *(pitic)* dwarf, midget.

cioturos *adj. (noduros)* knotted, gnarled, knobby, knaggy.

ciovică *s.f. ornit.* 1. sparrow owl *(Glaucidium passerinum).* 2. v. n a g î ţ.

ciozvîrtă *s.f.* quarter (of a slaughtered animal); *(halcă)* hunk, chunk.

cipici *s.m. pl. (papuci)* slippers.

cipilică *s.f.* kiss-me-quick.

cirac *s.m.* 1. *(discipol)* disciple, apprentice; *(aderent)* hanger-on, adherent, follower. 2. *peior.* flunkey, lackey; *(sicofant)* sycophant, F toady; *(favorit)* favourite.

circ *s.n.* 1. circus. 2. *geol.* circus, basin; amphitheatre (of mountains).

circa *adv. (cam)* about, approximately,... or so.

circă *s.f.* militia station/office.

circuit *s.n.* 1. *electr. etc.* circuit. 2. *sport* round, circuit. 3. *fig.* (channel of) circulation. 4. *(fiduciar)* money circulation; turnover. ⓐ ~ *închis* close circuit; ~*ul mărfurilor* commodity circulation. ⓑ *scurt* ~ *electr.* short circuit.

circula *vb. intr.* 1. *(d. fiinţe, vehicule)* to circulate, to move about; *(d. autobuze etc.)* to ply, to run. 2. to run, to flow. 3. *tehn.* to circulate. 4. *(d. bani)* to be in circulation. 5. *(d. zvonuri)* to be afloat/going about/going round; *(d. noutăţi)* to go the round (of the town), to be bruited about. ⓒ ~*ţi /*

move on! keep moving! pass along!

circulant *adj.* circulating.

circular *adj.* circular. ⓑ *bilet* ~ tourist ticket; *mişcare* ~*ă* circular motion.

circulară *s.f.* circular (letter); (administrative) memorandum.

circulator *adj. anat.* ⓑ *aparatul/sistemul* ~ the circulatory system.

circulaţie *s.f.* 1. *(circulare)* circulation. 2. *(pe o stradă)* (street) traffic. 3. *(a aerului, sîngelui etc.)* circulation. 4. *(răspîndire)* diffusion; *(folosinţă)* use. ⓐ *circulaţia sîngelui fiziol.* circulation of the blood. ~ *în sens unic* one-way traffic. ⓑ *de mare* ~ widely circulated/used; *întreruperea* ~*i* interruption of traffic, traffic block; *serviciul de* ~ traffic management. ⓒ *a da în* ~ to open... (for traffic); *a opri circulaţia* to hold/block up the traffic; *a pune în* ~ **a.** to put into circulation, to circulate. **b.** *(zvonuri)* to spread (about), to set afloat; *circulaţia interzisă* no thoroughfare.

circumferinţă *s.f.* 1. *geom.* circumference. 2. *(suprafaţă exterioară)* outer surface. 3. *(a unui pom)* girth. 4. *(a unui oraş)* perimeter, boundaries. ⓑ *în* ~ around.

circumflex *adj.* circumflex.

circumlocuţie *s.f.* circumlocution.

circumnaviga *vb. tr.* to circumnavigate, to sail round.

circumnavigaţie *s.f.* circumnavigation.

circumscrie *vb. tr.* 1. *geom.* to circumscribe, to describe a circle round. 2. *(a limita)* to circumscribe, to limit, to bound.

circumscriere *s.f.* circumscription, circumscribing.

circumscripţie *s.f.* 1. v. c i r c u m-s c r i e r e. 2. *(administrativă)* district, division, area. ⓐ ~ *de miliţie* militia office/station; ~ *electorală* constituency, electoral district/ward; ~ *orăşenească* urban district; ~ *rurală* country district.

circumscris *adj.* circumscribed; *(restrîns)* limited, restricted. ⓑ *cerc*

~ *la un poligon geom.* circle circumscribed to/about a polygon.

circumspect *adj.*, circumspect, cautious, prudent.

circumspecţie *s.f.* circumspection, caution, wariness.

circumstanţă *s.f.* *(împrejurare)* circumstance, case, occasion, event. ⓐ *circumstanţe agravante jur.* aggravating circumstances; *circumstanţe atenuante jur.* extenuating circumstances. ⓑ *de* ~ occasional, improvized, for the occasion; as befits the occasion; temporary.

circumstanţial *adj.* **1.** *gram.* adverbial. **2.** circumstantial. ⓑ *complement* ~ *de loc gram.* adverbial of place; *complement* ~ *de mod gram.* adverbial of manner.

circumvoluţi(un)e *s.f.* **1.** *anat.* convolution. **2.** *arhit.* circumvolution. ⓐ ~ *cerebrală anat.* convolution of the cerebrum.

cireadă *s.f.* herd/drove (of cattle).

cireaşă *s.f.* sweet cherry. ⓐ ~ *amară* wild cherry.

cireş *s.m.* *bot.* sweet cherry (tree) *(Prunus cerasus).* ⓐ ~ *amar/sălbatic/de pădure* wild cherry (tree), gean *(Prunus avium);* ~ *dulce/negru* St. Julian's (tree) *(Prunus Juliana);* ~ *pietros* sweet cherry (tree) *(Prunus duracina);* ~ *pitic* ground cherry (tree) *(Prunus Chamaecerasus).*

cireşar *s.m.*←P. June.

cireşiu *adj.* cherry-coloured, cerise.

cirilic *adj.* v. c h i r i l i c.

cirip(-cirip) *interj.* whit!

ciripi *vb. intr. şi tr.* **1.** to twitter, to chirp; *(a cînta)* to warble, to carol. **2.** *fig.* to chirp out, to warble.

ciripit *s.n.* twitter(ing) etc. v. c i r i p i.

ciripitor *adj.* twittering, chirping, warbling.

ciroză *s.f.* *med.* cirrhosis.

cisalpin *adj.* Cisalpine.

cisternă *s.f.* cistern, tank, reservoir. ⓑ *vagon* ~ tank car.

cistic *adj.* *anat.* cystic.

cisticerc *s.m.* *zool.* cysticercus, F→ bladder worm.

cistită *s.f.* *med.* cystitis.

cistoscop *s.n.* *med.* cystoscope.

cistoscopie *s.f.* *med.* cystoscopy.

cişmea *s.f.* **1.** *(instalaţie)* pump, drinking fountain; *(hidrant)* hydrant. **2.** *(izvor)* spring, fountain.

cit *s.n.* cotton (print).

cita **I.** *vb. tr.* **1.** *jur.* to summon, to cite; *(martori)* to subpoena. **2.** *(un autor etc.)* to quote; *(a menţiona)* to mention. ⓒ *a* ~ *pe cineva pe ordinea de zi mil.* to mention smb. in dispatches. **II.** *vb. refl. pas.* to be quoted; to be mentioned.

citadelă *s.f.* citadel.

citadin **I.** *adj.* urban, town... **II.** *s.m.* townsman.

citadină *s.f.* townswoman.

citare *s.f.* summoning etc. v. c i t a. ⓑ *semnele citării* quotation marks.

citat *s.n.* quotation, quoted passage.

citaţi(un)e *s.f.* *jur.* summons.

citeţ **I.** *adj.* legible. **II.** *adv.* legibly.

citi **I.** *vb. tr.* **1.** to read; *(cu grijă)* to peruse; *(cu greutate, silabisind)* to spell; *(superficial)* to skim over; *(pînă la capăt)* to read through/out; *(dintr-o dată)* to read off; *(a descifra)* to decipher. **2.** *fig. (gînduri etc.)* to read. **3.** *(a studia)* to read up, to study, to learn. ⓒ *poţi* ~ *asta în ochii ei* one can read it in/from her eyes. **II.** *vb. refl.* to be read; *(d. o carte etc.)* to read. ⓒ *i se citea recunoştinţa în ochi* she looked gratitude; *nu se poate* ~ it is illegible; *se citeşte ca un roman* it reads like a novel. **III.** *vb. intr.* to read; *(cu grijă)* to peruse; *(cu greutate, silabisind)* to spell. ⓒ ~ *cu voce tare* to read out aloud; *a* ~ *din nou* to re-read, to read again; *a* ~ *greşit* to read wrong(ly), to misread; *a* ~ *încet* **a.** to read in a low voice, to read softly. **b.** *(fără grabă)* to read slowly; *a* ~ *în stele* to read in the stars; *a* ~ *pentru examene* to read up for examinations; *a* ~ *pentru sine* to read to oneself; *a* ~ *printre rînduri* to read between the lines; *a* ~*t foarte mult* he has read a great deal, he is a well--read man; *citeşte foarte mult* she reads a great/ < an immense deal, she is a great/ < an omnivorous reader; *nu prea îi place să citească* he is not much of a reader.

citire *s.f.* reading; *(descifrare)* deciphering. ⓐ ~ *cu glas/voce tare* loud reading. ⓑ *carte de* ~ reading, book, reader; *de la...* ~ according to...

citit I. *adj.* read; *(avînd multă lectură)* well-read, < of wide reading. II. *s.n.* v. c i t i r e.

cititor *s.m.* reader. ⓐ ~ *în stele* star gazer, astrologer.

citrat *s.m. chim.* citrate.

citric *adj. și chim.* citric. ⓑ *acid* ~ citric/lemon acid.

citrice *s.n. pl. bot.* citric/cedrate fruits.

citronadă *s.f.* lemonade.

ciubăr *s.n.* (two-handled) tub; pail.

ciubotar *s.m.* shoemaker.

ciubotă *s.f.* (high) boot.

ciubotăresc *adj.* shoemaker's...

ciubotărie *s.f.* 1. *(meserie)* shoemaker's trade. 2. *(atelier)* shoemaker's (workshop).

ciuboțică *s.f. (gheată)* boot(ee). ⓐ *ciuboțica cucului bot.* primrose, cowslip *(Primula officinalis).*

ciubuc *s.n.* 1. chibouk chibouque, hookah. 2. *arhit.* cornice. 3. *(cîștig)*←F gain, profit; *(bacșiș)* ←F tip; *(șperț)*←F boodle, grease oil.

ciubucar[1] *s.m.* 1. pipe maker. 2. F scrounger, profiteer, racketeer; *(persoană care umblă după bacșișuri)* F tip hunter; *(șperțar)*←F bribe taker.

ciubucar[2] *s.n. arhit.* moulding/cornice plane.

ciubucărie *s.f.* 1. *(cîștiguri)*←F gains, profits. 2. *arhit.* moulding.

ciuciulete *s.m.* 1. *(cocoloș)* ball. 2. *bot.* morel *(Morchella esculenta).* 3. *adverbial* dripping wet, (wet) to the skin/bone.

ciucure *s.m.* tassel. ⓐ *ciucuri de gheață* icicles.

ciudat I. *adj. (straniu)* strange, curious; *(neobișnuit)* singular, unusual; *(aparte)* peculiar, singular, quaint; *(bizar)* odd, queer, F→rum; *(caraghios)* droll; *(excentric)* ec-

centric, whimsical. ⓒ *găsesc că e* ~ *din partea lui să...* I think it strange of him to... II. *adv.* strangely etc. v. ~ I.

ciudă *s.f.* 1. *(pică)* spite, grudge, malice; *(ranchiună)* rancour, resentment; *(invidie)* envy. 2. *(mînie)* rage, fury. ⓑ *cu* ~ annoyed, vexed, irritated; *în ciuda (cu gen.)* in spite of..., despite...; *(cu toate)* for all...; after...; *(înfruntînd)* in the teeth of...; *în ciuda cuiva* in defiance/spite of smb.; *în* ~ in/from spite; *(dinadins)* purposely, on purpose. ⓒ *a face cuiva ceva în* ~ to do smth. to spite smb.; *a avea/a-i fi* ~ *pe cineva* to have/bear a spite/grudge against smb.; *mi-e* ~ *că...* I'm (very) sorry that... it is a pity that....

ciudățenie *s.f.* 1. singular/strange/ curious thing *sau* fact; *(raritate)* curio. 2. *(purtare ciudată)* strange etc. behaviour. 3. *(întîmplare ciudată)* strange occurrence. 4. *(aspect neobișnuit)* singularity, peculiarity; *(aspect straniu)* strangeness, oddity; *(excentricitate)* eccentricity, whimsicality; *(capriciu)* whim, freak, caprice.

ciudos *adj. (supărat)* angry; *(furios)* furious; *(plin de ciudă)* spiteful.

ciuf[1] *s.m.* 1. *ornit.* v. b u f n i ț ă 1. 2. F mop head; *(bărbat neîngrijit)* sloven, slipshod man. 3. F v. c i u f u t II.

ciuf[2] *s.n.* 1. *(smoc de păr)* tuft (of hair), shock; *(care atîrnă)* bob; *(la păsări)* aigret(te), crest. 2. *(părul capului)*←F hair (of the head).

ciufuli I. *vb. tr.* 1. *(părul)* to tousle, to rumple, to dishevel, to ruffle. 2. *(a trage de păr)* to seize by the hair. 3. *fig.* F to snap one's fingers at. II. *vb. refl.* 1. *(d. păr)* to be/get dishevelled, to straggle. 2. *(reciproc) fig.* F to have a set-to.

ciufulit *adj.* 1. *(d. păr)* dishevelled, ruffled, rumpled, tousled; *(d. pene)* ruffled. 2. *(d. oameni)* dishevelled, with dishevelled/tousled hair, with a shock of dishevelled/tousled hair.

ciufut←*rar* **I.** *adj.* **1.** *(zgîrcìt)* niggardly, mean, tight-fisted, F skinny. **2.** *(capricios)* capricious, whimsical. **3.** *(prost dispus)* low-spirited. **II.** *s.m. (zgîrcit)* miser, skinflint, screw, F save-all.

ciuguleală *s.f.* pecking etc. v. c i ug u l i.

ciuguli I. *vb. tr.* **1.** *(d. păsări)* to peck, to pick. **2.** *(din mîncare)* to pick at, to toy with; *(a muşca din)* to nibble (at). **II.** *vb. refl.* F to bill and coo; *(a se săruta)* F to bill.

ciugulire *s.f.,* **ciugulit** *s.n.* pecking etc v. c i u g u l i.

ciulama *s.f. chicken* sau *mushrooms cooked in (white) sauce.*

ciuleandră *s.f. kind of Romanian dance.*

ciuli *vb. tr.* to prick up *one's* ears.

ciulin *s.m. bot.* **1.** thistle *(Carduus).* **2.** water caltrop/nut *(Trapa nutans).* **3.** wild teasel, wood broom *(Dipsacus silvestris).* **4.** Scotch/ cotton/ thistle *(Onopordon acanthium).* **5.** musk thistle *(Carduus nutans).*

ciumat I. *adj.* plague-stricken, infected with the plague. **II.** *s.m.* plague-stricken person.

ciumă *s.f.* **1.** *med.* pestilence, plague, *ist.* black death. **2.** *fig. (femeie rea)* F fury, dragon, shrew, wixen, termagant; *(femeie urîtă)* F fright, scarecrow; *(femeie bătrînă şi rea)* F old hag/crone. ⓐ *ciuma feței bot.* v. c i u m ă f a i e; ~ *bubonică med.* bubonic plague. ⓑ *epidemie de* ~ plague, plaguy/ pestilential epidemic; *rădăcina ciumei bot.* pestilence weed/wort *(Petasites.)*

ciumăfaie *s.f. bot.* thorn apple, Jimson weed, stramony *(Datura stramonium).*

ciung I. *adj.* **1.** *(cu un braţ)* onearmed/-handed; *(schilod)* crippled, mutilated. **2.** *(d. pomi, fără crăci)* branchless; *(căruia i s-au tăiat crăcile)* lopped, pruned. **II.** *s.m.* **1.** one-armed/-handed person. **2.** *(arbore pitic)* dwarf, dwarfish tree;

(pom fără crăci) branchless tree; *(arbore căruia i s-au tăiat crăcile)* lopped/pruned tree.

ciungi *vb. tr.* **1.** *(a face ciung)* to deprive of an arm, to cut *smb.'s* arm; *(a schilodi)* to cripple, to maim. **2.** *(pomi)* to lop off, to prune.

ciunt *adj.* **1.** *(ciung I, 1)* onearmed. **2.** *(cu un corn)* single-horned, unicornous. **3.** *(d. urechi)* crop-eared. **4.** *(d. coadă)* docked; *(cu coada tăiată)* dock-tailed.

ciunti I. *vb. tr.* **1.** *(a scurta)* to cut short, to curtail; *(urechile)* to crop; *(coada)* to dock; *(aripile)* to clip; *(pomii)* to prune, to lop; *(vîrful unui pom)* to top, to poll; *(mustaţa, barba)* to trim; *(un creion)* to blunt off; *(tăişul)* to take the edge(s) off. **2.** *(a schilodi)* to cripple, to mutilate, to maim; *(a amputa)* to amputate, to cut off. **3.** *fig. (a reduce)* to cut down, to reduce; *(un discurs)* to truncate, to mutilate, to mangle; *(un text)* to curtail, to cut down; *(a strica)* to spoil. **II.** *vb. refl.* **1.** *pas.* to be/get cut short etc. v. ~ I. **2.** *(a se toci)* to grow blunt.

ciuntire *s.f.* cutting short etc. v. c i u n t i.

ciupeală *s.f.* **1.** v. c i u p i r e. **2.** *(furt mic)* F pilferage, filching, crib; *(plagiat)* F crib; *(mită)* F boodle.

ciupercă *s.f.* **1.** *bot.* fungus; *(cu pălărie)* mushroom; *(mai mare, otrăvitoare)* toadstool. **2.** *(pt. ţesut ciorapi)* darner, darning ball/egg. **3.** *(pălărie)* F topper, chimney pot, *sl.* tile, roof. **4.** *med.* fungoid growth. ⓐ *ciuperca muştelor bot.* fly agaric *(Agaricus muscarius);* ~ *comestibilă* (edible) mushroom; ~ *de gunoi bot.* champignon, field agaric *(Agaricus campestris);* ~ *de pioniţă bot.* dry-rot fungus *(Merulius lacrimans);* ~ *otrăvitoare* poisonous fungus. ⓑ *atîta pagubă/jaf în ciuperci! (nu face nimic)* F no matter! never mind! *(nu-mi pasă)* F I don't care a rap/straw; good riddance (of bad rubbish)! ⓒ *ai mîncat ciuperci?* F are you quite right? are you in your (right)

senses? are you off your chump?
a merge la cules ciuperci to go
mushroom-gathering; *cresc ca ciu-
percile (după ploaie)* they grow/
shoot up like mushrooms.
ciupi I. *vb. tr.* **1.** *(a pișca)* to pinch,
to nip, to tweak; *(de fund)* to
goose; *(d. pureci)* to sting. **2.**
fig. F to pinch/nip off; *(a fura
cîte puțin)* F to pilfer, to filch,
to crib; *(dintr-o sumă)* F to dock
smb. off *a sum*; *(bani)* F to screw
money out of smb. **3.** *(a mușca)*
to nibble. **II.** *vb. refl.* *(a se îm-
băta)* F to have had a cup too
much, to have been bitten by a
barn mouse.
ciupire *s.f.* pinching etc. v. c i u p i.
ciupit *adj.* pinched etc. v. c i u p i.
ⓐ ~ *de vărsat* pock-marked.
ciupitură *s.f.* **1.** v. c i u p i r e. **2.**
(pișcătură) pinch. **3.** *(furtișag)* F
crib, petty pilfering. **4.** *(invectivă)*
F cut, hit, dig. ⓐ ~ *de vărsat med.*
pock mark.
ciur *s.n.* **1.** *(sită)* sieve, F→tammy;
(mai mare) riddle; *(pt. nisip, căr-
buni)* screen; *(pt. zahăr etc.)* sift-
er; *(pt. făină)* bolter; *(pt. lichide)*
strainer. **2.** *zool.* honeycomb (stom-
ach). ⓒ *a da/trece prin* ~ **a.** *(a
cerne)* to sift, to (pass trough a)
sieve; *(cărbuni, nisip și)* to screen;
(făină) to bolt. **b.** *fig.* to pick to
pieces; *a trecut prin* ~ *și dîrmon*
F he has been through the mill,
he is an old file/an artful dodger,
he knows the ropes, he is case-
-hardened, *sl.* he is up to snuff.
ciurar *s.m.* sieve maker.
ciuruc *s.n.* **1.** *pl.* *(rămășițe)* rub-
bish, refuse. **2.** *(ființă netrebnică)*
good-for-nothing (fellow), scamp,
wretch, F < regular rip.
ciurui I. *vb. tr.* **1.** *(a da prin ciur)*
to (pass through a) sieve; *(căr-
buni și)* to screen; *(făină)* to bolt.
2. *(a găuri peste tot)* to pierce
through; *(cu gloanțe)* to riddle.
II. *vb. intr.* *(a țîșni)* to bubble
forth; *(a se scurge)* to drip; *(a
șiroi)* to stream, to gush.
ciuruit *adj.* **(1.** ~ *de gloanțe)* rid-
dled with bullets. **2.** *(ciupit de
vărsat)* pock-marked.

ciușcă *s.f. bot.* chilly, hot pepper,
chil(l)i *(Capsicum frutescens).*
ciut *adj.* **1.** *(fără corne)* hornless,
poll. **2.** *(cu un corn)* single-horned.
ciută *s.f. zool.* hind, female hart. ⓓ
iarba ciutei bot. **a.** houseleek *(Sem-
pervivum tectorum).* **b.** leopard's
bane *(Doronicum)*; *părul ciutei
bot.* buckthorn, waythorn *(Rham-
nus)*; *pui de* ~ *zool.* fawn, young
deer.
ciutură *s.f.* well/dip bucket. ⓐ *a
ploua cu ciutura* F to be raining
in bucketfuls, to rain cats and
dogs.
ciuvaș *s.m., adj.* Chuvash.
civic *adj.* *(d. virtuți, gardă etc.)*
civic; *(d. drepturi etc.)* civil. ⓑ
îndatoriri ~*e* civic duties; *vir-
tute* ~*ă* civic virtue/excellence.
civil I. *adj.* **1.** *(ant. „militar")* civil-
ian. **2.** *jur. (ant. „criminal")* civil.
ⓓ *act de stare* ~*ă* certificate of
birth, marriage *etc.*; *acțiune* ~*ă
jur.* civil action; *căsătorie* ~*ă* civil
marriage; *cod* ~ civil code; *curte*
~*ă jur.* civil court; *drept* ~ *jur.*
common law; *drepturi* ~*e* civic
rights; *haine* ~*e* plain clothes,
F→civ(v)ies; *în* ~ in plain clothes,
F in civ(v)ies; *moarte* ~*ă*
civil death; *ofițer al stării* ~*e*
(mayor *etc.* acting as) registrar;
parte ~*ă* plaintiff; *război* ~ civil
war; *stare* ~*ă* **a.** *jur.* civil status.
b. *(oficiu)* registry/registrar's of-
fice; *viață* ~*ă* civilian life, *sl.*
Civy Street. **II.** *s.m.* civilian.
civilie *s.f.*←P v. v i a ț ă c i v i l ă.
civiliza I. *vb. tr.* to civilize, *fig.*
to polish up. **II.** *vb. refl.* to become
civilized; *fig.* to lose one's loutish
manners.
civilizat I. *adj.* civilized; *(politicos)*
polite. **II.** *adv.* in a civilized way.
civilizator *adj.* civilizing.
civilizație *s.f.* civilization ⓐ ~
laten/La Tène La Tène culture/
civilization.
cizela I. *vb. tr.* **1.** *(aur etc.)* to chase,
to engrave; *(lemn)* to chisel, to
carve; *(a șlefui)* to polish. **2.**
fig. to polish up, to brush. **II.** *vb.
refl.* **1.** *pas.* to be chased etc. **2.**
fig. to polish.

cizelare *s.f.* chasing etc. v. **c i z e l a.**
cizelat *adj.* chased etc. v. **c i z e l a.**
cizelator *s.m.* chaser, engraver.
cizmar *s.m.* shoemaker, bootmaker; *(cîrpaci)* cobbler.
cizmă *s.f.* (high) boot; *(răsfrîntă)* top boot; *(mai inaltă de genunchi)* jack boot; *(de damă)* lady's boot, bootee; *(de călărie)* riding boot. ⓒ *prost ca o* ~ F (as) dull as ditch water, (as) silly as a goose.
cizmăresc *adj.* shoemaker's...
cizmărie *s.f.* **1.** shoemaker's trade, bootmaking. **2.** *(ca atelier)* shoemaker's (shop).
cizmuliţă *s.f. (de damă)* lady's boot, bootee.
cîine *s.m.* **1.** *zool.* dog; *(mai ales de vînătoare)* hound; *(mic, tînăr)* little/puppy dog, whelp; F→doggie; *(javră)* cur; *(în limbajul copiilor)* bow-bow, wow-wow. **2.** *fig.* dog, cur, beast, brute. ⓐ ~ *ciobănesc* sheep-dog, shepherd's dog, shepherd dog; ~ *danez* coach dog; ~ *de curte* house/watch dog; ~ *de Terranova* Newfoundland dog; ~ *de vînătoare* hound, sporting/gun dog; ~ *fără stăpîn* wild/stray dog; ~ *flocos* shag dog, sholt, rug; ~*le babei* *entom.* slater, wood louse *(Oniscus asellus)*; ~*le grădinarului* a dog in the manger; *Cîinele Mare astr.* the Greater Dog; *Cîinele Mic astr.* the Lesser Dog; ~*-lup* wolfhound, wolf dog; ~ *poliţist* sleuth (hound), police dog, bloodhound; ~ *rău* fierce/rabid dog, snarler; ~ *turbat* mad dog. ⓑ *crescător de cîini* breeder of dogs, dog fancier; *haită de cîini* pack of hounds; *porc de* ~ F dirty pig, arrant rascal, cur. ⓒ *e cunoscut ca un* ~ *scurt de coadă* F he is well known as a bad shilling; *se-nţeleg ca* ~*le cu pisica* F they live a cat-and-dog life; *a trece ca* ~*le prin apă*←F **a.** to do smth. superficially. **b.** to escape by the skin of one's teeth; *a arunca la cîini* to cast to the dogs; *nu e nici* ~ *nici ogar* F he is neither fish, flesh nor fowl; *a tăia ciinilor frunză* to idle/F hang about, F to catch flies; *a trăi ca* ~*le la stînă* F to live in clover. ⓓ ~*le care latră nu muşcă* barking dogs seldom bite, great barkers are not biters.
cîinesc *adj.* **1.** *(de cîine)* doggish, currish, canine. **2.** *(aspru)* dog's...; harsh, beastly. **3.** v. **c î i n o s.** ⓑ *buruiană cîinească bot.* v. **t r e p ă d ă t o a r e**; *dinte* ~ *anat.* canine/eye tooth; *vreme cîinească* wretched weather.
cîineşte *adv.* **1.** like a dog. **2.** *fig. (rău)* currishly, meanly; *(fără milă)* pitilessly, ruthlessly.
cîinie *s.f.* hard-heartedness, callousness; *(răutate)* wickedness.
cîinişor *s.m.* little/puppy dog, F doggie.
cîinos *adj.* wicked, heinous, cruel, hard-hearted, callous.
cîlţi *s.m. pl.* tow; *(din frînghie desfăcută)* oakum.
cîlţos *adj.* tow-like.
cîmp **I.** *s.n.* **1.** field; *(şes)* plain, level (country). **2.** *agr.* field. **3.** *(fond)* ground. **4.** *(margine)* margin. **5.** *fig.* field; sphere; domain; range, scope. ⓐ ~ *de activitate* field of activity; ~ *de acţiune* field/sphere of action; ~ *de bătălie/luptă* battle field; ~ *de grîu* corn/wheat field; ~ *electric* electrical field; ~ *liber fig.* clear field; ~ *magnetic* magnetic field; ~ *sportiv* (play-)ground; ~*ul muncii* work; activity; production; ~ *vizual* field of vision. ⓑ *în plin* ~ in the open (fields); *munca* ~*ului* field work; work in the fields; agricultural work. ⓒ *a-şi lărgi* ~*ul actiivităţii* to extend the scope of one's activities; *oferă un* ~ *vast de cercetări...* offers a large field/scope for investigation; *a fi la munca* ~*ului* to work in the fields; *a ieşi/se duce la* ~ to go out into the fields; *pe* ~ in the field(s), afield; *pe* ~*ul de luptă* on the battlefield; *a o lua peste* ~ to go/cut across country. **II.** *s.m.* ⓐ *a bate* ~*ii*←F **a.** to talk wildly, to rave; *(a spune prostii)* F to talk through one's hat/*sl.* neck, to beat about the bush. **b.** to wander,

to digress, to drift away from a subject; *a lua/apuca ~ii fig.* to go/run mad.

cîmpean I. *adj.* v. c î m p e n e s c. **II.** *s.m.* **1.** lowlander. **2.** *(ţăran)* countryman, rustic.

cîmpeancă *s.f.* countrywoman etc. v. c î m p e a n II.

cîmpenesc *adj.* **1.** *(de şes)* field..., plain..., of the field/plain. **2.** *(rural)* rural, country..., rustic. ⓑ *serbare cîmpenească* picnic.

cîmpie *s.f.* plain, level (country); *(ţară de jos)* lowland. ⓑ *pe/la ~* in the plain.

cînd *adv.*, *conj.* **1.** when; *(în timp ce)* while, as, when; *(oricînd)* whenever. **2.** *(deodată)* suddenly, all of a sudden. ⓐ *~ aici, ~ acolo* here one day, there the next; *~aşa,~aşa* sometimes this way, sometimes that; now one way, now the other; *~ ..., ~ ... .now... then; ~ colo...* when, what do you think?; when, all of a sudden...; *(dar)* but; *(de fapt)* in (point of) fact...; *~ să...* when I was about to...; *şi ~, din ~ în ~* now and then/ again, from time to time, occasionally, between whiles, ever and anon. ⓑ *ca şi ~ ...* as if/though ...; *de ~* ? since what time? how long? *de ~ ...* (ever) since...; *de ~ cu...* since...; *(după)* after...; *în/pe vremea ~ ...* at the time when ...; *aici ~* never; *orişi~* whenever (you like), any time; *pe ~ ...* while...; *pe ~* ? when shall we meet again? *pînă ~ ...* until..., till...; *pînă ~*? how long? F up to what time? ⓒ *nu am ~* I can't afford the time; *ca şi ~ ar fi adevărat* as if/though it were really true; *de ~ a venit* (ever) since he came; *de ~ e aici?* how long has he been here? since what time has he been here? *nu pleca pînă ~ nu-l vezi* don't leave before seeing him, don't leave until you see him; *~ o fi* whenever/whatever time it may be. ⓓ *~ pisica nu-i acasă, şoarecii joacă pe masă* when the cat's away, the mice will play.

cîndva *adv.* **1.** *(vreodată)* ever. **2.** *(pe vremuri)* formerly, once. **3.** *(neprecizat)* at some time or other.

cinepar *s.m. ornit.* linnet *(Carduelis cannabina)*.

cînepă *s.f. bot.* (common) hemp, F→neck weed *(Cannabis sativa)*. ⓐ *cînepa codrului bot.* hemp agrimony *(Eupatorium canuabium)*. ⓓ *de ~* hempen; *funie de ~* hemp (en) rope; *pasărea cînepei ornit.* v. c î n e p a r; *sămînţă de ~* hemp seed; *ulei de ~* hemp-seed oil.

cînepişte *s.f.* hemp field/plot.

cînepiu *adj.* hemp-seed-coloured.

cînt *s.n.* **1.** *(cîntec)* song. **2.** *lit.* canto.

cînta *vb. tr. şi intr.* **1.** *(din gură)* to sing; *(încet şi solemn)* to chant; *(la un instrument)* to play; *(d. păsări)* to warble, to sing, to trill, to carol. **2.** *fig. (a slăvi)* to sing. **3.** *(a vorbi despre)* to talk about, F to drivel (about). ⓒ *a ~ faptele cuiva* to sing/chant smb.'s deeds, to praise smb.'s deeds in song; *a ~ o melodie* to play *sau* sing an air, to play *sau* sing a tune; *a ~ din cimpoi* to pipe, to fife; *a ~ din flaut* to blow the flute; *a ~ din note* to sing *sau* play from music; *a ~ după ureche* to sing by ear; *a ~ la pian (în general)* to play the piano; *(ceva)* to play (smth.) on the piano; *a ~ la vioară (în general)* to play the violin; *(ceva)* to play (smth.) on the violin, F→to fiddle; *cocoşul cîntă* the cock crows; *cucul cîntă* the cuckoo sings/cries; *a ~ bariton* to sing baritone; *a ~ fals* to sing *sau* play out of tune.

cîntar *s.n.* **1.** balance; beam and scales, pair of scales; *(pt. greutăţi mari)* weighing machine. **2.** *(cîntărire)* weighing. ⓐ *~ analitic* chemical/analytical balance; *~ cu arcuri* household scale, spring balance; *~ decimal* centesimal balance; *~ de precizie* precision balance; *~ roman* steelyard. ⓒ *a da lipsă la ~* to give short weight; *a pierde la ~* to lose (in the) weight; *a pune la ~* to weigh; *a trage la ~* **a.** to weigh heavily. **b.** *fig.* to have great weight; to carry great weight (with one); *(a conta)* to matter; *a vinde la* ~ to sell by (the) weight.

cîntare *s.f.* 1. singing etc. v. c î n t a. 2. *(cîntec)* song; *(de laudă)* song of praise; *rel.* hymn.

cîntat *s.n.* singing etc. v. c î n t a.

cîntăreață *s.f.* singer, chanteuse, vocalist; *(de operă)* prima-donna, diva.

cîntăre I. *adj.* singing. II. *s.m.* I. singer, vocalist; *(de operă)* opera singer; *(profesional)* professional singer; *(corist)* chorister; *(sentimental)* crooner. 2. *(dascăl)* (psalm) reader. 3. *fig.* poet, bard, minstrel. 4. *(d. pasăre)* songster.

cîntări I. *vb. tr.* 1. to weigh, to put în the scales. 2. *fig. (a cumpăni)* to weigh/balance (in one's mind); *(a chibzui)* to consider, to ponder (over); *(a reflecta)* to reflect/deliberate upon; *(a examina)* to examine; *(a aprecia)* to estimate, to value, to appraise, to appreciate. Ⓒ *a* ~ *pe cineva din ochi* to take/get smb.'s number; to eye smb. up and down; *a* ~ *din ochi situația* to take stick of the situation; *l-am* ~*t eu* I've got/had him taped. II. *vb. intr.* to have a weight of, și *fig.* to weigh. III. *vb. refl.* 1. to weigh oneself. 2. *pas.* to be weighed etc. v. ~ I.

cîntărire *s.f.*, **cîntărit** *s.n.* weighing etc. v. c î n t ă r i.

cîntător I. *adj.* singing. Ⓑ *pasăre cîntătoare* singing bird. II. *s.m.* 1. *(cîntăreț)* singer. 2. *(cocoș)* cock, F rooster; *(in fabule)* chanticleer. Ⓒ *pe la* ~*i* at daybreak, at break/dawn of day.

cîntec *s.n.* 1. *(cînt)* song, *poetic* ditty, chant; *(melodie)* air, tune, melody; *(pe mai multe voci)* part song, glee; *(festiv)* carol; *(bisericesc)* chant, hymn. 2. *(canto)* canto. 3. *fig. (înțeles)* meaning. Ⓐ ~ *bătrînesc* folk/popular ballad; ~ *de beție* drinking song; ~ *de jale* mourning song, dirge; ~ *de lume* love poem *sau* song; ~ *de stea* Christmas carol; ~ *marinăresc* sailor's song, *(ritmat)* chanty, chanty; ~ *popular* folk/popular

song; ~ *războinic* war song. Ⓑ *carte de* ~*e* song book; *povested/vorba* ~*ului* as people say; *veșnic același* ~*!* the same story over and over again! Ⓒ *a cînta un* ~ to sing a song; *a intona un* ~ to intone a song; *a fi cu* ~←F to have its (hidden) meaning; *așa-i* ~*ul* ←F this is the situation; *ăsta e alt* ~ F this is another pair of breeches.

cîr *interj.* 1. *(pt. a alunga păsările)* shoo! 2. *(d. ciori)* caw! *(d. corbi)* croak! Ⓒ *că-i* ~, *că-i mîr* F shilly-shally(ing), humming and hawing.

cîră *s.f.* Ⓒ *a se ține de cîra cuiva* ←F to importune smb.; *(cu cereri)* ←F to ply smb. with requests; *(a bate la cap)* F to pester smb.; *(a cicăli)* F to nag smb.

cîrc *interj.* Ⓒ *a nu zice nici* ~ F to keep mum; *cît ai zice* ~ F before you could say 'Jack Robinson', in no time.

cîrcă *s.f.* Ⓑ *în* ~ on the back, F→ hidge-hodge. Ⓒ *a duce pe cineva în* ~ to carry smb. pickaback.

cîrcel *s.m.* 1. *bot.* tendril, clasper, clavicle. 2. *med.* cramp, convulsion; spasm. 3. *entom.* tick *(Ixodes ricinus)*.

cîrciumar *s.m.* publican, innkeeper.

cîrciumă *s.f.* ale/beer house, public house, bar, inn, tavern, F→pub, pot house; *(pe șosea)* road house; half-way house; *(de sat)* country inn. Ⓒ *a sta veșnic la* ~ to be for ever hanging about pubs/bars, always to haunt pot houses.

cîrciumăreasă *s.f.* 1. v. c î r c i u m a r. 2. inn keeper's/publican's wife. 3. *bot.* zinnia *(Zinnia elegans)*.

cîrcotaș *adj.* querulous, captious, cavilling, pettifogging; fault-finding; *(nemulțumit)* fuddy-duddy; grumbling, cantankerous, grumpy.

cîrcotă *s.f.* *(neînțelegere)* discord, strife, ill-blood; *(ceartă)* squabble, dispute, wrangle. Ⓒ *a se pune în* ~ *cu cineva* to quarrel/wrangle with smb.

cîrcoti *vb. intr.* to quarrel, to wrangle.

cîrd *s.n.* 1. *(turmă)* flock (of sheep); *(stol)* flock, bevy; *(cireadă)* herd;

(de peşti) shoal. **2.** *(grup)* group; *(ceată)* troop, band, gang; *(mulţime)* crowd. ⓐ ~*uri*, ~*uri* in groups; in crowds/bands/troops. ⓑ *de un* ~ *de ani* for several years; *de un* ~ *de vreme* for some time past. ⓒ *a se pune în* ~ *cu cineva* **a.** *(a se certa)* to fall out/quarrel with smb. **b.** *(a se asocia)* to associate, to herd.

cîrdăşie *s.f.* collusion; coterie, conspiracy; *(clică)* clique, gang. ⓑ *in* ~ *cu...* in compact with..., in collusion with...

cîrîi I. *vb. intr.* **1.** *(d. ciori)* to caw; *(d. corbi)* to croak. **2.** *fig.* F to croak. **II.** *vb. tr. (a cicăli)* F to nag(nag). **III.** *vb. refl.* F v. c i c ă - l i.

cîrîială *s.f.* **1.** croaking etc. v. c î - r î i. **2.** *fig. (ceartă)* quarrel.

cîrîit *s.n.* **1.** croaking etc. v. c î r î i. **2.** croak; chuck.

cîrjă *s.f.* **1.** *(pt. infirmi etc.)* crutch; *(baston)* walking stick, staff; *rel.* crozier. **2.** *fig.* support.

cîrlan *s.m.* **1.** *(miel)* one-year-old lamb, yearling. **2.** *(cal)* horse (up to three years' old).

cîrlig *s.n,* **1.** hook. **2.** *(pt. împletit)* crochet hook. **3.** *(undiţă)* fishing line. **4.** *nav.* grapple, grappling iron. **5.** *bot.* layer, cutting, slip. ⓐ ~ *de rufe* clothes peg/pin. ⓒ *a avea* ~ *la cineva* F to have a crush on smb.; *a se face* ~ to roll oneself into a ball; *a se face* ~ *de durere* to be writhing/F bent double with pain.

cîrlgaş *s.n.* small hook, hooklet.

cîrlgat *adj.* hooked.

cîrligătură *s.f.* bend, curvature.

cîrligel *s.n.* small hook, hooklet.

cîrlionţ *s.m.* lock, curl, ringlet.

cîrlionţa *vb. tr., intr. şi refl.* to curl.

cîrlionţat *adj.* curled; *(ondulat)* waved; *(mărunt)* frizzled, crimped.

cîrmaci *s.m.* **1,** *nav.* steersman, helmsman, man at the wheel; *(ca titlu)* mate. **2.** *fig.* leader, pilot. **3.** *sport* coxswain, ⓑ *fără* ~ *sport* coxless.

cîrmă *s.f.* **1.** *nav.* helm; *(sub apă)* rudder; *(eche)* tiller. **2.** *(guvernare)*

helm, lead. ⓐ *cîrma statului* the helm of the state. ⓒ *a fi la* ~ **a.** to be at the helm, to steer (the boat). **b.** *fig.* to be at the head of affairs, to carry on the government.

cîrmeală *s.f.* **1.** *(întorsătură)* turn. **2.** *fig. (ezitare)* hesitation, wavering, dawdling; *(eschivare)* shuffling, prevarication.

cîrmi I. *vb. tr.* **1.** *nav.* to veer/bring round. **2.** to turn (about/round). **II.** *vb. intr.* **1.** *nav.* to veer. **2.** *fig. (a se eschiva)* to shuffle, to prevaricate.

cîrmire *s.f.* veering etc. v. c î r m i.

cîrmîz *s.n.* **1.** *(vopsea)* cochineal. **2.** *bot.* coakum, coke(-weed) *(Phytolacca decandra).* **3.** *entom.* shield louse, cochineal *(Coccus).*

cîrmîziu *adj.* carmine, crimson(-hued).

cîrmui I. *vb. intr.* **1.** *nav (d. cîrmaci)* to steer; *(d. pilot)* to pilot. **2.** *fig.* to rule, to govern; *(a domni)* to reign. **II.** *vb. tr.* **1.** *nav.* to steer; *(ca pilot)* to pilot. **2.** *fig.* to rule, to govern; *(a domni peste)* to reign over. **3.** *(a îndruma)* to direct, to guide.

cîrmuire *s.f.* **1.** steering etc. v. c î r m u i. **2.** *(guvern)* government. **3.** *(îndrumare)* direction, guidance; *(conducere)* rule.

cîrmuitor I. *adj.* ruling; leading. **II.** *s.m.* **1.** *(conducător)* ruler; leader. **2.** *fig.* guide.

cîrn *adj.* **1.** *(d. nas)* snub, turned-up, pug; *(d. persoane)* snub-nosed. **2.** *(strîmb)* wry, crooked.

cîrnat, cîrnaţ *s.m.* sausage, F→bag of mystery; *(din carne de porc)* pork sausage; *(din carne de vită)* beef sausage; *(în sînge)* black/blood pudding; *(fiert)* boiled sausage.

cîrnăţar *s.m.* **1.** sausage maker, **2.** sausage dealer.

cîrnăţărie *s.f.* **1.** *aprox.* ham-and-beef shop, pork butcher's shop. **2.** *col.* sausages.

cîrneleagă *s.f.* last but one week of Advent fast,

cîrni *vb. tr. şi intr.* v. c î r m i. ⓒ *a* ~ *din nas* F to cut faces, to mump, to make a mug.

cîrpaci *s.m.* **1.** *(cizmar)* cobbler, *peior.* vamper. **2.** *(lucrător prost)* bungler, botcher, blunderer, duffer. ① *lucru de* ∼ bungling (work), botching, blunder(ing), F scamped work.

cîrpă *s.f.* **1.** *(zdreanţă)* rag. **2.** *(pt. şters)* cloth/rag for wiping/cleaning; *(de bucătărie)* dish/tea cloth; dish cloth; *(pt. podea)* house flannel; *(pt. praf)* duster. **3.** *pl. (scutece)* swaddling clothes. **4.** *fig. (om moale)* weakling, F milksop, molly(coddle). ⓒ *a fi* ∼ F to have no backbone/grit, to be spineless.

cîrpăceală *s.f.* bungling (work), botching, F scamped work; *(construire proastă)* jerrybuilding.

cîrpăci *vb. intr. şi tr.* to botch, to bungle.

cîrpeală *s.f.* mending etc. v. c î r p i.

cîrpi I. *vb. tr.* **1.** *(a repara)* to mend, to repair; *(prost)* to botch; *(a coase la un loc)* to piece/sew together; *(mai ales încălţăminte)* to cobble, F→to vamp; *(ciorapi)* to darn; *(haine)* to patch up. **2.** *(a lucra prost)* to bungle, to botch; *(a strica)* to spoil, F to scamp. **3.** *(a înşela)* F to diddle, to take in. ⓒ *a* ∼ *o minciună* F to tell a crammer; *a* ∼ *cuiva o palmă*←F to give smb. a blow/cut/slap in the face. **II.** *vb. refl.* **1.** *pas.* to be mended etc. v. ∼ **I. 2.** *(a se îmbăta)* F to have a brick in the hat, to take a hair of the dog that bit one.

cîrpit *s.n.* mending etc. v. c î r p i.

cîrpitură *s.f.* **1.** v. c î r p e a l ă. **2.** *(lucru de cîrpaci)* clumsy/bungling work. **3.** *(zdreanţă)* rag; *(petec)* patch. **4.** *(minciună)* F fib, crammer.

cîrstei *s.m. ornit.* corncrake, landrail *(Crax pratensis)*.

cîrteală *s.f.* **1.** murmur; murmurs, grumbling. **2.** v. c î r t i r e. ⓒ *fără* ∼ without a murmur.

cîrti I. *vb. intr. (împotriva)* to cavil (at/about); to murmur, to grumble. **II.** *vb. tr. (a critica)* to criticize, to find fault with; *(a bîrfi)* to slander; *(a cicăli)* to nag; *(a certa)* to scold.

cîrtire *s.f.* murmuring, grumbling.

cîrtitor I. *adj.* grumbling, murmuring. **II.** *s.m.* grumbler, growler.

cîrtiţă *s.f. zool.* mole *(Talpa)*.

cîş *interj.* shoo!

cîşlegi *s.f. pl. rel.* carnival.

cîştig *s.n.* gain, *com.* return(s); *(prin muncă)* earnings; *(venit)* income; *(la loterie)* prize, F→luck draw; *(folos)* use; *(beneficiu)* benefit; *(profit)* profit, advantage; *(neaşteptat)* windfall, godsend; *(parte)* share. ⓐ ∼ *net* neat gain, clear profit(s); ∼ *şi pierdere* profit and loss. ① *lacom de* ∼ greedy of gain, thirsting after lucre; covetous; *listă de* ∼*uri (la loterie)* list of prizes, list of drawn numbers; *sete de* ∼ greed/love of gain, passion/thirst for lucre. ⓒ *a avea* ∼ *de cauză* to gain the day, to come off victorious; *a fi în* ∼ **a.** *(a avea un avantaj)* to get the better/best (of smb.). **b.** *(a fi cîştigător)* to be the winner/gainer.

cîştiga I. *vb. tr.* **1.** to gain; *(prin muncă)* to earn; *(mai ales datorită întîmplării)* to win; *(a obţine)* to obtain; *(a dobîndi)* to acquire; *(un premiu etc.)* to bear away. **2.** *(de partea sa)* to win over; *(a converti)* to convert. ⓒ *şi-a* ∼*t auditoriul* he carried his audience with him; *a* ∼ *un avantaj* to gain an advantage; *a* ∼ *o bătălie* to gain/win a battle; *a* ∼ *o cursă* to win a race; *a căuta să cîştigi pe cineva* to court smb.'s favour, to curry favour with smb.; *a* ∼ *cunoştinţe* to acquire knowledge; *a* ∼ *dragostea cuiva* to win smb.'s love; *a-şi* ∼ *existenţa* to gain one's livelihood, to earn one's living, F→to pick up a livelihood; *a-şi* ∼ *cinstit existenţa* to turn an honest penny; *a* ∼ *forţă/putere* to gain (in) strength; *a-şi* ∼ *pîinea (zilnică)* to earn one's (daily) bread; *a* ∼ *un premiu* to carry off a prize; *a* ∼ *procesul* to win one's case; *a* ∼ *noi puteri* to gain new strength, to pick up (after an illness); *n-o să aibă decît de*

~*t (prin asta)* he will only gain/
benefit by it; *ai puţin de* ~*t* there
is little to be gained by it; *a* ~
simpatia cuiva to enlist smb.'s
sympathy; *a* ~ *stima cuiva* to
gain smb.'s esteem; *a* ~ *o victorie*
to gain/win a victory. **II.** *vb. refl.
pas.* to be gained etc. v. ~ **I. III.**
vb. intr. **1.** to win, to carry the
day; to earn etc. v. şi ~ **I. 2.**
(d. un tablou etc.) to show to good
advantage. © *a* ~ *de pe urma
(cu gen.)* to profit/gain by...; *a*
~ *la sigur* to have a dead cert;
a ~ *bine* to coin money, F to make
heaps of money; *a nu* ~ *destul* to
be benhindhand in one's circum-
stances; *a* ~ *uşor sport* to win
easily, F→to win hands down.
cîştigare *s.f.* winning etc. v. c î ş-
t i g a.
cîştigat *adj.* profited; enjoying an
advantage; with a gain.
cîştigător I. *adj.* winning. ⓙ *numere
cîştigătoare* winning numbers. **II.**
s.m. winner; *(al unui premiu)*
prize winner, prizeman.
cît I. *adv. (cum)* how; *(~ de mult)*
how much; *(temporal)* how long;
(în ce măsură) to what extent. ⓐ
~ *colea* nearby, not far away;
(colea) over there; at a stone's
throw; ~ *colo* v. c o l o; ~ *de* ~
a. *(puţin)* a bit/little; at all. **b.**
(de loc) not at all, not in the least;
~ *de colo* v. c o l o; ~ *despre...* as
for..., as to..., as far as... is *sau*
are concerned; ~ *mai...* as... as
possible; ~ *pe ce/pe-aici...* almost
..., nearly..., all but...; *(de abia)*
hardly..., scarcely...; *(la un pas de)*
within an ace of; ~*priveşte...* v.
c î t d e s p r e...; ⓙ *cu* ~*mai curînd
cu atît mai bine* the sooner the
better; *cu* ~ ... *cu atît...* the +
comp... the + comp...; in propor-
tion as...; *cu* ~ *mai...* how much
more...; *nu atît...* ~ ... it isn't...
but... © ~ *ai bate din palme*,
~ *te-ai şterge la ochi* in no time,
F before you could say 'Jack Ro-
binson'; ~ *ai stat acolo?* how long
did you stay there? ~ *de prost
arăţi!* how ill you look! ~ *doreşti*
as much as you wish; ~ *e de bun!*

how good he is! ~ *e pînă la...?*
how far is it to...? ~ *(e) lumea (şi
pămîntul).* **a.** *(totdeauna)* always,
ever. **b.** *(niciodată)* never; ~ *vezi
cu ochii* as far as the eye can reach;
seamănă ~ *de* ~ *cu tatăl său?* is he
anything like his father? *a striga*
~ *îl ţine gura* to shout at the top
of one's voice; ~ *pot* with all my
might and main; to the best of
my ability; ~ *fusese elev* as long
as he had been a pupil. **II.** *conj.*
1. *(temporal) (cît timp)* as/so
long as; *(îndată ce)* as soon as.
2. *(modal)* as quickly etc. as. **3.**
(concesiv) though, although; how-
ever great etc.; *great... etc.* as. **4.**
(adversativ) but. ⓐ ~ *despre/
pentru...* as to/for..., as far as...
is concerned. ⓙ *atît...* ~ *şi...* both
... and... **III.** *num., adj., pron.
nehotărît.* **1.** *pl. (cei care)* those/
they who/that; *(toţi cei care)* all
those who/that. **2.** *(interog., com-
pletiv)* how much(?); *pl.* how
many (?). **3.** *(exclamativ)* how
much/*pl.* many...! what (a)...!
ⓐ ~*ă frunză (şi iarbă)* as the
sand of the sea; ~*ă răbdare!*
what a patience! ~*e cîţi* how many
at a time? ~*e şi mai* ~*e*, ~*e în
lună şi în soare* F no end of things;
~*e toate* many; sundry, different,
of all kinds, what not; ~ *timp?*
how long? ⓙ *al* ~*elea?* which?
de ~*e ori?* how many times? how
often? *după* ~*e ştiu* as far as I
know, to the best of my knowledge;
ori de ~*e ori...* whenever... © *nu
ştiu* ~ *(f. mult)* ← F very much,
immensely; *aş da nu ştiu* ~ *ca
să...* F I would give my ears to...;
~ *e ora/ceasul?* what's the time?
~ *face/costă?* how much does it
cost? what is its value? *de* ~ *timp
eşti aici?* how long have you been
here? *după* ~*e îmi amintesc* to
the best of my remembrance. **IV.**
prep. (ca) as; like; *(decît)* than.
© *mănîncă* ~ *un lup* he eats like
a wolf/cormorant; *munceşte* ~ *zece*
he is a bear at work. **V.** *s.n. mat.*
quotient.
cîtăva *adj. nehot., pron. nehot.* some,
a little. ⓙ *de* ~ *vreme* for some time.

cîte *prep.* 1. *(cu numerale)* all *(adesea nu se traduce)*. 2. *(distributiv)* by *(adesea nu se traduce)*. ⓐ ~ patru în rînd four abreast. ⓑ *unul* ~ *unul* one by one. ⓒ *primi fiecare* ~ *trei cărţi* each of them received three books, they received three books each.

cîteodată *adv.* sometimes, at times, now and then/again, occasionally, from time to time.

cîteşi *adv.* all. . (of them). ⓐ ~ *trei* all three of them.

cîteva *adj. nehot.*, *pron. nehot.* some, a few; *(mai multe)* several. ⓐ ~ *lucruri* a few things, some few matters.

cîtime *s.f.* amount, number, quantity.

cîtuşi *adv.* ⓒ ~ *de puţin* not in the least, F not a bit/jot (of it).

cîtva I. *adj. nehot.*, *pron. nehot.* some, a little. ⓐ ~ *timp* some/a little time. II. *adv.* a little.

cîţ *interj.* boo!

cîţiva *adj. nehot.*, *pron. nehot.*, some, a few; *(mai mulţi)* several.

clac *s.n.* gibus, crush/opera hat.

claca *vb. intr.* 1. *sport* to strain a tendon, to rupture/tear a ligament. 2. *fig.* to fail; to peg out, to go phut.

clacă *s.f.* 1. *ist.* corvée, compulsory service, statute labour. 2. group work; *voluntary collective work of the peasants usually accompanied by games etc.*; *evening sitting(s) of village girls during winter*; *amer.* bee. 3. *(prestaţie ocazională)* occasional work. 4. *teatru* chirrupers.

claie *s.f.* 1. *(de fîn)* haystack, hayrick; *(de grîu)* corn stack. 2. *(grămadă)* heap, pile; *(de oameni)* crowd, < throng. 3. *(de păr)* shaggy shock of unkempt hair. 4. *adverbial* in heaps. ⓐ ~ *peste grămadă* F higgledy-piggledy, heaps on heaps.

clamă *s.f.* hook, fastener; *(pt. hîrtie)* paper clip.

clan *s.n.* 1. clan; *(în Irlanda, odin.)* sept. 2. *(coterie)* set, clique.

clandestin I. *adj.* clandestine, secret, surreptitious, illicit. II. *adv.* clandestinely, in a secret manner, secretly, surreptitiously.

clanţ I. *s.n.* *(cioc)* beak. II. *interj.* click!

clanţă *s.f.* 1. *(de uşă)* door handle, latch, catch of a door. 2. *(gură)* F chops, jaw. ⓐ *o* ~ *de femeie* F a scold. ⓒ *ţine-ţi clanţa!* F hold your gab! P stash it! shut up! *a se lua la* ~ F to spar (with smb.).

clap *interj.* bang! crash! flop!

clapă *s.f.* 1. *muz.* *(de pian)* key; *(la instrumentele de suflat)* key, stop, piston; *(de orgă)* stopple. 2. *tehn.* clak, flap; *(la o pompă)* clack; *(la o maşină de scris)* key; *(ventil)* valve. 3. *(capac)* lid. 4. *poligr.* gripper, nipper. 5. *(pt. urechi)* cover for the ears, *amer.* ear lap. 6. *(de buzunar)* flap. ⓒ *a trage clapa cuiva* F to take smb. in, to diddle smb.

clapon *s.m.* capon.

claponi *vb. tr.* to capon, to castrate.

clar I. *adj.* 1. *fig.* *(limpede)* clear; obvious; *(desluşit)* distinct; *(care se înţelege)* intelligible; *(evident)* evident, manifest; *(simplu)* plain. 2. *(transparent)* clear, transparent, limpid; *(pur)* pure. 3. *(d. stil)* lucid. 4. *(luminos)* clear, bright, elevated, serene. II. *adv.* clearly etc. *v.* ~ I; clear ⓒ *vorbeşte tare şi* ~ speak loud and clear III. *s.n.* ⓐ ~ *de lună* moonlight, moonshine.

clarifica I. *vb. tr.* to clear (up), to clarify; *(a explica)* to explain. ⓒ *a* ~ *o chestiune* to elucidate/clear up/throw light upon a question; *a* ~ *un mister* to solve/clear up a mystery; *totul a fost* ~*t* everything has been (fully) cleared up/explained. II. *vb. refl.* to become clear.

clarificare *s.f.* clearing up etc. *v.* c l a r i f i c a.

clarificator *adj.* clarifying, elucidating.

clarinet *s.n. muz.* clari(o)net.

clarinetist *s.m. muz.* clari(o)net player.

claritate *s.f.* 1. clearness, clarity; *(transparenţă)* limpidity, transparency; *(caracter desluşit)* distinctness. 2. *(a stilului)* lucidity. 3. *(lumină)* light.

clarobscur *s.n.* *pict.* chiaroscuro, light and shade.

clarvăzător *adj.* clear-sighted, far--sighted/-seeing, clairvoyant, sagacious.

clarvizinne *s.f.* clear-sightedness; far--sightedness.

clasa I. *vb. tr.* **1.** *(a clasifica)* to classify; *(scrisori)* to docket; *(articole)* to sort out; *(documente)* to file. **2.** *jur.* to quash, to stop. **II.** *vb. refl.* **1.** *pas.* to be classified etc. v. ~ **I. 2.** *sport* ⓐ *a se* ~ *pe locul I* to come first, to take the first place.

clasament *s.n.* *sport* classification.

clasare *s.f.* classification etc.. v. c l a s a.

clasat *adj.* classified etc. v. c l a s a. ⓕ *afacere* ~*ă jur.* case definitely filed and disposed of.

clasă *s.f.* **1.** *(diviziune)* class, division, category, order. **2.** *(grupsocial)* class. **3.** *şcol.* *(încăpere)* classroom, schoolroom; *(de elevi)* class, form, *amer.* grade; *(în şcolile elementare)* standard. **4.** *mil.* annual contingent. **5.** *(rang social)* class, rank, grade. **6.** *bot. etc.* order; *biol.* class **7.** *ferov.* class. ⓐ *clasa star sport* the Star class; *clase antagoniste* antagonistic/opposing classes; *clasele avute* the moneyed classes; *clasa dominantă/conducătoare* the ruling class; *clasa muncitoare* the working class; *clasele de jos* the lower classes/ranks/grades; *clasele superioare şcol.* the top forms, the upper school; *elev în clasa a şaptea* a seventh form pupil. ⓕ *absolvent a şapte clase* seven-year school graduate; *de* ~ class...; *fără clase* classless; *luptă de* ~ class struggle.

clasic I. *adj.* **1.** classic; *(ant. romantic)* classical; *(recunoscut)* standard, recognized. **2.** *sport* Gr(a)-eco-Roman. ⓕ *un exemplu* ~ a classical example; *limbi* ~*e* classical languages; *literaturile* ~*e* the classical literatures, the classics; *muzică* ~*ă* classical music. **II.** *adv.* classically. **III** *s.m.* **1.** classic (writer or author), standard author. **2.** *(ant. romantic sau modern)* classicist.

ⓐ ~*ii marxism-leninismului* the classics of Marxism-Leninism.

clasicism *s.n.* classicism.

clasicist *s.m.* classicist.

clasicizant I. *adj.* classic-like, favouring classicism; academic. **II.** *s.m.* supporter of classicism; academician.

clasifica *vb. tr.* to classify, to arrange in classes, v. şi c l a s a.

clasificare *s.f.* classification; *amer.* şcol. ratings.

clasificator I. *adj.* classifying. **II.** *s.m.* classifier; systematizer.

clasificaţie *s.f.* v. c l a s i f i c a r e.

clasor *s.n.* *(sertar)* filing drawer; *(dulap)* filing cabinet; *(mapă)* index file.

claustra *vb. refl.* ←*rar.* **1.** to enter a convent *sau* a monastery. **2.** *fig.* to live a life of a recluse, to seclude oneself.

clauză *s.f.* *jur.* clause, proviso, stipulation. ⓐ ~ *penală* penal clause.

clavecin *s.n.* *muz.* harpsichord.

claviatură *s.f.* *muz.* key board, keys.

clavicular *adj.* *anat.* clavicular.

claviculă *s.f.* *anat.* clavicle, F→ collar/key bone.

claxon *s.n.* *auto* horn, klaxon, hooter, *amer.* boozer.

claxona *vb. intr.* *auto* to honk (one's horn), to klaxon.

clăbuc *s.m.* **1.** *(de săpun)* soap suds, lather. **2.** *(spumă)* foam; *(sudoare)* lather. **3.** *(salivă)* saliva. **4.** *pl.* puffs/wreaths of smoke. ⓐ *a face* ~*i* to foam; *a face* ~*i la gură* **a.** to foam at the mouth. **b.** *fig.* to foam (with rage).

clăbuci I. *vb. tr.* to lather. **II.** *vb. intr.* **1.** *(a face clăbuci)* to lather. **2.** *(a face spumă)* to foam, to froth. **3.** *(a forma rotocoale de fum)* to wreathe. **III.** *vb. refl.* to lather.

clăcaş *s.m.* **1.** *ist.* socman, soc(c)-ager, adscript, bond(s)man. **2.** ← P *participant în a „clacă"* (2).

clăcăşi *vb. intr. ist.* to do compulsory/statute labour, to do corvée.

clăcăşiţă *s.f.* v. c l ă c a ş (2).

clădi I. *vb. tr.* **1.** *(o casă, un vas etc.)* to build, to construct; *(un pod)* to throw, to form, to lay, to construct; *(a ridica)* to set up, to erect. **2.** *fig. (a intemeia)* to base, to found, to ground. **3.** *(a aşeza în grămezi)* to stack/pile up; *(in straturi)* to range in layers. ⓐ *a-şi* ~ ... to have... built. **II.** *vb. refl. pas.* to be built etc. **v.** ~ I. **III.** *vb. intr.* to build. ⓒ *a* ~ *pe nisip fig.* to build on sand.

clădire *s.f.* **1.** building etc. v. c l ă d i. **2.** *(construcţie)* building; *(mai ales pt. locuit)* structure; *(edificiu)* edifice.

clădit *adj.* built etc. v. c l ă d i. ⓘ *bine* ~ well-shaped/-proportioned/-built.

clămpăneală *s.f.* v. c l ă m p ă n i t.

clămpăni I. *vb. intr.* **1.** *(cu clanţa uşii)* to shake the door/handle/ latch. **2.** *(d. barză etc.)* to clatter. **3.** *(a flecări)* to chatter, to clatter, F to mag, to jabber. ⓒ *a* ~ *ca barza fig.* to chatter like a magpie. **II.** *vb. tr.* to click, to bang.

clămpănit *s.n.* clattering etc. v. c l ă m p ă n i.

clănţăni I. *vb. intr.* **1.** *(cu dinţii)* to chatter (with) one's teeth. **2.** *(cu clanţa uşii)* v. c l ă m p ă n i I, 1. **3.** *(a tremura)* to tremble. **4.** *(cu un obiect de fier)* to clink, to clank, to rattle. **5.** v. c l ă m p ă n i I, 3. **II.** *vb. tr.* to click; < to bang. **III.** *vb. refl.* ←F to quarrel.

clănţănit *s.n.* chattering etc. v. c l ă n ţ ă n i.

clănţău *s.m.* **1.** *(flecar)* F rattle (box). **2.** *(om rău de gură)* F nagger; *(scandalagiu)* F rowdy. **3.** *(avocat)* ←*odin.* pettifogger. **4.** ← *odin.* demagogue.

clăpăug *adj.* **1.** *(d. urechi)* flagging; *(d. oameni)* flap-eared. **2.** *fig. (bleg)* F thick-headed.

clăti I. *vb. tr.* **1.** *(gura, rufele, vasele)* to rinse; *(gîtul)* to gargle; *(a spăla)* to wash (out); *(cu un curent puternic de apă)* to flush. **2.** v. c l ă t i n a I, 1. **3.** v. c l i n t i. **II.** *vb. refl.* **1.** *(în gură)* to rinse one's mouth. **2.** v. c l ă t i n a III. **3.** v. c l i n t i II. **III.** *vb. intr.* v. c l ă t i n a III.

clătina I. *vb. tr.* **1.** to shake (about); *(uşor şi repede)* to whisk; *(violent)*

to toss (about); to convulse; *(a legăna)* to rock; *(a mişca tncoace şi încolo)* to move to and fro. **2.** v. c l i n t i. **II.** *vb. refl. (d. dinţi)* to be loose; *(a se legăna)* to rock; *(a se împletici)* to totter, to reel, to stagger. **III.** *vb. intr. (din cap)* to shake one's head; *(afirmativ)* to nod.

clătinare *s.f.* shaking etc. v. c l ă t i n a. ⓐ ~*a capului* shaking of the head.

clătinător *adj.* shaking; *(tremurător)* trembling.

clătinătură *s.f.* shake, shaking etc. v. c l ă t i n a.

clătire *s.f.* rinsing etc. v. c l ă t i.

clătită *s.f.* fritter; *(cu marmeladă)* sweet omelet.

clean *s.m. iht.* dace, chub *(Leuciscus squalius)*.

clefăi *vb. intr.* **1.** *(în timpul mîncării)* to chew with a smacking noise, to smack one's lips (in eating). **2** *(a molfăi)* to champ.

clefăit *s.n.* smacking one's lips; champing.

clei *s.n.* **1.** glue; *(din făină)* paste; *(de peşte)* isinglass; *(vegetal)* vegetal glue; *(animal, pt. hîrtie de scris)* animal sizing. **2.** *bot.* resin(ous substance). **3.** *(la păsări)* bird lime. **4.** *(cerumen)* ear wax, cerumen. ⓒ *a fi* ~ a. *(a nu şti nimic)* F not to know B from a bull's foot/a battledore/a broomstick. b. *(a fi beat)* F to be flyblown/muckibus/tangle-footed.

cleios *adj.* **1.** *(lipicios)* adhesive, sticky, gluey; viscous, viscid; *şi med.* clammy. **2.** *(neştiutor)* F know-nothing. **3.** *(d. pîine)* slack-/half-baked.

clematită *s.f. bot.* lady's bower, clematis *(Clematis)*.

clemă *s.f.* **1.** *tehn., chim.* clamp. **2.** *electr.* terminal, connector.

clement *adj.* clement, merciful.

clemenţă *s.f.* clemency, mercy.

clempuş *s.n.* staple (of a latch).

clenci *s.n.* **1.** *(cîrlig)* hook; *(ghimpe)* thorn; *(bold)* pin; *(de cataramă)* belt hook. **2.** *fig. (motiv de ceartă)* bone of contention; *(ceartă)* quarrel, dispute. **3.** *fig. (tertip)*

dodge, artifice. double, F crook. **4.**
fig. (tîlc)←F hidden meaning. **5.**
fig. (lipici)←F charm(s); sex appeal.

clepsidră *s.f.* clepsydra; sand glass, horn glass.

cleptoman *adj., s.m.* kleptomaniac.

cleptomanie *s.f.* kleptomania.

cler *s.n.* clergy, priesthood, F→ clerical tribe.

cleric *s.m.* clerk (in holy orders), clergyman.

clerical I. *adj.* clerical. **II.** *s.m.* clerical partisan, churchman.

clericalism *s.n.* clericalism.

cleştar *s.n.* crystal. ⓑ *curat/limpede ca ~ul* crystal-clear.

cleşte *s.m.* **1.** (pair of) tongs; *(cu buze late)* (pair of) pliers; *(mai mic)* (pair of) pincers/nippers; *(de păr)* curling irons; *(pt. zahăr)* sugar tongs; *(de chirurg)* forceps; *(pt. sobă)* fire tongs/irons; *(pt. spart nuci)* nut cracker; *(de perforat)* punch, clippers. **2.** *zool.* forcipate(d) claw/jaw; *(de rac)* claw. ⓒ *a strînge în ~* **a.** to tong. **b.** *fig.* to drive *smb.* to the last extremity, to put an extreme pressure on *smb.*

cleveteală *s.f.* v. c l e v e t i r e.

cleveti I. *vb. tr. (a defăima)* to defame, to revile, to decry; to speak ill of, to bring into bad repute; *(a bîrfi)* to slander; *(a calomnia)* to calumniate; *(a ponegri)* to backbite, to traduce, to abuse, to cry/run down. **II.** *vb. intr.* to slander, to calumniate, to backbite, to gossip, to talk scandal.

clevetire *s.f.* slander(ing); defamation; abuse etc. v. c l e v e t i.

clevetitor I. *adj.* slanderous, calumniatory, calumnious; defamatory. **II.** *s.m.* slanderer, calumniator; defamer, backbiter, traducer.

clică *s.f.* clique, set, faction, cabal, gang. ⓑ *toată clica* F the whole kit/set/pack/shoot.

client *s.m.* **1.** *ist. Romei* client. **2.** *jur.* lawyer's client. **3.** *(muşteriu)* customer. **4.** *med.* patient. **5.** *(individ)* customer, fellow.

clientelă *s.f.* **1.** *ist. Romei* clientele, clientage. **2.** *(muşterii)* custom(ers),

connection, clientage, clientele; *(a doctorilor)* practice, patients; *jur.* clients, practice.

climacteriu *s.n. med.* menopause. ⓑ *de ~* menopause, climacteric.

climat *s.n.* **1.** v. c l i m ă 1. **2.** *fig.* climate, atmosphere.

climateric *adj.* climatic. ⓑ *staţiune ~ă* health resort.

climatic *adj.* climatic.

climatologic *adj.* climatological.

climatologie *s.f.* climatology.

climă *s.f.* **1.** *(climat)* climate. **2.** *(regiune)* climate, region; *poetic* clime.

clin *s.m.* **1.** *(de stofă)* gore, gusset. **2.** *(de pămînt)* triangle-shaped plot of land. ⓒ *a nu avea nici în ~, nici în mînecă (cu)* to have nothing in common (with); *ce-ai spus tu n-are nici în ~ nici în mînecă* F that is neither here nor there.

clină *s.f. (povîrniş)* slope.

clincher *s.n.* clinker.

clinchet *s.n. (de pahare)* clink(ing); *(de clopoţei)* tinkling (of bells).

clinic *adj.* clinical. ⓑ *lecţie ~ă* clinical/hospital lecture, bedside instruction.

clinică *s.f.* clinic; policlinic.

clinician *s.m. med.* clinician.

clinorombic *adj.* clinorhombic.

clinti I. *vb. tr.* **1.** *(a mişca)* to (re)move, to shift; *(în prop. neg.)* to budge; *(a atinge)* to touch. **2.** *fig.* to move, to stir; *(în prop. neg.)* to budge. **II.** *vb. refl.* **1.** *(a se mişca)* to move, to stir, to budge. **2.** *fig. (a se abate)* to swerve, to flinch. ⓒ *omul nu se ~* the man did not stir/budge.

clipă *s.f.* moment, instant, F→jiffy, mo, half a mo. ⓐ *o ~!* just a moment! F half a mo! ⓑ *acum o ~* just now; *din clipa aceasta* henceforth, from now on; *în clipa cînd...* at the (very) instant when...; *în clipele sale de luciditate* in his lucid intervals; *în fiecare ~* every moment/instance; *într-o ~* in a trice/F→jiffy, in a twinkling (of the eye), F in no time; *în ultima ~* at the last moment, just before the end, at the eleventh hour; *pentru o ~* for a moment; *pînă în clipa aceas-*

ta up to this very moment/instant, till now; *ultimele lui clipe* his last/dying moments. ⓒ *poate veni în orice* ~ he may come (at) any minute.

clipeală *s.f.* 1. v. c l i p ă. 2. v. c l i p i r e. ⓑ *înt-o* ~ v. î n t r- o c l i p ă; *în toată clipeala* every minute.

clipi *vb. intr.* 1. *(din ochi)* to blink; *(a face cu ochiul)* to wink (with one's eyes); *fiziol.* to nict(it)ate. 2. *(a licări)* to twinkle. ⓒ *cît clipeşti /ai* ~ *(din ochi)* in a twinkling (of the eye), in the turn(ing) of a hand, in a trice/F jiffy, F in no time; *sl.* like winking; *fără să clipească* without batting an eyelid.

clipire *s.f.* blinking etc. v. c l i p i.

clipit *s.n.* 1. v. c l i p i r e. 2. *(sclipire)* glitter, sheen.

clipită *s.f.* v. c l i p ă. ⓑ *într-o* ~ v. î n t r- o c l i p ă.

clipoceală *s.f.* 1. v. c l i p o c i r e. 2. v. c l i p i r e. 3. v. c l i p o c i t.

clipoci *vb. intr.* 1. *(de somn)* to nod/doze off. 2. v. c l i p i 1. 3. *(a susura)* to purl, to murmur, to ripple.

clipocire *s.f.* nodding, dozing.

clipocit *s.n.* purl(ing), murmur(ing), rippling.

cliring *s.n. com.* clearing.

clisă *s.f.* 1. *(argilă)* clay; *(argilă cleioasă)* greasy clay; *(noroi gros)* slime. 2. *(pîine nedospită)* unleavened bread. 3. *(masă cleioasă)* sticky/gluey mass.

clismă *s.f.* enema, clyster. ⓒ *a face o* ~ *cuiva* to clyster smb., to apply/administer smb. an enema.

clisos *adj.* 1. *(argilos)* clayey, argillaceous; *(noroios)* slimey. 2. *(cleios)* sticky, gluey; *(vîscos)* viscous.

clistir *s.n. med.* 1. v. c l i s m ă. 2. *(instrument)* syringe, enema.

clişeu *s.n.* 1. *fot.* negative. 2. *poligr.* stereotyped plate, stereotype, F→ stereo. 3. *lit.* tag, cliché, stock phrase, hackneyed expression.

cliva *vb. intr.* to cleave, to split.

clivaj *s.n.* cleavage.

cloacă *s.f.* 1. sewer, drain, cesspool, sink. 2. *(la unele animale)* cloaca.

3. *fig.* cloaca, morass, bog, foul place, (moral) sewer.

cloanţă *s.f.* 1. *(babă)* F old hag. 2. *(gură)* F potato trap, jaw. ⓒ *tacă-ţi cloanţa!* F hold your jaw!

cloci I. *vb. tr.* 1. *(d. păsări)* to hatch; *(artificial)* to incubate. 2. *(a pune la cale)* F to hatch; *(a medita)* ←F to brood over. II. *vb. intr.* 1. *(d. păsări)* to brood, to sit on/cover eggs. 2. *fig. (a trîndăvi)* F to idle, to loaf; *(a sta acasă)* F to poke at home, to be a regular stay-at-home. III. *vb. refl.* 1. *(a ieşi din ou)* to hatch. 2. *(a se strica)* to become stale; *(d. apă)* not to be fresh any longer, to be foul.

clocit I. *adj. (d. ouă)* rotten, bad; *(d. alimente)* bad; *(d. apă)* foul. II. *s.n.* hatching etc. v. c l o c i.

clocitoare I. *adj. f.* brooding. II. *s.f.* hatching apparatus, incubator.

clocot *s.n.* 1. *(al unui lichid)* bubbling (up), ebullition etc. v. c l o c o t i. 2. *(vîrtej)* whirl, eddy. 3. *(zbucium)* excitement, agitation, ebullition, perturbation. ⓒ *a da în* ~ to begin to boil.

clocoti *vb. intr.* 1. *(a fierbe)* to boil to seethe, to bubble up/forth, *elev.* to effervesce; *(d. mare)* to roar, to surge; *(a face vîrtejuri)* to whirl, to eddy. 2. *(a răsuna)* to ring, to resound; *(a mugi)* to roar. 3. *(a fi în plină desfăşurare)* to be in full swing. 4. *(de furie)* to fret and fume, to boil with rage. 5. *(d. un sentiment)* to boil, to seethe; *(d. o mulţime etc.)* to seethe.

clocotici *s.m. bot.* 1. bladder nut (tree) *(Staphylea)*. 2. yellow rattle *(Rhinanthus crista galli)*.

clocotire *s.f.* boiling etc. v. c l o c o t i.

clocotit *adj. (care fierbe)* boiling; *(care a fiert)* boiled; *(fierbinte)* hot.

clocotitor *adj.* 1. *(care fierbe; şi fig.)* boiling, seething; *(fierbinte)* hot; *(involburat)* whirling, eddying; *(înspumat)* foaming. 2. *(răsunător)* ringing, resounding; *(mugind)* roaring. 3. *(d. activitate etc.)* tireless, tumultuous.

clonc *interj.* cluck!

cloncan *s.m. ornit. (corb)* raven *(Corvus).*

cloncăni *vb. intr.* **1.** *(d. cloşti)* to cluck, to chuck. **2.** *(a croncăni)* to croak. **3.** *fig. (a flecări)* F to jabber.

cloncănit *s.n.* clucking etc. v. c l o n-c ă n i.

clondir *s.n.* (short-necked) bottle.

clonţ *s.n.* **1.** *(cioc)* beak. **2.** *(bărbie)* F potato trap; jaw.

clonţan *s.m.* **1.** *(stîncă ascuţită)* crag. **2.** *zool. (şobolan)* rat.

clonţat *adj. (cu dinţi mari)* large--toothed; *(cu dinţi prost crescuţi)* straggle-toothed.

clonţos *adj.* **1.** *(cu ciocul gros)* thick--billed. **2.** *(cu ciocul ascuţit)* with a pointed bill.**3.***fig.* sharp-tongued, quick-tongued; *(gîlcevitor)* snappy, snappish, cantankerous, F currish; *(cicălitor)* nagging.

clop *s.n.* ←*reg.* cloche (hat).

clopot *s.n.* **1.** bell. **2.** *agr.* bell glass/jar. ⓐ ∼ *de alarmă/dandana* alarm bell; ∼ *de înmormîntare* knell; ∼ *scufundător* diving bell. ⓑ *sunet de* ∼*e* sound/ring/peal of bells; *trasul* ∼*elor* ringing of bells; *trăgător de* ∼*e* bell ringer, sexton; *turnătorie de* ∼*e* bell foundry; *sub* ∼ *de sticlă* in a glass cage. ⓒ *a suna/trage* ∼*ele* to set the bells ringing, to ring the bells; *a trage* ∼*ele cuiva* **a.** *(de înmormîntare)* to toll smb.'s knell, to ring smb.'s passing bell. **b.** *(a-i face curte)* F to step/make up to smb., to be after smb., to sweetheart smb.

clopotar *s.m.* **1.** *(turnător de clopote)* bell founder. **2.** *(la o biserică)* bell ringer, sexton. **3.** *(berbecul din fruntea turmei)* bell wether. **4.** *(curtezan)* F flirt, masher.

clopotărie *s.f.* bell foundry.

clopoti *vb. intr.* to ring, to peal.

clopotit *s.n.* ringing, pealing.

clopotniţă *s.f. (separată)* belfry; *(turnul bisericii)* steeple.

clopoţel *s.n.* **1.** (small) bell, hand bell. **2.** *bot.* bellflower campanula *(Campanula)*; blue (hare-) bell *(Campanula rotundifolia).* **3.** *pl. bot.* snowdrops *(Galanthus nivalis).*

4. *pl. bot.* lily-of-the-valley *(Convallaria majalis).*

clor *s.n. chim.* chlorine.

cloral *s.n. chim.* chloral.

clorat *s.m. chim.* chlorate. ⓐ ∼ *de potasiu* potassium chlorate; ∼ *de sodiu* sodium chlorate.

clorhidrat *s.m. chim.* hydrochlorate.

clorhidric *adj. chim.* ⓑ *acid* ∼ hydrochloric acid, F spirits of (sea-)salts.

cloric *adj. chim.* ⓑ *acid* ∼ chloric acid.

clorofilă *s.f. bot.* chlorophyl(l).

clorofilian *adj. bot., chim.* chlorophyllian.

cloroform *s.n. chim.* chloroform.

cloroform(iz)a *vb. tr. med.* to (put under) chloroform.

cloroformizare *s.f. med.* chloroforming.

cloros *adj. chim.* chlorous.

clorotic *adj. med.* chlorotic.

cloroză *s.f. med.* chlorosis, green sickness.

clorură *s.f. chim.* chloride. ⓐ ∼ *de calciu* calcic chloride, chloride of calcium; ∼ *de potasiu* chloride of potassium; ∼ *de sodiu* sodic chloride, common salt.

closet *s.n.* privy, backhouse; water closet, W.C., lavatory, toilet, latrine; F→men's/(little) boys'/littliest room, ladies' room. ⓐ ∼ *public* (public) chalet, public convenience.

cloş *adj.* bell-shaped; loose. ⓑ *pălărie* ∼ cloche (hat).

cloşcă *s.f.* **1.** clucking/brood hen. **2.** *(om inactiv)* F idler, loafer. **3.** *Cloşca astr.* the Pleiades, the seven stars. ⓒ *a şedea* ∼ F to sit tight; *fură cloşca de pe ouă/ouăle de sub cloşcă* F he is a prig star/prince.

clovn *s.m.* clown; *(bufon)* buffoon.

clovnerie *s.f.* clownish trick, piece of clownery, *pl.* antics.

club *s.n.* **1.** *(asociaţie)* club. **2.** *(local)* club house, premises of a club.

clucer *s.m. ist. aprox.* Lord Steward.

clupă *s.f.* **1.** *metal.* screw stock. **2.** *silv.* slide gauge.

cneaz *s.m. ist.* prince.

cnezat *s.n. ist.* principality.

cnut *s.n.* knout, whip.

coabita *vb. intr.* to cohabit, to live together.

coacăz *s.m. bot.* 1. currant bush/tree *(Ribes rubrum).* 2. gooseberry bush *(Ribes grossularia).* ⓐ ~ alb/ verde v. ~ 2; ~ negru black currant *(Ribes nigrum).*

coacăză *s.f. bot.* 1. black currant. 2. gooseberry.

coace I. *vb. tr.* 1. *(în cuptor)* to bake; *(a frige)* to roast; *(pe foc)* to broil. 2. *(a usca)* to dry. 3. *(d. acţiunea soarelui)* to ripen, to mature. 4. *fig. (a chinui)* to burn, to torture. 5. *fig. (a urzi)* to hatch, to plot. II. *vb. refl.* 1. *(a fi în curs de coacere)* to be baking etc. v. ~ I, 1. 2. *(a fi copt)* to be baked etc. v. ~ I, 1. 3. *(d. fructe, planuri etc.)* to ripen, to mature, to grow ripe. 4. *(d. bube)* to gather, to grow mellow. 5. *(a se maturiza)* to attain the age of manhood *sau* maturity; to age. 6. *fig (a-i fi cald)* to faint with heat; to bake (in the sun). ⓒ aici te coci it's sweltering hot here. III. *vb. intr. (d. bube)* to gather.

coacere *s.f.* baking etc. v. c o a c e.

co-acuzat *s.m. jur.* co-defendant.

coadă *s.f.* 1. *zool. etc.* tail; *(de vulpe)* brush; *(de cerb, de iepure)* scut. 2. *(de cometă, zmeu etc.)* tail; *(de meteor)* trail. 3. *(de păr)* pigtail, queue. 4. *(de fruct, de floare)* stalk. 5. *(miner)* handle; *(a unei unelte)* fang, tang, shank. 6. *(trenă)* train. 7. *muz. (la o notă)* flag. 8. *(parte din urmă)* tail end, fag end; rear; *(capăt)* end. 9. *(sfîrşit)* end. 10. *(la magazine etc.)* queue, file, *amer.* line (of people). ⓐ coada boului *bot.* high taper, mullein *(Verbascum);* coada calului *bot.* horse/paddock pipe, horse tail *(Equisetum); coada cocoşului bot.* Solomon's seal, whitwort *(Convallaria polygonatum); coada leului bot.* v. t a l p a g î ş t e i. ⓑ coada mesei the lower end/foot/bottom of a table; *coada mînzului bot.* v. c o a d a c a l u l u i; coada ochiului. a. *anat.* the

angle/corner of the eye, canthus. b. *fig.* the tail of one's eye; *coada racului bot.* goosegrass, silverweed *(Potentilla anserina); coada şoarecelui/şoricelului bot.* milfoil, tansy *(Achillea millefolium); coada vacii bot.* a. v. c o a d a b o u l u i. b. holy rose *(Salvia silvestris); coada vulpii bot.* meadow foxtail *(Alopecurus pratensis); coada zmeului bot.* calla *(Calla palustris);* ~ de floare stalk of a flower, peduncle; ~ de mătură broom stick/handle; ~ de rîndunică *(cep)* spigot; ~ de topor. a. axe handle, helve. b. *fig.* tool, cat's paw, stoolpigeon, decoy, *amer.* stoolie; ~ făloasă *ornit.* v. c o d o b a t u r ă; ~ roşie *ornit.* brandtail *(Ruticilla);* ~ tăiată docked tail, bobtail. ⓓ cu coada între picioare şi *fig.* with one's tail between one's legs; de la cap la ~ from beginning to end; *(în întregime)* throughout; fără ~ tailless; minciună cu ~ F whopper, big lie, whacker; get beget *(de la)* coada vacii←F a true-born...; pian cu ~ *muz.* grand (piano); stea cu ~ comet,←*înv.* hairy meteor; *vîrf de* ~ end/tip of a tail. ⓒ a nu avea nici cap nici ~ to have neither head nor tail; a-şi băga/vîrî coada în ceva F to poke one's nose in smth.; a face ~, a sta la ~ pentru ceva to stand in a queue for smth., to queue up for smth., *amer.* to line up for smth.; to stand in the line; a împleti ~ albă to become an old maid, to lead apes in hell; a pune coada pe spinare F to show a clean pair of heels, to scamper away/off; şi-a vîrît dracul coada F the devil is in it, the devil has a hand in it; a se uita la cineva cu coada ochiului to look at smb. out of the corner of one's eyes, to cast a sly/furtive glance at smb.; a atîrna cuiva de ~ F to lay... at smb.'s door; a lua purceaua de ~ F to be in high feather, to be in (good) cue; a prinde prepeliţa de ~ *(a se îmbăta)* F to shoe the goose, to see one apiece; a trage mîţa/dracul de ~ F just to keep the wolf from the door/at bay, to live from hand to mouth; *a face cuiva din coada ochiului* to give smb. a wink, to wink (one's eyes) at smb.; *a da din* ~ a. to wag one's tail. **b.** *fig. (a se linguşi)*←F to cringe, to fawn; *a fi în* ~ *fig.* to lag/drag behind; *în ţara unde umblă cîinii cu covrigi în* ~ in the land of Cockaigne; *a călca pe cineva pe* ~ to tread upon smb.'s foot/toes/corns. ① *din* ~ *de cîine sită de mătase nu se face* you cannot make a silk purse out of a sow's ear, you can't make a horn of a pig's tail.

coafa I. *vb. tr. (pe cineva)* to dress smb.'s hair; *(părul)* to dress. **II.** *vb. refl.* to do/dress one's hair; *(la coafor)* to have one's hair done.

coafat I. *adj. (d. persoane)* having one's hair done; *(d. păr)* dressed, done. **II.** *s.n.* hair-dressing.

coafeză *s.f.* hairdresser, coiffeuse.

coafor *s.m.* hairdresser, coiffeur.

coafură *s.f.* head dress/gear, hairdo. ① ~ *garson* Eton crop; ~ *paj* page-boy style.

coagula I. *vb. tr.* to coagulate; *(lapte)* to curdle. **II.** *vb. refl.* to coagulate; *(d. lapte etc.)* to curdle, to turn (to curds); *(d. sînge)* to clot.

coagulant *adj.* coagulant.

coagulare *s.f.* coagulation, curdling, clotting.

coagulat *adj.* coagulated, curdled, clotted.

coajă *s.f.* **1.** *(scoarţă)* bark, rind. **2.** *(de pîine, prăjituri etc.)* crust; *(de brînză)* rind; *(a unui fruct)* skin, peel, rind; *(a seminţelor)* hull, husk; *(de nucă)* shell; *(de ou)* shell. **3.** *med.* scab, crust. ⓐ ~ *de nucă* nut shell; ~ *de pîine* bread crust; ~ *de tei* bast of the lime tree. ⓒ *a prinde* ~ a. to form a crust. **b.** *fig.* F to make one's pile; *a o lua pe* ~ F to get a (good) hiding/drubbing.

coală *s.f.* **1.** sheet of paper. **2.** *(~ de tipar)* printed sheet. ⓐ ~ *de autor* author's sheet.

coaliţie *s.f.* coalition, union, league. ⓒ *a forma o* ~ to form a coalition.

coaliza I. *vb. tr.* to confederate, to unite in a coalition. **II.** *vb. refl.* to form a coalition, to coalesce, to confederate.

coalizare *s.f.* coalition, union.

coamă *s.f.* **1.** *(de cal, de leu)* mane; *(păr)* (good) head of hair, F→mob, umbrella. **2.** *(culme)* ridge. **3.** *(frunziş)* foliage, leaves. **4.** *(de acoperiş)* (roof) ridge; *(de zid)* coping, crest. ⓐ ~ *de coif* plume/crest of a helmet.

coană *s.f.* v. cucoană.

coapsă *s.f.* *anat.* thigh, haunch.

coarbă *s.f.* crank, (winch) handle.

coardă *s.f.* **1.** *muz.* string; c(h)ord; *(de pian)* wire. **2.** *anat.* tendon, sinew; catgut; *(vînă)* vein. **3.** *tehn. (arc)* spring. **4.** *(cu care se joacă copiii)* skipping rope; *(frînghie)* rope, line. **5.** *(de arc)* bow spring. **6.** *geom.* chord *of a segment.* **7.** *(pt. cai)* lunge, longe. ⓐ *coarda simţitoare* weakest/tender spot; ~ *de viţă* tendril of a vine, vine shoot; *coardele vocale anat.* vocal cords/ligaments; ~ *stearpă min.* unproductive/barren rock. ⓑ *instrumente cu coarde muz.* string instruments, strings; *orchestră de coarde muz.* string orchestra. ⓒ *a atinge (la) coarda simţitoare* to strike/touch the right chord; to appeal to the emotions; to touch/sting to the quick; *a începe/o lua pe coarda cealaltă* to take a different tone, F to change one's tune.

coarnă *s.f. bot.* **1.** cornel, Cornelian cherry. **2.** *variety of grapes.*

coasă *s.f.* **1.** *(unealtă)* scythe. **2.** *(cosit)* mowing, hay making. **3.** *(ca timp)* mowing time. ⓒ *a ascuţi o* ~ to sharpen a scythe.

coase I. *vb. tr. şi intr.* **1.** to sew, *(a tigheli)* to stitch; *(a însăila)* to baste; *(peste margine)* to overcast. **2.** *med.* to stitch. ⓒ *a* ~ *nasturi* to sew on buttons. **II.** *vb. refl. pas.* to be sewn etc., v. ~ **I.**

coasociat *s.m.* copartner, joint partner.

coastă *s.f.* **1.** *anat.* rib, S→costa. **2.** *(latură)* side; *(flanc)* flank. **3.** *(povîrniş)* slope, declivity; *(a unei coline)* side; *ferov.* (sloping) bank, gradient. **4.** *(ţărmul mării)* (sea) coast, (sea) shore; *(nisipoasă)* (sandy) beach. 5. *mil.* flank; *(aripă)* wing. © *e slab de-i numeri coastele* he is bare-boned/-ripped, F he is as thin as a lark/lath; *a pune cuiva sula în coaste←*F to put extreme pressure upon smb.; *i-au atacat pe turci în* ~ they attacked the Turks in the flank; *mi se lipesc coastele de foame* F I am pinched with hunger, I am as empty as an old wolf, I feel a great concavity, P I am dead on the grub.

coate-goale *s.m.* F ragamuffin, tatterdemalion.

coautor *s.m.* 1. joint author, co-author. 2. *jur.* accomplice.

cobai *s.m. zool.* guinea pig *(Cavia cobaya).*

cobalt *s.n.* cobalt.

cobe *s.f.* 1. *(ţîfnă)* pip. 2. *(rău augur)* ill omen, portent; *(pasăre cobitoare)* bird of ill omen; *(corb)* evil-boding raven, F croaker. 3. *fig.* bird of ill omen, F croaker, *amer.* calamity howler. 4. *(plisc)* bill, beak.

cobi I. *vb. intr.* to forebode evil, to be a prophet of evil, F to croak, to be for ever croaking. II. *vb. tr.* to forebode.

cobiliţă *s.f.* 1. yoke. 2. *Cobiliţa astr.* Cassiopeia.

cobitor *adj.* evil-boding, F croaking.

cobori I. *vb. tr.* 1. *(a da jos)* to take down; *(a trage jos)* to draw down; *(a lăsa jos)* to let down; *(a mişca în jos)* to move down(wards); *(a aduce jos)* to bring/carry down. 2. *(preţuri)* to reduce, to abate, to cut. 3. *(a degrada)* to degrade, to debase. 4. *(a deprecia)* to depreciate, to disparage, F→to run down. 5. *(a modera)* to moderate. © *a-şi* ~ *pretenţiile* to abate one's claims/pretentions; *a-şi* ~ *vocea* to lower one's voice. II. *vb. refl.* 1. v. ~ III, 1. 2. *(a se înjosi)* to degrade/debase/demean oneself. III. *vb. intr.* 1. *(a se da jos)* to go/get down, to descend; *(a veni jos)* to come down, to descend; *(a se lăsa în jos)* to let oneself down; *(a se mişca în jos)* to move

down(wards); *(în grabă)* to hurry down; *(pe trepte, repede)* to fly/rush downstairs; *(a luneca în jos)* to glide down; *(din tren etc.)* to get out/off, to alight; *(de pe cal)* to dismount. 2. *(a asfinţi)* to set/go down. 3. *(d. preţuri)* to go down, to have a fall, to drop, to give away, to recede, to ease off. 4. *fig.* to be degraded, to fall (from a higher position). 5. *(a descinde din)* to descend (from).

coborîre *s.f.* 1. descent; coming down etc. v. c o b o r î. 2. *la ski* downhill/rundown race.

coborîş *s.n.* 1. v. c o b o r î r e. 2. *(povîrniş)* slope.

coborîtor I. *adj. (din)* descending (from). II. *s.m.* descendant.

cobră *s.f. zool.* cobra *(Naja tripudians).*

cobur *s.m.* holster, pistol case.

cobzar *s.m. muz.* kobsa player.

cobză *s.f. muz.* kind of *(ten-chorded)* guitar, kobsa. © *a lega* ~ to tie/bind hand and foot; *a duce cu cobza (a înşela)* F to take *smb.* in, to diddle *smb.*, to use the pepper box, to do Taffy.

coc *s.n.* loop (of hair).

cocaină *s.f. chim.* cocaine.

cocainoman *s.m.* cocaine addict.

cocardă *s.f.* cockade, rosette.

cocă[1] *s.f.* 1. *(aluat)* dough, paste. 2. *(clei)* paste. © *a se face* ~ *(a se îmbăta)* F to be pickled.

cocă[2] *s.f.* baby, babe.

cocă[3] *s.f. nav., av.* hull.

cocăzar *s.m. bot.* alpine/mountain rose, rhododendron *(Rhododendron).*

coccis *s.n. anat.* coccyx.

cocean *s.m.* 1. *(tulpină)* stalk; *(tulpina porumbului)* maize stalk. 2. *(ştiulete)* corn cob. 3. *(de varză)* cabbage head.

cochet I. *adj. (care caută să placă)* coquettish, arch, prim, demure; *(elegant)* smart, stylish; *(frumuşel)* pretty. II. *adv.* smartly, daintily; *(ca atitudine)* archly, primly, demurely.

cocheta *vb. intr.* 1. *(cu)* to coquet(te)/flirt (with); to play the coquet(te); to put on affected airs, to put on

fine graces. **2.** *fig.(cu)* to coquet(te)
toy/dally/trifle (with).
cochetă *s.f.* coquette, flirt.
cochetărie *s.f.* coquetry, archness,
primness, demureness; *(afectare)*
coyness, affectation; *(eleganţă)*
smartness, spruceness, tidiness,
neatness, elegance.
cochilie *s.f.* **1.** shell. **2.** *metal.* chill/
ingot mould.
coci *s.m. pl. biol.* cocci.
cocină *s.f. şi fig.* pigsty, hogsty.
cocioabă *s.f.* hovel, hut, shanty.
cociorvă *s.f.* fire hook, (furnace)
rake.
cocîrja *vb. refl.* to crook, to bend.
cocîrjat *adj.* **1.** *(gîrbovit)* bent. **2.**
(d. nas) crooked.
coclauri *s.n. pl.* steep/scarped re-
gion; *(strungă)* gorge, ravine;
hollow; *(pustietate)* wilderness;
remote place.
cocleală *s.f.* **1.** v. **coclire. 2.**
(rugină de aramă) verdigris, copper
rust. **3.** *(gust)* foul/dry mouth;
bitter taste.
cocli *vb. refl.* **1.** *(d. aramă)* to
become coated with verdigris; to
become oxidized; *(a rugini)* to
rust. **2.** *(a avea gust de cocleală)* to
taste of verdigris.
coclire *s.f.* verdigrising etc. v.
cocli.
coclit I. *adj.* **1.** *(acoperit de cocleală)*
verdigrised. **2.** *(~ de bătrîn)*←F
decrepit, weak-minded. **II.** *s.n.* v.
coclire.
cocoară *s.f.*←*reg.* v. **cocor.** ⓑ
pliscul cocoarei bot. **a.** stork's bill,
cranesbill *(Geranium).* **b.** stork's
bill *(Erodium cicutarium).*
cocoaşă *s.f.* **1.** *(la om)* hump(back),
hunch(back). **2.** *(la cămilă)* camel's
hump/hunch. **3.** *fig.* clog.
cocoli *vb. tr.*←*reg.* **1.** *(a înfofoli)* to
molly-coddle, to muffle, to wrap
up. **2.** *(a răsfăţa)* to spoil; *(a
îngriji exagerat)* to molly-coddle,
to pamper, F to cosher, to coddle,
to cocker.
cocolire *s.f.* muffling etc. v. **cocoli.**
cocolit *s.m.* molly-coddle.
cocoloş *s.n.* **1.** *(bulgăre)* ball; *(de
zăpadă)* snowball; *(de pămînt)*
clod; *(de hîrtie, pîine etc.)* pellet.

2. *(brînză cu mămăligă)* (baked)
pudding of cheese and hominy. **3**
(umflătură) growth, excrescence.
ⓒ *a (se) face ~* to ball.
cocoloşi I. *vb. tr.* **1.** *(a face cocoloş)*
to ball. **2.** *(a mototoli)* to (c)rumple.
3. v. **cocoli. 4.** *(a muşamaliza)*
F to hush up, to keep snug/dark.
II. *vb. refl.* **1.** *(a se face cocoloş)*
to ball. **2.** *(a se face ghem)* to
shrivel, to shrink.
cocoloşire *s.f.* balling etc. v. **coco-**
loşi.
cocon *s.m. entom.* cocoon.
coconar *s.m. bot.* **1.** nut/stone pine
(Pinus Pinea). **2.** *(ca fruct)* pine
kernel.
coconei *s.m. pl. bot.* snowdrop
(Galanthus nivalis).
cocor *s.m. ornit.* crane *(Grus cinerea).*
ⓑ *pliscul ~ului bot.* stork's bill
(Erodium cicutarium).
cocos *s.m. bot.* **1.** coco(a)nut tree
(Cocos nucifera). **2.** *(nucă de ~)*
coco(a)nut.
cocostîrc *s.m.* **1.** *ornit.* stork *(Cico-
nia).* **2.** *ornit.* heron *(Ardea).* **3.**
(lungan) F lamp post, hobble-
dehoy.
cocoş *s.m.* **1.** *ornit.* cock *(Gallus
domesticus);* F→rooster; *(în fabule)*
chanticleer; *(tînăr)* cockerel. **2.** *(la
o armă de foc)* cock. **3.** *tehn.* hand
lever. **4.** *pl.* v. **cocoşel 4.**
ⓐ *~ de cîmp ornit.* blackgame
(Tetrao tetrix); *~ sălbatic/de mun-
te ornit.* mountain cock, capercaillie,
capercailzie *(Tetrao urogallus).* ⓑ
coada ~ului bot. Solomon's seal
(Polygonatum); *creasta ~ului bot.*
yellow rattle *(Rhinanthus crista
galli);* *piciorul ~ului bot.* crowfoot
(Ranunculus); *struna ~ului bot.*
mouse ear, chick weed *(Cerastium).*
ⓒ *în casa aceasta nu cîntă ~ul*
it is she who wears the breeches
in this home.
cocoşa I. *vb. tr.* *(în bătăi)* F to
pound *smb.* into a jelly, to tan
smb.'s hide. **II.** *vb. refl.* to become
bent/round-shouldered.
cocoşar *s.m. ornit.* **1.** fieldfare *(Tur-
dus pilaris).* **2.** mistle thrush *(Tur-
dus viscivorus).*

cocoşat I. *adj*. 1.*(cu cocoaşă)*hunched, hunch-/hump-backed. 2. *(bătut)* F sandbagged, beaten into a jelly. II. *s.m.* hunchback(ed person), humpback.

cocoşel *s.m.* 1. *(cocoş tînăr)* young cock, cockerel. 2. *(iubit)* F sweety, lovey, sweetheart. 3. *bot.* pheasant's eye *(Adonis)*. 4. *pl. (floricele) amer.* pop corn.

cocoşesc *adj.* cock..., cock's..., of a cock.

cocoşeşte *adv.* like a cock.

cocoşneaţă *s.f. peior.* country miss, Blowzalinda.

cocotă *s.f.* cocotte, demimondaine, demirep, light woman, F→tart.

cocotier *s.m. bot.* coco(a)nut tree *(Cocos nucifera)*.

cocoţa I. *vb. tr. (a pune sus)* to put on the top. II. *vb. refl.* 1. *(a se căţăra)* to mount (up), to climb/ clamber (up); *(pe o cracă)* to perch, to alight. 2. *fig.* to start/ spring up, to obtain quick promotion.

cocs *s.n.* coke.

cocsagîz *s.m. bot.* Russian dandelion, Kok-sag(h)yz *(Taraxacum Koksag(h)yz)*.

cocserie *s.f.* coke works, coking plant.

cocsifica *vb. tr.* to coke.

cocsificabil *adj.* coking.

cocsificare *s.f. tehn.* coking. ⓑ *baterie de* ~ coking plant/oven.

coctail, cocteil *s.n.* 1. cocktail. 2. *(recepţie)* cocktail (party).

cod *s.n. jur. etc.* code: *(lege)* law. ⓐ ~ *al muncii* labour code; ~ *civil* civil code; ~ *de comerţ* commercial law; ~ *de procedură penală* code of criminal procedure; ~ *penal* penal/criminal code; ~ *telegrafic* telegraphic code.

codalb *adj.* 1. *(cu coada albă)* white-tailed. 2. *(cu părul blond)* fair-haired.

codan *adj.* long-tailed.

codană *s.f.* flapper, backfish, F bobbysoxer, bread-and-butter miss; *(fată)* girl.

codaş I. *adj. (din urmă)* last; *(din coadă)* lagging/dragging behind; *(înapoiat)* backward. II. *s.m.* slacker, lagger, laggard, loiterer.

codat *adj.* 1. *zool.* caudate, tailed; long-tailed; *bot.* petiolate(d), pedunculate(d). 2. *(d. ochi)* almond--shaped.

codeală *s.f.* hesitation, wavering.

codebitor *s.m. jur.* co-debtor, joint debtor.

codeină *s.f. chim.* codein(e).

codetentor *s.m. jur.* joint holder.

codex *s.n.* 1. code. 2. v. c o d i c e.

codi *vb. refl.* to hesitate, to waver, to vacillate, F→to dilly-dally, to blow hot and cold. ⓒ *a se* ~ *să facă ceva* to hesitate (before) doing smth., to dilly-dally about smth.

codice *s.n.* manuscript containing old texts.

codicil *s.n. jur.* codicil.

codifica I. *vb. tr.* 1. to encode, to cipher. 2. *jur.* to codify. II. *vb. refl.* to be codified.

codificare *s.f. jur.* codification.

codire *s.f.* v. c o d e a l ă.

codirişcă, codirişte *s.f.* whip handle.

codism *s.n. pol.* caudism, following in the tail of events, khvostism.

codist *s.m. pol.* person who follows in the tail of events, khvostist.

codiţă *s.f.* 1. short tail. 2. *(semn grafic)* cedilla. 3. *fig. (cusur)* defect, shortcoming. 4. *fig. (unealtă)* tool; *(sicofant)* sycophant. 5. *fig.* exaggeration, flourish. 6. *(la fructe)* stalk.

codîrlă *s.f.* 1. *(de căruţă)* boot, basket. 2. *(parte din spate)* rear; *(capăt)* end; *(coadă)* tail.

codobatură *s.f. ornit.* wagtail *(Motacilla)*.

codoş *s.m.* 1. *(proxenet)* procurer, pander, pimp. 2.*(pîrîtor)* informer, telltale, sneak.

codoşcă *s.f.* procuress, v. şi c o d o ş.

codoşi *vb. intr.* to pimp, to pander, to procure; to be a whore monger.

codroş *s.m. ornit.* redstart, fire tail *(Rubicilla phoenicura)*.

codru *s.m.* forest. ⓐ *un* ~ *de pîine* a round of bread. ⓑ *hoţ de* ~ highwayman, brigand. ⓒ *a fura ca în* ~ to steal shamelessly; *a lua calea* ~*lui* to take to the woods; *(a deveni haiduc)* to become an outlaw.

coechipier *s.m. sport* fellow member (of a team).

coeficient *s.m.* coefficient; value. ⓐ ∼ *de aciditate* acid value.

coercibil *adj. fiz.* coercible, compressible.

coercitiv *adj. jur.* coercive. ⓑ *mijloc* ∼ means of coercion, coercive measure.

coerciție *s.f. jur.* coercion.

coerent I. *adj.* coherent. **II.** *adv.* coherently.

coerență *s.f.* coherence.

coexista *vb. intr.* to coexist.

coexistență *s.f.* coexistence. ⓐ ∼ *pașnică* peaceful coexistence.

coeziune *s.f.* **1.** *fiz.* cohesion, cohesiveness. **2.** *fig.* cohesion, unity.

cofă *s.f.* wooden pail. ⓒ *a pune/ băga pe cineva în* ∼ **a.** *(a înșela)* F to take smb. in, to sell smb. **b.** *(a lăsa mai prejos)* F to get the better of smb., to have smb., to have (got) smb. (stone-)cold.

cofeină *s.f.* v. c a f e i n ă.

cofetar *s.m.* confectioner; *(patiser)* pastry cook.

cofetărie *s.f.* **1.** *(magazin)* confectioner's, pastry-cook's shop, F→ sweetshop; *(luxoasă)* Italian/Swiss café. **2.** v. c o f e t u r i.

cofeturi *s.n. pl.* confectionery, sweetmeats, F sweets.

cofra *vb. tr. constr.* to shutter, to case.

cofraj *s.n. constr.* casing, shuttering (for concrete work); ∼ *glisant* sliding form/shuttering.

cofrare *s.f.* shuttering, casing.

cofret *s.n. el.* electric switch box.

cogeamite(a) *adj.* huge, F (as) large as life.

cognoscibil *adj.* cognoscible, cognizable, knowable. ⓒ *lumea este* ∼*ă* the world is knowable.

cognoscibilitate *s.f.* cognoscibility.

cohortă *s.f.* **1.** *ist. Romei* cohort. **2.** *fig.* crew, band, legion, host.

coif *s.n.* **1.** *mil. odin.* helmet, casque. **2.** v. c h i v ă r ă.

coincide *vb. intr. (cu)* to coincide (with), to concur (with), to happen at the same moment; *(a se potrivi)* to tally, to dovetail.

coincident *adj.* **1.** coincident(al), coinciding. **2.** *(simultan)* simultaneous.

coincidență *s.f.* coincidence, concurrence; *(simultaneitate)* simultaneousness. ⓐ *o* ∼ *fericită* a happy coincidence. ⓑ *o simplă* ∼ an entirely coincidental occurrence

cointeresa *vb. tr.* to give *smb.* a joint interest in an affair. ⓐ *a* ∼ *în...* to draw in...

cointeresare *s.f.* drawing in; *aprox.* personal interest. ⓐ ∼ *materială* (providing) material incentive.

cointeresat I. *adj.* having/sharing a joint interest in smth. **II.** *s.m.* partner, sharer.

coji I. *vb. tr.* **1.** *(pomi)* to bark, to peel off; *(fructe)* to shell, to husk; *(cartofi și legume)* to peel, to skin. **2.** *(pielea)* to strip off; *(ptinea)* to cut/take the crust off. **II.** *vb. refl.* **1.** *(d. pomi)* to shed the bark. **2.** *(d. piele)* to peel (off), to scale, to come off, *med.* to desquamate. **3.** *(a se desprinde)* to come off.

cojire *s.f.* barking etc. v. c o j i.

cojit I. *adj.* **1.** barked etc. v. c o j i. **2.** v. c o ș c o v i t. **II.** *s.n.* v. c o j i r e.

cojoc *s.n.* sheepskin (waist)coat. ⓑ *iarnă cu șapte cojoace* very cold winter. ⓒ *a întoarce* ∼*ul pe dos.* **a.** *(a-și schimba gîndul)* to change one's mind; *(a schimba tonul)* to change one's tone/F tune. **b.** *(a se înfuria)* to fly into a rage, F to fly off the handle; *a-și păzi/ teme* ∼*ul* to be uneasy about one's life, F to be afraid of one's skin; *a scutura* ∼*ul cuiva (a bate)* F to lace/trim/dust smb.'s jacket; *te mănîncă* ∼*ul* F you are itching for a drubbing/thrashing.

cojocar *s.m.* furrier, skinner.

cojocăresc *adj.* furrier's...

cojocărie *s.f.* **1.** furrier's trade. **2.** furrier's shop/establishment.

cojocel *s.n. (cojoc fără mîneci)* sleeveless sheepskin (waist)coat.

col *s.n.* **1.** *anat.* cervix. **2.** *geogr.* col.

colabora *vb. intr.* to co-operate in a work, to take part/assist in a work, to collaborate, to be fellow-

-labourer/co-worker. ⓐ *a ~ la un
ziar* to contribute to a paper.

colaborare *s.f.* **1.** collaboration, co-o-
peration. **2.** *(la un ziar)* contribu-
tion. ⓑ *in strînsă ~ (cu)* in close
co-operation (with).

colaborator *s.m.* **1.** fellow labourer,
co-worker, assistant, collaborator.
2. *(la un ziar)* contributor.

colaboraţionism *s.n. pol.* collabora-
tionism.

colaboraţionist *s.m. pol.* collabora-
tionist, collaborator, quisling.

colac *s.m.* **1.** *kind of fancy bread*;
knot-shaped bread. **2.** round ob-
ject; *(inel)* ring; *(cerc)* circle. **3.**
(de puţ) brim, kerb. **4.** *(la moară)*
felloe. **5.** *(pe cap, pt. greutăţi)*
ring-shaped head rest. **6.** *(rotocol
de fum)* puff. **7.** *(de closet)* hinged
seat. ⓐ *~ de salvare/scăpare nav.*
ring-shaped life-buoy; *(centură)*
life-belt; *~ peste pupăză* on top
of it all, to add the last straw, to
crown all. ⓒ *a umbla după ~i
calzi* a. *(a-i plăcea lucrurile bune)*
F to have a sweet mouth. **b.** *(a
umbla după profituri)*←F to hunt
after gains; *asta-i ~ peste pupăză!*
F that beats/tops all! it beats the
devil; *a se face ~* to roll/coil one-
self up; *viermele se făcu ~* the
worm rolled itself up in a ball.

colaj *s.n.* cohabitation, living tally,
living in sin.

colan *s.n.* **1.** *(salbă)* necklace. **2.**
(cingătoare) girdle, zone. **3.** *(al
unei decoraţii)* collar (of on order).

colant *adj.* clinging.

colaps *s.n. med.* collapse.

colastră *s.f.* beest(ings), biestings.

colateral I. *adj.* collateral. **II.** *adv.*
collaterally. **III.** *s.m.* collateral
relative.

colaţiona *vb. tr.* to collate, to com-
pare *(one copy with another)*.

colaţionare *s.f.* collating, compar-
ing of copies.

colaţiune *s.f.* (cold) collation, light
meal/repast.

colăcar, colăcer *s.m.* best man.

colb *s.n.* dust.

colbăi I. *vb. tr.* to cover with dust,
to make dusty. **II.** *vb. refl.* to be

covered with dust, to become dusty.

colbăit *adj.* dusty, dusted, covered
with dust.

colbăr(a)ie *s.f.* dust.

colcăi *vb. intr. (de)* to swarm (with),
to teem (with).

colea *adv. (colo)* over there; *(nu
departe)* near by, not far from here.
ⓑ *ba ici, ba ~* now here, now there,
everywhere; *cît ~* rather far; over
there; *ici ~, pe ici (pe) ~* here
and there. ⓒ *ştii, ~* F tip-top, A_1,
all there, out-and-out.

colecta I. *vb. tr.* to collect. **II.** *vb.
intr. (d. rană etc.)* to gather.

colectant *s.m.* collector.

colectare *s.f.* **1.** collecting. **2.** *(a
produselor)* state purchases, pur-
veyance, *amer.* procurement.

colectă *s.f.* collection, subscription.
ⓒ *a face o ~* to make a collection,
to raise a subscription/collection.

colectiv I. *adj.* collective, joint. ⓑ
muncă ~ă collective labour; *pro-
prietate ~ă asupra mijloacelor de
producţie* collective ownership of
the means of production; *societate
în nume ~ com., în ec. cap.* joint-
-stock company; *substantiv ~ gram.*
collective noun. **II.** *adv.* collective-
ly. **III.** *s.n.* collective (body)
community, group; staff, person-
nel; association. ⓐ *~ de muncă*
collective/body of workers.

colectivism *s.n.* collectivism.

colectivist I. *s.m. (adept al colecti-
vismului)* collectivist. **II.** *adj.* col-
lectivist.

colectivitate *s.f.* community, collec-
tivity.

colectiviza *vb. intr.* to collectivize.

colectivizare *s.f.* collectivization.

colector I. *adj.* collector..., collect-
ing. ⓑ *canal ~* main canal/sewer;
inel ~ electr. collector(ring), com-
mutator. **II.** *s.m.* government pur-
veyor, official in charge of purvey-
ances. **III.** *s.n.* **1.** *tehn.* collector,
collecting main/pipe. **2.** *electr.* com-
mutator, collector. ⓐ *~ de abur
tehn.* steam dome; *~ de unde elec-
tromagnetice radio.* aerial; *~ prin-
cipal* main sewer.

colectură *s.f.* **1.** purchase/supply office. **2.** lottery and betting agency.
colecţie *s.f.* collection; *(compilaţie)* compilation; *(antologie)* anthology, selection; *(de insecte etc.)* cabinet. ⓐ ~ *de volume vechi* back volumes; ~ *de ziare* newspaper file.
colecţiona *vb. tr.* to collect; *(plante)* to herborize, to botanize.
colecţionar *s.m.* collector; *(pasionat)* hobbyist, faddist. ⓐ ~ *de antichităţi* antiquary; ~ *de timbre* stamp collector, philatelist.
colecţionare *s.f.* collecting.
coledoc I. *adj.* ⓙ *canal* ~ *anat.* v. ~ **II. II.** *s.m.* choledoch.
coleg *s.m.* mate, colleague, fellow worker, fellow practitioner etc.; brother teacher etc. ⓐ ~ *de cameră* room mate; ~ *de clasă* classmate, classfellow; ~ *de facultate* fellow student; ~ *de şcoală* schoolmate.
colegatar *s.m. jur.* coheir, fellow/joint heir.
colegial I. *adj.* collegial, colleague-/fellow-like; *(tovărăşesc)* comradely. **II.** *adv.* colleague-like, as befits colleagues.
colegialitate *s.f.* good/true fellowship.
colegiu *s.n.* **1.** *(organizaţie)* body, board. **2.** *(şcoală)* college, school. ⓐ ~ *electoral* electoral body, constituency; ~*l avocaţilor* the College of Barristers, the Bar (Association); ~*l doctorilor* the College of Physicians; ~*l Ministerului de Externe* the Foreign Ministry College.
coleoptere *s.n. pl. entom.* coleopter(an)s, coleoptera.
coleric *adj.* choleric, bilious.
colesterină *s.f.* cholesterin.
colet *s.n.* parcel. ⓒ *a expedia un* ~ to post a parcel.
coletărie *s.f.* parcel post/delivery.
colhoz *s.n.* kolkhoz, collective farm.
colhoznic I. *adj.* kolkhoz... **II.** *s.m.* kolkhoznik, collective farmer.
colibacil *s.m.* colon bacillus *(Escherichia, Aerobacter).*
colibaciloză *s.f. med.* colibacillosis.
colibă *s.f.* cabin, hut, hovel, shack; *(de scinduri)* booth.
colibri *s.m. ornit.* humming bird *(Trochilus).*

colici *s.f. pl. med.* colics, grips.
colier *s.n.* **1.** necklace. **2.** *fig.* zone, girdle. ⓐ ~ *de perle* pearl necklace.
colilie *s.f. bot.* feather grass *(Stipa pennata).*
coliliu *adj.* snow-white.
colimator *s.n. fiz.* collimator.
colină *s.f.* hillock; *(deal)* hill, *(ridicătură de pămînt)* elevation, eminence.
colind *s.n.* **1.** v. **colindă. 2.** v. **colindat.**
colinda I. *vb. tr. (a cutreiera)* to go/walk/stroll all over; to wander from... to... **II.** *vb. intr.* to go from house to house singing Christmas carols.
colindat *s.n.* **1.** going from house to house to sing Christmas carols. **2.** *(cutreierare)* wandering, roving.
colindă *s.f.* Christmas carol.
colindător *s.m.* **1.** *pl.* waits. **2.** *(cutreierător)* wanderer.
colir *s.n. med.* eye wash.
colită *s.f. med.* colitis.
coliţă *s.f. (filatelic)* strip.
colivă *s.f.* **1.** boiled wheat *(with honey and nuts)* distributed at funerals in memory of the deceased. **2.** *(pomană)* alms. ⓒ *a mirosi a* ~, *a-i bate coliva în piept*←F to have one foot in the grave, to be on the brink of the grave.
colivie *s.f.* cage. ⓒ *a pune/închide în* ~ to (put in a) cage.
colizi(un)e *s.f.* collision.
colmatare *s.f. geol.* clogging, silting, warping.
colnic *s.n.* **1.** *(colină)* hillok; *(deal)* hill. **2.** *(luminiş)* glade. **3.** *(potecă)* path (in a wood) over a hill.
colo *adv.* **1.** *(spaţial)* over there. **2.** *(temporal)*←P later (on). ⓐ ~ *afară* out there. ⓙ *cînd* ~ *(de fapt)* in (point of) fact, as a matter of fact; *(în loc de aceasta)* instead (of it); *cît* ~ far away, in the distance; *cît de* ~ *(de departe)* from far away, from a distance; *(limpede)* clearly, obviously; *de* ~ *pînă* ~ to and fro, up and down; *ici (şi)* ~, ~ *şi* ~ here and there. ⓒ *cînd* ~, *ce să vezi?* **a.** *(în poveşti)* when lo! **b.** *iron. rar*→lo and behold! **c.** *(cum îţi place?)* F what

do you know? *(închipuieşte-ţi)* F just fancy!

coloană *s.f.* 1. *arhit.* column, pillar, support. 2. *poligr., fiz., mil. etc.* column. 3. *(şir)* column; *(caravană)* caravan. 4. *nav.* mast. ⓐ *coloana a cincea pol.* fifth column; ~ *barometrică fiz.* barometric column; ~ *de apă* water spout; ~ *de atac mil.* storming column; ~ *de distribuţie electr.* switch column; ~ *hidraulică ferov.* water column/crane; ~ *ionică arhit.* pilar of the ionic order; ~ *sonoră* sound track; ~ *vertebrală anat.* vertebral/spinal column, backbone, spine; *Coloanele lui Hercule* the Pillars of Hercules. ⓑ *în formă de* ~ column-/pillar-shaped, columnar; *Sală a Coloanelor* Hall of Columns.

colocatar *s.m.* inmate, joint tenant, co-tenant.

colocaţie *s.f.* collocation.

colocviu *s.n.* prelim(inary examination), oral/collocutional/viva-voce examination.

colodiu *s.n. chim.* collodion.

colofoniu *s.n.* colophony, rosin.

cologaritm *s.m. mat.* antilogarithm.

coloid *s.m. chim.* colloid, gel.

coloidal *adj. chim.* colloidal.

colon[1] *s.m.* 1. *ist. Romei* colonus, colonist. 2. v. c o l o n i s t 1.

colon[2] *s.n. anat.* colon.

colonadă *s.f. arhit.* colonade; *(a unui templu)* peridrome.

colonat *s.n. ist. Romei* colonate.

colonel *s.m.* 1. *mil.* colonel. 2. *poligr.* column title, minion.

colonial *adj.* colonial. ⓑ *asuprire ~ă* colonial oppression; *politică ~ă* colonial policy, policy in the colonies; *popoare ~e* peoples of the colonies; *posesiuni ~e* colonial possessions; *problema ~ă* the colonial question/problem, the question/problem of colonies; *trupe ~e* colonial troops.

coloniale *s.f. pl.* colonial goods/produce.

colonialism *s.n.* colonialism.

colonialist *adj. s.m.* colonialist.

colonie[1] *s.f.* 1. colony; *(aşezare)* colony, settlement. 2. *(de vară)*

summer camp. ⓐ ~ *de muncă* labour settlement.

colonie[2] *s.f.* eau-de-Cologne.

colonist *s.m.* 1. colonist, settler. 2. *(cultivator)* planter, owner of a plantation.

coloniza *vb. tr.* to colonize.

colonizare *s.f.* colonization.

colonizator I. *adj.* colonizing. II. *s.m.* colonizer.

colontitlu *s.n. poligr.* running title.

colora I. *vb. tr.* 1. to colour, to stain, to tint, to tinge; *(a vopsi)* to dye; *(a rumeni)* to bring colour to the cheeks. 2. *(a da culoare)* to lend colour to... 3. *fig. (a înflori)* to colour; to exaggerate. 4. *muz.* to ornament with flourishes. II. *vb. refl.* 1. to colour, to assume a colour. 2. *(la faţă)* to colour (up), to blush. ⓐ *a se* ~ *în...* to turn...

colorant I. *adj.* colouring. ⓑ *substanţă ~ă v.* ~ II. II. *s.m.* dye-stuff, colouring matter.

colorare *s.f.* colouring, dyeing.

colorat *adj.* 1. coloured; *(vopsit)* dyed; *(d. ten)* ruddy, florid. 2. *(d. stil)* full of colour, colourful; picturesque.

coloratură *s.f. muz.* coloratura. ⓑ *soprană de* ~ coloratura soprano.

colorimetric *adj.* colorimetric.

colorimetrie *s.f.* colorimetry.

colorimetru *s.n.* colorimeter.

colorist *s.m.* colourist.

coloristic *adj.* colour...

coloristică *s.f.* colour(s), colouring.

colorit *s.n.* 1. colour(ing), hue. 2. *lit.* brilliance / richness / vividness (of style).

colos *s.m. şi fig.* colossus, giant.

colosal I. *adj.* 1. colossal, gigantic, enormous, huge. 2. F capital, grand. II. *adv.* 1. colossally, enormously. 2. F capitally.

colporta *vb. tr.* 1. ←*odin. (mărfuri)* to hawk, to peddle. 2. *(ştiri)* to retail, to spread (about), to circulate.

colportaj *s.n.* hawking etc. v. c o l-p o r t a.

colportare *s.f.* hawking etc. v. c o l-p o r t a.

colportor *s.m.* 1. ←*odin. com.* packman, pedlar. 2. *(de ştiri)* news-

monger; *(de bîrfeli)* scandal-mon-
ger. ⓐ ~ *de cărţi* itinerant book-
seller.

coltuc *s.n.* **1.** *(periniţă)* small cush-
ion; *(pt. ace)* pin cushion. **2.** *(de
pîine)* crust.

colţ I. *s.m.* **1.** *(dinte)* tooth; *(canin)*
canine, eye tooth; *(la animale)*
fang; *(de măsea)* stump. **2.** *(de
ferăstrău)* saw tooth. **3.** *bot.* sprout,
shoot. **4.** *(vîrf de stîncă)* rocky
ridge, cliff. **5.** *(cui)* hobnail. **6.**
(buclă) lock. ⓐ ~ *de pe frunte*
forelock, curl on the forehead; *(la
feteşi)* F→kiss-me-quick; ~*ul babei*
bot. caltrap, caltrop *(Tribulus ter-
restris)*. ⓒ *a-şi arăta* ~*ii* a. *(a
rînji)* to grin, to show one's teeth.
b. *(d. cîini)* to snarl. **c.** *fig.* to show
one's teeth/horns, to show fight, *sl.*
to flash one's ivories; *a se lua la
~(i)* to wrangle, to bicker, to
squabble, to bandy words. **II.** *s.n.*
1. *(unghi)* angle; *(margine, tăiş)*
edge. **2.** *(locşor)* (snug) corner,
(quiet) nook. **3.** *(capăt)* end.
4. *(ungher)* corner. ⓐ ~ *îndoit (la
o pagină)* dog's ear; ~ *roşu* red
corner. ⓑ *casă din* ~ corner house;
cu/în cinci ~*uri* five-cornered; *din
toate* ~*urile* from far and near;
după ~ round the corner; *fereas-
tră din* ~ corner window; *în* ~*ul
cel mai ascuns al inimii* in the deep-
est recesses/folds of the heart; *în*
~*ul cel mai îndepărtat al Scoţiei*
in the remotest corner/part of
Scotland; *în* ~*uri* cornered; *în
toate* ~*urile* in every nook and
corner; *loc din* ~ *(într-un vehicul)*
corner seat. ⓒ *a cutreierat cele pa-
tru* ~*uri ale lumii* he has travelled
all over the world; *a face* ~*ul* to
turn the corner; *faceţi primul* ~
la dreapta (take the first) turning
right; *a îndoi* ~*ul unei pagini* to
dog-ear a page; *a da din* ~ *în* ~
not to know which way to turn;
veneau din toate ~*urile* they came
from every quarter; *a pune ceva
într-un* ~ *bine ascuns* to put smth.
out of sight; *a prinde pe cineva la*
~ F to corner smb.; *a pune pe un
copil la* ~ to put a child in the

corner; *te conduc pînă la* ~ I'll
see you to the (next) corner.

colţar *s.n.* **1.** *(dulăpior)* corner cup-
board. **2.** *(al zidarului)* square,
triangle. **3.** *arhit.* corner pillar,
quoin. **4.** *(cui)* hobnail.

colţat *adj.* **1.** *(cu colţuri)* cornered,
v. şi c o l ţ u r o s. **2.** *(cu dinţi
mari)* large-toothed. **3.** *(crestat)*
indented. **4.** *fig. (cu limba ascu-
ţită)* sharp-tongued, quick-tongued;
(gîlcevitor) quarrelsome, peevish,
cantankerous.

colţişor *s.m. bot.* toothwort *(Denta-
ria bulbifera)*.

colţos *adj.* v. c o l ţ a t 2, 4.

colţun *s.m.*←*reg. (ciorap bărbătesc)*
sock; *(de damă)* stocking. ⓐ ~*ii
popii bot.* hedge/wood violet *(Vi-
ola silvestris)*.

colţunaşi *s.m. pl. kind of curd* sau
fruit dumplings.

colţuros *adj.* **1.** angular, angulous;
(d. o stîncă etc.) rugged, ragged;
(în zigzaguri) jagged. **2.** *(osos)*
bony.

columbacă *adj.* ⓑ *muscă* ~ colum-
batz fly *(Simulia columbacsensis)*.

columbar *s.n.* columbarium.

columnă *s.f.* column.

comanda I. *vb. tr.* **1.** *mil. (a avea
comanda)* to command, to lead, to
be in command of; *(a da ordin)*
to give the order to, to order. **2.**
com. to order. **3.** *(la un restaurant)*
to order. **4.** *(locuri)* to engage, to
secure, to book. ⓒ *a* ~ *o armată
mare* to command/lead a great
host; *a* ~ *o haină la croitor* to
give the tailor an order for a coat;
a ~ *un regiment mil.* to be in
command of a regiment; *ce mai
*~*ţi? com.* what may/shall be the
next thing? **II.** *vb. intr.* **1.** *mil.* to
command, to be in command. **2.**
(la restaurant) to give one's order.
3. *fig.* to order *people* about. ⓒ
cine comandă aici? who is (lord and)
master here? who gives orders
here? *n-o să-mi comande el* I won't
be ordered about by him, I won't
be dictated to by him.

comandament *s.n.* **1.** *(ordin, loc)
mil.* v. c o m a n d ă 3. **2.** *(orga-
ne de conducere) mil.* command.

3. *fig.* commandment, precept, rule. ⓐ ~ *suprem* General Head Quarters, High Command.

comandant *s.m. mil.* commander, commanding officer, commandant; *(de batalion, de escadron)* major. ⓐ ~ *al pieţii odin.* town major; ~ *al flotei* Commander-in-Chief of the Fleet; ~ *de armată* Army Commander; ~ *de batalion* battalion commander, major; ~ *de companie* company commander; ~ *de corp* corps commander; ~ *de front* Army Group Commander; ~ *de pluton* platoon leader/commander; ~ *de regiment* regiment(al) commander; ~ *suprem* commander-in-chief. ⓑ *ajutor de* ~ second in command.

comandare *s.f.* commanding etc.

comandatură *s.f.* high command.

comandă *s.f.* **1.** *com.* order. **2.** *(ordin)* order, instruction. **3.** *mil. (locul de comandant)* command; *(ce urmează a fi executată)* (word of) command. **4.** *tehn.* control, operation. **5.** *nav.* bridge deck. ⓐ ~ *automată tehn.* automatic drive; ~ *la distanţă tehn.* remote control; ~ *supremă* chief command. ⓑ *de* ~ (made) to order, made-to-measure; *de/la* ~ *fig.* sham; *făcut la* ~ made to order, bespoke; *ghete de* ~ bespoke boots; *haine de* ~ clothes to measure; *la* ~I. *adv.* **a.** to order. **b.** *(la ordinul cuiva)* at smb.'s order. II. *adj.* sham, false; *lacrimi la* ~ crocodile tears; *la loc comanda! mil.* as you were! *punte de* ~ *nav.* v. ~ **5**; *tablou de* ~ *tehn.* switchboard. ⓒ *a avea comanda* to be in command; *a avea comanda supremă* to have the supreme command; *a (pre)lua comanda* to take in charge, to take the command.

comandita *vb. tr. ec. cap.* to support a bank etc. as sleeping partner.

comanditar *s.m. ec. cap.* sleeping partner.

comanditat *s.m. ec. cap.* active partner.

comandită *s.f. ec. cap.* **1.** *(asociaţie)* sleeping/limited partnership. **2.** *(bani)* capital invested by a sleeping partner. ⓑ *societate în* ~ company (of shareholders) with limited liability, limited (liability) company.

comandor *s.m.* **1.** *av., nav.* colonel. **2.** *(al unui ordin)* commander.

comarnic *s.n.* **1.** *(de uscat brinza)* cheese crate/rack. **2.** *(colibă de păstor)* shepherd's hut.

comasa *vb. tr.* to merge, to fuse; *(terenuri, gospodării agricole mai mici)* to amalgamate.

comasare *s.f.* merging, fusion; *(de terenuri, de gospodării mai mici)* amalgamation.

comă *s.f. med.* coma.

comănac *s.n.* kame laukion.

combaină *s.f.* combine.

combainer, combainist *s.m.* combine operator.

combatant I. *adj.* fighting. II. *s.m.* fighting man, combatant. ⓑ *foşti combatanţi* ex-service men.

combate *vb. tr.* to combat, to fight/struggle against, to battle/combat with; *med. şi* to control.

combatere *s.f.* fighting etc. v. c o m b a t e; *med. etc.* control. ⓐ ~ *a dăunătorilor* pest control.

combativ *adj.* combative, pugnacious; militant. ⓑ *spirit* ~ fighting spirit.

combativitate *s.f.* fighting efficiency/ability; *fig.* combativity; militancy.

combina I. *vb. tr. chim. etc.* to combine; *(cifre, idei etc.)* to arrange, to group; *(a pune la cale)* to contrive, to devise, to concoct. II. *vb. refl.* to combine; to enter into combination (with smth).

combinare *s.f.* combination etc. v. c o m b i n a.

combinat *s.n.* aggregate works, combine group of enterprises.

combinator *s.n.* combinator.

combinaţie *s.f.* **1.** *şi chim.* combination. **2.** *fig.* plan, contrivance; scheme; *(calcul)* calculation; *(uneltire)* manoeuvre. ⓒ *a strica combinaţiile cuiva* to upset smb.'s plans; *a intra în* ~ *cu cineva* to enter into partnership with smb.

combină *s.f.* combine.

combiner *s.m.* combine operator.

combinezon *s.n.* **1.** *(de damă)* chemise, petticoat, combinations, *a-*

mer. slip. **2.** *av. (salopetă)* over-alls, *text.* overall.

comburant I. *adj.* combustive. **II.** *s.m.* comburent.

combustibil I. *adj.* combustible, inflammable. **II.** *s.n.* fuel, combustible (matter).

combustibilitate *s.f.* combustibility, inflammability.

combustie *s.f.* combustion, burning. ⓐ ~ *lentă* slow combustion.

comediant *s.m.* **1.**←*inv.* comedy actor, comedian; *(actor de circ)* circus actor; *(actor prost)* third-rate actor, *peior.* F stick, *sl.* jay; *(scamator)* juggler. **2.** *fig.* dissembler, hypocrite; *(șarlatan)* mountebank, F Cheap Jack.

comedie[1] *s.f.* **1.** comedy; *(local)* comedy house. **2.** *fig.* farce; sham, make-believe. ⓐ ~ *bufă* comedietta, light comedy; ~ *de moravuri* comedy of manners, social comedy; ~ *de situație*, ~ *ieftină* slapstick (comedy). ⓑ *autor de comedii* comedy writer. ⓒ *e o* ~ *fig.* it's a mere farce, it's quite a pantomime, it is as good as a play.

comedie[2] *s.f.*←*P* **1.** *(spectacol de bîlci)* (side) show. **2.** *(mașinărie)* device, contrivance. **3.** *(truc)* trick; *(ștrengărie)* prank; *(farsă)* farce, buffoonery, drollery; *(glumă)* jest, joke. ⓑ *ei*~*!* F bother it! botheration! the devil (a bit)! *mare* ~*!* F that beats all/everything/the devil! well/oh, I never! oh, my! *(închipuieș te-ți)* just fancy!

comedioară *s.f.* farce, comedietta, light comedy.

comemora *vb. tr.* to commemorate.
comemorabil *adj.* memorable.
comemorare *s.f.* commemoration.
comemorativ *adj.* commemorative, memorial. ⓑ *discurs* ~ commemorative speech/address; *medalie* ~*ă* commemorative medal; *piatră* ~*ă* memorial stone; *placă* ~*ă* commemorative tablet.

comenduire *s.f.* commandant's office.
comensurabil *adj.* measurable, *mat.* commensurable.

comenta I. *vb. tr.* to comment upon; *(a adnota)* to annotate; *(a critica)* to criticize. **II.** *vb. refl. pas.* to be commented upon etc. v. ~ I.

comentare *s.f.* commenting etc. v. c o m e n t a.

comentariu *s.n.* **1.** *(literar, politic)* commentary; *(adnotare)* annotation(s). **2.** *fig.* comment; remarks. ⓑ *text cu comentarii* annotated text. ⓒ *a face un* ~ *cu privire la...* a. *(un text)* to comment upon... b. *fig.* to make/F→pass remarks upon...

comentator *s.m.* commentator, expositor, annotator.

comercial I. *adj.* commercial, trading, trade..., business...; *(mercantil)* mercantile. ⓑ *acord* ~ trade agreement; *activitate* ~*ă* activity in business; *afacere* ~*ă* business matter, commercial transaction; *agent* ~ commercial agent; *atașat* ~ commercial attaché; *balanță* ~*ă* balance of trade; *corespondență* ~*ă* commercial correspondence; *drept* ~ commercial law; *flotă* ~*ă* *nav.* merchant navy, mercantile marine; *întreprindere* ~*ă* commercial enterprise/venture; *(casă de comerț)* commercial house/firm, house of business; *limbaj* ~ commercial language, mercantile terms; *politică* ~*ă* commercial policy; *registru* ~ commercial book; *relații* ~*e* trading relations, commercial intercourse, business dealings; *reprezentant*~ trade/commercial representative; *(al unui stat)* chargé d'affaires; *scrisoare* ~*ă* commercial/business letter; *spirit* ~ commercial/mercantile spirit; *școală* ~*ă* school of commerce; *termen* ~ commercial/mercantile term; *tratat* ~ commercial treaty, treaty of commerce; *trative* ~*e* trade negotiations/talks; *uz(aj)* ~ commercial/trade custom/usage; *vas* ~ *nav.* merchant ship/vessel, merchantman; *viață* ~*ă* business life. **II.** *adv.* commercially.

comercializa *vb. tr.* to commercialize, to market.

comercializare *s.f.* commercialization, marketing.

commerciant *s.m. com.* trader, dealer, commercial man, tradesman; merchant.

comerț *s.n. com.* trade; *(cu străinătatea)* foreign trade, commerce; *(interior)* home trade. ⓐ ~ *angro/cu ridicata/cu toptanul* wholesale trade; ~ *cooperatist* co-operative trade; ~ *cu amănuntul* retail trade; ~ *de stat* State trade; ~ *ilicit* illicit trade; ~ *maritim* shipping business/trade, ocean/oversea /maritime trade; ~ *particular* private trade. ⓒ *a face* ~ to (carry on) trade, to be engaged in business; *a face* ~ *cu ceva* to deal/ trade in smth.

comesean *s.m.* table companion, messmate.

comestibil *adj.* eatable, fit to eat, edible, esculent. ⓓ *ciuperci* ~*e* esculent/edible mushrooms.

cometă *s.f.* comet.

comic I. *adj.* comic(al), funny, ludicrous. ⓓ *operă* ~*ă* comic opera; *persoană* ~*ă* comical/droll/queer fellow. **II.** *adv.* comically, ludicrously. **III.** *s.m.* comic actor; *peior.* low comedian. **IV.** *s.n. comicul* **1.** *(unei situații)* the funny part, the joke. **2.** *(generic)* comicality, comicalness.

comicărie *s.f. v.* c a r a g h i o s l î c.

cominatoriu *adj. jur.* comminatory.

comis *s.m.* **1.** *odin,* equerry. **2.** *com.* clerk, book-keeper. ⓐ ~*-voiajor* commercial (traveller), *F*→bagman, *amer.* salesman.

comisar[1] *s.m. odin.* inspector/commissioner of police.

comisar[2] *s.m. mil.* commissary.

comisariat[1] *s.n.*←*odin.* police station.

comisariat[2] *s.n. mil.* commissariat.

comisie *s.f.* committee, board; *parl.* commission. ⓐ ~ *bugetară* budget committee; ~ *de anchetă* committee of inquiry; investigation committee; ~ *de cenzori* audit(ing) committee; ~ *de control* control commission/committee; ~ *de examen* examining board, board of examiners; ~ *de litigii* conflict/dispute committee; ~ *de mandate* credentials committee; ~ *de redac-*

tare editing panel; ~ *de revizie* inspection committee, auditing commission; ~ *de validare* credentials committee; ~ *electorală* election committee; ~ *executivă* executive committee; ~ *medicală* medical board; ~ *parlamentară* parliamentary committee; ~ *permanentă* standing committee.

comision *s.n.* **1.** *com.* commission, allowance. **2.** *(însărcinare)* message, errand; *(serviciu)* service. ⓓ *agenție/casă de* ~ commission agency; *în* ~ in consignment/trust; on commission.

comisionar *s.m.* **1.** *ec. cap.* commission/mercantile agent. **2.** *(persoană care face diferite servicii)* commissionaire; *(băiat)* errand boy.

comisură *s.f. anat.* commisure.

comitat *s.n.* county, comitat.

comite I. *vb. tr.* to commit, to perpetrate, to make. ⓒ *a* ~ *o crimă* to commit/perpetrate a crime; *a* ~ *o eroare* to make an error; *a* ~ *o nedreptate* to do wrong, to commit an injustice; *a comis o mare prostie* he committed a great folly, he acted very foolishly, he did a very silly thing. **II.** *vb. refl. pas.* to be committed etc. v. ~ **I.** ⓒ *s-a comis!* F all right! done!

comitere *s.f.* perpetration etc. v. c o m i t e.

comitet *s.n.* committee, board, v. și c o m i s i e. ⓐ ~ *central* Central Committee; ~ *consultativ* advisory board/commission; ~ *de conducere* executive committee; ~ *de inițiativă* steering committee; ~ *de lectură teatru* reading/selection committee; ~ *de organizare* organization committee; ~ *de partid* Party Committee; ~ *de sprijin* sponsoring committee; ~ *executiv* Executive (Committee); ~ *financiar* committee of ways and means; ~ *orășenesc* city/town committee, ~ *permanent* standing committee; ~ *sindical* trade-union committee; ~ *(sindical) de întreprindere/instituție* local trade-union committee; ~ *(sindical) de uzină/ fabrică* factory (trade-union) committee; *Comitetul de Stat al Plani-*

ficării the State Planning Committee. © *a face parte din ~*, *a fi în ~* to sit on/to be on the committee.

comiții *s.f. pl. ist. Romei* comitia.

comoară *s.f.* **1.** treasure, treasury. **2.** *fig.* treasure, mine; thesaurus; gem. **3.** *pl. (avuții)* riches, wealth. *a comoara mea!* F my darling! my love! © *e o adevărată ~* she is @ real gem.

comod I. *adj.* **1.** *(ușor de mînuit)* handy, easily handled; *(d. casă)* comfortable, convenient; *(d. haină)* comfortable, easy-fitting; *(d. un vehicul)* roomy, commodious; *(potrivit)* convenient, suitable. **2.** *(d. persoane)* indolent, easy-going, < lazy, slothful. © *e foarte ~* he won't bestir himself, he won't put himself (much) out; *e prea ~ pentru a...* he is too easy-going to...; *fă-te ~* make yourself comfortable, take your ease, make yourself quite at home. **II.** *adv.* **1.** comfortably. **2.** indolently etc. v. *~ I.* © *haina stă ~* the coat fits well/comfortably.

comodă *s.f.* chest of drawers.

comoditate *s.f.* **1.** comfort(ableness), snugness, ease. **2.** *(indolență)* indolence, < laziness, sloth.

comoți(un)e *s.f.* commotion, disturbance; *(șoc) med.* commotion, shell-shock, concussion. @ *~ cerebrală med.* mental shock; *~ electrică* electric shock.

compact I. *adj.* compact, close, dense. ① *caracter ~* compactness; *mulțime ~ă* dense crowd. **II.** *adv.* compactly, densely.

companie[1] *s.f.* **1.** *(tovărășie)* company, companionship; *(prezență)* presence; *(grup)* group, party. **2.** *ec. cap.* company. @ *~ teatrală* theatrical company; *~ teatrală ambulantă* itinerant/strolling players, rep., Rep. ① *în compania lui* in his company/presence.

companie[2] *s.f. mil.* company.

companion *s.m. (însoțitor)* companion; *(tovarăș)* mate, companion, fellow; *(asociat)* associate.

compara I. *vb. tr. (a face o apropiere) (între)* to compare *(noțiuni similare*: with; *diferite*: to*)*; to draw a parallel between; *(a asemăna)* to liken to. **II.** *vb. refl.* **1.** *(în sens activ)* to compare oneself. **2.** *(în sens pasiv)* to compare. © *nu se compară!* F not a patch on it! *ce, te compari tu cu el?* F can you hold a candle to him?

comparabil *adj.* comparable.

comparare *s.f.* comparing etc. v. c o m p a r a.

comparat *adj.* comparative. ① *gramatică ~ă* comparative grammar.

comparativ I. *adj.* comparative. ① *propoziție ~ă gram.* comparative clause. **II.** *adv.* by (way of) comparison, comparatively (speaking). **III.** *s.n. gram.* comparative (degree).

comparație *s.f.* comparison; *(analogie)* analogy. ① *grade de ~ gram.* degrees of comparison; *în afară de orice ~* beyond comparison /compare; *în ~ cu...* in/by comparison with..., as against..., as compared to...; *beside...; nu e nimic în ~ cu...* that's nothing in comparison with...; *prin ~* by comparison, comparatively. © *a face o ~* to make a comparison, to draw a parallel; *a nu suferi ~ cu...* not to bear comparison with..., to be beyond/past/without compare.

compartiment *s.n.* **1.** compartment, division; *(secțiune)* section: **2.** *ferov.* compartment. **3.** *fig.* branch, province, department. @ *~ pentru fumători ferov.* smoking compartment.

compartimenta *vb. tr.* to divide, to partition.

compartimentare *s.f.* partition(ing), division, breaking up.

compas *s.n.* **1.** *geom.* (pair of) compasses; *(de împărțit și măsurat distanța)* divider. **2.** *nav.* (mariner's) compass. © *întinde ~ul!* F put/ get a move on! stretch your legs! *a măsura cu ~ul* to measure off with compasses.

compasiune *s.f.* v. c o m p ă t i m i r e.

compatibil *adj. (cu)* compatible (with), consistent (with).

compatibilitate *s.f.* compatibility, consistence.

compatriot *s.m.* fellow countryman.

compatriotă *s.f.* fellow country-woman.

compărea *vb. intr.* to appear (before the judge).

compătimi *vb. tr.* to pity, to commiserate, to take pity/compassion on, to sympathize with.

compătimire *s.f.* compassion, pity, commiseration; *(simpatie)* sympathy.

compătimitor I. *adj.* compassionate, full of pity, pitiful; tender-hearted; sympathetic. II. *adv.* compassionately, with compassion, pitifully, sympathetically.

compendiu *s.n.* abstract, compendium.

compensa I. *vb. tr.* 1. to compensate (for), to make up for, to make amends for, to counter-balance, to set off. 2. *(o pierdere)* to make good/up. II. *vb. refl. pas.* to be compensated, v. ~ I.

compensare *s.f.* compensation etc. v. c o m p e n s a.

compensator I. *adj.* compensatory. II. *s.m.* compensator.

compensație *s.f.* compensation, indemnification, *pl.* amends. © *a cere compensații* to claim/*jur.* recover damages; *a plăti compensații pentru o pagubă* to pay compensation for damage.

comper *s.m.* entertainer.

competent *adj.* competent; *(judicios)* judicious; *(versat)* conversant; *(capabil)* responsible. © ~ *în materie de fizică* conversant with physics.

competență, competință *s.f.* 1. *jur.* ability, competence, competency, jurisdiction. 2. competence, ability, proficiency. © *asta nu e de competența lui* he is not competent to judge of that, that does not come within his province, F→it is out of his beat.

competitiv *adj.* competitive.

competitor *s.m.* competitor.

competiție *s.f.* competition; *sport și* contest.

compila *vb. tr.* to compile, to patch (together), to hash up *the work of others.*

compilare *s.f.* compiling etc. v. c o m p i l a.

compilator *s.m.* compiler.

compilație *s.f.* compilation, (literary) patch-work hash-up.

complace, complăcea *vb. refl.* © *a se ~ în...* to indulge/delight in..., to take pleasure in...; *(a se mulțumi cu)* to be content/satisfied with...

complect *adj. etc.* v. c o m p l e t[1].

complectamente *adv.* absolutely, thoroughly, completely.

complement *s.n.* 1. *gram.* object, *rar→*complement. 2. complement. ⓐ ~ *circumstanțial gram.* adverbial; ~ *circumstanțial de loc. gram.* adverbial of place; ~ *circumstanțial de mod gram.* adverbial of manner; ~ *circumstanțial de timp gram.* adverbial of time; ~ *drept/direct gram.* direct object; ~ *indirect/nedrept gram.* indirect object; ~*ul unui unghi geom.* complement of an angle.

complementar *adj.* complementary. ⓑ *clase* ~*e* continuation classes; *școală* ~*ă* continuation school; *unghiuri* ~*e geom.* complementary angles.

complet[1] *adj.* 1. complete, thorough, utter; *(întreg)* whole, entire; *(plin)* full, plenary; *(total)* total; *(cuprinzător)* comprehensive. 2. *(ocupat)* (quite) full, full up. ⓑ *opere* ~*e* complete works.

complet[2] *s.n.* ⓐ ~ *de judecată* panel of judges, Bench, Court.

completa I. *vb. tr.* to (make) complete, to supplement; *(o sumă)* to make up; *mil. și* to bring up to the full number; *(spații)* to fill in. II. *vb. refl. pas.* to be completed etc. v. ~ I.

completare *s.f.* completion etc. v. c o m p l e t a; *(supliment)* supplement.

completiv *adj.* ⓑ *propoziție* ~*ă gram.* 1. object clause. 2. adverbial clause.

complex[1] *adj.* complex; *(complicat)* complicated; *(greu de rezolvat)* intricate. ⓑ *numere* ~*e mat.* compound numbers.

complex[2] *s.n.* complex; many-sided; *arhit.* pile. ⓐ ~ *de inferioritate* inferiority complex; ~ *de împrejurări* concurrence of circumstances; ~ *sportiv* sports grounds/centre. ⓑ *mecanizare* ~*ă a proceselor de producţie* all-round mechanization of production.

complexitate *s.f.* complexity.

complezent *adj.* kind, obliging, amiable.

complezenţă *s.f.* kindness, complaisance, obligingness. ⓑ *din* ~ out of kindness/complaisance.

complica I. *vb. tr.* to complicate. **II.** *vb. refl.* to become complicated.

complicare *s.f.* complication.

complicat *adj.* complicated, intricate, elaborate; *(d. stil)* tangled, involved; *(dificil)* difficult.

complicaţie *s.f.* complication; *(med. uneori)* involvement; *(complexitate)* complexity.

complice *s.m.* accomplice, accessory/party (to a crime), abetter.

complicitate *s.f.* complicity; *jur.* aiding and abetting.

compliment *s.n.* **1.** *(cuvînt măgulitor)* compliment. **2.** *pl.* *(salutări)* compliments, regards, greetings, respects; *(intim)* love. **3.** *(cadou)←rar* present, gift. ⓒ *a face* ~*e cuiva* to compliment smb.; to pay compliments to smb.; *transmite-i* ~*e lui George* give George my kind(est) regards; *(formal)* give George my best respects; *(intim)* give George my love! remember me to George!

complimenta *vb. tr.* to compliment, to pay *smb.* a compliment.

complimentar *adj.* v. c o m p l e m e n t a r.

complini *vb. tr.* to complete.

complinire *s.f.* completion.

complinitor *adj.* completing.

complot *s.n.* plot, scheme, conspiracy. ⓒ *a urzi un* ~ to plot, to lay/hatch a plot, to conspire (together).

complota *vb. tr.* to conspire (with others), to form a conspiracy, to (hatch a) plot.

complotare *s.f.* conspiring etc. v. c o m p l o t a.

complotist *s.m.* plotter, conspirator.

component I. *adj.* component, constitutive, constituent. ⓑ *părţi* ~*e* component/constituent parts. **II.** *s.n.* component, constituent; *(element)* element.

componenţă *s.f.* composition; *(alcătuire)* structure.

componistic *adj. muz.* composition...

comporta I. *vb. tr.* *(a atrage)* to entail; *(a cere)* to require; *(a fi legat de)* to be associated with. **II.** *vb. refl.* to behave, to bear/carry/conduct oneself. ⓒ *nu ştiu cum să mă comport în această chestiune* I don't know how (I am) to act in this matter.

comportament *s.n.*, **comportare** *s.f.* behaviour, conduct, bearing.

compost *s.n. agr.* compost.

composta *vb. tr.* to date, to obliterate.

compostare *s.f.* dating, obliteration.

compostor *s.m.* numbering machine; dating stamp, dater.

compot *s.n.* stewed/preserved fruit, compote. ⓐ ~ *de prune* stewed plums.

compozee *s.f. pl. bot.* compositae.

compozit *arhit.* **I.** *adj.* composite. **II.** *s.n.* composite order.

compozitor *s.m.* **1.** *muz.* composer, musician. **2.** *poligr.* compositor. F→comp. ⓐ ~ *înaintaş* early composer, forerunner.

compoziţie *s.f.* **1.** composition; *(alcătuire)* structure, make-up, lay-out. **2.** *arte* genre/subject painting. ⓑ *rol de* ~*teatru* intricate/complex role.

compoziţional *adj.* composition...; lay-out..., make-up...

comprehensibil *adj.* comprehensible.

comprehensiune *s.f.* (power of) comprehension, mental capacity; *(înţelegere)* understanding.

comprehensiv *adj.* comprehensive.

compresă *s.f. med.* compress.

compresibil *adj. fiz.* compressible, squeezable.

compresibilitate *s.f. fiz.* compressibility, squeezability.

compresiune *s.f. fiz.* compression.

compresor *s.n.* 1. *med.* constrictor. 2. *fiz.* compressor. 3. *auto., av.* supercharger.

comprima I. *vb. tr.* 1. to press together, to compress; *(gaze)* to condense. 2. *fig. (a înăbuşi)* to repress, to curb. 3. *fig. (a reduce)* to hold, to reduce; *(a da afară)* to dismiss, F→to fire, to sack, *amer.* to lay off. **II.** *vb. refl. pas.* to be pressed together etc. **v.** ~ I.

comprimabil *adj.* compressible, squeezable.

comprimare *s.f.* compression etc. **v.** c o m p r i m a.

comprimat I. *adj.* compressed etc. **v.** c o m p r i m a. **II.** *s.n. farm.* (compressed) tablet.

compromis[1] *s.n.* 1. compromise. 2. *jur.* compromise, arrangement. © *a ajunge la un* ~ to make a compromise, to meet half-way, to come to terms.

compromis[2] *adj.* discredited, disgraced.

compromite I. *vb. tr.* to compromise; *(a discredita)* to discredit, to disgrace; *(a periclita)* to imperil, to endanger; *(autoritatea)* to impair. **II.** *vb. refl.* to compromise oneself.

compromitere *s.f.* compromising etc. **v.** c o m p r o m i t e.

compromiţător *adj.* compromising.

compune I. *vb. tr. (o lucrare)* to compose; *(un document)* to draft, to draw up; *(o scrisoare)* to indite; *(a face)* to do; to make; *(a forma)* to form; *(a scrie)* to write; *poligr.* to set. **II.** *vb. refl. pas.* to be composed. ⓐ *a se* ~ *din...* to be composed of..., to consist of..., to be made up of... **III.** *vb. intr.* to compose, to be a composer.

compunere *s.f.* composition; *(alcătuire)* structure.

compus I. *adj.* compound. ⓑ *perfectul* ~ *gram.* Present Perfect. **II.** *s.m.* compound.

comun I *adj.* 1. *(aparţinînd tuturor)* common; *(d. pămînt, bucătărie etc.)* communal; *(obişnuit)* ordinary, usual, everyday...; *(frecvent)* frequent; *(general)* general; *(universal)* universal; *(banal)* commonplace. 2. *(de rînd)* commonplace, mediocre; vulgar; *(josnic)* mean, low, base. 3. *(dat în comun etc.)* joint. ⓑ *cauză* ~*ă* common cause; *drept* ~ *jur.* common law; *factor* ~ *mat,* common factor; *fracţie* ~*ă mat.* vulgar fraction; *interese* ~*e* interests in common; *proprietate* ~*ă* common property; *substantiv* ~ *gram.* common/appelative noun. © *a face cauză* ~*ă (cu)* to make common cause (with), to act conjointly (with), to throw in one's lot (with). **II.** *s.n.* ⓑ *în* ~ in common, *com.* jointly, in company, in concert. © *a ieşi din* ~ to be distinguished, to have a mark of distinction, to have smth. out of the common; *a avea ceva în* ~ *cu cineva* to have smth. in common with smb.

comunal *adj* communal. ⓑ *consiliu* ~ communal council.

comunard *s.m. ist. Franţei* Communard (of 1871).

comună *s.f.* 1. *(diviziune teritorială)* commune, *aprox.* parish; *(sat)* village. 2. *ist. Franţei (oraş liber)* free town. 3. *ist. Franţei (guvern revoluţionar)* the/la Commune. ⓐ *Comuna din Paris ist.* the Paris Commune; *comuna primitivă* the primitive commune; ~ *agricolă* agricultural commune; ~ *rurală* village; ~ *urbană* town. ⓑ *orînduirea comunei primitive* the primitive communal system.

comunica I. *vb. tr. (a transmite)* to communicate, to convey, to let *smb.* partake of; *(a face cunoscut)* to inform/acquaint/apprise *smb.* of; *com.* to advise *smb.* of; *(oficial)* to notify; *(secret)* to impart *smth.* to *smb.*; *(a spune)* to tell. **II.** *vb. refl. pas.* to be communicated etc. **v.** ~ I. © *mişcarea se comunică roţilor* the motion passes on to the wheels, the motion is imparted to the wheels. **III.** *vb. intr.* to be in communication; to have intercourse (with smb.), to associate (with smb.); to be connected (with smth.); to be in touch/contact with smb. *sau* with smth.

comunicabil *adj.* communicable.

comunicant *adj. (d. vase, camere etc.)* communicating; *(d. artere etc.)* communicant.

comunicare *s.f.* **1.** communication etc. v. c o m u n i c a. **2.** communication; *(ştire)* piece of news; *(legătură)* intercourse, connection; *(relaţie)* relation. **3.** *(ştiinţifică)* paper, essay, dissertation.

comunicat *s.n.* official statement (to the press); official news; *şi mil.* communiqué.

comunicativ *adj.* **1.** *(d. oameni)* communicative, talkative. **2.** *(d. căscat etc.)* catching, infectious.

comunicativitate *s.f.* communicative character.

comunicaţie *s.f.* communication; *(legătură)* connection, intercourse. ⓑ *căi de* ~ ways of communication; *mijloace de* ~ means of communication.

comunism *s.n.* communism.

comunist I. *adj.* communist. ⓑ *Partidul Comunist Român* the Romanian Communist Party; *societate* ~*ă* communist society. **II.** *s.m.* communist.

comunitate *s.f.* **1.** community of goods, common ownership. **2.** *(societate)* community; *(religioasă)* congregation. ⓐ ~ *de interese* community of interests.

comuniune *s.f.* communion.

comuta *vb. tr. jur. (în)* to commute (into).

comutabil *adj.* commutable.

comutabilitate *s.f.* commutability.

comutare *s.f. jur.* commutation.

comutator *s.n. electr.* (pole-changing) switch, commutator, shifter.

con *s.n.* **1.** *geom. etc.* .cone; *(mic)* conicle; *(de arbore)* taper. **2.** *bot., zool.* cone. ⓐ ~ *de apă* water cone; ~ *de brad* fir cone; ~ *de lumină* opt. light ray cone; ~ *de penumbră* penumbra cone; ~ *oblic* geom. oblique cone; ~ *trunchiat* geom.

conical frustrum, truncated cone; ~ *vulcanic* volcanic cone. ⓑ *trunchi de* ~ frustrum of a cone.

conabiu *adj.* dark/deep red.

conac *s.n.* **1.**←*odin. (casă boierească)* lordly house, hall; *(reşedinţă)* (private) residence, mansion. **2.**←*înv. (han)* inn; *(loc de popas)* place of accomodation, halting place; *(popas)* halt.

conaţional *s.m.* conational.

concasa *vb. tr.* to crush, to break.

concasor *s.n. tehn.* crushing mill, crusher, breaker, grinder; *(de piatră)* stone breaker. ⓐ ~ *cu valţuri* roll(er) crusher.

concav *adj.* concave. ⓑ *lentilă* ~*ă* opt. concave lens; *oglindă* ~*ă* fot. concave mirror.

concavitate *s.f.* concavity.

concede *vb. tr.* to concede, to grant, to yield, to allow.

concedia *vb. tr.* **1.** *(a îndepărta)* to send away (F with a fly in one's ear), F to send about one's business, to give the mitten; *(un pretendent)* to discard. **2.** *(a destitui)* to dismiss, to discharge, F to sack, to give *smb.* the kick/mitten/sack/ walking papers *sau* orders, amer. to lay off. **3.** *(a lăsa să plece)* to let go; to take leave of.

concediere *s.f.* **1.** dismissing etc. v. c o n c e d i a. **2.** discharge, dismissal, F mitten, kick, walking papers/orders, amer. lay off.

concediu *s.n.* leave (of absence); *(vacanţă)* holiday(s); *mil. şi* furlough, amer. vacation. ⓐ ~ *de boală* sick leave; ~ *de naştere/maternitate* maternity leave; ~ *fără plată* holiday without pay; ~ *plătit* paid leave. ⓑ *cerere de* ~ application for a holiday, application for leave of absence; *mil.* application for furlough; *în* ~ on leave; *mil.* on furlough. ⓒ *a da* ~ *cuiva* to give/ grant smb. leave of absence, *mil.* to furlough smb.; *a-şi lua* ~ to take one's holiday, *mil.* to go on furlough.

concentra I. *vb. tr.* **1.** to compress (into a narrow space), to condense; *(sirop, căldură etc.)* to concentrate; *(raze, atenţie etc.)* to focus. **2.** *mil.*

to call up; to concentrate; *(trupe)* to mass (together). **II.** *vb. refl.* **1.** to become concentrated etc. v. ~ **I. 2.** *fig. (asupra)* to concentrate (on); to centre, to focus one's attention. ⓐ *a se* ~ *asupra (cu gen.)* to concentrate (up)on...; to apply oneself to...

concentrare *s.f.* concentration etc. v. c o n c e n t r a.

concentrat I. *adj.* **1.** concentrated; *(asupra)* intent (on); *(in sine)* wrapped up in oneself. **2.** *(d. stil)* concentrated, concise, terse. **II.** *s.n.* **1.** *metal.* concentrate. **2.** *(alimentar)* food concentrate. **III.** *s.m. mil.* called-up reservist.

concentrație *s.f.* concentration.

concentric *adj.* concentric.

concepe I. *vb. tr.* **1.** *(a zămisli)* to conceive, to become pregnant with. **2.** *(a imagina)* to conceive; *(a născoci)* to devise, to imagine; *(a formula)* to formulate, to word; *(a schița)* to sketch, to draft, to (rough) draw; *(a compune)* to compose; *(a scrie)* to write. **II.** *vb. refl. pas.* to be conceived etc. v. ~ **I. III.** *vb. intr.* to be pregnant, to conceive.

concepere *s.f.* conception, conceiving etc. v. c o n c e p e.

concept *s.n.* **1.** first/rough draft/ copy. **2.** *filoz.* concept, general notion. ⓑ *hîrtie de* ~ common writing paper, scribbling paper.

conceptual *adj.* conceptual.

concepție *s.f.* **1.** *(ansamblu de idei)* conception, view, outlook, idea(s). **2.** *(zămislire)* conception, conceiving. ⓐ *concepția marxist-leninistă despre lume* the Marxist-Leninist outlook; ~ *despre lume* world outlook; ideology; attitude; *filoz.* Weltanschauung.

concern *s.n. com.* concern.

concert *s.n.* **1.** *muz.* concert; *(piesă muzicală)* concerto. **2.** *fig. (cor)* chorus. ⓒ *a da un* ~ to give a concert; *a frecventa* ~*ele* to go to the concerts, to be a concert goer.

concerta *vb. intr.* to give concerts *sau* a concert; to play in concerts *sau* in a concert; to concertize.

concertantă *adj. f. muz.* concertante.

concertist *s.m. muz.* concert performer.

concesie *s.f.* **1.** *(in diferite sensuri)* concession. **2.** *(acordare)* granting. **3.** *(cedare)* yielding. ⓒ *a face o* ~ to make a concession, to bate an ace; *(a face o favoare)* to do a favour.

concesiona *vb. tr.* to grant, to license, to patent.

concesionar *s.m.* concession(n)aire, patentee, licensee, grantee.

concesionare *s.f.* granting etc. v. c o n c e s i o n a.

concesiune *s.f. ec.* concession; *(drept de vînzare)* license; *(privilegiu)* patent; *(asupra pămîntului)* grant.

concesiv *adj. gram.* concessive. ⓑ *propoziție* ~*ă* concessive clause.

concetățean *s.m. (din același oraș)* fellow citizen, townsman; *(din aceeași țară)* (fellow) countryman.

conchide *vb. tr.* ⓐ *a* ~ *că...* to draw the conclusion that..., to conclude that..., to infer that...; *(a deduce)* to deduce that...; *(din ceva spus)* to gather that...

conchistador *s.m. ist.* conquistador.

conci *s.n.* loop (of hair).

concilia I. *vb. tr.* to reconcile, to conciliate; to appease. **II.** *vb. refl. pas.* to be reconciled; *(a se potrivi)* to harmonize, to tally.

conciliabil *adj.* reconcilable.

conciliabul *s.n.* secret meeting/assembly.

conciliant *adj.* accomodating, conciliating, conciliatory, conciliative; *(iertător)* forgiving; *(de compromis)* compromising.

conciliator I. *adj.* conciliatory; compromising. **II.** *s.m.* conciliator; peace-maker.

conciliere *s.f. (împăcare)* conciliation.

concis *adj.* concise, brief(ly worded), terse; *(laconic)* laconical.

concizie *s.f.* concision, conciseness, terseness, brevity.

conclav *s.n.* conclave.

concludent *adj. (d. un argument)* conclusive, clinching; *(d. un motiv)* weighty; valid; *(d. o dovadă)* convincing, cogent; *(edificator)* edifying.

concluzie *s.f.* **1.** conclusion, inference. **2.** *log.*, *mat.* conclusion. **3.** *jur.* conclusion, finding. ⓒ *a trage o* ~ to draw a conclusion/an inference; *a ajunge la concluzia că...* to come to the conclusion that...; *(pripit)* to jump to the conclusion that...

concomitent I. *adj.* concomitant, attendant, accompanying, accessory; *(simultan)* simultaneous. **II.** *adv.* *(cu)* concomitantly (with), simultaneously (with); concurrently (with); at the same time (as).

concomitenţă *s.f.* concomitance.

concorda *vb.* *intr.* *(cu)* **1.** to harmonize (with), to tally (with), to be in keeping (with); *(d. păreri etc.)* to be in accord with; *(a corespunde)* to correspond (to). **2.** *gram.* to agree (with), to concord.

concordant *adj.* concordant, harmonious.

concordanţă *s.f.* concordance, agreement, conformity, harmony; consistency. ⓐ *concordanţa timpurilor gram.* sequence of tenses. ⓒ *a fi în* ~ *cu...* to be in agreement/character/concordance with...; *a pune în* ~ *cu...* to bring in(to) unison with..., to make agree to...

concordat *s.n.* **1.** *rel.*, *ist.* concordate. **2.** *com.* arrangement, composition.

concordie *s.f.* concord, harmony, agreement, accord.

concrescenţă *s.f.* concrescence.

concret I. *adj.* concrete; *(real)* real, actual; *(material)* material; *(precis)* definite, precise. ⓑ *exemplu* ~ concrete example; *număr* ~ *mat.* concrete number; *substantiv* ~ *gram.* concrete noun. **II.** *adv.* concretely.

concretiza I. *vb.* *tr.* to concretize, to put in a concrete form; to materialize; *(a realiza)* to effect, to carry out. **II.** *vb.* *refl.* *pas.* to be effected etc. v. ~ I.

concretizare *s.f.* concretization, materialization etc. v. c o n c r e t i - z a.

concreţie *s.f.* concretion.

concubinaj *s.n.* concubinage. ⓒ *a trăi în* ~ *cu cineva* to live in concubinage.

concubină *s.f.* concubine.

concura I. *vb.* *intr.* *(cu)* **1.** *(a co-opera)* to co-operate (with). **2.** *(a se lua la întrecere)* to vie (with), to compete (with), to emulate (with). **3.** *com.* to compete (with). **II.** *vb.* *tr.* *com.* to compete with. **III.** *vb.* *refl.* *com.* to compete with each other.

concurent I. *adj.* **1.** *(cooperînd)* co-operative. **2.** *(rival)* competitive, rival, competing. ⓑ *forţe* ~*e fiz.* concurrent forces. **II.** *s.m.* *(candidat)* candidate; *(rival)* rival; *(participant la o întrecere etc.)* competitor, contestant.

concurenţă *s.f.* competition, rivalry. ⓑ *pînă la concurenţa sumei de...* up to the sum/amount of... ⓒ *a face* ~ *cuiva* to vie with smb.

concurs *s.n.* **1.** *(colaborare)* co-operation, concurrence; *(ajutor, sprijin)* assistance, help. **2.** *(participare)* participation. **3.** *(întrecere)* competition; *sport* contest. **4.** *(examen)* competition, competitive examination. ⓐ ~ *de împrejurări* juncture; conjunction of circumstances; concurrence; *(fericit)* happy coincidence; ~ *muzical* musical contest. ⓑ *admis la* ~ admitted by competitive examination; *cu* ~*ul (cu gen.)* through the instrumentality of...; *(cu ajutorul)* with the aid of... ⓒ *a-şi asigura* ~*ul cuiva* to get smb. to assist one; *a publica* ~ *pentru ocuparea unui loc* to announce/open/advertize a vacancy.

condac *s.n.* *bis.* (short) hymn.

condamna *vb.* *tr.* **1.** *jur.* to convict, to sentence; *(la amendă)* to fine; *(la moarte)* to pass a death sentence upon, to send to the gallows, block etc. **2.** *fig.* *(a blama)* to blame, to reprove, to censure; *(a osîndi)* to condemn, *poetic*→to doom; *(un bolnav)* to give up. **3.** *(o uşă etc.)* to fill in, to block up.

condamnabil *adj.* blamable, blameworthy; objectionable; reprehensible; *(rău)* wicked, < abominable, detestable.

condamnare *s.f.* **1.** conviction etc. v. c o n d a m n a. **2.** *jur.* conviction, sentence, judgment; *(la moarte)* death sentence, sentence of death. **3.** *(blam)* reproof, blame, censure. ⓐ ~ *pe viaţă jur.* life sentence.

condamnat *s.m.* convict.

condei *s.n.* **1.** *(toc)* pen(holder); *(de gîscă)* quill (pen). **2.** *(caligrafie)* hand(writing). **3.** *fig. (scris)* art of writing, pen; *(mînă)* hand. ⓐ ~ *de piatră* slate pencil; ~ *de plumb* lead pencil; *un ~ frumos fig.* a good hand. ⓑ *ca din ~* F as fine as five pence, as neat as ninepence/a bandbox/a new pin/ wax; neat; *dintr-un ~* at one/a stretch; *om al ~ului* man of the pen, writer; *trăsături de ~* stroke of the pen. ⓒ *are ~* he is a good pen writer, F he has a knack for writing; *are un ~ frumos* he writes a good hand; *a mînui ~ul* to wield the pen; *a o aduce din ~* to manage it.

condensa I. *vb. tr.* **1.** *fiz., chim.* to condense; *(prin presiune)* to compress. **2.** *fig.* to condense, F→to boil down; *(a concentra)* to concentrate. **II.** *vb. refl. fiz., chim.* to condense, to become condensed.

condensabil *adj.* condensable.

condensare *s.f.* condensation; *(prin presiune)* compression; *(concentrare)* concentration.

condensat *adj.* condensed etc. v. c o n d e n s a. ⓑ *lapte ~* condensed/evaporated milk.

condensator *s.m. şi s.n.* **1.** *fiz.* condenser, condensing agent *sau* apparatus. **2.** *electr.* (electric) condenser. ⓐ ~ *variabil electr.* variable (electric) condenser.

condensor *s.m. opt.* condenser, condensing lens.

condescendent *adj.* condescending.

condescendenţă *s.f.* condescension.

condescinde *vb. intr.* to condescend.

condică *s.f.* **1.** book of entry; register. **2.** *şcol.* class book, register (of a class), roll. ⓐ ~ *de prezenţă* attendance book; ~ *de reclamaţii* book of complaints. ⓒ *a trece în* ~ to register.

condiment *s.n.* spice, seasoning, condiment.

condimenta *vb. tr. şi fig.* to spice, to season.

condiţie *s.f.* **1.** *(clauză)* condition, stipulation; *pl.* terms. **2.** *(stare)* state, condition; *(situaţie)* situation. **3.** *(rang)* (social) position, station, status, rank. **4.** *pl. (împrejurări)* conditions, circumstances. ⓐ ~ *esenţială* prerequisite; ~ *preliminară* pre-condition; *condiţii de locuit* housing conditions; *condiţii de lucru/muncă* work(ing) conditions; *condiţii de studiu/învăţătură* study(ing) conditions; *condiţii de trai* living conditions; *condiţiile unui contract* terms/articles of a contract. ⓑ *cu condiţia ca...* provided..., providing..., on condition that..., on the understanding that...; *de ~* F as good as one's word; reliable, trust-worthy; *de bună ~* of good birth; *fără condiţii adv.* unconditionally; *în bună ~* in good state/trim/order; *(d. clădiri)* in good repair; *în condiţii avantajoase* on easy terms. ⓒ *a-şi formula condiţiile* to lay down one's conditions, to make one's terms; *a pune condiţia ca...* to stipulate that...; *a pune condiţii cuiva* to impose conditions on smb.; *care sînt condiţiile dv.?* what are your terms? *cu aceste condiţii accept* on these terms/on this understanding, I accept.

condiţiona I. *vb. tr.* **1.** *(aerul etc.)* to condition; *(alimente etc.)* to put into good condition; *(lemnul)* to season; *(a trata)* to treat. **2.** *(a lega de condiţii)* to condition. **II.** *vb. refl.* **1.** *pas.* to be conditioned etc. v. ~ I. **2.** ~ *reciproc* to condition each other.

condiţional I. *adj.* conditional. ⓑ *propoziţie ~ă gram.* conditional clause/sentence. **II.** *adv.* conditionally. **III.** *s.n. gram.* conditional mood.

condiţionare *s.f.* conditioning etc. v. c o n d i ţ i o n a.

condiţionat *adj.* conditioned. ⓑ *aer* ~ conditioned air; *cu aer* ~ air--conditioned; *reflex* ~ conditioned reflex.

condoleanțe *s.f. pl.* condolence *(sg.).* ⓐ ~*le mele!* accept my heartfelt sympathy! ⓑ *scrisoare de* ~ letter of condolence; *vizită de* ~ visit of condolence. ⓒ *a exprima* ~ *cuiva* to condole with smb.

condominiu *s.n.* condominium.

condor *s.m. ornit.* condor *(Sarcorhamphus gryphus).*

condotier *s.m. ist., mil.* condottiere.

conducător I. *adj.* **1.** leading; ruling. **2.** *fiz.* conducting, transmitting. ⓑ *clasă conducătoare* ruling class; *forță conducătoare* guiding force; *principiu* ~ guiding principle; *rău* ~ *fiz.* non-conducting; *rol* ~ leading role. **II.** *s.m.* **1.** leader; conductor; *(îndrumător)* guide; *(instructor)* instructor; *(comandant, șef)* head, chief, commander; *(guvernant)* ruler. **2.** *fiz.* conductor. ⓐ ~ *de căldură* conductor of heat; ~ *de electricitate* conductor of electricity; ~ *de oaste/oștire* poetic chieftain.

conduce I. *vb. tr.* **1.** *(spre un țel)* to conduct, to guide; *(a îndrepta)* to direct; *(a pilota)* to pilot; *(a cîrmi)* to steer; *(automobile)* to drive. **2.** *(a administra, a supraveghea)* to direct, to control, to manage; *(o secție etc.)* to be in charge of. **3.** *(a guverna)* to rule; *(a fi în fruntea)* to be at the head of, *mil.* to lead, to command; *(a stăpîni)* to master, to rule. **4.** *(a însoți)* to accompany, to attend; to walk (out etc.); *(la ușă)* to see to the door; *(la gară, aeroport etc.)* to see off; *(a pofti înăuntru)* to show in; *(a escorta)* to escort. **5.** *(a mîna, auto etc.)* to drive. ⓒ *a* ~ *o adunare* to preside over/to chair a meeting; *a* ~ *o anchetă* to hold/conduct an inquiry; *a* ~ *o armată* to command/lead an army; *a* ~ *conversația* to lead the conversation; *condu-l jos pe doctor* see the doctor downstairs; *a* ~ *locomotiva* to drive the engine; *a* ~ *un popor* to rule/govern a people; *a* ~ *statul* to rule the state; *scuză-mă că nu te conduc pînă la ușă* pray excuse me not seeing you to the door; *a* ~ *acasă* to see. smb. (safely) home.

II. *vb. refl. pas.* to be conducted etc. ⓐ *a se* ~ *după...* *(a se călăuzi)* to be guided by...; *(a urma)* to follow... **III.** *vb. intr.* **1.** *(ca președinte)* to preside, to be in the chair. **2.** *sport (a fi primul)* to be leading/first, to be in the lead; to lead the way/van/field. **3.** *auto* to drive.

conducere *s.f.* **1.** leading etc. v. c o n d u c e. **2.** leadership, management; *(guvern)* gouvernment. ⓐ ~ *colectivă* collective leadership; ~ *de partid* party leaders/leadership; ~ *unică* one-man management. ⓑ *sub* ~*a...* *(cu gen.)* under the leadership/guidance of...; *de sub* ~*a (cu gen.)* headed/led by...

conductă *s.f. tehn.* conduit, pipe(line). ⓐ ~ *de apă* water pipe; ~ *de gaz* gas pipe.

conductibil *adj. fiz.* conductive.

conductibilitate *s.f. fiz.* conductibility, conductivity.

conductor[1] *s.m. ferov. auto etc.* conductor. ⓐ ~ *de lucrări* works foreman; ~ *de șosele* surveyor of roads, road surveyor.

conductor[2] *s.n. fiz.* conductor. ⓐ ~ *de căldură* conductor of heat; ~ *de electricitate* conductor of electricity.

conduită *s.f.* conduct, manner of life; *(într-o împrejurare)* behaviour. ⓑ *linie de* ~ line of conduct, policy.

condur *s.m.* ⓐ ~*ul doamnei bot.* Indian cress *(Tropaeolum majus).*

conecta *vb. tr. electr.* to connect.

conectare *s.f. electr.* connecting.

conector *fiz.* **I.** *adj.* connecting. **II.** *s.n.* connector.

conex *adj.* connected.

conexa *vb. tr.* to connect.

conexare *s.f.* connecting.

conexiune *s.f.* connection, connexion.

confecție *s.f.* **1.** v. c o n f e c ț i o n a r e. **2.** *pl.* ready-made clothes, store-clothes, F→reach-me-downs. ⓑ *magazin de confecții* ready-made (clothes) shop.

confecționa I. *vb. tr. (a fabrica)* to manufacture; *(o rochie)* to make (up). **II.** *vb. refl. pas.* to be manufactured etc. v. ~ I.

confecționare *s.f.* manufacturing etc. v. c o n f e c ț i o n a.

confederație *s.f.* **1.** confederation (of states), confederacy. **2.** *mil.* union, alliance. **3.** *(de organizații)* federation. ⓐ *Confederația elvetică* the Swiss Confederation; *Confederația Generală a Muncii* General Federation of Labour.

conferenția *vb. intr.* to lecture.

conferențiar *s.m.* **1.** *univ.* reader; lecturer. **2.** *(vorbitor)* speaker.

conferi I. *vb. tr. (posturi, privilegii, titluri, decorații — cuiva)* to confer (on), to bestow (on); *(drepturi)* to grant (to), to concede, to vouchsafe. **II.** *vb. intr. (asupra)* to confer/consult together (upon), to deliberate (upon).

conferință *s.f.* **1.** *(discurs)* lecture, speech. **2.** *(adunare)* conference; meeting, congress. **3.** *(școlară)* teachers'/masters' meeting. **4.** *univ.* lectureship. **5.** *(convorbire)* conference. ⓐ *~ de presă* press conference. ⓑ *sală de conferințe* **a.** lecture hall/room. **b.** *școl.* masters' room. ⓒ *a ține o ~* to give/deliver a lecture.

conferire *s.f.* conferring etc. v. c o n f e r i.

confesional *adj.* confessional, denominational.

confesiune *s.f.* **1.** *(mărturisire)* avowal, confessio n, admission, acknowledgement. **2.** *pl. lit.* confessions. **3.** *rel. (spovedanie)* confession. **4.** *(religie)* denomination, faith, religion.

confesor *s.m. rel.* (father) confessor.

confet(t)i *s.f. pl.* confetti.

confident *s.m.* confidant, confidential/intimate friend.

confidentă *s.f.* confidante, v. și c o n f i d e n t.

confidență *s.f.* confidence; *(secret)* (disclosure of a) secret. ⓒ *a face o ~ cuiva* to trust smb. with a secret, to confide to smb.

confidențial I. *adj.* confidential; *(secret)* secret. **II.** *adv.* confidentially, privately, in (strict) confidence. ⓑ *strict ~* in strict confidence; be-

tween you and me and the bedpost/ doorpost.

configurație *s.f.* configuration.

confirma I. *vb. tr. (a statornici)* to confirm, to establish; *(a întări)* to confirm, to strengthen, to affirm; *(a adeveri)* to confirm, to corroborate; to bear out; *(o numire etc.)* to confirm. ⓒ *a ~ primirea unei scrisori* to acknowledge the receipt of a letter; *a ~ o știre* to confirm a piece of news. **II.** *vb. refl. pas.* to be confirmed etc. v. ~ I; *(d. știri etc.)* to prove to be true, to hold good.

confirmare *s.f.* confirmation etc. v. c o n f i r m a.

confisca *vb. tr.* to confiscate, to seize.

confiscabil *adj.* confiscable, seizable, forfeitable.

confiscare *s.f.* seizure, confiscation.

conflagrație *s.f.* conflagration.

conflict *s.n.* conflict; strife; *(război)* war; *(luptă)* struggle. ⓐ *~ de clasă* class conflict. ⓑ *în ~* conflicting; *(cu)* at strife (with), at variance (with), F→at loggerheads (with), F at sixes and sevens (with). ⓒ *a veni în ~ cu* to come in(to) conflict with, to clash/conflict with.

confluent *adj.* confluent.

confluență *s.f.* confluence, junction; river mouth.

conform I. *adj.* **1.** *(cu)* conformable (to); true (to); according (to); corresponding (to); *(în armonie)* consonant (with); *(identic)* identical (with). **2.** *geom.* congruent. ⓐ *~ cu originalul* corresponding to the original. **II.** *prep. ~ (cu dat. sau cu) (în virtutea)* by virtue of..., on the strength of...; *(de acord cu)* according/answerably to...; in accordance/keeping/agreement with..., *(ca urmare a)* in consequence of...; *(datorită)* owing to... ⓐ *~ naturii* according to nature; *~ ordinelor dv.* in conformity/ compliance with your orders.

conforma *vb. refl. (cu dat.)* to conform/adapt oneself (to); *(a da urmare)* to comply (with), to follow *(cu acuz.)* ⓒ *a se ~ dorințelor cuiva* to comply with smb.'s wishes, to meet smb.'s wishes; *a se ~ unui ordin* to comply with/follow an instruction.

conformare *s.f.* conformation; compliance.

conformaţie *s.f.* conformation, structure.

conformism *s.n.* **1.** time serving conformism. **2.** *rel.* conformity.

conformist I. *adj.* **1.** time-serving. **2.** *rel.* conformable. **II.** *s.m.* **1.** time server/pleaser. **2.** *rel.* conformist.

conformitate *s.f.* conformity, conformability; *(asemănare)* resemblance; *(concordanţă)* concordance, agreement. ⓑ *in ~ cu...* conformably to..., in accordance with...; *pentru ~* certify this a true copy.

confort *s.n.* comfort(s). ⓑ *cu tot ~ul* with all (modern) conveniences. with every (modern) comfort; *lipsit de ~* comfortless, without comfort.

confortabil I. *adj.* comfortable, cosy, snug, F →comfy. **II.** *adv.* comfortably, in comfort. ⓒ *a trăi ~ to* lead an easy/a comfortable life.

confrate *s.m.* **1.** colleague, confrère, fellow (member); brother writer etc.; *(scriitor)* brother of the quill; *(pictor)* brother of the brush. **2.** *(ziar)* contemporary.

confrunta *vb. tr.* to confront, to put face to face; *(a contrasta)* to contrast; *(a compara)* to compare; *(manuscrise)* to collate.

confruntare *s.f.* confronting etc. v. c o n f r u n t a; *jur.* confrontation.

confunda I. *vb. tr.* to confound, to confuse, to mistake. **II.** *vb. refl.* **1.** *(in sens concret)* to merge into one another; to be mingled. **2.** *(in sens abstract)* to be mixed; *(cu)* to be apt to be confused (with); *(a fi identic) (cu)* to be identical (with).

confundare *s.f.* merging etc. v. c o n f u n d a.

confuz I. *adj.* **1.** *(amestecat, de-a valma)* confused, mixed, chaotic. **2.** *(nedesluşit)* blurred, confused, vague, indistinct. **3.** *(ruşinat)* confused, abashed, embarrassed; *(uimit)* bewildered, perplexed. ⓓ

idei ~e confused/hazy/F→muddled ideas. **II.** *adv.* confusedly etc. v. I.

confuzie *s.f.* confusion; *(dezordine)* confusion, disorder; *(a spiritului)* distraction, bewilderment, perplexity. ⓐ *~ de nume* confusion of names.

congela *vb. tr. şi refl.* to congeal, to freeze.

congelat *adj.* congealed; frozen. ⓑ *carne ~ă* chilled/frozen meat.

congelare *s.f.* congelation, congealment, freezing.

congelator *s.n.* freezing, apparatus, freezer.

congenital *adj.* congenital.

congestie *s.f. med.* congestion. ⓐ *~ cerebrală* stroke; *~ pulmonară* pneumonia.

congestiona I. *vb. tr.* to congest. **II.** *vb. refl.* to become congested; *(a se înroşi)* to turn purple/black. ⓒ *a se ~ la faţă* to turn purple/black in the face.

congestionare *s.f.* congestion.

congestionat *adj.* **1.** flushed/red (in the face). **2.** *(d. ochi)* bloodshot. **3.** *(d. trafic)* crowded, jammed.

conglomerare *s.f.* conglomeration.

conglomerat *s.n.* **1.** *min., geol.* conglomerate, pudding stone. **2.** *fig.* congeries, mixture.

congres *s.n.* congress; *(conferinţă)* conference; *(al unui partid) amer.* convention. ⓐ *Congresul SUA* The United States Congress.

congresist *s.m.* **1.** participant in a congress. **2.** *(in SUA)* congressman.

congruent *adj. mat.* congruent.

congruenţă *s.f.* **1.** *(acord)* agreement, concord. **2.** *mat.* congruence.

coniac *s.n.* cognac, French brandy.

conic *adj.* cone-shaped, conical, coniform; *geom.* conic; *tehn.* coned, tapering. ⓑ *roată ~ă* cone wheel; *secţiuni ~e* conic sections, conics; *supapă ~ă* mitre valve; *suprafaţă ~ă* conical surface.

conifer I. *adj.* coniferous cone-bearing. **II.** *s.n. şi s.m. bot.* coniferous tree, conifer; *pl.* coniferae.

coniţă *s.f.* v. c u c o a n ă.

conivenţă *s.f.* ⓑ *de ~ cu...* in compliance/complicity/collusion with...

conjectură *s.f.* conjecture, guess (work), surmise. ⓑ *de*~ conjectural, suppositional.

conjuga *gram.* I. *vb. tr.* to conjugate. II. *vb. refl. pas.* to be conjugated.

conjugal *adj.* conjugal. ⓑ *viață* ~*ă* married life.

conjugare *s.f. gram.* conjugation.

conjugat *adj.* 1. *gram.* conjugated. 2. *bot. etc.* conjugate.

conjunctiv I. *adj. gram.* subjunctive. ⓑ *țesut* ~ *anat.* conjunctive tissue. II. *s.n. gram.* subjunctive (mood).

conjunctivă *s.f. anat.* conjunctiva.

conjunctivită *s.f. med.* conjunctivitis. ⓐ ~ *granuloasă* trachoma, F→ granular lids.

conjunctor-disjunctor *s.n. electr.* make-and-break.

conjunctură *s.f.* conjuncture, concurrence, combination of circumstances *sau* events. ⓐ ~ *politică* political situation.

conjuncție *s.f. gram.* conjunction. ⓐ ~ *copulativă* copulative conjunction.

conjura I. *vb. tr.* 1. *(a ruga)* to entreat, to beseech. 2. *(a invoca)* to call up, to evoke, to raise. II. *vb. intr. rar* to conspire, to plot.

conjurat *s.m.* conspirator.

conjurație *s.f.* conspiracy, plot.

conlocuire *s.f.* co(in)habitation, living together.

conlocuitor *adj.* co(in)habiting. ⓑ *naționalități conlocuitoare* coinhabiting nationalities.

conlucra *vb. intr.* 1. *(colabora)* to co-operate, to collaborate. 2. *(a contribui) (la)* to contribute (to), to concur (in). 3. *mil.* to co-operate.

conlucrare *s.f.* co-operation, collaboration.

conopidă *s.f. bot.* cauliflower *(Brassica oleracea)*.

conosament *s.n. com.* bill of lading.

conovăț *s.n.* horse lines.

conrup... v. c o r u p ...

consacra I. *vb. tr.* 1. *(a dedica) (cu dat.)* to devote (to), to dedicate (to); *(a destina)* to assign. 2. *(a consfinți)* to sanction, to establish. ⓒ *cît timp îmi puteți* ~? how much time can you spare me? II. *vb. refl.*

ⓐ *a se* ~ *(cu dat.)* to give oneself up to...

consacrare *s.f.* devotion etc. v. c o n s a c r a.

consacrat *adj.* 1. devoted etc. v. c o n s a c r a. 2. *(consfințit)* sanctioned, established. 3. *(recunoscut)* acknowledged, recognized; *(bine cunoscut)* well-known. ⓑ *expresie* ~*ă* accepted/recognized expression, stock phrase.

consanguin *adj.* consanguinean, consanguineous.

consătean *s.m.* man living in the same village.

consăteană *s.f.* woman living in the same village.

consecință *s.f.* consequence; *(rezultat)* outcome, result, sequel; aftermath. ⓑ *în* ~ in consequence, consequently, accordingly; *(prin urmare)* therefore. ⓒ *a trage/suporta consecințele* to suffer the consequences; *a avea drept consecințe...* to result in... to bring about.

consecutiv I. *adj.* consecutive; running. ⓑ *propoziție* ~*ă gram.* consecutive/result clause. II. *adv.* consecutively, on end, in succession.

consecuție *s.f.* ⓐ *consecuția timpurilor gram.* sequence of tenses.

consecvent I. *adj.* consistent. II. *adv.* consistently.

consecvență *s.f.* consistency.

consemn *s.n. mil.* 1. *(dispoziție)* direction, instruction; *(ordin)* order. 2. *(interdicție de a ieși)* confinement. 3. *(parolă)* password, watchword.

consemna I. *vb. tr.* 1. *(bani)* to deposit. 2. *(a înregistra)* to register, to write down, to record. 3. *mil.* to confine (to barracks); *școl.* to keep in, to detain, to gate. II. *vb. refl. pas.* to be deposited etc. v. ~ I.

consemnare *s.f.* registering etc. v. c o n s e m n ă.

consemnațiune *s.f.* ⓑ *casă de depuneri și consemnațiuni* loan bank.

consens *s.n.* consensus (of opinion etc.); *(acord)* accord, agreement.

conserva I. *vb. tr.* 1. *(fructe)* to preserve, to conserve. 2. *(a păstra)* to keep, to preserve; *(a avea grijă de)*

to take care of. **II.** *vb. refl.* **1.** *pas.*
to be preserved etc. **v.** ~ **I. 2.**
(d. mărfuri, a ţine) to keep.
conservare *s.f.* conserving, conserva-
tion etc. **v.** c o n s e r v a t. ⓐ ~*a*
cărnii preservation of meat. ⓑ *in-*
stinct de ~ instinct of self-preserva-
tion.
conservat *adj.* preserved, conserved,
tinned, canned, bottled, *(în bună*
stare) in a good state.
conservatism *s.n.* *pol.* conserva-
tism.
conservator[1] *pol.* **I.** *adj.* conservative.
ⓟ *partid* ~ conservative party.
II. *s.m.* *pol.* Conservative; *(în An-*
glia şi) Tory.
conservator[2] *s.n.* *muz.* conservatoire,
school/academy of music, *amer.*
conservatory.
conservatorism *s.n.*←*rar.* **v.** c o n-
s e r v a t i s m.
conserve *s.f. pl.* **1.** preserves, pre-
served food; tinned food; bottled
food, *amer.* canned food. **2.** *(cutii*
de ~*)* tins.
consfătui *vb. refl.* to confer, to take
counsel with others; *(a delibera)*
to deliberate.
consfătuire *s.f. (conferinţă)* confer-
ence; *(întrunire)* meeting; *(deli-*
berare) deliberation; *(dezbatere)*
debate. ⓐ ~ *de producţie* produc-
tion meeting; conference on pro-
duction.
consfinţi *vb. tr.* to sanction; *(a le-*
gifera) to legalize, to legitimate;
(a confirma) to confirm; *(a con-*
sacra) to consecrate. ⓑ *drepturi*
~*te prin constituţie* rights laid
down in/sanctioned by the Con-
stitution.
consfinţire *s.f.* sanctioning, legaliza-
tion etc. **v.** c o n s f i n ţ i.
considera I. *vb. tr.* **1.** *(a cerceta atent)*
to consider; *(a cumpăni)* to weigh/
balance (in one's mind). **2.** *(a avea*
în vedere) to consider, to ponder
(over); *(a examina)* to examine; to
account. **3.** *(a socoti)* to think, to
consider, to judge; to deem, to
hold; *(a privi)* to look upon, to
regard. ⓒ *consider că e just să...* I
judge/deem it right/proper to...;
considerăm că e o greşeală să... we

think/consider it a mistake to...;
considerînd că... taking into ac-
count/consideration that...; in
view of the fact that..., *jur.* where-
as... **II.** *vb. refl.* **1.** *pas.* to be
considered etc. **v.** ~ **I. 2.** *(a se*
socoti) to consider/hold/account
oneself.
considerabil I. *adj.* considerable, sen-
sible, significant; *(substanţial)* ma-
terial; *(important)* important; *(ma-*
re) large; *(întins)* extensive; *(d.*
cheltuieli, pierderi etc.) heavy. **II.**
adv. (very) considerably, very much,
materially.
considerare *s.f.* consideration etc. **v.**
c o n s i d e r a.
consideraţie *s.f.* **1.** *(cercetare atentă)*
consideration, inspection; *(exami-*
nare) examination. **2.** *(luare de*
seamă) consideration, attention. **3.**
(respect) (high) esteem, (deep) res-
pect, high(est) regard. ⓑ *demn de*
(luat în) ~ worthy of consider-
ation. ⓒ *a lua în* ~ to take into
consideration/account; to allow for,
to make allowance for *primiţi asi-*
gurarea deosebitei mele consideraţiuni
I am yours very truly.
considerent *s.n.* *(motiv)* reason,
ground, motive.
consignaţie *s.f.* consignment (of
goods). ⓑ *mărfuri în* ~ goods on
consignment.
consilier *s.m.* **1.** *(sfătuitor)* counsel-
lor, adviser, consultant. **2.** coun-
cillor, member of a council. **3.** *jur.*
judge of appeal. ⓐ ~ *comunal*
parish/town councillor; ~ *juridic*
legal adviser; ~ *tehnic* technical
adviser.
consiliu *s.n.* **1.** *(organ)*council board,
committee; *(corporaţie)* corpora-
tion. **2.** *(şedinţa unui* ~*)* meeting
of a council/board. **3.** *med.* consul-
tation. ⓐ ~ *comunal*←*odin.* parish
sau town council; ~ *de adminis-*
traţie←*odin.* board of directors;
~ *de familie* family council; *Con-*
siliu de Miniştri Council of Minis-
ters, Cabinet Council; *(cabinet)*
Cabinet; ~ *de război mil.* war coun-
cil; *Consiliu de Securitate* Security
Council; *Consiliu de S`at* Council
of State; ~ *de tutelă* board of

trustees; ~ *orăşenesc/municipal*←
odin. town council; *Consiliu Privat*
Privy Council; *Consiliu Central al
Sindicatelor (in R.S.R.)* Central
Council of Trade Unions; *(in alte
ţări)* Central Trade Union Council.
ⓑ *cameră de* ~ council chamber,
board room. ⓐ *a ţine* ~ to hold
(a) council.
consimţămînt *s.n.* assent, consent;
(aderare) adhesion; *(aprobare)* ap-
proval, acquiescence, sanction.
consimţi I. *vb. intr. (la)* to consent
(to), to give one's consent (to),
to assent (to); *(a fi de acord)* to
agree (to), to approve (of), to
acquiesce (in). **II.** *vb. tr.* ⓐ *a* ~
să... to consent to...
consimţire *s.f.* **1.** consenting etc.
v. c o n s i m ţ i. **2.** v. c o n s i m-
ţ ă m î n t.
consista *vb. intr.* ⓐ *a* ~ *din...* to
consist of..., to be composed of...
consistent *adj.* **1.** *(solid)* firm, solid;
(dens) dense, thick. **2.** *(hrănitor)*
nourishing.
consistenţă *s.f.* consistency, consis-
tence; *(soliditate)* firmness, solid-
ity; *(stabilitate, statornicie)* con-
stancy, stability, steadiness. ⓑ
fără ~ *fig.* without foundation.
consoană *s.f.* consonant. ⓐ ~
mută voiceless/breathed consonant;
~ *sonoră* voiced/vocal consonant.
consoartă *s.f. (soţie)* consort, spouse,
F rib, better half.
consola I. *vb. tr.* to solace, to con-
sole, to comfort, to give comfort
to. **II.** *vb. refl. (cu)* to console
oneself (with); F→to cheer up. ⓒ
a se ~ *cu speranţe deşarte* to buoy
oneself up with vain hopes.
consolare *s.f.* solace, consolation,
comfort, relief. ⓒ *a găsi* ~ *în...*
to draw consolation from..., to
derive comfort from...; *e o* ~
pentru mine că... it is a comfort/
relief to me (to think) that...
consolator I. *adj.* solacing, consol-
ing, consolatory, comforting. **II.**
s.m. comforter.
consolă *s.f.* **1.** arhit. console, corbel
(head), bracket. **2.** *(ca mobilă)*
pier table. **3.** *(a sobei)* mantelpiece.
consolida I. *vb. tr.* **1.** *şi fig.* to con-

solidate, to strenghten; *(un zid)*
to brace; *(a pune pe un fundament
solid)* to put on a solid basis. **2.**
com. *(o datorie)* to fund. **II.** *vb.
refl.* **1.** *pas.* to be consolidated etc.
v ~ I. **2.** *(a se întări)* to grow firm.
consolidare *s.f.* consolidation etc.
v. c o n s o l i d a.
consonant *adj. muz.* consonant.
consonantic *adj.* consonantal.
consonantism *s.n.* lingv. consonan-
tism, consonantal system.
consonanţă *s.f.* **1.** *muz.* consonance.
2. *fig.* consonance, accord, agree-
ment.
consort *adj.* consort.
consorţiu *s.n. în ec. cap.* consortium,
syndicate, corporation.
conspect *s.n.* **1.** *(rezumat)* summary,
synopsis, abstract. **2.** *(privire ge-
nerală)* general survey, bird's eye
view.
conspecta *vb. tr.* to make an abstract
of, to sum up.
conspira *vb. intr. (contra)* to con-
spire (with others) (against), to
form a conspiracy (against), to
hatch a plot (against).
conspirativ I. *adj.* conspiring; con-
spirational; *(tainic)* secret; *(ilegal)*
illegal, clandestine; subversive. **II.**
adv. secretly, illegally.
conspirator *s.m.* conspirator, plotter.
conspiraţie *s.f.* conspiracy, plot. ⓒ
a urzi o ~ to hatch/form a plot.
consta *vb. intr.* ⓐ *a* ~ *din...* to
consist/be composed of...; *a* ~
în... to consist/lie in.
constant *adj. (statornic)* steadfast,
constant; *(neschimbător)* constant,
unchanging, invariable, firm;
changeless. ⓑ *cantitate* ~*ă mat.*
constant (value).
constantă *s.f. mat.* constant (value).
constanţă *s.f. (statornicie)* constancy,
steadfastness; *(perseverenţă)* per-
severance, firmness.
constata I. *vb. tr. (a afla)* to find;
(a stabili) to establish, to ascer-
tain; *(a nota)* to note; *(a vedea)*
to see; *(a înregistra)* to record, to
sfate. **II.** *vb. refl. pas.* to be found
etc. v. ~ I. ⓒ *se constată că...* it
has been ascertained/found that...

constatare *s.f.* **1.** establishment, finding etc. v. **c o n s t a t a. 2.** as ertained fact. ⓐ *constatările unei anchete* findings of an enquiry.

constelaţie *s.f. astr.* constellation.

consterna *vb. tr.* to consternate, to perplex, to upset.

consternare *s.f.* consternation, perplexity; dismay.

consternat *adj. (cuprins . de consternare)* horrified, dismayed; *(uluit)* amazed, astounded, dumbfounded, F−flummoxed, flabbergasted; *(perplex)* perplexed.

constipa I. *vb. tr.* to constipate, to make costive. **II.** *vb. intr.* to bind the bowels. **III.** *vb. refl.* to be(come) costive.

constipant *adj.* constipating, binding.

constipat *adj.* **1.** constipated, costive. **2.** *fig. (ursuz)* sullen, morose; *(acru)* tart, crabbed, sour(-tempered). **3.** *fig. (cu vederi înguste)* narrow-minded.

constipaţie *s.f.* constipation, hardness of the bowels, costiveness. ⓒ *a suferi de* ∼ to be costive.

constituant *adj.* constituent. ⓑ *Adunare* ∼*ă* Constituent Assembly.

constitui I. *vb. tr.* **1.** to constitute; *(a forma)* to form, to make up; *(a fi)* to be; *(a reprezenta)* to represent; *(a fi considerat ca)* to be considered as, to be looked upon as. **2.** *(a organiza)* to organize, to set up, to establish; *(a institui)* to institute, to set up. **II.** *vb. refl. pas.* to be formed etc. v. ∼ **I.** ⓒ *a se* ∼ *parte civilă jur.* to institute a civil action (in a criminal case).

constituire *s.f.* constitution etc. v. **c o n s t i t u i.**

constituit *adj.* constituted. ⓒ *a fi bine* ∼ to be well-built.

constitutiv *adj.* **1.** *(component)* constituent, integral. **2.** *jur.* constitutive.

constituţie[1] *s.f.* constitution, structure, build, frame. ⓒ *are o* ∼ *puternică* he has a strong constitution/build, he is strongly constituted/built.

constituţie[2] *s.f. pol.* constitution, organic law (of a country).

constituţional I. *adj.* constitutional. ⓑ *monarhie* ∼*ă* constitutional monarchy; *partid* ∼ constitutional party. **II.** *adv.* constitutionally.

constituţionalism *s.n.* constitutionalism.

constituţionalist *s.m.* constitutionalist.

constituţionalitate *s.f.* constitutionality.

constrictiv *adj. fon.* constrictive.

constrictor *adj.* ⓑ *boa* ∼ *zool.* v. b o a; *muşchi* ∼ *anat.* sphincter (muscle), contractor.

construcţiune *s.f. fon.* constriction.

constrînge *vb. tr.* **1.** *(a sili)* to constrain, to oblige; *(a forţa)* to compel, to force, to do violence to. **2.** *jur.* to coerce.

constrîngere *s.f.* compulsion; *(morală)* constraint, restraint, check; *(pe cale de lege)* coercion; *(obligaţie)* obligation; *(restricţie)* restriction. ⓑ *sub* ∼ under compulsion.

constructiv *adj.* constructive.

constrictor *s.m.* builder, constructor.

construcţie *s.f.* **1.** *(construire)* building, construction. **2.** *(clădire)* building, construction, structure; *(neterminată)* premises in course of erection/construction: *(edificiu)* edifice, pile; *min.* working. **3.** *(a corpurilor organice)* organism, frame. **4.** *gram.* construction, structure. **5.** *fig. (ţesătură)* fabric; *(stil)* style; *(structură)* design, framework. ⓐ ∼ *capitală* capital construction; ∼ *de avioane* aircraft construction. ∼ *de drumuri* road building/making; ∼ *de maşini* mechanical engineering; ∼ *de maşini-unelte* machine-tool construction; ∼ *socialistă* socialist construction; *construcţii civile* civil engineering; *construcţii navale* ship building. ⓑ *cheltuieli de construcţii* cost of building, building expenses; *de* ∼ *românească* Romanian-built, of Romanian make, made in Romania; *lemn de* ∼ timber; *material de* ∼ building material; *şcoală tehnică de construcţii* builders' technical school.

construi I. *vb. tr.* **1.** *(a face)* to make; *(o casă, un vas, o stradă etc.)* to

build, to construct; *(a ridica un monument etc.)* to erect; to raise; *(un oraş)* to found; *(un drum)* to lay out; *(maşini)* to design .2. *gram.* to construct. 3. *mat.* to draw, to construct. 4. *(fraze)* to construct, to frame. 5. *(a desena)* to draw. to 6. *fig.* to build up; *(a forma)* to form. © *a ~ socialismul* to build up socialism. II. *vb. refl. pas.* to be made etc. v. ~ I. III. *vb. intr.* to build.

construire *s.f.* building, construction etc. v. c o n s t r u i. ⓐ *~a socialismului* the (up-) building of socialism.

consul *s.m. ist. Romei, pol.* consul.

consular *adj.* consular. ⓘ *agent ~* consular agent.

consulat *s.n.* 1. *pol.* consulate. 2. *ist. Romei.* consulship. 3. *ist. Franţei* Consulate.

consult *s.n. med.* consultation.

consulta I. *vb. tr.* to consult, to take the advice of; *(a întreba)* to ask; *(o lucrare etc.)* to consult. © *a ~ un avocat* to take advice; *a ~ un dicţionar* to consult a dictionary; *a ~ un doctor* to take medical advice, to see a doctor. II. *vb. refl.* to (take) counsel with smb. © *s-au ~t* they have laid/put their heads together.

consultant I. *adj.* consulting. ⓘ *avocat ~* consulting barrister, chamber counsel; *medic ~* consulting physician, consultant. II. *s.m.* 1. *(persoană care dă sfaturi)* adviser, person consulted. 2. *(persoană care cere sfaturi)* person consulting smb., consulter.

consultare *s.f.* consultation.

consultativ *adj.* consultative, advisory. © *a avea vot ~* to be present in an advisory capacity, to have advisory vote, to have voice but not vote.

consultaţie *s.f.* 1. v. c o n s u l t a r e. 2. *med.* consultation, (medical) advice. 3. *(sfat)* advice 4. *jur.* (legal) advice, (legal) opinion. ⓘ *ore de ~* consultation hours; *sală de consultaţii* consulting room, surgery.

consum *s.n.* *(în diferite sensuri)* consumption; *(cheltuială)* expenditure. ⓐ *~ de combustibil* fuel consumption; *~ de electricitate* expenditure of (electric) current; *~ specific tehn.* specific consumption.

consuma I. *vb. tr.* 1. *(mîncare)* to consume, to eat up; *(a minca)* to eat; *(a devora)* to devour; *(a bea)* to drink. 2. *(a slei)* to exhaust, to wear out, to drain (of power etc.). 3. *(a preface în cenuşă)* to consume, to burn up; *(a distruge)* to destroy; *(d. rugină etc., a minca)* to eat away, to corrode, to consume. 4. *(a folosi)* to use; *(a risipi)* to waste. 5. *(energie)* to consume, to use up. II. *vb. refl.* 1. *pas.* to be consumed etc. v ~ I. 2. *fig.* to waste/pine away; *(a fi necăjit)* to worry.

consumare *s.f.* consumption etc. v. c o n s u m a.

consumator *s.m.* 1. consumer. 2. *(muşteriu)* customer.

consumaţie *s.f.* 1. v. c o n s u m a r e. 2. *(consum)* consumption; *(gustare)* snack. 3. *(plată la restaurant)* bill, reckoning, score, account. ⓘ *local de ~* public house, restaurant. © *a plăti consumaţia (pentru toţi)* to pay the bill, to pay for all, F→to stand treat (all round), P→to stand Sam(my); *cît face consumaţia?* what does my bill/account come to?

conştient I. *adj. (de)* conscious (of), aware (of). ⓐ *~ de importanţa (cu gen.)* fully aware of the importance of... ⓘ *fiinţă ~ă* sentient being, © *a fi ~ de...* to realize..., to be aware/conscious of..., to be awake /alive to... II. *adv.* consciously. III. *s.n.* the conscious mind.

conştiincios I. *adj.* conscientious; *(scrupulos)* scrupulous. II. *adv.* conscientiously; scrupulously.

conştiinciozitate *s.f.* conscientiousness; *(scrupulozitate)* scrupulousness.

conştiinţă *s.f.* 1. conscience; *(stare conştientă)* consciousness. 2. v. c o n ş t i i n c i o z i t a t e. ⓐ *~ a datoriei* sense of duty; *~ curată* clear/good conscience; ~ *de clasă* class consciousness; ~ *de sine* self-awareness; ~ *revoluționară* revolutionary consciousness. ⓑ *caz de* ~ point of conscience; *cu mina pe* ~ on my conscience; in all sincerity, honestly (speaking); *fără* ~ unscrupulous; *libertate de* ~ liberty of conscience; *mustrări de* ~ qualms of conscience; *problemă de* ~ matter of conscience. ⓒ *a avea conștiința încărcată* to have a burdened/bad/guilty conscience; *a nu avea* ~ to be unscrupulous, to have no sense of justice; *a avea ceva pe* ~ to have smth. on one's mind/conscience.

cont *s.n.* account. ⓐ ~*blocat* blocked account; ~ *curent com.* account current, a/c; ~ *personal com.* personal account. ⓑ *in* ~ on credit; *in* ~*ul cuiva* on smb.'s account; *pe* ~ *propriu* on one's own account. ⓒ *a cere cuiva* ~ *de ceva* to call smb. to account/F→ book for smth.; *a da* ~ *de ceva* to give/render an account of smth., to account for smth.; *a deschide un* ~ to open an account; *a ține* ~ *de ceva* to take smth. into account /consideration, to make allowance for smth., to allow for smth.; *a ține* ~*urile* to keep the accounts; *a nu ține* ~ *de...* to ignore..., to take no notice/head of..., to set... at nought; *a trece in* ~*ul cuiva* to place/carry to smb.'s account.

conta *vb. intr.* (*a avea importanță*) to matter, to count. ⓐ *a* ~ *pe...* **a.** (*a se bizui*) to depend/rely/reckon on..., to lay (one's) account for...; F →to bank on... **b.** (*a spera in*) to have sanguine hopes of..., to be sanguine of... ⓒ *nu contează!* it doesn't matter!

contabil I. *adj.* bookkeeping. **II.** *s.m.* bookkeeper, accountant. ⓐ ~ *șef* chief accountant; ~ *șef expert* account-general.

contabilitate *s.f.* bookkeeping, accountancy. ⓐ ~ *dublă* double-entry bookkeeping; ~ *simplă* single-entry bookkeeping. ⓒ *a ține* ~*a* to keep the books.

contact *s.n.* **1.** contact, touch; (*legătură*) connection; intercourse, relations. **2.** *electr.* connection, contact. ⓑ *punct de* ~ point of contact. ⓒ *a face* ~ *cu pămintul electr.* to make (contact with the) earth; *a întrerupe* ~*ul* **a.** *electr. etc.* to break contact, to switch off. **b.** *fig.* to break relations; *a lua* ~ *cu...* to come in(to) contact with..., F→ to knock against...; (*cu cineva și*) to contact...; *a păstra* ~*ul* (*cu*) to keep (in) touch (with); *a pierde* ~*ul cu...* to lose touch with...; *a stabili un* ~ *direct cu...* to get into direct touch with...; *a intra/veni in* ~ *cu...* to come in(to) contact/touch with...

contactor *s.n. electr.* relay switch.

contagia I. *vb. tr.* to infect. **II.** *vb. refl.* to be infected; to take/get the infection.

contagios *adj.* contagious, infectious, catching.

contagiune *s.f.* **1.** *med.* contagion, infection. **2.** *fig.* contagiousness.

contamina I. *vb. tr.* **1.** to infect; (*apa etc.*) to pollute, to contaminate. **2.** *fig.* to contaminate. **II.** *vb. refl.* **1.** to take the infection, to catch a disease. **2.** *fig.* to be contamined. ⓐ *s-a* ~*t de gripă* he caught the flu.

contaminabil *adj.* contaminable.

contaminare *s.f.* **1.** contamination, pollution; contagion. **2.** *lingv.* contamination. ⓐ ~ *radioactivă* radioactive contamination/pollution.

conte *s.m.* (*in Anglia*) earl; (*in afara Angliei*) count.

contempla *vb. tr.* to contemplate, to behold, to view; (*a observa*) to observe.

contemplare *s.f.* contemplation.

contemplativ I. *adj.* contemplative meditative. **II.** *adv.* contemplatively.

contemplație *s.f.* v. c o n t e m p l a- r e.

contemporan I. *adj.* **1.** (*din zilele noastre*) contemporary; (*d. concepții etc.*) late-day... **2.** (*din același timp*) (*cu*) contemporaneous (with), of the same date (as). **II.** *s.m.* contemporary.

contemporaneitate *s.f.* contemporaneousness, present times, contemporary period/epoch.

contencios *s.n.*←*odin.* **1.** *jur.* disputed claims office. **2.** solicitor's office/job.

conteni *vb. intr. şi tr. (a înceta)* to cease.

contenire *s.f. (încetare)* cessation, ceasing; *(sfîrşit)* end. ⓘ *fără ~* incessantly, continually, without intermission/stopping.

contesă *s.f.* countess.

contesta *vb. tr.* to contest, to dispute.

contestabil *adj.* contestable, questionable, disputable.

contestaţie *s.f. jur.* legal contest/ dispute. ⓒ *a face ~ to* appeal (to a higher court).

context *s.n.* context.

contiguitate *s.f.* contiguity.

contiguu *adj.* contiguous.

continent *s.n.* continent; *(în opoziţie cu insulele)* mainland...

continental *adj.* continental; mainland...

contingent *s.n.* **1.** *(contribuţie)* contingent, contribution, quota; *(număr)* number; *(cantitate)* quantity, amount. **2.** *mil.* contingent, conscription.

contingenţă *s.f.* contingency.

continua I. *vb. tr.* to continue, to go on (with), to carry on, to keep on (with); *(a relua)* to resume; *(adesea ideea de continuare e redată de adverbul* on *sau* away, *aşezate după verb, de ex.: a continua să citească* to read on, *a continua să cînte* to sing away/on). ⓒ *a-şi ~ călătoria* to proceed on one's journey; *a ~ o conversaţie* to keep up a conversation; *a ~ să clădească* to build on, to go on building; *a ~ să existe* to continue (to exist), to be still in existence; *a ~ să înflorească* to continue blo(ss)oming; *a ~t să lucreze* he worked away; *continuă să plouă* it goes on raining; *continuă, te rog!* go on, please! *nu mai pot ~ (de oboseală)* I cannot get any farther; *va ~ (în cărţi)* to be continued. II. *vb. refl. pas.* to be

continued, to continue etc. v. ~ I. III. *vb. intr.* to continue, to go on; *(a dura)* to last.

continuare *s.f. (a unui drum etc.)* continuation; *(a unei povestiri)* sequel; *(ca indicaţie)* continued; *(a unei activităţi)* carrying on. ⓘ *în ~* **a.** in succession, without interruption. **b.** *(mai departe)* further; on. **c.** *(mai tîrziu)* later on, afterwards. **d.** *(apoi)* then; next.

continuator *s.m.* continuer; *(succesor)* successor.

continuitate *s.f.* continuity.

continuu I. *adj. (permanent)* permanent, continuous, ceaseless, unceasing, uninterrupted; *(repetat)* continual. II. *adv.* continually etc. v. ~ I.

contondent *adj.* contusive, blunt. ⓘ *argumente ~e (glumeţ)* sockdologers; decisive blows.

contopi I. *vb. tr.* **1.** to (s)melt, to fuse. **2.** *fig.* to blend, to amalgamate; *(instituţii etc.)* to merge. II. *vb. refl.* **1.** to merge/melt into each other. **2.** *fig.* to blend, to merge, to amalgamate; *(a fi una)* to become one.

contopire *s.f.* fusion etc. v. c o n t o p i; *(de societăţi etc.)* merger.

contor *s.n.* meter; counter. ⓐ *~ electric* electric meter.

contorsionat *adj.* contorted; twisted.

contorsiune *s.f.* **1.** *(a muşchilor etc.)* contortion. **2.** *(strîmbătură)* wry face.

contra *prep.* **1.** *(împotriva)* in opposition to, contrary to, against; *jur., sport şi* versus, vs. **2.** *(în schimbul)* (in exchange) for. ⓐ *~ chitanţă* on receipt; *~ dorinţei sale* contrary/in opposition to his wish(es); *~ raţiunii* contrary to reason; *~ vîntului nav.* in the teeth of the gale; *~ voinţei mele* against my wish, in defiance/spite of me. ⓘ *cu opt voturi ~ cinci* by eight votes to five. ⓒ *a duce război ~ (cu gen.)* to make war upon...

contraamiral *s.m. nav.* Rear-Admiral.

contraatac *s.n. mil.* counter-attack.

contraataca *vb. tr.* to counter-attack.

contrabalansa I. *vb. tr.* to counter-balance, to counterpoise, to set off. **II.** *vb. refl.* reciproc to counter-balance one another.

contrabandă *s.f.* **1.** *(ca acţiune)* smuggling, contraband (trade); *(de băuturi spirtoase)* bootlegging; *(de arme)* gun running. **2.** *(ca marfă)* contraband/smuggled goods. ⓐ *de* ~ **a.** contraband... **b.** *fig.* false, sham...; *marfă de* ~ v. ~ 2; *prin* ~ *fig.* illegally, surreptitiously. ⓒ *a face* ~ to smuggle, to carry/run contraband (goods).

contrabandist *s.m.* smuggler, contra-bandist; *(de alcool)* bootlegger.

contrabas *s.n. muz.* double bass, contrabass.

contrabasist *s.m. muz.* double bass (player), contrabassist.

contracandidat *s.m.* contestant; *(fără sorţi de succes)* runner up.

contracara *vb. tr. (un efect etc.)* to counteract; *(a zădărnici)* to cross, to thwart.

contracarlingă *s.f. nav.* rider keelson.

contrachilă *s.f. nav.* rising wood.

contract *s.n. com., jur.* contract, agreement, deed. ⓐ ~ *bilateral* bilateral contract; ~ *colectiv* col-lective agreement; ~ *de căsătorie* marriage settlement, antenuptial contract; ~ *de muncă* labour contract; ~*ul social* the social contract/compact. ⓒ *a încheia un* ~ to enter into an agreement, to conclude an agreement; *a fi legat printr-un* ~ to be under articles.

contracta I. *vb. tr.* **1.** *(o căsătorie, un împrumut etc.)* to contract; *(o datorie)* to contract, to incur; *(o obligaţie)* to lay oneself under. **2.** *(un obicei)* to contract, to develop, to acquire, to fall into; *(o boală)* to catch, *rar*→to contract. **3.** *(muşchii etc.)* to contract, to draw to-gether. **4.** *lingv.* to contract. **II.** *vb. refl.* **1.** *pas.* to be contracted etc. v. ~ I. **2.** *(d. muşchi etc.)* to con-tract.

contractant I. *adj.* contracting. ⓐ *părţi* ~*e* contracting parties. **II.** *s.m.* contractor, contracting party.

contractare *s.f.* contraction etc. v. c o n t r a c t a.

contracti(bi)litate *s.f. fiziol.* contrac-tility.

contractual *adj.* stipulated by con-tract.

contracţie *s.f.* contraction; distortion.

contradictoriu *adj.* contradictory, in-consistent; *(d. ştiri etc.)* conflict-ing; *(d. zvonuri)* discrepant. ⓒ *în* ~ contradictorily.

contradicţie *s.f.* contradiction, gain-saying. ⓐ *contradicţii de clasă* class contradictions; *contradicţiile capi-talismului* the contradictions of capitalism. ⓑ *spirit de* ~ spirit of contradiction; defiance. ⓒ *a fi în* ~ *cu...* to be contradictory to..., to be inconsistent/at variance with...

contraexpertiză *s.f.* re-survey, coun-ter-valuation.

contraface *vb. tr.* to counterfeit, to forge; *(a imita)* to imitate. ⓒ *a* ~ *semnătura cuiva* to forge smb.'s signature.

contrafacere *s.f.* counterfeit; *(imi-tare)* imitation.

contrafagot *s.n. muz.* contrabassoon.

contrafăcut *adj.* counterfeit(ed), forged, spurious.

contrafort *s.n. arhit.* (close) buttress, abutment.

contrage *fon.* **I.** *vb. tr.* to contract. **II.** *vb. refl. pas.* to be contracted.

contragreutate *s.f.* balance weight, counter-weight, counterpoise.

contraindicat *adj. med.* contra-indi-cated.

contraindicaţie *s.f. med.* contra-/counter-indication.

contralovitură *s.f.* counter-blow/-stroke, reaction.

contralto *s.n. muz.* contralto.

contramaistru *s.m.* **1.** *(şef de echipă)* foreman; *(supraveghetor)* overseer, gauger. **2.** *nav.*←*înv.* boatswain's mate.

contramanda *vb. tr.* to countermand, to counter-order, to call off.

contramandare *s.f.* countermand(ing).

contramarcă *s.f.* counter-ticket, check.

contramarş *s.n. mil.* countermarch.

contraofensivă *s.f. mil.* counter--offensive.

contraordin *s.n.* counter-order, countermand, countermandate.

contrapagină *s.f.* opposite page; left-hand page; backpage.

contrapantă *s.f.* reverse slope/gradient, counter-slope.

contrapondere *s.f.* counter-weight.

contraproiect *s.n.* counter-project.

contrapropunere *s.f.* counter-proposal.

contrapunct *s.n. muz.* counterpoint.

contrar I. *adj.* contrary; *(opus)* opposite; *(potrivnic)* adverse; *(deosebit)* different; *(invers)* reverse; *(vătămător)* injurious, bad. ① *în caz* ~ otherwise, or; *(dacă nu)* if not; *în ordine* ~ă in the reverse order; *in sens* ~ in the opposite direction; *noțiuni* ~e *log.* contrary notions; *vînt* ~ contrary/adverse/ foul wind. ⓒ *sînt de părere* ~ă I am of the contrary opinion, I am of a different opinion. **II.** *s.n.* ~ul the contrary. **III.** *prep. (cu gen.)* contrary to; *(împotriva)* against; *(in ciuda)* despite, in spite of. ⓐ ~ *bunului simț* contrary/opposed to common sense.

contrareformă *s.f. ist.* counter-reformation.

contrarevoluție *s.f.* counter-revolution.

contrarevoluționar I. *adj.* counter-revolutionary. **II.** *s.m.* counter-revolutionary/-revolutionist.

contraria *vb. tr.* to upset, to vex, to annoy, F→to put out.

contrariat *adj.* upset, vexed, annoyed.

contrarietate *s.f.* vexation, annoyance.

contrariu *s.n. filoz.* ① *lupta contrariilor* struggle/conflict of opposites; *unitatea contrariilor* unity of opposites.

contras *adj.* contracted.

contrasemna *vb. tr. și intr.* to countersign.

contrasemnătură *s.f.* counter-signature.

contraspionaj *s.n.* counter-espionage.

contrast *s.n.* contrast. ① *în* ~ *cu...* in contrast with..., as contrasted with..., unlike..., in contradiction/ opposition to...

contrasta I. *vb. tr. (cu)* to contrast (with), to put/set in contrast (with). **II.** *vb. intr. (cu)* to contrast (with), to stand in contrast (with), to form a contrast (with).

contratimp *s.m. muz.* syncopation; contra tempo, contretemps. ① *în* ~ **a.** *muz.* contra tempo. **b.** *fig.* at the wrong moment, unseasonably.

contratorpilor *s.n. nav.* (torpedo boat) destroyer.

contravaloare *s.f. com.* equivalent value.

contraveni *vb. intr.* ⓐ *a* ~ *(la sau cu dat.)* to contravene *(cu acuz.)*, to infringe *(cu acuz.)*, to offend against, to act contrary to, to run counter to, to (come in) conflict with.

contravenient *jur.* **I.** *adj.* contravening. **II.** *s.m.* offender, contravener, trespasser, infringer, transgressor.

contravenție *s.f. jur.* contravention, trespass, infringement.

contravizită *s.f. med.* second medical inspection/examination, evening visit.

contrazice I. *vb. tr.* **1.** *(cu vorbe)* to contradict, to gainsay. **2.** *(în fapt)* to run counter to, to (come in) conflict with; *jur.* to confute. **II.** *vb. refl.* **1.** to contradict oneself. **2.** *reciproc* to contradict each other. **3.** *(a se afla în raporturi de contradicție)* to be contradictory/conflicting.

contrazicere *s.f.* contradiction, gainsaying.

contribuabil I. *adj.* liable to pay duties. **II.** *s.m.* tax/rate payer.

contribui *vb. intr.* to contribute. ⓐ *a* ~ *la...* to contribute to/towards..., to conduce/tend to..., to promote..., to forward...

contribuție *s.f.* **1.** contribution; *(rol)* rôle; part; *(parte)* portion; *(bănească)* share, quota; *(participare)* participation. **2.** *(impozit)* tax, rate; duty. ⓐ ~ *indirectă* indirect taxation; ~ *voluntară* voluntary contribution/aid. ⓒ *a pune ceva la* ~ to make use of smth., to put smth. into requisition; *a-și* *pune mintea la* ~ F to use one's brains.

control *s.n.* **1.** control; *(verificare)* checking, check-up, verification; *(inspecţie)* inspection; *(examinare)* examination; *(supraveghere)* supervision, control; *(al gestiunilor etc.)* control; *(cenzură)* censorship. **2.** *(punct de ~)* checking point/ station. **3.** *(la aur, argint)* hall mark. **4.** *pl. mil.* army lists. @ ~ *nominal* nominal roll; ~*ul conturilor fin.* checking/overhauling of accounts; ~*ul cunoştinţelor* examination. ⓑ *aparat de* ~ controlling apparatus; *bilet de* ~ check; *birou de* ~ office of control/supervision; *cifre de* ~ planned/scheduled figures; *comisie de* ~ supervising/ control committee; *personal de* ~ superintending staff; *punct de* ~ v. ~ 2; *sub* ~ under control/ supervision; *sub* ~*ul (cu gen.)* under the control of...

controla I. *vb. tr.* **1.** *(o activitate etc.)* to supervise, to inspect; *(bilete etc.)* to check; *(conturi)* to check, to audit; *(a examina)* to examine; *(a verifica)* to verify, to check (up). **2.** *(a supune, a domina)* to control, to master. II. *vb. refl. pas.* to be supervised etc. v. ~ I.

controlabil *adj.* verifiable, that may be checked; *(manevrabil)* controllable.

controlor *s.m.* I. *(al unei activităţi etc.)* inspector, examiner, supervisor; *(la teatru)* attendant, boxkeeper, check taker; *ferov.* ticket collector; *(în autobuz etc.)* ticket inspector; *(de conturi)* auditor. **2.** *tehn.* controlling device.

controversat *adj.* controversial, controvertible, litigious, disputed; at issue.

controversă *s.f.* controversy, disputation; *(chestiune controversată)* matter in dispute; vexed question.

contumacie *s.f.* ⓑ *în* ~ *jur.* in smb.'s absence.

contur *s.n.* outline, contour; *(linii)* lines; *(margine)* edge; *(formă)* form.

contura I. *vb. tr.* to outline, to sketch, *rar*→to skeletonize. II. *vb. refl.* *(a apărea)* to appear, to be visible; *(neclar)* to loom; *(clar, pe un fond)* to stand out.

conturba *vb. tr.* *(a tulbura)* to disturb.

contuzie *s.f.* contusion, bruise.

contuziona *vb. tr.* to contuse, to bruise.

conţine *vb. tr.* to contain, to comprise; *(numai în sens concret)* to hold; *(a fi alcătuit din)* to be composed of, to be made up of.

conţinut *s.n.* **1.** *(al unui recipient etc.)* content(s); *(capacitate)* capacity; *(material conţinut)* matter contained; *(volum)* volume. **2.** *(fond)* contents, matter, substance, essence; *(subiect)* subject matter, tenor; *(semnificaţie)* significance, purport. **3.** *(tablă de materii)* table of content(s). @ ~ *şi formă* content(s) and form.

conţopist *s.m.* *peior.* *(scrib)* clerk; *ironic* pen pusher, quill driver.

convalescent *adj., s.m.* convalescent.

convalescenţă *s.f.* convalescence. ⓒ *a fi în* ~ to be convalescent; *a intra în* ~ to become convalescent; *a merge spre* ~ to be on the road to convalescence, to be beginning to mend.

convenabil I. *adj.* **1.** *(potrivit)* convenient, suitable, fit, fitting, becoming, appropriate. **2.** *(rezonabil)* reasonable; *(acceptabil)* acceptable; *(admisibil)* admissible, passable. **3.** *(ieftin)* cheap, reasonable, fair. II. *adv.* conveniently etc. v. ~ I.

conveni *vb. intr.* **1.** *(a cădea de acord)* *(asupra, cu privire la)* to agree (on, about), to come to an understanding (about). **2.** to suit, to fit, to be suitable/convenient etc. v. c o n v e n a b i l I. ⓒ *am* ~*t* we have come to an agreement; *îmi convine* that suits me, that will do for me; *dacă îţi convine* if that is agreeable to you; if that suits your convenience.

convenienţă *s.f.* **1.** convenience, suitability. **2.** *(bună cuviinţă)* decency, seemliness, decorum, propriety. **3.**

pl. social conventions; etiquette, proprieties, F→Mrs. Grundy. ⓓ *căsătorie de* ~ marriage of convenience/propriety.

convenție *s.f.* **1.** *(în diferite sensuri)* convention; *(înțelegere)* agreement. **2.** *pol.* (extraordinary) assembly.

convențional I. *adj.* **1.** conventional; *(artificial)* artificial; *(ipocrit)* sham, hypocritical. **2.** *mat.* arbitrary. **II.** *adv.* conventionally.

convenționalism *s.n.* conventionality.

converge *vb. intr.* to converge.

convergent *adj.* convergent, converging; *(d. tir)* concentrated.

convergență *s.f.* convergence, convergency; *(concentrare)* concentration.

conversa *vb. intr.* *(cu)* to talk (with), to converse (with).

conversație *s.f.* talk, conversation, chat, *inv.*→converse; *elevat*→colloquy. ⓐ ~ *de salon* company talk. ⓑ *subiect de* ~ topic of conversation; *ton de* ~ colloquial/ conversational tone. ⓒ *a avea o* ~ *cu cineva* to carry on a conversation with smb., to have a talk with smb.; *a întrerupe o* ~ to break off a conversation; *a întreține o* ~ to keep a conversation going, F→to keep the ball rolling, to keep up the ball; *a lega o* ~ *cu cineva* to enter into conversation with smb.; *a intra în* ~ to chime in.

conversiune *s.f.* conversion.

converti I. *vb. tr.* **1.** *(a preface)* to convert, to change, to transform. **2.** *com.* to convert. **3.** *rel.* *(la)* to convert (to). **4.** *(a reduce la vederile sale)* to bring/win over (to one's opinions). **II.** *vb. refl.* to become converted.

convertibil *adj.* *(în)* convertible (into).

convertire *s.f.* *rel.*, *com.* conversion.

convertizor *s.n.* **1.** *electr.* (electric) converter. **2.** *metal.* converter. **3.** *industria alimentară* roller mill.

convex *adj.* convex.

convexitate *s.f.* convexity.

convexo-concav *adj.* convexo-concave.

conviețui *vb. intr.* to live together, to keep house together; *(d. bărbat și femeie)* to cohabit.

conviețuire *s.f.* living together, companionship; *(între sexe)* cohabitation; *(pe bază de căsătorie)* married/ wedded life.

convingător *adj.* convincing; *(concludent)* conclusive.

convinge I. *vb. tr.* *(mai ales prin mijloace logice)* to convince; to prevail upon; *(mai ales afectiv)* to persuade; *(discutînd)* to argue smb. into (+ *forme în* -*ing*). ⓒ *l-am convins că e adevărat* I convinced him that it was true; *l-am convins să plece* I persuaded him to go. **II.** *vb. refl.* to convince/ satisfy oneself, to make sure. ⓒ *a se* ~ *de ceva cu proprii ochi* to make sure of smth. by seeing it with one's own eyes; ~-*te singur!* go and judge for yourself!

convingere *s.f.* **1.** *(ca acțiune)* persuasion; *(credință)* belief; *(fermă)* firm belief, conviction; *(certitudine)* certitude. **2.** *pl.* principles. ⓓ *cu* ~ with conviction; *(ferm)* firmly; *(cu entuziasm)* with enthusiasm, enthusiastically; *fără* ~ **a.** *(vag)* vaguely. **b.** *(fără tragere de inimă)* without enthusiasm; *prin* ~, *pe calea convingerii* by means of persuasion. ⓒ *a avea curajul convingerilor sale* to have the courage of one's convictions; *a-și schimba convingerile* to change one's mind, to take a different view of things.

convins *adj.* **1.** convinced; persuaded; *(sigur)* full of convictions; *(categoric)* categorical. **2.** *(inveterat)* out-and-out, die-hard.

convoca *vb. tr.* *(o ședință etc.)* to call together, to convene; *(o adunare)* to convoke, to summon.

convocare *s.f.* convocation, summons; *(a unei adunări etc.)* calling together, convening.

convoi *s.n.* **1.** train, convoy; *mil.* convoy, escort; *nav.* escorting vessels, merchant fleet under escort; *(de vehicule)* vehicles under escort; *(caravană)* caravan. **2.** *ferov.* file/ line of carriages. **3.** *(procesiune)* procession. ⓐ ~ *de prizonieri mil.* convoy of prisoners; ~ *funebru* funeral procession.

convorbire *s.f. (conversaţie)* conversation, talk. ⓐ ~ *telefonică* telephone conversation.

convulsie *s.f.* **1.** *med.* convulsion, F→fît; *(spasm)* spasm. **2.** *(într-un stat)* upheaval. **3.** convulsion, jerking, convulsive action/movement/fit.

convulsiv *adj.* convulsive, spasmodic. ⓐ *tuse* ~*ă* convulsive cough.

coopera *vb. intr. (la)* to co-operate (in); *(a contribui)* to contribute (to); *(a participa)* to participate (in).

cooperare *s.f.* co-operation, concurrence, participation, assistance.

cooperatist I. *s.m.* co-operative farmer. **II.** *adj.* co-operative, co-operation... ⓑ *comerţ* ~ co-operative trade; *mişcarea* ~*ă* the co-operative movement.

cooperativă *s.f.* **1.** *(asociaţie)* co--operative society. **2.** *(magazin)* co-operative stores. ⓐ ~ *agricolă de producţie* co-operative farm; ~ *de consum* consumers' co-operative society; ~ *de producţie* producing co-operative.

cooperativizare *s.f.* co-operativization.

cooperator I. *adj.* co-operating. **II.** *s.m.* co-operator.

cooperaţie *s.f.* **1.** *(cooperare)* co-operation. **2.** co-operative societies; co-operative system. ⓐ ~ *de producţie* producing co-operative system.

coopta *vb. tr.* to co-opt.

cooptare *s.f.* co-optation.

coordona *vb. tr. (cu)* to co-ordinate (with).

coordonare *s.f.* co-ordination.

coordonat I. *adj.* co-ordinated; *gram.* co-ordinate. **II.** *adv.* co-ordinately.

coordonată *s.f. geom., astr., geogr.* co-ordinate. ⓑ *axa coordonatelor* the axis of co-ordinates.

coordonator *adj.* co-ordinating. ⓑ *conjuncţii coordonatoare gram.* co--ordinating conjunctions.

copac *s.m.* tree, *rar*→arbor.

copaie *s.f. (albie)* trough.

copaier *s.m. bot.* copaiba *(Copaifera officinalis).*

copal *s.n.* copal.

copastie *s.f. nav.* gunwale, gunnel.

copăcei *s.m. pl. bot.* balsam(ine) *(Impatiens balsamina).*

copăcel *s.m. (copac mic)* small tree; *(tînăr)* young sapling/shoot; *(arbust)* shrub, bush, arbuscle. ⓐ ~, ~!gently! don't hurry! not so fast! *(nu te înfierbînta)* don't flurry yourself! take it easy! ⓒ *a merge/umbla* ~ *(d. copii)* to begin to walk upright.

copărtaş *s.m.* sharer, participator, party.

copcă[1] *s.f.* **1.** *(sponcă)* clasp, hook; *(cataramă)* buckle. **2.** *med.* suture, wound clip. ⓐ ~ *de cingătoare* belt buckle. ⓒ *a prinde cu copca* to clasp, to hook (on).

copcă[2] *s.f. (gaură)* hole; *(în gheaţă)* ice hole. ⓒ *a se duce pe* ~ F to go to the dogs, to go to pot.

copeică *s.f.* copeck, kopeck.

copertă *s.f.* **1.** *(de carte)* cover. **2.** *(plic)* envelope.

copia I. *vb. tr.* **1.** *(a transcrie)* to write out, to copy out, to transcribe; *(pe curat)* to make a clean/fair copy of. **2.** *(a imita)* to copy, to imitate; *(a reproduce)* to reproduce; *(a mima)* to mimic. **3.** *(a plagia)* to plagiarize; *(a contraface)* to forge, to counterfeit. **4.** *şcol.* to crib. **II.** *vb. intr.* to crib, to pony.

copiat *s.n.* writing out etc. v. c o-p i a.

copie *s.f.* **1.** *(reproducere exactă etc.)* copy; *(transcriere)* transcript; *(reproducere)* reproduction; *(facsimil)* facsimile; *(imitaţie)* imitation. **2.** *poligr.* copy. ⓑ *prima* ~ *(la maşină)* top copy; ⓒ *a face o* ~ to make a copy; *e copia fidelă a lui taică-său* he's the very image of his father.

copier *s.n. com.* copying book.

copil[1] *s.m.* **1.** child, *jur.* infant; *(băiat)* boy; *(fată)* girl; *scoţ.* bairn; *(mic)* baby, babe, *pl. şi* family, little ones, F→kids; *(urmaş)* descendant, offspring; *(pici)* brat, urchin; *(fiu)* son, boy; *(fiică)* daughter, girl. **2.** *fig.* child. ⓐ ~ *de casă odin.* page; ~ *de suflet* adopted/foster child; ~ *de trupă* soldier's son *sau* orphan (educated in barracks); ~ *de ţîţă* baby, infant in arms; *(sugaci)* suckling; ~ *dificil* problem child; ~ *din flori de lele* love child, a child born under the rose; ~ *găsit* foundling; ~ *născut mort* still-born child; ~ *nou-născut* new-born baby; ~ *teribil* enfant terrible, F a little terror. ⓑ *boală de copii* children's complaint, disease of children; *carte de copii* child's book, book for children; *creşterea copiilor* management/bringing up/training of children; *de mic* ~ from one's infancy, from (early) childhood, from a child; *dragoste de copii* **a.** *(filială)* children's love, filial affection. **b.** *(părintească)* love for one's children, parental affection; *fără copii* childless; *grădiniţă de copii* kindergarten; *nevinovat ca un* ~ *nou-născut* (as) innocent as a new-born baby; *pantofi de copii* children's shoes; *pat de* ~ childbed; *poveşti pentru copii* stories for children, nursery tales; *rochiţă de* ~ child's frock/dress; *rufărie de copii* baby linen; *voce de* ~ child's/childish voice. ⓒ *a adopta un* ~ to adopt a child; *a avea copii* to have children/a family; *avea nevastă şi şase copii* he had wife and a family of six; *se poartă ca un* ~ he behaves in a childish/silly way; he is a bit long in the teeth; *a da/a ajunge în mintea copiilor* to sink in one's second childhood, to be in one's dotage, to become a dotard; *că doar nu e un* ~ he is not born yesterday; *nu fi* ~*!* F don't be silly; don't be so childish!; *a nu mai fi* ~ to be no longer a child, to be past childhood; *unde a înţărcat dracul copiii* F at the back of beyond; *oricare* ~ *ştie asta* a(ny) child/fool knows that.

copil² *s.m. bot.* v. c o p i l e ţ.

copilandră *s.f.* young girl F→flapper.

copilandru *s.m.* juvenile; *(tînăr)* youth.

copilaş *s.m.* baby, babe, F→kiddy, v. şi c o p i l; chit.

copilă *s.f.* child; *(fată)* girl; *(fetiţă)* little girl; *(fiică)* daughter.

copilăresc *adj.* **1.** *(de copil)* child's, children's; *(propriu copilului)* childish; *(infantil)* infantile. **2.** *(nevinovat)* childlike; *(naiv)* naïve, childish.

copilăreşte *adv.* like a child, rar→childishly.

copilări **I.** *vb. intr.* to spend one's childhood. **II.** *vb. refl.* to play the child.

copilărie *s.f.* **1.** *(vîrsta de copil; şi fig.)* childhood, infancy. **2.** *(apucătură de copil)* childish nonsense/trifling, childishness; *(prostie)* nonsense. ⓑ *a doua* ~ second childhood; *anii* ~*i* childish/youthful days; *din* ~ from a child; *prima* ~ babyhood, babyship.

copilăros *adj.* **1.** childish, babyish, F→babified. **2.** v. c o p i l ă r e s c. ⓑ *bătrîn* ~ childish old man, old dotard.

copileţ *s.m. bot.* maize runner/tiller.

copiliţă *s.f. dim.* little girl, a chit of a girl.

copios **I.** *adj.* copious, sumptuous, plenteous, rich, F→square. **II.** *adv.* copiously etc. v. ~ I.

copist *s.m.* copyist, transcriber.

copită *s.f.* **1.** hoof. **2.** v. c ă p i ţ ă. ⓑ *cu copita despicată* cloven-footed/-hoofed, with a cloven hoof; *lovitură de* ~ kick from a (horse's) hoof, horse's kick; *urmă de* ~ hoof mark. ⓒ *a lovi cu copita* to kick (out).

copleşi *vb. tr.* to overwhelm, to overpower, to overcome. ⓒ *l-a* ~*t somnul* he's overcome with sleep; *a* ~ *cu atenţii* to overwhelm with attentions.

copleşire *s.f.* overwhelming etc. v. c o p l e ş i.

copleşit *adj.* overwhelmed, overcome. ⓐ ~ *de datorii* overloaded with debt, F→over head and ears in debt; ~ *de griji* care-worn/-laden; ~ *de treburi* overwhelmed/overburdened with business.

copleşitor *adj.* overwhelming.

copoi *s.m.* **1.** *zool.* bloodhound, *rar*→lime hound, tufter; *(prepelicar)* pointer, setter, retriever. **2.** *fig. odin.*←F police spy; *(poliţist)* F bobby, copper, cop.

coprină *s.f. bot.* poet's narcissus *(Narcissus poeticus)*; daffodil *(Narcissus pseudo-narcissus)*.

coprolit *s.m. geol.* coprolite.

coproprietar *s.m.* co-proprietor, joint proprietor/owner.

coproprietate *s.f.* co-proprietorship, joint possession/property.

copt **I.** *adj.* **1.** ripe, mature; *(d. fructe şi)* mellow; *(pe deplin dezvoltat)* fully developed/grown. **2.** *(la foc)* baked; *(uscat)* dry; *(d. bube)* ripe, come to a head. **3.** *fig.* mature, ripe, ripe in judgement. ⓓ *mort* ~ F by hook or *(by)* crook, neck or nothing; *pe jumătate* ~ half-ripe. **II.** *s.n.* ripening etc. v. c o a c e. ⓒ *a da în* ~ **a.** to (begin to) ripen, to grow ripe. **b.** *(d. o rană)* to gather/draw to a head.

coptură *s.f. med.* **1.** *(d. bubă cu puroi)* abscess, boil. **2.** *(puroi)* purulent/festering/supurative matter, pus.

copulativ *adj. gram.*, *log.* copulative.

copulaţie *s.f.* copulation.

copulă *s.f. gram.* copula, link verb.

cor *s.n.* **1.** *muz.* choir; *(mai ales bisericesc)* quire; *(cîntec în cor)* chorus (singing); community singing; *(refren)* chorus, burden. **2.** *lit.* chorus. **3.** *arhit.* choir, chancel. ⓓ *în* ~ in chorus; *(toţi)* all together.

corabie *s.f. nav.* (sailing) vessel, ship, > craft; *poetic* bark; *(cu mărfuri bogate, poetic)* argosy. ⓐ *Corabia lui Noe* Noah's ark. ⓒ *(parcă) i s-au înecat corăbiile* F he looks down in the mouth.

coral[1] **I.** *adj.* choral. ⓓ *societate* ~ă choral society. **II.** *s.n. muz.* choral (song), sacred song, anthem, hymn.

coral[2] *s.m. (mărgean)* coral. ⓓ *de* ~ coralline; coral-red; *recif de* ~i coral reef.

coralier *s.m. zool.* coralloid, corallium.

coralină *s.f. bot.* coral moss *(Corallina)*.

coran *s.n.* Koran.

coraport *s.n.* co-report; *(conferinţă)* co-lecture.

coraportor *s.m.* co-reporter; *(conferenţiar)* co-lecturer.

corasan *s.n.* ⓓ *sămînţă de* ~ wormseed, semencine, santonica *(Semen cinae)*.

corаslă *s.f.* v. c o l a s t r ă.

corăbier *s.m. nav.* **1.** seaman, sailor. **2.** *(proprietar de corabie)* ship owner.

corăsli *vb. refl.* v. b r î n z i.

corb *s.m.* **1.** *ornit.* raven *(Corvus corax)*. **2.** *fig.* kite, bird of prey, rapacious person. **3.** *variety of grapes.* ⓐ ~ *albastru ornit.* roller *(Coracies garrula)*; ~ *de mare ornit.* cormorant, sea raven *(Phalacrocorax carbo)*; ~ *de noapte ornit.* night heron/crow *(Nycticorax europaeus)*. ⓒ *negru ca* ~*ul/pana corbului* raven-black, (as) black as a crow, jetblack; *păr negru ca* ~*ul* (jet-)black hair. ⓓ ~ *la* ~ *nu-şi scoate ochii* crows do not pick crow's eyes, dogs do not eat dogs.

corbiu *adj.* raven-black.

corci **I.** *vb. tr.* to cross *breeds*, to interbreed. **II.** *vb. refl.* to cross, to interbreed.

corcire *s.f.* crossing, interbreeding.

corcit *adj.* crossed, hybrid.

corcitură *s.f. biol.* cross breed, hybrid, F cross; *(d. animale, oameni)* mongrel.

corcodel *s.m.* **1.** *ornit.* diver *(Colymbus arcticus)*. **2.** *bot.* fumitory *(Fumaria)*.

corcoduş *s.m. bot.* mirobolam/mirobolam tree, wax cherry (tree) *(Prunus cerasifera)*.

corcoduşă *s.f. bot.* wax cherry, mirobolam.

cord *s.n. anat.*←S heart. ⓓ *boală de* ~ heart disease/complaint.

cordaj *s.n. nav.* gear.

cordar *s.n.* **1.** *(de ferăstrău)* tongue, gag. **2.** *muz.* tailpiece.

cordea *s.f.* **1.** *(panglică)* ribbon. **2.** *zool.* tapeworm, taenia *(Taenia solium)*.

cordial I. *adj.* **1.** *(pornind din inimă)* cordial, hearty, heart-felt, whole-hearted; *(sincer)* sincere, true. **2.** *(întăritor)* stimulating. ⓟ *primire* ~ă cordial/hearty warm welcome. **II.** *adv.* cordially, with all one's heart, .(whole-)heartedly. **III.** *s.n. med.* cordial, stimulant, restorative.

cordialitate *s.f.* cordiality, heartiness.

cordon *s.n.* **1.** *(cingătoare)* girdle, belt, *poetic*→zone; *(şnur)* string. **2.** *(panglică a unui ordin)* ribbon of an order. **3.** *(al unei monede)* rim, milled edge. **4.** *metal.* rib. **5.** *mil.* cordon, line of posts. **6.** *(şir)* row, line. ⓐ ~ *litoral geogr.* offshore bar; ~ *ombilical anat.* umbilical cord; ~ *orizontal agr.* horizontal cordon.

corect 1. *adj.* **1.** *(lipsit de greşeli)* correct, faultless, flawless; *(aşa cum trebuie să fie)* proper; *(exact)* accurate; exact, precise. **2.** *(cinstit)* honest, fair, just. **II.** *adv.* correctly etc. v. ~ I.

corecta I. *vb. tr.* **1.** to correct, to (a)mend; *(a rectifica)* to rectify; *(a perfecţiona)* to perfect, to improve. **2.** *poligr.* to read, to look over *(the proofs)*; *(a doua oară)* to revise. **II.** *vb. refl.* to grow better, to improve; *(în comportare)* to mend (one's ways), to turn over a new leaf; *(în vorbire)* to correct oneself.

corectare *s.f.* correction, correcting etc. v. c o r e c t a.

corectitudine *s.f.* correctness; *(cinste)* honesty.

corectiv *s.n.* corrective, reserve, qualification.

corector *s.m. poligr.* (proof) reader, press corrector.

corectură *s.f. poligr.* proof (sheet); *(pentru a 2-a revizie)* revise. ⓒ *a face corecturi* to read/correct the proofs, to see *a book* etc. through the press.

corecţie *s.f.* **1.** correction. **2.** corporal punishment, F→thrashing, hiding. ⓐ *casă de* ~←*odin.* house of correction, reformatory.

corecţional *adj. jur.* relative to misdemeanours. ⓟ *delict* ~ minor offence; *închisoare* ~ă penalty of less than five years' imprisonment; *pedeapsă* ~ă penalty of more than five days' imprisonment; *tribunal* ~ court of summary jurisdiction.

coree *s.f. med.* chorea, F→St. Vitus's dance.

coreean *adj., s.m.* Korean.

coregraf *s.m.* choreographer, ballet-master.

coregrafic *adj.* choreographic.

coregrafie *s.f.* choreography.

corelat *adj.* correlated.

corelativ *adj.* correlative.

corelaţie *s.f.* correlation.

coreligionar *s.m.* coreligionist.

corepetitor *s.m.* assistant (music) master; chorus master.

coresponda *vb. intr.* to exchange letters, to write to each other. ⓒ *a* ~ *cu cineva* to correspond/be in correspondence with smb.

corespondent I. *adj.* ⓟ *membru* ~ corresponding member; *unghiuri* ~e *geom.* corresponding angles. **II.** *s.m.* **1.** *şi com.* correspondent. **2.** *şcol.* friend acting in loco parentis. ⓐ ~ *al unui ziar* (newspaper) correspondent; ~ *special* special correspondent.

corespondenţă *s.f.* **1.** correspondence; *(poştă)* mail. **2.** *(conformitate)* correspondence, agreement of tastes, etc. **3.** *ferov. (legătură)* connection. **4.** *(bilet)* transfer ticket. ⓟ *învăţă-mînt prin* ~ tuition by correspondence; *prin* ~ by correspondence; ⓒ *a deschide corespondenţa* to open the mail; *a-şi face corespon-denţa* to do the correspondence; *a fi în* ~ *cu cineva* to correspond with smb., to be in correspondence with smb.

corespunde *vb. intr.* **1.** *(cu dat.)* to correspond (to), to agree (with), to tally (with), to be in character (with); to meet the case; *(scopului, descrierii)* to answer. **2.** *(a comunica) (cu)* to communicate (with). ⓒ *nu* ~ *descrierii* it does not answer the description.

corespunzător I. *adj. (cu sau cu dat.)* corresponding (to); *(potrivit)* proper, adequate, suitable; *(d. califi-care etc.)* competent. ⓟ *în mod* ~ adequately; *(în conformitate)*

accordingly. © *are cunoştinţe co-*
respunzătoare de istorie? has he a
competent knowledge of history? **II.**
prep. according to, in accordance/
keeping with.
coriandru *s.m. bot.* coriander *(Corian-*
drum nativum).
coridor *s.n.* **1.** corridor, passage;
hall. **2.** *geogr.* corridor. **3.** *av.* lane.
corifeu *s.m.* **1.** *lit.* coryphaeus,
leader of the chorus. **2.** *fig.* leader,
master mind.
corigent I. *adj. who has to go in*
for a second examination (after a
non-pass). **II.** *s.m. pupil who has*
to go in for a second examination
(after a non-pass).
corigenţă *s.f.* second examination
(after a non-pass). © *a da un*
examen de ~ to go in for a second
examination.
corigibil *adj.* corrigible; *(d. o gre-*
şeală) redressable, amendable.
corija *v.* c o r e c t a.
corimb *s.n. bot.* corymb(us).
corindon *s.n. mineral.* corundum.
corintic *adj. arhit.* Corinthian. ⓑ
ordin/stil ~ Corinthian order (of
columns).
corist *s.m.* chorister; member of a
chorus; *(la operă)* chorus singer.
coristă *s.f.* chorus girl *sau* lady,
chorine.
coriză *s.f. med.* coryza.
corlă *s.f. ornit.* **1.** gallinula *(Galli-*
nula chlropus). **2.** v. c u f u n d a r.
corman *s.n.,* **cormană** *s.f. agr.*
mould/earth board.
cormoran *s.m. ornit.* cormorant
(Phalacrocorax).
corn¹ *s.n.* **1.** *(la animale, insecte*
etc.) horn, antenna. **2.** *(materie*
osoasă) horn(y substance). **3.** *(de*
plug) plough tail/neck/handle. **4.**
muz. (French) horn; *(englez)* En-
glish horn, corno inglese, tenor
oboe. **5.** *(de vînătoare)* bugle, hunt-
ing horn. **6.** *(pt. praful de puşcă)*
powder/priming horn. **7.** *(al lunei)*
horn; crescent; *poetic* sickle moon.
8. *(franzeluţă)* horn-shaped roll/
cookie, *amer.* crescent; *(lunguieţ)*
thin roll. ⓐ *coarne de cerb* antlers/
horns of a stag; ~ *de secară bot.*
St. John's bread *(Claviceps pur-*

purea) ; ~*ul abundenţei* cornucopia,
the horn of plenty; ~*ul caprei*
v. c a p r i c o r n. ⓑ *animal cu*
coarne lungi longhorn; *cu coarne*
a. horned, corniferous. **b.** *fig.* F
whopping; *fără coarne* hornless;
minciună cu coarne F whopping lie;
nasture de ~ horn button; *ochelari*
din ~ horn-rimmed glasses; *piep-*
tene de ~ horn comb; *vîrf de* ~
horn tip. © *a pune coarne unui*
bărbat←F to be unfaithful to
one's husband, *inv.*→to cuckold;
a se lua în coarne cu cineva F to
come to high words with smb.
corn² *s.m. bot.* cornel tree *(Cornus*
mascula).
cornac *s.m.* cornac.
cornaci¹ *adj.* long-horned.
cornaci² *s.m. pl. bot.* water caltrop/
nut *(Trapa natans).*
cornee *s.f. anat.* cornea, horny coat
(of the eye), corneous tunic.
cornet *s.n.* **1.** *(pîlnie de hîrtie)* cornet
(bag), screw of paper. **2.** *(de pati-*
serie) pastry horn. ⓐ ~ *acustic*
ear/hearing trumpet, hearing/acous-
tic tube; ~ *piston muz.* cornet-
-à-piston, key(ed) bugle.
cornist *s.m.* corn player, bugler;
(gornist) trumpeter.
cornişă *s.f. arhit.* cornice.
cornişor *s.n. bot.* **1.** clubmoss *(Lyco-*
podium). **2.** v. r o ş c o v ă 2.
corniţă *s.f. bot. variety of grapes.*
corniţe *s.f. pl.* hornlets.
cornos *adj.* horn-like, horny; *(tare*
ca cornul) (as) hard as corn.
cornuleţ *s.n. (prăjitură)* horn-shaped
cookie.
cornut *adj.* horned; *(cu coarne lungi)*
long-horned. ⓑ *vite* ~*e* horned
cattle.
cornuţ *s.m. bot.* mouse ear *(Ceras-*
tium arvense).
coroană *s.f.* **1.** *(cunună)* wreath, crown,
garland. **2.** *(regală)* king's crown;
(ducală etc.) coronet. **3.** *(putere mo-*
narhică) crown. **4.** *(monedă)* crown.
5. *geom.* annulus. **6.** *tehn.* rim. **7.**
(dentară) crown. **8.** *(la copita*
calului) coronet. **9.** *muz.* corona,
fermata. **10.** *astr.* corona. **11.** *arhit.*
house top, gable (end). **12.** *bot.*
corona; *(a unui pom)* top/crown

of a tree. Ⓐ ~ *australă astr.* corona australis; ~ *boreală astr.* corona borealis; ~ *engleză* English crown.

corobora *vb. tr.* to corroborate, to confirm.

coroiat *adj.* Ⓓ *nas* ~ aquiline/ hooked nose.

corolar *s.n. mat., log.* corollary.

corolă *s.f. bot.* corolla.

coronament *s.n. arhit.* crowning.

coroniște *s.f. bot.* crown vetch *(Coronila varia).*

coroniță *s.f.* coronet.

coropișniță *s.f. entom.* mole cricket *(Gryllotalpa vulgaris).*

corosiv I *adj.* 1. corrosive, caustic. 2. *fig.* biting, caustic, cutting. Ⓓ *sublimat* ~ corrosive sublimate (of mercury). **II.** *s.m.* corrosive.

coroziune *s.f.* corrosion.

corp *s.n.* 1. *(trup)* body, frame. 2. *(cadavru)* (dead) body, corpse; *(de animal)* carcass. 3. *mil.* corps, body of troops. 4. *geom.* solid (body *sau* figure). 5. *chim.* body, element. 6. *(parte principală)* main part, body. 7. *poligr.* point, size of type. 8. *(grupare, corporație)* (corporate) body, corporation. Ⓐ ~ *ceresc* heavenly body; ~ *compus chim.* compound (body); ~ *de armată mil.* army corps; ~ *de balet* corps de ballet; ~ *de casă* house; ~ *de case* block of houses; ~ *de gardă mil.* guard room/house; ~ *delict* corpus delicti, tangible proof for the evidence, material evidence; ~ *de literă poligr.* point size; ~ *didactic* teaching staff; *(la universitate)* professor(i)ate; ~ *diplomatic* diplomatic corps; ~ *gazos* gaseous body/substance; ~ *legislativ* legislative body; ~ *lichid* liquid body/substance; ~ *robust* strong/ robust frame; ~ *simplu chim.* simple body, element; ~ *solid* solid body/substance; ~ *străin med.* foreign body; ~ *șapte poligr.* seven points; ~ *ul omenesc* the human body; ~*ul vasului nav.* the body/hull of the ship. Ⓓ *luptă* ~ *la* ~ hand-to-hand fight; *membru al* ~*ului* member/part of the body. Ⓒ *a face* ~ *cu...* to be an integral part of...

corpolent *adj.* stout, fat, burly, portly, corpulent.

corpolență *s.f.* stoutness, burliness, portliness, corpulence, corpulency, fleshiness.

corporal *adj. (trupesc)* bodily; *(d. o pedeapsă etc.)* corporal; *(material)* substantial, material. Ⓓ *defect* ~ bodily/corporal defect; *pedeapsă* ~*ă* corporal punishment.

corporatism *s.n.* corporatism.

corporatist I. *adj.* 1. corporatist, corporational. 2. v. c o r p o r a - t i v. **II.** *s.m.* corporationer.

corporativ *adj.* corporate, corporative.

corporație *s.f.* corporation; *ist.* (trade) guild.

corpus *s.n. lit., jur.* corpus.

corpuscul *s.m.* corpuscle, small body, particle.

corpuscular *adj.* corpuscular.

corsaj *s.n.* bodice, body (of a dress).

corsar *s.m. nav.* 1. *(pirat)* sea rover, pirate, corsair, buccaneer. 2. *(vas)* pirate, corsair, pirateer.

corset *s.n.* (pair of) stays, corset. Ⓐ ~ *ortopedic* orthop(a)edic corset.

corsican *adj., s.m.* Corsican.

cort *s.n.* tent; *(în formă de clopot)* bell tent; *(mai mare)* pavilion, marquee. Ⓒ *a ridica un* ~ to pitch a tent; *a înjura ca la ușa* ~*ului* to swear like a trooper/bargee.

cortegiu *s.n.* 1. suite, retinue, train; *(procesiune)* procession. 2. *fig.* train; concomitants. Ⓐ ~ *funebru* burial procession, funeral; ~ *nupțial/de nuntă* bridal procession.

cortical *adj.* bark-like, cortical.

cortină *s.f.* curtain; *(care se lasă în jos)* drop curtain. Ⓒ *a lăsa cortina* to drop the curtain; *a ridica cortina* to raise the curtain; *cortina era trasă* the curtains were drawn aside; *cortina se lasă* the curtain drops/falls; *cortina se ridică* the curtain rises.

corupător I. *adj.* corrupt(ing). **II.** *s.m.* corrupter; *(seducător)* seducer; *(de martori)* suborner; *(mituitor)* briber.

corupe I. *vb. tr. (moralitatea)* to corrupt; *(a mitui)* to bribe; *(a seduce)* to seduce; *(martori)* to suborn; *(a deprava)* to deprave; *(a perverti)* to pervert; *(a vicia)* to defile, to vitiate, to taint. *vb. refl. pas.* to be(come) corrupted etc. v. ~ I.

corupere *s.f.* corruption etc. v. c o r u p e.

corupt *adj.* **1.** *(d. persoane, moralitate)* corrupt, depraved. **2.** *(d. un text etc.)* corrupt.

coruptibil *adj.* corruptible; *(care poate fi mituit)* bribable.

coruptibilitate *s.f.* corruptibility.

corupție *s.f.* corruption, corruptness. ⓐ ~ *a moravurilor* corruption of manners/morals, depravity.

corvadă *s.f.* **1.** *ist.* corvée, forced/statute labour. **2.** *mil.* fatigue. *nav.* duty. **3.** *fig.* irksome task, thankless job, drudgery.

corvetă *s.f. nav.* corvette.

corvoadă v. c o r v a d ă.

cosac *s.m. iht.* bream *(Abramis ballerus)*.

cosaș *s.m.* **1.** mower, reaper, harvester, scytheman, haymaker. **2.** *entom.* large green grasshopper, grig *(Locusta viridissima)*.

cosciug *s.n.* v. c o ș c i u g.

cosecantă *s.f. geom.* cosecant.

cosi I. *vb. tr.* **1.** to mow, to cut (with a scythe), to reap. **2.** *fig.* to mow; *(a distruge)* to destroy; *(a omorî)* to kill. **II.** *vb. refl.* **1.** *pas.* to be mown etc. v. ~ 1. **2.** *(d. cai)* to overreach, to hitch. **3.** *(a se uza)* to get frayed.

cosinus *s.n. mat.* cosine.

cosit *s.n.* mowing. ⓐ ~ul *finului* haymaking. ⓑ *mașina de* ~ v. c o s i t o a r e; *vremea* ~ului hay-harvest, haymaking season, mowing time.

cositoare *s.f.* mower, mowing/haymaking machine.

cositor[1] *s.m.* v. c o s a ș 1.

cositor *s.n.* tin.

cositori *vb. tr.* to (coat with) tin.

cositorie *s.f.*, **cositorit** *s.n.* tinning (over), tin coating/casing/lining.

cositură *s.f.* **1.** *(cosit)* mowing. **2.** *(iarbă cosită)* mown grass; *(nutreț)* fodder. **3.** *(cîmp cosit)* mown field. **4.** *(rană)* sore place *on a horse's leg.*

cosiță *s.f.* **1.** (long) plait/tress of hair. **2.** *bot.* vetch, tare *(Vicio)*. ⓒ *a împleti* ~ *albă* to lead apes in hell.

cosițel *s.m. bot.* water parsnip *(Sium latifolium)*.

cosmetic *adj.*, *s.n.* cosmetic.

cosmetică *s.f.* cosmetics; beauticraft.

cosmetician *s.m.* cosmetician, beautician.

cosmic *adj.* cosmic(al); space... ⓑ *raze* ~*e* cosmic rays.

cosmogonic *adj.* cosmogonic(al).

cosmogonie *s.f.* cosmogony.

cosmograf *s.m.* cosmographer.

cosmografic *adj.* cosmographical.

cosmografie *s.f.* cosmography.

cosmologic *adj.* cosmological.

cosmologie *s.f.* cosmology.

cosmonaut *s.m.* spaceman, cosmonaut.

cosmopolit I. *adj.* cosmopolitical, cosmopolitan. **II.** *s.m.* cosmopolite; citizen/denizen of the world.

cosmopolitism *s.n.* cosmopolit(an)-ism.

cosmos *s.n.* cosmos, (outer) space; *(univers)* universe.

cosor *s.n.* **1.** hook, hedging bill/knife, pruning knife. **2.** *bot.* hornwort, morass weed *(Ceratophyllum)*.

cost *s.n.* cost; *(preț)* price; *(valoare)* value. ⓐ ~*ul vieții* the cost of living; ~*uri de investiție* first/purchasing cost. ⓑ *preț de* ~ cost price, prime cost. ⓒ *a vinde în* ~ to sell at par/at cost price.

costa *vb. intr. și fig.* to cost; *(a face)* to be worth. ⓒ *ce-l costă?* that's nothing to him; *cît costă?* what is the price of it? how much do you charge for it? how much is it? what is it? what's the figure/cipher? *coste cît o* ~*!* cost what it may! whatever it may cost! *nu-l costă nimic să...* he would think nothing of..., he'll stick at nothing to...; *a* ~ *scump* to be expensive, to cost dear, to come high; *o să te coste scump fig.* you shall pay dearly for this, this will cost you a pretty penny; you'll have to smart for it; *chiar dacă m-ar* ~ *viața* even if it should cost my life.

costeliv *adj.* skinny, scraggy, emaciated, meagre, gaunt.

costisitor *adj.* dear, expensive, costly.

costișă *s.f.* slope, declivity; *(versant)* side.

costiță *s.f.* chop.

costum *s.n.* **1.** *(imbrăcăminte)* dress, costume. **2.** *(bărbătesc)* suit (of clothes); *(de damă)* lady's tailor-made suit/costume; coat and skirt. ⓐ ~ *de baie* bathing suit/costume/dress, swimsuit; *(chiloți)* bathing trunks; swimbriefs; ~ *de cosmonaut* space suit; ~ *de golf* tweeds; ~ *de haine* v. 2; ~ *național* national costume.

costuma I. *vb. tr.* to dress up. **II.** *vb. refl.* to dress oneself up; to put on a fancy dress.

costumat *adj.* ⓑ *bal* ~ fancy-dress ball.

costumier *s.m.* *teatru* wardrobe keeper.

coș[1] *s.n.* **1.** basket; *(pt. de-ale mîncării)* hamper; *(pt. pește)* creel; *(pt. rufe)* washing basket; *(pt. copii mici)* cradle basket. **2.** *(conținutul unui* ~*)* basketful. **3.** *(pt. hîrtii)* waste-paper basket; *(acoperit)* silent butler. **4.** *(pt. pescuit)* bow net. **5.** *sport* basket. **6.** *(al morii)* mill hopper. **7.** *(de trăsură)* top/outside of a coach; *(poclit)* tilt. **8.** *(al pieptului)* chest, thorax. **9.** *(horn)* chimney; *(de locomotivă etc.)* smoke stack; *(furnal)* funnel. ⓐ ~ *de albine* conical strainer; ~ *de fabrică* factory chimney; ~ *de navă* ship funnel; ~ *de rufe* clothes basket; ~*ul pieptului anat.* v. ~ 8; ~ *vulcanic geol.* volcanic funnel.

coș[2] *s.n* *(bubuliță)* pimple; *(neagră)* blackhead; *(acnee)* acne.

coșar[1] *s.m.* chimney sweeper, F→ sweep.

coșar[2] *s.n.* **1.** *(hambar)* barn. **2.** *(pt. vite)* stall. **3.** *fig.* hovel, hut.

coșciug *s.n.* coffin; *(simplu sau provizoriu)* shell.

coșcogea(mite) *adj.* v. c o g e a-m i t e.

coșcovi *vb. refl. (d. tencuială)* to come off; *(a se scoroji)* to shrink; *(a se umfla)* to swell (out); *(a se coji)* to peel off.

coșcovit *adj. (cojit)* peeled off; *(scorojit)* shrunk; *(umflat)* swollen (out).

coșenilă *s.f. entom.* cochineal, shield louse *(Coccus)*.

coșmar *s.n. și fig.* nightmare, incubus.

coșniță *s.f.* **1.** *(coș pt. tîrguieli)* market basket. **2.** *(stup)* bee hive. ⓑ *bani de* ~ money to go to market with.

cot[1] *s.n.* **1.** *anat.* elbow. **2.** jab; poke (with the elbow); *(ghiont)* nudge. ⓐ ~ *la* ~ side by side, close together. ⓑ *lovitură cu* ~*ul* v. ~ 2; *rupt în coate* out of elbows. ⓒ *a da coate cuiva* to nudge smb.; *a-și da coate (cu cineva)* F to row in one boat; *a îndoi* ~*ul* to crook/bend the elbow; *a întoarce cuiva* ~*ul* to give smb. the cold shoulder; *a simți* ~*ul mil.* to touch elbows; *a umbla cu coatele goale/roase* to be out at elbows; *a-și face loc cu coatele*, *a da din coate* **a.** to elbow one's way (through the crowd). **b.** to work (oneself) up (to a post etc.); *a se rezema în coate* to lean one's elbows on smth.; *mă doare-n* ~ F I don't care a rap/straw.

cot[2] *s.n.* **1.** *(cotitură)* bend, curvature, curve, turn, winding; *(de rîu)* meander, bend, bight. **2.** *tehn.* crank; bend, elbow. **3.** *electr.* elbow.

cot[3] *s.m.* cubit, ell.

cota I. *vb. tr.* to quote. ⓐ *a fi* ~*t drept...* to be considered as...; *(a trece drept)* to pass for... **II.** *vb. intr.* to be quoted.

cotangentă *s.f. mat.* cotangent, cot.

cotare *s.f.* quotation etc. v. c o t a.

cotarlă *s.f.* cur, F brute of a dog.

cotă *s.f.* **1.** *(parte)* quota, share, portion, quotation; *(contribuție)* contribution. **2.** *com.* quotation. **3.** *(dimensiuni)* dimensions; *(sumă)* sum. **4.** *(de clasificare)* mark, letter, figure. **5.** *geogr.* height from datum line; *(altitudine)* height, altitude, elevation. ⓐ *cota prețu-*

rilor com. list of prices, price current; ~-*parte* quota, share.

cotcodac *interj.* cluck! (cluck!).

cotcodăci *vb. intr.* **1.** to cackle. **2.** *fig.* to cackle, to chatter.

cotcodăcit *s.n.* cackling; chattering.

cotei *s.m. aprox.* dachshund; whelp. © *departe ~ul de iepure* F as like as chalk and cheese; *(e cu totul altceva)* F that's quite another pair of shoes/breeches.

coterie *s.f.* coterie; clique.

coteţ *s.n.* **1.** *(pt. găini)* hen coop/house; *(pt. porci)* pigsty, hogsty, hog pen; *(pt. ciini)* dog kennel/hutch; *(pt. porumbei)* dovecot. **2.** *(pt. prinsul peştelui)* wicker weir.

coti *vb. intr.* to turn, to go out of one's way; *(d. riuri)* to meander. © *a ~ la stînga* to turn to the left.

cotidian I. *adj.* daily, everyday('s), of daily occurrence. ⓑ *ziar ~* v. ~ **II. II.** *s.n.* daily paper, F→ daily. **III.** *adv.* every day, daily.

cotigă *s.f.* **1.** *(cărucior)* (tipping) cart, dumping cart. **2.** *(de plug)* forepart of a plough.

cotiledon *s.n. bot., anat.* cotyledon.

cotiledonat *adj. bot.* cotyledonous.

cotilion *s.n.* cotillion.

cotiş *adv.* in zigzag, tortuously.

cotit *adj.* **1.** tortuous, sinuous; *(d. riuri)* meandering. **2.** *(în zigzag)* zigzaggy.

cotitură *s.f.* **1.** turn(ing); *(de riu)* bend, curve, meander. **2.** *fig.* turning point; *(schimbare)* change; *(schimbare bruscă)* sudden change; *(criză)* crisis.

cotiza *vb. intr.* to subscribe; *(ca membru)* to pay one's membership dues.

cotizaţie *s.f.* due; *(la un club)* subscription; *(parte)* quota, share.

cotlet *s.n.* **1.** *(de porc, de berbec)* chop, *(de viţel)* cutlet. **2.** *pl. (favoriţi)*←F pair of side whiskers.

cotlon *s.n.* **1.** *(ascunzătoare)* hiding place, recess; *(ungher)* corner; *(birlog)* den, lair. **2.** *(pt. cazan)* chimney of the boiler. **3.** *(scorbură)* hollow; *(cavitate)* cavity. **4.** *(firidă)* niche, *arhit.* bay. © *a sta pe ~* P to lollop.

cotnar *s.n.* Cotnar wine.

cotoi *s.m.* male cat, tomcat, tommy, P→ram cat; *(bătrin)* gib cat, grimalkin. @ *Cotoiul încălţat* Puss in boots.

cotonog *adj. (şchiop)* lame, limping, F hobbling; *(paralitic)* paralized, palsied; *(infirm)* crippled (in the arm etc.).

cotonogeală *s.f. (bătaie)* F thrashing, cudgelling.

cotonogi *vb. tr.* F to thrash/pound into a jelly, to beat black and blue.

cotor *s.n.* **1.** *bot.* stalk, stem, S→ caulis. **2.** *(coadă, băţ)* stick; *(miner)* handle, haft, helve. **3.** *(ciot)* stub. **4.** *(de carte)* back; *(de chitanţier etc.)* counterfoil.

cotoroanţă *s.f.* (dirty) old woman/hag/witch, F old crock/jade.

cotoşman *s.m.* P *(cotoi)* grimalkin.

cotrobăi I. *vb. intr. (prin)* to rummage (in *sau* about), to fumble (in *sau* about). **II.** *vb. tr.* to rummage, to ransack.

cotropi I. *vb. tr.* **1.** *(a invada)* to invade, to overrun; *(a ocupa)* to occupy, to take possession of; *(a cuceri)* to conquer. **2.** *fig. (a acoperi)* to cover; *(a infăşura)* to wrap up; *(a inunda)* to flood. **II.** *vb. refl. pas.* to be invaded etc. v. ~ I.

cotropire *s.f.* invasion etc. v. c o t r o p i.

cotropitor I. *adj.* invading etc. v. c o t r o p i. **II.** *s.m.* invader; *(cuceritor)* conqueror.

coturn *s.m. teatru* **1.** buskin, cothurnus. **2.** *fig.* dramatic art, stage.

cotcar *s.m.* cheat, swindler, knave; *glumeţ* rogue.

cotcărie *s.f.* swindle, imposture, cheating.

cotofană *s.f. ornit.* magpie *(Pica caudata)*.

coulomb *s.m. electr.* coulomb.

covată *s.f.* **1.** *(copaie)* trough. **2.** *min.* trough, vat. **3.** *(la moară)* flour/meal chest.

covăseală *s.f.*←P **1.** *(lapte covăsit)* curdled milk. **2.** *(drojdie)* leaven.

covăsi ← P **1.** *vb. tr.* to curdle. **II.** *vb. refl.* to curdle, to turn (to curds).

covăsit *adj.* ⓑ *lapte* ~ curdled milk, curds.

covercot *s.n. text.* covercoat.

covergă *s.f.*←*reg.* 1. v. c o v i l t i r. **2.** *(frunzar)* arbour; *(acoperămînt)* shed.

covertă *s.f. nav.* upper deck.

coviltîr *s.n.* tilt, awning; *(gudronat)* tarpaulin.

covîrşi *vb. tr.* *(a întrece)* to surpass, to exceed; *(a copleşi)* to overwhelm, to overpower; *(a birui)* to overcome, to defeat, to get the better of.

covîrşitor *adj.* *(copleşitor)* overwhelming. ⓑ *majoritate covîrşitoare* overwhelming majority.

covor *s.n.* carpet; *(mic)* rug; *(tapet)* tapestry. ⓐ ~*ul fermecat* the magic carpet. ⓒ *a bate/scutura covoarele* to beat (out) the carpets.

covrig *s.m.* cracknel, bretzel, pretzel, ring-shaped biscuit. ⓐ ~ *cu sare* salt cracknel. ⓒ *a se face* ~ to roll/coil oneself right-up; *a ieşi/ ajunge la* ~*i*←P to come upon the parish, F to go to the dogs; *a scoate la* ~*i*←P to reduce to beggary/destitution.

covrigar *s.m.* baker *sau* seller of cracknels/pretzels, bretzels.

coxalgie *s.f. med.* coxalgia, hip disease/trouble.

cozonac *s.m.* pound cake.

cozoroc *s.n.* (cap) peak.

crab *s.m. zool.* (common) crab *(Carcinus moenas)*.

crac[1] *s.m.* **1.** *anat.* *(picior)*←F leg, *sl.* peg, pin, prop; *(gambă)* shin, shank. **2.** *(braţ de rîu)* arm. **3.** *(de compas)* foot. **4.** *(al unei conducte etc.)* branching. **5.** *(de furcă etc.)* arm. **6.** *(de munte etc.)* branch. **7.** *(de pantalon)* leg.

crac[2] *interj.* **1.** *(imitind zgomotul unui obiect ce crapă)* crack! crash! **2.** *(imitind zgomotul unui obiect ce se ciocneşte cu altul)* bang!

cracaj *s.n.,* **cracare** *s.f. tehn.* cracking.

cracă *s.f.* branch, bough. ⓒ *a-şi tăia craca de sub picioare* to saw off the bough on which one is sitting.

cracoviană *s.f. (dans)* Cracovienne.

crah *s.n. fin.* crash, bankruptcy, failure.

crai *s.m.* **1.** *poet. (rege)* king; *(împărat)* emperor. **2.** *(la jocul de cărţi)* king. **3.** *(berbant)* Don Juan, wanton, philanderer, jilt, rake, masher. ⓐ ~ *de curtea veche (desfrînat)* debauchee, profligate, libertine; *(om care nu e bun de nimic)* good for nothing, loafer; *(vagabond)* saunterer, loiterer; *(pungaş)* knave, cheat, swindler; ~ *de ghindă* **a.** king of clubs. **b.** *fig.* rake, masher; ~ *de roşu* king of hearts; ~ *de tobă* king of diamonds; ~ *de verde* king of spades; *Craii de la Răsărit* the three Magi; ~ *nou* new moon.

craidon *s.m.* v. c r a i **3.**

crailîc *s.n.* philandering, adventures. ⓑ *în* ~ F on the gad.

crainic *s.m.* **1.** *odin.* herald. **2.** *(spicher)* radio announcer, broadcaster, *amer.* şi newscaster.

craiţui *vb. tr.* to stamp, to punch out.

cramă *s.f.* press house; *(pivniţă)* wine cellar.

crampe *s.f. pl. med.* cramps, spasms, convulsions. ⓒ *a avea* ~ to go (off) into convulsions, to have (an attack of) spasms.

crampon *s.n.* **1.** *(scoabă)* crampon, cramp(iron); *(cîrlig)* hook. **2.** *(la bocanci)* calk; *(pt. fotbal)* stud.

crampona *vb. refl. (de)* to cling (to), to hang on (to).

cranian *adj. anat.* cranial. ⓑ *cutie* ~*ă* skull, brain pan.

craniologie *s.f.* craniology, phrenology.

craniu *s.n. anat.* skull, brain pan, S→cranium.

crap *s.m. iht.* carp *(Cyprinus carpio)*.

cras *adj.* crass, gross; *(d. neobrăzare etc.)* barefaced. ⓑ *ignoranţă* ~*ă* crass/gross ignorance.

crater *s.n.* crater.

cratimă *s.f. poligr.* hyphen.

cratiţă *s.f.* pan; *(acoperită)* stew pan; *(pt. prăjit)* frying pan.

craţăr *s.n. min.* conveyor belt.

craul *s.n. sport* crawl.

craun *adv.* ⓒ *a umbla* ~ to idle about.

cravaşa *vb. tr.* to horsewhip.

cravaşă *s.f.* riding whip, horsewhip.

cravată *s.f.* (neck)tie, *rar→*cravat. ⓐ ~ *de pionier* red scarf/tie.

crăcan *s.n.*, **crăcană** *s.f.* **1.** *(furcă)* (pitch) fork. **2.** *(trepied)* tripod, trivet. **3.** *(capră)* saw horse. **4.** *variety of grapes.* **5.** *(picior)*←F leg, *sl.* pin, peg, prop.

crăcăna I. *vb. refl.* to sprawl/straddle one's legs, to stand with one's legs apart. **II.** *vb. tr.* to sprawl, to straddle, to spread wide.

crăcănat *adj.* **1.** sprawling etc. v. c r ă c ă n a. **2.** *(cu picioare strîmbe)* bow-/bandy-legged. ⓑ *picioare* ~*e* bow/bandy legs.

crăci *vb.* v. c r ă c ă n a.

crăciun *s.n.* Christmas, *presc.* X-mas; *(timpul* ~*ului)* Christmas time/ tide, Yule tide. ⓑ *Moş* ~ (old) Father Christmas; Santa Claus; *pom de* ~ Christmas tree.

crăiasă *s.f. poet. (regină)* queen; *(împărăteasă)* empress.

crăiesc *adj.* royal, princely.

crăieşte *adv.* royally.

crăişor *s.m.* **1.** prince. **2.** *ornit.* wren *(Troglodytes parvulus).* **3.** *iht.* salmon *(Salmus salar).*

crăiţă *s.f.* **1.** *bot.* marigold *(Tagetes erecta).* **2.** *(la jocul de cărţi)* queen.

crănţăni *vb. intr.* to crunch, to crackle.

crăpa I. *vb. tr.* **1.** *(a despica)* to split, to cleave; *(lemne)* to chop. **2.** *(a întredeschide)* to open slightly, to half-open; *(uşa şi)* to open ajar. **3.** *vulg. (a mînca)* F to guzzle, to crack, to gorge, to wolf (down). ⓒ *a* ~ *capul cuiva* to split/cleave/ crack smb.'s skull. **II.** *vb. refl.* v. ~ III, 1. ⓒ *se crapă de ziuă* the day breaks/appears/arises/ dawns/peeps. **III.** *vb. intr.* **1.** *(a se despica)* to cleave, to split; *(a se sparge)* to crack, to break, to burst; *(d. piele)* to chap. **2.** *peior. vulg. (a muri) sl.* to croak, to peg out. **3.** *vulg. (a mînca)* F to (stuff and) gorge. ⓒ *a* ~ *de ciudă/necaz* to burst with envy, anger etc.; *a* ~ *de ris* F to split (one's sides) with laughter; *a-i* ~ *obrazul de ruşine* to die with shame; *pielea*

crapă *la frig* the skin gets chapped with the cold; *e un frig de crapă pietrele/ouăle corbului* it freezes hard enough to split stones.

crăpat I. *adj.* split, cleft, chopped, broken, cracked etc. v. c r ă p a. ⓑ *mîini* ~*e* chapped hands. **II.** *s.n.* splitting etc. v. c r ă p a.

crăpătură *s.f.* **1.** crack, split, rift; *(în pămînt)* cleft, fissure; *(în piele)* chap; *(în metal)* flaw; *(în zid şi)* cranny; *(prin care se scurge apa)* leak; *(a unui automat etc.)* slot; *(lunguiaţă, ca o tăietură)* slit; *(a uşii)* chink; *(deschizătură îngustă)* narrow opening. **2.** *fig.* breach, flaw.

crea I. *vb. tr.* **1.** to create, to bring into life/existence; *(a produce)* to bring forth, to produce, to make. **2.** *(a născoci)* to invent, to devise. **3.** *(a înfiinţa)* to create, to found, to set up. **4.** *fig.* to create, to engender, to give rise to. **II.** *vb. refl. pas.* to be created etc. v. ~ I. **III.** *vb. intr.* to create.

creangă *s.f. (cracă)* branch, bough; *(parte dintr-o cracă)* twig.

creanţă *s.f. fin.* debt, claim; *(datorie)* debt.

creare *s.f.* creation etc. v. c r e a.

creastă *s.f.* **1.** *(la păsări)* crest, comb; *(moţ)* aigrette, tuft. **2.** *de munte)* crest, ridge, top; *(de zid)* battlement. **3.** *(de val)* crest. ⓐ *creasta cocoşului bot.* **a.** cock's comb, cockscomb *(Celosia cristata).* **b.** yellow rattle *(Rhinatus crista galli).* **c.** (common) motherwort *(Leonurus cardiaca).* **d.** club, top, goat's beard *(Clavaria);* ~ *de arătură* rib; ~ *de cocoş* cock's comb.

creator I. *adj.* creative. **II.** *s.m.* maker; creator; *(fondator)* founder; *(autor)* author, originator. ⓐ ~*i de bunuri materiale* wealth producers.

creatură *s.f. peior.* creature; *(persoană)* person, individual; *(fiinţă)* being.

creaţi(un)e *s.f.* creation.

crede I. *vb. tr.* **1.** *(a da crezămînt)* to believe (in); *(ceva auzit, relatat)*

to credit, to give credence to. **2.**
(a considera) to think, to consider;
to be of opinion that... **3.** *(a
accepta)* to accept as true, to take
for true. **4.** *(a-şi închipui)* to
imagine, to think. ⓒ *cred că am
dreptate* I believe I am (in the)
right; *~a că am plecat* he thought/
fancied I had gone; *~am că e unul
din prietenii tăi* I thought him
(to be) one of your friends; *~am
că m-au înşelat urechile* I imagined
(that) my ears had deceived me;
eu unul cred că greşeşte in my
opinion he is mistaken; *ce crezi
despre aceasta?* what is your opin-
ion about it? *e tocmai ce ~am*
that's just what I expected; *dacă
l-ai ~* if one may believe/trust
him, to hear him (speak); *nimeni
nu-l mai ~* nobody believes him
any longer, nobody puts any
faith in him now; *~mă!* you may
depend upon it, you may be sure,
you may take my word for it;
drept ce mă crezi? what do you
take me for? *n-aş fi crezut-o* I
should never have imagined it, I
should never have given it a
thought; *te cred!* I should think
so (indeed); it's very likely; I can
imagine that. **II.** *vb. refl.* **1.** *(a
se considera)* to consider/think/
fancy oneself. **2.** *(a avea o părere
exagerată despre sine)* to be con-
ceited/full of conceit, to presume
(too much), F to think no small
beer of oneself. ⓐ *a se ~ (deştept
etc.)* to consider/hold/account one-
self... ⓒ *s-ar ~ că...* one would
suppose/think that...; *se ~ că a
murit* it is thought that he is dead,
he is believed to be dead; *se ~
mare cunoscător* he poses as a con-
noisseur; *se ~ în drept de a...* he
considers himself entitled to...;
prea te crezi you're too conceited.
III. *vb. intr. (în)* to believe (in),
to have faith (in). ⓒ *a ~ ferm în
ceva* to be firmly convinced of
smth.; *cine ar fi crezut?* who would
have believed/credited/thought it?
mai că nu-ţi vine să crezi it is
hardly credible; *nu-mi vine a ~,
nu-mi vine să cred* I can scarcely/

hardly believe, I find it hard to
believe. ⓓ *sătulul nu ~ flămîn-
dului/pe flămînd* a full stomach
does not know what hunger is.
credincios I. *adj.* **1.** *(care are o
credinţă)* believing, faithful, hav-
ing faith; *(pios)* pious. **2.** *(fidel)*
faithful, true; *(loial)* loyal; *(de-
votat)* devoted; *(de nădejde)* reli-
able; *(cinstit)* honest. **II.** *s.m.* be-
liever, faithful one.
credinţă *s.f.* **1.** *(religioasă)* faith;
creed, persuasion, belief; *(confe-
siune)* denomination. **2.** *(faptul
de a crede în ceva)* belief; *(convin-
gere)* conviction; *(părere)* opinion;
view; *(punct de vedere)* point of
view, standpoint. **3.** *(încredere)*
trust, faith, confidence. **4.** *(spe-
ranţă)* hope. **5.** *(loialitate)* loyalty,
fidelity, faithfulness; allegiance.
ⓐ *~ conjugală* conjugal fidelity.
ⓑ *bună ~* good faith; *cu rea ~*
falsely, hypocritically; *de bună-~*
well-meaning, bona fide, acting in
good faith; *de rea-~* ill-meaning/-
intentioned, mala fide; *oameni de
bună-~* honest-minded people,
people of good faith/will; *oameni
de toate credinţele (religioase)* people
of all religious beliefs/creeds; *pro-
fesiune de ~* profession of faith;
rea ~ faithlessness, falseness, dis-
honesty.
credit *s.n.* **1.** *fin.* credit; loan; *(în
registre)* credit(or) side. **2.** (sum
voted for) supply. **3.** *fig.* credit,
influence, repute; *(prestigiu)* pres-
tige. ⓐ *~ în alb/deschis* blank
credit; *~e suplimentare* supplemen-
tary estimates; *~ pe termen lung*
long(-term) credit. ⓑ *scrisoare de
~ com.* letter of credit. ⓒ *a avea
~ la cineva* to have credit with
smb.; *a deschide cuiva un ~* to
open a credit/an account with
smb.; *a-şi pierde ~ul* to lose one's
credit; *a cumpăra pe ~* to buy
on trust/credit.
credita *vb. tr.* to credit, to place/
carry/put a sum to the credit of.
creditor I. *adj.* having a credit,
credit... ⓑ *cont ~* credit account.
II. *s.m.* creditor.

credo *s.n.* credo, creed.

credul *adj.* credulous, easy of belief, easy gullible.

credulitate *s.f.* credulity, credulousness, gullibility.

creier *s.m.* **1.** *anat.* brain, S→cerebrum. **2.** *(ca mîncare)* (dish of) brains. **3.** *fig. (minte)* brains, intelligence; *(intelect)* intellect; *(raţiune)* reason; *(judecată)* judgement. **4.** *fig. (miez)* core. ⓐ ∼*ul mic anat.* little/hinder brain, S→cerebellum. ⓑ *în* ∼*ii munţilor* in the heart of the mountains. ⓒ *n-are pic de* ∼ *(în cap)* he has no brains, he is empty-headed/F addle-pated; *a-şi frămînta* ∼*ii* to rack/cudgel one's brains; to addle one's brains/head; *a zbura* ∼*ii cuiva* to blow out smb.'s brains; *a-şi zbura* ∼*ii* to blow out one's brains; *e atins la* ∼ F his brain is a bit touched; *e un vin care se urcă la* ∼ it's a heady wine, it's a wine that goes to the head.

creieraş *s.m. anat.* little/hinder brain, S→cerebellum.

creion *s.n. (pt. scris)* pencil; *(beţişor)* stick. ⓐ ∼ *chimic* copying ink/indelible pencil; ∼ *colorat* coloured pencil; ∼ *cu mină de plumb* lead pencil; ∼ *de sprincene* eyebrow pencil; ∼ *pastel* crayon. ⓑ *desen în* ∼ pencil drawing; *în* ∼ in pencil. ⓒ *a ascuţi un* ∼ to sharpen/point a pencil; *a scrie cu* ∼*ul* to (write with a) pencil.

creiona *vb. tr.* **1.** *(a desena cu creionul)* to (draw in) pencil; *(a nota cu creionul)* to make a pencil note of. **2.** *fig.* to sketch, to outline.

creiţar *s.m. odin.* kreu(t)zer; ←*înv. (ban, gologan)* penny, farthing.

creiţui *vb. tr.* v. c r a i ţ u i.

crem *adj.* cream-coloured.

crematoriu *s.n.* crematorium, crematory.

cremaţiune *s.f.* cremation.

cremă *s.f. şi fig.* cream; *fig.* flower, pick. ⓐ ∼ *de ghete* shoe polish, shoe/boot cream, blacking; ∼ *de faţă* cold cream; ∼ *de legume* thick soup; ∼ *de ras/bărbierit* shaving cream.

cremene *s.f.* flint, *mineral.* quartz. ⓑ *Ţara lui Cremene* the Land of Cockaigne. ⓒ *cît ai da în* ∼ F in no time, in a jiffy.

crenel *s.n.* crenel(le); *pl.* battlements.

crenelat *adj.* embattled, crenel(l)ated, castellated.

crenvurşt *s.m.* Praguer (sausage).

creol **I.** *adj.* Creole(an). **II.** *s.m.* Creole.

creolină *s.f.* creolin.

creozot *s.n. chim.* creosote.

crep[1] *s.n. (cauciuc)* crêpe rubber.

crep[2] *s.n. text.* crêpe; *(de doliu)* crape.

crepitaţie *s.f. med.* crepitation.

crepon *s.n. text.* crepon.

creponat *adj.* ⓑ *hîrtie* ∼*ă* corrugated paper.

crepuscul *s.n.* twilight, dusk, crepusc(u)le.

crepuscular *adj.* crepuscular, twilight.

crescător **I.** *adj.* growing etc. v. c r e ş t e. **II.** *s.m.* breeder.

crescătorie *s.f.* stockfarm; farm. ⓐ ∼ *de păsări* poultry farm; ∼ *de porci* pig/swine breeding farm.

crescendo *adv., s.n.* crescendo.

crescînd *adj.* growing, rising, increasing.

crescut *adj.* grown etc. v. c r e ş t e. ⓑ *bine* ∼ well-bred.

creson *s.n. bot.* garden/town cress(es) *(Lepidium sativum)*.

cresta **I.** *vb. tr.* to notch, to make incisions on, to dent; *(a tăia)* to cut; *(a răni)* to wound. ⓒ *a* ∼ *pe răboj şi fig.* to score. **II.** *vb. refl.* **1.** *pas.* to be notched etc. v. ∼ I. **2.** *(a se tăia)* to cut oneself; to cut one's face etc.

crestătură *s.f.* cut; notch.

crestomaţie *s.f.* reader, chrestomathy.

creşă *s. f.* crèche.

creşte **I.** *vb. tr.* **1.** *(copii)* to educate, to bring up; *(a pregăti)* to train. **2.** *(animale)* to breed, to rear; *(plante)* to grow, to cultivate. **II.** *vb. refl. pas.* to be educated etc. v. ∼ I. **III.** *vb. intr.* to grow; *(d. copii)* to grow up; *(a spori)* to increase; *(a progresa)* to advance; *(a se maturiza)* to mature; *(a se dezvolta)* to develop; *(a se cuminţi)* to grow wiser; *(a se ridica, d. aluat, apă etc.)* to rise; *(a se*

umfla) to swell; *(d. prețuri etc.)* to rise, to advance. © *îmi ~ inima de bucurie* my heart is swelling with joy; *~ și se întărește lagărul democrației și socialismului* the camp of democracy and socialism is growing in strength and scope.

creștere *s.f.* **1.** *și fig.* growth; *sporire)* increase; *(dezvoltare)* development; rise, growing etc. v. c r e ș t e; *(a prețurilor etc.)* rise, advance. **2.** *(educație)* education, upbringing, bringing up. ⓐ *~a animalelor* animal breeding/husbandry; *~a bunăstării poporului* rise in the living standards of the people; *~a producției* expansion of/rise in production; ⓑ *bună ~* good manners/breeding; *în ~* growing, on the increase.

creștet *s.n.* **1.** *(al capului)* crown; *(căpății)* head. **2.** *(pisc)* summit, top. ⓑ *din ~ pînă-n tălpi* from top to toe.

creștin I. *adj.* Christian. **II.** *s.m.* **1.** Christian. **2.** *fig.* (Christian) soul; *(om)* man, fellow.

creștina I. *vb. tr.* to christianize. **II.** *vb. refl.* to become (a) Christian.

creștinare *s.f.* christianization.

creștinătate *s.f.* christendom.

creștinesc *adj.* Christian.

creștinește *adv.* Christianly, in a Christian manner, like a Christian.

creștinism *s.n.* Christianity.

cretaceu *adj. geol.* chalky, cretaceous.

cretacic *s.n. geol.* cretaceous system.

cretă *s.f.* chalk.

cretin *s.m.* cretin, idiot, numskull, dolt, F hopeless ass.

cretinism *s.n.* cretinism.

creton *s.n. text.* cretonne.

creț I. *adj.* **1.** *(d. păr)* curly, crimp, frizzy; *(d. cineva)* curly-haired/-headed; *(d. frunze etc.)* crisp, crinkled; **2.** *(cu cute)* pleated. **II.** *s.n.* **1.** *(cîrlionț)* lock; *pl. (păr creț)* curly hair. **2.** *(fald)* pleat; *(cută)* crease. **3.** *(zbîrcitură)* wrinkle.

crețesc *adj.* ⓑ *măr ~* rennet (apple).

creuzet *s.n.* crucible; *metal.* melting pot.

crevace *s.f. nav.* rib.

crevetă *s.f. zool.* shrimp *(Crangon vulgaris)*.

crez *s.n.* creed.

crezare *s.f.* credit, credence. © *a da ~ ... cuiva* to believe smb., to give smb. credence; *(unui lucru)* to credit smth., to give credit to (smth.).

crezămînt *s.n.←înv.* v. c r e z a r e.

cri *interj.* chirp!

cric *s.n. tehn.* winch, windlass.

crichet *s.n.* cricket.

crimă *s.f.* crime; offence; *jur.* felony. ⓐ *~ de drept comun* criminal offence. © *a comite o ~* to commit/perpetrate a crime.

criminal I. *adj.* criminal. **II.** *adv.* criminally. **III.** *s.m.* criminal, offender, *jur.* felon. ⓐ *~ de război* war criminal.

criminalist *s.m.* **1.** criminal jurist. **2.** criminologist.

criminalistică *s.f.* criminology.

criminalitate *s.f.* criminality.

criminologie *s.f.* criminology.

crin *s.m. bot.* lily *(Lilium candidum)*.

crinolină *s.f. odin.* crinoline, hoop skirt.

criptă *s.f.* crypt, vault.

criptogamă *s.f. bot.* cryptogam.

criptografic *adj.* cryptographic.

criptografie *s.f.* cryptography.

criptogramă *s.f.* cryptogram.

crisalidă *s.f. entom.* chrysalis, pupa.

crispa I. *vb. tr.* to cramp; to contract; *(fața)* to screw up; *(mîinile)* to clench. **II.** *vb. refl.* to contract; *(d. față)* to pucker up.

crispare *s.f.* contraction etc. v. c r i s p a.

crispat *adj.* cramped etc.

cristal *s.n.* crystal; *(sticlă)* crystal (glass).

cristalin I. *adj.* **1.** *anat., geol.* crystalline. **2.** *fig.* (as) clear as crystal... **II.** *s.n. anat.* crystalline lens (of the eye).

cristaliza *vb intr., tr. și refl.* to crystallize; *fig. și* to materialize.

cristalizare *s.f.* crystallization.

cristalizor *s.n.* crystallizing apparatus.

cristalografie *s.f.* crystallography.

cristaloid *adj.*, *s.m.* crystalloid.

cristei *s.m.* ornit. corn crake *(Crex crex/pratensis)*.

cristelniţă *s.f. bis.* font.

criteriu *s.n.* criterion; *(normă)* norm.

critic I. *adj.* 1. critical; *(hotărîtor)* decisive, crucial; *(periculos)* dangerous, F→ticklish. 2. *(la adresa)* critical (of); *(sever — la adresa)* censorious (of); *(nefavorabil) (faţă de)* unfavourable (to). ⓐ *moment ~* critical/crucial moment; *vîrstă ~ă* critical age. II. *adv.* critically. III. *s.m.* critic.

critica *vb. tr.* to criticize; to animadvert (up)on; *fig. şi* to censure, to find fault with; *(a defăima)* to defame.

criticabil *adj.* criticizable, open/ liable to criticism.

criticastru *s.m.* peior. faultfinder, criticaster.

critică *s.f.* 1. criticism. 2. *(ca gen lit.)* critique. 3. *(criticii)* the critics. ⓐ *~ ascuţită* sharp/telling criticism; *~ de jos* criticism from below; *~ de text* textual criticism; *~ şi autocritică* criticism and self--criticism. ⓑ *mai presus de orice~* above criticism; *sub orice~* beneath criticism.

criţă *adv.*←P extremely, very. ⓒ *a fi beat ~* to be dead drunk, F to be as tight as a drum.

crivăţ *s.n. (icy) north wind*.

crizantemă *s.f.* bot. chrysanthemum *(Chrysanthemum indicum)*.

criză *s.f.* 1. crisis. 2. med. attack; fit. ⓐ *criza generală a capitalismului* the general crisis of capitalism; *~ de...* shortage of...; *~ de guvern* cabinet/government crisis; *~ de inimă* heart attack; *~ de nervi* fit of hysterics; *~ de supraproducţie* overproduction crisis; *~ economică* economic crisis, depression, F→slump; *~ politică* political crisis. ⓒ *a avea o ~ de...* to have a fit/an attack of...

crîcni *vb. intr.* ⓐ *a nu ~* not to say a word, not to dare utter a word, F to keep mum.

crîmpei *s.n.* fragment; *(bucată)* piece.

crîncen I. *adj.* terrible, terrific, awful, dreadful; *(aprig)* fiery; *(feroce)* ferocious. II. *adv.* terribly etc. v. ~ I.

crîng *s.n.* grove; boscage, boskage; *(desiş)* thicket.

croat I. *adj.* Croatian. II. *s.m.* Croat(ian).

croazieră *s.f.* nav. cruise.

crocant *adj.* crisp.

crochet *s.n.* croquet.

crochiu *s.n.* sketch.

crocodil *s.m.* zool. crocodile *(Crocodilus vulgaris)*.

croi *vb. tr.* 1. to cut (out). 2. *(a plănui)* to plan; *(a pune la cale)* to devise. 3. *(un drum etc.)* to build, to construct; *(într-o pădure etc.)* to break *(a trail)*, to beat *(a way)*. 4. *(a bate)* to whip, to lash; *(a lovi)* to strike; *(cu palma)* to slap. ⓒ *a o ~ la fugă* F to pack off, to scuttle away, *sl.*→to stump/walk one's chalks.

croială *s.f.* 1. cut of a coat etc. 2. fig. F make.

croit *s.n.* cutting (out).

croitor *s.m.* 1. tailor; *(de dame)* lady's tailor. 2. entom. capricorn beetle *(Cerambyx)*.

croitoreasă *s.f.* dressmaker.

croitorie *s.f.* 1. tailor's. 2. *(ca meserie)* tailoring.

crom *s.n.* chim. chromium.

croma *vb. tr.* to chrome.

cromaj *s.n.* chromium plate.

cromare *s.f.* chroming.

cromatic *adj.* muz., opt. chromatic. ⓑ *gamă ~ă* chromatic scale.

cromat *s.n.* chim. chromate.

cromatică *s.f.* arte chromatics.

cromatism *s.n.* opt. chromatism.

cromofotografie *s.f.* chromophotography.

cromolitografie *s.f.* arte 1. chromolithography. 2. *(ca tablou)* chromo(lithograph).

cromosferă *s.f.* astr. chrom(at)osphere.

cromozom *s.m.* biol. chromosome.

croncăni *vb. intr. şi fig.* to croak, to caw.

croncănit *s.n.* croak(ing).

croncănitor *adj.* croaking.

croncănitură *s.f.* croak.

cronic I. *adj.* chronic, lasting, confirmed. **II.** *adv.* chronically.

cronicar *s.m.* **1.** chronicler, annalist. **2.** *(de ziar)* columnist, commentator.

cronică *s.f.* **1.** chronicle. **2.** *(de ziar)* news, reports, commentary. ⓐ ~ *dramatică* notice; ~ *literară* book review; literary intelligence; ~ *muzicală* musical chronicle.

cronograf *s.n.* chronograph.

cronologic I. *adj.* chronological. **II.** *adv.* chronologically.

cronologie *s.f.* chronology.

cronometra *vb. tr.* to time.

cronometrare *s.f.* timing, time keeping.

cronometric *adj.* chronometric(al).

cronometrie *s.f.* chronometry.

cronometror *s.m.* **1.** *(în industrie etc.)* time clerk. **2.** *sport* time keeper.

cronometru *s.n.* chronometer. ⓑ *cursă contra ~ului sport* time trial.

cros *s.n. sport* cross country race *sau* running.

crosă *s.f. sport* **1.** (hockey) stick. **2.** golf club.

croșeta *vb. tr. și intr.* to crochet.

croșetă *s.f.* crochet, hooked needle.

crotal *s.m. zool.* rattlesnake, crotalus *(Crotalus adamantus).*

cruce *s.f.* **1.** *și fig.* cross. **2.** *(creștinism)* Christianity. **3.** *(răspîntie)* cross road, crossing. ⓐ ~*a nopții* midnight; ~*a pămîntului bot.* acanthus *(Heracleum sphondylium)*; *Crucea Roșie* the Red Cross; *cardanică tehn.* universal joint, Hooke's coupling; ~ *de voinic* Hercules, athlete. ⓑ *în* ~ crosswise. ⓒ *a face* ~ to cross; *a-și face* ~ to cross oneself; *a pune* ~ *(cu dat.)* to give up... for lost; *a-și purta* ~*a* to bear one's cross; *a se pune* ~ to set one's face; to oppose tooth and nail.

cruci *vb. refl.* **1.** to cross oneself, to make the sign of the cross. **2.** to be wonder-struck/ < dumbfounded.

cruciadă *s.f. ist.* crusade.

crucial *adj.* crucial, decisive.

cruciat *s.m.* crusader.

crucifere *s.f. pl. bot.* crucifers, cruciferae.

crucifica *vb. tr.* to crucify.

crucifix *s.n.* crucifix.

cruciș I. *adv.* crosswise; *(oblic)* slantwise, aslant. ⓑ *cu mîinile* ~ *fig.* with folded arms; *în* ~ *și curmeziș* far and wide. ⓒ *a se pune (în)* ~ *și curmeziș* to move heaven and earth; *a se uita* ~ to squint, to be squint-/P→bosseyed, to have a cast in one's eye; *a se uita* ~ *la... (cineva)* to look at *smb.* askance, F→to look blue at...; *(ceva)* to look with a jaundiced eye at... **II.** *adj.* **1.** *(d. ochi)* squinting; *(d. cineva)* squint-/P→boss-eyed. **2.** *fig.* hostile. **3.** *(d. drumuri)* cross..., crossing.

crucișător *s.n. nav.* cruiser. ⓐ ~ *de linie* battle cruiser.

crud I. *adj.* **1.** *(neprelucrat, nefiert etc.)* raw; *(necopt)* green. **2.** *(tînăr)* young, F→green. **3.** cruel, brutal, violent; *(sălbatic)* savage. **II.** *adv.* cruelly, brutally, violently, savagely.

crunt I. *adj. (însetat de sînge)* blood-thirsty; *(crud)* cruel, brutal, violent; *(inuman)* inhuman; *(grozav)* dreadful, terrible, horrible, awful; *(sîngeros)* bloody. **II.** *adv.* cruelly etc. v. ~ I.

crupă *s.f.* croup(e), crupper.

crupon *s.n.* butt.

crustaceu *s.n. zool.* crustacean, shell fish.

crustă *s.f.* crust.

crușățea *s.f. bot.* winter cress *(Barbarea vulgaris).*

crușin *s.m. bot.* waythorn *(Rhamnus frangula).*

cruța I. *vb. tr.* to spare; *(a ierta)* to pardon, to forgive; *(sănătatea)* to take care of. **II.** *vb. refl.* to take care of one's health, to take care of oneself; not to overtask oneself.

cruțare *s.f.* **1.** sparing etc. v. c r u ț a. **2.** *(milă)* mercy, pity. ⓑ *fără* ~ mercilessly, pitilessly.

cruzime *s.f.* cruelty, brutality.

ctitor *s.m.* founder, benefactor.

ctitori *vb. tr.* to found.

ctitorie *s.f.* foundation.

cu *prep.* with. ⓐ ~ *haine etc. cu tot* clothes *etc.* and all; ~ *lunile etc.* for months etc.; ~ *timpul* little by little; in (the) course of time; ~ *tot... sau* ~ *toată...* for all..., despite..., in spite of...; after...; ~ *totul* quite, completely, absolutely, F→clean; ~ *toții...* all (of us etc.); ~ *ziua* by the day. ⓑ *an* ~ *an* year by/after year; *de cînd* ~... since...; *de față* ~... in the presence of...; *la un loc* ~ together with...; *și* ~ ... and... ⓒ *era* ~ *doi ani mai mare* he was two years older; *le vindea* ~ *un leu bucata* he sold them at one leu each.

cuantă *s.f.* quantum. ⓑ *teoria cuantelor* the quantum theory.

cuantic *adj.* quantum. ⓑ *mecanică* ~*ă* quantum mechanics.

cuarț *s.n. mineral.* quartz.

cuaternar *adj. geol.* Quaternary.

cub I. *s.n.* 1. cube. 2. *pl. (de copii)* (toy) bricks. II. *adj.* cubic. ⓑ *metru* ~ cubic metre.

cubaj *s.n.* cubing.

cubic *adj.* cubic(al). ⓑ *rădăcină* ~*ă mat.* cubic root; *zahăr* ~ *cube/* lump sugar.

cubilou *s.n. metal.* cupola (furnace).

cubism *s.n. arte* cubism.

cubist *adj. arte* cubist.

cubitus *s.n. anat.* cubitus, ulna.

cuc *s.m.* 1. *ornit.* cuckoo *(Cuculus canorus).* 2. *adverbial (singur* ~*)* ←F quite alone. ⓑ *ceas cu* ~ cuckoo clock; *lapte de* ~ F pigeon's milk.

cuceri *vb. tr.* 1. *(o țară etc.)* to conquer; *(a supune)* to subdue; *(un deșert etc.)* to subjugate; *(o poziție inamică)* to carry. 2. *fig.* to captivate; *(pe cineva și)* to make a conquest of, to gain *smb.'s* sympathy; *(a cîștiga)* to win, to gain; *(a dobîndi)* to obtain; *(inima cuiva)* to win; *(de partea sa)* to win over. 3. *(a obține)* to win, to gain.

cucerire *s.f.* 1. conquering etc. v. c u c e r i. 2. *(ca act)* conquest; *(realizare)* achievement. ⓒ *a face o* ~ *fig.* to make a conquest.

cuceritor I. *adj.* conquering etc. v. c u c e r i; *(d. aer)* swaggering. II. *adv.* victoriously, triumphantly. III. *s.m.* conqueror, victor.

cucernic I. *adj.* devout, pious. II. *adv.* devoutly, piously.

cucernicie *s.f.* devotion, piety.

cucoană *s.f.* 1. *(doamnă)* madam, F ma'am. 2. F *(soție)* wife.

cuconet *s.n. col.*←*peior.* ladies.

cucu *interj.* cuckoo!

cucu-bau *interj.* bo-peep!

cucui *s.n.* bump.

cucuiat *adj.* 1. *(d. păsări)* crested. 2. v. c o c o ț a.

cucurbitacee *s.f. pl. bot.* cucurbitaceae.

cucurigu I. *interj.* cock-a-doodle-doo. II. *s.n.* 1. *teatru* F gods. 2. *(mansardă)*←F gable, attic.

cucută *s.f. bot.* (poison) hemlock *(Conium maculatum).*

cucuvaie *s.f. ornit.* little owl *(Athene noctua).*

cufăr *s.n.* trunk, chest, box.

cufunda I. *vb. tr.* 1. *(în)* to sink (into), to plunge (into), to immerse (into). 2. *fig.* to plunge, to immerse. ⓐ *a fi* ~*t în...* to be plunged/absorbed/lost/buried in...; *(somn)* to subside into...; *(întuneric)* to be plunged in... II. *vb. refl. (în)* to sink (into), to plunge (into); *(d. submarine etc.)* to submerge, to dive; *(d. vase)* to sink, to settle down.

cufundar *s.m. ornit.* 1. ember goose, ice loon *(Colymbus arcticus).* 2. crested diver *(Podiceps cristatus).*

cufundare *s.f.* sinking etc. v. c u - f u n d a.

cuget *s.n.* 1. *(gîndire)* thinking. 2. *(gînd)* thought. 3. *(minte)* mind. 4. *(intenție)* intention, plan, scheme, project. 5. *(conștiință)* conscience. ⓑ *mustrare de* ~ remorse. ⓒ *a-l mustra* ~*ul* to have qualms of conscience.

cugeta *vb. intr. (la)* to think (of), to reflect (on, upon); to brood (on), to meditate (on, upon).

cugetare *s.f.* **1.** thinking; meditation. **2.** *(gînd)* thought; *(idee)* idea. ⓑ *după o matură* ~ upon a fair balance.

cugetător *s.m.* thinker. ⓑ *liber* ~ free-thinker.

cui *s.n.* nail, clasp nail; *(de lemn)* peg; *(de sîrmă)* wire tack. ⓒ *a bate un* ~ *în...* to drive/hammer a nail into...; *a face* ~*e*←F to tremble with cold; *a bate în* ~*e* to nail, to fasten with nails; *a pune/atîrna în* ~ to hang on a peg. ⓓ ~ *pe/cu* ~ *se scoate* one fire drives out another.

cuib *s.n.* **1.** *și fig.* nest; *(de păsări răpitoare)* aerie. **2.** *(speluncă)* den. **3.** *(centru)* centre; *(focar de infecție)* nidus. **4.** *(cămin)* home; *(reședință)* residence. **5.** *agr.* hole; *(pătrat)* check-row. **6.** *min.* pocket. **7.** *mil.* nest (of a machine gun).

cuibar *s.n.* v. c u i b 1, 4.

cuibări *vb. refl. și fig.* to nestle.

cuier *s.n.* peg, rack, stand; *(ca mobilă)* hallstand.

cuirasat I. *adj.* armoured, armour--plated. **II.** *s.n. nav.* armoured ship, ironclad battleship.

cuirasă *s.f.* armour.

cuișoare *s.n. pl. bot.* clove *(Eugenia aromatica)*.

cujbă *s.f.* pot hanger.

culant *adj.* liberal, accommodating.

culca I. *vb. tr.* **1.** *(în pat)* to put to bed. **2.** *(a așeza jos)* to lay down; to put down horizontally; *(a așeza)* to lay, to put, to recline. **3.** *(a doborî)* to knock down; *(arbori)* to fell, to hew down; *(a ucide)* to kill, F to do for. ⓒ *ploaia a* ~*t grîul* the rain has beaten down/laid the corn; *l-am* ~*t la pămînt cu un pumn* I felled him with a blow. **II.** *vb. refl.* **1.** *(ca să doarmă)* to go to bed, F→to turn in; to retire for the night. **2.** *(a se întinde)* to lie down.

culcare *s.f.* going to bed; retiring for the night. ⓒ *a se duce la* ~ to go to bed; *(d. copii)* to go to bye-bye; *a trimite copiii la* ~ to send/F→pack the children off to bed.

culcat *adj.* **1.** lying, recumbent. **2.** *(în pat)* in bed, abed.

culcuș *s.n.* **1.** bed, couch; *(adăpost)* shelter. **2.** *(strat)* layer.

culee *s.f. constr.* abutment.

culegar *s.n. poligr.* composing stick.

culegător *s.m.* **1.** *(de)* collector (of). **2.** *agr.* reaper. **3.** *poligr.* compositor, setter.

culege I. *vb. tr.* **1.** *(a aduna)* to gather, to collect; *(fructe, flori)* to gather, to pick, to cull; *(recolta)* to gather in, to reap; *(informații)* to collect, to cull, to glean; *(a colecționa)* to collect. **2.** *(a ridica)* to pick up. **II.** *vb. refl. pas.* to be gathered etc. v. ~ I.

culegere *s.f.* **1.** gathering etc. v. c u l e g e. **2.** *(colecție)* collection.

cules *s.n.* harvest. ⓐ ~*ul ceaiului* tea picking; ~*ul strugurilor* vintage.

culinar *adj.* culinary.

culisă *s.f.* **1.** *pl. teatru* backstage; wings, slips, flies, side scenes. **2.** *tehn.* link. **3.** *pl. fig.* side scenes. **4.** *(la trombon)* slide. ⓑ *de culise fig.* backstairs...; *în culise fig.* behind the scenes.

culme *s.f.* **1.** summit, top, peak. **2.** *fig.* height, highest point; climax, culmination, acme, summit, zenith. ⓐ ~*a obrăzniciei* the frozen limit; ~*a perfecțiunii* the acme of perfection; ~*a prostiei* the bathos of stupidity. ⓒ *a ajunge la* ~ to reach a climax; *asta-i culmea* that's the limit, that crowns (it) all, F that beats all/the devil.

culmina *vb. intr. și astr.* to culminate, to reach a climax/the highest point.

culminant *adj.* **1.** *astr.* culminant. **2.** *fig.* culminating, highest, climactic. ⓑ *punct* ~ culmination.

culminare *s.f.* culmination.

culminație *s.f. astr.* culmination.

culoar *s.n.* passage (way), corridor; *sport* lane.

culoare *s.f.* **1.** colour, tint, hue; *(vopsea)* paint, dye. **2.** *fig.* colour; *(nuanță)* shade, hue. **3.** *(la cărți)* suit; *(la pocher)* flush. ⓐ ~ *lo*

cală local colour; *culori complementare opt.* complementary colours; *culori vii* lively colours. ⓑ *de* ~ coloured; *fără* ~ colourless, pale; *în culori favorabile* in a favourable light; *la* ~ to match. ⓒ *a avea* ~ to have quite a colour, to have a high colour/complexion; *a-şi pierde* ~*a* to lose one's colour; to become pale.

culpabil *adj.* guilty.

culpabilitate *s.f.* guilt(iness), culpability.

culpă *s.f.* guilt.

cult[1] *s.n.* **1.** cult, creed, form of worship; *(religie)* religion. **2.** *fig.* worship. ⓐ ~*ul personalităţii* the cult of personality. ⓑ *libertatea* ~*ului*/~*elor* freedom of worship, religious freedom. ⓒ *a avea un* ~ *pentru cineva* to worship smb.

cult[2] *adj.* (well-)educated, cultured, cultivated, well-informed.

cultiva I. *vb. tr.* **1.** *(pămîntul)* to cultivate, to farm, to till; *(planta etc.)* to cultivate; *(cereale)* to cultivate, to grow, to raise. **2.** *fig.* to cultivate; *(a dezvolta)* to develop; *(mintea)* to improve; *(prietenia)* to cultivate; *(o legătură)* to nurse, to cultivate. **II.** *vb. refl.* to improve one's mind; to educate oneself; to acquire knowledge.

cultivabil *adj.* cultivable; *(d. pămînt)* arable.

cultivare *s.f.* cultivation etc. v. c u l t i v a.

cultivat *adj.* **1.** cultivated etc. v. c u l t i v a. **2.** v. c u l t[2]. ⓑ *suprafaţă* ~*ă agr.* area under crops, crop area; *teren* ~ land under crop.

cultivator I. *s.m.* grower, farmer. **II.** *s.n. agr.* cultivator.

cultural *adj.* cultural. ⓐ *centru* ~ cultural centre; *muncă* ~*-educativă* cultural and educational work; *revoluţie* ~*ă* cultural revolution.

culturaliza *vb. tr.* to enlighten.

culturalizare *s.f.* enlightenment. ⓑ *muncă de* ~ cultural and educational work.

cultură *s.f.* **1.** culture. **2.** *agr. etc.* culture; *(creştere)* culture, breeding, rearing; *(cultivare)* cultivation etc. v. c u l t i v a. ⓐ *cul-*

tura bumbacului cotton growing; ~ *de bacili* culture of bacilli; ~ *fizică* physical culture; ~ *generală* general education/information; *culturi cerealiere* cereal crops; *culturi furajere* forage crops; *culturi tehnice* technical crops. ⓑ *om de mare* ~ highly cultivated man; *plante de* ~ cultivated plants.

cum I. *adv.* **1.** *(interogativ)* *(în ce mod?)* how? *(se poate?)* is it possible? I bet! *(zău)* really? *(ce-ai spus?)* what! haw! what was that? what did you say? *(politicos)* I beg your pardon; *(de ce?)* why? *(cît?)* how much? *(răspunsul fiind un adjectiv)* what (is it etc.) like? **2.** *(exclamativ)* how much, how beautifully etc. ⓐ ~ *aşa?* how is that? ~ *de nu!* a. v. (şi) î n c ă ~ b. *ironic* F not likely! nothing of the sort! ~ *se face că...?* how is it that...? how does it come about that...? *sărac* ~ *era...* poor as he was..., (al)though he was poor...; ~ *şi în ce fel* how, in what way. ⓑ *apoi* ~! F it stands to reason! it goes without saying; *(şi) încă* ~! F I should think so! rather! he does (read well etc.), *amer.* and how. ⓒ ~ *de...?* v. ~ *se face că...?*; ~ *să ajung la...?* can you tell me the way to...? ~ *m-am bucurat!* how glad I was! ~ *te cheamă?* what is your name? ~ *crezi?* what do you think? ~ *o duci cu sănătatea?* how is your health? how do you feel? how are you getting on? ~ *de nu ţi-e ruşine?* you ought to be ashamed (of yourself)! for shame! ~ *se face că...?* how is it that...? ~ *ai făcut?* how did you do it? how did you manage? ~ *se-nşală omul!* how easily one may be deceived; ~ *merge?* F how goes it? ~ *îţi merge?* how are you getting on? ~ *îţi place...?* (how) do you like...? ~, *a şi plecat?* what, has he already gone? ~ *să spun* how can one say; well; *iată* ~ *trebuie să faci asta* that is the way to do it; ~ *ti zice?* what is it called? ~ *nu se poate mai bine* perfectly; F→never better; **II.** *conj.* **1.** *(introduce completive modale)* how. **2.** *(precum)* as. **3.** *(ca și cum)* as if/though. **4.** *(deoarece)* as, since, because. **5.** *(deși)* though, although; as. **6.** *(în măsura în care)* as (far as). **7.** *(pe cînd)* as, while. ⓐ ~ *s-ar zice* that is, namely; ~... *și* ...no sooner... than... ⓑ *ca și* ~... as if/though...; *după* ~... as ... **III.** *interj.* what?

cuman *s.m.*, *adj.* Cuman(ian).

cumătră *s.f.*←P **1.** godmother *of smb.'s child.* **2.** *(femeie flecară)* gossip.

cumătru *s.m.*←P **1.** godfather, sponsor *of smb.'s child.* **2.** F pal, chum. **3.** *pl.* sponsors, family, connexions.

cumetrie *s.f.* **1.** sponsorship; godfathership; godmothership. **2.** baptism feast, christening dinner/party.

cumineca **I.** *vb. tr.* to give *smb.* the eucharist. **II.** *vb. refl.* to receive the eucharist.

cuminecare *s.f.* communion.

cuminecătură *s.f.* eucharist, the sacrament.

cuminte **I.** *adj.* **1.** *(ascultător)* obedient, dutiful; *(cu minte)* sensible; *(bun)* good; *(liniștit)* quiet; *(serios)* serious. **2.** *(cu judecată)* reasonable, sensible; *(înțelept)* wise; *(deștept)* clever; *(prevăzător)* foreseeing, provident; *(prudent)* prudent. ⓒ *fii* ~ *!* behave yourself! **II.** *adv.* obediently etc. v. ~ **I.**

cumințenie *s.f.* *(rațiune)* reason; sense, wisdom, discretion, reasonableness; *(prudență)* prudence; *(deșteptăciune)* cleverness; *(seriozitate)* seriousness; *(purtare bună)* good conduct.

cuminți *vb. refl.* to settle/steady down; *(a-i veni mintea la cap)* to come to reason. ⓒ *s-a* ~*t* he has steadied/sobered down, F→he has sown his wild oats.

cumis *s.n.* koumiss.

cumnat *s.m.* brother-in-law.

cumnată *s.f.* sister-in-law.

cumpănă *s.f.* **1.** *(de fîntînă)* (well) sweep, shadoof. **2.** balance, scales. **3.** *Cumpăna astr.* the Scales. **4.** *tehn.* bubble level. **5.** *(pt. găleți)*

yoke. **6.** *fig.* *(moderație)* moderation, limit. **7.** *fig.* balance; *(încercare)* ordeal; *(măsură)* measure. **8.** *fig.* *(șovăială)* hesitation. ⓐ *cumpăna apelor* watershed; *amer* divide; *cumpăna nopții* midnight. ⓒ *a fi în* ~ to hang in the balance; *a pune în* ~ to weigh, to compare; *a sta/fi în* ~ to waver, to hesitate; *a ține în* ~ *fig.* to keep in suspense.

cumpăni **I.** *vb. tr.* **1.** *(a cîntări)* to weigh. **2.** *(a balansa)* to balance. **3.** *fig.* to balance, to weigh, to ponder, to consider. **II.** *vb. refl.* **1.** to swing, to sway, to rock, F→to dangle. **2.** *(a șovăi)* to waver, to hesitate. **3.** *(a se decide)* to make up one's mind.

cumpănire *s.f.* **1.** balancing etc. v. **c u m p ă n i.** **2.** *(echilibru)* balance, equilibrium, (equi)poise.

cumpănit *adj.* *(d. cineva)* cool, level-headed; *(d. minte etc.)* well-balanced.

cumpăra **I.** *vb. tr.* **1.** to buy, to purchase. **2.** *fig.* to bribe. **II.** *vb. refl. pas.* to be bought etc. v. ~ **I.**

cumpărare *s.f.* buying etc. v. **c u m p ă r a.** ⓑ *putere de* ~ purchasing power/capacity; *vînzare-*~ sale and purchase.

cumpărător *s.m.* buyer, purchaser; *(client)* customer.

cumpărătură *s.f.* **1.** purchase. **2.** *pl.* *(în sens abstract)* shopping. ⓒ *a face/se duce după cumpărături* to go shopping.

cumpăt *s.n.* balance, equilibrium, poise. ⓒ *a-și pierde* ~*ul* to lose one's balance.

cumpătare *s.f.* moderation; sobriety.

cumpătat *adj.* moderate, temperate, abstemious, abstinent.

cumplit **I.** *adj.* *(crunt)* ferocious, cruel, terrible. **II.** *adv.* ferociously etc. v. ~ **I.**

cumsecade **I.** *adj.* **1.** *(d. oameni)* honest, decent, kind-hearted, amiable, serviceable. **2.** *(d. lucruri)* proper, suitable, fit. **II.** *adv.* properly.

cumul *s.n.* holding more than one office/appointment, plurality of offices.

cumula *vb. tr.* **1.** to hold a plurality of *offices* etc. **2.** *(dovezi etc.)* to cumulate; *(a stringe)* to accumulate.

cumulard *s.m.* holder of more than one office/appointment; *peior.* pluralist, F→twicer.

cumulare *s.f.* holding more than one office etc. v. c u m u l a.

cumulativ *adj.* cumulative.

cumulus *s.m.* cumulus, cloud rack.

cumva *adv.* **1.** *(oricum)* somehow; *(neglijent)* anyhow. **2.** *(poate)* perhaps, maybe; *(din intimplare)* by chance/accident. ⓐ *(să) nu (care)* ~ *să...* mind you don't..., be sure not to..., take care not to... ⓒ *știe el* ~ *asta?* does he know this?

cuneiform *adj.* cuneiform.

cunoaște I. *vb. tr.* **1.** to know; *(a-și da seama de)* to be aware of, to be conscious of; *(a fi familiarizat cu)* to be acquainted/familiar with; to have a knowledge of; *(pe cineva)* to be acquainted with; *(a fi versat în)* to be versed in; *(temeinic)* to be conversant with; *(o limbă, temeinic)* to have a thorough command of. **2.** *(a recunoaște)* to recognize. **3.** *(a se bucura de)* to see; to witness. ⓒ *cunosc toate amănuntele* I am aware of all the circumstances; *nu* ~ *lumea* he is ignorant of the world; *a* ~ *măsura* to know when to stop; *a nu* ~ *odihna* to know no rest; *a* ~ *din vedere* to know by sight; *a face cunoscut cuiva* to inform smb. of, to give smb. notice of. II. *vb. refl.* **1.** *reciproc* to be acquainted. **2.** *(a se băga de seamă)* to be noticeable/sensible. ⓒ *v-ați cunoscut?* have you met before?

cunoaștere *s.f.* **1.** knowledge; being familiar *with* etc. v. c u n o a ș t e. **2.** *filoz.* cognition, knowledge. ⓑ *teoria cunoașterii* theory of knowledge; epistemology.

cunoscător I. *adj. (în)* versed (in), experienced (in). II. *s.m.* expert, connoisseur.

cunoscut I. *adj.* **1.** known; *(bine* ~*)* well-known; *(renumit)* renowned.

2. acquainted; *(d. o figură etc.)* familiar. II. *s.m.* acquaintance.

cunoștință *s.f.* **1.** *(cunoaștere)* knowledge *(și ca pl.).* **2.** *pl. (informație)* knowledge, information; attainments; cognizance. **3.** *(cunoscut)* acquaintance. ⓐ *o* ~ *întîmplătoare* a. a strange bed-fellow; b. nodding acquaintance. ⓑ *fără* ~ unconscious, in a dead faint. ⓒ *a avea* ~ *de* to know..., to be aware of..., to be acquainted with...; *a avea oarecari cunoștințe de franceză* to have some acquaintance with French; *a nu avea* ~ *de...* to be unacquainted with...; *a pune pe cineva în* ~ *de cauză* to acquaint smb. with smth., to inform smb. about smth.; *a dobîndi cunoștințe* to acquire/store knowledge; *dă-mi voie să-ți fac* ~ *cu...* please allow me to introduce you to...; *a face* ~ *cu cineva* to make smb.'s acquaintance, to become acquainted with smb., to come to know smb.; *cînd ai făcut* ~ *cu el?* when did you meet him? when did you make his acquaintance? *a lua* ~ *de ceva* to take knowledge/cognizance of smth.; *a-și pierde cunoștința* to lose consciousness, to faint; *a-și recăpăta cunoștința* to regain consciousness, to recover one's senses/wits; *a aduce ceva la* ~ *cuiva* to inform smb. of smth., to bring smth. to smb.'s notice/knowledge.

cununa *vb. tr. și refl.* to marry.

cunună *s.f.* wreath, garland; *(coroană)* crown; coronet.

cununie *s.f.* **1.** wedding, marriage ceremony. **2.** *(concret)* bride's *sau* bridegroom's wreath. ⓒ *a lua cu* ~ to marry, to wed, to take in marriage.

cupă[1] *s.f.* **1.** goblet, bowl, cup; *(mare)* tumbler; *(plină)* brimmer; *bis.* chalice. **2.** *sport etc.* (gold *sau* silver) cup. **3.** *tehn., agr. etc.* bucket; *(~ de excavator)* dipper bucket, shovel dipper; scoop. **4.** *bot.* leaf, crown.

cupă[2] *s.f. (la cărți)* heart(s).

cupeu *s.n.* **1.** brougham. **2.←*înv.* *(în vagon)* coupé, compartment.

cupiditate *s.f.* cupidity.

cupla I. *vb. tr.* to couple. **II.** *vb. refl. pas.* to be coupled.

cuplaj *s.n. tehn. etc.* coupling.

cuplare *s.f.* coupling.

cuplă *s.f. tehn.* coupling.

cuplet *s.n.* verse, couplet; satirical song, calypso.

cuplu *s.n.* couple; *(pereche)* pair.

cupolă *s.f.* cupola, *arhit.* dome.

cupon *s.n.* **1.** *com.* coupon; *(de stofă)* remnant. **2.** *(dintr-un bilet etc.)* coupon; *(separat și)* check.

cuprinde I. *vb. tr.* **1.** to take in, to comprise, to include, to cover, to involve; to wrap up, to embrace, *elev.* to comprehend; *(a socoti)* to reckon; *(a conține)* to contain. **2.** *(a îmbrățișa)* to embrace. **3.** *(cu privirea)* to take in; *(a vedea)* to see. **4.** *(d. simțiri)* to seize, to grip; *(d. somn etc.)* to overcome, to overpower. **5.** *(a ocupa)* to occupy; *(a umple)* to fill. **6.** *(a cuceri)* to conquer. © *explicația nu ~ toate faptele* the explanation does not cover all the facts. **II.** *vb. refl.* ⓐ *a se ~ în...* a. *(a intra în)* to enter into. b. *pas.* to be comprised in etc. v. ~ **I**.

cuprins I. *adj.* **1.** comprised etc. v. c u p r i n d e. **2.** *(înstărit)* well--off, well-to-do. ⓐ *~ de...* seized with... **II.** *s.n.* **1.** *(conținut)* contents; *(tablă de materii și)* summary. **2.** *(suprafață)* surface, area; *(întindere)* extent, stretch; *(al apelor etc.)* expanse; *(regiune)* part(s), region. ⓑ *în ~ul (cu gen.)* within...; in...; *pe tot ~ul țării* throughout the country.

cuprinzător *adj.* comprehensive; *(larg)* wide, broad, ample, extensive; *(plin de miez)* pithy. ⓑ *scurt și ~* to put it in a nutshell; *(pe scurt)* briefly, to put it bluntly.

cupru *s.n.* copper.

cuptor *s.n.* **1.** oven, *tehn.* furnace; *(pt. ars)* kiln. **2.** *(cantitate de pîine etc.)* batch. **3.** *fig.* heat. **4.** *(iulie)*←P July. ⓐ *~ de cărămizi* brick kiln; *~ înalt* blast furnace. © *a sta pe ~, a se muta de pe vatră*

pe ~ F to rest upon one's oars, to let the grass grow under one's feet.

cuptorar *s.m.* **1.** furnace maker. **2.** kilnman; oven(s)man; furnace feeder.

curaj *s.n.* **1.** courage, valour, F→ nerve, pluck. **2.** *interjecțional* courage! pluck up! be of good cheer! F→chins up! © *a avea ~ul convingerilor sale* to have the courage of one's convictions; *a da ~ cuiva* to cheer smb. up; *a pierde ~ul* to lose courage/heart; *a prinde ~* to take courage/heart.

curajos I. *adj.* courageous, brave, F→plucky. **II.** *adv.* courageously etc. v. ~ **I.**

curat I. *adj.* **1.** clean; *(îngrijit)* tidy, neat; *(căruia îi place să fie ~ d. pisici etc.)* cleanly; *(fără amestec)* pure; *(nediluat)* straight, neat; *(senin, clar)* clear; *(proaspăt)* fresh; *(veritabil)* genuine. **2.** *(net)* net. **3.** *(pur etc.)* pure; *(cinstit)* honest, fair; *(neprihănit)* immaculate; *(fără greșeală)* faultless; *fig.* sincere. **4.** *(simplu)* mere, pure; *(d. prostie etc.)* sheer, downright. **5.** *fig. (deschis)* open; *(lămurit)* distinct. ⓑ *aer ~* pure/clear air; *aur ~* pure gold; *mîini ~e* clean hands; *pagină ~ă* clean page. © *nu e lucru ~* I smell a rat; *a scrie ceva pe ~* to make a clear/fair copy of smth., to write smth. out fair. **II.** *adv.* clearly, neatly, purely, openly, frankly.

curatelă *s.f. jur.* trusteeship, guardianship.

curativ *adj.* curative.

curã *s.f.* (course of) treatment, cure. ⓐ *~ de slăbire* reducing (cure), antifat treatment, *glum.* banting.

curăța I. *vb. tr.* **1.** to clean; *(a spăla și)* to scour; to wash, to rinse; *(cu peria)* to brush; *(a freca)* to scrub; *(a draga)* to dredge; *(a lustrui)* to furbish; *(pantofii etc.)* to clean; *(a văcsui)* to black; *(dinții)* to clean, to brush; *(vesela)* to scrub, to scour; *(un cal)* to rub down; *(de coajă)*

to peel; *(stomacul)* to open, to
evacuate (the bowels); *(o sticlă)*
to wash out; *(a destupa)* to clear;
(pomi) to prune; to trim; *(pește)*
to gip. **2.** *(a elibera)* to clear, *(de
dușmani)* mil. to mop up. **3.** *(a
rafina)* to refine, *chim.* to purify,
to rectify. **4.** *(de bani)* F to do
out, to skin. **5.** *(a omorî)* F to
do for. © *a ~ un canal* to clear
a canal of/from obstruction; *a ~
de omizi* to clear caterpillars; *a
~ masa* to clear the table; *a ~
străzile de zăpadă* to clear the
streets of snow. **II.** *vb. refl.* **1.** to
clean/brush oneself. **2.** *pas.* to be
cleaned etc. v. *~* I. **3.** *(de bani)*
F to be cleaned out. ⓐ *a se ~
de... (a se debarasa de)* to get rid
of...

curăţat *s.n.* cleaning etc. v. **c u -
r ă ţ a.** © *trebuie să-mi dau haina
la ~* I must have my coat cleaned.

curăţel *adj.* tidy, neat, decent.

curăţenie *s.f.* **1.** *(lipsă de murdărie)*
cleanliness; *(îngrijire)* neatness;
(lipsă de murdărie) cleanliness;
(îngrijire) neatness; *(lipsă de ames-
tec)* purity; *(a aerului)* clearness,
clarity, purity, v. **ş i c u r a t.**
2. *(ca acţiune)* cleaning. **3.** *fig.*
purity; *(castitate)* chastity. **4.** *med.*
purge, purgative.

curăţi *vb.* v. **c u r ă ţ a.**

curăţitor *adj.* cleaning; purifying.

curb *adj.* curved.

curba *vb. tr.* to curve, to bend.

curbă *s.f.* curve. ⓐ *~ de nivel*
contour line.

curbiliniu *adj.* curviliniar.

curbură *s.f.* curvature; *(curbă)*
curve.

curcan *s.m.* **1.** *ornit.* turkey (cock)
(Meleagris gallopavo). **2.** ←*odin.* F
bobby, peeler, cop(per).

curcă *s.f. ornit.* turkey hen. ⓑ *ca o
~ plouată* F like a dying duck in
a thunderstorm, down in the chops.
© *o să te rîdă şi curcile* ←F you
will be everybody's laughing stock.

curcubeu *s.n.* rainbow.

curea *s.f.* strap, thong; *(pt. încins)*
belt; *(pt. puşcă)* rifle sling. ⓐ *~
de transmisie* driving belt. © *a-şi*

strînge ~ua to tighten one's belt,
to go on short commons; *cît îl
ţine ~ua* F as much/long as he
can afford.

curechi *s.n. bot.*←*reg.* v. **v a r z ă.**

curelar *s.m.* strap/harness maker,
leather cutter; belt maker.

curelărie *s.f.* **1.** strap maker's trade.
2. *(ca atelier)* saddler's.

curecluşă *s.f.* small strap; *(pt. ceas)*
wristlet.

curent I. *adj.* **1.** *(d. vorbire)* fluent.
2. *(d. an etc.)* present, current;
(d. lună) instant; *(zilnic)* daily.
3. *(d. preţuri)* current; *(d. mo-
nedă)* legal; *(d. cheltuieli)* running;
(d. expresii) in current use; *(obiş-
nuit)* usual. ⓑ *apă ~ă* running
water; *în ziua de 6 a lunii curente*
on the 6th inst. **II.** *adv.* **1.** easily,
readily; *(a citi, a vorbi)* fluently.
2. *(obişnuit)* generally, usually.
III. *s.n.* current; *(tendinţă)* trend;
(curs) course. © *a fi în ~ cu...*
to be acquainted with..., to be hep
to..., to be in the know/swim; *a
pune pe cineva în ~ cu...* to acquaint
smb. with..., to inform smb. of...;
a ţine pe cineva în ~ cu... to keep
smb. well informed on..., to keep
smb. in touch with...; *a se pune
în ~ cu...* to become acquainted
with...; to make oneself acquainted
with; *a se ţine la/în ~ cu...* to
keep/be abreast of... **IV.** *s.m.* **1.**
current, stream; flow. **2.** *(în casă)*
draught. **3.** *fig.* tendency, spirit.
ⓐ *~ alternativ electr.* alternative
current; *~ continuu* direct/con-
tinuous current; *~ de aer* **a.**
meteor. air current. **b.** *metal.* blast;
~ electric electric current, (elec-
tric) power; *~ marin* marine
current. ⓑ *contra ~ului şi fig.*
against the stream.

curenta I. *vb. tr.* to shock, to pro-
duce an electrical shock in. **II.** *vb.
refl.* to get a shock.

curgător I. *adj.* **1.** *(d. apă)* flowing,
running. **2.** *(d. vorbire etc.)* fluent,
flowing. **II.** *adv.* fluently.

curge *vb. intr.* **1.** to flow, to run;
(d. lacrimi şi) to course down; *(a
pluti)* to float; *(a picura)* to drip.

2. *(d. un recipient, stilouri etc.)* to leak; *(d. nas)* to run. **3.** *(d. sunete etc.)* to flow; *(d. timp)* to pass (by), to elapse; *(repede)* to fly; *(a-și urma cursul)* to take its course. **4.** *(a atîrna)* to hang. **5.** *(d. o mulțime)* to pour forth/down. **6.** *(d. urechi etc.)* to run, to suppurate. **7.** *fig.* to rain.

curgere *s.f.* running etc. v. c u r g e.

curier *s.m.* messenger, courier; express. ⓐ ~ *diplomatic* diplomatic courier/messenger.

curios I. *adj.* **1.** curious, inquisitive. **2.** *(straniu)* curious, strange, odd, peculiar; *(neobișnuit)* uncommon; *(rar)* rare; *(original)* original. ⓒ *a fi foarte* ~ to have long ears; *partea curioasă a chestiunii e că...* the odd part of the business is that... **II.** *adv.* curiously etc. v. ~ I. **III.** *s.m.* curious person, curiosity-monger, F→quiz, peeping Tom.

curiozitate *s.f.* **1.** curiosity, inquisitiveness. **2.** *(caracter ciudat)* curiosity, oddity, peculiarity; *(ciudățenie)* curiosity, oddity. ⓒ *din* ~ out of/from curiosity. ⓒ *a arde de* ~ to be burning with curiosity, to be on tiptoe with curiosity; *a satisface* ~*a cuiva* to satisfy/gratify smb.'s curiosity; *a trezi* ~*a cuiva* to excite/raise smb.'s curiosity, to set smb.'s ears/heart on edge.

curînd *adv.* **1.** soon, before long; *(după aceea)* presently, by and by, *înv.*→anon. **2.** *(îndată)* at once, immediately; *(repede)* quickly. ⓑ *cît mai* ~ as soon as possible; *de* ~ I. *adj.* recent. II. *adv.* of late, recently, lately; a while ago; not long ago; *mai* ~ **a.** earlier. **b.** *fig.* sooner, rather; *în* ~ v. ~ 1. *mai* ~ *sau mai tîrziu* sooner or later; *pe* ~ *!* see you soon! *pînă de* ~ until recently.

curma I. *vb. tr.* **1.** to interrupt, to break off; *(a înceta)* to cease; *(a sfîrși)* to end; *(a opri)* to put a stop to, to stop. **2.** *(a fringe)* to break. ⓒ *a-și* ~ *viața/zilele* to put an end to one's life, to commit suicide; *a* ~ *tăcerea* to break the silence. **II.** *vb. refl.* to come to an end, to stop, to cease, to break.

curmal *s.m. bot.* date palm/tree *(Phoenix dactylifera)*.

curmală *s.f.* date.

curmare *s.f.* interruption etc. v. c u r m a.

curmătură *s.f.* gorge, ravine.

curmei *s.n.* (piece of) rope; *(de tei)* bast/bark rope. ⓒ *a lega* ~ to bind fast; *a lega teie de* ~*e* to use shifts/subterfuges.

curmeziș *adv.* **1.** across, crosswise. **2.** *(pieziș)* aslant. ⓑ *in/de-a* ~ v. ~ 1; *în/de-a* ~*ul (cu gen.)* across. ⓒ *a se pune în* ~ to set one's face against smth.

curpen *s.m.* tendril; *(lujer)* stem; *(nuia)* switch.

curs[1] *s.n.* **1.** *(de rîu)* flow, course; *(curent)* current, stream. **2.** *(al gîndurilor)* train, trend. **3.** *(scurgere a timpului)* lapse; *(durată)* duration. **4.** *(desfășurare)* course. **5.** *(al monedei)* rate of exchange, currency circulation. ⓐ ~ *de apă* river/water course, waterway; ~*ul oficial* official table of prices; ~*ul evenimentelor* the course of events; ~*ul pieții* the market prices/rates. ⓑ *anul în* ~ the current/present year; *în* ~ *de...* **a.** in..., within... **b.** in process/course of...; *în* ~*ul* during..., in the course of...; *în* ~*ul conversației* during the conversation; *în* ~*ul drumului* on the way; *în* ~*ul ședinței* in the course of the sitting; as the sitting progressed; *trative în* ~ negotiations now proceeding/in progress. ⓒ *a da* ~ *unei cereri* to comply with a request; *(oficial)* to take into account a petition; *a da* ~ *liber imaginației* to give free play/rein to one's imagination; *a lăsa lucrurile să-și urmeze* ~*ul* to let things go, to let the world slide, F→to let well alone.

curs[2] *s.n. (prelegere)* lecture; *(serie de lecții)* course; *(manual)* textbook. ⓐ ~ *seral* evening classes. ⓒ *a ține un* ~ *de istorie* to hold a history class, to lecture on history; *(o serie de prelegeri)* to give a course of lectures on history.

curs int *s.m.* v. c u r s i s t.

cursă[1] *s.f.* **1.** *(a unui vehicul)* drive, ride; *nav.* cruise, voyage; *(cu trăsura)* journey, run. **2.** *(drum, alergătură)* F run; *(ca însărcinare)* errand. **3.** *sport* race, racing, *pl.* (horse) races. **4.** *tehn.* motion, run; *(a pistonului)* stroke. **5.** *ferov.* local (train); *amer.* way train. ⓐ *cursa înarmărilor* the arms drive/race, armament(s) race; ~ *contra cronometrului* time trial; ~ *cu obstacole sport* a. steeple chase. **b.** hurdle race; obstacle race; ~ *de fond sport* long-distance race. ⓒ *a face* curse a. to go out shopping. **b.** to run errands/messages.

cursă[2] *s.f.* **1.** trap, snare; *(groapă)* pitfall; *(de șoareci)* mouse trap. **2.** *fig.* snare, trap; pitfall, net. ⓒ *a întinde cuiva o* ~ to set/lay smb. a trap; *a cădea în* ~ to be caught in a trap/net, to take the bait; *a prinde pe cineva în propria sa* ~ to bite the biter.

cursist *s.m.* student.

cursiv I. *adj.* **1.** *(d. scriere)* cursive, running; *(d. vorbire)* fluent. **2.** *poligr.* italic. II. *adv.* cursively, fluently.

cursivă *s.f. pl.* **1.** *poligr.* italics. **2.** *(la ziar)* column.

cursivitate *s.f.* cursive character; fluency.

cursor *s.n.* slider; cursor.

curta *vb. tr.* to court, to pay court to.

curtaj *s.n. com.* broking, brokerage.

curte *s.f.* **1.** court, yard, courtyard. **2.** *(palat de reședință)* court. **3.** *jur.* court, tribunal. **4.** *(făcută unei femei)* attention(s), addresses, courtship(s), lovemaking. ⓐ ~*a școlii* school playground; ~ *boierească*←*odin.* manor, country--squire's house/residence; *Curte de Apel* Court of Appeal; *Curte de Casație* Court of Cassation; *Curte Supremă* Supreme Court. ⓒ *a face* ~ a. *(unei femei)* to court..., to woo..., to make love to...; to pay attention/one's　　attentions/one's

addresses to... **b.** *fig.* to court/ curry favour with...

curtean *s.m.* courtier.

curtenie *s.f.* v. c u r t o a z i e.

curtenitor I. *adj.* courteous; *(politicos)* polite. II. *adv.* courteously; politely.

curtezan *s.m.* courter, suitor, beau.

curtezană *s.f.* **1.** *ist.* courtesan. **2.** wanton, tart.

curtier *s.m. în ec. cap., com.* broker.

curtoazie *s.f.* courtesy, courteousness.

cusătoreasă *s.f.* seamstress, needle-woman.

cusătură *s.f.* **1.** *(cusut)* sewing. **2.** *(la haină etc.)* seam. **3.** *tehn.* joint, junction; *metal.* seam.

cuscră *s.f.* mother of a son-in-law *sau* daughter-in-law.

cuscru *s.m.* father of a son-in-law *sau* daughter-in-law.

custode *s.m.* custodian; caretaker; keeper (of a library), librarian.

custodie *s.f.* custody.

cusur *s.n.* imperfection, defect, shortcoming, flaw. ⓑ *fără* ~ ideal, perfect, faultless, flawless. ⓒ *a găsi* ~ *(cu dat.)* to find fault with...; ...*nu are nici un* ~ there's nothing wrong with...

cusurgiu I. *s.m.* fault-finder. II. *adj.* find-faulting; choos(e)y; fastidious.

cusut *s.n.* sewing.

cușcă *s.f.* **1.** box; *(pt. animale)* cage; *(pt. orătănii)* coop; *(pt. iepuri de casă)* rabbit hutch; *(pt. ciini)* (dog) kennel. **2.** *(a sufleru-lui)* prompter's box.

cușcuș *s.n.* kouskous.

cușmă *s.f.* v. c ă c i u l ă.

cutanat *adj. anat.* cutaneous.

cutare I. *pron.* so-and-so; Mr. This or Mr. That. II. *adj.* such (and such) (a).

cutat *adj.* pleated.

cută *s.f.* **1.** *(creț)* fold, plait. **2.** *(zbircitură)* wrinkle.

cute *s.f.* whetstone.

cuter *s.n. nav.* cutter.

cuteza *vb. tr. și intr.* to dare.

cutezanță *s.f.* boldness; fearlessness.

cutezător I. *adj.* daring, bold. II. *adv.* daringly, boldly.

cuticulă *s.f.* cuticule, epidermis.

cutie *s.f.* **1.** box; *(pentru pălării etc.)* bandbox. **2.** *(sertar)* drawer. ⓐ ~ *craniană anat.* cranium; ~ *de chibrituri* box of matches; ~ *de conserve* tin; can; ~ *de scrisori* letter box; ~ *de viteze tehn.* gear box. ⓑ *(scos) ca din* ~ F as if coming out of the bandbox, spick and span; (as) bright as a button/a new penny/pin.

cutră *s.f.* double-dealer, weather cock.

cutreiera *vb. tr.* to travel all over, F→ to knock about; *(o pădure etc.)* to scour.

cutremur *s.n.* **1.** earthquake. **2.** *fig.* shaking; thrill(ing); *(groază)* fright, terror.

cutremura I. *vb. tr.* to shake. **II.** *vb. refl.* to quake; *(a tremura)* to tremble, < to shiver, to shudder.

cutremurător *adj.* **1.** awful, terrible. **2.** *(mișcător)* touching, moving.

cutumă *s.f. jur.* customary law.

cuțit *s.n.* **1.** knife; *(cu două lame)* two-bladed knife; *(cu mai multe lame)* many-bladed knife; *(cu teacă)* sheath knife; *(pt. pește)* fish knife; fish carver; *(de masă)* table knife; *(briceag)* penknife; *(de bucătărie)* kitchen knife; *de cizmar)* shoemaker's knife; *(de grădinar)* gardener's knife; *(de legător de cărți)* bookbinder's knife; *(bisturiu)* bistoury, lancet. **2.** *tehn.* cutter, knife. ⓐ ~ *de dogar* cooper's drawing knife; ~*de plug agr.* blade, coulter; ~ *de rabotat tehn.* beader knife, planer tool; ~ *de raboteză tehn.* shaper and planer tool; ~ *de răzuit metal.* scraping knife. ⓑ *la* ~*e* by the ears. ⓒ *parcă mi-a dat cu un* ~ *prin inimă* it cut me to the quick, it went to my (very) heart; *a fi cu* ~*ul la gît fig.* to have the knife at one's throat; *a fi la* ~*e* to be at daggers drawn, to be at swords' points, to be at loggerheads; *a-i ajunge* ~*ul la os* to be reduced/driven to extremity.

cuțitar *s.m.* F throat cutter.

cuțitaș *s.n.* *(briceag)* penknife, pocket knife.

cuțitărie *s.f.* **1.** cutler's (work)shop. **2.** *col.* cutlery (ware).

cuțitoaie *s.f.* drawing knife; *(a dulgherilor)* planisher.

cuțovlah *adj.*, *s.m.* Kutso-Vlach.

cuțu I. *interj.* come on! **II.** *s.m.* F doggie, doggy. ⓒ *să-mi zici* ~ *dacă...* F I'll eat my boots/hat/head if...

cuvă *s.f.* tub, vat.

cuveni *vb. refl.* ⓐ *se cuvine să ...* it is fitting that..., it is (meet and) proper to/that...; *a i se* ~ to be one's due; *(a merita)* to deserve. ⓒ *așa se cuvine* **a.** it is right to be so. **b.** *(acesta e obiceiul)* it is the custom; *cît mi se cuvine?* what is my due? *cum se cuvine* **I.** *adj.* proper, becoming. **II.** *adv.* as it becomes one; well, properly, as it ought to be; in the proper way; *fiecăruia i se cuvine o sută* everyone is to have one hundred; *i se cuvine* it is his due, he has the right to it; *nu se cuvine ca tu să...* it does not become/befit/beseem you to..., F→ it is bad form for you to...; *nu se cuvine să procedezi astfel* one doesn't do such things, such things are simply not done; *a primit ce i se cuvenea fig.* he got his deserts.

cuvenit *adj.* proper, adequate.

cuvertură *s.f.* coverlet, counterpane, bed spread.

cuviincios I. *adj.* decent; *(cum se cuvine)* proper, becoming; *(politicos)* polite; *(d. vorbe etc.)* decorous. **II.** *adv.* decently etc. v. ~ **I.**

cuviință *s.f.* decency, decorum, propriety; *(politețe)* politeness. ⓑ *cele de* ~ all due respects/homage; *după* ~ v. c u m s e c u v i n e; ⓒ *a găsi/crede/socoti de* ~ to think/deem fit/right.

cuvios I. *adj.* pious, devout. **II.** *adv.* piously, devoutly.

cuvioșie *s.f.* **1.** *(evlavie)* piety, devotion.₂. v. o m e n i e.

cuvînt *s.n.* **1.** word. **2.** *(cuvîntare)* speech, address. **3.** *(învățătură)* teaching; *(sfat)* advice; *(dispoziție)* order. **4.** *(promisiune)* promise. **5.** *(părere)* opinion, view; *(punct de vedere)* point of view. **6.** *(ceartă)* quarrel. **7.** *(motiv)* reason, motive. ⓐ *cuvinte încrucișate* crosswords; ~ *bun* kind word;

~ *cu* ~ word for word; ~ *de mingîiere* kind word, word of consolation; *pl.* endearing words; ~ *de încheiere* concluding remarks; ~ *de ordine* **a.** countersign. **b.** *fig.* watchword; ~ *înainte* foreword; ~ *jignitor* insulting word. ⓘ *cu alte cuvinte* in other words; *cu drept* ~ with good reason; *dintr-un* ~ at once, immediately, without hesitating; *fără* ~ undependable, unreliable, untrustworthy; <lying, mendacious; *în adevăratul înțeles/ sens al* ~*ului* in the true sense of the word; *în (toată) puterea* ~*ului* in the true sense of the word; *într-un* ~ in a/one word, in short; *joc de cuvinte* play on words, pun; *la aceste cuvinte* at these words; *nici un* ~ not a word/syllable; *numai un* ~ *!* F just a word! *om de* ~ a man of his word; *pe* ~ *(de onoare)* ! upon my word; honestly! F honour bright! *sub* ~ *că...* under the pretext/pretence of..., on the plea of...; *sub nici un* ~ on no account, by no means. ⓒ *nu am cuvinte să descriu...* I can't find the language to describe..., words fail me to describe...; *are* ~*ul tov.* A. comrade A has the floor; *el are* ~*ul hotărîtor* it is for him to decide, F→he has the final say; *a avea ultimul* ~ to have the last word; *a avea un* ~ *de spus* to have a say (in a matter); *a-și călca* ~*ul* v. **a nu se ține de** ~; *a cere* ~*ul* to ask for the floor; *a-și cîntări cuvintele* to weigh one's words; *a da cuiva* ~*ul* to give smb. the floor; *a-și da* ~*ul de onoare* to give/pledge one's word (of honour); *a nu găsi cuvinte ca să...* not to find words to...; *a*

lua ~*ul* to take the floor; *a-și lua* ~*ul înapoi* to take back/ retract one's words, F→to eat one's words; *nu spuse un* ~ he didn't say/utter a word; *a nu sufla un* ~ *despre...* not to breathe a word about..., F→to be mum on...; *a avea un schimb de cuvinte cu cineva* to have words with smb.; *a se ține de* ~ to keep one's word; to be as good as one's word; *a nu se ține de* ~ to break one's word, not to keep one's word, to go back on one's word; *a crede pe cineva pe* ~ to take smb. at his word, to believe smth. on smb.'s bare word; *a repeta ceva* ~ *cu* ~ to repeat smth. word for word; *ăsta e* ~*ul !* that's the word (for it), F you've hit it!

cuvînta I. *vb. tr. (a spune)* to say; *(a rosti)* to utter. **II.** *vb. intr. (a vorbi)* to speak.

cuvîntare *s.f.* speech; *(alocuțiune)* address; *(solemnă)* oration, harangue. ⓒ *a ține o* ~ to make/deliver a speech.

cuvîntător *adj.* speaking.

cuzinet *s.m. tehn.* bush(ing).

cvadragenar *s.m.* quadragenarian.

cvadrant *s.m. mat.* quadrant.

cvadrat *s.m. poligr.* quadrat.

cvadratură *s.f. geom.* quadrature. ⓐ *cvadratura cercului* squaring of the circle.

cvadruman *adj.* quadrumanous, four-handed.

cvadruplu *adj.* quadruple, fourfold.

cvartă *s.f.* **1.** *muz.* fourth. **2.** *(la scrimă)* quart.

cvartet *s.n. muz.* quartet(te).

cvas *s.n.* kvass.

cvasi *adv.* quasi...

cvintă *s.f. muz.* fifth, quint.

cvintet *s.n. muz.* quintet(te).

D

D, d *s.m.* D, d, the fifth letter of the Romanian alphabet.

da[1] *adv.* **1.** yes, *poetic, inv.*→ay(e), *amer.* yea(h); F→yep. **2.** *interog.* oh so? really? ⓐ ~, *desigur* yes, certainly/of course, *grav* forsooth; ~ *sau/ori ba?* yes or no? ⓑ *ba* ~ oh, yes. ⓒ *a răspunde* ~ to answer in the affirmative; *nu pot să spun* ~ I cannot (give my) consent to it; *nu vrea să spună nici* ~ *nici nu/ba* he does not want to commit himself (either way), he is wavering; *a spune/zice* ~ to say yes; *a spune* ~ *la toate* to say yes to everything, to be a yes-man; *a nu spune nici* ~, *nici nu* to give no positive/final answer; *spune numai* ~ *și nu* he says only yes and no; he speaks in monosyllables, he does not open his mouth (much); *cred că* ~ I think so; *nu pot spune dacă* ~ *sau nu* I cannot say whether yes or no; ~, *o voi face* yes, I'll do it; — *N-ai auzit?* — *Ba* ~, *desigur.* "Did you not hear it?" "Of course, I did/I did hear it."

da[2] *conj.* v. **d a r**[2].

da[3] **I.** *vb. tr.* **1.** to give; *(a dărui)* to present *smb.* with; *(a oferi)* to offer. **2.** *(a acorda)* to bestow/confer upon *smb.*, to grant. **3.** *(a furniza)* to afford. **4.** *(înapoi)* to give back, to return; *(ceva furat)* to restore. **5.** *(a livra)* to deliver. **6.** *(a înmîna)* to hand (over). **7.** *(a vinde)* to sell. **8.** *(a produce)* to produce, to yield. **9.** *(a pune)* to put, to place. **10.** *(cărțile de joc)* to deal. **11.** *(a arunca)* to throw. ⓐ *a* ~ *să...* to be about to...; *(a încerca să)* to try to...; *a-i fi* ~*t să...* to be destined to... ⓒ *a* ~ *un bal* to give a ball; *a.* ~ *brațul cuiva* to

give/offer smb. one's arm; *a* ~ *cuiva bună ziua* to bid smb. the time of (the) day; *a* ~ *un bun exemplu* to set a good example; *cîți ani îi* ~*i?* how old do you take him to be? *a* ~ *colțul* to turn the corner; *a* ~ *crezare cuiva* to believe smb., to give smb. credit; *a* ~ *curs liber (cu dat.)* to give free course to...; *a-și* ~ *cuvîntul* to give one's word; *a* ~ *dreptate cuiva* to admit smb. to be right; *a-și* ~ *fata după...* to give one's daughter away in marriage to...; *a* ~ *fructe multe (d. pomi)* to bear much fruit; *a* ~ *ghetele cu cremă* to polish the shoes; *a* ~ *cuiva lămuriri despre...* to enlighten smb. on...; *a* ~ *o luptă* to fight a battle, to give battle to the enemy; *a* ~ *mărturie* to bear witness; *a-și* ~ *mîna* to shake hands; *a* ~ *o mînă de ajutor* to give a lift/a helping hand; *a* ~ *o pedeapsă (cu dat.)* to inflict a punishment on...; *această școală a* ~*t pictori celebri* celebrated painters have come out of that school; *a* ~ *pinteni calului* to spur the horse; *a* ~ *un premiu* to award a prize; *a* ~ *un răspuns* to (give an) answer; to (make) reply; *cum* ~*i roșiile?* what's the price of tomatoes? *dă-mi sarea, te rog* pass me the salt, please; *nu-mi dă mîna să-l cumpăr* I can't afford to buy it; *a* ~ *să înțeleagă că...* to give a hint that..., to intimate that...; *mi-a* ~*t să înțeleg că...* he gave me to understand that...; *să-ți dea Dumnezeu sănătate* may Heaven preserve you; *a* ~*t să plîngă* he was about to cry; *dădu să vorbească* he tried to speak; *a* ~ *un sfat* to give (a piece of)

advice; *a ~ un țipăt* to (set up a)
scream; *a-și ~ viața pentru patrie*
to lay down/give one's life for
one's country, to shed one's blood
for one's country; *a-și ~ votul* to
give one's vote; *a ~ cu împrumut*
to lend *smth.*; *a ~ de gol* to unmask
smb., to expose *smb.*; to give
smb. away; *a ~ de rușine* to bring
discredit *upon smb.*; *a ~ în seama
cuiva* to entrust smb. with the care
of *smth.*; *a ~ la o parte* to put
smth. aside; *a ~ pe datorie* to sell
smth. on credit. **II.** *vb. refl.* to
yield. ⓐ *a nu se ~ (a nu se lăsa)*
not to yield, not to give in, not
to surrender; *a se ~ cu...* to side
with..., to join..., to join hands
with *smb.* ⓒ *a se ~ drept altceva
decît este (în realitate)* to pretend
to be *smb.* different from what
one (really) is; *a se ~ jos* to climb/
get down; *a se ~ pe gheață* to slide;
dă-te încoace F draw near. **III.** *vb.
intr.* **1.** *(a bate)* to beat; *(a lovi)*
to strike. **2.** *(a veni)* to come;
(d. zăpadă etc., a cădea) to fall.
ⓐ *a ~ de...* to come upon/across...,
to run across...; *(a găsi)* to find...;
(a întîlni) to meet (with)..., to
look out on... ⓒ *a ~ cu mătura*
to give a sweep; *a ~ (cu dat.)
cu piciorul* to kick *(cu acuz.)*; *a
~ cu pușca* to shoot with a gun;
a ~ într-o boală to contract a
disease; *a ~ pe la cineva* F to call
on smb.; *i-au ~t lacrimile* tears
came into his eyes, he burst into
tears; *a(-i) ~ înainte* to go/carry
on, to continue; *a ~ înapoi* **a.**
to fall back. **b.** *fig.* to give away/in,
to yield, F→to climb down, to
back out of it; *așa i-a fost ~t*
Heaven so ordained/ordered it (to
be); *dă-i!* **a.** *(dă-i drumul!)* F go
it! look alive! fire away! **b.** *(bate-l)*
F give it him! pitch into him!
dă-i și dă-i! F give it him! pitch
into him!

dac *adj., s.m.* Dacian.

dacapo *adv.* da capo.

dacă[1] *s.f.* **1.** Dacian (woman). **2.**
Dacian, the Dacian language.

dacă[2] *conj.* **1.** *(în propoziții condi-
ționale)* if, in case; *(admițînd că)*
supposing (that), granted (that),
in case/the event of; *(numai în
cazul cînd)* provided (that). **2.** *(în
propoziții completive)* whether, if.
3. *(cînd)* when. **4.** *(după)* after,
when. **5.** *(de îndată ce)* as soon
as. ⓐ *~ cumva...* if by chance...;
~ însă... but if...; *~ nu...* if
not; unless...; *~ nu cumva...* if
indeed..., provided (that)... not;
~ vreodată... when/if once... ⓑ
abia ~ ... hardly...; ... with
difficulty; *chiar ~ ...* even if...;
dar ~ ... but if...; *decît ~ ...*
except if/when..., unless...; ⓒ *~
ar fi aici* if he were here; *~ aș
fi știut asta, n-aș fi venit* if I had
known that I should not have
come, had I known that I should
not have come; *~ ar ști, mi-ar
spune* if he knew he would tell me;
~ ar trebui să-ți spun adevărul
(if I am) to tell you the truth;
*~ n-ar fi fost el (la mijloc) m-aș
fi înecat* if it had not been for him
I should have got drowned, but
for him I should have got drowned;
*~ nu ești tu, trebuie să fie fratele
tău* if it is not you, it must be
your brother; *~ nu mă înșel* if I
am not mistaken, if my memory
serves me right, if my memory
does not fail me; *~ nu se întîmplă
nimic neprevăzut* if nothing unfore-
seen should happen, unless smth.
unforeseen should happen; *~ s-ar
face odată ziuă* I only wish it were
day already; *~ va fi prins, va fi
pedepsit* if he is/elev.→be caught,
he will be punished; *chiar ~ ar
costa atît* though it be ever so dear,
if it were ever so dear; *m-aș bucura
~ aș auzi că...* I shall be pleased
to hear that...; *chiar ~ aș putea*
even if I could; *mă întreb ~ va
veni sau nu* I wonder whether/if
he will come or not; *cine știe ~
nu cumva e aici* who knows but
(that) he may be here.

dacian *s.n. geol.* Dacian.

dacic *adj.* Dacian.

dacită *s.f.* dacite.

daco-roman *adj., s.m.* Daco-Roman.

daco-român *adj., s.m.* Daco-Romanian.

dactil *s.m. metr.* dactyl.

dactilic *adj. metr.* dactylic.

dactilografă *s.f.* typist.

dactilografia *vb. tr.* to type.

dactilografie *s.f.* typewriting.

dactilografiere *s.f.* typing.

dactilologie *s.f.* dactilology.

dactilopter *s.n. iht.* dactylopterus, flying fish.

dactiloscopie *s.f.* finger-print identification, dactiloscopy.

dadaism *s.n. lit.* dadaism.

dadaist *s.m. lit.* dadaist.

dafin *s.m. bot.* laurel (tree), bay (tree) *(Laurus nobilis)*. ① *foi de* ~ laurel (leaves).

dagher(e)otipie *s.f. odin. fot.* daguerreotypy.

daiboji *s.n. pl.* ⓒ *pe* ~←F *sl.*→at peppercorn rent.

dairea *s.f. muz.* tamburine.

dalac *s.n.* **1.** *vet.* anthrax. **2.** *med.* S→pustule. **3.** *bot.* true love, one--berry *(Paris quadrifolia)*.

dalai-lama *s.m.* Dalai Lama.

dală *s.f.* flag(stone) plate, slab.

dalb *adj. poetic* **1.** *(alb)* (lily-) white. **2.** *(drăguț)* lovely, sweet, *(fermecător)* charming; *(plăcut)* pleasing.

dalie *s.f. bot.* dahlia, georgine *(Dahlia)*.

dalmat(in) *adj., s.m.* Dalmatian.

daltă *s.f.* chisel; *(lată)* flat chisel; *(zimțată)* jagger.

daltonism *s.n.* colour blindness, daltonism.

daltonist *s.m.* colour-blind person, daltonist, daltonian.

damasc *s.n.* damask. ① *de* ~ (of) damask; *față de masă de* ~ damask tabling/table-linen.

damă *s.f.* **1.** *(doamnă)*←*rar* lady. **2.** *(cocotă)* tart, demirep, demimondaine, *amer.* dame, broad; *(prostituată)* whore, street walker, prostitute. **3.** *(la șah)* queen; *(la dame)* king. **4.** *pl. (joc)* draughts. ⓐ *dama de pică* the queen of spades; ~ *de onoare* maid of honour. ① *a juca dame* to play (at) draughts.

dambla *s.f.* **1.** *med.* P palsy; S→ apoplexy, paralysis. **2.** *(toană)* F crank. **3.** *(marotă)* F hobby, fad, F fancy. **4.** *(poftă)*←F mind, fancy. ① *a-l apuca/lovi* ~*ua med.* P to palsy.

damblagi *vb. refl. și intr.* P to palsy.

damblagiu *s.m.* **1.**←P *med.* apoplectic. **2.** *fig.* F crank.

damf *s.n.*←F reek, smell *of liquor.*

damigeană *s.f.* wicker/osier bottle, demijohn.

damnat *adj.* damned.

damnațiune *s.f.* damnation, (everlasting) perdition/doom.

danaidă *s.f. mit.* danaide.

dană *s.f. nav.* berth, anchoring place; wharf.

danci *s.m.* gypsy child.

dancing *s.n.* dancing hall.

dandana *s.f.* **1.** *(tărăboi)* F shindy, hubbub, racket. **2.** *(belea)* F mess, scrape, (fine) pickle. ① *ce* ~ *!* F a fine/pretty kettle of fish!

dandaratele *adv.* back(wards).

dandoaselea *adv.* ⓒ *a începe ceva* ~ to start smth. at the wrong end; *a îmbrăca* ~ to put on awry.

dandy *s.m.* dandy, F→(dressed up) swell, masher.

danez I. *adj.* Danish. **II.** *s.m.* Dane.

daneză *s.f.* **1.** Dane, Danish woman. **2.** Danish, the Danish language.

dang *interj.* ding (dong).

danga *s.f.* brand; ear mark.

dangăt *s.n.* ringing of bells; *(al mai multor clopote deodată)* peal/set of bells, chime(s); *(de înmormîntare)* (funeral) knell.

danie *s.f.* **1.** *(dar)* present, gift. **2.** *(prin testament)* legacy, bequest. **3.** *(donație)* donation.

dans *s.n.* **1.** dance, F→hop. **2.** *(ca acțiune)* dancing. **3.** *(ceartă)*←F quarrel, brawling. ① *muzică de* ~ dance music; *partener de/la* ~ partner at a dance; *pantof de* ~ dance shoe, pump; *profesoară de* ~ dance mistress; *profesor de* ~ dancing master; *sală de* ~ dancing room. ⓒ *faci un* ~ *cu mine?*←F will you dance with me?

dansa I. *vb. intr.* to dance, F→to hop, to foot it, to mop the floor, to toe and heel it; to spin/whirl

round; *sl.* to shake a leg. © *a ~
pe frînghie* to dance/walk on the
rope; *corabia dansează pe valuri* the
ship is rocked on the waves. **II.** *vb.
tr.* to dance. © *a ~ un vals* to
dance a waltz. **III.** *vb. refl.* ©
polca se dansează bine the polka is
nice to dance; *se dansează bine
aici* it is nice dancing here.

dansant *adj.* dancing. ① *ceai ~*
dance tea, thé dansant; *serată ~ă*
dancing party, dance; *(numai pînă
la 12 p.m.)* Cinderella dance.

dansatoare *s.f.* dancer; ballerina;
(de varieteu) chorus girl.

dansator *s.m.* dancer; *(balerin)*
ballet dancer.

dantelat *adj.* **1.** laced. **2.** *(crestat)*
(in)dented.

dantelă *s.f.* lace.

dantelărie *s.f.* lace.

dantesc *adj.* Dantesque.

dantură *s.f.* set of teeth. © *~ falsă*
false teeth, dentures.

danubian *adj.* Danubian.

dar[1] *s.n.* **1.** *(cadou)* present, gift.
2. *(dăruire, talent)* gift. **3.** *pl. rel.*
sacrament. **4.** *(deprindere)* habit.
5. *(viciu)* vice. **6.** *(putere)* power.
ⓐ *~ul vorbirii* gift of speech;
F→gift of the gab. ① *în ~* as a
present. © *a avea ~ul beției* to
be fond of the bottle; *a avea ~ul
să...* to be apt to...; *a da ceva
în ~ cuiva* to present smb. with
smth., to make smb. a present
of smth.; *i s-a dat în ~* he has
it as a gift, he has been presented
with it.

dar[2] **I.** *conj.* **1.** but; *(iar)* and.
2. *(totuși)* yet, still, however. ⓐ
~ cum? but how? *~ de ce?* but
why? *~ încă/mi-te...* to say nothing
of..., much more *sau* less..., let
alone... **II.** *adv.* **1.** *(așadar)* then,
therefore, consequently, hence. **2.**
←*reg. (da)* yes; *(desigur)* of course,
certainly.

dara *s.f.* tare. © *(e) mai mare ~ua
decît ocaua* great boast, little roast;
the game is not worth the candle.

darabană *s.f.* drum. © *a bate dara-
bana cu degetele pe masă* to drum
one's fingers on the table.

darac *s.n.* *(cardă)* wooloard, card-
ing tool/comb; *(scărmănătoare)*
ripple.

daravera *s.f.* **1.** *(afacere)* business.
2. *(chestiune)* affair, matter. **3.**
(belea) F mess, scrape.

dară *conj., adv.* v. d a r[2].

darămite *adv.* more than that, be-
sides, in addition; to say nothing
of..., let alone...

dare *s.f.* **1.** giving etc. v. d a[3]. **2.**
(impozit) tax, impost; *(prin eva-
luare)* assessment; *(îngăduită de
parlament)* grant, supply; *(indi-
rectă)* duty. ⓐ *~ de mină (situație)*
position; *(bogăție)* wealth; *(bani)*
money; *~ de seamă* **a.** *(către un
superior)* report. **b.** *(statistică)*
(official) returns. **c.** *(protocol)* mi-
nutes. **d.** *(relatare)* account, state-
ment of accounts, account ren-
dered; *~ pe cap ist.* poll tax.

darie *s.f. bot.* lousewort *(Pedicula-
ris campestris).*

darnic *adj.* *(față de, cu)* open-hand-
ed (towards), liberal (towards);
(generos) generous (towards). ©
e prea ~ cu banii lui he lavishes
his money, he is too lavish with
his money, he spends too freely.

darvinism *s.n.* Darwinism.

darvinist I. *adj.* Darwinian. **II.** *s.m.*
Darwinist.

dascăl *s.m.* **1.** *(profesor)* teacher,
master; *(învățat)* scholar. **2.** *fig.*
teacher. **3.** *(de biserică)* (psalm)
reader.

dat[1] *s.n.* **1.** giving etc. v. d a[2].
2. *(obicei)* custom, tradition. **3.**
(al unei probleme) datum. ⓐ *~ul
cărților* deal(ing of cards). © *așa
e ~ul←* P so it has been ordained.

dat[2] *adj.* given etc. v. d a[3]. ⓐ *~
dracului/naibii* F cute; *~ fiind
că...* as...; considering...; seeing
that...; *~ uitării* forgotten, for-
saken. ① *la un moment ~* at a
given time; *într-un caz ~* in a
given case.

data *vb. tr. și intr.* to date. © *da-
tează din sec. al XVIII-lea* it dates
from the 18th century, it was
found etc. as early as the 18th
century; *e un obicei care datează de*

mult it is a custom of old standing.

datare *s.f.* dating.

datat *adj. (și d. scrisori)* dated.

dată *s.f.* **1.** *(timp precis)* date; *(zi)* day. **2.** *(oară)* time. **3.** *(noțiune fundamentală)* datum. **4.** *pl.* data, facts; information. ⓐ *date numerice* figures; *date oficiale* official data; *date statistice* statistic data. ⓑ *altă ~* v. **altădată**; *de astă ~* this time/bout; *pe ~ at* once, presently; *(brusc)* suddenly. ⓒ *ce ~ e astăzi?* what day of the month is it? what date is it today? *din ce ~ e scrisoarea?* of what date is the letter? *e pentru prima ~ cînd...* it is for the first time that...; *l-am văzut o singură ~* I only saw him once; *scrisoarea aceasta n-are ~* this letter is not dated/is undated/is dateless, this letter is without date.

datină *s.f.* custom, tradition.

dativ *s.n. gram.* dative (case).

dator *adj.* **1.** *(cu dat.)* indebted (to), owing money, (involved) in debt. **2.** *fig. (angajat) (față de)* under an obligation (to), obliged (to); *(indatorat) (cu dat.)* indebted (to). ⓒ *a fi ~* to be in debt; *a nu-i mai fi ~ cuiva* to be quits/ F→square with smb.; *cît îți sînt ~?* how much do I owe you? how much am I in your debt? *cum sînt ~ s-o fac* as I ought to (do), as I am in duty bound; *e ~ vîndut* he is deeply indebted/in debt; *ti rămîn ~ 5 lire* I remain his debtor for 5 pounds, I am in his debt for 5 pounds, I still owe him 5 pounds; *mă simt ~ să...* I feel it my duty to...

datora I. *vb. tr. și fig.* to owe. ⓒ *lui ti datorez fericirea* it is to him that I owe my happiness. II. *vb. unip.* ⓐ *a se ~ (cu dat.)* to be due to..., to result from... ⓒ *toate acestea i se datorează lui* all this is due to him.

datorat *adj.* **1.** *(d. bani etc.)* owed. **2.** *(cuvenit)* due.

datori *vb.* v. **datora**.

datorie *s.f.* **1.** *(bănească etc.)* debt; *(bani datorați)* money owed/due

by smb., smb.'s liabilities/indebtedness; *com.* outstanding debts, assets. **2.** *(morală, indatorire)* duty; *(obligație)* obligation, liability; *(răspundere)* responsibility. **3.** *(credit)* credit. ⓐ *~ de cetățean* civic/ citizen's duty; *~ morală* moral obligation. ⓑ *călcarea ~i* breach of duty, dereliction of (one's) duty; *la ~ (de serviciu)* on duty; *(făcîndu-și datoria)* doing one's duty; *pe ~* on credit, F→on tick; *sentiment al ~i* sense of duty. ⓒ *a-și face datoria* to do/perform one's duty; *a-și face datoria pînă la capăt* to do one's duty to the last/utmost; *a-și îndeplini datoria* to fulfil one's duties; *nu consideră de datoria lui să...* he does not think it his duty to...; *este de datoria mea să...* it is my duty/ business to..., I am in duty bound to..., it is incumbent on me to...; *a chema pe cineva la ~* to recall smb. to his duty.

datorită *prep. (cu dat.) (negativ, din pricina)* owing to..., on account of...; *(neutru, dat fiind)* because of...; *(pozitiv, mulțumită)* thanks to.

datornic *s.m.* **1.** *(debitor)* debtor, person (involved) in debt. **2.** *(creditor)* creditor.

daună *s.f. (pagubă)* damage; *(prin pustiire)* ravages, havoc; *(prejudiciu)* prejudice, harm; *jur.* tort. ⓐ *daune interese jur.* indemnification, compensation; *(bănești)* damages. ⓑ *în dauna mea* to my detriment, at my cost.

dădacă *s.f.* **1.** (children's) nurse, dry nurse, maid; *(apelativ)* nannie, nursie; *(ca guvernantă)* nursery governess. **2.** *fig.* Dutch uncle.

dădăceală *s.f. peior.* lecturing, pestering, nagging.

dădăci *vb. tr.* **1.** to nurse, to tend, to take care of. **2.** *(a dăscăli)* ←F to lecture. **3.** *(a cocoloși)* F to molly-coddle.

dăinui *vb. intr.* **1.** to last, to endure. **2.** *(a continua)* to continue, to hold out, to go on.

dăltui *vb. tr.* **1.** to (work with the) chisel, to carve (out). **2.** *fig.* to mould, to fashion.

dăltuire *s.f.* chiselling etc. v. d ă l-
t u i.
dăltuitor *s.m.* engraver; carver.
dăngăni *vb. intr.* to ring, to chime,
to knell.
dărăci *vb. tr. text.* to card, to comb.
dărăcire *s.f.*, **dărăcit** *s.n. text.* card-
ing, combing.
dărăcitor *s.m. text.* comber, carder.
dărăpăna *vb. refl.* to deteriorate, to
dilapidate, to get shattered, to go
to ruin; *(d. sănătate)* to be im-
paired.
dărăpănare *s.f.* deterioration, dilapi-
dation, decay, ruin.
dărăpănat *adj.* shattered, dilapidated,
out of repair, ruined, rundown.
dărăpănătură *s.f.* ramshackle/tum-
ble-down/ruinous old house.
dărîma *vb. tr.* **1.** *(clădiri)* to pull
down, to demolish, *mil.* to raze,
to dismantle. **2.** *(un pod etc.)* to
break down. **3.** *(un deal etc.)* to
level. **4.** *(prin forţă sau agenţi
fizici)* to crush, to overpower.
5. *fig. (speranţe)* to upset, to
destroy, to shatter, to frustrate, to
blight. **6.** *(a distruge)* to destroy;
(a anihila) to annihilate.
dărîmare *s.f.* pulling down etc. v.
d ă r î m a.
dărîmat *adj.* **1.** pulled down. **2.** *fig.*
down for, worn out; *(extenuat)*
run down; *sl.* in a frazzle.
dărîmătură *s.f.* **1.** *pl.* wreckage,
ruins, debris; *(resturi)* waste (ma-
terials). **2.** v. d ă r ă p ă n ă t u r ă.
3. *(vreascuri)* brushwood.
dărnicie *s.f.* **1.** open-handedness,
liberality; generosity. **2.** *(abun-
denţă)* plenty, abundance.
dărui I. *vb. tr.* **1.** *(cu dat.)* to pre-
sent *smb.* with, to make *smb.* a
present of; to bestow (as a gift)
on, to confer on; *(a dona)* to
donate to; *(a înzestra)* to gift.
2. *fig. (a dedica)* to devote. ©
a ~ libertatea cuiva to bestow
freedom upon smb., to give smb.
his liberty, to set smb. free; *a ~
viaţa cuiva* to grant smb. his life,
to spare smb.'s life. **II.** *vb. refl.*
(cu dat.) to devote oneself to;
to dedicate oneself to; to offer
oneself to.

dăruire *s.f.* **1.** presenting etc. v.
d ă r u i. **2.** *(abnegaţie)* (self-)
abnegation, self-denial /-sacrifice;
self-abandonment, self-denial. @
~ de sine v. *~* **2.**
dăscăleală *s.f.* *(cicăleală)* teasing,
nagging; *(dădăceală)* lecturing.
dăscălesc *adj.* school..., teacher's...;
peior. narrow-minded, humdrum...,
pedantic.
dăscăli *vb. tr.* **1.** to teach, to in-
struct, F to coach (up) *in a subject*;
(cu răbdare, temeinic) to drill
smth. into *smb.*; *peior.* to lecture.
2. *(a cicăli)* to tease, F to nag,
sl. to nagnag; *(a certa)* to re-
primand, to sermonize, to lecture,
F to take to task, to give *smb.* a
good blowing up, to call/haul/bring
smb. over the coals.
dăscălime *s.f.* **1.** *(corp profesoral)*
teaching staff; *univ.* professorate.
2. *(profesorii în genere)* teachers.
3. *(dascăli)* (psalm) readers.
dăscălire *s.f.* teaching etc. v. d ă s-
c ă l i.
dăscăliţă *s.f.* **1.** *(profesoară)* (woman)
teacher, F schoolmarm. **2.** *(soţie de
dascăl)* (psalm) reader's wife.
dătător I. *adj.* giving. @ *~ de
moarte* death-producing, deadly,
elev. → lethal; *~ de viaţă* life-
-giving. **II.** *s.m.* giver. @ *~ de
legi* law giver.
dăuna *vb. intr.* *(cu dat.)* to be detri-
mental/prejudicial/ injurious (to);
to prejudice..., to harm..., *(cu
acuz.)*, to damage *(cu acuz.)*, to
injure *(cu acuz.)*.
dăunător I. *adj.* *(cu dat.)* injurious
(to); *(d. otrăvuri)* noxious (to);
(stînjenitor) prejudicial (to), det-
rimental (to). @ *~ sănătăţii* in-
jurious to health, unwholesome.
II. *s.m. agr.* pest.
de[1] *interj. (deh)* F now then; *(păi)*
F well, why.
de[2] *prep.* **1.** *(arată desprinderea)*
from. **2.** *(arată originea, materia
din care e făcut ceva, instrumentul,
obiectul, specificaţia; înlocuieşte
uneori adj. calificative; arată va-
loarea, conţinutul, partea dintr-un
tot; particulă precedînd numele unui*

nobil etc.) of. **3.** *(decît)* than. **4.** *(arată cauza)* with, for, through; out of; from. **5.** *(de foarte multe ori nu se traduce)* v. *diferite construcţii* ©. **6.** *(înaintea unui supin)* to; for. **7.** *(de către)* by. **8.** *(despre)* of, about, concerning, regarding, respecting. **9.** *(de la, temporal)* from. **10.** *(pentru)* for. ⓐ ~ *aceea* that is why, therefore; ~ *acum înainte* from now on, from this (very) moment onwards; ~ *atunci* **I.** *adv.* since then. **II.** *adj.* then, of these days, of those days, of that/the time; ~ *atunci încoace* ever since; ~ *atunci încolo* from that time (forth), ever since (then), after that; ~ *azi înainte* from now on, from this day forth, henceforth; ~ *ce?* why (?); wherefore (?); ~ *ce...,* ~ *ce...* the *(plus comparativ)...* the *(plus comparativ)...;* ~ *curînd* **I.** *adj.* recent. **II.** *adv.* of late; ~ *departe* from far, from a distance; ~ *faţă* present; ~ *fiecare zi* daily, everyday...; ~ *formă* for form's sake; ~ *închiriat* to let; ~ *jos* from below; ~ *la (mai ales dinamic)* from; *(static)* of; in; at; ~ *la mic, pînă la mare* old and young (alike); ~ *la o vreme încoace* for some time past/now; ~ *loc/fel* not at all, **F→** the deuce a bit; ~ *(mic) copil* from a child; ~ *milă* out of pity; ~ *miine într-o lună* to morrow month; ~ *mult* long ago, (for) a long time; ~ *patru ori* four times; ~ *pe* off, from; ~ *sus* from above; ~ *timpuriu* early; *(prematur)* untimely; ~ *toamnă* **I.** *adj.* autumn... **II.** *adv.* in autumn; ~ *treizeci* ~ *ani* thirty years old; ~ *vreme* early. ⓓ *aşa* ~ *bine* so well; *atît* ~ *mult* so much; *carte* ~ *gramatică* grammar (book); *cea* ~-*a zecea* the tenth; *destul* ~ *curînd* rather soon; *două- zeci* ~ *cărţi* twenty books; *ducele* ~ *Alba* the duke of Alba; *o felie* ~ *piine* a slice of bread; *gata* ~ *plecare* ready to go (away); *un grăunte* ~ *nisip* a grain of sand; *la o aruncătură* ~ *piatră* at a stone's throw; *lung* ~ *trei picioare*

three feet long; *o masă* ~ *lemn* a wooden table; *mii* ~ *oameni* thousands of people; *odaie* ~ *culcare* bedroom; *un om* ~ *vază* a man of note; *un pahar* ~ *vin* **a.** *(pentru vin)* a wine glass. **b.** *(cu vin)* a glass of wine; *o poezie* ~ *Byron* a poem by Byron; *prins* ~ *viu* caught alive; *mai puţin* ~...* less than...; *săracul* ~ *el* F poor thing; *unul* ~-*ai lor* one of them; *zi* ~ *zi* day by/after day. © *plinge* ~ *bucurie* he is weeping for joy; *am o durere* ~ *cap* I have a headache; *sint mai bine* ~ *cinci ani* ~ *cind...* it is more than five years since...; *n-am fost acolo* ~ *două zile* I haven't been there for two days; *tremură* ~ *frig* he trembles with cold; *a scăpa pe cineva* ~ *la moarte* to save smb. from death; *a lua* ~ *mină* to take by the hand; *e* ~ *necrezut* it is incredible; *nu e bun* ~ *nimic* it's of no use, it's good for nothing, it is no good; *nu mai pot* ~ *oboseală* I am dead tired ; *a muri* ~ *ris* to die with laughing; ~ *vorbit nu poate* he cannot speak.

de² *conj.* **1.** *(şi)* and. **2.** *(dacă)* if; *(chiar dacă)* even if, though. **3.** *(incit)* (so) that. **4.** *(că)* that. **5.** *(ca să)* to. **6.** *(deoarece)* because, as, since, for. **7.** *(dacă, în prop. completive)* whether, if. © *vino* ~ *mă sărută* come and kiss me; *du-te* ~ *te culcă* go to sleep.

de³ *pron. rel.*←P *(care)* who; that; which.

de⁴ *adv. (aşa de)* so. © ~ *slab ce era nu putea să umble* he was so weak that he could not walk.

deabinelea *adv. (complet)* completely, entirely, fully; *(pt. totdeauna)* for good (and all).

deabuşile(a) *adv.* on all fours.

deacurmezişul **I.** *prep.* across. **II.** *adv.* crossways, across, aslant, traversely.

deadreptul *adv.* v. d r e p t **IV.**

deal *s.n.* **1.** hill; *(înălţime)* elevation, eminence, height. **2.** *(podgorie)* vineyard. ⓓ *ce mai la* ~ *la vale* F the short and the

long of the matter is...; to make a long story short; to put it bluntly,←F in short; la ~ **a.** uphill. **b.** *(in amonte)* upstream; *mai la ~ (de)* a little further (from).
de-a lungul *adv.* along.
de-a pururea *adv.* for ever (and ever).
de asemenea *adv.* v. **d e a s e m e n i.**
de asemeni *adv.* **1.** also, too, as well. **2.** *(totodată)* at the same time.
deasupra **I.** *prep.* *(peste)* over; *(mai ales static)* above. **II.** *adv.* **1.** *(pe ~)* over. **2.** *(mai ales static)* above. **3.** *(~ capului)* overhead. ⓓ *pe ~* **a.** *(spaţial)* over. **b.** *(in plus)* moreover, in addition, besides, into the bargain, at that, *inv.*→to boot. **c.** *(superficial)* superficially.
de-a surda *adv.* in vain, to no end; *(prosteşte)* foolishy.
de-a valma *adv.* topsy-turvy, helter--skelter, hurry-scurry, in a heap; *(la intimplare)* at/by haphazard.
debandadă *s.f.* disorder, confusion, helter-skelter, hurry-scurry; *mil.* rout.
debara *s.f.* lumber box/room.
debarasa **I.** *vb. tr. (de)* to relieve/rid (of). **II.** *vb. refl. (de)* to get rid/ clear (of), to extricate oneself (from), to rid oneself (of).
debarca **I.** *vb. tr.* **1.** *(mărfuri)* to unship, to unload, to discharge; *(pasageri)* to land, to disembark; to set/put ashore; *(din autobuz, pasageri)* to set down. **2.** *fig.* to dismiss, F to give *smb.* the sack. **II.** *vb. intr.* to land, to disembark.
debarcader *s.n. nav.* landing stage, wharf, unloading dock.
debarcare *s.f.* unshipping etc. v. **d e b a r c a.**
debil *adj. (d. copii)* weakly; *(bolnăvicios)* sickly; *(slab)* feeble; *(plăpind)* delicate, frail. ⓐ ~ *mintal* mentally defective, non compos mentis.
debilita **I.** *vb. tr.* to debilitate, to weaken. **II.** *vb. refl.* to weaken, to grow weak etc. v. **d e b i l.**
debilitate *s.f.* debility, weakly condition, frailty, delicate state of health.

debit *s.n.* **1.** *(vinzare-desfacere)* (sale by) retail. **2.** *(tutungerie)* tobacco shop, tobacconist's; *(de ziare)* news stall/stand; *(↓ la gară)* bookstall. **3.** *com.* debit. **4.** *fiz.* flow capacity. **5.** *(de curs de apă)* flow, discharge. **6.** *(de circulaţie)* output. **7.** *electr.* strength, intensity. **8.** *(al unui motor)* power, output. **9.** *fig.* delivery, utterance; *(vorbire)* speech. ⓐ ~ *de băuturi spirtoase* wine shop, F→pub; ~ *de foc mil.* rate of fire; ~ *de tutun* v. ~ **2.**
debita *vb. tr.* **1.** *com.* to retail, to sell *goods etc.* by retail. **2.** *com.* to dispose of *goods.* **3.** *com.* to charge *smth.* to *smb's account*, to debit *smb. with.* **4.** *tehn.* to discharge, to yield. **5.** *fig.* to deliver; *(a rosti)* to pronounce, to utter; *(a recita)* to recite; *peior.* to pour forth.
debitant *s.m.* **1.** *(vinzător)* seller, dealer. **2.** *(care vinde cu amănuntul)* retailer, retail dealer; *(tutungiu)* tobacconist; *(de ziare)* news agent. ⓐ ~ *de tutun* tobacconist; ~ *de băuturi spirtoase* licenced victualler.
debitare *s.f.* debiting etc. v. **d e - b i t a.**
debitor *com.* **I.** *adj.* debit... **II.** *s.m.* debtor.
debleu *s.n. constr.* excavation, cut-(ting).
debloca *vb. tr.* **1.** *(a curăţa)* to clear (away). **2.** *tehn.* to unblock. **3.** *fin.* to relieve. **4.** *mil. odin.* to discharge.
deblocare *s.f.* clearing (away) etc. v. **d e b l o c a.**
deborda *vb. intr.* **1.** *(d. ape)* to overflow the banks. **2.** *(a vomita)* to vomit, to bring/throw up food. ⓐ *a ~ de...* to be full of..., to burst with..., ⓒ ~ *a de bucurie* to be exultant with joy.
debordant *adj.* overflowing, gushing.
debreia *vb. intr. auto* to declutch; to change gear.
debuşeu *s.n. com.* outlet, market.
debut *s.n. (inceput)* beginning; *(in lume, pe scenă)* first appearance, début, debut. ⓓ *de ~* maiden. ⓒ *a-şi face ~ul* v. **d e b u t a 2.**

debuta *vb. intr.* **1.** *(a începe)* to begin, to start. **2.** *(în lume)* to make one's first appearance, to come out; *(teatru)* to act for the first time.

debutant *s.m.* beginner, débutant, F→deb.

debutantă *s.f.* beginner, débutante, F→deb.

decadă *s.f.* **1.** (period of) ten days, ten-days' period. **2.** decade, (period of) ten years.

decadent I. *adj.* decadent, declining; *arte* decadent. **II.** *s.m.* decadent.

decadentism *s.n.* decadentism.

decadenţă *s.f.* decline, decay, crumbling (away); *arte* decadence.

decaedru *s.n. geom.* decahedron.

decagon *s.n. geom.* decagon, ten--sided figure.

decagonal *adj. geom.* decagonal.

decagram *s.n.* decagram(me).

decalaj *s.n.* **1.** difference; *(avans)* lead; advance; *(rămînere în urmă)* lag(ging), gap. **2.** *fig.* discrepancy.

decalcifi(c)a I. *vb. tr.* to decalcify. **II.** *vb. refl.* to become decalcified.

decalitru *s.m.* decalitre.

decalog *s.n.* decalogue; *rel. the* Ten Commandments.

decametru *s.m.* decametre.

decan *s.m.* **1.** *univ., rel.* dean. **2.** senior... **3.** *(al corpului diplomatic)* doyen, dean. **4.** *jur.←odin.* president of the Bar Association.

decanat *s.n.* **1.** *(demnitate)* deanery, deanship. **2.** *(birou)* dean's office.

decanta *vb. tr.* to decant.

decantare *s.f.* decantation.

decantor *s.n.* decantation apparatus.

decapa *vb. tr.* **1.** *metal.* to scale, to pickle. **2.** *constr.* to level.

decapita *vb. tr.* to behead, to decapitate, F→to chop off *smb.*'s head.

decapitare *s.f.* beheading, decapitation.

decapode *s.n. pl. zool.* decapoda.

decapotabil *adj. auto* convertible.

decar *s.m.* *(la cărţi)* ten.

decarbura *vb. tr.* to decarburize.

decasilab *s.m. metr.* decasyllabic verse.

decasilabic *adj. metr.* decasyllabic.

decaster *s.m.* decastere.

decatlon *s.n. sport* decathlon.

decava I. *vb. tr.* F to beggar at play, to clean out. **II.** *vb. refl.* F to be cleaned out, to be drained, to be on the rocks.

decavat *adj.* F cleaned out, drained, in low water.

decădea *vb. intr.* **1.** *(d. lucruri)* to (fall into) decay, to come to ruin, to decline. **2.** *(d. clădiri)* to go/get out of repair; to deteriorate. **3.** *(d. cineva)* to be (low) down (in the world), to be ruined/in reduced circumstances.

decădere *s.f.* decay, decline; *(ruşine)* shame.

decăzut *adj.* degenerate, debased; *(corupt)* corrupt.

deceda *vb. intr.* to die, to decease.

decedat *adj., s.m.* deceased, defunct.

decembrie *s.m.* December.

decembrist *s.m.* Decembrist.

decemvir *s.m. ist. Romei* decemvir.

decenal *adj.* decennial.

deceniu *s.n.* ten-year period, decade. ⓐ *~l al IV-lea* the 'thirties.

decent I. *adj.* decent, decorous. **II.** *adv.* decently, decorously.

decenţă *s.f.* decency, propriety, decorum.

decepţie *s.f.* disappointment, setback, F→let-down.

decepţiona *vb. tr.* to disappoint.

decepţionat *adj.* disappointed.

decerna *vb. tr. (cu dat.)* **1.** *(un premiu)* to award (to). **2.** *(un titlu)* to confer (on).

decernare *s.f.* awarding *of prizes.*

deces *s.n.* decease, death ; *jur.* demise.

deci *conj.* consequently, accordingly, therefore, then, hence.

decibel *s.m.* decibel.

decide I. *vb. tr.* **1.** *(timpul)* to fix, to appoint; *(preţul)* to fix, to state. **2.** *(a îndupleca)* to determine, to make, to cause, to induce. **II.** *vb. refl. şi intr.* to decide, to determine, to resolve, to make up one's mind.

decigram *s.n.* decigram.

decilitru *s.m.* decilitre.

decima *vb. tr.* to decimate, to thin out, to make/take one's tithe of, to sweep off, *mil. şi* to plough down.

decimal I. *adj.* decimal. ⓐ *cîntar* ~ v. **II**; *fracție* ~ă decimal fraction; *măsură* ~ă decimal measure; *sistem* ~ decimal system. **II.** *s.n.* decimal balance.

decimare *s.f.* decimation.

decimă *s.f. muz.* tenth.

decimetru *s.m.* decimetre.

decis *adj.* decided, determined, resolute.

decisiv *adj.* decisive, final, ultimate.

decizie *s.f.* **1.** *(hotărîre)* decision, resolution, determination. **2.** *jur.* judgment, sentence, (final) decision, *amer.* award; *(a juraților)* verdict given/returned by the jury.

decît I. *prep.* than; but. ⓐ *cine altul* ~ *el?* who else but he? *nimeni* ~ *el* nobody but he, no other than he. ⓒ *nimic* ~ *ce trebuia să fac* nothing but what I had to do; *e mai în vîrstă* ~ *mine* he is my senior. **II.** *conj.* than. ⓐ ~ *să* rather than; *(în loc de)* instead of. **III.** *adv.* only. ⓒ *n-ai* ~ F I don't care; I couldn't care less; it's your own business; it's not my funeral; *n-ai* ~ *să faci ce vrei* for all I care you can do what you like.

declama I. *vb. intr.* **1.** to recite. **2.** to speak with great emphasis *sau* pathos. **II.** *vb. tr* **1.** to recite. **2.** to deliver/utter with rhetorical effect.

declamator I. *adj.* declamatory, rhetorical. **II.** *s.m.* reciter, *peior.* spouter.

declamație *s.f.* declamation.

declanșa I. *vb. tr.* **1.** *tehn.* to release, to throw out of gear; *(un aparat)* to start. **2.** *(a deschide focul etc.)* to open. **3.** *(un atac etc.)* to launch; *(un război)* to unleash. **II.** *vb. refl. pas.* to be released etc. v. ~ **I.**

declanșare *s.f.* release, starting etc. v. **d e c l a n ș a.**

declanș(at)or *s.n. tehn.* releaser.

declara I. *vb. tr.* **1.** *(mărfuri)* to declare; *(la vamă și)* to enter (at the custom house). **2.** *(a face cunoscut)* to declare, to make known. **3.** *(a face public)* to declare. ⓒ *a* ~ *ceva nul și neavenit* to declare smth. null and void, to invalidate/annul smth.; *l-au* ~*t vinovat* he was pronounced/found guilty; *a* ~ *război* to declare war; *aveți ceva de* ~*t? (la vamă)* have you anything to declare? anything liable to duty? **II.** *vb. refl.* **1.** *(d. o boală)* to declare oneself, to break out. **2.** to declare (oneself); *(a se recunoaște)* to acknowledge oneself. **3.** *pas.* to be stated etc. v. ~ **I.** ⓐ *a se* ~ *împotriva...* to declare oneself against...

declarat *adj.* declared, avowed; open, professed.

declarație *s.f.* declaration; *(proclamație)* proclamation, announcement; *(oficială etc.)* statement; *(de botez etc.)* notification; *(sub jurămînt)* affidavit. ⓐ ~ *de dragoste* declaration of love; ~ *de impunere* return of income; ~ *de război* declaration of war; ~ *falsă* misrepresentation, willful misstatement; ~ *vamală* customs declaration. ⓑ *după propriile sale declarații* according to his own statement. ⓒ *a face o* ~ to make a statement; *a face declarații de dragoste cuiva* to make smb. a declaration of love.

declasa *vb. tr.* **1.** to lower the social position of. **2.** *sport* to penalize.

declasat *adj., s.m.* déclassé.

declasată *adj., s.f.* déclassée.

declic *s.n. tehn.* releasing gear/ mechanism.

declin *s.n.* decline; falling-off. ⓑ *în* ~ on the wane; *în* ~*ul vieții* in one's declining years. ⓒ *a fi în* ~ to (be on the) decline, to run low, F→to be in a bad way.

declina I. *vb. tr.* **1.** *gram.* to decline. **2.** *(a refuza)* to decline, to refuse. ⓒ *a-și* ~ *numele* to give/state one's name. **II.** *vb. refl. gram.* to be declined. **III.** *vb. intr. astr.* to decline.

declinabil *adj. gram.* declinable.

declinare *s.f.* **1.** declining etc. v. **d e c l i n a. 2.** *gram.* declension.

declinație *s.f. astr., fiz.* declination.

declivitate *s.f. (unghi)* declivity; *(pantă și)* slope, fall.

decofra *vb. tr. constr.* to strike.

decola *vb. intr. av.* to leave the ground, to take off.

decolare *s.f. av.* take-off.

decolora I. *vb. tr.* to discolo(u)r, to decolo(u)r(ize), to decolorate. II. *vb. refl.* 1. to lose colour. 2. *(a păli)* to grow pale/livid. 3. *(d. păr și)* to turn grey/white.

decolorant I. *adj.* decolo(u)rizing; bleaching. II. *s.m.* decolo(u)rant; bleaching agent.

decolorare *s.f.* 1. discolo(u)ring, *tehn.* decolo(u)r(iz)ation, bleaching. 2. change/loss of colour. 3. *(paliditate)* pallor, paleness.

decolorat *adj.* discoloured *(și fig.)*; out of colour, colourless; *fig.* drab.

decolta *vb. tr.* to cut the neck *of a dress.*

decoltat *adj.* 1. *(d. o femeie)* in low necked dress, bare-shouldered. 2. *(d. o rochie)* low-necked, décolleté. 3. *fig.* free and easy; *(indecent)* improper, indecorous; *(d. limbaj)* free, licentious.

decolteu *s.n.* neck opening/line of a dress, décolletage.

deconcerta *vb. tr.* to disconcert, to put out of countenance.

deconcertant *adj.* disconcerting.

deconcertat *adj.* out of countenance, disconcerted, confused, abashed.

deconecta *vb. tr. tehn.* to disconnect.

decongela *vb. tr.* to thaw.

decont *s.n. fin.* deduction, discount from a sum paid *sau* to be paid.

deconta *vb. tr. fin.* to discount.

decontare *s.f. fin.* discount.

decor *s.n.* 1. *arhit.* ornamental/decorative work. 2. *(ornament)* ornament, decoration. 3. *(infrumusețare)* embellishment. 4. *teatru* scenery *(mai ales la operă, balet)* décor. 5. *fig.* setting, background; *(tablou)* picture; *(peisaj)* landscape; scenery.

decora *vb. tr.* 1. *mil. etc.* to decorate. 2. *(a împodobi)* to decorate, to adorn.

decorare *s.f.* decoration.

decorativ *adj.* decorative.

decorator *s.m.* 1. house decorator. 2. *teatru* scene/stage painter, stage designer.

decorație *s.f.* decoration, medal; award.

decortica *vb. tr.* to decorticate; *(orez, orz)* to hull, to husk.

decovil *s.n.* narrow-gauge railway.

decrepitudine *s.f.* decrepitude, decrepitness, senility, dotage, senile decay.

decret *s.n.* decree, order, fiat; *(proclamație)* proclamation.

decreta *vb. tr.* 1. to decree, to enact; *(a institui)* to establish, to institute. 2. *(a hotărî)* to decide; *(solemn)* to ordain.

decroșa *tehn.* I. *vb. tr.* to unhook. II. *vb. refl.* to fall out of step.

decupa I. *vb. tr.* to cut up. Ⓒ *a ~ un articol dintr-un ziar* to cut an article out of a newspaper. II. *vb. refl. pas.* to be cut up.

decupaj *s.n.* 1. cutting up (of paper). 2. *cinema* shooting/director's script.

decupla I. *vb. tr. (vagoane etc.)* to uncouple; *tel.* to decouple. II. *vb. refl. pas.* to be uncoupled *sau* decoupled.

decuplare *s.f.* uncoupling; decoupling.

decurge *vb. intr.* 1. *(a urma) (din)* to follow/result (from). 2. *(a se desfășura)* to develop.

decurs *s.n. (durată)* duration; *(curs)* course; *(interval)* interval. Ⓑ *în ~ul... (cu gen.)* in the course of...; *în ~ul vremii/timpului* in (the) course of time.

deda *vb. refl.* ⓐ *a se ~ (cu dat. sau la)* **a.** *(a să deprinde cu)* to get accustomed/used to... **b.** *(a se dedica)* to devote/addict oneself to...; *(a se apuca de)* to set about to...; to take to... Ⓒ *a se ~ complet unui lucru* to devote oneself entirely to smth., to give one's whole mind to smth.; *s-a ~t la băutură* he has taken to drinking.

dedesubt I. *adv.* below, under; *(la parter)* downstairs. II. *s.n.* 1. *(parte de jos)* bottom. 2. *pl. fig.* secrets, mysteries; shady side. Ⓒ *a cunoaște ~urile unei afaceri* to have (had) a look behind the scenes, to know all the ins and outs of an affair.

dedesubtul *prep.* *(cu gen.)* under…, below…

dedeţei *s.m. pl. bot.* pasque flower *(Anemone pulsatilla).*

dedica I. *vb. tr. (o carte) (cu dat.)* to dedicate (to), to inscribe (to). ⓐ *a ~ (cu dat.) (energia etc.)* to devote to… ⓒ *a-şi ~ timpul (cu dat.)* to devote one's time to…; *a-şi ~ viaţa cercetărilor istorice* to devote one's life to historical research. **II.** *vb. refl.* ⓐ *a se ~ (cu dat.)* to devote/dedicate oneself to…

dedicaţie *s.f.* dedication.

dediţei *s.m. pl.* v. **d e d e ţ e i.**

dedubla I. *vb. tr.* to halve, to divide (into two). **II.** *vb. refl.* to be halved; to divide (into two), to duplicate.

dedublare *s.f.* halving, division (into two). ⓐ *~a personalităţii* dual/ split personality.

deduce I. *vb. tr.* **1.** *(un rezultat)* to infer, to deduce; *(a conchide)* to conclude. **2.** *com. etc.* to deduct. **II.** *vb. refl. pas.* to be inferred etc. v. ~ **I.**

deducere *s.f.* deduction.

deductiv *adj.* deductive.

deducţie *s.f.* deduction, conclusion, inference. ⓑ *prin ~* by way of inference, inferentially, deductively.

defalca I. *vb. tr.* **1.** *(dintr-un întreg)* to deduct; *(un teren etc.)* to parcel (out). **2.** *(un plan etc.)* to lay out. **II.** *vb. refl. pas.* to be deducted etc. v. ~ **I.**

defalcare *s.f.* deduction etc. v. **d e f a l c a.**

defavoare *s.f.* ⓒ *e în ~a lui* that tells against him, it does not speak in his favour.

defavorabil *adj.* disadvantageous, detrimental, unfavourable; *(sănătăţii etc.)* injurious (to), detrimental (to). ⓒ *a avea o influenţă ~ă asupra cuiva* to have an unfavourable influence on smb.

defazaj *s.n. tehn.* phase difference.

defăima *vb. tr.* to defame, to slander, to libel.

defăimare *s.f.* defamation; slander.

defăimător I. *adj.* defamatory, slanderous, libellous. **II.** *s.m.* defamer, slanderer.

defeca *vb. tr.* **1.** *chim. etc. (a limpezi)* to defecate, to clarify. **2.** *fiziol.* to evacuate.

defect[1] *s.n.* **1.** defect; *(lipsă)* absence, lack, want, deficiency; *(imperfecţie)* imperfection; *(neajuns)* drawback, shortcoming. **2.** *tehn.* fault; *(d. diamant etc.)* flaw. ⓐ *~ de fabricaţie* fault of fabrication; *~ de vorbire* defect of speech; *~ fizic* physical/bodily defect/ imperfection, deformity, infirmity; *~ organic med.* constitutional ailment. ⓒ *are multe ~e* he has a lot of shortcomings; *a descoperi ~ele cuiva* to show up smb.'s defects/imperfections, to bring smb.'s shortcomings to light.

defect[2] *adj.* out of order, defective; out of repair, in disrepair.

defecta I. *vb. tr.* to spoil. **II.** *vb. refl.* to deteriorate, to go bad. ⓒ *s-a ~t liftul* the lift is out of order; something went wrong with the lift.

defectiv *adj. gram. etc.* defective.

defectuos I. *adj.* faulty, defective, deficient; imperfect. **II.** *adv.* faultily, defectively.

defectuozitate *s.f.* **1.** defectiveness, faultiness. **2.** imperfection.

defecţiune *s.f.* **1.** *pol.* defection, secession. **2.** *mil.* desertion.

defensiv *adj.* defensive. ⓑ *alianţă ~ă* defensive alliance; *armă ~ă* defensive weapon, weapon of defence; *măsuri ~e* defensive measures; *mijloace ~e* means of defence; *război ~* defensive war.

defensivă *s.f.* defensive. ⓑ *a fi/sta/se ţine în ~ mil.* to be/stand on the defensive.

deferent *adj.* deferential, respectful, dutiful.

deferenţă *s.f.* deference, gard, respect, reverence.

deferi *vb. tr. jur. (un caz)* to refer, to submit (to a court).

defetism *s.n.* defeatism.

defetist I. *adj.* defeatist, pessimistic. **II.** *s.m.* defeatist, F→scuttler.

defibra *vb. tr. (alcaliceluloza)* to scutch; *(lemnul)* to grind; *(trestia de zahăr)* to disintegrate.

defibrator *s.n.* scutching machine; *(al lemnului)* continual grinder.

deficient *adj.*, *s.m.* deficient.

deficiență *s.f.* deficiency; *(lipsă)* drawback, shortcoming.

deficit *s.n.* 1. deficit, shortage. 2. *(la cîntar)* short(ness of) weight. ⓒ *a fi în* ~ to have a deficit; *a acoperi un* ~ to cover/make good/ supply a deficit.

deficitar *adj.* showing a deficit; *(d. buget)* adverse; *(d. un an agricol)* lean; *(d. recoltă)* short crops; *(d. mărfuri)* scarce, *amer.* critical.

defila *vb. intr. mil.* to defile, to file off; to march off in a line. ⓐ *a* ~ *prin fața (cu gen.)* to march past...

defilare *s.f.* defiling etc.; *(paradă)* parade.

defileu *s.n.* 1. (narrow) pass/strait. 2. *mil.* defile.

defini *vb. tr.* 1. *(cuvinte, noțiuni)* to define. 2. *med.* to diagnose. 3. *zool.*, *entom.*, *bot.* to determine, to recognize. 4. *(latitudine)* to ascertain, to find.

definire *s.f.* defining etc. v. **d e f i n i.**

definit *adj.* definite, clearly defined; *(precis)* exact. ① *articolul* ~ *gram.* the definite article; *idee* ~*ă* definite notion; *pentru un scop bine* ~ for a set/well-defined purpose.

definitiv I. *adj.* 1. definitive, final, ultimate, conclusive. 2. v. **d e c i s i v.** ① *în* ~ after all; *profesor* ~ professor in ordinary. ⓒ *a da o hotărîre* ~*ă* to give a final decision, *jur.* to pronounce the final verdict (from which there is no appeal). II. *adv.* definitely, definitively; *(pt. totdeauna)* for good (and all); irrevocably.

definitiva *vb. tr.* 1. *(a desăvîrși)* to finalize, to definitize, to finish off/up, to give/put the finishing touches to. 2. *(a permanentiza)* to make final. 3. *(într-un post)* to make permanently appointed.

definitivare *s.f.* finishing off, definitization; finishing/final touches.

definitoriu *adj.* defining, characteristic.

definiție *s.f.* definition; *(la cuvinte încrucișate)* clue. ⓐ *a da o* ~ *(cu dat.)* to define..., to give the definition to...

deflagrație *s.f.* deflagration, combustion.

deflector *s.n. tehn.* deflector, baffle plate.

deflexiune *s.f.* deflection.

deflora *vb. tr.* to deflower, to seduce.

deforma I. *vb. tr.* 1. to deform, to deface, to disfigure. 2. *fig.* to distort. II. *vb. refl.* to get out of shape, to become deformed.

deformant *adj.* deforming, distorting.

deformare, deformație *s.f.* deformation, distortion, disfigurement. ⓐ *deformație profesională* déformation professionnelle.

defrauda *vb. tr.* to defraud, to embezzle, to defalcate, *jur.* to peculate.

defraudator *s.m.* defrauder, embezzler, defaulter, *jur.* peculator.

defrișa *vb. tr. agr.* to clear, to grub, to reclaim; *(o pădure)* to clear, to break up.

defrișare *s.f. agr.* clearing, grubbing, reclamation.

defunct *adj.*, *s.m. și jur.* deceased, defunct.

degaja I. *vb. tr.* 1. *(miros etc.)* to emit, to give off; *(căldură)* to evolve; to liberate, to emit, to give out. 2. *(trupe)* to extricate, to disentangle; *(un oraș)* to relieve. 3. *(un drum, un spațiu)* to clear, to relieve the congestion in. 4. *silv.* to clear, to thin. 5. *tehn.* to relieve. 6. *sport* to clear, to kick over the touch-line. 7. *(a elibera)* to disengage, to relieve. II. *vb. refl.* 1. *pas.* to escape, to be emitted etc. v. ~ I. 2. *(a se elibera)* to extricate/disengage oneself. 3. *(a se retrage)* to withdraw. III. *vb. intr. sport* to clear the bar, to clear; *(box)* to break away.

degajare *s.f.* disengagement, escape, release, emission, clearance, clearing etc. v. **d e g a j a.**

degajat I. *adj. (d. mișcări)* free, untrammelled; *(d. ton, comportare)* free (and easy) pert; *(d. aer)* casual, off-hand. **II.** *adv. (cu un aer degajat)* airily, perkily, casually.

degazare *s.f.* gas removal, degasing.

degeaba *adv.* **1.** *(gratis)* for nothing, gratis, gratuitously, *com.* free of charge; F→for the mere asking. **2.** *(zadarnic)* in vain, to no purpose. **3.** *(fără motiv)* for no reason (whatever). ⓑ *pe* ~ v. ~.; *nu* ~... for good reason... ⓒ *a cumpăra aproape pe* ~ to buy for almost nothing, F→to buy for a mere song; *n-a făcut-o* ~ he had some reason/design in doing it.

degenera *vb. intr.* **1.** *(în)* to degenerate (into). **2.** to deteriorate.

degenerare *s.f.* degeneration, degeneracy, deterioration, decadence.

degenerat *adj., s.m.* degenerate.

degera *vb. intr.* **1.** *(a muri de frig)* to die of cold, to be frozen to death; *(a fi înghețat)* to be quite (be)numbed (with cold), to be thoroughly frozen; *(a tremura de frig)* to tremble with cold. **2.** *(a fi lovit de ger)* to be nipped/killed by the frost. ⓒ *mi-au* ~*t miinile* my hands are frost-bitten; *pomii au* ~*t* the frost has killed/nipped the trees.

degerat *adj.* **1.** *(d. ființe)* (be)numbed; *(mort de frig)* frozen to death. **2.** *(d. plante)* nipped.

degerătură *s.f.* chilblain.

deget *s.n.* **1.** *(la mină)* finger, *anat.* digit; *(la picior)* toe; *zool.* toe; *(de cauciuc)* finger stall; *(de mănușă)* finger. **2.** *(măsură de lungime 24,58 mm)* aprox. inch (25,40 mm). **3.** *tehn.* finger, cam; pin. ⓐ ~*ul arătător* forefinger, index; ~*ul inelar* ring finger; ~*ul mare* thumb; *(de la picior)* the big toe; ~*ul mic* the little finger; *(la picior)* the little toe; ~*ul mijlociu* the middle finger. ⓑ *grosimea* ~*ului* finger's thickness; *in formă de* ~ finger-shaped, *bot.* digitaliform; *in virful* ~*elor* on tiptoe; *lățimea* ~*ului* finger's breadth; *mănușă cu* ~*e* fingered glove; *pină in virful* ~*elor* fig. to the finger tips; *urmă de* ~*e* fingerprint; *virf de* ~ tip of the finger. ⓒ *a*

avea ~*e lungi* F to be long-/light-fingered; *a-și frige* ~*ele și* fig. to burn one's fingers; *a-și mușca* ~*ele* to bite one's nails with impatience etc.; *(a se căi)* to repent, to rue; *a-și pocni* ~*ele* to crack one's fingers; *a pune/duce* ~*ul la gură* to lay/put one's finger to one's mouth; *a pune* ~*ul pe rană* fig. to hit the nail on the head; *a nu ridica un* ~ fig. not to lift a finger; *a-și tăia* ~*ul* to cut one's finger; *a arăta cu* ~*ul* **a.** to point (one's fingers) at *smb.* **b.** fig. to point the finger of scorn at *smb.*; *a sta cu* ~*ul în gură* fig. F to rest upon one's oars, to let the grass grow under one's feet; *a se ascunde după* ~*e*←F to use shifts; *a se trage in* ~*e cu cineva* F to stand up with smb., to be hand and/in glove with smb.; *il are in* ~*ul cel mic* F he has it at his fingers' ends, he can pay it off the reel; *nu-l pun nici la* ~*ul cel mic* F he is not a patch on me, I have him in my pocket; *a juca pe cineva pe* ~*e* fig. F to lead smb. a dance; *il poți juca pe* ~*e cum vrei* F you can twist him round your little finger, you may do as you like with him; *a numără pe* ~*e* to count on one's fingers; *ii numeri pe* ~*e* you may count them on your fingers' ends; *a ști ceva pe* ~*e* F to have it at one's finger ends/tips; *a-i scăpa ca printre* ~*e* to slip between/ through smb.'s fingers.

degetar *s.n.* **1.** thimble. **2.** *bot.* fox glove *(Digitalis)*.

degetariță *s.f. bot.* **1.** v. d e g e t a r 2. **2.** F v. d e g e ț e l r o ș u.

degețel roșu *s.n. bot.* dead men's bells, lady's glove *(Digitalis purpurea)*.

deghiza I. *vb. tr.* to disguise, to mask; *(a ascunde)* to conceal. **II.** *vb. refl.* to disguise oneself, to put on a mask, to get oneself up.

deghizare *s.f.* disguising, disguise; *teatru* make-up.

deglutiție *s.f.* deglutition.

degrabă *adv. (repede)* quickly; *(curind)* soon, before long; *(pe dată)* at once. ⓑ *mai* ~ sooner, rather; for a change. ⓒ *mai* ~ *m-aş culca* I'd rather/sooner go to bed.

degrada I. *vb. tr.* **1.** to degrade; *(a trece la trupă)* to reduce to the ranks; *(a înjosi)* to lower. **2.** to degrade, to debase; *(prin judecata noastră)* to depreciate, F→to run down. **II.** *vb. refl.* to degrade oneself; *(a se înjosi)* to abase oneself; *(a se deteriora)* to dilapidate, to fall into disrepair.

degradant *adj.* degrading, lowering.

degradare *s.f.* **1.** şi *tehn.* degradation. **2.** *geol.* weathering. ⓐ ~*a apelor hidr.* water pollution; ~ *civică jur.* loss of civic rights.

degresa *vb. tr.* *(a curăţa)* to clean; *(pielea etc.)* to degrease, to defat.

degresant *s.m.* degreasing substance.

degreva *vb. tr.* to relieve *smb.* of a tax etc.; to reduce *the rates on a building etc.*

degrevant *adj.* tax-relieving.

degrevare *s.f.* reduction, abatement *of a tax etc.*

degrosisor *s.n. tehn.* gravel filter plant.

degusta *vb. tr.* to taste, to degust; *(a savura)* to relish.

dehiscent *adj. bot.* dehiscent.

deifica *vb. tr.* **1.** to deify. **2.** *fig.* to idolize, to make an idol of, to worship.

deificare *s.f.* deification.

deism *s.n. filoz.* deism.

deist *s.m. filoz.* deist.

deistic *adj. filoz.* deistic(al).

deîmpărţit *s.m. mat.* dividend.

deînmulţit *s.m. mat.* multiplicand.

deja *adv.* already. ⓐ ~ *in...* as far back as...

dejalenă *s.f. text.* fine poplin.

dejecţie *s.f.* **1.** *med.* dejection, evacuation. **2.** *(apă murdară)* waste water.

dejuca *vb. tr.* *(uneltiri etc.)* to defeat, to discomfit; *(planuri etc.)* to frustrate, to baffle, to thwart, to foil; to balk; *(speranţe etc.)* to shatter, to disappoint.

dejucare *s.f.* **1.** frustration; defeat, discomfiture, baffling etc. v. d e-j u c a.

dejuga I. *vb. tr. (boi)* to unyoke. **II.** *vb. intr.* **1.** to unyoke the oxen. **2.** *(a se stabili)* to settle down.

dejun *s.n.* *(mic)* breakfast; *(al doilea)* lunch(eon); *(ca timp)* breakfast time; lunch(eon) time. ⓒ *a lua* ~*ul* to (eat one's) breakfast *sau* lunch.

dejuna *vb. intr.* to (eat one's) breakfast; *(a prînzi)* to lunch; to have dinner.

dejurnă *adj.* on duty. ⓒ *a fi* ~ to be on duty.

de la *prep.* v. d e².

delapida *vb. tr.* to delapidate, to waste *public finances*, to misappropriate *funds*, to embezzle, to defalcate, *jur.* to peculate.

delapidare *s.f.* dilapidation, waste, embezzlement, defalcation, *jur.* peculation.

delapidator *s.m.* dilapidator, waster, embezzler, *jur.* peculator.

delator *s.m.* delator, informer.

delaţiune *s.f.* delation, denouncement.

delăsa *vb. tr.* to neglect.

delăsare *s.f.* neglect.

deleatur *s.n. poligr.* delete (mark).

delecta I. *vb. tr.* *(a desfăta)* to delight; *(a amuza)* to divert, to entertain; *(ochii)* to please; *(simţurile)* to flatter; *(a bucura)* to gladden, to make glad. **II.** *vb. refl.* to enjoy oneself.

delectare *s.f.* *(desfătare)* delight; pleasure, enjoyment; *(amuzament)* diversion, entertainment, amusement, fun.

delega *vb. tr.* to delegate, to depute, *com.* to commission; *(a autoriza)* to authorize.

delegare *s.f.* delegation.

delegat *s.m.* *(împuternicit)* mandatory; *(la un congres etc.)* delegate (to); *(locţiitor)* deputy; *(reprezentant)* representative.

delegaţie *s.f.* **1.** *(mandat)* commission, authorization, mandate, delegation; *(misiune)* mission. **2.** *(grup)* delegation. **3.** *(document)* certificate *(issued to people sent on an official mission)*.

delfin *s.m.* **1.** *zool.* dolphin *(Delphinus delphis)*. **2.** *Delfinul ist. Franţei* the Dauphin. **3.** *Delfinul astr.* Delphinus.

delibera *vb. intr. (asupra)* to deliberate (on); to confer with others (on); *(în secret)* to be in secret conference.

deliberare *s.f.* deliberation; conference.

deliberativ *adj.* deliberative. ⓘ *vot* ~ deliberative vote. ⓒ *a avea vot* ~ to be entitled to speak and vote, to have voice and vote.

delicat I. *adj.* **1.** *(d. o floare, un copil, trăsături)* delicate; *(d. sănătate)* weak, frail, delicate; *(fragil)* fragile; *(gingaș)* gentle, tender. **2.** *(fin)* fine, slender, thin, slim; *(d. piele)* soft, delicate; *(d. culori etc.)* soft; delicate, subdued; *arte* mellow. **3.** *(d. mîncare)* dainty, delicate, nice (to eat). **4.** *(d. o chestiune)* delicate, knotty, ticklish. **5.** *(greu de mulțumit) (la)* fastidious (about), particular (about); (over-)nice, fussy, finicky, difficult to please. **6.** *(plin de tact)* tactful. **II.** *adv.* delicately etc. v. ~ **I.**

delicatese *s.f. pl.* dainties, delicacies, niceties.

delicatețe *s.f.* **1.** *(gingășie)* delicacy, gentleness, tenderness. **2.** *(finețe)* fineness; *(moliciune)* softness; *(a gustului)* refinement, nicety; *(subțirime)* thinness; *(a culorilor)* softness. **3.** *(tact)* tactfulness.

delicios *adj.* **1.** *(d. mîncări)* delicious, nice, savoury, palatable, delicate, dainty. **2.** *(fermecător)* charming.

deliciu *s.n.* great joy, delight, extreme pleasure.

delict *s.n.* offence, trespass(ing), *jur.* misdemeanour. ⓒ *prins în flagrant* ~ caught in the act/fact, caught red-handed.

delictuos *adj. jur.* punishable, subject/liable to penalty.

delicvescent *adj. chim.* deliquescent.

delimita *vb. tr.* to mark/define the frontier of, to settle the boundaries of, to mark the limits of; to delimit; *(puterile)* to define.

delimitare *s.f.* delimitation.

delincvent *s.m.* offender, delinquent, culprit, criminal, evildoer, malefactor; *jur.* felon.

delir *s.n.* **1.** *med.* delirium. **2.** frenzy, ecstasy, rapture. **3.** *(rătăcire a minții)* raving. **4.** *(entuziasm)* enthusiasm,

delira *vb. intr.* to talk incoherently/ irrationally; to rave, to be delirious, to wander (in one's mind); *(de mînie)* to be beside oneself, to be out of one's mind, to be frantic, to be raving mad.

delirant *adj.* raving, delirious; out of one's mind/sense, beside oneself, frantic; *(d. imaginație etc.)* frenzied.

delta *s.f.* delta.

deltă *s.f. geogr.* delta.

deltoid I. *adj.* deltoid. **II.** *s.m. anat.* deltoid (muscle).

deluros *adj.* hilly.

delușor *s.n.* hillock; *(rotund)* knoll.

demagnetiza *vb. tr.* to demagnetize.

demagog *s.m.* demagogue.

demagogic *adj.* demagogic(al).

demagogie *s.f.* demagogy.

demara *vb. intr.* to start (off), to move off.

demaraj *s.n.* **1.** start(ing). **2.** *nav.* unmooring.

demarca *vb. tr.* to mark by a line of demarcation; to delimit.

demarcație *s.f.* demarcation, delimitation. ⓘ *linie de* ~ dividing line, line of demarcation.

demaror *s.n.* starter.

demasca I. *vb. tr.* **1.** to expose, to lay bare/open. **2.** *(pe cineva)* to unmask, to show up, F→to call *smb.'s* bluff. **II.** *vb. refl.* to drop the mask, to let one's mask fall, to show oneself in one's true colour.

demascare *s.f.* exposure, laying bare etc. v. d e m a s c a.

dematerializat *adj.* dematerialized.

dement I. *adj.* insane, demented, mentally diseased/deranged, out of one's (right) mind, mad, crazy. **II.** *s.m.* insane person, lunatic, madman.

demență *s.f.* insanity, madness, lunacy; *med.* dementia, F→mental. ⓐ ~ *precoce* dementia precox.

demers *s.n.* step, measure. ⓒ *a face ~uri pe lîngă cineva* to approach smb., to apply to smb.; *a face ~urile necesare* to take the necessary steps.

demilitariza *vb. tr.* to demilitarize.

demilitarizare *s.f.* demilitarization.

demilitarizat *adj.* demilitarized.

demimondenă *s.f.* demi-mondaine, demirep.

demineraliza *vb. tr.* to demineralize.

demineralizare *s.f.* demineralization.

demisie *s.f.* resignation. ⓒ *a-şi da/înainta demisia* v. **demisiona**.

demisiona *vb. intr.* to resign, to send in/hand in/tender one's resignation; *mil.* to resign one's commission; *parl.* to vacate one's seat.

demisionar I. *adj.* resigning ; who has resigned ; *(d. cabinet)* outgoing. **II.** *s.m.* resigner.

demisol *s.n.* semi-basement.

demite *vb. tr.* to dismiss/remove/discharge (from office).

demitere *s.f.* dismissal.

demiu *s.n.* half-season overcoat, in-between-season garment.

demiurg *s.m. filoz.* demiurge.

demîncare *s.f.* food; *(merinde)* victuals.

demn I. *adj.* dignified; respectable; haughty. ⓐ *~ de...* worthy of..., deserving...; *~ de laudă* praiseworthy. ⓒ *nu e ~ de asta* he is not worthy of it. **II.** *adv.* worthily, with dignity.

demnitar *s.m.* dignitary, high official, F→big gun.

demnitate *s.f.* **1.** dignity; *(în comportare)* noble bearing/demeanour; *(mîndrie)* pride. **2.** dignity; *(post)* office, post (of honour). ⓒ *cred că nu e de ~a mea* I think it beneath me, I would not stoop to it.

demobiliza *vb. tr.* **1.** *mil.* to demobilize, F→to demob. **2.** *fig.* to dishearten, to discourage.

demobilizare *s.f.* demobilization. ⓐ *~ generală* general release.

demobilizat *s.m.* ex-service man.

demobilizator *adj.* disheartening, discouraging, defeatist.

democrat I. *adj.* democratic(al); **II.** *s.m.* democrat.

democratic I. *adj.* democratic(al). **II.** *adv.* democratically.

democratism *s.n.* democratism.

democratiza I. *vb. tr.* to democratize. **II.** *vb. refl. pas.* to become democratized.

democratizare *s.f.* democratization.

democraţie *s.f.* democracy. ⓐ *~ internă (de partid)* inner (party) democracy; *~ populară* People's Democracy; *~ socialistă* Socialist democracy. ⓑ *ţările de ~ populară* the People's Democracies.

demoda *vb. refl.* to go out of fashion, to become old-fashioned.

demodat *adj.* old-fashioned, antiquated, *înv.*→old-fangled; played-out; out-of-date, obsolete. ⓑ *a fi ~* to be out of fashion.

demograf *s.m.* demographer.

demografic *adj.* demographic.

demografie *s.f.* demography.

demola *vb. tr.* to demolish, to pull down.

demolare *s.f.* demolition.

demon *s.m.* **1.** *mit.* daemon; genius. **2.** *(diavol)* demon, devil.

demonetiza I. *vb. tr.* **1.** *com.* to demonetize; *(lira etc.)* to devaluate. **2.** *fig.* to depreciate, to discredit. **II.** *vb. refl.* **1.** *fig.* to lose credit. **2.** *fig. (a se banaliza)* to be hackneyed, to become trite/commonplace.

demoni(a)c *adj.* demoniac(al), diabolical.

demonstra *vb. tr.* to demonstrate; *(a arăta)* to show; *(a fi o mărturie a)* to evince, to betoken; *(o afirmaţie)* to make good, to substantiate; *(a stabili)* to establish; *(a dovedi)* to prove. ⓒ *asta nu demonstrează nimic* that's no proof; *asta rămîne de ~t* that remains to be proved; *ceea ce era de ~t* which was to be proved, Q.E.D.

demonstrabil *adj.* demonstrable.

demonstrant *s.m.* participant in a demonstration, demonstrator.

demonstrare *s.f.* demonstration.

demonstrativ *adj.* **1.** *gram.* demonstrative. **2.** demonstrative; expansive. **3.** *(ilustrativ)* illustrative, demonstrative, graphic, eloquent, telling. **4.** *(ostentativ)* demonstrative, ostentatious. ⓑ *pronume* ~ *gram.* demonstrative/distinguishing pronoun.

demonstraţie *s.f.* **1.** v. d e m o n s t r a r e. **2.** *(manifestaţie)* demonstration. **3.** *(dovadă)* proof, demonstration, evidence. ⓐ ~ *de 1 Mai* May-Day demonstration.

demonta I. *vb. tr.* **1.** to take down; *(un mecanism)* to strip, to disassemble; to take to pieces; *(o uzină)* to dismantle; *(un tun)* to dismount; *(o baterie electrică)* to break up. **2.** *fig.*←F *(a descuraja)* to discourage; *(a tulbura)* to discomfit, to discountenance, to put out of countenance. **II.** *vb. refl. pas.* to be taken down etc. v. ~ I.

demontabil *adj.* that can be taken to pieces; *(d. o barcă)* collapsible; *tehn.* collapsible, dismountable.

demontare *s.f.* taking to pieces etc. v. d e m o n t a.

demoraliza *vb. tr.* to demoralize; *(a descuraja)* to discourage, to dishearten; *(a submina moralul)* to undermine the discipline of (troops etc.).

demoralizant *adj.* demoralizing; disheartening.

demoralizare *s.f.* discouragement, despondency, demoralization.

demoralizat *adj.* dejected, depressed, down-hearted.

demult *adv.* long ago; *(de multă vreme)* for a long time, F→for ages. ⓑ *de* ~ of long ago; former; *mai* ~ formerly, once.

denatura *vb. tr.* **1.** to misrepresent; *(a interpreta fals)* to misinterpret; *(a reda incorect)* to misstate; *(a falsifica)* to falsify; *(a perverti)* to pervert; *(adevărul etc.)* to distort. **2.** *(substanţe)* to denature. ⓐ *a* ~ *faptele* to pervert/misrepresent/distort the facts.

denaturare *s.f.* misrepresentation etc. v. d e n a t u r a.

denaturat *adj. (d. un părinte etc.)* unnatural. ⓑ *spirt* ~ methylated spirits, denaturated alcohol.

denazifica *vb. tr. pol.* to denazify.
denazificare *s.f. pol.* denazification.
dendrită *s.f. anat., geol.* dendrite.
dendritic *adj. anat., geol.* dendritic.
dendrologie *s.f. bot.* dendrology.
denicotiniza *vb. tr.* to denicotinize.
denigra *vb. tr. (a ponegri)* to disparage, to denigrate; *(a calomnia)* to slander.
denigrare *s.f.* disparagement.
denigrator *s.m.* depreciator, denigrator.
denii *s.f. pl.* vigils.
denivela *constr.* **I.** *vb. tr.* to put out of level, to make uneven. **II.** *vb. refl.* to become uneven, to sink.
denominativ *adj. gram.* denominative.
denota *vb. tr.* to denote, to show, to indicate, to evince.
dens I. *adj.* dense, thick; compact; *geol.* impervious. **II.** *adv.* densely, thickly.
densitate *s.f. fiz.* density; *(a populaţiei şi)* denseness.
dental *adj.* tooth..., dental.
dentală *s.f. fon.* dental (consonant).
dentar *adj.* tooth..., dental, dentary. ⓑ *carie* ~*ă* dental caries.
dentifrice *s.f.* dentifrice (powder), tooth powder.
dentină *s.f. anat.* dentine.
dentist *s.m.* dentist; *(chirurg)* dental surgeon.
dentistică *s.f.* (surgical) dentistry, dental surgery.
dentiţie *s.f.* dentition.
denuclearizat *adj.* atom-/nuclear-free...
denudaţie *s.f. geol.* denudation.
denumi *vb. tr.* to name, to denominate, to designate, to give a name to, to term, to call.
denumire *s.f.* **1.** naming etc. v. d e n u m i. **2.** name, denomination.
denumit *adj.* named, called, termed.
denunţ *s.n.* denunciation, information (against smb.), *sl.*→squeal.
denunţa *vb. tr.* **1.** *(un tratat etc.)* to denounce. **2.** *(a pîrî)* to denounce, to inform against, to give away, to turn informer against, *sl.*→to squeal on *smb.*

denunţare *s.f.* denunciation etc. v.
d e n u n ţ a.

denunţător *s.m.* denouncer, informer,
spy; *(al complicilor)* approver;
sl.→squealer; *şcol.* F→sneak.

denutriţie *s.f. med.* denutrition.

deoarece *conj.* because, since, as, for.

deocamdată *adv.* for the moment/
present, for the time being, in
the meantime, meanwhile, in the
interim. ⓒ ~ ţine asta take this
to start with.

deochea I. *vb. tr.* to cast the/an evil
eye on, to overlook, to bewitch
by the evil eye. **II.** *vb. refl. pas.*
1. to be overlooked, to be bewitch-
ed by the evil eye. **2.** *fig. (a
se strica)* F to go bad; *(d. vreme)*
F to turn out bad.

deocheat *adj.* **1.** overlooked, be-
witched by the evil eye. **2.** *fig. (pi-
perat)* F smutty; *(cu proastă re-
putaţie)*←F ill-famed. **3.** *fig. (exa-
gerat)*←F exaggerated; *(mare)*←F
big; high; ⓑ minciună ~ă F
whopping lie, whopper.

deochi *s.n.* the evil eye. ⓒ să nu-i
fie de ~ aprox. F touch wood.

deodată *adv.* **1.** *(brusc)* all of a
sudden, suddenly, all at once;
(în mod neaşteptat) unexpectedly;
(prin surprindere) unawares. **2.**
(în acelaşi timp) at a time, simul-
taneously; at the same time, all
at once.

deodor(iz)ant *s.n.* deodorizer.

deoparte *adv.* aside; by.

deopotrivă I. *adv.* alike; *(pe acelaşi
picior cu)* on the same footing (as),
on an equal footing (with); *(în
acelaşi timp)* at the same time.
II. *adj.* alike, equal.

deosebi I. *vb. tr.* **1.** *(a distinge)* to
distinguish; *(prin perspicacitate)*
to discern, to discriminate; *(ştiin-
ţific)* to differentiate; *(după anu-
mite indicii)* to specialize. **2.** *(a
separa)* to separate, to put apart.
ⓒ e greu să-i deosebeşti it is dif-
ficult to tell one from the other,
it is difficult to tell which is
which. **II.** *vb. refl.* **1.** to differ, to
be different (from one another).
2. *fig.* to make oneself conspicuous,

to stand out; *(a se distinge)* to
distinguish oneself.

deosebire *s.f.* **1.** difference; *(distin-
gere, distincţie)* distinction. **2.** *(se-
parare)* separation, severance, par-
tition. ⓐ ~ de vederi divergence/
difference of opinion; ~ dintre
sat şi oraş distinction between
town and countryside. ⓑ fără ~
indiscriminately; fără ~ de vîrstă
irrespective/regardless of age; spre
~ de... unlike..., in contrast with/
to..., in contradistinction to... ⓒ
care e ~a? what's the difference/F
→odds? nu e nici o ~ it's all the
same (thing), it comes to the same
(thing), it makes no difference;
exista numai o mică ~ there was
only a shade of difference.

deosebit I. *adj.* **1.** *(diferit)* different,
differing; *(neasemănător)* dissim-
ilar, unlike, diverse; *(distinct)* dis-
tinct; *(variat)* varied; *(special)*
special; *(specific)* specific, partic-
ular; *(neobişnuit)* uncommon; *(se-
parat)* separate. **2.** *(ciudat)* sin-
gular, peculiar, strange, odd. **3.**
(ales) choice, select; *(excelent)*
excellent, exquisite. ⓑ nimic ~
nothing much. ⓒ nu are nici un
talent ~ his abilities are very
commonplace/ordinary; nu e ni-
mic ~ it's nothing special, it's
nothing out of the common. **II.**
adv. ⓐ ~ de... *(extrem de)*
particularly...; *(neobişnuit de)* un-
commonly...; *(foarte)* very... **b.**
(în afară de acestea) apart from...,
besides...

deosebitor *adj.* distinctive, charac-
teristic, particular.

depana *vb. tr.* to repair, to mend, to
put in good order.

depanare *s.f. tehn.* **1.** repair. **2.** *(ser-
viciu)* emergency repairs, break-
-down service.

depanator *s.m.* break-down mechanic.

deparazita *vb. tr.* to disinfest.

deparazitare *s.f.* disinfestation, de-
lousing.

departament *s.n.* department.

departamental *adj.* departmental.

departe *adv.* far (off/away); a long
way off, at a distance; *(prea ~)*
out of hail. ⓐ ~ de... far from...;

~ *de mine...* far (be it) from me...,
Heaven forbid. ⓓ *de* ~ I. *adv.* **a.**
from afar/a distance. **b.** *(ca aluzie)*
by way of a hint/suggestion. **c.**
(incontestabil) easily. II. *adj.* dis-
tant; *înrudit de* ~ distantly relat-
ed; *întinzîndu-se (pînă)* ~ far
reaching; *mai* ~ **a.** *(spaţial)*
further away; *(mai jos)* further
below; *(într-o carte etc.)* further
down. **b.** *(în continuare)* further
on. **c.** *(temporal)* later (on). **d.**
(în plus) in addition (to that).
e. *(în viitor)* in/for the future,
henceforth; *mai* ~ go on, proceed;
mai ~? what else? *nici un pas
mai* ~! not a step farther! *nu
mai* ~ *decît ieri* but yesterday;
pe ~ by a sideway, indirectly; in
a roundabout way, beating about
the bush; *prea* ~ *de...* out of dis-
tance from; *şi aşa mai* ~ and so
on/forth, etcetera; *şi mai* ~? and
then? anything more? ⓒ *nu mai
era* ~ *timpul cînd...* the time was
not far off when..., the time was
drawing near when...; *a ţine* ~
to keep at a distance, to keep out
of the way, to keep at arm's
length; *lucrurile n-au ajuns atît de*
~ it has not come to that yet;
au mers atît de ~ *încît au... şi
fig.* they went so far as to...;
sîntem încă destul de ~ *de oraş*
we are still a good distance from
the town; *ascultaţi mai* ~ listen
to what follows! hear the rest!
a citi mai ~ to go on/continue
reading; *a duce mai* ~ to carry
on, to continue; *a merge prea* ~
fig. to go too far, to exaggerate,
to exceed all bounds; to go beyond
the limits; *nu (mai) e* ~ *de aici*
it is but a little way from here;
a se ţine ~ *de...* to keep/stand
aloof from...

depăna I. *vb.* *tr.* **1.** to wind, to reel
on/up. **2.** *fig.* *(o poveste)* to spin
a yarn. **3.** *fig.* *(o distanţă)* to cover.
II. *vb. refl. pas.* to be reeled etc.
v. ~ I.

depănare *s.f.* winding etc. v. d e-
p ă n a.

depănat *s.n.* v. d e p ă n a r e. ⓓ
maşină de ~ *text.* winder, reeling

machine. ⓒ *a lua pe cineva la* ~
F to take smb. to task, to give
smb. a good dressing down.

depănătoare *s.f.* v. v î r t e l n i ţ ă.
depănător *s.n.* yarn winder, reeler.

depărta I. *vb.* *tr.* **1.** *(spaţial)* to
move away/to a distance. **2.** *(ob-
stacole)* to remove, to clear away;
(dificultăţi etc.) to brush aside, to
smooth over; *(a pune deoparte)*
to put away/aside; *(a lua)* to
take off; *(a elimina)* to eliminate;
(din serviciu) to remove; *(gînduri)*
to turn, to divert. II. *vb. refl.* **1.**
(a se abate) *(de la)* to deviate
(from). **2.** v. î n d e p ă r t a II.

depărtare *s.f.* *(distanţă)* distance,
remoteness. ⓓ *de la mare* ~ from
a long/great distance; *din* ~ from
afar/a distance; *în* ~ at a distance;
la o ~ *de 4 km de...* at 4 kilome-
ters' distance from...; *la doi km*
~ two kilometers off/away; *la
mare* ~ a long way off; *la (o)
oarecare* ~ *de...* some/a distance
from...

depărtat *adj.* **1.** *(spaţial)* far off,
far between, distant, remote, a
long/great way off. **2.** *(temporal)*
far off, distant, remote. **3.** *(d. de-
gete etc.)* spread.

depărtişor *adv.* rather far.

depăşi I. *vb.* *tr.* **1.** *(a trece de)* to
pass/go beyond; *(pe cineva)* to
get ahead of; *(a outdistance;
(într-o cursă)* to outrun, to over-
take, to outstrip; *(în înălţime)* to
(over)top; *(a se ridica deasupra)*
to rise above. **2.** *fig.* to transcend,
to outshine, to excel. **3.** to surpass;
(un plan etc.) to exceed; *(o sumă
etc.)* to top. **4.** *(concediul etc.)* to
overstay. ⓒ *a-şi* ~ *autoritatea* to
exceed one's authority; *a* ~ *limi-
tele/marginile fig.* to overstep the
bounds, to carry things too far,
to overdo it; *a* ~ *normele* to exceed
the quotas; *mă depăşeşte* it is
above my comprehension, it is
beyond me, F→it beats me; *a
~ planul cu 20%* to exceed/top
the plan by twenty per cent;
succesul ~se toate aşteptările noastre
we had succeeded beyond our

hopes. **II.** *vb. refl.* ⓐ *a se ~ pe sine* to surpass oneself.

depăşire *s.f.* exceeding etc. v. d e-p ă ş i; *(a planului)* overfulfilment, topping; *auto.* overtaking. ⓐ*~a planului cu 25%* twenty per cent overfulfilment of the plan.

depăşit *adj.* **1.** *(d. un plan)* overfulfilled. **2.** *(invechit)* outdated; obsolete, obsolescent; superannuate(d), anachronical, backward, retrograde; *(demodat)* out of fashion.

dependent *adj. (de)* dependent (on).

dependenţă *s.f. (de)* dependence (upon), depending (upon); *(a unei ţări)* dependency (of); *(subordonare)* subordination (to).

dependinţe *s.f. pl.* outhouses, annexes, outbuildings.

depeşă *s.f.* telegraphic message, telegram, wire, cable, dispatch.

depila *vb. tr.* to depilate; to remove the hair from.

depilator *s.n.* depilator, depilatory.

depinde *vb. intr.* to depend. ⓐ *~!* that depends! we shall see! *a ~ de...* **a.** to depend/hang on..., to be dependent on...; *(a sta în miinile)* to lie in the hands of..., to be in *smb.'s* power. **b.** *(a ţine de)* to belong to... **c.** *(a fi supus)* to be subordinate/subject to... *depinzind de...* depending upon..., subordinate to... ⓒ *asta ~ de tine* it rests with you, I leave it to you, it's up to you.

depista *vb. tr.* to hunt/ferret out; *(a descoperi)* to find out, to discover; *(a găsi urmele)* to trace.

depistare *s.f.* hunting out etc. v. d e p i s t a.

deplasa I. *vb. tr.* to shift, to displace, to change the place of; to remove. **II.** *vb. refl.* **1.** to change one's place; to shift, to get out of place. **2.** *(a călători)* to travel; *(a pleca) (spre)* to leave (for); *(a se duce)* to go. **3.** *tehn. etc.* to be displaced.

deplasament *s.n. nav.* displacement.

deplasare *s.f.* shifting etc. v. d e-p l a s a. ⓐ *~ de forţe* reshuffle of forces; *~ magnetică fiz.* magnetic displacement.

deplasat *adj.* out-of-place, misplaced; *(d. o remarcă)* improper, unwarranted, uncalled-for.

deplin I. *adj.* complete; *(intreg)* whole, entire; *(plin)* full; plenary; *(total)* total. ⓐ *~e puteri* full authority, full power(s); *(necondiţionate)* full, discretion, carte blanche. ⓑ *siguranţă ~ă* absolute/ dead certainty; *linişte ~ă* perfect calm. **II.** *adv. (pe ~)* wholly, entirely, completely, downright, quite. ⓑ *pe ~ convins* fully/thoroughly convinced, convinced all along; *pe ~ treaz* wide awake, thoroughly roused; *pe ~ vindecat* thoroughly/entirely restored.

deplinătate *s.f.* completeness; entireness, entirety; ful(l)ness; integrity.

deplinge *vb. tr. (a compătimi)* to pity, to commiserate; *(soarta cuiva)* to bemoan, to bewail; *(a deplora)* to deplore.

deplins *adj.* ⓑ *de ~* **a.** *(d. persoane)* (much) to be pitied. **b.** *(d. lucruri)* lamentable, deplorable, pitiable.

deplora *vb. tr. (a deplinge)* to deplore.

deplorabil I. *adj.* lamentable, deplorable, pitiable. **II.** *adv.* lamentably etc. v. ~ I.

depolariza *fiz.* **I.** *vb. tr.* to depolarize. **II.** *vb. refl. pas.* to be depolarized.

depolarizare *s.f. fiz.* depolarization.

deponent I. *adj. gram.* deponent. **II.** *s.m. com.* depositor.

depopula *vb. tr.* to depopulate, to unpeople, to thin out the population of.

deporta *vb. tr.* to deport; *(răufăcători)* to transport.

deportare *s.f.* deportation, transportation. ⓐ *~ pe viaţă jur.* transportation for life.

deportat *s.m.* **1.** deported (person). **2.** transported (convict).

deposeda *vb. tr. (de)* to dispossess (of), to deprive (of), to oust (from).

deposedare *s.f.* dispossession.

depou *s.n.* depot. ⓐ *~ de locomotive ferov.* roundhouse; *~ de tramvaie* tramway shed, *amer.* barn.

depozit *s.n.* **1.** *(în gări)* warehouse, storehouse, repository, storage (room). **2.** *mil.* stores, depot, dump. **3.** *com.* (bank) deposit. **4.** *jur.* bailment (of goods). **5.** *(sediment)* deposit, sediment; *med.* accumulation of matter. ⓐ ~ *de cărbuni* coal yard/depot; ~ *de cărţi* book stacks; ~ *de lemne* timber yard; ~ *de mărfuri* warehouse; ~ *de muniţii* mil. shell park; ammunition dump/depot; ~ *legal* dépot légal.

depozita I. *vb. tr.* to deposit; to lodge. II. *vb. refl.* **1.** to settle, to form a deposit. **2.** *pas.* to be deposited.

depozitar *s.m.* *(păzitor)* keeper, guardian; *(de mărfuri)* depositary, person in charge.

depozitare *s.f.* depositing etc. v. d e p o z i t a.

depoziţie *s.f.* jur. deposition, evidence, testimony, affidavit. ⓒ *a face o* ~ to give/make evidence, to make a deposition/one's testimony.

deprava I. *vb. tr.* to deprave, to corrupt, to debauch, to pervert. II. *vb. refl.* to become depraved.

depravare *s.f.* depravation, depravity, corruption, debauchery.

depravat *adj.* depraved, debauched, dissolute.

deprecia I. *vb. tr.* to depreciate, to debase, to reduce in value; *(a subevalua)* to undervalue, to underrate, to run down, to disparage, to belittle; *(moneda)* to demonetize; to devaluate; *(timbre)* to deface, to cancel. II. *vb. refl.* **1.** *(d. valori)* to depreciate; *(d. mărfuri)* to depreciate, to fall in value. **2.** *(d. persoane)* to make oneself cheap.

depreciativ *adj.* depreciatory, disparaging.

depreciere *s.f.* depreciation, debasement; undervaluing, underrating, disparagement, demonetization; devaluation; defacement; fall in value.

depresiune *s.f.* **1.** *(de teren)* depression, hollow (ground). **2.** *(în alte sensuri)* depression. **3.** *(sufletească)*

depression, low spirits, dejection, despondency, F→blues, dumps. ⓐ ~*a orizontului* dip of the horizon; ~ *barometrică* barometric depression.

deprima *vb. tr.* *(d. un gînd etc.)* to oppress the mind of, to grieve; *(a scădea moralul)* to lower the morale of; *(a descuraja)* to discourage, to dishearten; *(a întrista)* to sadden.

deprimant *adj.* depressing; *(trist)* sad.

deprimare *s.f.* low spirits, depression, dejection, despondency.

deprimat *adj.* depressed, dejected, cast down, low-spirited.

deprinde *vb.* v. o b i ş n u i.

deprindere *s.f.* **1.** habituation, habituating, etc. v. o b i ş n u i. **2.** *(obicei)* habit, mode of life; wont, practice. **3.** *(dexteritate)* dexterity; *(îndemînare)* skill; *(uşurinţă)* ease, facility. **4.** *pl.* *(maniere)* manners. ① *din* ~ from habit. ⓒ *a căpăta o* ~ to contract/acquire a habit.

deprins *adj.* **1.** *(experimentat)* experienced. **2.** v. o b i ş n u i t.

depunător *s.m.* depositor.

depune I. *vb. tr.* **1.** *(a pune jos)* to lay/put/set down. **2.** *(bani)* to deposit. **3.** *(a arunca)* to throw away. **4.** *(a întemniţa)* to put to prison, to put into jail. **5.** *(a destitui)* to remove (from smb.'s post), to dismiss; *(un rege)* to dethrone, to depose. **6.** *(sedimente)* to deposit, to form. ⓒ *a* ~ *armele* **a.** to lay down (one's) arms. **b.** *fig.* to give it up; to acknowledge one's defeat; *a* ~ *bani la bancă* to put/deposit money in the bank, to lodge money at the bank; *a* ~ *o cerere* to hand in an application; *a* ~ *eforturi* to make efforts, to strive; *a* ~ *un examen* to take an examination, to go in for an examination; *a* ~ *un jurămînt* to be sworn in; *a* ~ *mărturie pentru...* to give evidence for..., to testify for...; *a* ~ *o plîngere împotriva...* to lodge a complaint against... II. *vb. refl.* **1.** *(d. precipitaţii atmosferice)* to fall; *chim.* to fall

out. **2.** *pas.* to be laid down etc.
v. ~ I.

depunere *s.f.* **1.** laying down etc.
v. d e p u n e. **2.** *(sediment)* pre-
cipitate, sediment. ⓓ *casă de de-
puneri* savings bank.

deputat *s.m.* deputy; *(in Anglia)*
member of Parliament, M.P., com-
moner; *(in S.U.A.)* representative.
ⓐ ~*ul de B. (in Anglia)* the
Honourable Member for B. ⓓ
Camera Deputaţilor ← *odin.* the
Chamber of Deputies; *(in Anglia)*
the House of Commons.

deputăţie *s.f.* **1.** mandate of a deputy.
2. deputation, delegation, body of
representatives.

deraia *vb. intr.* **1.** to run off the
rails, to leave the track; to jump
the metals. **2.** *fig. (a vorbi aiurea)*
F to talk nonsense/rubbish; to
rant, to rave, to go off the track,
P→to be right off it.

deraiere *s.f.* derailment.

deranj *s.n.* **1.** *(dezordine)* disorder,
disarrangement. **2.** *fig.* trouble,
disturbance. ⓒ *a cauza/pricinui un
~ cuiva* to give smb. trouble, to
disturb smb.; to put smb. to in-
convenience; *nu e nici un ~!* no
trouble at all!

deranja I. *vb. tr.* **1.** *(a stingheri)* to
disturb, to trouble, to inconve-
nience. **2.** *(a pune in neorinduială)*
to derange, to upset, to throw into
disorder/confusion. **3.** *(a intrerupe)*
to interrupt; *(a se băga în)* to in-
terfere with. **4.** *(o maşină etc.)*
to throw out of gear; *(cărţi etc.)*
to disarrange; *(a strica)* to spoil.
5. *(părul)* to ruffle, to tangle.
ⓒ *a ~ odihna cuiva* to disturb
smb.'s rest; *sper că nu vă deranjez*
I trust I am not inconveniencing
you, I hope I am not intruding/in
the way. II. *vb. refl.* **1.** to disturb
(oneself), to trouble (oneself), to
take the trouble, to bother, to
move, to budge; to put (oneself)
out of the way. **2.** *pas.* to be out
of order. ⓒ *nu te ~!* don't trouble/
move/budge! *nu vă ~ţi pentru
mine* don't let me disturb you,
don't put yourself out for me.

deranjament *s.n.* **1.** *tehn.* damage;
deterioration. **2.** *electr.* fault. **3.**
(mintal) mental derangement. **4.**
(stomacal) stomach trouble.

deranjare *s.f.* disturbance; troubling
etc. v. d e r a n j a.

deranjat *adj.* disturbed etc.; *(in
dezordine)* in disorder; *(defect)* out
of order.

derapa *vb. intr.* to skid, to side-slip.

derapare *s.f.* skid(ding), side-slip
(ping).

deratiza *vb. tr.* to clear of rats.

deratizare *s.f.* deratization.

derbedeu *s.m.* ne'er-do-well, loafer,
loiterer, scamp, *amer.* scal(l)awag,
F moocher, inspector of the pave-
ment; *(vagabond)* tramp, vaga-
bond.

derdeluş *s.n.* sleighing, sleighroad,
toboggan slide.

deretica I. *vb. intr.* to do a room,
to tidy up a room. II. *vb. tr.* to
tidy up.

deriva I. *vb. tr.* **1.** to derive. **2.**
hidr. to divert, to tap the course
of. **3.** *electr.* to shunt, to branch.
4. *ferov.* to shunt, to switch. II.
vb. intr. (din) **1.** *lingv.* to be
derived (from). **2.** *(a cobori)* to
descend (from); *(a izvori)* to spring
(from), to arise (from). **3.** *nav.*
to drift.

derivare *s.f.* derivation, diversion,
tapping etc. v. d e r i v a ⓐ ~
regresivă lingv. back formation.

derivat I. *adj. şi lingv.* derived;
(d. inţeles) secondary. ⓓ *curent ~
electr.* shunt(ed) current. II. *s.n.*
1. *lingv.* derivative, derived word.
2. *chim.* derivat(iv)e.

derivată *s.f. mat.* differential; coef-
ficient. ⓐ ~ *continuă* derivative.

derivativ *adj., s.n.* derivative.

derivaţie *s.f.* **1.** derivation. **2.** *hidr.,
electr.* etc. branch.

derivă *s.f.* **1.** *nav.* drift, leeway;
av. drift. **2.** *mil.* allowance for
lateral deviation.

derizoriu *adj.* ridiculous, laughable.
ⓓ *pe un preţ ~* dirt-cheap, F→for
a song; *preţ ~* ridiculously low
price.

derîdere *s.f.* derision, scoff(ing), mock-
ing. ⓒ *a lua pe cineva in ~* to

hold smb. up to ridicule, to mock/ scoff at smb., to turn smb. into derision.

dermatită *s.f. med.* dermatitis.
dermatolog *s.m.* dermatologist.
dermatologic *adj.* dermatologic(al).
dermatologie *s.f.* dermatology.
dermatoză *s.f. med.* dermat(on)osis, skin disease.
dermă *s.f. anat.* derm, cutis.
dermic *adj.* dermic, dermal.
deroga *vb. intr.* ⓐ *a ~ de la... jur.* to depart from... *(a law).*
derogare *s.f.* ⓐ *~ de la... jur.* derogation/impairment of *(a law).*
derogatoriu *adj. jur.* derogatory.
derula *vb. tr. (o hartă etc.)* to unroll, to spread out; *(un cablu)* to unwind, to unreel, to uncoil; *(o bandă)* to unwind.
deruta *vb. tr.* to mislead, to lead astray, to throw/lead out of the right way, to put off; *(a induce în eroare, voit)* to confuse, to baffle.
derutant *adj.* misleading, baffling.
derutat *adj. (încurcat)* puzzled; confused.
derută *s.f. mil.* rout, disorderly retreat; *(zăpăceală)* confusion.
derviş *s.m.* dervish.
des I. *adj:* **1.** *(compact)* compact; *(dens)* dense; *(gros)* thick; *(numeros)* numerous, copious, abundant. **2.** *(repetat)* repeated, frequent, usual. **3.** *(repede)* quick. ① *iarbă deasă* thick grass; *pădure deasă* dense forest; *păr ~* thick hair; *populaţie deasă* dense population; *rînduri ~e mil.* (closely) serried ranks; *sprîncene ~e* thick/ bushy eyebrows; *vizite ~e* frequent visits. **II.** *adv.* **1.** *(adesea)* often (times), frequently, repeatedly, *poetic→*oft. **2.** *(dens)* densely, thickly. ⓒ *a scrie ~* to write closely together; *nu scrie atît de ~!* do not cram your writing so much!
desagă *s.f.* wallet, knapsack; *(de cerşetor)* (beggar's) wallet/pouch/ scrip.
desăra *vb. tr.* to clear of salt.
desărare *s.f.* clearing of salt, desalting; desalinization.
desărcina *vb. tr.* **1.** *(din)* to release (from); *(a concedia)* to dismiss,

to remove. **2.** *(de ceva supărător)* to exempt (from).
desărcinare *s.f.* release; dismissal etc. v. **d e s ă r c i n a.**
desăvîrşi I. *vb. tr.* **1.** *(a perfecţiona)* to perfect, to improve. **2.** *(a termina)* to finish; to accomplish; *(a închide)* to terminate, to bring to a close; *(a completa)* to complete; *(a duce la sfîrşit)* to achieve, to consummate. **3.** *(a dezvolta)* to develop. **II.** *vb. refl.* **1.** *pas.* to be perfected etc. v. *~* **I. 2.** to perfect oneself, to improve.
desăvîrşire *s.f.* perfection, improvement; finishing, termination, completion. ① *cu ~* wholly, entirely, thoroughly, quite, completely, totally, altogether, utterly.
desăvîrşit I. *adj.* perfect, consummate, thorough; accomplished; *(absolut)* absolute. **II.** *adv.* perfectly.
descalifica I. *vb. tr.* **1.** to disqualify; to deprive of *a title etc.* **2.** *sport* to disqualify. **II.** *vb. refl. şi sport* to be disqualified.
descalificare *s.f. şi sport* desqualification.
descăleca I. *vb. tr.←înv. (a întemeia)* to set up, to found *a state;* *(a coloniza)* to colonize. **II.** *vb. intr.* **1.** *(a se da jos de pe cal)* to get off *(a horse),* to dismount, to alight. **2.** *(a se stabili)←înv.* to settle down.
descălecare *s.f.* **descălecat** *s.n.* **1.** *(întemeiere)←înv.* foundation *(of a state),* settling down; colonization. **2.** dismounting.
descălţa I. *vb. tr.* to take off *smb.'s* shoes etc. **II.** *vb. refl.* to take off one's shoes etc.
descălţat *adj.* barefoot(ed).
descărca I. *vb. tr.* **1.** *(o greutate)* to unload; *(pămînt şi)* to shoot, to tip, to dump down; *(a goli)* to empty; *nav.* to discharge, to clear, to lighten, to unload; *(a debarca)* to land. **2.** *fiz.* to discharge, to fire (off). **3.** *(a goli de gloanţe)* to unload. **4.** *(pe cineva) (de)* to dispense (from), to absolve (from); *jur.* to exonerate (from); *(de o sarcină)* to let off. **5.** *fig.*

(inima etc.) to unburden. ⓒ *a* ~ *balastul dintr-un vas* to unballast a ship; *a* ~ *mărfuri* to unload goods; *a-și* ~ *mînia asupra cuiva* to vent/give vent to one's passion/rage on smb.; *a-și* ~ *stomacul* to clear/evacuate one's bowels, to relieve nature; *a-și* ~ *sufletul* to get smth. off one's chest; *a* ~ *trupe* to disembark troops. **II.** *vb. refl.* **1.** *pas.* to be unloaded etc. v. ~ I. **2.** *(d. o pușcă)* to go off. **3.** *(d. o furtună)* to break out. **4.** *fig. (a-și ușura inima)* to relieve one's feelings; to get smth. off one's chest. **5.** *com.* to give an account. **6.** *fig. (d. mînie etc.)* to discharge/vent/clear oneself. **7.** *electr.* to run down, to discharge.

descărcare *s.f.* discharge, unloading etc. v. d e s c ă r c a. ⓐ ~ *atmosferică* atmospheric discharge; ~ *electrică* electric discharge. ⓑ *linie de* ~ *ferov.* unloading siding; *loc de* ~ place for unloading, goodsyard.

descărcător *s.m.* **1.** unloader, *nav.* discharger, docker, stevedore. **2.** *electr.* discharging rod, discharger.

descărcătură *s.f.* **1.** v. d e s c ă r- c a r e. **2.** unloaded goods.

descărna I. *vb. tr.* to strip the flesh off; to emaciate. **II.** *vb. refl.* to lose flesh, to waste away.

descărnat *adj. (d. oase etc.)* fleshless; *(d. corp)* lank; emaciated; *(d. membre)* scraggy, skinny, bony.

descătărâma I. *vb. tr.* to unbuckle. **II.** *vb. refl.* to come unbuckled.

descătușa I. *vb. tr. și fig.* to unchain, to unfetter. **II.** *vb. refl. și fig.* to break loose (from one's fetters).

descătușare *s.f.* unchaining, unfettering.

descăzut *s.m. mat.* minuend.

descendent I. *adj.* descending. ⓑ *linie* ~*ă* descending line. **II.** *s.m.* descendant, *pl.* offspring, issue.

descendență *s.f.* **1.** *(origine)* origin, extraction. **2.** *(descendenți)* offspring, issue, progeny; *(posteritate)* posterity.

descentra I. *vb. tr.* to put out of centre, to decentre. **II.** *vb. refl.*

pas. to be out of centre, to be decentred.

descentraliza și pol. I. *vb. tr.* to decentralize. **II.** *vb. refl.* to be decentralized.

descentralizare *s.f.* decentralization.

descentrat *adj.* decentred, out of centre.

descheia I. *vb. tr. (cămașa etc.)* to unbutton; *(nasturii)* to undo, to unfasten. **II.** *vb. refl.* **1.** to unbutton oneself. **2.** *pas.* to be unfastened; to come undone. ⓒ *a se* ~ *la haină* to undo/unfasten one's coat.

deschiaburi *vb. tr. pol.* to dispossess the kulaks.

deschiaburire *s.f. pol.* dispossession of (the) kulaks.

deschide I. *vb. tr.* **1.** to open; *(a scoate dopul)* to uncork; *(ceva sigilat)* to unseal; *(cu cheia)* to unlock; *(prin sfredelire)* to bore open; *(cu o cheie falsă)* to pick; *(cu un cuțit)* to cut open; *(cu dinții)* to bite open; *(un butoi)* to stave in; to broach. **2.** *(a inaugura)* to open (up), to inaugurate; *(discuții)* to open, to start, to begin. **3.** *(o întreprindere) com.* to open, to start, to commence, to establish. ⓒ *a* ~ *un abces med.* to lance an abscess; *a* ~ *balul și fig.* to open the ball; *a* ~ *o carte* to open a book; *a* ~ *un cont/un credit com.* to open (up) an account/a credit; *a* ~ *un curs* to begin a course of lectures; *a* ~ *dezbaterile* to open/start the debates; *a-și* ~ *drum prin mulțime* to cut/push/force one's way through the crowd; *a* ~ *drum(ul) (cu gen.) fig.* to pave the way for...; *a* ~ *o eră nouă* to open a new era; *a* ~ *focul mil.* to open fire; to blaze into action; *a* ~ *o listă* to head a list; *a-și* ~ *inima cuiva fig.* to open one's heart to smb.; to unbosom oneself to smb., to confide in smb.; *a* ~ *ochii cuiva fig.* to open smb.'s eyes, to undeceive smb.; *a* ~ *un pachet* to undo/unpack a parcel; *a* ~ *o paranteză* to open/begin a parenthesis; *asta îți* ~ *pofta de mîncare* it will sharpen your appetite, it will give you an appetite; *a-și* ~ *punga* to loosen one's purse strings; *a* ~ *o rană* to open a wound; *a* ~ *robinetul* to turn on the tap; *a* ~ *o stradă* to make/cut/build a street through/across; *a* ~ *o școală* to start a school; *a* ~ *o ședință* to open a sitting; *a* ~ *umbrela* to put up one's umbrella; *a* ~ *ușa* to open the door; to answer the bell. **II.** *vb. refl.* **1.** *pas.* to open; to be opened etc. v. ~ I. **2.** *(brusc)* to burst open. **3.** *(d. bube)* to break open; *(d. flori)* to spring forth, to (burst) open, to unfold. **4.** *(d. o prăpastie)* to open out, to yawn. **5.** *(a începe)* to open, to begin, to start. **6.** *(d. vreme)* to be clearing up, to be getting brighter. **7.** *fig.* *(d. persoane)* to open out, to open one's heart. © *li se deschid perspective bune* they have good prospects (opening up to them). **III.** *vb. intr.* to open.

deschidere *s.f.* **1.** opening etc. v. d e s c h i d e. **2.** *(inaugurare)* inauguration; *(început)* beginning; commencement. **3.** *geol.* outcrop. **4.** *constr.* opening, aperture; *(la un pod etc.)* span, width. **5.** *tehn.* size/span of a jaw. **6.** *(intrare)* entrance. ⓐ ~*a unui cont* opening/statement of an account; ~*a unui obiectiv opt.* opening of an objective; ~*a unui testament* opening/reading of a will. ⓑ *cuvînt de* ~ opening/inaugural speech/address; *lucrări de* ~ *min.* opening work; *zi de* ~ opening fête, day of inauguration.

deschis I. *adj.* **1.** open. **2.** *fig.* open-minded/-hearted, frank; *(sincer)* sincere; *(candid)* candid, ingenuous. **3.** *fig. (clar)* obvious, evident. **4.** *fig. (public)* public, notorious. **5.** *(d. culori)* light. **6.** *(d. o colecție)* open, on view. ⓑ *albastru* ~ light blue; *cu ușile* ~*e* with open doors; *fire* ~*ă* frank/open nature; *larg* ~ wide open; *mare* ~*ă* open sea; *oraș* ~ open/unfortified town; *păr de culoare* ~*ă* light/fair hair; *rană* ~*ă* gaping wound; *ședință* ~*ă* public meeting; *un om* ~ an open-hearted/frank/outspoken man; *vocală* ~*ă* open

vowel; *vot* ~ open ballot, vote by show of hands. © *a primi pe cineva cu brațele* ~*e* to receive smb. with open arms; *lumea ți-e* ~*ă* the world is before you; *ușa e pe jumătate* ~*ă* the door is ajar. **II.** *adv.* **1.** openly etc. v. ~ I. **2.** *(cu cărțile pe masă)* openly, above board. © *a vorbi* ~ to speak plainly, to speak without reserve.

deschizător *s.m.* ⓐ ~ *de drumuri* pathfinder, pioneer.

deschizătură *s.f.* **1.** opening, aperture; *(orificiu)* mouth, orifice; *(gaură)* hole; *(crăpătură)* chink, gap, crack; *(tăietură în lungime)* slit; *(a cutiei de scrisori)* slot. **2.** *tehn.* v. d e s c h i d e r e 5.

descifra *vb. tr.* **1.** *(ceva scris)* to decipher, to puzzle/make out. **2.** *tel.* to decode. **3.** *fig.* to solve, to puzzle, to clear up, to unravel.

descifrabil *adj.* *(d. o inscripție)* decipherable; *(citeț)* legible, readable.

descifrare *s.f.* deciphering etc. v. d e s c i f r a.

descinde *vb. intr.* *(a se da jos)* to descend, to alight; *(de pe cal)* to dismount. ⓐ *a* ~ *din*... **a.** *(a se da jos din)* to descend/alight from... **b.** *(a se trage din)* to descend from...; *a* ~ *la*... to put up at...

descindere *s.f.* **1.** *(coborîre)* și *fig.* descent. **2.** putting up at a place. **3.** *(anchetă)* search; *(inspecție)* inspection. **4.** *jur.* domiciliary visit.

descinge I. *vb. tr.* to ungird, to unbelt; *(a descătărăma)* to unbuckle. **II.** *vb. refl.* to ungird/unbelt oneself.

descîlci *vb. tr.* **1.** *(o jurubiță)* to disentangle, to unravel. **2.** *(o problemă)* to puzzle out. **3.** *fig.* to disembroil; *(a clarifica)* to clear; *(a pune în ordine)* to arrange, to settle.

descînta *vb. tr.* *(pe cineva)* to cast a spell over; *(o boală)* to charm away (by magic words).

descîntec *s.n.* *(farmece)* (magic) charm, exorcism, *(formulă)* magic formula/spell; *(în sens rău)* evil spell, devilment; *(impotriva bolii etc.)* counter-charm, disenchantment.

desclei(a) *vb. tr.* to unpaste, to unglue.

descleşta I. *vb. tr. (pumnul)* to unclench, to undo, to open; *(mîinile)* to unclasp; *(fălcile)* to open *(one's mouth)*. **II.** *vb. refl.* **1.** *pas.* to be unclenched etc. v. ~ I. **2.** *(d. cineva)* to break loose; *(a scăpa)* to escape.

descleştare *s.f.* unclenching etc. v. descleşta.

descoase I. *vb. tr.* **1.** *(o cusătură)* to undo, to unstitch. **2.** *fig. (pe cineva)* to sound, F to pump, to worm a secret out of; *(o chestiune)* to search/pry into, to examine (closely). **II.** *vb. refl. pas.* to be undone etc. v. ~ I.

descoji I. *vb. tr.* **1.** *(de coajă)* to remove the skin/bark from, to bark. **2.** *(mazăre etc.)* to shell, to husk; *(fructe, cartofi)* to peel, to skin; *(boabe de cafea)* to pulp; *(orz)* to peel. **II.** *vb. refl.* **1.** *(d. pomi)* to shed the bark. **2.** *(d. piele)* to peel (off), to come off. **3.** *pas.* to be barked etc. v. ~ I.

descolăci *vb. tr., vb. refl.* to uncoil.

descompleta I. *vb. tr.* to render incomplete, to spoil, to break up *(a set)*. **II.** *vb. refl. pas.* to be spoilt etc. v. ~ I.

descompune I. *vb. tr.* **1.** to decompose, to break up, to disintegrate. **2.** *(materie organică)* to rot, to decay, to decompose; *(a analiza)* to analyse, *(a dizolva)* to dissolve. **II.** *vb. refl.* **1.** to decompose, to disintegrate; to crumble. **2.** *(a se dizolva)* to dissolve. **3.** *(d. materie organică)* to rot, to decay, to decompose. **4.** *fig.* to decay. **5.** *(d. trăsăturile feţei)* to be distorted. **6.** *pas.* to be decomposed etc. v. ~ I.

descompunere *s.f.* **1.** decomposition, breaking up into constituent parts. **2.** *(putrezire)* rotting, decay, decomposition. **3.** *(a trăsăturilor)* distortion of features. **4.** *ist. etc.* disintegration. ⓓ *in* ~ crumbling, disintegrating.

descompus *adj.* decomposed etc. v. descompune; *(d. trăsăturile feţei)* distorted.

desconcentra I. *vb. tr.* to disband *(troops)*, to demobilize. **II.** *vb. refl. pas.* to be disbanded/demobilized.

desconsidera *vb. tr.* to slight, to disregard, to treat with contempt/disdain, to think little/nothing of, to despise; *(a nu da ascultare)* to disobey; *(a nu ţine seamă de)* to neglect; to pay no heed to..., to ignore, not to heed.

desconsiderare *s.f.* disregard; disdain, neglect.

descoperi I. *vb. tr.* **1.** *(un fapt, o ţară)* to discover; *(a zări pămînt etc.)* to descry; *(adevărul etc.)* to ferret/find out; *(o eroare, o crimă)* to detect; *(un mister)* to unravel, to (un)fathom. **2.** *(a revela)* to reveal, to disclose; *(a demasca)* to lay bare, to expose, F→to show up; *(o taină)* to disclose, to unveil. **3.** *(a lua învelişul)* to uncover; *(a scoate vălul de pe)* to unveil. **4.** *(a inventa)* to invent; *(a găsi)* to find. ⓒ *a* ~*t America* the Dutch have taken Holland. **II.** *vb. refl.* **1.** *(a se face cunoscut)* to make oneself known; *(a-şi scoate pălăria)* to uncover/bare one's head; *(a se dezgoli)* to denude/divest oneself. **2.** *(a-şi scoate pălăria)* to uncover/bare one's head. **3.** *pas.* to be discovered etc. v. ~ I.

descoperire *s.f.* **1.** ferreting out etc. v. descoperi. **2.** discovery; *(invenţie)* invention; *(revelaţie)* revelation; *(detectare)* detection.

descoperit *adj.* **1.** *(deschis)* open. **2.** *(liber)* free. **3.** *(cu capul gol)* bare-headed.

descoperitor *s.m.* discoverer; explorer.

descotorosi I. *vb. tr. (de)* to rid (of). **II.** *vb. refl. (de)* to rid oneself (of), to get rid (of).

descreierat I. *adj.* brainless, reckless, thoughtless, hare-brained, scatter--brained, crazy, mad. **II.** *s.m.* F harum-scarum, scatter-brain.

descreşte *vb. intr.* to diminish, to decrease; *(tot mai mult)* to grow less and less; *(a se scurta)* to grow shorter; *(a dispărea)* to decline, to dwindle, to fall away; *(d. flux)* to recede; *(d. iuțeală)* to slow down/up, to slacken; *(d. o tumoare)* to go down; *(a se subția)* to grow thin; *(d. putere)* to decrease; *(d. lună)* to be on the wane; *(d. cerere)* com. to fall off; *(d. zile)* to draw in; *(d. vînt)* to abate, to drop, to calm/go down; *(d. temperatură)* to abate.

descreștere *s.f.* diminution etc. v. d e s c r e ș t e.

descreți I. *vb. tr.* to smooth out. II. *vb. refl.* 1. *pas.* to be smoothed out. 2. *(d. frunte)* to smooth down.

descrie *vb. tr.* 1. geom. to describe. 2. to describe; to depict; to sketch; *(exact)* to hit off; *(a portretiza)* to portray. ⓒ *a ~ amănunțit...* to give a minute description of..., to give full details of...

descriere *s.f.* 1. description. 2. description; detailed narrative; sketch, picture, graphic account; *(schițare)* delineation.

descriptiv *adj.* descriptive. ⓛ *geometrie ~ă* descriptive geometry.

descuama med. I. *vb. tr.* to desquamate, to scale; to exfoliate. II. *vb. refl.* to desquamate, to scale off; to exfoliate.

descuia I. *vb. tr.* to unlock; *(a deschide)* to open. II. *vb. refl. pas.* to be unlocked/opened.

descuiat *adj.* 1. unlocked; *(deschis)* open. 2. *fig.* broad-minded.

descult I. *adj.* bare-footed/-legged. II. *adv.* bare-foot. III. *s.m.* tramp, vagabond.

descumpăni *vb. tr.* to unbalance, to upset, to disconcert.

descumpănit *adj.* unbalanced, disconcerted, out of one's depth.

descuraja I. *vb. tr.* to discourage, to dishearten; to damp *smb.'s* courage, F→to take the heart out of. II. *vb. refl.* to lose courage/ heart, to get discouraged.

descurajare *s.f.* discouragement.

descurajat *adj.* daunted, dejected, depressed, discouraged, down-hearted, crest-fallen.

descurajator *adj.* discouraging, disheartening.

descurca I. *vb. tr.* 1. *(o jurubiță)* to disentangle, to unravel. 2. *fig.* to disentangle; *(un mister)* to unravel; *(o problemă)* to puzzle out, to solve; *(a clarifica)* to clear up, to make clear. 3. *fig. (a scoate din încurcătură)* to disembroil, to set free from difficulties etc. II. *vb. refl.* 1. *pas.* to be disentangled etc. v. ~ I. 2. *(dintr-o chestiune dificilă)* to extricate oneself (from). 3. to manage, to find one's way out/about, to shift for oneself. ⓐ *a se ~ in...* to make head or tail of...; *(a se pricepe la)* to be a good hand at/in...

descurcăreț *adj.* resourceful, cute, resilient; shifty, tricky. ⓒ *e ~* F→he's got his wits about him, he can fend for himself.

descusut *adj.* unripped, ripped open.

deseară *adv.* to-night, this evening.

desecare *s.f.* draining.

desemn *s.n.* v. d e s e n.

desemna *vb. tr.* to designate; *(a numi)* to appoint.

desemnare *s.f.* designation, appointment.

desen *s.n.* 1. *(tablou desenat)* drawing, sketch, draft, design. 2. *(artă)* (art of) drawing. 3. *constr.* draught, plan. 4. *(contur)* outline. 5. *(pe stofe)* design, pattern. ⓐ *~ artistic* art drawing; *~ cu creionul* pencil drawing; *~ de execuție* working drawing; *~e animate* animated cartoons; *~ in cerneală* ink drawing; *~ in tuș* China ink drawing; *~ liber* free-hand drawing; *~ linear* linear drawing; *~ tehnic* mechanical drawing.

desena I. *vb. tr.* to draw, to sketch; *(in cerneală)* to draw in ink; *(după natură)* to draw from nature. II. *vb. refl.* to stand out, to show up, to take shape.

desenator *s.m.* drawer, ·sketcher.

deseori *adv.* v. a d e s e a.

desert *s.n. (fructe)* dessert; *(prăjituri etc.)* sweets, *amer.* dessert; last course.

deservi[1] *vb. tr.* to do *smb.* a disservice/an ill turn; to ·be detrimental to.

deservi[2] *vb. tr.* to attend (to), to serve; *(d. obiecte)* to serve.

deservire *s.f.* 1. service. 2. facilities. ⓐ ~ *medico-sanitară* medical service/attendance. ⓑ *personal de* ~ service/attenting staff/personnel, attendants, assistants.

desetină *s.f. odin.* tithe.

desface I. *vb. tr.* 1. to detach; *(a dezlega)* to undo, to unbind, to untie, to loosen, to make free; *(a separa)* to sever, to undo, to take apart/to pieces; *(pînzele etc.)* to unfold, to unfurl; *(mașinării)* to take to pieces, to strip, to disassemble; *(șireturi)* to unlace. 2. *(a vinde)* to sell (off), to market. 3. *(un contract)* to cancel, to annul. 4. *(vrăji)* to disenchant. 5. *(a deschide)* to open; *(o haină)* to undo, to unfasten. ⓒ *a* ~ *o căsătorie* to dissolve a marriage, to untie the matrimonial knot; *a* ~ *un contract* to set aside/cancel a contract; *a* ~ *minerul* to take off the handle; *a* ~ *un nod* to undo/untie a knot; *a* ~ *o tovărășie* to dissolve partnership. **II.** *vb. refl.* 1. *(de)* to disengage oneself (from), to emancipate oneself; *(a se elibera)* to make oneself free, to get loose, to come apart. 2. *(a se dezlega)* to come untied; *(d. păr, șireturi etc.)* to come undone. 3. *(a se dizolva)* to melt. 4. *(d. flori)* to (burst) open. 5. *(d. un nasture)* to come/tear off. 6. *pas.* to be detached etc. v. ~ I.

desfacere *s.f.* 1. detachment etc. v. d e s f a c e. 2. *(vînzare)* sale.

desfăcut *adj.* detached; open etc. v. d e s f a c e.

desfășa I. *vb. tr.* to unwrap *(a baby)*. **II.** *vb. refl.* to get unswaddled.

desfășura I. *vb. tr.* 1. *(un ziar, o batistă etc.)* to unfold, to open/spread out; *(un steag)* to unfurl, to display; *(aripile)* to spread. 2. *(a etala)* to show, to display. 3. *(o activitate)* to carry on. 4. *(a dezvolta)* to develop. ⓒ *a* ~ *întrecerea socialistă* to develop socialist emulation. **II.** *vb. refl.* 1. *pas.* to unfold, to be unfolded etc. v. ~ I. 2. *(a decurge)* to be

getting/going on. 3. *(d. întrecere)* to grow apace. 4. *(a avea loc)* to take place. 5. *(d. o priveliște, peisaj)* to open up, to unfold (oneself).

desfășurare *s.f.* progress, development; display etc. v. d e s f ă ș u r a. ⓐ ~ *de forțe* display of forces.

desfășurat *adj.* unfolded etc. v. d e s f ă ș u r a. ⓑ *construirea* ~*ă a socialismului* all-out construction of socialism.

desfăta I. *vb. tr.* to please, to delight, to gladden, to give pleasure to. ⓒ *a-și* ~ *ochii cu...* to feast one's eyes on... **II.** *vb. refl. (cu)* to enjoy oneself, to be (highly) delighted (at/with smth.). **III.** *vb. intr.* to please the eye, to flatter the senses.

desfătare *s.f.* delight, pleasure, enjoyment; *(veselie)* merriment, mirth; *(bucurie)* joy, glee; *(manifestare a bucuriei)* rejoicing. ⓐ ~*a ochilor* smth. to feast one's eyes upon, delightful sight. ⓒ *e o* ~ *să-l vezi* it is quite delightful to see him, it does one's heart good to see him.

desfătător *adj.* delightful, delicious, blissful.

desfătui *vb. tr. (de)* to dissuade (from).

desfereca *vb. tr.* to unfetter.

desfibrator *s.n. text.* cotton-scutching machine.

desfide *vb. tr.* 1. to defy, to provoke. 2. *(a chema la luptă)* to challenge (to mortal combat). 3. *(a brava)* to dare, to defy. ⓒ *te desfid s-o faci* I defy/dare you to do it, F→I bet you can't do it.

desfigura I. *vb. tr.* to disfigure; *(a poci)* to deface, to deform; *(a mutila)* to maim, to mutilate. **II.** *vb. refl.* to disfigure oneself.

desfigurare *s.f.* disfigurement; defacement; mutilation.

desfigurat *adj.* disfigured; defaced; mutilated.

desființa I. *vb. tr.* 1. to abolish, to suppress; *(a anula)* to cancel, to annul; *(a abroga)* to repeal, to rescind, to abrogate. 2. *(a face să*

inceteze) to dissolve, to break up;
(o funcţie, o sărbătoare) to do
away with; *(un abuz)* to suppress,
to put down; *(a distruge)* to de-
stroy. **II.** *vb. refl. pas.* to be annul-
led, v. ~ I.
desfiinţare *s.f.* **1.** abolition. **2.** sup-
pression, abrogation etc. v. d e s-
f i i n ţ a.
desfoia I. *vb. tr.* to strip/denude
of leaves, S→to defoliate. **II.** *vb.
refl.* **1.** to shed the leaves. **2.** *(d.
boboci)* to blossom forth.
desfrînare *s.f.* v. d e s f r î u.
desfrînat I. *adj.* lewd, profligate,
wild; licentious; unruly. **II.** *s.m.*
rake, libertine, dissolute/de-
bauched fellow.
desfrîu *s.n.* dissoluteness, debauch-
ery, licentiousness, dissipation.
desfrunzi I. *vb. tr.* to strip/denude
of leaves, S→to defoliate. **II.** *vb.
refl.* to shed the leaves.
desfrunzit *adj.* leafless, S→defo-
liate(d).
desfunda I. *vb. tr.* **1.** to clear/free
of obstructions; *(a curăţa)* to
clean. **2.** *(a deschide)* to open;
(un butoi) to stave (in), to broach.
3. *(un drum)* to wash away, to
erode; *(a-l curăţa)* to clear, v.
şi d e s t u p a. **II.** *vb. refl. pas.*
to be cleaned etc. v. ~ I.,
şi d e s t u p a **II.**
desfundare *s.f.* cleaning etc. v.
d e s f u n d a.
desfundat *adj.* **1.** *(fără fund)* bot-
tomless. **2.** *(d. un drum)* broken,
bumpy; impassable, impracticable.
deshăma I. *vb. tr.* to unharness.
II. *vb. intr.* to take the horses out
of the shafts.
deshămare *s.f.* unharnessing.
deshidrata *vb. tr.* to dehydrate.
deshidratare *s.f. chim.* dehydration.
deshidrator *s.n. tehn.* dehydrator.
deshuma *vb. tr.* to exhume, to
disinter.
deshumare *s.f.* exhumation, disin-
terment.
designa *vb. tr.* to designate, to
indicate.
desigur *adv.* certainly, naturally,
sure(ly), of course.
desime *s.f.* **1.** thickness; denseness;

density. **2.** *(desiş)* thicket.
desinenţă *s.f. gram.* inflexion.
desiş *s.n.* thicket.
desluşi I. *vb. tr.* **1.** *(a explica)* to
explain; *(a elucida)* to elucidate,
to illustrate, to clear up; *(a inter-
preta)* to interpret. **2.** *(a recu-
noaşte)* to recognize. **3.** *(a observa)*
to discern, to perceive, to notice;
(a descoperi) to discover; *(a dis-
tinge)* to distinguish. **II.** *vb. refl.*
1. *pas.* to be explained etc. v.
~ I. **2.** to become distinct/visible;
to heave in sight, to loom.
desluşit I. *adj. (uşor de distins)*
distinct, marked; *(clar)* clear,
intelligible, plain; *(evident)* evi-
dent; *(citeţ)* legible. **II.** *adv.*
distinctly etc. v. ~ I.
desolidariza *vb. refl.* to break (one's
ties) with one's colleagues, to go
one's own way; *(de)* to dissociate
oneself (from).
desolidarizare *s.f.* dissociation.
despacheta *vb. tr. (a deschide)* to
open; *(mărfuri)* to uncase, to
unbale; *(un geamantan)* to unpack.
despachetare *s.f.* opening etc. v.
d e s p a c h e t a.
despăduchea *vb. tr.* to delouse, to
clear of lice; to disinfest.
despăduri *vb. tr.* to deforest, to
disafforest, to clear of woods.
despădurire *s.f.* deforestation, disaf-
forestation.
despădurit *adj.* deforested, disaf-
forested.
despăgubi I. *vb. tr.* to indemnify,
to compensate for a loss; to reim-
burse (for money spent); to make
amends to (for an injury or insult);
to remunerate (for services ren-
dered). **II.** *vb. refl.* to make up a
loss, to cover a loss.
despăgubire *s.f.* indemnification;
(damage) compensation; reimburse-
ment; amends; remuneration; *(dau-
nă)* damage. © *a cere despăgubiri
jur.* to claim/recover damages.
despărţi I. *vb. tr.* **1.** to separate; to
sever; *(a detaşa)* to detach; to
put asunder; *(ceva legat sau unit)*
to disconnect, to disjoin, to break
up the connection between; *(a dez-
uni)* to disunite, *(a dizolva)* to

dissolve; *(a selecta)* to select, to sift; *(a divide)* to divide; *(a izola)* to isolate. **2.** *(soț și soție)* to separate, to divorce. **3.** *(a deosebi)* to distinguish. **II.** *vb. refl.* **1.** *(unul de altul)* to part (company); *(a se separa)* to separate, to sever; *(d. asociați)* com. to dissolve partnership; *(d. drumuri)* to branch off. **2.** *(a se desolidariza)* to dissociate oneself. ⓒ *unde se despart drumurile* at the parting of the ways.

despărțire *s.f.* separation; isolation; seclusion etc. v. d e s p ă r ț i.

despărțitor *adj.* dividing etc. v. d e s p ă r ț i. ⓑ *perete ~* party/ partition wall.

despărțitură *s.f.* **1.** *(diviziune)* division; *(clasă)* class; *(grupă)* group. **2.** *(compartiment)* partition, compartment; *(spațiu închis)* locker, closet; *(cămăruță)* box room, boudoir; *(îngrăditură)* enclosure.

despături *vb. tr.* to unfold, to open/ spread out.

despera I. *vb. intr.* to despair, to despond; to lose hope, to give up expectation. **II.** *vb. tr.* to drive to despair.

desperare *s.f.* despair, desperation, despondency. ⓑ *la ~* in despair. ⓒ *a duce/aduce/împinge la ~* to drive to despair.

desperat I. *adj.* *(d. persoane)* desperate, in despair; *(d. o situație etc.)* desperate, hopeless. **II.** *adv.* desperately.

desperechea *vb. tr.* **1.** *tehn.* to uncouple. **2.** *vînăt.* *(cîini)* to unleash. **3.** *(a descompleta)* to break up, to break/spoil a set of, to render incomplete.

desperecheat *adj.* odd, not paired, not one of a pair, incomplete.

desperechere *s.f.* uncoupling etc. v. d e s p e r e c h e a.

despica I. *vb. tr.* to split, to cleave; *(lemne)* to chop; *(a face tăietură în)* to slit. ⓒ *a ~ firul în patru fig.* to split hairs, to draw it fine. **II.** *vb. refl.* **1.** to split, to cleave, to slit; *(d. cristale)* to cleave; *(a se bifurca)* to bifurcate, to branch out. **2.** *pas.* to be split etc. v. ~ I.

despicare *s.f.* splitting etc. v. d e s p i c a.

despicătură *s.f.* **1.** *(țandără)* splinter. **2.** *(bucată de lemn)* piece of chopped wood, billet.

despiedica *vb. tr.* *(un cal)* to untrammel, to unbind; *(o roată de trăsură)* to take off the drag from.

despleti I. *vb. tr.* **1.** *(părul)* to unplait, to unbraid, to undo, to let down; *(o funie)* to untwine. **2.** *(pe cineva)* to unplait smb.'s hair. **II.** *vb. refl.* **1.** to come undone; to be untwined. **2.** *(d. persoane)* to undo/unplait one's hair, to let down one's hair.

despletit *adj.* *(d. păr)* let down, undone, dishevelled; *(d. cineva)* dishevelled.

despodobi *vb. tr.* to take decorations off..., to strip of ornaments.

despopula v. d e p o p u l a.

despot *s.m.* despot, tyrant.

despotcovi I. *vb. tr.* to unshoe. **II.** *vb. refl.* to lose one's (horse) shoes.

despotic I. *adj.* despotic(al), tyrannical. **II.** *adv.* despotically, tyrannically; with a heavy/high hand.

despotism *s.n.* despotism, tyranny, absolutism; heavy/iron hand.

despotmoli *vb. tr.* **1.** *nav.* to set/ get afloat (again), to refloat. **2.** *(o căruță)* to drag out of mud.

despovăra *vb. tr. și fig.* to unburden, to unload, to discharge.

despre *prep.* **1.** about, of; *(asupra)* on; *(în legătură cu)* in connection/ conjunction with; *(în ceea ce privește)* as for, respecting, in respect of. **2.** *(către)* towards. ⓐ *~ aceasta* about it/that; *~ care (relativ)* whereof, about which *sau* whom; *~ ce e vorba aici?* what is here involved? ⓑ *cît ~ ... as to...; cît ~ mine* as far as I am concerned, as to myself, for all I care; *(eu unul)* I for one.

despresura *vb. tr. mil.* to relieve *a besieged town etc.*

despresurare *s.f. mil.* relieving of *a besieged town etc.*

despresurat *adj.* relieved.

desprimăvăra *vb. refl. impers.* ⓐ *se ~ etc.* spring was coming.

desprinde I. *vb. tr. (a lua)* to take (down, out etc.); *(dintr-un cîrlig)* to unhook; *(a desface)* to undo, to detach; *(a rupe)* to tear off; *(din jug)* to unyoke; *(a decupla)* to uncouple; *(a detaşa)* to unloose, to unbind, to unfasten. **II.** *vb. refl.* **1.** *(d. un nasture)* to come/ tear off. **2.** *(a pierde contactul)* to lose touch. **3.** *(de o carte etc.)* to tear oneself away (from). **4.** *(a se auzi)* to be heard. ⓐ *a se ~ din...* to result/appear from...

desprindere *s.f.* detachment etc. v. d e p r i n d e r e.

despriponi *vb. tr.* to untether.

despuia I. *vb. tr.* **1.** to strip, to denude, to divest, to undress, to disrobe; *(de piele)* to skin, to flay. **2.** *(a jefui)* to strip to the skin. **3.** *(un pom)* to strip/denude of leaves, to despoil, S→to defoliate. © *a ~ scrutinul pol.* to count the votes. **II.** *vb. refl.* **1.** *(de frunze)* to shed the leaves. **2.** *(a se dezbrăca)* to strip (oneself), to undress (oneself), to take off one's clothes.

despuiat *adj.* (stark) naked, undressed, F → in buff; *pict.* nude; *lit.* in nature's garb; *(d. un pom)* bare; *(fără pene)* without plumage, unfledged.

despuiere *s.f.* denudation etc. v. d e s p u i a. ⓐ *~a scrutinului* returning operations, counting of the votes.

destăinui I. *vb. tr.* to reveal, to disclose; *(a divulga)* to divulge, F→to blab/let out; *(o taină)* to unfold, to disclose, to unveil. **II.** *vb. refl.* **1.** *pas.* to be revealed etc. v. ~ I. **2.** to open one's heart. © *a se ~ cuiva* to make a confidant of smb.; to open one's heart to smb.

destăinuire *s.f.* confidence; *(mărturisire)* confession.

destin *s.n.* **1.** destiny, fate; *(inevitabil)* fatality; *(ursită)* lot; *(şansă, noroc)* chance. **2.** *mit.* Fate.

destina I. *vb. tr.* to destine, to intend, to mean, to dedicate. **II.** *vb. refl. pas.* to be destined/meant/ intended/dedicated.

destinat *adj. (cu dat.)* destined (to), meant (to), intended (to), dedicated (to), fated (to).

destinatar *s.m.* addressee, recipient.

destinaţie *s.f.* (place of) destination.

destinde I. *vb. tr.* **1.** to extend, to stretch (out), to expand; *(degete)* to distend; *(aripile)* to spread out. **2.** *(a trage înapoi)* to draw back. **3.** *(a face mai larg)* to distend, to widen out, to enlarge. **4.** *(a lungi)* to lengthen. **II.** *vb. refl.* **1.** *(a se relaxa)* to relax. **2.** *pas.* to be unbent etc. v. ~ I.

destindere *s.f.* relaxation etc. v. d e s t i n d e. ⓐ *~ destinderea încordării internaţionale* international détente, relaxation in/easing of world/international tension.

destitui *vb. tr.* to dismiss *smb.* from his post, to turn (out of office); *(temporar)* to suspend.

destituire *s.f.* dismissal; suspension.

destoinic *adj.* **1.** competent; skilful, deft; (cap)able, efficient. **2.** *(vrednic)* worthy.

destoinicie *s.f.* competence, (cap)ability, efficiency.

destrăbăla *vb. refl.* to grow/become depraved, to fall into dissolute ways, to go astray/to the bad.

destrăbălare *s.f.* debauchery, profligacy.

destrăbălat I. *adj.* dissipated, debauched, dissolute, profligate. **II.** *s.m.* dissolute/debauched fellow, rake, libertine, profligate.

destrăma I. *vb. tr.* **1.** *(ceva ţesut)* to unweave, to tease, to unravel; *(a deseîlci)* to unravel **2.** *(a purta, a toci)* to fray; *(a rupe)* to tear. **3.** *fig.* to break up; *(a dizolva)* to dissolve. **II.** *vb. refl.* **1.** to ravel/ fray out. **2.** *fig.* to break up, to disintegrate.

destrămare *s.f.* teasing etc. v. d e s t r ă m a.

destrămător *s.n. text.* cotton picker.

destul I. *adj.* sufficient, enough. ⓐ *destui bani* enough money. **II.** *adv.* enough, sufficiently. ⓐ *~ de bun* good enough; *~ !* let it suffice! no more of this! F that will do! have done! enough! stop! © *e*

~ *de bun* it's good enough; *ne e* ~ we want no more of it; *nu e* ~ *că nu ştie lecţia, dar...* not only does he not know his lesson, but...; *nu i-a fost* ~ that did not satisfy him; *n-o poţi lăuda* ~ it cannot be too much admired; *ai plîns* ~*!* no more tears! ~ *să spun că...* suffice it to say that...

destupa I. *vb. tr. (a curăţa)* to clear, to clear obstructions from; *(a deschide)* to open; *(o sticlă)* to uncork, to unstop(per). © *a-şi* ~ *urechile* to open one's ears. **II.** *vb. rcfl. pas.* to be cleared etc. v. ~ **I.**

deşteleni *vb. tr.* to fallow, to turn up.

deştelenire *s.f.* fallowing, upturning.

deştepeni *vb. refl.* to stretch oneself, to recover elasticity/motion.

desuet *adj.* antiquated, out-of-date, obsolete.

desuetudine *s.f.* desuetude, disuse. © *a cădea în* ~ to fall into desuetude/disuse, to become obsolete.

desuuri *s.n. pl.* underwear.

deszăpezi *vb. tr.* to clear of snow.

deszăvorî *vb. tr.* to unbolt.

deszice *vb.* v. **dezice.**

deşănţat *adj.* **1.** *(dezordonat)* disorderly, untidy, careless, negligent, slatternly. **2.** *(forţat)* far-fetched. **3.** *(nelalocul lui)* improper. **4.** *(ciudat)* strange, odd. **5.** *(ruşinos)* shameful, brazen.

deşela I. *vb. tr. (a speti)* to break the neck of; to knock up; to harrass, to work to death; *(a bate)* F to beat till one is lame, to beat black and blue. **II.** *vb. refl.* to overtire oneself, to work oneself to death, to work like a slave, to break one's back.

deşelat *adj. (cu şalele frînte)* lame in the hips/haunches, broken-baked; *(obosit)* F fagged out, knocked up, down(-)and(-)out.

deşert[1] *s.n.* **1.** *(pustiu)* desert, waste (land); desolate region, wilderness. **2.** *fig. (de ape)* watery waste. **3.** *(deşertăciune)* vanity; *(nimicnicie)* nothingness. **4.** *anat.* groin, side. **5.** *(gol, vid)* vacuum, void. ① *în* ~ in vain, to no end. © *a lua în* ~ to take in vain.

deşert[2] *adj.* **1.** *(ant. plin)* empty; *(neocupat)* vacant, unoccupied; *(d. teren)* waste; *(d. o regiune)* desert, desolate; *(d. un loc)* deserted; *(necultivat)* uncultivated. **2.** *(van)* vain; *(d. vorbire)* idle; *(d. străuinţă)* futile; *(vanitos)* conceited, vainglorious; *(netemeinic)* unfounded. ① *credinţă deşartă* idle belief, superstition. © *cu mîinile deşarte* empty-handed.

deşerta I. *vb. tr.* to empty out; *(o sticlă)* to empty, to drain off, F to finish off; *(un pahar, vinul)* to drink up, to toss of; *(cutia cu scrisori, soba etc.)* to clear. © *a-şi* ~ *inima* to unbosom one's heart. **II.** *vb. refl.* to empty oneself.

deşertat *adj.* emptied, empty; cleared etc. v. **deşerta.**

deşertăciune *s.f.* vanity, vain-gloriousness, futility, F→bubble and squeak.

deşeua *vb. tr.* to unsaddle.

deşeuri *s.n. pl.* waste (material).

deşi *conj.* (al)though, *rar*→albeit. © ~ *nu ştie nimic* (al)though he knows nothing, (al)though he may not know anything, ignorant as he is, though he (may) be ignorant.

deşira I. *vb. tr.* **1.** to unwind, to unravel; *(mărgele etc.)* to unstring. **2.** *fig.* to spin (out). **II.** *vb. refl.* **1.** *pas.* to unwind, to be unwound; *(d. mărgele)* to come off; *(a se destrăma)* to ravel/fray out; *(d. ciorapi)* to ladder. **2.** *fig. (a se întinde)* to stretch.

deşirat *adj.* **1.** unwound etc. v. **deşira. 2.** *(lung)* lean (and lanky), thin; *(uscăţiv)* scraggy. **3.** *fig. (dezlînat)* loose, prolix, long-winded.

deştept I. *adj.* **1.** *(treaz)* awake; *(activ)* active, lively. **2.** *fig.* clever, bright, sharp, F cute, brainy. **II.** *s.m.* **1.** clever man. **2.** *peior.* F blockhead, numskull; *iron.* wise man, a wise man of Gotham. **III.** *adv.* cleverly.

deştepta I. *vb. tr.* **1.** *(din somn)* to (a)waken, to wake, to rouse (out of smb.'s sleep); *(dimineaţa)* to call up in the morning; *(sunînd)* to ring up; *(bătînd în uşă)*

to knock up. 2. *fig. (a invoira)*
to cheer up, to enliven. © *a ~
bănuieli* to incur/excite suspicion;
a ~ pofta to sharpen/whet the
appetite. **II. *vb. refl.* 1.** to (a)wake;
(bruse) to start up (from one's
sleep). **2.** *fig.* to awake, to wake
(up).

deșteptare *s.f.* awaking etc. v. d e ș-
t e p t a; *mil.* rouse.

deșteptăciune *s.f.* **1.** cleverness, in-
telligence. **2.** *peior.* F *(prostie)* silly
thing; nonsense; rubbish;stupidity.

deșteptător I. *adj.* awakening etc.
v. d e ș t e p t a. **II.** *s.n.* *(ceas)*
alarum, alarm (clock).

deșucheat I. *adj.* **1.** *(smintit)* crazy,
F→cracked, batty. **2.** *(destrăbălat)*
profligate, dissolute, F→gay. **II.**
s.m. **1.** *(smintit)* F→mad eggbrain,
madcap. **2.** *(destrăbălat)* fast liver,
F→gay dog.

deșuruba I. *vb. tr.* to unscrew. **II.**
vb. refl. pas. to unscrew, to get
unscrewed.

deșurubat *adj.* unscrewed.

detaila *vb.* v. d e t a l i a.

detailist *s.m.* *com.* retail dealer,
small trader.

detalia I. *vb. tr.* to detail; to relate
in detail, to describe in detail. **II.**
vb. refl. to appear, to stand out.

detaliat I. *adj.* detailed, minute.
II. *adv.* in detail, minutely.

detaliu *s.n.* **1.** *(amănunt)* detail,
particular. **2.** *(vînzare în ~) com.*
retail business, small trade. ①
în ~ **a.** *com.* by the piece. **b.** in
detail, minutely. © *a vinde în
~ com.* to sell by the piece, to
retail.

detașa I. *vb. tr.* **1.** to detach, to
unloose, to unbind, to unfasten;
(un vagon) to uncouple; *(a separa)*
to disjoin, to separate; *(o bucată
din ceva)* to detach, to cut off;
to pull off; *(un cec etc.)* to tear
out. **2.** *(a înstrăina)* to alienate.
3. *mil.* to detach. **4.** *(un funcționar)*
to attach *smb.* temporarily to
another department etc. **II.** *vb.
refl.* **1.** *(a se desprinde)* to come
off; *(a se separa) (de)* to separate
(from); to become alienated (from);
to detach oneself (from). **2.** *(pe*

un fond) to stand out (against/in
relief). **3.** *(d. un funcționar)* to
be attached temporarily to another
department.

detașabil *adj.* detachable; removable.

detașament *s.n.* **1.** *mil.* detachment,
draft. **2.** *(echipă)* team, group,
party.

detașare *s.f.* **1.** *(ca acțiune)* detach-
ing etc. v. d e t a ș a. **2.** *(a
unui funcționar)* transfer (to another
job); drafting off, assignment of
a mission; sending out on a mis-
sion. **3.** *(a unui ofițer)* detachment.

detașat I. *adj.* detached etc. v.
d e t a ș a. **II.** *adv.* by far, clearly,
beyond question.

detectare *s.f.* detecting.

detectiv *s.m.* detective, F → tec,
plainclothes man.

detector I. *adj.* detecting. **II.** *s.n.*
rad. detector, spark indicator.

detecție *s.f.* *tel.* detection.

detenți(un)e *s.f.* detention, imprison-
ment. ⓐ *~ individuală* solitary
confinement.

deteriora I. *vb. tr.* to deteriorate,
to impair, to debase. **II.** *vb. refl.*
to deteriorate.

deteriorare *s.f.* deterioration.

determina *vb. tr.* **1.** *(a hotărî)* to
determine, to move; *(a convinge)*
to persuade, to convince; *(a cauza,
a face)* to make, to induce, to
cause, to bring about. **2.** *(a fixa)*
to fix, to appoint. **3.** *zool., biol.,
bot.* to determine, to recognize.
4. *mat.* to measure. **5.** *(latitu-
dinea)* to ascertain, to find.

determinabil *adj.* determinable.

determinant I. *adj.* determinining;
(hotărîtor) decisive. **II.** *s.m.* **1.**
mat. determinant. **2.** *gram.* deter-
minative.

determinare *s.f.* determination,
fixing etc. v. d e t e r m i n a.

determinativ *adj.* *gram.* determina-
tive.

determinism *s.n.* *filoz.* determinism.

determinist *s.m.* *filoz.* determinist.

detesta *vb. tr.* *(a urî)* to hate, to
detest, to abhor; *(cu scîrbă)* to
loathe.

detestabil *adj.* hateful, detestable,
execrable, odious, loathsome.

detonant I. *adj.* detonating, explosive. **II.** *s.m.* explosive.
detonator *s.n.* detonator.
detonație *s.f.* detonation.
detracat *adj.* deranged, unbalanced; corrupt.
detractor *s.m.* detractor, disparager.
detriment *s.n.* ⓒ *in ~ul cuiva* to smb.'s detriment, to the/in prejudice of smb.
detritic *adj.* detrital.
detritus *s.n.* detritus, debris.
detrona *vb. tr.* to dethrone, to depose; to overthrow.
detronare *s.f.* dethronement.
detuna I. *vb. tr.* **1.** *(a exploda)* to detonate, to explode. **2.** *(a trăsni)* to strike down (by lightning). **3.** *fig. (a distruge)* to destroy, to annihilate; *(a zdrobi)* to crush. **II.** *vb. intr.* **1.** *(a exploda)* to detonate, to explode, F→to go off (with a bang);˙ *(cu flăcări)* to fulminate. **2.** *(a bubui)* to peal. **3.** *fig.* to thunder, to hurl thunderbolts, F→to fulminate.
detunător *adj.* **1.** detonating, explosive. **2.** pealing; *(d. voce)* stentorian. ⓑ *praf ~* friction powder.
detunătură *s.f.* **1.** *(de tun)* thunder, roar; *(de armă)* report. **2.** *chim.* detonation. **3.** *(a unei case care se năruie)* crash. **4.** *(de tunet)* thunder clap, clap (of thunder), peal (of thunder). **5.** *(explozie)* explosion, F→burst-up.
deturna *vb. tr.* to defalcate, to embezzle, to misappropriate.
deturnare *s.f.* defalcation, embezzlement.
deținător *s.m.* holder.
deține *vb. tr.* **1.** to hold; *(a avea)* to have, to possess, to own, to hold; *(o poziție, o situație etc.)* to hold; *(un oraș)* to occupy. **2.** *(în închisoare)* to detain (in prison).
deținere *s.f.* holding etc. v. d e ț i n e .
deținut *s.m.* prisoner, convict, detainee, F→jailbird. ⓐ *~ politic* political prisoner.
deunăzi *adv.* the other day; *(de curînd)* recently, lately, of late;

(acum cîteva zile) a few days ago. ⓑ *de mai ~* recent.
devale *adv.* further down.
devaliza *vb. tr.* to rob, to strip; to ransack, to rummage; *(o casă)* to rifle.
devalizare *s.f.* robbing etc. v. d e v a l i z a .
devaloriza I. *vb. tr.* **1.** *fin.* to devalorize; *(dolarul etc.)* to devaluate. **2.** *(mărfuri)* to mark down. **II.** *vb. refl. pas.* **1.** to be devalorized. **2.** *(mărfuri)* to mark down. **3.** *fig.* to depreciate, to cheapen.
devalorizare *s.f.* devalorization etc. v. d e v a l o r i z a .
devansa *vb. tr.* to outrun, to outdistance, to outstrip, to outgo, to get ahead of.
devansare *s.f.* outrunning etc. v. d e v a n s a .
devasta *vb. tr.* to lay waste, to ravage, to devastate; *(un oraș)* to sack; *(a jefui)* to rob; to pillage, to rummage.
devastare *s.f.* devastation etc. v. d e v a s t a .
devastator I. *adj.* devastating. **II.** *s.m.* devastator.
devălmaș *s.m.*←*înv.* sharer, joint proprietor.
devălmășie *s.f.*←*înv.* joint property sau ownership. ⓑ *in ~* in common, jointly.
developa *vb. tr. fot.* to develop.
developare *s.f. fot.* development (of an image).
deveni *vb. tr.* to become, to grow, to turn, to get. ⓒ *ce a ~t?* what has become of him?
devenire *s.f.* **1.** becoming; evolution. **2.** *filoz.* formation. ⓑ *în ~* in the making.
dever *s.n. com.* turnover, business (done); *(vînzare)* sale (effected).
deversor *s.n.* **1.** *tehn.* overflow. **2.** *hidr.* spillway.
devia *vb. intr. (a se abate) (de la)* to deviate (from), to swerve (from), to diverge.
deviator *s.m. pol.* deviationist.
deviație *s.f. și fig.* deviation.
deviere *s.f. și fig.* deviation. ⓐ *~ de dreapta pol.* right-wing devia-

tion; ~ *de stînga pol.* left-wing deviation.

deviz *s.n.* estimate (of work to be done); *(listă)* list.

deviză *s.f.* device, motto; *(lozincă)* slogan; *(cuvînt de ordine)* watchword.

devize *s.f. pl. fin.* (foreign) currency; foreign bills.

devlă *s.f.* F noddle, pate, knowledge box, (coco)-nut.

devora *vb. tr.* **1.** *(a mînca lacom)* to devour, to eat greedily, F→to gobble up, to wolf; *(a înghiți)* to swallow (up). **2.** *fig.* to engulf, to swallow; *(cu ochii)* to devour with one's eyes; *(d. flăcări)* to consume, to destroy.

devorant *adj.* **1.** ravenous. **2.** *fig.* consuming, devouring.

devota *vb. refl. (cu dat.)* to devote oneself (to), to give oneself up (for).

devotament *s.n.* devotion, devotedness; (loyal) attachment; < blind devotion, self-sacrifice.

devotat *adj.* devoted, staunch, loyal. ⓙ *al dvs.* ~ *(în scrisori)* yours obediently/faithfully/very truly.

devoțiune *s.f.* devotion, piety.

devreme *adv.* early. ⓐ ~ *ce* since, as. ⓒ *cît mai* ~ *posibil* as early as possible.

dexteritate *s.f.* deftness, dexterity, skill, light hand.

dextrină *s.f. chim.* dextrin(e), starchgum.

dextrogir *adj.* clockwise.

dezabuzat *adj.* life-weary; disillusioned; undeceived.

dezacord *s.n.* **1.** *muz., fig.* dissonance, discord, disharmony. **2.** *(lipsă de unitate)* disunion, discord, disagreement; *(diviziune)* division, split; *(disensiune)* dissension.

dezacorda *muz.* **I.** *vb. tr.* to put... out of tune. **II.** *vb. refl.* to get out of tune.

dezacordat *adj. muz.* out of tune.

dezagreabil *adj. (cu dat.)* disagreeable (to), unpleasant (to).

dezagrega I. *vb. tr.* to disintegrate, to disaggregate; *(o rocă)* to weather. **II.** *vb. refl.* to break up, to disintegrate; *(d. o rocă)* to weather.

dezagregare *s.f.* disintegration; weathering.

dezamăgi *vb. tr.* to disappoint; to disillusion.

dezamăgire *s.f.* disappointment, disillusionment.

dezaproba *vb. tr.* to disapprove (of), to discountenance; to deprecate; *(a condamna)* to condemn; *(a aduce obiecții)* to object to; *(a respinge)* to reject.

dezaprobare *s.f. (cu gen.)* disapproval (of), disapprobation (of), objection (to); rejection (of), deprecation.

dezaprobator I. *adj.* disapproving, deprecating. **II.** *adv.* disapprovingly, deprecatingly.

dezarma *vb. tr. și intr.* to disarm; *(a demobiliza)* to demobilize.

dezarmare *s.f.* disarmament; *(demobilizare)* demobilization. ⓐ ~ *generală* universal disarmament. ⓑ *conferință pentru* ~ disarmament conference.

dezarmat *adj.* disarmed; *(lipsit de apărare)* unarmed, defenceless, undefended.

dezarticula I. *vb. tr.* to disjoint, to put out of joint, to dislocate. **II.** *vb. refl.* to be disjointed.

dezarticulat *adj.* **1.** out of joint etc. v. d e z a r t i c u l a. **2.** *(țeapăn)* stiff.

dezastru *s.n.* disaster, calamity.

dezastruos I. *adj.* disastrous, calamitous. **II.** *adv.* disastrously.

dezavantaj *s.n.* disadvantage; *(neajuns)* drawback, shortcoming.

dezavantaja *vb. tr.* to disadvantage; to harm; to affect unfavourably.

dezavantajos *adj. (cu dat., pentru)* disadvantageous (to), unfavourable (to).

dezavua *vb. tr.* to repudiate, to disapprove of, to disavow.

dezavuare *s.f.* repudiation, disavowal.

dezaxa I. *vb. tr. tehn.* to set over. **II.** *vb. refl. fig.* to be(come) unbalanced.

dezaxat *adj.* **1.** *tehn.* eccentric; *(d. o roată)* dished, splayed. **2.** *fig.* unbalanced.

dezbate I. *vb. tr.* **1.** to make out; *(un cui)* to drive out etc. **2.** P *agr.* v. a f i n a. **3.** *(a discuta)* to discuss, to deliberate upon; to debate (upon), to argue; *(temeinic)* to thrash out; *(a recenza)* to review, to criticize, to comment on; *mil.* to parley. **II.** *vb. refl.* **1.** *pas.* to be driven out etc. v. ~ **I. 2.** *(a se rupe)* to break; *(a cădea)* to fall, to drop; *(a se desprinde)* to come off.

dezbatere *s.f. (discuție)* discussion, debate. ⓓ închiderea dezbaterilor the closure of the debates. ⓒ *a deschide dezbaterile* to open the debates.

dezbăra I. *vb. tr.* ⓐ *a ~ pe cineva de...* to break smb. of (a habit), to cure smb. of...; to wean smb. from... **II.** *vb. refl.* ⓐ *a se ~ de...* to get rid of...; *(de un obicei)* to break oneself of..., to give up.

dezbina I. *vb. tr.* **1.** *(a dezuni)* to disunite, to divide, to set at variance, to set by the ears; *(a înstrăina)* to estrange. **2.** *(a separa)* to separate, to sever, to part; *(a diviza)* to disconnect, to disjoin. **II.** *vb. refl.* **1.** to fall out with one another. **2.** *(a se separa)* to separate, to sever, to part. **3.** *com.* to dissolve partnership. **4.** *(d. drumuri)* to branch off.

dezbinare *s.f.* **1.** disunion. **2.** *(separare)* separation, severance, partition, disconnexion. **3.** discord, disagreement.

dezbinat I. *adj.* divided, disunited. **II.** *adv.* separately.

dezbobina *vb. tr.* to unreel, to unwind.

dezbrăca I. *vb. tr.* **1.** *(pe cineva)* to undress; to disrobe, to strip. **2.** *(o haină)* to take off; *(încălțăminte)* to pull off. **3.** *fig. (de)* to divest (of), to denude (of). ⓒ *a ~ pe cineva pînă la piele* a. to strip smb. naked/bare. b. *fig.* to fleece/strip/despoil smb. **II.** *vb. refl.* to take off one's clothes/garments, to undress/strip (oneself).

dezbrăcare *s.f.* undressing etc. v. d e z b r ă c a.

dezbrăcat *adj.* undressed; *(gol)* naked.

dezdoi *vb. tr. și refl.* to straighten, to unbend.

dezechilibra I. *vb. tr.* to unbalance, to throw out of balance. **II.** *vb. refl.* to lose one's balance.

dezechilibrat *adj.* **1.** out of balance, unbalanced. **2.** *fig.* unbalanced, unhinged.

dezechilibru *s.n. și fig.* want/lack of balance.

dezechipa I. *vb. tr.* to take the equipment off. **II.** *vb. refl.* to take off/remove one's equipment.

dezechipare *s.f.* undressing.

dezerta *vb. intr.* **1.** *mil.* to desert (the colours), to run away (from one's regiment). **2.** *fig.* to desert. ⓒ *a ~ de la datorie* to abandon/quit one's post.

dezertare *s.f.* **1.** *mil.* desertion (of the colours). **2.** *fig.* desertion.

dezertor *s.m.* **1.** *mil.* deserter, runaway (soldier). **2.** *fig.* deserter, traitor.

dezesperant *adj.* heart-breaking; hopeless.

dezgheț *s.n.* thaw, break in the weather. ⓓ *la ~ul zăpezii* (at the time) when snow thaws/melts.

dezgheța I. *vb. tr.* **1.** to thaw, to (cause to) melt. **2.** *fig.* to warm *(smb.'s heart)*; *(a înviora)* to enliven. **II.** *vb. refl.* **1.** *(d. riuri, vreme etc.)* to thaw. **2.** *fig. (a lăsa rusinea)* to grow warm, to lay aside one's reserve; *(a deveni vioi)* to brighten up.

dezghețat *adj. fig.* prompt, efficient, quick; *(deștept)* clever, bright.

dezghioca I. *vb. tr. (porumb)* to husk; *(fasole)* to hull, to pod, to shell. **II.** *vb. refl. pas.* to be husked etc. v. ~ **I.**

dezgoli I. *vb. tr.* **1.** to denude, to divest. **2.** *(capul)* to bare, to uncover. **II.** *vb. refl.* **1.** to denude/divest oneself. **2.** to uncover/bare one's head.

dezgolire *s.f.* denudation, divestment.

dezgolit *adj.* denuded etc. v. d e zg o l i; *(gol)* naked.

dezgropa *vb. tr.* to dig out/up, to unearth; *(cadavre)* to exhume, to disinter.

dezgropare *s.f.* digging out/up; *(de cadavre)* exhumation, disinterment.

dezgust *s.n.* **1.** *(greaţă)* sickly feeling, S→nausea. **2.** *(scîrbă) (de)* disgust (at, for, towards), aversion (to, for), dislike (for, of, to), repugnance. ⓓ *cu* ~ disgusted, in disgust; *pînă la* ~ ad nauseam.

dezgusta *vb. tr.* to disgust; *(a îngreţoşa)* to render dead sick of, to sicken. ⓒ *mă dezgustă* I feel a loathing for it, I feel an aversion to it, it sickens me, I have a dislike to it, I am sick of it, F→I am fed up with it.

dezgustat *adj. (de)* weary (of), sick (of), tired (of), disgusted (at/with), F→fed up (with).

dezgustător *adj.* nasty, disgusting, loathsome, nauseous; *(d. miros)* offensive; *(d. laudă)* fulsome; *(care respinge)* repulsive; *(care repugnă)* repugnant.

dezice I. *vb. tr.* to deny; *(a retracta)* to retract. II. *vb. refl.* to go back on one's word.

dezicere *s.f.* denial etc. v. d e z i c e.

deziderat *s.n.* desideratum; *(doleanţă)* grievance; *(dorinţă)* wish.

deziluzie *s.f.* disillusionment; *(deceptie)* disappointment.

deziluziona *vb. tr.* to disillusion; *(a dezamăgi)* to disappoint.

deziluzionat *adj.* disillusioned; disappointed.

dezinfecta *vb. tr.* to disinfect.

dezinfectant I. *adj.* disinfecting. II. *s.n.* disinfectant.

dezinfectare, dezinfecţie *s.f.* disinfection.

dezintegra *vb. tr. şi refl.* to disintegrate.

dezintegrare *s.f.* disintegration.

dezinteres *s.n.* lack of interest, unconcern.

dezinteresa *vb. refl. (de)* to take no (further) interest (in), not to care (about).

dezinteresare *s.f.* **1.** lack of interest. **2.** disinterestedness, unselfishness.

dezinteresat *adj.* disinterested, unselfish.

dezintoxica *vb. tr.* to disintoxicate.

dezintoxicare *s.f.* disintoxication.

dezinvolt *adj. (d. mers)* easy, free; *(d. maniere)* detached, unembarrassed, unselfconscious.

dezinvoltură *s.f.* unconstraint; ease, airy/off-hand/free (and easy) manner.

dezlănţui I. *vb. tr.* **1.** *(a desface lanţul)* to unchain. **2.** *(a da drumul)* to release, to set free. **3.** *fig.* to unbridle. ⓒ *a* ~ *un război* to unleash a war, *elev.*→to unleash the dogs of war. II. *vb. refl. fig.* to break loose, to burst forth; *(d. vînt etc.)* to rage, to sweep along; *(d. o molimă)* to rage, to play havoc/destruction; to get unbridled.

dezlănţuire *s.f. (de nebunie)* fit of madness; *(a unui vulcan)* eruption; *(a unei răscoale, a unui război)* outbreak; *(a unei patimi)* (out)burst.

dezlănţuit *adj. fig.* broken loose.

dezlega I. *vb. tr.* **1.** to untie, to unbind, to uncord, to unfasten, *nav.* to unfurl; *(a desface, a slăbi)* to unloosen; *(nodul)* to undo; *(a elibera)* to free, to deliver. **2.** *(de o vină)* to exonerate, to exempt; *(a ierta)* to forgive, *rel.* to absolve; *(a scuti)* to dispense, to absolve; *(a emancipa)* to emancipate. **3.** *(a rezolva)* to solve; *(o şaradă etc.)* to read *a riddle*; *(a elucida, a clarifica)* to clear up. ⓒ *a* ~ *pe cineva de un jurămînt* to release smb. from an oath; *a* ~ *şireturile de la pantofi* to unlace the shoes. II. *vb. refl.* **1.** to get/come undone/untied; *(a se desface)* to unloosen, to disentangle, to unravel. **2.** *(a se despărţi)* to separate, to sever. **3.** *(a se elibera)* to make oneself free.

dezlegare *s.f.* untying etc. v. d e z l e g a. ⓒ *a da* ~ *de...* to dispense/absolve from...

dezlipi I. *vb. tr.* **1.** to unpaste, to unglue, to unstick. **2.** *fig. (a despărţi)* to separate, to sever; *(a detaşa)* to detach. ⓒ *nu-şi putea* ~ *ochii de la...* he could not take/tear his eyes off... II. *vb. refl.* **1.** to come unstuck/undone. **2.** *(a se desprinde)* to come off; *(a cădea)* to fall, to drop. ⓓ *a se* ~ *de...* **a.** *(a se despărţi de)* to separate/

sever from... **b.** *(de o carte etc.)* to tear oneself away from...

dezlînat I. *adj.* **1.** teased, unravelled. **2.** *fig.* loose; *(d. o povestire şi)* lame. **II.** *adv.* loosely.

dezmăţ *s.n.* **1.** debauchery, dissipation. **2.** *fig.* anarchy, disorder, confusion; riot; revel.

dezmăţat I. *adj.* *(destrăbălat)* profligate. **II.** *s.m.* *(neruşinat)* shameless fellow; *(destrăbălat)* profligate, loose liver, F→gay dog.

dezmembra I. *vb.* *tr.* **1.** to dismember, *anat.* to dissect, S→to anatomize. **2.** *(un stat)* to divide up. **II.** *vb.* *refl.* to break up.

dezmembrare *s.f.* dismemberment, *anat.* dissection, S→anatomy.

dezmetici I. *vb.* *tr.* to bring back to *smb.'s* senses. **II.** *vb.* *refl.* to recover one's senses, F to come to; to recover one's reason, to come to reason, to regain (one's) consciousness.

dezmierda I. *vb.* *tr.* **1.** *(a mîngîia)* to caress, to fondle; *(a răsfăţa)* to pet, to pamper. **2.** *(a desfăta)* to delight, to divert; *(ochiul)* to please; *(simţurile)* to flatter. **II.** *vb.* *refl.* **1.** *(a se desfăta)* to enjoy oneself. **2.** v. a l i n t a II.

dezmierdare *s.f.* **1.** caressing etc. v. d e z m i e r d a. **2.** *(farmec)* charm; *(voluptate)* voluptuousness; *(mîngîiere)* caress. **3.** *pl.* *(cuvinte de* ∼*)* fond/sweet/tender/loving words, caresses.

dezmierdător *adj.* **1.** caressing; *(afectuos)* fond, affectionate; *(d. cuvinte)* loving, gentle, fond, sweet, tender. **2.** *(desfătător)* delightful; *(fermecător)* charming.

dezminţi I. *vb.* *tr.* to give the lie to; to belie; *(a tăgădui)* to deny, to contest, to disavow. **II.** *vb.* *refl.* **1.** *(a se contrazice)* to contradict oneself/one's own words. **2.** *(d. politeţe etc.)* to fall/drop off.

dezminţire *s.f.* denial, refutation. ⓐ ∼ *categorică* flat denial. ⓒ *a da o* ∼ *(cu dat.)* to deny *(cu acuz.)*, to contradict *(cu acuz.)*, to give the lie to.

dezmirişti *vb.* *tr.* to stubble-turn.

dezmiriştire *s.f.* stubble-turning.

dezmorţi I. *vb.* *tr.* to remove stiffness/numbness from; to take the numbness out of; to revive (by warmth, movement etc.); *(palmele)* to chafe. **II.** *vb.* *refl.* **1.** to lose one's numb/stiff feeling; to grow smarter/more alert. **2.** *(a se încălzi)* to become warm; to cheer/liven up. ⓒ *ies puţin la aer ca să-mi mai dezmorţesc picioarele* I am going out to stretch my legs a bit.

dezmorţire *s.f.* **1.** removal of numbness. **2.** *(reînviere)* revival.

dezmorţit *adj.* *fig.* **1.** thawed. **2.** revived; recalled to life.

dezmoşteni *vb.* *tr.* to disinherit, F→to cut off with a farthing; *fig.* to disown.

dezmoştenit I. *adj.* disinherited. **II.** *s.m.* ⓐ *dezmoşteniţii soartei* the poor, the oppressed.

deznaţionaliza *vb.* *tr.* to denationalize.

deznaţionalizare *s.f.* denationalization.

deznădăjdui I. *vb.* *intr.* to despair, to be desperate/in despair, to grow desperate, to fall/sink into despair. **II.** *vb.* *tr.* to drive to despair.

deznădăjduit *adj.* desperate, despairing; heartbroken; *(fără speranţă)* hopeless.

deznădejde *s.f.* despair, desperation, despondency.

deznoda *vb.* *tr.* **1.** *(un nod)* to undo; *(de nod)* to unknot. **2.** *(a rezolva)* to solve; *(a clarifica)* to clear up. **3.** *(a deşela)* to break the neck of, to knock up.

deznodat *adj.* **1.** *(deşirat)*←F lank. **2.** *(d. idei etc.)* loose.

deznodămînt *s.n.* **1.** *lit.,* *teatru* dénouement. **2.** *(rezultat final)* issue, event. F→upshot.

dezobişnui I. *vb.* *tr.* to break *smb.* of a habit, to wean *smb.* from. **II.** *vb.* *refl.* *(voit)* to break oneself of (a habit). ⓐ *a se* ∼ *de...* to grow/fall out of...

dezodorant *s.n.* deodorizer, deodorant.

dezola *vb.* *tr.* to desolate, to grieve, to afflict.

dezolant *adj.* sad, distressing.
dezolare *s.f.* desolation, grief, sorrow.
dezolat *adj.* grieved, disconsolate.
dezonoare *s.f.* dishonour, disgrace.
dezonora *vb. tr.* to dishonour, to disgrace; *(o fată)* to bring shame upon.
dezonorant *adj.* dishonouring.
dezordine *s.f.* **1.** disorder, confusion. **2.** *pl. (revolte)* disturbances, riots.
dezordonat *adj.* disorderly; *(d. viață și)* ill-regulated; *(neregulat)* irregular; *(murdar)* untidy.
dezorganiza I. *vb. tr.* to disorganize. II. *vb. refl.* to get disorganized.
dezorganizare *s.f.* disorganization.
dezorienta *vb. tr.* **1.** to make *smb.* lose his bearings, to disorientate. **2.** *fig.* to disorientate, to bewilder, to disconcert; to perplex.
dezorientare *s.f.* disorientation; bewilderment; *(șovăială)* hesitation; *(ignoranță)* ignorance.
dezorientat *adj.* bewildered, puzzled, at a loss.
dezoxida *vb. tr.* to deoxidate, to deoxidize.
dezoxidant I. *adj.* deoxidizing. II. *s.m.* deoxidizer.
dezrădăcina *vb. tr.* **1.** to uproot, to tear/pull up by the roots. **2.** *fig.* to extirpate, to uproot, to eradicate; *(un rău)* to stamp out, to put down; *(un popor)* to exterminate, to wipe out.
dezrădăcinare *s.f.* uprooting etc. v. d e z r ă d ă c i n a.
dezrădăcinat *adj. fig.* torn from one's usual surroundings.
dezrobi I. *vb. tr.* **1.** *(sclavi)* to emancipate, to release, to manumit. **2.** *(a pune în libertate)* to (set) free, to liberate, F→to let off. II. *vb. refl.* to gain one's freedom, to free/liberate oneself.
dezrobire *s.f.* emancipation etc. v. d e z r o b i.
dezrobitor I. *adj.* liberating etc. v. d e z r o b i. II. *s.m.* liberator, emancipator, deliverer.
dezumaniza *vb. tr.* to dehumanize.
dezumanizare *s.f.* dehumanization.
dezumfla I. *vb. tr.* **1.** to deflate, to let the air out from; to bring down,

to reduce. **2.** *fig.* F to take/bring/ let *smb.* down a peg or two. II. *vb. refl.* **1.** *(d. un balon etc.)* to collapse, to go flat; *(d. o umflătură)* to subside, to go down. **2.** *fig.* F to sing small.
dezumflare *s.f.* deflation etc. v. d e z u m f l a.
dezuni I. *vb. tr.* to disunite, to divide, to split, to set at variance. II. *vb. refl.* to become disunited; to fall out (with one another).
dezunire *s.f.* disunion, dissension, variance.
dezvălui I. *vb. tr.* **1.** to reveal, to disclose. **2.** *(a descoperi)* to uncover. **3.** *(a ridica vălul)* to unveil; *(a arăta)* to show; *(a divulga)* to divulge. II. *vb. refl. (a apărea)* to appear; *(neclar)* to loom; *(d. un peisaj)* to unfold (oneself).
dezvăluire *s.f.* revelation etc. v. d e z v ă l u i.
dezvăț *s.n.* breaking *smb.* of a habit; leaving off a habit; loss of a habit.
dezvăța I. *vb. tr.* **1.** *(ceea ce ai învățat)* to unlearn, to forget. **2.** *(pe cineva) (de)* to break (of), to wean (from), to get out of a habit. II. *vb. refl.* to leave off a habit, to leave off doing smth.; to become unfamiliar with smth.
dezveli I. *vb. tr.* **1.** *(a descoperi)* to uncover; to remove the cover from; *(corpul)* to uncover, to expose, to lay bare. **2.** v. d e z v ă l u i; *(un acoperiș)* to untile; *(un pat)* to strip; *(capul)* to uncover, to bare. **3.** *(a expune; și mil.)* to expose. **4.** *(un monument)* to unveil. II. *vb. refl.* **1.** to uncover oneself. **2.** *pas.* to be uncovered etc. v. ~ I.
dezvelire *s.f.* uncovering etc. v. d e z v e l i.
dezvinovăți I. *vb. tr. (de)* to disculpate (from), to exonerate (from). II. *vb. refl. (de)* to clear oneself/ one's character (of), to exculpate oneself (from).
dezvinovățire *s.f.* exculpation.
dezvolta I. *vb. tr.* to develop; *(a mări)* to enhance; *(talentele cuiva*

etc.) to form, to cultivate; *(a îmbunătăţi)* to improve; *(un subiect)* to enlarge upon; *(prietenia etc.)* to foster, to promote; *(proiecte, gaze etc.)* to evolve; *(căldură etc.)* to emit, to disengage. ⓒ *a ~ legăturile culturale* to promote cultural relations. **II.** *vb. refl.* to develop oneself; *(d. gaze)* to evolve, to disengage; *(a creşte)* to grow; *(a se forma)* to form oneself. ⓐ *a se ~ în...* to grow/develop into...; to be transformed into..., to become...

dezvoltare *s.f.* progress, development etc. v. d e z v o l t a; *(creştere)* growth. ⓐ *~a industrială* the development/growth of industry. ⓑ *în curs de ~* developing.

dezvoltat *adj.* developed etc. v. d e z v o l t a; *(detaliat)* detailed; *(amplu)* ample. ⓑ *propoziţie ~ă gram.* extended sentence; *slab ~* under-developed.

diabet *s.n. med.* diabetes, S→glucosuris. ⓒ *suferind de ~* diabetic(al).

diabetie *adj., s.m.* diabetic(al).

diabolic I. *adj.* diabolical, devilish. **II.** *adv.* diabolically.

diabolo *s.n.* diabolo.

diac *s.m.*←*înv.* **1.** *(scriitor de cancelarie)* clerk. **2.** *(cărturar)* scholar.

diacon *s.m.* deacon.

diaconeasă *s.f.* **1.** deaconess, sister of charity. **2.** deacon's wife.

diaconesc *adj.* deacon's...

diaconie *s.f.* deaconry.

diacritic *adj. gram.* diacritic(al). ⓑ *semn ~* diacritical mark/sign.

diademă *s.f.* diadem.

diafan *adj.* **1.** diaphanous, translucent. **2.** *fig.* pale, white.

diafilm *s.n.* film strip.

diafragmă *s.f.* **1.** *anat.* diaphragm, midriff. **2.** *tehn.* diaphragm; shield.

diagnostic *adj., s.n. med.* diagnosis. ⓒ *a stabili ~ul (cu gen.)* to diagnose a case (as), to determine the diagnosis (of).

diagnostica *vb. tr.* to diagnose, to diagnosticate.

diagnoză *s.f. med.* diagnosis.

diagonal I. *adj.* diagonal. **II.** *adv.* diagonally.

diagonală *s.f. geom.* diagonal (line).

diagramă *s.f.* diagram.

dialect *s.n.* dialect. ⓐ *~ de clasă* jargon.

dialectal *adj.* dialectal. ⓑ *grai ~* dialect.

dialectic *adj.* dialectic(al). ⓑ *materialism ~* dialectical materialism; *metodă ~ă* dialectical method.

dialectică *s.f.* dialectics. ⓐ *diulectica naturii* dialectics of nature.

dialectician *s.m.* dialectician.

dialectolog *s.m. lingv.* dialectologist.

dialectologic *adj.* dialectological.

dialectologie *s.f. lingv.* dialectology.

dializă *s.f. chim.* dialysis.

dialog *s.n.* dialogue.

dialoga *vb. intr.* to dialogize, F→to dialogue.

dialogat *adj.* dialogued, expressed in dialogue.

diamagnetic *adj. fiz.* diamagnet.

diamant *s.n.* **1.** *min.* diamond. **2.** *fig.* adamant. **3.** *(de tăiat sticla)* diamond. **4.** *poligr.* gem, diamond (type). **5.** *nav.* crown (of an anchor). **6.** *fig. (perlă)* pearl. ⓐ *~ brut* rough diamond. ⓑ *ca ~ul* diamond-like; adamantine; *cîmp de ~e* diamond field; *de/din ~* diamond..., (made) of diamonds, adamant; *inel de ~* diamond ring; *mină de ~* diamond mine; *nuntă de ~* diamond wedding.

diamantifer *adj.* diamantiferous.

diamantin *adj.* diamantine, adamantine.

diametral I. *adj.* diametrical, transverse. ⓑ *linie ~ă geom.* line of intersection. **II.** *adv.* diametr(ic)ally. ⓑ *~ opus (cu dat.)* diametrically opposed (to); exactly opposite (to).

diametru *s.n. geom.* diameter. ⓐ *~ interior (al unei ţevi etc.)* bore. ⓑ *cu un ~ de... ...*in diameter.

diapazon *s.n.* **1.** *muz. (instrument)* tuning fork; *(întinderea sunetelor)* diapason, pitch; *(al vocii)* compass, range (of voice). **2.** *fig.* gamut, scale, range.

diapozitiv *s.n. fot.* diapositive, (lantern) slide, film slide.

diaree *s.f. med.* diarrhoea, looseness of the bowels.

diastază *s.f.* **1.** *med.* diastasis. **2.** *chim.* diastase.

diastolă *s.f.* diastole.

diatermie *s.f. med.* diathermy.

diateză *s.f.* **1.** *gram.* voice. **2.** *med.* diathesis. ⓐ ∼ *pasivă gram.* passive voice.

diatonic *adj. muz.* diatonic.

diatribă *s.f.* diatribe.

diavol *s.m.* **1.** devil; *(spirit rău)* demon, fiend; *Diavolul* the Evil one, F → Old Nick/Blazes/gooseberry. **2.** *fig.* devil; *(laudativ)* brick of a fellow; *(copil neastîmpărat)* imp, young devil, F pickle. ⓐ ∼ *de copil* v. ∼ **2**; ∼ *de femeie* she-devil, devil of a woman.

diavolesc *adj.* devilish, diabolical.

diavolește *adv.* devilishly, diabolically.

diavoliță, diavoloaică *s.f.* she-devil; devil of a woman.

dibaci *adj. (fizicește)* skilled, apt, dexterous; *(mai ales cu mîinile)* handy; *(spiritualicește)* clever, adroit, ingenious; *(șiret)* sly, cunning; *(rafinat)* refined.

dibăci *vb. tr.* **1.** *(a nimeri)* to hit. **2.** *(a căuta)* to look for. **3.** *(a da de)* to come across/upon; *(a găsi)* to find (out).

dibăcie *s.f.* skill; *(dexteritate)* dexterity; *(spirituală)* cleverness, adroitness, ingenuity; *(șiretenie)* cunning.

diblă *s.f.* F fiddle.

dibui *vb. tr.* **1.** *(a pipăi)* to fumble/grope for. **2.** *(a găsi)* to find (out). **3.** *(a nimeri)* to hit. **II.** *vb. intr.* to grope/fumble about; to feel one's way (in the dark etc.).

dibuială, dibuire *s.f.* fumbling etc. v. **dibui.**

dibuite *adv.* ⓑ *pe* ∼ groping(ly), fumblingly.

dichis *s.n.* **1.** *(tot ce e de trebuință)* convenience(s). **2.** *(mobilă)* furniture. **3.** *(ordine)* order. **4.** *pl. (găteli)* finery, fine clothes; *(accesorii)* accessories. **5.** *(la mîncăruri)* dressing; *(mirodenii)* spice(ry).* ⓑ *gătit cu tot* ∼*ul* in full dress, F dressed up to the nines.

dichisi I. *vb. tr.* **1.** *(a găti)* to trim, to adorn, to trick up, to deck out, F to tog up; *(a îmbrăca)* to dress

up. **2.** *(a aranja)* to fit/fix up, to arrange, to tidy (up). **II.** *vb. refl.* to adorn oneself, to tidy oneself (up), F to tog oneself up, to deck oneself out; to dress oneself up; *(a se pregăti)* to get ready, to prepare.

dichisit *adj.* trimmed, dapper, spick and span, spruce, as if stepping/coming out of a bandbox etc. v. **dichisi.**

dicotiledonat *adj. bot.* dycotyledonous.

dicta I. *vb. tr.* **1.** to dictate. **2.** *fig.* to dictate, to prescribe, to order, to command; *(a inspira)* to inspire. © *legile pe care ni le-a* ∼*t natura* the rules which nature has laid down for us; *scriam după cum îmi* ∼ I wrote as he dictated. **II.** *vb. refl.* ⓐ *a i se* ∼ *fig.* to be dictated. © *nu înțeleg să mi se dicteze* I won't be ordered about, I won't be dictated to.

dictafon *s.n.* dictaphone.

dictando *s.n.* ⓑ *caiet de* ∼ lined exercise book.

dictare *s.f.* dictation. © *a scrie după* ∼ to write from/under dictation, to write to *smb.'s* dictation.

dictat *s.n. pol. etc.* dictate. ⓑ *politică de* ∼ policy of dictation.

dictator *s.m.* dictator.

dictatorial I. *adj.* dictatorial. **II.** *adv.* dictatorially.

dictatură *s.f.* dictatorship. ⓐ *dictatura proletariatului* dictatorship of the proletariat(e).

dicton *s.n.* saying, by-word, adage, maxim, saw, proverb.

dicționar *s.n.* dictionary; *(vocabular)* vocabulary. ⓐ ∼ *de buzunar* pocket dictionary; ∼ *ambulant fig.* walking encyclopaedia; ∼ *liliput* jejune dictionary.

dicțiune *s.f.* diction; articulation, enunciation. ⓑ *proastă* ∼ poor/bad articulation.

didactic *adj.* didactic. ⓑ *corp* ∼ teaching staff; *univ.* professorate; *gen* ∼ didactic style; *poemă* ∼*ă* didactic poem.

didactică *s.f.* didactics.

didacticism *s.n.* didacticism, *peior.* priggishness.

didacticist *adj.* priggish.

diedru *geom.* **I.** *adj.* di(h)edral. **II.** *s.m.* dihedron.

dielectric I. *adj.* dielectric, insulating. **II.** *s.n.* dielectric.

diereză *s.f. lingv.* diaresis.

diesel *s.n.* Diesel engine.

dietă[1] *s.f. med.* diet(ary); regimen.

dietă[2] *s.f. pol.* diet.

dietetic *adj.* dietetic(al), dietary.

dietetică *s.f. med.* dietetics.

diez *s.m. muz.* sharp, diesis. ① *do* ~ C sharp.

diferend *s.n.* difference, disagreement, argument, dispute.

diferență *s.f.* difference; *(distincție)* distinction. ⓒ *a face ~ între...* to make a difference between..., to differentiate/discriminate between...; *nu e nici o ~* it's all the same, it comes/F→boils down to the same (thing), it makes no difference, it is six (of one) and half a dozen (of the other).

diferenția I. *vb. tr.* to differentiate. **II.** *vb. refl.* to differentiate, to become differentiated.

diferențial I. *adj. (d. calcul etc.)* differential; *(d. tarife etc.)* discriminating. **II.** *s.n. auto.* differential.

diferențială *s.f. mat.* differential.

diferențiere *s.f.* differentiation; *fig. și* stratification.

diferi *vb. intr. (de)* to differ (from), to vary.

diferit I. *adj.* **1.** *(de)* different (from), differing (from); *(neasemănător)* dissimilar, unlike; *(distinct)* distinct. **2.** *pl. (feluriți)* varied, various, sundry, different. ① *de ~e feluri* of different/sundry/several/various kinds; *în ~e rînduri* at different times, on various occasions; *de ~e mărimi* of all sizes, of every (possible) size. **II.** *adv.* differently.

dificil *adj.* difficult, hard, F→tough, ticklish; *(greu de mulțumit)* fastidious, finicky, difficult/hard to please; F→choosy; *(d. o poziție)* precarious; *(care nu cedează ușor)* unyielding; *(care se acomodează greu)* unaccommodating; *(încurcat)* intricate; puzzling.

dificultate *s.f.* **1.** difficulty, hardness, precariousness; intricacy. **2.** *(piedică)* obstacle, hindrance. ① *fără nici o ~* without any trouble/friction; *nu fără ~* not without some trouble/friction. ⓒ *a face dificultăți* to make difficulties, to create obstacles, to raise objections; *a întimpina dificultăți* to meet with/encounter difficulties; *a învinge o ~* to overcome/surmount a difficulty.

diform *adj.* deformed, misshapen, shapeless, monstrous, out of shape, disproportionate; enormous.

diforma *v.* d e f o r m a.

diformitate *s.f.* disfigurement, deformity, malformation; *(defect)* defect.

difracție *s.f.* diffraction.

difteric *med. adj.* diphtheri(ti)c. ① *anghină ~ă* diphtheria.

difterie *s.f. med.* diphtheria.

diftină *s.f. text.* suedette, imitation suède, moleskin, velveteen.

diftong *s.m. fon.* diphthong.

diftonga *vb. tr. și refl.* to diphthong(ize).

diftongare *s.f. fon.* diphthongization.

difuz *adj. (d. lumină)* diffused; *(d. un corp)* diffuse; *(vag)* vague.

difuza I. *vb. tr.* to diffuse, to spread, to disseminate; *rad.* to broadcast. **II.** *vb. refl. pas.* to be diffused/spread/*rad.* broadcast.

difuzare *s.f.* diffusion, spreading; *(a unei boli)* spread; *rad.* broadcast.

difuziune *s.f. fiz. etc.* diffusion.

difuzor *s.n. tel.* loudspeaker.

dig *s.n.* **1.** dam, dike, embankment; *(la mare)* jetty, seawall; breakwater. **2.** *fig.* barrier.

digera *și fig.* **I.** *vb. tr.* to digest. **II.** *vb. refl. pas.* to be digested.

digerabil *adj.* digestible.

digerare *s.f. și fig.* digestion.

digestie *s.f.* digestion.

digestiv *adj.* digestive. ① *aparat ~ anat.* digestive apparatus; *tub ~ anat.* alimentary canal.

digital *adj. anat.* digital. ① *nerv ~* digital nerve; *amprentă ~ă* finger print.

digitalină *s.f. farm.* digitaline.

digitat *adj.* digited; *bot.* digitated.

digitaţie *s.f. muz.* fingering.

digresiune *s.f.* digression. ⓒ *a face o* ∼ to make a digression, to digress, to wander from the point, to fall into a digression.

dihai *adv.* ⓓ *mai* ∼ (far) better *sau* more *sau* stronger.

dihanie *s.f.* **1.** *(animal sălbatic)* wild beast. **2.** *(monstru)* monster.

dihonie *s.f.* discord; *(ceartă)* quarrel, feud.

dihor *s.m. zool.* **1.** polecat, fitch(ew) *(Mustela putorius).* **2.** common/ beach marten *(Mustela foina).* ⓐ ∼ *puturos/de cimp* v. ∼ **1.**

dijmaş *s.m. odin.* peasant on quitrent; share cropper.

dijmă *s.f. odin. (în bani)* quitrent; *(în natură, în parte)* metayage; *(în grîne)* terrage, rent paid in corn; *bis.* tithe. ⓒ *a lucra în* ∼ to sharecrop.

dijmui *vb. tr. odin.* to tithe.

dilata I. *vb. tr.* to dilate, to expand; *(stomacul)* to distend. **II.** *vb. refl. (d. pupilă)* to dilate; *(d. aer)* to expand; *(a se umfla)* to swell; *(d. stomac)* to be(come) distended.

dilatabil *adj.* dilatable, expansible.

dilatare *s.f.* dilatation, expansion. ⓐ ∼ *a inimii* dilatation of the heart.

dilatat *adj.* dilated, swollen etc. v. d i l a t a.

dilataţie *s.f.* v. d i l a t a r e.

dilatometru *s.n. fiz.* dilatometer.

dilatoriu *adj. jur.* dilatory.

dilemă *s.f.* dilemma. ⓒ *a fi în* ∼ to be in a dilemma, to be on/ between the horns of a dilemma.

diletant *s.m.* amateur, dilettante.

diletantism *s.n.* amateurishness, dilettant(e)ism.

dilua I. *vb. tr.* **1.** to dilute, to weaken; *(cu apă)* to mix with water; *(culori)* to temper, to wash. **2.** *fig.* to attenuate. **II.** *vb. refl.* to become diluted.

diluare *s.f.* dilution.

diluat *adj.* diluted. ⓓ *soluţie* ∼*ă* diluted/weak solution.

diluvian *adj. geol.* diluvian.

diluviu *s.n.* **1.** *(potop)* (great) flood, deluge. **2.** *geol.* diluvium.

dimensiona *vb. tr.* to dimension, to size.

dimensiune *s.f.* dimension; *(mărime)* size; *(proporţie)* proportion.

dimie *s.f. text.* frieze, rough homespun.

dimineaţa *adv.* in the morning.

dimineaţă *s.f.* morning, *poetic* morn; *(zori)* daybreak, dawn (of day). ⓓ *azi* ∼ this morning; *bună dimineaţa* **a.** good morning. **b.** *bot.* three-coloured bindweed *(Convolvulus tricolor);* *de (cu)* ∼ (early) in the morning, at daybreak; *de* ∼ *pînă seara* from morn(ing) till night; *dis de* ∼ quite early/at break of day, early in the morning; *ieri* ∼ yesterday morning; *în dimineaţa acelei zile* on that morning, on the morning of that day; *în dimineaţa următoare* the next/following morning; *într-o bună* ∼ one fine morning; *mai de* ∼ earlier in the morning/day; *mîine* ∼ tomorrow morning; *spre* ∼ towards the morning. ⓒ *se face* ∼ the day is breaking, it's getting light. ⓓ *ziua bună de* ∼ *se cunoaşte* (just) as the twig is bent the tree will grow; *cine se scoală de* ∼ *departe ajunge* it is the early bird that catches the worm.

diminua *vb. tr. şi refl.* to diminish, to decrease.

diminuare *s.f.* diminution.

diminutiv *s.n. gram.* diminutive, hypocoristic word/form.

diminutival *adj. gram.* diminutive.

dimorf *adj. mineral.* dimorphous.

dimorfism *s.n. mineral.* dimorphism.

dimpotrivă *adv.* **1.** on the contrary. **2.** *(opus)* opposite.

dimprejur I. *adj.* about. **II.** *adv.* around.

dimprejurul *prep.* (a)round, about.

dimpreună *adv.* together.

din *prep.* **1.** *(arată punctul de plecare, momentul de începere)* from; *(arată extracţia)* out of. **2.** *(în)* in. **3.** *(arată instrumentul)* on, upon; with. **4.** *(arată cauza)* from; for; out of; by; through. **5.** *(cu înţeles partitiv)* of. **6.** *(în preajma)* about. **7.** *(cu)* with.

ⓐ ∼ *acest motiv* for this reason; ∼ *afară* from the outside; ∼ *aur* (made) of gold; ∼ *cauza (cu gen.)* on account of..., because of...; ∼ *ce în ce mai...* more and more... *(sau un comparativ +* and + *comparativ)*; ∼ *copilărie* from a child; ∼ *curiozitate* from/out of curiosity; ∼ *întîmplare* by chance, accidentally; ∼ *memorie* by rote, from memory; ∼ *mijlocul nostru* from among ourselves; ∼ *milă* from/out of pity; ∼ *prevedere* as a (matter of) precaution, to make sure; ∼ *prostie* through (sheer) folly/ignorance; ∼ *răsputeri* with might and main; ∼ *țîțîni* off the hinges; ∼ *teamă* for fear. ⓑ *cel mai mare oraș* ∼ *lume* the greatest city in the world; *construit* ∼ *lemn* built (out) of wood; *la trei ceasuri* ∼ *zi* at three o'clock in the afternoon; *pe* ∼ *afară* by heart; *unul* ∼ *prietenii mei* one of my friends. ⓒ *a da pe cineva afară* ∼ *casă* to turn smb. out (of doors); *vreau să fac un artist* ∼ *el* I want to make him an artist; *e* ∼ *Londra* he comes from London, he is a native of London; *piei* ∼ *ochii mei!* out of my sight! *a bea* ∼ *tr-un pahar* to drink out of a glass; *înțeleg* ∼ *scrisoarea ta că...* I observe/understand/infer from your letter that...; *a scoate pe cineva* ∼ *tr-un șanț* to pull smb. out of a ditch; *a scoate sabia* ∼ *teacă* to draw (one's sword from the scabbard), to unsheathe; *a se compune* ∼ *...* to consist/be composed of...; *a ieși* ∼ *...* to come out of...

dinadins *adv.* intentionally, on purpose, of set purpose, designedly, deliberately. ⓑ *cu* ∼*ul* **a.** especially. **b.** v. ∼ ; *cu tot* ∼*ul* **a.** *(cu orice preț)* by all means, at all cost(s). **b.** *(cu adevărat)* really, actually.

dinafara *prep.* outside.

dinafară *adv.* **1.** from (the) outside, from without. **2.** without, out, out of doors, abroad. ⓑ *pe* ∼ by heart/rote; *pe* ∼ *și pe dinăuntru* without and within, both inward-

(ly) and outward(ly). ⓒ *a rămîne pe* ∼ to stay out(side) (away).

dinainte I. *adv.* **1.** *(în față)* in front, în the forepart. **2.** *(anticipat)* beforehand, in advance/anticipation. **3.** *(înainte de timp)* by anticipation, before the time. ⓑ *de* ∼ **a.** *(anterior)* anterior, preceding; former. **b.** v. ∼ II; *partea de* ∼ front part, forepart; *(a unui vas)* prow; *picioarele de* ∼ forefeet; forelegs. **II.** *adj.* anterior, fore..., front...; *(primul)* first, foremost.

dinaintea *prep.* **1.** *(înaintea)* before; *(mai ales presupunînd un front, o suprafață)* in front of. **2.** *(în față)* in the face/eyes of, before. **3.** *(în prezența)* before, in the presence of.

dinam *s.n. electr.* dynamo.

dinamic *adj. și fig.* dynamic(al). ⓑ *frînă* ∼*ă* dynamo brake test.

dinamică *s.f.* **1.** *fiz.* dynamics. **2.** *ec.* evolution, progress.

dinamism *s.n.* **1.** *filoz.* dynamism. **2.** *fig.* vitality.

dinamita *vb. tr.* to dynamite.

dinamită *s.f.* dynamite.

dinamiza *vb. tr.* to stimulate, to stir up; to rouse, to galvanize.

dinamometric *adj. fiz.* dynamometric(al).

dinamometru *s.n. fiz.* dynamometer.

dinapoi *adv.* back(wards); *(în urmă)* behind; *(în spate, în fund)* in the rear, at the back, in the background, *nav.* aft. ⓑ *de* ∼ *(din spate)* from behind/the back; *parte de* ∼ hind/back part, back; *(a unei case)* back/rear (of a house); *(a unui vas)* afterbody, quarter; *(pupa)* stern; *(a unui vehicul)* back; *(a unui animal)* hind quarter, rump, buttocks; *(șezut)* posterior.

dinapoia *prep.* behind, at the back of.

dinar *s.m.* dinar.

dinastic *adj.* dynastic(al).

dinastie *s.f.* dynasty.

dină *s.f. fiz.* dyne.

dinăuntru I. *adv.* *(din interior)* from within; *(înăuntru)* inside, within, in the interior; *(în casă)* indoors. ⓑ *pe* ~ inside, within. **II.** *adj.* inner, inward.

dinăuntrul *prep. (din interiorul)* from within; *(înăuntrul)* inside, within, in the interior of.

dincoace *adv. (de partea aceasta)* on this side; *(aici)* here. ⓐ ~ *de...* (on) this side of... ⓑ *de* ~ from here, on this side, on our side; *pe* ~ *(pe aici)* this way.

dincolo *adv.* on the other side, on the further side, *rar*→yonder; *(mai departe)* further on; *(colo)* over there. ⓐ ~ *de...* beyond... on the other/further side of...; *(peste)* across...; *(vizavi)* opposite...; ~ *de Alpi* beyond the Alps; ~ *de Atlantic* across the Atlantic. ⓑ *de* ~ from there, on that side; *(de colo)* over there; *pe* ~ *(pe acolo)* that way; *(pe celălalt drum)* the other way.

dincotro *adv.* (from) whence, from where; from what place.

dindărăt *adv.* v. d i n a p o i.

dindărătul *prep.* v. d i n a p o i a.

dineu *s.n.* dinner; *(masă de gală)* dinner party.

dinlăuntru(l) *prep.* v. d i n ă u n-t r u (l).

dinozaur *s.m.* *zool., geol.* dino-saur(ian).

dinspre *prep.* from.

dinte *s.m.* **1.** tooth; *(colţ)* fang, holder; *(de fildeş)* tusk. **2.** *(de ferăstrău)* tooth; *(de pieptene)* cog; *(de furcă)* prong, tine; *(de catara-mă)* tongue (of a buckle). ⓐ ~ *artificial/fals* false/artificial tooth, F→ivory; *pl.* store teeth, denture; ~ *de aur* gold filling; ~ *de lapte* milk tooth; ~*le dracului bot.* water pepper *(Polygonum hydro-piper)*; ~ *pentru* ~ tooth for tooth, like for like. ⓑ *cu dinţi* toothed; *cu dinţii mari* large--toothed, with large teeth; *durere de dinţi* toothache; *fără dinţi* toothless; *iarba* ~*lui bot.* red eyebright *(Odontites verna)*; *doi dinţi bot.* bur marigold *(Bidens)*; *printre dinţi fig.* through clenched teeth; *roată cu dinţi* cogged/sprock-et wheel, cog wheel; *soare cu dinţi* sun on a frosty day. ⓒ *a-şi arăta dinţii fig.* to show one's teeth, F to show fight, *sl.* to flash one's ivories; *a avea un* ~ *contra cuiva* to have a spite/grudge against smb., to bear smb. a grudge; *a avea dinţi buni* to have a good set of teeth; *a-şi scoate un* ~ to have a tooth out/drawn/extracted/taken out; *a scrîşni din dinţi* to gnash/grind/grit one's teeth; *a-şi lua inima în dinţi* to pluck up courage; *a se scobi în dinţi* to pick one's teeth; *a fi înarmat pînă-n dinţi* to be armed up to the teeth; *a vorbi printre dinţi* to mumble, to mutter; *îi clănţănesc dinţii* his teeth are chattering; *a-i ieşi dinţii* to cut one's teeth. ⓓ *mai aproape dinţii decît părinţii* charity begins at home; near is my shirt, but nearer is my skin.

dinţii I. *adj.* **1.** first. **2.** greatest. **II.** *adv.* at first, at the beginning.

dintotdeauna *adv.* always, ever.

dintre *prep.* of; *(intre doi)* between. *elev.*→betwixt, *presc.* 'twixt; *(intre mai mulţi)* among.

dintr-o dată *adv.* (all) at once.

dintru *prep.* **1.** *(locul)* from, of. **2.** *(de la, temporal)* since, from. ⓐ ~ *început* from the beginning.

dinţa *vb. tr.* to provide with teeth *sau* cogs; to cog.

dinţat *adj.* **1.** *(crestat)* notched, (in)dented, jagged; *(d. roţi)* cogged. **2.** *(cu dinţi)* toothed; *bot., zool.* serrate(d), dentate(d); *(d. frunze şi)* crenate.

dinţişor *s.m.* little/small tooth, *rar*→toothlet; S→*şi tehn.* denticle.

dioc *s.n. bot.* centaury, knapweed *(Centaurea)*.

diodă *s.f. electr.* diode.

dioic *adj. bot.* dioecious.

dionisiac *adj.* Dionysiac, Dionysian, Bacchic.

dionisiace *s.f. pl.* Dionysia.

dioptrică *s.f. opt.* dioptrics.

dioptrie *s.f. opt.* diopter, dioptric.

dioramă *s.f.* diorama.

diorit *s.n. mineral.* diorite.

dipetal *adj. bot.* dipetalous.

diplegie *s.f. med.* diplegia.

diplomat I. *adj. (cu diplomă)* cer-tificated. **2.** *(diplomatic)* diplo-

matic. **II.** *s.m.* **1.** *pol.* diplomat-
(ist). **2.** *fig.* diplomat.
diplomatic I. *adj. și fig.* diplomatic;
fig. non-committal. **II.** *adv.* diplo-
matically.
diplomație *s.f. pol., fig.* diplomacy.
diplomă *s.f.* diploma; *(a unei școli
inferioare engleze)* parchment. ⓐ
~ *de doctor* doctor's diploma.
ⓑ *lucrare de* ~ diploma/gradua-
tion paper, diploma work; *proiect
de* ~ graduation/diploma design.
dipol *s.m. fiz.* dipole.
dipter *entom.* **I.** *adj.* dipterous. **II.**
s.n. dipter(an).
direct I. *adj.* direct, straight,
through; *(neascuns)* plain, sincere
open, outspoken; *(formal)* formal.
ⓑ *complement* ~ *gram.* direct
object; *comunicație/legătură* ~*ă* di-
rect/through communication; *im-
pozit* ~ direct tax; *în linie* ~*ă*
in a straight line, in a bee-line,
as the crow flies; *linie* ~*ă* **a.**
straight line. **b.** *(ca genealogie)*
lineal descent; *tren* ~ through
train; *vagon* ~ *ferov.* through car-
riage; *vorbire* ~*ă gram.* direct
speech. **II.** *adv.* *(deschis)* straight-
forward(ly); *(nemijlocit)* straight-
way, straightforwardly, directly;
(fără ceremonie) without (much)
ceremony/ado, candidly, frankly,
bluntly, in plain English; *(diame-
tral)* diametrically. ⓒ *a cumpăra
ceva* ~ *de la producător* to get
smth. direct (from the producer),
to buy smth. (at) first hand.
directă *s.f.* **1.** *mat.* straight line.
2. *(la box)* straight. ⓐ ~ *de
dreapta box.* straightright.
directivă *s.f.* norm; *pl.* lines, instruc-
tions, directives, directions.
directoare *s.f.* **1.** *(într-o școală)*
head mistress; *(într-un teatru, a
unei societăți com.)*←*odin.* lady
manager, manageress; *(administra-
toare)* administratrix; v. și d i-
r e c t o r². **2.** *geom.* directrix.
director¹ *adj.* guiding, leading, di-
recting. ⓑ *linie directoare* **a.** *geom.*
directrix. **b.** *geol.* fold axis; *roți
directoare* steering wheels.
director² *s.m.* **1.** *(al unei școli)*
headmaster; principal. **2.** *(al unui*

*teatru, al unei societăți sau între-
prinderi)* head manager, (managing)
director; *(al unei bănci naționale)*
←*odin.* governor; *(administrator)*
administrator; *(al unui muzeu)*
warden; *(de închisoare)* warden,
governor. ⓐ ~ *adjunct* deputy/
assistant director; *(îndeplinind
funcția de director)* acting director;
~ *artistic* art director/editor; ~
de scenă stage manager, producer;
~ *general (într-un minister)* per-
manent under-secretary; ~ *general
al poștelor* Postmaster General;
~ *tehnic* chief/head engineer.
directorat *s.n.* **1.** directorship. **2.** *ist.*
Directory.
direcți(un)e *s.f.* **1.** *(biroul directo-
rului)* manager's office; *școl.* head-
master's office; *(conducere)* man-
agement; *(directoriu)* board of di-
rectors. **2.** *(conducere)* leadership.
3. *(sens)* direction, course, *nav.*
bearing, *fig.* trend. ⓒ *ce* ~ *a
luat?* which way did he go? *a-și
schimba direcția* to change one's
direction; to alter one's course.
diriginte *s.m.* **1.** class teacher/mas-
ter, form master. **2.** *(de poștă)*
postmaster.
dirigui *vb.* v. d i r i j a.
diriguitor *adj.* guiding, leading.
dirija I. *vb.* *tr.* **1.** *(a conduce)* to
lead, to conduct. **2.** *(a ghida)* to
guide; *(pe drumul bun)* to direct,
to put right/in the right way; *(a
sfătui)* to advise. **3.** *(a administra,
a conduce)* to direct, to control,
to manage; *(a guverna)* to rule.
4. *muz.* to conduct, to direct. **II.**
vb. refl. pas. to be led etc. v. ~ **I.**
III. *vb. intr. muz.* to conduct.
dirijabil I. *adj.* dirigible. ⓑ *balon*
~ v. ~ **II. II.** *s.n.* (dirigible)
airship.
dirijare *s.f.* directing etc. v. d i-
r i j a.
dirijat *adj.* controlled, directed.
dirijor *s.m. muz.* conductor; *(de
fanfară)* bandmaster.
disc *s.n.* **1.** disc, disk, plate. **2.**
sport discus. **3.** *ist. Greciei* quoit,
discus. **4.** *astr.* disk. **5.** *(de pate-
fon)* record, disc. **6.** *agr.* disk.

7. *bis.* paten. **8.** *(al milelor)* contribution plate. ⓐ ~ *de roată* wheel disc; ~ *de tampon ferov.* buffer head/disc. ⓑ *aruncarea* ~*ului sport.* discus throwing.

discernămînt *s.n.* (power of) discernment, judg(e)ment; *(discriminare)* discrimination.

discerne *vb. tr. (a discrimina)* to discern, to discriminate; *(a distinge)* to distinguish. ⓒ *a* ~ *binele de rău* to tell right from wrong.

disciplina *vb. tr.* to (accustom to good) discipline.

disciplinar I. *adj.* disciplinary. ⓑ *pedeapsă* ~*ă* disciplinary punishment. **II.** *adv.* disciplinarily; by way to disciplinary correction.

disciplinat *adj.* disciplined; well-schooled.

disciplină *s.f.* **1.** discipline. **2.** *(ramură de studiu)* discipline, branch of knowledge/instruction; subject (matter); branch of science. ⓐ *disciplina muncii* labour discipline; ~ *de partid* party discipline.

discipol *s.m.* **1.** disciple, follower. **2.**←*înv.* pupil.

discont *s.n. fin.* bank rate.

discontinuitate *s.f.* discontinuity.

discontinuu I. *adj.* discontinuous. **II.** *adv.* discontinuously.

discordant *adj. (d. sunete)* discordant, dissonant; *(mai ales d. un zgomot)* grating, jarring; *(d. culori)* clashing; *(d. păreri etc.)* conflicting. ⓑ *notă* ~*ă* **a.** *muz.* false/wrong note; jarring sound, jangle. **b.** *fig.* conf)icting, disagreeing, diverging, jarring; *straturi* ~*e geol.* unconformable strata.

discordanță *s.f.* **1.** discordance; *(a culorilor)* clashing; *(nepotrivire)* disagreement. **2.** *geol.* unconformability.

discordie *s.f.* discord; difference; *(nepotrivire)* disagreement; *(ceartă)* quarrel, ill-blood. ⓑ *mărul* ~*i* apple of discord, bone of contention. ⓒ *a semăna* ~ to sow (the seed of) discord/dissension.

discotecă *s.f.* library of grampohone records.

discredit *s.n.* discredit, disfavour.

discredita I. *vb. tr.* to discredit, to bring into disrepute/ill-repute, F→to give *smb.* a back cap. **II.** *vb. refl.* to fall into disrepute.

discreditare *s.f.* disparagement, discrediting etc. v. **d i s c r e d i t a**.

discrepanță *s.f.* discrepancy.

discret I. *adj.* discreet; unobtrusive; reserved; circumspect; *(tăcut)* silent; *(d. o conversație)* hushed, subdued; *(d. tonuri etc.)* subdued; *(tainic)* private; secret. **II.** *adv.* discreetly etc. v. ~ **I.**

discreție *s.f.* discretion; *(moderație)* moderation; *(rezervă)* reserve. ⓑ *la* ~ at discretion, as much as one pleases; *(din belșug)* in abundance. ⓒ *a fi la discreția cuiva* to be at smb.'s mercy; to be at smb.'s beck and call; *las asta la discreția ta* I leave that to you/to your discretion/judgement.

discreționar *adj.* discretionary. ⓑ *puteri* ~*e* discretionary powers.

discriminare *s.f.* discrimination, differentiation. ⓐ ~ *rasială* racial discrimination, *amer.* și Jim Crow.

discriminatoriu *adj.* discriminating.

disculpa I. *vb. tr.* to exculpate, to exonerate. **II.** *vb. refl.* to exculpate oneself.

discurs *s.n.* speech; *(cuvînt)* address; *(solemn)* oration, harangue; *(demascator)* diatribe. ⓒ *a ține un* ~ to make/deliver a speech.

discursiv *adj.* discursive.

discuta I. *vb. tr.* to discuss, to talk over, to debate; *(a pune la îndoială)* to question, to dispute, to call into question, to argue, to moot; *(controversat)* to argue about. **II.** *vb. refl. pas.* to be discussed etc. v. ~ **I. III.** *vb. intr.* to discuss, to talk; to argue.

discutabil *adj.* **1.** disputable, contestable, debatable; moot. **2.** *(îndoielnic)* doubtful, questionable.

discutare *s.f.* discussion etc. v. **d i s c u t a**.

discutat *adj.* (much) discussed/debated, disputed, controversial.

discuție *s.f.* discussion, debate; *(schimb de cuvinte)* discussion, exchange of words; *(ceartă)* altercation, dispute. ⓑ *fără* ~ indisputably; *(categoric)* categorically, without doubt, beyond question. ⓒ *a pune în* ∼ **a.** *(o problemă)* to pose, to bring forward/raise for discussion. **b.** *(a se îndoi de)* to doubt; to question.

dis-de-dimineață *adv.* early in the morning, at daybreak.

diseară *adv.* tonight.

diseca *vb. tr. și fig.* to dissect.

disecție *s.f.* dissection.

diseminare *s.f.* dissemination.

disensiune *s.f.* dissension.

disenterie *s.f. med.* dysentery.

disertație *s.f.* dissertation.

disident I. *adj.* dissenting, dissident, dissentient. **II.** *s.m.* dissentient; *(de altă credință)* person of a different faith; *(care nu e protestant anglican)* Dissenter, Nonconformist.

disidență *s.f.* dissidence.

disilabic *adj.* dis(s)yllabic.

disimetrie *s.f.* dissymmetry.

disimila *vb. refl. lingv.* to be dissimilated.

disimilare *s.f. lingv.* dissimilation.

disimilație *s.f. lingv.* dissimilation.

disimula *vb. tr.* to dissemble, to dissimulate.

disjunctiv *adj. gram.* disjunctive.

disjunctor *s.n. electr.* automatic circuit breaker.

disjunge *vb. tr.* to disjoin(t), to separate.

disloca I. *vb. tr.* **1.** *anat.* to put out of joint, to dislocate, to sprain. **2.** *mil.* to shift, to transfer. **3.** *tehn.* to take to pieces. **II.** *vb. refl.* **1.** *mil.* to disband. **2.** *tehn.* to fall to pieces, to break up.

dislocare *s.f.* **1.** dislocation etc. v. d i s l o c a. **2.** *mil.* (peace-time) distribution *of troops.* **3.** *geol.* dislocation, displacement *of strata.*

disocia *vb. tr. și refl.* to dissociate.

disociativ *adj.* dissociating.

disociere *s.f.* dissociation.

disonant *adj.* dissonant, discordant.

disonanță *s.f. muz.* dissonance.

disparat *adj.* disparate, dissimilar; heterogeneous; disconnected; ill--assorted.

dispare *vb.* v. d i s p ă r e a.

disparitate *s.f.* disparity, dissimilitude.

dispariție *s.f.* disappearance; *(treptată)* evanescence; *(pierdere)* loss.

dispărea *vb. intr. (din vedere)* to disappear, to vanish, to be lost to sight; *(a pieri)* to pass away, to dissolve; *(treptat)* to fade away, to evanesce.

dispărut I. *adj.* **1.** *mil. etc.* missing. **2.** *(stins)* extinct. **3.** *(d. orașe etc.)* lost. **II.** *s.m. pl. the* missing; *the* dead, *the* departed. ⓑ *marele* ∼ *sg.* the late..., the dear departed.

dispecer *s.m.* controller (of movement of transport etc.).

dispensa I. *vb. tr. (de)* to dispense (from), to exempt (from). **II.** *vb. refl.* ⓐ *a se* ∼ *de...* to dispense with...; to give up *(cu acuz.),* to renounce *(cu acuz.),* to do without...

dispensar *s.n. med.* surgery, health centre.

dispensă *s.f. (de)* exemption (from), dispensation (from); *(specială)* licence; *(certificat)* certificate of exemption. ⓐ ∼ *de căsătorie* marriage licence; ∼ *de vîrstă* waiving of age limit.

dispepsie *s.f. med.* dyspepsia, indigestion.

dispera v. d e s p e r a.

dispersa *vb. tr. și refl.* to disperse, to scatter, to spread.

dispersare *s.f.* dispersion, dispersal; *(a luminii)* dispersion, decomposition.

dispersi(un)e *s.f. fiz.* dispersion.

displace, displăcea *vb. intr. (cu dat.)* to displease (to); to fail to please *(cu acuz.),* to be displeasing (to).

dispnee *s.f. med.* dyspnoea.

disponibil I. *adj.* **1.** *(la dispoziția cuiva)* at smb.'s disposal/command. **2.** *(la îndemînă)* available, *rar*→disposable; *(vacant)* vacant; *(liber)* free. ⓒ *a pune în cadru* ∼ *(a concedia)* to dismiss; *(cu posibilități de revenire)* to pass/put in the reserve. **II.** *s.n.* available funds, available/liquid assets.

disponibilitate *s.f.* availability; *(rezervă)* reserve. ⓒ *a pune în* ∼ *to* discharge; *(ca pedeapsă etc.)* to cashier.

dispozitiv *s.n.* **1.** *tehn.* device, contrivance. **2.** *mil.* disposition. ⓐ ~ *de comandă tehn.* driving gear; ~ *de luptă* combat disposition.

dispoziţie *s.f.* **1.** *(prevedere)* provision, condition, disposition; stipulation; *(hotărîre)* order; *pl.* arrangements. **2.** disposal; *(ordine)* order. **3.** *(aşezare)* disposition, arrangement, distribution; *(ordine)* order; *(măsură)* measure, step. **4.** *(stare sufletească)* state/frame of mind; mood, humour. ⓐ ~ *de plată* order, direction. ⓑ *la* ~ in hand; *pînă la noi dispoziţii* till further notice. ⓒ *a lua dispoziţii ca să se facă ceva* to make the necessary arrangements for smth. to be done; *a fi în bună* ~ to be high-spirited/in high spirits; to be in (good) spirits; *a fi în proastă* ~ not to be up to the mark; to be in a bad frame; to be low-spirited; *a fi la dispoziţia cuiva* to be at smb.'s disposal; *(la ordinul cuiva)* to be at smb.'s beck and call; *a pune ceva la dispoziţia cuiva* to place smth. at smb.'s disposal; *stau la dispoziţia dvs.* I am (entirely) at your service/disposal.

dispreţ *s.n.* scorn, contempt, disdain; contumely; disregard ⓑ *cu* ~ disdainfully, scornfully. ⓒ *a arăta* ~ *faţă de cineva* to show contempt for smb.; *a trata cu* ~ to treat contemptuously/with contempt; *a vorbi cu* ~ *despre...* to slight..., to disparage...

dispreţui *vb. tr.* to despise, < to scorn, to hold in contempt, to look down upon, F→to sneeze at, *rar*→to contemn; *(a nu lua în seamă)* to disdain; *(a brava)* to brave. ⓑ *de* ~*t* contemptible, despicable; *(adject)* abject, vile, base, mean.

dispreţuitor **I.** *adj.* scornful, contemptuous, disdainful. **II.** *adv.* scornfully etc. v. ~ **I.**

isproporţie *s.f.* disproportion, want of proportion; *(nepotrivire)* disparity, incongruity.

disproporţionat *adj.* disproportionate; out of proportion.

dispune **I.** *vb. tr.* **1.** *(a ordona)* to order, to dispose; *(a decide)* to decide; *(a prevedea, d. o lege)* to enjoin, to prescribe. **2.** *(a aranja)* to dispose, to arrange, to set out; *(a aşeza)* to place, to put, to set. **3.** *(a înveseli)* to cheer up. **II.** *vb. refl.* to cheer up. **III.** *vb. intr.* to dispose. ⓐ *a* ~ *de...* **a.** to dispose of...; to have... at one's disposal/command; *(a avea)* to have..., to enjoy... **b.** *sport* to defeat, to outplay. ⓒ *dreptul popoarelor de a* ~ *de ele însele* the right of peoples to self-determination.

dispunere *s.f.* disposing etc. *v.* d i s p u n e.

dispus *adj.* **1.** v. b i n e ~. **2.** *(gata)* *(să)* willing (to), ready (to), inclined (to). **3.** *(orînduit)* disposed, arranged. ⓑ *bine* ~ in a good humour/temper, F→in full feather; *prost* ~ in a bad humour/temper. ⓒ *a fi bine* ~ **a.** to be in high spirits/in a good humour. **b.** *fig.* F to be a bit on; *eşti* ~ *să mă conduci?* do you care to accompany me? *nu sînt* ~ *să-l ajut* I am not willing to help him.

disputa **I.** *vb. tr.* **1.** to contend (with smb.) for; *(a pretinde)* to claim. **2.** *(a contesta)* to dispute, to contest. **II.** *vb. refl. pas. spor (d. un meci)* to be played; *(d. un meci de box)* to be fought.

dispută *s.f.* **1.** dispute, controversy. **2.** *sport* competition, contest.

distant *adj.* distant, stand-offish; aloof.

distanţa **I.** *vb. tr.* **1.** *(a lăsa în urmă)* to outstrip, to outrun, to outdistance, to get ahead of, to leave behind. **2.** *(a rări)* to place etc. at greater intervals, to space (out). **II.** *vb. refl. (a se depărta)* to move off; *(a o lua înainte)* to get ahead. ⓐ *a se* ~ *de...* to outstrip etc. v. ~ **I, 1.**

distanţă *s.f. (depărtare)* distance; *(mare)* remoteness; *(deosebire)* difference; *(răstimp)* interval. ⓐ *la o* ~ *de 3 km.* three kilometers

away, three kilometers distant;
din ~ in ~ at intervals. © *a*
urma de la ~ to follow *smb.* at a
distance; *a ţine la ~* to keep
smb. at a distance; *a se ţine la ~*
to keep aloof, to keep one's distance.

distanţier *s.n. tehn.* distance piece.

distih *s.n. metr.* distich.

distila I. *vb. tr.* to distil; *(petroluri etc.)* to crack. **II.** *vb. refl. pas.*
to be distilled *sau* cracked; to distil
(over).

distilare *s.f.* distillation, distilling.

distilat I. *adj.* distilled. ① *apă ~ă*
distilled water. **II.** *s.m.* distillate.

distilator *s.n.* distiller, still.

distilerie *s.f.* distillery.

distinct I. *adj.* **1.** *(clar)* distinct,
clear; *(marcat)* marked; *(d. un
contur)* unblurred. **2.** *(lizibil)* legible. **3.** *(deosebit)* separate. **II.**
adv. distinctly etc. v. ~ I.

distinctiv *adj.* distinctive; characteristic.

distincţie *s.f.* **1.** *(deosebire)* distinction, difference. **2.** *(eminenţă)* distinction, eminence; *(eleganţă)* elegance. **3.** *(cinste)* distinction, honour. **4.** *(decoraţie)* decoration.

distinge I. *vb. tr.* **1.** *(dintr-o mulţime etc.)* to distinguish, to mark
out. **2.** *(a cinsti)* to distinguish,
to honour. **3.** *(a zări)* to distinguish, to perceive, to discern; *(cu
greu)* to make out. **II.** *vb. refl.*
1. *pas.* to be distinguished etc. v.
~ I. **2.** *(prin talente etc.)* to distinguish oneself; *(a ieşi în evidenţă)* to stand out, to be conspicuous /noticeable / distinguishable.
III. *vb. intr.* ⓐ *a ~ între...* to
distinguish between...

distins *adj.* distinguished, eminent,
noted; *(rafinat)* refined; *(fin)*
fine. ① *cu ~e salutări (în scrisori)* believe me yours very truly.

distona *vb. intr.* to disagree; *(d.
culori)* to clash.

distonant *adj.* discordant, dissonant; *(d. culori)* clashing.

distra I. *vb. tr. (a amuza)* to divert,
to amuse, to entertain. **II.** *vb.
refl.* to amuse oneself. © *cum te-ai
~t?* how did you enjoy yourself?

s-au ~t bine they greatly enjoyed
themselves, they had enjoyable
time, they had a good/fine/high
time, F→ they had lots of fun,
they made a time of it.

distractiv *adj.* amusing, entertaining; *(comic)* funny.

distracţie *s.f.* **1.** *(amuzament)* amusement, diversion, entertainment,
pastime. **2.** *(absenţă)* absence of
mind.

distrage *vb. tr. (atenţia)* to divert,
to turn off; *(pe cineva) (de la)*
to divert *smb.'s* attention (from);
(de la lucru) to take *smb.* off one's
work.

distrat I. *adj.* absent-minded, F→
wool-gathering, pie-eyed; *(neatent)*
inattentive, listless. **II.** *adv.* absent-mindedly.

distribui I. *vb. tr. (premii etc.)*
to distribute, to deal/give out;
(a împărţi) to divide; *(roluri)* to
assign; *(provizii)* to issue, to serve
out; *(scrisori etc.)* to deliver. ⓐ
a ~ într-un rol to cast in a part/role;
a ~ prost to miscast. **II.** *vb. refl.
pas.* to be distributed etc. v. ~ I.

distribuire *s.f.* distribution etc. v.
d i s t r i b u i.

distribuitor[1] *s.m.* distributor, bestower, dispenser.

distribuitor[2] *s.n.* **1.** *tehn.* distributor.
2. *agr.* feed device.

distributiv *adj. gram.* distributive.

distribuţie *s.f.* **1.** v. d i s t r i-
b u i r e. **2.** *teatru* cast.

district *s.n.* district; *(regiune)* region, area.

districtual *adj.* district...

distructiv *adj.* destructive.

distrugător I. *adj.* destructive,
devastating. **II.** *s.m.* destroyer,
exterminator. **III.** *s.n. nav.* destroyer.

distruge I. *vb. tr.* to destroy; *(a
ruina)* to ruin; *(clădiri, a dărîma)*
to demolish, to pull down; *(a
preface în ruină)* to wreck; *(a
pustii)* to lay waste, to ravage, to
devastate; *(a extermina)* to exterminate, to extirpate; *(a nimici)* to
annihilate, to reduce, to nought;
(a desfiinţa) to abolish; *(a răsturna)* to overthrow; *(speranţe)*
to destroy, to blast, to dash;

(fericirea) to ruin **II.** *vb. refl. pas.* to be destroyed etc. v. ~ I.

distrugere *s.f.* destruction, demolition etc. v. d i s t r u g e.

distrus *adj.* destroyed etc. v. d i s t r u g e; *fig.* broken-hearted.

ditai *adv.* F. v. c o ş c o g e a.

ditiramb *s.m. s.n.* şi *fig.* dithyramb(us).

diuretic *adj.*, *s.n. med.* diuretic.

diurn *adj. astr.* diurnal.

diurnă *s.f.* daily fee/allowance.

diurnist *s.m.* person getting a daily fee/allowance.

divaga *vb. intr.* to digress, to wander away from the point, to depart from the subject/question; to be all abroad.

divagaţie *s.f.* digression, rambling.

divan *s.n.* **1.** *(canapea)* divan; *(cu perne)* ottoman. **2.** *Divan ist.* Divan; *(sală unde se întrunea Divanul)* council room.

divă *s.f.* diva, star, primadonna.

divergent *adj.* diverging. ⓑ *lentilă ~ă* divergent lens.

divers *adj.* **1.** diverse, different, varied. **2.** *(obişnuit)* common, of common occurrence. **3.** *(felurit)* multifarious, various, sundry. ⓑ *fapte ~e (în ziare)* news items; *cheltuieli ~e* sundry expenses.

diverse *s.f. pl.* **1.** *(rubrică de ziar)* miscellaneous column; news items. **2.** *(cheltuieli diverse)* sundry expenses, sundries.

diversifica *vb. tr.* to diversify, to vary.

diversionism *s.n.* red-herring policy.

diversionist *s.m.* saboteur, wrecker.

diversitate *s.f.* diversity, variety.

diversiune *s.f.* **1.** *mil.* diversion. **2.** distraction; *(sabotaj)* sabotage. **3.** *pol.* red herring. ⓒ *a crea o ~* to create/cause a diversion, to draw a red herring across the track/path.

divertisment *s.n.* **1.** amusement, diversion. **2.** *muz.* divertissement.

divide **I.** *vb. tr.* to divide. **II.** *vb. refl.* to be divided.

dividend *s.n. com.* dividend, F→ divvy.

divin *adj.* divine; *(ceresc)* celestial. ⓑ *serviciu ~* divine service.

divinaţie *s.f.* divination.

divinitate *s.f.* divinity, deity.

diviniza *vb. tr.* **1.** to divinize, to deify. **2.** *fig.* to idolize, to make a god/an idol of, to worship.

divinizare *s.f.* deification etc. v. d i v i n i z a.

diviza **I.** *vb. tr.* to divide. **II.** *vb. refl.* to be divided.

divizare *s.f.* division.

divizibil *adj.* divisible.

divizibilitate *s.f.* divisibility.

divizie *s.f. mil.* division. ⓐ *divizia A sport* Division A. League.

divizion *s.n. mil.* artillery battalion.

divizionar *adj. mil.* divisional. ⓑ *monedă ~ă* small coinage.

diviziune *s.f.* **1.** division, partition; *(separare)* separation. **2.** *(parte)* portion, part. ⓐ *~a muncii* division of labour.

divizor *s.m. mat.* divisor. ⓐ *~ comun* common measure; *cel mai mare ~ comun* the highest common factor, the greatest common measure.

divorţ *s.n.* divorce, *jur.* (judicial) separation. ⓑ *motiv de ~* ground (on which to sue) for a divorce; *proces de ~* divorce suit/proceedings. ⓒ *a da ~* to (sue for a) divorce.

divorţa **I.** *vb. tr.* to divorce. **II.** *vb. intr.* to divorce, to be divorced.

divulga *vb. tr. (pe cineva)* to give away; *(un secret)* to divulge, to let out.

dizenterie *s.f. med.* dysentery.

dizertaţie *s.f.* v. d i s e r t a ţ i e.

dizeur *s.m.*, **dizeuză** *s.f.* entertainer, bar singer.

dizgraţie *s.f.* disgrace, disfavour. ⓒ *a-şi atrage dizgraţia cuiva* to incur smb.'s displeasure, to get into disfavour with smb., F→ to get into smb.'s bad books; *a cădea în ~* to fall out of favour, to fall into disfavour/disgrace; *a fi în ~* to be in disgrace, to be out of smb.'s favour, F→to be in smb.'s bad/black books.

dizgraţios *adj. (urît)* disgraceful, ungainly, unshapely, unsightly; *(neplăcut)* displeasing, unpleasant, disagreeable, < offensive, shocking. ⓒ *e de-a dreptul ~* he's an eyesore.

dizident *adj., s.m.* v. d i s i d e n t.

dizidenţă *s.f.* 1. difference, disaccord, misunderstanding. 2. *pol.* split; splinter party, grouplet, faction.

dizolva I. *vb. tr.* 1. *(o substanţă)* to dissolve, to melt (in a liquid). 2. *(parlamentul)* to dissolve. 3. *(o tovărăşie)* to break, to dissolve. II. *vb. refl.* 1. *(a se topi)* to dissolve, to melt. 2. *(d. o adunare)* to break up.

dizolvant *adj., s.m.* (dis)solvent.

dizolvare *s.f.* dissolving etc. v. d i z o l v a; *fig.* dissolution.

dîmb *s.n.* elevation (of the ground), eminence, rising ground, hill.

dînsa *pron. fem.* she.

dînsele I. *pron. fem. pl.* they. II. *s.f. pl*; v. i e l e.

dînsul *pron. masc.* he.

dînşii *pron. masc. pl.* they.

dîră *s.f.* 1. *(urmă)* trace, trail; *(de picior)* footprint, footmark; *(a unei corăbii)* wake; *vînăt.* scent, track; *(semn)* mark; *(de roată)* rut. 2. *fig.* trace. ⓐ ~ *de lumină* streak of light; ~ *de sînge* track of blood.

dîrdîi *vb. intr.* 1. *(de frig)* to tremble with cold, < to shiver (with cold); *(de teamă)* to tremble, < to quake, to shake (in one's shoes), to shake and tremble; *(de nelinişte)* to flurry, to flutter; *(d. dinţi)* to chatter. 2. *fig.* *(a flecări)* to chat(ter), to prattle. ⓒ *dîrdîie rău de tot* he trembles all over (his body), he trembles in every limb, F he's all of a tremble.

dîrdîială *s.f.* trembling etc. v. d î r-d î i.

dîrdoră *s.f.* 1. *(zel)* eagerness, ardour, fervour. 2. *(toi)* heat; *(al luptei)* brunt. 3. *(belea)* F mess, fix. 4. *(spaimă)* fright.

dîrloagă *s.f.* *(mîrţoagă)* worn-out/ broken down hack, jade, F old crock, P knacker. ⓒ *a ajunge slugă la* ~ to be ordered about by a worthless fellow.

dîrlog *s.m.* (bridle) rein.

dîrmon *s.n.* riddle, screen. ⓒ *a trece prin ciur/sită şi* ~ F to have been through the mill; to know a thing or two, to be up to a thing

or two, to know beans, to know what's what.

dîrmotin *s.m. bot.* thorny rest harrow *(Ononis spinosa)*.

dîrmoz *s.m. bot.* wayfaring tree *(Viburnum lantana)*.

dîrstă *s.f.* fulling mill.

dîrvală *s.f.* ← P *(corvoadă)* drudgery. ⓑ *cal de* ~ **a.** working horse. **b.** *fig.* drudge, slave; *haine de* ~ clothes for wear and tear; *lucru de* ~ scamped work. ⓒ *a face ceva de* ~ to scamp/botch smth.

dîrz *adj.* 1. *(ferm)* firm, unflinching, steadfast; *(încăpăţînat)* stiff-necked, stubborn, obstinate; *(neînduplecat)* obdurate, adamant. 2. *(îndrăzneţ)* bold, audacious, daring. 3. *(obraznic)* pert, impudent, F→cheeky, saucy.

dîrzenie *s.f.* 1. *(fermitate)* firmness, steadfastness; *(încăpăţînare)* stubborness. 2. *(îndrăzneală)* boldness, daring. 3. *(neruşinare)* impudence, F→cheek, sauciness.

do *s.m. muz.* C, do. ⓐ ~ *major* C major. ⓑ *cheia (de)* ~ C clef.

doagă *s.f.* stave. ⓒ *îi lipseşte o* ~ F he has a screw loose, he is wrong in the upper story, he is a button short.

doamnă *s.f.* 1. woman, lady; *doamna... Mrs...*; *(ca adresare)* madam; *(profesoară; stăpînă)* mistress. 2. *(femeie bătrînă)* old/aged woman; *(mai politicos)* (worthy) matron. 3.← *odin.* *(regină)* queen; *(principesă)* princess.

doar *adv.* 1. *(numai)* only, just, but. 2. *(poate)* perhaps; maybe; *(probabil)* probably, likely. 3. *(tocmai)* just. 4. *(la urma urmelor)* after all. 5. *(cu siguranţă)* surely; *(ştii)* you see/know *(deseori redat prin întrebări disjunctive)*. ⓑ *fără* ~ *şi poate* without doubt, < beyond all doubt. ⓒ *că* ~ *nu e copil* he is not a child, is he? *că* ~ *ţi-a spus* but he told you; *este* ~ *expert* he's an expert, you know.

doară *adv.* v. d o a r. ⓑ *într-o* ~ at random; by the way.

dobitoc I. *s.n.* *(animal)* animal, beast. **II.** *s.m.* *(timpit)* F blockhead, numskull, nincompoop, addle-brain /pate.

dobitocesc *adj.* **1.** *(animalic)* beastly, brutish. **2.** *(timpit)* brutish, stupid, idiotic.

dobitocie *s.f.* **1.** *(fire animalică)* brutish nature. **2.** *(timpenie)* dullness, stupidity, imbecility; *(ca act izolat)* foolish action, stupid act; *(absurditate)* nonsense; *(ca vorbire)* F rot.

dobîndă *s.f.* **1.** com. interest. **2.** *(cîştig)* gain, profit. ⓐ ~ *cămătărească* usury; ~ *compusă* compound interest; ~ *simplă* simple interest; *cu* ~ at interest; *cu* ~ *de doi la sută* bearing interest at the rate of two per cent. ⓑ *împrumut cu* ~ loan bearing interest.

dobîndi I. *vb.* *tr.* *(a căpăta)* to obtain, to get, to acquire; *(a cîştiga)* to gain; *(a-şi asigura)* to secure; *(a procura)* to procure; *(a găsi)* to find. **II.** *vb.* *refl.* to be obtained etc. v. ~ I.

dobîndire *s.f.* obtaining etc. v. d o b î n d i I.

doborî *vb.* *tr.* **1.** *(a da jos)* to throw down; *(a culca la pămînt)* to knock down, to knock/bowl over to ground; *(copaci)* to fell; *(a copleşi)* to overwhelm. **2.** *(a birui)* to defeat; *(a răsturna, şi fig.)* to overthrow.

doborîre *s.f.* throwing down etc. v. d o b o r î 1.

dobrogean I. *adj.* Dobrudja..., of the Dobrudja. **II.** *s.m.* inhabitant of the Dobrudja.

doc¹ *s.n.* *nav.* dock; *(siloz)* dock warehouse. ⓐ ~ *plutitor* floating dock; ~ *uscat* dry/graving dock.

doc² *s.n.* *text.* duck, canvas.

docar *s.n.* dog cart.

docent *s.m.* *univ.* ← *odin.* reader.

docher *s.m.* *nav.* docker, stevedore, longshoreman, *amer.* waterside worker, *austral.* wharfie.

docil *adj.* **1.** *(ascultător)* tractable, docile, manageable. **3.** *(care poate fi învăţat)* docile, teachable.

docilitate *s.f.* tractableness; docility.

doct *adj.* learned.

doctor *s.m.* **1.** *(medic)* doctor, F→ medical man; *(mai ales pentru boli interne)* physician; *(chirurg)* surgeon. **2.** *univ.* doctor. **3.** *(expert)* F don. ⓐ ~ *în drept L.L.D.*, Doctor of/in Laws; ~ *în filozofie* Doctor of Philosophy; *(în Anglia)* Master of Arts; ~ *în latină* F a great don at Latin; ~ *în litere* D. Litt., Doctor of Literature; ~ *în medicină* M. D., Doctor of/in Medicine; ~ *în ştiinţe* D. Sc., Doctor of Science.

doctoral I. *adj.* **1.** doctoral. **2.** *fig.* pompous, heavy; *(didactic)* didactic; *(d. ton)* grandiloquent. **II.** *adv.* pompously, priggishly.

doctorand *s.m.* candidate for a doctor's degree.

doctoraş *s.m.* *(doctor de mîna a doua)* aprox. medico.

doctorat *s.n.* **1.** *(titlu de doctor)* doctor's title, doctorate. **2.** *(examen)* examination for a doctor's degree. **3.** *(gradul de doctor)* doctor's degree. ⓒ *a-şi da* ~*ul* to pass one's examination for a doctor's degree.

doctorie *s.f.* *med.* medicine, drug.

doctoriţă *s.f.* **1.** *(femeie doctor)* female/lady doctor, F doctoress. **2.** *(soţie de doctor)* doctor's wife.

doctrinar *adj.*, *s.m.* doctrinarian, doctrinaire.

doctrină *s.f.* doctrine.

document *s.n.* **1.** *(act)* document, deed; *(oficial)* act and deed; *(legal)* instrument; *(act vechi)* record. **2.** document.

documenta *vb.* *refl.* to gather documentary evidence; *(pt. o lucrare)* to accumulate material.

documentar I. *adj.* documentary. ⓑ *film* ~ v. ~ **II. II.** *s.n.* documentary.

documentare *s.f.* documentation etc. v. d o c u m e n t a.

documentat *adj.* *(d. cineva)* well-informed, conversant; *(d. un roman etc.)* well documented.

documentaţie *s.f.* documentation, reference material.

dodecaedru *s.n.* geom., min. dodecahedron.

dodecafonic *adj.* dodecaphonic, twelvenote...

dodecafonie *s.f.* dodecaphony, the twelve-note system.

dodecafonism *s.n.* dodecaphonism.

dodecagon *s.n. geom.* dodecagon.

dodecagonal *adj. geom.* dodecagonal.

dodii *s.f. pl.* ⓒ *a vorbi în* ~ to talk nonsense /rot / twaddle / F through one's hat, to twaddle.

dogar *s.m.* cooper.

dogărie *s.f.* **1.** *(meserie)* cooperage. **2.** *(prăvălie)* cooper's shop.

doge *s.m.* doge.

dogi I. *vb. tr.* to stave (in). II. *vb. refl.* **1.** *(d. putini)* to stave, to be staved, to break up. **2.** *(d. voce)* to get hoarse/broken/cracked. **3.** *(d. cap)* F to be addled/cracked, to grow barmy.

dogit *adj.* **1.** *(d. butoaie)* stove; *(plesnit)* cracked. **2.** *(d. sunet)* hollow; *(d. voce)* hoarse, broken, cracked.

dogmatic I. *adj.* dogmatic(al). II. *adv.* dogmatically.

dogmatism *s.n.* dogmatism.

dogmatist *s.m.* dogmatist.

dogmatiza *vb. intr.* to dogmatize.

dogmă *s.f.* **1.** *rel.* dogma, article of faith. **2.** *fig.* dogma, tenet.

dogoare *s.f.* **1.** *(a focului)* red heat, glow; *(a soarelui)* (blazing) heat, glow. **2.** *fig. (a inimii)* ardour, fervour, glow, fire.

dogori I. *vb. tr.* **1.** *(a arde)* to burn, to scorch. **2.** *(a coace)* to ripen, to mellow. **3.** *(a înroși)* to redden; *(fața)* to flush. II. *vb. intr.* **1.** *(a arde)* to burn; *(d. soare)* to scorch, to be burning hot; *(d. foc)* to glow. **2.** *fig.* to glow. III. *vb. refl.* *(la soare)* to be baking/roasting/scorching in the sun.

dogoritor *adj. (d. soare)* scorching, fiery; *(zăpușitor)* sultry.

doi *num., adj., s.m.* two. ⓐ ~ *cîte* ~ two by/and two, in pairs. ⓑ *o carte, două* one or two books; *cei* ~ the two; *noi* ~ the two of us; *cu* ~ *ochi* two-eyed; *cu două etaje* two-storied; *de două ori* twice; *din două-n două luni* every second month, every two months; *nici una, nici două* without ceremony/

ado, unceremoniously; *pe din două* half and half. ⓒ *sînt de două ori mai mare ca el* I am double his age; *a rupe în două* to break in(to) two; *e ora două și jumătate* it is half-past two.

doică *s.f.* (wet) nurse.

doilea *num. ord., adj.* the second. ⓑ *a doua oară* for the second time; *a doua zi* the next/following day; *al* ~ *adv.* secondly, in the second place; *de mîna a doua* second-hand...

doime *s.f.* **1.** *mat.* half. **2.** *muz.* minim.

doină *s.f.* elegiac song typical of Romanian lyrical folk poetry and music, doina.

doini I. *vb. intr.* to sing *sau* play the doina. II. *vb. tr.* to sing; to play

doinitor *adj.* singing *sau* playing the doina; *(tînguios)* mournful, sad; *(melodios)* melodious.

doisprezece *num., adj., s.m.* twelve.

doisprezecelea *num. ord., adj.* the twelfth.

dojană *s.f.* reproof, reprimand, remonstrance, F→set-down, *poetic→* rebuke; *(repros)* reproach.

dojeni *vb. tr.* to reprimand, to scold, to blame, *poetic→*to rebuke.

dojenitor *adj.* reproachful chiding.

dolar *s.m.* dollar.

doldora *adv.* F crammed; *(d. pungă)* well-lined; *(plin de bani)* overflowing with money; *(d. uger)* swelling.

doleanță *s.f.* complaint, grievance.

dolicocefal I. *adj.* dolicocephalic, dolicocephalous. II. *s.m.* dolicocephal.

dolină *s.f.* doline, dolina.

doliu *s.n.* **1.** mourning. **2.** *(haine de* ~*)* mourning (garb) ; *(de văduvă)* widow's weeds. **3.** *(timp de* ~*)* mourning. ⓒ *a pune* ~*(l)* to go into mourning; *a-și scoate* ~*l* to go out of mourning; *a fi în* ~ *după...* to be in mourning for...

dolmen *s.n.* dolmen, cromlech.

dolofan *adj.* plump, pudgy; *(d. față)* chubby, plump.

dolomită *s.f. geol.* dolomite.

dom *s.n.* **1.** *(catedrală)* dome, cathedral (church); *(cupolă)* dome, cupola. **2.** *geol. tehn.* dome.

domeniu *s.n.* **1.** domain; *(moşie)* estate, landed property; *jur.* demesne. **2.** *fig.* *(al ştiinţei)* field, scope; *(al literatarii)* domain, department. ⓒ *nu ţine de/nu e ~l meu* that is beyond my province, that is out of my range; *e un ~ vast* it is a vast field.

domestic *adj.* domestic; *(ce ţine de casă)* domestic; household...; *(d. animale)* domestic; *(intern)* home...

domestici I. *vb. tr.* **1.** to domesticate, to tame; *(a dresa)* to break in. **2.** *fig.* to tame. **II.** *vb. refl.* **1.** *pas.* to be tamed etc. **v.** ~I. **2.** *(a deveni domestic)* to grow tame.

domesticire *s.f.* taming, domestication.

domesticit *adj.* tame, domesticated; *(care nu mai e sălbatic)* tamed, not wild.

domicilia *vb. intr.* to reside, to live, to dwell.

domiciliar *adj.* domiciliary.

domiciliu *s.n.* (fixed) abode, residence; *(nu neapărat fix)* dwelling place, place of residence; *mai ales jur.* domicile.

domina I. *vb. tr.* *(d. cineva)* to dominate; to have domination over; *(d. un viciu etc.)* to rule, to sway, to dominate, to govern; *(d. voce)* to overpower, to rise above; *(d. o înălţime)* to command, to dominate, to overlook, to rise above, to tower above; *(d. un turn)* to command; *(d. o statuie etc.)* to tower over. **II.** *vb. refl.* to command oneself; to control one's feelings. **III.** *vb. intr.* **1.** *(a stăpîni)* to rule, to hold sway. **2.** *(a predomina)* to prevail, to predominate to be prevalent, to be predominant, to have the upper hand. **3.** *sport* to have the best of the game.

dominant *adj.* dominant, ruling; prevailing, predominant; *(caracteristic)* characteristic. ⓓ *clasă ~ă* ruling class; *trăsătură~ă* outstanding/dominant/prevalent feature.

dominantă *s.f. muz.* dominant (note).

dominator *adj.* dominant, dominating, ruling, *peior.* domineering.

dominaţie *s.f. (asupra)* domin(at)ion (over), rule (over), sway (over). ⓐ *~ mondială* world supremacy.

dominion *s.n.* dominion.

domino *s.n.* **1.** *(costum)* domino. **2.** *(joc)* dominoes. ⓒ *a juca ~* to play (at) dominoes.

domn *s.m.* **1.** man, gentleman; *domnul... Mr...; domnule* sir; *(profesor)* master. **2.** *(stăpîn)* master,<lord; *(stăpînitor)* ruler; *(proprietar)* owner, proprietor; *(persoană importantă)* a great person, a lord, F→a great swell/gun. **3.** *~ul rel.* the Lord, God Almighty. **4.** *odin.* prince, voivode, hospodar. ⓐ *doamne dumnezeule!* Good gracious! Lord! *~ilor Brown şi Cuthbert* com. Messrs. B. & C.; *~ule general←odin.* General, Sir; *~ule Preşedinte (în adunări)* Mr. Chairman; *(în Camera Comunelor)* Mr. Speaker. ⓑ *doamnelor şi ~ilor* ladies and gentlemen; *domniei sale ~ului N.J. N.J.,* Esq. *(prescurtat din Esquire)*; *slavă ~ului* F thank God/goodness; *stimate~ule a. (fără a-i spune numele)* (dear) sir. **b.** *(urmat de nume)* Mr.... ⓒ *doamne fereşte!* F God forbid!

domnesc *adj.* **1.** *(de domnitor sau prinţ)←odin.* princely. **2.** *(de stăpîn)* lordly. ⓑ *pasăre domnească* ornit. bullfinch *(Pyrrhula)*.

domni *vb. intr.* **1.** to rule, to reign. **2.** *fig.* to reign. ⓐ *~ peste...* **a.** to reign/rule over... **b.** *(a domina)* to command *(cu acuz.)*.

domnie *s.f.* **1.** *(a unui suveran)* reign. **2.** *(calitatea de domn)←odin.* princely dignity. **3.** *(curtea domnească)←odin.* court of a prince. **4.** *fig. (domnitor)* prince. ⓐ *domnia ei (presc. d-ei)* she; *domnia sa (presc. d-sa), domnia lui (presc. d-lui)* he; *domnia ta (presc. d-ta)* you; *domniei sale domnului John Brown (pe plic)* John Brown, Esq. *(presc. din Esquire)*; *domniile lor (presc. d-lor)* they; *domnia voastră (presc. dvs., d-voastră)* you.

domnişoară *s.f.* miss *(apelativ urmat de nume; fără nume sună vulgar)*; young lady; *(fată)* girl; *(peior., d. o fată de şcoală)→*F bread-and-

-butter miss. ⓐ ~ *bătrînă* spinster, old maid; ~ *de onoare* a. *(a miresei)* bridesmaid. b. *(însoţitoare)* maid of honour.

domnişor *s.m.* **1.** *(fiul stăpînului)* young master. **2.** *(ţafandache)* dandy, fop, F masher. **3.** *ornit.* v. g r a n g u r. **4.** *ornit.* v. p i-ţ i g o i.

domnitor I. *adj.* reigning. **II.** *s.m. odin.* hospodar, prince, voivode, ruler.

domniţă *s.f.* **1.**→*odin.* princess. **2.** *fig.* love, dear(est), sweetheart.

domol I. *adj.* **1.** *(încet, rar)* slow; *(gingaş)* gentle, soft; *(liniştit)* quiet, calm. **2.** *(d. sunete)* low; *(d. climă etc.)* mild. **II.** *adv.* **1.** *(treptat)* gradually, by degrees. **2.** *(uşor, încet)* gently, softly; *(nu apăsat)* lightly. **3.** *(încet)* slowly. ⓐ ~ *!* gently! don't hurry! not so fast! *(nu te înfierbînta)* don't flurry yourself. ⓒ *a o lăsa mai* ~ F to take it easy.

domoli I. *vb. tr.* to quiet, to reassure; *(a mîngîia)* to comfort; *(a calma)* to calm down, to set at ease; *(a pacifica)* to pacify; *(mînia, foamea)* to appease; *(setea)* to quench, to allay; *(furtuna)* to calm, to lull; *(a alina)* to assuage, to soothe, to soften (down). **II.** *vb.refl.* **1.** to quiet/reassure oneself; *(a se mîngîia)* to take comfort; *(a se calma)* to calm· down, to be at ease. **2.** *pas.* to be calmed etc. v. ~ I. ⓒ *domoleşte-te!* be calm! compose yourself!

dona *vb. tr.* to donate; *(a da)* to give; *(a face cadou)* to present *smb.* with.

donare *s.f.* donation.

donatar *s.m. jur.* donee.

donator *s.m.* giver, şi *jur.* donor. ⓐ ~ *de sînge* blood donor.

donaţie *s.f.* donation.

donchişotism *s.n.* quixotism.

dondăni *vb. intr.* *(a bodogăni)* F to mutter (to oneself); *(a pălăvrăgi)* to chatter.

doniţă *s.f.* **1.** *(cofă)* wooden pail. **2.** *(pt. muls)* milk(ing) pail.

donjon *s.n.* keep, stronghold *of a castle,* donjon, dungeon.

donjuan *s.m.* *(crai)* Don Juan.

dop *s.n.* *(de plută)* cork; *(de sticlă)* stopper; *(de lemn, opritoare)* plug. ⓐ ~ *de butoi* bung; ~ *de saca* F (regular) dumpling.

dor *s.n.* **1.** *(de)* (great) longing (for), yearning (for/after); *(de ţară, de casă)* homesickness; *(de ţară)* nostalgia; *(dorinţă)* ardent desire (of/ for); *(poftă)* appetite (for); *(năzuinţă)* striving (for/after); *(dorul inimii)* heart's desire. **2.** torment of love. **3.** *(jale)* grief, sorrow, < woe. ⓐ ~ *de ducă* wanderlust. ⓘ *cîntec de* ~ love song; *în* ~*ul lelii* F at random, nineteen to the dozen; *plin de* ~ *după....* longing/yearning/hankering after... F ~ *dying* for... ⓒ *a duce* ~*ul (cu gen.)* to grieve hanker/ pine after...; *a duce* ~*ul patriei* to long for one's native home; *ard de* ~ *să-l văd* I long/burn to see him; *a-i fi* ~ *de....* to pine/ sigh/long for...; *a-i fi* ~ *de ţară sau casă* to be homesick; *mi-e* ~ *să-l văd iar* I long to see him again.

dori *vb. tr.* **1.** *(a voi)* to want, to desire, to wish for, to long; *(a intenţiona)* to intend; *(a rîvni)* to covet. **2.** *(a ura)* to wish. **3.** *(a pretinde)* to request. ⓘ *de* ~*t* desirable. ⓒ *ce doreşti?* F what do you want? *(ce cauţi aici?)* F what is your business? *mai* ~*ţi ceva?* do you wish anything more? *(în magazin)* can I show you anything else? anything else you would like? *îţi doresc însănătoşire grabnică* I trust you may soon be better; *îţi doresc noroc* I wish you good luck; *îţi doresc numai succes* I wish you the greatest success; *lasă mult de* ~*t* that leaves much to be desired.

doric *adj.* Doric.

dorinţă *s.f.* *(de)* wish (for), desire (of/for); *(aspiraţie)* striving (for/after), aspiration (for/after); *(erotică)* desire. ⓘ *după* ~ according to one's (heart's) desire, as one wishes; *la dorinţa cuiva* at smb.s'

desire/request. ⓒ *a-și exprima o* ~
to express a desire, to utter a
wish; *a împlini dorința cuiva* to
comply with smb.'s wish, to sa-
tisfy/gratify smb.'s wish.
dorire *s.f. (urare)* wish.
dorit *adj.* wished for etc. v. **d o r i.**
doritor *adj.* **1.** *(de)* desirous (of);
eager (for/after/about). **2.** *(dră-
găstos)* loving. ⓐ ~ *de...* longing/
pining for....; ~ *de carte* eager
to learn, studious.
dormeză *s.f.* couch; *(sofa)* sofa.
dormi *vb. intr.* **1.** to sleep, to be
asleep; *poetic*→to slumber, *sl.*
to do the downy; *(ușor)* to doze,
F→to snooze, to have/take one's
forty winks; *(adînc)* to be fast/
dead asleep, to lie in a deep
sleep; *(bine)* to sleep soundly;
(a se odihni) to take one's rest.
2. *fig. (d. lucruri)* to lie dormant.
3. *(a minea)* to put up (for the
night). **4.** *fig. (a fi neatent etc.)*
F to nod (over smth.). ⓒ *a* ~
buștean/tun/butuc F to sleep like
a top, to sleep as fast as a church;
a ~ *după beție* to sleep oneself
sober, to sleep off the effects of
drink; *a* ~ *după masă* to have/
take a nap; *a* ~ *în aer liber* to
sleep in the open; *a* ~ *prea mult*
to oversleep oneself; to sleep out
the morning; *a nu* ~ *toată noaptea*
to have a sleepless night.
dormit *s.n.* sleep(ing) etc. v. **d o r m i.**
dormita *vb. intr.* **1.** to doze, to
have a gentle nap, F→to take
one's forty winks; to (have a)
snooze. **2.** *fig.* to nod.
dormitor *s.n.* bedroom, sleeping
room; *(comun)* dormitory.
dorn *s.n. tehn.* fishing tap.
dornic *adj. (de)* eager (for/after/
about), < with a passionate long-
ing (after), with a passionate
desire (for); *(însetat)* thirsting
(for/after); *(rîvnitor)* covetous (of).
ⓒ *sînt* ~ *să aflu...* I am anxious/
longing to hear...
dorobanț *s.m.* ← *odin.* **1.** *mil.* foot
soldier. **2.** *(jandarm)* gendarme.
dorsal *adj. anat.* dorsal. ⓓ *aripioară
~ă* dorsal fin; *mușchi* ~ dorsal
muscle.

dos *s.n.* **I.** *anat. (spate)* back,
S→dorsum. **2.** *(al unei monede)*
reverse, F tail. **3.** *(parte din spate)*
hind(er) part, back. **4.** *(parte
opusă)* back, wrong side, reverse,
other side. **5.** *(șezut)* F bottom,
behind, P bum; *(la animale)*
buttock; *(crupă)* croup. ⓐ ~ *la
față!* F pack off; ~*ul mîinii* back
of the hand. ⓓ *cameră din* ~
back room; *casa din* ~ the house
at the back; *din* ~ from behind,
from the back; *mil., nav.* from
the rear; *în* ~ behind; *(în fund)*
in the rear, at the back, in the
background; *în* ~*ul ușii* behind
the door; *întors pe* ~ **a.** inside
out. **b.** *fig.* F in the sulks, upset;
pe ~ **I.** *adj.* turned the wrong
way, inverted, wry. **II.** *adv.* topsy-
-turvy, upside down; *(a îmbrăca
ceva pe* ~)on the wrong side;
inside out. ⓒ *a da* ~*ul* F to take
to one's heels, to skulk away; *a
întoarce cuiva* ~*ul* to turn one's
back upon smb.; *urci pe o scară
din* ~*ul clădirii* you climb a
stair at the rear of the building;
a îmbrăca pe ~ to put on awry/
inside out/upside down
dosar *s.n.* **1.** *(teanc de acte)* deeds,
(legal) documents, dossier; (trial)
brief. **2.** *(copertă)* file, roll. ⓓ
după cercetarea~*ului* after search-
ing/examining the deeds. ⓒ *a
trece la* ~ to register.
dosi **I.** *vb. tr.* **1.** *(a ascunde)* to
conceal, to hide, to dissemble.
2. *(a fura)* to steal, F to nick. **II.**
vb. refl. (a se ascunde) to hide/
conceal oneself.
dosit *adj.* **1.** concealed, hidden etc.
v. **d o s i.** **2.** *(dosnic)* isolated.
dosnic *adj. (izolat)* secluded, iso-
lated; *(ascuns)* hidden; *(depărtat)*
remote. ⓓ *căi* ~*e* lonely roads;
stradă ~*ă* by-street.
dosnică *s.f. bot.* ⓐ ~ *galbenă* carpe-
sium *(Carpesium cernuum)*; ~
vînătă lady's bower, clematis
(Clematis integrifolia).
dospeală *s.f.* **1.** v. **d o s p i r e.** **2.**
leaven, yeast, barm. **3.** *fig.* idleness.
dospi **I.** *vb. tr.* to leaven. **II.** *vb.
intr.* **1.** *(a fermenta)* to ferment;

(d. aluat) to rise, to work, to yeast. **2.** *fig.* to be in a state of ferment(ation).

dospire *s.f.* fermentation etc. v. d o s p i.

dost *s.n. bot.* wild marjoram *(Origanum vulgare).*

dota *vb. tr.* **1.** *(o instituţie etc.)* to endow; *(a echipa, a înzestra)* to equip, to supply. **2.** *(o mireasă)* to dower.**3.** *fig.* to endow, to bestow upon.

dotal *adj. jur.* dotal.

dotare *s.f.* endowment etc. v. d o t a.

dotat *adj. fig.* gifted.

dotaţie *s.f.* endowment.

dotă *s.f. jur.* marriage portion, dowry. ⓕ *fără ~* portionless.

două *num. fem., adj., s.f.* two v. d o i. ⓒ *a face pe din ~* to go halves.

douăsprezece *num. fem., adj., s.f.* twelve.

douăzeci *num., adj., s.m.* twenty; a score.

douăzecilea *num. ord., adj.* the twentieth.

dovadă *s.f.* **1.** proof, *mai ales pl.* evidence; *(argument)* argument. **2.** *(semn)* sign, manifestation, mark, token of evidence. **3.** *(exemplu)* example, illustration. **4.** *(adeverinţă)* certificate. ⓐ *~ concludentă* conclusive/striking proof; forcible/incontestable argument; *~ în plus* added/further proof; *o ~ mişcătoare de dragoste din partea lui* a touching instance of his love. ⓕ *ca ~* as a proof. ⓒ *a da ~ de...* to give proof/evidence of..., to show ..., to display...; *e o ~ în favoarea mea* it speaks/tells in my favour.

dovedi I. *vb. tr.* **1.** to prove; *(a demonstra)* to demonstrate; *(a arăta)* to show; *(ca autentic)* to authenticate; *(a atesta)* to prove, to attest; *(a confirma)* to confirm. **2.** *(a învinge dificultăţi)* to conquer, to overcome. **3.** *(a termina) ←reg.* to accomplish. ⓒ *a ~ un mare interes pentru ceva* to show/evince great interest in smth.; *rămîne să fie ~t* that remains to be proved. **II.** *vb. refl.* **1.** *pas.* to

be proved etc. v.~I. **2** *(a se arăta)* to prove oneself; to turn out (to be). ⓒ *a se ~ adevărat* to prove/come true; *s-a ~t că...* it has been proved that...; *a se ~ (a fi) un prieten adevărat* to prove a true friend; *s-a ~t a fi un vechi coleg de şcoală de-al meu* he turned out to be one of my old schoolfellows.

dovedire *s.f.* demonstration (of a truth) etc. v. d o v e d i.

doveditor *adj.* conclusive, convincing.

dovleac *s.m.* **1.** *bot.* pumpkin *(Cucurbita pepo).* **2.** *(cap)* F pate, nut, *sl.* thinking mug, nob.

dovlecel *s.m. bot.* vegetable marrow *(Cucurbita pepo ovifera).*

doxă *s.f.* F gumption, brains, brainstuff, grey matter. ⓒ *n-are ~ la cap* F his head is empty, he has no gumption.

doza *vb. tr.* **1.** *farm. etc.* to dose, to divide into doses. **2.** *fig. (a măsura)* to measure; *(a distribui)* to distribute; *(cu zgîrcenie)* to dole (out).

dozaj *s.n.* dosing, dosage.

dozare *s.f.* dosing etc. v. d o z a.

doză[1] *s.f.* **1.** dose. **2.** *fig.* admixture.

doză[2] *s.f. (de patefon)* soundbox *(electromagnetică)* electromagnetic sound box, pick-up cartridge.

drac *s.m.* **I.** devil; *(spirit rău)* demon, fiend. **2.** *~ul* the Evil one, F Old Nick/Blazes/Gooseberry, the Old Gentleman (himself). **3.** *(~ de băiat)* imp, young devil, F pickle; *(~ şi jumătate) (în sens rău)* F sad dog, devil of a boy/fellow; *(măgulitor)* F brick/trump of a boy/fellow; *(cutezător)* F daredevil. ⓐ *~e!* F the deuce! ⓕ *al ~ului* F as hell, as old boots, bally; *la ~u!* F what a damned nuisance! hang/drat it! *la ~u cu el!* F let him go to hell/Jericho! *la ~u cu toate astea!* F confound/damn it (all)! *la ~ul în praznic* F at the back of beyond; *omul/poama ~ului* F a devil of a fellow; *pe ~u* the deuce! like hell! *ptiu ~e! (la naiba)* F the deuce! *(ce ruşine)* F it's a damned shame! *tot un ~* F it's six of the one and half a dozen of the other, it's a distinction without a difference. ⓒ *a avea* ~*i* F to have the pip; *a fugi de cineva ca* ~*ul de tămîie* to avoid smb. like a pesthouse; *a fugi de* ~*u și a da de taică-său* F to fall out of the frying **pan** into the fire; *a băga/vîrî pe cineva in* ~*i/toți* ~ *ii* F to make a place too hot for smb.; *a trimite la* ~*u* F to send to the devil; *are pe* ~*ul in el* the devil's in him, F he must have Old Nick in him; *a face pe* ~*ul in patru* F to play one's hand for all it is worth; *a trage pe* ~*ul de coadă* to pull the devil by the tail; *l-au apucat toți* ~*ii* F he's got waxy/ into a wax; *e un* ~ *de femeie* she's a devil of a woman, she's a fiend, P she's a devil in petticoats; ~*ul și-a vîrît coada intre ei* F←there is a coolness between them; ~*ul știe ce l-a împins s-o facă* F goodness knows what has driven him to it; *să fii al* ~*ului,* ~*ul să te ia, du-te* ~*ului, du-te la* ~*ul!* F go to the devil, go to hell/pot/blazes/Jericho/ amer. grass; *să fiu al* ~*ului dacă...* F the devil take me if..., I'll be hanged if...; *e un frig al* ~*ului* F it is precious cold; *ce* ~*u' face acolo?* F what the blazes/deuce/on earth is he doing there? *ce* ~*u' înseamnă toate astea?* F what the blazes/deuce/ >on earth does it all mean? *a toca* ~*ului bureți* F to talk through one's hat; *s-a dus* ~*ului !* F it has gone to the dogs/ devil, it has gone to pigs and whis-tles/to rack and ruin; *(fi-r-ar al* ~ *ului!* oh hell! the devil may take it etc. ⓓ *nu e* ~*ul atit de negru* the devil is not so black as he is painted, *scot.* the devil is not so ill than he's called; *ride* ~*ul de porumbe negre și pe sine nu se vede* the devil rebuking sin, the pot calling the kettle black; ~ *mort nu s-a văzut* ill weeds grow apace.

dracilă *s.f. bot.* barberry (*Berberis vulgaris).*

draconic *adj* Draconian, Draconic.

drag **I.** *adj.* dear; *(iubit)* beloved, cherished; *(favorit)* favourite; *(d. animale)* pet. ⓐ ~*ă doamne* as it were, allegedly; *(ca să zicem așa)* so to speak; ~*ă prietene* dear friend, F old fellow/bear/chap/ man. ⓑ *cu* ~*ă inimă* with all one's heart, with heart and soul; *(bucuros)* gladly; *(dispus)* willing-ly; *(cu plăcere)* with pleasure. ⓒ *cînd ți-e lumea mai* ~*ă* in the happiest moment(s); *(neașteptat)* unexpectedly, all of a sudden; *mi-e* ~ *ca sarea în ochi* I cannot bear/abide him, I hate the sight of him; *a avea* ~ to be fond of, to love, to be in love with; *a se avea* ~*i* to be in love with each other; *a-i cădea* ~ to fall in love with; *ne-a devenit* ~ we have become attached to him. **II.** *s.n.* love; *(considerație)* sake. ⓑ *cu tot* ~*ul* with heart and soul; *de* ~*ul (cu gen.)* for the sake of...; on *smb's* account; for *smb's* sake. ⓒ *a-i cădea cineva (cu)* ~ to fall in love with smb.; *am făcut-o de* ~*ul ei* I did it out of affection for her, > I did it for her sake; *ți-era mai mare* ~*ul să te uiți la ea* it was quite delightful to look at her, it did one's heart good to look at her; *ți-era mai mare* ~*ul să-l vezi lucrînd* it was a treat/pleasure to see him work. **III.** *s.m.* love; lover. ⓐ ~*ul de el* the dear boy/fellow, the darling, good old...; ~*ul mamei* my dear good boy/child; the apple of her eye, her cherished child; ~*ul meu* my dear.

draga *vb. tr.* to dredge.

dragaj *s.n.* dredging.

dragă[1] *s.f.* (lady) love, sweetheart. ⓐ *draga de ea* the darling, the dear girl; ~*!* (my) dear! (my) darling! honey!

dragă[2] *s.f.* dredge(r), dredging ma-chine/engine; *(de pescuit)* fishing dredger.

draglină *s.f.* dragline (excavator).

dragoman *s.m. odin.* dragoman.

dragon[1] *s.m.* **1.** *mit.* dragon. **2.** *mil.* dragoon.

dragon[2] *s.n. mil.* sword knot/tassel.

dragor *s.n. nav.* mine dredger.

dragoste *s.f.* **1.** love, affection; *(caritate)* charity. **2.** *(persoană iubită)* love. ⓑ *căsătorie din* ~

love match; *din ~ pentru...* for
love/the sake of... ⓒ *a face ~
cu cineva* **a.** to be in love with smb.
b. to have sexual intercourse with
smb., to make love with smb., *a
nu mai putea de ~, a fi nebun de
~ F* to be madly in love, to be
head over ears in love; *a se căsători/
P a se lua din ~* to marry for love;
a fi în ~ cu cineva to be in love
with smb.; *e o veche ~ de-a mea*
she is an old love of mine.

drahmă *s.f.* drachm(a).

draibăr *s.n.* drill (borer), wimble.

drajeu *s.n.* **1.** sugar/chocolate al-
mond *sau* hazelnut, dragée. **2.**
farm. (sugar-coated) pill, dragée.

dram *s.n.* **1.** *odin. the smallest dry
measure* (3.18 g in Wallachia;
3.23 g in Moldavia). **2.** *fig.* atom,
trace, grain, particle, shadow. ⓐ
un ~ de adevăr a crumb/grain/
shadow of truth; *un ~ de minte*
an ounce of (mother) wit; *un ~
de noroc* a spot of luck, one good
break. ⓑ *nici un ~ de...* not an
atom/a trace of...

dramatic I. *adj. și fig.* dramatic,
stageworthy. ⓑ *artă ~ă* dramatic/
histrionic art, histrionics; *autor
~* dramatic author, playwright,
dramatist; *gen ~* drama, dramatic
poetry. **II.** *adv.* dramatically.

dramatism *s.n.* dramatic character,
thrill, stageworthiness.

dramatiza *vb. tr.* to adapt for the
stage; *și fig.* to dramatize.

dramatizare *s.f.* **1.** *teatru* dramati-
zation. **2.** *fig.* dramatizing.

dramaturg *s.m.* dramatist, play-
wright.

dramaturgie *s.f.* dramaturgy.

dramă *s.f.* **1.** *(ca gen)* drama; *(piesă)*
play, drama. **2.** *fig.* drama, tragedy;
catastrophe. ⓐ *~ pasională* love
crime.

draniță *s.f. reg.* shingle, *amer.* clap-
board.

drapa *vb. tr.* to cover with cloth;
(mobilă, stofă etc.) to drape.

drapel *s.n.* flag, banner, standard,
colours; *poetic* streamer. ⓒ *a
coborî ~ul* to lower the colours;
a flutura ~ul to wave the colours;
a înălța ~ul to set up the flag, to

hoist the standard; *a fi sub ~* to
be with the colours, to be in the
army; *a chema sub ~* to call to
the colours.

draperie *s.f.* drapery; *(perdele)*
curtains, hangings.

drastic I. *adj.* drastic. **II** *adv.* dras-
tically.

drăcesc *adj.* devilish, diabolical,
infernal. ⓑ *zgomot ~ F* devilish
row, devil of a row.

drăcește *adv.* devilishly, diabolically.

drăcie *s. f.* **1.** devilry, devilish
trickery, devilish/diabolical trick;
devilish work; (piece of) roguery,
roguish trick. **2.** *(vrăjitorie)* witch-
craft; *(farmece)* charms. ⓑ *se
ține numai de drăcii* he keeps play-
ing pranks, he does no end of
freaks/tricks; *ei ~! sau (ei) drăcia
dracului!* F the deuce! hang/drat
it!

drăcoaică *s.f.* F she-devil, devil of
a woman, scold.

drăcos *adj.* **1.** devilish. **2.** *fig.* ro-
guish, knavish.

drăcovenie *s.f.* v. **d r ă c i e**.

drăcui I. *vb. tr.* to send to the devil,
to wish smb. at the devil; *(a ocărî)*
to call smb. names. **II.** *vb. intr.*
to (curse and) swear.

drăcușor *s.m. fig.* little/young devil,
imp, *rar→* devilkin, v. și **d r a c**.

drăgaică *s.f.* **1.** *(sărbătoare)* Mid-
summer (Day); *(tîrg)* Midsummer
fair. **2.** *Romanian folk dance.* **3.**
bot. Our Lady's bedstraw *(Galium
verum).* **4.** *pl.* v. **i e l e**.

drăgălaș *adj.* lovely, graceful, F
sweet; *(gingaș)* gentle.

drăgălășenie *s.f.* **1.** *(farmec)* charm,
loveliness, sweetness; *(grație)* grace-
(fulness), comeliness. **2.** *pl.* caresses.

drăgăstos I. *adj.* **1.** *(amoros)* loving,
affectionate. **2.** *(atrăgător)* charm-
ing, attractive, F sweet. **II.**
adv. lovingly, with love, affection-
ately.

drăgosti *vb. tr.* to fondle, to caress.

drăgostire *s.f.* fondling; *(dragoste)*
love.

drăguliță *s.f.* love, darling, sweet
one, F duckie. ⓒ *~ Doamne* as
it were, allegedly.

drăguţ I. *adj.* charming, lovely, sweet; *(cu exterior plăcut)* pretty, comely, nice-looking, good-looking; *(atrăgător)* .attractive; *(binevoitor)* kind; *(simpatic)* nice. ⓐ ~ul de el; ~a de ea! F the little love! ⓒ e ~ din partea lui it's kind/ nice/decent of him; eşti foarte ~! şi peior. you are a nice fellow! you are awfully nice! eşti foarte ~ că ai venit it's very nice of you to have come. **II.** *s.m.* sweetheart, beloved (one), *amer.* her best boy.

drăguţă *s.f.* sweetheart, beloved (one), *amer.* his best girl.

drămui I. *vb. tr.* **1.** *(a cîntări cu precizie)* to ascertain the weight of. **2.** *fig.* *(a împărţi cu zgîrcenie)* to dole. **3.** *fig.* *(a cumpăni)* to think over, to weigh. **II.** *vb. refl.* *pas.* to be weighed etc. v. ~ I.

dreaptă *s.f.* **1.** *geom.* straight line. **2.** *dreapta pol.* the right-wing (parties). **3.** *(mină)* right hand. ⓘ capul la dreapta mil. eyes right! de dreapta pol. right-wing...; in/ pe dreapta on the right hand/ side, to/on the right; la dreapta a. v. în /pe d r e a p t a. b. mil. right turn! prima stradă la dreapta first turning/amer. block right. ⓒ ţine dreapta keep to the right; a merge pe dreapta to walk on the right hand.

dregător *s.m.*←inv. **1.** *(funcţionar înalt)* high official. **2.** *(conducător)* ruler.

dregătorie *s.f.*←inv. high office/dignity.

drege 1. *vb. tr.* **1.** *(ceva stricat)* to mend, to repair, F→to put/set to rights; *(a reînnoi)* to renew, to renovate; *(a restabili)* to restore, *med.* to cure; *(ciorapi)* to darn; *(opere de artă)* to restore; *(haine)* to patch up; *(încălţăminte)* to cobble, to vamp; *(picturi)* to retouch, to touch up; *(o pălărie)* to trim up; *(o greşeală)* to repair; *(a corecta)* to correct; *(o nedreptate)* to make restitution for *(a wrong)*; *(a face)* to do; *(a aşeza în ordine)* to set in order; *(a aranja)* to arrange; to fit/fix up. **2.** *(mîncarea)* to season, to dress, to flavour. **3.**

(a ruja) to rouge; to paint; *(a ferchezui)* to trim up. **4.** *(vinul etc.)* F to doctor. **5.** *(a pune la cale)* to arrange; *(a urzi)* to plot, to hatch. **6.** *(a alina)* to soothe. ⓒ nu ştia ce să facă, ce să dreagă he was at a loss what to do, he didn't know how to manage things; ce face, ce ~ că pînă la urmă.... F he always manages to...; a-şi ~ glasul to clear one's throat, rar to hawk up the phlegm. **II.** *vb. refl.* **1.** *pas.* to be mended etc. v. ~ I. **2.** *(d. vreme)* to clear (up), to improve, to turn fair. **3.** *(a se îmbunătăţi)* to mend, to improve. **4.** *(a se îmbăta)* F to have had a cup too much, to have a brick in the hat.

dren *s.n.* **1.** *med.* drainage tube, drain. **2.** *hidr.* drain(pipe).

drena *vb. tr.* to drain.

drenaj *s.n.* drainage, draining.

drenare *s.f.* drainage, draining.

drepnea *s.f.* *ornit.* (black)swift *(Cypselus apus)*.

drept I. *adj.* **1.** *(ant. stîng)* right. **2.** *geom.* straight. **3.** *(just)* right; *(ca însuşire morală)* just, righteous; *(echitabil)* fair, equitable. **4.** *(direct, neocolit)* straight; *(direct, d. drumuri etc.)* direct. **5.** *(în picioare)* erect, upright. **6.** *(adevărat)* true, real. **7.** *gram.* direct. **8.** *(abrupt)* steep. **9.** *(legal)* lawful. **10.** *(cinstit)* honest, just, *rel.* righteous; *(corect)* correct; *(ant. fals)* straightforward. **11.** *(potrivit)* proper, suitable; *(cum trebuie să fie)* as it should be. ⓘ caracter ~ straightforward character; cauză dreaptă right(eous) cause; cerere dreaptă legitimate/welle-stablished claim; complement ~ gram. direct object; cu ~ cuvînt with good reason, justly; judecător ~ fair-minded/impartial judge; în luptă dreaptă in (a) fair/stand-up fight; linie dreaptă geom. straight line; pedeapsă dreaptă just/condign/well-deserved punishment; pe malul ~ al Dunării on the right bank of the Danube; pe mîna dreaptă on the right hand; unghi ~ geom

right angle. © *e* ~ ! that's right!
quite right! it is true! *e* ~ *că*... it
is true that... ; *e* ~ *să*... it's right
to..., it's lawful to... **II.** *adv.* **1.**
(direct, spaţial) straight ahead,
in a straight line. **2.** *(în mijloc etc)*.
right... **3.** *(exact)* right, exactly;
(just) justly. **4.** *(de fapt)* in (point
of) fact, as a matter of fact, indeed.
5. *(făţiş)* openly, without mincing
the matter, straight (from the
heart). **6.** *(dintr-o dată)* at one
pull, at a stretch. ⓟ *mergînd* ~
walking straight on/along. © *că*
~ *zici* right you are. **III.** *prep.* *(ca)*
as. ⓐ ~ *aceea* consequently, in
consequence (whereof); ~ *care*
whereupon. © ~ *ce mă iei*? what
do you take me for? **IV.** *s.n.* **1.**
right; *(privilegiu)* privilege; *(com-
petenţă)* competence. **2.** *jur.* law;
(jurisprudenţă) jurisprudence; *(fa-
cultate de* ~) Faculty of Law.
3. *(dreptate)* justice. **4.** *(permisi-
une)* permission. ⓐ ~ *civil* civil
law; ~ *comercial* commercial/mer-
cantile law; ~ *cutumiar* common
law; ~ *de viaţă şi moarte* power
over/of life and death; ~ *de vot*
right to vote; electoral franchise;
~ *penal* criminal law; ~*ul celui
mai tare* the right of might, the
club law; ~*ul de a munci* the
right to work; ~*ul internaţional*
international law; ~*ul la învăţă-
tură* the right to education; ~*ul
roman* Roman law;~*uri civice* civ-
ic rights; ~*uri de autor* author's
rights; royalties; ~*uri şi datorii*
rights and duties. ⓑ *cu ce* ~? by
what right? *dc-a* ~*ul* **a.** *(direct)*
directly, straight (away). **b.** *(pe
loc)* on the spot, forthwith, at
once. **c.** *(pur şi simplu)* simply,
downright; *de* ~ by right(s), accord-
ing to (the) law; *(în mod natu-
ral)* naturally; *(legitim)* legiti-
mately; *facultate de* ~ Faculty of
Law; *la* ~*(ul)* *vorbind* frankly
speaking; *(de fapt)* as a matter
of fact, in (point of) fact; *pe* ~
sau pe nedrept whether rightly
or wrongly; *profesor de* ~ teacher
of the law, professor of jurispru-
dence; *student în* ~ law student.

© *are* ~*ul la aceasta* he has a
right/title to it; *a avea* ~*ul de
a/să...* to have a right to..., to be
entitled to...; *a da cuiva* ~*ul
de a face ceva* to entitle smb. to
do smth; *a face/studia* ~*ul* to
study law, to read for the Bar; *a
o lua de-a* ~*ul (spre)* F to follow/
take/make a beeline (for); *a se
adresa celor în* ~ to apply to the
proper quarter; *a reintra în* ~*urile
sale* to come into one's own. **V.**
s.m. **1.** *(piciorul drept)* right leg
sau foot. **2.** *(om drept)* just man,
fair-thinking person; *pl. (drepţii)*
the just, the righteous. © *a călca
cu* ~*ul* to make a good beginning.
dreptar *s.n.* **1.** *(colţar)* jointing rule,
straight edge; *constr.* reglet. **2.**
fig. v. î n d r e p t a r.
dreptate *s.f.* justice; *(echitabilitate)*
fairness, equitableness, fair-minded-
ness; *(nepărtinire)* impartial-
ity. ⓟ *pe bună* ~ with good rea-
son. © *a avea* ~ to be right; *a
nu avea* ~ to be (in the) wrong; *a
da* ~*(cu dat.)* to render justice
to; *(a admite că)* to admit that...;
a face ~ *cuiva* to do smb. justice;
a-şi face singur ~ to take the law
into one's own hands; *a împărţi*
~ to administer justice.
dreptunghi *geom.* **I.** *adj.* rectangular,
oblong. **II.** *s.n.* rectangle, oblong.
dreptunghiular *adj. geom.* right-an-
gled, rectangular.
dres *s.n.* **1.** paint (for the face);
(roşu) rouge; *(mijloc de înfrumuse-
ţare)* cosmetic. **2.** *(pt. bucate)*
spice(ry); *pl.* ingredients. © *a-şi
da cu* ~*uri* to paint one's face,
F→to get/make oneself up.
dresa[1] **I.** *vb. tr.* **1.** *(animale)* to
train; *(cai)* to break in; *(cîini
de vînătoare)* to enter. **2.** *(persoane)
(să)* to drill (in), to coach (into).
II. *vb. tr. pas.* to be trained etc.
v. ~ **I.**
dresa[2] **I.** *vb. tr.* © *a* ~ *un proces-
verbal* **a.** to draw up a report, to
draw up a statement of the case.
b. to record/take the minutes. **II.**
vb. refl. pas. to be drawn etc. v. ~**I.**
dresaj *s.n.* training etc. v. d r e s a[1].

dresat *adj.* trained etc. **v. d r e s a¹.**

dresor *s.m.* trainer (of animals); *(de cai)* horse breaker, rough rider.

drezină *s.f. ferov.* rail car.

driadă *s.f. mit.* dryad.

dribla *vb. intr. și tr. sport* to dribble.

dric *s.n.* 1. *(al unui car țărănesc)* fore frame of a carriage. 2. *(car mortuar)* hearse, funeral carriage. 3. *mil.* gun carriage. 4. *(toi)* thick; depth; *(mijloc)* middle.

dricar *s.m.* undertaker, funeral furnisher, *amer.* mortician.

dril *s.n. text.* tick(ing); denim; *(damasc aspru)* huckaback.

drișcă *s.f. constr.* mason's float.

drișcui *vb. tr. constr.* to float.

drîmbă *s.f. muz.* Jew's harp.

droaie *s.f.* 1. great/large number, multitude; *(mulțime)* crowd, host, swarm; *(grămadă)* heap. 2. *peior.* a fine/pretty lot.

drob¹ *s.m.* 1. *(bloc)* block, shiver. 2. *bot.* dyer's broom *(Genista tinctoria)*. ⓐ ~ *de sare* salt block.

drob² *s.n.* 1. *(de miel)* kell, caul, omentum of a lamb. 2. *(cutia teascului de vin)* wine-press bucket.

drobișor *s.n.* 1. **v. d r o b i ț ă.** 2. **v. d r o b u ș o r.**

drobiță *s.f.* 1. *bot.* dyer's broom *(Genista tinctoria)*. 2. *bot.* dyer's weed, weld *(Reseda luteola)*.

drobușor *s.n. bot.* 1. **v. d r o b i ț ă.** 2. dyer's woad *(Isatis tinctoria)*.

drog *s.n. farm.* drug.

droga I. *vb. tr.* to drug, to physic, to doctor. II. *vb. refl.* to physic/doctor oneself.

drogherie *s.f.* druggist's.

droghist *s.m.* druggist.

drojdie *s.f.* 1. *mai ales chim.* sediment, feculence; *(de bere)* (beer) yeast; *(de cafea)* grounds; *(sediment)* dregs, lees; *(alcoolică)* yeast, barm; *(de trestie de zahăr)* dunder. 2. *fig. (a societății)* scum, dregs. 3. *(băutură)* sort of alcoholic drink made of wine yeast. ⓒ *a fi pe ~* F to be in low water, to be hard up, to be broke.

dromader *s.m. zool.* dromedary *(Camelus dromedarius)*.

dropică *s.f. med.* dropsy, hydropsy. ⓑ *bolnav de ~* dropsical.

dropie *s.f. ornit.* bustard *(Otis tarda)*.

drot *s.n.* ←*reg.* 1. curling tongs. 2. *(arc)* spring.

drug *s.m.* bar. ⓐ ~ *de aur* bar/ingot of gold; ~ *de fier* iron bar; ~ *de teasc* beam of a wine press. ⓑ *a se ține ~ de...* to stick like a bur(r) to...

druid *s.m.* druid.

druidic *adj.* druidic. ⓑ *monument* ~ cromlech, cairn, dolmen.

drum *s.n.* 1. *(in sens concret)* road; *(stradă)* street; *(șosea)* highway; *(arteră)* thoroughfare. 2. *(in sens abstract)* way, course, path, track, *uneori* road. 3. *(rută)* route; *(mai scurtă)* (short) cut; *(trecere)* passage. 4. *(carieră)* career. 5. *astr. (al stelelor)* course; *(al planetelor)* orbit; *(al unei comete)* track, path. 6. *(al unui proiectil)* path; *(al unui glonte)* trajectory. 7. *(curs)* course. 8. *(călătorie)* journey; *(pe mare)* voyage. ⓐ ~ *bun!* I wish you a good/safe journey! ~ *bun, cale bătută!* good riddance! ~ *de fier* railway (line), line, *amer.* railroad; ~ *deschis* clear path, open road; ~ *de țară/care* country road, country/cart track; ~ *glorios* honourable/glorious career; ~ *neted* level track, smooth road/way; ~*subteran* subterraneous/private passage; ~*ul cel mai apropiat/scurt* the nearest way, the shortest cut; ~*ul mare* the (common) highway, the main road; ~*ul robilor astr.* the Milky way. ⓑ *băiat de făcut* ~*uri* errand boy; *hoț de* ~*ul mare* highwayman; *în* ~ on the way/road, *mil.* on the march; *în* ~ *spre...* on one's way to...; *în* ~ *spre casă* on the way home; *la o parte din* ~! stand out of the way! clear the way! *lîngă /la margine de* ~, *la marginea* ~*ului* by the roadside; *la mijloc de* ~ halfway, midway; *o oră de* ~ an hour's walk *sau* drive *sau* ride *sau* journey; *peste* ~ over the way, opposite; *și p-aci ți-e* ~*ul!* F the devil take the hindmost! *tot* ~*ul* all (allong) the way; *veșnic pe* ~ always on the move. ⓒ

a arăta cuiva ~ul to show smb. the way; *a avea același ~ (cu cineva)* to go the same way (as a(nother) person, to follow the same route as a(nother) person; *a-și-croi ~* **a.** to force one's way through. **b.** *fig.* to make one's way in life; *a curăța ~ul (de zăpadă)* to sweep the snow (away); *a da ~ul la (sau cu dat.)* **a.** *(a pune în mișcare)* to set... going, to set... in motion. **b.** *(a elibera)* to set... free/at liberty, to release; *a deschide ~ (cu dat.)* *fig.* to smooth the way for..., to facilitate..., < to pave the way for...; *a deschide un ~* **a.** to open a new path/track, to strike out a new path/track. **b.** *fig.* to take a new departure; *a face ~ (cu dat.)* to make way/room for; *a-și face ~* to make/push/work one's way, to make headway; *a-și face ~ în lume* to make one's way (in the world); to carve out a career for oneself; *a-și face ~ prin mulțime* to force/edge/elbow/push/squeeze one's way through the crowd; *a face ~uri (d. curieri)* to run errands; *a lua ~ul cel mai scurt* to take the shortest cut (possible), F to make a bee line for a place; *a rătăci ~ul* to lose one's way, to go astray; *a lăsa ceva să-și urmeze ~ul* to let smth. take its course; *e o bucată bună de ~ fig.* it's a good distance/step; *a da cuiva ceva de ~* to give smb. smth. to take with him on his journey; *a-și vedea/căuta de ~* to go one's way; *a rămîne/se opri la jumătate de ~ și fig.* to stop half-way; *a se da la o parte din ~ul cuiva* to get out of smb.'s way; *a sta în ~ul cuiva* to be in smb.'s way/light; *a porni la ~* to set out (on one's way); *a aduce pe cineva la/pe ~ul (cel) bun* **a.** to put smb. on the right path. **b.** *fig.* to lead a person in(to) the right way; *a merge pe același ~ fig.* to continue in/pursue the old groove; *a o lua pe un ~ greșit* to miss the road, to take a wrong route/turn; *și fig.* to go astray; *a fi pe ~ul bun* to be on the right path; *a lăsa*

pe cineva pe ~uri to reduce smb. to beggary/destitution; *~urile noastre se despart* **a.** we go in different directions. **b.** *fig.* our paths diverge, we part company.

drumeag *s.n.* narrow road/track.

drumeț *s.m. (călător)* traveller; *(trecător)* passer-by.

drumui *vb. tr. topogr.* to traverse.

drumuleț *s.n. (cărare)* path v. și d r u m e a g.

drupă *s.f. bot.* drupe, stonefruit.

dual *s.n. gram.* dual (number).

dualism *s.n. filoz.* dualism.

dualistic *filoz.* **I.** *adj.* dualistic. **II.** *s.m.* dualist.

dualitate *s.f.* duality.

dubă *s.f.* **1.** (police) van, F→black Maria. **2.** (delivery) van; furniture van.

dubi←*reg.* **I.** *vb. tr.* to tan, to dress hides, to curry. **II.** *vb. refl. pas.* to be tanned etc. v. ~ I.

dubios **I.** *adj.* doubtful, dubious; *(problematic)* questionable; problematic(al); *(nesigur)* uncertain; *(suspect)* suspicious. **II.** *adv.* doubtfully etc. v. ~I.

dubitativ *adj. gram.* dubitative.

dubiu *s.n.* doubt; *(nesiguranță)* uncertainty; *(ezitare)* hesitation, wavering. Ⓒ *nu e nici un ~* there is no doubt about it.

dubla **I.** *vb. tr.* to double; *(zelul)* to redouble; *(pasul)* to quicken; *(un rol)* to understudy; *(un film)* to dub. **II.** *vb. refl.* to double.

dublaj *s.n. cinema* dubbing.

dublă *s.f. Wallachian dry measure, aprox.* bushel (20 l).

dublare *s.f.* doubling etc. v. d u b l a.

dublé *s.n.* doublet.

dublet *s.n.* **1.** duplicate, double (specimen). **2.** *lingv., fiz.* doublet.

dublu **I.** *adj.* double, twofold. ⓐ *~ cicero poligr.* two-line pica; *~ decalitru dry measure* (20 l); *~ decimetru linear measure* (20 cm); *~ fund nav.* false/double bottom. ⓑ *contabilitate dublă* bookkeeping by double entry; *cu fund ~* double-bottomed; *cuvînt cu sens ~* ambiguous word. Ⓒ *a duce o viață dublă* to lead a double life; *a plăti prețul* ~ to pay double the price (money). **II.** *adv.* doubly, twice. © *a vedea* ~ to see double.

dublură *s.f.* *teatru* understudy, double; *cinema* stand-in.

ducal *adj.* ducal.

ducat[1] *s.n.* *(teritoriu)* duchy; *(demnitate)* dukedom. ① *mare* ~ grand duchy/dukedom.

ducat[2] *s.m.* *(monedă) odin.* ducat.

ducă *s.f.* *(plecare)* departure, leaving; *(mers)* going; *(călătorie)* travelling. © *a fi pe (picior de)* ~ **a.** to be ready to start, to be on the point of leaving/departure. **b.** *fig.* to run out; to be on the decline, to draw to an end; *(gata să dea faliment)* to be on one's last legs; *(pe moarte)* to have one's foot in the grave.

ducă-se pe pustii *s.m.*←P **1.** *(epilepsie)* falling sickness. **2.** *(dracul)* the Evil one, F Old Nick/Harry.

duce[1] *s.m.* duke. ① *mare* ~ grand duke.

duce[2] I. *vb. tr.* **1.** *(a conduce)* to lead; *(spre o țintă)* to guide; *(a mîna)* to drive. **2.** *(a purta)* to bear; *(a căra, a avea la sine)* to carry; *(a transporta)* to convey; *(ceva ușor)* to take (along); *(pe cineva, într-un loc)* to take. **3.** *(a suporta)* to bear; *(a rezista)* to resist, to support. **4.** *(o politică etc.)* to carry on; *(o viață)* to lead, to live. **5.** *fig.* *(a înșela)* F to take in; *(cu zahărelul)* F to fool, to make a fool of. ⑨ *a o* ~ to live, to get on/along; *a o* ~ *la ger etc.* to resist frost etc. © *a* ~ *casa* to keep house; *a* ~ *contabilitatea* to do the bookkeeping; *a* ~ *o conversație cu cineva* to carry on a conversation with smb.; *a* ~ *corespondență cu cineva* to carry on a correspondence with smb.; *l-am dus acasă (l-am condus)* I saw/escorted him home; *ne-ar* ~ *prea departe dacă...* it would lead us too far if...; *a o* ~ *bine* to be prosperous, to get on well, F < to roll in wealth, to live/be in clover; *a o* ~ *într-un chef* F to paint the town red; *a o* ~ *rău/ prost/ca vai de lume* F to be badly

off, to be hard up; *cum o duci?* F how are you getting on/along? how's yourself? *a dus-o așa doi ani* he went on like that for two years; *a* ~ *paharul la gură* to raise the glass to one's lips; *a* ~ *o viață retrasă* to lead a retired life; *a* ~ *cu zahărelul/cobza/preșul* F/*vorba* F to hoodwink, to snow, to fool *smb.*; *a* ~ *de mînă* to lead/take by the hand; *a* ~ *de nas* to lead by the nose; *a* ~ *greșit* to misdirect, to misguide, to lead astray; *coșul acesta e incomod de dus* this basket is uncomfortable to carry. **II.** *vb. refl.* **1.** *(a merge)* to go; *(a pleca)* to leave; *(a se răspîndi)* to spread. **2.** *(a se trece)* to pass away; *(a muri)* to die. **3.** *(a eșua)* to fail. ⑨ *du-te vino* comings and goings; *(freamăt)* bustle, fuss. © *nu știu pe ce s-au dus banii* I don't know what I did with the money, I wonder on what I have spent the money; *mă duc să-l caut* I'll go to find him; *a se* ~ *acasă* to go home; *a se* ~ *de rîpă* to go to the dogs, to go west; *a se* ~ *după apă* to fetch water; *a se* ~ *după tîrguieli* to go shopping; *s-a dus!* it's gone! *a se* ~ *pe copcă* to be entirely lost; *aprox.* you may whistle for it; *du-te naibii! du-te și te plimbă!* get yourself lost! why don't you get yourself lost? **III.** *vb. intr.* *(a rezista)* to resist. ⑨ *a* ~ *la...* to lead to... © *asta nu* ~ *la nimic* that leads to nothing, it leads nowhere; *unde* ~ *asta?* what will be the result of it? *(ce sens are?)* what is the use of it?

ducere *s.f.* **1.** going etc. v. **d u c e.** **2.** *(plecare)* departure, leaving. ① *la* ~ on leaving.

ducesă *s.f.* duchess. ① *mare* ~ grand duchess.

ductil *adj.* ductile.

ductilitate *s.f.* ductility.

dud *s.m. bot.* mulberry (tree) *(Morus alba).*

dudă *s.f. bot.* mulberry.

dudău *s.m.* **1.** v. **c u c u t ă. 2.** *(buruieni)* weeds.

duducă *s.f.* **1.** v. **d o m n i ș o a r ă. 2.** *(stăpînă)* mistress.

dudui *vb. intr.* to roar; *(d. foc, sobă)* to roar; *(d. maşini)* to drone, to whirr; *(a se cutremura)* to quake.

duduie *s.f.* young lady; *(neurmat de nume)* madam.

duduit *s.n.* roaring etc. v. **dudu i.**

duel *s.n.* single combat, duel. © *a provoca la* ~ to challenge to a duel.

duela I. *vb. refl.* to fight a duel. **II.** *vb. intr.* to wield, to fence; *(cu)* to fight a duel (with). © *a* ~ *cu cuvintele* to fence, to be a good fencer in conversation.

duelist *s.m.* duellist, combatant.

duet *s.n. muz.* duet.

dughie *s.f. bot.* Italian millet *(Setaria italica)*.

duh *s.n.* **1.** *(suflet)* soul; *(spirit)* ghost, spirit. **2.** *(nălucă)* ghost; *(geniu)* genius. **3.** *(inteligenţă)* wit. **4.** ←*înv.* *(răsuflare)* breath. ⓐ ~ *bun* kind genius; ~ *rău* evil spirit. ⓑ *cei săraci cu* ~*ul* rel. the poor in spirit; *cu* ~*ul blîndeţii* good-humouredly, gently, gingerly, with kindness, under easy sail; *într-un* ~ all in one breath; breathlessly; *om de* ~ a witty man; *vorbă de* ~ witticism, witty phrase. © *a-şi da* ~*ul* to give up the ghost, to breathe one's last.

duhni *vb. intr.* **1.** *(a puţi)* to reek, to stink. **2.** *(d. vînt)* *(a bate)* to blow. © *duhneşte a vin* he reeks of wine.

duhoare *s.f.* stink, stench, foul smell.

duhovnic *s.m.* father confessor.

duhovnicesc *adj.* *(păstoresc)* pastoral; *(clerical)* clerical.

duios I. *adj.* **1.** *(plin de iubire)* loving, endearing, fond, affectionate; *(blînd)* soft; *(gingaş)* tender. **2.** *(jalnic)* woeful, sorrowful, doleful; *(trist)* sad. **II.** *adv.* lovingly etc. v. ~ **I.**

duioşie *s.f.* **1.** *(gingăşie)* gentleness; *(afecţiune)* affection; *(iubire)* love, fondness. **2.** *(melancolie)* melancholy; *(tristeţe)* sadness.

duium *s.n.* *(mulţime)* great/large number, host. © *cu* ~*ul* F în heaps/clusters; in crowds/multitudes; *(d. animale)* in flocks/herds.

dulamă *s.f.* (furred) cloth mantle.

dulap *s.n.* **1.** cupboard, press, case; *(pt. porţelanuri)* china cupboard; *(pt. tacîmuri)* sideboard; *(pt. haine)* wardrobe, clothes press, cupboard for clothes; *(pt. obiecte de artă)* cabinet; *(pt. relicve)* shrine. **2.** swingboat; *(scrînciob)* swing. **3.** *(scîndură)* plank, board.

dulăpior *s.n.* locker, cubicle; *(noptieră)* bedside/night table, night commode.

dulău *s.m. zool.* shepherd's/shepherd dog *(Canis pecuarius)*.

dulce I. *adj.* **1.** *(ant. acru, amar)* şi *fig.* sweet; *(ca zahărul)* şi *fig.* sugared, honeyed. **2.** *(fermecător)* charming, winning; *(drăguţ)* sweet, lovely. **3.** *(scump, drag)* dear, lovable. **4.** *(măgulitor)* flattering. ⓐ ~ *ca mierea* honey-sweet. ⓑ *apă* ~fresh water; *cuvinte dulci* wheedling words, F butter; *iarbă* ~ *bot.* glyceria *(Glyceria)*; *lemn* ~ *bot.* liquorice *(Glycyrrhiza glabra)*; *migdale dulci* sweet almonds; *odihnă* ~ sweet repose; *pantă* ~ gentle slope; *versuri dulci* love poem. © *a face ochi dulci cuiva* F to make (sheep's) eyes at smb., ←F to ogle smb. amorously. **II.** *adv.* amorously, lovingly. **III.** *s.n.* **1.** *(desert)* dessert, sweets, last course. **2.** *pl.* sweets. **3.** *(zile de frupt)* meat days. ⓑ *de* ~ meat... © *a minca de* ~ to eat meat (especially on a fasting day); *o să-i zic ceva de* ~ F I'll tell him where to get off, I'll give him a piece of my mind.

dulceag *adj.* **1.** sweetish, mellifluous, mellow; *fig.* mawkish, soppy. **2.** *(care scîrbeşte)* nauseous; *(d. linguşiri)* fulsome. **3.** *(fad)* insipid, flavourless; tepid, lukewarm.

dulceaţă *s.f.* **1.** *(ca însuşire)* sweetness; *(a climei etc.)* mildness; *(a sunetului)* softness; *(blîndeţe)* meekness (of disposition); *(plăcere)* pleasure. **2.** *pl.* *(bunătăţi)* sweets, sweet things, dainties; *(voluptate)* voluptuousness. **3.** *(conservă)* jam, marmalade. ⓐ ~ *de zmeură* raspberry jam.

dulcegărie *s.f.* mawkishness, sentimentality, cheap display of emotion.

dulcişor I. *adj.* sweetish. **II.** *s.m. bot.* cockshead *(Hedysarum obscurum)*.

dulgher *s.m.* joiner; carpenter.

dulgherie *s.f.* **1.** *(meserie)* joiner's trade, joinery. **2.** *(atelier)* joiner's shop.

dulie *s.f.* **1.** *electr.* lamp holder/socket. **2.** *mil.* cartridge case.

duluţă *adv.* ⓒ *a se duce* ~ F to make off, to clear out.

dumă *s.f. ist.* duma.

dumbeţ *s.m. bot.* germander *(Teucrium chamaedrys)*.

dumbravă *s.f.* **1.** *(pădure de stejari)* old oak forest. **2.** *(pădurice)* grove, coppice, copse.

dumbravnic *s.m. bot.* **1.** honey balm *(Melittis melissophyllum)*. **2.** hemp agrimony *(Eupatorium cannabium)*.

dumbrăveancă *s.f. ornit.* roller *(Coracias garrula)*.

dum-dum *s.n.* ⓐ *glonţ* ~ dumdum bullet.

dumeri *vb.* v. d u m i r i.

dumica I. *vb. tr.* **1.** *(pîine)* to crumb; *(a fărîmiţa)* to crumble (to pieces); *(a dezmembra)* to dismember; *(cu cuţitul)* to chop up, to cut into (little) pieces/bits/morsels; *(fin)* to mince. **2.** *(a împărţi)* to divide (up); *(a nimici)* to destroy, to ruin. **II.** *vb. refl.* to crumble away/to pieces.

dumicat *s.m.* mouthful; *(gustos)* tit-bit, (dainty) morsel.

duminical *adj.* Sunday... ⓑ *repaos* ~ Sabbath (rest).

duminică *s.f.* Sunday, *rel.* the Lord's Day, Sabbath. ⓐ *duminica* on Sunday; *Duminica Floriilor* Palm Sunday; *Duminica mare* Whit Sunday; *duminicile şi sărbătorile* on Sundays and holidays. ⓑ *haine de* ~ Sunday clothes. ⓒ *a se îmbrăca de* ~ to put on one's Sunday clothes/F best; *e duminica lui liberă* it is his Sunday off/out.

dumiri I. *vb. tr.* to clear up, to enlighten; *(a convinge)* to convince. **II.** *vb. refl. (a înţelege)* to understand, to see; *(a deveni clar)* to become clear (to *smb.*).

dumitale I. *pron. dat.* (to) you v. d u m n e a t a. **II.** *adj. pos.* your. ⓑ *al* ~ *pron. pos.* yours.

dumneaei I. *pron.* **1.** *nom.* she. **2.** *dat.* (to) her. ⓑ *pe* ~ her. **II.** *adj. pos.* her. ⓑ *al* ~ *pron. pos.* hers.

dumnealor I. *pron.* **1.** *nom.* they. **2.** *dat.* (to) them. ⓑ *pe* ~ them. **II.** *adj. pos.* their. ⓑ *al* ~ *pron. pos.* theirs.

dumnealui I. *pron.* **1.** *nom.* he. **2.** *dat.* (to) him. ⓑ *pe* ~ him. **II.** *adj. pos.* his. ⓑ *al* ~ *pron. pos.* his.

dumneata *pron. nom.* you, yourself. ⓑ *pe* ~ you.

dumneavoastră I. *pron.* **1.** *nom.* you. **2.** *dat.* (to) you. ⓑ *pe* ~ you. **II.** *adj. pos.* your. ⓑ *al* ~ *pron. pos.* yours.

dumnezeiesc *adj.* divine, godlike; *(splendid)* heavenly, wonderful.

dumnezeieşte *adv. şi fig.* divinely.

dumnezeire *s.f.* divinity; godhead.

Dumnezeu *s.m.* **1.** God; the Supreme Being, the Holy One. **2.** *(idol) şi fig.* god, idol. ⓐ ~*le!* good/great Heavens! good Lord! dear me! Holy smoke! *amer.* son of a gun! ⓑ *biciul lui* ~ the scourge of God; *omul lui* ~ pious soul/man, God-fearing man; *păcat de* ~ ! it is a great pity! it is a thousand pities! *pentru* ~ ! for goodness'/mercy's sake! *(solemn)* for God's/Heaven's sake! *pentru numele lui* ~ ! in God's holy name! *pîinea lui* ~ (man) with a heart of gold. ⓒ *n-are nici un* ~ it has neither rhyme nor reason; *să dea* ~ ! would to God it were so! may it please God to grant it! *ferească* ~ ! God/Heaven forbid! *mulţumesc lui* ~ thank God/goodness; ~ *ştie!* Goodness knows! *(solemn)* God/Heaven knows! *dacă vrea/dă* ~ (if it) please God.

dumping *s.n. ec. cap.* dumping.

dună *s.f.* dune, sand hill.

Dunăre *s.f.* the Danube. ⓒ *a fi* ~ *turbată/de minie* to boil/bubble over with rage.

dunărean *adj.* Danubian. ⓑ *cîmpia* ~*ă* Danubian plain/lowland.

dunetă *s.f. nav.* poop (deck).

dungat *adj.* striped.

dungă *s.f.* **1.** *(linie)* (narrow) stripe, streak; *(cută)* fold; *(pe frunte etc.)* wrinkle. **2.** *(brazdă)* furrow. **3.** *(tăiş bont)* blunt edge; *(de cuţit etc.)* back (of a knife etc.); *(margine)* edge; border. ⓐ ~ *a pantalonului* the crease of the trousers. ⓑ *în dungi* striped. ⓒ *a fi într-o* ~ F to have bats in the belfry.

dungăţea *s.f. bot.* winged pea *(Tetragonolobus).*

duo *s.n. muz.* duo.

duodecimal *adj.* duodecimal.

duodecimă *s.f. muz.* twelfth, duodecimo.

duoden *s.n. anat.* duodenum.

duodenal *adj. anat.* duodenal.

după *prep.* **1.** *(temporal)* after, *rar→* subsequent to. **2.** *(în spatele)* behind. **3.** *(pentru)* for. **4.** *(conform cu)* according to, in accordance/ conformity with, agreeably to. **5.** *(în jurul)* (a)round, about. **6.** *(de pe)←reg.* from, off. ⓐ ~ *aceasta* after this; ~ *aceea* after that, afterwards; *(apoi)* then, subsequently; *(mai tîrziu)* later on; ~ *alfabet* alphabetically; ~ *aparenţe* from appearances/the outside; ~ *ce...* after..., when...; ~ *greutate* by the weight; ~ *împrejurări* according to circumstances; ~ *mine* as I take it, to my mind, to my way of thinking, in my opinion; ~ *mine!* after/follow me! ~ *o oră* after an hour, in an hour's time; ~ *părerea mea* in my opinion; ~ *pofta inimii* (according) to one's heart's desire; ~ *relatarea lor* according to/from their account; ~ *scurgerea timpului fixat* at the expiration of the appointed time; ~ *terminarea lucrului* after/when the work was/is done; ~ *ultima modă* according to the latest fashion; ~ *uşă* behind the door; ~ *zece minute* ten minutes later. ⓑ *curînd* ~ *aceea* soon after (that); *de* ~*...* (from) behind...; *unul* ~ *altul* one after the other; successively. ⓒ ~ *ce a scris* after writing; ~ *ce scrisese* after having written; ~ *cîte ştiu* for all I know, as far as I know, to the best of my knowledge; *dacă te-ai lua* ~ *el* if one may believe/

trust him; *a cînta* ~ *note muz.* to play from notes; *îl cunosc numai* ~ *nume* I know him only by name; *verbul stă* ~ *pronume* the verb stands after/follows the pronoun; *a judeca* ~*...* to judge by...

duplicat *s.n.* duplicate, identical copy.

duplicitate *s.f.* duplicity, double dealing.

dur *adj.* **1.** *(ant. moale) şi fig.* hard. **2.** *(aspru)* callous; harsh; *(sever)* rigid, stern; strict; *(nemilos)* unfeeling, pitiless; *(dificil)* hard, difficult; *(obositor)* arduous, troublesome, laborious; *(apăsător)* oppressive.

dura[1] *interj.* ⓑ *de-a* ~ head over heels. ⓒ *a se da de-a* ~ to roll head over heels, to turn somersaults.

dura[2] *vb. tr. (a clădi)* to build, to construct; *(a face)* to make; *(a alcătui)* to build up; *(a întreprinde)* to start; *(focul)* to kindle, to light.

dura[3] *vb. intr.* to last.

durabil *adj.* durable, lasting, *(d. culori)* fast.

durabilitate *s.f.* durability, durableness, lastingness, persistence; *(soliditate)* solidity.

duraluminiu *s.n. metal.* duralumin.

duramen *s.n. bot.* duramen.

durată *s.f.* duration, length of time. ⓑ *de* ~ of long standing, lasting many years; *pentru o* ~ *de 10 ani* for a term of 10 years.

durativ *adj. gram.* durative.

dură *s.f. tehn.* pulley.

durduca *vb. refl.* to roll (head over heels).

durduliu *adj.* plump.

durea *vb. tr.* to pain, to give/cause pain to, to make suffer; *(sufleteşte)* to smart, to distress, to afflict, to grieve; *(numai trupeşte)* to ache, to hurt; *(a regreta)* to regret; to feel sorry. ⓒ *a atinge pe cineva unde-l doare* to hit smb. where it hurts; *mă doare buba* the boil/blister hurts (me); *mă doare burta* I have a pain in my belly/F in the Netherlands; *mă doare capul* my head aches; *(de băutură)* F→I have a head; *mă doare că trebuie să spun asta* it pains/grieves me to have to say so, I feel sorry to have to say so; *mă dor dinţii* I've got the toothache, I have a toothache; *mă doare gîtul* I have a sore throat; *mă doare gura (de)* I've grown hoarse (for/with repeating it etc.); *mă doare inima fig.* I feel sick/sore at heart; *poetic* woe is me; *mă dor ochii* my eyes are sore, I have sore eyes; *mă dor picioarele* my feet are sore, my legs won't carry me (any more); *mă doare rana* my wound gives me pain; *mă doare să văd că...* it pains/sickens me to see that... *mă dor toate mădularele* all my limbs ache, I feel pain/ache in every limb; *unde/ce te doare?* where do you feel pain? *te doare?* does it hurt? ⓘ *fiecare ştie unde îl doare gheata* everybody knows best where his own shoe pinches.

durere *s.f.* **1.** *(numai fizică)* ache, pain, smart (ing pain). **2.** *(suferinţă)* suffering; *(sufletească)* sorrow, grief, woe; *(chin)* torture. ⓐ ~ *de dinţi/măsele* toothache; *dureri după facere* after-pains; *durerile facerii* throes/pains of childbirth. ⓘ *cu* ~ **a.** *(trist)* sadly. **b.** *(cu părere de rău)* with regret; *operaţie fără* ~ painless operation; *senzaţie de* ~ feeling of pain; *strigăt de* ~ cry of pain/distress, piteous/pitiful sound. ⓒ *a simţi dureri în tot corpul* to ache all over; *a muri de* ~ to die of grief; *a striga de* ~ to cry out with pain.

dureros *adj.* *(fiziceşte)* painful; *(sufleteşte)* afflicting, distressing grievous; *(trist)* sad. ⓘ *loc* ~ *(pe corp)* sore place, tender/sensitive/raw spot.

duritate *s.f.* *(a unei substanţe)* hardness; *(a caracterului)* harshness, callousness, sternness, asperity, inflexibility.

dus I. *adj.* led. etc. v. **d u c e.** ⓐ ~ *de acasă* out, away from home, abroad; ~ *de mină* led by the hand; ~ *de nas fig.* fooled; ~ *de pe lume* dead; ~ *pe gînduri* lost/engrossed/absorbed/buried in thought, F in

a brown study. ⓘ *cu ochii duşi* staring. **II.** *adv.* ⓒ *a dormi* ~ to be fast asleep; to sleep like a top. **III.** *s.m. dusul* the absent; he who is gone. **IV.** *s.n.* going, departure.

duş *s.n.* **1.** shower. **2.** shower bath. **3.** *fig.* cold douche/water. ⓒ *a face/lua un* ~ to take a shower bath.

duşcă *s.f.* draught, gulp; *(mai mică)* sip, toothful, thimbleful. ⓘ *într-o* ~ at one gulp. ⓒ *trase o* ~ *din sticlă* he took a draught./F pull at the bottle; *a bea de* ~, *a-i da duşca*, *a da de-a duşca* to drink off at one draught/gulp, *sl.* to kiss the baby.

duşman *s.m.* enemy, foe; *(adversar)* adversary, opponent. ⓐ ~ *de clasă* class enemy; ~ *de moarte* deadly enemy/foe; ~ *înverşunat* professed/inveterate enemy, bitter(est) enemy. ⓒ *a ataca pe* ~ to attack the enemy; *a-şi face un* ~ *din...* to make an enemy of...; *a urmări pe* ~ to pursue the enemy.

duşman(c)ă *s.f.* enemy.

duşmănesc *adj.* hostile, inimical.

duşmăneşte *adv.* hostilely, in a hostile manner.

duşmăni I. *vb. tr.* to show enmity/ill-will to. **II.** *vb. refl.* to be at a feud with one another; to carry on a feud with one another.

duşmănie *s.f.* enmity, < animosity, hostility; *(ranchiună)* rancour; grudge, ill-feeling. ⓒ *a trăi în* ~ *cu cineva* to be at daggers drawn/enmity with smb.

duşmănos I. *adj. (faţă de/cu)* inimical (to), hostile (to), > opposed (to), unfriendly (to). **II.** *adv.* hostilely, in a hostile manner; with enmity.

duşumea *s.f.* floor; *(de scînduri)* boarded floor(ing).

duumvir *s.m.* ist. *Romei* duumvir.

duumvirat *s.n.* ist. *Romei* duumvirate.

duză *s.f.* tehn. nozzle, b ean.

duzină *s.f.* dozen. ⓐ *o* ~ *de pahare* a dozen *(rar→of)* glasses. ⓘ *un om de* ~ a very ordinary man, an everyday kind of man; *un poet de* ~ a poetaster, a sorry rhymester.

E

e¹ *s.m.* E, e, the sixth letter of the Romanian alphabet.

e² *interj.* come! now!

ea *pron.* she.

eben *s.m.* v. **a b a n o s.**

ebonită *s.f.* ebonite.

eboşa *vb. tr. metal.* to roll.

eboşă *s.f. metal.* blank, rough.

ebraic *adj.* Hebrew. ⓑ *limba ~ă* the Hebrew language, Hebrew.

ebrietate *s.f.* ebriety, drunkenness, intoxication. ⓒ *în stare de ~* intoxicated, the worse for drink.

ebuliometru *s.n.* ebulliometer.

ebuliţie *s.f. chim.* ebullition.

ecarisaj *s.n.* 1. flaying house, flayer's pit, knacker's yard. 2. *(serviciu de ~)* knacker's trade; hunting and flaying of stray dogs.

ecarisare *s.f. tehn.* log squaring.

ecartament *s.n.* gauge. ⓐ *~ de cale ferată* rail gauge; *~ îngust* narrow gauge.

ecarte(u) *s.n.* (game of) écarté.

eche *s.f. nav.* tiller, tillow.

echer *s.n.* (set) square. ⓐ *~ de trasare* tracing square; *~ mobil* bevel (rule).

echidistant *adj.* equidistant.

echidistanţă *s.f.* equidistance.

echilateral *adj. geom.* equilateral. ⓑ *triunghi ~* equilateral triangle.

echilibra I. *vb. tr.* 1. *(a cumpăni)* to equilibrate, to (equi) poise, to balance; *(bugetul)* to balance. 2. *fig.* to counterbalance, to countervail. ⓐ *a ~ cheltuielile şi veniturile* to make up the balance between the takings and the expenses. II. *vb. refl.* to balance; to come into equilibrium; *pas.* to be equilibrated etc. v. ~ I.

echilibrat *adj.* 1. in equilibrium; balanced 2. *fig.* (well-) balanced, sane; even-tempered.

echilibrist *s.m.* acrobat, equilibrist, rope walker.

echilibristică *s.f.* rope walking.

echilibru *s.n.* 1. equilibrium, (equi-) poise; *(stabilitate)* stability. 2. *fig.* poise, equilibrium, balance. 3. *pol.* balance of power, relative strength of (great) states. ⓐ *~ de forţe* equilibrium of forces; *fig.* balance of power; *~ nestabil* unsteady/mobile equilibrium; *~ stabil* stable equilibrium; *~ sufletesc* mental equilibrium. ⓒ *a-şi păstra ~l şi fig.* to keep one's balance; *a-şi pierde ~l* **a.** to lose one's equilibrium/perpendicular/balance. **b.** *fig.* to lose one's balance; *a restabili ~l* to restore the equilibrium/balance; *a stabili ~l între...* to make up the balance between...; *a pune în ~* to place in equilibrium, to poise; *a sta în ~* to remain in equilibrium, to maintain one's equilibrium.

echimoză *s.f. med.* ecchymosis.

echinocţiu *s.n. astr.* equinox. ⓐ *~ de primăvară* vernal equinox; *~ de toamnă* autumnal equinox.

echinoderm *s.n. zool.* echinoderm.

echinoxial *adj.* equinoctial.

echipa I. *vb. tr.* 1. *nav., mil.* to fit out, to equip. 2. *(a găti)* to trim/dress up. ⓒ *a ~ o corabie* to fit out a ship; *a ~ un soldat* to equip a soldier. II. *vb. refl.* 1. to equip oneself. 2. *(a se găti)* to fit/F rig oneself out, to dress up.

echipaj *s.n.* 1. *nav.* officers and crew, ship's company/crew, all hands; *av.* (air) crew. 2. *(lucruri necesare unei operaţiuni etc.)* equipage, equipment. ⓑ *şef de ~* boatswain.

echipament *s.n.* 1. equipment, outfit; *(maşini)* machinery. 2. *mil.* (military) equipment, soldier's clothing. **3.** *sport* outfit. ⓐ ~ *de pro-tecție* protective clothing/outfit.

echipare *s.f.* equipping, fitting out etc. v. **e c h i p a**.

echipă *s.f.* **1.** *sport* team. **2.** *(grup)* team, group; set, gang, squad; *(schimb)* shift. ⓐ ~ *de fotbal* foot-ball/soccer team, eleven; ~ *de rugby* rugby team, fifteen. ⓑ *șef de* ~ foreman. ⓒ *oamenii lucrează în echipe care se schimbă la 8 ore* the men are working in three eighthour shifts.

echipier *s.m.* **1.** one of the set of workers. **2.** *sport* member of a team.

echipotențial *adj. fiz.* equipotential.

echitabil I. *adj.* **1.** equitable, just. **2.** *(imparțial)* fair, impartial. **II.** *adv.* equitably etc. v. ~ **I.**

echitate *s.f.* equity, uprightness, impartiality; *(dreptate)* justice.

echitație *s.f.* equitation, horseman-ship. ⓑ *școală de* ~ riding school.

echivala I. *vb. tr.* to equate, to equal-ize, to validate, to confirm. **II.** *vb. refl. pas.* to be equated etc. v. ~ **I. III.** *vb. intr.* ⓐ *a* ~ *cu...* to be equivalent/tantamount to..., to be as good as...

echivalare *s.f.* equalization, equa-tion; validation, confirmation.

echivalent I. *adj. (cu)* equivalent (to), of the same value (as). ⓑ *ex-presii* ~*e* convertible terms; *sumă* ~*ă* equivalent sum. **II.** *adv.* equi-valently. **III.** *s.m.* equivalent; *(si-nonim)* synonym.

echivalență *s.f.* equivalence, equiva-lency.

echivoc I. *adj.* equivocal, ambi-guous; of double meaning; *(îndo-ielnic)* doubtful, suspicious. **II.** *s.n.* ambiguity; *(îndoială)* doubt.

eclampsie *s.f. med.* eclampsia.

eclator *s.n. electr.* spark gap.

eclectic I. *adj.* eclectic(al). **II.** *adv.* eclectically. **III.** *s.m.* eclectic.

eclectism *s.n.* eclecticism.

ecler *s.n.* éclair.

ecleziarh *s.m.* ecclesiarch.

ecleziast *s.n. bibl.* Ecclesiastes.

ecleziastic I. *adj.* ecclesiastic(al); *(clerical)* clerical. **II.** *s.m.* ecclesi-astic, clergyman.

eclimetru *s.n.* **1.** *top.* clinometer. **2.** *astr.* gradimeter, gradient recorder, clinometer.

eclipsa I. *vb. tr.* **1.** *astr.* to eclipse. **2.** *(a întuneca)* to eclipse, to throw into the shade, to overshadow; *(a întrece)* to outshire, to eclipse, to surpass. **II.** *vb. refl.* **1.** *pas.* to become eclipsed etc. v. ~ **I. 2.** *fig. (a dispărea)* to disappear, to vanish; F to make off, to make oneself scarce.

eclipsă *s.f.* **1.** *astr.* eclipse. **2.** eclipse, darkness, obscuration. ⓐ ~ *de lună* eclipse of the moon, lunar eclipse; ~ *de soare* eclipse of the sun, solar eclipse; ~ *inelară* annular eclipse; ~ *parțială* partial eclipse; ~ *totală* total eclipse.

ecliptică *s.f. astr.* ecliptic.

eclisă *s.f.* **1.** *tehn.* cover plate. **2.** *pl. muz.* ribs.

ecluză *s.f.* lock, sluice; *(maritimă)* harbour lock.

econom I. *adj.* thrifty, sparing, sav-ing, economical, frugal, parsi-monious. **II.** *s.m.*←*odin. (al unei case)* housekeeper, steward; *(într-o instituție)* treasurer, bursar; *(al unei moșii)* agent.

economic I. *adj.* **1.** *(ce ține de eco-nomie)* economic. **2.** *(ant. risipi-tor etc.)* economical, thrifty. **3.** *(rentabil)* profitable; cheap. ⓑ *an* ~ economic year; *geografie* ~*ă* economic geography; *mijloc* ~ *de fabricare* economic method of ma-nufacturing *smth.; organ* ~ eco-nomic organization; *politică* ~*ă* economic policy; *regiune* ~*ă* eco-nomic region. **II.** *adv.* economically etc. v. ~ **I.**

economicos *adj.* v. **e c o n o m i c** I,2.

economie *s.f.* **1.** economy; *(rurală)* husbandry; *(ca știință)* economics. **2.** *(ant. risipă)* economy, thrift, frugality. **3.** *pl.* savings. **4.** *(orga-nizare)* organization. ⓐ ~ *cas-nică* domestic economy, husbandry; ~ *cerealieră agr.* grain growing; ~ *de timp* saving/economy of time; ~ *națională* national economy; ~ *planificată* planned economy; ~ *politică* political economy; ~ *rurală* rural economy; ~ *socialistă*

socialist economy. ⓑ *casă de eco-
nomii* savings bank; *cu ~ spar-
ingly*, thriftily; *with a sparing
hand*; *luptă pentru economii* eco-
nomy drive; *mici economii* small
savings, petty economies. ⓒ *aceasta
va aduce o ~ de...* this will effect
a saving of...; *a face~ de...* to
save...; *a face economii* to save
money, to save (up).

economisi *vb. tr.* **1.** *(bani)* to save,
to economize, to lay/put by. **2.**
(a cruţa) to spare, to be sparing
of. **3.** *(a administra)* to manage,
to administer, to supervise.

economisire *s.f.* saving, economi-
zation etc. v. **e c o n o m i s i.**

economism *s.n.* economism.

economist *s.m.* (political) economist.

economizator *s.n. tehn.* economizer.

ecosez *adj.* checked. ⓑ *stofă ~ plaid*
(stuff), check material, tartan cloth.

ecoseză *s.f. muz.* écossaise, Scotch
dance *sau* tune.

ecou *s.n. fiz., muz., fig.* echo. ⓒ *a
se face ~l (cu gen.)* to echo..., to
repeat..., to act as spokesman for...,
to voice...

ecran *s.n.* **1.** *cinema* screen; *(cinema)*
cinema. **2.** *ferov.* diaphragm. **3.** *nav.*
screen. ⓐ *~ lat* large screen.

ecraniza *vb. tr.* to screen; to ci-
nem(at)ize to film. ⓒ *a ~ un
roman* to film a novel, to make a
film version of a novel.

ecranizare *s.f.* filming, picturiza-
tion, screening.

ecruisaj *s.n. metal.* cold-hammering.

ectoderm *s.n. biol.* ectoderm.

ectoplasmă *s.f. biol.* ectoplasm.

ecuator *s.n.* **1.** *geogr.* the equator,
the line. **2.** *astr.* equator. ⓐ *~ ma-
gnetic* aclinic line; *~ ceresc* celestial
equator.

ecuatorial I. *adj. astr., geogr.* equato-
rial. ⓑ *calm ~* equatorial doldrums;
climă ~ ă equatorial climate;
linie ~ă equinoctial line, equator.
II. *s.n. astr.* equatorial (telescope).

ecuaţie *s.f. mat.* equation. ⓐ *~ cu
mai multe necunoscute* simulta-
neous equation; *~ de gradul al
doilea* quadratic equation; *~ dife-
renţială* differential equation; *~
simplă* simple equation. ⓑ *termenii*

unei ecuaţii the sides of an equation.
ⓒ *a rezolva o ~ cu o singură ne-
cunoscută* to solve an equation
with one unknown.

ecumenic *adj. rel.* (o)ecumenical.

ecvestru *adj.* equestrian. ⓑ *statuie
ecvestră* equestrian statue.

eczemă *s.f. med.* eczema.

edec *s.n.* **1.** *nav.* tow(ing) line/rope,
tow path, hawser. **2.** *(ca obiect)*
lumber, F white elephant. **3.** *pl.*
dependencies, appurtenances, an-
nexes, outhouses. ⓒ *a trage la ~*
to tow (along).

edem *s.n. med.* oedema.

eden *s.n.* **1.** Eden. **2.** *fig.* Eden,
paradise, delightful place.

edict *s.n.* edict, decree.

edifica I. *vb. tr.* **1.** *(a clădi)* to build,
to erect. **2.** *(a crea)* to build up;
(a stabili) to establish. **3.** *(a
lămuri)* to enlighten, to instruct.
II. *vb. refl.* to be enlightened.

edificat *adj.* enlightened; clear; con-
vinced, persuaded.

edificator *adj.* telling, graphic,
self-evident.

edificiu *s.n.* **1.** *(clădire)* edifice,
large building, structure. **2.** *fig.*
edifice, (super)structure, fabric. ⓐ
~ social social edifice.

edil *s.m.* **1.** *ist. Romei* aedile. **2.**
←înv. town councillor, *pl.* muni-
cipal administration.

edilitar *adj.* municipal, urbanistic,
town...

edilitate *s.f.* **1.** *ist. Romei* aedileship.
2. municipal administration.

edita I. *vb. tr.* to publish, to bring
out, to undertake the publication
of; *(un text, cu note)* to edit; *(a
tipări)* to print; *(o revistă etc.)*
to run. **II.** *vb. refl. pas.* to be
published etc. v. **~ I.**

editare *s.f.* publication etc. v.
e d i t a.

editor *s.m.* publisher; *(cel ce suprave-
ghează tipărirea unei cărţi, revizor,
redactor)* editor.

editorial I. *adj.* editorial; *(d. un
articol şi)* leading; *(de editură)*
publishing house. **II.** *s.n.* editorial,
leading article, leader.

editură *s.f. (casă de ~)* publishing
house.

ediție *s.f.* **1.** edition, issue; *(de ziar)* issue. **2.** *(versiune)* version. ⓐ ~ *bibliofilă* collectors'/bibliophile/limited edition; ~ *de lux* fine (paper) edition, de luxe edition; ~ *specială* special (edition).
educa I. *vb. tr.* to educate, to bring up. II. *vb. refl. pas.* to be educated, to be brought up.
educare *s.f.* education, bringing up.
educat *adj.* educated.
educativ *adj.* educative, instructive.
educator I. *adj.* educative; educational. II. *s.m.* educator, educationist, instructor; pedagogue; teacher.
educație *s.f.* **1.** education; *(a unui copil)* upbringing; *(pregătire)* training. **2.** *(maniere)* manners. **3.** *(bună)* (good) breeding. ⓐ ~ *comunistă* communist education; ~ *fizică* physical training; ~ *profesională* vocational education.
efeb *s.m. ist. Greciei* ephebe.
efect *s.n.* **1.** effect, result; *(urmare)* consequence; *jur.* consequence, application. **2.** *(acțiune)* effect, act, deed. **3.** *(realizare)* effect, performance, execution, accomplishment. **4.** *pl. jur.* effects; goods, property. **5.** effect, moral impression. **6.** *pict. etc.* effect. **7.** *com.* bill (of exchange), draft. **8.** *pl. (haine)* clothes; *mil.* baggage, kit. **9.** *tehn.* effect, power (of a machine). ⓐ ~ *de lumină* effect of light; ~ *dinamic* output; ~*e protestate com.* protested bills; ~*e publice* public funds, government stock. ⓑ *cauză și* ~ cause and effect; *de* ~ effective; *lipsă de* ~ inefficacy, ineffectualness. ⓒ *legea n-are* ~ *retroactiv* the law is not retroactive; *a face* ~ to be effective; *a-și face* ~*ul* to work (well), to take effect, to go home; *a rămîne fără* ~ , *a nu avea nici un* ~ to be/prove ineffectual, to produce/have no effect. ⓓ *nu există* ~ *fără cauză* there is no effect without a cause, (there is) no smoke without fire.
efectiv[1] I. *adj.* effective, actual, real. II. *adv.* actually, really.
efectiv[2] *s.n.* **1.** *mil.* effective strength/force, effectives. **2.** *com.* balance in cash.

efectua I. *vb. tr.* **1.** to effect(uate), to accomplish, to perform, to fulfil, to carry into effect, to bring about; *(a întreprinde)* to carry out. **2.** *com.* to effect, to make. ⓒ *a* ~ *o operație mat.* to effectuate/perform an operation; *a* ~ *o plată com.* to make/effect a payment; *a* ~ *un zbor* to carry out a flight. II. *vb. refl. pas.* to be effected etc. v. ~ I. *(a avea loc)* to take place.
efectuare *s.f.* effectuation etc. v. efectua.
efedrină *s.f. chim.* ephedrine.
efemer *adj.* **1.** ephemeral, diurnal. **2.** *fig.* ephemeral, short-lived.
efemeră *s.f. entom.* **1.** ephemerid. **2.** *pl.* ephemeridae.
efemeride *s.f.* **1.** *astr.* ephemerides, astronomical tables. **2.** *entom.* v. efemeră 2.
efeminat *adj.* effeminate, unmanly, womanish, F→girly-girly.
efervescent *adj.* **1.** effervescent. **2.** *fig.* boiling, seething, (per)fervid.
efervescență *s.f.* **1.** *chim.* effervescence. **2.** *fig.* ebullience, effervescence, ferment, tumult.
eficace *adj. (d. un remediu, mijloc)* effective, efficacious; *(d. un sprijin)* effectual; *(operant)* operative.
eficacitate *s.f.* effectiveness, efficacy, efficaciousness; *(a legii)* operation.
eficient *adj. (d. metodă, muncă)* efficient. ⓑ *cauză* ~*ă* efficient cause.
eficiență *s.f.* efficiency.
efigie *s.f.* effigy.
eflorescent *adj.* **1.** *chim.* efflorescent. **2.** *bot.* flowering.
eflorescență *s.f. bot., chim., med.* efflorescence.
efluviu *s.n.* **1.** *med.* effluvium. **2.** *(emanație)* effluvium, efflux(ion), effluence, emanation; *(fluid)* fluid. ⓐ *efluvii de gaz* choke damp; *efluvii otrăvitoare* effluvia, noxious vapours, foul gases.
efor *s.m.* ephor, guardian, sponsor.
eforie *s.f.* ephors, guardians, sponsors.
efort *s.n.* **1.** effort, exertion, endeavour. **2.** *fiz.* effort. ⓒ *a depune un* ~ to make an effort; *a depune toate* ~*urile* to do one's utmost,

to spare no effort, to make one's utmost efforts; *a face ~uri* to make efforts.

efracţie *s.f.* breach of close; *(noaptea)* burglary, F→house breaking.

efuziune *s.f.* **1.** effusion. **2.** *fig.* effusion, outpouring, overflow(ing), F→gush. ⓐ *~ de singe* effusion of blood.

egal I. *adj.* **1.** *(la fel)* (a)like; *(uniform)* even, uniform, regular, equable; *(identic)* identical, the same; *(ca înţeles; mat.) (cu)* equal (to/ with); *(cu aceleaşi drepturi)* equal, enjoying the same rights; *(invariabil)* invariable, unchangeable. **2.** *(proporţional)* proportionate, commensurate. **3.** *(indiferent)* indifferent, all the same, all one. **4.** *(cu fire blîndă)* even-tempered. ⓐ *~ în drepturi* equal in rights, enjoying/possessing equal rights; *~în grad* equal (in rank). ⓑ *caracter ~* equal/even/equable/unruffled temper; *de vîrstă ~ă* of the same age; *la distanţă ~ă* equidistant; *la înălţime ~ă* on the same level. ⓒ *a se bucura de drepturi ~e* to possess/enjoy equal rights; *de două ori trei este ~ cu şase* twice three are/is six; *a fi ~ (ca valoare) cu...* to be equivalent/tantamount to...; *mi-e egal dacă...* it is all the same to me whether.... **II.** *s.m.* equal; peer, fellow; match. ⓒ *a fi fără ~* to be matchless/unparalleled.

egala I. *vb. tr.* **1.** *(a face egal) (cu)* to (make) equal (to), to equalize; to make even, to level. **2.** *fig.* to equal, to match. **II.** *vb. refl. pas. şi reciproc* to be/become equal etc. **v. ~ I. III.** *vb. intr. sport* to tie, to draw the match.

egalare *s.f.* equalization etc. **v. e g a l a.**

egalitar *adj. pol.* levelling.

egalitarism *s.n.pol.* equalitarianism.

egalitate *s.f.* **1.** equality; *(uniformitate)* conformity, uniformity; *(paritate)* parity; *(identitate)* identity, sameness; *(asemănare)* likeness, similarity, resemblance. **2.** *(sport; la vot)* tie. **3.** *mat.* equation. **4.** *(regularitate)* regularity. ⓐ *~*

deplină în drepturi complete equality of rights; fully equal rights; *~ de vîrstă* parity of age; *~ înaintea legii* equality in the eyes of the law; *~ în drepturi* equality (of right). ⓑ *joc la ~ sport* tie, draw, love game; *tratat bazat pe ~ de drepturi* equitable treaty. ⓒ *a termina la ~ (cu) sport* to tie (with); *meciul s-a terminat la ~* the match ended in a draw/tie, the match was a draw/tie.

egaliza *vb. tr.* to equalize; *(a nivela)* to level.

egalizare *s.f.* equalization.

egalizator *adj.* equalizing, levelling.

egidă *s.f.* **1.** *mit.* aegis. **2.** *fig.* shield, protection; care; aegis. ⓑ *sub egida (cu gen.)* under the care/ aegis of...

egiptean I. *adj.* Egyptian. ⓑ *limba ~ă* the Egyptian language, Egyptian. **II.** *s.m.* Egyptian.

egipteancă *s.f.* Egyptian (woman *sau* girl).

egiptolog *s.m.* Egyptologist.

egiptologie *s.f.* Egyptology.

eglogă *s.f.* eclogue, pastoral poem.

egocentrism *s.n.* egocentrism, self-centredness.

egoism *s.n.* selfishness, self-seeking, egoism.

egoist I. *adj.* selfish, self-seeking, egoistical. **II.** *s.m.* selfish person, egoist.

egotism *s.n.* egotism.

egrena *vb. tr.* to gin.

egrenare *s.f.*, **egrenat** *s.n.* ginning. ⓑ*staţie de ~* cotton gin(ning) mill.

egretă *s.f.* **1.** egret, aigret(te). **2.** *ornit.* egret *(Egretta garzetta).*

egumen *s.m.* Father Superior (of a monastery).

egumenă *s.f.* Lady Superior (of a nunnery).

eh *interj.* why! well! ⓒ *~, ce să fac?* well/why, what can I do?

ehei *interj.* **v. h e i.**

ei[1] I. *pron.* **1.** *pl.* they. **2.** *(dînsei)* (to) her; (to) it. **II.** *adj. pos.* her; its; ⓑ *al~* *pron. pos.* hers.

ei[2] *interj.* **1.** *(ascultă)* heigh! I say! F halloa! **2.** *(nu e nimeni?)* (a)hoy! nobody there? *(în prăvălie)* shop! **3.** *(ai văzut?)* well? **4.** *(concesiv* *etc.*) well. **5.** *(cum?)* eh? what do you mean? **6.** v. h e i. ⓐ ~ *aş!* you don't say so! you don't mean it! certainly not! *(spune i-o lui mutu)* F tell it to the marines! not at all! not in the least! ~, *băiete* look here, my boy! ~ *bine* well; ~ *bine, fie!* well, then! that's settled!~, ~ **a.** come, come! gently! **b.** *(ajunge)* that will do! ~, *lasă (acum)!* now, go it! ~ *şi?* well, and after that? ~, *cum stăm?* well, how are things? ~ *şi (dacă)!* (well), and what of it?

eider *s.m. ornit.* eider *(Somateria).*

ejacula *vb. tr.* to ejaculate.

ejector *s.n. tehn.* ejector.

el *pron.* he; it. ⓐ ~ *însuşi,* he himself. ⓑ *pe* ~ him; it.

elabora I. *vb. tr.* to elaborate, to work out; *(un plan, un program etc.)* to draw up; to think out, to prepare; to compile (an anthology). **II.** *vb. refl. pas.* to be elaborated etc. v. ~I.

elaborare *s.f.* elaboration etc. v. e l a b o r a.

elaborat *adj.* elaborate, studied, belaboured.

elan[1] *s.n. (căldură)* warmth, ardour; *(al imaginaţiei)* soaring, flight; *(al spiritului)* buoyancy; sally; *(foc poetic)* poetic fire; *(vioiciune)* briskness, stir; *(impuls)* impulse; *(avînt)* impetus; *(entuziasm)* enthusiasm; élan; upsurge.

elan[2] *s.m. zool.* elk, moose (deer) *(Cervus alces).*

elastic I. *adj.* **1.** elastic; *(care sare)* springy, rebounding. **2.** *fig.* elastic, buoyant, resilient. ⓑ *conştiinţă* ~ă elastic/flexible conscience; *forţă* ~ă elastic power; *gumă* ~ă gum elastic; *minge* ~ă India rubber ball; *ţesut* ~ *anat.* elastic tissue, yellow fibrous tissue. **II.** *adv.* elastically. **III.** *s.n.* elastic.

elasticitate *s.f.* elasticity, springiness.

ele *pron. fem. pl.* they. ⓑ *pe* ~ them.

electiv *adj. şi chim.* elective.

elector *s.m.* **1.** *ist.* elector. **2.** elector, voter.

electoral *adj.* electoral; elective. ⓑ *campanie* ~ă election campaign; *circumscripţie* ~ă electoral/election district/area, constituency; *corp* ~ electoral body; *discurs* ~←*odin.* election/F→stump speech; *drept* ~ **a.** elective franchise, electoral right. **b.** *(al unui candidat)* eligibleness; *întrunire* ~ă meeting of voters, electoral assembly; *lege* ~ă electoral law, law regulating election; *(în Anglia şi)* Franchise Act; *listă* ~ă **a.** electoral register. **b.** ticket (of a party), slate/list (of candidates); *luptă* ~ă←*odin.* electoral contest; *manevre* ~e←*odin.* electioneering; *manifest* ~ electoral manifesto; *practici* ~e←*odin.* electioneering practices; *program* ~ election(eering) programme/platform; *rezultate* ~e returns, result of the poll; *sistem* ~ electoral system.

electric I. *adj.* electric(al). ⓑ *aparat* ~ electric appliance; *aprindere* ~ă electric ignition; *baterie* ~ă electric battery; *bec* ~ electric bulb; *buton* ~ electric push; *cale ferată* ~ă electric highspeed railway;; *capsă* ~ă *min.* electric cap; *ceas* ~ electric clock; *centrală* ~ă electric power station; *circuit* ~ electric circuit; *cîmp* ~ electric field; *contor* ~ electric meter; *comutator* ~ electric commutator; *descărcare* ~ă electric discharge; *detonator* ~ electric detonator; *element* ~ electric cell; *energie* ~ă electrical energy; *filtru* ~ electric separator; *iluminat* ~ electric lighting; *instalaţie* ~ă wiring; *încălzire* ~ă electric heating; *lampă* ~ă electric lamp; *locomotivă* ~ă *ferov.* electric locomotive; *lumină* ~ă electric light; *maşină* ~ă electrical machine; *muls* ~ electric milking; *peşti* ~ electrical fishes; *plug* ~ electric plough; *radiator* ~ electric fire; *reţea* ~ă wiring electric system, electric network; *sarcină* ~ă electric charge; *scînteie* ~ă electric spark; *sonerie* ~ă electric bell; *sudură* ~ă electric welding; *şoc* ~ electric shock, electroshock; *topire* ~ă electric fusion; *tracţiune*

~ă electric traction; *tren* ~ electric train; *utilaj/aparataj/echipament* ~ electric equipment; *uzină* ~ă (electric) power station, electricity works, electricity generating station; *ventilator* ~ electric fan. **II.** *adv.* electrically.

electrician *s.m.* electrician, electrical fitter. ① *inginer* ~ electrical engineer.

electricitate *s.f.* electricity. ⓐ ~ *dinamică* dynamic electricity; ~ *negativă* resinous/negative electricity; ~ *pozitivă* vitreous/positive electricity; ~ *statică* statical/frictional electricity.

electrifica *vb. tr.* to electrify.

electrificare *s.f.* electrification.

electriza I. *vb. tr.* **1.** *fiz.* to electrify; *med.* to electrize. **2.** *fig.* to electrify, to galvanize, to thrill. **II.** *vb. refl.* **1.** *pas.* to electrify, to become electric. **2.** *fig.* to be electrified.

electrizare *s.f.* electrification; electrization.

electroanaliză *s.f.* electroanalysis.

electrocardiografie *s.f.* electrocardiography.

electrocardiogramă *s.f.* electro-cardiogram.

electrochimic *adj. chim.* electro-chemical.

electrochimie *s.f. chim.* electro-chemistry.

electrocuta *vb. tr.* to electrocute, to execute/kill by electricity.

electrocutare *s.f.* electrocution.

electrod *s.m. fiz.* electrode.

electrodinamic *adj. fiz.* electro-dynamic.

electrodinamică *s.f. fiz.* electro-dynamics.

electrofor *s.n. fiz.* electrophore, electrophorus.

electrogen *adj.* electrogenic.

electrolit *s.m. fiz.* electrolyte.

electrolitic *adj. fiz.* electrolytic.

electroliză *s.f. chim.* electrolysis, electrolytic effect.

electromagnet *s.m. fiz.* electromagnet.

electromagnetic *adj.* electromagnetic. ① *cîmp* ~ electromagnetic field; *unde* ~*e* electromagnetic waves.

electromagnetism *s.n. fiz.* electromagnetism.

electromecanică *s.f. fiz.* electromechanics.

electrometru *s.n. fiz.* electrometer.

electromotor I. *adj.* electro-motive. **II.** *s.n.* electromotor, electric motor.

electron *s.m. fiz.* electron.

electronegativ *adj.* electro-negative.

electronic *adj.* electronic. ① *fizică* ~ă electronic physics; *lampă* ~ă electronic lamp; *maşină de calculat* ~ă electronic computor; *microscop* ~ *opt.* electron-microscope.

electronică *s.f.* electronics.

electropozitiv *adj.* electro-positive.

electroscop *s.n.* electroscope.

electrostatică *s.f.* electrostatics.

electrotehnic *adj.* electro-technical. ① *articole* ~*e* electrical household appliances; *industrie* ~ă electric(al) industry; *inginer* ~ electrotechnical engineer.

electrotehnică *s.f.* electrotechnics, electrical engineering.

electroterapie *s.f. med.* electrotherapeutics, electrotherapy, electropathy.

elefant *s.m.* **1.** *zool.* elephant *(Elephas)*. **2.** ① *pui de* ~ elephant calf.

elegant I. *adj.* **1.** elegant, stylish, fashionable, smart, F→swell; *(bine îmbrăcat)* well-dressed; *(graţios)* graceful. **2.** *fig.* elegant; neat. **II.** *adv.* elegantly etc. v. ~ **I.**

eleganţă *s.f.* elegance; fashionableness, smartness, F→swellishness. ① *cu* ~ with elegance, elegantly.

elegiac I. *adj.* **1.** elegiac. **2.** *fig.* plaintive, mournful, doleful. ① *versuri* ~*e* elegiacs, elegiac verses. **II.** *s.m.* elegi(a)st, elegiac poet.

elegie *s.f.* elegy; *(cîntec de jale)* plaintive/mournful song, dirge.

elei *interj. (ascultă)* I say! listen! *(ce spui?)* certainly not! you don't mean it!

element *s.n.* **1.** element. **2.** *pl. (principii)* elements, rudiments. **3.** *elementele* the elements. ⓐ ~ *chimic* chemical element; ~*e progresiste ale societăţii* progressive members of society; *tabloul periodic al* ~*elor* *fiz.* the periodic system of elements. ⓒ *a fi în* ~*ul său* to be in one's element; *a nu fi în* ~*ul său* to be like a fish out of water, to be out of one's depth.

elementar *adj.* elementary; *(de bază)* elementary, elemental, rudimentary, rudimental, initial. ⓑ *clasele ~e şcol.* lower forms; *cunoştinţe ~e* elements, rudiments; *şcoală ~ă* elementary school; *tratat ~* elementary treatise.

elen I. *adj.* Greek, Hellenic, Grecian, Hellenian. **II.** *s.m.* Greek, Hellene.

elenism *s.m.* **1.** *(grecism)* Hellenism, Grecism. **2.** *(cultură)* Hellenism.

elenistic *adj.* Hellenistic(al).

eleron *s.n. av.* aileron.

eleşteu *s.n.* (small) pond.

elev *s.m.* **1.** pupil; *(al unei şcoli şi)* scholar; schoolboy; *(al unui colegiu)* collegian; *(mai vîrstnic)* student; *(discipol)* disciple; follower. **2.** *(novice)* novice, tyro.

elevator *s.n.* elevator; lift, hoist. ⓐ *~ cu cupe* bucket/scoop elevator; *~ cu lanţ* chain elevator; *~ pe şenile* caterpillar elevator; *~ plutitor* floating elevator.

elevaţie *s.f.* elevation.

elevă *s.f.* schoolgirl, v. şi e l e v.

elf *s.m.* elf, fairy, goblin.

elibera *vb. tr.* **1.** to liberate, to free, to deliver; *(din închisoare)* to set free/at liberty, to release. **2.** *(a da)* to give; *(a remite)* to remit, to deliver.

eliberare *s.f.* liberation etc. v. e l i b e r a. ⓐ *~ condiţionată jur.* parole.

eliberator I. *adj.* liberating, delivering. **II.** *s.m.* liberator; deliverer.

elice *s.f.* **1.** *geom., anat., arhit.* helix. **2.** *(de avion)* airscrew, prop(eller). **3.** *nav.* shipscrew/propeller, screw.

elicoid I. *adj.* helicoid, helical, spiral. **II.** *s.m. geom.* helicoid.

elicoidal *adj.* v. e l i c o i d I.

elicopter *s.n.* helicopter, lifting screw machine.

elida *vb. tr. lingv.* to elide.

elidare *s.f. lingv.* elision.

eligibil *adj.* eligible.

eligibilitate *s.f.* eligibility, eligibleness.

elimina I. *vb. tr.* **1.** *(a îndepărta)* to remove, to clear away, to strike out; *(bănuieli)* to clear up; *(ob-*

stacole) to remove, to smooth away; to do away with; *(o ipoteză)* to rule out. **2.** *(a şterge)* to erase. **3.** *mat.* to eliminate. **4.** *(de la şcoală)* to rusticate. **5.** *chim.* to educe, to isolate. ⓒ *a ~ o necunoscută mat.* to eliminate an unknown. **II.** *vb. refl. pas.* to be removed etc. v. ~ I.

eliminare *s.f.* elimination etc. **v.** e l i m i na.

eliminatoriu *adj.* eliminatory.

elin *adj.,'s.m.* v. e l e n.

elineşte *adv.* in (old) Greek; Greek.

elipsă *s.f.* **1.** *mat.* ellipse. **2.** *lingv.* ellipsis.

elipsoid *s.n. mat.* ellipsoid.

elipsoidal *adj. mat.* ellipsoidal.

eliptic *adj.* elliptic(al).

elisabetan *adj. ist. Angl.* Elisabethan.

elită *s.f.* élite, choice, chosen part, flower, pick. ⓐ *elita unei armate* the pick/flower of an army. ⓑ *personal de ~* picked personnel; *regiment de ~* crack regiment; *un suflet de ~* a noble soul; *trupe de ~* choice troops.

elitră *s.f. entom.* elytron, elytrum.

elixir *s.n.* **1.** elixir. **2.** *fig.* balm.

elizeu *s.n.* Elysium.

eliziune *s.f. lingv.* elision.

elocvent *adj.* eloquent; *(grăitor)* telling; graphic, illustrative.

elocvenţă *s.f.* eloquence.

elogia *vb. tr.* to eulogize; *(a lăuda)* to praise (< to the sky), to sing the praises of, to be loud in *smb.'s* praise, to speak highly of, to extol(l).

elogiere *s.f.* eulogizing, praising, extol(l)ment.

elogios *adj.* eulogic(al), eulogistic, encomiastic, laudatory, commendatory.

elogiu *s.n.* **1.** *(ca discurs)* eulogium, eulogy, panegyric. **2.** *(laudă)* eulogy, praise, commendation, encomium.

elongaţie *s.f.* elongation.

elucida *vb. tr.* to elucidate, to make clear, to clear up.

elucubraţie *s.f.* fallacy; aberration.

eluda *vb. tr.* to elude, to evade.

elveţian *adj. s.m.* Swiss.

elvețiancă *s.f.* Swiss (woman *sau* girl).

email *s.n.* enamel.

emaila *vb. tr.* to enamel.

emana I. *vb..intr.* 1. to emanate, to issue, to flow. 2. *fig. (de la)* to emanate (from), to proceed (from). II. *vb. tr.* to secrete; to discharge; *(a răspîndi)* to spread; *(a produce)* to produce.

emanație *s.f.* emanation.

emancipa I. *vb. tr.* to emancipate. II. *vb. refl.* to become emancipated.

emancipare *s.f.* emancipation.

emancipat *adj.* emancipate(d), fullfledged.

emancipator *s.m.* emancipator.

embargo *s.n.* embargo. ©️ *a pune un ~ asupra* to lay an embargo upon; *a ridica ~ul* to take off/raise the embargo.

embatic *s.n. ist.* long lease; copyhold.

embaticar *s.m. ist.* tenant of a long lease; copyholder.

emblematic *adj.* emblematic(al); figurative.

emblemă *s.f.* 1. emblem. 2. *fig.* symbol, sign; type.

embolie *s.f. med.* embole, embolism.

embriologie *s.f. biol.* embryology.

embrion *s.n.* 1. embryo(n). 2. *fig.* embryo, germ, bud. ⓑ *în ~* in embryo, in the bud.

embrionar *adj.* 1. embryonic, embryonal. 2. *fig.* embryonic, in the earliest/first stage. ⓑ *în stare ~ă* in embryo.

emerit *adj.* 1. merited, honoured. 2. *(versat)* conversant; skilled. ⓑ *artist~ al R.S.R.* Merited/Honoured Artist of the S.R.R.; *maestru ~ al sportului* Honoured Master of Sports.

emersiune *s.f.* emersion.

emetic *s.n. farm.* emetic, vomitive.

emfatic *adj. (pompos)* pompous; *(bombastic)* bombastic, turgid.

emfază *s.f.* magniloquence, pomposity, pompousness, bombast.

emfizem *s.n.* emphysema.

emigra *vb. tr. (d. oameni)* to emigrate; *(d. păsări)* to migrate.

emigrant *s.m.* emigrant; émigré.

emigrare *s.f.* emigration; migration.

emigrat *s.m.* (political) exile, refugee.

emigrație *s.f.* 1. emigration. 2. emigrants.

eminamente *adv.* eminently, in/to a high degree, F→to a degree.

eminent *adj. (prin)* eminent (for); *(distins)* conspicuous, prominent, remarkable, distinguished; *(minunat)* excellent; *(f. priceput)* proficient.

eminență *s.f.* Eminence.

emir *s.m.* emir, emeer.

emisar[1] *s.m.* emissary.

emisar[2] *s.n. hidr.* emissary, outlet.

emisferă *s.f.* hemisphere. ⓐ *~ australă* Southern hemisphere; *~ boreală* Northern hemisphere.

emisferic *adj.* hemispheric(al), semispheric(al).

emisiune *s.f.* 1. *(emitere)* emission. 2. *fin. etc.* issue. 3. *opt.* emission. 4. *rad.* broadcast(ing). ⓐ *~ radiofonică* broadcast(ing), transmission; *~a luminii* emission of light; *~ de bancnote* emission of paper money. ⓑ *bancă de ~ fin.* emission bank.

emistih *s.n. metr.* hemistich.

emite *vb. tr.* 1. *fiz.* to emit, to send forth. 2. *fin.* to emit, to issue; *(bani falși)* to utter. 3. *(sunete)* to utter. 4. *(idei)* to give out; *(a da)* to give; *(a exprima)* to express; *(o teorie etc.)* to suggest, to put forward.

emitent *adj. fin.* issuing.

emitere *s.f.* emission etc. v. e m i t e.

emițător I. *adj.* issuing; transmitting; broadcasting. ⓑ *post~* transmitting station, transmitter. II. *s.n. tehn.* transmitter.

emolient *adj., s.n. farm.* emollient.

emotiv *adj.* emotive.

emotivitate *s.f.* emotivity, emotiveness.

emoție *s.f.* 1. *(sentiment)* emotion; excitement. 2. *(tulburare)* excitement, agitation (of mind). 3. *(vîlvă)* stir(ring), agitation. ©️ *îi plac emoțiile tari* he likes to be given a thrill.

emoţiona I. *vb. tr.* to excite, to thrill, to affect, to agitate, to alarm; to stir; *(a mişca)* to move, to touch. II. *vb. refl. (a se nelinişti)* to get excited/alarmed/upset; *(a fi mişcat)* to be touched/moved.

emoţional *adj.* emotional.

emoţionant *adj.* exciting, thrilling; *(mişcător)* moving, touching.

emoţionat *adj.* excited etc. v. e m o- ţ i o n a.

empiric I. *adj.* empiric(al). II. *adv.* empirically.

empiriocritic *adj. fil.* empiriocritical.

empiriocriticism *s.n. fil.* empiriocriticism.

empirism *s.n.* 1. *filoz. (metodă experimentală)* empiricism. 2. *(şarlatanie)* empiricism, quackery.

empirist *s.m.* empiricist.

emplastru *s.n.* plaster.

emul *s.m.* rival, emulator, competitor.

emulaţie *s.f.* emulation, rivalry.

emulsie *s.f. chim.* emulsion.

emulsiona *vb. tr. chim.* to emulsify.

emulsor *s.n.* emulsifier.

encefal *s.n. anat.* encephalon.

encefalită *s.f. med.* encephalitis.

enciclică *s.f.* encyclical letter.

enciclopedic *adj.* 1. *(ţinînd de enciclopedie)* encyclop(a)edic. 2. *(îmbrăţişînd toate ştiinţele)* encyclopaedian. ⓑ *dicţionar* ~ encyclopaedic dictionary, encyclopaedia.

enciclopedie *s.f.* (en)cyclop(a)edia.

enciclopedist *s.m. ist.* encyclop(a)edist.

enclavă *s.f. geol.* enclave.

enclitic *adj. gram.* enclitic.

endecagon *s.n. geom.* hendecagon, undecagon.

endecagonal *adj.* hendecagonal.

endecasilab(ic) *adj.* hendecasyllabic.

endemic *adj. med., biol.* endemic(al).

endemie *s.f. med.* endemic/local complaint/malady.

endivie *s.f. bot.* endive *(Cichorium endivia)*.

endocard *s.n. anat.* endocardium.

endocardită *s.f. med.* endocarditis.

endocarp *s.n. bot.* endocarp.

endocrin *adj. biol.* endocrine, ductless.

endocrinolog *s.m.* endocrinologist.

endocrinologie *s.f.* endocrinology.

endoderm *s.n. biol., bot.* endoderm.

endogen *adj., bot., geol.* endogenous, endogenetic.

endosmoză *s.f. fiz.* endosmose, endosmosis.

endotermic *adj. chim.* endothermic.

Ene *s.m.* ⓑ *moş* ~ F the sandman, the dustman. ⓒ *a venit moş* ~ *pe la gene* F the sandman/the dustman is coming; *a-l fura moş* ~ F to go to the land of nod.

energetic *adj.* power...

energetică *s.f.* energetics.

energic I. *adj. (d. cineva)* energetic, F→full of grit/*sl.* beans, having plenty/lots of go; *(de acţiune)* of action; *(d. măsuri)* drastic, strong; *(d. limbaj)* forcible; *(d. gesturi)* emphatic; *(d. medicamente)* powerful; *(d. un remediu, fig.)* drastic, kill or cure... II. *adv.* energetically, vigorously etc. v. ~ I.

energie *s.f.* 1. energy, force, vigour, strength; *(vioiciune)* liveliness, F→push, go; *(vlagă)* pith(iness); *(virtute)* virtue; *(putere de expresie)* energy, strength of expression. 2. *fiz.* energy. ⓐ ~ *acustică* sound energy; ~ *atomică* atomic energy; ~ *cinetică* kinetic power; ~ *de radiaţie/radiantă* radiant energy; ~ *electrică* electric power; ~ *hidraulică* water power; ~ *luminoasă* luminous energy; ~ *nucleară* nuclear power; ~ *potenţială* potential energy; ~ *termică/calorică* thermal energy. ⓑ *cu* ~ with energy, energetically; *lipsă de* ~ lack/want of energy. ⓒ *e complet lipsit de* ~ F→he has no go/push in him.

enerva I. *vb. tr.* to irritate, to make nervous, to get on *smb.'s* nerves, to unstring F→to give *smb.* the fidgets/jumps; F→to aggravate. II. *vb. refl.* to get excited, to chafe.

enervant *adj.* irritating, nerve-racking.

enervare *s.f.* irritation etc. v. e n e r v a.

enervat *adj.* excited etc. v. e n e r v a.

englez I. *adj.* English. ⓑ *limba* ~*ă* English, the English language. **II.** *s.m.* Englishman; *englezii* the English (people). ⓒ *doi* ~*i* two Englishmen.

engleză *s.f.* English, the English language.

englezesc *adj.* English. ⓑ *plasture* ~ court plaster.

englezeşte *adv.* like an Englishman. ⓒ *a o şterge* ~ F to take French leave; *a vorbi* ~ to speak English.

englezoaică *s.f.* Englishwoman; English girl.

enibahar *s.n.* v. i e n i b a h a r.

enigmatic I. *adj.* puzzling, enigmatical; *(de neînţeles)* unintelligible, mysterious; *(ambiguu)* ambiguous. **II.** *adv.* enigmatically etc. v. ~ I.

enigmă *s.f.* riddle, puzzle; *(greu de dezlegat)* enigma; *(cu scop distractiv)* conundrum. ⓒ *omul ăsta e o* ~ *pentru mine* this man puzzles me, I find this man hard to understand.

enologie *s.f.* oenology.

enoriaş *s.m.* parishioner.

enorie *s.f.* parish.

enorm I. *adj.* *(uriaş)* enormous, colossal, huge, F thundering; *(monstruos)* monstrous, prodigious; *(imens)* immense, vast; *(uimitor)* astonishing, tremendous; *(îngrozitor)* awful, dreadful. ⓑ *greşeală* ~*ă* grievous/colossal fault/mistake. **II.** *adv.* monstrously etc. v. ~ I.

enormitate *s.f.* *(a unei crime)* enormity; *(monstruozitate)* monstrosity, dreadful deed. ⓒ *a spune/debita enormităţi* to say shocking things.

enterită *s.f.* *med.* enteritis, inflammation of the bowels.

enterocolită *s.f.* *med.* entero-colitis.

entimemă *s.f.* *log.* enthymeme.

entitate *s.f.* entity.

entomolog *s.m.* entomologist.

entomologic *adj.* entomologic(al).

entomologie *s.f.* entomology.

entorsă *s.f.* sprain, wrench, twist.

entozoar *s.n.* *entom.* entozoon.

entuziasm *s.n.* enthusiasm, elation, élan. ⓐ ~ *poetic* poetic ecstasy/ frenzy/rapture. .ⓑ *cu* ~ with enthusiasm, enthusiastically, (with) heart and hand.

entuziasma I. *vb.* *tr.* to fill with enthusiasm, to enrapture, to throw into raptures; *(ascultători)* to electrify, *amer.* to enthuse. **II.** *vb.* *refl.* to be full of enthusiasm, to become enthusiastic.

entuziasmant *adj.* elating, enthusing, soul-lifting, thrilling.

entuziasmat *adj.* full of enthusiasm.

entuziast I. *adj.* enthusiastic, F→ gushing. **II.** *s.m.* 1. enthusiast. 2. enthusiastic admirer.

enumera *vb.* *tr.* to enumerate, to reckon up singly, to count/tell number by number; *(statistic)* to return.

enumerare *s.f.* enumeration.

enunţ *s.n.* *mat.* enunciation.

enunţa *vb.* *tr.* to enunciate, to declare, to state, to set forth.

enunţare *s.f.* 1. enunciation. 2. *log.* proposition.

enunţiativ *adj.* ⓑ *propoziţie* ~*ă* *gram.* declarative sentence.

enzimă *s.f.* *chim.* enzym(e).

eocen *adj.*, *s.n.* *geol.* eocene.

eolian *adj.* 1. *ist.* (A)eolian. 2. *(de vînt)* wind... ⓑ *eroziune* ~*ă* wind erosion; *harpă* ~*ă* (A)eolian harp.

eolitic I. *adj.* eolithic. **II.** *s.n.* eolith, celt.

eparhial *adj.* *bis.* diocesan.

eparhie *s.f.* *bis.* diocese.

epata *vb.* *tr.* to astound, to amaze, to dumbfound, F→to flabbergast.

epavă *s.f.* 1. *nav.* wreck, derelict. 2. *fig.* human wreck.

epentetic *adj.* *lingv.* epenthetic.

epenteză *s.f.* *lingv.* epenthesis.

epic *adj.* epic. ⓑ *poem* ~ epic (poem).

epicarp *s.n.* *bot.* epicarp.

epicen *adj.* *gram.* epicene.

epicentru *s.n.* *geol.* epicentre, epicentrum.

epicheremă *s.f.* *log.*, *ret.* epicherema.

epiciclu *s.m.* *astr.* epicycle.

epicurian I. *adj.* 1. epicurean. 2. *fig.* epicurean, voluptuous, sensual. **II.** *s.m.* 1. epicurean. 2. *fig.* epicurean, epicure, sensualist, voluptuary.

epicurism *s.n.* epicurism.

epidemic *adj.* *med.*, *fig.* epidemic(al).

epidemie *s.f. med.* epidemic; (outbreak of an) infectious disease.

epidemiologie *s.f. med.* epidemiology.

epidermă *s.f. anat., bot.* epidermis.

epidermic *adj.* epidermic(al).

epidiascop *s.n. opt.* epidiascope.

epifit I. *adj. bot.* epiphytic, epiphytal. **II.** *s.n.* epiphyte.

epifiză *s.f. anat.* epiphysis.

epigastric *adj.* epigastric.

epigastru *s.n. anat.* epigastrium.

epiglotă *s.f. anat.* epiglottis.

epigon *s.m.* epigone, imitator (of old worthies).

epigonic *adj.* epigonic.

epigonism *adj.* epigonism.

epigraf *s.n.* epigraph.

epigrafie *s.f.* epigraphy, epigraphics.

epigramatic *adj.* epigrammatic(al).

epigramă *s.f.* **1.** *lit.* epigram. **2.** *(vorbă înţepătoare)* epigram, witty sting, quib.

epilepsie *s.f. med.* epilepsy, falling sickness. ⓑ *atac de* ~ epileptic attack/fit.

epileptic I. *adj.* epileptic(al). **II.** *s.m.* epileptic.

epilog *s.n. lit.* epilog(ue).

episcop *s.m. bis.* bishop.

episcopal *adj.* episcopal.

episcopat *s.n. (demnitate)* episcopate, episcopal office/dignity; *(durată)* episcopacy.

episcopie *s.f.* **1.** *(eparhie)* bishopric, diocese. **2.** *(demnitate)* episcopate, episcopal office/dignity.

episod *s.n.* episode; *(incident)* incident; *(întîmplare)* occurrence, event.

episodic I. *adj.* episodic(al); incidental. ⓑ *într-un rol* ~ *teatru* in an episodic part. **II.** *adv.* episodically.

epistolar *adj.* epistolary.

epistolă *s.f.* letter; *lit., bibl.* F epistle.

epitaf *s.n.* epitaph.

epitalam *s.n. lit.* epithalamium.

epiteliu *s.n. anat.* epithelium.

epitet *s.n.* **1.** *gram. etc.* epithet. **2.** *(poreclă)* surname; nickname.

epitrop *s.m.* guardian.

epitropie *s.f.* guardianship, trusteeship.

epiu *s.n. hidr.* groin, groyn(e).

epizoar *s.n. entom.* epizoon.

epizootie *s.f. vet.* epizooty.

epocal *adj.* epoch-making, memorale, epochal.

epocă *s.f.* epoch; *(perioadă)* period, age; *(eră)* era; *(timp)* time. ⓐ *epoca de bronz* the Bronze Age; *epoca de fier/fierului* the Iron Age; *epoca de piatră* the Stone Age; *epoca pietrei noi* the New Stone Age; *epoca secerişului* the time of harvest. ⓒ *a face* ~ to mark an epoch/ era, to form an era.

epodă *s.f. lit.* epode.

epolet *s.m. mil.* epaulet(te).

eponj *s.n. text.* spongy cloth.

epopee *s.f.* epic; epos, epopee.

epos *s.n.*←*elev.* v. e p o p e e.

eprubetă *s.f. chim.* test tube/glass.

epuiza I. *vb. tr.* **1.** *(a seca)* to exhaust, to drain, to empty. **2.** *(a obosi)* to exhaust, to wear/tire out, to overfatigue. **3.** *(a nu mai lăsa nimic)* to exhaust, to consume, to spend. **4.** *(a folosi la maximum)* to use/work up. **5.** *(a risipi)* to waste. **II.** *vb. refl.* **1.** *pas.* to be exhausted etc. v. ~ **1.** **2.** *(a se istovi)* to exhaust oneself, to wear oneself out, to spend one's strength. **3.** *(d. cărţi)* to be out of print.

epuizare *s.f.* **1.** exhaustion etc. v. e p u i z a. **2.** *(sfîrşeală) fig.* lassitude, weariness.

epuizat *adj.* exhausted etc. v. e p u i z a; *(d. cărţi)* out of print; *(d. baterii)* flat.

epura *vb. tr.* **1.** to purify, to filter. **2.** *fig.* to weed out, to purge.

epuraţie *s.f.* purge.

epură *s.f. geom.* draught.

erată *s.f.* errata, erratum.

eratic *adj.* erratic. ⓑ *blocuri* ~*e geol.* erratic blocks.

eră *s.f.* era; *(perioadă)* period. ⓐ *era cvarternară* the quaternary period, the Quaternary; *era primară* the primary period; *era secundară* the secondary period; *era terţiară* the tertiary period. ⓑ *în anul 754 al erei noastre* A.D. 754; *în anul 54 înaintea erei noastre* 54 B.C.

erbaceu *adj. bot.* herbaceous.

erbivor I. *adj.* herbivorous, grami-
nivorous. **II.** *s.m.* herbivore, her-
bivorous animal.
erboriza *vb. tr.* to herborize.
erborizator *s.m.* herborizer, herba-
list, herbarian.
erecţie *s.f. arhit., fiziol.* erection.
ereditar *adj.* hereditary.
ereditate *s.f.* **1.** *biol.* heredity. **2.**
jur. heirship, right of inheriting,
inheritance.
eres *s.n.* **1.** *rel.* heresy, heterodoxy.
2. *(superstiţie)* superstition. **3.** *(ab-
surditate)* fallacy.
erete *s.m. ornit.* sparrow hawk *(As-
tur palumbarius).*
eretic I. *adj.* heretical. **II.** *s.m.* he-
retic.
erezie *s.f.* **1.** *rel.* heresy, heterodoxy.
2. *fig.* fallacy.
erg *s.m. fiz.* erg, ergon.
ergotină *s.f. anat., chim.* ergotine.
ergotism *s.n. med.* ergotism.
erija *vb. refl.* ⓐ *a se* ~ *în...* to set
(oneself) up for (being) ..., to pose
as..., to erect oneself into...
erizipel *s.n. med.* erysipelas, F→the
rose, St. Anthony's fire.
ermetic I. *adj.* **1.** tight(-closed), her-
metically closed; air-tight; water-
-tight. **2.** *lit.* hermetic. **II.** *adv.* her-
metically.
ermetism *s.n. lit.* hermetism.
ermină *s.f.* v. h e r m i n ă.
ermit *s.m.* hermit, *poetic* eremite.
ermitaj *s.n.* hermitage.
eroare *s.f.* error; *(greşeală)* mistake;
(scăpare din vedere) oversight; *(ne-
înţelegere)* misunderstanding. ⓐ ~
de calcul error in calculation; ~
de nume misnomer; ~ *de persoană*
mistake in the person. ⓒ *a cădea
într-o* ~ to fall into an error; *a
induce în* ~ to mislead.
erodiu *s.m. ornit.* heron *(Ardea alba)*
eroic I. *adj.* **1.** *(de erou)* heroic(al);
(vitejesc) heroic, intrepid, coura-
geous. **2.** *lit.* heroic; epic. **3.** *(dras-
tic)* drastic, strong. ⓓ *poem* ~
heroic poem. **II.** *adv.* heroically
etc. v. ~ **I.**
eroicomic *adj. lit.* heroi-comic(al),
mock-heroic.
eroină *s.f.* heroine.

eroism *s.n.* heroism; *(curaj)* courage;
intrepidity. ⓐ ~ *în muncă* labour
heroism.
eronat *adj.* **1.** erroneous; *(inexact)*
inexact, incorrect. **2.** *(d. cineva)*
mistaken; *(indus în eroare)* misled.
erotic *adj.* erotic. ⓓ *poezie* ~*ă* erotic
(poem); love poem.
erotism *s.n.* eroticism; *med.* erotism.
erou *s.m.* hero; *(luptător pt. o cauză)*
champion (of a cause).
eroziune *s.f.* erosion; denudation.
ⓐ ~*a solului* soil erosion.
eroziv *adj.* erosive.
erudit I. *adj.* learned, erudite. **II.**
s.m. scholar, learned man.
erudiţie *s.f.* erudition, learning;
scholarship.
erupe I. *vb. intr.* **1.** to erupt, to burst
forth, to be in eruption. **2.** *med.*
to break out. **II.** *vb. tr.* to throw
out.
eruptiv *adj.* eruptive.
erupţie *s.f.* **1.** eruption *of a volcano.*
2. *med.* eruption, breaking out,
rash.
erzaţ *s.n.* v. s u r o g a t.
escadră *s.f. nav.* squadron.
escadrilă *s.f.* **1.** *nav.* flotilla. **2.** *av.*
(air) squadron, F → flight (of
planes).
escadron *s.n. mil.* squadron *of ca-
valry; amer.* (cavalry) troop.
escalada *vb. tr.* to scale, to climb
(over).
escalator *s.n. tehn.* escalator.
escală *s.f.* **1.** *nav., av. (loc)* port
sau place of call *sau* supply, stop-
over. **2.** *(oprire)* call. ⓓ *zbor fără*
~ non-stop flight.
escamota *vb. tr.* **1.** to conjure away;
to cause to disappear. **2.** *(a fal-
sifica)* to distort, to falsify.
escamotabil *adj.* retractable.
escapadă *s.f.* escapade.
eschimos *adj. s.m.* Esquimau, Es-
kimo.
eschiva *vb. refl. (a se retrage)* to
slip away/off/out, F→to make one-
self scarce. ⓐ *a se* ~ *de la...* to
evade..., to dodge...
escorta *vb. tr.* to escort; *(a însoţi)*
to accompany; *nav.* to convoy.
escortă *s.f.* **1.** *(ceată înarmată)* es-
cort. **2.** *(suită)* escort, train, re-

tinue. **3.** *mil.* escort, guard, convoy. **4.** *nav.* convoy. ⓑ *sub* ~ escorted; *vas de* ~ convoy-ship.

escroc *s.m.* rogue, swindler, shark, cheat, blackleg.

escroca *vb. tr.* to cheat, to swindle, to take in, F→to gull, to fleece, to do, to rook.

escrocherie *s.f.* swindle, piece of roguery.

eseist *s.m.* essayist, essay writer.

esență *s.f.* **1.** essence, being. **2.** *(natură)* essence, nature, substance. **3.** *(de brad etc.)* essence. **4.** *chim.*, *farm.* essence; *(parfum)* perfume. **5.** *fig.* essence, cream. **6.** *jur.* essence, substance, nature. ⓐ ~ *de lămîie* oil of citron; ~ *de trandafir* oil/otto/attar of rose. ⓑ *in* ~ in essence; essentially.

esențial I. *adj. (ținînd de esență)* essential; *(indispensabil)* essential, indispensable, necessary; *(important)* essential, (very) important, material; *(de bază)* essential, fundamental, constituent. **II.** *s.n. esențialul* the great thing, the main/chief point.

eseu *s.n.* essay.

esofag *s.n. anat.* oesophagus.

esoteric *adj.* esoteric; recondite, abstruse.

espadrilă *s.f.* canvas shoe.

esperanto *s.n.* Esperanto.

esplanadă *s.f.* esplanade.

est *s.n.* East, Orient; *poetic*→morning. ⓐ ~-*nord*-~ East-North--East. ⓑ *de* ~ eastern, East, easterly, Oriental; *la* ~ *de Franța* (to the) East of France; *vînt de* ~ east(erly) wind.

estacadă *s.f.* **1.** *nav. (pt. acostare)* pier; *(pod provizoriu)* trestle(work) bridge. **2.** *(platformă)* scaffold. **3.** *mil.* stockade.

ester *s.m. chim.* ester.

estet *s.m.* aesthete.

estetic I. *adj.* aesthetic(al). **II.** *adv.* aesthetically.

estetică *s.f.* aesthetics.

estetician *s.m.* aesthetician.

estetism *s.n.* aestheticism, art for art's sake.

estetizant *adj.* art for art's sake...

estic *adj.* eastern, easterly, Oriental. ⓑ *longitudine* ~*ă* East Longitude, E.L.

estima *vb. tr.* to estimate, to value, to appraise.

estimativ *adj.* estimated.

estimație *s.f.* estimation, estimate, valuation, appreciation.

estival *adj.* aestival, summer..., summery.

estompa I. *vb. tr.* **1.** *pict.* to stump. **2.** *fig.* to make indistinct, to blur. **II.** *vb. refl.* to grow blurred/indistinct.

eston(ian) *adj.*, *s.m.* Estonian.

estradă *s.f.* stage, dais, platform, rostrum. ⓑ *concert de* ~ promenade concert; *teatru de* ~ music hall; *(ca artă)* variety art.

estropia *vb. tr.* to cripple, to lame, to maim.

estuar *s.n. geogr.* estuary.

eșafod *s.n.* scaffold.

eșafodaj *s.n.* **1.** scaffolding. **2.** *fig.* fabric, structure.

eșalon *s.n. mil.* echelon.

eșalona *vb. tr.* **1.** to space out; to place at intervals. **2.** *fin.* to spread out *payments*. **3.** *mil.* to dispose *troops* in depth; to echelon.

eșantion *s.n.* sample, pattern.

eșapament *s.n. tehn.* escapement; exhaust. ⓑ *țeavă de* ~ exhaust pipe.

eșarfă *s.f.* **1.** scarf; *(șal)* shawl; *(fular)* comforter. **2.** *(ca semn de distincție)* shoulder sash. **3.** *med.* arm sling.

eșec *s.n.* failure, check, defeat. ⓒ *a suferi un* ~ to fail, to meet with a check, to end in smoke.

eșua *vb. intr.* **1.** *nav.* to strand, to be stranded, to run aground, to ground. **2.** *fig.* to fail, to miscarry, to prove abortive, to break down, to fall through.

etaj *s.n. (privit din interior)* floor; *(privit din afară)* stor(e)y; *min.* level; *geol.* layer, stratum. ⓑ *la* ~*ul al doilea* on the second floor, two flights up, *amer* on the third story; *casă cu* ~ two-storied house; *casă fără* ~ cottage, bungalow; one-story house. ⓒ *locuiesc la al 4-lea* ~ *al unei case cu 5* ~*e* I live on the fourth floor of a five-story/-storied house.

etaja *vb. tr.* to range... in tiers.

etajeră *s.f.* bookstand; *(pt. diverse)* what-not.

etala I. *vb. tr.* **1.** *com.* to exhibit/expose for sale. **2.** *fig.* to display, to show (off), to parade. **3.** *(cărţi de joc)* to lay down. **II.** *vb. refl.* **1.** *pas. com.* to be exposed for sale. **2.** *fig.* to show (oneself) off.

etalare *s.f.* exhibition etc. v. e t a l a.

etalon *s.n.* standard. ⓐ ~ *aur* gold standard.

etalona *vb. tr.* to standardize, to calibrate.

etambou *s.n. nav.* sternpost.

etamină *s.f. text.* coarse muslin.

etan *s.n. chim.* ethane.

etanş *adj.* tight, impervious.

etanşa *vb. tr.* to make water-tight *sau* air-tight.

etanşeitate *s.f.* tightness, imperviousness.

etapă *s.f.* **1.** *mil.* halting place, stage (of a journey). **2.** *(stadiu)* stage. **3.** *sport.* stage.

etate *s.f.* age; *(vîrstă înaintată)* old/great age. ⓓ *in* ~ aged, advanced in years, elderly, F→well on in years. ⓒ *e în* ~ *de 50 de ani* he is fifty (years old/of age).

etatiza *vb. tr.* to nationalize.

etatizare *s.f.* nationalization.

etc(etera) *adv.* etcetera, etc., and so on, and so forth.

eter *s.n.* **1.** *chim. etc.* ether. **2.** *(aer)* air; *(cer)* sky, ether. ⓐ ~ *sulfuric* sulphuric ether.

eteric *adj.* **1.** *chim. etc.* etheric. **2.** *fig.* ethereal, airy. ⓓ *uleiuri* ~*e* essential/volatile/ethereal oils.

eterie *s.f. ist.* hetaeria.

etern I. *adj. (fără inceput şi fără sfîrşit)* eternal; *(fără sfîrşit)* everlasting, endless; *(perpetuu)* perpetual; *(nemuritor)* immortal. **II.** *adv.* for ever(more), to the end of time, eternally. **III.** *s.m. eternul* the eternal ⓐ ~*feminin* the eternal feminine.

eternitate *s.f. şi fig.* eternity.

eterniza I. *vb. tr.* **1.** to eternize, to make endless; *(a perpetua)* to perpetuate. **2.** *(a tărăgăna)* to carry

smth. to an unusual length. **3.** *(a imortaliza memoria etc.)* to immortalize. **II.** *vb. refl.* **1.** to be eternized, to last for ever. **2.** *(a nu mai pleca) fig.* to stay an endless time.

eteroclit *adj.* heteroclitic(al), heteroclite, heteroclitous.

eterodox *adj.* heterodox.

eterogen *adj.* heterogeneous, heterogene(al), dissimilar, different.

eterogenitate *s f.* heterogeneousness, dissimilarity, disparity.

eteziene *adj. pl.* ⓓ *vînturi* ~ Etesian winds.

etiaj *s.n.* low-water mark.

etic *adj.* ethic(al).

etică *s.f.* ethics.

eticheta *vb. tr.* **1.** to label, to attach a label to; *(manuscrise)* to docket; *(mărfuri)* to ticket. **2.** *fig.* to label.

etichetă *s f.* **1.** label; *(pe un manuscris)* docket; *(pe mărfuri)* ticket. **2.** *(ceremonial)* etiquette, ceremony. ⓒ *lasă eticheta* don't stand on ceremony.

etil *s.n. chim.* ethyl.

etilenă *s.f. chim.* ethylene.

etilic *adj. chim.* ethylic.

etimologic *adj.* etymologic(al).

etimologie *s.f.* etymology.

etimologist *s.m.* etymologist.

etiologic *adj.* (a)etiological.

etiologie *s.f. filoz., med.* (a)etiology.

etiopian *adj., s.m.* Ethiopian.

etmoid *anat.* **I.** *adj.* ethmoid(al). **II.** *s.n.* ethmoid bone.

etnic *adj.* ethnic(al).

etnograf *s.m.* ethnographer.

etnografic *adj.* ethnographic(al).

etnografie *s.f.* ethnography.

etnolog *s.m.* ethnologist.

etnologic *adj.* ethnologic(al).

etnologie *s.f.* ethnology.

etravă *s.f. nav.* stem.

etrusc *adj., s.m.* Etruscan.

etuvă *s.f.* drying closet.

eu I. *pron.* I, *glumeţ*→F number one. ⓐ ~ *însumi* (I) myself; my own self/person. ⓒ ~ *să fac asta?* F catch me (doing that)! **II.** *s.n.* ~*l* (the) I, the ego.

eucalipt *s.m. bot.* eucalyptus, gum tree *(Eucalyptus globulus)*. ⓓ *ulei de* ~ eucalyptus oil.

eufemism *s.n. ret.* euphemism.
eufemistic *adj.* euphemistic(al).
eufonic *adj. muz.* euphonic(al).
eufonie *s.f. muz., lit.* euphony.
euforb *s.m. bot.* spurge, milk weed *(Euphorbia).*
euforic *adj.* elated, euphoric.
euforie *s.f.* euphoria, elation.
eugenie *s.f.* eugeny.
euharistie *s.f. bis.* Eucharist, Lord's Supper.
eunuc *s.m.* eunuch.
euritmic *adj.* eurhythmic.
euritmie *s.f.* eurhythmy.
european *adj., s.m.* European.
europenesc *adj.* European.
europeneşte *adv.* like a European.
europenîza *vb. tr.* to Europeanize.
ev *s.n. (secol)* century; *(perioadă)* period, age. ⓐ *~ul mediu* the Middle Ages.
evacua *vb. tr.* **1.** *mil.* to evacuate, to quit, to withdraw from; *(trupe)* to remove. **2.** *med.* to eject, to throw out, to evacuate. **3.** *(aburul)* to exhaust; *(apa)* to bale/bail out. **4.** *(un loc)* to evacuate, to clear; to quit, to leave, to remove from; *(un apartament)* to vacate. **5.** *(locatari)* to eject, to evict, F→to clear out. ⓒ *~ţi sala!* clear the room!
evacuare *s.f.* evacuation etc. v. e v a c u a.
evacuat *s.m.* evacuee.
evada *vb. intr. (din/de la)* to evade *(cu acuz.)*, to (make one's) escape (from). ⓒ *a ~ din închisoare* to escape from jail, to break out of jail.
evadare *s.f.* escape, flight. ⓐ *~ din realitate lit.* escapism, flight from reality.
evadat *s.m.* escaped prisoner; fugitive.
evalua *vb. tr.* to estimate; *(mobilă)* to appraise; *(casă, pămînt)* to value; *(pagube)* to assess.
evaluare *s.f.* estimate, valuation.
evangheliar *s.n.* Gospel.
evanghelic *adj.* **1.** *(privitor la evanghelie)* evangelic(al), Gospel... **2.** *(protestant)* Evangelic, Protestant.

evanghelie *s.f.* **1.** Gospel, evangel. **2.** *fig.* gospel. ⓒ *ca şi cum ar fi literă de ~* as if it were gospel truth/the gospel; *nu-ţi pune capul sănătos sub ~* F don't ask for it, never meet trouble half-way.
evanghelist *s.m.* evangelist.
evantai *s.n.* fan.
evapora **I.** *vb. tr. fiz.* to evaporate. **II.** *vb. refl.* **1.** *fiz.* to evaporate. **2.** *fig.* F to make oneself scarce.
evaporare *s.f.* evaporation.
evazat *adj.* flaring.
evazionist *s.m.* escapist; *(fiscal)* tax dodger.
evaziune *s.f.* evasion. ⓐ *~ fiscală* tax dodging.
evaziv **I.** *adj.* evasive. **II.** *adv.* evasively.
eveniment *s.n.* event; *(întîmplare)* occurrence, happening, incident; *(development)*; *(accident)* accident. ⓑ *plin de ~e* eventful; *ultimele ~e* the latest developments.
eventual **I.** *adj.* eventual, possible; *(întîmplător)* contingent, uncertain, casual, accidental. **II.** *adv.* eventually, possibly; *(dacă e cazul)* if so, if such be the case; *(dacă e nevoie)* if need be, in case of need.
eventualitate *s.f.* event(uality), contingency. ⓑ *pentru orice ~* for all contingencies, F→on the off chance.
evicţiune *s.f. jur.* eviction.
evident **I.** *adj.* visible, evident, obvious, clear, manifest, apparent, patent. **II.** *adv.* evidently etc. v. ~ I.
evidenţă *s.f.* **1.** *(claritate)* visibility, (self-)evidence, obviousness. **2.** *(realitate)* evidence, reality. **3.** *com. (situaţie)* situation; *(documente)* accounts. ⓐ *~ contabilă* bookkeeping. ⓒ *a nega evidenţa* to fly in the face of facts; *a fi în ~* to be conspicuous/patent; *a pune în ~* to make/render evident/obvious/manifest; *a se pune în ~* to make oneself conspicuous, to put oneself forward; *a scoate în ~* to point out, to emphasize, to set off.
evidenţia **I.** *vb. tr.* **1.** to make/render evident; *(a sublinia)* to point out,

to emphasize. **2.** *(pe cineva)* to distinguish. **II.** *vb. refl.* to make oneseu conspicuous; *(a fi ~t)* to be distinguished.

evidenţiat *s.m.* excellent worker.

evidenţiere *s.f.* making evident etc. v. e v i d e n ţ i a.

evita *vb. tr.* to avoid, to shun, to , *(a eluda)* to elude, to evade, to escape; *(cu grijă)* to give a wide berth to, to keep/stay/ steer clear of; *(o lovitură)* to evade, to dodge. © *nu se poate ~* it is unavoidable, it cannot be helped.

evitabil *adj.* avoidable.

evitare *s.f.* avoidance, evasion.

evlavie *s.f.* **1.** *rel.* piety, godliness, devotion. **2.** *(respect)* piety, reverence, respect. ⓑ *cu ~* piously, with piety/reverence.

evlavios *adj.* pious; godly; *(bigot)* bigoted.

evoca *vb. tr.* **1.** to evoke, to call forth/up. **2.** *(amintirea etc.)* to call to mind, to call up, to recall.

evocare *s.f.* evocation etc.v.e v o c a.

evocator *adj.* evocative (of ...).

evolua *vb. intr.* **1.** *nav., mil.* to make/perform evolutions, to manoeuvre. **2.** *fig.* to evolve, to develop; *(a creşte)* to grow.

evoluat *adj.* advanced, developed.

evolutiv *adj.* evolutive, progressive, progressional.

evoluţie *s.f.* **1.** *nav., mil.* evolution. **2.** *fig.* progress, evolution, development.

evoluţionism *s.n.* evolutionism.

evoluţionist *s.m.* evolutionist.

evreică *s.f.* Jewess.

evreiesc *adj.* Jewish.

evreieşte *adv.* **1.** like a Jew. **2.** *(ca limbă)* Jewish.

evreu *s.m.* Jew.

evrica *interj.* eureka.

ex *particulă* ex-, former. ⓐ *~-ministru* ex-minister.

exacerba *vb. tr.* to exacerbate.

exacerbare *s.f.* exacerbation.

exact I. *adj.* **1.** exact, accurate; *(punctual)* punctual, precise; *(adevărat)* true (to fact); *(strict)* strict, rigorous; *(minuţios)* careful; *(corect)* correct, accurate, precise; *(fidel)* faithful. **2.** *(pe măsură)* (closely) fitting. ⓑ *calcul ~* nice/ close calculation; *copie ~ă* close copy; *traducere ~ă* faithful translation. **II.** *adv.* **1.** exactly; *(chiar, tocmai)* just, right, exactly; *(strict)* strictly; *(punctual)* punctually; *(cu acurateţe)* accurately; *(la fel)* just, the same; *(amănunţit)* minutely. **2.** *interjecţional* that's (perfectly) right; *(asta e)* that's it. ⓐ *~ ca şi...* just like..., just as much as... © *e ora 6 ~* it's six (o'clock) sharp/precisely, it's exactly six (o'clock); *a se potrivi ~* to fit tightly.

exactitate *s.f.* *(acurateţe)* exactness; *(precizie)* precision, punctuality, strictness, rigour; *(grijă)* carefulness.

exagera I. *vb. tr.* to exaggerate, to overdo, to magnify, to overdraw, F→to pile on; *(adevărul)* to overstate; *(calităţi)* to overrate, to over-estimate. **II.** *vb. intr.* to exaggerate, to fling the hatchet, F→to draw the long bow.

exagerare *s.f.* exaggeration.

exagerat *adj.* **1.** exaggerated. **2.** *(d. cineva)* given to exaggeration.

exala I. *vb. tr.* **1.** to exhale, to send out/forth. **2.** *fig.* to exhale, to breathe out/forth. **II.** *vb. refl. pas.* to be exhaled.

exalare *s.f.* exhalation.

exalaţie *s.f.* exhalation.

exalta I. *vb. tr.* **1.** *(a ridica în slăvi)* to exalt, to extol, to magnify, to glorify. **2.** *(a înflăcăra)* to excite, to kindle; *(într-un sens rău)* to work up. **II.** *vb. refl.* **1.** to be exalted. **2.** *(reciproc)* to exalt one another.

exaltare *s.f.* exaltation etc. v. e x a l t a.

exaltat I. *adj.* **1.** enthusiastic. **2.** *fig.* heated, hot-headed; self-intoxicated. **II.** *adv.* enthusiastically etc. v. *~* **I. III.** *s.m.* wild enthusiast, hot-headed fellow.

examen *s.n.* **1.** *(cercetare)* examination, inquiry, scrutiny; probation, investigation; *(verificare)* verification. **2.** *şcol., univ.* examination, F→exam. ⓐ *~ de absolvire* final(s); school-leaving examination; ~ *de admitere/intrare* entrance examination; ~ *de conştiinţă* self-examination; ~ *de fine de an* end-of-year examination; ~ *oral* viva-voce/oral examination; ~ *pregătitor* preliminary examination; ~*de stat* State examination. ⓒ *a da un* ~ to go in for an examination, to take an examination; *a-şi face un* ~ *de conştiinţă* to undergo a self-examination; *a cădea la* ~ to fail, F to be plucked/ploughed; *a se prezenta la un* ~ to go up/sit/enter for an examination; *a ştiut bine la* ~*ul de engleză* he did well in/at the English examination, he did well in English; *a trece la* ~ to pass an/one's examination.

examina *vb. tr.* **1.** to examine. **2.** *(a cerceta)* to search, to investigate, to scrutinize; *(a judeca)* to weigh, to consider; *(a inspecta)* to inspect, *şcol.* to examine; *chim.* to analyse; *(a explora)* to explore; *jur.* to inquire into, to make a judicial inquiry into.

examinare *s.f.* examination etc. v. e x a m i n a.

examinator **I.** *adj.* examining. **II.** *s.m.* examiner; investigator.

exantematic *adj. med.* exanthematic.

exantemă *s.f. med.* exanthem(a), rash, eruption.

exarh *s.m.* exarch.

exaspera *vb. tr.* to exasperate, to irritate, F to aggravate, to drive mad, to drive *smb.* out of his senses.

exasperare *s.f.* exasperation etc. v. e x a s p e r a.

exasperant *adj.* exasperating, F→ aggravating.

exasperat *adj.* ⓐ ~ *de ...* mad with/at...

excava *vb. tr.* to excavate, to hollow.

excavator *s.n.* excavator, steam navvy/slovel. ⓐ ~ *cu braţ* boom excavator; ~ *cu cupă* bucket excavator; ~ *pe şenile* track-type/caterpillar excavator; ~ *păşitor* walking excavator; ~ *pe şine* rail excavator.

excavaţie *s.f.* excavation.

excedent *s.n.* **1.** surplus, overplus. **2.** *mat.* excess. ⓐ ~ *bugetar fin.* budget excess/surplus.

excela *vb. intr. (in)* to excel (in).

excelent **I.** *adj.* excellent; *(splendid)* splendid, exquisite, F→capital. **II.** *adv.* **1.** excellently. **2.** *interjecţional* F (that's) capital/grand!

excelenţă *s.f.* **1.** excellency; (great) superiority, superior/first-rate quality, eminence. **2.** *(ca titlu)* Excellency. ⓑ *prin* ~ pre-eminently, excellently; *(mai presus de orice)* above all; *(în sensul adevărat al cuvîntului)* in the true sense/acceptation of the word.

excentric **I.** *adj.* **1.** *geom.* eccentric. **2.** *fig.* eccentric, extravagant, queer; *(nebun)* mad, crazy. **II.** *s.m.* eccentric, odd/strange fellow. **III.** *s.n. tehn.* eccentric.

excentricitate *s.f.* **1.** *astr., geom., fiz.* eccentricity. **2.** *fig.* eccentricity, oddity, singularity.

excepta *vb. tr.* to except, to exclude.

excepţie *s.f.* exception. ⓑ *făcînd* ~ *de...* excepting...; *cu excepţia (cu gen.)* except(ing) ..., with the exception of..., save for..., *poetic* save...; *fără* ~ without exception; *toţi fără* ~ all to a man. ⓒ *a face* ~ to make/be an exception; *nu puteţi face o* ~ *în favoarea mea?* could you not stretch/strain a point in my favour? ⓓ *excepţia întăreşte regula* the exception proves the rule; *nu există regulă fără* ~ (there is) no rule without an exception.

excepţional **I.** *adj.* **1.** exceptional. **2.** *(extraordinar)* exceptional, extraordinary; *(neobişnuit)* uncommon. ⓐ ~ *de...* exceedingly... ⓑ *în mod* ~ by way of exception. **II.** *adv.* **1.** exceptionally. **2.** *(minunat)* wonderfully, rarely. **3.** *(prin excepţie)* by way of exception.

excerpte *s.n. pl.* excerpts.

exces *s.n.* excess, profusion; *(depăşire în sens rău)* transgression, infraction; *(necumpătare)* excess; *(la mîncare)* gluttony; *(la băutură)* intemperance; *(sexual)* debauchery, licentiousness; *(superfluitate)*superfluity; *(violenţă)* violence; abuse, outrage. ⓓ *pînă la ~ (excesiv)* to excess. ⓒ *a face ~ de ... to abuse ...; a face ~ de zel* to be over-zealous; *a face ~e* to commit excesses; *a se deda la ~e* to proceed to acts of violence.

excesiv I. *adj.* excessive, exorbitant; *(extrem)* extreme; *(enorm)* enormous, monstrous; *(nemoderat)* immoderate. **II.** *adv.* excessively, beyond measure, to excess/a fault, out of proportion. ⓒ *a lucra ~* to work too hard.

excita I. *vb. tr.* **1.** *(a stimula)* to stimulate; *(a aţîţa)* to stir up, to awaken, to rouse; *(a provoca)* to provoke. **2.** *med.* to excite, to summon up. **8.** *(a stîrni)* to work up, to rouse, to fire; *(pofta de mîncare)* to sharpen, to whet. **II.** *vb. refl.* to get excited etc. v. ~ **I.**

excitabil *adj.* irritable, irascible; excitable.

excitant I. *adj.* exciting, stimulating. **II.** *s.n.* excitant, stimulant.

excitator I. *adj.* exciting. **II.** *s.n. fiz.* excitator.

excitaţie *s.f.* excitation.

exclama *vb. tr.* to exclaim, to cry out, to shout.

exclamare *s.f.* exclamation. ⓓ *semnul exclamării* exclamation mark, note of exclamation.

exclamativ I. *adj. gram.* exclamative, exclamatory. **II.** *adv.* exclamatively.

exclamaţie *s.f.* exclamation, shout; asseveration.

exclude I. *vb. tr.* to exclude, to shut out; *(dintr-o societate)* to expel, to bar; *(din barou)* to disbar; *(din biserică)* to excommunicate; *(a împiedica)* to bar, to preclude; *(a nu se potrivi)* to exclude, to be incongruous/unsuitable/inconsistent. ⓒ *una nu o ~ pe cealaltă* the one does not preclude/bar the other; *alte posibilităţi sînt excluse* other possibilities are out of the question. **II.** *vb. refl.* **1.** to exclude oneself. **2.** *pas.* to be excluded. **3.** *(reciproc)* to exclude each other.

excludere *s.f.* exclusion. ⓓ *cu ~a (cu gen.)* exclusive of..., with the exclusion of...

exclus *adj.* **1.** excluded etc. v. **e x c l u d e.** **2.** *(imposibil)* impossible; *(in afară de discuţie)* out of the question.

exclusiv I. *adj.* exclusive. **II.** *adv.* exclusively.

exclusivism *s.n. (spirit exclusiv)* exclusivity; *(obiceiul de a exclude)* exclusivism.

exclusivist I. *s.m.* exclusivist. **II.** *adj.* exclusive.

exclusivitate *s.f.* exclusiveness.

excomunica *vb. tr.* **1.** *rel.* to excommunicate. **2.** *fig.* to exclude (from a community), to cast out, to expel.

excomunicare *s.f.* **1.** *rel.* excommunication. **2.** *fig.* expulsion.

excremente *s.n. pl.* excrements, faeces, dejecta.

excrescenţă *s.f.* excrescence; outgrowth.

excreta *vb. tr.* to excrete.

excretor *adj.* excretory, excretive.

excreţie *s.f.* **1.** *fiziol.*, *bot.* excretion, secretion. **2.** *(eliminare)* elimination; separation.

excursie *s.f.* **1.** trip, excursion, outing, run, jaunt. **2.** *fig.* excursus, dissertation; digression. ⓒ *a face o ~ la...* to make an excursion to ..., to take a (short) trip to...

excursionist *s.m.* excursionist, tourist, holiday maker, F→tripper.

execrabil I. *adj.* execrable, hateful, abominable. **II.** *adv.* execrably etc. v. ~ **I.**

executa I. *vb. tr.* **1.** *(a îndeplini)* to carry out/through, to carry into effect, to fulfil, to execute; *(a face)* to perform, to do, to accomplish; to put into execution. **2.** *muz.* to play (off); *(o bucată mai mare)* to recite, to perform, to execute. **8.** *mil.* to perform, to obey. **4.** *jur.* to distrain, to levy a distress upon (a debtor); *(o ipotecă)* to foreclose. **5.** *(un criminal etc.)* to execute, to put to death. ⓒ *a ~ un plan* to carry out a plan; *a ~ porunca cuiva* to execute smb.'s order; *a ~ un proiect* to execute a design. **II.** *vb. refl.* **1.** *(a se supune)* to submit, to yield, to comply (with). **2.** *pas.* to be executed etc. v. e x e c u- t a.

executant *s.n.* **1.** *muz.* performer. **2.** accomplisher, doer etc. v. e x e- c u t a.

executare *s.f.* execution etc. v. e x e c u t a.

executiv *adj.* executive; *jur.* și executory. ⓑ *comitet* ~ executive committee; *putere* ~ă executive power.

executor *s.m.* **1.** performer, accom- plisher etc. v. e x e c u t a. **2.** *jur.* executor. **3.** *(călău)* executioner; hangman. ⓐ ~ *testamentar* v. ~ 2.

executoriu *adj. jur.* executory.

execuție *s.f.* execution etc. v. e x e- c u t a; *(a unei ipoteci)* foreclo- sure. ⓑ *pluton de* ~ firing squad. ⓒ *a pune în* ~ to put into execu- tion.

exeget *s.m.* exegetist, exegete.

exegeză *s.f.* exegesis.

exemplar[1] **I.** *adj.* **1.** exemplary. **2.** worthy of imitation. ⓑ *pedeapsă* ~ă exemplary punishment; *pur- tare* ~ă exemplary behaviour. **II.** *adv.* exemplarily, in an exemplary manner.

exemplar[2] *s.n.* **1.** *(model)* sample, pattern; *(vrednic de urmat)* model, exemplar. **2.** *(de carte etc.)* copy; *(număr)* number.

exemplifica *vb. tr.* to exemplify.

exemplificare *s.f.* exemplification.

exemplu *s.n.* **1.** *(pildă)* example; *(caz, exemplificare)* instance. **2.** *(model)* sample, pattern. **3.** *gram. etc.* example. **4.** *(comparație)* com- parison. ⓑ *ca de* ~ as for instance, such as; *de* ~ for example/instance, by way of example; *după* ~l *(cu gen.)* after/following the exam- ple of ..., in imitation of...; *eu, de* ~ I for one; *fără* ~ unprece- dented, unmatched, unparalleled. ⓒ *a da un* ~ to give/set an exam- ple; *a da un bun* ~ *altora* to set a good example to others; *ia* ~ *de la el* take him for a model, take a leaf out of his book; *(ca avertis- ment)* let him be a warning/lesson to you; *a urma* ~l *cuiva* to follow smb.'s example; *a da ca* ~ **a.** to

quote as a case in point, to (give as an) instance; *jur.* to quote as precedent. **b.** *fig. (pe cineva)* to make an example of...; *a sluji/ser- vi de/ca* ~ *(cu dat.)* to be put up as a pattern/model (to), to serve as a pattern/model (to); to be a warning lesson (to).

exercita I. *vb. tr. (a practica)* to exercise, to practise; *(o profesie etc.)* to practise, to pursue, to fol- low; *(o influență)* to exert, to exercise, to bring... to bear; *(a întrebuința)* to use, to perform, to practise, to give play to; *(forța)* to exert, to make use of; *(puterea)* to wield. ⓒ *a-și* ~ *corpul* to exer- cise the body; *a-și* ~ *dreptul* to exercise one's right; *a* ~ *o meserie* to carry on/ply a trade; *a* ~ *pre- siuni asupra cuiva* to put pressure on smb., to bring pressure to bear on smb.; *a* ~ *o profesiune* to fol- low a profession, to pursue a call- ing. **II.** *vb. refl.* **1.** *pas.* to be exer- cised etc. v. ~ **I. 2.** to exercise (oneself), to practise.

exercitare *s.f.* exercise, practising etc. v. e x e r c i t a.

exercițiu *s.n.* **1.** *(practică)* practice. **2.** *mil.* exercise, drilling, training, manoeuvre. **3.** *(de gimnastică)* ex- ercise, *pl.* athletic sports. **4.** *muz.* exercise, study. **5.** *școl.* exercise; *pl. (temă acasă)* home task, home- -work. **6.** *(al funcțiilor)* exercise, discharge. **7.** *fin.* budgetary year. ⓑ *în* ~l *funcțiunii* in the exer- cise/discharge of one's duties; *te- ren de exerciții* *mil.* drill ground. ⓒ *a face un* ~ to do an exercise; *a face exerciții la pian* to play exer- cises/to practise on the piano; *a-și pierde* ~l to be out of practice.

exersa I. *vb. intr. (la)* to practise *(cu acuz.).* **II.** *vb. tr. și refl.* to practise.

exhaustiv *adj.* exhaustive.

exhibiție *s.f.* exhibition.

exhibiționism *s.n.* exhibitionism.

exhuma *vb. tr.* to exhume, to dis- inter, to dig up.

exhumare *s.f.* exhumation, disinter- ment, digging up.

exigent *adj.* exacting, over-particular.

exigenţă *s.f.* exactingness, exigence, exigency.

exigibil *adj.* exigible, demandable.

exil *s.n.* banishment, exile; *(loc)* (place of) exile.

exila I. *vb. tr.* to banish, *pol.* to exile, *înv. şi→* to ostracize; *(a proscrie)* to outlaw, to proscribe; *(a alunga)* to expel. II. *vb. refl.* 1. to exile oneself. 2. *(a se izola)* to withdraw, to seclude oneself.

exilare *s.f.* banishment etc. v. e x i l a.

exista *vb. intr.* *(a fiinţa)* to exist, to be in existence; *(a se afla)* to be (extant); *(a fi disponibil)* to be available; *(a dăinui)* to endure, to last, to exist; *(a trăi)* to live, to have life. ⓒ *există oameni acolo* there are men there; *există un om care...* there is a man who...

existent *adj.* *(care există)* existing, existent; *(aflător)* extant.

existenţă *s.f.* existence, being; *(viaţă)* life; *(trai)* living; *(realitate)* reality. ① *mijloace de ~* means of subsistence. ⓒ *a-şi cîştiga existenţa* to earn one's living; *a duce o ~ de...* to lead a(n)... existence; *existenţa determină conştiinţa* being determines (one's) consciousness.

existenţialism *s.n. filoz., lit.* existentialism.

existenţialist *filoz., lit.* I. *adj.* existentialist(ic). II. *s.m.* existentialist.

exmatricula *vb. tr. şcol.* to expel.

exmatriculare *s.f. şcol.* expulsion.

exod *s.n.* 1. *rel.* exodus. 2. *(al unui popor)* emigration. 3. *lit.* exode.

exoftalmie *s.f. med.* exophthalmia.

exonera I. *vb. tr.* to exonerate. II. *vb. refl.* to exonerate oneself.

exorbitant *adj.* exorbitant, excessive, unreasonable.

exordiu *s.n.* 1. *ret.* exordium. 2. *fig.* beginning.

exosmoză *s.f. fiz.* exosmose.

exoteric *adj.* exoteric.

exotermic *adj. chim.* exothermic.

exotic *adj.* exotic(al). ① *plantă ~ă* exotic (plant).

exotism *s.m.* exot(ic)ism.

expansibil *adj. fiz.* expansible.

expansionism *s.n.* expansionism.

expansionist I. *adj.* expansion..., of expansion. II. *s.m.* expansionist.

expansiune *s.f.* 1. *fiz.* expansion, dilatation. 2. *anat., bot.* enlargement, expansion. 3. *(lărgire) şi fig.* expansion, spread. 4. *fig. (revărsare)* expansion, overflow.

expansiv *adj.* 1. *fiz.* expansive. 2. *fig.* unreserved, expansive, effusive.

expansivitate *s.f. fig.* expansiveness (of disposition).

expatria I. *vb. tr.* to expatriate, to banish. II. *vb. refl.* to leave one's own country.

expatriat *s.m.* exile.

expatriere *s.f.* expatriation.

expectativă *s.f.* expectation, prospect. ⓒ *a fi/sta în ~* to bide one's time, to be in abeyance.

expectora *vb. tr., vb. intr.* to expectorate.

expectorant *adj., s.n. med.* expectorant.

expectoraţie *s.f.* expectoration.

expedia *vb. tr.* *(a trimite)* to send away/off, to expedite; *(cu viteză)* to dispatch; *(mărfuri)* to forward; *(cu vaporul)* to ship; *(bani)* to remit; *(scrisori)* to post. ⓒ *a ~ pe cineva* F to send smb. about his business, to give smb. a set-down, to get rid of smb.; *a ~ pe cineva pe lumea cealaltă* F to do smb. in, to do for smb.; *a ~ o scrisoare* to post a letter; *a ~ trupe* to send off troops.

expedient *s.n.* shift, expedient, resource.

expediere *s.f.* dispatch etc. v. e x p e d i a.

expeditiv *adj.* I. prompt, quick, expeditious; efficient. II. *adv.* expeditively.

expeditor *s.m.* *(al unei scrisori etc.)* sender; *(de mărfuri)* forwarding agent, forwarder.

expediţie *s.f.* 1. *com., poştă* sending, dispatch(ing.) 2. *(serviciu de ~)* dispatch office. 3. expedition; *mil.* campaign, (warlike) expedition.

expediţionar *adj.* expeditionary.

experiență *s.f.* **1.** *(încercare)* experiment, trial. **2.** *(cunoaștere)* experience, practical/empirical knowledge; *(rutină)* practical routine, skill. **3.** *(probă)* experiment, test. ⓐ *experiențe cu arma atomică* A-bomb tests. ⓑ *din* ~ from experience; *schimb de* ~ exchange of experience. ⓒ *a avea* ~ *(în)* to be experienced (in), to be an old hand (at); *a face o* ~ to make/try an experiment; to carry out an experiment; *a face ceva cu titlu de* ~ to do smth. as an experiment; *e un om cu* ~ he is a man of experience; *știm din* ~ *că...* we know from experience that...; *a face schimb de* ~ to conduct an exchange of experience.

experimenta I. *vb. tr.* **1.** to experiment, to try, to test; *(a face experiențe cu)* to try experiments (upon/with). **2.** *fig.* to experience. **II.** *vb. intr.* to experiment(alize), to try an experiment.

experimental I. *adj.* experimental. ⓑ *fizică* ~*ă* experimental physics. **II.** *adv.* experimentally.

experimentare *s.f.* **1.** experimentation, experiment(aliz)ing. **2.** experiencing.

experimentat *adj.* experienced; *(în arte)* expert, skilled; *(în ale lumii)* shrewd, practical; *(versat) (în)* well versed (in).

experimentator *s.m.* experimenter, experimentalist.

expert *s.m.* expert, specialist, authority, connoisseur, adept.

expertiză *s.f.* examination, survey, *com.* expert appraisement; *(raport)* expert's report.

expira I. *vb. tr.* to expire, to breathe out. **II.** *vb. intr.* **1.** *(a muri)* to expire, to die. **2.** *(a lua sfîrșit)* to expire, to end, *com.* to fall/become due, to lapse. **3.** *(aerul)* to expire, to breathe out.

expirator *adj.* expiratory.

expirație *s.f.* expiration.

expletiv *adj. s.n.* expletive.

explica I. *vb. tr.* to explain; *(a găsi o explicație pentru)* to account for; *(a clarifica)* to elucidate, to illustrate, to clear up; *(a co-*

menta) to comment upon; to expound; *(a interpreta)* to interpret; *(a defini)* to define; *(a justifica)* to justify, to vindicate. **II.** *vb. refl.* **1.** *pas.* to be explained etc. v. ~ I. **2.** *(a vorbi deslușit)* to explain oneself, to speak plain. **3.** *(a da o explicație)* to explain, to give an explanation. **4.** *(a fi clar)* to be clear/manifest.

explicabil *adj.* explainable, explicable, accountable.

explicare *s.f.* explanation etc. v. e x p l i c a.

explicativ *adj.* explanatory.

explicație *s.f.* explanation; *(cauză)* cause; *(justificare)* justification; *(interpretare)* exegesis. ⓑ *fără alte explicații* without further explanation. ⓒ *a avea o* ~ *cu cineva* to have an explanation with smb., to have it out with smb.; *a cere explicații cuiva* to bring/call smb. to account.

explicit I. *adj.* explicit. **II.** *adv.* explicitly.

exploata I. *vb. tr.* **I.** *(ceva)* to exploit; *(o mină)* to work; *(cărbune)* to get, to win; *(a cultiva)* to cultivate. **2.** to exploit, to turn to one's account/profit. **3.** *(într-un sens rău)* to exploit; *(muncitorii)* to exploit, to sweat; *(a profita de pe urma)* to take advantage of, to profit illegitimately by; *(a înșela)* to impose upon, to swindle; *(ignoranța cuiva)* to trade upon; *(a nedreptăți)* to wrong. **4.** *(un succes etc.)* to take advantage of, to make the best of. **II.** *vb. refl. pas.* to be exploited etc. v. ~ I.

exploatare *s.f.* **1.** exploitation etc. v. e x p l o a t a. **2.** *(a muncitorilor etc.)* exploitation. **3.** *(a unei întreprinderi etc.)* exploitation, operation, running. **4.** *(mină etc.)* mine, working; winning. ⓐ ~*a omului de către om* exploitation of man by man; ~ *a pădurilor* forestry operation; ~ *auriferă* goldfield, gold-mine; ~ *capitalistă* capitalist exploitation; ~ *piscicolă* fishery. ⓑ *cheltuieli de* ~ operation expenses; *dare în* ~ putting into operation, commissioning.

exploatat I. *adj.* exploited etc. v.
e x p l o a t a. **II.** *s.m.* exploited
person; *pl. exploataţii* the exploited.
exploatator I. *adj.* exploiting. **II.**
s.m. **1.** *(al muncitorilor)* exploiter,
sweater of labour. **2.** *(de mine etc.)*
exploiter.
exploataţie *s.f.* exploitation, mining,
working etc. v. e x p l o a t a. ⓐ
~ *forestieră* lumber station.
exploda *vb. intr.* **1.** *chim. etc.* to
explode, to detonate. **2.** *fig.* to
explode, to detonate. **3.** *fig.* to
explode, to burst out, F→to go off.
explora *vb. tr.* to explore; *(a sonda)*
to fathom, to probe; *(a pătrunde
în)* to penetrate, to dive into, F→
to go to the bottom of; *mil.* to
scout, to reconnoitre.
explorare *s.f.* exploration, probing,
probe etc. v. e x p l o r a.
explorator *s.m.* explorer; investi-
gator.
explozibil *adj.*, *s.n.* explosive.
explozie *s.f.* **1.** *chim. etc.* explosion,
detonation; *(a unui cazan)* explo-
sion, bursting. **2.** *fig.* explosion,
outburst.
exploziv I. *adj.* **1.** *chim.* explosive.
2. *fon.* plosive. **II.** *s.n.* explosive
(matter).
exponat *s.n.* exhibit.
exponent *s.m.* **1.** *mat.* index,
exponent. **2.** spokesman, mouth-
piece; *(reprezentant)* representative.
exponenţial *adj. mat.* exponential.
export *s.n.* **1.** *(de marfă etc.)* ex-
port(s). **2.** *(ca acţiune)* exportation.
ⓑ *articol* *⁊* ~ **a.** article of ex-
port. **b.** *pl.* goods for export(ation),
export goods, exports; *casă de*
~ export house; *comerţ de* ~ ex-
port/outward trade; *permis de* ~
declaration (of outward goods),
permit for exportation. ⓒ *a face*
~ to do an export trade.
exporta *vb. tr.* to export, to sell
abroad.
exportabil *adj. com.* exportable.
exportator I. *adj.* exporting. **II.**
s.m. exporter.
expozant *s.m.* exhibitor.
expozeu *s.n.* (detailed) statement,
exposition, exposé.

expozitiv *adj.* expositive.
expoziţie *s.f.* exhibition, show, *amer.*
exposition; *(sală de* ~*)* show room.
ⓐ ~ *de pictură* exhibition of paint-
ings; ~ *personală* one-man ex-
hibition.
expres I. *adj.* **1.** *ferov.* express. **2.** *(voit)*
express, intentional, deliberate;
(clar) clear, plain, manifest, ex-
plicit. ⓑ *ordin* ~ express com-
mand, strict order. **II.** *adv.* deli-
berately, intentionally, on purpose,
of set purpose, designedly. ⓒ *a
plecat* ~ *acolo* he made a point
of going there. **III.** *s.n.* *ferov.*
express (train).
expresie *s.f.* *(în diferite sensuri)*
expression; *(locuţiune)* phrase;
(termen) term; *(manifestare)* show,
manifestation; *(a feţei)* counte-
nance. ⓑ *după expresia (cu gen.)*
in the words/phrase of...; *redus la
cea mai simplă* ~ reduced to the
lowest terms. ⓒ *a da* ~ *(cu dat.)*
to give expression/voice to..., to
put... into words, to voice...
expresionism *s.n.* expressionism.
expresionist *adj.*, *s.m.* expressionist.
expresiv I. *adj.* expressive, sug-
gestive; *(grăitor)* eloquent; *(plas-
tic)* graphical. **II.** *adv.* expressively
etc. v. ~ I.

expresivitate *s.f.* expressiveness.

exprima I. *vb. tr.* to express; *(a
arăta)* to show, to manifest; *(a
reprezenta)* to represent; *(a da glas)*
to voice; *(a declara)* to state, to de-
clare; *(oral)* to utter, to set forth in
words; *(în scris)* to write, to couch,
to put down. **II.** *vb. refl.* **1.** to ex-
press oneself. **2.** *pas.* to be expressed
etc. v. ~ I. ⓒ *a se* ~ *clar* **a.** to
speak well. **b.** *fig.* to speak plain-
ly; *a se* ~ *curgător* to be an
easy/a ready speaker, to have a
good flow of language; *(într-o
limbă străină)* to speak fluently;
a se ~ *vulgar* to use strong words,
to talk rudely.

exprimabil *adj.* expressible.

exprimare *s.f.* expression, utterance;
(dicţiune) diction. ⓑ *mod de* ~
mode of expression/utterance; *(stil)*
style, language.

expropria *vb. tr.* to expropriate, to take over.

exproapriator *s.m.* expropriator.

expropriere *s.f.* expropriation, taking over.

expulza *vb. tr.* **1.** *(din ţară)* to expel, to banish, to exile. **2.** *med.* to eject. **3.** *(a da afară)* to expel, to exclude.

expulzare *s.f.* **1.** expulsion. **2.** *med.* ejection, discharge, evacuation.

expulzat I. *adj.* expelled etc. v. e x p u l z a. **II.** *s.m.* expelled etc. person v. e x p u l z a.

expune I. *vb. tr.* **1.** *(mărfuri)* to exhibit, to show, to display; *(la muzeu etc.)* to exhibit; *(vederii)* to put out/forth, to expose (to view). **2.** *(a pune în pericol)* to expose, to endanger, to put in danger; *(batjocurii etc.)* to expose to, to lay out to. **3.** *(o teză etc.)* to explain, to expound; *(motive)* to set forth/out, to unfold; *(o situaţie)* to state, to set forth/in, to lay before. **4.** *(un mort etc.)* to lay out. ⓒ *a ~ la foc* to expose to the fire; *a ~ o doctrină* to expound a doctrine; *a ~ punctul de vedere al ...* to state the case for...; *le-am expus situaţia mea* I explained to them how I was placed; *a-şi ~ viaţa* to risk/jeopardize one's life. **II.** *vb. refl.* **1.** *pas.* to be exhibited etc. v. ~ I. **2.** *(cu dat.)* to expose oneself (to); *(a-şi primejdui viaţa)* to put oneself in danger; *(a risca)* to run a risk. ⓒ *n-o să mă mai expun altădată* I shall keep out of this another time; *a se ~ primejdiei* to incur/ < court danger.

expunere *s.f.* **1.** exposition, exposing etc. v. e x p u n e. **2.** *(povestire)* account; narration. **3.** *(explicaţie)* explanation. **4.** *lit.* exposition. **5.** *(discurs)* speech.

expus *adj.* in an exposed position; in danger/peril.

extatic I. *adj.* ecstatic. **II.** *adv.* ecstatically.

extaz *s.n.* **1.** rapture, ecstasy; *(transă)* trance; *(entuziasm)* enthusiasm. **2.** *med.* ecstasy.

extazia *vb. refl.* **1.** *(ca stare)* to be enraptured/in ecstasies. **2.** *(ca acţiune)* to go into ecstasies/ raptures.

extemporal *s.n.* extempore (exercise).

extensibil *adj.* extensi(b)le, extendible.

extensibilitate *s.f.* extensibility.

extensiune *s.f.* **1.** extension; *(mărire)* enlargement; *(în lăţime)* widening; *(în lungime)* lengthening, *fiz.* dilatation; expansion. **2.** *(mărime)* extent, size. ⓑ *prin ~* by extension of the sense.

extensiv *adj.* **1.** extensive; *(larg)* wide, comprehensive, broad. **2.** *(de extindere)* extending, of extension. ⓑ *agricultură ~ă* extensive agriculture.

extensor I. *adj. anat.* extensor. ⓑ *muşchi ~* extensor. **II.** *s.m. anat.* extensor. **III.** *s.n.* **1.** *(aparat de gimnastică)* chest expander, developer, exerciser. **2.** *av.* (rubber) shock-absorber.

extenua I. *vb. tr.* to wear out; *(trupul)* to waste. **II.** *vb. refl.* to work oneself to death.

extenuant *adj.* exhausting.

extenuat *adj.* worn/tired out, exhausted F→ jaded, spent, done up.

exterior I. *adj.* outward, external, outer, *rar→* exterior. ⓑ *comerţ ~* foreign trade; *ornamente exterioare* outside ornaments; *suprafaţă exterioară* external surface. **II.** *s.n.* **1.** outside exterior. ⓑ *în ~* (on the) outside, out of the doors. **2.** *(străinătate)* foreign countries. **3.** *(înfăţişare)* (outside) appearance/look; manners, bearing. **4.** *(aparenţă)* (mere) semblance, outward show.

exterioriza *vb. tr.* exteriorize.

exteritorial *adj.* exterritorial.

exteritorialitate *s.f.* exterritoriality.

extermina *vb. tr.* *(a extirpa)* to root out, to extirpate, to eradicate; *(un rău)* to stamp out, to put down; *(un popor)* to exterminate, to wipe out.

extern I. *adj.* external, outside, outer, *geom.* exterior. ⓑ *cauze ~e* external causes; *elev ~* day pupil; *unghi ~* exterior angle. **II.** *s.m.* **1.** *şcol.* day pupil. **2.** *med.* non-resident medical student, acting as assistant *sau* dresser at a hospital, extern.

externat *s.n.* **1.** *şcol.* day school. **2.** *med.* non-resident medical studentship.

externe *s.n. pl.* ⓓ *ministerul de ~* Ministry of Foreign Affairs; *(în Anglia)* Foreign Office; *(în S.U.A.)* State Department; *ministru de ~* Minister for Foreign Affairs; *(în Anglia)* Foreign Secretary; *(în S.U.A.)* Secretary of State.

extinctor **I.** *adj.* extinguishing. **II.** *s.n.* fire extinguisher/sprinkler.

extinde *vb. tr. şi refl.* to extend.

extindere *s.f.* extension.

extirpa *vb. tr.* to extirpate *şi fig.* to eradicate, to root out.

extirpator *s.n. agr.* extirpator.

extra *adj.* superior; extrafine, superfine; of special quality.

extrabugetar *adj.* outside the budget.

extract *s.n.* **1.** *chim. etc.* extract. **2.** *lit.* extract, abstract; *(pasaj)* passage. **3.** *(certificat)* certificate. ⓐ *~ de carne* extract of meat; *~ de căsătorie* certificate of marriage; *~ de deces* certificate of death; *~ de naştere* certificate of birth.

extraconjugal *adj.* extra-conjugal.

extractiv *adj.* extractive. ⓓ *industrie ~ă* extractive industry.

extractor **I.** *adj.* extracting. **II.** *s.n.* **1.** *mil.* extractor. **2.** *chim.* extraction apparatus. **3.** *(de miere)* extractor.

extracţie *s.f.* **1.** *min.* extraction, digging out; production. **2.** *(extragere)* extraction, drawing out. **3.** *(origine)* extraction, origin. ⓐ *~ a unei măsele* extraction/drawing of a tooth.

extrafin *adj.* extrafine, superfine.

extrage *vb. tr.* **1.** to extract, to draw out. **2.** *chim.* to extract, to derive. **3.** *(a alege)* to extract, to select. **4.** *mat.* to extract. **5.** *min.* to extract, to dig out. ⓒ *a ~ aur dintr-o mină* to extract gold from a mine; *a ~ un dinte* to pull out a tooth; *a-şi ~ un dinte* to have a tooth (taken) out, to have a tooth drawn/extracted; *a ~ glontele* to extract the bullet; *a ~ zahăr din sfeclă* to extract sugar from beetroot.

extragere *s.f.* extraction, drawing out etc. v. **e x t r a g e.**

extraordinar **I.** *adj.* **1.** *(neobişnuit)* extraordinary, out of the common; *(special)* special. **2.** *(rar, minunat)* rare, wonderful, uncommon, remarkable; < astonishing, amazing, prodigious; *(enorm)* enormous. **3.** *(în plus)* extra. ⓐ *~ de...* exceedingly, extremely... ⓓ *adunare ~ă* extraordinary meeting; *o întîmplare ~ă* an extraordinary event; *măsuri ~e* extraordinary measures; *trimis ~* envoy extraordinary. **II.** *adv.* extraordinarily etc. v. *~* I.

extraparlamentar *adj.* extra-parliamentary.

extrareglementar *adj.* extra-regular, out of the rules.

extras *s.n.* extract, abstract; *(pasaj)* passage; excerpt.

extrastatal *adj.* extrastate.

extraşcolar *adj.* out-of-school, extra-scholastic, non-scholastic. ⓓ *activitate ~ă* out-of-school/extra-curricular activities; extra-class work; *învăţămînt ~* extra-scholastic/non-scholastic/adult education.

extraterestru *adj.* extra-terrestrial.

extraurban *adj.* extra-urban.

extrauterin *adj. med.* extra-uterin.

extravagant **I.** *adj.* extravagant, eccentric, queer; *(exagerat)* exaggerated; *(contrar bunului simţ)* wild, unreasonable; *(nebun)* crazy, cracked. **II.** *s.m.* extravagant (person), wild person.

extravaganţă *s.f.* **1.** extravagance, extravagancy. **2.** *(ca acţiune)* extravagant act, wild thing, piece of folly.

extrăda *vb. tr.* to extradite, to give up, to hand over.

extrădare *s.f.* extradition.

extrem **I.** *adj.* extreme; utmost, outermost; *(în gradul cel mai înalt)* most; greatest; highest; *(excesiv)* excessive; *(cel mai depărtat)* remotest, farthest, furthest; *(ultim)* last. ⓐ *~ de ...* exceedingly..., extremely..., highly... to the last/highest degree, F to a degree. ⓓ *de ~ă importanţă* of the utmost/highest importance; *într-un* *caz* ~ in case of necessity/urgency, if the worst came/comes to the worst; *limită* ~*ă* utmost limit; *nevoie* ~*ă* extreme necessity, dire need. **II.** *adv.* extremely, exceedingly.

extremă *s.f.* **1.** *(limită)* extreme; extremity; *(punct extrem)* extreme/farthest point. **2.** *(opus)* extreme, contrary, opposite. **3.** *(caz extrem)* extreme (case). **4.** *mat.* extreme. **5.** *sport* outside (forward). ⓐ ~ *dreaptă* extreme right; ~ *stîngă* extreme left, radicals; *sport* left outside (forward). ⓒ *a cădea dintr-o* ~ *într-alta* to fall out of one extreme into another; *a juca (pe)* ~ *sport* to play outside.

extremism *s.m.* extremism.

extremist *s.m.* extremist.

extremitate *s.f.* **1.** *(vîrf)* tip, end. **2.** *(capăt)* extremity, outermost part, extreme, end, termination. **3.** *(culme)* extremity, climax; highest degree. **4.** *(exces)* extremity, extreme, excess. **5.** *(strîmtoare)* extreme (case), extremity. **6.** *(ultimele clipe ale vieții)* last moment/gasp. **7.** *(cea mai mare nevoie)* extremity, extreme distress/straits/difficulties. ⓐ *extremitățile unei linii* the extremities/ends of a line.

extrinsec *adj.* extrinsic(al).

exuberant *adj.* exuberant, overabundant, copious, luxurious.

exuberanță *s.f.* exuberance, exuberancy, luxuriance; *(bogăție)* richness.

ezita *vb. intr.* to hesitate, to waver, to vacillate, F→ to hem and haw.

ezitant *adj.* hesitating, wavering. F→ shilly-shally.

ezitare *s.f.* hesitation, wavering.

F

F, f *s.m.* F, f, the seventh letter of the Romanian alphabet.

fa *s.m. muz.* F., fa. ⓑ *cheie de* ~ bass clef.

fabrica I. *vb. tr.* **1.** to manufacture, to make, to produce; *(bani)* to coin; *(bere)* to brew. **2.** *(a falsifica)* to forge. **3.** *fig.* to invent; *(o istorie etc.)* to fabricate; to concoct, to make up. **II.** *vb. refl. pas.* to be manufactured etc. v. ~ **I.**

fabricant *s.m.* owner/proprietor of a manufactory; manufacturer, millowner, factory owner; maker.

fabricare *s.f.* manufacture, fabrication etc. v. **f a b r i c a**.

fabricat *s.n.* finished/manufactured product. ⓐ ~*e textile* textile fabrics.

fabricație *s.f.* **1.** v. **f a b r i c a r e**. **2.** *(marcă etc.)* make.

fabrică *s.f.* (manu)factory; *(mai mare)* works, plant; *(↓ de textile)* mill. ⓐ ~ *de cărămizi* brickworks, brickyard; ~ *de chibrituri* match factory; ~ *de confecții* ready-made clothing manufactory; ~ *de hîrtie* paper mill; ~ *de încălțăminte* shoe factory; ~ *de mobilă* furniture factory; ~ *de produse finite* finished products factory; ~ *de ulei* oil mill/press; ~ *de textile* textile factory/mill. ⓑ *coș de* ~ factory chimney; *director de* ~ (working) manager of a factory; *marca fabricii* trade mark; *mărfuri de* ~ manufactured goods; *preț de* ~ manufacturing price. ⓒ *a lua pe cineva în* ~ F to take smb. to task, to give smb. a good dressing down.

fabulă *s.f.* **1.** fable. **2.** fiction, legend.

fabulos *adj.* **1.** fabulous, mythical. **2.** *fig.* fabulous, incredible, enormous; *(de necrezut)* incredible.

face I. *vb. tr.* **1.** *(mai ales în sensul concret de a fabrica, a construi etc.)* to make; *(mai ales în sens abstract)* to do; *(a săvîrși, a făptui)* to do; *(a comite)* to commit; *(a executa)* to perform, to effect; *(a fabrica)* to make, to manufacture; *(a reda)* to make, to render. **2.** *(a crea)* to make, to create; *(a naște)* to make, to give birth to; *rar→*to bear; *(a rodi)* to make, to bear; to yield, to produce. **3.** *(a găti)* to make, to cook; *(a pregăti)* to prepare. **4.** *(a construi)* to make, to build. **5.** *(a forma)* to build up, to form. **6.** *(a compune)* to compose, to write. **7.** *(a desena)* to draw. **8.** *(a schimba în)* to change into. **9.** *(a numi)* to call; *(a porecli)* to nickname. **10.** *(a numi într-o funcție)* to make, to appoint. **11.** *(a se ocupa cu)* to be engaged in. **12.** *(a agonisi)* to earn. **13.** *(a înmagazina)* to store. **14.** *(a învăța)* to learn. **15.** *(a încheia un tratat etc.)* to conclude. **16.** *(a avea importanță)* to matter. **17.** *(a zice)* to say. ⓒ *a* ~ *ordine* to put in order; *nu mai știu ce să fac* I am at my wits' end; *ce* ~? F what? what's that? *n-am ce* ~ **a.** I have no choice (in the matter). **b.** I can't help it; *n-am ce-ți* ~ I can't help you; *ce să fac?* **a.** what shall I do? **b.** *(n-am încotro)* I can't help it; *ce se poate* ~? what can be done? *ce să* ~*m astăzi?* what shall we do (with ourselves) today? *ce ți-a făcut?* what (harm) has he done to you? *ce faci? (acum)* what are you doing? what are you busy with? F what are you at? *ce mai faci?*

how are you (getting on)? *a ~ ceva din nimic* to make smth. out of nothing; *a ~ ce vrea fig.* to have one's own way, to dispose of everything, to have the upper hand in everything; *poţi să faci din el ce vrei* one may dispose of him as one pleases; *fă ce vrei* do as you like; *a-şi ~ o haină* to have a coat made; *l-a făcut bine* he cured/restored him to health; *l-a făcut fericit* she made him happy; *l-a făcut pe fiul său doctor* he made a doctor of his son; *l-am făcut să citească* I made him read; *l-au făcut general* they made/appointed him general; *a-şi ~ o lege din...* to make a strict rule of...; *tu m-ai făcut fericit* you made/rendered me happy; *tîmplarul ~ mobile* the joiner makes furniture; *a nu ~ nimic* to do nothing, to idle away one's time; *a ~ din zi noapte* to turn day into night; *ţi-ai făcut-o singur (cu mîna ta)* it's a bird of your own hatching, you brought it (all) on yourself; *e un om în stare să facă orice* he is a man capable of everything, he is fit for everything; *a ~ patul* to make the bed; *a-şi ~ un prieten din cineva* to make a friend of smb., to befriend smb.; *a ~ rău* to do wrong/evil; *îmi ~ rău* it sickens me; *a ~ să înţeleagă ceva* to make smb. understand smth.; to bring smth. home to smb.; *ai ~ mai bine să pleci* you had better go; *nu-ţi mai ~ sînge rău* you need not trouble yourself on that account; *te ~ să te gîndeşti la fel de fel de lucruri* it makes one think of all sort of things; *a-şi ~ toaleta* to dress oneself; *a ~ tot ce-i stă în putinţă* to do one's best/utmost, to move heaven and earth; *n-o să fac una ca asta* I shall do nothing of the sort; *a-şi ~ unghiile* to pare/clean one's nails; *a-şi ~ de lucru* to be busy, to potter/tinker about; *a ~ de rîs* a. to turn *smb.* into ridicule. **b.** to disgrace, to put *smb.* to shame; *a ~ pe clovnul* to set up for a jester; *a ~ pe gene-*

rosul to show off as a generous man; *a ~ pe importantul* to assume an air of importance; *a ~ pe nebunul* F to play the fool, to play the giddy goat; *a ~ pe savantul* to set up for a learned man; *a ~ pe stăpînul* to play the master; *ce are a ~?* what does it matter? it doesn't matter; *ce e de făcut acum?* what's to be done now? **II.** *vb. refl.* **1.** *pas.* to be made etc. v. ~ I. **2.** *(a deveni)* to become, to grow, to turn. **3.** *(a se preface)* to pretend, to feign. **4.** *(a i se părea)* to seem. **5.** *(a se întîmpla)* to be, to happen, to come about. **6.** *(a se apropia)* to (draw) near. ⓐ *a i se ~ de...* to have a mind to... ⓒ *căsătoria se va ~ curînd* the marriage will soon take place; *copilul se ~ mare* the child is growing up; *ce o să mă fac?* what is to become of me? *nu ştiu ce să mă fac cu el* I/one can do nothing with him; *se făcu o mare tăcere* there was a great silence; *a se ~ bine (d. bolnavi)* to recover; *a se ~ că e bolnav* to sham illness, to pretend to be ill; *se făceau că nu ne văd* they pretended not to see us; *a se ~ de rîs* to make oneself ridiculous, to make a fool of oneself; *a se ~ frumoasă* to smarten oneself up; *se ~ frumos* the weather is turning fair; *a se ~ nevăzut* to vanish, F→to make oneself scarce; *se ~ noapte* night is setting in/coming on, it is growing/ F→getting dark; *a se ~ stăpîn* to make oneself master; *a se ~ temut* to make oneself feared/an object of fear; *se ~ tîrziu* it grows/is getting late; *se ~ ziuă* the day is dawning/breaking; *a i se ~ foame* to be hungry; *a i se ~ sete* to be thirsty; *aşa se ~* that's how it's done; *nu se ~ (nu se cade)* it isn't proper, it isn't (quite) the thing, it isn't done, such things are simply not done; *s-a făcut!* F all right! (that's) settled! it's a go! *com.* that's a bargain! **III.** *vb. intr.* **1.** *(a merita)* to be worth. **2.** *(a costa)* to cost; *(a face în total)* to be in all, to amount to. ⓐ *a ~ la/spre...*

to make for...; *a* ~ *pe...* **a.** *(a fi)*
to act as... **b.** *(a se preface că este)*
to play..., to come... ⓒ *5 ori 4 fac
20* 5 times 4 is 20; *cum* ~ *ciinele?*
what does the dog say? „*dinte*" ~
la plural „*dinți*" „tooth" makes
„teeth" in the plural; *20 șilingi fac
o liră* twenty shillings make a
pound; *așa* ~ *el* that's his way of
doing things; *cit* ~? how much
does it cost? *cit* ~ *în total?* what
does the sum total amount/come
to? *nu* ~ it is not worth while;
nu ~ *nici doi bani, nu* ~ *cit o
ceapă degerată* F it isn't worth a
farthing/rap ;*nu* ~ *pe nebunul* don't
play the fool/the giddy goat; don't
come the bully over me, don't come
the high and mighty over me; *ai
să ai de-a* ~ *cu el* you will have
to deal with him, F→you will
have him down on you; *trebuie să
faci altfel* you must manage that
differently; you should take anoth-
er course; try and find another
solution; *fă cum vrei* do as you
like; *fă la stinga* turn round to the
left.
facere *s.f.* **1.** making etc. v. f a c e.
2. *(naștere)* confinement, child
bed/birth. ⓐ ~ *de bine* good/kind
action(s); ~ *de rău* misdeed, of-
fence.
fachir *s.m.* fakir.
facial *adj. anat.* facial. ⓑ *chirurgie
~ă* face lifting; *unghi* ~ facial
angle; *nervi* ~*i* facial nerves.
facil *adj.* **1.** easy, *rar*→facile. **2.** su-
perficial, shallow.
facilita *vb. tr.* to facilitate, to make
easy *sau* easier.
facilitate *s.f.* facility, ease.
faclă *s.f.* **1.** torch. **2.** *fig.* luminary,
star.
facsimil *s.n.* facsimile, faithful copy.
ⓒ *a face un* ~ *după...* to make a
facsimile of...
factice *adj.* factitious, artificial, un-
natural.
factitiv *adj. gram.* causative, facti-
tive.
factor *s.m.* **1.** *(poștal)* postman, let-
ter carrier. **2.** *mat., com.* factor. **3.**
fig. factor, agent, agency, element.
ⓐ ~ *comun mat.* common factor;

~*ul de reținere a agresiunii* the
great deterrent.
factotum *s.m.* factotum, do-all, F→
Jack-of-all-trades.
factura *vb. tr.* to invoice, to make
an invoice of.
factură *s.f.* **1.** *com.* invoice. **2.** *fig.*
structure, stamp, style. ⓑ *preț de*
~ invoiced price; prime cost; *re-
gistru de facturi* invoice book.
facturier *s.n. com.* sales book.
facțiune *s.f.* faction, grouplet, splin-
ter party; clique.
facultate *s.f.* **1.** faculty, aptitude,
gift, talent. **2.** *univ.* faculty, depart-
ment. ⓐ ~*a de a gîndi* thinking/
brain power; ~ *de drept* faculty/
department of law; ~ *de filologie*
philological faculty; ~ *de litere*
faculty of letters/arts; ~ *de medi-
cină* faculty of medicine, medical
faculty/department; ~ *de științe*
faculty of sciences.
facultativ I. *adj.* optional, faculta-
tive. ⓑ *materie* ~*ă univ.* optional
subject, elective course. **II.** *adv.*
optionally.
fad *adj.* *(fără gust)* insipid, tasteless,
sodden, vapid, flat; *(plicticos)* dull,
flat, silly.
faeton *s.n.* phaeton.
fag *s.m. bot.* **1.** beech *(Fagus).* **2.**
(lemn) beech wood.
fagocit *s.n. fiziol.* phagocyte.
fagocitoză *s.f. fiziol.* phagocytosis.
fagot *s.n. muz.* bassoon.
fagotist *s.m.* bassoon (player), bas-
soonist.
fagur(e) *s.m.* honey comb.
fai *s.n. text.* poult-de-soie.
faianță *s.f.* faience; pottery.
faimă *s.f.* fame, renown; *(reputație)*
reputation. ⓒ *a-și cîștiga* ~ to
gain/acquire fame, to rise into
public notice, to make one's name;
i-a mers faima de om zgircit every-
body gives him the character of a
miser.
faimos *adj.* noted, famous, cele-
brated, illustrious; *(renumit)* re-
nowned.
fain I. *adj.* F A$_1$, prime, jolly, grand,
capital. **II.** *adv., interj.* F capital!
grand! O.K.!

falangă *s.f.* phalanx; *anat.* și phalange.

falanster *s.n.* phalanstery.

fală *s.f.* **1.** glory, pride; *(faimă)* celebrity. **2.** *(lăudăroșenie)* boast, vaunt; *(fudulie)* haughtiness, great pride, arrogance, pomposity, bumptiousness; *(de savant)* priggishness. **3.** *(pompă)* pomp. ① ~ *goală, traistă ușoară* great boast, little roast.

falcă *s.f.* **1.** *anat.* jaw(bone), jowl; *(↓ de animal)* chap, chop. **2.** *tehn.* cheek, jaw. ① *cu o ~ în cer și cu alta în pămînt* **a.** breathing rage, mad with rage, in high dudgeon, like a bull at a gate, F with one's/ the hackles up; *(în basme)* bearing God's wrath. **b.** *(într-o fugă nebună)* at the top of one's speed; in seven league boots.

faleză *s.f.* cliff; sea-wall.

falic *adj.* phallic.

falie *s.f. geol.* fault. ② ~ *inversă* reverse fault; ~ *longitudinală* strike fault; ~ *transversală* transversal fault.

faliment *s.n.* **1.** *com.* bankruptcy, insolvency, failure, F→crash, smash. **2.** *fig.* failure; ruin. ① *în stare de* ~ bankrupt, insolvent, F→broken, gone to smash. ② *a da* ~ **a.** to go bankrupt, to fail (in business), F→to shut up shop. **b.** *fig.* F to go to the wall; *a declara pe cineva în stare de* ~ to adjudge smb. bankrupt.

falimentar *adj.* bankrupt.

falit I. *adj. com.* bankrupt, insolvent, F→broken, smashed up. **II.** *s.m.com.* bankrupt, defaulter; broken merchant, F→lame duck.

falnic I. *adj.* **1.** stately, lofty; splendid, gorgeous; glorious, remarkable, memorable. **2.** *(trufaș)* haughty. **II.** *adv.* proudly.

fals I. *adj.* **1.** *(înșelător)* false, spurious, phon(e)y, deceitful, fake(d); *(fățarnic)* double-dealing; *(greșit)* wrong, mistaken; *(eronat)* erroneous; *(d. o notă, un acord muz.)* false; *(d. o bancnotă, un document)* forged; *(d. monede)* spurious, false, counterfeit, bad, base; *(artificial, neveritabil)* artificial, imitation...

2. *(prefăcut)* false, treacherous, feigned, sham, counterfeit; *(nesincer)* insincere. ⓑ *bijuterii* ~e pinchback, paste jewelry; *dinți falși* false teeth; *sub (un) nume* ~ **a.** under a fictitious/false name. **b.** *(d. scriitori)* under an adopted name; under a pseudonym. ⓒ *a fi pe un drum* ~ **a.** to be on the wrong road/track. **b.** *fig.* to be out (of one's reckoning); *e un om* ~ he is a false/perfidious/treacherous person, F→he is a deep card. **II.** *adv.* false(ly), wrongfully, erroneously. ⓒ *a cînta* ~ to sing out of tune; *(la un instrument)* to play out of tune; *a jura* ~ to forswear/ perjure oneself. **III.** *s.n.* **1.** false, falsehood, error, fake; *(înșelăciune)* cheating deception, fraud. **2.** *lit., jur.* forgery; *(document* ~*)* forged/false document, fake. **3.** imitation.

falset *s.n. muz.* falsetto, falsette.

falsifica *vb. tr.* to falsify; *(cărți)* to mark; *(alimente)* to adulterate; *(bani)* to counterfeit, to debase, to forge; *(un text)* to alter; *(vinul)* to falsify, F→to doctor; *(a denatura)* to distort.

falsificare *s.f.* falsification etc. v. **f a l s i f i c a**.

falsificator *s.m.* falsifier; *(de bani)* forger; counterfeiter; coiner (of false money); *(de alimente)* adulterator. ⓐ ~ *de acte publice* forger of documents.

falsitate *s.f.* **1.** falseness, falsity. truthlessness, perfidiousness, deceit(fulness); duplicity, double-dealing; *(viclenie)* artfulness, cunning, F→depth. **2.** *(neadevăr)* falsehood, untruth, untrue assertion.

fals... v. **f a l s...**

falț *s.n.* **1.** *(scobitură)* groove, rebate, rabbet. **2.** *(cută)* fold. **3.** *(în pielărie)* shaving knife.

famelic *adj.* famished.

familial *adj.* family..., domestic. ⓑ *din motive* ~e for family reasons; *greutăți* ~ ·domestic difficulties.

familiar I. *adj.* **1.** familiar, intimate, unceremonious. **2.** *(obișnuit)* familiar, common, usual. ⓑ *limbaj* ~ colloquial/everyday language, familiar talk; *stil* ~ familiar style. ⓒ *a avea maniere prea* ~*e* to make oneself too familiar; *a fi* ~ *cu cineva* to be in with smb., to be intimate/on terms of intimacy with smb. **II.** *adv.* familiarly; unceremoniously.

familiarism *s.n.* familiarism.

familiaritate *s.f.* **1.** familiarity, intimacy, affability, unceremoniousness, freedom from ceremony. **2.** *(în sens rău)* liberties, familiar manners.

familiariza I. *vb. tr.* ⓐ *a* ~ *cu...* to familiarize with..., to make familiar with...; *(a obișnui)* to familiarize with..., to accustom to...; to habituate to...; *(cu frigul, căldura)* to inure to... **II.** *vb. refl.* ⓐ *a se* ~ *cu...* to get accustomed/used to...; *(a începe să cunoască)* to make oneself conversant with..., to familiarize oneself with..., to acquaint oneself with...; to make a thorough study of...

familiarizat *adj.* familiar. ⓒ *a fi* ~ *cu...* to be (< intimately) acquainted with..., < to be conversant with ..., to be versed in..., to be at home in/on/with...

familie *s.f.* family. ⓐ *o* ~ *numeroasă* a large family. ⓑ *consiliu de* ~ domestic/family council; *cu toată familia (și rude)* with his whole kith and kin, with all his people/relations; *de* ~ *(bună)* of good birth; *în sînul/cercul* ~*i sale* in the bosom/midst of his family; *legături de* ~ family ties; *mamă de* ~ mother of a family; *nume de* ~ family name, surname; *tată de* ~ father of a family, *rar*→paterfamilias; *viață de* ~ domestic/family life. ⓒ *e în* ~ it runs in the family/blood; *a intra într-o* ~ to enter a family.

familist *s.m.* F family man.

fana *vb. refl.* to wither, to wilt.

fanariot *adj., s.m. ist.* Phanariot.

fanatic I. *adj.* fanatical; bigoted. **II.** *adv.* fanatically. **III.** *s.m.* fanatic, zealot; bigot.

fanatism *s.n.* fanaticism.

fanda *vb. intr.* **1.** *(în scrimă etc.)* to lunge, to thrust. **2.** *(în gimnastică)* to lunge.

fandare *s.f.* **1.** *(în scrimă)* lunge, thrust. **2.** *(în gimnastică)* lunge.

fandoseală *s.f.* **1.** *(fudulie)* bumptiousness, haughtiness, pride, presumption. **2.** *(afectare)* affectation, finicalness, airs and graces, coy manner; *(a unei cochete)* flirtation. **3.** *(ceremonie)* ceremony, F fuss, to-do.

fandosi *vb. refl.* to swagger, to mince, to put on airs/frills, to put it on, F to cut a dash/shine; to give oneself airs and graces, to attitudinize.

fandosit I. *adj.* **1.** *(înfumurat)* conceited, stuck-up; *(lăudăros)* full of brag, talking big. **2.** *(afectat)* affected, finical, foppish. **II.** *s.m.* **1.** *(înfumurat)* bumptious/stuck-up fellow; *(fanfaron)* blusterer. **2.** *(afectat)* poser, prig.

fanerogame *s.f. pl. bot.* phanerogams.

fanfară *s.f.* brass band; fanfare.

fanfaron I. *adj.* vainglorious, boastful. **II.** *s.m.* blusterer, braggart, swaggerer; F→windbag.

fanfaronadă *s.f.* boast(ing), brag(ging), swaggering, bluster, fanfaronade, braggadocio.

fanion *s.n.* flag; *nav.* pennon; pennant.

fanon *s.n.* whalebone.

fantasc *adj.* odd, whimsical.

fantasmagoric *adj.* phantasmagoric.

fantasmagorie *s.f.* phantasmagoria.

fantasmă *s.f.* airy vision, delusive picture, phantom.

fantast *s.m.* fantastic(al) person, fantastic dreamer, visionary, air monger.

fantastic I. *adj.* **1.** fantastic(al), fanciful **2.** *(ciudat)* fantastic(al), queer, odd, romantic. **3.** *(strașnic)* F tremendous. **II.** *adv.* fantastically etc. v. ~ **I. III.** *s.n.* fantasticalness, fabulosity, fabulousness.

fantă *s.f. tehn.* slit.

fante *s.m.* **1.** *(la jocul de cărți)*←F knave. **2.** *(filfizon)* F masher, *amer.* dude.

fantezie *s.f.* **1.** fantasy, fancy; *(ima-ginaţie)* (power of) imagination, imaginative/inventive faculty/pow-er; *(reverie)* reverie. **2.** fiction. **3.** *(capriciu)* fancy, freak. **4.** *pl.* inventions; *(minciuni)* lies. **5.** *muz.* fantasia, reverie. ⓑ *din simplă* ~ from mere fancy; *plin de* ~ imaginative, inventive.

fantezist I. *adj.* **1.** fanciful, fantas-tic(al). **2.** *(ciudat)* odd, whimsi-cal, strange; *(capricios)* fanciful, capricious, whimsical. **3.** *(inven-tat)* invented. **II.** *adv.* fancifully etc. v. ~ I.

fantomatic *adj.* **1.** phantom-like, ghostlike. **2.** *fig.* *(vag)* vague.

fantomă *s.f.* **1.** *(stafie)* spectre, ghost; *(apariţie)* (ghostly) appari-tion. **2.** *(himeră)* phantom; chi-mera.

fantoşă *s.f.* puppet.

fapt *s.n.* **1.** *(faptă)* action, deed. **2.** *(realitate)* (matter of) fact, reality. **3.** *(întimplare)* event; fact; *(im-prejurare)* circumstance. **4.** *(ches-tiune)* point, question, matter, affair, case. **5.** *(inceput)* beginning. **6.** *(farmec)* charm. ⓐ ~ *auten-tic/stabilit* established fact, cer-tainty; ~*e diverse* news in brief; ~*e goale* bare/naked facts; ~ *impli-nit* fait accompli, accomplished fact. ⓑ *de* ~ **a.** in (point of) fact, as a matter of fact, actually. **b.** *(in definitiv)* after all. **a.** *jur.* de facto; *in* ~*ul adinc al nopţii* at the dead hour of night; *in* ~*ul serii* at nightfall; *in* ~*ul zilei* at daybreak/dawn. ⓒ *a surprinde asupra* ~*ului* to take/catch in the very act, to catch red-handed, to catch in the art; *a pune in faţa unui* ~ *implinit* to confront with a fait accompli; *a traduce in* ~ to carry out, to carry into practice/ execution, to give effect to; ~ *este că...* the fact is that...; ~*ele sint incăpăţinate* facts are stubborn things, you can't fight facts, you can't get away from facts; ~*ul rămine* ~ the fact remains; *e un* ~ *it is a fact; e un* ~*cu totul re-marcabil* it is quite a remarkable

fact; *nu corespunde* ~*elor* it is not true to fact.

faptă *s.f.* deed, action, *rar*→doing; *(eroică)* exploit; feat; *(realizare)* achievement. ⓐ ~ *bună* good deed; ~ *de vitejie* act of bravery, feat; ~ *rea* evil deed, bad action. ⓑ *cu vorba şi cu fapta* by word and deed. ⓓ *după* ~ *şi răsplată* as the work, so the pay; *faptele vor-besc* actions speak louder than words.

faptic *adj.* factual, real, actual.

far *s.n.* **1.** lighthouse; beacon. **2.** *auto.* head-light, headlamp. **3.** *fig.* beacon; *(luminător)* luminary. ⓐ ~ *fix nav.* fixed beacon/light; ~ *plutitor nav.* lightship.

farad *s.m.* *electr.* farad.

farafastîcuri *s.n.* *pl.* **1.** *(prostii)* tomfoolery. **2.** *(fleacuri, ca obiecte)* knick-knacks, trifles. **3.** *(afectare)* affectation, airs and graces. **4.** *(zorzoane)* cheap finery.

faraon *s.m.* **1.** Pharaoh. **2.** *(joc de cărţi)* faro.

fard *s.n.* paint (for the face); *(ruj de obraz)* rouge, make-up.

farda I. *vb.* *tr.* to paint, to make up. **II.** *vb.* *refl.* to paint (one's face), to rouge (oneself), F→to get/make oneself up; *şi teatru* to make up.

farfara *s.f.* F windbag.

farfurie *s.f.* plate; *(de lemn)* trench-er. ⓐ ~ *adincă* soup/deep plate; ~ *intinsă* dinner plate; *(mică)* bread plate; *o* ~ *plină de...* a plateful of...; ~ *zburătoare* flying saucer/disk. ⓒ *a minca o* ~ *de supă* to eat a plate(ful) of soup.

farfurioară *s.f.* saucer.

faringe *s.n.* *anat.* pharynx, gullet, F→swallow.

faringian *adj.* *anat.* pharyngeal.

faringită *s.f.* *med.* pharyngitis.

fariseic I. *adj.* Pharisaical, hypo-critical; selfrighteous. **II.** *adv.* Pharisaically, hypocritically.

fariseu *s.m.* **1.** *bibl.* Pharisee. **2.** *fig.* Pharisee, hypocrite; saint.

farmaceutic *adj.* pharmaceutical. ⓑ *produse* ~*e* drugs.

farmaceutică *s.f.* pharmaceutics.

farmacie *s.f.* **1.** *(magazin)* chemist's (shop); *amer.* drug store. **2.** *(într-un spital)* dispensary. **3.** *(ca meserie)* pharmacy. **4.** *(ca știință)* pharmaceutics, pharmacy. **5.** *(dulap)* medicine chest. **6.** *(ca facultate)* pharmacy. ⓓ *student* în ~ student of pharmacy.

farmacist *s.m.* chemist, druggist; *amer., scoț.* apothecary; *(cu examen)* pharmaceutical chemist.

farmacologie *s.f.* pharmacology, materia medica.

farmacopee *s.f.* pharmacopoeia.

farmec *s.n.* **1.** charm, spell; *(ca efect)* magic effect. **2.** *fig.* charm; enchantment, fascination; comeliness; grace(fulness); *(desfătare)* delight. ⓓ *ca* prin ~ as if by magic. ⓒ *a face* ~*e* to practise magic; *a face* ~*e cuiva* to practise magic on smb.; to cast a spell upon smb.

farsă *s.f.* **1.** *teatru* farce, burlesque. **2.** *(festă)* practical joke, trick, prank, hoax, F→lark; *(înșelăciune)* humbug. ⓐ ~ *răutăcioasă* mischievous act, mad freak. ⓒ *e o simplă* ~ it's all humbug; *a-i juca o* ~ *cuiva* to play/serve smb. a (nasty) trick, to play a practical joke upon smb.; *totul nu era decît o* ~ it was all sham.

farsor *s.m.* **1.** *(ghiduș)* jester, joker. **2.** *(înșelător)* swindler, humbug-(ging person), cheat, impostor.

fascicul *s.n.* **1.** *(de raze)* pencil (of rays). **2.** *geom.* pencil (of planes). **3.** *(mănunchi)* fascicle, bunch, bundle.

fasciculat *adj. bot.* fasciculate(d), fascicled, fascicular.

fasciculă *s.f.* fascicle, number, (serial) instalment.

fascie *s.f.* **1.** *pl.* fascis. **2.** fagot.

fascina *vb. tr.* to fascinate, *fig. și* to captivate, to charm. ⓒ *a fi* ~*t de...* to be thrilled by...

fascinant *adj.* fascinating, bewitching.

fascinație *s.f.* fascination, spell.

fascină *s.f.* v. f a ș i n ă.

fascism *s.n.* fascism.

fascist *adj., s.m.* fascist.

fasciza *vb. tr.* to fascisti(ci)ze, to impose fascist methods on.

fascizare *s.f.* fascistization, imposition of fascist methods; fascist drive.

fasole *s.f.* **1.** *bot.* (kidney) bean *Phaseolus vulgaris)*; *col.* (haricot/kidney) beans. **2.** *pl. glumeț (dinți)* F dentals; *sl.* cogs, china store. ⓐ ~ *boabe* bean seeds; ~ *de arac bot.* climbing/pole bean, runner *(Phaseolus vulgaris)*; ~ *mare bot.* French bean, scarlet runner *(Phaseolus multiflorus)*; ~ *oloagă bot.* dwarf bean *(Phaseolus nanus)*; ~ *verde* long pod beans; *amer.* snaps. ⓒ *a da/bate ca la* ~ F to sandbag, to beat black and blue.

fasoli *vb. refl.* v. f a n d o s i.

fason *s.n.* **1.** fashion, cut, make; *(modă)* fashion; *(formă)* form, shape. **2.** *fig. (formă)* form, ceremony, etiquette, F fuss; usage, tradition; conventionality; *(mod)* manner, way, sort, kind, method. ⓒ *a face fasoane* to make (much) fuss, to mince.

fasona I. *vb. tr.* **1.** to fashion, to shape, to form; *(după un model)* to mould; *(plinea)* to shape, to make; *(o pălărie)* to block; *(fetrul)* to dress; *(a dăltui)* to chisel. **2.** *fig.* to form, to shape, to mould, to fashion. **II.** *vb. refl. pas.* to be fashioned etc. v. ~ I.

fast *s.n.* splendour; pomp; fine show, gorgeous display, ostentation; *(lux)* luxury.

fastuos *adj.* pompous, showy, magnificent, gorgeous.

fasung *s.n. tehn.* lamp holder/socket.

fașă *s.f.* **1.** *(bandaj)* bandage, dressing, roller. **2.** *(de copil)* swaddling band; *pl.* swaddling clothes; ⓓ *copil* în ~ baby in long clothes, child in swaddling clothes. ⓒ *a înăbuși* în ~ to nip in the bud.

fașină *s.f. tehn.* fag(g)ot.

fata *s.f.* ⓐ *Fata Morgana* Fata Morgana; *(miraj)* mirage.

fatal *adj.* **1.** fatal, inevitable, necessary. **2.** *(destinat)* fatal, destined. **3.** *(cu urmări nenorocite)* fatal,

● **deadly**, mortal, calamitous. ⓑ *lovitură* ~*ă* fatal/deadly blow.

fatalism *s.n.* fatalism.

fatalist I. *adj.* fatalistic. **II.** *s.m.* fatalist.

fatalitate *s.f.* **1.** fatality, fatalness, invincible necessity. **2.** *(împrejurare nenorocită)* fatality, unlucky event. **3.** *(soartă)* fate, destiny.

fatalmente *adv.* inevitably.

fată *s.f.* **1.** girl, *elev.*→maid(en); *(domnişoară)* young lady, F young damsel; *rar*→miss; *poetic*→ lass; *(fecioară)* virgin; maiden; *(persoană nemăritată)* spinster (lady). **2.** *(fiică)* daughter. ⓐ ~ *bătrînă* old maid, elderly spinster, F unappropriated blessing; ~ *în casă*/ *la toate* maid-of-all-work; ~*mare* **a.** *(de măritat)* marriageable girl/daughter. **b.** virgin, maiden. ⓑ *o comoară de* ~ F a treasure/peach of a girl; *de* ~ **a.** girlish, girl-like, maidenly. **b.** *fig.* bashful, modest coy. **3.** *fig.* virginal, immaculate; *nume de* ~ girl's name; *(de femeie măritată)* maiden name. ⓒ *a rămîne* ~ *bătrînă* to remain an old maid, F to remain on the shelf, to be put on the shelf.

fatidic *adj.* fatidical, predictive, prophetic.

faţadă *s.f. arhit.* front (side), facade.

faţă *s.f.* **1.** *anat.* face, F→phiz, mug. **2.** face, countenance; *poetic* → visage; *(aer)* mien, air ; *(privire)* face, look; *(înfăţişare)* aspect, look, appearance; *(ten)* complexion; *(exterior)* outside, exterior. **3.** *(persoană)* person. **4.** *fig. (aspect)* aspect, appearance; *(culoare)* colour. **5.** *(suprafaţă)* surface; *(de cristal)* face; *(a unei pietre lustruite)* facet; *(a apei)* sheet; *(a oceanului)* expanse; *(a mîinii)* palm. **6.** *(pagină)* page. **7.** *(parte din* ~*)* front (side); front (part); *arhit.* front(age), front side, facade; *(a unei monede)* obverse, head. **8.** *(prezenţă)* presence. **9.** *(prim plan)* foreground. ⓐ *faţa casei* the front part of a house; *faţa pămîntului* face of the earth; ~ *cu... înv.* ⓐ. *(în faţa)* before...; faced with...; confronted with... **b.** *(în compa-*

raţie cu) in comparison with...; ~ *de (o situaţie etc.)* given (the situation etc.), confronted by...; ~ *de masă* table cloth; ~ *de pernă* pillow case/slip; ~ *de plapumă* blanket cover/slip; *o* ~ *deschisă* an open face/countenance; *o* ~ *impenetrabilă* a poker face; ~ *în* ~ **a** *(d. persoane)* face to face. **b.** against/towards/opposite one another; *o* ~ *mare* a broad face; *o* ~ *veselă* a jolly face/countenance. ⓐ *cu faţa la...* facing... *cal din* ~ leading horse; *casă din* ~ front house; *cel mai din* ~ the foremost, the first, the headmost, the most advanced; *cu faţa în sus* on one's back, supine; *(de)* ~ *cu...* in the presence of...; *de* ~ *cu mine* v. *în faţa mea*; *de* ~ present; *cei de* ~ present company; *din* ~ **I.** *adj.* **a.** in the front rank, front(al). **b.** *(d. părţile corpului)* anterior, fore... **II.** *adv.* from/at the front; *dinte din* ~ front tooth, tooth in the front; *galben la* ~ pale(-faced); *în* ~ **a.** *(peste drum)* opposite, on the other side of the street, over the way. **b.** in front; *în faţa acestor fapte* in the face of such facts; *în faţa mea* **a.** in my presence, before my eyes, in my sight, F→under my very nose. **b.** *(în auzul meu)* to my face, in my hearing; *în faţa* before..., in front of...; *în timpul de* ~ nowadays, at the present time, in these days (of ours); *la faţa locului* on (the) spot; *loc în* ~ front seat; *parte din* ~ **a.** front part, forepart. **b.** *(a corăbiei)* prow. **c.** *(prim plan)* foreground; *la faţa locului* on (the) spot; *pe* ~ straightforwardly, openly, frankly, aboveboard; *platformă din* ~ *(la tramvai)* front platform of a tram; *roată din* ~ forewheel; *timpul de* ~ present; *vedere din* ~ front view; *vorbind pe* ~ frankly speaking. ⓒ *această chestiune are mai multe feţe* this matter has different sides/aspects, there are several approaches to this question; *a-şi ascunde faţa* to hide one's face; *a avea faţa* *mare* to be full-faced; *a da o* ~ *(cu dat.)* **a.** to colour *(cu acuz.)*; *(hainei, stofei)* to dye *(cu acuz.)*; *(hîrtiei, sticlei)* to stain *(cu acuz.)*. **b.** *(a polei)* to polish *(cu acuz.)*; to burnish *(cu acuz.)*; *(a netezi)* to smooth *(cu acuz.)*; *(a da la rindea)*. to plane *(cu acuz.)*. **3.** *(a curăța)* to clean *(cu acuz.)*; *a face* ~ to get through; to cope with something; *a face* ~ *onorabil* to give a good account of oneself; *a face/ schimba fețe, fețe* to change colour; *a fi taler cu două fețe* to be a double dealer; *a ieși cu fața curată* to save (one's) face; *a fi de* ~ *la*... to be present at..., to attend...; *a pieri de pe fața pămîntului* to perish from the earth; *a avea soarele în* ~ to have the sun in one's face; *lumea e în fața lor* the world is before them; *a împinge în* ~ to press/ push/urge forward; *a se întîlni* ~ *în* ~ to meet, to come across each other; *a privi în* ~ to face; *a privi pe cineva în* ~ to look smb. in the face; *a privi pericolul în* ~ to look danger in the face; *a pune* ~ *în* ~ **a.** to oppose. **b.** *jur.* to confront (with each other), to put face to face. **c.** *fig.* to contrast, to compare, to put side by side; *a-i ride cuiva în* ~ to laugh in smb.'s face; *a i-o spune cuiva în* ~ to say it to smb.'s face, < to say it in smb.'s teeth; *a veni în* ~ to come to the front; *a se schimba la* ~ **a.** to change one's countenance, F→to pull quite a different face. **b.** *și fig.* to change colour; *a da pe* ~ to disclose, to reveal, to divulge, F→to let out; *a se da pe* ~ to betray oneself; *(prin cuvinte)* to commit oneself; *a-și da cărțile pe* ~ to show one's hand/cards, F→to give the game away; *a lucra pe* ~ to act straightforwardly; *a se spăla pe* ~ to wash one's face; *a-și trage pălăria pe* ~ to pull one's hat over one's eyes; *a vorbi pe* ~ to speak plainly; *a lovi pe cineva peste/în* ~ to strike smb. in the face, to slap smb.'s face; *a-i ieși fața (d. vopsea)* to fade (away); *(d. stofă)* to fade.

fațetă *s.f.* **1.** side; *(de piatră prețioasă)* facet. **2.** *poligr.* plate. **3.** *metal.* bevel.

faun *s.m.* **1.** *mit.* Faun. **2.** *fig.* grossly/sensual person; satyr.

faună *s.f.* fauna.

faur *s.m.* **1.**←P February. **2.** ← *înv.* ironsmith.

faustian, faustic *adj.* faustian.

favoare *s.f.* favour, kindness (shown to smb.), boon. Ⓒ *bilet de* ~ free ticket; guest/complimentary seat/ ticket; *dovadă de* ~ mark of favour; *în* ~*a cuiva* in smb.'s favour, for smb.'s benefit. Ⓒ *a cere o* ~ *de la cineva* to beg/ask a favour of smb.; *a cerși* ~*a cuiva* to court smb.'s favour, to curry favour with smb.; *a recîștiga* ~*a cuiva* to regain smb.'s favour, to reingratiate oneself with smb.; *a se bucura de* ~*a cuiva* to be in favour with smb., to be in smb.'s good graces/F→books; *a se bucura de* ~*a publicului* to be very popular with the public; *norocul era în* ~*a noastră* luck was in our favour, fortune smiled upon us; *totul pare să fie în* ~*a mea* everything tells in my favour.

favorabil I. *adj.* **1.** favourable, propitious; auspicious; *(avantajos)* advantageous; *(convenabil)* convenient; *(d. vint)* fair; *(bun)* good. **2.** kind(ly inclined). Ⓐ *în cazul cel mai* ~ at (the) best, under the most favourable circumstances. Ⓒ *a aștepta momentul* ~ to wait for the favourable moment, to watch one's opportunity; *dacă vremea e* ~*ă* if the weather permits, weather permitting. **II.** *adv.* favourably etc. v. ~ **I.**

favorit I. *adj.* favourite, pet, darling. Ⓓ *cîine* ~ pet dog; *fiu* ~ favourite/darling son; *ocupație* ~*ă* favourite occupation. **II.** *s.m.* favourite, pet, darling, *peior.* → minion.

favoritism *s.n.* favouritism.

favoriți *s.m. pl.* (side) whiskers; mutton chops.

favoriza *vb. tr.* **1.** to favour. **2.** *(a promova)* to promote, to forward;

(a sprijini) to support, to patronize; *(a incuraja)* to encourage, to abet, to connive at. ⓐ ~*t de împrejurări* favoured by circumstances, by the favour of circumstance.

fazan *s.m. ornit.* pheasant; *(tinăr)* pheasant pout *(Phasianus).*

fazanerie *sf.* pheasant preserve.

fază *s.f.* **1.** stage, turn, phase; period. **2.** *astr.* phase. ⓐ ~ *finală* final stage; ~ *inițială* initial stage; *fazele lunii astr.* the phases of the moon.

fă *interj.*← P heigh, I say! you lass/wench!

făcăleț *s.n.* stirring/pot stick.

făcălui *vb. tr.* **1.** ←*reg.* to stir round/up (boiled vegetables); *(cartofi)* to mash. **2.** *(în piuliță)* to pound, to bray. **3.** *fig. (a burduși)* to tan/drub soundly, to sandbag.

făcător I. *adj.* making, working. **II.** *s.m.* maker, creator, author, doer, monger. ⓐ ~ *de bine* benefactor; ~ *de minuni* miracle worker; ~ *de. rele* evil-doer, malefactor.

făclie *s.f.* **1.** torch. **2.** *fig.* luminary, star; beacon.

făclier *s.m.* torch bearer.

făcut I. *s.n.* v. f a c e r e. ⓒ *parcă e un* ~ F as chance would have it. **II.** *adj.* **1.** *(artificial)* artificial, made up, recherché. **2.** *(beat)* F tipsy, lit up. ⓐ ~ *pentru…* made for…; born for…

făgaș *s.n.* **1.** *(urmă de roată)* track, rut. **2.** *fig.* track, groove, routine, path; trend. ⓒ *a părăsi vechiul* ~ to get out of one's groove, to quit the old routine/ways.

făgădui I. *vb. tr.* to promise, to pledge, to vow. **II.** *vb. refl.* to bind/pledge oneself.

făgăduială *s.f.* promise; solemn promise, vow, pledge. ⓒ *a se ține de* ~ to keep one's promise.

făget *s.n.* beech forest.

făinare *s.f. agr.* mildew.

făină *s.f.* **1.** meal; *(fină, ↓ de griu)* flour. **2.** *(pudră)* powder. ⓐ ~ *albă* pure wheaten flour, white(s); ~ *de cartofi* potato starch; ~ *de griu* wheaten flour; ~ *de oase* bone meal; ~ *de orez* ground rice; ~ *de porumb* maize/Indian meal; ~

neagră whole meal. ⓑ *cu un ochi la* ~ *și cu altul la slănină* F boss-/ squint-eyed; *sac de* ~ flour bag, meal sack; *scump la tărițe și ieftin la* ~ penny-wise and pound-foolish. ⓒ *altă* ~ *se macină acum la moară* the tables were turned.

făinoase *s.f. pl.* farinaceous foods/ products.

• **făinos** *adj.* floury, flour-like, farinaceous; mealy, meal-like.

fălcea 1. *(la sanie)* sledge runner. **2.** *mil.* split trail.

fălcos *adj.* heavy-jawed; lantern-jawed.

făli *vb. refl.* **1.** *(cu)* to boast (of), to pride oneself (on); to talk proudly (of). **2.** *(cu vorba)* to talk big; *(a face pe grozavul)* to swagger. ⓒ *fără să mă fălesc* without boasting, though I say it myself.

fălos *adj. (fudul)* haughty, proud, F bumptious.

fălțui *vb. tr. (hîrtie)* to sheet; *(o scindură)* to rabbet, to groove; *(piele)* to pare.

fălțuit *s.n.* sheeting etc. v. f ă l ț u i. ⓑ *clește de*~pliers used in folding; *cuțit de* ~ paper cutter; *mașină de* ~ *poligr.* folder, folding machine; *rindea de* ~ rabbet/grooving plane; filister (plane); *scindură de* ~ folding board.

fălțuitor[1] *s.m. poligr.* folder.

fălțuitor[2] *s.n.* rabbet/grooving plane.

făptaș *s.m.* doer, performer; *(autor)* author; *(al unei crime)* perpetrator; *(răufăcător)* evil-doer, culprit.

făptui *vb. tr. (a face)* to do, to make; *(o crimă, un delict)* to commit, to perpetrate; *(o nedreptate)* to do, to commit.

făptuitor *s.m.* v. f ă p t a ș.

făptură *s.f.* **1.** *(creatură)* creature; *(ființă)* being. **2.** *(statură)* build, stature, form, figure; *(formă)* shape; *(structură)* structure, make, build. **3.** *(natură)* nature.

făraș *s.n.* **1.** fire shovel. **2.** *(de praf)* dustman's shovel; *(mai mic)* dust pan.

fără I. *prep.* without, F→minus; not included; save, except, besides;

elev.→ bar; *(dacă nu ar fi etc.)* but for. ⓐ ∼ *bani* penniless; ∼ *(de) veste* unawares, suddenly, all of a sudden; ∼ *dinţi* toothless; ∼ *doar şi poate* beyond all doubt, unquestionably; ∼ *inimă* heartless; ∼ *nimic în plus* without anything more; ∼ *sfîrşit* I. *adj.* endless. II. *adv.* endlessly; ∼ *ştirea mea* without my knowing it; ∼ *teamă*. I. *adj.* fearless, dauntless. II. *adv.* fearlessly; ∼ *voie* I. *adj.* involuntary. II. *adv.* involuntarily; willy-nilly. ⓒ *a muri* ∼ *copii* to die childless; *e un om* ∼ *onoare* he is a man without honour; ∼ *tine n-aş fi reuşit* but for you, I shouldn't have succeeded; had it not been for you, I should not have succeeded. II. *conj.* without *(prep).* ⓐ ∼ *ca...* without *(+ ing)*; ⓒ ∼ *ca cineva să observe* without anyone perceiving it; *am plecat* ∼ *să fiu văzut* I left without being seen.

fărădelege *s.f.* ill deed, crime, offence; *(contravenţie)* trespass; contravention; *(încălcare)* infringement; *(ultraj)* outrage; *(hulă)* blasphemy; sacrilege.

fărîma I. *vb. tr. (a sfărîma)* to crumble (to pieces); to knock/break/dash to pieces/F→ smithereens. II. *vb. refl. pas.* to be crumbled etc. v. ∼ I. şi s f ă r î m a II.

fărîmă *s.f.* 1. small piece; morsel, bit, fragment; scrap; *pl.* smithereens. 2. *fig.* bit, gleam, jot. ⓐ *o* ∼ *de adevăr* a grain of truth; *o* ∼ *de drum* a little way; *o* ∼ *de piine* a crumb of bread, bread crumb; *o* ∼ *de speranţă* a gleam of hope. ⓒ *a face fărîme* to knock/smash (in)to smithereens, to shiver, to break into shivers, *şi fig.* to crush.

fărîmicios *adj.* breakable, easily crumbled, crumbling away; *(d. sticlă)* brittle; *(d. mărfuri)* fragile.

fărîmitură *s.f.* crumb.

fărîmiţa *vb. tr.* 1. to crumb(le). 2. *fig.* to break down; to divide.

fărîmiţare *s.f.* crumb(l)ing; breaking down; division.

fărîmiţă *s.f.* a little bit.

făt *s.m.* 1. f(o)etus. 2.← P *(fiu)* son; *(băiat)* boy; *(copil)* child. ⓐ *Făt Frumos* Prince Charming; ∼*ul meu!* my son!

făta I. *vb. tr.* to drop, to bring forth; *(d. lupoaică etc.)* to cub; *(d. căţea, ursoaică etc.)* to whelp; *(d. scroafă)* to farrow; *(d. iapă)* to foal; *(d. vacă)* to calve. II. *vb. intr.* to cub; to whelp; to farrow, to foal; to calve.

fătălău *s.m.*← P 1. hermaphrodite. 2. a boy who always seeks the society of women; effeminate boy; nancy, pansy; *("babă")* a regular woman.

făţarnic I. *adj.* hypocritical, dissembling; *(fals)* false, treacherous. II. *s.m.* hypocrite, double dealer.

făţărnicie *s.f.* hypocrisy, dissimulation, pretence.

făţiş I. *adj.* 1. *(deschis)* outspoken; *(drept)* downright; *(sincer)* frank; sincere, plain. 2. *(obraznic)* bold. ⓑ *insultă* ∼*ă* downright insult; *recunoaştere* ∼*ă* frank/full admission. II. *adv.* outspokenly etc. v. ∼ I; in smb.'s beard, to smb.'s face, in smb.'s teeth. ⓒ *a vorbi* ∼ to speak plainly, to speak without reserve.

făţui *vb. tr.* 1. *(a netezi)* to smooth, to sleek; *(cu rindeaua)* to plane; *(a polei)* to polish, to glaze, to finish; *(stofă)* to calender. 2. *poligr.* v. f ă l ţ u i. 3. *(a pălmui)*←P to slap.

făţuială, făţuire *s.f.* smoothing etc. v. f ă ţ u i.

făţuitoare *s.f.* polishing/sleeking stick, polisher.

făţuitor *s.n.* smoothing plane.

făurar *s.m.*←*înv.* 1. *(fierar)* smith. 2. v. f ă u r i t o r.

făuri *vb. tr.* 1. to (make at a) forge. 2. *fig. (a crea)* to create; to set up; *(a face)* to make; *(a plănui)* to frame, to devise, to plan, to scheme; *(a născoci)* to concoct, to invent. ⓐ *a* ∼ *destinul (cuiva)* to shape the destiny (of smb.).

făuritor *s.m.* author, founder; creator; maker, contriver, deviser, architect.

febră *s.f. şi fig.* fever. ⓐ ~ *inter-mitentă* ague; ~ *tifoidă* typhoid (fever), abdominal fever. ⓑ *atac de* ~ attack of fever; *stare de* ~ feverishness, feverish state. ⓒ *a avea* ~ to be feverish, to be in a (burning) fever.

febrifug *med.* **I.** *adj.* febrifuge, antifebrile. **II.** *s.n.* febrifuge.

febril I. *adj.***1.** *med.* febrile,feverish. **2.** *fig.* feverish; ardent. **II.** *adv.* feverishly.

febrilitate *s.f.* feverishness.

februar(ie) *s.m.* February.

fecal *adj. med.* faecal. ⓑ *materii* ~*e* excrements, discharge of the bowels, S f(a)eces.

fecale *s.f. pl.* v. m a t e r i i f e c a l e.

fecioară *s.f.* **1.** virgin, maiden; *(fată bătrînă)* old maid, elderly spinster, F unappropriated blessing. **2.** Virgin (Mary). **3.** *(zodiac)* Virgo. ⓐ *fecioara cu cobiliţele astr.* the Swan, Cygnus. ⓑ *(ca) de* ~ maidenlike; maidenly, virginal, immaculate; *iarba fecioarei bot.* rupture wort *(Herniaria glabra)*.

fecior *s.m.* **1.** *(fiu)* son. **2.** *(băiat)* boy; *(flăcău)* lad. **3.** *(de casă)* valet. ⓐ ~ *de domn* prince, king's son; ~ *de lele*→P bastard, child born under the rose.

feciorelnic I. *adj.* **1.** *(ruşinos)* bashful, coy. **2.** *(de fecioară)* virginal, immaculate, maidenlike, maidenly. **II.** *adv.* **1.** bashfully. **2.** virginally.

fecioresc *adj.***1.** v. f e c i o r e l n i c I. **2.** *(de băiat)* boyish, boylike; *(pt. băieţi)* boy's; boys'. **3.** *(de fată)* girlish, girl-like, maidenly; *(pt. fete)* girl's; girls'. **4.** *(tineresc)* youthful.

fecioreşte *adv.* maiden-like.

feciorică *s.f. bot.* rupture wort *(Herniaria glabra)*.

feciorie *s.f.***1.** virginity, maidenhood, purity, chastity. **2.** maidenly modesty. **3.** *fig.* innocence, purity. **4.** *(tinereţe)* youth, early years of life, teens.

feculă *s.f.* starch flour, fecula.

fecund *adj.* **1.** *(prolific)* fertile, fecund, prolific. **2.** *(fertil)* fertile; *(productiv)* fertile, rich, produc-

tive, fruitful. **3.** *fig.* fertile, inventive, productive, fruitful. ⓐ *ima-ginaţie* ~*ă* fruitful imagination; *pămînt* ~ fertile land.

fecunda *vb. tr.* **1.** to fecundate, to make fecund/fruitful, to fertilize; *(solul)* to enrich. **2.** *zool.* to fecundate.

fecundaţie *s.f.* fecundation.

fecunditate *s.f.* fecundity, fruitfulness, fertility, productiveness.

fedeleş *s.n.* small cask/barrel, keg. ⓒ *a lega pe cineva* ~ to bind smb. fast/tight.

feder *s.n. tehn.* tongue, spring.

federal *adj.* federal.

federalism *s.n.* federalism.

federaliza *vb. tr.* to federalize.

federalizare *s.f.* federalization.

federativ *adj.* federative.

federaţie *s.f.* federation. ⓐ *Federa-ţia Democrată Internaţională a Femeilor* Women's International Democratic Federation; *Federaţia Mondială a Tineretului Democrat* The World Federation of Democratic Youth; *Federaţia Sindicală Mondială* World Federation of Trade Unions.

feding *s.n. rad.* fading.

feeric *adj.* **1.** fairy..., fairy-like. **2.** *fig.* magical, enchanting; *(minunat)* wonderful.

feerie *s.f.* fairy scene; fairy play.

fel *s.n.* **1.** *(mod)* manner; *(chip)* way. **2.** species, order; tribe; race; class; *(soi)* kind, sort, description. **3.** *(de mîncare)* dish; *(ca ordine)* course. **4.** *fig.* peculiarity; character, nature, disposition. **5.** *(obicei)* custom, tradition. ⓐ ~ *de* ~ *de*... all kinds/sorts of...; ~ *de* ~ *de oameni* all sorts and conditions of men. ⓑ *ce* ~ *?* how? in what way/manner? how is that? *ce* ~ *de cărţi?* what (kind of) books? *la* ~ *de*... as...; equally...; *la* ~ *de*... *ca (şi)*... as... as...; *(în sens negativ)* no better than...; *de multe* ~*uri* of many sorts/kinds, manifold; *de tot* ~*ul* of every description, all kinds/sorts of..., of many/all kinds, multifarious; *de un* ~ **a.** of one/the same kind/sort/description. **b.** identical; *după*

~ul *(cu gen)*. after the manner/
style of...; *fiecare după ~ul lui*
each (one) after his own fashion;
în aşa ~ încît să... so as to...; *în
ce ~?* in what manner/way? how?
în ~ul acesta in this way, thus, so;
în ~ul lui in his (own) way; *în
nici un ~]* nowise; by no means;
într-un ~ in a way; *într-un ~ sau
altul* in one way or (an)other,
some way or other; *la ~* I. *adj.*
alike; identical, very similar. II.
adv. alike; identically; the same
way/manner; *la ~ cu...* the same
as..., similar to...; *nici un ~ de...*
no..., no manner of...; *nimic de
~ul acesta* nothing of the kind, no
such thing; *oameni de ~ul acesta*
people of this description; that
sort of people; *un om de ~ul lui*
a man of his stamp; *unic în ~ul
lui* unique. ⓒ *a-i face~ul cuiva*←P
a. *(a omorî)* to kill smb., to do
smb. in, F to settle smb.'s hash. **b.**
to play smb. a nasty trick. **c.**
to seduce smb.; *a-şi face ~ul (a
se sinucide)* F to lay violent hands
upon oneself; *e de ~ din...* he is
a native of..., he hails from...; *e
croitor de ~ul lui* he is a tailor by
trade; *am făcut-o după ~ul meu*
I did it (in) my own way; *nu era
în ~ul lui* that was not his way
(of doing things), it was not in
his nature/composition; *sînt toţi
la ~* F they are tarred with the
same brush; *ce ~ de om e?* what
kind/sort of man is he? *aşa e ~ul
din bătrîni* this is a custom of long
standing; *ăsta e ~ul lui* that's
just like him.
felah *s.m.* fellah, Egyptian peasant.
felcer *s.m.* surgeon's *sau* doctor's
assistant.
feldmareşal *s.m.mil.* field marshall.
feldspat *s.m.min.* feldspar, feldspath.
felicita I. *vb. tr. (pentru)* to congra-
tulate (on), to offer smb. one's
congratulations, to wish smb. joy
(of); to compliment (on). II. *vb.
refl.* **1.** to congratulate oneself, to
shake hands with oneself. **2.** *(reci-
proc)* to congratulate each other.
felicitare *s.f.* congratulation. ⓑ *te-
legramă de felicitări* congratulatory

telegram. ⓒ *i-am exprimat felici-
tările mele pentru succes* I offered
him my congratulations (up)on
his success.
felie *s.f. (de pîine, măr, carne)*
slice; *(subţire, de slănină sau şuncă)*
rasher; *(de carne de vacă)* steak;
(de friptură) cut off the joint; *(de
pîine prăjită)* (piece of) toast. ⓐ
o ~ de pîine cu unt a slice/piece
of bread and butter; sandwich.
felin *adj. zool., fig.* feline; *(graţios)*
graceful.
felinar *s.n.* lantern; *(de stradă)*
street lamp; *auto.* headlight.
felioară, feliuţă *s.f.* little/slight cut,
small/thin slice.
felurime *s.f.* variety. ⓐ *~ de lucruri*
all sorts/kinds of things.
felurit *adj.* various, varied; diffe-
rent; sundry; multifarious.
femeie *s.f.* **1.** woman, female; *femeile
pl.* women, womankind, woman-
hood, the fine/gentle sex; *(din
casă)* womanfolk. **2.** P *(soţie)*
wife, spouse, F better half. ⓐ *~
bătrînă* old/aged woman; *~ cu
experienţă* woman with a past; *~ cu
ziua* charwoman; *~ de moravuri
uşoare* loose/light woman, prosti-
tute, demirep; *~ măritată* married
woman; *~ rea* shrew, termagant,
vixen; *~ uşoară* v. *~ de moravuri
uşoare.*
femeiesc *adj.* **1.** women's...; femi-
nine, womanly, womanlike. **2.** fe-
male. **3.** feminine. ⓑ *port ~* wom-
en's dress/garb.
femeieşte *adv.* like a woman, in a
feminine way; womanlike.
femeiuşcă *s.f.* **1.** *peior.* little woman,
F a (little) bit of fluff. **2.** v. f e-
m e l ă.
femelă *s.f. zool.* female.
feminin I. *adj.* feminine. ⓘ *genul
~ gram.* feminine gender; *rimă
~ă* double/female/feminine rhyme;
substantiv ~ gram. feminine noun.
II. *s.n. gram.* **1.** feminine noun. **2.**
feminine gender.
feminitate *s.f.* **1.** feminity, feminin-
ity, womanliness, womanhood. **2.**
(la un bărbat) effeminacy, woman-
ishness.

femur *s.n.* *anat.* thighbone, S femur.

fenic *adj.* *chim.* ⓑ *acid* ~ phen(yl)-ic/carbolic acid, phenol.

fenician *adj.*, *s.m.* Phoenician.

fenil *s.n.* *chim.* phenyl.

fenix *s.m.* phoenix.

fenol *s.m.* *chim.* phenol.

fenologie *s.f.* *biol.* phenology.

fenomen *s.n.* **1.** phenomenon; *(fapt)* fact. **2.** natural phenomenon. **3.** *fig.* phenomenon, prodigy; wonderful/extraordinary being; smth. wonderful; smth. unparalleled/matchless. ⓐ ~ *ele naturii* the phenomena of nature.

fenomenal I. *adj.* phenomenal; prodigious, marvellous; extraordinary, out of common. **II.** *adv.* wonderfully, remarkably, astonishingly, exceedingly.

fenomenalism *s.n.* *filoz.* phenomenalism.

fenomenologic *adj.* *filoz.* phenomenologic.

fentă *s.f.* feint.

ferat¹ *adj.* ⓑ *cale* ~*ă* railway, *amer.* railroad.

ferat² *s.m.* *chim.* ferrate.

ferăstrău *s.n.* saw. ⓐ ~-*bandă* ribbon saw; ~ *circular* circular saw; ~ *cu bandă* band saw; ~ *cu cadru* pit/long saw; ~ *cu pînză pad* saw; ~ *de mînă/cu ramă* turning saw; ~ *de traforaj* inlaying saw; ~ *pentru lemn* (wood) saw. ⓑ *dinte de* ~ tooth of a saw; *pilitură de* ~ sawdust; *pînză de* ~ web (of a saw); *scaun de* ~ sawing jack/trestle; *tăietor cu* ~*ul* saw(y)er. ⓒ *a tăia cu* ~*l* to saw.

fercheş *adj.* spruce, trim, neat, dapper; F swell, dressed up to the knocker.

ferchezui I. *vb.* *tr.* **1.** to dress/smarten up, F to tog up. **2.** *(a rade)* to shave. **II.** *vb.* *refl.* **1.** to dress/smarten oneself up, F to tog oneself up. **2.** *(a se rade)* to shave (oneself).

fereală *s.f.* **1.** *(grijă)* guard, care; *(evitare)* dodge; *(precauţie)* precaution; wariness. **2.** *(adăpost)* shelter.

fereastră *s.f.* **1.** window; *(bovindou)* bay/bow window; *(mare)* French window. **2.** *(geam)* window pane. **3.** *(vitrină)* shop window/front. **4.** *anat.* fenestra. **5.** *min.* pit eye. **6.** *fig.* F gap. ⓐ ~ *basculantă* balance window; ~ *batantă* French casement, casement window; ~ *dublă* double window; ~ *ghilotină* sash window; ~ *glisantă* sliding window; ~ *mobilă* drop window; ~ *oarbă* blank window; ~ *simplă* simple window. ⓑ *aripă de* ~ casement; *de* ~ window...; *fără ferestre* windowless; *pervaz (inţepenit) de* ~ window frame; *pervazul ferestrei* window sill; *rezemătoare/sprijinitoare de* ~ window board. ⓒ *a deschide fereastra* to open the window; *a închide fereastra* to shut/close the window; *a arunca pe* ~ to throw out of the window; *a intra pe* ~ to get in at the window; *a privi pe* ~ to look out of the window; to look at/through the window; *fereastra dă în curte* the window looks out into the yard; *fereastra dă în curtea vecinului* the window looks down on the neighbour's yard.

fereca *vb.* *tr.* **1.** to cover/overlay with metal; *(cu fier)* to brace/tip/head with iron; *(cu cercuri de fier)* to hoop, to bind with iron. **2.** *(a pune în lanţuri)* to put into chains/fetters, to chain, to fetter. **3.** *fig.* to rivet, to charm, to arrest, to captivate, to fascinate. **4.** *(a încuia)* to lock up. ⓒ *a* ~ *o roată* to tire a wheel; *a* ~ *cu pietre preţioase* to set/inlay with precious stones; *a* ~ *cu ziduri* to enclose/encompass with walls; *a* ~ *în aur* to mount in gold.

fereguţă *s.f.* *bot.* polypody *(Polypodium vulgare)*.

ferestrău *s.n.* v. **ferăstrău**.

ferestrui *vb.* *tr.* **1.** to (cut with a) saw. **2.** *fig.* to indent.

ferestruică, ferestruie *s.f.* **1.** *(de mansardă)* top-room/attic window; *(ghişeu)* counter; *(deschizătură)* opening. **2.** *(într-o uşă sau fereastră)* peep hole/window.

ferfeniță *s.f.* ⓒ *a face/rupe* ~ v. **f e r f e n i ț i** I.

ferfeniți I. *vb. tr.* to tear to/in rags and tatters, to shred. II. *vb. refl. pas.* to be torn into shreds.

ferfeniţos *adj.* torn, tattered.

feri I. *vb. intr.* to step aside; to stand aside; *(a sări înapoi)* to recoil; *(prin salt lateral)* to dodge; *(prin aplecare)* to duck. ⓒ *ferească Dumnezeu, ferit-a sfîntul!* Heaven/ God forbid! oh dear, no, never! II. *vb. tr. (a apăra) (de)* to protect (from/against), to guard (from), to shelter (from); *(a ţine în siguranţă)* to (make) secure (against); *(a păstra)* to keep; *(a scăpa, a salva)* to save (from). ⓒ *a* ~ *de umezeală* to keep from the wet, to protect against the wet. III. *vb. refl.* 1. *(a se da în lături)* to step aside; to stand aside; *(din calea unei căruțe etc.)* to go out of the way (of). 2. *(a fi atent)* to be on one's guard. ⓐ *a se* ~ *de...* to guard against..., to keep clear of...; *(de un pericol)* to guard/provide against...; *(de ceva rău)* to keep out...; *(a evita)* to avoid... ⓒ *feriţi-vă ca nu cumva...* beware lest..., beware that... not...; *a se* ~ *din calea cuiva* to go out of smb.'s way, to avoid/ shun smb.

feribot *s.n. nav.* ferryboat.

feric *adj. chim.* ferric.

ferice *adj. (fericit)* happy. ⓐ ~ *de acela care...* happy he who...; ~ *de omul care* happy the man who...; ~ *de el că...* lucky he to...; it is fortunate for him that...; ~ *de tine!* you (are a) lucky fellow! lucky you!

ferici I. *vb. tr.* 1. to call/consider smb. happy. 2. to make smb. (feel) happy; *(a felicita)* to congratulate. II. *vb. refl.* to esteem oneself (very) fortunate.

fericire *s.f.* 1. happiness, joy, <bliss, felicity, blessedness, beatitude. 2. *(întîmplare norocoasă)* good luck/fortune, lucky chance. ⓕ *din* ~ fortunately, luckily, happily, by a lucky chance, as luck would have it; *din* ~ *pentru mine* luckily for me. ⓒ *e o* ~ *pentru el că..* it

is fortunate for him that... ⓐ *sănătatea e o mare* ~ good health is a great asset.

fericit I. *adj.* 1. happy, blessed, ↓ *poetic* → blithe(some). 2. *(norocos)* lucky, fortunate; *(prosper)* prosperous; successful. 3. *(favorabil)* favourable. ⓑ *un gînd* ~ a happy thought/hit. II. *adv.* happily etc. v. ~ I. III. *s.m.* fortunate/happy person. ⓐ ~*ule!* you (are a) lucky fellow! lucky you!

ferigă *s. f. bot.* 1. fern, bracken *(Filix).* 2. (common) tansy *(Tanacetum vulgare).* 3. ostrich fern *(Struthiopteris germanica).* 4. v. **f e r e g u ţ ă.** ⓐ ~ *albă bot.* spiraea *(Spiraea filipendula).*

ferit[1] *adj.* 1. safe. 2. *(ascuns)* hidden. ⓐ ~ *de...* safe from...; free from...; clear of...

ferit[2] *s.m. chim.* ferrite.

ferită *s.f.* v. **f e r i t**[2].

ferm I. *adj.* firm, steadfast, unswerving. II. *adv.* firmly etc. v. ~I.

fermă *s.f.* farm. ⓐ ~ *de lapte* dairy (farm); ~ *model* model farm; ~ *zootehnică/de creștere a animalelor* live-stock farm.

fermeca *vb. tr.* 1. to bewitch, to enchant. 2. *fig.* to charm, to enchant, to enrapture, to fascinate.

fermecat *adj.* 1. enchanted, under a spell, bewitched. 2. *fig.* delighted, charmed; fascinated.

fermecător *adj. fig.* charming, delightful.

ferment *s.m.* ferment.

fermenta *vb. intr.* to ferment.

fermentaţie *s.f.* 1. fermentation, effervescence. 2. *fig.* ebullition, commotion, tumult.

fermier *s.m.*←*odin.* farmer.

fermitate *s.f.* firmness, solidity; *(de caracter etc.)* steadiness, steadfastness, resoluteness; *(a unei prietenii)* staunchness; *(a scopului)* fixity; *(a preţurilor)* fixedness, steadiness.

fermoar *s.n.* zip/slide fastener, zipper.

feroaliaj *s.n.* ferroalloy.

feroce I. *adj.* ferocious, fierce; *(crud)* cruel; *(nemilos)* pitiless, unmerciful, merciless, ruthless; *(setos de singe)* bloodthirsty, truculent; brutal; *(grozav)* dreadful, awful, fearful; *(sălbatic)* savage; *(inuman)* inhuman, barbarous. **II.** *adv.* ferociously, savagely, fiercely etc. v. ~ I.

ferocitate *s.f.* ferocity, fierceness; *(sete de singe)* truculency, bloodthirstiness; *(sălbăticie)* savageness, wildness; *(lipsă de umanitate)* inhumanity, pitilessness; *(cruzime)* cruelty.

ferodou *s.n.* metal asbestos.

feromagnetic *adj.* ferromagnetic.

feromagnetism *s.n.* ferromagnetism.

feros *adj. chim.* ferrous; *(d. minereu)* ferriferous, iron...

feroviar **I.** *adj.* railway ... **II.** *s.m.* railwayman.

fertil *adj.* fertile, productive.

fertilitate *s.f.* fertility, productiveness; *(fecunditate)* fecundity.

fertiliza *vb. tr.* to make fertile, to fertilize.

feruginos *adj.* ferruginous. ⓑ *apă feruginoasă* ferruginous water.

fervent **I.** *adj.* fervent, devout, ardent. **II.** *adv.* fervently etc. v. ~ I.

fervoare *s.f.* fervour, fervency; pious ardour.

fes *s.n.* fez. ⓒ *i-a turtit ~ul* F she has taken him down a peg (or two); she has discomfited him. ⓓ *interesul poartă ~ul aprox.* every man wishes the water to his own mill; money makes the mare to go.

fesă *s.f.* buttock.

festă *s.f.* mischievous / ill-natured trick, practical joke, hoax, boopy trap. ⓒ *a-i face/juca o ~ cuiva* to play a (mean/nasty/shabby) trick on smb.

festin *s.n.* feast, banquet.

festiv *adj.* festive, holiday-like; *(solemn)* solemn.

festival *s.n.* festival, fête. ⓐ *Festivalul Mondial al Tineretului* The World Youth Festival.

festivitate *s.f.* festivity, fête.

feston *s.n.* festoon.

festonat *adj.* festooned.

feșteli **I.** *vb. tr.* **1.** *(a murdări)* to dirty, to soil. **2.** *(a strica)* to spoil,

to damage. ⓐ *a o ~ F* to make a hash/mess of it, to put one's foot in it, to make a pretty/fine/ nice kettle of fish. **II.** *vb. refl.* to get dirty, to soil/dirty oneself.

feștilă *s.f.* **1.** *(fitil)* wick. **2.** *(luminare)* candle.

fetesc *adj.* girlish, girl-like, maidenly, girl's...

fetică *s.f.* **1.** v. f e t i ț ă. **2.** *bot.* corn salad, lamb's lettuce *(Varianella olitoria).*

fetid *adj.* fetid, noisome, malodorous.

fetie *s.f.* **1.** girlhood. **2.** *(feciorie)* virginity, maidenhood.

fetiș *s.n.* fetish.

fetișcană *s.f.* F→girly, minx, teen-ager, bobby-soxer, flapper; bread-and-butter miss.

fetișism *s.n.* fetishism, fetish/idol worship.

fetiță *s.f.* **1.** little girl. **2.** *(fiică)* daughter. **3.** *(d. un băiat)* girl boy.

fetru *s.n.* felt. ⓑ *pălărie de ~* felt hat.

fetus *s.m.* f(o)etus.

feudal **I.** *adj.* feudal. **II.** *s.m.* feudal lord.

feudalism *s.n.,* **feudalitate** *s.f.* feudalism.

feudă *s.f. ist.* fief, fee, feoff, tenure of land.

fi[1] *vb. intr.* **1.** *(ca verb de legătură)* to be. **2.** *(a exista)* to be, to exist; *(a trăi)* to live, to be alive. **3.** *(a se afla)* to be (there); *geogr.* to be situated, to lie. **4.** *(ca auxiliar, în construcții pasive)* to be. **5.** *(a-i aparține)* to belong to. **6.** *(a costa)* to be, to cost. **7.** *(a se întîmpla)* to happen, to occur, to take place. ⓐ *a-i ~ (a se simți)* to be..., to feel... ⓒ *nu mi-e bine* I am rather unwell; *mi-e că...* I'm afraid (that)...; *ce e cu tine?* what's the matter with you? *cît e de aici pînă la...?* how far is it to...? *e de așteptat ca...* it is to be expected that...; *e de compătimit* she is to be pitied; *cum de e ea aici?* how came she to be here? *e în vîrstă de 17 ani* she is seventeen (years old); *cît e me-*

trul? how much does a metre cost? *e pîine pe masă?* is there any bread on the table? *e un an de cînd a venit* it is now a twelve- -month since he came; *e un om* he is a man; *e un om cinstit* he is an honest man; *ce era să fac?* what was I to do? *cum era(m) să viu?* how could I come? *este?* is it not true? don't you think so? *este!* of course, certainly, (to be) sure; *cum îți este?* how are you? *o ~ maybe,* perhaps; *a ~ cît pe ce să...* to be about to..., to be on the point of...; *era cît pe ce să pierd trenul* I all but missed the train; *nu ~ aşa de...* don't be so...; *ce-a ~ să fie!* come what may; *ce-o ~ avînd oare?* what can be the matter with him? *a-i ~ foame* to be hungry; *aş ~ vrut să văd asta* I should like to have seen that; *aşa să ~e!* be it (so)! let it be so! *~e ce-o ~!* come what may! *să ~e şi aşa!* all right! be it so! agreed! *a fost odată ca niciodată* once upon a time, there was...; *aş vrea să fiu* I wish I were...; *nu-i de mers* it is impossible to go; *n-am văzut aşa ceva de cînd sînt* I have never in my life seen the like (of it); *sînt de părere că...* it is my opinion that...; *sînt oameni care...* there are people who...

fi² *interj.* fie! for shame! what a shame!

fiară *s.f.* 1. wild beast. 2. *şi fig.* ferocious beast, brute.

fiasco *s.n.* failure, *rar→*fiasco.

fibră *s.f.* 1. *anat.*, *bot.* fibre, (thin) thread: *bot.* filament. 2. *(de carne)* fibre. 3. *(de fasole)* string. 4. *fig.* fibre. ⓐ *~ lemnoasă* wood fibre; *~ textilă* textile fibre; *fibre artificiale* man-made fibres.

fibrilă *s.f. anat.* fibril(l)a.

fibrină *s.f. anat., chim.* fibrin(e).

fibrom *s.n. med.* fibroma.

fibros *adj. anat., bot.* fibrous; *bot.* filamentous.

ficat *s.m. anat.* liver. ⓐ *~ de gîscă* goose liver; *~ de sulf/pucioasă chim.* liver of sulphur; *~ de vițel* calf's liver. ⓐ *boală de ~* liver complaint/disease.

ficățel *s.n.* liver (of a fowl).

fictiv I. *adj.* fictitious. **II.** *adv.* fictitiously.

ficţiune *s.f.* fiction; fabrication.

ficus *s.m. bot.* ficus *(Ficus elastica).*

fidea *s.f.* vermicelli. ⓑ *supă de ~* vermicelli soup.

fideism *s.n. filoz.* fideism.

fideist *s.m. filoz.* fideist.

fidel I. *adj. (devotat)* devoted; *(credincios)* faithful, true; *(loial)* loyal; *(cinstit)* honest; *(sincer)* sincere. ⓑ *memorie ~ă* faithful/retentive/tenacious memory. ⓒ *a rămîne ~ principiilor sale* to remain true to one's principles. **II.** *adv.* faithfully etc. v. *~* I.

fidelitate *s.f.* 1. fidelity, faithfulness; *(loialitate)* constancy, loyalty, sta(u)nchness, attachment. 2. *(exactitate a unei traduceri, relatări)* faithfulness, exactness. 3. *(a memoriei)* retentiveness, tenacity. ⓑ *cu ~* faithfully, truly, loyally.

fider *s.n. electr. etc.* feeder.

fiduciar *adj.* fiduciary. ⓑ *circulaţie ~ă* credit/note circulation; *monetă ~ă* token money.

fie *conj.* ⓐ *~..., ~...* either... or...; *(precum şi)* as well as...

fiecare I. *adj. nehot. (luat în parte)* each; *(implicînd totalitatea)* every; *(oricare)* any; *(din doi)* either; *(toţi)* all. ⓑ *de ~ dată* every time; *în ~ duminică* every Sunday. ⓒ *de ~ dată cînd îl întreb* whenever I ask him. **II.** *pron. nehot. (individual)* each; each one/man; *(colectiv)* everyone, everybody, all (the) people; *(din doi)* either; *(oricine)* anybody, anyone. ⓐ *~ din noi* each of us.

fiece *adj. nehot.* v. f i e c a r e I.

fiecine *pron. nehot.* v. f i e c a r e II.

fief *s.n. ist.* fief, feoff. ⓐ *~ electoral←odin.* traditional constituency.

fier *s.n.* 1. *mineral.* iron, *chim.* ferrum. 2. *(de călcat)* (flat) iron, smoothing/pressing iron; *(al croitorului)* groose. 3. *(de frizat)* curling iron/tongs. 4. *(unealtă de fier)* iron tool/implement. 5. *med.* hot iron (for cauterizing). **6.** *pl.* chains, shackles. **7.** *(sabie)* iron, sword. ⓐ ~ *alb* tin (plate), tinned iron (plate); ~ *bătut* wrought/malleable iron; ~ *beton metal.* reinforcing iron/bars; ~ *de plug* ploughshare; ~ *forjat* wrought iron; ~ *lat agr.* ploughshare; ~ *turnat* cast iron; ~*ul cel lung* co(u)lter; ~*ul mare/lat* ploughshare; ~ *vechi* scrap iron. ⓑ *de* ~ *fig.* made of iron, stern, unwavering; *drum de* ~ railway, *amer.* railroad; *lucrare în* ~ work(ing) in iron; *minereu de* ~ iron ore; *rugină de* ~ rust(ed iron); *strmă de* ~ iron wire; *tablă de* ~ sheet iron; *unelte de* ~ iron tools/utensils; *virsta/epoca de* ~ the Iron Age. ⓒ *a da la* ~ *vechi fig.* F to shelve; *a-i trece un* ~ *ars prin inimă* to feel a shooting pain in one's breast. ⓓ *bate* ~*ul cît/ pînă e cald* strike the iron while it is hot, make hay while the sun shines.

fierar *s.m.* **1.** (black)smith; *(potcovar)* farrier, shoeing smith. **2.** *(betonist)* iron worker.

fierărie *s.f.* **1.** *(ca meserie)* smith's work. **2.** *(atelierul fierarului)* smithy, forge; *(potcovărie)* farrier's shop. **3.** *(prăvălie)* ironmonger's (shop). **4.** *col.* ironmongery, hardware.

fierbător *s.n.* *tehn.* boiling vessel, cooker.

fierbe I. *vb. tr.* **1.** *(apă, săpun etc.)* to boil; *(legume, carne)* to boil, to cook; *(cafea, ceai)* to boil, to make, to heat; *(pînă ce nu rămîne nimic)* to boil away. **2.** *fig.* to torture, to torment. **II.** *vb. refl. pas.* to be boiled etc. v. ~ I. **III.** *vb. intr.* **1.** *(d. lapte etc.)* to boil; *(în clocote)* to bubble up, to seethe; to boil up, to wallop; *(încet)* to simmer; *(d. vin, bere, a fermenta)* to ferment, to work; *(a produce efervescență)* to effervesce. **2.** *fig. (d. sînge)* to be boilingup; *(d. mare)* to be seething/rough/boisterous, to rage, to roll; *(a vui)* to roar; *(a răsuna)* to resound. **3.** *fig. (d. cineva)* to effervesce; to fret and fume, to boil (over with

passion); to seethe, to simmer. ⓒ ~ *de minie* he is boiling/mad/seething with rage; *a începe să fiarbă* to begin to boil, to come to the boil.

fierbere *s.f.* **1.** boiling etc. v. f i e r b e. **2.** effervescence. **3.** *fig.* ebullition, commotion, tumult, agitation, emotion, flurry.

fierbincior *adj.* rather hot.

fierbinte I. *adj.* **1.** hot; *(arzător)* burning (hot); scorching; *(torid)* torrid. **2.** *(d. pasiuni)* burning, fiery, consuming, ardent; *(d. lacrimi)* bitter; *(d. rugăciuni)* fervent, devout. ⓒ *a vărsa lacrimi fierbinți* to shed bitter tears. **II.** *adv. fig.* ardently; fervently, devoutly.

fierbinteală *s.f.* **1.** heat; *(febră)* fever; *(a verii)* intense/burning/oppressive heat. **2.** *fig.* hotbloodedness, hot temper; fiery spirit; warmth, ardour, fervour, excitement, fluster, fit of anger. ⓑ *în fierbințeala luptei* in the heat of (the) battle.

fiere *s.f.* **1.** *anat.* gall, bile. **2.** *fig.* gall, bitterness, venom; *(necazuri)* troubles, sorrows. ⓑ *amar ca* ~*a* (as) bitter as gall.

fiert[1] *adj.* **1.** boiled etc. v. f i e r b e. **2.** *fig.* F down in the chops/dumps/ mouth. ⓑ *ouă* ~*e* boiled eggs. ⓒ *a o face fiartă* F to make a mess/ hash of smth.

fiert[2] *s.n.* boiling etc. v. f i e r b e.

fiertură *s.f.* **1.** concoction. **2.** *(supă)* soup, broth; *(de ovăz)* porridge.

figura *vb. intr.* **1.** *(a apărea)* to appear; to occur; *(a fi prezent)* to be present; *(a se găsi)* to be found; *(a fi)* to be. **2.** *teatru* to play. ⓐ *a* ~ *ca...* to be entered as...

figurant *s.m.* **1.** *teatru* figurant, walker-on, super ↑ (numerary), mute; dummy; utility actor/man; *cinema* extra. **2.** *fig.* (mere) cipher/ puppet, dummy.

figurantă *s.f.* **1.** *teatru* show girl, super(numerary), dummy; utility actress; *cinema* extra; *(la balet)* figurante. **2.** *fig.* v. f i g u r a n t 2.

figurat I. *adj.* figurative, metaphorical, allegoric(al), emblematic(al). ⓑ *sens* ~ figurative sense. **II.** *adv.* figuratively etc. v. ~ **I.**

figurativ *adj.* **1.** figurative. **2.** v. **figurat.**

figurație *s.f. teatru* figurants, supers, extras. ⓒ *a face* ~ to act as a figurant.

figură *s.f.* **1.** *(față)* face; *(mină)* mien, look; *(aspect)* aspect. **2.** figure; *(chip)* image; *(pe o monedă)* effigy; *(pe o carte de joc)* picture on a card; *(carte de joc)* court card. **3.** *(cartea în sine)* picture card; *(formă)* shape, form. **4.** *(persoană)* figure, person; *(tip)* type. **5.** *geom.* figure, diagram. **6.** *(de șah)* piece, chessman. **7.** *(de dans etc.)* figure. ⓐ ~ *de stil* figure of speech; ~ *geometrică* geometrical figure. ⓒ *a-i face cuiva figura* F to play a (< ditty/mean) trick on/upon smb.; *a face* ~ *bună* to make/cut a figure; *a face* ~ *proastă* to cut a sorry/poor figure; *să nu-mi faci cumva figura și să nu...* mind you don't...; *a face* ~ *de...* to assume the air of..., to play the...; *a face figuri (la patinaj etc.)* to cut figures.

figurină *s.f.* statuette, figurine.

fiică *s.f.* daughter.

fiindcă *conj.* because, as, since, for.

ființa *vb. intr.* to exist, to be (in existence); *(a trăi)* to live.

ființă *s.f.* **1.** *(viețuitoare)* being, creature, thing; *(om)* man; *(persoană)* person. **2.** *(existență)* existence, being; *(viață)* life. **3.** *(fire intimă)* substance, essence, true/inward nature. ⓑ *în* ~ **a.** *jur.* valid, legal. **b.** *(existent)* existing, extant; *(prezent)* present. ⓒ *a avea* ~ v. **ființa**; *a da* ~ *(cu dat.)* to give birth/life to...; *a lua* ~ to come into being; to be set up.

fila I. *vb. tr.* **1.** *text.* to spin. **2.** *muz.* to produce a steady *(tone)*. **3.** *(pe cineva)* to shadow. **II.** *vb. intr.* to smoke.

filament *s.n.* **1.** *anat.* fibre. **2.** *bot., electr.* filament.

filamentos *adj.* **1.** *anat.* fibreous. **2.** *bot.* filamentous.

filantrop *s.m.* philanthropist.

filantropic I. *adj.* philanthropic(al). **II.** *adv.* philanthropically.

filantropie *s.f.* philanthropy.

filarmonică *s.f.* philharmonic orchestra.

filatelic *adj.* philatelic.

filatelie *s.f.* philately.

filatelist *s.m.* philatelist.

filator *s.m.* spinner.

filatură *s.f.* spinning mill/works, *rar*→spinnery.

filă *s.f.* **1.** *(de carte)* leaf. **2.** *(coală)* sheet (of paper). ⓐ ~ *cu* ~ minutely.

fildecos *s.n. text.* Lisle thread.

fildeș *s.m.* **1.** *(colț de elefant)* tusk. **2.** ivory. ⓑ *de* ~ (of) ivory.

file *s.n.* sirloin, fillet, chine.

filet *s.n.* **1.** *tehn.* thread. **2.** *anat.* small fibre.

fileta *vb. tr. tehn.* to cut a screw etc.

fileu *s.n.* **1.** net. **2.** hair net, *(pt. păr lung)* snood.

filfizon *s.m.*←P dandy, fop, F masheer, swell.

filial *adj.* filial.

filială *s.f.* branch (office); subsidiary.

filiație *s.f.* **1.** (af)filiation, descendants. **2.** *fig.* filiation.

filieră *s.f.* **1.** *text.* spinning nozzle. **2.** *metal.* draw plate, die. **3.** *tehn.* screw/die stock, stock and die. **4.** *fig. (făgaș)* channel; *(cale)* way; intermedium; *(succesiune)* succession.

filiform *adj.* filiform, thread-like.

filigran *s.n.* filigree.

filigranat *adj.* worked in filigree.

filimică *s.f. bot.* marigold *(Calendula).*

filipică *s.f.* phillipic.

filistin *adj., s.m.* Philistine.

filistinism *s.n.* Philistinism.

film *s.n.* **1.** (moving) picture, movie, film; *(prost, ieftin)* quickie. **2.** *(peliculă)* film. ⓐ ~ *artistic* feature film; ~ *de actualități* topical/news film; ~ *de desene animate* (animated) cartoon film; (colour) cartoon; ~ *de lung metraj* full-

-length film; ~ *de scurt metraj*
short (film); ~ *didactic* training
film; ~ *documentar* documentary
(film); ~ *mut* silent film, *amer.*
și F movie; ~ *sonor* synchronized
sound film; ~ *in culori/tehnicolor*
colour/technicolour film; ~ *vorbit*
talking picture, F→talkie. ©️ *a
face un* ~ to film, to make a film;
a rula un ~ to release a film; *a
turna un* ~ to record a film on the
screen; *a juca intr-un* ~ to act a
film part; *a transpune intr-un* ~
to film, to put on the screen.
filma *vb. tr.* to film.
filmare *s.f.* filming.
filmotecă *s.f.* film library.
filodendron *s.n. bot.* philodendron
(*Monstera deliciosa*).
filodormă *s.f.* smart/key money.
filogenetic *adj. biol.* phylogenetic.
filogenie *s.f. biol.* phylogeny.
filolog *s.m.* philologist.
filologic I. *adj.* philological. **II.** *adv.*
philologically.
filologie *s.f.* philology.
filomelă *s.f. poetic* Philomela, night-
ingale.
filon *s.n.* **1.** *geol.* vein. **2.** *min.* lode,
seam.
filoxeră *s.f. entom.* phylloxera (*Phyl-
loxera vastatrix*).
filozof *adj.* **1.** philosopher. **2.** (*învă-
țat*)←P learned man, scholar.
filozofa *vb. intr.* to philosophize,
to be philosophical.
filozofal *adj.* ⓑ *piatră* ~*ă* philo-
sopher's stone.
filozofic *adj.* philosophical. ⓑ *mate-
rialismul* ~ *marxist* Marxist phi-
losophical materialism.
filozoficește *adv.* philosophically.
filozofie *s.f.* philosophy. ⓕ *facultate
de* ~ philosophical faculty. ©️ *nu
e mare* ~ it's as easy as nothing;
it's a (mere) child's play, F no
great bother.
filtra I. *vb. tr.* to filter, to strain,
to percolate. **II.** *vb. refl. pas.* to
be filtered etc. v. ~ l.
filtrabil, filtrant *adj.* filt(e)rable. ⓑ
virus filtrant med. filtrable virus.
filtrare *s.f.* filtration, percolation.
filtru *s.n.* **1.** (*aparat*) filter, strain-
er; percolator. **2.** (*cafea*) drip

coffee. ⓐ ~ (*de cafea*) drip coffee
maker, percolator; ~ *de ulei* oil
filter/strainer.
filț *s.n.* v. f e t r u.
fin[1] *s.m.* godchild, godson.
fin[2] **I.** *adj.* **1.** fine; (*d. ață*) fine,
slender, thin; (*d. piele*) delicate;
(*d. formă*) graceful, beautiful; (*d.
fructe*) choice; (*pur*) pure, free
from admixture. **2.** (*d. gust etc.*)
refined; (*excelent*) excellent, choice,
first-class; (*subtil*) subtile. **II.** *adv.*
finely; delicately; subtly.
final I. *adj.* ultimate; (*decisiv*) de-
cisive. ⓕ *propoziție* ~*ă gram.* final
clause; *scop* ~ final aim, ultimate
object. **II.** *s.n.* **1.** *muz.* finale. **2.**
(*sfîrșit*) end; (*rezultat*) result;
(*moarte*) end, death.
finală *s.f.* **1.** *gram.* final clause.
2. (*joc*) final game; *sport* final(s).
finalism *s.n.* finalism.
finalist *s.m.* finalist.
finalitate *s.f.* finality.
financiar *adj.* financial. ⓕ *an* ~ fi-
nancial/fiscal year; *capital* ~
financial capital; *chestiune* ~*ă*
financial question; *disciplină* ~*ă*
financial discipline; *inspector* ~
revenue inspector; *obligație* ~*ă* fi-
nancial obligation; *serviciu/secție*
~*ă* finance department; *sistem* ~
financial system.
finanța I. *vb. tr.* to finance; to subsi-
dize. **II.** *vb. refl. pas.* to be fi-
nanced, to be subsidized.
finanțe *s.f. pl.* finances; (*resurse*)
resources. ⓑ *marea finanță* the
high finance; the financiers; *mi-
nister de* ~ Ministry of Finance;
(*în Anglia*) (Board of) Exchequer,
Lords of the Treasury; (*în S.U.A.*)
Treasury; *Ministru de* ~ Minister
for Finance; (*în Anglia*) Chancellor
of the Exchequer.
fină *s.f.* goddaughter.
fine *s.n.* end. ⓕ *în* ~ **a.** (*în cele
din urmă*) finally, ultimately, in
the end, after all; (*presupunind
intîrziere*) at last, at length; (*în
ultimul moment*) at the last mo-
ment. **b.** (*păi*) well. **c.** (*intr-un
cuvînt*) in a word, to put it briefly,
to make a long story short.

finet *s.n. text.* flannelette.

fineţe *s.f.* fineness; *(a execuţiei, a desenului)* delicacy; *(calitate superioară)* high quality; *(în comportare)* refinement, polish; *(subtilitate)* fineness, subtlety.

finisa *vb. tr.* to finish.

finisaj *s.n.,* **finisare** *s.f.* finishing.

finisor *s.n. constr.* finisher.

finit *adj.* **1.** *(ant. infinit)* finite. **2.** *(terminat)* finished. ⓑ *produse* ~e finished articles.

finlandez I. *adj.* Finnish. **II.** *s.m.* Finn.

finlandeză *s.f.* **1.** Finn, Finnish woman *sau* girl. **2.** Finnish, the Finnish language.

fiolă *s.f.* phial, vial, ampoule, ampulla.

fior *s.m. (plăcut)* thrill; *(neplăcut)* shudder, shiver. ⓐ ~ *de plăcere* thrill of pleasure. ⓒ *a da ~i cuiva* to thrill smb., to make smb. shiver; *am simţit un* ~ *de groază* I felt a chill of fear; *îl trecu un* ~ *rece* a cold shiver went down his back.

fiord *s.n.* fiord, rocky bay.

florin *s.m. odin.* florin.

fiorituri *s.f. pl. muz.* grace notes.

fioros I. *adj.* fierce, ferocious, truculent; horrible, dreadful, abominable, atrocious; appalling; *(sălbatic)* wild. **II.** *adv.* horribly etc. v. ~ **I.**

fir. *s.n.* **1.** *(de aţă, de păianjen etc.)* thread; *(de păr)* hair; *(de sîrmă)* wire; *(de iarbă)* blade; *(pai)* straw; *(tulpiniţă)* stalk, haulm; *(bob)* grain. **2.** *fig. (iotă)* grain, F jot, bit, tittle, whit. **3.** *fig. (al povestirii etc.)* thread. **4.** *tel.* wire. ⓐ ~ *călăuzitor/conducător* **a.** line of conduct. **b.** *(cheie)* clue; ~ *cu* ~ piece for piece, bit by bit; ~ *cu plumb tehn.* plumb bob/line; ~ *de cusut* sewing cotton/thread; ~ *roşu fig.* red thread; ~ *telegrafic* telegraph wire; ~*ul vieţii* the thread of life. ⓑ *de-a* ~ *a păr* to a hair/nicety; *(amănunţit)* minutely; *la capătul* ~*ului tel.* on the phone, speaking. ⓒ *e cineva pe* ~ *tel.* the line's engaged; there's

smb. on the line; *a relua* ~*ul unei povestiri* to take up/F→pick up the thread of a story; *trece ca un* ~ *roşu prin toată cartea* that runs/may be traced right through the book.

firav *adj.* feeble, frail, weak, slender; *(mai ales d. copii)* puny; *(d. sănătate)* delicate.

fire *s.f.* **1.** *(natură externă)* (external) nature; *(lume)* world. **2.** *(natură lăuntrică)* (inward) nature; *(caracter)* character; *(temperament)* disposition, temper, grain; *(minte)* mind. ⓑ *bun din* ~ naturally good; *împotriva firii* against the grain; *în toată* ~*a* sensible; *iute la* ~ passionate, hot-tempered, irascible; *peste* ~ beyond measure, uncommonly; *slab din* ~ constitutionally weak. ⓒ *trebuie să-şi schimbe* ~*a* he must change his character; *a-şi ţine* ~*a* to control/govern oneself, to be self-controlled; *ţine-ţi* ~*a!* keep (all) your wits about you! F keep your hair on! *a se pierde cu* ~*a* **a.** to lose one's self-possession, to be all abroad, to become flustered, to lose one's head/one's presence of mind. **b.** *(a-şi pierde curajul)* to lose heart/courage; *a nu se pierde cu* ~*a* F to have one's brains on ice (v. şi a se p i e r d e c u* ~a); *e timidă din* ~ she is naturally/by nature very timid, she is of a very timid disposition; *a(-şi) ieşi din* ~ to lose one's temper, to be beside oneself; F→ to get into a tantrum; to lose patience; *a scoate din* ~ to disconcert, to upset; *(a scoate din minţi)* to drive mad; *(prin privire)* to stare out of countenance; *e în* ~*a lucrurilor* it is in the nature of things; *nu e în* ~*a lui să...* it is not in him to...; *nu e în toată* ~*a* he is out of his mind, he has taken leave of his senses, F→he is wrong in the upper story; *a-şi veni în* ~ to recover one's senses, F→to come to.

firesc *adj.* natural.

fireşte *adv.* of course, naturally; it goes without saying.

firet *s.n.* **1.** trimming, edging, border. **2.** embroidery in gold.

firidă *s.f.* niche, recess (in the wall).

firimitură *s.f.* **1.** *(de pîine)* crumb. **2.** v. **fărîmă**.

firmament *s.n.* firmament, sky, *poetic*→ canopy of heaven. ⓒ *a apărea pe* ~ to come along, to come on the carpet, to turn up.

firman *s.n. odin.* firman.

firmă *s.f.* **1.** *(casă de comerț)* (commercial) firm, house of business. **2.** *(inscripție)* sign, painted board, name of the firm; *(pe ușă)* brass/door plate. **3.** *fig.* mask.

firnis *s.n.* oil varnish.

firoscos *ironic* **I.** *adj.* clever. **II.** *s.m.* wiseacre.

fisă *s.f.* **1.** *(de telefon)* coin. **2.** *(la jocuri)* counter, fish.

fisc *s.n.* exchequer, treasury, fisc, fisk.

fiscal *adj.* fiscal.

fiscalism *s.n. ec.* heavy taxation.

fiscalitate *s.f.* fiscality, taxation policy/sistem.

fisiona *vb. tr.* to split.

fisiune *s.f.* fission.

fistic **I.** *s.m. bot.* pistacia, pistachio tree *(Pistacia vera)*. **II.** *s.n. (fruct)* pistachio (nut).

fistichiu *adj. (ciudat)* queer, strange, F rum.

fistulă *s.f. med.* fistula.

fisura **I.** *vb. tr.* to fissure, to cleave. **II.** *vb. refl.* to cleave, to crack.

fisură *s.f.* fissure, cleft.

fișa *vb. tr.* to card.

fișă *s.f.* slip (of paper); memorandum slip; *(de catalog)* (index) card, record card; *(la bibliotecă)* library/catalogue card; *(electrică)* plug. ⓐ ~ *de evidență* register card; ~ *personală* record.

fișet *s.n.* locker.

fișic *s.n.* **1.** *(de bani)* roll/rouleau of money. **2.** *(pungă de hîrtie)* paper bag; *(răsucit)* screw.

fișier *s.n.* **1.** *(catalog, repertoriu)* card index. **2.** *(dulap)* card index cabinet.

fit *s.n.* ⓒ *a trage la* ~ F to play the truant.

fitecine *pron. nehot.* **1.** v. **f i e c a- r e** **II.** **2.** v. **o r i c a r e** **I.**

fitil *s.n.* **1.** *(de lampă, luminare)* wick. **2.** *(de tun) odin. mil.* slow match. ⓒ *a băga un* ~/~*uri*←F to insinuate.

fiting *s.n. tehn.* fitting.

fitopatologie *s.f.* phytopathology.

fitoterapie *s.f.* phytotherapy.

fițe *s.f. pl*←F airs and graces, frills. ⓒ *a face* ~←F to mince; to put on frills, to be capricious.

fițuică *s.f.* **1.** slip/scrap of paper; *(scrisă)* note; *(tipărită)* handbill. **2.** *școl.* crib. **3.** *(ziar) peior.* gutter press.

fiu *s.m.* **1.** *(fecior)* son, boy; *(copil)* child; *(descendent)* descendant. **2.** *fig.* son.

fix **I.** *adj.* **1.** *(imobil)* fixed, set. **2.** *(constant)* steady, constant, immutable; *(permanent)* permanent; *(neschimbat)* fixed, unchangeable, unalterable. **3.** *(exact)* precise, exact, definite; *(invariabil)* invariable; *(anumit)* certain, sure. ⓑ *idee* ~*ă* fixed idea; *locuință/reședință* ~*ă* settled abode, permanent residence; *preț* ~ fixed price; *privire* ~*ă* fixed/staring look; *(fără țintă)* vacant look; *sărbători* ~*e* set feasts. **II.** *adv.* fixedly etc. v. ~ **I.** ⓒ *a privi* ~ to stare, to look vacantly; *la ora șase* ~ at six o'clock sharp.

fixa **I.** *vb. tr.* **1.** *(de ceva)* to make fast, to fasten (to), to fix (to), attach (to); *(cu un cui)* to nail (to); *(cu un ac cu gămălie)* to pin (to); *(un cort, de pămînt etc.)* to anchor (to). **2.** *nav. (o frînghie)* to belay; *(un cablu)* to clinch. **3.** *tehn. (a cupla)* to couple; *(a nitui)* to rivet. **4.** *(a întări)* to strengthen, to make secure. **5.** *(a lega)* to tie, to bind. **6.** *(un loc, timpul)* to fix, to appoint; to assign. **7.** *(a defini)* to define. **8.** *med.* to diagnose. **9.** *(a determina)* to determine, to recognize. **10.** *(prețul)* to fix, to state. **11.** *chim.* to fix. **12.** *mat.* to measure. **13.** *(latitudinea)* to ascertain, to find. **14.** *(a regla)* to regulate. **15.** *(a orîndui)* to settle, to establish, to arrange, to regulate. **16.** *(pe cineva, cu privirea)* to fix one's

eyes/glance upon, to stare at.
17. *(vopsea, fotografii) chim.* to
fix. **18.** *(condiţii)* to lay down,
to stipulate. **19.** *(a numi)* to fix,
to name. **20.** *(a trasa)* to trace. ⓒ *a
veni la ora ~tă* to come at the appointed time. **II.** *vb. refl.* **1.** *pas.*
to be fastened etc. v. ~ **I. 2.**
(a se stabili) to settle (down); to
take up one's abode/lodgings.
fixare *s.f.* fastening etc. v. f i x a.
fixativ *s.n.* fixative.
fixator *s.m.* **1.** *fot.* fixing solution/
bath. **2.** *text.* fixer.
fixitate *s.f.* fixity; *(a privirii)*
steadiness.
fizic I. *adj.* physical; *(material)*
material; *(concret)* concrete; *(ce
ţine de corp)* bodily. ⓑ *cultură ~ă*
physical culture; *forţă ~ă* physical
strength; *persoană ~ă jur.* physical person; *proprietăţi ~e* physical
properties. **II.** *s.n.* natural construction, body; *(exterior)* exterior,
figure; *(înfăţişare)* appearance,
looks.
fizică *s.f.* physics. ⓐ *~ aplicată* applied physics; *~ atomică/nucleară*
nuclear physics.
fiziceşte *adv.* physically.
fizician *s.m.* physicist.
fiziocrat *s.m. ec. pol.* physiocrat.
fiziolog *s.m.* physiologist.
fiziologic *adj.* physiological.
fiziologie *s.f.* physiology.
fizionomie *s.f.* **1.** physiognomy, facial expression, countenance; F→
phiz. **3.** *fig.* aspect.
fizionomist *s.m.* physiognomist.
fizioterapie *s.f.* physiotherapeutics.
fîlfîi *vb. intr.* **1.** *(d. păsări)* to flutter,
to flap one's wings. **2.** *(în vînt)*
to fly, to float, to wave.
fîlfîire *s.f.*, **fîlfîit** *s.n.* flutter(ing)
etc. v. f î l f î i.
fîn *s.n.* hay. ⓑ *bacilul ~ului bot.*
hay bacillus; *căruţă de ~ a.* hay
cart/wagon. **b.** *(ca încărcătură)*
cartful of hay; *cositul ~ului* haymaking, hay harvest; *(ca timp)*
haymaking time; *guturai de ~med.*
hay fever; *snop de ~* truss/bottle
of hay; *stog de ~* hayrick, haystack; *vremea ~ului* haymaking
time. ⓒ *a pune ~ul la uscat* to ted.

fînaţ *s.n.*, **fîneaţă** *s.f.* hayfield.
fîntînar *s.m.* well sinker/digger.
fîntînă *s.f.* **1.** well; draw well;
(cişmea) running fountain. **2.**
fig. source, fountain head, origin.
ⓐ *~ arteziană* artesian well; *~
cu cumpănă* draw well. ⓒ *a căra
apă la ~* to carry coals to Newcastle.
fîrnîi *vb. intr.* to speak through
the nose, to (have a nasal) twang,
to snuffle.
fîrnîit I. *adj.* twanging. **II.** *s.n.*
twang(ing). **III.** *s.m.* snuffler.
fîrtat *s.m.* bosom friend; *(prieten)*
friend, F chum, pal; *(tovarăş)*
comrade.
fîs *interj.* phut. ⓒ *a face ~* to fizz;
fig. to go phut.
fîsîi *vb. intr.* **1.** *(d. apă etc.)* to
fizz(le), to sing, *rar→*to sizzle, to
swish. **2.** *(d. gîşte etc.)* to hiss.
fîsîit *s.n.* fizzle; fizzling etc.
fîstîceală *s.f.* disconcertedness,
bewilderment, perplexity.
fîstîci *vb. refl.* to lose one's head, to
be/get flurried/puzzled/perplexed/
confused; not to know if one is
standing on one's head or one's
heels; *(în vorbire)* to lose the
thread, to be put out, F to get
muddled.
fîşie *s.f. (de stofă)* band, strip; *(de
hîrtie)* strip, slip, band; *(de pămînt)* strip; *(de lumină)* streak.
fîşîi *vb. intr.* to rustle, to move/
glide along with a rustling noise,
to whiz along; *(d. vînt, printre
frunze)* to rustle, to sough.
fîşîit *s.n.* rustle; rustling etc. v.
f î ş î i.
fîşneţ *adj.* **1.** *(vioi)* lively; *(greu de
stăpînit)* unruly, ungovernable;
(neastîmpărat) roguish; *(iute)*
brisk; *(la lucru)* quick at work,
smart. **2.** *(d. femei)* coquettish,
flirtatious, F fast.
fîţă *s.f.* **1.** quick-swimming little
fish. **2.** *iht.* v. z v î r l u g ă . **3.**
(copilaş) F shrimp, little dot, hop-
-o-my-thumb. **4.** *(neastîmpărat)*
F fidget. **5.** *(femeie)* F bit of fluff,
skirt, petticoat.
fîţîi I. *vb. tr. (coada, d. cîine)* to
wag; *(coada, d. cai)* to whisk/flap

with. **II.** *vb. intr.* ⓐ *a* ~ *din...* v.
~ I. **III.** *vb. refl.* to fuss, to bustle,
F to be on the gad; *(nervos)* to
have the fidgets, to fidget; *(în
pat)* to toss from side to side.
fîţîială *s.f.* fuss(ing) etc. v. f î ţ î i.
flacără *s.f.* **1.** flame; *(vie)* blaze. **2.**
fig. flame; heat (of passion). ©
a izbucni în flăcări to break out
in flames; *a fi în flăcări* to be in
flames, to be all ablaze/on fire;
a arunca flăcări pe nări to burn/
glow with anger/rage; *a arunca în
flăcări* to throw into the flames.
flacon *s.n.* bottle, (stoppered) fla-
gon, decanter; phial, vial. ⓐ ~ *de
parfum* bottle of perfume/scent.
flagel *s.n.* calamity, scourge.
flagela *vb. tr.* to scourge, to flog,
to lash.
flagrant *adj.* flagrant, glaring.
flaier *s.n. text.* flyer.
flajeolet *s.n. muz.* flageolet.
flamand I. *adj.* Flemish. **II.** *s.m.*
Fleming, Flemish man, native of
Flanders.
flamandă *s.f.* **1.** Fleming, Flemish
woman, native of Flanders. **2.**
Flemish, the Flemish language.
flamba *vb. tr. med.* to sterilize (in
flame).
flamingo *s.m. ornit.* flamingo *(Phoe-
nicopterus)*.
flamură *s.f.* pennon; pennant; ban-
ner, flag.
flanc *s.n.* **1.** *mil.* flank, wing. **2.**
poligr. flong. ⓑ *atac de* ~ flank-
(ing) attack; *în* ~ *(cîte unul)*
in a(n Indian) file; *învăluire din* ~
outflanking. © *a ataca din* ~ to
attack/take on the flank.
flanca *vb. tr. mil.* to flank.
flanelă *s.f.* **1.** *(stofă)* flannel. **2.**
(îmbrăcăminte) jersey, sweater;
(de bumbac) flannelette; *(de corp)*
vest, singlet.
flanşă *s.f. tehn.* flange.
flasc *adj.* limp, flabby, flaccid.
flaşnetar *s.m.* organ man/grinder.
flaşnetă *s.f. muz.* barrel/street organ.
flata *vb. tr.* to flatter, to fawn upon,
to curry favour with.
flaut *s.n. muz.* flute.
flautist *s.m. muz.* flute player, flu-
tist.

flăcăiandru *s.m.* **1.** (growing) lad,
young fellow, stripling. **2.** *(ştren-
gar)* young rogue, F Turk.
flăcăraie *s.f.* **1.** blaze, blazing fire,
F→flare. **2.** Will-o-the-wisp, Jack-
-o'-lantern.
flăcăruie *s.f.* small flame, flamelet.
flăcău *s.m.* **1.** country lad. **2.**
(tînăr) lad, youth. **3.** *(holtei)*
bachelor, single man; *(~ tomna-
tic)* (confirmed) old bachelor. ⓐ
~*le* F big boy.
flămînd *adj.* **1.** hungry, < rave-
nous; F→ belly-pinched; *(înfome-
tat)* starving, famished. **2.** *fig.
(de)* greedy (after), desirous (of).
flămînzi I. *vb. tr.* to famish, to
starve. **II.** *vb. intr.* **1.** to be hungry/
ravenous. **2.** to suffer from hunger,
to starve.
Flămînzilă *s.f. (in Romanian folk
tales)* glutton, P greedy guts.
fleac *s.n.* **1.** trifle. **2.** *(bagatelă)*
knick-knack, trinket. **3.** *(nimic)*
trifle, F petty/trumpery stuff; *(o
nimica toată)* a mere nothing, F
nil; *(prostie)* foolish/silly stuff,
trash, stuff and nonsense. **4.** *(nuli-
tate)* a (mere) nobody; a mere
cipher. **5.** *pl. (palavre)* babble,
tittle-tattle, prattle, bunkum, bun-
combe.
fleancă *s.f. v.* f l e o a n c ă.
fleandură *s.f.* rag.
fleaşc *interj.* flip-flap! smack! pop!
bang! there goes!
fleaşcă *s.f.* **1.** *(palmă peste obraz)*
slap in the face, box on the ear.
2. *(moltu)* weakling, F milksop,
mollycoddle. ⓑ *ud* ~ dripping/
sopping wet.
flebită *s.f. med.* phlebitis.
flec *s.n.* heel piece.
flecar I. *adj.* talkative, < garrulous,
F→talky, chatty. **II.** *s.m.* (great)
talker, prattler, chatterbox, bab-
bler, F→windbag.
flecăreală *s.f.* idle/empty talk, bab-
ble, chit-chat, gabble, gossip, tittle-
-tattle.
flecări *vb. intr.* to chatter, to prat-
tle, F to tittle-tattle.
flegmatic I. *adj.* **1.** *med.* phlegmatic,
lymphatic. **2.** *fig.* phlegmatic,

indifferent, cold-blooded, calm. **II.**
adv. phlegmatically etc. v. ~ **I.**
flegmă *s.f.* **1.** expectoration, S→sputum; *med.* phlegm. **2.** *fig.* phlegm, coolness, indifference.
flegmon *s.n. med.* phlegmon.
fleică *s.f.* steak cut from the ribs (of beef), F rib of beef.
fleoancă *s.f.* F potato trap, chops, jaw. © *tacă-ţi fleoanca!* F hold your jaw! P stop your jaw(ing)! stash it!
fler *s.n.* **1.** *(al cîinilor)* scent; *(miros)* smell. **2.** *fig.* flair, nose.
fleşă *s.f.* **1.** *arhit.* spire; rise (of arch). **2.** *(a cablului)* sag.
fleşcăi **I.** *vb. intr.* to squelch *through the mud etc.* **II.** *vb. refl.* **1.** to wilt. **2.** *fig.* F to be played out.
fleşcăit *adj. fig.* F played out, flagged.
flexibil *adj.* flexible, pliant, pliable; *(d. corp)* lithe.
flexibilitate *s.f.* flexibility, suppleness, pliancy; malleability; *(a corpului)* litheness.
flexionar *adj. lingv.* flexional; *(d. o limbă)* inflected.
flexiune *s.f.* **1.** flexion, deflexion, bending. **2.** *lingv.* inflexion.
fligorn *s.n. muz.* bugle(horn), Flügelhorn.
flintă *s.f. odin.* firelock.
flirt *s.n.* flirtation.
flirta *vb. intr.* *(cu)* to flirt (with).
fliş *s.n. geol.* flysch.
flit *s.n.* fly tox.
floare *s.f.* **1.** flower; flowering plant; *(eflorescenţă)* bloom; *(mai ales de arbori)* blossom. **2.** *(a vinului)* aroma(tic flavour), bouquet. **3.** *(mucegai)* mildew, mould, must. **4.** *(a lînei)* softest fleece. **5.** *(parafă)* paraph. **6.** *poligr.* face, eye. **7.** *fig.* flower; cream, élite, pick. **8.** *(la cheie)* edge. ⓐ ~*a grîului bot.* corn flower, blue bottle *(Centaurea cyanus)*; ~*a patimilor bot.* passion flower; ~*a soarelui bot.* (common) sunflower *(Helianthus annuus)*; ~*a vîntului/paştelui bot.* wind flower *(Anemona nemorosa)*; ~*a vîrstei* the prime (of life); ~ *de cîmp* flower of the field(s), wild flower; ~ *de colţ bot.* lion's foot, edelweiss *(Gnaphalium leontopo-*

dium); ~ *de ghiveci* potted plant, flower growing in a pot; ~ *de grădină* garden flower; ~ *de pucioasă/sulf* flower of sulphur; ~ *frumoasă bot.* daisy *(Bellis perennis)*. ⓑ *buchet de flori* bunch/bouquet of flowers, nosegay; *copil din flori* illegitimate child, child born out of wedlock; *coroană de flori* crown of flowers; *cunună de flori* wreath of flowers; *expoziţie de flori* flower show; *în ~ (d. flori)* in bloom, abloom; *(d. pomi)* in blossom; *parfum/miros de flori* fragrance/perfume/scent of flowers; *strat de flori* flower bed. © *a face~ (mucegai)* to mould; *a da (în)~* to come into flower *sau* blossom; *cîmpul e în~* the meadow is in bloom; *pomii sînt în ~* the trees are in blossom. ⓓ *cu o~ nu se face primăvară* one swallow does not make a summer.
floc¹ *s.m., s.n. (de păr)* tuft; *(de lînă etc.)* flock.
floc² *s.n. nav.* jib.
flocăi *vb. tr.* to pluck.
flocoasă *s.f. bot.* caffre corn *(Sorghum vulgare)*.
flocos *adj.* hairy, shaggy; fluffy. ⓑ *iarbă flocoasă bot.* cat mint/nip *(Nepeta)*; *cîine ~ zool.* (French) poodle.
flocoşică *s.f. bot.* broom/velvet grass *(Holcus lanatus)*.
floral *adj.* floral.
florant *s.m. ornit.* greenfinch *(Fringilla chloris)*.
florar *s.m.* **1.** florist. **2.** *(luna mai)* ←P. the month of flowers, May. **3.** *geom.* French curve.
floră *s.f.* flora.
florăreasă *s.f.* florist, flower girl.
florărie *s.f.* **1.** *(magazin)* flower shop. **2.** *(seră)* hothouse, conservatory. **3.** *(grădină)* flower garden.
florentin *adj., s.m.* Florentine.
floretă *s.f.* foil.
floricea *s.f.* **1.** little flower, tiny blossom, floweret. **2.** *pl. (de porumb)* pop corn. **3.** *fig. pl.* flowers of speech, flourishes; *peior.* highflown phrases.
florii *s.f.pl. (şi duminica~lor)* Palm Sunday.

florilegiu *s.n.* florilegium, anthology.
florinte *s.m. ornit.* v. f l o r a n ţ.
flotabil *adj.* floatable, buoyant.
flotabilitate *s.f.* buoyancy.
flotant **I.** *adj.* **1.** floating. **2.** *(d. populaţie)* floating. **II.** *s.m.* floating person.
flotaţie *s.f. min.* flotation.
flotă *s.f. nav.* fleet; *(de război)* naval force. ⓐ ~ *aeriană* air force/ fleet; ~ *fluvială* inland waters transport; ~ *maritimă* marine; ~ *maritimă militară* navy.
flotilă *s.f.* flotilla, small fleet, (naval) squadron. ⓐ ~ *fluvială* river flotilla.
flotor *s.n.* **1.** v. p l u t i t o r. **2.** *nav.* seaplane float.
fluctua *vb. intr.* to fluctuate.
fluctuant *adj.* fluctuating, varying.
fluctuaţie *s.f.* fluctuation; (alternate) rise and fall; vaccillation; *(oscilaţie)* oscillation.
fluent I. *adj.* fluent. **II.** *adv.* fluently.
fluenţă *s.f.* fluency.
fluid *adj.*, *s.n.* fluid.
fluiditate *s.f.* liquid/fluid state, fluidity, liquidity.
fluier *s.n.* **1.** little whistle, pipe; *(de păstor)* shepherd's flute/pipe/ S→syrinx. **2.** *(fluierătură)* whistle. **3.** *anat.* shinbone, S→tibia.
fluiera I. *vb. tr.* **1.** *(o melodie)* to whistle. **2.** *(o piesă etc.)* to hiss (off the stage), F→to goose; < to howl/hoot at. ⓒ *a fi ~t teatru sl.*→ to get the bird. **II.** *vb. intr.* **1.** to whistle. **2.** *(d. vînt)* to whiz, to sing. ⓒ *a ~ a pagubă aprox.* F to sing sorrow; *a ~ în biserică* to swim against the stream/tide.
fluierar *s.m.* **1.** whistler; piper. **2.** *ornit.* plover *(Charadrius pluvialis)*. **3.** *ornit.* common curlew *(Numenius arcuatus)*. **4.** *ornit.* stone curlew/ plover *(Oedicnemus crepitans)*.
fluierat *s.n.* **1.** hissing etc. v. f l u i e r a. **2.** v. f l u i e r ă t u r ă. .
fluierătoare *s.f. bot.* lady's seal *(Tamus communis)*.
fluierător *adj.* whistling etc. v. f l u i e r a.
fluierătură *s.f.* whistle.

fluieră-vînt *s.m.* F idler, dawdler.
fluor *s.n. chim.* fluorine.
fluorescent *adj. chim.* fluorescent.
fluorescenţă *s.f.* fluorescence.
fluorhidric *adj. chim.* fluorhydric, hydrofluoric.
fluorină *s.f. mineral.* calcic fluoride, fluor spar.
fluorură *s.f. chim.* fluoride.
fluşturatic I. *adj.* light-headed/minded, thoughtless, flippant, happy-go-lucky, F→non-carish; *(nestatornic)* fickle, flighty. **II.** *s.m.* giddy fellow, F→madcap.
flutura I. *vb. tr.* **1.** *(pălăria, batista)* to wave. **2.** *(braţele)* to swing (to and fro). **3.** *(un băţ, o lance)* to brandish, to flourish; to wave. **II.** *vb. intr.* **1.** to flutter. **2.** to dangle (to and fro). **3.** *(in vînt)* to fly, to float, to wave. **4.** *fig.* to flit.
fluturaş *s.m. (ornament)* spangle, tinsel; *(de aur)* gold spangle; *(de argint)* silver spangle. ⓓ *cu ~i* spangled.
fluture *s.m.* **1.** *entom.* butterfly. **2.** v. f l u t u r a ş. **3.** *tehn.* throttle. ⓐ ~ *alb entom.* white butterfly *(Aporia Crataegi)*; ~ *de noapte entom.* moth, night butterfly/flutterer.
fluvial *adj.* fluvial, riverine, river...
fluviu *s.n.* **1.** *(large)* river, stream. **2.** *fig.* stream, flood.
flux *s.n.* **1.** *nav.* (high) tide, high water. **2.** *med.* menstruation. **3.** *fig. (val)* wave; rising tide; *(revărsare)* flood. ⓐ ~ *şi reflux* **a.** high tide and low tide, ebbing and flowing tide **b.** *fig.* ebb and flow.
foaie *s.f.* **1.** *(frunză)* leaf; *(sepală)* sepal; *(petală)* petal. **2.** *(de carte)* leaf; *(coală)* sheet (of paper). **3.** *(pagină)* page. **4.** *(ziar)* journal, (news)paper. **5.** *(de plăcintă)* puff paste, flaky crust. **6.** *pl. (fustă)* skirt. ⓐ ~ *de cort* tent canvas/ tarpaulin; waterproof cape; ~ *de drum* travelling warrant, voucher; ~ *de pontaj* check/time sheet; ~ *volantă* loose leaf, fly sheet. ⓒ *a in-*

*toarce foaia, a o întoarce pe foaia cea-
laltă* F to sing after another fashion.
foaier *s.n.* *teatru* lobby, foyer.
foale *s.n.* **I.** *şi muz.* bellows. **2.**
(pt. vin) goatskin bag. **3.** *(plă-
mîni)* ←F lungs, *sl.* bellows.
foame *s.f.* **1.** hunger, F→clam. **2.**
fig. thirst, yearning. **3.** *(foamete)*
famine, starvation. ⓒ *a-şi astîm-
păra* ∼*a* to appease/satisfy one's
hunger; *îi chiorăiau maţele de
∼* F *aprox.* he felt empty, he felt
a pain in the stomach; *a muri de ∼*
to die of hunger/starvation, to be
starved to death; *a i se face ∼* to
feel/grow/get hungry; *a-i fi ∼* to
be hungry, F→to be empty, to
cry cupboard. ⓓ ∼*a e cel mai bun
bucătar* hunger is the best sauce.
foamete *s.f.* famine, starvation.
foarfece *s.n.* **1.** scissors; *(mare, şi
tehn.)* shears; *(pt. unghii)* nail
scissors; *(de pomi)* gardening
shears; *(pt. sîrmă)* wire shears. **2.**
(ale racului) claws; ∼ *de grădină*
bill (hook). ⓓ *o pereche de ∼* a pair
of scissors. ⓒ *a tăia cu ∼le* **a.**
(iarba) to clip *the grass*, to mow
the lawn **b.** *(oi)* to shear, to clip. **c.**
(gardul viu, pomii) to trim.
foarte *adv.* **1.** very; *(extrem de)* most;
(într-un grad înalt) in a high de-
gree, extremely, highly; exces-
sively. **2.** *(∼ mult)* very much,
greatly, highly. ⓓ *nici prea prea,
nici ∼ ∼* so so. ⓒ ∼ *mulţumesc*
thank you very/so much.
fobie *s.f.* phobia.

foc *s.n.* **1.** fire; *(viu, cu flacără)*
blaze; *(de tabără)* bonfire. **2.**
(incendiu) large fire, conflagra-
tion; *(pus)* incendiary fire, arson.
3. *(împuşcătură)* shot; *(detună-
tură)* report; *(tir)* firing. **4.** *(fier-
binţeală, şi fig.)* heat. **5.** *fig.*
(înflăcărare) fire, ardour, spirit;
(pasiune) glow, fire, passion. **6.**
fig. (durere) grief; *(suferinţă)* suf-
fering; *(mîhnire)* affliction; *(grijă)*
care, sorrow; *(necaz)* trouble, wor-
ry; *(nenorocire)* misfortune, mis-
hap, mischance; *(calamitate)* cala-
mity, disaster, F hard luck/lines;
(nenorocire, mizerie) distress. **7.**
fig. (mînie) wrath, anger, F

wax, *poetic* ire. **8.** *fig. (război)*
war; *(luptă)* thick of the battle.
ⓐ ∼ *!* fire! ∼*bengal* Bengal light(s)/
fire; ∼ *continuu mil.* continuous/
heavy fire; ∼ *de artificii* (display
of) fire-works; ∼ *de tabără* camp
fire; ∼ *sacru* sacred fire; ∼ *viu* **a.**
med. St. Anthony's fire, S→erysi-
pelas. **b.** *entom.* glow worm. ⓑ *de
mama ∼ului* like anything, like a
house on fire; *expus la* ∼ liable to
catch fire, exposed to fire; *gură de
∼ mil.* **a.** cannon. **b.** *fig.* the cannon's
(fiery) mouth; *în ∼ul luptei* in
the heat of (the) battle; *între două
∼uri fig.* between two fires; *lemne
de ∼* fire wood; *perdea de ∼* sheet
of fire; *supărat ∼* F in high dudge-
on, as mad as a wet hen, F ablaze
with anger; *zonă de ∼ mil.* fire
zone. ⓒ *a aprinde/face ∼ul* to
kindle/light the fire; *a da ∼ la...*
to (set *smth.* on) fire, to set fire to...,
to set... ablaze; *vrei să-mi dai un
∼?* **a.** F got a match? can you
oblige me with a light? **b.** may I light
my cigarette off yours? *a deschide
∼ul mil.* to open fire; *puşca n-a
luat ∼* the gun missed fire, the
gun did not go off; *a spune tot ∼ul
cuiva* to unburden one's heart/mind
to smb., to throw it off one's
chest; *a stinge ∼ul* to put out/
extinguish the fire; *a vărsa ∼ pe
nări* F to grab for altitude; *a-şi
vărsa ∼ul pe cineva* to let out/vent
one's anger on smb.; *a se feri/
păzi ca de ∼* to shun/avoid like
poison/the pest; *a dori cu ∼...* to
have an ardent/a burning desire
for...; *a iubi cu ∼* to love ardently;
a se juca cu ∼ul to jest/play with
edge tools; to monkey with a buzz
saw; *a plinge cu ∼* to shed bitter
tears, to weep bitterly; *a da în ∼*
to boil over; *a pune pe ∼* F to make
a place too hot for *smb.*; *a pune paie
pe ∼ fig.* to add fuel to the fire;
a sta ca pe ∼ to be on thorns/
tenterhooks; *a trece prin ∼ şi apă
pentru cineva* to go through fire
and water for smb.; *a trece prin
∼ şi sabie* to ravage with fire and

sword, to work havoc upon; *a se face ~ şi pară (de mînie)*, *a se supăra ~* to fly into a rage/passion, to fire up; *era frumoasă de mama ~ului* she was wondrous fair, she was most charming, she was wonderfully sweet; *e urîtă de mama ~ului* F she is as ugly as sin.

focal *adj.* geom., opt. focal.

focar *s.n.* 1. med., fiz. focus. 2. tehn. furnace; *(de locomotivă)* firebox. 3. fig. focus, centre, nidus, hotbed. ⓐ ~ *de agresiune* seat/breeding ground of aggression; ~ *de infecţie* centre of contagion; ~ *de război* hotbed of war.

focă *s.f.* zool. seal *(Phoca vitulina)*.

fochist *s.m.* stoker; *(pt. locomotive şi)* fireman.

focos[1] *adj.* 1. *(d. oameni)* fiery, ardent, passionate, hot-tempered/-headed. 2. *(năvalnic)* impetuous. 3. *(d. cai)* spirited, high-mettled.

focos[2] *s.n.* mil. fuse. ⓐ ~ *atomic/nuclear* atomic warhead.

fofează *s.f.* 1. sail of a windmill. 2. v. f u s c e l 1.

fofelniţă *s.f.* 1. text. hasp, reel. 2. fig. cackling woman, gossip.

fofila *vb. refl.* 1. to slip/slink away/out. 2. fig. to evade a question etc.

fofîrlică *s.f.* ⓒ *a umbla cu fofîrlica* a. *(a nu spune direct)* to beat about the bush. b. *(a umbla cu şmecherii)* to be up to one's (old) tricks.

foi I. *vb. intr.* 1. *(a fi plin) (de)* to abound (in), to teem (with). 2. v. ~ II, 1. II. *vb. refl.* 1. to fuss, to bustle; *(nervos)* to fidget. 2. *(a se codi)* to hesitate.

foileton I. *s.n.* feuilleton, lampoon, pamphlet; *(de ziar)* column. II. *adj.* serial.

foiletonist *s.m.* writer of feuilletons; lampoonist; *(de ziar)* columnist.

foios[1] *adj.* 1. *(frunzos)* leafy, with luxurious foliage; deciduous. 2. *(din mai multe foi)* foliated.

foios[2] *s.n. (stomac, la rumegătoare)* manyplies, S→omasum.

foişor *s.n.* 1. *(turn de pază)* watch tower. 2. *(terasa unei clădiri înalte)* look-out (tower), belvedere, belle vue 3. *(balcon)* balcony. 4. *(chioşc,*

umbrar) arbour. 5. pavilion. 6. *(turn)*←inv. tower.

foiţă *s.f.* 1. thin paper. 2. small leaf, leaflet. 3. cigarette paper.

folclor *s.n.* folklore.

folcloric *adj.* folklore...

folclorist *s.m.* folklorist.

foliat *adj.* bladed.

folicular *adj.* anat. follicular.

foliculă *s.f.* bot. follicle.

foliculină *s.f.* folliculin.

folio *s.n.* folio.

foliolă *s.f.* bot. foliole, leaflet.

folos *s.n. (utilitate)* use, utility; *(cîştig)* gain, profit *(avantaj)* advantage; *(beneficiu)* benefit; *(fruct)* fruit, emolument. ⓑ *ce ~ ?* what was the use of it? *cu ~* profitably *de niciun ~* of no use/avail; *de puţin ~* of little avail; *în ~ ul (cu gen.)* in behalf of..., for (the benefit of)... ⓒ *a aduce un ~* to yield a profit, to be advantageous/profitable/lucrative; *eu ce ~ am din asta?* where do I come in? *a trage ~ de pe urma (cu gen.)* to benefit by..., to derive benefit/advantage from..., to make the most of..., to make a profit out of..., *a urmări propriul său ~* to study one's own advantage/F→ pocket; *a fi de ~* to be of use, to come in handy; *a fi de mare ~* to be of great use/advantage; *nu-i de nici un~* it is of no use; it is good for nothing, it is worthless/useless/no good; *e în ~ul lui* it is to his interest, it is in his favour.

folosi I. *vb. tr.* to use, to utilize, to employ; to make use of, to avail oneself of, to make the best of; to profit by; to take advantage of; to turn to good account. II. *vb. refl. pas.* to be used etc. v. ~ I. ⓐ *a se ~ de...* v. ~ I. ⓒ *această prepoziţie se foloseşte cu dativul* this preposition governs the dative; *nu mă pot ~ de această carte* I can't use this book; *a se ~ de ocazie* to avail oneself of/to embrace the opportunity; *se foloseşte de orice prilej ca să vorbească româneşte* he avails himself of every opportunity to speak Romanian, he will catch at any opportunity of speaking Romanian. **III.** *vb. intr.* to be of use. ⓐ *a ~ de pe urma (cu gen.)* to benefit by...

folosinţă *s.f.* **1.** use, utilization, employment. **2.** use, utility. **3.** *jur.* usufruct.

folosire *s.f.* utilization, employment etc. v. **f o l o s i**.

folositor *adj.* useful, advantageous, profitable.

fon *s.m. fiz.* phone.

fond *s.n.* **1.** *(conţinut)* content, substance, matter; inner meaning; *(elemente de bază)* elements; *(trăsătură caracteristică)* essential feature; *(esenţă)* essence. **2.** *(al unei persoane)* mettle. **3.** *(al unui tablou)* background. **4.** *com. etc.* capital, fund. **5.** *fig.* fund, stock. **6.** *(al unei stofe)* foundation. ⓐ *~ de aur* **a.** gold fund, fund/stock of gold. **b.** *fig.* capital, most valuable possession; *~ de investiţie* capital investment; *~ de locuinţe* housing resources; *~ de rezervă* rezerve fund; *~ principal lexical lingv.* basic word stock; *~ de salarii* wage(s) fund; *~ul unei probleme* the essence of a problem; *~uri de rulment* circulating funds. ⓑ *articol de ~* editorial, leader, leading article; *cursă de ~ sport* long-distance race; *a fi in ~uri* F to be beforehand with the world; *in ~* **a.** fundamentally, essentially. **b.** at (the) bottom; *(in general)* in the main, generally speaking. **c.** *(de fapt)* in fact, as a matter of fact, actually; *pe ~ul...* against the/a background of...

fonda *vb.* v. **f u n d a**.

fondant[1] *adj.* ⓑ *bomboană ~ă* fondant.

fondant[2] *s.n. tehn.* flux.

fondator I. *adj.* founding. **II.** *s.m.* founder.

fondist *s.m. sport* long-distance runner/racer.

fonem *s.n. lingv.* phoneme; phone.

fonetic *adj.* phonetic(al).

fonetică *s.f. gram.* phonetics.

fonetician *s.m.* phonetician.

fonetism *s.n.* phonetism.

fonetist *s.m.* phonetist.

fonf I. *adj.* snuffling. **II.** *s.m.* snuffler.

fonfăi *vb. intr.* to (have a nasal) twang, to snuffle, to speak through the nose; to cant.

fonfăit *adj., s.m.* v. **f o n f**.

fonic *adj.* phonic.

fonograf *s.n.* phonograph.

fonogramă *s.f.* phonogram.

fonolog *s.m.* phonologist.

fonologic *adj.* phonologic(al).

fonologie *s.f.* phonology.

fontanelă *s.f. anat.* fontanel(le).

fontă *s.f.* cast/pig/raw/crude iron. ⓐ *~ albă* white pig iron; *~ cenuşie* gray pig iron.

for *s.n.* **1.** *ist. Romei* Forum. **2.** *jur.* tribunal, forum. **3.** instance. **4.** *fig.* tribunal.

fora *vb. tr.* to drill.

foraibăr *s.n.* clamp.

foraj *s.n.* drilling.

foraminifere *s.f. zool. pl.* foraminifera.

forceps *s.n. med.* forceps.

forestier I. *adj.* forest..., of forests. ⓑ *economie ~ă* forestry; *guard ~* v. **~ II**; *industrie ~ă* timber/wood industry; *perdea ~ă de protecţie* protective forest belt; *tehnică ~ă* forestry technics. **II.** *s.m.* (forest) ranger, (game) keeper.

forfeca *vb. tr.* **1.** to cut with the scissors; *(a rupe)* to tear, to shred. **2.** *(a irosi) fig.* to make ducks and drakes of, to squander (away), **3.** *fig.* to criticize/censure severely, F to slate. **4.** *(a bîrfi)* F to tear *smb.'s* character to pieces/shreds.

forfecuţă *s.f.* nail scissors.

forfetar *adj.* contractual; *(d. sume)* lump...

forfotă *s.f.* bustle, fuss, F→go.

forfoti *vb. intr.* **1.** *(a foi)* to bustle, to fuss. **2.** *(a fierbe incet)* to simmer.

forint *s.m.* florin.

forja *vb. tr.* to forge.

forjabil *adj.* forgeable.

forjar *s.m.* forger.

forjare *s.f.* forging. ⓐ *~ la rece* forging while cold.

forjă *s.f.* forge.

forjerie *s.f.* forge shop.

forma I. *vb. tr.* **1.** *(a alcătui, a întocmi)* to form, to build up. **2.** *fig.* to mould; *(spiritul)* to cultivate, to improve, to train; *(a educa)* to train (up), to educate; *(a dezvolta)* to develop. **3.** *(o propoziție)* to make up. **4.** *(a organiza)* to organize; *(a constitui)* to constitute.ⓒ*a* ~ *caracterul* to build up/mould the character; *Jupiter formează dativul în Jovi* the dative of Jupiter is Jovi, Jupiter has/becomes Jovi in the dative; *a* ~ *un guvern* to form a government; *a* ~ *un tren* to marshal a train. **II.** *vb. refl.* **1.** *pas.* to be formed etc. **v.** ~ I. **2.** *(a apărea)* to arise, to spring up; to be founded. **3.** *(a lua o formă)* to assume/take a form/shape.

formal I. *adj.* **1.** *(după normele procedurii*; *și jur.)* formal, in due form, proper; *(oficial)* official; *(solemn)* solemn. **2.** *(ceremonios)* ceremonious. **3.** *(expres)* express. ① *atitudine* ~*ă* formal attitude, lack of interest; *logică* ~*ă* formal logic. **II.** *adv.* in due form; formally etc. **v.** ~ I.

formahildedă *s.f. chim.* formaldehyde.

formalină *s.f. chim.* formalin.

formalism *s.n.* formalism.

formalist I. *s.m.* formalist. **II.** *adj.* **1.** formal, precise. **2.** formal, ceremonious.

formalitate *s.f.* **1.** formality, formal procedure. **2.** form(ality), ceremony; (rule of) etiquette. ① *fără nici o altă* ~ *fig.* without further ado. ⓒ *a îndeplini o* ~ to comply with a formality; *nu e decît o* ~ it is only a formality; *e o pură* ~ it is a mere formality.

formaliza *vb. refl.* to take offence.

formare *s.f.* forming; formation etc. **v. f o r m a.** ⓐ ~*a caracterului* character building.

format¹ *adj.* formed etc. **v. f o r m a;** *(matur)* mature, full-grown.

format² *s.n.* **1.** size; *(de carte)* format. **2.** *chim.* form(i)ate.

formați(un)e *s.f.* **1.** formation. **2.** *(orînduire)* system. **3.** *sport* team. **4.** *fig.* training; trend, tendency; mind, conception. ⓐ ~ *artistică*

art/drama group; ~ *social-economică* social and economic structure.

formă *s.f.* **1.** *(înfățișare)* form, shape; *(aspect)* appearance; *(a hainei)* fashion, make, cut; *(a unei cărți)* size. **2.** *(ceremonie)* (mere) form, ceremony; *(convenționalism)* conventionality. **3.** *gram.* *(diateză)* voice. **4.** *(pt. pălării)* block; *(pt. pantofi)* last; *(de topit metale)* mould, cast; *poligr.* form(e), chase. **5.** *(fel)* form, manner. **6.** *lit.* form. **7.** *chim.* state. **8.** *sport* fettle; form, state, condition. ⓐ ~ *de guvernământ* form of government; ~ *și conținut* form and content; *forme gramaticale* grammatical forms. ① *cu toată forma cuvenită* in due (and, proper) form; *de* ~ for form's sake, pro forma, for the sake of appearance; *în* ~ *proastă sport* in bad form; *o curte de* ~ *pătrată* a square courtyard; *sub forma (cu gen.)* under the form of...; *sub* ~ *de sfat* by way of advice; *sub o* ~ *sau alta* in one form or another. ⓒ *a fi în* ~ to be in good/fine/high fettle, to be game, to be at one's best; F to be on one's game, to feel like a fighting cock, to be in good form, to be/feel fit; *a nu fi în* ~ F to be off one's game.

formic *adj. chim.* ① *acid* ~ formic acid.

formidabil I. *adj.* formidable, F tremendous. **II.** *adv.* **1.** formidably etc. **v.** ~ I. **2.** *interjecțional* F well, I never!

formol *s.n. chim.* formol.

formula *vb. tr.* **1.** to formulate. **2.** *(a exprima)* to express, to word, to couch; *(clar)* to express distinctly, to define. **3.** *(a întocmi un act etc.)* to draw up, to indite. **4.** *med.* to prescribe. **5.** *mat.* to formulate, to formulize.

formular *s.n.* printed form.

formulare *s.f.* formulation etc. **v. f o r m u l a.** ⓐ ~ *exactă* exact wording.

formulă *s.f. chim., mat. etc. și fig.* formula; *(mijloc)* means; *(soluție)* solution. ① *după* ~ a. according to prescription/directions/regulations, (as) prescribed, in due form. **b.** *mat.*, *chim. etc.* according to the formula.

forșpan *s.n. cinema* trailer.

fort *s.n.* (detached) fort; *(mic)* fortlet.

fortăreață *s.f.* fortress, stronghold, strong/fortified place.

forte I. *adj.* © *a se face ~ să...* to engage/undertake to... **II.** *adv. muz.* foarte.

fortifiant *adj.* fortifying, strengthening, invigorating, F→ pick-me-up.

fortifica I. *vb. tr.* **1.** *mil.* to fortify, to strengthen, to make secure; *(un lagăr)* to entrench. **2.** *(a consolida)* to strengthen, to consolidate; *(a inviora)* to invigorate, F→ to buck up. **II.** *vb. refl.* **1.** to grow strong(er), to gain (in) strength. **2.** *pas.* to be fortified etc. v. ~ **I.**

fortificație *s.f. mil.* fortification, entrenchment.

fortuit *adj.* fortuitous; *(întîmplător)* casual, accidental.

forța I. *vb. tr.* **1.** *(pe cineva)* to constrain; to oblige, to force, to compel; to do violence to. **2.** *(ceva)* to ravish. to violate; *(o ușă)* to break... open; *(o închisoare)* to storm; *(un rîu)* to force a crossing over. **II.** *vb. refl.* to force/strain oneself; to exert oneself; *(a se căzni)* to endeavour. © *a se ~ să rîdă* to affect a laugh, to put on a forced smile.

forțat *adj.* forced etc. v. f o r ț a. ⓑ *aterizare ~ă* forced landing; *comparație ~ă* far-fetched comparison; *marș ~* forced march; *muncă ~ă* forced labour; *surîs ~* forced simle.

forță *s.f.* **1.** force; strength; *(putere)* power, might; *(intensitate)* intensity; *(a argumentelor)* cogency; *(vigoare)* vigour; *(violență)* force, violence; *(presiune)* pressure. **2.** *mil.* armed forces. ⓐ *forța unei mașini* the power of an engine; *~ de atracție* **a.** attractive force; **b.** *fig.* appeal, attractiveness; *~ de inerție* vis inertiae; *~ de muncă* labour, manpower; *~ de repulsie/respingere fiz.* repulsive force; *~ de șoc* task force, striking power; *~ muscu-*

lară brawn, muscular strength; *forțe de producție* productive forces; *~ elastică* elastic power; *~ intelectuală* strength of mind; *~ majoră* force majeure, circumstances outside one's control; *forțe navale* naval forces. ⓓ *de ~* first-rate/-class; *prin forța lucrurilor* owing to the force of circumstances; *tur de ~* feat of strength. © *a-și măsura forțele cu...* to try one's strength with...; *a folosi forța* to use violence; *a lua cu forța* to take by force; *forțele îl părăsiră* his strength failed him.

forzaț *s.n.* flyleaf.

fosă *s.f.* (orchestra) pit. ⓐ *~ nazală* *anat.* nasal fossa.

fosfat *s.m. chim.* phosphate.

fosfata *vb. tr.* to phosphatize.

fosfit *s.m. chim.* phosphite.

fosfor *s.n. chim.* phosphorus.

fosforescent *adj. fiz.* phosphorescent.

fosforescență *s.f. fiz.* phosphorescence.

fosforic *adj. chim.* phosphoric. ⓐ *acid ~* phosphoric acid.

fosforos *adj. chim.* phosphorous.

fosgen *s.n. chim.* phosgene.

fosil *adj.* fossil.

fosilă *s.f.* fossil.

fosiliza *vb. refl.* to fossilize.

fost I. *adj.* former, past, last; ex-, late. ⓐ *~ul secretar etc.* the secretary that was, the former secretary etc. **II.** *s.m.* F has been.

foșnet *s.n.* *(al vîntului)* rustle, sough; *(al unei rochii)* swish, rustle; *(al unui izvor)* murmur(s), purl(ing), swish; swirl.

foșni *vb. intr.* *(d. vînt)* to rustle, to sough; *(d. o rochie)* to rustle; *(d. un izvor)* to murmur, to purl; to swirl.

foșnitor *adj.* rustling etc. v. f o ș n i.

fotă *s.f.* kind of peasant's skirt.

fotbal *s.n.* (association) football, association, soccer, socker. ⓑ *echipă de ~* football team; *meci de ~* football match; *minge de ~* football.

fotbalist *s.m.* footballer, football/soccer player.

fotocatod *s.m.* photo-cathode.

fotochimic *adj.* photo-chemical.

fotochimie *s.f.* photo-chemistry.

fotocopie *s.f.* photocopy.

fotoelectric *adj.* photoelectric. ⓑ *celulă* ~ă v. f o t o e l e m e n t.

fotoelement *s.n. electr.* photoelectric cell, photo-cell; photopile; *amer.* photo tube.

fotogen *adj.* photogenic.

fotogenic *adj.* photogenic. ⓒ *a fi* ~ to photograph well; to film well, to have a film face, to come out well.

fotograf *s.m.* photographer; (↓ *pt. ziare etc.)* cameraman. ⓐ ~ *amator* amateur photographer.

fotografia I. *vb. tr.* to photograph, to take a photograph of. **II.** *vb. refl.* to have one's photograph taken; to sit for one's photo(graph).

fotografic *adj.* photographic(al). ⓐ *album* ~ photographic album; *aparat* ~ camera; *hîrtie* ~ă photographic paper; *placă* ~ă plate.

fotografie *s.f.* **1.** photography, photographic art. **2.** *(poză)* photograph, F→ photo, picture. ⓐ ~ *aeriană* air photography; ~ *cu magneziu* flash-light picture; ~ *instantanee* snapshot; ~ *in culori* colour photography.

fotogramă *s.f.* photocopy.

fotogrametrie *s.f.* photogrammetry; photographic survey.

fotolitografie *s.f.* photolithography.

fotoliu *s.n.* **1.** easy chair, armchair; *(cu spetează inclinată)* reclining/ lounging/American chair, lounge; *(cu rotile, pt. bolnavi)* Bath chair; *(* ~ *pat)* chair-bed. **2.** *(* ~ *de orchestră)* teatru orchestra stall.

fotoliză *s.f. bot., biol.* photolysis.

fotomecanică *s.f.* photomechanics.

fotometrie *s.f.* photometry.

fotometru *s.n. fiz.* photometer.

fotomontaj *s.n.* photo-montage.

foton *s.m. fiz.* photon.

fotoreportaj *s.n.* picture story; photographic/picture report, photo-report.

fotoreporter *s.m.* (newspaper, press *sau* magazine) photographer.

fotosensibil *adj.* photo-sensible.

fotosferă *s.f. astr.* photosphere.

fotosinteză *s.f. bot.* photosynthesis

fototelegrafie *s.f.* phototelegraphy, picture telegraphy.

fototerapie *s.f. med.* phototherapy.

fototipie *s.f. poligr.* phototypy.

fox(terier) *s.m. zool.* fox-terrier. ⓐ *fox sîrmos* wire-haired fox-terrier.

foxtrot *s.n.* fox trot.

frac *s.n.* evening dress, dress coat, F→swallow-tail(ed coat), tails, tail coat.

fractura *vb. tr. med.* to break, to fracture.

fractură *s.f. med.* fracture. ⓐ ~ *a piciorului* fracture of a leg, broken/fractured leg.

fracție *s.f.* **1.** fraction, fragment. **2.** *mat., chim.* fraction; ~ *ordinară* proper fraction.

fracționa *vb. tr.* to divide into fractions.

fracționar *adj. mat.* fracțional, fractionary. ⓑ *număr* ~ **a.** fractional number. **b.** *(cînd numărătorul e mai mare)* improper fraction.

fracționism *s.n. pol.* factionalism, factiousness.

fracționist *adj. pol.* factional, factious.

fracțiune *s.f.* **1.** fragment, fraction. **2.** *pol.* faction, group, clique, coterie, grouplet. ⓐ ~ *parlamentară* parliamentary group; ~*a parlamentară laburistă* the Parliamentary Labour Party.

frag *s.m. bot.* common wild strawberry *(Fragaria vesca)*.

fragă *s.f.* wild strawberry.

fraged *adj.* **1.** *(d. carne, poame)* tender, soft; *(d. flori)* delicate; *(moale)* soft; *(necopt, d. fructe)* green, unripe. **2.** *(plăpînd)* frail, tender, delicate, weakly. **3.** *fig. (necopt)* unripe, immature; *(d. vîrstă)* early.

fragil *adj.* **1.** *(d. sticlă)* fragile, brittle, breakable, crisp, apt/liable to break. **2.** *fig.* frail. ⓐ ~!*(ca aviz)* (handle) with care!

fragilitate *s.f.* fragility, brittleness.

fragment *s.n.* fragment; *(pasaj)* passage, excerpt.

fragmenta *vb. tr.* to divide into fragments, to break up.

fragmentar I. *adj.* fragmentary, fragmental. **II.** *adv.* fragmentarily, in fragments.

fragmentare *s.f.* division into fragments, breaking up.

fraht *s.n. com.* bill of consignment/lading, way bill; letter of conveyance; freight.

franc[1] **I.** *adj. ist.* Frankish. **II.** *s.m.* **1.** *ist.* Frank (-ish man). **2.** *(monedă franceză)* French franc; *(elvețiană)* Swiss franc. **3.** *fig.* F v. ban[1].

franc[2] **I.** *adj.* frank, open, sincere. **II.** *adv.* frankly etc. v. ~ **I.**

franca *vb. tr.* to prepay, to stamp.

francă *s.f.* **1.** Frank(ish woman). **2.** Frankish, the Frankish language.

francez I. *adj.* French. ⓑ *limba ~ă* French, the French language. **II.** *s.m.* **1.** Frenchman. **2.** *francezii (ca totalitate)* the French. ⓑ *doi ~i* two Frenchmen.

franceză *s.f.* **1.** Frenchwoman. **2.** French, the French language, F→parleyvoo.

franchețe *s.f.* frankness, candour, openness, downrightness.

franciscan I. *adj.* Franciscan. **II.** *s.m.* Franciscan friar.

francmason *s.m.* freemason.

francmasonerie *s.f.* freemasonry.

francmasonic *adj.* (free-)masonic. ⓑ *lojă ~ă* freemasons'/masonic lodge.

franco *adv. com.* (carriage-)free. ⓐ ~ *bord* free on board.

franctiror *s.m.* **1.** *ist. Franței* franctireur. **2.** *odin. mil.* sniper.

franțuz I. *adj.* v. f r a n c e z. **II.** *s.m.* Frenchman, F parleyvoo.

franțuzesc *adj.* French.

franțuzește *adv.* **1.** *(ca limbă)* French. **2.** after the French fashion, in the French style. ⓒ *a vorbi ~* to speak French, F → to parleyvoo.

franțuzi I. *vb. tr.* to make French, to Francize, F to Frenchify. **II.** *vb. refl.* to become quite French, to take on French ways.

franțuzism *s.n.* Gallicism.

franțuzit *adj.* Frenchified.

franțuzoaică *s.f.* French woman *sau* girl, F → parleyvoo.

franzelă *s.f.* (long-shaped) white loaf; *(împletită)* twisted/pleated roll.

frapa *vb. tr.* to strike, to surprise, < to shock.

frapant *adj.* striking, surprising.

frapieră *s.f.* ice/icing bucket.

frasin *s.m.* **1.** *bot.* ash(tree) *(Fraxinus).* **2.** *bot.* common ash *(Fraxinus excelsior).* **3.** *(lemn)* ash wood.

frate *s.m.* **1.** *și rel.* brother. **2.** *bot., hort.* sucker, runner, tiller. **3.** *fig.* brother, comrade, fellow, F mate, chum, pal. ⓐ ~ *bun* full/whole brother, *și fig.* blood brother; ~ *de arme* companion/brother in arms; ~ *de cruce* sworn brother; ~ *de lapte* foster brother; ~ *vitreg* step brother. ⓒ *a trăi ca frații* to live like brothers; *bine, ~, de ce nu mi-ai spus nimica?* well, my dear, why didn't you tell me anything? ⓓ ~,~ *dar brînza(-i) cu bani* business is business.

fratern *adj.* brotherly, fraternal.

fraternitate *s.f.* fraternity, brotherhood.

fraterniza *vb. tr.* to fraternize.

fratricid I. *adj.* fratricidal. **II.** *s.m.* fratricide.

fraudă *s.f.* embezzlement, swindle, defalcation, fraud. ⓑ *prin ~* by fraudulent means.

fraudulos I. *adj.* fraudulent. **II.** *adv.* fraudulently.

fraza *vb. tr. muz.* to phrase, to observe the phrasing of.

frazare *s.f. muz.* phrasing.

frază *s.f.* **1.** *muz.* (musical) phrase. **2.** *gram.* sentence; *(cu prop. coordonate)* compound sentence; *(cu prop. subordonate)* complex sentence. ⓐ *fraze goale* hollow phrases, empty talk/words, F→claptrap.

frazeologie *adj.* phraseologic(al).

[1]**frazeologie** *s.f.* **1.** *(expresii; mod de construire a frazelor)* phraseology. **2.** *(vorbe goale)* mere verbiage, hollow phrases, empty talk/words, F → claptrap.

frăgezi I. *vb. tr.* to make tender etc. v. f r a g e d. **II** *vb. refl.* to become tender etc. v. f r a g e d.

frăgezime *s.f.* **1.** tenderness, softness. **2.** delicacy. **3.** frailty, weakness. **4.** freshness.

frămînta I. *vb. tr.* 1. *(aluatul)* to knead, to work ; *(lutul)* to temper ; *(ceara)* to mould ; *(tencuiala)* to tew ; *(cu picioarele)* to tread, to stamp. 2. *fig. (a agita)* to stir, to inflame. *(a chinui)* to worry, to torture, to torment. 3. *fig. (a discuta)* to turn over, to revolve in the mind, to debate. © *a-şi ~ capul/creierii* to rack/worry one's brains; *a-şi ~ miinile* to wring one's hands. II. *vb. refl.* 1. *(a se agita)* to bestir oneself, to be astir/moving/alive, to fuss, to bustle. 2. *(a se chinui)* to torment oneself; to fret; to worry.

frămîntare *s.f.* 1. kneading etc. v. f r ă m î n t a. 2. *(nelinişte)* unrest; anxiety, worry; *(chin)* torture; *(agitaţie)* agitation; *(preocupare)* concern.

frămîntător *s.n.* dough-kneading machine.

frăsinel *s.m.* dittany *(Dictamnus albus)*.

frăsinet *s.n.* ash grove, forest of ash trees.

frăţesc *adj.* brotherly, fraternal.

frăţeşte *adv.* like brothers, fraternally.

frăţie *s.f.* 1. brotherliness, brotherly affection/tie/feeling. 2. fraternity; brotherhood. ⓐ *~ de arme mil.* brotherhood/companionship at/in arms.

freamăt *s.n.* 1. *(al vîntului)* rustling, sough; *poetic* sigh, roar, whistle, < howling; *(agitaţie)* stir; *(al unei ape curgătoare)* murmur(s), purl(ing), <rush, swish; *(al valurilor)* swirl, < roaring; *(al elementelor) (violent)* uproar; *(zgomote mari)* loud noises/clashing/ crashing/banging. 2. *(nelinişte)* bustle; *(zarvă)* tumult, row, riot(ing). 3. *(murmur)* murmur. 4. *(fior)* thrill. ⓑ *în ~* astir; afire.

freatic *adj.* phreatic.

freca I. *vb. tr.* 1. to rub; *(duşumeaua)* to scrub; *(cu spirt)* to rub in(to); *(cu grăsime)* to grease; *med.* to massage. 2. *fig. (a certa)* F to take to task, to comb *smb.'s* hair, to give *smb.* a rub-down; *(a critica sever)* to criticize severely, F to

pull to pieces, to slate. © *a-şi ~ miinile* to rub one's hands; *(ca să se încălzească)* to chafe one's hands. II. *vb. refl.* 1. *pas.* to be rubbed etc. v. ~ I. 2. to rub oneself. © *cît te-ai ~ la ochi* in a twinkle/jiffy, F before one can say Jack Robinson.

frecare, frecătură *s.f.* friction, rubbing etc: v. f r e c a.

frecăţei *s.m. pl.* noodles, doughboys.

frecţie *s.f.* v. f r i c ţ i u n e[1].

frecuş *s.n.* 1. friction, rubbing. 2. F rub-down, (good) dressing down.

frecvent I. *adj.* frequent. II. *adv.* frequently, often.

frecventa *vb. tr.* to frequent; to visit frequently *(un restaurant etc.)* *amer.* to patronize; *(cursuri)* to attend.

frecvenţă *s.f.* 1. *(la cursuri)* attendance. 2. frequency, frequent repetition. 3. *electr., med.* frequency.

fredona *vb. tr.* to hum; to croon.

fregată *s.f. nav.* frigate.

fremăta *vb. intr.* 1. *(d. vînt)* to rustle, to sough, *poetic* to sigh, < to roar, to whistle, < to howl; *(d. ape curgătoare)* to murmur, to purl, < to rush, to swish *(d. valuri)* to swirl, < to roar; *(a murmura)* to murmur. 2. *(a se agita)* to bustle, to fuss. 3. *(a fi înfiorat)* to be thrilled.

frenetic I. *adj.* phrenetic, frantic. II. *adv.* phrenetically, frantically.

frenezie *s.f.* frenzy.

frenic *adj.* ⓑ *nerv ~* phrenic nerve.

frenolog *s.m.* phrenologist.

frenologie *s.f.* phrenology.

frenţe *s.f. pl. med.* pox, S→syphilis, lues.

frescă *s.f.* fresco.

frez *adj.* fraise, strawberry-coloured.

freza *vb. tr. tehn.* to cut, to mill. ⓑ *maşină de ~t* milling machine.

freză[1] *s.f. (unealtă)* cutter, mill, milling cutter; *(maşină)* milling machine; *min.* milling tool.

freză[2] *sf.* haircut.

frezmaşină *s.f.* milling machine.

frezor *s.m.* milling-machine operator.

friabil *adj.* friable, crumbly.

fricativ *fon.* I. *adj.* fricative. II. *s.f. ~ă* fricative (consonant).

frică *s.f.* fear; *(neliniște)* anxiety, < anguish; *(spaimă)* fright, apprehension; *(panică)* panic. ⓐ *cuprins de* ~ seized with fear; *fără* ~ I. *adj.* **a.** free from fear, fearless. **b.** *(neînfricat)* undaunted, dauntless, intrepid. II. *adv.* fearlessly; *nici de* ~ F not for the world. ⓒ *a băga/vîrî frica în cineva* to alarm/ frighten smb., < to strike terror into smb.('s breast); *a prinde* ~ to take alarm/fright; *a muri de* ~ to be frightened to death; *a tremura de* ~ to tremble with fear; *îi e veșnic* ~ *de sănătatea lui (exagerat)* he is always anxious about his health, he coddles himself (too much); *a-i fi* ~ *(de)* to fear *(cu acuz.)*, to be afraid (of); to fly/mount the white feather; *a-i fi* ~ *pentru cineva* to feel anxious/ solicitous/uneasy about smb.; *nu-ți fie* ~ *!* don't be afraid/alarmed! F→never (you) fear!

fricos I. *adj.* cowardly, fearful, scary, craven, white-livered, faint/chicken-hearted, timid, apprehensive. II. *s.m.* coward, chicken liver; *(laș)* dastard.

fricționa I. *vb. tr.* to rub; *med.* to massage. II. *vb. refl.* **1.** *pas.* to be rubbed etc. v. ~ I. **2.** to rub oneself.

fricțiune *s.f.* **1.** friction; massage, rubdown. **2.** *fig.* friction; disagreement; divergence.

frig *s.n.* **1.** cold, *rar*→coldness; *(ger)* frost. **2.** *pl.* fever. ⓐ ~*uri galbene med.* yellow fever/F→Jack; ~*uri intermitente med.* intermittent fever, ague. ⓑ *buruiană de* ~*uri bot.* spurge, milkweed *(Euphorbia)*. ⓒ *mă ia cu* ~ I feel rather chilly, the cold makes me shiver; *a îngheța de* ~ to be frozen; *a tremura de* ~, to tremble with cold; *a pune la* ~ to put in a cold place, to cool (down); *(la gheață)* to ice; *e* ~ it is cold; *mi-e* ~ I feel/am cold.

frigănea *s.f.* sippet.

frigare *s.f.* broach, meat jack, spit (for roasting). ⓒ *a pune în* ~ to spit.

frigăruie *s.f.* joint roasted on the spit.

frige I. *vb. tr.* **1.** *(pe frigare)* to roast on a spit/meat-jack; *(în cuptor)* to bake; *(direct pe foc)* to roast, to broil; *(pe un grătar)* to grill, to broil; *(în tigaie)* to fry. **2.** *(a arde)* to burn. **3.** *fig.* *(a înșela)* F to take in, to diddle. ⓒ *a-și* ~ *degetele și fig.* to burn one's fingers. II. *vb. refl.* **1.** *pas.* to be burnt etc. v. ~ I. **2.** to burn oneself, to be burnt. **3.** *fig.* *(a fi înșelat)* F to be diddled, to be taken in. III. *vb. intr.* **1.** *(d. soare)* to be burning (hot). **2.** *(d. cineva)* to be feverish; *(d. buze)* to burn.

frige-linte *s.m.* *(zgîrcit)* F skinflint.

frigian *adj.* Phrygian. ⓐ *bonetă* ~*ă* Phrygian cap.

frigid *adj.* frigid.

frigider *s.n.* refrigerator, cooler, freezer, F→ice box.

frigiditate *s.f.* frigidity.

frigorifer I. *adj.* cooling, refrigerating. ⓐ *vagon* ~ refrigerator car/ waggon. II. *s.n.* refrigerator.

frigorific *adj.* frigorific, cold. ⓐ *instalație* ~*ă* refrigerating/cooling plant.

frigorigen *adj.* refrigerating.

friguros I. *adj.* **1.** *(d. timp)* (rather) cold. **2.** *(d. cineva)* chilly. **3.** *(d. o cameră etc.)* cold; bleak. II. *s.m.* F cold subject, hothouse plant.

fript *adj.* roasted etc. v. **f r i g e.** ⓒ *a-i face cuiva zile* ~*e* F to worry smb.'s life out; *a minca* ~ *pe cineva* F to do for smb., to be smb.'s death.

fripta *s.f.* hot cockles.

friptură *s.f.* roast (meat), steak. ⓐ ~ *de porc* roast pork; ~ *de vacă* roast beef; ~ *de vițel* (joint of) roast veal; ~ *la grătar* roastjoint grill. ⓑ *sos de* ~ gravy (from the joint), juice of roast meat.

fripturism *s.n.* *peior. amer. aprox.* pork(chops).

frișcă *s.f.* whip cream.

frivol *adj.* **1.** frivolous; flighty; *(d. limbaj)* flippant, unbecoming. **2.** *(superficial)* shallow.

frivolitate *s.f.* frivolity, frivolousness, wantonness, thoughtlessness, fastness, flippancy.

friz *s.n. constr.* border.

friza I. *vb. tr.* 1. *(a inctrlionţa)* to curl; *(a coafa)* to dress. 2. *fig.* to border/verge/trench on. II. *vb. refl.* to curl one's hair; to dress one's hair.

friză *s.f. arhit.* frieze.

frizer *s.m.* hairdresser; *(bărbier)* barber.

frizerie *s.f.* hairdresser's; barber's.

frizian *adj.* Frisian.

frizură *s.f.* haircut.

frîna I. *vb. intr., ferov. etc.* to put on/apply the brake; *(la căruţe)* to put on the drag. II. *vb. tr.* 1. to brake, to apply the brake to; to apply the drag to. 2. *fig.* to hamper, to hinder, to impede; to be a drag on, to be an obstacle to/in the way of.

frînar *s.m.* brakesman.

frînare *s.f.* braking etc. v. f r î n a.

frînă *s.f.* 1. brake; *(pt. căruţe)* drag chain. 2. *fig.* obstacle, hindrance, drag. ⓐ ~ *automată* self-acting/automatic/continuous brake; ~ *cu aer comprimat* air/atmospheric brake; ~ *hidraulică* hydraulic/liquid brake; ~ *mecanică* mechanical brake; ~ *pneumatică* air brake. ⓒ *a pune frîna* to put on the brake; *frîna nu prinde* the brake won't bite; *a deveni o* ~ *(in dezvoltare etc.)* to become a drag (on)/hidrance/an obstacle/impediment (to).

frînge I. *vb. tr.* 1. to break; *(in bucăţi)* to break up, to break to pieces; *(in bucăţi mici)* to shiver (to atoms), to smash (up), F→to break to smithereens; *(a fractura)* to fracture; *(gîtul, lancea, piciorul etc.)* to break; *(mîinile)* to wring. 2. *fig.* to break, to defeat; *(inima)* to break. ⓒ *a-şi* ~ *gîtul* to break one's neck; *durerea i-a frînt inima* grief has broken his heart. II. *vb. refl.* to break.

frînghie *s.f.* rope; *(mai ales subţire; şi nav.)* line; *(odgon)* cable. ⓐ ~ *de rufe* clothes line.

frînghier *s.m.* rope maker/spinner.

frînt *adj.* broken etc. v. f r î n g e. ⓑ *linie* ~*ă* broken line. ⓒ *sînt* ~ *(de oboseală)* I'm tired out, F I'm fagged out, I'm all in, I'm absolutely done, I'm dead beat.

frîntură *s.f.* 1. bit, piece, fragment. 2. *fig.* bit, jot.

frîu *s.n.* 1. (bridle) rein, F→ribbon. 2. *fig. (piedică)* curb, check, restraint. 3. *fig. (conducere)* reins. ⓒ *a da* ~ *(liber) calului* to give the horse free rein/the reins, to give the horse his head; *a-şi da* ~ *liber gîndurilor* to give full expression/play to one's thoughts; *a da* ~ *(liber) imaginaţiei* to give full/ free scope to one's imagination, to let one's imagination run away with one; *a duce de* ~ to lead by the' bridle; *a pune* ~ *(cu dat.)* to put a bridle on, to check, to curb, to restrain..., to put a stop to; *a ţine în* ~ *pe cineva fig.* to keep a tight hand over smb.

frondă *s.f.* 1. *ist.* the Fronde. 2. *fig.* (selfish) opposition, rebelliousness.

front *s.n.* 1. *mil. fig.* front, battle-front. 2. *arhit.* front(age), front side. ⓐ ~ *de abataj min.* face (of workings); ~ *economic* economic front; ~ *ideologic* ideological front; ~ *popular* People's Front; ~ *unic* united front; *Frontul Unic Muncitoresc* the United Workers' Front. ⓑ *a face* ~ *mil.* to make front; *a lupta pe două* ~*uri* to fight on two fronts.

frontal *adj.* frontal, front... ⓑ *atac* ~ frontal/direct attack; *lovitură* ~*ă* frontal attack.

frontieră *s.f.* frontier.

frontispiciu *s.n. arhit.* frontispiece.

fronton *s.n. arhit.* fronton, pediment.

frotiu *s.n. med.* smear.

fruct *s.n. şi fig.* fruit. ⓐ ~*e conservate* preserve(d fruit); ~*e zaharisite* candied fruit, comfits, ~ *necopt* green/unripe fruit.

fructar *s.m.* fruiterer; coster(monger).

fructărie *s.f.* fruit shop.

fructieră *s.f.* fruit dish.

fructifer *adj.* fruit bearing, fruit..., fructiferous. ⓑ *pom* ~ fruit tree.

fructifica *vb. tr.* to fructify, to turn to (good) account; to make *a sum of money* bring in more.

fructificare *s.f.* fructification, turning to account.

fructoză *s.f. chim.* fruitose.

fructuos *adj.* fruitful, productive, profitable, lucrative.

frugal *adj.* frugal.

frugalitate *s.f.* frugality.

frumos I. *adj.* **I.** beautiful, *poetic→* beauteous; *(ca figură, trăsături, mai ales d. bărbați)* handsome; *(d. femei)* beautiful, lovely, fair; *(drăguț, nostim)* nice, good-looking. **2.** *(d. lucruri)* fine, beautiful. **3.** *(nobil)* generous, noble. **3.** *(delicat)* delicate. **5.** *(ales)* choice. ⓐ *frumoasă afacere!* F a nice thing indeed! here's a pretty business! ⓑ *ani frumoși, vîrstă frumoasă* palmy days of youth, springtime of life; *artele frumoase* the fine arts; *o avere frumoasă* a handsome/fine/large fortune; *un cadou* ~ a handsome present; *caracter*~ fine character, noble/generous disposition; *un cîine* ~ a handsome dog; *o conduită frumoasă* an honourable conduct; *un discurs* ~ a fine speech; *o expresie frumoasă* a fine expression; *o faptă frumoasă* a noble action; *foarte* ~ *dar...* ...that's all very fine/well but...; *un gînd* ~ a fine/beautiful thought; *un început* ~ a fine beginning; *miros* ~ nice/pleasant smell; *o ocazie frumoasă* a good/favourable opportunity, a fair chance; *un picior* ~ a handsome leg; *sentimente frumoase* fine/noble/generous sentiments; *sexul* ~ the fair/gentle sex; *o situație frumoasă* a fine situation; *un succes* ~ a very happy success; *timp* ~ fine/fair weather; *trăsături frumoase* fine/handsome features; *vedere frumoasă* fine view; *un venit* ~ a handsome income; *o zi frumoasă* a fine day. ⓒ *e foarte* ~ *din partea lui că...* it's very nice/kind of him to...; *ce frumoasă ești azi!* how smart/spruce you are today! *a se face* ~ to smarten/spruce oneself up; *a face mai* ~ to embellish, to adorn, to beautify;

nu-i ~ *(din partea ta)* it's not cricket; it's not fair (on him, etc.). ⓓ *nu e* ~ *ce e* ~, *e* ~ *ce-mi place mie aprox.* beauty is in the eye of the gazer/beholder. **II.** *adv.* **1.** beautifully, fine; nicely, handsomely. **2.** *(binișor, încet)* slowly. ⓒ *a face* ~ *(d. cîini)* to beg; *a scrie* ~ to write a nice/good/beautiful hand; *spune-mi, te rog*~*!* will you, please tell me! do tell me, I beg of you; *sună* ~ that sounds well/nice; ~ *îți șade să vorbești așa!* a nice way to talk! **III.** *s.n.* ~*ul* the beautiful.

frumusețe *s.f.* **1.** beauty. **2.** *(fată)* beautiful girl; *(femeie)* handsome woman; fair lady; fair one, beauty. ⓓ *de o mare* ~ of great beauty; *de toată* ~*a* exceedingly beautiful, exquisite, wondrous fair. ⓒ *era o* ~ *să...* it was a treat to...

frumușel I. *adj.* pretty, comely, nice, good-looking. **II.** *adv.* **1.** *(binișor, încetișor)* slowly, gently. **2.** *(pur și simplu)* simply, just.

fruntar *s.n.* head piece *of the bridle*

fruntaș I. *adj.* eminent, remarkable, distinguished, conspicuous, of note, top... **II.** *s.m.* **1.** *(în muncă)* frontranker, front worker. **2.** *fig.* leader, chief(tain); *pl.* foremost people in agriculture etc. ⓐ ~ *al vieții publice* public man/figure; ~ *la învățătură* proficient student *sau* pupil, excellent pupil; ~*i ai agriculturii* foremost people in agriculture; ~*i în producție* foremost people in industry, frontrank workers; ~ *la pregătirea de luptă și politică mil.* armyman with excellent results in fighting and political training; ~ *politic* political leader.

frunte *s.f.* **1.** forehead, *poetic→*brow; *(față)* face; *(cap)* head. **2.** *(a unei clădiri) arhit.* front(age), front side, facade. **3.** *fig.* élite, cream, flower. ⓐ ~*a sus!* be of good cheer/comfort! cheer up! keep your chin up! ⓑ *de* ~ prominent, excellent, distinguished, eminent, first--rate/-class...; *in*~ ahead; before; *in* ~*a celorlalți și fig.* ahead of the others; *in ~a mesei* at the head of the table; *in ~ cu...* headed by... foremost of whom... ⓒ *a se pune in ~a (cu gen.)* to take the lead of...; *a sta/se afla in ~* to be at the head (of...). ⓓ *ce ţi-e scris, in ~ ţi-e pus* he that is born to be hanged shall never be drowned; no flying from fate.

frunzar *s.n.* **1.** bower, arbour, leafy roof, canopy of leaves. **2.** v. f r u n z i ş.

frunză *s.f.* **1.** *bot.* leaf; *col.* leaves; *(frunziş)* foliage. **2.** *(de carte)* leaf. ⓒ *a da ~* to come into leaf.

frunzări *vb. tr. (o carte)* to leaf, to thumb (through), to turn over the leaves of, to run over the pages of; *(un ziar)* to glance cursorily at; *(un tratat)* to skim.

frunziş *s.n.* foliage, leafage.

frunzos *adj.* leafy.

frunzuliţă *s.f.* leaflet.

frupt *s.n. rel.* meat. ⓓ *zile de ~* meat days.

frust *adj.* **1.** worn, defaced. **2.** *fig.* rough, crude.

frustra *vb. tr. (de)* to defraud (of).

ftizic I. *adj. med.* phthisical, consumptive. **II.** *s.m. med.* consumptive.

ftizie *s.f. med* phthisis, consumption, tb.

fucsie *s.f. bot.* fuchsia.

fucsină *s.f. chim.* fuchsine.

fudul I. *adj.* haughty; *(inchipuit)* conceited; *(mîndru)* proud; *(arogant)* arrogant. ⓐ *~ de o ureche←* *(glumeţ)* hard/dull of hearing. **II.** *adv.* haughtily etc. v. ~ **I.**

fuduli *vb. refl.* to give oneself airs; *(prin vorbire)* to brag, F→to talk big; *(prin mers)* to strut, to stalk. ⓐ *a se ~ cu...* to plume oneself on..., to glory in..., F→to make a great show of/with...

fudulie *s.f.* **1.** haughtiness, pride, arrogance. **2.** *pl.* testicles *of a ram etc.*

fuga *adv.* **1.** *(repede)* quickly, running. **2.** *interjecţional* be quick! hurry on! look sharp! make haste!

fugaci *adj.* swift-footed.

fugar I *adj. (trecător)* fleeting, transient; *(grăbit)* hasty; *(d. o re-*

marcă) passing, desultory; *(intîmplător)* casual. **II.** *s.m.* **1.** *(refugiat)* refugee; *(evadat)* fugitive; *(exilat)* exile. **2.** runner, person who rushes/runs.

fugă *s.f.* **1.** flight, course; *(scăpare)* escape; *(a cuiva urmărit)* race/run for (dear) life; *mil.* rout. **2.** *(distanţă)* distance. ⓑ *din fuga calului* riding at full gallop/speed/tilt; *din* ~ in passing (by); *in fuga mare* tearing/sweeping by; *(cu toată graba)* at full speed; *in ~* **a.** hurriedly. **b.** cursorily; *pe ~* in a hurry. ⓒ *dă fuga şi vezi dacă...* F cut out and see if...; *a se retrage in ~* to beat a hasty retreat; *a o lua /rupe la ~* to take to flight/ F one's heels, F to bolt, to scamper off, to cut one's stick, to show a clear pair of heels, to turn one's back; *a trece in fuga mare* to tear/ sweep/< dart by; *a pune pe ~* to put to flight/mil. rout, to rout.

fugări I. *vb. tr.* to chase, to pursue (in hot haste); *(a izgoni)* to drive out/away. **II.** *vb. refl. reciproc* to chase one another.

fugi *vb. intr.* **1.** *(a alerga)* to run; *(repede)* to career; to scud along, to rush, to scamper, *sl.* to do a bunk/guy; *(de ceva)* to run away/ off; to make off, to hurry away, to take to one's heels, to decamp; *(pt. a scăpa)* to flee, to fly *(niciodată flew* la preterit ci numai *fled),* to make one's escape; *(cu iubita/ iubitul)* to elope; *(a dispărea)* to disappear, to vanish, F→to make oneself scarce. **2.** *(a se scurge)* to pass, to elapse, to go by. ⓐ *a ~ de...* to flee/fly from..., to shun..., to avoid... ⓒ *a ~ ca vintul, a ~ ca scăpat din puşcă, a ~ de-i iese sufletul, a ~ mincind pămintul, a ~ de scapără pietrele* to tear/ sweep along, to run for one's life, to run for it; *sl.* to do a bunk/ guy; *fugi de acolo/incolo!* F the idea (of such a thing)! you don't say so! *a ~ unul de altul* to shun/ avoid each other, to steer clear of one another, F→to fight shy of one another; *fugi!* F packoff! scuttle away!

fugitiv *adj.* v. f u g a r I.
fuior *s.n.* **1.** tow; *(de cinepă)* hemp bundle; *(de in)* flax bundle. **2.** *(furcă de tors)* distaff.
fular *s.n.* **1.** muffler, scarf; *(călduros)* comforter. **2.** *text.* foulard.
fulg *s.m.* **1.** *(puf)* down, fluff; *(pană)* feather. **2.** *(de nea)* flake (of snow). **3.** *(puf de plante)* down. **4.** *(de lină)* flock. **5.** *(de stofă)* nip. ⓐ ~*i de ovăz* oatmeal; ~*i de săpun* soap flakes. ⓑ *uşor ca* ~*ul* (as) light as a feather. ⓒ *l-am bătut de i-au mers* ~*ii* F I have beaten/pounded him to a jelly/pulp.
fulger *s.n.* **1.** lightning; *(lumina produsă de* ~*)* flash of lightning. **2.** *fig. (din ochi)* flash. ⓐ ~ *furcat* forked lightning; ~ *globular* fire ball, globe lightning. ⓑ *repede / iute ca* ~*ul* quick as lightning, with lightning speed; *telegramă* ~ express telegram/wire/cable; *tren* ~ very fast train, express, F→ flier, flyer; *vizită* ~ flying visit.
fulgera **I.** *vb. intr. impers.* **1.** to lighten. **2.** *(a sclipi)* to glitter, to sparkle, to gleam; *(brusc)* to flash up. ⓒ *a* ~ *de minie* to flash with anger; *a tuna şi a* ~ **a.** F to swear till all is blue. **b.** F to storm the house down; *ti fulgeră o idee prin minte* a thought flashed across his mind; *fulgeră* it lightens. **II.** *vb. tr.* **1.** *(a trăsni)* to thunder, to strike. **2.** *(pe cineva, la pămînt)* to dash to the ground. **3.** *fig.* to dumbfound.
fulgerător **I.** *adj.* **1.** *(instantaneu)* (as) quick/swift as lightning, instantaneous, momentary, lasting but a moment. **2.** *(d. privire etc.)* flashing, fulgurating. **II.** *adv.* instantaneously, with lightning speed.
fulgui *vb. intr. impers.* to begin to snow (with tiny flakes).
fulgurant *adj.* flashing, lightning.
fulguraţie *s.f.* fulguration.
fulie *s.f. bot.* poet's narcissus *(Narcissus poeticus).*
fulmicoton *s.n.* pyroxylin(e), gun cotton.
fulminant *adj.* **1.** fulminating, fulminant. **2.** *fig.* violent, thundering.
fulminat *s.n. chim.* fulminate.

fultuitor *s.n. min.* tamping rod.
fum *s.n.* **1.** smoke. **2.** *(canal de sobă)* flue. **3.** *pl.* F airs and frills. ⓒ *a avea un miros de* ~ to smell of smoke, to have a smoky smell; *a trage un* ~←F to draw in the smoke of a cigarette etc.; *a usca la* ~ to smoke-dry; *a se alege* ~*ul fig.* to end in smoke, to come to nothing; *iese* ~ there is smoke rising; *nu vă supără* ~*ul (de ţigară)*? do you mind my smoking?
fuma *vb. tr. şi intr.* to (have a) smoke.
fumar *s.n.* flue, chimney.
fumarole *s.f. pl. geol.* fumaroles.
fumat *s.n.* smoking. ⓐ ~*ul oprit* no smoking, smoking forbidden, smoking is not allowed (here).
fumăr(a)ie *s.f.* dense smoke.
fumător *s.m.* smoker. ⓑ *compartiment pentru* ~*i* smoking compartment, F→smoker.
fumega *vb. intr.* **1.** *(d. o sobă, lampă)* to smoke. **2.** *(a scoate aburi)* to steam.
fumegos *adj.* **1.** smoking. **2.** steaming.
fumigaţie *s.f.* fumigation.
fumigen *adj.* smoke-producing.
fumoar *s.n.* smoking room.
fumuriu *adj.* **1.** smoky, dun. **2.** cloaked in mist/haze.
funciar *adj.* **1.** landed, ground...; land... **2.** *fig.* fundamental, essential. ⓑ *aristocraţie* ~*ă* landed aristocracy; *impozit* ~ land tax; *proprietar* ~ landowner, landholder; *proprietate* ~*ă* (property in) land landed property.
funcţie *s.f.* **1.** *(slujbă)* function, job; *(post)* post, position. **2.** *(rol)* function, role, part, destination; *(inţeles)* meaning. **3.** *mat., gram. etc.* function. ⓑ *în* ~ *de...* depending on...; *(în conformitate cu)* in accordance/conformity with...; according to...; *în virtutea* ~*i sale* by virtue of his office. ⓒ *care are funcţia de adjectiv gram.* that functions as an adjective; *a deţine/avea o* ~ to hold a situation, to fill a post; to hold an appointment; *a îndeplini/exercita funcţia de..* to

act/officiate as...; *a intra în* ~ **a.** *(d. cineva)* to enter upon/take up/begin one's duties. **b.** *(d. o instalaţie etc.)* to be set in motion, to be set going; to be put/to go into commission, to be commissioned.

funcţiona *vb. intr.* **1.** *(d. o maşină)* to run, to work, to act; *(d. inimă)* to beat. **2.** *(d. un comitet etc.)* to function. **3.** *(a munci)* to work. ⓒ *a nu mai* ~ *(d. maşini)* to be out of order; *frîna nu funcţionează* the brake refuses to act.

funcţional I. *adj.* functional. **II.** *adv.* functionally.

funcţionar *s.m. (lucrător de birou)* office worker; *(de stat)* civil servant, official, functionary; *(la poştă etc. şi)* officer; *(amploiat)* employee; *(mai ales comercial)* clerk.

funcţionăraş *s.m. peior.* F Jack-in--office.

funcţionăresc *adj. peior.* bureaucratical, red tape...

funcţionăreşte *adv. peior.* bureaucratically.

funcţionărime *s.f. col.* civil servants etc. v. f u n c ţ i o n a r, F black--coat brigade/class, *amer.* white-collar class.

funcţiune *s.f.* v. f u n c ţ i e. ① *punere în* ~ *tehn.* operation, putting into service; actuation; commission. ⓒ *a intra în* ~ to be inaugurated; to be commissioned, to be set working.

fund *s.n.* **1.** *(parte de jos)* bottom; *(al mării şi)* ground; *(adîncime)* depth. **2.** *(parte din spate)* back/hinder part; *(fond)* background. **3.** *(capăt, margine)* end. **4.** *(tavă)* tray; *(de lemn)* trencher, wooden platter. **5.** *(şezut)* F bottom, buttocks. ⓐ ~ *de butoi* bottom/head of a cask; barrel head; ~ *de navă nav.* bilge of a ship; ~ *de pantaloni* seat of a pair of trousers; ~ *de pălărie* crown of a hat; ~ *de scaun* bottom of a chair. ① *cameră din* ~ backroom; *fără* ~ *şi fig.* bottomless; *ca* ~*ul ceaunului* as black as pitch; *cu* ~*ul în sus* bottom up; upside-down; *ochi în* ~*ul*

capului deep set/sunken eyes. ⓒ *a atinge* ~*ul* to touch bottom; *a da de* ~ to touch bottom; *a se da la* ~ **a.** v. a s e d u c e l a f u n d. **b.** *fig.* F to avoid/shun people/society; *a se duce la* ~ to go to the bottom, to sink; *a bea pînă la* ~ to drink to the last drop, to drink up/off at one/a draught; *(o sticlă)* to empty/finish a bottle; F to tipple off; *bea pînă la* ~! drink up! finish your glass! F bottoms up!

funda *vb. tr.* to found.

fundal *s.n.* background.

fundament *s.n.* **1.** *(al unei clădiri)* foundation. **2.** *fig.* basis, ground, foundation. **3.** *poligr.* letter board.

fundamenta *vb. tr.* to substantiate; to prove scientifically.

fundamental *adj. fig.* fundamental, essential, vital.

fundamentare *s.f.* substantiation.

fundare *s.f.* foundation.

fundaş *s.m. sport* (full) back.

fundaţie *s.f. (temelie; fond)* foundation; *(instituţie)* endowed establishment, foundation.

fundă *s.f.* bow.

fundătură *s.f.* blind alley/lane, cul--de-sac.

funebru *adj.* **1.** *(d. o ceremonie, un marş etc.)* funeral. **2.** *fig.* funeral, dismal, gloomy.

funeralii *s.f. pl.* obsequies, funeral.

funerar *adj.* funeral, funerary.

funest *adj.* fatal, deadly; nefarious, disastrous, calamitous, fateful.

fungicid *s.n.* fungicide.

funicular *s.n.* cable railway/car, telpher.

funie *s.f.* rope; *(mai subţire)* line, cord; *(odgon)* cable. ⓒ *a se apropia/ strînge funia de par* F to be at the end of one's tether; to be on one's last legs. ① *nu vorbi de funie în casa spînzuratului* name not a halter in his house that hanged himself.

funigei *s.m. pl.* gossamer.

funingine *s.f.* soot.

fura I. *vb. tr.* **1.** to steal, to pilfer, to filch, F→to prig, to nick, to crib, to bone, to snake, to wolf; *(a sustrage)* to purloin, *euf→*to abstract; *(copii, femei etc.)* to kidnap; *(a delapida)* to embezzle, to defalcate; *(a plagia)* to plagiarize. **2.** *fig.* to steal, to abduct, to captivate. **3.** *fig. (a lipsi de)* to rob/deprive/bereave... of. ⓒ *moartea i-a ~t ce a avut mai scump* death has bereaved him of what he most loved; *i-a ~t inima* she has captivated his heart, she has charmed him; *a-l ~ somnul* F to let the dustman get hold of one; *a ~ luleaua neamțului* F to be half seas over, to be a little on; *a ~ ochii cuiva* to dazzle smb.'s eyes; *(a fascina)* to fascinate smb.; *îmi fură prea mult timp* it takes too much of my time. ⓓ *cine fură azi un ou, mîine va ~ un bou* he who takes a pin may take a better thing. **II.** *vb. intr.* to steal, to thieve.

furaj *s.n.* fodder.

furajer *adj.* fodder...

furat *s.n.* **1.** stealing, thieving, theft. **2.** *lit.* plagiarism. ⓑ *de ~* stolen etc. v. f u r a; *pe ~e* by theft; by stealth.

furcă *s.f.* **1.** *agr.* pitchfork. **2.** *(de tors)* distaff, rock. ⓐ *furca pieptului anat.* breastbone. S→sternum; *furca telefonului* hook; cradle; *furcile caudine* the Caudine Forks. ⓑ *dinte de ~* prong of a pitchfork. ⓒ *a avea de ~ cu...* to have (all) one's work cut out with...; *a da de ~ cuiva* to give smb. a deal of trouble, F to put smb. about, to make it warm/hot for smb.

furchet *s.n. nav.* rowlock.

furculiță *s.f.* **1.** fork. **2.** *(de car)* shaft, thill (of a carriage).

furda *s.f. (de lînă)* waste rubbish.

furfurol *s.n. chim.* furfural, furfurol(e).

furgon *s.n.* fourgon; van; *mil.* ammunition wagon.

furgonetă *s.f. auto* delivery car/van; van.

furibund *adj.* mad, > furious, full of fury.

furie *s.f.* **1.** (great) rage, fury, enraged state, passion; *(mînie)* violent wrath/anger; *(ca acces)* fit of bad temper, F→wax; *(nebunie)* madness, frenzy; *(a vîntului)* fury. **2.** *fig.* impetuosity, fury, violence. **3.** *(femeie rea)* fury; termagant, shrew. **4.** *mit.* Fury. ⓒ *a-și revărsa furia asupra cuiva* to vent one's passion/rage upon smb.; *a fi cuprins de ~* to fly into a passion; to grow furious, F→to get into a temper, to fly off the handle; *a spumega de ~* to boil over with rage.

furier *s.m. mil.* military clerk.

furios I. *adj.* raging, enraged, furious, scowling, full of fury, mad with rage, frantic, F→in a wax; *(d. vînt)* raging, howling. **II.** *adv.* furiously etc. v. ~ I.

furiș I. *adj.* stealthy, furtive; *(ascuns)* secret, hidden. **II.** *adv.* ⓑ *(pe) ~* stealthily, by stealth, F→on the sly.

furișa *vb. refl.* **1.** to creep/slip along; *(a se strecura)* to sneak, to skulk; *(încet)* to slink (along); *(în întuneric)* to prowl about. **2.** *(a o șterge)* to sneak/slink/steal away, F→to take French leave. ⓐ *a se ~ în...* to steal into...

furlandisi *vb. refl.* F to do the swell.

furnal *s.n.* (blast) furnace.

furnalist *s.m.* blast-furnace worker.

furnica I. *vb. tr. impers.* ⓐ *a-l ~* to itch one; *(a simți furnicături, înțepături)* to have pins and needles in one's hand etc. **II.** *vb. intr.* *(a mișuna)* to swarm. ⓐ *a ~ de...* to teem with..., to abound with/in..., to be crammed/crowded with...; *(d. un loc plin de insecte etc.)* to be alive with...

furnicar[1] *s.n.* **1.** *(mușuroi)* ant hill, S→formicary. **2.** *fig. (de oameni)* crowd, throng, host, troop, multitude.

furnicar[2] *s.m.* **1.** *zool.* ant eater/bear *(Myrmecophaga jubata).* **2.** *ornit.* bee eater mudwall *(Merops apiaster).* **3.** *entom.* wood pecker *(Picus).*

furnică *s.f.* **1.** *entom.* ant, *poetic→* emmet *(Formica).* **2.** *pl. (gîdilituri, înțepături)* pins and needles, tingling. ⓐ *~ albă entom.* white ant *(Termes); ~ mare/de pădure*

entom. horse ant. ⓑ *ouă de fur-
nici* ant's eggs. ⓒ *am furnici* I
have pins and needles.

furnicătură *s.f. (mîncărime)* itch;
pl. (înţepături) pins and needles;
(fiori) creeps.

furnir *s.n.* veneer.

furnituri *s.f. pl.* **1.** *(obiecte furni-
zate)* supply of goods, supplies;
requisites. **2.** *(în croitorie)* trim-
mings, furnishings.

furniza *vb. tr. (a livra)* to deliver;
(a procura) şi *fig.* to supply/pro-
vide/furnish smb. with.

furnizor *s.m.* purveyor, (wholesale)
contractor; *(de alimente)* provider,
caterer, tradesman; *(de mobile)*
furnisher; *(de articole de croitorie)*
outfitter.

furori *s.f. pl.* ⓒ *a face* ~ to make/
create a sensation, to cause a stir,
to create a furore.

fursecuri *s.n. pl.* small cakes, fancy
cakes/biscuits.

furt *s.n.* theft, < robbery, larceny;
(mărunt) petty larceny; *(delapi-
dare)* embezzlement, defalcation;
(cu spargere) burglary, burglarious
robbery; *(literar)* plagiarism. ⓐ
~ *calificat jur.* aggravated theft.
ⓒ *a comite un* ~ to commit a
theft/larceny.

furtişag *s.n.* petty theft/larceny,
pilfering.

furtun *s.f.* hose, flexible tube (pipe).

furtună *s.f.* **1.** storm, *elev.*→ tem-
pest, *nav.* gale of wind; < hurri-
cane, cyclone; *(cu trăsnete)* elec-
tric storm, thunderstorm; *(curent
de vînt)* gust of wind; *(vreme de* ~)
nav. stormy/F→dirty weather. **2.**
fig. (de aplauze etc.) storm. **3.** *fig.
(zbucium)* agitation, unrest, <
tumult, commotion; *(răscoală)* riot,
mutiny. ⓒ *se apropie/pregăteşte o
puternică* ~ there is a heavy storm
brewing/gathering; *furtuna se dez-
lănţui* the storm broke forth; *e* ~
it is stormy weather, F→it's blow-
ing great guns. ⓓ *cine seamănă*

vînt culege ~ he that sows the wind
reaps/shall reap the whirlwind.

furtunos I. *adj.* **1.** stormy, tempes-
tuous; *(d. mare)* rough; *(d. vreme)*
stormy, *nav.* F→dirty. **2.** *fig. (im-
petuos)* impetuous, passionate, bois-
terous. **3.** *fig. (agitat)* agitated,
stormy, tempestuous. ⓑ *aplauze
furtunoase* stormy/tumultuous/loud
applause. **II.** *adv.* tempestuously
etc. v. ~ I.

furuncul *s.n. med.* furuncle, F→boil.

furunculoză *s.f. med.* furunculosis.

fus *s.n.* **1.** *(pt. tors)* spindle. **2.** *tehn.*
journal. **3.** *arhit.* shaft/trunk of a
column. **4.** *(la moară)* axle, shaft.
5. *silv.* stem. **6.** *agr.* dwarf pyramid.
7. *nav.* anchor shank. ⓐ ~ *orar
astr.* meantime zone. ⓑ *în formă
de* ~ spindle-shaped; *subţire ca un*
~ (as) thin as a lath.

fusar *s.m. iht.* **1.** *species of* blenny
(Blenniidae). **2.** v. ţ i p a r.

fuscel *s.m.* **1.** *text.* lease (bar), cros-
sing/dividing rod. **2.** *(de scară)*
rung/step of a ladder; step of a
staircase. **3.** *arhit.* fillet, ledge.

fusiform *adj.* fusiform, spindle-
-shaped.

fustanelă *s.f.* fustanella; kilt.

fustă *s.f.* **1.** skirt; *(purtată sub foi)*
petticoat. **2.** *fig.* F petticoat,—wom-
an. ⓐ ~ *tiroleză* dirndl; *(foi)* skirt.
ⓑ *vînător de fuste* peior. dangler
after women/petticoats. ⓒ *a alerga
după toate fustele* F to be always
after a petticoat, to run after every
bit of skirt; *a se ţine mereu de fusta
cuiva* to be always hanging on to
smb.'s skirts.

futurism *s.n.* futurism.

futurist *s.m.* futurist.

fuzelaj *s.n. av.* fuselage.

fuzetă *s.f. auto* steering knuckle.

fuzibil *adj.* fusible, liquefiable, *me-
tal.* smeltable.

fuzibilitate *s.f. chim., tehn.* fusibility.

fuziona *vb. intr.* **1.** to (s)melt, to
fuse. **2.** *fig.* to merge, to blend, to
amalgamate, to coalesce.

fuziune *s.f.* fusion; merger, merging.

G

G, g *s.m.* G, g, the eighth letter of the Romanian alphabet.

gabară *s.f. nav.* barge, hoy, lighter.

gabardină *s.f.* gaberdine, gabardine.

gabarit *s.n.* 1. *tehn.* clearance gauge; limit gauge. 2. *pl. (dimensiuni)* size, dimensions.

gabie *s.f. nav.* crow's nest, top.

gabier *s.m. nav.* topman.

gabion *s.n. mil., hidr. etc.* gabion.

gadină *s.f. (fiară sălbatică)* wild beast; *(monstru)* monster.

gafă[1] *s.f.* blunder, F→ break; *elev→* solecism; *(grosolană)* F→atrocity. ⓒ *a face o ~* to put one's foot in it, to make a blunder, to drop a brick, to crack the bell.

gafă[2] *s.f. tehn.* boathook, gaff.

gagist *s.m.←inv.* 1. *teatru* supernumerary actor, F super. 2. *mil.* musician not on the strength.

gaibarace, gaibe *s.f. pl. (picioare)* F *sl.* pegs, pins, trotters, props.

gaică *s.f.* strap.

gaidă *s.f.* 1. *muz.* bag pipe. 2. *pl.* F. v. g a i b a r a c e.

gaie *s.f. ornit.* 1. kite *(Milvus regalis)*. 2. chough, (jack)daw *(Corvus monedula)*. ⓑ *iarba găii bot.* hawk weed *(Hieracium)*. ⓒ *a se uita cu un ochi la ~ și cu altul la tigaie* F to look both ways for Sunday, <to look nine ways; *a se ține ~ de /după cineva* to hang on smb.'s skirts, to stick to smb. like wax/a burr, to follow smb. like a shadow/like a St. Anthony's pig; *lua-l-ar gaia!* F the deuce take him! confound him!

gaiță *s.f.* 1. *ornit.* jay *(Garrulus glandarius)*. 2. *fig.* jabberer, clacker, rattler; *(mahalagioaică)* tell-tale, F sieve. ⓐ *~ de munte ornit.* nucifrage, nut cracker *(Nucifraga*

caryocatactes); *~vînătă ornit.* roller *(Coracias garrulus)*.

gaj *s.n.* 1. *com* deposit, security, mortgage. 2. *(chezășie)* pledge. 3. *(la jocurile de societate)* forfeit; *pl.* forfeits.

gal *s.m. ist.* Gaul.

galactic *adj. astr.* galactic.

galactometru *s.n. fiz.* (ga)lactometer, milk densimeter.

galactoză *s.f. chim.* galactose.

galalit *s.n. chim.* galalith.

galant I. *adj.* 1. *(d. bărbați)* gallant, attentive to women. 2. *(d. gesturi etc.)* courteous, polite; *(cuceritor)* swaggering. 3. *(darnic)* generous, liberal. II. *adv.* gallantly etc. v. ~ I.

galantar *s.n.* show/shop window, shop front.

galanterie *s.f.* 1. *(politețe)* gallantry, gallant manners, courtesy. 2. *(prăvălie, mărunțișuri)* haberdasher's, hosier's. 3. *(obiecte de ~)* haberdashery; *(de bărbat)* men's haberdashery, *amer.* notions; hosiery.

galantom, galanton←F I. *adj.* generous, liberal. II. *adv.* generously.

galaxie *s.f. astr.* galaxy.

gală *s.f. (pompă)* gala, pomp, state; *(festivitate)* festivity, gala, fête. ⓑ *haine de ~* full dress, F→one's Sunday best; *reprezentație de ~ teatru* dress performance.

galben[1] I. *adj.* 1. yellow; *(gălbui)* yellowish; *(bătind în cafeniu)* fallow; *(datorită icterului)* jaundiced. 2. *(palid)* pale, blanch(ed), pallid; *(de oboseală)* wan. 3. *(blond)* fair. ⓐ *~ ca ceara/turta de ceară* deadly/ashy/ghastly pale, pale as a ghost/sheet; *~ de frică* pale with fear. ⓑ *friguri ~e med.* yellow fever/jack; *lemn ~ bot.* barberry bush *(Berberis vulgaris)*. ⓒ *a se face~* **a.** to turn yellow. **b.** *(a păli)* to become/grow/turn pale. **II.** *s.n.* yellow (colour); *(ca vopsea)* yellow dye, yellow colouring substance.

galben² *s.m. odin.* ducat.

gale *s.f. pl. bot.* oak apples/nuts/ plums/galls.

galenă *s.f. mineral.* lead glance, galena.

galenţi *s.m. pl.* wooden shoes, sabots, clogs.

galeră *s.f. ist. nav.* galley.

galerie *s.f.* **1.** *(coridor)* gallery, corridor; *(cameră lungă)* long room. **2.** *(sală pentru expunere de colecţii)* gallery. **3.** *(de mină)* gallery, drift, level, road. **4.** *teatru* gallery, F→ the gods, paradise. **5.** *(spectatori)* audience; *sport* spectators, lookers- -on; *(a unei echipe)* supporters, backers; *(spectatori de la galerie)* the gallery. **6.** *arhit.* cornice, moulding. **7.** *(de sobă)* fender, fret curb. **8.** *mil.* gallery, covered passage. ⓐ *~ captantă hidr.* catch gallery; *~ de abataj/exploatare min.* working face drift; *~ de aeraj min.* air-way/gallery; *~ de aerisire hidr. etc.* air channel; *~ de explorare min.* exploration drift; *~ de înaintare min.* heading gallery; *~ de picturi* picture gallery; *~ de transport min.* transport drift; *~ transversală* cross heading. ⓒ *a face ~ (cu dat.)* to back..., to support..., *amer.* to root for...

galeş **I.** *adj.* **1.** *(languros)* languid, languorous; *(amoros)* amorous. **2.** *(trist)* sad, melancholy. **II.** *adv.* languidly etc. v. ~ **I.** ⓒ *a privi ~ la cineva* to cast amorous glances at smb., F→to make sheep's eyes at smb.

galic *adj.* Gallic, Gaulish. ⓓ *~ acid* ~ gallic acid.

galicism *s.n.* Gallicism.

galimatie *s.f.* balderdash; jumble of nonsense.

galinacee *s.f. pl. ornit.* gallinaceae.

galion *s.n. poligr.* galley.

galiu *s.n. chim.* gallium.

galomanie *s.f.* gallomania.

galon *s.n.* braid, galloon; *(de aur)* gold lace; *pl. mil.* stripes.

galonat *adj.* gallooned, laced.

galop *s.n.* gallop; *(dans)* galop. ⓓ *în ~* **a.** at a gallop. **b.** *fig.* rapidly; fast approaching; *în plin ~* at full gallop/tilt; *mers în ~* gallop(ing), gallopade.

galopa *vb. intr.* to gallop.

galopant *adj.* ⓓ *tuberculoză/ftizie/ oftică ~ă med.* galloping/rapid consumption.

galoşi *s.m. pl.* galoshes, overshoes, *amer.* rubbers.

galvanic *adj.* galvanic. ⓓ *curent ~* galvanic current; *pilă ~ă* galvanic pile.

galvanism *s.n. fiz.* galvanism.

galvaniza *vb. tr.* **1.** *fiz., metal.* to galvanize, to (electro-)plate; to zinc. **2.** *fiziol.* to galvanize. **3.** *fig.* to galvanize; to energize, to activate.

galvanocauter *s.n. med.* galvanocautery.

galvanometric *adj. electr.* galvanometric.

galvanometru *s.n. electr.* galvanometer.

galvanoplastic *adj. electr.* galvanoplastic, electrometallurgic.

galvanoplastie *s.f. electr.* galvanoplastics, electrotyping.

galvanoscop *s.n. electr.* galvanoscope.

galvanotehnică *s.f. electr.* galvanotechnics.

galvanotipie *s.f. fiz.* galvanotypy.

gamă *s.f.* **1.** *muz.* scale, gamut. **2.** *fig.* scale, range, series, gamut. ⓐ *gama do major* the scale of C major; *~ de culori* colour scale.

gambă *s.f. anat.* shank.

gambetă *s.f.* ← *odin.* bowler hat.

gambit *s.n. şah* gambit.

gamelă *s.f. mil.* mess tin/kettle, dixie.

gameţi *s.m. pl. biol.* gametes.

gamma *s.n.* gamma.

gamopetal *adj. bot.* gamopetalous.

gamosepal *adj. bot.* gamosepalous.

gang *s.n.* **1.** *(pasaj)* passage; *(coridor)* corridor; *(galerie)* gallery. **2.** *min.* adit, gallery.

gangă *s.f. mineral.* gang(ue).

ganglion *s.n. anat.* ganglion.

ganglionar *adj. anat.* ganglionary, ganglionic.

gangrena I. *vb. refl.* to gangrene, to mortify. **II.** *vb. tr.* to gangrene, to cause to mortify.

gangrenă *s.f.* **1.** *med.* gangrene, mortification; *(a osului)* necrosis. **2.** *fig.* canker.

gangrenos *adj.* gangrenous, gangrened.

gangster *s.m.* gangster.

gara *vb. tr. (un tren)* to shunt on to a siding, to side-track; *(o maşină)* to garage.

garafă *s.f.* decanter, carafe.

garaj *s.n. auto.* garage. ⓑ*linie de* ~ *ferov.* side-track, siding.

garant *s.m.* guarantor, surety, bail.

garanta I. *vb. tr.* to warrant, to guarantee; *(a asigura)* to assure. **II.** *vb. intr.* to warrant. ⓐ *a* ~ *pentru...* to vouch for...; to answer for...

garantat *adj.* **1.** guaranteed, warranted. **2.** *interjecţional* F to be sure! there's no doubt about it!

garanţă *s.f. bot.* dyer's madder *(Rubia tinctorum).*

garanţie *s.f.* **1.** *com. (a calităţii etc.)* warranty, guarantee; *(de plată)* guaranty; *(a executării unui contract)* guarantee, pledge; *(de întreţinere)* after the sales service. **2.** *(concret)* bail, security; *fin. şi* collateral. **3.** *fig.* warrant, pledge, token, earnest. ⓑ *cu* ~ warranted, guaranteed; *scrisoare de* ~ letter of indemnity. ⓒ *a da* ~ to warrant; *a da pe* ~ to let out on bail; *în aceasta stă garanţia succesului* this is the pledge/earnest/token of success.

garanţină *s.f. chim.* garancin(e).

gară *s.f.* (railway) station; *(terminus)* terminus; *(mică, amer.)* depot. ⓐ *Gara de Nord* the Northern (Railway) Station; ~ *de mărfuri* goods station; ~ *maritimă* harbour station.

gard *s.n.* **1.** fence; *(mai ales viu)* hedge; *(zid)* wall, v. şi ~ ⓐ. **2.** *(pt. peşti)* creek, back water. **3.** *sport* hurdle. ⓐ~ *de mărăcini* thorn/ thorny hedge, hedge of thorns; ~ *de piatră* wall; ~ *de uluci* paling; ~ *din scînduri* wooden

fence; ~ *împletit/de nuiele* hurdle; ~ *viu* (living/quickset) hedge. ⓑ *110 metri* ~*uri sport* 110 metres hurdles. ⓒ *a sări* ~ *urile/ peste* ~*uri* to run after every girl/ petticoat, to be mad after women; *e prost să-l legi de* ~, *e prost ca* ~*ul* he is thick-headed with a vengeance; *a lega pe cineva la* ~ *fig.* to make a fool of smb., F to pull smb.'s leg, to kid smb.; *a dezlega calul de la* ~ *fig.* to find one's tongue; *a o nimeri (ca Ieremia) cu oiştea în* ~ *(a nu nimeri)* to be wide of the mark; *(a face o gafă)* F to drop a brick; *a imprejmui cu un* ~ to fence etc. (off sau in).

gardă *s.f.* **1.** *(strajă)* watch, guard; *(oameni)* (men on) guard, guardsmen. **2.** *mil.* guard; *(soldaţi)* guardsmen. **3.** ← *odin.* (body) guard. **4.** *(la mînerul unei săbii)* hilt guard. **5.** *(poziţie la scrimă, box)* guard. **6.** *nav.* ground clearance of the propeller. ⓐ ~ *civică/ naţională* national guard; ~ *de onoare* guard of honour; ~ *personală* life/body guard(s). ⓑ *cameră de* ~ *med.* emergency room; *cavalerie de* ~ *mil.* horse guards; *(in Anglia)* (the) Horse Guards; *corp de* ~ guard room; *de* ~ on guard/ duty; *infanterie de* ~ *mil.* foot guards; *(in Anglia)* the Brigade of Guards; *în* ~ on (one's) guard; *vechea gardă* the old guard. ⓒ *a face* ~, *a fi de* ~ to be on guard←*înv.* to be in waiting; *a fi scos din*~to come off guard/duty, to be relieved; *a pune pe cineva în* ~ *împotriva (cu gen.)* to (fore)warn/caution smb. against..., to put smb. on his guard against...; *a se pune în* ~ to be/ stand on one's guard.

gardenie *s.f.* gardenia *(Gardenia).*

garderob *s.n.*wardrobe, clothes press.

garderobă *s.f.* **1.** v. **garderob. 2.** *(cameră)* cloakroom. **3.** *(îmbrăcăminte)* wardrobe, clothes.

garderobier *s.m.* cloakroom attendant.

gardian *s.m.* **1.** *(păzitor)* guard(ian), warder, watchman. **2.** ←*odin.* v. **gardist.**

gardină *s.f.* chime.

gardist *s.m.* ←*odin.* policeman; (police) constable, F→bobby; P cop(per).

garf *s.n.* spare rib.

gargară *s.f. med.* gargle, throat wash.

gargarisi *vb. refl.* to gargle (one's throat).

garmond *s.n. poligr.* small pica.

garnisaj *s.n. hidr.* torrent bed lining.

garnisi *vb. tr.* to trim, to do up; *(o mîncare)* to garnish; *(pietre prețioase)* to set.

garnitură *s.f.* 1. *(podoabe)* trimming(s), decoration(s), ornaments. 2. *(unelte)* set, tool outfit. 3. *(grup de obiecte)* set; *(asortiment)* assortment. 4. *poligr.* (type) series. 5. *ferov.* train, set of cars forming a train. 6. *nav.* set. 7. *constr.* filling, garreting. 8. *(la mîncare)* garnish(ing), trimmings. ⓐ ~ *de birou* office fittings; ~ *de mobile* suite/set of furniture; ~ *de pat* bedding.

garniță *s.f.* can; *(pt. lapte)* milk can.

garnizoană *s.f. mil.* garrison.

garoafă *s.f. bot.* carnation *(Dianthus caryophyllus)*; pink *(Dianthus plumarius)*. ⓐ *garoafe sălbatice/de munte* a. superb pink *(Dianthus superbus)*. b. v. g a r o f i ț ă 1.

garofiță *s.f. bot.* 1. Carthusian pink *(Dianthus Carthusianorum)*. 2. China pink *(Dianthus chinensis)*.

garson *s.m.* boy; waiter. ⓑ *tunsă* ~ with an Eten crop.

garsonieră *s.f.* bachelor rooms/flat.

gasteropode *s.n. pl. zool.* gastropods, gasteropoda.

gastralgie *s.f. med.* gastralgia, stomach pains.

gastric *adj. anat.* gastric. ⓑ *suc* ~ gastric juice.

gastrită *s.f. med.* gastritis, inflammation of the stomach.

gastroenterită *s.f. med.* gastro-enteritis.

gastrointestinal *adj.* gastro-intestinal.

gastronom I. *adj.* gastronomical. II. *s.m.* gastronome(r); gourmet.

gastronomic *adj.* gastronomical.

gastronomie *s.f.* gastronomy.

gașcă *s.f.* F gang, pack, knot, kit, set, lot; *(clică)* clique. ⓑ *spirit de* ~ cliquism, clannishness; *toată gașca* the whole kit/set etc.

gata *adj., adv.* 1. ready; *(terminat)* finished, complete(d); *(pregătit)* prepared; *(în ordine)* in order. 2. *(prompt)* prompt. ⓐ ~ *de drum* ready to start (on a journey); ~ *de luptă* game, up in arms, *mil.* ready for battle, *nav.* cleared for action; ~ - ~ *să...* all but..., within an ace of... ; almost..., all but... ⓑ *bani* ~ ready/cash money; *fecior de bani* ~ young man with an influential father, white-headed boy; *(băiatul mamei)* mother's darling; *(leneș)* lazybones; *haine (de)* ~ ready-made clothes; *pe bani* ~ for cash (payment); *pe de-a* ~ in readiness; *(pe gratis)* for nothing, gratis. ⓒ *a da* ~ a. *(a termina)* to finish, to end; *(a pune capăt)* to put an end to; *(a îndeplini)* to carry out. b. *(a distruge)* to undo, to ruin; *(a ucide)* to kill, F to be the death of, to despatch, *sl.* to do for. c. *(a cuceri)* to conquer; *(a învinge)* to defeat, F to get the better of; *masa e* ~dinner is ready; *a fi* ~ to be ready/game; *(a fi terminat)* to have done; *a fi* ~ *să...* a. *(a fi dispus să)* to be disposed/willing/game to... b. *(a fi pe punctul de a)* to be about/ going to..., to be on the point of *(cu forme în -ing)*. c. *(a fi pregătit să)* to keep ready/in readiness for... ; *dacă vreți să plecam acum eu sînt* ~ if you want to start now, I am quite agreeable.

gater *s.n. tehn.* frame/reciprocating saw; saw-mill.

gaură *s.f.* 1. hole; *(deschizătură)* opening, gap, aperture; *(cavitate)* cavity, cave, hollow; *(crăpătură)* crack, break, chink. 2. *(a animalelor sălbatice)* hole, den, burrow, warren; lodge, earth. ⓐ *gaura cheii*, ~ *de broască* keyhole; ~ *de ac* eye of a needle; ~ *de explorare* *min.* exploration hole; ~ *de fund* *nav.* bottom hole; ~ *de mină min.* blast/drill hole; ~ *de sfredel* bore/

drill hole; ∼ *de sondă* bore hole. ⓒ *a avea găuri la ciorapi* to have holes in one's stockings *sau* socks; F→to have air-conditioned socks; *că doar nu s-o face* ∼ *în cer* it is not a hanging matter; *chiar de s-ar ascunde-n* ∼ *de șarpe* even if he crept into a hole/nook.

gauss *s.m. fiz.* gauss.

gavotă *s.f. muz.* gavotte.

gaz[1] *s.n.* **1.** *(petrol lampant)* kerosene, petroleum, lamp oil. **2.** *fiz., tehn.* gas. **3.** *chim.* gas(eous body). **4.** *pl. med.* flatulence, F wind(s). ⓐ ∼ *aerian* illuminating/coal gas; ∼*asfixiant* asphyxiating,F→poison gas, *min.* choke/black damp; ∼ *carbonic* carbon dioxide; *min.* v. ∼ *asfixiant*; ∼ *de cracare* cracking gas; ∼ *de lemn* wood gas; ∼ *de luptă mil.* poison gas; ∼ *de mină* v. g r i z u; ∼ *ilariant* laughing gas; ∼*lacrimogen* tear(-exciting) gas; ∼ *metan* methane gas; ∼ *muștar* mustard gas; ∼ *natural* natural gas; ∼ *nobil* rare gas; ∼ *sărac* poor gas; ∼ *toxic mil.* poison gas. ⓑ *lampă cu* ∼ kerosene/petroleum/oil lamp; *uzină de* ∼ gas works. ⓒ *a arde* ∼*ul* F to laze, to let the grass grow under one's feet, P to lollop; *doar n-am băut* ∼ *ca să...* F I'm not such a fool as to...

gaz[2] *s.n. (țesătură fină)* gauze, gossamer.

gaza *vb. tr.* to gas.

gazare *s.f. mil.* gasification.

gazbeton *s.n. constr.* gas concrete.

gazdă *s.f.* **1.** *(amfitrion)* host, *fem.* hostess. **2.** *(ant. chiriaș)* landlord, *fem.* landlady; *(proprietar)* owner. **3.** *(locuință)* lodging(s), F→diggings, digs. ⓒ *a intra/ se așeza în* ∼ *la cineva* to take up one's lodgings/quarters at smb.'s house; *a primi în* ∼ *(a găzdui)* to house, to lodge, to put... up; *a sta/ședea în* ∼ to lodge, to live in lodgings, to rent a house; *a trage în* ∼ *la cineva* to put up at smb.'s house.

gazel *s.n. lit.* g(h)azel.

gazelă *s.f. zool.* gazelle.

gazetar *s.m.* journalist, pressman, newspaper man, newsman; *(reporter)* reporter.

gazetă *s.f. (ziar)* (news)paper, journal. ⓐ ∼ *de perete* wall newspaper/gazette.

gazetăraș *s.m. peior.* inkslinger, inkster, dotter.

gazetăresc *adj.* journalistic, newspaper... ⓑ *stil* ∼ journalese.

gazetărie *s.f.* journalism.

gazifer *adj.* gas-making.

gazifica *vb. tr.* to gasify.

gazogen *adj.* gas-producing.

gazolină *s.f. chim.* gasolene.

gazometru *s.n.* **1.** *tehn.* gasometer. **2.** *(rezervor de gaz)* gas tank.

gazon *s.n.* turf, sod, sward, fine/short grass.

gazos *adj.* gaseous, gasiform. ⓑ *apă gazoasă* soda (water), *rar*→ seltzer water; *corp* ∼ gaseous body.

găbji, găbui *vb. tr.* ←P to seize.

găgăuță *s.m. și f.* F scatterbrains, nincompoop, noodle, ninny, booby.

găina *vb. refl.* to mute.

găinar *s.m.* **1.** *(vînzător de găini)* poulterer. **2.** *(hoț de găini)* stealer of poultry, roost robber; *(borfaș)* thief, pickpocket. **3.** *ornit.* goshawk *(Astur palumbarius).*

găinaț *s.n.* bird dung, droppings.

găină *s.f.* **1.** *ornit.* hen; fowl; *(puică)* pullet; *(pui)* chicken *(Gallina).* **2.** *Găina astr.* the Pleiades. **3.** *argou (pălărie) sl.* roof, castor. ⓐ ∼ *de apă ornit.* v. l i ș i ț ă; ∼ *de baltă ornit.* gallinule *(Gallinula);* ∼ *de mare ornit.* guinea fowl/hen *(Numida meleagris);* ∼ *de pădure ornit.* blackgame *(Tetrao tetrix);* ∼ *îngrășată/îndopată* fattened hen; ∼ *plouată* F milksop; chickenheart. ⓑ *ca o* ∼ *plouată* F like a wet rag; *de rîsul găinilor* enough to make a cat laugh; *orbul găinilor med.* night blindness, S→nyctalopia; *ou de* ∼ hen's egg; *părăsita găinilor bot.* dandelion *(Taraxacum officinalis);* *pui de* ∼ (young) chicken. ⓒ *a se culca odată cu găinile* F to go to bed with the lamb; *a i se face pielea de* ∼ to get the goose flesh; *a mîncat picior de* ∼ he can't keep his tongue in check/

order; *în/la casa lui cîntă găina*
he is henpecked/wife-ridden, F he
is too much married, she has him
under her thumb; *are orbul găinilor*
she is struck with blindness. ①
găina bătrînă face zeama bună an
old ox makes a straight furrow;
*găina care cîntă seara, dimineaţa
n-are ou* the loudest hummer is
not the best bee.

găinărie *s.f.* **1.** *(curte)* poultry yard;
(coteţ) hen coop/house. **2.** *fig.*
(hoţie) pilfering, petty theft/thiev-
ing, *sl.* catch.

găiniţă *s.f.* *bot.* star-of-Bethlehem
(Ornithogalum).

găinuşă *s.f.* **1.** *ornit.* hazel grouse/
hen *(Bonasia silvestris).* **2.** *ornit.*
blackgame *(Tetrao tetrix).* **3.** *ornit.*
gallinule *(Gallinula).* **4.** *entom.*
cockchafer *(Melolontha vulgaris).*
5. *bot.* meadow rue, isopyrum *(Iso-
pyrum thalictroides).* **6.** *astr.* *Găinuşa*
the Pleiades. ⓐ ~ *de baltă* *ornit.*
v. ~ **3.**

găitan *s.n.* v. **ceapraz 1.**

gălăgie *s.f.* noise, hubbub, racket, din;
(ţipete) clamour; *(agitaţie)* bustle;
(zarvă) tumult, rioting, F row;
(cu bătaie) brawling; *(scandal)*
fuss; bluster. ⓒ *a face* ~ to make
a noise/hubbub/song (about smth.),
F to kick up a row.

gălăgios **I.** *adj.* noisy, blustering,
riotous. **II.** *s.m.* noisy/blustering/
riotous person, brawler, rioter.

gălbează *s.f.* **1.** *vet.* sheep pox. **2.**
bot. liverworts *(Hepaticae).*

gălbejeală *s.f.* pallor, paleness, sick-
liness, wanness.

gălbeji *vb.* *refl.* **1.** to turn yellow.
2. *(a păli)* to grow pale; *(a slăbi)*
to waste away.

gălbejit *adj.* **1.** *vet.* ill with sheep
pox, suffering from the sheep
pox. **2.** *med.* jaundiced, S→icter-
ic(al). **3.** *(palid)* pale, <livid.

gălbenea *s.f.* *bot.* watercress, F→
water cresses *(Nasturtium offici-
nale).*

gălbeneală *s.f.* **1.** *(paliditate)* pal-
lor, pallidness, paleness. **2.** *pl.*
yellow dye.

gălbenele *s.f.* *pl.* *bot.* **1.** crowfoot
(Ranunculus). **2.** marigold *(Calen-*

dula). **3.** chanterelle *(Cantha-
rellus cibarius).*

gălbenuş *s.n.* **1.** *(de ou)* yolk of an
egg, S→vitellus. **2.** *bot.* gold-of-
-pleasure *(Camelina sativa).* **3.** *pl.*
bot. five-finger (grass), cinquefoil
(Potentilla reptans). **4.** *pl.* *bot.*
hawk's beard *(Crepis).*

gălbinare *s.f.* **1.** *med.* jaundice,
S→icterus. **2.** *(paliditate)* pallor.
3. *bot.* sawwort *(Serratula tinc-
toria).*

gălbior *adj.* **1.** yellowish. **2.** *(blond)*
fair.

gălbui *adj.* yellowish.

găleată *s.f.* **1.** *(vas)* pail, bucket;
(pt. lături) slop pail. **2.** *(conţi-
nut)* pailful; bucketful.

găligan *s.m.* F strapper; *(lungan)*
F lamp post.

găluşcă *s.f.* dumpling; *(gogoloş)*
ball. ⓐ ~ *de carne* meat ball; ~
de cartofi potato ball. ⓒ *a-nghiţi
găluşca* F to swallow the pill.

găman **I.** *adj.* gluttonous, greedy,
ravenous. **II.** *s.m.* ←F glutton, P→
greedy guts/hog.

gămălie *s.f.* head *of a pin, pin's*
head. ① *ac cu* ~ pin.

găoace *s.f.* **1.** shell; *(coajă de ou)*
egg shell; *(de nucă)* nut shell.
2. *(de melc)* snail shell. **3.** *(în
faguri)* cell.

gărdinar *s.n.* crozer, notcher.

gărgăriţă *s.f.* *entom.* **1.** corn weevil
(Calandra granaria). **2.** grain moth
(Tinea granella). **3.** lady bird, lady-
bug *(Coccinella).* ⓐ *gărgăriţa fruc-
telor* *entom.* fruit weevil *(Rhynchi-
tes bacchus);* ~ *neagră/de bucate*
v. ~ **1.**

gărgăun *s.m.* **1.** *entom.* hornet,
yellow jacket *(Vespa crabro).* **2.**
pl. *fig.* *(idei năstruşnice)* F cranks,
buzzes, maggots; *(gînduri melan-
colice)* F blue devils. ⓒ *are* ~*i
în/la cap* **a.** *(are idei năstruşnice)*
F he has maggots in the brain,
sl. he's making buttons. **b.** *(e
melancolic)* F he is in a brown
study/in the doldrums, he whims
it; *a băga cuiva* ~*i în cap* F to
turn smb.'s head/brain, *amer.* to
swell smb.'s head; *a scoate cuiva*

~*ii din cap*←F to bring smb. to reason; *ce ~i ți-au mai intrat în cap?* F what fly has stung you? **găsi I.** *vb. tr.* **1.** *(a afla)* to find; to find out; *(a da de)* to come across; *(a descoperi)* to discover. **2.** *(a socoti)* to find, to think, to consider. **3.** *(a fi apucat de)* to be seized/taken with. ⓒ *a ~ aprobare* to meet with applause; *a ~ că e foarte drăguț din partea cuiva să...* to think/ consider it very nice of smb. to...; *a nu-și ~ locul* not to find one's place; *tocmai atunci mă ~ febra* just then I was seized/taken with (a) fever; *am ~t în el un prieten* I found in him a friend; *ce te-a ~t?* F what has got possession/hold of you? what has come over you? what fly has stung you? *(ce idee!)* F what an idea! *bine v-am ~t!* glad to see you! *a ~ cu cale să...* to deem/think (it) right to..., to think proper to...; *a ~ din nou* to find again; *bun ~t!* glad to see you! *a fost ~t vinovat* he was brought in/found guilty. **II.** *vb. refl.* **1.** *(a fi situat)* to lie, to be situated; *(a se ridica)* to stand. **2.** *(a se pomeni)* to find oneself. **3.** *pas.* to be found/available etc. v. ~ **I.** ⓒ *se găsesc...* there are...; *se găsesc oameni care...* there are people who...; *se găsește ... there is...; care se găsește...* to be found...; *nu se găsește, nu e de ~t* it is not/hardly available; *unde se găsește?* where is it available? *a se ~ de față* to be present.

găsire *s.f.* finding etc. v. g ă s i .

găsitor *s.m.* finder.

găta *vb.* v. g ă t i I, 3.

găteală *s.f.(toaletă)* dressing, adornment, toilet; *(îmbrăcăminte)* finery, elegant attire, stylish dress.

găteje *s.n. pl.* faggots, brushwood.

găti I. *vb. tr.* **1.** *(mîncare)* to cook, to prepare, to make/get ready; *(a fierbe)* to boil. **2.** *(a îmbrăca frumos)* to dress up. **3.** *(a termina)* to finish, to end. **II.** *vb. intr.* to cook. **III.** *vb. refl.* **1.** *(a se pregăti)* to prepare (oneself). **2.** *pas.* to be

cooked etc. v. ~I. **3.** *(a se îmbrăca)* to dress; *(elegant)* to dress up, to smarten (oneself) up, to array oneself, F→to tog oneself up/out.

gătire *s.f.* cooking etc. v. g ă t i .

gătit I. *adj.* dressed up etc. v. g ă t i . **II.** *s.n.* cooking.

găunos *adj.* **1.** *(scorburos)* hollow; *(gol)* empty. **2.** *(afundat)* sunken, hollow. **3.** *fig.* empty, hollow, shallow. ⓑ *cap ~* empty head, shallow mind; *cu obraji găunoși* hollow-cheeked; *ochi găunoși* hollow/sunken eyes.

găunoși I. *vb. tr.* to hollow out. **II.** *vb. refl.* to grow hollow.

găunoșitură *s.f.* hollow.

găuri I. *vb. tr.* to make a hole *sau* holes in; to pierce; *(a perfora)* to perforate, to punch; *(cu burghiul etc.)* to drill, to bore; *(cu gloanțe)* to riddle. **II.** *vb. refl.* **1.** *pas.* to be pierced etc. v. ~ I. **2.** *(a se rupe)* to wear through, to tear.

găurire *s.f.* piercing etc. v. g ă u r i ; *(perforare)* perforation.

găurit *adj.* **1.** pierced etc. v. g ă u r i **2.** full of holes, holey.

găvan *s.n.* **1.** *(scobitură)* hollow, cavity. **2.** *anat.* eye socket. **3.** *(strachină de lemn)* wooden bowl. **4.** *(polonic)* skimmer, ladle.

găzar *s.m.*←*odin.* petroleum seller.

găzărie *s.f.* oil pump.

găzdui I. *vb. tr.* to house, to lodge, *poetic* to harbour; *(mai ales un prieten)* to accommodate, to put up, to receive, to take in. **II.** *vb. intr.* to lodge, to take up one's lodging, to stay, to live.

găzduire *s.f.* **1.** housing etc. v. g ă z d u i . **2.** *(ospitalitate)* hospitality.

geaba *adv.*←P **1.** *(zadarnic)* in vain, vainly. **2.** *(gratis)* for nothing, gratis.

geală *s.f. min.* jar.

gealău *s.n.* trying/long plane.

geam *s.n. (de fereastră)* window pane; *(fereastră)* window; *(sticlă)* window/table/broad glass. ⓐ *~ de vitrină* show/shop window; *~ mat* matted/clouded glass. ⓑ *ușă*

cu ~ glass door. ⓒ *a se uita pe*
~ to look out of the window.
geamandură *s.f. nav.* buoy; *(de ba-
lizare)* beacon (buoy); *(baliză)*
balize.
geamantan *s.n.* suitcase; *(mare)*
trunk; *(mic)* valise, small port-
manteau. ⓒ *a face* ~*ul* to pack up.
geamăn I. *adj.* twin... **II.** *s.m.* **1.**
masc. twin boy, *fem.* twin girl.
2. *astr. Gemenii* Gemini, the Twins,
Castor and Pollux. ⓓ *patru ge-
meni* four children/young at a
birth, quadruplets.
geamăt *s.n.* moan, groan.
geambaş *s.m.* **1.** *com.* horse dealer/
jobber. **2.** *(hoţ de cai)* horse stealer/
thief.
geamblac *s.n. min.* crownblock.
geamgiu *s.m.* glazier.
geamie *s.f.* mosque.
geaml.c *s.n.* **1.** glass partition. **2.**
verandah.
geamparale *s.f. pl.* **1.** *(castaniete)*
castanets, F→bones. **2.** F *(tril)*
trill. **3.** *lively Romanian folk tune.*
geană *s.f. anat.* eyelash. ⓐ ~ *de
lumină* streak of light. ⓓ *cu gene
ostenite (somnoros)* sleepy, drowsy;
(obosit) tired, weary; *în geana
zilei* at daybreak; *pe geana cîm-
pului* on the horizon/skyline. ⓒ *a
da ochii în gene* to fall into a
slumber.
geantă *s.f.* **1.** *(servietă)* portfolio.
2. *(poşetă)* handbag. ⓐ ~ *de
vînat* hunting/game bag, sports-
man's bag. ⓒ *a fi pe* ~ F to be
on one's bones, to be on the rocks,
to be on one's beam-end.
gel *s.n. chim., fiz.* gel.
gelatină *s.f.* **1.** *chim.* gelatine. **2.**
(ca mîncare) jelly.
gelatinos *adj.* jelly-like, gelatinous.
gelos *adj.* **1.** *(pe)* jealous (of). **2.**
(invidios) (pe) ←*rar* envious (of),
jealous (of), F→yellow.
gelozie *s.f.* **1.** jealousy. **2.** *(invidie)*
←*rar* envy.
gelui *vb. tr.* to plane; *(cioplind)* to
rough-plane, to jack (down).
gem *s.n.* jam.
gemă I. *adj. fem.* ⓓ *sare* ~ rock/
common salt. **II.** *s.f.* gem.
gemănariţă *s.f. bot.* orchis *(Orchis).*

geme *vb. intr.* **1.** to moan, to groan;
(a suspina) to sigh. **2.** *fig.* to
groan; *(a suferi)* to suffer. ⓐ *a*
~ *de...* to teem/swarm with..., to
be crowded with...; to be littered
(up) with...
geminat *adj. biol.* geminate, twin.
gemut *s.n.* moaning, groaning.
gen I. *s.n.* **1.** *biol. etc.* genus; *(fa-
milie)* family. **2.** *(fel)* kind, sort,
species; *(mod)* manner, way; *(stil)*
style, manner. **3.** *arte, lit.* genre.
4. *gram.* gender. ⓐ ~ *de viaţă*
manner of life; ~*ul comic* comedy;
~ *de a scrie* style of writing; ~*ul
dramatic* the drama; ~*ul epic* the
epic genre; ~*ul feminin gram.* the
feminine gender; ~*ul masculin
gram.* the masculine gender; ~*ul
neutru gram.* the neuter gender;
~*ul tragic* tragedy; ~*ul uman*
the human race, humanity, man-
kind. ⓓ *cam în* ~*ul (cu gen.)*
rather/somewhat like...; *de acest*
~ of this kind, such; *în ce* ~?
what is it like? *în* ~*ul (cu gen.)*
much like...; *în* ~*ul lui* of its
kind. ⓒ *nu e în* ~*ul meu* it's
not exactly my like/liking; that
is not to my taste, it isn't in my
line. **II.** *prep.* like, not unlike,
F sort of.
genă *s.f. biol.* gene.
genealogic *adj.* genealogic(al). ⓓ
arbore ~ genealogical tree; *(lung)*
(long) pedigree, lineage.
genealogie *s.f.* genealogy, genealo-
gical table, pedigree.
genera *vb. tr.* to generate, to engen-
der; to give birth to; *(a produce)*
to produce.
general[1] *s.m. mil.* general. ⓐ ~
colonel colonel general; ~ *coman-
dant* general in command; ~ *de
armată* General of the Army;
~ *locotenent* lieutenant general;
~ *maior* major general.
general[2] **I.** *adj.* general, < universal;
(comun) common. ⓓ *adunare* ~*ă*
general assembly; *amnistie* ~*ă*
general amnesty/pardon; *bilanţ* ~
annual balance; *cartier* ~ head-
quarters; *consul* ~ consul general;
director ~ chief manager; *guver-*

nator ～ governor general; *in linii*
～*e* roughly (speaking), generally,
in the main; broadly, on the
whole; *procuror* ～ attorney gen-
eral; *repetiție* ～*ă teatru* dress
rehearsal; *Statele Generale ist.*
States General. II.*s.n.* general(s). ⓑ
de la particular la ～ from parti-
culars to generals; *in* ～ **a.** in
general; *(in ansamblu)* in the
main, as a/on the whole; *(in linii
mari)* roughly (speaking); *(de obi-
cei)* as a rule. **b.** generally; *(vag)*
vaguely.

generalisim *s.m. mil.* generalissimo.

generalitate *s.f.* generality.

generaliza I. *vb. tr. și intr.* to
generalize. II.*vb. refl. pas.* to be
generalized.

generalizare *s.f.* generalization;
general conclusion.

generalizator *adj.* generalizing.

generare *s.f.* engendering etc. **v.**
g e n e r a.

generatoare *s.f. geom.* generatrix.

generator[1] *s.n. tehn.* generator. ⓐ
～ *acustic* sound generator.

generator[2] *adj.* generating.

generație *s.f.* generation; lifetime.
ⓒ *a transmite din* ～ *in* ～ to hand
down.

genere *s.n.* ⓒ *in* ～ in general,
generally (speaking), as a rule.

generic I. *s.n. cin.* credits, credit
lines/titles. II. *adj.* generic.

generos I. *adj. (darnic)* generous,
liberal, munificent, bountiful;
(larg la mînă) open-handed; *(no-
bil)* noble; *(bun)* kind(-hearted).
II. *adv.* generously etc. **v.** ～ I.

generozitate *s.f. (dărnicie)* genero-
sity, liberality, munificence, boun-
teousness; open-handedness; *(no-
blețe)* nobility; *(bunătate)* kind-
ness.

genetic *adj.* genetic.

genetică *s.f. biol.* genetics.

geneză *s.f.* **1.** genesis, origin. **2.**
Geneza (bibl.) (Book of) Genesis.

genial I. *adj.* (full) of genius, in-
spired; *(inzestrat)* gifted, ingenious;
(mare) great; *(strălucit)* brilliant.
ⓑ *compozitor* ～ composer of ge-
nius; *idee* ～*ă* brilliant idea, stroke
of genius; *plan* ～ brilliant plan.

II. *adv.* with genius; in a brilliant
manner.

genialitate *s.f.* quality of a genius;
(geniu) genius; *(inzestrare)* gifted-
ness.

genist *s.m. mil.* engineer, sapper.

genital *adj. anat.* genital. ⓑ *organe*
～*e* genital/privy parts, genitals.

genitiv *s.n. gram.* genitive; *(cazul
posesiv)* possessive case, Saxon
genitive.

genitival *gram.* I. *adj.* genitival.
II. *adv.* as a genitive.

geniu *s.n.* **1.** *(dispoziție naturală)*
genius. **2.** *(esență)* spirit, essence;
(fire) nature. **3.** *(om cu calități
excepționale)* genius, *pl.* geniuses.
4. *(spirit)* genius, *pl.* genii; guard-
ian spirit. **5.** *mil.* the engineer
corps. ⓐ ～ *bun* good genius; ～
rău evil genius, bad fairy. ⓑ *trupe
de* ～ *mil.* engineer troops/corps;
(in Anglia) (Royal) Engineers.

genocid *s.n.* genocide.

genotip *s.n. biol.* genotype.

gentil I. *adj. (politicos)* polite;
(bun) kind; *(drăguț)* nice; gentle;
(indatoritor) obliging; *(curtenitor)*
amiable, courteous. II. *adv.* polite-
ly etc. **v.** ～ I.

gentilețe *s.f. (politețe)* politeness;
(caracter indatoritor) obligingness;
(curtenie) amiableness, courteous-
ness; engaging manner.

gentilic *adj.* tribal, kinship... ⓑ
grup ～ kinship group; *organizare*
～*ă* tribal organization; *orînduire*
～*ă* tribal system.

gentilom *s.m.* gentleman.

gențiană *s.f. bot.* gentian *(Gentiana)*.

genuflexiune *s.f.* genuflexion.

genunchi *s.m.* **1.** *anat.* knee. **2.**
(cot de rîu etc.) bend. ⓑ *cădere
in* ～ going down on one's knees,
< prostration; *in* ～*!* to your
knees! ⓒ *a pleca/indoi genunchii*
to bend (on) one's knee(s); *a
cădea/se lăsa/se pune in* ～ to go
down/fall on one's knees, to kneel,
v. și î n g e n u n c h i a; *a cere
iertare in* ～ to beg for pardon on
one's bended knees; *a ține un
copil pe* ～ to hold a child on
one's knees.

genunchieră *s.f.* knee cap.
genune *s.f.* **1.** *(abis)* abyss, chasm; *(prăpastie)* precipice, gulf. **2.** *(adîncime într-o apă)* deep. **3.** *fig.* abyss, gulf, *poetic* abysm.
geocentric *adj. astr.* geocentric.
geocentrism *s.n.* geocentricism.
geochimie *s.f.* geochemistry.
geodă *s.f. geol.* geode, druse.
geodezic *adj.* geodetic.
geodezie *s.f.* geodesy, geodetics.
geofizic *adj.* geophysical. ⓐ *anul ~ internaţional* the International Geophysical Year.
geofizică *s.f.* geophysics.
geofon *s.n.* geophone.
geogenie *s.f.* geogeny.
geognozie *s.f.* geognosy.
geograf *s.m.* geographer.
geografic I. *adj.* geographical. ⓑ *hartă ~ă* (geographical) map. **II.** *adv.* geographically.
geografie *s.f.* geography. ⓐ *~ economică* statistical geography; *~ fizică* physical geography; *~ politică* political geography; *~ umană* anthropogeography.
geoid *s.n.* geoid.
geolog *s.m.* geologist.
geologic I. *adj.* geological. **II.** *adv.* geologically.
geologie *s.f.* geology.
geometric I. *adj.* geometric(al). ⓑ *desen ~* geometrical drawing; *progresie ~ă* geometrical progression. **II.** *adv.* geometrically.
geometrie *s.f.* geometry; *(ca materie de şcoală şi)* Euclid. ⓐ *~ analitică* analytic geometry; *~ descriptivă* descriptive geometry; *~ în spaţiu* solid geometry, geometry of space; *~ plană* plane geometry.
geometru *s.m.* geometrician, geometer; *(inginer hotarnic)* surveyor.
geomorfologie *s.f.* geomorphology.
geopolitică *s.f.* geopolitics.
georgian *adj., s.m.* Georgian.
Georgicele *s.f. pl. lit.* the Georgics.
geosferă *s.f.* geosphere.
geosinclinal *s.n.* geosyncline.
geotehnică *s.f.* geotechnics.
geotermal *adj.* geothermal.
geotropism *s.n. biol.* geotropism.
gepizi *s.m. pl.* Gepidae.
ger *s.n.* frost(y weather), severe

cold. ⓒ *era un ~ de crăpau pietrele* it was freezing hard, it was bitter cold.
gera *vb. tr.* to manage/run *a hotel etc.* ⓒ *a ~ afacerile cuiva* to manage smb.'s affairs.
gerant I. *adj.* managing. **II** *s.m.* manager, director, gerent; *(al unei companii, în ec. cap.)* managing director.
Gerar *s.m. (ianuarie)*←P January, *înv.*→wolf month.
Gerilă *s.m.* **1.** P *(Moş ~)* Jack Frost; Frosty. **2.** *fig.* chilly mortal, F cold subject, hothouse plant.
german I. *adj.* German. ⓑ *limba ~ă* German, the German language. **II.** *s.m.* German. ⓑ *vechii ~i* the Germani(cs), the ancient Germans.
germană *s.f.* **1.** German (woman *sau* girl). **2.** German, the German language.
germanic *adj.* Germanic, Teutonic. ⓑ *limbi ~e* Germanic languages.
germanism *s.n.* Germanism; German phrase *sau* idiom.
germanist *s.m.* Germanist, Germanic scholar.
germanistică *s.f.* Germanic philology.
germaniu *s.n. chim.* germanium.
germen *s.m. (embrion)* embryo. ⓐ *~ii unei boli* the germs of a disease, the seeds of a malady. ⓑ *în ~e* in the bud. ⓒ *a înăbuşi în ~* to nip in the bud.
germicid I. *adj.* germicidal. **II.** *s.m.* germicide.
germina *vb. intr. biol., fig.* to germ-(inate).
germinare *s.f.* germination.
germinativ *adj. biol.* germinative, germinal.
germinator *s.n.* germinator.
germinaţie *s.f.* v. **g e r m i n a r e.**
geros *adj.* frosty.
gerui *vb. impers.* to be freezing/frosty.
geruială *s.f.* frosty weather.
gerundiv *s.n. gram. (în limba latină)* gerundive; *(în limba engleză)* gerund.
gerunzial *adj. gram.* participial.
gerunziu *s.n. gram.* indefinite/present participle.

gest *s.n.* **1.** gesture; *(violent)* gesticulation; *(mişcare)* movement, motion. **2.** *fig.* gesture, geste. ⓐ ~ *frumos fig.* fine gesture, beau geste. ⓒ *a face* ~*uri* to gesticulate; *a face un* ~ to (make a) gesture; *a exprima prin* ~*uri* to gesture.

gestaţie *s.f. fiziol.* pregnancy, period of gestation.

gesticula *vb. intr.* to gesticulate, to gesture, *glumeţ*→to saw the air.

gesticulaţie *s.f.* gesticulation.

gestionar *s.m.* manager, administrator; official in charge.

gestiune *s.f.* administration.

get *s.m.* Geta. (n).

get-beget *adj.* true-born, regular; of the earth, earthy.

getic *adj.* Getic.

getuli *s.m. pl. ist.* Getulians.

geţi *s.m. pl.* Getae.

gheară *s.f.* **1.** *(la animale)* claw, S→ungula; *(la păsări de pradă)* claw, pounce, talon. **2.** *pl. fig.* clutches; grip, grasp. **3.** *tehn.* claw, paw, spur. **4.** *nav.* bill. ⓐ ~ *de pisică nav.* cat, creeper; ~ *de siguranţă tehn.* safety tongs. ⓒ *a apuca cu ghearele* to claw; *a scăpa din ghearele morţii* to be snatched from the jaws of death; *a avea pe cineva în ghearele sale* to have smb. in his grip; *a cădea în ghearele... (cu gen.)* to fall into the clutches of...; *a pune gheara pe cineva* to get smb. into one's clutches.

gheată *s.f.* high shoe, boot; *(pantof)* shoe. ⓐ *ghete de lac* patent leather shoes.

gheaţă *s.f.* **1.** ice; *(cîmp de* ~*)* ice field. **2.** *pl.* drifts of ice. **3.** *fig.* coldness, indifference. **4.** *bot.* ice plant *(Mesembryanthemum crystallinum).* **5.** *(grindină)*←*reg.* hail. ⓐ ~ *de fund* ground ice; ~ *plutitoare* floating ice, floe. ⓑ *la* ~ kept in ice, iced; *rece ca gheaţa* (as) cold as ice, icy, frosty; *sloi de* ~ ice floe/drift. ⓒ *a rupe/ sparge gheaţa fig.* to break the ice; *a pune la* ~ to ice, to cool, to freeze, to put in ice; *a se da pe* ~ to slide; *gheaţa cedează/se rupe* the

ice gives way; *gheaţa ţine/rezistă* the ice bears.

gheb *s.n.* **1.** *(cocoaşă)* hump, hunch. **2.** *(ridicătură)* hillock, mound, knoll.

ghebe *s.f. bot.* honey agaric *(Armillaria mellea).*

ghebos *adj.* hunched, hunchbacked, humpbacked.

gheboşa *vb. refl.* **1.** *(a-şi indoi spatele)* to bend one's back; *(a se apleca)* to stoop. **2.** *(a deveni incovoiat)* to become bent/round--shouldered; *(a deveni ghebos)* to become hunched.

gheboşat *adj.* **1.** *(incovoiat)* stooping, bent, round-shouldered. **2.** v. g h e b o s.

gheenă *s.f. bibl.* bottomless pit.

gheişă *s.f.* geisha.

gheizer *s.n.* geyser.

ghem *s.n.* **1.** ball (of thread). **2.** *zool.* third stomach of the ruminants. ⓒ *a (se) face* ~ v. g h e - m u i.

ghemotoc *s.n.* **1.** v. g h e m 1. **2.** v. c o c o l o ş.

ghemui I. *vb. tr.* **1.** to roll/coil up. **2.** *(a inghesui)* to huddle. **II.** *vb. refl.* **1.** to roll/coil oneself up. **2.** *(pe vine)* to crouch, to squat. **3.** *(de frică)* to cower.

ghepard *s.m. zool.* sheetah, chittah, hunting leopard *(Felis jubata).*

gherdapuri *s.n. pl.* rapids, cataracts.

gheretă *s.f.* **1.** *(a paznicului)* lodge. **2.** *(a mecanicului)* driver's cage. **3.** *mil.* sentry box. **4.** *(chioşc)* booth.

ghergbef *s.n.* loom, frame; *(pt. brodat)* tambour; *(pt. dantelă)* lace frame.

gherghin *s.m. bot.* hawthorn, white thorn; *(ca pom)* may (tree) *(Crataegus).*

gherghină *s.f. bot.* dahlia, georgine *(Dahlia).*

gheridon *s.n.* guerdon.

gherlă *s.f. (închisoare)* prison, F quod.

ghermea *s.f. constr.* wooden dowel.

ghes *s.n.* **1.** v. g h i o n t. **2.** *(indemn)* spur, impetus. ⓒ *a da* ~

(cu dat.) to spur..., to goad...,
to prompt..., to stimulate...; to
give impetus to..., to start... off;
to urge...

gheşeft *s.n.* *(afacere)*←F business;
(afacere bună)←F bargain; *(afa-
cere necinstită)* F sell, take-in;
swindling business, swindle; *(spe-
culă)* F spec; speculation.

gheşeftar *s.m.* *(negustor necinstit)*
←F dishonest dealer; *(speculant)*
F windbag, jackal.

ghetou *s.n.* ghetto.

ghetre *s.f. pl.* gaiters, leggings.

ghetuţă *s.f.* child's boot *sau* shoe.

gheţar[1] *s.m.* glacier. ⓐ ~ *plutitor*
iceberg.

gheţar[2] *s.n.* F ice box; — refrige-
rator.

gheţărie *s.f.* **1.** *(clădire)* ice house.
2. *(odaie friguroasă)* (very) cold
room.

gheţos *adj.* icy.

gheţuş *s.n.* **1.** glazed/block frost.
2. *(concret)* ice-covered/-crusted
ground; *(patinoar)* skating rink;
(gheaţă) ice.

ghiaur *s.m.* giaour.

ghici I. *vb. tr.* to guess, to conjec-
ture, to divine; *(a prezice)* to
predict, to foretell; *(a prevedea)*
to foresee; *(a proroci)* to prophesy;
(a descoperi) to find out, to dis-
cover; *(a simţi)* to feel. ⓒ *a ~
o enigmă* to solve a riddle; *a ~
gîndurile cuiva* to read smb.'s
thoughts; *a ~ intenţiile cuiva* to
read through smb.'s intentions; *a
~ răspunsul* to hit upon the
answer; *a nu ~* to shoot wide
(of the mark). **II.** *vb. intr.* to di-
vine, to practise divination; *(în
cărţi)* to tell fortunes/smb.'s for-
tune (by cards); *(în stele)* to read
(in) the stars. ⓒ *ai ~t !* you
guessed it/right! **III.** *vb. refl.* **1.**
pas. to be guessed etc. v. ~ **I.**
2. *(a se întrevedea)* to peep (be-
hind smth.); *(a apărea)* to loom.

ghicire *s.f.,* **ghicit** *s.n.* guess(ing),
guess work; *(a viitorului)* fortune
telling; prophesying etc. v. **g h i c i.**
ⓑ *pe ghicite* at random, at a guess,
by guesswork, on speculation.

ghicitoare *s.f.* **1.** riddle, puzzle;
(greu de dezlegat) enigma; *(glu-
meaţă)* conundrum. **2.** *(femeie care
ghiceşte)* fortune teller, soothsayer.
ⓒ *ghici ~a mea* riddlemeree.

ghicitor *s.m.* **1.** *(cel care dezleagă
o ghicitoare)* guesser. **2.** *(prezicător)*
diviner, soothsayer, fortune teller.

ghid I. *s.m. fig.* guide. **II.** *s.n.*
(carte) guide(book); *(turistic)* iti-
nerary, traveller's guide/handbook,
tourist's vademecum/roadbook,
Baedeker. ⓐ ~*ul automobilistului*
the motorist's guide, *amer.* the
blue book.

ghida I. *vb. tr.* to guide, to direct,
to conduct. **II.** *vb. refl.* ⓐ *a se
~ după...* to be guided by..., to
take... as a guide, to follow the
instructions etc. of...; *(a fi in-
fluenţat de)* to be influenced by.

ghidaj *s.n. tehn.* guiding.

ghidon *s.n. auto.* handle bar.

ghiduş I. *adj.* funny, merrymaking,
joking. **II.** *s.m.* merrymaker, wag,
joker.

ghiduşar *s.m.* v. **g h i d u ş** II.

ghiduşie *s.f.* *(glumă)* joke; *(farsă)*
farce, practical joke, prank.

ghiftui I. *vb. tr.* to stuff, to cram,
to pamper. **II.** *vb. refl.* to stuff
(oneself), to stuff away, to gorge
(oneself), to gormandize. ⓒ *a se
~ cu prăjituri* to gorge on cakes.

ghigorţ *s. m. iht.* pope, ruff, black-
tail *(Acerina cernua).*

ghileală *s.f.* white, *rar*→ceruse.

ghili *vb. tr. (a înălbi)*←*reg.* to
bleach.

ghilimele *s.f. pl.* **1.** *(semnele citării)*
quotation marks, F quotes. **2.** *(pt.
subliniere)* inverted commas. ⓒ *a
deschide ~le* to quote; *a închide
~le* to unquote.

ghilotina *vb. tr.* to guillotine.

ghilotină *s.f.* guillotine.

ghimbir *s.m. bot.* ginger, S→zingiber
(Zingiber officinale).

ghimirlie *s.f.* **1.** *(ferăstrău)* bow/fret
saw. **2.** *(cocioabă)* hovel, shanty.

ghimpat *adj.* ⓓ *sîrmă ~ă* barbed
wire.

ghimpe *s.m.* **1.** *(spin)* thorn; *(de
conifer)* needle. **2.** *fig. (pt. cineva)*
eyesore, thorn; *(jignire)* offence;

(nedreptate) wrong; *(motiv de supărare)* grudge; *(necaz)* trouble. **3.** *(ţepuşă intrată sub piele)* prickle; splinter. **4.** *(de arici)* spine; *(de mistreţ)* quill. **5.** *bot.* star thistle *(Centaurea calcitrapa)*. **6.** *bot.* butcher's broom *(Ruscus aculeatus)*. © *a avea un ~ contra cuiva* to bear/owe smb. a grudge; *a sta ca pe ghimpi* to be on thorns, to be on pins and needles.

ghimpos *adj.* **1.** *(d. plante)* thorny, prickled, prickly. **2.** *(d. arici etc.)* spiny. **3.** *fig. (ironic)* biting, ironical. **4.** *fig. (aspru)* harsh, cruel.

ghin *s.n.* **1.** *(al rotarului etc.)* croze(r). **2.** *(cazma)* pickaxe, *amer.* (pick) mattock.

ghindă *s.f.* **1.** *bot.* acorn. **2.** *(la jocul de cărţi)* club(s).

ghindură *s.f. anat.*←P **1.** *(amigdală)* tonsil. **2.** *(ganglion)* ganglion. **3.** *(glandulă)* glandule.

ghinion *s.n.* bad/ill/hard luck, *ironic→* the devil's own luck. © *am ~* I'm out of luck, my luck is out; *a avea ~* to have bad/ill/ hard luck, to have a run of ill luck, F to be an unlucky fellow, to be always in for it.

ghinionist *s.m.* lame duck, F unlucky fellow; *(la o cursă)* F also ran.

ghint *s.n.* **1.** *(de şurub)* (screw) thread. **2.** *(la ţeava unei arme)* (groove of) rifling. **3.** *(cui)* clasp nail.

ghintui *vb. tr.* **1.** *(un cilindru)* to groove; *(un şurub)* to thread. **2.** *(a ţintui)* to rivet, to nail, to stud, to tack.

ghintuit *adj.* **1.** *(d. o armă)* rifled. **2.** *(d. o ghioagă etc.)* nailed, studded.

ghinţ *s.n.* boot tree, last.

ghinţură *s.f. bot.* **1.** crosswort *(Gentiana cruciata)*. **2.** yellow gentian *(Gentiana lutea)*.

ghioagă *s.f.* **1.** *(armă)* mall, martel, hurlbat. **2.** *(bîtă)* club, cudgel.

ghioc[1] *s.n.* **1.** *zool.* cowry, cowrie *(Cypraea moneta)*. **2.** *(scoică)* shell. © *a da în ~, a da cu ~ul* to tell fortunes by means of a cowry shell.

ghioc[2] *s.m.* **1.** *bot.* v. **d i o c. 2.** *bot.* cornflower *(Centaurea cyanus)*. ① *alb ca ~ul* lily-/snow-white.

ghiocel *s.m.* **1.** *bot.* snow drop *(Galanthus nivalis)*. **2.** *pl.* the first white hairs. ⓐ *~ de grădină bot.* daffodil *(Narcissus pseudonarcissus)*; *~ de munte bot.* v. **c o p r i n ă;** *~ de toamnă bot.* gold lily *(Amaryllis lutea)*; *ghiocei mari/bogaţi bot.* snowflake *(Leucojum aestivum/ vernum)*.

ghiol *s.n.* **1.** *(lac)* lake; *(baltă)* marsh. **2.** *(apă adîncă)* (watery) gulf.

ghionder *s.n.* raft pole.

ghionoaie *s.f. ornit.* woodpecker *(Picus)*. ⓐ *~ pestriţă* larger spotted woodpecker *(Picus major)*.

ghionoi *s.n. min.* pick.

ghiont *s.n.* nudge, < dig, poke; *(dat repede)* jab (in the rib). © *a da ~uri (cuiva)*. v. **g h i o n t i.**

ghionti *vb. tr.* to nudge, < to dig, to poke/jab (in the rib)

ghiordel *s.n. nav.* bucket.

ghiorţ *interj.* glub (glub)!

ghiorţăi *vb. intr.* v. **c h i o r ă i.**

ghioşă *s.f. tehn.* rose-engine tool.

ghiotură *s.f. (grămadă)* heap; *(mare număr)* great numbers, F lots, heaps, hosts. ① *cu ghiotura* by/in heaps, by armfuls, in clusters.

ghiozdan *s.n.* satchel.

ghips *s.n.* **1.** gyps(um), plaster stone; *(in sculptură şi)* plaster of Paris. **2.** *(sculptură)* plaster cast.

ghircă *s.f. bot.* hard/Algerian wheat *(Triticum durum)*.

ghirlandă *s.f.* garland, festoon, wreath.

ghişeu *s.n.* counter, wicket; pay desk/office; *ferov.* (booking-office) window; *(teatru)* box-office (window).

ghitară *s.f. muz.* guitar. ⓐ *~ havaiană* Hawaiian guitar, ukulele.

ghitarist *s.m.* guitarist, guitar player.

ghiu *s.n. nav.* guy, (spanker) boom.

ghiuden *s.n.* kind of dry mutton *sau* beef sausage.

ghiuj *s. m.* F *peior.* gaffer, old fog(e)y.

ghiulea *s.f.* cannon ball.

ghiveci[1] *s.n.* flower pot.

ghiveci² *s.n.* **1.** *(mîncare)* vegetable hotchpotch/hodgepodge. **2.** *(amestec)* F hotchpotch, hodgepodge, farrago, olio, potpourri.
ghivent *s.n.* *tehn.* thread.
ghiventui *vb.* *tr.* *tehn.* to thread.
ghizd *s.n.* casing (of a well).
ghizdei *s.m.* *bot.* bird's-foot trefoil *(Lotus corniculatus)*.
ghizdui *vb.* *tr.* to case *(a well)*.
gibon *s.m.* *zool.* gibbon (ape) *(Hylobates)*.
gig¹ *s.n.* *text.* ball, roll.
gig² *s.n.* *nav.* gig.
gigant *s.m.* giant, titan.
gigantic *adj.* gigantic, titanic; *(enorm)* huge; *(colosal)* colossal.
gigantism *s.n.* *med.* gigantism.
gigea *adj.* F a duck of...; *(drăguț)* F pretty, sweet.
gigolo *s.m.* gigolo; lounge lizard.
gimnast *s.m.* gymnast.
gimnastic *adj.* gymnastic. ⓑ *exerciții* ~*e* gymnastics, gymnastic exercises; *(în grup)* drill; *pas* ~ double time.
gimnastică *s.f.* gymnastics, F→gym, școl. și drill. ⓐ ~ *ritmică* eurhythmics; ~ *suedeză* Swedish gymnastics/exercises. ⓑ *în pas de* ~ at the double time; *sală de* ~ gym(nasium). ⓒ *a face* ~ to do gymnastics/setting-up exercises.
gimnazial *adj.* gymnasium...
gimnaziu *s.n.* gymnasium.
gimnosperm *adj.* *bot.* gymnospermous.
gimnosperme *s.f.* *pl.* *bot.* gymnosperms.
gimnot *s.m.* *iht.* gymnotus, F→electric eel *(Gymnotus)*.
gin *s.n.* gin.
gineceu *s.n.* **1.** *ist.* gynaeceum. **2.** *bot.* gynaecium, gynaeceum.
ginecolog *s.m.* *med.* gynaecologist.
ginecologic *adj.* *med.* gynaecological.
ginecologie *s.f.* *med.* gynaecology.
ginere *s.m.* **1.** son-in-law. **2.** *(mire)* ←P bridegroom.
gingaș I. *adj.* **1.** *(plăpînd)* fragile, frail; *(delicat)* delicate, dainty; *(d. voce etc.)* gentle. **2.** *(drăgăstos)* loving, affectionate, tender, sweet. **3.** *(năzuros)* fastidious, squeamish,

dainty. II. *adv.* delicately, gingerly etc. v. ~ I.
gingășie *s.f.* fragility, frailty; gentleness etc. v. **gingaș.**
gingie *s.f.* *anat.* gum.
gingival *adj.* gingival.
gingivită *s.f.* *med.* gingivitis.
ginistru *s.n.* *bot.* broom *(Genista)*.
gintă *s.f.* tribe; kin(dred); *(rasă)* race; *(origine)* origin. ⓑ *dreptul ginților* the law of nations.
gioarsă *s.f.* F tatters, rag, clout.
giol *s.n.* dally bones.
gionate *s.f.* *pl.* *(picioare)* F *peior.* pegs, pins, props.
gips *s.n.* v. **ghips.**
gir *s.n.* *com.* endorsement. ⓒ *a da* ~ v. **gira.**
gira *vb.* *tr.* **1.** *com.* to endorse. **2.** *fig.* to warrant, to guarantee.
girafă *s.f.* *zool.* giraffe, camelopard *(Camelopardalis giraffa)*.
girant *s.m.* **1.** v. **gerant** II. **2.** *com.* endorser.
giratoriu *adj.* gyratory, gyratiny, rotary. ⓑ *sens* ~ roundabout.
girometru *s.n.* gyrometer.
giroplan *s.n.* *av.* gyroplane.
giroscop *s.n.* gyroscope.
giroscopic *adj.* gyroscopic.
giugiuc *adj.* *(frumos)* F topping, swell, *sl.* slap-up.
giugiuleală *s.f.* fondling, necking; F cuddle, cuddling; caressing.
giugiuli I. *vb.* *tr.* to fondle, to caress, F to cuddle. II. *vb.* *refl.* to bill and coo.
giulgiu *s.n.* **1.** *(pînză fină)* fine linen; *(pt. mort)* shroud, cerement, winding sheet. **2.** *fig.* *(văl)* veil, shroud.
giumbuș *s.n.*, **giumbușluc** *s.n.* farce, buffoonery, drollery, antics; frolic; *(glumă)* joke, jest; *(prostie)* (tom-)foolery.
giuvaer *s.n.* **1.** jewel; *(nestemată)* gem, precious stone. **2.** *fig.* gem, treasure.
giuvaergiu *s.m.* jeweller.
giuvaericale *s.f.* *pl.* jewel(le)ry.
gîde *s.m.* *înv.* v. **călău 1.**
gîdila I. *vb.* *tr.* **1.** to tickle, S→to titillate. **2.** *fig.* to tickle; *(a măguli)* to flatter. ⓐ *a-l* ~ to feel

a tickling in one's throat etc. **II.**
vb. refl. to tickle oneself.
gîdilătură *s.f.* **1.** tickle. **2.** *fig.* flattery. © *a simţi o* ~ to feel a tickling.
gîdilicios *adj.* ticklish.
gîdilitor *adj.* tickling, S→titillating.
gîfîi *vb. intr.* to pant, to gasp, to breathe with difficulty, to wheeze; *(a respira repede)* to blow; *(d. cai)* to roar; *(d. o locomotivă)* to puff.
gîfîitor *adj.* panting etc. v. g î f î i.
gîgîi *vb. intr.* to cackle; *(d. gîşte şi)* to gaggle.
gîgîit *s.n.* cackle; gaggle.
gîgîlice *s.f.* **1.** *(fiinţă mică)* wee/tiny/puny creature; *(pitic)* pygmy. **2.** *(lucru mic)* trifle; *(fărîmă)* crumb, manikin; *(prichindel)* whipper-snapper, F hop-o-my-thumb, dandiprat, *peior.* dot; *(buftea)* dumpling, dumpy.
gîl *interj.* cluck!
gîlcă *s.f.* **1.** *(umflătură)* swelling; wen. **2.** *anat.* *(amigdală)*←P tonsil. **3.** *pl.* *(amigdalită)* tonsillitis, quinsy. © *a avea gîlci* **a.** to suffer from tonsillitis. **b.** *fig.* to speak huskily.
gîlceavă *s.f.* *(ceartă)* quarrel; feud; *(discuţie aprinsă)* argument.
gîlcevi *vb. refl.* to (have a) quarrel, to argue, < to altercate; *(cu gălăgie)* to brawl, to squabble, to (have a) row.
gîlcevire *s.f.* quarrel(ling).
gîlcevitor I. *adj.* quarrelsome, contentious, nagging, cantankerous, angular. **II.** *s.m.* wrangler, brawler, quarrelsome person, F → nagger.
gîlgîi I. *vb. intr.* to gurgle, to bubble; *(a ţîşni cu zgomot)* to bubble/gush/flow forth; *(a clipoci)* to murmur, to purl, to babble. **II.** *vb. tr.* to gush forth.
gîlgîit *s.n.* gurgling etc. v. g î l g î i.
gîlgîitor *adj.* gurgling etc. v. g î l-g î i.
gîlgîitură *s.f.* gurgle; bubble; babble.
gîlmă *s.f.* **1.** *(dîmb)* hillock. **2.** v. g î l c ă 1.
gînd *s.n.* **1.** thought; *(idee)* idea; notion. **2.** *(minte)* mind, brains. **3.** *(intenţie)* intention, thought, mind; *(plan)* plan, scheme. **4.**

(părere) opinion. **5.** *pl.* *(meditare)* thinking, thoughts, meditation. **6.** *(presimţire)* presentiment, anticipation. **7.** *pl.* *(griji)* anxiety, apprehension; < qualm. **8.** *(dorinţă)* wish; will; liking. **9.** *(fantezie)* imagination. **10.** *(amintire)* recollection. **11.** *(convingere)* idea, conviction. ⓐ ~ *ascuns* mental reservation, arrière-pensée; deep/crooked design; *un* ~ *bun* a bright idea, a happy inspiration; ~*uri negre* dark thoughts; moping; ~*uri răzleţe* stray thoughts. ⓑ *cu* ~*ul de a...* with the intention to/of...; *dus pe* ~*uri* deep in thoughts, pensive, pondering, ruminating, F→in a brown study; *in* ~ in (one's) mind; *iute ca* ~*ul* swift as dreams; *la simplul* ~ *al (cu gen.)* at the mere thought of...; *nici* ~ not at all, by no means. ⓒ *a abate* ~*urile cuiva de la*`... to turn smb.'s thoughts from..; *ce* ~*uri are?* what has he got in his mind? what is he up to? *are* ~ *bun* he means well, his meaning is good; *are* ~*uri prea mari* he has too high notions, F → he has too big ideas, he aims too high; *a avea* ~*uri nobile* to have noble sentiments, to be high-minded; *a avea* ~*uri rele* to be bent on mischief; *a nu avea* ~ *rău* to mean no harm; *a nu avea* ~*uri rele* to think no harm; *a-şi lua/muta* ~*ul* to change one's mind, to think better of it; *a-şi lua* ~*ul de la*ۑ.. to give up..., to renounce...; *a face pe cineva să-şi mute/schimbe* ~*ul* to divert smb.'s thoughts, to make smb. change his ideas/mind, to make smb. think better of it; *a nutri un* ~ to harbour a thought; *a pune* ~ *rău cuiva* to mean ill/harm to smb.; *a-şi schimba* ~*ul* to change/alter one's mind; *a fi cu* ~*ul aiurea* to be absent-minded; *am făcut-o cu* ~*ul să...* I did it with the idea that...; *nici cu* ~*ul nu m-am gîndit* it has never occurred to my mind, I haven't dreamt of it; *are de* ~ *să călătorească* he is thinking of travelling, he contemplates travelling; *a avea*

de ~ *să...* to be going to..., to have the intention to..., to have (half) a mind to..., to mean to; *a-și face fel de fel de* ~*uri* to worry, to fret; *a-și scoate ceva din* ~ to put smth. out of one's head/mind/ thoughts; *a fi cufundat în* ~*uri* to be deeply absorbed/lost in thoughts, F→to be wool-gathering; *a-i da/veni cuiva în* ~, *a-i trece/* F *trăsni cuiva prin* ~ to strike/occur to smb.; *a număra în* ~ to make mental calculations; *a-și pune în* ~ *să...* to decide to..., to make up one's mind to..., F to take it into one's head to...; *e veșnic în* ~*urile mele* she is never out of my mind; *cum ai ajuns la* ~*ul acesta?* how came you to think it? *a face pe* ~*ul cuiva* to do as smb. wishes; *a pune pe* ~*uri pe cineva* to alarm smb., < to disturb smb.; *a sta pe* ~*uri* **a.** *(a ezita)* to hesitate. **b.** *(a medita)* to be meditating/ thinking; *mi-a trecut prin* ~ *că...* the thought occurred to me that...; *nici prin* ~ *nu-mi trece* I do not dream of it; *mă bate* ~*ul să...* I have some thought of..., I have (half) a mind to...; *multe* ~*uri îmi trec prin minte* many thoughts/ things pass through my mind; *nu-i stă* ~*ul la carte* he doesn't care for/ care about/mind his studies; *unde îți erau* ~*urile?* what were you thinking of?

gîndac *s.m. entom.* beetle, chafer, cockroach, S→coleopter. ⓐ ~ *de făină* v. m o r a r 2; ~ *de mai* cockchafer *(Melolontha vulgaris)*; ~ *de mătase* silkworm *(Bombyx mori)*;~ *negru/de bucătărie/de casă* v. ș v a b[1]; ~ *verde/de trandafir* Spanish fly, S→cantharis *(Lytta vesicatoria)*.

gîndi I. *vb. intr.* **1.** to think; *(a reflecta)* to reflect; *(a raționa)* to reason. **2.** v. ~ III. ⓒ *îți dă de* ~*t* that is smth. to think about; it sets one thinking. II. *vb. tr.* **1.** to think; *(a considera)* to think, to consider. **2.** *(a spera)* to hope. ⓒ *ce gîndești despre asta?* what is your opinion about it? III. *vb. refl.* **1.** to think; *(a considera)* to think,

to consider; *(a socoti)* to deem; *(a reflecta)* to ponder; *(a plănui)* to plan; *(a medita)* to meditate, to cogitate, to brood; *(a-și închipui)* to imagine, to fancy, to believe, to think. **2.** *(a ezita)* to hesitate, to waver in one's resolution. ⓐ *a se* ~ *la...* **a.** *(a medita asupra)* to think of..., to consider..., to reflect upon... **b.** *(a-și aduce aminte de)* to think of..., to remember...; *a se* ~ *să (a avea în vedere)* to mean..., to have in view..., to aim at...; *(a intenționa)* to be going to..., to intend..., to purpose..., to contemplate... ⓒ *se gîndește la însurătoare* he thinks of marrying, he intends getting married, he contemplates matrimony; *se gîndește prea mult la sine* he is too much wrapt in himself, F→he thinks too much of number one; *gîndește-te la ce faci!* think/mind what you are doing! *la ce te gîndești?* what are you thinking of/about? *dacă stai să te gîndești* come to think of it; *cum te poți* ~ *la așa ceva?* how can you think of such a thing? *cine s-ar fi* ~*t la așa ceva?* who could have thought of/foreseen that? *nu m-aș fi* ~*t niciodată la așa ceva* I should never have imagined it, I should never have given it a thought; *fără să se gîndească mult* without a moment's thought/ hesitation; *mă gîndesc că...* I think that...; I consider that..., I am of (the) opinion that...; *nici nu mă gîndesc* F I do not dream of it, I'll be farther if I do; *gîndește-te că...* bear in mind that..., don't forget that..., remember that...; *îți dau trei zile să te gîndești* I give you a three days' respite; *a se* ~ *bine* to think twice.

gîndire *s.f. (ca proces)* thinking; *(ca sistem)* thought; *(idee)* idea, thought; *(deliberare)* deliberation; *(reflexie)* consideration, reflection, pondering; *(visare)* reverie.

gîndit I. *adj. (bine* ~*)* (well) thought-out. II. *s.n.* ⓓ *pe* ~*e* after mature consideration.

gînditor I. *adj.* thoughtful, musing, pensive, wistful; *(plin de grijă)*

full of care; *(absorbit)* absorbed/
engrossed in thought. **II.** *s. m.*
thinker.

gînganie *s.f.* (small) insect.

gîngav I. *adj.* stuttering, stammer-
ing. **II.** *s.m.* stutterer, stammer-
er.

gîngăveală *s.f.* v. **g î n g ă v i t II.**

gîngăvi *vb. intr. şi tr.* to stutter, to
stammer.

gîngăvit I. *adj.* v. **g î n g a v I. II.**
s.n. stuttering stammering.

gînguri *vb. intr.* **1.** *(d. copii)* to
prattle. **2.** *(d. porumbei)* to coo.

gîngurit *s.n.* **1.** prattling, prattle,
babble, baby talk. **2.** cooing.

gînj *s.n.* bast rope.

gînsac *s.m. ornit.* gander.

gîrbaci *s.n.* whip, leather scourge;
(pt. cai) horse whip.

gîrbov *adj.* bent; *(cocoşat)* hunch-
-backed; round-shouldered.

gîrbovi 1. *vb. tr.* to crook, to bend.
II. *vb. refl.* to become bent/round-
-shouldered.

gîrbovit *adj.* v. **g î r b o v.**

gîrlă *s.f.* **1.** *(rîu mai mic)* brook,
rivulet, stream(let); *(apă mai
mare)* water. **2.** *(braţ de rîu)* back-
water. **3.** *(adverbial)* F galore, no
end of; profusely, in profusion. ©
a da pe ~ F to make ducks and
drakes of, to play ducks and drakes
with; *a se duce pe* ~ F to go to
blazes/hell/pot/the dogs, to go up
the spout, *sl.* to go to pigs and
whistles.

gîrlici *s.n.* **1.** *(intrare)* entrance;
(de pivniţă) mouth/opening of
a cellar. **2.** neck of a bottle.

gîscan *s.m. ornit.* gander.

gîscar *s.m.* gooseherd.

gîscariţă *s.f. bot.* wall cress *(Arabis).*

gîscă *s.f.* **1.** *ornit.* goose *(Anser).* **2.**
fig. silly/simple-minded woman *sau*
girl, F silly goose. **3.** *tehn.* oil can.
Ⓐ ~ *de jumulit* dupe, F gull.
Ⓑ *friptură de* ~ roast goose; *gră-
sime de* ~ goose dripping; *labă de*
~ goose's foot; *pană de* ~ goose
feather/quill; *pas de* ~ *mil.* goose
step; *piele de* ~ goose skin; *piept
de* ~ **a.** breast of a goose. **b.** *fig.*
narrow chest. Ⓒ *a prinde cu gîsca
în traistă* to catch red-handed; *asta*

e altă ~ F that's another pair of
breeches/shoes, that's another story.

gîsculiţă *s.f.* **1.** little goose, gosling.
2. *fig.* v. **g î s c ă 2.**

gît *s.n.* **1.** *anat.* neck; *(gîtlej)* throat,
windpipe, gullet. **2.** *(înghiţitură)*
draught, F pull, > sip, F drop. **3.**
(al cămăşii) collar. **4.** *(de sticlă)*
neck of a bottle. **5.** *tehn.* groove. **6.**
(strungă) gorge, ravine; *(trecă-
toare)* pass; *(canon)* canyon. **7.**
nav. masthead. Ⓐ ~*de lebădă tehn.*
swan neck; ~ *strîmb* a crick in
one's neck. Ⓑ *pînă în* ~ up to
the neck, up to the eyes. Ⓒ *a-şi
clăti* ~*ul* to gargle one's throat; *a
face* ~ **a.** *(a face gălăgie)* F to kick
up a row/shindy. **b.** *(a face nazuri)*
F to turn up one's nose; *a-şi frînge/
rupe* ~*ul* to break one's neck; *a-şi
întinde* ~*ul* to crane one's neck
(forward); *pun* ~*ul că...* I'll lay/
stake my life that...; *asta o să-i rupă/
frîngă* ~*ul* it will ruin him, F
it will do for him; *a sparge* ~*ul
unei sticle* to crack a bottle, P→to
polish off a bottle; *a trage un* ~
F to have a nip/drop/dram; *a lua pe
cineva de* ~ **a.** to fall on smb.'s
neck, to throw one's arms round
smb.'s neck. **b.** *fig. (a apuca de
~) to take smb. by the (scruff
of the) neck; *a băga cuiva cuţitul
în* ~ **a.** to put the knife to smb.'s
throat. **b.** *fig.* to drive smb. to
the last extremity; *a o lua în* ~
to take (a task etc.) upon/to oneself;
osul îi rămase în ~ the bone stuck
in his throat; *a-i sta în* ~ to
stick (fast) in one's throat; *a da pe*
~ to empty at one draught/
gulp/F go, to toss off; *dă-o pe* ~?
F bottoms up! down the hatch!
sînt sătul pînă-n ~ I have had
quite enough of it, F I'm fed up/
fed to the teeth with it; *a-l durea*
~*ul* **a.** *(înăuntru)* to have a sore/
bad throat. **b.** *(extern)* to have a
pain in the neck.

gîtar *s.n.* neck strap.

gîtlej *s.n. anat.* throat, gullet, F→
swallow.

gîtui *vb. tr.* **1.** to throttle, to strangle,
to garrotte. **2.** *fig.* to nip, to strangle.

gîză *s.f.* insect, *amer. şi* bug.

glacial I. *adj.* 1. icy, frigid. 2. *fig.* icy, chilly, frigid. ⓟ *zona* ~*ă* theFrigidZone. II.*adv.* icily, frigidly.

glaciar *adj.geol.* glacial. ⓟ *perioada/ epoca* ~*ă* the ice age.

glaciologie *s.f.* glaciology.

gladiator *s.m.* gladiator.

gladiolă *s.f. bot.* gladiole, gladiolus *(Gladiolus gandavensis).*

glaf *s.n. constr.* lintel.

glagole *s.f.* v. g l a g o r e.

glagolitic *adj.* ⓟ *alfabet* ~ Glagolitic alphabet.

glagore *s.f.←reg.* F gumption, brains, brain stuff, gray matter. ⓒ *a avea* ~ *in cap* F to be level-headed.

glajă *s.f.←reg. (sticlă)* bottle.

glandă *s.f. anat.* gland. ⓐ *cu secreție internă* ductless/endocrine gland; ~ *lacrimală* lacrimal gland; ~ *limfatică* lymphatic gland.

glandular *adj.* glandular.

glandulă *s.f. anat.* glandule.

glandulos *adj.* glandulous.

glanț *s.n. tehn.* gloss.

glas *s.n.* 1. *(voce)* voice. 2. *(de clopot)* ringing; chimes; *(sunet)* sound; *(zgomot)* noise; *(vuiet)* roar. 3. *muz.*, *bis.* key. ⓐ ~ *dulce* sweet voice; ~ *frumos* fine/beautiful voice; ~ *limpede* clear voice; ~ *melodios* melodious/rich/full voice;~ *plăcut* pleasant/ lovely voice; ~ *răgușit* hoarse voice; ~ ~ *slab* feeble voice; ~ *stins* low voice; feeble voice; ~ *subțire* thin voice; ~ *tare/puternic* loud/powerful voice; ~*ul conștiinței* the voice/dictates of conscience; ~*ul poporului* vox populi, public opinion. ⓟ *fără* ~ voiceless; *(mut)* speechless; *într-un* ~ with one voice, unanimously, with one accord. ⓒ *a da* ~ *(cu dat.)* to voice..., to express...; *a-și drege* ~*ul* to clear one's throat; *a ridica* ~*ul* to raise one's voice; *a-i pieri* ~*ul fig.* to grow dumb, to be stricken dumb.

glaspapir *s.n.* emery paper.

glastră *s.f. (flower)* vase; *(sferică)* (flower) bowl.

glasvand *s.n.* French door; glass partition.

glaucom *s.n. med.* glaucoma.

glazurăs.*f.* 1. *(pt. tort)* icing. 2. *(pt. faianță)* glaze.

glăsui I. *vb. tr.* 1. *(a cînta)* to sing. 2. *(a spune)* to say; *(a vorbi)* to speak. II. *vb. intr.* 1. *(a cînta)* to sing. 2. *(a zice, a suna)* to say, to run.

glăvoacă *s.f. iht.* goby *(Gobius).*

glet *s.n.* polishing plaster coat.

gleznă *s.f. anat.* ankle (bone).

gliceric *adj.* ⓟ *acid* ~ glyceric acid.

glicerină *s.f. chim.* glycerin(e), glycerol.

glicină *s.f. bot.* wistaria *(Wistaria chinensis).*

glicol *s.n. chim.* glycol.

glicometru *s.n.* gleuconometer.

glie *s.f.* 1. *(pămînt)* land; earth; *(pămînt natal)* native land; *(patrie)* one's country, homeland. 2. *(brazdă)* furrow.

gliptică *s.f.* glyptics.

gliptotecă *s.f.* collection of carved gems.

glisa *vb. intr.* 1. *tehn.* to slide; to slip (over). 2. *av.* to glide.

glisant *adj.* sliding.

glisieră *s.f. tehn.* guide/slide bar.

gloabăs.*f.* 1. *(mîrțoagă)* jade, crock, nag. 2. ← *inv. (amendă)* fine; *(impozit)* tax.

gloată *s.f.* 1. *(mulțime de oameni)* crowd, *peior.* mob; *(ceată)* troop, band; armed band. 2. *(grămadă)* heap, pile.

glob *s.n.* 1. globe, sphere. 2. *(pămîntul)* globe. ⓟ ~ *de lampă* lamp globe; ~ *ocular anat.* eye ball, globe of the eye.

global *adj.* total, aggregate, gross. ⓟ *producție* ~*ă* gross/all-out/all-in/overall output; *sumă* ~*ă* lump sum; sum total.

globular *adj.* globular.

globulă *s.f. anat.* corpuscle, cell; blood cell. ⓐ ~ *albă* white cell, leucocyte; ~ *roșie* red cell/(blood) corpuscle.

globulină *s .f. chim.* globulin.

globulos *adj.* globular, globulous.

glod *s.n.* 1. *(noroi)* mud. 2. *(bulgăre de pămînt)* clod/lump of earth.

glodi *vb. tr.* **1.** *(a roade)* to rub; **2.** *(a înţepa)* to prick.

gloduros *adj.* **1.** *(noroios)* muddy. **2.** *(cu hîrtoape)* bumpy, rough.

glomerulă *s.f.* glomerule, tuft.

glonţ *s.n.* **1.** bullet. **2.** *adverbial* (as) quick as thought; before you could say Jack Robinson; *(imediat)* at once, directly.

glorie *s.f.* glory, fame, renown. ⓛ *fără/lipsit de* ~ without glory; *în culmea* ~*i* on the crest ot the wave; *titlu de* ~ title to fame. ⓒ *a-şi face o* ~ *din*... to pride oneself on...; *a se acoperi de* ~ to cover oneself with glory.

glorifica I. *vb. tr.* to glorify, to magnify, to praise, to extol. **II.** *vb. refl. pas.* to be glorified etc. **v.** ~ I.

glorificare *s.f.* glorification etc. **v.** g l o r i f i c a.

glorios 1. *adj.* glorious. **II.** *adv.* gloriously.

glosar *s.n.* glossary; *(vocabular)* ← *înv.* vocabulary.

glosator *s.m.* glossator, glossist.

glosă *s.f.* *lingv., metr.* gloss.

glotal *adj. anat.* glottal, glottic.

glotă *s.f. anat.* glottis.

gluciniu *s.n. chim.* glucinium, beryllium.

glucoză *s.f. chim.* glucose, grape sugar.

glugă *s.f.* **1.** hood; *(pt. ploaie)* rain bonnet. **2.** *(maldăr de coceni)* heap of corn cobs.

glumă *s.f.* joke, (merry) quip, prank, humorous sally; *(pe socoteala cuiva)* jest, bit of sly humour; *(ca distracţie)* piece of fun, play, frolic; *(farsă)* practical joke, farce; gag; *(truc)* trick; *(expresie glumeaţă)* witticism, jocular expression; *(vorbă de duh)* wit. ⓐ ~ *bună* good joke; ~ *grosolană* broad/coarse jest, F→horse trick, *sl.* gag; ~ *nesărată* flat joke; ~ *proastă* bad joke, poor jest/joke, F→mild joke; ~ *veche/răsuflată* stale/off-colour joke. ⓛ *aşa, de* ~ just for the fun of the thing; *în* ~ in jest; by way of joke; *nu* ~ in the true/full sense of the word; *(adevărat)* actual, real, true. ⓒ *a face o* ~ to crack a joke; *a*

face glume to joke; *lăsînd gluma la o parte* joking/jesting apart, without jesting; *a se întrece cu gluma* to carry the joke too far, to overdo it, F to come/go it too strong; *a şti de* ~ to take a jest well/in good part; *nu ştie de* ~ he won't stand joking; *cînd începu să se îngroaşe gluma* when the band began to play; *era lucru mare, nu* ~ it was a serious job all right; *n-a fost decît o* ~ it was only a joke, it was only done in jest; *nu e* ~ this is no joke/no jesting matter, this is but the sober truth; F no kidding.

glumeţ I. *adj.* **1.** funny; *(care face glume)* joking; *(amuzant)* amusing; *(plin de duh)* witty; *(umoristic)* humorous. **2.** *(vesel)* jolly, merry; *(vioi)* lively. **II.** *s.m.* wag, joker, jester.

glumi *vb. intr.* **1.** to joke, to jest; to crack jokes. **2.** to trifle (with). ⓒ *cu dragostea nu e de* ~*t* love is not to be trifled with; *glumeşti?* are you kidding/serious? no, really!

gluten *s.n. chim.* gluten.

gnais *s.n. mineral.* gneiss.

gnom *s.m.* gnome.

gnomic *adj.* gnomic.

gnoseologic *adj. filoz.* gnosiological, gnoseological.

gnoseologie *s.f. filoz.* gnosiology, gnoseology.

gnostic *adj., s.m.* gnostic.

gnosticism *s.n.* gnosticism.

goană *s.f.* **1.** *(fugărire)* pursuit, chase. **2.** *(fugă)* run(ning); *(cursă)* race. **3.** *(persecuţie)* persecution. **4.** *(vînătoare cu gonaci)* battue, beating up. **5.** *(a animalelor)* coupling, pairing, mating. ⓛ *în goana calului* at a gallop, in full gallop; *în goana mare* at full speed. ⓒ *a o lua la* ~ to pack off; *a pune pe* ~ to put to flight.

goangă *s.f. entom.* ←P insect. mite, bug.

goarnă *s.f.* bugle; *(trompetă)* trumpet.

goblen *s.n.* Gobelin tapestry; gobelin.

godac *s.m.* gruntling, young pig, porklet.

godeu *s.n. tehn.* bucket.

godin *s.n.* cylindrical (iron) stove.
goe¹and *s.m.* *ornit.* sea gull/mew (*Larus canus*).
goeletă *s.f.* *nav.* schooner, sloop.
gofra *vb. tr.* to goffer.
gofraj *s.n.* goffering.
gogilţ *interj.* cluck!
gogoaşă *s.f.* **1.** *(a viermelui de mătase)* cocoon. **2.** *anat.* eyeball. **3.** *(prăjitură)* doughnut. **4.** *pl.* *(minciuni)* F fibs, tall tales, cock-and--bull stories. ⓐ~ *de ristic* oak nut/plum/apple. ⓒ *a spune/turna/vinde/ înşira la gogoşi* F to pull the long bow, to tell fibs, to talk with one's tongue in one's cheek, to tell tales.
gogoman I. *adj.* foolish, F addle--headed/-brained/-pated. **II.** *s.m.* fool, dunce, F addle head/brain/ pate, booby, ninny.
gogomănie *s.f.* stupidity; silly thing *sau* action.
gogonat *adj.* **1.** *(umflat)* swollen, bulging; *(rotund)* round. **2.** *fig.* F whopping; ⓑ *minciuni* ~*e* F whopping lies; *ochi gogonaţi* bulging/goggling eyes.
gogonele *s.f.pl.* *bot.* **1.** autumn tomatoes (for pickling). **2.** *variety of beans.*
gogonet *adj.* v. **g o g o n a t 1.**
gogoriţă *s.f.* bugbear, bugaboo, bogy(man), scarecrow.
gogoşar *s.m.* **1.** *bot.* bell/sweet pepper *(Capsicum).* **2.** *fig.* F fibber, fibster.
gol I. *adj.* **1.** *(dezbrăcat)* naked, bare-bodied, uncovered, stripped, F→in buff, in the altogether; *rar* →nude. **2.** *(fără vegetaţie)* barren; *(pustiu)* desert, deserted. **3.** *(fără podoabe)* naked, plain; *(fără frunze)* leafless, bare. **4.** *(deşert)* empty; *(găunos etc.)* hollow. **5.** *(scos din teacă)* bare. **6.** *fig.* *(fără sens)* idle, shallow, empty; *(absurd)* nonsensical, absurd. **7.** *fig.* *(curat)* pure; *(veritabil)* genuine. **8.** *fig.* *(aidoma)* like, the very image of... ⓐ ~ *puşcă* F stark naked, in Adam's guise/suit, stripped to the buff. ⓑ *cu capul* ~ bare-headed, uncovered; *cu gitul* ~ bare-necked; *cu mîinile goale fig.* empty-handed; *cu picioarele goale* bare-footed/-

legged; *in pielea goală* v. ~ p u ş-c ă; *pahar* ~ empty glass; *pe jumătate* ~ half naked; *pe pămîntul* ~ on the (bare) ground; *pungă goală* empty purse; *stîncă goală* bare rock; *vorbe goale* empty/idle talk. ⓒ *e taică-său* ~ he is the very image of his father; *a suna a* ~ to sound hollow. **II.** *s.n.* **1.** *(spaţiu gol, vid)* emptiness, void; *(într-un text)* blank. **2.** *(abis)* abyss. **3.** *(deşert)* desert; *(teren necultivat)* barren ground. **4.** *(in fotbal)* goal. **5.** *(lipsă)* want, deficiency; *(deficit)* deficit. **6.** *fig.* *(in diferite sensuri)* gap, blank, void. ⓐ ~ *de aer* air pocket; ~ *de producţie* time wasted, slack time. ⓑ *in* ~ uselessly, vainly, to no avail; ⓒ *moartea lui lăsase un* ~ *in familie* his death had left a gap/blank in the family circle; *a marca un* ~ to score a goal; *a umple un* ~ to fill up/fill in/stop a gap/blank/void; *a da de* ~ *(a trăda)* to betray, to give away; *(a denunţa)* to give away, to denounce; *a se da de* ~ to give oneself away; *a funcţiona/merge in* ~ to run empty /idle; *a privi in* ~ to stare into vacancy; *a trage in* ~ to miss (the mark).
golan I. *adj.* ragged. **II.** *s.m.* **1.** *(zdrenţăros)* ragamuffin; ragged fellow; *(om care nu are nimic)* have not, poor devil; *(nenorocit)* wretch, F rip; *(vagabond)* loafer, vagabond, tramp. **2.** *(huligan)* ruffian, hooligan; *(ticălos)* rascal, knave; *(om de nimic)* cad, good-for-nothing.
golaş *adj.* **1.** *(fără pene)* featherless. **2.** *(lipsit de vegetaţie)* barren. **3.** *(fără păr)* hairless.
golaveraj *s.n.* *sport* goalaverage.
golănesc *adj.* of a ragamuffin... etc. v. **g o l a n II.**
golănie *s.f.* **1.** *(purtare de golan)* ruffianly behaviour; *(huliganism)* hooliganism. **2.** *(vagabondaj)* vagabondage, vagrancy.
golănime *s.f.* **1.** *(săraci)* poor people. **2.** *peior.* riff-raff, rabble, rag-tag (and bobtail). **3.** ruffians, hooligans.

goldan *s.m.* *bot.* bullace *(Prunus insititia)*.

goldană *s.f.* *bot.* bullace.

golf *s.n.* **1.** *geogr.* gulf; *(cu deschidere largă)* bay; *(mic)* basin; *(mic, de mare)* armlet. **2.** *sport* golf. Ⓖ *costum de* ～ tweeds; *pantaloni de* ～ plus fours.

goli **I.** *vb.* *tr.* **1.** *(a deşerta)* to empty (out), to clear (out); *(a sorbi)* to quaff; to toss off (at a draught). **2.** *(a evacua)* to evacuate, to void, to vacate. Ⓒ *a* ～ *o cameră* to empty/clear a room; *a* ～ *un pahar* to drink/finish off a glass, <to drain (off). **II.** *vb.* *refl.* to get empty.

goliciune *s.f.* nakedness, nudity; *fig.* barrenness, bareness, emptiness.

golire *s.f.* emptying etc. v. g o⌐l i.

gologan *s.m.* **1.** *odin.* copper coin worth 3 parale. **2.** *(monedă mică)* penny, farthing. **3.** *pl.* *(bani)* money, F dust, tin, *sl.* dough, rhino, oof.

golomoz *s.n.* *bot.* cock's foot, couch grass *(Dactylis glomerata)*.

gonaci *s.m.* **1.** *(cal)* steed, racehorse, courser. **2.** *(bătăiaş)* beater.

gonadă *s.f.* *anat.*, *zool.* gonad.

gonaş *s.m.* v. g o n a c i 2.

gondolă *s.f.* gondola.

gondolier *s.m.* gondolier.

gong *s.n.* *muz.* gong.

goni **I.** *vb.* *tr.* **1.** *(a fugări)* to chase, to pursue, to hunt; *(a mina)* to drive. **2.** *(a izgoni)* to drive out/away, to hound out; *(a da afară)* to cast out; *(gînduri etc.)* to discard, to banish; *(frica etc.)* to dispel. **II.** *vb.* *intr.* **1.** *(a fugi)* to run, < to course. **2.** *(d. vite)* to couple, to pair, to mate. **III.** *v.b.* *refl.* v. ～ II, 2.

gonidii *s.f.* *pl.* *bot.* gonidia.

goniometric *adj.* goniometrical.

goniometrie *s.f.* goniometry.

goniometru *s.n.* goniometer.

gonitor *s.m.* *zool.* young bull, bullock.

gonococ *s.m.* *biol.* gonococcus.

gonoree *s.f.* *med.* gonorrhoea, blennorhoea, *vulg.*→clap.

gordian *adj.* Ⓑ *nodul* ～ the Gordian knot.

gorgan *s.n.* barrow, tumulus; *(movilă)* hillock.

gorgonă *s.f.* *mitol.* Gorgon.

gorilă *s.f.* *zool.* gorilla *(Troglodytes gorilla)*.

gornist *s.m.* *mil.* bugler.

gorun *s.m.* *bot.* **1.** common oak *(Quercus pedunculata)*. **2.** evergreen oak *(Quercus petraea)*.

goruniş *s.n.* grove of oaks, oak grove.

gospodar **I.** *adj.* *(econom)* thrifty; *(înţelept)* wise. **II.** *s.m.* **1.** *(stăpîn al casei)* householder, master of the house. **2.** *(om care administrează cu pricepere)* good manager. **3.** *(ţăran)* peasant. **4.**←P *(soţ)* husband.

gospodăresc *adj.* **1.** *(ce ţine de gospodărie)* household..., connected with the house. **2.** *(de gospodină)* housewifely. **3.** *(de bun gospodar)* a good manager's... **4.** *(bine gospodărit)* well/wisely managed; thrifty; *(bogat)* rich; **5.** *(ordonat)* steady(-going), orderly.

gospodăreşte *adv.* *(înţelept)* wisely; *(ca un bun gospodar)* like a good manager; *(cu economie)* economically, thriftily.

gospodări **I.** *vb.* *tr.* *(a conduce)* to manage, to administer; *(a pune în ordine)* to put in order. **II.** *vb.* *intr.* to keep house, to manage a household. **III.** *vb.* *refl.* to set up house.

gospodărie *s.f.* **1.** *(avere imobilă)* farm. **2.** house-hold. **3.** *(menaj)* housekeeping; ménage; *(economie)* husbandry, housewifery, economy. Ⓐ ～*(agricolă) colectivă* collective farm; ～ *chibzuită ec. pol.* non--financing by the state; self-management/ -government / -administration; ～ *comunală* communal husbandry; communal services; ～ *(agricolă) de stat* state farm; ～ *individuală* individual farm. Ⓑ *Ministerul gospodăriei comunale* The Ministry of Communal Husbandry/Administration.

gospodărire *s.f.* careful management etc. v. g o s p o d ă r i.

gospodină *s.f.* 1. housewife, lady of the house. 2. *(bună~)* housewifely woman, good housekeeper.

got *s.m.* Goth.

gotcan *s.m.* *ornit.* v. c o c o ş s ă l b a t i c.

gotcă *s.f. ornit.* 1. hazel hen/grouse *(Bonasa silvestris).* 2. mountain hen *(Tetrao urogallus).* ⓐ ~ *de pădure* blackgame *(Tetrao tetrax).* ⓒ *roşu ca gotca* (as) red as a boiled lobster/as a turkey cock.

gotic *adj.* Gothic.

grabă *s.f.* haste; *(iuţeală)* speed; *(precipitaţie)* hurry. ⓑ *fără* ~ leisurely; *în* ~ in haste, < in a hurry; *în mare* ~ (in) post haste, with all speed /haste; *mai de* ~ *(mai curînd)* rather, sooner; *(mai bine)* better. ⓒ *a avea* ~ *(mare)* to be in a hurry; *nu e nici o* ~ there's time enough for that. ⓓ *graba strică treaba.* (the) more haste, (the) less speed.

graben *s.n. geol.* graben, rift valley, digging.

grabnic I. *adj.* 1. *(neîntîrziat)* urgent, pressing; *(repede)* quick. 2. *(grăbit)* hurried, quick. 3. *(năprasnic)* sudden, unexpected. ⓑ *însănătoşire* ~ă! I wish you a speedy recovery! II. *adv.* urgently etc. v. ~ I.

grad *s.n.* 1. *tehn., mat. etc.* degree. 2. *gram.* degree (of comparison). 3. *muz.* degree. 4. *(rang)* rank, dignity, degree; *mil.* rank. 5. *fig.* degree; *(măsură)* extent. 6. *şcol.* grade. ⓐ *~e universitare* university degrees. ⓑ *ecuaţie de* ~*ul al doilea mat.* quadratic equation; *ecuaţie de* ~*ul trei mat.* cubic equation; *în* ~*ul cel mai înalt fig.* to a high degree, to the highest/ last degree, F → to a degree; *unghi de 20 de* ~*e* angle of 20 degrees; *veri de* ~*ul al doilea* cousins twice removed. ⓒ *termometrul arată 10* ~*e* the thermometer stands at/registers 10 degrees; *a fi ridicat în* ~ *mil.* to be promoted.

grada *vb. tr.* 1. *(un termometru etc.)* to graduate, to calibrate. 2. *fig.*

to grade; to sort; to raise by degrees.

gradare *s.f.* graduation etc. v. g r a d a.

gradat I. *adj. (d. un pahar etc.)* graduated; *(progresiv)* graded, progressive. II. *adv.* gradually, by degrees. III. *s.m. mil.* corporal; sergeant.

gradaţie *s.f.* 1. gradation, gradual process. 2. *ret.* gradation.

gradel *s.n.* twill cloth.

graden *s.n. arhit.* step.

grafie I. *adj.* graphic. II. *s.n.* graph, diagram; *(orar)* time table, schedule.

grafică *s.f.* graphic arts; black-and- -white pictures.

grafician *s.m.* sketcher, drawer, cartoonist, black-and-white artist.

grafie *s.f.* method of writing.

grafit *s.n.* 1. *mineral.* graphite, black lead. 2. *artă* graffito.

grafolog *s.m.* graphologist.

grafologic I. *adj.* graphological. II. *adv.* graphologically.

grafologie *s.f.* graphology.

grafometru *s.n.* angulometer.

grai *s.n.* 1. *(voce)* voice. 2. *(limbă)* language. 3. *(facultatea de a vorbi)* (faculty of) speech. 4. *(fel de a vorbi)* manner of speaking. 5. *(dialect)* dialect. 6. *(cuvînt)* word. ⓐ ~ *popular* national idiom; *(ant. limbaj savant)* vernacular. ⓑ *într-un* ~ unanimously; *prin viu* ~ orally, by word of mouth. ⓒ *a pierde* ~*l* to become dumb; *a prinde/da* ~ to begin to speak; *to find one's tongue; a-i pieri~ ul fig.* to grow dumb, to be stricken dumb, to be dumbfounded, to be taken aback.

grajd *s.n.* 1. stable. 2. *fig.* dirty hole.

gram *s.n.* gram(me).

gramatical I. *adj.* grammatical, relating to grammar. ⓑ *analiză* ~*ă* parsing; *greşeală* ~*ă* grammatical mistake/blunder; *reguli* ~*e* rules of grammar, grammatical rules. ⓒ *face multe greşeli* ~*e* his grammar is bad, he makes many grammatical mistakes. II. *adv.* grammatically.

gramatică *s.f.* **1.** grammar. **2.** *(carte de* ~*)* grammar book. ⓐ ~ *comparată* comparative grammar; ~ *formală* formal grammar; ~ *generală* general/philosophical/universal grammar; ~ *istorică* historical grammar. ⓒ *a face o greșeală de* ~ to offend against grammar, to make a grammatical mistake.

graminee *s.f. pl. bot.* graminaceae.

gramofon *s.n. muz.* gramophone. ⓓ *plăci de* ~ gramophone records.

granat[1] *s.n. mineral.* (precious/oriental) garnet, carbuncle.

granat[2] *s.m. bot.* fever-few *(Chrysanthemum parthenium).*

granată[1] *s.f.*←P v. g r e n a d ă.

granată[2] *s.f.* v. r o d i e.

grandilocvent *adj.* grandiloquent.

grandiocvență *s.f.* grandiloquence, bombast.

grandios I. *adj.* grand, imposing; *(măreț)* magnificent; *(sublim)* lofty, sublime, mighty. **II.** *adv.* grandly etc. v. ~ I.

grandoare *s.f.* greatness; *(măreție)* grandeur, majesty, splendour.

grandoman *s.m.* megalomaniac.

grandomanie *s.f.* megalomania, mad/ morbid ambition.

grangur(e) *s.m.* **1.** *ornit.* oriole *(Oriolus galbula).* **2.** *fig.* F lion, big gun/sl. bug/shot/noise/pot.

granic *s.n.* v. t r o l i u.

granit *s.n.* **1.** *mineral.* granite. **2.** *fig.* adamant. ⓓ *stîncă de* ~ granite/granitic rock.

granitic *adj.* granitic, granite.

graniță *s.f.* **1.** boundary (line); *(între țări)* frontier, border(s); *(extremitate)* extremity; *(regiune de* ~*)* confines. **2.** *fig.* limit, bound. ⓒ *a depăși granițele (cu gen.)* to exceed the bounds of...

granula *vb. tr.* to granulate.

granulat *.adj.* granulated.

granulator *s.n.* granulator, granulating machine.

granulație *s.f.* granulation.

granulă *s.f.* granule, grain.

granulit *s.n. mineral.* granulite.

granulom *s.n. med.* granuloma.

granulometrie *s.f.* granulometry.

granulos *adj.* granular, granulate(d), granulous, grainy.

granulozitate *s.f.* granulosity.

grapă *s.f.* harrow. ~ *cu discuri* disk harrow.

grapină *s.f. nav.* grapnel.

gras I. *adj.* **1.** *(de natura grăsimii)* fat, greasy, oily, unctuous. **2.** *(cu multă grăsime)* fat; *(corpolent)* fat, stout, well-fed, plump, corpulent; *(obez)* obese; *(d. o pasăre)* plump; *(îngrășat)* fat(ted); *(d. mîncăruri)* fat, rich. **3.** *(lipicios)* fat, sticky. **4.** *(fertil)* fat, rich, fertile. **5.** *poligr.* fat. ⓓ *acid* ~ *chim.* fatty acid; *caractere/litere* ~*e* fat/bold type, full face; *cărbune* ~ bituminous coal; *iarbă* ~*ă bot.* purslain, purslane *(Portulaca oleracea)*; *pămînt* ~ fat/ rich soil; *petroluri* ~*e* fatty oils. ⓒ *e* ~ *ca un pepene* he is as fat as butter/a pig. **II.** *adv. fig.* handsomely, a great deal. ⓒ *a cîștiga* ~ to earn a great deal, F to make big money.

graseia *vb. intr.* to roll/trill one's r's.

graseiat *adj.* rolled, trilled.

gratie *s.f.* *(la case)* lattice, trellis, *pl.* grating, lattice work; *(la închisoare etc.)* bar. ⓓ *fereastră cu gratii* latticed window.

gratifica *vb. tr.* **1.** to confer, to bestow; **2.** *(a răsplăti)* to reward, to gratify.

gratificație *s.f.* bonus, bounty.

gratis *adv.* gratis, for nothing/love, without payment, free of charge.

gratuit I. *adj.* **1.** gratuitous, free (of charge), costless, chargeless, to be had for the asking. **2.** *(neîntemeiat)* gratuitous, unfounded; *(neprovocat)* wanton; unprovoked; *(inutil)* useless, idle. ⓓ *exemplar* ~ presentation copy; *învățămînt* ~ free education; *supliment* ~ *(de ziar)* (free) supplement. **II.** *adv.* gratuitously; *(fără motiv)* without cause, wantonly.

gratuitate *s.f.* gratuitousness.

grația *vb. tr.* to pardon, to reprieve, to grant a pardon to.

grație I. *s.f.* **1.** *(farmec)* grace, gracefulness, charm; comeliness; *pl.* v. n u r i. **2.** *rel.* grace. **3.** *pl. Grațiile* the Graces. ⓓ *lovitură de* ~ finishing stroke. ⓒ *a face grații* to attitudinize; *a intra în grațiile cuiva* to get into favour with smb., to get into smb.'s good graces. **II.** *prep. (cu dat.)* thanks to.

grațiere *s.f.* pardon(ing).

grațios I. *adj.* graceful, pleasing; airy; *(d. surîs etc.)* winning, winsome. **II.** *adv.* gracefully, airily.

grațiozitate *s.f.* graciousness.

graur *s.m. ornit.* starling *(Sturnus vulgaris)*.

grav I. *adj.* grave; *(solemn)* solemn; *(serios)* serious; *(critic)* critical; *(sever)* stern; *(important)* important, weighty; *(infumurat)* bumptious. ⓓ *accent* ~ grave accent; *un aer* ~ a grave/stern countenance; *greșeală* ~ă a grievous mistake; *rană* ~ă heavy/serious wound. **II.** *adv.* gravely etc. v. ~ I. ⓒ *e* ~ *bolnav* he is seriously ill.

grava *vb. tr.* to engrave, to cut, to carve; *(în lemn)* to engrave on wood; *(cu apă tare)* to etch; *(în relief)* to emboss.

gravidă I. *adj. fem.* pregnant, F→ (big) with child, far gone with child, in the family way. **II.** *s.f.* pregnant woman.

graviditate *s.f.* pregnancy.

gravita *vb. intr. (spre)* to gravitate (towards); *(în jurul)* to revolve (round).

gravitate *s.f.* **1.** *fiz.* v. gravitație. **2.** *(a expresiei)* gravity, seriousness, soberness, F→ bumptiousness. **3.** *(a unei boli etc.)* seriousness.

gravitație *s.f. fiz.* gravitation, gravity. ⓓ *centru de* ~ centre of gravity; *legea* ~*i* the law of gravity.

gravor *s.m.* engraver; *(in piatră etc.)* carver; *(în lemn)* xylographer.

gravură *s.f.* engraving; *(pictură)* picture; *(în lemn)* woodcut; *(în apă tare)* etching.

grăbi I. *vb. tr. (a iuți)* to quicken, to hasten; *(a accelera)* to accelerate; *(îndeplinirea unui plan etc.)* to speed up; *(a precipita)* to precipitate; *(a zori)* to hurry, to press. ⓒ *a* ~ *moartea cuiva* to hasten smb.'s death; *a* ~ *pasul/pașii* to mend/speed one's pace, to quicken

one's steps. **II.** *vb. refl.* to bundle off, to hurry, to make haste, to hasten, to post, to go posting, to make the best of one's way. ⓒ *grăbește-te!* hurry up! look alive! be quick! *ceasul lui se grăbește* his watch is fast; *veșnic se grăbește* he is always in a hurry; *a se* ~ *să prindă trenul* to be in a hurry to catch the train.

grăbire *s.f.* **1.** quickening etc. v. g r ă b i . **2.**←*rar* v. g r a b ă. ⓒ *cu* ~ quickly; urgently.

grăbit I. *adj.* hurried; *(pripit)* rash; *(d. pași etc.)* hasty. **II.** *adv.* hurriedly, in a hurry. ⓒ *a merge* ~ *(pe stradă)* to hurry along (the street).

grădinar *s.m.* gardener; *(al unei grădini de zarzavaturi)* market gardener.

grădină *s.f.* garden; *(pomet)* orchard; *(~ de zarzavat)* kitchen/ vegetable/market garden. ⓐ ~ *botanică* botanical garden; ~ *de flori* flower garden; ~ *publică* public garden; *o* ~ *de fată* F a peach of a girl; *o* ~ *de om* F a brick of a fellow.

grădinăreasă *s.f.* gardener; *(nevastă de grădinar)* gardener's wife.

grădinăresc *adj.* garden...; gardener's...

grădinări *vb. intr.* to garden.

grădinărie *s.f.*, **grădinărit** *s.n.* gardening.

grădiniță *s.f. (de copii)* kindergarten.

grădiște *s.f.* hill; hillock.

grăi I. *vb. intr. (a vorbi)* to speak, to talk. **II.** *vb. tr. (a spune)* to say. ⓒ *a* ~ *pe cineva de rău* to speak ill of smb.

grăitor *adj.* eloquent, convincing; telling, graphic.

grăjdar *s.m.* groom, stable man, *mil.* farrier.

grămadă *s.f.* **1.** *(de obiecte disparate)* heap; *(masă)* mass; *(de obiecte așezate simetric)* pile; *(îngrămădire)* cluster, amassment, clump, assemblage, congeries. **2.** *(de oameni)* crowd. **3.** *(mulțime)* lot, multitude, host, great number. **4.** *pl. (de)* loads (of), heaps (of), stores (of), F→ umpteen. **5.** *adverbial* all of a heap, aheap. ⓐ *o ~ de bani* F a pile/pot of money. ⓑ *claie peste ~* heaps on heaps, huddle upon huddle; *(la-ntîmplare)* pell-mell, helter-skelter; *cu grămada* by/in heaps, in clusters/groups/ flocks etc.; in thick crowds. ⓒ *a culca ~ pe cineva* **a.** to throw smb. off his legs; *(a doborî)* to knock smb. down. **b.** *(a omorî)* to kill smb.; *a strînge ~* to heap up; *(a aduna)* to assemble, to amass, to accumulate; *a se strînge ~* to troop, to flock/herd together; *a veni ~* to come in a body.

grămădi v. î n g r ă m ă d i.

grămătic *s.m.*←*inv. (scrib)* copyist, F quill driver; *(secretar)* secretary, clerk; *(contabil)* bookkeeper.

grănicer *s.m. mil.* frontier/border guard.

grănicerесc *adj.* frontier guard('s)...

grăpa *vb. tr. şi intr.* to harrow.

grăpat *s.n.* harrowing.

grăpiş *adv.* creeping, crawling, worming (one's way). ⓑ *tîrîş ~* with the greatest trouble, F→ by fits and starts; rubbing along.

grăsime *s.f.* **1.** fat, grease; *(animală)* tallow; *text.* smear. **2.** *(corpolenţă)* corpulence, stoutness, F rotundity. ⓐ *~ de balenă* blubber; *~ de porc* lard, pork dripping.

grăsuliu *adj.* fattish, plump, buxom.

grăsun I. *adj.* v. g r ă s u l i u. **II.** *s.m.* young pig, gruntling, porklet; *(mistreţ tînăr)* young wild boar, one-year-old boar.

grăsuţ *adj.* v. g r ă s u l i u.

grătar *s.n.* **1.** *(pt. fript)* gridiron, grill; *(un fel de mîncare)* grill. **2.** *(pt. cenuşa din sobă)* fire grate. **3.** *(de şters picioarele)* scraper. **4.** *min.* screen, grate. **5.** *text.* grid. **6.** *hidr.* grating. **7.** *constr.* bar grizzly, grate. ⓑ *(carne friptă la) ~* grilled/broiled meat. ⓒ *a frige la/pe ~* to grill, to broil.

grăunte *s.m., s.n.* **1.** grain; *(sămînţă)* seed. **2.** *pl.* grains. ⓐ *~ de adevăr* grain of truth; *~ de muştar* mustard seed; *~ de nisip* grain of sand, sand corn. ⓑ *sac cu grăunţe* feed bag; *(pt. cai)* nose bag.

grăunţi *vb. tr.* to reduce to grains, to corn, to granulate.

grăunţos *adj.* grainy, S→granular, granulate(d).

grea *adj. fem.*←P pregnant, F→big with child, in the family way, in interesting circumstances, *glum.* in the pudding club. ⓒ *a lăsa ~* to leave with child, to render/make pregnant, F to put in the pudding club; *a rămîne ~* F→to fall in(to) the family way, to find herself great with child.

greabăn *s.n.* **1.** withers. **2.** *fig. (spate)* back. **3.** *fig. (de deal)* crest, top.

greacă *s.f.* Greek, the Greek language.

greaţă *s.f.* **1.** *(senzaţie de vomă)* sickly feeling, sickliness, nausea, qualmishness. **2.** *(scîrbă)* disgust, loathing; *(aversiune)* aversion, dislike, repugnance, abhorrence. ⓒ *a-i fi/veni ~* **a.** to feel sick(ly), qualmish. **b.** *fig.* to feel disgusted.

grebla *vb. tr., vb. intr.* to rake.

greblat *s.n.* raking.

greblă *s.f. agr., text., silv.* rake.

grec I. *adj.* **1.** Greek, *elev.→ (în arhitectură)* Grecian. **2.** *ist.* Hellene. ⓑ *limba greacă* the Greek language, Greek. **II.** *s.m.* Greek; *(antic şi)* Hellene.

grecesc *adj.* **1.** Greek, *elev.→*Grecian. **2.** *ist.* Hellenic. ⓑ *foc ~* Greek fire. ⓒ *la calendele greceşti* at the Greek calends, ad calendas graecas, F→when two Sundays come together.

greceşte *adv.* **1.** in the Grecian/Hellenic style. **2.** *(ca limbă)* Greek.

grecism *s.n.* Gr(a)ecism, Greek idiom, Hellenism.

greciza I. *vb. tr.* to Gr(a)ecize, to Hellenize; to give a Greek turn to. **II.** *vb. refl.* to become Gr(a)ecized.

grecoaică *s.f.* Greek woman *sau* girl.

greco-catolic I. *adj.* Greek-Catholic, Uniat(e), eastern. ⓑ *biserică ~ă* the Greek-Catholic church. **II.** *s.m.* Greek-Catholic, Uniat(e), Greek.

greco-latin *adj.* Greek-Latin.
greco-roman *adj.* Gr(a)eco-Roman.
ⓑ *lupte* ~*e sport* Greek-Roman wrestling.
greder *s.n. constr.* grader.
grefa *vb. tr.* to graft.
grefă[1] *s.f. med.* grafting.
grefă[2] *s.f. jur.* office of the clerk of the court.
grefier *s.m. jur.* clerk (of the court).
gregar *adj.* gregarious.
greghetin *s.m. bot.* **1.** stork's bill, cranesbill *(Geranium).* **2.** stork's bill *(Erodium cicutarium).*
gregorian *adj.* Gregorian.
greier *s.m. entom.* cricket, grig *(Gryllus).* ⓐ ~ *de toamnă* cicade *(Cicada).* ⓑ *ti cîntă* ~*ii in cap* F he is wrong in the upper story, he has bats in the belfry.
grenadă *s.f. mil.* hand grenade.
grenadier *s.m. odin.* grenadier.
grenadină *s.f. text.* grenadine.
greoi I. *adj.* **1.** *(stîngaci)* clumsy, unwieldy, stodgy. **2.** *fig. (d. minte)* dull, slow; *(d. stil etc.)* heavy, obscure, involved. **3.** *(indigest)* indigestible. **II.** *adv.* clumsily etc. v. ~ I.
grepfrut *s.n. bot.* grape fruit *(Citrus decumana).*
gresa *vb. tr.* to grease, to oil, lubricate.
gresaj *s.n.* greasing, lubrication.
gresie *s.f.* **1.** *mineral.* grit stone. **2.** *(cute)* whetstone.
gresor *s.n.* lubricator, oil cup.
greş *s.n.←inv. (greşeală)* mistake; *(eroare)* error; *(defect)* defect, shortcoming; *(nereuşită)* failure. ⓑ *fără* ~ faultlessly, correctly; *(neapărat)* without fail, by all means. ⓒ *a da* ~ **a.** *(a nu nimeri)* to miss (in striking) a blow; *(a nu reuşi)* to fail; *(la ţintă)* to shoot wide of the mark, to miss one's aim; *fig.* to make a bad hit. **b.** *fig.* to fail, to meet with disappointment.
greşeală *s.f.* mistake; *(scădere)* failing, drawback, shortcoming; *(vină)* fault; *(eroare)* error; *(gafă)* blunder; *(pată)* blemish, flaw; *(scăpare din vedere)* oversight; *(defect)* defect; *(păcat)* sin; *jur. şi* mis-

demeanour. ⓐ ~ *boacănă* glaring mistake, howler; ~ *de calcul fig.* miscalculation; ~ *de exprimare/limbă* language mistake; *(amuzantă)* bull; ~ *de tipar* misprint, typographical/printer's error, ~ *gramaticală* grammar mistake; solecism. ⓑ *din* ~ by (a) mistake, through inadvertence, inadvertently; *fără* ~ without a mistake, faultlessly, correctly; *(perfect)* perfectly, impeccably, without reproach. ⓒ *a face o* ~ to make a mistake.

greşi I. *vb. intr.* to err; *(a face o greşeală)* to make a mistake/blunder, to blunder; *(a face rău)* to do wrong; *(a păcătui)* to sin, to trespass, to transgress; *(a fi in culpă)* to be (in the) wrong, to be at fault; *(la ţintă)* to shoot wide of the mark, to miss one's aim, to miss the mark/bull's eye, *fig.* to make a bad hit. ⓒ *a* ~ *impotriva legii* to offend/transgress against the law, to infringe the law; *a* ~ *la socoteală* **a.** to make a mistake in one's calculation/account/accounts, to miscalculate, to be out in one's reckoning. **b.** *fig.* to miscalculate, to be out in one's reckoning, to meet with (a) disappointment. **II.** *vb. tr.* to mistake; *(a lua drept)* to mistake for; *(drumul)* to lose one's way, to take the wrong road; *(ţinta)* to miss, to fail; *(a veni la o adresă greşită etc.)* to come/go to the wrong... ⓒ *a* ~ *adresa* **a.** to go to the wrong house. **b.** *fig.* to come to the wrong man, F to get into the wrong box, to catch a Tartar; to be (quite) wrong/ F in the wrong box; *a-şi* ~ *vocaţia* to mistake one's vocation.
greşit I. *adj. (fals)* mistaken, wrong, false; *(eronat)* erroneous; *(injust)* unjust, unfair; *(ilegal)* illicit, unlawful; *(incorect)* incorrect; *(nepotrivit)* improper. ⓑ *cale* ~*ă* wrong course; *fig. şi* wrong path; *faptă* ~*ă* sinful/iniquitous deed; *metodă* ~*ă* wrong/unsuitable method; *socoteală* ~*ă* miscalculation. **II.** *adv.* falsely etc. v. ~ I.

greţos *adj.* disgusting, sickening, nasty.

greu I. *adj.* **1.** *(la cîntar)* heavy, weighty,ponderous.**2.** *(greoi)* clumsy, heavy. **3.** *(apăsător)* burdensome, onerous, oppressive. **4.** *(dificil)* difficult, hard; *(d. o problemă şi)* baffling; *(d. o sarcină etc. şi)* arduous. **5.** *(obositor)* fatiguing, wearisome, difficult. **6.** *(care produce bătaie de cap)* annoying, troublesome, bothersome. **7.** *(solid)* solid. **8.** *fem.* v. g r e a. **9.** *(precar)* precarious. **10.** *(aspru)* heavy, severe. ⓐ ~ *de cap* dull of apprehension; *(timpit)* thick headed; ~ *de înţeles* difficult to grasp, hard to understand; ~ *de mulţumit* hard/difficult to please, fastidious; ~ *de urcat* difficult to mount, difficult of ascent; ~ *de vindut* difficult to sell. ⓑ *artilerie grea* mil. heavy ordnance; *bagaj* ~ heavy luggage; *boală grea* serious illness; *cu inima grea* with a heavy heart, (most) reluctantly; *drum* ~ fatiguing/difficult road; *iarnă grea* hard/rigorous/severe inclement winter; *industrie grea* heavy industry; *întrebare grea* difficult/intricate/ puzzling question; *luptă grea* hard/ severe struggle, *mil.* severe engagement; *miros* ~ unpleasant/offensive smell; *muncă grea* hard work; *naştere grea* difficult confinement; *pedeapsă grea* severe punishment; *pierdere grea* heavy loss; *problemă grea* difficult problem; *respiraţie grea* heavy/queer breathing; *somn* ~ deep sleep, *poetic* heavy slumber(s). ⓒ *a avea un cuvînt* ~ *de spus* to have a great say in the matter; *mi-e inima grea* my heart is heavy; *a avea o mînă grea* to be heavy-handed; *a fi* ~ *de/la cap* to be hard of apprehension; to be thick-/dull-headed; *e* ~ *de o ureche* he is hard of hearing. **II.** *adv.* **1.** *(greoi)* heavily. **2.** *(serios)* seriously, gravely; *(periculos)* dangerously. **3.** *(cu greutate)* with difficulty; *(de abia)* hardly, scarcely; *(anevoie)* reluctantly, unwillingly. ⓒ *aude* ~ he is hard of hearing; *a cădea* ~ *la stomac* to lie heavy

on the stomach, to be hard of digestion; *a dormi* ~ to sleep fast, to sleep like a log; *a fi* ~ *bolnav* to be (lying) dangerously ill; *a-i fi* ~ to be painful/hard, to come difficult to smb.; *a-i fi* ~ *(pe suflet)* to be heavy at heart; *va fi* ~ *să-l facem să înţeleagă că...* it will be difficult to make him understand/see that...; *o să fie* ~ *să...* it will be difficult to..., it will be no easy matter to...; *îmi vine* ~ *să...* it comes hard upon me to..., I find it hard to..., it is hard for me to... **III.** *s.n.* weight; *fig.* difficulty, hardness; *(povară)* burden, v. g r e u ţ a t e. ⓑ *cu* ~ with difficulty; *(de abia)* hardly, scarcely; *cu mare* ~ with much difficulty/trouble, by dint of great exertion; *din* ~ hard; *in* ~*l iernii* in the depth of winter. ⓒ *a duce* ~*l (cu gen.)* to bear the brunt of...; *el duce tot* ~*l fig.* the whole burden lies on him; *a da de* ~ to get into difficulties; *am ieşit/scăpat din* ~ the worst part is over, I have turned the (sharpest) corner; *a munci din* ~ to work hard; *a suspina din* ~ to heave a deep sigh, to sigh heavily. **IV.** *s.m.* heavyweight (boxer).

greuleţ, greuşor *adj.* **1.** heavyish, rather heavy. **2.** hardish, rather hard.

greutate *s.f.* **1.** weight; *(povară)* burden; *(încărcătură)* load; *fig.* encumbrance, charge. **2.** *(dificultate)* difficulty, hardness; *(caracter precar)* precariousness; *(caracter complicat)* arduousness, intricacy; *(bătaie de cap)* trouble, bother, nuisance, (great) tax; *(potrivnicie)* hardship. **3.** *(influenţă)* influence; *(autoritate)* authority. **4.** *sport* dumb bell. ⓐ ~ *atomică fiz.* atomic weight; ~ *moleculară* molecular weight; ~ *specifică* specific gravity; *greutăţi financiare* pecuniary embarrassment, straitened circumstances. ⓑ *cu* ~ **I.** *adj.* *(important)* important; *(influent)* influential; *om cu* ~ highly influential man, F big gun. **II.** *adv.* with difficulty;

(de abia) hardly, scarcely; *(cu mare ∼)* with much trouble/difficulty, by dint of great exertion; *fără* ∼ without trouble/difficulty; *(fără muncă)* without toil; *lipsă la* ∼ deficiency in weight, short- (ness) of weight, under-weight; *nu fără* ∼ not without some trouble/ friction. ⓒ *a avea* ∼ *fig.* to carry weight; *a avea o∼de...* to weigh...; *a face greutăţi cuiva* to give/cause smb. trouble; *(a pune obstacole)* to put obstacles in smb.'s way; *a întîmpina greutăţi* to meet with difficulties; *a învinge greutăţi* to overcome/surmount difficulties; *nu e nici o* ∼ *(la mijloc)* there is no difficulty about that; there is no obstacle in the way.

greva *vb. tr. jur.* *(o proprietate)* to entail; *(o moştenire)* to burden; *(cu un impozit)* to saddle (with a tax).

grevă *s.f.* strike, work stoppage, sus- pension of work, F→turn-out. ⓐ *greva foamei* hunger strike; ∼ *cu ocuparea atelierelor* sit-down/sit-in strike; ∼ *de avertisment* warning strike; ∼ *de protest* general pro- test strike; ∼ *de solidarizare* sym- pathetic/token strike; ∼ *perlată* ca'canny strike, go-slow (strike). ⓒ *a declara* ∼ to call a strike; *a face* ∼, *a se pune în* ∼ to (go on) strike, to stop work, F→to come/ turn out; to down tools, to walk out.

grevist *s.m.* striker, (work)man on strike.

grezie *s.f.* v. g r e s i e.

gri *adj.* grey, gray.

grifă *s.f. silv.* bark blazer.

grifon *s.m.* griffin, gryphon.

grijanie *s.f.* (Holy) Communion.

grijă *s.f.* **1.** care; *(nelinişte)* anxiety, concern (for), qualm, < alarm; *(necaz)* trouble. **2.** *(atenţie)* care- (ful attention); *(solicitudine)* solicitude; *(scrupulozitate)* scrupu- lousness, conscientiousness. ⓐ *gri- jile zilei* the care/trouble of the day. ⓓ *cu* ∼ carefully, with care; *(conştiincios)* conscientiously; *(scru- pulos)* businesslike, elaborately; *(precaut)* cautiously; *cu cea mai*

mare ∼ with the utmost care, with every possible care; *cu multă* ∼ with great care; *fără* ∼ careless, unconcerned, F non-carish, < light- -hearted, happy-go-lucky; *în grija cuiva* in smb.'s charge, in charge of smb.; *prin grija (cu gen.)* through the good offices of..., thanks to...; *purtare de* ∼ care, looking after. ⓒ *a alunga toate grijile* to banish all care, to cast all care to the winds, to drive away cares; *(să) n-ai nici o* ∼ *(în privinţa aceasta)* you need not trouble yourself on that account, don't worry about that; *o să am eu* ∼ I'll attend to it; I will see to that; *n-am eu* ∼ *de asta* I pay no heed to it, I don't mind it; *nu are* ∼ *de nimic* he doesn't bother about anything; *a avea* ∼ *ca...* to take care that..., to see that...; *a avea* ∼ *de...* to have a care of..., to take care of..., to look after..., to attend to...; *a avea* ∼ *de cineva* to look after/ take care of smb.; *a nu avea* ∼, *a fi fără* ∼ to be care-free, to be easy in mind; *a pricinui griji cuiva* to cause smb. trouble/worry/an- xiety; *chestiunea asta îmi provoacă griji* I keep worrying about that business; *fii fără* ∼! make your mind easy about that! don't worry/ bother about that! *a da în grija cuiva* to place under smb.'s care, to confide to the care of smb.; *lasă asta în grija mea* leave (the care of) that to me; *a intra la* ∼ to become anxious/uneasy.

griji←*reg.* **I.** *vb. tr.* **1.** *(a pregăti)* to prepare. **2.** *rel.* to administer Holy Communion to. **3.** *(a îngriji)* to take care of. **II.** *vb. refl.* **1.** *(a se îngriji) (cu)* to provide/furnish, supply oneself (with). **2.** *rel. (a se împărtăşi)* to receive Holy Com- munion, to partake of the Lord's Supper. **III.** *vb. intr.* ⓒ *a* ∼ *prin cameră* to tidy up/do the room, to put the room in order.

grijuliu *adj.* careful, attentive, heed- ful, mindful; *(precaut)* wary, cau- tious; *(socotit)* thoughtful, consi- derate.

grilaj *s.n.* lattice/trellis work.
grilă *s.f.* **1.** *electr.* grid. **2.** *constr.* grate. **3.** *mil.* grating, lattice work obstacle.
grima I. *vb. tr.* to make up, to paint. **II.** *vb. refl.* to make up one's face.
grimasă *s.f.* grimace. ⓒ *a face grimase* to make grimaces/faces/wry faces.
grimat *adj.* made-up, painted.
grimă *s.f.* make-up.
grimeur *s.m.* maker-up; *(în limbaj teatral și)* make-up man.
grind *s.n.* top of a bank ridge; *(deal)* hill. ⓐ *~uri de nisip* sand banks, sands.
grindă *s.f. constr.* beam, girder, lid. ⓐ *~ armată* reinforced beam/girder; *~ continuă* continuous girder; *~ de-a curmezișul* cross beam, transom; *~ de lemn* wooden beam; *~ principală* main girder/web. ⓒ *a cresta în ~* to book (down), F→ to chalk up.
grindei *s.n.* **1.** *(de plug)* plough beam/shaft. **2.** *(grindă mică)* small beam. **3.** *(fusul morii)* axle of a water wheel.
grindel *s.m. iht.* loach *(Nemachilus barbatulus)*.
grindină *s.f.* **1.** hail; *(piatră)* hailstone; *(furtună cu ~)* hail storm, shower of hail. **2.** *fig.* shower, volley. ⓐ *o~ de înjurături* a volley of abuse; *o ~ de pietre* a shower of stones; *o ~ de săgeți* a shower of arrows. ⓒ *a da ~* to hail.
grindiș[1] *s.n. constr.* joists, beams.
grindiș[2] *s.n.* slope (of a hill).
gripa *vb. refl. tehn.* to seize (up).
gripat *adj. med.* suffering from influenza, influenza'd.
gripă *s.f. med.* influenza, grip(pe), F→flu. ⓒ *a avea ~* to have influenza.
gripcă *s.f.* drawing scraper.
griș *s.n.* semolina, semoule, semolella.
griv *adj.* speckled.
grivăs *s.f.* ⓓ *departe griva de iepure* ←P it's as like as chalk and cheese.
grizu *s.n. min.* fire damp, (pit) gas.
grînar *s.n. și fig.* granary.
grîne *s.f. pl.* grain, corn; *(cereale)* cereals.

grîu *s.n. bot.* wheat, F corn *(Triticum)*; grain, corn; *(cereale)* cereals. ⓐ *~ alb* Polish wheat *(Triticum polonicum)*; *~ de toamnă/de iarnă* winter wheat *(Triticum hibernum)*; *~ gol* spelt *(Triticum spelta)*; *~ mare/englezesc* English/duck-bill wheat *(Triticum turgidum)*; *~ negru* cow wheat *(Melampyrum arvense)*. ⓓ *cultura~lui* wheat growing, cultivation of wheat; *făină de ~* wheaten flour; *floarea ~lui bot.* corn flower, blue bottle *(Centaurea cyanus)*; *pîine de ~* wheaten bread; *recoltă de ~* wheat harvest/crop; *un sac de ~* a sack of corn; *spic de ~* corn ear.
groapă *s.f.* pit; *(adîncitură)* hollow, cavity, excavation; *(mormînt)* grave. ⓒ *a viri/băga pe cineva în ~* to lay smb. in the grave; *fig.* to be the death of smb.; *e cu un picior în ~* he has one foot in the grave, he is on the brink of the grave; *e prost de dă în gropi* he is monstrously stupid, F he is thick-headed with a vengeance. ⓓ *cine sapă groapa altuia cade singur în tr-însa* he who digs a pit for others, (often) falls in himself.
groază *s.f.* fright, dread, great fear/alarm, terror, horror. ⓐ *o ~ de* F heap(s), lot(s), crowds; *o ~ de bani* F heaps/lots/loads/no end of money. ⓓ *cuprins de ~* terror/horror-struck/ -stricken, horrified, seized with fright. ⓒ *a băga groaza în cineva* to terrify smb., to fill smb. with alarm, *elev.*→to strike terror into smb.'s breast; *a inspira ~* to inspire terror; *a se cutremura de ~* to shudder with horror; *mi-e ~ de...* I am frightened of..., I shiver/shudder at...; *mi-e ~ cînd/să mă gîndesc la el* the thought of him makes me shudder; *costă o ~ de parale* F it costs heaps of money; *mă apucă/cuprinse groaza* a shudder crept/came over me, I was seized/stricken with horror/fear/dismay.
groaznic I. *adj.* awful, frightful, dreadful, horrible, horrid, shocking, *sl.* scary. ⓒ *e ~* it is terrible/hor-

rible; *(d. vreme etc.)* atrocious. **II.**
adv. F awfully, terribly, horribly.
grobian I. *adj.* rude, uncivil, impolite; *(primitiv)* coarse, uncouth,
brutal; *(necioplit)* rough, unpolished, ill-bred, churlish. **II.** *s.m.*
rude/coarse/ill-bred fellow, boor,
churl, < bully, brute, bear.
grof *s.m.←odin.* Hungarian count.
grog *s.n.* grog.
groh *interj.* grunt!
grohăi *vb. intr.* to grunt(le).
grohăit *s.n.* **1.** grunting. **2.** *(ca act)*
grunt.
grohot *s.n.* **1.** v. g r o h ă i t. **2.** v.
g r o h o t i ş.
grohoti *vb. intr.* **1.** to roar (while
rolling down). **2.** v. g r o h ă i.
grohotiş *s.n. geol.* detritus, debris,
scree.
gropar *s.m.* grave digger; sexton.
gropiş *s.n.* place full of pits; moor.
gropiţă *s.f. (în obraji)* dimple.
groplan *s.n. cinema* close-up.
gros I. *adj.* thick, big; *(voluminos)*
bulky, voluminous; *(compact)* compact; *(ant. fin)* coarse, stout;
(dens) dense, thick. ⓐ ~ *la pungă*
rolling in wealth, F made of money, worth a mint of money. ⓑ
carte groasă thick/bulky book; *capăt* ~ thick end; *ceaţă groasă* dense/
thick fog/mist; *cu buzele groase*
thick-/F→blubber-lipped; *cu fibra
groasă* coarse-fibred; *cu frunze groase* thick-leaved; *cu gîtul* ~ thick-
-necked; *cu nasul* ~ thick-/F→bottle-nosed; *cu obrazul* ~ *fig.* thick-
-skinned; *cu sîngele* ~ thick-blooded; *frînghie groasă* thick/stout rope;
intestinul ~ *anat.* the large intestine; *nor* ~ thick/dense cloud;
piele groasă coarse/rough skin; *o
scîndură groasă de 2 cm.* a board
two centimetres thick; *sîrmă groasă* heavy wire; *voce groasă* deep/
bass voice; *ziduri groase* thick
walls. **II.** *adv. (mult)* much, in a
big degree, highly; *(f. mult)* very
much, largely; *(amplu)* amply;
(dens) densely; *(din belşug)* profusely, abundantly. ⓒ *a fi îmbrăcat* ~ to be warmly dressed; *pîinea
e tăiată prea* ~ the bread is (cut)
too thick; *a unge untul* ~ to spread

the butter thick. **III.** *s.m. (buştean)* log. **IV.** *s.n.* **1.** *(partea cea
mai mare)* majority, bulk. **2.** *(închisoare)* F quod, limbo. ⓐ ~*ul
oştirii* the main body/bulk of the
army.
groscior *adj.* F of a tidy size, pretty
sizable.
grosime *s.f.* **1.** thickness, bigness;
bulk(iness); *(corpolenţă)* corpulency, plumpness, stoutness. **2.** *(calibru)* calibre; *(lăţime)* breadth,
width; *(înălţime)* height; *(adîncime)* depth.
grosolan I. *adj.* rough; *(nepoliticos)*
rude; *(vulgar)* gross; *(d. o greşeală)* glaring, flagrant; *(d. limbaj, glume, gust etc.)* coarse. **II.**
adv. coarsely, roughly.
grosolănie *s.f. (conduită grosolană)*
rude/uncivil/coarse/ < brutal conduct, rudeness, coarseness, uncouthness; *(insolenţă)* insolence; *(impertinenţă)* impertinence; *(acţiune sau
vorbă grosolană)* incivility. ⓒ *a
spune o* ~ *cuiva* to be rude to smb.
groş *s.m. odin.* groschen.
grotă *s.f.* grotto.
grotesc I. *adj.* grotesque, antic; *(bizar)* bizarre, odd, peculiar. **II.** *s.n.*
arte grotesque.
grozamă *s.f. bot.* **1.** broom *(Genista).*
2. v. d r o b i ţ ă.
grozav I. *adj.* **1.** terrible, dreadful,
tremendous fearful, frightful; *(îngrozitor)* horrible, horrid, awful,
< ghastly, atrocious; *(formidabil)*
formidable, F like billy-o, as
they come. **2.** *(extraordinar)* extraordinary, F capital, super, *amer.*
< fantabulous. ⓐ ~ *la vedere*
fearful to behold. ⓒ *a se crede* ~
to have too good an opinion of
oneself, to think too much of oneself. **II.** *adv.* (~ *de) (extrem de)*
extremely, exceedingly, F tremendously, awfully mighty, like billy-o,
as they come; *(peste măsură de)*
excessively, uncommonly, vastly,
immensely. ⓒ *îmi pare* ~ *de rău
de asta* I am awfully/extremely sorry
about/for that. **III.** *s.m.* ⓒ *a face
pe* ~*ul* to put on airs, F to mount
the high horse, to show off; v. şi
a s e g r o z ă v i.

grozăvenie *s.f.* v. g r o z ă v i e.
grozăvi *vb. refl.* to put on airs, F
to carry it with a high hand, to
mount the high horse, *sl.* to do
the grand; *(a se făli) (cu)* to
boast (of), to brag (of).
grozăvie *s.f.* **1.** atrocity; terror,
horror. **2.** *(monstru)* monster. ©
nu e cine ştie ce ~ F it's nothing
to write home about, it's nothing
out of the way.
grui *s.n.*←*reg.* **1.** *(vîrf de deal)* hill
top; *(coastă de deal)* hill slope.
2. *(deluşor)* hillock.
gruie[1] *s.f. ornit.* crane *(Grus cinerea).*
gruie[2] *s.f.* crane. ⓐ ~ *de ancoră nav.*
anchor crane.
grumaz *s.m. (gît)* neck; *(ceafă)*
nape; *(spate)* back.
grund *s.n.* **1.** *arte* ground/prime
colour, grounding. **2.** *constr.* plas-
ter rough cast.
grunz *s.m., s.n.* lump, clod.
grunzuros *adj.* rough.
grup *s.n.* group; *(de oameni sau
obiecte aşezate alături)* cluster. ⓐ
un~*de insule* a cluster of islands; ~
parlamentar parliamentary group;
~*ul parlamentar laburist* the Par-
liamentary Labour Party. ⓑ *foto-
grafie in* ~ group photograph;
studiu in ~ group study/lessons.
grupa I. *vb. tr.* to group (together);
(a clasifica) to classify; to assort.
© *a* ~ *in jurul său* to call (a)round
one. **II.** *vb.refl.* to group (together),
to form groups; *(a se clasifica)*
to be classified. © *a se* ~ *in jurul
partidului* to rally round the party.
grupare *s.f.* group(ing); *(clasificare)*
classification.
grupă *s.f. şi mil.* group ⓑ ~ *san-
guină* blood group; ~ *sindicală*
(trade-)union branch/group.
gruzin *s.m. adj.* Grusinian.
guanidină *s.f. chim.* guanidin.
guano *s.m.* guano.
guard *s.m. mil.* guard, warder.
ⓐ ~ *forestier* keeper of a forest.
guaşă *s.f. arte* gouache, body colour.
gubernie *s.f.*←*odin.* province.
gudron *s.n.* tar, pitch.
gudrona *vb. tr.* to (cover with) tar;
(un vapor) to paint with pitch.
gudronat *adj.* tarred, pitched.

gudura *vb. refl.* **1.** *(pe lingă)* to
fawn (upon). **2.** *fig.* to (play
the) toady; to (cringe and) crawl,
to cajole, to fawn, F to carney.
guguştiuc *s.m.* **1.** *ornit,* ring dove,
cushat *(Columba palumbus).* **2.**
F pigeon, noodle, nincompoop,
ninny.
guiţ *interj.* squeak!
guiţa *vb. intr.* to squeak, to squeal.
guiţat *s.n.* squeaking, squealing.
gulaş *s.n.* goulash.
guler *s.n.* **1.** collar; *(capă)* cape;
(tare, inalt,↓ la preoţi) F→ choker.
2. *tehn.* collar. **3.** *(la bere)* head.
ⓐ ~ *de cămaşă* shirt collar; ~
de haină collar of a coat; ~*montant*
stand-up collar. © *a apuca pe cineva
de* ~ to collar smb., to take smb.
by the collar.
guleraş *s.n. (pt. doamne)* collaret(te).
gulerat I. *adj.* **1.** *(cu guler)* collared,
provided with a collar. **2.** *(dungat
la gît)* neck-spotted. **II.** *s.m. peior.*
jack-in-office.
gulie *s.f. bot.* turnip cabbage/tops
(Brassica oleracea).
guma *vb. tr.* to (stiffen/stick with)
gum; to rubberize.
gumat I. *adj.* gummed. ⓑ *apă* ~*ă*
gum water. **II.** *s.n.* gumming.
gumă *s.f. (cauciuc)* rubber, caou-
tchouc*(radieră)*india rubber, eraser
(răşină) rosin, resin. ⓐ ~ *ara-
bică* gum arabic, acacia gum;
~*de maşină* type-writer eraser, ~*de
mestecat* chewing gum, *amer.* chiclet.
~ *elastică* v. g u m i l a s t i c.
~ *guta* gum gutta, gamboge; ~
lac gum lac.
gumilastic*s.n.*←*inv.***1.** elastic(string).
2. *(cauciuc)* rubber.
gunguri v. g î n g u r i .
gunoi[1] *s.n.* **1.** *(murdărie)* garbage,
rubbish, refuse, waste, dust, dirt,
litter, F→muck. **2.** *(bălegar)* dung,
manure, F→muck. **3.** *fig.* scum.
ⓑ *carul cu* ~ the dustman's cart;
ladă cu ~ dustbin. ⓑ *a face* ~ to
litter.
gunoi[2] **I.** *vb. tr.* to manure, to dung.
II. *vb. refl.* **1.** *(a putrezi)* to rot. **2.**
(a slăbi de tot) to waste away.
gunoier *s.m.* dustman, scavenger.

gunoit I. *adj.* manured. **II.** *s.n.*
manuring.
guraliv *adj.* talkative, garrulous;
(gălăgios) noisy.
gură *s.f.* **1.** *anat.* mouth, F→chops,
jaw, P→potato/kissing trap; *(buze)*
lips; *zool.* S→stoma. **2.** *(îmbucătură)*
mouthful. **3.** *(de arme, tehn.)* muz-
zle, mouth. **4.** *(de aer)* vent; *(des-
chizătură)* opening, aperture; *(ori-
ficiu)* orifice. **5.** *(vorbire)* speech.
6. *(vorbărie)*(idle) gossip, scandal;
(ceartă) quarrel, <squabble, row;
(strigare) call; *(mustrare)* scold-
ing; *(cicălire)* nagging; pestering.
7. *pl.* *(copii)* children, family,
mouths. **8.** *(gust)* taste. **9.** *(sărut)*
kiss, F buss. **10.** *(înghiţitură)*
draught, > sip. **11.** *(braţ)* arm-
ful. **12.** *interjecţional gura!* F shut
up! *sl.* stash/cheese it! ⓐ *gura
leului bot.* **a.** snapdragon *(Ant-
tirrhinum majus)*. **b.** flaxy (grey)
(Linaria); *gura lumii* gossip of
people, F Mrs. Grundy; ~-*cască*
F/ jackanapes, booby; *o ~ cît o
şură* a very large/ wide mouth;
~ *de apă tehn.* hydrant; ~ *de
broască* keyhole; ~ *de cuţit* edge
of a knife; ~ *de incendiu* fire
hydrant/plug; ~ *de leu* lion's
mouth/jaw; ~ *de lup* **a.** *nav.* black
wall hitch. **b.** *tehn.* crowbar; ~
de peşteră mouth of a cave; ~ *de
pivniţă* air/vent hole of a cellar;
(intrare) mouth/opening of a cellar;
~ *de rai* threshold of Paradise; ~
de rîu river mouth; ~ *de sabie*
sword blade; ~ *de vînt* venti-
lator; ~ *rea fig.* slanderous/venom-
ous/ wicked/loose/F long tongue;
gurile rele slanderous tongues. ⓕ
apă de ~ gargle, water for rinsing
one's mouth; *med.* collutorium;
colţul gurii corner of the mouth;
cu jumătate de ~ in an undertone;
(puţin dispus) unwillingly, reluc-
tantly; *de-ale gurii* food; *(merinde)*
victuals, *sl.* prog; *din gura cuiva*
from smb.'s mouth; *din~în~*from
mouth to mouth; *fără~* mouthless;
în gura mare loudly, in a loud
voice, at the top of one's voice; *la
gura sobei* by/at one's fireside;
mură-n ~ in readiness, at call;

rău de ~ foul-mouthed. ⓒ *n-am
~* I don't dare say anything; *are
cinci guri de hrănit* he has five
mouths to feed in his family; *a
avea gura tare (d. cai)* to be hard-
-mouthed; *a avea o ~ spurcată*
to fling abuse at everybody; *a-şi
bate/răci gura degeaba* to spend/
waste one's breath; *a da o ~
cuiva* to give a kiss to smb.; *a
deschide gura* to open one's mouth/
lips; *a nu deschide gura şi fig.*
not to open one's mouth/lips; *a-şi
face gura pungă* to screw up one's
mouth; *a face ~ F* to make a fuss,
to kick up a row; *a închide gura
cuiva* **a.** to stop smb.'s mouth **b.**
fig. to silence smb., P to make smb.
shut up, to stunt smb., to settle
smb.'s hash (for him); *a lega gura
pînzei* to save money, to put/
set money by; *a-şi şterge gura* to
wipe one's mouth; *a-şi ţine gura*
to hold one's tongue, to keep one's
own counsel, F to keep mum,not
to blab; *a trage o~cuiva* F to haul
smb. over the coals; *a-şi ţuguia
gura* to screw up one's mouth, to
purse one's lips; *a scăpa ca din
gura lupului* to have a narrow
escape/F squeak/F close shave;
a fi cu gura mare **a.** *(a face scandal)*
F to make a fuss. **b.** *(a căuta cear-
tă)*←F to pick a quarrel. **c.** to keep
protesting; to ride the high horse;
a ride cu jumătate de ~ to laugh on
one side of the mouth, to put on a
wry/sickly smile; *a se pune cu gura
pe cineva* F to jaw smb., to blow
smb. up; *a sări cu gura la cineva*
to be down upon smb.; *a sta cu
gura căscată* to stand gaping/agape;
a vorbi cu gura plină to speak
with one's mouth full; *a fi bun de
~* to have the gift of the gab, to
have a well-oiled tongue; *a lua
pîinea de la gura cuiva* to take
the bread out of smb.'s mouth;
am auzit-o chiar din gura lui I
have it from his own mouth; *dă
din ~, îi umblă gura*←F he talks
too much, P there's too much
jaw about him; *a grăi din ~* to
speak; *a lua vorba din gura cuiva*

to take the words out of smb.'s mouth; *ti sorbeam vorbele din ~* I hung delighted on his lips; *taci din ~; (ține-ți) gura!* F hold your jaw! dry up! shut up (your mouth)! P stow that! *a trece din ~ în ~* to pass from mouth to mouth; *a fi în gura tuturor* to be in everybody's mouth/on everybody's tongue; *nu ia vin în ~* he never touches wine; *a intra în gura lumii* to get talked about, to become the common talk of the town; *a nu pune în ~* not to touch; *n-am pus nimic în ~* I haven't eaten yet; *a duce la ~* to put to one's mouth; *a-și duce degetul la ~* to put/lay one's finger to one's mouth; *a face spume la ~* to foam at the mouth; *a fi cu sufletul la ~, a fi în gura morții* to be in the grip/throes of death, to be in one's last agony/on one's last leg; *a fi liber la ~* to speak (one's mind too) freely; *bate-te peste ~!* God forbid! *a trăi de la mînă pînă la ~ (de azi pe mîine)* to live from hand to mouth; *a uita de la mînă pînă la ~* ← F to be very forgetful; *cuvîntul îmi umblă prin ~* the word is at my tongue's end/on the tip of my tongue; *a nu i se mai auzi gura* not to breathe/drop a word; *a căsca cît îi ține gura* to give yawns; *e numai gura de el* he's just a big talker/a windbag; *mi-e gura rea* I have a disagreeable taste in my mouth; *îți lasă gura apă* it makes one's mouth water; *a-l lua gura pe dinainte* to blab out a secret, F to let the cat out of the bag, to give oneself away; *sl.* to blow the gab; *e mai mult gura de ea* her bark is more than her bite; *îi miroase gura* his breath smells, he has a bad/foul breath; *a striga cît îl ține gura* to howl. ⓙ *ce intră în gura lupului nu se mai scoate* it is no use crying over spilt milk.

gură-cască *s.m.* **1.** *(persoană)* gaper, loafer. **2.** *(minunăție)* gapeseed, gaping stock, wonder, marvel. **3.** dupe, gull, easy gullible person. ⓙ *atitudine de ~* gullibility.

gureș *adj.* talkative, loquacious, < garrulous.

gurgui *s.n.* **1.** *(de ulcior)* spout. **2.** *(sfîrc)* nipple, pap, teat. **3.** *(vîrf de opincă)* toe. **4.** *(vîrf de deal)* hill top.

gurguiat *adj.* **1.** *(țuguiat)* pointed. **2.** *(încîrligat)* hooked.

guriță *s.f.* **1.** *(sărutare)* kiss, F buss. **2.** *(de turtă dulce)* ginger snaps.

gurmand I. *adj.* *(lacom)* greedy; *(amator de mîncăruri bune)* fond of dainties. **II.** *s.m.* glutton, gormandizer, gourmet, good liver.

gust *s.n.* **1.** taste; *(al unei mîncări și)* flavour; *(plăcut)* relish; *(picant)* piquant flavour, piquancy. **2.** *lit. etc.* taste. **3.** *(dorință)* desire; *(înclinație)* disposition, inclination; *(gen)* liking, taste. ⓐ *~ acru* sour taste; *~ amar* bitter taste; *~ delicat* delicate taste; *~ dulce* sweet taste; *~ prost* bad taste. ⓑ *chestiune de ~* matter of taste; *cu ~* I. *adj.* *(făcut cu ~)* tasteful, F tasty; *(gustos)* F tasty. II. *adv.* tastefully; *de ~* for pleasure, for (an) amusement; *o fată după ~ul lui* a girl quite to his taste, a girl after his own heart; *fără ~* **a.** și *fig.* flavourless, insipid, tasteless, unsavoury. **b.** *fig.* without taste. **c.** *(de prost ~)* in bad taste; *numai așa de (un) ~* to pass away the time, as a pastime, for an amusement; *pe ~ul cuiva* to smb.'s taste/liking; *simțul ~ului* taste, S→gustation. ⓒ *ai ~ de plimbare?* (do you) care for a walk? *am un ~ amar în gură* I have a bitter taste in my mouth; *are ~uri proaste* he shows bad taste; *albușul de ou nu are nici un ~* the white of an egg has no taste; *a avea ~* **a.** *(d. oameni)* to have taste. **b.** *(d. lucruri)* to have a good taste; *a avea ~ de....* **a.** *(a avea chef de)* to have a mind to..., to feel inclined to... **b.** *(a avea un ~ de)* to taste of...; *a prinde/ căpăta ~ pentru ceva* to acquire a taste for smth.; *a-și satisface ~ul* to satisfy one's desire; *a satisface toate ~urile* to satisfy all tastes, to cater for all tastes; *a fost o remarcă de prost ~* the remark

was in bad taste; *a fi pe ~ul
cuiva* to be to smb.'s taste/liking;
mi-a trecut tot ~ul de aşa ceva I
have lost all liking for it, my
fancy is gone; *a-i veni ~ de...* to
be seized with a desire to..., to
feel in the humour/mood for *(cu
forme în -ing)*; *cînd îți vine ~ul*
when(ever) he is in the mood, F
when the maggot bites him. ⓓ
~urile nu se discută there is no
accounting for tastes, tastes differ.
gusta *vb. tr.* 1. to taste (of), F→to
get a taster of ; *(sorbind)* to sip ;
(încet, cu plăcere) to relish. 2. *fig.*
(a încerca) to experience, to try,
to undergo, to go through, to get
a taste of ; *(a savura)* to enjoy.
Gustar *s.m.*←P August.
gustare *s.f.* 1. tasting, S→gustation.
2. *(aperitiv)* snack, light meal/
repast, cold collation ; appetizer ;
F→starter ; *(între micul dejun şi
prînz)* luncheon. ⓐ *~a de dimi-
neaţă* breakfast. ⓒ *a lua o mică ~*
to partake of/to make a light meal,
to have a snack, to eat a little.
gustat *adj. fig.* appreciated.
gustativ *adj.* gustative; *(d. nervi
etc.)* gustatory.
gustări *vb. tr. (a gusta)* to taste; *(pe
furiş)* to eat on the sly, to pilfer.
gustos *adj.* savoury, relishing,
appetizing, toothsome, palatable,
tasty, F→nice. ⓒ *a pregăti un prînz
~* to prepare a tasty/nice/an
appetizing dinner; *prăjitura e foarte
gustoasă* the cake tastes delicious;
a fi ~ to eat well.
guşat I. *adj.* goitrous, afflicted
with a wen, S→strumous, strumose,
strumotic. II. *s.m.* goitrous patient,
person afflicted with a wen.
guşă *s.f.* 1. *(la păsări)* crop, maw,
gizzard. 2. *med.* goitre, wen,
dewlap, S→struma, bronchocele,
tracheocele. 3. *(bărbie dublă)*
double chin. ⓓ *cu*~v. g u ş a t.
1 ⓒ *a face ~* to get a wen; *ce-i
în ~ şi-n căpuşă* he wears his
heart (up)on his sleeve.
guşter I. *s.m. zool.* green lizard
(Lacerta viridis). II. *s.n.* 1. *med.*
croup. 2. *anat. (gîtlej)* throat. 3.
anat. (omuşor) uvule.

gutapercă *s.f.* gutta percha.
gută *s.f. med.* gout(iness), gouty
complaint, S→arthritis. ⓑ *bol-
nav de ~* v. g u t o s .
gutos *adj. med.* gouty, afflicted
with gout, S→arthritic(al).
gutui *s.m. bot.* quince tree *(Cydo-
nia vulgaris).*
gutuie *s.f.* quince. ⓑ *dulceaţă de
gutui* quince jam.
gutural *s.n. med.* cold (in the head),
running (of the) nose, S→(nasal)
catarrh, *rar*→rheum. ⓑ *cu ~*
having a cold (in the head). ⓒ *a
avea ~* to have/suffer from a cold
(in the head); *a căpăta ~* to catch
(a) cold, to take cold.
gutural *adj.* guttural. ⓑ *sunet ~*
guttural sound.
guvern *s.n.* government, cabinet.
ⓐ *~ democrat-popular* people's
democratic government; *~ popular*
people's government; *~ republi-
can* republican government.
guverna I. *vb. tr.* 1. to govern, to
rule, to reign over, *înv.*→to sway.
2. *gram.* to govern. II. *vb. intr.*
(a stăpîni) to reign, to rule; *(d.
miniştri)* to govern, to be at the
head of affairs, to be at the helm
(of the state). III. *vb. refl. pas.* to
be governed etc. v. ~ I.
guvernamental *adj.* government(al),
state... ⓑ *birouri ~e* governmental
offices; *funcţionar ~* government
official; *sistem ~* system of go-
vernment; *ziar ~* government/mi-
nisterial paper.
guvernant I. *adj.* governing, ruling.
II. *s.m.* governor.
guvernantă *s.f.* governess; nurse.
guvernare *s.f. (conducere)* govern-
ment, rule; *(administraţie)* govern-
ment, administration. ⓑ *arta gu-
vernării* the art of government;
sistem de ~ system of government.
guvernator *s.m.* governor. ⓐ *~ ge-
neral* Governor General.
guvernămînt *s.n.* ⓐ *formă de ~*
(form of) government.
guvid *s.m. iht.* black goby, chub,
sea gudgeon *(Gobius niger).* ⓑ
coada ~ului vet. rat tail.
guzgan *s.m. zool.* rat *(Mus rattus).*

H

H, h *s.m.* H, h, the ninth letter of the Romanian alphabet.

ha *interj.* **1.** *(exprimă surprindere)* ha(h)! *(dezgust)* F yah! **2.** *(exprimă satisfacție)* haha! **3.** *(întrebător)* F what? **4.** *(imită rîsul)* ha(h)! ha(h)! haw! *a* ~, ~, ~! haw! haw!·haw!

habar *s.n.* **1.** *(idee)* idea, notion; *(cunoștință)* knowledge. **2.** *(grijă)* care ⓒ *a nu avea* ~ not to have the faintest notion/the slightest idea; not to know (a) B from a battledore, not to have a clue, to be quite clueless; ~ *n-am!* și F ask me another! *nici să n-ai* ~ F don't fret your eyelids on that score; don't worry about that.

habotnic I. *adj.* **1.** *(bigot)* bigoted, religiose, F saintly. **2.** *(fanatic)* fanatical, F gushing. **II.** *s.m.* bigot.

habotnicie *s.f.* bigotry.

hac *s.n.* ⓒ *a-i veni cuiva de* ~ to get the better of smb., to find a needle for the devil's skin; *(a omorî)* F to do smb. in.

hachițe *s.f. pl. (toane)* freaks, whims, humours. ⓒ *cînd ti vin* ~*le* when the fit takes her.

hagiograf *s.m.* hagiographer.

hagiografe *s.f. pl.* hagiographa.

hagiografie *s.f.* hagiography.

hahaleră *s.f.* F ne'er-do-well, blighter, gadabout.

haham *s.m.* Jewish (kosher) butcher.

hai *interj.* **1.** *(haide)* come (on)! come along! up! go ahead! *(așa să facem)* let's! **2.** *(lasă)* come. **3.** F. v. *nu-i așa.* ⓐ ~, ~ little by little, leisurely.

haidamac *s.m.* **1.** *(vagabond)* loafer, F gadabout, tramp. **2.** *(lungan)* long and lanky fellow, F lamp post.

haidău *s.m.* **1.** cowherd, *amer.* cowboy. **2.** v. h a i d a m a c 1.

haide *interj.* v. h a i 1, 2.

haiduc *s.m.* outlaw.

haiducesc *adj.* outlaw..., of outlawry. ⓑ *balade haiducești* ballads of outlawry.

haiducește *adv.* like an outlaw.

haiduci *ist.* **I.** *vb. intr.* to lead an outlaw's life. **II.** *vb. refl.* to become an outlaw.

haiducie *s.f.* outlawry.

haihui I. *adj. (zăpăcit)* brainless, giddy, light-headed; *(fără grijă)* careless. **II.** *adv.* **1.** *(fără țintă)* aimlessly; *(încoace și-ncolo)* hither and thither. **2.** *(nepăsător)* carelessly; *(zănatec)* F harum-scarum. ⓒ *a umbla* ~ to roam/rove/gad about, to lounge, to idle; *(ca vagabond)* to tramp about.

haimana *s.f.* tramp, loafer, F moocher, inspector of the pavement. ⓒ *a umbla* ~ v. a u m b l a h a i h u i.

haimanalîc *s.n.* tramping, loafing, F mooching.

hain I. *adj. (rău)* wicked; malicious; *(cu intenții rele)* ill-inclined, malevolent; *(crud)* cruel, merciless, pitiless; *(dușmănos)* ill-disposed, hostile, averse, vicious; *(perfid)* perfidious. **I.** *adv.* cruelly etc. v. ~ I.

haină *s.f.* **1.** *(bărbătească)* coat; *(de damă)* costume; *(jachetă)* jacket; *(palton de damă)* coat. **2.** *pl. (îmbrăcăminte)* clothes, clothing; (wearing) apparel, *poetic*→raiment, attire, F→toggery, togs. ⓐ ~ *la două rînduri (de nasturi)* double-breasted coat; ~ *de blană* (long) fur coat; ~ *de lucru* (working) overall; ~ *de sărbătoare* one's Sunday best, Sunday clothes; ho-

liday array; ~ *de seară* evening
suit/dress; ~ *impermeabilă* water-
proof coat; ~ *ponosită* shabby
coat; *haine civile* civilian's clothes,
F civvies, *mil.* mufti; *haine de
stradă* street clothes; *haine de gata*
ready-made clothes, clothes off
the peg, *amer.* garment. ⓑ *în haine
civile* in plain clothes; *magazin de
haine* clothes shop; *negustor de
haine vechi* second-hand clothes
dealer, pedlar, jack trader; *un
rînd de haine* a suit of clothes;
stofă de haine clothing/dress ma-
terial, tailor's clothes. ⓒ *haina
îi vine ca turnată* the suit fits him
like a glove; *şi-a făcut un nou
costum (de haine)* he had a new
suit made for him. ⓓ *nu haina
face pe om* clothes do not make
the man.

haini *vb. refl. (a se înrăi)* to become
wicked/cruel/callous.

hainie *s.f.* **1.** *(răutate)* wickedness;
(cruzime) cruelty; *(duşmănie)*
enmity; *(ciudă)* spite, malice,
viciousness. **2.** *(perfidie)* perfidy.

hait *interj.* **1.** *(exprimă surpriză)*
F well I never! *(neplăcută)* F
hoity-toity! fiddledee! **2.** *(exprimă
un îndemn puternic)* now then!
(exprimă ordinul de a pleca) be/F
clear off! F sling your hook! out
you get! P hop it! **3.** *(s-a zis!)*
F it's all over!

haită *s.f.* **1.** *(de ciini, de lupi)* pack.
2. *(căţea; şi fig.)* bitch. **3.** *(ciine
rău)* cur. **4.** *(ceată)* pack, gang.

haiti *interj.* v. h a i t.

haitic *s.n.* pack of wolves.

haitiş *adj.* **1.** *anat.* knock-kneed.
2. *vet.* overreached.

hal *s.n. (stare proastă)* sad/sorry
plight; *(stare)* predicament, >
state, condition. ⓒ *a fi într-un
~ fără de ~* ←F to make a sorry
appearance, to look wretched; *în
ce ~ eşti!* F what a plight you
are in!

halaj *s.n. nav.* towage.

halal *interj.* ⓒ *~ masă!* smth. like
a dinner! *~ să-ţi fie! (bravo)*
that's well done! good for you!
şi peior. I wish you joy of it!

peior. you've been (and gone) and
done it; *~ să-i fie! peior.* much
good may it do him! for shame to
him!

halat *s.n.* **1.** *(de casă)* dressing
gown; *(de damă)* lady's wrapper;
(de baie) bath gown. **2.** *(de doctor)*
doctor's smock; *(de chirurg)* sur-
gical coat. **3.** *(de lucru)* overall.

hală *s.f.* **1.** com. market hall/house.
2. *arhit.* hall. ⓐ *~ de peşte* fish
market; *~ de vechituri* second-
hand market, F→rag fair.

halbă *s.f.* mug; *(cu capac)* tankard.

halcă *s.f.* **1.** *(de carne)* joint; *(de
pîine etc.)* hunch, hunk, chunk.
2. *(de pămînt)* plot.

haldă *s.f.* waste/dump heap, waste
dump.

haleală *s.f. argou* **1.** *(mîncare)* F
grub, belly timber. **2.** *(faptul de
a hali)* F wolfing.

halebardă *s.f. odin.* halberd, halbert.

halebardier *s.m. odin.* halberdier,
înv. halberd, halbert.

half *s.m. sport* half (back).

hali **I.** *vb. tr.* **1.** *argou* F→to wolf,
sl. to hally. **2.** *(la oină)* to strike,
to bat. **II.** *vb. intr. argou sl.* to
grub.

halima *s.f.* **1.** the Arabian Nights.
2. *(istorie)* long story, F a pretty
kettle of fish. **3.** *(întîmplare ciu-
dată)*←F funny/strange event.

halma *s.f. (joc)* halma, hoppity.

halo *s.n.* halo.

halogen *adj. chim.* halogen.

haloid *adj., s.n. chim.* haloid.

halt *interj.* stop! halt!

haltă *s.f.* **1.** *ferov.* small/flag sta-
tion. **2.** *(oprire)* halt; *(loc de
oprire)* halting place. ⓐ *~ de
ajustare* bait. ⓒ *a face o ~* to
make a halt.

haltere *s.f. pl. sport* bar bells; *(de
exerciţiu)* dumb bells; *(ca sport)*
weight lifting.

halterofil *s.m. sport* weight lifter.

halterofilie *s.f.* weight-lifting.

halucina *vb. tr.* to hallucinate.

halucinant *adj.* hallucinating.

halucinaţie *s.f.* hallucination, *med.*
delusion.

halva *s.f.* khalva, halva(h), halavah.

ham¹ *s.n.* harness, horse furniture.
ⓑ *cal de* ~ draught horse.
ham² *interj.* bow-wow!
hamac *s.n.* hammock.
hamal *s.m.* 1. *ferov.* (railway luggage) porter; *amer.* baggage man.
2. stevedore, longshoreman, *amer.* waterside worker, *austr.* wharfie.
ⓒ *a munci ca un* ~ F to work like a nigger.
hamalîc *s.n. fig.* drudgery.
hambar *s.n.* 1. *(magazie pt. grîne)* barn, granary, corn loft, store room. 2. *(ladă pt. făină)* flour/meal chest. 3. *nav.* v. c a l ă.
hamei *s.n. bot.* hop (plant) *(Humulus lupulus)*.
hamsie *s.f. iht.* anchovy *(Engraulis encrassicholus)*.
han¹ *s.n.* inn; roadside inn.
han² *s.m. ist.* khan.
hanat *s.n. ist.* khanate.
handbal *s.n. sport* handball.
handicap *s.n.* 1. *sport* handicap. 2. *fig.* obstacle, hindrance.
handicapa *vb. tr.* 1. *sport* to handicap. 2. *fig.* to hinder, to hamper.
handralău *s.m.* 1. *(pierde-vară)* good-for-nothing (fellow), F gadabout, idler. 2. *(flăcău)*←*peior.* lad.
hang *s.n. muz.* accompaniment, subordinate part. ⓒ *a ţine* ~*ul cuiva* a. *muz.* to accompany smb. b. *fig.* to be smb.'s yes-man.
hangar *s.n.* 1. *constr.* shed; penthouse. 2. *av.* hangar.
hanger *s.n. mil. odin.* handjar.
hangioaică, hangiţă *s.f.* 1. innkeeper, hostess. 2. *(soţie de hangiu)* innkeeper's wife.
hangiu *s.m.* innkeeper, host, landlord.
hanorac *s.n.* anorak.
haos *s.n. şi fig.* chaos; *fig.* confusion.
haotic I. *adj.* chaotic. II. *adv.* chaotically.
hap¹ *s.n.* pill. ⓒ *a înghiţi* ~*ul* F to swallow the pill; *e un* ~ *amar* that's a bitter pill (to swallow).
hap² *interj.* snap!
hapcă *s.f.* ⓑ *cu hapca* by violence; at one fell swoop. ⓒ *a lua cu hapca* to take by violence, to swoop up.

hapciu *interj.* at-cha! at-chee! tisho! tish-ho!
haplea *s.m. (prost)* F simpleton, ninny, blockhead, duffer, booby.
haplologie *s.f. lingv.* haplology.
hapsîn *adj.* 1. *(crud)* cruel; *(rău)* wicked; *(aprig)* fierce. 2. *(lacom)* covetous, greedy, ravenous, grabbing.
har *s.n.* 1. *rel.* grace. 2. *(talent)* talent, gift. 3. *(farmec)* charm.
haraba *s.f.* rack waggon.
harababură *s.f.* confusion, pell-mell, F mush, jumble; *(scandal)* F row, fuss, hubbub.
harabagiu *s.m.* carter, carman.
harachiri *s.n.* hara-kiri, F→happy dispatch.
haram I. *s.n. (mîrţoagă)* jade, nag, crock. ⓐ ~*că...* it's a pity that...; *un* ~ *de om* a good-for-nothing, a scamp, a scapegrace; *un* ~ *de cal* a jade, a crock. ⓑ *de* ~ a. *(pe nedrept)*←F wrongly, unjustly, in defiance of the law. b. *(degeaba)* F for a song; for nothing, gratis. ⓒ *a mînca* ~ F to talk through one's hat. II. *adj. (blestemat)* cursed, damned, confounded, F deuced, blessed. ⓒ *de* ~ *vine, de* ~ *se duce* lightly come, lightly go; easy come, easy go; so got, so gone; ill gotten, ill spent.
harapnic *s.n.* whip, scourge.
harcea-parcea *adv.* ⓒ *a face* ~ to hack, to make a hash of, to destroy, to bring to smithereens.
hardughie *s.f. (şandrama)* F old ruins, (big)tumbledown/ramshackle building.
harem *s.n. odin.* harem, haram.
harfă *s.f. muz.* v. h a r p ă.
harlechin *s.m.* v. a r l e c h i n.
harnaşament *s.n.* harness.
harnic I. *adj.* diligent, industrious, hardworking; busy. ⓐ ~ *ca o albină* as busy as a bee. II. *adv.* diligently, industriously, busily.
harpagon *s.m.* F skinflint, harpagon.
harpă *s.f. muz.* harp. ⓐ ~ *eoliană* Aeolian harp. ⓒ *a cînta la* ~ to play (on) the harp.
harpie *s.f.* 1. *mit.* harpy. 2. *fig.* harpy, fury.

harpist *s.m.* *muz.* harper, harpist, harp player.

harpon *s.n.* harpoon.

harpsicord *s.n.* *muz.* harpsichord.

hartă *s.f.* map. ⓐ ~ *a globului* map of the world; ~ *astronomică* celestial chart; ~ *aviatică* air map; ~ *geografică* geographical map; ~ *legată în pînză/pînzată* a map mounted on cloth; ~ *marină* sea chart.

harţă *s.f.* *(încăierare)* affray, hand--to-hand fight, skirmish, scrap; *(ceartă)* quarrel. ⓒ *a se lua la* ~ to quarrel (with smb.).

hasmaţuchi *s.m.* *bot.* true/garden chervil *(Anthriscus cerefolium)*.

haspel *s.n.* *text.* winch.

haşiş *s.n.* hashish, bhang.

haşura *vb.* *tr.* to hatch, to hachure.

haşuri *s.f.* *pl.* hachures, hatchings.

hat *s.n.* **1.** *(între ogoare)* boundary path, field way. **2.** *(ţelină)* fallow soil/ground.

hatîr *s.n.* **1.** *(favoare)* favour; *(protecţie)* protection; *(bunăvoinţă)* kindness; *(concesie)* concession. **2.** *(plac)* pleasure. ⓑ *de/pentru* ~*ul* *cuiva* for smb.'s sake. ⓒ *fă-mi* ~*ul şi...* do me the favour to...; *a strica* ~*ul cuiva* to mar smb.'s pleasure; *am venit de* ~*ul tău* I came for your sake.

hatman *s.m.* *odin.* **1.** hetman, leader of Cossacks. **2.** *(în Moldova)* minister of war. **3.** *(în Muntenia)* inspector of police.

haţ *interj.* snap!

hau *interj.* bow-wow!

hava *vb.* *tr.* *min.* to (under)cut, to (under)hole.

havaiană *s.f.* *muz.* Hawaïan guitar, ukulele.

havană *s.f.* cigar, Havana.

haveză *s.f.* *min.* coal-cutting machine; (mechanical) coal cutter.

havuz *s.n.* **1.** *(bazin)* basin. **2.** *(fîntînă ţîşnitoare)* (flowing) fountain.

haz *s.n.* **1.** *(veselie)* fun, sport, frolic, F lark. **2.** *(glumă)* joke. **3.** *(graţie)* ← *înv.* grace(fulness); *(farmec)* charm. **4.** *(miez)* point. ⓒ *ştii că ai* ~? *peior.* F you're a nice one/fellow to talk like that; that's a nice way to talk; *are* ~

a. *(e fermecătoare)* she is charming. **b.** *(are duh)* she is witty. **c.** *(asta-i bună!)* there is no fun in it; F here's a pretty mess! *n-are nici un* ~ F it has neither rhyme nor reason; *n-are nici un* ~ *să-l întrebi pe el* there's no point in asking him; *ar avea* ~ *să...* it would be funny if...; *a face* ~ *de...* to make sport of...; *a face* ~ *de necaz*, to smile in the face of adversity, F → to grin and bear it; *a face un* ~ *nespus/teribil* to have capital sport; *a face* ~ *pe socoteala altuia* to disport oneself at another person's expense, to make merry at the expense of another person, to make fun of smb.; *aşa* ~ *n-am făcut de cînd sînt* I have had the time of my life; *să vezi* ~! F it was too funny for words! P it was a scream!

hazard *s.n.* hazard, chance; *(risc)* risk. ⓓ *jocuri de* ~ games of hazard/chance.

hazarda **I.** *vb.* *tr.* to jeopardize, to expose to hazard, to risk, to (ad)-venture. **II.** *vb.* *refl.* to take (too many) risks.

hazardat **I.** *adj.* hazardous, risky. **II.** *adv.* hazardously.

hazliu *adj.* **1.** *(distractiv)* entertaining, amusing; *(vesel)* merry, jocular. **2.** *(nostim)* amusing, funny, droll; *(comic)* humorous, comical, F→ waggish. **3.** *(simpatic)* nice.

hazna *s.f.* **1.** *(cloacă)* cesspit, cesspool, dung hole/pit. **2.** *(vistierie)* ← *înv.* treasury.

hăbăuc **I.** *adj.* *(zăpăcit)* brainless; *(timpit)* foolish. F thick-/muddle--headed. **II.** *s.m.* *(zăpăcit)* confused head/brain, crazy/F muddle-headed fellow; *(timpit)* fool, blockhead.

hăcui *vb.* *tr.* ← *reg.* to hack.

hădărag *s.m.* cudgel.

hăi *interj.* **1.** *(la vite)* hoy! **2.** heigh! hi! *(ascultă)* I say! *(hei)* ho there!

hăis(a) *interj.* haw! ⓒ *unul zice* ~, *altul cea* F they are not pulling together.

hăitaş *s.m.* *vînăt.* beater.

hăitui *vb. tr.* **1.** *vînăt.* to beat up. **2.** *(a mîna)* to drive. **3.** *fig.* to hunt.

hăituială *s.f.* **1.** *vînăt.* battue. **2.** *fig.* hue and cry.

hălăciugă *s.f.* **1.** *(tufiş)* bush. **2.** *(păr zbîrlit)* dishevelled hair.

hălădui *vb. intr.* **1.** *(a trăi)* to live (in a place), to dwell; *(a trăi retras)* to live/lead a secluded life. **2.** *(a umbla de colo pînă colo)* to go to and fro, to rove, to ramble.

hălălaie *s.f.* hubbub, fuss, uproar, F row, shindy.

hăldan *s.m. bot.* female hemp *(Cannabis sativa)*.

hămăi *vb. intr.* to bark, to bay; *(d. căţei)* to yelp, to yap.

hămăit *s.n.* barking, yelping.

hămeseală *s.f.* canine appetite, rabid hunger, sharpness of the stomach.

hămesi *vb. intr.* to be awfully/ravenously hungry, F to have a wolf in one's stomach.

hămesit *adj.* hungered, famished, F sharp-set, having a wolf in one's stomach; *(lacom)* greedy.

hăpăi *vb. tr.* to gulp down, to devour, F to gobble up, to stuff down.

hărăzi *vb. tr.* **1.** *(a dărui)* to present smb. with; *(a da)* to give; *(a acorda)* to grant; *(a dedica)* to dedicate, to consecrate. **2.** *(a meni)* to destine, *elev.* to ordain. ⓒ *i-a fost ~t să...* it was his lot/fate to...

hărmălaie *s.f.* fearful uproar, F hullabaloo, shindy.

hărnicie *s.f.* **1.** *(sîrguinţă)* diligence, industry. **2.** *(destoinicie)* worth.

hărtăni **I.** *vb. tr.* to hack; to lacerate, to tear to pieces, to mangle; *(a reteza)* to cut (off). **II.** *vb. refl.* to wear out.

hărţui **I.** *vb. tr.* **1.** to tease, to nag, F to chip (at). **2.** *(duşmanul)* to harass; to skirmish with. **II** *vb. refl.* to squabble, to wrangle.

hărţuială *s.f.* **1.** *mil.* harassing; skirmish(ing); attrition. **2.** brawl, wrangle, squabble. ⓑ *război de ~* war of attrition.

hăt *adv.* ←*reg.* very, extremely, F miles; quite. ⓐ *~ departe* far off/away.

hătmănesc *adj.* *odin.* hetman's...

hătmănie *s.f.* *odin.* hetmanate, hetmanship.

hăţ *s.n.* bridle; *pl. (mai ales la caii de călărie)* driving reins, F→ribbons. ⓒ *a ţine ~urile în mînă fig.* to hold the reins; to keep a tight rein on/over smb.; *a duce de ~* to lead by the bridle.

hăţaş *s.n.* **1.** *(cărare prin pădure)* forest path. **2.** *(drum rîpos)* steep road/path.

hăţiş *s.n.* **1.** thicket. **2.** *fig.* welter.

hăţui *vb. tr.* to bridle.

hău *s.n.* *(prăpastie fără fund)* chasm, gulf; *(abis)* abyss. ⓒ *cît e ~l* never, to the end of time.

hăui *vb. intr.* to (re)sound, to echo, to be echoed.

hăuli *vb. intr.* **1.** v. c h i u i. **2.** v. h ă u i.

hăzos *adj.* v. h a z l i u 1, 2.

he *interj.* v. h e i.

hebdomadar **I.** *adj.* weekly, hebdomadal, hebdomadary. **II.** *s.n.* weekly.

hecatombă *s.f.* **1.** hecatomb. **2.** *fig.* great slaughter, massacre.

hectar *s.n.* hectare.

hectograf *s.n.* hectograph.

hectogram *s.n.* hectogram(me).

hectolitru *s.m.* hectolitre.

hectometru *s.m.* hectometre.

hedonism *s.n.* *filoz.* hedonism.

hedonist *adj., s.m. filoz.* hedonist.

hegemon **I.** *s.m.* predominant/hegemonic power. **II.** *adj.* hegemon(ist)ic.

hegemonie *s.f.* hegemony.

hei *interj.* **1.** *(exprimă o chemare)* hey! heigh! ho(a)! hi! hallo! ho there! *(nu e nimeni acolo?)* nobody there? I say! holla! **2.** *(exprimă bucurie)* heyday! huzza! **3.** *(exprimă regret)* v. e h e i.

heleşteu *s.n.* pond; fish pond.

helge *s.f.* *zool.* weasel *(Putoris vulgaris)*.

helicon *s.n.* *muz.* helicon.

heliograf *s.n.* *tehn.* heliograph.

heliografic *adj.* *tehn.* heliopraphic.

heliografie *s.f.* *tehn.* heliography.

heliogravură *s.f. poligr.* heliogravure, photogravure.
heliometru *s.n. astr.* heliometer.
helioscop *s.n. astr.* helioscope.
heliostat *s.n. opt.* heliostate.
helioterapie *s.f. med.* heliotherapy.
heliotipie *s.f.* heliotypy.
heliotrop *s.n. bot., mineral.* heliotrope.
heliotropic *adj. bot.* heliotropic.
heliotropism *s.n. bot.* heliotropism.
heliu *s.n. chim.* helium.
hematie *s.f. fiziol.* red (blood) corpuscle, red cell.
hematină *s.f. chim., biol.* h(a)ematin.
hematit *s.n. mineral.* h(a)ematite, bloodstone, sanguine.
hematom *s.n. med.* h(a)ematoma.
hematoză *s.f. med.* h(a)ematosis.
hematozoar *s.n. zool.* malaria parasite *(Plasmodium malariae)*.
hemiciclu *s.n.* hemicycle.
hemiplegie *s.f. med.* hemiplegia.
hemipter *s.n. entom.* hemipter(an).
hemisfer... v. e m i s f e r...
hemistih *s.n. metr.* hemistich.
hemofilie *s.f. med.* h(a)emophilia, haemophily.
hemoglobină *s.f. fiziol.* h(a)emoglobin.
hemogramă *s.f. med.* hemogram, blood count/test.
hemoptizie *s.f. med.* haemoptysis.
hemoragie *s.f. med.* h(a)emorrhage, bleeding. ⓐ ~ *cerebrală* cerebral h(a)emorrhage.
hemoroidal *adj. med.* h(a)emorrhoidal.
hemoroizi *s.m. pl. med.* h(a)emorrhoids, F→ piles.
hemostatic *s.n. med.* h(a)emostatic, styptic.
hemostază *s.f. fiziol.* haemostasis.
hemoterapie *s.f. med.* hemotrerapy, hemotherapeutics.
hends *s.n. sport* hands.
hepatic *adj.* hepatic, liver...
hepatită *s.f. med.* hepatitis.
heptagon *s.n. geol.* heptagon.
heraldic *adj.* heraldic.
heraldică *s.f.* heraldry.
herb *s.n.←înv.* (coat of) arms.
herbar *s.n.* v. i e r b a r.
herboriza *vb. intr.* to herborize, to botanize.

herculean *adj.* Herculean.
herghelie *s.f.* **1.** herd of horses. **2.** *(crescătorie)* stud (farm).
hering *s.m. iht.* herring *(Clupea harengus)*.
hermafrodit *adj., s.m.* hermaphrodite.
hermetic *adj. etc.* v. e r m e t i c.
hermină *s.f.* **1.** *zool.* ermine *(Mustela erminea)*. **2.** *(blană de* ~*)* ermine.
hernie *s.f. med.* hernia, rupture, bubonocele. ⓐ ~ *abdominală* abdominal rupture.
herpes *s.n. med.* herpes, herpetic eruption, serpigo, fever sore.
herţian *adj.* ⓑ *unde/raze herţiene electr.* Hertzian waves.
heruvic *s.n. bis.* hymn book.
heruvim *s.m., bibl., fig.* cherub.
heteroclit *adj.* heteroclite; unusual, abnormal; *(bizar)* odd, queer.
hexaedru *s.n. geom.* hexahedron.
hexagon *s.n. geom.* hexagon.
hexagonal *adj. geom.* hexagonal.
hexametric *adj. metr.* hexametric.
hexametru *s.m. metr.* hexameter.
hexapod *zool.* **I.** *adj.* hexapod(ous). **II.** *s.n.* hexapod.
hi *interj.* hoy! hi! jee-up! whup!
hiacint *s.m* **1.** *bot.* hyacinth *(Hyacinthus)*. **2.** *mineral.* hyacinth.
hiat *s.n. fon.* hiatus.
hiberna *vb. intr. şi fig.* to hibernate.
hibernare *s.f. şi fig.* hibernation.
hibrid *adj., s.m. biol., lingv.* hybrid, cross-bred.
hibridare *s.f. biol.* hybridization, cross breeding.
hicori *s.n. bot.* hickory *(Hicoria ovata)*.
hidalgo *s.m.* hidalgo.
hidos I. *adj.* hideous; *(dezgustător)* repulsive. **II.** *adv.* hideously.
hidoşenie *s.f.* hideousness.
hidrant *s.n.* hydrant, fire/water plug.
hidrat *s.m. chim.* hydrate. ⓐ ~ *de sodiu* sodium hydroxide/hydrate.
hidrata *vb. tr. şi refl. chim.* to hydrate.
hidratare *s.f. chim.* hydration.
hidraulic *adj.* hydraulic. ⓑ *forţă* ~*ă* hydraulic/water power; *turbină* ~*ă* hydraulic turbine; *uzină* ~*ă* water works.

hidraulică *s.f.* hydraulics.
hidrazidă *s.f. chim.* hydrazide.
hidrazină *s.f. chim.* hydrazine.
hidră *s.f. mit., fig.* hydra.
hidroaviație *s.f. av.* marine aviation.
hidroavion *s.n. av.* hydroplane, sea plane.
hidrocarbonat *s.n. chim.* hydrocarbonate.
hidrocarbură *s.f. chim.* hydrocarbon.
hidrocefal *adj. med.* hydrocephalic, hydrocephalous.
hidrocefalie *s.f. med.* hydrocephalus, F→water on the brain.
hidroceluloză *s.f. chim.* hydro-cellulose.
hidrocentrală *s.f.* hydro-electric (power) plant/station.
hidrodinamic *adj.* hydrodynamic (al).
hidrodinamică *s.f.* hydrodynamics.
hidroelectric *adj.* hydroelectric. ⓟ *centrală* ~*ă* v. h i d r o c e n - t r a l ă.
hidrofil *adj.* hydrophilic, absorbent.
hidrofob *adj. med.* hydrophobic.
hidrofobie *s.f. med.* hydrophobia; *(la ciini)* rabies.
hidrofor *s.n.* hydrophore.
hidrofug *adj.* waterproof.
hidrogen *s.n. chim.* hydrogen. ⓐ ~ *sulfurat* sulphuretted hydrogen.
hidroglisor *s.n. av.* hydroglider, hydroglisseur.
hidrograf *s.m.* hydrographer.
hidrografic *adj.* hydrographic(al).
hidrografie *s.f.* hydrography.
hidrolitic *adj. chim.* hydrolytic.
hidroliză *s.f. chim.* hydrolysis.
hidrolog *s.m.* hydrologist.
hidrologic *adj.* hydrological.
hidrologie *s.f.* hydrology.
hidromecanic *adj.* hydromechanical.
hidromecanică *s.f.* hydromechanics, hydraulics.
hidromel *s.n.* hydromel.
hidrometric *adj.* hydrometric.
hidrometrie *s.f.* hydrometry.
hidrometru *s.n.* hydrometer.
hidropic *adj. med.* hydropic, dropsical.
hidropizie *s.f. med.* (hy)dropsy.
hidroplan *s.n. av.* hydroplane, sea-plane.
hidrosferă *s.f. geol.* hydrosphere.

hidrostatic *adj.* hydrostatic(al).
hidrostatică *s.f. fiz.* hydrostatics.
hidrotehnic *adj.* hydrotechnical.
hidrotehnică *s.f.* hydraulic engineering, hydrotechnics.
hidroterapie *s.f. med.* hydrotherapy.
hidrotermal *adj.* hydrothermal.
hidroxid *s.m. chim.* hydroxide.
hidroxil *s.m. chim.* hydroxil.
hienă *s.f. zool.* hyena *(Hyaena)*.
hieratic *adj.* hieratic.
hieroglifă *s.f.* hieroglyph.
hieroglific *adj. și fig.* hieroglyphic(al) *fig. și* illegible.
higienă *s.f.* v. i g i e n ă.
higienic *adj.* v. i g i e n i c.
higienist *s.m.* v. i g i e n i s t.
higrometric *adj. meteor.* hygrometric.
higrometrie *s.f.* hygrometry.
higrometru *s.n. meteor.* hygrometer.
higroscop *s.n. text.* hygroscope.
higroscopic *adj. text.* hygroscopic; *(d. vată)* absorbant.
hil *s.n. anat., bot.* hilum, hile.
hilar *adj. anat., bot.* hilar.
himen *s.n. anat.* hymen; maidenhead.
himenoptere *s.n. pl. entom.* hymenoptera.
himeră *s.f.* 1. *mit., bot.* chimera. 2. chimera, F→a bird in the bush; *(iluzie)* illusion.
himeric *adj.* chimeric(al); *(fantastic)* fantastic; *(absurd)* absurd.
hindus *adj., s.m.* Hindoo.
hindusă *s.f.* 1. Hindoo (woman *sau* girl). 2. Hindi, the Hindi language.
hingher *s.m.* flayer.
hinterland *s.n.* hinterland; base.
hiperaciditate *s.f.* hyperacidity.
hiperbolă *s.f.* 1. *ret.* hyperbole, exaggeration. 2. *geom.* hyperbole.
hiperbolic *adj.* 1. *ret.* hyperbolic(al). 2. *geom.* hyperbolic.
hiperborean *adj., s.m.* hyperborean.
hipercritic *adj.* hypercritical.
hiperemie *s.f. med.* hyperemia.
hipersensibil *adj.* hypersensitive, supersensitive.
hipersensibilitate *s.f.* hypersensitiveness, hypersensitivity.
hipertensiune *s.f. med.* hypertension, high blood pressure. ⓐ ~ *arterială* arterial hypertension.

hipertensiv *adj.*, *s.m.* *med.* hypertensive.

hipertiroidism *s.n.* *med.* hyperthyroidism, hyperthyroid state.

hipertrofia *vb.* *refl.* *med.* to hypertrophy.

hipertrofic *adj.* *med.* hypertrophic.

hipertrofie *s.f.* *med.* hypertrophy.

hiperurbanism *s.n.* hyperurbanism.

hipic *adj.* equine, horse... ⓑ *concurs* ~ horse race/competition.

hipism *s.n.* horse racing.

hipnotic *adj.* hypnotic; *fig.* și fascinating.

hipnotism *s.n.* hypnotism, mesmerism.

hipnotiza *vb.* *tr.* și *intr.* to hypnotize, to mesmerize; *fig.* și to fascinate.

hipnotizator *s.m.* hypnotist, mesmerist.

hipnoză *s.f.* hypnosis, mesmerism.

hipocentaur *s.m.* *mit.* hippocentaur.

hipocentru *s.m.* *geol.* hypocentre.

hipocondru *s.n.* *anat.* hypochondrium.

hipodermic *adj.* hypodermic.

hipodrom *s.n.* racecourse, turf, *amer.* racetrack.

hipofiză *s.f.* *anat.* hypophysis.

hipogastric *adj.* *anat.* hypogastric.

hipogastru *s.n.* *anat.* hypogastrium.

hipologie *s.f.* hippology.

hipopotam *s.m.* *zool.* hippopotamus, river horse *(Hippopotamus amphibius)*.

hipostază *s.f.* *med.* hypostasis.

hipotensiune *s.f.* *med.* low blood pressure, hypotension.

hipotensiv *adj.* *med.* hypotensive.

hipotracțiune *s.f.* horse traction.

hipotrofie *s.f.* *biol.* hypotrophy.

hirotoni(si) **I.** *vb.* *tr* to ordain. **II.** *vb.* *refl.* to take holy orders.

hirsut *adj.* **1.** hirsute, hairy, shaggy. **2.** *fig.* *(bădăran)* rough, boorish; *(posac)* sullen.

histologie *s.f.* *anat.* histology.

histrion *s.m.* *ist.* histrion.

hitit *s.m.*, *adj.* Hittite.

hitlerism *s.n.* Hitlerism.

hitlerist *adj.*, *s.m.* Hitlerite.

hîc *interj.* huh!

hîd *adj.* *(urît)* ugly; > unsightly; *(respingător)* repulsive, hideous.

hîr *interj.* gr-r-r! ⓒ *că* ~, *că mîr* F v. că-i cîr, că-i mîr.

hîrb *s.n.* **1.** shiver, crock, *înv.*→shard, potsherd. **2.** fragment, piece; *(vas spart)* broken pot; *(vas)* pot; *(de pămînt)* crock. **3.** *fig.* old crock, wreck. ⓓ *ride* ~ *(ul) de oală spartă* (it's like) the pot calling the kettle black.

hîrbar *adj.* stray.

hîrbui **I.** *vb.* *tr.* **1.** to break/knock/ dash to pieces, to destroy, to wreck, to smash (up). **2.** *(o casă)* to demolish. **3.** *fig.* F to beat within an inch of *smb.'s* life. **II.** *vb.* *refl.* to be/get broken, to break/go to pieces.

hîrcă *s.f.* **1.** *(craniu)* skull, brain pan. **2.** *(babă)* dirty hag, F old crock/jade. **3.** *(cap)* F noddle, pate, nut.

hîrciog *s.m.* *zool.* hamster, German marmot *(Cricetus cricetus)*.

hîrdău *s.n.* tub, bucket.

hîrîi **I.** *vb.* *intr.* **1.** *(d. cineva)* to speak in the throat; *(ca respirație)* to wheeze. **2.** *(a sforăi)* to snore, F→to drive one's pigs to market. **3.** *(a mîrîi)* to growl, to snarl. **4.** v. horcăi 2. **5.** *(d. mașini etc.)* to grate; *(a scîrți)* to creak. **II.** *vb.* *refl.* v. certa **II.**

hîrîială *s.f.* **1.** wheezing etc. v. hîrîi. **2.** *(tuse)* cough.

hîrîit **I.** *adj.* **1.** wheezing etc. v. hîrîi. **2.** v. hodorogit. **II.** *s.n.* **1.** wheezing etc. v. hîrîi. **2.** wheeze. **3.** *(mîrîit)* growl, snarl.

hîrîitoare *s.f.* rattle.

hîrîitură *s.f.* v. hîrîit **II, 2, 3.**

hîrjoană, hîrjoneală *s.f.* gambolling etc. v. hîrjoni.

hîrjoni *vb.* *refl.* **1.** to play pranks; *(a se amuza)* to skylark; *(a zbura)* to gambol, to frolic, to sport. **2.** *reciproc* to tease each other.

hîrleț *s.n.* spade.

hîrșîi *vb.* *intr.* și *tr.* to scrape, to grate; *(cu penița etc.)* to scratch.

hîrști *interj.* slap! smack!

hîrtie *s.f.* **1.** paper; *(foaie de* ~*)* sheet of paper; *(bucată de*~*)* piece/ bit of paper; *(fițuică)* slip (of paper). **2.** *(act)* paper; *(legitimație)* proof of identity. **3.** *(bancnotă)* note. ⓐ ~ *cerată* greased paper; ~ *colorată* coloured paper; ~ *de afumat* fumigating paper; ~ *de aruncat la coş* waste paper; ~ *de copiat* carbon paper; ~ *de împachetat* packing/wrapping paper; ~ *de muşte* fly paper, F→ catch'em-alive; ~ *de note* music paper; ~ *de scrisori* note/letter paper, foolscap; ~ *de tipar/imprimat* printing paper; ~ *de ţigări* cigarette paper; ~ *de ziare* news print; ~ *igienică* toilet paper; ~ *liniată/milimetrică* ruled paper; ~ *matematică* squared paper; ~ *monedă* paper money; ~ *pergament* parchment paper; ~ *satinată* glazed/calendered paper; ~ *semivelină* half-groundwood paper; ~ *sugătoare/sugativă* blotting paper; ~ *velină* (wire-) wove paper ⓑ *bani de* ~ paper money; *coală/foaie de* ~ sheet of paper; *coş de/pentru hîrtii* waste-paper basket; *cuţit de tăiat* ~ paper knife; *pe* ~ on paper, in written form. ⓒ *a înfăşura în* ~ *de ziar* to wrap up in a newspaper; *a pune/aşterne pe* ~ to put on paper, to write down.

hîrtioară, hîrtiuţă *s.f.* slip of paper.

hîrtop *s.n.* hollow, groove, rut on a road, pot-hole.

hîrţoage *s.f. pl.* old papers.

hîrzob *s.n.* **1.** *(funie groasă)* cable. **2.** fish basket. ⓒ *a cădea cu* ~*ul din cer* F to drop from the clouds; *parc-ar fi coborît cu* ~*ul din cer* F he thinks no small beer/potatoes of himself.

hîş *interj.* shoo!

hîşîi *vb. tr.* to shoo.

hîtru ←*reg.* **I.** *adj.* **1.** *(viclean)* sly, cunning. **2.** *(isteţ)* clever, F→cute. **3.** *(glumeţ)* droll, waggish. **II.** *s.m.* **1.** sly/cunning man etc. F→sly dog. **2.** *(deştept)* clever man. **3.** *(mucalit)* wag.

hîţ *interj.* snap!

hîţîna I. *vb. tr.* to shake (up); *(a legăna)* to rock, to swing. **II.** *vb. refl.* to rock (to and fro), to swing; *(cu corpul)* to sway, to waddle.

hlamidă *s.f.* mantle.

hlizi *vb. refl.* **1.** to titter, to giggle. **2.** *(a se zgîi)* to stare.

hm *interj.* humph! (a)hem!

ho *interj.* **1.** v. a h o. **2.** *(ajunge)*←F enough! **3.** *(cum de nu!)*←F of course!

hoanghină *s.f.* hag, witch, old crock/jade.

hoardă *s.f.* horde.

hoban *s.n. av.* bracing wire.

hochei *s.n. sport* hockey. ⓐ ~ *pe gheaţă* ice hockey; ~ *pe iarbă* field hockey.

hocheist *s.m. sport* hockey player.

hocus-pocus *s.n.* hocus-pocus.

hodoroagă *s.f.* **1.** *(lucru vechi, stricat)*←F lumber, rubbish, junk. **2.** *(trăsură veche, hodorogită)* rumbling old coach, F rattletrap; *(idem, maşină) sl.* jal(l)opy. **3.** *(babă)*←F shaky old woman.

hodorog[1] *interj.* bank! crash!

hodorog[2] *s.m.* F (old) dodderer.

hodorogeală *s.f.* (loud) rumbling/rattling etc. v. h o d o r o g i.

hodorogi I. *vb. intr.* **1.** to rumble, to rattle. **2.** *fig. (a trăncăni)* F to babble. **II.** *vb. refl.* **1.** *(a se strica)* to deteriorate, to go bad; *(d. mobilă)* to get/become rickety. **2.** *(d. cineva)* to grow decrepit.

hodorogit *adj.* rumbling etc. v. h o d o r o g i; *(stricat)* broken; *(d. voce)* hoarse, croaking.

hodoronc-tronc *adv. (brusc)* all of a sudden; *(din senin)* quite/just out of the blue; *(fără motiv)* for no reason at all, F without rhyme or reason; *(făcînd o gafă)* dropping a brick.

hoge *s.m.* mullah, moolah.

hohot *s.n. (de rîs)* roar/peal of laughter; *(nepoliticos)* guffaw; *(de plîns)* sobbing. ⓒ *a plînge cu* ~*e* to sob; *a rîde cu* ~*e* to laugh out-(right), to roar with laughter, to haw-haw, to split one's sides with laughter; to guffaw; *a izbucni într-un* ~ *de plîns* to burst out sobbing.

hohoti *vb. intr.* to roar; *(a rîde cu hohote)* to roar with laughter; to guffaw; *(a plînge cu hohote)* to sob.

hohotit *s.n.* roaring etc. v. h o h o t i.

hohotitor *adj*. roaring etc. v. h o h o-
t i.
hoinar I. *adj*. loitering, vagrant, rolv-
ing, wandering, stroleing. **II.** *s.m.*
loiterer, rover; vagabond, vagrant,
tramp, F→moocher.
hoinăreală *s.f*. lounging/sauntering/
loafing/loitering about.
hoinări *vb. intr.* to stroll/lounge/
tramp about.
hoit *s.n.* **1.** *(leş)* dead body; *(de
animal)* carcass. **2.** *fig.* Fat Jack
of the Bonehouse.
hol *s.n.* hall.
holba I. *vb. tr.* © *a* ~ *ochii* to stare
(one's eyes out), to goggle (one's
eyes). **II.** *vb. refl.* *(la)* to stare (at);
to goggle.
holbat *adj*. **1.** *(d. ochi)* staring, bulg-
ing, starting. **2.** *(d. cineva)* pop-
-eyed.
holdă *s.f.* cornfield.
holendru *s.n. tehn.* wine filter. ⓐ
~ *de înălbit* bleaching vat; ~ *de
rafinare* beater, finisher.
holeră *s.f.* **1.** *med.* cholera; Asiatic/
epidemic cholera. **2.** *bot.* lesser bur-
dock *(Xanthium spinosum)*. **3.** *fig.*
F perfect sight/fright/guy; *(mon-
stru)*←F monster. ⓐ ~ *asiatică*
Asiatic/malignant cholera.
holeric *adj. med.* choleric.
holerină *s.f. med.* cholerine.
holmiu *s.n. chim.* holmium.
holocaust *s.n.* holocaust.
holocen *s.n. geol.* holocene.
holoturi *s.f. pl. zool.* holothurians.
holtei[1] *s.m.* bachelor.
holtei[2] *vb. intr.* to live single, to
be unmarried/a bachelor.
holteie *s.f.* bachelorhood.
homar *s.m. zool.* lobster *(Homarus)*.
homeopat *s.m. med.* homoeopath(ist).
homeopatic *adj. med.* homoeopathic.
homeopatie *s.f. med.* homoeopathy.
homeric *adj.* Homeric. ⓑ *rts* ~ Ho-
meric/loud laughter, roar of laughter
homosexual I. *adj.*, homosexual, F→
queer, gay. **II.** *s.m.* homosexual, F→
pansy, sissy, queer, *sl*→fag., homo.
homosexualitate *s.f.* homosexuality;
sodomy.
hop[1] *interj.* **1.** *(exclamaţie însoţind
o săritură)* hop! jump! go! **2.** *(„co-
păcel")* up-a-daisy! **3.** *(deodată)*

pop! **4.** *(însoţind o cădere)* bang!
ⓑ *cind, deodată,* ~!, *şi moşul*
when, pop! comes the old man.
ⓐ *nu zi* ~! *pin' nu-i sări* don't
cry halloo till you are out of the
wood, don't pat yourself on the
back too soon; between the cup
and the lip a morsel may slip.
hop[2] *s.n.* **1.** *pl.* pits and bumps.
2. *(salt)* hop. **3.** *fig.* trouble, diffi-
culty, obstacle, F rub; *cu* ~*uri (d.
drum)* bumpy.
hopuros *adj.* bumpy.
horă *s.f.* **1.** *Romanian round dance*,
reel. **2.** *music accompanying the
"hora".* **3.** *fig.* F fuss, row, shindy.
ⓒ *a se găti ca de* ~ F to put on
one's Sunday best; *a se prinde în/la
* ~ to join the "hora". ⓐ *dacă ai
intrat în* ~ *trebuie să joci* you
can't say A without saying B.
horbotă *s.f.*←*reg.* *(dantelă)* ribbon,
lace.
horcăi *vb. intr.* **1.** *(a sforăi)* to
snore; *(d. cai)* to snort. **2.** *(d. un
muribund)* to rattle in one's throat.
horcăit *s.n.* **1.** *(sforăit de om)* snore,
snoring; *(de cal)* snort(ing). **2.** *(al
muribunzilor)* death rattle.
hori *vb. intr. to dance the "hora";
to sing sau to play the "hora".*
hormon *s.m. fiziol.* hormone.
hormonal *adj. fiziol.* hormonic.
horn *s.n.* chimney, flue, smoke
stack, funnel.
hornar *s.m.* chimney sweep(er).
hornblendă *s.f. mineral.* hornblende.
horoscop *s.n.* horoscope.
horst *s.n. geol.* horst.
hortativ *adj.*, *s.n. gram.* hortative.
hortensie *s.f. bot.* hydrangea *(Hy-
drangea hortensia)*.
horticol *adj.* horticultural, garden-
ing...
horticultor *s.m.* horticulturist, gar-
dener.
horticultură *s.f.* horticulture, gar-
dening.
hotar *s.n.* **1.** boundary; *(frontieră)*
frontier, border line; *(linie de de-
marcaţie)* border line; *(regiune de
graniţă)* borderland; bounds, con-
fines; *(extremitate)* extremity;
(margine) edge, verge. **2.** *fig.* li-
mit. ⓑ *de* ~ boderrline..., fron-

tier...; *de peste* ～*e* from abroad; *fără* ～ boundless, without limit(s); *(infinit)* infinite; *(imens)* immense, immensurable, immeasurable; *(fără capăt)* endless; *(excesiv)* excessive, unbounded; *peste*～*e* abroad; *piatră de*～*și fig.* boundary/border stone; landmark. ©*ambiția lui nu are*～*(e)* there are no bounds to his ambition. **hotarnic** *inv.* **I.** *adj.* boundary..., frontier... ⓑ *inginer* ～ surveyor. **II.** *s.m.* surveyor.

hotărî I. *vb. tr.* **1.** *(să/de a)* to decide (to), to make up one's mind (to), to resolve (to). **2.** to prevail upon (to), to determine (to); *(a convinge)* to convince (to), to persuade (to). **3.** *(a fixa)* to fix, to appoint; *(a aranja)* to settle, to order, to decide; *(a numi)* to name; *(a stipula)* to stipulate. **4.** *(a destina)* to destine, to ordain. ⓐ *a* ～ *pe cineva să...* to make/ bring/get smb. to... © *l-am* ～*t să plece* I prevailed upon him to leave; *nimic nu-l putea* ～ *s-o facă* nothing could bring/get him to do it; *a* ～ *prețul* to state/fix the price; *a* ～ *timpul și locul* to fix/appoint the time and place. **II.** *vb. refl.* **1.** to decide, to make up one's mind. **2.** *pas.* to be decided etc. **v.** ～ **I.** ⓐ *a se* ～ *să...* to decide to..., to make up one's mind to..., to bring oneself to... **III.** *vb. intr.* to decide. ⓐ *a* ～ *asupra (cu gen).* to pass/pronounce a judgment upon...

hotărîre *s.f.* **1.** *(decizie)* decision; *(ordin)* order; *(decret)* decree; *jur.* (final) judgment; *(final)* sentence, *amer.* award; *(a juraților)* verdict. **2.** *(ca atitudine)* decision, resolution, determination, peremptoriness; *(fermitate)* firmness; *(caracter hotărît)* peremptoriness. ⓑ *conform hotărîrii sale* by his decision; *cu* ～ **a.** *(cu fermitate)* firmly, unhesitatingly, unflinchingly. **b.** *(fără îndoială)* certainly, sure(ly). © *a lua o* ～ to make/take a decision; to make up one's mind; *(de către un colectiv)* to adopt/pass a resolution; to arrive at a decision; *a ajunge la o* ～ to form a resolution.

hotărît I. *adj.* **1.** decided, determined, resolute, F→having plenty of guts; *(categoric)* categorical; *(ferm)* firm. **2.** *(sigur)* certain, sure; *(precis)* precise. ⓐ ～ *lucru* v. ～ **II**, 1. ⓑ *articolul* ～ the definite article; *la ora* ～*ă* at the appointed hour; *un om* ～ a resolute man; *ordin* ～ peremptory order; *răspuns* ～ straightforward/decided answer; *refuz* ～ positive/distinct refusal; *ton* ～ firm, peremptory; < authoritative tone. © *a fi* ～ *să...* to be determined to..., to be bent on (+ *forme în* -ing); *cred în mod* ～ *că...* I am confident/positive that...; *a refuza în mod* ～ to refuse point-blank. **II.** *adv.* **1.** *(categoric)* definitely, positively, certainly, surely, decidedly, F→and no mistake. **2.** *(precis)* precisely; *(exact)* exactly. **3.** *(cu hotărîre)* firmly, unhesitatingly, unflinchingly. © *e,* ～, *un cîștig* that's decidedly a gain, that's a decided gain.

hotărîtor *adj.* decisive, conclusive, final. ⓑ *vot* ～ casting vote. ⓑ *în momentul* ～ at the critical moment.

hotărnici I. *vb. tr.* to mark/define the frontier/boundary line/limits of. **II.** *vb. refl. (cu)* to border (upon), to be conterminous (with), to be contiguous (to).

hotel *s.n.* hotel.

hotelier I. *s.m.* hotel keeper/proprietor; caterer. **II.** *adj.* hotel.

hoț *s.m.* **1.** thief, F→prig(ger); *sl.* cross cove, buzzer, napper; *(tîlhar)* robber; *(spărgător)* burglar, *sl.* cracksman; *(de buzunare)* pickpocket; *pl.* light-fingered gentry. **2.** *fig.* villain, rogue, knave; *alintător* rascal, rogue. ⓐ ～ *de drumul mare* highwayman, footpad; ～ *de mare* sea rover, pirate, corsair. © *opriți* ～*ul! puneți mîna pe* ～*!* stop thief!

hoțesc *adj.* **1.** thievish. **2.** *fig.* furtive, stealthy.

hoțește *adv.* **1.** thievishly, by (way of) theft. **2.** like a thief; *(pe furiș)* stealthily, by stealth; on the sly, on tiptoe.

hoți I. *vb. intr.* to thieve, to lead a thief's life. **II.** *vb. tr.* to thieve.
hoție *s.f.* **1.** stealing, stealth; *(ca meserie)* thief's/thieves' trade. **2.** *(ca act)* theft; *(cu spargere)* burglary; (burglarious) robbery; *jur.* larceny.
hoțoaică *s.f.* v. h o ț.
hoțoman *s.m.* **1.** *(hoț)* incorrigible/ F awful thief. **2.** *(ștrengar) fig.* F rogue, rascal. **3.** *(pișicher) fig.* F sharper, blackleg.
hram *s.n.* **1.** *(patron al bisericii)* patron of a church. **2.** *(ca sărbătoare)* dedication day; parish fair, annual fête, country wake. **3.** *(biserică)* church.
hrană *s.f.* **1.** food, nourishment, diet; *(mijloc de întreținere)* means of subsistence, daily bread; *(întreținere)* maintenance, support, sustenance, F→keep. **2.** *fig.* food. ⓐ *hrana vacii bot.* spurry *(Spergula arvensis)*; *hrana vitelor* fodder, forage, provender. ⓒ *a da ∼ (cu, dat.)* to feed..., to nourish...
hrăni I. *vb. tr.* **1.** to feed, to provide with food; to nourish, F→to keep in food; *(a da să sugă)* to suckle, to nurse. **2.** *fig.* to feed, to harbour, to cherish. ⓒ *a-și ∼ familia* to maintain one's family, to provide for one's family; *a ∼ vite* to feed cattle, to give cattle food, to provide cattle with fodder. **II.** *vb. refl.* to feed oneself; *(a mînca)* to eat. ⓐ *a se ∼ cu...* to feed on...; *(a trăi din...)* to live on... ⓒ *a se ∼ cu iluzii* to be/labour under delusions.
hrănire *s.f.* feeding etc. v. h r ă n i.
hrănit *adj.* nourished, fed. ⓵ *bine ∼* well fed/nourished.
hrănitor *adj.* nourishing, nutritive, nutritious. ⓵ *mîncare hrănitoare* substantial fare/meal, strengthening food, rich diet.
hrăpăreț *adj.* grasping, grabbing clutching, seizing, predatory.
hrean *s.m. bot.* horse radish *(Cochlearis armoracia)*.
hreniță *s.f. bot.* **1.** water cress/F→ cresses *(Nasturtium officinale)*. **2.** garden/pepper cress *(Lepidium sativum)*.

hrib *s.m. bot.* edible boletus *(Boletus edulis)*.
hrisolit *s.n. mineral.* chrysolite, olivine.
hrisov *s.n.←odin.* muniment, charter.
hrișcă *s.f. bot.* buckwheat *(Fagopyrum sagittatum)*.
hronic *s.n.←înv.* v. c r o n i c ă.
hrubă *s.f.* underground cave.
huceag *s.n.* thicket, bush.
hughenot *s.m. ist.* Huguenot.
huhurez *s.m. ornit.* eagle owl *(Strix bubo)*.
hui *vb. intr.* v. v u i.
huideo I. *s.n.* boo(ing), hoot(ing). ⓒ *a da cu ∼ cuiva* to shout/hoot after smb.; *teatru* to boo/hoot smb. off the stage. **II.** *interj.* boo!
huidui *vb. tr.* to boo, to hoot (after); *teatru* to hoot/boo off the stage.
huiduială *s.f.* hooting, booing.
huidumă *s.f.* F. v. n a m i l ă.
huiet *s.n.* v. v u i e t.
huilă *s.f. mineral.* mineral coal, pitcoal. ⓐ *∼ de cocs* coking coal; *∼ grasă* fat/bituminous coal.
hula hoop *s.n.* hula-hoop.
hulă¹ *s.f.* **1.** blasphemy; *(blestem)* curse, imprecation. **2.** *(ocară)* calumny, slander, defamation, backbiting. **3.** *(nume rău)* ill fame.
hulă² *s.f. nav.* swell, hollow sea.
huli *vb. tr.* to blaspheme, to utter blasphemy against; *(a blestema)* to curse, to swear at; *(a ocări)* to abuse, F→to run down.
huligan *s.m.* hooligan, ruffian, rowdy.
huliganic *adv.* hooligan...
huliganism *s.n.* hooliganism; ruffianly behaviour, disorderly conduct.
hulpav I. *adj.* *(lacom)* greedy, ravenous. **II.** *adv.* greedily, ravenously.
hulubă *s.f.* shaft, thill; *pl.* (pair of) shafts/thills *of a carriage.*
hulubărie *s.f.* dovecot.
humă *s.f.* clay.
humeral *adj. anat.* humeral.
humerus *s.n. anat.* humerus.
humor ... v. u m o r...

humorescă *s.f. muz.* humoresque.
humus *s.n.* humus, vegetable soil.
hun *s.m.* Hun.
hunic *adj.* Hunnish.
huo *interj.* v. h u i d e o.
hurduca *vb. tr. şi intr.* to jolt, to jerk.
hurducătură *s.f.* jolt, jerk.
hurie *s.f.* houri.
hurmuz[1] *s.m. bot.* snow berry *(Symphoricarpus racemosus)*.
hurmuz[2] *s.n.* glass bead.
hurtă *s.f.←reg.* ⓑ *cu hurta* în a lump, in the bulk. ⓒ *a cumpăra cu hurta* to buy in the lump/bulk, to purchase wholesale, F→to buy (in) the lot.
hurui *vb. intr.* **1.** to rattle, to make a rattling noise; *(d. tunet)* to roar, to roll. **2.** v. h î r î i l.

huruială *s.f.*, **huruit** *s.n.* rattle, rattling; roar(ing).
husar *s.m. mil. odin.* hussar.
husă *s.f. (pt. mobile)* slip cover; *(sac)* bag; *tehn.* cover. ⓐ ～ *de motor auto* radiator cover.
husăresc *adj. odin.* hussar's...
husit *s.m. ist.* Hussite.
huşte *s.f. pl.←reg.* bran.
huţa *interj.* ⓒ *a se da* ～ to rock, to swing.
huţan, huţul *s.m.* Guzul, Hutsullian.
huzur *s.n.* ease, comfort; *(tihnă)* leisure.
huzuri *vb. intr.* **1.** *(a trăi bine)* to lead an easy/a comfortable life, F→to jog along comfortably. **2.** *(a se simţi bine)* to feel at ease, to be at leisure.

I

I¹, i *s.m.* I, i, the tenth letter of the Romanian alphabet. ⓒ *a pune punctul pe i* to dot the i's and cross the t's.

i² *interj.* ah! oh!

i³, -i *pron.* **1.** *dat. (lui)* (to) him; (to) her; (to) it. **2.** *acuz. (pe ei)* them.

i⁴ *pers.* 3 *prez. de la a fi;* is, 's.

ia *interj.* **1.** now! now then!; *(haide)* come. **2.** *(introduce un răspuns)* well, why. **3.** *(cu sens de conjuncție) (dacă)* if; should. **4.** *(cu sens de adverb) (doar)* but, only, just; *(nu mai mult decît)* no more than, a matter of. ⓐ ~ *așa* just for fun; ~ *te uită la el!* F there he goes! **iac** *s.m. zool.* yak *(Poephagus grunniens).*

iacă *interj.* **1.** *(păi)* well, why. **2.** *(acum)* now. **3.** *(adverbial, — deodată)* (all) of a sudden. **4.** v. i a t ă. ⓐ ~ *așa* **a.** *(ia așa)* just for fun. **b.** *(asta e tot)* and that's all. ⓑ *ei,* ~! and why not?

iacobin *s.m., adj. ist.* Jacobin.

iacut *adj., s.m.* Yakut.

iad *s.n. și fig.* hell, Abbadon.

iadă *s.f.* kid(ling).

iadeș *s.n.* **1.** wishbone, merry thought of fowl. **2.** *kind of wager.*

iahnie *s.f. kind of ragout with vegetables, fish or meat, stewed potatoes etc.*

iaht *s.n. nav.* yacht.

ială *s.f., iale* *s.n.* cylinder lock.

iama *s.f.* ⓒ *a da* ~ *(a se năpusti)* to rush, to make a dash/a bolt; *(a se arunca)* to throw oneself; *(înainte)* to spring forward; *a da* ~ *prin...* F to make ducks and drakes of..., to play ducks and drakes with..., to work havoc among...

iamb *s.m. metr.* iamb(us).

iambic *adj. metr.* iambic ⓑ *metru* ~ iambic metre.

ianuarie *s.m.* January.

iapă *s.f. zool.* mare. ⓐ ~ *de prăsilă* brood mare. ⓑ *lapte de* ~ mare's milk. ⓒ *unde a dus mutu iapa* F at Jericho, at the bottom of the sea, at the back of beyond.

iar¹ *adv.* **1.** again, anew, afresh; *(încă o dată)* once more/again. **2.** *(*~ *și* ~*) (mereu)* ever, continually, over and over again. **3.** *(de asemenea)* also, too, as well.

iar² *conj.* **1.** *(dar)* but; *(în timp ce)* while. **2.** *(și)* and.

iarăși *adv.* v. i a r¹.

iarbă *s.f.* **1.** *bot.* grass. **2.** *bot. pl.* herbs; *(medicinale)* simples. **3.** *(*~ *de pușcă)* gun powder. ⓐ *iarba broaștei bot.* frogbit *(Hydrocharis Morsus ranae);* *iarba ciutei bot.* leopard's bane *(Doronicum); iarba cîmpului bot.* bent grass *(Agrostis alba); iarba dracului←F* tobacco; *iarba fiarelor bot.* dog's bane *(Vincetoxicum officinale); iarba șarpelui bot.* blueweed *(Echium vulgare); iarba vîntului bot.* spear grass *(Agrostis);* ~ *bărboasă bot.* barn grass *(Panicum Crus-galli);* ~ *de leac* simple, medicinal plant/herb; ~ *de mare bot.* seaweed, sea grass, seawrack *(Zostera marina);* ~ *grasă bot.* purslane *(Portulaca oleracea);* ~ *lăptoasă bot.* milkwort *(Polygala);* ~ *mare bot.* elecampane *(Inula helenium);* ~ *neagră bot.* heath(wort)*(Calluna vulgaris);* ~ *rea* **a.** weed. **b.** *fig.* ill weed; ~ *roșie bot.* lady's thumb *(Polygonum persicaria); ierburi medicinale* simples. ⓑ *fir de* ~ blade of grass, grass blade. ⓒ*paște, murgule,* ~ *verde!* F you may wait till the cows come home.

iarmaroc *s.n.* fair.

iarnă *s.f.* winter. ⓐ *iarna* in winter; *iarna asta* this winter. ⓑ *astă* ~ last winter; *de* ~ winter...; *la* ~ next winter.

iaroviza *vb. tr. agr.* to vernalize, to iarovize, to yarovize.

iarovizare *s.f. agr.* vernalization, yarovization.

iască *s.f.* tinder, touchwood,(s)punk, amadou.

iasomie *s.f. bot.* jasmin(e), jessamin ‹ *(Iasminum officinale)*.

iatac *s.n.* bedroom, alcove, *inv.*→ bower.

iatagan *s.n.* yataghan.

iată *interj.* 1. look! *inv.*→lo!behold! 2. *(cu valoare verbală)* there is; there are; here is; here are, etc. ⓒ ~ *că*... and so...; but...; and yet... ~-*l* there he is; ~-*l pe C.* there is C; ~-*l pe C. venind* there is C. coming, there comes C.

iaurgiu *s.m.* yog(h)urt maker *or* seller.

iaurt *s.n.* yog(h)urt.

iavaș (-iavaș) *adv. (incet)*←F slowly; easily, gently; *(fără zgomot)*←F noiselessly, silently; *(pe furiș)* F on the sly.

iavașa *s.f.* twitch.

iaz *s.n.* 1. pond, ↓ artificial pond; *(lac)* lake. 2. *(zăgaz)* dam.

iazmă *s.f.* 1. ghost, phantom. 2. *fig.* F perfect fright/guy.

iberic *adj.* Iberian.

ibidem *adv.* ibidem, ibid.

ibis *s.m. ornit.* ibis *(Ibis)*.

ibovnic *s.m.* P lover, paramour; *inv.*→leman.

ibovnică *s.f.* P mistress, paramour.

ibric *s.n. (pt. cafea)* coffe pot; *(ceainic)* tea kettle; *(ulcior)* jar.

ibrișin *s.n.* thrown silk.

ici *adv.* v. a i c i.

ieni *vb. intr.* 1. *(a geme)* to groan, to moan. 2. *(a sughița)* to hiccup, to hiccough.

icoană *s.f.* 1. icon, (sacred) image. 2. *(tablou)* image, picture.

iconar *s.m.* painter of icons.

iconiță *s.f.* holy medal.

iconoclast *s.m.* iconoclast.

iconograf *s.m.* iconographer.

iconografie *s.f.* iconography.

iconoscop *s.n. tel.* iconoscope.

iconostas *s.n.* iconostasis.

icosaedru *s.n. geom.* icosahedron.

icre *s.f. pl.* 1. (hard) roe; *(după fecundare)* spawn; *(ca mîncare)* caviar(e). 2. *(de vinete etc.)* (eggfruit etc.) paste.

icter *s.n. med.* icterus, jaundice.

icteric *med.* I. *adj.* icteric(al); jaundiced. II. *s.m.* sufferer from jaundice.

ide *s.f. pl.* ides.

ideal I. *s.n.* ideal. II. *adj.* ideal; *(perfect)* perfect; *(excelent)* excellent. III. *adv.* ideally.

idealism *s.n.* idealism.

idealist I. *s.m.* idealist. II. *adj.* idealistic.

idealiza *vb. tr.* to idealize.

idealizare *s.f.* idealization.

ideație *s.f.* ideation.

idee *s.f.* 1. idea; *(noțiune)* notion, mental conception; *(părere)* view, opinion; *(gînd)* thought; *(intenție)* intention; *(plan)* plan, project, scheme. 2. *(pic)* F idea, thought, bit, shade. ⓐ ~ *fixă* obsession, monomania, fixed idea/ notion, crank, F crotchet; ~ *genială* brilliant idea; ~ *principală* leading/main idea. ⓑ *bună* ~! a good/capital idea! a happy thought! ce ~! a. the idea! b. who put that into your head? *firul ideilor* the thread of one's thoughts. ⓒ *ai* ~ *unde ar putea fi?* have you an/any idea where he can be? *a avea o* ~ *înaltă despre...* to have a high idea of..., to think much of...; *a nu avea o* ~ *prea bună despre...* not to think much of...; *n-am nici cea mai mică* ~ I haven't the least idea/the faintest notion, F I haven't the ghost of a notion; *a da o* ~ *despre...* to give an idea of...; *dă-mi o* ~ give me a suggestion *or* an idea; *a-și face o* ~ *despre...* to form an idea of..., to make an apprehension of...; *a băga pe cineva la* ~ F to earwig smb., to put a bug in smb.'s ear; *mi-a venit o* ~ an idea has dawned on me/has crossed my mind; *mi-a venit ideea să...* it has occurred to me to/that...

idem *adv.* idem, id.
identic I. *adj.* *(cu)* identical (with).
II. *adv.* identically.
identifica I. *vb.* *tr.* to identify. II.
vb. *refl.* *(cu)* to identify oneself
(with).
identificare *s.f.* identification.
identitate *s.f.* *şi mat.* identity. ⓑ
buletin de ~ identity card.
ideografic *adj.* ideographic(al).
ideografie *s.f.* ideography.
ideogramă *s.f.* ideogram, ideograph.
ideolog *s.m.* ideologist.
ideologic I. *adj.* ideological. ⓑ *front*
~ ideological front. II. *adv.* ideo-
logically.
ideologie *s.f.* ideology.
idilă *s.f. şi fig.* idyll.
idilic *adj.* idyllic; *(pastoral)* pas-
toral, Arcadian.
idilism *s.n.* idyllicism.
idiliza *vb.* *tr.* to idealize.
idilizant *adj.* idealizing; idyllic.
idilizare *s.f.* idealization; idyllic-
ism.
idiom *s.n.* language; *(dialect)* dia-
lect, idiom.
idiomatic *adj.* idiomatic; dialectal.
ⓑ *expresie* ~ă idiom.
idiosincrasie *s.f. med.* idiosyncrasy.
idiot I. *adj.* 1. *med.* idiot. 2. idiotic,
absurd; *(d. o glumă etc.)* senseless.
II. *adv.* idiotically. III. *s.m.* 1.
med. idiot, imbecile. 2. F idiot,
fool, silly ass.
idiotism *s.n.* idiom, idiomatic phrase
/expression.
idioţenie *s.f.* 1. *(ca atitudine)* rank
stupidity. 2. *(ca acţiune)* piece of
rank stupidity.
idioţie *s.f.* 1. *med.* idiocy, imbeci-
lity. 2. v. i d i o ţ e n i e.
idiş *s.n.* Yiddish.
idol *s.m.* 1. idol, image. 2. *fig.* idol.
ⓒ *a-şi face un* ~ *din cineva* to
idolize smb.
idolatrie *s.f.* 1. idolatry. 2. *fig.*
worship.
idolatriza *vb.* *tr.* to worship; to
idolatrize, to idolize, to heroize;
(a adora) to adore.
idolatru I. *adj.* idolatrous. II. *s.m.*
idolater.
ie *s.f* embroidered peasant shirt/
blouse.

ied *s.m.* kid.
iederă *s.f. bot.* ivy *(Hedera)*.
ieftin I. *adj.* 1. cheap; *(d. preţ)*
fair, moderate, reasonable. 2. *fig.*
cheap; *(banal)* commonplace, trite;
(fără valoare) worthless. ⓐ ~ *ca*
braga dirt-cheap; ~ *şi prost* cheap
and nasty. II. *adv.* at a moderate
price, cheap. ⓒ *a scăpa* ~ F to
come off with a small loss, to come/
get off cheap; to have a narrow
escape.
ieftinătate *s.f.* cheapness.
ieftini I. *vb.* *tr.* to reduce/diminish
the price of, F→to cheapen. II.
vb. *refl. pas.* to fall in price, F→
to cheapen.
ieftinire *s.f.* reduction in price.
iele *s.f. pl.* (wicked) fairies.
ienibahar *s.n.* 1. *bot.* juniper berry.
2. allspice, pimento *(Myrtus pi-
menta)*.
ienicer *s.m. ist.* janissary, janizary.
ienicerese *adj. ist.* janissary...
ienupăr *s.m. bot.* juniper (tree) *(Ju-
niperus communis)*.
iepuraş *s.m.* 1. leveret, young hare.
2. young rabbit. 3. *dim.* bunny.
iepure *s.m. zool.* 1. hare, *vînăt.*→
long one, F→puss(y) *(Lepus timi-
dus sau europaeus)*. 2. *(tînăr)* le-
veret, young hare. ⓐ ~ *de casă*
rabbit, cony, F→bunny *(Lepus
cuniculus)*; *(mic)* young rabbit,
rabbit sucker. ⓑ *fricos ca un* ~
chicken-hearted. ⓒ *a împuşca doi*
iepuri dintr-o dată to kill two birds
with one stone. ⓓ *cine aleargă după*
doi iepuri nu prinde nici unul he
that hunts two hares (often) loses
both; grasp all, lose all.
iepureşte *adv.* ⓒ *a dormi* ~ to sleep
a dog's sleep.
iepuroaică *s.f. zool.* doe/female hare.
iepuroi *s.m.* male hare.
ierarh *s.m.* hierarch; *(episcop)* bish-
op; *(mitropolit)* metropolitan.
ierarhic I. *adj.* hierarchical. II. *adv.*
hierarchically, through the usual
channels.
ierarhie *s.f.* hierarchy.
ierarhiza *vb.* *tr.* to form *etc.* on the
hierarchical system.
ierbar *s.n.* herbarium.
ierbărie *s.f.* weeds.

ierbicid I. *s.n.* weed-killer; herbicide. **II.** *adj.* herbicide.

ierbivor *adj.* herbivorous.

ierbos *adj.* grassy; herbaceous.

ieremiadă *s.f.* Jeremiad.

ieri *adv.* **1.** yesterday; *(în ajun)* on the eve. **2.** *(în trecut)* formerly, once. ⓑ *de ~, de alaltăieri* recent; newly-made, green; *mai ~ (alaltăieri)* the other day. ⓒ *a căuta ziua de ~* to run a wild goose chase.

ierna *vb. intr.* to winter, to pass/ spend the winter; *(a hiberna)* to hibernate.

iernat *s.n.* wintering; hibernation; winter stay.

iernatic I. *adj.* **1.** wintry, wintery, winter-like, S→hibernal. **2.** *fig.* greyheaded, old. **II.** *s.n.* **1.** v. i e r- n a t. **2.** *(hrană)* winter feed/fodder. **3.** *nav.* wintering harbour.

iernător *s.n.* wintering pond.

ierta I. *vb. tr.* **1.** to forgive, to pardon; *(a scuza)* to excuse; *(a trece cu vederea)* to overlook; *(păcate)* to remit; *(de păcate)* to absolve; *(a graţia)* to pardon. **2.** *(a îngădui)* to permit, to allow. **3.** *(a scuti) (de)* to exempt (from); *(a cruţa)* to spare. ⓑ *de neiertat* unpardonable. ⓒ *iartă-mă că te contrazic* pardon/excuse my contradicting you; *doamne iartă-mă!* God forgive me! *iertaţi-mă!* excuse me! *ba să mă ierţi!* I beg your pardon! **II.** *vb. refl. pas.* to be forgiven etc. v. ~ I. **III.** *vb. intr.* to forgive.

iertare *s.f.* **1.** forgiving etc. v. i e r- t a. **2.** forgiveness; *(scuză)* excuse, pardon; *(graţiere)* pardon(ing); *(a păcatelor)* remission, remitment, absolution. **3.** *(scutire)* exemption. ⓒ *să avem ~!* peior. I beg your pardon! *cer ~!* (I am) sorry! *a cere ~ de la cineva* to beg/ask smb.'s pardon; *vă cer ~* I beg your pardon, excuse me, I apologize.

iertăciune *s.f.←inv.* **1.** *(iertare)* forgiveness, pardon. **2.** *(permisiune)* permission, leave.

iertător *adj.* forgiving.

ieruncă *s.f. ornit.* hazel hen/grouse *(Tetrastes bonasia).*

iesle *s.f.* manger.

ieşi *vb. intr.* **1.** *(dintr-un loc)* to go/come/turn out. to come forth, *elev.→*to issue; *(din casă etc.)* to go out of doors/out of the house/ abroad; *(la plimbare)* to take a walk/a stroll/a turn/an airing; *(dintr-o pădure, din apă etc.)* to emerge. **2.** *(a apărea)* to appear; to emerge. **3.** *(a deveni)* to become. **4.** *(a avea ca rezultat)* to come out, to have such and such a result, to result. **5.** *(d. culori)* to run; *(a se decolora)* to fade, to lose colour. **6.** *(d. pete)* to come out. ⓐ *a ~ din...* **a.** to come from...; to come out of... . **b.** to derive from...; to emerge from... . **c.** to come of... ⓒ *a ~ de pe scenă* to go off the stage, to have/make one's exit; *ce-o să iasă din asta?* F what will come of it all? what will be the upshot? *a ~ din albie* to break out, to overflow one's banks; *a ~ din cameră* to go out/ step out/walk out of the room, to leave the room; *a-şi ~ din obiceiuri* to leave off one's habits; *a ~ în afară* to protrude, to jut out; *a ~ la pensie* to retire (upon a pension), to be pensioned off; *a ~ afară* **a.** to go out etc. v. ~ I. **b.** *(a avea scaun)* to go to stool; *a ~ bine* **a.** *(d. lucruri)* to turn out well. **b.** *(d. cineva)* to succeed, to come off victorious; *a ~t bine la examen* he did well at his exam; *a ~ rău/prost* not to succeed, to fall short; *ghimpele nu vrea să iasă* the prick will not come/get out; *nu iese nimic* nothing comes of it, there is nothing to be gained by it, it's of no use.

ieşind *s.n.* prominence.

ieşire *s.f.* **1.** going out etc. v. i e ş i. **2.** *(ca spaţiu)* exit; egress, way out, issue, outlet, passage. **3.** *(manifestare negativă)* outburst; tirade. **4.** *mil.* sally, sortie. **5.** *(soluţie)* way out; solution. ⓑ *fără ~* hopeless; without a solution.

ieşitură *s.f.* prominence.

iezătură *s.f.* wicker dam.

iezer *s.n.* mountain lake.

iezi *vb. tr.* to dam (up), to pond back/up.

iezu t *fig.* **I.** *adj.* Jesuitic(al). **II.** *s.m.* Jesuit.

iezuitism *s..n* Jesuitism, Jesuitry.

ififliu *adj.* F penniless, broke.

ifose *s.n.* *pl.* airs; *(infumurare)* haughtiness. ⓒ *a-şi da* ~ to put on airs, to give oneself airs, F to mount/ride the high horse, to put it on.

igienă *s.f.* hygiene.

igienic *adj.* hygienic; *(d. măsuri şi)* sanitary. ⓑ *hirtie* ~ă toilet paper.

igienist *s.m.* hygienist, sanitarian.

igliţă *s.f.* crotchet, lacer.

Ignat *s.m.* (St.) Ignatius *(December 20)*.

ignar *adj.* ignorant, unskilled.

ignifug **I.** *adj.* fireproof, fire-resisting, apyrous. **II.** *s.n.* fireproof-(ing) material.

ignobil *adj.* ignoble, base.

ignora *vb. tr.* **1.** not to know, to be ignorant of. **2.** *(a nu ţine cont de)* to ignore; *(a trece cu vederea)* to overlook. **3.** *(pe cineva)* to cut *smb.* (dead).

ignorant **I.** *adj.* ignorant, illiterate. **II.** *s.m.* ignoramus, dunce, cipher.

ignoranţă *s.f.* ignorance. ⓐ ~ *crasă* abysmal ignorance. ⓑ *din* ~ through ignorance, out of ignorance.

ignorare *s.f.* ignoring; ignorance.

igrasie *s.f.* dampness.

igrasios *adj.* damp.

ihneumon *s.m. entom.* ichneumon (fly).

ihtiofag *s.m.* ichthyophagist.

ihtiologic *adj.* ichthyologic(al).

ihtiologie *s.f.* ichthyology.

ihtiozaur *s.m. paleont.* ichthyosaurus.

ilariant *adj.* mirth-provoking; laughable. ⓑ *gaz* ~ laughing gas.

ilaritate *s.f.* hilarity, mirth, laughter. ⓒ *a provoca* ~ to raise a general laugh.

ilegal **I.** *adj.* illegal; unlawful; *pol.* underground. **II.** *adv.* illegally; unlawfully; *pol.* underground.

ilegalist *s.m.* underground communist fighter; member of a secret organization.

ilegalitate *s.f.* **1.** *(caracter ilegal)* illegality, unlawfulness; *(ca act)* unlawful act. **2.** secret/underground work/activity. ⓒ *a activa in* ~ to do secret/underground work/activity; *a arunca in* ~ to drive underground; *a intra in* ~ to go underground; *a luptat in* ~ he worked underground.

ileon *s.n. anat.* ileum.

iliac *anat.* **I.** *adj.* iliac. ⓑ *osul* ~ *v.* ~ II. **II.** *s.n.* hip bone.

ilicit **I.** *adj.* illicit, unlawful. **II.** *adv.* illicitly.

ilion *s.n. anat.* ilium.

ilizibil *adj.* illegible, unreadable.

ilogic *adj.* illogical.

ilot *s.m. ist.*, *fig.* helot.

ilumina **I.** *vb. tr.* **1.** *(a proiecta lumină pe)* to shine upon, to light up, to make bright; *(la o serbare)* to illuminate. **2.** *(faţa etc.)* to light up; *(mintea)* to illumin(at)e, to enlighten. **II.** *vb. refl.* to light-up; *(la faţă)* to brighten up.

iluminare *s.f.* **1.** illumination, lighting, etc. v. i l u m i n a. **2.** *(inspiraţie)* inspiration.

iluminat[1] *s.n.* lighting.

iluminat[2] **I.** *adj.* lit up etc. v. i l u m i n a. **II.** *s.m.* illuminee.

iluminaţie *s.f.* illumination; lights.

iluminism *s.n. filoz.* enlightenment.

iluminist *s.m. filoz.* representative *sau* supporter of the enlightenment.

ilustra **I.** *vb. tr.* **1.** *(o carte etc.)* to illustrate; *(litere, un manuscris)* *inv.*→to illuminate. **2.** *(a exemplifica)* to illustrate, to exemplify; *(a arunca lumină asupra)* to throw light upon. **3.** *(a face să se distingă)* to shed lustre upon. **II.** *vb. refl.* **1.** *pas.* to be illustrated etc. v. ~ I, 1—2. **2.** *(a se distinge)* to become famous; to win fame.

ilustrare *s.f.* illustration.

ilustrat *adj.* illustrated. ⓑ *carte poştală* ~ă picture postcard.

ilustrată *s.f.* v. i l u s t r a t ⓑ.

ilustrativ *adj.* illustrative.

ilustrator *s.m.* illustrator.

ilustraţie *s.f.* illustration, picture.

ilustru *adj.* illustrious; *(celebru)* celebrated.

iluzie *s.f.* **1.** *opt.* illusion. **2.** *fig.* illusion, empty dream; *(înşelare)* delusion. ⓐ ~ *optică* optical illusion. ⓒ *a-şi face iluzii* to cherish illusions; to deceive oneself.

iluzionism *s.n.* **1.** (practice of) illusion. **2.** *filoz.* illusionism.

iluzionist *s.m.* illusionist, conjurer.

iluzoriu *adj.* illusory; *(înşelător)* illusive.

imaculat *adj.* immaculate, spotless, stainless.

imagina *vb. tr.* to imagine; *(a născoci)* to invent, to devise; *(a concepe)* to conceive, *elev.* to envision. ⓐ *a-şi* ~ to imagine, to fancy, to picture; *a-şi* ~ *că...* to think/fancy/suppose that...; *(a face greşeala să)* to delude oneself with the thought/fancy that..., to indulge in the illusion that...; *(ameninţător)* to run away with the idea that...

imaginabil *adj.* imaginable, thinkable; conceivable.

imaginar *adj.* imaginary; *(fantezist)* fancied.

imaginativ *adj.* imaginative.

imaginaţie *s.f.* imagination, mind's eye; *(fantezie)* fancy; invention. ⓓ *printr-un efort al* ~*i* by a stretch of imagination; *e pură* ~ it is only/were fancy.

imagine *s.f.* **1.** image; *(reflectare)* reflection; *(reprezentare)* representation; *(tablou)* picture; *(asemănare)* likeness. **2.** *fiz.* image; *cinema* frame. **3.** *lit.* image, metaphor; figure of speech. **4.** *mat.* simbol.

imagistic *adj.* imagistic.

imagistică *s.f.* imagery, imagism.

imam *s.m.* ima(u)m.

imanent *adj.* immanent; inherent; indwelling.

imanenţă *s.f.* immanence; indwelling.

imaş *s.n.* common (grazing ground).

imaterial *adj.* immaterial, unsubstantial.

imaterialitate *s.f.* immateriality.

imatur *adj.* immature, callow, unfledged, unripe.

imaturitate *s.f.* immaturity, unripeness.

imbatabil *adj.* invincible; unvanquishable; irresistible.

imbecil I. *adj.* imbecile, soft-headed. **II.** *s.m.* imbecile, idiot, fool.

imbecilitate *s.f.* imbecility, silliness, stupidity.

imbeciliza I. *vb. tr.* to stupefy, to stultify, to brutify. **II.** *vb. refl.* to become stupefied/besotted/sottish.

imberb I. *adj.* **1.** beardless. **2.** *fig.* beardless, raw, callow, unfledged. **II.** *s.m.* raw/callow youth.

imbold *s.n.* impulse, impulsion, impetus; *(stimulent)* stimulus; *(sugestie)* suggestion, < prompting. ⓒ *a da* ~ *(cu dat.)* to stimulate *(cu acuz.)*

imediat I. *adj.* immediate; *(urgent)* urgent. **II.** *adv.* immediately, directly, at once, right/straight away, F→in a crack/jiffy, before you could say Jack Robinson.

imemorial *adj.* immemorial, out of mind. ⓓ *din timpuri* ~*e* (from) time out of mind.

imens I. *adj.* immense; *(nemăsurat)* immeasurable; *(fără hotar)* boundless; *(vast)* vast; *(enorm)* huge; *(colosal)* colossal, tremendous; *(profund)* profound, deep. **II.** *adv.* immensely etc. v. ~ **I.**

imensitate *s.f.* immensity; *(infinitate)* infinity; *(vastitate)* vastness; *(nemărginire)* boundlessness; *(mărime)* colossal/huge size.

imersiune *s.f.* **1.** immersion, dipping; *(a unui submarin)* submergence. **2.** *astr.* occulation.

imigra *vb. intr.* to immigrate.

imigrant *s.m.* immigrant.

imigrare, imigraţie *s.f.* immigration.

iminent *adj.* impending, imminent, hovering.

iminenţă *s.f.* imminence.

imita I. *vb. tr.* to imitate; *(a copia)* to copy; *(a mima)* to mimic, to ape, to take off; *(o semnătură)* to forge. **II.** *vb. intr.* to imitate; to copy; to mimic; to forge.

imitativ *adj.* imitative.

imitator *s.m.* imitator.

imitaţie s.f. imitation; (contrafacere) forgery, counterfeit.
imixtiune s.f. interference.
imn s.n. hymn; (naţional sau de slavă) anthem. ⓐ ~ naţional national anthem.
imobil¹ s.n. house; (clădire) building.
imobil² adj. 1. (imobiliar) real. 2. (nemişcat) motionless, still; immobile; (fix) fixed; (ferm) firm, steadfast.
imobiliar adj. v. imobil² 1.
imobilitate s.f. immobility, motionlessness.
imobiliza vb. tr. to immobilize.
imobilizare s.f. immobilization.
imobilizat adj. 1. immobilized. 2. (nefolosit) unused.
imoral adj. immoral.
imoralitate s.f. 1. immorality. 2. (ca act) piece of immorality.
imortaliza vb. tr. to immortalize.
impacienta vb. refl. to lose patience, to grow impatient.
impalpabil adj. impalpable.
impar adj. odd, uneven.
imparisilabic adj. imparisyllabic.
imparţial I. adj. unbiassed, impartial; (corect) fair-minded; (d. o părere) candid; (obiectiv) objective. II. adv. impartially.
imparţialitate s.f. impartiality; fair-mindedness.
impas s.n. deadlock, blind alley; (dilemă) dilemma; (la jocul de cărţi) finesse. ⓒ a ieşi dintr-un ~ to break a deadlock.
impasibil adj. impassive, unmoved.
impecabil I. adj. impeccable, faultless. II.adv. impeccably, faultlessly.
impediment s.n. impediment, obstacle, hindrance.
impenetrabil adj. (d. o pădure etc.) impenetrable; (inscrutabil) inscrutable; (d. un mister etc.) unfathomable; (complicat) intricate.
imperativ I. adj. imperative, imperious, peremptory. II. s.n. filoz., gram. imperative.
imperceptibil I. adj. imperceptible, very slight. II. adv. imperceptibly.
imperfect I. adj. 1. imperfect; incomplete;. (cu defecte) faulty. 2. gram. imperfect. II. s.n. gram.

imperfect (tense) (se redă în engleză prin Past Tense, mai ales Past Tense Continuous).
imperfectiv adj. gram. imperfective.
imperfecţiune s.f. 1. imperfection. 2. (defect) defect, flaw.
imperial adj. imperial.
imperială s.f. (la autobuz) top, imperial, outside.
imperialism s.n. imperialism.
imperialist I. adj. imperialist(ic). ⓑ lagărul ~ the imperialist camp; război ~ imperialist war. II. s.m. imperialist.
imperios I. adj. imperious, urgent, imperative; (d. ton) peremptory. II. adv. imperatively, urgently. ⓐ ~ necesar imperative.
imperiu s.n. 1. empire. 2. fig. dominion, domination, rule. ⓓ sub ~l (cu gen.) being actuated by...; under the impact of...
impermeabil I. adj. impervious, impermeable. II. s.n. waterproof, raincoat, mackintosh, mack.
impermeabilitate s.f. imperviousness; impermeability.
impermeabiliza vb. tr. to waterproof.
impersonal adj. şi gram. impersonal.
impertinent adj. impertinent, rude, pert.
impertinenţă s.f. impertinence, rudeness, pertness, brazeness.
imperturbabil I. adj. imperturbable, unruffled. II. adv. imperturbably.
impetuos I. adj. impetuous; tumultuous. II. adv. impetuously, tumultuously.
impetuozitate s.f. impetuosity.
impiegat s.m. 1. minor civil servant; clerk. 2. ferov. service official. ⓐ ~ de mişcare ferov. traffic controller.
impieta vb. intr. ⓐ a ~ asupra (cu gen.) to cast a slur/aspersions on... to refle/cttell on...; (a aduce daune) to harm..., to damage...; to infringe upon...
impietate s.f. impiety; (nelegiuire) lawlessness; (ca act) ungodly act.
implacabil I. adj. implacable, relentless, inexorable. II. adv. implacably, relentlessly, inexorably.
implica vb. tr. 1. (a amesteca) to implicate, to involve. 2. (a atrage

după sine) to entail; *(a avea ca implicaţie)* to imply. © *fusese ~t în crimă* he had been concerned in the crime.

implicaţie *s.f.* implication, *pl.* bearings. ⓑ *în toate implicaţiile sale* in all its implications/bearings.

implicit I. *adj.* implicit. **II.** *adv.* implicitly.

implora *vb. tr.* to implore, to entreat, to beseech, to conjure.

implorare *s.f.* imploring, imploration etc. v. **implora**.

implorator *adj.* imploring.

impluviu *s.n. ist. Romei* impluvium.

impoliteţe *s.f.* **1.** impoliteness, unmannerliness, rudeness. **2.** *(ca act)* discourtesy, incivility, piece of impoliteness.

imponderabil I. *adj.* imponderable, weightless. **II.** *s.n.* imponderable, factor.

imponderabilitate *s.f.* imponderability, weightlessness.

import *s.n. com.* import; *(acţiunea)* importation. ⓑ *din ~* imported.

importa[1] *vb. tr. com.* to import, bo bring over.

importa[2] *vb. intr.* to matter, to be of importance. © *nu importă!* no matter! never mind! *prea puţin importă dacă...* it matters little whether...

important I. *adj.* important; *(foarte ~)* momentous; *(semnificativ)* significant; *(mare)* large, considerable; *(d. cineva)* of importance/consequence. ⓑ *puţin ~* unimportant, immaterial. **II.** *s.m.* © *a face pe ~ul* F to give oneself airs, to be bumptious, F→to put it on.

importanţă *s.f.* importance, moment, consequence; *(greutate)* weight; *(semnificaţie)* significance; *(mărime)* extent. ⓑ *de mică ~* of small account; *de primă ~* of the first importance; *de puţină ~* of small account; *fără ~, lipsit de ~* unimportant, of no consequence/accounts; *plin de ~* consequential, self-important; © *are vreo ~?* has it any importance? is it of any/much consequence? *a avea ~* to be important/of importance; *(a conta)* to matter; *n-are ~!* it

doesn't matter! never mind! *a da ~ (cu dat.)* to attach importance to..., to make account of...; *(cuiva, peior.)* to make too much of...; *a-şi da ~* to give oneself airs, F→to put it on.

importare *s.f.* importation.

importator *s.m.* importer.

importun *adj.* importunate, obtrusive, troublesome.

imposibil I. *adj.* **1.** impossible, out of the question; *(care nu se poate face)* unfeasible. **2.** *(nesuferit)* unbearable; *(d. o toaletă etc.)* extravagant, absurd, F→unearthly. **3.** *interjecţional* impossible! out of the question! ⓐ *~ de făcut* impossible of execution. © *mi-e ~* I cannot do it; I cannot possibly...; *a-i face cuiva viaţa ~ă* to make smb.'s life a burden to him; F→to lead smb. the devil of a life. **II.** *s.n. imposibilul* one's utmost/best/ F→damnedest. © *a face ~ul* to use every endeavour, to do one's utmost, to move earth and heaven.

imposibilitate *s.f.* impossibility.

impostor *s.m.* impostor, F→humbug cheat.

impostură *s.f.* imposture, imposition.

impotent I. *adj.* helpless; *(sexual)* impotent. **II.** *s.m.* impotent.

impotenţă *s.f.* helplessness; *med.* impotence, impotency.

impozabil *adj.* taxable; *(d. o proprietate)* ratable, assessable.

impozant *adj.* v. **impunător**.

impozit *s.n.* tax, duty. ⓐ *~ direct* direct tax; *~ fiscal* stamp duty; *~ indirect* indirect tax; *~ pe cifra de afaceri* tax on turnover; *~ pe lux* luxury tax; *~ pe venit* income tax.

impracticabil *adj.* impassable.

imprecaţie *s.f.* imprecation, curse.

imprecis *adj.* vague, unprecise; *(d. un termen etc.)* indefinite.

imprecizie *s.f.* lack of precision; *(a unei declaraţii)* vagueness; *(a unui termen)* looseness.

impregna I. *vb. tr. şi fig. (cu)* to impregnate (with); *(lemn etc.)* to permeate. **II.** *vb. refl. (cu)* to become saturated (with). ⓐ *a se*

515

~ *cu... fig.* to become imbued with...
impregnare *s.f.* impregnation, permeation.
impresar *s.m* impresario, business manager.
imprescriptibil *adj.* imprescriptible.
impresie *s.f.* impression. © *a avea impresia că...* to have an impression that...; *a da o ~ de...* to give an impression of...; *a face ~* to make an impression; *a face o ~ bună* to give a good impression of oneself; *ce impresie ți-a făcut?* how did he impress you? how does he strike you?
impresiona I. *vb. tr.* **1.** to impress, to move, to affect. **2.** *(retina)* to act on; *(hîrtia)* to produce an image on. II. *vb. refl.* to be strongly affected; to be easily upset.
impresionabil *adj.* impressionable.
impresionabilitate *s.f.* impressionability.
impresionant *adj.* impressive; touching; *(mișcător)* moving.
impresionism *s.n.* impressionism.
impresionist I. *adj.* impressionistic. II. *s.m.* impressionist.
imprevizibil *adj.* unforeseeable.
imprima I. *vb. tr.* **1.** *(o mișcare)* to impart, to transmit. **2.** *(urme etc.)* to stamp, to (im)print; *(stofe)* to (im)print. **3.** *poligr.* to print. **4.** *(respect)* to inspire. **5.** *(a da)* to give, to lend. **6.** *(pe bandă etc.)* to record; to register. II. *vb. refl.* *pas.* to be imparted etc. v. ~ I.
imprimare *s.f.* recording, etc. v. i m p r i m a; *muz.* rendition.
imprimat I. *adj.* printed etc. v. i m p r i m a. II. *s.n.* **1.** *(formular)* form. **2.** *pl.* printed works; books; *(de poștă)* printed matter.
imprimerie *s.f.* **1.** printing office/works/house. **2.** *text.* printery.
imprimeuri *s.n. pl. text.* prints.
improbabil *adj.* improbable, unlikely.
impropriu *adj.* wrong, incorrect, inadequate, improper.
improviza I. *vb. tr.* to improvise; *(un discurs)* to make an extempore speech. II. *vb. intr.* **1.** to speak

extempore; *(la microfon)* to ad-lib. **2.** *muz.* to improvise, to extemporize.
improvizat *adj.* improvised; ad lib...; *(d. un discurs)* extemporaneous, off-hand; *(d. un dans)* impromptu.
improvizație *s.f.* **1.** extempore speech. **2.** impromptu poem. **3.** *muz.* improvisation.
imprudent I. *adj.* imprudent, rash, unwise; uncautious. II. *adv.* imprudently etc. v. ~ I.
imprudență *s.f.* **1.** imprudence, rashness. **2.** *(ca act)* imprudent act. ① *ce ~!* how imprudent (of you etc.)! © *a comite o ~* to be guilty of an imprudence.
impudic *adj.* immodest, indecent.
impuls *s.n.* **1.** v. i m b o l d. **2.** impulse. ① *sub ~ul momentului* on the spur of the moment, under the impulse of the moment.
impulsie *s.f.* impulsion; impulse.
impulsiv *adj.* impulsive.
impulsivitate *s.f.* impulsiveness, impulsivity.
impunător *adj.* imposing, commanding; portly; *(măreț)* stately, grandiose, tremendous.
impune I. *vb. tr.* **1.** *(a prescrie)* to impose, to prescribe; *(condiții)* to impose; *(o regulă)* to enforce, to lay down; *(o sarcină)* to get, to assign; *(tăcere)* to enjoin; *(o părere, prin tertipuri)* to thrust, to foist; *(fel de a vedea)* to carry; *(cuiva, respect)* to inspire... (with respect). **2.** *(a cere, a reclama)* to call for, to necessitate. **3.** *(fiscal)* to tax; *(un imobil)* to levy a rate, on. ⓐ *a-și ~ ...* to undertake...; to set oneself...; *(să facă ceva)* to make it a duty to... II. *vb. refl.* **1.** *pas.* to be imposed etc. v. ~ I. **2.** *(d. cineva)* to assert oneself; to compel recognition. **3.** *(a fi indispensabil)* to be indispensable, to be imperative/essential; *(a fi de dorit)* to be called for. © *se ~ să...* it is necessary/<essential, indispensable etc. to...
impunere *s.f.* **1.** imposing etc. v. i m p u n e. **2.** *(constrîngere)* constraint. **3.** *(fiscală)* taxation, rating.

impur *adj.* **1.** impure, foul. **2.** *chim.* impure.

impuritate *s.f.* **1.** impurity, foulness. **2.** *pl.* impurities.

imputa I. *vb. tr.* **1.** *(cu dat.)* to impute (to), to ascribe (to). **2.** *(bani etc.)* to deduct... *(from)*, to charge. ⓒ *a ~ cuiva o vină* to lay the blame at smb.'s door. **II.** *vb. refl. pas.* to be imputed etc. *v. ~* **I.** ⓐ *a i se ~ ceva* to be charged with smth.

imputabil *adj.* imputable.

imputare *s.f.* **1.** imputation etc. *v.* i m p u t a. **2.** *(repros)* reproach; *(vină)* blame. **3.** *(în bani etc.)* charge.

imuabil *adj.* immutable, unchanging.

imun *adj. (contra)* immune (from).

imund *adj.* foul, filthy.

imunitate *s.f. parl., med. etc.* immunity.

imuniza I. *vb. tr.* to immunize. **II.** *vb. refl.* to be immunized.

in *s.n. bot.* **1.** flax *(Linum)*. **2.** *(sămînță)* linseed, flax seed. ⓑ *de ~* flaxen; linen; *ulei de ~* linseed oil.

inabordabil *adj. (d. persoane, țărm)* unapproachable, inaccessible; *(d. un preț)* prohibitive; *(d. un punct strategic etc.)* unattackable.

inacceptabil *adj.* unacceptable.

inaccesibil *adj.* inaccessible, unapproachable.

inactiv *adj.* **1.** inactive; *(leneș)* idle. **2.** *chim.* inert.

inactivitate *s.f.* **1.** inactivity. **2.** *chim.* inertness. ⓑ *în ~ (d. cineva)* out of work, idle.

inactual *adj.* out of season, unseasonable, untimely, inopportune; *(învechit)* out-of-date, obsolete.

inadaptabil *adj.* maladjusted, inadaptable.

inadaptabilitate *s.f.* maladjustment; maladaptation.

inadecvat *adj.* inadequate.

inadmisibil *adj.* inadmissible; *(de neconceput)* inconceivable.

inadvertență *s.f.* inadvertence, inadvertency; *(scăpare)* oversight; *(greșeală)* mistake; *(lapsus)* lapse of memory.

inalienabil *adj.* inalienable; *(d. drepturi)* indefeasible.

inalterabil *adj.* **1.** inalterable. **2.** *fig.* unfailing; unflinching.

inamic I. *adj. și fig.* hostile. **II.** *s.m. (dușman)* enemy, foe.

inamovibil *adj.* irremovable; *(d. cineva)* holding an appointment for life; *(d. un post)* held for life.

inamovibilitate *s.f.* irremovability.

inaniție *s.f.* inanition, starvation.

inaplicabil *adj.* inapplicable.

inapt *adj.* inapt, unapt. ⓐ *~ pentru* unfit for..., unsuited for/to...

inaptitudine *s.f.* inaptitude, inaptness.

inatacabil *adj.: (d. o fortăreață etc.)* unassailable; *(d. un drept etc.)* unimpugnable; *(indiscutabil)* unquestionable, indisputable.

inaugura I. *vb. tr.* to inaugurate; *(a dezveli)* to unveil; *(a deschide)* to open (to traffic, etc.). **II.** *vb. refl. pas.* to be inaugurated, to open (to traffic, etc.). *v. ~* **I.**

inaugural *adj.* inaugural; maiden.

inaugurare *s.f.* inauguration etc. *v.* i n a u g u r a.

incalculabil *adj.* incalculable, countless, inestimable.

incalificabil *adj.* unqualifiable, unspeakable.

incandescent *adj.* incandescent, glowing, red-hot.

incandescență *s.f.* incandescence, glow, white heat. ⓑ *lampă cu ~* incandescent/glow lamp.

incapabil *adj.* **1.** *(de)* incapable (of); unfit. **2.** *jur.* under a disability.

incapacitate *s.f.* **1.** incapacity, incapability; incompetency. **2.** *jur.* disability, incapacity; disablement. ⓐ *~ temporară de muncă* temporary invalidity/disablement.

incarna *vb. tr.* to embody.

incarnare *s.f.* embodiment.

incarnat *adj.* **1.** embodied. **2.** *fig.* inveterate, diehard; *(pasionat)* passionate. ⓑ *unghie ~ă* ingrowing nail.

incasabil *adj.* unbreakable, nonbreakable.

incendia *vb. tr.* **1.** to set on fire, to set fire to. **2.** *fig.* to set ablaze.

incendiar *adj.* **1.** incendiary. **2.** *fig.*
(d. un discurs) incendiary, inflam-
matory. **3.** *fig. (roşu)* red; *(purpu-*
riu) purple.

incendiator *s.m.* **1.** incendiary. **2.**
fig. instigator.

incendiere *s.f.* setting on fire etc. v.
i n c e n d i a; arson.

incendiu *s.n.* fire; *(pus)* arson.
ⓟ *pompă de* ~ fire engine.

incert *adj.* uncertain, doubtful.

incertitudine *s.f.* uncertainty, incer-
titude; *(îndoială)* doubt.

incest *s.n.* incest.

incestuos *adj. ist.* incestuous.

inchizitor *s.m. ist.* inquisitor.

inchizitorial *adj. ist.* inquisitorial.

inchiziţie *s.f.* inquisition.

incident[1] *s.n.* **1.** incident; *(întîm-*
plare) occurrence, happening. **2.**
jur. point of law.

incident[2] *adj.* **1.** *gram.* parenthetical.
2. *geom., fiz.* incident. ⓟ *rază* ~*ă*
opt. incident ray.

incidental I. *adj.* incidental. **II.**
adv. incidentally; *(din întîmplare)*
by chance.

incidenţă *s.f. fiz.* incidence. ⓟ
unghi de ~ *opt.* angle of incidence.

incinera *vb. tr.* to cremate, *amer.*
to incinerate.

incinerare *s.f.* cremation.

incintă *s.f.* **1.** precincts; *(spaţiu*
îngrădit) enclosure; *(sală)* hall.
2. *(public)* audience.

incipient *adj.* incipient.

incisiv *adj. fig.* incisive, cutting,
biting. ⓟ *dinte* ~ incisor (tooth).

incita *vb. tr.* to incite, to urge.

incizie *s.f.* incision, cut.

include I. *vb. tr.* to include, to
comprise, to contain; *(într-un plic)*
to enclose; *(a insera)* to insert.
II. *vb. refl. pas.* to be included
etc. v. ~ I.

includere *s.f.* inclusion etc. v. i n-
c l u d e.

inclusiv *adv.* inclusively; inclusive;
included. ⓟ ~ *operele lui Shelley*
Shelley's works included. ⓒ *de*
vineri pînă luni ~ from Friday
to Monday inclusive.

incluziune *s.f. mineral, etc.* inclusion.

incoativ *adj. gram.* inceptive, in-
choative.

incoercibil *adj.* incoercible.

incoerent *adj.* incoherent, rambling.

incoerenţă *s.f.* incoherence, inco-
herency.

incognito *adv.* incognito, F→incog.

incognoscibil *adj.* unknowable.

incolor *adj şi fig.* colourless.

incomensurabil *adj.* **1.** immeasu-
rable, huge, vast. **2.** *mat.* incom-
mensurable.

incomod *adj* **1.** inconvenient; *(d.*
o cameră etc.) incommodious; *(d.*
un scaun etc.) uncomfortable; *(d.*
un instrument etc.) unhandy,
clumsy. **2.** *(d. cineva)* trouble-
some, disagreeable. **3.** too hot to
handle.

incomoda *vb. tr.* to inconvenience,
to incommode, to disturb. ⓒ *vă*
incomodează dacă fumez? do you
mind my smoking?

incomparabil I. *adj.* incomparable,
matchless, peerless, unrivalled. **II.**
adv. incomparably, beyond com-
pare; *(cu mult mai...)* incompa-
rably..., infinitely...; by far.

incompatibil *adj.* *(cu)* incompa-
tible (with), inconsistent (with),
abhorrent (from).

incompatibilitate *s.f.* incompatibi-
lity.

incompetent *ajd.* **1.** incompetent.
2. *jur.* incompetent, not qualified.

incompetenţă *s.f.* incompetence, in-
competency.

incomplet *adj.* incomplete, un-
finished.

incomprehensibil *adj.* incomprehen-
sible.

inconciliabil *adj.* irreconcilable.

incongruent *adj* incongruous.

incongruenţă *s.f.* incongruity.

inconsecvent *adj.* inconsistent; *(d.*
comportare) inconsequent; *(d. per-*
soane) inconsistent, scatter-brained,
inconsequent.

inconsecvenţă *s.f.* inconsistency; in-
consequence.

inconsistent *adj.* **1.** soft, yielding,
flabby; loose. **2.** *fig.* flimsy,
groundless; unsubstantial.

inconsistenţă *s.f.* **1.** softness, flab-
biness; looseness. **2.** *fig.* flimsiness,
groundlessness, unsubstantiality.

inconstant *adj.* inconstant, fickle.

inconstanță *s.f.* inconstancy, fickleness.

inconștient I. *adj.* **1.** unconscious. **2.** *fig.* irresponsible. **II.** *adv.* unconsciously. **III.** *s.n.* *inconștientul* the unconscious (mind).

inconștiență *s.f.* **1.** unconsciousness, inconscience. **2.** *fig.* irresponsibility, recklessnes, desperation.

incontestabil I. *adj.* incontestable, indisputable. **II.** *adj.* incontestably, undeniably.

incontinență *s.f.* incontinence.

inconvenient *s.n.* drawback, disadvantage.

incorect *adj.* **1.** incorrect, inaccurate, wrong. **2.** *(necinstit)* dishonest.

incorectitudine *s.f.* **1.** incorrectness, inaccuracy. **2.** *(ca act)* incorrect act.

incorigibil *adj.* incorrigible, past praying for, hopeless.

incoruptibil *adj.* incorruptible; unbribable.

incoruptibilitate *s.f.* incorruptibility, integrity.

incredul *adj.* incredulous.

incrimina *vb.* *tr.* to (in)criminate, to accuse, to charge.

incriminare *s.f.* incrimination.

incrusta I. *vb.* *tr.* **1.** to inlay. **2.** *fig.* to imprint. **II.** *vb.* *refl.* *pas.* to be encrusted.

incrustație *s.f.* **1.** inlaid work. **2.** *chim.*, *fiz.* incrustation. **3.** *tehn.* inlay.

incubator *s.n.* incubator.

incubație *s.f.* incubation. ① *perioadă de ~* incubation period.

inculca *vb.* *tr.* *(cu dat.)* to inculcate upon...

inculpa *vb.* *tr.* to indict, to charge, to inculpate.

inculpat *s.m.* person indicted, defendant; *~ul* the accused, the defendant.

incult *adj.* uneducated, unlearned, bookless; *(analfabet)* illiterate.

incultură *s.f.* lack of education.

incumba *vb.* *intr.* ⓐ *a ~ cuiva...* to devolve upon smb., to be incumbent on smb.

incunabul *s.n.* incunabulum.

incurabil *adj.* incurable.

incurie *s.f.* negligence, carelessness.

incursiune *s.f.* **1.** inroad, foray, raid, incursion. **2.** *fig.* excursion.

in-cvarto *adj.* in-quarto.

indecent *adj.* indecent, improper, offensive.

indecență *s.f.* indecency, immodesty.

indecis *adj* *(nehotărît)* irresolute.

indeclinabil *adj.* *gram.* indeclinable.

indefinibil *adj.* indefinable, undefinable.

indefinit *adj.* indefinite; *(vag)* vague.

indelicatețe *s.f.* **1.** indelicacy, tactlessness. **2.** *(ca act)* indelicate/tactless action.

indemnizație *s.f.* iundemnity; *(despăgubire)* compensation. ⓐ *~ de concediu* holiday pay; *~ de drum* travelling expenses/allowance; *jur.* conduct money; *~ parlamentară* emoluments.

independent I. *adj.* independent (of); *(liber)* free (of). ⓐ *~ de...* irrespective of... **II.** *adv.* independently. **III.** *s.m.* *pol.* independent.

independență *s.f.* independence; *(libertate)* freedom.

indescifrabil *adj.* undecipherable, indecipherable; *(neciteț)* illegible.

indescriptibil *adj.* indescribable, beggaring description.

indestructibil *adj.* indesctructible.

index *s.n.* index. ⓒ *a pune la ~* a. *(o carte)* to put on the index. b. *fig.* to put on the prohibited/black list; *(pe cineva)* to blacklist. c. *fig.* to put on the shelf, to shelve smb.

indezirabil *adj.*, *s.m.* undesirable, unwanted.

indian I. *adj.*, *s.m.* Indian. **II.** *s.n.* *text.* printed calico, cotton print.

indiană *s.f.* **1.** *(prăjitură)* chocolate glazed cream cake. **2.** *(înot)* side stroke.

indica *vb.* *tr.* to indicate, to point to/out; *(a marca)* to mark; *(a arăta)* to show; *(a prescrie)* to prescribe, to lay down.

indicare *s.f.* indication etc. v. i n d i c a.

indicat *adj.* **1.** indicated etc. v. i n d i c a. **2.** *fig.* proper, adequate.

indicativ *gram.* **I.** *adj.* indicative. **II.** *s.n.* indicative (mood).

indicator I. *adj* indicatory. **II.** *s.n.*
indicator; post; *tehn.* şi gauge;
fot. line marker. ⓐ ~ *al străzilor*
street directory; ~ *de acceleraţie*
av. accelerometer; ~ *de cale ferov.*
railway indicator/pole; ~ *de di-*
recţie auto. trafficator, traffic in-
dicator; ~ *de nivel tehn.* level
indicator/gauge; ~ *de presiune tehn.*
pressure indicator; ~ *de viteză*
ferov. etc. speedometer; ~ *optic*
tehn. optical indicator.
indicaţie *s.f.* indication; injunction,
directive.
indice *s.m.*, *s.n.* şi *mat.*, *fiz. etc.*
index; *chim.* value. ⓐ ~ *de pre-*
ţuri price index.
indicibil *adj.* unspeakable.
indiciu *s.n.* indication, sign, clue.
indiferent I. *adj.* **1.** indifferent;
< cold-hearted; listless; *(netul-*
burat) unaffected; *(apatic)* apa-
thetic. **2.** *(fără importanţă)* imma-
terial, unimportant. ⓒ *mi-e* ~
it's all the same to me; *mi-e absolut*
~ it's quite immaterial to me.
II. *adv.* indifferently.
indiferenţă *s.f.* indifference; list-
lessness; *(apatie)* apathy; *(lipsă*
de interes) lack of interest.
indigen I. *adj.* indigenous, native.
II. *s.m.* native, aboriginal.
indigest *adj.* **1.** indigestible, stodgy.
2. *fig.* undigested, heavy, confused.
indigestie *s.f.* indigestion. ⓒ *a*
avea o ~ to have an attack of
indigestion.
indispensabili *s.m. pl. (şi lungi)*
drawers; *(scurţi)* pants.
indisponibil *adj.* unavailable; *jur.*
inalienable.
indispoziţie *s.f.* **1.** *(boală uşoară)*
ailment, indisposition. **2.** *(proastă*
dispoziţie) ill humour, low spirits.
indispune I. *vb. tr.* to put out (of
humour). **II.** *vb. refl.* to become
depressed, to be put out, to be
upset.
indispus *adj.* **1.** *(uşor bolnav)* in-
disposed, unwell, ailing, F→poorly,
out of sorts. **2.** *(prost dispus)* low-
-spirited, ill-disposed, put out, F→
off the hinges, hipped, under a
cloud. ⓓ *cam* ~ *(cam prost dispus)*
F→a cup too low.

indistinct I. *adj.* indistinct, hazy,
blurred; *(d. o inscripţie)* faint.
II. *adv.* indistinctly.
indiu *s.n. chim.* indium.
individ *s.m.* **1.** *jur.*, *biol. etc.* individ-
ual. **2.** *mai ales peior.* individual,
person, fellow, F bloke, *sl.* cove.
individual I *adj.* individual; *(par-*
ticular) private; *(personal)* per-
sonal. **II.** *adv.* individually etc.
v. ~ **I.**
individualism *s.n.* individualism.
individualist I. *adj.* individualistic.
II. *s.m.* individualist.
individualitate *s.f.* individuality;
(personalitate) personality.
individualiza *vb. tr.* to individualize.
individualizare *s.f.* individualiza-
tion.
indivizibil *adj.* indivisible.
indivizibilitate *s.f.* indivisibility.
indiviziune *s.f. jur.* joint possession,
severalty.
indo-european *adj. lingv.* Indo-Eu-
ropean.
indolent *adj.* indolent, slothful.
indolenţă *s.f.* indolence, sloth.
indruşaim *s.m. bot.* sweet pea *(Lathy-*
rus odoratus).
indubitabil *adj.* indubitable, be-
yond doubt.
induce *vb. tr. electr.* to induce. ⓒ
a ~ *pe cineva in eroare* to mislead/
delude smb.
inductiv *adj.* inductive.
inductor *electr.* **I.** *adj.* inductive.
II. *s.n.* inductor.
inducţie *s.f.* induction. ⓘ ~ *elec-*
trică electrical induction; ~ *mag-*
netică magnetical induction.
indulgent I. *adj.* indulgent, lenient;
(bun) kind. **II.** *adv.* indulgently
etc. v. ~ **I.**
indulgenţă *s.f.* **1.** indulgence, le-
nience; *(bunătate)* kindness. **2.** *rel.*
indulgence.
industrial *adj.* industrial, industry...
industrializa I. *vb. tr.* to industrial-
ize. **II.** *vb. refl. pas.* to become
industrialized.
industrializare *s.f.* industrialization.
industriaş *s.m.* manufacturer, in-
dustrialist.
industrie *s.f.* industry. ⓐ *industria*
autovehiculelor the automotive in-

dustry; ~ *casnică* domestic/cottage industry; *industria cauciucului* the rubber industry; ~ *chimică* chemical industry; ~*constructoare de mașini* mechanical engineering/machine building (industry); ~ *de automobile* automobile industry; ~ *extractivă* extractive industry; ~ *grea* heavy industry; ~ *minieră* mining industry; ~ *petrolieră* oil/petroleum industry; ~ *prelucrătoare* process/manufacturing industry; ~ *ușoară* light industry. ⓐ *marea* ~ large-scale industry; *mica* ~ small-scale industry.

inedit I. *adj.* unpublished; *(nou)* novel, new; *(original)* original. **II.** *s.n.* novelty.

inefabil *adj.* ineffable, unutterable.

ineficace *adj. (d. o măsură)* ineffective, ineffectual; *(d. un remediu)* inefficacious.

ineficacitate *s.f.* ineffectiveness, ineffectualness; inefficacy.

inegal I. *adj.* **1.** unequal; *(neregulat)* irregular. **2.** *(d. caracter)* uneven, unequable. **II.** *adv.* unequally; irregularly.

inegalabil *adj.* matchless, peerless.

inegalitate *s.f. și mat.* inequality.

inel *s.n.* **1.** *(în diferite sensuri)* ring. **2.** *(verigă)* link. **3.** *bot.* ring, grain. **4.** *(buclă)* ringlet, curl. **5.** *tehn.* ring, collar. **6.** *zool.* body ring. **7.** *pl.* rings. ⓐ ~ *de logodnă* wedding ring. ⓑ *tras (ca) prin* ~ slender, slim, willowy.

inelar I. *adj.* annular; ring/shaped; *(circular)* circular. **II.** *s.n.* ring finger. **III.** *s.m. entom.* annulary caterpillar *(Gastropacha neustria)*.

inelat *adj.* curly. ⓑ *viermi inelați zool.* annelids.

ineleganță *s.f.* inelegance, inelegancy.

ineluctabil *adj.* ineluctable, implacable, unavoidable.

inept *adj.* inept, stupid.

inepție *s.f.* ineptitude, nonsense.

inepuizabil *adj.* inexhaustible, never-failing.

inerent I. *adj.* inherent. **II.** *adv.* inherently.

inert *adj.* **1.** inert; limp, sluggish, dull. **2.** *chim.* actionless.

inerție *s.f.* **1.** inertia. **2.** *fig.* sluggishness, inertness.

inerva *vb. tr. fiziol.* to innervate.

inervație *s.f. fiziol.* innervation.

inestetic I. *adj.* unaesthetic. **II.** *adv.* unaesthetically.

inestimabil *adj.* inestimable, invaluable.

inevitabil I. *adj.* unavoidable; *(d. un rezultat)* inevitable. **II.** *adv.* unavoidably; inevitably.

inevitabilitate *s.f.* inevitability.

inexact I. *adj.* inexact, inaccurate. **II.** *adv.* inaccurately, incorrectly.

inexactitate *s.f.* inaccuracy, inexactitude; *(greșeală)* mistake.

inexistent *adj.* non-existent, inexistent.

inexistență *s.f.* non-existence, absence, want, lack.

inexorabil *adj.* inexorable; unrelenting.

inexplicabil *adj.* inexplicable, unaccountable.

inexpresiv *adj. (d. față)* expressionless ; *(d. un cuvînt etc.)* inexpressive.

inexprimabil *adj.* inexpressible, unutterable.

inexpugnabil *adj.* impugnable, storm-proof.

infailibil *adj.* infallible, unerring; *(sigur)* certain, unfailing.

infailibilitate *s.f.* infallibility.

infam I. *adj.* infamous; horrible. **II.** *adv.* infamously, horribly.

infamant *adj.* discreditable, disreputable.

infamie *s.f.* **1.** infamy, disgrace. **2.** *(ca act)* infamous action, vile deed.

infanterie *s.f. mil.* infantry, foot.

infanterist *s.m. mil.* infantryman, foot soldier.

infanticid *s.n. jur.* infanticide.

infantil *adj.* infantile.

infarct *s.n. med.* infarct (ion).

infatuare *s.f.* conceit(edness), self-conceit, vanity, self-sufficiency.

infatuat *adj.* (self-)conceited, self-satisfied, overweening.

infect *adj.* **1.** *(d. miros)* noisome; *(rău mirositor)* stinking. **2.** *(respingător)* loathsome, foul; *(mîrşav)* vile; *(mizerabil)* wretched.

infecta I. *vb. tr.* **1.** to infect. **2.** *fig.* to corrupt. **II.** *vb. refl. pas.* to be infected etc. **v.** ~ I; *(d. o rană)* to rankle, to fester.

infecţie *s.f.* **1.** infection. **2.** *(miros urît)* stink, stench.

infecţios *adj.* infectious, F→catching.

inferior I. *adj.* inferior, lower; *(d. metale etc.)* base. ⓐ ~ *(cu dat.)* below... **II.** *s.m.* subordinate.

inferioritate *s.f.* inferiority.

infern *s.n.* underworld; *(iad)* hell; *(al lui Dante)* Inferno.

infernal I. *adj.* infernal; hellish; *fig. şi* devilish, diabolical. ⓟ *maşină* ~*ă* infernal machine. **II.** *adv.* infernally etc. **v.** ~ I.

infidel *adj.* unfaithful, false, faithless; *(d. memorie)* untrustworthy; *(d. o traducere)* unfaithful, inaccurate.

infiltra *vb. refl.* **1.** to infiltrate, to seep, to percolate. **2.** *fig. (d. idei etc.)* to soak/trickle in; *(a se furişa)* to creep, to slink; *(d. trupe)* to advance by infiltration.

infiltrare *s.f.* infiltration etc. **v.** infiltra.

infiltraţie *s.f. şi med.* infiltration.

infim *adj.* tiny, minute; *(d. o majoritate)* infinitesimal.

infinit I. *adj.* infinite; *(nemărginit)* boundless, endlessness. **II.** *adv.* infinitely. **III.** *s.n.*, *s.m.* infinite. ⓟ *la* ~ to infinity, ad infinitum, for ever.

infinitate *s.f.* infinity. ⓐ *o* ~ *de*... no end of ..., endless..., >a whole lot of...

infinitezimal *adj. şi mat. etc.* infinitesimal.

infinitiv *gram.* I. *adj.* infinitive. **II.** *s.n.* infivitive (mood).

infinitival *adj. gram.* infinitival.

infirm I. *adj.* infirm; *(schilod)* crippled; *(care nu mai e valid)* disabled. **II.** *s.m.* infirm person; cripple.

infirma *vb. tr.* to refute; to reveal the weakness of; *(dovezi etc.)* to weaken, to invalidate.

infirmare *s.f.* refutation; invalidation.

infirmerie *s.f.* sick room.

infirmier *s.m.* hospital attendant; male nurse.

infirmieră *s.f.* (hospital) nurse; sick nurse.

infirmitate *s.f.* infirmity.

infix *s.n. lingv.* infix.

inflama *vb. refl.* to become inflamed, to swell; *(d. o rană)* to fester, to rankle.

inflamabil *adj.* **1.** inflammable. **2.** *fig.* easily excited/kindled.

inflamare *s.f.* inflanmation.

inflamat *adj.* inflamed; *(d. gît etc.)* sore; *(d. o rană etc.)* angry.

inflamaţie *s.f.* inflammation, swell, boil.

inflaţie *s.f. fin.* inflation.

inflaţionist *adj. fin.* inflationary.

inflexibil *adj. fig.* inflexible, unyielding, unbending.

inflexibilitate *s.f.* inflexibility, unyieldingness.

inflexiune *s.f.* modulation.

inflorescenţă *s.f. bot.* inflorescence.

influent *adj.* influential.

influenţa *vb. tr.* to influence, to sway; to act on/upon; *(opinia publică etc.)* to bias.

influenţabil *adj.* liable/susceptible to influence.

influenţă *s.f.* influence; *(ascendent)* ascendancy; *(greutate)* weight; *(autoritate)* authority. ⓒ *a avea/ exercita o* ~ *asupra (cu gen.)* exercise an influence/an ascendancy over...; *(unui rezultat)* to affect...

in-folio *adj.* (in)folio...

inform *adj.* formless, shapeless, amorphous; *(diform)* ill-formed, unshapely, ungainly; *(d. un monstru etc)* mis-shapen.

informa I. *vb. tr. (de/despre)* to inform (of), to apprize (of), to let know; *(a incunoştinţa)* to acquaint (with); *(autorităţile)* to give notice to (about). **II.** *vb. refl.* to make inquiries. ⓐ *a se* ~ *despre*... to inquire for...; *(d. o problemă)* to inquire into...

informare *s.f.* informing, report.

informat *adj.* informed; *(versat)* versed in smth., conversant with smth. © *e foarte bine* ~ he is a great stock of information.

informativ *adj.* informative.

informator *s.m.* informer, delator.

informație *s.f.* 1. information, intelligence; piece of information; *(știre)* piece of news, *pl.* news *(cu vb. la sg.)*; *(date)* information. 2. *(cunoștințe)* knowledge. ⓑ *agenție de informații* news agency; *serviciu de informații* intelligence service.

infractor *s.m.* delinquent, offender, infringer of the law, transgressor.

infracțiune *s.f.* offence, breaking/ infringement of the law, transgression.

infraroșu *adj. opt.* infra-red.

infrastructură *s.f. tehn.* substructure, understructure.

infrasunet *s.n. fiz.* infra-sound.

infructuos *adj.* fruitless, bootless; *(fără succes)* unsuccessful; *(inutil)* useless.

infuzie *s.f.* infusion.

infuzor[1] *s.m. zool.* infusorian.

infuzor[2] *s.n. farm.* infusion vessel.

ingenios I. *adj.* ingenious, clever. **II.** *adv.* ingeniously, cleverly.

ingeniozitate *s.f.* ingenuity, ingeniousness.

ingenuă *s.f. teatru* ingénue, artless girl.

ingenuitate *s.f.* ingenuousness, artlessness.

ingerință *s.f.* encroachment, unwarrantable interference.

inginer *s.m.* engineer. ⓐ ~ *agronom* agricultural expert, agronomist; ~ *constructor* civil engineer; ~ *de construcții navale* naval engineer; naval constructor; ~ *de mine* mining engineer; ~ *de poduri și șosele* government civil engineer; ~ *de sunet* monitor man, sonnd engineer; ~ *electrician* electrical engineer; ~ *mecanic* mechanical engineer; ~ *silvic* silvicultural/ forestry expert.

inginersc *adj.* engineer...

inginerie *s.f.* engineering.

ingrat *adj.* 1. ungrateful. 2. *(neplăcut)* unpleasing, disagreeable.

ingratitudine *s.f.* ingratitude, ungratefulness.

ingredient *s.n.* ingredient.

inhala *vb. tr.* to inhale.

inhalare *s.f.* inhalation, inhaling.

inhalator *s.n.* 1. *av.* oxygen respirator. 2. *med.* inhaler, inhalator.

inhalație *s.f.* inhalation.

inhiba *vb. tr.* to inhibit.

inhibitor *adj.* inhibitory, inhibitive.

inhibiție *s.f.* inhibition.

inimaginabil *adj.* unimaginable, inconceivable; incalculable; inestimable.

inimă *s.f.* 1. heart. 2. ← P *(stomac)* stomach; *(burtă)* belly. 3. *(la cărțile de joc)* hearts. 4. *fig.* heart; *(suflet)* soul; *(minte)* mind; *(conștiință)* conscience; *(caracter)* character, nature. 5. *fig. (ființă)* being; *(om)* man. 6. *(mijloc)* heart, core, middle; *(centru)* centre. ⓐ *inima codrului* the thick/heart of the forest; ~ *albastră* **a.** *(tristă)* heavy heart; *(tristețe)* sadness, melancholy, the blues. **b.** *(furie)* fury, anger, F doldrums; ~ *bună* kind/tender heart; ~ *de aur* heart of gold; ~ *de piatră* heart of stone/ flint; ~ *rea* bitterness, gall. ⓑ *boală de* ~ heart disease; *bolnav de* ~ heart-sick; *cu dragă* ~, *din toată inima* with all one's heart, with one's whole heart; *cu inima grea* with a heavy heart; *cu inima ușoară* light-heartedly; *cu* ~ *(energic)* with a will; *cu mîna pe* ~ honestly! *din adîncul inimii* from the bottom of one's heart; *după pofta inimii* to one's heart's desire/ content; *după voia inimii* at will; *în inima codrului* in the thick of the forest; *pe inima goală* on an empty stomach; *tragere de* ~ inclination, propensity; *(zel.)* zeal. © *a avea inima deschisă* to wear one's heart on one's sleeve, to be open--hearted; *n-are* ~, *e un om fără* ~ he has no heart; *a cîștiga inima cuiva* to win smb.'s heart; *a-și face* ~ *rea, a pune ceva la* ~ to take/ lay smth. to heart, F→to take on for smth.; *a frînge/zdrobi inima cuiva* to break smb.'s heart/heart/ strings; *a-și lua inima în dinți* to pluck up courage, to take heart; *a-și răcori inima* to pour out/open/ unlock one's heart;... *ii roade*

inima... is gnawing at his heart;
a muri de ~ rea to die of a broken
heart; *mi s-a luat o piatră de pe ~*
a weight is off my mind; *a merge
drept la ~* to go to the heart, to
strike upon the heart; *a avea ceva
pe ~* to have smth. on one's breast;
a-și descărca inima to throw *smth.*
off one's chest; *a-i rămînea inima
la...* to set one's heart on...; *mi-a
sărit inima din loc* my heart jumped
into my mouth; *mi s-a umplut
inima de bucurie* my heart swelled/
filled with joy.

inimitabil *adj.* inimitable; matchless.

inimos *adj.* **1.** *(curajos)* brave, courageous. **2.** *(bun)* kind(-hearted);
(mărinimos) generons. **3.** *(pasionat)* passionate.

ininteligibil I. *adj.* unintelligible. **II.**
adv. unintelligibly.

iniția I. *vb. tr. (in)* to initiate;
(a începe) to start, to begin. **II.**
vb. refl. pas. to be initiated etc.
v. ~ I.

inițial I. *adj.* inițial. **II.** *adv.* initially, at the beginning.

inițială *s.f.* initial (letter).

inițiat I. *adj.* initiated. **II.** *s.m.*
initiate, adept; *fig. și* F person
in the know.

inițiativă *s.f.* initiative. ⓐ *din
proprie ~* of one's own accord,
on one's own initiative, F→off
one's own bat; *plin de ~* full
of spirit, having lots of go. ⓒ *a
lua inițiativa de a...* to take the
initiative in...

inițiator *s.m.* initiator.

inițiere *s.f.* initiation.

injecta I. *vb. tr.* to inject. **II.** *vb.
refl.* **1.** *pas.* to be injected. **2.**
(d. ochi) to become bloodshot/
injected.

injectat *adj. (d. ochi)* bloodshot,
injected.

injector *s.n.* **1.** *(la motoare)* injector.
2. *(pt. combustibil)* burner.

injecție *s.f.* injection.

injurie *s.f.* insulting word *sau* remark;
insult; vituperation.

injurios *adj.* insulting, abusing,
injurious, vituperative.

injust I. *adj.* unjust, unfair. **II.** *adv.*
unjustly, unfairly.

inobservabil *adj.* inobservable,
unseen, unnoticed.

inocent *adj.* **1.** innocent; *(nevinovat)*
guiltless; *(curat)* pure, blameless,
guileless. **2.** *ironic* simple-minded,
green.

inocență *s.f.* **1.** innocence; ; *(nevinovăție)* guiltlessness; *(curățenie)*
purity, chastity, guilelessness. **2.**
ironic simple-mindedness.

in-octavo *adj.* octavo.

inocula *vb. tr.* **1.** *med.* to inoculate.
2. *fig.* to inoculate/imbue *smb.* with.

inoculare *s.f.* inoculation.

inodor *adj.* inodorous, odourless.

inofensiv *adj.* inoffensive, harmless.

inoperant *adj.* inoperative, innocuous.

inopinat *adj.* sudden, unforeseen.

inoportun *adj.* unseasonable, ill
-timed; *(supărător)* inopportune.

inorog *s.m.* unicorn.

inospitalier *adj.* inhospitable.

inova *vb. intr.* to innovate.

inovator I. *adj.* innovating. **II.**
s.m. innovator, inventor.

inovație *s.f.* innovation.

inoxidabil *adj.* unoxidable, rustless.

ins *s.m.* v. i n d i v i d .

insalubritate *s.f.* insalubrity.

insalubru *adj. (d. o casă)* unwholesome; dilapidated; *(d. climă)* insalubrious.

insațiabil *adj.* insatiable.

inscripție *s.f.* **1.** inscription. **2.**
(notă) notice.

insectar *s.n.* insectarium.

insectă *s.f.* insect.

insecticid *adj., s.n.* insecticide.

insensibil *adj.* **1.** insensible; *(la
impresii etc.)* insensitive. **2.** *fig.*
insensible, unfeeling, callous; *(nepăsător)* indifferent.

insensibilitate *s.f.* insensibility.

insensibiliza *vb. tr.* to insensibilize.

inseparabil I. *adj.* inseparable. **II.**
adv. inseparably.

insera *vb. tr.* to insert; *(a pune)* to
put; *(a introduce)* to introduce.

inserție *s.f.* insertion.

insesizabil *adj.* that cannot be
grasped; imperceptible; subtle.

insidios *adj.* insidious.

insignă *s.f.* badge.

insignifiant *adj.* insignificant, unimportant.

insinua I. *vb. tr.* to insinuate, to hint at. II. *vb. refl.* to penetrate, to creep in. © *a se* ~ *pe sub pielea cuiva* to ingratiate oneself with smb.

insinuant *adj.* insinuating; ingratiating. © *a fi* ~ to lather.

insinuare *s.f.* insinuation; *(aluzie)* hint; *(răutăcioasă)* innuendo.

insipid *adj.* insipid; *fig.* vapid *(fără gust)* tasteless; *(d. conversație etc.)* dull, flat, F→wishy-washy.

insista *vb. intr. (asupra)* to insist (on, upon). ⓐ *a* ~ *asupra*... *(a pune accentul pe)* to dwell (up)on..., to lay stress on...

insistent I. *adj.* insistent, urgent. II. *adv.* insistently, urgently.

insistență *s.f. (asupra)* insistence (on). ⓑ *cu* ~ earnestly, insistently, urgently.

insolație *s.f.* insolation, (touch of) sunstroke.

insolent I. *adj.* insolent, impertinent, F→cheehy, fresh. II. *adv.* insolently etc. v. ~ I.

insolență *s.f.* insolence, impertinence, F→cheek.

insolit *adj.* unusual, unwonted, unprecedented.

insolubil *adj.* 1. *(d. substanțe)* insoluble. 2. *(d. probleme etc.)* insoluble, insolvable, unsolvable.

insolvabil *adj. com.* insolvent.

insolvabilitate *s.f. com.* insolvency.

insomnie *s.f.* sleeplessnes, wakefulness, S→insomnia.

insondabil *adj.* 1. unsoundable, fathomless. 2. *fig.* unfathomable.

inspecta *vb. tr.* to inspect; *(a examina)* to examine; *(a verifica)* to check (up).

inspectare *s.f.* inspection etc. v. i n s p e c t a .

inspector *s.m.* inspector.

inspectorat *s.n.* inspectorate.

inspecție *s.f.* inspection. ⓐ ~ *la fața locului* on-spot inspection.

inspira I. *vb. tr.* 1. *(aer etc.)* to inspire, to breathe in. 2. *fig.* to inspire *smb.* with, to breathe *smth.* into *smb.*; *(un proiect etc.)* to mastermind. II. *vb. refl.* ⓐ *a se* ~ *din*... to take/draw one's inspiration from..., to draw on...

inspirare *s.f.* inspiring etc. v. i n s p i r a .

inspirat *adj.* inspired.

inspirator I. *adj. anat.* inspiratory. II. *s.m.* inspirer.

inspirație *s.f.* 1. *fiziol.* inspiration, breathing. 2. *fig.* inspiration, afflatus; *(de moment)* F→brain wave, flash of inspiration. ⓑ *sursă de* ~ source of inspiration; *fig.* mastermind.

instabil *adj.* unstable.

instabilitate *s.f.* instability.

instala I. *vb. tr.* 1. *(într-un post)* to install. 2. *(o mașină etc.)* to set up; *(a fixa)* to fix; *(a pune)* to set, to place, to put; *(a aranja)* to arrange. 3. *(pe cineva, într-o casă etc.)* to establish, to settle. II. *vb. refl.* 1. *pas.* to be set up etc. *v.* ~ I, 2. 2. to install oneself; *(a se stabili)* to settle (down); to take up/make one's abode.

instalare *s.f.* installation etc. v. i n s t a l a .

instalator *s.m.* fitter; *(de apă)* plumber; *(de electricitate)* electrician.

instalație *s.f.* 1. v. i n s t a l a r e . 2. *tehn.* equipment, outfit; *(ansamblu de construcții etc.)* plant; installation. ⓐ ~ *de apă* plumbing; ~ *(interioară) de canalizare* inner canalization plant; ~ *de iluminat* illumination plant; ~ *electrică* electric plant; ~*hidraulică* hydraulic plant; ~ *sanitară* sanitary installation.

instantaneu I. *adj.* instantaneous; *(brusc)* sudden. II. *adv.* instlantaneously; suddenly. III. *s.n. fot. etc.* snapshot, F→snap.

instanță *s.f. jur.* instance. ⓑ *în ultimă* ~ in the last analysis; at last, finally, F→when all is told. © *a lipsi din* ~ *jur.* to (make) default.

instaura I. *vb. tr.* to set up; *(a stabili)* to establish; *(a iniția)* to initiate. II. *vb. refl. pas.* to be set up etc. v. ~ I.; *(a se incuiba)* to strike root.

instaurare *s.f.* setting up etc. v. i n s t a u r a .

instiga *vb. tr.* to instigate, to abet, to incite, to prompt, to provoke.

instigare *s.f.* instigation, incitement, abetment.
instigator *s.m.* instigator, abettor.
instinct *s.n.* instinct. @ ~ *de conservare* instinct of self-preservation.
instinctiv I. *adj.* instinctive. II. *adv.* instinctively.
institui I. *vb. tr.* to institute, to set up, to establish. II. *vb. refl. pas.* to be instituted etc. v. ~ I.
instituire *s.f.* setting up.
institut *s.n.* institute; (educational etc.) establishment @ ~ *de cosmetică* beauty parlor.
institutor *s.m.* (school)teacher, (elementary) schoolmaster.
instituţie *s.f.* institution. @ ~ *de binefacere* charity/benevolent/ philanthropic institution.
instructaj *s.n.* instructing, briefing (up).
instructiv *adj.* instructive.
instructor *s.m.* instructor.
instrucţie *s.f.* 1. *(învăţătură)* instruction, education, tuition, schooling. 2. *mil.* training; *(individuală)* drill. 3. *jur.* preliminary investigation *of a case* ; *(ale judecătorului, pentru juraţi)* charge. 4. *pl.* instructions, directions.
instrucţiune *s.f.* instruction, direction, order.
instrui I. *vb. tr.* 1. *(a învăţa)* to teach, to educate, to instruct. 2. *mil.* to train, to drill. 3. *jur.* to examine, to investigate. II. *vb. refl.* to acquire knowledge; to educate oneself.
instruit *adj.* 1. educated, learned; *(citit)* well-read. 2. *mil.* trained.
instrument *s.n.* 1. instrument; *(unealtă)* tool, implement. 2. *muz.* (musical) instrument. @ ~ *gramatical* form word ...
instrumenta *vb. tr. muz.* to score, to instrument, to orchestrate.
instrumental *adj. muz.*, *gram.* instrumental.
instrumentaţie *s.f. muz.* instrumentation, scoring.
instrumentist *s.m. muz.* instrumentalist.
insucces *s.n.* failure; lack of success, ill success, abortion, F→hard cheese.

insuficient I. *adj.* insufficient; *(d. mijloace)* inadequate; *(d. nutriţie etc.)* low. II. *adv.* insufficiently; inadequately.
insuficienţă *s.f. şi med.* insufficiency; *(lipsă)* deficiency, shortage.
insufla *vb. tr.* 1. to insufflate. 2. *fig.* to inspire *smb.* with.
insular I. *adj.* insular. II. *s.m.* islander.
insulă *s.f.* island; *(mai ales determinată de un subst. propriu)* isle. @ *insula Wight* the Isle of Wight; ~ *plutitoare* floating island.
insulină *s.f. med.* insulin.
insulta I. *vb. tr.* to insult, to affront, to revile, to abuse. II. *vb. refl.* to insult/abuse etc. each other.
insultă *s.f.* insult.
insultător *adj.* insulting, offensive.
insuportabil I. *adj. (d. durere etc.)* unbearable, unendurable; *(d. cineva)* insufferable, trying, F aggravating; *(d. conduită etc.)* intolerable. II. *adv.* unbearably; beyond/past all bearing.
insurecţie *s.f.* insurrection, rising. @ ~ *armată* armed insurrection.
insurecţional *adj.* insurrectional.
insurgent *s.m.* insurgent, rebel.
insurmontabil *adj.* insuperable, insurmountable.
intact *adj.* intact, untouched; *(d. reputaţie etc).* unsullied, unblemished.
intangibil *adj.* intangible; *(sacru)* sacred, taboo, tabu.
integra I. *vb. tr.* 1. *mat.* to integrate. 2. *fig.* to absorb (into, in), to integrate (with others, into/in a whole). II. *vb. refl.* to integrate. @ *a se* ~ *în...* to join..., to identify oneself with...; *(a face parte din)* to form part of...; *(a aparţine)* to belong to...
integrabil *adj. mat.* integrable.
integral I. *adj.* 1. integral, complete, entire. 2. *mat.* integral. ① *calcul* ~ *mat.* integral calculus; *făină* ~*ă* whole meal; *pîine* ~*ă* whole-meal bread. II. *adv.* wholly, entirely, completely.

integrală *s.f. mat.* integral.
integrant *adj.* ① *parte* ~*ă* integral/ integrant part; *parte* ~*ă din...* part and parcel of...
integrare *s.f.* integration.
integritate *s.f.* **1.** integrity, entirety, completeness. **2.** *fig.* integrity, uprightness, honesty.
integru *adj.* upright, righteous, just.
intelect *s.n.* intellect, understanding.
intelectual I. *adj.* intellectual, brain. **II.** *s.m.* intellectual, brain worker, F→high brow; *(cărturar)* scholar: **intelectualicește** *adv.* intellectually.
intelectualism *s.n.* intellectualism.
intelectualist *adj., s.m.* intellectualist.
intelectualitate *s.f.* intellectuals, intelligentsia.
inteligent I. *adj.* intelligent, clever, F→sharp, brainy. ⓒ *e* ~ F→he has brains, he's all there. **II.** *adv.* intelligently.
inteligență *s.f.* understanding, comprehension, intelligence; *(intelect)* intellect, wit, brain power; *(minte)* mind; *(duh)* wit.
inteligibil I. *adj.* intelligible, understandable; *(clar)* clear, distinct. **II.** *adv.* intelligibly etc. v. ~ **I.**
intemperie *s.f.* bad weather.
intempestiv *adj.* ill-timed; *(neașteptat)* unexpected, stormy, tempestuous.
intendent *s.m.* intendant, steward, bailiff; *(administrator)* manager.
intens I. *adj.* intense; *(d. frig, durere etc.)* severe; *(d. culori)* deep; *(d. tir)* heavy; *(puternic)* powerful, strong. **II.** *adv.* intensely etc. v. ~ **I.**
intensifica *vb. tr. și refl.* to intensify.
intensificare *s.f.* intensification.
intensitate *s.f.* intensity; *(a luminii)* brilliancy; *(a sunetului)* loudness; *(a vîntului)* force; *(a culorilor)* depth.
intensiv *adj.* intensive.
intenta *vb. tr.* ⓒ *a* ~ *un proces cuiva* to bring/enter an action against smb., to sue smb. at law,

to institute proceedings against smb.
intenție *s.f.* intention; *(țel)* purpose, aim, design, *jur.* intent; *(dorință)* will, wish. ① *cu cea mai bună* ~ with the best of intentions; *cu intenția să/de a...* with an/the intention of..., with a view to...; *cu* ~ deliberately; *fără (nici o)* ~ without intention, unintentionally, undesignedly. ⓒ *a avea intenția să...* to intend/mean to...; *are intenții bune* he means well, he has his heart in the right place; *a-și ascunde intențiile* to hide-conceal one's intentions, to mask one's batteries.
intenționa *vb. tr.* to intend, to mean; *(a plănui)* to plan.
intenționat I. *adj.* deliberate, premeditated, *jur.* prepense. ① *bine-* ~ well-disposed/-meaning; *rău* ~ ill-disposed/-meaning. **II.** *adv.* on purpose, purposely, deliberately, advisedly.
interacțiune *s.f.* interaction.
interastral *adj. astr.* interstellar.
interbelic *adj.* inter-war.
intercala I. *vb. tr.* to insert, to interpolate. **II.** *vb. refl. pas.* to be inserted/interpolated.
intercalare *s.f.* insertion, interpolation.
intercalație *s.f. min.* intercalation.
intercelular *adj.* intercellular.
intercepta *vb. tr.* to intercept.
interceptare *s.f.* interception.
intercontinental *adj.* intercontinental.
intercostal *adj. anat.* intercostal.
interdepartamental *adj.* interdepartmental.
interdependent *adj.* interdependent.
interdependență *s.f.* interdependence.
interdicție *s.f.* **1.** interdiction, forbiddance, ban. **2.** *jur.* interdict(ion). ① *de* ~ vetative. ⓒ *a pune sub* ~ to lay under an interdict(ion).
interes *s.n.* **1.** interest; *(beneficiu)* benefit; *(avantaj)* advantage. **2.** *(importanță)* importance, significance. ⓐ ~ *ul lui față de...* his interest in... ① *de* ~ *public* of public interest; *în* ~*ul (cu gen.)* in the interest(s)

of... © *ce* ~ *am?* F why should I? *își cunoaște* ~*ul* he knows where his advantage lies, F→he knows on which side his bread is buttered; *a-și face* ~*ele* to act to one's own behoof; *a purta* ~ *cuiva* to take an interest in smb.; *e în* ~*ul tău să...* it is to your interest to...; ~*ele populației cereau, ca...* the welfare of the population required that... ⓓ ~*ul poartă fesul* money makes the more to go.

interesa I. *vb. tr.* to interest; *(a privi)* to affect, to concern; to bear on; *(a implica)* to implicate; *(a fi interesant pentru)* to be interesting to; to appeal to. ⓐ *a-l* ~ ... to be interested/concerned in... © *e o chestiune care interesează bună-starea (cu gen.)* it's a question that bears on the welfare of...; *mă interesează prea puțin* **a.** it's of little interest to me. **b.** *(puțin îmi pasă)* F what do I care? *ce te interesează (pe tine)?* F it's none of your business. **II.** *vb. refl.* © *a se* ~ *de...* **a.** *(a arăta interes pentru)* to be interested in...; to take an interest in... **b.** *(a se informa cu privire la)* to inquire for..., to ask about... **c.** *(a se ocupa cu)* to concern oneself with.... **d.** *(a băga în seamă)* to take notice of.... **e.** *(de sănătatea cuiva)* to inquire/ask after...; *a se* ~ *la...* to apply (for information) to... **III.** *vb. intr.* to matter. © *nu interesează* it doesn't matter.

interesant *adj.* interesting; *(amuzant)* amusing; *(atrăgător)* attractive; *(ciudat)* strange.

interesat *adj.* interested; *(egoist)* selfish, selfseeking.

interfera *vb. intr.* to interfere.

interferență *s.f.* interference.

interimar *adj.* temporary, provisional.

interimat *s.n.* interim, duties of ad interim.

interior I. *adj. (d. o parte)* internal; *(d. un spațiu etc.)* interior, inner; *(lăuntric)* inner, inward. ⓐ *comerț* ~ home/inland trade. **II.** *s.n.* **1.** interior, inside; *(locuință)* dwelling; *(casă)* house; *(al unui stat)* inland, interior; *(țară)* home. **2.** *tel.* extension. **3.** *pict.* intérieur. ⓓ *in* ~*ul (cu gen.)* inside..; within...

interjecție *s.f. gram.* interjection.

interlocutor *s.m.* interlocutor, collocutor, *(vorbitor)* speaker.

interlop *adj.* shady, suspect, dubious. ⓓ *lumea* ~*ă* the underworld.

interludiu *s.n.* interlude.

intermediar I. *adj.* intermediate, intermediary, interjacent. **II.** *s.m.* agent, intermediary, go-between, wangler; *peior.* pander, pimp.

intermediu *s.n.* ⓓ *prin* ~*l (cu gen.)* through (the instrumentality of)..., by/through the agency of...

intermezzo *s.n. muz.* intermezzo.

interminabil *adj.* interminable, endless, never-ending.

interministerial *adj.* interdepartmental.

intermitent I. *adj.* intermittent; *(neregulat)* irregular. **II.** *adv.* intermittently.

intermitență *s.f.* intermittence, intermittency. ⓓ *cu* ~ intermittently, by fits and starts.

intermolecular *adj. chim.* intermolecular.

intern I. *adj.* internal; *(lăuntric)* inward, inner. ⓓ *afaceri* ~*e* home/domestic/internal affairs; *cauze* ~*e* intrinsic causes; *elev* ~ boarder; *piață* ~*ă* home market; *unghi* ~ *geom.* interior angle. **II.** *s.m.* **1.** *școl.* boarder. **2.** *med.* intern(e), resident medical student; house physician *sau* surgeon.

interna I. *vb. tr.* to intern; *(în spital)* to put in hospital, to hospitalize, to get admitted to hospital; *(a închide, un dement etc.)* to confine, to shut up. **II.** *vb. refl.* to go to hospital.

internare *s.f.* internment etc. v. i n t e r n a.

internat I. *adj.* interned etc. v. i n t e r n a. **II.** *s.n.* **1.** *școl.* boarding school; *(elevi interni)* boarders. **2.** *med.* resident medical studentship.

internațional *adj.* international; *(mondial)* world...

Internaţionala *s.f.* the Internaţionale.

internaţionalism *s.n.* internaţionalism. ⓐ ~ *proletar* proletarian internationalism.

internaţionalist *adj.*, *s.m.* internationalist. ⓒ *poziţii* ~*e* internationalist positions.

internist *med.* **I.** *adj.* expert in internal medicine. **II.** *s.m.* internist, specialist in internal medicine, physician (for internal diseases).

interoga *vb. tr.* **1.** *jur.* to examine, to interrogate. **2.** *şcol.* to examine (orally).

interogare *s.f.* **1.** *urj.* interrogation. **2.** *şcol.* oral test.

interogativ *adj. gram.* interrogative. ⓓ *pronume* ~ interrogative pronoun.

interogatoriu *s.n. jur.* interrogatory, (cross-) examination.

interpela *vb. tr. pol.* to call upon *a minister etc.*, to interpellate.

interpelare *s.f.* interpellation.

interpelator *s.m.* interpellator.

interpenetraţie *s.f.* interpenetration.

interplanetar *adj. astr.* interplanetary.

interpola *vb. tr.* to interpolate, to insert.

interpolare *s.f.* interpolation, insert(ion).

interpret *s.m.* **1.** interpreter; *(traducător)* translator. **2.** *fig.* interpreter; exponent.

interpreta *vb. tr.* **1.** to interpret; *(a explica)* to explain, to expound. **2.** *teatru etc.* to interpret; to perform. **3.** *fig.* to interpret. ⓒ *a* ~ *greşit* to misinterpret, to misconstrue.

interpretare *s.f.* interpretation etc. v. **i n t e r p r e t a** ; *muz.* rendition. ⓒ *a da o* ~ *falsă (cu dat.)* to alter the meaning of..., to give a false interpretation to..., to put a false complexion on...

interpretativ *adj.* interpretative.

interpune *vb. refl.* to interpose, to intervene; *(a se amesteca)* to interfere, to meddle.

interraional *adj.* inter-district...

interregn *s.n.* interregnum.

intersecta *vb. tr. şi refl.* to intersect.

intersecţie *s.f.* intersection, (road) crossing, crossroad; *amer.* block turn.

interspaţiu *s.n.* interspace.

interstatal *adj.* interstate.

interstiţiu *s.n.* interstice; *(joc)* play.

interşcolar *adj.* inter-school...

intertip *s.n. poligr.* intertype.

interurban *adj.* interurban. ⓓ *convorbire telefonică* ~*ă* trunk call; *serviciul* ~ long-distance, *amer.* Western Union.

interval *s.n. şi muz.* interval; *(distanţă)* distance; *(spaţiu)* space; *(loc gol)* gap; *(perioadă)* period; *(culoar)* aisle, interval.

interveni *vb. intr.* **1.** to intervene; *(a se interpune)* to interpose, to step in; *(într-o conversaţie)* to break in on a conversation, F→to cut/chip/butt in; *(a se băga)* to interfere. **2.** *(a se întîmpla)* to happen, to occur, to arise. ⓒ *a* ~ *pe lîngă*... to make representations to... *a* ~ *pentru cineva* to intercede for smb., to wangle.

intervenţie *s.f.* **1.** intervention. **2.** *(pt. cineva)* intercession, wangle. **3.** *(cerere)* petition, application. ⓐ ~ *armată* military intervention.

intervenţionism *s.n.* interventionism.

intervenţionist *adj.*, *s.m.* interventionist.

interverti *vb. tr.* to invert, to transpose.

intervertire *s.f.* inversion, transposition.

interviu *s.n.* interview.

intervocalic *adj. fon.* intervocalic.

interzice **I.** *vb. tr.* to forbid, to interdict, to prohibit, to ban. **II.** *vb. refl. pas.* to be forbidden etc. v. ~ **I.**

interzicere *s.f.* interdiction etc. v. **i n t e r z i c e.** ⓐ ~*a armelor atomice* prohibition of atomic weapons.

interzis **I.** *adj.* forbidden etc. v. **i n t e r z i c e.** ⓒ *fumatul* ~ no smoking; *intrarea* ~*ă* no amdittance; *sens* ~ no entry; *trecerea* ~*ă* no thoroughfare; *zonă* ~*ă* prohibited area. **II.** *s.m. jur.* convict under judicial disability.

intestin I. *s.n. anat.* intestine, F→ bowel, gut. ⓐ ~*ul gros* the large intestine; ~*ul subţire* the small intestine. **II.** *adj.* intestine.

intestinal *adj.* intestinal.

intim I. *adj.* intimate; *(d. o convingere etc.)* deep-seated, inward; *(d. un înţeles)* inner; *(cel mai lăuntric)* innermost; *(strîns, apropiat)* close; *(familiar)* familiar; *(prietenos)* friendly; *(cordial)* cordial, hearty. ① *prieten* ~ particular/ intimate/close/bosom friend; *prînz* ~ homely/quiet dinner. **II.** *adv.* intimately etc. **v.** ~ **I.**; cheek by jowl.

intimida I. *vb. tr.* to intimidate, to frighten, to cow, F→to browbeat, to bully; *(a ameninţa)* to threaten. **II.** *vb. refl.* to turn shy, to become self-conscious, to get nervous, F→ to be browbeaten.

intimidare *s.f.* intimidation etc. **v.** i n t i m i d a.

intimitate *s.f.* **1.** intimacy; *(a căminului)* privacy; *(a unei legături)* closeness. **2.** *pl.* secrets, private/personal matters.

intitula I. *vb. tr.* to entitle, to give a title to. **II.** *vb. refl.* **1.** *pas.* to be entitled. **2.** to call oneself, to give oneself out for.

intitulat *adj.* entitled, headed.

intolerabil I. *adj.* intolerable, unbearable. **II.** *adv.* intolerably, unbearably.

intolerant *adj.* intolerant.

intoleranţă *s.f.* **1.** intolerance. **2.** *med.* inability to tolerate a remedy.

intona *vb. tr.* to strike up, to break into, to begin to sing *sau* to play.

intonaţie *s.f. şi fon.* intonation.

intoxica I. *vb. tr.* to poison, to intoxicate. **II.** *vb. refl.* to be poisoned/ intoxicated.

intoxicaţie *s.f.* poisoning, intoxication.

intra *vb. intr.* **1.** to enter, to go in; to step in; to walk in; *(pe furiş)* to steal in. **2.** *(a fi admis)* to be admitted. ⓐ *a* ~ *în...* a. *(concret)* to enter..., to go into...; to step into...; to walk into...; *(pe*

furiş) to steal into... **b.** *(d. un ghimpe)* to go into...; to pierce... **c.** *(în armată etc.)* to join..., to enter...; *(într-o şcoală)* to be entered into...; to be admitted to... **d.** *(în corespondenţă)* to enter into..., to take part in... **e.** *(a împărtăşi)* to share... **f.** *(a pătrunde în)* to penetrate... ⓒ *a* ~ *în spital* to be put in a hospital; *a* ~ *într-o categorie* to fall into a category; *a* ~ *la cineva (în trecere)* to drop/look in on smb.; *cîţi metri intră la o rochie?* how many metres are necessary for a dress? *cheia nu intră în lacăt* the key does not fit the lock; *intră Hamlet* enter Hamlet; *maşina intră într-un pom* the car ran into a tree; *intră!* come in! F in with you! *lasă-l să intre!* let him in! *n-am fost lăsat să intru* I was refused admittance.

intracelular *adj. biol.* intracellular.

intractabil *adj.* unmanageable.

intraductibil *adj.* untranslat(e)able.

intramuscular *adj. anat.* intramuscular.

intransigent *adj.* intransigent, relentless; *(d. ton)* peremptory.

intransigenţă *s.f.* intransigence, intransigency, relentlessness.

intranzitiv *adj. gram.* intransitive.

intrare *s.f.* **1.** entering; entrance; *(acces)* admittance etc. **v.** i n t r a. **2.** *(loc)* entrance; *(hol)* (entrance) hall. **3.** *(uliţă)* by-street; *(îngustă)* lane, alley; *(fundătură)* blind alley. ⓐ ~ *de serviciu,* ~*a furnizorilor* goods/tradesmen's entrance; ~ *din dos* back entrance; ~ *în funcţie* assumption of an office; ~ *în scenă* (actor's) entrance (on the stage); ~ *în vacanţa şcolară* break(ing) up; ~ *în vigoare* coming into force/effect. ① *cu* ~ *separată* self-contained. ⓒ *intrarea interzisă!* no admittance.

intravenos *adj.* intravenous.

intrepid *adj.* intrepid, dauntless.

intriga *vb. tr.* to puzzle, to intrigue, to rouse the curiosity of.

intrigant I. *s.m.* intriguer, schemer, plotter, wire-puller. **II.** *adj.* intriguing, designing.

intrigat *adj.* puzzled, mystified; *(curios)* curious.

intrigă *s.f.* 1. intrigue, plot, scheme. 2. *lit. etc.* plot. ⓐ ~ *amoroasă* love affair, intrigue.

intrinsec I. *adj.* intrinsic. II. *adv.* intrinsically.

intrînd *s.n.* inlet; recess.

introduce I. *vb. tr.* to introduce; *(a insera)* to insert; *(a pune)* to put; *(mărfuri, idei noi etc.)* to bring in; *(a lăsa să intre)* to admit, to let in; *(un străin)* to present, to show/usher in; *(a interpola)* to interpolate; *(a stabili)* to establish. II. *vb. refl.* 1. to find one's way, to enter, to get in. 2. *pas.* to be introduced etc. v. ~ I.

introducere *s.f.* 1. introduction etc. v. i n t r o d u c e. 2. *lit.* introduction; introductory chapter; *(prefață)* preface, foreword. 3. *(la o scrisoare)* salutation.

introductiv *adj.* introductory.

introdus *adj. (cunoscător) (în)* conversant (with).

introspectiv *adj.* introspective.

introspecție *s.f.* introspection.

intrus *s.m.* intruder, interloper, F→gate crasher.

intruziune *s.f.* *geol.* intrusion, intrusive rock.

intui *vb. tr.* to intuit.

intuire *s.f.* intuition.

intuitiv I. *adj.* intuitive. II. *adv.* intuitively.

intuiție *s.f.* intuition.

inuman *adj.* 1. *(care nu e uman)* inhuman. 2. *(crud etc.)* inhumane.

inunda *av. tr.* 1. to flood, to inundate. 2. *fig. (piața)* to glut; to flood, to dump goods on; *(d. lumină)* to flood; *(a copleși)* to overwhelm.

inundabil *adj.* liable to inundation; easily flooded.

inundat *adj.* flooded etc. (v. i n u n d a); *(d. o punte etc. pred. și)* afloat.

inundație *s.f.* inundation, flood(s).

inutil I. *adj. (d. muncă etc.)* useless, unavailing; *(fără profit)* unprofitable; *(d. eforturi)* vain, bootless; *(d. cheltuieli)* wasteful. ⓒ ~ *să mai spun că* ...needless to say that ...II. *adv.* uselessly etc. v. ~ I.

inutilitate *s.f.* inutility, uselessness, futility; *(lipsă de necesitate)* needlessness, worthlessness.

inutilizabil *adj.* unserviceable, unusable; *(care nu e bun de nimic)* worthless; *(d. cineva)* unemployable.

inuzitat *adj.* not in common use.

invada *vb. tr.* 1. *(o țară etc.)* to invade, to overrun; *(o sală)* to break into, to invade; *(d. buruieni)* to overrun; *(d. apă)* to flood; *(a încălca)* to encroach upon; *(a acoperi)* to cover. 2. *fig.* to invade.

invadator *s.m.* invader.

invalid I. *adj.* invalid, infirm; *(d. un soldat etc.)* disabled. II. *s.m.* ·nvalid, disabled soldier.

invalida *vb. tr. jur.* to invalidate.

invalidare *s.f.* *jur.* invalidation.

invaliditate *s.f.* infirmity; disablement, invalidity.

invariabil I *adj.* invariable, unchanging. II. *adv.* invariably.

invariabilitate *s.f.* invariableness, invariability.

invazie *s.f.* invasion, inroad.

invectivă *s.f.* invective; *pl.* abuse.

inventa *vb. tr.* to invent; *(a descoperi)* to discover, to find out; *(o mașină, o scuză* to devise; *(o poveste, minciună)* to make up, to concoct, to fabricate, to get/ trump up.

inventar *s.n.* inventory; *(listă)* list; *(catalog)* catalogue. ⓐ ~ *agricol* agricultural implements; ~ *viu* live stock. ⓒ *a face un* ~ to take stock.

inventaria I. *vb. tr.* to inventory; to take an account of. II. *vb. refl. pas.* to be inventoried.

inventator *s.m.* inventor, discoverer; artificer.

inventiv *adj.* inventive, adroit, resourceful.

inventivitate *s.f.* inventiveness, resourcefulness; adroitness.

invenție *s.f.* 1. invention; *(descoperire)* discovery. 2. *fig.* fabrication, lie, (false) story, concoction, forgery.

invers I. *adj.* inverse, inverted, reverse; opposite, contrary. ⓑ *ordine* ~*ă* reverse order; *raport*

~ inverse ratio; *sens* ~ opposite direction. **II.** *adv.* conversely, inversely; *(cu partea inversă)* the wrong side out, inside out; *(cu spatele în faţă)* back to front; *(pe dos, vice versa)* the wrong/other way (round).

inversa I. *vb. tr.* to invert, to reverse the order etc. of. **II.** *vb. refl. pas.* to be inverted.

inversare *s.f.* inversion, reversal.

inversiune *s.f.* inversion.

inversor *s.n. tehn.* reversor, change--over switch.

invertit *s.m.* invert, pervert.

investi *vb. tr.* to invest.

investigaţie *s.f.* investigation, inquiry.

investire *s.f.* investment (of a capital).

investiţie investment. ⓐ *investiţii capitale* capital investments.

inveterat *adj.* inveterate, confirmed, irreclaimable, deep-rooted, F→ die-hard.

invidia *vb. tr.* to be envious/jealous of; *(pe cineva)* to envy; *(ceva, cuiva)* to begrundge *smb. smth.*; *(a rîvni)* to covet. ⓒ *nu-l invidiez* I wouldn't be in his place.

invidie *s.f.* envy.

invidios I. *adj. (pe)* envious (of). **II.** *adv.* enviously.

invincibil *adj.* invincible.

invincibilitate *s.f.* invincibility.

inviolabil *adj.* inviolable; *(sacru)* sacred.

inviolabilitate *s.f.* inviolability; *(caracter sacru)* sacredness.

invita *vb. tr.* **1.** *(la)* to invite (to), to ask (to). **2.** *(a convoca)* to summon; *(a ispiti)* to tempt, to urge. ⓐ *a ~ pe cineva să ...* to request smb. to...

invitat *s.m.* guest.

invitaţie *s.f. (la)* invitation (to). ⓑ *la invitaţia... (cu gen.)* at/on the invitation of...

invizibil *adj.* invisible, unseen.

invoca I. *vb. tr.* **1.** to appeal to; to call upon, to invoke (the aid of); to call forth. **2.** to refer to;

(a cita) to cite, to quote; *(un motiv)* to set forth, to put forward. **3.** *(boala etc.)* to plead; *(o scuză)* to make (an excuse). **4.** *(duhuri etc.)* to conjure (up). **II.** *vb. refl. pas.* to be appealed to etc. v. ~ I.

invocare *s.f.* invocation.

involucru *s.n. bot.* involucre.

involuntar I. *adj.* involuntary, undesigned; *(d. un spectator)* unwilling, accidental. **II.** *adv.* involuntarily etc. v. ~ I.

involuţie *s.f.* involution.

invulnerabil *adj.* invulnerable.

invulnerabilitate *s.f.* invulnerability.

iobag *s.m. ist.* serf, bondsman, *inv.→* bond.

iobăgie *s.f. ist.* serfdom, serfage, bondage.

ioc *adv.* F not a whit/jot/an atom; *(nimic)* nothing.

iod *s.n. chim.* iodine.

iodat *s.m. chim.* iodate.

iodic *adj.* ⓑ *acid* ~ iodic acid.

iodizare *s.f. fon.* pronunciation of initial „e" as „y", yodization.

iodoform *s.n. farm.* iodoform.

iodură *s.f. chim.* iodide.

iolă *s.f. nav.* yawl.

ion *s.m. fiz.* ion.

ionian *adj., s.m.* Ionian.

ionic *adj.* **1.** *arhit.* Ionic. **2.** *fiz.* ionic.

ionizare *s.f. fiz.* ionization.

ionosferă *s.f.* ionosphere.

iordan *s.n.* Epiphany. ⓒ *a se ţine de ~e* **a.** *(a spune vorbe goale)* F to talk through one's hat. **b.** *(a se ţine de prostii)* F to play the giddy goat.

iotacism *s.n. fon.* iotacism.

iotă *s.f.* ⓒ *(nici)* o ~ F not a jot/ whit.

iperită *s.f. chim.* yperite, mustard gas.

ipocrit I. *adj.* hypocritical; double--dealing/-tongued/-faced, false, deceitful. **II.** *s.m.* hypocrite; double-dealer, Pharisee, jesuit, Tartu(f)fe, dissembler, Joseph Surface.

ipocrizie *s.f.* hypocrisy, cant, double-le-dealing, humbug, fake.

ipohondrie *s.f.* hypochondria, F→ the blue, the blue devils.

ipohondru *adj.* hypochondric(al), F→hipped, hippish.

ipostază *s.f.* hypostasis; *(aspect)* aspect; *(stare)* state.

ipoteca *vb. tr.* to mortgage.

ipotecare *s.f.* mortgaging.

ipotecă *s.f.* mortgage.

ipotenuză *s.f. geom.* hypotenuse.

ipotetic I. *adj.* hypothetic(al), assumed. **II.** *adv.* hypothetical:y.

ipoteză *s.f.* hypothesis, conjecture, assumption, F→theory.

ipsos *s.n.* plaster.

iradia *vb. tr.* to (ir)radiate.

iradiant *adj.* irradiative.

iradiație *s.f. fiz.* irradiation; *boală de ~ med.* radiation sickness.

iradiere *s.f. fiz.* irradiation.

irascibil *adj.* irascible, testy, petulant, bad-tempered, brittle, F→peppery.

irascibilitate *s.f.* irascibility, hot temper, testiness, petulance.

irațional I. *adj. și mat.* irrational. **II.** *adv.* irrationally.

iraționalism *s.n. filoz.* irrationalism.

ireal *adj.* unreal, aerial.

irealitate *s.f.* non-reality.

irealizabil. *adj.* unrealizable, unattainable.

ireconciliabil *adj.* irreconcilable.

iredentist *s.m.* irredentist.

ireductibil *adj.* **1.** irreducible. **2.** *fig.* indomitable.

irelevant *adj.* irrelevant, unimportant...

iremediabil I. *adj.* irremediable; *(d. boală)* incurable; *(d. un rău)* irreparable. **II.** *adv.* irremediably; irreparably; beyond/past retrieve.

ireparabil *adj.* irreparable; *(d. pierderi, greșeli)* irretrievable.

ireproșabil I. *adj.* irreproachable; flawless; *(d. haine etc.)* faultless. **II.** *adv.* irreproachably, faultlessly.

irespirabil *adj.* unbreathable.

iresponsabil *adj.* irresponsible.

iresponsabilitate *s.f.* irresponsibility.

ireverențios I. *adj.* irreverent. **II.** *adv.* irreverently.

ireversibil *adj.* irreversible; implacable.

ireversibilitate *s.f.* irreversibility.

irevocabil I. *adj.* irrevocable. **II.** *adv.* irrevocably.

irezistibil I. *adj.* irresistible. **II** *adv.* irresistibly.

iridiu *s.n. chim.* iridium.

iriga *agr., med.* **I.** *vb. tr.* to irrigate. **II.** *vb. refl. pas.* to be irrigated.

irigabil *adj.* irrigable.

irigare *s.f.* irrigation.

irigator *s.n. med.* irrigator, douche; fountain syringe.

irigație *s.f.* **1.** irrigation. **2.** *med.* irrigation, spraying, douching.

irimie *s.n.* pollard.

iris[1] *s.m. bot.* iris, flag *(Iris).*

iris[2] *s.n. anat.* iris.

irita I. *vb. tr.* **1.** *(pe cineva)* to irritate, to arouse, to provoke, to annoy, F to aggravate. **2.** *(nervii)* to irritate, to get on; *(o rană)* to inflame. **II.** *vb. refl.* **1.** to fret *a se supăra)* to grow angry. **2.** *(d. o rană)* to become irritated.

iritabil *adj.* irritable.

iritabilitate *s.f.* irritability.

iritant *adj.* **1.** irritating, exasperating, F aggravating. **2.** *med.* irritant.

iritare *s.f.* **1.** irritation. **2.** *med.* inflammation.

iritat *adj.* **1.** *(de)* irritated (at), angry (with/at). **2.** *med.* inflamed.

iritație *s.f.* v. **iritare**.

iriza *vb. tr.* to make iridescent.

irizație *s.f.* iridescence, irisation.

irlandez I. *adj.* Irish. **II.** *s.m.* Irishman.

irod *s.m.* **1.** *pl. aprox.* Herodes. **2.** *fig.* buffoon, clown, mountebank.

ironic I. *adj.* ironic(al). **II.** *adv.* ironically.

ironie *s.f.* irony. @ *ironia soartei* the irony of fate.

ironiza *vb. tr.* to banter, to chaff.

irosi *vb. tr.* to squander, to waste, to fritter away, F→to play ducks and drakes with.

isca I. *vb. tr.* bring about, to cause; *(a începe)* to begin, to start. **II.** *vb. refl.* to appear; *(a începe)* to begin, to start.

iscăli I. *vb. tr., intr. și refl.* to sign. **II.** *vb. refl. pas.* to be signed.

iscălitură *s.f.* signature.

ischion *s.n. anat.* ischium.

iscoadă *s.f.* spy.

iscodi I. *vb. tr.* **1.** to pry into; *(a examina)* to examine (closely); *(a spiona)* to spy; *(a descoperi)* to find out; *(a încerca să afle)* to try to find out; *(a observa)* to observe. **2.** *(a descoase)* to sound, F→to pump. **3.** *(a imagina)* to imagine, to invent; *(a scorni)* to fabricate. **II.** *vb. intr.* to inquire.

iscoditor I. *adj.* prying; *(bănuitor)* suspicious. ⓑ *om* ~ F→Paul Pry. **II.** *adv.* pryingly; suspiciously.

iscusință *s.f.* skill, ability; *(talent)* talent; *(artă)* art.

iscusit I. *adj.* skilful, adroit, deft; *(deștept)* cute, clever; *(învățat)* learned. **II.** *adv.* skilfully etc. v. ~ **I.**

islam *s.n.* Islam.

islamism *s.n.* Islamism.

islaz *s.n.* common(s).

ison *s.n.* subordinate part, accompaniment.ⓒ *a ține cuiva* ~*ul* v. a ține cuiva hangul *(sub* hang); *a ține* ~*ul (cu corul)* to bear a bob.

isopod *s.n. zool.* isopod.

isoscel *adj. geom.* isosceles.

Ispas *s.n.* ← P Ascension.

ispăși *vb. tr.* to expiate, to atone for.

ispășire *s.f.* expiation, atonement.

ispășitor *adj.* expiating, expiatory. ⓑ *țap* ~ scapegoat.

ispită *s.f.* **1.** temptation; *(ademenire)* bait. **2.** *(încercare grea)* ordeal, severe trial.

ispiti *vb. tr.* **1.** to tempt; *(a ademeni)* to lure. **2.** *(a încerca)* to try; *(răbdarea)* to tax; *(a experimenta)* to experience, to feel. **3.** *(a examina)* to examine; *(a descoase)* to sound, F→to pump. **4.** *(a chinui)* to torture.

ispitire *s.f.* **1.** temptation etc. v. ispiti. **2.** *(încercare grea)* ordeal, hard lines.

ispititor *adj.* tempting; *(ademenitor)* luring, enticing; *(atrăgător)* attractive.

ispol *s.n.* scoop, bail.

ispravnic *s.m. ist.* subprefect.

ispravă *s.f.* **1.** *(faptă)* deed; *(faptă eroică)* feat; *(aventură)* adventure.

2. *ironic* business, job. **3.** *(izbîndă)* success. **4.** *(poznă)* trick. ⓑ *de* ~ *(vrednic)* worthy, reliable, efficient; *(capabil)* capable; *(cinstit)* honest; *(bun)* kind(-hearted); *fără nici o* ~ without a result. ⓒ *frumoasă* ~ *ai făcut!* F you've been (and gone) and done it.

isprăvi I. *vb. tr.* to end, to finish; *(o cuvîntare etc.)* to bring to an end/a close; *(o lucrare)* to complete; *(a pune capăt)* to put an end to; *(a nu mai avea)* to run out/ short of. **II.** *vb. refl.* to end, to come to an end. ⓒ *s-a* ~*t cu...* it is all over with...

isteric I. *adj. și med.* hysteric(al). **II.** *adv. și med.* hysterically. **III.** *s.m.* hysterical person; *med.* hysteriac.

istericale *s.f. pl.* hysterical fits; temper, passion, tantrums, hysterics.

isterie *s.f. med.* hysteria.

isteț *adj.* clever, F→sharp, cute, astute.

isteţime *s.f.* cleverness, F→ sharpness, cuteness.

istm *s.n.* isthmus.

istoric I. *adj. (privitor la istorie)* historical; *(de importanță istorică)* historic. **II.** *s.m.* historian.

istoricește *adv.* historically.

istoricitate *s.f.* historicity.

istorie *s.f.* **1.** history. **2.** *(povestire)* story, narrative. **3.** v. comedie[2] **3. 4.** *(minciună)* F fib, story. ⓐ ~ *antică* ancient history.

istorioară *s.f.* (children's) story; *(anecdotă)* anecdote.

istoriograf *s.m.* historiographer.

istoriografie *s.f.* historiography.

istorisi *vb. tr.* to narrate, to tell.

istorisire *s.f.* narration, narrative.

istorism *s.n.* histor(ic)ism.

istov *s.n.* ⓑ *de* ~ ← P quite, completely.

istovi I. *vb. tr.* **1.** v. isprăvi; *(a epuiza)* to exhaust. **2.** *(a slei)* to wear out, F→to fag out. **II.** *vb. refl.* **1.** *(a se slei)* to become exhausted, to wear oneself out. **3.** *(a se epuiza)* to be exhausted.

istovit *adj.* exhausted, tired/worn/ /F→fagged out.

istovitor *adj.* exhausting, F→fagging.

istroromân *adj.*, *s.m.* Istro-Romanian.

italian *adj. s.m.* Italian.

italiană *s.f.* Italian, the Italian language.

italiancă *s.f.* Italian (woman *sau* girl).

italic *adj. și poligr.* italic.

italice *s.f. pl. poligr.* Italic type, italics.

italienesc *adj.* Italian.

italienește *adv.* **1.** like an Italian; in the Italian fashion. **2.** *(ca limbă)* Italian.

italienism *s.n.* Italian word *sau* idiom.

iterativ *adj. gram.* iterative, frequentative.

itinerar *s.n.* **1.** itinerary, route, way. **2.** *(indicator)* itinerary.

ițari *s.m. pl.* homespun pesant trousers.

iță *s.f.* **1.** *pl. text.* shaft, spider's thread. **2.** spider's thread. ⓒ *a descurca ițele* to unravel *smth.*, to puzzle *smth.* out; *a încurca ițele* to embroil a business, F to make a muddle of a business; *(cuiva)* F to upset *smb.'s* applecart; *a se încurca ițele* F to get into a mess; to get into hot water.

iți *vb. refl.* **1.** to appear for a moment, to gleam, to flash; *(brusc)* to burst upon *smb.'s* view. **2.** *(a se uita pe furiș)* to cast a furtive glance, to peep, to peek.

iu *interj.* **1.** *(de bucurie)* heigh-ho! **2.** *(de spaimă)* ho!

iubi I. *vb. tr.* to love; *(a fi îndrăgostit de cineva și)* to be in love with; *(a-i plăcea)* to like, to be fond of, to care for. ⓒ *a se face ~t de cineva* to win smb.'s affection; *a ~ la nebunie* to love do distraction. **II.** *vb. refl. reciproc* to be in love (with each other); to make love. **III.** *vb. intr.* to love.

iubire *s.f.* *(dragoste)* love; affection.

iubit I. *adj.* loved, < beloved; *(drag)* dear; *(favorit)* favourite. **II.** *s.m.* lover.

iubită *s.f.* sweetheart, (lady) love; my, etc. (best) girl.

iubitor I. *adj.* loving, affectionate. **II.** *adv.* lovingly, affectionately.

iuft *s.n.* yuft, Russia leather.

iugoslav *adj. s.m.* Yugoslav, Yugo-Slav.

iulian *adj.* Julian.

iulie *s.m.* July.

iuncher *s.m.* **1.** *ist.* junker. **2.** *(cadet)* ←*înv.* cadet.

iunie *s.m.* June.

iureș *s.n.* **1.** *(asalt)* assault, storm; *(atac)* attack. **2.** *(goană)* chase, race. ⓐ *a da ~* to rush.

iută *s.f. text* jute.

iute I. *adj.* **1.** *(vioi, sprinten)* quick, nimble, brisk; *(d. acțiuni)* rapid; *(în mișcare; care termină repede)* fast, expeditious; *(implicînd rapiditatea, dar și ideea de desfășurare lină)* swift; *(implicînd o durată redusă)* quick; *(pripit)* hasty; *(violent)* violent. **2.** *(irascibil)* irascible, testy, hot-tempered. **3.** *(picant)* hot; piquant; *(pipărat)* peppered, peppery; *(d. brînză)* strong; *(alterat)* tainted, spoiled. ⓐ *~ de picior* fleet/swift of foot. **II.** *adv.* quickly etc. v. ~ I.

iuțeală *s.f.* quickness etc. v. i u t e I. ⓑ *cu iuțeala fulgerului* with lightning speed; *cu iuțeala melcului* at a snail's pace.

iuți I. *vb. tr.* **1.** to quicken, to speed up, to accelerate; *(a grăbi)* to hasten. **2.** *fig.* to kindle, to incite, to stimulate. **II.** *vb. refl.* **1.** to quicken, to become quicker etc. v. i u t e I. **2.** *(a se mînia)* to get into a temper, F→to fly off the handle. **3.** *(d. alimente)* to spoil, to go bad.

iuxtă *s.f.* v. j u x t ă.

ivăr *s.n.* **1.** v. z ă v o r. **2.** v. c l a n ț ă 1.

iveală *s.f.* ⓒ *a ieși la ~* to appear; *(a se înfățișa)* to turn up; *(la lumină)* to come to light; *a da la ~ (a arăta)* to show; *(a revela)* to disclose, to reveal.

ivi *vb. refl.* to appear; *(a-și face apariția)* to make one's appearance; *(a se arăta)* to show oneself; *(neclar)* to loom; *(a veni brusc)* to pop.

ivire *s.f.* appearance etc. **v. i v i.**

ivoriu *s.n.* ivory.

ivrit *s.n.* Ivrit.

iz *s.n.* **1.** smack. **2.** *fig.* smack, touch, taste, flavour. **3.** reek.

izbă *s.f. Russian peasant house.*

izbăvi I. *vb. tr.* to save, to deliver. **II.** *vb. refl. pas.* to be saved. ⓐ *a se ~ de* ... to get rid of...

izbăvire *s.f.* salvation.

izbăvitor *s.m.* saviour, deliverer.

izbeliște *s.f.* ⓑ *de ~* (God-)forsaken. ⓒ *a lăsa de ~* to abandon, to forsake; *a fi în ~a (cu gen.)* to be at the mercy of...

izbi I. *vb. tr.* **1.** to hit, to strike; *(cu pumnul)* to punch; *(la pămînt)* to knock (down). **2.** *(a azvîrli)* to throw, to hurl, to fling. **3.** *fig.* to strike. **II.** *vb. refl.* to spring, to leap, to throw oneself. ⓐ *a se ~ de*... to hit..., to strike (against) ... **III.** *vb. intr.* to strike, to hit.

izbire *s.f.* hit(ting) etc. **v. i z b i.**

izbitor *adj.* striking.

izbitură *s.f.* blow.

izbîndă *s.f. (succes)* success; *(victorie)* victory; *(triumf)* triumph.

izbîndi I. *vb. intr. (în)* to succeed (in), to be successful (in). ⓐ *a ~ asupra (cu gen.)* to defeat... **II.** *vb. tr.* ⓐ *a ~ să*... to succeed in... *(cu forme în -ing).*

izbucni *vb. intr.* **1.** *(d. incendii, război, furtună)* to break out ; *(d. flăcări)* to burst/blaze out ; *(d. foc)* to flash up/out. **2.** *fig.* to burst/break out. ⓒ *a ~ în lacrimi* to burst into tears ; to burst out crying; *a ~ în (hohote de) rîs* to burst out laughing.

izbucnire *s.f.* breaking out etc. **v. i z b u c n i;** outbreak.

izbuti I. *vb. tr.* ⓐ *a ~ să*... to succeed in... *(cu forme în -ing).* **II.** *vb. intr. (în)* to succeed (in).

izbutit *adj.* successful; remarkable.

izgoni *vb. tr.* to drive away/out; *(a surghiuni)* to banish; *(frica etc.)* to chase (away).

izgonire *s.f.* driving away etc. **v. i z g o n i.**

izmă *s.f. bot.* horsemint *(Mentha silvestris).* ⓐ *izma broaștei* brook mint *(Mentha aquatica);* *~ bună*

peppermint *(Mentha piperata):* *~ creață* curled mint *(Mentha crispa).*

izmene *s.f. pl.* drawers.

izmeneală *s.f.* F mincing manners, finicality.

izmeni *vb. refl.* F to mince.

izmenit *adj.* F mincing, finical, finicking.

iznoavă *s.f.* fib, story; *(invenție)* invention.

izobară *s.f.* isobar, isobaric curve.

izocron *adj.* isochronous, isochronic.

izola I. *vb. tr. (de)* to isolate (from); *electr.* to insulate. **II.** *vb. refl.* **1.** to become isolated; to separate/ seclude oneself, to live apart. **2.** *pas.* to be isolated/secluded; *electr.* to be insulated.

izolant I. *adj.* isolating; *electr.* insulating. **II.** *s.m.* insulator.

izolare *s.f.* isolation; *(singurătate)* loneliness; seclusion; *electr.* insulation.

izolat *adj.* isolated; *(d. o casă etc.)* detached; *(singuratic)* lonely; *(retras)* remote; *electr.* insulated.

izolator I. *adj.* insulating. **II.** *s.n.* insulator.

izolație *s.f. electr.* insulation, layer of insulating material.

izomer *chim.* **I.** *adj.* isomerous. **II.** *s.m.* isomer.

izometric *adj.* isometric(al).

izomorf *adj.* izomorphous, isomorphic.

izomorfism *s.n.* isomorphism.

izoterm *adj.* isothermal.

izotermă *s.f.* isotherm.

izotop *s.m. fiz.* isotope. ⓐ *~ radioactiv* radioactive isotope.

izotrop *adj. fiz.* izotropic.

izotropie *s.f. fiz.* isotropy.

izraelit I. *adj.* Hebrew, Jewish; *(din statul Israel)* Israeli. **II.** *s.m.* Israelite; Hebrew, Jew.

izvor *s.n.* **1.** spring. **2.** *fig.* sourse. ⓐ *~ mineral* mineral spring.

izvorî *vb. intr.* **1.** to spring; *(a țîșni)* to gush out. **2.** *(a curge)* to flow. **3.** *fig. (a răsări)* to rise; *(a apărea)* to appear. ⓐ *a ~ din*... to spring from...; to derive from...; to result from ...

î *s.m.* the eleventh letter of the Romanian alphabet.

îmbarca I. *vb. tr.* 1. *nav. (persoane)* to embark; *(mărfuri)* to ship, to take aboard. 2. *mil. (în tren)* to entrain. 3. *av.* to make *troops etc.* enplane. II. *vb. refl.* 1. to embark, to ship, to go aboard/on board a ship; *av.* to enplane. 2. *pas.* to be embarked etc. v. ~ I.

îmbarcare *s.f.* embarkation, embarkment; shipment, shipping.

îmbăia I. *vb. tr.* to give *smb.* a bath; to bath; to bathe. II. *vb. refl.* to take a bath.

îmbăla *vb. tr.* to slobber.

îmbălat *adj.* slobbery.

îmbălsăma *vb. tr.* 1. *(aerul)* to embalm, to scent, to perfume. 2. *(un cadavru)* to embalm.

îmbălsămat *adj.* embalmed etc. v. î m b ă l s ă m a.

îmbărbăta *vb. tr.* to cheer up, to encourage.

îmbărbătare *s.f.* cheering up, encouraging.

îmbăta I. *vb. tr.* 1. to make *smb.* drunk/F→tipsy, to intoxicate, to befuddle.: 2. *fig.* to intoxicate. II. *vb. refl.* to get drunk/intoxicated/F→screwed/F→tight etc. v. b e a t; F→to have a guest in the attic, to let the finger ride the thumb, to freshen the nip.

îmbătare *s.f.* intoxication.

îmbătat *adj.* ⓐ ~ de... *fig.* intoxicated with...

îmbătător *adj. fig.* intoxicating; ravishing, entrancing.

îmbătrîni I. *vb. intr.* to grow/get old, to age; *(la chip)* to look older. ⓒ a ~ cu zece ani to put on ten years. II. *vb. tr.* to make old *sau* older; to make *smb.* look older.

îmbătrînire *s.f.* ageing.

îmbătrînit *adj.* grown old.

îmbelşugare *s.f.* plenty, abundance.

îmbelşugat *adj.* abundant, plentiful, affluent; *(bogat)* rich; *(roditor)* fruitful.

îmbia I. *vb. tr.* to invite; *(a atrage)* to attract, to draw; *(a ispiti)* to prompt; *(a ademeni)* to entice, to lure; *(a îndemna)* to urge. II. *vb. refl. reciproc* to invite each other.

îmbiba I. *vb. tr. (cu)* to imbue (with), to impregnate (with), to steep (into), *tehn.* to imbibe (with). II. *vb. refl. (cu)* to become saturated/soaked (with).

îmbibare *s.f.* soaking; *tehn.* imbibition.

îmbietor *adj.* inviting; *(ademenitor)* (al)luring, enticing; *(atrăgător)* attractive.

îmbina I. *vb. tr.* to join, to unite; *(a combina)* to combine; *(a lega)* to connect, to tie; *(a potrivi)* to arrange. II. *vb. refl.* to join, to unite; to combine; to be connected/tied; to be arranged.

îmbinare *s.f.* joining etc. v. î m b i n a; *tehn.* fixed joining.

îmbiceală *s.f.* stuffiness.

îmbicsi *vb. tr.* to cram, to stuff; *(a umple)* to fill (up).

îmbicsit *adj.* 1. crammed etc. v. î m b î c s i. 2. *(prăfuit)* dusty, *(murdar)* dirty. 3. *(d. aer)* close, stuffy, stale.

îmbîrliga *vb. refl.* to coil up.

îmblăciu *s.n. agr.* flail.

îmblăni *vb. tr.* to cover/coat/line with fur.

îmblănit *adj.* fur-lined.

îmblăti *vb. tr.* 1. to (thresh with a) flail. 2. F to pommel, to whack, to sandbag.

îmblînzi I. *vb. tr.* 1. *(a domestici)* to tame, to domesticate; *(a dresa)* to train. 2. *fig.* to tame, to subdue; *(un copil)* to make tractable; *(a înfrîna)* to curb; *(a linişti)* to calm, to pacify, to placate; *(a face mai sociabil)* to make more sociable. II. *vb. refl.* 1. to grow/become tame; to become tractable. 2. *fig.* to become tame; to become quiet; to calm down; to become more sociable.

îmblînzire *s.f.* taming etc. v. î m-b l î n z i.

îmblînzitor *s.m.* tamer.

îmboboci *vb. intr.* 1. *(a face boboci)* to bud, to shoot. 2. *fig.* to blossom.

îmbogăţi I. *vb. tr.* to make rich *sau* wealthy; to enrich. II. *vb. refl.* 1. *pas.* to be enriched. 2. to enrich oneself; to grow rich; to coin/ make money.

îmbogăţire *s.f.* enrichment, enriching, money-making.

îmboldi I. *vb. tr.* 1. *(animale)* to goad (on), to drive on. 2. *fig.* to urge on, to hurry; *(a stimula)* to goad, to stimulate, to spur. II. *vb. refl. reciproc* to push one another.

îmbolnăvi I. *vb. tr.* to make sick, to sicken. II. *vb. refl.* to fall/grow ill, to be taken ill/bad, F→to be laid up, *amer.* to sicken, to take sick.

îmbolnăvire *s.f.* being taken ill etc. v. î m b o l n ă v i.

îmbrăca I. *vb. tr.* 1. *(haina etc.)* to put on. 2. *(pe cineva)* to dress, to clothe; to provide with clothes. 3. *(a acoperi)* to cover; *(a înveli)* to wrap (up). 4. *v.* f e r e c a. 5. v. î n f ă ţ a. II. *vb. refl.* to dress (oneself).

îmbrăcăminte *s.f.* 1. clothes, clothing, *înv.*→apparel. 2. *constr.* covering, lining.

îmbrăţişa I. *vb. tr.* 1. to embrace, to hug, to press to one's bosom. 2. *fig.* *(a cuprinde)* to embrace; to take in; *(a învălui)* to wrap; *(idei etc.)* to embrace; *(o profesie etc.)* to take up. II. *vb. refl. reciproc* to embrace, to hug one another.

îmbrăţişare *s.f.* 1. embracing etc. v. î m b r ă ţ i ş a. 2. *(concret)* embrace, hug.

îmbrînceală *s.f.* pushing etc. v. î m b r î n c i.

îmbrînci I. *vb. tr.* to push; to give *smb.* a push. II. *vb. refl. reciproc* to push/jostle one another/each other.

îmbrobodi I. *vb. tr.* 1. to put a headkerchief (up)on, to wrap up *smb.*'s head. 2. *fig. (a înşela)* F to take in; to dupe, to hoodwink. II. *vb. refl.* to wrap up one's head, to put on a headkerchief.

îmbuca I. *vb. tr.* *(a mînca)* to eat; to take, to have; *(repede)* to eat quickly, to gobble up; *(a înghiţi)* to swallow. ⓐ *a ~ ceva* to take a bite/snack, to pick a mouthful. II. *vb. refl. reciproc* to interlock, to tongue; *(d. roţi)* to catch, to mesh, to take; *(a se îmbina)* to join.

îmbucătăţi *vb. tr.* to cut into pieces; *(a mărunţi)* to mince; *(a parcela)* to parcel out; *(a împărţi)* to divide.

îmbucătură *s.f.* 1. mouthful. 2. *v.* î n g h i ţ i t u r ă. 3. *(loc de îmbucare)* joint; fitment.

îmbucurător *adj.* gladdening; *(d. ştiri)* glad, happy; *(plăcut)* pleasant; gratifying; *(bun)* good.

îmbufna *vb. refl.* to sulk, to be sulky, F to be in the pouts/sulks, to pout.

îmbufnat *adj.* sulky, pouting.

îmbuiba I. *vb. tr.* to gorge, to stuff. II. *vb. refl.* to cram/stuff oneself with food, F to tuck in, to gorge.

îmbuibare *s.f.* 1. gorging etc. v. î m b u i b a. 2. *fig.* v. h u z u r.

îmbujora *vb. refl.* to blush, to flush.

îmbujorare *s.f.* blushing.

îmbujorat *adj.* blushing; flush, glowing; *(roşu)* red; hectic.

îmbulzeală *s.f.* cram, crush.

îmbulzi *vb. refl. (a se îngrămădi)* to crowd, to throng; *(a se împinge)* to jostle/push one another.

îmbuna I. *vb. tr.* 1. *(a îmblînzi)* to tame, to subdue; *(a linişti)* to pacify, to calm, to placate. 2. *(a împăca)* to reconcile, to conciliate. **II.** *vb. refl.* to calm/quiet down; to compose oneself.

îmbunătăţi I. *vb. tr.* to improve, to better. **II.** *vb. refl.* to improve, to take a turn for the better; to ameliorate.

îmbunătăţire *s.f.* improvement, improving, betterment.

împacheta *vb. tr.* to pack up; *(a înfăşura)* to wrap/do up.

împachetare *s.f.*, **împachetat** *s.n.* packing up etc. v. î m p a c h e- t a.

împăca I. *vb. tr.* **1.** v. î m b u n a I, 2. **2.** *(persoane)* to conciliate, to reconcile, to heal the breach between; *(un diferend)* to adjust, to settle; *(a satisface)* to satisfy; *(a consola)* to comfort. **II.** *vb. refl.* **1.** *(redeveni prieteni)* to become friends again, F→to make it up, to bury the hatchet. **2.** *(a cădea de acord)* to agree; to come to an agreement. **3.** *(a se înţelege)* to agree/live/get on well together/ with smb. ⓐ *a se ∼ cu* **a.** *(a nu mai fi certat cu)* to make it up with...; *(a se înţelege cu)* to agree/ live/get on well with... **b.** *(d. idei etc.)* to agree with..., to chime in with... **c.** *(a se obişnui cu)* to accustom/habituate oneself to..., to get accustomed/used/inured to... ⓒ *a se ∼ bine/de minune cu cineva* to get on like a house on fire; *George nu se prea împacă cu sora lui* George doesn't get along very well with his sister; *nu mă împac cu vinul* wine doesn't agree with me.

împăcare *s.f.* reconciliation etc. v. î m p ă c a.

împăciuire *s.f.* (re)conciliation, appeasement; propitiation.

împăciuitor *adj.* conciliatory, pacificatory, placatory, propitiatory; accommodating.

împăciuitorism *s.n. pol.* conciliatorism, spirit of compromise.

împăciuitorist *pol.* **I.** *adj.* conciliatory, compromising, placatory, appeasing. **II.** *s.m.* conciliator.

împăduri *vb. tr.* to afforest, to put *a region* under timber.

împădurire *s.f.* afforestation.

împăia *vb. tr.* to stuff *(a dead animal)*.

împăiat *adj.* stuffed.

împăienjeni *vb. refl.* to grow dim/ hazy/blurred; *(a se injecta)* to become injected/bloodshot.

împămînteni *vb. refl.* to naturalize, to become naturalized; *(a se adapta)* to adapt/adjust/accommodate oneself.

împăna *vb. tr.* **1.** to put *strips sau pieces of fat etc. sau garlic cloves* into; *(cu slănină etc.)* to lard, to interlard. **2.** *(a ticsi)* to cram; *(a umple)* to fill. **3.** *tehn.* to key. **4.** *fig.* to interlard.

împărat *s.m.* emperor; *(rege)* king.

împărăteasă *s.f.* empress; *(regină)* queen.

împărătesc *adj.* **1.** imperial; *(regesc)* kingly, royal. **2.** *fig.* majestic, splendid, magnificent.

împărăteşte *adv.* royally; in a kingly manner.

împărăţie *s.f.* empire; *(regat)* kingdom.

împărtăşanie *s.f. rel.* eucharist, *the* sacrament.

împărtăşi I. *vb. tr.* **1.** *(a comunica)* to impart. **2.** *(păreri, bucurii, soarta, masa etc.)* to share. **3.** *rel.* to give *smb.* the eucharist. **II.** *vb. refl. rel.* to receive the eucharist. ⓐ *a se ∼ din...* to share...

împărţeală *s.f.* division; allotment.

împărţi I. *vb. tr.* **1.** *mat. (la)* to divide (by). **2.** *(între)* to partition, to divide (among; between); *(prada etc.)* to share out; *(o proprietate etc.)* to parcel out, to apportion; *(d. un hotar)* to divide; *(profituri etc.)* to share; *(a împărtăşi)* to share; *(a distribui)* to distribute; *(a aloca)* to allot; *(premii etc.)* to deal/give out; *(scrisori)* to deliver; *(cărţile de joc)* to deal out; *(roluri)* to assign, to cast; *(pomană)* to dole. ⓐ *a ∼ în...* to divide into... ⓒ *a nu avea ce ∼, a nu avea nimic de ∼t* to have nothing in common; *a ∼ dreptate* to administer justice; *a-şi ∼ timpul* to order/regulate/apportion one's time. **II.** *vb. refl.* **1.** *pas.* to be divided etc. v. ∼ I. **2.** to divide; to separate. **3.** to fall into categories.

împărţire *s.f.* **1.** division etc. **v.** î m p ă r ţ i. **2.** *mat.* division.

împărţitor *s.m. mat.* divisor.

împătri I. *vb. tr.* to quadruple, to quadruplicate. **II.** *vb. refl.* to be quadrupled.

împătrit *adj.* fourfold.

împături *vb. tr.* to fold (up); *(a face sul)* to roll up; *(a înveli)* to wrap up.

împăuna *vb. refl.* to swagger, F to ride the high horse. ⓐ *a se ~ cu...* to boast of/about...

împeliţat I. *adj.* (ac)cursed, devilish; *(neastîmpărat)* naughty. **II.** *s.m.* impieliţatul the devil, F Old Scratch.

împerechea I. *vb. tr.* **1.** to pair, to match. **2.** *(animale etc.)* to couple, to mate. **II.** *vb. refl.* to pair, to mate, to copulate.

împerechere *s.f.* pairing etc. **v.** î m p e r e c h e a.

împestriţa *vb. tr.* to mottle, to speckle.

împestriţat *adj.* **v.** p e s t r i ţ.

împiedica I. *vb. tr.* **1.** *(un cal)* to hobble. **2.** *(a frîna)* to brake. **3.** *fig.* to hinder, to hamper, to impede, to encumber, to shackle. ⓐ *a ~ de la/să...* to prevent from *(cu forme in -ing)*. **II.** *vb. refl. şi fig.* *(de)* to stumble (over), to hitch.

împiedicat *adj.* **1.** hobbled etc. **v.** î m p i e d i c a. **2.** *(la vorbă)* stuttering.

împiegat *s.m.* **v.** i m p i e g a t.

împietri I. *vb. intr.* **1.** *(a se preface in piatră)* to turn into stone. **2.** *fig. (a deveni insensibil)* to become callous; *(d. inimă)* to harden. **3.** *fig. (a incremeni)* to be dumbfounded, to be taken aback. **II.** *vb. refl.* **v.** ~ I, 1—2.

împietrire *s.f.* hardening, callousness.

împietrit *adj.* **1.** turned into stone etc. **v.** î m p i e t r i. **2.** *(nesimţitor)* callous, insensible.

împila *vb. tr.* to oppress.

împilare *s.f.* oppression.

împilător *adj.* oppressive.

împinge I. *vb. tr.* **1.** to push, to shove. **2.** *fig.* to drive; *(a imboldi)* to goad. **II.** *vb. refl.* to jostle/push one another.

împingere *s.f.* push(ing) etc. **v.** î m p i n g e.

împinsătură *s.f.* push.

împînzi *vb. tr.* **1.** to stud; *(a acoperi)* to cover; *(a umple)* to fill; to pervade; *(a răspîndi)* to spread, to scatter; *(a presăra peste)* to strew *smth.* over. **2.** *(ochii)* to dim.

împînzit *adj.* *(de)* studded (with) etc. **v.** î m p î n z i.

împîsli *vb. tr.* **1.** to overpass, to overspread. **2.** *tehn.* to full.

împleti I. *vb. tr.* **1.** to knit; *(un coş)* to weave; *(o cunună)* to make, to wreathe; *(părul)* to braid, to plait. **2.** *fig.* to interweave. **II.** *vb. refl.* **1.** *pas.* to be knitted etc. **v.** ~ I. **2.** *fig.* to interweave, to blend.

împletici *vb. refl.* **1.** *(la mers)* to stagger, to totter, to be unsteady (on one's legs). **2.** *(la vorbă)* to mumble, to speak thickly. ⓒ *i se împleticeşte limba* **a.** he speaks thickly, he mumbles. **b.** *(e beat mort)* he's dead drunk; *i se împleticesc picioarele* he stumbles at every step.

împleticit *adj.* staggering etc. **v.** î m p l e t i c i.

împletitură *s.f.* **1.** knitting. **2.** *(concret)* knit; knitted work; *(de nuiele etc.)* pl. basketry, basketry work.

împlini I. *vb. tr.* **1.** *(o vîrstă)* to reach the age of, to be... (years old), to have turned *twenty etc.* **2.** *(un gol)* to fill; *(a completa)* to fill in; to complete. **3.** *(a îndeplini)* to carry out; to achieve, to accomplish; *(a face)* to perform; *(a satisface)* to satisfy, to fulfil, to meet. **II.** *vb. refl.* **1.** *(a se scurge)* to pass, to go by, to elapse; to be. **2.** *pas.* to be carried out etc. *v.* ~ I, 3. **3.** *(a se adeveri)* to come true. **4.** *(a se ingrăşa)* to gain weight, to put on weight.

împlinire *s.f.* filling, fulfilment etc. v. î m p l i n i.

împlînta *vb. tr. (în)* to stick (into), to thrust (into).

împodobi I. *vb. tr.* **I.** to adorn, to embellish, to beautify; to decorate, to ornament; to deck; to array. **2.** v. **î n z o r z o n a. II.** *vb. refl.* **1.** *pas.* to be adorned etc. v. ∼ **I. 2.** *(d. cineva)* to dress up, to smarten (oneself) up.

împodobire *s.f.* adornment, adorning etc. v. **î m p o d o b i.**

împopoţona I. *vb. tr.* to deck/trick out, to bedizen. **II.** *vb. refl.* to trick oneself out, to bedizen oneself; to ti(t)tivate.

împopoţonat *adj.* decked/tricked out, (as) gaudy as a peacock; meretricious.

împotmoli *vb. refl.* **1.** to stick in the mud; *(d. o roată)* to get stuck. **2.** *fig.* to get tied up, to flounder.

împotriva *prep.* against; counter to; *(în ciuda)* despite, in spite of; *sport* versus, v.

împotrivă *adv.* against; counter.

împotrivi *vb. refl. (cu dat.)* to oppose *(cu acuz)*; to resist *(cu acuz.)*; to object (to).

împotrivire *s.f.* opposition; resistance; objections; objecting.

împovăra *vb. tr. (cu)* to load (with); to overload (with); toburden (with); *(a copleşi)* to overwhelm (with).

împrăştia I. *vb. tr.* **1.** to spread, to diffuse; *(a risipi)* to scatter; *(o mulţime)* to disperse; *(duşmani)* to drive away; *(a răspîndi pe o scară intinsă)* to disseminate; *(o ştire etc.)* to blaze abroad. **2.** *fig.* *(a izgoni)* to dispel. **II.** *vb. refl.* to scatter; to disperse; *(d. nori, temeri etc.)* to dissipate; *(d. ceaţă)* to lift, to clear away; *(a dispărea)* to vanish.

împrăştiat *adj.* **1.** *(d. populaţie)* sparse, scattered; *(d. case)* straggling. **2.** *(d. ginduri)* disconnected, incoherent. **3.** *(distrat)* absent-minded; *(dezordonat)* disorderly; *(zăpăcit)* giddy; confused.

împrejmui *vb. tr.* to enclose, to fence in; *(a inconjura)* to surround.

împrejmuitor *adj.* enclosing; surrounding.

împrejur *adv.* (a)round. ① *stinga* ∼*! mil.* left about! face about! about face!

împrejurare *s.f.* circumstance; *(fapt)* fact; *(intimplare)* occurrence. ① *in aceste imprejurări* in/under the/ these circumstances; such being the state of affairs.

împrejurimi *s.f. pl.* surroundings, environs, neighbourhood, vicinity, outskirts. ⓒ *a locui in* ∼*le Bucureştiului* to live in the vicinity/ outskirts of Bucharest, to live near Bucharest.

împrejurul *prep.* (a)round; *(in preajma)* about.

împresura *vb. tr.* **1.** *(a incercui)* to encircle, to round up. **2.** *(a asedia)* to besiege, to beleaguer.

împreuna I. *vb. tr.* **1.** to unite, to join; *(miinile)* to put together. **2.** *(a imperechea)* to pair, to couple, to copulate. **II.** *vb. refl.* **1.** *(a se stringe)* to gather; *(a se uni)* to unite. **2.** *(a se imperechea)* to couple, to copulate.

împreunare *s.f.* joining etc. v. **î m p r e u n a.**

împreună *adv.* together. ⓐ ∼ *cu...* (together) with...

împricinat *s.m. jur.* litigant, party; suitor, plaintiff *sau* accused, defendant.

împrieteni *vb. refl. (cu)* to make friends (with); to become friends. ⓐ *a se* ∼ *cu cineva* to strike up/ form a friendship with smb., F→ to pal up with smb.

împrimăvăra *vb. refl.* ⓒ *s-a* ∼*t* spring has come.

împroprietări *vb. tr.* to put in possession of land; to appropriate (land) to.

împroprietărire *s.f.* allotment, appropriation, assignment; land reform.

împrospăta *vb. tr. şi fig.* to refresh.

împrospătare *s.f.* refreshing.

împroşca *vb. tr.* **1.** *(cu)* to splash (with), to spatter (with). **2.** *(cu pietre etc.)* to shower/rain *stones etc.* upon. **3.** *fig. (cu)* to give *smb.* a broadside (of); *(a insulta)* to insult, to offend. ⓒ *a* ∼ *pe cineva cu noroi* to fling mud at smb.

împrumut *s.n.* **1.** loan. **2.** *(lingvistic)* loan, borrowing, adoption. ⓐ *de* ~ borrowed; loan... ⓒ *a face un* ~ *com.* to raise/conclude/make a loan; *(de la cineva)* to borrow money of/from smb.; *a da cu* ~ to lend.

împrumuta I. *vb. tr. şi fig. (cuiva)* to lend (to); *(de la cineva)* to borrow (from); *(a imita)* to imitate. **II.** *vb. refl.* **1.** *pas.* to be lent etc. v. ~ I. **2.**←P *(la)* to borrow smth. (from).

împuia *vb. tr.* ⓒ *a* ~ *capul/urechile cuiva cu ceva* to din smth. into smb.'s ears.

împunge I. *vb. tr.* **1.** *(cu acul etc.)* to prick. **2.** *(cu acul, la cusut)* to stitch. **3.** *(cu spada etc.)* to thrust. **4.** *(un animal)* to goad, to prod; *fig.* to nettle, to pique. **II.** *vb. refl.* to prick oneself.

împunsătură *s.f.* **1.** prick; stitch. **2.** *fig.* taunting remark, sneer; dig.

împurpura *vb. tr. şi refl.* to purple.

împuşca I. *vb. tr.* to shoot (down); *(a omori)* to shoot dead; *(a executa)* to execute. **II.** *vb. refl.* to shoot oneself; *(a-şi zbura creierii)* to blow out one's brains. **III.** *vb. intr.* to shoot, to fire.

împuşcătură *s.f.* shot; *(ca sunet)* report.

împuternici *vb. tr.* to authorize, to empower; *(a delega)* to depute.

împuternicire *s.f.* power; commission; authority; mandate; *(în scris)* letter, warrant.

împuternicit *s.m.* commissioner; authorized agent; *(reprezentant)* representative.

împuţi I. *vb. tr.* to infect; to make stink. **II.** *vb. refl.* to become foul/ offensive.

împuţina *vb. tr. şi refl.* to diminish, to lessen, to decrease.

împuţinare *s.f.* diminution, decrease, lessening.

împuţit I. *adj.* **1.** stinking, fetid, putrid. **2.** *(leneş)* F bone-lazy. **3.** *(rău, ticălos)* F bloody, bleeding, rotten, stinking. **II.** *s.m.* skunk, stinkard, stinkarog.

în *prep.* **1.** *(spaţial, cu verbe de stare)* in; *(cu verbe care arată pătrunderea)* into, in; *(printre, între)* among; *(la)* at; *(pt. localităţi mari)* in; *(pentru celelalte)* at. **2.** *(temporal, arătind durată, spaţiu de timp)* in; *(în decursul)* within; *(în legătură cu ziua etc.)* on; *(după)* in; after. **3.** *(arătind diferite relaţii)* in; by; for etc. v. ~ ⓐ. ⓐ ~ *Bucureşti* in Bucharest; ~ *cazul cind...* if..., in case...; ~ *cerc* in a circle; ~ *ceea ce priveşte* ... about ..., as to...; *(cît despre)* as for...; as far as... is concerned; ~ *cinstea... (cu gen.)* in honour of...; ~ *creion* in pencil; ~ *depărtare* in the distance; ~ *lanţuri* in chains; ~ *locul tău* in your place; ~ *lungime* in length; ~ *mai* in May; ~ *negru* in black/mourning; ~ *pat* in bed, abed; ~ *provincie* in the provinces, in the country; ~ *rolul lui...* as..., in the role of..., cast as/in...; ~ *scurtă vreme* soon; *într-o zi (în trecut)* one day; *(în viitor)* some day; ~ *timp/vreme ce...* while...; *(cind)* when...; *(pe cîtă vreme)* whereas...; ~ *viitor* in the future; ~ *ziar* in the newspaper; ~ *ziua aceea* (on) that day; ~ *ziua de 24 februarie* on February 24th.

înadins *adv.* purposely, on purpose, deliberately.

înainta I. *vb. intr. şi fig.* to advance; *(a fi ofensivă)* to be on the offensive. **II.** *vb. tr.* **1.** *(o cerere)* to forward, to submit; *(o plîngere)* to lodge; *(a trimite)* to send. **2.** *(un funcţionar etc.)* to advance, to promote, to prefer.

înaintare *s.f.* advance; promotion, preferment etc. v. î n a i n t a.

înaintaş I. *s.m.* **1.** precursor, predecessor, forerunner. **2.** *sport* forward. **3.** *fig.* trail-blazer, pioneer. **II.** *adj.* early, pionner.

înaintat *adj.* advanced; *(progresist)* progressive.

înainte *adv.* **1.** forward: before; *(în faţă)* in front, ahead. **2.** *(temporal)* before; *(mai departe)* on. ⓐ ~ *de...* before..., prior to..., *poetic ere...*; ~ *vreme* formerly. ⓑ *de azi*

~ from now on, henceforward; *de mai* ~ former; earlier; *mai* ~ before; *(mai devreme)* earlier; *(mai demult)* formerly.

înaintea *prep.* **1.** *(spaţial)* before; in front of. **2.** *(temporal)* before, prior to. ⓐ ~ *ochilor* before one's eyes. ⓒ *a o lua* ~ *(cu gen.)* to be in advance of...

înalt I. *adj.* **1.** *(adesea şi în sensul de „care se află sus")* high; *(↓ în comparaţie cu alte dimensiuni; oameni, copaci, obeliscuri, catarguri etc.)* tall; *(şi impunător)* lofty. **2.** *muz.* high(-pitched). **3.** *electr. etc.* high. **4.** *fig.* high, upper, superior; eminent; deep; sublime; grand; sovereign. ⓐ ~ *de...* ...high, ... in height. **II.** *s.n.* high. ⓐ ~*ul cerului* the heavenly vault.

înapoi *adv.* back; *(ca direcţie şi)* backwards. ⓒ *a da* ~ I. *vb. tr.* to give back, to return. II. *vb. intr.* **a.** *(a se retrage)* to move back; to fall, to retreat; to recoil; to shrink (from smth.). **b.** *fig.* to decline, to retrogress.

înapoia[1] *prep.* behind, at the back of.

înapoia[2] **I.** *vb. tr.* to restore, to hand back/over; *(bani)* to return, to refund; *jur.* to retrocede. **II.** *vb. refl.* to come back, to return.

înapoiat *adj.* backward.

înapoiere *s.f.* **1.** restoring etc. v. î n a p o i a. **2.** *fig.* backwardness, backward state.

înaripa *vb. tr. fig.* to wing.

înaripat *adj. şi fig.* winged; *(însufleţit)* inspired, enthusiastic.

înarma I. *vb. tr.* **1.** to arm. **2.** *fig.* to fortify. **II.** *vb. refl.* **1.** to arm, to prepare for war; *(d. cineva)* to arm oneself. **2.** *fig.* to brace oneself. ⓐ *a se* ~ *cu...* *fig.* to arm/ provide/furnish oneself with...; to summon up *all one's courage etc.* ⓒ *a se* ~ *cu răbdare* to arm oneself with patience, to be patient, to have patience.

înarmare *s.f.* arming etc. v. î n a r m a; armament.

înarmat *adj.* **1.** armed. **2.** *fig.* equipped. ⓐ ~ *pînă-n dinţi* armed to the teeth.

înavuţi *vb. refl.* to enrich oneself.

înăbuşi I. *vb. tr.* **1.** to suffocate, to stifle, to smother. **2.** *(d. tuse etc.)* to choke, to suffocate. **3.** *(un sunet etc.)* to muffle, to deaden. **4.** *(d. buruieni)* to grow over. **5.** *(a reprima)* to suppres, to stifle, to smother. **II.** *vb. refl.* **1.** *pas.* to be suffocated, etc. v. ~ I. **2.** *(d. cineva)* to choke, to suffocate; to gasp (for breath).

înăbuşitor *adj.* stifling, choking, suffocating.

înăcrit *adj. (d. cineva)* tart, crabbed, sour(-tempered), morose, ill-humoured.

înălbăstri *vb.* v. a l b ă s t r i.

înălbi *vb. tr.* to whiten; *(rufe)* to bleach.

înălbit *s.n.* whitening; bleaching.

înălţa I. *vb. tr.* *(a ridica) şi fig.* to raise; *(un steag)* to hoist. **II.** *vb. refl.* *(a se ridica) şi fig.* to rise.

înălţare *s.f.* **1.** *(ridicare)* raising. **2.** *rel.* Ascension (day).

înălţător[1] *s.n. mil.* backsight.

înălţător[2] *adj.* elevating; soul-uplifting.

înălţime *s.f.* **1.** height; *(loc înalt)* eminence, ridge, hill; elevation; *(vîrf)* top, summit; *(altitudine)* altitude **2.** *(grad)* high rank; *(superioritate)* superiority; *(măreţie)* loftiness, elevation. **3.** *(ca titlu)* Highness. **4.** *muz.* pitch. ⓒ *a fi la* ~ to be up to the mark, to be at one's best, F→to be up to scratch.

înăspri I. *vb. tr. şi fig.* to harden; *(a înrăutăţi)* to worsen; *(a înrăi)* to embitter; *(a agrava)* to aggravate; *(a intensifica)* to intensify; *(a ascuţi)* to sharpen. **II.** *vb. refl. şi fig.* to harden; *(a se înrăutăţi)* to worsen; *(a se înrăi)* to become embittered; *(a se agrava)* to aggravate; *(a se intensifica)* to intensify; *(a se ascuţi)* to sharpen.

înăuntru *adv.* in, within, inside.

înăuntrul *prep.* in, within, inside.

încadra I. *vb. tr.* **1.** *(un tablou etc.)* to frame; *(d. păr)* to enframe; *(a împrejmui)* to enclose; *(a mărgini)* to border; *(într-un cerc)* to encircle; *(a fi pus între)* to be placed between; **to make part and parcel** of; *(a înconjura)* to surround. **2.** *(într-un post)* to take *smb.* on the staff; *(a numi)* to appoint. **3.** *mil. (d. artilerie)* to straddle, to bracket. **II.** *vb. refl.* **1.** *(într-un colectiv etc.)* to identify oneself/to combine with a collective etc. **2.** *(cu)* to harmonize (with). ⓐ *a se ~ în...* *(a intra în)* to join..., to affiliate oneself with; to integrate oneself with; to take part in...

încadrare *s.f.* **1.** framing etc. v. î n c a d r a. **2.** *(a cuiva)* appointment *of smb. to a post.*

încaltea *adv.* at least.

încarcera *vb. tr.* to incarcerate.

încartirui... v. c a r t i r u i...

încasa *vb. tr.* **1.** *(un cec)* to cash; *(a primi)* to receive, to get; *(impozite)* to raise; *(datorii)* to cash up, to recover; *(a colecta)* to call in, to collect. **2.** F to get. ⓐ *a o ~* F to get beans, to get/catch it (hot).

încasare *s.f.* **1.** cashing etc. v. î n c a s a. **2.** *(concret)* receipt; *pl.* returns, *teatru etc.* takings, *sport* gate money.

încasator *s.m.* **1.** collector. **2.** v. t a x a t o r.

încastra *vb. tr.* to embed; *(grinzi etc.)* to fix, to impact.

încazarma *vb. tr.* to quarter in barracks, to barrack; *(ca pedeapsă)* to keep indoors.

încă *adv.* **1.** still; *(în prop. negative)* yet; *(încă un)* another; *(în plus)* in addition; *(din nou)* again; *(încă odată)* once more/again; *(pînă acum)* so far; until now; *(numai)* only; *(mai mult)* (some) more. **2.** *(de asemenea)* also. **3.** *(chiar)* even. ⓐ *~ acum trei ani* as far back as three years ago; *~ de copil* from a child; *~ din...* as far back as in... etc.; *~ de la începutul (cu gen.)* ever since the beginning of...; *~ doi* two more; *~ nu* not yet; *~ o dată* once more/again; *~ pe atît* as much again; as many again. ⓑ *ba/și ~* in addition; *nu ~* not yet; *și ~ cum!* F I should think so! you bet! ⓒ *frunzele sînt*

~ verzi the leaves are still green; *~ nu l-am văzut* I haven't seen him yet.

încăiera *vb. refl.* to come to grips, to come to close quarters, F to have a set-to; *(a începe lupta)* to start fighting.

încăierare *s.f.* scuffle, tussle, F→ rough-and-tumble; scramble.

încălca *vb. tr.* **1.** *(un teritoriu)* to invade, to overrun; *(pămîntul cuiva etc.)* to encroach upon, to trespass. **2.** *(drepturi)* to violate; *(legea)* to infringe. **3.** *fig.* to scorn, to defy.

încălcare *s.f.* infringement, violation, encroachment, invasion, inroad, invading etc. v. î n c ă l c a.

încăleca **I.** *vb. tr.* **1.** to mount. **2.** *fig.* to subjugate, to subdue. **II.** *vb. refl.* to overlap; *(a se suprapune)* to be superposed. **III.** *vb. intr.* *(și a ~ pe)* to mount *(cu acuz.).*

încălecare *s.f.* **1.** mounting etc. v. î n c ă l e c a. **2.** *(suprapunere)* superposition.

încălța **I.** *vb. tr.* **1.** to put on. **2.** *fig.* F to diddle, to take in. **II.** *vb. refl.* to put on one's shoes etc.

încălțăminte *s.f.* footwear.

încălțătoare *s.f.,* **încălțător** *s.n.* shoe horn.

încălzi **I.** *vb. tr.* **1.** to warm, to heat; to take the chill off; *(mîncare etc.)* to warm/heat up; *(d. un cojoc etc.)* to keep *smb.* warm; *(mîinile)* to warm. **2.** *fig.* to warm; *(a însufleți)* to animate. **II.** *vb. refl.* **1.** *(d. cineva)* to warm oneself; *(la soare)* to bask in the sun, to sun oneself; *(a-i fi cald)* to get heated; *fig.* to get excited; *(d. un conferențiar etc.)* to warm up. **2.** *pas.* to be warmed (up) etc. v. *~* I, 1.; to become warm/hot; *(d. o mașină etc.)* to run hot; *(d. un cablu etc.)* to chafe. **3.** *fig. (d. atmosferă etc.)* to become animated; *(d. o discuție etc.)* to wax hot. **4.** *(d. vreme)* to be warm; to be getting warm. ⓒ *asta nu mă încălzește!* F much good does it do me!

încălzire *s.f.* heating etc. v. î n c ă l-
z i. ⓐ ~ *centrală* central heating.
încălzit *s.n.* heating.
încălzitor *s.n. tehn.* heater.
încăpător *adj.* spacious, roomy; *(ma-
re)* large, big; *(d. o casă, un du-
lap etc.)* commodious.
încăpăţîna *vb. refl.* to be obstinate;
(a stărui) (în) to persist (in).
încăpăţînare *s.f.* obstinacy, stubborn-
ness.
încăpăţînat I. *adj.* obstinate, stub-
born; refractory. II. *s.m.* stubborn
person/F beggar.
încăpea I. *vb. intr.* to find room; *(d.
lucruri)* to go in. ⓒ *a ~ pe/în
mîna (cu gen.)* to fall into the
hands of...; *în sală încap 500 per-
soane* the hall can accommodate/
hold 500 people; *nu încape nici o
îndoială* there is no doubt (what-
ever) about it; it doesn't admit
of (any) doubt; *(mai) încape vorbă!*
it goes without saying, it stands
to reason, of course, certainly. II.
vb. tr. to comprise, to take in; to
accommodate.
încăpere *s.f.* room.
încărca I. *vb. tr.* 1. *(şi puşca etc.)*
to load; *(peste măsură)* to over-
load; *(a umple)* to fill. 2. *(a îm-
povăra)* to burden. 3. *electr.* to
charge. 4. *fig. (a exagera)* to exag-
gerate; *(la plată)* to overcharge;
(a înzorzona) to bedizen. II. *vb.
refl.* 1. *pas.* to be loaded etc. v.
~ I; to load. 2. to undertake too
much. III. *vb. intr.* to load.
încărcare *s.f.* loading etc. v. î n-
c ă r c a.
încărcat I. *adj.* loaded etc. v. î n-
c ă r c a; *(d. aer)* close; *fig.* strain-
ed. II. *s.n.* v. î n c ă r c a r e.
încărcător[1] *s.m.* loader.
încărcător[2] *s.n.* 1. *tehn.* charging
apparatus, feeder. 2. *mil.* maga-
zine.
încărcătură *s.f.* 1. load, *ferov.* goods,
nav. freight. 2. *mil., min.* charge
of powder. 3. *metal.* charge. 4.
electr. (electric) charge. ⓐ ~ *utilă*
payload.
încărunţi I. *vb. intr.* to go/grow/
turn grey; *(d. păr şi)* to be
touched with grey, to grizzle. II. *vb.*

tr. to make *smb.* sau *smb.'s hair*
go/grow/turn grey; *(a îmbătrîni)*
to age.
încărunţit *adj.* grizzled, (turned)
grey/silvery/hoary.
încătărăma I. *vb. tr.* to clasp, to
buckle. II. *vb. refl. pas.* to be
clasped/buckled.
încătuşa *vb. tr.* 1. to shackle, to
put into irons; *(în lanţuri)* to
chain, to put into chains. 2. *fig.*
to fetter, to bind.
începător I. *adj.* beginning. II. *s.m.*
beginner; *(novice)* novice, F→tyro.
începe I. *vb. intr. şi refl.* to begin,
to start. ⓐ *a ~ prin a...* to begin
by *(forme în -ing).* II. *vb. tr.* to
begin, to start; *(un război etc.)*
to commence; *(a se apuca de)* to
take to; to set to.
începere *s.f.* beginning. ① *cu ~ de
la/din...* leading off with... *(the
10th of etc.)*; from..., beginning
with/on...
început *s.n.* 1. beginning, outset,
mai rar commencement; F→start.
2. *(origine)* origin, source. ①
(chiar) de la ~, de la bun ~ from
the (very) outset, from the first;
right from the start; all along; *de
la ~ pînă la sfîrşit* from the be-
ginning to the end, from start to
finish; *fără ~* without a begin-
ning; *la ~* at first; at/in the be-
ginning; originally; *la ~ul anului*
at/in the beginning of the year;
la ~ul primăverii in early spring.
ⓒ ~*ul e greu* the beginning is
always difficult/hard.
încerca I. *vb. tr.* 1. to try, to at-
tempt; to essay; *(a se sforţa)* to
endeavour; *(a proba)* to test;
(a gusta) to taste; *(a pipăi)* to
feel; *(o senzaţie etc.)* to feel, to
experience. 2. *(o haină)* to try on;
(pe altul) to fit. 3. *fig. (a suferi)*
to undergo. 4. *fig. (a pune la în-
cercare)* to put to the test; *(a ispi-
ti)* to tempt. II. *vb. refl. pas.* to
be tried etc. v. ~ I. III. *vb. intr.*
to try. ⓒ *mai încearcă!* try again!
have another try!
încercare *s.f.* 1. trial, attempt; *(e-
fort)* effort, endeavour. 2. trial;
(probă) test; *(experienţă)* exper-

iment; *(ispitire)* tempting, <
ordeal; *(suferință)* suffering; *(greutate)* hardship. **3.** *(eseu)* essay. ⓐ
~ *zadarnică* fruitless/vain attempt.
ⓑ *cu titlu de* ~ tentatively; *de*
~ for a trial, by way of experiment,
tentative; *grea* ~ trial; acid test.
ⓒ *a pune la* ~ to put to the test.
încercat I. *adj.* **1.** tried etc. v. î n-
c e r c a. **2.** *(experimentat)* experienced; *(priceput)* skilled, skilful;
(călit) hardened. **II.** *s.n.* trying,
test(ing).
încercănat *adj.* ringed.
încercui *vb. tr.* **1.** to encircle; *(a
înconjura)* to surround. **2.** *mil.* to
encircle, to round up; *(a împresura)* to besiege.
încercuire *s.f.* encircling encirclement etc. v. î n c e r c u i.
încet I. *adj.* **1.** slow; *(zăbovitor,
șovăitor)* lingering; lagging; *(comod)* leisurely, soft, easy, F→
dawdling; *(care întîrzie)* tardy,
dilatory; *(adormit)* slow, dull,
leaden-heeled, dead-alive, slack,
sluggish; *(leneș)* dull, lazy, time-
-taking; *(prost)* silly, dull-headed.
2. *(d. sunete)* low; *(slab)* faint,
weak, hardly audible; *(liniștit)*
still; *(blînd, molatic)* soft, gentle.
3. *(ușor)* light. **II.** *adv.* easy;
slowly etc. v. ~ I. ⓐ ~*ul cu*
~*ul* little by little, step by step,
gradually.
înceta I. *vb. intr.* to cease; *(deodată)* to stop; *(d. furtună)* to
quiet down, to abate. **II.** *vb. tr.*
to cease, to discontinue; to stop;
(a pune capăt) to put an end to;
(a suspenda) to suspend; *(lucrul)*
to cease, to leave off; *(prietenia
etc.)* to break (off).
încetare *s.f.* ceasing, cessation etc.
v. î n c e t a. ⓐ ~*a focului mil.*
cease fire; ~ *din viață* decease,
demise, death. ⓑ *fără* ~ ceaselessly.
încetățeni I. *vb. tr. și fig.* to naturalize; *fig.* to introduce, to implant. **II.** *vb. refl. și fig.* to be
naturalized; *fig.* to be introduced;
(a se înrădăcina) to take/strike
root.

încetățenire *s.f.* naturalization etc.
v. î n c e t ă ț e n i.
încetineală *s.f.* **1.** slowness. **2.** *fig.*
sluggishness; backwardness.
încetini I. *vb. tr.* to slow down;
(a întîrzia) to retard, to delay;
tehn. to decelerate; *(ritmul)* to
slacken; *(viteza)* to reduce, to
slow down. **II.** *vb. intr.* to slow
down.
încetinire *s.f.* slowing down etc. v.
î n c e t i n i.
încetinitor *s.n.* **1.** *tehn.* delay element; retarder. **2.** *cinema* slow
motion.
încețoșa *vb. refl.* **1.** to grow foggy.
2. *fig.* to grow dim.
încețoșat *adj.* **1.** foggy. **2.** *fig.* dim.
închega I. *vb. tr.* **1.** to curdle; to
coagulate; *(a condensa)* to condense; *(a îngroșa)* to thicken. **2.**
fig. to unite, to close; *(a organiza)*
to knit together; *(a începe)* to
begin. **II.** *vb. refl.* **1.** v. ~ I, 1;
(d. sînge) to clog. **2.** v. ~ I, 2.
încheia I. *vb. tr.* **1.** *(cu nasturi)*
to button/do up. **2.** *(a fixa)* to
fix; *(a îmbina)* to combine. **3.**
(a sfîrși) to finish; *(o cuvîntare)*
to close, to wind up. **4.** *(un împrumut)* to contract; *(un tratat)* to
conclude; *(o alianță)* to conclude,
to enter into; *(un tîrg)* to strike,
to contract; *(pace)* to conclude;
(o căsătorie) to contract; *(a redacta)* to indite. ⓒ *a-și* ~ *haina*
to button (up) one's coat. **II.** *vb.
refl.* **1.** *(la haină)* to button oneself up. **2.** *(a se sfîrși)* to end; to
close; to come to an end. **3.** *pas.*
to be fixed etc. v. ~ I, 2—4.
încheiat *adj.* **1.** buttoned (up). **2.**
ended. **3.** *(d. ore etc.)* full, solid,
running.
încheiere *s.f.* **1.** buttoning up etc.
v. î n c h e i a. **2.** *(parte finală)*
final part; *(sfîrșit)* close, end. **3.**
(a unui tratat etc.) conclusion;
settlement.
încheietură *s.f.* joint.
închiaburi *vb. refl.* to become a
kulak, to grow rich.
închiaburire *s.f.* becoming a kulak,
growing rich.

închide I. *vb. tr.* **1.** *(ceva ce a fost deschis)* to close; *(strîns)* to shut (up/down); *(ochii)* to close, to shut; *(o fereastră, o ușă)* to shut, to close, to fasten; *(cu zăvorul)* to bolt, to bar; *(pe jumătate)* to half-shut, to leave ajar; *(cu cheia)* to lock; *(prăvălia)* to shut up; *(circuitul)* to close; *(a pune sub cheie)* to put under lock and key; *(într-o ladă)* to chest; *(granița)* to close. **2.** *(pe cineva)* to confine; *(a întemnița)* to imprison, to put into prison; *(oile, în țarc)* to fold. **3.** *(a împrejmui)* to enclose; *(cu un gard)* to fence in; *(a bara)* to block. **4.** *(școli, uzine etc.)* to close/shut down. **5.** *(a cuprinde)* to comprise to contain, to include. **6.** *(lumina)* to switch off; *(apa)* to turn off; *(radio)* to turn/click off. **7.** *tehn.* to close. ⓒ *a ~ ochii la...* to condone... to compound... **II.** *vb. refl.* **1.** *pas.* to close, to shut, to be closed etc. v. ~ I. **2.** *(a se sfîrși)* to be over. **3.** *(a se retrage)* to seclude oneself; *(a lock oneself up (in a room etc.)).* **4.** *(d. culori, cer etc.)* to darken. **5.** *(d. o rană)* to heal. ⓒ *a se ~ în sine* to shrink into oneself, to shut oneself up in one's own cell.

închidere *s.f.* closing etc. v. î n - c h i d e.

închina I. *vb. tr.* **1.** *(a dedica)* to devote, to dedicate. **2.** *(a preda)* to surrender, to yield. **3.** *(a supune)* to subdue, to subjugate. **4.** *(paharul)* to raise. **II.** *vb. refl.* **1.** *(a-și face cruce)* to cross oneself; *(a se ruga)* to pray. **2.** *(ca salut etc.)* to bow (down); *(a se prosterna)* to prostrate oneself. **3.** *(a se supune)* to submit. ⓐ *a se ~ la... și fig.* to worship. **III.** *vb. intr.* to raise the glass; to propose a toast; to drink smb.'s health.

închinăciune *s.f.* **1.** v. p l e c ă - c i u n e. **2.** praying; *(rugăciune)* prayer.

închinător *s.m.* worshipper.

închinga *vb. tr.* to girth *(a horse).*

închipui I. *vb. tr.* to imagine; to fancy; *(a născoci)* to invent, to fabricate, to concoct; *(a proiecta)* to plan, to scheme; *(a reprezenta)* to represent; to symbolize; *(a forma)* to form. ⓐ *~ește-ți! poți să-ți ~ așa ceva?* just fancy! F can you beat it? *a-și ~ că...* to imagine/think/fancy that... **II.** *vb. refl.* to imagine/fancy oneself.

închipuire *s.f.* **1.** imagining, imagnation etc. v. î n c h i p u i. **2.** *(imaginație)* imagination; *(fantezie)* fancy. **3.** *(iluzie)* illusion; *(himeră)* chimera. **4.** *(idee)* idea; *(gînd)* thought; *(părere)* opinion.

închipuit I. *adj.* **1.** imaginary, unreal; fictitious; false. **2.** *(infumurat)* conceited. **II.** *s.m.* conceited person.

închirci v. c h i r c i...

închiria I. *vb. tr.* **1.** *(a da cu chirie)* to hire out, to let; *(camere și)* to rent. **2.** *(a lua cu chirie)* to hire. **II.** *vb. refl. pas.* to be hired (out) etc. v. ~ I.

închiriat *adj.* ⓑ *case de ~* houses to let.

închis *adj.* **1.** closed, shut etc. v. î n c h i d e. **2.** *fig. (d. cineva)* reserved, close, F→buttoned up. **3.** *(d. aer, vreme)* close; *(d. cer)* cloudy, dull; *(d. culori)* dark; *(d. voce)* dull. **4.** *(d. silabe)* closed. **5.** *(d. un club etc.)* exclusive.

închisoare *s.f.* prison, F→quod, limbo, (stone) jug. ⓒ *a băga la ~* to send to prison, to put/throw into prison/F→in quod.

închista *vb. refl.* **1.** *biol., med.* to isolate oneself in a cyst. **2.** *fig.* to isolate/seclude oneself.

închistare *s.f. fig.* isolation, seclusion.

închizătoare *s.f.* contrivance for shutting; *(la fereastră etc.)* fastener.

închizător *s.n. mil. (de pușcă, mitralieră)* bolt; *(de tun)* breech block.

încinci *vb. tr. și refl.* to quintuple; to increase fivefold; to multiply by five.

încincit *adj., adv.* fivefold.

încinge I. *vb. tr.* **1.** *și fig.* to (be) gird, to girdle; *(a înconjura)* to surround. **2.** *(d. foc)* to envelop; *(a aprinde)* to (en)kindle. **3.** *(a* cuprinde, d. sentimente etc.) to seize. **II.** *vb. refl.* **1.** *(cu o cingătoare)* to gird oneself. **2.** *(d. foc)* to catch, to take, < to flame up; *(d. sobă)* to heat (< red-hot); *(d. mașini)* to run hot. **3.** *(a-i fi cald)* to be hot. **4.** *fig.* to be animated; *(a se înfierbînta)* to take fire, to become inflamed; *(d. sentimente)* to run high, to flare up. **5.** *fig.* *(a începe)* to begin; *(a începe o discuție etc.)* to break out; *(d. o ceartă)* to flare up. **6.** *fig.* *(d. față)* to flush (crimson); *(d. cer)* to glow. **7.** *(d. cereale)* to mildew, to go mouldy.

încins *adj.* **1.** girded etc. v. î n - c i n g e. **2.** *(fierbinte, și fig.)* hot; *(aprig)* fiery.

înciuda I. *vb. tr.* to make spiteful/malicious; to vex, to anger. **II.** *vb. refl.* to be spiteful/malicious; to be irritated, to be in a bad temper.

înciudat *adj.* spiteful; angry, F nettled.

încîlceală *s.f.* confusion, muddle; jumble.

încîlci I. *vb. tr.* **1.** *(fire etc.)* to tangle. **2.** *fig.* to confuse, F→to muddle up. **II.** *vb. refl.* to get entangled.

încîlcit *adj.* **1.** tangled; *(d. păr)* tousled. **2.** *fig.* intricate, involved; *(d. o problemă)* knotty, intricate; *(greu)* difficult. **3.** *(neciteț)* illegible.

încînta *vb. tr.* **1.** to carry away, to delight, < to ravish; *(a fermeca)* to charm. **2.** *(a înșela)* to delude, to deceive, F→to take in; *(a seduce)* to seduce.

încîntare *s.f.* delight, charm.

încîntat *adj.* delighted etc. v. î n - c î n t a. ⓐ ~ de... delighted/charmed at/with...; ~ de cunoștință! glad to meet you! ⓐ a fi ~ to gloat (inwardly), to rejoice; voi fi ~ să vă văd I shall be delighted/charmed to see you.

încîntător I. *adj.* delightful, charming, < ravishing. **II.** *adv.* delightfully etc. v. ~ I.

încîrliga *vb. tr. și fig.* to bend; to hook.

încîrligat *adj.* bent; hooked.

încît *conj.* (so) that. ⓐ ~ să... so that...; ~ să nu... lest...; not to...; but that... ⓒ nimeni nu era atît de hain ~ să nu-i dea o mînă de ajutor no one so wicked but that he gave him a helping hand.

încleia I. *vb. tr.* to glue together; to paste together. **II.** *vb. refl.* to stick together; to be glued sau pasted together.

încleșta I. *vb. tr.* *(dinții, pumnii)* to clench. **II.** *vb. refl.* **1.** *(d. dinți, pumni)* to clench. **2.** v. î n c ă - i e r a; *(d. luptă)* to become hotter and hotter.

încleștare *s.f.* **1.** clenching etc. v. î n c l e ș t a. **2.** *(strînsoare)* grip; *(contracție)* contraction; *(luptă)* fight; *(încăierare)* scuffle.

înclina I. *vb. tr.* to incline, to tilt; *(capul etc.)* to bend, to bow; *(a povîrni)* to slant, to slope. **II.** *vb. refl.* **1.** *(a se povîrni)* to slant, to slope. **2.** *nav.* to heel (over), *av.* to bank; *(d. un țărm)* to shelve. **3.** *(a se apleca)* to bend; *(ca salut etc.)* to bow (down). **4.** *(a ceda)* to yield, to bow. **III.** *vb. intr.* ⓐ a ~ să... to be/feel inclined to...; a ~ spre... to incline to/towards..., to care for..., to set one's heart upon...

înclinare *s.f.* inclination etc. v. î n c l i n a; *fig. și* bent, propensity; *(vocație)* vocation.

înclinat *adj.* inclined; sloping, atilt etc. v. î n c l i n a. ⓐ ~ spre/să... inclined/disposed to..., in the humour for...

înclinație *s.f.* inclination v. și î n - c l i n a r e.

încoace *adv.* here, *înv.*→hither. ⓐ ~ și încolo to and fro, up and down, back and forth. ⓑ ce mai ~ și încolo to put it bluntly; the long and the short of the matter (is); de la o vreme ~ for some time past; mai ~ nearer. ⓒ a se da mai ~ to draw near(er).

încolăci I. *vb. tr.* *(picioarele)* to cross; *(o frînghie)* to wind. ⓒ a-și ~ brațele în jurul gîtului cuiva to throw one's arms round smb.'s neck. **II.** *vb. refl.* **1.** to curl/roll up; *(d. şarpe)* to coil up; *(a se face ghem)* to roll oneself up into a ball; *(d. o frînghie)* to coil, to wind; *(d. viermi)* to wriggle, to turn; *(d. plante)* to wind. **2.** to wind; *(d. un rîu şi)* to meander.

încolo *adv.* **1.** away; *(la o parte)* aside; *(în direcţia aceea)* in that direction; that way, *înv.*→thither. **2.** *(altfel)* otherwise; *(totuşi)* though, nevertheless. ⓑ *de acum* ~ from now on; *mai* ~ **a.** *(spaţial)* further on. **b.** *(temporal)* later on. ⓒ *mai dă-l* ~! F leave him alone! *du-te* ~! F go to hell/ the deuce! *(pleacă)* go away! F scuttle away! *fugi* ~! really? F you don't mean it!

încolona *vb. refl.* to form a/in column; to fall into a column.

încolţi I. *vb. intr.* **1.** *bot. (d. seminţe)* to spring, to sprout; *(a răsări)* to shoot. **2.** *fig.* to arise; *(d. o îndoială)* to germinate, to spring up. **II.** *vb. tr.* **1.** *(a muşca)* to bite; *(a ataca)* to attack; *(cu colţii)* to thrust one's fangs into. **2.** *fig.* to drive hard, to (drive into a) corner.

încondeia *vb. tr.* **1.** to dye. **2.** *fig.* to disparage, to decry, to discredit, F to run down; to slander, to calumniate.

înconjur *s.n.* roundabout way, detour. ⓑ *fără* ~ plainly, in plain terms. ⓒ *a face* ~*ul (cu gen.)* to go round *(cu acuz.)*.

înconjura I. *vb. tr.* **1.** to surround; *(a încercui)* to encircle; *(a merge în jurul)* to go round; *(a împrejmui)* to enclose; *(a împresura)* to besiege. **2.** *(a străbate)* to go *sau* walk etc. over; *(a ocoli)* to go round. **II.** *vb. refl.* **1.** to surround oneself. **2.** *pas.* to be surrounded etc. v. ~ I.

înconjurător *adj.* surrounding.

încopcia *vb. tr.* **1.** to clasp. **2.** *(hîrtii)* to staple.

încorda I. *vb. tr.* **1.** *şi fig.* to strain; *(relaţiile)* to strain, to worsen. **2.** *muz.* to stretch, to tighten. ⓒ *a-şi* ~ *toate puterile* to strain every nerve. **II.** *vb. refl.* to strain/ exert oneself.

încordare *s.f.* **1.** straining etc. v. î n c o r d a. **2.** tension, strain; *(efort)* effort.

încordat I. *adj.* **1.** strained etc. v. î n c o r d a. **2.** *fig.* concentrated; *(febril)* feverish; *(d. relaţii etc.)* tense. **II.** *adv.* strenuously, hard; feverishly.

încornora *vb. tr.* **1.** F to cuckold, to give *smb.* horns to wear, F←to be unfaithful to; to seduce the wife of. **2.** *(a exagera)* F to paint with a big brush.

încornorat I. *adj.* **1.** *(d. animale etc.)* horned. **2.** *fig. (d. soţi)* F cuckolded. **3.** *fig. (d. o minciună)* F whopping. **II.** *s.m.* F cuckold.

încorona I. *vb. tr.* to crown. **II.** *vb. refl.* to be crowned.

încoronare *s.f.* crowning; *(a unui rege)* coronation.

încoronat *adj.* crowned. ⓑ *capete* ~*e* royalty.

încorpora I. *vb. tr.* **1.** *(în)* to incorporate (with, into, in). **2.** *mil.* to conscript, to call up (for military service); *amer.* to draft; to bring *men* on to the strength. **II.** *vb. refl. pas.* to be incorporated etc. v. ~ I.

încorporare *s.f.* incorporation etc., conscription; *amer.* draft; v. î n c o r p o r a.

încorsetat *adj.* **1.** corseted. **2.** *fig.* rigid, stiff.

încotoşmăna I. *vb. tr.* to wrap/ muffle up. **II.** *vb. refl.* to muffle/ wrap oneself up, to wrap up.

încotro *adv.* where, which way, *înv.*→whither. ⓑ *ori* ~ anywhere. ⓒ *a nu avea* ~ to be driven to the wall, to be driven hard; *n-am avut* ~ I couldn't help it.

încotrova *adv.* somewhere.

încovoia *vb. tr. şi refl. şi fig.* to bend.

încovoiat *adj.* bent.

încovriga *vb. refl.* v. î n c o l ă c i II, 1.

încrede *vb. refl.* ⓐ *a se* ~ *în...* to trust..., to confide in...; *(a se baza pe)* to rely on...

încredere *s.f.* confidence, trust; belief. ⓐ ~ *în cineva* confidence/ belief in smb.; ~ *în sine* self-confidence. ① *om de* ~ confidential person; *persoană de* ~ reliable person; *vot de* ~ vote of confidence. ⓒ *a acorda* ~ *cuiva* to repose/place confidence in smb.; *a avea* ~ *in* to swear by; *a se bucura de* ~*a cuiva* to enjoy smb.'s confidence; *a da un vot de* ~ *(cu dat.)* to vote confidence in; *dintr-o sursă demnă de* ~ from a reliable source.

încredinţa I. *vb. tr.* 1. *(pe cineva) (de)* to assure (of). 2. *(cuiva)* to entrust (to); *(a preda)* to commit (to), to deliver (to); *(a da)* to give (to); *(flăcărilor etc.)* to commit (to). ⓒ *a-şi* ~ *sufletul Domnului* to commend one's soul to God. II. *vb. refl. (de)* to ascertain *(cu acuz.)*, to make sure (of). ⓐ *a se* ~ *că...* to ascertain that..., to make sure that...

încredinţare *s.f.* 1. entrusting etc. v. î n c r e d i n ţ a. 2. *(convingere)* conviction.

încredinţat *adj.* ⓐ ~ *că...* convinced/persuaded/sure that...

încremeni *vb. intr. (a sta)* to stand stone-still; *(a fi uluit)* to be dumbfounded/flabbergasted.

încremenit *adj.* stone-still; dumbfounded; flabbergasted.

încrengătură *s.f. biol.* phylum, *bot.* division; *inv.*→branch subkingdom.

încreţi I. *vb. tr. (părul)* to wave; to curl; *(apa)* to ripple, to ruffle; *(o rochie)* to pleat, to fold; *(faţa, fruntea)* to wrinkle, to line; *(pielea)* to shrivel. II. *vb. refl. (d. frunte)* to become lined/wrinkled; *(d. apă)* to ripple; *(d. păr)* to wave; to curl. ⓒ *i se* ~ *carnea (pe trup)* it made his flesh creep. III. *vb. intr.* ⓒ *a* ~ *din sprincene* to knit one's brows, to frown.

încreţit *adj.* 1. wavy; curly. 2. rippled etc. v. î n c r e ţ i.

încreţitură *s.f.* wave; wrinkle etc. v. î n c r e ţ i.

încrezător *adj.* 1. *(in)* confident (in), confiding (in). 2. *(credul)* credulous, easy of belief.

încrezut *adj.* (self-)conceited, self-important, presuming, arrogant,

bumptious; *(d. fire etc.)* confiding. F→high and mighty. ⓒ *a fi* ~ to give oneself airs, F→to think no small beer of oneself.

încrîncena *vb. refl.* to shudder; *(a se contracta)* to contract, to shrink.

încropi *vb. tr.* 1. to make tepid/lukewarm; *(a incălzi)* to warm. 2. *fig.* F to scrape up/together *(a fortune)*.

încropit *adj.* tepid, lukewarm.

încrucişa I. *vb. tr. (in diferite sensuri)* to cross; *(săbiile şi)* to measure; *biol. şi* to interbreed; *(braţele şi)* to fold. II. *vb. refl. reciproc.* 1. to (inter)cross; to intersect; to cross/traverse each other; *(d. limbi)* to cross; *(a se întîlni)* to meet. 2. *fig.* to clash. III. *vb. intr. nav.* to cruise.

încrucişare *s.f.* crossing etc. v. î n c r u c i ş a.

încrucişat *adj.* 1. crossing etc. v. î n c r u c i ş a. 2. *(d. ochi)* squint(ing); *(d. cineva)* squint-/cross-eyed. 3. *biol. etc.* crossed. ① *cu braţele* ~*e* with arms across. ⓒ *a sta cu braţele* ~*e* to keep hands in pockets.

încrunta I. *vb. tr. (sprincene)* to knit. II. *vb. refl.* to frown, to scowl, to knit one's brows.

încruntat *adj.* frowning; *(ursuz)* sullen, morose.

încruntătură *s.f.* frown(ing look).

încuia I. *vb. tr.* 1. to lock (up); *(a închide)* to shut. 2. *fig.* F to stump; to nonplus, to stunt. II. *vb. refl.* 1. to lock, to be locked. 2. *(d. cineva)* to lock oneself up. 3. *fig. (a se constipa)*←F to grow costive.

încuiat I. *adj.* 1. locked (up) etc. v. î n c u i a. 2. *fig.* F obtuse, dull, slow-witted; *(mărginit)* narrow-minded; *(necomunicativ)* reserved. II. *s.m.* stickler, stick-in--the-mud.

încuiba *vb. refl.* to strike/take root; *(a se stabili, d. boli etc.)* to settle.

încuietoare *s.f.* bolt; *(de uşă)* door bolt; *fig.* puzzle, stunt.

încumeta *vb. refl. (să)* to dare *(inf. cu sau fără* to), to venture (to).

încunoștința *vb. tr.* to inform; *(oficial)* to notify.

încunoștințare *s.f.* informing; notification.

încununa I. *vb. tr.* to crown. II. *vb. refl.* to be crowned.

încuraja I. *vb. tr.* to encourage; *(a înviora)* to cheer up; *(a sprijini)* to support; *(a stimula)* to stimulate; *(a imboldi)* to urge. II. *vb. refl. reciproc* to encourage one another.

încurajare *s.f.* encouraging, encouragement etc. v. î n c u r a j a.

încurajator *adj.* encouraging, heartening.

încurca I. *vb. tr.* 1. *(fire etc.)* to tangle. 2. *fig.* to confound, to confuse; *(hîrtiile etc.)* to mix up, to muddle. 3. *fig.* *(împiedica)* to hamper, to (en)cumber, to hinder; *(a complica)* to complicate; *(a deranja)* to trouble, to inconvenience. 4. *fig.* *(a jena)* to confuse, to put to the blush; *(a nedumeri)* to perplex, to nonplus, to puzzle. 5. *(o chestiune)* to get *an affair* into a muddle. II. *vb. refl.* 1. *(d. ața etc.)* to get (en)tangled, to get into a tangle; *(a se prinde) (în)* to be caught (in). 2. *(d. cineva)* to entangle oneself; to get muddled/confused, to lose the thread of one's ideas; *(la vorbă, la examen)* to flounder; *(a-și pierde capul)* to lose one's head; *(a da de bucluc)* to get into a muddle. 3. *(d. o chestiune)* to be getting intricate. 4. *(despre două persoane)* F to start an affair, to fall in love with each other. © *a se ~ in datorii* to be over head and ears in debt; *i se încurcă limba* he speaks thickly, he mumbles.

încurcat *adj.* 1. tangled etc. v. î n c u r c a. 2. *(d. drumuri)* winding, tortuous. 3. *fig.* intricate; involved; *(d. o chestiune)* knotty, intricate; *(greu)* difficult. © *a o lăsa ~ă* F to leave it at that.

încurcă-lume *s.m.* F fumbler, muddle-headed person, muddler.

încurcătură *s.f.* 1. confusion, muddle, mess, tangle; *(harababură)* jumble, mishmash. 2. *(bucluc)*

trouble, F→mess, scrape, fix; *(dificultate)* difficulty. 3. *(jenă)* confusion, abashment. © *a pune pe cineva in ~* to cause smb. embarrassment, F→to put smb. in a fix; *a ieși dintr-o ~* to get out of a difficulty; *a scoate pe cineva din ~* to extricate smb. from an awkward position, F→to help smb. out of a scrape, to help a dog over a stile.

încuscri *vb. refl.* *(cu)* to become *sau* be related (with).

încuviința I. *vb. intr.* *(a fi de acord cu)* to agree to; *(a consimți la)* to consent to. II. *vb. tr.* *(a permite)* to allow, to permit.

încuviințare *s.f.* agreement etc. v. î n c u v i i n ț a.

îndată *adv.* 1. immediately, directly, instantly; at once. 2. *interjecțional* (I'm) coming! ⓐ *~ ce...* as soon as... Ⓑ *de ~ ce* as soon as...; *(ori de cîte ori)* whenever.

îndatora I. *vb. tr.* *(in diferite sensuri)* to oblige. II. *vb. refl.* 1. *(a face datorii)* to get run into debt. 2. *fig.* *(față de)* to be obliged (to).

îndatorat *adj.* *(cuiva)* indebted (to); obliged (to); *elev.*→beholden (to).

îndatorire *s.f.* duty; obligation.

îndatoritor *adj.* obliging; kind.

îndărăt *adv.* *(înapoi)* back.

îndărătnic I. *adj.* stubborn, obstinate, pertinacious. II. *adv.* stubbornly, obstinately.

îndărătnici *vb. refl.* to be obstinate/stubborn. ⓐ *a se ~ in...* to persist in...

îndărătnicie *s.f.* stubborness, obstinacy.

îndărătul *prep.* behind, at the back of.

îndătinat *adj.* customary, common, usual.

îndeajuns *adv.* enough, sufficiently. ⓐ *~ de...* enough, sufficiently...

îndeaproape *adv.* closely; *(amănunțit)* thoroughly.

îndelete *adv.* Ⓑ *pe ~* leisurely; *(treptat)* gradually, little by little.

îndeletnici *vb. refl.* ⓐ *a se ~ cu...* to be engaged in..., to be occupied with...; *(cu pasiune)* to indulge in...

îndeletnicire *s.f.* occupation, pursuit; *(lucru)* employment, work, business.

îndelung *adv.* (for) a long time.

îndelungat I. *adj.* long. II. *adv.* v. î n d e l u n g.

îndemînare *s.f.* *(abilitate)* skill; ability; dexterousness.

îndemînatic I. *adj.* adroit, dexterous, deft; *(dibaci)* skilful; *(deștept)* clever; *(măiestrit)* masterly. II. *adv.* adroitly etc. v. ~ I.

îndemînă *adv.* ⓟ *la* ~ at hand.

îndemn *s.n.* stimulus, incentive, impulse, goad, spur; *(pornire)* motive, inducement; *(sfat)* advice. ⓟ *din/la* ~*ul... (cu gen.)* prompted by...; *(la chemarea)* at the call of...; *(în sens negativ)* at/on *smb.'s* instigation.

îndemna I. *vb. tr.* to urge (on); to stimulate, to goad; to spur; *(în sens rău)* to instigate, to incite; *(a sfătui)* to advise. II. *vb. refl. reciproc* to stimulate each other etc. v. ~ I.

îndeobște *adv.* as a rule, generally (speaking); usually, universally. ⓐ ~ *cunoscut* well known; ~ *recunoscut* universally recognized.

îndeosebi *adv.* particularly, especially.

îndepărta I. *vb. tr.* 1. to move off/away; *(a face să plece)* to make leave, to send away; *(dintr-o sală etc.)* to remove; *(a înlătura)* to remove; *(teama etc.)* to banish. 2. *(a concedia)* to dismiss. 3. *fig. (de)* to estrange *(from).* II. *vb. refl.* 1. to move off/away; to go too far (afield); *(a pleca)* to take oneself off; *(a se retrage)* to retire, to withdraw. 2. *pas.* to be removed etc. v. ~ I. 3. *fig. (de)* to estrange oneself (from). ⓒ *a se* ~ *de la subiect* to wander from the subject.

îndepărtare *s.f.* moving off etc. v. î n d e p ă r t a.

îndepărtat *adj.* 1. far (off); distant, remote. 2. *(temporal)* far off, distant, remote. 3. *fig.* distant, remote; *(d. rude)* distant; *(d. călătorii)* long.

îndeplini I. *vb. tr.* to carry out, to execute; to carry into practice/ execution, to put into practice; *(planul, o promisiune etc.)* to fulfil; *(a realiza)* to accomplish, to realize. ⓒ *a-și* ~ *datoria* to discharge/ do one's duty; *a* ~ *dorințele cuiva* to carry out/fulfil smb.'s wishes; *a-și* ~ *obligațiile* to discharge one's duties, to perform one's functions. II. *vb. refl. pas.* to be carried etc. v. ~ I.

îndeplinire *s.f.* carrying out etc. v. î n d e p l i n i. ⓒ *a aduce la* ~ to carry out, to execute, to fulfil.

îndesa I. *vb. tr.* 1. *(cu)* to stuff (with), to pack (with); *(a umple)* to fill (with); *(apăsînd)* to press in. 2. *(a înfige)* to thrust. 3. *(pălăria etc.)* to pull over (one's eyes). II. *vb. refl.* to huddle together, to flock, to cluster. ⓐ *a se* ~ *în...* to press against...; *(a se lipi de)* to snuggle up to..., to cling close to...

îndesat *adj.* 1. *(plin)* full, < well packed, stuffed; *(de lume)* crowded, congested. 2. *(compact)* compact, massive. 3. *(apăsat)* emphatic; heavy. 4. *(d. cineva)* F podgy, stodgy, thickset, squat, dumpy, stocky, tubby.

îndesi I. *vb. tr.* 1. to make denser *sau* thicker; to thicken. 2. to make more frequent, to increase the frequency of. II. *vb. refl.* 1. to become denser *sau* thicker. 2. to become more frequent.

îndestula I. *vb. tr.* 1. *(cu)* to provide (with); *(cu merinde)* to victual. 2. *(a sătura)* to satisfy. II. *vb. refl.* 1. *(cu)* to take/lay in a stock/supply (of). 2. *(a se mulțumi) (cu)* to be content/satisfied (with).

îndestulare *s.f.* 1. providing etc. v. î n d e s t u l a. 2. *(belșug)* plenty, abundance. ⓟ *cu* ~ in plenty, plentifully.

îndestulător I. *adj.* plentiful, ample; *(de ajuns)* sufficient, enough. II. *adv.* plentifully etc. v. ~ I.

îndigui *vb. tr.* to embank, to dam (up).

îndîrji I. *vb. tr.* 1. to irritate, < to embitter. 2. *(a face să se încăpățîneze)* to make stubborn/obstinate. II. *vb. refl.* 1. to become hardened/

embittered. **2.** *(a se încăpăţina)*
to be stubborn/obstinate; *(a de-*
veni inflexibil) to stiffen.
îndîrjire *s.f.* irritation etc. v. î n-
d î r j i.
îndîrjit *adj.* **1.** bitter, fierce, hard-
ened. **2.** *(încăpăţînat)* stubborn,
pertinaceous; *(stăruitor)* persistent,
persevering.
îndobitoci I. *vb. tr.* to (make) dull,
to render stupid. **II.** *vb. refl.* to
get/grow dull/stupid.
îndobitocit *adj.* stupefied, stulti-
fied, brutified.
îndoctrina *vb. tr.* to indoctrinate.
îndoctrinare *s.f.* indoctrination.
îndoi I. *vb. tr.* **1.** to bend, to curve;
(în două) to bend double. **2.** *(a*
împături)) to fold; *(o pagină)*
to turn down the corner of, to
dog's-ear. **3.** *(a dubla)* to double.
II. *vb. refl.* **1.** to bend; to bow;
to stoop. **2.** *(a se împături)* to
fold. **3.** *(a se dubla)* to double.
4. *(a avea îndoială) (de)* to doubt
(cu acuz. sau as to). **5.** *pas.* to be
folded *sau* doubled.
îndoială *s.f.* **1.** doubt. **2.** *(şovăială)*
hesitation, wavering, vacillation.
ⓑ *fără* ~ undoubtedly, without/
beyond doubt; for certain; assured-
ly; of course; naturally; it goes
without saying. ⓒ *a avea îndoieli* to
have (one's) doubts; *a cădea la* ~
to begin to doubt; *a sta la* ~ to hesi-
tate, to waver, to vacillate; *nu*
încape ~ *că*... there is no doubt
about/that...
îndoielnic *adj.* doubtful; *(echivoc)*
ambiguous; *(suspect)* suspicious,
doubtful, dubious.
îndoit I. *adj.* **1.** bent etc. v. î n d o i.
2. *fig.* hesitating, wavering. **II.**
adv. doubly.
îndoitură *s.f.* **1.** bent; *(fald)* fold.
2. *anat.* flexion.
îndolia *vb. tr.* to make mourn; *fig.*
to fill with grief, to grieve.
îndoliat *adj.* mourning.
îndopa I. *vb. tr. (gîşte etc.)* to fat-
ten; *(pe cineva)* to cram, to stuff;
(o pipă etc.) to fill. **II.** *vb. refl.*
F to guzzle, to have a good tuck-in.

îndrăci *vb. refl.* to become furious,
to break into a frenzy, to fret and
fume; to become vicious.
îndrăcit I. *adj.* possessed (of the
devil); *(furios)* furious, frenzied;
(d. curaj) devil-may-care...; *(d.*
muzică etc.) wild, frenzied; *(al dra-*
cului) devilish; *(afurisit)* accursed.
II. *adv.* furiously etc. v. ~ I.
îndrăgi I. *vb. tr.* to come to love,
to grow fond of; *(a se îndrăgosti de)*
to fall in love with, to take a liking
to,<to be infatuated with. **II.**
vb. refl. reciproc to fall in love
with each other.
îndrăgosti *vb. refl.* **1.** to fall in
love. **2.** *(reciproc)* to fall in love
with each other. ⓐ *a se* ~ *de*...
to fall in love with...; v. şi î n-
d r ă g i (I).
îndrăgostit I. *adj. (de)* in love
(with), enamoured (of), infatuat-
ed (with). **II.** *s.m.* lover.
îndrăzneală *s.f.* **1.** boldness, cour-
age, daring, audacity. **2.** *(obrăz-*
nicie) boldness, impudence, inso-
lence, F→cheek.
îndrăzneţ I. *adj.* **1.** bold, coura-
geous, daring, audacious. **2.** *(obraz-*
nic) bold, impudent, insolent, F→
cheeky. **II.** *adv.* boldly etc. v.
~ I.
îndrăzni *vb. tr. (să)* to dare *(inf.*
cu sau fără to).
îndrepta I. *vb. tr.* **1.** to straighten,
to make straight. **2.** *(a îmbună-*
tăţi) to improve; *(a repara)* to
mend; *(a corija)* to correct, to
set to rights, to reform. **3.** *(a diri-*
ja) to direct; *(a trimite)* to send.
4. *mil.* to aim; *(tunul)* to lay,
to train, to point. **5.** *(a arăta*
drumul) to show *smb.* the way;
to guide. **II.** *vb. refl.* **1.** *(d. lucruri)*
to straighten oneself, to become
straight; *(d. oameni)* to stand
erect, to draw oneself up. **2.** *(a se*
îmbunătăţi) to improve; *(morali-*
ceşte) to reform, to turn over a
new leaf; *(a se însănătoşi)* to re-
cover; *(a arăta mai bine)* to look
better; *(a se îngrăşa cîte puţin)*
to gather one's crumbs. ⓐ *a se*
~ *spre*... to make for..., to make
one's way to/towards..., to direct

one's steps to/towards ... *poetic*→ to wend one's way to...

îndreptar *s.n.* handbook, guide; directory.

îndreptăţi *vb. tr.* to justify; to entitle. ⓒ *a nu ~ aşteptările/speranţele cuiva* to fall short of one's expectations, not to come up to one's expectations.

îndruga *vb. tr.* **1.** v. î n g ă i m a. **2.** v. t r ă n c ă n i. ⓒ *ce tot îndrugi!* F sell your ass; what are you talking about?

îndruma I. *vb. tr.* to guide; to lead. **II.** *vb. refl.* ⓐ *a se ~ spre...* v. î n d r e p t a II, ⓐ.

îndrumare *s.f.* guidance; *(povaţă)* advice.

îndrumător I. *adj.* guiding. **II.** *s.n.* guide.

înduioşa I. *vb. tr.* to move, to touch. **II.** *vb. refl.* to be moved/ touched.

înduioşare *s.f.* tender emotion.

înduioşător I. *adj.* touching, moving; affecting, pathetic. **II.** *adv.* touchingly, movingly; pathetically.

îndulci I. *vb. tr.* **1.** to sweeten, to make sweet *sau* sweeter. **2.** *(a mulţumi)* to satisfy; *(a desfăta)* to delight. **3.** *(a înmuia)* to soften; *(a micşora)* to diminish, to lessen; *(a potoli)* to alleviate; *(a îmblînzi)* to tame. **II.** *vb. refl.* **1.** to become/be sweet. **2.** *(d. voce)* to grow softer, to soften; *(d. vreme)* to grow milder, to soften; *(d. ger)* to yield, to break ; *(a se micşora)* to grow less, to lessen, to diminish ;*(a se domoli)* to calm down.

îndumnezei *vb. tr.* to deify.

îndupleca I. *vb. tr.* to determine, to make, to cause; *(a convinge)* to persuade. **II.** *vb. refl.* to give in, to yield, to cede, to relent.

îndura I. *vb. tr.* to bear, to endure, to suffer; to experience. **II.** *vb. refl.* **1.** v. î n d u p l e c a II. **2.** *(a-i fi milă) (de)* to take pity(on). ⓐ *a nu se ~ să...* not to have the heart to... ⓒ *nu mă mai ~m să plec* I simply could not tear myself away; *indură-te!* have a heart! **îndurare** *s.f. (milă)* pity, compassion: *(cruţare)* mercy.

îndurător *adj.* **1.** *(milostiv)* gracious; charitable. **2.** capable of great endurance; *(răbdător)* patient.

îndurera I. *vb. tr.* to grieve, to pain. **II.** *vb. refl.* to grieve, to be pained.

îndurerat *adj.* grieved; *(trist)* sad.

înec *s.n.* **1.** drowning. **2.** *(inundaţie)* flood.

îneca I. *vb. tr.* **1.** to drown; *(un vas)* to sink. **2.** *(a inunda)* to flood, to swamp, to inundate, to deluge. **3.** *fig.* to drown; *(lacrimi)* to suffuse; *(a copleşi)* to overwhelm. **4.** *(a înăbuşi)* to suffocate, to stifle. **II.** *vb. refl.* **1.** *(voit)* to drown oneself;*(întîmplător)* to get drowned; *(d. un vas)* to sink. **2.** *fig.* to ruin oneself; *(lucruri)* to go/fall to ruin. **3.** *(a se înăbuşi)* to choke;*(a înghiţi greşit)* to swallow the wrong way.

înecat I. *adj.* drowned etc. v. î n e c a. **II.** *s.m.* drowned person.

înecăcios *adj.* choking, stifling.

înfăptui I. *vb. tr. (a îndeplini)* to carry out. **II.** *vb. refl. (a se îndeplini)* to be carried out.

înfăptuire *s.f.* carrying out etc. v. î n d e p l i n i.

înfăptuitor *s.m.* accomplisher.

înfăşa *vb. tr.* **1.** to swaddle. **2.** v. b a n d a j a.

înfăşura I. *vb. tr.* to wrap up. **II.** *vb. refl.* to cover/wrap/muffle oneself up.

înfăşurător *s.n. ind. hîrtiei* roll.

înfăţa *vb. tr.* to change *(the pillow cases)*.

înfăţişa I. *vb. tr.* to present; *(a arăta)* to show; *(a reprezenta)* to represent; *(a descrie)* to describe; *(a zugrăvi)* to depict; *(a aduce)* to bring. ⓐ *a-şi ~...* to imagine... **II.** *vb. refl.* **1.** to present oneself;*(a veni)* to come. **2.** *jur. (înaintea)* to appear (before).

înfăţişare *s.f.* **1.** presentation etc. v. î n f ă ţ i ş a. **2.** *jur.* appearance, presence. **3.** *(exterioară a cuiva)* appearance; aspect; F→ looks. ⓑ *cu (o) ~ plăcută* comely, pleasant to look at.

înfeuda *vb. tr.* to enfeoff.

înfeudare *s.f.* enfeoffment, infeudation.

înfia *vb. tr.* to adopt *(a child)*; *jur.* to affiliate.

înfiat *adj.* adopted.

înfiera *vb. tr. și fig.* to brand; *fig. și* to stigmatize.

înfierbînta I. *vb. tr.* **1.** to heat, to make hot. **2.** *fig.* to vex, to provoke. **II.** *vb. refl.* **I.** to get heated, <to become/get overheated; *(din cauza vinului etc.)* to get flushed; *(d. mașini)* to run hot. **2.** *fig.* to get excited *(a se înfuria)* to get into a temper.

înfierbîntat *adj.* heated etc. v. î n f i e r b î n t a; *fig. și* hectic.

înfiere *s.f.* adoption (of a child).

înfigăreț *adj.* F pushful, pushing; ← F insinuating, intruding.

înfige I. *vb. tr.* to poke; *(sabia etc.)* to thrust; to put in. **II.** *vb. refl. (a se băga)* to interfere, to push, to insinuate oneself.

înființa I. *vb. tr.* to set up, to establish; *(a fonda)* to found; *(a organiza)* to organize; *(a crea)* to create; *(a face)* to make; *(a alcătui)* to form. **II.** *vb. refl.* **1.** *pas.* to be set up etc. v. ~ I. **2.** *fig. (a se înfățișa)* to appear.

înființare *s.f.* setting up etc. v. î n f i i n ț a.

înfiora I. *vb. tr.* **1.** to thrill; *(a speria)* to frighten. **2.** *(a face să tremure)* to shake. **II.** *vb. refl.* to thrill, to be thrilled; *(a tremura)* to tremble, <to shudder, to shiver.

înfiorare *s.f.* thrill(ing).

înfiorător I. *adj.* terrible, awful, dreadful. ⓐ ~ *de...* terribly..., awfully..., dreadfully... **II.** *adv.* terribly, awfully, dreadfully.

înfipt I. *adj.* **1.** unflinching, stiff, rigid. **2.** *(îndrăzneț)* F bold, pushing. **II.** *adv. (direct)* straight, direct.

înfiripa I. *vb. tr.* v. î n j g h e b a I. **II.** *vb. refl.* **1.** v. î n j g h e b a II. **2.** *(a se întrema)* to recover.

înflăcăra I. *vb. tr.* to fire, to inflame; to inspire/fill with enthusiasm. **II.** *vb. refl.* to take fire, to become inflamed; to be animated, to be inspired/filled with enthusiasm.

înflăcărare *s.f.* enthusiasm, ardency, eagerness.

înflăcărat *adj.* **1.** *(fierbinte)* hot; fiery; red-hot. **2.** *fig.* ardent, passionate, fiery.

înflora *vb. tr.* to adorn/embellish with flowers.

înflori I. *vb. tr.* v. î n f l o r a. **II.** *vb. intr.* **1.** to flower; *(↓d. pomi)* to blossom, to be in blossom; *(↓d. flori)* to bloom. **2.** *fig.* to blossom (forth), to bloom; to flourish, to thrive, to prosper.

înflorire *s.f.* flowering etc. v. î n f l o r i; *fig.* flourishing, prosperity.

înflorit *adj.* **1.** blooming etc. v. î n f l o r i. **2.** *(d. stil)* florid.

înfloritor *adj.* **1.** blooming etc. v. î n f l o r i. **2.** *fig.* thriving, prosperous.

înfloritură *s.f.* **1.** ornament. **2.** *fig.* exaggeration. **3.** *fig. (de stil etc.)* flourish.

înfocare *s.f.* ardour, passion; enthusiasm.

înfocat *adj.* **1.** *(fierbinte)* hot, heated; fiery; red-hot; incandescent. **2.** *(scînteietor)* bright. **3.** *fig.* passionate, ardent, hectic, fervid; enthusiastic.

înfofoli I. *vb. tr.* to wrap/muffle up. **II.** *vb. refl.* to wrap/muffle oneself up.

înfoia I. *vb. tr.* **1.** *(a umfla)* to swell. **2.** v. a f î n a I. **II.** *vb. refl.* **1.** to swell, to be blown. **2.** *fig.* to give oneself airs. **3.** v. a f î n a II.

înfometa *vb. tr.* to starve.

înfometat *adj.* starved; *(flămînd)* hungry.

înfrăți I. *vb. tr.* to unite like brothers, to establish a close friendship between. **II.** *vb. refl.* to fraternize, to form a close friendship; to become good/close friends.

înfrățire *s.f.* union.

înfricat *adj.* ← *reg.* fearful; *(speriat)* frightened.

înfricoșa I. *vb. tr.* to frighten, to scare, < to terrify, to awe, to appal, to horrify. **II.** *vb. refl.* to be frightened etc. v. ~ 1.

înfricoșat *adj.* **1.** frightened etc. v. î n f r i c o ș a. **2.** v. î n f r i c o ș ă t o r I.

înfricoşător I. *adj.* frightening,<terrifying, horrifying, horrible, awful, dreadful, appalling. **II.** *adv.* terribly, horribly, awfully, dreadfully.

înfrigurare *s.f.* excitement, feverishness.

înfrigurat *adj.* **1.** (trembling with) cold. **2.** *fig.* excited; anxious, eager.

înfrîna I. *vb. tr.* **1.** *(un cal)* to bridle. **2.** *(a îmblînzi)* to tame. **3.** *fig.* to bridle, to curb, to restrain, to (keep in) check, to control. **II.** *vb. refl.* to restrain/control oneself.

înfrînare *s.f.* **1.** bridling etc. v. î n f r î n a. **2.** *fig.* restraint; *(abţinere)* abstention, abstinence.

înfrînge *vb. tr.* **1.** to defeat, to vanquish; *(rezistenţa etc.)* to break. **2.** *fig.* v. ~ 1; *(a înăbuşi)* to stifle; *(a înfrîna)* to curb. **3.** *(o lege)* to infringe.

înfrîngere *s.f.* **1.** defeat(ing) etc. v. î n f r î n g e. **2.** defeat.

înfrumuseţa *vb. tr.* **1.** to adorn, to embellish, to beautify; to decorate. **2.** *(a găti)* to trim up. **3.** *(a exagera)* to exaggerate, to aggrandize.

înfrumuseţare *s.f.* adornment etc. v. î n f r u m u s e ţ a; cosmetology, beautification.

înfrunta *vb. tr.* to face, to brave; *(a sfida)* to defy.

înfruntare *s.f.* **1.** facing etc. v. î n f r u n t a. **2.** *(luptă)* fight; conflict.

înfrunzi *vb. intr.* to leaf (out), to come into leaf; to cover with leaves/foliage; *hort.* to embower.

înfrupta *vb. refl.* *(din)* **1.** to regale oneself (on), to treat oneself (to); *(lacom)* to gluttonize. **2.** *(a mînca de dulce)* to break one's fast. **3.** *fig. (din)* to taste (of).

înfuleca I. *vb. tr.* to wolf, to swallow (down), F to bolt, to slummock. **II.** *vb. intr.* to swallow food, F to bolt.

înfumura *vb. refl.* to give oneself airs, to ride the high horse, to be (self-)conceited.

înfumurat *adj.* (self-)conceited, haughty, arrogant, bumptious, self-sufficient/satisfied.

înfunda I. *vb. tr.* **1.** *(un butoi)* to bung; to put a bottom to, to bottom (up), to head. **2.** *(o deschizătură)* to stop up, to plug, to block up. **3.** *(a băga)* to shove, to stick. **4.** *fig. (la examen)* F to pluck, to plough; © *a ~ puşcăria* to languish in prison/gaol; to be put to prison. **II.** *vb. refl.* **1.** *(d. ţevi etc.)* to be/become obstructed. **2.** *(în noroi etc.)* to stick. ⓐ *a se ~ în...* to be engrossed in...; *(a se îngropa în)* to bury oneself in...; *a i se ~*F to be driven into a corner; *(a da de bucluc)* F to get into a scrape/a (nice) fix; to go to the bad.

înfundat I. *adj.* **1.** bottomed etc. v. î n f u n d a. **2.** *(d. zgomote)* stifled. **3.** *(izolat)* secluded, isolated. **4.** *(cufundat)* sunk. **5.** *(d. o stradă)* by..., blind. **II.** *s.n.* ① *pe ~e* quietly; on the sly. © *a plînge ~e* to choke down one's sobs; *a rîde pe ~e* to laugh in one's sleeve.

înfundătură *s.f.* **1.** hollow. **2.** *(ungher)* nook, recess. **3.** v. f u n d ă t u r ă.

înfuria I. *vb. tr.* to anger, to make angry, to exasperate,< to infuriate; to goad smb. into fury, F→ to get smb.'s dander/back up. **II.** *vb. refl.* to become/grow/get angry, < to grow furious, to fly into a rage/passion; F→ to fly off the handle, to cut up rough/rusty, to lose one's shirt.

înfuriat *adj.* infuriated, furious, in a rage/passion.

îngădui I. *vb. tr.* **1.** to allow, to permit; *(a tolera)* to tolerate; *(a admite)* to admit (of); *(a aproba)* to approve (of). **2.** v. p ă s u i. **II.** *vb. refl. pas.* to be allowed etc. v. ~ I. **III.** *vb. intr.* to wait.

îngăduinţă *s.f.* **1.** *(voie)* permission, leave; *(aprobare)* approval. **2.** *(indulgenţă)* indulgence, tolerance, leniency.

îngăduitor *adj.* indulgent, lenient; *(bun)* kind; *(răbdător)* patient; tolerant.

îngăima *vb. tr.* to mumble, to stammer.

îngălat *adj.*← *reg.* 1. *(murdar)* dirty, untidy, slovenly. 2. *(îngăimat)* indistinct; mumbled.

îngălbeni I. *vb. tr.* to make yellow. II. *vb. refl. şi intr.* 1. to turn yellow. 2. *fig. (de)* to turn/grow pale (with), to blanch (with), *(a păli)* *(în faţă)* to pale (before).

îngălbenit *adj.* (turned) yellow; *(veşted)* withered.

îngemăna *vb. tr.* to twin, to join, to combine; to blend.

îngemănare *s.f.* joining etc. v. îngemăna.

îngenunchea I. *vb. tr.* to subjugate, to subdue. II. *vb. intr.* to kneel (down).

îngenunchere *s.f.* subjugation etc. v. îngenunchea.

înger *s.m.* angel. ⓐ ~ *păzitor* guardian angel. ⓘ *slab de* ~ flabby, weakwilled; *(fricos)* cowardly; *tare de* ~ sta(u)nch; *(curajos)* courageous, brave.

îngeresc *adj.* angelic(al).

îngereşte *adv.* angelically, like an angel.

înghesui I. *vb. tr.* to press, to crowd; to pack. II. *vb. refl.* to crowd; *(a se înghionti)* to jostle each other.

înghesuială *s.f.* crush, squash.

îngheţ *s.n.* frost, < hard frost.

îngheţa I. *vb. intr.* 1. *şi fig. (de)* to freeze (with); to be frozen *sau* congealed *sau* chilled. 2. *fig.* to be petrified; to be stunned. ⓒ *îi ~se sîngele în vine de frică* his blood was congealed with/through fear. II. *vb. tr.* 1. to freeze; to congeal; to chill. 2. *fig.* to petrify.

îngheţare *s.f.* freezing, freeze. ⓐ ~*a salariilor* (the) wage freeze.

îngheţat *adj.* frozen; congealed. ⓐ ~ *pînă la oase* chilled to the bone.

îngheţată *s.f.* ice(-cream). ⓐ ~ *populară* F→halfpenny lick, hokey pokey.

înghimpa I. *vb. tr.* 1. to prick. 2. *fig.* to goad. II. *vb. refl.* to prick oneself.

înghionti I. *vb. tr.* to push, to shove; to give smb. a push/shove; *(cu*

cotul)* to nudge. II. *vb. refl. reciproc* to push one another; to jostle one another.

înghiţi I. *vb. tr.* 1. to swallow; *(repede)* to bolt; *(lacom)* to gulp down; to gobble. 2. *(a aspira)* to breathe in. 3. *şi fig. (a absorbi)* to absorb, to suck in. 4. *(fig. (o carte etc.)* to devour; *(o minciună, hapul etc.)* to swallow; *(un afront etc.)* to pocket. ⓐ *a-şi* ~ ... to check..., to curb...; *(mînia etc.)* to swallow down...; F to bottle up...; *a o* ~ F to swallow the pill. ⓒ *nu-l pot* ~ I can't bear/F abide him, F I hate the sight of him; *n-o să înghit aşa ceva* F I won't have it. II. *vb. refl. pas.* to be swallowed etc. v. ~ I. ⓒ *nu se pot* ~ F the cat won't jump! that cock won't fight! III. *vb. intr.* to swallow. ⓒ *a* ~ *în sec fig.* to be a fool for one's pains, F to go (and) whistle for it; *a* ~*strîmb* to choke; to let a morsel go down the wrong way.

înghiţitură *s.f.* 1. *(de apă)* draught; gulp; drink, mouthful; *(mică)* sip. 2. *(îmbucătură)* swallow, mouthful. ⓑ *dintr-o* ~ at a draught, at one gulp. ⓒ *a lua o* ~ to take a sip / mouthful/gulp.

îngîmfa *vb. refl.* to give oneself airs, to put on airs, to ride the high horse.

îngîmfare *s.f.* haughtiness, arrogance, superciliousness, F swelled head.

îngîmfat I. *adj.* conceited, haughty, arrogant, supercilious; overweening, presumptuous; F cocky, cocksy bumptious, high and mighty. II. *adv.* haughtily etc. v. ~ I. III. *s.m.* coxcomb, fop, conceited/haughty etc. person v. ~ I.

îngîna I. *vb. tr.* 1. to imitate, to mimic; to echo; to repeat. 2. v. bîigui; *(a fredona)* to hum; *(a murmura)* to murmur. 3. *(a însoţi)* *poetic* to accompany. II. *vb. refl.* 1. *reciproc* to imitate/mimic one another. 2. *(a se îmbina)* to combine, to blend; *(a se amesteca)* to mix up; *(a se împleti)* to interweave. 3. *(a se amăgi)*

to delude oneself. ⓒ *cînd se-ngînă
ziua cu noaptea* at daybreak/dawn.
îngîndura *vb. tr.* to make smb. fall
to thinking; to give/cause smb.
anxiety.
îngîndurare *s.f.* **1.** musing. **2.** an-
xiety.
îngîndurat I. *adj.* **1.** pensive, mus-
ing, thoughtful, uneasy, melan-
choly, plunged in deep thought.
2. anxious. **II.** *adv.* pensively,
musingly.
îngloba I. *vb. tr.* to include. **II.** *vb.
refl. pas.* to be included.
înglobare *s.f.* inclusion.
îngloda *vb. refl.* to stick (in the
mud). ⓒ *a se ~ în datorii* to be in-
volved in debts, to be in debt over
head and ears.
îngrădi *vb. tr.* **1.** to enclose, to shut
in; to fence in; to wall in; *(a bara)*
to bar, to block up; to obstruct.
2. *fig.* to limit; to restrict (smb.
in his rights).
îngrădire *s.f.* **1.** enclosing etc. v.
î n g r ă d i. **2.** *(concret)* enclo-
sure; *(gard)* fence; *(zid)* wall. **3.**
(obstacol) obstacle; *(limită)* limit.
îngrăditură *s.f.* enclosure.
îngrămădeală *s.f.* v. î n g h e s u-
i a l ă; *(aglomeraţie)* mass, cluster,
aggregation.
îngrămădi I. *vb. tr.* to pile/heap up;
(a aduna) to assemble, to gather.
II. *vb. refl.* *(d. oameni)* to gather,
to crowd, to throng; *(d. măr-
furi etc.)* to accumulate, to pile up.
îngrămădire *s.f.* piling/heaping up
etc. v. î n g r ă m ă d i.
îngrăşa I. *vb. tr.* **1.** to fatten. **2.**
(pămîntul) to fertilize. **III.** *vb.
refl.* to grow fat, to put on weight;
to gain weight, F→to run to fat,
to fill out; F→to burst one's but-
tons.
îngrăşare *s.f.* **1.** fattening. **2.** ferti-
lization.
îngrăşămînt *s.n.* manure; *(artifi-
cial)* fertilizer.
îngreţoşa I. *vb. tr.* to provoke dis-
gust in; to disgust. **II.** *vb. refl. (de)*
to be nauseated/disgusted (at).
îngreţoşare *s.f.* nausea, disgust,
aversion.

îngreuia, îngreuna I. *vb. tr.* **1.** to
make heavy *sau* heavier; *(a îm-
povăra)* to burden. **2.** *fig.* to make/
render difficult *sau* more diffi-
cult/laborious/toilsome; *(a agrava)*
to aggravate. **II.** *vb. refl.* **1.** to
be/become heavy *sau* heavier. **2.**
fig. to be/become difficult *sau*
more difficult etc. v. ~ I. 2.
îngriji I. *vb. tr.* to look after, to
see to, to take care of, to tend; *(un
bolnav etc.)* to nurse. **II.** *vb. refl.*
to take care of oneself. ⓐ *a se ~
de* a. v. ~ I. **b.** *(a-şi procura)*
to provide oneself with...; to
secure; *(a procura)* to provide smb.
with... ⓒ *(a fi îngrijorat de)* to
trouble about... to be/feel anxious
about...
îngrijire *s.f.* **1.** looking after etc.
v. î n g r i j i. **2.** *(grijă)* care;
solicitude; *(supraveghere)* super-
vision; *(atenţie)* attention; *(acu-
rateţe)* accuracy. ⓒ ~ *medicală*
medical attendance. ⓓ *sub ~a (cu
gen.)* **a.** under the care/control
of... **b.** edited by... ⓒ *a primi
îngrijiri* to receive attention.
îngrijit I. *adj.* **1.** *(atent)* careful;
(minuţios) elaborate; *(corect)* cor-
rect; *(exact)* exact. **2.** *(frumos)*
beautiful; fine; *(d. înfăţişare)*
trim, wellgroomed; *(d. îmbrăcă-
minte)* neat; *(d. mustaţă)* neat,
trim; *(curat)* clean. **3.** *(d. o lucrare)*
accurate. **II.** *adv.* carefully etc. v.
~ I.
îngrijitoare *s.f.* **1.** *(infirmieră etc.)*
nurse. **2.** *(econoamă)* housekeeper.
3. *(servitoare)* servant; *(la şcoală)*
(school) attendant.
îngrijitor *s.m.* **1.** *(intendent)* intend-
ant. **2.** *(servitor)* (man-)servant.
îngrijora I. *vb. tr.* to worry, to dis-
quiet, to make anxious/uneasy.
II. *vb. refl.* to worry, to be anxious/
uneasy.
îngrijorare *s.f.* worry, anxiety, un-
easiness; *(teamă)* fear, alarm.
îngrijorat *adj.* anxious; alarmed;
(d. privire etc.) troubled. ⓒ *era
~ pentru sănătatea ei* he was con-
cerned for/about her health.
îngrijorător *adj.* disquieting, alarm-
ing, upsetting.

îngropa I. *vb. tr. şi fig.* to bury, to entomb; *(pe cineva)* F→to put to bed with a shovel. II. *vb. refl.* to live in seclusion. ⓐ *a se ~ în...* to be absorbed/lost/buried in... ⓒ *a se ~ în datorii* v. î n g l o d a ⓒ.

îngropare *s.f.* 1. burying. 2. *(inmormintare)* burial.

îngropăciune *s.f.* burial.

îngroşa I. *vb. tr.* to thicken, to make thick *sau* thicker; *(a mări)* to increase; *fig.* to exaggerate. II. *vb. refl.* to thicken, to become thick *sau* thicker. ⓒ *se-ngroaşă gluma/treaba* F things are getting hot, things are beginning to hum.

îngroşare *s.f.* thickening.

îngroşător *s.n. tehn.* thickener.

îngrozi I. *vb. tr.* to frighten; < to terrify, to horrify, to appal. II. *vb. refl.* to take fright, < to be seized with horror; *(a se cutremura)* to shudder.

îngrozit *adj.* frightened, < horrified, terrified.

îngrozitor I. *adj.* dreadful, awful, terrible, horrible, abominable, appalling. II. *adv.* *(şi ~ de...)* dreadfully etc. v. ~ I.

îngust *adj.* 1. narrow; *(subţire)* thin; *(zvelt)* slim, slender; *(strimt)* tight. 2. *fig.* narrow-minded, hide-bound.

îngusta I. *vb. tr.* to narrow; *(a strimta)* to tighten. II. *vb. refl.* 1. to narrow, to get/grow narrow *sau* narrower; *(către virf)* to taper. 2. *fig.* to shrink.

îngustare *s.f.* narrowing; shrinking.

îngustime *s.f. şi fig.* narrowness; *(~ de vederi)* narrowmindedness, parochialism.

înhăita *vb. refl.* to gang, to band. ⓐ *a se ~ cu...* to associate with low (fellows *etc.*).

înhăma I. *vb. tr.* to harness. II. *vb. refl.* ⓐ *a se ~ la...* to settle down to..., to embark upon...

înhăţa *vb. tr.* to seize; *(de guler)* to collar; *(a lua)* to take.

înhorbotat *adj.* laced, decorated with lace.

înhuma *vb. tr.* to bury, to inhume.

înhumare *s.f.* burial, inhumation.

înjgheba I. *vb. tr.* *(a aduna)* to gather, to collect, to assemble; *(o sumă etc.)* to raise; *(a incropi)* to scrape together; *(a forma)* to set up, to form; to knock together, to organize; *(a intemeia)* to found. II. *vb. refl. pas.* to be gathered etc. v. ~ I.

înjghebare *s.f.* 1. gathering etc. v. î n j g h e b a. 2. *(construcţie)* buildding; *(aşezare)* settlement; *(colonie)* colony.

înjosi I. *vb. tr.* to humble, to humiliate, to abase. II. *vb. refl.* to abase oneself; *(pînă la)* to stoop (to); to degrade oneself.

înjosire *s.f.* humbling; humiliation etc. v. î n j o s i.

înjositor *adj.* humiliating, degrading.

înjuga I. *vb. tr.* to yoke. II. *vb. refl.* to yoke. ⓐ *a se ~ la ...* to settle down to...

înjumătăţi I. *vb. tr.* to divide into halves, to halve; *(a micşora)* to diminish. II. *vb. refl.* to be reduced to a half; *(a se micşora)* to diminish.

înjunghia I. *vb. tr.* to stab; *(animale)* to kill. ⓒ *mă înjunghie în piept* I have a stitch in my chest. II. *vb. refl.* to stab oneself.

înjunghietură *s.f.* v. j u n g h i.

înjura I. *vb. tr.* to use, F→to call *smb.* names. II. *vb. refl. reciproc* to abuse one another. III. *vb. intr.* to swear; *(teribil etc.)* to make/ turn the air blue. ⓒ *a ~ ca un birjar/birjăreşte/ca la uşa cortului* to swear like a trooper/bargee.

înjurătură *s.f.* oath, abuse, curse; *pl. şi* abusive/bad language.

înlăcrimat *adj.* *(all)* in tears.

înlănţui I. *vb. tr.* 1. to put one's arms round, to clasp/take/fold in one's arms. 2. *(idei etc.)* to link/connect (up). 3. *(a captiva)* to captivate, to fascinate. II. *vb. refl.* to hang together, to be linked with one another; to be interdependent; to concatenate; *(a se inşirui)* to come after one another.

înlănţuire *s.f.* concatenation etc. v. î n l ă n ţ u i.

înlătura I. *vb. tr. (în diferite sensuri)* to remove; *(a elimina)* to eliminate; *(obstacole, erori)* to obviate, to stave off, to avert; *(teama etc.)* to banish; *(a concedia)* to dismiss. **II.** *vb. refl. pas.* to be removed etc. v. ~ I.

înlemni *vb. intr.* to be dumbfounded.

înlemnit *adj.* dumbfounded.

înlesni *vb. tr.* to facilitate, to make easier; to enable.

înlesnire *s.f.* **1.** facilitation; accommodation. **2.** facility, accomodation. **3.** *(ajutor)* help, aid, succour. ⓐ *înlesniri de plată* facilities of payment.

înlocui I. *vb. tr. (cu)* to replace (by), to use... instead of, to substitute... for; to do duty for; *(a lua locul)* to take the place of; F→to step into *smb.'s* shoes; *(pe cineva)* to act for, to act as a substitute for, to deputize for. **II.** *vb. refl.* **1.** *pas.* to be replaced. **2.** *reciproc* to be substituted for one another.

înlocuire *s.f.* replacement, substitution.

înlocuitor *s.m.* substitute, deputy; *(al unui doctor etc.)* locum tenens.

înmagazina I. *vb. tr.* **1.** *com.* to store, to warehouse. **2.** *fig.* to store up, to acumulate. **II.** *vb. refl. pas.* to be stored etc. v. ~ I.

înmatricula *vb. tr.* to enrol, to enter, to matriculate.

înmănunchea I. *vb. tr.* to lay/put together; *(a aduna)* to gather; *(a concentra)* to concentrate; *(a îmbina)* to combine; *(a lega)* to link, to connect. **II.** *vb. refl. fig.* to gather, to assemble.

înmănuşat *adj.* gloved, in gloves.

înmărmuri *vb. intr.* to be taken aback, to be dumbfounded/astounded.

înmărmurit *adj.* dumbfounded, astounded. ⓒ *rămase* ~ it took his breath away.

înmii *vb. tr.* to increase a thousandfold, to multiply by a thousand.

înmiit *adj., adv.* thousandfold.

înmiresmat *adj.* **1.** perfumed, scented. **2.** embalmed.

înmîna I. *vb. tr. (cu dat.)* to hand (over) (to), to deliver (to). **II.** *vb.*

refl. pas. to be handed (over), to be delivered.

înmînare *s.f.* handing (over).

înmlădia *vb.* v. m l ă d i a.

înmormînta I. *vb. tr. şi fig.* to bury, to entomb. **II.** *vb. refl. pas.* to be buried. ⓐ *a se* ~ *în... fig.* to bury oneself in...; to isolate/ seclude oneself in...

înmormîntare *s.f.* burial.

înmuguri *vb. intr.* to burgeon, to put forth buds, tu dub (forth/out/ up), to burst into buds.

înmugurire *s.f.* **1.** burgeoning etc. v. î n m u g u r i. **2.** *fig.* beginning.

înmuia *vb.* v. m u i a.

înmuietor *s.n. tehn.* steeping vat.

înmulţi I. *vb. tr.* **1.** *mat. (cu)* to multiply (by). **2.** to multiply; *(a spori)* to increase; *(a mări)* to augment; *(a îmbogăţi)* to enrich. **II.** *vb. refl.* **1.** *pas.* to be multiplied etc. v. ~ I, 2; *(a fi în creştere)* to be on the increase. **2.** *biol.* to multiply.

înmulţire *s.f. şi. mat.* multiplication etc. v. î n m u l ţ i.

înmulţitor *s.n. mat.* multiplier, factor.

înnădi I. *vb. tr. şi fig.* to piece together, to patch up; *(a lungi)* to lengthen. **II.** *vb. refl.* ⓐ *a se* ~ *la* ... *(despre peşti)* to get wont/accustomed to..., to acquire the habit of...

înnăditură *s.f.* patch; extension (piece).

înnămoli *vb. refl.* to stick in the mud.

înnăscut *adj.* innate, inborn, native; born. ⓒ *e un poet* ~ he is a born poet.

înnebuni I. *vb. tr. şi fig.* to drive mad, to madden. ⓒ *nu mă* ~ *!* F you don't say so! you don't mean it! good gracious! **II.** *vb. intr.* to go mad/crazy, F→to go off one's chump/bean, to go nuts. ⓒ *a* ~ *după...* F to be mad/nuts on..., to be crazy/daft about...

înnebunit *adj. (de)* maddened (with); mad (with); off one's head (with).

înnegri I. *vb. tr.* to blacken. **II.** *vb. refl.* to blacken, to grow/turn/ become black.

înnegura I. *vb. tr.* 1. to cover with mist, to involve in a fog. 2. *fig.* to dim, to obscure; to eclipse. **II.** *vb. refl.* 1. to become/grow misty, to become enveloped in mist. 2. *fig.* to dim; *(a se posomorî)* to grow gloomy, to darken.

înnegurat *adj.* 1. covered with mist; foggy, misty. 2. *fig.* gloomy, dark.

înnobila I. *vb. tr.* 1. to ennoble, to raise to the nobility. 2. *fig.* to ennoble; *(spiritul etc.)* to uplift, to elevate. **II.** *vb. refl.* to be ennobled etc., v. ~ I.

înnoda I. *vb. tr.* 1. to knot. 2. v. î n n ă d i. 3. v. î n c r o p i. **II.** *vb. refl.* to knot.

înnodătură *s.f. (nod)* knot.

înnoi I. *vb. tr.* to renew; to renovate; *(a împrospăta)* to refresh; *(a face ca nou)* to make as good as new. **II.** *vb. refl.* 1. to be/get renewed. 2. *fig.* to put on smth. for the first time.

înnoire *s.f.* renovation etc. v. î n n o i.

înnoitor *adj.* innovating.

înnopta I. *vb. intr.* to pass/spend the night; to put up for the night; *(a dormi)* to sleep; *(a fi surprins de noapte)* to be overtaken by the night. **II.** *vb. impers. și refl.* ⓒ *(se) înnoptează* night is falling.

înnoptare *s.f.* 1. passing the night etc. v. î n n o p t a I. 2. *(căderea nopții)* nightfall.

înnoptat *adj.* 1. overtaken by the night; *(d. un călător etc.)* benighted. 2. *fig.* gloomy, dark.

înnora I. *vb. intr. și refl.* to cloud over. ⓒ *se înnorează* the sky is clouding over. **II.** *vb. tr.* to cloud, to darken.

înnorat *adj.* 1. clouded; cloudy; overcast. 2. *fig.* clouded, dark.

înnoura... v. î n n o r a...

înot *s.n.* swimming. ⓐ ~ *pe spate* backstroke. ⓒ *a trece* ~ to swim across.

înota *vb. intr.* to swim; *(a pluti)* to float. ⓒ *ochii îi* ~ *u în lacrimi* his eyes were swimming; *a* ~ *în bani* to have heaps of money, to live in clover.

înotătoare *s.f.* fin.

înotător I. *adj.* swimming. **II.** *s.m.* swimmer.

înrădăcina *vb. refl.* to take/strike root.

înrădăcinare *s.f.* striking root.

înrădăcinat *adj.* rooted. ⓐ *adînc* ~ deeply rooted.

înrăi I. *vb. tr.* to embitter, to exasperate. **II.** *vb. refl.* 1. to become wicked. 2. v. î n r ă u t ă ț i **II.**

înrăit *adj.* 1. wicked. 2. *(d. un bețiv etc.)* confirmed, inveterate, irreclaimable, F hopeless.

înrăma *vb. tr.* to (set in a) frame.

înrăutăți I. *vb. tr.* to worsen, to make worse, to deteriorate. **II.** *vb. refl.* to become/grow worse, to deteriorate; to take a turn for the worse.

înrăutățit *adj.* 1. worsened; worse. 2. v. î n r ă i t.

înregimenta *vb. refl.* ⓐ *a se* ~ *în* ... to join..., to become a member of...

înregimentare *s.f.* joining *(a party etc.)*.

înregistra I. *vb. tr.* 1. to register, to record; *(o comandă)* to book, to enter up; *(pe discuri)* to record; *(bagaj)* to book, to register. 2. *fig.* to note; *(un gol, succese)* to score. **II.** *vb. refl. pas.* to be registered etc. v. ~ I.

înregistrare *s.f.* registering etc. v. î n r e g i s t r a.

înregistrator I. *adj.* recording, registering. **II.** *s.n.* recorder, recording apparatus *sau* instrument.

înrîuri *vb. tr.* to influence; *(a acționa asupra)* to act (up)on, to have an import upon.

înrîurire *s.f.* influence.

înrobi *vb. tr.* to enslave, to enthral(l).

înrobitor *adj.* enslaving.

înrola I. *vb. tr.* 1. *mil.* to enlist, to engage. 2. *fig.* to enrol(l), to recruit. **II.** *vb. refl.* 1. *mil.* to enlist. 2. *fig.* to enrol(l) oneself. ⓐ *a se* ~ *în...* *fig.* to join...

înroși I. *vb. tr.* to redden, to make red *sau* redder; *(buzele etc.)* to paint, to rouge. **II.** *vb. refl.* 1. to redden, to grow/ become red; *(de emoţie etc.)* to blush. **2.** *(a se coace)* → *rar* to ripen.

înroura *vb. refl.* to be covered with dew.

înrourat *adj.* dewy.

înrudi *vb. refl. şi fig.(cu)* to be related (to); to become related (to).

înrudire *s.f.* **1.** relationship, kindred, kinship; *(după tată)* agnation. **2.** *fig.* relationship; affinity; similarity.

înrudit *adj.* **1.** related, kindred; allied. **2.** *fig.* kindred; allied; *(d. popoare)* kindred; *(d. limbi)* cognate; *(d. ştiinţe)* allied, kindred.

însă *conj.* but; *(totuşi)* however, yet, nevertheless, all the same, nonetheless; *(pe de altă parte)* on the other hand.

însăila *vb. tr.* **1.** to tack, to stitch. **2.** *fig.* to improvise; *(a imagina)* to imagine, to fancy.

însăilat *adj.* **1.** tacked, stitched. **2.** *fig.* improvised; sketchy.

însămînţa *vb. tr.* **1.** to sow. **2.** to impregnate.

însămînţare *s.f.* **1.** sowing. **2.** impregnation, insemination. ⓐ ~ *artificială* artificial impregnation/ insemination.

însămînţat **I.** *adj.* sown. **II.** *s.n.* sowing.

însănătoşi **I.** *vb. tr.* **1.** to cure; *(boala fiind gravă)* to bring through; *(a tămădui)* to heal. **2.** *fig.* to make healthier; *(atmosfera)* to cleanse, to purify; *(literatura etc.)* to purge. **II.** *vb. refl.* **1.** to recover, to be cured. **2.** *pas.* to be made healthier etc. v. ~ I, 2.

însănătoşire *s.f.* **1.** curing etc. v. î n s ă n ă t o ş i. **2.** *(a cuiva)* recovery.

însărcina **I.** *vb. tr.* *(cu)* to charge (with), to commission (with); *(a încredinţa cuiva)* to entrust smb. with smth.; *(a da instrucţiuni)* to instruct. **II.** *vb. refl.* ⓐ *a se ~ cu...* to undertake..., to take it upon oneself to...

însărcinare *s.f.* **1.** charging etc. v. î n s ă r c i n a. **2.** errand, commission; *(sarcină)* task; *(îndatorire)* duty; *(misiune)* mission.

însărcinat *s.m.* ⓐ ~ *cu afaceri* chargé d'affaires.

însărcinată *adj. fem.* pregnant, F→in the family way, (big) with child. ⓐ *femeie* ~ expectant mother.

însăşi *pron. fem.* herself; *(neutru)* itself; *(masc.)* himself.

însăţi *pron. fem.* yourself.

înscăuna **I.** *vb. tr.* **1.** to (en)throne. **2.** *fig.* to set up, to establish. **II.** *vb. refl.* **1.** to be (en)throned; to mount/ascend the throne. **2.** *fig.* to become estalished, to assert oneself, to ensconce oneself.

înscăunare *s.f.* enthroning, enthronement etc. v. î n s c ă u n a.

înscena *vb. tr.* **1.** to stage. **2.** *fig.* to feign; *(un proces)* to frame up.

înscenare *s.f.* staging etc. v. î n s c e n a; frame-up, put-up affair.

înscrie **I.** *vb. tr.* **1.** *(a nota)* to write/ put/take down, to note; *(a înregistra)* to register; *(într-un proces-verbal)* to put down, to register. **2.** *geom.* to inscribe. **3.** *(pe un epitaf etc.)* to inscribe, to engrave. **4.** *(pe cineva, pe o listă etc.)* to enter smb.'s name, F→to book; *(la un curs etc.)* to enrol(l). ⓒ *a ~ pe ordinea de zi* to place on the agenda. **II.** *vb. refl.* **1.** to register/ enter one's name. **2.** to enrol(l) for a course etc. v. a se ~ la. ⓐ *a se ~ în...* to join...; to attach oneself to...; *a se ~ la (universitate)* to be admitted to the membership of (a university), to enter one's name in *(a matricula)*; *(un curs)* to enrol(l) for..., to enter one's name for...; *(un concurs)* to go in for...; *(o bibliotecă)* to subscribe to...

înscriere *s.f.* noting etc. v. î n s c r i e; matriculation.

înscris *s.n.* act, document; transaction; certificate.

însele *pron. fem.* themselves.

însemna **I.** *vb. tr.* **1.** to note, to put/ write down; *(repede)* to jot down; *(a înregistra)* to record. **2.** *(a marca)* to mark. ⓒ *ştii tu ce înseamnă să...?* do you know how it feels to...? **II.** *vb. refl. pas.* to be noted etc. v. ~ I. **III.** *vb. intr.* to mean; to signify; *(a arăta)* to show; *(a* *reprezenta)* to represent, to stand for; *(a fi)* to be. ⓒ *ce înseamnă toate astea?* what does all this mean?

însemnare *s.f.* **1.** noting etc. v. î n s e m n a . **2.** *(notă)* note; *(semn)* sign; mark.

însemnat *adj.* **1.** important, of consequence, significant; *(de vază)* of note; *(faimos)* noted, famous; *(mare)* large; *(considerabil)* considerable; *(remarcabil)* remarkable. **2.** noted etc. v. î n s e m n a . ⓘ *puțin* ∼ unimportant, immaterial.

însemnătate *s.f.* **1.** importance, consequence, significance; *(valoare)* value. **2.** *(semnificație)* significance.

însenina I. *vb. tr. (pe cineva)* to cheer up; *(fața)* to brighten. **II.** *vb. refl.* **1.** *(d. vreme)* to clear (up/away); *(d. cer)* to brighten, to clear up. **2.** *(d. fața cuiva)* to brighten/light up; *(d. cineva)* to cheer (up).

înseninare *s.f.* cheering (up) etc. v. î n s e n i n a .

însera I. *vb. intr.* **1.** v. ∼ **II. 2.** *(d. cineva)* to be overtaken by the night; *(a-și petrece seara)* to spend the evening. **II.** *vb. refl.* ⓒ *se însereaza* it is getting dark, evening is setting in, the day draws to a close, night is falling.

înserare *s.f.* nightfall; *(amurg)* twilight; dusk.

înserat *s.n.* ⓘ *pe* ∼ *(e)* at nightfall; *(in amurg)* in the twilight; at dusk; *(seara)* in the evening.

înseta *vb. intr.* to be thirsty.

însetat *adj.* thirsty. ⓐ ∼ *de...* thirsty/thirsting/craving for...; ambitious of...; eager to...

însiloza *vb. tr.* to silo, to ensile.

însilozare *s.f.* siloing, (en)silage.

însingura *vb. refl.* to seclude oneself (from society).

însîngera *vb. tr.* **1.** to stain with blood. **2.** *fig.* to redden.

însîngerat *adj.* **1.** stained with blood. **2.** *fig.* sanguine; purple; red.

însorit *adj.* sunny; sun-lit.

însoți I. *vb. tr.* **1.** to accompany; *(la ușă etc.)* to show off; *(a escorta)* to escort. **2.** *(a anexa)* to annex; to enclose. **II.** *vb. refl.* **1.** *(cu)* to associate (with), to consort (with).

2. *(a se căsători)* ← P to marry. **3.** *(d. animale)* ←P to copulate. ⓓ *spune-mi cu cine te-nsoțești ca să-ți spun cine ești* a man is known by the company he keeps.

însoțitor I. *adj.* accompanying; attendant; concomitant. **II.** *s.m.* **1.** *(tovarăș de drum)* companion; *(turistic)* conductor.

înspăiminta I. *vb. tr. (a ingrozi)* to scare, to frighten (<out of smb.'s wits). **II.** *vb. refl. (a se ingrozi)* to be frightened (< out of one's wits).

înspăimîntat *adj.* scared, frightened, terrified; *pred.* aghast.

înspăimîntător I. *adj.* frightful, dreadful, terrible, horrible, appalling. **II.** *adv.* frightfully etc. v. ∼ I.

înspicat *adj.* **1.** *bot.* eared, full of ears. **2.** with grey hairs; *(incărunțit)* grey. **3.** *(pestriț)* speckled.

înspre *prep.* towards, *amer.* toward.

înspuma *vb. tr.* to froth.

înspumat *adj.* frothy, foamy.

înstări *vb. refl.* to grow rich; to make a fortune.

înstărit *adj.* well-to-do, well-off; *(bogat)* rich, wealthy.

înstelat *adj.* starry, starlit; *poetic* studded with stars.

înstrăina I. *vb. tr.* **1.** *jur.* to alienate, to transfer. **2.** *(bani)* to defalcate, to embezzle. **3.** *fig.* to alienate; to estrange. **II.** *vb. refl. (de)* to become estranged *(from)*, to become a stranger (to).

înstrăinare *s.f.* alienation etc. v. î n s t r ă i n a .

înstruna *vb. tr.* **1.** *muz.* to tune (up). **2.** *(calul)* to curb.

însufleți I. *vb. tr.* to animate, to quicken; *(a pune in mișcare)* to actuate; *(o conversație)* to quicken, to enliven; *(a stimula)* to incite, to urge on. **II.** *vb. refl.* to become animated/excited/cheerful/lively.

însuflețire *s.f.* **1.** *(avînt)* impetus, enthusiasm, zeal, fervour. **2.** *(animație)* animation, liveliness, briskness.

însuflețit I. *adj.* **1.** *(viu)* living; animate. **2.** *(animat)* animated, lively, spirited. ⓐ ∼ *de...* animated/actuated/driven by... **II.** *adv.* forcibly.

însufleţitor *adj.* inspiring, animating, quickening.

însuma *vb. tr.* to totalize, to total/ F→tot up; *(a cuprinde)* to include, to comprise.

însumi *pron. masc.* myself.

însura I. *vb. tr. (cu)* to marry (to). **II.** *vb. refl. (cu)* to marry *(to)*; to get married (to).

însurat I. *adj.* married, espoused. **II.** *s.n.* v. î n s u r ă t o a r e.

însurătoare *s.f.* marriage, *glumeţ* →double harness.

însurăţel *s.m.* **1.** newly-married man. **2.** *pl.* newly-married couple.

însuşi¹ *pron. masc.* himself; *(neutru)* itself.

însuşi² *vb. tr.* ⓐ *a-şi ~* ... **a.** to appropriate..., to take hold/possession of..., to possess oneself of... **b.** *(cunoştinţe)* to assimilate...; *(a stăpîni)* to master...; F→to get the hang of...; to adopt...; *(a-şi asuma)* to assume...

însuşire *s.f.* **1.** appropriation etc. v. î n s u ş i. **2.** *(calitate)* quality; property; *(trăsătură)* feature, trait.

însuti *vb. tr. şi refl.* to increase a hundredfold, to multiply by a hundred, to centuple.

însutit *adj., adv.* hundredfold.

însuţi *pron.* yourself.

înşela I. *vb. tr.* **1.** to deceive, to take advantage of, to cheat; *(a escroca)* to swindle; *(a trage pe sfoară)* F→to take in, to diddle, to put the doctor on; *(a minţi pe cineva)* to tell *smb.* lies. **2.** *(a trăda)* to betray; to be false to; *(în căsnicie)* to be unfaithful to, to betray. **3.** *(aşteptările)* to disappoint; *(încrederea)* to betray. **II.** *vb. refl.* to be deceived; to make a mistake, to be mistaken; *(a nu avea dreptate)* to be (in the) wrong. **III.** *vb. intr. (la joc)* to cheat. ⓒ *a ~ la cîntar* to give short weight.

înşelăciune *s.f.* cheat, fraud, hoax, humbug; *(minciună)* lie, deception.

înşelător I. *adj.* deceptive, delusive, deceitful. **II.** *s.m.* cheater; swindler; *(mincinos)* liar.

înşelătorie *s.f.* v. î n ş e l ă c i u n e.

înşeua *vb. tr.* to saddle.

înşeuat *adj.* saddled.

înşfăca *vb. tr.* v. î n h ă ţ a.

înşine *pron. masc.* ourselves.

înşira I. *vb. tr.* **1.** *(pe o aţă etc.)* to string, to thread. **2.** *(a alinia)* to align, to aline, to draw up; *(a pune)* to put, to lay. **3.** *(a enumera)* to enumerate. **4.** *fig. (a debita)* to deliver; *(minciuni etc.)* to utter; *(a spune)* to tell; *(poveşti fig.)* to spin *(yarns)*; *(a răspîndi)* to spread, to retail. **II.** *vb. refl.* **1.** *pas.* to be strung etc. v. ~ I, 1—3. **2.** to come after one another; to succeed (one after another); to follow.

înşirare *s.f.* **1.** stringing etc. v. î n ş i r a. **2.** *(succedare)* succession, sequence.

înşirui... v. î n ş i r a ...

înşişi *pron. masc.* themselves.

înşivă *pron. masc.* yourselves.

înştiinţa *vb. tr. (despre)* to let *smb.* know (of), to inform (of), to give *smb.* note/notice/account/intelligence (of); *(oficial)* to notify (of); *(ca avertisment)* to advertise/warn (of); *(în corespondenţa comercială)* to advise. ⓐ *a ~ despre...* *(din politeţe sau datorie)* to acquaint with...; *(pe scurt, mai ales com.)* to advise of...

înştiinţare *s.f.* information, advice, notice, advertisement, intelligence.

înşuruba *vb. tr. şi refl.* to screw up.

întări I. *vb. tr.* **1.** to strengthen, to reinforce; *(autoritatea, situaţia)* to consolidate; *mil.* to fortify; *(a confirma)* to confirm, to sanction; *(un argument etc.)* to buttress up; *(a legaliza)* to legalize; *(a fortifica)* to fortify; *(d. aer)* to brace, to invigorate; *(sănătatea)* to build up; *(a corobora)* to corroborate; *(a sublinia)* to stress. **2.** *(a face mai dur)* to harden; *metal.* to temper. **II.** *vb. refl.* **1.** to become stronger; to consolidate. **2.** *(a se învîrtoşa; şi fig.)* to harden, to grow hard; *(d. clei etc.)* to bind. **3.** to intensify, to grow stronger; to gain strength.

întărire *s.f.* strengthening etc. v. î n t ă r i.

întăritor I. *adj.* fortifying etc. v.
î n t ă r i . II. *s.n.* physic, cordial,
pick-me-up.
întăritură *s.f.* 1. fortification (work).
2. *tehn.* reinforcement.
întărîta I. *vb. tr.* 1. to excite; to
irritate; *(a supăra)* to vex, to
anger. 2. *(a instiga)* to incite, to
instigate; *(ciini)* to set. 3. *(a sti-
mula)* to stimulate, to goad on.
II. *vb. refl.* to get excited, to get
worked up.
întărîtat *adj.* excited, worked up;
irritated; furious.
întemeia I. *vb. tr.* 1. to found; to
set up; *(a crea)* to create. 2. *fig.*
(pe) to base (on). II. *vb. refl.*
ⓐ *a se ~ pe... (d. ceva)* to be
based/founded/grounded on...; *(d.
cineva)* to take one's stand on...
întemeiat *adj.* well-founded/-ground-
ed.
întemeiere *s.f.* founding, found-
ation etc. v. î n t e m e i a .
întemeietor *s.m.* founder; arch-fon-
der.
întemnița *vb. tr.* to jail, to gaol,
to imprison, to put in(to) prison/F
quod/*sl.* jug, to jug.
întemnițat I. *adj.* imprisoned. II.
s.m. prisoner.
înteți *vb. refl.* to intensify, to grow
strong *sau* stronger; to kindle.
întețire *s.f.* intensification.
întina *vb. tr.* to stain; to defile, to
desecrate.
întinare *s.f.* staining etc. v. î n-
t i n a .
întinde I. *vb. tr.* 1. *(a trage)* to
pull, to draw. 2. *(un elastic etc.)*
to stretch; *(a lungi)* to lengthen;
(a dilata) to dilate, to expand.
3. *(mîna etc.)* to hold/reach/stretch
out, to extend; *(a oferi)* to offer;
(un ziar etc.) to hold out, to offer.
4. *(din loc in loc)* to spread (out);
(a pune) to lay, to put; *(a aranja)*
to arrange; *(rufe etc.)* to hang.
5. *fig. (a lungi)* to prolong, to
drag out. ⓐ *a o ~* F to pack off,
to scuttle away. ⓒ *a ~ mina
după...* to reach for..., to stretch/
reach out one's hand for...; *a ~ o
mină de ajutor* to give/lend a
helping hand. II. *vb. refl.* 1. *(a*

se extinde) to stretch, to extend;
(a se lungi) to lengthen out. 2.
(a se dilata) to dilate, to expand.
3. *(a se culca)* to lie down, to
stretch oneself; to sprawl; *(a că-
dea lat)* to go sprawling, to meas-
ure one's length. 4. *fig. (a se
lungi)* to be dragged out; *(a dura)*
to last. ⓒ *şesul se ~ pe o distanţă
de...* the plain stretches for...
întindere *s.f.* 1. stretching etc. v.
î n t i n d e . 2. extent, stretch;
(suprafaţă) surface, area. ⓓ *pe
o ~ de...* for the space of...
întineri I. *vb. intr.* to grow young
again. II. *vb. tr.* to rejuvenate;
to make look younger.
întinerire *s.f.* rejuvenation.
întins I. *adj.* 1. stretched etc. v.
î n t i n d e . 2. extensive; vast.
3. *(neted)* smooth. II. *adv.* straight,
direct.
întinsoare *s.f.* extent.
întinzător *s.n.* *tehn.* tightener,
stretcher.
întipări I. *vb. tr. şi fig. (in)* imprint
(upon), to stamp (upon). II. *vb.
refl. şi fig. (in)* to imprint/stamp/
impress oneself (upon).
întipărire *s.f.* 1. imprinting etc. v.
î n t i p ă r i . 2. *(concret)* imprint,
impress, stamp.
întitula... v. i n t i t u l a ...
întîi I. *num. ord.* (the) first; *(capi-
tolul, lecţia etc. şi)* one. ⓓ *pentru
~a oară* for the first time. II.
adv. 1. at first, firstly; first time;
in the beginning. 2. *(pentru ~a
oară)* for the first time. ⓐ *~ şi ~*
first and foremost, above all, in
the first place. ⓑ *mai ~* a. first;
firstly; to begin with. b. at first.
întîiaşi *num. ord.* ⓐ *~ dată* for
the first time.
întîietate *s.f.* priority; *(preferinţă)*
preference; *(supremaţie)* suprema-
cy. ⓐ *a da ~ (cu dat.)* to show
preference to..., to give *smb.* pre-
ference.
întîlni I. *vb. tr.* 1. to meet; *(a da
de)* to come across/upon; *(difi-
cultăţi etc.)* to meet with; to come
up against; *(a se ciocni de)* to
encounter; to run into; *(a găsi)*
to find. 2. *sport* to meet, to en-

counter. **II.** *vb. refl. (cu)* to meet
(with sau cu acuz.).
întîlnire *s.f.* **1.** meeting; appoint-
ment; *amer. și* F date; *(neaștep-*
tată) encounter; *(de dragoste)* ren-
dez-vous, tryst; *(tainică sau de*
dragoste) assignation. **2.** *(luptă)*
encounter, fight. **3.** *(sportivă etc.)*
meet, encounter, contest. ⓒ *a-și*
da/a fixa o ∼ to make/fix an
appointment, *amer. și* F to (make
a) date; *a veni la* ∼ to keep an
appointment.
întîmpina *vb. tr. (a intîlni)* to
meet (with); *(a saluta)* to greet;
to welcome; *(a da de)* to come
upon/across; *(a se izbi de)* to come
up against; *(a găsi)* to find.
întîmpinare *s.f.* **1.** meeting etc. **v.**
î n t î m p i n a. **2.** contestation;
objection.
întîmpla *vb. refl.* to happen, to
come to pass, to come about, to
occur; *(d. ceva rău etc.)* to befall.
ⓒ *s-a* ∼*t ca...* it happened that...,
it came to pass that...; *ce s-a* ∼*t?*
what has happened? what's up?
F→whose mare is dead?; *ce s-a*
∼*t cu...?* **a.** what's happened to...?
what's the matter with...? F→
what has gone of...? **b.** what has
become of...?; *s-a* ∼*t ceva?* is any-
thing the matter?; *ca și cum nu*
s-ar fi ∼*t nimic* as if nothing had
happened; *i s-a* ∼*t o nenorocire* a
misfortune has befallen him; *orice*
s-ar ∼ come what may, happen
what will; blow high, blow low;
whatever you do...; *așa se întîm-*
plă cind... so fares it when...; *să*
nu se mai întimple (a doua oară)!
do not let it happen/occur again!;
n-o să ți se intimple nimic (rău)
dacă o să fii atent no harm will
come to you if you are careful.
întîmplare *s.f* **1.** event, incident,
occurrence, happening; *(nenoro-*
*cire)*accident; misfortune.**2.** chance,
hazard; *(soartă)* fate. ⓓ *din* ∼
by chance/accident, accidentally;
la ∼ at random, hit and/or miss.
ⓒ *eram acolo din* ∼ I happened to
be there.
întîmplător I. *adj.* accidental, cas-
ual, fortuitous chance...; *(d. cîș-*

tiguri etc.) odd. **II.** *adv.* by chance/
accident, accidentally. ⓒ ∼ *il*
cunosc I happen to know him.
întîrzia I. *vb. intr.* **1.** *(la)* to be
late (for); *(d. tren etc.)* to be
overdue; *(a veni tîrziu)* to come
late; to be a late arrival. **2.** *(a*
zăbovi) to stay too long, to linger.
3. *(cu)* to be behindhand (with).
ⓒ *a* ∼*t 5 minute* he is five minutes
late. **II.** *vb. tr.* to retard, to delay.
întîrziat *adj.* **1.** late; tardy; back-
ward; behindhand, belated. **2.** *(îna-*
poiat) backward, slow-witted.
întîrziere *s.f.*being/coming late, late-
ness (in coming etc.); *(reținere)*
delay, retardation. ⓓ *cu* ∼ behind
time; *fără* ∼ immediately, at
once. ⓒ *a fi în* ∼ *(cu)* to be
behindhand (with).
întoarce I. *vb. tr.* **1. v.** î n a p o i a²
I. **2.** *(a replica)* to retort. **3.** *(a*
învîrti) to turn; *(ceasul)* to wind
up. **4.** *(a ara din nou)* to turn up
(for the second time). **5.** *(pe dos)*
to turn, to reverse, to invert; *(o*
haină) to turn; to have... turned;
(fînul etc.) to toss (up). ⓒ *a* ∼
foaia to change the tune; *a* ∼
placa to play the other side of
the record; *a* ∼ *și pe o parte și*
pe alta to examine thoroughly.
II. *vb. refl.* **1. v.** î n a p o i a² II.
2. *(a se răsuci)* to turn, to swing;
(imprejur) to turn round. **3.** *(a se*
răzgîndi) to change one's mind.
4. to strike out in another direc-
tion. ⓐ *a se* ∼ *spre...* to turn to...;
to turn one's face towards...; *a se*
∼ *de la...* **a.** to return from... **b.**
to turn away from... **c.** to withdraw
one's affection(s) from.... ⓒ *a se*
∼ *cu spatele la...* to turn one's
back upon...; *dacă ne* ∼*m cu*
cițiva ani if we go back a few
years; *să ne* ∼*m călare sau pe jos?*
shall we ride back or walk back?
întoarcere *s.f.* **1.** turning etc. **v.**
î n t o a r c e. **2.** *(inapoiere)* re-
turn.
întocmai *adv.* **1.** exactly, precisely;
(chiar așa) just so; *(la fel)* (just)
the same. **2.** *(desigur)* certainly,
naturally; *(da)* yes. ⓐ ∼ *ca...*

just like...; just as...; *după cum...*
just/exactly as...

întocmi I. *vb. tr.* **1.** *(a elabora)* to draw up, to indite; *(a scrie)* to write; *(a compune)* to compose; *(a pregăti)* to prepare, to make ready. **2.** *(a organiza)* to organize, to set up; *(a aranja)* to arrange. **II.** *vb. refl. pas.* to be drawn up etc. v. ~ I.

întocmire *s.f.* **1.** drawing up etc. v. î n t o c m i. **2.** *(organizare)* organization; order; system.

întors I. *adj.* **1.** returned etc. v. î n t o a r c e. **2.** *(d. cineva)*←F odd, queer, not himself. **II.** *s.n.* **1.** *(înapoiere)* return. **2.** *(al finului etc.)* tossing (up). ⓑ *bilet dus și* ~ return ticket.

întorsătură *s.f.* **1.** turn, curve, bent, meander. **2.** *fig.* turn.

întortochea *vb. tr.* to wind, to twist; *(a încurca)* to muddle.

întortocheat *adj.* **1.** winding, sinuous, tortuous, meandering. **2.** *(neclar)* confused, obscure; *(d. stil etc.)* involved, intricate.

întotdeauna *adv.* v. t o t d e a u n a.

întovărăși I. *vr. tr.* *(a însoți)* to accompany. **II.** *vb. refl.* **1.** v. î n s o ț i **II. 2.** *reciproc agr.* to form an agricultural association.

întovărășire *s.f.* **1.** accompanying. **2.** association. **3.** *agr.* agricultural association, joint tilling association.

întracoace *adv.* P towards us, *înv.*→ hither.

întrajutorare *s.f.* mutual aid/assistance.

întraripat *adj.* și *fig.* winged.

între *prep.* between, *poetic*→betwixt; *(printre)* among; *(subliniindu-se neomogenitatea)* amist. ⓐ ~ *noi* between ourselves, between you and me (and the gate post). ⓒ *ești* ~ *prieteni* you are among friends.

întreba I. *vb. tr.* to ask; to question; *(a examina)* to examine. **II.** *vb. intr.* ⓐ *a* ~ *de...* to ask about...; *(a se interesa de ceva)* to ask about/after, to inquire about/after/for...; *(a se interesa de cineva)* to inquire of...; *(sănătatea cuiva)* to inquire/

ask after smb.'s health; *(a vrea să vada)* to ask for..., to want to see..., to desire to speak to... **III.** *vb. refl.* to wonder; to ask oneself.

întrebare *s.f.* **1.** question. **2.** *(problemă)* matter, question, problem. ⓒ *a pune o* ~ to ask a question; *a asalta cu întrebări* to beset/baste with questions.

întrebător I. *adj.* inquiring, questioning. **II.** *adv.* inquiringly, questioningly.

întrebuinţa I. *vb. tr.* *(a folosi)* to use; to make use of, to employ. **II.** *vb. refl.* *(a se folosi)* to be used.

întrebuinţare *s.f.* use, utilization.

întrebuinţat *adj.* **1.** used. **2.** *(uzat)* used up; *(vechi)* old.

întrece I. *vb. tr.* **1.** to outstrip; *(a lăsa în urmă)* to leave behind, to be in advance of. **2.** *(a fi superior cuiva)* to excel; *(a depăşi)* to exceed, to surpass; *(a învinge)* to defeat; to beat. **II.** *vb. refl.* to compete; to vie; to try conclusions with smb.

întrecere *s.f.* competition, emulation, sport contest. ⓐ ~ *socialistă* socialist competition/emulation. ⓒ *a chema la* ~ to challenge to competition/emulation; *a fi în* ~ *(cu)* to compete (with); *a se lua la* ~ to enter into competition (with smb.); to emulate smb.; to vie with smb.; to try conclusions with smb.

întredeschide *vb. tr.* to half-open; *(o uşă)* to set ajar.

întredeschis *adj.* half-open; *(o uşă)* ajar, on the jar.

întreg I. *adj.* whole; entire; *(complet)* complete; *(intact)* intact, safe. ⓑ *numere* ~*i mat.* whole numbers; *o oră întreagă* a whole hour. **II.** *s.m. mat.* whole number.

întregi I. *vb. tr.* to make whole/complete, to complete; to supplement. **II.** *vb. refl. pas.* to be completed *sau* supplemented.

întregime *s.f.* ⓑ *în* ~ wholly, entirely, completely.

întregire *s.f.* completing, completion.

întregitor *adj.* completing; additional; supplementary.

întrei *vb. tr. şi refl.* to treble.
întreit *adj., adv.* threefold.
întrema *vb. refl.* to recover, to be well again, F→to pick up again.
întremare *s.f.* recovery.
întremat *adj.* better, < quite oneself again; *(sănătos)* well, in good health.
întremător *adj.* strengthening, invigorating; *(d. aer)* bracing; *(d. un medicament)* tonic.
întrepătrunde *vb. refl.* to interpenetrate, to be interdependent.
întrepătrundere *s.f.* interpenetration.
întreprinde *vb. tr.* to undertake, to venture; *(a organiza)* to organize; *(o ofensivă)* to take; *(un studiu)* to enter upon; *(o afacere e c.)* to embark upon; *(o lucrare etc.)* to address oneself to; *(a începe)* to begin.
întreprindere *s.f.* **1.** enterprise. **2.** *(industrială)* industry, industrial unit; factory; *in ec. cap.* concern; company. **3.** *fig.* undertaking. ⓐ ~ *bancară* bank; brokerage firm; ~ *comercială* shop, store; ~ *de stat* state enterprise; ~ *particulară* private enterprise.
întreprinzător *adj.* enterprising.
întrerupător *s.n. electr.* switch.
întrerupe **I.** *vb. tr.* to interrupt; to discontinue; *(a opri brusc)* to break off; *(călătoria, tăcerea)* to break; *(conversaţia)* to break in/upon; *(circulaţia etc.)* to stop, to suspend; *(curentul electric)* to break, to cut/switch off. **II.** *vb. refl.* **1.** *pas.* to be interrupted etc. v. ~ I. **2.** to break off, to stop.
întrerupere *s.f.* **1.** interruption etc. v. î n t r e r u p e. **2.** interruption; *(încetare)* stoppage cessation, break; *(a negocierilor etc.)* breaking off. ⓑ *fără* ~ without cessation/a break; continually.
întretăia **I.** *vb. tr.* **1.** to cross, to intersect; *(d. linii, raze etc.)* to cut. **2.** *(a întrerupe)* to interrupt. **II.** *vb. refl. reciproc* to cross; to intersect.
întretăiat *adj.* **1.** crossed etc. v. î n t r e t ă i a. **2.** *(d. voce)* broken.

întretăiere *s.f.* **1.** crossing; intersection. **2.** *(de drumuri)* crossroad, crossing.
întreţese **I.** *vb. tr. (cu)* to interweave (with), to intertwine (with); *(a amesteca)* to (inter)mix (with), to blend (with); to mingle (with); *(a presăra)* to intersperse (with); *(o cuvîntare, cu citate)* to interlard (with). **II.** *vb. refl.* to interlace, to interweave.
întreţine **I.** *vb. tr.* **1.** *(pe cineva, o familie)* to maintain, to support, to keep. **2.** *(a păstra)* to keep; *(în bună stare)* to keep in repair; *(străzile)* to keep/maintain in good condition. **3.** *(corespondenţă)* to keep up. **4.** *(conversaţia)* to keep alive. **5.** *(agitaţia etc.)* to foster. **6.** *(a alimenta)* to feed. **II.** *vb. refl.* **1.** to support/maintain oneself, to gain/get a livelihood. **2.** *(cu cineva)* to converse with smb., to have a talk with smb.
întreţinere *s.f.* **1.** maintenance, upkeep; servicing etc. v. î n t r e ţ i n e. **2.** *(a cuiva)* support, maintenance; allowance; aliment, alimony.
întreţinut *s.m.* fancy man.
întreţinută *s.f.* fancy woman, (kept) mistress, F→gold digger.
întrevedea **I.** *vb. tr.* to catch sight/a glimpse of; *(a prevedea)* to foresee, to contemplate; to visualize, to envision. **II.** *vb. refl.* to be outlined; *(a se zări)* to loom; *(a se aştepta)* to be expected; *(a fi în perspectivă)* to be in prospect. ⓒ *se întrevede* ... a. ... can be seen. b. is expected.
întrevedere *s.f.* meeting.
întrezări *vb.* v. î n t r e v e d e a.
întrista **I.** *vb. tr.* to grieve, to sadden. **II.** *vb. refl.* to grieve; to be sad; to give way to grief/sorrow.
întristare *s.f.* grief, sorrow; sadness.
întristat *adj.* sad, grieved, downcast.
întristător *adj.* saddening.
întrona **I.** *vb. tr.* **1.** to (en)throne. **2.** *fig.* to set up, to establish. **II.** *vb. refl. pas.* to be (en)throned etc. v. ~ I.
întru *prep.* in; *(cu verbe de mişcare)* into. ⓐ *întru-aceea* at that time;

înv. → thereupon; *într-una* continually, incessantly.

întruchipa I. *vb. tr.* **1.** to embody; *(a reprezenta)* to represent; *(a personifica)* to personify. **2.** v. î n j g h e b a I. **II.** *vb. refl.* to be embodied etc. v. ~ I.

întruchipare *s.f.* embodiment etc. v. î n t r u c h i p a.

întrucît *conj.* as, since, because, for; *(în măsura în care)* as far as.

întrucîtva *adv.* somehow, to a certain extent; *(înaintea unui adjectiv)* somewhat; *(destul de)* rather.

întruni I. *vb. tr.* **1.** to combine; *(a cuprinde)* to comprise. **2.** *(condiţii etc.)* to meet, to correspond to. **3.** *(a obţine)* to get. **II.** *vb. refl.* to gather, to assemble.

întrunire *s.f.* meeting; rally; reunion.

întrupa v. î n t r u c h i p a. ⓐ *a se ~ din...* to arise out of..., to take shape from...

întrupare *s.f.* v. î n t r u c h i p a r e.

întuneca I. *vb. tr.* **1.** *şi fig.* to darken; *(a înnora)* to cloud. **2.** *(mintea)* to dull. **II.** *vb. refl.* **1.** *şi fig.* to darken, to become darkened/clouded. **2.** *(a se însera etc.)* to be getting dark. **3.** *(d. minte)* to dull.

întunecare *s.f.* **1.** darkening, dusk. **2.** *(a minţi)* dul(l)ness. **3.** *(întuneric)* dark(ness); *fig. şi* gloom(iness), sombreness.

întunecat *adj. şi fig.* dark; *(posomorît)* gloomy.

întunecime *s.f.* dark(ness), gloom(iness), dusk, obscurity.

întunecos *adj.* v. î n t u n e c a t.

întuneric *s.n.* dark, *şi fig.* darkness.

înturna *vb. refl.* **1.** v. î n a p o i a² II. **2.** v. î n t o a r c e I.

înturnare *s.f.* return, coming back.

înţărca I. *vb. tr.* **1.** to wean. **2.** *fig. (de)* ←F to wean (from). **II.** *vb. intr.* to run dry.

înţelegător I. *adj.* gentle, kind; *(îngăduitor)* lenient; *(compătimitor)* sympathetic. **II.** *adv.* gently etc. v. ~ I.

înţelege I. *vb. tr.* to understand; to apprehend; *(a sesiza)* to comprehend, to grasp, F→to twig; to take the hint; *(a-şi da seama de)* to be aware/conscious of; *(a vedea)* to see; *(a se pricepe la)* to be a good jugde in; *(arta etc.)* to have an appreciation of. ⓒ *a ~ aluzia* to take the hint; *a da cuiva să înţeleagă că...* to give smb. to understand that..., to give smb. a hint that...; *ce înţelegi prin asta?* what do you mean (to say)? *nu înţeleg cum ai putut să-l laşi să plece singur* I can't conceive why you allowed him to go alone, I can't conceive of your allowing him go alone; *n-am înţeles cum îl cheamă* I didn't catch his name; *m-ai înţeles greşit* you've misunderstood me; you've taken me up wrongly; *mă-nţelegi you know*; you see; *să nu mă înţelegi greşit* don't misunderstand me, *amer.* don't get me wrong; *te înţeleg* I see your point. **II.** *vb. refl.* **1.** *reciproc* to understand each other. **2.** *(a ajunge la o înţelegere)* to come to an agreement/an understanding; *(a fi de acord)* to agree; *(a fi în termeni buni)* to get on well, to get on (together). **3.** *(a complota)* to plot, to scheme. **4.** *(a fi clar)* to be clear; *(a fi citeţ)* to be legible. ⓒ *să ne ~m!* let us clearly understand each other! *ne-am înţeles!* agreed! F down with you! it's a go! *se ~* certainly, of course; *se ~ de la sine* it stands to reason, it goes without saying; *asta se ~ de la sine* that's a matter of course; *ce se ~ prin acest cuvînt?* what does this word mean? *a se ~ ca cîinele cu pisica* to agree like cats and dogs. **III.** *vb. intr.* to understand. ⓐ *a nu ~ de...* not to mind...; to take no account/heed of... ⓒ *nu ~ de glumă* he can't take a joke.

înţelegere *s.f.* **1.** understanding. **2.** *(învoială)* agreement, understanding; convention. **3.** sympathy; *(bunăvoinţă)* kindness, goodwill.

înţeleni I. *vb. intr.* **1.** *agr.* to lie fallow. **2.** *fig.* v. î n l e m n i. **II.** *vb. refl.* v. î n ţ e p e n i II.

înţelenire *s.f.* **1.** *agr.* lying fallow. **2.** *fig.* v. î n ţ e p e n i r e.

înţelenit *adj.* **1.** *agr.* fallow. **2.** *fig.* v. î n ţ e p e n i t.

înţelepciune *s.f.* wisdom; sapience; *(prudenţă)* discretion.

înţelept I. *adj.* wise. II. *adv.* wisely.

înţelepţeşte *adv.* wisely.

înţeles *s.n.* meaning, sense; import, significance, signification. ① *cu* ~ I. *adj.* meaning, significant. II. *adv.* significantly; *de* ~ compliant, tractable, complaisant. ② *a da cuiva de* ~ *că*... to give smb. to understand that...; *e de la sine* ~ *că*... it stands to reason that..., it goes without saying that...

înţepa I. *vb. tr.* **1.** *(cu acul etc.)* to prick; *(d. albine etc.)* to sting; *(d. purici etc.)* to bite. **2.** *fig.* to nettle, to pique. II. *vb. refl.* **1.** to prick/sting oneself. **2.** *reciproc* to nettle one another. III. *vb. intr.* to prick; to sting; to bite.

înţepat *adj.* **1.** pricked etc. v. î n ţ e p a. **2.** *fig. (îngîmfat)* haughty, supercilious; stuck-up; stand-offish; *(ursuz)* sullen, sulky; *(rigid)* stiff.

înţepător *adj.* **1.** pricking etc. v. î n ţ e p a. **2.** *fig.* sharp, pointed; biting, cutting. **3.** *(picant)* piquant; *(d. miros)* pungent.

înţepătură *s.f.* **1.** prick, sting; *(injecţie)* injection. **2.** *fig.* biting remark. **3.** *pl.* v. f u r n i c ă t u r ă.

înţepeni I. *vb. tr. (a fixa)* to fix, to fasten. II. *vb. refl.* **1.** *(d. roţi etc.)* to stick, to get stuck. **2.** *(d. cineva)* to plant oneself, to stand squarely. III. *vb. intr.* **1.** v. ~ II,1. **2.** to be/become stiff (with cold etc.); *(de uimire etc.)* to be stupefied/paralysed (with).

înţepenit *adj.* **1.** fixed etc. v. î n ţ e p e n i. **2.** *(rigid)* stiff, rigid.

înţesa *vb. tr.* to pack; to crowd.

înţesat *adj. (de)* packed (with); crowded (with).

înţoli I. *vb. tr.* F to tog (up); *(a găti)* F to rig out. II. *vb. refl.* **1.** F to tog (up); *(a se găti)* F to rig oneself out. **2.** *fig.* v. a j u n g e III.

învălătuci *vb. tr.* to roll up.

învălmăşag *s.n.* v. v ă l m ă ş a g.

învălmăşeală *s.f.* **1.** bustle, turmoil, stir; jumble; tangle; welter; *(mulţime)* crowd, throng; *(zarvă)* hubbub. **2.** *(încăierare)* scuffle.

învălmăşi *vb. tr.* **1.** to throw into disorder/confusion; *(a amesteca)* to mix up; to jumble up/together. **2.** *(a pune pe fugă)* to (put to) rout.

învălmăşit *adj.* **1.** confused, mixed up etc. v. î n v ă l m ă ş i. **2.** *(d. cineva)* bewildered, perplexed, confused.

învălui *vb. tr.* **1.** to envelop, to cover; *(a înfăşura)* to wrap (up); *(a înconjura)* to surround; *(a încercui)* to encircle; *(d. întuneric etc.)* to close in (up)on. **2.** *mil.* to outflank.

învăluire *s.f.* covering etc. v. î n v ă l u i.

învălura *vb. tr. şi refl.* to wave.

învăpăia *vb. refl.* **1.** to blaze/fire up. **2.** *fig.* to take fire, to become inflamed; *(de minie)* to fire/flare up.

învăpăiat *adj.* inflamed, flaming, *pred.* aflame; *(înfierbîntat)* hot; *(arzător)* ardent; *(scînteietor)* bright; *(aprig)* fiery.

învăpăiere *s.f.* **1.** v. v ă p a i e. **2.** v. î n f l ă c ă r a r e.

învăţ *s.n.* habit.

învăţa I. *vb. tr. (pe cineva, a preda)* to teach; *(singur)* to learn; to be trained/schooled in. ⓐ *a* ~ *pe de rost/pe dinafară* to learn by heart/rote, to commit to memory. II. *vb. intr.* to learn, to study. III. *vb. refl. (cu)* to be/get inured/ accustomed (to); to get into the habit (of). ② *a se* ~ *minte* to know better, to take the lesson/ hint.

învăţare *s.f.* teaching, learning.

învăţat I. *adj.* learned; *(instruit)* educated; *(cult)* cultivated. ⓐ ~ *cu*... accustomed/used to... II. *s.m.* scholar.

învăţăcel *s.m.*←F *(elev)* pupil; *(discipol)* disciple.

învăţămînt *s.n.* **1.** education. **2.** *(lecţie)* lesson; *(morală)* moral. ⓐ ~ *elementar* primary/elementary education; ~ *mediu* secondary education; ~ *profesional* vocational education; ~ *superior* higher education; university education; ~ *tehnic* technical education.

învățătoare *s.f.* teacher, schoolmistress.

învățător *s.m.* **1.** (school) teacher, schoolmaster, *amer.* schoolman. **2.** *fig.* teacher.

învățătorime *s.f.* teachers.

învățătură *s.f.* **1.** learning, studies; *(ucenicie)* apprenticeship. **2.** *(politică etc.)* teaching, doctrine. **3.** *(cunoștințe)* knowledge; *(cultură)* culture; education. **4.** *(lecție)* lesson; *(sfat)* advice; *(morală)* moral. © *să-ți fie de/spre ~!* let this be a lesson/warning to you! serve you right!

învechi *vb. refl.* to become old/antiquated/obsolete, to go/fall/drop out of use; *(d. haine)* to wear out; *fig.* to be used up, F to be played out.

învechire *s.f.* antiquation.

învechit *adj.* **1.** old; out of use, antiquated, obsolete, outlived, superannuated; out of fashion. **2.** *(d. un fumător etc.)* confirmed, irreclaimable, inveterate.

învecina *vb. refl.* **1.** *(a fi vecini)* to be neighbours. **2.** *(a fi aproape) (de)* to be near *(cu acuz.)*, to be adjacent (to); *(d. țări etc.) (cu)* to border (upon), to be conterminous/contiguous (with). ⓐ *a se ~ cu...* **a.** to be near..., to be adjacent to..., to adjoin...; to border (upon)... **b.** *fig.* to border on/upon..., to verge on...

învecinat *adj.* neighbouring; *(alăturat)* next, adjacent; *(d. țări)* neighbour.

învedera **I.** *vb. tr.* to prove, to demonstrate, to evince, to make clear/obvious. **II.** *vb. refl. pas.* to be proved etc. v. ~ **I.**

învederat *adj.* clear, obvious, manifest, evident.

înveli **I.** *vb. tr. (a acoperi)* to cover; *(a înfășura)* to wrap (up); *(o casă)* to roof. **II.** *vb. refl.* to wrap oneself up.

înveliș *s.n.* cover.

învelitoare *s.f.* **1.** cover. **2.** *(față de masă)* table cloth. ⓐ ~ *de carte* wrapper.

învenina *vb. tr. și fig.* to poison, to envenom; *fig.* to embitter.

înveninare *s.f. și fig.* poisoning.

înveninat *adj.* **1.** *(otrăvitor)* venomous, poisonous. **2.** *(otrăvit)* poisoned. **3.** *fig.* embittered.

înverșuna *vb. refl.* to become/get furious/bitter, to warm up.

înverșunare *s.f.* **1.** fury, rage, < scarlet fury, frenzy. **2.** *(încăpățînare)* obstinacy, stubbornness.

înverșunat *adj.* **1.** furious, frenzied; *(aprig)* fiery, rabid. **2.** *(încăpățînat)* stubborn, obstinate; *(d. luptă)* stubborn, hot, fierce, bitter.

înverzi **I.** *vb. tr.* to make green; *(a vopsi în verde)* to paint green. **II.** *vb. intr.* to grow/turn green; *(a înfrunzi)* to leaf (out).

înverzit *adj.* green.

înveseli **I.** *vb. tr* to make merry, to cheer up; *(a înviora)* to enliven; to animate; *(a distra)* to amuse, to divert; *(a bucura)* to gladden. **II.** *vb. refl.* to cheer up, to brighten.

înveselitor *adj.* funny, exhilarating, mirth-provoking.

învesti *vb. tr. (cu)* to invest (with).

învestitură *s.f.* investiture.

înveșmînta **I.** *vb. tr.* **1.** *(în)* to (in)vest (in/with), to robe (in), *înv., poetic* to apparel. **2.** *fig.* to clothe. **II.** *vb. refl.* **1.** to robe. **2.** *fig.* to clothe.

învia **I.** *vb. intr.* **1.** to rise again, to rise from the dead. **2.** *fig.* to revive. **II.** *vb. tr.* **1.** to raise from the dead, to resurrect. **2.** *fig.* to revive, to resuscitate; *(a înviora)* to reanimate.

înviere *s.f.* resurrection, *fig. și* revival; *(nouă naștere)* rebirth.

învineți **I.** *vb. tr.* to (make) blue; to make livid. **II.** *vb. refl.* to turn/grow blue; to become livid.

învineţit *adj.* blue; livid; black and blue.

învingător I. *adj.* victorious, triumphant. II. *s.m.* conqueror, vanquisher, *poetic→*victor.

învinge I. *vb. tr.* to defeat, to vanquish; *(obstacole etc.)* to overcome; *(sentimente etc.)* to vanquish. II. *vb. intr.* to win, to be victorious, to win/carry the day, F→to come off victorious.

învinovăţi I. *vb. tr. (de)* to accuse (of), to charge (with), to blame (for). II. *vt. refl.* 1. to accuse oneself. 2. *reciproc* to accuse each other.

învinovăţire *s.f.* 1. accusing etc. v. î n v i n o v ă ţ i. 2. *(o acuzaţie)* accusation, charge.

învins I. *adj.* defeated, vanquished. II. *s.m.* vanquished person; *pl. (învinşii)* the vanquished.

învinui *vb.* v. î n v i n o v ă ţ i.

înviora I. *vb. tr.* to enliven; *(a încuraja)* to cheer up, to refresh; *(culorile etc.)* to brighten up; *(conversaţia)* to quicken, to enliven. II. *vb. refl.* 1. *(d. cineva)* to hearten up, to take heart. 2. *(a se anima)* to become animated.

înviorător *adj.* animating, inspiriting, enlivening; *(d. aer)* bracing, invigorating; *(împrospătător)* refreshing.

învîrteală *s.f.* F shady affairs; *(cîştig) sl.* make. ⓒ *a umbla după învîrteli sl.* to be on the make.

învîrteji *vb. tr. şi refl.* to whirl.

învîrti I. *vb. tr.* 1. to whirl, to spin, to wheel round; *(a răsuci)* to twist; *(o ţigară etc.)* to roll; *(cheia)* to turn about; *(ceasul)* to wind up. 2. *(a dansa)* to dance. 3. *(a mînui)* to wield; *(arme)* to brandish, to flourish. 4. *fig←*F to carry on. ⓒ *a ~ pe cineva pe degete* to turn/twist/wind smb. round one's (little) finger. ⓒ *ce învirte?* F what's his business? II. *vb. refl.* 1. to whirl, to spin, to go round; *(d. corpurile cereşti)* to revolve, *poetic→*to roll. 2. *(a nu avea astîmpăr)* to fidget. 3. *(a se căpă-*

tui) to come up/rise in the world, to fall into a good/nice berth. ⓒ *mi se învîrteşte capul* I am/feel giddy; *a se ~ fără rost (prin casă)* to potter/patter about.

învîrtire *s.f.* whirling etc. v. î n v î r t i.

învîrtit I. *adj.* whirled etc. v. î n v î r t i. II. *s.m.* 1. F racketeer; upstart, newly rich person. 2. *mil.* shirker, slacker, Cuthbert.

învîrtită *s.f.* kind of gay Romanian dance.

învîrtitură *s.f.* 1. *(întorsătură)* turn, bent. 2. *fig.* F trick.

învîrtoşa *vb. tr. şi refl. şi fig.* to harden.

învoi I. *vb. tr.* to give *smb.* leave; *(a permite)* to permit, to allow. II. *vb. refl.* 1. *reciproc* to agree; come to an agreement/an understanding. 2. v. t o c m i II. 3. *(a consimţi)* to consent, to give one's consent. 4. *(de la serviciu etc.)* to take leave of absence.

învoială *s.f.* agreement; contract. ⓒ *a cădea cu cineva la ~ asupra (cu gen.)* to argue smth. out with smb.

învoire *s.f.* 1. leave; *(permisiune)* permission. 2. v. î n v o i a l ă.

învolbura *vb. tr. şi refl.* to whirl.

învolburare *s.f.* whirling.

învolburat *adj.* whirling.

învoit *adj.* luxuriant; *(bogat)* rich, exuberant, plenteous, abundant; *(des)* thick.

învrăjbi *vb. refl.* to quarrel, < to be at loggerheads, to have a feud.

învrăjbire *s.f.* quarrel(ling); ill-blood, feud.

învrăjbit *adj.* at loggerheads, divided; *(potrivnic)* hostile.

învrednici I. *vb. tr.* to favour; to honour; to vouchsafe. ⓒ *n-o ~ cu un răspuns* he vouchsafed her no answer, he didn't deign to answer her. II. *vb. refl. (a fi în stare) (să)* to be able (to); *(a reuşi)* to succeed (în). ⓐ *a se ~ să...* a. *(a binevoi să)* to deign to... b. *(a avea norocul să)* to have the good fortune to...

înzăpezi I. *vb. tr.* to cover with snow, to bury in snow. II. *vb. refl.*

to get covered/obstructed/blocked with snow.

înzăpezit *adj.* snowed up, snow--bound, buried in snow.

înzdrăveni I. *vb. tr.* to cure; *(boala fiind gravă)* to bring through. II. *vb. refl. (a se întrema)* to recover.

înzdrăvenire *s.f.* recovery.

înzeci *vb. tr. şi refl.* to increase tenfold, to decuple.

înzecit *adj., adv.* tenfold.

înzestra *vb. tr.* 1. *(o fată)* to dower. 2. *(o instituţie etc.)* to endow; *(a (echipa)* to equip. 3. *fig.* to endow.

înzestrare *s.f.* 1. dowering etc. v.

înzestra 2. *fig.* endowments, abilities; (natural) gifts; *(talente)* accomplishments, talents.

înzestrat *adj.* gifted.

înzorzona I. *vb. tr.* 1. to deck out, to smarten up, F to dress/get up. 2. *fig.* to bedizen, to embroider. II. *vb. refl.* to get oneself up, to bedeck oneself, F to bolster oneself out.

înzorzonat *adj.* decked out etc. v. **înzorzona.**

îra *interj.* 1. *(exprimind ciudă)* F by jingo! by Jove! botheration! dash it all! dash my buttons! 2. *(exprimind uimire)* F oh (my)! (Great) Scott!

J

J, j *s.m.* J, j, the twelfth letter of the Romanian alphabet.

jabă *s.f. vet. (la oi)* sheep pox; *(la ctini)* distemper.

jabie *s.f. bot.* golden maidenhair *(Polytrichum)*.

jabou *s.n.* frill.

jacard *s.n. text.* Jacquard loom.

jachetă *s.f.* **1.** *(bărbătească)* jacket; *(scurtă)* pea jacket; *(de lină)* jersey, sweater; *(purtată dedesubt)* (under-)vest, guernsey. **2.** *(de damă)* (costume) jacket; *(de blană)* fur jacket.

jad *s.n. mineral.* jade, nephrite stone.

jaf *s.n.* plunder, sacking, pillage; *(prăpăd)* havoc; *(tilhărie)* robbery.

jaguar *s.m. zool.* jaguar, American tiger *(Felis onca)*.

jalbă *s.f.←inv.* **1.** *(cerere)* petition; *(către o autoritate, cu amănunte)* memorial; *(reclamație)* petition (for the redress of grievances). **2.** *(orală)* request, demand; *(smerită)* supplication; *(stăruitoare)* entreaty; *(plingere)* complaint. ⓒ *a veni cu jalba în proțap*←F to complain loudly about smth.

jale *s.f.* **1.** *(tristețe)* grief, sorrow, gloom; *(desperare)* despair, dejection. **2.** *(nenorocire)* misfortune; *(mizerie)* extreme misery/distress, sore distress; *(durere)* woe; *(doliu)* mourning. **3.** *(bocete)* wailing; *(gemete)* moaning, groans. **4.** *bot.* v. **j a l e ș.** ⓐ ~ *adîncă* deep sorrow/mourning/woe. ⓑ *cîntec de* ~ **a.** mourning song, (funeral) dirge. **b.** sad song; *cu* ~ **a.** *(trist)* sadly, mournfully. **b.** *(cu milă)* pitifully, compassionately; *de* ~ **a.** (much) to be pitied. **b.** *(d. lucruri)* lamentable, deplor-

able. ⓒ *a-i fi* ~ *de cineva* to pity smb., to feel sorry for smb.; to take pity on smb.; *a-i fi* ~ *după ceva* to grieve sorely over smth. (lost), to bewail/mourn the loss of smth.; *a-l cuprinde* ~*a* to be seized with grief.

jaleș *s.m.* **1.** *bot.* sage *(Salvia)*. **2.** *bot.* hedge nettle, woundwort *(Stachys)*.

jalnic I. *adj.* **1.** *(trist)* sad, mournful, heart-rending, sorrowful, distressing; *(îndoliat)* mourning; *(d. voce)* plaintive. **2.** *(d. lucruri)* pitiable, deplorable, lamentable. **3.** *(în mizerie sau nenorocire)* wretched. **II.** *adv.* sadly etc. v. ~ **I.**

jalon *s.n.* **1.** *agr.* station staff/pole, stake; (surveyor's) staff, (range) pole; stake, rod. **2.** *fig.* landmark, beacon. ⓒ *a pune jaloane fig.* to show the way, to blaze a trail.

jalona *vb. tr.* **1.** *agr.* to lay/stake out, to mark *stations.* **2.** *fig.* to mark out, to place landmarks in.

jaluzea *s.f.* (window) blind.

jambiere *s.f. pl.* gaiters; *(scurte)* spats; *(de piele)* leggings, uppers.

jambon *s.n.* ham; *(de la picioarele din spate)* gammon of bacon; *(de la gleznă)* hock of bacon. ⓐ ~ *afumat* smoked ham.

jandarm *s.m.* **1.**←*odin.* gendarme, police soldier. **2.** *fig.* tartar; *(femeie)* virago, (she-)dragoon, termagant.

jandarmerie *s.f.←odin.***1.** gendarmerie, constabulary, military police force. **2.** *(sediu)* military police. **3.** *(rurală)* country police.

janghinos←P. **I.** *adj.* **1.** *(murdar)* filthy; *(păduchios)* lousy; *(rîios)* scabbed, mangy. **2.** *(țigărit)* F weedy, *amer.* scraggy, scrawny.

II. *s.m.* F tatterdemalion, ragamuffin, lousy/filthy/scurvy fellow/knave.

janilie *s.f.* chenille.

jantă *s.f.* *auto etc.* rim.

janţ *s.n.* cheese butter.

jap *interj.* smack!

japcă *s.f.* ⓒ *a lua cu japca* **a.** to seize by force. **b.** *(a înhăţa)* to snatch away; to snap up.

japonez *adj.*, *s.m.* Japanese.

japoneză *s.f.* **1.** Japanese (woman *sau* girl). **2.** Japanese, the Japanese language. **3.** *(chiflă) a kind of roll.*

japşă *s.f.* backwater.

jar *s.n.* **1.** embers v. şi j e r a t i c. **2.** *(dogoare)* glow, heat. **3.** *fig.* ardour, fervour; glow, fire, passion. ⓑ *pe* ~ *fig.* afire, aglow.

jardinieră *s.f.* flower stand, ornamental flower pot.

jargon *s.n.* **1.** jargon; *(al unui anumit grup social)* cant, patter. **2.** slang. **3.** *(limbaj neînţeles)* gibberish. ⓐ ~ *gazetăresc* journalese; ~ *medical* medicalese; ~ *oficial* officialese, gobbledygook; ~ *pedagogic* pedageese; ~*ul hoţilor* thieves' cant.

jart *interj.* smack!

jartieră *s.f.* garter. ⓑ *ordinul jartierei* the Order of the Garter

jasp *s.n.* *mineral.* jasper.

javră *s.f.* **1.** *(cîine urît)* cur; *(cîine care latră într-una)* yelper, yelping dog/cur. **2.** *fig.* cur.

jaz *s.n.* jazz.

jazband *s.n.* jazzband.

jăcmăni... v. j e f u i...

jărăgai *s.n.* **1.** v. j e r a t i c. **2.** heartburn, water brash, S→pyrosis, cardiagia.

jder *s.m.* *zool.* marten *(Mustela).*

jecmăni... v. j e f u i...

jefui *vb.* *tr.* **1.** to rob, to plunder. **2.** *(un călător)* to rob, to strip, to rifle the pockets of; *mil.* to pillage, to (ran)sack, to loot; *fig.* to fleece, to bleed.

jefuire *s.f.* **1.** robbing etc. v. j e f u i. **2.** *(jaf)* robbery; pillage; *fig.* fleecing, bleeding.

jefuitor I. *adj.* robbing, plundering. **II.** *s.m.* robber, plunderer.

jeg *s.n.* dirt, filth (on the skin).

jegos *adj.* dirty, filthy, soiled.

jejun *s.n.* *anat.* jejunum.

jeleu *s.n.* jelly.

jeli I. *vb.* *tr.* to mourn for, to lament over; to grieve sorely over; *(soarta cuiva)* to bewail, to bemoan; *(a compătimi)* to pity, to commiserate, to sympathize with. **II.** *vb.* *intr.* *şi refl.* **1.** *(a se tîngui)* to lament; to wail, to moan, to groan. **2.** *(a purta doliu) (după)* to be in mourning (for).

jelire *s.f.* lamentation, commiseration, mourning etc. v. j e l i.

jelitoare *s.f.* hired mourner, woman hired to lament over a dead person.

jelui I. *vb.* *tr.*←P v. j e l i. **II.** *vb.* *refl.* **1.** to lament, to wail, to moan. **2.** *(a se plînge) (de)* to complain (of); *(cu voce tare) (împotriva)* to cry out (against). **3.** *(a adresa o plîngere)* to lodge a complaint.

jeluire *s.f.* **1.** lamenting etc. v. j e l u i. **2.** *(plîngere)* complaint; *(reclamaţie)* petition (for the redress of grievances).

jena I. *vb.* *tr.* **1.** to impede; *(a incomoda)* to incommode, to hinter; *(a stringe)* to be too tight for, to pinch. **2.** *fig.* to embarrass; *(a sta în calea)* to be in the way of; *(a incomoda)*to trouble, to incommode, to inconvenience, to disturb. ⓒ *il jenează haina* his coat is much too tight for him; *mă jenează pantofii* my shoes pinch me; *dacă nu vă jenează* if it does not inconvenience you; *vă jenează valiza?* is this bag in your way? **II.** *vb.* *refl.* to stand upon ceremony, to make ceremony; to be timid/bashful; *(a avea scrupule)* to scruple. ⓒ *a nu se* ~ *să facă ceva* not to mind doing a thing, F→to make no bones about doing a thing; *se jenează să-i vorbească* he is too timid to speak to her; *nu te* ~*!* don't stand on ceremony! make yourself at home! F→don't be bashful!

jenant *adj.* *(stînjenitor)*troublesome, embarrassing; *(incomod)* inconvenient, incommodious; *(plictisitor)* tedious; *(care dă bătaie de cap)* irksome, annoying; *(neplăcut)* un-pleasant; *(delicat)* delicate, F→ ticklish; *(penibil)* painful. ⓒ *e o chestiune* ~*ă* it is a delicate/knotty/F→ticklish affair; *e o situaţie* ~*ă* **a.** it is a delicate situation. **b.** *(lucrurile stau prost)* it is an awkward plight, F→it is a nasty fix.

jenat *adj.* embarrassed; ill at ease.

jenă *s.f.* **1.** *(stinghereală)* discomfort, uneasiness, uncomfortableness. **2.** *(încurcătură)* embarrassment, perplexity, dilemma; trouble. **3.** *(sfială)* shyness, timidity, reserve, bashfulness. **4.** *(financiară)* want, straitened circumstances. ⓑ *fără* ~ **a.** *(necruţător)* unsparingly. **b.** *(cu curaj)* without the least fear. **c.** *(fără ceremonie)* without any ceremony; *lipsit de* ~ not standing on ceremony, unceremonious, F→making no bones; *(neruşinat)* impudent, cheeky, bold. ⓒ *încerc o uşoară* ~ *în respiraţie* there is a little trouble in my breathing.

jep *s.m. bot.* knee pine, dwarf mountain fir *(Pinus pumilio)*.

jeratic *s.n.* **1.** red-hot/live coals. **2.** *(ultimii cărbuni roşii)* embers. ⓑ *(ca) pe* ~ (like a cat) on hot bricks, on thorns. ⓒ *a sta ca pe* ~ to be on tenter-hooks.

jerbă *s.f.* **1.** *(mănunchi)* cluster. **2.** *(snop)* sheaf. ⓐ ~ *de apă* wheat--sheaf jet; ~ *de flori* festoon, garland (of flowers); ~ *de foc* sheet of fire, fire sheaf.

jerpeli I. *vb. tr.* to tear to rags/tatters. **II.** *vb. refl.* to wear out, to become threadbare/shabby/tattered/ragged.

jerpelit I. *adj.* **1.** *(d. cineva)* out at elbows, shabby(-looking), in rags (and tatters). **2.** *(d. haină)* threadbare, tattered (and torn), shabby(-looking). **II.** *s.m.* ragamuffin, tatterdemalion.

jerseu *s.n.* jersey; *(ca material)* fine machine-knitted *sau* woven material. ⓐ ~ *de lînă* woolen stockinet.

jertfă *s.f.* **1.** offering, sacrifice, S→ immolation, oblation. **2.** *(victimă)*

victim; *(martir)* martyr; *(pradă)* prey. **3.** *fig.* sacrifice. ⓒ *a aduce o* ~ to make a sacrifice.

jertfi I. *vb. tr.* to sacrifice, to offer as a victim, S→to immolate; *(a omorî)* to kill. **II.** *vb. refl.* **1.** to sacrifice oneself, to offer oneself as a victim, to immolate oneself. **2.** *(a se devota)* *(cu dat.)* to devote oneself (to). ⓒ *a-şi* ~ *viaţa pentru patrie* to give/to lay down/to sacrifice one's life for one's country.

jeton *s.n.* counter. ⓐ ~ *de prezenţă* token, tally.

jeţ *s.n.* easy/arm chair.

jgheab *s.n.* **1.** *(ţeavă)* conduct, pipe; *(renură)* groove. **2.** *(canal pentru apă)* gully, sewer. **3.** *(de acoperiş)* gutter; *(streaşină)* eaves; *(burlan)* drain, gutter pipe. **4.** *(pt. adăpat)* trough; *(la moară)* mill race, pentrough, leat. **6.** *(în munte)* footpath in the mountains; canon. **7.** *(pt. puşcă)* rifle. ⓐ ~ *de sare* big block of salt; ~*urile cerului* floodgates.

jiclor *s.n. auto.* jet (nozzle), spray nozzle; nose pipe.

jiganie *s.f.* **1.** *(monstru)* monster, monstrous/awful creature, prodigy, F fright. **2.** *(↓pentru a speria copii)* bugbear, bugaboo. **3.** v. j i v i n ă.

jigări *vb. refl.* F to lose flesh, to fall away; to grow lean.

jigărit I. *adj.* lean, skinny, F weedy, scrawny, scraggy. **II.** *s.m.* F bag of bones.

jigni *vb. tr.* **1.** *(a ofensa)* to offend, to give offence to; to insult, to hurt/injure *(smb.'s* feelings). **2.** *(a nedreptăţi)* to wrong. ⓒ *a* ~ *buna-cuviinţă* to offend against (the rules of) decency, to shock people's feelings.

jignire *s.f.* **1.** *(ofensă)* offence, hurt, insult; affront. **2.** *(nedreptate)* wrong.

jignitor *adj.* offensive, cutting; insulting; scathing, stinging.

jigodie *s.f.* **1.** *vet.* distemper (of dogs). **2.** *vet.* mange. **3.** *(javră)* cur, knave, scoundrel; beast. **4.** v. j i v i n ă.

jigou *s.n.* leg of mutton.

jilăvi I. *vb. tr.* to moisten, to damp; *(a uda)* to wet; *(a stropi)* to sprinkle. II. *vb. refl.* to be(come) moist, to be/get damp.

jiletcă *s.f.* waistcoat, vest.

jilip *s.n. tehn.* shoot, chute; log slide, sluice.

jilț *s.n.* easy/arm chair.

jimblă *s.f.* white (wheaten) loaf of bread.

jind *s.n.* **1.** desire, longing, wisn, < yearning, craving, hankering, ardent/keen desire. **2.** *(invidie)* envy. © *a se uita cu* ~ *la ceva* to look at smth. with eager longing, to regard smth. with envious/covetous eyes.

jindui *vb. tr.* **1.** *(a dori intens)* to wish for, to hanker after, to crave for; *(a rivni)* to covet; *(a tinji după)* to long/yearn for. **2.** *(a invidia)* to envy, to regard with envious eyes.

jinduitor *adj.* covetous, hankering etc. v. **j i n d u i**.

jintiță *s.f.* **1.** *sediments left on the bottom of the pail after the boiling of the whey.* **2.** whey mixed up with *urda*.

jintuială *s.f.* cheese butter.

jir *s.n.* bevch mast/nut. © *a mina/ duce porcii la* ~ F to drive one's pigs to market.

jirebie *s.f.*←*reg.* narrow plot of tilled land.

jitnicer *s.m. odin.* provisioner.

jiu-jitsu *s.n.* judo, ju jutsu, jiu-jitsu/jutsu.

jivină *s.f.* **1.** animal; wild beast. **2.** *fig.* hideous/awful creature; monster.

jneapăn *s.m.* juniper (tree) *(Juniperus)*.

joacă *s.f.* **1.** play; *(in aer liber)* (outdoor) sport. **2.** *(partidă)* play, game. **3.** *(distracție)* pastime, recreation. ① *de* ~ for fun; *din* ~ just for the fun of it; as a joke, in jest. © *a strica joaca* to spoil the fun.

joagăr *s.n.* **1.** *(instalație)* sawmill. **2.** *(beschie)* two-handed crosscut saw.

joantă *s.f. ferov.* joint (of rails).

joardă *s.f.* **1.** switch, rod. **2.** *(lovi-* *tură de* ~*)* stroke/cut with a rod.

joben *s.n.* (high) silk hat, F→top hat, topper, *glumeț*→chimney pot.

joc *s.n.* **1.** play(ing). **2.** *(de noroc sau abilitate)* game. **3.** *(in aer liber)* (outdoor) sport. **4.** *(distracție)* pastime, recreation. **5.** *(ceea ce slujește pt. joc)* set; pack; *(la cărți)* pack of cards; *(la dame)* draughts; *(la popice)* set of ninepins; *(la șah)* set of chessmen, chessboard. **6.** *(un fleac)* a pushpin, a mere child's play. **7.** *(dans)* dance; dancing. **8.** *teatru* (style of) acting, F→business. **9.** *muz.* execution, technique; style. **10.** *(al unei mașini)* working. ⓐ ~ *cinstit* fair play; ~ *de apă* play of water works; ~ *de bursă* stock-jobbing/-exchange speculations; *un* ~ *de cărți* a card party, a game at cards; ~ *de cuvinte* pun; ~ *de cuvinte încrucișate* crossword puzzle; ~ *de hazard/noroc* game of chance; ~ *de salon* indoor/parlour game; ~ *de societate* society game; ~ *mut teatru* dumb show; ~ *nevinovat* innocent/harmless play, innocent amusement; ~ *strîns* close game; ~*ul cu gajuri* forfeits; ~*ul pistonului* play/stroke of the piston; ~*uri copilărești* sports of infancy, childish sports; ~*urile olimpice* the Olympic games. ⓑ *carte de* ~ playing card; *casă de* ~ gambling/ gaming house; *masă de* ~ gam(bl)ing table, roulette table; *minge de* ~ ball for playing; *noroc la* ~ luck at play; *patima* ~*ului* passion for gam(bl)ing; *regulă de* ~ rule of the game; *teren de* ~ ground; *(la tenis)* court, ground; *(la cricket)* cricket field; *(la popice)* skittle ground; *(școlar)* playground; *tovarăș de* ~ playfellow, playmate. © *a-și bate* ~ *de...* to make fun/ game of..., to turn... into ridicule, to deride..., < to mock/scoff/jeer/ laugh at...; *a face* ~*ul* to lay down the stakes, to stake; *a face* ~*ul cuiva fig.* to play into smb.'s hands; *îi place* ~*ul fig.* he likes it; *a ieși din* ~ to fling up one's cards; *fig. și* to be shelved; *mi-era viața in* ~ my life was at stake;

a fi în ~ to be at stake; *a intra* în ~ **a.** *(a-i veni rîndul la joc)* to be one's turn to play. **b.** *fig.* to be one's turn to do smth.; *a pune* în ~ to stake; to risk; to involve; to endanger; *nu iau parte la* ~ I am not in the game; *vrei să iei parte la* ~? will you make one of us? *a înșela la* ~ to cheat; *a pierde la* ~ to lose at play; *(ceva)* to play... away, to gamble... away. ⓓ ~*ul rupe cojocul* too much of a good thing is good for nothing.

jocheu *s.m.* jockey.

joi *s.f.* Thursday. ⓐ *Joia mare* Maundy Thursday; *(la catolici)* Holy Thursday; ~ *după Paști* F when two Sundays come together. ⓑ *de* ~ *pînă mai apoi*←F **a.** *(puțin)* (for) a short time, for a season. **b.** *(la nesfîrșit)* endlessly; *din* ~ *în paști* F once in a blue moon. ⓒ *îi lipsește o* ~*e* F he is batty, he has a screw loose.

joian[1] *s.m.* name given to an ox born on a Thursday.

joian[2] *s.m. bot.* earth nut *(Oenanthe).*

joiană *s.f.* **1.** name given to a cow born on a Thursday. **2.** a Romanian popular dance.

joimărița *s.f.* **1.** an imaginary monster in the shape of a woman. **2.** *fig.* old maid, F unappropriated blessing, *inv.*→ape leader. **3.** *(hîrcă)* hag. **4.** *ornit.* (night) owl *(Strix).*

joncă *s.f. nav.* (Chinese) junk.

joncțiune *s.f.* junction. ⓒ *a face* ~*a mil.* to join hands.

jongla *vb. intr.* to juggle, to play tricks by sleight of hand. ⓒ *a* ~ *cu cuvintele* to play on words; *a* ~ *cu rimele* to juggle with rhymes.

jongler *s.m.* **1.** juggler. **2.** *fig.* trickster, deceiver, cheat.

jonglerie *s.f.* **1.** juggle, juggling; sleight of hand. **2.** *(șarlatanie)* trickery; deceit; imposture.

jordie *s.f.* v. **j o a r d ă.**

jos I. *adj.* **1.** low. **2.** *(josnic)* base, vulgar, mean. ⓓ *o casă joasă* a low house; *cu o voce joasă* in a low tone/voice, in a whisper; *o masă*

joasă a low table; *un om de statură joasă* a man of low stature, a short man; *pămînturi joase* lowlands, low-lying lands; *prețuri joase* low prices; *temperatură joasă* low temperature. ⓒ *ai luat un ton prea* ~ you have begun in too low a key, you have begun at too low a pitch. **II.** *adv.* **1.** down; *(dedesubt)* below, ↓ *poetic* beneath, underneath. **2.** *(pe pămînt)* (down) on the ground; *fig.* here, below, on this earth; *(cu verbe de mișcare)* to the ground. **3.** *(la parter)* on the ground floor; downstairs. **4.** *(în vale)* in the valley/plain. **5.** *(la fund)* at the bottom. **6.** *(la poalele dealului etc.)* at the foot of the hill etc. **7.** *(la subsolul unei pagini)* below, at the foot/bottom of the page. **8.** *interjecțional* down! *(coboară)* come down! ⓐ ~ *mîna!* hands off! ~ *pălăriile!* hats off! off with your hats! ⓑ *acolo* ~ (down) below; *cel mai de* ~ the lowest; at the bottom; *the bottom...; cu capul în* ~ with bent/drooping head; *cu ochii în* ~ with one's eyes cast down; *de* ~ **I.** *adj.* **a.** *(inferior)* lower. **b.** *(pe sol)* (down) on the ground; *fig.* here below. **c.** *(ca stare socială)* lowly, humble, obscure, *(dintr-un loc jos)* from below. **II.** *adv.* from below etc. **v.** ~ **II**; *de sus pînă* ~ **a.** from top to bottom; from head to foot. **b.** *(peste tot)* throughout; *în* ~ downwards; *în sus și în* ~ **a.** (going) up and (coming) down. **b.** *(pe scări)* up and down the stairs, upstairs and downstairs; *mai* ~ further/lower down; *(mai departe)* further on; *mai* ~ *amintit* undernamed, undermentioned; *(în acte)* (as) hereunder; *partea de* ~ the lower part; *pe Dunăre în* ~ down the Danube; *pe* ~ **a.** *(cu piciorul)* on foot, F→on Shank's mare, *inv.* ⌐ afoot. **b.** *(undeva jos)* somewhere down here/there; *trei etaje mai* ~ three stories lower. ⓒ *cum vom vedea mai* ~ as we shall see farther on/lower down; *a se plimba în sus și în* ~ to walk up and down; *soarele e* ~ the sun is down; *stai* ~! sit down! **III.** *s.n.* lowest part. ⓑ *în* ~*ul scărilor* downstairs; *în* ~*ul riului* down the river, down stream.

josnic I. *adj.* base, mean, abject, vile. **II.** *adv.* basely etc. v. ~ **I.**

josnicie *s.f.* vileness, baseness, infamy; *(act josnic)* villainous/mean act, villainy.

joule *s.m. fiz.* joule.

jovial I. *adj.* jovial, cheerful, F→ jolly. **II.** *adv.* jovially.

jovialitate *s.f.* joviality, jovialness, cheerfulness, F→jollity.

jubila *vb. intr.* to jubilate, F→to chuckle, to tread on air.

jubilare *s.f.* jubilation etc. v. j u- b i l a.

jubileu *s.n.* jubilee.

jubiliar *adj.* jubilee. ⓐ *an* ~ jubilee year; *cîntec* ~ jubilee song/ hymn/chant; *sărbătoare* ~*ă (după 25, 50 sau 60 ani)* jubilee; *(după 100 ani)* centenary (celebration).

juca I. *vb. intr.* **1.** to play; *(a se distra)* to sport, to wanton, to frolic, to frisk, to gambol; *(în glumă)* to play, to sport, to trifle. **2.** *(a juca jocuri)* to game, to play a game of; *(pt. bani)* to gam(bl)e. **3.** *teatru* to act, to be/tread on the boards. **4.** *(a dansa)* to dance, F→to foot it. **5.** *tehn.* to have room enough for motion, to have an easy motion; to work loose. **6.** *(a flutura)* to flutter. **7.** *(la şah etc.)* to move. ⓒ *cine joacă?* whose turn is it to play? *dumneata joci?* do you play? will you make one of us? *a* ~ *à la baisse fin.* to bear, to speculate on falls; *a* ~ *à la hausse fin.* to speculate on a rise, to go a bull, to bull the market; *a-i* ~ *ochii în cap* to roll one's eyes; *steagul joacă în vînt* the flag flutters in the wind; *a* ~ *intr-o piesă* to appear/come on the stage; *(pt. prima oară)* to make one's début; *(pt. ultima oară)* to make one's farewell bow (to the audience); *a* ~ *la bursă* to dabble in the stocks; *a* ~ *la loterie* to put in the lottery; *a* ~ *la sigur* to play a sure game; *a* ~ *pe bani*

to play for money, to gamble; *a* ~ *pe funie* to dance on the rope. **II.** *vb. tr.* **1.** to play (at). **2.** *(la şah etc., a face o mişcare)* to move. **3.** *(a risca)* to play for, to stake, to hazard. **4.** *teatru* to play, to perform on the stage, to act, to represent. **5.** *(a dansa)* to dance. ⓐ *a* ~ *pe...* to sham..., to feign..., to counteract...; to act (the part of)..., to play the... ⓒ *a* ~ *biliard* to play (at) billiards; *a* ~ *o carte bună* to play a high card; *a* ~ *o fată* to dance with a girl; *a(-i)* ~ *cuiva o festă* to play smb. a bad trick; *a* ~ *o figură (la şah)* to move one of the men; *ştie cum să-l joace* she knows how to handle him; *a* ~ *o piesă* to act/perform a play; *a* ~ *popice* to play (at) skittles/ninepins/bowls, to bowl, to go bowling; *a* ~ *un rol de...* **a.** to play the part of... **b.** *(a o face pe)*∘to assume the part of...; *a* ~ *un rol important şi fig.* to play an important part; *a* ~ *rolul lui Hamlet* to play (the part of) Hamlet; *a* ~ *teatru şi fig.* to act, to act a part; *a* ~ *tenis* to play tennis; *a* ~ *ţurca fig.* to make a mockery of things; *a* ~ *ultima carte* to play one's last card/stake/ trump; *a* ~ *un vals* to dance a waltz. **III.** *vb. refl.* **1.** to play. **2.** *(a-şi petrece timpul)* to amuse oneself. **3.** *(a glumi)* to sport, to wanton. **4.** *pas.* to be played etc. v. ~ **I**; *teatru etc.* to be on. ⓒ *astă-seară se joacă Hamlet* Hamlet is to be played to-night; *azi nu se joacă nimic* (there will be) no performance today; the theatre is closed today; *la Teatrul Naţional se joacă Othello* Othello is on at the National Theatre; *pisica se joacă cu şoarecele şi fig.* the cat plays with the mouse; *a se* ~ *cu cuvintele* to play on words; *a se* ~ *cu mingea* to play ball.

jucărie *s.f.* **1.** plaything, toy. **2.** *fig. (lucru uşor)* easy thing, mere play(work), trifle, trifling matter. **3.** *fig. (păpuşă)* tool, puppet; sport. ⓒ *e o (simplă)* ~ *în mîna* *ei* he is a (mere) puppet/tool in her hands.

jucător *s.m.* **1.** player; *(prost)* rabbit. **2.** *(la jocurile de noroc)* gamester, gambler; *(de cărţi)* card player; *(la bursă)* stock-jobbler. **3.** *(dansator)* dancer; *(pe funii)* rope dancer, funambulist.

jucăuş I. *adj.* **1.** fond of dancing. **2.** *(căruia îi place să se joace)* playful, frolicsome. **3.** *(d. ochi)* rolling, quick. **II.** *s.m.* dancer.

judeca I. *vb. tr.* **1.** *jur.* to try, to hear and determine *a case*; to sentence; to pass sentence on. **2.** *fig.* to judge (of), to pronounce a judgment upon, to pass a judgment on; *(a critica)* to censure, to criticize; *(a condamna)* to condemn, to find fault with, to slate; *poetic* to doom. **3.** *(a socoti)* to think. ⓒ *nu-i ~ pe alţii după tine* don't judge of others by yourself; *a ~ pe cineva prea aspru* to be too hard on smb. **II.** *vb. refl.* **1.** *(cu cineva)* to carry on a lawsuit with smb. **2.** *(pe sine)* to judge oneself. **3.** *(d. un proces)* to be tried. **4.** *(reciproc)* to judge one another. ⓒ *cind se judecă procesul?* when does the case come on for trial? *procesul nu se judecă azi* the case is not tried today. **III.** *vb. intr.* **1.** *(a hotări asupra)* to decide (upon). **2.** *(a face o judecată)* to judge; to mete out justice. ⓐ *a ~ după...* to judge by... ⓒ *a ~ după aparenţe* to judge by appearances, to judge according to the label.

judecare *s.f.* **1.** *jur.* trial. **2.** *fig.* *(criticare)* censure, criticism; *(condamnare)* condemnation. **3.** *fig.* *(apreciere)* appreciation, estimation.

judecată *s.f.* **1.** *jur.* judgment, act of judging; *(proces)* trial; *(hotărîre judecătorească)* (judge's) decision, sentence, verdict. **2.** *(opinie)* judgment, opinion, view; idea. **3.** *psih.* reason. **4.** *(înţelegere)* understanding, intellect, intelligence; judgment, discernment; *(bun simţ)* common/good sense. **5.** *log.* judgment. ⓐ *judecata de apoi* (last) day of judgment, doomsday, the

great account; ~ *falsă/greşită* wrong/erroneous opinion misconception; ~ *publică* public opinion; ~ *sănătoasă* sound judgment, F→ nous. ⓑ *cheltuieli de ~* (law) costs, legal charges; *cu ~* sensible, reasonable, shrewd, F→judgmatic(al); *dare în ~* action, legal proceedings; *de ~* judiciary; *după judecata lumii* in the eyes of the world; *după judecata mea* in my judgment, in my opinion, to my way of thinking, F→as I take it; *la ~* *jur.* in court, before the judge(s), at the bar of justice; *lipsit de ~* not sensible, lacking (in) good sense, injudicious, foolish, unwise; *scaun de ~* judge's seat/chair; *zi de ~* day of hearing, day on which a case is to be heard/tried. ⓒ *ţi-ai pierdut judecata?* are you out of your senses? is your sense of reason gone? *a da pe cineva în ~* to summon/sue smb. at laws/in court, to proceed against smb., to bring smb. to justice/trial; *a merge la ~* to go to law; *a se prezenta la ~* to appear in court; to take one's trial.

judecător *s.m.* **1.** *jur.* judge; magistrate; justice; *(arbitru)* arbitrator. **2.** *fig.* judge(r); connoisseur. ⓐ ~ *de instrucţie* examining magistrate; ~ *de pace/ocol* justice of the peace; ~ *suprem* supreme judge.

judecătoresc *adj.* **1.** *(de judecător)* of a judge, judicial. **2.** *(judiciar)* judiciary. ⓑ *corp ~* body/conclave of judges; *funcţie judecătorească* judge's office; judicature; *scaun ~* judge's seat/chair; *sentinţă judecătorească* sentence, judgment; *vacanţă judecătorească* recess, vacation(s).

judecătorie *s.f.* **1.** *(funcţie)* judge's office, judicature. **2.** *(sediu)* law court; *(mai mică)* country court, session house; *(în Londra)* (the) Law Courts. ⓐ ~ *de ocol/pace* aprox. country court.

judeţ *s.n.*←*odin.* district.

judeţean *adj.*←*odin.* district...

judiciar I. *adj.* judicial; *(judecătoresc)* judiciary; *(potrivit formei* *judiciare)* juridical. ⓑ *anchetă* ~*ă* judicial inquiry; *crimă* ~*ă* judicial murder; *cronică*~*ă* law reports; *medicină* ~*ă* forensic medicine, medical jurisprudence; *procedeu* ~ judicial proceedings; *vînzare* ~*ă* sale by order of the court. **II.** *adv.* judicially.

judicios I. *adj.* sensible, judicious. **II.** *adv.* sensibly, judiciously.

judo *s.n.* v. j i u - j i t s u.

jug *s.n.* 1. *şi fig.* yoke. 2. v. j u j e u. 3. *constr.* trimmer. ⓑ *boi de* ~ draught oxen. ⓒ *a pune la* ~ to (put to the) yoke; *a trage împreună la* ~ to draw the yoke together.

jugan *s.m.* gelding, castrated horse.

jugastru *s.m. bot.* common maple (*Acer campestre*).

jugăni *vb. tr.* to castrate; *vet.* to geld, F→to doctor.

jugănit *adj.* castrated etc. v. j u g ă n i.

jugula *vb. tr.* to strangle.

jugular *adj. anat.* jugular. ⓑ *arteră* ~*ă anat.* jugular artery; *vînă* ~*ă anat.* jugular vein.

jujeu *s.n.* (triangular) cog, yoke, poke.

juli I. *vb. tr.* to scratch, < to gall, to chafe, to graze. **II.** *vb. refl.* to scratch/graze oneself/one's skin.

julitură *s.f.* scratch.

jumări *s.f. pl.* 1. (pork) scraps. 2. *(ouă)* scrambled eggs.

jumătate *s.f.* 1. half, moiety. 2. *(soţie)* F better half. 3. *agr. a* heap of *13—17 sheaves.* 4. *muz.* minim. 5. *(stare incompletă)* halfness. ⓐ *o* ~ *de an* six months, half year; *o* ~ *de coroană* half (a) crown; *o* ~ *de milă* half a mile; *o* ~ *de om (în basme)* man eater; *o* ~ *de oră* half an hour; *o* ~ *de pîine* half a loaf; *o* ~ *de sticlă* half a bottle; *o* ~ *de ton muz.* semitone, half tone; ~*-*~ half and half, F→fifty-fifty; *jumătăţi de măsură* half (and half) measures. ⓑ *un an şi* ~ eighteen months; *calea* ~ half way; *copt pe* ~ half-baked; *cu* ~ *de preţ* for half the money, at half-price; *cu* ~ *mai puţin* less by half; *cu* ~ *(de) voce/gură* in an undertone; *de o* ~ *de zi* half a

day's; *doi ani şi* ~ two years and a half; *durînd o* ~ *de oră* of half an hour's duration; *fript pe* ~ underdone; *încă odată şi* ~ half as much; *la fiecare* ~ *de oră* every half hour, half-hourly; *la* ~ *de drum* half way; *la unu şi* ~ at half past one; *un leneş şi* ~ F lazy-bones; *nici pe* ~ not half as much; *o dată şi* ~ *mai înalt* half as tall again (as smb.); *pe* ~ *copt* half ripe *sau* baked; *pe* ~ *deschis* half open; *pe* ~ *gol* half naked, semi-nude; *pe* ~ *mort de oboseală* half dead with fatigue, F→done up; *pe*~*treaz* half awake. ⓒ *a rupe în* ~ to break in two; *a se opri la* ~ *de drum* to stop/ halt half-way/ midway; *asculta pe* ~ he scarcely listened; *uşa e pe* ~ *deschisă* the door is/ stands ajar; *a face ceva pe* ~ to do smth. by halves; *l-a terminat numai pe*~he only half finished it; *ceasul bate* ~*a* it/the clock is striking the half-hour; *a merge/face* ~ to go halves/fifty-fifty; *copiii plătesc* ~ children pay half-price.

jumuleală *s.f.* 1. plucking. 2. *fig.* F fleecing, bleeding.

jumuli *vb. tr.* 1. *(păsări)*to pluck. 2. *fig.* to rob, F to fleece. 3. *(de frunze)* to strip/denude of leaves, S→ to defoliate. 4. *(a-i lua hainele)* to disrobe, to strip.

jună *s.f.←înv.* sau *glumeţ* girl; *elev.* maiden, *poetic* (young) lass; F (young) damsel, flapper.

junc *s.m.* young bullock.

juncan *s.m.* steer, bullock.

juncă *s.f.* heifer.

june ←*înv.* sau *glumeţ* **I.** *adj.* young, F green, raw. **II.** *s.m.* young man, youth; *(ceva mai tînăr)* lad, stripling; *(băiat)* (young) boy, F youngster. ⓐ ~ *prim* jeune premier; *teatru* juvenile/male lead.

jungher *s.n. (pumnal)*←*înv.* dagger.

junghi *s.n. med.* stitch (in the side etc.), twinge, shooting.

junghietură *s.f.* 1. *(ceafă)* nape, back of the neck. 2. v. j u n g h i.

junglă *s.f.* jungle.

Junimea *s.f. ist.* the Junimea literary circle.

junimist *adj., s.m. ist.* „Junimist",
member of the Junimea literary
circle.
junincă *s.f. zool.* heifer.
juntă *s.f.* junta.
jupîn *s.m.←inv.* **1.** *(boier)* boyar(d).
2. *(stăpîn)* master; *(domn)* mis-
ter...; *(patron)* patron, F boss,
governor. **3.** *(d. copii)* master. **4.**
peior. sirrah.
jupîneasă *s.f.←inv.* **1.** titled lady;
a boyar's wife. **2.** *(soţie)* wife,
consort; *(de negustor)* merchant's
wife. **3.** *(menajeră)* housekeeper;
(fată în casă) housemaid; *(servi-
toare)* servant. **4.** *(orăşeancă)* towns-
woman.
jupîniţă *s.f.←inv.* young titled lady.
jupon *s.n.* half/waist petticoat, un-
derskirt.
jupui I. *vb. tr.* **1.** *(pielea)* to skin,
to flay , <S→to excoriate ; *(scoarţa)*
to bark, to remove the bark from ;
(a juli) to scratch, < to gall, to
graze; *(a răni)* to wound. **2.** *fig.*
to fleece, to rob. ⓒ *o să-l jupoi
de viu!* F I'll make mince meat
of him! **II.** *vb. refl.* **1.** *(d. piele)*
to peel (off), to scale, to come off.
2. *(d. pomi)* to shed the bark.
jupuială *s.f.* **1.** skinning, S→excoria-
tion. **2.** v. j u p u i t u r ă. **3.** *(de
bani)* robbing, fleecing.
jupuitură *s.f.* *(julitură)* scratch;
med. excoriation, desquamation.
jur *s.n.* ⓐ ~ *de fereastră* window
frame. ⓑ *de~ împrejur, în~* round
about, right round, all around,
in a circle; *(de toate părţile)* on all
sides, from every quarter; *(pre-
tutindeni)* everywhere; *(în toate
direcţiile)* in all directions, any-
where; *în~ de...* about..., around...,
approximately... ⓒ *pomul are/
măsoară trei metri de ~ împrejur*
the tree measures three metres
around.
jura I. *vb. tr.* to swear, *poetic*→to
vow. ⓒ *ai fi ~ t că era ea* one would
have sworn it was she; *a ~t că
se va lăsa de băutură* he took the
pledge to abstain from alcoholic
liquor, he took the pledge to re-
nounce drinking; *am ~t că voi
spune adevărul* I have sworn to

tell the truth; *ne-am ~t prietenie
veşnică* we swore an eternal friend-
ship to each other. **II.** *vb. refl.* to
swear, to pledge oneself, to cross
one's heart. ⓐ *a se ~ pe...* to
swear by... ⓒ *a se ~ că nu va mai
bea* to swear off drink. **III.** *vb. intr.*
to swear, *poetic*→to vow. ⓒ *jur!*
I swear! upon my word! F→begad!
n-aş putea să jur I could not take
an oath upon it; *a ~ fals/strîmb*
to perjure, to commit perjury,
to forswear oneself, to swear false;
poţi ~/să juri? will you swear
(to) it? *a pune pe cineva să jure*
to put smb. to his oath; *(un func-
ţionar)* to swear smb. in; *nu tre-
buie să juri* we must never be too
sure of anything.
jurasic *adj. geol.* Jurassic.
jurat I. *adj.* **1.** sworn. **2.** *(bleste-
mat)* (ac)cursed, damned. ⓓ *duş-
man ~* sworn/mortal enemy; *mar-
tor ~* sworn witness; *prieten ~*
friend for life. **II.** *s.m. jur.* juryman ;
assessor; pl. jury(men).
jurămînt *s.n.* oath, *poetic*→vow; *(ex-
clamaţie)* asseveration. ⓐ *~ de cre-
dinţă/supunere* oath of allegiance;
~ de intrare în serviciu oath of
office; *~ de loialitate/lealitate* loy-
alty oath; *~ strîmb* perjury. ⓓ
călcare de~ oath breaking, perjury ;
formulă de ~ form/wording of
an oath; *legat prin~* bound by (an)
oath, sworn in; *luare de ~* admi-
nistration of an oath; *prestare de ~*
taking an oath; *sub ~* under an/
one's oath. ⓒ *a-şi călca ~ul* to
break one's oath ; *a da/face un ~*
to make/take/swear an oath; *a da
un ~ fals* to commit perjury, to
swear false; *a depune ~ul* **a.** *(d.
funcţionari)* to be sworn in (on
taking office). **b.** *mil.* to be sworn
to one's colour(s) ; *a lua ~ul cuiva*
to administer an oath to smb.,
to swear smb. in; *a confirma prin
~* to confirm/testify by oath.
juri *s.m. pl.* ⓓ *curte cu ~* court of
assizes, (court of) judge and jury.
juridic *adj. jur.* **1.** judicial; juridical,
juristic. **2.** legal. ⓓ *act ~* juristic
act; *acţiune~ă* action, lawsuit; *con-*

silier ~ legal adviser; *procedură* ~*ă*
legal proceedings.

juridiceşte *adv. jur.* judicially, legal-
ly, juridically.

jurisconsult *s.m. jur.* legal adviser,
juristconsult, jurist; legal expert,
jurisprudent.

jurisdicţie *s.f. jur.* **1.** jurisdiction.
2. jurisdiction (of a court), (judge's)
circuit/venue.

jurisprudenţă *s.f. jur.* **1.** jurispru-
dence. **2.** legal maxim.

jurist *s.m.* jurist.

juriu *s.n. jur. etc.* jury; panel.

jurnal *s.n.* **1.** (news)paper, journal,
public print; *(local)* sheet; *(ofi-
cial, monitor)* gazette; *(cotidian)*
daily paper; *pl. şi* dailies. **2.**
(de modă) fashion journal, ladies'
magazine. **3.** *(zilnic, de însemnări)*
diary. **4.** *cinema* newsreel. ⓐ ~
de modă/mode v. ~ **2.** ~ *sonor*
(rad.) newsreel. ⓑ *după ultimul*
~ according to the latest fashion,
F up to date; *radio* ~ news (bul-
letin).

jurnalist *s.m.* **1.** journalist, press-
man, newspaperman. **2.** *(reporter)*
reporter. **3.** *(vînzător de ziare)*
newspaper carrier/man/boy, paper/
news boy.

jurnalistică *s.f.* journalism.

jurubiţă *s.f.* skein, hank.

just I. *adj.* **1.** *(echitabil)* just,
fair, equitable, right. **2.** exact,
accurate. **3.** *(potrivit)* suitable.
4. *(legitim)* legitimate, lawful. **5.**
reasonable; *(drept)* just, righteous;
(corect) right, correct. ⓑ *o cauză*
~*ă* a right(eous) cause; *o pedeapsă*
~*ă* a just/condign/well-deserved
punishment; *o pretenţie* ~*ă* a
legitimate / well- established / well-
-founded claim. **II.** *adv.* **1.** justly. **2.**
with justice, uprightly. **3.** properly.
4. *(e* ~ *!)* right! that's the thing!
just so!

justeţe *s.f.* **1.** *(dreptate)* justice,
righteousness; *(caracter echitabil)*

fairness, equitableness, fair-minded-
ness, impartiality; *(exactitate)*
justness. **2.** exactness, accuracy;
precision, strictness, rigour.

justifica I. *vb. tr.* **1.** to justify, to
warrant, to show to be just. **2.**
(a apăra) to defend, to vindicate.
3. *jur.* to exculpate. **II.** *vb. refl.*
1. to exculpate oneself, to clear
oneself/one's character. **2.** *pas.* to
be justified etc. v. ~ **I**; *(d.
comportare etc.)* to be authorized.

justificabil *adj.* justifiable.

justificare *s.f.* **1.** justification. **2.**
(apărare) defence, vindication;
(exculpare) exculpation. **3.** *(do-
vadă)* proof, evidence.

justificativ *adj.* justificative, justi-
ficatory. ⓑ *piese* ~*e* a. *jur.* docu-
ments in proof. b. *com.* vouchers.

justiciabil *adj.* amenable, justi-
ciable.

justiţiar *adj.* redeeming, repara-
tive.

justiţie *s.f.* **1.** *(dreptate)* justice,
righteousness; *(ca personificare)*
(even-handed) Justice, *poetic* The-
mis. **2.** *jur.* law. ⓑ *Ministerul
Justiţiei* Ministry of Justice; *pala-
tul* ~*i* Law Courts. ⓒ *a chema pe
cineva înaintea* ~*i* to go to law
with smb.; *a deferi pe cineva* ~*i*
to institute legal proceedings a-
gainst smb.

juvaer... v. g i u v a e r ...

juvăţ *s.n.* noose.

juvelnic *s.n.* fish pond.

juvenil *adj.* youthful, juvenile.

juvete *s.m. iht.* fry.

juxtalinear *adj.* juxtalinear. ⓑ *tra-
ducere* ~*ă* interlinear translation.

juxtapune I. *vb. tr.* to place side by
side, to juxtapose. **II.** *vb. refl.* to
be juxtaposed/in juxtaposition.

juxtapunere *s.f.* juxtaposition.

juxtapus *adj.* juxtaposed, in juxta-
position.

juxtă *s.f. şcol.* crib (of a text), pony.
ⓒ *a se servi de/a traduce cu* ~ to
pony.

K

K, k *s.m.* K, k, the thirteenth letter of the Romanian alphabet.
kaki(u) *adj.* khaki.
kaliu *s.m. chim.* kali, potassium.
kantian *adj. filoz.* Kantian.
kantianism *s.n. filoz.* Kanti(ani)sm.
katiușă *s.f. mil.* jet mortar.
kilo *s.n.* kilo, kilogram(me).
kilokalorie *s.f.* kilocalorie.
kilogram *s.n.* **1.** kilogram(me). **2.** *(litru)* litre.
kilogrammetru *s.m. fiz.* kilogram-meter, kilogrammetre.
kilolitru *s.m.* kilolitre, one thousand litres.
kilometra *vb. tr.* to mark off with kilometre *sau* hectometre stones.
kilometraj *s.n.* **1.** measuring in kilometres. **2.** distance in kilometres. **3.** *auto etc. aprox.* mileage recorder; *(pt. viteză)* tachometer.
kilometric *adj.* **1.** kilometric(al). **2.** *fig.* interminable.
kilometru *s.m.* kilometre (0,624 mile).
kilowatt *s.m. electr.* kilowatt. @ ~-oră kilowatt-hour.
kirghiz *adj., s.m.* Kirghiz.
kiselgur *s.n. mineral.* kieselguhr, infusorial earth.
kola *s.m. bot.* cola, Kola.
kripton *s.n. chim.* krypton.
kulm *s.n. geol.* culm.

L

L, l *s.m.* L, l, the 14th letter of the Romanian alphabet.

l-, -l *pron.* him; it.

la¹ *prep.* **1.** *(spațial) (arătînd starea pe loc)* at; in; *(deplasarea)* to; *(uneori, coabitarea)* with; *(în direcția)* towards. **2.** *(temporal)* at; *(în următorul...)* next; *(în timpul)* during. **3.** *(arătînd diverse relații)* on; at; about; over etc. **4.** *(într-un regn, într-o rasă)* in; *(într-o categorie)* with. ⓐ ~ *23 August* on the 23rd of August, on August 23rd; ~ *aceeași oră* at the same hour; ~ *aceste cuvinte* at these words; ~ *un an o dată* once in a year; ~ *animale* in animals; ~ *anul* next year; ~ *a doua citire* on second reading; ~ *auzul acestei știri* at hearing the news; ~ *București* in Bucharest; ~ *ce?* why? what for? ~ *ce bun?* what is the good of it? ~ *copii/copil* in children; ~ *curte* at (the) court; ~ *deal* uphill; ~ *o distanță de 3 mile* at a distance of 3 miles, 3 miles away; ~ *doi pași de aici* close by; ~ *dreapta* **a.** on/ to the right (side). **b.** *mil.* right turn; ~ *drept vorbind* as a matter of fact; ~ *o examinare serioasă* on thorough examination; ~ *fel* the same; in the same manner; *(ca urare)* the same to you; ~ *fiecare două zile* every second day; ~ *fiecare pas* at each step; ~ *început* at first; ~ *îndemînă* at hand, handy; ~ *întoarcerea lui* (up)on his return; ~ *masă* at dinner, at table; ~ *mulți* with many people; ~ *noi* with us; in our/this country; *(acasă)* at our place; ~ *oameni/om* in man; ~ *ora trei și patru minute* at four minutes past three; ~ *un pahar de vin* over a glass of wine; ~ *pas* at a slow pace; ~ *persoana întîi*

gram. in the first person; ~ *plecarea sa* on his departure; ~ *poalele muntelui* at the foot of the mountain; ~ *prețul zilei com.* at present prices/quotations; ~ *prezentarea poliței com.* on presentation (of the bill); ~ *primirea acestei știri* on receiving this piece of news; ~ *prînz* at noon; ~*putere* in power; ~ *revărsatul zorilor* at daybreak/dawn; ~*Shakespeare* with Shakespeare; ~ *Slatina* at Slatina; ~ *școală* at school ; ~ *teatru* at the theatre; ~ *timp* in time; ~ *țară* in the country; ~ *umbră* in the shade; ~ *urma urmei* after all; ~ *vale* downhill; ~ *vîrsta de 10 ani* at the age of ten; ~ *vreo 1000 de oameni* about 1000 people. ⓑ *pe* ~... about...; *pînă* ~...a. *(temporal)* till..., until..., up to... **b.** *(spațial)* to..., as far as...; *roșu* ~ *față* red in the face. ⓒ *a-și face serviciul militar* ~ *artilerie* to serve with the artillery, to serve as a gunner; ~ *ce servește acest obiect?* what is the use of this thing? ~ *ce te gîndești?* what are you thinking of? *a merge* ~ *culcare* to go to bed, to retire to rest; *le vinde* ~ *doi șilingi bucata* he sells them at 2/a piece; *s-a găsit o scrisoare* ~ *el* a letter was found on him/his person; *se duce* ~ *fratele său* he goes to his brother's (house); *a lucra* ~ *lumina lămpii* to work by lamplight; *nu am bani* ~ *mine* I've no money about/ on/with me; *vino pe* ~ *noi* come to see us; *trăiește* ~ *părinți* he lives with his parents; *a ridica pe cineva* ~ *rangul de...* to raise smb. to the rank of...; *e* ~ *spital* he is in the hospital; *a se întoarce* ~ *stînga* to turn to the left; *vino* ~ *subiect* come to the point; *a căpăta infor-*

maţii de ~ *sursă* to get information at the fountain-head; *a bate* ~ *uşă* to knock at the door; *stătea chiar* ~*uşă* he stood close the door; *n-are noroc* ~ ... he's unlucky at...; *a se uita* ~ ... to look at...

la² *s.m. muz.* A; la.

la³←P **I.** *vb. tr.* to wash; to wash *smb.'s* head. ⓒ *la-/lă-mă-mamă* F duffer, ninny. **II.** *vb. refl.* to wash (oneself); to wash one's head.

labă *s.f.* **1.** paw; *(de cîine, vulpe etc.)* pad. **2.** *(a piciorului)* foot, sole, S→thenar. **3.** *(mînă)* F paw, claw, fin, bunch of fives. ⓐ *laba-gîştei bot.* crane's bill *(Geranium)*; *laba-ursului bot.* bear's breech *(Acanthus)*. ⓑ *in patru labe* on all fours. ⓒ *bate laba!* F←that's a bargain! *sl.* tip us your fin! *a pune laba pe cineva* F to get smb. in one's clutches; *a cădea în laba cuiva* F to fall into smb.'s clutches.

labial *adj. fon.* labial.

labială *s.f. fon.* labial, lip consonant.

labializare *s.f. fon.* labialization.

labiat *adj. bot.* labiate, lipped.

labiate *s.f. pl. bot.* labiates, labiatae.

labil *adj.* labile.

labio-dental *adj. fon.* labio-dental.

labirint *s.n.* **1.** maze, labyrinth. **2.** *anat.* labyrinth.

laborant *s.m.* laboratory assistant.

laborator *s.n.* laboratory.

laborios I. *adj.* **1.** arduous, hard, toilsome. **2.** *(d. cineva)* laborious, hard-working. **II.** *adv.* laboriously.

lac¹ *s.n.* lake; *(în Scoţia)* loch; *(heleşteu)* pond. ⓐ ~ *de sudoare* thoroughly wet with perspiration; ~ *sărat* salt lake. ⓒ *a cădea din* ~ *în puţ* to fall from the frying pan into the fire.

lac² *s.n.* **1.** varnish, lacquer; *(japonez)* japan. **2.** *(piele)* patent leather. ⓑ *pantofi de*~ patent-leather shoes. ⓒ *a da cu* ~ to varnish, to lacquer.

lacăt *s.n.* padlock. ⓑ *sub*~ under lock and key. ⓒ *a închide cu* ~*ul* to lock (up); *a-şi pune* ~ *la gură*

to keep one's tongue within one's teeth.

lacherdă *s.f. iht.* bluefish *(Sarda Sarda)*.

lacheu *s.m.* **1.** lackey, footman. **2.** *fig. peior.* flunkey.

lacom I. *adj.* **1.** greedy, avid; *(rîvnitor)* covetous; *(nesătul)* insatiable; *(vorace)* voracious, ravenous. **2.** *fig. (de)* greedy (of/for), covetous (of). **II.** *adv.* greedily etc. **v.** ~ **I.**

laconic I. *adj.* laconic. **II.** *adv.* laconically.

laconism *s.n.* lacon(ic)ism, brevity.

lacrimal *adj.* ⓑ *canal* ~ *anat.* tear duct; *glandă* ~*ă anat.* tear gland.

lacrimă *s.f.* **1.** tear (drop). **2.** *pl.* tears, crying, weeping. **3.** *fig. (strop)* drop. ⓐ *lacrimi amare* bitter tears, *elev.*→a banquet of brine; *lacrimi de crocodil* crocodile tears. ⓑ *pînă la lacrimi* till the tears come. ⓒ *a avea lacrimi în ochi* to have tears in one's eyes; *a vărsa lacrimi* to shed tears; *a plînge cu lacrimi amare* to weep bitterly; *a rîde cu lacrimi* to laugh till the tears come; *ochii i se umplură de lacrimi* tears came/ rose/welled (in)to his eyes; *a izbucni în lacrimi* to burst into tears.

lacrimogen *adj.* **1.** tear-exciting. **2.** *fig.* namby-pamby. ⓑ *gaz* ~ tear gas.

lactat *adj.* lacteous, milky.

lactate *s.n. pl.* dairy produce.

lactaţie *s.f.* suckling, nursing.

lactee *adj.* ⓑ *Calea* ~ *astr.* the Milky Way.

lactic *adj.* ⓑ *acid* ~ *chim.* lactic acid.

lactobar *s.n.* milk bar.

lactometru *s.n.* milk gauge.

lacto-vegetarian *adj.* lacto-vegetarian.

lactoză *s.f. chim.* lactose.

lacunar *adj.* lacunose.

lacună *s.f.* gap, blank; *(într-un text)* lacuna, gap.

lacustru *adj.* *(d. o locuinţă)* lacustrian; *(d. un animal etc.)* lacustrine.

ladă *s.f.* *(cutie)* box; *(cu capac)* chest; *(cufăr)* trunk; *(pt. bani etc.)* coffer. ⓐ ~ *cu zestre* bottom drawer, *amer.* hope chest; ~ *de camion* body; ~ *de gunoi* dustbin, ash bin, rubbish box. ⓑ *la lada de gunoi a istoriei* on(to) the rubbish heap of history.

lagăr¹ *s.n.* *tehn.* bearing. ⓐ ~ *cu bile* ball bearing.

lagăr² *s.n.* *şi fig.* camp; *(de prizonieri etc., cu barăci)* baracoon. ⓐ ~ *de concentrare* concentration camp.

lagună *s.f.* *geogr.* lagoon.

laibăr *s.n.* short, close-fititing, sleeveless jacket; *aprox.* bolero.

laic *adj.* laic; *(d. haine etc.)* lay; *(d. educaţie etc.)* secular.

laiciza *vb. tr.* to laicize, to secularize.

laicizare *s.f.* laicization, secularization.

laie *s.f.* 1. Gipsy camp. 2. *(ceată)* band, troop.

laitmotiv *s.n.* 1. *muz.* leit motif. 2. *fig.* burden, tenor.

lalea *s.f.* *bot.* tulip *(Tulipa)*.

lama *s.m.* (Buddhist) lama.

lamă¹ *s.f.* *(de cuţit etc.)* blade; *(de metal etc.)* thin plate, lamina. ⓐ ~ *de oţel* steel blade; ~ *de ras* razor blade.

lamă² *s.f.* *zool.* llama *(Auchenia lama)*.

lambar *s.n.* *tehn.* rabbet(ting)-/grooving-fillister/plane.

lambă *s.f.* 1. *(la căruţă)* tether. 2. *constr.* tongue.

lambrechin *s.n.* *constr.* lambrequin.

lamelar *adj.* lamellar, lamellate.

lamelat *adj.* lamellate(d).

lamelă *s.f.* lamella; *(de fier etc.)* thin sheet/plate.

lamelibranhiat *zool.* I. *adj.* lamellibranchiate. II. *s.n.* lamellibranch.

lamenta *vb. refl.* to lament, to wail.

lamentabil I. *adj.* lamentable; *(d. o greşeală)* woeful. II. *adv.* lamentably; woefully.

lamina *vb. tr. şi refl.* *metal.* to laminate; to roll; to flat(ten), to roll down.

laminate *s.n. pl.* *metal.* rolled metal; rolled plate; rolled goods.

laminator *s.m.* *metal.* roller.

laminor *s.n.* *metal.* roll(ing) mill; *(de tablă)* flatting mill. ⓐ ~ *universal* universal mill.

lampadar *s.n.* lamp post.

lampagiu *s.m.* lamp lighter.

lampant *adj.* ⓑ *petrol* ~ lamp/ illuminating oil; *amer.* kerosene.

lampas *s.n.* stripe (on officer's trousers).

lampă *s.f.* lamp; *(bec)* bulb, *rad.* valve, tube. ⓐ ~ *cu petrol/gaz* oil/paraffin lamp; ~ *cu spirt* spirit lamp; ~ *de masă* table lamp; ~ *de sudat/lipit* brazing lamp.

lampion *s.n.* fairy light (for illuminations).

lamură *s.f.* flower, pick, cream.

lan *s.n.* field (under cultivation).

lance *s.f.* spear, lance.

lanceolat *adj.* *bot.* lanceolate, spear--shaped.

landă *s.f.* sandy moor; *(pîrloagă)* heath.

landou *s.n.* 1. landau. 2. *(cărucior)* pram, perambulator.

languros I *adj.* languishing, languorous. II. *adv.* languorously.

langustă *s.f.* *zool.* spiny lobster. F→crayfish *(Palinurus vulgaris)*.

lanolină *s.f.* lanoline.

lansa I. *vb. tr.* 1. *(un plan, un vas etc.)* to launch; *(o torpilă)* to launch, to fire; *(bombe din avion)* to drop. 2. *(un balon)* to send up; *(a arunca)* to throw, to hurl, to fling. 3. *mil.* *(un atac)* to launch, to deliver. 4. *(a răspîndi)* to diffuse; *(a face să circule)* to circulate. 5. *(un film)* to release. 6. *(o teorie etc.)* to put forward. 7. *(un împrumut)* to issue; *(o subscripţie)* to start. 8. *(o modă)* to set, to initiate. 9. *(pe cineva)* to give smb. a start; *(o actriţă etc.)* to bring out. II. *vb. refl.* 1. *(a se arunca)* to rush, to dash. 2. *(în politică etc.)* *(în)* to launch out (in).

lansare *s.f.* launching etc. v. l a n s a.

lanternă *s.f.* 1. lantern. 2. *arhit.* lantern, skylight turret. ⓐ ~ *de buzunar* pocket lamp, flash/ torch light; ~ *magică* magic lantern; ~ *venețiană* Chinese lantern.

lanternou *s.n. arhit.* (small) lantern.

lanț *s.n.* **1.** *și chim.* chain; *nav.* cable. **2.** *(muntos)* chain, range. **3.** *fig. (șir)* chain, range, series, string, train, succession. **4.** *pl. fig.* chains, fetters, bands. **5.** *mil. line.* **6.** *adverbial* in succession, one after another. ⓐ ~ *de ceas* watch chain; ~ *de trăgători mil.* line of skirmishers. ⓑ *in* ~*uri* in chains; *reacție in* ~ *chim.* chain reaction. ⓒ *a forma un* ~ *(de oameni)* to form a chain; *arupe* ~*urile fig.* to burst one's fetters asunder; *a da drumul din* ~ to unchain; *a pune in* ~ to chain up; *a pune in* ~*uri* to put in chains, to fetter; *a se ține* ~ to come one after another.

lanțetă *s.f.* lancet.

laolaltă *adv.* together; rolled into one.

laparotomie *s.f. med.* laparotomy.

lapida *vb. tr.* to lapidate, to stone.

lapidar *adj.* lapidary; *(d. stil și)* concise.

lapis (lazuli) *s.n. mineral.* lapis lazuli.

lapon I. *adj.* Lappish, Lapp. **II.** *s.m.* Lapp, Laplander.

laponă *s.f.* Lapponic (language).

lapoviță *s.f.* sleet.

lapsus *s.n.* slip; *(al memoriei)* blank. ⓐ ~ *calami* slip of the pen; ~ *linguae* slip/lapse of the tongue.

lapte *s.n.* milk. ⓐ ~ *acidulat* acidophilous milk; ~ *acru* sour milk; ~ *bătut* butter milk; ~ *brînzit* cloddy milk; ~ *condensat* condensed milk; ~ *covăsit* curdled milk, curds; ~ *de capră* goat's milk; ~ *de ciment* grout; ~ *de cocos* coco-nut milk; ~ *de pasăre* snow eggs; ~ *de vacă* cow's milk; ~ *de var* milk of lime; ~ *falsificat* F→chalk and water; ~ *gras* rich milk; ~*le-ciinelui bot.* spurge, devil's milk, milk weed *(Euphorbia)*; ~*le cucului bot.* sun spurge *(Euphorbia helioscopia)*; ~ *pasteurizat* Pasteurized milk; ~ *praf* powder milk; ~ *proaspăt/dulce*

new/fresh milk. ⓑ *Calea* ~*lui astr.* the Milky Way; *de* ~ milk...; *(d. soră, frate)* foster-...; *dinți de* ~ milk/first teeth; *frate de* ~ foster-brother; *purcel de* ~ sucking pig; *vacă cu* ~ milch-cow, cow in milk; *vițel de* ~ sucking calf.

lapți *s.m. pl.* milt, soft roe.

larg I. *adj.* wide; *(intins)* extensive; *(vast)* vast; *(mare)* large; *(lat)* broad, wide; *(spațios)* spacious, roomy; *(cuprinzător)* comprehensive; *(d. haine)* loose-fitting, < too wide/ full. ⓑ *cu un gest* ~ with a broad/ sweeping gesture; *cu mină* ~*ă* liberally, generously, freely; *cu umerii* ~*i* broad-shouldered; *intr-un sens* ~ in a broad sense; *pe.* ~ at length; at large, circumstantially; minutely, in detail. **II.** *s.n.* **1.** *(spațiu)* space, spaciousness; *(libertate de mișcare)* elbow room. **2.** *nav.* high/deep/open sea. **3.** v. l ă r g i m e. ⓑ *in*~in the offing, on the high seas, out at sea; *in* ~*ul coastei Noii Anglii* off the New England coast. ⓒ *a fi/se simți in/la* ~*ul său* to be at one's ease/at home/in one's element; *a ieși/porni in* ~ *(ul mării)* to put (out)to sea, to go out to sea.

larghețe *s.f.* liberality, open-handedness.

largo *adv. s.n. muz.* largo.

lari *s.m. pl. mit.* Lares.

laringal *adj. fon.* laryngeal.

laringe *s.n. anat.* larynx.

laringial *adj. anat.* laryngeal.

laringită *s.f. med.* laryngitis.

laringoscop *s.n. med.* laryngoscope.

larmă *s.f.* uproar, din, F→row, racket; *(zgomot)* noise. ⓒ *a face* ~ to make a noise, F→to kick up a row/rocket/rumpus/shindy.

larvar *adj.* larval.

larvă *s.f. biol.* larva; *(de insectă)* grub.

lasciv *adj.* lascivious, lewd, wanton, lustful, randy.

lasso *s.n.* lasso.

laș I. *adj.* cowardly, faint-hearted. **II.** *adv.* in a cowardly manner. **III.** *s.m.* coward, dastard.

lașitate *s.f.* **1.** cowardice, cowardliness. **2.** *(ca act)* piece of cowardice.

lat I. adj. **1.** (↓pt. a accentua distanța între limite) wide; (implicînd toată întinderea) broad. **2.** (întins) wide; (mare) large. **3.** (d. farfurii) flat, shallow. ⓐ ~ în piept broad-chested; ~ în spate broad-shouldered. ⓑ vorbe mari și ~e pompous words. ⓒ a o face ~ă **a.** (a petrece) F to he/go on the spree, to have one's fling, to be on the drink. **b.** (a o feșteli) F to make sad work/a sweet business/a nice mess of it. **c.** (a face o gafă) F to drop a brick, to put one's foot in; a lăsa ~ pe cineva F to lay smb. out; to leave smb. flat on the ground; a cădea ~ to fall flat/prone; a rămîne ~ ←F to remain dead on the spot; e ~ă (rău) F the band begins to play. **II.** s.n. broad; v. l ă ț i m e. ⓐ ~ de palmă palm, width of the hand; ~ul sabiei the flat of the sword. ⓑ de-a ~ul across, crosswise; în ~ in breadth/width.

latent I. adj. latent; dormant; (ascuns) hidden; masked. ⓑ căldură ~ă fiz. latent heat; stare ~ă latency. **II.** adv. latently.

lateral I. adj. și fon. lateral, side... **II.** adv. sidewise; laterally.

latex s.n. latex, liquid rubber.

latifundiar s.m. big/great landowner/landlord, large-acred man.

latifundiu s.n. great landed property.

latin adj. Latin.

latină s.f. Latin, the Latin language. ⓐ ~ vulgară low/vulgar Latin.

latinesc adj. Latin.

latinește adv. Latin.

latinism s.n. **1.** Latinism, Latin idiom. **2.** ist. Latinism.

latinist I. adj. Latinizing. **II.** s.m. **1.** Latinist, Latin scholar. **2.** ist. adept of Latinism.

latinitate s.f. Latinity.

latiniza vb. tr. to Latinize.

latinizant adj. Latinizing.

latitudine s.f. **1.** latitude. **2.** fig. scope, freedom. ⓑ la 20° ~ nordică in latitude 20° North, in the latitude of 20° North. ⓒ a avea deplină ~ de a... to have free scope/full discretion to...; ai toată ~a you are allowed all latitude; a lăsa la ~a

cuiva să... to leave it to smb. to...; rămîne la ~a ta să... it rests with you to...; it is up to you to...

latrină s.f. latrine, privy, closet.

latură s.f. **1.** side. **2.** fig. side, aspect. ⓑ în lături **a.** aside. **b.** interjecțional make way/room! pe de lături **a.** the wrongway. **b.** extra. **c.** indirectly, F beating about the bush. ⓒ a se da în lături to step aside; to make way; a nu se da în lături de la... to have no scruples about..., not to stop at..., F to make no bones about...; (în sens pozitiv) not to elude/evade...

laț s.n. **1.** loop, noose; (pt. păsări) gin, net, (bird) trap. **2.** fig. noose, trap, snare. ⓒ a întinde cuiva un ~ to lay a snare for smb.; a cădea în ~ fig. to fall into the trap; a prinde în ~ **a.** to gin, to net, to trap. **b.** fig. to (en)trap, to (en)-snare.

late s.f.pl. **1.** (de lînă) tuff, fluff. **2.** (la om) matted/tangled/shaggy hair.

laudanum s.n. laudanum.

laudativ I. adj. laudative, laudatory; eulogistic. **II.** adv. eulogistically; in commendatory terms.

laudă s.f. praise, commendation; (elogiu) eulogy; pl. compliments. **2.** (slavă) glory. ⓑ demn/vrednic de ~ praiseworthy, laudable, commendable.

laur s.m. **1.** bot. v. d a f i n . **2.** pl. laurels. **3.** bot. thorn apple, stramony (Datura stramonium). ⓑ cunună de ~i (crown of) laurels, bays; încununat cu ~i laurelled, wreathed/crowned with laurels. ⓒ a culege ~i to reap/win laurels; a se culca pe ~i fig. to rest on one's laurels.

laureat s.m. laureate. ⓐ Laureat al Premiului de Stat State Prize Laureate.

lavabil adj. washable.

lavabou s.n. **1.** (în școli etc.) lavatory. **2.** (ca mobilă) washstand.

lavalieră s.f. lavallière, four-in-hand (tie).

lavandă s.f. **1.** bot. v. l e v ă n-ț i c ă. **2.** lavender water.

lavă s.f. lava.

lavină *s.f.* snow slip; *(avalanşă)* avalanche.

laviţă *s.f. (sort of)* bench.

laviu *s.n. artă* aquatint, wash(ed) drawing.

lavoar *s.n.* washstand.

laxativ *adj.*, *s.n.* laxative, aperient.

lazaret *s.n.* lazaret(to).

lazurit *s.n. mineral.* v. l a p i s l a-z u l i.

lăbărţa *vb. refl.* **1.** *(a se deforma)* to get out of shape; *(a se lărgi)* to stretch; *(a atirna)* to hang loosely, to bag; to droop, to flag. **2.** *(d. cineva)* to lie sprawling. **3.** *(d. picioare)* to spraddle.

lăbărţat *adj.* **1.** *(care şi-a stricat forma)* out of shape; *(care atirnă)* hanging loosely; *(desfăcut)* loose. **2.** *(d. scris)* scrawling. **3.** *(d. stil)* swollen, bombastic. **4.** *(d. cineva)* sprawling.

lăcaş *s.n.* v. l o c a ş.

lăcărie *s.f.* pool.

lăcărit *s.n. min.* bailing.

lăcătuş *s.m.* locksmith. ⓐ ~ *de revizie ferov.* repairman.

lăcătuşărie *s.f.* **1.** *(ca meserie)* locksmith's trade. **2.** *(ca atelier)* locksmith's (shop).

lăcomi *vb. intr. şi refl.* to be greedy. ⓐ *a se ~ la...* to covet..., to hanker after...

lăcomie *s.f.* **1.** *(la mincare)* gluttony. **2.** *fig.* greed (iness), avidity; *(jinduire)* covetousness. ⓓ *cu ~* greedily.

lăcrima *vb. intr.* **1.** to shed a few tears; *(a plinge)* to weep, to shed tears. **2.** *(d. ochi)* to water, to run with tears.

lăcrimar *s.n. arhit.* larmier.

lăcrimioare *s.f.pl. bot.* lily-of-the--valley, May/wood lily *(Convallaria majalis)*.

lăcui *vb. tr.* to varnish, to lacquer.

lăcustă *s.f. entom.* **1.** (migratory) locust *(Locusta migratoria)*. **2.** grasshopper *(Locusta viridissima)*.

lăfăi *vb. refl.* **1.** to sprawl. **2.** v. h u z u r i.

lăicer *s.n.* (strip of) carpet.

lăieţ *s.m.* wandering Gypsy.

lălăi *vb. tr.* F to troll out/off *a song.*

lăliu *adj.* clumsy, lumbering, lubberly.

lămbui *vb. tr. tehn.* to rabbet.

lămbuitor *s.n. tehn.* v. l a m b a r.

lămîi *s.m. bot.* lemon, citron (tree) *(Citrus limonium)*.

lămîie *s.f.* lemon, citron. ⓑ *zeamă de ~* lemon juice.

lămîioară *s.f. bot.* thyme *(Thymus vulgaris)*.

lămîiţă *s.f.* **1.** *bot.* lemon-scented aloysia *(Lippia citriodora)*. **2.** *bot.* thyme *(Thymus vulgaris)*.

lămpărie *s.f. min.* lamp room.

lămuri **I.** *vb. tr.* **1.** *(a explica)* to explain; to make clear, to lighten; *(un mister etc.)* to clear up; *(a interpreta)* to interpret; *(a elucida)* to elucidate; *(a rezolva)* to solve; *(a arunca lumina asupra)* to throw light on; *(a stabili)* to ascertain; to establish. **2.** *(pe cineva)* to enlighten. **II.** *vb. refl.* **1.** *pas.* to be explained etc. v. ~ I **2.** *(a înţelege)* to understand. **3.** *(a ajunge la înţelegere)* to come to an agreement. ⓒ *te-ai~t?* is everything clear to you?

lămurire *s.f.* **1.** explaining etc. v. l ă m u r i. **2.** *(explicaţie)* explanation. ⓓ *muncă de ~* explanatory work.

lămurit **I.** *adj.* **1.** explained etc. v. l ă m u r i. **2.** *(clar)* clear; *(distinct)* distinct; *(precis)* precise; *(uşor de înţeles)* easy to understand. **3.** *(d. cineva)* enlightened. **4.** *interogativ* (do) you understand? **II.** *adv.* **1.** clearly; distinctly. **2.** v. r ă s p i c a t.

lămuritor *adj.* explanatory.

lăncier *s.m. mil. odin.* lancer; *(ulan)* uhlan.

lăpăi *vb. intr.* to lap.

lăptar *s.m.* milkman, dairyman.

lăptăreasă *s.f.* milkwoman, dairywoman; milkmaid, dairymaid.

lăptărie *s.f.* **1.** *(magazin)* milkshop; *(fermă)* dairy. **2.** *pl.* dairy produce.

lăptişor de matcă *s.n.* royal jelly.

lăptoc *s.n.* mill race.

lăptos *adj.* **1.** *(cu lapte)* milchy, milch..., milky. **2.** *(ca laptele)* milky.

lăptucă *s.f. bot.* lettuce *(Lactuca sativa).*

lărgi I. *vb. tr.* **1.** *(un drum etc.)* to widen; *(o haină etc.)* to let out; *(pantofi etc.)* to stretch; *(o gaură)* to enlarge; *(o ţeavă)* to expand; *(a dilata)* to dilate; *(a amplifica)* to amplify; *(a mări)* to enlarge. **2.** *(cunoştinţele etc.)* to enlarge, to extend; *(orizonturile etc.)* to broaden; *(sfera ideilor etc.)* to extend. **II.** *vb. refl.* **1.** to widen; to extend; to expand; to dilate; to broaden. **2.** *pas.* to be widened etc. v. ~ I.

lărgime *s.f. şi fig.* width, breadth. ⓐ ~ *de vedere* breadth of views.ⓒ *avînd o~de... ...*in breadth/width.

lărgit *adj.* widened etc. v. l ă r gi; *(d. o şedinţă)* broadened.

lăsa I. *vb. tr.* **1.** to let; *(a da drumul)* to let loose, to let go off; *(a~să cadă)* to drop; *(a ~ liber)* to (set) free; *(a elibera)* to liberate; *(a pune jos)* to lay/set down. **2.** to let; *(a da voie)* to allow, to permit, to suffer. **3.** *(a părăsi)* to leave; *(a abandona)* to abandon. **4.** *(a întrerupe)* to leave, to interrupt, to break; *(a înceta)* to cease, to stop, to discontinue, to leave (off). **5.** *(a cauza)* to cause; *(a produce)* to produce; *(a face)* to make. **6.** *(a coborî)* to lower; *(lampa)* to turn down; *(perdeaua)* to draw down; *(transperantul)* to pull down. **7.** *(a renunţa la)* to give up, to renounce; *(o slujbă)* to throw up. **8.** *(a nesocoti)* to overlook; *(a omite)* to omit, to leave out, to skip over. ⓐ *a ~ pe cineva să...* to let smb. ...; *lasă-mă!* let me alone! let me be! *lăsînd la o parte...* leaving aside...; apart from...; besides..., as well as... ⓒ *fără a-şi ~ adresa* without leaving one's address; *să lăsăm amănuntele* let us pass over the details; *lasă ast(e)a!* F no more of that! enough of that! *a-şi ~ amprenta asupra...* to leave its/a mark (up)on; *să lăsăm asta pe mîine* we will leave that till to-morrow; *a-şi ~ barbă* to grow/cultivate a beard; *a ~ capul în jos* to bend/hang one's head; *vinul acesta lasă un gust ne-*

plăcut this wine leaves a nasty taste in the mouth; *lasă-i să vorbească* let them talk as they like; *îl ~să puterile* strength failed him; *a~să intre în...* to admit into...; *lasă-l să plece (că pe urmă...)* first let him depart; *l-a ~t să plece* he let him go, he allowed him to go; *lasă lampa să ardă!* keep the lamp burning! *îţi las libertatea să...* I leave you free to...; *a ~ lucrul* to lay aside the work; *lasă lumea să vorbească* don't mind people's talk; *ei, lasă-mă!* F you don't mean it! *lasă-mă, te rog* please leave me alone, let me be; *ia mai lasă-mă în pace cu...!* F a fig for...! *a ~ o moştenire cuiva* to leave smb. a legacy; *acum lasă-ne singuri* you may leave us now; *n-a vrut să lase nimic* he didn't want to make any abatement; *las-o mai domol/încet/moale* **a.** F gently/easy does it! **b.** *(nu exagera)* F come off it/that! do me a favour! draw it mild! don't pile it on! *a ~ ochii în jos* to cast down one's eyes; *a ~ să aştepte* to keep *smb.* waiting; *a ~ să cadă* to let drop; *a ~ singe (cu dat.)* to bleed...; *a ~ urme asupra* to leave its/a mark (up)on, to influence, to have an impact (up)on; *lasă uşa deschisă* leave the door open; *vă las cu bine!* farewell! good bye! *a ~ în pană* to leave in the lurch; *a ~ în urmă* to leave behind; *a ~ la o parte...* to leave out..., to pass over...; *lăsînd la o parte...* to say nothing of...; leaving aside... without taking into account...; *las' pe mine!* leave it to me! let me alone for that! *a ~ afară* to leave out, to omit; *a ~ liber* to set free. ⓓ *nu ~ pe mîine ce poţi face azi* never put off till to-morrow what you can do today. **II.** *vb. refl.* **1.** *pas.* to be left etc. *v. ~* I. **2.** *(d. persoane)* to suffer oneself (to be offended etc.). **3.** *(a coborî)* to go down; *(din zbor)* to alight; *(în jos; a se prăbuşi)* to sink; *(d. o casă, pămînt etc.)* to settle, to subside; *(a cădea)* to fall; *(a se aşeza)* to sit down; *(a se* *culca)* to lie down. **4.** *(a slăbi)* to weaken; *(a descreşte)* to decrease; *(a ceda)* to give way; *(a scădea)* to diminish. **5.** *(a veni)* to come, to set in. **6.** *(d. voce)* to lower. ⓐ *a nu se~* not to give in/way; *a se~ de...* to break (off)..., to leave off...; to lay aside..; *a se ~ pe... fig.* to trust..., to rely on...; *(a conta pe)* to count on... ⓒ *se lasă întunericul* it is growing dark; *se ~ noaptea* night was closing in; *a se ~ de avocatură* to retire from the bar; *a se~ de învăţătură* to forsake one's books; *a se ~ în genunchi* to kneel; *a se ~ în/pe seama cuiva* to rely/depend/lean on smb., to put one's trust in smb.; *se lăsă într-un fotoliu* he sank/dropped into an armchair; *a se ~ în voia... (cu gen.)* to give oneself up to...; *nu te ~!* steady! stand firm! *(ţine-te strîns)* hold tight! *se lasă frig* it is getting cold; *a se ~ greu* F to jib (at smth.), to kick; *a se ~ învins* to yield, to surrender; *a nu se ~ mai prejos decît cineva* to run smb. hard/ close. **III.** *vb. intr.* to abate the price. ⓒ *lasă!* **a.** *(nu te deranja)* please, do not trouble! **b.** *(ai să vezi)* we shall still see the end of it! *ei, lasă!* never mind! *lasă că...* F wait a little, and...; *lasă de dorit* it leaves much to be desired.

lăsat *s.n.*, **lăsată** *s.f.* ⓐ *lăsatul/lăsata secului* Shrovetide.

lăsător *adj. (neglijent)* negligent, careless; *(fără voinţă)* weak -willed, flabby.

lăscaie *s.f.* farthing. ⓒ *a nu avea nici o ~* F to be penniless, not to have a penny to bless oneself with.

lăstar *s.m.*, *s.n.* **1.** offshoot, twig, young shoot. **2.** *pl.* young trees; undergrowth, underbrush, coppice, copse, brushwood.

lăstări *vb. intr.* to sprout, to shoot.

lăstăriş *s.n.* young wood.

lăstun *s.m. ornit.* (house) martin *(Apus apus).*

lătra *vb. intr.* **1.** to bark; *(furios, mult)* to bay; *(subţire)* to yelp. **2.** *fig.* to bark, to carp; to yelp.

lătrat *s.n.* bark(ing).

lătrătură *s.f.* bark.

lăturalnic *adj.* **1.** side..., lateral; roundabout...; *(izolat)* isolated. **2.** *fig. (ocolit)* roundabout...; *(ascuns)* hidden; *(tainic)* secret; *(necinstit)* dishonest. ⓑ *căi ~e fig.* by-ways; roundabout ways; *drum ~* by-way; roundabout way; *stradă ~ă* by-street, back-street.

lăturaş I. *adj.* side... **II.** *s.m.* outrunner, side horse.

lături *s.f. pl.* **1.** slops. **2.** *fig.* F hogwash.

lăţi I. *vb. tr.* to widen; *(a dilata)* to dilate; *(a răspîndi, şi fig.)* to spread. **II.** *vb. refl.* to widen *(a se dilata)* to dilate; *(a creşte)* to grow; *(a se extinde)* to extend; *(a se răspîndi, şi fig.)* to spread.

lăţime *s.f.* breadth, width. ⓒ *a avea o ~ de...* to be... broad.

lăţos *adj.* **1.** shaggy; *(păros)* hairy; *(cu părul lung)* long-haired. **2.** *(nepieptănat)* tousled, dishevelled.

lăuda I. *vb. tr.* to praise (up), to speak highly of, to commend, to laud, F→to cry/crock up; *(în sens rău)* F→to butter up; *(de formă)* to give lip-service to; *(a măguli)* to flatter. **II.** *vb. refl.* to boast, to brag, to shout the odds, F→to talk horse; *(a se felicita)* to congratulate oneself. ⓒ *cum te mai lauzi?* F how are you (getting on)? how's the world using/treating you? how does the world use you? *fără să mă laud* without boasting.

lăudabil I. *adj.* praiseworthy, laudable, creditable. **II.** *adv.* laudably, commendably.

lăudăros I. *adj.* boastful, boasting, bragging. **II.** *s.m.* braggart, boaster, *amer.* vaunter, F→bragger; *amer.* P blow-hard.

lăudăroşenie *s.f.* **1.** bragging, boastfulness; braggadocio. **2.** boast, piece of bounce/bluff.

lăuntric I. *adj.* inner, inward. **II.** *adv.* inwardly.

lăut *s.n.* washing.

lăutar *s.m.* musician; fiddler.

lăută *s.f. muz.* **1.** lute. **2.** violin. **3.** string intrument.

lăutăresc *adj.* musician's...; fiddler's...

lăuză *s.f.* woman lately confined, *înv.*→childwife.

lăuzie *s.f.* childbed, confinement.

leac *s.n.* remedy, cure; *(medicament)* medicine. Ⓐ ~ *universal* panaceum, universal remedy; ~ *uri* **băbești** kitchen physic. Ⓑ *de* ~ I. *adj.* medicinal, officinal. II. *adv. (nici de* ~*)* not at all; *(nici un pic)* not a bit, not a jot; *fără* ~ **a.** *(de nevindecat)* incurable. **b.** *(incorigibil)* incorrigible; *fără* ~ *de...* without a shade/ trace *etc.* of... Ⓒ *a-i găsi cuiva* ~ *ul* to come down on smb.; *a da de* ~ to find the efficaceous remedy.

leafă *s.f.* salary; *(săptăminală sau chenzinală)* wages.

leagăn *s.n.* **1.** *(pt. copii)* cradle. **2.** *fig.* cradle; *(cuib)* nest. **3.** *(scrînciob)* swing. **4.** *(creșă)* crèche. Ⓑ *cîntec de* ~ lullaby, cradle song; *din* ~ *(pînă la mormînt)* from the cradle (to the grave). Ⓒ *a se da în* ~ to swing, to rock.

leal I. *adj.* honest, straightforward, fair; loyal, true. II. *adv.* honestly *etc.* v. ~ I.

lealitate *s.f.* honesty, straightforwardness, fairness.

leandru *s.m. bot.* oleander, rose bay *(Nerium oleander).*

leasă *s.f.* **1.** hurdle work. **2.** *(pt. pești)* wear, weir, kiddle, keep. **3.** *(desiș)* thicket.

leat[1] *s.m. mil.*←*odin.* soldier; *(recrut)* recruit.

leat[2] *s.n.*←*înv.* P contingent; *(an)* year. Ⓒ *a fi* ~ *cu cineva* to be of the same age.

leaț *s.n.* lath, plank.

lebădă *s.f.* **1.** *ornit.* swan *(Cygnus).* **2.** *Lebăda astr.* the Swan, Cygnus. Ⓑ *cîntecul lebedei* swan song.

lebărvurșt *s.m.* liver sausage, white pudding.

lectică *s.f.* litter, palanquin.

lector *s.m.* lecturer.

lectorat *s.n.* **1.** lectureship. **2.** lecturer's office.

lectură *s.f.* reading. Ⓑ *sală de* ~ reading hall. Ⓒ *a face* ~ to read, to do some reading.

lecție *s.f.* **1.** lesson; *(oră școlară)* class; *(temă)* task. **2.** *fig.* lesson. Ⓐ ~ *de română (ca oră)* Romanian class; ~ *particulară* private lesson; ~ *practică* object lesson. Ⓒ *a da cuiva o* ~ *fig.* to teach smb. a lesson; *a da lecții (particulare)* to go in for tutoring, to be a private coach; *a-și face lecțiile* to do one's lessons; *a lua lecții de engleză* to take English lessons, to take lessons in English.

lecui I. *vb. tr.* to cure, to heal. II. *vb. refl.* **1.** to heal, to be healed; *(a se însănătoși)* to recover. **2.** *fig. (de)* to cure oneself (of); *(a se sătura) (de)* to get sick/weary (of), to be fed up (with).

lefegiu *s.m. odin.* hireling.

lefter *adj.* F penniless, broke, hard up. Ⓒ *a lăsa* ~ *pe cineva* F to fleece smb.; *sl.* to clean smb. out.

lefteri I. *vb. tr.* to fleece, *sl.* to clean out. II. *vb. refl.* F to be hard up (for money).

lega I. *vb. tr.* **1.** *(mai ales de ceva) (de)* to tie (to); *(mai ales împreună)* to bind; *(a prinde, a fixa)* to fasten (to); *(a atașa)* to attach (to); *(a conexa)* to connect (with), to link (to); *(a uni)* to unite; *(a înlănțui)* to chain; *(a încătușa)* to fetter, to shackle; *(a priponi)* to tether; *(a înveli)* to cover; *(a pansa)* to dress; *(cu sîrmă)* to wire; *(cu frînghie)* to cord; *(cu o curea)* to gird, to encircle; *(a înnoda)* to knot. **2.** *(cărți)* to bind. **3.** *(a stabili)* to establish. **4.** *(a căsători)* to marry, to unite in wedlock. **5.** *(a vrăji)* to charm, to enchant. **6.** *(a începe)* to start, to begin. **7.** *(idei etc.)* to connect. **8.** *(a obliga)* to oblige. **9.** *(a exprima)* to express. **10.** *jur.* to bequeath. Ⓒ *a* ~ *capetele unei frînghii* to tie together the ends of a rope; *a* ~ *prietenie cu...* to make friends with...; *a* ~ *o rană* to dress a wound; *a* ~ *rod* to put forth buds; *a-și* ~ *soarta de...* to cast in one's lot with...; *a* ~ *de mîini și de picioare și fig.* to tie/bind hand and foot; *a* ~ *în aur* to bind/mount in gold; *a* ~ *la gard* F to make a fool of; *a ~ strîns/cobză/ cu nădejde* to bind/tie fast/tight. **II.** *vb. refl.* **1.** *pas.* to be tied etc. v. ~ I. **2.** *(a se obliga)* to bind/engage oneself; *(a promite)* to promise. **3.** *(d. dulceţuri etc.)* to thicken; *(a se coagula)* to coagulate. ⓐ *a se ~ de...* a. to be connected with... **b.** *(a se ţine scai de)* to stick/cling to...; *(a bate la cap)* to bother...; *(a nu lăsa în pace)* not to leave... alone; *(a se ataşa de)* to attach oneself to...; *(a acosta)* to accost... c. *(de vorbele cuiva etc.)* to cavil at...; *(a critica)* to find fault with...; *a se ~ cu...* to tie... round oneself. ⓒ *nu te ~ de el* F leave him alone. **III.** *vb. intr. (d. fructe)* to set, to knit.

legal I. *adj.* legal, lawful; *(legitim)* legitimate. **II.** *adv.* legally etc. v. ~ I.

legalitate *s.f.* legality, lawfulness. ⓒ *a fi în ~* to keep within the law, to abide the law.

legaliza I. *vb. tr. (un act etc.)* to attest, to certify, to authenticate; *(o situaţie etc.)* to legalize. **II.** *vb. refl. pas.* to be attested etc. v. ~ I.

legalizare *s.f.* authentication etc. v. l e g a l i z a.

legare *s.f.* binding etc. v. l e g a.

legat[1] *s.n. jur.* legacy.

legat[2] *s.m.* legate.

legat[3] **I.** *adj.* **1.** bound etc. v. l e g a. **2.** *fig.* coherent. ⓑ *bine ~* strong, strongly-built, sturdy. **II.** *adv.* coherently.

legatar *s.m. jur.* legatee, heir.

legato *adv. muz.* legato.

legaţie *s.f.* legation.

legămînt *s.n.* **1.** *(solemn)* promise; *(jurămînt)* oath. **2.** *(înţelegere)* agreement; *(convenţie)* convention.

legăna I. *vb. tr.* to rock, to swing; *(a balansa)* to balance; *(a ondula)* to wave, to undulate. **II.** *vb. refl.* to rock, to swing; *(a se clătina)* to reel, to stagger.

legănat *adj., s.n.* swinging etc. v. l e g ă n a. ⓑ *mers ~* swinging/ rocking gait.

legătoare *s.f.* **1.** ← P *(basma de cap)* headkerchief; *(cravată)* tie; *(fu-*

lar) comforter. **2.** *agr. (maşină)* (self-)binder.

legător *s.m.* **1.** *(de cărţi)* bookbinder. **2.** *agr.* sheafer.

legătorie *s.f.* **1.** *(atelier)* bookbindery. **2.** *(meserie)* bookbinding.

legătură *s.f.* **1.** *(bandă)* band. **2.** *(de lemne etc.)* bundle; *(de vreascuri)* faggot; *(de fîn)* bundle, truss; *(de chei)* bunch; *(snop)* sheaf. **3.** *(basma)* kerchief; *(de cap)* headkerchief. **4.** *(de carte)* binding; *(copertă)* book cover. **5.** *fig.* connection, link; *(relaţie)* relation; *(contact)* contact, touch. **6.** *fig. (armonie)* harmony; *(unitate)* unity. **7.** *electr.* coupling. **8.** *mil.* liaison. **9.** *tehn.* joint; junction; link; liaison. ⓑ *în ~ cu...* a. in connection/conjunction with... **b.** *(de conivenţă cu)* in complicity/ collusion with... ⓒ *asta nu are nici o ~ cu problema* this has no connection with the problem/ question/matter, this has no bearing on the question; *nu e nici o ~ între...* there is no connection between...;... have nothing' in common; there is no bearing on...

lege *s.f.* **1.** law; *(regulă)* rule. **2.** v. l e g a l i t a t e; **3.** religion. **4.** *(datină)* tradition; *(obicei)* custom. ⓐ *~a gravitaţiei* the law of gravity; *~ electorală* election law; *~ nescrisă* custom, tradition; *legile dezvoltării societăţiie* the laws of social development; *legile jocului* the rules of the game. ⓑ *articol de ~* article of law; *după ~, conform legii* according to the law; *împotriva legii* against the law; *în afara legii* outlawed, underground; *în ~* regular(ly); *în numele legii* in the name of the law; *om al legii* man of law, lawyer; *pe ~a mea!* upon my conscience! in all conscience! > *upon my word!* ⓒ *a aplica ~a* to put the law into force; *a călca ~a* to break the law; *a da o ~* to issue a law; *a respecta ~a* to observe the law; *a pune pe cineva în afara legii* to outlaw smb.; *cum e ~a* as is (meet and) proper; *cuvîntul lui e ~ pentru ea* his word is law with her.

legendar *adj.* legendary; *(mitic)* mythical.

legendă *s.f.* **1.** legend; *(mit)* myth. **2.** *(pe o hartă)* legend, (list of) conventional signs; *(pe o diagramă* key (to diagram); *(pe o monedă)* legend; *(textul unei ilustraţii)* caption.

leghe *s.f.* league.

legifera *vb. tr.* to legislate.

legionar *s.m.* **1.** *ist.* Romei legionary. **2.** *odin. pol.* iron-quardist.

legislativ *adj.* legislative. ① *organ* ~ legislative body; *puterea* ~*ă* the legislature.

legislatură *s.f.* **1.** legislature, legislative body. **2.** period during which a legislative body functions.

legislaţie *s.f.* legislation.

legist I. *adj.* ① *medic* ~ forensic/ medical expert. **II.** *s.m.* v. **j u r i s t.**

legitim *adj.* **1.** legitimate; *(legal)* legal. **2.** *fig.* legitimate; *(justificat)* justified; *(just)* just; *(drept)* right.

legitima *vb. tr.* **1.** to identify, to prove *smb.'s* identity. **2.** *(un copil)* to legitimate. **3.** *(a justifica)* to justify.

legitimaţie *s.f.* identity/identification card.

legitimitate *s.f.* lawfulness; legitimacy.

legiuit *adj.* v. **l e g a l.**

legiuitor I. *adj.* legislative. ① *corpurile legiuitoare* legislative bodies. **II.** *s.m.* legislator, lawgiver.

legiune *s.f. şi fig.* legion.

legumă *s.f.* vegetable.

legumicol *adj.* vegetable...

legumicultor *s.m.* vegetable gardener, market gardener, *amer.* truck gardener.

legumicultură *s.f.* vegetable growing, market gardening, *amer.* truck gardening.

leguminoase *s.f. pl.* leguminous plants.

leguminos *adj.* leguminous.

lehamite *s.f.* disgust, dislike. ⓒ *a-i fi* ~ *de ceva* F to be sick of smth., to be fed up with smth.

lehuz... v. **l ă u z...**

leit *adj.* **1.** *(aidoma)* to a T, all over. **2.** *(turnat)* perfectly fitted. ⓒ *a fi* ~ ... to be the very image/

likeness of..., F→to be the dead spit of...

lejer I. *adj.* light. **II.** *adv.* lightly.

lele *s.f.* **1.** *(soră)* ←P sister; *(mătuşă)* aunt. **2.** ←P *(femeie tînără)* young woman; *(fată)* girl, *poetic*→ lass; *(iubită)* love, sweetheart. **3.** profligate, libertine; *(tîrfă)* whore. ① *fecior/pui/fiu de* ~ **a.** bastard. **b.** *(şmecher)* F sly/dry boots, *sl.* downy cove. **c.** *(ticălos)* ←F scoundrel, *sl.* bounder.

leliţă *s.f.* v. **l e l e** 1, 2.

lemn *s.n.* **1.** wood; *pl.* wood. **2.** *(bucată de* ~*)* piece of wood; *(băţ)* stick; *(bucată de* ~ *de foc)* log, billet. ⓐ ~ *cîinesc bot.* privet *(Ligustrum vulgare)*; ~ *de rezonanţă* resonant wood; ~ *dulce bot.* liquorice *(Glycyrrhiza glabra)*; ~*e de foc* firewood, fuel; ~ *răşinos* resinous wood; ~*ul Domnului bot.* southern wood, abrotanum *(Artemisia abrotanum)*. ① *bucată de* ~ piece of wood; stick; *bucată de* ~ *aprins* brand. ⓒ *a se face de* ~ *(a amorţi)* to be benumbed; *(a rămîne mut)* to be dumbfounded; *a dormi* ~ F to sleep like a top/log.

lemnar *s.m.* **1.** *(dulgher)* carpenter. **2.** *(tăietor de lemne)* woodcutter.

lemnărie *s.f.* **1.** *(lemne)* wood; *(cherestea)* timber. **2.** *(depozit)* wood yard. **3.** *(meseria lemnarului)* carpentry; woodcutting. **4.** *(material)* wood material.

lemnos *adj.* wooden, *bot.* ligneous.

lenaj *s.n.* woollen material; *pl.* woollens.

lene *s.f.* idleness, laziness, sloth.

leneş I. *adj.* lazy, slothful; *(inactiv)* idle; *(indolent)* indolent; *(inert)* inert. **II.** *adv.* lazily etc. **v.** ~ **I**; **III.** *s.m.* **1.** lazy person, sluggard, F→ lazybones, afternoon farmer. **2.** *zool.* sloth *(Bradypus)*.

lenevi *vb. intr.* to (be) idle, to slug, to lounge, F→to laze, to dawdle, P→to lollop.

lenevie *s.f.* v. **l e n e.**

lenevos *adj.* v. **l e n e ş I.**

lengăna *vb.* ←*reg.* v. **l e g ă n a.**

leninism *s.n.* Leninism.

leninist *adj.*, *s.m.* Leninist.
lenitiv *adj.*, *s.n. med.* lenitive.
lenjereasă *s.f.* seamstress.
lenjerie *s.f.* **1.** body linen; underwear, underlinen, F→*pl.* undies. **2.** *(de pat)* bedclothes.
lenjuri *s.n.* *pl.* v. l e n j e r i e.
lent I. *adj.* slow. **II.** *adv.* slowly.
lenticular *adj.* lenticular.
lentilă *s.f.* **1.** lens. **2.** *(lupă)* magnifying glass.
leoaică *s.f.* lioness.
leoarbă *s.f.* F gab, (potato) trap. ©
tacă-ţi leoarba! F hold your jaw! shut up! *sl.* stash it!
leoarcă *adj.* *(şi ud ~)* dripping wet.
leonin *adj.* leonine, lion-like. ⓑ
contract ~ jur. leonine convention.
leopard *s.m.* **1.** *zool.* leopard *(Felis pardus).* **2.** *text.* leopards.
leordă *s.f. bot.* wild garlic *(Allium ursinum).*
lepăda I. *vb. tr.* **1.** *(a lăsa să cadă)* to let fall/ drop; *(a arunca)* to throw, to hurl, to fling; *(a arunca la o parte)* to throw away. **2.** *(a pierde)* to lose, to shed; *(blana)* to cast; *(părul)* to shed; *(pielea, penele)* to shed, to cast (off); *(d. pomi)* to shed, to cast off. **3.** *(haina etc.)* to take off. **4.** *(a avorta)* to bring forth prematurely; *(d. animale)* to slink, to cast, to slip. **5.** *(a părăsi)* to leave, to abandon, to relinquish; *(a renunţa la)* to give up, to renounce; *(un obicei etc.)* to throw off, to break (off), to leave off; *(a abjura)* to abjure, to forswear;·*(a lăsa undeva)* to leave. © *a ~ masca fig.* to throw off/drop the mask; *a-şi~ pielea(d. şarpe)* to slough; *nu e de ~t* F not (half) bad. **II.** *vb. refl.* ⓐ *a se ~ de...* **a.** *(un obicei)*to leave off..., to break away from..., to break with... **b.** *(a renunţa la)* v. ~ I, 5. **c.** *(un prieten etc.)* to disown, to disavow; *(a tăgădui)* to deny. **III.** *vb. intr.* *(a avorta)* to miscarry, to have a miscarriage; *(d. animale)* to slink, to cast young.
lepădare *s.f.* letting fall etc. v. l e p ă d a. ⓐ *~ de sine* self-denial.

lepădătură *s.f.* **1.** *(avorton)* child o untimely birth; *(monstru)* abortion, monster, freak. **2.** *fig. (ticălos)* villain, scoundrel; *(om de nimic)* nonentity, a nobody; *(degenerat)* degenerate.·
lepidodendron *s.m. geol.* lepidodendron.
lepidoptere *s.n.* *pl. entom.* lepidoptera.
lepră *s.f.* **1.** *med.* leprosy. **2.** *fig.* pest. **3.** *fig. (d. cineva)* dirty dog; *(ticălos)* villain, scoundrel, v. şi l e p ă d ă t u r ă 2.
lepros I. *adj.* leprous. **II.** *s.m.* leper.
leprozerie *s.f.* leper hospital.
lesbiană *s.f.* Lesbian.
lesne *adv.* *(uşor)* easily. ⓐ *~ crezător* credulous, easy/light of belief.
lesnicios I. *adj.* *(uşor)* easy. **II.** *adv.* easily.
lespede *s.f.* plate, slab, flag; *(de trotuar)* flagstone; *(de mormînt)* gravestone; tombstone.
lest *s.n.* *şi fig.* ballast, deadweight.
leş *s.n.* corpse,·dead body; *(de animal)* carcass.
leşie *s.f.* lye wash; *(în spălătorii)* buck, steep; *(soluţie alcalină)* alkaline, solution.
leşietic *adj.* **1.** alkaline. **2.** *(cenuşiu)* grey; *(mohorît)* gloomy. **3.** *(sălciu)* brackish.
leşin *s.n.* **1.** swoon, fainting fit. **2.** v. s f î r ş e a l ă. © *a cădea intr-un ~* v. l e ş i n a.
leşina *vb. intr.* to faint (away), to swoon. © *a ~ de rîs* to split/ burst one's sides with laughing.
leşinat *adj.* **1.** seized with faintness, in a swoon, < in a dead faint. **2.** *fig. (slăbit)* faint; *(de dragoste)* love-sick. ⓐ *~ de foame* faint with hunger; *~ de oboseală* dropping with fatigue.
letargic *adj.* lethargic(al).
letargie *s.f.* lethargy; *med.* death trance.
leton *adj.*, *s.m.* Lett(ic), Lettonian, Lettish; *geogr.* Latvian.
letonă *s.f.(limba~)* Lettic, Lettish.
letopiseţ *s.n.* chronicle; *(anale)* annals.

leu *s.m.* **1.** *zool.* lion *(Felis leo)*. **2.** leu, *Romanian coin and monetary unit.* ⓑ *partea* ~*lui* the lion's share.

leucă *s.f.* support for the sides; stud stave. ⓑ *lovit cu leuca* **a.** *(ţicnit)* F off one's nut/chump, potty, dotty. **b.** *(beat)* F half-seas-over, three sheets in the wind.

leucemie *s.f.* *med.* leuk(a)emia, leucocythaemia.

leucocită *s.f.* *fiziol.* leucocyte, white cell/corpuscle.

leucocitoză *s.f.* *med.* leucocytosis.

leucom *s.n.* *med.* leucoma, albugo.

leucoree *s.f.* *med.* leucorrhoea, F→ whites.

leuştean *s.m.* *bot.* lovage *(Levisticum)*.

leva *s.f.* leva, *Bulgarian monetary unit.*

levantin *adj.*, *s.m.* Levantine.

levată *s.f.* trick.

levănţică *s.f.* *bot.* lavender *(Lavandula)*.

leviatan *s.n.* Leviathan.

levier *s.n.* *tehn.* lever.

leviga *vb.* *tr.* *agr.* to leach.

levigare *s.f.* *agr.* leaching.

levuloză *s.f.* *pl.* *chim.* l(a)evulose, fructose.

lexic *s.n.* vocabulary.

lexical *adj.* lexical, word... ⓑ *fondul principal* ~ basic word stock.

lexicograf *s.m.* lexicographer.

lexicografic *adj.* lexicographical.

lexicografie *s.f.* lexicography.

lexicolog *s.m.* lexicologist.

lexicologic *adj.* lexicological.

lexicologie *s.f.* lexicology.

lexicon *s.n.* lexicon; *(dicţionar)* dictionary.

leza *vb.* *tr.* *(a nedreptăţi)* to wrong; *(a răni)* to wound, to injure; *(interesele etc.)* to prove injurious to, to endanger.

leziune *s.f.* injury, hurt, lesion; *(rană)* wound.

lezmajestate *s.f.* *(crimă de* ~*)* lese--majesty.

liană *s.f.* *bot.* liana, (tropical) creeper.

liant *s.m.* *constr.* binder, binding material.

libarcă *s.f.* *entom.* cockroach, F→ black beetle *(Blatta orientalis)*.

libaţie *s.f.* libation, drink offering.

libelulă *s.f.* *entom.* dragon fly, S→libellula *(Libellula)*.

liber[1] *s.n.* *bot.* bast.

liber[2] **I.** *adj.* **1.** free; *(independent)* independent; *(autonom)* autonomous; *(suveran)* sovereign. **2.** *(gratuit)* gratis, free of charge. **3.** *(disponibil)* available; *(d. timp, ore)* leisure; *(d. zi)* off; *(d. drum)* clear, open; *(neocupat)* vacant, unengaged; *(d. taxi)* for hire; *(gol)* empty. **4.** *(d. persoane)* free, disengaged; *(care nu are serviciu)* off duty. **5.** *(natural)* natural, free. **6.** *(desfăcut)* free, loose. **7.** *(neîmpiedicat)* free, unhampered. unhindered; *(spontan)* spontaneous; *fig.* go-as-you-please. **8.** *(graţios)* free, gracious, smooth. **9.** *chim.* free, uncombined. ⓐ ~ *arbitru* free will; ~ *cugetător* free thinker; ~ *de...* free from...; ~ *de prejudecăţi* free from prepossession; ~ *profesionist* professional man; *pl.* the professions; ~ *schimbist* free trader. ⓑ *armă* ~*ă sport* sighting rifle; *cu ochiul* ~ with the naked eye; *desen* ~ freehand drawing; *în aer* ~ in the open; *intrare* ~*ă* free access; *profesie* ~*ă* free profession; *schimb* ~ free trade; *timp* ~ free time, leisure; off/free hours; *traducere* ~*ă* free/not literal translation; *versuri* ~*e* free verse; *zi* ~*ă* off day. ⓒ *a da cuiva mînă* ~*ă* to give smb. a free hand; *a avea timp* ~ to have (some) spare time, to have (some) time to spare; *marea e* ~*ă* the sea is clear of ice; *a fi* ~ *să facă ceva* to be free to do smth.; to be a free agent. **II.** *adv.* freely etc. v. ~ I; *(a vorbi)* extempore, offhand.

libera I. *vb.* *tr.* **1.** *mil.* to transfer to the reserve. **2.** *(mina etc.)* to disengage. **3.** v. e l i b e r a. **II.** *vb.* *refl.* *pas.* to be transferred to the reserve etc. v. ~ I.

liberal I. *adj.*, *s.m.* liberal. **II.** *adv.* liberally.

liberalism *s.n.* *pol.* liberalism.

liberalitate *s.f.* liberality, generosity.

libert *s.m. ist. Romei* affranchised Roman slave.

libertate *s.f. (implicînd mai ales absenţa constrîngerii)* freedom; *(mai ales abstract)* liberty; *(mai ales ca abuz)* license; *(de a alege)* choice; *(de a dispune)* leave. ⓐ ~*a cuvîntului* freedom of speech; ~*a de conştiinţă* liberty of conscience, religious liberty; ~*a întrunirilor* freedom of assembly; ~*a presei* freedom of the press; ~ *individuală* personal liberty. ⓑ *în* ~ at large; *(liber)* free. ⓒ *a da cuiva* ~ *deplină* to give smb. carte blanche/a free hand; *a-şi lua* ~*a de a/să...* to make so bold as to...; to take the liberty of...; *(a cere voie să)* to take leave to...; *a-şi permite libertăţi cu...* to make bold with...; *a pune în* ~ to set free/at liberty, to release.

libertin I. *adj.* licentious, dissolute. **II.** *s.m.* libertine, rake.

libertinaj *s.n.* libertinage, libertinism.

libidinos *adj.* libidinous, lewd, lecherous.

librar *s.m.* bookseller.

librărie *s.f.* **1.** *(ca magazin)* bookshop, bookseller's, *amer.* bookstore. **2.** *(ca ocupaţie)* book trade, bookselling.

libret *s.n. muz.* libretto, F→book.

libretist *s.m.* librettist.

licăr *s.n.* sparkle; glitter; *(scînteie)* spark.

licări *vb. intr.* **1.** *(implicînd intermitenţa)* to sparkle; *(implicînd şi reflectarea)* to glitter; *(implicînd reflectarea luminii pe o suprafaţă de apă tulburată)* to shimmer; *(implicînd permanenţa unei surse luminoase înguste pe un fond întunecat)* to gleam; *(implicînd o lumină slabă)* to glimmer; *(implicînd raze de lumină reflectate repede în unghi)* to glance; *(a străluci)* to shine; *(a străluci brusc)* to flash; *(d. stele)* to twinkle. **2.** *fig.* to glimmer, to gleam.

licărire *s.f.* **1.** sparkling etc. v. **l i c ă r i.** **2.** v. **l i c ă r.**

liceal *adj.* secondary-school...

licean *s.m.* pupil at a secondary school/at a lycée.

licenţă *s.f.* **1.** *univ.* licence, (licentiate's) degree. **2.** licence, abuse of liberty; licentiousness. **3.** *(brevet)* license, licence. ⓐ ~ *in drept* degree in law; ~ *in litere* degree in arts; ~ *poetică* poetic licence. ⓒ *a-şi lua licenţa* to take one's degree.

licenţia *vb. tr.* to dismiss, F→to sack, to lay off.

licenţiat *s.m. univ.* licentiate. ⓐ ~ *în drept aprox.* bachelor of laws, B.L.; ~ *în litere aprox.* bachelor of arts, B.A.; ~ *în ştiinţe aprox.* bachelor of science, B.Sc.

licenţios *adj.* licentious, ribald.

liceu *s.n.* secondary school, lycée.

lichea *s.f. (lingău)* flunkey, toady, toad-eater; *(netrebnic)* dirty/shabby fellow, scurvy knave.

lichefia *vb. tr. şi refl.* to liquefy, to liquate.

lichefiat *adj.* liquefied; liquid. ⓑ *aer* ~ liquid air.

lichefiere *s.f.* liquefaction.

lichelism *s.n. (servilism)* flunkeyism, toadyism; *(ticăloşie)* rascaldom.

lichen *s.m. bot.* lichen.

lichid I. *adj.* **1.** liquid; *(d. orice substanţă care curge)* fluid. **2.** *(d. bani)* ready. **II.** *s.n.* liquid; fluid; *(băutură)* drink.

lichida I. *vb. tr.* **1.** *(în diferite sensuri)* to liquidate, to abolish, to end; *(o afacere)* to wind up; *(o socoteală)* to clear, to settle; *(a şterge, a uita)* to wipe out; *(a termina cu)* to do away with. **2.** *argou (a ucide) sl.* to do for, to do in. **II.** *vb. refl. pas.* to be liquidated etc. v. ~ **I. III.** *vb. intr.* to go into liquidation.

lichidare *s.f.* liquidation etc. v. **l i c h i d a.**

lichidator *s.m. jur.* liquidator.

lichior *s.n.* liqueur.

licit *adj. jur.* licit, lawful.

licita I. *vb. intr.* to bid (at an auction). **II.** *vb. tr.* to (sell by) auction.

licitant *s.m.* auctioneer, bidder.

licitaţie *s.f.* (sale by) auction.

licoare *s.f.* nectar, delicious beverage; *(băutură)* liquid.

lictor *s.m. ist. Romei* lictor.

licurici *s.m. entom.* glow worm *(Lampyris noctiluca)*.

lider *s.m.* leader.

lied *s.n. muz.* song, lied.

lift *s.n.* lift, *amer.* elevator; *(la bucătărie)* rising cupboard; dumb waiter.

liftă *s.f.* 1. *(venetic)←peior.* alien. 2. *(păgîn)* heathen. 3. *(ticălos)* vile creature, wretch, < F dirty rotter, skunk.

liftier *s.m.* lift attendant; lift boy.

ligament *s.n.* ligament.

ligatură *s.f.* 1. ligature, *med.* string. 2. *poligr.* ligature.

ligă *s.f.* league, confederacy; *(alianță)* alliance.

lighean *s.n.* basin.

lighioană *s.f.* 1. *(animal)* animal, beast; *(animal sălbatic)* wild beast. 2. *pl.* fowls, poultry. 3. *(insectă)* insect. 4. *fig.* brute, beast; *(monstru)* monster; v. și l i f t ă 3.

lignificare *s.f.* lignification.

lignină *s.f.* lignin.

lignit *s.n. miner.* lignite, brown coal.

lihni *vb. refl.* ⓐ *a i se ~ de...* to be ready to faint with...

lihnit *adj.* *(de)* ready to faint (with), starveling, starving.

liliac *s.m.* 1. *bot.* lilac *(Syringa vulgaris)*. 2. *zool.* bat, rearmouse, F→flittermouse *(Vespertilio)*.

liliacee *s.f. pl. bot.* liliaceae.

liliachiu *adj.* lilac(-coloured).

liliputan *adj., s.m.* Lilliputian.

liman *s.n.* 1. *(țărm)* bank; *(coastă)* coast. 2.*(port)←înv.* port, harbour. 3. *(lagună)* lagoon; *(estuar)* estuary. 4. *fig.* refuge, sanctuary, haven.

limb *s.n. bot., tehn.* limb.

limbaj *s.n.* language; *(vorbire)* speech; *(mod de a vorbi)* way/manner of speaking.

limbareț *adj.* v. l i m b u t.

limbă *s.f.* 1. *anat.* tongue, S→lingua, F→clack, clapper. 2. language, *înv.→*tongue, *poetic* accents; *(vorbire)* speech; *(vorbă)* word; *(glas)* voice. 3. *(popor)* ←*înv.* people, nation. 4. *(de clopot)* (bell) clapper, tongue of a bell; *(de ceasornic)* hand; *(pendul)* pendulum; *(de*

pantof) tongue; *(de încălțat pantofii)* shoe horn; *(lamă)* blade; *(de cataramă)* tongue; *(de balanță)* arm, hand. 5. *(fîșie)* strip. 6. *(de foc)* tongue; *(flacără)* flame. ⓐ *limba broaștei bot.* water plantain *(Alisma plantago)*; *limba mării bot.* candytuft *(Iberis)*; *limba mielului bot.* (shop) borage *(Borrago)*; *limba română* Romanian, the Romanian language; *limba șarpelui bot.* adder's tongue *(Ophioglossum)*; *limba vacii* snake fern, hart's tongue *(Scolopendrium)*; *limba vrabiei bot.* sparrowwort *(Stellera passerina)*; *~ ascuțită* sharp tongue; *~ comună* common language; *~ de bou* ox tongue; *~ de mare iht.* sole *(Solea solea)*; *~ de pădure* copse, coppice; *~ de pămînt* spit/ neck of land; *~ despicată* forked tongue; *~ încărcată med.* coated/ furred tongue; *~ literară* literary language; *~ lungă* F chatterbox; *~ maternă* mother tongue; *~ moartă* dead language; *~ modernă* modern language; *~ rea* wicked/ venomous tongue; *~ străină* foreign language; *~ vie* living language; *~ vorbită* colloquial/familiar speech; *(nu scrisă)* spoken language. ⓑ *cu limba scoasă/de un cot←*F breathlessly; *cu ~ de moarte* on one's deathbed; *(prin testament)* by will/testament. ⓒ *a arăta/a scoate limba (la doctor)* to show one's tongue; *a dezlega limba cuiva* to loosen smb.'s tongue; *vinul îi dezlegă limba* F the wine untied his tongue; *a-și înghiți limba* F to keep one's tongue within one's teeth; *a-și mușca limba* to bite one's tongue; *a prinde ~* **a.** F to begin to thaw, to come out of one's shell. **b.** *(a spiona)* to spy; *a scoate limba (la cineva)* to shoot/put/stick out one's tongue (at smb.); *a trage pe cineva de ~* F to sound smb.; *are mîncărime la ~* F his tongue itches; *cuvîntul ăsta îmi stă pe ~* F this word is on the tip of my tongue; *a fi cu două limbi* to be double-tongued.

limbric *s.m. zool.* belly/round worm *(Ascaris lumbricoides)*.

limbut I. *adj.* talkative, garrulous, loquacious, *amer.* gabby. **II.** *s.m.* chatterbox. prater.
limbuție *s.f.* chattering, prating, F→chitchat.
limfatic *adj. fiziol.* lymphatic.
limfatism *s.n. med.* lymphatism.
limfă *s.f. fiziol.* lymph.
limfocită *s.f. fiziol.* lymphocyte.
limita I. *vb. tr.* to limit, to restrict; *(drepturi)* to abridge. **II.** *vb. refl.* *(la)* to limit oneself (to).
limitare *s.f.* limitation; restriction; *fig.* parochialism.
limitat *adj.* **1.** limited; restricted; *(redus)* scanty. **2.** *fig.* narrow- (-minded), hidebound.
limitativ *adj.* limitary, limiting, limitative, restricting.
limită *s.f.* **1.** și *fig.* limit, *(mai ales în timp)* (dead) line. **2.** *mat.* limiting value. ⓐ ~ *de virstă* age limit. ⓑ *fără* ~ limitless, unbounded; *in limita posibilităților* as far as possible; *la* ~ just on the line. ⓒ *ambiția lui nu avea limite* there were no bounds to his ambition; *a depăși orice* ~ to pass all bounds; *a pune/fixa o* ~ *(cu dat.)* to set a limit to...
limitrof *adj. (cu)* limitrophe (to), adjacent (to).
limnologie *s.f.* limnology.
limonadă *s.f.* lemonade.
limonit *s.n. miner.* limonite.
limpede I. *adj.* **1.** clear; *(d. stil etc.)* lucid; *(deslușit)* distinct; *(fără nori)* serene; *(transparent)* transparent, limpid; *(curat)* pure; *(strălucitor)* bright. **2.** *(vădit)* clear, obvious, evident, manifest; *(sigur)* sure. **3.** *(cinstit)* honest; *(curat)* pure; *(inocent)* innocent. **4.** *(d. voce)* clear, crystal... **5.** *(ușor de înțeles)* clear, easily understood. ⓒ *a avea o idee* ~ *despre...* to have a clear idea of... **II.** *adv.* clearly etc. v. ~ I.
limpezi I. *vb. tr.* **1.** *(un lichid)* to clarify. **2.** *(rufele)* to rinse, to swill. **3.** *(a face mai clar)* to make clear; *(un mister etc.)* to clear up. **4.** *(a filtra)* to filter, to strain. **5.** *(a curăța)* to purify. **II.** *vb. refl.* **1.** *(d. un lichid)* to clarify, to

settle. **2.** *(d. vreme etc.)* to clear up. **3.** *(a deveni clar)* to become clear, to clarify. **4.** v. l ă m u r i II.
limpeziciune *s.f.*, **limpezime** *s.f.* clearness.
limuzină *s.f.* saloon car, sedan, limousine (car).
lin¹ *s.m. iht.* tench *(Tinca vulgaris)*.
lin² I. *adj. (liniștit)* quiet, calm; *(incet)* slow; *(d. pantă etc.)* gentle, gently-sloping; *(blind)* gentle, mild; *(dulce)* sweet; *(neted)* smooth, even. **II.** *adv.* quietly etc. v. ~ I.
linariță *s.f. bot.* wild/toad flax *(Linaria vulgaris)*.
lindină *s.f. entom.* nit.
lineal *s.n.* **1.** *tehn.* rule(r), straight edge. **2.** *tipogr.* ink knife. **3.** *text.* comb strip. **4.** *(la mașina de cusut)* guiding rule.
lingău *s.m.* **1.** *(mincău)* glutton. **2.** *fig.* F flunkey, toady, toad-eater, tame spaniel, boot-licker.
linge I. *vb. tr.* **1.** to lick; *(o mincare)* to lick up. **2.** *fig.* F to toady. ⓐ ~*-blide* F sponger. ⓒ *a-și* ~ *buzele* to lick one's lips; *a-și* ~ *degetele* to lick one's fingers; *să-ți lingi degetele, nu alta* F a bit of it all right. **II.** *vb. refl. reciproc* **1.** to lick each other. **2.** *fig.* to beslobber each other. ⓒ *a se* ~ *pe bot* F to be too late in the field, to go (and) whistle for it; *te-ai lins pe bot!* F you may whistle for it! nothing doing!
lingoare *s.f.*←P typhoid (fever).
lingotieră *s.f. metal.* ingot mould.
lingou *s.n. metal.* ingot.
lingual *adj. anat.* lingual.
lingurar *s.m.* **1.** spoon maker. **2.** *(țigan)* Gypsy.
lingură *s.f.* **1.** spoon; *(de masă)* table spoon; *(polonic)* ladle. **2.** *(conținutul)* spoonful. **3.** *min.* bailer. **4.** *tehn.* scoop, spoon; *(de excavator)* shovel. ⓐ *lingura pieptului anat.* collar bone, clavicle.
lingurea, lingurică *s.f.*←P v. l i n- g u r a   p i e p t u l u i.
linguriță *s.f. (de ceai)* (tea) spoon; *(de desert)* dessert spoon.
linguroi *s.n.* ladle.

linguşi . *vb. tr.* to flatter; to fawn upon, to cringe to. **II.** *vb. refl.* *(pe lingă)* to fawn (upon), to cringe (to), to bootlick (smb.).

linguşire *s.f.* **1.** flattering etc. v. l i n g u ş i. **2.** *(ca act)* flattery; cringing, fawning.

linguşitor I. *adj.* flattering etc. v. l i n g u ş i. **II.** *s.m.* flatterer; F flunkey, toady.

lingvist *s.m.* linguist.

lingvistic *adj.* linguistic.

lingvistică *s.f.* linguistics.

linia *vb. tr.* to rule, to mark with lines.

liniar I. *adj.* linear; *(drept)* straight. ⓑ *desen* ~ geometrical drawing; *măsuri* ~*e* measures of length. **II.** *adv.* straight.

liniat *adj.* ruled. ⓑ *hîrtie* ~*ă* ruled paper.

linie *s.f.* **1.** *(in diferite sensuri)* line; *(serie)* series; *(direcţie)* direction; *(chip, mod)* manner; *(contur)* outline. **2.** *(riglă)* ruler. **3.** *(la table)* hit. ⓐ ~. *aeriană* air line; airway ; ~ *curbă* cui ved line; ~ *de autobuz* bus line/service; ~ *de cale ferată* railway line; ~ *de conduită* line of conduct, policy; ~ *de fund* tenis base line; ~ *de forţă* **a.** *fiz.* line of force. **b.** *pl.* *fig.* outlines; essentials; ~ *de luptă* mil. battle line; ~ *de plutire* nav. water-line; ~ *de tramvai* tram line; ~ *dreaptă* straight line; *bee* line; ~ *genealogică* genealogical line/table; ~ *moartă* ferov. blind/dead end (track); ~ *paralelă* parallel (line); ~ *perpendiculară* perpendicular (line); ~ *secundară* ferov. shunt, side track, siding; ~ *suplimentară muz.* ledger line; ~ *telegrafică* telegraph line; ~ *vizuală* opt. line of sight. ⓑ *de prima* ~ of primary importance; *în* ~ in a row; *în* ~ *dreaptă* in a straight line; as the crow flies; *in linii mari* broadly/roughly speaking, in the main; in broad outline; *pe linia celei mai mici rezistenţe* on the line of least resistance ; *pilot de* ~ *av.* air-line pilot; *regiment de* ~ regiment of the line; *vas de* ~ *nav.* ship of the line.

ⓒ *a coborî în* ~ *directă din...* to be lineally descended from...; *a fi pe* ~ *pol.* to be correct, to have a correct approach.

liniere *s.f.* ruling *of copybooks etc.*

linioară *s.f.* *(cratimă)* hyphen.

linişte *s.f.* **1.** *(absenţa zgomotului şi, adesea, a mişcării)* stillness, poetic still; *(idem, accentuîndu-se absenţa frămîntării)* quiet(ness) ; *(tăcere)* silence; *(calm)* calm ; *(pace)* peace. **2.** *interjecţional* silence! *(nu vorbiţi)* stop talking! ⓐ ~ *mormîntală* dead/blank silence. ⓑ *în* ~ **a.** in silence. **b.** calmly; quietly.

linişti I. *vb. tr.* to calm ; *(durerea)* to assuage; *(a mîngîia)* to comfort; *(a convinge să nu se neliniştească)* to reassure, to set at rest/ ease; *(un copil)* to quieten, to soothe; *(conştiinţa)* to soothe, to salve. **II.** *vb. refl.* **1.** *pas.* to be calmed etc. v. ~ I. **2.** *(a se calma)* to calm/settle/quiet down; *(d. cineva care e neliniştit)* to compose oneself, to make one's mind easy; *(a se odihni)* to (have a) rest. **3.** *(a inceta)* to cease; *(d. vînt)* to abate. ⓒ *linişteşte-te!* compose yourself! *savantul nu se va* ~ *pînă cînd...* the scholar will never know rest until...

liniştit I. *adj.* *(fără zgomot şi mişcare)* still; *(idem, plus netulburat)* quiet; *(fără zgomot, eventual implicînd mişcarea)* noiseless; *(calm)* calm ;*(senin)* serene ;*(paşnic)*peaceful; *(tăcut)* silent; *(netulburat)* untroubled,unruffled; *(incet)* slow; *(blind)* gentle. **II.** *adv.* quietly etc. v. ~ I.

liniştitor *adj.* reassuring etc. v. l i n i ş t i.

liniuţă *s.f.* line, dash. ⓐ ~*de unire* hyphen.

linograf *s.n.* *poligr.* linograph.

linogravură *s.f.* *artă* woodcut.

linoleum *s.n.* linoleum; floor cloth; *(imprimat)* oilcloth.

linotip *s.n.* *poligr.* linotype (machine).

linotipist *s.m.* *poligr.* linotyper.

lins *adj.* **1.** licked etc. v. l i n g e. **2.** *(d. păr)* sleek, smoothed.

linşa *vb. tr.* to lynch.

linşaj *s.n.* lynching.

linte *s.f. bot.* lentil *(Lens esculenta).*

lintiţă *s.f. bot.* duckweed, frog foot *(Lemna minor).*

linţoliu *s.n.* v. **g i u l g i u.**

linx *s.m. zool.* lynx *(Lynx lynx).*

liotă *s.f.* v. **d r o a i e.**

lipan *s.m.* **1.** *bot.* v. **b r u s t u r e. 2.** *iht.* umber, grayling *(Thymallus thymallus).*

lipază *s.f. chim.* lipase.

lipăi *vb. intr.* to scrape/shuffle one's feet.

lipcă *s.f.* ⓒ *a sta* ~ F to stick like a burr.

lipi I. *vb. tr.* **1.** *(cu clei)* to glue; *(cu făină şi apă)* to paste; *(cu gumă arabică)* to gum; *(unul de altul)* to glue together; to paste together; *(un afiş etc.)* to stick, to hang; *(un timbru)* to affix. **2.** *(a fixa)* to fix; *(a ataşa)* to attach. **3.** *(o casă etc.)* to coat. **4.** *(a suda)* to solder; *(autogen)* to weld. ⓐ *a* ~ *de...* **a.** to glue/paste/gum to... **b.** *(a fixa de)* to fix to..., to attach to...; *(a aplica la)* to apply to...; *(a ţine la)* to hold to... **c.** *(a stringe la)* to clasp/press to... **d.** *(a impinge la)* to drive to...; *(a mişca spre)* to move to...; *(a pune lingă)* to put against... ⓒ *a-şi* ~ *faţa de geam* to press/glue one's face to the window pane; *a* ~ *cuiva o palmă* ←F to slap smb. in the face. **II.** *vb. refl.* **1.** *pas.* to be glued etc. v. ~ I. **2.** *(d. ochi)* to close. **3.** to stick; *(a fi lipicios)* to be sticky/clammy. ⓐ *a se* ~ *de...* **a.** *(cineva, ceva)* to stick to..., to adhere to...; *(a acosta)* to accost; *(a bate la cap)* to importune..., to worry..., F < to pester...; *(a se ataşa de cineva)* to cling to... **b.** *(d. boli)* to communicate oneself to... **c.** *(a prii)* to benefit... ⓒ *nu se lipeşte invăţătura de el* learning is above his head; *mi se lipesc ochii de oboseală* my eyes are closing with fatigue; *se* ~ *de el* she clung close to him; *a se* ~ *de un perete* to stand close to a wall.

lipici *s.n.* **1.** *(nuri)* ←P grace, charm. **2.** *(clei)* glue; paste. ⓑ *cu* ~ F taking, fetching.

lipicios *adj.* **1.** sticky; *(vîscos)* viscous; *(şi umed)* clammy. **2.** v. **c u l i p i c i.**

lipie *s.f.* flat loaf of bread.

lipit *adj.* stuck etc. v. **l i p i.** ⓑ *sărac* ~ (as) poor as a churchmouse.

lipitoare *s.f.* **1.** *zool.* leech, sanguisuge *(Hirudo).* **2.** *fig.* leech; blood sucker; parasite.

lipitor *s.m.* ⓐ ~ *de afişe* bill sticker/poster.

lipitură *s.f.* **1.** *metal.* soldering, brazing. **2.** *constr.* rough cast.

lipom *s.n. med.* lipoma.

lipovan *adj., s.m.,* **lipovenesc** *adj.* Lippovan.

lipsă *s.f.* **1.** *(absenţă)* absence; *(absenţă sau insuficienţă)* lack, want, *(neprezentare)* failure to appear. **2.** shortcoming; *(imperfecţiune)* imperfection; *(defect)* defect; *(neajuns)* drawback; *(greşeală)* mistake, error, fault. **3.** *(nevoie)* need; *(jenă materială)* straitened circumstances; *(sărăcie)* poverty; *(privaţiune)* privation. ⓐ ~ *de bani* scarcity of money; *(a cuiva)* straits, pecuniary embarrassment; ~ *de drepturi* lack of rights; ~ *de grijă* carelessness, light-heartedness; ~ *de ploaie* absence of rainfall; ~ *de răspundere* irresponsibility; ~ *la cîntar* short weight. ⓑ *din* ~ *de...* for lack of..., in the default of...; *din* ~ *de timp* for lack of time; *in lipsa mea* in my absence; *in* ~ *jur.* in smb.'s absence; *mai bine* ~ (I am etc.) better off without. ⓒ *a duce* ~ *de...* to need..., to be in need of...; *a fi* ~ to be absent/missing; *a fi* ~ *la apel* to be absent from roll call.

lipsi I. *vb. intr.* **1.** *(a fi absent)* to be absent/ missing, *jur.* to make default; *(a nu se găsi)* not to be found/available; *(a nu se găsi sau a fi insuficient)* to fail, to fall short; *(d. ceva esenţial)* to lack. **2.** *(a fi nevoie)* to be wanted/needed. ⓐ *a-i* ~ ... to want..., to lack...; *(a avea nevoie de)* to need..., to

stand/be in need of...; *(a nu-i
ajunge)* to be short of...; *(cineva,
a duce dorul cuiva)* to miss... ©
asta mai lipsea! F that's the last
straw! that crowns all! *lipsesc
cîteva cuvinte* there are a few words
missing; *îi lipseşte o doagă* F he
has bats in the belfry; *ne lipsea
foarte mult* how we missed him!
nu lipsea mult ca să cîştige he
wasn't far from winning, he was
about to win; *nu lipsea nimic* there
was plenty of everything, there
was nothing wanting; *nu-mi lip-
seşte nimic* I require nothing, I
have all I want; *îi lipseşte polite-
ţea* he wants manners, he is lack-
ing/deficient/wanting in polite-
ness; *de ce ai ∼t de la şcoală?* why
did you absent yourself from school?
a ∼ (de) la întîlnire to fail to
keep an appointment. **II.** *vb. tr.
(de)* to deprive (of). **III.** *vb. refl.
(a refuza)* to refuse; *(a renunţa)*
to renounce. ⓐ *a se ∼ de...* **a.** *(a
renunţa la)* to renounce..., to give
up...* **b.** *(a se priva de) (pentru)*
to deny oneself... (for); to do with-
out...
lipsit *adj.* destitute, needy; *(sărac)*
poor. ⓐ *∼ de...* deprived/devoid/
bankrupt of..., lacking...; *(fără)*
without...; *∼ de inimă* heartless,
callous; *∼ de minte* unreasonable,
unwise, bereft of reason.
liră *s.f.* **1.** *muz. fig.* lyre. **2.** *Lira
astr.* the Lyra. **3.** *ferov.* lyre-shaped
group of lines. **4.** *(monedă)*
lira; *(sterlină)* pound. ⓑ *pasărea
∼ ornit.* lyre bird.
liric *adj.* **1.** lyric(al). **2.** *fig.* lyric(al),
sentimental.
lirică *s.f.* **1.** lyricism. **2.** lyrical po-
etry.
lirism *s.n.* lyricism.
lisă *s.f. constr.* rail rod.
liseză *s.f. text.* smoothing machine.
listă *s.f.* list; *(catalog)* catalogue.
ⓐ *∼ de candidaţi* panel of can-
didates; *∼ electorală* register (of
votes); *∼ neagră* black list. ⓑ *pe
lista neagră a cuiva* in smb.'s black
books. ⓒ *a întocmi o ∼* to draw
up a list.

lişiţă *s.f. ornit.* bald coot, moor
hen *(Fulica atra)*.
litanie *s.f.* **1.** litany. **2.** F rigmarole,
rambling story.
litargă *s.f. chim.* litharge.
literal *adj.* literal.
literalmente *adv.* literally.
literar I. *adj.* literary. **II.** *adv.* lite-
rarily.
literat *s.m.* man of letters, literary
man.
literatură *s.f.* **1.** literature. **2.** *(bi-
bliografie)* bibliography, reference
material. ⓐ *∼ comparată* compa-
rative literature; *∼ de anticipaţie;
∼ ştiinţifico-fantastică* science fic-
tion.
literă *s.f.* **1.** letter; *(caracter)* cha-
racter; *(de tipar)* (printing) type.
2. *pl.* letters; literature. ⓐ *litera
legii* the letter of the law; *∼ cu
∼* to the letter; *∼ cursivă* italic;
∼ dreaptă poligr. book type, Ro-
man (type); *∼ mare* capital (let-
ter); two-line letter; *∼ mică* small
letter. ⓑ *om de litere* man of
letters. ⓒ *a rămîne ∼ moartă* to
remain dead letter.
litiază *s.f. med.* lithiasis.
litieră *s.f.* v. l e c t i c ă.
litigios *adj.* litigious.
litigiu *s.f.* litigation.
litiu *s.n. chim.* lithium.
litograf *s.m.* lithographer.
litografia *vb. tr.* to lithograph.
litografic *adj.* lithographic.
litografie *s.f.* lithography.
litografiere *s.f.* lithographing.
litoral *s.n.* coastline, littoral, sea-
side. ⓑ *pe ∼* at the seaside.
litosferă *s.f.* lithosphere.
litotă *s.f. ret.* litotes.
litră *s.f.* **1.** quarter of a litre. **2.**
quarter of a kilogramme.
litru *s.m.* litre..
lituană *s.f.* Lithuanian (language).
lituanian *adj. s.m.* Lithuanian.
liturghie *s.f.* liturgy, mass.
liturghier *s.n.* missal, ordinal.
liturgic *adj.* liturgical.
liţă *s.f. electr.* stand, stranded wire.
livadă *s.f.* **1.** orchard. **2.** *(pajişte).*
lawn, meadow, *poetic→*lea.
livid *adj.* livid; ghastly (pale).
lividitate *s.f.* lividity, lividness.

livra *vb. tr.* to deliver; *(a furniza)* to furnish.

livrabil *adj.* ready for delivery.

livrare *s.f.* delivery; furnishing.

livră *s.f.* pound.

livrea *s.f.* livery.

livresc *adj.* book...; *(d. spirit etc.)* bookish.

livret *s.n.* ⓐ ~ *de economii* savings--bank book; ~ *militar* (soldier's) record; *(de rezervist)* (reservist's) small book.

lizibil *adj.* legible.

lizieră *s.f.* **1.** *(margine de pădure)* skirt. **2.** *(de țesătură)* selvage list.

lînă *s.f.* wool; *(artificială)* lanital. ⓐ *lîna de aur mit.* the Golden Fleece; *lîna broaștei* v. m ă t a s e a b r o a ș t e i; ~ *de lemn* wood wool/fibre; ~ *în* ~ all wool; ~ *tunsă/de tuns* worsted; ~ *vegetală* vegetable wool. ⓑ *de* ~ wool..., wool(l)en.

lînărie *s.f.* wool-spinning mill.

lînăriță *s.f.* v. b u m b ă c a r i ț ă.

lînced *adj.* weak, feeble; *(ofilit)* winthered.

lîncezeală *s.f.* **1.** weakness; languor; *(toropeală)* torpor; *(apatie)* apathy. **2.** *fig.* slack time, dullness, flatness.

lîncezi *vb. intr.* **1.** to languish, to pine, to waste away. **2.** *fig.* to be slack/dull; to stagnate.

lîngă *prep.* **1.** near (to), beside, by the side of, close to; about; *(nu -departe de)* not far from. **2.** *(în comparație cu)* in comparison with; beside. ⓑ *de* ~ **a.** near... etc. v. ~ **1. b.** *(implicînd deplasarea)* from (one's side); *de pe* ~ ... v. d e ⓐ; *pe* ~ **a.** *(din apropierea)* about...; around... v. și ~ **1. b.** *(în comparație cu)* v. ~ **2. c.** *(la)* at; with. **d.** *(în afară de)* besides, in addition to...; *pe* ~ *că*... besides; as well as...; *pe* ~ *toate acestea* besides all this, in addition to all this, added to everything else.

lînos *adj.* woolly, fleecy.

lob *s.m.* lobe; *(al urechii, și)* flap.

lobat *adj.* lobate.

lobodă *s.f. bot.* or(r)ach(e), notch/pig weed *(Atriplex).*

lobul *s.m. anat.* lobule; *bot.* lobelet.

loc *s.n.* **1.** place, spot; *(poziție)* position; *(spațiu)* room; *(la teatru etc.)* seat; *(porțiune)* lot, portion; *(de pămînt)* plot; *(cîmp)* field; *(moșie)* estate; *(ținut, țară)* country; *(regiune)* region, part; *(localitate)* place, locality; *(scenă)* scene. **2.** *(pasaj)* passage. **3.** *(serviciu)* job, post, berth, billet. **4.** *(prilej)* opportunity. ⓐ ~ *de casă* house lot; ~ *comun* commonplace; ~ *de întîlnire* (appointed) meeting place, trysting place; *(a multor oameni)* venue; ~ *de naștere* birthplace; ~ *de parcare* parking lot; ~ *de trecere* thoroughfare; ~*geometric* geometrical locus ~ *în colț feroo.* corner seat; ~ *în față* front seat; ~ *în spate* back seat; ~ *sigur* safe place; ~*uri ieftine* cheap seats. ⓑ *de* ~ not at all, by no means, v. și d e ⓐ; *de pe* ~ standing, without moving; *din* ~ from the place; *din* ~ *în* ~ here and there; *(încoace și încolo)* to and fro, up and down; *în* ~*ul (cu gen)* instead of..., in the place of..., in *smb.*'s stead, in lieu of...; *în* ~*ul tău, eu*... in your place, I..., if I were you, I...; *în tot* ~*ul* everywhere; *în/ prin unele* ~*uri* in (certain) places, in spots; *la* ~ as it etc. was before; *(din nou)* again; *la un* ~ together, rolled into one; *ne la* ~*ul ei* out of place; *pe* ~ on the spot, there and then; F offhand. ⓒ *a-și afla* ~*ul* to settle down; *(a se calma)* to calm down; *a nu-și afla* ~*ul* to fidget; *a avea* ~ to take place; *(a se întîmpla)* to occur, to happen; *(a se ține)* to be held; *a da* ~ *la*... to give rise to...; to be the occasion for...; *a-și face* ~ to make room/way for oneself; *faceți* ~*!* make room/way! stand aside/off! move on! *nu-și găsește* ~*ul* he can't keep still; he's a fidget; *(e nervos)* he's nervous; *a lua* ~ to sit down, to be seated, to take a seat; *luați* ~*!* take a seat/chair! sit down! be seated! *a ocupa mult* ~ to take up a great deal of room; *ocupați-vă* ~*urile!*

take your places/seats! *a rezerva două ~uri la teatru* to book two seats at the theatre; *vrei să-ți schimbi ~ul cu al meu?* would you like to change places with me? *a ține ~ de ...* to replace...; to be a substitute for...; *a ține ~ul cuiva* to take/supply smb.'s place, to act as smb.'s substitute; *era doar o palmă de ~* it was but a short distance away; *sînt de ~ din...* ...is my country *sau* my native town, village etc.; *a o lua din ~* to start; *(a pleca)* to leave, to go away; *to be off; a muta din ~* to remove (to another place); *în ~ să fie mulțumit...* instead of being satisfied...; *a pune ceva în ~ul...* *(cu gen.)* to put smth. in the place of..., to substitute smth. for...; *a pune ceva într-un/la ~ sigur* to put smth. in a safe place; *pune-te în ~ul meu!* put yourself in my position; *a ține în ~ (a împiedica)* to hinder; *(a frîna)* to check, to restrain; *du-te la ~!* go back to your place! *a fi la ~ul lui* to know one's place; *am fost la fața ~ului* I was on the spot; *a pune ceva la ~* to put smth. back to its (proper) place; *a pune pe cineva la ~ul lui* to put smb. in his place; to take smb. down; *stai la un ~!* keep quiet, will you? *a sta pe ~* not to leave the spot, to stay (on); *stai pe ~!* don't stir! *mai este ~* there is still room (left); *lucrurile nu stau pe ~* things are going ahead; *nu era ~ul să... ...* was out of place; that wasn't the place to...; *nu mai era nici un ~* there wasn't a seat to be found; *sînt trei ~uri libere* there are three seats vacant; *a sta ~ului* to stop; *a nu sta o clipă ~ului* to be fidgety.

local I. *adj.* local. ① *anestezie ~ă med.* local anaesthesia. **II.** *s.n.* **1.** *(clădire)* building. **2.** *(restaurant)* restaurant, public house, pub; *(de dans)* dancing saloon/*amer.* hall.

localitate *s.f.* locality, place.

localiza I. *vb. tr.* to localize; to limit; *(un incendiu)* to bring under control. **II.** *vb. refl. pas.* to (be)come localized *sau* limited.

localnic *adj., s.m.* native.

locaș *s.n.* **1.** dwelling; *(casă)* house. **2.** *tehn.* groove, slot.

locatar *s.m.* lodger; *(chiriaș)* tenant; *(la o pensiune)* inmate.

locativ I. *adj.* living; tenant's...; *(d. valoare)* rental. **II.** *s.n. gram.* locative (case).

locație *s.f.* **1.** tenancy, *jur.* location. **2.** *ferov.*, hiring, truck hire.

loco *adv. com.* loco.

locomobil *adj.* locomotive.

locomobilă *s.f.* transportable steam engine.

locomotivă *s.f.* locomotive, engine; *(cu aburi)* steam locomotive; *(electrică)* electric locomotive. ⓐ *~ cu abur* steam locomotive; *~ cu dublă tracțiune* double-heading engine; *~ electrică* electric locomotive; *~ împingătoare* bank locomotive, banking engine.

locomotor *adj.* locomotor(y).

locomoție *s.f.* locomotion.

locotenent *s.m.* **1.** *mil.* first lieutenant; *av.* flying officer. **2.** ←*inv.* v. **locțiitor.** ⓐ *~ colonel mil.* lieutenant colonel; *~ major mil.* senior lieutenant.

locotenență *s.f. ist.* ⓐ *~ domnească* deputies of the hospodar, ad-interim rulers.

locotractor *s.n. ferov* light railway motor tractor.

locșor *s.n.* F a little bit of a place.

locțiitor *s.m.* deputy, locum tenens, caretaker. ⓐ *~ politic* political instructor.

locui *vb. intr.* to live, to reside, to dwell. ⓐ *a ~ în...* to live/dwell in...; *(o casă și)* to inhabit...

locuibil *adj.* habitable.

locuință *s.f.* dwelling (place), residence, abode, *jur.* house, tenement; *(casă)* house. ⓒ *a se stabili cu locuința la...* to take up one's lodgings at...

locuit *adj.* inhabited.

locuitor *s.m.* inhabitant.

locuțiune *s.f. gram.* phrase.

loden *s.n.* **1.** shag. **2.** shag overcoat.

loess *s.n. geol.* loess.

logaritm *s.m. mat.* logarithm. ① *tablă/tabelă de ~i* table of logarithms.

logaritmic adj. mat. logarithmic.
logic I. adj. logical. **II.** adv. logically.
logică s.f. logic.
logician s.m. logician.
logistică s.f. logistics.
logodi I. vb. tr. to betroth, elev.→ to affiance. **II.** vb. refl. (cu) to become engaged (to).
logodnă s.f. betrothal, engagement, affiance. ⓑ inel de ~ engagement ring.
logodnic s.m. fiancé, F→one's intended, inv.→betrothed.
logodnică s.f. fiancée, v. și l o g o d-n i c.
logofăt s.m. ist. **1.** chancellor. **2.** v. vătaf. ⓐ ~ de obiceiuri master of ceremonies.
logogrif s.n. **1.** logogriph. **2.** fig. puzzle.
logoree s.f. garrulousness, loquacity.
logos s.n. **1.** logos. **2.** (discurs) speech; (morală) lecture, F jaw.
loh s.n. nav. log.
loial I. adj. (fidel) loyal, faithful, true; (cinstit) honest, fair; (sincer) sincere. **II.** adv. loyally etc. v. ~ I.
loialitate s.f. loyalty; fidelity; (cinste) honesty, uprightness, fairness; (sinceritate) sincerity.
loitră s.f. waggon ladder.
lojă s.f. **1.** teatru box. **2.** (mic compartiment) cabin, lodge. **3.** (~ masonică) (freemasons') lodge. **4.** bot. loculus, cell.
lombar adj. anat. lumbar.
lombard s.n. fin. Lombard loan.
londonez I. adj. London..., glum. cockney. **II.** s.m. Londoner, glum. cockney.
longevitate s.f. longevity, long life.
longitudinal adj. longitudinal.
longitudine s.f. longitude. ⓑ la 5° ~ estică in (the) longitude (of) 5° east.
lopată s.f. **1.** shovel; (hîrleţ) spade. **2.** (vîslă) oar. **3.** bot. lunary (Lunaria). ⓑ cu lopata (din belşug) in abundance; (cu toptanul) by heaps/armfuls; sapa și lopata←F death. ⓒ a da la ~ to winnow, to fan.
lopăta vb. intr. to row.

lopătar s.m. **1.** rower, oarsman; (barcagiu) boatman. **2.** ornit. spoonbill (Platalea leucorodia).
lor I. adj. pos. their ⓑ a, al, ale, ai ~ pron. pos. theirs. **II.** pron. (to) them.
lord s.m. lord.
lorn(i)etă s.f. opera glasses.
lornion s.n. pince nez, eyeglasses; (monoclu) monocle.
lostriţă s.f. iht. huck (Salmo hucho).
lot s.n. **1.** (porţiune) lot, portion; (parte) share, part. **2.** (de pămînt) plot; (mic) strip. **3.** (de oameni) group, batch. **4.** (de mărfuri) lot, batch, parcel.
lotcă s.f. (long) boat.
loterie s.f. **1.** lottery. **2.** fig. lottery; matter of chance.
loto s.n. **1.** lotto; (concret) lotto set. **2.** (loterie) lottery.
lotus s.m. bot. lotus (Nymphaea lotus).
loţiune s.f. **1.** shampoo(ing). **2.** farm. lotion.
lovi I. vb. tr. **1.** to strike; to smite; (a izbi) to hit; (cu palma) to slap; (a bate) to beat; (violent și cu zgomot) to slam; (iute și cu zgomot) to clap; (a da un ghiont) (cu cotul) to nudge, to buffet, to thump, P → to walk into; (ușor) to pat, to tap, to dab; (cu ceva lat) to spank; (cu pumnul, pe cineva) to cuff; (a ciocăni) to hammer; (cu cureaua) to leather; (a biciui) to whip, to lash; (cu ceva lat sau greu) to whack; (puternic) to swinge; (cu bastonul) to cane; (cu piciorul) to kick; (a atinge) to touch; (d. fulger) to strike. **2.** (a nimeri) to hit; (a ajunge pînă la) to reach. **3.** (a ataca) to attack; (a asalta) to assail. **4.** (d. o nenorocire etc.) to strike, to overtake, to befall; (a apuca) to seize. **5.** (a jigni) to hurt, to injure; (a ofensa) to offend; (a răni) to wound; (a nedreptăţi) to wrong; (a face rău) to harm; (a prejudicia) to prejudice; (a compromite) to compromise. **II.** vb. refl. **1.** reciproc to knock/strike against each other. **2.** (a se potrivi)←P to suit, to be convenient. **3.** (d. cineva) to

hurt oneself, to get hurt. ⓐ *a se*
~ *de...* **a.** to come up/knocka-
gainst..., < to bang against...; *(a
se ciocni de)* to run (slap) into...;
(de cineva) F→to barge into...;
(a da de, și fig.) to come across/
upon...; *(d. valuri)* to break a-
gainst...; *(cu capul)* to run/knock
one's head against... **b.** *fig.* to
come up against... ⓒ *se lovește ca
nuca în perete* that's as fit as a
shoulder of mutton for a sick horse,
it is nothing to the purpose. **III.**
vb. intr. to strike. ⓐ *a ~ in* v.
~ I, 2, 5.

lovire *s.f.* striking etc. v. **lovi.**
lovitură *s.f.* **1.** blow; *(la ușă)* knock;
(bătaie) beat; beating; *(cu biciul)*
lash, slash; *(cu piciorul)* kick; *(cu
pumnul)* cuff; *(cu cotul)* poke
with the elbow; nudge; *(cu capul)*
butt; *(cu bățul)* blow, shack; *(de
pumnal)* stab; *(cu toporul)* stroke,
chop. **2.** *fig.* blow; *(năpastă)* ca-
lamity; *(ghinion)* piece of ill luck.
3. *(atac)* attack; *(spargere)* burg-
lary; *(acțiune reprobabilă)* try,
F go. **4.** *sport* stroke; hit; drive;
(cu capul) heading. ⓐ ~ *de grație*
finishing stroke; ~ *de pedeapsă
sport* penalty (shot/kick); ~ *de
sabie* sword thrust, cut with the
sword, stab; ~ *de stat* coup d'état;
~ *de trăsnet și fig.* thunderbolt;
~ *liberă fotbal* free kick; ~ *mor-
tală/fatală* death blow; ~ *noro-
coasă* fluke; ~ *principală pol.,
mil.* spearhead; ~ *sub centură*
deep/foul hit; *loviturile soartei* the
buffets of fortune. ⓑ *dintr-o* ~ at
a/one blow, at one go, at one fell
swoop. ⓒ *a da lovitura* F to make
a hit; *a da o* ~ *cuiva* to aim/deal/
strike a blow at smb.; *a fost o grea
~ pentru el* it was a hard/sad blow
to him; *a para o* ~ to parry a
blow.
loz *s.n.* lottery ticket.
lozie *s.f. bot.* osier *(Salix cinerea).*
lozincă *s.f.* slogan.
lua I. *vb. tr.* **1.** to take; *(a pune
mina pe)* to take up, to take hold
of, to lay hold of; *(a ajunge la)*
to get at; *(brusc)* to snatch, to
catch up; *(în brațe, intre miini)*

to clasp; *(jos)* to take down;
(a prelua) to take over; *(a răpi;
a fura)* to rob smb. of; *(a priva
de)* to deprive of; *(a apuca)* to
seize, to grasp; *(a captura)* to
capture, to seize; *(d. tren, pasa-
geri)* to take up; *(d. vase)* to take
in; *(bilete)* to take, to book; *(a
dobîndi)* to acquire; *(a dezbrăca)*
to take off; *(a minca)* to eat; *(a
bea)* to drink; *(a înghiți)* to
swallow; *(masa)* to have, to take;
(a îmbrăca) to put on; *(a înlătura)*
to take away; *(a căpăta)* to get;
(a primi) to receive; *(a lua în
posesie)* to take possession of; *(a
găsi)* to find; *(a cumpăra)* to take;
(a confisca) to confiscate; *(a cu-
ceri)* to conquer; *(a contracta)* to
contract. **2.** *fig. (pe cineva) (a stă-
pîni)* to manage; *(a duce)* to ca-
jole. **3.** *fig. (a începe)* to start,
to begin. **4.** *fig. (a asuma)* to as-
sume; to take on; *(un aer etc.)*
to assume, to put on. **5.** *fig. (a
angaja)* to engage; *(a închiria)* to
hire. **6.** *fig. (o boală)* to take, to
catch. **7.** *fig. (adio etc.)* to bid;
to say. ⓐ *a* ~ *de...* to take/seize
by...; *a* ~ *din...* to take from...,
to take out of...; *a* ~ *drept...* to
(mis)take for...; *a o* ~ *la/spre...*
to turn to... ⓒ *o să viu să iau ba-
gajele* I shall come for the luggage;
a ~ *un bilet direct pentru Bucu-
rești* to book through to Bucharest;
nu știu de unde să-l iau I don't
remember where I met him; *a și-o
~ în cap* to give signs of a swelled
head, to become conceited, to grow
too big for one's boots; *a o* ~ *la
picior* to take to one's heels; *ia-o
încet* F take it easy; *a* ~ *pasărea
din zbor fig.* to be a dead shot;
a-și ~ *pălăria* to take off one's
hat; *îmi ia tot timpul* it takes (up)
all my time; *a* ~ *cu împrumut* to
borrow; *a* ~ *de exemplu* to take
as an example; *a* ~ *drept bun* to
take for granted; *a* ~ *în serios* to
take seriously; *cît iei pentru asta?*
what do you charge for that? *mi-a
luat două ore* it took me two hours.
II. *vb. refl.* **1.** *pas.* to be taken etc.
v. ~ I. **2.** *(a se căsători)* ← P to

marry. ⓐ *a se ~ de...* a. *(a începe)* to begin..., to start...; to set about... b. *(a apuca)* to seize; *(a se agăța de)* to catch at...; *(de mînă)* to join...; *a se ~ după...* a. *(a merge după)* to go after...; *(a urma)* to follow;... *fig.* to follow in the steps of...; *(a se alătura...)* to join... b. *(a asculta de sfatul...)* to take *smb.'s* advice; *(a asculta de)* to listen to...; *(a imita)* to imitate...; *a se ~ la...* to start..., to begin...

luare *s.f.* taking etc. v. l u a. ⓐ ~-*aminte* attention, heed; *(grijă)* care; ~ *de contact* contact; meeting; preliminary talk; ~ *în considerare* taking into account/consideration. ⓑ *cu* ~-*aminte* attentively, closely, carefully.

lubric *adj.* lustful, lewd.

lubricitate *s.f.* lubricity, lust.

lubrifiant I. *adj.* lubricating. II. *s.m.* lubricant.

lucarnă *s.f.* skylight, light.

luceafăr *s.m.* 1. *astr.* Venus. 2. *fig.* luminary; paragon; *(bărbat frumos)* Adonis. ⓐ ~*ul de dimineață* morning star; ~*ul de seară* evening star.

lucernă *s.f. bot.* lucerne, Spanish trefoil *(Medicago sativa)*.

luci *vb. intr.* 1. to shine; to gleam; *poetic* to sheen; *(a scînteia)* to sparkle; *(a licări)* to glisten. 2. *(de bucurie)* to beam (with joy). 3. *(a izbucni)* to break out.

lucid I. *adj.* lucid, clear. II. *adv.* lucidly, clearly.

luciditate *s.f.* lucidity, clearness.

lucios *adj.* shiny; glossy; *(strălucitor, luminos)* bright.

lucire *s.f.* shining etc. v. l u c i; *(strălucire)* radiance; *(luciu)* gloss; *(lumină)* brightness.

lucitor *adj.* shining, sparkling, v. l u c i; *(strălucitor, luminos)*bright; *(expresiv)* expressive.

luciu I. *adj.* 1. v. l u c i o s și l u c i t o r. 2. v. l u s t r u i t. 3. *(alunecos)*slippery; *(neted)*smooth, even. ⓐ *sărăcie lucie* dire poverty. II. *s.n. și fig.* lustre, brilliance, brilliancy; *(al oțelului)* glitter;

(splendoare) magnificence, splendour; *(glorie)* glory.

lucra I. *vb. intr.* 1. to work, to labour; *(a trudi)* to toil, < to toil hard. 2. *(d. o mașină)* to work, to run; *(d. o bibliotecă)* to be open. 3. *(a avea efect)* *(asupra)* to have an effect (upon), to act (on). 4. *(a funcționa)* to function. ⓐ *a ~ la...* to work at/on... ⓒ *mașina nu lucrează* the machine is out of order; *a ~ noaptea* to work at night; *(citind etc.)* to burn the midnight oil; *a ~ cu ziua* to work by the day. II. *vb. tr.* 1. *(pămîntul)* to till, to cultivate, to dress; *(a se ocupa cu)* to deal with; *(a practica)* to practise; *(a clădi)* to build; *(a perfecționa)* to improve. 2. *(a prelucra)* to work out. 3. *fig. (pe cineva)* F to sap; *(a urzi împotriva)* ←F to plot/scheme/machinate against. III. *vb. refl. pas.* to be tilled etc. v. ~ II.

lucrare *s.f.* 1. working. 2. *(scriere)* work, writing. 3. *(realizare)* realization, achievement. 4. *(faptă)* deed. ⓐ ~*a pămîntului* tilling of the ground; ~ *de control* control paper; ~ *de diplomă/de stat* graduation/diploma paper; ~ *literară* literary work; *lucrările conferinței* the debates/work/proceedings of the conference; *lucrări publice* public works.

lucrat *adj.* elaborate.

lucrativ *adj.* lucrative, paying, profitable.

lucrătoare *s.f.* (woman) worker.

lucrător I. *adj.* working, work...; *(activ)* active; *(harnic)* diligent, industrious; *(d. zile)* working. II. *s.m.* worker, workman. ⓐ ~ *cu ziua/ziler* day labourer.

lucrătură *s.f.* 1. execution; *(fason)* fashion; *(artă)* workmanship. 2. *fig.* intrigues, machinations, schemes.

lucru *s.n.* 1. thing; *(obiect)* object. 2. *(muncă)* work; *(activitate)* activity; *(acțiune)* action; *(faptă)* deed, act; *(treabă)* business; *(ocupație)* employment. 3. *fig.* thing; *(chestiune)* matter, question, problem; *(situație)* situation; *(fapt)* fact; *(întîmplare)* occurrence, happening. **4.** *pl. (efecte personale)* chattels, things, belongings, luggage, F→traps; *(mobilă)* furniture. ⓐ ~ *cu bucata* piecework; ~ *cu ziua* day work; *un ~ de la sine înțeles* a foregone conclusion; ~ *de mînă* needlework, fancy work; *un ~ de nimic fig.* a trifle, a trifling matter; ~ *din topor* clumsy work; ~ *manual* handwork; ~ *mare adv.* F→terribly, awfully. ⓑ *haine de* ~ working dress/clothes; *la* ~ **a.** at work. **b.** *interjecțional* set about your work! *lipsă de* ~ lack of work; *(șomaj)* unemployment; *stare de* ~*ri* state of things/ affairs; *zi de* ~ working day, week day. ⓒ *am auzit* ~*ri frumoase despre tine* I hear fine things of you; *a face un* ~ *bine* to do a thing well; *a face* ~*rile pe jumătate* to do things by halves; *a lăsa* ~*l* to put down/lay aside the work; *(a face grevă)* to strike, to throw up work; *am să-ți spun multe* ~*ri* I have many things to tell you; *se vede* ~*l că...* probably...; it seems that...; *nu se omoară cu* ~*l* he won't kill himself with work; *a nu avea de* ~ to be out of work; *a căuta de* ~ to look for work/F→a job; *a da cuiva de* ~ to give smb. work; to find work for smb.; *a da (mult) de* ~ *cuiva* to give smb. a lot of trouble; *te țin din* ~? am I keeping you from your work?; *a avea ceva în* ~ to have a piece of work in hand/F→on the stocks; *a se pune/ așterne pe* ~ to get/set to work; *nu e* ~ *de glumă* it is no joke; *păi, nu mai e același* ~ that alters the case, F→it's another pair of breeches; *aici nu e* ~ *curat* F I smell a rat; ~ *curios, nimeni nu era acolo* curiously enough, there wasn't anybody there; *e un* ~ *imposibil* that is impossible; *mare* ~ *că a venit!* it was a marvel that he came; *mare* ~ *dacă nu s-a îmbolnăvit* I wonder whether he hasn't been taken ill; *nu e mare* ~ it's easy enough; *(n-are importanță)* it doesn't matter much; *a fi în curent cu starea* ~*rilor* to be acquainted

with the state of affairs; *a spune* ~*rilor pe nume* to call things by their proper names, to call a spade a spade; *așa stau* ~*rile* such is the state of things; *dacă așa stau* ~*rile* if that's the case; *cum stau* ~*rile* as affairs/matters stand; *așa stînd* ~*rile* such being the case.

ludion *s.n.* Cartesian devil.

lufar *s.m. iht.* blue fish *(Pomatomus saltatrix)*.

lufă *s.f. bot.* loofah *(Luffa egiptiaca)*.

lugubru I. *adj.* lugubrious, dismal; *(d. o priveliște)* baleful; *(d. o prevestire)* dire. **II.** *adv.* lugubriously etc. **v.** ~ I.

lui I. *adj. pos.* his; its. ⓐ *al, a, ai, ale* ~ *pron. pos.* his. **II.** *pron.* (to) him; (to) it.

lujer *s.m. bot.* (thin) stem.

lulea *s.f.* (tobacco) pipe. ⓑ *beat* ~ ←P F three sheets in the wind, **v. și b e a t;** *îndrăgostit* ~ F over head and ears in love; *a lua/fura* ~*ua neamțului (a se îmbăta)* F to get fuddled.

lumbago *s.n. med.* lumbago.

lume *s.f.* **1.** world; *(univers)* universe, cosmos; *(sistem solar)* solar system. **2.** world; *(pămînt)* earth. **3.** world; *(omenire)* humanity, mankind; *(societate omenească)* human society; *(societate)* society; *(oameni)* people. **4.** *(viață)* life, existence. **5.** *(regn)* kingdom, realm. ⓐ ~*a albă* this world; ~*a celor mici* the young people; ~*a cinematografului/filmului* picturedom, filmdom; ~*a literelor* the world of letters; ~*a mare* high society, F→ the upper ten; ~*a neagră* underworld; ~*a nouă* the New World; ~*a veche* the Old World; ~ *după* ~ no end of people. ⓑ *ca* ~*a* **I.** *adv.* properly, in proper order; *(bine)* well; *(complet)* thoroughly; *(zdravăn)* soundly. **II.** *adj. (bun)* decent, proper, good; *(cum trebuie să fie)* as he etc. should be; *ca vai de* ~ miserably; *călătorie în jurul lumii* trip round the world; *cîntec de* ~ love song; *cît* ~*a* always, eternally; *de cînd* ~*a (și pămîntul)* ever since the world began, since Adam; *de* ~ of the world; *(laic)* worldly; *(d. cineva)* worldly-minded; *(de dragoste)* amorous, love...; *de ochii lumii* as a blind; *în faţa lumii* publicly; *în* ~*a întreagă, în toată* ~*a* the world over; *în rînd cu* ~*a* decently, like the next man; *nimeni pe* ~ ... no man alive...; *om de* ~ man in society, man of the world; *puţină* ~ not many people, not a large crowd; *toată* ~*a* everybody, everyone. ⓒ *a-şi lua* ~*a în cap* to go into the wide world, F to follow one's nose; *e bătrîn ca* ~*a* he is (as) old as the hills; *a dormi ca dus de pe* ~ to sleep like a top; *e cel mai bun om din* ~ he is the best man alive, he is the best fellow in the world; *a se duce în* ~*a lui* to mind one's own business; *(a se retrage)* to withdraw; *a ieşi în* ~ to go out, to go into society; *a scoate în* ~ *(o fată)* to bring out; *a trimite pe cineva pe* ~*a cealaltă* to send smb. to kingdom come; *a aduce pe* ~ to bring into the world; *(a naşte)* to bring forth, to give birth to; *a fi singur pe* ~ to be alone in the world; *nu ştiu pe ce* ~ *sînt* I'm quite upset, I'm beside myself; *a veni pe* ~ to come into the world, to be born; *aşa e* ~*a* this is the way of the world; *cît e* ~*a şi pămîntul* never to the end of one's days; *ce-o să zică* ~*a?* what will people/F→Mrs. Grundy say?

lumen *s.m. fiz.* lumen.

lumesc *adj.* 1. worldly, earthly, mundane. 2. *(laic)* secular, lay; *(vesel)* merry. 3. *(trupesc)* bodily; *(de dragoste)* love...

lumina I. *vb. tr.* 1. to light, to illuminate, to give light to. 2. *(un punct obscur)* to shed/throw (a) light on. 3. *fig. (a lămuri)* to enlighten; *(a explica)* to explain; *(a interpreta)* to interpret; *(a face clar)* to make clear; *(a clarifica)* to clarify, to clear up; *(a instrui)* to instruct; *(a educa)* to educate; *(a învăţa)* to teach. II. *vb. refl.* 1. *(şi d. faţă)* to light/brighten up; *(d. vreme)* to clear up; *(d. cer)*

to brighten (up). 2. *(d. minte etc.)* to clear up, to become clear; *(a înţelege)* to understand, to comprehend. III. *vb. refl. impers.* ⓐ *se luminează (de ziuă)* it is dawning, day is breaking. IV. *vb. intr.* 1. to give light; *(a străluci)* to shine. 2. *(a apărea)* to appear.

luminat I. *adj.* lit, lighted etc. v. l u m i n a; *(d. cineva)* enlightened, well-informed. II. *s.n.* illumination etc. v. l u m i n a.

lumină *s.f.* 1. light; *(foc)* fire. 2. *fig.* light; *(învăţătură)* learning; *(cultură)* culture; *(educaţie)* education; *(înţelepciune)* wisdom. 3. v. p u p i l ă. 4. *opt.* candle power. 5. *min.* opening. 6. *pl. poligr.* lights. ⓐ *lumina lunii* moonlight; *lumina ochilor* a. (eye) sight. b. *fig.* one's all-in-all; *lumina soarelui* sunlight; *lumina zilei* daylight; ~ *de emisiune tehn.* exhaust port; ~ *din spate auto* rear light; ~ *polarizată* polarized light; ~ *solară* solar light; ~ *zodiacală* zodiacal light; *luminile rampei* footlights; flats, *fig.* limelight. ⓑ *bec de 30 lumini* bulb of thirty candle power; *în lumina (cu gen.)* in the light of...; *la lumina lunii* by moonlight; *în adevărata sa* ~ in its true colours; *într-o* ~ *favorabilă* in a favourable light; to advantage. ⓒ *a arunca (o)* ~*asupra (cu gen.)* to shed/throw (a) light on...; *a da* ~ v. l u m i n a IV, 1; *a vedea lumina zilei* to see the light of day, to be born, to come into the world; *a păzi ca lumina ochilor* to keep as the apple of one's eye; *a pune în* ~ to bring forward; to bring out; *a ieşi la* ~ to come to light, to come out; *a scoate/da la* ~ a. to publish. b. *(a revela)* to reveal, to disclose; to bring to light; *(a demasca)* to expose; *se făcu* ~ *în mintea lui* his mind cleared up.

luminător *s.n.* 1. *constr.* skylight, dormer (window). 2. *fig.* luminary.

luminăţie *s.f.* ⓐ *luminăţia sa* etc. ←*înv.* His *sau* Her Highness.

luminiscent *adj.* luminescent.

luminiscenţă *s.f.* luminescence.

luminiş *s.n.* (forest) glade, clearing.

luminos *adj.* **1.** *(strălucitor)* bright; *(luminat)* light. **2.** *fig. (senin)* serene, bright; *(fericit)* happy; *(glorios)* glorious; *(clar)* clear.

luminozitate *s.f.* luminosity, luminousness.

lumînare *s.f.* **1.** candle; *(aprinsă, şi)* light; *(subţire)* taper; *(de ceară)* wax candle; *(de seu)* tallow candle. **2.** *constr.* guide post. ⓐ ~ *fumigenă mil.* smoke candle. ⓑ *drept ca* ~*a* (as) straight as an arrow/ a taper. ⓒ *a căuta ceartă cu* ~*a*→F to seize the first opportunity for picking a quarrel; *a căuta ceva cu* ~*a* F to drag smth. in (by the head and shoulders).

lumînărar *s.m.* chandler.

lumînărică *s.f. bot.* mullein *(Verbascum).* ⓐ *lumînărica pămîntului* swallow wort gentian *(Gentiana asclepiadea).*

lumpenproletariat *s.n.* lumpen (proletariate).

lunar I. *adj.* **1.** *(ca luna etc.)* lunar. **2.** *(de fiecare lună)* monthly. **II.** *adv.* monthly.

lunatic I. *adj.* somnambulistic. **II.** *s.m.* sleep walker, somnambulist.

lunaţie *s.f. astr.* lunation.

lună *s.f.* **1.** *astr.* moon; *(lumină de* ~*)* moonlight. **2.** *(calendaristică)* month. ⓐ *luna lui mai* the month of May; *luna trecută* last month; ~ *de miere* honey moon; ~ *nouă* new moon. ⓑ *cîte-n* ~ *şi în soare/ stele* F cock-and-bull story; *cu luna* by the month; *cu lunile* for months (together); *noapte cu* ~ moonlight night; *în luna mai a lui 1963* in May (of) 1963; *pătrar de* ~ quarter (of the moon); *pe* ~ a month. ⓒ *a făgădui cîte în* ~ *şi în soare* to promise wonders; *e* ~ it is moonlight.

luncă *s.f.* waterside; water meadow; river meadow; flood plain; everglade.

luneca I. *vb. intr.* **1.** to slip to slide; *(pe gheaţă)* to slide, F→to sled; *(pe apă etc.)* to glide; *(eventual căzînd)* to slip, to miss one's footing. **2.** *(d. gheaţă etc.)* to be slippery. ⓒ *roţile*~*u* the wheels would not bite. **II.** *vb. tr.* to let glide/ slide/slip, to slip, to slide; *(mîna)* to draw/pass *one's hand* gently.

lunecos *adj.* **1.** slippery. **2.** v. g a - l e ş.

lunecuş *s.n.* **1.** glazed/slippery frost, glazed ice; slipperiness. **2.** *(gheţuş)* ice-covered ground; *(pt. patinat)* skating rink.

lunetă *s.f.* **1.** field glass; telescope. **2.** *constr.* groin. **3.** *tehn.* stay. ⓐ ~ *de armă mil.* gun sighting telescope.

lung I. *adj* **1.** long; *(întins)* extensive; *(vast)* vast; *(prelungit)* prolonged, protracted. **2.** *(d. supă etc.)* thin. ⓐ ~ *de 2 metri* 2 metres long. **II.** *adv.* long, (for) a long time. ⓒ *a se uita* ~ *la cineva* to stare at smb. **III.** *s.n. (lungime)* length. ⓒ *nu-şi cunoaşte* ~*ul nasului* F he doesn't know his place.

lungan *s.m.* I lamp post, *amer.* long drink of water.

lungi I. *vb. tr.* **1.** to lengthen, to draw out, to make longer; *(a prelungi)* to prolong; *(a dilata)* to dilate; *(a întinde)* to stretch, to extend. **2.** *(supă etc.)* to water down; *(a dilua)* to dilute. **II.** *vb. refl.* **1.** to lengthen, to become longer; to become prolonged. **2.** *(d. cineva)* to stretch oneself; *(a se culca)* to lie down.

lungime *s.f.* **1.** length. **2.** *(durată)* duration, length. ⓐ ~ *de undă* wavelength. ⓑ *in* ~ lengthwise. ⓒ *are 1 m* ~ it is one metre long.

lungiş *s.n.* ⓑ *in* ~ lengthwise; *in* ~ *şi-n curmeziş* far and wide.

lunguieţ *adj.* somewhat long, F→ longish.

luni *s.f.* Monday. ⓐ *lunea* on Mondays, every Monday.

luntraş *s.m.* boatman, ferryman.

luntre *s.f. (barcă)* boat. ⓒ *a se face* ~ *şi punte* to set every spring in motion, to leave no stone unturned, *amer.* to crack on all hands.

lup *s.m.* **1.** *zool.* wolf *(Canis lupus).* **2.** *fig., silv.* wolf. ⓐ ~ *bătător text.* willow, willey; ~ *de mare fig.* sea wolf, sea dog, old salt; ~ *în piele de oaie* a wolf in a sheep's

clothing; *lupul-bălţii iht.* v. ş t i u-
c ă; ~*ul moralist* it's like Satan
reproving sin; *lupul-vrăbiilor ornit.*
great grey shrike *(Lanius excubi-
tor).* ⓑ *blană de* ~ wolf's fur/pelt.
ⓒ *mi-e o foame de* ~ I am (as)
hungry as a wolf. ⓓ ~*ul îşi schim-
bă părul dar năravul ba* can the
leopard change his spots? *vorbeşti
de* ~ *şi* ~*ul la uşă* talk of the dev-
il (and he is sure to appear).
lupanar *s.n.* brothel.
lupă *s.f.* **1.** magnifying glass. **2.**
metal. bloom, lump, loop.
lupesc *adj.* wolfish, wolf's.
luping *s.n. av.* looping.
lupoaică *s.f.* she-wolf.
lupoaie *s.f. bot.* broom rape *(Oro-
banche).*
lupta *vb. intr. şi refl. (cu)* to fight
(cu ac. sau with/against); to con-
tend (with), to struggle (with),
to strive (with/against); *(a se ră-
boi)* to war (with/against); *sport*
to wrestle, to combat. ⓐ *a* ~
pentru libertate to fight/to struggle
for liberty, to strike a blow for
liberty.
luptă *s.f.* fight; *(↓ fig.)* struggle;
battle, warfare; *(între două per-
soane)* contest; *(război)* war; *(efor-
turi)* efforts. ⓐ *lupta pentru exis-
tenţă* the struggle for life; *lupta
pentru pace* the fight/struggle for
peace; ~ *aeriană* air fight; ~ *de
clasă* class struggle; ~ *de cocoşi*
cock-fight, *sl.* birdie; ~ *de stradă*
street fight; ~ *dreaptă* in-fighting;
close combat; ~ *de tauri* bull
fight; *lupte greco-romane* Graeco-
Roman wrestling; ~ *la baionetă*
bayonet fight; ~ *liberă* all-in/free
style wrestling. ⓑ *fără* ~ without
having to fight, without striking
a blow. ⓒ *a scoate din* ~ to put
out of action; *a cădea în* ~ to
be killed/to fall in action; *a se
lua la* ~ *cu cineva* to join battle
with smb.
luptător *s.m.* **1.** *şi fig.* fighter,
champion; *(războinic)* warrior. **2.**
sport wrestler.

lupus *s.n. med.* lupus.
lustragiu *s.m.* shoeblack, blackboots.
lustrin *s.n. text.* (silk) lustrine; cot-
ton lustre.
lustru *s.n.* **1.** lustre, polish, gloss.
2. *fig.* lustre; *(superficialitate)*
shallowness. **3.** *(candelabru)* (or-
namented) chandelier. ⓒ *a da* ~
(cu dat.) v. l u s t r u i I; *a scoate*
~*l* to take the lustre/sheen/gloss
off.
lustrui I. *vb. tr.* **1.** to glaze, to gloss,
to polish. **2.** *(o haină etc.)* to make
shiny with wear. ⓐ *a* ~ *pantofii
(a curăţa)* to clean one's shoes;
(cu vacs) to black one's shoes. **II.**
vb. refl. to polish one's manners.
lustruit *adj.* **1.** glazed etc. v. l u s-
t r u i. **2.** *fig. peior.* artificial.
lustruitor *s.m.* polisher.
luşa *vb. intr.* to squint.
lut *s.n.* **1.** clay, loam. **2.** *(pămînt)*
earth, *poetic* clay; *(trup neînsufle-
ţit)* (dead) body. ⓐ ~ *argilos* ar-
gilaceous earth.
lutărie *s.f.* loam/clay pit.
luteină *s.f. biol.* lutein.
luteran *adj., s.m.* Lutheran.
luteranism *s.n.* Lutheranism, pro-
testantism.
luteţiu *s.n. chim.* lutecium.
lutişor *s.m.* ochre.
lutos *adj.* clayey.
lutră *s.f. zool.* otter *(Lutra vulga-
ris).*
lutru *s.n.* sealskin.
lux[1] *s.n.* luxury; *(belşug)* abund-
ance. ⓐ ~ *de amănunte* profusion of
details. ⓑ *articole de* ~ articles
of luxury; *ediţie de* ~ de luxe edi-
tion. ⓒ *a trăi în* ~ to live in lu-
xury.
lux[2] *s.m. fiz.* lux.
luxa *vb. tr.* to sprain, to luxate, to
dislocate.
luxaţie *s.f.* luxation, dislocation.
luxmetru *s.n. fiz.* luxmeter.
luxos I. *adj.* luxurious; *(d. o haină)*
rich. **II.** *adv.* luxuriously.
luxuriant *adj.* luxuriant.

M

M, m *s.m.* M, m, the fifteenth let-
ter of the Romanian alphabet.
mac¹ *interj.* quack!
mac² *s.m. bot.* **1.** poppy *(Papaver)*.
2. white/opium poppy *(Papaver
somniferum)*. ⓐ ~ *de cîmp/roşu/
sălbatic* field/corn poppy *(Papaver
rhoeas)*.
macabru *adj.* macabre, gruesome,
grim; lugubrious.
macac *s.m. zool.* macaque *(Macacus)*.
macadam *s.n.* macadam.
macadamiza *vb. tr.* to macadam-
ize.
macagiu *s.m. ferov.* pointsman,
switchman.
macara *s.f.* **1.** crane. **2.** *nav.* single
block. ⓐ ~ *grea* titan crane; ~
plutitoare floating crane; ~
turn derrick/tower crane.
macaragiu *s.m.* craner.
macaroane *s.f. pl.* macaroni.
macat *s.n.* quilt.
macaz *s.n.* switch, points. ⓐ ~
aerian trolley wire switch. ⓒ *a
schimba* ~*ul.* **a.** *ferov.* to turn the
points. **b.** *fig.* F to sing another
tune.
macedonean *adj., s.m.* Macedonian.
macedoneancă *s.f.* Macedonian
(woman *sau* girl).
macedo-român I. *adj.* Macedo-Ro-
manic. **II.** *s.m.* Macedoroman.
macedo-română *s.f.* Macedo-Roma-
nian (language).
macera *vb. tr.* to macerate, to steep,
to soak.
macferlan *s.n.*←*inv.* Inverness(cape).
machetă *s.f.* model; imitation;
replica; *(a unei cărţi)* dummy;
(de aeroplan etc.) mock-up; *(în
sculptură)* clay model; *(în urba-
nistică)* scale model.
machi¹ *s.n. geogr.* brushwood-cov-
ered heath.

machi² *s.m. pol.* maquis, French
guerilla/partisan (movement).
machia *teatru* **I.** *vb. tr.* to make
up. **II.** *vb. refl.* to make up (one's
complexion), F→to paint.
machiaj *s.n.* **1.** making up. **2.** *(gri-
mă)* make-up. *(pt. ochi)* eye shadow.
machiavelic I. *adj.* Machiavel(l)ian.
II. *adv.* cunningly, craftily.
machiavelism *s.n.* Machiavellism.
machiere *s.f.* making-up.
machior *s.m.* maker-up, make-up
man.
maclă *s.f. mineral.* macle.
macrameu *s.n.* macramé.
macră *adj. fem.* lean.
macrobiotic *adj.* macrobiotic, long-
-lived.
macrobiotică *s.f.* macrobiotics.
macrocefal *adj.* macrocephalic.
macrocefalie *s.f.* macrocephaly.
macrocosm *s.n.* macrocosm.
macromoleculă *s.f.* macromolecule.
macroscopic *adj.* macroscopic.
macrostructură *s.f.* macrostructure.
maculator *s.n.* rough notebook.
maculatură *s.f.* **1.** waste, spoilt/
waste sheets. **2.** *fig.* pulp litera-
ture, pulps; rubbish.
maculă *s.f.* spot, stain.
madam *s.f.* madam; *(urmat de
nume)* Mrs. ...
madamă *s.f.*←*inv.* **1.** *(guvernantă)*
governess. **2.** *(econoamă)* house-
keeper. **3.** (hotel) madame; **4.**
procuress, *amer.* madam.
madonă *s.f.* Madonna.
madrepor *s.m. zool.* madrepore.
madrigal *s.n. lit., muz.* madrigal.
madrilen *adj., s.m.* Madrilenian.
maestru *s.m.* **1.** master; *(expert)*
expert, adept (at/in smth.). **2.** *con-
tab.* ledger. ⓐ *Maestru al sportului*
master of sport(s); ~ *de balet*
ballet master; ~ *de dans* dancing

master; *Maestru Emerit al Artei* Honoured/Merited Master in Art; ~ *in...* F a crack/good/great hand at....

mag *s.m.* magus; *(astrolog)* astrologer; *(vrăjitor)* wizard. ⓕ *cei trei* ~*i* the three Magi, the three Wise Men.

magazie *s.f.* 1. storehouse; *mil.* depot; *(de mărfuri)* warehouse. 2. shed; *(pt. lemne)* wood shed; *(pt. trăsură)* coach house. 3. *(la pușcă)* powder magazine.ⓐ~*de bagaje ferov.* luggage depot/storage.

magazin *s.n.* 1. shop, *amer.* store; *(mare)* emporium; *(mare, cu fel de fel de articole mărunte)* baza(a)r.2. *(revistă)* magazine, periodical. 3. *poligr.* matrix magazine. ⓐ ~*cu sucursale* multiple shop, chainstore; ~ *de manufactură* draper's, *amer.* drygoods (shop); ~*universal* emporium, department store, general shop, *amer.* stores.

magazinaj *s.n.* 1. warehousing, storing (of goods). 2. *(plată)* storage (charges).

magazioner *s.m.* warehouseman, storekeeper.

magherniță *s.f.* hovel, hut, F hoe.

maghiar *adj., s.m.* Magyar, Hungarian.

maghiran *s.m. bot.* marjoram *(Origamum majorana)*.

magic I. *adj. (atributiv)* magic; *(predicativ)* magical. ⓕ*baghetă* ~*ă* magic wand; *lanternă* ~*ă* magic lantern. II. *adv.* magically.

magician *s.m.* magician; *(vrăjitor)* wizard.

magie *s.f.* 1. magic, witchcraft, wizardry. 2. *fig.* witchery, magic. ⓐ *magie neagră* black magic, the Black Art.

magistral I. *adj.* masterly. II. *adv.* in a masterly manner.

magistrală *s.f.* 1. arterial road; *(șosea)* highway; *(in oraș)* thoroughfare. 2. *ferov.* main line. 3. *hidr.* water main. 4. *(conductă de gaz)* main (gas) pipe line.

magistrat *s.m.* magistrate; judge.

magistratură *s.f.* magistrature, bench; *(judecătorii)* the judges, the bench.

magistru *s.m.* master.

magiun *s.n.* plum jam; jam.

magmatism *s.n. geol.* magmatism.

magmă *s.f. geol.* magma.

magnat *s.m.* 1. *ist.* magnate, grandee. 2. *fig.* magnate, *amer.* baron.

magnet *s.m.* magnet. ⓐ ~ *natural* natural magnet.

magnetic *adj.* magnetic. ⓕ *ac* ~ magnetic needle; *cimp* ~*fiz.* (magnetic) field; *pol* ~ magnetic pole.

magnetism *s.n.* magnetism. ⓐ ~ *terestru* terrestrial magnetism.

magnetit *s.m.*, **magnetită** *s.f. mineral,* magnetite, lodestone.

magnetiza *vb. tr.* 1. *fiz.* to magnetize. 2. *(a hipnotiza)* to mesmerize, to hypnotize. 3. *fig.* to magnetize, to charm.

magnetofon *s.n.* tape recorder. ⓕ *bandă de* ~ recording tape.

magnetograf *s.n.* magnetograph.

magnetometru *s.n. fiz.* magnetometer.

magnetou *s.n. electr.* magneto.

magnezic *adj. chim.* magnesic.

magnezie *s.f. farm.* magnesia, magnesium oxide.

magnezit *s.n.*, **magnezită** *s.f. mineral.* magnesite.

magneziu *s.n. chim.* magnesium.

magnific *adj.* magnificent, splendid, grandiose.

magnolie *s.f. bot.* magnolia *(Magnolia)*.

mahala *s.f.* 1. suburb, outskirts, outlying part of a town; *(cartier)* quarter, district; neighbourhood. 2. *și fig.* low life, *aprox.* slums; gutter. ⓕ *de* ~ a. suburban. b. *peior.* vulgar, common.

mahalagioaică *s.f.* 1. suburbanite, woman living in a suburb. 2. *peior.* vulgar-/foul-mouthed woman; *(birfitoare)* gossip, busybody.

mahalagism *s.n.* 1. *pl.* billingsgate. 2. *(birfeală)* scandal, gossip, tittle-tattle.

mahalagiu *s.m.* 1. suburbanite, person living in a suburb. 2. *peior.* vulgar-/foul-mouthed fellow; *(birfitor)* gossip, busybody.

maharadjah *s.m.* maharaja(h).

mahăr *s.m. argou* big bug/gun.

mahmur I. *adj.* **1.** seedy after drinking, *sl.* with a hangover. **2.** *(buimac)* sleepy, drowsy, prostrate, dizzy. **3.** *(indispus)* seedy, sullen, morose, moody. **II.** *s.n.* ⓒ *a scoate ~ul din cineva* F to nag(nag) smb.

mahmureală *s.f.* seediness after drinking, F the morning after the night before, *sl.* hang-over.

mahomedan *adj.*, *s.m.* Mohammedan, Mahometan.

mahomedanism *s.n.* Mohammedanism, Mahometanism, Moslemism.

mahon *s.m.* **1.** *bot.* mahogany (tree) *(Swietenia makagoni)*. **2.** *(ca lemn)* mahogany, acajou.

mahorcă *s.f.* shag; *(tutun)* tobacco.

mai¹ *adv.* **1.** *(servind la formarea comparativelor)* more;-er.**2.** *(aproape)* almost, nearly; *(aproximativ)* approximately, about; *(cit pe ce)* about, on the point of. **3.** *(încă)* still. **4.** *(iarăşi)* again; *(încă o dată)* once more/again. **5.** *(după aceea)* after(wards). **6.** *(şi)* and; *(in plus)* besides, in addition; *(pe lîngă un pron. nehot.)*else. **7.** *(încă un/o)* another. **8.** *(folosit pt. a întări ideea din frază — se traduce prin adjective sau adverbe sau rămîne netradus, de ex. Ce mai om!* "What a man!*"sau*"What a charming etc. man!" *Ce mai cînta!* "How she sang!"*sau* "How lovely she sang!"), ⓐ *~ ales/cu seamă* particularly, especially; *~ apoi* after(wards); *(mai tîrziu)* later on; *~ bine* better; *~ deunăzi* the other day; *~ înainte* before; *(mai devreme)* earlier; *(altădată)* formerly; *~ întîi* in the first place, above all; to begin with; *~ ... ~...* now.., now...; *~-~...*, *~ că* about to..., on the point of,.. *(cu forme în-ing)*; almost...; within an ace of...; all but...; *~ mult sau ~ puţin* more or less; *~ rar...* (quite) unusual...; ...is an exception...; ... is a rare occurrence. ⓑ *care~de care* v. **care** ⓐ; *cel ~ ...* the most ...; *(din doi)* the more...; *cît ~...* as... as possible; *cu atît ~ ...* all the

more...; *nu~...(cantitativ sau temporal)* no more ...; *(temporal)* no longer...;*şi ~...* even + *comp....*; *tot ~...* even more..., *comparativ+comparativ* (greater and greater etc.). ⓒ *ce se ~ aude?* what is the news? *~ că aş face-o* F I have half a mind to do it, I might as well do it; *~ citeşte lecţia o dată* read the lesson once more; *~ dă-mi un pahar cu apă* give me another glass of water; *~ doriţi apă etc.?* do you want some more water, ect.?*să nu te~duci acolo* you shouldn't go there any more/longer; *~ e aici?* is he still here? *~ e/încape vorbă!* F it goes without saying! *(sigur)* certainly! F to be sure! sure(ly)! *nu ~ e sare in solniţă* there's no more salt in the salt cellar; there is no salt left in the salt cellar; *cine ~ era acolo?* who else was there? *ce ~ faci?* how are you? how are you getting along? *nu ~ spune!* F you don't say so! you don't mean it! no, really! *şi ce ~ ştii?* and what else do you know? *~ sint numai trei zile pînă la examene* the exams are only three days off.

mai² *s.m.* May. ⓑ *1 Mai (ca sărbătoare)* May Day.

mai³ *s.n.* **1.** *tehn.* mallet, wooden hammer. **2.** *constr.* rammer.

maia *s.f.* *(pt. aluat)* leaven.

maică *s.f.* **1.** *(mamă)* mother. **2.** *(călugăriţă)* nun. **3.** *(la vocativ)* dear. ⓐ *Maica Domnului/Precista* the Holy/Blessed Virgin.

maidan *s.n.* waste/vacant land/ground/lot.

maiestate *s.f.* **1.** majesty. **2.** *fig.* stateliness, grandeur, majesty.

maiestuos I. *adj.* majestic, imposing, stately; dignified. **II.** *adv.* majestically.

maieu *s.n.* v. **maiou.**

maimuţă *s.f.* **1.** *zool.* monkey; *(antropoidă, fără coadă)* ape *(Simia)*. **3.** *fig.* Jack-a-napes, Jackanape; *(filfizon)* coxcomb,affected/ finical/conceited creature; *(imitator)* ape(r); *(om asemănător cu o~)* F missing link.

maimuţăreală *s.f.* *(imitaţie)* apery,

monkey-like imitation; *(grimasă)* grimace, apish antic, monkey trick; *(afectare)* affected airs.

maimuţări I. *vb. tr.* to mimic, to ape. **II.** *vb. refl.* **1.** to mince. **2.** to act/play the ape.

maimuţoi *s.m.* **1.** *(imitator)* F ape(r). **2.** *(om urît)* F fright.

maioneză *s.f.* mayonnaise.

maior *s.m. mil.* major.

maioreasă *s.f.* ←F major's wife.

maiou *s.n.* undervest, *amer.* undershirt; *(de balerin)* tights.

maistru *s.m.* **1.** master. **2.** *(în industrie etc.)* foreman. ⓐ ~ *de lumini* chief electrician. ⓑ *mare* ~ *fig.* past master.

major I. *adj.* **1.** major, of (full) age. **2.** *(mai mare)* major, greater; *(important)* important; *(de primă importanţă)* of first importance. **3.** *muz.* major. ⓑ *caz de forţă* ~*ă* case of absolute necessity. ⓒ *a deveni* ~ to come/be of age. **II.** *s.m.* v. **p l u t o n i e r** major.

majora *vb. tr.* to increase, to raise; to put up/increase the price of.

majorare *s.f.* increase *in price etc.*

majorat *s.n.* (full) age, *jur.* majority, coming of age. ⓒ *a ajunge la* ~ to come of age.

majordom *s.m.* major-domo; butler, steward.

majoritar *adj.* of a majority.

majoritate *s.f.* majority; most cases. ⓐ ~ *absolută* absolute majority; ~*a celor prezenţi* most of those present; ~*a prietenilor săi* most/ the majority of his friends; ~ *covîrşitoare* overwhelming majority; ~ *de două treimi* two-third's majority; ~ *de voturi* majority of votes; *a* majority vote; ~ *neînsemnată* /narrow/bare/scant majority; ~ *relativă* relative majority; ~ *uriaşă* vast majority. ⓑ *cu* ~ *de voturi* by a majority vote; *în* ~*a cazurilor* in most cases; *marea* ~ the large majority. ⓒ *a obţine o* ~ to secure a majority; *a fi în* ~, *a avea* ~*a* to be in a/the majority; *propunerea a întrunit* ~*a* the ayes have it.

majusculă *s.f.* capital letter.

mal *s.n.* **1.** *(de lac)* lakeside, border, shore; *(de mare)* coast, shore; *(plajă)* beach; *(mai ales de rîu)* bank; *(margine)* edge, *mai ales poetic* brink. **2.** v. **r î p ă** . ⓑ *cît*~*ul* a. v. **m ă t ă h ă l o s** . **b.** *(supărat)* F raving mad, with one's monkey/dander up. ⓒ *a ajunge la* ~ to get to smooth water; to bring smth. to a happy issue; *a se îneca (ca ţiganul) la* ~ to lose by a neck; *aprox.* it's the last straw that breaks the camel's back.

mala *s.f. constr.* trowel/mortar board.

malac *s.m.* **1.** *zool.* buffalo calf, young buffalo. **2.** *fig. peior. (om voluminos)* F strapping fellow, strapper, beef, P whopper; *(prost)* F duffer, dolt.

malacof *s.n. text.* crinoline.

maladie *s.f. med.* disease, malady.

maladiv *adj.* **1.** sickly, puny, ailing. **2.** *fig.* unhealthy, morbid.

malahit *s.n. mineral.* malachite, mountain green.

malaiez *adj.*, *s .t.* Malay(an), Malaysian.

malar I. *adj.* malar. ⓑ *os* ~ v. ~ II. **II.** *s.n. anat.* malar/ cheek bone.

malaric I. *adj.* malarial, malarious. **II.** *s.m.* person suffering from malaria.

malarie *s.f. med.* malaria, marsh fever; ague (fever).

malaxa *vb. tr.* to mix; *(aluatul)* to knead.

malaxor *s.n.* malaxator, malaxating machine; *(pt. ciment)* cement mixer.

maldăr *s.n.* heap, pile; *(snop)* sheaf; *(mănunchi)* bundle.

maleabil *adj.* **1.** soft, pliable, malleable. **2.** *fig.* malleable, amenable, tractable, compliant.

malefic *adj.* harmful, malefic, baleful, (ob)noxious, wicked, mischievous.

maleabilitate *s.f.* malleability; pliability.

malign *adj. med.* malignant.

maliţios I. *adj.* malicious, spiteful. **II.** *adv.* maliciously, spitefully.
maliţiozitate *s.f.* malice, maliciousness.
malm *s.n.* *geol.* malm, white Jura.
maltază *s.f.* *biol.* maltase.
maltoză *s.f.* *chim.* maltose.
maltrata *vb. tr.* to ill-treat, to ill-use, to maltreat, to handle roughly.
maltratare *s.f.* ill-usage, maltreating.
malţ *s.n.* malt.
mamar *adj. anat.* mammary.
mamă *s.f.* 1. mother; F→mamma, ma, mummy. 2. *zool.* dam. ⓐ *o ∼ de bătaie* F drubbing, good licking; *∼ dragă.* a. dear mother. b. *(dragul meu)* F my dear (boy, etc.); *∼ soacră* mother-in-law; *∼ vitregă* step mother. ⓑ *de mama focului* F awfully, mighty; *de ∼* a mother's...; *maternal; la mama dracului* F at Jericho, at the back of beyond/god-speed.
mamelar *adj. anat.* mammary.
mamelă *s.f. anat.* mamma, breast.
mamelon *s.n.* 1. *anat.* mammilla, F→nipple, teat, pap. 2. *geogr.* mamelon, rounded hillock.
mameluc *s.m.* 1. mameluke. 2. *fig.* F *peior.* dummy, mollycoddle; old rotter/fogey.
mamifer *zool.* **I.** *adj.* mammalian. **II.** *s.n.* mammal.
mamon *s.m.* Mammon.
mamoş *s.m. med.* accoucheur, obstetrician.
mamut *s.m. geol.* mammoth.
manager *s.m. sport* manager.
mană *s.f.* 1. manna. 2. *bot.* mildew, blast, blight. 3. *fig.* blessing; *(belşug)* plenty. ⓐ *∼ cerească* manna; *∼ de ape bot.* manna grass *(Glyceria aquatica).*
manciurian *adj., s.m.* Manchurian.
manco *s.n.* com. lack, want.
mandarin¹ *s.m. ist.* mandarin.
mandarin² *s.m. bot.* mandarin(e) tree *(Citrus aurantium).*
mandarină *s.f. bot.* mandarin(e), tangerine.
mandat *s.n.* 1. *(procură)* mandate; commission. 2. *jur.* warrant. 3.

v. *∼* p o ş t a l. ⓐ *∼ de aducere jur.* order to offender *sau* witness to appear; *∼ de arestare jur.* warrant for arrest; *∼ de deputat* member's (electoral) mandate; seat; *∼ poştal* money order, Post-Office order. ⓓ *teritoriu sub ∼* mandated territory.
mandata *vb. tr.* to pass for payment; to sanction *an expenditure.*
mandatar *s.m. (al alegătorilor)* mandatory; *(reprezentant)* proxy; representative; *jur.* authorized agent.
mandibulă *s.f. zool.* mandible.
mandolină *s.f. muz.* mandolin(e).
mandragoră *s.f. bot.* mandragora, F→mandrake *(Mandragora officinalis).*
mandră *s.f.* circular crawl.
mandril *s.m. zool.* mandrill *(Cynocephalus mormon).*
mandrin *s.n. tehn.* mandrel.
mandrina *vb. tr. tehn.* to chuck (on the lathe), to roll down/on, to bulge.
mandrină *s.f. tehn.* chuck. ⓐ *∼ de strung* lathe chuck.
manechin *s.n.* 1. *(in croitorie etc.)* dummy; *(femeie)* (lady) mannequin, cover girl; *(arte)* lay figure. 2. *fig.* (mere) puppet, lay figure.
manej *s.n.* 1. riding school, manège; *(acoperit)* riding house/hall. 2. *agr.* horse gear, horse-driven mill.
manelă *s.f.* 1. *constr.* pole. 2. *nav.* capstan bar.
manetă *s.f. tehn.* handle, hand lever.
manevra I. *vb. tr.* 1. to manipulate; to handle; *(o maşină etc.)* to operate, to run, to work; *(pînzele)* to work, to handle; *(vagoane)* to shunt; *(vagoane de marfă)* to marshal; *(un vas)* to manoeuvre, to handle. 2. *(bani)* to handle, to manipulate. **II.** *vb. intr.* 1. *mil.* to manoeuvre. 2. *ferov.* to shunt. 3. *fig.* to manoeuvre, to scheme, to plot.
manevrabil *adj.* manageable; workable.
manevră *s.f.* 1. *mil., nav.* exercise; tactical exercise, manoeuvre, drill. 2. *ferov.* shunting, marshalling.

3. *nav.* *(frînghie)* rope; *pl.* rigging.
4. *fig.* scheme, manoeuvre, intrigue.
ⓐ ~ *electorală* vote-catching/
electioneering manoeuvre.

mangafa *s.f.* *(prost)* F blockhead,
duffer, dolt.

mangal *s.n.* **1.** charcoal. **2.** *(vas)* ←
inv. brazier. ⓒ *a tîrnosi* ~*ul*
F to fool around.

mangaliță *s.f.* *zool.* Mangalitza
swine.

mangan *s.n.* *chim.* manganese.

manganat *s.m.* *chim.* manganate.

manganic *adj.* *chim.* manganic.

manganit *s.n.* *mineral.* manganite.

mangustă *s.f.* *zool.* mongoose, mun-
goose *(Herpestes nyula)*.

maniabil *adj.* manageable, easy to
handle.

maniac *adj.*, *s.m.* (mono)maniac. ⓐ
~ *atomic* atomaniac.

manichiură *s.f.* manicure.

manichiureză, manichiuristă *s.f.* ma-
nicurist.

manie *s.f.* mania, F→craze, hobby;
mannerism.

manierat I. *adj.* **1.** well-mannered;
(curtenitor) courteous. **2.** *peior.* af-
fected, finical; *(d. ton etc.)* gen-
teel, mincing. **II.** *adv.* courteously
etc. v. ~ **I.**

manieră *s.f.* **1.** *pl.* manners. **2.** *(fel)*
manner, way. **3.** *lit. etc.* manner.
ⓑ *de (aşa)* ~ *că...* in such a
manner/way that...; *(ca nu cum-
va să)* lest...

manierism *s.n.* mannerism; *(afec-
tare)* affectedness.

manifest[1] I. *adj.* manifest, evident,
obvious, clear. **II.** *adv.* manifestly
etc. v. ~ **I.**

manifest[2] *s.n.* *(program)* manifesto,
proclamation; *(aruncat, distribuit)*
leaflet. ⓐ *Manifestul Comunist* the
Communist Manifesto.

manifesta I. *vb.* *tr.* to manifest; *(a
arăta)* to show; *(a da glas)* to
voice; *(a exprima)* to express; *(bu-
curia etc.)* to give vent to, to show.
II. *vb.* *refl.* to appear; to crop
up; *(a se arăta)* to show oneself.
III. *vb.* *intr.* to demonstrate; to
make a public demonstration, to
manifest.

manifestant *s.m.* demonstrant,

manifestare *s.f.* manifestation etc.
v. **m a n i f e s t a.**

manifestaţie *s.f.* demonstration.

manila *s.f.* *bot.* Manil(l)a hemp.

manioc *s.m.* *bot.* manioc, cassava
(Menihot utilissima).

manipula *vb.* *tr.* to manipulate, to
handle.

manipulant *s.m.* **1.** manipulator; *(al
banilor)* handler. **2.** *(la tramvai)*
tram driver.

manipulator I. *s.n.* manipulator. ⓐ
~ *telegrafic* key. **II.** *s.m.* v.
m a n i p u l a n t.

manivelă *s.f.* crank.

manometric *adj.* manometric(al).

manometru *s.n.* *fiz.* manometer,
pressure/pneumatic gauge.

manoperă *s.f.* **1.** manual labour. **2.**
fig. v. **m a n e v r ă 4.**

mansardat *adj.* mansard-roofed.

mansardă *s.f.* attic, garret.

manşă *s.f.* **1.** *av.* *(pîrghie)* control
column/stick, F→joy stick. **2.** *sport*
round.

manşetă *s.f.* **1.** cuff; *(la pantalon)*
turn-up. **2.** *(de ziar)* shoulder note.
3. *tehn.* cup, cuff.

manşon *s.n.* **1.** muff. **2.** *tehn.* hose.
3. *auto* casing. ⓐ ~ *bibliografic*
bibliographical side-note; ~ *de
cuplare* *tehn.* coupling clutch.

manşură *s.f.* armhole.

manta *s.f.* **1.** mantle, cloak, wrap,
mil. greatcoat. **2.** *tehn.* casing. **3.**
fig. mantle; *(văl)* veil. ⓐ ~ *de
vreme rea* F Jack-at-a-pinch; ~ *de
ploaie* rain coat, mack(intosh),
waterproof.

mantie *s.f.* **1.** cloak, mantle; *(robă)*
robe. **2.** *fig.* mantle; *(văl)* veil.

mantilă *s.f.* mantila.

mantisă *s.f.* *mat.* mantissa.

mantou *s.n.* (lady's) cloak.

manual[1] I. *adj.* manual, hand... ⓑ
lucru ~ manual training. **II.** *adv.*
manually.

manual[2] *s.n.* *(şcolar)* textbook;
(ghid; indicator) handbook, man-
ual, guide; *(elementar)* primer.

manufactura *vb.* *tr.* to manufacture.

manufactură *s.f.* **1.** *ist.* manufacture;
(fabrică) manufactory. **2.** *(textile)*
textiles, drapery. ⓑ *magazin de* ~
draper's, *amer.* dry goods (store).

manufacturier *adj.* manufacturing...
manuscript, manuscris *s.n.* manuscript, MS.
manutanţă *s.f. mil.* bakery; *(magazie)* storehouse.
mapamond *s.n.* map of the world in two hemispheres.
mapă *s.f.* **1.** paper case. **2.** *(servietă)* folio case, portfolio.
marabu *s.m.* **1.** *ornit.* marabou(t) (stork) *(Leptoptilus argala)*. **2.** marabout.
marafet *s.n.* **1.** *pl.*←F whims, caprices; *(afectare)* airs and graces, formal/prim ways; *(formalism)* F fuss. **2.** *pl. (zorzoane)* F trappings; *(fleacuri)*←F trifles. **3.** *(chichiţă)* F trick; artifice; *(mijloc)*←F means.
maramă *s.f.* (very thin raw silk) headkerchief.
maramureşean *adj.* of *sau* from Maramureş.
marangoz *s.m.* ship carpenter.
marasm *s.n.* depression; *(decădere)* decay.
maraton *s.n. sport* marathon (race); long-distance race.
marca I. *vb. tr.* **1.** to mark, to put a mark on; *(a bifa)* to (mark with a) check; *(o ladă etc.)* to stencil; *(un loc intr-o sală etc.)* to leave one's hat etc. on; *(un obiect de metal preţios)* to hallmark; *(a stigmatiza)* to brand. **2.** *(a nota)* to note, to make a note of; *(a înregistra)* to register, to record; *(d. orologiu)* to say, to point to. **3.** to mark; *(a arăta)* to show, to indicate; *(a dovedi)* to prove; *(a sublinia)* to underline. **4.** *(a ciştiga)* to score. **5.** *sport (un punct)* to score. **II.** *vb. refl. pas.* to be marked etc. v. ∼ I. **III.** *vb. intr. sport* to score.
marcaj *s.n.* **1.** v. m a r c a. **2.** *(semn)* mark.
marcant *adj.* of mark/note, outstanding.
marcasit *s.n. mineral.* marcasite.
marcat *adj.* **1.** marked etc. v. m a r c a. **2.** *(pronunţat)* marked, pronounced, distinct.
marcator¹ *s.n. agr.* marker.
marcator² *s.m.* marker.

marcă *s.f.* **1.** mark; *(semn)* sign. **2.** *(tip, model)* brand. **3.** *(fabricaţie)* made. **4.** *(poştală)* (postage) stamp. **5.** *odin.*←(coat of) arms. **6.** *(fişă)* mark. **7.** *ferov.* marking sign. **8.** *ist.* march, electorate. ⓐ *marca fabricii* trade-mark; trade name; *marca înregistrată* registered/trade mark; ∼ *depusă* registered trade mark; ∼ *de siguranţă ferov.* v. ∼ 7; ∼ *nouă* new brand; ∼ *poştală* v. ∼ 4. ⓓ *de* ∼ v. m a r c a n t.
marchetărie *s.f. arte* inlaid work.
marchiz *s.m.* marquis, marquess.
marchiză *s.f.* **1.** *(în Anglia)* marchioness; *(în Franţa)* marquise. **2.** *arhit.* glass porch, awning, marquee. **3.** *ferov.* engine driver's cab.
marchizet *s.n. text.* marquisette.
marcotaj *s.n. hort.* layering, marcottage.
marcotă *s.f. hort.* layer; marcotte.
mardeală *s.f. (bătaie)* argou F→ drubbing, good licking.
mardi *vb. tr. (a bate)* argou F→to drub, to lick soundly.
mare¹ *adj.* **1.** *(ca durată, grad, însemnătate, întindere, număr, valoare; mai ales în sens abstract)* great; *(ca întindere, număr sau conţinut)* large; *(ca volum; de asemenea, abstract)* big; *(înalt şi lung faţă de lăţime, mai ales d. oameni, catarguri, pomi etc.)* tall; *(adînc)* deep; *(amplu)* ample; *(enorm)* huge, enormous; *(gras)* fat; *(gros)* thick; *(infinit)* infinite, boundless; *(înalt)* high; *(încăpător)* roomy, spacious; *(larg)* wide; *(lat)* broad; *(masiv)* massy; *(măreţ)* grand; *(numeros)* rich, numerous; *(vast)* vast, immense; *(voluminos, corpolent)* bulky. **2.** *(puternic)* powerful, mighty. **3.** *(adult)* adult, grown-up, old. **4.** *(violent)* violent; *(aspru)* hard, severe. **5.** *(vestit)* famous, renowned, < illustrious; *(marcant)* outstanding. **6.** *(important)* great, important; *(hotărîtor)* decisive. **7.** *(uimitor)* amazing, < stupendous. ⓐ ∼ *comedie!* a pretty kettle of fish! quite a sight! ⓓ *avere* ∼ large fortune; *băiat* ∼ big boy; *căldură* ∼ strong

/powerful/intense heat; *cheltuieli mari* great/big/heavy expense(s); *ciştiguri mari* large profits, considerable gain; *copii mari* grown-up children; *degetul ~ de la mina stingă* the left thumb; *degetul ~ de la piciorul drept* the right big toe; *familie ~* large/numerous family; *fratele lui mai~* his big/elder brother; *ginduri mari* grand/vast ideas; *grabă ~* great hurry; *greşeală ~* gross error/mistake; *în ~* as a whole, at large; *literă ~* capital/great/large letter; *minciună ~* big lie, F → thumper; *oameni mari* grown-up people, adults; *ochi mari* large/full eyes; *om ~ fig.* great man, F→big gun, top sawyer; *oraş ~* great/important city; *pierdere ~* heavy loss; *sală ~* big/large hall; *sumă ~* large sum/amount; *Ştefan cel Mare* Stephen the Great; *vacanţa ~* summer holidays, F→ the long; *vorbe mari* big words, tall talk. ⓒ *a trăi pe picior ~* to live in style, to keep a great house; *a se ţine ~* to put on airs, F to ride the high horse.

mare[2] *s.f.* **1.** sea, *poetic* main; *(ocean)*ocean. **2.** *fig.* sea. ⓐ *~a Albă* the White Sea; *~a cu sarea←*F the impossible; *~a de Sargase* the Sargasso Sea; *~a Neagră* the Black Sea; *~a Roşie* the Red Sea; *~ deschisă* open sea, blue water; *~ de travers nav.* atwart/beam sea; *~ interioară geogr.* inland sea. ⓑ *pe ~* at sea; *(d. viaţă, pred.)* afloat; *(cu vaporul)* by sea; *peste (nouă) mări şi (nouă) ţări* at the other end of the world, miles and miles away; *rău de ~* sea-sickness. ⓒ *a încerca ~a cu degetul* to run one's head against a brick wall; *a făgădui ~a cu sarea* to promise wonders; *a pleca pe~* to put to sea.

maree *s.f.* tide; *(flux şi reflux)* ebb and flow; *(flux)* flow; *(reflux)* ebb.

maregraf *s.n. nav.* registering tide gauge.

mareşal *s.m.* marshal. ⓐ *~ al aerului* air marshal; *~ al palatului←odin.* marshal of the royal household.

marfă *s.f.* goods, wares, commodities, merchandise. ⓒ *a-şi lăuda marfa* **a.** to puff one's wares. **b.** *fig.* to make the most of oneself.

margaretă *s.f. bot.* (dog) daisy, moon flower *(Chrysanthemum leucanthemum).*

margarină *s.f. com.* margarine, artificial butter.

marghiloman *s.n.* Turkish coffee *(with a large addition of rum or cognac).*

marginal *adj.* marginal.

marginalia *s.f.* marginalia.

margine *s.f.* **1.** edge; *(a unui recipient etc.)* brim; *(de prăpastie etc.)* brink; *(a trotuarului)* curb, kerb; *(a cîmpului)* edge, border; *(a pădurii etc.)* skirt; *(mal)* border; bank; coast; *(graniţă)* border, frontier (line); *(extremitate)* end, extremity; *(periferie)* periphery; *(a oraşului)* outskirts; *(în scrieri)* margin. **2.** *(limită)* limit, bounds. ⓑ *chiar pe ~a... (cu gen.)* on the very brink of...; *de ~* peripheral, peripheric; *fără margini* boundless, limitless; infinite; *. pe ~a... fig.* about..., on..., concerning...; in connection with...; *pe ~a prăpastiei fig.* on the verge/brink of ruin.

margraf *s.m. ist.* margrave.

mariaj *s.n.* marriage, match.

marin *adj.* marine, sea... ⓑ *pictură ~ă* marine (painting), sea piece, seascape.

marina *vb. tr.* to pickle.

marinar *s.m.* sailor, seaman, *inv.*→ mariner; *(↓ al marinei britanice de război)* bluejacket. ⓐ *~ de veghe nav.* lookout man.

marinat *adj.* pickled.

marinată *s.f.* marinade.

marină *s.f.* sea service. ⓐ *~ călăreaţă* horse marines; *~ comercială* merchant service, mercantile marine; *~ de război* Navy, naval forces.

marinăresc *adj.* sailor's...

marinărie *s.f.* seamanship.

marionetă *s.f.* **1.** marionette, puppet. **2.** *fig.* puppet, tool. ⓑ *teatru de marionete* puppet show, marionettes, fantoccini.

marital I. *adj. jur.* marital, conjugal. **II.** *adv.* maritally.

maritim *adj.* maritime. ① *comerţ* ~ sea-borne trade; *drept* ~ maritime law; *gară* ~*ă* harbour station; *putere* ~*ă* maritime power.

marmeladă *s.f.* jam, candied fruit jelly; *(magiun)* plum jam.

marmită *s.f. mil.* dixy, camp kettle.

marmora *vb. tr. tehn.* to marble.

marmorean *adj.* marmorean, marmoreal.

marmotă *s.f. zool.* marmot, mountain rat *(Arctomys marmotta).*

marmură *s.f.* marble.

marnă *s.f. geol.* marl, diorite sand.

maro *adj.* chestnut(-colour), maroon; *(cafeniu)* brown.

marochin *s.n.* Morocco (leather).

marochinărie *s.f. col.* Morocco (leather) goods.

marotă *s.f.* **1.** (a court fool's) bauble. **2.** *fig.* hobby, fad, fancy, pigeon.

marsuin *s.m. zool.* porpoise, F→sea hog *(Phocaena communis).*

marsupial *adj., s.n. zool.* marsupial.

marsupiu *s.m. zool.* marsupium, pouch.

marş¹ *interj.* **1.** *mil.* forward! march! **2.** F away! get away! get out (of here)! ① *înainte* ~*!* forward (march)! march on!

marş² *s.n. mil., muz.* march. ⓐ ~ *forţat* forced march; ~ *funebru* funeral march; ~ *nupţial* wedding/ bridal march.

marşarier *s.n.* reverse (gear). ① *în* ~ on the reverse. ⓒ *a pune în* ~ to go into reverse.

marşă *s.f. geol.* polder.

marşrut *s.n.* **1.** route; *(itinerar)* itinerary. **2.** *tehn.* marchrout.

Marte *s.m. astr.* Mars.

martelat *adj.* hammer-wrought.

martie *s.m.* March.

martingală *s.f. (în diferite sensuri)* martingale.

martir *s.m.* martyr.

martiraj, martiriu *s.n.* martyrdom.

martiriza *vb. tr.* **1.** *rel. etc.* to martyr. **2.** *fig.* to martyrize, to torment.

martor *s.m. jur., constr., fig.* witness; *(spectator)* onlooker. ⓐ ~

ocular eye witness. ⓒ *a lua pe cineva (de)* ~ to call/take smb. to witness; *Dumnezeu mi-e* ~ *că...* God is my witness that...

marţ *s.m.* gammon, double (game). ⓒ *a face* ~ *pe cineva* **a.** to backgammon smb. **b.** *fig.* F to get the upper hand over smb.

marţafoi *s.m.* F **1.** waster, rotter, bad lot. **2.** fop, coxcomb, dude.

marţi I. *s.f.* Tuesday. **II.** *adv.* on Tuesday; *marţea* every Tuesday.

marţial *adj.* martial, soldierlike. ① *lege* ~*ă* martial law; *curte* ~*ă* court martial.

marţian *s.m.* Martian, inhabitant of Mars.

marxism *s.n.* Marxism. ⓐ ~ *creator* creative Marxism.

marxism-leninism *s.n.* Marxism-Leninism.

marxist *adj. s.m.* Marxian, Marxist.

marxist-leninist *adj.* Marxist-Leninist, Marx-Lenin... ① *teoria* ~*ă* Marxist-Leninist theory.

mas *s.n.* spending/passing the night; putting up for the night.

masa I. *vb. tr.* **1.** *(a face masaj)* to massage; to shampoo. **2.** *(a stringe)* to mass. **II.** *vb. refl.* to mass; to gather in masses.

masacra *vb. tr.* **1.** to massacre, to slaughter, to butcher. **2.** *fig.* to spoil, to bungle, to make a hash of; *(muzică)* to murder.

masacru *s.n.* massacre, slaughter, butchery.

masaj *s.n.* massage; shampoo.

masă¹ *s.f.* **1.** table. **2.** *(bucătărie)* cooking, cuisine; *(cină)* dinner; supper; *(întreţinere)* board; *(mîncare)* meal; *(ospăţ)* feast; *(prînz)* lunch; dinner. ⓐ *Masa Rotundă* the Round Table, *ist.* the Table Round; ~ *bogată* square meal, F→blow-out, fine spread (good) tuck-in; ~ *bună!* good appetite! ~ *cu patru picioare* four-legged table; ~ *de biliard* billiard table; ~ *de joc* gambling table; ~ *de scris* writing table, desk; ~ *de toaletă* dressing table; ~ *mare* feast, banquet; ~ *şi casă* board and lodging; ~ *verde* **a.** official board, green ţable. **b.** *agr.* green fodder. ⓓ *cu/pe nepusă* ~ unexpectedly; *(brusc)* suddenly; *după* ~ after dinner; *(după amiază)* in the afternoon, p.m.; *faţă de* ~ table cloth; *înainte de* ~ before dinner; *(înainte de amiază)* before noon, a.m.; *la* ~*!* come, the dinner waits! *sală de mese* dining hall. ⓒ *a da o* ~ to give a dinner (party); *a lua masa* to eat; to have breakfast, dinner etc.; *a pune masa* to lay/set the table; *a strînge masa* to clear the table; *a se scula de la* ~ to leave the table, to rise from the table; *a şedea în capul mesei* to sit at the head/top of the table; *a se aşeza la* ~ to sit down to table; *a fi la* ~ to be at table; *a invita pe cineva la* ~ to invite/ask smb. to dinner; *a rămîne la* ~ *la cineva* to stay (to) dinner with smb.

masă² *s.f. (mulţime)* mass. ⓐ *masele largi populare* the broad/vast masses of the people. ⓓ *de* ~ mass...; *în* ~ in a body; *organizaţie de* ~ mass organization; *producţie în* ~ mass/quantity production.

masă³ *s.f. fiz. etc.* mass. ⓐ ~ *de aer* air mass; ~ *electrică* electric mass; ~ *plastică* plastic mass.

masca I. *vb. tr.* **1.** to mask, to put a mask on. **2.** *fig. (a ascunde)* to hide, to conceal, to screen; *(o fereastră)* to blind; *(o baterie)* to conceal; *(a disimula)* to disguise, to dissimulate. **II.** *vb. refl.* to mask oneself.

mascaradă *s.f.* **1.** masquerade; mask. **2.** *fig.* farce, masquerade.

mascaron *s.n. arhit.* (grotesque) mask, mascaron.

mascat *adj.* masked etc. v. **masca**.

mască *s.f.* **1.** mask; *mil.* gas mask; *(pt. a proteja respiraţia)* breathing protection mask; *(contra ridurilor)* face pack. **2.** *teatru* masque; *(machiaj)* make-up. **3.** *fig.* mask, cloak; *(paravan)* screen; *(prefăcătorie)* disguise. **4.** *fig. (expresie)* mask, face, countenance; *(faţă care nu exprimă nimic)* straight face. **5.** *(persoană în* ~*)* masker, masquerader. ⓐ ~ *mortuară* death mask. ⓓ *sub masca virtuţii* under the mask/cloak of virtue. ⓒ *a lepăda/arunca masca* to throw off the mask, to throw off all disguise; *a smulge masca cuiva* to unmask smb.

mascotă *s.f.* mascot, charm; *(amuletă)* amulet.

mascul *s.m.* male.

masculin I. *adj.* **1.** male. **2.** *gram.* masculine. ⓓ *genul* ~ *gram.* the masculine gender. **II.** *s.n. gram.* masculine (gender).

mascur *s.m.* boar; *(castrat)* gelded boar.

maseter *adj.* ⓓ *muşchi* ~ *anat.* masseter muscle.

masezā *s.f.* masseuse.

masicot *s.n. chim.* massicot.

masiv I. *adj.* massive, bulky, *elev.* massy; *(solid)* solid; *(greu)* heavy; *(trupeş)* stout, fat; burly, portly; *(plin)* full; *(voluminos)* bulky, voluminous; *(substanţial)* substantial, bulky; *(d. metal)* solid. **II.** *adv.* massively etc. v. ~ **I. III.** *s.n.* **1.** *geogr.* massif, mountain mass, main group of mountains. **2.** *(morman)* heap, pile.

masivitate *s.f.* massiveness.

maslu *s.n. rel.* extreme unction.

mason *s.m.* freemason.

masonerie *s.f.* freemasonry.

masonic *adj.* masonic.

masor *s.m.* masseur.

mast *s.n. min.* mast.

mastic *s.n.* **1.** *hort.* grafting wax. **2.** *tehn.* mastic, putty. **3.** *bot.* mastic resin.

masticator *adj. anat.* masticatory.

masticaţie *s.f.* mastication.

mastic *s.f. kind of alcoholic drink prepared with mastic.*

mastită *s.f. med.* mastitis.

mastodont *s.m.* paleontologie mastodon.

mastoidă *adj. fem.* ⓓ *apofiză* ~ *med.* mastoid (projection).

mastoidită *s.f. med.* mastoiditis, mastoid disease, F→mastoid.

maşcat *adj.* ←*reg. (mare)* big; gross; *(cu bobul mare)* coarse-grained.

maşinal I. *adj.* mechanical, involuntary, unconscious. **II.** *adv.* mechanically etc. v. ~ **I.**

maşinaţie *s.f.* machination, scheme, intrigue.

maşină *s.f.* **1.** machine; engine; *(locomotivă)* engine, locomotive; *(batoză)* threshing machine; *(automobil)* car; *(camion)* lorry; **2.** *fig.* machinery. ⓐ ~ *automată* automatic machine; ~ *cu abur* steam engine; ~ *de adunat* adding/tabulating machine; ~ *de amestecat* mixing machine; ~ *de asamblat* assembling machine; ~ *de calculat* computer, computing machine; *tehn.* calculating machine; ~ *de casă com.* cash-register; ~ *de călcat* flat/box/smoothing iron; ~ *de cusut* sewing machine; ~ *de forţă* power engine; ~ *de frezat* milling machine; ~ *de gătit* cooking stove, (kitchen) range; ~ *de gătit cu gaz* gas stove; ~ *de găurit* boring machine; ~ *de muls* milking machine; ~ *de război* engine of war, war machine(ry); ~ *de scris* typewriter; ~ *de spălat* washing machine, washer; ~ *de tocat carne* meat chopper, mincing machine, meat grinder; ~ *de tors* spinning machine/frame; ~ *de tradus* translating machine; ~ *de tricotat* knitting machine; ~ *de tuns* hair clippers; ~ *electrică* electric machine; ~ *electronică de calculat* electronic computer; ~ *hidraulică* hydraulic water engine; ~ *mică* F (taxi) cab, car; ~ *pneumatică* pneumatic machine; ~ *sport* (two-seater) runabout; ~ *termică* heat engine, thermo-motor; *maşini agricole* agricultural/farming machinery; *maşini-unelte* machine tools.

maşinărie *s.f.* **1.** machinery; *(maşină)* machine; *pl.* machines. **2.** *fig.* machinery.

maşinism *s.n.* mechanization.

maşinist *s.m.* machinist, mechanic, mechanician; *ferov.* engine driver; *teatru* flyman; stage hand.

maşter *adj.*←P v. v i t r e g.

maşteră *s.f.*←P stepmother.

mat¹ *s.n.* (check)mate. ⓒ *a face pe cineva ~ şi fig.* to checkmate smb.; *a face ~ în trei mişcări* to mate in three.

mat² *adj.* *(d. un metal)* mat, dull, lustreless; *(d. culori)* flat, dull,

dead; *(d. sunete)* dull, dead; *(d. sticlă)* mat(ted), frosted; *(d. piele)* mat.

mata *pron.* you.

matador *s.m.* **1.** matador. **2.** *fig.* F bigwig.

matahală *s.f.* *(colos)* colossus, giant; *(monstru)* monster; *(sperietoare)* bugbear, bogy, bugaboo; *(ceva uriaş)* huge thing.

matcă *s.f.* **1.** *(de rîu)* bed, bottom; *(izvor)*←*rar* source. **2.** *(a albinelor)* queen. **3.** *anat.* womb. **4.** v. c o t o r.

matelot *s.m.* sailor, seaman.

matematic I. *adj.* **1.** mathematical. **2.** *fig.* precise, exact. **II.** *adv.* mathematically etc. v. ~ I.

matematică *s.f.* mathematics.

matematician *s.m.* mathematician.

material¹ *adj.* **1.** material; *(fizic)* physical; *(real)* real, palpable. **2.** *(senzual)* sensual. **3.** *(bănesc)* pecuniary. **4.** *(economic)* economic, financial. ⓓ *ajutor* ~ pecuniary aid; *bază* ~*ă* material resources; *cointeresare* ~*ă* material incentive; *greutăţi* ~*e* difficulties, straitened circumstances; *lumea* ~*ă* the material world, the world of matter; *situaţie* ~*ă* material/economic/financial conditions; financial position, welfare standard; *valori* ~*e* material values.

material² *s.n.* **1.** material; stuff. **2.** *(ţesătură)* material, tissue, fabric; *(de lînă)* stuff. ⓓ ~ *de construcţie* building materials; ~ *didactic* school supplies; teaching aids; *(vizual)* visual aid; ~ *pentru cămăşi* shirting; ~ *pentru costum* suiting; ~ *pentru pantaloni* trousering.

materialiceşte *adv.* materially.

materialism *s.n.* materialism. ⓐ ~ *dialectic* dialectical materialism; ~ *filozofic* philosophical materialism; ~ *istoric* historical materialism.

materialist I. *adj.* **1.** materialist. **2.** *(impropriu)* materialistic. ⓐ ~ *dialectic* dialectical materialistic. **II.** *s.m.* **1.** materialist. **2.** *(impropriu)* materialist.

materialitate *s.f.* materiality; ⓐ ~*a lumii* the materiality of the world.

materializa I. *vb. tr.* to materialize; *(a înfăptui)* to carry out. **II.** *vb. refl.* to materialize, to be materialized.

materializare *s.f.* materialization.

materie *s.f.* 1. matter; substance. 2. *(material)* material; *(stofă)* stuff, fabric. 3. *şcol.* subject matter. 4. *(domeniu)* domain, province, sphere. ⓐ ~ cenuşie *anat.* grey matter; ~ *primă* raw material. ⓑ *în* ~ *de*... in matters of..., in... matters..., in..., as far as... is *sau* are concerned; *tablă de materii* (table of) contents; *versat într-o* ~ well up in a subject. ⓒ *a intra în* ~ to broach the subject.

matern *adj.* a mother's...; maternal; *(d. grijă etc.)* motherly. ⓑ *limbă* ~*ă* mother tongue, maternal language/tongue.

maternitate *s.f.* 1. maternity. motherhood. 2. maternity/lying-in hospital.

matinal *adj.* morning..., *elev.* matutinal; *(de vreme)* early.

matineu *s.n.* matinée; afternoon performance.

matisa *vb. tr. nav.* to splice.

matlasa *vb. tr.* to pad, to stuff.

matlasat *adj.* quilted, padded.

matosi *vb. refl.* P←v. î m b ă t a II.

matostat *s.n.* v. j a s p.

matrapazlîc *s.n.* fraud, swindle.

matriarhat *s.n.* matriarchate.

matrice *s.f.* 1. *anat.* uterus, womb. 2. *mat.* matrix.

matricol *adj.* registration... ⓓ *foaie* ~*ă* registration certificate, v. şi m a t r i c o l ă; *număr* ~ (military *sau* administrative) number.

matricolă *s.f.* roll, register, list (of members etc.); *mil.* regimental roll, v. şi f o a i e m a t r i c o l ă.

matrimonial *adj.* matrimonial; connubial.

matriţă *s.f.* 1. *metal. etc.* die, mould. 2. *poligr.* type mould.

matroană *s.f.* matron.

matroz *s.m.* sailor, seaman.

matur *adj. (d. persoane)* grown-up, adult; *(d. vîrstă, gîndire etc.)* mature; *(copt)* ripe.

maturaţie *s.f.* maturation, ripening.

maturitate *s.f.* maturity, *fig. şi* ripeness; *(ani de* ~*)* after-life.

maturiza I. *vb. tr.* to (make) mature; to ripen. **II.** *vb. refl.* to come to maturity; to ripen.

maturizare *s.f.* maturation, ripening.

maţ *s.n. anat.* F bowel, gut. ⓐ ~*e fripte/goale* F starveling, *peior.* needy wretch.

maur I. *adj.* Moorish; *(d. arhitectură etc.)* Moresque. **II.** *s.m.* Moor.

mauresc *adj.* Moresque.

mausoleu *s.n.* mausoleum.

maxilar I. *adj.* maxillary. **II.** *s.n.* jaw bone, maxilla; *(falcă)* jaw.

maxilă *s.f. entom.* maxilla.

maxim I. *adj.* maximum..., utmost; highest. **II.** *s.n.* maximum.

maximal *adj.* ⓑ *preţ* ~ maximum price.

maximă *s.f.* 1. maxim, adage; aphorism. 2. *fiz. etc.* maximum.

maximum I. *s.n.* maximum, upper limit. **II.** *adv.* at the most *sau* highest.

mazagran *s.n.* cold black coffee *(with ice)*.

mazăre *s.f. bot.* pea *(Pisum sativum)*; *col.* pease. ⓐ ~ *de cîmp* field pea *(Pisum arvense)*; ~ *sălbatică* sweet pea *(Pisum elatius)*; ~ *verde* green peas.

mazetă *s.f.* muff; rabbit.

mazili *vb. tr.* 1. *(a detrona)*←*înv.* to dethrone; *(a exila)* to exile, to banish. 2. F to sack, to give *smb.* the sack.

mazurcă *s.f.* mazurka.

mă *interj.* v. m ă i.

măcar *adv.* 1. *(cel puţin)* at least; at any rate. 2. *(chiar)* even; *(nici chiar)* not even, not so much as. ⓐ ~ *că...* (al)though...; ~ *cît* it doesn't matter how much; ~ *dacă/ de*... if only...; at least if...

măcăi *vb. intr.* to quack.

măcăit *s.n.* quacking.

măcăleandru *s.m. ornit.* robin (redbreast) *(Erithacus rubecula)*.

măceaşă *s.f.* hip(berry), haw, F→ roseberry.

măcel *s.n.* slaughter; massacre, butchery.

măcelar *s.m. şi fig.* butcher.

măcelări *vb. tr.* to slaughter, to massacre.

măcelărie *s.f.* butcher's (shop).

măc(i)eş *s.m. bot.* wild rose/brier, eglantine, hip rose/tree *(Rosa canina)*.

măcina **I.** *vb. tr.* **1.** *(grîu etc.)* to grind, to mill; *(cafea)* to grind. **2.** *(a fărîmiţa)* to crush, to splinter; *(ziduri)* to cause to crumble. **II.** *vb. refl.* **1.** *pas.* to be ground etc. **v.** ~ **I. 2.** *(d. ziduri)* to crumble; *(d. stînci)* to weather.

măcinat **I.** *adj.* ground etc. **v.** m ă c i n a. **II.** *s.n.* grinding etc. **v.** m ă c i n a.

măcinătură *s.f. (făină etc.)* meal.

măciniş *s.n.* grist.

măciucă *s.f.* **1.** club, bludgeon. **2.** *(lovitură de ~)* bludgeon stroke. ⓑ *lovitură de ~* **a. v.** ~ **2. b.** *fig.* staggering blow. ⓒ *mi se făcu părul* ~ my hair stood on end.

măciulie *s.f. (de baston)* knob; *(de paloş)* pommel; *(de cui, de ac etc.)* head.

măcriş *s.n. bot.* (cock) sorrel, sharp/sour dock *(Rumex acetosa)*. ⓐ ~ *spinos* barberry bush *(Berberis vulgaris)*; ~*ul calului* v. ş t e v i e; ~*ul iepurelui* wood sorrel *(Oxalis acetosella)*.

mădular *s.n.* limb.

măduvă *s.f.* **1.** *anat.* marrow (of a bone), S→medulla. **2.** *bot.* pith, S→medulla. **3.** *fig.* marrow, pith, core, essence. ⓐ *măduva spinării* spinal marrow. ⓑ *pînă în/la măduva oaselor* to the backbone.

măgar *s.m.* **1.** *zool.* ass, donkey *(Equus asinus)*. **2.** *fig. (încăpăţînat)* F ass, mule, donkey; *(prost)* F (perfect/silly) ass; *(om rău intenţionat)* F swine, scum. ⓑ *nici cal nici* ~ neither fish nor flesh (nor good red herring).

măgăresc *adj.* **1.** ass('s)..., donkey('s) ..., *rar→* asinine. **2.** *fig. (d. purtare etc.)* asinine; asslike... ⓑ *tuse măgărească* (w)hooping cough.

măgăreşte *adv.* like an ass; like a swine.

măgărie *s.f.* F swinishness, swinish trick.

măgăriţă *s.f.* she-ass.

măgăruş *s.m.* little donkey/ass, neddy.

măghiran *s.m.* v. m a g h i r a n.

măguleală *s.f.* flattery.

măguli **I.** *vb. tr.* to flatter. **II.** *vb. refl.* to flatter/delude oneself; *(a-şi închipui)* to imagine.

măgulire *s.f.* **1.** flattering. **2.** *(ca act)* flattery.

măgulitor *adj.* flattering.

măgură *s.f.* hill; *(movilă)* hillock.

măi *interj.* **1.** *(hei)* heigh! hey (you)! heh! *(ascultă)* I say! look here! **2.** *(şi* ~, ~*)* *(exprimă uimire)* (oh) my! hey! oh(o)! oo! really! *(idem, neplăcută)* I say! *(prostii!)* rubbish! *(exprimă neîncredere)* no! oh! **3.** *(înaintea subst. la vocativ, adesea nu se traduce)* you. ⓐ ~ *obraznicule* you cheeky boy. ⓑ *hei,* ~ hey you!

măiculeană, măiculiţă, măicuţă *s.f.* ←P **1.** mother, mammy. **2.** *interjecţional* (oh) my! for goodness' sake!

măiestrie *s.f.* craftsmanship, mastership, masterliness, artistry; *(artă)* art; *(îndemînare)* skill. ⓐ ~ *artistică (de scriitor)* literary craftsmanship.

măiestrit **I.** *adj.* masterly. **II.** *adv.* skilfully.

măiestru *adj.* **1.** *(măiestrit)* masterly; *(artistic)* artistic; *(îndemînatic)* skilful. **2.** miraculous; supernatural.

mălai *s.n.* **1.** *(făină de porumb)* maize/(Indian-)corn flour; *(preparat)* maizena; *(făină)* meal, flour. **2.** *(turtă)* maize cake, hominy, tortilla, cake of (Indian-)corn flour, pinole.

mălăieţ *adj.* **1.** tender, soft; *(răscopt)* mellow. **2.** *fig. (moliu)* F spineless; lifeless, soft, flabby; *(prost)* F doltish.

mălin *s.m. bot.* bird cherry (tree) *(Prunus padus)*.

mălină *s.f.* bird cherry.

mălură *s.f.* smut; *(a grîului, şi)* brand.

mălurici *s.m. bot.* wood pea/vetch *(Orobus variegatus)*.

măluros *adj.* blighted.

mămăligă *s.f.* **1.** atole, maize porridge, hominy, *amer.* tortilla, (maize) mush, samp. **2.** *fig.* F milksop, spineless creature. ⓒ *a o pune de* ~ F to be in the soup/in a fine mess/in a pickle/in a sorry plight.

mămăligos *adj.* F spineless.

mămică, mămiţică *s.f.* F mum, ma, mummy.

mâna *vb. refl.* to be blighted.

mănăstire *s.f.* monastery; cloister; *(accentul căzînd pe traiul în comun)* convent; *(de călugări)* convent for monks, friary, monastery; *(de călugăriţe)* nunnery, convent (for nuns).

mănăstiresc *adj.* cloistral, conventual, monastery.

mănos *adj.* **1.** fruitful, fertile; *(bogat)* rich. **2.** *fig.* fruitful, yielding profits; lucrative.

mănunchi *s.n.* **1.** bundle, bunch; handful. **2.** *(miner)* handle.

mănuşar[1] *s.m.* glover.

mănuşar[2] *s.n.* leather glove.

mănuşă *s.f.* glove; *(odin.; azi, de şofer etc.)* gauntlet; *(cu un deget)* mitt(en). ⓐ *mănuşi de box* boxing gloves; *mănuşi de călărie* riding gloves; *mănuşi de lac* kid gloves. ⓒ *a arunca cuiva mănuşa* to throw down the gauntlet/glove to smb.; *a ridica mănuşa* to take/pick up the gauntlet; *a umbla/a se purta cu mănuşi cu cineva* to handle smb. with kid gloves; *a umbla/a se purta fără mănuşi cu cineva* to handle smb. without gloves/mittens.

măr *bot.* **I.** *s.m.* apple (tree) *(Pirus malus).* ⓓ *de florile ~ului*←F to no purpose, P no go. **II.** *s.n.* apple. ⓐ *~ al discordiei* bone of contention; *~ creţesc* Borsdorf pippin; *~ domnesc* prince's apple; *~ul lui Adam* Adam's apple; *~ pădureţ* **a.** crab (apple) tree *(Malus sylvestris).* **b.** crab (apple); *~ul lupului* **a.** four-leaved herb *(Paris quadrifolia).* **b.** birth wort *(Aristolochia)*; *~ul porcului* thorn apple, stramony *(Datura stramonium).* ⓒ *a bate ~* F to lick soundly, to drub, to sandbag.

mărar *s.m. bot.* dill (seed) *(Anethum graveolens).*

mărăcinar *s.m. ornit.* whinchat, whinchacker *(Saxicola rubetra).*

mărăcine *s.m.* **1.** bramble, brier, briar, brake. **2.** *pl.* v. **mărăciniş.** ⓒ *a sta (ca) pe mărăcini* to sit on thorns.

mărăciniş *s.n.* **1.** brambles, briers. **2.** patch of ground covered with brambles.

mărăcinos *adj.* briery, full of brambles.

măre *interj.*←P *(iată) înv.* lo! behold! *(exprimă mirarea)* oh!

măreţ I. *adj.* grand, imposing, grandiose, stately, magnificent; splendid. **II.** *adv.* magnificently etc. v. ~ **I.**

măreţie *s.f.* greatness; grandeur; *(maiestate)* majesty; *(splendoare)* splendour.

mărfar *s.n. ferov.* goods train, *amer.* freight train.

mărgărit *s.n.* **1.** v. **mărgăritar 1. 2.** *bot.* v. **mărgăritar 2, 3.**

mărgăritar *s.n.* **1.** pearl. **2.** *bot.* lily of the valley *(Convallaria majalis).* **3.** *bot.* loranth *(Loranthus).* **4.** *(pietriş)* gravel.

mărgea *s.f.* **1.** (glass) bead, glass pearl. **2.** *pl. (la curcan)* wattle. **3.** *bot.* pearl grass *(Melica).* ⓓ *salbă de mărgele* (glass) pearl necklace.

mărgean *s.n.* coral.

mărgeluşă *s.f. bot.* grey millet, pearl plant *(Lithospermum officinale).*

mărginaş *adj.* **1.** *(învecinat)* neighbouring; *(limitrof)* limitrophe, adjacent. **2.** *(de margine)* peripheral; border...; *(depărtat)* remote.

mărgini I. *vb. tr.* **1.** to bound, to mark the bounds of; *(a îngrădi)* to enclose. **2.** *fig.* to limit, to set bounds/limits to. **II.** *vb. refl.* ⓐ *a se ~ cu...* to be contiguous to..., to border (up)on..., to confine with...; to be bounded by...; *a se ~ la...* to confine oneself to..., to content oneself with...

mărginire *s.f.* limitation; *fig. şi* narrow/-mindedness.

mărginit *adj.* **1.** limited, restricted. **2.** *fig.* limited; narrow-minded, illiberal.

mări I. *vb. tr.* to enlarge, to make greater, to aggrandize; *(a spori)* to increase; *(a face să pară mai mare)* to make appear larger, to magnify; *(a ridica)* to raise; *(a intensifica)* to intensify; *(a lărgi)* to widen, to broaden, to extend; *(preţul, valoarea etc.)* to enhance; *(a dilata)* to expand, to dilate; *(o gaură)* to enlarge, to open out; *(un portret)* to enlarge. **II.** *vb. refl.* to grow large; to become greater; *(a spori)* to increase; *(a se înmulţi)* to multiply; *(a creşte)* to grow.

mărie *s.f.* majesty; highness. ⓐ *măria sa* His Majesty; His Highness.

mărime *s.f.* **1.** size; *(volum)* volume; *(dimensiuni)* dimensions; *(proporţii)* proportions; *(întindere)* extent. **2.** *pl.* dignitaries; *peior.* F big guns/bugs/noises/shots. ⓑ *în ~ naturală* full size/length.

mărinimie *s.f.* magnanimity; generosity; benevolence.

mărinimos I. *adj.* magnanimous; benevolent; *(darnic)* generous, liberal. **II.** *adv.* magnanimously etc. v. ~ I.

mărire *s.f.* **1.** aggrandizement etc. v. m ă r i . **2.** *fig.* glory, splendour, grandeur; *(autoritate)* authority, sway.

mărit *adj.* glorious.

mărita I. *vb. tr.* **1.** to marry off, to give (away) in marriage; to find a husband for. **2.** *fig. (a vinde ieftin)*←F to sell cheaply; *(a se debarasa de)* to get rid of. **II.** *vb. refl. (cu)* to marry *(cu acuz.)*, to get married (to), *elev.* to wed *(cu acuz.)*, F→to get spliced.

măritat *s.n.* v. m ă r i t i ş. ⓑ *de ~* marriageable.

măritată *adj. fem.* married.

măritiş *s.n.* marriage.

mărşălui *vb. tr.* to march.

mărturie *s.f.* **1.** testimony, evidence; *(dovadă)* proof. **2.** *(martor)* witness. ⓐ *~ falsă* false witness/evidence, perjury. ⓑ *ca ~ a... (cu gen.)* as a mark/token of... ⓒ *a depune ~* to bear witness/testimony; to give evidence.

mărturisi I. *vb. tr. (a admite)* to admit; *(a afirma)* to affirm, to assert; *(a declara)* to declare;

(a recunoaşte) to confess, to own, to avow; *(pe deplin)* to make a clean breast of; *(a susţine)* to maintain. **II.** *vb. refl.* **1.** *rel.* to confess one's sins. **2.** v. d e s t ă i-n u i **II**. **III.** *vb. intr.* to confess.

mărturisire *s.f.* **1.** confession, avowal, admission. **2.** *rel.* confession.

mărţişor[1] *s.m.* **1.** *(martie)* ←P. March. **2.** *bot.* mountain bennet *(Geum montanum)*.

mărţişor[2] *s.n.* trinket worn in honour of March 1st, March amulet.

mărunt I. *adj. (mic)* small; *(fin)* fine; *(micuţ)* tiny, little; *(neînsemnat)* trifling; *(d. cheltuieli)* petty; *(d. bani)* (small) change; *(scund)* low. ⓑ *multe şi ~e* all sorts of things/stuff. **II.** *adv.* small; fine.

măruntaie *s.f. pl.* **1.** viscera, entrails, intestines, bowels; *(de vită)* pluck. **2.** *fig.* bowels; depths. ⓐ *~le pământului* the bowels of the earth.

mărunţel *adj.* tiny; *(mic)* mean; *(prăpădit)* scrubby.

mărunţi *vb. tr.* to break up, to make small pieces of.

mărunţiş *s.n.* **1.** *pl.* trifles. **2.** *(bani mărunţi)* (small) change, odd money. **3.** *pl. (mărfuri)* small goods, petty/small ware(s). ⓑ *negustor de ~uri* haberdasher; *raionul de ~uri* haberdashery department, *amer.* notion counter.

măscări *s.f. pl.* ribaldry, bawdry, smut, filth, dirty jokes.

măscărici *s.m.* **1.** *odin.* buffoon, fool. **2.** clown.

măsea *s.f.* **1.** *anat.* molar (tooth), F→grinder; *(dinte)* tooth. **2.** *(la roata morii)* (wheel) paddle. ⓐ *~ de minte* wisdom tooth; *~ua ciutei* dog's tooth violet *(Erythronium dens canis)*. ⓑ *durere de măsele* toothache; *nici pe o ~* F next to nothing, a drop in the bucket; F *a sip, a sup.* ⓒ *a trage/lua la ~* F to tipple, to booze, to guzzle.

măselariţă *s.f. bot.* henbane, hog's bean *(Hyoscyamus niger)*.

măslin *s.m. bot.* olive (tree) *(Olea europaea)*. ⓑ *ramură de ~* olive branch.

măslină *s.f.* olive. ⓑ *ulei/untdelemn de măsline* olive/sweet oil.

măsliniu *adj.* olive-coloured.

măslui *vb. tr. (cărţile)* to mark *(the cards* for a foul play); *(alegerile)* to gerrymander; *(a falsifica)* to falsify, to counterfeit.

măsluitor *s.m.* 1. *(la cărţi)* (card) sharper. 2. *fig.* falsifier.

măsura I. *vb. tr.* 1. to measure; *(grîul etc.)* to measure out; *(haine etc.)* to measure off; *(pămîntul etc.)* to measure up, to survey. 2. *fig. (a calcula)* to calculate, to judge; *(a cîntări, cuvintele etc.)* to weigh; *(a evalua)* to estimate; *(a înfrîna)* to curb; *(a proporţiona)* to proportion. 3. *fig. (a străbate)* to cross. 4. *fig. (cu privirea)* to look/eye *smb.* up and down. 5. *fig. (a bate)* F to lick, to drub. II. *vb. refl.* 1. *pas.* to be measured etc. v. ~ I. 2. *(cu cineva)* to try/measure one's strength against smb.; *(a se lupta)* to fight. 3. *(reciproc, cu privirea)* to look/eye each other up and down. ⓒ *ce, te măsori tu cu mine?* dare you compare yourself to me? you can't hold a candle to me, can you? III. *vb. intr.* to be... long, wide etc.

măsurabil *adj.* measurable, mensurable.

măsurat *adj.* 1. measured etc. v. m ă s u r a. 2. *(limitat)* limited. 3. *(moderat)* moderate, temperate; reasonable; *(d. paşi etc.)* steady, moderate.

măsură *s.f.* 1. measure; *(măsurare)* measurement; *(întindere)* extent; *(cantitate)* quantity, amount; *(limită)* limit. 2. *metr.* foot. 3. *muz.* bar. 4. *com.* fitting; size. 5. *pl.* measures, steps. 6. *(valoare)* value, measure; *(forţă)* force. ⓐ ~ *de capacitate* a. dry measure. b. liquid measure; ~ *de lungime* measure of length; *măsuri de precauţie* precautions, precautionary measures; *măsuri disciplinare* disciplinary measures; *măsuri drastice* drastic measures; *măsuri prompte* prompt measures; *măsuri şi greutăţi* weights and measures. ⓑ *ca/*

drept ~ *de...* as a measure of...; *cu* ~ with moderation; *în aceeaşi* ~ equally; *în ce* ~? to what extent? *în mare* ~ to a great extent, in a large/vast measure; *în măsura în care...* in proportion as..., as far as.... according as...; *în măsura posibilului* as far as possible; *într-o anumită* ~ in some measure, to a certain extent, in some degree, after a fashion; *jumătăţi de* ~ half-measures; *pe măsura...* a. measured by... b. (according) as.... c. *(corespunzător cu dat.)* commensurate with...; *pe* ~ to measure/order; *pe* ~ *ce* (in proportion) as...; *peste* ~ beyond measure; exceedingly, excessively; beyond limit; *toate măsurile com.* (in) all fittings. ⓒ *a bate măsura muz.* to beat time; *a-şi da măsura* to show what one is capable of, to show one's capacity; *a depăşi măsura* to overdo it; *asta depăşeşte orice*~that exceeds all bounds, F→that's the limit, that is coming it too strong; *a lua cuiva măsura* to take smb.'s measurements; *a lua măsuri* to take action, to adopt measures, to take measures/steps, to make arrangements; *a lua toate măsurile (de rigoare)* to take all due measures; *am luat măsuri* I have taken steps; *a păstra măsura fig.* to keep within bounds, to be temperate (in one's language etc.); *a ţine măsura muz.* to keep time; *te voi ajuta în măsura în care pot* I shall help you as far as I can/to the best of my ability; *a fi în* ~ *să...* to be in a position to..., to have the power to...; *nu sînt în* ~ *să...* I am not able to..., I am not in a position to...

măsurătoare *s.f.* measurement, measuring; *(cadastrală)* survey.

mătanie *s.f.* 1. genuflexion. 2. *pl.* beads; rosary. ⓒ *a bate mătănii* to genuflect.

mătase *s.f.* 1. silk. 2. *pl.* silks. 3. *(a porumbului)* silk, tassel. ⓐ ~*a broaştei bot.* crow silk, water weed *(Conferva)*.

mătăciune *s.f. bot.* 1. garden balm, balm mint *(Melissa officinalis)*. 2.

dragon's head (*Dracocephalum moldavica*).

mătăhălos *adj.* (*greoi*) heavy, hulking; (*stingaci*) clumsy, awkward, lubberly, gawky; (*voluminos*) bulky; (*diform*) mis-shapen, deformed.

mătăsar *s.m.* **1.** (*ţesător*) silk weaver; (*negustor*) silk mercer/dealer. **2.** *ornit.* waxwing, chatterer (*Ampelis garrulus*).

mătăsos *adj.* silky; (*catifelat*) velvety.

mătrăgună *s.f.* *bot.* belladonna, (deadly) nightshade (*Atropa belladonna*).

mătrăşi *vb. tr.* P **1.** (*a da afară*) F to kick out, to give *smb.* the mitten/one's walking orders/papers **2.** (*a omorî*) P to do for. **3.** (*a irosi*) to squander, F to play ducks and drakes with.

mătreaţă *s.f.* **1.** dandruff, dandriff, scurf. **2.** *bot.* v. **mătasea broaştei.**

mătura *vb. tr.* **1.** to sweep; (*camera etc.*) to sweep out; (*murdăria etc.*) to sweep up. **2.** *fig.* F. to clear out, to make a clean sweep of.

mătură *s.f.* **1.** broom; (*de pene*) feather broom; (*de nuiele*) besom. **2.** *bot.* Caffre corn, sorghum (*Sorghum vulgare*). ① coadă de ~ broomstick.

măturătoare *s.f.* **1.** sweeper. **2.** (*maşină*) sweeping machine.

măturător *s.m.* sweeper; (~ *de stradă*) street sweeper/orderly, scavenger.

măturele *s.f. bot.* variety of centaurea sau bluebottle (*Centaurea jurineifolia*).

măturoi *s.n.* v. **tîrn.**

mătuşă *s.f.* **1.** aunt. **2.** F my old woman.

mătuşică *s.f.* F auntie.

măzărat *adj.* coarse-grained; (*mare*) big.

măzăriche *s.f.* **1.** *bot.* vetch, tare (*Vicia*). **2.** *bot.* vetchling, S→lathyrus (*Lathyrus*). **3.** frozen pellets of snow; (*lapoviţă*) sleet.

mea *adj. pos. fem.* my. ① *a* ~ mine.

meandru *s.n.* **1.** meander, bend. **2.** *arhit.* meander.

mecanic I. *adj.* mechanical, machine-like. **II.** *adv.* mechanically. **III.** *s.m.* mechanic; *ferov.* engine driver.

ⓐ ~ *automotor* (-car) mechanic; ~ *de bord* *av.* air mechanic, flight engineer; ~ *de locomotivă* *ferov.* engine operator, engineman, machinist; ~ *şef* master mechanic; chief engineer.

mecanică *s.f.* mechanics.

mecanicism *s.n. filoz.* mechanicalism.

mecanicist *adj. filoz.* mechanical, mechanistic.

mecanism *s.n.* **1.** mechanism, machinery; device; contrivance; gear. **2.** (*tehnică*) technique. **3.** *fig.* machinery. ⓐ ~ *cu pîrghii* *tehn.* linkage; ~ *de acţionare* operating machinery; gear; working gear.

mecaniza I. *vb. tr.* to mechanize. **II.** *vb. refl. pas.* to be mechanized.

mecanizare *s.f.* mechanization.

mecanizat *adj.* mechanized. ① *agricultură* ~ *ă* mechanized agriculture.

mecanizator *s.m.* machine operator.

mecanotehnică *s.f.* mechanics.

mecanoterapie *s.f.* mechanotherapy.

meci *s.n.* match. ⓐ ~ *amical* sparing match; ~ *de fotbal* football match; ~ *în nocturnă* floodlit match; ~ *nul* tie, draw.

medalie *s.f.* medal. ⓐ *Medalia Muncii* Medal for Distinction in Labour; ~ *de aur* gold medal. ① *reversul* ~*i* **a.** the reverse of the medal. **b.** *fig.* the other side of the picture/coin.

medalier *s.n.* collection of medals; (*ca mobilă*) medal cabinet.

medalion *s.n.* **1.** medallion; (*ca agrafă*) locket. **2.** (*în ziare*) inset. **3.** inset portrait.

media *vb. intr.* to mediate.

medial *adj.* medial. ① *consoană* ~*ă* medial consonant.

median *adj.* median. ① *linie* ~*ă* median line.

mediană *s.f.* median (line).

mediantă *s.f. muz.* mediant.

mediatoare *s.f. geom.* perpendicular on the middle of a segment.

mediator I. *adj.* mediating, mediatory. **II.** *s.m.* mediator; intermediate.

mediaţie *s.f.* mediation.

medic *s.m.* physician, F→doctor, *amer.* medical man. ⓐ ~ *chirurg* surgeon; ~ *consultant* consultant, consulting physician; ~ *legist* medical/forensic expert, medical examiner; ~ *şef* house surgeon; ~ *veterinar* veterinary surgeon, veterinarian, F→vet.

medical I. *adj.* medical. ⓐ *ajutor* ~ medical aid, service; *certificat* ~ medical certificate, *mil.* hurt certificate. **II.** *adv.* medically.

medicament *s.n.* medicament, medicine, drug.

medicamentos *adj.* medicinal, drug...

medicaţie *s.f.* medication, medical treatment.

medicinal *adj.* medicinal. ⓐ *plantă* ~ă medicinal herb, simple.

medicină *s.f.* medicine. ⓐ ~ *legală* forensic/legal medicine; jurisprudence; ~*veterinară* veterinary medicine; ⓑ *doctor în* ~ doctor of medicine; *student în* ~ medical student. ⓒ *a practica medicina* to practise medicine.

medicinist *s.m.* medical student.

medico-farmaceutic *adj.* medico-pharmaceutical.

medico-legal *adj.* medico-legal.

medico-militar *adj.* medico-military.

medico-sanitar *adj.* medico-sanitary.

medie *s.f.* **1.** average, medium. **2.** *mat.* mean. ⓐ ~ *aritmetică* arithmetical mean; ~ *geometrică* geometrical mean. ⓑ *în* ~ on an/the average, (taken) one with another. ⓒ *a face media (cu gen.)* to average...

medieval *adj.* medi(a)eval.

medievist *s.m.* medi(a)evalist.

mediocritate *s.f.* mediocrity; *(d. cineva şi)* second-rater.

mediocru *adj.* mediocre, middling; *(d. o lucrare)* indifferent; *(d. posibilităţi)* moderate, second-rate...; *(d. vinuri etc.)* poor.

medita I. *vb. intr. (la, asupra)* to meditate (on/upon), to muse (on/upon), to ponder (over); *(a se gîndi)* to think (of). **II.** *vb. tr. (un elev)* to prepare, to coach.

meditativ I. *adj.* meditating, meditative. **II.** *adv.* meditatively, musingly.

meditator *s.m.* private tutor, coach.

meditaţie *s.f.* **1.** meditation. **2.** *(a unui elev)* coaching; *(lecţie)* lesson.

mediteranean *adj.*, *s.m.* Mediterranean.

mediu I. *adj.* average; medium... ⓑ *şcoală medie* middle school; *termen* ~ *log.* middle term. **II.** *s.n.* **1.** *fiz.* medium. **2.** surroundings, environment; *(societate)* society. ⓐ ~ *social* social environment/milieu/background.

medjilis *s.n.* *pol.* mejilis, majlis.

medular *adj.* *anat. etc.* medullary.

meduză *s.f.* **1.** *zool.* medusa, jelly fish *(Calinema ornata)*. **2.** *mit.* Medusa. **3.** *fig.* medusa.

mefistofelic *adj.* Mephistophelian, Mephistophelean.

mefitic *adj.* mephitic, foul, noxious.

megafon *s.n.* loud speaker; megaphone.

megagraf *s.n.* megagraph.

megalit *s.m.* megalith.

megalitic *adj.* megalithic.

megaloman *adj.*, *s.m.* megalomaniac.

megalomanie *s.f.* megalomania.

megateriu *s.m.* *geol.* megatherium.

megatonă *s.f.* mega-ton.

meglenoromân *adj.*, *s.m.* Megleno-Romanian.

megohm *s.m.* *electr.* megohm.

mehenghi *s.m.* **1.** *(şmecher)* old fox, crafty person. **2.** v. **poznaş.**

mei[1] *adj. pos.* my. ⓑ *ai* ~ mine.

mei[2] *s.n.* *bot.* millet *(Panicum miliaceum)* ⓐ ~ *păsăresc* bristle grass *(Setaria)*.

meişor *s.m.* *bot.* millet grass *(Milium effusum)*.

melancolic I. *adj.* melancholy; gloomy; *(înclinat spre melancolie)* melancholic; *(trist)* sad, low-spirited, F→under the weather, in the dumps. **II.** *adv.* melancholically.

melancolie *s.f.* **1.** melancholy; gloom. **2.** *med.* melancholia.

melanină *s.f.* *biol.* melanine.

melanj *s.n.* mixture.

melasă *s.f.* molasses, F→treacle.

melc *s.m.* **1.** *zool.* snail *(Helix)*. **2.** *anat.* cochlea, cockle. **3.** *tehn.* worm gear; creeper. **4.** *(prăjitură)* Chelsea bun. ⓑ *ca* ~*ul* (as) slow as a snail.

mele *adj. pos. fem.* my. ⓑ *ale* ~mine.

meleag *s.n.* part, region.

melenă *s.f.* *med.* mel(a)ena.

meleu *s.n.* *sport* scrimmage; **mêlée.**

melifer *adj.* melliferous, honey-bearing.

melisă *s.f. bot.* melissa, balm *(Melissa officinalis).*

meliţa I. *vb. tr.* **1.** to brake, to scutch, to swingle. **2.** *fig.* F to drub, to lick soundly. **II.** *vb. intr.* F to jabber, to prate, to chatter nineteen to the dozen.

meliţă *s.f.* **1.** brake, swingle, scutcher. **2.** *fig.* F. rattle, chatterbox. ⓒ *a da cu meliţa* F to clack, to twaddle, to chatter nineteen to the dozen.

melodic I. *adj.* melodic. **II.** *adv.* melodically.

melodică *s.f.* melodics.

melodie *s.f.* melody, tune.

melodios I. *adj.* melodious, musical, tuneful. **II.** *adv.* melodiously, tunefully.

melodramatic I. *adj.* melodramatic. **II.** *adv.* melodramatically.

melodramă *s.f.* melodrama.

meloman *s.m.* melomaniac, lover of music, music fan; concertgoer.

melomanie *s.f.* melomania.

melon *s.n.* bowler (hat), pot hat.

melopee *s.f. muz.* singsong, chanting; *(recitativ)* recitative; *(cîntec)* song.

membrană *sf.* **1.** *anat. etc.* membrane. **2.** *rad.* diaphragm.

membranos *adj.* membraneous.

membru[1] *s.n.* **1.** *anat.* limb; *(bărbătesc)* membrum virile. **2.** member; constituent part; *mat.* term, member, side.

membru[2] *s.m.* member; *(al unei societăţi ştiinţifice etc.)* fellow. ⓐ ~ *activ* active member; ~ *al Partidului Comunist Român* member of the Romanian CommunistParty; ~ *al unui sindicat* member of a trade union; ~ *corespondent* corresponding member; ~ *de partid* Party member; ~ *onorific* honorary member. ⓒ *a fi* ~ *al comisiei* to sit on the committee.

memento *s.n.* **1.** memento, reminder. **2.** *(carte)* synopsis, vade-mecum.

memora *vb. tr.* **1.** v. m e m o r i z a. **2.** to remember.

memorabil I. *adj.* memorable, noteworthy. **II.** *adv.* memorably.

memorandum *s.n.* memorandum.

memorator *s.n.* vade-mecum.

memorialist *s.m.* memoirist.

memorialistică *s.f.* memoirs, memorism.

memorie *s.f.* **1.** memory. **2.** *(amintire)* remembrance. ⓓ *din* ~ from memory, without book; *in memoria (cu gen.)* in memory of..., to the memory of...

memoriu *s.n.* **1.** memorial; (written) statement. **2.** *pl.* memoirs; *(ale unei societăţi etc.)* memorials, transactions.

memoriza *vb. tr.* to memorize.

memorizare *s.f.* memorization, memorizing.

menaj *s.n.* **1** housekeeping, housewifery. **2.** household, family; family life. ⓒ *a face* ~*ul* to do the chores.

menaja I. *vb. tr.* to spare; to deal gently/ tactfully with, to handle with kid gloves. **II.** *vb. refl.* to spare oneself.

menajament *s.n.* *(atenţie)* care; *(consideraţie)* consideration; *(precauţie)* caution, circumspection. ⓓ *fără* ~*e* bluntly.

menajer *adj.* domestic, connected with the house.

menajeră *s.f.* housewife, housekeeper.

menajerie *s.f.* menagerie.

mendre *s.f. pl.* ⓒ *a-şi face* ~*le* F to take one's fling, to please one's humour.

menestrel *s.m.* minstrel; *(cîntăreţ)* singer.

menghină *s.f.* (screw) vice.

menhir *s.n.* menhir.

meni *vb. tr.* **1.** *(a destina)* to destine; *(a predestina)* to predestinate, to foredoom, *(a prezice)* to foretell. **2.** v. d e s c î n t a. **3.** *(a blestema)* to curse.

meninge *s.n. anat.* meninx.

meningită *s.f. med.* meningitis, F→ brain fever.

meningococ *s.m. med.* meningococcus.

menire *s.f.* **1.** mission; *(sarcină)* task. **2.** *(soartă)* fate.

menisc *s.n. fiz.* meniscus.

meniu *s.n.* menu, bill of fare. ⓐ ~ *fix* ordinary.

menopauză *s.f. med.* menopause.

menoragie *s.f. med.* menorrhagia.

menstrual *adj.* menstrual.

menstruaţie *s.f. fiziol.* menstruation, menstrual flow, F period(s), monthlies, turns, S catamenia.

mensual *adj.* monthly.

menşevic *pol.* **I.** *adj.* Menshevist. **II.** *s.m.* Menshevik.

menşevism *s.n. pol.* Menshevism.

mental *adj.* v. m i n t a l.

mentalitate *s.f.* mentality, turn of mind; outlook, conception.

mentă *s.f.* v. m i n t ă.

mentol *s.f. farm.* menthol.

mentor *s.m.* mentor.

menţine I. *vb. tr.* to maintain; *(o hotărîre)* to abide by. **II.** *vb. refl.* to continue; *(a rămîne)* to remain; *(d. preţuri)* to keep up; *(a nu ceda)* to hold out; *(în post)* to keep one's job.

menţiona *vb. tr.* to mention, to make mention of; *(a specifica)* to specify.

menţiune *s.f.* **1.** mention; *(pe plic)* endorsement. **2.** *şcol.* certificate of good work and conduct. **3.** *(la un concurs)* (honourable) mention.

menuet *s.n. muz.* minuet(to).

mercantil *adj.* mercantile; commercial. ⓑ *spirit* ~ mercenary spirit.

mercantilism *s.n.* mercantilism; money grabbing.

mercenar I. *s.m.* hireling, mercenary. **II.** *adj.* mercenary, mercantile, greedy, money-grabbing.

merceolog *s.m. com.* expert in the science of commodities.

merceologie *s.f. com.* science of commodities.

mercerie *s.f.* **1.** small wares, haberdashery; *amer.* notions. **2.** *(prăvălie)* small-ware shop; *amer.* notion counter.

merceriza *vb. tr. text.* to mercerize.

mercur *s.n. chim.* mercury, quicksilver.

mercurial[1] *s.n.* ←*odin.* market price-list.

mercurial[2] *adj.* mercurial.

mercuric *adj. chim.* mercuric.

mercuros *adj. chim.* mercurous.

mereu *adj.* always; permanently, continuously, constantly; *(tot timpul)* all the time, time and again; *(neîncetat)* ceaselessly; *(veşnic)* for ever; *(adesea se redă prin verbul to keep urmat de forme in -ing)* ⓒ ~ *mi se desfac şireturile (de la pantofi)* my shoe laces keep coming undone.

merge I. *vb. intr.* **1.** *(în diferite sensuri, d. oameni şi animale)* to go; *(pe jos)* to walk; *(a păşi)* to step; *(în marş)* to march; *(a se îndrepta)* to repair; *(a se mişca)* to move, to stir; *(a trece)* to pass; *(cu un vehicul)* to drive, to ride; *(călare)* to ride. **2.** *(d. lucruri etc.)* to go, to work, to act; *(d. puls)* to beat; *(d. monede)* to be current; *(d. afaceri)* to go on (well). **3.** *(a se duce)* to go; *(a pleca)* to leave, to set out. **4.** *(a se vinde)* to be on demand; *(a fi nevoie)* to be necessary; ⓐ *a-i* ~ **a.** v. *expresiile din* ⓒ **b.** *(a i se potrivi)* to suit *(cu acuz.)*; *a* ~ *cu...* **a.** *(împreună cu)* to go with...; *(a însoţi)* to accompany... **b.** *(cu un vehicul)* to go by... **c.** *(a se potrivi cu)* to suit..., to belong with...; *a* ~*pe (10 ani etc.)* to be nearly... years old, to be rising/coming (twenty etc.); *a* ~ *pînă la...* to go as far as...; *(d. ape)* to run into... ⓒ *ceasul nu* ~ the watch does not go; *ceasul tău* ~ *prea repede* your watch is fast, your watch goes too fast; *ceasul tău nu* ~ *bine* your watch is wrong/ not right; *ti* ~ *gura ca o moară (neferecată)* F his tongue is hung in the middle and wags at both ends; *copilului bolnav îi* ~ *mai bine* the baby is coming on well; *lucrurile* ~*au maibine* things were looking brighter; *maşina* ~ the machine is going/ at work; *tramvaiele merg noaptea?* are the trams in operation by night? *pe unde să* ~*m?* which way shall we go? *a* ~ *pînă ccolo tnoît să...* to go so far as to...; *a* ~ *prea departe fig.* to go too far, to overshoot the mark, to come it too strong; *a ~ încet* to walk slowly; *a ~ mai încet* to slacken one's pace; *a ~ mai repede* to hasten/ quicken one's step/pace; *a ~ repede* to put one's best leg/foot first/ foremost/forward; *nu mai pot să merg* I have disabled myself (from walking); *să ~m!* let us go! let us be going! F→let us be gone! let us away! *~ !* FO.K.! come along! all serene! *cum ~?* F how are things? how is it? how goes it? *cum ~ cu fizica?* how are you getting along with physics? *nu ~!* F that won't do! that's no go! *să vedem cum o să meargă* let us try how it will do; *a-i ~ în toate* to carry all before one; *îi ~ prost* F things take a bad turn with him; *(d. bolnavi)* he is in a bad way; *(face afaceri proaste)* he is not going on well; *îi ~ bine* he is thriving; *îi ~ așa și așa* F he is pretty middling; *cum îți ~?* F how goes the world with you? how does the world use you? *(unui bolnav)* how do you feel? how do you find yourself? **II.** *vb. tr.* © *lasă lucrurile să-și meargă drumul lor* let matters drift, F→let things slide.

meridian *s.n.* meridian. ⓐ *~ceresc* celestial meridian; *~ magnetic* magnetic meridian. ⓑ *primul ~* the zero meridian.

meridiană *s.f.* meridian line.

meridional I. *adj.* meridional, southern. **II.** *s.m.* meridional; southerner.

merinană *s.f. bot.* sandwort *(Moehringia trinervia).*

merinde *s.f. pl.* victuals; *(hrană)* food, F→ grub.

merinos *adj.* merino. ⓑ *oaie ~* merino (sheep).

merișor *s.m. bot.* cowberry, red bilberry *(Vaccinium vitis idaea).*

merit *s.n.* merit, desert; worth; *(talent)* talent; *(pricepere)* skill. ⓑ *de~* of talent/ability.

merita I. *vb. tr.* to deserve, to merit, to be worth *(cu forme în -ing).* © *merită s-o citești* it is worth reading. **II.** *vb. intr.* to be worth while/the candle. © *așa merită!*

it serves him right! serve him right!

meritoriu *adj.* praiseworthy, meritorious, deserving.

merituos *adj.* deserving; *(valoros)* valuable, rewarding.

merlon *s.n. arhit* merlon.

mers *s.n.* **1.** going, walking etc. v. **merge**. **2.** *(fel de a merge)* gait. **3.** *fig.* course, development, march. ⓐ *~ înainte* progress, advance march; *~ înapoi tehn.* backing, reverse, (gear) flyback; bacward motion; *~ încet tehn.* slow speed; *~ în gol tehn.* idling; *~ul bolii* the progress of the illness/disease; *~ul trenurilor* (railway) time-table; *(ca afiș)* train indicator. ⓑ *din ~* on the fly. © *a încetini ~ul* to slow down, to reduce speed.

mersi *intej.* thank you (very much)! (many) thanks! F thanks!

mesa *adv.* © *a băga (pe cineva) ~* F to push smb. to the wall, *amer.* to get smb. in wrong; *a intra/ cădea~* F to get into a mess/scrape/ muddle/a nice fix.

mesager *s.m.* **1.** messenger. **2.** *fig.* messenger, *poetic*→harbinger.

mesagerie *s.f. (birou)* parcels office. ⓑ *serviciu de mesagerii* parcel post/ delivery.

mesaj *s.n.* message ; *(chemare)* call, appeal. ⓐ *(în Anglia) ~ regal;* *~ul tronului* king's speech, speech from the throne.

meschin I. *adj. (d. caracter etc.).* paltry, petty; *(d. acțiuni etc.)* mean, base, niggardly, stingy. **II.** *adv.* meanly, basely; niggardly, stingily.

meschinărie *s.f.* **1.** meanness, pettiness, paltriness. **2.** *(ca act)* piece of meanness.

mesean *s.m.* table companion; *(invitat)* guest (at table).

meseriaș *s.m.* artisan, handicraftsman.

meserie *s.f.* **1.** trade, handicraft. **2.** *(profesie)* profession. ⓑ *școală de meserii* industrial trade/vocational school. © *a învăța o ~* to learn a trade.

Mesia *s.m.* Messiah.

mesianic *adj.* Messianic.
mesmerism *s.n.* mesmerism.
mesteacăn *s.m. bot.* birch (tree) *(Betula verrucosa)*.
mesteca I. *vb. tr.* **1.** to chew, to masticate; *(d. vite)* to ruminate; *(a minca)* to eat. **2.** *fig. (a pune la cale)* to ruminate, to plot, to scheme. **3.** *(lichide etc.)* to stir. **4.** v. a m e s- t e c a I. **II.** *vb. intr.* to chew etc. v. ~ I, 1.
mestecăniș *s.n.* birch grove.
meşă *s.f.* **1.** lock (of hair.) **2.** *med.* tent. ⓐ ~ *albă* mèche blanche.
meşină *s.f.* sheepskin, roan, basil, basan.
meşter I. *s.m.* **1.** master; *(meseriaş)* artisan; *(muncitor calificat)* qualified worker. **2.** *fig.* master; *(artist)* artist; *(expert)* expert. ⓐ ~ *zidar* master mason. **II.** *adj.* skil(l)ful.
meşteri *vb. tr.* **1.** to work. **2.** *(a aranja)* to arrange, to fix; *(a drege)* to set to rights.
meşteşug *s.n.* **1.** *(meserie)* trade; *(profesie)* profession; *(ocupaţie)* occupation. **2.** *(pricepere)* skill; *(talent)* talent; *(artă)* art. **3.** *(metodă)* method; *(mijloc)* means, device, contrivance. **4.** *(viclenie)* cunning.
meşteşugar *s.m.* v. m e s e r i a ş.
meşteşugăresc *adj.* artisan's...; handmade... ⓑ *industrie meşteşugărească* domestic/cottage industry; *producţie meşteşugărească* handicraft wares, hand-made goods.
meşteşugi *vb. tr.* **1.** to execute artistically. **2.** *(a unelti)* to plot, to scheme. **3.** *(a aranja)* to arrange.
meşteşugit I. *adj.* **1.** executed artistically; *(măiestrit)* masterly. **2.** *(ingenios)* ingenious; *(priceput)* skil(l)ful. **II.** *adv.* **1.** artistically; in a masterly way. **2.** ingeniously; skil(l)fully.
metabolic *adj.* metabolic.
metabolism *s.n.* metabolism.
metacarp *s.n. anat.* · metacarpus.
metacarpian *adj. anat.* metacarpal.
metacentru *s.n. fiz. etc.* metacentre.
metafizic *adj.* metaphysical.
metafizică *s.f.* metaphysics.
metafizician *s.m.* metaphysician.

metafonie *s.f. fon.* vowel mutation, metaphony.
metaforă *s.f.* metaphor.
metaforic I. *adj.* metaphorical; *(figurat)* figurative; tropical. **II.** *adv.* metaphorically, figuratively.
metal *s.n.* metal. ⓐ ~ *alb* white metal; ~ *dur* hard metal; ~*e neferoase* non-ferrous metals; ~ *feros* ferrous metal; ~ *nobil* noble metal; ~ *preţios* precious metal; ~ *fin* fine metal.
metalazbest *s.n. tehn.* metal asbestos.
metalepsă *s.f. ret.* metalepsis.
metalic *adj. şi fig.* metallic. ⓑ *sunet* ~ metallic sound.
metalifer *adj.* metalliferous, metal-bearing.
metaliza *vb. tr.* to (cover with) metal.
metaloceramică *s.f. metal.* powder metallurgy.
metalochimie *s.f.* chemistry of metals.
metalografie *s.f.* metallography.
metaloid *s.m. chim.* metalloid.
metalotehnică *s.f.* metal engineering/ processing.
metalurgic *adj.* metallurgic(al). ⓒ *uzină* ~*ă* ironworks.
metalurgie *s.f.* **1.** metallurgy, metallurgical engineering. **2.** *(ca tehnică)* smelting. ⓐ *metalurgia neferoaselor* non-ferrous metallurgy, metallurgy of non-ferrous metals; ~ *feroasă* ferrous metallurgy, metallurgy of ferrous metals.
metamorfic *adj. geol.* metamorphic, metamorphous.
metamorfism *s.n. geol.* metamorphism.
metamorfoza *vb. refl.* to metamorphose, to change completely/altogether.
metamorfoză *s.f.* **1.** metamorphosis; *(transformare)* transformation; *(schimbare)* change. **2.** *mit. etc.* metamorphosis.
metan *s.m. (şi gaz ~) chim.* methane (gas), marsh gas.
metaplasmă *s.f. gram.* metaplasm.
metastază *s.f. med.* metastasis.
metatars *s.n. anat.* metatarsus.
metateză *s.f. fon.* metathesis.
metazoar *s.n. biol.* metazoon.

meteahnă *s.f.* **1.** *(defect)* defect, fault, shortcoming; imperfection; *(păcat)* sin. **2.** *(boală)* disease, illness. **3.** *(supărare)* trouble. **4.** *(slăbiciune)* weakness; *(pasiune)* passion.

metempsihoză *s.f.* metempsychosis.

meteor *s.m.* **1.** meteor, atmosperic phenomenon. **2.** v. **m e t e o r i t.**

meteoric *adj.* meteoric.

meteorit *s.m.* meteorite.

meteorograf *s.n.* meteorograph.

meteorolog *s.m.* meteorologist.

meteorologic *adj.* meteorological. Ⓓ *buletin* ~ weather report/forecast; *stațiune* ~ ă meteorological station.

meteorologie *s.f.* meteorology.

meterez *s.n.* ←*inv.* **1.** v. **f o r t i- f i c a ț i e.** **2.** v. **c r e n e l.**

meticulos I. *adj.* meticulous, punctilious. **II.** *adv.* meticulously, punctiliously.

meticulozitate *s.f.* meticulosity, punctiliousness.

metil *s.m. chim.* methyl.

metilen *s.m. chim.* methylene.

metilic *adj.* methylic. Ⓓ *alcool* ~ methyl(ic) alcohol.

metis *s.m.* half-breed, metis.

metoc *s.n.* succursal monastery.

metodă *s.f.* method; system; *(mod)* way. ⓐ ~ *analitică* analytical method; ~ *dialectică* dialectical method. Ⓓ *cu* ~ methodically, systematically; *fără* ~ without method, at random, in a haphazard way; *lipsă de* ~ lack of method.

metodic I. *adj.* methodical, systematic. **II.** *adv.* methodically systematically, by line (and level).

metodică *s.f.* method(s).

metodism *s.n. rel.* methodism.

metodist *s.m.* **1.** methodologist. **2.** *rel.* methodist.

metodologic *adj.* methodological.

metodologie *s.f.* methodology.

metonimie *s.f. ret.* metonymy.

metopă *s.f. arhit.* metope.

metraj *s.n.* **1.** metric length; metric area. **2.** *(de țesături)* metres, yards. **3.** *(cinema)* footage, length. Ⓓ *film de lung* ~ full-length (feature) film; *film de scurt* ~ short-reel film.

metresă *s.f.* (kept) mistress, *înv.*→ paramour, wench.

metric *adj.* **1.** metric. **2.** *metr.* metric(al). Ⓓ *sistem* ~ metric system.

metrică *s.f.* prosody, metrics.

metrită *s.f. med.* metritis.

metro *s.n.* v. **m e t r o p o l i t a n.** ⓐ ~ *aerian* flyover, *amer.* subway in the sky.

metrologie *s.f.* metrology.

metronom *s.n. muz.* metronome.

metropolă *s.f.* metropolis; *(capitală)* capital; *(țară)* parent state, mother country.

metropolitan[1] *s.n.* underground, metropolitan, F→tube, *rar*→metro; *amer.* subway.

metropolitan[2] *adj. rel.* metropolitan.

metru[1] *s.m.* **1.** metre. **2.** (metre) rule. ⓐ ~ *cub* cubic metre; ~ *pătrat* square metre.

metru[2] *s.m. metr.* metre.

meu *adj. pos. masc.* my. Ⓓ *al* ~mine.

mexican *adj., s.m.* Mexican.

mezalianță *s.f.* misalliance, *elev.*→ mésalliance.

mezanin *s.n.* mezzanine (storey).

mezat *s.n. (licitație)* auction. Ⓒ *a scoate la* ~ to put *smth.* up to/ for auction.

mezelărie *s.f.* **1.** sausage factory. **2.** *(magazin)* ham-and-beef shop, pork-butcher's shop.

mezelic *s.n.* **1.** snack; (cold) collation. **2.** hors d'oeuvres.

mezeluri *s.n. pl.* salami and sausages.

mezenter *s.n. anat.* mesentery.

mezenteric *adj. anat.* mesenteric.

mezin *s.m.* youngest child.

mezocarp *s.n. bot.* mesocarp.

mezoderm *s.n. biol.* mesoderm.

mezolitic *s.n. geol.* mesolithic.

mezon *s.m. fiz.* meson, barytron.

mezozoic *adj. geol.* mesozoic. Ⓓ *era* ~ă mesozoic era/period.

mezzo-soprană *s.f. muz.* mezzo-soprano (voice).

mi[1] *s.m. muz.* (the note) E, mi.

mi[2], **-mi-** *pron.* v. **î m i.**

miasmă *s.f.* miasma; *(miros rău)* stink, stench.

miau *interj.* mew! miaou!

miazănoapte *s.f* north.

miazăzi *s.f.* south.
mic[1] *adj.* **1.** *(mai ales fără a implica comparație sau folosit ca diminutiv*; *ant.* g r e a t) little; *(mai ales implicind comparația*; *ant.* b i g, l a r g e) small; *(mititel, minuscul)* minute, diminutive, tiny; *(ca statură; scurt)* short; *(și neinsemnat)* exiguous; *(pitic)* dwarf(y), dwarfish, pigmy, Lilliputian; *(și indesat)* dumpy, F→ podgy; *(și slab)* chitty; *(in creștere)* undergrown, stunted; *(imperceptibil)* imperceptible; *(d. haine; strimt)* tight; *(puțin adinc)* shallow; *(scund, jos)* low; *(slab)* weak, feeble; *(d. lumină)* dim. **2.** *(tinăr)* young. **3.** *fig.* little; small; *(neinsemnat)* insignificant, trifling; *(ușor de suportat etc.)* light, slight; *(de dispreţuit)* contemptible; *(limitat)* limited. **4.** *fig.(meschin)* mean. ⓑ ~*a gospodărie* the small/petty farming; ~*a gospodărie țărănească producătoarede mărfuri* the petty goods/peasant economy; ~*a burghezie* petty bourgeoisie; ~*a gospodărie țărănească small peasant farm*; ~*a producție* small/small-scale production; ~*a producție de mărfuri* small-scale commodity production; ~*-burghez* petty bourgeois; ~*de stat(ură)* of low stature, short; ~ *funcționar* minor official; ~*i cheltuieli* petty expenses/charges, petties; ~*i datorii* petty debts, driblets; ~*i necazuri* petty annoyances/vexations; ~ *la minte* narrow-minded; ~ *la suflet (meschin)* mean; *(egoist)* selfish; ~ *proprietar* small owner. ⓑ *copii* ~*i* little children. F→small fry, infantry; *copil* ~ little child; *(*~ *pt. virsta lui)* small child; *cu* ~ *cu mare* young and old; *degetul* ~ the little finger; *de* ~ from a child; *efort* ~ slight efort; *parte* ~*ă* small, inconsiderable part. ⓒ *a se face* ~ **a.** to make oneself small. **b.** *fig.* to humble oneself, F→to sing small.
mic[2] *s.m.* v. m i t i t e l.
micașist *s.n.* *geol.* mica-schist.
mică *s.f.* *mineral.* mica.
micelă *s.f.* *biol.* micella.
miceliu *s.n.* *bot.* mycelium.

michiduță *s.m.* *(drac)* F little imp, fibbertigibbet, urchin.
miciman *s.m.* midshipman.
micime *s.f.* **1.** smallness, littleness. **2.** *fig.* meanness, pettiness, paltriness.
micologie *s.f.* *bot.* myc(et)ology.
micoză *s.f.* *med.* mycosis.
microb *s.m.* microbe, F→germ.
microbalanță *s.f.* micrometer balance.
microbian *adj.* microbial, microbic.
microbiolog *s.m.* microbiologist.
microbiologic *adj.* microbiological.
microbiologie *s.f.* microbiology.
microbus *s.n.* baby/touring bus, minibus.
microcefalie *s.f.* microcephaly.
micrococ *s.m.* micrococcus.
microcosm *s.n.* microcosm.
microfarad *s.m.* *electr.* microfarad.
microfilm *s.n.* *fot.* microfilm.
microfon *s.n.* microphone, →F mike.
microfotocopie *s.f.* microphotocopy.
microfotografie *s.f.* **1.** microphotography. **2.** *(concret)* photomicrograph, microphotograph.
microfotoradiografie *s.f.* X-ray microphotograph.
microgram *s.n.* microgram(me).
microlit *s.n.* *mineral,* microlith.
miorometric *adj.* micrometric(al).
micrometru *s.m.* micrometer.
micron *s.m.* *fiz.* micron, micromillimeter.
microorganism *s.n.* micro-organism.
microporos *adj.* microcellular. ⓑ *încălțăminte cu talpă de cauciuc* ~ footwear with microcellular soles.
microraion *s.n.* self-contained district.
microrilă *s.f.* v. m i c r o s i (ll) o n.
microscop *s.n.* microscope. ⓐ *electronic* electron microscope.
microscopic *adj.* microscopic(al).
microscopie *s.f.* microscopy.
microseism *s.n.* microseism.
microsi(ll)on *s.n.* micro-groove (record).
microspor *s.m.* *bot.* microspore.
microstructură *s.f.* microstructure.
microtom *s.n.* microtome.
microzoare *s.f.* *pl.* microzoa.
microzonă *s.f.* microzone.

micsandră *s.f. bot.* **1.** white stock, gilliflower, gillyflower *(Matthiola incana)*. **2.** wall flower *(Cheiranthus cheiri)*. ⓐ ∼ *sălbatică* treacle mustard *(Erysimum Wittmannii)*.

micşora I. *vb. tr.* to make smaller; to reduce, to decrease, to diminish, to lessen; *(meritul cuiva etc.)* to belittle, to detract from; *(puterea cuiva etc.)* to curtail; *(a scurta)* to shorten. **II.** *vb. refl.* to become/grow smaller; to decrease, to-diminish; *(a se scurta)* to get shorter, to shorten; *(d. zile)* to close in.

micşorare *s.f.* reduction, decrease etc. v. **micşora**.

micşunea *s.f. bot.* **1.** v. **toporaş**. **2.** rocket *(Hesperis matronalis)*. ⓐ *micşunele ruginite,* ∼ *galbenă* wall flower/gillyflower *(Cheiranthus cheiri)*.

midie *s.f. zool.* *(common edible)* mussel/muscle *(Mytilus edulis)*.

midinetă *s.f.* midinette, shopgirl, work girl.

mie[1] *num. card.,* adj., s.f. thousand ⓐ *o* ∼ *şi una de nopţi* the Arabian Nights, the Arabian Nights' Entertainments; *mii de oameni* (many) thousands of people; *mii de scuze!* a thousand apologies. ⓑ *de mii de ori* a thousand times; *unul la o* ∼ one in a thousand. ⓓ *unde merge mia, merge şi suta* in for a penny, in for a pound.

mie[2] *pron.* (to) me.

mied *s.n.* mead, vinous hydromel.

miel *s.m.* lamb, *în limbajul copiilor* baa-lamb.

mielărea *s.f. bot.* chaste/hemp tree *(Vitex agnus castus)*.

mielină *s.f. anat.* myelin(e).

mielită *s.f. med.* myelitis.

miercuri I. *s.f.* Wednesday. **II.** *adv.* on Wednesday; every Wednesday.

miere *s.f. şi fig.* honey. ⓐ ∼*a ursului bot.* lungwort, pulmonary, bugloss cowslip *(Pulmonaria officinalis)*. ⓑ *dulce ca* ∼*a* honey-sweet; *lună de* ∼ honeymoon.

mierlă *s.f. ornit.* blackbird, ouzel *(Turdus merula)*.

mierloi *s.m. ornit.* cock blackbird.

mieros I. *adj. fig.* honeyed, sugary; *(d. zîmbet)* bland, unctuous; *(d. cineva)* soapy, mealy-mouthed, unctuous. **II.** *adv.* blandly, sugarily, with honeyed words.

mieuna *vb. intr.* to mew, to miaou, to miaul; to (cater)waul.

mieunat *s.n.* **mieunătură** *s.f.* **1.** mew(ing); (cater)wauling. **2.** mew.

miez *s.n.* **1.** *(mijloc)* middle; *(inimă)* heart; *(al unui fruct)* core; pulp; *(de pîine)* crumb (of a loaf); *(de nucă etc.)* kernel. **2.** *fig. (toi)* depth; thick. **3.** *fig.* core, kernel; heart; essence. ⓐ ∼*ul nopţii* midnight; *poetic→*the witching hour; ∼*ul zilei* noon, midday. ⓑ *cu* ∼ **a.** substantial. **b.** *(cu tîlc)* significant; *fără* ∼ **a.** coreless. **b.** *fig.* empty; idle; futile; *in* ∼ *de vară* in midsummer. ⓒ *a intra în* ∼*ul lucrurilor* to come to the point.

migală *s.f.* scrupulousness, scrupulosity. ⓑ *cu* ∼ carefully, attentively.

migăli I. *vb. tr.* to fiddle/finick over. **II.** *vb. intr.* to finick, to fiddle-faddle.

migălos I. *adj.* scrupulous; *peior.* finical, finicking. **II.** *adv.* scrupulously etc. v. ∼**I**.

migdal *s.m. bot.* almond (tree) *(Amygdalus communis)*.

migdalat *adj.* almond-shaped.

migdală *s.f.* almond.

migra *vb. intr.* to migrate.

migrator *adj.* migratory.

migraţi(un)e *s.f.* migration.

migrenă *s.f.* headache.

mihalţ *s.m. iht.* burbot *(Lota vulgaris)*.

mihoti *vb. intr.* **1.** to neigh, to whinny. **2.** *(d. oameni)* to guffaw.

miime *s.f.* thousandth.

mija *s.f.* ⓑ *de-a* ∼ **a.** *(de-a v-aţi ascunselea)* hide-and-seek. **b.** *(de-a baba oarba)* blind Tom.

miji *vb. intr.* **1.** *(a apărea)* to appear; *(la suprafaţă sau brusc)* to crop up; *(în depărtare)* to loom; *(a licări)* to gleam; *(a răsări)* to rise; *(d. plante)* to come up/out, to sprout, to appear; *(d. muguri)* to shoot (out). **2.** *(a face ochii* *mici)* to blink. ⓒ *mijea de ziuă* daybreak was at hand, it was dawning.

mijire *s. f.* appearance etc. v. m i j i.

mijloc *s.n.* **1.** middle; *(centru)* centre; *(jumătate)* half. **2.** *(talie)* waist, figure. **3.** *(abdomen)* abdomen, belly. **4.** *(mod de acțiune)* means; *(metodă)* method; *(cale)* way; *(instrument)* instrument; *(resursă)* resource; *(posibilitate)* possibility; *(vehicul)* vehicle, medium. **5.** *pl.* means; fortune; wealth; resources. ⓐ *mijloace de producție* means of production; *mijloace de trai* means of subsistence, livelihood; *mijloace de transport* means of conveyance; *mijloace locale* local resources. ⓑ *cale/drum de* ~ middle course; *clasele de* ~ the middle classes; *de* ~ middle...; *(în medie)* average; *din* ~*ul*... *(cu gen.)* from among...; *în* ~ in the middle; in the centre; *în* ~*ul*... *(cu gen.)* in the middle of...; *(în toiul)* in the depth/thick of...; *la* ~ **a.** in the middle; in the centre. **b.** *(de atunci)* since (then); *prin orice mijloace* by hook or by crook. ⓒ *a găsi un* ~ *de a face ceva* to find a means/way to do smth.; *a întrebuința toate mijloacele* to use every means, to leave no stone unturned; *e ceva la* ~ there's something in the wind, there's a snake in the grass, there's a skeleton in the cupboard; *cine să fie la* ~ *(vinovatul)?* who's at the bottom of it? *a face ceva prin propriile sale mijloace* to draw upon one's own resources (to do smth.), F→ to do smth. off one's own bat.

mijlocaș I. *adj.* middle... ⓑ *cal* ~ centre leader; *jucător* ~ *fotbal* half(-back); *țăran* ~ middle peasant. **II.** *s.m.* v. ~ **I.** ⓑ.

mijloci *vb. tr.* *(a media)* to mediate, to interpose/intercede/intervene in; to act as go-between in; *(a contribui la)* to contribute to.

mijlocire *s.f.* intermedium; intercession; medium; agency; instrumentality. ⓑ *prin* ~ *a (cu gen.)*

through the medium/agency/ instrumentality of...

mijlocitor *s.m.* mediator, intermediary; *(în negocieri)* negotiator; *(și în sens rău)* go-between; *(numai în sens rău)* pander, pimp, procurer.

mijlociu I. *adj.* middle...; *(d. calitate etc.)* medium...; *(d. capacitate etc.)* middling...; *(moderat)* moderate; *(intermediar)* intermediate; *(d. prețuri, viteză, nivel etc.)* average, mean; *(mediocru)* mediocre, indifferent; *(de mîna a doua)* second-rate...; *(d. fii)* second-born. ⓑ *degetul* ~ the middle finger. **II.** *s.m.* second-born (child).

mijoarca *s.f.* v. m i j a.

milanez I. *adj.* Milanese. **II.** *s.n.* milanese (silk). ⓑ *cămașă* ~*ă* milanese silk shirt.

milă[1] *s.f.* **1.** pity, compassion. **2.** *(caritate)* charity; *(bunătate)* kindness; *(dragoste)* love; *(bunăvoință)* goodwill. **3.** *rel.* grace. **4.** *(pomană)*alms. **5.** *(mizerie)* misery, wretchedness; *(sărăcie)* poverty; *(jale)* grief. ⓑ *cu* ~ compassionately; *de* ~, *de silă* willy-nilly; *din* ~ out of pity, for pity's sake; *fără* ~ **I.** *adj.* pitiless, merciless, ruthless. **II.** *adv.* pitilessly, ruthlessly; *mai mare mila!* it is pitiful/lamentable! ⓒ *a i se face* ~ *de...*, *a-i fi* ~ *de...* to take pity on...; *a-i face cuiva* ~, *a provoca mila cuiva* to arouse smb.'s pity/compassion; *iți făcea* ~ *să-l vezi* it was pitiful to see him, he was a poor/touching/sorrowful sight.

milă[2] *s.f.* mile. ⓐ ~ *marină* sea mile.

milenar *adj.* millenial, millenary.

mileniu *s.n.* thousand years, millenary, chiliad; *și fig.* millenium.

miliamper *s.m. electr.* milliampere.

miliampermetru *s.n. electr.* milliampermeter.

miliar I. *adj.* milliary; marking a kilometre. **II.** *s.n. pl.* milestones.

miliard *num. card., adj., s.n.* a thousand million(s), *rar*←milliard, *amer.* billion.

miliardar *s.m.* multi-millionaire.

milieu *s.n.* doily, doy.

miligram *s.n.* milligram(me).

mililitru *s.m.* millilitre.

milimetric *adj.* millimetre... ⓑ *hîr-tie* ~*ă* scale paper.

milimetru *s.m.* millimetre. ⓙ *la* ~ to a hair's breath.

milion *num. card., adj., s.n.* million.

milionar *s.m.* millionaire.

milionară *s.f.* millionairess.

milionime *s.f.* millionth.

milita *vb. intr. (pentru)* to militate (in favour of).

militant I. *adj.* militant. **II.** *s.m.* militant, activist, cadre; *(luptă-tor)* fighter (for); champion (of).

militar I. *adj.* military; *(de soldat)* soldierly; *(ca de soldat)* soldier-like. ⓙ *serviciu* ~ military service. **II.** *s.m.* military man, soldier; *mili-tarii* the military.

militarism *s.n.* militarism.

militarist I. *adj.* militaristic. **II.** *s.m.* militarist.

militariza *vb. tr.* to militarize.

milităresc *adj.* soldierly; *(ca de soldat)* soldier-like; *(militar)* mili-tary.

militărește *adv.* in a soldierly/sol-dier-like manner. ⓒ *a saluta* ~ to give the military salute.

militărie *s.f.* military service *sau* life; soldiering. ⓒ *a se duce la* ~ to go into the army; to enlist, to enrol(l).

milităros *adj.* soldierly.

milițian *s.m.* militiaman.

miliție *s.f.* **1.** militia. **2.** ←P mili-tary service; army.

milivolt *s.m. electr.* millivolt.

milog *s.m.* beggar, cadger.

milogeală *s.f.* begging.

milogi *vb. refl.* to beg.

milos *adj.* compassionate; *(caritabil)* charitable.

milostenie *s.f.* **1.** *(pomană)* alms, charity. **2.** v. d a n i e.

milostiv *adj.* merciful; *(bun)* kind; *(iertător)* forgiving; *(darnic)* boun-tiful, generous, liberal.

milostivi *vb. refl. (de)* to take pity/compassion (on); *(a binevoi)* to deign, condescend.

milostivire *s.f.* **1.** v. m i l ă[1] 1—4. **2.** *(dărnicie)* bounty, generosity.

milui *vb. tr.* **1.** to give alms to. **2.** *(a arăta milă)* to take pity)/com-passion on; *(a cruța)* to spare.

mim *s.m.* mime.

mima *vb. tr.* to mime; *(a imita)* to mimic, to ape.

mimă *s.f.* mime, mimicry; dumb-show, pantomime.

mimetism *s.n.* mimesis; mimicry.

mimic *adj.* mimic.

mimică *s.f.* mimic art, mimicry.

mimoză *s.f. bot.* mimosa. ⓐ ~ *senzitivă* mimosa, sensitive plant *(Mimosa pudica).*

mina *vb. tr.* **1.** to mine. **2.** *fig.* to undermine.

minaret *s.n.* minaret.

mină[1] *s.f.* **1.** *(în diferite sensuri, și fig.)* mine; *(puț)* mine, pit; *(carieră)* quarry. **2.** *(de creion)* lead. ⓐ ~-*clopot* bell mine; *de cărbuni* coal mine/pit; ~ *marină* sea mine; ~ *părăsită* abandoned mine.

mină[2] *s.f.* **1.** *(înfățișare)* mien, looks. **2.** *(expresie)* look, appear-ance, countenance. ⓐ ~ *acră* acid looks. ⓒ *a avea* ~*bună* to look well, to have a good mien; *a avea o* ~ *mirată* to look surprised; *a face o* ~ *supărată* to look furious.

mincinos I. *adj. (d. cineva)* lying, mendacious; *(deșert)* vain, illu-sory; *(fals)* untrue, false. **II.** *s.m.* liar, F→fibber, fibster, story tell-er.

minciună *s.f.* **1.** lie, untruth, false-hood, F→fib, cram(mer), stretch-er; *(născocire)* fabrication, fable; *(faptul de a minți)* lying. **2.** *(pră-jitură)* cruller. ⓐ ~ *gogonată* whopping lie, whopper, bumper, *amer.* eighteen-carat lie; ~ *gro-solană* thumping lie; ~ *nevino-vată* white lie. ⓒ *a spune minciuni* to lie, to tell lies; *a umbla cu minciuni* to deal in lies; *a da pe cineva de* ~ to give smb. the lie; *a rămîne de* ~ to give oneself the lie; *a turna la minciuni* to lie like truth/a jockey; *e o* ~*!* that's a lie!

mindir *s.n.* straw mattress, palliasse, paillasse.

min:r *s.m.* miner, pitman, mine wvrker. ⓑ *Ziua ~ului* Miner's Day.

mineral *adj., s.n.* mineral. ⓙ *apă ~ă* mineral water(s), table/spa water; *izvor ~* mineral spring; *ulei ~* mineral oil.

mineraliza *vb. refl.* to be mineralized.

mineralog *s.m.* mineralogist.
mineralogic *adj.* mineralogical.
mineralogie *s.f.* mineralogy.
minereu *s.n.* ore. ⓐ *~ de fier* iron ore.
minerit *s.n.* mining.

minge *s.f.* ball. ⓐ *~ de baschet* basketball; *~ de fotbal* football.

miniatural *adj.* miniature...
miniatură *s.f.* miniature. ⓙ *in ~* in miniature.
miniaturist *s.m.* miniaturist, miniature painter.

minier *adj.* mining, mine... ⓙ *industrie ~ă* mining industry.

minim *adj., s.n.* minimum.

minimaliza *vb. tr.* to minimize, to belittle, to disparage.

minimum *s.n.* minimum.

minister *s.n.* **1.** ministry; *(↓ in Anglia)* office, board; *(in S.U.A.)* department. **2.** cabinet, government. ⓐ *Ministerul Afacerilor Externe/de Externe* Ministry of External Affairs; *(in Anglia)* Foreign Office; *(in S. U. A.)* State Department; *Ministerul Afacerilor Interne* Ministry of Internal/Home Affairs; *(in Anglia)* Home Office; *(in S.U.A.)* Department of the Interior; *Ministerul Agriculturii (in Anglia)* Board of Agriculture; *Ministerul Apărării (in S.UA.)* Defense Department; *Ministerul Coloniilor (in Anglia)* the Colonial Office; *Ministerul Comerțului* Ministry of Trade; *(in Anglia)* Board of Trade; *(in S.U.A.)* Department of Commerce; *Ministerul Comerțului Exterior* Ministry of Foreign Trade; *Ministerul de Finanțe* Ministry of Finance; *(in Anglia)* Exchequer; *(in S.U.A.)* Department of Treasury; *Ministrul de Justiție* Ministry of Justice; *(in S. U. A.)* Department of Justice; *Ministerul de Război (in Anglia)* War Office; *(in S.U.A.)* War Department, Penta-

gon; *Ministerul Apărării Naționale* Ministry of *National Defence; Ministerul Învățămîntului* Ministry of Education; *(in Anglia)* Board of Education; *Ministerul Sănătății (Publice)* Ministry of Public Health; *Ministerul Transporturilor și Telecomunicațiilor* Ministry of Transport and Communications.

ministeriabil *adj.* cabinetable.

ministerial *adj.* ministerial. ⓙ *comisie ~ă* departmental committee; *hîrtie ~ă* petition paper.

ministru *s.m.* (Cabinet) Minister; *(in Anglia)* Secretary of State. ⓐ *~ adjunct* deputy minister; *(in Anglia)* Under-Secretary; *~ fără portofoliu* Minister without portofolio; *ministrul afacerilor externe* Minister for Foreign Affairs; *(in Anglia)* Foreign Secretary; *(in S.U.A.)* Secretary of State, State Secretary; *ministrul afacerilor interne* Minister for Internal Affairs; *(in Anglia)* Home Secretary; *(in S.U.A.)* Secretary of the Interior; *ministrul comerțului* Minister of Commerce; *(in Anglia)* President of the Board of Trade; *ministru de finanțe* Minister for Finance; *(in Anglia)* Chancellor of the Exchequer; *(in S.U.A.)* Secretary of the Treasury (Department); *ministru de justiție* Minister of Justice; *(in Anglia)* Lord Chancellor; *(in S.U.A.)* Attorney General. *~ plenipotențiar* Minister Plenipotentiary.

miniu *s.n. chim.* minium.

minor **I.** *adj.* **1.** minor; lesser. **2.** *muz.* minor. **3.** *și jur.* under age. ⓙ *termen ~* log. minor premise; *terță ~ă muz.* minor third. **II.** *s.m.* minor, *jur.* infant.

minoritate *s.f.* minority. ⓐ *~ națională* national minority. ⓙ *in ~* in the/a minority. ⓒ *a pune in ~ (in Anglia, pol.)* to defeat.

minotaur *s.m. mit.* Minotaur.

mintal **I.** *adj.* mental. **II.** *adv.* mentally.

mintă *s.f. bot.* mint *(Mentha).* ⓐ *~ creață* curled mint *(Mentha crispa).* ⓙ *bomboană de ~* peppermint.

minte *s.f.* **1.** mind; *(raţiune)* reason, brains, F→brain stuff; *(judecată)* judgment; *(cugetare)* thinking; *pl.* wits, senses. **2.** *(înţelepciune)* wisdom; *(prudenţă)* prudence, discretion; *(judecată sănătoasă)* sound common sense, good sense. **3.** *(memorie)* memory. **4.** *(imaginaţie)* imagination. ⓘ *cu* ~ *v.* c u-m i n t e ; *cu* ~*a întreagă* in one's right mind; *fără (de)* ~ unwise; *(nesăbuit)* rash, reckless; *(prost)* silly, foolish; *(fără cap)* addle-brained, feather-headed; *(uşuratic)* light-minded; *măsea de* ~ wisdom tooth; *slab de* ~ soft in the head; *ţinere de* ~ memory. ⓒ *a-şi aduna minţile* to collect/ compose one's thoughts; *a nu avea* ~*, a nu fi în toate minţile* not to be in one's (right) senses, to be out of one's mind; *a nu avea pic de* ~ not to have a brain in one's head; *a-şi băga minţile în cap* to come to one's senses, to grow reasonable; *a-şi bea minţile (o dată)* to get blind-/dead-drunk; *(ca deprindere)* to go mad through drinking; *a învăţa pe cineva* ~ to bring smb. to his senses/to reason, F to trim smb., to give it (hot) to smb.; *a lua/fura/răpi/suci cuiva* ~*a/minţile* to turn smb.'s head/ brain; *a-şi pierde minţile* to be out of one's senses/wits; *(a înnebuni)* to go mad; *a-şi pune* ~*a cu cineva* to try conclusions with smb.; *a ţine* ~ to remember, to bear in mind; *a fi dus cu* ~*a/minţile* to be absent-minded/F→wool-gathering; *a-i ieşi din* ~ to go out of one's mind, to go off one's head; *ţi-ai ieşit din minţi?* are you mad? are you in your (right) senses? *a-şi scoate ceva din* ~ to put smth. out of one's mind/head/thoughts, to dismiss smth. from one's mind; *a scoate pe cineva din minţi/* ~ to drive smb. out of his senses/mind/ wits; *a face ceva după* ~*a lui* to have one's own way; *a ajunge/ cădea în* ~*a copiilor* to sink in one's second childhood, to be a dotard; *a avea în* ~ **a.** to have in one's mind; *(a ţine minte)* to bear/

keep in mind, to remember. **b.** *(a intenţiona)* to intend, to mean; *(a avea în vedere)* to keep in view; *nu e în toate minţile* he's mad/crazy, F he is not all there; *a-şi pune în* ~ *să...* to set one's mind on *(cu forme în -ing)* ; *a-i veni cuiva în* ~*, a-i trece/ a-i da/a-i trăzni prin* ~ to occur to smb., to flash through smb.'s mind, to dawn (up)on smb.; *a-i reveni în* ~ to come back to one; *a-şi veni în minţi* to come to/ recover one's senses, to come to; *e la* ~*a omului* it stands to reason; *ce-ţi trece prin* ~? what has come over you? F what on earth are you thinking about? *mi-a trecut prin* ~ it flashed through my mind, it crossed my mind; *nu mi-a trecut niciodată prin* ~ *aşa ceva* such a thing has never entered (into) my head; *a se învăţa* ~*, a-i veni* ~*a la cap* to come to one's senses; *mi-a stat* ~*a în loc* it made my brain reel, I was at my wit's end.

mintean *s.n.* kind of country jacket *(with braid)*.

mintos *adj.* reasonable, wise; *(deştept)* clever, F cute.

minţi I. *vb. intr.* to lie, to tell a lie *sau* lies, F→to thump, to cram; to tell an untruth/a falsehood; *(pt. a înşela)* to sham. ⓒ *minte de stinge/de îngheaţă apele* F he lies like truth/ a jockey/a trooper/a gas-meter/hell/as fast as a horse can trot. **II.** *vb. tr.* to lie to *(smb.)*, to tell *smb.* a lie *sau* lies; *(a înşela)* to deceive, to cheat.

minuna I. *vb. tr.* to astonish, < to amaze, < to astound ; to fill with wonder *sau* admiration **II.** *vb. refl.* *(de)* to marvel (at), to be amazed (at) ; *(a se întreba)* to wonder.

minunat I. *adj.* **1.** *(încântător)* charming, delightful; splendid; *(f. bun)* very good; *(f. frumos)* very beautiful; *(excepţional)* exceptional; *(desăvîrşit)* perfect, consummate; *(fără pereche)* matchless, peerless. **2.** *(în basme)* supernatural; *(făcător de minuni)* wonder-working. **3.** *(ciudat)* strange,

odd, queer. **II.** *adv.* **1.** charmingly
etc. v. ~ 1. **2.** *interjecţional* capi-
tal! splendid!

minunăţie *s.f.* *(minune)* marvel,
wonder; *(lucru minunat)* wonder-
ful thing, prodigy.

minune *s.f.* **1.** *(miracol)* miracle.
2. *(lucru uimitor)* wonder, marvel;
wonderful thing, prodigy. ⓐ *o* ~
de... an excellent..., a matchless...,
a paragon of...; *(d. o fată)* F a
peach of a girl; *(d. un băiat etc.)*
F a brick of a boy etc.;... ~ *mare*
very..., exceedingly... ⓑ *ca prin*
~ miraculously, by some miracle;
de ~ excellently; *(d. o haină, a se
potrivi de* ~*)* F to a T, P down to
the ground; *(d. cineva, a se simţi
de* ~*)* in excellent health, F. A₁;
(minunat) wonderfully; *copil* ~
child prodigy; *mare* ~ F enough
to make a cat speak; *mare* ~ *să...*
I really wonder whether..., I should
be amazed if... ⓒ *a face minuni*
to perform miracles, to work won-
ders; *e o adevărată* ~ *că a scăpat*
it is a wonder that she escaped.

minus I. *adv.* minus. **II.** *s.n.* minus;
(deficit) deficit.

minuscul *adj.* small, tiny, minute.

minut *s.n.* *(în diferite sensuri)* minute.
ⓑ *intr-un* ~ in a minute/trice/
F→jiffy, F→in no time.

minutar *s.n.* minute hand.

minută *s.f.* **1.** *jur.* record (of a judg-
ment). **2.** *(a unei şedinţe)* minute(s).
3. *cartografie* draft map.

minuţios I. *adj.* *(d. cineva)* scru-
pulously careful, punctilious; *(d.
o cercetare etc.)* close, minute,
thorough. **II.** *adv.* minutely, thor-
oughly, scrupulously.

minuţiozitate *s.f.* scrupulousness, mi-
nuteness.

mioară *s.f.* ewe lamb; *(oaie)* sheep,
ewe.

miocard *s.n.* *anat.* myocardium.

miocardită *s.f.* *med.* myocarditis.

miocen *s.n.* *geol.* miocene.

miop I. *adj.* near-/short-sighted.
II. *s.m.* myope, short-sighted per-
son.

miopie *s.f.* *şi fig.* short-sightedness;
S→myopia.

mioriţă *s.f.* v. m i o a r ă.

miorlăi *vb. intr. şi refl.* **1.** to cater-
waul; *(a mieuna)* to mew, to
miaow, to miaou. **2.** *(d. oameni)*
to whine, to whimper.

miorlăit I. *adj.* whining, whimpering.
II. *s.n.* **1.** caterwauling etc. v.
m i o r l ă i. **2.** caterwaul.

miozotis *s.m.* *bot.* v. n u - m ă -
- u i t a.

mir *s.n.* **1.** *rel.* unction. **2.** *(un de-
lemn sfinţit)* chrism, holy oil. ⓒ
a lovi pe cineva la ~ F to crack
smb. on the bean/crumpet.

mira I. *vb. tr.* *(a surprinde)* to
surprise, to astonish; *(a uimi)*
to amaze; *(a ului)* to astound.
II. *vb. refl.* to wonder. ⓒ *mă* ~*m
eu să...* I was sure... not...;
te miri ce next to nothing; *(lucru
mărunt)* trifle; *te miri cine* any-
body; *(un nimic)* non-entity; *te
miri unde* anywhere.

miracol *s.n.* miracle.

miraculos *adj.* miraculous, F→mar-
vellous.

miraj *s.n.* **1.** mirage; Fata Morgana.
2. *(farmec)* charm.

mirare *s.f.* wonder; *(surprindere)*
surprise, astonishment. ⓑ *de* ~
(uimitor) astonishing; *(admirabil)*
admirable, wonderful.

mirat *adj* astonished, <amazed,
<astounded.

miră *s.f.* surveyor's pole/rod.

mire *s.m.* **1.** bridegroom. **2.** *pl.*
bride and bridegroom.

mirean *adj., s.m.* v. l a i c.

mireasă *s.f.* bride.

mireasmă *s.f.* perfume; *(a florilor)*
fragrance, scent, sweet smell.

miriapod *s.n.* myriapod.

mirific *adj.* wonderful, mirific.

mirişte *s.f.* stubble (field).

mirodenie *s.f.* **1.** spice. **2.** v. m i -
r e a s m ă. **3.** *bot.* night smelling
rocket *(Hesperis tristis)*.

mironosiţă *s.f.* sanctimonious wom-
an, prude. ⓒ *făcea pe mironosiţa*
butter wouldn't melt in her mouth.

miros *s.n.* **1.** smell, odour; *(par-
fum)* perfume; *(al florilor)* fra-
grance, sweet smell, scent; *(ne-
plăcut)* reek, stench, stink.

2. *pl.* condiments, spices. ⓐ ~ *de transpiraţie* body odour, BO.

mirosi I. *vb. intr.* **1.** *(a)* to smell (of); *(urît)* to reek/stink (of); *fig.* to smack/savour (of). **2.** *(a adulmeca)* to scent, to smell. ⓒ *a ~ bine* to smell good; *ţi miroase gura* his breath smells/is bad/foul, he has foul breath. **II.** *vb. tr.* **1.** to smell; *(a adulmeca)* to scent. **2.** *fig.* to scent; to be aware/conscious of.

mirositor *adj.* smelling; *(plăcut ~)* odorous, sweet-smelling; *(d. flori etc.)* fragrant; *(urît)* stinking, fetid.

mirt *s.m. bot.* myrtle *(Myrtus communis).*

mirui I. *vb. tr.* **1.** to anoint. **2.** *fig.* F to punch *smb.'s* head. **II.** *vb. refl.* to be anointed.

misionar *s.m.* missionary.

misit *s.m.* broker; *(mijlocitor)* intermediary, go-between.

misitie *s.f.* **1.** broking, brokerage. **2.** *(plată)* brokerage.

misiune *s.f.* **1.** mission; *(rol)* role, part. **2.** *(delegaţie)* delegation, deputation, mission.

misivă *s.f. ironic* missive.

misogin *s.m.* misogynist, woman hater.

mister *s.n.* **1.** mystery; *(taină)* secret. **2.** *ist.* mystery.

misterios I. *adj.* mysterious; *(tainic)* secret; *(ascuns)* hidden; *(enigmatic)* enigmatical. **II.** *adv.* mysteriously; secretly; enigmatically.

mistic I. *adj.* mystic(al); *(tainic)* secret; *(ascuns)* hidden; *(neînţeles)* intricate. **II.** *adv.* mystically. **III.** *s.m.* mystic.

misticism *s.n.* mysticism.

mistifica *vb. tr.* to mystify; *(a înşela)* to hoax, to fool; *(a falsifica)* to falsify.

mistificare *s.f.* mystification; hoax.

mistificator *s.m.* mystifier, hoaxer.

mistral *s.n.* mistral.

mistreţ I. *adj.* wild, wood... ⓑ *porc ~ zool.* wild boar *(Sus scroafa).* **II.** *s.m.* v. ~ I ⓑ.

mistrie *s.f.* (mason's) trowel, brick trowel.

mistui I. *vb. tr.* **1.** to digest. **2.** *(a suporta)* to bear, to stand. **3.**

fig. (d. foc) to consume, to burn up. **4.** *fig. (a risipi)* to squander. **II.** *vb. refl.* **1.** *pas.* to be digested etc. v. ~ I. **2.** *(d. cineva)* to waste/pine/away (with grief etc.).

mistuitor *adj.* consuming, devouring.

mişca I. *vb. intr.* **1.** to move, to stir, to budge. **2.** *(a trăi)* to live, to breathe. **3.** *(a se strădui)* to endeavour. **4.** *(a se descurca)* to shift for oneself. **5.** *fig. (a prospera)* to thrive, to prosper. ⓐ *a ~ din...* to move... ⓑ *mişcă* / bustle! get a move on! come on! now then! look lively! *(pleacă)* go away! *a ~ din coadă* to wag one's tail; *nu mişcă în faţa lui* they don't budge in his presence. **II.** *vb. tr.* **1.** to move; *(a deplasa)* to remove, to displace, to shift; to change the place of; *(a împinge)* to push; *(a pune în mişcare)* to set in motion. **2.** *fig.* to move, to excite; *(a atinge)* to touch; *(a stîrni)* to stir, to rouse. ⓒ *a ~ pe cineva pînă la lacrimi* to move smb. to tears. **III.** *vb. refl.* to move; *(a fi în mişcare)* to be in motion; *(a se clinti)* to budge, to stir; *(înainte)* to advance, to move on; *(încoace şi încolo)* to move to and fro, to fidget; *(repede)* to whirl, to whip, to whisk. ⓒ *nu se ~ din loc* he did not budge.

mişcare *s.f.* **1.** *(ca stare, ant.* r e s t) motion; *(mai ales ca acţiune separată)* movement; *(gest)* gesture; *(schimbare)* change. **2.** *(activitate)* activity; *(acţiune)* action; *(plimbare)* walk(ing), exercise; *(circulaţie)* circulation; *(forfotă)* bustle, stir, agitation. **3.** *(la şah etc.)* move. **4.** *(socială)* movement; *(acţiune revoluţionară)* revolutionary action; *(agitaţie)* agitation; *(răscoală)* revolt, upheaval, uprising. **5.** *ferov.* traffic management. ⓐ ~ *de eliberare naţională* national liberation movement; ~ *de mase* mass movement; ~ *de rotaţie* rotation (motion); ~ *de tineret* youth movement; ~ *de translaţie* translation; ~*a muncitorească* the working-class movement, *amer.* the labour movement ~ *perpetuă* perpetual motion. ~ *revoluţionară* revolutionary movement; ~ *sindicală* trade-union movement; ~ *uniformă* uniform motion; *in continuă* ~ active, on the move. ⓑ *dintr-o* ~ at one go/attempt; *în doi timpi şi trei mişcări* F in no time, in a jiffy, before you could say Jack Robinson; *în* ~ a. in movement, moving. **b.** on the go. ⓒ *a face* ~ to take exercise; *a face o* ~ to move; to stir; *a face o* ~ *greşită fig.* to play a wrong card; *a prinde* ~*a* F to get the hang of things; *a fi în* ~ *(d. persoane)* to be in a state of activity; to be on the go; to stir about; *(a fi pe picioare)* to be astir; *(d. lucruri)* to be moving, to be in motion; *(d. maşini)* to (be at) work, to play; *(în acţiune)* to be in action; *a fi veşnic în* ~ to wriggle, to fidget; *a pune în* ~ to set afoot/going; *(în acţiune)* to set to work, to set working, to bring/put in action; *(a mişca)* to move; *(maşini)* to throw into gear, to start, to work; *a se pune în* ~ *(d. tren etc.)* **a.** to start/move off; to start, to move; to set off; *(d. un mecanism)* to come into operation/play; to begin working. **b.** *fig.* to be stirring to action.

mişcat *adj.* moved, touched, affected.

mişcător *adj.* **1.** moving; mobile. **2.** *fig.* moving, touching; appealing; stirring.

mişel I. *adj.* **1.** *(ticălos)* rascally, knavish. **2.** *(laş)* cowardly, faint-hearted; dastardly. **II.** *s.m.* **1.** *(ticălos)* rascal, knave, scoundrel, villain. **2.** *(laş)* dastard, coward.

mişelesc *adj.* *(josnic)* mean, low, vile; *(trădător)* treacherous; *(ticălos)* dastardly; *(laş)* cowardly.

mişeleşte *adv.* meanly etc. v. m i-ş e l e s c .

mişelie *s.f.* **1.** meanness, baseness. **2.** *(ca act)* mean/low-down action, dastardly trick.

mişmaş *s.n.* **1.** F v. ş p r i ţ. **2.** *fig. (amestecătură)* F mishmash; medley; pell-mell; all sorts of things/stuff.

mişuna *vb. intr. (de)* to swarm (with), to teem (with), to be infested (with).

mit *s.n.* myth; *(legendă)* legend.

mită *s.f.* bribery, *amer.* graft; *(concret)* bribe; *(dată pt. a face pe cineva să tacă)* hush-money. ⓒ *a da* ~ *cuiva* to bribe smb., F→to grease smb.'s palm.

mite *adv. (chiar)* even. ⓑ *dar* ~... to say nothing of..., let alone...

mitic *adj.* mythical.

miting *s.n.* meeting, *amer.* rally. ⓐ ~ *de protest* protest/indignation meeting.

mititei *s.m. pl.* highly seasoned forcemeat balls broiled on the gridiron.

mitocan *s.m.* cad; boor, churl, lout, F clod-hopper, chaw-bacon.

mitocănesc *adj.* boorish, loutish, caddish.

mitocănie *s.f.* **1.** boorishness, caddishness, churlishness. **2.** *(ca act)* boorish/churlish action etc.

mitologic *adj.* mythological.

mitologie *s.f.* mythology.

mitomanie *s.f.* mendacity.

mitralia *vb. tr.* to machine-gun, to rake with machine-gun fire.

mitralieră *s.f.* machine gun, *sl.* ta-ta.

mitralii *s.f. pl. mil. odin.* case shot.

mitralior *s.m.* machine gunner.

mitră[1] *s.f. rel.* mitre.

mitră[2] *s.f. anat.* uterus, womb.

mitropolie *s.f. rel.* **1.** metropolitan seat/bishopric. **2.** metropolitan church.

mitropolit *s.m.* metropolitan (bishop).

mitropolitan *adj.* metropolitan.

mitui *vb. tr.* to bribe, F→to grease/oil/tickle *smb.*'s palm, to buy *smb.*

mituitor *s.m.* bribe giver, *amer.* grafter.

miţă *s.f.* wool *of a lamb.*

miţos *adj.* fleecy, fluffy; *(cu păr lung)* long-haired.

mixt *adj.* mixed, joint. ⓑ *comisie* ~*ă* joint commission; *cor* ~ mixed chorus; *dublu* ~ *sport* mixed doubles; *număr* ~ mixed number; *şcoală* ~*ă* mixed school; *tren* ~ composite train.

mixtură *s.f.* *(în diferite sensuri)* mixture.

miza I. *vb.* *tr.* *(pe)* to stake (on). II. *vb.* *intr.* ⓐ *a* ~ *pe*... *fig.* to speculate/bank/stake on...; *(a se bizui pe)* to rely on...

mizantrop *s.m.* misanthropist, man hater.

mizantropic *adj.* misanthropic(al).

mizantropie *s.f.* misanthropy.

miză *s.f.* stake.

mizer *adj.* miserable, wretched.

mizerabil I. *adj.* 1. *(d. cineva)* despicable, mean, knavish, villainous. 2. v. m i z e r. 3. *(d. o clădire etc.)* wretched, abject, sorry; *(d. o faptă etc.)* despicable, mean, low; *(d. vreme)* atrocious. II. *adv.* despicably etc. v. ~ I.

mizericordie *s.f.* mercy, mercifulness.

mizericordios *adj.* merciful.

mizerie *s.f.* 1. misery, squalor; *(sărăcie)* poverty, < extreme poverty. *poetic*→chill penury; *(lipsă)* want. 2. *pl.* *(necazuri)* troubles. 3. *(murdărie)* dirt, squalor. ① *de* ~ of misery; miserable; *în* ~ poverty--stricken; *sl.* in Queer Street— ⓒ *a face mizerii cuiva* to tease smb. unmercifully, F to lead smb. the devil of a life/a dog's life.

mîhni I. *vb.* *tr.* to grieve, to afflict, to distress; *(a întrista)* to sadden. II. *vb.* *refl.* to grieve; *(a fi trist)* to be sad.

mîhnire *s.f.* grief, sorrow; *(tristeţe)* sadness.

mîhnit *adj.* sad, mournful; wistful.

mîine *adv.* to-morrow; *(cîndva)* some time; *(în viitor)* in the future. ⓐ ~ *seară* to-morrow evening. ① *ca* ~ very soon, shortly, one fine morning; *de* ~ to-morrow's..., of to-morrow; *de* ~ *într-o săptămînă* to-morrow week; *pe* ~ good-bye till to-morrow. ⓒ *a nu se îngriji în privinţa zilei de* ~ not to worry about the morrow.

mîl *s.n.* silt, ooze.

mîlc *adv.* F creep-mouse, mum, as mum as mice. ⓒ *a tăcea* ~ to be (as) still as a mouse etc. v. ~.

mîlos *adj.* oozy.

mîna *vb.* *tr.* 1. to drive; *(calul, ca să meargă mai repede)* to urge on.

2. *(a duce)* to carry; *(a împinge)* to push. 3. *fig.* to drive on; to urge; to goad.

mînă *s.f.* 1. *anat.* hand, S→manus, P→claw, fin, paw, flapper, bunch of fives; *(pumn)* fist. 2. *fig.* hand. 3. *(scris)* hand(writing). 4. *(direcţie)* hand, direction; *(parte)* side. ⓐ *o* ~ *de ajutor* a helping hand, a lift; *o* ~ *grea* a heavy hand; ~ *în* ~ hand in hand. ① *cu mîna pe inimă* with one's hand upon one's heart; in all conscience; *cu mîna sa proprie* with one's own hand; *cu mîinile în şold* akimbo; *cu mîinile murdare* with unwashed/ dirty hands; *de*~manual, hand...; *de la prima* ~ at first hand; *din* ~ *în* ~ from hand to hand; *făcut de* ~ hand-made; *fără mîini* handless; *în* ~ **a.** in one's hand. **b.** *fig.* in hand; *pe mîna dreaptă* on the right hand/side, to the right; *pe sub* ~ underhand, privately, secretly; by private bargain. ⓒ *a avea o* ~ *uşoară (la ceva)* to have a light hand (at smth.); *bate/dă mîna!* F your hand on it! *amer.* shake on that! *a cere mîna unei fete (personal)* to propose to a girl; to ask a lady's hand, F→to pop the question (to smb.); *(prin părinţi)* to propose for a girl; *a da mîna cuiva* to give one's hand to smb., to hold out one's hand to smb.; *a da mîna cu cineva* to shake hands with smb.; to clasp hands; *a da cuiva* ~ *liberă* to give smb. free scope/play, to let smb. have his full swing; *a da cuiva o* ~ *de ajutor* to bear a hand; to give smb. a lift/a helping hand; *a-şi freca mîinile* to rub one's hands; *a-şi fringe mîinile* to wring one's hands; *ia mîna!* hands off! *a-şi împreuna mîinile* to clasp/close one's hands (together); *a întinde mîna* to stretch out one's hand; *(cuiva)* to hold out one's hand to smb.; *a întinde/da cuiva o* ~ *de ajutor* to lend/give smb. a helping hand, to help/assist smb., F→to bear smb. a bob; *a-i lega cuiva mîinile, a lega pe cineva de mîini şi de picioare* **a.** to tie up smb.'s hands, to bind/tie smb. hand and foot. **b.** *fig.* to tie smb. down; *a pune mina pe* ... to lay hands on..., to seize (on)..., to take hold of...; *(a prinde)* to catch...; *a nu pune mina pe ceva* not to touch smth., to leave smth. alone; *a ridica mina impotriva cuiva* to lift (up/out/forth)/stretch forth one's/ the hand against smb.; *a face cu mina* to wave one's hand; *a se intoarce cu mina goală* to draw blank; *a sta cu mina/mîinile in sin* to fold one's hands, to sit with one's hands folded/with folded arms; not to interfere; *a lua pe cineva de* ~ to take smb. by the hand; *a scăpa ceva din* ~ **a.** to let smth. drop. **b.** *fig.* to let smth. go/slip/escape; *a trece din* ~ *in* ~ to change hands; *a smulge ceva din mina cuiva* to snatch smth. from smb.'s hands; *tot ce-i cade in* ~ anything he can lay hands on/upon; *a fi in/la mina cuiva* to be at smb.'s disposal; *a fi in mîini bune* to be well provided for, to be in able hands; *a lua ceva in* ~ *fig.* to take smth. in hand, to take smth. up, to take the direction of smth.; *a lucra mină-n mînă* to act conjointly, to be hand and glove; *a cădea pe mina cuiva* to fall into smb.'s hands/F→clutches; *a cădea pe mîini rele* to fall into bad hands; *a da pe cineva pe mîini bune* to entrust smb. to good/safe hands; *imi ard mîinile* my hands are burning hot; *a fi mina dreaptă a cuiva* to be smb.'s right hand; *mîinile sus !* hands up! ⓓ *o* ~ *spală pe alta* scratch my back and I'll scratch yours.

mînătareă *s.f. bot.* mushroom, edible boletus *(Boletus edulis).*

minca I. *vb. tr.* **1.** to eat; *(a servi)* to have, to take. **2.** *(a pișca)* to sting. **3.** *fig. (a roade)* to eat up/away, to corrode. **4.** *fig. (a mistui)* to consume, to devour. **5.** *fig. (a chinui)* to torment, to torture. ⓐ *a-l* ~ to itch. ⓒ *nu (prea) avea ce* ~ he had not enough to eat, he was on short commons; *mă mănîncă nasul* my nose is

itching. **II.** *vb. refl.* **1.** *pas.* to be eaten etc. v. ~ I. **2.** *reciproc* to sap/undermine each other. **III.** *vb. intr.* to eat, to have one's meals, to have/take dinner etc. ⓒ *a* ~ *in oraș* to eat/dine out/in town.

mîncare *s.f.* **1.** eating. **2.** *(de-ale mîncării)* food; *(merinde)* victuals; *(fel de mincare)* dish; *(de peste zi)* meal. **3.** *(fel)* kind, sort. ⓕ *de-ale mîncării* food; comestibles; victuals. ⓒ *asta-i altă* ~ *(de pește)* F that's another pair of breeches, that's another cup of tea.

mîncăcios I. *adj.* gluttonous, voracious. **II.** *s.m. (mîncău)* glutton.

mîncărime *s.f.* itching. ⓒ *a avea* ~ *la limbă* F to have smth. on the tip of one's tongue; *(a fi vorbăreț)* F to prate like a parrot, to chatter nineteen to the dozen.

mîncător *s.m.* eater; *(mîncău)* glutton. ⓐ ~ *de oameni* man eater.

mîncătorie *s.f.*←F **1.** *(hoție)* theft; *(risipă)* waste; *(delapidare)* defalcation. **2.** sapping; *(intrigă)* intrigue; *(bîrfeală)* slander.

mîncătură *s.f.* **1.** erosion. **2.** v. r o s ă t u r ă.

mîncău *s.m.* F gobbler, trencher man, P greedy-guts; glutton.

mîndră *s.f. (femeie frumoasă)* beauty, fair one; *(iubită)* sweetheart, F best girl; *(la vocativ)* my beauty/ dovey!

mîndrețe *s.f.* beauty, splendour.

mîndri *vb. refl. (cu)* to take pride (in); *(a se făli)* to boast (of/about); *(a se fuduli)* to be haughty.

mîndrie *s.f.* pride; *(orgoliu)* vaingloriousness, F→bumptiousness; *(trufie)* haughtiness, arrogance; vanity.

mîndru I. *adj.* **1.** proud; *(increzut)* conceited; *(trufaș)* haughty, arrogant. **2.** *(frumos)* handsome; *(minunat)* wonderful, wondrous; *(falnic)* stately; *(splendid)* splendid. **II.** *s.m. (iubit)* lover; *(dragul meu)* my dear(est).

mînea *vb. intr. (a petrece noaptea)* to spend the night, to stay all/over night/ to take shelter for the night; *(a se opri la un hotel etc.)* to put up.

minecare *s.n. pl.* butcher's sleeves.
minecat *s.n.* Ⓑ *de/la/pe/cu* ~e←P early in the morning, at daybreak.
minecă *s.f.* **1.** sleeve. **2.** *tehn.* sleeve; arm. ⓐ ~ *de vînt nav.* windsail. ⓒ *a-și sufleca minecile și fig.* to roll/turn up one's sleeve; *a trage pe cineva de* ~ **a.** to pluck smb.'s sleeve. **b.** F to give smb. the lie, to debunk smb.; *a o băga pe minecă* F to go down one's boots, to cry craven.
miner *s.n.* handle; *(de sabie etc.)* hilt; *(de pumnal)* haft.
mîngîia I. *vb. tr.* **1.** to stroke; *(a dezmierda)* to caress, to fondle. **2.** *fig. (ochii etc.)* to caress. **3.** *fig. (a liniști)* to comfort, to console; *(a desfăta)* to delight. **II.** *vb. refl.* to console oneself. ⓐ *a se* ~ *cu...* **a.** to take comfort in..., to seek consolation in..., to be comforted/consoled by... **b.** *(cu speranța etc.)* to flatter oneself with...
mîngîiere *s.f.* **1.** stroking etc. v. m î n g î i a. **2.** *(consolare)* consolation; *(satisfacție)* satisfaction; *(plăcere)* pleasure; *(sprijin)* support; *(mulțumire)* contentment; gratification.
mîngîietor *adj. fig.* comforting, consoling.
mîngîios *adj.* **1.** v. m î n g î i e t o r. **2.** *(blind)* gentle, soft; *(plăcut)* plesant; *(incîntător)* delightful.
mînia I. *vb. tr.* to anger, to make angry, < to infuriate. **II.** *vb. refl.* to get angry, < to lose one's temper, F→to cut up rough, to fly off the handle, to grab for altitude.
miniat *adj.* v. m î n i o s.
minie *s.f.* **1.** rage; *(furie)* fury; *(supărare)* anger. **2.** *(urgie)* wrath. Ⓑ *iute la* ~ easily angered, testy, F→peppery; *la* ~ in a moment of rage.
mînios I. *adj.* furious, enraged, in a rage; *(supărat)* angry. ⓐ ~ *pe...* angry with... **II.** *adv.* furiously, in a rage, F→in high dudgeon; angrily. Ⓑ *a privi* ~ *la...* to look black/daggers at...

mînji I. *vb. tr.* **1.** to soil, to dirty. **2.** *fig.* to sully, to tarnish. **II.** *vb. refl.* to soil oneself; to become dirty/soiled.
mînjit *adj.* dirty, soiled.
mîntui I. *vb. tr.* **1.** *rel.* to save; to redeem. **2.** *(a elibera)* to free, to liberate. **3.** *(a termina)* to finish; to end. **II.** *vb. refl.* **1.** *pas. rel.* to be saved; to be redeemed. **2.** to come to an end, to end.
mîntuială *s.f.* Ⓑ *de* ~ I. *adj.* sloppy, perfunctory, slipshod. II. *adv.* perfunctorily, in a sloppy/slipshod way; *lucru de* ~ scamped work. ⓒ *a face ceva de* ~ to scamp one's work, to shamble through one's task.
mîntuire *s.f.* **1.** *rel.* salvation. **2.** *(eliberare)* liberation. **3.** *(terminare)* ending.
mîntuitor I. *adj.* liberating. **II.** *s.m.* **1.** liberator. **2.** *rel.* Saviour.
mînui *vb. tr.* **1.** to handle, to manipulate; *(condeiul, spada etc.)* to wield. **2.** *(bani)* to handle.
minz *s.m.* **1.** foal, colt. **2.** *fig.* colt.
minzat *s.m.* weaned calf, weanling.
minzeşte *adv.* ⓒ *a ride* ~ F to laugh on the wrong side of one's mouth.
mirîi *vb. intr.* **1.** to snarl; *(d. un cîine mare sau un urs)* to growl. **2.** *fig.* to grumble, to growl.
mirîit *s.n.* snarl(ing) etc. v. m î r î i.
mîrlan *s.m.* boor, churl, clown.
mîrli *vb. tr.* to tup.
mîrşav *adj., adv.* v. t i c ă l o s.
mîrşăvie *s.f.* v. t i c ă l o ş i e.
mîrţoagă *s.f.* jade, old crock.
mîţ *s.m.* kitten.
mîţă *s.f.* **1.** *(pisică)* cat. **2.** *min.* safety brake. ⓐ ~ *blîndă fig.* demure person; sneak, F sly-boots. ⓒ *a trage mîţa de coadă* F v. c o a d ă ⓒ; *a se uita ca mîţa în calendar* F. v. c a l e n d a r. ⓒ; *a prinde pe cineva cu mîţa-n sac* F to catch smb. with the goods. Ⓓ *mîţa blîndă zgîrie rău aprox.* dumb dogs are dangerous.
mîţişori *s.m. pl. bot.* catkins.
mîzgă *s.f.* **1.** slime. **2.** *(sevă)* sap.
mîzgăli I. *vb. tr.* **1.** to daub, to smear; *(faţa etc.)* to smear, to

dirty; *(hîrtia)* to blot, to soil.
2. *fig.* to scribble (off), to scrawl.
II. *vb. refl.* to soil oneself.
mîzgălitură *s.f. și fig.* scrawl(ing),
scribbling, scribble.
mlajă *s.f. bot.* basket osier, osier
(willow) *(Salix viminalis).*
mlaștină *s.f.* **1.** swamp, bog, marsh,
fen; *(băltoacă)* pool, quagmire. **2.**
fig. mire, slough, morass.
mlădia I. *vb. tr.* **1.** *(vocea)* to mod-
ulate. **2.** *(trupul)* to twist; *(a
îndoi)* to bend, to twist. **II.** *vb.
refl. (d. voce)* **1.** to modulate. **2.** to
twist, to bend; *(a deveni mlădios,
d. trup)* to become lithe/lissom(e);
(a deveni flexibil) to become flexi-
ble; *(a undui)* to undulate. **3.**
fig. to become supple. ⓐ *a se* ∼
după... to adapt/adjust oneself
to...
mlădios *adj.* **1.** flexible; *(d. trup)*
lithe, lissom(e), supple, agile;
(zvelt) slender, slim, willowy. **2.**
(d. sunete) melodious; harmonious.
3. *fig.* supple; *(care cedează ușor)*
pliable, pliant; *(adaptabil)* adapt-
able.
mlădiță *s.f.* **1.** *bot.* (off)shoot, sprout.
2. *fig.* offspring, scion.
mlăștinos *adj.* marshy, boggy,
swampy.
mnemotehnică *s.f.* mnemotechny,
mnemonics.
moacă *s.f.*←*argou* **1.** *(falcă)* jaw. **2.** F
(cap) nut, pate, *(mutră)* mug, -face.
moale I. *adj.* **1.** *(ant. tare)* soft;
(d. mină etc.) flabby, flaccid; *(ca-
tifelat)* velvety; *(mătăsos)* silky;
(flexibil) flexible; *(slab legat etc.)*
loose; *(d. ouă)* soft-boiled; *(proas-
păt)* fresh. **2.** *(d. voce etc.)* soft;
(încet) low, gentle; *(plăcut)* pleas-
ant. **3.** *(d. lumină)* soft; *(fără
intensitate)* dim; *(palid)* pale. **4.**
(d. vreme) soft, close, muggy; *(de
dezgheț)* thawy. **5.** *(d. pași etc.)*
light, gentle. **6.** *(d. cineva)* weak,
lifeless, soft, languid, flabby, spir-
itless, F spineless; *(apatic)* apathet-
ic; *(indolent)* slack, indolent.
7. *(lax)* lax. **II.** *adv.* leniently,
indulgently. ⓒ *nu-i e* ∼ he is
not lying on a bed of roses, it is
not all honey with him; *(a pățit-o)*

F he's got into a hobble, he's got
into hot water, he's in a scrape;
a o lăsa mai ∼ F to go to the wall,
to cave in. **III.** *s.n.* ⓐ ∼*le capului*
anat. fontanel(le). ⓒ *a trăi pe*
∼ to be/live in clover, to live in
the lap of luxury.
moar *s.n. text.* moire.
moară *s.f.* **1.** mill. **2. v. țintar.**
ⓐ ∼ *de apă* water mill; ∼ *de
vînt* wind mill; ∼ *spartă/stricată/
hodorogită* chatterbox, F jabberer,
clacker. ⓑ *ca la* ∼ in a string,
one after another. ⓒ *îi merge gura
ca o* ∼ *stricată* F her clack goes
thirteen to the dozen, her tongue
is hung in the middle and wags
at both ends; *a da cuiva apă la* ∼
to draw water to smb.'s mill.
moare *s.f.* sauerkraut brine.
moarte *s.f.* **1.** death; *(deces)* decease;
(dispariție) disappearance. **2.** *(o-
mor)* murder; *(măcel)* slaughter,
massacre. ⓐ ∼ *civilă* civil death;
∼ *violentă* violent death; ⓑ *cu* ∼*a
în suflet* sick at heart; *de* ∼ **I.**
adj. **a.** death...; mortal, deadly.
b. *(teribil)* terrible, awful. **II.** *adv.*
a. mortally. **b.** *(teribil)* terribly;
dușmani de ∼ mortal/deadly ene-
mies; *fără* ∼ deathless; *(nemuri-
tor)* immortal; *(trainic)* lasting,
endurable; *frică de* ∼ **a.** fear of
death. **b.** *fig.* mortal fright, deadly/
mortal fear; *în ghearele morții* in
the jaws of death; *patul morții*
deathbed, dying bed; *pe patul de*
∼ at death's door, at the point
of death; *pînă la* ∼ to the death,
unto death; till one's dying day;
rănit de ∼ mortally wounded;
viață fără de ∼ eternal life, life
everlasting. ⓒ *a-și face* ∼ to lay
violent hands (up)on oneself, to
take one's life; *a face* ∼ *de om* to
commit/perpetrate a crime; *a-și
găsi* ∼ *în...* to meet/find one's
death in...; *a muri de* ∼ *bună*
to die a natural death; *a se plic-
tisi de* ∼ to be bored/moped to
death, F to mope oneself into the
doldrums; *a uri pe cineva de* ∼ to
hate smb. like poison, to entertain
a deadly/mortal hatred of smb.;
era o chestiune de viață și de ∼ it

was a matter/question of life and death.

moașă *s.f.* midwife.

moaște *s.f. pl.* **1.** relic(s) (of a saint). **2.** *fig.* relics.

mobil I. *adj.* mobile, movable; *(nestabil)* unstable, inconstant; *(schimbător)* changeable; *(detașabil)* detachable; *(d. o țintă etc.)* moving, shifting; *(d. trăsături etc.)* mobile; *(vioi)* lively. ① *bunuri ~e, avere ~ă* personal property/estate, personalty, chattels, movables. **II.** *s.n.* **1.** *(motiv)* motive. **2.** *(corp în mișcare)* moving body; body in motion.

mobila I. *vb. tr.* to furnish. **II.** *vb. refl. pas.* to be furnished.

mobilă *s.f.* furniture, appointments; *(ca articol separat)* piece of furniture. ① *garnitură de ~* set of furniture.

mobiliar *adj. jur.* movable, personal. ① *bunuri ~e* v. b u n u r i m o-b i l e.

mobilier *s.n.* furniture, appointments.

mobilitate *s.f.* **1.** mobility; movability. **2.** changeableness, instability.

mobiliza *vb. tr.* **1.** *mil.* to mobilize; *(rezerviști)* to call up/out. **2.** *fig.* to mobilize; to rally (to the struggle). ⓒ *a ~ eforturile... (cu gen.)* to mobilize/rally/muster the efforts of ...; *a ~ la luptă* to mobilize for the struggle.

mobilizabil *adj.* mobilizable.

mobilizare *s.f.* mobilization, call to arms.

mobilizator *adj.* mobilizing; stimulative.

mocan *s.m.* **1.** shepherd. **2.** *fig.* boor, cad, churl.

mocasini *s.m. pl.* moccassins.

mocăi *vb. refl.* F to dawdle, to potter about.

mocăit I. *adj.* F dawdling; slow. **II.** *s.m.* F dawdler, slowcoach.

mocănesc *adj.* shepherd('s)...

mochetă *s.f. text.* moquette.

mocirlă *s.f.* v. **1.** m l a ș t i n ă. **2.** *fig.* morass, gutter.

mocirlos *adj.* v. m l ă ș t i n o s.

mocîrțan *s.m.* ← P **1.** mountaineer. **2.** *fig.* F country bumpkin, land boor, churl.

mocni *vb. intr.* **1.** *și fig.* to smoulder. **2.** *fig.* v. l î n c e z i.

mocnit *adj.* **1.** *(arzînd ~)* smouldering. **2.** *fig.* *(d. sentimente)* smouldering; *(d. cineva)* reserved, reticent; *(tăcut)* taciturn. **3.** *fig.* *(întunecat)* dark, gloomy. **4.** *fig.* *(inactiv)* inactive, slack.

mocofan *s.m.* F blockhead, dolt.

mocoși *vb. intr. și refl.* to dawdle, to be slow in movements, to take a long time in doing smth.; to potter about.

mod *s.n.* **1.** mode, manner, way, style. **2.** *gram.* mood. **3.** *muz.* mode; mood. ⓐ *~ de întrebuințare* usage; *~ de producție* mode of production; *~ de viață* way of life; *~ major muz.* major mode/mood; *~ul indicativ gram.* the indicative (mood).

modal *adj.* modal.

modalitate *s.f.* **1.** possibility; *(metodă)* method. **2.** *log. lingv.* modality. **3.** *muz.* form of scale.

modă *s.f.* fashion; *(obicei)* custom; *(individual)* habit. ① *de ~ veche* antique; *(demodat)* outmoded, old--fashioned; *după moda... (cu gen.)* after the manner/style of...; *jurnal/revistă de mode* fashion magazine; *la ~* in fashion, à la mode, F→all the rage; *magazin de mode* milliner's shop; *ultimul strigăt al modei* F all the go. ⓒ *a fi la ~* to be in fashion.

model I. *s.n.* **1.** model, pattern. **2.** (artist's) model. **3.** *(exemplu)* model, example. ⓐ *~ tip tehn.* representative type. ① *după ~ul... (cu gen.)* on the model of... ⓒ *a lua ~ de la cineva* to take smb. as a model/pattern; to imitate smb.; *a servi/sluji ca/drept ~* to be an example. **II.** *adj.* model, exemplary.

modela I. *vb. tr.* **1.** to model, to fashion; *(argila etc.)* to mould. **2.** *fig.* to shape, to mould, to fashion; *(a adapta)* to adapt; *(a influența)* to influence. **II.** *vb. refl. pas.* to be modelled etc. v. ~ I.

ⓒ *a se ~ după...* to take... as a pattern.

modelaj *s.n.* modelling etc. v. m o d e l a.

modelator[1] *s.m.* modeller.

modelator[2] *s.n.* sculpturing chisel.

modelor *s.m.* pattern maker, modeller.

modera *vb. tr.* to moderate, to temper; *(a micşora)* to lessen, to diminish; *(a reduce)* to reduce; *(a infrîna)* to curb.

moderat *adj.* **1.** reduced etc. v. m o d e r a. **2.** moderate; *(d. cineva)* temperate; *(d. preţuri)* reasonable; *(d. pas)* steady, moderate.

moderator *s.n. tehn.* speed governor.

moderaţie *s.f.* moderation.

modern *adj.* modern; *(contemporan)* contemporary; *(la zi)* up-to-date. ⓓ *istoria ~ă* modern history; *secţie ~ă şcol.* modern side.

modernism *s.n.* modernism.

modernist *adj., s.m.* modernist.

moderniza *vb. tr. şi refl.* to modernize/to stream-line (oneself).

modernizare *s.f.* modernization.

modest I. *adj.* modest; *(d. un prînz etc.)* frugal; *(fără pretenţii)* unassuming, unpretentious; *(d. haine)* simple; *(sărac)* poor; *(ieftin)* cheap. **II.** *adv.* modestly etc. v. ~ I; *(a trăi ~)* in a small way.

modestie *s.f.* modesty. ⓓ *falsă ~* false modesty.

modic *adj.* slender, modest, (s)light.

modifica I. *vb. tr.* to modify; *(a revizui, a îmbunătăţi)* to amend; *(a schimba)* to change, to alter; *(haine)* to alter. **II.** *vb. refl.* to change, to alter.

modificabil *adj.* modifiable.

modificare *s.f.* modification, alteration; *(schimbare)* change.

modificator *adj.* modifying.

modistă *s.f.* milliner, modiste.

modul *s.m. mat.* modulus.

modula *vb. tr. şi refl.* to modulate.

modulator *s.n. fiz.* modulator.

modulaţie *s.f.* modulation. ⓐ *~ de frecvenţă radio* frequency modulation; *~ de grilă radio* grid modulation.

mofetă *s.f. geol.* mofette.

mofluz I. *adj.* **1.**←*inv.* bankrupt. **2.** blasé, cloyed, discontent, sullen, sulky. **II.** *s.m.*←*inv.* **1.** bankrupt. **2.** discontented chap. ⓒ *a rămîne ~ a.* to break, to fail, to become bankrupt. **b.** F to go (and) whistle for it.

moft *s.n. (fleac)* trifle. ⓐ *~uri!* F fiddlesticks! trifles! (stuff and) nonsense! *(n-are importanţă)* never mind!

moftangiu *s.m.* trifler; *(mincinos)* F humbug, teller of tall tales; *(flecar)* F cackler, gabbler.

mofturos *adj.* fastidious, finical, finicking; *(la mîncare)* squeamish, dainty, fastidious (over).

mogîldeaţă *s.f.* **1.** midget, small--sized person. **2.** indistinct form.

mohor *s.n. bot.* bristle grass *(Setaria).*

mohorî I. *vb. tr.* **1.** to darken. **2.** *fig.* to darken, to cast a cloud over; *(a mîhni)* to grieve. **II.** *vb. refl.* **1.** to become dark *sau* gloomy. **2.** *fig.* to become gloomy *sau* sad; *(d. faţă)* to cloud over.

mohorît *adj.* **1.** dark; gloomy; dreary. **2.** *fig.* gloomy; *(trist)* sad; *(abătut)* downcast. **3.** *(d. vreme)* dull, overcast, gloomy.

moină *s.f.* **1.** thaw. **2.** *agr.* fallow (land).

mojar *s.n.* (grinding) mortar, pestle mortar.

mojdrean *s.m. bot.* manna/flowering ash *(Fraxinus ornus).*

mojic *s.m.* boor, churl, lout, cad, F→rough.

mojicesc *adj.* rude, coarse, boorish, loutish, churlish.

mojiceşte *adv.* rudely etc. v. m o j i c e s c.

mojicie *s.f.* **1.** uncouthness, rudeness. **2.** *(ca act)* incivility; *(numai ca vorbire)* gross abuse, *pl.* abusive words.

mol *s.n.* mole, pier.

molar I. *adj.* ⓓ *dinte ~* molar (tooth), F→grinder. **II.** *s.m.* v. ~ ⓓ.

molasă *s.f. geol.* molasse, sandstone.

molatic I. *adj. (incet)* slow; *(d. caracter etc.)* soft, flabby; *(d. cineva)* soft, F→spineless; *(leneş)*

idle; *(slab)* weak; *(greoi)* heavy.
II. slowly etc. v. ~ **I.**

molcom *adj.* *(incet)* slow; *(liniştit)* still, quiet; *(in surdină)* low; *(gingaş)* gentle, soft; *(blind)* mild. ℂ *a sta/şedea* ~ to keep very quiet; *a tăcea* ~ not/never to say a word, not to open one's lips.

moldovean *adj., s.m.* Moldavian.

moldoveancă *s.f.* Moldavian woman *sau* girl.

moldovenesc *adj.* Moldavian; *(din R.S.S. Moldovenească)* Moldovian.

moldovenism *s.n.* Moldavian word *sau* idiom.

molecular *adj.* molecular.

moleculă *s.f.* molecule.

molesta *vb. tr.* to molest.

moleşeală *s.f.* torpor; drowsiness; *(lipsă de vigoare)* lack of vigour; slackness, flabbiness, lifelessness.

moleşi I. *vb. tr.* to enervate, to weaken. **II.** *vb. refl.* to become enervated; to become weak; to lose one's vigour.

moleşit *adj.* dull, soft, flabby; *(slab)* weak; *(obosit)* tired; *(fără viaţă)* lifeless, drooping.

moleşitor *adj.* enervating.

moletieră *s.f.* puttee.

molfăi *vb. tr.* **1.** to munch, to mumble; *(ţigara)* to chew. **2.** *fig.* to mumble, to mutter.

molibden *s.n. chim.* molybdenum.

moliciune *s.f.* **1.** want of vigour; softness, flabbiness, lifelessness; *(lene)* idleness. **2.** frivolous life.

molid *s.m. bot.* spruce fir *(Picea excelsa)*.

molie *s.f. entom.* moth *(Tinea)*.

molift *s.m. bot.* v. m o l i d.

molimă *s.f.* epidemic (disease).

molipsi I. *vb. tr.* **1.** *med.* to infect. **2.** *fig.* to contaminate. **II.** *vb. refl. şi fig.* to be infected. ⓐ *a se* ~ *de...* to be infected by..., to catch... *fig., şi* to be honeycombed by...

molipsire *s.f.* infection, contagion.

molipsitor *adj.* infectious, F→catching. ⓑ *boală molipsitoare* infectious/catching/contagious disease; *ris* ~ infectious laughter.

molitvă *s.f.* (special) prayer.

molitvelnic *s.n.* prayer book.

moliu *adj.* soft, flabby, lubberly, spiritless, F spineless.

moloh *s.m.* Moloch.

moloz *s.n.* debris; (plaster) rubbish.

molură *s.f. bot.* fennel *(Foeniculum vulgare)*.

moluscă *s.f.* **1.** mollusc. **2.** *pl.* mollusca.

momeală *s.f.* **1.** bait, lure. **2.** *fig.* lure, enticement.

moment *s.n.* moment. ⓑ *de* ~ momentary; *(provizoriu)* provisional; *(temporar)* temporary; *din* ~ *ce...* since..., as...; *din* ~ *in* ~, *in orice* ~, *dintr-un* ~ *intr-altul* any minute; *din primul* ~ from the first moment; *din* ~*ul in care...* from the moment when...; *(de indată ce)* as soon as..., directly...; *in acest* ~ at the/this moment, just now, at present; *un* ~*!* one moment! wait a bit! *in* ~*ul de faţă* at present; nowadays; *in* ~*ul in care...* when..., just as..., the moment...; *la un* ~ *dat* at one time; *pentru* ~ for the moment, for the time being; in the meantime; *pină in* ~*ul in care...* until... ⓒ *a prinde* ~*ul* to bide/watch one's time; *acum e* ~*ul* no time like the present.

momentan I. *adj.* momentary. **II.** *adv.* just now.

momi *vb. tr.* **1.** to lure, to allure, to entice, to decoy. **2.** *fig.* to allure, to entice, to cozen; *(a ispiti)* to tempt.

momîie *s.f.* **1.** scarecrow. **2.** *fig.* guy, fright. **3.** *fig.* dummy, puppet, man of straw.

monadă *s.f. filoz.* monad.

monah *s.m.* monk, hermit.

monahal *adj.* monac(h)al, monastic.

monahie *s.f.* nun.

monahism *s.n.* monachism, monasticism.

monarh *s.m.* monarch; *(suveran)* sovereign; *(rege)* king.

monarhic *adj.* monarchic(al), monarchal.

monarhie *s.f.* monarchy. ⓐ ~ *absolută* absolute monarchy; ~ *constituţională* constitutional monarchy.

monarhist *adj.*, *s.m.* monarchist.
monastic *adj.* monastic.
monden *adj.* worldly; of society;
society...; fashionable.
mondial *adj.* world..., world-wide.
ⓑ *congres* ～ world congress; *de
însemnătate istorică* ～*ă* of world-
-wide/world historic importance/
significance; *primul război* ～ the
first world war, World War I/One.
monedă *s.f.* *(piesă)* coin; *(curentă)*
currency. ⓐ ～ *cu curs forţat* fiat
money; ～ *divizionară* change; ～
falsă false coin. ⓒ *a-i plăti cuiva
cu aceeaşi* ～ to pay smb. (back)
in his own coin, to give as good
as one gets.
monetar *adj.* monetary, currency...
ⓑ *reformă* ～*ă* currency/moneta-
ry reform; *sistem* ～ coinage.
monetărie *s.f.* mint.
mongol *adj.*, *s.m.* Mongol(ian).
monism *s.n.* *filoz.* monism.
monist *adj.*, *s.m.* *filoz.* monist.
monitor[1] *s.n.* *nav.* monitor.
monitor[2] *s.n.* ⓐ *Monitorul Oficial*←
odin. Official Gazette.
monitor[3] *s.m.* *şcol.*←*odin.* monitor.
monobazic *adj.* *chim.* monobasic.
monobloc I. *adj.* cast/made in one
piece. II. *s.n.* block.
monobrăzdar *s.n.* *agr.* single-bottom
plough.
monocelular *adj.* unicellular.
monoclinic *adj.* monoclinic.
monoclu *s.n.* monocle, (single) eye
glass.
monocord *muz.* I. *adj.* single-string...
II. *s.n.* monochord.
monocotiledonat *bot.* I. *adj.* mono-
cotyledonous. II. *s.n.* monocotyle-
don.
monocrom *adj.* monochromic, mono-
chrome.
monocromatic *adj.* monochromatic.
monocromie *s.f.* monochrome.
monocultură *s.f.* *agr.* one-crop/sin-
gle-crop system.
monodie *s.f.* monody.
monofazat *adj.* *fiz.* monophasic.
monofobie *s.f.* monophobia.
monoftong *s.m.* *fon.* monophthong.
monogamie *s.f.* monogamy.
monogeneză *s.f.* *biol.* monogenesis.
monografic *adj.* monographic.

monografie *s.f.* monograph (on a
subject).
monogramă *s.f.* monogram, cipher.
monoic *adj.* *bot.* monoecious.
monolit I. *adj.* monolithic; *fig. şi*
solid. II. *s.m.* monolith.
monolitic *adj.* *şi fig.* monolithic;
fig. powerful, impressive, massive.
monolog *s.n.* monologue; *(fără a
ţine seama de cei prezenţi; interior)*
soliloquy.
monologa *vb. intr.* to soliloquize,
to talk to oneself.
monom *s.n.* *mat.* monomial, single
term.
monomanie *s.f.* monomania.
monometalism *s.n.* monometallism.
monopetal *adj.* *bot.* monopetalous.
monoplan *s.n.* *av.* monoplane.
monopol *s.n.* *şi fig.* monopoly. ⓑ
preţ de ～ monopoly/exclusive price;
rentă de ～ exclusive rent.
monopolist I. *adj.* monopolistic,
monopoly. ⓑ *capital* ～ monopolis-
tic capital. II. *s.m.* monopolist.
monopoliza *vb. tr.* *şi fig.* to mono-
polize.
monorimă *adj.* *metr.* monorhyme.
monosilabic *adj.* one-syllabled, mono-
syllabic.
monoteism *s.n.* monotheism.
monoteist *adj.*, *s.m.* monotheist.
monotip *s.n.* *poligr.* monotype (ma-
chine).
monotipist *s.m.* *poligr.* monotype
operator.
monoton I. *adj.* monotonous, F→
humdrum. II. *adv.* monotonously,
all in the same key.
monotonie *s.f.* monotony.
monovalent *adj.* *chim.* monovalent.
monsenior *s.m.* his Eminence.
monstru I. *s.m.* 1. monster, abortion;
(om foarte urît) fright. 2. *fig.* mon-
ster. II. *adj.* monstrous, huge, co-
lossal.
monstruos *adj.* monstrous; *(uriaş)*
huge, colossal; *(îngrozitor)* awful,
shocking.
monstruozitate *s.f.* monstrosity; *(a
unei crime etc.)* monstrousness.
monta I. *vb. tr.* 1. *(pietre preţioase
etc.)* to mount, to set; *(o fotogra-
fie, un tun etc.)* to mount; *(un
cauciuc)* to put on; *(un aparat)* to

set/fit up, to erect; *(o ușă)* to hang; *(un decor)* to set; *(un atelier)* to fit out, to equip. **2.** *teatru* to get up, to stage. **3.** *fig. (impotriva)* to set (against/at), to provoke (against); to wind up. **II.** *vb. refl.* **1.** *pas.* to be mounted etc. v. ~ I, 1—2. **2.** *fig.* to warm up.

montaj *s.n.* **1.** v. m o n t a r e. **2.** *radio* montage; *cinema* editing, cutting.

montant I. *adj.* upright, high. ⓘ *guler* ~ stand-up collar. **II.** *s.m.* pole, post, upright beam.

montare *s.f.* **1.** assembling, assembly, mounting, erection, installing etc. v. m o n t a. **2.** *teatru* setting; production. ⓘ *hală de* ~ assembly hall; *linie de* ~ assembly line.

montator *s.m.* mounter, fitter.

montă *s.f.* covering (of a mare).

montor *s.m.* **1.** v. m o n t a t o r. **2.** *cinema* editor (of a film).

montură *s.f.* **1.** setting *of a precious stone.* **2.** frame.

monument *s.n.* monument *(și fig.)*; memorial, cenotaph. ⓐ ~ *funerar* monument (over a tomb).

monumental *adj.* **1.** monumental. **2.** *fig. (enorm)* huge, colossal.

mops *s.m.* pug (dog).

mor *interj. (a ursului)* grrr!

moral[1] *s.n.* morale, moral condition; *(curaj)* courage, spirits; *(dispoziție)* mood. ⓒ *a ridica* ~*ul cuiva* to raise smb.'s spirits.

moral[2] *adj.* moral; *(d. filozofie etc.)* ethical; *(intelectual)* intellectual, mental.

morală *s.f.* **1.** morals; *(etică)* ethics. **2.** *(a unei fabule)* moral. **3.** *fig.* lecture, *sl.* blow-up. ⓒ *a face* ~ to improve the occasion; *a face* ~ *cuiva* to read smb. a lecture, to lecture smb.

moralist I. *adj.* moralist(ic). **II.** *s.m.* moralist.

moralitate *s.f.* morality; moral conduct.

moraliza I. *vb. intr.* to moralize. **II.** *vb. tr.* to sermonize, to lecture.

moralizator *adj.* moralizing.

morar *s.m.* **1.** miller. **2.** *entom.* flour/meal beetle *(Tenebrio molitor).*

moratoriu I. *adj. jur.* moratory. **II.** *s.n. jur.* moratorium.

moravuri *s.n. pl.* customs; morals and manners; manners; *(individuale)* habits.

morăreasă *s.f.* v. m o r ă r i ț ă...

morăresc *adj.* mill..., miller's...

morărit *s.n.* **1.** grist. **2.** miller's trade. **3.** *odin.* thirl(age), impost/tax on mills.

morăriță *s.f.* miller's wife.

morb *s.n.* disease; *fig.* (mono)mania. ⓐ ~*ul lui Pott med.* Pott's disease.

morbid *adj.* morbid.

morbiditate *s.f.* morbidity, morbidness.

morcov *s.m. bot.* carrot, yellow parsnip *(Daucus carota).* ⓘ *de culoarea* ~*ului* carroty.

mordant *s.m.* **1.** mordant. **2.** *muz.* mordent.

morenă *s.f. geol.* moraine.

moresc *adj.* Moorish, Moresque.

morfem *s.m. gram.* morpheme.

morfină *s.f.* morphia, morphine, F→dope.

morfinoman *s.m.* morphinomaniac F→drug/dope fiend/addict, *sl.* junk.

morfinomanie *s.f.* morphinomania, drug habit.

morfoli *vb. tr.* **1.** v. m o l f ă i. **2.** v. f e r f e n i ț i.

morfologic I. *adj.* morphological. **II.** *adv.* morphologically.

morfologie *s.f.* morphology, accidence.

morganatic *adj.* morganatic, F→left-handed.

morgă[1] *s.f.* morgue, mortuary.

morgă[2] *s.f.* standoffishness, haughtiness, arrogance, conceit(edness).

morișcă *s.f.* **1.** *(moară)* mill; *(de mină)* handmill; *(de cafea)* coffee mill. **2.** *agr.* fanning/winnowing machine. **3.** *av.* windmill. ⓐ ~ *de vînt* weather cock; ~ *hidraulică* hydrometric propeller. ⓒ *are o* ~, *vorbește ca o* ~ F he has the gift of the gab, he rattles like a machine gun.

morman *s.n.* heap, pile.

mormăi I. *vb. intr.* **1.** *(d. urși)* growl, to grumble. **2.** *fig.* to grumble, to mutter; to speak in one's

beard. **II.** *vb. tr.* to grumble, to
mutter.

mormăit I. *adj.* muttered. **II.** *s.n.*
1. growl. **2.** *fig.* grumbling, muttering.

mormînt *s.n. (locul unde e îngropat
cineva)* grave; *(mai ales ca monu-
ment)* tomb; *poetic*→sepulchre. ⓐ
~*ul eroului/ostașului necunoscut*
the grave of the unknown warrior.
ⓓ *dincolo de* ~ beyond the grave.
ⓒ *a băga pe cineva în* ~, *a săpa
cuiva* ~*ul* to be the death of smb.;
a duce pe cineva la ~ to attend
smb.'s funeral; to carry smb. to
the ground.

mormîntal *adj.* funeral; *(lugubru)*
lugubrious.

mormoloc *s.m.* **1.** tadpole. **2.** *fig.
(copilaș)* F mite, kiddie. **3.** *fig.*
F v. m o l î u.

mormon *s.m.* Mormon, latter-day
saint.

morocănos *adj.* sullen; *(bombănitor)*
grumbling, grumbly.

moroi *s.m.* ghost, phantom; *fig.*
hedgehog.

morsă *s.f. zool.* walrus, morse *(Tri-
chechus rosmarus)*.

morse *s.n.* Morse apparatus. ⓓ *alfa-
betul* ~ Morse alphabet.

mort I. *adj.* dead, *sl.*→up the flue;
(decedat) deceased; *(defunct)* defunct; *(fără viață)* lifeless. ⓐ ~
copt by all means, at all costs, by
hook and by crook; ~ *de oboseală*
dead tired, F→all in. ⓓ *beat* ~
dead drunk; *cap de* ~ death's head;
frunză moartă dead leaf; *inventar*
~ dead stock; *limbă moartă* dead
language; *mai mult* ~ *decît viu*
more dead than alive; *Marea Moar-
tă* the Dead Sea; *natură moartă*
still life; *născut* ~ still-born; *nici*
~ F not for the life of me; *pe ju-
mătate* ~ half-dead; *punct* ~ **a.**
dead centre (of a piston stroke).
b. neutral position (of a lever).
c. *fig.* standstill, deadlock; *timp*
~ idle period; slack time. ⓒ *a
cădea* ~ to fall dead; *a fi* ~ *după
cineva* F to be over head and ears
in love with smb., to be nuts on
smb. **II.** *s.m.* dead person; *morții*
the dead, the departed. ⓓ *morții*

cu morții și viii cu viii let the dead
bury the dead and let the living
lead a gay life; *morții nu vorbesc*
dead men tell no tales.

mortal I. *adj.* **1.** mortal, deadly,
lethal; fatal. **2.** F killing, capital.
II. *adv.* mortally; fatally.

mortalitate *s.f.* death rate, mortality. ⓐ ~ *infantilă* child death
rate, infant mortality.

mortar *s.n. constr.* mortar.

mortăciune *s.f.* **1.** carrion; *(leș)*
dead body; corpse. **2.** *fig.* skeleton, F bag of bones.

morteză *s.f.* slotting machine.

mortier *s.n. mil.* mortar.

mortifica *vb. tr. și refl.* to mortify.

mortuar *adj.* mortuary; death...;
of death.

morțiș *adv.* F stoutly, with tooth
and nail; ⓒ *ținea* ~ *să vină cu
noi* he was all for coming along.

morun *s.m. iht.* belúga, (great) sturgeon, isinglass fish *(Acipenser
huso)*.

mosc I. *s.m. zool.* musk deer, S→
moschus *(Moschus moschiferus)*. ⓓ
guzgan de ~ *zool.* musk rat *(Fiber
zibethicus)*. **II.** *s.n.* musk.

moscat *adj.* musky, moschate. ⓓ
bou ~ *zool.* musk ox *(Ovibus mos-
chatus)*.

moschee *s.f.* mosque, mosk.

moscovit I. *adj.* Moscow... **II.** *s.m.*
Muscovite.

mosor *s.n.* reel, bobbin.

mostră *s.f.* **1.** sample. **2.** *fig.* example, model; foretaste.

moș *s.m.* **1.** old/gray-headed man,
F→old bird; grayhead, graybeard;
patriarch. **2.** *(strămoș)* forefather,
ancestor. **3.** *pl. rel.* Saturday before
Whitsuntide. **4.** *each of the nine
days in March after „zilele babelor"*.
5. *pl. traditional May fair (in Bucharest)*; Fun Fair. ⓐ *Moș Crăciun*
Father Christmas; Santa Claus;
Moș Ene the sandman, the dustman; *Moș Martin* bruin. ⓓ *din*
~*i-strămoși* of old, from time immemorial.

moși I. *vb. tr.* to deliver *a woman
of a child*, to attend to *a woman*
as a midwife on accouchement. **II.**

vb. intr. şi refl. to mess/potter about; to dawdle.

moşie *s.f.* **1.** estate. **2.** *(patrie)*← *inv.* one's own country.

moşier *s.m.* landowner, landlord, latifundiary, *pl.* landed gentry.

moşiereasă *s.f.* **1.** landowner. **2.** landowner's wife.

moşieresc *adj.* landowner('s)...

moşierime *s.f.* landowners, landed gentry.

moşit *s.n.* midwifery, S→obstetrics, tocology, tokology.

moşmîndi *vb.* v. m o ş m o l i.

moşmoană *s.f.* medlar, P open tail.

moşmoane *s.f. pl.* charms.

moşmoli *vb. intr.* to mess/potter about; to dawdle.

moşmon *s.m.bot.* medlar (tree) *(Mespilus germanica).*

moşmondi, moşmoni *vb.* v. m o ş-m o l i.

moşneag *s.m.* v. m o ş.

moşnean *s.m. ist.* freeholder.

moşnegesc *adj.* old man's...

moşteni I. *vb. tr. şi fig.* inherit. **II.** *vb. refl. pas.* to be inherited.

moştenire *s.f.* **1.** inheritance, heritage, legacy; *(intrare în posesie)* succession; *(patrimoniu)* patrimony. **2.** *fig.* heritage. ⓑ *prin ~* by inheritance, hereditarily; *by right of succession.* ⓒ *a lăsa ~* to bequeath; *a primi o ~* to come into an inheritance.

moştenit *adj.* inherited.

moştenitoare *s.f.* heiress.

moştenitor *s.m.* heir; *(succesor)* successor.

motan *s.m.***1.** tomcat, he-cat, tommy, P→ram cat; *(bătrîn)* gib cat, grimalkin. **2.** *fig. aprox.* oyster. ⓐ *~ul încălţat* Puss-in-Boots.

motet *s.n. muz.* motet.

motiv *s.n.* **1.** motive, reason, incentive, cause; ground. **2.** *muz.* theme, motto, figure. **3.** *pict.* motif. ⓑ *fără ~* gratuitously; without cause/reason; groundlessly; *fără nici un ~* without any reason; *pentru acest ~* for this reason, on this account; *(de aceea)* that is why; *sub nici un ~* in/under no circumstances, by no means, on no account. ⓒ *are ~(e) s-o facă* he

has reason to do it, he does it for good reasons; *a da cuiva ~ să...* to give smb. occasion to...

motiva *vb. tr.* to state the reason for; *(o acţiune etc.)* to motiv(at)e; *(a justifica)* to justify; *(a întemeia)* to base, to ground.

moto *s.n.* motto.

motocicletă *s.f.* motor cycle, F→ motor bike. ⓑ *~ cu ataş* motor cycle and side-car.

motociclism *s.n.* motor cyclism.

motociclist *s.m.* motor cyclist.

motocompresor *s.n.* motor air-compressor.

motocros *s.n.* motor cross.

motocultură *s.f.* power agriculture, motorized agriculture/farming.

motomecanizare *s.f.* mechanization.

motomecanizat *adj.* mechanized.

motonavă *s.f. nav.* motor ship/vessel.

motoplug *s.n.* motor plough.

motor I. *adj.* **1.** motive, driving, propulsive. **2.** *anat., psih.* motor. ⓑ *nerv ~* motory nerve. **II.** *s.n.* **1.** *tehn.* motor, engine. **2.** *fig.* mover; *(imbold)* stimulus. ⓐ *~ cu abur* steam engine; *~ cu ardere internă* internal combustion engine; *~ cu benzină* petrol/gasoline engine; *~ cu carburator* carburettor engine; *~ cu explozie* explosion motor/engine; *~ cu gaze* gas engine; *~ cu mai mulţi cilindri/policilindric* multicylinder engine; *~ cu reacţie/reactiv* jet-propulsion engine; *~ de avion* aircraft engine; *~ de vînt/eolian* wind motor/mill; *~ Diesel* Diesel engine; *~ electric* electric motor; *~ generator* motor generator; *~ în doi timpi* two-cycle/twostroke motor/engine; *~ în linie* in-line engine; *~ în stea/cu cilindrii dispuşi radial* radial engine; *~ sincron electr.* synchronous engine; *~ termic* heat motor. ⓑ *arbore ~* driving/main shaft; *bicicletă cu ~* motorized bicycle. ⓒ *a porni un ~* to start a motor.

motoretă *s.f.* motor bicycle.

motorină *s.f.* gas/Diesel oil.

motoriza *vb. tr.* to fit with a motor, to motorize.

motorizat *adj.* motorized.

motorizate *s.n. pl. mil.* motorized force.

mototol[1] *s.n.* ball, clew; *(de pămînt etc.)* pellet. ⓒ *a face ~ to* crumple; *a se face ~* to roll one-self up into a ball.

mototol[2]←F I. *adj.* nerveless, slack, sluggish; *(leneș)* idle, lazy; *(adormit)* sleepy, drowsy. II. *s.m.* F mollycoddle, milksop.

mototoli *vb. tr. și refl.* to (c)rumple.

motrice *adj.* v. m o t o r I. ⓑ *forță ~* motive power, propelling force.

motto *s.n.* v. m o t o.

moț[1] *s.n.* 1. *(la păsări)* topknot, crest, S→corona. 2. *(șuviță în față)* forelock; kiss-me-quick. 3. *pl.* (curl) papers, papillotes. 4. *(ciucure)* tassel. ⓑ *cu ~* a. crested, tufted. b. *fig. (obraznic)*←F cheeky. c. *fig. (deștept)* F cute.

moț[2] *s.m. Romanian from the region of the Apuseni Mountains.*

moțat *adj.* v. c u m o ț.

moțăi *vb. intr.* to doze, to nod. ⓐ *a ~ din cap* to nod, to wag one's head.

moțăială *s.f.* doze; dozing etc. v. m o ț ă i.

moțiune *s.f.* 1. *gram.* inflection of a noun to denote the gender. 2. *(propunere)* motion.

mov *adj.* mauve, lavender.

movilă *s.f.* 1. knoll, hillock. 2. *(morman)* heap, pile.

mozaic[1] *s.n.* mosaic, inlay.

mozaic[2] *adj.* Mosaic.

mozaism *s.n.* Mosaism.

mraniță *s.f. agr.* manure.

mreajă *s.f.* 1. net trap. 2. *fig.* net, meshes, toils. ⓒ *a prinde în mreje* to enmesh, to entice, to ensnare, to entrap.

mreană *s.f. iht.* barbel *(Barbus).*

muc *s.n.* 1. wick. 2. *(capăt de luminare)* candle end. 3. *(de țigară)* cigarette end/butt; *(de trabuc)* cigar stub/stump.

mucalit I. *adj.* funny, droll. II. *s.m.* wag.

mucava *s.f.* cardboard.

muced *adj.* (blue-)mouldy, musty, fusty, mildewy; *(d. pîine etc.)* mouldy, mildewed.

mucegai *s.n.* mould(iness), must-(iness).

mucegăi *vb. intr. și refl.* to get/grow/go mouldy, to get musty.

mucegăit *adj.* 1. v. m u c e d. 2. *fig.* musty, antiquated.

mucenie *s.m.* 1. *rel., fig.* martyr. 2. *pl. rel.* the Forty Martyrs. ⓑ *(sfinții) patruzeci de ~i* All Saints' Day.

mucenicie *s.f.* martyrdom.

mucezeală *s.f.* 1. moulding etc. v. m u c e z i. 2. v. m u c e g a i.

mucezi *vb. intr. și refl.* 1. to mould, to get/grow/go mouldy. 2. *fig.* v. l î n c e z i.

muchie *s.f.* 1. edge. 2. *(creștet)* top, summit. 3. *tehn.* margin; border; fin; lip; rib. ⓐ *~ teșită* bevel cant. ⓒ *a fi pe ~ de cuțit* to be within a hair's breadth of death etc.; to be in great danger.

muchier *s.n. tehn.* fillister, rabbet plane.

muci *s.m. pl. vulg.* snot, snivel, run at the nose.

mucilaginos *adj.* mucilaginous.

mucilagiu *s.n.* mucilage, gum.

mucles *interj.* F mum's the word, keep mum.

mucoasă *s.f.* mucous membrane.

mucos I. *adj.* 1. F snotty. 2. *(mucilaginos)* mucous, mucilaginous. 3. *fig.* wet behind the ears, unfledged. II. *s.m.* F greenhorn, Johnny Raw, *amer.* sucker, tenderfoot.

mucozitate *s.f. fiziol.* mucus, mucosity.

muezin *s.m.* muezzin.

mufă *s.f.* 1. *tehn.* coupling. 2. *(pt. fixarea capsei)* muff.

muflă *s.f. tehn.* muffle.

muftiu *s.m.* mufti.

muget *s.n.* 1. low(ing); *(de vacă, și)* moo; *(de bou, și)* bellowing. 2. *(al mării etc.)* roar; *(al furtunii etc.)* bluster.

mugi *vb. intr.* 1. to low; *(d. vacă, și)* to moo; *(d. bou, și)* to bellow; *(d. vițel)* to bleat. 2. *(d. mare etc.)* to roar; *(d. vînt etc.)* to howl.

mugur *s.m.* 1. bud, burgeon; *(de frunză și)* gemma. 2. *med.* (small) excrescence. 3. *fig.* offspring; *(copil)* child.

muia I. *vb. tr.* 1. to dip, to soak; *(a uda)* to wet; *(inul, cinepa)* to ret; *(a băga în apă)* to dip, to douse. 2. *(a scălda)* to bathe. 3. *(a face mai moale)* to soften; *(a incetini)* to slow down. 4. v. în- d u p l e c a. 5. *fon.* to palatalize. © *a ~ oasele cuiva* F to beat smb.to a mummy, to pommel smb., to sandbag smb. II. *vb. refl.* 1. *(a deveni ud)* to become/get wet; *(a se pătrunde de un lichid)* to get soaked. 2. *(d. vreme)* to thaw; *(a se încălzi)* to get warm/milder. 3. v. m o l e ş i II. 4. *(a se calma)* to calm down; *(a deveni mai înțe- legător)* to soften down, to relent.

muieratic *adj.* 1. *(efeminat)* ef- feminate, womanly. 2. v. a f e m e- i a t.

muiere *s.f.* 1. woman, female. 2. *(soție)* wife, better half.

muieresc *adj.* woman's...; woman- ly.

muiereşte *adv.* like a woman, in a feminine way.

muieruşcă *s.f. peior.* baggage.

mujdei *s.n.* garlic sauce.

mula I. *vb. tr.* to mould, to cast. II. *vb. refl.* 1. *pas.* to be moulded/ cast. 2. *(d. o rochie etc.)* to fit tightly.

mulaj *s.n.* 1. moulding, casting. 2. *(concret)* (thing) cast.

mulare *s.f.* moulding, casting.

mulatru *s.m.* mulatto.

mulgătoare I. *adj.* milch... II. *s.f.* 1. milkmaid. 2. milking machine.

mulgător *s.m.* milker. ⓐ *~ul capre- lor ornit.* goat-sucker, whippoor- will.

mulge I. *vb. tr.* 1. to milk. 2. *fig.* to drain; *(a exploata)* to exploit. II. *vb. refl. pas.* to be milked etc. v. ~ I.

mulgere *s.f.* muls *s.n.*, mulsoare *s.f.* milking.

mult I. *adv.* 1. much. 2. *(departe)* far. 3. *(multă vreme)* long. ⓐ ~ *mai...* much/far + *comp.*; consid- erably + *comp.*; ~ *mai mare decît el* much/far bigger than he, half again his size; ~ *prea uşor* all too easily; ~ *şi bine* for a long time; *(pt. totdeauna)* for ever.

ⓑ *cel ~* at the most; *cu ~* by far; *de ~* long ago; for a long time; long since; *mai ~* a. more; *(pe lîngă asta)* moreover, besides, in addition; *foarte ~* very much; *e ~ de atunci* it is long since. b. *(mai curînd)* rather, sooner; *din ce în ce mai ~* increasingly, ever more; *mai ~ ca/decît sigur* (it's) absolutely certain, there's no doubt about it, F→it is as sure as death; *mai ~ sau mai puțin* more or less; *nici mai ~ nici mai puțin* neither more nor less; *nu de ~* not long ago, (just) a while ago. II. *adj. nehot.* much; a great deal of, F→a lot of; *mulți* (a great) many; *poetic→*many a, F→a lot of; *(d. timp)* long. ⓐ *~e cărți* many books; *~ nisip* much sand. ⓑ *cei mai mulți...* most (of the)...; *de ~e ori, în ~e rînduri* often, frequently; time and again; *de mai ~e ori* several times; *mai mulți.* a. *(comparativ)* more. b. *(enumerativ)* several. III. *pron. nehot.* much, a great deal; *mulți* many; many people; F→a lot of them. ⓐ *~e toate, ~e şi de toate* F all sorts of things/stuff; *la mulți (oameni)* with many peo- ple; *şi mai ~e nu* F at all costs, by all means. ⓑ *cei mai mulți* most of them, the majority. © *a nu şti prea ~e* F to be a rough diamond/customer, to be blunt.

multicolor *adj.* multi-coloured, many-colour.

multilateral *adj.* many-sided, multi- lateral.

multimilionar *s.m.* multi-million- aire.

multinaţional *adj.* multinational.

multiplica *vb. tr. şi refl.* to multi- ply.

multiplicare *s.f.* multiplication.

multiplicativ *adj.* multiplicative.

multiplicator *s.n.* multiplier.

multiplicitate *s.f.* multiplicity.

multiplu *adj., s.m.* multiple. ⓑ *cel mai mic ~ comun* the least com- mon multiple.

multisecular *adj.* century-old.

mulţime *s.f.* multitude; crowd; throng; host; mass. ⓐ *o ~ de...* a great number of..., lots of... **mulţumi I.** *vb. intr.* to thank. **II.** *vb. tr.* to thank; *(a răsplăti)* to reward, to recompense; *(a satisface)* to satisfy, to content, to gratify. **III.** *vb. refl.* to have enough. ⓐ *a se ~ cu/să...* to be content/ satisfied with..., to make shift with...; *(a se limita la)* to confine oneself to..., to content oneself with...

mulţumire *s.f.* **1.** content(ment), contentedness; *(satisfacţie)* satisfaction; *(plăcere)* pleasure; *(bucurie)* joy. **2.** *(răsplătire)* reward, recompense; *(recunoştinţă)* gratitude; *pl.* thanks.

mulţumit *adj.* *(de)* contented (with), satisfied (with); *(încîntat)* pleased (with).

mulţumită I. *s.f.* **1.** gratitude; *(răsplată)* recompense, reward. **2.** v. m u l ţ u m i r e **1.** **II.** *prep.* thanks to.

mulţumitor I. *adj.* satisfactory. **II.** *adv.* satisfactorily.

mulură *s.f. arhit.* moulding.

mumă *s.f.* v. m a m ă. ⓕ *pentru unii~, pentru alţii ciumă aprox.* one man's meat is another man's poison.

mumie *s.f.* **1.** mummy. **2.** *fig.* F bag of bones.

mumifica I. *vb. tr.* to mummify. **II.** *vb. refl.* to become mummified.

muncă *s.f.* **1.** work, labour; *(anevoioasă)* toil; *(osteneală)* pains; *(bătaie de cap, eforturi etc.)* trouble; *(greutate)* difficulty; *(eforturi)* efforts; *(activitate)* activity. **2.** *(ocupaţie)* job, work. **3.** *pl.←înv.* tortures. ⓐ *munca cîmpului* field work; *~ abstractă ec. pol.* abstract labour/work; *~ concretă* concrete labour/work; *~ constructivă* constructive labour; *~ creatoare* creative labour; *~ cu ziua* work by the day, day labour; *~ de culturalizare* cultural and educational work; *~ de partid* Party work; *~ fizică* manual labour; physical work; *~ forţată* forced labour; *~ grea* hard work; *~ intelectuală* mental/brain work; *~ manuală*

manual labour; *~ obştească* social/ public work; *~ plătită/salariată* wage/hired labour; *~ socială ec. pol.* materialized labour; *~ ştiinţifică* scientific activity; *munci agricole* agricultural work. ⓕ *diviziunea muncii* division of labour; *forţe/braţe de ~* labour power, man power; *mijloace de ~* means of labour; *oamenii muncii* working people, those who work; *productivitatea muncii* productivity of labour; *protecţia muncii* labour protection. ⓒ *a se duce la ~* to go to work; *a se pune pe ~* to set to work, to go down to work; *e un pic de ~ aici* it takes a bit of doing.

muncel *s.n.* eminence, hillock.

munci I. *vb. intr.* to work; *(a trudi)* to toil, to labour. **II.** *vb. tr.* **1.** *(pămîntul)* to till. **2.** *fig.* to torture, to torment, to rack. **III.** *vb. refl.* **1.** *(a munci)* to toil, to labour; *(a se strădui)* to endeavour; *(a depune eforturi)* to make efforts; *(a-şi frămînta creierii)* to rack one's brains; *(a se osteni)* to take pains. **2.** *(a suferi)* to suffer; *(a se chinui)* to torment oneself; *(a se necăji)* to worry.

muncit *adj.* **1.** *(obosit)* tired, < worn out. **2.** *(forţat)* forced.

muncitor I. *adj.* **1.** working. **2.** *(harnic)* hard-working, active, industrious. ⓕ *clasa muncitoare* the working class. **II.** *s.m.* worker, workman. ⓐ *~ agricol* agricultural worker, farm hand, labourer; *~ calificat* skilled worker; *~ cu ziua* day labourer; *~ de fabrică* factory worker; *~ de linie ferov.* track worker; *~ feroviar* railwayman, railway worker; *~ fruntaş* front ranker (in production); *~ industrial* industrial worker; *~ necalificat* (unskilled) labourer; *~ portuar* docker, longshoreman, *amer.* waterside worker, stevedore; *~ sezonier* season worker; *~ tipograf* printer.

muncitoresc *adj.* working; labour..., worker's..., workers'...; working--class... ⓕ *mişcare muncitorească* working-class movement; *partid ~* workers' party.

muncitorime s.f. workers.

municipal adj. municipal. ① consi-
liu ~ town council.

municipalitate s.f. muncipality; mu-
nicipal authority.

municipiu s.n. town; municipality.

munificenţă s.f. munificence, boun-
ty.

muniţie s.f. mil. ammunition.

munte s.m. 1. mountain, hill; moun-
tain region; mountains. 2. fig.
heap, pile. ⓐ ~ de gheaţă iceberg;
un ~ de om F a big fellow; ~ de
pietate pawn shop/broker, mont-de-
piété. ① aer de ~ mountain air;
lanţ de munţi mountain range.

muntean I. adj. mountain... II.
s.m. 1. mountaineer. 2. Muntenian,
Wallachian.

muntenesc adj. 1. mountain...,
mountainous. 2. Muntenian, Wal-
lachian.

muntenism s.n. Wallachian word
sau idiom.

muntos adj. full of mountains, moun-
tainous.

mur s.m. bot. bramble, blackberry
bush (Rubus).

mura I. vb. tr. 1. to pickle. 2. to
wet, to soak. II. vb. refl. pas. to
be pickled etc. v. ~ I.

mural adj. mural. ① hartă ~ă wall
map; pictură ~ă mural painting.

mură s.f. 1. blackberry, brambleber-
ry. 2. nav. tack; (a unei vele) sail
tack, throat. ⓒ aşteaptă să-i pice
~-n gură he thinks the ravens will
feed him, he thinks fortune will
come a-wooing to him.

murătură s.f. pickle.

murdar I. adj. 1. dirty, filthy; (plin
de noroi) muddy, miry; (d. miini
etc., şi) grimy; (d. pahar şi) thick;
(d. muncă) slovenly, untidy. 2.
fig. dirty, foul; (d. o afacere) dirty,
unsavoury; (obscen) obscene, bawd-
y; (indecent) indecent; (d. ci-
neva) mean, base. ① rufe ~ e
washing. II. adv. meanly, basely,
indecently.

murdări I. vb. tr. 1. to soil, to dirty;
(a face gunoi in) to litter; (a păta)
to stain; (apa) to pollute. 2. fig.
to sully, to tarnish, to stain. II.
vb. refl. 1. to soil oneself, to make

oneself dirty. 2. (d. lucruri) to
become dirty etc. v. m u r d a r. I.

murdărie s.f. şi fig. dirt, filth; (co-
rupţie) corruption.

murg I. adj. dark bay. II. s.m. dark-
-bay horse.

muri vb. intr. 1. to die, to pass
away, to depart; F→to be called/
to go to one's account, to go aloft;
to be dead; F→to hop the twig/
perch, to pop off, to kick the buck-
et; sl. mil. to get the chopper,
to go for a Burton; aprox. he's had
it; elev.→to join the majority;
(a-şi da duhul) to give up the/
one's ghost; (a se ofili) to wither
away. 2. (d. sentimente etc.) to
die down/off/away. ⓐ a ~ de...
to die of...; (teamă etc.) to die/
perish with...; a ~ după... F to
go mad on..., to be keen on...;
a ~ pentru... to die for... ⓒ a ~
de bătrîneţe to die of old age; a
~ de boală to die of a disease/of
illness; a ~ de foame to die of
hunger; to starve, to be starved;
a ~ de frig to die of cold; a ~ de
inimă rea to die of a broken heart;
a ~ de mîna lui to die by one's
own hand; a ~ de moarte bună
to die in one's bed; a ~ de tuber-
culoză to die from consumption;
a ~ de pe urma unei răni to die
from a wound; a ~ din lipsa...
(cu gen.) to die for want of...;
a ~ în luptă, a ~ pe cîmpul de
luptă to die in (a) battle; a ~ pe
eşafod to die on the scaffold; ~
pe rug to die at the stake; a ~
pentru o cauză bună/dreaptă to
die for/in a good cause; a nu ~
de moarte bună to die in one's
boots; mor de nerăbdare să-l cu-
nosc I'm dying (with desire) to
meet him.

muribund s.m. person at the point
of death, dying man etc.

muritor adj., s.m. mortal.

murmur s.n. 1. (de protest etc.)
murmur. 2. (al unui pîriu) purl-
(ing), babble, babbling.

murmura I. vb. intr. 1. to murmur;
(d. cineva, a şopti) to whisper; (a
mormăi) to mutter, to mumble; (a
bombăni) to grumble, to growl.

2. *(d. un izvor etc.)* to purl, to babble; *(a susura)* to bicker. **II.** *vb. tr.* v. ~ I, **1.**

musaca *s.f.* dish of vegetables and minced meat fried in grease, then stewed.

musafir *s.m.* guest, visitor.

musai *adv.*←F by all means, at all events, must needs.

muscat *adj.*, *s.n.* muscat(el).

muscă *s.f.* **1.** *entom.* fly *(Musca domestica).* **2.** *entom (albină)*←P bee. **3.** *(artificială pentru undiţă)* badger fly. **4.** *sport (la tir)* bull's eye. ⓐ ~ *albastră (de carne)* *entom.* bluebottle, blow fly *(Musca vomitoria)*; *musca calului entom.* forest/horse fly *(Hippobosca equina).* ⓑ *apărătoare de muşte* fly flap/brush; *rău de* ~ **a.** *(d. cal)* vicious. **b.** *(d. cineva)*←F lustful. ⓒ *a muri ca muştele* to be swept off like flies; *e/se simte cu musca pe căciulă aprox.* the cap fits; *se auzea musca* not a breath was heard, you could hear a pin drop.

muscărie *s.f.* swarm of flies.

muscel *s.n.* hillock.

muschetă *s.f.* *odin.* musket.

muscular *adj.* muscular, muscle...

musculatură *s.f.* musculature.

musculos *adj.* muscular, brawny; *(d. cineva)* F→beefy.

muselină *s.f.* *text.* muslin.

musiu *s.m.* ← *peior.* monsieur.

muson *s.m.* monsoon.

must *s.n.* **1.** must (of grapes). **2.** unfermented wine. **3.** *(zeamă)* juice.

mustaţă *s.f.* **1.** moustache. **2.** *pl.* *entom.* feelers, antennae; *bot.* tendrils; *(la grîu etc.)* awns; *iht.* barbels; *zool.* whiskers. ⓒ *a-şi răsuci mustaţa* to twist/turn up one's moustache; *a trage/duce la* ~ F to booze, to guzzle, to tipple; *a ride pe sub* ~ to laugh up/in one's sleeve; *a-i zîmbi cuiva mustaţa* F to glow with pride *sau* satisfaction.

mustăcios *adj.* moustached, wearing a heavy moustache.

mustărie *s.f.* place where must is made *sau* sold.

musti *vb. intr.* **1.** *(d. lichide)* to spread, to filter, to infiltrate; *(in interior)* to soak; *(cu picătura)* to trickle (through); *(la exterior)* to ooze, to leak. **2.** *(de)* to be imbibed (with), to ooze (with).

mustos *adj.* juicy.

mustra *vb. tr.* to reprove, to reprimand, to scold, to admonish, F→to take to task. ⓒ *a-l* ~ *conştiinţa* to be tortured by remorse, to be conscience-stricken, to have qualms, to feel searchings of the heart.

mustrare *s.f.* reprimand, reproof, remonstrance, F→wigging, talking to. ⓐ *mustrări de conştiinţă/cuget* qualms of conscience, searchings of the heart.

mustrător I. *adj.* blaming, reproachful. **II.** *adv.* reproachfully.

musulman *adj.*, *s.m.* Moslem, Mussulman.

muşama *s.f.* oil cloth. ⓒ *a face* ~ F to hush up.

muşamaliza *vb. tr.* to hush up.

muşca *vb. tr. şi intr.* **1.** to bite; to bite off; *(d. albine etc.)* to sting; *(cu bucăţica)* to nibble. **2.** *fig.* to bite. ⓒ *a-şi* ~ *unghiile* to bite one's nails.; *a-şi* ~ *buzele* to bite one's lips; *cîinele m-a* ~*t de picior* the dog bit me in the leg.

muşcată *s.f.* *bot* stork's bill, pelargonium *(Pelargonium).*

muşcător *adj. şi fig.* biting; *fig.* caustic; sarcastic.

muşcătură *s.f.* bite; *(rană)* wound.

muşchetar *s.m.* *odin.* musketeer.

muşchi *s.m. bot.* moss *(Bryophyta).* ⓐ ~ *de munte* Iceland moss *(Cetraria islandica).*

muşchi[2] *s.m.* **1.** *anat.* muscle. **2.** *(carne)* sirloin, fillet.

muşchiulos *adj.* brawny (v. şi m u s-c u l o s).

muşeţel *s.m.* *bot.* horse gowan, German/wild camomile *(Matricaria chamomilla).*

muşiţă *s.f.* **1.** (swarm of) flies. **2.** heap of fly larvae.

muştar *s.n.* **1.** mustard. **2.** *bot.* white mustard *(Sinapis alba).* ⓒ *a-i sări (cuiva)* ~*ul* F to fly off the handle, to get the breeze up.

mușteriu *s.m.* și *fig.* customer.

muștiuc *s.n.* 1. *muz.* mouthpiece, embouchure, lip. 2. *tehn.* mouthpiece.

muștrului *vb. tr.* 1. to drill, to discipline. 2. *(a mustra)* F to lick into shape.

muștruluială *s.f.* 1. drilling. 2. v. mustrare. 3. *(bătaie)* F licking, drubbing.

mușuroi[1] *s.n.* hill, heap, cast. ⓐ ~ *de cîrtiță* mole hill/heap/cast; ~ *de furnici* anthill.

mușuroi[2] I. *vb. tr.* to earth/mould up, to hill, to ridge. II. *vb. refl. fig.* to heap; to crowd.

mușuroitor *s.n. agr.* hiller, ridger, butting plough.

mut I. *adj.* 1. dumb. 2. *fig.* silent; <deathly still; *(d. un sentiment etc.)* mute; *(fără grai)* speechless; *(înmărmurit)* struck dumb. ⓑ *consoană* ~*ă* voiceless consonant; *film* ~ silent film; „*h*" ~ mute H. II. *adv.* mutely; silently. III. *s.m.* dumb person, mute.

muta I. *vb. tr.* to move, to remove, to displace, to shift; *(a schimba)* to change. II. *vb. refl. (la)* to move (to); *(în)* to move in.

mutabil *adj.* changeable, mutable.

mutabilitate *s.f.* mutability, instability.

mutare *s.f.* 1. moving etc. v. muta. 2. *(concret)* removal, moving house/out. 3. *(la șah etc.)* move.

mutat *s.n.* v. mutare. 1, 2.

mutator *s.n. electr.* reversible rectifier.

mutație *s.f.* 1. *biol. etc.* mutation. 2. *(deplasare)* shifting, mutation; *(schimbare)* change, alteration. 3. *jur.* change of ownership; transfer of property.

mutălău *s.m.* 1. *(om tăcut)* F oyster. 2. *(prost)* blockhead.

mutătoare *s.f. bot.* bryony *(Bryonia dioica)*.

mutila *vb. tr.* to maim, to cripple.

mutilat I. *adj.* maimed, crippled. II. *s.m.* mutilated/maimed person.

mutism *s.n.* 1. v. muțenie. 2. *fig.* stubborn silence.

mutră *s.f.* 1. *(față)* ← F face; *(figură)* F phiz(z), mug. 2. *fig. (obraz)* F cheek. ⓒ *a face mutre* v. a face nazuri.

mutual I. *adj.* mutual. ⓑ *asistență* ~*ă* mutual aid/assistance. II. *adv.* mutually, reciprocally.

mutulică *s.m.* F v. mutălău 1.

muțenie *s.f.* 1. dumbness. 2. *fig.* silence, muteness.

muțunache *s.m.* 1. puppet. 2. *fig.* F jackanapes, masher, *sl.* la-di-da.

muză *s.f.* și *fig.* muse.

muzeu *s.n.* museum. ⓐ ~ *de artă* art museum/gallery. ⓑ *de* ~ a. rare, valuable, precious. b. *(vechi)* antiquated.

muzical I. *adj.* musical. ⓑ *ureche* ~*ă* musical ear, fan ear for music. II. *adv.* musically.

muzicalitate *s.f.* musicalness, musicality.

muzicant *s.m.* musician.

muzică *s.f.* 1. music. 2. *(orchestră)* band. ⓐ ~ *clasică* classical music; ~ *corală* choral music; ~ *de cameră* chamber music; ~ *grea* symphonic music; ~ *instrumentală* instrumental music; ~ *militară* a. military/martial music. b. military band; ~ *populară* folk music; ~ *simfonică* symphony/symphonic music; ~ *ușoară* light music; ~ *vocală* vocal music. ⓑ *școală de* ~ music school. ⓒ *a-i face cuiva* ~ F to give smb. a good dressing down.

muzician *s.m.* musician.

muzicolog *s.m.* music(al) expert, musicologist.

muzicologie *s.f.* musicology, musical science.

muzicuță *s.f.* 1. harmonica, mouth organ. 2. *(gură)* F jaw, potato trap; *(vorbire)* F gab.

N

N, n *s.m.* N, n, the sixteenth letter of the Romanian alphabet.

n- *adv.* v. nu.

-n *prep.* v. în.

na *interj.* **1.** *(iată)* F here! *(poftim)* ←F here you are; *(ia lucrul acesta)* F here, take it. **2.** *(exprimă nemulţumire)* F well I never! *(la naiba)* F the deuce! botheration! **3.** *(exprimă surprindere)* F ho! ah! (oh) my! my aunt/hat! **4.** *(insoţind bătaia)* F take your change out of that!

nabab *s.m.* **1.** nabob. **2.** *fig.* Croesus, man of great wealth.

nacelă *s.f. av.* balloon car, nacelle, gondola.

nacrit *s.n. mineral.* nacrite.

nadă *s.f.* **1.** bait, lure; *(vierme în undiţă)* angleworm. **2.** *fig.* bait, lure, enticement.

nadir *s.n. astr.* nadir.

naftalină *s.f. chim.* naphthaline; *com.* F→ moth balls. ⓒ *a pune la ~* F to shelve; *(lucruri)* to put on the shelf.

naftenic *adj.* ⓐ *acid ~* naphthenic acid.

naftol *s.m. chim.* naphthol.

nagîţ *s.m. ornit.* lapwing, pe(e)wit, bastard plover *(Vanellus cristatus).*

nai *s.n. muz.* syrinx, Panpipe, reed pipe.

naiadă *s.f. mit.* naiad, water nymph.

naiba *s.f.* F the Old Gentleman, Old Nick/ Scratch. ⓑ *la ~!* F bother (it)! botheration take it! the deuce!; *cam înv.*→confounded; *la ~-n praznic* F at the back of beyond; *al naibii (grozav de)* F as anything, as old boots, bally, < confound it! ⓒ *să fiu al naibii dacă...* I'm a Dutchman if..., I'm blessed / blest if...; *(pt. expresii* v. d r a c ⓒ).

nailon *s.n.* nylon.

naingiu *s.m.* reed pipe player.

naiv I. *adj.* **1.** naive, ingenuous, artless; *(sincer)* sincere. **2.** *(credul)* credulous; gullible; *(sărac cu duhul)* simple-minded. **II.** *adv.* naively etc. v. ~ **I. III.** *s.m.* unsophisticated person; simpleton. ⓒ *a face pe ~ul* to affect naivety.

naivitate *s.f.* **1.** naïveté, naivety, artlessness, simplicity, ingenuousness; sincerity. **2.** credulousness, credulity; simple-mindedness.

nalbar *s.m. entom.* hedge butterfly *(Papilio crataegi).*

nalbă *s.f. bot.* **1.** common/country mallow, round dock *(Malva silvestris).* **2.** *(şi ~ de grădină)* hollyhock, rose mallow *(Althea rosea).* **3.** *(şi ~ mare)* (marsh) mallow *(Althea officinalis).*

namiază *s.f.* noon, midday. ⓑ *ziua namiaza mare* in broad daylight.

namilă *s.f.* monster, prodigy, dragon, jumbo, hippopotamus, colossus.

nanchin *s.n. text.* nankeen.

nani *interj.* F. lullaby, hush-a-by, bye-bye. ⓒ *a face ~* F to do bye-bye; *a se duce să facă ~* F to go to bye-bye.

naos *s.n. arhit.* nave.

nap *s.m. bot.* turnip-rooted cabbage, underground kohlrabi *(Brassica napus esculenta).* ⓐ *~ de pămînt* v. c a r t o f; *~ porcesc* Jerusalem artichoke *(Helianthus tuberosus).*

napalm *s.n. mil.* napalm.

napoleon *s.m. odin.* napoleon.

nara *vb. tr.* to narrate, to tell.

narativ *adj.* narrative.

narator *s.m.* narrator.

narați(un)e *s.f.* narrative; *(povestire)* story.

nară *s.f.* **1.** *anat.* nostril; *zool.* nose hole; *(a calului)* narine; *(a balenei)* blow hole. **2.** *nav.* hawse hole.

narcis *s.m.,* **narcisă** *s.f.* *bot.* narcissus *(Narcissus)*

narcisism *s.n.* narcissism; self-love.

narcotic I. *s.n.* narcotic, F→dope. **II.** *adj.* narcotic.

narcotiza *vb. tr.* to narcotize, F to drug, to dope.

narcoză *s.f.* *med.* narcosis, anaesthesis. ⓟ *sub* ~ narcotized.

nard *s.n.* nard.

narghilea *s.f.* nargileh, hookah, hubble-dubble.

narodnic *ist.* **I.** *adj.* narodnik. **II.** *s.m.* narodnik, Russian populist.

narodnicism *s.n.* *ist.* Narodism, populism.

nartex *s.n.* *arhit.* narthex.

narval *s.m.* *zool.* narwhal(e) *(Monodon monoceros).*

nas *s.n.* **1.** *anat.* nose, F→olfactory, beak, conk, *sl.* scent box, smeller; *peior.*→snout. **2.** *constr.* nib. **3.** *tehn.* nose. ⓐ ~ *în* ~ nose to nose. ⓑ *de sub* ~ F from under *smb.'s* nose. ⓒ *are un* ~ *fin fig.* he is fine-nosed; *a-și băga* ~*ul peste tot* to poke one's nose into every corner; *nu-ți băga* ~*ul unde nu-ți fierbe oala!* F don't poke your nose everywhere! sweep before your own door! mind your own business! *a lăsa* ~*ul în jos* F to come down a peg or two; to feel ashamed; *a-și lua* ~*ul la purtare,* F to cock one's nose; *a-și sufla* ~*ul* to blow one's nose; *a-și șterge* ~*ul* to wipe one's nose; *a tăia* ~*ul cuiva* F to take smb. down a peg or two, to make smb. sing small; *umblă cu* ~*ul pe sus* F he puts/ screws up his nose, he cocks his nose, *sl.* he is high in the/his nose; *a duce pe cineva de* ~ F to fool smb.; to make a fool of smb.; *asta nu e de* ~*ul tău* F that's not for you, that's not for the likes of you; *a trage pe cineva de* ~ to pull smb.'s nose; *ți curge sînge din* ~

his nose is bleeding, he is bleeding at the nose; *a strîmba din* ~ to turn up one's nose; *a strîmbat din* ~ *la această propunere* he sniffed at the proposal; *să-ți fie in* ~*!*← F shame upon you! *a închide cuiva ușa în* ~ to shut the door in smb.'s face; *a-i ride cuiva în* ~ to laugh at smb.'s beard; *a vorbi pe* ~ to twang; to speak through/ in the nose, to snuffle; *a da cuiva peste* ~ F to put smb. in his place; *e chiar sub* ~*ul tău!* F it's under your very nose! *a se întîlni* ~ *în* ~ F to measure noses; *a nu-și vedea lungul* ~*ului* F not to know one's place, to kick up a dust, to snap one's fingers; *nu vede mai departe de vîrful* ~*ului* he sees no further than (the length of) his nose.

nasicorn *s.m.* *entom* rhinoceros beetle *(Oryctes nasicornis).*

nasture *s.m.* button.

naș *s.m.* **1.** godfather, sponsor. **2.** v. **nun**. ⓒ *a-și găsi* ~*ul* to find one's match.

nașă *s.f.* **1.** godmother, sponsor. **2.** v. **nun**.

naște I. *vb. tr.* **1.** to give birth to, to be delivered of, to be brought to bed of (a boy, etc.), *înv.*→to bear. **2.** *fig.* to give rise/birth to. **II.** *vb. refl.* **1.** to be born. **2.** *fig.* to come into being, to rise; *(a apărea)* to appear. ⓒ *se* ~ *întrebarea...* the question arises... **III.** *vb. intr.* **1.** to give birth to a child, to be confined. **2.** P v. ~ **II**, **1,2.** ⓒ *cînd urmează / așteaptă să nască?* when does she expect her confinement?

naștere *s.f.* **1.** birth; child bearing, confinement. **2.** *fig.* birth; conception; rise; inception. ⓑ *casă de* ~ maternity home / hospital, lying-in home/hospital; *din* ~ by birth; *locul nașterii* birthplace; *zi de* ~ birthday. ⓑ *de cînd s-a născut* in all his born days. ⓒ *a da* ~ *(cu dat.)* **a.** to give birth to... **b.** *fig.* to give rise/birth to...; *a lua* ~ to arise, to come into being; *(a începe)* to begin, to start.

natal *adj.* native.

natalitate *s.f.* birth rate.
natație *s.f.* swimming, natation.
nativ *adj.* native.
natră *s.f.* *text.* chain, warp.
natriu *s.n.* *chim.* sodium.
natural I. *adj.* natural; *(simplu)*
simple; *(veritabil)* genuine, un-
sophisticated; *(înnăscut)* innate;
(d. mătase) real, pure. ⓑ *economie*
~*ă* natural economy; *în mărime*
~*ă* life-size..., full-length...;
științe ~*e* natural sciences. **II.**
adv. naturally. **III.** *interj.* natural-
ly! of course! certainly!
naturalețe *s.f.* naturalness; unaffect-
edness.
naturalism *s.n.* naturalism.
naturalist I. *adj.* naturalist(ic). **II.**
s.m. *lit.* *etc.* naturalist.
naturaliza *vb.* *tr.* to naturalize.
natură *s.f.* **1.** *(în diferite sensuri)*
nature. **2.** *(fel)* kind, character;
(temperament) disposition. ⓐ
~ *moartă/statică* still life (painting);
pl. still lifes. ⓑ *de* ~ *să...* of a
nature to...; liable to...; *după* ~
from nature/life; *fenomene ale na-
turii* natural phenomena; *impozit
in* ~ *odin.* tax in kind; *lege a
naturii* law of nature. ⓒ *a plăti
in* ~ to pay in kind.
nație *s.f.* v. **n a ț i u n e.**
național *adj.* national. ⓑ *minoritate*
~*ă* national minority; *politică* ~*ă*
national policy; *problemă* ~*ă*
national problem, problem of
nationalities.
naționalism *s.n.* nationalism.
naționalist I. *adj.* nationalistic,
< jingoistic, chauvinistic. **II.** *s.m.*
nationalist, < chauvinist, jingoist.
naționalitate *s.f.* nationality. ⓒ
de ce ~ *este?* what is his nation-
ality?
naționaliza *vb.* *tr.* to nationalize.
naționalizare *s.f.* nationalization.
națiune *s.f.* nation; *(popor)* people.
ⓐ ~ *socialistă* socialist nation; *Na-
țiunile Unite* the United Nations.
naufragia *vb.* *intr.* to be (ship)
wrecked, to suffer shipwreck.
naufragiat I. *adj.* (ship)wrecked;
(aruncat pe o insulă etc.) *atrib.*
castaway. **II.** *s.m.* shipwrecked
person.

naufragiu *s.n.* (ship)wreck.
nautic *adj.* nautical; *(d. sporturi)*
aquatic.
nautil *s.m.* *zool.* nautilus *(Nautilus)*.
naval *adj.* naval, nautical, sea...
ⓑ *bază* ~*ă* naval base; *construc-
ții* ~*e* ship-building; *luptă* ~*ă*
sea fight, naval engagement; *răz-
boi* ~ naval warfare, sea war;
șantier ~ ship-building yard;
școală ~*ă* Naval College, nautical
school.
navă *s.f.* **1.** *nav.* vessel, ship. **2.** *arhit.*
nave. ⓐ ~ *aeriană* airship; ~ *atelier*
repair ship; ~ *auxiliară* supply
ship; ~ *cosmică* spaceship, space-
craft; ~ *de război* warship, man-of-
-war; ~ *de salvare* *nav.* salvage ves-
sel; ~ *fluvială* *nav.* inland ship/
vessel, river vessel; ~ *maritimă*
nav. ocean liner, sea-going ship;
~ *port-avioane* aircraft carrier; ~
școală training ship; ~ *spital* hos-
pital ship; ~ *tehnică* *nav.* technical
ship.
navetă *s.f.* **1.** v. **s u v e i c ă. 2.**
ferov. down-and-up-train. ⓒ *a face
naveta* to run to and fro; to ply;
to run shuttle service.
naviga *vb.* *intr.* to sail, to navigate.
navigabil *adj.* navigable. ⓑ *canal*
~ shipping canal; *riu* ~ navi-
gable river.
navigabilitate *s.f.* navigability.
navigator *s.m.* navigator.
navigație *s.f.* navigation, sailing.
ⓑ ~ *aeriană* aerial navigation;
~ *de coastă* coastal navigation;
~ *fluvială* river/inland naviga-
tion; ~ *maritimă* sea navigation.
navlosi *vb.* *tr.* *nav.* to freight.
navlu *s.n.* *nav.* freight.
nazal *adj.* nasal.
nazală *s.f.* *fon.* nasal.
nazalitate *s.f.* nasality.
nazaliza *fon.* **I.** *vb.* *tr.* to nasalize,
F → to (utter with a) twang. **II.** *vb.*
refl. to be nasalized. **III.** *vb.* *intr.*
to (speak with a) twang.
nazuri *s.n.* *pl.* whims, caprice. ⓒ
a face ~ to be fastidious/squeam-
ish, to be hard to please; to turn
up one's nose at everything etc.
năbădăi *s.f.* *pl.* ⓒ *a-l apuca/a-l găsi
pe cineva toate* ~*le* F to get into

a bad temper; *a băga pe cineva în* ~ F to frighten smb. out of his wits.

năbădăios *adj. (iute la minie)* peppery; *(capricios)* capricious; *(d. animale)* vicious.

năbuc *s.n.* newbuck.

năbuşeală *s.f.* v. z ă p u ş e a l ă.

năbuşi *vb.* v. î n ă b u ş i.

năclăi *vb. refl.* to clod.

năclăit *adj. (cleios)* adhesive, F→ stocky; *(unsuros)* greasy.

nădăjdui *vb. tr.* to hope; *(ceva)* to hope for.

nădejde *s.f. (speranţă)* hope. ⓑ *cu* ~ vigorously, diligently, forcibly; *de* ~ reliable. ⓒ *a-şi lua* ~*a* to give up all hope(s); *a-şi pune toată* ~*a în...* to found one's hope on..., to pin one's faith on...; *a trage* ~ to entertain hopes, to hope; *a se lăsa în* ~*a (cu gen.)* to count/rely on...

nădragi *s.m. pl.* ←P trousers, F breeches.

năduf *s.n.* ← P **1.** *(astmă)* asthma; *(sufocare)* asphyxia; *(respiraţie gîfîitoare)* sho·t breath/wind. **2.** v. z ă p u ş e a l ă. **3.** *(ciudă)* spite; *(supărare)* anger; *(furie)* fury.

năduşeală *s.f.* perspiration, sweat. ⓒ *a-l trece (toate) năduşelile (a transpira)* to perspire all over, F to be all in/of a sweat/lather; *(de frică)* to sweat with fear.

năduşi I. *vb. intr.* to perspire, to sweat. **II.** *vb. tr.* **1.** *(a sufoca)* to suffocate, to stifle. **2.** *(bucate)* to stew.

năduşitor *adj.* suffocating, stifling.

năframă *s.f.* kerchief; *(batistă)* handkerchief.

năgară *s.f. bot.* feather grass *(Stipa).*

năimi *vb. tr.* to hire; *(a angaja)* to engage.

nălucă *s.f.* **1.** apparition, ghost, spectre. **2.** *(iluzie)* illusion; *(himeră)* chimera.

năluci *vb.* v. n ă z ă r i.

nălucire *s.f.* **1.** v. n ă l u c ă 1, 2. **2.** *(halucinaţie)* hallucination.

nămete *s.m.* snow drift.

nămiază *s.f.* v. n a m i a z ă.

nămol *s.n.* **1.** mud. **2.** *fig.* heap, mass, multitude.

nămolos *adj.* muddy.

năpastă *s.f.* **1.** calamity, plague; ↓*inv.* bale; *(dezastru)* disaster. **2.** *(calomnie)* calumny, slander. **3.** *(nedreptate)* injustice, wrong, iniquity.

năpădi I. *vb. tr.* **1.** *(a umple)* to fill; *(a acoperi)* to cover; *(a inunda)* to flood; *(d. buruieni)* to overgrow, to choke; *(cu griji etc.)* to beset (with). **2.** *(a copleşi)* to overwhelm; *(a birui)* to defeat. **II.** *vb. intr. (d. lichide)* to gush out; *(a se revărsa)* to overflow. ⓐ *a* ~ *asupra/peste...* **a.** *(a ataca)* to pounce upon..., to attack...; *(a invada)* to invade... **b.** *fig.* to assail.

năpădire *s.f. (cotropire)* invasion; *(a apelor)* overflow; flood.

năpăstui *vb. tr.* **1.** *(a asupri)* to oppress; *(a persecuta)* to persecute; *(a fi o pacoste pentru)* to pester, to plague. **2.** *(a ponegri)* to denigrate; *(a calomnia)* to calumniate, to backbite; *(a bîrfi)* to slander.

năpăstuit I. *adj.* oppressed etc. v. n ă p ă s t u i. **II.** *s.m. pl. năpăstuiţii* the oppressed.

năpîrcă *s.f.* **1.** *zool.* (common) adder, viper *(Pelias berus).* **2.** *fig.* viper, F dirty rotter, skunk.

năpîrli *vb. intr. (d. animale)* to shed/cast one's coat, to shed hair; *(d. păsări)* to moult; *(d. şerpi)* to slough.

năpîrstoc *s.m.* F hop-o'-my-thumb, a child knee-high to a grasshopper.

năprasnic I. *adj.* **1.** *(brusc)* sudden; *(neaşteptat)* unexpected. **2.** *(violent)* violent, vehement; *(năvalnic)* impetuous; *(aprig)* fiery. **3.** *(grozav)* terrible, awful, tremendous; *(uluitor)* amazing. **II.** *adv.* suddenly, all of a sudden.

năprasnică *s.f. bot.* bird's eye *(Geranium robertianum).*

năpusti I. *vb. tr.* v. n ă p ă d i. **I. II.** *vb. refl. (asupra)* to rush (at/upon), to dart (at/upon), to make a dash (upon); to pounce (upon).

nărav *s.n.* **1.** *(obicei rău)* bad habit; *(viciu)* vice; *(patimă)* passion; *(al calului)* vicious tricks, jadery, **2.** *pl. (moravuri)* manners. ⓒ *a se învăţa cu* ~ to contract a (bad)

habit. ① ~*ul din fire n-are lecuire*
what is bred in the bone will not
go out of the flesh.

nărăvaş *adj.* vicious; balky, restive,
randy.

năravi *vb. refl.* to grow vicious.

nărăvit *adj.* 1. inveterate. 2. *(d.
cai)* vicious.

nărui *vb. refl.* 1. to crumble, to come
down, to collapse, to tumble
down; *(d. o stincă)* to slip. 2.
fig. to crumble away, to go to rack
and ruin; to end in smoke.

năsălie *s.f.* bier (for the coffin).

născare *s.f.* birth.

născînd *adj.* nascent; *(d. zi etc.)*
dawning; *(d. dragoste)* budding.

născoci *vb. tr.* *(a inventa)* to invent;
(a descoperi) to discover; *(a plă-
nui)* to plan; *(a imagina)* to imag-
ine; *(minciuni etc.)* to fabricate,
to concoct.

născocire *s.f.* 1. *(ca acţiune)* inven-
tion etc. v. n ă s c o c i . 2.
(invenţie) invention; *(descoperire)*
discovery. 3. *(minciună)* lie, fib;
(poveste) story, tale, yarn.

născocitor *adj.* inventive.

născut *s.m.* ① *tntîiul* ~ first-born;
nou ~ new-born child.

năsos *adj.(cu nasul lung)* long-nosed;
(cu nasul mare) great-/big-nosed,
F nos(e)y, P→conky.

năstruşnic *adj.* 1. extraordinary.
(straşnic) terrible; *(uimitor)* amaz-
ing. 2. *(ciudat)* strange, queer,
odd. ① *idee* ~*ă* wild-goose chase;
planuri ~*e* wild-cat schemes.

năsturel *s.m. bot.* (common) water-
cress *(Nasturtium officinale)*.

năşi *vb. intr.* to stand godfather
sau godmother.

năşie *s.f.* sponsorship.

nătăfleţ I. *adj. (prost)* silly, foolish.
II. *s.m. (prost)* blockhead, duffer.

nătărău *adj., s.m.* v. n ă t ă f l e ţ.

năting I. *adj.* 1. *(prost)* silly, fool-
ish. 2. *(stingaci)* awkward, clum-
sy. 3. *(tndărătnic)* stubborn, obsti-
nate. II. *s.m. (prost)* duffer, block-
head.

năuc I. *adj.* 1. *(zăpăcit)* giddy, as
mad as a March hare, flurried, be-
wildered, perplexed; *(uluit)* dumb-
founded; *(nebun)* crazy. 2. *(prost)*

silly, foolish. II. *s.m.* blockhead,
dunderhead.

năuci *vb. tr.* to confuse *smb.'s* mind,
F to muddle *smb.'s* brains; *(a pune
in încurcătură)* to confuse, to puz-
zle, <to bewilder; *(a lăsa per-
plex)* to perplex; *(a ului)* to amaze,
<to dumbfound.

năut *s.n. bot.* chick/grey pea *(Cicer
arietinum)*.

năvală *s.f. (invazie)* invasion; *(agre-
siune)* aggression; *(atac)* attack,
onslaught, onset, onrush; *(asalt)*
assault. ① *a da* ~ v. n ă v ă l i.

năvalnic I. *adj.* impetuous; *(furtu-
nos)* stormy. II. *adv.* impetuously.
III.*s.m. bot.* hart's tongue *(Scolo-
pendrium vulgare)*.

năvădi *vb. tr. text.* to draw.

năvăli I. *vb. intr.* 1. *(asupra)* to
rush (at), to pounce (upon); *(a
ataca)* to attack; *(a invada)* to
invade. 2. *(ase revărsa)* to overflow.
① *mulţimea* ~ *în sală* the crowd
broke into/invaded the hali; *a
~ intr-o ţară* to overrun a country.
II. *vb. tr. (a copleşi)* to overwhelm.

năvălire *s.f.* 1. *(ca acţiune)* rushing
etc. v. n ă v ă l i. 2. *(invazie)*
invasion; *(atac)* attack.

năvălitor *s.m.* invader.

năvod *s.n.* trawl, seine, sweep net,
trammel.

năvodar *s.m.* trawler.

năvodi *vb. intr.* to (fish with a)
trawl.

năzări *vb. refl.* ① *a i se* ~ *(că)* a.
(a crede) to think (that); *(a-şi
închipui)* to fancy (that), to imag-
ine (that); *(a-şi reprezenta)* to
picture; *(a fi halucinat)* to be
hallucinated . b. *(a-i veni o idee
etc.)* to cross one's mind, to dawn
upon one. ① *ce ţi s-a ~t?* F what
possesses you? *(ce idee!)* F what
an idea! the idea of it!

năzbîtie *s.f.* prank, trick, mischief;
(fără) farce; *(glumă)* joke, quip,
jest; *(prostie)* mad action/prank.
① *a face năzbîtii (prostii)* to com-
mit absurdities; *(fapte nebuneşti)*
to play mad pranks.

năzdrăvan I. *adj.* 1. *(suprana-
tural)* supernatural; *(magic)*
magic; *(făcător de minuni)*

wonder-working; *(de basm)* fairy.
2. *(extraordinar).* matchless, peer-
less. **3.** *(glumeț)* funny, droll. **II.**
s.m. magician; *(vrăjitor)* wizard.
năzdrăvănie *s.f.* **1.** *(lucru minunat)*
wonderful thing, marvel, prodigy.
2. *(glumă)* joke, quip, jest; *(pros-
tie)* mad action/prank. **3.** *(vicle-
șug)* cunning.
năzui *vb. intr. (spre/către)* to aspire
(to / after), to strive (for).
năzuință *s.f. (spre/către)* aspiration
(for/after), striving (for).
năzuros *adj.* self-willed, capricious;
(la mîncare) dainty, fastidious,
squeamish, overnice.
nea¹ *s.m. (unchi)* uncle.
nea² *s.f. (zăpadă)* snow, *poetic*
white.
neabătut *adj.* firm, steadfast, unflinc -
ing, unflagging, unshaken, un-
shak(e)able.
neaccentuat *adj. fon.* unstressed.
neacoperit *adj.* uncovered; *(expus)*
exposed; *(neapărat)* unprotected.
neadevăr *s.n.* untruth, falsehood;
(minciună) lie.
neadevărat *adj.* untrue, false.
neadormit *adj. și fig.* awake; *(atent)*
attentive; *(vigilent)* vigilant, alert,
watchful; *(activ)* active; *(neobosit)*
tireless.
neagă *s.f.*← P *(încăpățînat)* stub-
born person; *(om rău)* wicked crea-
ture; *(cobe)* F croaker.
neagresiune *s.f.* non-aggression. ①
pact de ~ non-aggression pact/
treaty.
neajuns *s.n.* **1.** *(necaz)* trouble; *(di-
ficultate)* difficulty. **2.** *(lipsă)* short-
coming, drawback; *(defect)* de-
fect.
neajutat *adj. (neputincios)* helpless;
(stîngaci) awkward, clumsy.
neajutorat *adj.* **1.** *(sărac)* poor; *(ne-
voiaș)* needy. **2.** *(stingaci)* helpless,
awkward, clumsy.
neam *s.n.* **1.** *(popor)* people, nation;
glum. persuasion. **2.** *(familie)*
family; *(origine)* origin, extrac-
tion, descent, lineage. **3.** *(rudă)* rela-
tive, relation; *elev.* kin. **4.** *(specie)*
species; *(varietate)* variety; *(fel)*
kind, sort. **5.** *fig.* tribe. ⓐ *~ de...*
...by origin; *~ de ~ul meu n-a*

... none of my family has... ① *de ~*
(mare) of noble descent; *de ~*
prost **a.** of humble origin / descent.
b. *F peior,* boorish, *de tot ~ul*
a. of different nationalities. **b.** *(de
tot felul)* of all kinds. ⓒ *a-și trage
~ul din...* to descend from...; *a
fi ~ cu cineva* to be related to
smb.
neamestec *s.n.* non-interference; non-
-intervention.
neamț *s.m.* ← P German.
neangajare *s.f.* non-alignment.
neangajat *adj.* non-aligned.
neant *s.n.* nothingness, naught,
nought; *(neființă)* non-being.
neantagonic *adj. filoz.* ① *contradic-
ții ~e* non-antagonistic contra-
dictions.
neaoș *adj.* **1.** native; *(d. cineva)* true-
-born. **2.** *(autentic)* genuine, pure.
neapărat **I.** *adj.* **1.** indispensable,
absolute. **2.** *(fără apărare)* defence-
less; unprotected. ⓒ *a fi de ~ă
trebuință* to be absolutely necessary.
II. *adv.* without fail, certainly;
necessarily; *(cu orice preț)* by all
means, at any price; *(absolut)*
absolutely. ⓒ *îmi trebuie ~* I want
it badly; *trebuie ~ să plec* I can-
not choose but go; *vino ~!* don't
fail to come! be sure and come!
you must needs come.
nearticulat **I.** *adj.* **1.** inarticulate. **2.**
gram. without an article. **II.** *adv.*
marticulately.
neascultare *s.f.* disobedience.
neascultător *adj.* disobedient; *(greu
de stăpînit)* unruly.
neasemuit *adj.* incomparable, match-
less, peerless, unexampled.
neastîmpăr *s.n.* agitation, bustle,
fret; *(neliniște)* disquietude.
neastîmpărat *adj.* **1.** agitated, bus-
tling, fretting. **2.** *(d. copii)*
naughty. **3.** *(vioi)* lively, vivid,
v. și **n e b u n a t i c.**
neașteptat **I.** *adj.* unexpected; *(brusc)*
sudden. **II.** *s.n.* ① *pe ~e* unex-
pectedly, suddenly, (all) of a sud-
den, (at) unawares.
neatent **I.** *adj.* inattentive. **II.** *adv.*
inattentively, absently, absent-
-mindedly.

neatenție *s.f.* inattention, absence of mind, absent-mindedness.

neatins *adj.* untouched, intact.

neatîrnare *s.f.* independence; autonomy.

neatîrnat *adj.* independent, autonomous.

neauzit *adj.* **1.** unheard. **2.** *fig.* unheard of, extraordinary.

neavenit *adj. jur.* ⓑ *nul și* ~ null and void.

nebăgare *s.f.* ⓐ ~ *de seamă* negligence, unobservance; oversight; ~ *in seamă* slight, scorn, disdain. ⓑ *din* ~ *de seamă* through an oversight.

nebănuit *adj.* **1.** unsuspected, beyond/above suspicion; *(de nădejde)* trustworthy. **2.** *fig.* undreamt of; unforeseen, unexpected.

nebeligerant *adj.*, *s.m.* non-belligerent (country). ~

nebiruit *adj.* not defeated; invincible.

nebuloasă *s.f. astr.* nebula.

nebulos I. *adj.* nebulous, obscure. **II.** *adv.* nebulously, obscurely.

nebulozitate *s.f.* nebulousness, obscurity, haziness, cloudiness, mistiness.

nebun I. *adj.* **1.** mad, insane, demented, F crazy. **2.** *fig. (de durere etc.)* mad, frantic; beside oneself; *(d. iluzii)* wild; *(prostesc)* foolish; extravagant; *(nesăbuit)* reckless; *(nestăpînit)* unruly. **3.** *(teribil)* F mighty. **4.** *(rău)*← P bad. ⓐ ~ *de bucurie* beside oneself with joy. ⓒ *era* ~ *de durere* he was mad/frantic with pain *sau* grief; *e* ~*ă după nepoată-sa* F she dotes on her niece; *a fi* ~ *după cineva* F to be nuts on/crazy about smb.; to dote on smb.; *ești* ~ *!* F you're mad/crazy. **II.** *s.m.* **1.** madman, lunatic. **2.** *(prost; bufon)* fool, *inv.* →antic. **3.** *(la șah)* bishop. ⓐ ~ *furios* raving lunatic, maniac; ~ *de legat* raving mad, F stark/staring mad. ⓑ *casă de* ~*i* madhouse, lunatic asylum; *fig.* Bedlam. ⓒ *a face pe* ~*ul* F to play the giddy goat/the fool, *amer.* to cut didoes; *a fi cam* ~ to be slightly mad.

nebunariță *s.f. bot.* v. **măselariță**.

nebunatic *adj.* playful, frolicsome, sporty, frisky.

nebunesc *adj.* foolish; *(de nebun)* madman's..., mad; *(nesăbuit)* reckless.

nebunește *adv.* **1.** foolishly etc. v. **nebunesc**. **2.** exceedingly, excessively, to excess.

nebunie *s.f.* **1.** madness, insanity. **2.** *fig.* folly; act/piece of folly; *(năzdrăvănie)* mad trick; *(manie)* mania, hobby. ⓒ *a face nebunii* to commit acts of extravagance; *a iubi pe cineva la* ~ to love smb. to distraction, to be madly in love with smb.; *e o* ~ *(curată) să....*it is sheer folly/madness to...

necalificat *adj.* unqualified, unskilled. ⓑ *muncă* ~*ă* unskilled labour; *muncitor* ~ unskilled worker.

necaz *s.n.* **1.** trouble; *(amărăciune)* sorrow; *(suferință)* suffering; *(bătaie de cap)* nuisance, annoyance; *(impas)* deadlock. **2.** *(ciudă)* spite, grudge, resentment. ⓑ *in* ~*ul cuiva* in spite/defiance of smb.; in/to smb.'s teeth, to spite smb. ⓒ *a avea* ~ *pe cineva, a-i fi* ~ *pe cineva* to have a grudge/spite against smb., to bear malice/ill-will against smb.; *a da de un* ~ to get into trouble/difficulties.

necăji I. *vb. tr. (a supăra)* to anger; *(a jigni)* to vex, to tease; *(a irita)* to irritate; *(a deprima)* to depress, to dishearten. **II.** *vb. refl.* **1.** *(a se supăra)* to be/grow angry; *(a se amări)* to be pained, to grieve. **2.** *(a-și da osteneală)* to endeavour, to take pains.

necăjit *adj.* worried; *(abătut)* downcast, depressed; *(trist)* sad; *(supărat)* angry; *(chinuit)* tormented; *(nenorocit)* miserable.

necălcat *adj.* not ironed/pressed; *(boțit)* crumpled.

necăsătorit *adj.* unmarried; single.

necăutat *adj.* simple, artless; unaffected.

necercetat *adj.* unexplored.

necesar I. *adj.* necessary, needful; *(d. o informație etc.)* requisite; *(cerut)* required; *(indispensabil)* indispensable, essential. ⓑ *in mod* ~ necessarily, of necessity; *stric-*

tul ~ no more than is neccessary.
II. *s.n.* outfit.

necesita *vb. tr.* to necessitate, to require.

necesitate *s.f.* necessity, need; *(nevoie)* need, want. ⓓ *cu* ~ of necessity, inevitably; *de primă* ~ indispensable, essential; *obiecte de primă* ~ articles of daily necessity. ⓒ *a-și face necesitățile* to relieve nature.

nechemat *adj.* **1.** *(nepoftit)* unbidden, uninvited; uncalled for; *(inoportun)* inopportune. **2.** *fig.* *(neștiutor)* ignorant; *(incompetent)* incompetent; *(nepriceput)* unskilful.

necheza *vb.intr.* to neigh.

nechezat *s.n.* neigh(ing).

nechibzuință *s.f.* **1.** thoughtlessness, recklessness, rashness. **2.** *(ca act)* thoughtless action.

nechibzuit *adj.* thoughtless, reckless, rash, unreasonable, unwise.

necicatrizat *adj.* not healed / cicatrized.

necinste *s.f.* disgrace, dishonour; *(rușine)* shame; *(insultă)* insult.

necinsti *vb. tr.* to disgrace, to dishonour, to bring dishonour on; *(a profana)* to profane; *(o femeie)* to rape, to violate, to ravish, to outrage.

necinstit I. *adj.* dishonest, unfair. **II.** *adv.* dishonestly.

necioplit *adj.* *fig.* unmannerly, uncouth, boorish.

neciteț I. *adj.* illegible, unreadable. ⓓ *scris* ~ illegible/blind hand. **II.** *adv.* illegibly.

necâștigător *adj.* *(d. un bilet)* that does not win a prize. ⓓ *bilet* ~ blank.

neclar I. *adj.* *(vag)* vague, indefinite; *(cețos)* hazy; *(obscur)* obscure; *(greu)* difficult; *(încîlcit)* intricate; ambiguous. **II.** *adv.* vaguely etc. v. ~I.

neclaritate *s.f.* vagueness; indefinite character; haziness; obscurity, difficulty, intricacy; ambiguity.

neclintire *s.f.* immobility, fixity.

neclintit *adj.* **1.** motionless, still, fixed. **2.** *fig.* inflexible; unbending, unflinching; *(ferm)* firm. ⓓ *de* ~

firm, stable, immovable: *voință* ~ă inflexible will.

necolorat *adj.* uncoloured.

necombatant *adj.*, *s.m. mil.* non-combatant (...).

neconceput *adj.* ⓓ *de* ~ inconceivable, unimaginable.

neconcludent *adj.* unconvincing.

necondiționat I. *adj.* unstipulated, without stipulation; *(d. capitulare etc.)* unconditional. **II.** *adv.* unconditionally.

neconsecvent *adj. adv.* v. **i n c o n-s e c v e n t.**

neconsolat *adj.* unconsoled, uncomforted.

neconstituțional *adj.* unconstitutional.

necontenit I. *adj.* continual, ceaseless, unceasing; never-ending. **II.** *adv.* continuously, without cessation/a break.

necontestat *adj.* unquestionable, indisputable, self-evident, manifest.

necontrolabil *adj.* uncontrollable, beyond control.

neconvenabil *adj.* inconvenient.

necopt *adj.* **1.** raw, unripe, green; *(d. o plăcintă, și fig.)* half-baked. **2.** *fig.* unripe, immature, F green, callow.

necorespunzător I. *adj.* inadequate; incongruous. **II.** *adv.* inadequately.

necredincios I. *adj.* **1.** unfaithful, faithless, disloyal. **2.** *rel.* unbelieving, irreligious. **II.** *s.m. rel.* unbeliever, atheist, disbeliever.

necredință *s.f.* **1.** unfaithhufulness, faithlessness, disloyalty **2.** *rel.* unbelief, lack of faith.

necrezut *adj.* ⓓ *de* ~ beyond belief, unbelievable; extraordinary; terrible, tremendous.

necrofag *adj.* necrophagous.

necrofor *s.m. entom.* carrion beetle, necrophore *(Necrophorus germanicus).*

necrolog *s.n.* obituary (notice), necrology.

necromant *s.m.* necromancer.

necromanție *s.f.* necromancy.

necropolă *s.f. ist.* necropolis, necropole.

necroză *s.f. med.* necrosis.

necruţător adj. merciless, ruthless, relentless.

nectar s.n. bot., mit. nectar.

necton s.n. zool. nekton.

necugetat I. adj. thoughtless, reckless, rash; imprudent. **II.** adv. thoughtlessly etc. v. ~ I.

necultivat adj. 1. untilled, uncultivated; waste 2. fig. uncultivated, uneducated.

necum adv. all the less, so much the less.

necumpătare s.f. intemperance.

necumpătat adj. (d. cineva) intemperate, incontinent; (d. lucruri) immoderate, excessive.

necunoaştere s.f. ignorance.

necunoscut I. adj. unknown; unfamiliar. ① de origine ~ă origin unknown; insulă ~ă unknown island. **II.** s.m. stranger. **III.** s.n. necunoscutul the unknown.

necunoscută s.f. 1. mat. unknown quantity. 2. fig. unknown (factor).

necuprins I. adj. vast, boundless. **II.** s.n. boundlessness.

necurat I. adj. 1. unclean; (blestemat) (ac)cursed; (diavolesc) devilish. 2. (necinstit) dishonest, dishonourable; (dubios) dubious, shady, suspicious; (d. o afacere) funny, dark. **II.** s.m. necuratul the Evil one, the devil.

necurăţenie s.f. 1. dirtiness. 2. pl. rubbish, litter.

necuviincios I. adj. (nerespectuos) disrespectful; (dar sincer) bluff(y); (obraznic) cheeky, brazen, insolent; (deplasat) misplaced, out of place; indecorous, indecent, unseemly. **II.** adv. disrespectfully etc. v. ~ I.

necuviinţă s.f. 1. impropriety, indecency, unseemliness. 2. (ca act) improper act sau utterance, breach of manners.

necuvîntător adj. dumb.

nedecis adj. 1. (care nu a fost decis) undecided, not settled. 2. (d. cineva) undecided, irresolute. 3. (d. o problemă etc.) undecided; undetermined.

nedecorticat adj. rough.

nedefinit adj. indefinite; (vag) vague.

nedelicat I. adj. indelicate. tactless. **II.** adv. indelicately, tactlessly.

nedelicateţe s.f. 1. indelicacy; tactlessness. 2. (ca act) indelicate/tactless action.

nedemn adj. (de) unworthy (of); (ruşinos) shameful. ① faptă ~ă mean action.

nedemontabil adj. tehn. solid; in one part.

nedeprins adj. (cu) unaccustomed (to), unused (to).

nedesăvîrşire s.f. imperfection.

nedescris adj. © de ~ indescribable, unspeakable.

nedesluşit adj., adv. v. neclar.

nedespărţit adj. inseparable.

nedeterminare s.f. indetermination.

nedezlegat adj. unguessed, unsolved.

nedezlipit adj. inseparable.

nedezminţit adj. firm, steadfast, never-failing; (consecvent) consistent.

nedibaci I. adj. unskilful, awkward, clumsy. **II.** adv. unskilfully etc. v. ~ I.

nedisciplinat adj. undisciplined.

nedorit adj. undesirable, unexpected. ① oaspete ~ uninvited guest.

nedormit adj. 1. who has not slept enough. 2. (d. noapte etc.) sleepless.

nedovedit adj. unproved.

nedrept adj. (incorect) incorrect; (ilegal) illegal; (injust) unjust; (greşit) wrong. ① pe ~ unjustly; (nemeritat) undeservedly; (samavolnic) arbitrarily.

nedreptate s.f. injustice, wrongness; (rău) wrong; iniquity. © a face cuiva o ~ to do smb. an injustice, to wrong smb.

nedreptăţi vb. tr. to wrong, to do smb. an injustice.

nedumerire s.f. bewilderment, perplexity.

nedumerit adj. puzzled.

nedureros adj. painless, acheless.

neechivalent adj. non-equivalent.

neegal... v. inegal...

neexecutare s.f. non-execution, non-performance.

neexploatat adj. unexploited; (d. o mină) unworked.

neexplorat adj. unexplored.

nefast adj. (d. o zi) ill-fated, black-letter..., evil; (d. influenţă) baneful, baleful; (rău) bad, evil.

nefavorabil *adj.* unfavourable; inauspicious.

nefericire *s.f.* misfortune. ⓑ *din* ~ unfortunately, unhappily.

nefericit I. *adj.* **1.** unhappy; *(fără noroc)* unlucky; *(nenorocit)* miserable. **2.** v. **nefast. II.** *s.m.* wretch.

neferos *adj.* non-ferrous.

nefiert *adj.* **1.** underboiled. **2.** *(crud)* raw.

neființă *s.f.* non-existence.

nefiresc *adj.* unnatural, artificial, affected.

nefolositor *adj.* useless.

nefondat *adj.* groundless, ungrounded, indefeasible.

nefrit *s.n. mineral.* nephrite.

nefrită *s.f. med.* nephritis, Bright's disease.

nefumător I. *adj.* non-smoking. **II.** *s.m.* non-smoker. ⓑ *compartiment pentru ~i* non-smoker; *vagon pentru ~i* non-smoking carriage.

neg *s.m.* wart.

nega I. *vb. tr.* to deny, *jur.* to traverse. **II.** *vb. intr.* to deny a charge.

negare *s.f.* denial, denying.

negativ I. *adj.* negative. **II.** *adv.* negatively. **III.** *s.n. fot.* negative.

negativism *s.n.* negativism.

negativist *adj., s.m.* negativist.

negație *s.f.* negation.

negel *s.m.* wart.

neghină *s.f. bot.* corn cockle, cock weed *(Agrostemma githago)*. ⓒ *a alege neghina din griu* to sift the chaff from the wheat.

neghiob I. *adj.* *(prost)* silly, stupid, foolish; *(neîndeminatic)* clumsy. **II.** *s.m.* *(prost)* blockhead.

neghiobie *s.f.* *(prostie)* foolish/stupid thing.

negîndit *adj.* ⓑ *pe ~e* unexpectedly, (all) of a sudden, *inv.→*unwittingly.

neglija *vb.tr.* to take no care of; *(îndatoririle etc.)* to be neglectful of; *(pe cineva)* to neglect, < to slight, to ignore; *(a lăsa nefăcut)* to leave undone.

neglijabil *adj.* negligible. ⓒ *e o cantitate ~ă* he is a negligible quantity.

neglijare *s.f.* neglect; slighting; omission.

neglijent I. *adj.* negligent, careless, slipshod, remiss, neglectful; *(indiferent)* indifferent, casual; *(indolent)* indolent, slothful. ⓑ *stil ~* loose/slipshod style. **II.** *adv.* negligently etc. v. ~ **I.**

neglijență *s.f.* negligence. ⓑ *din* ~ through an oversight.

negocia *vb.tr.* to negotiate.

negociabil *adj.* negotiable.

negociator *s.m.* negotiator.

negociere 1. negotiation, negotiating. **2.** *pl.* negotiations. ⓒ *a duce negocieri* to carry on negotiations, to negotiate.

negoț *s.n.* trade, commerce. ⓒ *a face ~ cu...* to deal in *smth.*, to trade in *smth.* with *smb.*; *a se ocupa cu ~ul* to be engaged in commerce.

negrăit *adj.* unspeakable, indescribable. ⓐ *~ de...* unspeakably...

negreală *s.f.* **1.** blackness. **2.** *(intuneric)* dark(ness). **3.** *(vacs)* shoe polish. **4.** *metal.* mould facing.

negreață *s.f.* **1.** black colour. **2.** v. **negreală 1.**

negresă *s.f.* Negro woman *sau* girl.

negreșit *adv.* *(neapărat)* by all means, at all costs; *(sigur)* of course, certainly. ⓒ *du-te ~* don't fail to go, you must needs go.

negricios *adj.* blackish, darkish; *(oacheș)* dark-haired; dark-skinned; *(d. ten)* dusky, dark.

negroid *s.m.* negroid.

negru I. *adj.* **I.** black, *poetic→* sable(-coloured), *(d. piele)* dark, swarthy; *(innegrit)* blackened: *(ars de soare)* tawny, sun-burnt; *(ca cerneala)* inky; *(cafeniu, brun)* brown. **2.** *(murdar)* dirty, grimy, black. **3.** *(fără lumină)* dark; *(obscur)* obscure. **4.** *fig. (d. o faptă etc.)* foul; *(rău)* wicked; *(misterios)* mysterious; *(ascuns)* hidden; *(d. ginduri)* gloomy. **5.** *(privitor la negri)* Negro... ⓐ *~ ca tăciunele/ smoala* coal/inky/jet black; *~ la față fig.* black in the face. ⓑ *bursă neagră* black market; *Marea Neagră* the Black Sea; *mizerie neagră* dire poverty; *piine neagră* brown bread; *rasă neagră* negro/black

race; *rochie neagră* black dress. ©
a-i face cuiva zile negre to poison
smb.'s life. **II.** *s.n.* **1.** black (colour).
2. *(doliu)* black, mourning. **3.**
(murdărie) dirt(iness). ⓐ ~ *animal*
v. c ă r b u n e   a n i m a l;
~ *de fum* carbon black, lamp/soot/
gas black; ~ *pe alb* in black and
white. ⓑ *îmbrăcat în* ~ dressed
in black; *nici cît (e)* ~ *sub unghie*
not a whit. © *a vedea toate în* ~
to see everything in the worst light,
to look at the dark side of every-
thing; *mi se face* ~ *înaintea ochilor*
everything goes dark before my
eyes. **II.** *s.m.* Negro.

negruşcă *s.f. bot.* black caraway, fen-
nel flower *(Nigellla arvensis)*.

negură *s.f.* **1.** fog. **2.** *fig.(beznă)* dark-
(ness); *(noapte)* night. **3.** *fig. (mul-
ţime)* multitude, host.

neguros *adj.* **1.** foggy. **2.** *(întunecos)*
dark; *(posomorît)* gloomy.

negustor *s.m.* merchant, dealer; *(ca-
re are prăvălie)* shopkeeper; *(ambu-
lant)* pedlar, bagman. ⓐ ~ *de...*
dealer in...; ~ *de grîne* corn deal-
er.

negustoresc *adj.* merchant's...; com-
mercial.

negustorie *s.f.* **1.** trade, commerce,
shopkeepers. **2.** *(afacere)* business.

negustorime *s.f. col.* shopkeepers,
merchants.

neguţător *s.m.* v. n e g u s t o r.

nehotărîre *s.f.* hesitation.

nehotărît *adj.* **1.** undecided; irreso-
lute; *(şovăitor)* hesitating; *(vag)*
vague. **2.** *gram.* indefinite.

neică *s.m.* ← *reg. (unchiule)* uncle;
(frate) brother; *(prietene)* old
man/chap, my boy.

neiertat *adj.* ⓑ *de* ~ unpardonable,
inexcusable.

neiertător *adj.* unforgiving, ruthless.

neigienic *adj.* unhygienic.

neimitabil *adj.* inimitable; *(fără
pereche)* matchless.

neimportant *adj.* unimportant, of
no account.

neimpozabil *adj.* tax free, not liable
to taxation.

neintervenţie *s.f.* non-intervention,
non-interference. ⓑ *politică de* ~

a policy of non-interference, hands-
-off policy.

neinvitat *adj.* uninvited.

neisprăvit **I.** *adj.* unfinished. **2.**
(infinit) endless, infinite. **3.** *(in-
capabil)* ←F incapable, inefficient;
(prost) ←F silly; *(necópt)* callow.
II. *s. m.* F blockhead, dunderhead,
dolt, dunce.

neistovit *adj.* never-failing; *(ne-
obosit)* tireless *(intens)* intense;
(continuu) continuous.

neizbîndă *s.f.* failure; *(înfrîngere)*
defeat; *(ghinion)* ill-luck.

neizbutit *adj.* unsuccessful, lame. ⓑ
încercare ~ă lame attempt.

neîmblînzit *adj. (sălbatic;* şi *fig.)*
wild; savage; unbroken; *(cumplit)*
terrible; *(crud)* cruel, pitiless.

neîmpăcat *adj.* **1.** *(nemulţumit)* dis-
satisfied, discontented. **2.** *(aprig)*
fierce; irreconcilable, unoppos-
able, implacable. ⓑ *contradicţii
de*~ irreconcilable contradictions;
luptă ~ ă uncompromising strug-
gle, war to the knife.

neîmpărtăşit *adj. (d. dragoste)* un-
requited.

neîmplinit *adj.* **1.** unfulfilled. **2.**
(crud) raw, immature; *(netermi-
nat)* unfinished.

neînarmat *adj.* unarmed, armless;
(fără apărare) defenceless.

neîncăpător *adj.(d. spaţiu)* cramped;
(îngust) narrow; *(mic)* small.

neînceput *adj.* intact, whole; entire,
unbroken; *(virgin)* virgin.

neîncetat **I.** *adj.* ceaseless, incessant,
unceasing, continual, endless, never-
-ending. **II.** *adv.* ceaselessly, con-
tinually, without cease.

neînchipuit *adj.* ⓐ ~ *de...* unspeak-
ably..., inconceivably...; *(extrem
de)* extremely..., exceedingly... ⓑ
de ~ unthinkable, inconceivable.

neîncredere *s.f.* distrust, mistrust;
(bănuială) suspicion. ⓑ *cu* ~
distrustfully, suspiciously.

neîncrezător **I.** *adj. (în)* distrustful
(of), mistrustful (of); *(bănuitor)*
suspicious(of).**II.** *adv.* distrustfully,
suspiciously.

neîndemînare *s.f.* want of skill;
clumsiness, awkwardness.

neîndemînatic I. *adj.* awkward, clumsy, gawky, butter-fingered; ~*ule!* butter fingers! ① *un om* ~ a bull in a china shop. II. *adv.* awkwardly, clumsily, v. și s t î n g a c i.

neîndeplinire *s.f* non-fulfillment; failure to execute/to carry out/to comply with. ② ~*a planului* non-fulfilment of the plan.

neîndeplinit *adj.* unfulfilled.

neîndestulare *s.f.* deficiency, shortage, scarcity; *(lipsuri)* want; *(sărăcie)* poverty.

neîndestulátor *adj.* insufficient, inadequate, scarce; *(sărac)* poor; *(redus)* small, reduced.

neîndoios I. *adj.* sure, certain, positive; *(limpede)* clear, obvious, (sefl-)evident. II. *adv.* sure(ly) etc. v. ~ I.

neînduplecat *adj.* inflexible, unyielding; rigid, adamant.

neîndurător I. *adj.* pitiless, merciless, ruthless. II. *adv.* pitilessly etc. v. ~ I.

neînfricat I. *adj.* undaunted, fearless, intrepid, foursquare. II. *adv.* fearlessly.

neînfrînt *adj.* unvanquished, unconquered, unsubdued. ① *de* ~ invincible, unconquerable.

neîngăduit *adj.* forbidden, prohibited, banned.

neîngrijit *adj.* 1. neglected; *(d. o grădină)* neglected, overgrown, weed-grown. 2. v. n e g l i j e n t.

neînlăturat *adj.* ① *de* ~ unavoidable, inevitable.

neînsemnat *adj.* insignificant, unimportant, of no importance/significance/account, of small account; *(d. o pierdere etc.)* trivial, trifling.

neînsuflețit *adj.* inanimate, lifeless.

neînsurat *adj.* unmarried, single.

neîntemeiat *adj.* groundless, unfounded, ungrounded, baseless.

neîntîrziat *adv.* immediately, at once, without delay.

neîntors I. *adj.* 1. unmoved. 2. *(d. berbeci etc.)* ungelded. II. *adv.* ⓒ *a dormi* ~ to sleep like a top/log.

neîntrecut *adj.* unsurpassed; *(fără pereche)* matchless, peerless.

neîntrerupt I. *adj.* uninterrupted, unbroken. II. *adv.* uninterruptedly.

neînțelegere *s.f.* 1. *(între pesoane)* misunderstanding, disagreement. 2. *(a unui lucru)* lack of understanding.

neînțeles *adj.* 1. *(d. cineva)* misunderstood. 2. *(tainic)* secret; *(misterios)* mysterious; *(obscur)* obscure. ① *de* ~ incomprehensible; *(inexplicabil)* unaccountable; *(ciudat)* strange.

neînvins *adj.* unvanquished.

nejustificat *adj.* unjustified; unreasonable.

nelămurire *s.f.* obscure point.

nelămurit I. *adj.* 1. vague; *(obscur)* obscure, not clear, not cleared up, uncertain; *(nedefinit)* indefinite. 2. *(d. cineva)* unenlightened. II. *adv.* vaguely etc. ~ I.

nelegitim *adj.* illegitimate.

nelegiuire *s.f.* unlawfulness; *(ca act)* unlawful action; *(impietate)* impiety; *(nedreptate)* iniquity; *(crimă)* crime.

nelegiuit I. *adj.* infamous, foul; *(ticălos)* villainous, wicked. II. *s.m.* scoundrel, villain.

nelimitat *adj.* unlimited, boundless, unbounded.

neliniște *s.f.* disquiet; *(neodihnă)* restlessness; *(grijă)* anxiety, uneasiness; *(agitație)* agitation.

neliniști I. *vb. tr.* to worry, to make anxious; to distress; to alarm. II. *vb. refl.* to worry; to be anxious to take alarm.

neliniștit I. *adj.* unquiet; *(fără astîmpăr)* restless, agitated, fidgety; *(îngrijorat)* upset, anxious, uneasy. F→worried; *(d. somn)* troubled, broken; *(agitat)* agitated. II. *adv.* uneasily, anxiously, unquietly.

neliniștitor *adj.* upsetting, disquieting, alarming.

nelipsit *adj.* never-failing; *(obiș nuit)* habitual, customary.

nelocuit *adj.* uninhabited. ① *de* ~ uninhabitable; *insulă* ~*ă* desert island.

nelogic I. *adj.* illogical. II. *adv* illogically.

nelucrător *adj. atrib.* non-working.
ⓛ *zi nelucrătoare* off-day, non-working day.
nemaiauzit *adj.* unheard-of.
nemaipomenit *adj.* unprecedented, unparalleled, unheard-of; extraordinary. ⓐ~ *de...* inconceivably..., extremely..., exceedingly...
nemaivăzut *adj.* unprecedented, unwitnessed, unparalleled, without a parallel.
nemărginire *s.f.* infinite, boundlessness.
nemărginit I. *adj.* infinite, unlimited, boundless, borderless, unbounded. ⓛ *întindere* ~*ă* immeasurable space. III. *s.n.* infinite.
nemăritată *adj. fem.* unmarried. ⓛ *femeie* ~ unmarried woman, spinster, single lady.
nemăsurat *adj.* unmeasured, beyond measure; *(enorm)* huge, enormous; *(exagerat)* exaggerated.
nemeritat *adj.* undeserved.
nemernic I. *adj.* 1. knavish; *(josnic)* mean, base; *(infam)* infamous, foul. 2. *(jalnic)* miserable, wretched. II. *s.m.* scoundrel, villain rascal.
nemernicie *s.f.* 1. knavery; *(josnicie)* meanness, baseness; *(infamie)* infamy. 2. *(ca act)* mean/low-down action. 3. *(mizerie)* misery, wretchedness.
nemijlocit I. *adj.* immediate, direct. II. *adv.* directly.
nemilos *adj., adv.* v. n e î n d u r ă t o r.
nemiluita *s.f.* ⓛ *cu* ~ plentifully, abundantly, in profusion, F galore.
nemistuit *adj.* undigested.
nemișcare *s.f.* immobility, motionlessness; fixity.
nemișcat *adj.* still, motionless; *(fix)* fixed. ⓒ *a sta* ~ to stand motionless, to stand still.
nemîncat I. *adj.* hungry. ⓛ *pe* ~*e* on an empty stomach. II. *s.m.* starving man; *(sărac)* poor man.
nemîngîiat *adj.* v. n e c o n s o l a t.
nemotivat *adj.* groundless, unfounded. ⓛ *absență* ~*ă* absence without leave.

nemțesc *adj.* 1. German. 2.←P town...; townsman's... ⓛ *haine nemțești* ← P town clothes.
nemțește *adv.* 1. after the German manner. 2. *(ca limbă)* German.
nemțișor *s.m. bot.* larkspur *(Delphinium)*.
nemțoaică *s.f.* 1. German (woman sau girl). 2. *(guvernantă)* governess.
nemulțumi *vb. tr.* to dissatisfy, to displease, to annoy.
nemulțumire *s.f.* dissatisfaction, displeasure, discontent(ment); *(necaz)* trouble.
nemulțumit I. *adj. (de)* discontented (with), displeased (with), dissatisfied (with). II. *adv.* with displeasure. III ~ *s.m.* malcontent.
nemulțumitor I. *adj.* 1. *(nerecunoscător)* ungrateful. 2. *(nesatisfăcător)* unsatisfying, unsatisfactory. II. *adv.* unsatisfactorily.
nemurire *s.f.* immortality.
nemuritor *adj.* undying; *(veșnic)* eternal.
nenatural *adj.* unnatural; *(afectat)* affected.
nenăscut *adj.* unborn.
nene *s.m.* 1. *(unchi)* uncle. 2. *(proxenet)* pimp, pander, F fancy man.
nenișorule *s.m. la vocativ* F old man/ chap, my boy.
nenoroc *s.n.* ill-luck; *(necaz)* trouble; *(nefericire)* unhappiness.
nenoroci *vb. tr. (a face nefericit)* to make unhappy; *(a distruge)* to destroy, to ruin; *(a schilodi)* to cripple, to maim; *(a fi o pacoste pentru)* to pester, to plague.
nenorocire *s.f.* misfortune; *(accident)* accident; *(dezastru)* disaster; *(năpastă)* calamity, affliction; *înv.* → bale, *poetic* → bane. ⓛ *din* ~ unfortunately. ⓛ *o* ~ *nu vine niciodată singură* an evil chance seldom comes alone, it never rains but it pours.
nenorocit I. *adj.* miserable; *(nefericit)* unhappy, unfortunate; *(dureros)* grievous; *(trist)* sad. II. *s.m.* wretch.

nenorocos *adj.* unfortunate, unlucky, luckless, ill-fated, ill-starred; *(d. o zi)* ill-omened, v. şi n e f a s t.

nenumărat *adj.* innumerable, numberless, countless, incalculable.

neobişnuinţă *s.f. (de a)* unaccustomedness (to); want of habit. ⓒ *din* ∼ for want of habit.

neobişnuit *adj.* 1. *(cu)* unaccustomed, unused (to). 2. unusual, outstanding, remarkable, extraordinary; exceptional; out of the common. ⓑ *la o oră* ∼*ă* at an unusual hour; *talent* ∼ outstanding/remarkable talent.

neobosit I. *adj.* indefatigable, tireless; *(harnic)* active, hard-working; *(susţinut)* sustained, continual. II. *adv.* tirelessly.

neobrăzare *s.f. (neruşinare)* boldness, impudence, F→cheek. ⓑ *ce* ∼ *!* it is the height of impudence!

neobrăzat *adj.* bold, impudent, brazen(-faced), F→cheeky.

neobservat *adj.* unobserved, unnoticed.

neoclasic *adj.* neo-classical.

neoclasicism *s.n.* neo-classicism.

neocupat *adj.* unoccupied.

neodihnă *s.f.* restlessness; *(oboseală)* tiredness.

neodihnit 1. *(obosit)* tired. 2. *fig.* v. n e o b o s i t.

neofalină *s.f.* neophaline, benzine.

neoficial *adj.* unofficial, informal; *(d. discuţii)* off the record.

neofit *s.m.* neophyte; *(începător)* beginner, F→tyro.

neogrec *adj.* neo-Greek.

neolatin *adj.* neo-Latin.

neolitic *adj.* neolithic.

neologism *s.n.* neologism.

neom *s.m.* monster; non-entity; inane person.

neomenesc *adj.* inhuman; *(crud)* unfeeling, cruel.

neomeneşte *adv.* inhumanly.

neomenie *s.f.* inhumanity, brutality.

neomenos *adj.* inhuman, brutal.

neon *s.n. chim.* neon. ⓑ *lampă cu* ∼ neon (glow-)lamp.

neoplasm *s.n. med.* neoplasm, cancer.

neoplatonism *s.n. filoz.* neo-Platonism.

neopozitivism *s.n. filoz.* neopositivism.

neopozitivist *adj. filoz.* neopositivist.

neorînduială *s.f.* disorder, confusion.

neostoit *adj.* tireless, untired.

neo-tomism *s.m. filoz.* neo-Thomism.

neozoic *adj. geol.* neozoic.

nepămîntean, nepămîntesc *adj.* unearth(l)y.

nepărtinire *s.f.* impartiality, fair mindedness.

nepărtinitor I. *adj.* impartial, unprejudiced, unbias(s)ed, fair-minded. II. *adv.* impartially.

nepăsare *s.f.* indifference, carelessness; *(lene)* idleness; *(apatie)* apathy. ⓑ *cu* ∼ indifferently, carelessly.

nepăsător I. *aj.* indifferent, careless; *(apatic)* apathetic. II. *adv.* indifferently etc. v. ∼ I.

nepătat *adj.* 1. stainless, spotless. 2. *fig.* immaculate, spotless, untainted.

nepătruns *adj. (şi de* ∼*)* 1. impenetrable. 2. *fig.* mysterious, secret; *(ascuns)* hidden, abstruse.

nepedepsit *adj.* unpunished.

nepereche *adj.* odd, uneven.

nepermis *adj.* forbidden, unlawful, illicit.

nepieptănat *adj.* uncombed.

nepieritor *adj.* unfading, everlasting.

neplată *s.f.* non-payment.

neplatnic *s.m.* insolvent.

neplăcere *s.f.* 1. *(silă)* displeasure; *(scîrbă)* disgust, repugnance. 2. *(necaz)* trouble, nuisance, annoyance.

nepoată *s.f. (de unchi)* niece; *(de bunic)* grand-daughter.

nepoftit I. *adj. (neinvitat)* uninvited, unbidden; *(nechemat)* uncalled for; *(inoportun)* inopportune; *(nedorit)* unwished, undesirable. II. *s.m.* intruder.

nepolitic *adj.* impolitic; unwise, tactless.

nepopular *adj.* unpopular, F→at a discount.

nepot *s.m.* 1. *(de unchi)* nephew. 2. *(de bunic)* grandson. 3. *(urmaş)* descendant. 4. *(la vocativ)* ←P (my) boy!

nepotism *s.n.* nepotism.

nepotolit *adj.* unabated, unquench-ed, unextinguishable.

nepotrivire *s.f.* discrepancy; *(dez-acord)* disagreement; *(contrast)* con-trast; *(contradicţie)* contradiction; *(neasemănare)* dissimilarity. ⓐ ~ *de culori* clash of colours.

nepotrivit *adj.* **1.** discordant, disso-nant; *(inegal)* unequal; *(neconvenabil)* inconvenient; *(impropriu)* unfit, unsuited, inadequate. **2.** *(deplasat)* out of place; *(d. o remarcă)* unwarranted, uncalled--for. ⓑ *intr-un moment* ~ amiss.

nepractic *adj.* unpractical.

nepregătit *adj.* unprepared.

neprelucrat *adj. tehn.* raw; crude; rough.

nepreţuit *adj.* inestimable, invalu-able, priceless.

neprevăzător *adj.* improvident.

neprevăzut **I.** *adj.* unforeseen, un-looked-for; *(neaşteptat)* unexpected. **II.** *s.m.* contingency; emergency.

neprevedere *s.f.* improvidence.

neprezentare *s.f.* **1.** failure to appear, non appearance; *(absenţă)* absence. **2.** *jur.* default; contumacy. ⓐ ~ *la lucru* absence from work.

nepricepere *s.f. (neştiinţă)* ignorance; *(lipsă de înţelegere)* incomprehen-sion; *(incapacitate)* incapacity, inability.

nepriceput **I.** *adj.* ignorant; incapa-ble; *(prost)* silly, stupid. ⓐ ~ *la/în...* a bad hand at... **II.** *s.m.* blockhead, F dolt.

neprielnic *adj.* unfavourable.

neprieten *s.m. (duşman)*←*inv.* foe.

neprietenesc *adj.* unfriendly.

neprietenos **I.** *adj.* unfriendly; *(ostil)* hostile. **II.** *adv.* in an unfriendly manner; hostilely.

neprihănire *s.f.* purity; chastity.

neprihănit *adj.* immaculate, stain-less; pure; *(cast)* chaste.

neproductiv *adj.* unproductive. ⓑ *muncă* ~*ă* wasted work.

nepublicat *adj.* unpublished.

neputincios *adj.* powerless, helpless; *(impotent)* impotent.

neputinţă *s.f.* powerlessness, helpless-ness; *(impotenţă)* impotence, im-potency. ⓑ *cu* ~ impossible.

nerăbdare *s.f.* impatience; *(nelinişte)* anxiety; *(ardoare)* eagerness. ⓑ *cu* ~ impatiently. ⓒ *ardea de* ~ *să...* he was agog to...

nerăbdător *adj.* impatient; *(doritor)* eager; desirous.

nerăsuflat *s.n.* ⓑ *pe* ~*e* all in one breath; at one go.

nerealizabil *adj.* unrealizable, unat-tainable.

nerealizare *s.f.* unfulfilment, failure (to fulfil smth.).

nerealizat *adj.* unfulfilled. ⓑ *de* ~ v. n e r e a l i z a b i l.

nerecunoaştere *s.f.* failure to recog-nize *smb. sau smth.*; *(repudiere)* repudiation; *(a unei convenţii etc.)* non-recognition.

nerecunoscător *adj.* ungrateful.

nerecunoştinţă *s.f.* ingratitude, un-gratefulness.

neregularitate *s.f.* irregularity.

neregulat *adj.* irregular; *(d. puls)* erratic, F→queer; *(d. somn)* brok-en; *(d. viaţă)* disorderly, irregu-lar, loose.

neregulă *s.f.* disorder. ⓑ *in* ~ out of order; amiss.

nereidă *s.f. mit.* nereid, sea nymph.

nerelevant *adj.* irrelevant, insignific-ant.

nerespectare *s.f.* non-observance, inobservance.

nereuşit *adj.* unsuccessful, lame.' ⓑ *incercare* ~*ă* lame attempt.

nereuşită *s.f.* failure, ill success, set-back.

nerezolvat *adj.* unsolved, unsettled, undecided. ⓑ *de* ~ insoluble, unsolvable; *probleme* ~*e* unset-tled/outstanding questions.

neritic *adj.* ⓑ *zonă* ~*ă geol.* neritic zone.

nerod **I.** *adj.* **1.** *(prost)* silly, foolish. **2.** *(inutil)* useless; *(absurd)* non-sensical. **II.** *s.m. (prost)* blockhead, dolt.

neroditor *adj.* unfruitful; *(sterp)* barren, sterile.

nerozie *s.f.* **1.** *(prostie)* stupidity. **2.** *(ca act)* foolish action.

neruşinare *s.f.* shamelessness, impu-dence, insolence, effrontery, assur-ance, F→sauce, cheek. ⓒ *a avut* ~*a să...* he had the impudence /

front/assurance, F→cheek to...; *asta este culmea neruşinării!* it is the height of impudence!

neruşinat I. *adj.* impudent, insolent, bold-faced. ⓑ *minciună~ă* outrageous/blatant lie. **II.** *s.m.* impudent fellow.

nerv *s.m.* **1.** *anat.* nerve. **2.** *pl.* fit of nerves, F tantrums; *(isterie)* hysterics. **3.** *fig.* vim; energy; vigour; force. ⓐ *~ auditiv anat.* auditory nerve; *~i de oţel* iron nerves, nerves of steel; *~ optic* optic nerve. ⓑ *criză de ~i* v. *~ 2.* ⓒ *a avea ~i* to be nervous; *a avea nervi la stomac* to have an upset stomach; *a face ~i cuiva* F to give smb. the fidgets; *a fi bolnav de ~i* to have a nervous disease; *a fi în ~i* F to be on edge, to be in one's tantrums/in high dudgeon; *a călca pe ~ii cuiva* to get/jar on smb.'s nerves; to exasperate smb.

nervatură *s.f. tehn.* nervature.

nervaţie *s.f.* **1.** *bot.* nervation. **2.** *tehn.* v. n e r v a t u r ă.

nervos I. *adj.* **1.** *anat.* nervous, nerve... **2.** *(d. stil)* vigorous, virile. **3.** *(d. cineva)* nervous, excitable, highly strung, F nervy, on edge; *(agitat)* fidgety, mumpy; *(d. rîs)* hysterical; *(iritat)* irritated. ⓑ *sistem ~ fiziol.* nervous system. **II.** *adv.* irritably, impatiently, F→nervily.

nervozitate *s.f.* nervousness, irritability, state of nerves; F→fidgets, jumpiness.

nervură *s.f.* **1.** *bot., entom.* nervure, rib, vein. **2.** *tehn., constr.* rib.

nesaturat *adj.* unsaturated.

nesaţ *s.n.* appetite; *(lăcomie)* greed. ⓑ *cu ~* greedily.

nesăbuinţă *s.f.* **1.** recklessness; *(prostie)* stupidity. **2.** *(ca act)* reckless action; *(prostie)* foolish action.

nesăbuit I. *adj.* reckless, rash; *(nebunesc)* foolish. **II.** *adv.* recklessly, foolishly.

nesănătos *adj.* *(d. climă)* insalubrious, unhealthy; *(d. hrană etc.)* unwholesome; *(d. literatură etc.)* unwholesome, pernicious; *(d. o*

locuinţă) insanitary. ⓑ *atmosferă nesănătoasă* unhealthy atmosphere.

nesărat *adj.* **1.** unsalted. **2.** *fig.* insipid, dull, flat.

nesătul *adj.* hungry; *(nesăţios)* insatiable.

nesăţios *adj.* insatiable; *fig.* greedy, grasping.

neschimbat *adj.* unchanged, unaltered; *(fix)* fixed; permanent.

neschimbător *adj.* unchanging, invariable, unalterable.

nescris *adj.* unwritten. ⓑ *lege ~ă* unwritten law.

nesecat *adj.* inexhaustible; *(d. un izvor)* perennial; *(d. umor)* unfailing.

neserios *adj.* **1.** *(d. cineva)* not serious, light-minded; frivolous. **2.** *(neîntemeiat)* unfounded, ungrounded. **3.** *(neimportant)* unimportant, insignificant. **4.** *(copilăros)* childish.

nesfîrşit I. *adj.* endless; infinite; *atrib.* agelong. **II.** *s.n.* infinite. ⓑ *la ~* endlessly, without end.

nesigur *adj.* uncertain, unsafe, insecure. ⓑ *mers ~* uneven/unsteady/faltering gait; *mînă ~ă* unsteady hand.

nesiguranţă *s.f.* uncertainty, incertitude; *(îndoială)* doubt.

nesilit I. *adj.* unconstrained, free. **II.** *adv.* of one's own will, of one's own accord.

nesimţire *s.f.* **1.** *(leşin)* fainting fit, swoon; *(lipsă de sensibilitate)* insensitiveness. **2.** *fig.* insensitiveness, indifference, callousness. ⓑ *a cădea în ~* to faint away, to go off in a swoon.

nesimţit I. *adj.* case-hardened, thick-skinned, callous. **II.** *s.n.* ⓑ *pe ~e* imperceptibly; *(pe furiş)* stealthily. **III.** *s.m.* thick-skinned fellow.

nesimţitor *adj.* **1.** *(nepăsător)* indifferent, careless; *(insensibil)* insensible, insensitive, dead, unfeeling, callous. **2.** v. n e s i m ţ i t.

nesincer I. *adj.* insincere. **II.** *adv.* insincerely; from the lips outwards.

nesociabil *adj.* unsociable, insociable; antisocial.

nesocoti *vb. tr.* **1.** to overlook; *(a nu ține seama de)* not to take into account/consideration; *(a omite)* to omit. **2.** *(a desconsidera)* to disregard; *(a disprețui)* to scorn, to slight; *(abrava)* to defy;*(a ignora)* to ignore.

nesocotință *s.f.* v. n e c h i b z u in-ț ă.

nesocotire *s.f.* overlooking etc. v. n e s o c o t i.

nesocotit *adj.* **1.** v. n e c h i b z u i t. **2.** *(ignorat)* ignored; *(disprețuit)* scorned, disdained, v. și n e s o-c o t i.

nesomn *s.n.* sleeplessness, wakefulness, insomnia.

nespălat I. *adj.* **1.** unwashed; *(murdar)* dirty. **2.** *fig.* F caddish, boorish. **II.** *s.m.* F cad, boor.

nespornic *adj.* profitless, fruitless.

nesportiv *adj.* unsportsmanlike.

nespus *adj.* inexpressible, beyond expression/words, unutterable. ⓐ ~ *de...* inexpressibly...; *(extrem de)* extremely..., exceedingly....

nestabil *adj. și chim.* unstable; *(pe care nu te poți bizui)* unreliable.

nestabilitate *s.f.* instability.

nestatornic *adj.* inconstant; *(pe care nu te poți bizui)* unreliable.

nestatornicie *s.f.* inconstancy, fickleness; *(a caracterului)* flightiness.

nestăpînit *adj.* unrestrained, unruly; lacking self-control; *(pasionat)* passionate; fiery, impetuous.

nestăvilit *adj.* irresistible; *(năvalnic)* impetuous. ⓓ *ris* ~ irrepressible laughter.

nestemată I. *adj. fem.* ⓓ *piatră* ~ gem, precious stone. **II.** *s.f.* v. ~ I, ⓓ.

nestins *adj.* **1.** unextinguished. **2.** *fig.* inextinguishable, unquenchable. ⓓ *var* ~ quick lime.

nestrăbătut *adj.* unbeaten; *(necunoscut)* unknown; *(virgin)* virgin. ⓓ *de* ~ impassable; *(d. o pădure)* impenetrable; *(d. un rîu)* unfordable.

nestrămutat *adj.* unshak(e)able; *(d. curaj etc.)* unflinching, unwavering; *(neabătut)* unswerving; *(care nu cedează)* unyielding; *(hotărît)* resolute; *(ferm)* firm.

nestricat *adj.* unbroken; *(întreg)* whole.

nesuferit I. *adj.* *(și de* ~*)* unbearable, intolerable. ⓒ *a fi* ~ to be the limit. **II.** *s.m.* unbearable person.

nesupunere *s.f.* insubordonation.

nesupus *adj.* disobedient, unsubmissive, unruly.

neșansă *s.f.* ill-luck.

neșifonabil *adj.* non-crease...

neșters *adj.* ineffaceable, indelible. ⓓ *de* ~ indelible, unforgettable.

neștiință *s.f.* ignorance.

neștirbit *adj.* untouched; whole, intact.

neștire *s.f.* ⓓ *în* ~ *a.* *(inconștient)* unconsciously. **b.** *(cu grămada)* F by/in heaps; *(din abundență)* in profusion/abundance.

neștiut *adj.* un(be)known; *(tainic)* secret; *(ascuns)* hidden. ⓓ *pe* ~*e* stealthily, F→unbeknownst.

neștiutor I. *adj.* ignorant. **II.** *s.m.* ⓓ ~ *de carte* illiterate.

net I. *adj.* **1.** *com.* net; clear. **2.** *(clar)* clear; *(d. o deosebire)* clear-cut; *(d. un răspuns)* plain. ⓓ *refuz* ~ flat refusal. **II.** *adv.* plainly, flatly, point-blank; *(distinct)* distinctly; *(mărturisit)* avowedly. ⓒ *a refuza* ~ to refuse point-blank/flatly.

netăgăduit I. *adj.* *(și de* ~*)* undeniable, incontestable, indubitable. **II.** *adv.* incontestably, undeniably.

neted I. *adj.* **1.** smooth; *(d. drumuri)* even; *(d. piele etc. și)* sleek. **2.** *fig.* *(clar)* clear, obvious; *(precis)* precise. **II.** *adv.* smoothly.

netemeinicie *s.f.* groundlessness.

neterminat *adj.* unfinished.

netezi *vb. tr.* **1.** to make smooth sau even; to smooth out/down; *(drumul)* to level. **2.** *(cu fierul)* to press, to iron. **3.** *(a aranja)* to arrange. **4.** *(a mingîia)* to stroke. ⓒ *a* ~ *calea/drumul spre...* to pave the way for...

netezitoare *s.f. constr.* smoother.

netezitor *s.n. metal.* smoother.

netipărit *adj.* unprinted.

neto *adv.* net.

netot *adj., s.m.* v. n e g h i o b.

netrebnic I. *adj.* **1.** *(bun de nimic)* worthless, good for nothing; *(inutil)* useless. **2.** *(ticălos)* knavish, rascally. **3.** *(nenorocit)* miserable, wretched. **II.** *s.m.* rascal, knave, villain; reprobate.

netrebuitor *adj.* useless, unnecessary.

neturburat *adj.* untroubled; *(liniștit)* tranquil, quiet; *(imperturbabil)* unruffled, imperturbable, cool.

nețărmurit *adj.* boundless, unlimited, unbounded.

neuitat *adj.* unforgotten, not forgotten. ⓑ *de ~* unforgettable, never to be forgotten; *impresie de ~* indelible/lasting impression.

neumă *s.f. muz.* neum(e).

neumblat *adj.* **1.** unbeaten; *(neexplorat)* unexplored. **2.** *fig.* inexperienced.

neural *adj.* neural.

neurastenic *adj.*, *s.m. med.* neurasthenic.

neurastenie *s.f. med.* neurasthenia.

neurochirurghie *s.f.* neurosurgery.

neurolog *s.m. med.* neurologist, nerve specialist.

neurologie *s.f. med.* neurology.

neuron *s.m.* neuron.

neuropatologie *adj.* neuropathology.

neutralitate *s.f.* neutrality.

neutraliza I. *vb. tr.* to neutralize. **II.** *vb. refl.* **1.** *pas.* to become neutralized. **2.** *(reciproc)* to neutralize one another.

neutralizare *s.f.* neutralization.

neutron *s.m. electr.* neutron.

neutru I. *adj.* neutral; *gram.*, *bot.* neuter. ⓑ *zonă neutră* neutral zone. **II.** *s.n. gram.* neuter (gender).

neuzitat *adj.* unusual; not in common use.

nevandabil *adj.* unsal(e)able.

nevastă *s.f.* **1.** married woman; *(femeie)* woman. **2** *(soție)* wife, F→one's good lady, one's better half. ⓒ *a lua de ~* to take to wife, to marry.

nevăstuică *s.f. zool.* **1.** common/beech marten *(Mustela vulgaris)*. **2.** weasel *(Putorius vulgaris)*.

nevătămat *adj.*, *adv.* unharmed, safe (and sound), woundless, scatheless.

nevăzut *adj.* unseen, invisible. ⓑ *pe ~e* blindly. ⓒ *a se face ~* to vanish, to disappear, F→to make oneself scarce, to flick out of sight.

neverosimil *adj.* improbable, unlikely.

nevertebrat *adj.*, *s.n.* invertebrate.

nevindecat *adj.* unhealed, not cured.

nevinovat I. *adj.* innocent; *(cast)* chaste; *(naiv)* naive; *(simplu)* simple; *(curat)* pure; *(neprihănit)* immaculate; *(d. o glumă)* harmless. **II.** *s.m.* innocent.

nevinovăție *s.f.* innocence; chastity, naïveté; simplicity, artlessness; harmlessness.

nevîrstnic I. *adj.* under age, unfledged. **II.** *s.m.* minor; *jur.* infant.

nevisat *adj.* undreamt-of.

nevoiaș I. *adj.* **1** needy; *(sărac)* poor; *(nenorocit)* wretched, miserable. **2.** v. b e c i s n i c. **II.** *s.m.* **1.** needy person. **2.** v. b e c i s n i c.

nevoie *s.f.* **1.** *(necesitate)* need, necessity. **2.** *(lipsă)* need, want; *(sărăcie)* poverty; *(strîmtoare)* straits, straitened circumstances. **3.** *(necaz)* trouble; *(dificultate)* difficulty; *(strîmtoare)* F→scrape, (nice) fix. **4.** *pl.* business, affairs. ⓐ *...~ mare* F terribly..., F awfully..., mighty... with a vengeance. ⓑ *de/din nevoia... (cu gen.)* because of..., on account of...; *de voie de ~* willy-nilly; *la ~* in case of need; *zor ~* at any price, at all costs. ⓒ *am mare ~ de ajutorul lui* I am/stand in great need of his assistance, I badly need his assistance; *nu mai am ~ de serviciile tale* I have no further use for your services; *a avea ~ de...* to be in need of..., to need..., to want...; *(a necesita)* to require.., to necessitate...; *azi avem ~ de tine* today we cannot spare you; *a-și face nevoile* to relieve nature; *a fi în ~* to be in want/in straitened circumstances; to be at bay; *dacă e ~* if need(s) be; *nu e ~ să...* (there is) no need to...; *nu e ~ să vii* you need not come; *dacă nimeni nu are ~ de lucrurile astea, să le iau eu* if these things are going begging, I'll take them.

nevoit *adj.* obliged, bound; *(constrins)* constrained, forced.
nevolnic *adj.* **1.** incapable. **2.** v. b e c i s n i c.
nevralgic *adj. med.* neuralgic. ⓑ *punct* ~ sore point.
nevralgie *s.f. med.* neuralgia. ⓑ ~ *intercostală* intercostal neuralgia.
nevrednic *adj.* unworthy; *(fără valoare)* worthless.
nevrednicie *s.f.* unworthiness.
nevricale *s.f. pl.* fit of nerves, F tantrums.
nevricos *adj.* F nervy.
nevrită *s.f. med.* neuritis.
nevropat I. *adj.* neuropathic. **II.** *s.m.* neuropath.
nevroză *s.f. med.* neurosis.
newyorkez I. *adj.* New York... **II.** *s.m.* New Yorker.
nezdruncinat *adj.* v. n e c l i n t i t 2.
nicăieri *adv.* nowhere, not... anywhere. ⓑ *de* ~ from nowhere.
nichel *s.n. metal.* nickel.
nichela *vb. tr.* to nickel(-plate).
nichelat *adj.* nickelled.
Nichipercea *s.m. (dracul)* P Old Scratch/Gooseberry, the Old Gentleman.
nici I. *adv. (chiar)* even; *(nici chiar)* not even; *(adesea nu se traduce).* ⓐ ~ *un/o...* no...; not one...; ~ *unul (din doi)* neither; *(din mai mulți)* none. ⓒ ~ *n-ai visat tu că...* you haven't dreamt that/of... **II.** *conj.* nor; *(dacă există anterior o negație, adesea)* or. ⓐ ~... ~... neither... nor...; ~ *mai mult,* ~ *mai puțin* neither more nor less; ~ *pe o parte* on neither side; ~ *una* ~ *alta/două* without further ado/ceremony. ⓒ — *Nu-mi place acest roman.* — *Nici mie.* "I don't like this novel". "Neither do I"; — *N-am fost acolo.* — *Nici eu.* „I haven't been there". "Nor have I (either)"; ~ *nu bea,* ~ *nu mănîncă* he neither drinks, nor eats.
nicicînd *adv.* never; (v. și n i c i- o d a t ă).
nicidecum *adv.* not at all, by no means, F→not a bit of it.

niciodată *adv.* never; never more; at no time; *(pînă la capătul vieții)* never to the end of one's days. ⓓ *acum or* ~ now or never; *aproape* ~ hardly/scarcely ever; *ca* ~ F→never better. ⓓ *mai bine tîrziu decît* ~ better late than never.
nicotină *s.f. chim.* nicotine.
nicotinism *s.n. med.* nicotinism.
nicovală *s.f. și anat.* anvil.
nihilism *s.n.* nihilism.
nihilist I. *adj.* nihilist(ic). **II.** *s.m.* nihilist.
nimb *s.n.* nimbus, halo, glory.
nimbus *s.m.* nimbus, rain cloud.
nimeni *pron.* nobody, not..., anybody, no one, not... anyone; *(nici unul)* none. ⓐ ~ *pe lume* no man alive.
nimereală *s.f.* ⓑ *la* ~ at random/ haphazard/a guess, hit or/and miss.
nimeri I. *vb. tr. (a lovi unde trebuie)* to hit; *(a ghici)* to guess. ⓑ *a o* ~ to hit it; to nick; *(a ghici)* to guess; *(a reuși)* to succeed. **II.** *vb. refl.* **1.** *(a fi)* to be; *(a se pomeni)* to find oneself. **2.** *unipers. (a se întîmpla)* to happen. ⓒ *ce se nimerește* anything; *cui se nimerește* to anybody; *cum se nimerește (oricum)* anyhow; *(alandala)* helter-skelter; *i s-a* ~*t o întrebare grea (la examen)* at the examination he drew a difficult question. **III.** *vb. intr. (undeva)* to get; *(a se pomeni)* to find oneself; *(a sosi)* to come. ⓐ *a* ~ *alături* to miss the mark; *a* ~ *în... (a lovi)* to hit...; *a* ~ *peste...* to come across..., to run into..., to find... by chance. ⓒ *a nu* ~ *în țintă* to miss (the aim/mark); *scrisoarea* ~ *la o altă adresă* the letter came to the wrong address; *cum să nimeresc acolo?* what is the way there? how can I get there?
nimerit *adj.* **1.** *(potrivit)* adequate; fit, suitable; *(convenabil)* convenient. **2.** *(bun)* good; *(izbutit)* successful. ⓑ *pe* ~*e* at random/ haphazard/a guess.
nimfă *s.f.* **1.** *mit.* nymph. **2.** *entom.* nympha, pupa, chrysalis.
nimic I. *pron.* nothing, not... anything. ⓐ ~ *alta decît...* nothing

but/only. ⓑ *de* ∼ worthless;
(d. cineva și) F→not fit to carry
guts to a bear; *intru/cu* ∼ in no
way/respect; *mai* ∼ hardly any-
thing; next to nothing; *om de* ∼
good-for-nothing, never-do-well; *pe*
∼ for a song; *pentru* ∼ *!* not at
all! don't mention it! *pentru* ∼
în lume not for the world, F not
for the life of me, not for love
or money. ⓒ *dacă n-ai* ∼ *împotrivă*
if you don't mind, if you have no
objection; *n-am* ∼ *de făcut* I have
nothing to do; *nu mai doriți* ∼*?*
do you require anything else? *nu
face* ∼ that doesn't matter; it
makes no difference; it's all right!
never mind! *nu e* ∼ *de făcut* there
is nothing to be done, it can't be
helped, there is no help for it;
nu iese ∼ *de aici* F it's no go;
ca și cum nu s-ar fi întîmplat ∼
as if nothing had happened. **II.**
s.n. **1.** trifle; *(chestiune neimpor-
tantă)* trifling matter. **2.** *fig. (ne-
ant)* nothingness, nought. **3.** *fig.
(om fără valoare)* non-entity, ci-
pher. **4.** *(găteală)* knick-knack.

nimica *s.f.* v. n i m i c II, 1. ⓐ
o ∼ *toată* a (mere) trifle; a trif-
ling matter.

nimici *vb. tr.* to reduce to nothing;
(a distruge) to annihilate, to de-
stroy, to ruin; *(a extermina)* to
exterminate.

nimicire *s.f.* annihilation etc. v.
n i m i c i.

nimicitor *adj.* crushing; *(distrugător)*
destructive, destroying; *(d. o lo-
vitură)* shattering, crushing, knock-
-out...; *(mortal)* mortal, deadly.

nimicnicie *s.f.* nothingness; *(deșer-
tăciune)* vanity.

ninge *vb. unipers.* to snow; *(a se
cerne)* to sift. ⓒ *i-a nins în barbă*
he is hoary (with age).

nins *adj.* **1.** covered with snow. **2.**
fig. grey, white, hoar(y).

ninsoare *s.f.* **1.** snowfall. **2.** *(zăpadă)*
snow.

nipon *adj.* Nippon.

nirvana *s.f.* nirvana, nirwana.

niscai, niscaiva *adj. nehot.* v. n i ș t e.

nisetru *s.m. iht.* (common) sturgeon
(Acipenser sturio sau güldenstaedtii

Brandt); Black Sea sturgeon *(Aci-
penser güldenstaedtii colchicus).*

nisip *s.n.* **1.** sand; *(fin)* fine sand.
2. *med.* gravel, urinary sand. ⓐ
∼ *de rîu* river sand; ∼*uri mișcă-
toare* quicks ands. ⓒ *a clădi pe*
∼ to build on sand.

nisipar *s.n. ferov.* sanding device.

nisipărie *s.f.* much sand; sands.

nisipiș *s.n.* sandy ground.

nisipos *adj.* sandy.

nișă *s.f.* **1.** niche, recess *in a wall*
etc. **2.** *chim.* basket funnel. **3.** *min.*
niche.

niște *adj. nehot.* some; *(în prop.
interogative)* any.

nit *s.n.* rivet.

nitam-nisam *adv. (fără nici un rost)*
F without rhyme or reason; *(fără
motiv)*←F for no reason at all;
(brusc)←F suddenly, (all) of a
sudden; *(pe neașteptate)*← F unex-
pectedly.

nitrat *s.m. chim.* nitrate. ⓐ ∼ *de
argint* silver nitrate.

nitric *adj. chim.* ⓑ *acid* ∼ nitric
acid.

nitrobenzen *s.m. chim.* nitrobenzene.

nitroceluloză *s.f. chim.* nitrocellu-
lose, nitrocotton.

nitrogen *s.m. chim.* nitrogen.

nitroglicerină *s.f. chim.* nitroglycer-
ine, blasting oil.

nitui *vb. tr.* to rivet.

nituitor *s.m.* rivetter.

nițel *num. nehot.* a little. ⓑ (∼)
cîte ∼ little by little.

nivel[1] *s.n.* **1.** level. **2.** *fig.* level,stan-
dard. ⓐ ∼ *de trai* living standard,
standard of life/living; ∼ *ideolo-
gic* ideological level; ∼*ul mării*
sea level. ⓑ *conferință la* ∼ *înalt*
top-level conference, conference at
a high level, summit talks; *curbă/
linie de* ∼ contour line; *deasupra*
∼*ului mării* above sea level; *la
un înalt* ∼ *fig.* at a high level;
pasaj de ∼ *ferov.* level crossing;
sub ∼*ul mării* below sea level.
ⓒ *a fi la* ∼*ul cuiva* to be on a
level with smb.; *a se ridica la* ∼*ul*...
(cu gen.) to rise to the level of...

nivel[2] *s.n. topogr.* levelling instru-
ment.

nivela I. *vb. tr.* **1.** to level, to even up. **2.** *fig.* to equalize, to level, to level down, to level up. **II.** *vb. refl. pas.* **1.** to become level. **2.** *fig.* to be levelled.

nivelă *s.f.* level; *(cu apă)* water level.

nivelment *s.n. topogr.* surveying, contouring.

nivelmetric *adj. topogr.* surveying...

nivelmetru *s.n. topogr.* v. n i v e l².

niznai *adv.* © *a face pe ~ul* F to play the fool/ the giddy goat; to pretend not to know anything.

noadă *s.f. anat.* ←F coccyx.

noapte *s.f.* **1.** night; *(întuneric)* dark(ness); *(seară)* evening; *(căderea nopţii)* nightfall. **2.** *noaptea adv.* at/by night, © *poetic* →in the night. ⓐ *~a de marţi spre miercuri* the night from Tuesday to Wednesday; *~ albă* white night; *~a trecută* last night; *~ bună!* good night! *~ cu lună* moonlight night; *~ de ~* night after night, every night. ⓑ *astă ~* last night; *de (cu) ~*, *cu ~a în cap* early in the morning; *după căderea nopţii* after dark; *în ~a vremii* in the mists of time; *în toiul nopţii* at dead of night, in the dead/depth of night; *într-o ~* one night; *la căderea nopţii* at nightfall/ dusk; *la ~* to-night; *o mie şi una de nopţi* the Arabian Nights; *miezul nopţii* midnight; *negru ca ~a* (as) black as night; *peste ~* overnight; *prost ca ~a* F (as) dull as ditch water; *zi şi ~* day and night. © *a rămîne peste ~* to stay overnight; *n-am închis ochii toată ~a* I did not close my eyes all night, I could not get (my) forty winks; *a sta toată ~a* to sit up all night; *se face ~* night is falling, it's getting dark.

noastră, noastre *adj. pos.* v. n o s t r u.

noaten *s.m. (miel)* hog, hogget; *(de doi ani)* two-year sheep.

nobil I. *adj. (în diferite sensuri)* noble; *(distins)* distinguished; *(impunător)* imposing, stately, lofty. **II.** *adv.* nobly. **III.** *s.m.* noble(man), aristocrat.

nobiliar *adj.* nobiliary.

nobilime *s.f.* nobles, nobility, aristocracy.

nobleţe *s.f.* **1.** nobility; *(ca naştere)* noble birth. **2.** v. n o b i l i m e. **3.** *fig.* nobility, nobleness.

nociv *adj.* noxious, nocuous.

nocivitate *s.f.* harmfulness, (ob-) noxiousness.

noctambul *s.m.* somnambulist, sleep walker.

nocturn *adj.* nocturnal, night...

nocturnă *s.f. muz.* nocturne, night piece. ⓑ *meci în ~* floodlit match.

nod *s.n.* **I.** *(de sfoară etc.)* knot; *nav. şi* bend, hitch. **2.** *tehn., geol., nav., silv.* knot. **3.** *tehn., ferov.* junction. **4.** *geom., fiz., astr., bot.* node. **5.** *fig.* knot, crux, nodus. ⓐ *~ de cale ferată ferov.* (railway) junction; *~ de contradicţii* knot of contradictions; *~ de transmisiuni mil.* signal office/centre; *~ul gîtului anat.* Adam's apple; *~ul gordian* the Gordian knot; *~ul vital anat.* the vital centre of medullus oblongata. © *a căuta cuiva ~ în papură* to pick holes/a hole in smb.'s coat; *a desface un ~* to undo/untie a knot; *a face un ~* to make/tie a knot; *a face un ~ la batistă* to make a knot in one's handkerchief; *a înghiţi cu ~uri* to swallow (one's bite) in tears; *mi s-a pus un ~ în gît* I feel *sau* felt a lump in my throat.

nodal *adj.* crucial.

nodozitate *s.f.* nodosity.

nodul *s.n., s.m.* nodule, small node.

noduros *adj.* **1.** knotty; nodose, nodulose, nodulous. **2.** *(d. părţi ale corpului)* skinny, bony.

noi *pron.* we, F→us. ⓑ *la ~* with us; in our country.

noian *s.n.* **1.** *(mulţime)* multitude, sea; *(nemărginire)* immensity; vastness. **2.** *(hău)* abyss.

noiembrie *s.m.* November.

noimă *s.f.* sense; *(scop)* aim.

noime *s.f.* ninth (part).

noiţă *s.f.* nail spot, F→gift.

nojiţă *s.f. leather lacing for peasant sandals (opinci).*

nomad I. *adj.* nomadic, wandering.

ambulatory. **II.** *s.m.* nomad, ambulatory.

nomadism *s.n.* nomadism.

nomenclator *s.n.* classified list. ⓐ ~ *de export* export list.

nomenclatură *s.f.* nomenclature; *(listă)* list, catalogue.

nominal I. *adj.* **1.** *(d. preţ etc.)* nominal. **2.** *tehn.* rated. ⓑ *apel* ~ roll call, call over; *preţ* ~ nominal price, face value; *putere* ~*ă tehn.* rated power/capacity; *valoare* ~*ă* nominal cost. **II.** *adv.* nominally.

nominalism *s.n. filoz.* nominalism.

nominativ *adj., s.n. gram.* nominative.

nomogramă *s.f. mat.* nomogram, nomograph.

nonagenar *s.m.* nonagenarian.

nonsens *s.n.* nonsense, absurdity.

nopal *s.m. bot.* nopal.

noptatic *adj.* nocturnal; *(întunecat)* dark.

nopticoasă *s.f. bot.* rocket *(Hesperis)*.

noptieră *s.f.* night stand, bedroom/ bedside table, commode.

nor *s.m. şi fig.* cloud. ⓐ ~ *artificial* smoke screen; ~ *de fum mil.* smoke cloud; ~*i cirrus* fleecy clouds, cirri; ~*i cumulus* cumulus; ~*i de furtună* cumulo-nimbus; ~*i stratus* stratus. ⓑ *cu capul în* ~*i* in the clouds; with one's thoughts far away; *cu* ~*i* cloudy; *fără* ~*(i)* **a.** cloudless. **b.** *fig.* unclouded. ⓒ *cerul se acoperea de* ~*i* the sky was clouding over; *e*~ it is cloudy; *nici un* ~ *nu le umbrea fericirea* no cloud came to cast a gloom over their happiness.

noră *s.f.* daughter-in-law. **2.** *(mireasă)* bride.

nord *s.n.* north. ⓑ *de* ~ v. n o r d i c ; *la* ~ *de...* north of..., to the north of..., northwards of...; *mărginit la* ~ *de...* bounded on the north by...

nord-est *s.n.* north-east.

nord-estic *adj.* north-east..., north- -eastern.

nordic I. *adj.* northern; *(d. vînt etc.)* northerly. **II.** *s.m.* northerner.

nord-vest *s.n.* north-west.

nord-vestic *adj.* north- west..., north- -western.

norma *vb. tr.* to normalize, to standardize.

normal I. *adj.* normal *(ca psihic)* sane. ⓑ *condiţii* ~*e* normal conditions; *şcoală* ~*ă*←*odin.* normal school; teacher's training school; *temperatură* ~*ă* normal temperature. **II.** *adv.* normally; *(obişnuit)* ordinarily.

normaliza I. *vb. tr.* to normalize. **II.** *vb. refl.* to be(come) normalized.

normalizare *s.f.* **1.** normalization. **2.** *(standardizare)* standardization.

normare *s.f.* rate setting/fixing. ⓐ ~ *tehnică* setting/fixing of (proper) output rates.

normat *adj.* normalized, standardized.

normativ I. *adj.* normative. **II.** *s.n. tehn.* norm, standard.

normator *s.m.* normator; rate setter/ fixer, standardizer.

normă *s.f.* **1.** standard, norm; *(regulă)* rule. **2.** *(în producţie)* norm, quota; rate. ⓐ ~ *de conduită* norm/standard of behaviour, rule of conduct; ~ *de lucru/producţie* output standard, planned rate of output; ~ *experimental-statistică* experimental statistical rates; ~ *zilnică* daily work quota; *norme de producţie* production quotas. ⓐ *norme leniniste ale vieţii de partid* Leninist standards of Party life. ⓑ *conform normei* according to standard; *peste* ~ above the planned rate of output. ⓒ *a depăşi norma* to exceed/top/overfulfil the work; *a sparge norma* to smash the target.

noroc *s.n.* **1.** (good) fortune, fortunateness; blessing; *(într-o împrejurare dată)* (good) luck, good hap; *(reuşită)* hit; success; *(întîmplare favorabilă)* (lucky) chance; *(caracter norocos)* luckiness; *(hazard)* hazard, chance; *(prosperitate)* prosperity; *(fericire)* happiness. **2.** *interjecţional (la revedere)* F bye- -bye! *(salut)* F hello! *sl.* chin-chin! *(ridicînd paharul)* your health! cheerio! ⓐ ~ *că...* it is a mercy *sau* blessing that..., it is a lucky chance (for him etc.) that...; *(din fericire)* fortunately..., luckily...; *la joc* luck/good run at play; ~ *neaşteptat* unexpected piece of good luck, godsend; ~ *orb* drunkard's luck. Ⓓ *ce* ~ *că*...! what a blessing that...! *la* ~ for better for worse, at a venture, at random, hit-or-miss, on the chance. Ⓒ *are* ~ *în toate* all his cards are trumps, he always falls on his legs; *a avea mult* ~ to succeed well, to have no end of good luck; *a avea* ~ *de/la*... to be blessed with...; *a avea* ~ *la cărţi* to have a good hand at cards; *a avea* ~*ul să*... to have the good luck/good fortune to...; *îţi doresc* ~! may success attend you! *a dori* ~ *cuiva* to wish smb. success sau joy; *a-şi încerca* ~*ul* to try one's fortune/chance; *e un mare* ~ *că*... it is a mercy that...; *îl părăsise* ~*ul* he had suffered a reverse of fortune; *îi surîde* ~*ul* fortune smiles upon him.

noroci *vb. tr.* to make happy.

norocos *adj. (favorizat de noroc, de soartă)* fortunate; *(în diferite împrejurări; d. zile etc.)* lucky; *(fericit)* happy; *(prosper)* thriving, prosperous; *(care reuşeşte)* successful.

norod *s.n.* ←*înv. (popor)* people.

noroi *s.n.* mud, mire, ooze, slush; *(murdărie)* filth, dirt. Ⓒ *a împroşca pe cineva cu* ~ to throw/ fling mud at smb.; *a tîrî pe cineva în* ~ to drag smb./smb.'s name through the mud/mire.

noroios *adj.* muddy, oozy.

noros *adj.* 1. cloudy; *(înnorat)* clouded; *(d. cer)* overcast, dull. 2. *fig.* dark, dismal, gloomy, melancholy.

norvegian *adj., s.m.* Norwegian.

norvegiană *s.f.* 1. Norwegian (woman sau girl). 2. Norwegian, the Norwegian language.

nostalgic I. *adj.* nostalgic, homesick; *(d. priviri)* wistful, wishful. **II.** *adv.* nostalgically; wistfully.

nostalgie *s.f.* nostalgia; *(dor)* longing, yearning; *(melancolie)* melancholy, depression, anguish; *(dor de ţară)* homesickness.

nostim *adj.* 1. funny; *(amuzant)* amusing, droll; *(interesant)* interesting. 2. *(plăcut)* pleasant; *(atrăgător)*attractive;*(drăguţ)*pretty, F not bad-looking; < lovely. Ⓒ *ştii că°eşti* ~! F you are a beauty!

nostimadă *s.f.* drollery, jesting, fun. Ⓓ *de toată nostimada* quite funny, very quaint.

nostrom *s.m. nav.* boatswain.

nostru *adj. pos.* our. Ⓓ *al* ~, *a noastră, ai noştri, ale noastre* ours; *ai noştri,* our own, our own folk/ people.

noştri *adj. pos.* v. n o s t r u.

nota I. *vb. tr.* 1. *(a însemna)* to put/jot down, to take / make a note of, to note. 2. *(a observa)* to note, to notice, to take notice of; *(a ţine seama de)* to mind, to take into account/consideration. 3. *muz.* to write down/out. **II.** *vb. refl. pas.* to be put down etc. v. ~ I.

notabil *adj., s.m.* notable.

notabilitate *s.f.* notability.

notar *s.m.* notary, actuary. ⓐ ~ *public* notary public.

notare *s.f.* putting down etc. **v.** n o t a.

notariat *s.n.* notary office.

notaţie *s.f.* notation.

notă *s.f.* 1. *(însemnare scrisă)* note, memorandum, minute; *(adnotare)* annotation. 2. *pl.* notes, commentaries. 3. *muz.* note; *(sunet)* sound. 4.*şcol.* mark. ⓐ~ *bună* high mark; ~ *de comandă* order; ~ *de plată* bill, account; ~ *de protest* protest note; ~ *din josul paginii* footnote; ~ *diplomatică* diplomatic note; ~ *la purtare* conduct mark; ~ *marginală* marginal note; ~ *proastă şcol., fig.* low mark. Ⓒ *a achita nota de plată* to foot the bill; *a da nota fig.* to give the lead, to call the tune; *a forţa nota* to overdo it; *(a exagera)* to exaggerate; *ia* ~! bear that in mind! *a lua* ~ *de*... to take/make a note of...; *(a lua în consideraţie)* to take... into account/consideration; *a lua note* to take down notes; *a fi în* ~ to suit the occasion.

notes *s.n.* note book, jotter.

notifica *vb. tr.* to notify.

notificare *s.f.* notification.

notiţe *s.f. pl.* notes.

notorietate *s.f.* notoriety, notoriousness.

notoriu *adj.* well-known, of common knowledge; *(în sens rău)* notorious.

noţiune *s.f.* 1. notion; *(idee)* idea; *(concept)* concept. 2. *pl.* rudiments, ABC. ⓒ *a pierde ~a timpului* to lose count of time.

nou I. *adj.* 1. new; *(proaspăt)* fresh; recent; *(un alt)* another, a second, further, additional, added; *(cel mai recent)* latest; *(care nu a mai fost)* novel. 2. *(fără experienţă)* inexperienced. ⓐ *~-născut* I. *adj.* new-born. II. *s.m.* new-born child; *~-nouţ* quite new, F brand-new, fire-new, spick-and-span (new); *~ venit* new-comer; *(într-un hotel etc.)* new arrival. ⓑ *anul ~* the new year; *din ~* again, anew, afresh; *(încă o dată)* once more/again; *lumea ~ă* the New World; *luna ~ă* the new moon; *pînă la noi ordine* till further order. ⓒ *ce mai (e) ~?* what (is the) news? *(nu e) nimic ~* there is nothing new; *e ~ în meserie* he is new to this trade. II. *s.n. noul* the new.

nouă *num. card., adj., s.m.* nine.

nouălea *num. ord., adj. the* ninth.

nouăsprezece *num. card., adj., s.m.* nineteen.

nouăsprezecelea *num. ord., adj. the* nineteenth.

nouăzeci *num. card., adj., s.m.* ninety.

nouăzecilea *num. ord., adj. the* ninetieth.

noutate *s.f.* 1. *(ca însuşire)* novelty, newness. 2. *(lucru nou)* novelty; *(inovaţie)* innovation. 3. *(ştire)* news, *elev.*→tidings.

nova *vb. tr. jur.* to substitute.

noveletă *s.f.* novelette.

novice I. *adj. (în)* new (to), unpractised (in); raw, inexperienced. II. *s.m.* 1. novice, beginner, fresher, F→tyro, tiro; *(într-o profesie)* probationer; *(ucenic)* apprentice. 2. *rel.* novice.

noviciat *s.n.* noviciate; *(ucenicie)* apprenticeship.

novocaină *s.f. farm.* novocaine.

nu *adv. (în propoziţii)* not; *(separat, interjecţional)* no, *înv.*→nay; *(adesea redat prin combinaţii cu verbul, de ex. — Fumezi? — Nu* "Do you smoke?" „No, I don't."); *(da de unde!)* not at all! by no means! ⓐ *~ care cumva să...* mind you don't... etc.; *~ că* ... not that...; *~ chiar/tocmai...* not quite/exactly...; *~ departe de...* not far from...; *~ numai... ci şi...* not only... but also...; *~ prea/tocmai* not exactly/quite. ⓑ *da sau ~?* yes or no? ⓒ *a răspunde ~* to answer no, to answer in the negative; *~ ştiu dacă vine sau ~* I don't know whether he comes or not.

nuanţa *vb. tr. (culori)* to blend, to shade; *muz.* to introduce light and shade into; *(a varia)* to vary.

nuanţat *adj.* with shades of difference etc.; shaded; full of (delicate) light and shade.

nuanţă *s.f.* shade, nuance; *(numai în culori)* hue; *fig. şi* touch, tinge.

nubil *adj.* nubile, marriageable.

nuc *s.m. bot. (~ comun)* walnut (tree) *(Juglans regia)*.

nucă *s.f.* 1. nut; *(comună)* walnut. 2. *tehn.* nut, spherical joint. ⓐ *~ de cocos* coco(a)nut; *~ galică* (nut) gall; *~ vomică* vomit nut; *nux vomica.* ⓒ *se nimereşte/potriveşte ca nuca în perete* it is as fit as a shoulder of mutton for a sick horse, it is neither here nor there.

nucet *s.n.* nut grove.

nuclear *adj.* nuclear. ⓑ *arme ~e* nuclear weapons/devices; *fizică ~ă* nuclear physics; *procese ~e* nuclear processes; *reactor ~* nuclear reactor; *reacţie ~ă* nuclear reaction.

nucleu *s.n.* 1. nucleus. 2. *fig.* nucleus; centre; *(miez)* core; *(sîmbure)* kernel. ⓐ *~ atomic fiz.* atomic nucleus.

nucşoară *s.f.* nutmeg.

nucşor *s.m. bot.* nutmeg tree *(Myristica fragrans)*.

nud I. *adj.* 1. *(gol)* naked; *(dezbrăcat)* unclothed; *(d. părţi ale corpului)* bare. 2. *fig.* naked; *(sim-*

plu) plain; *(curat)* pure. **II.** *s.n.* nude.

nudism *s.n.* nudism.

nudist *s.m.* nudist.

nuditate *s.f.* nudity.

nufăr *s.m. bot.* **1.** *(şi ~ alb)* white water lily, nenuphar *(Nymphaea alba)*. **2.** *(şi ~ galben)* yellow water lily, water can *(Nuphar luteum)*.

nuga *s.f.* nougat.

nuia *s.f.* **1.** *(rămurea)* twig, switch; *(de salcie)* osier/willow twig, withe; *(vergea)* rod. **2.** *(lovitură cu ~ua)* lash, cut with a rod. ⓓ *gard de nuiele* wattle; *împletitură de nuiele* wattle, wattling, basketwork.

nul *adj.* **1.** *jur.* null. **2.** *(fără valoare)* null, of no value; worthless; *(inexistent)* non-existing. **3.** *(d. meci)* tie, draw. ⓐ *~ şi neavenit* v. n e a v e n i t. ⓒ *e ~ la geografie* F he is a duffer at geography.

nulă *s.f.* zero, naught, nought, cipher; *(într-o cifră)* dummy letter.

nulitate *s.f.* **1.** *(d. cineva)* nonentity, nothing, nought, mere cipher. **2.** *jur.* nullity.

numai *adv.* only; *(nimic alta decît)* but; *(exclusiv)* solely; *(nu mai mult decît)* merely; *(pur şi simplu)* simply; *(singur)* alone. ⓐ *~ aşa* for the form's sake; *~ că...* *(cu diferenţa că)* with the only difference that...; *(dar)* but...; *~ cît/ce...* hardly...; *~ cu puţine excepţii* with but few exceptions; *~ dacă...* only if..., provided...; *~ ochi şi urechi* all eyes and ears; *~ zîmbet* all smiles. ⓑ *nu ~ ci şi...* not only... but also...; *orice ~ asta nu* anything rather than this. ⓒ *are ~ un fiu* she has but one son; *are ~ prieteni* he has nothing but friends, he has only friends; *fumez ~ după masă* I only smoke after dinner; *te iubeşte ~ pe tine* he loves you and no other (being), he loves but you; *~ de l-aş putea vedea* if I could but/only see him; *~ el a scris tema* he alone wrote the task; he was the only one to write the task;

sîntem ~ doi we are only two of us.

numaidecît *adv.* **1.** immediately, at once, directly. **2.** v. n e g r e ş i t.

număr *s.n.* **1.** number; *(cifră)* figure. **2.** *gram.* number. **3.** *(mulţime)* multitude; *(grup)* group; *(listă)* list. **4.** *(de ziar etc.)* issue, number. **5.** *(la hotel)* apartment, room. **6.** *(la un spectacol)* act, item on the programme, turn. **7.** *(la încălţăminte)* size; *text.* count. ⓐ *~ abstract* mat. abstract number; *~ atomic* fiz. atomic number; *~ concret* mat. concrete number; *~ cuantic* fiz. quantum number; *~ cu soţ/par* mat. even number; *un ~ de...* a number of...; *(unii)* some...; *~ de atracţie* sensational act; *~ de circulaţie auto* registration number; *~ de loterie* lottery ticket; *~ de ordine* **a.** order number. **b.** *ec.* consecutive number; *~ fără soţ/impar* odd number; *~ fracţionar* mat. fractional number; *~ imaginar* mat. imaginary quantity; *~ iraţional* mat. irrational number; *~ întreg* mat. whole number; *~ multiplu* mat. multiple (quantity); *~ plural* gram. plural (number); *~ prim* mat. prime number; *~ real* mat. real number; *~ senzaţional* sensational/special act/stunt; *~ singular* gram. singular (number); *~ul unu* F first rate, A_1. ⓑ *un mare ~ de...* a good/great many...; *fără ~* countless, numberless, without number, innumerable; *în ~ de..., la ~...* ... in number.

număra I. *vb. tr.* **1.** to count (up), to compute, to reckon; to number; *(a enumera)* to enumerate. **2.** *fig.* to count, to reckon; *(a considera)* to consider. **II.** *vb. intr.* to count. **III.** *vb. refl.* **1.** *pas.* to be counted etc. v. ~ I. **2.** *fig.* to count. ⓒ *se numără printre prietenii mei* he counts among my friends.

numărat I. *adj.* counted etc. v. n u m ă r a; *(verificat)* checked (up). **II.** *s.n.* v. n u m ă r ă t o a r e 1.

numărătoare *s.f.* **1.** counting etc. v. n u m ă r a. **2.** *(abac)* abacus,

numărător I. *s.m. mat.* numerator.
II. *s.n.* meter, recorder.

nu-mă-uita *s.f. bot.* forget-me-not
(*Myosotis*).

nume *s.n.* **1.** name; *(~ de familie)*
surname, family name. **2.** *gram.*
noun, substantive. **3.** *fig.* name;
(~ bun) good name; *(faimă)*
fame, renown. ⓐ *~ de fată (al
unei femei măritate)* maiden name;
~ de împrumut assumed name;
~le și pronumele cuiva smb.'s full
name; *~ mic/de botez* Christian/
given / baptismal / small name;
~ propriu gram. proper noun/
name. ⓑ *cu ~* of note, dis-
tinguished, famous; *după ~* by
name; *în ~le... (cu gen.)* a. for...,
on behalf of..., on smb.'s behalf.
b. in the name of (an idea, etc.)...;
în ~le legii in the name of the
law; *în/pentru ~le lui Dumnezeu!*
F for goodness' sake! *în ~le păcii*
in the name of peace; *numai cu
~le* in name only; *un om cu ~le
de Ion* a man of the name of John;
pe ~... ... by name, named... ⓒ
a scoate cuiva ~ rău to throw dis-
credit upon smb., to cry smb.
down; *îl cunosc după ~* I only
know him by name; *a lua ceva
în ~ de bine* to take smth. in good
part; *a lua ceva în ~ de rău* to
take exception to smth., to take
offence at smth.; *nu mi-o lua în
~ de rău* don't take it amiss; *nu
vorbesc în ~le meu* I am not speak-
ing for myself; *a vorbi în ~le
(unei idei etc.)* to advocate...; *a
răspunde la ~le de...* to answer
the name of...; *să nu-mi zici pe
~ dacă...* F I'll be hanged if..., I
am a Dutchman if...; *zi-i pe ~*
F what-d'ye-call him etc.; *a călă-
tori sub un ~ fals* to travel under
an alias; *îi ieșise ~ rău* she had
suffered injury to her reputation,
she had lost (her) credit.

numen *s.n. filoz.* noumenon.

numeral *s.n. gram.* numeral, num-
ber. ⓐ *~ cardinal* cardinal numer-
al; *~ ordinal* ordinal numeral.

numerar *s.n.* specie, current coin;
(bani lichizi) cash. ⓑ *în ~* in
cash.

numerație *s.f. mat.* numeration.

numeric I. *adj.* numerical. **II.** *adv.*
numerically.

numericește *adv.* numerically.

numeros *adj.* numerous; *(d. îndato-
riri etc.)* multifarious, manifold;
(variat) varied, various.

numerota *vb. tr.* to number.

numerotator *s.n. poligr.* numbering
machine.

numi I. *vb. tr.* **1.** to name; to call;
(a da un nume) to give a name to;
(a aminti numele) to mention by
name; *(a supranumi)* to surname;
(a porecli) to nickname. **2.** *(într-o
funcție)* to appoint, to name; *mil.*
to commission. ⓒ *a ~ pe cineva
profesor univ.* to appoint smb. to
a professorship. **II.** *vb. refl. pas.*
to be called/named.

numire *s.f.* **1.** *(ca acțiune)* nam-ing
etc. v. n u m i; *(într-un post)* ap-
pointment, assignment. **2.** *(nume)*
name.

numismat *s.m.* numismatist.

numismatic *adj.* numismatic.

numismatică *s.f.* numismatics, nu-
mismatology.

numit *adj.* **1.** named etc. v. n u m i.
2. *~ul ...* the said...

numitor *s.m. mat.* denominator. ⓐ
~ comun common denominator. ⓒ
a reduce la același ~ mat., fig. to
reduce to the same denominator.

numulit *s.m. geol.* nummulite.

numulitic *adj. geol.* nummulitic.

nun *s.m.* person who gives the bride
away.

nună *s.f.* v. n u n.

nuneasca *s.f.* wedding dance.

nuntaș *s.m.* **1.** wedding guest. **2.**
pl. wedding party.

nuntă *s.f.* wedding, bridal; *(nuntași)*
wedding party; *(ca ceremonie)* wed-
ding festivities; *(ca petrecere)* wed-
ding feast. ⓐ *~ de argint* silver
wedding; *~ de aur* golden wedding.
ⓑ *călătorie/voiaj de ~* wedding/
honeymoon trip.

nunțiatură *s.f.* **1.** nunciature. **2.** *(ca
reședință)* nuncio's residence.

nunţiu *s.m.* nuncio.
nupţial *adj.* nuptial, bridal.
nuri *s.m. pl.* charms, sex appeal.
nurcă *s.f.* **1.** *zool.* mink *(Mustela lutreola).* **2.** *(blană)* mink (fur).
nurliu *adj.* charming; *(atrăgător)* attractive.
nut *s.n.* v. c a n e l u r ă.
nutreţ *s.n.* forage, fodder.
nutri I. *vb. tr.* **1.** to feed, to nourish. **2.** *fig. (gînduri)* to harbour; *(speranţe)* to cherish, to entertain, to

nourish, to indulge. **II.** *vb. refl.* to eat; *(a se întreţine)* to keep oneself.
nutritiv *adj.* **1.** nourishing, nutritive. **2.** *(privind nutriţia)* food...
nuvelă *s.f.* short story, novelette.
nuvelist *s.m.* short-story writer, story-teller, novelette writer.
nuvelistic *adj.* short-story...
nuvelistică *s.f.* short stories.
nylon *s.n.* v. n a i l o n.

O

O, o¹ *s.m.* O, o, the seventeenth letter of the Romanian alphabet.
o² *art. nehot. fem.* a, an.
o³ *num. card.*, *adj.*, *fem.* one; a.
o⁴ *pron. fem. acuz.* her *(fem.)* ; it *(neutru)* ; him *(masc.)*. ⓒ *am văzut-o* I saw her; *am s-o fac de îndată* I shall do it at once.
o⁵ *interj.* **1.** *(folosită ca invocație)* o! **2.** *(exprimînd mirare, bucurie, dorință, groază, mînie)* o! oh! o (dear) me! o my! *(vai de mine)* woe me!
o⁶ *vb. aux.*←F P shall, will, 'll.
oac *interj.* croak!
oacheș *adj.* **1.** *(brun)* swarthy, dark. **2.** *(încercănat)* black-speckled, black round the eyes; *(d. animale)* spectacled.
oaie *s.f.* **1.** *zool.* sheep; *fem.* ewe *(Ovis aries)*. **2.** *(carne)* mutton. **3.** *(blană)* sheepskin, lambskin. **4.** *fig. pl.* flock, sheep. ⓐ *~ rătăcită fig.* stray sheep; *~ rîioasă* **a.** scabby sheep. **b.** *fig.* black sheep. ⓑ *blînd ca oaia* sheepish, as meek as Moses/a lamb; *carne de ~* mutton; *lapte de ~* ewe's milk. ⓒ *a o face de ~* F to put one's foot in it, to make a bloomer; to (make a) blunder.
oală *s.f.* **1.** *(vas)* pot, crock. **2.** *(conținutul)* pot(ful). **3.** *tehn.* jar, crucible, melting pot. ⓐ *~ de flori* flower pot; *~ de lapte* milk can; *~ de lut/pămînt* earthen pot, pipkin; *~ de noapte* chamber pot; *~ de tuci* cast-/pig-iron pot. ⓑ *mustăți ca pe ~* drooping moustaches. ⓒ *a plătit oalele sparte* he stood the racket, he had to make up for the damage; *a lua ca din ~* to take/catch unawares, to seize right away/by surprise; *a pune pe toți într-o ~* F to lump

people together; to treat different persons alike; F to take things in the lump; *se amestecă/își bagă nasul unde nu-i fierbe oala* F he pokes his nose everywhere, he is a Paul Pry; *nu-ți băga nasul unde nu-ți fierbe oala*→F mind your own business, don't meddle with everything; *a dat oala-n foc* the pot has boiled over; *s-a făcut oale și ulcioare* P he (has) kicked the bucket, he (has) turned up the heels.
oară *s.f.* time. ⓑ *de cîte ori* (?) how many times (?), how often (?); *de două ori* twice; *de multe ori* many times, often(times), *poetic*→ many a time; *de trei ori* three times, *înv.*→thrice; *ori de cîte ori...* whenever...; *prima ~* the first time; *ultima ~* the last time.
oare *adv.* **1.** *interogativ* really? indeed? is it? *(de cele mai multe ori nu se traduce în engleză)*. **2.** *exclamativ* no! you don't say so! indeed! (now) really!
oarecare I. *adj. nehot.* **1.** *(niște)* some. **2.** *(anumit)* certain. **3.** *(neînsemnat)* little, some; poor, small. ⓐ *un ~* a certain... ⓑ *într-o ~ măsură* to some extent, to a certain degree/extent; *într-un fel ~* somehow; *(oricum)* anyhow. **II.** *s.m.* somebody; nobody.
oarecît *adv.* somewhat, to a certain extent.
oarecum *adv.* somehow, rather, somewhat. ⓒ *a-i fi ~ să...* to be ashamed/shy of... *(cu forme în -ing)*.
oaspe(te) *s.m.* guest, visitor. ⓐ *~ de onoare* chief guest. ⓑ *bucuroși de oaspeți?* do you welcome guests?
oaste *s.f.* **1.** *(armată)* army. **2.** *(mulțime)* host, crowd. ⓐ *~ de strînsură* army of sorts. ⓒ *a lua*

la ~ to conscript, to enlist, to enrol(l), *amer.* to draft.

oază *s.f. și fig.* oasis.

obadă *s.f.* 1. *(la roată)* felly, rim, felloe, jaunt. 2. *pl. ist.* stocks, irons, bilboes. 3. *pl. fig.* gyves, fetters. ⓒ *a pune în obezi* to put in the stocks.

obădi *vb. tr.* to rim, to provide with a felly/rim.

obădar *s.m.* jaunt/felly auger.

obediență *s.f.* obedience.

obelisc *s.n.* obelisk.

ober(chelner) *s.n.* headwaiter.

oberli(c)ht *s.n.* 1. transom (window), top/fan light. 2. *(fereastră de subsol)* casement window.

obez *adj.* fat, corpulent, obese.

obezitate *s.f.* fatness, obesity.

obială *s.f.* 1. *(pt. picior)* foot wrap, bed sock; legging. 2. *(zdreanță)* rag, tatter.

obicei *s.n.* 1. *(deprindere)* habit, wont, manner. 2. *(datină)* custom, usage. 3. *jur.←înv.* common law. ⓐ ~ *bun* good habit; ~*ul locului/pământului* local custom, a custom in/of the country. ⓑ *de* ~ usually, habitually, customarily, generally; *din* ~ out of habit; *ca de* ~ as usual. ⓒ *avea* ~*ul să doarmă după masă* he was in the habit of taking an afternoon nap, he used to/would take a nap after lunch. ⓓ *cîte bordeie, atîtea* ~*e* so many countries, so many customs.

obidă *s.f.* 1. *(mâhnire)* grief, sorrow, affliction. 2. *(umilință)* humiliation, vexation.

obidi I. *vb. tr. (a asupri)* to oppress, to persecute, to grind down. II. *vb. refl. și intr.* ←P to lament, to wail, to complain.

obidit←P 1. *adj.* 1. *(amărît)* distressed, distraught, dejected; *(trist)* sorrowful, grieved; *(nenorocit)* unfortunate, unlucky, ill-fated. 2. *(asuprit)* oppressed, down-trodden. II. *s.m. pl. (obidiții)* the oppressed, the down-trodden.

obiect *s.n.* 1. object, thing. 2. *(de studiu)* subject (matter). 3. *(al unei cercetări etc.)* object. 4. *(motiv)* cause, reason. 5. *(scop)* ob-

ject, aim, end. 6. *(marfă)* article, item; *pl.* goods. 7. *gram.* object. 8. *filoz.* object, non ego. ⓐ ~ *de batjocură* laughing stock.

obiecta I. *vb. tr. (că)* to object (that). II. *vb. intr. (împotriva)* to object (against), to oppose *(cu acuz.)*; *jur.* to take exception.

obiectiv¹ *s.n.* 1. *opt.* object glass/lens. 2. *fot.* objective. 3. *mil.* target; objective (point). 4. *(scop)* object, design. ⓐ ~ *industrial* industry, industrial unit.

obiectiv² I. *adj.* 1. *filoz.* objective. 2. *artă etc.* objective, realistic. 3. *(nepărtinitor)* impartial, fair, unbiassed, objective. ⓑ *adevăr* ~ objective truth; *condiții* ~*e* objective conditions; *judecată* ~*ă* a. *jur.* fair trial. b. *fig.* unbiassed judgment; *motive* ~*e* objective reasons; *realitate* ~*ă* objective reality. II. *adv.* impartially, objectively.

obiectiva *vb. tr.* to objectify.

obiectivat *adj.* objectified, materialized.

obiectivism *s.n.* objectivism, sham impartiality/fairness.

obiectivist *adj.* objectivistic, falsely impartial.

obiectivitate *s.f.* 1. *(caracter obiectiv)* objectiveness, objectivity. 2. *(imparțialitate)* fairness, impartiality.

obiecți(un)e *s.f.* 1. objection, adverse argument. 2. *jur.* objection, exception.

obișnui I. *vb. tr. (a deprinde) (cu)* to habituate (to), to accustom (to), to inure (to). ⓐ *a* ~ *să...* to be in the habit of... *(cu forme in -ing)*, to be accustomed to... II. *vb. refl.* 1. *(a se deprinde) (cu; să)* to get used/accustomed (to). 2. *(a se practica)* to be in use, to be customary/habitual/used. ⓒ *se obișnuiește să...* it is customary/usual to...

obișnuință *s.f.* habit(ude), usage. ⓑ *din* ~ out of (mere) habit.

obișnuit I. *adj.* usual, habitual, customary, in common use; *(comun)* wont, ordinary, common. ⓐ ~ *cu...*, ~ *să...* used/accustomed/

inured to... **II.**_s.m._ habitué. **III.** _adv._
usually, habitually, customarily,
commonly.

obîrşie _s.f._ **1.** _(punct de plecare)_ ini-
tial/starting point, source, origin.
2. _(originc)_ origin, stock, descent.
3. _(loc de baştină)_ native place. **4.**
(izvor) source, spring.

oblădui I. _vb. tr._ **1.** _(a cîrmui)_ to
rule, to sway, to govern, to man-
age, to administer. **2.** _(a ocroti)_
to protect, to defend. **II.** _vb. intr._
to rule, to reign, to sway.

obláduire _s.f._ **1.** ruling etc. v. o b l ă-
d u i. **2.** _(guvernare)_ rule, sway,
government, management, admin-
istration. **3.** _(organ de conducere)_
government, administration, gov-
erning body. **4.** _(ocrotire)_ protec-
tion. ⓑ _sub_ ~_a_... _(cu gen.)_ under
the protection of...

oblete, obleţ _s.m. iht._ bleak _(Albur-
nus lucidus)._

oblic I. _adj._ **1.** _(pieziş)_ slanting, slop-
ing, inclined; _geom._ oblique. **2.**
gram. oblique. **3.** _(d. ochi)_ slant-
ing. **II.** _adv._ obliquely, aslant,
athwart.

oblici _vb. tr._←P **1.** _(a găsi)_ to
find (out), to discover. **2.** _(a afla)_
to learn, to gather, to understand,
to get wind of.

oblicitate _s.f._ obliquity, obliqueness.

obliga I. _vb.tr._ **1.** _(a sili)_ to oblige,
< to compel, to force, < to co-
erce. **2.** _(a determina)_ to make, to
determine. **3.** _(a indatora)_ to oblige,
to make/render indebted. **II.** _vb.
refl._ to oblige/bind oneself, to
pledge oneself.

obligat I. _adj._ **1.** _(silit)_ forced, com-
pelled. **2.** _(indatorat)_ obliged, in-
debted, in duty bound. **II.** _s.m._
obligee.

obligativitate _s.f._ obligatory char-
acter, compulsoriness, coercitive-
ness.

obligator(iu) _adj._ compulsory, oblig-
atory, binding. ⓓ _hotărire_ ~_ie_
compulsory regulation; _invăţămînt
general_~universal compulsory edu-
cation; _serviciu militar_ ~ conscrip-
tion, compulsory military service.
ⓒ _hotărîrile conferinţei vor fi_ ~_ii
pentru toţi membrii ei_ the deci-

sions of the conference will be bind-
ing upon all its members.

obligaţie _s.f._ **1.** _(indatorire)_ indebt-
edness, obligation, duty; com-
mitment. **2.** _jur._(legal) obligation.
3. _(contract)_ jur. bond, contract,
obligation. **4.** _(acţiune)_ fin. bond.

obligeană _s.f._ bot. sweet calamus/
cane/flag/rush _(Acorus calamus)._

oblitera I. _vb. tr._ **1.** _(a şterge)_ to ob-
literate. **2.** _(a anula)_ to cancel.
3. _med._ to stop. **II.** _vb. refl. pas._
1. _(a se şterge)_ to be obliterated/
effaced. **2.** _med._ to be stopped.

oblîne _s.n._ saddle bow.

oblojeală _s.f._ F poultice; cataplasm.

obloji I. _vb. tr._ **1** _(a pansa)_ to poul-
tice, to apply _smb._ a cataplasm
on... **2.** fig.(_a îngriji)_ to look after,
to take care of, to treat. **II.** _vb.
refl._ F to muffle/huddle oneself
up.

oblojire _s.f._ poulticing.

oblojit _adj._ **1.** poulticed. **2.** _fig._ F
muffled up.

oblon _s.n._ (window) shutter. ⓒ _a
deschide/ridica obloanele_ to open
the shutters.

oblu←_reg._ **I.** _adj._ **1.** _(drept)_ straight,
direct. **2.** _(neted)_ level, even, plane.
3. _(abrupt)_ steep abrupt. **II.** _adv._
direct (ly), straight(ly).

obnubilaţie _s.f._ obnubilation.

obod _s.n. tehn._ frame, rim.

oboi _s.n. muz._ oboe, hautboy.

oboist _s.m. muz._ oboe player, oboist.

obol _s.n._ _(contribuţie)_ contribution;
(modestă) mite. ⓒ _a-şi aduce_ /_da_
~_ul_ to pay/offer one's mite, to
bring in/make one's contribution,
to do one's bit.

obor _s.n._ **1.** _(tîrg)_ cattle fair, stock
market. **2.** _(ocol)_ (cattle) pen, en-
closure, stock yard.

ᵒb(o)roc _s. n._ bushel. ⓒ _a pune lu-
mina sub_ ~ to hide/put one's light
under a bushel; _a scoate de sub_ ~
to bring into the light of day; _a
ţine sub_ ~ to hide/to keep _smth._
back.

oboseală _s.f._ tiredness, weariness,
fatigue. ⓒ _a cădea/muri/nu mai
putea de_ ~ to be worn out/knocked
up, to be done up with fatigue.

obosi I. *vb. intr.* to get tired, to tire, to weary. **II.** *vb. tr.* to tire/weary (out), to fatigue. **III.** *vb. refl.* **1.** to tire/fatigue oneself, to knock oneself up. **2.** *(a se deranja)* to take the trouble. **3.** *(a face eforturi)* to make efforts.

obosit I. *adj. (de)* tired (of/with)· weary, knocked up; *(slăbit)* faint, weak. **II.** *adv.* wearily, weakly, faintly.

obositor *adj.* **1.** tiresome, wearisome, tiring. **2.** *(plicticos)* tedious, irksome, wearisome.

obraz *s.n.* **1.** cheek, jowl. **2.** *(față)* cheek, face, countenance. **3.** *(îndrăzneală)* cheek(iness), impudence; *(singe rece)* composure, coolness. **4.** *(înfățișare)* appearance; aspect. **5.** *(suprafață)* (sur)face. ⓓ *umerii obrajilor* cheekbones. ⓒ *a-și pune ~ul pentru cineva* to stand bail for smb., to guarantee for smb.; *a-și scoate ~ul în lume* to go abroad, to go into society; *a ieși/scăpa cu ~ curat* to come off scatheless, to fall on one's feet; *a fi gros de/fără ~* to be cheeky/impudent/brazen- -faced; *a minți pe cineva de la ~* to lie/cheat smb. shamelessly; *mi-a zis-o de la ~* he said it to my face, he cast it in my teeth; *a-i crăpa ~ul de rușine* to die with shame; *să-ți fie rușine ~ului* for shame to you! fie on you! ⓓ *~ul subțire cu cheltuială se ține aprox.* noblesse oblige.

obraznic I. *adj.* **1.** *(insolent)* brazen(-faced), cheeky, bold, saucy, impudent, pert, impertinent, perky. **2.** *(neascultător)* naughty, bad, unruly, disobedient, mischievous, untoward, hard to manage; *(rebel)* rebellious. **II.** *s.m.* bold/brazen face, saucy fellow. ⓓ *~ul mănincă praznicul* cheek brings success; nothing ask, nothing have; a closed mouth catches no flies. **III.** *adv.* brazenly, cheekily, boldly.

obraznică *s.f.*| hussy, minx, saucy girl.

obrăzar *s.n.* **1.** *apicultură* bee veil. **2.** *scrimă etc.* masă, helmet.

obrăznicătură *s.f.* F brazen/bold face, cheeky fellow; *fem.* hussy, minx.

obrăznici I. *vb. tr.* F to reprimand *smb.* for cheekiness. **II.** *vb. refl.* F to become/grow cheeky etc. v. o b r a z n i c.

obrăznicie *s.f.* **1.** cheek(iness), impudence, *sl.* gall, etc. v. o b r a z- n i c **1.** **2.** *(ca act)* (piece of) impudence, insolence. **3.** *(poznă)* blunder, misdeed, trespass, F break. **4.** *(neastîmpăr)* naughtiness, nastiness, unruliness. ⓑ *fără obrăznicii!* F none of your lip!

obrinti *vb. intr. și refl.*←P to swell, to become inflamed.

obroci *vb. tr.* to bewitch, to charm, to cast a spell on.

obscen *adj.* obscene, ribald, filthy, smutty, bawdy.

obscenitate *s.f.* **1.** obscenity, indecency, licentiousness; ribaldry. **2.** *(ca act)* dirty joke, broad jest.

obscur *adj.* **1.** obscure; *(întunecos)* dark, gloomy. **2.** *(nedeslușit)* dim, dull, indistinct. **3.** *fig. (neclar)* obscure, entangled, confused, abstruse, doubtful. **4.** *fig. (necunoscut)* obscure, unknown, unnoticed. **5.** *fig. (neînsemnat)* mean, worthless. ⓑ *cameră ~ă* dark room.

obscurantism *s.n.* obscurantism.

obscurantist *adj., s.m.* obscurantist.

obscuritate *s.f.* **1.** obscurity; *(întunecime)* dark(ness), gloominess, murkiness. **2.** *(neclaritate)* indistinctness. **3.** *(lipsă de vază)* obscurity, humble condition, modesty. ⓒ *a trăi în ~* to lead an obscure/ a secluded/a hidden life.

obseda *vb. tr.* to obsess, to haunt, to torment.

obsedant *adj.* obsessing etc. v. o b- s e d a.

observa I. *vb. tr.* **1.** *(a băga de seamă)* to notice, to observe, to mark. **2.** *(a pomeni)* to observe, to remark, to mention. **3.** *(a cerceta)* to examine, to study; *(a privi)* to watch. **4.** *(a pîndi)* to watch, to survey, to keep eyes on. **II.** *vb. refl.* **1.** *pas.* to be noticed etc. v. ~ **I.** **2.** *(pe sine)* to control oneself; to study oneself.

observator I. *s.n.* **1.** *(astronomic etc.)* observatory. **2.** *mil.* observation post; lookout, scouting picket. **II.** *s.m.* **1.** *(delegat)* observer, envoy. **2.** *(privitor)* looker-on, onlooker, spectator, spy, observer. **3.** *(cercetător)* observer, student. **4.** *(comentator)* observer, correspondent, envoy.

observație *s.f.* **1.** *(cercetare)* observation, analysis, study, inspection. **2.** *(remarcă)* remark, note; *(constatare)* observation, comment, reflection. **3.** *(obiecție)* objection, critical remark, observation; *(dojană)* reprimand, admonition, reproof, remonstrance. **4.** *(supraveghere)* observation, watching, survey; *med.* medical care/attendance. ⓑ *foaie de* ∼ chart; *post de* ∼ lookout, scouting picket; *spirit de* ∼ observing turn of mind, perceptive faculty. ⓒ *a avea spirit de* ∼ to be a keen observer; *a face* ∼*cuiva* to reprimand/reprove smb.; *a fi/sta/a se afla sub* ∼ to be under observation.

obsesie *s.f.* **1.** obsession, besetting/haunting idea. **2.** *med.* fixed idea, (mono)mania.

obsigă *s.f. bot.* brome grass *(Bromus sedalinus;Brachipodium primatum)*.

obstacol *s.n.* **1.** *(piedică)* obstacle, impediment, hindrance. **2.** *sport* obstacle. ⓑ *cursă cu/de* ∼*e sport* steeple chase, obstacle race.

obstetric(al) *adj. med.* obstetric(al).

obstetrică *s.f. med.* obstetrics, tocology, tokology.

obstetrician *s.m.* obstetrician.

obstructiv *adj. med.* obstructive.

obstrucție *s.f.* **1.** obstruction, check, opposition. **2.** *(în parlament)* obstruction, *amer.* filibuster(ing). **3.** *med.* obstruction, blocking.

obstrucționism *s.n.* obstructionism, *amer.* filibustering.

obstrucționist *s.m.* obstructionist, *amer.* filibuster(er).

obște *s.f.* **1.** *(colectivitate)* community, mass, people, population. **2.** *(consiliu)* council, board, assembly. **3.** *ist.* community, commune. ⓑ *de* ∼ *adj.* usual, ordinary;

(în) de ∼ *adv.* usually, generally, customarily.

obștesc *adj.* public, general, common, universal; collective. ⓐ *obștească adunare←inv.* national assembly. ⓑ *activitate pe tărîm* ∼ public activities; *avut* ∼ public/social property; *binele* ∼ commonwealth, public good/welfare; *muncă obștească* public/social work; *organizații obștești* public organizations. ⓒ *și-a dat* ∼*ul sfîrșit* he has passed away.

obtura *vb. tr.* to obturate, to stop up, to close.

obturator *s.n.* **1.** obturator. **2.** *fot.* shutter, cap (of lens).

obtuz *adj.* **1.** *geom.* obtuse. **2.** *fig.* blunt, dull, stupid, dense.

obtuzunghi *adj. geom.* obtuse-angled.

obține I. *vb. tr.* to obtain, to get; *(a dobîndi)* to acquire; to secure, to have *smth.* granted. **II.** *vb. refl. pas.* to be obtained etc. v. ∼ **I.**

obuz *s.n. mil.* shell.

obuzier *s.n. mil.* howitzer, mortar.

oca *s.f. ist.*, P **1.** *weight of about 3 lbs (1260—1290 grams)*. **2.** *capacity measure of 1288—1520 ml.* ⓒ *a prinde pe cineva cu* ∼*ua mică* to catch smb. at it/red-handed; *mai mare daraua decît* ∼*ua* the game is hardly/not worth the candle; great boast, little roast; much ado about nothing.

ocară *s.f.* **1.** insult, abuse, outrage. **2.** *(rușine)* shame. ⓒ *a ajunge/rămîne/se face de* ∼ to be disgraced, to bring shame upon oneself; to become a laughing stock; *a da/face de* ∼ to.(put to) shame, to (cover with) disgrace.

ocarină *s.f. muz.* ocarine.

ocazie *s.f.* *(prilej)* occasion, opportunity, juncture; *(împrejurare)* circumstance. ⓑ *cu altă* ∼ another time, on another occasion; *cu prima* ∼ on the first occasion; *de* ∼ **a.** occasional, for the nonce, circumstantial. **b.** *(uzat)* second-hand.ⓒ*a da* ∼ *la*... to occasion..., F→to give a handle for/to...; *(a cauza)* to bring about.

ocaziona *vb. tr.* to occasion, to give occasion to.

ocazional *adj.* occasional, incidental, accidental, circumstantial.

ocărî I. *vb. tr.* **1.** *(a certa)* to upbraid, to reproach, to blame. **2.** *(a insulta)* to abuse, to insult, to offend, to outrage, to revile, to call *smb.* names. **3.** *(a vorbi de rău)* to speak ill of, to inveigh against, to censure. **II.** *vb. intr.* to rail, to inveigh, < to curse.

Occident *.n.* West, *poetic→*Occident.

occidental I. *adj.* west(ern); *(d. cultură şi)* occidental. ⓓ *Europa Occidentală* Western Europe; *puterile* ~*e* the Western Powers. **II.** *s.m.* Western(er).

occipital *anat.* **I.** *adj.* occipital. **II.** *s.n.* occiput, occipital bone.

occiput *s.n. anat.* occiput.

ocean *s.n.* **1.** ocean. **2.** *fig.* sea, ocean, flood.

oceanic *adj.* oceanic.

oceanografic *adj.* oceanographic(al).

oceanografie *s.f.* oceanography.

ocheadă *s.f.* (sidelong) glance, ogle, leer; amorous glance. ⓒ *a arunca ocheade cuiva* to glance at smb.; to leer at smb.; to ogle smb., to cast amorous glances at smb., to make sheep's eyes at smb.

ochean *s.n.* spy glass, small telescope, field glass.

ocheană *s.f. iht.*, *v.* b a b u ş c ă.

ochelari *s.m. pl.* **1.** spectacles, glasses, F→ goggles, barnacles; *(de soare)* sunglasses; *(de protecţie)* goggles. **2.** *(de cal)* blinkers, blinders; *fig.* narrow-mindedness, illiberality, parochialism. ⓒ *a avea/ purta* ~ *de cal* to be narrow-minded/short-sighted.

ochelarist *s.m.* F *ironic*(be)spectacled chap.

ochelariţă *s.f. bot.* buckler's mustard *(Biscutella laevigata)*.

ochi[1] **I.** *s.m.* **1.** eye, F→light. **2.** *pl. (văz)* (eye)sight. **3.** *pl. (priviri)* looks, glances, eyes. **4.** *pl. (faţă)* face, cheek. **5.** *(laţ)* eye, loop; *(de plasă)* mesh; *(verigă)* link, ring. **6.** *(mugur de cartof)* eye, leafbud (of a potato). **7.***(la zaruri, domino etc.)* pip, spot. ⓐ ~

căprui hazel/brown eyes; ~ *congestionaţi* bloodshot eyes; ~ *de broască* bulging eyes; ~ *de pisică* **a.** cat's/narrowed eyes. **b.** *mineral.* cat's eye, agate; ~ *de sticlă* glass eye; ~ *de vultur* eagle's eye; ~*i şoricelului bot.* saxifrage *(Saxifraga adscendens)*; ~ *în* staring (lovingly) at each other; ~ *magic radio* magic eye; ~ *mari* big/wide-awake eyes; ~ *mici* small/narrow eyes; ~ *sticloşi* glassy eyes; ~ *stinşi* dim/watery eyes; ~*ul boulului* **a.** *bot.* (China) aster *(Aster alpinus)*. **b.** *bot.* chrysanthemum*(Chrysanthemum)*. **c.** *ornit.* wren *(Troglodytes parvulus)*; ~*ul lupului bot.* plantain *(Plantago arenaria)*; ~*ul păsăruicii bot.* true forget-me-not *(Myosotis palustris)*; ~*ul soarelui bot.* heliotrope *(Heliotropium)*; ~ *ul şarpelui* forget-me-not *(Myosotis intermedia)*; ~ *umezi* moist eyes. ⓓ *albul* ~*ului/*~*lor* white of the eye; *boală de* ~ eye disease; *coada* ~*ului* the corner/F tail of one's eye; *cu* ~*i închişi* **a.** with shut eyes. **b.** *fig.* blindfolded, blindly; *cu* ~*i bulbucaţi* goggle--eyed; *cu*~*i pierduţi* staring vaguely; *cu un* ~ *la slănină şi cu altul la făină* F looking two ways to find Sunday; *cu* ~ *şi cu sprincene←*F conspicuous, obvious; *cu* ~*ul liber* with the naked eye; *de* ~*i lumii* perfunctorily, ostentatiously, (in order) to keep/save appearances; *doctor de*~ eye doctor, oculist, ophthalmologist; *din* ~ at a glance, approximately; *după* ~ partially, for smb.'s beaux yeux; *durere de* ~ eyesore; *între patru* ~ between you and me and the gate post; *lumina* ~*lor fig.* the apple of one's eye; *văzind cu*~*i* visibly, noticeably, perceptibly; *(iute)* rapidly. ⓒ *n-am* ~ *să-l văd* I can't bear the sight of him; *are* ~*i mai mari decît pîntecele* his eyes are bigger than his belly; *a(-şi) arunca* ~*i asupra (cu gen.)/ pe...* to glance at...; to look over..., to skim...; *a avea* ~ *de vultur* to be eagle-eyed/sharp-sighted; *a căsca*

~*i* **a.** F to stare one's eyes out; to gaze in wonder. **b.** *(a fi atent)* to open one's eyes very wide, to take heed/(double) care; *a da* ~*i cu*... to fall in/meet with...,to run across...; *a da* ~*i în gene* to doze off; *a da* ~*i peste cap* to roll one's eyes; *a deschide* ~*i* **a.** to keep one's eyes wide awake, to mind one's eye. **b.** *(cuiva)* to open *smb.*'s eyes *(to)*, to tip *smb.* the wink; *a face* ~ to awake; *a face* ~ *dulci cuiva* to cast sheep's eyes at smb., to make eyes at smb.; *a face* ~*(i) mari* to open one's eyes very wide; *a-și freca* ~*i*, *a se freca la* ~ to rub one's eyes (in wonder); *iți fură/ia* ~*i* it catches the eye/fancy; *a închide* ~*i*. **a.** to close one's eyes. **b.** *fig.* *(a dormi)* to sleep (a wink), to get forty winks *(mai ales la negativ)*. **c.** *fig.* *(a muri)* to pass away, to see the last of this world. **d.** *fig.* *(asupra)* to turn a blind eye (to/upon), to wink (at). **e.** *fig.* *(cuiva care moare)* to close a *dying man's* eyes; *n-am putut închide* ~*i toată noaptea* I couldn't get (my) forty winks/a wink; *a lăsa* ~*i în jos* to cast down one's eyes; *a lua* ~*i* to dazzle; *a pleca* ~*i în jos* to cast down one's eyes, to look down; *a pune* ~*i pe*... to fix one's eye on..., to set one's heart on...; *(cineva)* to set one's cap at...; *a scoate* ~*i cuiva* **a.** to put out smb.'s eyes. **b.** *fig.* to nag/reproach/harass smb.; *a-și scoate/strica* ~*i (citind etc.)* to ruin/spoil one's eyes; *a-și scoate* ~*i (unul altuia)* **a.** to pluck/tear/scratch each other's eyes out. **b.** to squabble, to haggle, to throw insults at each other/to each other's face; *a ține* ~*i în pămînt* to keep one's eyes nailed on the ground; *a iubi ca* ~*i din cap* to love as the apple of one's eye; *a păzi ca* ~*i din cap* to treasure as the apple of one's eye; *a da cu* ~*i de*... to set/clap eyes on..., to catch sight of...; *a dormi numai cu un* ~ to sleep with one eye open; *a face cu* ~*ul*. **a.** to wink. **b.** *(cuiva)* to appeal to (smb.); *a fi cu* ~*i în*

patru to be on the look-out; *a merge încotro vede cu* ~*i* to follow one's nose; *a privi cu* ~ *buni* to view with a friendly eye; *a privi cu* ~*răi* to view with an unfriendly eye; to eye hostilely, to look daggers at; *am văzut(-o) cu* ~*i mei* I saw it with my own eyes/for myself; *a vedea cu* ~*i altuia* to see through other people's eyes; *a-și vedea visul cu* ~*i* to see one's dream come true; *cît vezi cu* ~*i* as far as one can see/the eye can reach, beyond one's eyeshot; *a visa cu* ~*i deschiși* to indulge in day dreaming; *a cîntări din* ~ to look *smb.* down, to assess *smb.*; *cît ai clipi din* ~ in the twinkling of an eye, in a trice/jiffy; *a fura din* ~ to feast one's eyes on, to gloat over; *a minca/sorbi din* ~ not to take one's eyes off *smb.*, to make eyes at, to ogle amorously; *piei din* ~*i mei!* (get) out of my sight! *a pierde din* ~ **a.** to lose sight of. **b.** to love immensely; *a prăpădi pe cineva din* ~ to hang on smb.'s lips, to love smb. as the apple of one's eye; *a nu slăbi/pierde din* ~ *pe cineva* not to tear one's eyes off smb., to keep an eye on smb.; *a urmări din* ~ to follow with one's look, to keep *smb.*. in sight, to watch; *iți dădeai cu degetele în* ~ it was pitch dark; *a-i fi drag ca sarea-n* ~ not to stomach *smb.*; *a privi drept în* ~ to look/stare full in the face; *a sări în* ~ to be obvious/glaring/self-evident; *a spune verde-n* ~ to say *smth.* to smb.'s face, to tell frankly, to call a spade a spade; *a-i sta în* ~ to be a thorn in one's side; *să nu te văd în* ~ ! let me never set eyes on you again! *a vedea negru/ roșu înaintea* ~*lor* to see red; *a nu vedea înaintea* ~*lor* to be blind with rage; *a bate la* ~ **a.** *(a fi suspect)* to be suspicious. **b.** *(a fi izbitor)* to be conspicuous/glaring; *a lega pe cineva la* ~ *și fig.* to blindfold smb.; *a lua la* ~ **a.** *(a observa)* to notice. **b.** *(a se uita chioriș la)* to look askance at, to eye suspi-

ciously. **c.** *(a ținti)* to take aim
at. **d.** *(a bănui)* to suspect ; *mă
dor ~i* my eyes are sore, I have
sore eyes; *i-au ieșit ~i din cap*
his eyes popped out of his head/
started out of their sockets; *îi
joacă ~i în cap* she has wide-
-awake eyes, she looks shrewd; *a-i
rămîne ~i la...* to have the eyes
glued/fastened to..., to covet...;
îi rîd ~i he beams; *i se scurg ~i
după ea* he gloats over her, F he
is sweet upon her; *ce-mi văzură
~i?* (oh) my eye(s)! what should
I see! *a nu-și crede ~lor* not to
believe/credit one's eyes; *a fi
numai ~ și urechi* to be all eyes
and ears; *a privi pe cineva cu coada
~ului* F to look at smb. out of
the tail of one's eyes. ⓓ *~i care
nu se văd se uită* out of sight, out
of mind; what the eye sees not,
the heart rues not; *doi ~ văd mai
bine decît unul* two eyes see more
than one. **II.** *s.n.* **1.** *(de geam)*
glass pane; bull's eye. **2.** *(feres-
truică la pod)* garret/dormer win-
dow. **3.** *(luminiș)* glade, opening,
clearing. **4.** *(de baltă)* puddle,
pool. **5.** *(bulboană)* whirlpool,
eddy, vortex. **6.** *(laț)* loop, mesh,
noose. **7.** *(verigă, za)* ring, link.
8. *(la mașina de gătit)* burner,
ring. **9.** *pl. (ouă)* fried eggs; *(ro-
mânești)* poached eggs. **10.** *(pe
coada păunului etc.)* eye, spot.
11. *(grăsime în supă)* eye, speck of
grease. **12.** *(de cer)* clear spot (in
a cloudy sky). **III.** *adv.* ⓓ *(plin)*
~ brimful, full to the brim.
ochi² **I.** *vb. intr.* **1.** *(a duce arma
la ochi)* to (take) aim. **2.** *(a ținti)
(în)* to (take) aim (at), to level
one's gun (at). **II.** *vb. tr.* **1.** to
take aim at; to shoot at, to train.
2. *(a nimeri)* to shoot (down),
to hit. **3.** *(a fixa cu privirea)* to
watch, to stare at, to have one's
eyes glued to. **4.** *(a remarca)* to
notice, to have an eye (up)on, to
single out. **5.** *(a rîvni la)* to covet,
to set one's heart on. **6.** *(a căuta)*
to be in search of, to look (about)
for. **7.** *(a privi lung)* to scan, to
look intently at, to eye attentively.

8. *(a zări)* to perceive, to catch
sight of, to set eyes on. **9.** *(a sus-
pecta)* to detect, to eye suspiciously,
to suspect, to look askance at.
ochiadă *s.f. v.* o c h e a d ă.
ochire *s.f.* **1.** taking aim etc. v.
o c h i². **2.** *(privire)* look, glance,
eye. **3.** *(ochedă)* sidelong glance,
ogle. **4.** *(țintire)* aim(ing). ⓓ
dintr-o ~ at a glance, at first
sight; *linie de ~* line of sight.
ochișor *s.m. bot.* scarlet pimpernel
(Anagallis arvensis).
ochitor *s.m.* **1.** *(țintaș)* marksman,
shot, shooter. **2.** *mil. (la tun etc.)*
trainer, marksman.
ochitură *s.f. v.* o c h i r e 2—4.
ocîrmuire *s.f.←înv.* **1.** *(conducere)*
rule, sway, reign. **2.** *(organ de
conducere)* government, rule, admin-
istration.
ocluzi(un)e *s.f.* **1.** *med.* occlusion,
obstruction, stopping/shutting (up).
2. *fon.* occlusion. ⓐ *~ intestinală*
med. obstruction/stoppage of the
bowels, s atresia.
ocluzivă *s.f. fon.* occlusive (con-
sonant).
ocnaș *s.m.* convict, jailbird.
ocnă *s.f.* **1.** *(salină)* salt-mine/-pit,
saline, saltern. **2.** *(temniță)* salt
works, convict prison; *fig.* hard
labour; forced labour. **3.** *sl. (glu-
mă)* side-splitter, fine joke, wise
crack. **4.** *sl. (persoană)* (good)sport,
topper, wag.
ocniță *s.f.←P* **1.** *(firidă)* recess,
niche, hole; *(ca ornament)* niche,
hole. **2.** *(hrubă)* pit, cave, hole.
3. *(interval)* clear spot, interval,
space.
ocol *s.n.* **1.** *(înconjur)* detour, round-
about way, way round. **2.** *(cir-
cuit)* tour, circuit. **3.** *(circumfe-
rință)* circumference, perimeter,
bounds. **4.** *(cuprins)* space,
ground(s). **5.** *(cotitură)* turn, turn-
ing (point). **6.** *(îngrăditură)* en-
closure. **7.** *(împrejurimi)* surround-
ing(s). **8.** *(de vite)* cattle pen,
stock yard, enclosure. **9.** *(curte)*
(court)yard, grounds. **10.** *(circum-
scripție)←înv.* district, ward, arron-
dissement. ⓐ *~ul pămîntului* the
tour of the world. ⓑ *cu ~uri fig.*

beating about the bush, in a round-about way; *fără* ~ **a.** straight, without turning. **b.** *fig.* without beating about the bush, straightforwardly; *judecător de* ~←*odin.* justice of the peace, J.P.; *judecătorie de* ~←*odin.* county court. © *a da* ~ *(cu dat.)* to (turn) round *(cu acuz.).*

ocoli I. *vb. intr.* to take a round-about way, to make a detour, to turn (round)about; to wander, to ramble. **II.** *vb. tr.* **1.** *(a inconjura)* to round, to make the tour of, to circumambulate; *nav.* to circumnavigate. **2.** *fig.* to avoid, to shun, to eschew, to side-step. **3.** *(a imprejmui)* to enclose, to pen, to surround with. **III.** *vb. refl.* *reciproc* to avoid/shun each other.

ocolire *s.f.* rounding, avoidance etc. v. o c o l i II.

ocoliş *s.n.* v. o c o l i. ⓓ *fără* ~*(uri)* *fig.* straightforwardly.

ocolit I. *adj.* devious. ⓓ *pe căi* ~*e* by devious ways, by expedients/tricks. **II.** *s.n.* roundabout way. ⓓ *pe* ~*e* beating about the bush, indirectly.

ocroti *vb. tr.* *(a apăra)* to protect, to safeguard, to preserve, to defend, to shield.

ocrotire *s.f.* **1.** *(apărare)* protection, (safe)guard(ing), defence, screening, sheltering. **2.** *(adăpost)* shelter, asylum. ⓐ ~*a mamei şi a copilului* maternity and child protection.

ocrotitor I. *adj.* protective, shielding, screening. **II.** *adv.* protectively, protectingly. **III.** *s.m.* protector, champion.

ocru *s.n.* ochre.

octaedric *adj. geom.* octahedral.

octaedru *s.n. geom.* octahedron.

octan *s.m. chim.* octane.

octant *s.n. şi geom.* octant.

octavă *s.n. muz.* octave.

octet *s.n. muz.* octet(te).

octodă *s.f. radio* octode.

octogenar *adj., s.m.* octogenarian.

octogon *s.n. geom.* octagon.

octogonal *adj. geom.* octagonal, octangular.

octoih *s.n. bis.* **1.** hymn book. **2.** *(cîntec)* (religious) hymn.

octombrie *s.m.* October. ⓓ *Marea Revoluţie Socialistă din Octombrie* the Great October Socialist Revolution.

octopod *zool.* **I.** *adj.* octopod(ous). **II.** *s.m.* octopod(an).

ocular I. *adj.* ocular, visual, eye... ⓓ *martor* ~ eye witness; *muşchi* ~ *anat.* ocular muscle. **II.** *s.n.* ocular, eye glass/piece.

oculist I. *adj.* oculistic. **II.** *s.m.* eye doctor, oculist, ophthalmologist.

ocult *adj.* **1.** occult, secret, hidden, obscure. **2.** *(supranatural)* occult, supernatural, mystic. **3.** *(inaccesibil)* occult, recondite, abstruse, mysterious, incognizable.

ocultaţie *s.f. astron.* occultation.

ocultism *s.n.* occultism.

ocultist *s.m.* occultist.

ocupa I. *vb. tr.* **1.** *(a cuceri)* to conquer, to seize, to occupy, to take hold of. **2.** *(a umple)* to fill, to take up, to occupy. **3.** *(mintea etc.)* to absorb, to occupy, to fill. **4.** *(a intrebuinţa)* to employ, to engage, to busy, to occupy. **5.** *(a locui in)* to reside/live in. **6.** *(a reţine)* to book. **7.** *(a lua in stăpinire)* to take hold/possession of. **II.** *vb. refl.* **1.** *(a se indeletnici cu)* to do; to busy/occupy oneself/to be occupied (with). **2.** *(cu)* *(a se gindi la)* to occupy oneself (with), to think (of). ⓐ *a se* ~ *de...* **a.** to concern/trouble oneself with..., to take care of..., to look after... **b.** *(d. un autor etc.)* to deal with...

ocupant I. *s.m.* occupant, occupationist, invader, occupier, holder. ⓓ *dreptul primului* ~ the first occupier's right. **II.** *adj.* occupying, invading.

ocupare *s.f.* **1** *(cucerire)* occupation, seizure, occupancy. **2.** *(luare in stăpinire)* occupancy, taking, hold holding.

ocupat *adj.* **1.** *(prins de treburi)* busy, employed, engaged. **2.** *(cucerit)* occupied, seized, conquered.

ocupaţi(un)e *s.f.* **1.** *(indeletnicire)* occupation; *(muncă)* work, employment, pursuit, business; *(pro-*

fesie) profession; *(meserie)* trade; *(activitate)* activity; *(slujbă)* position, situation, job, employment. **2.** *(stăpinire)* occupation, occupancy, holding, tenure.

odagaci *s.m.* **1.** *bot.* soap wort *(Saponaria officinalis).* **2.** *bot* cascarilla *(Croton eluteria).* **3.** *farm.* cascarilla bark.

odaie *s.f.* **1.** *(cameră)* room. **2.** *(fermă)*←*înv.* cattle *sau* dairy *sau* sheep farm. ⓐ ~ *de culcare* bedroom, bedchamber; ~ *de primire* drawing room.

odalíscă *s.f. odin.* odalisque.

odată I. *adv.* **1.** *(cîndva în trecut)* once, at one time, of yore/old, in the old days; *(într-o zi)* one day; *(~ ca niciodată)* once upon a time. **2.** *(în viitor)* some day/time **3.** *(brusc)* suddenly, all of a sudden, abruptly. **4.** *(imediat)* at once, immediately, in a trice/jiffy/moment. **5.** *(în sfîrşit)* finally, after all. **6.** *(simultan)* at the same time, all at once, together. ⓐ ~ *cu...* together with..., at the same time as..., alongside..., concurrently with... *amer.* on; ~ *cu capul* not on your life, on no account, not for the life of me; ~ *şi* ~ in the end, eventually, at last, in the long run. **II.** *adj.* genuine, real, true. ⓐ ~ *bărbat!* a man indeed! there's a real man!

odă *s.f.* **1.** ode. **2.** *(imn)* (choral) ode.

odăjdii *s.f. pl. bis.* sacerdotal attire, canonicals.

odgon *s.n.* cable, rope.

odicolon *s.n.*←P eau-de-Cologne.

odihnă *s.f.* **1.** *(repaus)* rest, repose; *(răgaz)* leisure; *(pauză)* pause, intermission. **2.** *(tihnă)* calm, peace, quietness, ease, comfortability, restfulness. **3.** *(moarte)* eternal/everlasting rest, quietus. **4.** *(palier)* landing/resting place. ⓓ *fără* ~ I. *adj.* restless; active. II. *adv.* restlessly; *(neobosit)* tirelessly, untiringly, unwearingly, indefatigably; *(neîncetat)* incessantly.

odihni I. *vb. tr.* to rest, to give rest to, to repose, to give a bed to. ⓒ *a* ~ *bucatele glumeţ* to take a

siesta/an afternoon nap. **II.** *vb. refl. şi intr.* **1.** to rest, to repose, to relax, to be at leisure. **2.** *(a dormi)* to sleep, to be asleep, to slumber, to get one's forty winks, to rest. **3.** *(a zăcea)* to lie. **4.** *(a se potoli)* to compose/soothe oneself, to quiet down. **5.** *(d. lucruri, a sta)* to lie, to rest, to stand. ⓒ *odihnească-se în pace* may he rest in peace.

odihnit I. *adj.* **1.** rested etc. v. o d i h n i I; refreshed, recreated, relaxed. **2.** *(liniştit)* composed, soothed, quiet, tranquil. **II.** *s.n.* ⓓ *pe* ~*(e)* comfortably, at ease/leisure.

odihnitor *adj.* **1.** restful, resting, relaxing, reposing, recreating. **2.** *(liniştitor)* appeasing, soothing, composing.

odinioară *adv.* formerly, once, of old/yore, in the old days, in olden times.

odios *adj.* hateful, loathsome, odious, detestable, repulsive.

odisee *s.f.* odyssey, long adventurous journey.

odolean *s.m. bot.* valerian, allheal *(Valeriana officinalis).*

odometru *s.n. auto* odometer.

odor *s.n.* **1.** *(giuvaer)* jewel, treasure, gem, precious thing. **2.** *fig.* treasure, precious, the apple of one's eye, darling, dear, beloved. **3.** *pl.* ecclesiastical objects and sacerdotal attire.

odorant *adj.* odoriferous, odorous, odorant.

odos *s.n. bot.* bastard oats.

odraslă *s.f.* *(copil)* child, issue, progeny; *(vlăstar)* offspring, scion; *(urmaş)* descendant.

odrăsli I. *vb. intr.* **1.** *(a se naşte)* to shoot, to sprout, to grow, to spring. **2.** *(a înmuguri)* to bud, to shoot forth, to sprout. **II.** *vb. tr.* **1.** *(a naşte)* to bring forth, to give birth to. **2.** *(a produce)* to create, to produce, to give rise/birth to, to breed, *înv.*→to beget.

oecologie *s.f. biol.* (o)ecology.

oenologie *s.f. agr.* oenology.

of I. *interj.* oh! ah! alas! alack(-a-day)! welladay! wellaway! lack-

aday! oh dear, dear me! **II.** *s.n.*
1. *(oftat)* sigh, groan, moan. **2.**
(durere) grief, sorrow, complaint.
ⓒ *a avea un ~ la inimă* to have
a grief/complaint.

ofensa I. *vb. tr. (a insulta)* to offend,
to insult, to abuse, to outrage, to
affront; *(a jigni)* to offend, to
wound, to hurt, to vex. **II.** *vb.
refl.* to take offence, to be/feel
offended, to be hurt, F→to get/
take the huff.

ofensat I. *adj.* offended etc. v.
o f e n s a. **II.** *s.m. pl. (ofensaţii)*
the oppressed, the down-trodden.

ofensator I. *adj.* offensive, injurious,
outrageous, abusive. **II.***s.m.* offend-
er, insulter.

ofensă *s.f.* offence, insult, abuse,
outrage, affront.

ofensiv *adj.* offensive, attacking.
II. *adv.* offensively, by an attack.

ofensivă *s.f.* **1.** *(atac)* offensive,
attack, onslaught, upsurge, stroke;
(agresiune) aggression, raid, foray.
2.*fig.* offensive, onslaught,upsurge.
ⓒ *a lua ofensiva, a trece la ~* to
assume/take the offensive.

oferi I. *vb. tr.* **1.** *(a da)* to offer
(up), to present, to proffer, to
hold out. **2.** *(a pune în vînzare)*
to offer,to exhibit, to put up/expose
for sale. **3.** *(a plăti)* to offer, to
bid, to propose, to tender. **4.** *fig.*
(a prezenta) to offer, to show, to
afford, to give. **II.** *vb. refl.* **1.** *(să)*
to offer (oneself) (to). **2.** *(d. ocazii,
a se ivi)* to offer/present itself, to
come.

ofertant I. *adj.* offering, bidding.
II. *s.m.* offeror, bidder, offerer.

ofertă *s.f.* **1.** *(propunere)* offer, pro-
posal, bid, tender. **2.** *(mărfuri)*
supply. ⓐ *oferte de serviciu* help/
hands wanted. ⓑ *cerere şi ~* de-
mand and supply.

oficia I. *vb. tr.* **1.** *bis.* to celebrate,
to perform. **2.** *(a celebra)* to per-
form, to celebrate, to solemnize.
II. *vb. intr. bis.* to officiate, to
celebrate, to say mass.

oficial I. *adj.* **1.** official; govern-
ment(al); state...; authoritative.
2. *(d. documente)* official formal;
(d. discuţii) on the record, official.

3. *(legal)* legal, approved, author-
ized. **4.** *(formal)* formal, ceremo-
nial, conventional. ⓑ *act ~* official
deed/act; *buletinul/inv.→monitorul
~* Official Gazette; *comunicat ~*
official communication/communi-
qué; *date~e* official data; *terminolo-
gie ~ă* official language; *vizită ~ă*
duty call, formal/official visit;
(de stat) state visit. ⓒ *a lua act
in mod ~ de...* to take formal/
official notice of... **II.** *adv.* **1.** offi-
cially; legally; on the record.
2. *(rece)* stiffly, coldly, formally,
conventionally, distantly.

oficialitate *s.f.* **1.** official/authorita-
tive character, formality. **2.** *pl.*
officialdom, authorities.

oficializa *vb. tr.* to officialize, to
legalize, to sanction.

oficiant *s.m. (funcţionar)* official,
officer; *(la poştă)* post-office clerk.

oficinal *adj.* officinal, pharmaceu-
tical.

oficină *s.f.* **1.** *(laborator)* labora-
tory. **2.** *fig.* den, hotbed; sink,
cesspool, viper's nest.

oficios I. *adj.* officious, semi-official;
informal. **II.** *s.n.* semi-official or-
gan.

oficiu *s.n.* **1.** *(birou)* office, bureau;
agency; *(cameră)* pantry. **2.** *(în-
datorire)* duty, charge, obligation.
3. *(slujbă)* office, post, position,
job. **4.** *(funcţiune)* function, duty,
charge. **5.** *(mai ales pl.; ajutor)*
service, good turn, assistance, help.
ⓐ *~ de publicitate* advertising
agency; *~ de stare civilă* register/
registry of births, marriages and
deaths; *~ divin* divine office/
service, mass. ⓑ *avocat din ~*
counsel for the defence appointed
by the judge; *bune oficii* good
offices; *din ~* **I.** *adj.* ex officio,
official. **II.** *adv.* ex officio, offi-
cially. ⓒ *îndeplineşte ~l de secre-
tar* he acts as secretary, he discharges
the duties of a secretary.

oficleid *s.n. muz.* ophicleid.

ofili I. *vb. tr.* to wither, to parch,
to dry; *(a moleşi)* to enervate.
II. *vb. refl.* **1.** *(a-şi pierde frumu-
seţea)* to fade (away); *(a se usca)*
to wither, *amer.* to wilt; *(a-şi lăsa*

frunzele in jos) to droop; *(a muri)*
to die; to perish. **2.** *fig.* to fade,
to wither; *(a păli)* to lose colour,
to blench; to turn/grow pale.
ofilit *adj.* withered etc. v. o f i l i;
(palid) pale; *(uscat)* sere, dried
up.
ofiţer *s.m.* **1.** *mil.* (commissioned)
officer, military officer. **2.** *(func-
ţionar)* public officer, official. ⓐ
~ *activ* officer on/in active serv-
ice; ~ *al stării civile* registrar
of births, marriages and deaths;
~ *de gardă* officer in guard; ~ *de
legătură* liaison officer; ~ *de ma-
rină* naval officer; ~ *de rezervă*
officer in the reserve; ~ *de ser-
viciu* officer on duty, orderly offi-
cer; ~ *inferior* junior officer; ~ *in
retragere* retired officer; ~ *supe-
rior* superior officer, *(mai inalt in
grad)* senior officer.
ofiţereasă *s.f.*←F officer's wife.
ofiţeresc *adj.* officer's..., of an offi-
cer.
ofiţereşte *adv.* like an officer.
ofiţerime *s.f.* *pl.* corps/body of
officers.
ofrandă *s.f.* **1.** *(jertfă)* offer(ing),
oblation, sacrifice. **2.** *(dar)* dona-
tion, present, gift; *(prinos)* hom-
age. **3.** *(pomeni)* (works of)
charity, alms, pittances, offerings.
ofsaid *s.n.* *sport* offside. ⓒ *a fi/se
găsi in* ~ to be off side.
ofset *s.n.* *poligr.* offset.
ofta *vb.* *intr.* **1.** to sigh (out), to
draw breath, to heave a sigh, to
sob. **2.** *fig.* to sigh, to moan. ⓐ *a
~ după...* to sigh/yearn for...
oftalmie *s.f.* *med.* ophthalmia, in-
flammation, swelling of the eye.
oftalmolog *s.m.* *med.* ophthalmo-
logist, eye doctor, oculist.
oftalmologie *s.f.* *med.* ophthalmology.
oftalmoscop *s.n.* *med.* ophthalmo-
scope.
oftat *s.n.* **1.** sigh(ing), moan, groan,
suspiration, sob. **2.** *fig.* wail, la-
ment, complaint.
oftica←P **I.** *vb.* *tr.* **1.** to render
consumptive. **2.** *fig.* to envenom,
to poison, to embitter *(smb.'s
life etc.).* **II.** *vb.* *refl.* **1.** to become
consumptive/phthisical. **2.** *fig.* to

put one's soul out, to be consumed
with grief.
oftică *s.f.*←F **1.** *(tuberculoză)* con-
sumption, tb, decline. **2.** *(ciudă)*
spite, grudge, fury, anger. ⓒ *a
avea ~ pe cineva*←F to bear/owe
smb. a grudge.
ofticos I. *adj.* **1.** consumptive,
phthisical, wasted. **2.** *fig. (d. oa-
meni)* lean, lank, F rawboned,
jaded, meagre; *(d. lucruri)* poor,
scanty, weak, F ramshackle; dry.
II. *s.m.* consumptive/phthisical per-
son/patient.
ogar *s.m.* *zool.* grey hound, borzoi.
ⓕ *slab ca un* ~ lean, haggard,
lanky, F jaded. ⓒ *nu e nici ciine
nici* ~ he is neither (fish,) flesh
nor fowl; *fuge ca un* ~ he runs
like a stag hound.
ogival *adj.* *arhit.* ogival, pointed,
Gothic.
ogivă *s.f.* *arhit.* ogive, pointed arch.
ogirjit *adj.* F scraggy, skinny; ema-
ciated.
oglindă *s.f.* **1.** (looking) glass, mir-
ror; S→speculum. **2.** *fig.* mirror;
(imagine) image, mirror reflection;
(suprafaţă lucie) smooth surface.
ⓐ *oglinda apei* watertable; ~ *de
buzunar* pocket looking glass; ~
de mină hand mirror; ~ *metalică*
metallic mirror. ⓕ *fabrică de
oglinzi* mirror factory; *neted ca o-
glinda* as smooth as a glass/a
mirror, unruffled. ⓒ *mai bine
te-ai uita in* ~ better see what
you look like.
oglindi I. *vb.* *tr.* **1.** *(a reflecta)* to
mirror, to reflect. **2.** *(a prezenta)*
to present, to describe, to depict;
to mirror. **II.** *vb.* *refl.* **1.** *pas.* to
be reflected/mirrored. **2.** *pas. fig.
(a-i găsi ecou)* to be echoed/mir-
rored/reflected, to reverberate. **3.**
(a se privi in oglindă) to look at
oneself in a glass/mirror.
oglindire *s.f.* mirroring, reflection
etc. v. o g l i n d i.
ogoi I. *vb.* *tr.* **1.** *(a alina)* to soothe,
to hush, to lull, to comfort, to
assuage, to allay. **2.** *(a linişti)* to
quiet, to calm, to pacify, to com-
pose. **II.** *vb.* *refl.* **1.** *(a se potoli)*
to compose oneself, to be appeased/

calmed/quieted. **2.** *(a se' domoli)* to abate, to subside, to calm down.

ogor *s.n.* **1.** *(ţarină)* (ploughed) field. **2.** *(teren agricol)* land, estate, landed property. **3.** *(ţelină)* fallow land/field/soil, layland, heath. **4.** *(arătură)* early ploughing (long before sowing).

ogorî *vb. tr.* to plough, to break/ turn up.

ogorît *s.n.* ploughing, breaking up, upturning.

ogradă *s.f.* *(curte)* court(yard), yard, grounds.

ogrinji *s.m. pl.* ends and bits of straw and hay.

oh *interj.* v. o f.

ohm *s.m. electr.* ohm.

ohmmetru *s.n. electr.* ohmmeter.

oho *interj.* oh! ah! dear me!

oi *interj.* oh! ah! alas! dear me!

oidium *s.n. bot.* oidium *(Oidium).*

oiem *s.n.* v. u i u m.

oier *s.m.* *(cioban)* shepherd.

oierie *s.f.* **1.** *(stînă)* sheep fold/ pen/farm. **2.** v. o i e r i t 1.

oierit *s.n.* **1.** *(creşterea oilor)* sheep breeding/farming. **2.** *ist.* impost, tax in kind (on sheep).

oină *s.f. sport* oina, *aprox.* rounders.

oişte *s.f.* **1.** *(la căruţă)* shaft, pole, beam. **2.** *(la moară)* main post. © *a nimeri/da ca Ieremia cu* ~*a-n gard* F to put one's foot in it, to (make a) blunder, to drop a brick; to make a bad shot.

ojoc *s.n.* baker's oven mop, malkin.

ol *s.n.* *(oală)* pot.

olac **I.** *s.m.* **1.** *(curier)*←*înv.* messenger, courier. **2.** *(cal de poştă)* *odin.* post horse. **II.** *s.n.* *(poştalion)* *odin.* mail coach/cart, post chaise/coach. ① *cal de* ~ **a.** *odin.* post horse. **b.** *ist.* horse delivered as impost.

olan *s.n.* hollow/gutter tile.

olandă *s.f.* **1.** *text.* Holland. **2.** Dutch cheese.

olandez **I.** *adj.* Dutch. **II.** *s.m.* Dutchman, Hollander, Netherlander; *pl.* *olandezii* the Dutch.

olandeză *s.f.* **1.** Dutchwoman; Dutch girl. **2.** Dutch, the Dutch language.

olandină *s.f. text.* Holland-like cotton fabric.

olar *s.m.* **1.** *(meseriaş)* potter. **2.** *(vînzător de oale)* hawker of pots. **3.** *(prepeleac)* peg for hanging pottery.

olănărie *s.f.* **1.** *(teren)* tile works, tilery. **2.** *(cuptor)* tile kiln/oven.

olărie *s.f.* **1.** *(ca meşteşug)* pottery (art). **2.** *(ca atelier)* pottery (shed). **3.** *(ca marfă)* pottery, pots; ceramics.

olărit *s.n.* v. o l ă r i e 1.

oleacă *adv.* a little, a bit, a trifle, slightly. ⑨ ~ *de...* a little..., a bit of...

oleacee *s.f. bot.* oleaceae, oil-bearing plants.

oleaginos *adj.* **1.** *chim.* oily, oleaginous, fatty, greasy. **2.** *bot.* oleaginous. ① *plante oleaginoase* oil-bearing/producing plants.

oleat *s.m. chim.* oleate.

oleic *adj. chim.* oleic.

oleină *s.f. chim.* olein(e).

oleografie *s.f. arte* oleography.

oleoleo *interj.* v. a o l e u.

oleometru *s.n. chim.* oleometer.

olfactiv *adj. anat., fiziol.* olfactory, olfactive. ① *simţul* ~ olfaction, smell.

oligarh *s.m.* oligarch.

oligarhic *adj.* oligarchic(al), oligarchal.

oligarhie *s.f. şi fig.* oligarchy. ⑨ ~ *financiară* financial oligarchy.

oligocen *s.n. geol.* oligocene.

olimpiadă *s.f.* **1.** *sport.* Olympiad, Olympic games. **2.** *ist.* Olympiad.

olimpian *adj.* **1.** Olympian. **2.** *fig.* majestic, stately, dignified.

olimpic **I.** *adj. ist., sport* Olympic. ① *jocuri* ~*e* Olympic games. **II.** *adv.* majestically, with a dignified air.

olog **I.** *adj.* **1.** *(de un picior)* one-legged; *(de două picioare)* legless; *(şchiop)* lame; *(infirm)* crippled. **2.** *fig.* lame; unsatisfactory; imperfect. **3.** *bot.* without tendrils. **II.** *s.m.* one-legged person; legless person; lame person/F→duck; cripple.

ologeală *s.f.* lameness, crippledom; palsy.

ologi **I.** *vb. tr.* **1.** *(oameni)* to (make) lame, to cripple, to maim. **2.** *(cai)* to founder, to make lame.

II. *vb. intr.* to become lame/crippled, to lose one's leg *sau* legs.

olograf *adj. jur.* holograph.

oltean *s.m.* **1.** Oltenian, native *sau* inhabitant of the Romanian province Oltenia. **2.** ← *inv.* costermonger, hawker.

oltenesc *adj.* of/from Oltenia.

olteneşte *adv.* as (used/usual) in Oltenia; like an Oltenian.

om *s.m.* **1.** man, human being; *(persoană)* man, person, individual; *(suflet)* soul; *(cineva)* man, one, somebody; *(muritor)* mortal; *(fiinţă raţională)* rational being. **2.** *(fiinţă cu calităţi)* genuine/real man, good fellow. **3.** *(adult)* man, grown up, adult. **4.** *(bărbat)* man, male. **5.** *(soţ)* man, husband, lifemate, spouse. **6.** *(subaltern, angajat)* man. **7.** *(muncitor)* workman, hand, labourer. **8.** *mil.* man, soldier. **9.** *pl. (oamenii)* people; they. **10.** *omul (generic)* man, the human race, mankind. **11.** *la vocativ, omule!* man! (listen) my man! look here! ⓐ ~ *afiş* sandwich man; ~ *bun* **a.** good(-natured)/kind/ hearty man, a heart of gold. **b.** *(ca răspuns la întrebarea: „Cine este acolo?")* good people; ~ *ca toţi oamenii* one of the many; ~ *cu cap/judecată* reasonable man; *un* ~ *cu stare/avere* a well-off/well-to--do person; *un* ~ *cu vază* a great man; ~ *cu ziua* day labourer, hireling by the day; ~ *de afaceri* businessman, a man of business; *un* ~ *de bine* a good/righteous man; ~ *de cuvînt* reliable man; *un* ~ *de inimă* a noble-hearted/ hearty fellow; ~ *de ispravă* worthy man, honest fellow; ~ *de încredere* **a.** confidential man, one's right hand man. **b.** reliable person; ~ *de litere* man of letters, author, writer; ~ de *lume* man of the world, man about town; ~*de nimic* ne'er-do-well, good-for-nothing (fellow); ~ *de onoare* honourable man; ~ *de paie* dummy, puppet, man of straw; ~ *de rînd* man from the ranks, ordinary/average man; ~ *de stat* statesman; ~ *de succes* a successful man; ~ *de ştiinţă*

scientist, man of science; ~*de treabă* decent chap, good-natured fellow; *un* ~ *dintr-o bucată* a steady man, an upright man, a man of integrity; *un* ~ *în toată firea* a grown--up/full-fledged man; *un* ~ *în toată puterea cuvîntului* a man indeed, quite a man; ~ *nepotrivit* a square peg in a round hole, the wrong man in the wrong place; ~ *obişnuit* average/ ordinary man, man in the street; ~*ul dracului* a wicked man; ~*ul lui dumnezeu* a God-fearing/decent chap; ~*ul meu* my husband/man; ~*ul zilei* the man of the day. ⓑ *o armată de 5000 de oameni* an army of 5000 men; *ca oamenii* decently, fashionably, correctly; *ca* ~*ul* as is but natural in a man; *la mintea* ~*ului* standing to reason; *o dată* ~ a man indeed, a genuine/true/ real man. ⓒ *te-am făcut* ~ **a.** I've made a man of you. **b.** I've provided for you; *a-şi găsi* ~*ul* to find one's match; *a face din* ~ *neom* to undo *smb.*; *se dă la* ~ it *sau* he attacks people; *nu era nici picior/ţipenie de* ~ there wasn't a soul in sight; there wasn't the shadow of a ghost, there wasn't a mouse stirring; *nu se vede* ~ *cu/ de* ~ it's pitch dark; *e un |* ~ *şi jumătate* he is quite a man; *eşti* ~*ul meu* you're my man, you're the man I want.

omag *s.m. bot.* aconite, wolf's bane, monk's hood *(Aconitum napellus)*.

omagia *vb. tr.* to do/pay/render homage to.

omagial *adj.* of homage; deferential, reverential.

omagiu *s.n.* **1.** homage, reverential regard; *pl.* respects, regards, duties. **2.** *(prinos)* present, gift. **3.** *ist.* homage, act of fealty. ⓑ *omagiile mele!* my respects! your servant! I take my hat off to you! ⓒ *a-şi aduce omagiile cuiva* to pay one's respects to smb.

omăt *s.n.* v. z ă p a d ă.

ombilic *s.n. anat.* navel; umbilical cord.

ombilical *adj. anat.* umbilical. ⓑ *cordon* ~ umbilical cord; navel.

omega *s.n.* omega.

omenesc I. *adj.* **1.** *(uman)* human-(-like). **2.** *(ţărănesc)* peasant...,
peasant-like; ordinary. **3.** *(cum se cuvine)* decent, proper, suitable,
fit. **4.** *(corect)* correct; *(inteligibil)* intelligible; *(citeţ)* legible; clear.
ⓓ *firea omenească* human nature;
o mîncare omenească a decent meal;
neamul ~, seminţia omenească the
human race, humanity, mankind;
viaţă omenească decent life, a man's
life. II. *s.n.* **1.** *(umanitate)* human
character/essence. **2.** *(lucruri străi-
ne)* other people's chattels/goods/
ware.

omenește *adv.* **1.** *(după puterile
omului)* humanly, as much as lies in
a man's power. **2.** *(cum se cuvine)*
decently, properly, fittingly, suit-
ably. ⓒ *am făcut tot ce era ~
posibil* I did my best/utmost; I
did all that a man can do; a man
can do no more than I did.

omeni I. *vb. tr.* **1.** *(a primi bine)* to
entertain/receive hospitably; to
welcome. **2.** *(a ospăta)* to treat,
to dine, to feed, to entertain at
meals, to board. **3.** *(a trata cu bău-
tură)* to pay/stand a drink to, to
wine. **4.** *(a onora)* to honour, to
revere, to pay respect to. II. *vb.
refl.* to eat, to help oneself to food.

omenie *s.f.* **1.** *(bunătate)* kindness;
amiability. **2.** *(milă)* sympathy,
kindness, kind-heartedness. **3.** *(cin-
ste)* honour. ⓓ *de ~* decent, good-
-natured, kind-hearted; *lipsit de ~*
hard-hearted, pitiless, callous. ⓒ
a-şi mînca omenia to lose one's
credit/reputation.

omenire *s.f.* **1.** *(umanitate)* man-
kind, humanity. **2.** *(mulţime)* multi-
tude, mob.

omenos *adj.* kind-hearted, good-na-
tured; *(îngăduitor)* lenient; *(afa-
bil)* affable, kindly, amiable, po-
lite; *(uman)* humane.

omidă *s.f.* **1.** *entom.* caterpillar. **2.**
fig. blood-sucker, leech, extor-
tioner.

omilie *s.f. bis.* homily.

omisiune *s.f.* omission, overlooking;
(lipsă) lack, flaw, deficiency.

omite *vb. tr.* **1.** to omit, to skip

(over); to leave out, to pass over.
2. *(a nu face)* to omit, to neglect,
to leave undone. ⓐ *a ~ să...* to
fail to...

omletă *s.f.* omelet(te). ⓐ *~ cu
şuncă* ham and eggs.

omnibuz *s.n.* (omni)bus.

omnipotent *adj.* omnipotent, all-
-powerful, almighty.

omnipotenţă *s.f.* omnipotence, al-
mightiness.

omniprezent *adj.* ubiquitous.

omnivor I. *adj.* omnivorous, all-
-devouring. II. *s.n.* omnivore, omni-
vorous animal.

omofon *lingv.* I. *adj.* homophonous.
II. *s.n.* homophone.

omofonie *s.f. lingv., muz.* homophony.

omofor *s.n.* omphorion.

omogen *adj.* homogeneous, homo-
gene(al); unitary, equal.

omogenitate *s.f.* homogeneousness,
homogeneity.

omogeniza *vb. tr.* to homogenize.

omolog *adj. chim., geom. etc.* homo-
logous.

omologa I. *vr. tr.* to homologate,
to ratify, to approve; *(a recunoaşte)*
to confirm, to acknowledge, to
admit. II. *vb. refl. pas.* to be homo-
logated etc. v. ~ I.

omonim **1.** *adj. lingv.* homonymous.
II. *s.n., s.m. lingv.* homonym. III.
s.m. namesake, homonym(ous per-
son).

omonimie *s.f. lingv.* homonymy.

omoplat *s.m. anat.* shoulder blade/
bone, omoplate, S→scapula.

omor *s.n.* **1.** murder, manslaughter,
homicide. **2.** *(măcel)* massacre,
carnage, slaughter. ⓐ *~ cu preme-
ditare* wilful/deliberate murder.

omorî I. *vb. tr.* **1.** *(a ucide)* to mur-
der, to kill, to slay, to put to death,
to assassinate, F→to settle *smb.'s*
hash; *(a masacra)* to slaughter,
to butcher. **2.** *fig. (a distruge)*
to destroy, to kill, to put out, to
annihilate, to do away with. **3.**
fig. (a chinui) to torture, to tor-
ment, to harass. **4.** *fig. (a istovi)*
to tire to death, to exhaust, to
overfatigue, to kill, to bring about
smb.'s death. **5.** *fig. (a plictisi)*
to bore to death. ⓒ *a-şi ~ foamea*

to stay one's hunger; *a-şi* ~ *vre-mea/timpul* to while away/beguile/kill the time; *nu mă* ~*!* F you don't say so! no really! now don't! *a*~*cu zile* to be *smb.'s* death, to bring about *smb.'s* death; *a* ~ *in bătaie/ bătăi* to give *smb.* a sound thrashing, to beat smb. within an inch of his life. **II.** *vb. refl.* **1.** *(a se sinucide)* to kill oneself, to commit suicide, to lay violent hands upon oneself, to make away with oneself. **2.** *(a se istovi)* to kill/overfatigue oneself, to ruin/destroy one's health. ⓒ *a se* ~ *cu firea* to put oneself out, to kill oneself. **III.** *vb. intr.* to bekilling/destructive/poisonous.

omorîtor *adj.* **1.** killing, murderous. **2.** *fig.* killing, destructive.

omucidere *s.f. jur.* manslaughter, murder.

omuleţ *s.m.* v. ·o m u ş o r **1.**

omuşor *s.m.* **1.** man(n)ikin, dwarf, little man. **2.** *anat.* uvula.

onanism *s.n. med.* self-abuse, onanism, masturbation.

onanist *s.m. med.* masturboatr, F jerk.

oncologic *adj. med.* oncological.

oncologie *s.f. med.* oncology.

onctuos←*rar.* **I.** *adj. chim., fig.* unctuous, greasy. **II.** *adv.* unctuously.

ondină *s.f.* undine, water sprite.

ondula I. *vb. intr.* **1.** *(a se undui)* to undulate, to wave, to float. **2.** *(a şerpui)* to wind, to meander. **II.** *vb. tr.* **1.** *(a bucla)* to wave, to give a wave to; to curl. **2.** *metal.* to corrugate.

ondulat *adj.* **1.** *(d. păr)* waved, wavy, curly. **2.** *tehn.* corrugated. **3.** *(d. linii etc.)* winding, sinuous. **4.** *(d. marginile hîrtiei)* deckled.

ondulator *s.n. tel.* ondulator.

ondulatoriu *adj.* undulatory, undulating. ⓑ *teoria ondulatorie fiz.* the undulatory/wave theory.

ondulaţie *s.f.* **1.** *fiz.* undulation. **2.** *(buclă)* wave, curl. **3.** *geogr.* unevenness; accident. ⓐ~ *permanentă* perm(anent wave).

oneros *adj.* **1.** *(împovărător)* burdensome, troublesome, onerous; heavy, oppressive. **2.** *(constisitor)* costly, expensive. **3.** *jur.* onerous.

ⓓ *cu titlu*~*jur.* for a consideration, with certain obligations.

onest *adj. (cinstit)* honest, honourable, upright.

onestitate *s.f. (cinste)* honesty; integrity, probity.

oniric *adj.* delirious, raving.

onirism *s.n.* delirium, raving.

onix *s.n. mineral.* onyx.

onoare *s.f.* **1.** *(cinste)* honour; integrity, probity. **2.** *(vază)* honour, reputation, good name, repute, credit. **3.** *(mîndrie)* dignity, honour; pride. **4.** *(stimă)* honour; esteem. **5.** *(favoare)* honour, favour, distinction, dignity. **6.** *(punct de glorie)* honour, glory, boast; ornament. ⓑ *afacere de* ~ affair of honour, duel; *cavaler de* ~ best man; gentleman in waiting; *chestiune de* ~ point of honour; *cimp de* ~ field of honour; *codul onoarei* the code of honour; *datorie de* ~ debt of honour; *de* ~ **a.** honourable, honest. **b.** of honour, in which honour is at stake. **c.** of honour, foremost, high. **d.** *(onorific)* honorary; *doamnă/damă de* ~ lady of honour; *domnişoară de* ~ bridesmaid, maid of honour; *gardă de* ~ guard of honour; *în* ~*a cuiva* in smb.'s honour, to honour smb.; *membru de* ~ honorary member; *panou/tablou de* ~ table of honour ⓓ *pe* ~*a mea /cuvîntul meu de* ~ upon my word of honour, F honour bright! as I live by bread! *preşedinte de* ~ honorary president. ⓒ *am*~*a să vă salut!* respectfully yours! your servant! *a avea* ~*a să...* to have the honour to...; *n-am avut* ~*a* I haven't the pleasure to know him, her etc.; *mi-a făcut* ~*a să...* he honoured/favoured me by... *(cu forme in -ing)*; *a-şi da cuvîntul de* ~ to pledge/give one's word of honour; *a da un banchet etc. in* ~*a (cu gen.)* to give a banquet etc. in honour/ celebration of...

onomasiologie *s. f. lingv.* onomasiology.

onomastic *adj.* onomastic, name... ⓑ *zi* ~*ă* name day.

onomastică *s.f.* **1.** name day. **2.** *lingv.* onomatology, onomastics.

onomatopee *s.f.* **1.** *(procedeu)* onomatopoeia, echoism. **2.** *(cuvînt)* onomatop(e), onomatopoeia, echo-word, mimetic word.

onomatopeic *adj.* onomatopoe(t)ic.

onor *s.n.* **1.** *pl.* honours, civilities, homage. **2.** *mil.* salute. ⓐ ~*ul la drapel mil.* colour guard; *interjecţional* to the colours!; ~*uri funebre* funeral honours; ~*uri militare* military honours. ⓑ *pentru* ~! *mil.* present arms! ⓒ *a da* ~*ul mil.* to salute, to present arms; *a face* ~*urile casei etc.* to do the honours of the house etc.

onora I. *vb. tr.* **1.** *(a respecta)* to honour, to revere, to respect, to pay respect to. **2.** *(a plăti)* to honour, to pay. **3.** *(a fi o cinste pentru)* to honour, to be an honour to, to do credit to. II. *vb. refl.* **1.** *reciproc* to honour/respect/ revere each other. **2.** *(pe sine)* to honour oneself; to win honour and respect.

onorabil I. *adj.* honourable, worthy, respectable; *(cinstit)* honest, upright; *(merituos)* creditable, reputable, worthy, deserving (honour). ⓑ *intenţii* ~*e* honourable intentions, marriage views; *viaţă* ~*ă* decent/honest/honourable life. II. *adv.* honourably, honestly, creditably. III. *s.m.* honourable person/citizen.

onorabilitate *s.f.* honourableness, worthiness, respectability.

onorariu *s.n.* fee, emolument, honorarium.

onorat *adj.* (much) honoured, worthy, respected, esteemed.

onorific *adj.* *(de onoare)* honorary, of honour; *(neretribuit)* honorary; voluntary; honorific, honour-giving. ⓑ *titlu* ~ honorific title.

ontogenetic *adj. biol.* ontogenetic.

ontogeneză *s.f.* ontogenesis.

ontogenie *s.f. biol.* ontogeny.

ontologic *adj. filoz.* ontological.

ontologie *s.f. filoz.* ontology.

ontologist *s.m. filoz.* ontologist.

oolit *s.n. geol.* oolite.

op *s.n. (lucrare)* work; *(carte)* book.

opac *adj.* **1.** opaque, impervious to light, not transparent. **2.** *(întunecos)* dark, obscure, opaque. **3.** *fig.* dense, stupid, dull, opaque, obtuse.

opacitate *s.f.* **1.** opacity, opaqueness, imperviousness to light. **2.** *(întunecime)* obscurity, opacity. **3.** *fig.* opacity, obtuseness.

opaiţ *s.n.* rushlight.

opal *s.n.* **1.** *mineral.* opal. **2.** opal colour.

opalescent *adj.* opalescent.

opăreală *s.f.* *(iritaţie)*←P scald; diaper rash.

opări I. *vb. tr.* to scald; to soak in boiling water; *(a fierbe)* to boil. II. *vb. refl. pas.* to be scalded etc. v. ~ I; *(a face o iritaţie)* to develop diaper rash.

opărit *adj.* **1.** ←P suffering from diaper rash. **2.** *fig.* downcast, cheerless.

opăritură *s.f.*←P scald, diaper rash.

opcină *s.f.* **1.** *geogr.* ridge(way), crest. **2.** estate *sau* land on the crest of a hill; *(moştenire)* legacy, land bequeathed.

opera I. *vb. tr.* **1.** *(a face)* to do, to make; to perform, to operate. **2.** *mil.* to operate, to carry on *strategic movements.* **3** *(a manipula)* to operate; to manage, to manipulate. **4.** *med.* to operate upon, to perform an operation upon. **5.** *(a produce)* to operate, to effect, to bring about; *(a comite)* to commit. ⓒ *a* ~ *un caz grav* to operate upon a patient whose case is serious; *a* ~ *o descindere* to make a raid. II. *vb. refl. pas.* **1.** *(d. ceva)* to be effected/operated/wrought. **2.** *(d. cineva)* to undergo an operation, to be operated (up)on. ⓒ *m-am* ~*t de apendicită* I got operated for appendicitis. III. *vb. intr.* **1.** *(a acţiona)* to work, to operate, to act. **2.** *med.* to operate, to perform an operation. **3.** *(d. hoţi etc.)* F to be busy, to be at it. ⓐ *a* ~ *cu...* to use..., to make use of...

operabil *adj.* operable.

operant *adj.* operative, efficacious, effective.

operat *s.m.* person having undergone an operation.

operativ I. *adj.* operative, efficacious, effective, quick, rapid, prompt; ⓑ *conducere* ~ă effective guidance. **II.** *adv.* operatively etc. v. ~ I.

operativitate *s.f.* efficiency, efficacy; promptness.

operator *s.m.* **1.** operator; driver. **2.** *cinema* cameraman; operator, projectionist. **3.** *med.* (operating) surgeon, operator.

operatoriu *adj. med.* operational. ⓑ *medicină operatorie* surgery.

operație *s.f.* **1.** *(lucrare)* operation; work, action. **2.** *mat.* arithmetical operation. **3.** *med., mil.* operation. **4.** *fin.* financial operation, transaction, speculation; *(calcul)* operation, reckoning, calculation. ⓒ *a suferi/a-și face o* ~ to undergo/ go through/have an operation.

operă *s.f.* **1.** *(acțiune)* work, deed, action. **2.** *(lucrare)* work, literary *sau* artistic *sau* musical production. **3.** *muz.* opera. **4.** *(teatru de operă)* opera house. **5.** *pl.* works. **6.** *(creație)* creation. ⓐ ~ *bufă muz.* opera buffa, opera bouffe; ~ *comică muz.* opera comique, comic opera; *opere alese* selected works; *opere de binefacere* charity, good works, works of mercy.

opercul *s.n. bot., iht.* operculum.

operetă *s.f.* operetta; *(în Anglia și S.U.A)* musical comedy.

opina I. *vb. tr.* to think, to suppose, to reckon; to opine. **II.** *vb. intr.* ⓐ *a* ~ *împotriva... (cu gen.)* to declare against..., to oppose...; *a* ~ *pentru...* to declare for..., to support...

opincar *s.m.* **1.** peasant sandal maker. **2.** *fig.* peasant.

opincă *s.f.* **1.** opinca, peasant sandal. **2.** *fig.* peasantry, country folk/people. ⓑ *fiecare știe unde-l strânge opinca* everybody knows where his own boot pinches.

opinie *s.f.* opinion, idea, view; notion; statement, judg(e)ment; sentiment, feeling. ⓐ *opinia publică* public opinion, popular cry; *opinia publică mondială* world (public) opinion.

opinteală *s.f.* **1.** *(efort)* strain, effort, push, exertion. **2.** *(ghiont)* nudge, jolt, jerk.

opinti I. *vb. tr.* **1.** to heave, to lift, to move. **2.** *fig.* to stimulate, to encourage; to urge, to drive. **II.** *vb. refl.* **1.** *(a face un efort)* to bestir/exert/strain oneself, to try hard. **2.** *reciproc* to heave/lift each other (in a fight).

opintic *s.m. bot.* hawk weed *(Hieracium auricula)*.

opintire *s.f.* **1.** heaving etc. v. o p i n t i. **2.** effort, strain.

opis *s.n.*←*inv.* register; inventory; list; archive.

opiu *s.n.* opium.

oploși I. *vb. tr.* **1.** *(a adăposti)* to shelter, to house; to bed. **2.** *(a ocroti)* to protect, to shield; to favour, to provide (a job) for. **II.** *vb. refl.* **1.** to find/take refuge/ shelter. **2.** *fig.* to worm one's way *(into)*; to find one's way *(to a place)*.

oponent *s.m.* opponent, adversary, antagonist.

opoponax *s.n.* **1.** *bot.* opoponax *(Opoponax chironium)*. **2.** *chim., farm.* opoponax.

oportun *adj.* opportune, timely, seasonable; convenient.

oportunism *s.n.* time-serving, opportunism, compromise, practical politics.

oportunist I. *adj.* time-serving..., opportunist... **II.** *s.m.* time-server, opportunist.

oportunitate *s.f.* opportuneness; seasonableness; timeliness; advisability, desirability.

oposum *s.m.***1.** *zool.*opossum *(Didelphys virginiana)*. **2.** opossum fur.

opoterapie *s.f. med.* opotherapy.

opozabil *adj.* **1.** opposable. **2.** *jur.* demurrable, repealable, revokable, opposable.

opozant *s.m.* **1.** *(adversar)* opponent, adversary, antagonist .**2.** *pol.* member of the opposition.

opoziție *s.f.* **1.** opposition, contrariety; antithesis. **2.** *(piedică)* obstacle, impediment, stumbling block. **3.** *(împotrivire)* opposition, antagonism, resistance, hostility. **4.**

opoziţia pol. the opposition, the outs; *(persoane care votează contra)* the noes/nays. **5.** *astr.* opposition. **6.** *iur.*opposition, objection, rejoinder. **7.** *log.* opposition. ⓑ *fără ~* nem. con., nemine contra; *în ~ cu...* in contrast/opposition with...

oprelişte *s.f.* **1.** *(interdicţie)* forbiddance, prohibition, interdiction. **2.** *(piedică)* obstacle, stumbling block.

opresiune *s.f.* oppression, tyranny.

opresiv *adj.* oppressive.

opresor *s.m.* oppressor.

opri I. *vb. tr.* **1.** to stop, to bring to a stop; to halt; *(mai ales treptat)* to check; *(mişcarea, înaintarea, răspîndirea)* to arrest; *(a înceta)* to cease; to discontinue; *(a întrerupe)* to interrupt, to break; *(a pune capăt)* to end, to put an end to; *(a împiedica)* to hinder, to prevent, to impede; *(a înfrîna)* to curb, to stem. **2.** *(a păstra, a reţine)* to keep back, to withhold, to retain. **3.** *(locuri etc.)* to book, to bespeak, to engage, to secure beforehand. **4.** *(a interzice)* to forbid, to prohibit, to interdict, to preclude; *(a nu îngădui)* not to allow/permit. ⓒ *opreşte restul* keep back the change; *ce te opreşte?* what hinders you? *a ~ cu un gest* to stop with a gesture. **II.** *vb. refl.* **1.** *(a sta pe loc)* to stop, to halt, to stay. **2.** *(a înceta)* to cease, to stop; to come to an end/a halt; to pause; *(d. vînt)* to subside, to abate. **3.** *(a se reţine)* to abstain, to forbear. ⓐ *a se ~ asupra... (cu gen.)* to dwell/insist (up)on... ⓒ *ochii i s-au ~t asupra mea* her eyes dwelt on me; *a se ~ din lucru* to pause (in one's work), to cease (from) working; *nu m-am putut ~ să nu-l privesc* I couldn't help looking at him. **III.** *vb. intr.* to stop, to halt, to come to a stop.

oprima *vb. tr.* to oppress, to grind/crush/bear down; *(a exploata)* to exploit.

oprimare *s.f.* oppression etc. v. o p r i m a .

oprire *s.f.* **1.** stopping etc. v. o p r i . **2.** *(ca act)* stop, halt, pause;

(încetare) cease; *(capăt)* end. **3.** *(halta)* stop, halt, station. **4.** *(interzicere)* defence, prohibition, interdict(ion), ban. ⓑ *fără ~* without stop(ping); ceaselessly.

oprit *adj.* forbidden, prohibited, banned. ⓑ *fumatul ~* no smoking; *intrarea ~ă* private, no admittance; *parcarea ~ă* no parking; *pădure ~ă* v. o p r i t u r ă .

opritoare *s.f.* **1.** *(la roate)* drag, skid (pan). **2.** *(la ham)* breeching, stopping ring. **3.** *(dig)* dyke, breakwater. **4.** *(plasă)* net. **5.** *pl.* fence *(in freshwater fishing).*

opritor *s.n.* *tehn.* check.

opritură *s.f.* fenced-in district, preserve.

oprobriu *s.n.* scorn, contempt; *rar→* opprobrium.

opt I. *num. card., adj., s.m.* eight. **II.** *s.n. sport etc.* (figure of) eight, eight curve.

opta *vb. intr.* to choose, to make one's choice/option, to opt.

optativ *gram.* **I.** *adj.* optative. **II.** *s.n.* optative (mood).

optic *adj.* optic(al). ⓐ *nerv ~ anat.* optic nerve.

optică *s.f.* **1.** *fiz.* optics. **2.** *(perspectivă)* perspective, view. **3.** *(viziune)* concept(ion) outlook, view, angle.

optician *s.m.* optician.

optim *adj.* optimum, most favourable, best.

optime *s.f.* **1.** *mat.* eighth. **2.** *muz.* eighth (note), quaver.

optimism *s.m.* optimism.

optimist I. *adj.* optimistic, sanguine. **II.** *s.m.* optimist.

optsprezece *num. card., adj., s.m.* eighteen.

optsprezecelea *num. ord., adj. the* eighteenth.

optulea *num. ord., adj. the* eighth, *the* 8th.

optzeci *num. card., adj., s.m.* eighty.

optzecilea *num. ord., adj. the* eightieth.

opţiune *s.f.* option, choice, (liberty/freedom of) choosing; *jur.* option.

opulent *adj.* opulent, rich, abundant.

opulenţă *s.f.* opulence, abundance, richness.

opune I. *vb. tr.* **1.** *(cu dat.)* to oppose (to), to put in opposition (to), to set off, to contrast (with); *(a compara) (cu dat.)* to oppose (to), to compare (with/to). **2.** *(a ridica împotriva)* to oppose, to put up. © *a ~ rezistență* to put up resistance. **II.** *vb. refl.* **1.** *(a ține piept) (cu dat.)* to oppose *(cu acuz.)*, to withstand *(cu acuz.)*, to resist *(cu acuz.)*, to combat *(cu acuz.)*. **2.** *fig. (a obiecta) (cu dat.)* to object (to), to make/raise an objection (to). **3.** *geom. (cu dat.)* to be opposed (to).

opunere *s.f.* opposition, contrasting etc. v. o p u n e.

opus[1] *s.n. muz.* opus, musical composition.

opus[2] **I.** *adj.***1.** *(cu dat.)* opposite (to/from), contrary (to), antagonistic (to), hostile (to), adverse (to). **2.** *(față în față) (cu dat.)* opposite *(to sau cu acuz.)*, facing *(cu acuz.)*; *bot., geom.* opposite. **II.** *s.m.* opposite, contrary, antagonist.

opuscul *s.n.* opuscule, opusculum, small treatise.

or *conj.* **1.** *(dar)* but. **2.** *(sau)* or.

oracol *s.n.* oracle.

oral I. *adj.* **1.** *(relativ la gură)* oral. **2.** *(nescris)* oral, verbal, spoken, viva voce... **3.** *(verbal)* verbal, oral. **4.** *(d. examene)* viva voce. **II.** *adv.* orally, viva voce, by word of mouth, *sl.* on the blob. **III.** *s.n.* viva voce, oral (examination).

oralitate *s.f.* **1.** orality. **2.** colloquial speech.

oranj I, *adj.* orange(-coloured). **II.** *s.n.* orange.

oranjadă *s.f.* orange juice/squash, orangeade.

orar[1] **I,** *adj.* hour...; of hours. **II.***s.n.* **1.** *(program)* time table, daily programme. **2.** *(ac de ceas)* hour hand.

orar[2] *s.n. bis.* stole.

oraș *s.n.* **1.** town; *(în Anglia, ~ mare; în S. U. A. orice ~)* city. **2.** *(orășenii)* town, townspeople, townsfolk. ⓐ *~ deschis* open city. ⓑ *de ~* town...; city...; townlike; urban; *haine de ~* **a.** *(nu de lucru)* good/fine clothes. **b.** *(nu de țară)* town clothes.

orator *s.m.* orator, public speaker.

oratoric *adj.* oratorical, orator's...

oratorie *s.f.* oratory, elocution.

oratoriu *s.n.* **1.** *muz.* oratorio. **2.** *bis.* oratory.

orație *s.f.* nuptial poem, epithalamium.

oră *s. f.* **1.** hour. **2.** ora... *(însoțită de cifre)*... o'clock,... hour. **3.** *(timp)* time; moment. **4.** *(lecție)* class, lesson. ⓐ *ora după meridianul (de) Greenwich* Greenwich mean time; *ora închiderii* closing time/hour; *ore de birou* office hours; *ore de muncă* work hours; *ore de vîrf* peak/rush hours; *ore particulare* private lessons. ⓑ *cu ora* by the hour; *din două în două ore* every other hour; *din ~ în ~* every hour, hourly; *la ce ~?* at what time? at what o'clock ? *la ora actuală* at present, at the present moment, by this time; *la ora culcării* at bed time; *la ora mesei* **a.** at lunch time. **b.** *(generic)* at meals; *la trei ore de...* at a three hours' *walk sau drive sau journey etc.* from...; *pe ~* an hour; *ultima ~* **a.** last hour. **b.** *(în ziare)* stop news; *trei ore încheiate* (for) three solid hours. © *a da ore de...* to give (private) lessons of...; *a lua ore de...* to take (private) lessons of... ; *cît e ora? ce ~ e?* what's the time? what time is it? what o'clock is it? F→how goes the dickens? *e ora patru* it is four (o'clock); *e ora patru și un sfert* it is a quarter past four (o'clock); *e ora cinci fără un sfert* it is a quarter to (five o'clock;) *orele fiind înaintate* time being so far advanced, it being so late.

orăcăi *vb. intr.* **1.** *(d. broască)* to croak. **2.** *(d. copii)* to pule, to cry, to whine, to squeal.

orăcăit *s.n.* **1.** croaking etc. v. o r ă c ă i. **2.** croak. **3.** squeal.

orăstică *s.f. bot.* bitter vetch *(Orbus niger)* .

orășean *s.m.* townsman, town/city dweller; *pl.* townspeople, townsfolk.

orășeancă *s.f.* townswoman.

orășel *s.n.* small town/place; marke town.

orăşenesc *adj.* town..., city...; town-like; urban.

orăşeneşte *adv.* after the town's/townspeople's fashion.

orătănii *s.f. pl.* fowls, poultry.

orb I. *adj.* 1. *(fără vedere)* blind, sightless. 2. *fig. (întunecos)* dim, black, dark. 3. *fig.(iraţional)* blind (fold), thoughtless, reckless, head-long. 4. *fig.(neluminat)* blind, ignorant, unenlightened. 5. *fig.(violent)* violent, furious, mad, crazy. 6. *fig. (nemărginit)* boundless, total, colossal. ⓓ *cartuş* ~ blank/dummy cartridge; *fereastră oarbă* blind window; *încredere oarbă* blind/implicit confidence/ faith; *noroc* ~ the devil's own luck; *sărăcie oarbă* dire poverty; *stradă oarbă* blind alley, dead end; *supunere oarbă* blind/implicit obedience; *zid* ~ dead wall. II. *s.m.* blind man, *pl.* the blind. ⓓ *alfabetul* ~*ilor* Braille. ⓒ*prinde*~*ul,scoate-i ochii aprox.* you may whistle for it. III. *s.n.* ⓐ ~*ul găinilor med.* night blindness. ⓒ *ai* ~*ul găinilor?* do you suffer from night blindness? can't you see? where are your eyes?

orbalţ *s.n. bot.* baneberry *(Actaea spicata).*

orbecăi *vb. intr.* to grope/feel one's way (about); *(a bîjbîi)* to grope/poke/fumble (about) (in the dark).

orbeşte *adv.* 1. blindly, blindfold-edly; *(la întîmplare)* at random, haphazardly. 2. *fig. (nesocotit)* blindly, recklessly; passionately; unconsciously. 3. *fig. (automat)* mechanically, robot-like, automa-tically.

orbete *s.m. zool.* mole rat *(Spalax typhlus).*

orbeţ I. *s.m.* blind man. ⓒ *a se bate ca* ~*ii* to fight like Kilkenny cats. II. *adj.* blind.

orbi I. *vb. intr.* 1. to turn/become blind, to lose one's eyesight. 2. *fig.* to grow dimmed. II. *vb. tr.* 1. *(a lua vederea)* to blind, to deprive *smb.* of sight; to put out *smb.'s* eyes. 2. *fig. (a lua ochii)* to dazzle, to fascinate; to bewil-der. 3. *fig. (a lua minţile)* to blind (fold), to deprive of judgement. 4.

fig. (a înşela) to deceive, to blind(fold), to throw dust into *smb.'s* eye, to dust *smb.'s* eyes.

orbicular *anat.* I. *adj.* orbicular, circular. II. *s.m.* orbicular muscle.

orbire *s.f.* 1. blinding etc. v. **o r b i.** 2. *(ca stare)* blindness; ignorance; unconsciousness; illusion, delu-sion.

orbital *adj. astr., anat.* orbital.

orbită *s.f.* 1. *astr.* orbit. 2. *fig.* orbit, range, sphere, scope, pro-vince. 3. *anat.* orbit, eye socket. ⓒ *ochii îi ieşeau din orbite* his eyes started/popped out of their sockets.

orbitor I. *adj.* dazzling. II. *adv.* dazzlingly.

orchestra *vb. tr. muz.* to orches-trate, to score.

orchestral *adj. muz.* orchestra..., orchestral.

orchestrant *s.m. muz.* member of an orchestra.

orchestraţie *s.f. muz.* orchestration, scoring, transcription for the or-chestra, instrumentation.

orchestră *s.f.* 1. orchestra; *(mică)* band. 2. *(teatru)* orchestra. ⓐ ~ *de muzică uşoară/jazz* (jazz)band; ~ *simfonică* symphony/symphonic orchestra. ⓓ *fotoliu de* ~ orchestra stall; *şef de* ~ band master, direc-tor of an orchestra.

ordalie *s.f. ist.* ordeal.

ordie *s.f.*←*înv. (hoardă)* hoarde; *(oaste)* host.

ordin *s.n.* 1. *(poruncă)* order, com-mand, bidding, injunction, direc-tion; *(scris)* written disposition. 2. *mil.* order; command. 3. *(deco-raţie)* order. 4. *bot., zool., arhit., mat. etc.* order. 5. *(categorie)* or-der, category; class; *(tip)* type. 6. *fin.* order (cheque), cheque. ⓐ ~ *de chemare mil.* call-up; ~ *de zi mil.* a. order of the day, general order; b. citation for a medal; ~*ul corintic arte* the Corinthian order; ~*ul doric arte* the Doric/Dorian order; ~*ul ionic arte* the Ionic order; ~*ul jartierei* the Order of the Garter. ⓓ *bilet la* ~ promis-sory note; *o curbă de* ~*ul al doilea* a curve of the second order; *de* ~ *general* of a general nature; *de prim*

~ first class/rate...; *la* ~! at your orders! *la* ~*ele cuiva* at smb.'s disposal, at smb.'s beck and call, bowing and scraping; *pînă la noi* ~*e* till further orders. © *a da un* ~ to give an order; *a nu fi la* ~*ele nimănui* to be at nobody's beck and call, to be one's own master; *a plăti la* ~*ul cuiva fin.* to pay to smb.'s order.

ordinal *adj.* ordinal.

ordinar I. *adj.* **1.** *(obişnuit)* ordinary, regular, customary; common, usual; frequent. **2.** *(de rînd)* ordinary, commonplace, trivial; of little merit. **3.** *(grosolan)* coarse, vulgar, gross, unrefined; caddish, boorish. **II.** *s.n.* ⓑ *de* ~ usually, commonly.

ordine *s.f.* **1.** *(înşiruire)* order, succession. **2.** *(rînduială)* order, good management, tidiness. **3.** *(linişte)* order, discipline, quietness. **4.** *(lege)* order rule; regulation. **5.** *(orînduire)* order; system; regime. **6.** *mil.* order, disposition of troops/ an army. ⓐ ~ *de bătaie* order of battle, battle order; ~ *de zi* agenda, order of the day; ~ *publică* public order. ⓑ *cuvînt de* ~catchword, password, watchword, parole; *în aceeaşi* ~ *de idei* by the way, along the same line, talking about...; *în bună* ~ in (good) order; *la* ~! point of order! *la* ~*a zilei* topical. © *a chema la* ~ to call to order.

ordona I. *vb. tr.* **1.** *(a porunci)* to command, to bid, to order; to prescribe; to direct, to enjoin. **2.** *(a rîndui)* to put/set in order, to arrange; to array, to order © ~*ţi! mil.* at your service! **II.** *vb. intr.* to command.

ordonanţa *vb. tr. fin.* to order, to pass for payment.

ordonanţă¹ *s.f.* **1.** *(dispoziţie)* order, command, injunction. **2.** *jur.* decree, statute, ordinance; *amer.* ruling. **3.** *fin.* order. **4.** *(reţetă)* prescription. ⓐ ~ *de plată* order of payment.

ordonanţă² *s.f. mil.* ←*ordin.* orderly, *(în Anglia şi)* batman.

ordonat *adj.* **1.** ordered etc. v. o r d o n a. **2.** *(iubitor de ordine)* tidy, orderly.

ordonată *s.f. mat.* ordinate.

ordonator *s.m.* chief accountant.

oreadă *s.f. mit.* oread, mountain nymph.

oreion *s.n. med.* mumps, S→paroti-(di)tis.

oreşniţă *s.f. bot.* earthmouse *(Lathyrus tuberosus)*.

orez *s.n. bot.* rice *(Oryza sativa)*. ⓐ ~ *cu lapte* rice milk; ~ *decorticat* husked rice; ~ *nedecorticat* rough rice.

orezărie *s.f.* rice plantation/ground.

orfan I. *adj.* orphan, orphaned; motherless; fatherless; bereaved of parents. **II.** *s.m.* orphan, motherless *sau* fatherless child.

orfelin *s.m.* orphan.

orfelinat *s.n.* ←*odin.* orphanage, orphan asylum.

organ *s.n.* **1.** *anat.* organ. **2.** *tehn.* mechanism, device, machine, part. **3.** *fig. (exponent)* organ, mouthpiece, spokesman. **4.** *(ziar)* organ, journal, mouthpiece. **5.** *(mijloc de comunicare)* organ, agency, medium/ means of communication, instrument. **6.** *(autoritate)* body, organ, authority. ⓐ ~ *de partid* Party body; ~ *executiv* agency; ~ *legislativ* legislative body; ~*e ale puterii* government bodies; ~*e de conducere* directing/leading bodies; ~*e locale* local bodies; ~*e genitale anat.* genitals, pudenda, F→ (privy) parts, privies; ~*ele vorbirii* the organs of speech; ~*ele simţurilor* the organs of sense.

organdi *s.n. text.* organdie, clear/ book muslin.

organic I. *adj.* **1.** organic, structural, inherent, constitutional; vital, fundamental. **2.** *chim., biol.* organic. ⓑ *chimie* ~*ă* organic chemistry; *compus* ~ *chim.* organic compound; *tot* ~ integral (whole). **II.** *adv.* organically etc. v. ~ **I.**

organicitate *s.f.* organic structure.

organism *s.n.* **1.** *biol.* organism, body, being. **2.** *fig.* organism, whole, organical structure.

organist *s.m. muz.* organist.

organiza I. *vb. tr.* **1.** *(a pune în ordine)* to organize, to system(at)ize, to arrange, to settle. **2.** *(a înființa)* to organize, to set up. **3.** *(a închega)* to organize, to build up, to knock together. **II.** *vb. refl.* **1.** *pas.* to be organized etc. v. ~ I. **2.** to organize (oneself), to put some order in one's affairs; to build up one's strength.

organizare *s.f.* **1.** organization etc. v. o r g a n i z a. **2.** organization; *(structură)* structure.

organizat I. *adj.* organized etc. v. o r g a n i z a. **II.** *adv.* in an organized way; systematically.

organizator I. *adj.* organizing. **II.** *s.m.* organizer. ⓐ ~ *de partid* Party organizer.

organizatoric *adj.* organizational, organizatory, organizing. ⓑ *birou* ~ organization bureau; *muncă* ~*ă* work of organization; organizational activities/work.

organizație *s.f.* **1.** *(asociație)* organization; society, association, body. **2.** *(structură)* organization, structure, build up, make-up, constitution. ⓐ ~ *de bază* Party branch; *lower/* local Party organization; ~ *de masă* mass organization; ~ *de partid* Party organization; ~ *sindicală* trade-union organization.

organogen *adj. chim.* organogenous.

organosol *s.m. chim.* organosol.

organotrop *adj. med.* organotropic.

organtin *s.n. text.* v. o r g a n d i.

orgasm *s.n. fiziol.* orgasm .

orgă *s.f. muz.* organ.

orgiac *adj.* orgiastic.

orgie *s.f.* orgy, revel(ry), debauch-(ery).

orgolios *adj.* vainglorious; *(trufaș)* haughty; *(încrezut)* conceited, self-important; *(mîndru)* proud.

orgoliu *s.n.* vainglory, self-pride; *(trufie)* haughtiness; *(închipuire)* conceitedness, self-importance; *(mîndrie)* pride.

orhidee *s.f. bot.* **1.** orchid, orchis *(Orchis)*. **2.** *pl.* orchidaceae.

orhită *s.f. med.* orchitis.

ori *conj. (sau)* or. ⓐ ~—~*!* now then! sink or swim! *unul* ~ *altul* either one or the other. ⓒ *mergi* ~ *ba?* are you going or not?

oribil I. *adj.* horrible, horrid, hideous, detestable. **II.** *adv.* horribly, hideously.

oricare I. *pron. nehot.* any; *(oricine)* anyone, anybody. **II.** *adj. nehot.* any.

orice I. *pron. nehot.* anything. **II.** *adj. nehot.* any. ⓑ *în* ~ *caz* at any rate; *cu* ~ *chip/preț* by all means.

oricine *pron. nehot.* **1.** *(oricare)* anybody, anyone. **2.** *(acela care)* whoever.

oricînd I. *adv. (în orice moment)* at any time, no matter when. **II.** *conj. (ori de cîte ori)* whenever. **III.** *adv. (mereu)* always, ever.

oricît I. *adv.* **1.** as much as *one likes, says* etc.; F→the sky's the limit. **2.** as long as *one likes, can* etc. **3.** v. o r i c u m. **3.** ⓐ ~ *de...* however..., no matter how..., never so... **II.** *conj.* however much, no matter how much.

oricum *adv.* **1.** *(în orice fel)* anyhow, no matter how, in any way, anywise. **2.** *(în orice caz)* in any case, at any rate, anyway. **3.** *(totuși)* for all that, still, nevertheless, though.

orie *s.f.* trammel/drag/trawling net.

orient *s.n.* **1.** *(punct cardinal)* East, Orient. **2.** *(țări)* East, Orient; Levant. ⓐ *Orientul Apropiat* the Near East; *Orientul Mijlociu* the Middle East. ⓑ *Extremul Orient* the Far East.

orienta I. *vb. tr.* **1.** to orient(ate). **2.** *(a îndruma)* to direct; to show/ indicate *smb.* the way. ⓒ *casa e* ~*tă către est* the house faces/fronts East, the house is orientated, the house has an East aspect; *nu ești de loc* ~*t în această privință* you hardly know your way about this matter, you're not very clear about this matter. **II.** *vb. refl.* **1.** *(a-și stabili poziția)* to ascertain one's position, to find out where one is, to find one's whereabouts, to find one's way about, to prientate oneself. **2.** *fig. (după)* to e guided (by), to take one's cue (from), to pattern one's behaviour (on).

oriental *adj., s.m.* Eastern, oriental; Levantine.

orientalism *s.n.* orientalism.

orientalist *s.m.* orientalist.

orientare *s.f.* **1.** orientation *etc.* v. o r i e n t a; *(a unei case)* aspect. **2.** *(direcție)* direction.

orificiu *s.n.* orifice, aperture, vent.

original I. *adj.* **1.** *(fără model)* original, first-hand... **2.** *(de la origine)* original, innate, inherent. **3.** *(autentic)* original, genuine, true, real; *(unic)* unique, original; *(nou)* new-fangled, initial, original. **4.** *(inventiv)* original, inventive, creative, inspired. **5.** *(excentric)* eccentric, odd, queer, peculiar. ⓑ *ediție ~ă* the first/original edition, the original; *o idee ~ă* a new/ original idea; *un om ~* quite a character, an odd person. **II.** *s.n.* **1.** *(manuscris original)* original. **2.** original, first/top copy. **3.** *(model)* original, model, archetype. ⓒ *citește pe Shakespeare în ~* he reads Shakespeare in the original. **III.** *s.m.* eccentric person, quite a character, F→rum/queer chap.

originalitate *s.f.* **1.** originality. **2.** *(excentricitate)* queerness, eccentricity, peculiarity.

originar *adj.* **1.** *(de baștină) (din)* native (of). **2.** *(de la naștere)* original, innate, primitive. **3.** *(inițial)* original, initial, primary. ⓒ *e ~ din București* he was born in Bucharest, he is a native of Bucharest, he hails from Bucharest.

origine *s.f.* **1.** *(izvor)* origin, source, spring, rise, starting point. **2.** *(neam)* origin, birth, extraction, descent. **3.** *(cauză)* origin, cause, source, starting point. **4.** *(etimologie)* origin, etymology, derivation. **5.** *geom., mat., anat.* origin. ⓐ *~a speciilor biol.* the origin of species; *~ socială* social origin. ⓑ *... de ~ ...* by birth; *la ~* originally, at the beginning.

oriîncotro *adv.* no matter whither.

orișicare *pron nehot.. adj. nehot.* v. o r i c a r e.

orișice *pron. nehot., adj. nehot.* v. o r i c e.

orișicine *pron. nehot.* v. o r i c i n e.

orișicînd *adv.* v. o r i c î n d.

orișicît *adv.* v. o r i c î t I.

orișicum *adv.* v. o r i c u m.

ori(și)unde I. *adv.* anywhere, no matter where. **II.** *conj.* wherever.

orizont *s.n.* **1.** *(ca linie)* horizon, skyline. **2.** *(zare)* horizon, sky; distance. **3.** *fig.* horizon, ken, extent, sphere, scope; mental outlook. **4.** *arte* horizon. **5.** *(atmosferă)* atmosphere, horizon. **6.** *geol.* horizon. **7.** *min.* level. ⓐ *~ aparent* apparent horizon; *~ul cunoștințelor omenești* the extent/scope of human knowledge; *~ astr.* true/rational horizon; *~ vizibil astr.* apparent/sensible/ visible horizon. ⓑ *la/pe ~* on the horizon.

orizontal I. *adj.* horizontal, plane, level. **II.** *adv.* horizontally; *(la cuvinte încrucișate)* across.

orizontală *s.f.* horizontal (line).

orînd *s.m.*←P husband appointed by Fate.

orîndă *s.f.*←P **1.** *(soartă)* destiny, fate, lot. **2.** *(datină)* custom.

orîndui I. *vb. tr.* **1.** *(a aranja)* to arrange, to dispose, to set; to set in order, to set to rights; *(a clasifica)* to classify; *(a organiza)* to organize. **2.** *(a hotărî)* to decide; *(a îndruma)* to direct. **3.** *(a numi)* to appoint, to nominate; to call to a function. **II.** *vb. refl.* **1.** *pas.* to be arranged etc. v. ~ I. **2.** *(a se aranja)* to arrange (oneself).

orînduire *s.f.* **1.** *(sistem social)* (social) system/order. **2.** *(grupare)* arrangement, disposition; setting in order/to rights; *(organizare)* organization. **3.** *(stabilire)* assessment, laying down.

orlon *s.n.* orlon.

orna *vb. tr. (a împodobi)* to adorn, to ornament, to deck.

ornament *s.n.* decorative pattern/ design, ornament, adornment, flourish; *muz.* ornament. ⓑ *ca ~* by way of ornament.

ornamenta *vb. tr.* to ornament, to adorn, to decorate.

ornamental *adj.* ornamental.

ornamentare, ornamentație *s.f.* ornamentation, adornment.

ornant *adj.* ornamental, adorning.

ornitolog *s.m.* ornithologist.

ornitologie *s.f.* ornithology.

ornitopter *s.m.* ornithopter.

ornitorinc *s.m. zool.* ornithorhyncus, water mole, duck bill *(Ornithoryncus paradoxus)*.

oroare *s.f.* **1.** *(sentiment)* horror, aversion, repugnance. **2.** *(lucru oribil)* horrible thing, eyesore.

orogenetic *adj. geol.* orogenetic.

orogeneză *s.f. geol.* orogenesis.

orogenie *s.f. geol.* orogeny.

orografie *s.f. geol.* orography.

orologiu *s.n.* horologe, timepiece, clock.

oropsi *vb. tr. (a prigoni)* to persecute, to ill-treat; to abuse; *(a asupri)* to oppress.

oropsit *adj.* **1.** *(prigonit)* persecuted, down-trodden, ground-down, ill-treated; *(asuprit)* oppressed. **2.** *(chinuit)* tortured, tormented. **3.** *(nenorocit)* unfortunate, miserable. **4.** *(părăsit)* forsaken; *(d. copii)* orphan; motherless; *(fără adăpost)* homeless.

orpiment *s.m. mineral.*, *chim.* orpiment.

ort *s.m.*←P farthing. ⓒ *a da ~ul popii* to kick the bucket, to turn up the heels, *sl.* to drop off the hooks, to drop a cue.

ortac *s.m.* ←P bud(die), chum, marrow, fellow.

ortodox **I.** *adj.* **1.** *rel.* orthodox, Eastern. **2.** *fig.* orthodox, approved, established, conform(ing); conventional. **II.** *s.m. rel.* member of the orthodox/Eastern Church.

ortodoxie *s.f.* orthodoxy.

ortodoxism *s.n.* orthodoxism.

ortoedric *adj.* orthohedric.

ortoepic *adj. fon.* orthoepic.

ortoepie *s.f. fon.* orthoepy.

ortofonie *s.f. fon.* orthophonia.

ortogonal *adj. geom.* orthogonal.

ortografia *vb. tr.* to spell (correctly).

ortografic **I.** *adj.* spelling.., orthographic(al). **II.** *adv.* orthographically.

ortografie *s.f.* spelling, orthography. ① *greșeli de* ~ misspellings. ⓒ *a face greșeli de* ~ to misspell.

ortolan *s.m. ornit.* ortolan *(Emberiza hortulana)*.

ortoped *s.m.* **1.** *med.* orthop(a)edist. **2.** *(meseriaș)* maker of orthop(a)edical shoes.

ortopedic *adj.* orthop(a)edic(al).

ortopedie *s.f. med.* orthop(a)edy.

ortopter *entom.* **I.** *s.n.* **1.** orthopteran, orthopteron. **2.** *pl.* orthoptera. **II.** *adj.* orthopterous.

ortoscopic *adj.* orthoscopic.

ortoză *s.f. mineral.* orthose, orthoclase.

orz *s.n.* **1.** *bot.* barley *(Hordeum sativum)*. **2.** *(ca aliment)* barley (-corn). **3.** *(lan)* barley field. ⓒ *a strica ~ul pe gîște* to cast/throw pearls before swine.

orzărie *s.f.* **1.** *(lan)* barley field. **2.** *(hambar)* barley barn.

orzișor *s.n.* **1.** *(arpacaș)* pearl barley. **2.** *bot.* fescue grass *(Festuca)*.

orzoaică *s.f. bot.* two-row barley *(Hordeum distichum)*.

os **I. 1.** *anat. etc.* bone. **2.** *pl. (oseminte)* bones. **3.** *(trup)* body. ⓐ ~ *cu măduvă* marrow bone; ~ *de balenă* whalebone; ~ *domnesc/de domn* princely offspring; ~ *mort (la om)* node; *(la cal)* splint; ~ *de pește* fishbone; ~*ul capului* brain pan, skull, cranium; ~*ul pieptului* breast bone. ① *în carne și-n oase* in person, all alive, flesh and blood; *măduva oaselor* bone marrow; *nasturi etc. de* ~ bone buttons etc.; *pînă în măduva oaselor* to the backbone; *ud pînă la oase* wet to the bones, wet through. ⓒ *are* ~*ul mare* he is big-boned; *a frînge/rupe/muia cuiva oasele* F to break smb.'s bones; *n-aveam unde să-mi odihnesc oasele* I had no place to rest my bones; *nu punea* ~*ul la nimic* he never applied his hands to anything; *a-i intra frică/spaima/groaza în oase* to be frightened out of one's wits; *a-i ajunge cuțitul la* ~ to be very hard up, to be no longer able to bear, to be

at the end of one's tether; *ţi ies
oasele prin piele* his bones come
out through his skin; *acum ştiu
cît ţi poate/plăteşte ~ul* I have him
weighed out now, F I've got his
number; *a-i rămîne/putrezi oasele
pe undeva* to lay one's bones
somewhere; *a sta/şedea/se ridica în
capul oaselor* to sit up.

osana I. *interj. rel.* hosanna! **II.** *s.f.*
hosanna. ©️ *a cînta ~le cuiva* to
sing smb.'s praises, to praise smb.

osar *s.m. iht.* stickleback, tittlebat
(Gasterosteus platygaster).

osatură 1. *anat.* system of bones,
frame of the body, skeleton. **2.**
constr. frame(work), skeleton. **3.**
fig. frame(work), structure.

oscila *vb. intr.* **1.** oscillate, to swing,
to pendulate, to move to and fro.
2. *fig. (a şovăi)* to hesitate, to
waver, to vacillate, to (dilly-)dally.

oscilant *adj.* oscillating, oscillatory
etc. v. o s c i l a. ⓑ *circuit ~ tel.*
oscillatory circuit.

oscilator *s.n. fiz.* oscillator.

oscilatoriu *adj.* oscillatory, oscillat-
ing. ⓑ *mişcare oscilatorie* oscillat-
ing movement.

oscilaţie *s.f.* **1.** oscillation; varia-
tion, fluctuation. **2.** *(legănare)* os-
cillation, swinging, pendulation.
3. *fig.* hesitation, wavering, vacil-
lation, indecision. ⓐ *oscilaţii acus-
tice* sound oscillations; *oscilaţii
amortizate* damped oscillations; *os-
cilaţii armonice* harmonic oscilla-
tions; *oscilaţii electromagnetice* elec-
tromagnetic oscillations; *oscilaţii
interdependente* oscillations in cou-
pled circuits; *oscilaţii întreţinute/
forţate* forced oscillations.

oscilograf *s.n. fiz.* oscillograph.

oscilogramă *s.f. fiz.* oscillogram.

osculaţie *s.f. mat.* osculation.

osebire *s.f.←P* v. d e o s e b i r e.
ⓑ *cu ~* especially, particularly;
fără ~ without exception/discrim-
ination/regard,   indiscriminately.

osebit *adv.* ⓐ *~ de...←P* apart
from..., besides..., as distinct
from...

oseină *s.f. biol., chim.* ossein.

oseminte *s.n. pl.* bones.

osie *s.f.* axle (tree), spindle. ⓑ *~
cuplată ferov.* coupled axle. ©️ *a
unge osia (ca să nu scîrţîie carul)*
F to grease smb.'s palm, to make
things run smooth.

osifica I. *vb. tr.* to ossify, to change
into bone. **II.** *vb. refl.* to ossify,
to become bone.

osificat *adj.* **1.** ossified. **2.** *fig. (slab)*
raw-boned.

osificaţie *s.f.* ossification.

osîndă *s.f.* **1.** *(condamnare)* ←P con-
demnation, sentence, conviction;
(pedeapsă) punishment; *fig.* doom.
2. *fig.* misfortune, calamity, catas-
trophe, disaster.

osîndi *vb. tr.* **1.** *(a condamna)* to
sentence, to convict; *(a pedepsi)*
to punish. **2.** *fig.* to doom; *(a ju-
deca)* to judge; *(a condamna)* to
blame, to condemn. **3.** *(a sili)*
to force, to coerce, to compel.

osîndit I. *adj.* **1.** *(condamnat)* sen-
tenced, convicted; *(pedepsit)* pun-
ished; *fig.* doomed. **2.** *fig. (bles-
temat)* accursed, damned. **II.** *s.m.*
convict; damned soul.

osînză *s.f.* **1.** lard. **2.** *fig. (bani)* F
fat, grease; *(bunăstare)*←F well-
being, welfare, ease; *(mijloace)*
means.

osîrdie *s.f.←înv. (zel)* zeal, fervour;
(sîrguinţă) endeavour, industry.

osmiridiu *s.n. metal.* osm(i)iridium.

osmiu *s.n. metal.* osmium.

osmotic *adj.* osmotic. ⓑ *presiune
~ă* osmotic pressure.

osmoză *s.f.* osmosis, osmose.

osos *adj.* **1.** osseous, bony. **2.** *(cio-
lănos)* bony, big-boned; *(slab)*
raw-boned, gaunt.

ospăta I. *vb. tr.* **1.** *(a primi)* to re-
ceive hospitably, to entertain *smb.*
as a guest, to do the honours of
the house to, to welcome. **2.** *(a
trata)* to treat, to dine (and wine),
to board, to feed, F→to grub. **II.**
vb. refl. to eat heartily, to have a
treat; to feast, to banquet, to
regale. **III.** *vb. intr.* to eat, to take
a meal; v. şi *~* **II.** ©️ *am ~t cum
se cuvine* I had a good tuck-in,
I ate a good meal.

ospătar *s.m.* waiter.

ospătare *s.f.* **1.** *(primire)* entertaining, boarding. **2.** *(mîncare)* food, meal.

ospătărie *s.f.* eating/public house, inn.

ospăţ *s.n.* banquet, feast, F→spread; *(mîncare)* meal, repast.

ospeţie *s.f.* hospitality, hospitableness.

ospiciu *s.n.* lunatic asylum, madhouse, bughouse; *(în Anglia)* Bedlam.

ospitalier *adj.* hospitable.

ospitalitate *s.f.* hospitality, hospitableness.

ostaş *s.m.* **1.** *mil.* soldier, warrior; man, trooper; *(ca grad)* private. **2.** *fig.* militant, champion, soldier.

ostatic *s.m.* hostage.

ostăşesc *adj.* soldierly, military, warlike.

ostăşeşte *adv.* like a soldier, militarily.

osteită *s.f. med.* osteitis.

osteneală *s.f.* **1.** *(oboseală)* fatigue, lassitude, weariness; exhaustion, tiredness. **2.** *(efort)* pains, trouble, effort, exertion, endeavour. ⓒ *a-şi da (toată) osteneala* to take great pains, to give oneself/to take much trouble, to put oneself out; *nu merită osteneala* it isn't worth while.

osteni **I.** *vb. tr.* to fatigue, to tire out, to weary. **II.** *vb. refl.* **1.** *(a se strădui)* to take great pains/the trouble, to put oneself out, to make efforts. **2.** v. ~ **III.** **1.** **III.** *vb. intr.* **1.** *(a obosi)* to grow/get tired/weary, to weary, to tire. **2.** *(a-şi da osteneala)* to take great pains, to put oneself out. **3.** *(a munci)* to toil, to fag.

ostenit *adj.* *(obosit)* tired (out), weary, worn out.

ostentativ **I.** *adj.* ostentatious; for show. **II.** *adv.* ostentatiously; for show.

ostentaţie *s.f.* ostentation; parade, showy display. ⓓ *cu* ~ ostentatiously.

osteofit *s.n. med.* osteophyte.

osteogen *adj. anat.* osteogen(et)ic, osteogenous.

osteolit *s.m. geol.* osteolite.

osteologie *s.f. med.* osteology.

osteomielită *s.f. med.* osteomyelitis.

osteoplastie *s.f. med.* osteoplasty.

osteotomie *s.f. med.* osteotomy.

ostie *s.f.* fish spear, fishing fork.

ostil *adj.* hostile, inimical.

ostilitate *s.f.* **1.** hostility, enmity, animosity, ill-will. **2.** *pl. şi fig.* hostilities, warfare. ⓓ *cu* ~ hostilely.

ostoi←P **I.** *vb. tr. (a potoli)* to quiet/calm (down), to soothe. **II.** *vb. refl. (a se potoli)* to quiet/compose oneself.

ostracism *s.n. şi fig.* ostracism, banishment, expulsion.

ostracită *s.f.* ostracite.

ostraciza *vb. tr.* to ostracize, to expel, to banish, to exclude.

ostreicultură *s.f.* oyster breeding.

ostreţ *s.n.* **1.** rail, bar. **2.** *pl. (gard)* fence, palisade.

ostrogot **I.** *s.m.* Ostrogoth. **II.** *adj.* Ostrogothic.

ostrogotic *adj.* Ostrogothic.

ostropel *s.n.* lamb *sau* chicken stew *(with vinegar and garlic)*.

ostrov *s.n.* **1.** *(insulă)* island; *(mică)* isle(t); *(pe rîu)* ait, eyot. **2.** *fig. (de iarbă etc.)* patch, oasis. **3.** *(prag)* bank.

osuar *s.n.* ossuary, charnel house; bone urn.

oştean *s.m.*←*înv.* v. o s t a ş.

oştire *s.f.* **1.** army. **2.** *fig.* multitude, host.

otalgie *s.f. med.* otalgia, earache.

otarie *s.f. zool.* eared seal, otary *(Otaria jubala)*.

otavă *s.f.* aftermath, after grass, fog.

otăvi *vb. intr.* to grow again, to crop up.

otic *s.n. agr.* plough raker/staff.

otită *s.f. med.* otitis.

otoman **I.** *adj.* Ottoman, Osmanli, Turkish. **II.** *s.m.* Ottoman, Turk.

otomană *s.f.* ←*înv.* ottoman, sofa.

otorinolaringolog *s.m. med.* otorhinolaryngologist.

otorinolaringologie *s.f. med.* otorhinolaryngology.

otoscop *s.n. med.* otoscope.

otova **I.** *adj.* **1.** *(uniform)* uniform, even. **2.** *(monoton)* monotonous, dull. **II.** *adv.* **1.** *(uniform)* evenly, uniformly, on a level. **2.** *(monoton)* monotonously, dully.

otravă *s.f.* **1.** *(substanţă)* poison, bane. **2.** *fig.* poison, bane; *(venin)* venom, bitterness, poison. **3.** *fig.* *(doctrină primejdioasă)* poison, baneful principle/doctrine.

otrăţel *s.m. bot.* v. r o i b ă. ① ~ *de apă* bladder wort *(Utricularia vulgaris).*

otrăvi I. *vb. tr.* **1.** *(a omorî)* to (em)poison, to kill by poison. **2.** *(a pune otravă în)* to (em)poison, to infect. **3.** *fig. (a învenina)* to poison, to embitter, to envenom. **4.** *fig. (a perverti)* to poison, to corrupt, to pervert. ⓒ *mi-ai ~t zilele*←F you ve marred/spoiled my life. **II.** *vb. refl.* **1.** *pas.* to be poisoned etc. v. ~ I. **2.** to take poison, to poison oneself. **3.** *fig.* to embitter one's life.

otrăvire *s.f.* poisoning etc. v. o t r ă v i.

otrăvit I. *adj.* **1.** *(ucis)* (em)poisoned, killed by poison. **2.** *(otrăvitor)* poisonous. **3.** *fig. (veninos)* foul, embittering, corrupting, perverting; *(dăunător)* harmful, noxious. **II.** *s.m.* poisoned person.

otrăvitor I. *adj.* **1.** poisonous, venomous; noxious; corrupting, perverting. **2.** *(ucigaş)* fatal, killing, lethal. **II.** *s.m.* poisoner.

otreapă *s.f.* **1.** *(cîrpă)* rag, shred. **2.** *fig. (om de nimic)* rag, ne'er-do-well, human failure; characterless/spineless person.

otuzbir *s.n.*←*înv.* ⓑ *cu ~ul*—F by force, forcibly.

oţărî I. *vb. tr.* **1.** *(a mîhni)* to grieve, to embitter, to sadden. **2.** *(a face să se strîmbe)* to cause *smb.* to grimace. **II.** *vb. refl.* **1.** *(a se încrunta)* to scowl, to look sour/daggers. **2.** *(a se strîmba)* to make a wry face; *(a se cutremura)* to shudder.

oţărît I. *adj.* **1.** *(supărat)* angry, furious, enraged. **2.** *(morocănos)* sullen, sulky, peevish, crabbed. **II.** *adv.* sullenly, sulkily, peevishly.

oţel *s.n.* **1.** steel. **2.** *pl. (obiecte de ~)* steel ware. ⓐ ~ *aliat* alloy

steel; ~ *balot* hoop iron; ~ *Bessemer* convorter/Bessemer steel; ~ *beton* concrete iron; ~ *călit* hardened steel; ~ *de calitate superioară* high-grade/special steel; ~ *de Damasc* damask/Damascus steel; ~*inoxidabil* stainless/rustless steel; ~ *magnetic* magnet steel; ~ *rapid* high-speed/rapid steel; ~ *simplu/nealiat* simple steel; ~ *special* special/alloy steel; ~ *turnat* cast/ingot steel. ⓑ *de ~* a. steely, (as) hard as steel. b. *(din ~)* of steel. c. *(de culoarea oţelului)* grey-coloured, steel-grey. d. *fig.* steely, inflexible; of steel; *privire de ~* a steely glance; *tare ca ~ul* steely, (as) hard as steel. ⓒ *a căli ~ul* to temper steel.

oţelar *s.m.* steelworker.

oţelărie *s.f.* steel works/*amer.* mill.

oţeli I. *vb. tr.* **1.** *(a căli)* to steel, to temper, to convert/make into steel. **2.** *(a îmbrăca în oţel)* to steel. **3.** *(a cimenta)* to harden, to reinforce. **4.** *fig. (a întări)* to steel, to temper, to fortify, to strengthen. **II.** *vb. refl.* **1.** *pas.* to be steeled etc. v. ~ I. **2.** *fig.* to be(come) steeled/tempered, to steel oneself.

oţelit *adj.* steeled etc. v. o ţ e l i.

oţet *s.n.* vinegar. ① *incetul cu incetul se face~ul* time and straw make medlars ripe.

oţetar[1] *s.m. bot.* tanner's sumach *(Rhus typhina).*

oţetar[2] *s.n. (sticluţă)* vinegar cruet.

oţeti *vb. refl.* to turn sour/vinegary, to acetify.

oţetit *adj.* turned sour etc. v. o ţ e t i.

ou *s.n.* **1.** ornit., iht.. entom. etc. egg. **2.** *bot.* ovum, germ cell. **3.** *(obiect ovoidal)* egg. **4.** P ball. ⓐ ~*ă de paşti* Easter eggs; ~*ă jumări* buttered / scrambled / fried eggs; ~ *clocit* hatched/addle(d) egg; ~ *copt* roasted egg; ~ *crud* raw egg; ~ *de cusut ciorapi* darning egg/ball; ~ *de găină* hen's egg; ~ *fiert* boiled egg; ~ *limpede* wind egg; ~ *moale* soft-boiled egg; ~*ă ochiuri româneşti* poached eggs; ~ *proaspăt* new-laid egg; ~ *răscopt/tare* hard-boiled egg; ~ *stricat* stale/bad/addled/ rotten egg; ~*l genunchiului anat.* ←P knee cap/pan, patella; ~*l lui Columb* Columbus'egg; ~*l piciorului anat.*←P ankle bone. ⓘ *albuş de* ~ white of an egg; *bănuţ de* ~ treadle of an egg; *coajă/găoace de* ~ egg shell; *gălbenuş de* ~ yolk of an egg; *linguriţă de* ~ egg spoon; *sos de* ~*ă* egg sauce. ⓒ *a bate* ~*ă* to whisk/beat up eggs; *a face* ~*ă* to lay eggs; *calcă de parcă ar avea* ~*ă-n poală* he treads upon tender ground, he walks (as if) upon hot coals; *a sta ca pe* ~*ă* to sit as a fowl on eggs; *a drege cu* ~ **a.** to thicken *a sauce* with eggs. **b.** to give taste *to a soup* with eggs; *a face cu* ~ *şi cu oţet* F to cook *smb.'s* goose, to abuse *smb.* up hill and down dale; *a ieşi din* ~ to creep/peep out of the egg/shell; *abia a ieşit din* ~ he is a mere chicken/a young greenhorn; *stă mereu pe* ~*ă/acasă* he is a homebird/a regular stay-at-home; *învaţă* ~*l pe găină?* F you won't teach your grandmother (how) to suck eggs. ⓓ *cine fură azi un* ~, *mîine fură un bou* he that will steal an egg, will steal an ox.

oua I. *vb. intr. şi refl.* to lay eggs. **II.** *vb. tr.* to lay *eggs.*

ouat I. *s.n.* egg laying, laying of eggs. **II.** *adj.* laid. ⓘ *un ou* ~ *de curînd* a new-laid egg.

ouătoare I. *adj. fem.* laying. ⓘ *găină* ~ v. ~ **II. II.** *s.f. (bună* ~*)* good layer.

ouşor *s.n. bot.* twisted stalk *(Streptopus amplexifolius).*

oval I. *adj.* oval, egg-shaped, ellipsoidal. **II.** *s.n.* oval.

ovar *s.n.* ovary.

ovarian *adj.* ovarian.

ovarită *s.f. med.* ovaritis.

ovaţii *s.f. pl.* cheers, applause, ovations.

ovaţiona I. *vb. tr.* to cheer (for), to applaud, to acclaim. **II.** *vb. intr.* to cheer, to applaud, to acclaim.

ovăz *s.n.* **1.** *bot.* oat, oatplant *(Avena sativa)*; oats. **2.** *(lan)* oat field. ⓒ *mănînci, calule* ~? ask a child would it like pie.

ovăzcior *s.n. bot.* oatgrass, French ray-grass *(Arrhenatherum elatius).*

oviform *adj.* oviform, egg-shaped.

ovin *adj. zool.* sheep-like, ovine.

ovină *s.f. zool. şi pl.* sheep; ovine animal.

ovipar *adj. zool.* oviparous.

ovipare *s.n. pl. zool.* ovipara.

ovoid(al) *adj.* ovoid.

ovul *s.n. bot., zool.* ovule.

oxalat *s.m. chim.* oxalate.

oxalic *adj. chim.* oxalic.

oxid *s.m. chim.* oxide.

oxida *vb. tr. şi refl.* to oxidize, to oxidate.

oxidabil *adj.* oxidable.

oxidant I. *adj.* oxidating, oxidizing. **II.** *s.m.* oxidizer.

oxidare, oxidaţie *s.f. chim.* oxidation.

oxidril *s.m. chim.* hydroxyl.

oxigen *s.n.* oxygen.

oxigena I. *vb. tr.* **1.** *chim.* to oxygenate, to oxygenize; to oxidize. **2.** *text.* to bleach, to peroxide. **3.** *(părul)* to bleach, to peroxide. **II.** *vb. refl.* **1.** *pas.* to be oxygenated etc. v. ~ **I. 2.** *chim.* to combine with oxygen, to be(come) oxygenized.

oxigenat *adj.* **1.** *chim.* oxygenated, oxygenized. **2.** *(d. păr)* peroxided, bleached with peroxide. **3.** *(d. persoane)* peroxide(d). ⓘ *apă* ~*ă* (hydrogen) peroxide, oxygenated water.

oxiur *s.m. zool.* oxiuris.

ozocherită *s.f. mineral.* ozocerite, ozokerit.

ozon *s.n. chim.* ozone.

ozonat *adj. chim.* ozonic, ozonized.

ozoniza *vb. tr. chim.* to ozonize.

P

P, p, *s.m.* P, p, the eighteenth letter of the Romanian alphabet.

pa *interj.* F *aprox.* bye-bye! so long! tata!

pac *interj.* crack! bang! pop!

pace *s.f.* **1.** peace; *(armonie)* harmony; *(calm)* calm; *(linişte)* silence, quiet; *(seninătate)* serenity. **2.** *adverbial* and there is an end of it; *(nimic)* nothing. ⓐ ~ *în lumea întreagă* peace throughout the world; ~ *trainică* lasting peace. ⓑ *apărarea păcii* defence of peace; *bastion al păcii* stronghold of peace; *Comitet pentru ~/apărarea păcii* Peace (Defence) Committee; *un congres mondial al partizanilor păcii* a World Peace Congress; *în ~* at peace; *în timp de ~* in time of peace; *lupta pentru ~* the fight/struggle for peace; *mişcarea pentru ~* peace movement; *partizani ai păcii* defenders/supporters of peace; peace supporters; *politică de ~* peace policy; *şi ~ (bună)!* F and there's an end of it! *(s-a terminat)←* F all is over; *(ajunge)←*F enough! *tratat de ~* peace treaty, treaty of peace. ⓒ *a da ~ (cu dat.),* *a lăsa în ~* to leave... alone/in peace; *a face/încheia ~* to make/conclude peace; *a nu avea ~* to worry, to be anxious; *fii pe ~* set your mind at rest/ease about that! make yourself easy about it! never fear! *~a va învinge războiul* peace will vanquish war, peace will triumph over war.

paceaură *s.f.* **1.** cloth/rag for wiping; rubber; *(de şters praful)* duster; *(pt. vase)* dish cloth/clout; *(de şters duşumeaua)* house flannel, F swab. **2.** *fig.* F sloven, slut, draggletail; *(femeie rea)* F scold, shrew.

pacfong *s.n. metal.* packfong, pakfong.

pachebot *s.n. nav.* (steam) packet boat/ship/vessel, (passenger and mail) steamer.

pachet *s.n.* parcel, packet, package; *(de rufe etc.)* bundle; *(de scrisori)* bundle, packet, batch, F→budget; *(de cărţi de joc)* pack. ⓐ ~ *de acţiuni fin.* block, stock, interests; *~ul principal de acţiuni fin.* the controlling interests; ~ *de nervi* F bundle of nerves; ~ *de ţigări* packet/package of cigarettes. ⓑ *a face* ~ to parcel up; *(legînd)* to bundle up; *a face un* ~ to make up a parcel/a bundle.

pacient *s.m.* patient.

pacienţă *s.f.* patience.

pacific I. *adj.* pacific, peaceable. **II.** *adv.* pacifically, peaceably.

pacifica I. *vb. tr. (o ţară)* to pacify; *(cugetul etc.)* to appease, to calm. **II.** *vb. refl. pas.* to be pacified etc. v. ~ **I.**

pacificator *adj.* pacifying.

pacifism *s.n.* pacifism.

pacifist *s.m.* pacifist.

paciulie *s.f. bot.* patchouli, patchouly *(Pogostemon patchouli).*

pacoste *s.f.* **1.** misfortune, calamity, disaster. **2.** F nuisance; v. *şi* b e l e a.

pact *s.n.* (com)pact, agreement. ⓐ *Pact al Păcii* Peace Pact; ~ *de asistenţă mutuală* mutual assistance pact; ~ *de neagresiune* non-aggression pact.

pactiza *vb. intr.* ⓐ *a* ~ *cu...* to (make) a covenant with..., to enter into a compact with...

padelă *s.f.* double-bladed, paddle.

padină *s.f.* tableland.

padişah *s.m.* Pad(i)shah.

padoc *s.n.* paddock.

paf *interj.* bang! Ⓒ *a face/lăsa pe cineva* ~ F to flabbergast smb., to flummox smb., to knock/strike smb. all of a heap; *a rămîne* ~ F to be flabbergasted/flummoxed.

pafta *s.f.* buckle, clasp.

pag *adj.* skewbald.

pagal *s.f. sport* single paddle.

pagina *vb. tr.* to page, to paginate.

paginator *s.n. poligr.* maker-up.

paginatie *s.f.* paging, pagination.

pagină *s.f.* page. Ⓒ *a pune în* ~ v. p a g i n a.

pagodă *s.f.* pagoda.

pagubă *s.f.* damage; harm, injury; detriment; *(pierdere)* loss; ~-*n ciuperci* v. a t î t a ~ ⓑ *atîta* ~! F no matter! never mind! good riddance (of bad rubbish/to a bad bargain)!; *(ei și?)* F and what of it? Ⓒ *a fluiera a* ~ F to sing sorrow; *(compară și cu* F one may whistle for it).

pahar *s.n.* **1.** *(cu picior, mai ales pt. vin)* glass; *(fără picior, pt. vin sau bere)* tumbler. **2.** *(conținutul)* glassful. **3.** *pl. med.* cups, cupping glasses. ⓐ *un* ~ *de vin* a glass of wine; *un* ~ *murdar* a thick glass. ⓑ *la un* ~ *de vin* over a glass of wine. Ⓒ *a lua un* ~ *cu cineva* to take a glass of wine with smb., F to crush a cup with smb.; *a ridica* ~*ul în cinstea cuiva* to raise one's glass to smb.; *a umple* ~*ul cuiva* to fill smb.'s glass.

pahiderm *s.m. zool.* pachyderm.

pai *s.n.* **1.** *(ca și pl., paie)* straw. **2.** *fig.* drop, grain. ⓑ *acoperiș de* ~*e* thatch; *om de* ~*e* man/jack of straw; *pălărie de* ~*e* straw hat. Ⓒ *a se agăța de un* ~ to catch/clutch at a straw.

paiantă *s.f. constr.* trellis/frame/timber work, half-timbered work. ⓑ *perete de* ~ frame/half-timber wall.

paiață *s.f.* **1.** clown, jack pudding. **2.** *fig.* weathercock.

paietă *s.f.* spangle, paillette.

pair *s.m.* peer.

paisprezece *num. card., adj., s.m.* fourteen.

paisprezecelea *num. ord., adj. the* fourteenth.

paj *s.m.* page. ⓑ *coafură* ~ page coiffure.

pajiște *s.f.* lawn.

pajură *s.f.* **1.** *ornit.* royal/golden eagle *(Aquila imperialis)*. **2.** *(stemă)* arms. **3.** *(revers al unei medalii)* reverse (side). **4.** *(în basme)* griffin. ⓑ *cap sau* ~ pitch and toss.

pal *adj.* pale, wan.

paladin *s.m. ist.* paladin; knight errant.

paladiu *s.n. chim.* palladium.

palan *s.n. tehn.* pulley tackle/block.

palan *s.n.*

palanchin *s.n.* palanquin, palankeen.

palat *s.n.* **1.** palace. **2.** *anat.* palate, roof of the mouth.

palatal *adj. fon.* palatal.

palataliza *vb. tr. fon.* to palatalize.

palatalizat *adj. fon.* palatalized.

palatin[1] *s.m. ist.* Palatine.

palatin[2] *adj. anat.* palatine.

palatinat *s.n. ist.* Palatinate.

palavrageală *s.f.* chatter(ing).

palavragi *vb. intr.* to chatter to tattle, to jabber; *(nedeslușit)* to babble, to twaddle.

palavragiu *s.m.* talker, chatterer, F→gas bag; *(bîrfitor)* gossip, tattler.

palavre *s.f. pl.* chatter, jabber; *(vorbe fără noimă)* twaddle; *(născociri, bîrfeală)* tittle-tattle; *(vorbe goale)* empty/idle talk.

pală[1] *s.f.* **1.** pitchforkful *of hay etc.* **2.** mount *of corn etc.* cut at one go.

pală[2] *s.f. tehn.* blade.

palee *s.f. constr.* pile work, pier.

paleocen *s.n. geol.* pal(a)eocene.

paleogen *s.n. geol.* Palaeogene.

paleograf *s.m.* pal(a)eographer.

paleografic *adj.* pal(a)eographic.

paleografie *s.f.* pal(a)eography.

paleolitic *adj.* pal(a)eolithic.

paleontolog *s.m.* pal(a)eontologist.

paleontologic *adj.* pal(a)eontological.

paleontologie *s.f.* pal(a)eontology.

paleoslav *adj.* palaeoslavonic.

paleoteriu *s.m.* pal(a)eothere.

paleozoic *adj. geol.* pal(a)eozoic.

paletă s.f. **1.** pict. (painter's) palette. **2.** (la tenis de masă) bat. **3.** tehn. blade.
paliativ adj., s.n. palliative.
palicar s.m. ist. palikar
palid adj. **1.** pale, wan; med. pallid, off colour. **2.** fig. colourṛess, pale.
paliditate s.f. pallor, paleness, pallidness.
palier s.n. **1.** tehn. bearing. **2.** arhit. landing (of stairs), stair head, F→floor. **3.** ferov., drumuri level.
palingeneză s.f. palingenesis.
palinodie s.f. palinode.
palisadă s.f. **1.** palisade; paling. **2.** mil., ist. stockade.
palisandru s.m. bot. Brazilian rosewood (Jacaranda obtusifolia).
palmares s.n. prize/honours list; record.
palmat adj. bot. palmate.
palmă s.f. **1.** palm (of the hand). **2.** (ca lovitură) slap (in the face), box (on the ear). **3.** (de pămînt) plot. **4.** (de covoare) carpet beater. Ⓓ ca din ~ quickly, < (as) quick as thought; ca în ~ **a.** (neted) even, plain. **b.** in full/detail; in all particulars. **c.** straight onward. **d.** (strună) F like clockwork; (știe lecția ca în ~ etc.) at one's fingers' ends, F off the reel, quite pat. **e.** (nicăieri) nowhere. **f.** (de loc) not at all. Ⓒ bate palma! F done with you! a da/trage o ~ cuiva to slap smb. in the face, to cuff/box smb.'s ears; a ține/purta pe cineva ca pe palme to wait on smb. hand and foot; a bate din palme to wait on smb. hand and foot; a bate din palme to clap one's hands; (a aplauda) to applaud; cît ai bate din palme in a moment, F in a jiffy, in no time, in the turn of a hand, in a crack (of the finger); at a clap; cînd va crește păr în palmă ~ F when two Sundays come together; a-i ghici cuiva in ~ to read smb.'s hand.
palmer s.n. tehn. micrometer gauge.
palmetă s.f. **1.** hort. fan-shaped espalier. **2.** arhit. palmette.
palmier s.m. bot. palm (tree).
palmiform ad. bot. palmiform.

palmiped I. adj. web-footed, palmiped. **II.** s.n. palmiped.
palmitic adj. Ⓓ acid ~ chim. palmitic acid.
paloare s.f. v. paliditate.
palonier s.n. av., nav., tehn. rudder/ swing bar.
paloș s.n.←înv. broadsword.
palpa vb. tr. to feel; med. to palpate.
palpabil adj. **1.** palpable, tangible; touchable. **2.** fig. palpable; (limpede) obvious, plain.
palpare s.f. feeling; med. palpation.
palpita vb. intr. **1.** (d. inimă) to throb, to thrill; (a se înfiora) to thrill. **2.** (d. cineva) to thrill, to palpitate; (a tremura) to tremble.
palpitant adj. fig. thrilling, exciting.
palpitație s.f. palpitation, throb (-bing).
paltin s.m. bot. sycamore maple (Acer pseudoplatanus).
palton s.n. overcoat, greatcoat, top/ warm coat; (de damă) coat.
paludic adj. paludal.
paludism s.n. med. (im)paludism, marsh fever, malaria.
palustru adj. swamp...; paludous. Ⓓ friguri palustre malaria, swamp fever.
pamflet s.n. lampoon, pamphlet.
pamfletar s.m. pamphleteer, lampoonist.
pampas s.n. pampas.
panaceu s.n. (și ~ universal) catholicon, panacea, cure-/heal-all, all- -heal.
panachidă s.f. rel. office for the dead, requiem.
panama s.f. **1.** Panama hat. **2.** (escrocherie) (big scale) racket, bubble.
panarițiu s.n. med. whitlow, felon.
panaș s.n. plume, tuft.
pană s.f. **1.** (de pasăre) feather; (tare, de la vîrful aripii) pen; (de gîscă) quill; (condei, peniță) pen. **2.** fig. pen; (stil) style; manner of writing. **3.** (ic) wedge. **4.** constr. purlin. **5.** tehn. key; (ca organ de mașină) cotter. **6.** (de mașină) breakdown. **7.** nav. afterpiece (of a rudder). **8.** (de ciocan)

hammer edge; *(de ferestrău)* tongue. ⓐ *pana sabiei* the flat of the sword. ⓑ *categoria* ∼*sport* feather weight. ⓒ *a fi/a rămîne în* ∼ to breakdown; to be kaput; *a se umfla în pene* F to be too big for one's boots.

pancartă *s.f.* placard.

pancreas *s.n. anat.* pancreas.

pancreatic *adj.* pancreatic.

pandalii *s.f. pl.* F tantrum(s); rage, fury, passion. ⓒ *a-l apuca* ∼*le* F to go into one's tantrums, to get in a bate.

pandantiv *s.n.* 1. pendant. 2. *arhit.* pendentive.

pandecte *s.f. pl.* pandects.

pandişpan *s.n. kind of spongy cake made of meal, eggs and sugar.*

pandur *s.m.* 1. pandour, pandoor. 2. ←P v. h a i d u c.

panegiric *s.n. şi fig.* panegyric, eulogy; *fig.* encomium.

panegirist *s.m.* panegyrist.

panel *s.n.* lumber-core plywood, blackboard.

paner *s.n. (coş)* basket.

panglicar *s.m.* 1. juggler. 2. *fig.* quack, mountebank, F fibster, fibber.

panglică *s.f.* 1. ribbon *(pt. păr şi)* fillet; *(de pălărie)* hatband. 2. *tehn.* tape; band. 3. *zool.* tapeworm *(Taenia solium)*. ⓒ *a scoate panglici pe nas* a. to juggle. b. *fig.* F to cramp, to thump, to tell fibs.

panglicărie *s.f. fig.* swindle.

panicard I. *adj.* alarmist. **II.** *s.m.* panic-monger; scare-monger; a-larmist.

panică *s.f.* panic; scare; *(frică, groază)* terror, horror. ⓒ *a fi cuprins de∼* to be panic-stricken; *(d. animale)* to stampede.

paniculă *s.f. bot.* panicle.

panifica *vb. tr.* to turn/convert into bread.

panificabil *adj.* bread... ⓑ *cereale* ∼*e* bread grains.

panificaţie *s.f.* panification. ⓑ *cereale de* ∼ bread grains; *intreprindere de* ∼ (large) bakery.

panism *s.n.* Pandeanism.

panist *adj.* Pandean.

panonian *s.n. geol.* Pannonian.

panoplie *s.f.* panoply.

panoptic(um) *s.n.* 1. panopticon. 2. waxworks exhibition/show.

panoramă *s.f.* 1. panorama. 2. panorama; wide prospect. 3. v. p a n o p- t i c (u m) 2.

panoramic *adj.* panoramic. ⓑ *lunetă* ∼*ă mil.* panoramic sight.

panou *s.n. şi arhit.* panel. ⓐ ∼ *de onoare* panel/poster of honour.

pansa I. *vb. tr.* 1. *(o rană)* to dress. 2. *(cai)* to groom, to rub down. **II.** *vb. refl. pas.* to be dressed etc. v. ∼ I.

pansament *s.n.* 1. dressing etc. v. p a n s a. 2. *(concret)* dressing.

pansea *s.f. bot.* pansy *(Viola tricolor).*

panslavism *s.n. ist.* pan-Slavism.

pantalon *s.m.* 1. *pl. (lungi)* (pair of) trousers, F→pants; *glumeţ* belongings, inexpressibles; *(scurţi)* (pair of) breeches; *(scurţi, largi)* knickers, knicker-bockers; slacks. 2. *tehn.* bifurcated pipe. ⓐ ∼*i albi* white trousers, *sl.*→ducks; ∼*i de golf* plus fours; ∼*i largi* wide trousers, F→ bags; *(în Orient)* bag trousers; ∼*i pescăreşti* (blue) jeans, pedal pushers; ∼*i strîmţi* tight trousers, tights. ⓒ *a-şi pune* ∼*ii* to put on one's trousers; *a-şi ridica* ∼*ii* hitch up one's trousers.

pantalonaşi *s.m. pl.* knickers, knicker-bockers.

pantă *s.f.* 1. slope, gradient, incline. 2. *fiz., tehn.* slope. ⓑ *în* ∼ *adj.* sloping, shelving.

panteism *s.n.* pantheism.

panteist I. *adj.* pantheistic(al). **II.** *s.m.* pantheist.

panteon *s.n.* pantheon.

panteră *s.f. zool.* panther *(Felis pardus).*

pantof *s.m.* shoe, *pl.* F→understandings, *sl.* trotter cases; *(fără călcii)* heelless shoe; *(cu tocul inalt)* high-heeled shoe. ⓐ ∼ *de casă* slipper; ∼*i cu cuie sport* spiked shoes, spikes; ∼*i de dans* pumps, dancing shoes. ⓒ *a-şi pune* ∼*ii* to put on one's shoes.

pantofar *s.m.* shoemaker.

pantofărie *s.f.* shoemaker's; *(ca magazin)* boot shop.

pantograf *s.n.* *tehn.* *electr.* pantograph.

pantometru *s.n.* *geom.* pantometer.

pantomim *s.m.* pantomime (actor).

pantomimă *s.f.* dumb-show performance, pantomime, F→panto.

pap *s.n.* shoemaker's paste.

papa *s.m.* F papa, dad(dy).

papagal *s.m.* **1.** *orn.* parrot, F→poll *(Psittacus).* **2.** *fig.* parrot. ⓒ *a avea ~ F* to have the gift of the gab.

papagalicește *adv.* like a parrot, by heart/rote.

papainoage *s.n.* *pl.* v. p i c i o-r o a n g e.

papal *adj.* papal. ⓑ *scaunul ~* the Holy See.

papalitate *s.f.* papacy.

papalugă *s.f.* **1.** F lamp post; *(sperietoare)* F (perfect) fright. **2.** *(stafie)* ghost, phantom.

papanaș *s.m.* cheese pancake.

papară *s.f.* **1.** panada. **2.** *fig.* F thrashing, drubbing, hiding, jacketing; *(mustrare)* F dressing down. ⓒ *a minca ~* **a.** *(bătaie)* F to get a sound licking/drubbing. **b.** *(mustrare)* F to get a good dressing down.

paparudă *s.f.* **1.** ←P rain maker. **2.** *fig.* ←F ridiculously dressed woman.

paparună *s.f.* *bot.* horn(ed) poppy *(Glaucium corniculatum).*

papaveracee *bot.* **I.** *adj.* papaveraceous. **II.** *s.f.* *pl.* papaveraceae.

papaverină *s.f.* *chim.* papaverine.

papă[1] *s.f.*←F food, *sl.* grub, chow.

papă[2] *s.m.* pope.

papă-lapte *s.m.* F milksop, softy, molly-coddle.

papetărie *s.f.* **1.** stationery. **2.** *(ca magazin)* stationer's (shop).

papilar *adj.* *anat.* papillary.

papilă *s.f.* *anat.* papilla.

papion *s.n.* butterfly bow, bow tie.

papiotă *s.f.* **1.** spool of sewing silk. **2.** *(de hîrtie)* curl paper, papillote.

papirus *s.n.* papyrus.

papistaș *s.m.*← *peior.* Catholic.

papițoi *s.m.* F dude, fop, dandy, masher.

papricaș *s.n.* *fricasseed veal highly seasoned with Hungarian pepper.*

paprică *s.f.* **1.** *bot.* Hungarian pepper, paprika *(Capsicum tetragonum).* **2.** paprika.

papuaș *adj.,* *s.m.* Papuan.

papuc *s.m.* **1.** slipper, mule *(odin., pantof)* shoe. **2.** *constr.* shoe. ⓑ *sub ~* F henpecked, under the thumb of one's wife, at one's wife's beck and call, under the cat's foot. ⓒ *a da cuiva ~ii* F to pack smb. off, to send smb. packing; *a fi sub ~ul nevestei* F to be pinned to one's wife's apron strings, to be henpecked; *a pune sub ~ pe cineva* F to get/take smb. by short hairs.

papugiu *s.m.* shirker, skulk.

papură *s.f.* *bot.* **1.** club rush, mace reed, reree *(Typha angustifolia).* **2.** cattail, cat's tail, mace reed, black cap; *(in Anglia și)* bulrush *(Typha latifolia).* ⓐ *Papură Vodă* King Log/Stork.

par[1] *adj.* even.

par[2] *s.m.* **1.** pole; *(ascuțit)* stake, picket. **2.** *(bită)* club. **3.** *(cracă)* (thick) branch.

para[1] *s.f.* **1.** *fig.* farthing; penny. **2.** *pl.* money, F rhino, beans. ⓑ *pină la o ~* to a penny. ⓒ *a nu avea (nici o) ~* F not to have a bean, to be penniless, not to have a penny to bless oneself with; *nu face nici două ~le* F it isn't worth a penny/farthing/rush.

para[2] *vb.* *tr.* *și fig.* to parry, to ward off.

parabolă *s.f.* **1.** parable. **2.** *geom.* parabola.

parabolic *adj.* *geom.* parabolic(al).

paracenteză *s.f.* *med.* paracentesis.

paraclis *s.n.* **1.** *(capelă)* chapel. **2.** bidding prayer.

paracliser *s.m.* sexton.

paradă *s.f.* **1.** *mil.* parade. **2.** *fig.* parade, show, ostentation. ⓐ *~aeriană* air display; *~ navală* naval review; *~ sportivă* sport's parade. ⓑ *de ~ adj.* showy, all-on-the-surface...; *haine de ~* gala dress, full--dress clothes. ⓒ *a face ~ de...* to make a show/parade of...

paradigmă *s.f.* *gram.* paradigm.

paradis *s.n.* paradise, *fig.* și heaven.

paradiziac *adj.* paradisiac(al).

paradox *s.n.* paradox.
paradoxal I. *adj.* paradoxical. **II.** *adv.* paradoxically.
parafa *vb. tr.* to initial; *(a sigila)* to seal.
parafă *s.f.* **1.** initials (of one's name). **2.** paraph, flourish (following a signature).
parafină *s.f.* paraffin.
parafoc *s.n. constr.* brick arch.
parafraza *vb. tr.* to paraphrase.
parafrază *s.f.* paraphrase.
parafulger *s.n. electr.* lightning arrester.
paragat *s.n.* long line (with baited hooks).
parageneză *s.f. geol.* paragenesis.
paragină *s.f.* **1.** heath; *(pîrloagă)* fallow land, layland. **2.** *(ruină)* ruin. **3.** *(stare de părăsire)* derelictiar, neglect, abandonment.
paragraf *s.n.* paragraph; section (mark).
paralactic *adj. astr.* parallactic.
paralaxă *s.f. astr.* parallax.
paralel I. *adj.* *(cu)* parallel (to/ with); *(concomitent)* simultaneous (with). ⓒ *a trage o linie ~ă cu alta* to draw a line parallel to another. **II.** *adv.* **1.** in parallels, in a parallel direction. **2.** simultaneously, at the same time.
paralelă *s.f.* **1.** *și fig.* parallel; *(comparație)* comparison. **2.** *pl. sport* parallel bars. ⓐ *paralele inegale* uneven parallel bars. ⓒ *a face o ~ (intre)* to draw a parallel (between).
paralelipiped *s.n. geom.* parallelepiped(on).
paralelism *s.n.* parallelism.
paralelogram *s.m. geom.* parallelogram.
paraleu *s.m.* **1.** big lion. **2.** *fig.* brave/courageous man; hero. ⓒ *a se face leu ~* to fly into a rage/ passion; to fret and fume.
paralitic *adj., s.m.* paralytic.
paraliza I. *vb. tr.* **1.** to paralyse, to palsy. **2.** *fig.* to paralyse, to render powerless; to stun, to petrify; to immobilize. **II.** *vb. intr.* to be stricken with paralysis.
paralizant *adj.* paralysing.

paralizie *s.f. med.* paralysis, P→ palsy.
paramagnetic *adj. fiz.* paramagnetic.
parament *s.n. constr.* face (of a wall).
parametru *s.m. mat.* parameter.
paramilitar *adj.* paramilitary.
paranoia *s.f. med.* paranoia.
paranoie *s.m. med.* paranoiac.
paranteză *s.f.* **1.** *(rotundă)* parenthesis, round bracket; *(dreaptă)* (square) bracket. **2.** *fig.* parenthesis, interlude, disgression. ① *in ~ a. v. în paranteze.* **b.** *fig.* by the way, by way of parenthesis; *in paranteze* in a parenthesis, in brackets, between parentheses. ⓒ *a deschide o ~ a. mat.* to solve/ remove the parentheses. **b.** *fig.* to make a digression; to say smth. incidentally; *in ~ fie spus* incidentally, by the way; *a pune in paranteze a. (un cuvînt)* to bracket, to put in a parenthesis, to put between parentheses/brackets. **b.** *mat.* to set/include in/within parentheses/brackets.
parapet *s.n.* **1.** parapet. **2.** *nav.* bulwark.
paraplegie *s.f. med.* paraplegia.
parascînteie *s.f.* **1.** *metal.* spark chamber. **2.** *ferov. etc.* spark arrester.
parascovenie *s.f.* v. năzbîtie.
parasol *s.n.* **1.** *av.* parasol. **2.** *(umbrelă)* parasol.
parastas *s.n.* requiem, office for the dead.
parașuta *vb. tr.* to parachute.
parașută *s.f.* parachute.
parașutism *s.n.* parachutism.
parașutist *s.m.* parachutist, parachute jumper, *mil.* paratrooper; parachuter.
parataxă *s.f. gram.* parataxis.
paratific *adj. med.* paratyphoid.
paratifos *s.n. med.* paratyphoid (fever).
paratrăsnet *s.n.* lightning rod.
paravan *s.n.* **1.** (folding) screen. **2.** *fig.* screen.
paravînt *s.n. ferov.* wind protection device.
parazăpadă *s.f. constr.* snow fence.

parazit I. *adj.* parasite, parasitical. **II.** *s.m.* **1.** parasite. **2.** *bot.* guest. **3.** *fig.* parasite, sponger, hanger--on; *pl.* pests of society; *(implicind servilismul)* toady, toad eater, sycophant. ⓐ *paraziţi atmosferici tel.* atmospherics, statics; *paraziţi industriali* man-made interference. ⓑ *fără paraziţi el.* static free.

parazitar *adj.* **1.** *bot.* parasitic. **2.** *fig.* parasitical.

paraziticid *adj.*, *s.n.* parasiticide.

parazitism *s.n.* parasitism.

parazitologie *s.f.* parasitology.

pară[1] *s.f.* **1.** flame. **2.** *fig.* fire; *(chin)* torture, torment(s). ⓑ *roşu ca para focului* red-hot, glowing red; > red in the face.

pară[2] *s.f.* **1.** *bot.* pear. **2.** *min.* swage. **3.** *tehn.* switch.

parbriz *s.n.* wind screen.

parc *s.n.* **1.** park; *(grădină)* garden. **2.** enclosure; *(de maşini)* car park, parking place; *(de vînătoare)* park. ⓐ ~ *de avioane av.* flying stock; ~ *de cultură şi odihnă* Park of Culture and Rest, recreation park; ~ *de distracţii* Fun Fair; ~ *de maşini-unelte* stock of machine tools in operation; ~ *de tractoare* fleet/park/number/stock of tractors; ~ *de vagoane ferov.* rolling--stock depot.

parca *vb. tr.* to park.

parcaj *s.n.*, **parcare** *s.f.* parking. ⓐ. *parcarea interzisă* no parking; *parcarea permisă* parking here. ⓑ *loc de* ~ parking lot; car park.

parcă *adv.* **1.** (it) seems (that). **2.** *(de* ~) as if/though. ⓒ ~ *are dreptate* he is right, I think; I daresay he's right; ~ *spuneai că...* didn't you say that...? ~ *vrea să plouă* it looks like rain.

parce *s.f. pl.* the Parcae/Fates; *lit.* the Weird Sisters.

parcela *vb. tr.* to divide into lots, to parcel (out).

parcelă *s.f.* (p)lot, parcel.

parchet[1] *s.n.* **1.** *constr.* parquet; *(lamă de* ~) parquetry fillet. **2.** *silv.* cutting area.

parchet[2] *s.n.*←*inv.* prosecuting magistracy; prosecutor's office.

parcheta *vb. tr.* to parquet.

parchetar *s.m.* parquet layer.

parcurge *vb. tr.* **1.** *(o regiune etc.)* to cross, to travel through, to go/get over, to traverse; *(o distanţă)* to cover. **2.** to examine (curiously); to run/cast one's eye over; *(o listă)* to look down; *(documente)* to scour, to go over, to run through; *(superficial)* to skin (over).

parcurgere *s.f.* crossing, etc. v. parcurge.

parcurs *s.n.* distance covered; *(drum)* route; way.

pardesiu *s.n.* **1.** *(de ploaie)* mackintosh, waterproof, raincoat. **2.** *(gros)* top coat, (light) overcoat. **3.** *(demi)* (autumn) overcoat.

pardon *interj.* pardon! excuse me! (I am) sorry! *(să am iertare!)* I beg your pardon ! *(interogativ)* I beg your pardon ?I didn't quite catch that.

pardoseală *s.f.* floor(ing). ⓑ ~ *de beton* concrete floor; ~ *de ciment* cement floor; ~ *de lemn* wood-floor; ~ *de lut* mud floor.

pardosi *vb. tr.* to floor; *(a pava)* to pave.

parenchim *s.n. anat.*, *bot.* parenchyma.

parenteral *med.* **I.** *adj.* parenteral. **II.** *adv.* parenterally.

pareză *s.f. med.* paresis.

parfeu *s.n.* parfait.

parfum *s.n.* **1.** perfume, sweet smell, scent, fragrance; *(al vinului)* bouquet. **2.** *(de toaletă)* perfume, scent.

parfuma I. *vb. tr.* to scent. **II.** *vb. refl.* to use scent, to perfume oneself.

parfumat *adj.* scented, perfumed; *(d. aer etc.)* balmy.

parfumerie *s.f.* **1.** perfumery. **2.** *(ca magazin)* perfumer's shop.

parhelie *s.f. astr.* parhelion.

paria[1] *s.m. şi fig.* pariah; *fig.* outcast.

paria[2] *vb. intr.(pe)* to bet *(cu acuz.)*, to wager *(cu acuz.)*, to lay *(cu acuz.)*. ⓐ *pariez că...* I'll bet that ..., I am (almost) sure that..., I'll bet you a hundred that...

paricid I. *s.n.* parricide, murder of an ancestor in direct line. **II** *s.m.* parricide.

parietal *adj. anat.* parietal.

parisilabic *adj. gram.* parisyllabic.

paritate *s.f.* parity.

pariu *s.n.* bet, wager. ⓐ ~ *austriac* cumulator; ~ *mutual* pari mutuel. ⓒ *a face un* ~ to make/lay a bet/wager.

parizer *s.n.* kind of thick, rosy sausage (made of boiled minced meat).

parizian *adj., s.m.* Parisian.

parîmă *s.f. nav.* line, howser.

parlagiu *s.m.*←*reg.* slaughterman, butcher.

parlament *s.n.* parliament; *amer.* Congress.

parlamenta *vb. intr. (cu)* to parley (with), to hold a parley (with).

parlamentar I. *adj.* parliamentary. ⓓ *sistem* ~ parliamentary system. **II.** *s.m.* **1.** Member of Parliament, M.P.; *(în S.U.A.)* Congressman. **2.**←*înv.* truce envoy, bearer of a flag of truce.

parlamentarism *s.n.* parliamentary government, parliamentarism.

parloar *s.n.* parlour, visiting room.

parmac *s.m.* v. b a l u s t r u.

parmaclîc *s.n.* v. b a l u s t r a d ă.

parmezan *s.n.* Parmesan (cheese).

parnasian I. *adj.* Parnassian. **II.** *s.m.* member of the Parnassian school.

par dia *vb. tr.* to parody, to burlesque.

parodie *s.f.* parody; *fig. și* travesty.

paroh *s.m. aprox.* vicar.

parohial *adj.* parish..., parochial. ⓓ *casă* ~*ă* vicarage, rectory.

parohie *s.f.* parish.

parol *interj.* upon my word (of honour)! I give you my word! *(la cărți)* no bid!

parolă *s.f.* password, watchword, parole, countersign.

parolist *s.m.*←F a man of his word.

paronim *s.n. lingv.* paronym.

parotid *adj.* ⓓ *glandă* ~*ă anat.* parotid gland.

paroxism *s.n.* **1.** paroxysm; *(culme)* climax. **2.** *med.* culminating point.

paroxistic *adj.* paroxysmal.

parsec *s.m. astr.* parsec.

parșiv *adj.* **1.** lousy. **2.** *(mîrșav)* mean, dirty.

partaj *s.n.* partition.

parte *s.f.* **1.** part, partition, share; *(care revine cuiva)* share, lot; *(bucată)* piece, fragment; *(capitol)* chapter, section. **2.** *(regiune)* region, part; *(loc)* place; *(direcție)* direction, quarter. **3.** *(latură)* side; *(aspect)* aspect. **4.** *(șansă)* chance; *(soartă)* fate, destiny. **5.** *(persoană sau grup implicat într-o afacere etc.)* party; *jur.* side. ⓓ ~*a leului* the lion's share; ~ *componentă/constitutivă* constituent/component part; component, constituent; ~ *de vorbire gram.* part of speech; ~ *integrantă din ceva* integrant part of smth., part and parcel of smth.; ~ *socială* share; *părțile corpului* the parts of the body. ⓓ *cea mai mare* ~ *din...* most of...; *de* ~ *bărbătească* male; *de* ~ *femeiască* female; *de o* ~ *teatr.* aside; *de prin/din* ~*a locului* from these parts; *din* ~*a... (cu gen.)* *(eu vin etc.)* on the part of..., at smb.'s hands; *(în numele)* on behalf of...; *(de la)* from...; *din* ~*a mea...* **a.** *(în ce mă privește)* as far as I am concerned..., I for one..., for my part... **b.** *(de la mine)* from me, on my part; *din toate părțile* on all sides/hands; *(a veni etc.)* from all quarters; *în altă* ~ elsewhere, somewhere else; *Înaltele Părți Contractante* the High Contracting Parties; *în ce* ~? where? *(încotro?)* where to? *în nici o* ~ nowhere; *în* ~ **a.** partly, to a certain extent. **b.** separately, individually, in part; *în* ~*a dreaptă* on the right side; *în toate părțile* everywhere, in all directions; *într-o* ~ **I.** *adv.* **a.** aside. **b.** *(oblic)* aslant. **II.** *adj.* F wrong in the upper storey, batty; *la o* ~! stand aside! make room! *lăsînd la o* ~ ... leaving/putting aside...; *(cu excepția)* with the exception of..., except for...; *nicăieri în altă* ~ nowhere else; *pe cealaltă* ~ on the other side; *pe cealaltă* ~ *a străzii* across the street; *pe de altă* ~ on the other hand, then again,

but then; *pe de o* ~ on the one
hand. © *a-şi avea* ~*a de...* to come
in for a/one's share of...; *a avea* ~
de ... to have..., to enjoy...;... to
be one's lot; *a face* ~ *din...* to
be a member of..., to be one of...;
(a aparţine) to belong to...;
a lua ~*a cuiva* to side with smb.;
to sympathize with smb.; *(a
încuraja)* to encourage smb.; *(a
sprijini)* to support smb.; *a lua* ~
la... to take (a) part in..., to join
in..., to be a party to..., to partici-
pate in...; *(a fi prezent la)* to at-
tend...; *a fi de* ~*a cuiva* **a.** to side
with smb. **b.** *(d. izbîndă etc.)* to
be on smb.'s side; *ar fi frumos
din* ~ *a ta* it would be nice of you/on
your part.
partener *s.m.* partner.
partenogeneză *s.f. biol.* partheno-
genesis.
parter *s.n.* **1.** *teatru the* pit; *(primele
rînduri) the* stalls; *(spectatorii)*
audience (in the pit). **2.** *constr.*
ground floor; *amer.* first floor. ⓑ
la ~ downstairs.
participa *vb. intr.* **1.** *(la)* to partici-
pate (in); *(a lua parte)* to take part
(in); *(a fi prezent)* to be present
(at), to attend *(cu acuz.)*; *(la un
complot etc.)* to take a hand (in),
to be a party (to). **2.** *fig.* to share
smb.'s feelings etc.; to sympathize,
to condole. ⓐ *a* ~ *la ... fig.* to
share *smb.'s feelings etc.*
participant *s.m. (la)* participant
(in); participator (in).
participare *s.f.* **1.** participation
etc. v. p a r t i c i p a. **2.** *com.*
share.
participaţie *s.f. com.* share, interest.
participial *adj. gram.* participial.
participiu *s.n. gram.* participle. ⓐ
~ *prezent* present participle; ~
trecut past participle.
particular I. *adj.* **1.** *(deosebit)* pecu-
liar, characteristic; *(special)* par-
ticular, special; *(neobişnuit)* pecu-
liar, uncommon, unusual. **2.** pri-
vate; personal, individual. ⓑ *în*
~ **a.** privately. **b.** in particular,
particularly; *lecţie* ~*ă* private les-
son. © *a da examen în* ~ to take
examinations without attending

classes (regularly). **II.** *s.m.* private
person/individual.
particularitate *s.f.* peculiarity; char-
acteristic (feature). ⓐ ~ *locală*
local peculiarity/feature; ~ *naţio-
nală* national peculiarity/feature.
particulă *s.f.* **1.** particle, F→atom.
2. *gram.* particle.
partid *s.n.* party. ⓐ ~ *comunist*
Communist Party; ~ *de guvernă-
mînt* ruling party; ⓑ *activ de* ~
the most active members (of the
Party organization); *activist de*
~ Party worker; *birou al organi-
zaţiei de* ~ Party bureau; *cabinet
de* ~ Party educational centre;
carnet (de membru) de ~ Party-
-membership card; *comitet de*
~ Party Committee; *conducerea*
~*ului* the Party leaders; *conducere
de* ~ Party leadership; *conferinţă
de* ~ Party Conference; *disciplină
de* ~ Party discipline; *fără (de)*
~ non-party...; *grupă de* ~ Party
group; *învăţămînt de* ~ Party edu-
cation; *membru de* ~ Party mem-
ber, member of the Party; *muncă
de* ~ Party work; *organizaţie de* ~
Party organization; *reţeaua învăţă-
mîntului de* ~ the Party educa-
tion system; *sarcină de* ~ Party
assignment; *sancţiune (pe linie)
de* ~ Party penalty; *spirit de* ~
Party spirit; *şcoală de* ~ Party
school.
partidă *s.f.* **1.** *sport* game, match,
contest; *(de şah etc.)* game. **2.**
(căsătorie) match; *(ca persoană,
şi)* party, marriageable person. ©
a face o ~ *bună* to make a good
match; *a pierde partida* to come
off a loser; *X era o* ~ *bună* X was
a good match/party/ F→ catch.
partinic *adj.* Party...; Party-minded,
principled, full of Party princi-
ples.
partinitate *s.f.* **1.** Party member-
ship. **2.** Party spirit; Party princi-
ple(s). ⓐ ~*a filozofiei* Party spi-
rit in philosophy.
partitiv *adj., s.n. gram.* partitive.
partitură *s.f. muz.* score.
partizan *s.m.* **1.** partisan, guerilla.
2. *fig.* adherent; follower; *(susţi-
nător)* supporter. ⓑ *detaşament de*

~*i* partisan/guerilla detachment; *război de* ~*i* partisan/guerilla warfare.

parțial I. *adj.* partial, incomplete. **II.** *adv.* part(ial)ly, in part.

parțialitate *s.f.* v. p ă r t i n i r e 2.

parveni I. *vb. intr.* **1.** to start/spring up. **2.** *(d. știri etc.)* to arrive, to come in. ⓒ *nu mi-a* ~*t scrisoarea dumitale* your letter has not reached me, your letter has not come to hand, I have not received your letter. **II.** *vb. tr.* ⓐ *a* ~ *să...* to succeed in... *(cu forme în -ing).*

parvenit *s.m.* parvenu, upstart, mushroom, nouveau-riche, a man newly rich.

parvenitism *s.n.* upstartism, upstartness.

pas¹ *s.m.* **1.** step; *(mare)* stride; *(mers)* pace; gait. **2.** *și pl. (zgomot de pași)* tread, footsteps. **3.** *(urmă de* ~*)* footprint, footstep. **4.** *(de dans)* step, pas. **5.** *tehn. (dimensiune)* distance; *(longitudinal, între zimți etc.)* pitch; *electr.* pitch. **6.** *fig.* step; move. ⓐ ~ *alergător mil.* double quick step; *ca adv.* at the double; ~ *cadențat* measured step; ~ *cu* ~ step by step, little by little; *un* ~ *greșit fig.* a false step, a faux pas. ⓑ *cu pași mari* with long strides; *la doi pași* a few steps away, near by; it is but a step to...; *la fiecare* ~ at every step/turn; *la* ~ at a walking pace, driving slowly; *auto.* go-slow; *primii pași* the first steps. ⓒ *a bate* ~*ul pe loc și fig.* to mark/beat time; *a nu ceda nici un* ~ not to go back a step, not to retreat a step; *a face un* ~ to take a step; *a face un* ~ *greșit și fig.* to slip, to trip, to slide; *a face un* ~ *înainte* to step forward; *a face un* ~ *înapoi* to step back; *a face pași mari* **a.** to stride/stalk along. **b.** *fig.* to advance rapidly, to make good progress; *a face primul* ~ *fig.* to make the first move; *a iuți/grăbi* ~*ul* to mend/quicken one's pace; *a încetini* ~*ul* to slacken one's pace; *a-și îndrepta pașii spre...* to direct/bend one's steps towards...; *a întinde* ~*ul* to stop out, to put one's best foot

forward; *a tine* ~*ul cu...* to keep pace with...; *a se apropia cu pași mari* to approach rapidly, to be coming on apace; *a fi în* ~ *cu vremea* to keep abreast of the times; *a merge în* ~ to fall into step; *nu vedeai la doi pași* one could not see three steps ahead, it was (as) dark as midnight; *e un mare* ~ *înainte* that is a great/long step forward.

pas² *s.n.* (mountain) pass; *(cheie)* strait, gorge.

pasa *vb. tr.* **1.** *sport* to pass. **2.** to pass, to hand.

pasabil I. *adj.* passable, tolerable, pretty good, F→so so. **II.** *adv.* passably, tolerably, fairly.

pasager *s.m.* passenger.

pasaj *s.n.* **1.** passage; *(extras)* excerpt. **2.** *constr.* passage; *(cu magazine)* arcade; *ferov. etc.* crossing. **3.** *muz.* passage. **4.** *(al păsărilor)* passage. ⓐ ~ *de nivel* level crossing.

pasametru *s.n. tehn.* passameter.

pasarelă *s.f.* **1.** *constr.* foot bridge. **2.** *nav.* gangway, gang plank. ⓐ ~ *de comandă nav.* captain's bridge.

pasă *s.f.* **1.** *sport* pass. **2.** *(la jocul de cărți)* round. ⓒ *a fi în* ~ *bună* to be in luck; *a fi în* ~ *proastă* to be out of luck, to be în a sorry plight, to be în a tight corner.

pasămite *adv.* ← P apparently, to all appearances, as it were; *(probabil)* probably, likely; *(se pare că)* it seems that...

pasăre *s.f.* bird; *(de curte)* fowl; *pl. col.*→poultry. ⓐ ~*a cinepei ornit.* v. c î n e p a r; ~*a muscă ornit.* humming bird *(Trochillus palla)*; ~*a omătului ornit.* snowfinch, snowbird *(Fringilla nivalis)*; ~*a paradisului ornit.* bird of paradise, paradise bird *(Paradisea apoda)*; ~ *călătoare* bird of passage; ~*cîntătoare* singing/song bird; ~*de apă* waterfowl; ~ *de baltă* wader; ~ *de fier fig.* airplane; ~ *de pradă* bird of prey.

pascal *adj.* Easter..., paschal.

pască *s.f.* **1.**←*reg. sweet cream cheese cake eaten at Easter.* **2.** *(la evrei)* matzoth, matzos.

pascist *adj.* past-ridden.
pasibil *adj.* ⓐ ∼ *de...* liable to...; ∼ *de pedeapsă* punishable.
pasienţă *s.f.* patience; *amer.* solitaire.
pasifloră *s.f. bot.* passion flower *(Passiflora)*.
pasiona I. *vb. tr.* to carry away, to captivate, to fascinate. ⓒ *il pasionează sportul* he is passionately fond of sport, F→he is very keen on sport. II.*vb.refl.* ⓐ *a se* ∼ *pentru* to become passionately fond of..., to conceive a passion for..., to be fired by...
pasional *adj.* love..., passional. ⓑ *crimă* ∼*ă* love tragedy, crime due to jealousy.
pasionant *adj.* thrilling, captivating, entrancing, fascinating.
pasionat I. *adj.* passionate, impassioned, ardent. ⓐ ∼ *pentru...* passionately fond of...; F doting on..., very keen on... II. *s.m.* enthusiast; *sport* fan.
pasiune *s.f.* passion. ⓑ *cu* ∼ passionately; *fără* ∼ dispassionately.
pasiv I. *adj. şi gram.* passive. ⓑ *diateză* ∼*ă gram.* passive voice. II. *adv.* passively. III. *s.n.* 1. *com.* liabilities, debts, passive. 2. *gram.* passive (voice).
pasivitate *s.f.* passivity.
paspoal *s.n.* braid, piping.
pastă *s.f.* paste. ⓐ ∼ *de dinţi* tooth paste; *paste alimentare* (alimentary) pastes; *paste făinoase* flour paste ware, (Italian) pastes.
pastel *s.n.* 1. pastel, crayon; coloured chalk; *(ca desen)* picture in pastel/crayon, pastel. 2. *lit.*(lyrical) descriptive poem.
pasteuriza *vb. tr.* to Pasteurize, to sterilize.
pasteurizator *s.n.* Pasteurizer.
pastilă *s.f.* 1. lozenge, jujube, tablet. 2. *tehn.* bearing disc.
pastişa *vb. tr.* to imitate, to copy.
pastişă *s.f.* pastiche, imitation; *arte* pasticcio.
pastor *s.m.* pastor; *(protestant)* minister.
pastoral *adj.* pastoral.
pastorală *s.f.* 1. *lit.* pastoral (poem etc.). 2. *rel.* pastoral (letter).

pastramă *s.f.* smoke-dried salt meat, *amer.* pastrami. ⓒ *a face* ∼ *pe cineva* F to beat smb. to a jelly; *a pune la* ∼ F to do for.
paşalîc *s.n. ist.* pashalic, pashalik.
paşaport *s.n.* passport. ⓒ *a da cuiva* ∼*ul* a. F to send smb. packing. b. *(a-l da afară din slujbă)* F to give smb. one's walking orders/papers, to give smb. the sack/bird/boot.
paşă *s.m. ist.* pasha, pacha, *înv.*→ bashaw.
paşnic I. *adj.* peaceful, peaceable; *(iubitor de pace)* peace-loving; *(liniştit)* quiet. ⓑ *coexistenţă* ∼*ă* peaceful coexistence; *construcţie* ∼*ă* peaceful construction; *întrecere* ∼*ă* peaceful competition/emulation; *muncă* ∼*ă* peaceful labour; *reglementare (pe cale)* ∼*ă* peaceful settlement. II.*adv.*peacefully; quietly.
paşte I. *vb. intr.* to feed, to graze, to browse. II. *vb. tr.* 1. to feed, to graze; *(a duce la păscut)* to drive/take to pasture. 2. *(d. animale)* to graze, to browse, to feed upon; *(iarbă)* to crop. 3. *fig.* to lie in wait for, to be in store for. ⓒ *nu ştia ce-l* ∼ he did not know what was in store for him; *a* ∼ *vînt(ul)* F to gape at the moon, to catch flies. III. *s.n.* P ∼ v. Paşti.
paşte-vînt *s.m.* v. p i e r d e-v a r ă.
Paşti *s.f. pl.* 1. Easter; Easter day. 2. *(mozaic)* Passover, Pasch. 3. *holy bread distributed in the church on Easter day.* ⓑ *din an în* ∼ once in a blue moon; *la Paştele cailor* F on St. Tib's Eve, when two Sundays come together, when pigs fly.
pat[1] *s.n.* *(la şah)* stalemate.
pat[2] *s.n.* 1. bedstead; *(cu aşternut)* bed, *sl.* doss; pad, sack; *(sărăcăcios)* pallet; *(de copil)* cot, crib; *(pliant)* folding bed; *(targă)* stretcher; *amer.* litter; *(culcuş)* bed, couch. 2. *tehn.* bed. 3. *(strat)* bed, layer. 4. *(de puşcă)* butt (stock). 5. *agr. (pt. flori)* mulch. ⓐ ∼ *cald agr.* hotbed, seed bed, forcing bed/pit; ∼ *de campanie* camp bed; ∼*ul conjugal* the marriage bed. ⓑ *cameră cu două* ∼*uri*

double-bedded room; *tovarăş de* ~ bed fellow/mate; *ţintuit la* ~ bed-ridden. © *a face ~ul* to make the bed; *a părăsi ~ul* to recover, to be up again; *a sări din* ~ to jump/spring out of bed; *a sta în* ~ **a.** to be/lie in bed. **b.** *(a fi bolnav)* to keep one's bed, to be confined to one's bed; *a cădea (bolnav) la* ~ to take to one's bed, to fall (< dangerously) ill; *a fi pe ~ul de moarte* to be on one's deathbed.

patalama *s.f.←ironic (diplomă)* diploma; *(certificat)* certificate.

pataramă *s.f.* v. p ă t ă r a n i e. © *a şti patarama cuiva* F to have got the hang of smb.

pată *s.f.* **1.** spot, patch, blot, stain; *(în soare etc.)* spot; *(de cerneală)* blot, blob. **2.** *fig.* spot, stain, blot; *(pe reputaţia cuiva)* blemish; *(ruşinoasă)* stigma. ⓐ *pete solare astr.* sun spots. ⓑ *fără* ~ spotless, stainless, immaculate; *(curat)* pure. © *a scoate petele* to take out/to remove stains.

patefon *s.n.* gramophone. ⓐ ~ *electric* automatic/electric gramophone.

patent I. *adj.* **1.** *(evident)* obvious, (self-)evident, manifest. **2.** *(d. lacăte etc.)* patent. **II.** *s.n.* patent, licence.

patenta *vb. tr.* to license.

patentat *adj.* licensed; *(brevetat)* patent(ed).

patentă *s.f.* licence; *(certificat)* certificate. ⓐ ~ *de sănătate nav.* bill of health.

pateră *s.f. ist. Romei* patera.

patern I. *adj.* paternal, a father's... **II.** *adv.* paternally.

paternitate *s.f.* paternity, fatherhood; *(a unei cărţi etc.)* authorship.

patetic I. *adj.* pathetic, moving, touching. **II.** *adv.* pathetically.

patetism *s.n.* pathos.

pateu *s.n.* pie; meat pie; fish pie etc.

patimă *s.f.* **1.** passion. **2.** v. p ă r t i n i r e.

patina *vb. intr.* **1.** to skate. **2.** *(d. roţi)* to skid, to slip.

patinaj *s.n.* **1.** skating. **2.** v. p a t i n o a r. ⓐ ~ *artistic* figure skating.

patinator *s.m.* skater.

patină¹ *s.f. (strat)* patina.

patină² *s.f.* **1.** skate. **2.** *tehn.* slide plate. ⓐ *patine cu rotile* roller skates.

patinoar *s.n.* skating rink.

patinor *s.m.* skater.

patiserie *s.f.* **1.** pastry, cakes. **2.** *(ca magazin)* pastrycook's shop; cake shop.

patogen *adj. med.* pathogenic.

patogenetic *adj. med.* pathogenetic.

patogenie *s.f. med.* pathogenesis.

patologic I. *adj.* pathological. **II.** *adv.* pathologically.

patologie *s.f.* pathology.

patos *s.n.* **1.** pathos; *(entuziasm)* enthusiasm. **2.** *(afectare)* affected pathos, F→bombast.

patrafir *s.n.* stole.

patriarh *s.m. şi fig.* patriarch.

patriarhal *adj.* patriarchal.

patriarhat *s.n.* patriarchate.

patriarhie *s.f.* patriarchate.

patrician¹ *adj., s.m.* patrician.

patrician² *s.m. (cîrnat)* hot dog.

patrie *s.f.* **1.** (one's) native land *sau* country; mother country; (one's) fatherland; home, homeland, motherland; *(loc de naştere)* birth-place. **2.** *fig.* home. ⓐ ~ *socialistă* Socialist Motherland. ⓑ *apărarea ~i* defence of one's motherland.

patrimonial *adj.* patrimonial.

patrimoniu *s.n.* patrimony, inheritance.

patriot *s.m.* patriot.

patriotard I. *adj.* jingoistic, chauvinistic. **II.** *s.m.* blatant patriot, jingo(ist), chauvinist.

patriotic I. *adj.* patriotic. **II.** *adv.* patriotically, like a patriot.

patriot sm *s.n.* patriotism.

patristică *s.f.* patristics.

patriţă *s.f. metal.* punch.

patron *s.m.* **1.** employer; *(al unei întreprinderi)* owner, chief, head; *(al unui hotel)* proprietor; *(stăpîn)* master, F→boss, governor. **2.** *(protector)* patron, protector; *(sfînt)* patron saint.

patrona *vb. tr.* to patronize, to protect; to chaperon; to sponsor.

patronaj *s.n.* patronage.

patronal *adj.* employers'...

patronat *s.n.* employers.

patronimic *adj.* patronymic.

patru *num. card., adj., s.m.* four.

patrula *vb. intr.* to patrol.

patrulare *s.f.* patrol(ling).

patrulater *s.n. geom.* quadrilateral.

patrulateral *adj. geom.* quadrilateral.

patrulă *s.f.* patrol.

patrulea *num. ord., adj.* the fourth.

patruped **I.** *adj.* quadrupedal. **II.** *s.n.* quadruped.

patrusprezece *num. card., adj., s.m.* fourteen.

patrusprezecelea *num. ord., adj.,* the fourteenth.

patruzeci *num. card., adj., s.m.* forty.

patruzecilea *num. ord., adj.* the fortieth.

patvagon *s.n. ferov.* luggage van/car.

pațachină *s.f.* **1.** *bot.* buckthorn, waythorn *(Rhamnus cathartica).* **2.** *bot.* black alder, alder buckthorn *(Rhamnus frangula).* **3.** F drab, strumpet.

pauper *adj.* poor, pauper.

pauperism *s.n.* pauperism.

pauperiza *vb. tr.* to pauperize.

paupertate *s.f.* ⓑ *act de* ~ certificate obtained after the means test.

pauză *s.f.* **1.** pause; *(la școală)* break, interval, intermission. **2.** *muz.* pause, rest. ⓒ *a face o* ~ to pause, to make a pause/stop.

pava *vb. tr.* to pave, to macadamize.

pavagiu *s.m.* paver.

pavaj *s.n.* **1.** paving. **2.** *(concret)* pavement.

pavană *s.f. muz.* pavan(e).

pavat **I.** *adj.* paved, macadamized. **II.** *s.n.* paving.

pavator *s.m.* paver.

pavăză *s.f. și fig.* shield.

pavea *s.f.* paving block.

pavian *s.m. zool.* baboon *(Cynocephalus).*

pavilion *s.n.* **1.** pavilion; *(chioșc de vară, în grădină)* summer house; *(împodobit cu verdeață)* arbour, pergola; *(de vînătoare)* shooting lodge; *(de spital etc.)* pavilion. **2.** *(steag)* colours, flag. **3.** *anat.* pavilion, auricle.

pavoaz *s.n!. nav.* flags (for dressing a ship). ⓒ *a ridica marele* ~ to dress a ship over all.

pavoaza *vb. tr.* to deck with flags; *(a împodobi)* to decorate, to adorn.

pavoazare *s.f.* decking etc. v. p a v o a z a.

pază *s.f. și fig.* guard, watch; *(atenție)* care, attention. ⓑ *de* ~ on the watch; *în paza... (cu gen.)* in the custody of... ⓓ *paza bună trece primejdia rea* caution is the parent of safety.

pazie *s.f. constr.* fascia board.

paznic *s.m.* watch(man), guard; *(de închisoare)* turnkey.

Păcală *s.m.* merry jester, wag *(name of such a character in Romanian tales and anecdotes).*

păcat *s.n.* **1.** sin, trespass, transgression; *(vină)* guilt; *(greședlă)* mistake, error. **2.** *(nenorocire)* misfortune, ill-luck. **3.** *adverbial* that is a pity. ⓐ ~ *de el* it is a pity for him; ~ *de moarte* deadly sin; ~*ele tinereților* wild oats. ⓑ *al* ~*elor* F awfully, dreadfully; *ce* ~*!* what a pity! what a thing it is! *ce* ~ *că...* it is a pity that..., it is to be regretted that...; *ce* ~*ul/*~*ele...?* F what the deuce...? *din* ~*e* unfortunately, as ill luck would have it. ⓒ *a-și face* ~*e cu cineva* to offend against smb., to injure smb., to harm smb.; *a trage* ~*ele cuiva* to suffer as a result of smb. else's sins/faults; *a vorbi cu* ~ to be wrong; to wrong smb.; *a intra/a cădea în* ~ to commit a sin; *e* ~ *că...* it is a pity that..., it is to be regretted that..., *e* ~ *de Dumnezeu* a thousand pities, it is a sad pity; *să nu te ducă/împingă* ~*ul să...* F (mind you) don't...; *dă-l* ~*elor!* let him alone!

păcăleală *s.f.* practical joke, hoax, F→lark; *(farsă)* farce. ⓒ *a trage cuiva o* ~ to hoax smb., to play smb. a trick, to play a practical joke upon smb.

păcăli I. *vb. tr.* **1.** to hoax, to play *smb.* a trick, to play a practical joke upon. **2.** *(a înșela)* F to take in, to diddle, to hand *smb.* a lemon. **II.** *vb. refl.* to be deceived, to make a mistake.

păcălici *s.m.* practical joker; *(glumeț)* wag, joker. Ⓐ *~ul păcălit* the biter bit.

păcălit *s.n.*, **păcălitură** *s.f.* v. p ă c ă l e a l ă.

păcăni *vb. intr.* to click, to rattle.

păcătos I. *adj.* **1.** sinful; *(d. gînduri etc.)* guilty, culpable; *(ticălos)* mean, low; *(rău)* wicked; *(nenorocit)* miserable, wretched. **2.** *(defectuos)* faulty, imperfect, defective. **II.** *s.m.* sinner.

păcătoșenie *s.f.* misery, wretchedness.

păcătui *vb. intr.* to (commit a) sin.

păcurar *s.m. (cioban)* shepherd.

păcură *s.f.* fuel/black/crude oil.

păcurăriță *s.f.* **1.** *(ciobăniță)* shepherdess. **2.** shepherd's wife.

păducel *s.m.* **1.** *bot.* hawthorn, hedgethorn *(Crataegus monogyna)*. **2.** *entom.* harvest mite *(Leptus autumnalis)*.

păduche *s.m.* **1.** *entom.* louse *(Pediculus)*, *sl.* cooty. **2.** *entom.* wood/tree louse *(Aphis)*. **3.** *fig.* parasite, sponger, hanger-on. Ⓐ *~ de lemn entom.* v. p l o ș n i ț ă.

păduchios *adj.* lousy.

pădurar *s.m.* woodman, forester, forest guard.

păduratic *adj.* **1.** wood..., forest...; *(sălbatic)* wild. **2.** v. p ă d u r o s.

pădure *s.f.* wood(s); *(mai mare, mai bătrînă)* forest. Ⓐ *~ de brazi* pinewood; *o ~ de catarge* a forest of masts; *~ de conifere* coniferous forest/wood; *~ de foioase* leaf-bearing forest/wood; *~ de specii amestecate* mixed forest/wood. Ⓑ *de ~* wood..., forest..., sylvan. Ⓒ *a căra lemne la ~* to carry coals to Newcastle.

pădurean I. *adj.* **1.** wood..., forest... **2.** living in a wood *sau* forest. **II.** *s.m.* forest dweller, woodsman.

pădureancă *s.f.* forest dweller.

pădureț *adj.* wild. Ⓑ *mere ~e* crabs, crab/wood apples; *pere ~e* wild pears.

pădurice *s.f.* small wood, grove, thicket.

păduros *adj.* wooded, woody, *elev.* sylvan. Ⓑ *ținut ~* woodland.

păgîn I. *adj.* heathen, pagan. **II.** *s.m.* **1.** heathen, pagan. **2.** *fig.* wicked/cruel person.

păgînătate *s.f.* heathendom.

păgînesc *adj.* heathen(ish); pagan.

păgînește *adv.* heathenishly, after the manner of heathens.

păgîni I. *vb. tr.* to paganize, to heathenize. **II.** *vb. refl.* to heathenize.

păgînime *s.f.* heathendom.

păgînism *s.n.* heathenism, paganism.

păgubaș *s.m.* victim, loser. Ⓒ *a lăsa pe cineva ~* to do/cause damage to smb.; to harm smb.; *a se lăsa ~ de ceva* to give up smth.

păgubi I. *vb. intr. și refl.* to lose. **II.** *vb. tr.* to harm, to injure; to cause/do damage to.

păgubitor *adj.* harmful, injurious.

păhărel *s.n.* liqueur glass.

păi *adv. interj.* **1.** *(exprimînd aprobare)* well, why; *(ascultă)* I say; *(și)* and; *(cum?)* what! **2.** *(exprimînd ezitare)* well. Ⓐ *~ atunci* (well) then; *~ bine* now then; *~ sigur că da!* why, of course! could it be otherwise? I should think so! *~ de!* serve you right! that will teach/*vulg.* learn you.

păianjen *s.m.* **1.** *entom.* spider *(Tenegaria domestica, Epeira diadema)*. **2.** *pl.* cobweb, spider's web. **3.** *min.* grab. Ⓑ *pînză de ~* v. *~* 2.

păienjeniș *s.n.* cobweb, spider's web.

păinjinel *s.m. bot.* lily spiderwort *(Anthericum liliago)*.

păioasă *s.f.* cereal.

păios *adj.* stalky.

păiș *s.n.* straw.

păiuș *s.n. bot.* hair grass *(Agrostis vulgaris)*.

pălălaie *s.f.* blaze; glow.

pălămar *s.m.* v. p a r a c l i s e r.

pălămidă[1] *s.f. bot.* horse thistle *(Cirsium arvense)*.

pălămidă[2] *s.f. iht.* pelamid, short-finned tunny *(Sarda sarda)*.

pălărie *s.f.* **1.** hat, F→topper, *sl.* castor, tile roof; *(de damă)* (lady's) hat, bonnet; *(de paie)* straw hat; *(panama)* Panama hat; *(tare)* pot hat, bowler, P→billycock; *(cu boruri inguste)* narrow-brimmed hat, Homburg hat; *(de fetru)* felt hat; *(de fetru, moale)* squash hat. **2.** *(de ciupercă)* cap, top. **3.** *min.* safety cover. ⓐ ~ *de fier* geol. iron cap; ~ melon melon/bowler hat. ⓑ *cu* ~ with a hat on; *fără* ~ hatless. ⓒ *a-și pune pălăria* to put on one's hat; *a-și pune pălăria pe-o ureche* to cock one's hat; *iși puse pălăria pe-o ureche* he cocked his hat upon his ear; *a-și scoate pălăria* to take off one's hat; *a-și scoate pălăria în fața cuiva* **a.** to give smb. the hat, to take off one's hat to smb. **b.** *fig.* F to take off one's/the hat to smb.; *a-și trage pălăria pe ochi* to pull one's hat over one's eyes; *a lovi/a plesni pe cineva în* ~ ←F to sting smb. to the quick.

pălărier *s.m.* hatter.

pălăvrăgi... v. p a l a v r a g i...

păli I. *vb. tr.* **1.** *(a lovi)* to strike, to hit. **2.** *(a cuprinde)* to overcome. **3.** *(a arde)* to burn. **II.** *vb. refl.* **1.** *(a se lovi) (de)* to strike (against), to hit (against); to strike one's head (against). **2.** *(a se veșteji)* to wither. **III.** *vb. intr.* **1.** to become/ turn pale. **2.** *(d. surse luminoase)* to grow dim.

pălimar[1] *s.n.* **1.** *(parmaclic)* rail, railing(s). **2.** v. p r i d v o r.

pălimar[2] *s.n.* *(funie)* cable, thick rope.

pălit *adj.* **1.** *(veștejit)* withered; *(de soare)* scorched, burnt; *(bronzat)* sun-burnt; *(decolorat)* washed-out. **2.** *(palid)* pale.

păliur *s.m.* bot. Christ's thorn *(Paliurus aculeatus)*.

pălmaș *s.m.* ist. poor peasant *(who owned no draught animals)*.

pălmui *vb. tr.* to slap *smb.* in the face.

păltiniș *s.n.* sycamore-maple grove.

păltior *s.m.* bot. currant bush *(Ribes petraeum)*.

pămătuf *s.n.* **1.** feather broom, whisk, duster. **2.** *(pt. bărbierit)* shaving brush. **3.** bis. aspergillum, sprinkler.

pămînt *s.n.* **1.** earth; *(uscat)* land; *(sol)* soil; *(teren)* ground. **2.** *pămîntul* the earth; *(lumea)* the world; *(globul)* the globe; **3.** *(cîmp)* field; *(ca proprietate)* land; *(moșie)* estate. **4.** *(regiune)* region; *(teritoriu)* territory; *(țară)* country. **5.** electr. earth. ⓐ ~ aglomerat agglomerated earth; ~ arabil plough land; ~ galben loess; ~ moale soft earth; ~ negru black earth; ~ plastic plastic earth; ~ tare hard earth; ~uri active active earths; ~uri joase lowlands; ~uri rare rare earths. ⓑ *de* ~ earthen; *din* ~ din iarbă verde by hook or by crook; *la* ~ **a.** on the ground; down. **b.** fig. down; *(abătut)* downcast; *(învins)* defeated; *pînă la capătul* ~ului to the world's end. ⓒ *a cultiva* ~ul to till the land; *a fugi mîncînd* ~ul F to run neck or nothing; to run at breakneck pace; *bea de stinge* ~ul←F he drinks heavily; *a ieși ca din* ~ to break/pop forth, to turn up suddenly; *a astupa cu* ~ to cover up with earth, to bury; *a face una cu* ~ul to raze to the earth, to beat down plain with the earth; *a băga pe cineva în* ~ F to be the death of smb., to drive a nail into smb.'s coffin; *a intra în* ~ *(de rușine)* to sink into the earth for shame; *că doar n-a intrat în* ~ he cannot have melted away; *parcă a intrat în* ~ he seems to have vanished into thin air; *a pune capul în* ~ to hang one's head; *a culca pe cineva la* ~ to strike/fell smb. to the ground, to knock smb. down, F to floor smb.; *a da la* ~ to demolish; *a cădea pe/la* ~ to fall to the ground; *nu-l mai încăpea* ~ul de bucurie he was beside himself with joy.

pămîntean I. *adj.* **1.** earthly, terrestrial. **2.** *(de baștină)* native. **II.** *s.m.* **1.** inhabitant/denizen of the world; human being, earthling. **2.** *(băștinaș)* native.

pămîntesc *adj.* earthly, terrestrial; earth. ① *rămăşiţe pămînteşti* mortal remains.

pămîntiu *adj.* sallow.

pămînţel *s.n.* **1.** v. k i s e l g u r. **2.** v. l u t i ş o r.

pănuşă *s.f.* corn husk; husk (of maize), *amer.* corn husk.

păpa I. *vb. tr.* **1.** *(a minca)* F to peck, to tuck in, to dispatch, to discuss; to eat. **2.** *fig. (a irosi)* F to play ducks and drakes with; to squander, to waste; *(o avere)* F to run through. **II.** *vb. intr. (a minca)* F to peck, to feed, to have a tuck in.

păpară *s.f.* v. p a p a r ă.

păpădie *s.f. bot.* dandelion, lion's tooth, hawkbit *(Taraxacum officinale, Leontodon taraxacum).*

păpălău *s.m. bot.* ground/winter cherry *(Physalis Alkekengi).*

păpăludă *s.f. ornit.* goat sucker/ milker/owl, *amer.* whipporwill *(Caprimulgus europaeus).*

păpuriş *s.n.* reeds.

păpuşar *s.m.* **1.** puppetteer, puppet man/master. **2.** *(cabotin)* sorry player.

păpuşă *s.f.* **1.** *(şi fig. d. o fată etc.)* doll. **2.** *fig. (marionetă)* puppet, tool. **3.** *(de tutun)* tobacco hand; *(de sfoară)* ball; *(de aţă)* clew. **4.** *entom.* chrysalis, pupa. ① *teatru de păpuşi* Punch and Judy show; *(de marionete)* puppet show/theatre.

păpuşoi *s.m.*←*reg.* **1.** v. p o r u m b². **2.** *pl.* v. p o r u m b i ş t e.

păr¹ *s.m. bot.* pear tree *(Pirus communis).*

păr² *s.m.* **1.** *(şi ca fir)* hair. **2.** *text.* nap. ⓐ ～ *aspru* stiff hair; ～ *cărunt* grey hair; ～ *de cal* horse hair; ～ *de capră* goat's hair; ～ *deschis/blond* fair hair; ～ *de porc* bristles; ～ *roşu* red hair, F→ carrots. ① *cît* ～ *în palmă* not a grain/whit; *fără* ～ hairless; *în* ～ *to a man; în doi peri* I. *adj.* ambiguous; *(beat)* F three sheets in the wind. II. *adv.* ambiguously, equivocally; *pînă la un fir de* ～ to a hair; *tras de* ～ far-fetched. ⓒ*a-şi face* ～*ul* to do/dress one's hair; *a-şi smulge părul (din cap)* to tear one's hair; *nu i-au clintit un fir de* ～ they did not hurt a hair of his head; *a se lua de* ～ to seize each other by the hair, to fall together by the ears; *a trage pe cineva de* ～ to pull smb.'s hair; *a-şi petrece mîna prin* ～ to run one's fingers through one's hairs; *cînd mi-o creşte* ～*în palmă* F when two Sundays come together; *i se făcu* ～*ul măciucă* his hair stood on end.

părangină *s.f. bot.* spring grass *(Anthroxanthum odoratum).*

părăgini *vb. refl.* **1.** to run wild. **2.** v. d ă r ă p ă n a.

părăginire *s.f.* running wild.

părăginit *adj.* **1.** run wild; wild; *(d. o grădină)* weed-grown, overgrown. **2.** v. d ă r ă p ă n a t.

părăsi *vb. tr.* to leave, to quit; *(a abandona)* to abandon; *(a se despărţi de)* to part with; *(a renunţa la)* to give up; *(un obicei etc.)* to break off; *(a înceta)* to cease; *(a neglija)* to neglect.

părăsire *s.f.* **1.** leaving etc. v. p ă r ă s i. **2.** abandonment; *(singurătate)* solitude; *(izolare)* isolation,seclusion ; *(neglijare)*neglect; dereliction; desolation. ① *în* ～ abandoned, neglected.

părăsit *adj.* **1.** abandoned; *(singuratic)* lonely; *(izolat)* isolated. **2.** *(nepopulat)* depopulated. **3.** *(d. o grădină)* neglected, weed-grown, over-grown.

părcan *s.n.* **1.** *(zăgaz)* dam. **2.** *(cadru)* frame.

părea I. *vb. intr.* to seem, to appear, to look. ⓐ *a-i* ～ to seem to..., to appear to..., to have an impression; *(a-şi închipui)* to imagine. ⓒ *îmi pare bine că...* I'm glad to/that...; ～ *un copil* he looked a child; *vi s-ar putea* ～ *curios* it might seem strange to you, it might strike you as strange; *pare deştept* he seems to be clever; *îmi pare rău* I am sorry; *îmi pare rău că...* I regret that..., I am sorry to...; *îmi pare foarte rău* I am very/ awfully sorry. **II.** *vb. refl.* to seem, to appear. ⓐ *se pare că...* it seems that...; *a i se* ~ v. a - i p ă r e a. ⓒ *cum ţi se pare?* what do you think/make of it? *cum ţi se pare costumul acesta?* how do you like this suit? *după cîte mi se pare* as it strikes me; *mi s-a părut că aud un strigăt* I seemed to hear a cry; *mi se ~ că visez* it seemed to me that I was dreaming; *nu mi se pare că...* it does not look to me that...; *nu ţi se pare că...?* does it not strike you that ...? *pare-se* as it seems; *se pare că va ploua* it looks like rain; it seems that it will rain; *ţi se pare!* you are mistaken, it's only an impression.

părelnic *adj.* imaginary, apparent, *(nesigur)* uncertain.

părere *s.f.* **1.** opinion, (point of) view; *(convingere)*conviction; *(credinţă)* belief; *(idee)* idea, notion. **2.** illusion, fancy. ⓐ ~ *de bine* satisfaction, contentment; ~ *de rău* regret. ⓑ *cu* ~ *de rău* to my etc. regret; *(din păcate)* unfortunately; *după* ~*a... (cu gen.)* in the opinion of...; *după* ~*a generală* according to all accounts; *după* ~*a mea* in my opinion, to my mind, F→as I take it; *într-o*~ v. î n t r - o d o a r ă. ⓒ *nu am o* ~ *prea bună despre...* I don't think munch of...; *nu are o* ~ *proastă despre sine* F→he thinks no small beer of himself; *a avea cea mai bună* ~ *despre...* to think highly of...; *a avea o* ~ *bună despre cineva* to have a good/high opinion of smb, to think well/ much of smb.; *a avea o* ~ *prea bună despre sine* to think too much of oneself; *a-şi exprima o* ~ to express/advance /utter an opinion; *şi-a exprimat* ~*a că...* he suggested that...; *a împărtăşi* ~*a cuiva* to concur with smb. (in a view), to agree with smb.; *a-şi păstra* ~*a* to reserve one's own opinion, F→to stick to one's own opinion; *sînt de* ~ *că...* I am of the opinion that...; *(cred că)* I think (that)...

păresimi *s.f. pl.* ←*reg.* Lent.

părinte *s.m.* **1.** father. **2.** *pl.* parents; *(strămoşi)* ancestors, forefathers. **3.**

fig. father; *(întemeietor)* founder. **4.** *rel.* father; *(preot)* priest.

părintesc *adj.* fatherly, paternal. ⓓ *casă părintească* native home, one's father's house.

părinteşte *adv.* paternally.

păros *adj.* hairy, hirsute; *(flocos)* shaggy.

părtaş *s.m.* participant, participator; *(complice)*accomplice; *(adept)* adept, supporter; *(la joc)* partner.

părtini *vb. tr.* to be partial to, to favour.

părtinire *s.f.* **1.** favouring. **2.** partiality, bias; *(pică)* spite, acrimony, bitterness.

părtinitor *adj.* partial, bias(s)ed, unfair; prepossessed.

părui *vb. refl. reciproc* to fall together by the ears, to seize each other by the hair.

păruială *s.f.* brawl, fray, tussle, scuffle.

păs *s.n.* *(grijă)* care; *(necaz)*trouble, sorrow; *(durere)* grief; *(suferinţă)* suffering. ⓓ *fără* ~ careless.

păsa *vb. intr.* ⓐ *a-i* ~ to care; *a-i* ~ *de... (a se interesa de)* to care for...; *(a ţine cont de)* to mind. ⓒ *nu-mi pasă o iotă/cîtuşi de puţin* F I don't care a rap/straw/damn/ button/brass farthing; *ce-ţi pasă ţie?* what is that to you? *ce-mi pasă mie?* what do I care?

păsat *s.n.* coarsely ground maize *sau* millet.

păsărar *s.m.* **1.** bird catcher, fowler. **2.** *(vînzător)* bird seller, F→bird man. **3.** *(crescător)* bird fancier.

păsăresc *adj.* ⓓ *limbă păsărească* F gibberish, Double Dutch.

păsăreşte *adv.* ⓒ *a vorbi* ~ F to talk gibberish, to jabber.

păsăret *s.n.* birds, fowls, feather.

păsărică *s.f.* birdie. ⓒ *a avea (o)* ~ *la cap* F to have a bee in one's bonnet, to have bats in the belfry.

păsărime *s.f.* birds.

păsăruică *s.f.* v. p ă s ă r i c ă.

păscut *s.n.* grazing etc. v. p a-ş t e.

păscuţă *s.f. bot.* (common) daisy *(Bellis perennis).*

păstaie *s.f.* pod.

păstîrnac *s.m. bot.* (common) parsnip *(Pastinaca sativa)*.

păstor *s.m. şi fig.* shepherd.

păstoresc *adj.* shepherd's...

păstori I. *vb. tr.* 1. to graze, to shepherd. 2. *fig.* to shepherd. II. *vb. intr.* 1. to be a shepherd. 2. *fig.* to be a priest etc.

păstorie *s.f.* 1. pastoral condition *sau* life. 2. *fig.* pastorate, pastorship, pastoral office.

păstorit *s.n.* grazing.

păstoriţă *s.f.* shepherdess, shepherd girl.

păstra I. *vb. tr.* to keep, to preserve; *(a ţine)* to hold; *(a respecta)* to observe; *(în memorie)* to keep, to retain; *(a menţine)* to keep (up), to maintain, to preserve; *(a păzi)* to guard. II. *vb. refl.* 1. *pas.* to be kept etc. v. ~ I. 2. *(a rămînea)* to remain. 3. *(d. cineva)* to be well preserved.

păstrare *s.f.* keeping etc. v. p ă s-t r a; custody. ⓐ *în ~a...* *(cu gen.)* in the custody of...

păstrător I. *adj.* 1. preserving etc. v. p ă s t r a. 2. *(econom.)* economical, thrifty. II. *s.m.* keeper, preserver.

păstrăv *s.m. iht.* (common) trout *(Salmo trutta fario)*.

păstrugă *s.f. iht.* sevruga, stor sturgeon *(Ac ipenser stellatus)*.

păstură *s.f.* virgin/maiden wax.

păsui *vb. tr.* to grant *smb.* a delay.

păsuială, păsuire *s.f.* delay, respite.

păşi I. *vb. intr.* 1. to step; *(a merge)* to walk. 2. *fig.* to advance; *(a se dezvolta)* to develop. ⓐ *a ~ în...* to step in(to)..., to enter..., to walk in(to)... ⓒ *a ~ pe calea...* *(cu gen.)* to embark upon the road/path of..., to choose/follow the road of... II. *vb. tr. (pragul)* to cross.

păşit *s.n.* stepping etc. v. p ă ş i; *(mers)* gait.

păştiţă *s.f. bot.* yellow wood anemone *(Anemone ranunculoides)*.

păşuna *vb.* v. p a ş t e.

păşunat *s.n.* v. p ă s c u t.

păşune *s.f.* pasture, grazing (field).

păta *vb. tr. şi fig.* to stain, to spot, to spoil, to blot.

pătăranie *s.f.* predicament, trouble; adventure.

pătimaş I. *adj.* passionate, impassioned; *(înflăcărat)* ardent, fervent. II. *adv.* passionately; ardently, fervently.

pătimi I. *vb. tr.* to endure, to bear, to undergo. II. *vb. intr.* to suffer; *(a fi chinuit)* to be tortured/tormented.

pătimire *s.f.* suffering(s); *(chin)* torture.

pătlagină *s.f. bot.* plantain, roadweed *(Plantago)*.

pătlăgea *s.f. bot.* 1. *(roşie)* tomato *(Solanum lycopersicum)*. 2. *(~ vînătă)* eggplant *(Solanum melongena)*.

pătrar *s.n.* quarter, fourth; *(al lunii)* quarter.

pătrat *adj., s.n.* square. ⓑ *cap ~←*F narrow-minded person; *metru ~* square metre; *rădăcină ~ă mat.* square root.

pătrime *s.f.* 1. fourth; *(sfert)* quarter. 2. *muz.* crotchet.

pătrişor *s.n. poligr.* quad(rat).

pătrunde I. *vb. intr.* to penetrate. ⓐ *a ~ în...* to penetrate/get into...; *(a străbate)* to cross...; *(a umple)* to fill..., to pervade...; *(a ajunge în)* to reach...; *a ~ prin...* to go/pass/penetrate through... II. *vb. tr.* 1. to pervade, to fill; *(d. frig. etc.)* to pierce. 2. *(a înţelege)* to grasp, to understand, to perceive. 3. *(a mişca)* to move, to touch. III. *vb. refl.* ⓐ *a se ~ de...* to be imbued with...; *(d. cineva)* to imbue one's mind with...; to be filled with the sense of...; to be inspired with...

pătrundere *s.f.* 1. penetration etc. v. p ă t r u n d e. 2. *fig.* understanding; insight, acumen, perspicacity.

pătrunjel *s.m. bot.* parsley *(Petroselinum sativum)*. ⓐ *~ de cîmp* pimpernel *(Anagallis arvensis)*.

pătruns *adj.* 1. *(de)* imbued (with), pervaded (by), saturated (with), permeated (by). 2. *fig.* moved, touched, impressed (by); *(de)* conscious (of).

pătrunzător *adj.* **1.** *(d.frig.)* piercing; *(d. priviri)* searching, piercing, keen; *(d. sunete)* shrill, harsh,strident. **2.** *(d.minte)* astute, penetrating, sharp, keen. **3.** *(d. cineva)* perspicacious, acute, shrewd, discerning. **4.** *(mişcător)* touching, moving. ⓑ *spirit ~* keenness of perception, insight.

pătul *s.n.* **1.** *(hambar)* barn; *(pt. porumb)* maize barn. **2.** *(pt. găini)* hen coop/house. **3.** v. r ă s a d-n i ţ ă. **4.** *(pat mic)* little bed.

pătură *s.f.* **1.** blanket; *(cuvertură)* counterpane. **2.** *(de cal)* horse cloth. **3.** *(strat)* layer, bed. **4.** *fig.* stratum, section. ⓐ *pături largi ale populaţiei* various strata of society, wide sections of the population.

păţanie *s.f.* **1.** accident, incident; *(întîmplare)* happening, occurrence; *(necaz)* trouble, predicament. **2.** *pl.* adventures.

păţi *vb. tr.* **1.** to experience, to undergo. **2.** v. p ă t i m i I. ⓐ *a o ~ F* to be in for it, to be in a scrap; to get into hot water. ⓒ *ce-ai ~t?* F what's the matter with you? what's wrong? what's happened? *dacă păţesc ceva* should anything wrong happen to me, if I should meet with an accident, F→if I get into hot water.

păţit I. *adj.* experienced, F who has been through the mill. II. *s.n.* experience. ⓑ *din ~e* from experience.

păun *s.m.* *ornit.* peacock *(Pavo cristatus).* ⓒ *a se umfla în pene ca un ~* to give oneself airs, to put on airs, F to get on one's high horse, *sl.* to put on side.

păuniţă *s.f.* *ornit.* peahen.

păzea *interj.* F look out! mind! out of the way!

păzi I. *vb. tr.* **1.** to guard, to watch over; to watch for; *(a aştepta)* to await, to wait for; *(a urmări)* to watch; *(a apăra)* to defend, to protect. **2.** *(a păstra)* to keep, to preserve; *(a respecta)* to observe; *(a-şi vedea de)* to mind; *(a se ccupa de)* to deal with; to take care of. II. *vb. refl.* **1.** to take care/ heed (of oneself), to be/stand

on/upon one's guard, to have a care. **2.** *(a avea grijă de sine)* to take care of oneself. ⓐ *a se ~ de...* to beware of..., to avoid..., to keep oneself clear of..., to guard against... ⓒ *să se păzească!* let him look to himself! *păzeşte-te să nu cazi* take care not to fall; *păzeşte-te de el!* beware of him; avoid his company.

păzit I. *adj.* guarded etc. v. p ă z i. ⓐ *~ de...* safe from... II. *s.n.* guarding etc. v. p ă z i.

păzitor I. *adj.* guardian... ⓑ *înger ~* guardian angel. II. *s.m.* guardian, keeper; *(al unei clădiri publice)* caretaker; *(de închisoare)* warder.

pe *prep.* **1.** *(înaintea unor substantive sau pronume la acuzativ; nu se traduce)* **2.** *(spaţial)* on; *(cu verbe de mişcare, şi)* upon; *(de pe)* from; *(peste)* over; *(prin)* through; *(spre)* to,towards; *(în)* in. **3.** *(temporal)* *(în timpul)* during; *(cît timp e)* as long as it is; as long as there is; *(înspre)* towards; by; *(în fiecare zi etc.)* a day etc. **4.** *(împotriva)* against; *(pentru)* for; in exchange for; *(potrivit cu)* in accordance with; *(cu)* with; *(într-o limbă oarecare)* in; *(din cauza)* for, because of. ⓐ *~ acolo* that way; *~ aici* this way; *~ alocuri* here and there; *~ aproape de...* towards...; *~ atunci* at that time, then; *~ cînd...a. (temporal)* while... b. *(adversativ)* whereas... >while...; *~ cît...* as (far as)...; *~ deasupra...* over...; *~ jos* on foot; *~ loc* on the spot; *~ urmă* then, afterwards; *~ viaţă* for life. ⓑ *unul ~ altul* each other.

pebrină *s.f.* *med.* pebrine.

peceneg *adj., s.m.* Petcheneg.

pecetar *s.m.* seal engraver.

pecete *s.f. şi fig.* seal, stamp. ⓒ *a purta ~a... (cu gen.)* to bear the stamp of...

pecetlui *vb. tr.* **1.** to set/affix/ attach a seal to; *(a sigila)* to seal; *(a fixa)* to fix. **2.** *fig.* to ratify, to confirm; *(o alianţă etc.)* to seal.

pechblendă *s.f.* *mineral.* pitchblende, pechblende.

pechinez *s.m.* Pekin(g)ese.<, pug,
F peke.

pecingine *s.f. med.* dartre, tetter,
S→herpes; *şi fig.* ringworm.

pecinginos *adj. med.* dartrous, S→
her>etic.

pectină *s.f. chim.* pectin(e).

pectoral *adj.* pectoral.

peculiu *s.n.* **1.** *earnings of a convict
(handed to him on discharge).* **2.**
ist. Romei peculium.

pecuniar *adj.* pecuniary, money...

pedagog *s.m.* **1.** teacher, educator;
(pedant) pedagogue. **2.** prepositor.

pedagogic *adj.*pedagogic(al). ① *insti-
tut ~* pedagogical institute; *prac-
tică ~ă* teaching practice.

pedagogie *s.f.* pedagogy, pedagogics.

pedala *vb. intr.* **1.** to pedal; to work
a treadle. **2.** *fig.* to insist. ⓐ a *~
asupra...* to emphasize...

pedală *s.f. (de pian, bicicletă)* pedal;
(de tocilă etc.) treadle.

pedant I. *adj.* pedantic, priggish;
punctilious. **II.** *adv.* pedantically.
III. *s.m.* pedant, prig.

pedantă *s.f.* priss, prig; prude.

pedanterie *s.f.*, **pedantism** *s.n.* pedant-
ry, pedantism.

pedeapsă *s.f.* punishment, penalty;
(sancţiune) sanction; *(nenorocire)*
misfortune; *(năpastă)* calamity;
(ispitire) ordeal; *(necaz)* trouble,
predicament. ⓐ *~ cu moartea*
capital punishment, death penalty.
① *drept ~ pentru...* as a punish-
ment for...; *lovitură de ~ sport*
penalty kick/shot. © *a da o ~
cuiva* to inflict a punishment/pe-
nalty on smb.; *a scăpa de ~* to go
unpunished/scatheless, to escape
punishment.

pedepsi *vb. tr.* to punish; *(o crimă)*
to avenge.

pedepsire *s.f.* punishment, punishing.

pedepsitor *adj.* punitive, inflicting
punishment.

pederast *s.m.* paederast, sodomite,
F→sod.

pederastie *s.f.* paederasty, sodomy.

pedestraş *s.m.*←*inv.* infantryman.

pedestrime *s.f.*←*inv.* infantry.

pedestru I. *adj.* **1.** pedestrian, foot...
2. *fig.* pedestrian; earth-bound,

hidebound; *(lumesc)* worldly,
earthly. **II.** *s.m.* pedestrian.

pediatrie *s.f. med.* p(a)ediatry, p(a)e-
diatrics.

pediatru *s.m. med.* p(a)ediatrician,
p(a)ediatrist.

pedicel *s.n. bot.* pedicel, pedicle.

pedichiură *s.f.* chiropody.

pedichiurist *s.m.* chiropodist.

pedicul *s.n. biol.* pedicle.

pediculat *adj. bot.* pediculate.

pedicuţă *s.f. bot.* wolf's claw *(Lyco-
podium clavatum).*

pedigriu *s.n.* pedigree.

pedolog *s.m.* **1.** *geol.* pedologist. **2.**
psihol. p(a)edologist.

pedologic *adj.* **1.** *geol.* soil-culti-
vating..., pedological. **2.** *psihol.*
pedologic(al).

pedologie *s.f.* **1.** *geol.* pedology, soil
science. **2.** pedology.

pedometru *s.n.* pedometer.

peduncul *s.m. bot., zool., anat.*
peduncle.

pedunculat *adj. bot.* pedunculate.

Pegas *s.m. mit., astr., fig.* Pegasus.

pegmatită *s.f. mineral.* pegmatite.

pehblendă *s.f.* v. p e c h b l e n d ă.

pehlivan *s.m.* **1.** *(şarlatan)* quack,
charlatan, mountebank. **2.** *(mu-
calit)* wag, joker; *(poznaş)* prac-
tical joker.

pehlivănie *s.f.* quackery, charla-
tanism.

peiorativ I. *adj. (d. sufixe etc.)*
pejorative; *(d. sensuri etc.)* depre-
cating, deprec(i)atory, disparaging.
II. *adv.* deprecatingly.

peisagist I. *adj.* landscape. **II.** *s.m.*
landscape painter/artist, paysa-
gist.

peisagistic *adj.* landscape...

peisagistică *s.f.* landscape(painting).

peisaj *s.n.* landscape; scenery.

pejmă *s.f. bot.* musky sweet centaury
(Centaurea moschata).

peladă *s.f. med.* alopecia, pelade.

pelagic *adj.* pelagic, pelagian. ①
zonă ~ă pelagic zone.

pelagră *s.f. med.* pellagra.

pelagros *med.* **I.** *adj.* pellagrous. **II.**
s.m. pellagrin.

pelargonie *s.f. bot.* v. m u ş c a t ă.

pelerin *s.m.* pilgrim.

pelerinaj *s.n.* pilgrimage.

pelerină *s.f.* pelerine, cape; *(manta)* mantle.
pelican *s.m. ornit.* (common) pelican *(Pelecanus onocrotalus).*
peliculă *s.f.* **1.** *fot. etc.* film. **2.** *(pieliţă)* film, pellicle, thin skin.
pelin *s.n.* **1.** *bot.* wormwood, mugwort *(Artemisia absintium).* **2.** *fig.* bitterness; grief; *(izvor de amărăciune)* wormwood. **3.** *(vin)* wormwood wine.
pelinariţă *s.f. bot.* motherwort *(Artemisia vulgaris).*
peltea *s.f.* **1.** fruit jelly. **2.** *fig.* F long rigmarole.
peltic I. *adj.* lisping. **II.** *s.m.* lisping person.
pelticeală *s.f.*, **peltieie** *s.f.* lisp, lisping pronunciation.
pelur *adj.* pelure.
peluză *s.f.* **1.** lawn; greensward. **2.** *sport* grounds, public enclosures.
pelvian *adj. anat.* pelvic. ⓑ *centură* ~ă pelvic/hip girdle.
penaj *s.n.* feathering, plumage.
penal *adj.* penal, criminal. ⓑ *cod* ~ criminal/penal code; *drept* ~criminal law.
penalitate *s.f.* penalty.
penaliza *vb. tr.* **1.** *jur.* to punish. **2.** *sport* to penalize.
penalizare *s.f.* **1.** *jur.* punishment. **2.** *sport* penalization.
penar *s.n.* pencil case/box.
penat *adj. bot.* pennate.
penaţi *s.m. mit. Romei* Penates.
pendentiv *s.n. arhit.* pendentive.
pendinte *adj.* pending, undecided. ⓐ ~ *de...* dependent on...
pendul *s.n.* pendulum.
pendula *vb. intr.* to swing; to oscillate.
pendular *adj.* swinging, pendulous.
pendulă *s.f.* grandfather's clock, timepiece.
penel *s.n. şi fig.* brush.
penetrabil *adj.* penetrable.
penetrabilitate *s.f.* penetrability.
penetrant *adj.* *(pătrunzător)* penetrating.
penetraţie *s.f.* penetration.
penibil *adj.* painful; clumsy, awkward.
penicilină *s.f.* penicillin.
peninsular *adj.* peninsular.

peninsulă *s.f.* peninsula, half island/isle.
penitenciar *s.n.* prison, penitentiary.
penitent *s.m.* penitent, person doing penance.
penitenţă *s.f.* **1.** penance. **2.** *(căinţă)* penitence, repentance.
peniţă *s.f.* **1.** nib, pen. **2.** *bot.* water milfoil *(Myriophyllum).*
pensă *s.f.* **1.** *med.* forceps; clip. **2.** *(la rochii)* pleat.
pensetă *s.f.* tweezers, nippers, pincers.
pensie *s.f.* pension. ⓐ ~ *alimentară* allowance for board, *jur.* alimony; ~ *viageră* life annuity. ⓑ *la* ~ retired. ⓒ *a ieşi la* ~ to be pensioned off, to retire (upon a pension); *a scoate la* ~ to pension (off), to put on the retired list.
pension *s.n.* (private) boarding school.
pensiona I. *vb. tr.* to pension (off), to put on the retired list. **II.** *vb. refl.* to be pensioned off, to retire (upon a pension).
pensionar *s.m.* **1.** pensioner. **2.** inmate *of a mental hospital etc.*
pensiune *s.f.* **1.** *(localul)* pension, boarding house. **2.** board and lodging.
pensulă *s.f.* brush.
pentaedru *s.n. geom.* pentahedron.
pentagon *s.n. geom.* pentagon.
pentagonal *adj. geom.* pentagonal.
pentagramă *s.f.* pentagram.
pentametru *s.m. metr.* pentameter.
pentateuh *s.n.* the Pentateuch.
pentatonică *s.f.* pentatonics.
pentatlon *s.n. sport* pentathlon.
penteleu *s.n. kind of cheese.*
pentodă *s.f. electr.* three grid tube.
pentru *prep.* **1.** *(cu scopul)* for; *(în vederea)* with a view to; with the view of. **2.** *(din cauza)* for, because of; *(datorită)* owing to. **3.** *(în interesul)* for; *(în favoarea)* in favour of; *(în apărarea)* in defence of. **4.** *(cu direcţia)* for; bound for. **5.** *(cu privire la; faţă de)* for; *(în legătură cu)* in connection with. **6.** *(în schimbul)* for, in exchange for; in return for. **7.** *(de dragul)* for, for the sake/love of. **8.** *(în*

locul) for, in the place of, instead of. ⓐ ~ *aceasta/aceea* therefore, that is why; ~ *ca...* (in order) to..., (so) that...; ~ *că...* for..., because..., since..., as...; ~ *ce...* why..., wherefore...; ~ *moment* for the time being; ~ *puţin!* don't mention it! F→not at all. ⓑ *cît...*~ as to/for...

penultim *adj.* last but one.

penumbră *s.f.* **1.** *opt.* penumbra. **2.** half-light, semi-darkness.

penurie *s.f.* penury, scarcity.

pepenărie *s.f.* melonfield.

pepene *s.m. bot.* **1.** *(~ galben)* melon *(Cucumis melo).* **2.** *(~ verde)* water melon *(Citrullus vulgaris).* ⓑ *gras ca un* ~ F round like a barrel, pot-bellied; *(d. copii)* F chubby. ⓒ *a-şi ieşi din pepeni* F to fly/slip off the handle, to get one's Irish/monkey up, to cut up rough/rusty; *a scoate pe cineva din pepeni* F to get smb.'s Irisch/ monkey up to get smb.'s rag/ shirt out; *a scoate pe cineva la pepeni* F to cost smb. a pretty penny. ⓓ *doi pepeni într-o mînă nu poţi ţine* grasp all, lose all.

pepenea *s.f. bot.* hare's foot *(Trifolium arvense).*

pepinieră *s.f.* **1.** nursery, seed bed. **2.** *fig.* nursery.

pepit *adj.* quadrilled, checked.

pepită *s.f.* nugget (of gold).

peplu *s.n. ist. antică* peplos, peplum.

pepsic *adj. chim.* pepsic.

pepsină *s.f. chim. etc.* pepsin.

peptonă *s.f. chim. etc.* peptone.

per *prep.* per.

percepe I. *vb. tr.* **1.** to perceive, to discern; *(a auzi)* to hear, to catch. **2.** *(impozite etc.)* to collect, to gather; *(impozite)* to levy. **II.** *vb. refl. pas* to be perceived etc. v. ~ **I.**

percepere *s.f.* perception etc. v. p e r c e p e.

perceptibil *adj.* **1.** perceptible, discernible; *(cu urechea)* audible. **2.** *(d. impozite)* collectable.

perceptibilitate *s.f. psih.* perceptibility.

perceptiv *adj.* perceptive.

perceptor *s.m.* tax gatherer/collector.

percepţie *s.f.* **1.** *psih.* perception. **2.** revenue office, tax-gatherer's office. ⓐ ~ *sensorială psih.* sense perception.

percheziţie *s.f.* search; *(domiciliară)* house search, searching of a house.

percheziţiona *vb. tr.* to search.

perciunat *adj.* with ringlets.

perciune *s.m.* (side) ringlet, side curl, cockscrew (in men's hairdress).

percuta *vb. tr.* **1.** *med.* to sound by percussion, to percuss. **2.** *(capsa)* to strike.

percutant *adj.* percussive. ⓑ *obuz* ~ percussion-fuse shell.

percutor *s.n. (de tun)* striker, hammer; *(de mitralieră)* firing pin; *(de puşcă)* needle.

percuţie *s.f. med. etc.* percussion. ⓑ *instrument de* ~ *muz.* percussion instrument.

perdaf *s.n.* **1.** shave against the hair. **2.** *fig.* F dressing down. ⓒ *a da/ trage cuiva un* ~ **a.** to shave smb. **b.** *fig.* F to give smb. a (good) dressing down.

perdea *s.f.* **1.** curtain; *(de uşă)* portière, door curtain. **2.** *fig.* reserve, discretion, restraint. **3.** *fig. (văl)* veil, screen. **4.** v. s a i- v a n. ⓐ ~ *de foc* curtain fire; ~ *de fum* smoke screen; ~ *forestieră de protecţie* protective forest belt. ⓑ *cu* ~ **a.** curtained. **b.** *fig.* veiled; discreet; *cu perdele* curtained; *fără* ~ I. *adj.* **a.** curtainless. **b.** *fig.* improper, indecorous. **II.** *adv.* without glossing over anything; *(necuviincios)* improperly, indecorously.

perdelui *vb. tr. poetic* to screen, to veil.

perdiţie *s.f.* perdition.

pereche I. *s.f.* **1.** pair; couple; *(de păsări)* brace; *(de boi)* yoke. **2.** one of a pair; match. ⓐ *o* ~ *de îndrăgostiţi* a pair of lovers; *o* ~ *de ochelari* a pair of spectacles; *o* ~ *de pantofi* a pair of shoes; *o* ~ *de tineri căsătoriţi* a newly-wedded/ new-married couple/pair; *perechi (-perechi)* by twos, two and two, in pairs. ① *fără* ~ matchless, peerless; exceptional; extraordinary. © *a nu-și avea* ~ to be matchless, to have no rival; *a-și găsi* ~*a* to find/meet one's match; *nu e o* ~ *potrivită pentru...* he is no match for... **II.** *adj. (d. numere etc.)* even.

peregrin *s.m.* pilgrim; *(călător)* traveller.

peregrina *vb. intr.* to go on a pilgrimage; *(a călători)* to travel (far and wide).

peregrinare *s.f.* wanderings, travelling (far and wide).

peremptoriu *adj. (evident)* obvious, evident; *(de netăgăduit)* peremptory, unquestionable, undeniable; *(d. un argument etc.)* unanswerable, decisive.

peren *adj.* **1.** *bot.* perennial; evergreen. **2.** *fig.* everlasting. ① *ierburi* ~*e* perennial herbs.

perenitate *s.f.* perenniality.

perete *s.m.* wall. ① *între patru pereți* within four walls; *între cei patru pereți ai școlii* within the precincts of the school. © *a se da cu capul de toți pereții* to be at one's wits' end; *a se lovi cu capul de* ~ to run one's head against the wall; *a locui* ~ *în* ~ *cu...* to be close neighbours with...; to live next door from...; *a vorbi la pereți* to speak to the wind, to whistle down the wind.

pereu *s.n. constr.* stone packing.

perfect I. *adj.* **1.** perfect, faultless, flawless; *(ireproșabil)* irreproachable; *(d. o operă de artă etc.)* consummate; *(total)* total; *(complet)* thorough, downright; *(absolut)* absolute. **2.** *gram.* perfect. **II.** *adv.* **1.** perfectly etc., v. ~ I. **2.** *interjecțional* all right! that's capital/F→fine! **II.** *s.n. gram.* perfect. ⓐ ~*ul compus* the Compound Perfect; *(în limba engleză)* the Present Perfect; ~*ul simplu* Simple Perfect; *(în limba engleză)* Past (Tense).

perfecta *vb. tr.* to conclude.

perfectare *s.f.* concluding.

perfectibil *adj.* perfectible, improvable.

perfectibilitate *s.f.* perfectibility.

perfectiv *adj. gram.* perfective.

perfecție *s.f.* perfection. ① *la* ~ to perfection, perfectly.

perfecționa I. *vb. tr.* to perfect; *(a îmbunătăți)* to improve. **II.** *vb. refl. pas.* to be perfected *sau* improved. ⓐ *a se* ~ *în...* to improve one's knowledge of...

perfecționare *s.f.* perfecting; improvement.

perfecțiune *s.f.* perfection.

perfid I. *adj.* treacherous, perfidious; *(d. un prieten etc.)* false-hearted; *(d. o promisiune etc.)* false. **II.** *adv.* treacherously etc. v. ~ I.

perfidie *s.f.* **1.** treachery, perfidy, perfidiousness. **2.** *(ca act)* treacherous act.

perfora I. *vb. tr.* to perforate, to bore (through); *(un bilet etc.)* to punch, to clip. **II.** *vb. refl. pas.* to be perforated/bored (through).

perforant *adj.* perforating; *(d. un glonte)* penetrating.

perforare *s.f.* perforation, boring.

perforator[1] *s.n.* **1.** *tel.* perforator. **2.** rock drill, drilling machine; *(ind. petrolului)* casing perforator.

perforator[2] *s.m.* **1.** driller, borer. **2.** *(de bilete)* punch; clippers.

perforație *s.f. și med.* perforation.

performanță *s.f.* (notable) feat, performance.

perfuzie *s.f.* perfusion.

pergament *s.n.* parchment; *(la cărți)* vellum. ① *hîrtie* ~ parchment paper.

pergamentos *adj.* parchment-like.

pergolă *s.f.* pergola.

perhidrol *s.n.* perhydrol, (hydrogen) peroxide.

peria I. *vb. tr.* **1.** to brush. **2.** *text.* to comb. **3.** *fig.* F to toady, to curry favour with. **II.** *vb. refl.* to brush one's clothes *sau* hair.

periant *s.n. bot.* perianth.

periat *s.n.* brushing etc. v. p e r i a.

pericard *s.n. anat.* pericardium.

pericardită *s.f. med.* pericarditis.

pericarp *s.n. bot.* pericarp, seed vessel.

periclita *vb. tr.* to endanger, to jeopardise, to imperil, to put in peril/danger.

pericol *s.n.* danger, peril, jeopardy; *(risc)* risk. ⓐ ~ *de moarte* danger of death. ⓑ *cu ~ul vieţii* at the risk of one's life. ⓒ *a înfrunta ~ul* to face the danger; *a fi în* ~ to be in danger.

periculos I. *adj.* dangerous; perilous, hazardous; *(riscant)* risky. ⓑ *om* ~ rough customer. II. *adv.* dangerously.

peridot *s.m. mineral.* peridot.

perie *s.f.* brush. ⓐ *~de cap* hair brush; ~ *de dinţi* tooth brush; ~ *de ghete* shoe brush; ~ *de haine* clothes brush; ~ *de unghii* nail brush. ⓒ *a curăţa cu peria* to brush.

perier *s.m.* 1. brush maker. 2. *(vînzător)* brush seller.

periferic *adj.* 1. *(d. un ţinut etc.)* outlying. 2. *geom.* peripher(ic)al, peripheric. 3. *fig.* secondary, subordinate. 4. *anat.* peripherical, external.

periferie *s.f.* 1. outskirts (of a town), purlieu. 2. *geom.* periphery. ⓑ *la periferia Londrei* around London; *la* ~ on the outskirts; in the suburbs/ purlieus.

perifrastic *adj.* 1. *gram.* periphrastic. 2. expressed by a circumlocution/periphrasis.

perifrază *s.f.* periphrasis, circumlocution.

perigeu *s.n. astr.* perigee.

periheliu *s.n. astr.* perihelion.

perima *vb. refl.* 1. to be/become out--of-date/obsolete/antiquated/superseded. 2. *jur.* to lapse, to become out-of-date.

perimat *adj.* 1. out-of date, obsolete, superseded, superannuated, outworn. 2. *jur.* barred by limitation.

perimetru *s.n.* perimeter, periphery.

perinda *vb. refl.* to succeed each other; *(aproape)* to follow close upon the other; *(a trece)* to pass.

perindare *s.f.* succession; *(trecere)* passing.

perineu *s.n. anat.* perineum.

periniţă *s.f. name of a lively Romanian folk dance.*

perioadă *s.f.* 1. period (of time), *geol.* period, cycle; *(epocă)* age; *(eră)* era; *(timp)* time. 2. *muz.* phrase. 3. *gram.* period. ⓐ *perioada*

dintre cele două războaie mondiale the inter-war period.

period *s.n.* period(s), courses, menses, monthlies.

periodic I. *adj.* 1. periodical recurring at regular intervals. 2. *astr., muz. etc.* periodic. ⓑ *fenomen* ~ recurrent phenomenon; *fracţie ~ă mat.* recurring decimal; *publicaţie ~ă* periodical publication; *sistemul* ~ *al elementelor chim.* the periodic system. II. *adv.* periodically. III. *s.n.* periodical magazine, journal.

periodicitate *s.f.* periodicity.

periodiza *vb. tr.* to divide into periods.

periodizare *s.f.* division into periods.

periost *s.n. anat.* periosteum.

periostită *s.f. med.* periostitis.

peripatetic *adj. filoz.* peripatetic.

peripatetism *s.n.* peripateticism.

peripeţie *s.f.* mishap, adventure; episode.

periplu *s.n.* periplus.

perisabil *adj.* perishable. ⓑ *mărfuri ~e* perishable goods, perishables.

periscop *s.n.* periscope.

peristil *s.n. arhit.* peristyle.

perişoare *s.f. pl.* quenelles, (forcemeat) balls.

perişor *s.m. bot.* 1. enchanter's nightshade *(Circaea)*. 2. wintergreen *(Pirola)*.

peritoneu *s.n. anat.* peritoneum.

peritonită *s.f. med.* peritonitis.

periuţă *s.f.* F toady, lickspittle, toadeater, sycophant.

perlat *adj.* 1. pearled, adorned with pearls. 2. pearly, resembling pearls.

perlată *adj.* ⓑ *grevă ~ă* ca'canny strike.

perlă *s.f. (în diferite sensuri)* pearl; *fig.* gem.

permanent I. *adj.* permanent; *(d. o armată, un comitet etc.)* standing; *(d. pace etc.)* abiding. II. *adv.* permanently; indelibly. III. *s.n.* 1. perm(anent wave). 2. *(legitimaţie)* pass, card. ⓒ *a-şi face un* ~ to get a perm (made).

permanentiza *vb. tr.* to perpetuate.

permanenţă *s.f.* 1. permanence. 2. *(concret)* office etc. permanently open to the public; permanent service. ⓑ *de* ~ as (permanent) duty; *in* ~ permanently.

permeabil *adj.* permeable, pervious.

permeabilitate *s.f.* permeability, perviousness.

permian *s.n. geol.* Permian.

permis I. *adj.* allowed, permitted. **II.** *s.n.* permit, authorisation, licence. ⓐ ~ *de conducere auto* driving licence; ~ *de portarmă* gun licence; ~ *de vînătoare* shooting licence.

permisie *s.f. mil.* leave of absence.

permisiune *s.f.* leave permission.

permite *vb. tr. (in sens pasiv)* to allow; *(in sens activ)* to permit. ⓐ *a-și* ~ *să...* to venture to..., to make bold to..., to make so bold as to..., to take the liberty of... *(cu forme in -ing).* ⓒ *nu-mi pot* ~ *acest lux* I can't afford this luxury.

permuta *vb. tr.* to transfer.

permutare *s.f.*, **permutație** *s.f. mat.* permutation.

pernă *s.f.* pillow; *(de divan; mașină etc.)* cushion; *(cu aer)* air cushion. ⓒ *a pune capul pe* ~ to lay/rest the head on a pillow.

pernicios *adj.* pernicious, hurtful, injurious (to health), unwholesome.

perniță *s.f.* cushion. ⓐ ~ *cu ace* pin-cushion.

peron *s.n.* platform.

peroneu *s.n. anat.* fibula, splint bone.

perora *vb. intr.* to hold forth, to speechify.

perorație *s.f.* peroration.

peroxid *s.m. chim.* peroxide.

perpeleală *s.f.* fret(ting), worry(ing).

perpeli I. *vb. tr.* **1.** to fry. **2.** *fig.* to torture, to torment. **II.** *vb. refl.* to worry, to fret (F one's gizzard).

perpendicular I. *adj.* perpendicular. **II.** *adv.* perpendicularly.

perpendiculară *s.f.* perpendicular.

perpetua I. *vb. tr.* to perpetuate. **II.** *vb. refl.* to endure, to become established.

perpetuare *s.f.* perpetuance.

perpetuu I. *adj.* perpetual, everlasting; endless. **II.** *adv.* perpetually.

perpetuum *s.n.* ⓐ ~ *mobile* perpetuum mobile.

perplex *adj.* perplexed, puzzled.

perplexitate *s.f.* perplexity.

persan *adj., s.m.* Persian.

persecuta *vb. tr.* to persecute, to victimize.

persecuție *s.f.* persecution; victimization.

persevera *vb. intr.* to persevere.

perseverent I. *adj.* persevering; assiduous; dogged. **II.** *adv.* perseveringly.

perseverență *s.f.* perseverance. ⓑ *cu* ~ perseveringly, assiduousness.

persiană *s.f.* Venetian shutter, *pl. și* persiennes.

persifla *vb. tr.* to banter, to rally.

persiflare *s.f.* **1.** bantering, rallying. **2.** *(ca act)* banter.

persista *vb. intr.* **1.** *(in)* to persist (in). **2.** to persist, to continue (its course).

persistent *adj.* persistent, lasting, enduring.

persistență *s.f.* persistence, persistency.

persoană *s.f.* **1.** individual, person. **2.** *gram.* person. ⓐ ~ *fizică* natural person; ~ *juridică* legal; juristic/artificial/conventional person. ⓑ *in* ~ in person, personally.

personaj *s.n.* **1.** personage, character. **2.** *(intr-o piesă etc.)* character, personage, *pl.* dramatis personae.

personal I. *adj. și gram.* personal; *(individual)* individual, one-man...; *(particular)* private. ⓑ *tren* ~ v. ~ III, **2.** **II.** *adv.* personally etc. v. ~ I. **III.** *s.n.* **1.** personnel, staff. **2.** *ferov.* passenger/slow train. ⓐ ~ *de serviciu* (staff of) attendants.

personalism *s.n.* **1.** subjectivism, personalism. **2.** *filoz.* personalism.

personalitate *s.f.* personality, person of consequence. ⓑ *cultul personalității* the cult of personality, personality cult. ⓒ *a face personalități* to indulge in personalities.

personifica *vb. tr.* to personify; *(a întruchipa)* to impersonate.

personificare *s.f.* personification; impersonation.

perspectivă s.f. 1. arte etc. perspective. 2. (privelişte) view, sight, vista. 3. fig prospect, outlook; expectation. ⓑ plan de ~ long--term plan. © a avea ceva în ~ to have smth. in view/prospect.

perspicace adj. perspicacious, shrewd.

perspicacitate s.f. perspicacity, insight, acumen, F→a long head.

persuada vb. tr. to persuade.

persuasiune s f. persuasion.

persuasiv adj. persuasive.

pertracta vb. tr. to debate, to discuss.

pertractare s.f. debating, discussion.

perturba vb. tr. to perturb, to disturb.

perturbare s.f. perturbation.

perturbaţie s.f. perturbation, disturbance. ⓐ perturbaţii atmosferice tel. atmospherics.

perucă s.f. wig, peruke; (în sec. 18) periwig.

peruchier s.m. wig maker.

peruvian adj., s.m. Peruvian.

peruzea s.f. turquoise.

pervaz s.n. (de uşă, fereastră) jamb, cant, cheek; (de uşă) doorcase; (de fereastră) sash, window frame; (la un lambriu) ogee.

pervers I. adj. perverse; depraved; (d. gust) vicious, depraved. II. adv. perversely. III. s.m. pervert.

perversitate s.f. perversity, perverse-(ness).

perversiune s.f. perversity.

perverti I. vb. tr. to pervert, to corrupt. II. vb. refl. to become perverted/corrupted, to grow vicious.

pervertire s.f. perverting.

pervertit adj. perverted, corrupt(ed), vicious.

pescaj s.n. nav. draught.

pescar s.m. 1. fisher(man); (cu undiţa) angler. 2. ornit. (sea-)gull, (sea-)mew (Larus).

pescăresc adj. fisherman's..., fishing... ⓑ vas ~ fishing boat/vessel.

pescăreşte adv. like a fisher(man).

pescărie s.f. 1. (pescuit) fishing. 2. (ca negoţ) fish trade; (piaţă de peşte) fish market. 3. (produse) fish. 4. (cherhana) fishery.

pescărime s.f. fish.

pescărit s.n. fishing; fish trade.

pescăriţă s.f. ornit. v. p e s c ă r u ş.

pescăruş s.m. ornit. 1. common tern (Sterna hirundo). 2. (~ albastru) alcedo, kingfisher (Alcedo ispida). 3. v. p e s c a r 2.

pescui I. vb. intr. to fish; (cu undiţa) to angle; (balene) to whale. II. vb. tr. şi fig. to fish for. © a ~ în apă tulbure to fish in troubled waters; (cu undiţa) to angle; (balene) to hunt; (păstrăvi) to catch; (perle etc.) to dive for.

pescuit s.n. 1. fishing etc. v. p e s-c u i. 2. fish trade.

pesemne adv. probably, as it seems, seemingly, possibly.

pesimism s.n. pessimism.

pesimist I. adj. pessimistic. II. s.m. pessimist.

pesmet s.m. (dried) crust; (din miez de pâine) pulled bread; (dulce) rusk; (biscuit) biscuit; scone.

pestă s.f. plague. ⓐ ~ bovină cattle plague.

peste prep. 1. over; (de-a curmezişul) across; (de jur împrejurul) all over; (pe tot cuprinsul) throughout; (deasupra, pe verticală) above. 2. (după) after; in; (în cursul) during. 3. (modal) over; above; beyond; (mai mult de) over, more than. ⓐ ~ măsură beyond measure; ~ tot everywhere. ⓑ de ~ tot from all sides, on all hands.

pesticid s.n. pesticide, pest-killer.

pestilent adj. pestilent.

pestilenţial adj. pestilential.

pestriţ adj. 1. motley, variegated; (în mai multe culori) parti-coloured; (d. culori) motley, gay. 2. fig. mixed, motley.

peş s.n. ⓑ într-un ~ on one side; aslant, aslope, slantwise.

peşin adv. in cash, in ready money. ⓑ bani ~ ready money, hard cash.

peşte s.m. 1. şi col. fish. 2. pl. Peştii astr. Pisces, the Fishes. 3. fig. arg. fancy-man, mackerel. ⓐ ~ cu spadă iht. swordfish (Xiphias gladius); ~ de apă dulce fresh-water fish; ~ de mare a. salt-water fish. b. iht. v. c a l c a n; ~ de pădure

bot. v. h a m e i; ~ *ferăstrău iht.*
sawfish *(Pristis pectinatus)*; ~ *lup
iht.* v. a v a t; ~ *porcesc iht.* v.
p o r c u ş o r; ~ *torpilă iht.* torpedo *(Torpedo).* ⓑ *ca* ~*le în
apă* in one's element; *ca* ~*le pe
uscat* out of one's depth. ⓒ *cînd
o prinde mîţa* ~ F when two Sundays come together; *cît ai zice* ~
F before one can/you could say
Jack Robinson, before you can/
could say knife, in a crack, before
you know where you are; *a tăcea
ca un* ~ to be as still as a mouse/F
creep-mouse; *a trăi ca* ~*le în apă*
to be/live in clover; *asta e altă
mîncare de* ~ F that is another
pair of breeches.

peşteră *s.f.* cave, cavern; grotto.
petală *s.f. bot.* petal.
petardă *s.f.* petard.
petic *s.n.* rag, shred, scrap; *(de cîrpit o haină etc.)* patch. ⓐ ~ *de
hîrtie* scrap of paper; ~ *de pămînt*
plot/patch of land. ⓒ *a-şi da în*
~ ←F to give oneself away.
peticărie *s.f.* rags, shreds.
petici *vb. tr.* to patch.
peticit *adj.* patched.
petit *s.n. poligr.* 8-point, brevier.
petiţie *s.f.* petition.
petiţiona *vb. intr.* to petition.
petiţionar *s.m.* petitioner.
petrecanie *s.f.* F spree, blow-out.
ⓒ *a-i face cuiva de* ~ F to do smb.
for.
petrecăreţ *adj., s.m.* v. c h e f l i u.
petrece I. *vb. intr.* 1. *(a se distra)*
to amuse/enjoy oneself; *(bine)* to
have a good/delightful/lovely time
(of it); *(a se veseli)* to make merry,
to make good cheer. 2. *(a sta)* to
stay to remain; *(a locui)* to live.
ⓒ *niciodată n-am petrecut atît de
bine* F I have had the time of my
life. II. *vb. tr.* 1. *(timpul etc.)* to
spend, to pass; *(a cheltui)* to spend.
2. *(a însoţi)* to accompany; *(la
plecare)* to see off. 3. *(a îndura)*
to undergo, to sustain, to suffer,
to meet with. 4. *(a face să treacă
prin)* to run through. 5. *(cu ochii)*
to follow with one's eyes; *(a urmări)* to watch. ⓐ *a-şi* ~... *(timpul etc.)* to pass away...; *(vacanţa*

etc.) to spend... ⓒ *a* ~ *aţa prin găura acului* to thread a needle; *îşi petrecu braţul pe după/în jurul... (cu gen.)* he slipped his arm round...
III. *vb. refl.* 1. *(a se întîmpla)* to
happen, to occur; *(a avea loc)* to
take place. 2. *(a se sfîrşi)* to end,
to come to an end.
petrecere *s.f.* feast; *(chef)* F spree,
blow-out, jollification; *(distracţie)*
merry-making, amusement, diversion, entertainment; *(serată)* party, at-home.
petrel *s.m. ornit.* petrel *(Larus canus).*
petrifica I. *vb. tr.* to petrify. II.
vb. refl. to turn into stone, to petrify.
petrificare *s.f.* petrification, petrifaction; fossilization.
petrificat *adj.* 1. petrified. 2. *fig.*
petrified, paralysed (with fear);
transfixed (with admiration).
petrochimie *s.f.* petrochemistry.
petrograf *s.m.* petrographer.
petrografie *s.f.* petrography.
petrol *s.n.* petroleum; (mineral) oil.
ⓐ ~ *lampant* kerosene, lamp oil.
petrolier I. *adj.* mineral oil... II.
s.n. nav. tanker, tank ship/steamer, oiler.
petrolifer *adj.* petroliferous, oil-bearing. ⓑ *regiune/schelă* ~*ă, bazin/
cîmp* ~ oil fields.
petrolist *s.m.* 1. oil-industry worker.
2. oil magnate.
petunie *s.f. bot.* petunia *(Petunia).*
peţi *vb. tr.* to ask in marriage; to
woo.
peţiol *s.n. bot.* petiole, leaf stalk.
peţiolat *adj. bot.* petiolate(d).
peţit *s.n.* 1. asking in marriage;
wooing. 2. match-making.
peţitor *s.m.* match maker.
pezevenchi *s.m.* 1. *(escroc)* cheat,
swindler; *(ticălos)* rascal, knave;
glumeţ rogue. 2.←*înv.* pander,
pimp.
pfund *s.m.(în diferite sensuri)* pound.
phii *interj.* 1. *(exprimînd mirare)* oh
(my)! 2. *(exprimînd dispreţ)* pooh!
3. *(exprimînd durere, bucurie)* oh!
ah!
pian *s.n.* piano, *sl.* box of dominoes;
pianoforte; *(cu coadă)* grand pia-

no; *(de concert)* concert grand. ©
a cînta la ~ to play the piano.
pianină *s.f.* cabinet/upright piano.
pianissimo *adv. muz.* pianissimo.
pianist *s.m.* pianist, piano player.
piano *adv. muz.* piano, softly.
pianolă *s.f. muz.* pianola.
piastru *s.m.* piastre.
piatră *s.f.* **1.** stone, *amer.* rock. **2.**
P v. m e t e o r i t. **3.** *(pe dinţi)*
tartar, scale; *(de vin)* tartar; *(de
căldare)* scale, incrustation. **4.** *(la
rinichi)* stone, gravel, calculus,
concretion; *(la vezica biliară)* gall-
stone. **5.** *(grindină)* hail. **6.** *fig.*
weight. ⓐ *piatra din casă* smb.'s
marriageable daughter; *piatra fi-
lozofală* the philosopher's stone;
~ *acră* alum; ~ *brută* rubble/free
stone; ~ *cioplită* ashlar, scabbled
stone; ~ *comemorativă* memorial
stone; ~ *de construcţie* building
face stone; ~ *de hotar* landmark;
~ *de încercare* touchstone, shib-
boleth. acid test; ~ *de moară* mill-
stone; ~ *de mormînt* tombstone;
~ *de mozaic* mozaic stone; ~ *de po-
lizor* oilstone, whetstone; ~ *de te-
melie* corner/key/foundation stone;
~ *de var* limestone; ~ *funerară*
head-stone; ~ *kilometrică* mile-
stone, ~ *litografică* lithographic
stone; ~ *ponce* pumice (stone);
~ *preţioasă / nestemată* precious
stone, gem, jewel; ~ *spartă* broken
stone; ~ *unghiulară* corner stone;
~ *vînătă* blue stone/vitriol. ⓑ
inimă de ~ heart of stone/flint;
la o aruncătură de ~ *(de)* at a
stone's throw (from); *tare ca piatra*
stone-hard. © *are o* ~ *pe inimă*
a weight lies on his heart, he has
smth. weighing on his mind; *a nu
lăsa* ~ *pe* ~ to raze to the ground,
not to leave one stone upon anoth-
er; *a cădea ca o* ~ to fall like a
stone; *a arunca cu piatra în cineva
şi fig.* to cast/throw a stone at
smb.; *a ucide cu pietre* to stone
(to death); *a cădea/bate* ~ to hail;
mi s-a ridicat o ~ *de pe inimă*
it's a great weight off my mind.
piaţă *s.f.* **1.** market (place), *poetic→*
mart; *fig.* market. **2.** *(loc public)*
square; *(rotundă, cu artere radiale)*

circus. ⓐ ~ *de desfacere ec.* com-
modity market. ⓑ *la preţul pieţii*
at the market price; *pe* ~ in the
market, at market. © *a se duce
la* ~ to go to market, to go mar-
keting; *a pune/arunca pe* ~ to
market.
piaţetă *s.f.* small square.
piază *s.f.* ⓐ ~*rea* ill omen, ↓ *amer.*
hoodoo. ⓑ *de* ~ *rea* ominous, of
ill omen.
pic[1] *s.n.* **1.** *(picătură)* drop, drip-
ping. **2.** *(fărîmă)* bit, grain. ⓐ ~
cu ~ little by little. ⓑ *fără* ~
de... not a whit/jot..., without
any...; *nici un* ~ F not a bit,
not an ounce; *(de loc)* not at all;
(cîtuşi de puţin) not in the least;
un ~ just a bit, (just) a little.
pic[2] *s.n. nav.* peak.
pica **I.** *vb. intr.* **1.** *(a cădea)* to fall
(down). **2.** *(a se scurge)* to drip.
3. *(a sosi)* to come (unexpectedly);
to turn up. **4.** *(la examen)* to fail
(in one's examination), F to be
plucked/ploughed. © *a* ~ *de obo-
seală* to be ready to drop. **II.** *vb. tr.*
1. *(a murdări)* to (be)spot. **2.** *fig.*
(la examen) F to plough, to flunk,
to spin; *să-l picicu ceară/luminarea*
F not for the world.
picador *s.m.* picador.
picaj *s.n. av.* dive, diving, swoop-
ing. ⓑ *bombardament în* ~ *av.*
dive bombarding. © *a bombarda
în* ~ *av.* to dive-bomb.
picant *adj.* **1.** *(d. sos etc.)* piquant,
pungent; *(savuros)* savoury. **2.** *fig.*
piquant, racy, snappy; *(atrăgător)*
attractive.
pică[1] *s.f.* pique, ill feeling; *(ciudă)*
spite; *(duşmănie)* enmity, acri-
mony. © *a avea* ~ *pe cineva* to
have a grudge against smb., to
bear/owe smb. a grudge, to have
a down on smb.
pică[2] *s.f.* *(la jocul de cărţi)* spades.
ⓑ *dama de* ~ the queen of spades.
picător *s.n.* pipette.
picătură *s.f.* **1.** drop. **2.** *pl. farm.*
drops. ⓐ ~ *cu* ~ drop by drop;
little by little; *o* ~ *în mare* a
pill to cure an earthquake. ⓑ *prin-
tre picături* now and then, from
time to time; *(în timpul liber)* in

one's spare time. ⓒ *a semăna ca două picături de apă* to be as like as two peas.

picăţele *s.f.* spots; (polka) dots. ⓑ *cu* ~ spotted.

picher *s.m. drumuri* overseer.

pichet[1] *s.m. (joc de cărţi)* piquet.

pichet[2] *s.n. text.* piqué.

pichet[3] *s.m. (ţăruş)* stake, post.

pichet[4] *s.n. mil. etc.* picquet, picket. ⓑ ~ *de grevă* (strike) picket. ⓒ *a face/organiza* ~ to picket.

picheta *vb. tr.* to stake/mark out.

pici *s.m.* urchin; *(băieţaş)* boy, F kid(dy).

picior *s.n.* **1.** leg; *(laba* ~*ului)* foot; *pl.* legs, feet, *sl.* pegs, pins, props, stumps, trotters. **2.** *(de masă etc.)* leg, foot; *(de compas)* branch; *(de munte etc.)* foot. **3.** *constr.* abutment; *tehn. etc.* foot, end, pillar, leg, body; *(bază)* base, foot, toe. **4.** *geom., metr.* foot. ⓐ ~ *de lemn* wooden leg; ~ *peste* ~ with crossed legs, cross-legged. ⓑ *cu două picioare* two-footed; biped; *cu patru picioare* four--footed; quadruped; *cu picioarele goale* I. *adj.* barefooted. II. *adv.* barefoot; *cu picioarele-n sus fig.* upside-down; *cu picioarele pe pămînt* down on earth; *cu* ~*ul* on foot, walking; *fără picioare* legless; *iute de* ~ light of foot, light--footed; *în picioare* **a.** standing; *(vertical)* upright. **b.** *fig.* intact. **c.** *(d. pantof)* on one's foot; *pe* ~ *de egalitate* on the same footing, on an equal footing; *pe* ~ *de război* on a war footing. ⓒ *a face picioare*←F to vanish, to disappear; *a-şi lua picioarele la spinare* F to take to one's heels, to run off (as fast as one's legs can carry one); *a pune* ~*ul în prag* to put one's foot down; *n-o să mai pun* ~*ul în casa lui* I shall never set foot in his house again; *a pune* ~*ul pe...* to step *ashore etc.,* to set foot on...; *a pune* ~ *peste* ~ to cross one's legs; *de abia îşi mai putea tîrî picioarele* he could hardly drag his legs along; *a da cu* ~*ul (cu dat.)* **a.** to kick... aside. **b.** *fig.* to scorn..., to disdain..., to

reject... with disdain; *a fi cu un* ~ *în groapă* to have one foot in the grave; *a lovi cu* ~*ul* to kick; *cade veşnic în picioare* he always falls on his feet; *a-şi pune panto-fii (în picioare)* to put on one's shoes, to put one's shoes on one's feet; *a se ridica în două picioare (d. cai)* to roar, to prance; *a sări în picioare* to spring up; *a scula/ridica în picioare* to stir up; *a se scula în picioare* to stand up; *a sta în picioare* to stand; *a călca pe cineva pe* ~ **a.** to tread/step on smb.'s foot. **b.** *fig.* to tread on smb.'s corns/toes; *a pune ceva pe picioare* to set smth. afoot; *a pune pe cineva pe picioare* to set smb. afoot, to set smb. on his legs again, to help smb. up; *a se pune pe picioare fig.* **a.** to retrieve one's losses. **b.** *(a se însănătoşi)* to re-cover, to regain health, to come round again; *a sta pe propriile sale picioare* to stand on one's own legs/feet; *a trăi pe* ~ *mare* to live in (grand) style; *nu se poate ţine pe picioare* **a.** *(e obosit)* he is dead/quite beat, he cannot stand. **b.** *(e beat)* he is dead-drunk; *a lua pe cineva peste* ~ to pull smb.'s leg, F to make fun of smb., to snap one's fingers at smb.; *i se tăiară picioarele* **a.** his knees gave way under him. **b.** *fig.* his heart sank; *nu se vedea* ~ *de om* not a soul was seen (there), there wasn't the shadow of a ghost in sight.

picioroange *s.f. pl.* **1.** stilts. **2.** *peior. (picioare)* F drumsticks, broomsticks. **3.** *ornit.* Gruidae.

picni *vb. tr.* **1.** to hit; *(a cuprinde, a apuca)* to seize. **2.** *fig.* to sting.

picnic *s.n.* picnic.

picol(o) *s.m.* (cigarette) boy, young waiter.

picon *s.n. min.* picking drill.

picoteală *s.f.* doze, drowse.

picoti *vb. intr.* to doze, to drowse; *(şezînd)* to nod.

picric *adj. chim.* picric. ⓑ *acid* ~ picric acid.

picromigdală *s.f.* bitter almond.

pics *s.n. v.* p i x.

picta *vb. tr.* **1.** to paint, to depict, to represent (in colours); to portray. **2.** *fig.* to describe, to depict; to portray.

pictografie *s.f.* pictography.

pictor *s.m.* painter, artist. ⓐ ~ *decorator teatru* scene painter, stage designer; ~ *de firme* sign painter.

pictoriță *s.f.* painter; woman artist.

pictural I. *adj.* pictorial. **II.** *adv.* pictorially.

pictură *s.f.* **1.** painting. **2.** *(concret)* painting, picture. ⓐ ~ *în ulei* oil painting; ~ *murală* mural painting.

piculină *s.f. muz.* piccolo (flute).

picup *s.n.* **1.** *el. radio* electric/automatic gramophone/record-player, turn-table, *amer.* victrola. **2.** *auto* pick-up (truck).

picur *s.m.* **1.** v. **picătură. 2.** *(picurare)* dripping. **3.** *fig.* chimes.

picura I. *vb. intr.* **1.** to drip, to dribble, to drop, to fall (in drops). **2.** *fig.* to (re)sound; to vibrate. ⓒ *a ~ de somn* to doze, to drowse; *începu să picure* drops of rain *began to fall.* **II.** *vb. tr* to pour out drop by drop.

pidosnic I. *adj.* odd, queer. **II.** *s.n. bot.* honeywort *(Cerinthe minor).*

piedestal *s.n.* pedestal; base; plinth.

piedică *s.f.* **1.** obstacle, impediment, hindrance; *(greutate)* difficulty. **2.** *(pt. cai)* hobble, horse lock; *(la roata carului)* brake shoe; *(frînă)* brake; *tehn.* stop, stopping device; *(la armă)* sear, *amer.* detent. **3.** *(cu piciorul)* trip. ⓒ *a pune cuiva o ~* to trip smb. up; *a pune piedici cuiva* to put difficulties/obstacles in smb.'s way, to hinder smb.

piedicuță *s.f. bot.* wolf's claw *(Lycopodium clavatum).*

pieire *s.f.* destruction; *(moarte)* death; *(prăbușire)* fall, downfall.

pielar *s.m.* **1.** *(tăbăcar)* currier, tanner, leather dresser. **2.** leather seller/merchant.

pielărie *s.f.* **1.** *col.* skins; leather goods. **2.** *(atelier de tăbăcit)* skin-dressing shop. **3.** *(negoț)* leather trade.

pielcea *s.f.* skin of a young lamb.

piele *s.f.* **1.** skin; *(de animale mari, și)* hide; *(lepădată de șarpe)* slough. **2.** *(material)* leather. ⓐ ~ *argăsită* dressed leather; ~ *crudă* undressed skin/leather; ~ *de bovine* cow hide, cow skin; ~ *de drac* moleskin; ~ *de lac* varnished leather; ~ *de porc* pig skin; ~ *glase* kid (skin); ~ *netăbăcită* skin; ~ *pentru curelărie* line leather; ~ *pentru harnașament* saddle leather; ~ *pentru talpă* sole leather. ⓑ *cu* ~ skinned; *fără* ~ skinless; *geamantan de* ~ leather suit-case; *imitație de* ~ imitation sole-leather; *în ~a goală* naked; *ud pînă la* ~ wet/soaked to the skin. ⓒ *a-și scăpa ~a* to save one's skin/bacon; *a vinde ~a ursului din pădure* to sell the bearskin before one has caught the bear; *a-și ieși din ~* to be ready to fly/jump out of one's skin; *a fi în ~a cuiva* to be in smb.'s skin/boots; *n-aș vrea să fiu în ~a lui* I would not like to be in his skin; *a fi gros de ~ fig.* to be thick-skinned; *a se băga pe sub ~a cuiva* F to screw/wind oneself into smb.'s favours/good graces, to ingratiate oneself with smb.; *tremura pentru ~a lui* he was trembling for his hide/life; *te mănîncă ~a* F you seem to itch for a sound drubbing; *a fi numai ~ și oase* to be nothing but skin and bones/grief, to be a mere bag of bones, to be hidebound.

pieliță *s.f.* **1.** *med.* pellicle, film, thin skin. **2.** *(a fructelor)* peel; *bot.* tunicle. **3.** *(pe lichide)* film.

piept *s.n.* **1.** breast; *(coșul ~ului)* chest; *(bust)* bosom, bust; *(sîni)* breast, bosom; *(al îmbrăcăminții)* breast piece. **2.** *(de vițel, gîscă etc.)* breast; *(de vită)* brisket (beef), shaking piece. **3.** *(de deal etc.)* slope. ⓐ *durere de/în* ~ pain in the chest; *cu ~ul gol* și *fig.* bare-bosomed. ⓒ *a da ~ cu...* to face...; *(a întîlni)* to meet..., to encounter...; *a da ~ unui copil* to give a baby the breast; to suckle a babe; *a-și sparge ~ul* to shout oneself hoarse; *a plînge la ~ul cuiva* to weep on smb.'s breast; *a strînge* *pe cineva la* ~ to strain smb. to one's breast.

pieptar *s.n.* **1.** sleeveless fur coat; *(vestă)* vest. **2.** *(de cămașă)* shirt-front. **3.** *odin.* breastplate.

pieptăna I. *vb. tr.* **1.** *(părul)* to comb; *(a dărăci)* to card; *(inul și cînepa)* to hackle, to hatchel. **2.** *fig.* to finish, to trim up; to polish; *(stilul)* to smooth (out). **3.** *fig. (a bate)* F to pommel. II. *vb. refl.* to comb one's hair.

pieptănar *s.m.* comb maker.

pieptănariță *s.f. bot.* dog's-tail grass *(Cynosurus cristatus)*.

pieptănat *s.n.* combing etc. v. p i e p t ă n a; hair-do.

pieptănătură *s.f.* hair-do; *(la bărbați)* haircut; *(la femei)* coiffure.

pieptene *s.m.* **1.** comb; *(des)* tooth comb. **2.** *text.* comb.

pieptiș I. *adj.* **1.** *(d. munți etc.)* abrupt, steep. **2.** *(d. o luptă etc.)* hand-to-hand... II. *adv.* **1.** abruptly. **2.** *fig.* openly, frankly; *(cu îndrăzneală)* boldly. **3.** *(a lupta)* hand to hand.

pieptos *adj.* **1.** broad-chested. **2.** *(d. femei)* high-bosomed, full-breasted.

pierde I. *vb. tr.* **1.** to lose; *(trenul etc.)* to miss; *(terenul)* to have/ feel *the ground* slipping away; *(o potcoavă)* to throw, to cast; *(timpul)* to waste; *(a fi lipsit de)* to be deprived of. **2.** *(a distruge)* to destroy, to ruin, to be the death of. ⓒ *nu* ~ *nimic prin asta* he loses nothing by it; *n-ai pierdut nimic* you've missed nothing; *a nu* ~ *din vedere că...* not to lose sight of the fact that..., to bear in mind that... II. *vb. refl.* **1.** to be lost; *(a dispărea)* to disappear, to vanish; *(a nu lăsa nici o urmă)* to leave no trace behind; *(a fi uitat)* to be forgotten; *(în mulțime)* to be lost; *(a se rătăci)* to lose one's way, to get lost. **2.** *fig.* to lose one's head/one's presence of mind, to be all abroad. III. *vb. intr.* to lose.

pierdere *s.f.* loss; *(pagubă)* damage; *pl. (de vieți)* casualties, losses; *(înfringere)* defeat. ⓑ *în* ~ F→to

the bad. ⓒ *cine e în* ~? who is the loser?

pierde-vară *s.m.* idler, dawdler, F lazybones.

pierdut *adj.* **1.** *(în diferite sensuri)* lost. **2.** *(mort)* dead. **3.** *(irosit)* wasted. **4.** *(vag)* vague. **5.** *(distrat)* absent-minded. ⓐ ~ *în gînduri/ visare* wrapped up in thought.

pieri *vb. intr.* to perish; *(a muri)* to die; *(a dispărea)* to disappear, to vanish.

pierit *adj.* **1.** *(mort)* dead. **2.** *(slab)* thin; *(palid)* pale; *(abătut)* downcast. ⓑ *cel* ~←P v. s i f i l i s.

pieritor *adj.* perishable; transitory, frail.

pieritură *s.f.*←P weakly/starving/ sickly animal, cripple.

piersic *s.m. bot.* peach tree *(Prunus persica)*.

piersică *s.f.* peach.

pierzanie *s.f.* **1.** *(pierdere)* loss. **2.** *(perdiție)* perdition; *(ruină)* undoing.

pierzare *s.f.* v. p i e i r e.

piesă *s.f.* **1.** *(bucată)* piece; *(specimen)* specimen; *(exemplar)* copy; *tehn., mil. etc.* piece; *(de mașină)* machine part; **2.** *(de teatru)* play. **3.** *(la șah)* chessman, piece. **4.** *(monedă)* coin. ⓐ ~ *de concert muz.* concert stuck; ~ *de muzeu* rarity; ~ *de rezervă* spare part; ~ *de rezistență* **a.** principal/substantial dish, pièce de resistance. **b.** *fig.* piece de résistance, principal feature; ~ *de schimb* spare part; ~ *în două acte* two-act play; *o* ~ *în reluare* a revival; ~ *justificativă* (covering) voucher.

piesetă *s.f. teatru* short play.

pietate *s.f.* **1.** piety, godliness. **2.** *fig.* affectionate devotion.

pietin *s.m. vet.* foot rot.

pietism *s.n. rel.* pietism.

pieton *s.m.* pedestrian. ⓐ *un* ~ *distrat* a jaywalker.

pietrar *s.m.* **1.** stone cutter; stone mason. **2.** *ornit.* v. p i e t r o ș e l 1.

pietrărie *s.f.* **1.** *(carieră)* quarry. **2.** *col.* stones. **3.** *(meserie)* stonecutter's trade.

pietriș *s.n.* broken stones, gravel; *drumuri* road metal.

pietroaică *s.f. ornit.* v. p i e t r o-
ș e l 1.
pietroi *s.n.* v. b o l o v a n.
pietros *adj.* 1. full of stones, stony;
(d. o plajă) flinty, pebbly, shingly.
2. *fig.* (as) hard as stone, stone-
-hard. ⓑ *cireașă pietroasă bot.*
white-heart cherry, bigaroon.
pietroșel *s.m.* 1. *ornit.* linnet, lint-
white, lemon bird *(Linota can-
nabina).* 2. *iht.* v. p o r c u ș o r
1. 3. *iht.* mud fish *(Umbra).*
pietrui *vb. tr. (a pava)* to pave;
(cu pietriș) to metal.
pietruit *adj.* paved, metalled.
pieziș I. *adj.* 1. slanting, skew,
oblique, aslant; *(strîmb)* wry. 2.
(d. pămînt) steep, abrupt. 3. *(d.
ochi)* squint(ing); *(d. privire)*
scowling *look,* sidelong *glance.* 4.
(d. scriere etc.) sloping. 5. *fig.*
indirect. II. *adv.* 1. aslant, ob-
liquely, slantwise. 2. *fig.* indirectly.
ⓒ *a se uita/a privi ~ la cineva*
to look daggers at smb.
piezometru *s.n. fiz.* piezometer.
pifan *s.m.* F footslogger.
piftie *s.f.* 1. pig's trotters; meat
jelly. 2. *chim.* gel.
pigment *s.m.* pigment.
pigmenta I. *vb. tr.* to pigment, to
colour, to dye, to imbue with
colour. II. *vb. refl.* to pigment, to
colour, to dye.
pigmentat *adj.* pigmented.
pigmentație *s.f.* pigmentation.
pigmeu *s.m. și fig.* pigmy, pygmy.
piguli *vb. tr.* v. c i u g u l i.
pijama *s.f.* pyjamas, *amer.* pajamas.
pilaci *adj.* F boozer,̦ guzzler.
pilaf *s.n.* pilaw, pilau, pilaff. ⓒ *a
face pe cineva ~* a. *(a bate)* F to
beat smb. to a jelly. b. *(a uimi)*
F to flummox/flabbergast smb.
pilastru *s.m.* pilaster.
pilă *s.f.* 1. file; *(de mînă)* hand
file; *(de mașină)* machine file; *(pt.
unghii)* nail file. 2. *poduri* pier.
3. *electr.* cell, battery. 4. *(teanc)*
pile. 5. *fig.* F backstairs influence.
ⓐ *~ atomică fiz.* atomic pile;
~ electrică electr. electric cell.
ⓒ *a pune o ~ cuiva* F to put a
word in for smb.; *a umbla cu
pile* F to use wangles.

pildă *s.f.* 1. *(model)* model; *(culme
a perfecțiunii)* paragon. 2. *(exem-
plu)* instance, example, case; *(pa-
rabolă)* parable; allegory. ⓑ *de
~ for* example/instance.
pildui *vb. tr.* to teach by example(s).
pilduitor *adj.* 1. exemplary, model.
2. illustrative, eloquent, convinc-
ing.
pileală *s.f.* 1. F. guzzling. 2. *(bău-
tură)* F the devil in solution,
booze.
pili I. *vb. intr.* 1. to file. 2. *(a bea)*
F to booze, to tipple, to guzzle.
II. *vb. refl. (a se îmbăta)* F to be
in one's cups, to be making M's
and T's.
pilit *adj. (beat)* F lit up, afflicted,
at rest, three sheets in the wind.
pilitură *s.f.* filings.
pilon *s.m. arhit. etc.* pillar; *(de pod)*
pier.
pilor *s.m. anat., zool.* pylorus.
pilot[1] I. *s.m. nav., av.* pilot. II.
adj. (experimental) pilot; pioneer.
pilot[2] *s.m. constr.* pile.
pilota I. *vb. tr.* 1. *nav., av.* to pilot.
2. *ferov.* to hand-signal. II. *vb. intr.*
1. *nav.* to steer (through difficult
waters). 2. *ferov.* to slow (down
sau up).
pilotaj *s.n.,* **pilotare** *s.f.* 1. piloting;
steering. 2. *ferov.* hand-signalling.
pilotă *s.f.* eiderdown.
pilotină *s.f. nav.* piloting boat.
pilug *s.n.* pestle. ⓒ *a tunde ~* to
crop close.
pilulă *s.f.* pill. ⓑ *sfaturi în pilule*
tabloid advice.
pin *s.m. bot.* pine (tree) *(Pinus).*
pinacotecă *s.f.* picture gallery.
pindaric *adj.* Pindaric.
pineal *adj.* ⓑ *glandă ~ă anat.*
pineal gland/body.
pingea *s.f.* sole. ⓒ *a pune pingele
la...* to sole...
pingeli *vb. tr.* to sole, *amer.* to tap.
ping-pong *s.n. sport* ping-pong, table
tennis.
pinguin *s.m. ornit.* penguin, auk
(Alca).
pinion *s.n. tehn.* pinion.
pinolă *s.f. tehn.* tail spindle.

pinten *s.m. și ornit.* spur. ⓒ *a da ∼i (cu dat.)* to spur...; *a bate din ∼i* to clap spurs.

pintenat I. *adj.* spurred. **II.** *s.m. (cocoș ∼)* spurred cock.

pintenog *adj.* with white-spotted legs.

pinulă *s.f. opt.* sight vane.

piolet *s.m.* ice axe, piolet.

pion *s.m. și fig.* pawn.

pionier *s.m.* **1.** *școl.* (young) pioneer. **2.** *mil.* pioneer, engineer, sapper. **3.** *fig.* pioneer. ⓑ *detașament de ∼i* pioneer detachment.

pionierat *s.n.* pioneer's work, breaking new ground. ⓒ *a face operă de ∼* to break new ground, to blaze a trail.

pionieresc *adj.* pioneer's...

pios I. *adj.* pious, devout. **II.** *adv.* piously, devoutly.

pipă *s.f.* (tobacco) pipe. ⓒ *a trage din ∼* to puff/suck at one's pipe.

pipăi I. *vb. tr.* **1.** to feel, to touch, to finger. **2.** to fondle, to neck; to pet; to paw, to touch indecently. **II.** *vb. refl.* to feel one's muscle; to feel for a sore spot etc.

pipăibil *adj.* palpable; concrete; touchable.

pipăit *s.n.* touch, sense of touch/feeling. ⓑ *la ∼* to the touch; *pe ∼e* groping(ly), fumblingly.

pipăra... v. p i p e r a...

piper *s.m.* **1.** *bot.* pepper *(Piper nigrum).* **2.** *(ca fruct)* pepper. **3.** v. a r d e i. ⓑ *cu ∼* indecent, indecorous, licentious, racy. ⓒ *a i se sui ∼ul la nas* F to fly off the handle.

pipera I. *vb. tr.* **1.** to pepper, to season with pepper. **2.** *fig.* to pepper. **II.** *vb. intr.* to be peppery.

piperat *adj.* **1.** peppery. **2.** *fig. (indecent)* F salt, racy,←licentious, indecorous. **3.** *fig. (d. prețuri)* F salt, stiff.

piperment *s.n.* peppermint beverage.

pipernici *vb. refl.* to be/become stunted in one's growth, to dwindle.

pipernicit *adj.* stunted (in one's growth), dwindling.

pipernița *s.f.* pepper box/caster/ castor.

pipetă *s.f.* pipette, dropper.

pipirig *s.m. bot.* Dutch rush, pewter/ shave grass *(Equisetum hiemale).*

pipotă *s.f.* gizzard. ⓒ *a i se umfla cuiva pipota (a se infuria)* F to fly off the handle.

pir *s.n. bot.* couch grass, twitch *(Agropyrum repens).* ⓐ *∼ roșu* v. r o g o z.

piramidal *adj.* pyramidal.

piramidă *s.f.* pyramid.

pirandă *s.f.* gypsy (woman *sau* girl).

pirat *s.m.* pirate, sea rover, buccaneer.

piratesc *adj.* piratic(al).

piraterie *s.f.* piracy, sea roving.

pire *s.n.* purée; *(de cartofi)* mashed potatoes, potato mash.

piridină *s.f. chim.* pyridin(e).

pirită *s.f.* (iron) pyrites.

piritos *adj.* pyritic.

piroforic *adj.* pyrophoric, pyrophorous.

pirogalic *adj.* ⓑ *acid ∼ chim.* pyrogallic acid.

pirogă *s.f.* pirogue, (dug-out) canoe.

pirograva *vb. tr.* to pyrograph.

pirogravor *s.m.* pyrographer.

pirogravură *s.f.* pyrogravure, pyrography, poker work.

pirol *s.n. chim.* pyrrol(e).

pirometric *adj. fiz.* pyrometric.

pirometrie *s.f.* pyrometry.

pirometru *s.n. fiz.* pyrometer.

piron *s.n.* spike, drive.

pironi I. *vb. tr.* **1.** *(cu piroane)* to nail down/up. **2.** to immobilize. **3.** *(a fixa)* to fix, to rivet; to root; to concentrate. ⓒ *a-și ∼ privirile* to rivet one's looks. **II.** *vb. refl.* to rivet oneself (to a place), to stick, to stay put.

piroscop *s.n.* pyroscope, pyrometer.

pirosferă *s.f.* pyrosphere.

pirostrie *s.f.* **1.** trivet. **2.** *pl.* v. c u n u n i e. ⓒ *a-și pune pirostriile* F to alter one's condition, to get spliced, to tie a knot with one's tongue not to be undone with one's teeth.

piroșcă *s.f.* patty.

piroteală *s.f.* v. p i c o t e a l ă.

pirotehnic *adj.* pyrotechnic(al).

pirotehnician *s.m.* pyrotechnist.

pirotehnie *s.f.* pyrotechnics.

piroti *vb.* v. p i c o t i.

pirpiriu *adj.* feeble, frail, weak; *(subțire, slab)* thin.

piruetă *s.f.* pirouette. © *a face o* ~ to perform a pirouette, to pirouette.

pirui *vb. intr.* to trill; *(a ciripi)* to twitter.

pis *interj.* © *a nu zice nici* ~ F to keep mum.

pisa *vb. tr.* **1.** to pound. **2.** *fig. (a bate)* to pound, to pommel. **3.** *fig. (a plictisi)* F to pin oneself on; to bother, to bore to death.

pisălog I. *adj.* F bothersome. **II.** *s.n.* pestle. **III.** *s.m.* importuner, F (regular) bore, pest.

pisălogeală *s.f.*←F bothering.

pisălogi *vb. tr.* v. p i s a.

pisc *s.n.* peak, summit.

pisciicol *adj.* piscicultural.

piscicultor *s.m.* pisciculturist, breeder of fish.

piscicultură *s.f.* pisciculture, fish breeding.

piscină *s.f.* **1.** *(pentru înot)* piscine, swimming pool. **2.** fish pond, piscina.

piscoaie *s.f.*, **piscoi** *s.n.* **1.** millhopper spout. **2.** *muz.* pipe.

piscui *vb. intr.* **1.** v. c i r i p i. **2.** v. p i u i.

pisic *s.m.* kitten.

pisică *s.f.* **1.** *zool.* cat, F→puss(y), *rar*→tib/tabby cat *(Felis domestica).* **2.** *(cărucior)* travelling crab. **3.** *tehn.* releasing gear. ⓐ ~ *sălbatică zool.* wild cat *(Felis silvestris).* ⓓ *ce iese/naște din* ~ *șoareci mănîncă* what is bred in the bone will not out of the flesh; *cînd pisica nu-i acasă joacă șoarecii pe masă* when the cat is away, the mice will/may play; *pisica blîndă zgîrie rău aprox.* still waters run deep.

pisicesc *adj.* cat's..., catlike, cattish.

pisicește *adv.* like a cat.

pisicuță *s.f.* F pussy (cat); kitten.

pisoi *s.m.* kitten.

pisolit *s.n. geol.* pisolite.

pistă *s.f.* **1.** running track; race/racing track. **2.** *av.* run way, flight strip, tarmac. **3.** *fig.* course, channel. **4.** *el., radio* track.

pistil *s. n. bot.* pistil.

pistol *s.n.* pistol, revolver. ⓐ ~ *automat* automatic pistol; ~ *cu apă* squirt gun; ~ *de semnalizare* flare pistol; ~ *mitralieră mil.* Bren gun, machine pistol, Tommy (gun); ~ *viteză sport* rapid fire pistol. ⓑ *impușcătură de* ~ pistol shot.

pistolet *s.n.* pistol.

piston *s.n. tehn.* piston.

pistona *vb. tr.* **1.** *min.* to swab. **2.** *fig. (a sonda)* to sound; *(a stărui pe lîngă)* to urge.

pistrui *s.m.* freckle.

pistruiat *adj.* freckled.

pișca I. *vb. tr.* **1.** to pinch, to nip, to tweak; *(d. ger)* to bite; *(d. albine, urzică etc.)* to sting; *(d. purici etc.)* to bite. **2.** *(a gîdila)* to tickle. **3.** *fig.* to sting, to prick. **4.** *fig.* F to filch, to pinch, to nick. **II.** *vb. intr.* **1.** *(a ustura)* to be hot/peppery; to be sharp. **2.** v. ~ **I.**

pișcător *adj.* pinching etc. v. p i ș c a.

pișcătură *s.f.* nip, pinch, tweak; bite.

pișcot *s.n.* sweet biscuit; wafer.

pișicher I. *adj.* crafty, sly, roguish. **II.** *s.m.* crafty person, F old fox, slyboots.

pitac I. *s.m.* F farthing, penny. **II.** *ist.* decree, order.

pitagoreic *adj.* Pythagorean.

pitagorician *s.m.* Pythagorean.

pitarcă *s.f. bot.* rought boletus *(Boletus scaber).*

pită *s.f.*←*reg.* v. p î i n e.

pitecantrop *s.m.* pithecanthrope.

piti *vb.* v. a s c u n d e.

pitic I. *adj.* dwarfish, dwarf-like, pygmy. **II.** *s.m.* dwarf; pygmy.

piton I. *s.m. zool.* python *(Python).* **II.** *s.n.* sport (ice) piton, peg.

pitoresc I. *adj.* picturesque, quaint; *(d. haine)* gay; *(d. stil)* graphic. **II.** *adv.* picturesquely, etc. v. ~ **I.** **III.** *s.n.* picturesqueness.

pitpalac *s.m. ornit.* v. p r e p e l i ț ă.

pitula... *vb.* v. a s c u n d e...

pitulice *s.f. ornit.* **1.** (jenny/common) wren, troglodyte *(Troglodytes).* **2.**

garden warbler, white throat *(Sylvia curruca/hortensis)*.

pițigăia *vb. tr. (vocea)* to sharpen.

pițigăiat *adj.* high-pitched, squeaky.

pițigoi *s.m. ornit.* titmouse, tomtit *(Parus major)*.

pițulă *s.f.* F farthing, penny.

piu *interj.* cheep!

piua *vb. tr.* to felt, to full.

piuar *s.m. text.* felter, fuller.

piuă *s.f.* **1.** *text.* felting/fulling mill/machine. **2.** v. p i u l i ț ă 1. **3.** *(rind)* turn. ⓐ *piua întii!* I bag, bags I, first innings.

piui *vb. intr.* **1.** *(d. pui etc.)* to cheep, to peep. **2.** v. ț i u i.

piuit *s.n.* cheeping, peeping. ⓒ *a-i lua cuiva ~ul* **a.** *(a i-o reteza)* F to cut smb. short. **b.** *(a uimi)* F to stunt/flummox/flabbergast smb.

piuitură *s.f.* cheep, peep.

piuliță *s.f.* **1.** mortar. **2.** *tehn.* (screw) nut.

piuneză *s.f.* drawing-pin, *amer.* thumb-tack.

pivnicer *s.m.* cellarman.

pivniță *s.f.* cellar.

pivot *s.n.* **1.** pivot, pin, spindle, axis. **2.** *bot.* tap root. **3.** *fig.* pivot.

pivota *vb. intr.* to pivot, to turn.

pivotant *adj.* **1.** pivoting, turning, swingable, swivel... **2.** *bot.* tap--rooted. ⓑ *rădăcină ~ă bot.* tap root.

pix *s.n.* clutch pencil, push button pencil. ⓐ *~ cu pastă* ball pen.

pizmaș I. *adj.* envious; *(dușmănos)* hostile. **II.** *s.m.* envier, envious person.

pizmă *s.f.* envy.

pizmui *vb. tr.* to envy; *(a dușmăni)* to show enmity to.

pizzicato *s.n. muz.* pizzicato.

pîc *interj.* **1.** *(d. fumatul din lulea etc.)* puff! **2.** v. p o c.

pîclă *s.f.* **1.** mist, haze. **2.** v. z ă p u-ș e a l ă. **3.** *geol.* mud volcano.

pîclos *adj.* foggy, misty.

pîine *s.f.* **1.** bread; *(de o anumită formă)* loaf (of bread); *(aluat)* dough. **2.** *(hrană)* bread; food; *(trai)* living. **3.** *(slujbă)* job. ⓐ *~ albă* white/wheat bread; *~ cu unt* bread and butter; *~ de casă*

home-made bread; *~ de secară* rye bread; *~ integrală* whole-meal bread; *~ neagră* brown bread; *~ proaspătă* new bread; *~ rece* stale bread; *~ și apă* bread and water. ⓑ *bun ca ~a caldă* with a heart of gold. ⓒ *a avea în mînă ~a și cuțitul* to rule the roost/roast; *a-și cîștiga ~a* to earn one's bread/living; *a lua ~a de la gura cuiva* to take the bread out of smb.'s mouth; *se vinde ca ~a caldă* it is selling like hot cakes; *a scoate din ~* to dismiss, F to sack.

pîlc *s.n.* group, troop; *(stol)* flight, bevy; *(turmă)* herd, flock; *(de pomi)* cluster, group, bunch; *(de case)* cluster.

pîlnie *s.f.* **1.** funnel. **2.** *(crater de obuz)* shell hole; *(de mină)* mine crater. ⓐ *pîlnia telefonului* (telephone) receiver; *~ hidraulică* discharge whirl.

pîlpîi *vb. intr.* **1.** *(d. lumină)* to flare, to flutter, to flicker; *(d. foc)* to flare, to bicker. **2.** *fig.* to glimmer, to gleam.

pîlpîit *s.n.* **1.** flaring etc. v. p î l-p î i. **2.** *(ca act)* flare; flicker.

pîlpîitor *adj.* flaring etc. v. p î l-p î i.⁰

pîlpîitură *s.f.* v. p î l p î i t 2.

pînă I. *conj.* **1.** till, until; by the time; *(mai înainte ca)* before, *poetic→*ere. **2.** *(atita timp cît)* as/so long as. ⓐ *~ cînd/ce* v. *~* 1. **II.** *prep. temporal* till, until; *(implicînd discontinuitatea)* by. ⓐ *~ acolo* as/so far as there; so far as that; *~ acolo încît să...* so far as to...; *~ acum* till now, so far, as yet; *~ azi* to date; *~ în zori* **a.** before daybreak. **b.** till day-break/dawn; *~ la...* **a.** *(temporal)* v. *~* II. **b.** *(spațial)* as far as..., to...; *~ la urmă...* at last..., finally..., eventually..., in the long run...; *~ și...* even...; *~ una-alta* meanwhile.

pîndar *s.m.* guard; *(de cîmp)* field guard; *(de pădure)* forester.

pîndă *s.f.* guard, watch; *(la vînă-toare)* still-hunting. ⓒ *a sta la ~* to be on the watch; to lie in ambush; *fig.* to lie in wait

pîndi I. *vb. tr.* to watch; *(a spiona)*
to spy; *(a aştepta)* to wait for.
II. *vb. intr.* to be on the watch;
to lie in ambush.
pîndit *s.n.* v. p î n d ă.
pînditor *adj.* watching; eager.
pîngări I. *vb. tr.* 1. to defile, to
profane; to desecrate; *(un mor-
mînt)* to violate; *(o femeie)* to
dishonour, to undo. 2. *(a mînji)* to
besmear, to besmirch. II. *vb. refl.
pas.* to be defiled etc. v. ~ I.
pîngăritor *adj.* defiling, profaning.
pîntecăraie *s.f.* F the runs.
pîntece *s.n.* 1. abdomen, belly;
(stomac) stomach; *(uter)* womb.
2. *(al unei sticle)* belly. 3. *fig.*
heart; depths; womb.
pîntecos I. *adj.* big-bellied. II. *s.m.*
F pot belly, paunch, corporation.
pînzat *adj.* linen...
pînză *s.f.* 1. linen, cloth; *(de sac)*
sackcloth, sacking. 2. *pict.* canvas;
(tablou) picture, painting; 3. *(giul-
giu)* shroud, cerement. 4. *nav.* sail.
5. *(de păianjen)* cobweb. 6. *tehn.,
geom.* sheet; *(metalică)* wire gauze/
cloth; *geol.* layer, sheet. 7. *(lamă)*
blade. ⓐ ~ *de apă* water sheet;
~ *de apă freatică* ground-water
layer; ~ *de ferestrău* web of a
saw; ~ *de in* flaxen linen. ⓑ *pînă
în pînzele albe* (right) to the bitter
end. ⓒ *se înălbeşte pînza* it is
dawning.
pînzărie *s.f.* linen.
pînzătură *s.f.* piece of linen; *(pro-
sop)* towel; *(şervet)* napkin.
pînzeturi *s.n. pl.* linen, white goods.
pîr *interj.* crack!
pîră *s.f.* denunciation, *sl.* squeal.
pîrîu *s.n.* 1. brook, rivulet. 2. *fig.*
stream, flood.
pîrcălab *s.m. ist.* chief magistrate
of a district (in Moldavia).
pîrdalnic *adj.* (ac)cursed, damned.
pîrg *s.n.*, pîrgă *s.f.* ripening. ⓑ *în*
~ almost ripe. ⓒ *a da în* ~ to
be almost ripe; to ripen, to mature.
pîrghie *s.f.* 1. lever. 2. *fig.* key
factor. ⓐ ~ *de comandă* control
lever; ~ *de manevră* hand lever;
~ *de viteze auto* gear lever.
pîrgui *vb. refl.* (to begin) to ripen,
v. şi a d a î n p î r g.

pîrguit I. *adj.* almost ripe II. *s.n.*
v. p î r g.
pîrî *vb. tr.* to denounce, to inform
on/against.
pîrîi *vb. intr.* to crack; *(d. lemne,
pe foc)* to crackle.
pîrîit *s.n.* 1. cracking; crackling.
2. v. p î r î i t u r ă.
pîrîitoare *s.f.* rattle.
pîrîitură *s.f.* crack.
pîrîş *s.m.* P v. î m p r i c i n a t.
pîrît *s.m.* the accused.
pîrîtor *s.m.* delator, informer.
pîrjoală *s.f.* meat -croquette.
pîrjol *s.n.* 1. conflagration; *(incen-
diu, foc)* fire. 2. *fig.* devastation,
disaster.
pîrjoli *vb. tr.* 1. to set fire, to set
on fire; *(a arde)* to burn. 2. *fig.*
to devastate, to ravage, to lay
waste.
pîrleală *s.f.* 1. (slight) burn. 2. *fig.
(înşelătorie)*←F swindle, cheating;
(pagubă) F loss. ⓒ *a-şi scoate pîr-
leala*←F to make good one's loss,
to recoup oneself.
pîrleaz *s.n.* stile.
pîrli I. *vb. tr.* 1. *(porcul etc.)* to
singe; *(a arde)* to burn; *(a bronza)*
to tan, to burn; *(a usca)* to dry,
to scorch, to wither. 2. *fig. (a
înşela)* F to take in. II. *vb. refl.*
1. to burn oneself. 2. *fig.* F to
get one's fingers burned, to burn
one's fingers; *(a fi înşelat)* F to
be taken in.
pîrlit I. *adj.* 1. burnt, burned etc.
v. p î r l i. 2. *fig. (sărac)*←F poor;
(nenorocit)←F wretched. II. *s.m.*
F poor devil.
pîrloagă *s.f.* fallow (ground).
pîrpălac *s.n.* roast meat.
pîrpăli I. *vb. tr.* to roast, to grill.
II. *vb. refl.* to warm oneself, F to
have/get a warm; *(la soare)* to
bask (in the sun).
pîrpără *s.f.* 1. heat, fire. 2. *fig.* agi-
tation. 3. gust (of wind).
pîrtie *s.f. (cărare)* path; *(trecere)*
passage; *sport* track.
pîrţag *s.n.* v. a r ţ a g.
pîslari *s.m. pl.* (lumberman's) overs.
pîslă *s.f.* (thick) felt.
pîsli *vb. refl.* v. î m p î s l i.
pîslos *adj.* thick (like felt).

pîş *s.m.* zool. v. a l u n a r.

plac *s.n.* pleasure. ⓑ *la bunul ~ al...* (cu gen.) at the mercy of...; *pe ~ul cuiva* to smb.'s liking. ⓓ *a face pe ~ul cuiva* to humour smb.; *(a asculta pe cineva)* to obey smb.

placa *vb. tr.* 1. *(metale)* to plate. 2. *(cu furnir)* to veneer. 3. *sport* to tackle.

placaj *s.n.* 1. plywood. 2. *constr.* veneering.

placardă *s.f.* placard, poster.

placare *s.f.* 1. plating. 2. veneering. 3. *sport* tackle.

placă *s.f.* 1. plate. 2. *(de patefon)* record. 3. *(de ardezie)* slate. ⓐ *~ de aramă* copper plate; *~ comemorativă* memorial plaque; *~ fotografică* (photographic) plate; *~ indicatoare* direction plate; *plăci aglomerate* chipboard; *plăci fibrolemnoase* particle board.

placentar *adj., anat.* placental.

placentaţie *s.f. bot.* placentation.

placentă *s.f. anat., bot.* placenta.

plachetă *s.f.* 1. plaquette. 2. *(volum)* thin booklet.

plachie *s.f. kind of fish meal (cooked with onion and oil).*

placid I. *adj.* placid, good-tempered; apathetic. II. *adv.* placidly, calmly.

placiditate *s.f.* placidity, good temper.

plafon *s.n.* 1. ceiling. 2. *fig.* extreme limit, maximum. 3. *av.* roof. ⓐ *al preţurilor* price ceiling.

plafona *vb. tr.* to limit.

plafonieră *s.f.* ceiling light.

plagă *s.f.* 1. *(rană)* wound, sore. 2. *fig.* evil, calamity.

plagia *vb. tr.* to plagiarize, F→to crib from.

plagiat *s.n.* plagiarism, literary theft.

plagiator *s.m.* plagiarist.

plagioclaz *s.n. mineral.* plagioclase.

plai *s.n.* 1. *flat mountainous region covered with lawns.* 2. mountain road *sau* path. 3. *(cîmpie)* field. 4. *(ţinut)* poetic realm; region, part(s).

plajă *s.f.* beach.

plan I. *adj.* level, flat, plane, even. ⓑ *geometrie ~ă* plane geometry; *suprafaţă ~ă* plane surface. II. *s.n.*

1. *geom. etc.* plane. 2. *(proiect)* plan, scheme, design, project; *(al unei construcţii etc.)* draught, draft; *(program)* program(me). 3. *cinema* shot. ⓐ *~ al economiei naţionale* plan of national economy; *~ apropiat cinema* close-shot; *~ cadastral* cadastral survey; *~ calendaristic* curriculum; *~ cincinal* Five-Year Plan; *~ de ansamblu* general plan/outline; *cinema* (very) long shot; *~ de învăţămînt* curriculum; *~ de perspectivă* long-term plan; *~ de producţie* output plan/programme; *~ general* general layout; *~ înclinat* inclined plane; *~ septenal* Seven-Year Plan; *~ul al doilea/de mijloc* middle ground. ⓑ *conform ~ului* in conformity/accordance with the plan, according to/in keeping with the plan; *pe primul ~* first and foremost; *sarcină de ~* target (figure). ⓒ *a depăşi ~ul* to overfulfil the plan; to beat/outstrip/smash the target; *a îndeplini ~ul* to fulfil(l) the plan; *a face ~uri* to make plans; *a face un ~* to draw up/mark out a plan; *a îndeplini ~ul înainte de termen* to complete the plan ahead of schedule/time; *a răsturna ~urile cuiva* to upset smb.'s plans; *această chestiune e pe primul ~* this question is in the forefront; *a trece pe ~ul al doilea* F to take a back seat.

plana I. *vb. intr.* 1. *(d. păsări)* to soar, to hover; *(d. avioane)* to volplane, to glide. 2. *fig. (deasupra)* to hang (over). II. *vb. tr.* to smooth, to make even.

planat *adj.* ⓑ *zbor ~ av.* volplane, gliding flight, glide. ⓒ *a coborî în zbor ~ av.* to volplane.

planator *s.n.* 1. *tehn.* plane set hammer. 2. *metal.* clamp for holding down plates.

plancton *s.n.* plankton.

planetar *adj.* planetary. ⓑ *angrenaj ~* planet gear; *sistem ~* planet system.

planetariu *s.n.* planetarium, orrery.

planetă *s.f.* 1. planet. 2. *planeta* the globe, the earth.

planetoid *s.m. astr.* planetoid.

planic *adj. ec. pol.* ① *dezvoltarea* ~*ă a economiei naţionale* the balanced development of the national economy.

planifica I. *vb. tr.* to plan. II. *vb. refl. pas.* to be planned.

planificare *s.f.* planning.

planificat *adj.* planned. ① *economie* ~*ă* planned economy.

planificator I. *adj.* planning; of planning. II. *s.m.* planner.

planimetric *adj.* planimetric(al).

planimetrie *s.f.* planimetry.

planimetru *s.n.* planimeter.

planisferă *s.f.* planisphere.

planisferic *adj.* planispheric(al).

planor *s.n. av.* glider, sail plane.

planorism *s.n. av.* gliding.

planorist *s.m. av.* glider pilot.

planşă *s.f.* 1. *(de desen)* drawing board. 2. *(schiţă)* sketch. 3. *(gravură)* plate. 4. *(lespede)* slab.

planşetă *s.f.* small board/plank; plane table; *(de desen)* drawing board.

planşeu *s.n.* floor. ⓐ ~ *de beton* concrete floor.

planta I. *vb. tr.* 1. *bot.* to plant, to set. 2. *(a fixa)* to set (up), to fix; to drive/stick in the ground. II. *vb. refl.* 1. *pas.* to be planted etc. v. ~ I. 2. to take one's stand.

plantatoare *s.f.* planting machine.

plantator I. *s.m.* planter, grower. II. *s.n. agr.* dibble.

plantaţie *s.f.* plantation.

plantă *s.f.* plant. ⓐ ~ *agăţătoare* creeper, climber; ~ *de cultură* cultivated plant; ~ *medicinală* medicinal hub, simple; ~ *ornamentală* decorative plant.

plantigrad *adj., s.n.* plantigrade.

planton *s.n. mil.* 1. orderly duty. 2. *(soldat)* soldier on duty. ⓒ *a fi/face de* ~ to be on orderly duty.

plantulă *s.f. bot.* plantlet.

planturos *adj.* stout, portly, burly.

plapumă *s.f. (de lină)* blanket; *(tighelită)* counterpane; *(de puf)* eiderdown. ① *întinde-te cît ţi-e plapuma* cut your coat according to your cloth.

plasa I. *vb. tr.* 1. to place, to put (in a certain place). 2. *(bani)* to invest; *(a vinde)* to sell. 3. *(pe cineva)* to place, to find a post for. 4. *(un cuvînt)* to put in. 5. *sport* to place(-kick). II. *vb. refl.* 1. *pas.* to be placed etc., v. ~ I. 2. *(d. mărfuri etc.)* to sell. 3. to find a job. ⓒ *a se* ~ *pe o poziţie de...* to adopt an attitude of...

plasament *s.n.* 1. *com.* sale, disposal; *(investiţie)* investment. 2. *(slujbă)* employment, job, post, situation. 3. *sport* placement.

plasat *adj., adv.* placed. ⓒ *a fi* ~ to be placed.

plasator *s.m.* 1. *teatru etc.* ticket collector. 2. *com.* placer, seller.

plasă¹ *s.f.* 1. net; *(de prins peşte)* (fishing) net. 2. *(în compartiment)* rack. 3. string bag. 4. *text.* heddle. ⓒ *a lua plasa* F to swallow the bait; *a prinde în* ~ to net, to entangle, to mesh.

plasă² *s.f.←odin.* small rural district.

plasmă *s.f. biol.* plasma.

plastic I. *adj.* 1. plastic. 2. *fig.* graphic(al), suggestive. ① *mase* ~*e* plastics. II. *adv.* graphically, suggestively.

plastică *s.f.* 1. plastic art, art of modelling. 2. plastic(ity). 3. fine arts.

plasticitate *s.f.* 1. plasticity. 2. *fig.* graphicalness.

plasticiza *vb. tr.* 1. to plasticize. 2. *fig.* to make graphic(al)/suggestive.

plastifiant *s.m.* plasticizer.

plastilină *s.f.* plasticine.

plastograf *s.m.* forger, falsifier.

plastografia *vb. tr.* to forge, to falsify.

plastografie *s.f.* forgery.

plastron *s.n.* shirt front, F dicky.

plasture *s.m.* plaster.

plat *adj.* 1. flat, level; *(neted)* even. 2. *fig.* flat; *(banal)* commonplace, trite. ⓒ *100 m* ~ *sport* 100 metres (flat).

platan¹ *s.m. bot.* (true) plane (tree) *(Platanus)*.

platan² *s.n. (taler)* pan, scale; *(de gramofon)* disc.

plată *s.f.* **1.** pay(ment); *(onorar)* fee; *(salariu)* wageś. **2.** *fig. (răsplată)* reward; *(pedeapsă)* punishment; *(ce i se cuvine cuiva)* due. ⓐ ~ *în bani* cash payment, payment in cash; ~ *în natură* payment in kind. ⓑ *bun de* ~ solvent; honest; *cu* ~ for money; *fără* ~ I. *adj.* gratis, free of charge, costless, chargeless. **II.** *adv.* gratis. ⓒ *lasă-l în plata Domnului* leave him to his fate; *(lasă-l în pace)* leave him alone.

platbandă *s.f.* **1.** *hort.* flower band. **2.** *arhit.* straight cap piece. **3.** *metal.* universal iron.

platcă *s.f.* inset.

platformă *s.f.* *(în diferite sensuri)* platform. ⓐ ~ *de lansare* rocket launching pad; ~ *electorală* plank, programme.

platina *vb. tr.* **1.** to platinize. **2.** *(părul)* to dye *one's hair* platinum (colour).

platinat *adj.* **1.** platinized. **2.** *(d. păr)* dyed platinum (colour).

platină *s.f.* **1.** *chim.* platinum. **2.** *opt.* stage.

platinotipie *s.f.* platinotype.

platitudine *s.f.* **1.** flatness, dullness; *(banalitate)* commonplace. **2.** *(concret)* platitude, commonplace (remark).

platnic *s.m.* ⓑ *bun* ~ good payer; *rău* ~ bad/slow payer, bad pay.

platonic *adj.* Platonic; *(ideal)* ideal; *(abstract)* abstract.

platonism *s.n.* Platonism.

platoșă *s.f.* armour, coat of mail.

platou *s.n.* **1.** *(podiș)* tableland, plateau. **2.** *(tavă)* tray. **3.** *tehn.* plate, disk. **4.** *cinema* (film) set, (sound) stage, floor.

plaur *s.m.* floating reed islet, bent; drift wood.

plauzibil *adj.* plausible, credible.

plavie *s.f.* v. p l a u r.

plaz *s.n. agr.* socket rod.

plăcea **I.** *vb. intr. (d. o interpretare etc.)* to go down well; *(d. un roman etc.)* to have appeal. ⓐ *a-i* ~ ... to like..., to be fond of..., to care for...; *(a iubi)* to love...; *a-i* ~ *să...* to like to..., to be fond of... *(cu forme în -ing),*

to enjoy... *(cu forme în -ing)*; *a-i* ~ *mai mult/bine...* to prefer..., to like better... ⓒ *asta nu i-a plăcut* he did not like it, he disliked it; *a căuta să placă cuiva* to lay oneself out to please smb.; *nu-mi prea place acest fel de interpretare* I care little for such an execution, such an execution is little to my taste; *îmi place să cred că...* I hope (that)...; *îmi place foarte mult cravata ta* I rather fancy your tie; *încearcă să-i placă* she tries to please him; *îi place să se ducă acolo* he enjoys going there; *îi placi foarte mult* he likes you very much, he is greatly taken with you; *când îți place* when you please, whenever you like (it); *fă cum îți place* please yourself, do as you please; *s-ar putea să-i placă* he may like it; *îți place romanul acesta?* do you like this novel? *cum îți place?* F what do you know? ⓓ *ce ție nu-ți place altuia nu-i face* do as you would be done by. **II.** *vb. tr.* to like, to care for; *(a iubi)* to love. **III.** *vb. refl. reciproc* to be in love with each other.

plăcere *s.f.* **1.** pleasure; *(gust)* liking, taste; *(încîntare)* delight. **2.** *(distracție)* pleasure, amusement, enjoyment. ⓐ *plăcerile vieții* cakes and ale; a life of pleasure. ⓑ *cu* ~! with pleasure! (I shall be) delighted! *(bucuros)* gladly; *cu cea mai mare* ~ with the greatest pleasure; *fără* ~ unwillingly, reluctantly; *tren de* ~ excursion train. ⓒ *am* ~*a să vă informez că...* I have pleasure informing you that... *mi-ar face cea mai mare* ~ I should like it of all things; *îmi face multă* ~ *să...* I am very pleased to...; *vrei să-mi faci o* ~? will you do me a favour? *fă-mi* ~*a și..* be so kind as to..., would you mind... *(cu forme în -ing)*; *a găsi* ~ *în...* to find/take (a) pleasure in...; *e o adevărată* ~ *să aflu că...* it is really gratifying/a real treat to learn that...; *era o* ~ *să-l auzi* it was a pleasure to hear him, it was quite a treat to hear him.

plăcintar *s.m.* pastrycook, F←pie man.

plăcintă *s.f.* pie. ⓤ ~ *cu carne* meat pie; ~ *cu mere* apple pie. ⓒ *se vinde ca plăcinta caldă* it is selling like hot pie/cakes.

plăcintărie *s.f.* pastrycook's shop, F→pie shop.

plăcut **I.** *adj.* pleasant, agreeable; *(simpatic)* nice. **II.** *adv.* pleasantly etc. v. ~ **I.**

plăieş *s.m.* **1.** *odin.* frontier/border guard. **2.** *(muntean)* mountaineer.

plămadă *s.f.* **1.** v. p l ă m ă d e a- l ă. **2.** *fig. (amestec)* mixture; *(substanţă)* substance. **3.** *fig. (co- pil)* child; *(vlăstar)* offspring.

plămădeală *s.f.* leaven, sourdough.

plămădi **I.** *vb. intr.* to leaven bread. **II.** *vb. tr.* **1.** to leaven. **2.** *fig. (a zămisli)* to procreate, to beget; *(opere)* to conceive; to create, to make; to model, to mould. **III.** *vb. refl. pas.* to be leavened etc. v. ~ **II.**

plămîn *s.m. anat.* lung.

plămînărică *s.f. bot.* lungwort *(Pulmonaria officinalis).*

plănui **I.** *vb. tr.* to plan, to contem- plate; *(a intenţiona)* to intend; *(a urzi)* to scheme, to plot. **II.** *vb. refl. pas.* to be planned etc. v. ~ **I.**

plănuit *adj.* planned etc. v. p l ă- n u i.

plăpînd *adj.* **1.** frail, delicate; *(slab)* weak, feeble. **2.** *(blind)* gentle.

plăpumar *s.m.* blanket maker.

plăsea *s.f. (de cuţit)* knife handle; *(de sabie)* sword hilt.

plăsmui *vb. tr.* **1.** to create, to give rise to, to produce. **2.** *(a inventa)* to invent. **3.** *(a falsifica)* to forge, to falsify.

plăsmuire *s.f.* **1.** creation etc. v. p r o c r e a. **2.** *(invenţie)* inven- tion, figment. **3.** *(fals)* forgery.

plăsmuitor *s.m.* forger, falsifier.

plăti **I.** *vb. tr.* **1.** to pay; *(in natură)* to pay in kind; *(in bani)* to pay in ready money, to pay in cash. **2.** *(ca răzbunare etc.)* to pay back. **3.** *(a valora)* ← P to be worth. ⓒ *a i-o* ~ *cuiva* to settle/square accounts with smb.; *a* ~ *în rate*

to pay by/in instalments. **II.** *vb. refl.* **1.** *pas.* to be paid etc. v. ~ **I. 2.** *(a se achita)* to discharge a debt; *(moraliceşte)* to repay smb. ⓒ *a se* ~ *de...* *(o datorie)* to dis- charge...; *(o obligaţie)* to carry out..., to discharge.... **III.** *vb. intr.* to pay. ⓒ *a* ~ *cu viaţa (pen- tru)* to pay with one's life (for).

plătibil *adj.* payable.

plătică *s.f.* **1.** *iht.* bream *(Abranis brama).* **2.** *bot.* honey locust *(Gle- ditschia triacanthos).*

plăvan **I.** *adj.* whitish-grey, whitish- -yellow. **II.** *s.m.* ox.

pleană *s.f.* wedge.

pleasnă *s.f.* **1.** whiplash. **2.** *pl. med.* v. a f t e.

pleaşcă *s.f.* v. c h i l i p i r.

pleavă *s.f.* **1.** chaff, husk. **2.** *fig.* scum, dregs, riff-raff, ragtag and bobtail.

plebe *s.f.* the plebs, the lower orders.

plebeian *adj.* plebeian.

plebeu *s.m.* plebeian.

plebiscit *s.n.* plebiscite.

plebiscitar *adj.* plebiscitary.

pleca **I.** *vb. intr.* to leave, to depart, to go off/away; *(d. nave)* to sail off; *(d. tren)* to steam off; *(d. cineva)* to walk off/away; *(d. un călăreţ)* to ride off; *(a porni)* to start, to set out. ⓐ *a* ~ *la...* to leave for..., to go to... ⓒ *pleacă (de aici)!* go away! get along/off/ out/away! **II.** *vb. tr.* **I.** to bend, to bow; *(ochii)* to drop; *(capul)* to bow; *(idem, abătut)* to hang. **2.** *fig.* to subdue, to bring into subjection. **III.** *vb. refl.* **1.** *(a se apleca)* to bend, to stoop; *(pt. a saluta)* to bow, < to bow low. **2.** *fig.* to submit, to yield, to give in.

plecare *s.f.* **1.** departure; *(a unei nave, şi)* sailing. **2.** *(retragere)* withdrawal, retirement. ⓓ *gata de* ~ ready to go.

plecat *adj.* **1.** *(aplecat)* bent. **2.** *(supus)* submissive, obedient; *(res- pectuos)* respectful.

plecăciune *s.f.* (low) bow. ⓓ *cu* ~ *! aprox.* yours! ⓒ *a face o* ~ to (make a) bow.

pled *s.n.* rug; *(scoţian)* plaid.

pleda *vb. intr. şi tr.* to plead.
pledant *adj.* pleading.
pledoarie *s.f.* pleading.
pleiadă *s.f. şi fig.* pleiad.
pleistocen *s.n. geol.* pleistocene.
plen *s.n.* plenum.
plenar *adj.* plenary. ⓑ *şedinţă ~ă* plenary meeting/session.
plenară *s.f.* plenum, plenary meeting/ session.
plenipotenţiar *adj.* plenipotentiary.
plenitudine *s.f.* plenitude, fullness.
pleoapă *s.f.* eyelid. ⓒ *a-i da pleoapele în gene* v. a ţ i p i.
pleonasm *s.n.* pleonasm.
pleonastic *adj.* pleonastic.
pleosc *interj.* splash!
pleoscăi... v. p l e s c ă i...
pleoşti I. *vb. tr.* to flatten. **II.** *vb. refl.* **1.** to become flat. **2.** *fig. (d. cineva)* to become depressed/ down-hearted; to be in low spirits, F to be in the blues.
pleoştit *adj.* **1.** flattened; *(bleg)* flabby, sagging. **2.** *fig. (d. cineva)* downcast, in low spirits , F in the blues.
plescăi *vb. intr* **1.** *(d. apă)* to splash, to lap. **2.** *(d. cineva)* to champ.
plescăit *s.n.* **1.** splashing, lap(ping). **2.** champ(ing).
plescăitură *s.f.* **1.** splash, lap. **2.** champ.
plesiozaur *s.m. geol.* plesiosaurus.
plesnet *s.n.* snap.
plesni I. *vb. intr.* **1.** to break, to burst; *(a crăpa)* to split; *(a se rupe)* to break. **2.** *fig. (de)* to burst (with). ⓒ *a ~ din degete* to snap one's fingers. **II.** *vb. tr. (a lovi)* to hit, to strike. ⓒ *ai ~t-o* F you've hit it.
plesnitoare *s.f.* **1.** v. p l e a s n ă. **2.** detonating ball. **3.** *(jucărie)* rattle. **4.** *bot.* squirting cucumber *(Ecballium elaterium)*.
plesnitură *s.f.* **1.** break; *(crăpătură)* crack. **2.** *(de bici)* snap.
pleşuv *adj.* **1.** bald; bald-headed. **2.** *(d. sol)* barren; *(d. arbori)* bare.
pleşuvi *vb. intr.* to grow bald.
pleşuvie *s.f.* baldness.
pleşuvire *s.f.* growing bald.

plete *s.f. pl.* locks (of hair), plaits, plaited hair.
pletină *s.f.* barge.
pletoră *s.f.* plethora.
pletoric *adj.* plethoric.
pletos *adj.* long-haired;*(şi cu părul despletit)* shaggy.
pleură *s.f. anat.* pleura.
pleurezie *s.f. med.* pleuresy.
pleurită *s.f. med.* dry pleuresy.
pleuropneumonie *s.f. med.* pleuropneumonia.
plevuşcă *s.f.* **1.** *iht.* (fish) fry *(Leucaspius delineatus)*. **2.** *fig.* small fish.
plex *s.n. anat.* plexus.
plexiglas *s.n.* plexiglass.
plia *vb. tr.* to fold.
pliabil *adj.* that may be folded.
pliant I. *adj.* folding, that folds. ⓑ *scaun ~* folding chair *sau* stool. **II.** *s.n.* folder.
plic *s.n.* envelope. ⓐ *~ galben* (official) buff envelope.
plici *interj.* splash!
plicticos *adj., adv.* v. p l i c t i s i- t o r.
plictis *s.n.* boredom, spleen.
plictiseală *s.f.***1.** weariness, boredom, tedium, ennui; *(urît)* spleen. **2.** *(necaz)* trouble. ⓒ *te apucă plictiseala* it makes one sick, it is sickening.
plictisi I. *vb. tr.* to bore, to bother, to worry, < to pester, to plague. **II.** *vb. refl.* to be bored, to have a tedious time.
plictisit *adj. (de)* bored (with), < bored to death (with).
plictisitor I. *adj.* boring, tedious, tiresome; *(d. o muncă)* irksome. **II.** *adv.* boringly, tediously.
pliere *s.f.* folding.
plimba I. *vb. tr.* **1.** to take (out) for a walk, drive etc. v. p l i m b a r e. **2.***(un obiect)* to pass, to run. ⓐ *a-şi ~ (privirile)* to cast..., to pass *one's* eyes. **II.** *vb. refl.* to walk, to go for a walk, drive etc. v. p l i m b a r e.
plimbare *s.f.* walk(ing), stroll, outing; *(cu maşina)* motor run; *(călare, cu bicicleta)* ride; *(cu trăsura)* drive; *(cu barca)* row, sail. ⓑ *la ~* walking, (out) for

a walk. © *a face o ~* to go out for a walk, to have/take a walk; *a trimite pe cineva la ~ F* to send smb. to the right-about, to send smb. packing/with a fly in one's ear; to send smb. about his business.

plimbăreț *adj.* fond of walking.

plin I. *adj.* **1.** *(de)* full (of), filled (with); *(~ ochi)* brimful; *(ticsit)* crowded, packed. **2.** *(masiv)* massive, compact. **3.** *(gras)* fat; *(durduliu)* plump. **4.** *(întreg)* full, entire, complete, whole. ⓐ *~ de...* *(acoperit cu)* covered with; *~ de satisfacție* rewarding, gratifying; *~ pînă la refuz* packed to capacity. ⓑ *în ~ ...* (right) in the middle of...; at the height of...; *în ~ă desfășurare* in full swing. **II.** *s.n.* contents. ⓑ *din ~* to the full; in plenty, abundantly; *în ~ul... (cu gen.)* in the middle of... © *a-i merge în ~* to have one's cake baked.

plinătate *s.f.* fullness; plenitude.

plintă *s.f. arhit.* plinth.

pliocen *s.n. geol.* pliocene.

plisa *vb. tr.* to pleat, to fold.

plisat *adj.* pleated.

plisc *s.n.* **1.** beak, nib. **2.** *fig. (gură)* F pecker. **3.** *(vîrf)* tip. **4.** *fig. (greșeală)* blunder, mistake. ⓐ *~ul cocorului/cocoarei bot.* stork's bill *(Erodium cicutarium).* © *tacă-ți ~ul* F hold your jaw! shut up your mouth!

plită *s.f.* kitchen range.

pliu *s.n.* fold, pleat.

plivi *vb. tr.* to weed.

plivit *s.n.* weeding.

plivitor *s.m.* weeder.

plîngăcios I. *adj.* v. **p l î n g ă r e ț.** **II.** *s.m.* whiner, sniveller.

plîngăreț *adj.* whimpering, snivelling.

plîngător *adj.* **1.** v. **p l î n g ă r e ț.** **2.** *(jalnic)* plaintive, doleful.

plînge I. *vb. intr.* to weep, to cry; *(cu suspine)* to sob. © *a ~ de bucurie* to cry for/with joy; *a-i ~ cuiva de milă* to be very sorry for smb.; *îi ~ai de milă* he was a sorry sight; *a ~ împreună cu cineva* to mingle tears with smb.; *a ~ amar* to weep bitterly, to cry one's heart out. **II.** *vb. tr.* to weep/

cry for, < to mourn for; *(a-i fi milă de)* to pity. **III.** *vb. refl.* to complain, to make complaint; to murmur, to grumble. ⓐ *a se ~ de... a. (a fi nemulțumit de...)* to complain of/about..., to find fault with...; to murmur against... **b.** *(dureri de cap etc.)* to complain of...; *a se ~ la...* to lodge a complaint with...

plîngere *s.f.* **1.** v. **p l î n s II. 2.** complaint, grievance; objection, protest; *(cerere)* petition. ⓑ *valea plîngerii* the vale of tears. © *a depune o ~ la...* to lodge a complaint with...

plîns I. *adj. (d. față)* tear-stained; *(d. ochi)* red with weeping. **II.** *s.n.* weeping, crying, lamentation, mourning; *(lacrimi)* tears.

plînset *s.n.* v. **p l î n s II.**

ploaie *s.f.* **1.** rain, *glumeț→*Scotch mist; *(torențială)* shower, pouring/ pelting rain, downpour; *(măruntă)* drizzle; *(cu descărcări electrice)* thunder rain/shower. **2.** *fig.* shower. ⓑ *în/pe ~* in the rain.

plocon *s.n.* present, gift.

ploconi *vb. refl. (înaintea)* **1.** to bow down, to bow and scrape (to/before). **2.** *fig.* to grovel (before), to kowtow (to).

ploconire *s.f.* obsequiousness; bowing down etc. v. **p l o c o n i.**

plod *s.m.←*P **1.** *(copil mic)* baby, babe in arms. **2.** F *glumeț* snipper-snapper, hop-o'-my-thumb, dandiprat; *peior.* F scrub, atom, dot. **3.** embryo; *(sămînță)* seed; *(germene)* germ.

plodi *←*P **1.** *vb. tr.* to procreate. **II.** *vb. refl. (a se naște)* to be born; *(a se înmulți)* to multiply, to breed; *(d. animale, plante, și)* to propagate; *(d. pești, broaște)* to spawn.

ploier *s.m. ornit.* golden plover *(Charadrius pluvialis).*

ploios *adj.* rainy.

plomba I. *vb. tr.* to stop. **II.** *vb. refl. pas.* to be stopped.

plombagină *s.f.* **1.** *mineral.* black lead. **2.** *(pl. scris la mașină)* carbon paper.

plombă *s.f.* stopping.

plonja *vb. intr. sport* **1.** *înot* to dive. **2.** *fotbal etc.* to plunge.

plonjon *s.n. sport* plunge; *înot* dive.

plop *s.m. bot.* poplar (tree) *(Populus).* ⓐ ~ *alb* white poplar, abele *(Populus alba);* ~ *negru* black poplar *(Populus nigra);* ~ *tremurător* aspen tree, asp, trembling poplar *(Populus tremula).*

plopiş *s.n.* poplar grove.

ploscă *s.f.* **1.** *(amer.)* canteen. **2.** *med.* bedpan.

ploşniţă *s.f. entom.* (bed) bug, *sl.* B flat. *(Cimex lectularius).*

ploua I. *vb. intr.* **1.** to rain; *(mărunt)* to drizzle. **2.** *fig.* to rain, to shower. **II.** *vb. tr.* to shower, to rain. ⓐ *a-l* ~ to be caught in the rain; to get a wetting.

plouat *adj.* **1.** wet with rain. **2.** *fig.* crestfallen, downcast, chapfallen.

plug *s.n.* **1.** plough. **2.** *(arat)* ploughing. **3.** *(la schi)* stem, snowplough. ⓐ ~ *cu discuri* disc plough; ~ *cu două brăzdare* two-share plough; ~ *cu două trupiţe* double-furrow plough, two-bottom plough; ~ *cu tracţiune mecanică (de tractor)* tractor(-drawn) plough; ~ *de zăpadă* snow plough; ~ *mono-brăzdar* furrow plough; ~ *nivelator* trench plough.

plugar *s.m.* ploughman.

plugăresc *adj.* ploughman's.

plugări *vb. intr.* to plough.

plugărie *s.f.,* **plugărit** *s.n.* tillage, agriculture.

plumb *s.m.* **1.** *mineral.* lead. **2.** *(glonte)* slug, bullet. **3.** *(~ de garanţie)* lead.

plumbat *s.m. chim.* plumbate.

plumbui *vb. tr.* **1.** *(a sigila cu plumb)* to affix leads to, to seal. **2.** to lead, to cover with lead.

plumbuit *adj.* sealed.

plumburiu *adj.* leaden-hued; *(d. cer)* murky.

plumieră *s.f.* pencil case/box.

plural *adj., s.n.* plural.

pluralism *s.n. filoz.* pluralism.

pluralist *filoz.* **I.** *adj.* pluralistic. **II.** *s.m.* pluralist.

pluralitate *s.f.* plurality, multiplicity.

pluricelular *adj. biol.* pluricellular.

plus *s.n.* **1.** *mat.* plus. **2.** extra, addition; surplus; *(avantaj)* advantage. ⓑ *în* ~ in addition, besides, moreover, at that.

plusa *vb. intr.* to plus.

plusprodus *s.n.* surplus product.

plusvaloare *s.f.* surplus value.

pluş *s.n.* plush. ⓑ *de* ~ plush...

pluşat *adj.* towelling, plush...

plutaş *s.m.* rafter, raftsman.

plută *s.f.* **1.** raft. **2.** *bot.* Lombardy poplar *(Populus pyramidalis).* **3.** *(la undiţă)* cork.

plutări *vb. intr.* to raft.

plutărit *s.n.,* **plutăşie** *s.f.* rafting.

pluti *vb. intr.* **1.** to float, to drift; *(d. nave)* to sail; *(cu o navă)* to sail, to navigate; *(cu barca)* to boat; *(a înota)* to swim. **2.** *(d. păsări)* to soar, to hover; *(d. un balon, ceaţă etc.)* to float. **3.** *fig.* to wander.

plutică *s.f. bot.* marsh flower *(Limnanthemum nymphoides).*

plutire *s.f.* floating etc. v. p l u t i. ⓑ *linie de* ~ *nav.* water-line.

plutitor **I.** *adj.* floating etc. v. p l u t i. **II.** *s.n.* float.

plutniţă *s.f. bot.* v. n u f ă r a l b.

plutocrat *s.m.* plutocrat.

plutocraţie *s.f.* plutocracy.

pluton *s.n.* **1.** *mil.* platoon; *(de artilerie sau geniu, în Anglia)* section; *(de cavalerie sau tanchişti, în Anglia)* troop. **2.** *sport* group; *(la curse)* field.

plutonier *s.m. mil.* warrant officer, *amer.* first sergeant. ⓐ ~ *major* ←*odin.* quarter master, N.C.O. storeman.

plutonism *s.n. geol.* plutonism.

plutoniu *s.n. chim.* plutonium.

pluviograf *s.n. meteor.* recording rain gauge.

pluviometric *adj.* pluviometric.

pluviometru *s.n. meteor.* rain gauge, pluviometer.

pneu *s.n.* (pneumatic) tyre.

pneumatic **I.** *adj.* pneumatic. ⓑ *anvelopă* ~*ă auto* pneumatic tyre; *ciocan* ~ pneumatic hammer; *cu frînă* ~*ă* pneumatically controlled;

unealtă/sculă ~*ă* pneumatic tool.
II. *adv.* pneumatically.
pneumococ *s.m.* pneumococcus.
pneumonie *s.f. med.* pneumonia.
pneumotorax *s.n. med.* pneumothorax.
poală *s.f.* **1.** *(de cămașă)* hem; *(de haină)* coat tail; *(intre briu și genunchi)* lap. **2.** *pl. (fustă)*←P skirt. **3.** *(de deal etc.)* foot. ⓐ *poala rindunicii* v. v o l b u r ă 2; ~ *albă* P. v. l e u c o r e e. ⓒ *a-și da poalele peste cap* F to throw one's cap over the windmills, to throw propriety to the winds; *a se ține de poala mamei* to hold on/hang to one's mother's skirts, to be tied to one's mother's apron strings.
poamă *s.f.* **1.** fruit; *pl.* fruit(s). **2.** *fig.* F bad lot/egg/hat; *(d. o femeie)* F wench, hussy. ⓒ *ce mai* ~ *!* F she's a bright article!
poanson *s.n.* **1.** *metal.* stamp. **2.** *(pt. brodat)* piercer, pricker.
poantă *s.f.* **1.** point *of a joke*; gist/nub *of a story*; quibble; sting *of an epigram etc.*; *fig.* high light, high point, climax. **2.** *(la balet)* toe(-dancing). ⓒ *a face poante* to dance on the toes; *a pierde poanta* to miss the fun/point of a joke; *a prinde poanta* to catch the point of a joke, to take a joke.
poanter *s.m. zool.* pointer.
poară *s.f.* v. c e a r t ă. ⓒ *a se pune în* ~ *cu cineva* to stand up against smb.
poarcă *s.f.* **1.** v. s c r o a f ă. **2.** *kind of children's game.*
poartă *s.f.* **1.** și *fig.* gate; *(ca intrare)* gateway; portal. **2.** *pl.* v. b a - r i e r ă. **3.** v. c h e i e 4. **4.** *sport* goal. ⓐ ~ *de intrare* entrance gate; *med.* portal of entry; *Porțile de Fier* the Iron Gates. ⓑ *ist. Inalta/Sublima Poartă* the (Sublime) Porte. ⓒ *a cerși din* ~*-n* ~ to beg from door to door; *a sta în* ~ to stand in the gateway; *a locui* ~*-n* ~ to live next door to each other.
poc *interj.* crack! bang! pop!
pocal *s.n.* goblet.
pocăi *vb. refl.* **1.** *rel.* to do penance. **2.** *(a-i părea rău)* to repent, to rue, to regret.

pocăință *s.f.* **1.** *rel.* penance. **2.** repentance.
pocăit *s.m. rel.* penitent.
poceală *s.f.* ugliness.
pocher *s.n.* poker.
poci I. *vb.tr.* **1.** to disfigure, to make look ugly/a fright; *(a desfigura)* to disfigure, to mutilate, to cripple, to main. **2.** *(a strica)* to mar, to spoil; *(o limbă)* to murder; *(a cîrpăci)* to bungle, F to make a mess/a hash of. **II.** *vb. refl.* **1.** to grow ugly, to spoil one's appearance; to lose one's good looks. **2.** *(a se strimba)* to mouth, to mop and mow, to make (wry) faces.
pocinog *s.n.* nasty trick. ⓒ *a face cuiva un* ~ to play smb. a nasty trick.
pocit *adj.* **1.** disfigured etc. v. p o c i. **2.** *(urît)* ugly; *(hidos)* hideous; *(caraghios)* funny.
pocitanie *s.f.* monster, fright.
pociumb *s.m.* **1.** v. ț ă r u ș. **2.** v. s t e a j ă r.
pocladă *s.f. (de șa)* pillion; *(cioltar)* shabrack.
poclit *s.n.* top/outside of a coach; *(coviltir)* tilt, adjustable hood.
pocneală *s.f.*, **pocnet** *s.n.* crack, snap, burst *of an explosive*; *(plesnitură)* snap.
pocni I. *vb. intr.* v p l e s n i I, 1. **II.** *vb. tr.* to hit, to strike.
pocnitoare *s.f.* **1.** cracker, rattler. **2.** v. p l e a s n ă. **3.** *bot.* v. p l e s - n i t o a r e 4.
pocnitură *s.f.* v. p o c n e t.
pod *s.n.* **1.** bridge. **2.** *(de casă)* garret; *(la șură)* loft. **3.** *tehn.* platform. ⓐ ~ *apeduct* aqueduct bridge; ~ *basculant* drawbridge; ~ *de cale ferată* railway bridge; ~*demontabil* dismountable bridge; ~ *de plute* floating/raft bridge; ~ *fix* fixed bridge; ~ *improvizat* expediency bridge; ~ *militar* army bridge; ~ *mobil* opening bridge; ~ *plutitor* bridge of boats; ~ *ridicător* lifting bridge; ~ *suspendat* hanging/suspension bridge; ~*ul palmei* palm of the hand; ~ *umblător* flying bridge. ⓒ *a fi căzut din* ~ F to fall from the moon.

podagră *s.f.←înv. med.* gout.
podar *s.m.* 1. scavenger; *(brudar)* ferryman. 2. *ist.* tax collector (for bridges).
podărit *s.n.* bridge toll, ferry dues.
podbal *s.m. bot.* colt's foot *(Tussilago farfara)*.
podea *s.f.* 1. floor. 2. *(scîndură de ∼)* floor board.
podeț *s.n.* footbridge.
podgorean *s.m.* wine grower, viniculturist.
podgorie *s.f.* hill planted with vines; vineyard.
podi *vb. tr.* to floor.
podidi *vb. tr. (d. somn etc.)* to overcome. © *il ∼ră lacrimile* tears gushed/started/welled from his eyes, he burst into tears; *îl ∼ sîngele* blood gushed from his wound etc.
podină *s.f.* 1. floor board. 2. *constr.* flooring, planking.
podire *s.f.* flooring.
podiș *s.n.* plateau, tableland.
podișcă *s.f.* 1. v. p o d e ț. 2. platform.
podit *s.f.* flooring.
podium *s.n.* platform; *(mai ales pt. ocazii solemne)* dais.
podmol *s.n.←P* 1. *(nămol)* mud; *(aluviune)* alluvium, alluvial deposit. 2. *(mal abrupt)* steep bank.
podoabă *s.f.* 1. ornament, adornment, decoration. 2. a thing of great value; *(bijuterie)* jewel.
podval *s.n.* (barrel) skid, stilling.
podzol *s.n. agr.* podsol, podzol.
poem *s.n.*, **poemă** *s.f.* poem. © *omul ăsta e un ∼* this chap is sublime.
poet *s.m.* poet.
poetastru, poetaș *s.m. peior.* poetaster, rhymer, versemonger.
poetesă *s.f.* poet(ess).
poetic I. *adj. (d. o lucrare, un fragment, o expresie)* poetical; *(d. talent, inspirație, licență)* poetic. II. *adv.* poetically.
poetică *s.f.* poetics.
poetiza *vb. tr.* to poet(ic)ize.
poezie *s.f.* 1. *(ca artă, ca totalitate a lucrărilor poetice ale cuiva etc.)* poetry, *înv.→*poesy. 2. *(ca bucată separată)* poem, piece of poetry,

poetic→song; *(rimată, scurtă)* rhyme. 3. *fig.* poetry; *(frumusețe)* beauty; *(farmec)* charm.
pofidă *s.f.* spite. ⓟ *în pofida... (cu gen.)* despite..., in spite of...
pofil *s.n.* crupper dock.
poftă *s.f.* 1. *(de mîncare)* appetite. 2. *(chef) (să)* mind (to); *(dorință) (de)* appetite (for), desire (for), lust (for). ⓐ *∼ bună!* a. bon appetit! I hope you will enjoy your dinner. b. *ironic* fall to! ⓟ *cu ∼* heartily; *pe/după pofta inimii* to one's heart's content. © *are ∼ de băut* he is in a drinking mood; *n-are ∼ de nimic* he does not care for anything; *n-are ∼ de mîncare* F he is off his feed; *a avea o ∼ de lup* to be ravenous; *a nu avea ∼ de ceva* to have no stomach for smth.; *a nu avea ∼ să facă ceva* to be/feel loath/unwilling to do smth.; *a-i face ∼ cuiva* a. to give smb. an appetite, to whet smb.'s appetite. b. *fig.* to set smb. agog (for smth.); *a-i face cuiva toate poftele* F to fetch and carry for smb.; *a-și înfrîna pofta* to curb one's desires; *pune-ți pofta-n cui!* F I wish you may get it, you may whistle for it.; catch me (doing it)! *a-i tăia cuiva pofta de ceva* to discourage smb. from smth., to put smb. out of conceit with smth.; *a mînca cu ∼* to eat heartily/with relish; *a rîde cu ∼* to laugh heartily; *a bea după pofta inimii* to drink one's fill; *a-i veni pofta de..., a-i fi ∼ de...* to have a taste/fancy/liking for..., to be in the humour/mood/vein for...; *mi-e tare ∼ să...* I have a great mind to...; *a-i veni pofta să..., a-i fi ∼ să...* to have a mind/a desire/a wish to...; *cînd ți vine pofta* when the humour takes him.
pofti I. *vb. tr.* 1. *(a dori)* to wish, to want, to desire. 2. *(a invita)* to invite, to ask; *(a ruga)* to beg, to ask. 3. *(a binevoi)* to condescend; *(a îndrăzni)* to dare. © *cît poftești* as much as you want/wish; to your heart's content. II. *vb. intr.* to come.

pofticios I. *adj. (lacom) (de)* greedy (of), covetous (of), hankering (after); *(doritor) (de)* desirous (of); *(d. priviri)* wanton; *(lasciv)* wanton, lustful, randy. **II.** *adv.* greedily etc. v. ~ I.

poftim *interj.* **1.** *(invitînd pe cineva să intre etc.)* please, be pleased to enter etc.; *(vă rog)* please. **2.** *(cum de nu, vă rog)* oh do! do, please! **3.** *(ca răspuns la o cerere)* oh, sorry! here you are! **4.** *(cum aţi spus?)* I beg your pardon; what did you say, please? **5.** *(ei ~ !)* F good God! goodness gracious! great guns! *(asta-i bună!)* F there now! here's/that's a fine/nice how--d'ye-do!

poghircă *s.f.* **1.** hop-o'my-thumb, dandiprat. **2.** *(mirişte)* hemp stubble.

pogon *s.n.* aprox. acre (5011.79 sq.m.).

pogorî *vb. intr.←înv.* v. c o b o r î.

pogrom *s.n.* pogrom, massacre.

poiană *s.f.* glade, clearing.

poiată *s.f.←reg.* **1.** v. c o t e ţ. **2.** v. g r a j d. **3.** v. ş o p r o n. .

poimîine *adv.* the day after tomorrow.

pojar *s.n. med.* measles.

pojarniţă *s.f. bot.* v. s u n ă t o a r e.

pojghiţă *s.f.* film, thin skin, pellicle; *(crustă)* crust.

pol¹ *s.m.* pole. ⓐ ~ *magnetic* magnetic pole; ~ *negativ electr.* negative pole; ~ *pozitiv electr.* positive pole; ~*ul nord* the North Pole; ~*ul sud* the South Pole.

pol² *s.m.←*F twenty lei.

polar *adj.* polar, arctic. ⓘ *cerc* ~ polar circle; *expediţie* ~*ă* expedition to the polar/arctic regions, polar/arctic expedition; *în regiunile* ~*e* in the polar regions; *noaptea* ~*ă* the polar night; *steaua* ~*ă* the pole star, the lodestar.

polarimetrie *s.f. fiz.* polarimetry.

polarimetru *s.n. fiz.* polarimeter.

polariscop *s.n. opt.* polariscope.

polaritate *s.f.* polarity.

polariza *vb. tr.* to polarize.

polarizant *adj.* polarizing.

polarizator *adj.* polarizing.

polarizaţie *s.f.* polarization

polarizor *s.n. opt.* polarizer.

polcă *s.f.* polka.

polder *s.m.* v. m a r ş ă.

polei¹ *s.n.* glazed/block frost; silver thaw.

polei² *vb. tr. şi fig.* to polish.

poleială *s.f.* **1.** polishing. **2.** *(concret)* polish. **3.** *fig.* varnish, smattering.

poleit *s.n.* polishing.

polemic *adj.* polemic(al), controversial.

polemică *s.f.* polemic, controverse; controversial discussion; dispute.

polemist *s.m.* polemi(ci)st, disputant, polemic, controversialist.

polemiza *vb. intr.* to polemize.

polen *s.n.* pollen.

poleniza *vb. tr.* to pollinate.

polenizare *s.f.* pollination. ⓐ ~ *artificială hort.* artificial pollination.

poliandrie *s.f.* polyandry.

poliartrită *s.f. med.* polyarthritis.

poliatomic *adj. chim.* polyatomic.

policandru *s.n.* lustre, chandelier, candelabrum.

policar *s.m. anat.* thumb.

policer *s.n.* v. p o l i ţ ă.

policlinică *s.f.* polyclinic, general hospital, dispensary.

policrom *adj.* polychrome.

policromie *s.f.* polychromy.

poliedru *s.n. geom.* polyhedron.

polifonic *adj. muz.* polyphonic. .

polifonie *s.f. muz.* polyphony.

poligam I. *adj.* polygamous. **II** *s.m.* polygamist.

poligamie *s.f.* polygamy, plural marriage.

poliglot *adj., s.m.* polyglot.

poligon *s.n.* **1.** *geom.* polygon. **2.** *mil.* experimental/shooting/rifle range, butts, practice/shooting ground(s), shooting stand.

poligonal *adj. geom.* polygonal.

poligraf *s.m.* polygraph.

poligrafic *adj.* polygraphic.

poligrafie *s.f.* polygraphy.

poliloghie *s.f.* verbosity; rigmarole.

polimer *chim.* **I.** *adj.* polymeric. **II.** *s.m.* polymer.

polimeriza *vb. tr. chim.* to polymerize.

polimorf *adj. chim.* polymorphous.

polimorfism *s.n. chim.* polymorphism.

polinevrită *s.f. med.* polyneuritis.
polinom *s.n. mat.* polynominal.
poliomielită *s.f. med.* poliomyelitis,
F→polio.
polip *s.m.* **1.** *zool.* polyp. **2.** *med.*
polypus.
polisemantic *adj. lingv.* polyseman-
tic, polysemous.
polisemie *s.f. lingv.* polysemy.
polisilabic *adj.* polysyllabic.
polisilogism *s.n.* polysyllogism.
politehnic *adj.* polytechnic. ⓑ *învă-
ţămînt* ~ polytechnic education;
şcoală ~ă polytechnic (school).
politehnică *s.f.* polytechnic.
politehnician *s.m.* F polytechnist.
politehnizare *s.f.* polytechnization,
introduction of polytechnic edu-
cation, introduction of polytech-
nization.
politeism *s.n.* polytheism.
politeist *adj.* polytheist(ic).
politeţe *s.f.* politeness, good man-
ners/breeding; mannerliness; *(ama-
bilitate)* civility, courtesy.
politic *adj.* political. ⓑ *conjunctură*
~ă political situation; *direcţie* ~ă
political administration/depart-
ment; *drepturi* ~e political rights;
economie ~ă political economy;
emigrant ~ political emigrant; *geo-
grafie* ~ă political geography; *învă-
ţămînt* ~ political education; *lup-
tă* ~ă political struggle; *muncă de
educaţie* ~ă political education
work; *om* ~ political figure; *partide*
~e political parties; *raport* ~ poli-
tical report; *sistemul învăţămîntu-
lui* ~ political education system.
politică *s.f. (ca sistem, viaţă politică
etc.)* politics; *(mai ales în anumite
situaţii, atitudine, diplomaţie)* po-
licy. ⓐ ~ *curentă* current politics;
~ *de neamestec* policy of non-inter-
ference; ~ *de pe poziţii de forţă*
positions of strength policy, poli-
cy from positions of strength; *big-
-stick* policy; ~ *externă* foreign
policy; ~ *internă* home/internal
policy. ⓒ *a discuta* ~ to talk po-
litics; *a face* ~ to politicize; *a
intra în* ~ to go into politics.
politiceşte *adv.* politically.
politician *s.m.* politician. ⓐ ~ *de
cafenea* F pothouse politician.

politicianism *s.n.* petty politics.
politicos **I.** *adj.* polite, civil, ur-
bane; *(curtenitor)* courteous. **II.**
adv. politely etc. v. ~ **I.**
politiza *vb. tr.* to politicize.
politizare *s.f.* politicizing.
poliţai *s.m.←odin.* **1.** chief commis-
sioner of the police. **2.** *(sergent de
stradă)* policeman, constable, F→
cop(per), bobby.
poliţă[1] *s.f. (raft)* shelf.
poliţă[2] *s.f. com. (la purtător)* note
of hand, promissory note; *(cam-
bie)* bill (of exchange); *(de asigu-
rare)* policy.
poliţie *s.f.←odin.* police; *(ca local)*
police station/office.
poliţienesc *adj.←odin.* police...
poliţist←odin. **I.** *adj.* police... ⓑ
roman ~ detective novel, thriller,
II. *s.m.* policeman, police officer,
F→cop, the law, bobby.
poliurie *s.f. med.* polyuria.
polivalent *adj.* **1.** *chim.* polyvalent,
multivalent. **2.** *fig.* multipurpose...
polivalenţă *s.f. chim.* polyvalency,
multivalency.
polivinil *s.n. chim.* polyvinyl.
polivitamină *s.f.* polyvitamin.
poliza *vb. tr. tehn.* to grind.
polizor *s.n. tehn.* grinder, grinding
machine.
polo *s.n. sport* polo.
poloboc *s.n.* barrel, cask; *(pt. vin
şi)* tun.
polog[1] *s.n.* **1.** *(de pat)* (bed) tester,
canopy. **2.** v. **prelată.**
polog[2] *s.n.* swath, windrow.
polon *adj.* Polish.
polonă *s.f.* Polish, the Polish lan-
guage.
polonez **I.** *adj.* Polish. **II.** *s.m.* Pole.
poloneză *s.f.* **1.** Pole, Polish woman
sau girl. **2.** Polish, the Polish lan-
guage. **3.** *(dans)* polonaise.
polonic *s.n.* ladle, skimmer.
poloniu *s.n. chim.* polonium.
poltron **I.** *adj.* easily frightened, cow-
ardly, poltroonish, dastardly. **II.**
s.m. poltroon, coward, craven, das-
tard.
poltronerie *s.f.* **1.** poltroonery. **2.** act
of poltroonery.
polua *vb. tr.* to pollute.
poluant *s.n.* polluting; effluent.

poluare *s.f.* pollution.
poluţie *s.f. med.* pollution.
pom *s.m.* (fruit) tree. ⓐ ～ *de iarnă* New Year's tree.
pomadă *s.f.* pomade; ointment; *(pt. păr şi)* pomatum.
pomanagiu *s.m.* cadger, basket scrambler, lickspittle beggar; insistent beggar for favours.
pomană *s.f.* **1.** alms, charity. **2.** *rel.* funeral repast/feast. **3.** *fig.* good deed. **4.** *fig.* F v. c h i l i- p i r 1. ⓑ *de* ～ **a.** *(gratis)* for nothing, gratis. **b.** *(zadarnic)* uselessly; *(fără scop)* to no purpose, for nothing. ⓒ *a-şi face* ～ *cu cineva* to take pity on/upon smb.; *a cere de* ～ to beg; *stai de* ～ F you are twirling your thumbs; *a umbla după* ～ to cadge.
pomăda **I.** *vb. tr.* to pomade, to grease. **II.** *vb. refl.* to pomade one's hair etc.
pomărit *s.n.* fruit growing.
pomelnic *s.n.* **1.** diptych **2.** *fig. (listă lungă)* F long string; *(vorbe)* F rigmarole.
pomeneală *s.f.* ⓑ *nici* ～ *!* F nothing of the kind! *nici* ～ *de...* F not a scrap/ghost of...
pomeni **I.** *vb. intr.* ⓐ *a* ～ *de...* to mention... to make mention of... ⓒ *aşa am* ～ *t* it has always been like that; it is the custom. **II.** *vb. tr.* **1.** *(a menţiona)* to mention, to make mention of; *(a vorbi despre)* to spsak of. **2.** *(a ţine minte)* to remember. **3.** *(a întîlni)* to meet with, to come across; *(a auzi de)* to hear of. **4.** *(a vedea)* to see. **5.** *rel.* to pray for. ⓒ *ai mai* ～ *t aşa ceva?* did you ever see the like of it? did you ever see anything like it? *o să mă pomenească el !* he shall have cause to remember me! *mai sus* ～ *t* mentioned above, above- -mentioned. **III.** *vb. refl.* **1.** *pas.* to be mentioned etc. v. p o m e n i. **I. 2.** *(a se întîmpla)* to happen, to occur. **3.** *(a se găsi)* to find oneself; *(a veni)* to come, to get; *(a fi)* to be. ⓐ *a se* ～ *că...* to find that..., to see..., to hear... etc. ⓒ *m-am* ～ *t fără pălărie* well, if I hadn't lost my hat; *nici că se*

pomeneşte ! F nothing of the kind! *(cîtuşi de puţin)* F not in the least! *nu se pomenea şcoală pe atunci* there were no schools at that time; *unde s-a mai* ～ *t aşa ceva?* did anyone ever see anything like it? *aşa s-a* ～ *t* it has always been like that; it is the custom; *te pomeneşti că...* maybe..., perhaps...; *vezi să nu te pomeneşti cu...* mind you don't catch...
pomenire *s.f.* **1.** mentioning etc. v. p o m e n i. **2.** *(pomană)* alms. **3.** *(amintire)* memory; *(comemorare)* commemoration. ⓑ *veşnica* ～ memory eternal.
pomet *s.n.* **1.** orchard. **2.** *pl.* fruit(s).
pomeţi *s.m. pl.* cheek bones. ⓑ *cu* ～ *i ieşiţi* with high cheekbones.
pomicol *adj.* fruit-growing.
pomicultor *s.m.* fruit grower, orchardist.
pomicultură *s.f.* fruit growing.
pomină *s.f.* **1.** remembrance, memory. **2.** *(slavă)* glory, fame. ⓑ *de* ～ **a.** *(de neuitat)* unforgettable. **b.** *(vestit)* famous, renowned, proverbial. **c.** *(grozav)* terrible, extraordinary. ⓒ *a ajunge de* ～ **a.** to make a fool of oneself, to make oneself ridiculous. **b.** to pass into a proverb; to become proverbial; *peior.* to become a by-word.
pomologic *adj.* pomological.
pomologie *s.f.* pomology.
pompa **I.** *vb. tr.* **1.** *(a umple)* to pump full, to fill by pumping. **2.** *(a scoate)* to pump out. **II.** *vb. refl. pas.* to be pumped full etc. v. ～ **I.**
pompagiu *s.m.* pumpman.
pompă[1] *s.f. fiz.* pump. ⓐ ～ *aspiratoare* sucking pump; ～ *cu piston* reciprocating piston pump; ～ *cu roţi dinţate* gear pump; ～ *de aer* air pump; ～ *de apă ferov.* water column/crane; ～ *de combustibil* fuel pump; ～ *de incendiu* fire pump; ～ *de mînă* hand pump; ～ *de ulei/uns* (squirt) oiler, oil can; ～ *hidraulică* hydraulic pump; ～ *pneumatică* pneumatic pump; ～ *respingătoare* force pump.

pompă² *s.f.* pomp, ceremony. ⓐ *pompe funebre* undertaking, funeral furnishers.

pompier *s.m.* fireman.

pompon *s.n.* pompon, ornamental tuft.

pompos *adj.* pompous, stately; *(d. cuvinte, stil)* high-flown.

ponce *adj.* ⓑ *piatră* ~ pumice stone.

ponciş I. *adj.* v. s a ş i u I. II. *adv.* v. p i e z i ş II.

ponderabil *adj.* ponderable, weighable.

ponderat *adj.* cool, level-headed.

ponderator *adj.* balancing, moderating.

ponderaţie *s.f.* balance, ponderation, moderation.

pondere *s.f.* weight; *fig.* share; gravity.

ponderitate *s.f.* specific weight.

ponegri *vb. tr.* to slander, to detract, to cast aspersions on, F to run down.

ponegritor *adj.* slanderous, defamatory.

ponei *s.m.* pony, Shetland horse.

ponor *s.n.* steepness; *(povîrniş)* slope.

ponos *s.n.* I. injury, offence, insult; calumny, slander. 2. *(vină)* blame; *(cusur)* defect, shortcoming; *(neajuns)* drawback. 3. *(aluzie)* hint. 4. *(necaz)* trouble.

ponosi *vb. tr.* 1. *(haine)* to wear out/away/off. 2. *(a ponegri)* to slander.

ponosit *adj.* worn out/off/away, F→ seedy; *(d. haine)* shabby.

pont *s.n.* tip, cue, hint, *sl.* cinch.

ponta I. *vb. tr.* to clock. II. *vb. intr.* 1. to check in. 2. *(la cărţi)* to punt. ⓒ *a* ~ *la plecare* to clock off/F→out; *a* ~ *la sosire* to clock on/F in.

pontaj *s.n.* clocking. ⓑ *foaie de* ~ time/check sheet.

pontare *s.f.* clocking. ⓐ ~ *la plecare* clocking off; ~ *la sosire* clocking on.

pontic *adj.* Pontic.

pontif *s.m.* 1. pontiff. 2. *fig.* pundit.

pontifical *adj.* pontifical.

pontifice *s.m.* pontiff.

ponton *s.n.* 1. *nav.* pontoon. 2. *(pod)* pontoon bridge.

pontonier *s.m. mil.* pontoneer.

pop *s.m. constr.* prop, stay.

popas *s.n.* 1. halt, stop. 2. *(ca loc)* halting place. ⓒ *a face un* ~ to make a halt.

popă *s.m.* 1. *(preot)* F pope, parson. 2. *(la cărţi de joc)* king. 3. *(la popice)* king, middle pin. ⓒ *a-şi găsi popa* to meet with/find one's match; *a călca a* ~ F *aprox.* to lord it; *i s-a dus vestea ca de* ~ *tuns* F he is well known as a bad shilling; *cum nu-s eu* ~ F not on your life; *uite popa nu e popa aprox.* to play (at) bo-peep.

popenchi *s.m. bot.* species of agaric *(Coprinus atramentarius sau comatus)*.

popesc *adj.* F parson's...

popi I. *vb. tr.* to ordain. II. *vb. refl.* to be ordained a priest.

popic *s.n.* 1. (nine)pin, skittle. 2. *pl.* (nine)pins skittles. 3. *constr.* stud. 4. *pl. (picioare)* F pins, legs, pegs.

popicar *s.m.* one who plays (at) skittles.

popicărie *s.f.* skittle/bowling alley/ ground.

popie *s.f.* priesthood.

popime *s.f. peior.* priestly rabble, shavelings.

popîndău *s.m.* 1. *zool.* gopher, ground squirrel *(Citellus citellus)*. 2. *(momîie)* scarecrow. ⓒ *a sta* ~ to sit up.

poplin *s.n. text.* poplin.

poponeţ *s.m.* 1. *zool.* field mouse *(Apodemus sylvaticus)*. 2. v. opaiţ. 3. *(şezut)* F bottom, behind, rump. 4. v. p o p î n d ă u 2.

popor *s.n.* 1. people, nation. 2. *(ţărănime)* peasantry, peasants. 3. *(mulţime)* people, crowd. ⓐ *mult* ~ many people, a large number/ plenty of people; ~*ul muncitor* the working people. ⓑ *din* ~ *adj.* of the people.

poporan *adj.* popular.

poporanism *s.n.* populism.

poporanist *adj.* populist.

poposi *vb. intr.* to make a halt.

popotă *s.f.* officers' mess.

popri *vb. tr.* **1.** to stop; *(a interzice)* to forbid, to interdict. **2.** *(a sechestra)* to sequestrate, to sequester. **3.** *(a aresta)* to arrest.

poprire *s.f.* **1.** stopping etc. v. p o- p r i. **2.** *(reținere)* deduction.

popula *vb. tr.* to people, to populate.

popular *adj.* **1.** *pol.* people's... **2.** *(folcloric)* folk(lore), popular. **3.** *(simpatizat)* popular... ⓑ *cîntec* ~ folk song; *front* ~ People's Front.

popularitate *s.f.* popularity.

populariza I. *vb. tr.* to popularize. **II.** *vb. refl. pas.* to be popularized.

popularizare *s.f.* popularization.

populație *s.f.* population; *(locuitori)* inhabitants.

por *s.m.* pore.

porc I. *s.m. zool.* hog, pig, swine, porker, F→grunter; *pl.* swine *(Sus scrofa domestica)*; *(vier)* boar. **2.** *fig.* F swine, hogger; *(om lacom)* F greedy hog. ⓐ ~ *de cîine* F swine, dirty beggar; ~ *de mare iht.* hog fish, sea dog *(Phocaena communis)*; ~ *sălbatic/mistreț zool.* wild boar *(Sus scrofa)*. ⓑ *carne de* ~ pork. ⓒ *a mîna* ~*ii la jir* F to drive pigs to market.

porcan *s.m. fig.* F swine.

porcar *s.m.* swineherd.

porcărie *s.f.* **1.** piggishness, swinishness; *(murdărie)* filth. **2.** *(ca act)*← F dirty/foul trick. **3.** *pl. (obscenități)* F smut, bawdry; ribaldries, ordure. **4.** *(d. mincare)* F pigwash.

porcesc *adj.* piggish, swinish. ⓒ *a avea (un) noroc* ~ F to have the luck of the damned, to have the devil's own luck.

porci I. *vb. tr* F to call *smb.* names. **II.** *vb. refl.* to become coarse.

porcin *adj.* porcine, pig...

porcine *s.f. pl.* porcines.

porcos I. *adj.* hoggish, piggish, swinish; *(murdar)* filthy, nasty. **II.** *adv.* like a hog/pig.

porcușor *s.m.* **1.** *iht.* gudgeon *(Gobio gobio)*. **2.** *ornit.* dott(e)rel *(Charadrius, Endromios, Morinella)*.

poreclă *s.f.* nickname.

porecli *vb. tr.* to nickname.

poreclit *adj.* nicknamed.

porfir *s.n. mineral.* porphyry.

porfiriu *s.f.* purple.

porifer *adj.* poriferous.

porni I. *vb. intr. și refl.* **1.** to start, to be off; *(la drum)* to set out; *(a pleca)* to leave, to depart; *(d. tren)* to start/steam off; *(d. nave)* to sail away; *(d. un călăreț)* to ride off. **2.** *(a fi pus în mișcare)* to come in(to) play; *(a fi în mișcare)* to be in gear, to (be in) play. **3.** *(a începe)* to begin, to start. ⓐ *a (se)* ~ *pe...* to set about..., to embark on...; *(a izbucni în)* to burst out... *(cu forme în -ing)*. **II.** *vb. tr.* **1.** *(a pune în mișcare)* to move, to bring on, to set on foot, to set afoot, to call into play; *(o conversație etc.)* to get up, to set going; *(o mașină)* to set going, to put/set in motion, to throw into gear, to work, to start; *(o întreprindere)* to float. **2.** *(a se avînta în)* to embark on. **3.** *(a imboldi)* to urge, to stimulate; *(a ațîța)* to goad.

pornire *s.f.* **1.** starting etc. v. p o r- n i. **2.** *fig.* impulse; *(avînt)* enthusiasm. **3.** *fig.* tendency, propensity. **4.** *fig. (părtinire)* partiality; *(pasiune)* passion. **5.** *fig. (izbucnire)* outburst.

pornitor *s.n. tehn.* v. d e m a r o r.

pornograf *s.m.* pornographer.

pornografic *adj.* pornographic, scurrilous.

pornografie *s.f.* pornography, bawdry.

poroinic *s.m. bot.* orchis, cuckoo flower *(Orchis)*.

poros *adj.* porous, spongy.

porozitate *s.f.* porosity, porousness.

port¹ *s.n. (purtare)* carrying, carriage.

port² *s.n.* **1.** costume, garb. **2.** *fig.* conduct. ⓐ ~ *național* national costume.

port³ *s.n. (radă)* haven, harbour, port; *(maritim)* seaport; *(ca oraș)* port (town).

portabil *adj.* portable.

portal *s.n.* **1.** portal, principal door. **2.** *constr.* portal, tunnel front.

portaltoi *s.n. bot.* mother/father (plant).

portant *adj.* carrying, bearing. ⓑ *supafață ~ă av.* v. p o r t a n ț ă.

portanță *s.f. av.* lift.

portar *s.m.* 1. porter, janitor, door keeper. 2. *fotbal etc.* goal keeper, F→goalie.

portarmă *s.f.* ⓑ *permis de ~* gun licence.

portativ[1] *s.n. muz.* staff, stave.

portativ[2] *adj.* portable, hand..., pocket...

portavion *s.n. nav.* aircraft carrier.

portavoce *s.n. nav.* speaking trumpet.

portăreasă *s.f.* 1. janitress, porter. 2. porter's/janitor's wife.

portărel *s.m. jur.* bailiff.

portbagaj *s.n.* luggage rack, carrier; *auto* boot.

portbaionetă *s.f.* bayonet frog.

portdrapel *mil.* I. *s.m.* colour/standard bearer. II. *s.n.* stirrup socket/shoe.

porthartă *s.f. mil.* map case/holder.

portic *s.n.* portico, porch.

portieră *s.f.* 1. *(ușă)* door. 2. *(draperie)* door curtain, portière.

portiță *s.f.* wicket (gate); *(la o grădină etc.)* gate; *(de la sobă)* damper. ⓐ *~ de scăpare* loop hole.

portjartier *s.n.* suspender belt/girdle.

portmoneu *s.n.* (change) purse; pocket book; v. p o r t o f e l.

porto *s.n.* postage.

portocal *s.m. bot.* orange tree, S→ citrus *(Citrus aurantium)*.

portocală *s.f.* orange. ⓐ *~ roșie* blood orange.

portocaliu *adj.* orange.

portofel *s.n.* wallet.

portofoliu *s.n.* ministry, portfolio. ⓑ *ministru fără ~* minister without portfolio.

porto-franc *s.n.* free-port.

portret *s.n.* portrait; *(tablou)* picture.

portretist *s.m.* portrait painter, portraitist.

portretistică *s.f.* portrait painting.

portretiza *vb. tr. fig.* to portray.

portretizare *s.f.* portrayal.

portsculă *s.f.* v. p o r t u n e a l t ă.

portțigaret *s.n.* 1. *(tabacheră)* cigarette case. 2. *(în care se fixează țigara)* cigarette holder/tube.

portuar *adj.* port..., harbour...

portughez *adj., s.m.* Portuguese.

portugheză *s.f.* 1. Portuguese (woman *sau* girl). 2. Portuguese, the Portuguese language.

portulacă *s.f. bot.* portulaca *(Portulaca)*.

portunealtă *s.f. tehn.* tool holder.

portvizit *s.n.* pocket book.

porțelan *s.n.* china(ware), porcelain.

porție *s.f.* helping, portion.

porțiune *s.f.* portion; *(parte)* part; *(bucată)* piece; fragment.

porumb[1] *s.m.* v. p o r u m b e l 1.

porumb[2] *s.m. bot.* maize, Indian corn, *amer.* corn, S→meliza *(Zea mays)*. ⓑ *făină de ~* maize flour.

porumbac *adj.* greyish-white.

porumbar I. *s.m. bot.* sloe tree, blackthorn *(Prunus spinosa)*. II. *s.n.* 1. *(coșar)* granary, corncrib. 2. *(coteț pt. porumbei)* dovecot, pigeon house.

porumbă *s.f.* 1. *bot.* sloe. 2. *ornit.* v. p o r u m b i ț ă 1.

porumbel *s.m.* 1. *ornit.* pigeon, *poetic→*dove *(Columba)*. 2. *bot.* v. p o r u m b a r I. ⓐ *~ călător* carrier pigeon; *~ mesager* homing pigeon, homer; *~ rîzător* v. g u g u ș t i u c.

porumbiște *s.f.* field of Indian corn, *amer.* corn land.

porumbiță *s.f.* 1. (female) pigeon, *poetic→*dove. 2. *(alintător)* my love/dove, F my chick/duck, my lovey-dovey.

poruncă *s.f.* order, injunction. ⓑ *din porunca... (cu gen.)* by the order of...; *cele zece porunci* the Ten Commandments, the Decalogue.

porunci I. *vb. tr.* to order, to command. II. *vb. intr.* to rule, to be the master.

poruncitor I. *adj.* imperative, authoritative; *(d. ton)* imperious, peremptory, high. II. *adv.* imperatively etc. v. ~ I.

posac I. *adj.* sullen, gloomy, morose. II. *adv.* sullenly etc. v. ~ I.

poseda *vb. tr.* 1. to own, to possess, to be possessed of; *(a avea)* to have. 2. *fig.* to be thoroughly acquainted with; to be master of; to be conversant with.

posedat I. *adj.* frenzied, possessed. **II.** *s.m.* *one* possessed, demoniac.

posesi(un)e *s.f.* possession; *(pămînt)* land; *(moşie)* estate. ⓑ *luare în* ~ taking possession/over. ⓒ *a fi în posesia... (cu gen.)* to be in possession of..., to be possessed of...

posesiv *adj.* *gram.* possessive.

posesor *s.m.* owner, possessor.

posibil I. *adj.* possible. **II.** *adv.* possibly, maybe, perhaps, F→on the cards. **III.** *s.n.* ⓑ *în măsura* ~ului as far as possible. ⓒ *a face tot* ~ul to do one's best/utmost/F all one knows, to move heaven and earth, to leave no stone unturned, to play one's hand for all it is worth.

posibilitate *s.f.* **1.** possibility. **2.** *pl. (mijloace)* means; *(resurse)* resources. ⓑ *depline posibilităţi* full play; *în măsura/limita posibilităţilor* as far as possible.

posmag *s.m.* pulled bread; crumbled bread; *(dulce)* rusk.

posomorî *vb. refl.* **1.** to become darkened/clouded; *(d. cer)* to cloud over. **2.** *fig.* to become gloomy.

posomorît I. *adj.* **1.** *(d. vreme, cer)* dull, cloudy. **2.** *(d. cineva)* gloomy, sullen, morose. **3.** *(dezolant)* gloomy, dreary, murky. **II.** *adv.* gloomily etc. v. ~ I.

pospai *s.n.* **1.** flour dust. **2.** *(strat subţire)* thin layer. **3.** *fig.* smattering.

post¹ *s.n.* **1.** post, place, appointment, F→berth; *(slujbă)* job; *(situaţie)* position. **2.** *mil.* post. **3.** *tehn. etc.* post, station. ⓐ ~ *avansat mil.* outpost; ~*-cheie* key post; ~ *de comandă* command post; ~ *de mişcare ferov.* service station; ~ *de observaţie* observation post; ~ *de prim ajutor* first-hand post/station; ~ *telefonic* telephone set.

post² *s.n.* fast(ing). ⓐ ~ul *Crăciunului* Advent; ~ul *mare/Paştelui* Lent. ⓑ *zi de* ~ fast(ing)/maigre day. ⓒ *a ţine* ~ to fast; *a ţine* ~ul to keep the fast.

posta I. *vb. tr.* to post, to set; *(a pune)* to put, to place. **II.** *vb. refl.*

to take a position; to take one's stand.

postament *s.n.* pedestal, base.

postaş *s.m.* v. p o ş t a ş.

postată *s.f.* **1.** *agr.* amount *of corn etc.* cut in a certain space of time. **2.** *(strat)* bed. **3.** length of (the) way; *(distanţă)* distance.

postav *s.n.* cloth.

postăvărie *s.f.* **1.** cloth manufactory/mill. **2.** *(ca magazin)* draper's shop.

postbelic *adj.* post-war...

postdata *vb. tr.* to post-date.

postdiluvian *adj. geol.* post-diluvial.

postelnic *s.m.* *ist.* seneschal, court marshal; *(în sec. 18—19)* Minister ⸱⸱f/for Foreign Affairs.

posterior *adj.* posterior; *(de dinapoi)* hinder..., hind...; *(temporal)* subsequent; *(mai tîrziu)* later.

posterioritate *s.f.* posteriority.

posteritate *s.f.* **1.** posterity, descendants, issue. **2.** *posteritatea* the succeeding generations, the generations to come.

postfaţă *s.f.* afterword, postface.

posti *vb. intr.* to fast.

postmeridian *adj.* postmeridian, p.m.

post-mortem *adv.* post mortem.

postoperatoriu *adj.* postoperative.

postpalatal *adj. fon.* postpalatal.

postpune *vb. tr. lingv.* to place at the end of a word.

postpunere *s.f. lingv.* postposition.

postpus *adj. lingv.* placed at the end of a word.

post-restant *s.n., adj., adv.* poste restante.

post-scriptum *s.n.* postscript; P.S.

postulant *s.m.* applicant.

postulat *s.n.* postulate, assumption.

postum I. *adj.* posthumous. ⓑ *glorie* ~ă after-fame; *operă* ~ă (literary) remains. **II.** *adv.* posthumously.

postură *s.f.* **1.** position, situation. **2.** *(a corpului)* posture, attitude.

postverbal *s.n.* backformation.

poşetă *s.f.* handbag.

poşircă *s.f.* crab wine, F rot-gut.

poştal I. *adj.* postal, post... ⓑ *factor* ~ v. p o ş t a ş. **II.** *adv.* by post.

poştalion *s.f. odin.* mail coach.

poştaş *s.m.* postman, letter carrier.

poştă *s.f.* **1.** post; *(clădirea, birourile)* post office. **2.** *odin.* mail coach;

post realy. **3.** *(distanţă)* post mile.
ⓐ ~ *aeriană* air mail. ⓑ *prin* ~
by post; *director general al poştelor*
Postmaster General.

pot *s.n.* sweepstake(s), stake. ⓒ *a
lua ~ul şi fig.* F to sweep the
board.

potabil *adj.* drinkable, fit to drink.
ⓑ *apă* ~*ă* drinking water.

potaie *s.f.* **1.** cur, tike, vile dog. **2.**
(haită) pack. **3.** *fig.* vile dog, cur,
scoundrel, rascal.

potasă *s.f.* potash, potassium car-
bonate.

potasic *adj. chim.* potassic, potas-
sium...

potasiu *s.n. chim.* potassium.

potcap *s.n. bis.* kamelavkion.

potcă *s.f.*←P **1.** *(neplăcere)* trouble,
F scrape. **2.** *(vrajbă)* enmity. **3.** v.
p o c i t a n i e. evil eye (illness).

potcoavă *s.f.* horseshoe; *(la bocanci)*
clout. ⓒ *a umbla după potcoave de
cai morţi* to run a wild-goose chase.

potcovar *s.m.* shoeing smith, far-
rier.

potcovărie *s.f.* farriery.

potcovi *vb. tr.* **1.** to shoe. **2.** *fig.* F
to gull, to diddle, to take in, to
do.

potcovire *s.f.* shoeing etc. v. p o t-
c o v i.

potcovit *s.n.* shoeing etc. v. p o t-
c o v i.

potecă *s.f.* path.

potent *adj.* potent, vigorous.

potentat *s.m.* potentate, *pl* high
and mighties.

potenţa *vb. tr.* to intensify.

potenţial **I.** *adj. electr. etc.* poten-
tial. **II.** *adv.* potentially. **III.** *s.n.*
1. *electr.* potential. **2.** *fig.* poten-
tialities.

potenţialitate *s.f.* potentiality.

potenţiometru *s.n. electr.* potentio-
meter.

poteraş *s.m. odin.* thief catcher.

poteră *s.f. odihn.* posse.

poticneală *s.f.* v. p o t i c n i r e.

poticni *vb. refl.* **1.** *(de)* to stumble
(over); *(d. cai şi)* to flounder. **2.**
fig. to stumble.

poticnire *s.f.* stumbling, stumble.

potir *s.n.* **1.** cup, bowl; *rel.* chalice.
2. *bot.* calyx.

potîrniche *s.f. ornit.* partridge *(Per-
dix perdix).*

potlogar *s.m.* swindler, cheat, de-
ceiver.

potlogărie *s.f.* **1.** cheating. **2.** *(ca
act)* cheat, fraud, swindle.

potnogi *s.m. pl. text.* treadles.

potoli **I.** *vb. tr. (a uşura)* to relieve;
(a micşora) to lessen, to abate, to
diminish; *(a modera, a îndulci)* to
mitigate, to moderate, to sweet-
en; *(a linişti)* to calm, to appease,
to compose, to tranquillize; *(o răs-
coală)* to suppress, to quash, to
stifle; *(patimi)* to assuage, to
damp, to slake, to subdue; *(vîn-
tul)* to lay, to kill; *(a face să tacă)*
to hush; *(minia)* to quiet, to calm,
to stay, to still; *(a pacifica)* to
pacify; *(o durere)* to soothe, to as-
suage, to quiet; *(marea, valurile)*
to still, to calm; *(furtuna)* to lull;
(setea) to quench. **II.** *vb. refl. (d.
vînt)* to calm, to abate, to mode-
rate; *(d. cineva)* to be tranquil-
lized/composed, to compose one's
mind, to make oneself easy; *(a se
micşora)* to lessen, to abate, to di-
minish; *(a se calma, a se linişti)*
to calm down.

potolire *s.f.* relieving etc. v. p o t o-
l i.

potolit **I.** *adj.* **1.** relieved etc. v.
p o t o l i. **2.** *(calm)* calm; *(liniş-
tit)* quiet; *(netulburat)* undis-
turbed; *(d. mare)* smooth, unruf-
fled, calm; *(d. lumină)* dim;
(d. sunete) low, stifled. **II.** *adv.*
calmly etc. v. ~ I, 2.

potolitor *adj.* calming, soothing;
pacifying.

potop *s.n.* **1.** flood. **2.** *fig. (de lacrimi)*
flood, flow; *(de ocări etc.)* stream,
torrent. **3.** *fig. (pustiire)* ravage;
(distrugere) destruction. **4.** *adver-
bial* in floods/torrents.

potopi *vb. tr.* **1.** to flood; *(a acoperi
cu apă)* to submerge. **2.** *fig.* to
invade; *(a pustii)* to ravage, to
lay waste, to destroy.

potopitor *adj.* overwhelming.

potou *s.n. sport* post.

potpuriu *s.n.* **1.** *muz.* pot-pourri, med-
ley. **2.** *fig.* hotch-potch.

potricală *s.f. tehn.* hollow punch.

potrieăli *vb. tr.* to punch *(holes into)*.

potrivă *s.f.* like; *(pereche)* match, equal. ⓑ *pe potriva... (cu gen.)* **a.** *(la înălțimea...)* equal to... **b.** *(corespunzător cu)* corresponding to..., commensurate with... **c.** *(potrivit cu)* in accordance with..., according to...

potriveală *s.f.* v. p o t r i v i r e. ⓑ *cu ~* adequate, proper.

potrivi I. *vb. tr.* **1.** *(a pune)* to put, to place, to set, to lay; *(a aranja)* to arrange; *(perna etc.)* to adjust; *(a pune cum trebuie)* to set/put straight; *(ceasul)* to set; *(părul)* to smooth; *(a aplica) (la)* to apply (to); *(a face să se potrivească) (la)* to suit (to), to tally (to). **2.** *(a găti)* to trim up. **3.** *(a compara) (cu)* to compare (with/to), to liken (to); *(a asimila) (cu)* to assimilate (with/to); *(a pune de acord) (cu)* to make agree (with); to proportion (to), to harmonize (with); *(a ajusta) (la)* to adjust/to fit (to); *(a adapta) (la)* to adapt (to). **4.** *(a acorda)* to tune. **5.** *(o mincare)* to season, to dress. **6.** *(a nimeri)* to hit. **II.** *vb. refl.* **1.** *(cu)* to agree (with); *(a coincide)* to coincide (with); to tally (with), to dovetail (with); *(a corespunde)* to suit, to match, to correspond (to); *(a fi potrivit)* to be suited/suitable (for), to fit in; *(a corespunde scopului)* to suit/answer one's purpose. **2.** *(a fi pe măsura)* to fit, to adapt oneself (to); to conform (to), to strike in (with). ⓐ *a se ~ la... (sau cu dat.)* **a.** *(a asculta la)* to listen to... **b.** *(a se supune)* to submit to... ⓒ *mănușile nu se potrivesc* these gloves are not a pair/do not belong together/are not fellows; *se potrivesc (d. oameni)* they are well suited to each other, they suit each other, they get on/draw well together, they are well matched together; *nu se potrivesc* they are ill-matched, F→they do not hit it off well.

potrivire *s.f.* **1.** arrangement etc. v. p o t r i v i. **2.** *(acord)* agreement, accord, correspondence.

potrivit I. *adj.* **1.** fit, suited, suitable, apt; *(d. un moment)* adequate, right; *(corespunzător)* corresponding. **2.** *(de mijloc)* average, middling. **II.** *adv.* moderately, in moderation; *(așa și așa)* so so... ⓐ *~ cu...* in accordance with..., according to... **III.** *s.n.* v. p o t r i v i r e **1**.

potrivnic *adj.* **1.** hostile, inimical. **2.** *(opus) (cu dat).* opposed (to), contrary (to).

potrivnicie *s.f.* opposition; *(piedică)* hindrance, obstacle(s); *(ostilitate)* hostility; *(greutate)* hardship.

potroace *s.n. pl.* giblets. ⓑ *ciorbă de ~* giblets/gizzard soup.

poturi *s.m. pl.* **1.** *odin.* trunk breeches. **2.** peasant's tight trousers.

poțiune *s.f. med.* potion, draught.

povară *s.f.* **1.** burden, load; *(greutate)* weight. **2.** *fig. (chin)* torture. ⓐ *povara anilor* the weight of years.

povarnă *s.f.* (brandy) distiller.

povață *s.f. (sfat)* advice, counsel.

povățui *vb. tr.* to advise, to counsel; *(a indruma)* to guide, to direct.

povățuire *s.f.* **1.** advising. **2.** v. p o v a ț ă.

povățuitor *s.m.* adviser, counsellor; *(ghid)* guide.

poveste *s.f.* **1.** tale, story; *(cu zine, basm)* fairy tale; *(istorie)* story. **2.** *(născocire)* tale, fable, invention, cock-and-bull story. **3.** *fig. (chestiune)* matter, question. ⓐ *~a vorbei/cîntecului* **a.** proverb, saying. **b.** *adverbial* as the saying is; as the story is; *(cum ar veni)* as it were; *~ lungă* long rigmarole; Canterbury tale. ⓑ *nici ~* F by no means, not at all. ⓒ *asta e cu totul altă ~* F that's another pair of breeches, that's a horse of another colour; *astea sînt povești!* F don't tell me tales!

povesti I. *vb. tr.* to tell, to narrate, to recount. **II.** *vb. refl.* ⓒ *se povestește că...* the story goes that...; *ce ți s-a ~t?* what have you been told?

povestire *s.f.* **1.** telling etc. v. p o-
v e s t i. **2.** story. ⓐ ~ *la persoana*
I the I form.
povestitor *s.m.* (story) teller, narrator.
povîrni *vb. refl.* to slope, to slant.
povîrniş *s.n.* slope; *(abrupt)* steep.
povîrnit *adj.* sloping; *(abrupt)* steep,
abrupt, precipitous.
poza I. *vb. intr.* **1.** *(pt. portret etc.)*
to pose, to sit. **2.** *fig.* to pose,
to attitudinize. II. *vb. tr.* to pho-
tograph, to take a photograph of.
poză *s.f.* **1.** pose, attitude, posture.
2. *(fotografie)* ←F picture, photo-
graph. **3.** *(imagine)* picture. ⓒ
a-şi face o ~ to have one's photo-
graph taken; *a-şi lua o* ~ to strike
an attitude, to assume a pose.
pozitiv I. *adj.* **1.** positive; *(real)*
actual, real; *(util)* useful. **2.**
(realist) practical, matter-of-fact,
unsentimental. **3.** *gram. etc.* posi-
tive. ⓓ *electricitate* ~ă positive
electricity; *erou* ~ positive char-
acter; *sarcină (electrică)* ~ă
positive electric charge. II. *adv.*
positively. III. *s.n.* **1.** *fot.* positive.
2. *gram.* positive (degree).
pozitivism *s.m. filoz.* positivism.
pozitivist *adj., s.m. filoz.* positivist.
ⓓ *filozofie* ~ă positivist philo-
sophy.
pozitron *s.m. fiz.* positron.
poziţie *s.f.* **1.** position; *(a unei
localităţi, case etc.)* situation, site;
(a unei nave) position. **2.** *(a corpu-
lui etc.)* position, posture, at-
titude. **3.** *(socială)* position, con-
dition, status, standing. **4.** *mil.*
tactical position. **5.** *muz.* position,
shift. **6.** *fig.* attitude, stand, posi-
tion; *(punct de vedere)* (point of)
view, standpoint. ⓐ *poziţia culcat
sport* prone position; *poziţia în
genunchi sport* kneeling position;
poziţia în picioare sport standing
position; ~ *avantajoasă* advan-
tage ground; ~ *de tragere mil.*
firing position; ~ *iniţială sport*
initial position. ⓓ *politică de pe
poziţii de forţă* positions of strength
policy, policy from positions of
strength; policy of the strong hand.
ⓒ *a se situa pe o* ~ *justă* to take a
correct/the right stand; *a-şi schimba*

poziţia to revise one's stand; *a
rămîne pe* ~ to hold one's own,
to stand one's ground; *a lua* ~ **a.**
mil. to take up a position. **b.** *fig.*
to take a/one's stand.
poznaş I. *adj.* **1.** tricky, fond of
playing tricks; *(glumeţ)* funny,
amusing. **2.** *(ciudat)*. strange. II.
s.m. practical joker; *(glumeţ)*
wag.
pozná *s.f.* **1.** *(glumă)* joke; *(farsă)*
farce, dodge, trick; *(ştrengărie)*
prank, F lark, frolic. **2.** *(prostie)*
foolish act, piece of folly; *(pagubă)*
damage; *(vătămare)* injury, hurt.
practic I. *adj.* **1.** *(folositor)* practic-
al, useful. **2.** *(d. cineva)* practical
(-minded), matter-of-fact; *(pri-
ceput)* experienced, skilled. ⓓ *acti-
vitate* ~ă practical activity; *om*
~ practical man. II. *adv.* in actual
fact, in practice, as a matter of
fact, in a matter-of-fact way.
practica I. *vb. tr.* to practise, to
put into practice; *(a folosi)* to
use, to employ. ⓒ *a* ~ *medicina*
to practise medicine. II. *vb. refl.
pas.* to be practised etc. v. ~ I.
practicabil I. *adj.* practicable; *(d.
drumuri etc.)* passable, negotiab-
le; *(care se poate îndeplini)* fea-
sible. II. *s.n. teatru* frame, rostrum.
practicant *s.m.* probationer.
practică *s.f.* **1.** practice; *(aplicare)*
application. **2.** *(uzaj)* practice,
usage, use. **3.** *(metodă)* practice,
method, experience. ⓐ *practica
în producţie a studenţilor* practical
training for students. ⓒ *a pune în*
~ to put into practice.

practician *s.m.* practitioner, expert.
practicism *s.n.* practicalness.

pradă *s.f.* booty; *(jaf; pradă luată
prin jaf)* plunder; *(în război)* loot,
spoil(s); *(în război pe mare)* prize;
(de război) captured material, spoils
of war, trophy; *(de pasăre răpitoare
etc., şi fig.)* prey; *(a vînătorului,
pescarului)* bag, catch. ⓓ *animal
de* ~ predator. ⓒ *a cădea* ~...
(cu dat.) to fall a prey to..., to
become a victim of...; *a cădea*
~ *flăcărilor* to be consumed/de-
stroyed by the flames; *a se lăsa*

~ ... *(cu dat.)* to abandon/give oneself to..., to indulge in...

praf *s.n.* 1. dust; *(pudră)* powder. 2. *farm.* cachet, powder. ⓐ ~ *alb* v. c o c a i n ă; ~ *de baie* bath brick, scrubbing powder; ~ *de copt* baking powder/soda saleratus; ~ *de curăţat* v. ~ d e b a i e; ~ ~ *de puşcă* gun powder; ~ *de zahăr* glazing sugar; ~ *şi pulbere* dust and ashes. ⓑ *nor de* ~ cloud of dust, dust cloud. ⓒ *a arunca* ~ *în ochii cuiva* to throw dust in smb.'s eyes; *a face* ~ *pe cineva* **a.** to lay smb. (to) vaste, *sl.* to squash/ despatch smb. into next week. **b.** *fig.* to amaze smb., to perplex smb.; to conquer smb.; *a şterge* ~*ul* to wipe off the dust, to dust; *a şterge* ~*ul din odăi* to dust the rooms; *a scutura de* ~ to dust, to beat the dust from; *a preface în* ~ to reduce to dust/powder; *a se preface în* ~ **a.** to turn to dust; to crumble. **b.** *fig.* to crumble (in)to dust; *a face* ~ **a.** *(a omorî)* to kill, to destroy; *(o armată)* F to cut... into mince meat. **b.** *(pe cineva fig.)* F to cut to bits/pieces; *(a uimi)* F to flummox. **c.** *(ceva)* to destroy; *(a irosi)* to squander, to play ducks and drakes with, to play hell/the bear/ the mischief with.

praftoriţă *s.f.* sprinkle, brush.

prag *s.n.* 1. *şi fig.* threshold. 2. *(de rîu)* rapid(s). ⓐ ~ *de audibilitate fiziol., tel.* threshold of audibility; ~ *de senzaţie dureroasă fiziol.* threshold of feeling; ~ *de excitare fiziol.* stimulus threshold, threshold of irritation, of stimulation. ⓑ *din* ~ *în* ~ from door to door; *în* ~*ul... (cu gen.)* on the brink/ threshold of...; *(în ajunul)* on the eve of...; *în* ~*ul morţii* on the brink/threshold of death, at death's door; *politică în* ~*ul războiului* (war) brinkmanship. ⓒ*n-o să-i mai trec niciodată* ~*ul* I'll never cross his threshold again; *a pune picio-rul în* ~ to act resolutely; to take one's stand.

pragmatic I. *adj.* pragmatic. **II.** *adv.* pragmatically.

pragmatism *s.n. fiziol.* pragmatism.

pragmatist *s.m.* pragmatist.

pralină *s.f.* burnt/crisp almond.

pramatie *s.f.* profligate, libertine, debauchee; *(hoţ)* thief; *(ticălos)* rascal, knave.

prapur *s.m.* 1. *rel.* banner/standard used for processions etc. 2. P v. p e r i t o n e u.

praşilă *s.f.* v. p r ă ş i t.

praştie *s.f.* sling; (boy's) catapult. ⓑ *cal de* ~ outrunner, side horse.

pravilă *s.f.* ←*înv.* 1. *(lege)* law. 2. *(cod)* code of laws. ⓑ *după* ~ according to law.

pravoslavnic I. *adj.* orthodox. **II.** *s.m.* (orthodox) believer.

praxiu *s.n. rel.* Acts (of the Apostles).

praz *s.m. bot.* leek *(Allium porrum)*.

praznic *s.n.* 1. *(după înmormîntare)* funeral repast, burial feast; *(la hram etc.)* wake. 2. (church) festival. 3. *fig.* feast, banquet, <F grand/capital tuck-in, merry bout. ⓑ *la dracu/naiba-n* ~ F at the back of beyond/god-speed.

prăbuşi *vb. refl.* 1. to fall suddenly *sau* heavily, to tumble down; to fall in, to come down with a crash; to fall/come to the ground, to break down, to collapse. 2. *fig.* to cave in, to collapse, to break down; *(d. proiecte etc.)* F to go glimmering/wrong, to go to the dogs.

prăbuşire *s.f.* 1. (sudden *sau* heavy) fall; collapse. 2. *fig.* breakdown, collapse.

prăda *vb. tr.* to plunder, to rob, *mai ales mil.* to pillage; *(a devasta)* to ravage; *(un oraş)* to sack, to to loot; *(pe cineva)* to rob, to strip.

prădalnic *adj.* predatory, rapacious.

prădăciune *s.f.* plundering etc. v. p r ă d a; plunder, robbery; *(furt)* theft.

prăfărie *s.f.* (much) dust.

prăfui *vb. tr.* to cover with dust, to make dusty.

prăfuit *adj.* dusty.

prăji I. *vb. tr.* 1. *(în tigaie)* to fry; *(la foc)* to roast, to broil; *(pe grătar)* to grill; *(a coace)* to bake.

2. *(a arde)* to burn; *(a bronza)* to tan. **3.** *fig.* F to diddle, to gull, to do. **II.** *vb. refl.* **1.** to fry, to roast, to broil, to grill, to bake. **2.** *(la soare)* to bake/bask in the sun. **3.** *fig.* F to be diddled/gulled, to be taken in.

prăjină *s.f.* **1.** pole; *(de rufe)* crotch. **2.** *fig.* F lamppost, gangrel, long Meg, P long ghost. **3.** *tehn.* drill pipe. ⓒ *nu-i ajungi nici cu prăjina la nas* F he's perky, he perks up his head; he is wrapped in cellophane.

prăjit *adj.* fried etc. **v.** p r ă j i. ⓑ *pîine* ∼ă toast.

prăjitură *s.f.* cake; *(uscată)* biscuit.

prăpastie *s.f.* **1.** precipice, abyss, gulf; *(strungă)* ravine. **2.** *fig.* abyss, gulf; *(dezastru)* disaster, ruin. ⓑ *pe marginea* ∼i **a.** at the edge of the abyss. **b.** *fig.* on the verge of disaster/ruin. ⓒ *a vorbi prăpăstii* F to talk at random/through one's hat, to twaddle.

prăpăd *s.n.* **1.** disaster, calamity, ruin; destruction. **2.** *fig.* flood.

prăpădenie *s.f.* **1.** destruction, ruin; *(pagubă)* damage, harm. **2.** *fig.* danger, peril, jeopardy.

prăpădi **I.** *vb. tr.* to destroy, to annihilate; *(a ucide)* to kill; *(a irosi)* to waste; *(a da iama in)* to play havoc with; *(a pustii)* to ravage, to lay waste. **II.** *vb. refl.* **1.** *pas.* to be destroyed etc. **v.** ∼ **I. 2.** *(a muri)* to die; *(a pieri)* to perish. ⓒ *a se* ∼ *de rîs* to die with laughter; *a se* ∼ *după cineva* to love smb. to distraction.

prăpădit **I.** *adj.* **1.** broken, deteriorated; *(distrus)* destroyed. **2.** *(nenorocit)* wretched, miserable. **II.** *s.m.* wretch.

prăpăstios *adj.* **1.** precipitous, abrupt, steep. **2.** *(d. cineva)* pessimistic; *(fricos)* fearful, timid.

prăsea *s.f.* **v.** p l ă s e a.

prăsi **I.** *vb. tr.* to breed, to rear; *(plante)* to cultivate, to grow. **II.** *vb. refl.* to propagate, to reproduce; *(d. broaște, pești)* to spawn.

prăsilă *s.f.* **1.** breeding, reproduction. **2.** *(rasă)* race, breed; *col.* issue, offspring. ⓑ *iapă de* ∼brood

mare; *vite de* ∼ breeding stock.

prăsitor *adj.* prolific.

prăși *vb. tr.* to weed, to hoe.

prășit *s.n.* weeding, hoeing.

prășitoare *s.f.* **1.** *agr.* cultivator. **2.** **v.** p r ă ș i t o r II.

prășitor **I.** *adj.* hoeing, weeding. **II.** *s.m.* weeder (out).

prășitură *s.f.* weeding, hoeing.

prăvăli **I.** *vb. tr.* to throw down, to overthrow; *(a trinti)* to knock down. **II.** *vb. refl.* *(a se prăbuși)* to fall down.

prăvăliaș *s.m.* shopman, shopkeeper.

prăvălie *s.f.* shop. ⓑ *băiat de* ∼ shop assistant.

prăvălire *s.f.* **1.** falling down etc. **v.** p r ă v ă l i. **2.** downfall, collapse.

prăvăliș *s.n.* steepness; *(povîrniș)* slope.

prăznui *vb. tr.* to celebrate.

prăznuire *s.f.* celebration.

prea *adv.* too; *(in construcții negative)* very. ⓑ *mult* ∼... much too....; *nici* ∼-∼, *nici foarte-foarte* F so so; *nu* ∼ not quite/exactly/very; *nu* ∼ *de mult* not/very long ago. ⓒ *asta e* ∼-∼ F it's really too bad! that's coming it strong! that's a bit thick/steep; that's the limit; *a dormi* ∼ *mult* to oversleep oneself; *a minca* ∼ *mult* to overeat oneself; *nu* ∼ *îmi place* F→I don't half like it; *se* ∼ *poate* that's very possible.

preacinstit *adj.* most honourable.

preacurat *rel. adj.* allimmaculate.

Preacurata *s.f.* the Holy Virgin.

preacuvios *adj. rel.* allpious.

preafericit *adj. rel.* allhappy, saint.

preaînalt *adj. rel.* allhigh.

preajmă *s.f.* surrounding(s), vicinity. ⓑ *din* ∼ near; around; *în preajma... (cu gen.)* **a.** *(spațial)* around..., about... **b.** *(temporal)* about...; *(către)* towards...; *(în ajunul)* on the eve of...

prealabil *adj.* previous, preceding. ⓑ *în* ∼ beforehand, to begin with, as a preliminary.

preamări *vb. tr.* to exalt, to extol; *(a lăuda)* to praise.

preamărit *adj.* allglorious.

preambul *s.n.* preamble.

preaplin *s.n.* superabundance.

preaputernic *adj.* omnipotent, almighty, all-powerful.

preasfinția *s.f.* ⓐ ~ *sa* His Holiness.

preasfînt *adj.* all-holy.

preaviz *s.n.* (previous) notice. ©
a da ~ *cuiva* to give smb. notice.

precar *adj.* precarious; *(greu)* hard.

precaut I. *adj.* (pre)cautious, wary.
II. *adv.* cautiously, warily.

precauție *s.f.* precaution; *(prudență)*
caution, wariness. ⓑ *ca o (măsură
de)* ~ as a measure of precaution,
by way of precaution; *cu* ~ cautiously; *măsură de* ~ measure of
precaution. © *a-și lua toate precau-
țiile necesare* to take due/every
precaution.

precădere *s.f.* priority, preference.
ⓑ *cu* ~ pre-eminently above all,
especially, particularly; *dezvolta-
rea cu* ~ *a industriei grele* the
priority development of heavy
industry.

preceda *vb. tr. și intr.* to precede,
to go before.

precedent I. *adj.* **1.** *(premergător,
ultimul dinainte)* preceding. **2.**
(de demult) former, previous. **II.**
s.n. precedent. ⓑ *fără* ~ unprece-
dented, unparalleled; unheard of.
©*a crea un* ~ to create/set a pre-
cedent.

precedență *s.f.* precedence.

precept *s.n.* precept; *(sfat)* advice.

preceptor *s.m.*←*odin.* family tutor,
preceptor.

precesiune *s.f. astr.* precession.

precipita I. *vb. tr.* **1.** to hurry, to
hasten, to precipitate. **2.** *chim.*
to precipitate. **II.** *vb. refl.* **1.** *(d.
evenimente)* to rush, to escape
control, to come tumbling rapidly
one upon another. **2.** *chim.* to
precipitate. **III.** *vb. intr. chim.* v.
~ II, 2.

precipitant *s.n.. chim.* precipitant.

precipitare *s.f.* hurrying etc. v.
p r e c i p i t a.

precipitat *s.n. chim.* precipitate.

precipitații *s.f. pl.* precipitations;
(ploaie) rainfall. ⓐ ~ *radioactive
meteor.* fall-out.

precis I. *adj.* precise, exact, accurate;
(d. un termen etc.) unambiguous.

II. *adv.* **1.** precisely etc. v. ~ I. **2.**
(sigur) by all means, definitely,
without fail. **3.** *(referitor la ore)*
sharp, precisely, exactly. © *la 7*
~ at 7 o'clock sharp, at 7 o'clock
exactly.

Precistă *adj.* ⓑ *Maica* ~ v. p r e a-
c u r a t a.

preciza I. *vb. tr.* to specify, to state
precisely, to define more accura-
tely. **II.** *vb. refl. pas.* to be speci-
fied etc. v. ~ I.

precizare *s.f.* specification; expla-
nation; *(adaos)* addition.

precizie *s.f.* precision, preciseness,
accuracy. ⓑ *de* ~ accurate; *(d.
instrumente)* precision...

precoce *adj.* precocious.

precocitate *s.f.* precocity, preco-
ciousness.

preconceput *adj.* preconceived.

preconiza *vb. tr.* to plan; *(a preve-
dea)* to foresee; to contemplate;
(a propune) to propose, to suggest;
(a recomanda) to recommend, to
advocate.

precum *conj.* as ⓐ ~ *și...* as well
as...; ~ *urmează* as follows.

precumpăni *vb. intr.* to prevail, to
preponderate, to have greater
weight.

precumpănitor *adj.* prevailing, pre-
dominant.

precupeț *s.m.* petty trader; *(de
stradă)* street vender/vendor.

precupeți *vb. tr.* to spare. © *nu* ~
nici un efort he spared no effort(s).

precursor *s.m.* forerunner, precursor.

preda I. *vb. tr.* **1.** to hand (over),
to deliver; *(a încredința)* to entrust
smb. with, to commit; *(a da)*
to give. **2.** *școl.* to teach. **II.** *vb.
refl.* **1.** *pas.* to be handed (over)
etc. v. ~ I. **2.** *(d. cineva etc.)*
to surrender, to yield, to lower
one's colours; *(ca prizonier)* to
yield oneself prisoner; *(a capitula)*
to capitulate.

predare *s.f.* handing (over) etc. v.
p r e d a.

predecesor *s.m.* predecessor, fore-
runner.

predestina *vb. tr.* to predestin(at)e.

predestinat *adj.* fated, foredoomed.

predestinație *s.f.* predestination.

predetermina *vb. tr.* to predetermine.
predica *vb. intr. şi tr.* to preach.
ⓒ *a ~ în deşert* to preach in the desert.
predicat *s.n. gram., log.* predicate.
ⓐ *~ nominal* nominal predicate; *~ verbal* verbal predicate.
predicativ *adj. gram.* predicative.
ⓑ *nume ~* predicative.
predicator *s.m.* preacher.
predică *s.f.* sermon. ⓒ *a ţine o ~ cuiva* to sermonize/moralize smb.
predilect *adj.* favourite.
predilecţie *s.f.* predilection, partiality, preference, propensity. ⓑ *de ~* I. *adj.* favourite; preferable. II. *adv.* preferably; *(mai ales)* particularly.
predispoziţie *s.f.* predisposition, propensity, proclivity, tendency; *med.* idiosyncrasy.
predispune *vb. tr.* to predispose.
predispus *adj.* ⓐ *~ la...* predisposed to..., inclined to...
predomina *vb. intr.* to prevail, to predominate.
predominant *adj.* prevalent, prevailing, predominant.
predominanţă, predominare *s.f.* prevalence, predominance.
predoslovie *s.f. înv.* v. p r e f a ţ ă.
preducea *s.f. tehn.* punch.
preeminenţă *s.f.* pre-eminence.
preemţiune *s.f. jur.* pre-emption, option.
preexista *vb. intr.* to pre-exist.
preexistent *adj.* pre-existent, pre-existing.
preexistenţă *s.f.* pre-existence.
prefabrica *vb. intr.* to prefabricate.
prefabricare *s.f.* prefabrication.
prefabricat *s.n. constr.* prefabricated part, prefab.
preface I. *vb. tr.* to transform, to change, to alter, to modify; *(o haină)* to alter; *(a face din nou)* to do *sau* to make anew. ⓐ *a ~ în...* to turn into... II. *vb. refl.* 1. *pas.* to be transformed etc. v. *~* I. 2. *(a simula)* to pretend, to feign, to simulate, to sham *(mai ales mil.)* to malinger. ⓐ *a se ~ în...* to turn into..., to become... ⓒ *se ~ doar* he is only shamming;

se ~ că doarme he pretends to be sleeping, he shams sleep.
prefacere *s.f.* 1. transformation etc. v. p r e f a c e. 2. *(ca act)* transformation, change.
prefaţa *vb. tr.* to preface, to introduce, to write a preface to.
prefaţă *s.f.* preface, foreword, introduction.
prefăcătorie *s.f.* simulation, sham, pretence; *(ipocrizie)* hypocrisy, dissimulation.
prefăcut *adj.* 1. hypocritical, false, treacherous; sham. 2. *(falsificat)* forged, falsified.
prefect *s.m. ←odin.* prefect. ⓐ *~ de poliţie* chief commissioner of the police.
prefectură *s.f.←odin.* prefect's office.
prefera *vb. tr.* to prefer, to like better.
preferabil I. *adj.* preferable; *(mai bun)* better. II. *adv.* preferably.
preferat *adj., s.m.* favourite.
preferenţial *adj.* preferential. ⓑ *drept ~ jur.* preference.
preferinţă *s.f.* preference. ⓑ *de ~...* preferably..., ...for choice.
prefeudal *adj.* prefeudal.
prefigura *vb. tr.* to prefigure, to foreshadow.
prefigurare *s.f.* premonition, foreshadowing, prediction.
prefira I. *vb. tr.* 1. to look over/ through. 2. v. r ă s f o i. 3. *(a presăra)* to strew. II. *vb. refl.* 1. *(a se strecura)* to steal, to creep, to slip. 2. v. p e r i n d a. 3. *(a se împrăştia)* to spread.
prefix *s.n.* prefix.
prefixa *vb. tr.* to prefix.
prefloraţie *s.f. bot.* prefloration.
pregăti I. *vb. tr.* 1. to get/make ready; to prepare; *(a instrui)* to train; *(o lecţie)* to do; *(pt. un examen)* to coach. 2. *(o surpriză)* to have... in store. 3. *(masa)* to cook. ⓒ *a ~ terenul pentru...* to pave the way for... II. *vb. refl.* 1. *pas.* to be trained etc. v. *~* I. 2. to prepare, to get/make ready. 3. *(a fi pe punctul de a se petrece)* to be about to take place; *(d. un pericol etc.)* to be imminent/threatening. ⓐ *a i se ~* to be in store

for one. ⓒ *se pregătește la geografie* he is reading up his geography; *se pregătește pentru avocatură* he is reading for the bar.

pregătire *s.f.* 1. preparation etc. v. p r e g ă t i. 2. *(cunoștințe)* grounding, schooling. ⓐ ~*a cadrelor* training of personnel; ~ *de artilerie mil.* artillery preparation, preparatory bombardments; ~ *de luptă mil.* battle training, *amer.* combat instruction/training. ⓒ *are o bună* ~ *in...* he is well grounded in...

pregătit *adj.* 1. prepared; *(gata)* ready. 2. *(instruit)* well trained, well grounded.

pregătitor *adj.* preparatory. ⓓ *lucrări pregătitoare* spade work.

preget *s.n.* cessation; *(răgaz)* leisure; *(odihnă)* rest. ⓓ *fără* ~ **a.** ceaselessly, continuously. **b.** *(imediat)* at once, immediately.

pregeta *vb. intr.* to hesitate, to waver.

pregnant *adj.* striking, conspicuous.

pregnanță *s.f.* striking character, conspicuousness.

preimperialist *adj.* pre-imperialist...

preistoric *adj.* prehistoric.

preistorie *s.f.* prehistory.

preîncălzire *s.f.* preheating.

preîncălzitor *s.n. tehn.* preheater.

preîntîmpina *vb. tr.* to prevent, to avert.

preîntîmpinare *s.f.* preventing.

prejos *adv.* ⓓ *mai* ~ *(de)* inferior (to), below.

prejudecată *s.f.* prejudice, preconceived idea. ⓓ *lipsit de prejudecăți* nonprejudiced.

prejudicia *vb. tr.* to be detrimental/prejudicial to.

prejudiciabil *adj.* prejudicial; *(vătămător)* harmful.

prejudiciu *s.n.* prejudice, detriment; *(moral)* injury, wrong; *(pagubă)* damage; *(rău)* harm.

prelat *s.m.* prelate.

prelată *s.f.* tarpaulin.

prelegere *s.f.* lecture.

preleva *vb. tr.* to draw.

prelevare *s.f.* drawing.

preliminar I. *adj.* preliminary; explanatory, tentative. **II.** *s.n. pl.*

preliminarii preliminaries; *(preambul)* preamble.

prelinge *vb. refl.* to trickle, to ooze (out), to drop out.

prelua *vb. tr.* to take over; *(a lua)* to take.

preluare *s.f.* taking over.

prelucra I. *vb. tr.* 1. *(a reface)* to remake; *(a transforma)* to transform, to change; *tehn.* to process (into), to work. 2. *(o chestiune)* to discuss, to debate upon, to work up; *(a studia)* to study; *(un plan)* to work out. 3. *(pe cineva)* to brief, to enlighten, to talk reason to; to carry on explanatory work with, to bring a matter home to. **II.** *vb. refl. pas.* to be remade etc. v. ~ **I.**

prelucrare *s.f.* remaking, processing etc. v. p r e l u c r a.

prelucrător *adj.* processing. ⓓ *industrie prelucrătoare* processing industry.

preluda *vb. intr.* to prelude.

preludiu *s.n. și fig.* prelude.

prelung *adj.* 1. oblong. 2. *(temporal)* prolonged, lasting.

prelungi I. *vb. tr.* to prolong, to extend. **II.** *vb. refl.* to be delayed, to be dragged out; *(a dura)* to last.

prelungire *s.f.* prolongation, extension.

prelungitor *s.n.* pencil holder/lengthener.

premarxist *adj.* pre-Marxist.

prematur *adj.* premature, untimely.

premedita *vb. tr.* to premeditate.

premeditare *s.f.* premeditation. ⓓ *cu* ~ deliberately, wilfully; *jur.* with malice aforethought; *crimă cu* ~ deliberate murder.

premeditat *adj.* premeditated, deliberate, studied.

premergător I. *adj.* precursory. **II.** *s.m.* forerunner, precursor.

premerge *vb. intr.* ⓐ *a* ~ *(cu dat.)* to precede *(cu acuz.)*.

premia *vb. tr.* to award a prize to; *(un funcționar etc.)* to give/award a bonus to.

premial *adj.* premium..., bonus... ⓓ *fond* ~ bonus funds; *sistem* ~ bonus system.

premiant *s.m. pupil who has been awarded a prize*

premiat *adj. that has been awarded a prize sau. a bonus.*

premier *s.m.* Premier, Prime-Minister.

premieră[1] *s.f. teatru* first performance/night, première, opening night.

premieră[2] *s. f. (la croitorie)* forewoman.

premiere *s.f.* prize award.

premisă *s.f.* 1. *log.* premise, premiss. 2. *fig.* premise.

premiu *s.n.* prize; *(răsplată)* reward; *(a unui funcţionar etc.)* premium, bonus, bounty, gratuity. ⓐ ~ *de stat* State Prize.

premolar *s.m. anat.* premolar (tooth), bicuspid.

premonopolist *adj.* pre-monopolistic. ⓑ *capitalism* ~ pre-monopolistic capitalism.

prenatal *adj.* antenatal.

prenume *s.n.* first name; Christian name.

preocupa I. *vb. tr.* to preoccupy, to engross, to concern. II. *vb. refl. a se* ~ *de...* to concern oneself with..., to be concerned with..., to give one's attention to..., to attend to...

preocupare *s.f.* care, concern, study.

preocupat *adj.* 1. preoccupied, engrossed/absorbed in thoughts; *(ocupat)* busy. 2. *(de)* anxious (about).

preopinent *s.m.* previous speaker.

preot *s.m.* priest; *(mai ales protestant)* clergyman; *(beneficiar al venitului bisericesc)* rector, incumbent; *(idem, a jumătate din venit)* vicar; *(care slujeşte)* minister; *(pastor)* pastor; *(teolog)* divine; F parson, pope, *peior.* shaveling.

preoteasă *s.f.* 1. clergyman's wife. 2. *(sacerdotă)* priestess.

preoţesc *adj.* clergyman's..., priest's...

preoţi I. *vb tr.* to ordain. II. *vb. refl.* to take/receive holy orders.

preoţie *s.f.* priesthood.

preoţime *s.f.* clergy, priesthood.

prepalatal *adj. fon.* antepalatal, bladepoint... blade-and-point...

prepara... v. p r e g ă t i ...

preparat *s.n.* preparation.

preparative *s.f. pl.* preparations.

preparator *s.m.* 1. *(laborant)* laboratory assistant. 2. *univ.* preparer, preparator. 3. *(meditator)* tutor, F→coach.

preparaţie *s.f.* preparation.

prepelicar *s.m. zool.* (land) spaniel.

prepeliţă *s.f. ornit.* quail *(Coturnix coturnix)*.

preponderent *adj.* preponderant; *(d. un rol)* leading.

preponderenţă *s.f.* preponderance.

prepoziţie *s.f. gram.* preposition.

prepoziţional *adj. gram.* prepositional.

prerevoluţionar *adj.* pre-revolutionary.

prerie *s.f.* prairie.

prerogativă *s.f.* prerogative.

preromantic *adj.* pre-romantic.

preromantism *s.n.* pre-romanticism, pre-Romantic period.

presa *vb. tr.* 1. to press, to compress. 2. *fig.* to press, to beset, to ply; *(a zori)* to urge.

presant *adj.* pressing, urgent.

presat *adj.* pressed etc. v. p r e s a.

presă *s.f.* 1. *(ziare)* press, newspapers. 2. *tehn.* press, pressing machine. 3. *poligr.* printing press. ⓐ ~ *cu şurub* fly press, screw press; ~ *hidraulică* hydraulic press. ⓑ ⓙ *birou de* ~ press department; *libertatea presei* freedom/liberty of the press, press freedom.

presăra I. *vb. tr.* 1. to strew, to powder; *(cu pudră de zahăr)* to sugar; *(cu nisip)* to sand; *(cu sare)* to salt; *(cu făină)* to sprinkle with flour. 2. *(a împrăştia)* to scatter. II. *vb. refl. pas.* to be strewn etc. v. ~ I.

preschimba I. *vb. tr.* 1. to exchange *(one thing for another)*. 2. *(a transforma)* to transform, to change. II. *vb. refl.* *(în)* to change (into).

preschimbare *s.f.* exchanging etc. v. p r e s c h i m b a.

prescrie I. *vb. tr.* to prescribe, to lay down, to ordain; *(medicamente)* to prescribe. II. *vb. refl. jur.* to be lost by limitation *sau* prescription.

prescriptibil *adj. jur.* prescriptible.
prescripţie *s.f.* **1.** *med.* prescription. **2.** direction, regulation.
prescură *s.f.* communion bread, wafer.
prescurta *vb. tr.* **1.** to abbreviate. **2.** to shorten, to abridge.
prescurtare *s.f.* **1.** shortening etc. **v.** p r e s c u r t a. **2.** abbreviation.
presentiment *s.n.* presentiment, forewarning.
presimţi *vb. tr.* to sense, to have a presentiment/premonition/foreboding of, to feel *smth.* in one's bones.
presimţire *s.f.* presentiment, foreboding.
presiune *s.f. şi fig.* pressure. ⓐ ~*a sîngelui* blood pressure; ~ *atmosferică* atmospheric pressure; ~ *de o atmosferă* a pressure of one atmosphere. ⓑ *joasă* ~ low pressure; *înaltă* ~ high pressure. ⓒ *a exercita presiuni asupra...* (cu gen.) to put pressure upon..., to bring pressure to bear upon...; to exert pressure on...; *a fi sub* ~ to be under steam.
presocialist *adj.* pre-socialist...
presor I. *s.m.* presser. **II.** *s.n.* presser foot.
pres(se)papier *s.n.* paperweight.
presta *vb. tr. (o muncă)* to do, to carry out; *(zile de muncă)* to work for. ⓒ *a* ~ *un jurămînt* to be sworn in.
prestabili *vb. tr.* to pre-establish.
prestabilit *adj.* pre-established; *fig.* cut and dried.
prestanţă *s.f.* imposing/dignified/ impressive appearance.
prestare *s.f.* carrying out etc. **v.** p r e s t a. ⓐ *sub* ~ *de jurămînt jur.* under oath.
prestaţie *s.f.* labour conscription.
prestidigitator *s.m.* juggler, conjurer, prestidigitator.
prestidigitaţie *s.f.* jugglery, juggling, sleight of hand.
prestigios *adj.* impressive, imposing.
prestigiu *s.n.* prestige, high reputation.
presupune *vb. tr.* to presume, to assume, to suppose; *(a implica)* to imply. ⓒ *presupun că...* I daresay...

presupunere *s.f.* assumption, supposition.
presupus *adj.* presumed, presumptive, etc. **v.** p r e s u p u n e; *(aşa-zis)* so-called; would-be...
presură *s.f. ornit.* bunting *(Emberiza).*
presuriza *vb. tr.* to pressurize.
presus *adv.* ⓑ *mai* ~ *de/decît...* above..., more important than..., greater than...; *mai* ~ *de toate* above all.
preş *s.n.* carpet, runner; *(la uşă)* door mat. ⓒ *a duce pe cineva cu* ~*ul* F to fob smb. off, to keep smb. off and on, to keep smb. on a string; *(cu promisiuni)* F to amuse smb. with fair hopes, to hold smb. in hand; *(cu o datorie)* F to keep smb. out of his money.
preşcolar I. *adj.* pre-school... ⓑ *învăţămînt* ~ pre-school education. **II.** *s.m.* child under school age.
preşedintă *s.f.* chair woman, chairman; president.
preşedinte *s.m.* president; *(al unei adunări, al unui comitet)* chairman. ⓐ *Preşedintele Consiliului de Miniştri* the Premier, the chairman of the council of ministers; *Preşedintele Prezidiului Marii Adunări Naţionale* the President of the Presidium of the Grand National Assembly; ~*le Camerei Comunelor* the Speaker.
preşedinţial *adj.* presidential.
preşedinţie *s.f.* presidency; chairmanship.
preta *vb. refl.* ⓐ *a se* ~ *la...* **a.** *(a se potrivi la...)* to be adapted/ suited to..., to lend itself to..., **b.** *(d. cineva)* to lend/commit oneself to...; *(a fi de acord cu)* to agree to...; *(la o escrocherie)* to countenance..., to abet...
pretendent *s.m.* **1.** pretender; *(la o moştenire etc.)* claimant; *(candidat)* applicant, candidate. **2.** *(la mîna cuiva)* wooer, suitor.
pretenţie *s.f.* **1.** *(la)* claim (to), pretension (to). **2.** *pl.* pretensions, airs. ⓑ *cu pretenţii* of pretensions, pretentious; *fără* ~/*pretenţii (d.*

cineva) unassuming, modest; low-brow; *(d. ceva)* unpretentious. ⓒ *nu am pretenţia de a...* I don't pretend to..., F→I don't set up to...

pretenţios I. *adj.* **1.** pretentious, exacting, exigent, <caviling. **2.** pretentious, affected, sophomoric. **II.** *adv.* pretentiously.

preterit *s.n. gram.* preterite; *(in gram. engleză şi)* past tense.

pretext *s.n.* pretext, plea, excuse, F→blind. ① *sub ~ul... (cu gen.)* on pretext of..., on a plea of..., under the pretext of..., on the pretence of... ⓒ *nu e decît un ~* that is only an excuse/a screen.

pretexta *vb. tr.* to pretext, to offer/allege/give as a pretext; to feign, to sham. ⓒ *a ~ că...* to pretext/pretend that...

pretimpuriu I. *adj.* untimely, premature. **II.** *adv.* untimely, prematurely.

pretinde I. *vb. tr.* **1.** *(ca pe un drept)* to claim (as a right), to lay claim to, to pretend; *(a cere)* to require; *(a aspira la)* to aspire to; *(a insista asupra)* to insist on. **2.** *(a avea nevoie de)* to require, to need, to necessitate. **3.** *(a susţine)* to claim, to maintain, to assert. **II.** *vb. refl. a se ~ (cu un adj.)* to claim to be....; *a se ~ că (sau cu un vb. la inf.)* to claim to...; to pretend that...

pretins *adj.* alleged, would-be; *(aşa-zis)* so-called; *(d. un specialist etc.)* self-styled.

pretor *s.m.* **1.** *ist. Romei* praetor. **2.**←*odin.* county chief.

pretoriu *s.n. ist. Romei* praetorium.

pretutindeni *adv.* everywhere; here, there and everywhere, high and low; *(oriunde)* anywhere. ① *de ~* from everywhere.

preţ *s.n.* **1.** price; *(cost)* cost. **2.** *fig.* price, value, worth. ⓐ *~ curent* list price; *~ de cost* prime cost, cost price; *~ de fabrică* prime cost; *~ de vînzare* selling price; *~ fix* ferm/fixed/stable price. ① *creştere a ~urilor* rise in prices; *cu nici un ~* on no account, not

for the world; *cu orice ~* at any price/cost; *cu ~ul... (cu gen.)* at the cost/the price of...; *cu ~ul vieţii* at the cost/expense of one's life; *de nici un ~* worthless; *de ~* valuable, precious; *fluctuaţia ~urilor* price wave; *la un ~ ridicat* at a high price; *la ~ul de...* at the price of..., costing...; *reducere de ~uri* price cut(ting); *scădere a ~urilor* fall in prices. ⓒ *a pune mult ~ pe ceva* to lay great stress on smth., to set great store by smth., to attach much value to smth.

preţios I. *adj.* **1.** precious. **2.** *fig.* valuable, precious; *(drag)* dear. **3.** *(afectat)* precious, affected, mannered. **II.** *adv.* preciously, in an affected manner.

preţiozitate *s.f.* preciousity, affectedness, affectation.

preţui I. *vb. tr. şi fig.* to value, to estimate; to appreciate; *(mult, pe cineva)* to think much of; *(mult, ceva)* to set much store by. **II.** *vb. intr.* to be worth; *(a costa)* to cost.

preţuire *s.f.* valuing etc. v. p r e-ţ u i.

preţuitor *s.m.* valuer, *amer.* appraiser.

prevala I. *vb. intr.* to prevail. **II.** *vb. refl.* ⓐ *a se ~ de...* to avail oneself of..., to take advantage of..., to seize upon...

prevăzător *adj.* far-seeing/-sighted, provident; *(prudent)* cautious, wary.

prevedea I. *vb. tr.* **1.** to foresee, to gauge, to forecast. **2.** *(in buget etc.)* to provide for; to stipulate. **3.** *(a inzestra)* to equip. ⓒ *legea nu prevede un astfel de caz* the law makes no provision for such a case. **II.** *vb. refl.* **1.** to be expected, foreseen. **2.** *pas.* to be provided for; to be stipulated; to be equipped.

prevedere *s.f.* **1.** foresight, precaution. **2.** *pl.* provisions.

preveni *vb. tr.* **1.** to inform, to apprize, to forewarn; *(a avertiza)* to warn. **2.** *(a preintimpina)* to prevent.

prevenire *s.f.* 1. prevention. 2. *(gen-țilețe)* engaging manner.

prevenitor I. *adj.* obliging, amiable, polite. II. *adv.* amiably, politely.

preventiv *adj.* preventive, *med.* prophylactic. ⓐ *arest* ~ v. p r e-v e n ț i e .

preventoriu *s.n.* preventorium, observation sanatorium.

prevenție *s.f.* *jur.* preventive custody.

prevesti *vb.* *tr.* to foretoken, to foreshadow, to presage, to portend, *poetic* → to herald; *rar*→to forebode. ⓐ *asta nu prevestește nimic bun* it is of ill omen.

prevestire *s.f.* 1. prediction, prognostication; prophecy. 2. *(ca act)* presage, portent; *(rea)* bad omen.

prevestitor *adj.* foreboding.

previzibil *adj.* predictable, foreseeable.

previziune *s.f.* prevision, anticipation.

prezbit I. *adj.* long-sighted, presbyopic. II. *s.m.* long-sighted/presbyopic person.

prezbiterian *adj.*, *s.m.* presbyterian.

prezbiterianism *s.n.* presbyterianism.

prezbiteriu *s.n.* presbytery.

prezbitism *s.n.*, **prezbiție** *s.f.* long--sightedness, presbyopia.

prezent I. *adj.* present; *(acesta)* this. II. *s.n.* 1. present. 2. *gram.* present (tense). ⓑ *in* ~ at present, now; *pînă in* ~ up to the present, till now, as yet.

prezenta I. *vb.* *tr.* to present; *(a oferi)* to offer; *(a da)* to give; *(fapte)* to put/lay before *smb.*; *(concluzii)* to bring up, to submit; *(arma)* to present; *(a arăta)* to show, to exhibit; *(a recomanda)* to recommend *(a avea, a se bucura de)* to have, to enjoy; *(un raport)* to make; *(dovezi)* to produce; *(a reprezenta)* to represent; *teatru* to perform, to reproduce. ⓒ ~ *armele* to present arms, to cover with gun; *a* ~ *pe cineva cuiva* to introduce smb. to smb.; *nu prezintă dificultăți* it offers no difficulty; *nu prezintă interes pentru mine* it is of no interest to me; *să-ți pre-*

zint pe prietenul meu please meet my friend. II. *vb.* *refl.* *(a se ivi)* to present oneself, to arise, to occur, to offer, F→to crop up. 2. *(la)* to present oneself (for), to go up (for); *(d. un candidat)* to come forward as a candidate. 3. *(cuiva)* to introduce oneself (to smb.). ⓒ *a se* ~ *inaintea...* to appear/to come before...; to report to...; *a se* ~ *la urne* to report to the polls; *in curind ni se prezintă prilejul* an opportunity soon presented itself; *se prezintă bine* he makes a good appearance.

prezentabil *adj.* presentable, of good appearance.

prezentare *s.f.* presentation etc. v. p r e z e n t a. ⓐ ~ *grafică* get up.

prezență *s.f.* presence; *(la școală etc.)* attendance. ⓐ ~ *de spirit* presence of mind; *prezențe românești (peste hotare)* Romanian's participation (in world events); Romania abroad. ⓑ *in prezența... (cu gen.)* in the presence of...; *(in ochii)* in *smb.*'s sight; *(inaintea)* before... ⓒ *a face act de* ~ to enter an appearance, to put in an appearance.

prezerva *vb.* *tr.* to preserve.

prezervativ *s.n.* condom, contraceptive sheath.

prezicător *s.m.* soothsayer; *(in cărți)* fortune teller; *(astrolog)* astrologer.

prezice *vb.* *tr.* to predict, to forecast, to prophesy.

prezicere *s.f.* 1. predicting, prophecy etc. v. p r e z i c e. 2. *(ca act)* prediction; divination.

prezida I. *vb.* *tr.* to preside at/over, to chair. II. *vb.* *intr.* to be in the chair, to preside.

prezident *s.m.* president, chairman.

prezidențial *adj.* presidential.

prezidenție *s.f.* v. p r e ș e d i n-ț i e .

prezidiu *s.n.* presidium. ⓐ *Prezidiul Marii Adunării Naționale* the Presidium of the Grand National Assembly.

preziuă *s.f.* ⓑ *in preziua... (cu gen.)* on the eve of...; *(cu puțin inaintea)...* a little before...

prezumptiv *adj.* presumptive.

prezumție *s.f.* **1.** *(presupunere)* assumption, suspicion. **2.** *(îndrăzneală)* presumption.

prezumțios *adj.* presumptuous, overweening.

pribeag *adj.* **1.** *(rătăcitor)* wandering, vagrant. **2.** *(fugar)* fugitive. **3.** *(singur)* solitary, lonely, isolated.

pribegi *vb. intr.* to wander (about), to roam (about); *(prin lume)* F→to knock about the world; *(a se exila)* to leave one's own country.

pribegie, pribegire *s.f.* **1.** wandering. **2.** exile.

priboi *s.n. tehn.* punch.

pricăjit *adj. reg.* v. p i p e r n i c i t.

price *s.f.*←*inv.* **1.** v. c e a r t ă. **2.** v. s u p ă r a r e **1.**

pricepe I. *vb. tr.* *(a înțelege)* to understand. **II.** *vb. refl.* **1.** *pas.* v. î n ț e l e g e. **2.** to unterstand smth., to be skilled in smth., F to be a capital hand at smth. ⓒ *a se ~ bine la ceva* to know all the ropes of smth.; *mă pricep și eu la cîte ceva* I am up to a thing or two; *nu prea se ~ (la asta)* F he isn't all there.

pricepere *s.f.* **1.** understanding. **2.** *(iscusință)* skill, ability, know-how, F→gumption.

priceput *adj.* capable, able; *(indeminatic)* skilful, skilled; *(deștept)* clever; *(experimentat)* experienced.

prichiei *s.n.* **1.** stove shelf, mantelpiece. **2.** window sill, ledge.

prichindel *s.m.* dwarf; whipster, runt, F hop-o'-my-thumb, Tom Thumb, dandiprat, snipper-/ whipper-snapper.

prici *s.n.* bunk, cot.

pricinaș *adj., s.m.* **1.** v. g î l c e v i t o r. **2.** v. î m p r i c i n a t.

pricină *s.f.* **1.** reason, cause, motive. **2.** *(ceartă)* quarrel. **3.** *(chestiune)* matter, question, affair; *(necaz)* trouble. ⓓ *cu pricina* under discussion; *din pricina... (cu gen.)* because of..., on account of...; *din ~ că...* because..., for... ⓒ *a căuta ~ cuiva* to fasten a quarrel upon smb.; *a se pune de ~*

a. *(a se opune)* to oppose/resist/withstand smth., to set oneself against smth. **b.** *(a căuta ceartă)* to be spoiling for a fight with smb.; *(a se lua la ceartă)* to come to words with smb.

pricinui *vb. tr.* to cause, to bring about, to produce.

pricolici *s.m.* wer(e)wolf, wolf man.

pricomigdală *s.f.* v. p i c r o m i g d a l ă.

pricopsi... v. p r o c o p s i...

priculici *s.m.* sprite, elf; spook.

prididi I. *vb. tr.* to overcome, to get over. **II.** *vb. intr.* ⓐ *a ~ cu...* to bring... to a close/a conclusion/an end; *(a face față)* to cope with...

pridvor *s.n.* **1.** church porch. **2.** verandah, balcony, hallway.

prielnic *adj.* favourable, propitious; auspicious. ⓑ *moment ~* opportunity.

prier *s.m.*←P April.

prieten *s.m.* friend, pal, chum, mate, fellow. ⓐ *~ din copilărie* friend of one's childhood; *~ intim* intimate friend; *~ la toartă/cataramă* bosom friend, chum. ⓑ *stat ~* friendly nation/power.

prietenesc *adj.* friendly, amicable.

prietenește *adv.* like a friend; in a friendly way/manner.

prietenie *s.f.* friendship, *elev.*→ amity. ⓐ *~ strînsă* close/intimate friendship. ⓑ *din ~* for friendship's sake.

prietenos I. *adj.* friendly, amicable. **II.** *adv.* in a friendly way/manner; like a friend.

prigoană *s.f.* persecution; oppression.

prigoare *s.f.* v. p r i g o r.

prigoni *vb. tr.* to persecute; *(a asupri)* to oppress.

prigonitor *s.m.* persecutor, oppressor.

prigor *s.m.*, **prigorie** *s.f. ornit.* bee eater *(Merops apiaster)*.

prihană *s.f.* stain, blemish, spot, flaw. ⓓ *fără ~* blameless, faultless, without blemish.

prihăni *vb. tr.* **1.** to spoil, to smear, to stain, to blemish. **2.** *(o fată)* to s(p)oil, to undo, to violate.

prii *vb. intr.* ⓐ *a-i* ~ *cuiva* to be favourable to smb., to suit smb.; *(d. climă etc.)* to agree with smb. ⓒ *peştele nu-mi prieşte* I am allergic to fish.

priinţă *s.f. (folos)* use, benefit. ⓑ *de* ~ useful.

prilej *s.n.* **1.** occasion; *(favorabil)* opportunity. **2.** *(motiv)* reason. ⓑ *a scăpa* ~*ul* to miss the opportunity, to let the chance slip.

prilejui *vb. tr.* to occasion, to cause, to bring about, to give rise to.

prim *num. ord., adj.* **1.** first, initial; inaugural, maiden; *(timpuriu)* early. **2.** first, principal, main, fundamental. **3.** *mat.* prime. ⓐ *prim-ajutor* first aid.

prima *vb. intr.* to have the precedence.

primadonă *s.f.* primadonna.

primar **I.** *adj.* primary, elementary; *(primitiv)* primeval. ⓑ *era* ~*ă* *geol.* the primary period; *şcoală* ~*ă*←*înv.* v. *şcoală elementară.* **II.** *s.m.*←*odin.* mayor; *(al Londrei)* Lord Mayor; *(de sat)* (village) magistrate, headman.

primat **I.** *s.n.* pre-eminence. **II.** *adj.* ⓑ *mitropolit* ~ ←*odin. aprox.* Primate.

primate *s.f. pl. zool.* primates.

primă *s.f.* premium, bonus, bounty, gratuity. ⓐ ~ *de asigurare* premium, insurance; ~ *de producţie* bonus.

primărie *s.f.*←*odin.* townhall, townhouse, mayoralty.

primăriţă *s.f.*←*odin.* mayor's wife; (village) magistrate's wife.

primăvară *s.f.* **1.** spring. **2.** *primăvara adverbial (în general)* in spring. ⓑ *astă-/în* ~ last spring; *de* ~ spring..., vernal; *la* ~ next spring.

primăvăratic *adj.* **1.** spring..., vernal. **2.** *fig.* fresh, young.

primejdie *s.f.* danger, peril, jeopardy. ⓐ ~ *de moarte* danger of death, deadly peril. ⓒ *a fi în* ~ to be in danger; *a pune în* ~ to expose to danger, to endanger, to jeopardize.

primejdios **I.** *adj.* dangerous, perilous. **II.** *adv.* dangerously, perilously.

primejdui *vb. tr.* to endanger, to imperil, to jeopardize; *(a risca)* to risk.

primeneală *s.f.* **1.** changing of clothes. **2.** *pl.* changes of linen.

primeni **I.** *vb. tr.* **1.** *(rufe etc.)* to change. **2.** *fig.* to refresh, to renew, to regenerate. **II.** *vb. refl.* **1.** to put on clean/fresh linen, to change one's linen; *(a-şi schimba hainele)* to change one's clothes, F→to change. **2.** *fig.* to be refreshed/renewed.

primi **I.** *vb. tr.* to receive, to get; *(a i se conferi)* to be awarded; *(a i se da)* to be given; *(a întîmpina)* to meet; *(a admite)* to admit; *(a include)* to include; *(a accepta)* to accept; *(a fi de acord cu)* to agree to; to consent to. **II.** *vb. refl. pas.* to be received etc. v. ~ I.

primire *s.f.* reception, receiving etc. v. primi. ⓑ *de* ~ reception... ⓒ *a lua pe cineva în* ~ F to get at smb.; *a da în* ~ to deliver, to remit, to hand (over), to give; *a lua în* ~ to undertake, to take possession of, to enter upon; *(a lua)* to take, to receive.

primitiv **I.** *adj.* primitive; *(primar)* primeval; *(d. o metodă etc.)* primitive, crude. ⓑ *om* ~ primitive man; *orînduirea comunei* ~*e* primitive communal system; *societate* ~*ă* primitive society. **II.** *adv.* primitively.

primitivism *s.n.* primitiveness.

primitivitate *s.f.* primitiveness.

primitor **I.** *adj.* hospitable. **II.** *adv.* hospitably.

primogenitură *s.f.* primogeniture.

primordial **I.** *adj.* primordial, essential, foremost. **II.** *adv.* primordially, essentially, first and foremost.

primordialitate *s.f.* priority, primordiality.

primulacee *s.f. pl. bot.* primulaceae·

primulă *s.f. bot.* primula, primrose *(Primula).*

primus *s.n.* primus (stove).

prin *prep.* through; *(în)* in; *(în preajma)* about, around; *(în timpul)* during. ⓐ ~ *care...* by/ through which..., whereby...; ~ *urmare* therefore, consequently, accordingly. ⓑ *de* ~... **a.** *(spaţial)* from... **b.** *(temporal)* from/since about...

princeps *adj.* ⓑ *ediţie* ~ first edition.

princiar *adj.* princely.

principal *adj.* main, chief, principal, leading, head... ⓑ *propoziţie* ~ă *gram.* main/head clause.

principat *s.n.* principality.

principe *s.m.* prince.

principesă *s.f.* princess.

principial I. *adj.* **1.** of principle. **2.** *fig.* principled. **II.** *adv.* *(din principiu)* on principle; *(în esenţă)* in essence, in the main.

principialitate *s.f.* principledness.

principiu *s.n.* principle, fundamental truth; element, rule of conduct, conviction. ⓑ *din* ~ on principle; *în* ~ as a rule, in the main.

prinde I. *vb. tr.* **1.** to catch; *(a lua)* to take; *(a pescui)* to fish; *(cu năvodul)* to net. **2.** *(a apuca, a înşfăca, a pune mîna pe)* to grip, to take/get a good grip of/on, to grasp, to clutch at, to catch/lay/ take hold of, to seize; *(a înhăţa)* to snatch off/up; *(a se agăţa de)* to cling to; *(a lua, a pune mîna pe, a captura)* to take, to seize, to capture. **3.** *(a ajunge din urmă)* to catch up, to come up with, to overtake. **4.** *(a îmbrăţişa)* to embrace; *(a prinde în braţe)* to take/ clasp/fold in one's arms; to put one's arms round; *fig. (a cuprinde cu ochiul)* to reach, to take in. **5.** *(a înţelege, a sesiza)* to comprehend, to grasp, to catch. **6.** *(a surprinde)* to catch, to surprise; *(a lua pe neaşteptate)* to take unawares; *(o privire)* to catch *(the eye)*, to intercept *(a glance)*; *(o conversaţie)* to overhear. **7.** *(a fixa, a lega)* to fix, to fasten, to tie, to bind, to attach; *(o broşă, o panglică etc.)* to pin, to fasten, to tack, to tag; *(cu acul)* to sew/stitch together, to mend; *(cu boldul)* to

pin, to fasten/attach with a pin; *(în cui)* to hang; *(în cuie)* to nail; *(în cuie de lemn)* to peg. **8.** *(a căpăta, a dobîndi)* to acquire, to take (to), to catch, to develop; to grow; to find; to regain; to recruit. **9.** *(a lua cu sila, a răpi) (o femeie)* to abduct; *(copii)* to kidnap. ⓐ *a* ~ *să...* to begin to..., to begin *(cu forme în -ing)* to start to..., to start *(cu forme în -ing)*, to set about *(cu forme în -ing)*, *înv., lit.*→to fall to *(cu forme în -ing)*. ⓒ *a* ~ *caii la trăsură* to harness/put horses to a carriage; *a* ~ *ceva din zbor fig.* to pick/fish up a piece of information; *a* ~ *curaj/inimă* to take/ pluck up/summon up courage, to take heart (of grace), to nerve oneself, to recruit one's spirits; *a* ~ *dor de...* to yearn/long for..., to be eager for..., to crave for..., F→ to hanker after..., to begin to languish for/after...; *a* ~ *dragoste de cineva* to come to love smb., to grow fond of smb., to fall in love with smb., to lose one's heart to smb., to take a fancy to smb.; *a* ~ *pe Dumnezeu de (un) picior fig.* to be in the seventh heaven (of delight), to tread/walk (up)on air; *a* ~ *floare/mucegai* to get/grow/go mouldy, to get musty, to (contract) mould; *a* ~ *foc cu gura* to do all in one's power, to move heaven and earth, to leave no stone unturned; *a* ~ *glas/limbă* to find voice/one's tongue; *a* ~ *grăsime* to put fat on, to grow fat, to fatten oneself up; *a* ~ *gust de...* to acquire/develop a `taste for...; *a* ~ *guturai* to catch (a) cold, to catch a cold in the head; *haina îl* ~ *de minune* the coat fits him to a nicety/like a glove, F the coat suits him to a T/down to the ground; *pe drum îl prinse ploaia* on the way he was caught in the rain; *nu-l* ~ *locul* he is fidgety/ restless; *l-a prins somnul* he was overcome by sleep; *l-au prins frigurile* he is în a fever, he is feverish, he has fever, F he runs a temperature; *m-au prins frigurile*

I am suffering from fever, I am
sick of fever, I am down with fe-
ver, I am fever-sick/feverish/feve-
ry; *altădată nu mă mai prinzi fig.*
F' you shan't catch me again! you
won't catch me doing that again!
once bitten, twice shy; *a ~ min-
gea din zbor* to catch the ball on
the bounce/at the rebound; *a ~
minte* to grow wiser; *a ~ miros
greu* to become foul/rotten, to go
bad; *ne-a prins furtuna* we were
overtaken/caught by a storm; *ne-a
prins noaptea* night overtook us·
a ~ pică pe cineva to take a dis-
like to smb., to bear smb. ill-will/a
grudge; *a ~ puteri* to regain
strength, to recruit (one's strength),
to get strong(er); *a ~ rădăcini* to
take root, to strike (root), to send
out roots; *a ~ ură pe cineva* to
begin/come to hate smb., to con-
ceive a strong aversion/hatred for
smb., to hate smb., to bear hatred
against smb., to bear smb. a grudge,
to have a spite against smb.;
n-am prins o vorbă I dind't catch
a word/syllable; *a ~ asupra faptu-
lui/în flagrant delict* to catch smb.
red-handed/in the deed/in the (ve-
ry) act; *a ~ ca din oală* to catch
smb. bending/napping/off (one's)
guard/F on the hop; *a ~ de guler*
to seize *smb.* by (the scruff of) the
neck, to collar *smb.* II. *vb. refl.* 1.
(a-şi asuma o obligaţie) (să) to
pledge oneself/one's word (to), to
bind/commit oneself. 2. *(a face o
prinsoare)* to bet, to lay a bet. 3.
(a se întări, d. ciment) to set; *(d.
piftie)* to set, to congeal, to coagu-
late; *(d. lapte)* to curdle, to catch;
(d. sînge) to clot; *(d. rîuri)* to
freeze up. ⓐ *a se ~ de...* to catch/
snatch / pluck / clutch at..., to
clench ..., to grapple...; *a se ~
să...* v. î n c e p e. ⓒ *a se ~
de vorbă cu cineva* to enter/get into
conversation with smb.; *a se ~
în cursă* to be caught in the trap,
to be trapped/entrapped; *s-a prins
singur în cursă* he was caught in his
own trap, he was hoist by/with his
own petard; he ran himself into a

noose; *girla s-a prins* the river
is/has frozen up; *i se prinse inima
la loc* he took courage again; *mă
prind pe orice* F I'll bet a cookie/
cookey, I'll bet my boots/hat/shirt/
life, my hat to a halfpenny! by
this hat! *amer.* I'll bet my last/
bottom dollar; *nu se ~! fig.* F
that won't do! it's no go! it won't
wash! that cat won't jump/*amer.*
fight! that cock won't fight; *la
mine nu se ~!* F you can't bam-
boozle me! III. *vb. intr. (a reuşi,
a izbuti)* to succeed, to be success-
ful; *(d. o piesă)* to be a success, to
take/catch on, F to be a hit; *(d.
un roman etc.)* to have appeal; *(d.
un truc)* to be successful, to work,
to come off; *(d. o modă)* to catch
on; *(d. plante, arbori etc.)* to take
root, to strike; to thrive. ⓒ *cît
poate ~ ochiul* as far as one can
see, within sight/one's ken; *a ~
de veste că...* to learn that..., to
hear of..., to come/F get to know
of..., F→to get wind/scent of..., to
have an inkling of...

prinos *s.n.* 1. *rel.* offering, sacrifice.
2. *fig.* gift sacrifice; *(omagiu)* ho-
mage, tribute.

prins I. *adj.* caught etc. v. p r i n-
d e. II. *s.n.* catching etc. v. p r i n-
d e. III. *s.m.* captive, prisoner.

prinsoare *s.f. (rămăşag)* bet, wager.
ⓒ *a face ~* to bet, to lay a bet.

printre *prep.* among; *(în mijlocul)*
in the middle of; amidst; *(prin)*
through. ⓐ *~ altele* among other
things.

prinţ *s.m.* prince; *ist. (în România)*
hospodar, voivode.

prinţesă *s.f.* princess.

prinţişor *s.m.* princeling, princelet.

prioritate *s.f.* priority; *(la circula-
ţie)* right of way.

pripas *s.n.* ⓓ *de ~* stray...

pripă *s.f.* haste, hurry. ⓓ *fără ~*
slowly, leisurely; *în ~* hastily, in
haste/a hurry, hurriedly.

pripăşi *vb. refl.* to settle, to get a
place; *(a veni)* to come; *(a apărea)*
to appear.

pripi I. *vb. tr.* to burn. II. *vb. refl.*
1. to hury (too much), to be in
(too great) a hurry; to act precipi-

tately/rashly/thoughtlessly. 2. v.
p e r p e l i II.

pripire *s.f.* hurry, haste, rashness, thoughtlessness.

pripit *adj.* hurried, hasty, rash, thoughtless.

pripon *s.n.* 1. *(funie)* tether; *(ţăruş)* stake, peg. 2. row of fishing lines.

priponi *vb. tr.* 1. to tether. 2. *(a fixa)* to fix; *(a lega)* to tie, to bind.

pripor *s.n.* slope, descent.

prisacă *s.f.* bee garden, apiary.

prisăcar *s.m.* bee keeper/master.

prismatic *adj.* prismatic.

prismă *s.f. geom.* prism, *fig. şi* point of view, angle. ⓐ ~ *dreaptă* right prism; ~ *obligă* oblique/slanting prism. ⓒ *a vedea ceva printr-o anumită* ~ to see smth. in a certain light/from a certain angle.

prisos *s.n.* surplus; *(belşug)* abundance, plenty. ⓑ *de* ~ superfluous, unnecessary; *(inutil)* useless.

prisosi *vb. intr.* to be in excess, to superabound; *(a fi inutil)* to be useless.

prisosinţă *s.f.* v. p r i s o s. ⓑ *cu* ~ in abundance; to/in excess.

prispă *s.f.* 1. *aprox.* porch, veranda(h). 2. v. t ă p ş a n. 3. *(baraj)* dam.

pristol *s.n.* altar, communion table.

pritoci *vb. tr.* 1. to rack (from the lees); to decant, to pour from one barrel into another; to transfuse, to pour off *(wine or pickles)*. 2. *fig.* to thrift.

pritocire *s.f.* decanting.

priva I. *vb. tr. (de)* to deprive *smb.* (of). II. *vb. refl.* ⓐ *a se* ~ *de*... to do without..., to deprive oneself of...

privat *adj.* private; personal; individual.

privată *s.f.* privy, latrine.

privativ *adj.* privative.

privaţiune *s.f.* deprivation, loss; *(lipsă)* privation; *(greutate)* hardship.

priveghea I. *vb. intr.*, to watch; *(a fi treaz)* to be awake; *(idem, intenţionat)* to keep awake/vigil. ⓒ *a* ~ *la căpăttiiul*... *(cu gen.)* to watch at the bedside of..., to sit up with...

II. *vb. tr.* 1. to watch; *(a îngriji)* to look after. 2. *(un mort)* to wake (a dead body).

priveghere *s.f.* 1. watching. 2. *(pază)* watch, death watch, wake. 3. *rel.* vigil.

priveghi *s.n.* 1. death watch, wake. 2. *rel.* vigil.

privelişte *s.f.* view, sight; *(peisaj)* landscape; *(marin)* seascape.

privi I. *vb. intr.* to look; *(fix)* to gaze; *(în gol sau fix)* to stare; *(cercetător)* to peer; *(în sus)* to look up. ⓐ *a* ~ *după*..., *a* ~ *în urma (cu gen.)* to look after...; to follow with one's eyes; *a* ~ *la*... to look at/on/upon...; *(fix)* to gaze at...; *(cercetător)* to peer for...; *(a-şi aţinti privirea asupra)* to fix one's eyes upon... II. *vb. tr.* 1. to look at; *(fix)* to gaze at/on/upon; *(cercetător)* to peer for. 2. *(a interesa)* to concern; to interest. 3. *(a considera)* to consider. ⓑ *cît priveşte*.... as to/for..., with respect to..., respecting..., concerning..., as far as... is concerned, as regards... ⓒ *mă priveşte de aproape* that concerns me very nearly, I feel a very great interest in it; *ce mă priveşte?* what do/need I care (for)? what is that to me? what has that to do with me? what does it matter to me? *nu mă priveşte* that is nothing to me, it does not interest me, it's none of my business; *asta te priveşte pe tine* that is your look-out; *ce te priveşte?* it's none of your business. III. *vb. refl. reciproc* to look at each other. ⓒ *a se* ~ *în oglindă* to look at oneself in a glass.

privighetoare *s.f. ornit.* nightingale *(Luscinia megarhynchos)*.

privilegia *vb. tr.* to favour, to privilege; *(a prefera)* to prefer.

privilegiat *adj.* privileged. ⓑ *situaţie* ~*ă* privileged position.

privilegiu *s.n.* 1. privilege; preference; *(favoare)* favour; *(avantaj)* advantage. 2. *(concret)* licence.

privinţă *s.f.* ⓑ *în această* ~ in this respect, on that score; *în privinţa* ... *(cu gen.)* with regard to..., concerning, regarding, as far as... is concerned; *în toate privinţele* on all accounts, in all respects, from all points of view, F→all along the line; *într-o* ~ in a sense; *în unele privinţe* in some respects.

privire *s.f.* **1.** sight; *(ochi)* eyes. **2.** sight, examination; consideration. ⓐ *priviri provocatoare* F→come-to--bed eyes. ⓑ *cu* ~ *la*... v. î n p r i - v i n ţ a.

privitor I. *adj.* ⓐ ~ *la*... v. î n p r i v i n ţ a. **II.** *s.m.* onlooker, spectator.

priza *vb. tr.* to snuff.

priză *s.f.* **1.** *electr.* connection; plug, point. **2.** *tehn.* taking, device, engagement. **3.** *(de tutun)* pinch of snuff. **4.** *fig.* influence, popularity; *(greutate)* weight. ⓐ ~ *de pămînt electr.* earth/ground connection; ~ *de aer* air intake. ⓒ *are mare* ~ *la public* he is very popular; *a scoate din* ~ to unplug; *a pune la* ~ to plug in.

prizărit *adj.* v. p i p e r n i c i t.

prizonier *s.m.* prisoner, captive. ⓒ *a fi luat* ~ to be taken prisoner, to fall POW.

prizonierat *s.n.* captivity.

prînz *s.n.* lunch(eon), midday meal; *(servit uneori seara, dar coincizînd cu* ~*ul românesc sub raportul consistenţei)* dinner. ⓑ *după* ~ in the afternoon; *înainte de* ~ before noon.

prînzi I. *vb. intr.* to lunch(eon); to dine, to have dinner. **II.** *vb. tr.* to have for lunch *sau* dinner.

prînzişor *s.n.* **1.** breakfast. **2.** breakfast time.

prîslea *s.m.* **1.** the last-born child, F pin basket; youngest child, cosset. **2.** v. p r i c h i n d e l.

prîsnel *s.n.* v. t i t i r e z.

pro *prep.* pro.

proaspăt *adj.* **1.** fresh, new; *(d. pline etc.)* new; *(învioritor)* invigorating, bracing; *(rece)* cold, cool. **2.** *(recent)* recent; *(nou)* new; *(viu)* living.

proba I. *vb. tr.* **1.** *(a dovedi)* to prove, to demonstrate. **2.** to (put to the) test; *(o rochie etc.)* to try/fit on; *(un metal etc.)* to assay;

(a încerca) to try. **II.** *vb. refl. pas.* to be proved etc. v. ~ I.

probabil I. *adj.* probable, likely. ⓑ *puţin* ~ hardly probable, unlikely. ⓒ *e mai mult decît* ~ it is more than likely, F you bet! *e puţin* ~ *ca el să plece* he is not likely to leave. **II.** *adv.* probably, in all likelihood, *rar*→likely. ⓑ *foarte* ~ very/most likely.

probabilitate *s.f.* probability, likelihood. ⓑ *calculul probabilităţilor mat.* calculus of probability; *după toate probabilităţile* in all probability/likelihood; *teoria probabilităţilor* theory of probability/chances.

probator *adj.* conclusive, probative.

probă *s.f.* **1.** proof, test; *(încercare)* trial; *(a unui metal)* assay; *(verificare)* verif ication; *(control)* check--up, control; *(examinare)* examination. **2.** *(examen)* examination, test, paper. **3.** *(mostră)* sample, specimen; *(de stofă)* pattern. **4.** *(dovadă)* proof, evidence; argument. **5.** *(a unei haine)* trying on; *(făcută pe altul)* fitting. **6.** *sport* event. ⓐ ~ *cu martori jur.* proof by witnesses, oral evidence; ~ *de recepţie* reception test; ~ *eliminatorie sport* (eliminating) heat. ⓑ *de* ~ trial..., test...; *exemplar de* ~ specimen copy; *la* ~ on trial/probation. ⓒ *a rezista la* ~ to stand the test, to pass muster, to withstand a test; *a supune unei probe* to put on trial, to put to the test.

probitate *s.f.* uprightness, probity, integrity.

problematic I. *adj.* problematical, doubtful. **II.** *adv.* problematically.

problematică *s.f.* problems.

problemă *s.f.* problem, question; *(chestiune)* matter; *(obiect al unei discuţii, controverse)* issue. ⓐ ~ *litigioasă* moot point, vexed question.

proboscidian *adj., s.m.* proboscidean.

proceda *vb. intr.* to act; *(la)* to proceed (to); to go on (to). ⓒ *a* ~ *la o anchetă* to initiate/institute an inquiry/investigation.

procedeu *s.n.* proceeding, dealing; line of action; *(metodă)* method;

(formulă) device; *(comportare)* behaviour.

procedural *adj.* procedural.

procedură *s.f.* procedure, proceedings. ⓐ ~ *judiciară* legal/court proceedings. ⓑ *cod de* ~ *penală jur.* code of criminal procedure.

procent *s.n.* **1.** percentage, rate (per cent). **2.** *(dobîndă)* interest. ⓐ *un* ~ *la sută* one per cent.

procentaj *s.n.* percentage.

procentual *adj.* percentage...

proces *s.n.* **1.** process; *(dezvoltare)* development; *(curs)* course. **2.** *jur.* action at law; *(civil)* (law) suit; *(penal)* (criminal) trial. ⓐ ~ *de conştiinţă* conscientious scruples; ~ *de intenţie* imputation, suspicion, groundless/putative/conjectural charge; ~ *de producţie* work/manufacturing process; ~-*verbal* (official) report; *(al unei şedinţe)* proceedings, minute(s). ⓑ *în* ~*ul muncii* in the process of work. ⓒ *a cîştiga* ~*ul* to win one's case; *a intenta un* ~ *cuiva* to bring smb. to law, to bring/enter an action against smb.; *a intenta cuiva un* ~ *de divorţ* to institute divorce proceedings against smb.; *a întocmi un* ~-*verbal* to dress up a statement of the case, to draw up a report; *a pierde un* ~ to fall in a suit; *a fi în* ~ *cu cineva* to be at law with smb.; *a trece ceva în* ~*ul-verbal* to enter smth. in the minutes.

procesiune *s.f.* procession, F→trail.

proclama I. *vb. tr.* to proclaim, to declare; to publish. **II.** *vb. refl.* **1.** *pas.* to be proclaimed etc. v. ~ I. **2.** to proclaim oneself.

proclamare *s.f.* proclamation, declaring.

proclamaţie *s.f.* proclamation.

proclet *adj.* **1.** (ac)cused, damned, *fig. şi* confounded. **2.** *(grozav)* terrible, awful.

proclitic *adj. gram.* proclitic.

proconsul *s.m. ist. Romei* proconsul.

proconsular *adj.* proconsular.

proconsulat *s.n.* proconsulate.

procopseală *s.f.* **1.** *(cîştig)* gain; *(avantaj)* advantage, profit; *(sinecură)* F fat job/office. **2.** *(ispravă)* feat. **3.** *(învăţătură)* learning. ⓒ

mare ~! F that's a nice/pretty concern, indeed! it's of no earthly use; P a fat lot of good that'll do you!

procopsi I. *vb. tr. (cu)* to provide (with), to endow (with); *(a îmbogăţi)* to enrich; *(a găsi o situaţie pentru)* to place, to find a situation for; *(idem, rentabilă)* F to find a fat job for. **II.** *vb. refl.* *(a se îmbogăţi)* to enrich oneself, F to feather one's own nest; *(a face avere)* to make (one's) fortune; *(rapid)* to start/spring up. ⓐ *a se* ~ *de pe urma...* *(cu gen.)* to reap/derive benefit/advantage from..., to benefit/profit by... ⓒ *ne-am* ~*t!* F we are in for it, *sl.* we are up a tree.

procopsit *adj.* **1.** enriched, rich, F well-off, *amer.* well-fixed; *(căpătuit)* settled; *(avînd o situaţie bună)* F having got a fat job. **2.** *(învăţat)* learned; well-informed; *(priceput)* skilful; *(deştept)* keen-witted, F sharp, cute. ⓒ *că n-o fi el mai* ~! F he won't set the Thames on fire!

procrea *vb. intr.* to procreate, to beget/F get children.

procreare, **procreaţie** *s.f.* procreation.

procura I. *vb. tr.* **1.** to procure, to obtain, to get; *(bani)* to raise, to obtain, to find; *(o clientelă)* to work up a *connection*. **2.** *(a produce)* to produce, to cause. **II.** *vb refl. pas.* to be procured etc v. ~ I, 1.

procurator *s.m.* **1.** *ist. Romei* procurator. **2.** *(mandatar)* procurator, proxy.

procuratură *s.f.* prosecuting, magistracy; *(clădirea)* prosecutor's office.

procură *s.f.* procuration, proxy; *(mandat)* mandate ⓑ *prin* ~ by proxy.

procurist *s.m.* (head) clerk, proxy, *com. şi* buyer.

procuror *s.m.* public prosecutor; *(în Anglia)* attorney; *(în America)* district attorney. ⓐ ~ *general* General Prosecutor.

prodecan *s.m.* deputy dean.

prodigios I. *adj.* prodigious, stupendous. **II.** *adv.* prodigiously, stupendously.

producător I. *adj.* producing, yielding; productive, bearing. **II.** *s.m.* producer. ⓐ ~ *de bunuri materiale* producer of material values. ⓑ *mici* ~*i* small producers.

produce I. *vb. tr.* **1.** to produce, to yield ; *(a face)* to make; *(a crea)* to create; *(a da naștere la)* to bear, to bring forth; *(a genera)* to generate; *(vapori)* to generate, to raise, to produce; *(a livra)* to deliver, to turn out; to manufacture. **2.** *(un venit etc.)* to yield; *(a aduce)* to bring (forth). **3.** *(a cauza)* to bring about, to cause; *(a face)* to make; *(a da naștere la)* to give rise to. ⓒ *a* ~ *o impresie asupra (cu gen.)* to make/produce an impression on/upon, to impress, to have an effect on; *a* ~ *o impresie favorabilă* to produce/create a favourable impression, to impress favourably; *a* ~ *mărfuri în serie* to produce goods by machine; *a* ~ *senzație* to make/cause a sensation. **II.** *vb. refl.* **1.** *pas.* to be produced etc. v. ~ **I. 2.** *(a avea loc)* to take place; *(a se întîmpla)* to occur, to happen, to arise. **3.** *teatru etc.* to appear in public/before the public. **III.** *vb. intr.* to bring in an income; *(d. o ocupație etc.)* to be profitable.

productiv I. *adj.* productive, efficient; *(bogat)* rich. ⓑ *muncă* ~*ă* productive/efficient labour. **II.** *adv.* productively, efficiently, with a good result.

productivitate *s.f.* productivity, productiveness; productive/yield capacity; *(randament)* efficiency. ⓐ ~*a muncii* labour productivity, productivity of labour. ⓒ *a ridica* ~*a creșterii animalelor* to raise the productivity of animal husbandry.

productometru *s.n. tehn.* productivity meter.

producție *s.f.* **1.** *(producere)* production, producing, etc. v. p r o d u c e. **2.** *(industrială)* production, output, outturn; manufacture; *(agricolă)* yield, production. ⓐ *producția mijloacelor de*

consum production of consumer goods; *producția mijloacelor de* ~ production of means of production; ~ *agricolă* agricultural/farm output/production; ~ *capitalistă* capitalist production; ~ *de bunuri materiale* production of material values; ~ *de încălțăminte* production of shoes; ~ *de mașini* production of machines; ~ *de mărfuri* commodity production; ~ *globală* gross output; ~ *industrială* industrial output/production; ~ *în/de masă* mass/quantity production; ~ *în serie* serial production; ~ *la hectar agr.* crop capacity, yield production; ~-*marfă* commodity output; ~ *mecanizată* mechanical production; ~ *socialistă* socialist production; ~ *vegetală și animală* plant and animal production. ⓑ *capacitate de* ~ producing capacity; *consfătuire de* ~ production meeting, conference of production; *experiență în* ~ production experience; *marea* ~ *ec. pol.* large-scale production; *marea* ~ *mecanizată* large-scale machine production; *mărfuri de* ~ *românească* Romanian-produced/Romanian-made goods, goods of Romanian production; *mica* ~ small/small-scale production; *mica* ~ *de mărfuri* small/small-scale commodity production; *plan de* ~ production plan; *proces de* ~ process of production.

produs *s.n.* **1.** *(natural)* produce; *(industrial)* product; manufactured article. **2.** *mat.* product. **3.** *fig.* product, result, outcome, fruit. ⓐ ~ *agricol* agricultural farm produce; ~ *de serie* run of the mill/ mine; ~*e ale creșterii animalelor/animale* animal products; ~*e alimentare* food products; ~*e chimice* chemicals; ~*e lactate* dairy produce; ~*e meșteșugărești* handicraft wares, hand-made goods; ~ *secundar* by-product. ⓑ *schimb de* ~*e* products exchange.

proeminent *adj.* **1.** prominent, jutting out. **2.** *fig.* prominent, remarkable, < exceptional.

proeminență *s.f.* prominence.

profan I. *adj.* **1.** profane, secular, impious. **2.** profane, impious, sacrilegious. **II.** *s.m.* layman, uninitiated person, F→outsider.

profana *vb. tr.* to profane; to defile; *(un mormînt)* to violate; *(o biserică)* to desecrate; *(talentul etc.)* to misuse, to degrade.

profanator *s.m.* profaner; defiler.

profascist *adj.* pro-fascist.

profera *vb. tr.* to utter. ⓒ *a ~ injurii contra cuiva* to revile (against) smb.

profesa *vb. tr. şi intr. şi fig.* to profess.

profesie *s.f.* v. profesiune.

profesional *adj.* professional. ⓑ *boală ~ă* professional/occupation/industrial disease; *învăţămînt ~* vocational education.

profesionist *adj., s.m.* professional. ⓑ *liber profesioniştii* the professionals, the people of the professions, the professional people.

profesiune *s.f.* profession, occupation, trade, calling, job. ⓐ *profesii libere* free professions. ⓑ *de ~... ...by* profession/trade. ⓒ *alegerea profesiunii* choice of profession; *ce ~ are, ce este de ~?* what is his occupation?

profesoară *s.f.* teacher; *(la elementar)* (school)-mistress; *univ.* (lady) professor.

profesor *s.m.* teacher; *(la elementar)* (school)-master; *univ.* professor, lecturer. ⓐ *~ diriginte* form master; *~ de drept* professor of law; *~ de istorie* history teacher; *~ titular* professor in ordinary.

profesoral I. *adj.* teacher's...; didactic; *(d. ton, îndatoriri)* professorial. **II.** *adv.* didactically; professorially.

profesorat *s.n.* professorship.

profesorime *s.f.* professorate.

profet *s.m.* **1.** prophet; *(prezicător)* prophesier. **2.** *Profetul* the Prophet. ⓓ *nimeni nu e ~ în ţara lui* no one is a prophet in his own country.

profetic I. *adj.* prophetic(al). **II.** *adv.* prophetically.

profetiza *vb. tr.* to prophesy.

profeţi *vb. tr.* to prophesy.

profeţie *s.f.* prophecy.

profil *s.n.* **1.** profile, side face; silhouette. **2.** *tehn.* profile, contour, shape, outline. **3.** *fig.* type; structure, make-up. ⓐ *~ longitudinal* longitudinal section; *~ moral* moral portrait/make-up, character; *~ transversal* cross section; *~ul şcolii* type of school. ⓑ *din/în ~* in profile, half face; *pe ~ul cuiva* in smb.'s line, within smb.'s province.

profila I. *vb. tr.* **1.** to profile. **2.** *tehn.* to shape, to cut to a special shape. **II.** *vb. refl.* to be outlined/silhouetted, to stand out. ⓒ *pomii se profilează pe orizont* the trees are profiled against the horizon.

profilactic *adj. med.* prophylactic; preventive.

profilat *adj.* shaped, form... ⓑ *cuţit ~ tehn.* form cutter; *oţel ~ tehn.* shaped steel, steel shape.

profilaxie *s.f.* prophylaxis, prevention of diseases.

profit *s.n.* profit, benefit; *(venit)* income. ⓐ *~ maxim ec. pol. cap.* maximum profit; *~ mediu ec. pol. cap.* average profit; *~ şi pierdere ec. pol. cap.* profit and loss. ⓑ *în ~ul... (cu gen.)* on behalf of..., for the benefit of...; *un ce ~←*F some profit. ⓒ *a trage un ~ din...* to drive/reap benefit/advantage from...

profita *vb. intr.* to profit. ⓐ *a ~ de...* to profit by..., to take advantage of..., to avail oneself of...

profitabil *adj.* profitable, lucrative, advantageous, rewarding.

profitor I. *adj.* profiteering. **II.** *s.m.* profiteer.

profund I. *adj. (adînc)* deep; profound; *(d. somn)* deep, sound. **II.** *adv.* deeply, profoundly.

profunzime *s.f.* profoundness, depth.

profuziune *s.f.* profusion.

progenitură *s.f.* progeny, offspring.

program *s.n.* **1.** programme; *fig.* bill of fare; *(al unui partid)* plat, form; *(de studii etc.)* syllabus-curriculum. **2.** *(de spectacol)* pro. gramme, play bill; **3.** *sport* entries? ⓒ *ce ~ avem?* F what's the drill.

programa *vb. tr.* to program(me); *(a anunţa)* to bill, to announce; to schedule.

programatic *adj.* programme, programmatic.

progres *s.n.* progress. ⓑ *secolul ~ului* the age of progress. ⓒ *a face ~e în studiile sale* to make progress in one's studies; *a face ~e mari* to make great progress.

progresa *vb. intr.* to progress, to make progress; *(d. o boală)* to grow progressively worse.

progresie *s.f. mat.* progression. ⓐ *~ aritmetică* arithmetical progression; *~ geometrică* geometrical progression.

progresist I. *adj.* progressive; *(d. scriitori, savanţi etc.)* progressive--minded; *(avansat)* advanced. II. *s.m.* progressionist, progressive, progressist.

progresiv I. *adj.* progressive, gradual. ⓓ *impozit ~ pe venit* progressive income tax; *paralizie ~ă med.* progressive paralysis. II. *adv.* progressively, gradually.

prohab *s.n.* fly (opening).

prohibi *vb. tr.* to prohibit, to interdict, to ban.

prohibitiv *adj. (d. un preţ etc.)* prohibitive; prohibitory; vetative. ⓓ *lege ~ă* prohibitory law; *tarif ~* prohibitive tax.

prohibiţie *s.f.* prohibition.

prohod *s.n.* dead/funeral service, requiem; *(înmormîntare)* burial.

prohodi *vb. tr.* to say prayers for the dead; *(a îngropa)* to bury.

proiect *s.n.* 1. project, design, scheme; *(de document)* draft. 2. *fig.* plan, project, scheme, intention. ⓐ *~ de diplomă* graduation/diploma design; *~ de lege* (draft) bill; *~ de rezoluţie* draft resolution. ⓑ *în stare de ~* in contemplation.

proiecta I. *vb. tr.* 1. *(a elabora un proiect pentru)* to project, to design, to plan. 2. *(a arunca)* to throw, to cast; *(o umbră)* to cast; *(un film)* to show on the screen; *(o rază)* to cast, to flash. 3. *fig.* to plan, to contemplate. II. *vb. refl. pas.* to be projected etc. v. *~* I.

proiectant *s.m.* planner, projector, schemer, designer, draftsman, draughtsman.

proiectare *s.f.* projection etc. v. **proiecta**. ⓓ *organizaţii de proiectări constr.* designing organizations.

proiectat *adj.* designed. ⓓ *capacitate/putere ~ă* designed capacity/power.

proiectil *s.n.* projectile, missile; *(glonte)* bullet; *(obuz)* shell. ⓐ *~ brizant mil.* explosive shell; *exploziv mil.* high-explosive shell; *~ fumigen mil.* smoke shell; *~incendiar mil.* incendiary shell; *~ perforant mil.* armour piercing shell; *~ teleghidat mil.* guided missile; *~ trasor mil.* marker projectile, tracer.

proiectiv *adj.* projective.

proiector *s.n.* searchlight, projector.

proiecţie *s.f.* projection. ⓐ *~ orizontală* horizontal projection, plain view; *~ verticală* vertical projection; front view. ⓓ *aparat de ~* projection apparatus; motion-picture projector; *(la conferinţe etc.)* lecture lantern; magic lantern.

prolegomene *s.n. pl.* prolegomena.

prolepsă *s.f. geom., ret.,* prolepsis.

proletar I. *adj.* proletarian. ⓓ *internaţionalism~* proletarian internationalism; *revoluţie ~ă* proletarian revolution. II. *s.m.* proletarian. ⓒ *~i din toate ţările, uniţi-vă!* workers of the world, unite!

proletariat *s.n.* proletariat(e).

proletarizare *s.f.* proletarianization.

proletcultism *s.n.* proletcult, proletkult.

proletcultist *adj., s.m.* proletcultist, proletkultist.

proliferare *s.f.* proliferation.

prolific *adj.* prolific.

prolix I. *adj.* prolix, diffuse, F→ long-winded. II. *adv.* prolixly, diffusely.

prolixitate *s.f.* prolixity, verbosity.

prolog *s.n. (la)* prologue (to).

promenadă *s.f.* 1. v. p l i m b a r e. 2. promenade; (public) walk. ⓓ

concert/muzică de ~ promenade concert/music.

prometeic *adj.* Promethean.

promiscuitate *s.f.* promiscuity, promiscuousness.

promiscuu *adj.* promiscuous.

promisiune *s.f.* (făgăduială) promise.

promite I. *vb. tr.* (a făgădui) to promise. II. *vb. intr.* 1. to promise. 2. to be promising.

promiţător *adj.* promising.

promontoriu *s.n.* promontory, head (land).

promoroacă *s.f.* v. c h i c i u r ă.

promotor *s.m.* promoter.

promoţie *s.f. univ.* series of graduates; *şcol.* batch of pupils promoted.

promova *vb. tr.* to promote.

promovare *s.f.* promotion.

promovat I. *adj.* promoted. II. *s.m.* promoted pupil.

prompt I. *adj.* prompt, ready, quick. II. *adv.* promptly.

promptitudine *s.f.* promptitude, readiness.

promulga *vb. tr.* to promulgate.

pronaos *s.n.* pronaos, ante-temple; narthex.

pronie *s.f.* (divine) Providence.

pronominal *gram.* I. *adj.* pronominal. II. *adv.* pronominally.

pronosport *s.n.* football pool/coupons.

pronostic *s.n.* prognostication.

pronume *s.n. gram.* pronoun. ⓐ ~ *personal* personal pronoun; ~ *relativ* relative pronoun.

pronunţa I. *vb. tr.* 1. to pronounce, to articulate; (a rosti) to utter. 2. (o sentinţă) to pass, to deliver. II. *vb. refl.* 1. *pas.* to be pronounced etc. v. ~ I. 2. to declare/pronounce one's opinion; to give one's verdi t. ⓒ *a se* ~ *în favoarea*... to declare for..., to declare in favour of...

pronunţare *s.f.* 1. pronunciation etc. v. p r o n u n ţ a. 2. (fel de a pronunţa) pronunciation.

pronunţat *adj.* 1. pronounced etc. v. p r o n u n ţ a. 2. pronounced (well-) marked; (d. accent) marked, strong.

propaga I. *vb. tr.* to propagate, to spread (abroad); to popularize. II. *vb. refl.* 1. *pas.* to be propagated etc. v. ~ I. 2.(d. boli) to spread.

propagandă *s.f.* propaganda.

propagandist *s.m.* propagandist.

propagandistic *adj.* propagandistic, propaganda...

propagare *s.f.* propagation; conduction.

propagator I. *adj.* propagating. II. *s.m.* propagator, spreader.

propan *s.n. chim.* propane.

propăşi *vb. intr.* to thrive, to prosper, to flourish.

propăşire *s.f.* prosperity, flourishing.

propice *adj.* (cu dat.) propitious (to), favourable (to).

propilee *s.f. pl.* propylaea.

proporţie *s.f.* 1. proportion, ratio, percentage. 2. *pl.* size. 3. *fig.* scope, amplitude. ⓐ ~ *aritmetică* arithmetical ratio/proportion; ~ *geometrică* geometrical ratio/proportion. ⓑ *în* ~ *cu*... in proportion to...; (după) according to..., by...; *în* ~ *de masă* on a mass proportion/scale; *păstrînd proporţiile* proportionately speaking. ⓒ *a lua proporţii* to grow (to a considerable size); (a se extinde) to expand.

proporţiona *vb. tr.* to proportion; (a potrivi) to adjust.

proporţional I. *adj.* (cu) proportional (to). ⓑ *direct* ~ (cu) directly proportional (to); *impunere* ~ă proportional taxation; *invers* ~ (cu) inversely proportional (to), in inverse ratio (to); *medie* ~ă *mat.* the mean proportional; *repartizare* ~ă apportionment; *sistem de reprezentare* ~ă system of proportional representation. II. *adv.* proportionally, proportionately.

proporţionalitate *s.f.* proportionality, proportionalness.

proporţionare *s.f.* proportioning, adjustment.

proporţionat *adj.* (well-)proportioned; proportionate; balanced.

propovădui *vb. tr.* to preach, to propagate; (a învăţa) to teach.

propovăduitor *s.m.* preacher, sermonizer, propagator.

propoziţie *s.f. (independentă)* sentence; *(parte dintr-o frază, privită în raport cu altele)* clause. ⓐ ~ *principală* main/principal/head clause; ~ *secundară* subordinate clause; ~ *simplă* simple sentence.

proprietar *s.m* owner, holder, proprietor; *(funciar)* landowner; *(al unei case, faţă de chiriaşi)* landlord.

proprietate *s.f.* **1.** property; *(moşie)* estate. **2.** property; *(calitate)* quality; *(trăsătură)* feature, characteristic; characteristic feature. ⓐ ~ *cooperatistă* cooperative property; ~ *imobiliară* house property, real estate; ~ *obştească* public ownership *sau* property.

proprietăreasă *s.f.* owner, holder, proprietress; *(moşieriţă)* landowner; *(a unei case, faţă de chiriaşi)* landlady

propriu *adj.* **1.** personal, my, your etc. own. **2.** *(potrivit)* proper, fit(ting), appropriate, suitable, adequate. **3.** *fig.* proper; *(cu dat.)* peculiar to. characteristic of... ⓐ ~-*zis* I. *adj.* proper, properly, socaled. II. *adv.* strictly speaking.

proptea *s.f.* **1.** prop, support, stay. **2.** *fig.* prop, support; protection; backer, protector, friend at court, guardian angel.

propti I. *vb. tr.* to prop up; *(o casă)* to shore. II. *vb. refl.* **1.** *pas.* to be propped up. **2.** to support/stay oneself. ⓐ *a se* ~ *de...* to lean upon..., to rest on...; *(cu coatele)* to rest (with) one's elbow on...

proptitor *adj.* propping, supporting.

propulsa *vb. tr.* to propel, to impel.

propulsie *s.f.* propulsion; impulsion.

propulsor I. *adj.* propelling, propulsive. II. *s.n.* propeller.

propune I. *vb. tr.* to propose. to suggest. II. *vb. refl. pas.* to be proposed/suggested.

propunere *s.f.* **1.** proposal, proposition, suggestion. **2.** *(la o adunare generală)* proposal, motion. ⓐ ~ *de căsătorie* proposal of marriage. ⓒ *a discuta o* ~ to discuss a proposal; *a respinge o* ~ to turn down/reject a proposal.

proră *s.f. nav.* bow, head, prow.

prorector *s.m.* pro-rector.

proroc *s.m.* prophet.

proroci *vb. tr.* to prophesy, to predict.

proroga *vb. tr.* to prorogue.

prorogare *s.f.* prorogation.

proscomidie *s.f.* **1.** *(slujbă)* Anaphora. **2.** *(masă)* altar.

proscris I. *adj.* proscribed. II. *s.m.* outlaw, proscript.

prosector *s.m.* prosector.

proslăvi *vb. tr.* v. p r e a m ă r i.

prosodic *adj.* prosodic(al).

prosodie *s.f.* prosody.

prosop *s.n.* (bath) towel.

prosopopee *s.f. ret.* prosopopoeia, personification.

prospect *s.n.* prospectus; *(plan)* plan.

prospecta *vb. tr. min.* to prospect.

prospector *s.m. min.* prospector.

prospecţiune *s.f. min.* prospecting.

prosper *adj.* thriving, prosperous, flourishing.

prospera *vb. intr.* to thrive, to prosper, to flourish.

prosperitate *s.f.* prosperity, thriving, flourishing.

prospeţime *s.f.* freshness.

prost I. *adj.* **1.** *(ant. deştept)* stupid, silly, dull, obtuse, F weak in the upper story, lame under the hat; < idiotic(al), idiotish, imbecile; *(mărginit)* narrow-minded. **2.** *(neştiutor)* ignorant; *(naiv)* simple. **3.** *(nerafinat)* simple, common. **4.** *(obişnuit, ordinar)* common, ordinary. **5.** *(rău)* bad, poor. **6.** *(nepriceput)* bad, poor, awkward, clumsy. **7.** *(dăunător)* harmful; *(nefavorabil)* unfavourable. ⓐ ~ *ca noaptea* F (as) stupid as a donkey/an owl. ⓒ *chiar aşa de* ~ *mă crezi* F I am not such a fool! I know what's what! *nu e chiar aşa de* ~ *pe cît pare* he is not such a fool as he looks. II. *adv.* badly, poorly. III. *s.m.* fool, blockhead, dolt, numskull, simpleton, F noodle, booby, ninny, ass, donkey, gull, goose, *sl.* sucker; < idiot, born fool, thorough blockhead, F regular stupid; nitwit; v şi p r o s-

tălău. © *nu face pe* ~*ul!* F
don't play the simpleton!

prostată *s.f. anat.* prostate (gland).

prostatită *s.f. med.* prostatitis.

prostălău *s.m.* F tomfool, thundering
fool, lout, bumpkin.

prostănac *adj., s.m.* v. p r o s t I,
1 şi III.

prosterna *vb. refl.* to prostrate one-
self.

prostesc *adj.* foolish.

prosteşte *adv.* foolishly.

prosti I. *vb. tr.* 1. to stultify, to
stupefy, to make dull/stupid. 2.
F to fool, to make a fool of, to
chaff, to gammon. II. *vb. refl.* 1.
to grow/get stupid/dull. 2. F to
fool (about), to play the fool/ape.

prostie *s.f.* 1. foolishness, folly, stu-
pidity; *(comportare prostească)*
foolishness, nonsense, folly. 2. *(ca
act)* foolish/stupid thing. 3. *(absur-
ditate)* nonsense, rubbish. 4. *pl.*
nonsense, F rubbish, stuff and
nonsense, moonshine, fiddlesticks,
bosh. © *ai făcut o mare* ~ you
have done a very foolish thing;
isprăveşte cu prostiile astea stop this
nonsense/foolishness, F sell your
ass.

prostime *s.f.* mob, crowd, ragtail
and bobtail.

prostit *adj.* 1. stultified etc. v.
p r o s t i. 2. *(uluit)* taken aback,
dumbfounded.

prostitua I. *vb. tr. şi fig.* to prosti-
tute. II. *vb. refl.* to prostitute one-
self, to walk the streets.

prostituată *s.f.* prostitute, harlot,
street walker, *vulg.*→whore, strum-
pet, *amer.* call girl, *elev.* white
slave.

prostituţie *s.f.* prostitution.

prostovan *adj., s.m.* v. p r o s t I,
1 şi III.

prostovol *s.n.* cast net.

prostraţie *s.f.* prostration, stupour,
torpor.

protagonist *s.m.* protagonist.

protal *s.n. bot.* prothallium.

protargol *s.n.* protargol.

protază *s.f. gram.* protasis.

protector I. *adj.* protecting. II. *s.m.*
protector, *fig.* sugar daddy; *(al şti-
inţelor)* patron.

protectorat *s.n.* protectorate.

protecţie *s.f.* protection; *(sprijin)*
support; *(ajutor)* aid. @ *protecţia
muncii* labour protection. ⓑ *perdea
forestieră de* ~ protective (forest-)
belt.

protecţionism *s.n.* protectionism.

protecţionist *adj. com.* protective,
protectionist. @ *tarif* ~ protective
tariff; *taxe* ~*e* protective duties.

proteic *adj.* 1. protean. 2. *chim.* pro-
teinic.

proteină *s.f. chim.* protein.

proteja *vb. tr.* to protect; *(a sprijini)*
to support; *(a ajuta)* to aid.

protejat I. *adj.* protected. II. *s.m.*
protégé.

protejată *s.f.* protégée.

protest *s.n.* protest. ⓑ *notă de*~note
of protest. © *a înainta/înmîna un*
~ *(cu dat.)* to lodge a protest
(with smb. etc.).

protesta I. *vb. intr. (împotriva)* to
protest (against); to object (to/
against), to remonstrate (against).
II. *vb. tr.* © *a* ~ *o poliţă com.* to
protest a promissory note.

protestant *adj., s.m.* Protestant.

protestantism *s.n.* Protestantism.

protestare *s.f.* protesting. @ ~*a
unei poliţe com.* protest of a promis-
sory note.

protestatar I. *adj.* protesting. II.
s.m. protester.

protetic *adj.* 1. *med.* prosthetic. 2.
fon. prothetic.

Proteu *s.m.* Proteus.

proteză *s.f.* 1. prosthesis, prosthetic
appliance; *(a membrelor)* artifi-
cial limb; *(dentară)* (set of) plates,
(set of) artificial teeth, denture. 2.
fon. pro(s)thesis.

protipendadă *s.f.* aristocracy, nobi-
lity.

protocol *s.n.* 1. proceedings. 2.
protocol, correct form of procedure;
ceremonial. ⓑ *serviciul* ~*ului* eti-
quette/protocol departament.

protocolar *adj.* 1. pertaining to State
etiquette. 2. *(d. cineva)* punctilious.

protoiereu *s.m.* v. p r o t o p o p.

protoierie *s.f.* rank, residence *sau*
district of an archpriest.

protoistorie *s.f.* protohistory.

proton *s.m. fiz.* proton.

protonic *adj. fon.* protonic.

protoplasmă *s.f. biol.* protoplasm, cell body.

protoplasmic *adj. biol.* protoplasmic.

protopop *s.m.* archpriest.

protopopie *s.f.* rank *sau* district of an archpriest.

prototip *s.n.* prototype; *fig.* archetype.

protoxid *s.m. chim.* protoxide, monoxide.

protozoar *s.n. zool.* 1. protozoan. 2. *pl.* protozoa.

protuberanță *s.f.* protuberance.

proțap *s.n.* 1. (carriage) pole, shaft, F→beam; *(furcat)* thill. 2. *(pt. culesul fructelor)* fruit gatherer. 3. *(frigare)* spit. ⓑ *crap la~* spitted carp.

proțăpi I. *vb. tr.*←F to hit, to strike. II. *vb. refl.* 1.←F to take up a position. 2. *fig.*←F to give oneself airs.

proțăpit *adj.* 1. *(țeapăn)* F stiff. 2. *(îngîmfat)*←F conceited.

prova *s.f.* v. p r o r ă.

proveni *vb. intr.* ⓐ *a ~ din...* to come/result/proceed from..., to originate in... ⓒ *de unde provine această neînțelegere?* whence does this misunderstanding arise?

proveniență *s.f.* source, origin.

provensal *adj.* Provencal.

proverb *s.n.* proverb; *(zicală)* saying; *(maximă)* maxim.

proverbial *adj.* proverbial.

providență *s.f.* providence.

providențial I. *adj.* providential. II. *adv.* providentially.

provincial I. *adj.* provincial, country..., F→ countrified. II. *s.m.* provincial.

provincialism *s.n.* provincialism.

provincie *s.f.* 1. province. 2. *(ant. oraș)* the provinces, the country. ⓑ *de ~ country...,* provincial.

provizie *s.f.* 1. provision, store, supply; ration. 2. *pl.* provisions, eatables; *(merinde)* victuals.

provizion *s.n. com.* commission (paid to an agent).

provizorat *s.n.* provisional state *sau* character.

provizoriu I. *adj.* provisional, temporary. ⓑ *măsuri provizorii* stop-gap measures. II. *adv.* provisionally; temporarily.

provoca I. *vb. tr.* 1. to provoke; *(la duel)* to challenge *smb.* to duel, to call out; *(a instiga)* to induce, to instigate. 2. *(a cauza)* to bring about, to cause; *(somnul etc.)* to induce; *(o nemulțumire)* to give rise to; *(a crea)* to create; *(sentimente)* to call forth; *(un surîs)* to raise; *(a stîrni)* to rouse. II. *vb. refl. pas.* to be provoked etc. v. ~ I.

provocare *s.f.* 1. provocation etc. v. p r o v o c a. 2. provocation; *(la duel etc.)* challenge.

provocator I. *adj.* provocative. ⓑ *agent ~* agent provocateur. II. *s.m.* provoker.

proxenet *s.m.* procurer, pander, pimp.

proxim *adj.* proximal. ⓑ *gen ~ log.* genus proximus.

proximitate *s.f.* proximity, propinquity, nearness.

prozaic I. *adj.* prosaic(al), philistine; *(banal)* commonplace; *(practic)* matter-of-fact... II. *adv.* prosaically.

prozaism *s.n.* prosaism; *(banalitate)* commonplace.

prozator *s.m.* prose writer, prosaist; fiction writer.

proză *s.f. și fig.* prose. ⓐ ~ *literară* fiction.

prozelit *s.m.* proselyte.

prozelitism *s.n.* proselytism.

prozodic, prozodie v. p r o s o d i c, p r o s o d i e.

prudent I. *adj.* prudent, cautious, careful, wary. II. *adv.* prudently etc. v. ~ I.

prudență *s.f.* prudence, care (fulness).

prun *s.m. bot.* plum tree *(Prunus domestica)*.

prună *s.f.* plum. ⓒ *a avea prune în gură* ← F to stutter.

prunărie *s.f.* orchard of plum trees.

prunc *s.m.* babe, baby, infant in arms.

pruncie *s.f.* babyhood, babyship.

pruncucidere *s.f.* infanticide.

pruncucigaș *s.m.* infanticide.

prund *s.n.* 1. gravel, grit, shingle. 2. gravel ground; bank.

prundaş *s.m. ornit.* wagtail *(Motacilla).*
prundiş *s.n.* v. p r u n d.
prurit *s.n. med.* pruritus, itching.
prusac *adj., s.m.* Prussian.
prusic *adj.* ⓑ *acid* ~ *chim.* prussic acid.
psalm *s.m.* psalm.
psalmist *s.m.* psalmist.
psalmodia *vb. tr.* 1. to psalmodize. 2. *fig.* to recite in a singsong manner, F to drone out.
psalmodie *s.f.* 1. psalm reading; intoned psalm. 2. *fig.* singsong, droning.
psalt *s.m.* psalm singer.
psaltichie *s.f.* psalm book.
psaltire *s.f.* Psalter, psalm book.
pseudomembrană *s.f. med.* pseudomembrane.
pseudomorfoză *s.f. mineral.* pseudomorphosis.
pseudonim *s.n.* pseudonym, pen name, sobriquet.
pseudopod *s.n. biol.* pseudopod (ium).
pseudosavant *s.m.* would-be/self-styled scholar.
pseudoştiinţă *s.f.* pseudo-science.
psihanalist *s.m.* (psycho-)analyst.
psihanalitic *adj.* psycho-analytical.
psihanaliză *s.f.* psycho-analysis.
psihastenie *s.f. med.* neurasthenia.
psihiatric *adj.* psychiatric.
psihiatrie *s.f.* psychiatry, mind healing.
psihiatru *s.m.* psychiatrist, mind healer.
psihic I. *adj.* psychic(al); mental. II. *s.n.* mind; mental condition.
psihism *s.n.* psychism.
psihofiziologic *adj.* psycho-physiological.
psihofiziologie *s.f.* psycho-physiology.
psihogeneză *s.f.* psychogenesis.
psiholingvistic *adj.* psycholinguistic.
psiholingvistică *s.f.* psycholinguistics
psiholog *s.m.* psychologist.
psihologic I. *adj.* psychological. II. *adv.* psychologically.
psihologiceşte *adv.* psychologically.
psihologie *s.f.* psychology.
psihologism *s.n.* psychologism.
psihologizant *adj.* psychologizing.

psihomotor *adj.* psychomotor.
psihonevroză *s.f.* psychoneurosis.
psihopat *s.m.* psychopath, neurotic patient, F→crank.
psihopatie *s.f.* psychopathy.
psihopatologie *s.f.* psycho-pathology, abnormal psychology.
psihoterapie *s.f.* psychoterapy.
psihoză *s.f. med.* psychosis.
pst *interj.* hist! here!
pterodactil *s.m.* pterodactyl.
ptiu *interj.* pah! *(la naiba)* damn!
ptolemeic *adj.* Ptolemaic.
ptomaină *s.f. chim.* ptomaine.
ptoză *s.f. med.* ptosis.
puber *adj.* pubescent.
pubertate *s.f.* puberty, F awkward age.
pubian *adj. anat.* pubian.
pubis *s.n. anat.* pubis.
public I. *adj.* public; *(spectatori)* attendance, audience; *(de stat)* State... II. *adv.* publicly. III. *s.n.* public. ⓑ *in* ~ in public.
publica I. *vb. tr.* to publish, to issue. II. *vb. refl. pas.* to be published/issued.
publicabil *adj.* publishable.
publicare *s.f.* publication, publishing.
publicaţie *s.f.* publication; published work; *(periodică)* periodical; *(carte)* book; *(revistă)* magazine; *(broşură)* pamphlet. ⓐ ~ *de specialitate* specialized publication.
publicist *s.m.* publicist.
publicistic *adj.* publicistic.
publicistică *s.f.* journalism.
publicitate *s.f.* publicity. ⓒ *a da* ~ *(cu dat.)* to advertise *(cu acuz.)*; *a da publicităţii* to publish.
puc *s.n. sport* puck.
puci *s.n.* putsch.
pucioasă *s.f.* brimstone. ⓑ *apă de* ~ sulphur (-eous) water; *floare de* ~ flowers of sulphur.
pud *s.n.* pood *(16.38 kg).*
pudel *s.m.* poodle.
pudic I. *adj.* modest, chaste. II. *adv.* modestly.
pudicitate *s.f.* pudency, chastity, modesty.
pudlaj *s.n. metal.* puddling.
pudler *s.n.* puddler.

pudoare *s.f.* chastity, bashfulness, modesty; (sense of) decency. ⓓ *atentat la* ~ indecent assault.

pudra I. *vb. tr.* to powder. II. *vb. refl.* to powder (oneself), to use powder, to powder one's face.

pudră *s.f.* powder, toilet/face powder. ⓐ ~ *de talc* talc(um) powder; ~ *de zinc* zinc dust. ⓑ *cărbune* ~ powder coal; *zahăr* ~ glazing/powdered sugar.

pudrieră *s.f.* powder case, compact.

puericultură *s.f.* rearing of children, infant care.

pueril I. *adj.* puerile, childish. II. *adv.* puerilely, childishly.

puerperal *adj.* ⓑ *febră* ~*ă med.* puerperal fever.

puf¹ *interj.* puff!

puf² *s.n.* 1. down; *bot.* villosity, pubes, bloom. 2. *(pt. pudrat)* (powder) puff. ⓑ *perină de* ~ feather pillow.

pufăi *vb. intr.* *(a respira greu)* to puff and blow/pant; *(dintr-o ţigară)* to puff away *at a cigar etc.*

pufăit *s.n.* puffing etc. v. p u f ă i.

pufni *vb. intr.* 1. v. p u f ă i. 2. to sniff, to snoot. 3. *(a izbucni)* to burst out. ⓒ *a* ~ *în ris* to burst out laughing, to guffaw.

pufnitură *s.f.* sniff; snoot.

pufoaică *s.f.* padded coat.

pufos *adj.* downy, fluffy.

pugilism *s.n.* pugilism, boxing, F→ fisticuffs.

pugilist *s.m.* pugilist, boxer, *sl.* pug.

pugilistic *adj.* pugilistic, F→fisticular.

pugilistică *s.f.* pugilism, boxing.

puhav *adj.* v. b u h a v.

puhoi *s.n.* 1. torrent, rushing stream. 2. *fig.* torrent, flood.

puhoier *s.m. ornit.* forktail, milvin *(Milvus regalis).*

pui I. *s.m.* 1. (↓ *de pasăre domestică)* chicken; *(de pasăre)* chick, nestling, fledgeling; *poetic* → youngling; *(de curcan, fazan etc.)* poult. 2. *(de animal sălbatic)* cub; *(de cline, leu, tigru, urs, lup etc.)* whelp. 3. *(copil)* chick-(abiddy), little one; *(dragul meu)* (my) dear, darling. 4. *(de pernă)* small pillow *sau* cushion. ⓐ ~ *de bătaie* F spanking,

good drubbing; ~ *de bogdaproste* F street arab/urchin; ~ *de chef* F drunken bout, P binge; ~ *de drac* F devil of a boy; ~ *de ger* ←F pinching cold; *(brusc)* F cold snap. ⓒ *a trage un* ~ *de somn* ←F to sleep without a break. II. *interj.* pui-pui chuck! chuck!

puian *s.m.* v. c ă ţ e l a n d r u.

puiandră *s.f.* 1. pullet. 2. *fig.* v. f e t i ş c a n ă.

puiandru *s.m.* 1. v. p u i I, 1, 2, 2. *bot.* sapling.

puică *s.f.* 1. pullet. 2. *fig.* F (my) darling, my duck(y).

puiet¹ *s.n. col.* chickens etc. v. p u i I, 1, 2.

puiet² *s.m. bot.* seedling, sapling.

puişor *s.m.* 1. chick; *(ca alintare)* chickabiddy. 2. small pillow *sau* cushion.

puitor I. *s.m. poligr.* feeder, layer-on. II. *s.n.* ⓐ ~ *de mine* mine layer.

pul *s.n. (la table)* man, piece; *(la jocul de dame)* draughtsman.

pulberărie *s.f.* 1. *(fabrică)* gunpowder works, powder mill. 2. *(depozit)* powder magazine.

pulbere *s.f.* 1. *(praf)* dust. 2. powder. ⓐ ~ *fără fum* smokeless powder; ~ *neagră* gunpowder; ~ *radioactivă* (radioactive) fall-out. ⓑ *cită* ~ *şi spuză* no end of...

pulmonar *adj.* pulmonary, of the lungs.

pulover *s.n.* pull-over, sweater.

pulpană *s.f.* skirt, tail *of a coat.*

pulpă *s.f.* 1. *anat.* calf *of the leg.* 2. *(de animale)* leg, joint; *(de porc)* gammon. 3. *bot.* pulp. 4. *(dentară)* pulp.

puls *s.n.* pulse. ⓐ ~ *neregulat* irregular/uneven pulse; ~ *slab* low/weak pulse. ⓒ *a lua cuiva* ~*ul* to feel/take smb.'s pulse; *a prinde* ~*ul lucrurilor* to get the hang of things.

pulsa *vb. intr.* 1. to pulse, to pulsate, to beat, to throb. 2. *fig.* to pulsate, to pulse, to throb.

pulsatil *adj.* pulsatile.

pulsaţie *s.f.* throb, heart beat; *şi fig.* pulsation.

pulsometru *s.n. tehn.* pulsometer.

pulveriza I. *vb. tr.* to pulverize, to grind; *(lichide)* to spray. **II.** *vb. refl. pas.* to be pulverized etc. **v.** ~ **I.**

pulverizare *s.f.* spraying.

pulverizator *s.m.* pulverizer, atomizer, sprayer.

pulverulent *adj.* pulverulent, powdery.

pumn *s.m.* **1.** fist. **2.** *(ca lovitură)* blow with the fist, buffet, cuff, punch. **3.** *(conținutul unui* ~*)* handful. ⓑ *cît* ~*ul* as big as a fist. ⓒ *a* *încleșta* ~*ii* to clench one's fists; *a se bate cu* ~*ii în piept* to beat the breast, to make broad one's phylactery; *a ride în* ~*i* to laugh in one's sleeve; *a-și face mina* ~ to make a cup of one's hand.

pumnal *s.n.* dagger; stiletto; poniard; *(malaiez)* creese, kris.

punct I *s.n.* punch.

punct I *s.n.* **1.** *(ca semn de punctuație)* full stop, period. **2.** *(deasupra literelor)* dot. **3.** *muz.* dot. **4.** *(în diferite sensuri)* point. **5.** *(la jocuri)* point. **6.** *tipogr.* point. **7.** *(în depărtare etc.)* dot, speck,spot. **8.** *(grad)* point, extent, degree. **9.** *(chestiune)* point, question; *(articol)* item, point. **10.** *(de program)* number. ⓐ ~ *crioscopic/de înghe*ț*(are)* freezing point; ~ *culminant* culmination, climax; *high tide;* ~ *cu* ~ in detail, in every particular; item after item, paragraph after paragraph; ~ *de atracție* attraction; ~ *de atracție turistică* sightseeing spot; ~ *de fierbere* boiling point; ~ *de intersecție* point of intersection; ~ *de onoare* point of honour; ~ *de plecare* starting point; ~ *de sprijin/reazem* **a.** *fiz.* fulcrum (of a lever), purchase; *tehn.* bearing. **b.** *fig.* footing; ~ *de vedere* point of view/standpoint, view point; ~*e cardinale* cardinal points; ~*e*, ~*e* dots; ~*e și linii (în alfabetul Morse)* dots and dashes; ~ *mort* dead point, *tehn.* dead centre; *(impas)* deadlock; ~ *slab* weak point; ~ *și virgulă* semicolon; ~ *tare* forte, middle name; ~ *turistic* sightseeing spot.

ⓑ *asupra acestui* ~ on that score/head; *bătut la* ~*e* beaten on points; *din* ~ *de vedere gramatical* from the grammatical point of view; *din* ~ *în* ~ in every particular; *din toate* ~*ele de vedere* in all respects, in every particular; in every way, to all intents and purposes; *două* ~*e* colon; *la* ~ in the nick of time; *la un* ~ *mort* at a standstill/stop; *notă cu* ~ *muz.* dotted note; *pe* ~*ul de a...* on the point/verge of *(cu forme in -ing)*, about to...; *pînă la un* ~ to a certain extent; *punere la* ~ **a.** adjusting; perfecting. **b.** *(a cuiva)* F telling smb. where to get off, teaching smb. to know one's place; *pus la* ~ F spick and span; *și cu asta* ~ F and that's that; (that's) enough! ⓒ *a adopta un nou* ~ *de vedere într-o chestiune* F to get a new angle on smth.; *a cîștiga la* ~*e sport* to win on points; *i-am atras atenția asupra acestui* ~ I drew his attention to this point; *a pune la* ~ **a.** *(ceva)* to finalize; to make clear, to elucidate. **b.** *(pe cineva)* to tell smb. (where to get) off, to teach smb. his place. **II.** *adv.* sharp, exactly precisely. ⓑ *la ora 7* ~ at 7 o'clock sharp.

puncta *vb. tr.* **1.** to dot; to mark by dots. **2.** *(a sublinia)* to point out, to emphasize. **3.** *(a înregistra)* to record, to score.

punctaj *s.n.* **1.** *sport* score. **2.** outline, sketch (of a speech).

punctat *adj.* dotted.

punctator *s.n. tehn.* centre punch.

punctiform *adj.* punctiform.

punctual I. *adj.* punctual. **II.** *adv.* punctually, F on the dot.

punctualitate *s.f.* punctuality.

punctuație *s.f.* punctuation. ⓑ *semne de* ~ stops, punctuation marks.

puncție *s.f. med.* puncture.

pune I. *vb. tr.* **1.** *(a așterne)* to put, to lay; *(într-un anumit loc)* to place, to set; *(repede)* F→to clap (down). **2.** *(a atașa)* to attach; *(a anexa)* to annex, to append; *(a adăuga)* to add. **3.** *med. (a aplica)* to apply. **4.** *(bani, a depune)* to deposit. **5.** *(a îmbrăca)* to put on.

6. *(a semăna)* to sow; *(a planta)* to plant. **7.** *(a atîrna)* to hang. **8.** *(a turna)* to pour out. **9.** *(o piesă)* to stage, to produce. **10.** *fig. (a ridica)* to raise, to put. **11.** *(a face)* to make, to induce, to cause; *(a obliga)* to oblige. ⓒ *unde mai pui că...* to say nothing of...; *(in plus)* moreover..., besides; *a ~ beţe în roate* to put spokes in (smb.'s) wheels; *~ un disc* to play a record; *a ~ florile în apă* to set the flowers in water; *a ~ o întrebare* to ask a question; *a ~ masa* to lay the table; *a ~ piciorul pe pămînt* to plant one's foot on the earth; *a~ o problemă în discuţie* to moot a question; *a ~ cuiva termometrul* to take smb.'s temperature; *a ~ în rînd* to put in a row; *a ~ pe note* to set to music; *a ~ bine* to place in safety. **II.** *vb. refl.* **1.** *pas* to be laid etc. v. *~* I. **2.** *(a se aşeza)* to sit down; *(a se culca)* to lie down. ⓐ *a se~cu cineva* to try/ measure one's strength against smb.; to pit oneself against smb.; *a se~pe...* to set about... *(cu forme în -ing)*; *(a începe)* to begin..., to start... *(cu forme în -ing)*; *(a izbucni în)* to burst out *(cu forme în -ing)*. ⓒ *a se ~ bine cu cineva* to curry favour with smb., to insinuate/ingratiate oneself with smb.; *a se ~ rău cu cineva (a se certa)* to quarrel with smb., to fall out with smb.; *a se ~ în calea cuiva* **a.** to bar/block smb.'s way. **b.** *fig.* to oppose smb., to put spokes in smb.'s wheels, to nick against smb.; *nu te ~ cu el!* you are no match for him!

punere *s.f.* putting, placing etc. v. p u n e. ⓐ *~ în pagină* lay-out, mise en page; *~ la punct* **a.** finishing. **b.** precision **c.** reprimand, rebuff.

pungaş *s.m.* **1.** pickpocket; *(hoţ)* thief; *(mărunt)* pilferer. **2.** *(escroc)* rogue, swindler; *(la jocuri de noroc)* cheat. **3.** *fig.* F rogue.

pungă *s.f.* **1.** purse. **2.** *(de hîrtie)* paper bag; *(răsucită)* screw. **3.** *zool.* pouch. **4.** *(săculeţ, în diferite sensuri)* bag. **5.** *mil.* pocket. ⓐ *~*

de tutun tobacco pouch. ⓒ *a şi dezlega punga* to open one's purse; *a fi gros la ~* to have a big/fat/ well-lined purse; *a strînge buzele ~* to purse (up) one's mouth.

pungăşesc *adj.* pickpocket's; rogue's... etc. v. p u n g a ş.

pungăşi *vb. tr.* **1.** to pickpocket; *(a fura pe cineva)* to rob. **2.** *(a escroca)* to swindle.

pungăşie *s.f.* **1.** *(furt)* (petty) theft; *(mai mic)* pilferage. **2.** *(escrocherie)* swindle, fraud.

pungi *vb. tr.* ⓒ *a-şi ~ gura* to purse (up) one's mouth.

pungit *adj.* pursed (up).

pungoci *s.n.* big purse.

punic *adj. ist.* Punic. ⓑ *războaiele ~e* the Punic Wars.

punte *s.f.* **1.** small bridge, foot bridge; *(pod)* bridge. **2.** *nav.* deck. **3.** *(de ferăstrău)* summer. **4.** *(de butoi)* bottom bar. ⓐ *~ de asalt mil.* assault bridge; *~ de contracovertă nav.* spar deck; *~ de covertă/manevră nav.* awning deck.

pupa[1] *s.f. nav.* v. p u p ă.

pupa[2] **I.** *vb. tr.* to kiss, F to buss. ⓑ *nu mai pupi tu cartea de la el←F* you won't get your book back from him. **II.** *vb. refl.* to kiss one another, F to bill.

pupat *s.n.* **1.** kissing, F lip work, essence of tulips, two lips. **2.** *(ca act)* kiss, F buss.

pupă[1] *s.f. nav.* poop, stern.

pupă[2] *s.f. entom.* pupa, chrysalis.

pupăcios *adj←*F fond of kissing.

pupătură *s.f.* v. p u p a t 2.

pupăză *s.f.* **1.** *ornit.* hoopoe, hoopoo *(Upupaepops)*. **2.** *fig. (flecar)* F chatterbox, windbag **3.** *bot.* v. p u p e z e l e.

pupezele *s.f. pl. bot.* wood pea/vetch *(Orobus vernus)*.

pupil *s.m. jur.* ward.

pupilă *s.f.* **1.** *anat.* pupil (of the eye), eye ball. **2.** *jur.* ward.

pupitru *s.n.* **1.** *(bancă)* desk; *(suport)* stand. **2.** *muz.* music desk/ stand. ⓑ *la ~* conducting.

pu-pu-pup *interj.* hoopoo!

pur[1] *s.m. bot.* serpent's garlic *(Allium rotundum)*.

pur² *adj.* **1.** pure; *(curat)* clean; *(li npede)* clear; *(nepătat)* stainles. **2.** *fig.* pure, chaste, immaculat, stainless. **3.** *(simplu)* mere, pure. ⓐ ~ şi simplu pure and simple.

puradel *s.m.* **1.** *(pui de ţigan)*←F gipsy boy. **2.** *(copil)* ← F child; *(băiat)* F boy; *(pici)* F urchin; *peior.* brat.

purcea *s.f.* sow; young sow. ⓓ *a lua ~ua de coadă (a se îmbăta)* F to have a brick in the hat, to cut the malt above the wheat, to lap the gutter.

purcede *vb. intr.* **1.** *(a porni)* to set out, to start; *(a începe)* to begin, to start. **2.** *(a proceda) (la)* to proceed (to). **3.** *(a lua naştere) (din)* to originate (in), to come (from).

purcel *s.m.* pigling, little pig, young hog, porkling, piglet; *(în limbajul copiilor)* piggy(-wiggy). ⓐ ~ *de India* v. c o b a i; ~ *de lapte* sucking pig.

purcică *s.f.* v. p u r c e a.

purcoi *s.n.* **1.** v. c ă p i ţ ă. **2.** *(morman)* heap pile.

purga I. *vb. tr.* to purge, to scour; to clean. II. *vb. refl.* to take a purgative.

purgativ *s.n.* purgative.

purgatoriu *s.n.* şi *fig.* purgatory, limbo.

purgaţie *s.f.* purgation.

purica I. *vb. tr.* **1.** to clean of fleas, to flea. **2.** *fig.* to sift to the bottom; to examine closely. II. *vb. refl.* to flea oneself, to rid oneself of fleas.

puricar *s.m.* P. v. p o l i c a r.

purice *s.m.* I. *entom.* flea, *sl.* F sharp *(Pulex irritans).* **2.** v. p ă d u c h e. **3.** *constr.* raising piece. **4.** *(cui mic)* small nail. ⓒ *a i se face inima cît un ~* to be frightened out of one's wits, F to be in a blue funk; *banii lui nu fac mulţi purici* F his money burns a hole in his pocket.

puricos *adj.* fleay, full of fleas.

purifica I. *vb. tr.* to purify, to cleanse. II. *vb. refl.* to become pure.

purificare *s.f.* purification.

purificator *adj.* purifying.

purism *s.m.* purism.

purist I. *s.m.* purist. II. *adj.* puristic.

puritan I. *adj.* puritanic(al); *fig.* prudish. II. *s.m.* puritan.

puritanism *s.n.* puritanism.

puritate *s.f.* purity, pureness.

purja *vb. tr. tehn.* to drain, to blow off/out/through.

puroi *s.n.* pus, F matter.

puroia *vb. intr.* to suppurate; *(d. o rană)* to fester; to discharge matter.

purpură *s.f.* purple.

purpurină *s.f.* **f.** *chim.* purpurin. **2.** *(în vopsitorie)* madder purple.

purpuriu *adi.* purple.

pursînge **1.** *adj.* full-bred, thoroughbred, *fig.* trueborn. II. *s.m.* full-bred/thoroughbred horse.

purta I. *vb. tr.* **1.** to carry; *(ceva greu, a suporta)* to bear. **2.** *(a mîna, d. vînt etc.)* to drive, to carry along. **3.** *(a conduce)* to lead, to conduct. **4.** *(îmbrăcăminte, încălţăminte, un inel, ochelari etc.)* to wear; *(un ceas, bani, arme etc.)* to carry. ⓒ *a ~ în braţe* to carry in one's arms; *i se permite să poarte mustăţi?* is he allowed to grow a moustache? II. *vb. refl.* **1.** *pas.* to be carried etc. v.~I. **2.** *(a se comporta)* to behave, to conduct oneself. **3.** *(d. o stofă)* to wear; *(a fi la modă)* to be in fashion. ⓒ *poartă-te frumos!* F behave yourself! *a se ~ porceşte* to behave like a hog.

purtare *s.f.* **1.** carrying etc. v. p u r t a. **2.** *(conduită)* conduct; *(într-o anumită împrejurare)* behaviour; *(fel de a se purta)* demeanour. ⓐ ~ *de grijă* care, solicitude. ⓓ *de ~* everyday... ⓒ *a-şi lua nasul la ~*← F to forget one's place, to grow cheeky.

purtat I. *adj.* **1.** carried etc. v. p u r t a. **2.** *(d. haine)* threadbare, shabby. II. *s.n.* manner of dressing; *(haină)* dress.

purtător I. *adj.* carrying etc. v. p u r t a. II. *s.m.* bearer. ⓐ ~ *de cuvînt* spokesman. ⓓ *cec la ~* cheque payable to bearer.

purulent *adj.* purulent; *(d. o rană)* festering, suppurative.

pururi *adv.* always, for ever, eternally. ⓑ *de-a* ~ for ever (and ever), to the end of time.

pustă *s.f.* Hungarian steppe.

pustie *s.f.* 1. desert, waste, wilderness. 2. v. n a i b a.

pustietate *s.f.* 1. v. p u s t i u II. 2. isolated/secluded place. 3. solitude, seclusion.

pustii *vb. tr.* to lay waste, to ravage, devastate.

pustiitor *adj.* raveging, devastating.

pustiu I. *adj.* 1. *(sălbatic)* wild; *(nelocuit)* uninhabited; *(deşert)* deserted. 2. *(gol)* empty; *(fără rost)* senseless; *(inutil)* useless. 3. *(singur)* lonely, solitary. II. *s.n.* 1. waste(land), desert, desolate/ deserted region/country, wilderness. 2. *fig.* solitude; *(plictiseală)* weariness. ⓒ *a-i face cuiva un* ~ *de bine* F to do smb. dirt.

pustnic *s.m.* hermit, anchorite, recluse.

pustnici I. *vb. intr.* to lead the life of a recluse. II. *vb. refl.* to become a recluse.

pustnicie *s.f.* 1. life of a hermit/an anchorite. 2. *fig.* solitude, reclusion, isolation.

pustulă *s.f. med.* pustule, F→pimple.

puşcaş *s.m.* 1. *mil.* fusilier. 2. *(vînător)* marksman, shot, F gun.

puşcă *s.f.* gun, musket; *(ghintuită)* rifle, rifled gun; *(cu ţeava netedă)* smooth bore; *(armă)* weapon. ⓐ ~ *cu ţeava tăiată* sawed-off gun; ~ *de vînătoare* shot gun, sporting gun; ~ *mitralieră* automatic rifle, light machine gun, Lewis gun.

puşcăriaş *s.m.* prisoner, convict, F jailbird, gaolbird.

puşcărie *s.f.* prison, jail, gaol, F quod, limbo. ⓒ *a băga în* ~ *to* put into prison, to imprison.

puşcoaie *s.f.,* **puşcoi** *s.n.* pop gun.

puşculiţă *s.f.* money box.

puşlama *s.f.* F good-for-nothing, scape grace, loafer.

puştan *s.m.* F v. p u ş t i.

puştancă *s.f.* v. p u ş t o a i c ă.

puşti *s.m.* F kid; *(flăcăiandru)* lad; *(ca apelativ)* ~*ule!* young fellow- -me-lad.

puştoaică *s.f.* flapper, bobbysoxer.

putea I. *vb. tr.* 1. *(a avea putinţa să)* can, to be able (to); to be in a position (to); *(a fi capabil)* to be capable (of). 2. *(a avea voie să)* may; to be permitted/allowed (to); *(a avea posibilitatea)* to have the possibility (to); *(a fi posibil)* may; to be possible (to). ⓐ *a nu* ~ *să*... to be unable to..., to be incapable of... *(cu forme în -ing)*; *poate că*... maybe..., perhaps...; *nu pot să nu*... I can't help... *(cu forme în -ing)*, I cannot but; *a nu mai* ~ *de*... to be seized with... ⓒ *nu mai pot de rîs* F carry me out! *nu mai pot (sînt obosit)* F I am dead beat; *nu pot* I cannot; *n-am putut veni* I couldn't come; *face tot ce poate* he does his best/utmost; *nu-l pot suferi* I can't bear (the sight of) him; *cum aş* ~? how could I (do it)? *pot intra?* may I come in? *poate că mă înşel* I may be mistaken; *îţi poţi închipui cum*... you may easily fancy how...; *ai* ~ *spune că*... you might say that...; *poate să plece* let him go; he may go; *nu mai* ~ *de bucurie* he was beside himself with joy. II. *vb. refl.* to be possible; may; can. ⓒ *s-ar* ~ *dovedi interesant*... it might prove interesting; *se poate s-o fi pierdut* he may have lost it; *cît se poate de mult* as much as possible; *nu se poate şti* there is no telling; *se prea poate* that's quite possible.

putere *s.f.* 1. power; might; *(mecanică, fizică, mai ales în sens activ)* force; *(tărie, în sens pasiv)* strength; *(rezistenţă)* resistance, stamina; *(vigoare)* vigour, vigorousness; *(spirituală sau musculară)* nerve, nervousness; *(tărie de caracter)* F→backbone; *(energie)* energy; F→vim; *(eficacitate)* efficacy. 2. *fig.* power; *(valoare)* value; *(drept)* right; *(capacitate)* capacity. 3. *(toi)* depth, thick. 4. *(influenţă)* power; *(autoritate)* authority, sway. 5. *(stat)* power. ⓐ ~ *de cumpărare* purchasing power; ~ *de expresie* vigour of expression; ~ *politică* political power. ⓑ *cu de la sine* ~ unauthorized, illegally; arbitrarily; *cu toată* ~*a* with all one's might, with might and main, by main force; *in* ∼*a...* *(cu gen.)* by/in virtue of..., on the strength of...; *la* ∼ in office; *Marile Puteri* the Great Powers. ⓒ *a avea depline puteri* to have full powers; *a deţine* ∼*a* to be in power; *a-şi pierde puterile* to lose (one's) strength, to become weak; *voi face tot ce-mi stă în* ∼ I'll do my best/ utmost; *a fi în* ∼*a cuiva* to be in smb.'s power; *a fi la* ∼ to be in office; *nu stă în* ∼*a mea* it is not in my power.

puternic I. *adj.* strong; *(d. un motor etc.)* powerful; *(d. căldură)* fierce, intense; *(d. frig)* bitter, biting; *(d. aer)* hard; *(d. o dorinţă)* violent, intense, ardent; *(d. mînie etc.)* violent, towering; *(d. influenţă etc.)* potent; *(d. o lovitură)* hard, heavy; *(d. ploaie, furtună, un atac etc.)* heavy; *(d. miros)* strong; *(mare)* great; *(virulent)* virulent; *(drastic)* drastic; *(important)* important; *(autoritar)* authoritative; *(solid)* solid; *(rezistent)* resistent. **II.** *adv.* strongly etc. v. ∼ I. **III.** *s.m. puternicii* the mighty/powerful.

putină *s.f.* vat; *(butoi)* cask, barrel. ⓒ *a spăla putina* F to make off, to skedaddle, P to sling/take one's hook.

putinei *s.n.* churn.

putinţă *s.f.* possibility. ⓑ *după* ∼ according to one's possibilities; *fără* ∼ *de...* impossible to...; *peste* ∼ impossible. ⓒ *să fie (oare) cu* ∼ *?* is it (really) possible? *a face tot ce-i stă în* ∼ to do one's best/utmost; *a-i sta cuiva în* ∼ *să...* to lie (with)in one's power to...

putoare *s.f.* **1.** stink, stench. **2.** *fig. (leneş)* F lazybones, idler, slacker.

putred *adj.* **1.** rotten; *(descompus)* putrid, decomposed. **2.** *fig.* rotten, corrupt. ⓐ∼ *de...*very..., highly..., extremely..., F mighty; ∼ *de bogat* rolling in money.

putrefacţie *s.f.* putrefaction, decay.

putregai *s.n.* **1.** rotten stuff, rot; *(de lemn)* dote. **2.** *fig.* rottenness.

putrezi *vb. intr.* to rot, to decay, to putrefy; *(d. cînepă)* to ret.

putreziciune *s.f.* **1.** putrefaction; *(hoit)* carcass. **2.** *fig.* rottenness.

puturos I. *adj.* **1.** *(rău mirositor)* stinking, fetid, putrid, olid. **2.** *(leneş)* awfully lazy, F bone-lazy **II.** *s.m.* F lazybones, slugabed.

puturoşenie *s.f.* **1.** *(putoare)* stink, stench. **2.** *(lenevie)*←F laziness. **3.** F v. puturos II.

puţ *s.n.* **1.** well. **2.** *min.*well, shaft. **3.** *(insuficient)* scanty. ⓐ ∼ *colector hidr.* connecting well, cistern; ∼ *de admisiune hidr.* drawing-off well; ∼ *de aeraj min.* air shaft; ∼ *forat min.* drilled well; ∼ *petrolifer* oil derrick; ∼ *principal min.* main shaft.

puţi *vb. intr. (a)* to stink (of); to have a foul/fetid smell.

puţin I. *adj.* **1.** *(nu mult)* little; *(ceva)* a little; some; *puţini* few; some few. **2.** *(mic)* small, reduced; *(scurt)* short. ⓐ ∼ *la minte* feeble -minded; ∼ *la trup (mic)* small; *(slab)* thin. ⓑ *în* ∼*e zile* before long, shortly, in a few days; *pentru* ∼*!* don't mention it! not at all! **II.** *adv.* **1.** *(în mică măsură)* little; *(într-o oarecare măsură)* a little; *(cam)* rather. **2.** *(temporal)* a little while, for a short time. ⓐ ∼ *cîte* ∼ little by little, gradually. ⓑ *cel* ∼ at least; *cît(uşi) de* ∼ not at all; *cu* ∼ *mai...* a little (more)...; *de* ∼ newly, recently, lately; *foarte* ∼ very little, F→ dribs and drabs; *mai* ∼ *de...* less than; *mai* ∼*i* fewer; *mai mult sau mai* ∼ *(...)* more or less (...); *nu mai* ∼ *de...* no less than...; *peste* ∼ shortly. ⓒ ∼ *a lipsit ca el să...* he nearly...; he was about to... **III.** *s.n. puţinul* the little.

puţinătate *s.f.* **1.** scarcity. **2.** *(micime)* smallness.

puzderie *s.f.* **1.** *text.* boon. **2.** *(praf)* dust; *(gunoaie)* litter; *(fulgi)* flakes; *(stropi)* drops. **3.** *fig.* multitude, host, legion; *(grămadă)* heap.

R

R, r *s.m.* R, r, the ninteenth letter of the Romanian alphabet.

rabat *s.n.* rebate, reduction (in price), allowance.

rabatabil *adj.* folding, collapsable, that can be folded back.

rabic *adj. med.* rabic.

rabie *s.f. med.* rabies.

rabin *s.m.* Rabbi.

rablagi *vb. refl.* **1.** ← F to deteriorate; *(a decădea)* F to run to seed. **2.** *(a se ramoli)* F to soften; to grow decrepit; *(mintal)* F to get soft(-witted).

rablagit *adj.* **1.** ← F deteriorated; dilapidated. **2.** ← F decrepit; F soft(-witted).

rablă *s.f.* **1.** F old thing/stuff; *pl.* old stuff/rubbish/things. **2.** *(mîrțoagă)* jade, crock; *(d. cineva)* F wreck. **3.** *(automobil) sl.* jal(l)opy. ⓐ *o ~ de...* F a used-up...; *(ramolit)* ← F a decrepit...; *o ~ de trăsură* F a ramshackle affair.

rabota *vb. tr.* to plane, to shave.

raboteză *s.f.* **1.** *metal.* planing machine. **2.** *(pt. lemn)* overplaner.

rabotor *s.m.* planer.

rac *s.m.* **1.** *zool.* crawfish, crayfish *(Astacus fluviatilis)*. **2.** *Racul astr.* the Cancer, the Crab. **3.** *(tirbușon)* corkscrew. **4.** *tehn.* claw coupling. **5.** *nav.* anchor. ⓐ *~ de mare zool.* lobster *(Homarus vulgaris)*.

racem *s.n. bot.* raceme.

rachetă *s.f.* **1.** *și av.* rocket; *pl. și* rocketry. **2.** *sport* racket. **3.** *(pt. zăpadă)* racket, snowshoe. ⓐ *~ balistică intercontinentală* intercontinental ballistic missile (rocket); *~ cosmică* cosmic space rocket; *~ de aterizare av.* landingflare; *~ de semnalizare* signal

flare; *~ luminoasă av.* flare; *~ teleghidată* guided rocket (missile).

rachiu *s.n.* brandy.

racilă *s.f.* **1.** chronic disease. **2.** *(meteahnă)* drawback, setback, shortcoming, defect. **3.** *(dușmănie)* ill-blood, enmity, feud.

racla *vb. tr. med.* to curette.

raclaj *s.n. med.* curetting; scraping.

raclă *s.f.* **1.** *(sicriu)* coffin. **2.** *(ladă)* chest; box.

record *s.n.* connection, junction, coupling, inlet; *electr.* lead-in, bushing.

racorda *vb. tr.* to join (up), to connect.

racursi *s.n. artă* foreshortening.

radar *s.n.* radar.

radă *s.f. nav.* roads, roadstead. ⓐ *~ deschisă* open roadstead. ⓑ *în ~* in the roads.

rade I. *vb. tr.* **1.** *(a bărbieri)* to shave. **2.** *(a răzui)* to scrape; *(cu guma)* to rub out. **3.** *(din temelii)* to raze; *(a dărima)* to take/pull down, to demolish. **II.** *vb. refl.* to (have a) shave.

radia I. *vb. intr.* to radiate, to beam (with joy, etc.) **II.** *vb. tr.* **1.** *(d. soare etc.)* to (e)radiate, *și fig.* to beam. **2.** *(a șterge)* to erase; *(de pe o listă etc.)* to strike off, to cross off. ⓒ *a ~ din barou* to disbar.

radial I. *adj.* ɪadial. **II.** *adv.* radially.

radian *s.m. mat.* radian.

radiant *adj.* radiant. ⓓ *energie ~ă* radiant energy.

radianță *s.f.* radiance.

radiat l. *adj.* radiate(d). **II.** *s.n. zool.* radiary.

radiator *s.n.* radiaɪor; *(de răcire)* (cooling) radiator· *(de încălzire)* hot-water radiator. ⓐ *~ celular* honeycomb radiator; *~ cu lamele* ribbed/gilled radiator; ~ *electric* electric/fire radiator; ~ *tubular* tubular radiator.

radiație *s.f.* radiation. ⓐ ~ *calorică/termică fiz.* thermal radiation; ~ *corpusculară fiz.* corpuscular radiation; ~ *cosmică fiz.* cosmic radiation; ~ *electromagnetică fiz.* electromagnetic radiation; ~ *ionizantă fiz.* ionizing radiation; ~ *solară* solar radiation. ⓐ *a emite radiații* to emit radiations.

radical I. *adj.* radical. **II.** *adv.* radically; *(complet)* altogether, wholly; entirely. **III.** *s.n.* **1.** *mat.* root sign, radical. **2.** *chim.* radicle, radical. **3.** *lingv.* root, radical. ⓐ ~ *acid chim.* acid radical. **IV.** *s.m. pol.* radical.

radicalism *s.n.* radicalism.

radiculă *s.f. bot.* radicle.

radier *s.n. constr.* foundation plate.

radieră *s.f.* (India) rubber.

radio *s.n.* **1.** radio, wireless; *(ca aparat)* radio/wireless set; *(portativ)* portable, F→walkie-talkie. **2.** v. r a d i o d i f u z i u n e. ⓑ *post de* ~ radiostation; *la* ~ on the radio; *prin* ~ by radio. ⓒ *a face* ~ *mai încet/tare* to turn the volume down/up; *a transmite prin/la* ~ to broadcast; *a asculta (la)* ~ to listen in, to listen to the radio.

radioactiv *adj. chim., fiz.* radioactive. ⓑ *dezintegrare* ~ă radioactive decay; *element* ~ radioactive element, radio element; *izotop* ~ radioactive isotope, radio isotope; *material* ~ radioactive material; *precipitații* ~e radioactive fallout; *substanță* ~ă radioactive substance.

radioactivitate *s.f.* radioactivity.

radioamator *s.m.* **1.** radio amateur, amateur radio operator. **2.** wireless enthusiast, F→wireless/radio fan.

radioamplificare *s.f.* v. r a d i o f i c a r e.

radiochimie *s.f.* radiochemistry.

radiocomunicație *s.f.* wireless/radio communication.

radiodetecție *s.f.* radiodetection, radiolocation.

radiodifuza *vb. tr.* to broadcast, F→to put on the air.

radiodifuziune *s.f.* radio system.

radioelectricitate *s.f.* radioelectricity.

radioelement *s.n.* radioelement.

radioemisiu(un)e *s.f.* broadcast.

radioemițător *s.n.* (wireless/radio) transmitter.

radiofar *s.n.* radio(-range) beacon, radiophare.

radioficare, radioficație *s. f.* wirebroadcasting; radio-relay (network).

radiofonic *adj.* wireless..., radio...

radiofonie *s.f.* wireless telephony, radiophony.

radiofrecvență *s.f.* radio frequency.

radiogenic *adj.* radiogenic.

radiogoniometrie *s.f.* location, direction finding (for wireless), radio homing.

radiogoniometru *s.n.* wireless/radio direction finder, directional receiving-aparatus, radiogoniometer.

radiografia *vb. tr.* to X-ray.

radiografic *adj.* radiographic.

radiografie *s.f.* **1.** radiography, skiagraphy. **2.** *(concret)* X-ray photograph, radiograph.

radiogramă *s.f.* radiogram.

radiojurnal *s.n.* news (bulletin).

radiolară *s.f. zool.* radiolarian, *pl.* radiolaria.

radiolocație *s.f.* radiolocation, radar.

radiolog *s.m.* radiologist.

radiologie *s.f.* X-ray treatment; radiology.

radiometru *s.n. tehn.* radiometer.

radiomontaj *s.n.* radio review, (radio) montage.

radionavigație *s.f.* radionavigation.

radioreceptor *s.n.* radio/wireless receiver/set.

radiorecepție *s.f.* radioreception.

radioreporter *s.m.* commentator.

radios I. *adj.* radiant, beaming. **II.** *adv.* beaming.

radioscopic *adj.* X-ray..., fluoroscopic. ⓑ *examen* ~ X-ray/fluoroscopic examination.

radioscopie *s.f.* radioscopy v. și e x a m e n r a d i o s c o p i c.

radiotehnică *s.f.* radiotechnics, radio engineering.

radiotelefon *s.n.* radiotelephone.

radiotelefonie *s.f.* wireless/radio telephony.

radiotelegrafie *adj.* wireless..., radiotelegraphic.

radiotelegrafie *s.f.* wireless/radio telegraphy.

radiotelegrafist *s.m.* wireless telegraphist/operator, radio man/operator.

radiotelegramă *s.f.* wireless telegram, radiogram.

radioterapie *s.f.* X-ray treatment, radiotherapy.

radotransmisiune *s.f.* radiobroadcasting.

radiu *s.n. chim.* radium.

radius *s.n. anat.* radius.

radon *s.n. chim.* radon.

rafală *s.f.* 1. squall, gust of wind. 2. *mil.* burst/storm of gunfire.

rafie *s.f. bot.* raffia *(Raphia)*.

rafina I. *vb. tr. și fig.* to refine. **II.** *vb. refl.* to become/grow refined; to acquire refinement.

rafinament *s.n.* refinement; subtlety.

rafinat *adj.* 1. *(d. zahăr etc.)* refined. 2. *fig.* refined, delicate, fine; *(deștept)* subtle, clever.

rafinator *s.m.* v. r a f i n o r.

rafinărie *s.f.* 1. *(de zahăr)* (sugar) refinery. 2. *(de petrol)* oil distillery.

rafinor *s.m.* distiller.

raft *s.n.* shelf.

rage *vb. intr.* 1. to low, to moo, to bellow. 2. *fig.* to bellow, to roar.

ragilă *s.f.* 1. *(darac)* card. 2. *(zgardă)* (spiked) dog-collar.

raglan *s.n.* raglan.

rahagiu *s.m.* seller *sau* maker of Turkish delight.

rahat *s.n.* 1. Turkish delight, rahat lokoum. 2. *fig. (om de nimic)* squit, dud, failure. 3. *fig. (fleac)* trifle.

rahialgie *s.f. med.* rachialgia.

rahianestezie *s.f. med.* rachianalgesia, rachian(a)esthesia.

rahidian *adj. anat.* rachidian.

rahitic *adj.* rachitic, F→rickety.

rahitism *s.n. med.* rachitis, F→rickets.

rai *s.n.* 1. *și fig.* paradise. 2. *nav* pulley wheel.

raid *s.n. av.* air raid.

raion *s.n.* 1. district. 2. *(într-un magazin)* department.

raional *adj.* district...

raionare *s.f.* division into districts.

raită *s.f.* walk, round; *(vizită)* visit; *(idem scurtă)* flying visit, call. ⓒ *a da o ~ prin oraș* to go/make/take a round; *am dat o ~ pe la el* we dropped in at his place.

rajah *s.m.* raja(h).

ralia *vb. refl.* to rally. ⓐ *a se ~ la...* to rally to..., to join...; *(o părere)* to come round to..., to concur in...

ram *s.n.* v. r a m u r ă 1.

ramazan *s.n.* Ramadan.

ramă *s.f.* 1. frame; *(de tablou, și)* mat; *(de pantof)* welt. 2. *(vîslă)* oar. 3. *(de ochelari)* rim.

rambleia *vb. tr.* to fill (up), to pack; *(o șosea etc.)* to (em)bank, to bank up.

rambleiaj *s.n.* filling up etc. v. r a m b l e i a.

rambleu *s.n.* 1. *min.* waste. 2. *(de șosea etc.)* embankment, mound.

ramburs *s.n.* 1. *(rambursare)* reimbursement, repayment. 2. *(plată)* payment. ⓑ *contra ~ com.* cash on delivery, COD.

rambursa *vb. tr.* to repay, to refund.

rambursabil *adj.* repayable, reimbursable.

rambursare *s.f.* reimbursement, repayment.

ramifica *vb. refl.* to branch out, to ramify.

ramificație *s.f.* 1. ramification. 2. *(concret)* branch.

ramoleală *s.f.* v. r a m o l i s - m e n t.

ramoli *vb. refl.* to grow decrepit; *(d. minte)* to s often.

ramolire *s.f.* growing decrepit, so t- -mindedness, softening of the brain.

ramolisment *s.n.* decrepitude; soft- -mindedness, softening.

ramolit I. *adj.* ← F decrepit; *(la minte)* stultified, F soft-witted/ -headed. **II.** *s.m.* F dodderer, dotard, old driveller, fuddy-duddy.

rampă *s.f.* 1. *ferov.* grade; *(platformă)* platform; *min.* landing. 2. *(barieră)* turnpike, barrier. 3. *(balustradă)* banisters, hand rail. 4. *teatru* footlights. ⓐ ~ *de lansare* rocket launcher, rocket launching pad/ramp. ⓒ *a trece rampa* F to get across/over (the footlights).

ramură *s.f.* 1. branch, bough, twig. 2. *fig.* branch.

rană *s.f. şi fig.* wound. ⓐ ~ *mortală* death/mortal wound. ⓑ *bun de pus la* ~ kind-hearted, kindness itself. ⓒ *a pune degetul pe* ~ to touch a raw/sore spot; *corpul îi era numai o* ~ he was all over sores.

ranchiună *s.f.* rancour, malice, spite, grudge.

ranchiunos *adj.* rancorous, grudge-bearing.

randament *s.n.* output, out-turn; productivity; efficiency; *(folos)* benefit. ⓑ *de mare* ~ high-efficiency...; high-speed...

ranfort *s.n. constr.* strengthening piece.

rang *s.n.* 1. rank. 2. *mat.* order.

rangă *s.f.* crowbar.

raniță *s.f.* haversack, knapsack, *mil.* kitbag, pack.

ranunculacee *s.f. pl. zool.* ranunculaceae.

rapace *adj.* rapacious, predacious.

rapacitate *adj.* rapacity; rapaciousness.

rapăn *s.n.* 1. scurf, scab. 2. v. j e g.

rapel *s.n.* 1. *tehn.* bringing back. 2. *med.* revaccination. 3. *(alpinism)* rappel, doubled rope, roping down.

rapid I. *adj.* rapid, fast, swift, quick. II. *adv.* fast, rapidly etc. v. ~ I. III. *s.n. ferov.* fast train; express (train).

rapiditate *s.f.* rapidity, swiftness, quickness, celerity.

rapiţă *s.f. bot.* rape *(Brassica).*

rapor.[1] *s.n. (pl. raporturi)* 1. *(relaţie)* relation, connection. 2. *mat.* proportion, ratio. 3. *pl.* relations, intercourse. ⓐ ~ *de forţe* ratio of forces. ⓑ *în* ~ *cu...* in comparison with..., as against...; *sub acest* ~

in this respect; *sub* ~*ul...* *(cu gen.)* with regard to..., in respect of..., in point of...; *sub toate* ~*urile* in every way/respect, in all respects. ⓒ *a avea* ~*uri cu...* to be on good terms with...

raport[2] *s.n. (pl. rapoarte)* 1. report, account, statement. 2. *mil.* orderly hour/call, report; daily parade for the issue of orders. ⓒ *a ieşi la* ~ *mil.* to come out at orderly hour.

raporta I. *vb. tr.* 1. *(a da un raport despre)* to report, to give an account of; to relate. 2. *(a produce)* to bring in, to yield, to produce. ⓐ *a* ~ *ceva la...* to refer/ascribe smth. to... II. *vb. refl.* ⓐ *a se* ~ *la...* to refer/relate to..., to have reference to...

raportare *s. f.* reference (to).

raportor[1] *s.n.* protractor, set square.

raportor[2] *s.m.* person who makes a report; *(vorbitor)* speaker.

rapsod *s.m.* rhapsode, rhapsodist; *(bard)* bard.

rapsodie *s.f.* rhapsody.

rapt *s.n.* rape.

rar I. *adj.* 1. rare; *(puţin)* scarce; *pl. (puţini)* scarce, few; *(d. păr)* spare; *(neobişnuit)* unusual. 2. *fig.* rare, uncommon, exceptional; *(neîntrecut)* matchless. ⓑ *piatră* ~*ă* gem. II. *adv.* 1. v. r a r e o r i. 2. *(a vorbi etc.)* slowly.

rarefacţie *s.f.* rarefaction.

rarefia *vb. tr. şi refl. fiz.* to rarefy.

rarefiere *s.f.* rarefaction.

rareori *adv.* seldom, rarely; *(din cînd în cînd)* now and then.

rarişte *s.f.* glade.

raritate *s.f.* 1. scarceness, scarcity, dearth. 2. rare, object; rarity, curio(sity); a fly in amber. 3. rare occurrence.

rariţă *s.f. agr.* beataxe, butting plough.

ras I. *adj.* 1. shaven etc. v. r a d e. 2. *(şes)* flat. 3. *(f. plin)* brimful. II. *s.n.* shave.

rasă[1] *s.f.* 1. *(omenească)* race. 2. *(de animale)* breed. ⓑ *de* ~ **a.** of noble race; *(d. cai)* thoroughbred; *(d. ciini)* purebred. **b.** *fig.* first-rate.

rasă[2] *s.f.* surplice.

rasial *adj.* racial. ⓟ *discriminare* ~*ă* racial discrimination, colour bar; *persecuţie* ~*ă* racial persecution, racialism; *segregaţie* ~*ă* racial segregation.

rasist *s.m.* racialist, *amer.* racist.

rasol *s.n.* boiled meat. ⓒ *a da* ~ F to work in a slapdash way, to scamp/bungle/muck one's work.

rasoleală *s.f.* F bungling, botching.

rasoli *vb. tr.* F to bungle, to botch, to scamp.

rast *s.n. med.*←P splenitis.

rastel *s.n. mil.* armrack, gunrack.

raşpel *s.n.* rasp.

rata I. *vb. tr.* to fail in. **II.** *vb. intr.* to miss fire, to fail to go off.

ratare *s.f.* failing *in an enterprise etc.*; unfulfilment.

ratat I. *adj.* miscarried, ineffectual; *(d. o afacere)* that has miscarried, that has come to nothing; *(d. cineva)* who is a failure. **II.** *s.m.* failure, F→wash-out, dud, squit.

rată *s.f.* instalment, part payment. ⓟ *în două rate* in two instalments. ⓒ *a plăti în rate* to pay by/in instalments.

rateu *s.n.* missfire; backfire.

ratifica *vb. tr.* to ratify; *(a aproba)* to approve, to confirm.

ratificare *s.f.* ratification.

raţă *s.f. ornit.* duck *(Anas.)* ⓐ ~ *sălbatică* wild duck *(Anas boschas)*.

raţie *s.f.* **1.** ration, allowance. **2.** *mat.* ratio.

raţiona I. *vb. intr.* to reason, to argue, to ratiocinate. **II.** *vb. tr.* to ration.

raţional I. *adj.* rational; *(rezonabil)* reasonable. **II.** *adv.* rationally; reasonably.

raţionalism *s.n.* rationalism.

raţionalist *adj.* rationalist.

raţionaliza *vb. tr.* **1.** to rationalize. **2.** v. raţiona II.

raţionament *s.n.* argument, reasoning, ratiocination.

raţionare *s.f.* **1.** reasoning. **2.** judgement. **3.** rationing.

raţiune *s.f.* **1.** reason, faculty of reasoning. **2.** *(motiv)* reason, ground, motive. ⓐ ~ *de a fi* reason for being, raison d'être.

ravagiu *s.n.* havoc, devastation. ⓒ *a face ravagii* to work/play havoc.

raz *s.n. tehn.* drilling iron rod.

razachie *s.f.* variety of long-berried grapes

razant *adj.* skimming the ground; *(d. tir)* grazing.

razanţă *s.f.* flatness.

rază *s.f.* **1.** ray, beam; *(lumină)* light; *(strălucire)* brilliancy, brightness; *(radiaţie)* radiation. **2.** *geom.* radius. **3.** *fig.* beam; *(slabă)* gleam. ⓐ ~ *de acţiune* radius of action; range; ~ *de lună* moonbeam; ~ *de speranţă* gleam of hope; ~ *vizuală* line of sight; *raze cosmice* cosmic rays; *raze infraroşii* ultra-red rays; *raze ultraviolete* ultra-violet rays; *raze X* X-rays. ⓟ *pe o* ~ *de...* within a radius of...

razie *s.f.* raid, round-up.

razna *adv.* ⓒ *a o lua/apuca* ~ **a.** to run/rush over stock and block *sau* over hedge and ditch. **b.** *fig.* →F to digress, to ramble, to wander in one's speech; *a umbla* ~ to stray/wander about.

răbda I. *vb. tr.* **1.** *(a trece prin)* to suffer, to endure, to undergo. **2.** *(a suporta)* to stand, to bear, to suffer, to endure; *(a tolera)* to tolerate, to bear, to endure; *(a permite)* to allow; *(a accepta)* to accept, to admit of. ⓒ *cum te rabdă inima să...?* how can you (find it in your heart to)... *nu mă rabdă inima să nu...* I can't help *(cu forme in-ing)*. **II.** *vb. intr.* **1.** to have patience. **2.** *(a suferi)* to suffer, to endure.

răbdare *s.f.* patience; *(rezistenţă)* endurance; *(perseverenţă)* perseverance. ⓟ *cu* ~ with patience, patiently. ⓒ *înarmează-te cu* ~ be patient, have patience, arm yourself with patience; *îşi ieşi din răbdări* he lost patience, his patience gave way; *a scoate pe cineva din răbdări* to try smb.'s patience, to exasperate smb., F to get smb.'s goat. ⓟ *cu* ~*a treci marea* it is doggedness that does it.

răbdător I. *adj.* patient. II. *adv.* patiently.

răboj *s.n.* 1. tally, notched stick, score. 2. *(insemnare)* notch. © *a insemna pe* ~ to tally, to score.

răboji *vb. tr.* to tally, to score.

răbufneală *s.f.* 1. bang; *(implicind căderea)* thud. 2. *(izbucnire)* outbreak.

răbufni *vb. intr.* 1. to bang; to thunder, to peal. 2. *(a izbucni)* to break out.

răbufnire *s.f.* v. r ă b u f n e a l ă.

răcan *s.m. mil.* F rookie, rooky, war baby, *amer. sl.* big John.

răcar *s.m.* catcher of crayfish.

răceală *s.f.* 1. freshness, cool; *(frig)* cold. 2. *(boală)* cold. 3. *fig.* coldness, coolness; indifference; aloofness.

răchitan *s.m. bot.* loosestrife, S→lythrum *(Lythrum)*.

răchită *s.f. bot.* (basket) osier, osier willow *(Salix fragilis)*.

răchitiş *s.n.* osier plot.

răchiţele *s.f. pl. bot.* moor/moss berry *(Vaccinium oxycoccus)*.

răci I. *vb. tr.* 1. to cool (off), to chill; *(după călire)* to quench. 2. *fig.* to damp. II. *vb. refl.* 1. to get cool/cold. 2. *fig.* to grow cold, to lose interest. III. *vb. intr.* to catch cold, to take/catch a chill.

răcilă *s.f.* crayfish dipping net.

răcire *s.f.* cooling etc. v. r ă c i. ⓐ ~ *cu aer* air cooling; ~ *cu apă* water cooling; ~ *cu termosifon* thermo-syphon/circulation cooling; ~ *cu ulei* oil cooling.

răcit *adj.* who has caught cold/a chill.

răcitor *s.n.* refrigerator; *(ca dulap)* ice safe; *(pt. vin)* wine cooler; *tehn.* cooler.

răcituri *s.f. pl.* pig's trotters; jellied meat.

răcnet *s.n.* roar; *(zbierăt)* yell.

răcni *vb. intr.* to roar; *(a zbiera)* to yell; *(a striga)* to shout; *(a mugi)* to low.

răcoare *s.f.* 1. freshness, coolness; *(frig)* cold. 2. *pl.* shudder, shiver. © *a băga pe cineva în răcori* to strike smb. with terror/alarm, to put smb. in a fright.

răcori I. *vb. tr.* to refresh; *(a calma)* to calm (down). II. *vb. refl.* 1. to refresh oneself. 2. *(d. vreme)* to become cooler.

răcoritoare *s.f. pl.* cooling drinks, beverages, etc.

răcoritor *adj.* refreshing, cooling. ⓑ *băuturi răcoritoare* cooling drinks.

răcoros *adj.* cool; *(inviorător)* invigorating, refreshing.

rădaşcă *s.f. entom.* stag beetle/fly *(Lucanus cervus)*.

rădăcină *s.f.* root. ⓐ ~ *pătrată mat.* square root. © *a avea rădăcini adînci* to be deeply rooted; *a prinde rădăcini* to take/strike root; *a smulge din* ~ to tear up by the roots; *şi fig.* to uproot, to eradicate.

rădăciniş *s.n.* roots.

rădvan *s.n. odin.* barouche.

răfui *vb. refl. şi fig. (cu)* to square/settle accounts (with), to get even (with).

răfuială *s.f.* settling accounts etc. v. r ă f u i. © *a lua pe cineva la* ~ F to give smb. a good dressing down.

răgaz *s.n.* leisure; *(repaos)* rest; *(pace)* peace; *(moment de* ~*)* respite, breathing space. ⓑ *fără* ~ without a moment's respite, v. şi n e c o n t e n i t II. © *a da cuiva* ~ to grant smb. a respite.

răget *s.n.* roar; low.

răgila *vb. tr.* v. d ă r ă c i.

răguşeală *s.f.* hoarseness.

răguşi *vb. intr.* to become/get hoarse.

răguşit *adj.* hoarse; *(d. voce şi)* thick (with drink, etc.).

rămas I. *adj.* left, that has remained, etc. v. r ă m î n e. II. *s.n.* remaining. ⓑ ~ *bun* farewell, good-bye, leave. © *a-şi lua* ~ *bun (de la)* to say good-bye (to), to take (one's) leave (of), to bid farewell (to).

rămăşag *s.n.* wager, bet. © *a pune/face* ~ to bet, to lay a bet; *pun* ~ *că...* I bet that...

rămăşiţă *s.f.* 1. remainder, rest, residue; *(de material)* remnant; *pl.* remains, leavings. 2. *chim.* residuum. ⓐ *rămăşiţe pămînteşti* mortal remains.

rămîne I. *vb. intr.* to remain; *(a sta mai mult timp)* to stay; *(a fi lăsat)* to be left; *(peste noapte)* to stay the night; *(a continua)* to continue; *(a dura)* to last; *(a trăi)* to live (on); *(a nu se schimba)* not to change. © *a ~ cu buza umflată/buzele umflate* to be left to whistle for it; *a ~ de căruță/pe jos* to be left in the basket; *a ~ grea/însărcinată* to get caught, to become pregnant, to be put in the pudding club; *bagajul a rămas pe peron* the luggage has remained/been left on the platform; *a ~ în viață* to survive, F→to come through; *a ~ la părerea lui* to remain of the same opinion, to stick to one's opinion; *a ~ dator cuiva* to be in smb.'s debt; *nu ~ altceva de făcut decît să...* nothing remains but... II. *vb. tr.*←P to defeat, to beat.

rămînere *s.f.* remaining etc. v. r ă - m î n e. @ ~ *în urmă* lag, lagging behind.

rămuriş *s.n.* branches.

rămuros *adj.* branchy, S ramose.

răni *vb. tr.* 1. to wound, to injure, to hurt. 2. *fig.* to offend, to wound the feelings of; *(mîndria etc.)* to wound; *(a nedreptăți)* to wrong.

răpăi *vb. intr.* *(d. ploaie)* to patter; *(d. grindină, mitralieră)* to rattle.

răpăială *s.f.*, răpăit *s.n.*, răpăitură *s.f.* patter(-ing), rattle, etc. v. r ă p ă i.

răpănos *adj.* 1. scabby, mangy. 2. v. j e g o s.

răpciugă *s.f.* 1. *vet.* glanders. 2. *(mîrțoagă)* jade.

răpciugos *adj.* 1. *vet.* glandered. 2. *fig.* jaded, scaly, mangy.

răpi *vb. tr.* 1. to ravish, to carry off, *jur.* to abduct; *(o femeie)* to elope with; *(mai ales minori)* to kidnap, to spirit (away/off); *(d. moarte)* to carry/take off/away. 2. *(lucruri)* to bear/hurry/snatch away; *(a fura)* to steal; to rob; *(a lipsi de)* to deprive of. 3. *(a încînta)* to ravish, to delight, to enrapture.

răpire *s.f.* 1. carrying away etc. v. r ă p i; *poetic*→rape 2. *(pradă)* booty. 3. *fig.* ravishment.

răpit *adj.* ravished

răpitor *adj.* 1. *(d. păsări)* of prey; *(d. animale)* predatory, of prey. 2. *fig.* *(hrăpăreț)* rapacious, grasping. 3. *fig.* *(încîntător)* ravishing, entrancing, charming.

răposa *vb. intr.* to pass away; *(a muri)* to die.

răposat I. *adj.* dead, deceased. II. *s.m.* răposatul the deceased, the dear departed; the late lamented.

răpune *vb. tr.* *(a ucide)* to kill; *(a înfrînge)* to defeat; *(a distruge)* to destroy.

rări I. *vb. tr.* to thin, to rarefy; *(a dilua)* to diluate; *(agr.; o pădure etc.)* to thin out; *(semănături)* to weed out; *(vizite) (a împuțina)* to make scarce. II. *vb. refl. pas.* to rarefy, to become rarefied etc. v. ~ I.

răriş *s.n.* glade.

rărunchi *s.m.* 1.←P v. r i n i c h i. 2. *fig.* depth(s), inside. © *a ofta din* ~ to have a deep sigh.

răsad *s.n.* 1. nursery transplant. 2. *fig.* seed; race.

răsadniță *s.f.* 1. *agr.* hotbed. 2. *fig.* shelter, harbour.

răsădi *vb. tr. şi fig.* to transplant.

răsări *vb. intr.* 1. *(d. aştri)* to rise. 2. *(d. plante)* to spring, to sprout. 3. *(a se ivi)* to appear; *(pe neaşteptate)* to turn up.

răsărit I. *adj.* 1. risen etc. v. r ă s ă r i. 2. *(înalt)* tall. 3. *(deştept)* clever. 4. *(valoros)* valuable; *(bogat)* rich; *(frumos)* beautiful. II. *s.n.* 1. rising; *(al soarelui)* sunrise. 2. *(est)* east; *(orient)* east, orient.

răsăritean *adj.* eastern, east...; *(d. direcție etc.)* easterly.

răsătură *s.f.* 1. razing etc. v. r a d e. 2. *(de lemn etc.)* scrapings. 3. *(ras)* shave.

răsciti *vb. tr.* to read several times.

răscoace *vb. tr. şi refl.* to overbake.

răscoală *s.f.* uprising, revolt, rebellion.

răscoli *vb. tr.* 1. *(a scotoci)* to rummage; to rake; *(a răvăşi)* to turn upside down; *(a mişca din loc)* to remove; *(a scurma)* to dig up; *(a ara)* to plough; *(focul)* to stir, to poke. 2. *fig.* to stir up, to agitate, to disturb; *(amintiri)* to rake up; *(a mişca)* to move.

răscolitor adj. disturbing; *(mişcător)* moving.

răscopt adj. 1. *(d. fructe)* overripe. 2. *(de foc)* overbaked. ⓐ *ou* ~. hard-boiled egg.

răscrăcăra I. *vb. tr.* to move/plant apart; to spread one's legs out. II. *vb. refl.* to stand *sau* to sit with legs apart; to spread one's legs out.

răscrăcărat adj. straddling, with legs wide apart.

răscroi *vb. tr.* to cut out.

răscroială *s.f.* cut.

răscruce *s.f.* 1. crossroad, crossing. 2. *fig.* crucial/decisive moment.

răscula *vb. refl.* to rise (in rebellion); *(cu armele)* to rise in arms.

răsculat I. *s.m.* rebel, insurgent. II. adj. mutinous, insurgent.

răscumpăra I. *vb. tr.* to redeem; *(o vină)* to expiate, to atone for; *(un captiv)* to ransom; *(a cumpăra ceva vîndut)* to buy back; *(a compensa)* to compensate, to make up for; *(o datorie)* to pay off. II. *vb. refl. pas.* to be redeemed etc. v. ~ I.

răscumpărare *s.f.* 1. redemption etc. v. r ă s c u m p ă r a. 2. compensation.

răsfăţ *s.n.* 1. *(răsfăţare a cuiva)* petting, spoiling, over-indulgence; *(mingîiere)* caressing, fondling. 2. *(ca atitudine a cuiva)* caressing, fondling. 3. *(desfătare)* delight(s). 4. v. h u z u r. ⓒ *ăsta e doar* ~ F→it's just kidding.

răsfăţa I. *vb. tr.* 1. to caress, to fondle; *(depreciativ)* to spoil, to pet; *(a cocoli)* to coddle, to pamper. 2. *(a înveseli)* to amuse, to divert. II. *vb. refl.* 1. to pamper oneself. 2. to bill and coo. 3. to contract luxurious/expensive habits, F→to play the giddy goat.

răsfăţat adj. caressed etc. v. r ă s f ă ţ a; *(capricios)* capricious. ⓐ *copil* ~ spoilt child.

răsfira I. *vb. tr.* to separate, to disperse; to unfold; *(picioarele)* to spread out; *(a împrăştia)* to spread, to scatter. II. *vb. refl.* 1. *pas.* to be separated etc. v. ~ I. 2. *(d.*

funie etc.) to unwind, to uncoil. 3. to disperse; *(a se risipi)* to scatter; (about).

răsfirat adj. 1. separated etc. v. r ă s f i r a. 2. *(d. crengi etc.)* spreading. 3. diffuse.

răsfoi *vb. tr.* to turn over; *(a cerceta în grabă)* to look/skim through, to dip into.

răsfrînge I. *vb. tr.* 1. to reflect, to reverberate, to send/throw back. 2. to turn up; *(mînecile)* to roll up. II. *vb. refl. pas.* to be reflected etc. v. ~ I. ⓒ *a se* ~ *asupra...* *(cu gen.)* to have repercussions on..., to tell on/upon..., to affect...; *(a influenţa)* to influence...

răsfrîngere *s.f.* 1. reflection etc. v. r ă s f r î n g e. 2. *(lumină)* light; *(lucire)* sheen; *(strălucire)* brightness.

răsfrînt adj. turned up etc. v. r ă s f r î n g e.

răsfug *s.n.* 1. v. a n t r a x. 2. *bot.* gum succory, wall lettuce *(Chondrilla juncea).*

răspăr *s.n.* ⓐ *în* ~ a. *(d. pisică etc.)* against the fur, the wrong way; *(d. pălărie etc.)* against the nap; *(d. oameni etc.)* against the hair. b. *fig.* against the grain; *(ostil)* in a hostile manner. ⓒ *în* ~*ul...* *(cu gen.)* despite..., in spite of...; *a lua pe cineva în* ~ to huff/snub smb., to fly at smb.

răspicat I. adj. plain; flat; outright. II. adv. plainly, flatly, outrightly, bluntly.

răspîndi I. *vb. tr.* to spread; to diffuse; to distribute; *(idei etc.)* to disseminate; *(a risipi)* to scatter, to disperse; *(a presăra)* to strew about; *(a propaga)* to propagate; *(a pune în circulaţie)* to circulate, to put in circulation; *(ştiri)* to spread; *(zvonuri)* to spread, to float, to set afloat; *a răspîndi (un film, o carte etc.)* to release; *a radia)* to radiate; *(a arunca)* to throw. II. *vb. refl.* to spread; *pas.* to be spread etc. v. ~ I; *(d. lichide)* to run over; *(d. zvonuri)* to spread, to get abroad; *(a deveni obişnuit)* to come into general use;

(a se risipi) to disperse, to scatter about. Ⓒ *s-a ~t în tot orașul* it is all over the town.

răspîndire *s.f.* **1.** spreading etc. v. r ă s p î n d i. **2.** *(întindere)* extent.

răspîndit *adj.* **1.** spread, etc. v. r ă s p î n d i. **2.** *(cunoscut)* wide-spread, prevalent, in general. use Ⓒ *a fi ~* to be wide-spread, to prevail.

răspînditor *s.m.* spreader.

răspînt e *s.f.* v. r ă s c r u c e.

răsplată *s.f.* **1.** reward, recompense. **2.** *(pedeapsă)* punishment.

răsplăti I. *vb. tr.* **1.** to reward; to recompense. **2.** *(a pedepsi)* to punish. **II.** *vb. refl. pas.* to be rewarded etc. v. ~ I.

răspoimîine *adv.* two days hence.

răspopi *vb. tr.* to unfrock.

răspunde I. *vb. tr.* to answer, to reply; *(a riposta)* to retort. Ⓒ *ce ai de răspuns?* what have you to say in reply? *n-am răspuns nimic* I made no reply, I answered nothing. **II.** *vb. intr.* **1.** *(la)* to answer *(cu acuz.)*, to reply (to); *(prin acțiuni)* to respond (to); *(obraznic)* to answer back. **2.** *(de)* to answer (for), to be responsible (for); *(a garanta)* to guarantee *(cu acuz.)*. ⓐ *a ~ la... (sentimentele cuiva etc.)* to return...; *(salutul cuiva)* to acknowledge..., to return...; *(la apel)* to answer *the roll/one's name*; *(o cerere)* to comply with...; *a ~ pentru...* **a.** *(a ~ de...)* v. ~ II, 2. **b.** *(în locul...)* to reply for...; *a ~ spre/în...* to look out into... Ⓒ *a ~ cu capul pentru...* to pledge one's head for...; *a nu ~ în nici un fel* not to answer a syllable; *a ~ în scris* to answer in writing; *a ~ oral* to answer by word of mouth; *a ~ la toate întrebările* școl. to answer all questions, *univ.* to floor the paper; *a ~ cuiva* to answer smb., to reply to smb.

răspundere *s.f.* responsibility. ⓑ *pe propria sa ~* on one's own responsibility/account/head. Ⓒ *a-și lua ~a* to take upon oneself the responsibility, to assume/shoulder the responsibility; *a purta ~a pentru ceva* to bear the responsibility for

smth.; *a trage pe cineva la ~* to ca l/ bring smb. to account/F→book; *a fi tras la ~ (pt. ceva)* to be held responsible (for smth.); *a face ceva pe propria sa ~* to do smth. on one's own responsibility; *poți s-o faci pe ~a mea* you may do it upon my responsibility, I will be answerable for it, I can answer for it.

răspuns *s.n.* **1.** answer, reply, și *fig.* response; *(spiritual)* repartee; *(scurt)* retort; *mai ales jur.* rejoinder; *(la un examen și)* script. **2.** *(soluție)* answer, solution. ⓑ *drept ~* for answer; *ca ~ la scrisoarea dv.* in answer to your favour/letter; *cu ~ plătit* reply paid. Ⓒ *a găsi ~ la toate* to have/find an answer for everything, never to be at a loss for an answer.

răspunzător *adj. (pentru)* responsible (for), answerable (for).

răsputere *s.f.* ⓑ *din răsputeri* with might and main, F→like beans, all out, hammer and tongs.

răstav *s.n. poligr.* quoin.

răstălmăci *vb. tr.* to misinterpret; *(adevărul)* to distort; *(cuvintele)* to distort, to pervert.

răsti *vb. refl.* to bark. ⓐ *a se ~ la cineva* to address smb. rudely, to huff/snub smb., to fly at smb.; to be quite nasty to smb.

răstigni *vb. tr.* to crucify; to harangue smb.

răstimp *s.n.* duration; interval; time, period; lease; span. ⓑ *în ~uri* now and then, from time to time.

răstit I. *adj.* rude; uncivil, harsh, rough, sharp. **II.** *adv.* rudely etc. v. ~ I.

răstoacă *s.f.* backwater.

răsturna I. *vb. tr.* **1.** to overturn, to tipple, to topple over; *(paharul etc.)* to turn upside down; *(a doborî)* to knock over/down; *(găleata etc.)* to overturn, to upset; *(d. vînt)* to blow down. **2.** *(a inversa)* to reverse, to invert. **3.** *(un stat, o teorie etc.)* to overthrow, to subvert. **II.** *vb. refl.* **1.** to overturn, to tip over; *(d. bărci, trăsuri etc.)* to capsize; *(a cădea)* to fall down/

over. **2.** *(în fotoliu etc.)* to lean/
lie/loll back.

răsturnare *s.f.* upsetting;overthrow;
upheaval.

răsturniş *s.n.* slope.

răsuci I. *vb. tr.* **1.** *(fire)* to spin, to
twist; *(a roti)* to turn, to spin;
(mustăţi) to twist; *(a mînui)*
to wield; *(a întoarce)* to turn; *(ţi-
gări etc.)* to roll. **2.** *(braţul etc.)*
to twist; *(a disloca)* to dislocate,
to put out (of joint); *(piciorul)* to
sprain. **II.** *vb. refl.* **1.** *pas.* to be
spun etc. v. ~ I. **2.** *(a se învîrti)*
to turn (round), to revolve. **3.** *(a
se mişca de colo pînă colo)* to fidget;
(în pat etc.) to toss (about).

răsufla *vb. intr.* **1.** *(a respira)* to
breathe; *(a-şi recăpăta răsuflarea)*
to get/catch one's breath. **2.** *fig.*
(uşurat) to breathe freely; *(din
nou)* to breathe again; *(a face un
popas)* to make a halt; *(a se odih-
ni)* to have a rest. **3.** *fig. (d. un
secret)* to leak out, to get abroad.
4. *fig. (d. recipiente etc.)* to leak;
to spring a leak. ⓒ *a* ~ *greu* to
breathe with difficulty; to fetch
a long/a deep breath; *a* ~ *uşurat*
v. ~ **2.**

răsuflare *s.f.* breathing,breath, wind.
ⓓ *cu* ~*a întretăiată* with bated
breath; *dintr-o* ~ in a/one breath;
fără ~ **a.** breathless. **b.** *(mort)*
dead; *a-şi da* ~*a* to breathe one's
last, to give the last gasp; *a-şi
ţine/a-şi opri* ~*a* to bate/keep in/
retain/hold one's breath; *a-şi re-
căpăta* ~*a* to recover one's breath;
i se curmă/i se opri ~*a* he gasped
for breath, he stood breathless; it
took his breath away.

răsuflat *adj. (d. băuturi şi fig.)* flat.
răsuflătoare *s.f.* air hole/way.
răsuflătură *s.f.* breath.
răsuflet *s.n.* **1.** v. **răsuflare**.
2. *fig.* breeze.
răsuflu *s.n.* breath, wind.
răsuna *vb. intr.* to (re)sound, to ring
(out); *(a se auzi)* to be heard; *(a
vibra)* to vibrate. ⓒ *a* ~ *din ce
în ce în ce mai puternic* to be even
more vocal.
răsunător *adj.* **1.** resounding, reson-

ant, sonorous; *(d. voce)* stento-
rian, loud, thunderous. **2.** *fig.* re-
sounding;famous, celebrated;thun-
dering; *(mare)* great. ⓓ *succes* ~
resounding success.

răsunet *s.n.* **1.** sound; *(zgomot)*
noise; *(ecou)* echo. **2.** *fig.* echo,
response.

răsură *s.f. bot.* wild rose/brier, dog
rose/brier, apple rose *(Rosa ca-
nina)*.

răsuriu *adj.* rosy.
răşchira *vb.* **1.** v. **răscrăcăra.**
2. v. **răsfira.**
răşchirat *adj.* **1.** v. **răscrăcă-
rat. 2.** v. **răsfirat.**
răşchitor *s.n.* reeling device.
răşină *s.f.* resin. ⓐ ~ *sintetică* syn-
thetic resin.
răşinos *adj.* resinous.
răşlui *vb. tr.* **1.** to tear off. **2.** v.
descoji. 3. *(a irosi)* to waste,
to squander. **4.** *(a răpi)* to seize.
5. *(de pe faţa pămîntului)* to
raze.
rătăci I. *vb. intr.* to wander/stray
about. **II.** *vb. tr.* **1.** *(drumul)* to
lose. **2.** *(a pierde)* to lose. **III.** *vb.
refl.* **1.** *(d. cineva)* to lose one's
way, to get lost. **2.** *(d. ceva)* to
be/get lost.
rătăcire *s.f.* **1.** wandering etc. v.
rătăci. 2. *fig.* wandering; *(aba-
tere)* aberration; *(greşeală)* mis-
take, error; *(nebunie)* madness.
rătăcit *adj.* **1.** who has lost his way;
(d. un călător; d. oi etc.) lost,
stray; *(d. un sat etc.)* out-of-the-
-way... **2.** *fig.* wandering; *(nebun)*
mad; *(d. priviri)* wild; haggard.
rătăcitor *adj.* wandering.
răţoi[1] *s.m. ornit.* male duck, drake.
răţoi[2] *vb. refl.* ⓓ *a se* ~ *la...* to fly
at..., to blow up..., to snub..., to
huff...
răţoială *s.f.* **1.** *(ifose)* airs. **2.** *(vorbe
răstite)* blowing-up.
răţuşcă *s.f.* duckling.
rău I. *adj.* bad, worthless, useless,
good for nothing; *(hain)* wicked;
(care face rău) evil; *(cu însuşiri
rele)* ill, poor, faulty, < atrocious,
unspeakable; *(nedemn)* unworthy,
low; *(josnic)* mean; *(nărăvaş)* vi-
cious; *(desfrînat)* profligate; *(de-

pravat) corrupt, perverse, de-praved; *(mizerabil)* wretched, vile, foul; *(scîrbos)* foul; *(la inimă)* bad-hearted. ⓑ *nume* ~ ill name, discredit; *mult mai* ~ far worse; *sens* ~ ill/bad sense. ⓒ *nu e* ~ F that is not so/half bad. **II.** *adv.* badly. ⓐ ~*-sfătuit* ill-advised. ⓒ *a arăta* ~ to look ill; to have a poor appearance; *nu arată* ~ F she is rather good-looking; *mi-e* ~ I am not well, I am unwell; *cum e mai* ~ as bad as bad can be; *nu e chiar aşa de* ~ F it isn't so dusty; *îi merge* ~ he is badly off, it goes hard with him; *(cu să-nătatea)* he is poorly, he is in a bad way; *(n-are bani)* he is poorly off for cash; *a-i părea* ~ *(de)* to regret *(cu acuz.).* **III.**s.n. evil; *(vă-tămare)* hurt, harm; *(nedreptate)* wrong; *(boală)* sickness. ⓐ ~ *de mare* sea sickness; ~ *de munte* mountain sickness. ⓑ *atîta* ~! there's no great harm done! *binele şi* ~*l* right and wrong, good and evil; *schimbare în* ~ change for the worse. ⓒ *nu-i doresc nici un* ~ I mean him no harm; *o să facă mai mult* ~ *decît bine* it will do more harm than good; *a-i face* ~ *cuiva* to do smb. harm, to injure smb.; *a vrea* ~*l cuiva* to wish smb. evil; *a vorbi de* ~ *pe cineva* to speak ill of smb., to abuse smb., to run smb. down; *a lua în nume de* ~ to take amiss; *nu e nici un* ~ *în asta* there is no harm in that.

răufăcător *s.m.* malefactor.
răutate *s.f.* **1.** wickedness, badness; malice. **2.** *(faptă rea)* misdeed, mischief, ill deed; *(rău)* wrong. **3.** *(d. cineva)* malicious person; *(ca vocativ)* rogue! ⓑ *cu* ~ mali-ciously, spitefully.
răutăcios I. *adj.* malignant; *(d. o glumă etc.)* malicious; *(rău)* wick-ed. **II.** *adv.* malignantly etc. v. ~ **I.**
răuvoitor I. *adj.* malevolent, ill-willed, malicious. **II.** *adv.* malevo-lently.
răvaş *s.n.* letter; epistle.
răvăşeală *s.f.* *(dezordine)* disorder.

răvăşi *vb. tr.* to throw about; *(a împrăştia)* to scatter (about).
răvăşit *adj.* **1.** thrown about; scat-tered; in disorder. **2.** *fig.* troubled; confused.
răzăşesc *adj.* v. r ă z e ş e s c .
răzătoare *s.f.* **1.** *(unealtă de bucă-tărie)* grater, rasp, shredder. **2.** *(la uşă)* shoe/boot/door scraper.
răzbate I. *vb. intr.* **1.** *(a înainta)* to advance. **2.** *fig.* to open/force/cut/ make one's way; *(a reuşi)* to suc-ceed, to attain one's ends. **3.** v. r ă z b i 2, 3. ⓐ *a* ~ *prin...* **a.** to go/pass through..., to penetrate through...; *(d. apă)* to ooze through...; *(mulţime etc.)* to squeeze through... **b.** *(a străbate)* to cross...; *(a cutreiera)* to scour...; *a* ~ *pînă la...* to reach..., to come to... **II.** *vb. tr.* v. r ă z b i **II.**
răzbi I. *vb. intr.* **1.** v. r ă z b a t e I, 1, 2. **2.** *(a se auzi)* to be heard. **3.** *(a se răspîndi)* to spread. ⓐ *a* ~ *cu...* to finish... **II.** *vb. tr.* to beat, to defeat, to overcome; *(d. foame)* *fig. etc.* to seize. ⓒ *m-a răzbit somnul* I've been overcome by sleep.
război[1] *s.n.* war; *(ducerea* ~*ului)* warfare. ⓐ ~ *civil* civil/domestic/ intestine war; ~ *colonial* colonial war; ~ *de hărţuială/uzură* war of attrition; ~ *imperialist* imperia-list war; ~ *naval* naval war(-fare); ~ *rece* cold war. ⓑ *al doilea* ~*mon-dial* World War II; *de-a* ~*ul (joc)* prisoner's base; *în plin* ~ in the midst of war; *primul* ~ *mondial* World War I, the first world war. ⓒ *a declara* ~ *(cu dat.)* to declare war (on); *a face* ~ to make war; *a purta* ~ *împotriva (cu gen.)* to wage war (against/u-pon/with); *a se pregăti de* ~ to prepare/arm for war; *a fi în (stare de)* ~ *(cu)* to be at war (with).
război[2] *s.n. text.* weaving loom.
război[3] *vb. refl.* **1.** *(cu)* to be at war (with); to wage war (on/with/ against); to make war (upon). **2.** *fig. (cu)* to war (with)
războinic I. *adj.* warlike; war... **II.** *s.m.* warrior; *(luptător)* fighter.

răzbuna I. *vb. tr.* to avenge. **II.** *vb. refl. (pe)* to revenge oneself (on), to have one's revenge; *(pt. o jignire)* to take vengeance.

răzbunare *s.f.* revenge; *(și ca pedeapsă)* vengeance.

răzbunător I. *adj.* vindictive, revengeful. **II.** *s.m.* avenger.

răzeș *s.m. ist.* free holder/peasant; *(în Anglia)* yeoman.

răzeșesc *adj.* freeholder's...

răzeșie *s.f.* freeholder's land.

răzeșime *s.f. col.* freeholders.

rîzgîia *vb. tr.* v. **r ă s f ă ț a.**

răzgîndi *vb. refl.* to change one's mind, to think better *of it.*

răzleț I. *adj. (singur)* lonely, solitary; *(d. un sat etc.)* out-of-the-way; *(izolat)* isolated; *(rătăcit)* lost, stray; *(separat)* separate; straggling. **II.** *adv.* here and there.

răzleți *vb. tr. și refl.* to separate.

răzmeriță *s.f.* v. **r ă s c o a l ă.**

răzor *s.n.* **1.** *(hat)* ba(u)lk; *(hotar)* boundary. **2.** v. **o g o r.**

răzui *vb. tr.* to scrape.

răzuitoare *s.f.* **1.** v. **r ă z ă t o a r e 1. 2.** *tehn.* scraper.

răzuș *s.n.* **1.** *(daltă)* point tool, chisel. **2.** scraper.

răzvrăti *vb. refl.* v. **r ă s c u l a.**

răzvrătire *s.f.* v. **r ă s c o a l ă.**

răzvrătitor I. *adj.* instigating. **II.** *s.m.* instigator, F→firebrand.

re *s.m. muz.* D, re.

reabilita I. *vb. tr.* to rehabilitate. **II.** *vb. refl.* to rehabilitate oneself.

reabilitare *s.f.* rehabilitation; recovery of civil rights; retrieval.

reabona *vb. tr. (la)* to renew *smb.'s* subscription (to).

reacoperi *vb. tr.* to re-cover.

rea-credință *s.f.* dishonesty, insincerity; unfairness. ⓑ *de* ~ **mala fide,** dishonest; perfidious.

reactant *s.m. chim.* reactant.

reactanță *s.f. fiz.* reactance.

reactiv I. *adj.* reactive. **II.** *s.m.* reagent.

reactiva I. *vb. tr.* to reactivate; to quicken anew. **II.** *vb. refl.* **1.** *mil.* to come back for active service. **2.** *chim.* to be reactivated.

reactivitate *s.f. chim.* reactivity.

reactopropulsor *s.n.* turbopropeller engine.

reactor *s.n.* **1.** *electr.* reactor, choke coil. **2.** *chim.* reaction vessel. **3.** *tehn.* jet engine. **4.** *av.* jet plane. ⓐ ~ *nuclear fiz.* nuclear reactor.

reactualiza *vb. tr.* to make actual again; to put up-to-date.

reactualizare *s.f.* making actual again; putting up-to-date.

reacție *s.f.* reaction; response. ⓐ ~ *acidă* acid reaction; ~ *catalitică chim.* catalitic reaction; ~ *de oxidare chim.* oxidizing reaction; ~ *endotermică chim.* endothermic reaction; ~ *exotermică chim.* exothermic reaction; ~ *în lanț fiz.* chain reaction; *negativă chim.* negative reaction; ~ *nucleară fiz.* nuclear reaction; ~ *termonucleară fiz.* thermo-nuclear reaction. ⓑ *avion cu* ~ jet plane, jet-propelled aircraft; *motor cu* ~ impulse duct engine; *turbină cu* ~ reaction turbine.

reacționa *vb. intr. (la)* to react (upon); *(a acționa)* to act; *(a răspunde)* to answer.

reacționar *adj., s.m.* reactionary.

reacțiune *s.f.* reaction.

readuce *vb. tr.* to bring back.

readucere *s.f.* bringing back.

reafirma *vb. tr.* to reaffirm.

reafirmare *s.f.* reaffirming.

reajusta *vb. tr.* to readjust; to set to rights.

reajustare *s.f.* readjustment.

real¹ I. *adj.* real. ⓑ *salariu* ~ real wages. **II.** *s.n.* real(ness).

real² *s.m. (monedă)* real.

realege *vb. tr.* to re-elect.

realegere *s.f.* re-election.

realgar *s.n. mineral.* realgar.

realimenta *vb. tr.* to re-feed.

realism *s.n.* realism. ⓐ ~ *socialist* socialist realism.

realist I. *adj.* realistic. **II.** *s.m.* realist.

realitate *s.f.* reality. ⓑ *în* ~ in reality; in fact, as a matter of fact.

realiza I. *vb. tr.* to achieve, to effect, to carry/work out, to realize; to bring into being, to bring about. ⓒ *n-am* ~*t prea mult* F→I cut no ice. **II.** *vb. refl.* **1.** *pas.* to be achieved etc.; to come into being; *(a se adeveri)* to come true, to materialize. **2.** *(d. cineva)* to achieve one's personality.

realizabil *adj.* feasible, possible; acceptable; *(d. un plan)* workable.

realizare *s.f.* **1.** realization, carrying out etc. v. r e a l i z a. **2.** *(lucru realizat)* achievement.

realmente *adv.* actually, really, truly, in reality.

reaminti *vb. intr. și tr.* to recall. ⓐ *a-i ~ cuiva de sau că...* to remind smb. of *sau* that...; *a-și ~* to remember, to recall.

reangajat *mil.* **I.** *adj.* re-enlisted. **II.** *s.m.* re-enlisted man/non-com.

reanima *vb. tr.* to reanimate.

reanimare *s.f.* reanimation.

reapariție *s.f.* reappearance.

reapărea *vb. intr.* to reappear.

reasigura *vb. tr.* to reinsure; to reassure.

reașeza *vb. tr.* to put/set *smth.* back (again).

reavăn *adj.* moist, wet.

rea-voință *s.f.* ill-will, malevolence, hostility.

reazem *s.n.* **1.** prop, support, stay. **2.** *tehn., mat.* support. **3.** *fig.* support.

rebarbativ *adj.* grim, forbidding, unprepossessing; surly, crabbed.

rebec *s.n. muz.* rebec(k).

rebegeală *s.f.* numbness (caused by cold).

rebegi *vb. intr.* to become numb (with cold).

rebegit *adj.* stiff with cold, chilled to the marrow.

rebel I. *adj.* rebellious; *(d. o boală etc.)* stubborn, obstinate; *(d. păr etc.)* rebellious. **II.** *s.m.* rebel.

rebeliune *s.f.* rebellion, rising, revolt.

rebobina *vb. tr.* to rewind.

rebus *s.n.* picture puzzle, rebus.

rebut *s.n.* (factory) reject, F→throw-out, spoilage, waste; scrap, refuse; *fig.* reject. ⓒ *a arunca la ~* to throw *smth.* away, to scrap, to reject.

rebuta *vb. tr.* to throw away, to scrap, to reject.

recalcitrant *adj.* recalcitrant, refractory.

recalcula *vb. tr.* to calculate again, to make a fresh computation of.

recalculare *s.f.* fresh calculation.

recalifica *vb. tr. și refl.* to re-qualify.

recalificare *s.f.* re-qualification, changing one's profession.

recapitula *vb. tr.* to recapitulate, to sum up. ⓒ *de recapitulat* to be revised.

recapitulare *s.f.* recapitulation, summing up.

recapitulativ *adj.* recapitulative.

recădea *vb. intr.* to fall (down) again, to relapse; *fiz.* to slide back. ⓐ *a ~ in...* to relapse into...

recădere *s.f. și med.* relapse, *fig.* backslide.

recăpăta *vb. tr.* to regain, to recover.

recăsători *vb. refl.* to remarry, to marry again.

rece I. *adj.* **1.** *și fig.* cold, cool; *(indiferent)* indifferent. **2.** *(d. piine)* stale. ⓒ *mă lasă ~* I don't mind it in the least; that doesn't affect me (in the least), it leaves me unmoved. **II.** *adv.* coldly, coolly. **III.** *s.n.* ⓒ *a judeca la ~* to think better; *a pune la ~* to put into a cold place.

recensămînt *s.n.* census.

recent I. *adj.* recent, late. **II.** *adv.* recently, lately, of late, in recent times.

recenza *vb. tr.* **1.** to take the census of. **2.** *(o carte etc.)* to review, to criticize.

recenzent *s.m.* reviewer.

recenzie *s.f.* review.

recenzor *s.m.* **1.** census taker. **2.** *(al unei cărți etc.)* reviewer.

recepta *vb. tr.* to pick up; to intercept.

receptacul *s.n. bot.* receptacle, torus.

receptiv *adj.* *(la)* receptive, responsive (to).

receptivitate *s.f.* receptivity, responsiveness; acquisitiveness.

receptor I. *adj.* receiving. **II.** *s.n.* receiver. ⓐ *~ cu baterii* battery receiver; *~ cu heterodină* heterodyne receiver; ~ *cu tuburi electronice* valve/lamp receiver; ~ *de bord av.* aircraft receiver; ~ *pentru toate lungimile de undă* all-wave/multi-range receiver; ~ *universal/cu alimentare universală* all-mains receiver. © *a ridica ~ul* to lift the receiver.

recepție I. *s.f.* **1.** *(a mărfurilor)* taking delivery; *(a unei mașini etc.)* taking over; *(de către un inspector)* acceptance. **2.** *tel.* reception. **3.** *(reuniune)* reception, F→kid-glove affair. ⓐ *sală de* ~ reception room. © *a trece pe* ~ to switch over. **II.** *interj.* over!

recepționa *vb. tr.* **1.** *com.* to check and sign for. **2.** v. r e c e p t a.

recepționar *s.m.* receiver, consignee.

rechema *vb. tr.* to recall, to call back.

rechemare *s.f.* recall.

rechie *s.f. bot.* weld, dyer's weed *(Reseda lutea).*

rechin *s.m.* **1.** *iht.* (sea) shark *(Squalus).* **2.** *fig.* shark.

rechizite *s.f. pl.* writing materials; supplies. ⓐ ~ *de birou* office supplies; ~ *școlare* school supplies.

rechizitoriu *s.n.* **1.** (Public Prosecutor's) charge, indictment. **2.** *fig.* charge, accusation.

rechiziție *s.f.* requisition.

rechiziționa *vb. tr.* to requisition; *(pt. nevoi obștești)* to impress; *(pt. armată)* to commandeer.

recidiva *vb. intr.* **1.** *jur.* to repeat an offence, to relapse (into a crime). **2.** *med.* to recur.

recidivă *s.f.* **1.** *jur.* repetition of an offence; relapse (into a crime). **2.** *med.* recurrence.

recidivist *s.m.* recidivist, hardened offender, F→old lag.

recif *s.n.* reef.

recipient *s.n.* vessel, receptacle, container.

recipisă *s.f.* receipt.

reciproc I. *adj.* **1.** reciprocal, mutual. **2.** *gram., log.* etc. reciprocal. ⓐ *ajutor* ~ mutual assistance; *casă de ajutor* ~ mutual insurance/benefit fund. **II.** *adv.* reciprocally, mutually.

reciprocitate *s.f.* reciprocity.

recita *vb. tr.* to recite.

recital *s.n.* (musical) recital.

recitare *s.f.* recitation, reciting.

recitativ *s.n. muz.* recitative.

reciti *vb. tr.* to re-read, to read (over) again.

recîștiga *vb. tr.* to regain.

reclama *vb. tr.* **1.** to lay claim to, to claim; *(a cere înapoi)* to claim back. **2.** *(a necesita)* to require, to necessitate. **3.** to denounce.

reclamant *s.m.* complainer, *jur.* claimant.

reclamație *s.f.* denunciation, *sl.* squeal.

reclamă *s.f.* **1.** *(abstract)* advertising, F→puffery; *(concret)* advertisement, F→puff. **2.** *(firmă)* (advertisement) sign. ⓐ ~ *luminoasă* illuminated sign. © *a face* ~ *(cu dat.)* **a.** to advertise..., to boost...; *(deșănțată)* to puff... **b.** *fig.* to laud... to the skies, F to cry up...; *a-și face* ~ F to blow one's own trumpet, to ring one's own bell.

reclasa *vb. tr.* to regroup, to rearrange, to redistribute.

reclădi *vb. tr.* to rebuild, to reconstruct.

recluziune *s.f. jur.* confinement.

recolta *vb. tr.* **1.** to harvest, to gather/get in, to crop. **2.** *fig.* to reap.

recoltă *s.f. (abstract)* harvesting; *(concret)* harvest, crop(s); *(la hectar)* yield. ⓐ ~ *bogată* rich/heavy crop/harvest, bumper crop; ~ *în lan/picioare* crop on the root, on-the-root harvest/yield. ⓓ *strînsul/stringerea recoltei* harvesting, gathering in. © *a strînge recolta* to gather in the harvest.

recomanda I. *vb. tr.* **1.** to (re)commend; *(a propune)* to suggest. **2.** *(a prezenta)* to introduce. **II.** *vb. refl.* to introduce oneself.

recomandabil *adj.* advisable, recommendable; *(potrivit)* adequate.

recomandare *s.f.* recommendation; testimonial, character. ⓓ *scrisoare de* ~ letter of recommendation.

recomandat *adj.* **1.** recommended etc. v. r e c o m a n d a. **2.** *(d. scrisori)* registered.

recomandată *s.f.* registered letter.

recomandație *s.f.* recommendation; *(pt. cineva)* letter of introduction; *(despre cineva)* character.
recombina *vb. tr.* to recombine.
recompensa *vb. tr.* to recompense, to reward.
recompensă *s.f.* recompense, reward. ⓑ *drept* ∼ as a reward.
recompune *vb. tr.* to recompose.
reconcilia *vb. tr.* to reconcile.
reconciliabil *adj.* reconcilable.
reconciliere *s.f.* reconciliation.
recondiționa *vb. tr.* to recondition.
recondiționare *s.f.* reconditioning.
reconforta *vb. tr.* to strengthen, to fortify.
reconfortant *adj.* strengthening, stimulating, bracing, invigorating; *(d. doctorii)* tonic.
reconsidera *vb. tr.* to reconsider, to reappraise, to reanalyse, to revaluate.
reconsiderare *s.f.* reconsideration, reappraisal, revaluation.
reconstituant *s.n. med.* reconstituent.
reconstitui *vb. tr.* to reconstitute.
reconstituire *s.f.* **1.** reconstitution. **2.** *jur.* reconstruction.
reconstrucție *s.f.* reconstruction, rebuilding.
reconstrui *vb. tr.* to reconstruct, to rebuild.
reconvențiune *s.f. jur.* counter-claim.
recopia *vb. tr.* to recopy.
record *s.n.* record; *(in industrie)* peak output. ⓒ *a bate un* ∼ to break/cut a record; *a stabili un* ∼ to set/establish a record.
recordman *s.m.* record holder.
recrea *vb. refl.* to rest, to have/take a rest; *(a se distra)* to take some recreation.
recreare *s.f.* (taking a) rest; recreation.
recreativ *adj.* recreative; *(d. o lectură)* light.
recreație *s.f.* **1.** *(odihnă)* rest; *(recreare)* recreation. **2.** *școl.* break, interval.
recrimina *vb. tr.* to recriminate.
recriminare *s.f.* recrimination.
recristalizare *s.f. chim.* recrystallization.
recrudescență *s.f.* recrudescence.

recrut *s.m.* **1.** recruit, F→rookie. **2.** *fig.* beginner, F tyro.
recruta I. *vb. tr.* to recruit; *amer.* to draft; *(susținători)* to enlist, to beat up. **II.** *vb. refl. pas.* to be recruited etc. v. ∼ I.
recrutare *s.f.* recruiting, *(amer.)* draft(ing), recruitment etc. v. r e-c r u t a.
rect *s.n. anat.* rectum, F→passage.
rectal *adj. anat.* rectal.
rectifica *vb. tr.* **1.** to rectify; *(o eroare)* to correct, to set right, to righten. **2.** *chim.* to rectify.
rectificare *s.f.* rectification etc. v. r e c t i f i c a.
rectilinear *adj.* orthoscopic.
rectiliniu *adj. (d. mișcare)* linear; *mat.* rectilinear.
rector *s.m.* rector, chancellor.
rectorat *s.n.* **1.** *(abstract)* rectorship. **2.** *(concret)* rector's office.
recțiune *s.f. gram.* government, regimen.
recuceri *vb. tr.* to reconquer, to regain.
recul *s.n.* **1.** *(al tunului)* recoil; *(al puștii)* kick. **2.** *fiz.* return.
recula *vb. intr. (d. tun)* to recoil; *(d. pușcă)* to kick.
reculege *vb. refl.* to collect oneself/one's thoughts.
reculegere *s.f.* collectedness. ⓒ *au păstrat un minut de* ∼ they marked their regret by standing silently for a minute.
recunoaște I. *vb. tr.* **1.** *(ceva cunoscut)* to recognize; *(a admite)* to admit; *(a mărturisi)* to confess, to own; *(pe cineva drept fiu etc.)* to own; *(un adevăr, un guvern etc.)* to recognize, to acknowledge; *(sincer)* to make a clean breast of... **2.** *mil.* to reconnoitre; *(a explora)* to explore. **II.** *vb. refl.* **1.** *reciproc* to recognize each other. **2.** *(a fi clar)* to be clear/obvious/evident. ⓒ *a se* ∼ *invins* to own oneself beaten, to acknowledge defeat.
recunoaștere *s.f.* recognition, acknowledgement etc. v. r e c u n o a ș-t e. ⓐ ∼ *aeriană mil.* air reconnaissance/reconnoitring. ⓒ *a face o* ∼ *mil.* to reconnoitre.
recunoscător *adj.* grateful, thankful

recunoscut *adj*. **1.** recognized etc. v. **r e c u n o a ş t e**. **2.** acknowledged; established; well-known.

recunoştinţă *s.f.* gratitude, gratefulness. ⓑ *cu* ~ gratefully.

recupera *vb. tr.* to recover; *(o pierdere)* to retrieve, to recoup.

recuperabil *adj*. recoverable, redeemable, retrievable.

recuperare *s.f.* recovery, redeeming.

recuperator *s.n. tehn*. recuperator.

recurent *adj*. ⓑ *febră* ~*ă med*. recurrent fever.

recurenţă *s.f. med*. recurrence.

recurge *vb. intr*. ⓐ *a* ~ *la*... to resort to...

recurs *s.n. jur*. appeal.

recuza *vb. tr. jur*. to challenge, to take exception to.

recuzabil *adj. jur*. challengeable.

recuzare *s.f. jur*. challenge.

recuzită *s.f. teatru* properties, F→ props.

recuziter *s.m.* property man/master.

recviem *s.n. rel., muz*. requiem.

reda I. *vb. tr*. **1.** to give back, to restore, to return. **2.** *fig*. to render, to reproduce; *(sensul)* to express, to convey; *(d. picturi)* to render, to reproduce, to convey. **II.** *vb. refl. pas.* to be given back etc. v. ~ **I.**

redacta I. *vb. tr*. **1.** to draw up, to draft, to word; *(a scrie)* to write; *glumeţ* to indite. **2.** *(un ziar etc.)* to edit. **II.** *vb. refl. pas.* to be drawn up etc. v. ~ **I.**

redactare *s.f.* **1.** *(formulare)* wording. **2.** *(versiune)* version. **3.** *(elaborare)* drafting; editing. ⓑ *comisie de* ~ editing/drafting committee.

redactor *s.m. (de carte sau la un ziar)* editor; *(al unei secţii)* subeditor; *cinema* literary adviser. ⓐ ~ *şef/responsabil* editor-in-chief, chief/managing editor.

redacţie *s.f.* **1.** *(colectiv de redacţie)* editorial staff; *(ca local)* editorial office. **2.** *(redactare)* editorship.

redacţional *adj*. editorial. ⓑ *articol* ~ editorial; *colegiu* ~ editorial board.

redan *s.n.* **1.** *mil*. redan. **2.** *arhit*. skewback.

redare *s.f.* giving back etc. v. **r e d a**; *muz*. rendition; *(la magnetofon)* play-back.

redeschide *vb. tr. şi refl*. to reopen.

redescoperi *vb. tr*. to rediscover.

redeştepta I. *vb. tr*. to recall; to bring/call to life. **II.** *vb. refl*. **1.** to awake again. **2.** *pas*. to be recalled; to be called/brought to life.

redeşteptare *s.f.* reawakening, resurgence, revival.

redeveni *vb. intr*. to become again.

redevenţă *s.f.* due.

redingotă *s.f.* riding coat, frock coat.

redobîndi *vb. tr*. to regain, to recover.

redresa I. *vb. tr*. to straighten (out); *(a restabili)* to re-establish, *av. etc.* to right; *(a aduce la starea normală)* to bring to a normal/healthy/an efficient state, *electr.* to rectify. **II.** *vb. refl*. **1.** *pas*. to be straightened (out) etc. v. ~ **I.** **2.** *(d. bărci etc.)* to right; *av.* to flatten out. **3.** *(a se însănătoşi)* to recover, F→to pick up again.

redresare *s.f.* straightening (out) etc. v. **r e d r e s a**.

redresor *s.n. tehn., electr*. rectifier.

reduce I. *vb. tr*. **1.** to reduce; *(a micşora)* to decrease, to diminish, to lessen; *(cheltuieli)* to cut down; *(o vină)* to extenuate; *(preţul)* to lower, to reduce, to bring down; *(pretenţii)* to abate. **2.** *chim*. to reduce. ⓐ *a* ~ *la*... *fig*. to reduce to... ⓒ *a* ~ *la minimum* to cut to the bone/to a minimum; *a* ~ *la tăcere* to put/reduce *smb*. to silence. **II.** *vb. refl. pas*. to be reduced etc. v. ~ **I**; *(a se micşora)* to decrease, to diminish, to lessen; *(d. pretenţii)* to abate. ⓐ *a se* ~ *la*... *(d. o problemă etc.)* to come/amount... to, F→to boil down to...; *(d. cheltuieli etc.)* to come down to... ⓒ *la ce se reduc toate astea?* what is the upshot of it all?

reducere *s.f.* reduction etc. v. **r e d u c e**; cut. ⓐ ~*a zilei de muncă* shorter hours; ~ *de preţuri* reduction of prices, price cut; ~ *la absurd* reductio ad absurdum.

reductibil *adj*. reductible.

reductibilitate *s.f.* reductibility.

reductor I. *adj.* reducing. II. *s.n.*
tehn. (speed-)reducing gear.

reducţie *s.f.* 1. v. r e d u c e r e. 2.
tehn. reducing socket.

reduplica *vb. tr.* to reduplicate.

reduplicare *s.f.* reduplication.

redus *adj.* 1. reduced; *(mic)* small;
(restrîns) scanty. 2. *(d. oameni)*
(mărginit) narrow-minded, illiber-
al; *(înapoiat)* backward; *(prost)*
silly, stupid.

redută *s.f.* redoubt, keep.

reedita I. *vb. tr.* 1. to republish; *(a
retipări)* to reprint. 2. *fig.* to re-
peat. II. *vb. refl. pas.* to be repu-
blished etc. v. ~ I.

reeditare *s.f.* republication.

reeduca *vb. tr.* to re-educate.

reeducare *s.f.* re-education. ⓓ *centru
de* ~ *profesională* rehabilitation
centre.

reevalua *vb. tr.* to revalue, to reap-
praise, to estimate anew.

reevaluare *s.f.* revaluation, new a-
praisement.

reexamina *vb. tr.* to re-examine.

reexaminare *s.f.* re-examination.

reface I. *vb. tr.* to remake; to re-
store; to do (over) again; *(a recon-
strui)* to reconstruct, to rebuild;
(o haină, o casă) to do up again;
(a repara) to repair, to mend; *(să-
nătatea)* to recover, to recruit; *(o
frază)* to recast; *(a schimba)* to
change; to modify. II. *vb. refl.* 1.
pas. to be remade etc. v. ~ I.
2. *(d. cineva)* to recover (one's
health), F→to pick up again.

refacere *s.f.* 1. remaking etc. v.
r e f a c e. 2. *(însănătoşire)* recov-
ery (of one's health); restoration
to health and strength. 3. *(restau-
rare)* restoration. 4. *mil.* resting,
refreshment of troops. ⓐ ~*a in-
dustriei* reconstruction/restoration/
rehabilitation of industry. ⓑ *pe-
rioadă de* ~ period of reconstruc-
tion.

refec *s.n.* hemstitch. ⓒ *a lua pe
cineva la* ~ to lecture smb., to
take smb. sharply to task, F to
jaw smb.

refeca *vb. tr.* to hemstitch.

referat *s.n.* paper, essay; *(dare de
seamă)* report; *(recenzie)* review;
(conferinţă) lecture.

referendum *s.n. pol.* referendum.

referent *s.m.* reader, reviewer.

referi I. *vb. intr. (despre/asupra)* to
report (on). II. *vb. refl.* ⓐ *a se* ~
la... to refer to...

referinţă *s.f.* reference; *(informaţie)*
information; *(explicaţie)* expla-
nation; *(d. cineva)* character.

referire *s.f.* reference, referring. ⓑ
cu ~ *la...* with reference to..., in
connection/conjunction with..., re-
garding...

referitor *adj.* ⓐ ~ *la...* I. *adj.* re-
lating to..., referring to..., respect-
ing... II. *prep.* as to/for..., with
reference to..., in connection/con-
junction with...

reflecta I. *vb. tr.* to reflect; *(lumina,
culoarea etc. şi)* to throw/send back;
(a oglindi) to mirror. II. *vb. refl.
pas.* to be reflected etc. v. ~ I.

reflectare *s.f.* reflection etc. v. r e-
f l e c t a. ⓑ *teoria reflectării* the
theory of reflection.

reflector *s.n.* searchlight, reflector;
(la cinema etc.) spotlight; *(lumina
rampei, şi fig.)* limelight.

reflecţie *s.f.* 1. reflection, thought;
meditation. 2. v. r e f l e x i e 2.

reflex I. *adj.* reflex... ⓑ *act* ~ re-
flex action. II. *s.n.* reflex. ⓐ ~ *al
genunchiului* knee jerk (reflex); ~
condiţionat conditioned reflex.

reflexie *s.f.* 1. v. r e f l e c ţ i e 1.
2. *fiz.* reflection, reflexion.

reflexiv I. *adj.* 1. *(d. cineva)* reflec-
tive, thoughtful. 2. *gram.* reflex-
ive. II. *s.m. gram.* 1. reflexive
voice. 2. reflexive verb. 3. reflex-
ive pronoun.

reflux *s.n.* 1. ebb(ing), ebb tide. 2.
fig. withdrawal, retreat; *(al mul-
ţimii)* surging back.

reforma I. *vb. tr.* 1. to reform; *(a
îmbunătăţi)* to improve; *(a înnoi)*
to renew. 2. *(a scoate din uz)*
to reject/condemn as defective. 3.
mil. to discharge as unfit. II. *vb.
refl. pas.* to be reformed etc. v.
~ I.

reformat I. *adj.* 1. reformed etc. v.
r e f o r m a. 2. *rel.* reformed. 3.

mil. invalided (out of the army/ service). **II.** *s.m.* **1.** *mil.* reject, man invalided out the service/army. **2.** *rel.* Protestant.

reformator I. *adj.* reforming. **II.** *s.m.* reformer.

reformă *s.f.* **1.** reform. **2.** *ist. Reforma* the Reformation. **3.** *(a materialelor)* rejection of spoilage, rejection of defective materials. **4.** *mil.* discharge, invaliding out of the army. ⓐ ~ *agrară* land reform; ~ *monetară/bănească* currency/monetary reform.

reformism *s.n.* reformism.

reformist *adj.*, *s.m.* reformist.

refracta I. *vb. tr.* to refract, to bend. **II.** *vb. refl. pas.* to be refracted, to suffer refraction.

refractar *adj.* **1.** refractory, rebellious, insubordinate. **2.** *tehn.* refractory, fireproof. ⓑ *cărămidă ~ă* refractory brick.

refracţie *s.f. opt.* refraction, bending. ⓑ *unghi de ~ fig.* refraction angle.

refrangibil *adj.* refrangible.

refren *s.n.* **1.** refrain, burden. **2.** *fig.* old song.

refrigeraţie *s.f.* refrigeration, cooling.

refrigerent I. *adj.* refrigerating. **II.** *s.n.* refrigerator.

refugia *vb. refl.* to take refuge, to shelter oneself; *(a fugi)* to flee, to fly, to escape.

refugiat *s.m.* refugee.

refugiu *s.n.* refuge. ⓑ *loc de ~ re*treat; *(adăpost)* shelter.

refula *vb. tr.* to drive back (into the unconscious), to repress; to suppress.

refulant *adj.* pressing.

refulare *s.f.* repression.

refuz *s.n.* **1.** refusal. **2.** *tehn.* refuse.

refuza *vb. tr.* to refuse, to decline; *(o ofertă)* to turn down; *(a respinge)* to reject.

regal I. *adj.* **1.** royal, kingly, a king's... **2.** *fig.* royal, majestic, stately. **II.** *s.n. poligr.* frame, rack.

regalism *s.n.* royalism.

regalist I. *adj.* royalist(ic). **II.** *s.m.* royalist.

regalitate *s.f.* royalty, kingship.

regat *s.n.* kingdom, realm.

regată *s.f. sport* regatta.

regăsi I. *vb. tr.* to find (again); *(a redescoperi)* to rediscover. **II.** *vb. refl.* **1.** *pas.* to be found (again) etc. v. ~ **I. 2.** *(d. cineva)* to be oneself again, to find one's bearings. **3.** *reciproc* to meet again.

regăţean *adj.*, *s.m.←inv.* **1.** Wallachian. **2.** Moldavian.

rege *s.m. (in diferite sensuri)* king.

regeal *s.m. ist.* high official of the Porte.

regenera *vb. tr.* to regenerate.

regenerare *s.f.* regeneration.

regenerator I. *adj.* regenerating, regenerative. **II.** *s.n. tehn.* regenerator.

regent *s.m.* regent.

regentă *adj. fem. gram.* to which another clause is subordinate.

regenţă *s.f.* regency.

regeşte *adj.* royally, regally.

regicid I. *adj.* regicidal. **II.** *s.m.*, *s.n.* regicide.

regie *s.f.* **1.** administration; management, control; *(cheltuieli)* overhead charges/costs, *amer.* oncost. **2.** *teatru* stage management; *cinema* direction; **3.** *inv.* v. d e b i t (d e t u t u n). ⓑ *cheltuieli de ~* management expenses; *in~* under State supervision.

regim *s.n.* **1.** form of government, regime. **2.** *(al muncii)* organization; *(condiţii)* conditions. **3.** *med.* regimen, diet. **4.** *tehn.* working conditions; normal operation/running. **5.** *gram.* government. ⓐ ~ *alimentar* diet; ~ *de economii* policy of economy.

regiment *s.n.* regiment.

regimentar *adj.* regimental. ⓑ *tren* ~ troop/regimental train.

regină *s.f. (in diferite sensuri)* queen. ⓐ *regina nopţii bot.* nicotiana *(Nicotiana affinis)*; *regina balului* the belle of the ball.

regional *adj.* regional.

regionalism *s.n.* regionalism.

registrator *s.m.* registrar, registering clerk.

registratură *s.f.* registry.

registru *s.n.* **1.** register, record; *com.* account book. **2.** *muz.* register; *fig.* scale, range. **3.** *tehn.*, *poligr.*, *arhit.* register. ⓐ ~ *de procese-verbale* minute book.

regiune *s.f.* **1.** region; *(parte, ţinut)* part(s). **2.** *(diviziune administrativă)* region. ⓐ ~ *înundabilă* flood land.

regiza *vb. tr.* **1.** to produce, to stage; to direct. **2.** *fig.* to stage.

regizor *s.m.* *(de teatru)* stage manager, director; *(de cinema)* director, assistant producer. ⓐ ~ *de culise* stage director; ~*secund* assistant director/producer.

regizoral *adj.* stage-manager's...
regizorat *s.n.* stage-managing.

regla I. *vb. tr.* **1.** to regulate, to adjust, to set. **2.** *(tirul)* to range. **II.** *vb. refl. pas.* to be regulated etc. v. ~ **I.**

reglabil *adj.* adjustable.

reglaj *s.n.*, **reglare** *s.f.* adjustment etc. v. **r e g l a.**

reglementa *vb. tr.* to regulate; *(a aranja)* to arrange; *(a stabili)* to establish.

reglementar I. *adj.* according to regulation; regular, statutory, prescribed; *(d. uniformă)* regulation... **II.** *adv.* in the regular/prescribed manner; according to regulations.

reglementare *s.f.* regulation, regulating. ⓐ ~ *paşnică a problemelor litigioase* peaceful settlement of controversial issues.

reglet *s.n. poligr.* reglet.

reglor *s.m. tehn.* setter.

regn *s.n.* kingdom, rule, reign. ⓐ ~*ul animal* the animal kingdom.

regres *s.n.* regress; *biol.* retrogression.

regresa *vb. intr.* to regress, to retrogress.

regresiune *s.f.* regression.

regresiv *adj.* regressive.

regret *s.n.* *(pentru)* regret (for/of), sorrow (for). ⓑ *cu* ~ with regret, regretfully; *spre marele meu* ~ to my great sorrow, much to my regret. ⓒ *a-şi exprima* ~*ul că...* to express regret at...; *a incerca un* ~ to feel regret.

regreta *vb. tr. şi intr.* to regret; *poetic* to rue. ⓒ *regret că...* (I am) sorry (that)...; *regret!* (I'm) sorry!

regretabil *adj.* regrettable; *(d. o greşeală etc.)* unfortunate. ⓒ *e cu atît mai* ~ the more's the pity; *e cu atît mai* ~ *cu cît...* it is the more to be regretted as...

regretat *adj.* **1.** regretted. **2.** ~ *ul...* the late...; our lamented..., the dear departed...

regrupa I. *vb. tr.* to regroup, to reshuffle, to rally. **II.** *vb. refl.* to regroup.

regrupare *s.f.* regrouping, reshuffling.

regula *vb. tr.* **1.** to regulate. **2.** *(un ceas)* to set. **3.** *fig.* *(a învăţa minte)* F to trim, to give it to.

regulament *s.n.* regulations; statutes.

regulamentar *adj., adv.* v. **r e g l e m e n t a r.**

regulare *s.f.* regulation.

regularitate *s.f.* regularity; *(a mişcării etc., şi)* steadiness, evenness.

regulariza *vb. tr.* to regularize.

regularizare *s.f.* regularization.

regulat I. *adj.* regular; *(armonios)* harmonious; *(d. puls)* steady; *(d. mişcare)* even. **II.** *adv.* regularly.

regulator *s.n. tehn.* regulator, governor.

regulă *s.f.* **1.** rule; *(principiu)* principle; *(dogmă)* tenet. **2.** v. **r e g u l a r i t a t e. 3.** *pl.* P v. **m e n s t r u a ţ i e.** ⓓ *de* ~ as a rule; *in* ~ in order; *(f. bine)* all right, F O.K.

reiat *adj.* striped; ribbed. ⓓ *catifea* ~*ă* ribbed velvet, corduroy.

reieşi *vb. intr.* *(din)* to follow (from), to result (from), to ensue (from).

reinstala *vb. tr.* to reinstall.

reintegra *vb. tr.* to reinstate, to restore *smb.* to *his* position/post/office.

reintegrare *s.f.* reinstatement.

reintra *vb. intr.* to re-enter, to come in *sau* to go in again.

reintroduce *vb. tr.* to reintroduce.

reîmpăduri *vb. tr.* to (re)afforest, to retimber.

reîmpădurire *s.f.* (re)afforestation, retimbering.

reîmpărţi *vb. tr.* to redivide.

reîmpărţire *s.f.* redivision.

reîmprospăta *vb. tr.* to refresh.

reînarma *vb. tr.* to rearm.
reînarmare *s.f.* rearming, rearmament.
reînălța *vb. tr.* to raise again; *fig.* to promote again; *(un steag)* to hoist again.
reîncadra *vb. tr.* v. r e î n t e g r a.
reîncadrare *s.f.* v. r e î n t e g r a r e.
reîncarna *vb. tr.* to reincarnate.
reîncălzi *vb. tr.* to reheat; to warm again.
reîncepe *vb. tr.* to resume, to recommence, to begin/start (all over again).
reîncepere *s.f.* recommencing, resumption, etc. v. r e î n c e p e.
reînchide I. *vb. tr.* to reclose, to shut/close again. II. *vb. refl.* to close again; *(d. o rană)* to close up, to heal.
reînființa I. *vb. tr.* to re-establish. II. *vb. refl. pas.* to be re-established.
reînființare *s.f.* re-establishment.
reînflori *vb. intr.* to flower/blossom *fig.* to flourish again.
reînnoi *vb. tr.* to renew; *(a relua)* to resume.
reînnoire *s.f.* renewal; resumption.
reînsufleți *vb. tr.* to revive.
reîntineri *vb. intr.* to rejuvenate.
reîntinerire *s.f.* rejuvenation.
reîntîlni *vb. tr. și refl.* to meet again.
reîntoarce *vb. refl.* to return, to come back.
reîntoarcere *s.f.* return, coming back.
reîntregi *vb. tr.* to (re)unify, to (re)unite.
reînverzi *vb. intr.* to grow green again.
reînvia *vb. tr. și intr.* to revive.
reînviere *s.f.* revival, resurgence; resurrection.
relansa *vb. intr.* to raise the bid.
relaș *s.n.* no performance; *(pe afișe)* closed.
relata *vb. tr.* to relate, to state, to report, to tell, to narrate.
relatare *s.f.* 1. relating etc. v. r e l a t a. 2. *(povestire)* account; narrative.
relativ I. *adj.* relative. ⓐ ~ l a... relating to... II. *adv.* relatively, comparatively.
relativism *s.n.* relativism.

relativist *adj., s.m.* relativist.
relativitate *s.f.* relativity.
relație *s.f.* 1. relation; relationship; *(legătură)* connection; *(contact)* contact. 2. *pl.* relations, intercourse; *(cu cineva)* dealings, relations; *(oameni influenți)* influential people; influential friends. 3. *(relatare)* account; *(informație) și ca pl.* information. ⓐ *relații de producție* relations of production, production relations; *relații diplomatice* diplomatic relations. ⓒ *a avea relații cu cineva* to have relations with smb.; *a fi în relații de prietenie cu...* to be on friendly terms with...; *a intra în relații cu cineva* to enter into relations with smb., to get into touch with smb.
relaxa *vb. refl.* to become relaxed; *(d. cineva)* to (have a) rest.
relaxare *s.f. și fig.* relaxation.
releu *s.n.* relay.
releva I. *vb. tr.* to point out, to emphasize; *(a observa)* to notice. II. *vb. refl.* to rise *in public esteem etc.*
relicvă *s.f.* 1. relic; *(urmă)* vestige. 2. *pl.* relics.
relief *s.n.* *(în diferite sensuri)* relief. ⓑ *în* ~ in relief. ⓒ *a ieși puternic în* ~ to come out in bold relief; *a scoate în* ~ v. r e l i e f a.
reliefa I. *vb. tr.* to throw into relief, to bring out in bold relief; to set off; *(a sublinia)* to point out, to emphasize, to stress. II. *vb. refl. pas.* to be thrown into relief etc. v. ~ I.
religie *s.f.* religion.
religios *adj.* religious.
religiozitate *s.f.* religiosity.
relua *vb. tr.* 1. to take again; to take back. 2. *(ceva întrerupt)* to resume; *(un spectacol)* to revive. ⓒ *a* ~ *o muncă/activitate întreruptă* to weigh anchor.
reluare *s.f.* taking again etc. v. r e l u a; *(a unui spectacol)* revival.
remaia *vb. tr.* to loop, to link; *(a cîrpi)* to darn; *(ciorapi)* to mend *a ladder*.
remaieză *s.f.* ladder-mender.
remanență *s.f.* remanence.

remania *vb. tr.* to reshuffle.

remaniere *s.f.* reshuffling. ⓐ ~*guvernamentală* cabinet reshuffling/reshuffle.

remarca I. *vb. tr.* to remark, to notice, to observe. II. *vb. refl.* to make oneself conspicuous, to distinguish oneself.

remarcabil I. *adj.*outstanding;*(prin)* remarkable (for). II. *adv.* remarkably.

remedia I. *vb. tr.* to remedy; *(un rău)* to cure. II. *vb. refl. pas.* to be remedied; to be cured.

remediabil *adj.* remediable, redeemable.

remediu *s.n. (împotriva)* remedy (for), cure (for).

rememora *vb. tr.* to remember, to recall.

remilitariza *vb. tr.* to remilitarize.

reminiscență *s.f.* reminiscence.

remisiune *s.f. med.* recovery, improvement.

remite *vb. tr.* to deliver, to hand; *(a da)* to give.

remitere *s.f.* delivery, handing; giving.

remiză[1] *s.f.* 1. *(la şah)* drawn game. 2. *com.* rebate, allowance; commission.

remiză[2] *s.f. (pt. trăsuri etc.)* shed.

remonta I. *vb. tr.* 1. *tehn.* to refit. 2. *mil.* to remount. 3. *fig.* to tone/ F→buck up. II. *vb. refl.* to recover one's strenght/spirits.

remontă *s.f. mil.* remount.

remontoar *s.n.* winder, button (of a watch).

remorca I. *vb. tr. (ambarcaţiuni)* to tug, to haul; *(maşini)* to trail, to tow; *ferov.* to draw, to pull. II. *vb. refl. pas.* to be tugged etc. v. ~ I.

remorcă *s.f.* 1. *nav.* tow, vessel towed; *(vehicul)* trailer. 2. *nav. (parimă)* tow rope/line, tow. ⓒ *a fi la remorca cuiva fig.* to tow the line, to follow in smb.'s wake, to be in tow of smb.

remorcher *s.n. nav.* tow/tug boat, tug.

remunera *vb. tr.* to remunerate, to pay (for).

remunerativ, remuneratoriu *adj.* v. rentabil.

remuneraţie *s.f.* remuneration, pay.

remuşcare *s.f.* remorse, pangs of conscience; *pl.* searchings of the heart; *(regret)* regret.

ren *s.m. zool.* reindeer *(Hippelaphus).*

renal *adj. anat.* renal.

renan *adj.* Rhenish.

renaşte *vb. intr.* to revive, to be reborn.

renaştere *s.f.* 1. revival, rebirth; *(reînnoire)* renewal. 2. *Renaşterea* the Renaissance, the Renascence.

renăscut *adj.* revived; reborn, renascent.

renega *vb. tr. (un prieten, o părere)* to disown; *(o părere)* to deny; *(a abjura)* to abjure.

renegat *s.m.* renegade, turncoat, F→cat in the pan.

renghi *s.n.* v. f e s t ă.

renova *vb. tr.* 1. to renew, to restore, to renovate. 2. *(a repara)* to repair, to mend; *(maşini)* to overhaul.

renovare *s.f.* restoration, renovation etc. v. r e n o v a.

renovator I. *adj.* renovating. II. *s.m.* renovator.

renta *vb. intr.* to bring profit, to be advantageous *sau* profitable/remunerative/lucrative; F to be worth while/it/the candle.

rentabil *adj.* advantageous; profitable; remunerative, lucrative, rewarding, F worth while, non-deficient, paying. ⓕ *întreprindere* ~*ă* profitable enterprise; paying concern.

rentabilitate *s.f.* advantageousness; profitableness; lucrativeness.

rentă *s.f.* rent, revenue; unearned income. ⓐ ~ *consolidată* consolidated funds; ~ *funciară* ground rent; ~ *in natură* rent in kind; ~ *viageră* life annuity.

rentier *s.m.* fund holder; person living on an unearned income.

renume *s.n.* renown, fame.

renumit *adj.* renowned, famous, celebrated; noted; *(bine cunoscut)* well-known.

renunţa *vb. intr. (la)* to renounce
(cu acuz.), to give up *(cu acuz.)*,
to forgo *(cu acuz.)*; to throw in
one's hand. ⓒ *a ∼ la o pretenţie* to
abjure a claim; *renunţă!* give it
up! call it off!

renunţare *s.f.* renunciation.

reobişnui *vb. refl.* to reaccustom
oneself, to get reaccustomed.

reorganiza I. *vb. tr.* to reorganize.
II. *vb. refl. pas.* to be reorganized.

reorganizare *s.f.* reorganization.

reostat *s.n. electr.* rheostat, variable
resistance.

repara I. *vb.tr.* **1.** to repair, to mend;
(maşini, şi) to overhaul; *(o navă)*
to refit; *(ciorapi)* to darn. **2.** *(o
greşeală)* to rectify, to put right;
(un rău) to redress; *(a compensa)*
to make up for. **II.** *vb. refl. pas.*
to be repaired etc. v. ∼ I.

reparabil *adj.* reparable; *(d. o gre-
şeală)* that can be rectified, amend-
able, redressable, retrievable.

reparat *s.n.* reparation etc. v. r e-
p a r a.

reparator *adj.* repairing, restoring.

reparaţie *s.f.* reparation; repair. ⓐ
∼ *generală/capitală* thorough/ca-
pital repairs. ⓑ *atelier de reparaţii*
shop. ⓒ *a fi in* ∼ to be under
repair.

repartiţie *s.f.* distribution; *(a votu-
rilor, a părţilor etc.)* allotment; *(a
cheltuielilor etc.)* allocation; *(a
uscatului etc.)* repartition.

repartiza I. *vb. tr.* to distribute,
to divide, to share out; to allocate,
to allot; *(voturi etc.)* to allot;
(cheltuieli etc.) to allocate; *mil.*
to detail. **II.** *vb. refl. pas.* to be
distributed etc. v. ∼ I.

repartizare *s.f.* allocation.

repatria *vb. tr. şi refl.* to repatriate.

repaus *s.n.* rest, repose; *(răgaz)*
leisure; *fiz.* rest. ⓑ *in* ∼ at rest;
pe loc ∼*!* *mil.* stand at ease!
stand easy!

repauza *vb. refl.* to rest, to have/
take a rest.

repede I. *adj.* **1.** quick, rapid, swift,
fast; *(vioi)* quick, nimble, brisk;
(grăbit) speedy, hasty, hur-
ried; *(brusc)* sudden; *(precipitat)*
rash, precipitate; *(inaripat)* wing-

ed. **2.** *(d. dealuri etc.)* sloping. **II.**
adv. **1.** quickly etc. v. ∼ I; *(ca
mers etc.)* briskly, *mil.* at the dou-
ble. **2.** *(curind)* soon, apace, anon,
F→off-hand; *(devreme)* early.

reper *s.n.* guid mark; landmark;
geod. bench mark; *mil.* reference
point.

repera *vb. tr.* to mark with guide
marks; to mark, to locate.

repercusiune *s.f.* repercussion, (con-
sequential) effect(s).

repercuta *vb. refl.* to reverberate. ⓐ
a se ∼ *asupra... (cu gen.)* to have
repercussions on...

repertoriu *s.n.* **1.** index, catalogue;
thumb register. **2.** *teatru etc.*
repertory, repertoire. **3.** *(culegere)*
collection.

repeta I. *vb. tr.* **1.** to repeat, to say
sau to do (over) again; *(a reca-
pitula)* to review, to recapitulate;
(de mai multe ori) to reiterate. **2.**
(teatru) to rehearse. **3.** *(o lecţie,
un rol)* to learn up, to con. **4.** *(un
an şcolar)* to fail to get *one's remove,*
to remain *for the second year* in
the same class. **II.** *vb. refl.* **1.** *pas.*
to be repeated etc. v. ∼ I. **2.** to
repeat oneself. **III.** *vb. intr.* **1.** to
repeat. **2.** *(teatru etc.)* to rehearse.

repetent I. *adj.* remaining for the
second year in the same class. **II.**
s.m. pupil remaining for the se-
cond year in the same class, pu-
pil failing to get his remove.

repetenţie *s.f.* a pupil's failure to
get his remove.

repetitor I. *s.n.* study. **II.** *s.m.* pri-
vate tutor, coach.

repetiţie *s.f.* **1.** repetition. **2.** *teatru
etc.* rehearsal. ⓐ ∼ *generală (tea-
tru)* dress rehearsal.

repezeală *s.f.* hurry, haste. ⓑ *la* ∼
off-hand.

repezi I. *vb. tr.* **1.** *(a izbi)* to hit;
(a arunca) to throw. **2.** *fig.* F to
huff, to fly at. **II.** *vb. refl.* to run;
(a se grăbi) to make haste, to
hurry. ⓐ *a se* ∼ *după* to run for...;
a se ∼ *la/asupra...* to fall (up)on...,
to dash at/upon...; F to fly at...;
(a ataca...) to attack...; *(inami-
cul)* to swoop down on...; *a se* ∼
pină la/in... to run to...

repeziciune *s.f.* rapidity, quickness etc. v. r e p e d e I.

repeziş *s.n.* 1. steepness; steep slope. 2. *pl.* rapids.

repezit I. *adj.* off-hand; *(pripit)* rash; *(nervos)* nervous. II. *adv.* rashly; nervously.

replanta *vb. tr.* to replant.

replica *vb. tr.* to retort, to rejoin.

replică *s.f.* 1. retort, rejoinder. 2. *teatru* speech; *fig.* cue.

repopula *vb. tr. (o ţară)* to repopulate; *(un rîu)* to restock.

report *s.n. com.* carry-forward/-over.

reporta *vb. tr. com.* to carry forward/over.

reportaj *s.n.* feature report; running commentary; *(literar)* reportage.

reporter *s.m.* reporter; correspondent.

repovesti *vb. tr.* to retell.

represalii *s.f.pl.* reprisals, retaliation.

represiune *s.f* repression.

represiv *adj.* repressive.

reprezenta I. *vb. tr.* 1. to represent; *(a descrie)* to describe, to depict; *(a imagina)* to imagine, to picture; *(grafic)* to plot. 2. *(pe cineva)* to represent, to stand for. 3. *(o piesă)* to give. 4. *(a insemna)* to represent, to be, to mean, to signify. II. *vb. refl. pas.* to be represented etc. v. ~ I.

reprezentant *s.m.* representative; official.

reprezentanţă *s.f.* representation.

reprezentare *s.f.* representation etc. v. r e p r e z e n t a. ⓐ ~ *grafică* plotting.

reprezentativ *adj.* representative; illustrative.

reprezentaţie *s.f.* performance. ⓑ *în* ~ on tour.

reprima *vb. tr.* to repress.

reprimi *vb. tr.* 1. to get back. 2. *(a reangaja)* to re-engage.

reprimire *s.f.* 1. getting back. 2. re-engaging.

repriză *s.f.* 1. *box etc.* round; *fotbal* first half *sau* second half; *scrimă* bout; *polo, hockey* period. 2. *tehn.* resumption (of work). 3. *metal.* flaw, crack. ⓑ *în reprize* in successive stages.

reprobabil *adj.* reprovable, blamable.

reproducător I. *adj* reproductive; reproducing. II. *s.m. zool.* sire; *(armăsar)* getter. stud horse; *(taur)* bull.

reproduce I. *vb. tr* to reproduce; *(a imita)* to imitate; *(a copia)* to copy; *(a multiplica)* to multiply. II. *vb. refl.* 1. *pas.* to be reproduced etc. v. ~ I. 2. to reproduce, to breed, to multiply.

reproducere *s.f.* 1. reproduction etc. v. r e p r o d u c e. 2. copy.

reproductibil *adj.* reproducible.

reproducţie *s.f.* reproduction. ⓐ ~ *lărgită ec. pol.* reproduction on an enlarged/expanded scale.

reprofila *vb. tr.* to re-orientate, to reshape, to readjust, to shift, to adapt.

reprofilare *s.f.* readjustment, (re)-adaptation, shifting, reshaping.

reproş *s.n.* reproach, upbraiding *(invinuire)*; blame, censure. ⓑ *pe un ton de* ~ reproachingly, reprovingly; *ton de* ~ reproachful tone. ⓒ *a-i face* ~*uri cuiva* to reproach/upbraid smb.

reproşa I. *vb. tr.* ⓐ *a-i* ~ *ceva cuiva* to reproach smb. with smth., to upbraid smb. with/for smth., to remonstrate with smb. for smth. II. *vb. refl.* ⓒ *ce i se reproşează?* what is he reproached with?

reptilă *s.f. zool.* reptile.

republica *vb. tr.* to republish; *(a retipări)* to reprint.

republican *adj., s.m.* republican.

republicanism *s.n.* republicanism.

republicare *s.f.* republication.

republică *s.f.* republic. ⓐ ~ *autonomă* autonomous republic; ~ *populară* people's republic

repudia *vb. tr.* to repudiate, to reject.

repugna *vb. intr.* ⓐ *a-i* ~ to feel repugnance at..., to loathe..., F→ to kick at...

repulsie *s.f.* repulsion, aversion, disgust, loathing, reluctance. ⓒ *a inspira* ~ to fill with disgust/loathing; *a nutri* ~ *faţă de...* to have an aversion for..., to loathe...

repulsiv *adj.* repulsive, loathsome.

repune *vb. tr.* to put again; to put back; *(in drepturi)* to reinstate. ⓒ *a ~ pe picioare* to restore *smb.* to health.

repunere *s.f.* restoring, restoration. ⓐ *~ în drepturi* reinstatement.

repurta *vb. tr.* (*o victorie)* to gain *the victory,* to carry *the day; (succese)* to score.

reputaţie *s.f.* repute, reputation, good *sau* bad name, F→character; *(renume)* renown.

resac *s.n.* surf.

resciziune *s.f. jur.* rescission.

resemna *vb. refl. (să, la)* to resign oneself, to submit (to).

resemnare *s.f.* resignation, submission.

resemnat I. *adj.* resigned; meek. II. *adv.* resignedly; meekly.

resentiment *s.n.* resentment, spite, grudge.

resimţi I. *vb. tr.* to feel, to experience. II. *vb. refl.* **1.** to feel the effects *of smth.* **2.** *pas.* to be felt.

resorbi *vb. refl. med.* to be resorbed/reabsorbed.

resorbţie *s.f. med.* resorption.

resort *s.n.* **1.** *tehn.* spring. **2.** *fig.* moral support. **3.** *(sferă)* scope, sphere, competence. **4.** *(sector)* sector. ⓒ *nu e de ~ul meu* it is outside my competence, it is out of my sphere, it is beyond my scope, F→ it is off my beat (< altogether).

respect *s.n.* respect, regard; deference; esteem. ⓐ *~ele mele* **a.** how do you do? **b.** *(cu dat.)* my respects ţo... ⓑ *cu ~* respectfully; *din ~ pentru* ... out of respect for... ⓒ *a pune la ~* F to trim *smb.,* to give it to *smb.; a ţine la ~* to keep *smb.* at a respectful distance; to hold *smb.* in check; to hold *smb.* in awe/at bay.

respecta I. *vb. tr.* **1.** to respect, to have regard for, F→to look up; to esteem. **2.** *(legea)* to abide by, to observe; *(o clauză)* to respect, to comply with; *(tradiţia)* to be respectful of; *(o regulă etc.)* to observe. II. *vb. refl.* **1.** *pas.* to be respected etc. v. ~ I. **2.** to be self-respecting, to have respect for oneself. **3.** *reciproc* to respect each other.

respectabil *adj.* respectable, worthy of respect.

respectare *s.f.* respecting etc. v. r e s p e c t a; *(a legii)* observance.

respectiv I. *adj.* respective II. *adv.* respectively.

respectuos I. *adj.* respectful; *(d. copii)* dutiful. II. *adv.* respectfully; dutifully

respingător I. *adj.* repulsive, loathsome; *(groaznic)* dreadful, awful. II. *adv.* repulsively; dreadfully, awfully.

respinge *vb. tr.* to push/shove back, to repel, to repulse; *(a refuza)* to refuse; *(o propunere etc.)* to reject, to decline; *(un atac)* to repulse, to beat off, to repel; *(cu dispreţ)* to spurn; *(a înstrăina)* to alienate; *(a da naştere unei atitudini ostile din partea...)* to antagonize; *(un candidat)* to reject (in an examination).

respira I. *vb. intr.* to breathe, to respire. II. *vb. tr.* **1.** to breathe (in), to inhale. **2.** *fig.* to breathe, to betoken.

respirator *adj.* respiratory, breathing. ⓐ *aparatul ~ anat.* the breathing apparatus.

respiraţie *s.f.* breathing, respiration. ⓐ *~ artificială* artificial respiration. ⓑ *aparat de ~ artificială* pulmotor.

responsabil I. *adj. (pentru)* responsible (for), answerable (for). II. *s.m.* executive, official; *com.* manager. ⓐ *~ de magazin* manager of a shop; *~ sindical* trade-union organizer.

responsabilitate *s.f. (răspundere)* responsibility, accountability.

rest *s.n.* **1.** rest, remainder; *(in bani)* change, odd money. **2.** *mat.* rest. **3.** *pl.* remnants, remains, scraps, leavings.

restabili I. *vb. tr.* to re-establish, to restore; *(renumele etc.)* to retrieve; *(a reintroduce)* to reintroduce; *(a reabilita)* to rehabilitate. ⓒ *a ~ ordinea* to restore public order; *a ~ situaţia mil.* to restore /retrieve the situation; *a ~ în drepturi* to reinstate *smb.* in his rights, to restore *smb.* to his rights, to rehabilitate *smb*. **II.** *vb. refl.* **1.** *pas.* to be re-established etc. v. ~ I. **2.** *(d. cineva)* to recover, to get well again.

restabilire *s.f.* **1.** re-establishment etc. v. r e s t a b i l i. **2.** *(însănătoşire)* recovery.

restant *adj.* left, remaining.

restanţă *s.f.* *(datorie)* debt; *(ca impozit)* arrears. ⓒ *sînt în ~ cu chiria* I am behind with my rent.

restanţier *s.m.* one who has not passed all his exams.

restaura *vb. tr.* to restore; *(a repara)* to repair; *(a restabili)* to re-establish.

restaurant *s.n.* restaurant; public house; eating-house; *(în gări)* refreshment room/ bar.

restaurator *s.m.* restaurant keeper, keeper of a restaurant.

restauraţie *s.f.* restauration.

resteu *s.n.* yoke bolt.

restitui **I.** *vb. tr.* to restore, to hand back; *(bani)* to return, to refund. **II.** *vb. refl. pas.* to be restored etc. v. ~ I.

restrictiv *adj.* restrictive.

restricţie *s.f.* restriction.

restrişte *s.f.* tribulation, affliction, misery, distress.

restrînge **I.** *vb. tr.* to restrict; to limit; *(a reduce)* to reduce; *(a micşora)* to diminish. **II.** *vb. refl.* to cut down expenses, to retrench. ⓐ *a se ~ la...* to limit oneself to...

restrîngere *s.f.* restriction etc. v. r e s t r î n g e.

restrîns *adj.* restricted, limited. ⓑ *un cerc ~* a restricted circle.

restructura *vb. tr.* to reorganize.

restructurare *s.f.* reorganization.

resursă *s.f.* **1.** resource; *pl.* resources, means. **2.** *pl. fig.* resource(s), resourcefulness.

reşedinţă *s.f.* residence, abode; dwelling place.

reşou *s.n.* (small portable) electric stove.

retenţie *s.f.* **1.** *med.*, *chim.* retention. **2.** *jur.* reservation.

retevei *s.n.* cudgel.

reteza *vb. tr.* to cut off, to chop off, to sever; *(crăci)* to lop off;

(coada) to dock; *(a tăia)* to cut ⓒ *a i-o ~ scurt cuiva* F to cut smb. short.

reticent *adj.* reticent, reserved.

reticenţă *s.f.* reticence, reserve.

reticul *s.n. opt.* reticle, spider lines.

reticular *adj.* reticular.

reticulat *adj.* reticulate(d).

retină *s.f. anat.* retina.

retipări **I.** *vb. tr.* to reprint; *(a republica)* to republish. **II.** *vb. refl. pas.* to be reprinted, to be republished.

retipărire *s.f.* **1.** reprinting; republication. **2.** *(concret)* reprint.

retor *s.m.* rhetor.

retoric **I.** *adj.* rhetorical. **II.** *adv.* rhetorically.

retorică *s.f.* rhetoric.

retoroman *adj.* Rhaeto-Romanic.

retorsiune *s.f.* **1.** retort. **2.** *(pedepsire)* retaliation.

retortă *s.f.* retort, muffle. ⓑ *cărbune de ~* retort carbon/coke.

retracta **I.** *vb. tr.* to retract, to withdraw, to unsay, to recant. **II.** *vb. refl.* *(d. muşchi)* to retract; *(d. materiale)* to shrink.

retractil *adj.* retractile.

retracţie *s.f. med.* retraction.

retraduce *vb. tr.* to retranslate.

retrage **I.** *vb. tr.* to withdraw; *(un copil de la şcoală)* to remove, to take away from school; *(banii)* to withdraw; *(cuvîntul, făgăduiala)* to take back, to withdraw, to recall, F→to back out; *(din circulaţie)* to call in. **II.** *vb. refl.* to withdraw, to retire, *mil.* to retreat, to fall back; *(dintr-o afacere)* to draw back; *(d. un candidat)* to drop out; *(d. apă)* to fall, to subside; *(d. mare)* to recede. ⓒ *a se ~ la ţară* to retire into the country.

retragere *s.f.* **1.** withdrawal, retiring etc. v. r e t r a g e; *(a apei)* retirement. **2.** *mil.* retreat. **3.** *(izolare)* isolation, seclusion; *(refugiu)* refuge. ⓐ *a bate în ~ mil.* to beat a retreat; to back out.

retransmisi(un)e *s.f. tel.* retransmission.

retransmite *vb. tr.* to retransmit; *(radio)* to re-broadcast.

retransmitere *s.f.* retransmission.
retranşa *vb. refl. mil.* to entrench oneself.
retranşament *s.n. mil.* retrenchment; fortification.
retras I. *adj.* *(d. un loc)* retired, solitary, lonely, secluded, remote; *(d. viaţă)* solitary, retired; *(d. cineva)* reserved; solitary; lonely. **II.** *adv.* in retirement/seclusion.
retrăi *vb. tr.* *(a readuce in minte etc.)* to revive; *(a simţi)* to feel, to experience; to relive; *(a împărtăşi sentimentele)* to share *the feelings of.*
retribui I. *vb. tr.* to remunerate, to pay. **II.** *vb. refl. pas.* to be remunerated/paid.
retribuire *s.f.* remuneration, payment.
retribuţie *s.f.* remuneration, distribution; *(leafă)* salary. ⓐ *~ după muncă* distribution according to one's work.
retroactiv I. *adj.* retroactive. **II.** *adv.* retroactively.
retroactivitate *s.f.* retroactivity.
retroceda *vb. tr.* to retrocede; *(a înapoia)* to give back.
retrocedare *s.f.* retrocession.
retrograd *adj.* **1.** retrograde, backward. **2.** *fig.* backward; reactionary.
retrograda *vb. tr.* to demote; *mil.* to reduce to a lower rank. ⓒ *a fi. ~t* to retrograde.
retrogradare *s.f.* demoting; *mil.* reduction to a lower rank.
retrospectiv I. *adj.* retrospective. **II.** *adv.* retrospectively.
retroversiune *s.f.* **1.** retranslation. **2.** version; translation (from one's mother tongue into a foreign language).
retur I. *s.n.* **1.** return. **2.** *sport* return match. **II.** *adv.* back.
retuş *s.n. arte* retouch.
retuşa *vb. tr.* **1.** to retouch, to touch up. **2.** *fig.* to brush up, to give a finish to.
reţea *s.f.* **1.** net; netting, network. **2.** *(de drumuri etc.)* network system. **3.** *mil.* wire entanglements. ⓐ *~ aeriană* aerial system; *~*

comercială trading network; *~ de alimentare cu apă* water supply; *~ de distribuire* distribution network; *~ de drumuri* highway system; *~ de iluminat* lightning mains; *~ de radioficare* radio-relay network; *~ hidrologică* drainage.
reţetă *s.f.* **1.** recipe, receipt. **2.** *med.* prescription, recipe. **3.** *fig.* recipe; device. **4.** *(incasări)* receipts, returns; *teatru* takings.
reţinător *s.n. tehn.* check valve; *(casetă)* box for the check valves.
reţine I. *vb. tr.* **1.** to hold back; *(făcînd să întîrzie)* to detain, to delay; *(atenţia)* to hold, to arrest; *(în pat)* to keep (in bed), to confine (to bed); *(la masă)* to keep smb.* (to dinner); *(ca prizonier)* to keep; *(a opri)* to stop, to arrest; *(a împiedica)* to hinder, to prevent. **2.** *(leafa etc.)* to retain, to hold back, to withhold. **3.** *(pe dinafară)* to remember by heart; *(a ţine minte)* to bear in mind, to remember; *(a memoriza)* to memorize. **4.** *(a păstra)* to keep; *(a nu pierde)* not to lose. **5.** *(un loc la teatru etc.)* to book, to reserve, to secure; *(o cameră)* to engage, to bespeak. **6.** *(a priva de libertate)* to arrest, to confine. ⓐ *a-şi ~ ... (mînia)* to restrain..., to check..., to curb...; *(un strigăt)* to stifle...; *(răsuflarea)* to hold...; *(lacrimile)* to keep/hold back..., to repress... **II.** *vb. refl. pas.* to restrain/control oneself.
reţinere *s.f.* **1.** holding back etc. v. r e ţ i n e. **2.** *fig.* restraint. ⓑ *fără ~* without restraint.
reţinut I. *adj.* restrained, reserved; discreet; *(d. ton etc.)* restrained. **II.** *adv.* with restraint; with discretion.
reumatic *adj., s.m.* rheumatic.
reumatism *s.n.* rheumatism.
reumatismal *adj.* rheumatic.
reumple *vb. tr.* to refill.
reuni I. *vb. tr.* **1.** *(a uni din nou)* to reunite. **2.** *(a convoca)* to convene, to call together. **3.** *(a întruchipa)* to combine. **II.** *vb. refl.* **1.** *pas.* to be reunited etc. v. *~* **1.**

2. *(a se aduna)* to gather; *(a se întîlni)* to meet. **3.** *(a se întruchipa)* to combine.

reuniune *s.f.* **1.** reunion; *(adunare)* assembly, meeting, gathering; *(pt. a petrece)* social gathering, F→ function. **2.** *sport* match; competition. ⓐ ~ *publică* public meeting.

reuși I. *vb. intr. (în/la)* to succeed (in), to be successful (in); to come off victorious. ⓒ *reușește în toate* he is successful in everything, F→everything comes off all right with him; *a* ~ *la un examen* to pass an examination. **II.** *vb. tr.* to make a success of. ⓐ *a* ~ *să...* to succeed in...; *a nu* ~ *(să)* to fail (to).

reușit I. *adj.* successful, well performed; *(bun)* good; *(fericit)* felicitous; *(d. o expresie)* apt, felicitous. **II.** *adv.* successfully; *(bine)* well.

reușită *s.f.* success, successful outcome/result.

reutila *vb. tr.* to re-equip.

reutilare *s.f.* re-equipment.

revalorifica *vb. tr.* to revalue, to reappraise.

revalorificare *s.f.* revaluation, reappraisal...

revanșa *vb. refl.* **1.** *(a se răzbuna)* to have/to take one's revenge, to pay smb. **2.** *(în sens bun) (asupra)* to be quits (with).

revanșard *adj., s.m. pol.* revanchist.

revanșă *s.f.* **1.** revenge, retaliation. **2.** *(în sens bun)* return; requital. **3.** *sport etc.* return match/game. ⓒ *a-și lua revanșa* to take one's revenge.

revărsa I. *vb. tr. fig.* to pour out/forth; *(lumină)* to shed, to throw. ⓐ *a-și* ~ **a.** *(apele)* to discharge one's..., to empty one's... **b.** *(mînia etc.)* to vent..., to give vent to... **c.** *(inima etc.)* to pour out one's... **II.** *vb. refl.* **1.** *(d. un rîu etc.)* to overflow; *(a țîșni)* to gush out, to spout; *(a fi prea plin)* to overfill, to overbrim. **2.** *fig.* to pour out/forth; *(a năvăli)* to rush in. **a.** *a se* ~ *asupra...* *(cu gen.)* to overflow..., to flood... **b.** *(d. bunătate)* to overflow... ⓒ *se* ~

de ziuă day was just beginning to break; *(pe) cînd se* ~ *de ziuă* at break of day, at dawn/daybreak.

revărsare *s.f.* overflow(ing) etc. v. r e v ă r s a.

revărsat *s.n.* overflow(ing) etc. v. r e v ă r s a. ⓐ ~*ul zorilor* break of day, daybreak, dawn.

revăzut *adj.* revised.

revedea I. *vb. tr.* **1.** to see again; to meet again. **2.** *(a revizui)* to revise, to re-examine; *(corecturi)* to read; *(un proces)* to review. **II.** *vb. refl.* to meet again.

revedere *s.f.* **1.** seeing again etc. v. r e v e d e a. **2.** *(revizie)* revision. **3.** *(a unor persoane)* meeting again (after a separation). ⓓ *la* ~*!* good-bye! so long! see you soon! I hope soon to see you again! till next time! ⓒ *a-și lua la* ~ *de la cineva* to say good-bye to smb., to take (one's) leave of smb.

revela I. *vb. tr.* **1.** to reveal, to disclose, F→to let out. **2.** *fot.* to develop. **II.** *vb. refl.* **1.** to reveal oneself. **2.** *pas.* to be revealed etc. v. ~ I.

revelator I. *adj.* revealing. **II.** *s.n. fot.* developer.

revelație *s.f.* revelation.

revelion *s.n.* New-Year's Eve; midnight supper on New-Year's Eve.

revendica *vb. tr.* to claim, to demand; *(drepturi)* to insist on, to assert; *(cinstea)* to claim.

revendicare *s.f.* **1.** claiming etc. v. r e v e n d i c a. **2.** claim, demand. **3.** *jur.* revendication.

revendicativ *adj.* claim(ing).

reveni *vb. intr.* to come back, to return; *(altă dată)* to come again; *(repetat)* to occur, to recur *every two years etc.*; *(d. o problemă etc.)* to come/crop up again; *(d. memorie etc.)* to come back; *(a apărea din nou)* to appear again, to reappear. ⓐ *a-i* ~ *...* *(a-l costa)* to cost one...; *(a i se cuveni)...* to be due to one; *(a fi în seama)* to devolve upon..., to be incumbent on...; *a-și* ~ to recover one's health, to be restored to health; *(după un leșin etc.)* to come to one's senses, to come to oneself again, to recover consciousness; F→to come to/round; *(a se simți bine)* to feel better; *(a fi din nou același)* to feel like oneself; *a-și ~ din...* to recover from..., to get over...; *a ~ asupra...* **a.** *(unei hotărîri etc.)* to get back on...; *(unei păreri etc.)* to reconsider... **b.** *(nnui subiect etc.)* to bring up..., to hark back to...; *(a relua)* to resume...; *(a se întoarce la)* v. a ~ l a 1; *a ~ la...* **a.** to come back/return to...; to revert to... **b.** *(a se ridica la)* to amount to... © *fiecăruia cît îi revine* to each one his due; *o să-ți revii* you'll get over it; *puterile îmi revin* I am recovering my strength; *îmi mai revin zece lei* I have ten (more) lei to get; *revine cam la același lucru* it amounts much to the same thing, it boils down much to the same thing; *revine la cinci lei bucata* it means the price is five lei a piece; *a-i ~ statului* to revert to the state.

revenire *s.f.* return; *(de mai multe ori)* recurrence.

revent *s.n. bot.* rhubarb, S→rheum *(Rheum officinale)*.

rever *s.n.* lapel, flap.

reverberație *s.f.* reverberation.

reverendă *s.f. text. rel.* lawn.

reverență *s.f.* **1.** reverence; respect; esteem. **2.** *(plecăciune)* bow; curtsey. © *a face o ~* **a.** *(d. bărbați)* to bow. **b.** *(d. femei)* to drop a curts(e)y.

reverențios I. *adj.* ceremonious. **II.** *adv.* with much ceremony.

reverie *s.f.* reverie; *(visare)* (day) dreaming.

revers *s.n.* reverse (side); other side.

reversibil *adj.* **1.** reversible. **2.** *jur.* revertible.

reversibilitate *s.f.* **1.** reversibility. **2.** *jur.* revertibility.

revinde *vb. tr.* to resell; to sell again.

reviriment *s.n.* sudden change (for the better).

revistă *s.f.* **1.** periodical; magazine, review; journal; *(lunară)* monthly; *(bilunară)* fortnightly; *(săptămî-*nală)* weekly. **2.** *mil.* review, muster inspection. **3.** *teatru* revue. ⓐ *revista presei* press review; *~ de specialitate* specialized review. © *a trece în ~* **a.** to review, to survey, to run over. **b.** *mil.* to review, to inspect.

revizie *s.f.* **1.** revision, examination; control. **2.** *tehn.* inspection, testing; *auto etc.* overhaul(ing). **3.** *mil.* medical examination. **4.** *poligr.* proof reading.

revizionism *s.n.* revisionism.

revizionist *adj.*, *s.m.* revisionist.

revizor *s.m.* **1.** reviser. **2.** inspector; inspector general.

revizui I. *vb. tr.* to revise; to re-examine; to control; to check up. **II.** *vb. refl. pas.* to be revised etc. v. ~ I.

revizuire *s.f.* revision etc. v. r e - v i z u i.

revoca I. *vb. tr.* **1.** to revoke, to repeal, to cancel; *(un ordin)* to countermand. **2.** *(a destitui)* to dismiss; *(ambasadori)* to recall. **II.** *vb. refl. pas.* to be revoked etc. v. ~ I.

revocare *s.f.* **1.** cancellation, countermanding. **2.** dismissal; recalling.

revolta I. *vb. tr.* to disgust, to sicken; to shock. **II.** *vb. refl.* **1.** to be disgusted, to revolt. **2.** *(a se răscula)* to revolt, to rebel.

revoltat I. *adj.* **1.** disgusted; shocked; indignant. **2.** rebellious. **II.** *adv.* with indignation.

revoltă *s.f.* **1.** revolt, rebellion, *mil., nav.* mutiny. **2.** revolt, indignation, disgust. ⓐ *~ armată* armed revolt/rising.

revoltător I. *adj.* revolting, sickening, shocking; *(d. comportare)* outrageous. **II.** *adv.* shockingly; outrageously.

revoluție *s.f. (în diferite sensuri)* revolution. ⓐ *~ culturală* cultural revolution; *~ în tehnică* revolution in technique; *~ proletară* proletarian revolution. ⓓ *Marea Revoluție Socialistă din Octombrie* The Great October Socialist Revolution.

revoluţiona *vb. tr.* to revolutionize.
revoluţionar I. *adj.* revolutionary.
ⓑ *avînt* ~ rise of the revolutionary movement, revolutionary tide; *mişcare* ~*ă* revolutionary movement. **II.** *s.m.* revolutionist, revolutionary.
revoluţionare *s.f.* revolutionizing.
revoluţionarism *s.n.* revolutionism.
revolver *s.n.* 1. revolver, *amer.* F→gun. 2. *(de troleu)* line wiper support. ⓐ ~ *cu butoiaş* cylinder revolver.
revulsie *s.f. med.* revulsion.
rezecţie *s.f. med.* resection.
rezema I. *vb. tr.* to lean, to rest. **II.** *vb. refl. (de)* to lean, to rest (on/against). ⓐ *a se* ~ *pe...* *fig.* to lean on..., to rely/depend on...
rezemătoare *s.f.* 1. *(de scaun etc.)* back. 2. *(balustradă)* (hand) rail.
rezerva *vb. tr.* 1. to reserve, to set aside, to put/ lay by; to keep in store. 2. *(un dans)* to save. 3. *(timp)* to set apart. 4. *(d. viitor)* to hold in store. 5. *(locuri etc.)* to book, to bespeak. ⓐ *a-şi* ~ ... *(dreptul etc.)* to reserve oneself...
rezervat I. *adj.* 1. reserved etc. v. r e z e r v a. 2. *(d. cineva)* reserved, modest; *(prudent)* cautious; *(timid)* shy; *(rece)* stand-offish. ⓑ *locuri* ~*e* reserved seats; *toate drepturile* ~*e* all rights reserved. **II.** *adv.* with reservation, reservedly etc. v. ~ 1, 2.
rezervaţie *s.f.* reservation.
rezervă *s.f.* 1. reserve (of provisions); stock, deposit. 2. *(de spital)* side-room. 3. *mil.* reserve; *pl.* reserve forces/troops. 4. *fig.* *(a cuiva)* reserve, caution; attitude of reserve, aloofness. 5. *fig.* *(condiţie)* condition, reservation; stipulation. 6. *sport* spare. ⓐ *rezerve interne* internal reserves; *rezervele muncii* labour reserves. ⓑ *cu aceste rezerve* with these reserves; *de* ~ spare...; *fără* ~ without reservation, unreservedly; *fond de* ~ reserve fund; *în* ~ in reserve; *ofiţer în* ~ *mil.* reserve officer; *piese de* ~ spare parts; *sub rezerva...* *(cu gen.)* provided..., on condition...; *sub toate rezervele* without

committing oneself. ⓒ *a trece în* ~ *mil.* to put in reserve.
rezervist *s.m. mil.* reservist.
rezervor *s.n.* tank, cistern, receiver; *hidr.* reservoir. ⓑ *toc* ~ fountain pen.
rezida *vb. intr.* ⓐ *a* ~ *în...* to lie/consist in...
rezident *s.m.* resident.
rezidi *vb. tr.* to rebuild, to reconstruct.
rezidual *adj.* residual.
reziduu *s.n.* residuum, residue.
rezilia I. *vb. tr.* to cancel, to annul. **II.** *vb. refl. pas.* to be cancelled/ annulled.
reziliere *s.f.* cancellation, annulment.
rezista *vb. intr.* *(la)* to resist *(cu acuz.)*, to offer resistance (to); *(la durere)* to withstand *(cu acuz.)*; *(la un atac)* to hold out (against).
rezistent *adj.* 1. resistant; *(d. un material)* strong, stout; *(d. culori)* fast; *(durabil)* lasting, enduring. 2. *(d. cineva)* hardy, of great endurance. ⓐ ~ *la...* -proof, -fast; *(d. culori)* ~ *la lumină* light fast.
rezistenţă *s.f.* 1. resistance; opposition. 2. *(a unui material)* strength, toughness; *fiz.* resistance. 3. *(fizică)* stamina, endurance, staying power. 4. *electr.* (electric) resistance. ⓐ *rezistenţa inamicului* enemy opposition; *rezistenţa materialelor* strength of materials; ~ *la compresiune* compressive strength; ~ *la şoc* impact resistance. ⓑ *cutie de* ~ resistance box. ⓒ *a întîmpina* ~ to meet with resistance/opposition; *a opune* ~ to put up/offer resistance; *a nu opune (nici o)* ~ to offer/put up/make no resistance; *a merge pe linia celei mai mici rezistenţe* to take/follow the line of least resistance.
rezistibilitate *s.f. electr.* resistivity.
rezistor *s.n. electr.* resistor.
rezoluţie *s.f.* resolution. ⓑ *proiect de* ~ draft resolution. ⓒ *a adopta o* ~ to pass/adopt/approve/carry a resolution; *a propune o* ~ to move a resolution.

rezolva I. *vb. tr.* to solve; *(o problemă, și)* to work out; *(o chestiune)* to settle; *(o dificultate)* to clear up, to resolve; *(a pune capăt unui lucru)* to put an end to *smth.*, to liquidate *smth.* **II.** *vb. refl. pas.* to be solved etc. **v.** ~ **I.**

rezolvabil *adj.* solvable, resolvable; that can be settled etc. **v.** r e - z o l v a.

rezolvare *s.f.* solution etc. **v.** r e - z o l v a; *(răspuns)* answer; *(cheie)* key.

rezon *s.n.* **1.** reason. **2.** *interjecțional* F you're (perfectly) right! that's it!

rezonabil I. *adj.* reasonable. **II.** *adv.* reasonably.

rezonanță *s.f.* **1.** resonance. **2.** *fig.* echo.

rezonator *s.m. fiz.* resonator.

rezorcină *s.f. chim.* resorcin.

rezulta *vb. intr.* *(din)* to result (from), to follow (from), to arise (from). © *ce* ~ *de aici?* what was the result of it? *nu rezultă că...* it does not follow that...

rezultantă *s.f. tehn., mat.* resultant.

rezultat *s.n.* result, outcome, issue; *(efect)* effect. ① *fără* ~ **I.** *adv.* ineffectually; uselessly. **II.** *adj.* ineffectual, ineffective; useless. © *a da* ~*e* to yield results; *a avea drept* ~ *...* to result in..., to lead to...

rezuma I. *vb. tr.* to sum up, to summarize, to give a summary of; *(a recapitula)* to recapitulate. **II.** *vb. refl.* ⓐ *a se rezuma la...* **1.** *(d. cineva)* to confine oneself to... **2.** *(d. ceva)* to reduce oneself to..., F→to boil down.

rezumat *s.n.* summary, résumé, précis. ① *în* ~ in brief/short, to sum up.

rezumativ *adj.* **v.** s u c c i n t.

ricana *vb. intr.* to sneer, to snicker; to chuckle.

ricin *s.m. bot.* castor-oil plant, palma Christi *(Ricinus communis)*.

ricină *s.f.* ricin. ① *ulei de* ~ castor oil.

ricoșa *vb. intr.* to rebound; *(d. gloanțe)* to ricochet.

ricoșeu *s.n.* rebound; *(al glontelui)* ricochet.

rictus *s.n.* rictus.

rid *s.n.* wrinkle.

ridica I. *vb. tr.* **1.** to raise; *(dezlipind de pe sol etc.)* to lift; *(ochii, mîinile)* to uplift; *(ceva greu)* to heave; *(a culege)* to pick up; *(a da la o parte)* to remove; *(a deschide)* to open; *(a sufleca)* to roll up; *(pălăria)* to take off; *(un steag)* to hoist. **2.** *(a desființa)* to annul, to abolish; *(a suspenda)* to suspend. **3.** *(a încasa)* to encash, to receive; *(a colecta)* to collect. **4.** *(a aresta)* to arrest, to confine; *(a întemnița)* to imprison, to put in prison. **5.** *(a pune drept)* to straighten up. **6.** *(un plan, o hartă)* to take, to make, to draw up. **7.** *(a urca)* to climb (up), to ascend. **8.** *(a aduna)* to assemble, to convene. **9.** *(a promova)* to promote; *(a avansa)* to advance. **10.** *(a spori)* to increase; *(a mări)* to aggrandize. **11.** *(a clădi)* to build, to construct, to raise, to erect. **12.** *(a crea)* to create, to make; *(a întemeia)* to found. **II.** *vb. refl.* **1.** *pas.* to be raised etc. **v.** ~ **I. 2.** *(în diferite sensuri)* to rise. **3.** *(a se însănătoși)* to recover (one's health), F→to pick up again. **4.** *(a se afla)* to stand, to lie; *(d. construcții înalte etc.)* to rise. **5.** *(a se auzi)* to be heard; *(a răsuna)* to resound. **6.** *(a se răzvrăti)* to rise (in rebellion). **7.** *(a se isca)* to arise; *(a începe)* to begin, to start; *(a apărea)* to appear. **8.** *(a crește)* to grow (up); *(a se dezvolta)* to develop. *fig.* to better oneself. **9.** *(a spori)* to increase. ⓐ *a se* ~ *la...* to amount/come to..., to run into... © *aluatul s-a* ~*t* the dough is risen; *i s-a* ~*t temperatura* his temperature has risen, he has developed a temperature, he runs a fever; *totalul se* ~ *la milioane* the sum total ran into millions; *a se* ~ *în picioare* to rise to one's feet.

ridicare *s.f.* **1.** raising etc. **v.** r i - d i c a. **2.** *(ascensiune)* ascension.

3. *(sporire)* increase; *(creștere)* growth. **4.** *(dezvoltare)* development; *(îmbunătățire)* improvement. **5.** *sport* lift. ⓐ ~ *cu ajutorul aparatelor geodezice* instrument survey; ~ *geodezică* geodetic survey; ~ *topografică* topographic(al) survey, mapping; ~ *vizuală* field sketching. ⓑ *prin* ~ *de mîini* by show of hands.

ridicat I. *adj.* **1.** raised etc. v. r i d i c a. **2.** *(stînd în picioare)* standing; *(vertical)* upright. **3.** *(înalt)* high; tall. **4.** *(d. voce)* loud; *(aspru)* harsh; *(sever)* severe. **5.** *(înaintat)* advanced; progressive. **II.** *s.n.* raising etc. v. r i d i c a.

ridicata *s.f.* articulat. ⓑ *cu* ~ **a.** wholesale. **b.** *fig.* in a body; by the heap; *comerț cu* ~ wholesale trade.

ridicătură *s.f.* eminence, elevation (of the ground); *(movilă)* hillock.

ridiche *s.f. bot.* radish *(Raphanus).* ⓐ ~ *de lună* early radish; ~ *neagră* black radish *(Raphanus sativus niger).* ⓒ *a freca cuiva* ~*a* **a.** *(a bate)* F to pommel, to beat black and blue. **b.** *(a-i face mizerii)*←F to tease smb. unmercifully.

ridichioară *s.f. bot.* charlock *(Sinapsis arvensis).*

ridicol I. *adj.* ridiculous, laughable. **II.** *adv.* ridiculously, laughably. **III.** *s.n.* ridicule.

ridiculiza *vb. tr.* to (hold up to) ridicule.

rigă *s.m.*←*înv.* king.

rigid I. *adj.* rigid, stiff. **II.** *adv.* rigidly, stiffly.

rigiditate *s.f.* rigidity, stiffness.

riglă *s.f.* rule(r). ⓐ ~ *de calcul* slide rule.

rigoare *s.f.* rigour, harshness; strictness. ⓑ *la* ~ if need be, if really necessary.

rigolă *s.f.* drain, gutter, trench.

riguros I. *adj.* rigorous, severe, harsh; *(strict)* strict; *(d. raționament etc.)* close. **II.** *adv.* rigorously etc. v. ~ **I.**

rigurozitate *s.f.* strictness. ⓑ *cu* ~ rigorously.

rihtui *vb. tr.* to cut *leather.*

rihtuitor *s.m.* leather dresser.

rima I. *vb. tr.* to put into rhyme. **II.** *vb. intr. (cu)* to rhyme (with).

rimă *s.f.* **1.** rhyme. **2.** *(vers)* line.

rimel *s.n.* mascara.

rindea *s.f.* (bench) plane. ⓐ ~ *cioplitor* jack plane; ~ *de fălțuit* fillister; ~ *universală* universal plane. ⓒ *a da la* ~ to plane, to shave.

rindelui *vb. tr.* to plane, to shave.

ring *s.n.* **1.** *sport* ring. **2.** *(de dans)* dancing floor.

rinichi *s.m. anat.* kidney. ⓐ ~ *deplasat* floating kidney.

rinocer *s.m. zool.* rhinoceros *(Rhinoceros unicornis).*

riposta *vb. intr. și tr.* to retort.

ripostă *s.f.* ripost(e), retort, pat answer; *(aspră)* sharp rebuff.

rips *s.n. text.* rep(p), reps, dimity.

risc *s.n.* risk, hazard; cast of the die. ⓑ *cu orice* ~ at all hazards; *cu* ~*ul (cu gen.)* at the risk/peril of... ⓒ *a-și lua* ~*ul asupra sa* to assume the risk, F→to bill the cat.

risca I. *vb. tr.* to risk, to venture, to chance, F→to chance one's arm. ⓐ *a* ~ *să...* to run the risk of *(cu forme în -ing).* ⓒ *a* ~ *totul* to risk all, to throw the great cast. **II.** *vb. intr.* to take a risk; to take risks. ⓒ *a* ~ *fără rost* F→to take a bear by the tooth.

risca(n)t *adj.* risky, venturesome; rash, temerary, reckless, dare-devil, perilous.

risipă *s.f.* prodigality, extravagance; *(risipire)* dissipation, squandering.

risipi I. *vb. tr.* **1.** to scatter, to disperse; *(bănuielile etc.)* to dispel, to dissipate; *(a pune pe fugă)* to put to flight/rout; *(a înfrînge)* to defeat; *(a respinge)* to repel; *(a presăra)* to strew. **2.** *(a irosi)* to waste; *(bani)* to squander (away). **3.** *(a îndepărta)* to remove. **II.** *vb. refl.* **1.** to disperse, to scatter; *(d. nori, teamă etc.)* to dissipate; *(d. ceață, fum)* to clear away; *(a dispărea)* to vanish, to disappear. **2.** *(a se nărui)* to crumble, to tumble down.

risipitor I. *adj.* extravagant, wasteful, spendthrift. **II.** *s.m.* squanderer, spendthrift.

risling *s.n.* *bot.* riesling, Rhine wine, hock.

ristic *s.n.* oak apple.

rişcă *s.f.* pitch and toss.

rit *s.n.* rite; *(religie)* religion.

ritm *s.n.* **1.** rhythm. **2.** *fig.* rate, speed, pace. ⓐ ~ *al creşterii* rate of growth. ⓑ *într-un* ~ *lent* slowly; *într-un* ~ *rapid* at a brisk/rapid pace. ⓒ *a accelera* ~*ul (cu gen.)* to accelerate...; *a încetini* ~*ul* to slacken the pace.

ritmat *adj.* rhythmed; rhythmic(al).

ritmic I. *adj.* rhythmic(al). **II.** *adv.* rhythmically.

ritmică *s.f.* rhythmic(s).

ritmicitate *s.f.* rhythmicity, rhythmical nature.

ritos *adj.* categorically.

ritual *adj.*, *s.n.* ritual.

rival *adj.*, *s.m.* rival.

rivalitate *s.f.* rivalry, emulation.

rivaliza *vb.* *intr.* *(cu)* to compete (with), to vie (with). ⓐ *a* ~ *cu...* to rival *(cu acuz.).*

riveran I. *adj.* riparian, river(-side)... **II.** *s.m.* riverside resident.

riz *s.n.* *tehn.* scratch.

rizicultură *s.f.* rice growing.

rizom *s.m.* *bot.* rhizome.

rîcă *s.f.*←*reg.* v. c e a r t ă. ⓒ *a purta* ~ *cuiva* to owe smb. a grudge; to have a bone to pick with smb.; *a căuta* ~ F to carry a chip on one's shoulder.

rîcîi *vb.* *tr.* **1.** to scratch, to scrape. **2.** *fig.* to gnaw.

rîde *vb.* *intr.* to laugh; *(înfundat)* to chuckle; *(silit)* to give (vent to) a forced laugh. ⓐ *a(-şi)* ~ *de...* to laugh/mock at..., to make fun of... ⓒ *a* ~ *din toată inima* to have a good laugh; *a* ~ *pînă la lacrimi* to laugh until one cries. ⓓ *cine* ~ *la urmă* ~ *mai bine* he laughs best who laughs last.

rîgîi *vb.* *intr.* to belch, to retch.

rîgîială *s.f.*, **rîgîit** *s.n.* belching, retching, eructation.

rîie *s.f.* **1.** itch, scab, scurf, F→ Scotch fiddle; *(la animale)* mange. **2.** *fig.*

plague, pest. ⓒ *a se ţine ca rîia de om* to stick like a burr.

rîios *adj.* scabby; mangy. ⓒ *a face pe* ~*ul* to put on airs, to keep aloof.

rîma *vb.* *tr. şi intr.* to root, to rout.

rîmă *s.f.* *zool.* earth/dew worm *(Lumbricus terrestris).*

rîmător *s.m.* v. p o r c.

rîmnic *s.n.* fishpond, pool; backwater.

rînă *s.f.* hip. ⓑ *într-o* ~ sideways. ⓒ *a şedea într-o* ~ to recline on one side.

rînced *adj.* *(mucegăit)* musty, mouldy; *(d. miros)* musty, fusty; *(d. grăsime)* rancid; *(respingător)* rank; *(stricat)* foul.

rîncezeală *s.f.* mustiness; rancidity.

rîncezi *vb.* *intr.* to become musty etc. v. r î n c e d.

rîncheza *vb.* *intr.* to neigh.

rînd *s.n.* **1.** *(şir)* row; *(alăturat)* rank; *(spate în spate)* file; *(linie dreaptă)* line; *(ordonată)* range; *(serie)* series; *(succesiune)* succession. **2.** *fig.* turn. **3.** *(treaptă)* stage, degree; level. **4.** *(dată)* time. **5.** *(într-un text)* line. ⓐ ~ *de case* **a.** row of houses. **b.** several houses; *un* ~ *de haine* a suit of clothes; ~ *de pomi* row of trees; ~ *din faţă* front row, forefront; ~ *din fund/spate* bottom row; ~ *pe* ~ v. p e ~. ⓑ *(ani etc.) de-a* ~*ul* (for years etc.) running, on end, together; *de* ~ common; habitual; ordinary; *de* ~*ul ăsta* this time; *în* ~*ul...* abreast of..., side by side with...; *fiecare la* ~*ul lui* everyone in his turn; *în primul* ~ **a.** in the first row. **b.** *fig.* in the first place, firstly, above all; *(mai ales)* especially, particularly; *în repetate/mai multe* ~*uri* several times; more often than not; *în* ~*uri strînse* in close/serried ranks; *la* ~ in a string, one after another; *pe/în-tr-un singur* ~ in a row/line; *pe* ~ in turn, by turns, alternately, in succession, successively, by/in rotation. ⓒ *a străpunge* ~*urile inamicului* to break the enemy's line; *a se afla în primele* ~*uri* to be in the front rank, to be a frontranker;

a fi în ~ cu... to be on a level/a par with...; *a citi printre ~uri* to read between the lines; *a-i veni ~ul fig.* to have one's day; *e ~ul meu* it is my turn, the ball is with me.

rîndaş *s.m. (de cai)* groom; *(slugă)* servant.

rîndui *vb.tr.* to arrange; to organize; to systematize; to regulate, to put in (good) order.

rînduială *s.f.* **1.** (good) order; arrangement. **2.** *(datină)* custom, tradition; *(ceremonial)* ceremonial. ⓒ *a face ~ în...* to regulate..., to put... in (good) order.

rîndunea *s.f. ornit.* swallow, martin(et) *(Hirundo rustica).*

rîndunel *s.m.* he-swallow.

rîndunică *s.f.* v. r î n d u n e a. ⓐ *cu o ~ nu se face primăvară* one swallow makes no summer.

rini *vb. tr.* to clean.

rînjet *s.n.* grin, simper, smirk.

rînji *vb. intr.* to grin; *(a ride prosteşte)* to simper, to smirk; *(a-şi arăta dinţii)* to show one's teeth, to snarl.

rînjit *adj.* grinning etc. v. r î n j i.

rîntaş *s.n.* roasted flour.

rînză *s.f.* **1.**←*reg.* p i p o t ă. **2.**←F v. s t o m a c.

rîpă *s.f.* precipice.

rîpos *adj.* steep; full of precipices, arduous.

rîs¹ *s.m. zool.* lynx *(Felis lynx).*

rîs² *s.n.* laughter, laugh. ⓐ *~ homeric* Homeric laughter. ⓑ *de ~* ridiculous; absurd; *hohote de ~* outburst/peal of laughter. ⓒ *a face pe cineva de ~* **a.** to raise/turn the laugh against smb., to make a laughing stock of smb. **b.** v. a f a c e d e o c a r ă; *a leşina/se strîmba de ~* to split one's sides with laughter, to laugh oneself into convulsions; *a muri de ~* to die with laughter; *nu se poate ţine de ~* he can't help laughing; *să te prăpădeşti de ~, nu alta* enough to make a cat/amer. horse laugh; *a izbucni în ~* to burst out laughing, to burst into laughter; *a lua pe cineva în ~* to mock at

smb.; *il umflă ~ul* he chokes with laughter.

rîset *s.n.* v. r î s.

rîşcov *s.m. bot.* orange agaric *(Lactarius deliciosus).*

rîşni *vb. tr.* to grind.

rîşniţă *s.f.* hand/grinding mill; *(de piper)* quern; *(de cafea)* coffee mill.

rît *s.n.* snout.

rîtan *s.m.* v. p o r c.

rîu *s.n.* river, stream.

rîvnă *s.f.* zeal, fervour, ardour; *(silinţă)* diligence.

rîvni *vb. intr.* ⓐ *a ~ la...* to covet...; *(a aspira la)* to aspire to/after..., to strive for...

rîvnit *adj.* wished-for, coveted.

rîvnitor *adj.* covetous.

rîzător *adj.* laughing; *(vesel)* merry, joyous.

roabă *s.f.* **1.** slave, bondwoman; bondmaid. **2.** *(tărăboanţă)* wheelbarrow.

roade I. *vb. tr.* **1.** to gnaw; *(cîte puţin)* to nibble; *(pesmeţi)* to eat; to nibble; *(oase)* to gnaw; *(a face ferfeniţă)* to eat away; *(d. rugină etc.)* to corrode. **2.** *(pielea)* to rub off; *(provocînd răni)* to rub sore. **3.** *fig.* to gnaw, to prey upon, to wear out, to consume. ⓐ *a-şi ~... (unghiile)* to bite one's *(nails).* **II.** *vb. refl.* **1.** to wear (out/away). **2.** *pas.* to be corroded; to be rubbed off; to be rubbed sore.

roată *s.f.* **1.** wheel; *(cerc)* circle; ring. **2.** *adverbial* (all) around. ⓐ *roata norocului* Fortune's wheel; *~ conducătoare* leading wheel; *~ cu cupe* bucket wheel; *~ de moară* mill wheel; *~ de rezervă* spare wheel; *~ de transmisie* transmission wheel; *~dinţată* cog/toothed wheel; *~ directoare* steering wheel; *~ hidraulică* hydraulic wheel. ⓒ *a da ~ casei* to go round the house; *a pune cuiva beţe-n roate* to put a spoke in smb.'s wheel; *merge treaba ca pe roate* things are going swimmingly; *a pune pe roate* to set going; *a fi a cincea ~ la căruţă* to be the fifth wheel of a coach; *a fi cu trei roate la car* F to have a tile loose, to have bats in the bel-

fry; *a-și arunca ochii* ~ to look round.
rob *s.m.* slave, bond(s)man. ⓓ *Calea Robilor astr.* The Milky Way.
robă *s.f.* (long) robe, gown.
robi I. *vb. tr.* **1.** to enslave, to enthrall; to hold captive. **2.** to exploit. **3.** *fig.* to enthrall, to captivate, to fascinate. II. *vb. intr.* to be a slave; to lead a slave's life; to work like a slave.
robie *s.f.* slavery, thraldom; bondage.
robinet *s.n.* tap, cock, *amer.* faucet. ⓒ *a deschide* ~ *ul* to turn on the tap; *a închide* ~*ul* to turn off the tap.
robot *s.m.* robot.
roboti *vb. intr.* **1.** to work hard, to toil. **2.** v. **trebălui**.
robotit *s.n.* working hard; hard work, toil.
robust *adj.* robust, sturdy, stout, lusy, strapping.
robustețe *s.f.* robustness, sturdiness.
rocadă *s.f.* șah castling. ⓓ *linie de* ~ *mil.* strategic railway (behind the front).
rocă *s.f.* rock. ⓐ ~-*mamă* bedrock; ~ *sedimentară* sedimentary rock; ~ *sterilă* dirt.
rochie *s.f.* dress, gown, frock. ⓐ ~ *de seară* evening dress.
rochiță *s.f.* ⓐ *rochița rîndunelii bot.* b. **volbură**.
rococo *adj.* **1.** rococo. **2.** *fig.* extravagant.
rocoină *s.f. bot.* chickweed *(Stellaria media).*
rod *s.n.* **1.** fruit; *(recoltă)* crop, harvest. **2.** *fig.* fruit; result, outcome; effect. ⓐ ~*ul pămîntului bot.* arum *(Arum maculatum).* ⓓ *cu* ~ fruit-bearing; fruitful; *pe* ~ in bearing. ⓒ *a da* ~ to bear fruit.
roda *vb. tr.* **1.** to run in. **2.** *(metale)* to grind, to polish, to lap.
rodaj *s.n.* **1.** running in. **2.** grinding, polishing.
rodan *s.n.* v. **sucală**.
rodi *vb. intr.* to bear/yield fruit(s).
rodie *s.f. bot.* pomegranate.
rodire *s.f.* fruit-bearing.
roditor *adj.* **1.** fruit-bearing; fruitful. **2.** fertile; *(bogat)* rich.

rodiu[1] *s.m. bot.* pomegranate (tree) *(Punica granatum).*
rodiu[2] *s.n. chim.* rhodium.
rodnic *adj.* fruitful.
rodnicie *s.f.* **1.** fruitfulness. **2.** fertility, fecundity.
rododendru *s.m. bot.* v. **smirdar** 1.
rodomontadă *s.f.* rodomontade.
roentgenterapie *s.f.* v. **radioterapie**.
rogojină *s.f.* (door) mat.
rogoz *s.n. bot.* sedge *(Carex);* (bul)-rush *(Scirpus).*
roi[1] *s.n.* și *fig.* swarm; *fig.* cloud.
roi[2] *vb. intr.* **1.** to swarm. **2.** *fig. (de)* to swarm (with), to teem (with).
roib I. *adj.* sorrel, chestnut. II. *s.m.* chestnut horse; sorrel horse; *(↓ iapă)* alezan.
roibă *s.f. bot.* (dyer's) madder *(Rubia tinctorum).*
roiniță *s.f. bot.* (garden) balm, balm mint *(Melissa officinalis).*
roire *s.f.,* **roit** *s.n.* swarming.
roitor *adj.* swarming.
rol *s.n.* **1.** și *fig.* part, rôle. **2.** roll, list. ⓐ ~ *principal* leading part; ~ *secundar* secondary/minor part; *fig.* second fiddle; ~*ul titular* the title role. ⓓ *în* ~*urile principale* starring, featuring. ⓒ *a juca un* ~ *important fig.* to play a prominent part; *a juca un* ~ *secundar fig.* to play a secondary part, F→to play second fiddle; *și-a jucat* ~*ul pînă la capăt* he kept up his part/character to the end.
rolă *s.f. tehn.* roll; *(de magnetofon)* reel.
rom[1] *s.m.* Romany, Gypsy.
rom[2] *s.n.* rum.
roman[1] *s.n.* novel; *(de dragoste)* romance; *ca pl.* fiction. ⓐ ~ *cu temă* novel with a purpose; ~ *de anticipație* science fiction novel; ~ *foileton* serial; ~ *istoric* historical novel; ~ *medieval* romance; ~ *polițist* detective novel/story, thriller; ~ *științifico-fantastic* science fiction novel.
roman[2] I. *adj.* Roman. ⓓ *imperiul* ~ the Roman Empire. II. *s.m.* Roman.
romancier *s.m.* novelist.

romanesc *adj.* 1. romantic. 2. novelistic.

romanic *adj.* 1. Romanic. 2. *(d. limbi)* Romance, Romanic.

romanist *s.m.* 1. *lingv.* Romanist. 2. *(jurist)* Roman scholar.

romanistică *s.f.* Romanics.

romanitate *s.f.* 1. *the* Roman world. 2. Roman origin.

romaniță *s.f. bot.* camomile *(Anthemis)*.

romaniza *vb. tr. și refl.* to Romanize.

romanizare *s.f.* Romanization.

romantic I. *adj.* romantic. II. *s.m.* romanticist.

romantism *s.n.* romanticism.

romanța *vb. tr.* to describe in the form of fiction/a novel.

romanțare *s.f.* fictionization.

romanțat *adj.* ⓑ *viață/biografie ~ă* fictioned biography, biography in the form of fiction/a novel, biographical novel.

romanță *s.f.* (sentimental) song, drawing-room ballad.

romanțios *adj.* idyllic, romantic.

român I. *adj.* Romanian. ⓑ *limba ~ă* the Romanian language, Romanian; *poporul ~* the Romanian people. II. *s.m.* 1. Romanian; *ist. și* Vlach; *~ii* the Romanians. 2. ←P *(om)* man; *(bărbat)* husband. 3. ←P *(țăran)* peasant.

română *s.f.* Romanian, the Romanian language.

româncă *s.f.* 1. Romanian (woman sau girl). 2.←P *(țărancă)* peasant woman.

românesc *adj.* Romanian.

românește *adv.* 1. *(ca limbă)* Romanian. 2. like a Romanian, after the manner of Romanians. 3. *(clar)* aprox. in plain English. ⓒ *vorbiți ~?* do you speak Romanian?

românime *s.f.* Romanians.

românism *s.n.* 1. Romanian spirit. 2. *lingv.* Romanian idiom; peculiar Romanian word.

româniza *vb. tr.* to make Romanian.

romb *s.n.* rhomb(us).

rombic *adj.* rhombic.

romboedric *adj.* rhombohedral.

romboedru *s.n.* rhombohedron.

romboid *adj., s.n.* rhomboid.

romboidal *adj.* rhomboidal.

rond *s.n.* 1. *(de flori)* flower bed. 2. *(piațetă)* circus. 3. *mil.* round(s). ⓒ *a face ~ul* to go the rounds.

rondă *adj.f.* ⓑ *literă ~* round-hand letter; *scriere ~* round hand.

rondel *s.n.* rondel.

rondelă *s.f.* 1. *tehn.* washer. 2. *(de carton)* small round disc.

rondo *s.n. muz.* rondo.

rondou *s.n.* 1. round lawn. 2. *nav.* putting about.

ronțăi *vb. tr.* to crunch; to nibble (at).

ronțăială *s.f.*, ronțăit *s.n.* crunching; nibbling.

ropot *s.n.* tramp; *(de pași)* tramping; *(de pași grăbiți)* patter of feet; *(de copite)* thud/clatter of horses' hoofs; *(de ploaie)* patter; *(de aplauze)* thunder, peal, volley, round, burst.

ros *adj.* gnawed etc. v. r o a d e; *(d. o haină)* threadbare, F→seedy, shabby. ⓐ *~ de griji* careworn, worried; *~ de molii* moth-eaten.

rosătură *s.f.* sore.

rosbif *s.n.* roast beef.

rosbrat *s. n.* roast joint/beef.

rost *s.n.* I. sense, meaning; *(scop)* aim, purpose; justification; *(rol)* part, rôle; mission, service. 2. *(social)* condition; position; *(gospodărie)* household; *(ocupație)* occupation, job; profession. 3. organization; order. 4. possibility; *(mijloc)* means. ⓑ *pe de ~* by heart. ⓒ *a nu-și afla ~ul* to fidt; *a face ~ de ...* to get..., to cure...; *(a găsi)* to find...; *a-și pierde ~ul* to lose one's head; *a ști de ~ul (cu gen.)* to know...; *a da de ~ul (cu gen.)* to get the hang of...; *a lua pe cineva la ~* F to fly at smb., to lecture smb.

rosti I. *vb. tr.* to utter, to pronounce; *(a zice)* to say. II. *vb. refl. pas.* to be uttered/pronounced.

rostire *s.f.* 1. pronunciation; utterance. 2. *(vorbire)* speech, way of speaking.

rostogol *s.n.* ⓒ *a se da de-a ~ul* to turn somersaults, to somersault.

rostogoli I. *vb. tr.* to roll. II. *vb. refl.*
to somersault, to turn somersaults.
rostopască *s.f. bot.* common celan-
dine *(Chelidonium majus).*
rostral *adj. arhit.* rostral.
rostui *vb. tr.* 1. to arrange; to put
in (good) order. 2. to get, to pro-
cure, to obtain. 3. *constr.* to joint.
roşcat *adj.* russet, foxy, fox-colour-
ed, sorrel; *(roşu)* red; reddish;·
(cu părul roşu) red-/russet-haired.
roşcov *s.m. bot.* carob(tree) *(Cera-
tonia siliqua).* ⓐ ~ sălbatic v.
p l ă t i c ă 2.
roşcovan *adj.* v. r o ş c a t.
roşcovă *s.f.* 1. carob, St. John's
bread, locust. 2. *pl. (seminţele)*
locust beans, carob beans.
roşeaţă *s.f.* redness; *(in obraji)*
(high) colour; *(culoare roşie)* red
colour; *(a cerului, a unui incendiu*
etc.) glow.
roşi I. *vb. tr.* 1. to redden, to turn
red; to paint/dye red; *(faţa)* to
flush. 2. *(a ruja)* to rouge, to paint
red. II. *vb. intr.* to redden, to grow
red; *(de tulburare etc.)* to blush,
to flush.
roşiatic *adj.* reddish.
roşie *s.f. bot.* v. p ă t l ă g e a.
roşu I. *adj.* 1. red; *(sîngeriu)* blood-
-red; *(purpuriu)* purle; *(stacojiu)*
scarlet; *(cu faţa roşie)* red-cheeked;
red in the face; *(roşcat)* foxy, fox-
-coloured, sorrel; *(arămiu)* copper-
·-coloured. 2. *pol.* red. ⓐ ~ aprins
scarlet, (of a) fiery red; ~ ca racul
(as) red as a (boiled) lobster;
~ ca sîngele blood-red, sanguine-
ous; ~ de mînie crimson with
rage; ~ deschis light red; ~ închis
dark red; ~ la faţă red-cheeked;
(de tulburare etc.) red in the
face. ⓓ *Armata Roşie* The Red
Army; *buze roşii* red/rosy/cherry
lips; *colţul* ~ the Red Corner;
Crucea Roşie the Red Cross;
lemn ~ mahagony; *rasă roşie*
red race; *Scufiţa Roşie* Little Red
Riding Hood; *steag* ~ red banner;
vin ~ red wine. ⓒ *a se face* ~
de mînie to turn crimson with
rage, to flush with anger. II. *s.n.*
1. red; *(roşeaţă)* redness. 2. *(ruj)*
rouge. 3. *(la cărţi)* hearts. ⓒ *a*

vedea ~ *înaintea ochilor* to see red/
scarlet.
rotacism *s.n.* r(h)otacism.
rotaciza *vb. intr.* to r(h)otacize, to
pronounce the letter *r* viciously.
rotametru *s.n. tehn.* rotameter.
rotar *s.m.* wheelwright.
rotaş *s.m.* wheelhorse, wheeler.
rotat *adj.* 1. round. 2. *(d. cai)*
dappled.
rotativ *adj. tehn.* rotative.
rotativă *s.f. poligr.* rotary printing
press.
rotaţie *s.f.* rotation. ⓐ *rotaţia cul-
turilor agr.* crop rotation, rotation
of crops. ⓓ *mişcare de* ~ rotary
motion; *prin* ~ by turns.
rotărie *s.f.* 1. wheelwright's work
sau trade. 2. *(atelier)* wheel-
wright's shop.
roti I. *vb. tr.* to turn (round/about),
to revolve, to rotate; *(a rostogoli)*
to roll. ⓒ *a-şi* ~ *privirile* to look
round. II. *vb. refl.* 1. to turn
(round), to revolve (round); *(re-
pede)* to spin; *(in aer etc.)* to circle
(round). 2. v. î n f o i a II.
rotifer *s.n. zool.* rotifer.
rotile *s.f. pl.* forecarriage (of a
plough).
rotire *s.f.* turning (round) etc. v.
r o t i.
rotitor *adj.* turning etc. v. r o t i.
rotocol *s.n. (de fum)* wreath; *(felie
rotundă)* round slice.
rotofei *adj.* plump; *(gras)* fat.
rotondă *s.f. arhit.* rotunda, circular
hall.
rotor *s.n.* 1. *tehn.* rotor. 2. *fiz.*
rotational curl.
rototele *s.f. pl. bot.* achillea *(Achil-
lea ptarmica).*
rotulă *s.f. anat.* knee cap/pan,
S→patella.
rotund *adj.* 1. round; *(circular)*
circular; *(inelar)* ringshaped; *(dolo-
fan)* plump. 2. *(d. cifre)* round.
rotunji I. *vb. tr. şi fig.* to round
off; *(a completa)* to complete. II.
vb. refl. to be/become rounded
(off).
rotunjime *s.f.* roundness; plump-
ness.
rotunjire *s.f.* rounding (off) etc.
v. r o t u n j i.

roua *s.f.* dew. ⓑ *pe* ~ early in the morning; *strop de* ~ dew drop; pearl.
roura I. *vb. intr.* ⓐ *rourează* the dew falls. II. *vb. tr.* to bedew.
rourică *s.f. bot.* sweet grass *(Glyceria fluitans)*.
rouros *adj.* dewy.
rovină *s.f.* 1. *(groapă)* pit; *(rîpă)* precipice. 2. *(mlaștină)* mire.
roz I. *adj.* rosy, pink(ish). II. *s.n.* rose, pinkish red. ⓒ *a vedea lucrurile în* ~ to look on the bright/ sunny side (of things), to be sanguine.
rozacee *s.f. pl. bot.* rosaceae.
roză *s.f. bot.* v. t r a n d a f i r. ⓐ *roza vînturilor* wind rose.
rozător I. *adj.* rodent, gnawing. II. *s.n. zool.* rodent.
rozeolă *s.f. med.* roseola.
rozetă *s.f.* 1. rosette. 2. *bot.* (sweet--scented) mignonette *(Reseda odorata)*.
rozmarin *s.m. bot.* officinal rosemary *(Rosmarinus officinalis)*.
rubarbă *s.f.* v. r e v e n t.
rubedenie *s.f.* v. r u d ă.
rubelit *s.n. mineral.* rubellite.
rubidiu *s.n. chim.* rubidium.
rubin *s.n.* ruby.
rubiniu *adj.* ruby-coloured.
rublă *s.f.* rouble.
rubrică *s.f.* heading; *poligr.* rubric; *(coloană)* column.
rucsac *s.n.* knapsack.
rudă *s.f.* relative, relation, kinsman, *fem.* kinswoman; *pl.* kindred, kinsfolk. ⓐ ~ *apropiată* near relation; ~ *depărtată* distant relation; ~ *prin alianță* in-law. ⓑ *de* ~ *agr.* breeding; *pe* ~ *pe sămînță* hammer and tongs; *rude la Ierusalim*←F influential relatives *sau* people. ⓒ *e* ~ *cu tine, ți-e* ~, *sînteți rude?* is he any relation to you? *nu-mi este* ~, *nu sîntem rude* he is no relative to me/of mine.
rudenie *s.f.* 1. relationship, kindred, kinship. 2. v. r u d ă.
rudimentar I. *adj.* rudimentary. II. *adv.* in a rudimentary manner.
rudimente *s.n. pl.* rudiments, elements, A. B. C.

rufărie *s.f.* v. r u f e.
rufe *s.f. pl.* linen (clothes), clothes; *(de corp)* body linen, underlinen, underwear; *(de pat)* bed clothes. ⓒ *a spăla rufele murdare în familie* to wash one's dirty linen at home.
rug¹ *s.m. bot.* 1. v. m u r. 2. v. m ă c i e ș. 3. v. v i ț ă.
rug² *s.n.* (wood/funeral) pile, pyre, stake. ⓒ *a arde pe* ~ to burn at the stake.
ruga I. *vb. tr.* to ask, to beg, *înv.*→ to pray; *(stăruitor)* to implore, to entreat; *(pt. a interveni pt. cineva)* to intercede with *(for smb.)*; *(a pofti)* to invite. ⓒ *te rog să mă ierți* I beg your pardon, I. apologize. II. *vb. refl.* 1. *rel.* to pray. 2. to ask permission/leave. ⓐ *mă rog...* you see...; you know...; *(cum ar veni)* as it were...; *(într-un cuvînt)* in a word...; *(ca să zicem așa)* so to say/speak...; *(păi)* well...; *(desigur)* certainly..., (to be) sure...; *a se* ~ *de...* v. ~ I.
rugă *s.f.* 1. v. r u g ă c i u n e. 2. *(implorare)* entreaty v. și r u g ă m i n t e.
rugăciune *s.f.* prayer.
rugăminte *s.f.* request; favour; *(puternică)* entreaty, supplication. ⓒ *vreau să-ți fac o* ~ I have a favour to ask of you.
rugător I. *adj.* beseeching, entreating, supliant. II. *adv.* beseeching- ly etc. v. ~ I.
rugbi *s.n. sport* rugby, *amer.* (American) rugby football.
rugină *s.f.* 1. rust. 2. *(rugina grîului)* bot. blast/blight in corn. 3. *bot.* red robin.
rugini *vb. intr. și refl. și fig.* to rust.
ruginit *adj. și fig.* rusty; *(mîncat de rugină)* eaten away with rust; *(înapoiat)* backward. ⓑ *un om* ~ a stick in the mud.
ruginiță *s.f. bot.* tentwort, wall rue *(Ruta montana/muricota)*.
ruginiu *adj.* rust-coloured.
rugos *adj.* rugged.
rugozitate *s.f.* rugosity, ruggedness.
ruin *s.n. bot.* devil's bit *(Scabiosa succisa)*.

ruina I. *vb. tr.* to ruin, to destroy; to undo. **II.** *vb. refl.* **1.** to ruin oneself. **2.** *(d. case etc.)* to fall/go to ruin. **ruinat** *adj.* **1.** *(d. cineva)* ruined. **2.** *(d. case etc.)* dilapidated. **ruină** *s.f.* **1.** ruin, *pl.* ruins. **2.** *fig.* ruin. ⓑ *în* ~ in ruins. **ruinător** *adj.* ruinous, disastrous. **ruj** *s.n.* rouge; *(~ de buze)* lipstick. **ruja I.** *vb. tr.* to paint, to rouge. **II.** *vb. refl.* to rouge (oneself), to paint one's lips etc., F→to make up. **rujă** *s.f.*←*reg.* v. m ă c i e ş. **rujeolă** *s.f.* v. p o j a r. **rula I.** *vb. tr.* **1.** *(a rostogoli)* to roll. **2.** *(a înfăşura)* to roll up. **3.** *(bani etc.)* to circulate. **4.** *(un film)* to demonstrate, to show. **II.** *vb. intr.* **1.** *(d. filme)* to be demonstrated/shown, to be on. **2.** *(d. vehicule)* to roll. **ruladă** *s.f.* jam roll. **rulaj** *s.n. tehn.* hauling time. **rulant** *adj. tehn.* rolling. ⓑ *material* ~ *ferov.* rolling stock. **ruletă** *s.f.* **1.** *(instrument)* measuring tape, tape measure/line. **2.** *(joc de noroc)* roulette. **ruliu** *s.n. nav.* rolling (motion). **rulment** *s.m.* bearing. ⓐ *rulmenţi cu bile* ball bearings; *rulmenţi cu role* roller bearings. **rulou** *s.n.* **1.** *tehn.* roll. **2.** *(de fereastră)* roller blind. **3.** *(compresor)* road roller. **rumega I.** *vb. intr.* to chew, to ruminate. **II.** *vb. tr.* **1.** to chew, to ruminate; *(d. oameni)* to chew, to masticate; *(a minca)* to eat. **2.** *fig.* to ruminate on/about/over, to turn over in one's mind. **rumegător** *adj., s.n.* ruminant. **rumegătură** *s.f.* **1.** cud, chew. **2.** v. r u m e g u ş. **rumeguş** *s.n.* sawdust. **rumeioară** *s.f.* v. c î r m î z. **rumen** *adj.* **1.** rosy, ruddy; *(roşu)* red. **2.** *(d. friptură)* nice and brown. ⓑ *cu obrajii ~i* red-cheeked. **rumeneală** *s.f.* **1.** v. r o ş e a ţ ă. **2.** *pl.* v. d r e s. **rumeni I.** *vb. tr.* **1.** to redden. **2.** *(friptură etc.)* to make nice and

brown. **II.** *vb. refl.* **1.** to redden. **2.** *(d. friptură)* to be nice and brown. **rumenit** *adj.* v. r u m e n. **rumeniu** *adj.* v. r o ş i a t i c. **rummy** *s.n.* rummy. **rumoare** *s.f.* confused murmur. ⓒ *a produce* ~ to arouse a confused murmur. **rundă** *s.f. sport* round. **rune** *s.f. pl.* runes. **runic** *adj.* runic. **rupe I.** *vb. tr.* **1.** to tear, to rend; *(în bucăţi)* to tear to pieces; *(cu rădăcină cu tot)* to uproot; *(a fringe, a fractura)* to break; *(a smulge)* to tear off. **2.** *(flori)* to pick, to pluck, to cull; *(a culege)* to pick, to gather. **3.** *(a întrerupe)* to break, to interrupt; *(relaţiile)* to break off, to sever; *(a opri)* to stop, to put a stop to. **4.** *(a despărţi)* to separate; *(a împrăştia)* to scatter. ⓐ *a o* ~ *cu...* to make a break with..., to break off relations with...; *a o* ~ *pe...* F to have a smattering of...; to speak... a little. ⓒ *a* ~ *legăturile cu...* to part company with... **II.** *vb. refl.* **1.** *pas.* to be torn etc. v. ~ I. **2.** *(d. sfoară etc.)* to break; *(d. haine)* to tear; *(a se uza)* to wear out. ⓐ *a se* ~ *de...* to break loose from..., to detach oneself from...; *(a părăsi)* to leave... **rupere** *s.f.* tearing etc. v. r u p e; *(izolare)* isolation, alienation. ⓐ ~ *de nori* pouring/driving rain. **rupie** *s.f.* rupee. **rupt I.** *adj.* torn etc. v. r u p e; *(d. haine)* ragged, F→shabby, seedy. ⓐ ~ *de mase* out of touch with the masses; *~ă din soare (she is)* a picture of beauty. **II.** *s.n.* ⓑ *nici în ~ul capului* not for (all) the world, not for anything, on no account; *pe ~e* v. p e b r î n c i. **ruptor** *s.n. electr.* circuit breaker. **ruptură** *s.f.* **1.** tear, rent, rip, slit; *(gaură)* hole; *(crăpătură)* rift; *(spărtură)* break; *(breşă)* breach. **2.** *fig.* breaking off, discontinuance, breach. **3.** *(zdreanţă)* rag. **rural** *adj.* rural, country(side)... **rurigen** *adj.* rurigenous, rural.

rus *adj.*, *s.m.* Russian. ① *limba* ~ă the Russian language, Russian.

rusalii *s.f. pl.* Whitsuntide, Pentecost.

rusă *s.f.* Russian, the Russian language.

ruscuță *s.f. bot.* adonis, pheasant's eye *(Adonis)*.

rusesc *adj.* Russian.

rusește *adv.* 1. like a Russian; after the manner of Russians. 2. *(ca limbă)* Russian.

rusism *s.n.* Russism.

rusoaică *s.f.* Russian (woman *sau* girl).

rustic *adj.* rustic, country...

rușina I. *vb. tr.* to (put to) shame. II. *vb. refl.* to be ashamed; *(a se sfii)* to feel shy.

rușinare *s.f.* shamefacedness; *(sfiiciune)* shyness, bashfulness.

rușinat I. *adj.* ashamed, shamefaced. II. *adv.* shamefacedly.

rușine *s.f.* 1. shame; disgrace, discredit, ignominy; *(pată)* blot, blemish. 2. *(sfială)* shyness, bashfulness. ① *ce* ~ *!* (for) shame! fie for shame! *fără* ~ I. *adj.* shameless. II. *adv.* shamelessly; *spre* ~*a lui* to his shame. ⓒ *a nu avea pic de* ~ to be dead/lost to all sense of shame; *a înghiți o* ~ to pocket/swallow an affront; *a face de* ~ to cry shame upon *smb.*; to dishonour *smb.*; *nu e nici o* ~ *să fii bolnav* there is no disgrace in being ill; *a muri*

de ~, *a-i plesni obrazul de* ~ to burn with shame; *e o adevărată* ~ *că...* it's a sin and a shame that... F→it's a beastly shame that...; *e o* ~ *pentru familia lui* he is a disgrace to his family; *a-i fi* ~ to take shame (to oneself), to be ashamed, to think shame (of oneself); *(a se sfii)* to be timid, F→to funk; to quail; *să-ți fie* ~*!* shame on you! fie! for shame! *ar trebui să-ți fie* ~ you ought to be ashamed.

rușinos I. *adj.* 1. *(d. cineva)* bashful, shy. 2. *(d. ceva)* disgraceful, ignominious. ⓒ *e* ~ *să...* it is disgraceful to... II. *adv.* disgracefully, ignominiously.

rușuliță *s.f. bot.* hawkweed *(Hieracium)*.

rută *s.f.* route, course, way.

rutean *adj.*, *s.m.* Ruthenian, Carpatho-Russian.

ruteniu *s.n. chim.* ruthenium.

rutier I. *adj.* road... ① *transport* ~ road transport. II. *s.m. sport.* long-distance runner/racer.

rutinar *s.m.* routinist, F→stick-in--the-mud.

rutinat *adj.* experienced; conversant.

rutină *s.f.* routine, beaten path; *depreciativ* red tape.

rutișor *s.n. bot.* 1. meadow rue *(Thalictrum aquilegifolium)*. 2. lesser meadow rue *(Thalictrum minus)*. ⓐ ~ *galben* fenrue, false rhubarb *(Thalictrum flavum)*.

S

S, s *s.m. invar.* (the letter) S, s.
s- **I.** *pron. refl. contras din* s e. **II.** *conj. contras din* s ă.
-s *prez. pers. 3 pl. contras din* s î n t 2.
sa *adj. pos. masc.* his; *fem.* her; *neutru* its. ⓑ *a~ pron. pos. masc.* his; of his; *fem.* hers; of hers.
sabat *s.n.* **1.** *(la evrei)* Sabbath. **2.** *(~ al vrăjitoarelor)* witches' sabbath/vigil. **3.** *fig. (gălăgie)* row, hubbub, uproar.
sabie *s.f.* **1.** sword, *poetic→*steel, F→pig sticker, toasting fork/iron; *(spadă)* (long/slender) sword; *(pt. duelat)* small sword, rapier, épée; *(idem, cu 2 tăişuri şi vîrf bont)* sabre; *(cu un tăiş, încovoiată, folosită de cavalerişti)* sabre; *(îndoită, scurtă)* falchion; *(lată)* broadsword, *amer.* saber; *(scurtă, nav.)* cutlass; *(turcească)* scimitar. **2.** *fig.* sword; *(război)* war; *(măcel)* massacre. **3.** *iht. a species of cyprinidae (Peleus cultratus).* ⓐ *sabia lui Damocles* the sword of Damocles; *~ cu două tăişuri şi fig.* a two-edged sword. ⓑ *a băga sabia în teacă* to put up/sheathe one's sword; *a încrucişa săbiile* to cross (the) swords; *a scoate sabia (din teacă)* to draw/unsheathe one's/the sword; *a pieri de ~* to perish by the sword; *a trece prin ~* to put to the (edge of the) sword.
sabiţă *s.f. iht.* v. s a b i e 3.
sabla *vb. tr.* **1.** *tehn.* to sand. **2.** *term.* to blast.
sablaj *s.n.*, **sablare** *s.f.* **1.** *tehn.* sanding. **2.** *term.* blasting.
sablat *adj.* **1.** *tehn.* sanded. **2.** *term.* blasted.
sabord *s.n. nav.* porthole. ⓐ *~ de tun* bridle port.
saborda *vb. tr. nav.* to scuttle.

sabordaj *s.n.*, **sabordare** *s.f. nav.* scuttling.
sabot *s.m.* **1.** clog, sabot, wooden (-soled) shoe; *min.* clog. **2.** *tehn.* shoe; block; sled; heel. ⓐ *~ de cale ferov.* rail shoe; *~ de frînă* **a.** *tehn.* hub; drag; shoe. **b.** *auto, ferov.* wheel drag. **c.** *ferov.* brake shoe; *~ de ghidare constr.* guide block; *~ de şină ferov.* rail shoe.
sabota *vb. tr.* to sabotage.
sabotaj *s.n.*, **sabotare** *s.f.* sabotage, sabotaging.
sabotor *s.m.* saboteur, wrecker.
sabretaş *s.n. mil. odin.* sabretache.
sabur *s.n. farm.* aloin; aloes.
sac *s.m.* **1.** bag, < sack; *(pt. lucruri)* kit bag, knapsack. **2.** *(conţinutul unui ~)* bag(ful), < sack(ful). **3.** *(pînză de ~)* sackcloth. **4.** *(îmbrăcăminte)* sack. **5.** *(pt. dormit)* sleeping bag. **6.** *(geantă)* handbag; pochette; *(sacoşă)* bag; *(desagă)* wallet; knapsack. **7.** *zool. etc.* pouch, bag, purse; *(↓ cu lichid)* sac. **8.** *tehn.* pocket. **9.** *(pt. pescuit)* sweep/drag/purse net. **10.** *zool.←reg.* ant/ants' egg. ⓐ *~ cu bani* money bag; *un ~ cu făină* a bag/sack of flour; *~ cu nisip* sandbag; *~ de balast av.* sandbag; *~ de făină* flour bag; *~ de voiaj* travelling bag, gladstone (bag); *(desagă)* wallet; knapsack; *~ fără fund* **a.** *(om lacom)* glutton, F belly-god. **b.** *(om risipitor)* spendthrift. **c.** *(izvor nesecat, fig.)* never-failing/inexhaustible source; *(comoară)* treasure house. ⓐ *~ lacrimal anat.* lachrymal sac/bag; *~ stabilizator av.* aerostat stabilizer. ⓒ *haina stă pe el ca un ~* his suits hangs loosely, his clothes bag/slouch; *a da de fundul ~ului fig.* to be out of pocket, to be reduced to

poverty/< beggary, < to be out at elbows; *a băga pe cineva în ~ fig.* F to pull smb.'s leg, to take smb. in, to sell/to do smb.; *a intrat vulpea în ~ fig.* he is at the end of his tether; he is at his wits' end; *şi-a găsit ~ul peticul* he has found his match. ① *cum e ~ul şi peticul* like master, like man.

saca *s.f.* water butt/cask; *(căruţă)* water cart. ① *ca/cît un dop de ~* F round like a barrel, (as) big as a butt, pot-bellied.

sacadat I. *adj. (d. mişcări, stil)* jerky, abrupt; *(d. voce)* jerky, stacatto; *(d. respiraţie)* irregular; gasping. **II.** *adv.* jerkily, abruptly; stacatto; irregularly.

sacadă *s.f.←rar* jerk; jerky/abrupt movement.

sacagiu *s.m.* water carrier.

sacerdot *s.m.←elev.* priest.

sacerdotal *adj.* sacerdotal, priestly.

sacerdoţiu *s.n.* **1.** *(sistem sau spirit preoţesc) elev.* sacerdotalism, sacerdocy. **2.** *(preoţie)←elev.* priesthood. **3.** *(preoţime)←elev.* priests, the clergy. **4.←elev. fig.* mission; *(chemare)* calling, vocation.

saciz *s.n.* **1.** *(răşină)* (gum) mastic. **2.** v. m a s t i c ă. **3.** *(colofoniu)* colophony, (common) rosin, mastic resin.

sacnasiu *s.n. ←odin.* **1.** oriel *(in a boyar's house).* **2.** waiting room *(in a boyar's house).*

sacoşă *s.f.* bag; handbag; satchel; *(pt. piaţă)* marketing bag; *(de călătorie)* travelling bag, gladstone (bag).

sacou *s.n. (veston)* (man's) coat, jacket; *(scurt)* short coat.

sacral *adj. anat.* sacral. ① *regiune ~ă* sacral region.

sacrament *s.n. rel. cat.* sacrament.

sacramental *adj.* **1.** *rel.* sacramental. **2.** *fig.* solemn.

sacrariu *s.n. (la romani)* sacrarium.

sacrifica I. *vb. tr.* **1.** *(a aduce ca jertfă)* to sacrifice, to offer as a victim/a sacrifice, *elev.→*to immolate. **2.** *(animale)* to slaughter, to kill. **3.** *fig.* to sacrifice, to give up as a sacrifice, to make a sacrifice of; *(a renunţa la)* to give up. ©

a ~ ceva în favoarea cuiva to make a sacrifice of smth. in favour of smb.; *~se totul pentru ea* he had given up everything for her sake. **II.** *vb. refl.* **1.** to sacrifice oneself, to offer oneself as a victim/a sacrifice, *elev.→*to immolate oneself. **2.** *fig. (a fi cel sacrificat)* to sacrifice oneself. **3.** *cu dat. (a se dedica total)* to sacrifice oneself to, to devote oneself entirely to. **III.** *vb. intr. (cu dat.)* to sacrifice, to make a sacrifice *sau* sacrifices (to).

sacrificare *s.f.* **1.** (act of) sacrificing, sacrifice, *elev.→*immolation, *bibl.→* oblation. **2.** *cu gen. fig.* sacrificing of *(sau cu acuz.),* sacrifice of; *(renunţare la)* giving up of *(sau cu acuz.),* renunciation/renouncement of.

sacrificat I. *adj.* **1.** sacrificed, offered as a victim, *elev.→*immolated. **2.** *(d. animale)* killed. **3.** *fig.* sacrificed. **II.** *s.m.* victim, < martyr.

sacrificator *s.m. (la romani)* sacrificer.

sacrificiu *s.n.* **1.** *(religios etc.)* sacrifice, offering, *elev.→*immolation, *bibl.→*oblation. **2.** *cu gen. fig.* v. s a c r i f i c a r e 2. **3.** *fig.* sacrifice; *(renunţare la sine)* self--denial/-sacrifice/-abnegation. **4.** *fig.* sacrifice; *(cheltuieli)* expenses. ⓐ *~l suprem* the supreme sacrifice. ① *cu ~l (vieţii etc.)* at the sacrifice/risk of *(one's life, etc.).* © *a face un ~* to make a sacrifice; *a face mari sacrificii pentru* to make every sacrifice to *(educate smb., etc.).*

sacrileg *adj.* sacrilegious; *(nelegiuit)* impious; *(blestemat)* accursed.

sacrilegiu *s.n.* **1.** sacrilege; *(blasfemie)* blasphemy; *(profanare)* profanation. **2.** *fig.* sacrilege, impiety, outrage; *(crimă)* crime.

sacristie *s.f. bis. cat.* vestry, sacristy.

sacrosan(c)t *adj.* sacrosanct, very holy/sacred; inviolable.

sacru *adj.* **1.** *rel.* sacred, most holy, hallowed. **2.** *fig.* sacred; inviolable; *(d. datorie)* solemn, bound; *(d. un drept)* sacred, inviolable; *(d. foc)* sacred.

sacrum *s.n. anat.* sacrum.
sacsie *s.f. (ghiveci)* flower pot.
sad *s.n.←inv.* 1. *(grădină de zarzavaturi)* kitchen/vegetable garden.
2. *(răsad)* nursery transplant;
(plăntuță) young plant; seedling.
3. *(vie)* vineyard. 4. *(livadă)*
orchard, fruit garden.
sadea I. *adj.* 1. *(veritabil)* genuine,
veritable, autnentic; *(adevărat)*
true, real. 2. *(pur)* pure; *(neamestecat)* unalloyed, unmixed. 3. *(tipic)* typical; *(get-beget)* regular,
true-born. 4. *(simplu)* simple,
plain; *(de o singură culoare)* one-coloured, pred.→unicolour; simple.
II. *adv. (de-a dreptul)* downright;
(cu totul) quite, completely, altogether.
sadic I. *adj.* sadistic; *(crud)* cruel.
II. *adv.* sadistically; *(crud)* cruelly.
III. *s.m.* sadist.
sadină *s.f.* 1. v. p e p i n i e r ă 1.
2. *bot.* beard grass *(Andropogon
scoparius).* 3. *bot.* andropogon *(Andropogon gryllus).*
sadism *s.n.* sadism; (< extreme)
cruelty.
saduceism *s.n. ist., rel.* Sadduceeism.
saducheu *s.m. ist., rel.* Sadducee.
safé *s.n. fr.* v. s e i f.
safeu *s.n.* v. s e i f.
safian *s.n.* v. s a f t i a n.
safic *adj. metr.* Sapphic.
safir *s.n.* sapphire. ⓑ *de* ~ of
sapphire, sapphirine.
safran *s.n. nav.* after-/back-piece.
safru *s.n. mineral.* saffre, zaffre.
saftea *s.f.* 1. *(prima vînzare)* first
payment; first thing sold; *rar*→
handsel. 2. handsel, first use *sau*
specimen. 3. *(început)* beginning.
ⓒ *a face* ~*ua* a. to begin/to start
selling smth.; *(a fi primul cumpărător)* to be the first buyer. b.
fig. (a începe) to begin, to make a
beginning.
safterea *s.f. bot.* fumitory *(Fumaria
officinalis).*
saftian *s.n.* saffian, morocco (leather).
sagace *adj.* sagacious, acute, discerning.
sagacitate *s.f.* sagacity, acumen,
discernment, keen perception, penetration.

sagital *adj. anat., fiz.* sagittal.
sagitat *adj. bot.* sagittate(d).
sagnă *s.f.* saddle gall/sore; *(rană)*
wound.
sago *s.n.* sago.
sagotier *s.m. bot.* sago palm/tree
(Metroxylon).
sahan *s.n.←reg.* dish; *(farfurie)*
plate.
saia[1] *s.f.←*P *kind of* thick woollen
cloth.
saia[2] *s.f.* 1. *(ață)* tacking thread.
2. *(cusătură)* tacked seam.
saia[3] *s.f.* shed, shelter *(for cattle,
sheep, etc.).*
saitoc *s.n.* high *sau* wide jump.
saivan *s.n.* 1. winter shed/shelter;
(pt. vite) cowhouse. 2. ←*inv. (baldachin)* canopy.
sal *s.n.* big raft; raft row.
salahor *s.m.* 1. day labourer, dayman. 2. *(om care face munci grele
sau variate) și fig.* hack, jobber.
3.←*inv.* equerry. ⓐ ~ *literar* hack
writer, literary hack.
salahori *vb. intr.* 1. to be a day
labourer, to do journey work. 2.
*(a face munci grele sau variate) și
fig.* to do hack work. 3. *(a munci
din greu)* to drudge; to toil (and
moil).
salahorie *s.f.* 1. day labourer's work.
2. *fig.* hack work. 3. *fig. (corvoadă)*
drudgery.
salam *s.n.* salami, Bologna sausage.
salamalec *s.n. (salut al mahomedanilor)* salaam.
salamandră *s.f. zool.* salamander
(Salamandra maculosa).
salamastră *s.f. nav.* sennet, sennit.
salar *s.n.* v. s a l a r i u.
salariat I. *adj. (d. oameni sau posturi)* salaried; *(d. oameni) pred.*
wage-earning; *(d. muncă) atr.* paid,
pred. wage; *(d. magistrați)* stipendiary. II. *s.m.* wage earner, person
in receipt of a salary; *(funcționar
într-o întreprindere particulară)* (salaried) employee; *(idem, la stat)*
civil servant; office worker; *(muncitor)* (salaried) worker; *salariații
și* the salariat.
salariu *s.n. (plată ↓ lunară sau trimestrială)* salary; *(idem, ↓ săptă-*

mînală sau chenzinală) wages, *rar→* wage; *(al unui muncitor manual)* pay; *(al magistraţilor, preoţilor etc.)* stipend; *(al ofiţerilor)* (officer's) pay. ⓐ ~ *cu bucata* v. ~ *în acord*; ~ *cu ziua* v. ~ *pe zi*; ~ *de bază* basic pay, base rate; ~ *în acord* piece wage(s)/rate; batch/job/task wages; ~ *lunar* monthly salary/wages; ~ *pe zi* daily wage(s); ~ *real* real wages; ~ *tarifar* tariff rate/wages. ① *mărire/sporire a salariilor* wage increase, higher wages, increase in wages. ⓒ *a primi un* ~ *de* to receive a salary of, to be paid a salary of.

salariza I. *vb. tr.* to pay (a salary to); to remunerate; *(un preot etc.)* to pay a stipend to. II. *vb. refl. pas.* to be paid/salaried; to be remunerated.

salarizare *s.f.* **1.** *cu gen.* paying a salary to, remuneration of. **2.** v. **s a l a r i u** 1. ① *sistem de* ~ wage system.

salată *s.f.* **1.** salad. **2.** *bot.* garden lettuce *(Lactuca sativa).* **3.** *fig.* salad, mess, fumble, hotch-potch. ⓐ *salata mielului bot.* lamb's lettuce, corn valerian *(Valerianella olitoria);* ~ *à la russe* Russian salad; ~ *de cartofi* potato salad; ~ *de castraveţi* (sliced) cucumber dressed as salad; ~ *de cîmp bot.* figwort *(Ranunculus ficaria);* ~ *verde* **a.** *(mîncare)* green salad. **b.** *bot.* v. ~ 2.

salatieră *s.f.* salad dish/bowl.

sală *s.f.* **1.** *(mare,* ↓ *într-o clădire publică)* hall; house *(cameră, încăpere)* room; *(pt. prelegeri)* lecture room; *(↓ pt. prelegeri medicale)* theatre; *(de spital)* ward; *(pt. concerte etc.)* auditorium. **2.** *(publicul dintr-o* ~*)* audience. **3.** *(coridor)* corridor, *amer.* hall. **4.** *(antreu)* hall. ⓐ ~ *a cazanelor* **a.** *term.* boiler house. **b.** *nav.* boiler room; ~ *a maşinilor* **a.** *tehn.* engine house/room. **b.** *poligr.* press room; ~ *de arme* armoury; ~ *de aşteptare* waiting room; ~ *de audienţe* audience chamber; ~ *de cinema-*

tograf) cinema hall, moving-picture theatre; ~ *de clasă* classroom; ~ *de concert* concert room; auditorium; ~ *de consiliu* council chamber; ~ *de dans* dancing/ball room; ~ *de gimnastică* (covered) gymnasium, F→gym; ~ *de întruniri* assembly hall; ~ *de mese* dining room, *mil., nav.* mess hall; ~ *de operaţii med.* operating house. ⓒ *a face săli pline* to draw large audiences.

salbandă *s.f. geol.* salband.

salbă *s.f.* **1.** necklace. **2.** *fig. (cingătoare)* girdle, zone; *(şir)* series; *(lanţ)* chain. **3.** *bot.* v. ~ m o a l e. **4.** *(la vite)* dewlap. ⓐ *salba dracului (femeie afurisită)* shrew, termagant; *(om afurisit)* rakehell, limb of Satan; *(ticălos)* rascal; ~ *de mărgăritare* pearl necklace; ~ *moale bot.* spindle tree, prick timber/wood *(Evonymus europaea).*

salbie *s.f. bot.* v. s a l v i e.

salcă *s.f. bot.* white willow *(Salix alba).*

salce[1] *s.f. bot., farm.* sarsaparilla *(Smilax officinalis).*

salce[2] *s.f. înv.* v. s a l ţ ă[1].

salce[3] *s.f. înv. reg.* v. s a l c i e.

salcie[1] *s.f. bot.* v. s a l c e[1].

salcie[2] *s.f. bot.* **1.** white/silky willow *(Salix alba).* **2.** willow (tree) *(Salix triandra).* **3.** sweet willow *(Salix pentandra).* **4.** *(răchită)* osier (willow) *(Salix fragilis).* ⓐ ~ *alburie* v. ~ 1; ~ *pletoasă/plîngătoare* weeping/drooping willow *(Salix babylonica).*

saleîm *s.m. bot.* locust tree, robinia, false acacia *(Robinia pseudacacia).* ⓐ ~ *galben* laburnum, golden chain *(Cytisus laburnum);* ~ *roşu* hispid robinia, rose acacia *(Robinia hispida).*

saldo *s.n. ec.* (amount of) balance; *(rest)* remainder, rest.

sale *adj. pos. masc.* his; *fem.* her; *neutru* its. ① *ale* ~ *pron. pos. masc.* his; *fem.* hers.

salep *s.n.* **1.** *bot., farm.* salep, salo(o)p. **2.** *(băutură orientală)* saloop.

saleu *s.n.* salt/cheese stick.

salic *adj.* Salic, Salique. ① *legea* ~*ă* the Salic/Salique law.

salicilat *s.m.* *chim.* **1.** salicylate. **2.** salicylic acid. ⓐ ~ *de sodiu* sodium salicylate.

salicilic *adj.* *chim.* salicylic. ⓑ *acid* ~ salicylic acid.

salifer *adj.* *geol.* saliferous.

salii *s.m.* *pl.* *odin.* Salii, Salian priests.

salin *adj.* saline, *atr.* salt.

salină *s.f.* **1.** *(mină de sare)* salt mine/pit/works, saline. **2.** *(lac sărat)* salt lake; brine pond.

salinitate *s.f.* salinity, saltness.

salinometru *s.n.* *chim.* salinometer.

salipirină *s.f.* *farm.* salipyrine, salipyrazolone.

saliva *vb.* *intr.* to salivate; to secrete saliva.

salivar *adj.* *fiziol.* salivary. ⓑ *glandă* ~*ă* salivary gland.

salivație *s.f.* salivation.

salivă *s.f.* spittle, *med.* saliva; *(curgînd din gură)* dribble, drivel, slaver, slabber; *(scuipat)* spit.

salmastră *adj.* *fem.* ⓑ *apă* ~ saltish/ brinish water.

salmiac *s.n.* *chim.* sal-ammoniac.

salmonide *s.n.* *pl.* *iht.* salmonoids.

salol *s.n.* *farm.* salol.

salon *s.n.* **1.** *(într-o locuință)* drawing room; *(într-un local)* salo(o)n; *(pe vase)* great cabin, saloon; *(pt. serbări etc.)* hall. **2.** *(de coafură etc.)* saloon, *amer.* parlor. **3.** *pict. etc.* salon; *(expoziție)* salon, show. **4.** *(de spital)* (common) ward. ⓐ ~ *de coafură* hairdressing saloon; ~ *de cosmetică* beauty shop/saloon/*amer.* parlor; ~ *de dans* ball room, dancing saloon; ~ *de înfrumusețare* v. ~ *de cosmetică.* ⓑ *om de* ~ man of fashion; *vagon-*~ saloon (carriage), saloon car. ⓒ *a frecventa saloanele* to move in fashionable circles, to be a society person.

salonard *s.m.* society person, person moving in fashionable circles.

salonaș *s.n.* small drawing-room.

salopetă *s.f.* overalls, *amer.* coveralls; *text. etc.* combination suit.

salpetru *s.n.* *chim.* saltpetre, *amer.* saltpeter. ⓐ ~ *de Chili* *agr.* Chile saltpetre; *mineral.* cubic nitre; ~ *de Indii* nitre, potassium nitrate.

salpingită *s.f.* *med.* salpingitis.

salt *s.n.* **1.** *(săritură)* jump, leap, spring, bound; *(↓ al copiilor sau mieilor)* gambol; *(scurt)* skip, hop; *(de loc)* standing jump; *(brusc)* bounce; *(in apă)* dive, header; *(pe cal)* vault(ing). **2.** *fig.* leap, saltation, sudden transition. ⓐ ~ *calitativ* qualitative leap; ~ *cu parașuta* parachute jump; ~ *înainte și fig.* leap forward; ~ *în necunoscut fig.* leap in the dark; ~ *mortal* (sensation) header, somersault, summersault. ⓑ *dintr-un* ~ with one leap/jump, at a bound; *în* ~*uri* by leaps (and bounds); *(neregulat)* by fits and starts. ⓒ *a face un* ~ **a.** to take/to make a leap, to give a jump. **b.** *(d. temperatură etc.)* to mark a rise. **c.** *fig.* *(d. cineva)* to make (rapid sau good) progress; *a face* ~*uri* to leap, to bound, to cut capers; *(de bucurie)* to gambol, to frisk about; *a înainta în* ~*uri* to advance by leaps.

saltanat *s.n.* ←*înv.* *(alai)* pomp; train.

saltație *s.f.* *(la romani)* saltation.

saltea *s.f.* mattress; *(sac de paie)* pallet; *(cu puf)* feather bed; *(de lînă)* flock bed; *(cu arcuri)* spring mattress; *(cu lînă și păr)* French mattress. ⓐ ~ *de aer av.* cushioning cylinder; ~ *de apă tehn.* water cushion; ~ *pneumatică* air bed. ⓒ *a pune sub* ~ *fig.* to lay aside/by.

saltigrad *adj.* *biol.* saltigrade.

saltimbanc *s.m.* **1.** *(acrobat)* acrobat, rope dancer; *(clovn)* clown; *(scamator)* juggler. **2.** *fig.* charlatan, trickster, humbug.

salță[1] *s.f.* *odin.* *kind of* sourish gravy.

salță[2] *s.f.* *geol.* mud volcano.

salubritate *s.f.* **1.** salubrity; *(sănătate)* health; *(curățenie)* cleanness. **2.** *(într-un oraș etc.)* sanitation, scavenging, sanitary engineering. ⓐ ~ *publică* public health. ⓑ *de* ~ sanitation...

salubru *adj.* salubrious, health-giving, wholesome; *(igienic)* hygienic.

salup *s.n.*←*reg. kind of* women's sleeveless coat.

salut I. *s.n.* **1.** greeting, hail(ing), salutation; *(plecăciune)* bow; *mil.* (military) salute; *(ziua bună)* time of day; good morning *etc.* **2.** *(bun venit)* welcome; *(cuvinte de bun venit)* a few words of welcome. **3.** *(salutare)* greeting(s), regards. ⓑ *ca/drept*∼in greeting/salutation; *formulă de* ∼ (form of) greeting, form of salutation; *ultimul* ∼ the last salute *sau* tribute. ⓒ *a adresa un* ∼ *cuiva* to welcome smb.; to address a welcome to smb.; to express/to present one's greetings to smb.; *a da* ∼*ul mil.* to salute; *a schimba* ∼*uri* to exchange greetings *sau* salutes; *a răspunde la* ∼ to return smb.'s bow; *a mulțumi cuiva printr-un* ∼ to bow one's thanks to smb. **II.** *interj.* how do you do? good morning! *etc.* greetings! hail! F hello! hullo! ↓ *amer.* hi!; good-bye! F so long! *poetic* farewell! **3.** F v. **saluta-re II, 2.**

saluta I. *vb. tr.* **1.** *(prietenos)* to greet, to hail; *(a ura bun venit)* to welcome; *(a aclama)* to cheer. **2.** *(in semn de respect sau recunoaștere)* to greet, to salute; to say hello/hullo, good morning *etc.* to smb.; *(la despărțire)* to say good-bye to; *(prin plecăciune)* to bow to; *(a-și scoate pălăria)* to touch/to take off/to lift/to raise one's hat to; *mil., nav.* to salute. **3.** *(în scrisori)* to remember one to, to give one's respects/regards to. **4.** *fig. (o idee etc.)* to applaud, to welcome; to receive enthusiastically; to subscribe heartily to. ⓒ*salută-i din partea mea* give them my kind regards, remember me kindly to them, my (respectful) compliments to them; *salută-i pe toți cei de-acasă* give my regards/F love to everybody at home; *te salut* **a.** *(la revedere)* good-bye! F so long! **b.** *(ca formulă de încheiere în scrisori)* yours sincerely, I am/remain yours very truly. **II.** *vb. intr.* to bow; *mil.* to salute. **III.** *vb. refl.* to greet/to salute each other, to exchange greetings, to bid/to give/to pass each other the time of day.

salutar *adj.* salutary, having a good effect.

salutare I. *s.f.* **1.** *pl.* greetings, re-gards; compliments; *(cele mai bune urări)* best wishes. **2.** v. s a l u t I, 1—2. **3.** (form of) greeting, form of salutation. ⓒ *M. îți transmite salutări* M. gives you her kind regards, M.'s (respectful) compliments to you. **II.** *interj.* **1.** v. s a l u t II. **2.** F all over! mafeesh! *sl. amer.* good-bye, John!

salutație *s.f.* salutation.

salva I. *vb. tr.* **1.** *(de)* to save (from); *(a elibera)* to deliver, to (set) free (from); to rescue, to extricate (from); *(naufragiați etc.)* to bring off; *(de foc, naufragiu etc.)* to salv(ag)e. **2.** *rel. (a izbăvi) (de)* to redeem (from); to save; to deliver. **3.** *(aparențele)* to keep up, to save, to preserve. **4.** *(a redobîndi)* to recover. ⓒ *a* ∼ *de la înec* to save from drowning; *a* ∼ *de la moarte* to save/to preserve from death, *elev.*→to wrest from the jaws of death. **II.** *vb. refl. (de la)* to save oneself (from); *(a scăpa)* to escape (from), F→to back out of smth., P→to save one's bacon.

salvare *s.f.* **1.** *(de, de la)* saving, delivering *etc.* (from). **2.** *(scăpare)* escape; salvation; rescue; *(eliberare)* liberation; deliverance, delivery. **3.** *rel.* salvation, redemption. **4.** first aid; ambulance service; *(mașină)* ambulance car. **5.** *fig.* salvation; *(liman)* refuge, haven. ⓑ *aparat de* ∼ **a.** *nav.* life-preserving/-saving apparatus. **b.** *(contra incendiilor)* fire escape; *de* ∼ life...; *mijloc de* ∼ means of escape.

salvarsan *s.n. chim.* salvarsan.

salvator I. *adj. atr.*→saving; *atr.* → life-preserving/-saving; *(vindecător)* remedial, *atr.*→healing; *(salutar)* salutary; *(miraculos)* miraculous. **II.** *s.m. (apărător)* preserver; *(eliberator)* deliverer; *(dintr-o primejdie)* rescuer; saviour; *(de suflete etc.)* saver.

salvă *s.f.* *mil.* volley, general discharge. ⓐ ~ *de aplauze* round/burst of applause, salvo; ~ *de tun* round of cannon; *(ca salut)* salvo. ⓒ *a trage o* ~ *mil.* **a.** *(împotriva inamicului)* to fire/to pour a (round) volley (into the enemy), to give a discharge; *nav.* to fire/to deliver a broadside. **b.** *(ca salut)* *și nav.* to fire/to discharge a salute.

salve *interj.* hail! salve! *(la revedere)* farewell! good-bye! F so long! *(ca încheiere a unei scrisori)* I am/remain yours very truly.

salvgarda *vb.* *tr.* ←*rar* to safeguard, to protect; to watch over.

salvgardare *s.f.* safeguarding, protection; watching over.

salvie *s.f.* *bot.* common/garden sage *(Salvia officinalis)*. ⓐ ~ *de cîmpuri* meadow sage *(Salvia pratensis)*.

samaniu *adj.* straw-coloured, S→ stramineous.

samar *s.n.* **1.** *(șa)* sumpter/pack saddle. **2.** *(încărcătură)* pack-saddle load *sau* bags. **3.** *constr.* *(laț de sprijin)* ridge pole/beam. **4.** *constr.* *(pt. cărămizi etc.)* hod.

samaragiu *s.m.* ←*rar* pack-saddle maker.

samară *s.f.* *bot.* samara.

samariu *s.n.* *chim.* samarium.

samavolnic I. *adj.* **1.** *(d. oameni)* high-handed; *(despotic)* despotic(al); autocratic; *(care nu ține cont de nimeni)* *pred.*→acting on one's own authority. **2.** *(d. o hotărîre, acțiune etc.)* arbitrary, high-handed, *pred.*→taken witnout official authority. II. *adv.* arbitrarily, <despotically; autocratically; with a high hand; without official authority. ⓒ *a proceda* ~ to act on one's own authority, to carry things with a high/heavy hand; to rule with a rod of iron, F→to do smth. off one's own bat.

samavolnicie *s.f.* **1.** arbitrary dealing, high-handed proceeding; *(caracter arbitrar)* arbitrariness. **2.** *(ca act)* arbitrary action.

samba *s.f.* *(dans)* samba.

sambuc *s.n.* *mil.* *odin.* sambuca.

samcă *s.f.* ← *reg.* wicked imaginary being killing or harming people.

sameş *s.m.* **1.** ←*înv.* *(casier)* cashier; *(administrator financiar)* treasurer. **2.**←*reg.* *(logofăt)* bailiff.

samoed I. *adj.* Samoyed(ic). II. Samoyed(e).

samovar *s.n.* samovar.

samsar *s.m.* **1.** *(misit)* broker, agent, negociator, factor; *(mijlocitor)* intermediary, go-between. **2.** *fig.* *(speculant)* speculator, profiteer.

samsarlîc *s.n.* **1.** *(ca meserie)* broker's business, brokerage. **2.** *(ca plată)* brokerage. ⓒ *a face* ~ to do business as a broker, to job.

samulastră *s.f.* *bot.* v. s a m u r a s- l ă.

samur I. *s.m.* *zool.* sable, sobal *(Mustela zibelina)*. II. *s.n.* *(blană)* sable; *(palton)* sable overcoat.

samurai *s.m.* samurai.

samuraslă *s.f.* *bot.* self-sown plant.

sanatorial *adj.*←*rar* of a sanatorium; *atr.*→sanatorium.

sanatoriu *s.n.* sanatorium; convalescent home.

sanche, sanchi I. *interj.* *(aiurea)* F I'll be hanged first! I'll see you far enough! not bloody likely! not if I know it! not at all! *(prostii)* rubbish! fiddlesticks! II. *adv.* ←F in a way, so to speak, as it were.

sanchiu *adj.* *(ursuz)* sulky, surly; *(bombănitor)* grumpy.

sanctifica *vb.* *tr.* *rel.* to sanctify, to canonize.

sanctitate *s.f.* **1.** *(sfințenie)* sanctity, holiness. **2.** *(ca titlu, cu un adj. pos.)* (His *sau* Your) Holiness.

sanctuar *s.n.* **1.** *bis.* sanctuary; altar, shrine. **2.** *fig.* shrine.

sancționa I. *vb.* *tr.* **1.** to penalize; *(a pedepsi)* to punish. **2.** *(a aproba)* to sanction, to agree to; *(a semna)* to sign, to append one's signature to. II. *vb.* *refl.* *pas.* to be penalized etc. (v. ~ I).

sancționare *s.f.* **1.** *(ca acțiune)* penalization, penalizing; punishment, punishing; sanctioning. **2.** *(ca rezultat)* penalization; punishment, sanction.

sancțiune *s.f.* **1.** sanction, penalty; *(pedeapsă)* punishment; *pl.* *(represalii)* reprisals. **2.** *(aprobare)*

sanction, approbation, aproval;
(consimțire) assent; *(confirmare)*
confirmation. ⓐ ~ *(pe linie) de
partid* party penalty; ~ *penală
jur.* vindicatory/punitive sanction;
~ *pragmatică* pragmatic sanction.
sanda *s.f.* v. s a n d a l ă.
sandal[1] *s.m.* v. s a n t a l.
sandal[2] *s.n. odin. kind of* silk cloth
(of which garments were made).
sandal[3] *s.n.*←P *kind of* long boat
(for transporting goods).
sandală *s.f.* sandal.
sandarac *s.n.* **1.** *bot.* sandarac, arar
tree *(Callistris quadrivalvis).* **2.**
farm. (gum) sandarac. **3.** *mineral.*
sandarac, red orpiment.
sandomircă *s.f. bot. variety of* white
Moldavian wheat.
sandou *s.n. tehn.* rubber shock-ab-
sorber.
sandvici, sandviș *s.n.* sandwich,
roll *sau* slice of bread with meat,
cheese etc.
Sanepid *s.n. presc.* Health and Antie-
pidemic Centre *(in Romania).*
sanghin *adj.* v. s a n g u i n.
sangiac *odin.* **I.** *s.n.* **1.** sanjak, san-
giac *(subdivision of a vilayet or
Turkish province).* **2.** Turkish ban-
ner *(↓with the crescent at the top).*
II. *s.m.* governor of a sanjak.
sanguin *adj.* **1.** *anat.* sanguineous,
atr.→blood. **2.** *(d. cineva)* full-
blooded, sanguineous. ① *grupă ~ă*
blood group; *temperament* ~ san-
guine temperament.
sanguinic *adj.* v. s a n g u i n **2.**
sangulie *s.f.*←P **1.** *kind of* very
thin silk cloth. **2.** headkerchief
made of ~.
sangvin *adj.* v. s a n g u i n.
sangvinic *adj.* v. s a n g u i n i c.
sanhedrin *s.n. odin.* Sanhedrin, San-
hedrim.
sanie *s.f.* **1.** sled(ge); *(↓ pt. per-
soane)* sleigh; *(lungă, f. joasă)*
toboggan. **2.** *(pt. pante)* coaster;
și sport toboggan; *(scurtă, pt. con-
curs)* luge. **3.** *tehn.* skid; slide;
rest slide. ⓐ ~ *colectoare poligr.*
gathering *sau* assembling slide; ~
cu mături constr. broom drag; ~
portcuțit/portunealtă tehn. tool car-

rier/head/slide; ~ *principală tehn.
ram.* ⓒ *a se da cu sania* to sledge,
to toboggan; *a se plimba cu sania*
to drive/to ride in a sleigh, to
sledge.
sanitar I. *adj.* sanitary, health... ⓐ
agent ~ hospital attendant; *avion*
~ ambulance plane; *punct* ~ aid
post; *serviciu* ~ sanitary service;
tren ~ hospital train. **II. 1.** hos-
pital attendant. **2.** *mil.* hospital/
medical orderly.
sankhya *s.f. filoz.* Sankhya.
sanscrit *adj.* Sanskrit(ic). ⓐ *limba
~ă* the Sanskrit/Sanscrit lan-
guage.
sanscrită *s.f.* Sanskrit, Sanscrit.
sanscritolog *s.m.* Sanskritist, San-
skrit scholar.
santal *s.m.* **1.** *bot.* white sandal
(Santalum album). **2.** *(lemn de
~)* sandal wood.
santină *s.f. nav.* bilge.
santinelă *s.f. mil.* v. s e n t i -
n e l ă.
santonină *s.f. farm.* santonin(e).
sapă[1] *s.f.* **1.** *agr.* hoe. **2.** *agr. (muncă
cu sapa)* hoeing; *(prășit, și)* weed-
ing. **3.** *min.* drilling bit, cutter;
scraping iron. **4.** *met.* hammer
pick. **5.** *constr.* pick. **6.** *tehn.* slit-
ter. ⓐ ~ *lată agr.* mattock; ~
rotativă agr. disk/disc bit. ⓒ *a da
o a doua* ~ *pământului* to hoe the
land for the second time; *a aduce
la/in* ~ *de lemn fig.* to reduce to
beggary, to make a beggar of; *a
ajunge la/in ~ de lemn fig.* to come/
to be brought/to be reduced to
beggary/poverty.
sapă[2] *s.f. (a calului etc.)* croup(e).
sapient ← *inv.* **I.** sapient, wise. **II.**
scholar, learned man.
saponifica *vb. tr. și refl.* to saponify.
saponificare *s.f.* saponification.
saprofită I. *adj. fem.* saprophytic.
II. *s.f.* saprophyte.
sapropel *s.n. geol.* sapropel.
sarabandă *s.f.* **1.** saraband. **2.** *fig.
(agitație)* agitation; *(vîrtej)* whirli-
gig.
sarai *s.n.* v. s e r a i.
sarailie *s.f. kind of* cake with wal-
nuts or almonds, dipped in syrup.

saramură *s.f.* **1.** brine, pickle. **2.** *chim.* salt solution. **3.** v. s l a-t i n ă 1, 2.

sarazin *s.m. ist.* Saracen.

sarcasm *s.n.* **1.** sarcasm, causticity, mordacity. **2.** bitter/sarcastic remark; *(ironie mușcătoare)* taunt.

sarcastic I. *adj.* sarcastic, caustic, acrimonious; *(mușcător)* biting, cutting, taunting. **II.** *adv.* sarcastically, caustically etc. v. ~ I.

sarce *s.f. bot.* v. s a l c e 1.

sarcină *s.f.* **1.** *(încărcătură)* load; *(mare și grea)* burden; *(greutate)* weight; *(care supără sau împiedică)* clog, encumbrance, pack, F→bother, drag, bore; *(pt. animale)* pack load. **2.** *fig. (povară)* burden; *(balast)* lumber; *(piedică)* obstacle; *(ceva ce supără sau împiedică)* encumbrance, F→bother; *(dificultate)* difficulty, hardship. **3.** *fig. (îndatorire)* assignment, task; *(obligație)* obligation; *(grea)* charge, burden, onus, imposition, fardel; *(misiune)* mission. **4.** *fig. (calitate)* quality, capacity; function; role; position. **5.** *(graviditate)* (state of) pregnancy, S→gestation. **6.** *fiz., tehn.* load; *(apăsare)* strain, duty, onus; stress. **7.** *electr.* charge. **8.** *chim.* sarcine. **9.** *ec.* target, plan. **10.** *pl. (impozite, impuneri)* charges, taxes, imposts. ⓐ ~ admisibilă **a.** *tehn.* allowable/admissible load. **b.** *auto* safe allowable load; ~ atomică *fiz.* atomic charge; ~ de fîn bundle/truss of hay; ~ de lemne load of wood; faggot; ~ de paie truss of straw; ~ de partid party assignment; ~ de plan *ec.* target, plan; ~ de proiectare *tehn.* previous project; ~ electrică electric charge; charge/quantity of electricity; ~ falsă *med.* false pregnancy; ~ înaintată *med.* far advanced pregnancy; ~ liberă *electr.* free charge; ~ negativă *electr.* negative charge; ~ nominală **a.** *tehn.* design/full load. **b.** *electr.* rated burden; ~ pozitivă *electr.* positive charge; ~ proprie *fiz.* self-charge; ~ utilă **a.** *tehn.* actual/pay/service load. **b.** *ferov.* disposable load; *sarcini publice* public burdens. ⓑ

în a șaptea lună de ~ in the seventh month of pregnancy. ⓒ a da/a încredința o ~ cuiva to set smb. a task; a îndeplini o ~ to carry out/to fulfil a task; to carry out/to perform a mission; to discharge an obligation; a trasa o ~ cuiva to set/to put a task before smb. (v. și a d a o ~ c u i v a); a ușura de o ~ pe cineva **a.** și *fig.* to free/to relieve smb. of a burden; **b.** *fig.* to free smb. of an obligation; a cădea în sarcina cuiva **a.** to be at smb.'s charge, to lie to smb.'s account, to be chargeable on smb., to lie at smb.'s door. **b.** *(d. îndatoriri)* to be incumbent on smb., to come upon smb.'s hands, to devolve upon smb., to belong to smb.; a pune ceva în sarcina cuiva to impute smth. to smb., to charge/to tax smb. with smth., to lay smth. at smb.'s door/charge.

sarcofag *s.n.* sarcophagus.

sarcom *s.n. med.* sarcoma.

sarcoplasmă *s.f. biol.* sarcoplasm(a).

sarcopt *s.m. entom.* sarcoptes.

sard I. *adj.* Sardinian. **II.** Sardinian.

sardanapalic *adj.* Sardanapalian.

sardă *s.f.* Sardinian, the Sardinian language.

sardea *s.f. iht.* **1.** sardine *(Clupea sardina)*. **2.** pilchard, love trout *(Clupea pilchardus)*. **3.** sardel(le) *(Clupea aurita)*. ⓓ pastă de sardele anchovy paste; salată de sardele anchovy salad. ⓒ a sta ca sardelele to be packed like herrings/ sardines, to jam like sardines.

sardiu *s.n. mineral.* sard.

sardonic I. *adj.* sardonic; *(batjocoritor)* mocking; *(disprețuitor)* scornful; *(sarcastic)* sarcastic. **II.** *adv.* sarcastically etc. (v. ~ I).

sardonix *s.n. mineral.* sardonyx.

sare *s.f.* **1.** (common) salt, *chim.* sodium chloride. **2.** *fig.* salt; flavour; zest; *(farmec)* charm; *(spirit)* wit, Attic salt; *(caracter picant)* piquancy, pungency; *(poantă)* point; *(haz)* fun. **3.** *odin.* hard labour in a salt mine. **4.** *pl. chim.* salt; *farm.* sal. **5.** *pl. odin.* (smelling) salts, sal volatile. ⓐ ~ *a acidului clorhidric chim.* muriate; ~*a cu marea fig.* *(a făgădui)* wonders; ~ *albă* white/table salt; ~ *amară* **a.** *chim.* Epsom salt(s). **b.** *mineral.* magnesium sulphate; ~*a pămîntului fig.* the salt of the earth; ~ *bazică chim.* basic salt, subsalt; ~ *de bucătărie* common/kitchen salt; ~ *de lămîie* tartaric acid; ~ *de mare chim.* sea salt; ~ *gemă mineral.* rock salt, halite. ⓑ *bulgăre de* ~ lump of salt; *(într-o salină)* salt cake/cat; *cu* ~ *și piper fig.* pointed; racy, pungent, snappy; *cutie pentru* ~ salt box; *depozit de* ~ saline deposit; *fără* ~ *fig.* pointless; flat, tame, spiritless; *grăunte de* ~ grain/corn of salt; *gust de* ~ salt/briny/brackish taste, saltness; *mină de* ~ salt mine/pit/works; saline; *strat de* ~ salt bed; salt layer; *vînă de* ~ salt/ saline vein. ⓒ *a pune* ~ *în...* to salt...; *a pune prea multă* ~ *în...* to oversalt..., too salt... too much; *mi-e drag ca* ~*a în ochi* I hate the sight of him, he is my aversion, I cannot bear/abide him; *a făgădui marea cu* ~*a* to promise wonders, to make fine promises.

sare-garduri *s.m.* dangler after women/F petticoats.

sargasă *s.f. bot.* gulfweed; sargassum; sargasso.

sarică *s.f.* *peasant's fluffy woollen mantle.*

sarigă *s.f. zool.* v. o p o s u m 1.

sarma *s.f. forcemeat roll of cabbage* sau *vine leaves.*

sarmatic *adj.* Sarmatian, Sarmatic.

sarmați *s.m. pl.* Sarmatians.

sarmațian *s.n. geol.* Sarmatian.

sarniță *s.f.*←*reg.* salt-cellar.

Sarsailă *s.m.*←P *(diavolul)* F→Old Gooseberry.

sart *s.n. nav.* shroud.

sas *s.m.* Transylvanian Saxon, Saxon of Transylvania.

saschiu *s.m. bot.* periwinkle *(Vinca).*

sastisi ←*inv.* **I.** *vb. tr.* **1.** *(a zăpăci)* to confuse *smb.'s* mind, to muddle *smb.'s* brains. **2.** *(a plictisi)* to bother, to annoy. **II.** *vb. refl.* **1.** *(a se zăpăci)* to become flustered,

to lose one's bearings, to get confused. **2.** *(a se plictisi)* to be bored; *(a se sătura)* to be fed up (with it), to be sick of it.

sastisit *adj.*←*inv.* **1.** *(zăpăcit)* confused, puzzled, dazed, bewildered. **2.** *(plictisit)* bored, annoyed.

sașeu *s.n.* sachet.

sașiu **I.** *adj.* squinting, squint/cross- -eyed, P→boss-eyed, *sl.*→cock-eyed; *(d. ochi)* squinting. **II.** *adv.* squintingly. ⓒ *a privi/a se uita* ~ to squint, to look awry/asquint, to have a cast in one's eye, F→to look both ways for Sunday.

sat *s.n.* **1.** village, *poetic*→thorp; *(cătun)* hamlet. **2.** *(săteni)* peasants. ⓐ ~ *fără ciini,* ~*ul lui Cremene* F regular bear-garden, Bedlam broken loose. ⓑ *de* ~ village..., rural, *rar*→villatic; rustic.

Satan *s.m.* v. s a t a n ă 1.

satană *s.f.* **1.** *Satana* Satan, the Fiend, the Arch-Fiend; *(diavolul)* the Devil. **2.** *(drac)* devil, deuce; devil of a fellow.

satanism *s.n.* Satanism.

satara *s.f.* **1.**←*reg. (belea)* F scrape, mess; *(nenorocire)* calamity; *(povară)* burden. **2.**←*inv.* extra tax.

satelit *s.m.* **1.** *astr.* satellite; moon. **2.** *tehn.* satellite gear. **3.** *fig.* satellite; ↓ *pol.* henchman. ⓐ ~ *artificial astr.* artificial satellite; baby moon; sputnik.

satin *s.n. text.* satin.

satina **I.** *vb. tr. poligr.* to calender, to satinize; *poligr., text.* to glaze. **II.** *vb. refl. pas.* to be calendered, satinized *sau* glazed.

satinat *adj.* calendered, satinized; glazed.

satinet *s.n. text.* satinet(te).

satir *s.m.* **1.** *mit.* Satyr. **2.** *fig.* satyr, lecherous man.

satiră *s.f. (împotriva — cu gen.)* satire (upon, on); *(personală)* lampoon (upon, on).

satiric **I.** *adj.* satirical, *rar*→satiric; mocking. **II.** *adv.* satirically. **III.** *s.m.* satirist.

satiriza **I.** *vb. tr.* to satirize; to attack with satire *sau* satires; to describe, to present *etc.* satirically.

II. *vb. refl. pas.* to be satirized
etc. (v. ~ I).

satirizare *s.f.* satirizing.

satisface I. *vb. tr. (a mulțumi)* to
satisfy, to content; to gratify, to
indulge; *(a răspunde la)* to an-
swer, to come up to; to correspond
to; *(foamea etc.)* to appease, to
allay; *(curiozitatea etc.)* to appease,
to satisfy, to gratify; *(cerințe)* to
meet, to satisfy; *(dorințe, cereri)*
to satisfy, to comply with, to gra-
tify, to meet, to grant; *(a îndeplini)*
to fulfil. ⓒ *e greu de satisfăcut* he
is hard to please. **II.** *vb. refl. pas.*
to be satisfied etc. v. ~ I.

satisfacere *s.f.* satisfaction, satis-
fying; gratification; appeasement;
contenting etc. v. **satisface I.**

satisfacție *s.f.* **1.** satisfaction; *(mul-
țumire)* content(ment); gratifica-
tion. **2.** *(pt. o insultă)* satisfaction;
(despăgubire) amends, reparation;
jur. (legal) redress. ⓓ *cu mare* ~
with great satisfaction; *spre marea
noastră* ~ to our great satisfaction.
ⓒ *a avea satisfacția de a putea
să...* to have the satisfaction to
be able to...; *a cere* ~ to demand
satisfaction; *a da* ~ *cuiva* **a.** to give
smb. satisfaction, to satisfy smb.
b. *(a despăgubi etc.)* to make a-
mends/reparation to smb., to do
smb. right. **c.** *(prin duel)* to give
smb. (full) satisfaction; *a încerca/a
simți* ~ *în legătură cu...* to feel
satisfaction at/about...; *e o mare*
~ *pentru mine să știu că...* it is
a great satisfaction to me to know
that..., it is highly/most/very gra-
tifying to know that...

satisfăcător *adj.* satisfactory, good
enough; *(acceptabil)* passable, ac-
ceptable; *(mijlociu)* moderate,
middling; *(suficient)* sufficient, e-
nough; *(potrivit)* adequate; *(ca
notă școlară)* satisfactory. **II.** *adv.*
satisfactorily; well enough; pas-
sably; acceptably; moderately; a-
dequately.

satisfăcut I. *adj.* **1.** *(de) (mulțumit)*
satisfied, content(ed), pleased
(with). **2.** *(d. o dorință, o condiție
etc.)* satisfied, fulfilled, complied

with; *(d. o obligație)* discharged;
(d. o cerere) acceded to, complied
with; *(aprobat)* approved. **II.** *adv.*
with satisfaction.

satîr *s.n.* **1.** (meat) chopper, chop-
ping/mincing knife, cleaver. **2.**
(de călău) hangman's/executioner's
axe/hatchet. **3.** *(de luptă)* ←*înv.*
battle axe.

satrap *s.m.* **1.** *ist.* satrap. **2.** *fig.* sa-
trap; tyrant; despot; dictator.

satrapie *s.f. ist.* satrapy.

satura *chim. (de, cu)* **I.** *vb. tr.* to
saturate (with). **II.** *vb. refl. pas.*
to be saturated (with).

saturant *adj. chim. etc.* saturating,
saturant.

saturare *s.f. chim. etc.* saturation.

saturat *adj. chim., fiz.* saturated.

saturator *s.m. chim.* saturator, satur-
ater.

saturație *s.f.* **1.** *chim., fiz.* saturation;
satiation; *met.* concentration. **2.**
fig. satiety; *(cantitate excesivă)*
surfeit; *(dezgust)* disgust. ⓓ *pînă
la* ~ **a.** *chim.* to saturation. **b.**
fig. to (the point of) satiety.

Saturn *mit., astr.* Saturn.

saturnale, saturnalii *s.f. pl. odin.*
Saturnalia.

saturnin *adj.* **1.** saturnine, lead... **2.**
astr.←*rar* Saturnian. **3.** *fig.* satur-
nine, gloomy. ⓓ *vers* ~ Saturnian
verse.

saturnism *s.n. med.* saturnism, lead
poisoning.

sat *s.n. (săturare)* satiety; *(plină-
tate)* fullness, repletion; abundance;
(îmbuibare) surfeit. ⓓ *fără* ~ **a.**
(veșnic flămînd) insatiable; *(lacom)*
greedy, ravenous. **b.** *fig. (nepotolit)*
insatiable, unappeasable; *(neisto-
vit)* never-failing; *(nesfîrșit)* end-
less. ⓒ *a nu avea* ~ to be insati-
able *sau* greedy/ravenous; to be a
glutton; *a-și ține* ~*ul* to satisfy
one's appetite for a long time; *a
ține cuiva (de)* ~ to satisfy smb.('s
hunger), to appease smb.'s hunger,
to sate smb.'s appetite for a long
time.

satietate *s.f.*←*rar* satiety.

sațiu *s.n.* v. **sat.**

sau *conj.* or; *(altfel)* or else, other-
wise. ⓐ ~ ... ~ ... either... or...

saulă *s.f. nav.* line, (tow) rope, hawser.

saurieni *s.m. pl. zool.* saurians.

savană *s.f.* savanna(h).

savant I. *adj. (d. persoane, lucrări etc.)* learned, < scholarly, erudite; *rar→*studied; *(cult)* well-informed; *(citit)* well-read; *(pedant)* pedantic. **II.** *adv.* learnedly, in a learned manner; scholarly; pedantically. **III.** *s.m.* scholar, learned man, < savant, *F şi glum.→*pundit, *F→*learned Theban; *(↓ filolog)* scholar; *(om de ştiinţă)* man of science, scientist.

savantlîc *s.n.* **1.**←F erudition, learning, scholarship. **2.** *peior.* dry-as--dust learning, pedantry.

savarină *s.f.* savarin *(kind of cake with hollow centre).*

savoare *s.f.* **1.** savour; particular taste *sau* smell; relish, appetizing taste *sau* smell; *(gust)* taste, flavour. **2.** *fig.* relish; flavour; spice, spiciness.

savonieră *s.f.* soap box

savor *s.m.*←P v. s a m u r.

savur *s.m. bot.*←*reg.* v. s o v î r f.

savura I. *vb. tr.* **1.** *(o mîncare etc.)* to relish, to enjoy, *F→*to roll over one's tongue; *elev.→*to savour; *(o pipă etc.)* to sit/to linger over. **2.** *fig.* to relish, to enjoy; *(plăcerile vieţii etc.) elev.→*to savour; *(a contempla cu încîntare egoistă)* to gloat over/upon

savură *s.f. constr.* ballast, grit.

savuros *adj.* **1.** savoury, appetizing, having an appetizing taste *sau* smell; tasty, toothsome; *(delicios)* delicious. **2.** *fig.* savoury; *(plăcut)* agreeable, pleasing; *(delicios)* delicious; *(încîntător)* delightful, charming.

saxatil *adj.* saxatile.

saxhorn *s.n. muz.* saxhorn.

saxofon *s.n. muz.* saxophone.

saxofonist *s.m.* saxophonist, saxophone player.

saxon *adj., s.m.* Saxon.

saxotrombă *s.f. muz.* saxotromba.

să *conj.* **1.** *(semn al conjunctivului; are diverse echivalente în limba engleză, printre care şi semnul zero, ca în ex.* nu ştie să scrie — he can-

not write). **A.** *(în prop. independente sau principale)* **a.** *(pt. a exprima o urare, o imprecaţie etc.)* ↓ may; ~ *fiţi fericiţi amîndoi!* may you both be happy! ~ *dea Dumnezeu!* may it please God to grant it! I would to God it were so! ~ *ferească Dumnezeu!* God forbid! God/Lord have mercy! ~*-l ia dracul!* the devil/deuce take him! ~ *ştii c-ai s-o păţeşti!* you'll pay for it/*sl.* you'll get hell, to be sure! *aşa* ~ *ştii* mind you; see here. **b.** *(pt. a exprima o dorinţă, regretul etc.)* ~ *fi ştiut (eu)! (cu valoare de condiţional)* had I only known! ~ *fi făcut asta mai înainte!* that you didn't do it before! *s-o fi văzut!* you should have seen her! ~ *vezi încăierare!* you should have seen the fight! F that was some fight! ~ *fi fost şi el acolo!* I wish he had been there too! I'm sorry he wasn't there. **c.** *(interogativ)* shall; should; *(trebuie* ~*)* should; must; *(e posibil* ~*)* may; can; ~ *deschid puţin fereastra?* shall I open the window a little? ~ *continui?* shall I go on? ~ *intre chiar acum?* shall they come in right now? *de ce* ~*-şi închipuie asta?* why should she think that? *cum* ~ *spun?* how shall I put it? *sau* what can I say? ~ *fac eu asta?* **a.** am I to do that? shall I do that? *sau* would you have me do that? **b.** how can/could I do such a thing? *cine* ~*-i fi spus?* who may/can have told it him? I wonder who has told him; *ce* ~ *fie? (ce s-a întîmplat?)* what may/can be the matter? *cît* ~ *fie ceasul?* what's the time? ~ *nu rîzi?* how can one help laughing? ~ *fie posibil/cu puţinţă?* can it be possible? ~ *fie adevărat?* can it be true? ~ *fie bolnav adică?* can he be ill? *(trebuie)* ~ *învăţ versurile pe de rost?* must I learn the lines by heart? **B.** *(în prop. secundare)* **a.** *(subiective şi predicative)* *e mai uşor* ~ *critici decît* ~ *faci* it is easier to criticize than to do; *e necesar* ~ *vină şi ei* it is necessary that they should come too; *porunca lui fusese ca ea ~ plece neîntîrziat* his order had been that she should go at once. **b.** *(atributive) e timpul ~ se culce* it's time for them to go to sleep. **c.** *(completive directe) (conjunctivul se traduce ↓ prin inf.) ar trebui ~ înveți ~ înoți* you should learn swimming/to swim; *l-am rugat ~ vină mai de-vreme* I asked him to come earlier; *știe ~ vorbească italienește?* can he speak Italian? *nu vrea ~-l ajut* he doesn't want me to help him; *aș vrea ~ pot zbura* I wish I could fly. **d.** *(completive indirecte) (conjunctivul se traduce ↓ prin inf.) nu era dispus ~ ne ajute* he was not willing to help us. **e.** *(finale)* ↓ (in order) to; *(v. și c a ~) m-am întors ~-mi iau umbrela* I've come back (in order) to take my umbrella. **f.** *(consecutive)* that; *~ nu se spună că...* it shall not be said that...; *~ nu-l mai recunosc, atîta era de schimbat* he was so changed that I almost failed to recognize him. **g.** *(condiționale)* if; should; would; *(e posibilă și inversiunea verbului auxiliar sau modal) Să-l văd venind,/ Aș mai trăi o viață (Coșbuc)* If I saw him coming / Should I see him coming, I should live another life/one more life; *~-i fi ascultat sfatul, nu ajungeai aici* if you had followed/had you followed his advice, you wouldn't have come to this. **2.** *(semn al imperativului și al unor forme echivalente; traduceri ↓ prin imperativ): ~ pleci imediat!* go away at once! *~ nu faci asta!* don't do that! > you shouldn't do that! *~ fie pe-a lui!* let him be right! *~ n-ai nici o teamă!* never fear! don't (you) worry! *~ nu (cumva/care cumva ~) uiți!* mind you don't forget! *~ mă gîndesc puțin* let me think a little; *~ mergem* let us go; *~ vină!* let them come! **3.** *(semn al viitorului)* ←P, F shall; will; F 'll; *am/o ~ întîrzii* I shall/F 'll be late; *poșta-șul are /o ~ vină* the postman will come; *cînd are/o ~ vină poștașul*

when the postman comes. ⓐ *~ tot... (cam)* about; *(poate)* maybe, perhaps; *(cred)* I think; *~ tot aibă 40 de ani* she's (about) forty, I think; *(nu are mai mult)* she isn't/can't be older than forty, to my mind.

săbărel *s.n. name of a Romanian folk dance.*

săbău *s.m.←reg. (croitor)* tailor.

săbia *vb. tr.←înv.* to kill with a sword *sau* swords, to put to the sword.

săbier *s.m.* sword cutler, bladesmith.

săbioară *s.f.* v. s ă b i u ț ă.

săbioi *s.n. augm.* big sword.

săbiuță *s.f.* **1.** *dim.* little sword. **2.** *bot.* gladiole, corn flag, sword lily *(Gladiolus).*

săblaznă *s.f.←înv. (necaz)* trouble; *(ispitire)* ordeal.

săcăluș *s.n. mil. odin.* falconet (gun).

săceală *s.f.* ←reg. *v.* ț e s a l ă.

săcela *vb. tr.←reg. v.* ț e s ă l a.

săcoi *s.n. augm.* big bag *sau* sack.

săcos *adj.←rar.* bag-like; sack-like; bag...; sack...

săcotei *s.n.←reg.* v. s ă c u l e ț 1—3.

săcret *adj.←P* **1.** *(pustiu)* deserted; *(nelocuit)* uninhabited; *(sălbatic)* wild. **2.** *(singuratic)* lonely; *(retras)* isolated.

săcui *s.n.* **1.** little neck bag *sau* pouch. **2.** little bag *sau* pouch.

săculeț *s.n.* **1.** *dim.* little bag *sau* pouch. **2.** small bag; *(pungă)* pouch, purse. **3.** *(~ de mînă)* hand-bag. **4.** *bot., anat.* S→saccule; *(sac) zool. etc.* pouch; *(↓ cu lichid)* sac. ⓐ *~ de polen bot.* anther.

săculteț *s.n.←reg.* **1.** v. s ă c u l e ț 1—3. **2.** long, narrow sack.

săcușor *s.n.* **1.** v. s ă c u l e ț 2. **2.** *ent.←reg.* ant.nymph.

sădi **I.** *vb. tr.* **1.** *bot.* to plant, to set; *(o grădină etc.)* to lay out. **2.** *fig.* to implant, to engraft, to instil, to infuse. ⓒ *a ~ tufi-șuri* to bush. **II.** *vb. refl. pas.* to be planted *etc.* (v. *~* I).

sădire *s.f.* **1.** *bot.* planting, setting; laying out. **2.** *fig.* implanting, implantation, engrafting, instil(l)ing, instil(l)ment, infusing, infusion.

săditor *bot.* I. *adj.* **1.** planting... **2.** *(de sădit)* for planting. II. *s.n.* planting stick, planter peg. III. *s.m.* planter.

săditură *s.f.* plantation.

săftiele *s.f. pl.* P v. s a f t i a n.

săgeată *s.f.* **1.** arrow, *poetic→*shaft; *(scurtă, ↓ pt. jocuri)* dart; *(scurtă, pt. arbaletă) odin.* bolt. **2.** *fig. (impunsătură)* hit, dig; taunting remark; sting; *(rană)* wound; *(durere)* pain. **3.** *fig. (a miniei etc.)* arrow, dart, bolt, shaft. **4.** *(~ indicatoare)* arrow. **5.** *tehn. (de macara)* jib, projecting arm, overhang beam. **6.** *tehn. (indicator)* needle; index. **7.** *tehn. (braț, fleşă)* boom. **8.** *constr. (arc)* arch. **9.** *constr. (fleşă)* spire. **10.** *tehn., constr. (a încovoierii)* camber; deflection. **11.** *constr.* beam. **12.** *(aripă la morile de vînt)* sail, vane, arm. **13.** *(la puțuri)* pole *of a draw well*. **14.** *electr.* dip (of line wire). **15.** *geom.* sagitta. ⓐ *săgeata apei bot.* arrow head *(Sagittaria sagittifolia)*; ~ *de bompres nav.* flying jib boom; ~ *de trăsnet* finger stone, thunderbolt; ~ *pozitivă av.* positive sweep-back. ⓑ *ca săgeata* a. arrow-like/-shaped, S→sagittiform. b. v. i u t e c a s ă g e a t a; *iute ca săgeata* I. *adj.* (as) swift as an arrow II. *adv.* at lightning speed, like the wind, like greased lightning; *ploaie de săgeți* shower/flight of arrows; *vîrf de ~* arrow head; *a arunca o ~* to shoot an arrow; *a zbura ca o ~* to dart along; *a trage cu săgeata* a. to shoot an arrow. b. *(in general)* to shoot with (a) bow and arrow; *a fost atins de săgeata lui Cupidon fig.* he has been hit by Cupid's shaft; *cît ajunge săgeata* (at) a stone's throw; *amer.* a hop/a skip and a jump from here.

săgeta I. *vb. tr.* **1.** to shoot *sau* to kill with an arrow. **2.** *fig. (cu privirea)* to pierce *smb.* with one's glances, to look *smb.* through and through; to cast a devastating look at. **3.** *fig. (a împunge)* to nettle, to pique. **4.** *fig. (d. durere)* to stab; *(d. cineva)* to feel sharp/acute pain in; to feel a stitch in; *(pe cineva)*

to give a stitch *sau* twinge to. **5.** *fig. (aerul etc.)* to dart through. **6.** *fig. (inima)* to thrill. ⓒ *mă ~ conştiinţa fig.* I felt a twinge of conscience. II. *vb. intr.* **1.** to shoot an arrow *sau* arrows; *(in general)* to shoot with (a) bow and arrow. **2.** *(a fulgera)* to lighten. **3.** *fig. (a țişni)* to spring up *sau* forth; *(a se năpusti)* to rush; to rush on, past *sau* through; < to rush like a whirlwind.

săgetar *s.m.←inv.* archer.

săgetare *s.f.* **1.** shooting *sau* killing with an arrow etc. (v. s ă g e t a); *(tragere cu arcul)* archery. **2.** v. s ă g e t ă t u r ă 1 — 2. **3.** *(mişcare repede)* rush.

săgetaş *s.m.←inv.* archer.

săgetător I. *adj.* **1.** shooting with an arrow *sau* arrows. **2.** *fig. (d. priviri etc.)* piercing. **3.** *fig. (d. dureri)* stabbing, shooting; acute, sharp. **4.** *fig. (iute)* (as) swift as an arrow. II. *s.m.* **1.** *Săgetătorul astr.* Sagittarius. **2.**←*inv.* archer.

săgetătură *s.f.* **1.** arrow shot. **2.** *fig. (împunsătură, junghi)* stitch (in the side); twinge; v. ş i s ă g e a t ă 2. **3.** *med.←*P apoplectic fit/stroke.

săgeţică *s.f.* **1.** *dim.* little arrow. **2.** *bot.* crane's bill *(Geranium pratense)*. **3.** *bot.* v. s ă b i u ţ ă 2.

săgni I. *vb. tr.* to (mark with a) brand. II. *vb. refl.* to develop a (saddle etc.) gall.

săi *adj. pos. masc.* his; *fem.* her; *neutru* its. ⓑ *ai ~ pron. pos.* his.

săidăcar *s.m.←inv.* saddler.

săivan *s.n.* v. s a i v a n.

sălaş *s.n.* **1.** *(adăpost)* shelter; *(locuinţă)* lodging, quarters, dwelling; *elev.→*abode; *(casă)* house; *(ascunziş)* hiding place; refuge. **2.** *(țarc)* sheepfold, sheep pen. **3.** rudimentary building; *(colibă)* hut, hovel. **4.** *(grajd)* stable. **5.** *(culcuş)* bed, couch. **6.** *(aşezare)* settlement; *(sat)* village; *(cătun)* hamlet. **7.** *(de țigani)* gipsy camp; gipsy family; gipsy group; gipsy settlement. **8.** *odin.* ten to fifteen families of slave gipsies. **9.**←*reg.* coffin.

sălăgea *s.f. bot.* figwort *(Ranunculus ficaria)*.

sălămîzdră *s.f.* *zool.* v. s a l a-
m a n d r ă.
sălăşlui I. *vb.* *intr.* 1. *(a trăi)* to
live; to dwell, *elev.*→to abide. 2.
(a se adăposti) to (take) shelter.
II. *vb. tr.* *(a găzdui)* to shelter; to
lodge. III. *vb. refl.* *(a se stabili)*
to settle down.
sălăşluinţă *s.f.* ←*rar* v. s ă l a ş 1.
sălăşluire *s.f.* 1.←*rar* living; dwell-
ing; *(şedere)* sojourn. 2.← *rar (găz-
duire)* lodging; *(ospitalitate)* hos-
pitality. 3.←*rar* v. s ă l a ş 1, 6.
sălăţea *s.f.* *bot.* v. s ă l ă g e a.
sălbatec, sălbatic I. *adj.* 1. *(d. ani-
male)* wild; *(aprig)* fierce; *(fioros)*
savage; *(focos)* fiery; *(greu de stă-
pînit)* unruly, ungovernable, un-
manageable, intractable; *(care se
sperie uşor)* wild, shy, easily start-
led/frightened. 2. *(d. plante)* wild,
not cultivated; *(nealtoit)* ungraft-
ed. 3. *(d. pămint etc.)* wild, deso-
late, waste; *(nepopulat)* unsettled;
(nelucrat) untilled, unploughed;
(necultivat) uncultivated. 4. *(d.
oameni)* savage; *(primitiv)* primi-
tive; *(necivilizat)* rude, uncivi-
lized; *(barbar)* barbarous; *(fioros)*
fierce; *(crud)* cruel; *(brutal)* bru-
tal, brutish; *(setos de sînge)* trucu-
lent, bloodthirsty; *(necultivat)* un-
cultivated; uncultured; uneducated;
(fără maniere) unpolished, uncouth.
5. *(d. oameni)* *(nesociabil)* unso-
ciable; *(singuratic)* lonely; *(re-
tras)* shy. 6. *fig.* *(înfricoşător)* ter-
rible, awful, dreadful; atrocious;
(aprig) fierce; *(năvalnic)* impe-
tuous. II. *adv.* 1. wildly; fiercely;
savagely; barbarously; cruelly;
brutally, brutishly. 2. *fig.* terribly,
awfully, dreadfully; atrociously;
fiercely; impetuously. 3. *(în stare
de sălbăticie)* in a wild state. III.
s.m. 1. savage; primitive man; man
in his wild state, wild man. 2.
fig. savage.
sălbătici I. *vb. tr.* to make wild. II.
vb. refl. 1. *(d. oameni şi animale)*
to become wild, to (be allowed to)
run wild. 2. *(numai d. oameni) (a
se bădărăni)* to become brutalized;
(d. copii) to grow unmanageable,

to run wild. 3. *(d. cîmpuri)* to fall
out of cultivation, to become a
wilderness. 4. *(d. plante)* to escape
from cultivation and grow in a
wild state, to run wild/waste/to
seed.
sălbăticie *s.f.* 1. *(caracter sălbatic)*
wildness, wild nature, savageness.
2. *(stare de ~)* wild state. 3. *(cru-
zime)* cruelty, barbarity, ferocity,
truculence; *(brutalitate)* brutality.
4. *(a unui peisaj)* wild aspect,
ruggedness; *(peisaj sălbatic)* wilder-
ness, wilds; *(desert)* desert. 5.
(ca act) (act of) savagery, atrocity,
ferocious deed.
sălbăticime *s.f.* 1. v. s ă l b ă t i-
c i e. 2. *(oameni sălbatici)* savage
people, savages.
sălbăticire *s.f.* brutalization etc. v.
s ă l b ă t i c i.
sălbăticiune *s.f.* 1. *(fiară sălbatică)*
wild/savage beast. 2. *(vînat)* game.
sălbăţie *s.f.* *bot.* darnel (grass) *(Lo-
lium temulentum)* .
sălbulţă *s.f.* necklet.
sălciniş *s.n.* willow grove.
sălciu *adj.* 1. brackish. 2. *fig.* insi-
pid, savourless.
sălta I. *vb. tr.* *(a ridica)* to heave
(up), to lift (up), to raise (up);
(haine) to tuck/pull up; *(cu pîr-
ghia)* to lever; *(a trage sus)* to pull
up. © *a ~ capul* to hold up one's
head; *a ~ pe cineva* to give smb.
a lift, to help smb. up; *a ~ pe
cineva în şa* to raise/lift smb. into
the saddle; *a ~ preţurile* to raise/
F→up prices. II. *vb. refl.* 1. *(a sări)*
to jump up. 2. *(a se ridica)* v. ~
III, 2. 3. *(a creşte)* to grow. III.
vb. intr. 1. *(a sări)* to spring, to
leap (up), to jump (up); *(mai ales
pe un picior)* to hop; *(a face sări-
turi mari)* to bound; *(elastic)* to
bounce; *(ca păsările)* to skip; *(a
dansa)* to dance; *(înapoi)* to re-
bound; *(pe cal)* to jog, to hod; *(de
bucurie)* to jump /leap with joy,
F→to cut capers. 2. *(a se ridica)* to
lift oneself up, to rise, to bear up;
(d. preţuri) to rise, to look up.
3. *fig.* to leap (up). © *corabia saltă
pe valuri* the ship rises, the ship
is buoyed up/borne up by the

waves; *inima lui ~ de bucurie* his heart leapt with joy; *suspinele ti fac pieptul să salte* sighs are heaving her bosom; *a ~ de pe cal* to leap off one's horse; *a ~ diń stîncă in stîncă* to leap from rock to rock.

săltăreţ *adj.* **1.** leaping, jumping, skipping, hopping. **2.** *(vioi)* lively, sprightly.

săltătură *s.f.* v. **salt.**

sămînţă *s.f.* seed.

sămînţos *adj.* seed...; with many seeds.

sănătate *s.f.* **1.** health(iness), healthfulness; *(constituţie normală)* soundness; *(vigoare)* freshness, heartiness, haleness; *(stare sănătoasă)* (state/condition of) health; *(spirituală)* saneness, sanity, health (of mind). **2.** *fig.* soundness. **3.** *interjecţional* v. ~ **bună!** ⓐ ~ **bună! a.** *(la revedere)* good-bye! **b.** *(bine şi aşa)* all right! **c.** *(nimic de făcut)* nothing doing! *(şi cu asta gata)...* and that is all there is to it; ~ *de fier* iron/wiry constitution; ~ *perfectă* perfect/sound health; ~ *publică* public health. ⓓ *dăunător sănătăţii* injurious to health, unwholesome; *în ~a dumitale!* (your) good health! (here's) to you! ⓒ *a-şi distruge ~a* to destroy one's health; *să-i spui multă ~ din partea mea* remember me kindly to him, my (respectful) compliments to him; *cum o duci cu ~a?* how is (it with) your health? how are you? *stă prost cu ~a* his health is a good deal shaken, he is in poor health; *ai grijă de ~a dumitale* take care of your health, be careful of your health; *a întreba de ~a cuiva* to inquire after smb.'s (state of) health; *a bea/închina în ~a cuiva* to drink smb.'s health; to propose smb.'s health, to toast/pledge smb.; *a dăuna sănătăţii* to injure health, to be injurious to health.

sănătoasă *s.f.* ⓒ *a o lua la sănătoasa* F to make a bolt, to betake to one's heels, to take to one's heels/legs, to show a fair/clean/light pair of heels, to fling/pick up one's heels.

sănătos *adj.* **1.** *(fiziceşte)* in (good) health, healthy, healthful, F→in fine/good/great feather; *(bine)* well, whole; *(nepredispus la boală)* sound, *rar→*sane; *(viguros)* hearty, hale; *(spirituaiceşte)* sound; *(d. părţile corpului)* sound. **2.** *(bun pt. sănătate)* wholesome, healthy; *(salubru)* salubrious; *(salutar)* salutary. **3.** *(folositor)* good, proper. ⓐ ~ *tun* (as) sound as a bell, (as) right as rain; ~ *voinic* whole and sound, hale and hearty, F on foot, alive and kicking. ⓑ *climă sănătoasă* healthy climate; *corp* ~ sound/healthy/healthful body; *dinte* ~ sound tooth; *hrană sănătoasă* wholesome food, salutary diet; *ju decată sănătoasă* sound/clear judgment; *somn* ~ sound sleep; *teafăr* ~ safe and sound. ⓒ *du-te/mergi/umblă* ~ God speed! *(în legătură cu o călătorie)* (I wish you a) pleasant journey! a pleasant journey to you! *eşti* ~ *la minte/cap?* are you in your (right) senses? *a face* ~ *din nou* to restore (to health), to set up again; *a se face* ~ *(din nou)* to get well again, to recover, to heal (again); *a fi* ~ to be in a wholesome state of health, to be healthy/well/in good health, to feel up to the mark; *dumneata să fii* ~*!* F you may whistle for it; *s-o mănînci* ~*!* I wish you a good appetite! a good appetite to you! *rămîi* ~*!* good-bye! *să ne vedem sănătoşi!* till we meet again! (I hope soon to) see you again! till next time! F so long, cheerio; *a avea vederi sănătoase* to have common sense, to have sound views. ⓓ *ce e prea mult nu e* ~ too much of one thing is good for nothing, excess is bad in everything; *cei sănătoşi nu au nevoie de doctor* they that are whole need not a physician; *minte sănătoasă în corp* ~ a sound mind in a sound body.

sănicioară *s.f.* *bot.* sanicle, wood march *(Sanicula europaea).*

săniuş *s.n.* **1.** *(loc)* coasting path, slide shoot/chute, run. **2.** *(datul cu săniuţa)* (bob)sleighing.

săniuţă *s.f.* sled(ge), toboggan; *(cu cîrmă)* bob(sleigh).

săpa I. *vb. tr.* **1.** to dig, to delve, to cut; *(cu hîrleţul)* to spade; *(cu sapa)* to hoe (up), to loosen; *(d. iepuri etc.)* to burrow; *(d. apă)* to hollow out, to wash/wear away; *(a excava)* to excavate; *(un tunel etc.)* to bore; *(a extrage)* to dig, to win, to extract. **2.** *hort.* to dress, to give *smth.* a dressing. **3.** *(a grava)* to engrave, to cut, to carve. **4.** *fig. (a imprima)* to imprint, to impress. **5.** *fig. (pe cineva)* to sap, to undermine. ⓒ *a ~ o fîntînă* to sink/dig/spring a well; *a ~ o groapă* to dig a hole; *a ~ un mormînt* to dig a grave; *a ~ pămîntul (cu sapa)* to hoe/loosen the earth; to dig up weeds with a hoe; *(cu hîrleţul)* to spade the earth; *a ~ temelia* to lay the foundation/groundwork; *a ~ via* to dress the vine; *a ~ în inima cuiva* to engrave *smth.* in smb.'s heart; *lucrurile astea sînt ~te adînc în memorie* these things are deeply impressed/imprinted/stamped in the memory, these things sink deep into the memory. **II.** *vb. refl.* **1.** *reciproc* to sap/undermine each other. **2.** *pas.* to be dug etc. v. ~ **I. III.** *vb. intr.* to dig, to delve; *(adînc)* to trench; *(scormonind)* to grub; *(cu hîrleţul)* to spade; *mineral.* to prospect; *(pt. a-şi face vizuina)* to burrow.

săpat *s.n.* **1.** digging etc. v. s ă p a. **2.** *(praşilă)* hoeing.

săpăligă, săpălugă *s.f.* grubbing hoe/axe, mattock, weed hook.

săpător *s.m.* **1.** digger; *(cu hîrleţul)* spader; *(cu sapa)* hoer; *(de gropi)* ditcher; *(de fortificaţii)* trencher; *(de morminte)* grave digger, sexton. **2.** *mil.* sapper, pioneer. **3.** *(gravor)* engraver. ⓐ *~ în lemn* (wood) cutter/engraver, S→xylographer; *~ în piatră* engraver on stone, lapidary, stone/cameo cutter, S→glyptographer.

săpătură *s.f.* **1.** digging etc. v. s ă p a. **2.** *(prăşitură)* hoeing. **3.** *(tăietură făcută cu hîrleţul)* cut with a spade. **4.** *(gravură)* engraving. ⓐ *~ în lemn* (wood)cut/engraving,

vignette, print, S→xylograph; *~ în piatră* stone cut(ting)/engraving.

săpoi *s.n.←reg.* prong hoe.

săponele *s.f. pl. bot.* v. o d a g a c i.

săptămînal I. *adj.* weekly, *elev.→* hebdomadal, hebdomadary. ⓑ *leafă ~ă, salariu ~* weekly wages; *publicaţie ~ă* Weekly publication. **II.** *adv.* weekly, every week. **III.** *s.n.* weekly (publication).

săptămînă *s.f.* week, *rar→*sennight. ⓐ *săptămîna luminată/albă* Shrovetide; *săptămîna mare/patimilor* Passion week; *săptămîna trecută* last week; *săptămîna viitoare* next week; *o ~ da şi una nu* every alternate week, every other week; *~ de lucru* working week. ⓑ *acum o ~* a week ago; *cu săptămîna* by the week, weekly; *de pe o ~ pe alta* week in, week out; week and week about; *de săptămîna trecută* last week's..., of (the) last week; *de trei ori pe ~* three times a week; *de trei săptămîni* for three weeks; *două săptămîni* a fortnight; *în fiecare ~* every week; *o dată pe ~* once a week; *leafa pe o ~* a week's salary/pay/wages; *pentru o ~* for a week; *peste două săptămîni* two weeks hence, in two weeks, in a fortnight; *sfîrşitul săptămînii* week end; *zi a săptămînii* week day, day of the week. ⓒ *apare o dată la două săptămîni* it comes out fortnightly, it is a fortnightly/bimonthly publication.

săpun *s.n.* soap; *(bucată de ~)* cake/cube/piece/tablet/bar of soap. ⓐ *~ de bărbierit* shaving soap; *~ de rufe* house/washing soap, plain/yellow soap; *~ de toaletă* toilet soap; *~ medicinal* medicinal soap; *(pt. piele)* medicated soap. ⓑ *baie de ~* soap bath; *băşică de ~* **a.** soap bubble. **b.** *fig.* bubble; *calup de ~* soap ball, ball of soap; *ca ~ul* soapy, S→saponaceous; *fabrică de ~* soap manufactory (works); *fabricarea ~ului* manufacture of soap, soap boiling. ⓒ *a fierbe ~* to boil/make soap; *a da cu ~, a spăla cu ~* to wash with soap; *a freca cu ~* to rub over with soap; *a face băşici de* ~ to blow soap bubbles.

săpunar *s.m.* soap boiler/maker.

săpunărie *s.f.* soap manufactory/ works.

săpunăriţă *s.f. bot.* v. o d a g a c i.

săpuneală *s.f.* **1.** soaping. **2.** *fig.* F dressing down, blowing up, wigging. © *a primi o* ~ F to get a wigging/dressing, to be called over the coals; to catch it; *a trage cuiva o* ~ F to give smb. a good dressing down.

săpunel *s.n.* **1.** *med.* suppository (of soap). **2.** *bot.* soapwort, fuller's herb *(Saponaria officinalis)*.

săpuni I. *vb. tr.* **1.** to soap; *(a spăla cu săpun)* to wash with soap; *(a freca cu săpun)* to rub over with soap. **2.** *fig.* F to give *smb.* a sound rating, to give *smb.* a regular set--down. **II.** *vb. refl.* to soap oneself.

săpunieră *s.f.* soap box/dish.

săra I. *vb. tr.* to (season with) salt; *(a pune la sărat)* to salt down, to pickle, to brine, to souse; *(carne)* to corn; *(scrumbii)* to pickle, to cure. © *a* ~ *prea mult* to salt too much, to oversalt, to spoil with salting. **II.** *vb. refl. pas.* to be salted etc. v. ~ I.

sărac I. *adj. şi fig.* poor; *(lipsit) (în)* destitute (of); *(fără bani)* penniless, impecunious, *sl.* cleared out, P→(stone-)broke; *(strîmtorat)* hard--up; *(nevoiaş)* needy, in want; *(redus)* scanty; *(în mizerie)* miserable; *(gol; golit)* empty, void; *(neproductiv)* unproductive, non-paying; *(fără rod) (în)* barren (of); *(în conţinut)* jejune, meagre; *(de compătimit)* piteous, pitiable, pitiful; *(sărman, biet)* poor. ⓖ ~ *cu duhul* poor in spirit; barren-spirited, *sl.* barmy; ~ *la pungă* poor in purse; ~ *lipit (pămintului)* as poor as a church mouse, as poor as Job('s turkey). © *a deveni* ~ to grow/become poor, to become impoverished, to sink into poverty. **II.** *s.m.* **1.** *(om* ~*)* pauper, poor/ < indigent person; *pl.* poor people; *săracii* the poor. **2.** *(orfan)* orphan. ⓐ ~*ul de el!* poor fellow/

thing/devil/!; ~*ul de mine!* ah/ woe me!

sărar *s.m.* salter, salt maker, briner.

sărat *adj.* **1.** salt(y), briny; *(artificial)* salted; *(d. apă, întrucîtva)* brackish, *chim.* saline, salinous, > subsaline. **2.** *fig. (spiritual)* witty. **3.** *fig. (scump)* F stiff, *amer.* steep; exorbitant. ⓑ *apă* ~*ă* salt/ brackish water; *(saramură)* brine, pickle; *cam* ~ saltish; brinish; *carne* ~*ă* salt meat; *gust* ~ saline taste; *izvor de apă* ~*ă* salt/brine spring, wick, wich; *amer.* saline; *peşte* ~ salt/dry fish; *preţuri* ~*e* stiff/exorbitant/*amer.* steep figures/ prices; *prea puţin* ~ slack-salted; *prea* ~ too much salted, over-salted.

sărăcan *s.m.* ⓐ ~ *de mine!* ah/woe me!

sărăcăcios *adj.* rather poor *sau* shabby etc. v. s ă r a c I.

sărăci I. *vb. tr.* **1.** to make poor, to beggar, to impoverish. **2.** *(a lipsi) (de)* to deprive (of). **3.** *fig.* to (render) dry. **II.** *vb. intr.* **1.** *(a ajunge sărac)* to grow/become poor, to become impoverished, to sink into poverty, F→to come upon the parish. **2.** to become an orphan.

sărăcie *s.f.* **1.** poverty, poorness, indigence, penury; *(lipsă)* want, scarcity, dearth, paucity; *(nevoie)* necessity, need(iness); *(strîmtorare)* narrowness/straitness of means; *(paupertate)* pauperism. **2.** *(puţină avere)* little fortune. **3.** *fig.* poverty; paucity; scarcity. ⓐ ~ *cu lustru* shabbiness, abject/dire poverrty; ~ *de idei* want of ideas; ~*lucie* dire/abject poverty. ⓑ *în* ~ in(dire) poverty, F in Queer Street.

sărăcilă *s.m.* F poor devil, starveling.

sărăcimea *s.f. col.* the poor.

sărăcire *s.f.* impoverishment, pauperization.

sărăcuţ I. *adj.* poorly. **II.** *s.m.* poor man/beggar/devil/fellow. ⓐ ~*ul de el!* poor fellow/thing!

sărător *s.m.* salter.

sărătură *s.f.* **1.** saltness. **2.** *(sare)* salt. **3.** salt provision; salt fish. **4.** *geol.* salt marsh.

sărbătoare *s.f.* **1.** *(zi în care nu se lucrează)* day of rest, play day; *(care se prăznuieşte)* holiday, high day, feast; *(marcată cu roşu în calendar)* red-letter day. **2.** *(petrecere publică)* feast, festival. **3.** *rel.* feast, festival, festivity. **4.** *pl.* *(vacanţă)* holidays, vacation(s), recess, holiday time. ⓐ ~ *legală* statutory holiday; ~ *naţională* national festival, national commemoration day; *sărbători fericite (în scrisori)* with the compliments of the season, season's greetings; *(de Crăciun)* a merry Christmas/X-mas (to you)! *(de Anul Nou)* a happy New Year (to you)! ⓑ *de* ~ festive, holiday-like; *(solemn)* solemn. ⓒ *a ţine o* ~ to keep a holiday. ⓓ *nu e* ~ *în fiecare zi* every day is not a holiday.

sărbătoresc *adj.* festive, feastly, festal, holiday-like; *(solemn)* solemn; *(splendid)* splendid, pompous.

sărbătoreşte *adv.* festively; solemnly; pompously.

sărbători I. *vb. tr.* **1.** to celebrate; *(o căsătorie etc.)* to solemnize; to keep, to observe; *(a comemora)* to commemorate. **2.** *(pe cineva)* to do honour to, to fête; *(prin toasturi)* to toast. **II.** *vb. refl. pas.* to be celebrated etc. v. ~ I.

sărbătorire *s.f.* celebration etc. v. sărbători.

sărbătorit *s.m.* fêted person.

sărbezeală *s.f.* **1.** tastelessness. **2.** *fig.* insipidity.

sărbezi *vb. refl.* to become dull etc. v. searbăd.

sări I. *vb. intr.* **1.** to spring, to leap, to jump; *(scurt, sau pe un picior)* to hop; *(cu salturi mari)* to bound; *(elastic)* to bounce; *(vioi)* to skip, to caper, to cut capers, to gambol, to frisk (about); *(d. cai)* to prance, to jump about, F→to cavort. **2.** *(d. lichide)* to spring; *(a ţişni)* to spirt, to spurt; *(a împroşca)* to spout. **3.** *(a se sparge)* to break; *(a plesni)* to burst; *(a crăpa)* to

crack. ⓒ *îi* ~ *inima de frică* his heart leaped into his mouth/throat, his heart sank into his boots/shoes, his heart failed him; *mingea sare bine* the ball bounces well; *mi-a* ~*t un nasture de la haină* a button came/burst off my coat; *să-mi sară ochii din cap dacă mint* P strike me ugly if I'm lying; *a-i* ~ *ţandăra/ţîfna/bîzdîcul* F to fly/go/slip off the handle, to run wild, to take (the) huff; *a* ~ *cu capul în apă* to jump/plunge into the water head foremost, to take a (sensation) header, to dive; *a* ~ *cu gura la cineva* F to be down upon smb., to slang/jaw smb.; *a* ~ *cu paraşuta* to bale out; *a* ~ *cu prăjina* to pole-vault; *a* ~ *de gîtul cuiva* to fall on smb.'s neck; *a* ~ *de la un subiect la altul* to flit/go from one subject to another; *a* ~ *de pe cal* to leap/jump/spring off/from one's horse, to dismount, to alight; *a* ~ *din stîncă în stîncă* to leap from rock to rock; *a* ~ *în aer* to burst, to explode, to blow up, F→to go off; *a face să sară în aer* to cause to spring/explode; *a* ~ *în ajutorul cuiva* to come/hasten/run/fly to smb.'s aid/assistance/succour; *a* ~ *în ochi* to leap to the eye(s), to strike the eye; *a* ~ *în somn* to start (with a nightmare); *a* ~ *în sus* to jump up; *a* ~ *în sus de bucurie* F to jump out of one's skin (with joy); *a* ~ *într-o parte* to leap/jump/spring aside; *(speriat)* to start aside; *a* ~ *la cineva* to (make a) spring at smb., to dart/rush/fly at smb.; *a* ~ *peste o barieră* to overleap a barrier; *a* ~ *peste un gard* to clear a fence *sau* hedge *sau* wall; *a* ~ *peste un şanţ* to leap (over) a ditch, to clear a ditch; *a* ~ *înapoi* to spring/leap back; *a* ~ *jos* to jump/spring down; *a* ~ *jos din pat* to jump out of bed; *a* ~ *prea scurt* to fall short in one's leap; *săriţi!* help! help! **II.** *vb. tr.* **1.** to jump/leap over; to clear. **2.** *(a trece peste)* to skip (over), to miss; *(a omite)* to omit, to leave out, *muz.* to slur over. ⓒ *a* ~ *un gard* to clear a

fence; *a ~ garduri* to sow one's
wild oats; *a ~ hopul* F to climb
up the greasy pole; *atletul a sărit
1,80* the athlete jumped/cleared
six feet; *a ~ o notă muz.* to skip
a note; *a ~ o pagină* to skip (over)
a page; *a ~ pîrleazul* to carry on
recklessly; *a ~ un rînd* to leave
out a line.
sărindar *s.n. rel. number of masses
for the dead etc.*
sărit *adj.* F cracked, batty, *sl.* crack-
ers. ⓓ *cu inima ~ă* frightened to
death, P→in a blue funk.
sărită *s.f.* 1. *(săritură)* leap, jump. 2.
fig. self-command/ control/ posses-
sion/ composure, calmness. ⓓ *de-a
sărita* astride; *pe sărite* **a.** by jumps/
leaps/bounds; *(foarte repede)* by
leaps and bounds. **b.** *(neregulat)* by
fits and starts. ⓒ *a-şi pierde sărita,
a-şi ieşi din sărite* to lose one's
self-command/temper, to be in a
passion; *a scoate pe cineva din să-
rite* to drive smb. out of his wits,
to put smb. beside himself; to
exasperate smb., to put smb. into
a passion.
săritoare *s.f.* waterfall.
săritor *adj.* 1. leaping etc. v. s ă r i.
2. responsive; *fig.* sympathetic,
obliging, willing to help.
săritură *s.f.* 1. *(salt)* leap, bound,
jump. 2. *(distanţă mică)* a stone's
throw. ⓐ *~ cu prăjina sport* pole
vault; *~ de pe loc* standing jump/
leap; *~ în înălţime sport* high
jump; *~ în lungime sport* long
jump. ⓑ *dintr-o ~* at/with one
leap/jump/bound.
sărman I. *adj. (sărac)* poor. **II.** *s.m.*
(sărac) poor man; *(cerşetor)* beggar.
ⓐ *~ul de el !* poor fellow/thing!
sărpun(el) *s.m. bot.* thyme *(Thy-
mus)*.
sărut *s.n.* kiss, F→buss, v. şi s ă-
r u t a r e.
săruta I. *vb. tr.* to kiss, F→to buss;
(zgomotos) to smack, to give *smb.*
a smacking kiss. ⓒ *a ~ pe cineva
pe obraz* to kiss smb. on the cheek,
to kiss smb.'s cheek; *sărut mina*
my respects/compliments to you.
II. *vb. intr.* to kiss. **III.** *vb. refl.*

reciproc to kiss (one another),
F→to bill.
sărutare *s.f.* 1. kiss, F→buss, lip
salve, P→smouch; *(zgomotoasă)*
F→smacker. 2. *(faptul de a săruta)*
kissing, F→lip work. ⓒ *a fura o
~* to steal/snatch a kiss.
săsesc *adj.* Transylvanian Saxon.
săsime *s.f.* Transylvanian Saxons.
săsoaică *s.f.* Transylvanian Saxon
(woman *sau* girl).
sătean *s.m.* villager, countryman.
săteancă *s.f.* countrywoman.
sătesc *adj.* village..., *rar*→villatic.
ⓓ *şcoală sătească* village school.
sătuc(ean) *s.n.* small village, little
village, *rar* →villakin; *(cătun)*
hamlet.
sătul I. *adj.* 1. satiated, full, filled
to satiety, F→crop-/chock-full. 2.
fig. sick, tired, weary. ⓑ *un
stomac ~* a full stomach. ⓒ *a fi
~* to be satiated/satisfied, to have
eaten one's fill, to have done;
sînt ~ I have had enough; *a fi ~
de cineva* to be sick and tired of
smb.; *a fi ~ de viaţă* to be weary/
sick/tired of life; *a fi ~ pînă-n
gît de ceva* to have had quite enough
of smth., to be fed up/fed to the
teeth with smth., F to have smth.
up to one's throat. **II.** *s.m.* ⓓ *~ul
nu crede flămîndului* a full stomach
does not know what hunger is.
sătura I. *vb. tr.* 1. to satiate,
to satisfy, to fill, < to replete,
to gorge, to glut, < to cloy.
2. *fig.* to satisfy, to satiate. ⓒ
l-am ~t I have given him suffi-
cient food, I have given him enough
to eat and drink. **II.** *vb. refl.* 1.
to satisfy one's appetite; *(a minca
destul)* to eat/have/take one's fill,
F→to get a/one's bellyful, P→to
tuck in; *(d. lichide)* to drink
deep, to drink one's fill. 2. *fig.*
(de) (lucruri) to get sick/weary
(of); *(oameni)* to get tired/sick (of).
ⓒ *a se ~ de ceva ca de mere acre/
pădureţe* F to have smth. up to
one's throat; *m-am ~t* I have
eaten my fill, I have done, I am
satisfied; *m-am ~t de el* F I'm
through with him; *nu se mai ~
privind-o* he could not take his

eyes off her, he could not get away from her. **III.** *vb. intr.* to satisfy; to suffice.

săturat *s.n.* ⓛ *pe ~e* to one's heart's content; *(de băutură)* one's fill.

săţios *adj.* saturating, saturant; *(hrănitor)* nourishing.

său *adj. pos. masc.* his; *fem.* her; *neutru* its. ⓛ *al ~ pron. pos.* his; hers.

săvîrşi I. *vb. tr.* **1.** *(a pune în execuţie)* to put into execution; *(a executa)* to execute, to perform, to carry out; *(prin efort)* to achieve; *(a comite)* to perpetrate, to commit; *(a face)* to do; to make; *(a efectua)* to effect; *(o călătorie etc.)* to accomplish. **2.** *(a termina)* to finish, to consummate; *(a încheia)* to terminate; *(a duce la capăt)* to carry through. **3.** *(a sărbători)* *inv.* to celebrate. **II.** *vb. refl.* **1.** *pas.* to be put into execution etc. v. ~ I. **2.**← *inv.* *(a muri)* to pass away, to die, to end one's career, to end the term of one's natural life.

săvîrşire *s.f.* **1.** putting into execution etc. v. **s ă v î r ş i.** **2.** *(sfîrşit)* end.

scabie *s.f. med.* scab, itch.

scabios *adj.* scabby, scabious.

scabros *adj.* salacious, scabrous, >improper.

scabrozitate *s.f.* salaciousness, scabrousness.

scadent *adj.* falling due.

scadenţar *s.n. com.* bills payable book.

scadenţă *s.f.* date (of payment), term; falling due; settling day.

scafandru I. *s.m.* diver, frog man. **II.** *s.n.* diving suit.

scafă *s.f.* **1.** v. g ă v a n. **2.** *arhit.* gorge.

scai *s.m. bot.* **1.** thistle *(Cirsium lanceolatum).* **2.** v. c i u l i n. ⓐ ~ *galben* star thistle *(Centaurea solstitialis);* ~*ghimpos* v. g h i m p e; ~ *vînăt* eryngo *(Eryngium planum).* ⓒ *a se ţine ~ de cineva* to stick to smb. like a bur/limpet/leech.

scaiete *s.m. bot.* v. c i u l i n.

scalar *adj.* scalar.

scală *s.f. rad.* (tuning) dial. ⓐ ~ *luminoasă* luminous dial.

scald *s.m.* skald.

scaldă *s.f.* v. s c ă l d ă t o a r e.

scalen *adj.* ⓛ *triunghi ~ geom.* scalene triangle.

scalp *s.n.* scalp.

scalpa *vb. tr.* to scalp.

scalpel *s.n. med.* scalpel.

scamator *s.m.* juggler, conjurer.

scamatorie *s.f.* **1.** (conjuring) trick; sleight-of-hand, legerdemain; *(cu cărţi)* juggling with cards. **2.** *fig.* trick.

scamă *s.f.* lint.

scanda *vb. tr.* to scan.

scandal *s.n.* **1.** scandal; *(ruşine)* shame. **2.** *(gălăgie)* noise, F fuss, row, shindy. ⓒ *a face ~* F to kick up a row/dust/racket/rumpus/shindy/shine/the devil's delight, to raise Cain/hell('s delight)/amer. a big smoke, *sl.* to raise (merry/promiscuous) Ned.

scandalagiu *s.m.* brawler.

scandaliza I. *vb.* *tr.* to shock, to scandalize. **II.** *vb. refl. (de)* to be shocked/scandalized (at).

scandalos I. *adj.* shameful, disgraceful, scandalous. **II.** *adv.* shamefully etc. v. ~ I.

scandare *s.f.* scanning.

scandinav *adj., s.m.* Scandinavian.

scapăt *s.n.* **1.** sunset. **2.** *(povîrniş)* slope.

scapet *s.n. rel.* skopets, *pl.* skoptsi.

scapolit *s.m. mineral.* scapolite.

scapulă *s.f. anat.* scapula.

scarabeu *s.m. entom.* beetle, scarab(aeus) *(Scarabaeus sacer).*

Scaraoţchi *s.m.* F Old Gooseberry.

scară *s.f.* **1.** *(mobilă)* ladder; *(de frînghie)* rope ladder; *(de incendiu)* fire escape; *(rulantă)* moving staircase/stairway; *(fixă, într-un bloc etc.)* stairs, staircase; *(treaptă)* step, *pl.* steps; *(la trăsură)* step, footboard; *(la automobil)* running/footboard; *(la tren)* running board. **2.** *(la termometru, hărţi etc.)* scale. **3.** *fig.* scale; *(grad)* degree; *(proporţie)* proportion, extent. **4.** *(şa)* stirrup. **5.** *(serie)* series; *(rang)* rank. ⓐ *scara durităţii/*

de duritate mineral. hardness scale;
scara socială F the social scale/
ladder; ~ *de incendiu* fire escape;
~ *de serviciu* backstairs; ~ *gra-
fică* graphical scale; ~ *hidrogra-
fică* tide gauge; ~ *ierarhică* scale
of ranks; ~ *mobilă* sliding scale;
fin. differential scale; ~ *în spirală*
winding/spiral stair/spiral stair-
caise; ~ *principală* front staircase;
~ *rulantă* rolling/movable/moving
staircase, moving stairway, esca-
lator. Ⓓ *capul scării* stair head;
hartă la scara... map on a scale
of...; *pe (o)* ~ *întinsă/largă* on a
large scale; *pe* ~ *mondială* on a
world scale; *pe (o)* ~ *redusă/mică*
on a small scale. ⓒ *a urca scara/
scările* to go upstairs, to ascend/
mount the staircase; *a reduce la
o anumită* ~ to scale.

scarifica *vb. tr. med., agr.* to scarify.
scarificator *s.n.* **1.** *med.* scarificator.
2. *agr.* scarifier.
scarlatină *s.f. med.* scarlet fever,
scarlatina.
scatiu *s.m. ornit.* siskin, aberdevine,
tarin *(Fringilla spinus).*
scatoalcă *s.f.*~F slap in the face;
box on the ears; *sl.* a thick ear.
scaun *s.n.* **1.** *(cu spetează)* chair;
(fără spetează) stool; *(moale)* pad-
ded chair; *(pliant)* folding chair.
2. *tehn.* joiner's bench. **3.** *(pt.
tăiat carne)* butcher's block. **4.**
muz. bridge (of a violin). **5.**←*înv.*
(tron) throne. **6.** ←*înv. (reședință)*
seat, residence; *(capitală)* capital.
7. *med.* stool. ⓐ ~*ul papal* the
Holy See. Ⓓ *om cu* ~ *la cap*
sensible person; judicious/wise per-
son. ⓒ *a avea* ~ to go to stool;
to have relief of the bowels; *a
veni în* ~ to ascend the throne.
scădea I. *vb. tr.* **1.** *mat.* to subtract.
2. to subtract; *(a micșora)* to di-
minish, to lower, to mitigate.
ⓒ *scade 7 din 10* subtract 7 from
10. **II.** *vb. intr.* to diminish, to
decrease, to dwindle; to fall;
(d. ape) to become lower, to sub-
side, to sink; *(d. febră)* to abate;
(d. frig) to relax; *(d. prețuri)* to
lessen, to fall; to be reduced;
(d. viteză) to slow down; *(d. zile)*

to draw in; *(d. profituri)* to fall
off; *(d. barometru)* to fall, to sink;
(d. lună) to (be on the) wane;
(d. intensitate) to abate, to miti-
gate.
scădere *s.f.* **1.** *(micșorare)* dimi-
nution, lowering etc. v. s c ă d e a.
2. *(reducere)* reduction. **3.** *mat.*
subtraction. **4.** *(neajuns)* draw-
back, shortcoming.
scâfîrlie *s.f.* **1.** skull. **2.** *(cap)* F
pate, nut.
scăluș *s.m. bot.* shepherd's red *(Dip-
sacus pilosus).*
scălda I. *vb. tr.* **1.** to bathe; *(în
baie)* to bath, to give *smb.* a bath.
2. *(a muia)* to soak; *(a uda)* to
wet. **3.** *(d. ape, lumină etc.)* to
bathe. ⓐ *a o* ~ F to quibble. **II.**
vb. refl. **1.** to bathe; *(în baie)* to
take a bath. **2.** *fig.* to be reflected/
mirrored.
scăldat *s.n.* bathing.
scăldătoare *s.f.* **1.** bathing. **2.**
(cadă) tub, vat. **3.** *(loc de scăldat)*
bathing place.
scălîmb *adj.* deformed; distorted.
scălîmba I. *vb. tr.* to deform; to
distort. **II.** *vb. refl.* v. s c ă l î m-
b ă i a.
scălîmbăia *vb. ref.* to make a wry
face.
scălîmbăieli *s.f. pl.* **1.** contortions.
2. *(la dans)* jitters.
scămos *adj.* fibrous.
scămoșa I. *vb. tr. text.* to unravel,
to ravel/tease out, to fray. **II.** *vb.
refl.* to fray out.
scămoșat *adj.* ravelled, frayed.
scăpa I. *vb. tr.* **1.** *(a libera)* to de-
liver; *(a salva)* to save; *(dintr-o
primejdie)* to rescue. **2.** *(a lăsa să
cadă)* to drop, to let go/slip/fall;
(un secret etc.) to blab (out). ⓒ
a ~ *prilejul* to miss/lose the oppor-
tunity, to let the opportunity
slip; to lose the chance, F→to
miss the bus; *a* ~ *trenul* to miss
the train; *a* ~ *viața cuiva* to save
smb.'s life; *a* ~ *o vorbă* to blab
out, to let the cat out of the bag;
a ~ *de la moarte* to save from
death; *a* ~ *dintr-o încurcătură* to
help *smb.* out of a difficulty; *a nu*

~ *din ochi* to keep one's eyes upon smb., F not to trust *smb.* out of one's sight; *a ~ din vedere...* to lose sight of..., not to bear... in mind, to forget... **II.** *vb. refl.* to blab out; not to refrain oneself. **III.** *vb. intr.* **1.** *(dintr-o dificultate)* to get off; *(a se libera)* to get free; *(a se salva)* to save oneself; to escape; *(a se strecura)* to slip out; *(dintr-un ţarc etc.)* to break loose/free. **2.** *(d. soare)* to go down, to set. ⓐ *a ~ de...* *(a se descotorosi)* to get rid of...; *(a pune capăt...)* to put an end to..., to have finished with...; *(un obicei)* to get out of...; *(o datorie etc.)* to clear off; *(a evita)* to shun..., to avoid..., to elude..., to escape..., to evade... ⓒ *acest lucru mi-a ~t* this fact has escaped my attention; I had overlooked this fact; *îmi scapă cuvîntul* that word eludes me; *numele său îmi scapă* his name has slipped my memory, his name escaped my memory; *a ~ ca prin urechile acului* to have a narrow escape/squeak/shave, to escape by the skin of one's teeth, to make a hairbreadth escape; *a ~ cu fuga* to flee, to run away; *a ~ cu viaţă* to escape with one's life, to save one's life/P→bacon; *a ~ de moarte* to escape death; *a ~ de urmărire* to elude the pursuit; *a ~ din închisoare* to escape from prison, to break (out) of prison; *a ~ din mîinile poliţiei* to get away from the police; *a ~ dintr-un naufragiu* to escape from shipwreck, to survive a wreck; *a ~ ieftin* to get off cheap; *am ~t ieftin* that was a narrow/near shave we had.

scăpare *s.f.* deliverance; salvation; escape; rescue, etc. v. s c ă p a.

scăpăra I. *vb. tr.* **1.** *(a lovi)* to strike. **2.** *(a arunca)* to throw. **II.** *vb. intr.* **1.** *(a scînteia)* to sparkle, to scintillate; *(de mînie)* to blaze. **2.** *(a fulgera)* to lighten. ⓒ *a-i ~ picioarele* F to tear/sweep along, to run for it.

scăpărător *adj.* sparkling, scintillating.

scăpăta *vb. intr.* **1.** to set down. **2.** *fig.* to decline; to be on the wane.

scăriţă *s.f.* **1.** ladder; steps. **2.** *(la şea)* stirrup. **3.** *anat.* stirrup, stapes.

scărmăna *vb. tr.* **1.** *text.* to card, to comb. **2.** *(a bate)* F to pommel, to whack. **3.** v. s c o t o c i.

scărmănat *s.n.* carding v. s c ă r-m ă n a.

scărmănătoare *s.f.* carding machine.

scărmănător *s.m. text.* **1.** comber, carder. **2.** devil.

scărmăneală *s.f. (bătaie)* F licking, drubbing.

scărpina I. *vb. tr.* **1.** to scratch. **2.** *(a bate)* F to lick, to hide. **II.** *vb. refl.* to scratch oneself.

scărpinat *s.n.* scratching etc. v. s c ă r p i n a.

scăzămînt *s.n. (pierdere)* loss; *(reducere)* reduction.

scăzător *s.m. mat.* subtrahend.

scăzut *adj.* low, reduced; *(d. supă etc.)* thick; *(d. apă)* at a low ebb.

scelerat I. *adj.* vile, wicked, villainous. **II.** *s.m.* profligate, miscreant, wretch; villain, scoundrel, rascal.

scenarist *s.m.* scenarist, scenario/script writer.

scenariu *s.n. teatru* scenario; *cinema* script, scenario, screen play; *rad.* radio play.

scenă *s.f.* **1.** *(în sens concret)* stage, F boards. **2.** *(locul unde se petrece un eveniment)* scene (of action). **3.** *fig.* scene. **4.** *scena fig.* the stage/drama. **5.** *(ceartă)* scene, F flare-up, row; *(între soţi)* curtain lecture. **6.** *(parte dintr-un act)* scene. ① *punere în ~* staging, production; (stage) setting (of a play). ⓒ *a face o ~* to make a scene, F→to kick up a shindy/row; *a pune în ~* to stage, to produce; *a apărea pe ~* a. to appear, to come on. b. *fig.* to appear on the scene; *scena se petrece la...* the action takes place at..., the scene is laid in...

scenetă *s.f.* sketch, one-act play, F→curtain raiser.

scenic *adj.* scenic, theatrical.

scenograf *s.m.* scenographer, scene painter.

scenografic *adj.* scenographic.

scenografie *s.f.* scenography, scene painting.

sceptic I. *adj.* sceptic(al), skeptic(al). **II.** *adv.* sceptically, skeptically. **III.** *s.m.* sceptic, skeptic.

scepticism *s.n.* scepticism, skepticism.

sceptru *s.n.* **1.** sceptre. **2.** *fig.* sceptre, sway, rule.

scheci *s.n.* sketch, comic programme.

schelă *s.f.* **1.** *constr.* (builder's) scaffolding. **2.** *nav.* gangway, gangboard. **3.** *min. (sondă)* oil derrick; *(șantier)* oilfield.

schelălăi... v. c h e l ă l ă i...

schelărie *s.f.* scaffolding.

schelet *s.n.* **1.** *anat.* skeleton. **2.** *fig. (om f. slab)* living skeleton, bag of bones, F anatomy. **3.** *fig. (schemă)* outline, skeleton; framework; plan. **4.** *constr.* framework.

scheletic *adj.* skeleton-like.

schematic I. *adj.* schematic; sketchy. **II.** *adv.* schematically.

schematism *s.n.* schematism; sketchiness.

schematiza *vb. tr.* to schematize.

schemă *s.f.* **1.** diagram, sketch, scheme, set-up; chart. **2.** table of functions and wages *(in an enterprise, etc.)*.

schepsis *s.n.* F gumption, cuteness, nous. ⓒ *cu* ∼ F cutely.

scherzo *s.n. muz.* scherzo.

scheuna *vb. intr.* to yelp, to yap.

scheunat *s.n.* yelp(ing), yap(ping).

scheunătură *s.f.* yelp, yap.

schi *s.n.* **1.** skiing. **2.** *pl.* skis. ⓐ ∼ *maritim* aquaplane.

schia *vb. intr.* to ski.

schif *s.n. nav., sport* skiff.

schijă *s.f.* **1.** shell splinter. **2.** *(fontă)* cast/pig iron.

schilav *adj.* v. s c h i l o d.

schilod I. *adj.* crippled, legless, maimed, disabled, mutilated; deformed. **II.** *s.m.* cripple(d person); *(olog)* person with a wooden leg *sau* with wooden legs.

schilodi *vb. tr.* to cripple, to maim, to mutilate.

schimă *s.f.* **1.** *(gest)* gesture. **2.** *(grimasă)* grimace.

schimb *s.n.* **1.** exchange; *(compensație)* compensation. **2.** *com.* exchange;

(troc) barter(ing), truck, F→ swap. **3.** *(la o uzină etc.)* shift. **4.** *mil.* guard; new guard. **5.** *(rufe curate)* clean/fresh linen. ⓐ ∼ *al instrumentelor de ratificare* exchange of ratifications; ∼ *de complimente* interchange of compliments; ∼ *de cuvinte* exchange of words; ∼ *de delegații* exchange of delegations; ∼ *de experiență* exchange/pooling/sharing of experience; ∼ *de focuri* firing, skirmish; ∼ *de impresii* interchange of impressions; ∼ *de inele* exchange of rings; ∼ *de insulte* interchange of insults; ∼ *de mărfuri* exchange of commodities/goods; ∼ *de noapte* night shift; ∼ *de note* exchange of (diplomatic) notes; ∼ *de opinii/păreri* exchange of opinions/ views; ∼ *de produse* exchange of products; ∼ *de servicii* interchange of services; ∼ *de scrisori* exchange of letters; ∼ *de vederi* v. ∼ d e o p i n i i; ∼*ul banilor* money changing, exchange of money; ∼*ul cailor* relay of horses. ① *agent de* ∼ bill/ exchange broker; *casă de* ∼ *com.* exchange office; *în* ∼ in exchange; *în* ∼*ul... (cu gen.)* (in exchange/ return) for...; *liberul* ∼ free trade; *operațiuni de* ∼ *com.* operations in foreign exchange; *piesă de* ∼ spare part; *valoare de* ∼ *ec.* exchange value. ⓒ *a avea un* ∼ *de cuvinte cu cineva* to bandy rude/insulting words with smb., to have words with smb.; *se pare că au avut un* ∼ *de cuvinte* there seem to have been hard/high/hot/sharp/warm words between them; *a avea un* ∼ *de păreri* to exchange opinions; *a face* ∼ to exchange/barter/F swap smth. for smth.; *a face* ∼ *de experiență* to exchange/pool/share experience, to conduct an exchange of experience; *a lucra în trei* ∼*uri* to work in three shifts.

schimba I. *vb. tr.* to change; *(a înlocui)* to replace, to substitute, to supplant; *(a modifica)* to modify, to alter; *(a face schimb de)* to exchange, to interchange; *(a transforma)* to transform; to transfigure, F→to transmogrify; *(a co-*

muta) to commute. ⓐ *a ~ în...* to convert/turn into... ⓒ *a-şi ~ adresa* to change one's address; *a ~ aşternutul* to change the bedclothes; *a ~ o bancnotă* to change a bank-note; *a ~ câteva cuvinte* to exchange a few words; *a-şi ~ domiciliul* to change one's residence, to shift one's quarter; *a ~ feţe-feţe* to change colour; *vrei să schimbăm locurile? vrei să schimbi locul cu mine?* shall we change seats? *a-şi ~ părerea* to change one's mind; *am ~t câteva scrisori* there has been some correspondence between us; *a~ subiectul* to change the subject; *a ~ tonul* to change one's tune; *a ~ trenul* to change carriages/trains. **II.** *vb. refl.* **1.** *pas.* to be changed etc. v. ~ I. **2.** to change; to alter; to assume a different shape/form; *(în bine)* to improve, to better oneself; *(în rău)* to change for the worse; *(a varia)* to change, to vary. **3.** to change one's clothes; to change one's linen; to change. ⓒ *a se ~ la faţă* to change colour.

schimbare *s.f.* **1.** changing etc. v. s c h i m b a; change; exchange. **2.** change; alteration, modification; transformation. **3.** variability, changeableness, mutability; inconstancy, instability, unsteadiness, vacillation; fluctuation. ⓐ *Schimbarea la faţă rel.* the Transfiguration; *~a numelui* deed poll change; *~ în bine* change for the better, improvement; *~ în rău* change for the worse.

schimbat *adj.* changed etc. v. s c h i m b a.

schimbător I. *adj.* changeable, mutable; *(variabil)* variable; *(d. vreme)* unsettled, unsteady; *(d. vînt, d. mare)* choppy; *(şovăitor)* vacillating; *(inconstant)* inconstant, fickle. **II.** *s.n. tehn.* exchanger. ⓐ *~ de cale ferov.* switch, points; *~ de căldură* heat exchanger; *~ de viteză* change(-speed) gear.

schimnic *s.m.* hermit, anchorite, eremite.

schimnici I. *vb. intr.* to live like a hermit. **II.** *vb. refl.* to become a hermit.

schimnicie *s.f.* asceticism; life of a hermit.

schimonoseală *s.f.* wry face, grimace.

schimonosi I. *vb. tr.* to deform, to disfigure; to distort; *(a strica)* to spoil; *(un cuvînt)* to corrupt. **II.** *vb. refl.* to make wry faces.

schimonositură *s.f.* wry face, grimace.

schinduf *s.n. bot.* fenugreek *(Trigonella foenum graecum).*

schinel *s.n. bot.* benedicta *(Cnicus benedictus).*

schingiui *vb. tr.* to torture.

schingiuire *s.f.* torturing; torture.

schior *s.m.* skier.

schiros *s.n. med.* scirrhoid tumour.

schismatic *adj., s.m.* schismatic.

schismă *s.f.* **1.** schism. **2.** *fig.* scission, split; break.

schit *s.n.* hermitage, small and secluded convent.

schiţa I. *vb. tr.* to sketch; to outline, to map out; *(un gest etc.)* to make. ⓒ *a ~ un surîs* to put on/to give the ghost of a smile. **II.** *vb. refl.* **1.** *pas.* to be sketched etc. v. ~ I. **2.** to be outlined, to begin to show.

schiţă *s.f.* **1.** sketch, draught; outline; adumbration. **2.** *(literară)* shorter, short story, sketch.

schizofrenie *s.f. med.* schizophrenia.

sciatic *adj.* sciatic.

sciatică *s.f. med.* sciatica.

scinda I. *vb. tr.* to divide, to split up. **II.** *vb. refl.* to divide, to split.

scindare *s.f.* division, splitting (up), scission.

scit *s.m.* Scythian.

scit(ic) *adj.* Scythian.

sciziona I. *vb. tr.* to split, to divide. **II.** *vb. refl.* to secede, to split.

scizionist *adj., s.m. pol.* dissentient.

sciziparitate *s.f. biol.* scissiparity.

sciziune *s.f.* split, dissidence, scission. ⓒ *a face o ~* to secede.

scîlcia I. *vb. tr.* to distort; *(tocurile etc.)* to twist. **II.** *vb. refl.* to get crooked/lop-sided.

scîncet *s.n.* whining, whimpering; whine, whimper.

scînci *vb. intr.* to whine, to whimper.

scîncitor *adj.* whining, whimpering.

scîncitură *s.f.* whine, whimper.

scîndură *s.f.* board; *(mai groasă)* plank ⓐ ~ *de brad* deal board.

scînteia *vb. intr.* to sparkle, to scintillate; *(a licări)* to twinkle. ⓒ *a* ~ *de inteligenţă* to sparkle with wit.

scînteie *s.f.* 1. spark. 2. *fig.* spark, gleam. ⓒ *i se făcură scîntei pe dinaintea ochilor* he saw stars.

scînteiere *s.f.* sparkling etc. v. s c î n t e i a.

scînteietor *adj.* sparkling; brilliant, bright.

scînteioară *s.f. bot.* v. s c î n t e-i u ţ ă.

scînteiuţă *s.f. bot.* (red) pimpernel, cure-all *(Anagallis arvensis).*

scîrbavnic *adj.* disgusting, loathing, hateful.

scîrbă *s.f.* 1. *(de)* disgust (at, for), aversion (to), repugnance (to); *(greaţă)* nausea. 2. F bad egg, character, dirty dog, *vulg.* git. ⓐ *o* ~ *de copil* a dirty little beast/ brat. ⓒ *îi face* ~ it disgusts him, P→it turns his stomach; *a-i fi* ~ to be disgusted; to be sick (of it); *a-i fi* ~ *de...* to be disgusted with..., to have/take a dislike to..., to have a horror of..., to loathe...; to be sick of...

scîrbi I. *vb. tr.* to disgust, to provoke disgust in. II. *vb. refl. (de)* to be disgusted (with); to be sick (of). ⓐ *a se* ~ *de...* to take an aversion to..., to be disgusted with...

scîrbos I. *adj.* 1. disgusting; foul; repulsive; *(neplăcut)* nasty, offensive. 2. detestable, abominable; repulsive, loathing; *(neplăcut)* unpleasant, disagreeable. II. *adv.* detestably etc. v. ~ I, 2.

scîrnav I. *adj.* 1. foul; *(murdar)* filthy, grubby. 2. *fig.* disgusting, infamous, mean, vile. 3. *fig.* obscene, F→smutty. II. *adv.* disgustingly etc. v. ~ I, 2.

scîrnă *s.f.* faeces, excrement; *(de animal)* dung.

scîrnăvie *s.f.* 1. dirt, dung. 2. *fig.* infamy, vileness; *(ca act)* foul/ infamous/vile act/thing. 3. F v.

scîrbă 2. ⓒ *e o* ~ *de femeie* F she's a slattern/slut.

scîrţa-scîrţa *s.m. (şi:* ~ *pe hîrtie)* F scribbler, scrawler, quilldriver.

scîrţîi *vb. intr.* 1. *(d. uşă, roţi etc.)* to squeak, to creak; *(d. peniţă)* to squeak; *(d. ciubote)* to creak; *(d. zăpadă, nisip etc. sub picioare)* to crunch. 2. *fig.* F to creak. ⓒ *a* ~ *la vioară* to scrape (upon) the violin.

scîrţîit *s.n.* squeak, creak; crunch.

scîrţîietoare *s.f.* rattle.

sclav *s.m.* 1. slave, bond(s)man; serf, thrall. 2. *fig.* slave, thrall. ⓘ *proprietar de* ~*i* slave-holder, slave-owner.

sclavagism *s.n.* slave(-owning) system, slavery.

sclavagist *adj.* slave-owning... ⓘ *orînduirea* ~*ă* the slave(-owning) system.

sclavaj *s.n.*, sclavie *s.f. şi fig.* slavery, servitude, thraldom. ⓘ *desfiinţarea sclaviei* abolition of slavery.

sclavă *s.f.* slave; bondmaid; bondwoman.

scleroscop *s.n. tehn.* ballhardness tester.

sclerotic *adj.* sclerotic.

sclerotică *s.f.* sclerotic, sclera.

scleroză *s.f. med.* sclerosis.

sclifoseală *s.f.* 1. whimpering etc. v. s c l i f o s i 1. 2. whims, freaks, tricks.

sclifosi *vb. refl.* 1. to whimper, to whine, to snivel; to grizzle. 2. *(a face nazuri)* to be squeamish; to pretend, to be affected, to put on frills/ airs and graces.

sclifosit *adj.* 1. *(năzuros)* freakish. 2. *(fandosit)* mincing, finical, finicking, finicky.

sclipeţ *s.m. bot.* 1. blood wort/root *(Potentilla tormentilla).* 2. germander *(Teucrium chamaedrys).*

sclipi *vb. intr.* to shine; *(d. metale)* to glitter; *(a scînteia)* to sparkle.

sclipire *s.f.* glitter; sparkle; lustre, brilliance, brilliancy; ⓒ *o* ~ *de speranţă* a gleam of hope.

sclipitor I. *adj.* 1. shining etc. v. s c l i p i; bright, brilliant. 2. *fig.* brilliant. II. *adv.* brilliantly.

scliviseală *s. f.* **1.** polishing. **2.**
constr. plastering.
sclivisi *vb. tr.* **1.** to polish. **2.** *constr.*
to plaster.
sclivisit *adj.* **1.** polished. **2.** *constr.*
plastered. **2.** *fig.* F tit(t)ivated,
dapper; *sl.* squoo.
scoabă *s.f.* **1.** cramp (iron), crampon.
2. *(daltă)* point tool, chisel. **3.**
(firidă) niche. ① *slab ca o* ∼ (as)
thin as a lath/rake.
scoarţă *s.f.* **1.** *(de copac)* bark, rind.
2. *(crustă)* crust. **3.** *(copertă)*
cover. **4.** *(covor)* (wall) carpet. **5.**
(a globului) (earth) crust. **6.** *anat.*
scoarţa cerebrală the cortex. ⓑ
din ∼ *în* ∼ from cover to cover,
from title page to colophon,
through.
scoate I. *vb. tr.* **1.** *(a lua afară)* to
take/draw/pull out, to produce; *(cu
greutate)* to squeeze out; *(a dez-
brăca)* to take/get/pull off; *(mă-
nuşi, cizme)* to pull off; *(a extrage)*
to extract, to get; *(metal, din
minereu etc.)* to abstract. **2.** *(a da
afară)* to throw out. **3.** *(a alunga)*
to drive out/away; to expel; to
banish. **4.** *(a produce, a creşte)*
to produce, to grow. **5.** *(a în-
făţişa)* to present. **6.** *(a scăpa)*
to deliver, to save. **7.** *(a pronunţa)*
to utter. **8.** *(a publica)* to publish,
to bring out; *(a edita)* to edit;
(în serie) to issue. **9.** *(a născoci)*
to invent. **10.** *(a încasa)* to cash.
11. *(a câştiga)* to earn, to get; *(a
obţine)* to obtain, to get. **12.** *(a
scădea)* *mat.* to subtract, to deduct,
to take. **13.** *(a duce, a conduce)* to
lead; to take. **14.** *(a. deduce)* to
deduce, to conclude. **15.** *(a ab-
sorbi)* to absorb, to draw up. **16.** *(a
smulge)* to tear/pluck out. ⓒ *a* ∼
aburi to emit/throw up/exhale
steam; *a* ∼ *apă din puţ* to draw
water from a well; *a* ∼ *bani (de
la cineva)* to squeeze out money;
a ∼ *bani de la o bancă* to draw
money (from a bank); *a* ∼ *bani
din...* to make (much) money
by...; *a* ∼ *brazde* to make furrows;
a ∼ *buruienile* to pull up weeds;
a ∼ *capul pe fereastră* to lean out
of the window, to put one's head

out at the window; *a-şi* ∼ *chel-
tuielile* to cover one's expenses;
a ∼ *câştiguri mari de pe urma...*
(cu gen.) to derive large profits
from...; *a* ∼ *coardele unei viori*
to unstring a violin; *a* ∼ *dopul
unei sticle* to uncork a bottle; *a* ∼
flori to ·grow/cultivate flowers;
a-şi ∼ *hainele* to take/F strip off
one's clothes; *a* ∼ *o înjurătură* to
utter/swear an oath; *a* ∼ *o înju-
rătură grozavă* to rap out a ter-
rible oath; *a* ∼ *limba (la cineva)*
to put/stick out one's tongue (at
smb.); *a-şi* ∼ *mănuşile* to pull off
one's gloves; *a-şi* ∼ *o măsea* to
have a tooth (taken) out, to have
a tooth drawn/extracted; *a* ∼ *o
modă* to start/set a (new) fashion;
nu poţi ∼ *nimic de la el* one can
draw/elicit nothing from him; *a-şi*
∼ *ochii* **a.** *reciproc* to scratch/tear
one another's eyes out. **b.** *(cu citi-
tul)* to put one's eyes out; *a-şi* ∼
pălăria to take off one's hat; *a* ∼
un pasaj (a-l tăia) to strike out
a passage; *a* ∼ *cuiva peri albi* to
bother / harass / nag /plague / worry
the life out of smb.; *a* ∼ *petele
de pe haină* to take (the) spots/
stains out of the coat; *a-şi* ∼
piinea to earn a living/livelihood;
a ∼ *pui* to hatch chickens; *a* ∼
pomi hort. to rear/nurse trees;
a ∼ *punga* to pay up, to loosen
one's purse strings, F to shell out/
up; *a* ∼ *o rădăcină pătrată mat.*
to extract a square root; *a* ∼
spic to shoot into ears, to ear;
nu-şi scotea sufletul lucrînd he did
not hurt/kill himself over the job;
a ∼ *trei din cinci* to take three
from five; *a* ∼ *un ţipăt* to (set
up a) scream; *a nu* ∼ *o vorbă* to
utter no word; *a* ∼ *cu rădăcină (cu
tot)* to pull up by the root, to
uproot; *a nu* ∼ *din...* ←F to keep
calling smb. ...; *a* ∼ *din casă* to
turn *smb.* out (of doors); *a* ∼ *din
cuptor* to take out of the oven;
a ∼ *din rîu* to take out of the
river. **II.** *vb. refl. pas.* to be taken
out etc. v. ∼ **I.**

scobar *s.m. iht.* broad snout *(Chon-
drostoma nasus).*

scobi I. *vb. tr.* 1. to hollow out; *(a săpa)* to dig. 2. *(dinţii)* to pick. II. *vb. refl.* ⓒ *a se ~ în buzunar* to fumble/grope/dip in one's pocket; *a se ~ în dinţi* to pick one's teeth; *a se ~ în nas* to pick one's nose.

scobit *adj.* 1. hollowed out; dug. 2. *(cu scobitură)* hollow. 3. *(d. ochi etc.)* sunken.

scobitoare *s.f.* toothpick.

scobitură *s.f.* hollow; groove; *(gaură)* hole.

scoc *s.n.* 1. *(de moară)* mill race. 2. *mineral.* chute, shoot.

scociorî I. *vb. tr.* 1. v. s c o t o c i I. 2. *(a alunga)* to drive away/out. 3. *(a scruta)* to take a good look at. II. *vb. intr.* v. r î c î i.

scofală *s.f.* F nice/pretty concern. ⓑ *mare ~! ce (mai) ~ !* a. F it's no catch! b. F that's a nice/ pretty concern indeed; a pretty kettle of fish, this! ⓒ *n-o să facă mare ~ aprox.* he won't set the Thames on fire.

scofîlci I. *vb. tr.* to waste away, to emaciate. II. *vb. refl.* to waste away.

scofîlcit *adj.* 1. *(d. obraji)* hollow, sunken. 2. *(~ la faţă)* hollow--cheeked, gaunt(-faced).

scoică *s.f.* 1. shell. 2. oyster. ⓐ *~ de mărgăritar* pearl oyster *(Meleagrina margaritifera).*

scolast *s.m.* schoolman, scholastic.

scolastic I. *adj.* scholastic. II. *adv.* scholastically.

scolastică *s.f.* scholasticism.

scolie *s.f.* scholium, scholion.

scolioză *s.f. med.* scoliosis.

scolopendră *s.f. entom.* scolopendra *(Scolopendra cingulata).*

sconcs *s.m. zool.* skunk *(Mephitis mephitica).*

scont *s.n. com.* discount.

sconta *vb. tr.* 1. *com.* to discount. 2. *fig.* to anticipate. ⓐ *a ~ pe...* to bank/count on... ⓒ *a ~ pe rezultatele unei acţiuni* to bank/ stake on the outcome of an action.

scop *s.n.* aim, goal, purpose, object, end. ⓑ *cu ce ~?* for what purpose? *(de ce?)* why? *cu/în ~ul... (cu*

gen.) with the object of... *(cu forme în -ing),* with a view to..., with/for the purpose of... *(cu forme în -ing);* fără ~ purposeless; *în acest ~* with that end in view. ⓒ *a-şi ajunge/realiza/atinge ~ul* to achieve/gain/ attain one's object/ end/aim/purpose, to secure one's object; *a avea ca/drept ~...* to have for an object..., to be intended/meant to...; *a-şi propune ca ~...* to aim at..., to be intended/ meant to...; *a corespunde ~ului* to answer the purpose.

scopi *vb. tr.* to castrate, to emasculate; *(animale)* to geld.

scopit I. *s.m.* skopets. II. *adj.* gelded, castrated.

scor *s.n. sport* score. ⓐ *~ alb* love (all), draw; *~ egal* tie, draw.

scorbură *s.f.* 1. *(de copac)* hollow. 2. *(peşteră)* cave.

scorburos *adj.* 1. *(d. un copac)* hollow. 2. full of caves; *(rîpos)* steep.

scorbut *s.n. med.* scurvy, scorbutus.

scorbutic *adj. med.* scurvied, scorbutic.

scorie *s.f.* v. z g u r ă.

scormoni I. *vb. intr.* 1. *(prin)* to rummage *(cu acuz.);* to ransack *(cu acuz.); (a căuta)* to make search (in); to rummage (in). 2. v. s c u r m a. 3. *(a sfredeli)* to bore, to drill. 4. *(a scruta)* scrutinize, to scan, to take a good look at. 5. *(focul)* to rake, to stir, to poke, to trim. 6. *fig.* to stir up, to incite, to fan. II. *vb. tr.* 1. *(a răvăşi)* to rummage, to ransack. 2. *(a scoate la iveală)* to rummage out/ up, to fish out. 3. *(a săpa)* to dig out; *(a rîcîi)* to rake, to stir.

scorneli *s.f. pl.* invention, figments; *(minciuni)* fabrications, fables, fibs, concoctions.

scorni I. *vb. tr.* 1. *(a născoci)* to invent, to fabricate, to concoct. 2. v. s t î r n i I. II. *vb. refl.* 1. *pas.* to be invented etc. v. ~ I. 2. v. s t î r n i II.

scornire *s.f.* invention etc. v. s c o r n i.

scornituri *s.f. pl.* v. s c o r n e l i.

scoroji I. *vb. tr.* to warp. II. *vb. refl.* to shrink, to shrivel.

scorojit *adj.* shrivelled, shrimped, dried up.

scorpie *s.f.* 1. *zool.* P v. s c o r p i o n 1. 2. *fig.* shrew, fury, virago, vixen, termagant; *(zgripţă)* (old) hag.

scorpion *s.m.* 1. *zool.* scorpion *(Scorpio).* 2. *Scorpionul astr.* Scorpio.

scorţar *s.m. ornit.* nut hatch/jobber *(Sitta).*

scorţăraş *s.m.,* **scorţărel** *s.m. ornit.* common creeper *(Certhia familiaris).*

scorţişoară *s.f.* cinnamon.

scorţişor *s.m. bot.* cinnamon *(Cinnamomum zeylanicum).*

scorţos *adj.* 1. rugged, rough. 2. *fig.* stiff.

scoruş *s.m. bot.* service tree *(Sorbus domestica).* ⓐ ~ *de munte* rowan tree, fowler's pear *(Sorbus/Pinus aucuparia).*

scotă *s.f. nav.* sheet.

scotoci I. *vb. tr.* to rummage, to search. II. *vb. intr., vb. refl. (in)* to rummage (in).

scotocitor *adj.* rummaging.

scoţian I. *adj.* Scottish, Scotch, *scot.* Scots. ⓑ *limba* ~*ă* Scottish, Scotch, the Scottish/Scotch language; *avînt* ~ Scotticism. II. *s.m.* Scotchman, *scot.* Scotsman.

screme *vb. refl.* to exert oneself; to strive, to do one's utmost; to strain (oneself).

screper *s.n. tehn.* scraper.

scrib *s.m.* 1. *ist.* scribe. 2. *odin.* clerk. 3. *ironic* scribbler, quill driver, hack(writer).

scrie I. *vb. intr. şi tr.* to write; *(la maşină)* to type. ⓒ *a* ~ *cu cerneală* to write in ink; *a* ~ *sub dictarea cuiva* to write to/from smb.'s dictation; *a* ~ *citeţ* to write plain, to write a good hand; *a* ~ *mărunt* to write small; *a* ~ *mare* to write large; *creionul ăsta* ~ *prost* it is a bad pencil; *e scris să...* it is fated/written that... ⓓ *ce ţi-e scris în frunte ţi-e pus* no flying from fate. II. *vb refl.* 1. to spell; to be spelt. 2. *pas.* to be written etc. v. ~ I.

scriere *s.f.* writing; *(caligrafie, şi)* hand. ⓐ ~ *cursivă* running hand.

scriitor *s.m.* writer; *(autor)* author.

scriitoraş *s.m.* F scribbler, penny--a-liner.

scriitoricesc *adj. a* writer's...

scriitorime *s.f. col.* writers.

scriitura *s.f.* writing.

scrijeli *vb. tr.* to scratch, to graze; *(a cresta)* to notch.

scrimă *s.f.* fencing. ⓑ *profesor de* ~ fencing master.

scrin *s.n.* chest of drawers.

scripcar *s.m.* fiddler.

scripcă *s.f.* fiddle.

scripete *s.m.* pulley, windlass.

scripte *s.f. pl.* records, papers.

scriptic *adj.* on the staff. ⓑ *fond* ~ wages fund; *personal* ~ personnel/workers on the staff.

scriptolog *s.m.* v. b i r o c r a t.

scriptologie *s.f.* red tape(ry)/tapism.

scriptură *s.f.* 1. the (Holy) Scriptures. 2. *înv.* scripture.

scris *s.n.* writing; *(caligrafie, şi)* hand. ⓐ ~ *citeţ* legible writing. ⓑ *in* ~ in writing, in written form.

scrisă *s.f.* fate, destiny; predestination.

scrisoare *s.f.* 1. letter; epistle. 2. *(scriere)* writing. ⓐ ~ *de credit com.* letter of credit; ~ *de trăsură com.* way bill; ~ *închisă* sealed letter; ~ *recomandată* registered letter.

scrînciob *s.n.* swing. ⓒ *a se da în* ~ to swing.

scrînteală *s.f. fig.* F v. ţ i c n e a l ă.

scrînti I. *vb. tr.* to dislocate, to put out of joint; *(piciorul)* to sprain. ⓐ *a o* ~ F to drop a brick, to put one's foot into it/one's mouth, *sl.* to pull a bone. ⓒ *mi-am* ~*t piciorul* I've sprained my/an ankle. II. *vb. refl.* F to go out of one's head.

scrîntit *adj.* 1. sprained. 2. F batty, cracked, *sl.* barmy on the crumpet, potty.

scrîntitoare *s.f. bot.* 1. silvery cinquefoil *(Potentilla argentea).* 2. goose grass *(Potentilla anserina).*

scrîşnet *s.n.* gnashing/gritting of teeth.

scrîşni *vb. intr. (a* ~ *din dinţi)* to gnash/grind/grit one's teeth.

scroafă *s.f.* *zool.* sow. ⓒ *s-a suit scroafa în copac* F he's grown too big for his boots; he tinks no small beer of himself, he puts on side.

scrob *s.n.* scrambled/beaten-up eggs/ omelette.

scrobeală *s.f.* starch; *(albastră)* blue.

scrobi *vb.* *tr.* to starch.

scrofulă *s.f.* *med.* scrofula.

scrofulos *adj.* *med.* scrofulous.

scrofuloză *s.f.* *med.* scrofula, F→ King's evil.

scrot *s.n.* *anat.* scrotum.

scrum *s.n.* ash; *(cenușă)* ashes. ⓒ *a se face* ~ to burn to ashes.

scrumbie *s.f.* *iht.* **1.** mackerel *(Scomer).* **2.** herring *(Clupea harengus).* **3.** *(afumată)* red herring, bloater; *(afumată și sărată)* kipper.

scrumieră *s.f.* ash-tray /pot/stand.

scrupul *s.n.* scruple. ⓑ *fără* ~*e* **I.** *adj.* unscrupulous. **II.** *adv.* unscrupulously. ⓒ *a avea* ~*e* to have scruples, to make scruple.

scrupulos **I.** *adj.* scrupulous. **II.** *adv.* scrupulously.

scrupulozitate *s.f.* scrupulosity, scrupulousness.

scruta *vb.* *tr.* to scrutinize, to examine closely, to take a good look at. ⓒ *a* ~ *zările* to scan the horizon.

scrutător **I.** *adj.* searching. **II.** *s.m.* scrutinizer, scrutator.

scrutin *s.n.* poll; *(votare)* voting. ⓑ *al doilea tur de* ~ second ballot. ⓒ *a despuia* ~*ul* to count the votes.

scuar *s.n.* square.

scufă, scufie *s.f.* night cap.

scufiță *s.f.* child's/cradle cap. ⓐ *Scufița Roșie* Little Red Riding Hood.

scufunda **I.** *vb.* *tr.* to dip, to submerge, to immerse, to duck; to send to the bottom. **II.** *vb.* *refl.* **1.** to sink; to submerge, to dive; to go to the bottom; *(a se îneca)* to sink. **2.** *(d. pămînt etc.)* to sink; to subside. ⓐ *a se* ~ *în (gînduri etc.)* to be plunged in...; to be lost /absorbed/buried in...

scuipa **I.** *vb.* *tr.* **1.** to spit, F to gob, S→to expectorate. **2.** *fig.*

to spit upon. ⓒ *a* ~ *foc* to belch fire; *a*~ *sînge* to spit blood. **II.** *vb.* *intr.* to spit, to expectorate. ⓓ *nu* ~ *în puț că se poate întîmpla să bei din el* don't foul the well, you may need its waters.

scuipat *s.n.* **1.** spitting. **2.** spit(tle), F gob, saliva. ⓐ ~*ul oprit* don't spit on the floor.

scuipătoare *s.f.* spittoon, *amer.* cuspidor.

scul *s.n.* hank.

scula **I.** *vb.* *tr.* **1.** *(din somn)* to wake, to awake(n), to call. **2.** *(în picioare)* to raise. **3.** *fig.* to awaken, to arouse. **II.** *vb.* *refl.* **1.** *(a se da jos din pat)* to get up, to rise. **2.** *(a se ridica în picioare)* to stand up; *(cu greu)* to struggle to one's feet. ⓒ *a se* ~ *de la masă* to get up/rise from table, to make a move; *a se* ~ *după boală* to recover. ⓓ *cine se scoală de dimineață departe ajunge* the early bird catches the worm, it is the early bird that catches the worm.

sculare *s.f.*, **sculat** *s.n.* waking etc. v. s c u l a.

sculat *adj.* **1.** awake, up, about. **2.** erect.

sculă *s.f.* **1.** *(unealtă)* tool; instrument. **2.** *fig.* *(unealtă)* tool. **3.** *fig.* *(poamă)* F bad lot/egg; *(d. o femeie)* F bright article.

sculpta *vb.* *tr.* to sculpture; *(în lemn, piatră, os)* to chisel, to carve; *(în bronz)* to cast.

sculptor *s.m.* sculptor; *(în lemn)* wood carver.

sculptural *adj.* sculptural; *(d. o figură)* statuesque.

sculptură *s.f.* sculpture; *(în lemn)* wood carving.

scump **I.** *adj.* **1.** *(ant. ieftin)* expensive, dear. **2.** *(drag)* dear. **3.** *(prețios)* valuable, of great value; *(bun)* good. ⓐ ~ *la tărîțe și ieftin la făină* penny wise and pound foolish; ~ *la vorbă* chary of words. ⓒ *vai ce* ~ *e!* the little love. **II.** *adv.* dear(ly); *(mult)* much. **III.** *s.m.* niggard, miser.

scumpete *s.f.* **1.** dearness, expensiveness, high prices, *înv.*→dearth.

2. *(lucru scump)* valuable thing. **3.** *(odor) fig.* jewel. **4.** *(zgîrcenie)* avarice.

scumpi I. *vb. tr.* to raise (up)/put up the price of. **II.** *vb. refl.* **1.** to grow/ get dearer, to rise/ increase/advance in price, to go up. **2.** *(a se zgîrci)* to be stingy; *(la)* to grudge (the expense), to kick (at smth).

scumpie *s.f. bot.* smoke/wig tree *(Rhus cotinus)*.

scumpire *s.f.* *(a)* rise in the price (of).

scund *adj.* low; *(de statură)* short, of short stature; undersized.

scurge I. *vb. tr.* **1.** *(un lichid)* to let out, to drain. **2.** *(a drena)* to drain. **3.** *(a filtra)* to strain, to filter. **4.** *(a epuiza)* to exhaust. **II.** *vb. refl.* **1.** to flow (down), to stream down; *(cu picătura)* to trickle down; *(a ieşi)* to run/flow out; *(idem, cu picătura)* to drip out. **2.** *(d. o mulţime)* to gather, to throng; to disperse, to retire. **3.** *(d. timp etc.)* to elapse; *(repede)* to fly; *(a trece)* to pass (away), to go by, to slip away. **4.** *(d. zi)* to wear on.

scurgere *s.f.* **1.** letting out etc. v. s c u r g e. **2.** *(printr-o crăpătură)* leakage. **3.** *(a timpului)* lapse. **4.** P v. b l e n o r a g i e.

scurma *vb. tr.* to scratch, to scrape.

scursoare *s.f.* flow(ing).

scursură *s.f.* **1.** v. s c u r s o a r e. **2.** *(vale)* valley. **3.** *(canal)* sewer. **4.** *fig. col.* scum, dregs, riff-raff.

scurt I. *adj.* **1.** *(ant. lung)* short; *(scund)* short, of short stature; *(d. fustă etc.)* skimpy. **2.** *fig.* short; brief. **3.** *(puţin)* little. ⓐ ~circuit *electr.* short circuit. ⓑ *în* ~*ă vreme* shortly, in a short/ brief space of time; *pe* ~ in short/brief, briefly; *respiraţie* ~*ă* short wind, panting breath; *unde*~*e rad.* short waves. ⓒ *a ţine pe cineva de/din* ~ to keep a firm/tight hand/rein on smb.; to keep a check on smb. **II.** *adv.* briefly.

scurta I. *vb. tr.* to shorten, to make shorter, to cut short(er); to abbreviate; *(un articol)* to cut down.

to abridge. **II.** *vb. refl.* to shorten, to become shorter.

scurtă *s.f.* **1.** *kind of short coat.* **2.** *med.* swelling in the armpit.

scurtătură *s.f.* short-cut, cross-cut.

scurtcircuit *s.n. electr.* short circuit.

scurteică *s.f.* pelisse, fur-lined coat *worn by peasants.*

scurtime *s.f.* shortness; *(în sens abstract)* brevity.

scut *s.n.* **1.** shield; *(rotund)* buckler. **2.** *fig.* shield, aegis; *(paravan)* screen; *(sprijin)* support. **3.** *tehn., min.* shield.

scutar *s.m.* first shepherd.

scuteală *s.f.* **1.** *(adăpost)* shelter, refuge. **2.** v. s c u t i r e.

scutec *s.n.* swaddling band, diaper, napkin, *pl.* swaddling clothes.

scuter *s.n.* scooter.

scuti *vb. tr.* *(a cruţa)* to spare; *(a salva)* to save; *(a absolvi de)* to absolve (of); *(de ceva greu)* to exempt (from), to exonerate (from); *(a lăsa în pace)* to leave/let alone; *(de o obligaţie etc.)* to acquit (from/of). ⓒ *scuteşte-mă!* don't trouble/worry me with it! (you might) spare me that!

scutier *s.m. odin.* shield bearer, squire.

scutire *s.f.* sparing etc. v. s c u t i. ⓐ ~ *de impozite* exemption from taxation; ~ *de serviciu militar* exemption from military service. ⓒ *a cere o* ~ *de...* to claim exemption from...

scutit *adj.* *(de)* exempt (from). ⓐ ~ *de impozite* tax-exempt, tax-free.

scutura I. *vb. tr.* **1.** to shake; to rock; to agitate; *(şi astfel a scoate)* to shake out; *(praful)* to shake; *(covoare)* to shake (out); *(de praf)* to remove the dust from, to (free from) dust. **2.** *(a zdruncina)* to jolt. **3.** *fig.* *(a se lepăda de)* to shake off. **4.** *(fig.)* *(a critica)* to give a good dressing down. ⓒ *a-şi* ~ *frunzele* to shed one's leaves; *a* ~ *mîna cuiva* to shake smb.'s hand; *a* ~ *un pom* to shake down fruit from a tree; *a* ~ *de bani* to drain *smb.* of all his money; *a* ~ *din cap* to shake one's head; *îl* ~*u frigurile* he was

shivering with fever. **II.** *vb. refl.*
1. *pas.* to be shaken etc. v. ~ I. **2.**
(d. pomi) to lose/shed one's leaves.
ⓐ *a se* ~ *de...* to shake off...; *(a
se debarasa de...)* to get rid of...
III. *vb. intr.* to turn out/to do the
room *sau* rooms.
scuturătoare *s.f.* **1.** *(la moară)* seed
riddle. **2.** *(măturică)* feather duster.
scuturător *s.n.* **1.** *text.* shaker. **2.**
agr. straw shaker.
scuturătură *s.f.* **1.** shake; jolt,
jerk. **2.** *fig.* a good dressing down.
scuza I. *vb. tr.* to excuse, to pardon.
ⓒ ~*ți-mă!* I apologize! (I am)
sorry! **II.** *vb. refl.* **1.** to apologize.
2. *(a refuza)* to decline. ⓓ *cine
se scuză se acuză* excuses always
proceed from a guilty conscience;
an excuse is an accusation.
scuzabil I. *adj.* excusable, pardon-
able. **II.** *adv.* excusably.
scuză *s.f.* **1.** excuse, apology. **2.**
(pretext) excuse, pretext. ⓒ *a
cere scuze cuiva* to beg smb.'s par-
don, to apologize to smb.; *cere-i
scuze din partea mea* present my
apologies to him; *a prezenta scuze
cuiva* to make/offer one's apologies
to smb.
se I. *pron refl.* **1.** *(adesea nu se tra-
duce)* oneself; himself; herself; its-
self; themselves. **2.** *(impersonal)*
one; it; they; people. ⓒ ~ *culcă* he
goes to bed; *ducă-*~*!* let him go! ~
îmbracă he dresses (himself); *nu
~ poate* it is impossible; ~ *spune
că...* it is said that...; they/people
say that...; *i s-a spus* he was told;
după cum ~ știe as is known. **II.**
pron. reciproc each other, one an-
other.
seamă *s.f.* **1.** *(socoteală)* reckoning;
(cantitate) amount, quantity. **2.**
(grijă) care; *(interes)* interest.
3. *(însemnătate)* importance; *(vază)*
note. **4.** *(fel)* kind, sort; *(potrivă)*
like. ⓐ *o ~ de...* a number of...;
(mulți) many... ⓓ *băgare de* ~
care, attention; *dare de* ~ report;
de bună ~ certainly, of course; it
goes without saying, it stands to
reason; *de o* ~ *a. (de aceeași
vîrstă)* of the same age. **b.** *(de
același fel)* of the same cut/pat-

tern. **c.** *(egal)* equal; *de* ~ of
note; remarkable; outstanding; fa-
mous; *mai cu* ~ particularly,
especially; chiefly; mainly; *un om
de* ~ a man of note. ⓒ *a-și da seama
că...* to realize that..., to be aware
(of the fact) that...; *a-și da seama
de...* to realize..., to be aware
of...; to be alive to; *a da* ~ *de...*
to answer for...; *a-și face seama* to
lay violent hands upon oneself;
ia seama! take care!; *a ține* ~ *de...*
to take... into account/considera-
tion/account; to heed; to mind...;
not to overlook...; *a nu ține* ~ *de...*
to disregard..., to ignore..., to be
unmindful/regardless of...; not to
mind/heed...; *ține* ~ *de ce-ți spun!*
mark what I say! mark my words;
a băga de ~ to notice, to observe;
(a vedea) to see; *bagă de* ~ *să
nu cazi!* mind you don't fall! *a
băga/lua în* ~ to mind; to take
into account/consideration; to con-
sider; *a da ceva în seama cuiva* to
give smth. in smb.'s charge; *a lua
pe seama sa* to assume, to take on.
seamăn *s.m.* neighbour, fellow crea-
ture/man. ⓓ *fără* ~ incompar-
able, peerless.
seară *s.f.* **1.** *(între orele 18—21)*
evening, *poetic* →even, vesper; *(de
la orele 21 în sus)* night; *(amurg)*
twilight; dusk. **2.** *seara adverbial*
in the evening; at night. ⓓ *apel
de* ~ *mil.* tattoo roll-call; *astă* ~
this evening, to-night; *bună seara*
good evening; *către/spre* ~ towards
evening; *ieri seara* last night, yes-
terday evening; *în fiecare* ~ every
evening; *într-o* ~ one evening;
într-o seară frumoasă de primăvară
one fine spring evening.
searbăd *adj.* **1.** tasteless. **2.** *fig.*
insipid, dull; *(plictisitor)* tedious;
(plat) flat. **3.** *(palid)* pale (-faced).
sebaceu *adj. anat.* sebaceous. ⓓ
glandă sebacee sebaceous gland.
seboree *s.f. med.* seborrhoea.
sec I. *adj.* **1.** *(uscat)* dry; *(secătuit)*
dried-up; *(arid)* barren. **2.** *(gol,
deșert)* empty. **3.** *(prost)* F dull,
empty-headed. **4.** *(fără rost)* fig.
useless, vain; *(gol)* empty. **5.**

fig. (aspru) dry; harsh; *(rece)* cold. **II.** *adv.* drily, harshly. **III.** *s.n.* fast(ing). ⓑ *in* ~ for nothing, to no purpose; in vain; uselessly; *lăsata/lăsatul ~ului, lăsatul de* ~ Shrovetide, Shrove Tuesday; *mîncăruri de* ~ lenten dish/fare; *zi de* ~ fast(ing) day, day of abstinence; fish day. ⓒ *a înghiți în* ~ *fig.* to be a fool for one's pains, F to be too late in the field, to go (and) whistle for it.

seca I. *vb. tr.* **1.** *(a drena)* to drain; *(a usca)* to dry (up); *(a goli)* to empty. **2.** *(a slei)* to exhaust. **3.** *(a chinui)* to torture, to torment. **II.** *vb. intr.* **1.** *(a se usca)* to run low/dry, to dry up. **2.** *(d. provizii etc.)* to run low/short; *(a fi epuizat)* to be exhausted. **3.** *(d. corp etc.)* to become emaciated. ⓒ *puterile îi ~seră* he had worn himself out, he had spent his strength.

secantă *s.f. geom.* secant.

secară *s.f. bot.* rye *(Secale cereale).*

secărică *s.f.* **1.** *bot.* anise *(Carum carvi).* **2.** *(băutură)* rye brandy.

secătui *vb. tr.* to exhaust; *(a sărăci)* to impoverish.

secătură *s.f.* **1.** *(om de nimic)* nonentity, a nobody, ne'er-do-well, good--for-nothing; unreliable person, low fellow, F cad, bad lot, rotter. **2.** *pl.* trifles.

secera *vb. tr.* **1.** *(a tăia)* to cut down; *(a recolta)* to reap, to harvest, to crop, to cut. **2.** *fig.* to carry/cut off/away.

secerar *s.m.*←P v. a u g u s t[1].

secerat *s.n.* **1.** cutting etc. v. s e c e r a. **2.** v. s e c e r i ş.

seceră *s.f.* **1.** sickle, reaping hook. **2.** v. s e c e r i ş. ⓐ *secera şi ciocanul* the hammer and the sickle.

secerătoare *s.f.* **1.** reaper. **2.** *(maşină)* reaping/harvesting machine, harvester, reaper. ⓐ *~-legătoare* harvester (and) binder.

secerător I. *adj.* reaping, harvesting. **II.** *s.m.* reaper.

seceriş *s.n.* **1.** *(secerat)* reaping; *(al grînelor; şi fig.)* harvest. **2.** *(epoca recoltei)* harvest (time).

secesiune *s.f.* secession. ⓑ *Războiul de* ~ the War of Secession, *amer.* the Civil War.

secetă *s.f.* drought. ⓑ *regiuni bîntuite de* ~ drought-stricken areas.

secetos *adj.* droughty, drought-afflicted; arid.

sechestra I. *vb. tr.* to sequester, to put under distraint. **II.** *vb. refl. pas.* to be sequestered, to be put under distraint.

sechestrare *s.f.* sequestration, putting under distraint.

sechestru *s.n.* sequester, distraint, execution. ⓒ *a pune* ~ *pe...* to levy a distraint up(on)...

secol *s.n.* century; *(epocă)* age, period. ⓐ *~ul al XX-lea* the 20th century. ⓒ *nu te-am văzut de un* ~ F I haven't seen you for ages.

secret I. *adj.* secret; confidential. ⓑ *lacăt* ~ combination lock. **II.** *adv.* secretly, covertly. **III.** *s.n.* secret. ⓐ ~ *profesional* professional secret. ⓑ *în mare* ~ in strict confidence, as a great secret; *în*~ in secrecy, in secret, privily, privately; *violarea* ~ *ului profesional* breach of professional secrecy. ⓒ *a nu avea ~e faţă de cineva* to have no secrets from smb.; to withhold nothing from smb.; *a trăda un* ~ to betray a secret, to let out a secret, F→to let the cat out of the bag; *a ţine ceva (în)* ~ to keep smth. a secret.

secreta *vb. tr.* to secrete, to produce by secretion.

secretar *s.m.* secretary, amanuensis. ⓐ ~ *de redacţie* editorial secretary; ~ *de stat (în S. U. A.)* Secretary of State; ~ *general* **a.** *(al Partidului)* general secretary. **b.** *(al Naţiunilor Unite)* Secretary General, ~ *organizatoric* organizational secretary; ~ *particular* personal/private secretary; *(care scrie sub dictare)* amanuensis. ⓑ *prim* ~ *al Comitetului Central* first secretary of the Central Committee.

secretariat *s.n.* **1.** *(ca funcţie)* secretaryship, secretariate. **2.** *(birou)* secretariate.

secretor *adj. fiziol.* secretive, secretory.

secreţie *s.f. fiziol.* secretion. ⓐ ~ *internă* internal secretion.

sectant *s.m.* sectarian.

sectar **I.** *adj.* sectarian, narrow-minded. **II.** *adv.* in a sectarian manner. **III.** *s.m.* sectarian, sectary.

sectarism *s.n.* sectarianism.

sectă *s.f.* sect, denomination, persuasion.

sector *s.n.* **1.** *şi mat.* sector. **2.** *fig.* domain, sphere, field. ⓐ ~*ul socialist* the socialist sector; ~*ul socialist al agriculturii* the socialist/cooperativized sector of agriculture.

secţie *s.f.* section; department, branch. ⓐ ~ *de miliţie* local militia office; ~ *de poliţie* police station; ~ *de votare* polling/election station.

secţiona **I.** *vb. tr.* to section; to divide into sections; to divide. **II.** *vb. refl. pas.* to be sectioned etc. v. ~ I.

secţionare *s.f.* division into sections.

secţiune *s.f.* section. ⓐ ~ *longitudinală* longitudinal section; ~ *transversală* cross section; ~ *verticală* vertical section.

secui *s.m.* Sze(c)kler.

secuiesc *adj.* Sze(c)kler...

secular *adj.* **1.** secular, century-old; *(f. vechi)* ancient, age-old; *(d. un stejar etc.)* venerable. **2.** *(laic)* secular, lay.

seculariza *vb. tr.* to secularize.

secularizare *s.f.* secularization.

secund **I.** *adj.* second; secondary. **II.** *s.m. nav.* first mate/officer.

secunda *vb. tr.* to second; to back up, to support.

secundant *s.m.* **1.** *(într-un duel)* second. **2.** *(sprijinitor)* supporter, backer.

secundar **I.** *adj.* **1.** secondary; subordinate; minor. **2.** *gram.* subordinate. ⓑ *propoziţie* ~*ă* subordinate clause; *rol* ~ minor/secondary part; *şcoală* ~*ă* secondary school.

ⓒ *a juca un rol* ~ to play second fiddle. **II.** *s.n.* second hand.

secundă *s.f. şi muz.* second. ⓐ ~ *majoră* major second; ~ *minoră* minor second. ⓑ *o* ~*!* just a moment/minute! F half a mo/sec!

secure *s.f.* axe; *(de luptă)* battle ax(e); *(halebardă)* halberd, halbert. ⓒ *cît ai arunca cu* ~*a* at a stone's throw.

securit *s.m. tehn.* safety glass.

securitate *s.f.* safety, security. ⓑ ~*a muncii* labour safety; "Safety first" engineering; ~*a statului* state security. ⓑ *Consiliul de Securitate* the Security Council; *tehnica securităţii muncii* labour safety engineering.

secvenţă *s.f.* **1.** *tehn.* sequence. **2.** *cin.* still.

sedativ *adj., s.n.* sedative.

sedentar *adj.* sedentary. ⓑ *trupe* ~*e mil.* sedentary/non-mobile troops.

sedentarism *s.n.* sedentariness, sedentary life.

sedilă *s.f.* cedilla.

sediment *s.n.* sediment, deposit, residue.

sedimenta **I.** *vb. tr.* to deposit. **II.** *vb. refl.* to be deposited.

sedimentar *adj.* sedimentary.

sedimentare, sedimentaţie *s.f.* sedimentation.

sediţios *adj.* seditious; rebellious, mutinous.

sediţiune *s.f.* sedition.

sediu *s.n.* **1.** residence. **2.** *fig.* seat, centre, headquarters, premises.

seducător **I.** *adj.* seductive, fascinating; enticing, tempting. **II.** *adv.* seductively. **III.** *s.m.* seducer, abuser (of young women).

seduce *vb. tr.* **1.** to seduce, to carry away/off; *(a corupe)* to bribe. **2.** *fig.* to captivate, to fascinate, to (al)lure, to entice, to inveigle.

seducţie *s.f.* seduction, charm, attraction.

sefardit *adj.* Sephardic; *(ca limbă şi)* Ladino Spanish.

segment[1] *s.n.* segment. ⓐ ~ *de cerc mat.* circle/circular segment.

segment[2] *s.m. tehn.* piston/packing ring.

segmenta *vb. tr.* to segment.

segmentar *adj.* segmentary.
segrega *vb. tr.* to segregate.
segregare, segregaţie *s.f.* segregation. ⓐ ~ *rasială* racial segregation; *(în Africa de Sud)* apartheid.
seif *s.n.* safe.
seim *s.n.* Seim.
sein *adj.* grey, gray.
seism *s.n.* earthquake, seism.
seismic *adj.* seismic, *rar*→seismal.
seismograf *s.n.* seismograph, seismometer.
seismografic *adj.* seismographic.
seismogramă *s.f.* seismogram.
seismolog *s.m.* seismologist.
seismologic *adj.* seismological.
seismologie *s.f.* seismology.
seismoscop *s.n.* seismoscope.
select *adj.* select, choice.
selecta *vb. tr.* to select, to pick out; *(poetic)* to cull; *(a alege)* to choose.
selectiv *adj.* selective.
selectivitate *s.f. rad.* selectivity.
selector *s.n.* 1. tehn. selector. 2. *agr.* separator, sorter.
selecţie *s.f.* selection, choice. ⓐ ~ *naturală* natural selection.
selecţiona I. *vb. tr.* to select, to choose; to sort. II. *vb. refl. pas.* to be selected *sau* sorted.
selecţionabil *adj.* choos(e)able, eligible.
selecţionabil *adj.* choos(e)able, eligible.
selecţionare *s.f.* selection, selecting; sorting.
selecţionată *s.f. sport* picked/selected/combined team.
selecţionator, selecţioner *s.m.* picker; *sport şi* spotter.
selenar *adj.*, selenic *adj.* selenian, selenic, moon...
selenit *s.m.* 1. selenite, inhabitant of the moon. 2. *mineral.* selenite.
seleniu *s.m. chim.* selenium.
selenografie *s.f. astr.* selenography.
selfactor *s.n. text.* self-acting machine.
selfinducţie *s.f. electr.* self-induction.
semafor *s.n.* 1. *feroc., nac.* semaphore. 2. *(stop)* traffic light.
semantic *lingc.* I. *adj.* semantic. II. *adc.* semantically.

semantică *s.f. lingc.* semantics.
semasiologic *adj.* lingc. semasiological.
semasiologie *s.f. lingc.* semasiology.
semăna[1] I. *vb. tr.* 1. to sow, to seed; *(în rânduri)* to drill. 2. *fig. (vrajbă etc.)* to create *hostility etc.*, to sow *the seeds of dissension etc.*; *(a răspândi)* to propagate, to spread. ① *cine seamănă vînt culege furtună* he that sows the wind will reap the whirlwind. II. *vb. intr.* to sow.
semăna[2] *vb. intr.* to resemble, to bear resemblance; to be (very much) alike. ⓐ *a ~ a/cu...* to look/be like..., to resemble..., to bear resemblance to...; to border on...; *(tatăl etc.)* to take after... ⓒ *seamănă a ploaie* it looks like rain.
semănat *s.n.* 1. sowing etc. v. s e m ă n a[1]. 2. *(ca timp)* seed time, sowing (time).
semănătoare *s.f.* 1. sower. 2. *(maşină)* sower, seeder, sowing machine.
semănător *s.m.* sower.
semănătură *s.f.* 1. sowing etc. v. s e m ă n a[1]. 2. *pl.* crops.
semen *s.m.* v. s e a m ă n.
semestrial I. *adj.* 1. terminal, semester... 2. half-yearly. II. *adc.* half--yearly. ⓒ *apare ~* it comes out half-yearly.
semestru *s.n.* semester, term, half year.
semeţ I. *adj.* 1. *(îndrăzneţ)* daring, brave. 2. *(falnic)* stately, lofty. 3. *(trufaş)* haughty, conceited, arrogant. II. *adc.* 1. daringly, bravely. 2. haughtily.
semeţi *vb. refl.* 1. *(a se făli)* to boast; to give oneself airs. 2. *(a îndrăzni)* to dare.
semeţie *s.f.* 1. *(mîndrie)* pride; *(trufie)* haughtiness. 2. *(curaj)* daring, courage.
semiautomat *adj.* semi-automatic.
semicerc *s.n.* semicircle.
semicircular *adj.* semicircular, half--round.
semicolonial *adj.* semi-colonial. ⓕ *ţară ~ă* semi-colonial country.
semicolonie *s.f.* semi-colonial territory.
semiconductor *s.m.* semi-conductor.

semiconsoană *s.f.* semivowel.
semiconştient *adj.* semi-conscious.
semicristalin *adj.* semi-crystalline, hemicrystalline.
semidoct *s.m.* smatterer; *aprox.* sophomore.
semifabricat **I.** *adj.* semi-finished... **II.** *s.n.* half-finished/semi-finished product. ⓐ ~*e* semi-manufactured goods, semi-products.
semifeudal *adj.* semi-feudal.
semifinală *s.f.* *sport* half/semi--final(s).
semifond *s.n.* *sport* middle-distance race.
semiîntuneric *s.n.* semi-darkness, half-dark, shade.
semilună *s.f.* **1.** half-moon, crescent. **2.** *Semiluna ist.* the Crescent, the Sublime Porte.
seminal *adj.* seminal.
seminar *s.n.* **1.** seminar. **2.** *rel.* (ecclesiastical) seminary.
seminarist *s.m.* seminarian, seminarist.
semincer *s.m.* *silv.* seed tree.
seminție *s.f.* **1.** *(trib)* tribe; *(familie)* family. **2.** *(neam)* nation; nationality; people; *(gen)* kind.
semiobscur *adj.* dim, gloomy, murky, dusky.
semiobscuritate *s.f.* semiobscurity, dimness, dusk.
semioficial **I.** *adj.* semi-official. **II.** *adv.* semi-officially.
semiologie *s.f.* *med.* sem(e)iology.
semipastă *s.f.* half-stuff, first stuff.
semiprofil *s.n.* half-section.
semiproletar *adj.* semi-proletarian.
semit *adj., s.m.* Semite.
semitic *adj.* Semitic.
semiton *s.n.* *muz.* semitone.
semitort *s.n.* *text.* rove.
semitransparent *adj.* semi-transparent, translucent.
semivocală *s.f.* *lingv.* semivowel.
semizeu *s.m.* demigod.
semn *s.n.* **1.** sign; badge; *(simbol)* token, symbol; *(urmă)* mark; trace, track; *(semnal)* signal; *(indicație)* sign, indication; symptom; *(augur)* augury; *(emblemă)* emblem. **2.** *(cicatrice)* scar. **3.** *(~ prevestitor)* omen. **4.** *(gest)* sign,

gesture. **5.** *(țintă)* mil. target; *(pt. tragere şi)* shooting mark. **6.** *(al zodiacului)* sign (of the zodiac). ⓐ ~ *algebric* algebraical sign; ~ *convenţional* conventional sign, symbol; ~ *de carte* reading mark; ~ *de întrebare* v. ~u l î n t r e-b ă r i i; ~ *de ploaie* sign of rain; ~*e astronomice* astronomical signs; ~*e de corectură* proof symbols; ~*e de suspensie* suspension periods/points; ~*e distinctive* distinctive marks; ~*ele citării* quotation marks; ~*ele punctuaţiei* stops, punctuation marks; ~*e particulare* special peculiarities; ~ *moale* soft sign; ~ *negativ/minus* negative/minus sign; ~ *pozitiv/plus* positive/plus sign; ~ *rău* bad/ill omen; ~ *tare* hard sign; ~*ul crucii* the sign of the cross; ~*ul egalităţii* mat. the sign of equality; ~*ul întrebării* note/mark of interrogation, question mark, query; ~*ul mirării/exclamării* note/mark of exclamation. ① *în* ~ *de...* as a token/sign of; *pe* ~*e* probably; *sub* ~*ul...* *(cu gen.)* under the badge/sign of...; *sub* ~*ul întrebării* dubious, unlikely. ⓒ *a da* ~*e de oboseală* to show signs/an indication of fatigue; *a nu da nici un* ~ *de viaţă* to show/give no sign of life; *a face* ~ *cuiva* to make a sign to smb., to motion to smb.; *(a chema)* to beckon to smb.; *a fi un* ~ *de...* to serve as a sign/an indication of...; *sînt* ~*e de ploaie* it looks like rain(ing), it looks as if it were going to rain.
semna *vb. tr.* to sign, to put one's name to, to set one's hand to, *elev.*→to append/affix one's signature to.
semnal *s.n.* **1.** signal; *(semn)* sign. **2.** *mil.* signal, call. **3.** *rad.* signature. **4.** *(exemplar)* pre-print. ⓐ ~ *de alarmă* alarm signal; ~ *acustic/fonic* sound signal; ~ *de apel tel.* calling signal; call signal/sign; ~ *de ieşire ferov.* starting/advance signal; ~ *de incendiu* fire alarm; ~ *de intrare ferov.* home signal; ~ *de încetarea focului* mil. cease-fire; ~ *de oprire ferov.*

stop signal; ~ *de pericol/nav.*
naufragii distress signal, *nav.*
S.O.S. call/signal; ~ *luminos* light
signal; ~ *vizual ferov.* visual signal.
ⓒ *a da* ~*ul* to (give the) signal;
a da ~*ul de atac mil.* to give the
signal for attack.
semnala I. *vb. tr.* **1.** *(a atrage luare
aminte)* to point/signal out, to
call/draw attention to, to point
to; *(un fapt)* to refer to; *(a înre-
gistra)* to record. **2.** *(a raporta)*
to report, to notify. II. *vb. refl.
pas.* to be recorded; *(a se vedea)*
to be seen.
semnaliza *vb. tr.* to signal.
semnalizare *s.f.* signalization. ⓓ
cabină/gheretă de ~ *ferov.* signal
box; *foc de* ~ signal light; *lampă
de* ~ *mil.* signal(ling) lamp; *pavi-
lion de* ~ *nav.* signal flag; *steguleț/
fanion de* ~ signalling flag.
semnalizator I. *s.m.* **1.** *mil. etc.*
signaller, sender of signals; *ferov.*
signalman. **2.** *tehn.* signalling de-
vice/apparatus. **3.** *lingv. mat.* mark.
ⓐ ~*i formali mat.*' *lingv.* form
marks. II. *adj.* signalling.
semnalmente *s.n. pl.* description (of
a person).
semnare *s.f.* signing.
semnatar *s.m.* signer, signatory,
subscriber.
semnătură *s.f.* signature. ⓒ *a purta
semnătura (cu gen.)* to bear the
signature of...
semnifica *vb. tr.* to signify, to mean.
semnificativ I. *adj.* significant; *(im-
portant)* important, noteworthy,
considerable; *(expresiv)* expressive,
graphic, eloquent, telling. II. *adv.*
significantly.
semnificație *s.f.* **1.** *(a unui cuvînt
etc.)* significance, signification,
meaning. **2.** *(tîlc)* significance,
meaning; *(importanță)* importance,
noteworthiness.
sempitern *adj.* eternal, sempiternal,
permanent.
senat *s.n.* senate; *(clădire)* senate
house.
senator *s.m.* senator.
senatorial *adj.* senatorial.
senil *adj.* senile, aged; *(ramolit)*
doting, decrepit.

senilitate *s.f.* senility; *(la femei)*
anility; *(bătrînețe)* old age.
senin I. *adj.* **1.** *(fără nori)* clear,
serene, bright, cloudless, unclouded.
2. *fig.* serene; *(fericit)* happy. ⓓ
cer ~ clear/serene/unclouded sky.
II. *s.n.* **1.** *(cer senin)* clear/serene/
unclouded sky; *(albastrul cerului)*
sky blue, azure; *(vreme senină)*
clear/bright weather. **2.** *(senină-
tate)* serenity; *(pace)* peace; *(fe-
ricire)* serene happiness. ⓓ *din*
~ out of a clear sky; unawares,
unexpectedly; *un fulger din* ~ a
bolt from the blue.
seninătate *s.f.* serenity, cloudless-
ness; untroubled state; *(sufle-
tească)* equanimity.
senior I. *adj.* senior. II. *s.m.* *ist.*
feudal lord, seignior, seigneur;
(nobil) noble(man).
seniorial *adj.* *ist.* seigniorial, ma-
norial.
sens *s.n.* **1.** *(înțeles)* meaning, sense,
signification, import. **2.** *(rost)*
sense, reason, logic; *(folos)* use.
3. *(direcție)* direction, way. ⓐ
~ *figurat* figurative sense; ~
giratoriu rotary, merry-go-round;
~ *interzis* no entry; ~ *propriu*
literal sense; ~*ul precis al unui
cuvînt* the precise bearing of a
word; ~ *unic* one-way traffic. ⓓ
fără nici un ~ absurd, nonsensical;
(inutil) useless; *în același* ~ to
the same effect; *în* ~ *invers* in a
contrary direction, in the opposite
direction; *în* ~*ul acelor unui
ceasornic* clockwise; *în* ~*ul invers
acelor unui ceasornic* counter-clock-
wise; *în* ~*ul obișnuit al cuvîntului*
in the ordinary sense of the word;
într-un anumit ~ in a certain
sense. ⓒ *a nu avea nici un* ~ to
make no sense (at all); *n-are nici
un* ~ *să ne ducem acolo* there is
no point in going there; *ce* ~ *are
să...?* what's the use/good of...
(cu forme în -ing)?
sensibil I. *adj.* **1.** sensitive; impres-
sionable, responsive; susceptible.
2. *(apreciabil)* sensible, tangible,
palpable, considerable. **3.** *fot.* sen-
sible; *fiz.* sensitive. ⓓ *inimă* ~*ă*

tender heart; *om* ~ man of active sympathies; *punct* ~ tender spot, sore point; *puţin* ~ callous; *(la)* impervious (to); *ureche* ~ă sensitive ear. ⓒ *a atinge coarda* ~ă to appeal to the emotions; *a fi foarte* ~ *la durere* to be very susceptible to pain; *a fi* ~ *la frig* to be sensitive to the cold, to feel the cold. **II.** *adv.* appreciably, palpably, considerably. **sensibilitate** *s.f.* sensibility, sensitiveness.

sensibiliza I. *vb. tr.* **1.** to render/make sensitive. **2.** *fot. etc.* to sensitize. **II.** *vb. refl.* to become sensitive.

sensibilizator *s.m. fot.* sensitizer.

sentenţă *s.f.* v. **sentinţă**.

sentenţios I. *adj.* sententious. **II.** *adv.* sententiously.

sentiment *s.n.* feeling, sentiment; emotion; *(de bucurie, uşurare etc.)* sensation; *(conştiinţă)* sense, feeling; *(vedere)* view, conception, opinion. ⓐ ~ *de onoare* sense of honour; ~ *de uşurare* sensation of relief. ⓑ *cu* ~ *(a cînta etc.)* feelingly, F→soulfully; *lipsit de* ~ devoid of feeling; *lovit în* ~ele *sale* aggrieved. ⓒ *a avea* ~e *delicate* to be delicate of feeling; *a avea* ~ul *frumosului* to be alive to the beautiful; *a face apel la* ~ele *cuiva* to appeal to smb.'s better feelings.

sentimental I. *adj.* **1.** sentimental, tender-hearted, F→soft, soulful. **2.** mellow; *(dulceag)* mawkish, slip-slop, soppy; *(la beţie)* maudlin. **II.** *adv.* sentimentally, F→soulfully. **III.** *s.m.* sentimentalist.

sentimentalism *s.n.* sentimentalism, F→slip-slop, sob-stuff, mawkishness.

sentimentalitate *s.f.* sentimentality.

sentimentaliza *vb. intr.* to sentimentalize.

sentinelă *s.f. mil.* v. **santinelă**.

sentinţă *s.f.* **1.** *jur. (a judecătorului)* judgment, sentence, decision; *(a juraţilor)* verdict; *(a unui arbitru)* award; *(servind ca model)* precedent. **2.** sentence; maxim; aphorism. ⓐ ~ *de moarte* sentence of death;

death sentence/warrant. ⓒ *a da o* ~ to pass a sentence; *a executa o* ~ *(de moarte)* to carry out a sentence of death; *a pronunţa o* ~ to return/bring in/deliver/give a sentence.

senzaţie *s.f.* sensation, feeling. ⓐ ~ *de frig* feeling of cold; ~ *tactilă* tactile sensation. ⓑ *de* ~ v. **senzaţional.** ⓒ *a face* ~ to create/make a sensation.

senzaţional *adj.* sensational, F→thrilling. ⓑ *roman* ~ F→thriller.

senzitiv *adj.* **1.** sensitive. **2.** *(senzorial)* sensory, sensorial.

senzitivă *s.f. bot.* sensitive plant *(Mimosa pudica)*.

senzorial *adj.* sensory, sensorial, sense... ⓑ *percepţie* ~ă *psih.* sense perception.

senzual I. *adj.* **1.** *(ţinînd de simţuri)* sensual, sensuous, carnal, fleshy. **2.** *(voluptos)* sensual, voluptuous, randy, lustful, licentious. ⓑ *plăceri* ~e sensual pleasures; *pofte* ~e carnal appetites. **II.** *s.m.* sensualist.

senzualism *s.n. şi filoz.* sensualism, sensationalism.

senzualist I. *adj. filoz.* sensual. **II.** *s.m.* sensualist.

senzualitate *s.f.* sensuality, voluptuousness.

sepală *s.f. bot.* sepal. ⓑ *cu multe sepale* polysepalous.

separa I. *vb. tr. (de)* to separate (from), to sever (from); to divide, to keep apart; *(a distinge)* to distinguish (from). **II.** *vb. refl. (de)* to separate (from), to part (with); to part company; *(d. drumuri etc.)* to divide, to branch off.

separabil *adj.* separable.

separare *s.f.* separation, severance, parting.

separat I. *adj.* **1.** separated etc. v. **separa. 2.** separate, different, distinct. **II.** *adv.* separately; apart. ⓒ *a trăi* ~ to live apart.

separatism *s.n.* separatism.

separatist *s.m.* separatist.

separator *s.n.* **1.** *electr.* separating/isolation switch. **2.** *tehn.* separator.

separaţie *s.f.* separation. ⓐ ~ *de bunuri jur.* separate maintenance;

~ *de corp* judicial separation, separation from bed.

separeu *s.n.* booth, snug.

sepia *s.f.* sepia (colour); *(desen)* sepia drawing.

sepie *s.f. zool.* sepia, cuttle fish *(Sepia officinalis)*.

sepsie *s.f. med.* sepsis.

septembrie *s.m.* September.

septemvir *s.m. ist. Romei* septemvir.

septemvirat *s.n. ist. Romei* septemvirate.

septentrional *adj.* Northern.

septic *adj. med.* septic.

septicemie *s.f. med.* septicaemia.

septimă *s.f.* 1. *muz.* seventh. 2. *(scrimă)* septime.

septuagenar *adj.*, *s.m.* septuagenarian.

sepulcral *adj.* sepulchral.

ser *s.n. med.* serum. ⓐ ~ *antitetanic* antitetanic serum; ~ *fiziologic* physiological salt/saline solution; ~ *sanguin* blood serum.

serafic *adj.* seraphic, angelic.

serafim *s.m.* seraph.

serai *s.n. odin.* seraglio.

seral *adj.* evening... ⓑ *şcoală* ~*ă*, *curs* ~ evening school/classes.

serată *s.f.* (evening) party, at-home; *(intimă)* social gathering. ⓐ ~ *dansantă* dancing party; ~ *literară* literary soirée; ~ *muzicală* musical evening. ⓒ *a da o* ~ *dansantă* to give a dance.

seră *s.f.* greenhouse, conservatory, glass house; *(caldă)* hothouse. ⓑ *plante de* ~*(caldă)* hothouse plants.

serba I. *vb. tr.* to celebrate, to keep. II. *vb. refl. pas.* to be celebrated.

serbare *s.f.* 1. *(sărbătorire)* celebration. 2. *(festival)* festival, feast; fête; *(petrecere)* festivity, gaiety, merry-making. ⓐ ~ *cîmpenească* picnic; ~ *şcolară* school feast/festival.

serdar *s.m. odin.* cavalry commander.

serenadă *s.f.* serenade.

sergent *s.m.* 1. *mil.* sergeant. 2.← *odin.* policeman. ⓐ ~ *instructor* drill sergeant; ~ *major* senior sergeant.

seria *vb. tr.* to seriate, to arrange in series.

serialism *s.n.* serialism.

sericicol *adj.* seri(ci)cultural.

sericicultor *s.m.* seri(ci)culturist.

sericicultură *s.f.* seri(ci)culture.

serie *s.f.* series; *(de victorii, accidente etc.)* succession. ⓐ ~ *infinită mat.* infinite series. ⓑ *film în cîteva serii* serial (film); *în* ~ I. *adj.* standardized. II. *adv.* in series, serially; *producţie/fabricaţie în* ~ serial/mass production; *maşină de* ~ car of standard model. ⓒ *a produce în* ~ to manufacture serially.

seringă *s.f. med.* (hypodermic) syringe.

serios I. *adj.* earnest, serious-minded; *(grav)* serious, grave; *(real)* earnest, genuine; *(d. o chestiune)* serious, grave; important, weighty; *(d. o boală)* serious; *(d. un om)* well-conducted, steady, reliable; *(d. o ofertă)* bona-fide...; *(d. un cumpărător)* genuine. ⓒ *a avea intenţii/gînduri serioase* to mean business. II. *adv.* seriously; gravely; earnestly; *(rănit etc.)* gravely, grievously. ⓒ *vorbeşti* ~? do you really mean it? are you in earnest? III. *s.n.* seriousness. ⓒ *a lua ceva în* ~ to take smth. seriously; *a vorbi* ~ to speak in earnest, to mean it.

seriozitate *s.f.* seriousness; gravity. ⓑ *lipsă de* ~ irresponsibility; *(uşurinţă)* levity, wantonness.

serj *s.n.* serge; woollen serge; cotton serge.

serologic *adj.* serologic(al).

serologie *s.f.* serology.

seros *adj.* serous, whey-like.

seroterapie *s.f. med.* serotherapy.

serozitate *s.f.* serosity.

serpentin *s.n. mineral.* serpentine.

serpentină *s.f.* 1. serpentine winding(s); *(drum cotit)* winding road. 2. *(foaie de hîrtie)* paper streamer. 3. *tehn.* (serpent) coil, serpentine pipe.

sertar *s.n.* 1. drawer. 2. *tehn.* sliding/slide valve.

serv *s.m.* 1. *ist. (şerb)* serf. 2.← *înv. (rob)* slave.

servant *s.m.* **1.** servant. **2.** *mil.* gunner.

servantă *s.f.* **1.** dumb waiter; tea trolley, dinner waggon. **2.** *(servitoare)* (maid-)servant.

servi I. *vb. tr.* **1.** to be a servant to. **2.** *(un client)* to serve, to attend to, to wait on. **3.** *(mincare)* to serve/dish up, to bring in; *(fructe etc.)* to set on; *(pe cineva, la masă)* to help *smb.* to a dish. **4.** *(a ajuta)* to help, to assist, to be of service to; to render service to. ⓐ *a-și* ∼ *(patria etc.)* to serve one's (country etc.). ⓒ *sinteți* ∼*t?* are you being attended to? *cu ce vă pot* ∼? what can I do for you? **II.** *vb. refl.* **1.** *pas.* to be served/dished up; to be brought in; v. și ∼ I, 3. **2.** *(la masă)* to help oneself. ⓐ *a se* ∼ *de (cineva, ceva)* to make use of..., to use... **III.** *vb. intr.* **1.** to be useful. **2.** to be in use. **3.** *sport* to serve. ⓐ *a* ∼ *la... (sau cu dat.)* to be useful for...; *a* ∼ *(cu dat.)* to be useful to...; *a* ∼ *drept...* to serve as..., to be used as... ⓒ *cine servește? sport* whose serve is it? *sfatul tău i-a* ∼*t mult* your advice has been of great use to him; *a* ∼ *în armată* to serve in the army; *la ce servește?* what's the good/use of that? *a* ∼ *la masă* to wait at table; *a nu* ∼ *la nimic* to answer no purpose, to be useless; *nu servește la nimic* it's no good.

serviabil *adj.* obliging, helpful, willing to help, kind, responsive, *inv.*→serviceable.

serviabilitate *s.f.* obligingness.

serviciu *s.n.* **1.** service; *(slujbă)* job, office; *(îndatorire)* duty; *(la hotel etc.)* attendance. **2.** *rel.* divine service. **3.** *sport* serv(ic)e. **4.** *(făcut cuiva)* service rendered; *(favoare)* favour. **5.** *(secție)* department. **6.** *(maritim etc.)* service. **7.** *(de obiecte)* set, service. ⓐ ∼ *activ mil.*, *nav.* service with the colours, active service; ∼ *comandat* duty covered by orders; ∼ *de ceai* tea service/set; ∼ *de chirurgie* surgical department; ∼ *de gardă* guard duty; ∼ *de masă* dinner

set/service; ∼ *interior mil.* duties in barracks and quarters; ∼ *militar* military service; ∼ *militar obligator (iu)* conscription, compulsory military service; ∼*l personalului* appointments department; ∼ *sanitar* health/sanitary service. ⓑ *de* ∼ on duty; *în* ∼ in the service; *în* ∼ *activ mil.* on active service; *în* ∼*l* ... at/in the service of...; *ofițer de* ∼ orderly officer; *scară de* ∼ backstairs; *șef de* ∼ departmental head; *ușă de* ∼ backdoor. ⓒ *are un* ∼ *excelent sport* his service is terrific; *a avea 25 de ani de* ∼ to have served 25 years; *a face cuiva un* ∼ to do smb. a service/ a good turn; *a fi de* ∼ to be to business/on duty; *cînd pleci de la* ∼? at what time do you go off duty/do you leave your office? *a intra în* ∼ to go into service; *a pune ceva în* ∼*l (cu gen.)* to place/put smth. at/in the service of...; *cînd te duci la* ∼? when do you go on duty? when are you supposed to be at your office?

servietă *s.f.* bag; portfolio; *(mai mare)* attaché case; *(de avocat)* briefcase; *(mapă)* foliocase.

servil I. *adj.* servile; *(d. imitație)* slavish. **II.** *adv.* servilely, slavishly

servilism *s.n.* servilism.

servire *s.f.* serving etc. v. **s e r v i.**

servitoare *s.f.* (maid-)servant, help; *(cu ziua)* daily; *(pt. treburi grele)* char(woman).

servitor *s.m.* (man-)servant, attendant.

servitute *s.f.* **1.** servitude. **2.** *jur.* easement, charge (on real estate).

servus *interj.* ←*reg.* v. **s a l u t II.**

sesiune *s.f.* session.

sesiza I. *vb. tr.* **1.** ̦*a înțelege)* to grasp, to understand, to apprehend, to discern. **2.** *(autoritățile etc.)* to inform. **II.** *vb. refl.* to take notice.

sesizabil *adj.* discernible, distinguishable; perceptible.

sesizare *s.f.* notice, intimation, notification, information. ⓐ *sesizările oamenilor muncii* intimations from the working people; letters to the editor.

sesterţ *s.m. ist. Romei* sestertius.
set *s.n. sport (la tenis)* set; *(la volley)* game.
sete *s.f.* **1.** thirst. **2.** *fig. (de)* thirst (for/after); *(lăcomie)* greed (for); *(rîvnă)* craving (for); *(năzuinţă)* striving (for/after). ⓐ ~ *de cunoaştere* thirst for/after knowledge, anxiety for knowledge. ⓑ *cu* ~ passionately. ⓒ *a-şi potoli* ~*a* to quench/slake/allay one's thirst; *a muri de* ~ to die with/of thirst, F to be dried up; *a-i fi* ~ to be thirsty.
setos *adj.* **1.** thirsty. **2.** *fig. (de)* thirsty (for/after), greedy (for). ⓐ ~ *de bani* greedy of money; ~ *de sînge* bloodthirsty.
seu *s.n.* animal fat; *(de vacă, de oaie)* suet; *(topit)* tallow. ⓑ *luminare de* ~ tallow candle.
sevă *s.f.* **1.** sap. **2.** *fig.* vigour, vim, go, spirit.
sever I. *adj.* severe; stern, harsh, hard; *(d. climă)* hard, inclement; *(d. post, cenzură, disciplină etc.)* strict, rigid; *(d. stil)* severe, austere. ⓒ *a fi* ~ *cu cineva* to be hard on smb. **II.** *adv.* severely etc. v. ~ I.
severitate *s.f. (a unei pedepse etc.)* severity; *(a disciplinei etc.)* strictness; *(a privirii)* sternness.
sex *s.n.* sex. ⓐ ~*ul frumos* the fair (sex); ~*ul tare* the strong/male sex. ⓑ *de ambe* ~*e* of both sexes; *copil de* ~ *masculin* male child.
sexagenar *adj., s.m.* sexagenarian.
sexagesimal *adj.* sexagesimal.
sextant *s.m. nav.* sextant.
sextă *s.f. muz.* sixth.
sextet *s.n. muz.* sextet(te).
sextolet *s.m. muz.* sextuplet.
sexual *adj.* sexual, sex...
sexualitate *s.f.* sexuality, sex.
sexuat *adj.* sexed.
sezisa etc. v. s e s i z a.
sezon *s.n.* season. ⓐ ~ *mort* dead/slack/dull season, slack time; ~*ul băilor* spell of treatment at a watering-place. ⓑ *de* ~ in season, seasonable; *în plin* ~ in the height of the season; *plin* ~ high season. ⓒ *cînd nu e* ~ off-peak season.

sezonier *adj.* seasonal.
sezonist *s.m.* visitor (at a resort).
sfadă *s.f.* **1.** *(ceartă)* quarrel, feud. **2.** conflict.
sfanţ *s.m.* penny, farthing, groat.
sfară *s.f.* smoke. ⓒ *a da* ~ *în ţară* to set a rumour afloat, to raise a hue and cry.
sfarog *s.n.* dried/burnt-up food.
sfarogi *vb. refl.* to be burnt/dried up.
sfarogit *adj.* dried-up.
sfat *s.n.* **1.** *(povaţă)* piece of advice, counsel. **2.** *(consfătuire)* council, conference; deliberation; consultation, debate. **3.** *(taifas)* chat. ⓒ *ascultă-mi* ~*ul* take my advice; *a cere* ~ to ask/seek advice; *a da* ~*uri* to give advice; *mi-a dat un* ~ *bun* he gave me a piece of good advice; *a urma* ~*ul cuiva* to take/follow smb.'s advice.
sfădi I. *vb. tr. (a certa)* to scold, to reprimand, to remonstrate. **II.** *vb. refl. (a se certa)* to quarrel, to fall out.
sfănţui *vb. tr.* **1.** *(a mitui)* F to grease the palm of, to bribe. **2.** *(a înşela)* F to take in, to swindle.
sfănţuială *s.f.*←F bribing etc. v. s f ă n ţ u i.
sfărîma I. *vb. tr.* **1.** to break (into pieces), to dash/smash (in)to smithereens; to shatter, to smash; *(lanţuri)* to burst. **2.** to destroy; to ruin; *(a ucide)* to kill. **II.** *vb. refl.* to break (into pieces), to break up, to go to pieces/F→bits; to get broken.
sfărîmătură *s.f.* fragment; shiver; *(de obuz etc.)* splinter.
sfărîmicios *adj.* breakable, frail.
sfătos *adj.* **1.** *(vorbăreţ)* glib (-tongued), F→tonguey. **2.** *(povăţuitor)* clever with one's tongue; *(înţelept)* wise.
sfătoş(en)ie *s.f.* **1.** glibness, communicativeness. **2.** wisdom.
sfătui I. *vb. tr.* to advise, to counsel. **II.** *vb. refl.* to deliberate; to confer; to lay/put heads together. ⓐ *a se* ~ *cu...* to take counsel with..., to consult..., to seek advice/counsel from..., to ask advice of...; to

advise with... **III.** *vb. intr.* F→to chat.

sfătuitor *s.m.* adviser, counsellor.

sfeclă *s.f. bot.* beet (root) *(Beta vulgaris).* ⓐ ~ *albă,* ~ *de zahăr* sugar beet *(Beta vulgaris cicla);* ~ *furajeră* mangel(wurzel), mangold (wurzel) *(Beta vulgaris macrorhiza).* ⓑ *zahăr de* ~ beet sugar.

sfecli *vb. tr.* ⓐ *a o* ~ **a.** *(a nu şti ce să facă)* to be at a loss. **b.** *(a-i fi frică)* F to go down in one's boots, to cry craven. **c.** *(a o păţi)* to get it in the neck.

sfenoid *adj., s.n. anat.* sphenoid.

sferă *s.f.* **1.** *geom.* sphere. **2.** *(glob)* sphere, globe, orb. **3.** *fig.* sphere, field, domain, ambit. ⓐ ~ *de activitate* sphere/field of activity; ~ *de influenţă* sphere of influence.

sferic I. *adj.* spherical. **II.** *adv.* spherically.

sfericitate *s.f.* sphericity.

sferoid *s.n.* spheroid.

sferoidal *adj.* spheroid(al).

sferometru *s.n.* spherometer.

sfert *s.n.* quarter; *(a 4-a parte)* fourth. ⓒ *e două fără un* ~ it is a quarter to two (o'clock); *e patru şi un* ~ it is a quarter past four (o'clock).

sfeşnic *s.n.* candlestick.

sfeştoc *s.n.* aspergillum, aspergillus, sprinkler.

sfeterisi *vb. tr.* F to prig.

sfetnic *s.m.←înv.* v. s f ă t u i t o r.

sfială *s.f.* shyness, timidity; *(ruşinare)* bashfulness. ⓑ *fără* ~ without (much) ceremony; *(obraznic)* boldly.

sfida *vb. tr.* to defy, to provoke, to challenge; *(un pericol etc.)* to brave, to face, to bid defiance to.

sfidare *s.f.* defiance; provocation.

sfidător *adj. (d. cuvinte)* provoking; *(d. atitudine)* defiant; *(ademenitor)* inviting.

sfii *vb. refl.* to put oneself under some restraint, to put oneself out; *(a fi timid)* to be timid/shy. ⓐ *a se* ~ *să...* to scruple to..., to shrink from... *(cu forme în -ing).* ⓒ *nu m-am* ~*t să-i spun* I did not scruple to tell/I did not shrink

from telling him so, F→I made no bones about telling him so.

sfiicios *adj.* v. s f i o s.

sfiiciune *s.f.* v. s f i a l ă.

sfincter *s.n. anat.* sphincter.

sfinţenie *s.f.* **1.** *(însuşirea celui sfînt)* holiness, sanctity. **2.** *(evlavie)* holiness, godliness, sanctimoniousness, saintliness. ⓑ *cu* ~ **a.** *(cu evlavie)* piously. **b.** *(cu exactitate)* scrupulously; punctually, to the letter.

sfinţi I. *vb. tr.* to hallow, to sanctify; *(a canoniza)* to canonize; *(a beatifica)* to beatify; *(a închina)* to consecrate; *(o biserică)* to dedicate; *(un preot)* to ordain; *(pîine, apă)* to bless; *(a unge)* to anoint. **II.** *vb. refl.* **1.** to take/receive holy orders, to be(come) ordained. **2.** *pas.* to be hallowed etc. v. ~ I. **III.** *vb. intr.* ←P *(a apune)* to set (down). ⓒ *soarele a* ~*t* the sun has set.

sfinţie *s.f.* **1.** *(sfinţenie)* holiness. **2.** *(titlu dat preoţilor)* reverence. ⓐ *Prea Sfinţia Sa* His Holiness; *Sfinţia Sa* His Reverence.

sfinţit I. *adj.* hallowed etc. v. s f i n ţ i. ⓑ *apă* ~*ă* holy/consecrated water. **II.** *s.n.*←P *(apus)* sunset, sundown; *(vest)* West.

sfinx *s.m. mit., fig.* sphinx.

sfios *adj. (stingherit în prezenţa altora)* shy; *(timid)* timid; *(ruşinos)* bashful; *(modest, mai ales d. fete)* coy.

sfită *s.f. rel.* cope.

sfînt I. *adj.* holy. ⓐ *Sfînta Carte* the (Holy) Book. **II.** *s.m.* saint. ⓑ *ferit-a* ~*ul!* God forbid! never! *la* ~*ul aşteaptă* F when two Sundays come together.

sfîntă *s.f.* saint.

sfîr *interj.* whir!

sfîrc *s.n.* **1.** *(de sîn)* nipple, teat, pap, S→mamilla. **2.** *(de ureche)* ear lobe. **3.** *(de bici)* whip lash.

sfîrîi *vb. intr.* **1.** *(în cratiţă)* to sizzle. **2.** *(d. lemne, pe foc)* to sputter. **3.** *(a bîzîi)* to buzz, to hum; *(a ţîrîi)* to chirp. ⓒ *fugea de-i* ~*au călcîiele*←F he ran as fast as his legs would carry him;

ti ~*e inima după ea* F he is nuts on her.

sfîrîit *s.n.* sizzling etc. v. **s f î r î i.**

sfîrlează *s.f.* **1.** *(de vînt)* weather cock. **2.** *(titirez)* whirligig, humming top. **3.** *fig.* fidget.

sfîrlogi *vb. refl. (a se usca)* to dry up; *(a se chirci)* to be stunted.

sfîrşeală *s.f.* breakdown, exhaustion; *(leşin)* swoon; *(slăbiciune)* weakness.

sfîrşi I. *vb. tr. (a isprăvi)* to finish; to end, to conclude; *(a executa)* to carry out, to complete; *(a epuiza)* to exhaust; *(a încheia)* to conclude. ⓐ *a o* ~ *cu*... to break off...; to put a stop to..., to put an end to...; to do away with... ⓒ *a o* ~ *rău* to end in misery, F to go to the bad, to come a cropper. **II.** *vb. refl.* **1.** *(a se isprăvi)* to end; to come to an end. **2.** *(a muri)* to pass away. **III.** *vb. intr.* **1.** to come to an end. **2.** to bring smth. to an end; to conclude. ⓐ *a* ~ *prin a*... to end by *(+ forme în ing)*.

sfîrşit I. *adj.* **1.** ended; finished. **2.** *(epuizat)* exhausted. **3.** *(mort)* dead. **II.** *s.n.* **1.** end; close; *(încetare)* cessation; *(fine)* fine. **2.** *(moarte)* end, death. ⓓ *fără* ~ endless; *în* ~ at last, eventually, finally, in the long run; *la* ~ at the end; *la* ~*ul zilei* at the close of the day; *pe* ~*e* at an end; *pînă la* ~ to the end; *pînă la* ~*ul anului* by the end of the year; *spre* ~ towards/against the end. ⓒ *a-şi da obştescul* ~ to pass away, to breathe one's last; *a lua* ~ to (come to an) end; *a duce la bun* ~ to carry through/out.

sfîrtica *vb. tr.* **1.** to tear up; to tear to pieces. **2.** *fig.* to criticize (harshly), < to excoriate, F to flay, *sl.* to roast.

sfîşia *vb. tr.* **1.** to tear up; to tear to pieces. **2.** *fig. (inima)* to break. **3.** *fig.* to criticize (harshly); *(a bîrfi)* to slander.

sfîşietor *fig.* **I.** *adj.* heart-rending, harrowing; *(d. durere)* excruciating. **II.** *adv.* in a heartrending way; excruciatingly.

sfoară *s.f.* **1.** string, cord, line. **2.**←*odin.* gauge. **3.** plot of land. ⓐ *o* ~ *de ceapă* a rope of onions; *o* ~ *de perle* a string of pearls. ⓒ *a da* ~ *în ţară* v. a d a s f a r ă î n ţ a r ă; *a trage sforile* to pull the strings; *a trage pe* ~ F to diddle, to take in; to dupe, to gull; *a fi tras pe* ~ F to be diddled; to be an ass for one's pains.

sforar *s.m.* **1.** cord maker. **2.** *fig.* schemer, plotter.

sforăi *vb. intr.* **1.** *(în somn)* to snore, F→to drive one's pigs to market. **2.** *(d. cai)* to snort.

sforăială *s.f.* **1.** snoring. **2.** snorting. **3.** *fig.* highflown talk, bunkum.

sforăitor *adj.* **1.** snoring. **2.** snorting. **3.** *fig.* highflown, F high-falutin(g).

sforărie *s.f.* scheme, intrigue.

sforţa *vb. refl.* to exert oneself, to make a mighty effort.

sforţare *s.f.* exertion, < strain. ⓓ *fără nici o* ~ without any exertion/trouble, leisurely, easily; *prin sforţări proprii* by one's own efforts.

sfragistică *s.f.* sphragistics.

sfrancioc *s.m. ornit.* shrike, butcher bird *(Lanius).*

sfredel *s.n.* drill, borer; *(de lemn)* gimlet; *(mare)* (ground) auger; *(pt. pămînt)* terrier; *(lung)* churn drill, wimble; *min.* (drill) bit.

sfredeli I. *vb. tr.* **I.** to bore/dig/ pierce through. **2.** *fig.* to pierce; to penetrate. **II.** *vb. refl.* **1.** *pas.* to be bored etc. v. ~ I. **2.** *(a se învîrti)* to whirl, to turn/twist/ twirl, to spin round; *(d. apă)* to eddy, to swirl.

sfredelitor *adj.* piercing.

sfredeluş *s.m. ornit.* wren *(Troglodytes parvulus).*

sfrenţ(i)e *s.f. med.* P pox, S→syphilis, lues.

sfriji *vb. refl.* **1.** to shrink/shrivel up. **2.** *(a slăbi)* to lose flesh, to grow thin; to dwindle away.

sfrijit *adj.* lean, thin, gaunt, F scrawny; *(care a slăbit)* emaciated.

sfrîncioc *s.m. ornit.* v. s f r a n-
c i o c.

sfruntare *s.f.* defiance.

sfruntat *adj.* outrageous, impudent, insolent. ⓑ *minciună ~ă* blatant/outrageous/F whopping lie, F whopper.

shakespearian *adj.* Shakespearian.

si *s.m. muz.* (the note) B, si. ⓐ *~ major* B major; *~ minor* B minor.

siaj *s.n. nav.* shipwake.

siamez *adj., s.m.* Siamese.

sibarit *s.m.* Sybarite, sensualist, voluptuary.

siberian *adj., s.m.* Siberian.

sibilant *adj.* sibilant.

sibilantă *s.f.* sibilant.

sibilă *s.f.* sibyl.

sibilic *adj.* sibylline.

sibir *s.n. text.* twilled cotton.

sic *adv. lat.* sic.

sicativ *adj., s.n.* siccative.

sică *s.f. bot.* marsh beet *(Statice Gmelini)*.

sicilian *adj., s.m.* Sicilian.

sicofant *s.m.* sycophant, F→lick-spittle.

sicomor *s.m. bot.* sycamore *(Ficus sycomorus)*.

sicriu *s.n.* **1.** *(coșciug)* coffin; *(simplu sau provizoriu)* shell. **2.** *(ladă)* box.

sidef *s.n.* mother-of-pearl, S→nacre. ⓑ *de ~* mother-of-pearl, nacreous.

sidefiu *adj.* mother-of-pearl...

sideral *adj.* sidereal. ⓑ *zi ~ă* sidereal day.

siderit *s.n.,* siderozu *s.f. mineral.* siderite.

siderurgic *adj.* siderurgical, pertaining to the metallurgy of iron and steel. ⓑ *uzină ~ă* iron (and steel) works.

siderurgie *s.f.* siderurgy, metallurgy of iron and steel; iron smelting.

sienit *s.n. mineral.* syenite.

siestă *s.f.* siesta, F→nap.

sieși *pron. dat. masc.* (to) himself; *fem.* (to) herself; *neutru* (to) itself.

sifilidă *s.f. med.* syphilide.

sifilis *s.n. med.* syphilis, lues (venerea), venereal disease.

sifilitic **I.** *adj.* syphilitic. **II.** *s.m.* syphilitic patient.

siflant *adj.* hissing, sibilant.

siflantă *s.f.* sibilant; hiss.

sifon *s.n.* **1.** *(sticlă cu apă gazoasă)* siphon (bottle), bottle of soda water. **2.** *(apă gazoasă)* soda water. **3.** *tehn.* siphon; *(la closet etc.)* drain-trap, seal.

sifona *vb. tr.* to siphon.

sifonare *s.f.* siphoning.

sifonofor *s.n. zool.* siphonophore.

sigă *s.f. mineral.* sandstone, free-stone.

sigila **I.** *vb. tr. (o scrisoare)* to seal (up); *(o ușă)* to put/affix a seal to. **II.** *vb. refl. pas.* to be sealed up etc. v. *~* **I.**

sigiliu *s.n.* seal; *(domnesc)* signet. ⓒ *a pune ~ pe...* to put/affix a seal to...; *e o carte cu șapte sigilii pentru mine* that's a sealed book to me.

sigilografie *s.f.* sigillography.

siglă *s.f.* sigle.

sigmatic *adj.* sigmatic.

sigmoid *adj. anat.* sigmoid.

signal *s.n.* **1.** *(semnal)* signal. **2.** *(fluier)* whistle.

signatură *s.f. poligr.* signature (mark).

signătoare *s.f. poligr.* gripper.

sigur **I.** *adj.* **1.** *(în afară de pericol)* secure, safe. **2.** *(neîndoios)* sure, certain, positive. **3.** *(în care te poți încrede)* reliable, trustworthy. ⓐ *~ de sine* self-assured/-confident. ⓑ *cu o mină ~ă* with a steady/an unfaltering hand; *din sursă ~ă* on good authority; *lucru ~* certainty, fixture, *sl.* cinch; *știri ~e* reliable news. ⓒ *a merge pe calea cea mai ~ă* to take the safest course; *cel mai ~ lucru ar fi să...* the safest thing would be to...; *a fi ~ de ceva* to be sure/certain of smth. to be positive of smth., F→to be cocksure of smth.; *poți fi ~ de el* he can be safely depended on/trusted, you may implicitly rely on him; *nu erau ~i de viața lor* their lives were not safe, their lives were in danger/jeopardy; *vrea să fie perfect ~* he wants to make quite sure, he wants to make assurance doubly sure. **II.** *adv., interj.* sure(ly), certainly, positively; categorically; for certain/

sure; *(negreşit)* without fail; *(fără
îndoială)* undoubtedly, without
doubt. **III.** *s.n.* ⓓ *la* ~ for sure.
siguranţă *s.f.* **1.** *(lipsă de primejdie)*
security, safety. **2.** *(certitudine)*
surety, certainty; positiveness,
F←cocksureness. **3.** *(încredere)* con-
fidence. **4.** *tehn.* safety device.
5. *electr.* cut-out. **6.**←*odin.* poli-
tical police department. ⓐ ~ *fu-
zibilă electr.* fusible cut-out, fuse
cut-out, safety fuse, fuse. ⓑ *broas-
că de* ~ safety lock; cu ~ v.
s i g u r **II**; *dispozitiv de* ~ v.
~ 4; *supapă de* ~ safety valve.
sihastru I. *adj.* anchoretic; solitary,
retired, recondite. **II.** *s.m.* hermit,
anchorite, recluse.
sihăstri I. *vb. intr.* to lead the life
of an anchorite/a recluse. **II.** *vb.
refl.* to become an anchorite/a
recluse.
sihăstrie *s.f.* **1.** hermit's life, ancho-
retism. **2.** *(loc)* hermitage, re-
clusory.
sihlă *s.f.* thick young wood.
silabă *s.f.* syllable. ⓑ *despărţirea
cuvintelor în silabe* word division.
silabic *adj.* syllabic.
silabisi *vb. tr.* to syllabize, to sylla-
bify.
silabisire *s.f.* syllabication, syllabi-
fication.
silă *s.f.* **1.** *(constrîngere)* compulsion;
(morală) constraint; *(prin lege)*
coercion; *(forţă)* force, violence;
(obligaţie) obligation; *(presiune)*
pressure. **2.** *(dezgust)* *(de)* disgust
(at/for/towards); repugnance (to/
against), loathing (for), abhor-
rence (of); *(antipatie)* dislike (to/
of/for), aversion (to/for), antipathy
(to/against); *(rău)* hatred (of),
(deep) grudge, ill-will; *(săturare)*
repletion, satiety. ⓐ ~ *de viaţă*
satiety of life, taedium vitae. ⓑ
cu de-a sila by force; under com-
pulsion; *de* ~, *de milă* willy-nilly;
în ~ (most) reluctantly, (much)
against one's inclination/liking,
with a bad grace, unwillingly. ⓒ
a face ~ *cuiva* to disgust smb.,
to fill smb. with disgust/loathing;
a-i fi ~ *de ceva* to be disgusted
at/with smth.; to be weary/sick/

tired of smth., to be fed up with
smth.; *a-i fi* ~ *de cineva* to loathe
smb., not to bear smb.
silepsă *s.f. lingv.* syllepsis.
silex *s.n. mineral.* silex, flint.
silezian *adj., s.m.* Silesian.
silf *s.m.* sylph.
silfă, silfidă *s.f.* sylphid.
silhui *adj. (sălbatic)* wild; *(pustiu)*
desert; *(de nepătruns)* thick, dense.
sili I. *vb. tr.* to oblige, to force, to
compel; *(a constrînge)* to constrain;
mai ales jur. to coerce; *(a zori)*
to urge. ⓒ *a* ~ *să bată în retragere*
to curb, to defeat; to cramp, to
hamper; *a se vedea* ~*t să...* to see
oneself compelled/obliged to... **II.**
vb. refl. **1.** to force oneself. **2.** *(a se
strădui)* to endeavour; *(a căuta)*
to try v. şi a-ş i d a s i l i n ţ a
s ă. ⓒ *a se* ~ *din răsputeri să...*
to make great endeavours to-
(wards)...; *a se* ~ *să rîdă* to affect
a laugh; *a se* ~ *să zîmbească* to put
on a forced smile; *trebuie să mă
silesc s-o fac* I must force myself
to do it, I must do it against my
own inclination.

silicat *s.m. chim.* silicate. ⓐ ~ *de
potasiu* potassium silicate, F→
water glass.
silică *s.f. constr.* silica.
silice *s.f. chim.* silica.
silicic *adj.* ⓓ *acid* ~ *chim.* silicic
acid.
silicios *adj. chim.* siliceous, silicious.
siliciu *s.n. chim.* silicon, silicium.
silicoză *s.f. med.* silicosis.
siliculă *s.f. bot.* silicle, silicula.
silicvă *s.f. bot.* siliqua, pod.
silinţă *s.f.* **1.** *(străduinţă)* endeav-
our; *(osteneală)* pains(taking);
(efort) effort. **2.** *(hărnicie)* in-
dustry, diligence, sedulousness; *(ac-
tivitate)* activity, plodding. **3.** *(zel)*
zeal; *(rîvnă)* application. ⓐ ~ *la
învăţătură* close application to
study. ⓒ *a-şi da silinţa să...* to
apply oneself to doing..., to lay
oneself out to...; *a-şi da toată si-
linţa (să)* to make/exert/strain
every effort (to), to do one's best/
utmost (to).
silire *s.f.* obliging etc. **v. s i l i.**

silit I. *adj.* 1. obliged etc. v. s i l i. 2. *(forțat)* forced; unnatural; artificial; *(silit)* unwilling. II. *adv.* unnaturally; unwillingly. © *a* *ride ~* to affect a laugh, to laugh on the wrong side of one's mouth.

silitor *adj.* assiduous; industrious, diligent, hard-working, sedulous; active, busy, plodding, strenuous.

silitră *s.f.*←P 1. *mineral.* salpetre. 2.←*inv.* gunpowder.

silnic I. *adj.* v. s i l i t I. ① *muncă* *~ă* hard labour. II. *s.n. bot.* ground ivy, cat's foot *(Glechoma hederacea)*.

silnicie *s.f.* violence, compulsion; *(asuprire)* oppression.

silogism *s.n.* syllogism.

silogistic *adj.* syllogistic.

siloz *s.n.* silo.

siluetă *s.f.* 1. silhouette; figure; outline, form. 2. *mil.* figure, silhouette target. 3. slimness. © *a* *face ~* to grow slim/slender.

silui *vb. tr.* to violate, to rape; to abuse. ⌐

siluire *s.f.* rape, violation.

silur *s.m. bot.* eyebright *(Euphrasia stricta)*.

siluric *adj.* geol. silurian.

silvic *adj.* forest... ① *guard ~* forester, forest ranger; *inginer ~* silviculturist, sylviculturist; *inspector ~* inspector of forests; *școală* *~ă* forest school.

silvicultor *s.m.* silviculturist, sylviculturist.

silvicultură *s.f.* sylviculture, forestry.

silvostepă *s.f.* forest steppe.

simandicos *adj. peior.* fine; genteel. ① *persoane simandicoase* F big- -wigs, *sl.* nobs, toffs.

simbiotic *adj.* symbiotic.

simbioză *s.f. biol.* symbiosis.

simbol *s.n.* symbol.

simbolic I. *adj.* symbolic(al). II. *adv.* symbolically.

simbolism *s.n.* symbolism.

simbolist I. *adj.* symbolistic(al). II. *s.m.* symbolist.

simboliza *vb. tr.* to symbolize.

simbriaș *s.m.* hireling.

simbrie *s.f.* pay; *(leafă)* wages.

simetric I. *adj.* symmetrical. II. *adv.* symmetrically.

simetrie *s.f.* symmetry.

simeză *s.f.* cyma; line.

simfonic *adj. muz.* symphonic, symphony... ① *orchestră ~ă* symphony orchestra; *poem ~* symphonic poem.

simfonie *s.f.* symphony.

simfonism *s.n.* symphonism.

simigerie *s.f. shop where cracknels are sold,* v. ș i p l ă c i n t ă r i e.

simigiu *s.m.* baker of cracknels.

similar *adj. (cu)* similar (to), allied/ analogous (to/with).

similigravură *s.f.* process engraving; half tone.

similitudine *s.f.* similitude.

siminoc *s.m. bot.* xeranthemum, everlasting flower *(Gnaphalium/ Halichrysum arenarium)*.

simpatetic *adj.* sympathetic, akin; suggestive.

simpatic I. *adj.* 1. likable, attractive, F nice; *(d. anturaj)* congenial. 2. *anat.* sympathetic. ① *cerneală ~ă* sympathetic ink; *sistem nervos ~, marele ~ anat.* the sympathetic nerve. © *mi-a fost* *~ de la început* I took to him at once. II. *adv.* attractively, F nicely.

simpatie *s.f.* 1. *fiziol.* sympathy. 2. regard; fellow feeling, congeniality; *(aprobare)* approval; *(atracție)* liking; attraction. 3. *(persoană)* sweetheart. @ *simpatii și antipatii* likes and dislikes. © *a avea ~* *pentru cineva* to feel drawn to smb., to like smb.

simpatiza I. *vb. tr.* to feel drawn to, to like. II. *vb intr.* @ *a ~* *cu...* to sympathize with..., to be in sympathy with...

simpatizant *s.m. pol.* sympathizer.

simplectic *adj. mat.* symplectic.

simplicitate *s.f.* 1. simplicity; *(a* *îmbrăcăminții)* plainness. 2. v. s i m p l i t a t e 2.

simplifica I. *vb. tr.* to simplify; *(o fracție)* to reduce *a fraction* to its lowest terms. II. *vb. refl.* to become simple *sau* simpler.

simplificare *s.f.* simplification.

simplificator *adj.* simplifying.

simplism *s.n.* narrow-mindedness.

simplist *adj.* simplistic, over-simple; *(unilateral)* one-sided; *(mărginit)* narrow-minded.
simplitate *s.f.* **1.** v. s i m p l i c i- t a t e **1. 2.** *(naivitate)* artlessness; simpleness, simple-mindedness.
simplu **I.** *adj.* **1.** simple; *(care nu e compus)* not compound; *(d. flori etc.)* single; *(d. timpuri verbale)* simple; *chim.* elementary. **2.** *(comun)* ordinary, common, average. **3.** *(nimic altceva decît)* simple, mere, bare; *(elementar)* elementary. **4.** *(d. hrană, îmbrăcăminte, adevăr)* plain. **5.** *(uşor)* simple, easy. **6.** *(naiv)* artless, simple- -minded, unsophisticated. **7.** *(neafectat)* unaffected, natural; artless; *(fără pretenţii)* unpretentious, homely. ⓐ ~ *soldat* private (soldier); ~ *matelot* ordinary seaman. ⓑ *din simplă curiozitate* out of mere curiosity; *oameni simpli* common/ ordinary people; *scrisoare simplă* non-registered letter. ⓒ *e* ~ *ca bună ziua* it's as easy as ABC/as shelling peas/*sl.* damn it. **II.** *adv.* simply; plainly; naturally; artlessly. ⓑ *pur şi* ~ purely (and simply), simply (and solely).
simpozion *s.n.* symposium.
simptom *s.n.* symptom, sign. ⓒ *starea febrilă este un* ~ *al tuberculozei* feverishness is symptomatic of tuberculosis.
simptomatic *adj.* symptomatic.
simptomatologie *s.f. med.* symptomatology.
simţ *s.n.* sense; *(gust)* taste. ⓐ ~ *practic* practical/common sense; ~*ul văzului* the sense of sight; ~*ul frumosului* the sense of beauty; ~*ul ridicolului/umorului* (a) sense of humour/of the ridicule. ⓑ *bun-* ~ common sense, mother wit; *cele cinci* ~*uri* the five senses.
simţămînt *s.n.* *(sentiment)* feeling.
simţi **I.** *vb. tr.* to feel; to have a sensation of; to sense; *(a adulmeca)* to scent; *(a fi conştient de)* to be aware/conscious of. ⓐ *a* ~ *că...* to feel that..., to have an impression that..., to have a feeling that... ⓒ *a* ~ *ceva de departe* to be aware of smth. a long way off.

II. *vb. refl.* **1.** to feel; to be. **2.** *pas.* to be felt. ⓒ *a nu se* ~ *bine* to feel funny; *a readuce în simţiri* to bring round/to; *a se* ~ *foarte bine* to feel fine; *se simte că...* one feels that...; *cum te* ~? how are you (feeling)? *mă simţeam obosit* I felt tired. **III.** *vb. intr.* to feel.
simţire *s.f.* **1.** feeling; sentiment. **2.** consciousness. ⓒ *a-şi pierde* ~*a/simţirile* to lose consciousness; *a-şi veni în* ~*/simţiri* to recover/ regain consciousness, to come to oneself.
simţit *adj.* **1.** *(sensibil)* sensitive; *(mişcător)* touching, moving. **2.** *(cu bun simţ)* well-bred, civil; considerate; *(judicios)* sensible, judicious.
simţitor *adj.* v. s e n s i b i l I, 1.
simula **I.** *vb. tr.* to feign, to sham, to simulate. **II.** *vb. intr.* to feign, to simulate, to pretend; *mai ales mil.* to malinger.
simulacru *s.n.* semblance, simulacrum; mere mockery. ⓐ ~ *de luptă* sham fight.
simulant *s.m.* malingerer.
simultan **I.** *adj.* simultaneous. **II.** *adv.* simultaneously.
simultaneitate *s.f.* simultaneousness, simultaneity.
simun *s.n.* simoom (wind).
sinagogă *s.f.* synagogue.
sinapism *s.n. med.* mustard plaster; sinapism.
sincer **I.** *adj.* sincere, frank, open- -hearted; *(d. bucurie etc.)* genuine, unfeigned; *(d. o mulţumire, o urare)* heartfelt. ⓒ *ca să fiu* ~ I don't mind telling you, to put it bluntly. **II.** *adv.* sincerely etc. v. ~ I.
sincerică *s.f. bot.* perennial knawel *(Scleranthus perennis)*.
sinceritate *s.f.* sincerity, frankness.
sinchiseală *s.f.* care, trouble.
sinchisi *vb. refl.* to care. ⓐ *a se* ~ *de...* to care for/about...; to mind...
sincipital *adj. anat.* sincipital.
sinciput *s.n. anat.* sinciput.
sincopa *vb. tr.* to syncopate.
sincopat *adj.* syncopated, ragtime.

sincopă *s.f.* **1.** *med.* syncope; *(mortală)* heart failure. **2.** *lingv.* syncope. **3.** *muz.* syncopation.

sincretic *adj.* syncretic.

sincretism *s.n.* syncretism.

sincrociclotron *s.n.* *fiz.* synchrocyclotron.

sincrofazotron *s.n.* *fiz.* synchrophasotron.

sincron *adj.* synchronous.

sincronic *adj.* synchronic(al).

sincronism *s.n.* synchronism.

sincroniza *vb. tr.* to synchronize.

sincrotron *s.n.* *fiz.* synchrotron.

sindical *adj.* **1.** (trade-)union... **2.** *(patronal)* syndical(ist). ⓟ *activist* ~ trade-union worker; *mişcare* ~*ă* trade-union movement; *muncă* ~*ă* trade-union work; *organizaţie* ~ trade-union organization.

sindicalism *s.n.* **1.** trade-unionism. **2.** *(patronal)* syndicalism.

sindicalist *s.m.* **1.** trade-unionist. **2.** *(patronal)* syndicalist.

sindicaliza *vb. refl.* to form a trade--union organization.

sindicat *s.n.* **1.** (trade-)union; *(în Scoţia)* lodge. **2.** *(patronal)* syndicate. ⓐ ~ *galben* yellow trade--union. ⓟ *carnet de* ~ trade-union card; *membru de* ~ trade-union member.

sindrofie *s.f.* F spree, frolic.

sindrom *s.n.* *med.* syndrome.

sine *pron. refl.* oneself; *masc.* himself; *fem.* herself; *neutru* itself; *pers. 3 pl.* themselves. ⓒ *se înţelege de la* ~ it goes without saying, it is a foregone conclusion, it stands to reason.

sinea *s.f.* the self. ⓟ *în* ~ *mea* in my own self; to myself; *(lăuntric)* inwardly. ⓒ *rîdea în* ~ *lui* he laughed in his sleeve/beard.

sineală *s.f.* blue, *amer.* blueing.

sinecdocă *s.f.* *ret.* synecdoche.

sinecură *s.f.* sinecure, feathered nest.

sinecurist *s.m.* sinecurist.

sinedriu *s.n.* Sanhedrim, Synedrion.

sinereză *s.f.* *lingv.* syn(a)eresis.

sinestezie *s.f.* synaesthaesis.

singular I. *adj.* **1.** *gram.* singular. **2.** *(ciudat)* singular, odd; *(deosebit)* singular, peculiar. II. *s.n.* *gram.*

singular (number). ⓟ *la* ~ in the singular.

singulariza *vb. tr.* to make conspicuous; *(a distinge)* to distinguish, to single out.

singur I. *adj.* **1.** *(numai predicativ→)* alone; *(neajutat, netnsoţit)* by oneself; *(singuratic)* lonely, solitary; isolated. **2.** *(unic)* only, single, one, sole. **3.** *(numai)* only. **4.** *(însumi)* myself; *(însuţi)* yourself; *(însuşi)* himself; *(neutru)* itself; *singură (însăşi)* herself; *singuri (înşine)* ourselves; *(înşivă)* yourselves; *(înşişi)* themselves; *singure (însele)* themselves. ⓐ ~ *cuc/-singurel*←F all by himself, quite alone. II. *adv.* alone; lonely. ⓒ *stă* ~ his hat covers his family.

singuratic *adj.* lonely; solitary; isolated.

singurătate *s.f.* loneliness; solitude; isolation.

sinie *s.f.* *(tavă)* tray.

siniliu *adj.* bluish; *(albastru închis)* dark/deep blue.

sinistrat I. *adj.* that has suffered a disaster etc. II. *s.m.* victim of a disaster; sufferer from a disaster.

sinistru I. *adj.* horrible, awful; lugubrious; *(prevestitor)* sinister; ominous. II. *adv.* horribly, awfully; ominously; lugubriously. III. *s.n.* disaster, catastrophe, calamity.

sinod *s.n.* *rel.* synod.

sinodal, sinodic *adj.* *rel.* synodic(al).

sinolog *s.m.* sinologue, sinologist.

sinologie *s.f.* sinology.

sinonim I. *adj.* *(cu)* synonymous (with). II. *s.n.* synonym.

sinonimie *s.f.* synonymy, synonymity.

sinoptic *adj.* synoptic(al). ⓟ *tablou* ~ conspectus *of a science etc.*

sinovie *s.f.* *anat.* synovia.

sinovită *s.f.* *med.* synovitis.

sintactic *gram.* I. *adj.* syntactic(al). II. *adv.* syntactically.

sintagmatic *adj.* syntagmatic.

sintagmă *s.f.* syntagm(a), collocation.

sintaxă *s.f.* *gram.* syntax.

sintetic I. *adj.* synthetic(al). ⓑ *cauciuc* ~ synthetic rubber. **II.** *adv.* synthetically.

sintetiza *vb. tr.* to synthesize, to synthetize.

sintetizare *s.f.* synthesizing, synthetizing.

sinteză *s.f.* synthesis. ⓑ *medicamente de* ~ synthetical drugs.

sintoism *s.n. rel.* shintoism.

sintonie *s.f. fiz.* syntony.

sinucide *vb. refl.* to commit suicide, to kill oneself, to lay violent hands on oneself, F→to make away with oneself.

sinucidere *s.f.* suicide, self-murder/-slaughter.

sinucigaş *s.m.* suicide, self-murderer, *jur.* felo(n)-de-se, felon of oneself.

sinuos *adj.* sinuous, winding, circuitous, devious.

sinuozitate *s.f.* sinuosity, winding.

sinus *s.n.* **1.** *anat.* sinus. **2.** *mat.* sine.

sinusoidal *adj. mat.* sinusoidal.

sinusoidă *s.f. mat.* sinusoid.

sinuzal *adj. anat.* sinusal, sinus...

sinuzită *s.f. med.* sinusitis, inflammation of a sinus.

sionism *s.n.* Zionism.

sionist *adj.*, *s.m.* Zionist.

sipet *s.n.* trunk, box, chest.

sipică *s.f. bot.* scabious *(Scabiosa ochroleuca).*

sire *s.m.* sire.

sireap *adj.* untamed, uncurbed.

sirenă *s.f.* **1.** *mit.* siren, mermaid. **2.** *(de fabrică etc.)* siren, hooter, buzzer. **3.** *fiz.* siren.

sirian *adj.*, *s.m.* Syrian.

siroco *s.n.* sirocco (wind).

sirop *s.n.* syrup, sirup. ⓐ ~ *de tuse* linctus; ~ *de zmeură* strawberry syrup.

siropos *adj.* **1.** syrupy, sirupy, treacly. **2.** *fig.* sugary; *(fad)* tasteless. **3.** *(dulceag)* sloppy, soppy.

sisal *s.m. bot.* sisal hemp *(Agave sisalana).*

sisinei *s.m. pl. bot.* pasque flower *(Anemone pratensis).*

sista *vb. tr.* to cease; to suspend; *(a opri)* to stop; *(a întrerupe)* to interrupt.

sistem *s.n.* system; *(mod)* manner; *(tip)* type; model; *(metodă)* meth-

od; device. ⓐ ~ *bicameral pol.* two-chamber system; ~ *bipartit pol.* two-party/bi-party system; ~ *cardiovascular med.* cardiovascular system; ~ *de coordonate* co-ordinate system, system of co-ordinate axes; ~ *de numeraţie* scale of notation; ~ *de protecţie* protective system; ~ *electoral pol.* electoral system; ~ *metric* metric system; ~ *monetar ec.* coinage; ~ *solar* solar system; ~*ul feudal* the feudal system; ~*ul mondial socialist* the world socialist system; ~*ul nervos anat.* the nervous system; ~ *unicameral pol.* single-chamber system.

sistematic I. *adj.* systematic. **II.** *adv.* systematically.

sistematiza *vb. tr.* to systematize.

sistematizare *s.f.* systematization.

sistolă *s.f. fiziol.* systole.

sitar *s.m. ornit.* woodcock *(Scolopax rusticola).*

sită *s.f.* **1.** sieve, strainer; *(↓pt. făină)* bolter. **2.** *poligr.* screen. **3.** *(pt. nisip)* screen. ⓐ ~ *de sîrmă* wire sieve/gauze. ⓒ *a cerne/da/trece prin* ~ to sift; *(nisip)* to screen; *a ploua ca prin* ~ to drizzle; *a vedea ca prin* ~ to see dimly, to have a film over one's eyes.

sitronadă *s.f.* lemonade, lemon juice.

situa I. *vb. tr.* to place, to situate, to locate. **II.** *vb. refl.* **1.** to occupy a certain place; *(a se găsi)* to be situated, to lie. **2.** *fig.* to take a stand, to adopt an attitude. ⓒ *a se* ~ *pe o poziţie greşită* to take a wrong stand.

situat *adj.* placed etc. v. s i t u a. ⓑ *bine* ~ well-off, well-to-do.

situaţie *s.f.* **1.** *(a unei localităţi etc.)* position, site. **2.** *(stare)* situation; state, position, condition; *(stare de lucruri)* state of affairs. **3.** *(dare de seamă)* report; account. ⓐ ~ *dificilă* predicament; ~ *familială* family status; ~ *favorabilă* favourable circumstance; ~ *fără ieşire* blind alley; ~ *internaţională* international situation; ~ *materială* financial position; welfare standards; ~ *neplăcută* awkward/embarrassing si-

tuation; ~ *reală* real position;
~ *socială* social condition; status,
standing. © *i-am expus situaţia*
(mea) I explained to him how I
was placed; *a se împăca cu situaţia*
to abide by the circumstances;
a fi în situaţia de a face ceva to be
in a position to do smth.; *aceasta*
fiind situaţia as the case stands;
in the circumstances; things being
as they are, such being the situ-
ation.

siv *adj.* grey, gray; *(cărunt)* hoary.

sîc *interj.* serve(s) you right! sold
again!

sîcîi I. *vb. tr.* to nag, < to harass,
to worry, < to pester, to plague.
II. *vb. refl.* to fret, to fidget.

sîcîială *s.f.* nagging, teasing etc.
v. s î c î i.

sîcîitor *adj.* annoying, worrying.

sîmbătă *s.f.* **1.** Saturday. **2.** *(săptă-*
mînă) week. @ *sîmbăta morţilor/*
moşilor All Souls' Day. ⓑ *într-o* ~
on/of a Saturday. © *a purta cuiva*
sîmbetele to bear/harbour a spite/
grudge against smb., to bear malice
to smb.; *ducă-se pe apa sîmbetei*!
the devil take it! P drat it!

sîmbovină *s.f. bot.* nettle tree, honey
berry *(Celtis australis)*.

sîmburar *s.m. ornit.* gros(s) beak,
gros(s) beck, hardbill *(Coccothraus-*
tes vulgaris).

sîmbure *s.m.* **1.** *bot.* kernel; *(de*
strugure, cireaşă) stone; *(de măr)*
pip; *(de nucă)* kernel. **2.** *(miez)*
core, kernel. **3.** *fig.* main substance,
(quint) essence, gist, marrow, pith;
(ce e mai bun) flower. **4.** *astr.* nu-
cleus, head, body. @ *un* ~ *de*
adevăr a grain of truth; ~*le ches-*
tiunii the heart of the matter; the
substance/gist/ F→bone of the
thing, the bottom of the business.

sîmburoase *s.n. pl.* stone fruits.

sîn *s.m.* **1.** *anat.* breast; *(piept, la*
femei) bosom, breast, F→teats. **2.**
(spaţiul dintre piept şi cămaşă)
bosom; *(buzunar de la piept)*
breast pocket. **3.** *(pîntece)* womb.
4. *fig. (mijloc)* bosom. **5.** *fig.*
(interior) bosom, breast; *(inimă)*
heart. @ ~ *de mare* gulf, <bay,
inlet (of the sea); ~ *fals* false/

artificial bosom, F→ plumper, *pl.*
falsies; ~*ul mamei* mother's lap,
fig. tender care; ~*ul mării* poetic
the bosom of the sea. ⓑ *cu frica*
în ~ in an agony, P in a (blue)
funk; *în* ~*ul familiei* in the bosom
of one's family; *în* ~*ul lui Avram*
in Abraham's bosom; *în* ~*ul*
pămîntului in the bowels of the
earth. © *a da* ~ *unui copil* to give
a child the breast; *a pune ceva în*
~ to put smth. into one's bosom;
copilul pe care l-a purtat în ~ the
fruit of her womb; *a încălzi şarpele*
la ~ to cherish a snake in one's
bosom; *a strînge pe cineva la* ~
to hug smb., to clasp smb. to one's
heart; ~*ul îi tresaltă* her bosom
heaves.

sînge *s.n.* **1.** blood; *(închegat)* gore;
sl. claret. **2.** *fig. (origine)* blood,
birth, extraction, origin ; *(înrudire)*
kindred, blood (relationship), con-
sanguinity. @ ~ *alb* white blood;
~ *albastru* blue blood; ~ *arterial*
arterial blood; ~ *de nouă fraţi*
bot. dragon's blood tree *(Dracoena*
draco); ~ *închegat* gore, coagulat-
ed/clotted blood; ~*le voinicului*
bot. sweet pea *(Lathyrus odoratus)*;
~ *negru/vinos* venous blood; ~
rece cold blood, *fig.*, *şi* coldblooded-
ness, coolness. ⓑ *animale cu* ~ *cald*
warm-blooded animals; *animale cu*
~ *rece* cold-blooded animals; *baie*
de ~ blood bath; *(măcel)* slaught-
er, shambles; *(masacru)* massa-
cre, carnage; *ca* ~*le* blood-like,
bloody, S→hemal, hematoid; *cal*
pur ~ thoroughbred (horse); *carne*
friptă în ~ underdone meat;
circulaţia ~*lui* circulation of the
blood; *cu* ~ *cald* warm-blooded;
cu ~ *rece* I. *adj.* cold-blooded. II.
adv. in cold blood, coolly; in the
cold light of reason; *fără* ~
bloodless; *glasul* ~*lui* the voice of
blood; *lacrimi de* ~ bloody tears;
pată de ~ blood stain/spot; *pier-*
dere de ~ loss of blood, S→h(a)e-
morrhage; *pur-*~ pure-blooded,
thoroughbred; *roşu ca* ~*le* (as)
red as blood, blood-/bloody red;
rudă de ~ blood relation, kinsman;

scurgere de ~ flow of blood, S→h(a)e-morrhage; *sete de* ~ blood-thirst-iness, thirst for blood; *setos de* ~ blood-thirsty, bloody(-minded); *(d. fiare)* ferocious, sanguinary; *trans-fuzie de* ~ transfusion of blood; *vărsare de* ~ bloodshed. © *a face* ~ *rău cuiva* to vex/ruffle/annoy/spite smb.; *a-şi face* ~ *rău* to be/feel vexed, < to fret (and fume inwardly); *a lăsa/lua* ~ to open/breathe a vein, to draw off blood, to bleed, to (let) blood; *a opri* ~*le* to stop/stanch the blood; *a-şi păstra* ~*le rece* to keep cool; to keep one's temper; *păstrează-ţi* ~*le rece!* keep cool! keep calm! don't put yourself out! F→keep your hair on! *a-şi pierde* ~*le rece* to lose one's temper; *a scuipa* ~ to bring up/spit blood; *a vărsa* ~ to shed blood; *a-şi vărsa* ~*le pentru patrie* to shed one's blood/sacrifice one's life for one's country; *a mînji/păta cu* ~ to (stain with) blood; *e în* ~ it is inherent in the blood, it runs in the blood/family; *a bate pînă la* ~ to beat till blood is drawn; *a-i curge* ~ to bleed; *îmi curge* ~*din nas* my nose is bleeding; *a-i curge* ~ *pe nas* to bleed at the nose; *fierbe* ~*le în mine* the blood is boiling in my veins; *îngheţase în ea* ~*le de frică* her blood ran cold; *a face să-i îngheţe cuiva* ~*le în vine* to make smb.'s blood run cold; ~*le ţîşni* the blood came gush-ing forth; *tot* ~*le i se urcă în obraz* his blood rose to his face; *i s-a urcat* ~*le în obraji* a blush rose to her face, a blush mantled her cheeks; *i s-a urcat* ~*le la cap* his blood is up, the blood rushes into his head. ① ~*le apă nu se face* blood is thicker than water.

sînger *s.m. bot.* cornel (tree), bloody twig *(Cornus mascula).*

sîngera *vb. tr. şi intr.* to bleed.

sîngerare *s.f.* bleeding; *(vărsare de sînge)* bloodshed.

sîngerat *adj.* bloody, blood-stained, gory; *(roşu ca sîngele)* blood-red.

sîngeriu *adj.* (as) red as blood, blood-red, *poetic* purple.

sîngerînd *adj.* bleeding.

sîngeros *adj.* **1.** *(care are mult sînge)* sanguine(ous), full-blooded. **2.** *(unde s-a vărsat mult sînge)* bloody. **3.** *(dînd naştere vărsării de sînge)* sanguinary; *(setos de sînge)* blood--thirsty; *(criminal)* murderous, homicidal, slaughterous. ① *luptă sîngeroasă* bloody/sanguinary bat-tle; *tiran* ~ bloody tyrant.

sînt *prez.* de la a fi. **1.** *pers. I.* (I) am. **2.** *pers. a III-a* (they) are.

sînziana *s.f.* **1.** gold-haired fairy *(in Romanian popular tales).* **2.** *pl.* St. John's day, Baptist's day, Midsummer day. **3.** *bot.* Our Lady's bedstraw *(Gallium verum).* **4.** *bot.* v. **vinariţă.**

sîrb I. *adj.* Serbian, *inv.*→Servian. ① *limba* ~*ă* the Serbian language, Serbian. **II.** *s.m.* Serbian, Serb, *inv.*→Servian.

sîrba *s.f.* name of a lively Romanian folk dance.

sîrbesc *adj.* Serbian, *inv.*→Servian.

sîrbeşte *adv.* **1.** after the manner of Serbians. **2.** *(în limba sîrbă)* Serb-ian.

sîrboaică *s.f.* Serbian (girl *sau* wom-an).

sîrg *s.n.* ① *de/în/cu* ~ at once, directly; *(îndată după aceea)* by and by.

sîrguincios *adj. (silitor)* diligent, industrious.

sîrguinţă *s.f. (silinţă)* diligence, industry.

sîrguitor I. *adj. (silitor)* industrious, diligent. **II.** *adv.* industriously, diligently.

sîrmă *s.f.* **1.** wire. **2.** *(filigrană)* filigree. ⓐ ~ *de alamă* brass/latten wire; ~ *de aramă* copper wire; ~ *de fier* iron wire; ~ *de oţel* steel wire; ~ *de telegraf* tele-graph (conducting) wire; ~ *ghim-pată* barbed wire; ~ *izolată* insu-lated wire. ① *coardă de* ~ *muz.* wire string; *cui de* ~ wire tack/nail; *fabrică de* ~ wire(-drawing) mill; *perie de* ~ scratch/wire/rubbing brush.

sîrmos *adj.* wiry.

sîsîi *vb. intr.* **1.** *(d. şerpi)* to hiss. **2.** *(a vorbi sîsîit)* to lisp.

sîsîit *s.n.* **1.** hissing. **2.** hiss. **3.** lisp.
sîsîitură *s.f.* hiss.
skeleton *s.n.* *sport.* skeleton, luge.
skilift *s.n.* ski lift/hoist.
slab I. *adj.* **1.** *(ant. puternic)* weak; *(d. sunete, lumină)* faint; *(nerezistent)* feeble; *(care nu e tare întins)* loose, slack; *(mic)* small. **2.** *(prost, rău)* bad, poor. **3.** *(ant. gras)* thin; *(d. carne)* lean. ⓐ ~ de înger cowardly, fearful; *(cu voință slabă)* weak-willed; ~ de-i numeri coastele as thin as a hurdle/ lark/lath, a bag of bones; ~ de minte weak-minded/-headed, soft-minded, ninepence in the shilling; ~ la față lean-faced. ⓑ argument ~ lame/flimsy argument; bere ~ă weak/thin/small beer; elev ~ bad/ backward pupil; orator ~ poor orator; punct ~ weak point/side, blind side; sexul ~ the weaker sex; vedere ~ă weak eyes; verb ~ gram. weak verb; voce ~ă weak/ small voice. **II.** *adv.* weakly etc. v. ~ I, 1, 2.
slalom *s.n.* *sport* slalom. ⓐ ~ special special slalom; ~ uriaş giant slalom.
slatină *s.f.* **1.** salt marsh. **2.** salt (water) spring. **3.** salt dish.
slav *adj.*, *s.m.* Slav. ⓑ limbi ~e Slav(onic) languages.
slavă *s.f.* glory; *(faimă)* fame. ⓐ slava cerului heavenly height; ~ Domnului! thank God/goodness! ⓒ a ridica în ~ /slava cerului to praise up to the skies, to extol, to exalt, to sing smb.'s praises, to be lavish/loud in smb.'s praises, to plaster smb. with praise, to shower praises on smb.
slavism *s.n.* Slavism.
slavist *s.m.* specialist of Slav(onic) languages and literature.
slavistică *s.f.* Slav(onic) languages and literature.
slavon *adj.* Slavonic.
slavonă *s.f.* Paleoslavonic, Church Slavonic.
slavonesc *adj.* Slavonic; Paleoslavonic.
slavoneşte *adv.* in Paleoslavonic.
slavonism *s.n.* Paleoslavonic term sau idiom.

slăbănoagă *s.f.* *bot.* v. slăbănog II.
slăbănog I. *adj.* lean, meagre; *(debil)* debile; *(slab)* weak, weedy; *(d. vite)* hidebound. **II.** *s.m.* *bot.* balsam, touch-me-not *(Impatiens nolitangere)*.
slăbănogi *vb. intr.*, *vb. refl* to weaken, to grow weak sau weaker.
slăbi I. *vb. intr.* to weaken, to grow weak sau weaker; to grow thin/ lean, to lose flesh, *(prin tratament)* to reduce, to slim; to slenderize; *(a se micşora)* to diminish; *(d. vînt)* to abate; *(a descreşte)* to decrease; *(a nu mai fi întins)* to loosen. **II.** *vb. tr.* to loosen, to slacken; *(a lăsa)* to leave, to let. ⓐ a nu ~ pe cineva to cling to smb., F to stick to smb. like a burr. ⓒ nu-l ~ din ochi! keep a close watch on him! slăbeşte-mă! F leave me alone! shut up! sl. cheese it! do me a favour! come off that; *(spune-i-o altuia)* F tell that to the marines, get along (with you)! **III.** *vb. refl.* to loosen.
slăbiciune *s.f.* **1.** weakness; feebleness, debility. **2.** *(cusur)* shortcoming, defect, weakness; *(punct slab)* weak point/side, blind side. **3.** *(pentru)* weakness (for), soft side (to). ⓒ a avea o ~ pentru cineva to have a soft/warm spot in one's heart for smb.
slăbire *s.f.* **1.** weakening. **2.** *(cură)* reducing cure, slendering. ⓒ a face cură de ~ to reduce; to slenderize.
slăbit *adj.* weakened etc. v. slăbi; powerless, helpless, lame. ⓒ mă simt ~ I don't feel strong, I feel helpless/under the weather.
slănină *s.f.* lard (bacon), bacon; *(topită)* fat, grease.
slăvi *vb. tr.* to glorify, to exalt; *(a lăuda)* to praise, to sing the praise of.
slăvit *adj.* **1.** glorified etc. v. slăvi. **2.** famous, renowned, celebrated; glorious.
slei I. *vb. tr.* **1.** v. seca I. **2.** *(a îngheţa)* to freeze. **II.** *vb. refl.*, *vb. intr.* **1.** v. seca II, 2, 3. **2.** *(prin*

răcire) to thicken; to jelly; to cake; *(a îngheţa)* to freeze.

sleit *adj.* frozen etc. **v. s l e i; v. şi s e c a t. ⓐ** ~ *de puteri* exhausted, fagged/tired out, F→all in. ⓑ *fasole* ~*ă* mashed beans, beans beaten up/stirred to a pulp; *sos* ~ clotted sauce. ⓒ *sînt* ~ **a.** *(de bani)* I'm broke, I'm on the rocks, my means are exhausted, I have run short of cash. **b.** *(extenuat)* I am tired out/drained/F→played out/F→dead beat/F→knocked up, done (in).

slinos *adj.* v. j e g o s.

slip *s.n.* (bathing) slips.

sloată *s.f.* sleet.

slobod *adj.* *(liber)* free; *(autonom)* autonomous. ⓐ ~ *la mînă* lavish, wasteful, too liberal.

slobozenie *s.f.* **1.** ← P *(libertate)* freedom. **2.** *(permisiune)* permission. **3.** *rel.* remission/forgiveness of sins, absolution (of sins).

slobozi I. *vb. tr.* **1.** *(a pune în libertate)* to free, to set free/at liberty, to release, F→to let off. **2.** *(a descurca)* to disentangle, to extricate; *(a da drumul)* to let go, to leave hold; *(o săgeată)* to let fly. **3.** *jur.* to acquit. **4.** *mil.* to fire (off), to discharge. **5.** *(a arunca)* to throw, to fling. **6.** *rel.* to absolve. **7.** *(a scuti) (de)* to release (from), to exempt (from), to excuse (from). **8.** *(a lansa)* to launch. **9.** *(o vorbă, o injurătură)* to utter. **II.** *vb. refl.* **1.** *pas.* to be freed etc. **v.** ~ **I. 2.** *(a se cobori)* to go/climb down. **3.** *(a se repezi)* to rush.

slogan *s.n.* slogan.

sloi *s.n.* **1.** *(de gheaţă)* floating ice, *(mare)* ice floe. **2.** *(ţurţur)* icicle; *(gheaţă)* ice. **3.** cake; *(de ceară)* cake of wax. **4.** ~*uri de gheaţă* ice pack. ⓐ *a fi înghețat* ~*/a fi* ~ *de gheaţă* to be frozen hard; *(d. persoane)* to be chilled to the bone.

slomni I. *vb. tr.* v. î n g ă i m a. **II.** *vb. intr. (a se ivi)* to appear.

slovac I. *adj.* Slovak(ian). ⓑ *limba* ~*ă* Slovakian, the Slovakian language. **II.** *s.m.* Slovak(ian).

slovă *s.f.* **1.** *(literă)* letter. **2.** *(scris)* hand writing.

sloven I. *adj.* Slovenian. ⓑ *limba* ~*ă* Slovenian, the Slovenian language. **II.** *s.m.* Slovene.

sloveneşte *adv.* **1.** after the manner of the Slovenes. **2.** *(în limba slovenă)* Slovenian.

slugarnic *adj.* **1.** *(de servitor)* menial. **2.** *(servil)* slavish, servile, submissive; cringing, grovelling.

slugă *s.f.* **1.** domestic, servant; man-servant; *fem.* (maid-)servant. **2.** *fig.* peior. flunkey, tool. ⓓ *cum e sluga şi stăpînul* like master, like man.

slugări *vb. intr.* to serve (in a menial capacity).

slugărnicie *s.f.* servility; flunkeyism.

sluger *s.m. ist.* purveyor.

sluj *interj.* ⓒ *a face/sta* ~ **a.** to sit up and beg, to stand on hind legs. **b.** *fig.* to dance attendance *on smb.,* to bow and scrape.

slujbaş *s.m.* (government) official, civil servant, *glumeţ sau elev.*→ functionary, F→Jack-in-office; *(la poştă etc. şi)* officer.

slujbă *s.f.* **1.** service; job; post, employment; *(funcţie)* public function; *(situaţie)* situation, berth. **2.** *mil.* military service. **3.** *rel.* (divine) service. ⓑ *fără* ~ out of employment, jobless, F → out of a berth, without a job. ⓒ *a-i da cuiva o* ~ to give smb. an appointment/a place, F→to put smb. into a berth/screw/post; *a deţine o* ~ to hold a situation, to fill a post; *a-şi lăsa/părăsi slujba* to leave one's post, to resign one's office; *a solicita o* ~ to apply/compete for a post; *a intra in* ~ to enter upon one's (official) duties; *a primi pe cineva in* ~ to admit smb. into office; *a pune ceva in slujba... (cu gen.)* to place/put smth. at/in the service of...

sluji I. *vb. tr.* **1.** *(a servi)* to serve, to be in the service of. **2.** *(la masă)* to wait upon. **3.** *rel.* to serve, to celebrate. **4.** *(a ajuta)* to help; *(a fi de folos,* to be of use. ⓒ *a* ~ *ceva numai în vorbe* to give lip service to smth.; *a-şi*

~ *ţara* to serve one's country. **II.**
vb. intr. **1.** *(a servi)* to be in ser-
vice. **2.** *rel.* to officiate. ⓐ *a* ~ *la...*
to serve for...; *a* ~ *de/drept* to
serve as..., to be used as... ⓒ *a* ~
drept mijloc to serve as a means;
o să-ţi slujească (la ceva) dacă...?
will it be of service/use to you if...?
a ~ *la masă* to wait at table; *n-o*
să slujească la nimic that would be
of no use/avail, that would not
be of any use; *a* ~ *t 20 de ani*
he has (full) 20 years' service/
character. **III.** *vb. refl.* ⓐ *a se*
~ *de...* to avail oneself of..., to
use..., to make use of...; *(a re-*
curge la...) to resort to...

slujitoare *s.f.* (maid-)servant, (house)-
maid.

slujitor *s.m.* **1.** (man-)servant, foot-
man. **2.** *fig.* minister.

slujitorime *s.f. col.* servants.

slujnică *s.f.* (maid-)servant, domes-
tic, *inv.* sweeny.

slut *adj.* deformed; *(urît)* ugly, <
hideous.

sluţenie *s.f.* ugliness, < hideousness.

sluţi I. *vb. tr.* **1.** to disfigure, to
uglify, to make *smb.* look ugly, to
make *smb.* look a fright. **2.** *(a*
mutila) to disfigure, to maim, to
mutilate. **II.** *vb. refl.* **1.** to grow
ugly/plain. **2.** *(a se strîmba)* to
make/pull faces.

sluţit *adj.* **1.** crippled etc. v. s l u-
ţ i I, 2. **2.** *(urît)* ugly.

sluţitură *s.f.* (perfect) fright.

smalţ *s.n.* enamel.

smaragd, smarald *s.n.* emerald.

smălţa *vb. tr. (cu)* to make all over;
to speckle (with), to mottle (with);
(d. flori) to dot, to fleck, to
speckle, to spangle.

smălţui *vb. tr.* **1.** to enamel. **2.** v.
s m ă l ţ a.

smălţuitor *s.m.* enameller.

smead *adj.* swarthy.

smerenie *s.f.* humbleness, meekness;
humility; *(evlavie)* piety.

smeri I. *vb. tr.* **1.** *(a supune)* to
subdue. **2.** *(a umili)* to humble,
to abase. **II.** *vb. refl.* **1.** *(a se*
supune) to submit. **2.** *(a se umili)*
to humble oneself.

smerit I. *adj.* humble, meek; *(evla-*
vios) pious. **II.** *adv.* humbly.

smicea *s.f.* v. m l ă d i ţ ă.

sminteală *s.f.* **1.** *(nebunie)* madness;
folly. **2.** *(defect)* defect, short-
coming; *(greşeală)* mistake. **3.** *(pie-*
dică) hindrance. **4.** *(pierdere)* loss;
(pagubă) damage; *(vătămare)*
harm; *(neplăcere)* trouble.

sminti I. *vb. tr.* **1.** *(a deranja)* to
disarrange; *(a mişca)* to move;
(a deplasa) to displace; *(a strica)*
to spoil, to impair; *(a vătăma)* to
harm; *(a prăpădi)* to destroy; *(a*
împiedica) to hinder; *(a opri)*
to stop. **2.** *(a înşela)* to deceive,
to delude; *(a induce în eroare)* to
mislead; to lead astray; *(a înne-*
buni) to turn *smb.'s* head/brain.
ⓒ *a* ~ *în bătaie pe cineva* to beat
smb. within an inch of his life.
II. *vb. refl.* **1.** *pas.* to be disarranged
etc. v. ~ I. **2.** *(a înnebuni)*
to go mad, to go off one's head.

smintit *adj.* **1.** *(nebun)* mad, crazy,
F→batty, cracked. **2.** *(nebunesc)*
foolish.

smiorcăi *vb. refl.* **1.** *(a se scînci)* to
whine, to whimper, to pule. **2.**
(a trage aerul pe nas) to sniff.

smirdar *s.m. bot.* **1.** rose bay *(Rho-*
dodendron). **2.** v. m e r i ş o r.

smirna[1] *adv. (drept)* (bolt) upright;
(nemişcat) quiet.

smirnă[2] *s.f.* myrrh, S → benjamin
gum, gum benzoin.

smîntînă *s.f.* **1.** (sour) cream. **2.**
fig. cream, flower, pick.

smîntîni *vb. tr.* to cream.

smîntînică *s.f. bot.* mugweed, cross-
wort *(Gallium cruciatum).*

smîrc *s.n.* swamp, marsh; *(băltoacă)*
muddy pool.

smoală *s.f.* pitch, tar; *(solidă)*
rosin. ⓑ *negru ca smoala* pitch-
-black, (as) black/dark as pitch/
(mid-)night.

smoc *s.n.* **1.** *(de păr)* tuft. **2.** *(buchet)*
bunch. **3.** *(legătură)* bundle.

smochin *s.m. bot.* fig (tree) *(Ficus*
carica).

smochină *s.f.* fig.

smoching *s.n.* dinner jacket, *amer.*
tuxedo.

smochini *vb. refl.* to wither, to shrivel.

smoli *vb. tr.* to tar, to pitch.

smolit *adj.* **1.** tarred, pitched. **2.** *fig.* v. **oacheș.**

smotoci *vb.tr.* F to drub, to whack, to pommel.

smuci I. *vb. tr.* to jerk; *(a trage)* to pull, to tug; *(a scoate)* to pull out. **II.** *vb. intr.* *(d. arme)* to kick. **III.** *vb. refl.* *(a se zbate)* to struggle; *(a se smulge)* to tear oneself away.

smucitură *s.f.* jerk.

smulge I. *vb. tr.* to pull/tear out; *(plante)* to pull up; *(ceva, din mîna cuiva)* to snatch; *(a dezrădăcina; și fig.)* to uproot, to eradicate, to extirpate, to root out; *(un secret, o semnătură, o promisiune, bani etc.)* to extort; *(consimțămîntul, bani, un secret)* to wring. **II.** *vb. refl.* **1.** to tear oneself away; *(a se elibera)* to break away/loose, to escape. **2.** *pas.* to be pulled out etc. v. ~ **I.**

snoavă *s.f.* anecdote.

snob *s.m.* snob; vulgar follower of fashion.

snobism *s.n.* snobbishness, snobbery, snobbism.

snop *s.m.* sheaf; *(de raze)* shaft; *(de gloanțe)* cone.

snopeală *s.f.* F good licking/thrashing.

snopi *vb. tr.* **1.** to sheaf, to sheave. **2.** F to beat to a jelly, to tan *smb.'s* hide.

soacră *s.f.* mother-in-law. ⓐ ~ *mare the* bridegroom's mother; ~ *mică the* bride's mother.

soare *s.m.* sun. ⓐ ~*-apune/scapătă* **a.** *(asfințit)* sunset, sundown. **b.** *(vest)* west; ~ *calm* quiet sun; ~*-răsare* **a.** *(răsăritul soarelui)* sunrise. **b.** *(est)* east. ⓑ *apus de* ~ sunset, sundown; *ca* ~*le* sunny, sunlike; *fig.* radiant, beaming; *căldura* ~*lui* heat of the sun, solar heat; *după* ~ by the sun; *eclipsă de* ~ solar eclipse, eclipse of the sun ; *floarea-*~*lui bot.* (common) sunflower *(Helianthus annuus)*; *lumina* ~*lui* sunlight; *luminat de*~ sunlit, lit up with sunshine; *luminos ca* ~*le* as bright as sunshine;

orbita ~*lui astr.* orbit of the sun; *(aparentă)* S→ecliptic; *rază de* ~ sun ray/beam; *răsărit de* ~ sunrise; *rupt din* ~ wondrous fair; *strălucirea* ~*lui* splendour/brilliancy of the sun; *ten ars de* ~ tawny/(sun-) tanned complexion; *umbrelă de* ~ sunshade.; *(de modă veche)* parasol; *zeul* ~*lui* the sun god, Helios, Phoebus, Sol; *zi cu* ~ **a.** sunny day. **b.** *fig.* day of happiness, red-letter day. ⓒ *a făgădui cite-n lună și în* ~ to promise wonderful/impossible things, to promise wonders; *a expune la* ~ to expose to the sun; *a sta la* ~ to bask (in the sun/sunshine); *e* ~ we are having sunshine, we are having bright weather; ~*le strălucește* the sun is shining, it is sunny.

soartă *s.f.* fate; *(destin)* destiny; *(fatalitate)* fatality; *(noroc)* luck; *(șansă)* chance; *(viitor)* future. ⓑ *lovitură a sorții* heavy blow; reverse. ⓒ *au împărțit aceeași* ~ they shared the same fate; *a-și lega soarta de cea a... (cu gen.)* to be tied to the chariot of...

soață *s.f.* **1.** *(tovarășă)* mate. **2.** *(soție)* wife.

sobar *s.m.* stove fitter; one who puts up ovens.

sobă *s.f.* stove; *(cămin)* fireplace; *(cuptor)* oven. ⓐ ~ *cu petrol* oil stove; ~ *de încălzit* heating stove; ~ *de teracotă* tiled/glazed stove; ~ *electrică* electric stove. ⓒ *a ședea la gura sobei* to sit by/at the fireside; *a sta veșnic la* ~ to coddle over the fire, never to stir from the corner of one's chimney, to be a homebird.

sobol *s.m. zool.* mole(warp) *(Talpa europaea)*.

sobor *s.n.* **1.**←*înv.* council; assembly. **2.** *rel.* synod; group of priests. **3.** prayer, service, mass.

sobrietate *s.f.* sobriety; *(cumpătare)* temperance.

sobru I. *adj.* sober; temperate, abstemious. **II.** *adv.* soberly, temperately.

soc *s.m. bot.* common elder *(Sambucus nigra).* ⓐ ~ *mic* dwarf elder *(Sambucus ebulus);* ~ *roșu/*

de munte clustered elder *(Sambucus racemosa)*.

sociabil *adj.* sociable, companionable, F→chummy.

sociabilitate *s.f.* sociability, sociableness.

social *adj.* social. ⓐ ∼-*democrat* social democrat; ∼-*democraţie* social democracy; ∼-*politic* social political, socio-political. ⓑ *asigurări* ∼*e* social insurance; *asistenţă* ∼*ă* social maintenance; *capital* ∼ *com.* registered capital; *conştiinţă* ∼*ă* social consciousness; *existenţă* ∼*ă* social being; *origine* ∼*ă* social origin; *pericol* ∼ social danger; *proprietate* ∼*ă* public/ social property; *reformă* ∼*ă* social reform; *ştiinţe* ∼*e* social sciences.

socialism *s.n.* socialism . ⓐ ∼ *ştiinţific* scientific socialism; ∼ *utopic* Utopian socialism. ⓑ *construirea* ∼*ului* the building (up)/upbuilding/construction of socialism.

socialist I. *adj.* socialist. ⓑ *construcţie* ∼*ă* socialist construction; *întrecere* ∼*ă* socialist emulation/ competition; *realism* ∼ socialist realism; *revoluţie* ∼*ă* socialist revolution; *sistem economic* ∼ socialist system of economy; *stat* ∼ socialist State. **II.** *s.m.* socialist.

socializa I. *vb. tr* to socialize. **II.** *vb. refl.* to be(come) socialized.

socializare *s.f.* socialization. ⓐ ∼*a mijloacelor de producţie* socialization of the means of production.

socialmente *adv.* socially; from the social point of view. ⓑ *timp de muncă* ∼ *necesar ec. pol.* socially necessary labour time.

societar *s.m.*(full) member, associate.

societate *s.f.* society; *(comunitate)* community; *(tovărăşie)* companionship; *(club)* club; *(cerc)* circle; *(asociaţie)* association; *com.* company; firm; society. ⓐ ∼ *anonimă (pe acţiuni)* joint-stock company, limited(-liability) company; ∼ *capitalistă* capitalist society; ∼ *comercială* (trading) company; ∼ *comunistă* communist society; ∼ *fără clase* classless society; ∼ *în comandită* sleeping partners company, sleeping/limited partnership;

∼ *în nume colectiv* firm, (general) partnership, private company; ∼ *omenească* human society; ∼ *socialistă* socialist society. ⓑ *jocuri de* ∼ society games; parlour tricks; *în afara societăţii omeneşti* outside the pale of human society.

sociolog *s.m.* sociologist.

sociologic *adj.* sociological.

sociologie *s.f.* sociology.

sociologism *s.n.* sociologism.

sociologizant *adj.* sociologizing.

sociologizare *s.f.* sociologizing.

soclu *s.n.* socle, base, bottom; pedestal; *(al unei maşini)* bed, plate; *(al peretelui)* footing.

socoteală *s.f.* **1.** counting, calculation, computation; *(operaţie aritmetică)* operation; *(contabilitate)* account; *(plată)* account, bill. **2.** *(notă de plată)* bill, check. **3.** *(plan)* plan, scheme; *(gînd)* thought; idea. **4.** *(chibzuinţă)* reflection, consideration, deliberation; *(părere)* opinion, view; *(bănuială, presupunere)* supposition. **5.** *(folos)* use; *(profit)* profit. **6.** *(cumpăt, măsură)* moderation; *(economie)* thrift. ⓑ *cu* ∼ **I.** *adj.* thoughtful, circumspect. **II.** *adv.* **a.** thoughtfully, circumspectly. **b.** *(cumpătat)* moderately; with-moderation. **c.** *(cu tîlc)* pointedly; *după multă* ∼ after mature deliberation; *după socoteala mea* in my opinion, as I take it, to my way of thinking; *fără* ∼ **I.** *adj.* inconsiderate, thoughtless, rash, heedless. **II.** *adv.* **a.** inconsiderately, thoughtlessly, rashly. **b.** lavishly, thriftlessly; *pe socoteala... (cu gen.)* **a.** at the expense of... **b.** *(la adresa)* on *smb.*'s. account; at...; *(împotriva)* against...; *pe* ∼ *proprie* on one's own account. ⓒ *am o* ∼ *cu el* I have a bone/crow to pick with him, I have something to settle with him; *a cere cuiva* ∼ *pentru...* to call smb. to account/ book for...; *a da* ∼ *de...* to give/ render an account of..., to account for...; *a face socoteala în minte* to reckon in one's head, to work out mentally; *a strica socotelile cuiva* to

cross/thwart smb.'s plan(s); *a ţine
~ de...* to have regard/consideration
for..., to take... into account, to
consider...; *a nu ţine (nici o) ~
de...* to pay no heed to..., to be
regardless of...; *ţinînd ~ de...*
considering..., taking... into ac-
count/consideration; *neţinînd ~
de...* regardless of...; *nu se potri-
veşte cu socoteala mea* that does not
agree with my calculation; *a
pune/trece în socoteala cuiva* to
place/carry to smb.'s account; *e
bun la socoteli* he is good/clever at
arithmetic/sums, he is quick at
figures; *a greşit la ~* he is wrong/
out in his calculation/account; *a
pune toate la ~* to include every-
thing; *fără să (mai) punem la ~
...* not to mention ..., to say
nothing of...; *punînd toate la ~*
taking all in all; *a trăi pe socoteala
cuiva* to live at smb.'s expense.
F→to sponge on smb. ⓓ *socoteala
de-acasă nu se potriveşte cu cea din
tîrg* many go out for wool and
come home shorn.

socoti I. *vb. tr.* **1.** *(a calcula)* to
reckon, to calculate; *(a aduna)*
to sum/cast/total/reckon up. **2.**
(a lua în consideraţie) to consider,
to take into account/consideration;
(a examina) to examine. **3.** *(a
chibzui)* to consider, to ponder
(over), to reflect/deliberate upon.
4. *(a considera)* to think, to consi-
der, to hold, to deem; *(a-şi închipui)*
to suppose, to imagine, F→
to guess; *(a privi ca, a considera)*
to consider/regard as. **5.** *(a inten-
ţiona)* to think of, to intend, to
purpose, to contemplate *(cu forme
în -ing)*, to mean. ⓒ *a ~ o cinste
să...* to deem/think/consider it an
honour to...; *il socotesc om de onoare*
I think him a man of honour; *fără
să (mai) ~m timpul* without
counting the time, not to mention
the time; *a ~ greşit* to miscalculate
smth. **II.** *vb. refl.* **1.** *(a se răfui)*
to balance/settle/square accounts
(with smb.). **2.** *(a se gîndi bine)* to
think it over. **3.** *(a se considera)*
to consider/account oneself. **4.** *pas.*
to be reckoned etc. v ~ **I. III.** *vb.*

intr. (a calcula) to calculate, to
compute; *(a număra)* to count.
socotinţă *s.f.* ←*înv.* **1.** *(judecată)*
judgment; consideration. **2.** *(in-
tenţie)* intention.

socotit I. *adj.* **1.** reckoned etc. v.
s o c o t i. **2.** *(econom)* economical;
(cumpătat) moderate; *(cu jude-
cată)* sober-minded. **3.** *argou* F
fine, ripping, thumping. **II.** *s.n.*
reckoning, calculation.

socotitor *s.m.* accountant.
socratic *adj.* Socratic.
socri *vb. tr.* F. v. c i c ă l i.
socru *s.m.* **1.** father-in-law. **2.** *pl.*
parents-in-law, in-laws. ⓐ *~ mare*
the bridegroom's father; *~ mic*
the bride's father.

sodă *s.f.* **1.** *chim.* soda; *(pt. spălat)*
washing soda.←**2.** *reg. (apă gazoasă)*
soda (water). ⓐ *~ caustică* caustic
soda, sodium hydrate.

sodiu *s.n. chim.* sodium.
sodom *s.n.*←P F→legion, no end
(of).

sodomi←P **1.** *vb. tr.* to lay waste,
to ravage. **II.** *vb. refl.* to perish;
(a se sinucide) to commit suicide.

sodomie *s.f.*←*înv.* sodomy.
sofa *s.f.* sofa, settee.
sofism *s.n.* sophism; *aprox.* fallacy.
sofist *s.m.* sophist.
sofistic *adj.* sophistical.
sofistică *s.f.* sophistry.
sofisticărie *s.f.* sophistry.
sofită *s.f. arhit.* soffit.
soi *s.n.* **1.** *(fel)* kind, sort; category;
(calitate) quality. **2.** *(varietate)*
variety; *(specie)* species; *(rasă)*
race; breed; *(fire)* nature. ⓐ
~ rău F bad egg/lot/hat. ⓑ *de
~ (bun)* (of) high quality; *(ales)*
choice; *tot ~ul de...* all kinds/
sorts of ...

soia *s.f. bot.* soy(a) bean *(Soja
hispida).*

soios *adj.* dirty.
sol[1] *s.m.* messenger, *fig., şi* harbin-
ger, herald.
sol[2] *s.m. muz.* (the note) G; sol.
sol[3] *s.n.* ground, earth; *agr.* soil.
ⓐ *~ fertil* rich/fertile soil.
solan(ac)ee *s.f. pl. bot.* solanaceae.

solar *adj.* solar, sun ... ⓑ *cadran* ~ sun dial; *sistemul* ~ the solar system.

solariu *s.n.* solarium.

solă *s.f.* field. ⓑ *sistem de agricultură cu trei sole* three-field system of agriculture.

sold *s.n. com.* **1.** balance. **2.** surplus stock, job lot; *(vînzare)* clearance sale; *pl. şi* sales. ⓐ ~ *debitor* debit balance; ~ *creditor* credit balance. ⓑ *de la* ~*uri* at the sales, at a jumble sale; *preţuri de* ~ bargain prices. ⓒ *a fi dat la* ~*uri* to be in the sales.

solda **I.** *vb. tr.* **1.** *com.* to balance; *(un cont)* to pay (off), to discharge. **2.** *(mărfuri)* to sell off, to clear. **II.** *vb. refl.* **1.** *pas.* to be balanced etc. v. ~ I. **2.** *(cu)* to end (in); to be the result.

soldat *s.m.* **1.** *mil.* soldier; *(simplu)* private; *(american)* F→ G.I.; *(britanic)* F→Tommy. **2.** *fig.* champion, supporter, advocate. ⓐ ~*ul necunoscut* the Unknown warrior.

soldă *s.f. mil.* pay. ⓒ *a fi în solda cuiva* to be in smb.'s pay/on smb.'s payroll.

soldăţesc *adj.* **1.** military; *(ca de soldat)* soldierly, soldierlike. **2.** *peior. (d. limbaj etc.)* barrack- -room ...

soldăţeşte *adv.* **1.** soldierly, like a soldier. **2.** *peior.* in barrack-room fashion.

soldăţoi *s.m.* F martinet.

solecism *s.n. gram.* solecism.

solemn **I.** *adj.* solemn; *(grav)* grave; *(impresionant)* impressive. **II.** *adv.* solemnly etc. v. ~ I; in a solemn manner *sau* tone etc.

solemnitate *s.f.* **1.** solemnity; awfulness. **2.** solemn ceremony.

solemniza *vb. tr.* to solemnize, to celebrate.

solenoid *s.m. electr.* solenoid.

solfatare *s.f. pl. geol.* solfataras.

solfegia *vb. intr.* to (sing) sol-fa, to solmizate.

solfegiere *s.f. muz.* sol-faing, solmization.

solfegiu *s.n. muz.* solfeggio, sol-fa.

solicita *vb. tr.* **1.** to solicit, to request, to ask/apply for, to beg;

(voturi) to canvas(s) for. **2.** *(a atrage)* to attract; *(a cauza)* to induce, to cause; *(a necesita)* to entail, to necessitate, to require. **3.** *tehn.* to stress.

solicitant *s.m.* petitioner, applicant, solicitant.

solicitare *s.f.* **1.** solicitation etc. v. s o l i c i t a. **2.** *tehn.* stress; loading.

solicitator *s.m.* v. s o l i c i t a n t.

solicitudine *s.f.* solicitude, concern, tender care; sympathy, understanding, comprehension.

solid **I.** *adj.* **1.** *geom., fiz.* solid; *(tare)* hard. **2.** *(d. un fundament etc.)* solid, secure. **3.** *(d. un zid, o haină etc.)* solid, strong; *(trainic)* lasting, durable. **4.** *(d. cineva)* stout, strong, F hefty, strapping. **5.** *(d. un argument etc.)* sound; *(adînc)* deep, profound; *(serios)* serious; *(sigur)* reliable. **II.** *adv.* **1.** solidly, firmly; soundly. **2.** *(mult)* much; *(grozav)* F awfully. **III.** *s.n. geom., fiz.* solid (body).

solidar **I.** *adj.* **1.** , united, F→solid; interdependent. **2.** *jur. (d. răspundere)* joint and several; *(d. cineva)* liable. **3.** *tehn.* forming one piece with another. ⓑ *angajament* ~ *jur.* solidary obligation. **II.** *adv.* jointly.

solidaritate *s.f.* **1.** solidarity, fellowship. **2.** *jur.* joint responsibility. ⓐ ~ *de clasă* class solidarity; ~*a internaţională a oamenilor muncii* international solidarity of the working people. ⓑ *greve de* ~ sympathetic strikes.

solidariza *vb. refl.* to join together in responsibility/liability; *(cu)* to make common cause (with); to solidarize.

solidarizare *s.f.* making common cause.

solidifica *vb. tr., vb. refl.* to solidify.

soliditate *s.f.* **1.** solidity; *(a unui material etc.)* strength. **2.** *(a unei judecăţi)* soundness; *(a unei prietenii)* strength, stability.

solie *s.f.←înv.* **1.** *(ambasadă)* embassy. **2.** *(misiune)* mission; deputation; *(însărcinare)* task; *(mesaj)* message.

soliloc *s.n.* soliloquy, monologue.
soliped *zool.* **I.** *adj.* solidungulate.
II. *s.n.* soliped.
solipsism *s.n. filoz.* solipsism.
solist *s.m. muz.* soloist. ⓐ ~ *instrumental* instrumentalist; ~ *vocal* vocalist, singer.
solitar **I.** *adj.* solitary, lonesome, lonely. **II.** *adv.* solitarily. **III.** *s.m.* hermit, recluse. **IV.** *s.n. (diamant)* solitaire (diamond).
solitudine *s.f. (singurătate)* solitude.
solniţă *s.f.* salt cellar; *(de piper)* pepper box/pot.
solo *s.n. muz.* solo. ⓐ ~ *de vioară* violin solo.
solstiţial *adj. astr.* solstitial.
solstiţiu *s.n. astr.* solstice. ⓐ ~ *de vară* summer solstice.
solubil *adj.* soluble.
solubilitate *s.f.* solubility.
solubiliza *vb. tr.* to render soluble.
soluţie *s.f.* solution. ⓐ ~ *concentrată chim.* concentrated solution.
soluţiona **I.** *vb. tr.* to solve. **II.** *vb. refl. pas.* to be solved.
solvabil *adj.* solvent.
solvabilitate *s.f.* solvency.
solvent *s.m. chim.* solvent.
solvenţă *s.f.* v. s o l v a b i l i t a t e.
solvi *vb. tr.* to dissolve.
solz *s.m. iht. etc.* scale. ⓒ *a curăţi de ~i* to scale.
solzos *adj.* scaly.
soma *vb. tr.* **1.** to summon. **2.** *mil.* to challenge.
somatic *adj.* somatic(al).
somatologie *s.f. med.* somatology.
somaţie *s.f.* **1.** summons. **2.** *mil.* challenge.
someşana *s.f.* name of a Transylvanian folk dance.
somieră *s.f.* spring mattress; box mattress.
somitate *s.f.* person of renown; celebrity, authority.
somn[1] *s.n.* sleep, F→land of Nod, Bedfordshire; *in limbajul copiilor* bye(-bye); *(odihnă)* rest, repose; *(scurt,* v. u n p u i d e ~) ⓐ ~ *adînc* profound/deep/dead sleep; *(letargic)* lethargy, S→sopor; ~ *de iarnă zool.* winter sleep, hi-

bernation; ~ *dulce* sweet/gentle sleep; ~ *greu/de plumb* heavy sleep; ~ *iepuresc* fox/dog sleep; ~ *liniştit* quiet sleep, peaceful slumber; ~*ul de veci* the sleep of death; ~ *uşor* light sleep, slumber, doze; ~ *uşor*/sweet dreams! ⓑ *boala* ~*ului* sleeping sickness; *in* ~ (while) asleep, in one's sleep; *primul* ~ beauty sleep; *un pui de* ~.F forty winks, snooze, (light) slumber, nap, short sleep; *zeul* ~*ului* the god of sleep, Morpheus. ⓒ *a dormi* ~*ul drepţilor/celor drepţi* to sleep the sleep of the just/righteous; *a pica/nu mai putea de* ~ to be dead sleepy, F→to let the dustman get hold of one; to be heavy/dying with sleep, to be ready to drop with sleep; *a trage un pui de* ~ F to snooze, to have/take one's forty winks; *a scula din* ~ to call up, to (a)wake, to rouse from one's sleep; *a se trezi din* ~ to (a)wake (from sleep); *(brusc)* to start from one's sleep, to (a)wake with a start; *a umbla in* ~ to walk in one's sleep, to sleepwalk; *a vorbi in* ~ to talk in one's sleep; *a cădea într-un* ~ *adînc* to fall into a profound sleep, F→to go fast asleep; *eram încă la primul* ~ I was still in my beauty sleep; *mi-e* ~ I am sleepy, I feel drowsy.
somn[2] *s.m. iht.* sheat fish, wels, waller *(Silurus glanis).*
somnambul *s.m.* night/sleep walker, night wanderer, somnambulist, *med.* S→hypnobate.
somnambulism *s.n.* sleepwalking; somnambulism, *med.* S→ hypnobatia.
somnifer **I.** *adj.* somniferous; soporific. **II.** *s.n.* soporific.
somnişor *s.n.* nap, short sleep, (light) slumber.
somnolent *adj.* sleepy, drowsy, somnolent.
somnolenţă *s.f.* drowsiness, sleepiness, somnolence.
somnoroasă *s.f. bot.* white gentian, hartwort *(Laserpitium).*

somnoros I. *adj.* sleepy, drowsy, slumberous. **II.** *adv.* sleepily, drowsily. **III.** *s.m.* sleepyhead, drowsyhead.

somon *s.m.* *iht.* salmon *(Salmo salar)*.

somptuar *adj.* sumptuary.

somptuos I. *adj.* sumptuous, gorgeous. **II.** *adv.* sumptuously.

somptuozitate *s.f.* sumptuousness.

sonantă *s.f.* *fon.* sonant.

sonată *s.f.* *muz.* sonata.

sonatină *s.f.* *muz.* sonatine.

sonda I. *vb.* *tr.* **1.** *nav.* etc. to sound, to fathom. **2.** *med.* to sound, to examine, to test, to probe; to explore; *(pe cineva)* to sound. © *a ~ pe cineva (cu privire la ceva)* to sound smb. (about/with regard to smth.); *a ~ terenul* to feel one's way, to see how the land lies, to feel out the situation. **II.** *vb.* *refl.* *pas.* to be sounded etc. v. ~ **I.**

sondă *s.f.* **1.** *min.* (oil) derrick; *(excavaţie)* well. **2.** *tehn.* proof stick. **3.** *electr.* electrical sounder. **4.** *med.* probe, style(t), sound. **5.** *nav.* (sounding) lead, plummet, sounding line. ⓐ *~ abandonată* abandoned well; *~ aeriană, ~ meteor.* sounding balloon; *~ de explorare* test well/hole, prospecting hole; *~ de foraj* drill/bore hole; *~ de gaze* gasser; *~ de ţiţei* oill well. ⓑ *balon-~* v. *~ aeriană.*

sondaj *s.n.* **1.** sounding etc. v. s o n d a. **2.** *(puţ)* borehole. © *a face un ~ fig.* to take bearings/soundings; to make a poll.

sondeză *s.f.* *min.* borer, drill(er).

sondor *s.m.* borer, driller.

sonerie *s.f.* (electric) bell.

sonet *s.n.* sonnet. ⓑ *autor de ~e* sonnet writer, sonnetteer.

sonetă *s.f.* *constr.* pile driver, drop hammer.

sonic *adj.* sonic.

sonometru *s.n.* *fiz.* sonometer.

sonor I. *adj.* sonorous, sound...; *(d. râs)* loud, resounding; *(d. o boltă)* echoing; *(d. voce)* ringing, deep-toned; ⓑ *consoane ~e fon.* voiced/sonorous consonants; *film*

*~ sound film; *undă ~ă* sound wave. **II.** *adv.* sonorously.

sonoritate *s.f.* sonority, sonorousness.

sonoriza *vb.* *tr.* to render sonorous; *(un film)* to add (the) sound effects to.

sonorizare *s.f.* *cin., rad.* sound effects.

soporific I. *adj.* soporific, soporiferous, sleep-inducing. **II.** *s.n.* soporific.

sopran *s.n.* *muz.* soprano.

soprană *s.f.* soprano.

soră *s.f.* **1.** sister. **2.** *(călugăriţă)* sister; nun. **3.** *(~ de spital)* (hospital) nurse. ⓐ *~ de caritate* (hospital) nurse, sister of charity; *~ de lapte* foster sister; *~ dreaptă/bună* sister german, *one's own/* full sister; *sora soarelui bot.* v. f l o a r e a-s o a r e l u i; *~ vitregă* step sister.

sorb¹ *s.m.* *bot.* **1.** wild service tree *(Sorbus/Pirus torminalis).* **2.** v. s c o r u ş d e m u n t e.

sorb² *s.n.* **1.** whirlpool. **2.** *tehn.* strainer.

sorbestrea *s.f.* *bot.* great/wild burnet *(Sanguisorba officinalis).*

sorbi *vb.* *tr.* **1.** *(a bea)* to drink; *(cîte puţin)* to sip. **2.** *(a bea tot)* to drink dry, to drain; *(dintr-o dată)* to quaff, to drink off/up, to gulp, to toss off. **3.** *(a absorbi)* to absorb, to suck in; *(a inspira)* to breathe in. **4.** *fig.* to devour. © *a ~ din ochi* to devour with one's eyes, to feast one's eyes on, to look at *smb.* with rapture.

sorbitură *s.f.* draught, gulp. ⓑ *dintr-o ~* at a draught/gulp.

sorcovă *s.f.* *branch or stick adorned with artificial flowers, carried on New Year's Day by children congratulating people on the occasion.*

sorcovi *vb.* *tr.* **1.** *to wish smb. a happy New Year, while touching him lightly with the „sorcova".* **2.** F to pommel, to drub, to lick.

sordid *adj.* sordid, squalid; blowsy.

sorean *s.m.* *iht.* v. o b l e ţ.

sorginte *s.f.* source, origin.

sori *vb.* *refl.* to bask in the sun.

sorit *s.n.* *log.* sorites.

soroc *s.n.* **1.** term. **2.** period; interval. **3.** *med.* ←P monthlies, menses, period(s).

sorocit *adj.* destined; predestined; foredoomed.

sort *s.n.* sort; *(fel)* kind; species, category; *(varietate)* choice.

sorta I. *vb. tr.* to sort, to assort. **II.** *vb. refl. pas.* to be (as)sorted.

sortator *s.m.* sorter (of manufactured articles).

sorti *vb. tr.* to destine; to predestin(at)e, to foredoom.

sortiment *s.n.* assortment, range (of goods/commodities).

sortit *adj.* v. s o r o c i t.

sorți *s.m. pl.* ⓐ ~ *de izbîndă* chance of success. ⓒ *a trage la* ~ to draw/cast lots; ~*i căzură asupra lui* the lot fell upon him.

sos *s.n.* sauce; *(de carne)* gravy; *(pt. salată etc.)* dressing. ⓐ ~ *alb* white sauce; ~ *picant* sharp sauce.

sosi *vb. intr.* *(a veni)* to arrive, to come. ⓒ *iată-i că sosesc!* here they come!

sosieră *s.f.* sauce boat; gravy boat.

sosire *s.f.* **1.** arrival, coming, *elev.* →advent. **2.** *sport* (winning) post. ⓑ *la* ~*a mea* on my arrival; *la* ~*a mea acasă* on my arriving/arrival home; *linie de* ~ finishing line.

sosit *s.n.* ⓑ *bun* ~ welcome; *un nou-* ~ *s.m.* a newcomer.

sote *s.n.* sauté, food fried quickly in a little grease *or* oil.

soț *s.m.* **1.** *(bărbat)* husband, F→ hubby, *sl.* gander. **2.** *(soț sau soție)* spouse. **3.** *pl.* married couple, man and wife; *soții...* Mr. and Mrs... **4.** ←*inv.* *(tovarăș)* mate; companion. ⓑ *cu* ~ even; *fără* ~ odd; *număr cu* ~ even number; *număr fără* ~ odd number; *zile cu* ~ even days.

soție *s.f.* **1.** *(nevastă)* wife, F→rib, better half. **2.** *inv.* v. s o ț 4. ⓒ *a lua de* ~ *(cu acuz.)* to marry, to get married to..., to take ... to one's bosom.

soțioară *s.f.* F wifie, (dear) old girl, better half.

soțior *s.m.* F hub(by).

sovhoz *s.n.* sovkhoz, state farm.

Soviet *s.n.* **1.** Soviet. **2.** *pl.* the Soviets. ⓐ *Sovietul naționalităților* the Soviet of Nationalities; *Sovietul Suprem* the Supreme Soviet; *Sovietul Uniunii* the Soviet of the Union.

sovietic I. *adj.* Soviet... ⓑ *puterea* ~*ă* the Soviet power/government/regime. **II.** *s.m.* Soviet citizen.

sovîrf *s.m.* *bot.* common marjoram *(Origanum vulgare)*.

sovîrvariță *s.f.* *bot.* hardhay, St. Peter's wort *(Hypericum quadrangulum)*.

sovon *s.n.* **1.** bridal veil. **2.** v. g i u l g i u:

spadasin *s.m.* **1.** *(luptător cu spada)* sword(s)man; fencer. **2.** *(ucigaș)* bravo. **3.** *(duelgiu înrăit)* rabid duellist.

spadă *s.f.* *(sabie)* sword; *(la scrimă)* épée. ⓑ *pește cu* ~ *iht.* swordfish *(Xiphias gladus)*.

spaghete *s.f. pl.* spaghetti.

spahiu *s.m. mil.* spahi.

spaimă *s.f.* **1.** *(frică)* fear; scare; *(groază)* terror, horror. **2.** *fig.* scourge, monster. ⓑ *cuprins de* ~ terror-struck/-stricken. ⓒ *a băga spaima în cineva* to inspire smb. with awe, to horrify smb.; to terrify/frighten smb.; *a fi înnebunit de* ~ to be frightened out of one's wits.

spalier *s.n.* **1.** *hort.* trellis, espalier. **2.** *(șir dublu)* double row. **3.** *(aparat de gimnastică)* rib stall.

spanac *s.n.* **1.** *bot., gastr.* spinach *(Spinacia oleracea)*. **2.** *fig.* F fiddlesticks, moonshine. ⓐ ~*ul ciobanilor* good-king-Henry *(Chenopodium bonus Henricus)*.

spaniol I. *adj.* Spanish, of Spain. ⓑ *limba* ~*ă* the Spanish language, Spanish. **II.** *s.m.* Spaniard.

spaniolă *s.f.* **1.** Spanish woman *sau* girl. **2.** v. l i m b a s p a n i o l ă.

spaniolește *adv.* **1.** after the manner of Spaniards. **2.** *(în limba spaniolă)* Spanish.

sparanghel *s.n.* *bot.* asparagus, P sparrow grass *(Asparagus officinalis)*.

sparcetă *s.f. bot.* sa(i)nfoin, esparcet *(Onobrychis sativa* sau *viciaefolia).*
sparge I. *vb. tr.* 1. *(a sfărîma)* to break, to crack; *(a zdrobi)* to crush; *(cu putere, în bucăţi mici)* to smash/shatter/shiver to pieces/ atoms; to dash/smash (in)to smithereens. 2. *(o uşă etc.)* to break/ force open, to break in, to burst; *(un lacăt)* to break, to force; to pick. 3. *(a despica)* to split; *(lemne)* to chop. 4. *(o bubă)* to open; to cut. 5. *(nuci etc.)* to crack. 6. *fig.* to break; *(a nimici)* to destroy, to annihilate. 7. *(a pune pe fugă)←înv.* to put to flight/ rout. © *a ~ banca* to break the bank; *a ~ capul cuiva* to break/ crack smb's skull, to brain smb.; *a-şi ~ capul cu...* *fig.* to rack/ worry one's brain(s) about...; *a ~ un geam* to break/smash a window; *a ~ gîtul unei sticle* to crack a bottle; *a-şi ~ gura/pieptul* to shout oneself hoarse, to scream out one's lungs; *a ~ norma* to exceed/top the quota/norm, to smash the target; *a ~ rîndurile duşmanului mil.* to break through the enemy's ranks. II. *vb. refl.* 1. *pas.* to be/get broken etc. v. ~ I. 2. *(a crăpa)* to break, to burst; *(a da o crăpătură)* to split. 3. *(d. o adunare etc.)* to break up. © *valurile se sparg de stînci* the waves break against the rocks. III. *vb. intr. (d. bube)* to break (open).
spargere *s.f.* 1. breaking etc. v. s p a r g e. 2. *(furt prin efracţie)* burglary, housebreaking, burglarious attempt.
sparghet *s.n. constr.* iceguard.
spart I. *adj.* 1. broken etc. v. s p a r g e. 2. *(d. voce)* harsh; *(răguşit)* hoarse. II. *s.n.* breaking etc. v. s p a r g e. © *a veni la ~ul tîrgului* to come when the show is over, to come after the feast, to come a day after the fair.
spartachiadă *s.f. sport* Spartakiad, Spartacus games.
spartan *adj., s.m.* Spartan.
spasm *s.n.* spasm; *(grimasă)* grimace.

spasmodic I. *adj.* spasmodic. II. *adv.* spasmodically.
spat *s.n. mineral.* spar. ⓐ *~ de Islanda* Iceland spar.
spată¹ *s.f. anat.* 1. v. o m o p l a t. 2.. *pl.* shoulders. ⓑ *lat în spate* broad-shouldered.
spată² *s.f. text.* weaver's reed.
spate *s.n.* 1. *anat.* back, S→dorsum; *(umeri)* shoulders. 2. *(parte din spate)* back (part). 3. *(spetează)* back. 4. *fig.* support, backing, F prop. ⓐ *~ în ~* back to back; *~le frontului mil.* rear. ⓑ *adus de ~* bent, crooked, hunched; *din ~* I *adj.* rear...; hind...; *back of ...* II. *adv.* from behind; *are pe cineva în ~* he has smb. behind him; *durere în ~ med.* pain in the back, backache; *în ~le cuiva fig.* behind smb.'s back; *la/în ~le... (cu gen.)* behind..., at the back of...; *tactica/tehnica ~lui mil.* logistics. © *a-şi asigura ~le mil.* to secure one's rear; *a întoarce cuiva ~le* to turn one's back on smb.; to turn the cold shoulder on smb., to give/show smb. the cold shoulder; *a-şi încovoia ~le* to bend one's back, to bow (down); *nu ştie nici cu ~le* F he hasn't the slightest idea, he hasn't the faintest notion; *a ataca pe duşman pe la ~* to attack the enemy in the rear; *avem vîntul în ~* the wind is at our back; *mă doare în ~* F I don't care a rap/straw; *a vorbi pe la ~* to backbite smb.; *a da pe ~* to drink at a draught, to quaff; *a înota pe ~* to swim/ float on one's back.
spatulat *adj.* spatulate.
spatulă *s.f. farm.* spatula.
spaţia *vb. tr.* to space; *(litere)* to space out.
spaţial *adj.* spatial; geographical; *(cosmic)* space...
spaţialitate *s.f.* spatiality.
spaţiat *adj.* spaced out.
spaţios *adj.* roomy, spacious; commodious.
spaţiu *s.n.* 1. space; *(loc)* room; *(distanţă)* distance, interval. 2.

space; *(vid)* void; *(cer)* sky **3**. *(cadru)* framework. **4.** *muz., poligr.* space. **5.** space (of time). ⓐ ~ *aerian* air space; ~ *cosmic* outer space; ~ *locativ* living/ floor space; *(oficiul)* housing office; ~ *verde* verdure spot, green, lung. ⓑ *geometrie în* ~ solid geometry. ⓒ *a lăsa* ~ to leave space.
spăimos *adj.* **1. v. s p e r i o s. 2. v. î n f r i c o ş ă t o r 1.**
spăla I. *vb. tr.* **1.** to wash, *poetic*→ to lave; *(a curăţa cu apă)* to wash off/away; *(făcînd baie)* to bathe; *(vasele)* to wash up; *(cu săpun)* to wash with soap; *(cu buretele)* to sponge; *(minereu)* to wash, to buddle. **2.** *(d. o apă)* to water, to wash. **3.** *fig.* to wash away/out. ⓒ *a* ~*malurile* to carry/wash away the bank, *poetic* to lave the shore; *a-şi* ~ *mîinile* to wash one's hands; *a* ~ *o pată cu benzină* to take out a stain with benzine; *a(-şi)* ~ *rufele în familie* to wash one's dirty linen at home. **II.** *vb. refl.* **1.** *(d. oameni)* to wash (oneself), to have a wash. **2.** *(d. lucruri)* to wash (well), to stand washing. **3.** *(a se decolora)* to fade, to lose colour. **4.** *pas.* to be washed etc. **v.** ~ **I.** ⓐ *a se* ~ *pe mîini etc.* to wash one's hands etc. **III.** *vb. intr.* to wash.
spălat I. *adj.* **1.** washed etc. **v. s p ă - l a. 2.** *(curat)* clean; *(îngrijit)* tidy. **3.** *(bine crescut)* well-bred. **II.** *s.n.* washing etc. **v. s p ă l a.** ⓑ *maşină (electrică) de* ~ washing machine. ⓒ *a da la* ~ to send to be washed/laundered; *a ieşi la* ~ to fade, to lose colour; *iese la* ~ F never mind, it will all come out in the wash; *a intra la* ~ to shrink in the wash; *a nu intra la* ~ to be unshrinkable.
spălăci *vb. refl.* to fade, to lose colour.
spălăcioasă *s.f. bot.* groundsel *(Senecio vernalis)*.
spălăcit *adj.* washed-out; *(fără culoare)* colourless; *(palid)* pale; *(searbăd)* dull.
spălător¹ *s.m.* washerman.
spălător² *s.n.* **1.** washstand. **2.** *(cameră)* lavatory. **3.** *tehn.* washer.

spălătoreasă *s.f.* washerwoman, laundress.
spălătorie *s.f.* laundry (works); *(ca încăpere şi)* washhouse.
spălătură *s.f.* **1.** *(spălare)* washing. **2.** *med.* lavement, lavage; *(clismă)* enema.
spărgător¹ *s.m.* housebreaker, burglar. ⓐ ~ *de grevă* strike breaker, F→blackleg, *sl.* scab, knobstick.
spărgător² *s.n.* breaker; cracker. ⓐ ~ *de gheaţă* ice breaker; ~ *de nuci* nut cracker.
spărtură *s.f.* **1.** breach; break. **2. v. c i o b. 3.** *fig.* breach; dissension. ⓒ *a face o* ~ *în... fig.* to split..., to make a breach in...
spătar¹ *s.m. odin.* sword bearer, spatharus. ⓑ *marele* ~ the High Spatharus.
spătar² *s.n.* back (of a chair), rest.
spătos *adj.* broad-shouldered.
special I. *adj.* (e)special, particular. ⓑ *în* ~ (more) especially/particularly. **II.** *adv.* specially; *(dinadins)* purposely, on purpose.
specialist *s.m. (în)* specialist (in); expert (in); F→one-subject man. ⓐ ~ *de ochi* eye specialist/doctor; ~ *în boli de piele* specialist in skin diseases.
specialitate *s.f.* special(i)ty; special subject/line. ⓑ *de* ~ specialized; expert.
specializa *vb. tr., vb. refl. (în)* to specialize (in).
specializare *s.f.* specialization.
specializat *adj. (în)* specialized (in).
specie *s.f.* **1.** species. **2.** *(fel)* kind. ⓐ *specia umană* mankind.
specific I. *adj.* specific. ⓑ *căldură* ~*ă* specific heat; *greutate* ~*ă* specific weight/gravity, *fig.* share, proportion; *rezistenţă* ~*ă* specific resistance. **II.** *adv.* specifically. **III.** *s.n.* specific character/features.
specifica I. *vb. tr.* to specify. **II.** *vb. refl.* to be specified.
specificaţie *s.f.* specification.
specificitate *s.f.* specificity, peculiarity.
specios *adj.* specious.
specimen *s.n.* specimen.

spectacol *s.n.* **1.** performance, *tnv.*→ spectacle; *(teatral)* play, show, entertainment. **2.** *fig.* sight, scene, spectacle.ⓐ~ *de binefacere* charity performance. ⓑ *sală de* ~ theatre. ⓒ *a se da în* ~ to make a show/an exhibition of oneself, F to make an ass of oneself; *a se duce la (un)* ~ to go to the/a performance.

spectaculos *adj.* spectacular.

spectator *s.m.* spectator, onlooker, bystander; beholder; *pl. (la teatru)* audience, public; *(martor)* witness.

spectral *adj.* **1.** spectral, ghostly. **2.** *opt.* spectral, of the spectrum. ⓑ *analiză* ~ă spectrum/spectral analysis.

spectrofotometrie *s.f. opt.* spectrophotometry.

spectrofotometru *s.n. opt.* spectrophotometer.

spectrograf *s.n. opt.* spectrograph.

spectrometric *adj. opt.* spectrometric.

spectrometru *s.n. opt.* spectrometer.

spectroscop *s.n. opt.* spectroscope.

spectroscopie *s.f. opt.* spectroscopy.

spectru *s.n.* **1.** *opt.*, *med.* spectrum. **2.** ghost, spectre, apparition. ⓐ ~ *solar* solar spectrum.

specul *s.n. med.* speculum.

specula I. *vb. tr. (mărfuri)* to speculate in; *(a exploata)* to exploit; *(a profita de)* to profiteer by. **II.** *vb. intr.* to speculate; *(la bursă, și)* F→to play the market. ⓐ *a* ~ *asupra... (cu gen.)* to speculate/cogitate (up)on..., to ponder over...

speculant *s.m.* speculator, profiteer, racketeer.

speculativ *adj.* speculative, contemplative.

speculație *s.f (asupra)* speculation (upon/on), cogitation (upon/on); *(ipoteză)* conjecture, hypothesis, theory. ⓐ ~ *de bursă* agiotage.

speculă *s.f.* speculation, profiteering, jobbing. ⓒ *a face* ~ *cu...* to speculate in...

spelb *adj.* **1.** colourless, pale. **2.** insipid, dull, flat.

speluncă *s.f.* den.

speolog *s.m.* spel(a)eologist.

speologie *s.f.* spel(a)eology, F→pot-holing.

spera I. *vb. intr.* to hope. ⓐ *a* ~ *în...* to hope for... ⓒ *a* ~ *degeaba (cu încăpățînare)* to hope against hope. **II.** *vb. tr. (că)* to hope (to/that).

speranță *s.f.* hope; *(așteptare)* expectation; *(anticipare)* anticipation; *(încredere)* trust. ⓐ ~ *deșartă* vain hope. ⓑ *fără* ~ without/out of/ past/beyond hope; *în speranța... (cu gen.)* in hope(s) of..., in expectation of..., on the chance of...; *plin de* ~ full of hope(s); *ultima mea* ~ my sheet anchor, my forlorn/last hope. ⓒ *a avea mari speranțe* to be in great hopes; *a distruge/nărui speranțele cuiva* to dash/shatter/crush/destroy smb.'s hopes; *a nutri speranțe* to entertain hopes, to hope; *a pierde speranțele, a nu mai avea speranțe* to have no hope, to be out of hope, to give up/resign all hope; *a-și pune speranțele în cineva* to set/pin one's hopes on smb., to place/anchor one's hopes in smb., to repose confidence in smb.; *a renunța la orice* ~ to give up/abandon all hopes; *trăise cu speranța că...* he had indulged in the hope that...; *singura mea* ~ *ești tu* I trust in you only.

speria I. *vb. tr.* to frighten, to make afraid, to scare, *poetic*→to affright, to affray, < to terrify, to horrify; *(a alarma)* to alarm; *(brusc)* to startle. **II.** *vb. refl.* to be frightened/ < terrified/struck with horror, F→to be in a blue funk, to get a scare/fright; F to get in a funk; *(a se alarma)* to be alarmed; *(↓ d. cai)* to shy, to start, to take fright. ⓐ *a se* ~ *de...* to be frightened by..., to get a fright at..., to take fright at... ⓒ *se sperie de orice fleac* the least thing frightens him.

sperietoare *s.f.* fright, scarecrow.

sperietură *s.f.* fright, scare.

sperieți *s.m. pl.* ⓒ *a băga pe cineva în* ~ to put smb. in great fright, to strike smb. with terror.

sperios *adj.* fearful, easily scared/ frightened; *(și d. cai)* shy.

sperjur I. *s.n.* perjury. **II.** *s.m.* perjurer.

spermanțet *s.n. farm.* spermaceti.

spermatic *adj. fiziol.* spermatic.

spermatozoid *s.m. fiziol.* spermatozoon.

spermă *s.f. fiziol.* sperm, semen.

speteală *s.f.* **1.** *vet.* strain. **2.** fatigue, pain in the back, strain.

spetează *s.f.* **1.** *(de scaun)* back *of a chair.* **2.** *(de moară)* sail, (sail)-arm. **3.** *(de ferăstrău)* saw handle. **4.** *text.* crossbeam.

speti I. *vb. tr.* **1.** *(a deșela)* to break smb.'s back; *(a obosi)* to harass, to work to death, F to drive (like a nigger). **2.** *fig.* to beat *smb.* till he is lame, to sandbag. ⓒ *a ~ un cal* to break a horse's back. **II.** *vb. refl. (a se deșela)* to break one's back; *(a se obosi)* to work oneself to death, to tire oneself out.

spetit *adj.* **1.** lame in the hip/back, brokenbacked; *(d. cai)* hip-shot, strained, P hopper-breeched. **2.** *(de bătrinețe)* bent with age, time-stricken. **3.** *(obosit)* tired to death, dragged (out).

speță *s.f.* species.

speze *s.f. pl.* expenses, charge. ⓑ *pe ~le sale (proprii)* at his own charge.

spic *s.n.* **1.** *bot.* ear. **2.** *(pisc)* peak. ⓑ *cu ~* eared. ⓒ *a da in ~* to shoot into/ form ears, to ear.

spichinat *s.n. bot.* spike (lavender) *(Lavandula spica).*

spicher *s.m.* (radio) announcer.

spicui I. *vb. tr.* **1.** to glean, to pick. **2.** *fig.* to glean, to cull. **II.** *vb. intr.* to form ears, to shoot out into ears, to ear.

spicuitor *s.m.* gleaner, *rar→*leaser.

spicul *s.n. bot.* spicule.

spilcui I. *vb. tr.* to dress/smarten up, F to tog up, to deck out. **II.** *vb. refl.* to dress up, to deck oneself out, F to tog up for the occasion, to smarten/get oneself up, to put on one's best (toggery), to titivate oneself.

spilcuit *adj.* looking very smart, in full dress, F in full fig, dressed

up to the knocker/nines, as if just (come) out of a bandbox.

spin[1] *s.m.* **1.** *(legat de tulpină)* thorn; *(fixat de coajă)* prickle. **2.** v. ț e p. **3.** *bot.* welted thistle *(Carduus acanthoides).* **4.** *bot.* v. s c a i e t e. ⓑ *coroană de ~i* crown of thorns. ⓒ *a sta/ședea (ca) pe ~i* to sit/ be (up)on thorns.

spin[2] *s.m. fiz.* spin.

spinal *adj. anat.* spinal.

spinare *s.f.* **1.** back, S→dorsum, tergum; *(a calului, și)* saddle back, *rar→*swayback. **2.** *(de munte)* (mountain) ridge. ⓑ *șira spinării anat.* backbone, spine, S→vertebral column. ⓒ *a-și incovoia/indoi ~a* to bend one's back, to stoop; *a învineți ~a cuiva* to give smb. a sound thrashing, to beat smb. black and blue; *a arunca/pune ceva in ~a cuiva* to lay smth. on smb.'s back, to lay the blame on smb., to lay the blame at smb.'s door; *a avea pe cineva in ~ fig.* to have smb. about one's ears, to have smb. at one's charge, to have smb. on one's hands, to be saddled with smb.; *a duce un copil in ~* to carry a child pick-a-back, to give a child a pick-a-back ride; *poartă 70 de ani in ~* he has seventy years on his back; *a-i sta cuiva in ~ fig.* to lie on smb.'s neck/hands, to be a weight/burden to smb.; *il mănincă ~a* F he is itching for a drubbing/ thrashing.

spinărie *s.f.* v. s p i n i ș.

spinel *s.m. mineral.* spinel.

spinetă *s.f. muz.* spinet.

spiniș *s.n.* brushwood, thornbrake.

spinos *adj.* **1.** thorny. **2.** *fig.* toilsome, hard, painful; *(greu)* difficult; *(delicat)* delicate, ticklish.

spinteca *vb. tr.* to rip (up/open); *(a tăia in două)* to cut asunder; *(a despica)* to split; *(cu forța)* to cleave; *(a tăia)* to cut; *(a sfîșia)* to rend, to rift; *(a deschide)* to lay open; *(aerul)* to cut; *(valurile)* to cut, to cleave. ⓒ *vasul ~ valurile* the ship was ploughing/dividing the water.

spintecător *adj.* ripping etc. v. s p i n t e c a.

spintecătură *s.f.* cut.

spion *s.m.* spy.

spiona I. *vb. tr.* to spy (up)on. **II.** *vb. intr.* to (play the) spy; *(a se băga)* to pry (about), F to poke/put/thrust one's nose into other people's affairs.

spionaj *s.n.* espionage, spying.

spirai *s.n. nav.* skylight.

spiral *adj.* spiral(ly curved).

spiralat *adj.* spiral.

spirală *s.f.* spiral (line); *(volută)* volute; coil; *(la ceas)* spiral (spring). ⓑ *în* ~ winding; spiral.

spirant *fon.* **I.** *adj.* spirant. **II.** *s.f.* *spirantă* spirant.

spiră *s.f.* **1.** whirl, single turn. **2.** *electr.* helix.

spiriduş *s.m.* (hob)goblin, elf, pixy, brownie, familiar, puck (fairy); *(drăcuşor)* imp, little fiend.

spirit *s.n.* **1.** spirit; *(suflet)* soul; *(ant. materie)* mind; *(intelect)* intellect; *(ca forţă vitală)* ghost. **2.** ghost; *(spectru)* spectre, F→ spook; *(apariţie)* apparition; *(viziune)* vision; *(fantomă)* phantom; *(fiinţă supranaturală)* spirit; *(umbră)* shadow, shade; *(~ protector)* genius. **3.** *(ingeniozitate)* ingenuity; *(geniu)* genius; *(duh, fig.)* wit, esprit. **4.** *(vioiciune)* spirituousness, briskness. **5.** *(ca proprietate a intelectului)* wit, brilliancy. **6.** *(ca expresie spirituală)* witticism, witty expression; *(glumă)* joke, jest; *(joc de cuvinte)* pun. **7.** *fon.* aspirate; rough breathing. ⓐ ~ *de contradicţie* spirit of contradiction; ~*e proaste* bad/poor jokes; ~*e vulgare* vulgar jestings, coarse banters; ~*ul epocii* spirit tendencies of the age; ~*ul unei limbi* the genius of a language; ~*ul public* the public mind; ~ *tăios* keen/sharp/biting wit; ~*ul vremii* the spirit of the time. ⓑ *lipsă de* ~ spiritlessness, witlessness, dullness; *un om cu* ~ *mărginit* a narrow-minded man; *om de* ~ a clever/a witty/an ingenious man; *plin de* ~ spirited, ingenious; witty, quick-witted, clever, bright;

prezenţă de ~ presence of mind. ⓒ *a face* ~*e* to make/crack jokes.

spiritism *s.n.* spiritism, spiritualism.

spiritist I. *adj.* spiritistic, spiritualistic. **II.** *s.m.* spiritualist.

spiritual *adj.* **1.** *(ant. lumesc)* spiritual, supersecular, sacred. **2.** *(ecleziastic)* ecclesiastical; *(referitor la preoţie)* cleric(al), sacerdotal. **3.** *(necorporal)* spiritual, immaterial, incorporeal, unfleshly. **4.** mental; *(intelectual)* intellectual. **5.** *(ingenios)* spirited, ingenious. **6.** *(cu duh)* witty, humorous. **7.** *(deştept)* clever, bright, quick-witted. ⓑ *un om* ~ a wit(ty person); *răspuns* ~ (quick) repartee, smart reply.

spiritualiceşte *adv.* spiritually.

spiritualism *s.n.* spiritualism.

spiritualist I. *adj.* spiritualist(ic). **II.** *s.m.* spiritualist.

spiritualitate *s.f.* **1.** spirituality, spiritualness. **2.** intellectual/moral nature, *filoz.* intellectuality, intellectualness.

spiritualiza *vb. tr.* to spiritualize.

spirobacterii *s.f. pl.* spirobacteria.

spirochet *s.m. biol.* spirochaeta.

spirometru *s.n.* spirometer.

spirt *s.n.* **1.** spirit(s) (of wine), alcohol. **2.** *chim., farm.* essence; alcoholic extract. **3.** *adjectivizat* F quick on one's pins. ⓐ ~ *de ienupăr farm.* (inspissated) juice of juniper berries; ~ *denaturat* denaturated/methylated spirit; ~ *de ţipirig* ammonia, volatile alcali; ~ *de vin* wine alcohol spirits.

spirtieră *s.f.* spirit lamp.

spirtoase *s.f. pl.* alcoholic/spirituous, liquors, ardent spirits, alcoholics.

spirtos *adj.* spirituous, alcoholic.

spital *s.n.* hospital. ⓐ ~ *de campanie mil.* field hospital; ~ *de nebuni* lunatic asylum. ⓒ *a intra în* ~ to go to hospital.

spitalicesc *adj.* hospital...

spitaliza *vb. tr.* to hospitalize.

spitalizare *s.f.* hospitalization.

spiţă *s.f.* **1.** *(~ de roată)* spoke. **2.** v. f u s c e l. **3.** *fig.* relationship; origin.

spiţelnic *s.n.* auger.

spiţer *s.m. înv.* apothecary, druggist, chemist.

spiţeries *.f.←înv.* druggist's/chemist's (shop).

spîn I. *adj.* glabrous, beardless. II. *s.m.* lackbeard.

spînz *s.m. bot.* hellebore *(Helleborus).*

spînzura I. *vb. tr.* 1. *(pe cineva)* to hang. 2. *(a agăţa)* to hang. 3. *(a cheltui)* F to play ducks and drakes with. II. *vb. refl.* 1. to hang oneself. 2. v. a g ă ţ a. III. *vb. intr. (de)* to hang (from). ⓒ *lampa spînzură de tavan* the lamp is hanging from the ceiling.

spînzurat I. *adj.* 1. *(d. cineva)* hanged. 2. *(atîrnat)* hung. II. *s.m.* 1. hanged man. 2. F gallows bird, scapegrace.

spînzurătoare *s.f.* gallows, gibbet.

spire *s.m.* F 1. v. p i c i. 2. v. m u-c o s II.

splai *s.n.* embankment.

splendid I. *adj.* splendid; exquisite; *(măreţ)* magnificent; *(d. o zi, un asfinţit etc.)* glorious, gorgeous. II. *adv.* splendidly etc. v. ~ I.

splendoare *s.f.* splendour; grandeur, magnificence.

splenic *adj. anat.* splenic.

splin *s.n.* spleen, F→dumps, blues.

splină *s.f.* 1. *anat.* spleen, milt. 2. *med.* spleen, splenopathy. 3. *bot.* golden saxifrage *(Chrysosplenium alternifolium).*

splint *s.n. tehn.* splint.

splinuţă *s.f. bot.* v. s p l i n ă 3.

spoi I. *vb. tr.* 1. *(a vărui)* to whitewash; *tehn.* to paint; *(a polei)* to polish; *(a auri)* to gild; *(a cositori)* to tin. 2. *(a mînji)* to besmear. 3. *(a sulimeni)* F to make up. 4. *(a arginta)* to silver. II. *vb. refl.* 1. *pas.* to be whitewashed etc. v. ~ I. 2. *(a se sulimeni)* F to make up. 3. to fashion/mould/polish oneself.

spoială *s.f.* 1. *(văruit)* whitewashing; *tehn.* painting. 2. *(suliman)* F make-up. 3. *fig.* varnish, gloss; *(pospai)* smattering.

spoitor *s.m.* tinsmith, tinman.

spoitoreasă *s.f.* whitewasher.

spolia *vb. tr. (de)* to rob (of), to despoil (of).

spoliator I. *s.m.* despoiler. II. *adj.* rapacious; predatory.

spoliere *s.f.* spoliation, robbing.

sponcă *s.f.* ① *pe sponci←*F from hand to mouth, stingily, thriftily.

spondaic *adj. metr.* spondaic.

spondeu *s.n. metr.* spondee.

spondilită *s.f. med.* spondylitis.

spondiloză *s.f. med.* spondylosis.

spongie *s.f. zool.* v. b u r e t e.

spongieri *s.m. pl. zool.* spongiae.

spongios *adj.* spongy.

spongiozitate *s.f.* sponginess.

spontan I. *adj.* spontaneous. II. *adv.* spontaneously; of one's own accord.

spontaneitate *s.f.* spontaneity, spontaneousness.

spontaneu *adj.* ① *generaţie spontanee* spontaneous generation.

spor[1] *s.n.* 1. *(progres)* headway, progress, advancement, stride. 2.*(prosperitate)* prosperity; *(belşug)* abundance, plenty. 3. *(folos, profit)* use, profit, benefit. 4. *(creştere)* growth; *(adaos)* addition; *(sporire)* increase. ⓒ *a avea ~ la...* to get on in..., to make headway/progress/strides in...

spor[2] *s.m. bot.* spore.

sporadic I. *adj.* sporadic. II. *adv.* sporadically.

sporange *s.n. bot.* sporangium.

spori I. *vb. tr.* to increase, to step up; to multiply; to accumulate. II. *vb. intr.* 1. to increase; to multiply. 2. *(a avea spor)* to make progress/headway, to advance.

sporifer *adj. bot.* sporiferous.

sporire *s.f.* increase; multiplication; accumulation. ⓐ ~ *a zilei de muncă* longer hours.

sporiş *s.m. bot.* holy herb, herb of the cross *(Verbena officinalis).*

spornic *adj.* 1. useful; productive; *(economic)* economical, advantageous. 2.*(harnic)* active, diligent. 3.*(imbelşugat)* abundant, plentiful, rich; *(mult)* much.

sporovăi *vb. intr. (a flecări)* to chatter.

sporovăială *s.f. (flecăreală)* chatter(ing).

sport *s.n.* sport(s); athletics. ⓐ ~*uri de iarnă* winter sports; ~*uri de apă* aquatic sports. ① *teren de* ~ sports ground. ⓒ *a face* ~ to practise sports; *a se ocupa cu* ~*ul* to go in for sport, to indulge in sport.

sportiv I. *adj.* sporting; of sport; sportive; sport(s)... ① *întîlnire/întrecere* ~*ă* sports meet/competition/contest. **II.** *s.m.* sportsman.

sportsman *s.m.* sportsman.

sporulaţie *s.f. bot.* sporulation.

spot *s.n.* light spot.

spovedanie *s.f. rel.* confession.

spovedi I. *vb. tr. rel.* to confess, to shrive. **II.** *vb. refl.* **1.** *rel.* to confess (oneself), to confess one's sins. **2.** *fig.* to open one's bosom, to confide one's secrets; to make a clean breast of things.

spre *prep.* **1.** *(către)* to; towards, *rar*→toward. **2.** *(pe la, către)* about; towards; against. **3.** *(pentru)* for, with the view to; *(~ surprinderea etc.)* to. ⓐ ~ *pildă/exemplu* for example/instance; ~ *ziuă* towards daybreak.

sprijin *s.n.* **1.** support; *(ajutor)* help, aid, assistance; backing; *(protecţie)* protection. **2.** *min.* cap sill. ① *cu* ~*ul*... *(cu gen.)* with the aid/support/assistance of...; *punct de* ~ *şi fig.* fulcrum. ⓒ *a veni în* ~*ul*... *(cu gen.)* to support..., to help..., to come to *smb.'s* assistance.

sprijini I. *vb. tr.* **1.** to prop up; to support, to bear. **2.** *fig.* to support; *(părerea, candidatura etc.)* to back (up), to second, to endorse; *(pe cineva sau ceva care nu merită)* to bolster (up); *(moraliceşte)* to encourage, to countenance; *(o rezoluţie)* to second. **II.** *vb. refl. reciproc* to support each other. ⓐ *a se* ~ *de/pe*... to lean upon..., to be based on...; *a se* ~ *pe*... *fig.* to lean upon; to rely on...; *(a se întemeia pe*...) to be grounded/based upon...

sprijinitoare *s.f.* v. r e z e m ă t o a r e.

sprijinitor *s.m.* supporter; backer; protector.

sprint *s.n. sport* sprint.

sprinta *vb. intr. sport* to sprint.

sprinten I. *adj.* agile, nimble; *(d. pas etc.)* jaunty; quick; *(vioi)* lively, sprightly. ⓐ ~ *la minte* quick-witted, F→quick in the uptake; *(deştept)* clever. **II.** *adv.* agilely etc. v. ~ **I.**

sprinteneală *s.f.* agility, nimbleness; *(a pasului etc.)* jauntiness; quickness; liveliness, sprightliness.

sprinter *s.m. sport* sprinter.

sprinţar *adj.* **1.** lively, sprightly; *(jucăuş)* playful; *(cochet)* skittish. **2.** *(nestatornic)* fickle; *(uşuratic)* wanton.

sprînceană *s.f.* **1.** eyebrow. **2.** *(culme)* top, summit; *(de deal)* brow. **3.** *(bucată)* piece; *(fîşie)* strap. ⓐ *sprîncene stufoase* bushy eyebrows. ① *ales pe* ~←F very select, chosen from among the best. ⓒ *a încreţi/încrunta sprîncenele* to knit one's brows, to frown; *a ridica din sprîncene* to raise one's eyebrows.

sprîncenat *adj.* with bushy eyebrows. ⓒ *călătorie* ~*ă!* ironic good riddance!

spulber *s.n.* *(viscol)* blizzard.

spulbera I. *vb. tr.* **1.** *(a mătura)* to sweep off/away; *(a risipi)* to scatter. **2.** *fig. (a risipi)* to dispel, to dissipate; *(a nimici)* to shatter, to ruin, to destroy, to scatter to the winds; *(un mit etc.)* to debunk. **II.** *vb. refl. pas.* to be swept off etc. v. ~ **I.**

spulberatic *adj.* fickle; *(uşuratic)* light, wanton.

spumă *s.f.* foam, spume; *(murdară)* scum; *(de bere etc.)* froth, head; *(de săpun)* (soap) suds, lather. ⓐ ~ *de mare mineral.* meerschaum; ~ *de ouă* whites of egg whisked into froth. ① *cu* ~ foamy. ⓒ *a face spume la gură fig.* to foam at the mouth; *a lua spuma de pe*... to remove scum from...

spumega *vb. intr.* **1.** to foam. **2.** *fig.* to foam at the mouth.

spumegător *adj.* foaming.

spumos *adj.* foamy; *(d. vin)* frothy.

spune I. *vb. tr.* **1.** to say; *(cuiva; a povesti)* to tell; *(a relata)* to relate; *(a recita)* to recite; *(a declara)* to say, to state, to declare; *(a explica)* to explain. **2.** *(a numi)* to name, to call. **3.** *(a denunța)* to denounce. **4.** *(a suna)* to say, to run. © *a ~ adevărul* to tell/speak the truth; *a ~ cuiva adevărul* to tell smb. what's what; *asta o spui tu (eu sînt de altă părere)* it pleases you to say so, you are pleased to say so; *pot să spun asta și despre noi* I can apply the same to us; *nu vreau să spun asta* I don't mean that, I don't want to imply that; *a ~ baliverne* to draw the long bow; *a ~ bazaconii* to talk through one's hat; *nu trebuie să-mi spui că...* I need not be told that...; *cît pe ce să spun că...* I wasn't far off saying that...; *trebuie să spun că...* I must admit that...; *vreau să spun că e cam bătrîn* I mean (to say that) he is rather old; *nu vreau să spun că e bogat, dar totuși...* he is, I shall not say (actually) rich, but still...; *pot ~ că e urîtă* I might (venture to) say that/I dare say she is ugly; *poți ~ că ești fericit* you may deem/call yourself fortunate/lucky; *ce spui!* now, really! you don't mean it, you don't say so! *ce spui de știri?* what do you say to the news? *ce vrei să spui cu (asta?)* what do yo mean (to convey) by that? *ce să spun!* well, I never! I must say! *ascultă ce-ți spun (eu)* (you may) take that from me; *ce voiam să spun?* what was I going to say? *ce-o să spună lumea?* what will people/the world/F→Mrs. Grundy say? *ce ~ ea? (ironic)* what's that she is saying? what story is she telling now? *ce ~ legea?* what does the law say (to it)? *ce ~ lumea?* what do people say? *~ totdeauna ce gîndește* he always speaks his mind/says what he means; *asta e tot ce pot ~* that's all I can say; *n-aș putea ~ ce-am simțit* I could not describe what I felt; *ce ți-am spus rămîne între noi* what I have told you is (spoken) in strict confidence; *acum e rîndul meu să spun ceva* F→it's my

say now; *a ~ ceva la ureche (cuiva)* to whisper smth. in smb.'s ear; *să nu spui un cuvînt nimănui* you must not say a word to anybody, you must not tell anybody (anything), don't tell a word of it to anyone; *fără să spună un cuvînt* without (uttering) a word; *a nu ~ un cuvînt* not to breathe a syllable, not to speak a word; *a ~ da* to say yes; *a ~ nu* to say no; *nu vrea să spună nici da, nici nu* he does not want to commit himself (either way), he is wavering; *nu se poate ~ mai mult* a man can't say better than that; *a nu ~ nimic* to say nothing, to keep still; to make no comment (on smth.); *asta nu ~ (mai) nimic* there is not much (meaning) in that; *acest tablou nu-mi ~ nimic* this picture does not appeal to me; *a ~ cuiva noapte bună* to bid/wish smb. good night; *mi-a spus: „Nu te cred"* he said to me: "I don't believe you"; *s-o spun deschis...* in plain language...; *~-o deschis!* F→say it out plump! *am să i-o spun în față* I will tell him so to his face; *i-am spus-o* I told him (of it); *a-și ~ părerea despre ceva* to utter/express/give one's opinion on/about smth.; *a ~ povești* **a.** to tell stories/tales. **b.** *fig.* to warm up/tell old tales; to spin yarns; *îmi ~ prieten* he calls me his friend; *vrei să spui zgîrcit* you must mean avaricious; *din cele spuse reiese că...* from what has been mentioned it appears that...; *a ~ pe dinafară* to tell by heart/rote; *în treacăt fie spus* by the way; *între noi fie spus* speaking confidentially; *dacă aș avea (și eu) un cuvînt de spus* if I had any say on/in the matter, if I could have my own way, if I had anything to say here; *e greu de spus* that is hard to say, F→that's a poser/puzzle; *nu are nimic de spus în această chestiune* he has no(thing) to) say in the matter; *e ușor de spus* it is easy to say; *mai ușor de spus decît de făcut* easier said than done. **II.** *vb. refl. pas.* to be said etc. v. *~* I.

ⓒ *a trebui să i se spună de mai multe ori* to require a good many reminders; *s-ar ~ că...* one would think that...; *se ~ că...* it is said that..., people/they say that...; *(se zvonește că...)* the news is going about that..., a rumour is about that...; *asta/așa ceva nu se ~* that's not the proper thing to say, it isn't said, such things simply aren't said; *se ~ că e surd* they/people say (that) he is deaf; *și totuși se ~ că sînt norocos* and yet they say I am a lucky fellow; *se ~ că a murit* he is said to be dead, he is reported dead; *se ~ că a progresat* he is said to have improved; *mi s-a spus că...* I am/have been told that..., I hear that...; *n-auzi ce ți se ~?* do you hear? *mi se ~ să...* they tell me to..., I am told to...; *așa mi s-a spus* I have been told so; *n-am așteptat să mi se spună a doua oară* I did not wait to be told a second time; *nu trebuie să mi se spună de două ori* I need no second reminder; *ți s-a spus de o sută de ori* you have been told a hundred times; *după cum se ~* as the story goes; *nu se poate ~ în cuvinte* it cannot be expressed in words, it is inexpressible; *am auzit spunîndu-se...* I have heard (people) say...; *a ~ lucrurilor pe nume* to call a spade a spade. **III.** *vb. intr.* to say. ⓒ *(după) cum ~ proverbul* as the old saw has it, according to the proverb; *dacă pot ~ astfel* if I may say so, if the phrase is admissible; *aș minți dacă aș ~ altfel* I should be a liar to speak otherwise; *~ numai așa* he only says so; it's only his way of putting it/things, that's only his way of speaking, he does not mean it; *ca să ~m așa* so to speak, to say so, as it were; *cînd/dacă îți spun!* F you can take it from me! *fă cum îți spun* do as I ask you, do as I would have you (to); *cum ~ Shakespeare* as Shakespeare has it; *cum ~am* as I said before; *cum ~ți?* I beg your pardon, what did you say? *să ~m 150 de lei* say

150 lei; *mie-mi spui!* F don't I know it! *nu mai ~!* you don't mean it! you don't say so! *(ironic)* what a story! *~ și dumneata!* now judge (for) yourself! ④ *una e a ~, alta e a face* saying is one thing and doing another; saying and doing are two (very different) things.

spurca I. *vb. tr. (a murdări)* to soil, to (make) dirty, to (be)smear, to (be)smirch, *fig.* to pollute, to defile; *(a pîngări)* to profane, to desecrate, *bibl.* to defile; *(a infecta)* to infect, to vitiate, to taint. **II.** *vb. refl. pas.* to be soiled etc. v. ~ **I.**

spurcaci *s.m. ornit.* bustard *(Otis tetrax).*

spurcat *adj.* **1.** soiled etc. v. s p u r c a. **2.** *(murdar)* dirty, filthy, foul. **3.** *fig.* vile, mean, base. **4.** *fig.* *(~ la gură)* foul-mouthed.

spurcăciune *s.f.* **1.** *(murdărie)* squalor, filth, dirt, nastiness; *(excremente)* excrements, P turd; *(de animale)* dung, manure, F muck. **2.** *fig.* smut, obscenity. **3.** *fig.* monster.

spusă *s.f.* say(ing); *(declarație)* declaration. ① *din/după spuse* by/from hearsay; *după/din spuse/spusele lui* according to him/his account.

spuză *s.f.* **1.** hot ashes. **2.** *(roi)* swarm, whole lot; *(grămadă)* heap. ⓒ *a trage spuza pe turta sa* F to look after number one, to draw water to one's mill.

spuzeală *s.f.* **1.** v. s p u z ă 2. **2.** *med.* rash, eruption on the skin, S→morphoea.

spuzi *vb. refl. med.* to develop a herpes.

s(s)t *interj.* sh! hush! (hi)st! silence! F mum's the word!

sta *vb. intr.* **1.** to stand; *(în picioare)* to stand, to be on one's legs, to be about; *(a ședea)* to sit; *(a se afla)* to lie. **2.** *(a rămîne pe loc)* to remain standing. **3.** *(a trăi, a locui)* to live. **4.** *(a fi)* to be. **5.** *(a se opri)* to stop (short), to make a stop. ⓒ *adverbul stă după verb* the adverb stands/comes after the verb; *nu ştiu unde-mi stă capul* I don't know which way to turn; *(sînt f. ocupat)* I am over head and ears in business; *mi-a ~t ceasul* my watch has stopped/has run down; *aşa ~u lucrurile* that's how the matter stands, P→that's the time of day; *aşa ~u lucrurile?* is that how matters stand? *aşa cum ~u lucrurile acum* as things now stand, in the present position of affairs; *cum ~u lucrurile?* how do matters/things stand? how blows the wind? how does the land lie? *pălăria îţi stă bine* the hat suits you, the hat looks well upon you; *cum mai ~i cu fizica?* how are you getting on with your physics? *pălăria îţi stă de minune* the hat suits you to a miracle, the hat is a perfect fit; *cum stăm cu...?* how/ what about...? *cum ~i cu sănătatea?* how is your health? how are you? how have you been lately? *a ~ faţă-n faţă* to stand face to face, to face each other; *a ~ în calea cuiva* to be/stand in smb.'s way; *a ~ în faţa...* to face..., to confront...; *a ~ în frunte* to be/ stand at the top, to stand first, to rank foremost; to rank first/ high, to be in the lead/van/forefront; *a ~ în legătură cu...* to be in touch/ contact/connection with; *de abia mai pot ~ în picioare* I can barely stand (on my legs); *a nu mai putea ~ în picioare* to tire oneself out with standing, to become stiff by standing about; *în măsura în care stă în puterea mea* as far as in me lies, as much as lies within my power; *nu stă în puterea mea s-o fac* it does not lie/ rest with me to do it, it is not in my power (to do so); *stă în puterea omului* it is in man; *a ~ în vîrful picioarelor* to stand on tip-toe; *a ~ la baza...* to lie at the basis/ bedrock/foundation of; *îţi stă la dispoziţie* it is at your service, you may make any use of it you please; *a ~ la fereastră* to stand at the window; *a ~ la îndoială* to be in doubt; *~u la ordinele dumitale* I

am at your command(s); *a ~ la o parte* to stand off/aside; *a ~ bine (băneşte)* to be in easy/good/ flourishing circumstances; *a ~ pe o temelie solidă* to be firmly founded, to be built on a solid foundation; *a ~ sub tutelă* to be under guardianship, to be in ward; *a.~ alături* to stand together, to stand side by side; *a ~ bine* to be doing well; *com.* to enjoy great credit; *a-i ~ bine* to fit/become/suit one, to sit well on one; *cum ~ţi? (în ce termeni)* on what footing/terms are you? *(la joc)* who's winning? *a ~ drept* to stand up/erect/upright; *nu poate sta liniştit* he cannot keep quiet, he is restless/fidgety; *nu stăm prea bine (nu ne prea înţelegem)* we are not on the best of terms, we do not hit it off well; *a ~ prost (cu banii)* to be in reduced /straitened circumstances; *a ~ prost cu nervii* to be in a bad state of nerves; *a-i ~ rău* not to become one, to sit ill on one; *stă scris în carte că...* it is written in the book that..., the book says that...; *a ~ solid pe picioare* to stand firm (on one's legs).

stabil *adj.* stable, firm, steadfast, steady, standing; *(de durată)* durable, lasting; *(permanent)* permanent; *(solid)* solid; *(d. preţuri)* fixed, steady; *(d. vreme)* settled. ⓑ *echilibru ~ fiz.* stable equilibrium.

stabili I. *vb. tr.* **1.** to establish, to prove; to set out/down; *(a constata)* to ascertain. **2.** *(a fixa)* to state, to determine, to settle, to fix; *(termene etc.)* to assign. **3.** *(a aranja)* to arrange; *(a regla)* to regulate; *(a decreta)* to ordain, to decree. **4.** *(a verifica)* to verify. ⓒ *a ~ cauza (cu gen.)* to ascertain the cause of...; *a ~ condiţii* to stipulate conditions; *a ~ daune* to assess/lay damages; *a ~ o oră* to appoint an hour; *a ~ o reputaţie* to build up a reputation; *a ~ ritmul de muncă* to make/set the pace; *a ~ un termen* to settle a term; *a ~ o zi* to agree upon a

day, to appoint/assign/fix a day.
II. *vb refl.* **1.** *(a se aşeza)* to establish oneself, to settle (down), to fix oneself/one's residence in a place, to take up one's abode in a place. **2.** *(a se înfiinţa)* to be founded/established. **3.** *pas.* to be established etc. v. ~ I. **III.** *vb. intr.* Ⓒ *a ~ ca regulă* to lay down as a rule.

stabiliment *s.n.* establishment.

stabilit *adj.* settled, established, stated, appointed, set. Ⓓ *axiomă bine ~ă* irrefutable axiom; *fapt (bine) ~* established fact; *la timpul ~* at the set/appointed time; *măsură ~ă* standard size. Ⓒ *e ~ că...* it is quite certain/sure that...

stabilitate *s.f. şi fig.* stability, constancy; steadfastness, steadiness, permanence, persistence.

stabiliza **I.** *vb. tr.* **1.** to stabilize; to steady. **2.** *(moneda)* to stabilize. **II.** *vb. refl.* **1.** to become stable/steady. **2.** *pas.* to be(come) stabilized.

stabilizare *s.f.* stabilization.

stabilizator *s.n. av. etc.* stabilizer; *tehn.* balancer.

stacană *s.f.* tankard; mug.

stacato *adv.*, *s.n. muz.* staccato.

stacoj *s.m. zool.* lobster, S→homarine *(Homarus vulgaris)*.

stacojiu *adj.* scarlet(-red).

stadial *adj.* stage...

stadie *s.f. top.* stadia, stadium.

stadimetru *s.n.* stadimeter.

stadion *s.n.* stadium, sports ground.

stadiu *s.n.* stage; period.

stafidă *s.f.* *(mare)* raisin; *(mică)* (dried) currant, plum; *(fără sîmbure)* sultana. ⓐ *budincă/prăjitură cu stafide* plum pudding/cake.

stafidi *vb. refl.* **1.** to dry (up). **2.** *fig.* to shrivel, to shrink, to dwindle.

stafidit *adj.* F shrivelled, shrunken, dwindling. Ⓓ *un bătrîn ~* F an old shrivel, a dwindling/shrunken old man.

stafie *s.f.* ghost, spectre, F→spook; *(fantomă)* phantom; *(apariţie)* apparition; *(umbră)* shadow.

stafilococ *s.m. med.* staphylococcus.

stafilococic *adj. med.* staphylococcic.

stagiar **I.** *adj.* of instruction, on probation. Ⓓ *avocat ~* advocate going through his probation. **II.** *s.m.* probationer.

stagiu *s.n.* **1.** (time of) probation. **2.** *(de muncă)* length of service. Ⓒ *a-şi face ~l* to be on probation. *(d. studenţi)* to keep one's terms.

stagiune *s.f. teatru* theatrical season.

stagna *vb. intr.* **1.** to stagnate, to clog. **2.** *(a lîncezi)* to slacken, to languish; *(a se opri)* to come to a standstill/deadlock, to stop (short); *(a nu curge)* to cease to flow, to stop flowing. Ⓒ *conversaţia ~* the conversation flagged; *negocierile stagnează* the negotiations are suspended/in a deadlock.

stagnant *adj.* **1.** stagnant. **2.** *fig.* stagnant, slack, languishing.

stagnare *s.f.* standstill, stop(page), cessation; *(lipsă de acţiune)* inaction; suspension; backwater; *(a afacerilor)* slack time, stagnation, lull.

stal *s.n. teatru* stalls; *(ultimele rînduri)* pit.

stalactită *s.f. mineral.* stalactite.

stalagmită *s.f. mineral.* stalagmite.

stambă *s.f. text.* printed calico. Ⓓ *rochie de ~* print (dress).

stamină *s.f. bot.* stamen.

staminifer *adj. bot.* stamineous, stamineal, staminiferous.

stampa *vb. tr.* to stamp, to punch.

stampă *s.f. poligr.* print, engraving.

Stan *s.m.* ⓐ *~ Păţitul* a man that has been through the mill. Ⓓ *nea ~ şi nea Bran* F the butcher, the baker and the candlestick maker; *ori ~ ori căpitan* neck or nothing.

stană *s.f.* (stone) block; *(lespede)* slab; *(stîncă)* rock. Ⓒ *a rămîne ~ de piatră* to be petrified/stunned.

stancă *s.f. orn.* v. **stăncuţă**.

stand *s.n.* stall, stand. ⓐ *~ de cărţi* bookstall.

standard **I.** *adj.* standard, *constr.* prefabricated. **II.** *s.n.* standard. ⓐ *~ de stat* state standard; *~ de viaţă* standard of living, living standards.

standardiza *vb. tr.* to standardize, to normalize.

standardizare *s.f.* standardization, normalization.

stanifer *adj.* staniferous.

stanină *s.f. mineral.* stannite.

staniol *s.n.* tinfoil.

staniţă *s.f.* stanitsa, Cossack village.

staniu *s.n. chim.* tin.

stanţa .. v. ş t a n ţ a...

stanţă *s.f.* stanza.

stare *s.f.* **1.** *(în picioare)* standing; *(poziţie)* position; *(repaus)* rest, repose. **2.** state; *(situaţie)* situation, condition; *(condiţie)* condition; *(mai ales proastă)* predicament, plight. **3.** *(poziţie socială)* position, condition, rank, station, social standing/status. **4.** *(dispoziţie)* frame of mind, mood. **5.** *(avere)* wealth; (large) fortune, easy circumstances, comfortable position. **6.** *(clasă)* class, standing; *ist.* estate. **7.** *(rămînere)* remaining, abiding, stay(ing).Ⓐ *~a a treia ist.* the third estate; *~a barometrului* the height of the barometer; *~a lucrurilor* state of things/affairs, posture/position of affairs, F→lie of matters/the land; *~a sănătăţii* state/condition of (smb.'s) health; *~ civilă* legal status of a person *(with regard to birth, marriage, etc.);* *~ de agregaţie* state of aggregation; *~ de asediu* state of siege; *~ de beţie* state of intoxication; *~ de război* state of war, belligerency; *~ de spirit* state/frame of mind; *~ excepţională* state of emergency; *~ în picioare* standing; *~ pe loc fig.* standstill, v. s t a g n a r e; *~ socială* social condition; *~ sufletească* mood.Ⓑ *faţă de ~a prezentă a lucrurilor* as matters/things are/stand at present, in (view of) the present state of affairs; *în ~ bună* in good (working) order/condition/ repair; *în ~ de război* at war; *în ~ proastă* in bad condition, out of repair/order; *într-o ~ de plîns fig.* in a difficult predicament, in an awkward position, under straightened circumstances, in a sorry/sad plight, F→in a fix; *într-o ~ desperată* in a desperate position, F→in a pretty predicament; *oficiul stării civile*

registrar's/register office; *om cu~ a* man of wealth/substance/fortune, a moneyed/F→warm man; *registru de ~ civilă* register of births, deaths and marriages. Ⓒ *a proclama ~a de asediu într-un oraş* to declare a town in a state of siege, to proclaim (martial law in) a town; *a fi în ~ bună* to be in good repair, to be well in repair; *a fi în ~ să...* to be able to...; *(a fi în situaţia de a)* to be in a position to...; *a nu fi în ~ de a face ceva* to be unable to do smth.; *nu sînt în ~ s-o fac* I cannot do/manage it, I cannot possibly do it, I cannot get it done/right; *lucrurile ajunseseră într-o aşa ~ încît...* matters had come to such a pass that...

stareţ *s.m. rel.* abbot, superior.

stareţă *s.f. rel.* abbess, lady superior.

staroste *s.m.←înv. (şef)* chief, head.

start *s.n. sport* start. Ⓒ *a lua ~ul* to be a starter; to record as a contestant.

starter *s.m. sport, tehn.* starter.

stat[1] *s.n. pol.* state ↓ *amer.* government. Ⓐ *~ major* (general) staff; *~ele generale ist.* the States-General; *~ul bunăstării* the welfare state; *~ul de democraţie populară* the people's democratic state. Ⓑ *afacere/chestiune de ~* public matter/affair, state affair; *arhivele ~ului (documente)* state archives; *(clădire)* public record office; *bancă de ~* State bank; *biserică de ~* national church; *(mai ales în Anglia şi Scoţia)* Established Church; *bun al ~ului* public property; *cîrma ~ului* helm (of the ship) of state, government; *consiliu de ~* state council, council of state; *(secret, în Anglia)* Privy Council; *corabia ~ului* the ship of state; *documente de ~* state papers; *(vechi, din arhivă)* public records; *economie de ~* national economy; *efecte de ~* stocks, public securities; *formă de ~* form of a state; *funcţie de ~* civil/public service; *instituţie de ~* government institution; *împrumut de ~* government loan; *lovitură de* ~ coup d'etat, overthrow of the constitution; *ministru de* ~ minister of State; *om de* ~ statesman; *rațiune de* ~ state reason; *secret de*~ state secret; *secretar de* ~ secretary of State; *școală de* ~ government/board school; *șeful* ~ ~*ului* the head of the state; *venitul* ~*ului* the inland revenue; *vistieria* ~*ului*←*odin.* the exchequer, the public treasury.

stat² *s.n.* list. ⓐ ~ *personal* personal record; ~ *de funcții/de personal* personal establishment, *amer.* tables of organization; ~ *de pensii*←*odin.* pension list; ~ *de plată* schedule of payments, paylist, wages sheet; ~ *de salarii* paylist, paysheet, *amer.* payroll; ~ *major* general staff; headquarters.

stat³ *s.n.* **1.** *(faptul de a sta)* standing; *(rămînere)* stay(ing), remaining, abiding; *(oprire)* stopping. **2.** *(statură)* stature, figure; *(înălțime)* height. ⓑ *mic de* ~ of diminutive size, midget.

statal *adj.* State..., government...
static *adj.* static.
statică *s.f. fiz.* statics.
statism *s.n.* statism.
statistic I. *adj.* statistic(al). **II.** *adv.* statistically.
statistică *s.f.* statistics.
statistician *s.m.* statistician.
stativ *s.n.* stand.
stative *s.f. pl. text.* weaving loom, (weaver's) loom.
stat-major *s.n.* (general) staff. ⓑ *ofițer de* ~ staff officer.
stator *s.n. tehn.* stator.
statornic I. *adj. (stabil)* stable; *(constant)* constant, steadfast; invariable; permanent; *(așezat)* settled; *(durabil)* durable, lasting. **II.** *adv.* constantly, steadfastly; invariably; permanently.
statornici I. *vb. tr.* to determine, to settle, to fix. **II.** *vb. refl.* **1.** *(a se stabili într-un loc)* to settle (down), to fix oneself/one's residence in a place. **2.** *(a se întemeia)* to be found/established.

statornicie *s.f.* stability; steadiness, steadfastness, duration, perseverance; constancy, permanence, persistence; firmness.
statoscop *s.n. av.* statoscope.
statuar *adj.* statuary.
statuetă *s.f.* statuette, small/little statue.
statuie *s.f.* statue. ⓐ ~ *ecvestră* equestrian statue. ⓑ *de* ~ statuesque, statue-like. ⓒ *a ridica o* ~ to set up/erect a statue.
Statu-Palmă *s.m.* hop(-o'-my) thumb.
statu-quo *s.n.* status quo.
statură *s.f.* stature, figure; *(înălțime)* height. ⓑ *de* ~ *mijlocie* of middle/medium height.
statut *s.n.* statute, ordinance; rules, regulations. ⓐ ~*ul partidului* Party rules.
statutar I. *adj.* statutary, statutable. **II.** *adv.* statutably.
stație *s.f.* **1.** station. **2.** *ferov.* (railway) station; *(finală)* terminus; *(de tramvai)* tram stop, stage; *(de autobuz)* stop, stage; *(de birje)* stand, coach/cab stand; *de taxiuri)* taxi rank. **3.** *(popas)* halt; *(loc de popas)* halting/resting place. ⓐ ~ *de destinație* station of destination; ~ *de emisie tel.* transmitting station, transmitter; ~ *de mărfuri ferov.* goods station; ~ *de radio* wireless/radio station; ~ *de triaj ferov.* shunting/spotting station; ~*nod ferov.* (railway) junction. ⓑ *șef de* ~ station master. ⓒ *a face o* ~ to (make a) halt.
staționa *vb. intr.* *(d. trupe)* to be stationed; *(d. mașini etc.)* to stand; *(a se opri)* to stop.
staționar *adj.* stationary, at a standstill; *(nemișcat)* motionless.
stațiune *s.f.* station. ⓐ ~ *agricolă* agricultural station; ~ *balneară* spa, watering place; *(maritimă)* bathing resort; ~ *climaterică* health/holiday resort; ~ *de cercetări in derivă* drifting scientific/research station; ~ *de mașini și tractoare* machine and tractor station; ~ *de odihnă/climaterică* health resort; ~ *experimentală* experimental station; ~ *meteorologică* meteorological station.

staul *s.n.* cowhouse, stable, stall/ shed/stand for cattle.

stavilă *s.f.* **1.** weir. **2.** *fig.* obstacle; hindrance; opposition. ⓓ *fără* ~ incessantly.

stavrid *s.m.* **stavridă, stavridie** *s.f. iht.* horse mackerel, scad *(Trachurus trachurus)*.

stază *s.f. med* stasis.

stămbărie *s.f.* printed calico, prints.

stăncuţă *s.f. ornit.* jackdaw *(Corvus monedula spermologus)*.

stănoage *s.n. pl.* stable bars.

stăpîn *s.m.* **1.** master F →boss; *(proprietar)* master, owner, proprietor; *(patron)* employer, principal, *sl.* boss. **2.** *(suveran)* sovereign; lord; *(conducător)* ruler. **3.** *fig.* master. ⓐ ~*ul casei* the master of the house; ~ *de moşie←odin.* landed proprietor, landowner, owner of an estate. ⓓ *ca un* ~ master-/lord-like; *fără* ~ masterless, lordless. ⓒ *a face pe* ~*ul* to lord it, F to carry things with a high hand; *a-i plăcea să facă pe* ~*ul* to be fond of domineering, to F be fond of lording it; *a se face* ~*pe ceva* to take hold/possession of smth., to possess oneself of smth.; *a fi* ~ *pe ceva* to be the master of smth., to have the command of smth.; *a fi* ~ *pe sine* to be master of oneself/one's passions, to keep one's temper, to keep oneself in hand; *nu e* ~ *pe sine* he cannot keep his temper, he cannot keep himself in hand, he has no self--control/-command; *a fi* ~ *pe situaţie* to be master of the situation; *a fi* ~ *pe timpul său* to dispose (freely) of one's time; *a nu fi* ~ *pe timpul său* not to have a minute to oneself; *a fi propriul său* ~ to be one's own master/man, to stand on one's own bottom, to go for oneself, to be a gentleman at large; *a fi la* ~ to be in smb.'s service, to be in service with smb.; to serve one's apprenticeship with smb. ⓓ *cum e* ~*ul, aşa e şi sluga* like master, like man; Jack is as good as his master.

stăpînă *s.f.* mistress; *(proprietară)* owner, proprietor. ⓐ *stăpîna casei* the mistress (of the house), the goodwife of the house; ~ *de moşie←odin.* proprietress of an estate, landlady.

stăpîni I. *vb. tr.* **1.** to rule (over); *(a guverna)* to govern; *(tiranic)* to tyrannize (over), to rule with a rod of iron; *(despotic)* to domineer over, to ride; *(d.* regi*)* to be the sovereign/king of. **2.** *(a înfrîna) fig.* to be a master over, to master, to subdue, to sway, to control, to restrain, to keep... in check; *(supărarea etc.)* F→to bottle up. **3.** *fig. (a şti)* to master, to be a master of. **4.** *(a potoli)* to calm down. **5.** *(a domina)* to dominate. **6.** *(a avea în posesia sa)* to have, to hold, to possess, to own; *(a se bucura de)* to enjoy; *(a ocupa)* to occupy. ⓐ *a-şi* ~... v. ~ I,2. ⓒ *a-şi* ~ *bucuria* to restrain/ suppress one's joy; *a* ~ *gîndurile cuiva* to take possession of smb.'s mind; *a* ~ *o limbă* to master a language, to be master of a language, to have a good command of a language; *a-şi* ~ *nemulţumirea* to restrain/suppress one's displeasure; *e* ~*t de patimi* he is a pray to his passions, he is overruled by his passions, he cannot restrain his passions. **II.** *vb. intr.* **1.** to rule, to reign, to govern, to (hold the) sway, to bear sway/rule, to wield the sceptre. **2.** *(a predomina)* to reign, to prevail, to predominate, to be predominant. **3.** *(a bîntui)* to rage. **III.** *vb. refl.* to be master of oneself/one's passions, to keep oneself in hand, to keep one's temper. ⓒ *nu mă puteam* ~ *de rîs* I couldn't help laughing; *nu se poate* ~ he cannot keep his temper, he has no self-control/ -command, he is incapable of governing his passions.

stăpînire *s.f.* **1.** possession. **2.** domination; dominion, reign, rule, power, sway; mastery; government; authority; sovereignty; command. **3.** *(înfrînare)* control. ⓐ ~ *de sine* self-command /-control /-possesion/ -government/-restraint/-mastery.

stăpînit *adj.* **1.** self-contained/-possessed. **2.** *(posedat)* possessed.

stăpînitor I. *adj.* ruling. **II.** *s.m.* ruler; swayer; sovereign, monarch; dominator; *(posesor)* owner; proprietor, owner.

stăreţie *s.f.* **1.** *(locuinţă)* abbey. **2.** *(demnitate)* abbacy.

stărui *vb. intr.* **1.** to continue; to last, to endure, to persevere, to persist; *(a exista)* to exist; *(în ciuda obstacolelor)* to subsist. **2.** *(a insista)* to insist. © *a ~ pe lîngă cineva (pentru altcineva)* to intercede/plead with smb. for another; *(pt. o favoare)* to solicit a favour; to put in a kind word for smb.

stăruinţă *s.f.* **1.** *(perseverenţă)* perseverance; *(asiduitate)* assiduity, constancy, steadiness, steadfastness; *(răbdare)* patience. **2.** *(silinţă)* diligence, industry. **3.** insistence. **4.** mediation; intercession, wangle, prop.

stăruitor I. *adj.* persevering, firm; persistent, persisting; pertinacious; assiduous, constant, steady, steadfast; *(tenace)* tenacious, trusty; *(încăpăţînat)* obstinate. **II.** *adv.* perseveringly etc. v. ~ **I.**

stătător *adj.* **1.** *(care stă în picioare)* standing, stand-up; *(drept)* erect, upright. **2.** *(d. apă)* standing, stagnant, dead. **3.** *(stabil)* stable; *(care rămîne în acelaşi loc)* stationary, steady, sedentary; *(fix)* fixed, stationary; *(permanent)* standing. ① *apă stătătoare* stagnant water; *de sine* ~ independent.

stătut *adj.* **1.** *(d. aer)* stuffy, close; *(d. apă)* foul; *(mucegăit)* musty, mouldy. **2.** *(d. cineva)* aged, old.

stăvilar *s.n.* **1.** dam, flood/water gate/stop; *(ecluză)* lock, sluice. **2.** v. s t a v i l ă.

stăvili *vb. tr.* **1.** to dam (in/off/up), to embank, to confine by dikes, to dike. **2.** *fig. (a opri)* to stop; < to check, to arrest; *(a bloca)* to block; *(a reţine)* to stem; to restrain; to hold back, to retain; *(a bara)* **to** bar; to obstruct,

to barricade; *(a împiedica)* to prevent, to preclude; to hinder, to impede; *(a face să meargă mai încet)* to slack(en), to slug; *(a întîrzia)* to retard, to delay; *(a înfrîna)* to refrain; *(a calma)* to calm.

steas. *f.* **1.** *astr.* star. **2.** *(destin)* star(s), fate, destiny. **3.** *teatru, cinema* star. **4.** *(pe fruntea unui cal)* (white) blaze, white face/star. **5.** *poligr.* asterisk. **6.** *(pe unghie)* white (spot on the finger nail), F←sweetheart. **7.** *mil.* star, pip, braid. ⓐ ~ *călăuzitoare* loadstar; ~ *cu coadă astr.* comet; ~ *de cinema(tograf)* film star; ~ *de mare zool.* starfish *(Asterias vulgaris)*; ~ *de mărimea întîi* star of the first order; ~ *fericită* lucky star; ~ *fixă astr.* fixed star; ~*ua pămîntului bot.* earth star *(Geaster stellatus)*; ~*ua polară* the North Star, the pole star; *stele căzătoare astr.* shooting/falling stars. ① *cal cu* ~ *(în frunte)* blazed horse; *cîntec de* ~ Christmas carol. © *a vedea stele verzi* F to see stars; *chiar de ar fi cu* ~ *în frunte* even if he be a Solomon.

steag *s.n.* **1.** flag; *mil., şi* coulours, a stand/pair of colours; *(drapel)* banner; *(stindard)* standard; *nav.* pavilion; *(mic)* pennant, pendant, streamer; *(de biserică)* banner/ standard used for processions. **2.** *fig.* banner. ① *sub* ~*ul... (cu gen.)* under the banner of... © *a se înregimenta sub* ~*ul (cu gen.)* to join/follow the banner of...

steajăr *s.m.* pole *(particulary one fixed on the middle of a threshing floor)*.

stearic *adj.* stearic. ① *acid* ~ *chim.* stearic acid, *com.* stearine.

stearină *s.f. com.* stearine; *chim.* stearic acid.

stearpă *adj. f.* barren, sterile; *(d. vacă)* dry.

steatit *s.n. mineral.* steatite, saponite.

steatoză *s.f. med.* steatosis.

steblă *s.f. bot.* stem, stalk.

stegar *s.m.* standard/colour bearer.

stegozaur *s.m. geol.* stegosaurus.

steguleţ *s.n.* pennon, banneret.

stei *s.n.* *(stîncă)* rock; *(ascuţită)* cliff; *(lespede)* slab.

stejar *s.m.* **1.** *bot.* oak (tree), Jove's tree *(Quercus sessiliflora)*. **2.** *(lemn de* ~*)* oak(-wood/-timber), oaken timber. ① *de* ~ oaken, oak..., of oak, S→quercine; *(verde) ca* ~*ul* sturdy, stalwart, strapping, F stocky.

stejăriş *s.n.* oak grove, grove of oaks.

stelaj *s.n.* *tehn.* stand; shelves.

stelar *adj.* stellar(y), starry, star... ① *lumină* ~*ă* starry/star light.

stelat *adj.* stellate(d).

stelă *s.f.* stele.

stelişoară *s.f.* **1.** little star, *rar*→ starrulet. **2.** *bot.* v. s t e l i ţ ă. **3.** *bot.* daisy, hen-and-chickens *(Bellis perennis)*.

stelit *s.n.* *metal.* stellite.

steliţă *s.f.* *bot.* amellus starwort *(Aster amellus)*.

steluţă *s.f.* **1.** little star, *rar*→ starrulet. **2.** *poligr.* asterisk. **3.** *(scînteie)* spark. **4.** v. s t e a 4. **5.** *pl.* *(pastă făinoasă)* star-shaped noodles. **6.** *(fulg)* snowflake. **7.** *bot.* amellus starwort *(Aster amellus)*. **8.** *bot.* starwort *(Stellaria)*. **9.** *(în supă)* eye/speck of grease.

stemă *s.f.* **1.** *(armorii)* arms, escutcheon, coat of arms, armorial bearings. **2.** v. s t e a 4. **3.**←*inv.* *(coroană)* crown; *(diademă)* diadem. ⓐ *stema R.S.R.* the Arms of the Socialist Republic of Romania.

sten *s.m.* *fiz.* sthene.

stenahorie *s.f.* v. n ă d u f.

stenic *adj.* *med.* sthenic; *fig.* bracing, invigorating.

stenodactilograf *s.m.* shorthand typist.

stenodactilografie *s.f.* shorthand and typing.

stenograf *s.m.* stenographer, shorthand writer.

stenografia *vb.* *tr.* to write in shorthand; *(un discurs etc.)* to take down *smth.* in shorthand.

stenografic I. *adj.* stenographic(al), of *sau* in shorthand. **II.** *adv.* stenographically.

stenografie *s.f.* stenography, shorthand.

stenogramă *s.f.* shorthand report/record.

stenotip *s.n.* stenotype.

stenotipie *s.f.* stenotypy.

stenoză *s.f.* *med.* stenosis. ⓐ ~ *mitrală* *med.* mitral stenosis.

stentor *s.m.* stentor. ① *voce de* ~ stentorian/stentorial/stentorious voice.

step *s.n.* tap dancing.

stepă *s.f.* steppe.

ster *s.m.* stere.

steregoaie *s.f.* *bot.* white veratrum *(Veratrum album)*.

stereochimie *s.f.* stereochemistry.

stereocromie *s.f.* stereochromy.

stereofonic *adj.* stereophonic, binaural.

stereofonie *s.f.* stereophony.

stereofotografie *s.f.* stereophotography.

stereograf *s.n.* stereograph.

stereografie *s.f.* stereography.

stereogramă *s.f.* stereogram, stereographic view/picture.

stereometrie *s.f.* stereometry.

stereometru *s.n.* stereometer.

stereoplanigraf *s. n.* stereoplanigraph.

stereoscop *s.n.* stereoscope.

stereoscopic *adj.* stereoscopic(al).

stereoscopie *s.f.* *opt.* stereoscopy.

stereotip I. *adj.* **1.** *poligr.* stereotype; *(d. o ediţie)* stereotyped. **2.** *fig.* stereotype, hackneyed, trite. **II.** *s.n.* stereotype plate.

stereotipa *vb.* *tr.* to stereotype.

stereotipie *s.f.* stereotypy.

stereotipist *s.m.* *poligr.* stereotyper, stereotypist.

stereotomie *s.f.* *geom.* stereotomy.

steril I. *adj.* **1.** *agr.* sterile, not fertile, unfruitful; *min.* sterile, dead. **2.** *(d. oameni)* barren. **3.** *fig.* useless, fruitless; *(d. o muncă)* unprofitable, futile. **II.** *s.n.* barren gangue; useless rock; waste.

sterilitate *s.f.* sterility, barrenness; unproductiveness, unfruitfulness.

steriliza *vb.* *tr.* to sterilize.

sterilizator *s.n.* sterilizer.

sterlină *adj.* ① *liră* ~ pound sterling; *zona lirei sterlinei ec. cap.* the sterling area.

stern *s.n. anat.* sternum, breast bone.

sternal *adj. anat.* sternal.

sterp *adj.* 1. v. s t e r i l. 2. *(fără viață)* lifeless, desolate.

sterț *s.n.* 1. (candle)wick. 2. *(~ de mină)* miner's lamp, davy.

stetometru *s.n. med.* stethometer.

stetoscop *s.n. med.* stethoscope, auscultator.

stetoscopie *s.f. med.* stethoscopy.

stewardesă *sf. av.* air hostess.

stibină *s.f. mineral.* stibinite, stibine.

stibiu *s.n. mineral.* stibium, antimonium, antimony.

sticlar *s.m.* 1. glass blower. 2. *(vînzător)* dealer in glass. 3. *(geamgiu)* glazier.

sticlă *s.f.* 1. *(substanță)* glass; *(pt. ferestre)* window glass; *(pt. oglinzi)* plate glass. 2. *(geam)* window pane. 3. *(~ de lampă)* lamp chimney. 4. *(ca recipient)* bottle, flagon; *(pt. experiențe chimice)* flask; *(sticluță, med.)* phial; *(pt. murături)* pickle bottle. 5. *(conținutul unei sticle)* bottle(ful). 6. *pl. (ochelari)* glasses, spectacles, *sl.* goggles, barnacles. ⓐ ~ *afumată* smoked glass; ~ *colorată* coloured/painted/stained glass; *(pt. a observa soarele)* colour glass, smoked glass; *o ~ cu vin* a bottle of wine; ~ *de ceasornic* watch glass; ~ *de cuarț/silice* quartz glass; ~ *de lentile* lenticular glass, lens; *o ~ de vin* a wine bottle; ~ *mată* etched/frosted/mat surface glass; ~ *optică* optical glass. ⓑ *aparat pentru umplerea sticlelor* bottle charger/filler; *bucată de* ~ piece of glass; *(așchie)* bit/splinter of glass; *ca sticla* glasslike, glassy, vitreous; *cutie de* ~ glass case; *de forma unei sticle* flask-shaped, S→lageniform; *etichetă pentru sticle* (bottle) label; *fabrică de* ~ glass manufactory/house, glass works; *fundul unei sticle* the bottom of a bottle; *gît de* ~ neck of a bottle; *glob de* ~ glass globe; *(în grădini)* garden glass; *gura unei sticle* mouth of a bottle; *industria sticlei* manu-

facture of glass; *în sticle* bottled; *la o* ~ *cu vin* over a bottle (of wine); *ochi de* ~ **a.** glass eye. **b.** *fig.* glassy eye; *pictură pe* ~ glass painting, painting (up)on glass; *gamă de* ~ glass frame; *ușă de* ~ glass/sash door, Venetian door; *vin în sticle* bottled wine, large wine. ⓒ *a fabrica* ~ to make/blow glass; *a-i plăcea sticla prea mult* to be too fond of the bottle; *a umple sticlele cu vin* to bottle wine; *a bea (direct) din* ~ to drink from the bottle; *a picta pe* ~ to paint/stain on glass.

sticlărie *s.f.* 1. *(fabrică)* glass manufactory/house, glass works. 2. *(fabricare)* manufacture of glass. 3. *(articole)* glassware, S→vitrics. ⓐ ~ *suflată* hollow ware.

sticlete *s.m.* 1. *ornit.* goldfinch, thistlefinch *(Carduelis elegans).* 2. ←*odin. (polițist)* F bobby, cop, *sl.* copper. ⓒ *a avea sticleți în cap* F to be queer in one's attic, not to be quite right in the upper story, to have bats in the belfry.

sticli... v. l u c i.

sticlos *adj.* 1. glassy, vitreous, S→hyaline. 2. *fig.* glossy. ⓑ *umoare sticloasă anat.* vitreous humour.

sticlozitate *s.f.* vitrescence.

sticluță *s.f.* small bottle, phial; *(fiolă)* vial.

stigmat *s.n.* 1. brand, mark (with a hot iron); *(pe corpul delincvenților)* stigma, F→badge. 2. *fig.* mark of infamy, stigma of shame, stain, blemish, spot; *(urmă)* mark, trace. 3. *bot., entom.* stigma.

stigmatic *adj. opt.* (ana)stigmatic.

stigmatism *s.n. opt.* stigmatism.

stigmatiza *vb. tr.* 1. to mark with hot iron, to brand, F→to badge. 2. *fig.* to brand, to cast a brand upon, to stigmatize, to sear.

stih *s.n.* 1. *(vers)* verse, line; *(verset)* *rel.* verse. 2. *pl.* (lines of) poetry, *poetic* numbers.

stihar *s.n. rel.* surplice, alb.

stihie *s.f.* 1. *(element)* element. 2. *(stafie)* spectre, ghost. 3. *poetic* wilderness; solitude.

stihuitor *s.m.* ←*înv.* versifier, verse, rhymer, rhymester; *peior.* poetaster.

stil I. *s.n.* **1.** *(literar etc.)* style (of
writing); *(mod)* manner, way, style.
2. *(calendaristic)* style. **3.** *(con-
dei) odin.* stylus, style, greffe,
graphium. ⓐ ~ *artificial* artificial
style, mannerism; ~ *aruncat
sport* jerk; ~ *baroc* baroque
style; ~ *bizantin* Byzantine style/
manner; ~ *clasic* classic style; ~
familiar colloquial/familiar style;
~ *gotic/ogival* Gothic/pointed style;
~ *impins sport* press; ~ *maur*
Moresque style; ~ *nou* new style;
~ *renaissance* Revival/Renaissance
style; ~ *roman* Roman/romanesque
style; ~ *simplu* plain style; ~ *smuls
sport* snatch; ~ *vechi* old style. ⓑ
de ~ period...; *figură de* ~ figure of
speech; *în* ~ *ul (cu gen.)* in the
style of..., after the manner of...;
în ~ *mare* in great/grand/fine
style, sumptuously; *lipsă de* ~
want/lack of style, lack of polish;
perle de ~ gems/pearls of style.
ⓒ *are un* ~ *greoi* he writes (in)
a heavy style. **II.** *adj.* period.

stilat *adj.* stylish; (highly) polished;
(bine crescut) well-bred; *(instruit)*
well-schooled.

stilem *s.n. lingv.* styleme.

stilet *s.n.* **1.** stiletto, stilet, short
pointed dagger. **2.** *med.* stylet,
probe.

stilist *s.m.* stylist; accomplished
writer.

stilistic I. *adj.* stylistic. **II.** *adv.*
stylistically.

stilistică *s.f.* style, stylistics.

stiliza *vb. tr.* **1.** to improve (stylistic-
ally); to brush up. **2.** *arte* to sty-
lize.

stilizare *s.f.* **1.** stylistic improve-
ment; brushing up, stylization. **2.**
arte stylizing.

stilizator *s.m.* stylist.

stilobat *adj., s.m.* stylobate

stilou *s.n.* fountain pen.

stima I. *vb. tr.* to esteem, to respect,
<to revere(nce), to make much
of, to have a high opinion of; *(a
aprecia)* to value. **II.** *vb. refl.*
reciproc to esteem/respect each
other.

stimabil I. *adj.* estimable, worthy
of respect. **II.** *s.m.* ←F *aprox.*
worthy.

stimat *adj.* esteemed; respected;
(în scrisori etc.) dear. ⓐ ~ *e
domn* dear Sir.

stimă *s.f.* esteem; regard; respect.
ⓑ *cu* ~ yours truly; *cu toată
stima* (most) respectfully, with
great respect; *(în scrisori)* (I am
sau I remain) most respectfully
yours, *com.* your obedient servant;
demn de ~ estimable, worthy
of respect. ⓒ *a cîştiga stima cuiva*
to gain credit with smb.; *a merita
toată stima* to deserve all respect;
a se bucura de puţină ~ to enjoy
but little respect, not to be much
respected/esteemed; *a se bucura de
stima tuturor* to be held in
universal esteem.

stimul *s.n. med.* stimulus.

stimula *vb. tr.* **1.** *med.* to stimulate.
2. *fig.* to stimulate, to activate,
to energize, to dynamize, to doub-
le-shot, F→to kindle, to fillip;
(pofta de mîncare) to whet, to
sharpen; *(pe cineva, la muncă)*
to incite to work, to spur; *(aface-
rile)* to give a stimulus/fillip to;
(a înviora) to cheer, to enliven,
to exhilarate, to gladden, to in-
spirit.

stimulant *adj.* stimulating, stimu-
lative.

stimulent *s.n.* **1.** *med.* stimulant. **2.**
fig. stimulus, incentive, spur, fillip;
F pick-me-up.

stindard *s.n.* standard, banner.

stingător *s.n.* fire extinguisher.

stinge I. *vb. tr.* **1.** *(focul, lumina)*
to extinguish, to put out; *(focul)*
to choke; *(o luminare)* to blow
out; *(prin comutator)* to switch/
turn off; *(prin acoperire)* to quench;
(gazul) to turn off. **2.** *(a reduce
la tăcere)* to (reduce to) silence,
to hush; *(a calma)* to appease,
to calm; to put/set... at rest,
to allay, to quiet. **3.** *fig. (a şterge)*
to blot out, to extinguish, to
efface; *(a anula)* to annul, to
cancel; *(un proces, o acţiune)* to
extinguish, to quash. **4.** *fig. (a
extermina)* to eradicate, to extermi-

nate, to extirpate; *(a distruge)*
to destroy, to annihilate, to bring
to nought; *(a ucide)* to kill. **5.**
(o datorie) to extinguish, to pay
off; to liquidate. **6.** *(varul)* to
slake, to slack; *metal.* to quench.
7. *(friptura)* to baste. ⓒ *a-şi* ∼
setea to quench/slake/appease one's
thirst; P → to cool one's coppers;
a ∼ *urmele (cu gen.)* to efface/
obliterate the traces of...; *a* ∼ *în*
bătaie/bătăi to beat black and blue.
II. *vb. refl.* **1.** *pas.* to be extinguished
etc. v. ∼ I. **2.** *(d. foc)* to burn
out; *(d. foc, lumină)* to go/die out.
3. *(d. sunete)* to die down/away. **4.**
(a muri) to die, to pass away; to
dwindle away/down. **5.** *(d. plante)*
to wither, to fade, to decay, to
perish, to die (away). **6.** *(a fi în*
declin) to be on the decline, to
peter out. **7.** *(a nu mai fi)* to be
over/gone/lost/dead; to have van-
ished/disappeared; to have died; *(a*
muri) to die. **8.** *(d. o familie etc.)*
to die out, to become extinct. **9.**
(de dor etc.) to pine/languish away.
10. *(a se întuneca)* to grow dark/
dim/hardly visibile. ⓒ *pasiunile*
se sting cu vremea passion die
away with age; *i se* ∼ *puterea* his
strength fails, his strength gives
out; *ziua se* ∼ the day is waning/
on the wane.

stingere *s.f.* **1.** extinction, extinguish-
ing etc. v. **stinge. 2.** *mil.*
lights out, taps. **3.** *(moarte)* death;
(dispariţie) disappearance. ⓑ *aparat*
de ∼ fire extinguisher. ⓒ *a suna*
∼*a mil.* to beat/sound the tattoo.

stingher *adj. (desperecheat)* having
no fellow, single, odd, only one;
(singuratic) lonely, solitary; *(izo-*
lat) isolated; *(necăsătorit)* single.

stinghereală *s.f. (jenă)* embarrass-
ment.

stingheri *vb. tr. (a deranja)* to dis-
turb, to trouble; *(a jena)* to incon-
venience, to embarrass; *(a între-*
rupe) to interrupt, to break in
upon; *(a împiedica)* to hinder,
to impede. ⓒ *mă stinghereşte foarte*
mult that greatly inconveniences
me.

stingherit *adj. (jenat)* embarrassed,
ill-at-ease.

stinghie *s.f.* **1.** pole, rod, perch;
(pt. găini) roost. **2.** *anat.* groin,
S→inguen.

stins I. *adj.* **1.** extinguished etc. v.
stinge. 2. *(d. vedere etc.)*
dim; *(veştejit)* faded, withered;
(d. voce etc.) faint, hardly audible;
(palid) pale. **II.** *adv.* faintly.

stipelă *s.f. bot.* stipel(la).

stipendia *vb. tr.* to stipend, to subsid-
ize; to keep in one's pay.

stipendiu *s.n.* stipend.

stipula *vb. tr.* to stipulate, to pro-
vide for/that ... ⓐ *a* ∼ *că...* to
lay down that...

stipulaţie *s.f.* stipulation, provision.

stipulă *s.f. bot.* S→stipula.

stirigoaie *s.f. bot.* white/false/swamp
hellebore *(Veratrum album).*

stirpe *s.f. (neam)* ←*elev.* family,
origin, stock.

stivă *s.f.* stack, pile. ⓐ ∼ *de lemne*
pile/stack of wood, wood-pile/
-stack.

stivui *vb. tr.* **1.** to heap/pile up. **2.**
tehn. to staple; to layer.

stîlci *vb. tr.* **1.** *(a bate rău)* to beat
black and blue; *(cu pumnii)*
to cuff, to belabour, to punch;
(cu biciul) to whip, to flog,
to switch, to whack; *(cu băţul)*
to thrash with a stick, to drub;
(a zdrobi) to crush, to scrunch,
F to squelch, to squash; *(a schi-*
lodi) to mutilate, to cripple. **2.**
(o limbă) to mangle, to murder;
(un cuvînt) to corrupt; *(a denatura)*
to distort, to pervert.

stîlcit I. *adj.* beaten black and blue
etc. v. **stîlci. II.** *adv. (incorect)*
incorrectly.

stîlp *s.m.* **1.** pillar; *(de pod)* pier;
(de poartă) jamb, post; *(pilastru)*
pilaster; *(în mine)* pillar, prop;
(de lemn) (upright) post, wooden
pillar; *(suport)* support, stud, stan-
chion; *(lateral)* side post, jamb.
2. *fig.* supporter, upholder, back-
bone, pillar; *(toiag)* staff; *(prieten)*
friend; *(aderent)* adherent; *(perso-*
nalitate) personality. ⓐ ∼ *de ca-*
fenea habitué *sau* permanent custom-
er of a coffee house; ∼ *de telegraf*

telegraph pole/post; ~*ul casei* the mainstay of the family, the bread winner.

stîlpare *s.f.*←P *(ramură verde)* green twig. ⓓ *Duminica stîlpărilor* Palm Sunday.

stînă *s.f.* sheepfold, pen.

stîncă *s.f. şi fig.* rock; *(ascuţită sau abruptă)* crag; *(abruptă)* precipice, *amer.* bluff; *(pisc stîncos)* tor; *(mică)* rocklet; *(abruptă,* ↓ *marină)* cliff; *(bloc de* ~*)* block, large piece of rock; *(banc de nisip)* shelf. ⓐ ~ *submarină/sub apă* reef. ⓓ *tare ca stînca* (as) firm/ steady as a rock.

stîncărie *s.f.* rocks etc. v. s t î n c ă; rocky region.

stîncos *adj. (ca stînca)* rock-like; *(cu multe stînci)* rocky, full of rocks; *(format din stînci)* formed/ consisting of rocks, rocky, cliffy; *(colţuros)* scraggy.

stîng I. *adj.* left; *(pornind de la obiect, nu de la contemplator)* proper left. ⓑ *partea* ~*ă* a. left hand/side. b. *heraldică* sinister. c. *teatru* prompt side, prompter's side. d. *(a unei corăbii)* nav. port. e. *(a unui rîu)* left bank; *pe mîna* ~*ă* on the left(-hand) side. II. *s.n.* left leg; *fig.* wrong leg. ⓒ *a călca cu* ~*ul* to put the wrong leg foremost; *mă tem că m-am sculat cu* ~*ul* I fear I've got out of bed with the wrong leg foremost.

stînga *s.f.* 1. *(mîna stîngă)* the left hand. 2. *pol.* the left. 3. *mil.* the left wing/flank. ⓐ ~ *împrejur!* *mil.* left/face about! about turn! ⓓ *din(spre)* ~ from the left; *în dreapta şi în* ~ right and left, on all sides; *jumătate la* ~*! mil.* half left turn! *la* ~ a. *(spre* ~*)* to the left, aleft! *(pe* ~ *)* on the left. b. *mil.* left turn! *la extrema stîngă* at the extreme left; *pe* ~ on the left (hand/side); *pe* ~ *mea* on my left. ⓒ *a nu deosebi* ~ *de dreapta* not to know right from left; *a face* ~ *împrejur* a. *mil.* to turn about. b. F to make off, to bolt; *a scrie cu* ~ to write with the left hand; *a face la* ~ F to angle, to cabbage, to crib; *a o lua pe/spre*

~ to take the left-hand side, to keep/turn to the left.

stîngaci I. *adj.* 1. left-handed. 2. *fig.* left-handed, awkward, clumsy, maladroit, ungainly, artless, F→ gawky. ⓑ *un tînăr* ~ a lubberly young man; *un om* ~ an awkward fellow, F→a big baby. ⓒ *a fi* ~ F →to have a hand like a foot. II. *adv.* awkwardly etc. v. ~ I, 2. III. *s.m.* 1. left-handed person, F left-hander. 2. *fig.* lubber, looby, bungler, botcher, one whose fingers are all thumbs.

stîngăcie *s.f.* 1. left-handedness, *amer.* leftness. 2. *fig.* left-handedness, awkwardness, unhandiness, ungainliness, gaucherie; *(ca act)* blunder; lubberliness.

stîngism *s.n. pol.* leftism. ⓓ *lucrarea lui Lenin „«Stîngismul» boala copilăriei comunismului"* Lenin's work „«Left-wing» Communism, an Infantile Disorder".

stîngist *adj., s.m. pol.* leftist.

stînjen *s.m.* 1. *(măsură)* aprox. fathom *(varying from 2.23 m. to 19.6 m.)*; line of wood. 2. *bot.* iris, F → flag, *poetic* → flower-de-luce *(Iris)*. 3. *bot.* common iris *(Iris germanica)*. ⓐ ~ *de lemne aprox.* fathom *(8 steri)*; ~*i galbeni de baltă bot.* sword flag, yellow lily, yellow water-flag *(Iris pseudacorus)*; ~ *marin aprox.* fathom (1.83 m.)

stînjeneală *s.f.* disturbance; perturbation; intrusion, inconvenience, trouble, obstruction; *(piedică)* hindrance, prevention; obstacle.

stînjenel *s.m. bot.* v. s t î n j e n 2, 3.

stînjeni *vb. tr.* 1. *(a deranja)* to disturb, to trouble; *(a jena)* to hamper, to cramp, to hinder, to inconvenience, to embarrass. 2. *(a întrerupe)* to interrupt, to break upon. 3. *(a împiedica)* to prevent, to hinder.

stînjenitor *adj.* disturbing etc. v. s t î n j e n i.

stînjeniţă *s.f. bot.* woodbine *(Lonicera)*.

stînjeniu *adj.* violet.

stîrc *s.m. ornit.* heron *(Ardea)*. ⓐ ~ *alb/bălan* white heron *(Ardea* *alba)*; ~ *mare cenuşiu* common heron *(Ardea cinerea)*; ~ *roşu* red heron *(Ardea purpurea)*.

stîrci I. *vt. tr.* v. s t r i v i. **II.** *vb. refl.* to crouch; to cower down, F to squat down; to sit asquat. **stîrcit** *adj.* **I.** crouching. **2.** v. p i - p e r n i c i t.

stîrni I. *vb. tr.* **1.** to start, to stir up; *(a mişca)* to remove; *(a deplasa)* to displace; *(a trezi)* to wake (up). **2.** *fig.* to rouse; to incite, to goad on; to provoke; to call forth/into being, to produce; *(curiozitatea etc.)* to set agog; *(pasiuni)* to loose. **II.** *vb. refl.* **1.** *pas.* to be started etc. v. ~ I. **2.** *(d. cineva)* to fly into a rage. **3.** *(d. o furtună)* to break (out/forth). **4.** *(a apărea)* to appear; to rise.

stîrpi I. *vb. tr.* to uproot, to eradicate, to root out/up; *(a distruge)* ' to destroy; to exterminate; *(a desfiinţa)* to abolish. **II.** *vb. refl.* **1.** *pas.* to be uprooted etc. (v. ~ I). **2.** *(d. femei)* P to become barren. **stîrpire** *s.f.* uprooting, eradication, etc. (v. s t î r p i I).

stîrpitură *s.f.* malformation, deformity, monster, misshape, midget.

stîrv *s.n.* **1.** carrion, carcass, carcase. **2.** *peior.* (putrid) carcass, P → croaker.

stoarce I. *vb. tr.* **1.** *(lichidul din ceva)* to squeeze (out); *(prin presare)* to press (forth/out); *(prin zdrobire)* to crush out; *(rufe etc.)* to wring (out). **2.** *fig.* *(a slei)* to wear out, to exhaust. **3.** *fig.* *(a jecmăni)* F to fleece, to bleed white. **4.** *fig.* *(a sărăci)* to draw out, to impoverish, to deplete, to eat up. ⓒ *a ~ bani de la cineva* to extort/ squeeze money out of smb.; *a ~ lacrimi (cu dat.)* to draw/squeeze out/wring tears from...; *a ~ o lămîie* to squeeze a lemon; *a ~ o mărturisire de la...* to draw a confession from...; *a ~ rufele de apă* to wring (out) linen; *a ~ un secret de la...* to squeeze out/draw/ extort a secret from...; *a ~ struguri* to press/tread grapes; *a ~ pînă la sînge* to suck the very marrow *out of smb.*, to suck *smb.'s*

blood, to drain/bleed *smb.*; *(de bani)* to get the last farthing *out of smb.* **II.** *vb. refl. pas.* to be squeezed (out) etc. v. ~ I.

stoc *s.n.* store, stock, supply; *(fond)* fund; *(rezervă)* reserve. ⓐ ~ *de mărfuri com.* stock on hand, goods in stock; ~ *de provizii* supply/ stock/store of provisions. ⓒ *a avea în* ~ to have/keep a supply/ store/stock of...

stoca I. *vb. tr.* to store, to stock. **II.** *vb. refl. pas.* to be stored/ stocked.

stocher *s.n. ferov.* stoker.

stofă *s.f.* **1.** stuff, fabric, texture, (woven) material; cloth; *(pt. costum)* suiting. **2.** *fig.* stuff. ⓒ *n-are* ~ *de actor* he is not cut out for an actor; *are* ~ *de pictor* he has the makings of a painter in him; *are* ~ *în el* there is smth. in him, there is good stuff in him.

stog *s.n.* rick, stack. ⓐ ~ *de fin* haystack, stack of hay, hayrick. ⓒ *a aşeza/pune în* ~*uri* to stack, to rick.

stoic I. *adj. şi fig.* stoical; stoic... ⓑ *virtute* ~*ă* stoic virtue. **II.** *adv.* stoically. **III.** *s.m.* **1.** *filoz.* stoic (philosopher), disciple of Zeno. **2.** *fig.* stoic, person indifferent to pleasure or pain.

stoicism *s.n.* stoicism.

stol *s.n.* **1.** *(de păsări)* flock, flight, rush; *(de prepeliţe)* bevy. **2.** *(mulţime)* throng, swarm, multitude; *(ceată)* troop; *(de fete)* bevy. ⓐ ~ *de lăcuste* host/swarm/army of locusts; ~ *de rîndunele* flight of swallows. ⓑ *în* ~*uri* in flocks/ companies/groups/throngs.

stolă *s.f. rel.* stole, orarium, surplice.

stolnă *s.f. min.* drift, adit.

stolnic *s.m. odin.* High Steward.

stolon *s.n. bot.* stolon, offset.

stomac *s.n. anat.* stomach, S→gaster; *(la animale, şi)* maw; *(primul* ~ *al rumegătoarelor)* first stomach of ruminants, paunch, S→ rumen; *(al doilea* ~ *al rumegătoarelor)* honeycomb (stomach), bonnet, S→reticulum; *(al treilea*

~ *al rumegătoarelor)* manyplies,
S→omasum, psalterium; *(al patru-
lea* ~ *al rumegătoarelor)* rennet
bag, S→abomasum; *(la păsări)*
gizzard; *(in limbajul boxerilor)*
victualling department, bread bas-
ket. ⓑ *boală de* ~ stomach com-
plaint, S→gastropathy; *durere de*
~ pain in the stomach, stomach
pain/ache, S → gastralgia, gas-
tralgy, gastrodynia; *spălarea* ~*ului*
med. lavage of the stomach. ⓒ *a
avea un* ~ *bun* **a.** to have a good
stomach/digestion. **b.** *fig.* to swal-
low a great deal; *a avea* ~*ul gol*
to be empty-stomached; *a-şi deran-
ja* ~*ul* to disorder/disarrange/spoil/
upset one's stomach; *a-i întoarce
cuiva* ~*ul pe dos* to turn smb.'s
stomach, to make smb.'s stomach
rise; *şi-a stricat* ~*ul* he has eaten
smth. that disagrees with him, he
has upset his digestion, his stomach
is out of order; *a-şi (supra)în-
cărca* ~*ul* to overeat/overgorge
oneself, to clog/overload one's stom-
ach; *a-şi umple* ~*ul* to cram/stuff
oneself (with food), F→to fill up
the crevices; *e prost să călătoreşti
cu* ~*ul gol* it is bad travelling on
an empty stomach; *a suferi de* ~
to be suffering from the stomach,
to have a stomach complaint; *nu-l
am la* ~ F I cannot stomach him,
I cannot bear (the sight of) the
fellow; *îi cădea* ~*ul de foame* he
was fainting from want of food.
stomacal *adj.* stomachal, gastric;
stomach...
stomată *s.f. bot.* stoma(te).
stomatită *s.f. med.* stomatitis.
stomatolog *s.m. med.* stomatologist,
dentist.
stomatologic *adj. med.* stomatologic.
stomatologie *s.f.* stomatology; den-
tistry.
stop I. *s.n.* traffic light; *(la maşini)*
stop light. **II.** *interj.* stop!
stopa I. *vb. intr.* to (come to a) stop.
II. *vb. tr.* **1.** to stop. **2.** *(ciorapi
etc.)* to close/fine darn.
stoper *s.m.* **1.** *sport* stopper, centre
half back. **2.** *(pt. haine)* (close)
darner.

stor *s.n.* roller blind. ⓒ *a coborî/
lăsa* ~*urile* to pull down/lower
the blinds.
stors *adj.* **1.** wrung (out) etc. v.
s t o a r c e. **2.** F worn/fagged out.
stos *s.n.* faro, basset.
strabism *s.n. med.* strabism(us), an-
orthopia.
strabotomie *s.f. med.* strabotomy.
strachină *s.f.* bowl, basin; *(adîncă)*
tureen. ⓒ *a călca în străchini* to
blunder, to make blunders, F to
put one's foot in it; *a călca în
străchini goale* F to be a poor devil.
stradă *s.f.* street; *(mică)* short/nar-
row street, lane, alley; *(largă)*
avenue. ⓐ ~ *dosnică* by-street;
~ *mare* mainstreet; ~ *principală*
mainstreet, thoroughfare. ⓑ *femeie
de* ~ street walker; *omul de pe* ~
the man in the street; *pe* ~ in/
amer. on the street; *(nu în casă)*
out of doors. ⓒ *a da pe cineva
afară în* ~ to turn smb. out (of
doors); *aşa ceva nu se găseşte pe* ~
that's not picked up on hedges,
it's not to be found every day; *e
o* ~ *foarte animată* that's a very
lively/busy street, that's a much
frequented street.
stradelă *s.f.* (narrow) street, by-
street, lane.
stradivarius *s.n. muz.* Stradivarius,
F→Strad.
strai *s.n.* **1.** *pl.* clothes; *înv.*→ ap-
parel. **2.** *fig.* garment, array, garb.
strajă *s.f.* **1.** *(sentinelă) mil.* sen-
try, sentinel; *(patrulă)* patrol;
(pază) watch, guard. **2.** *fig.* guard,
shield, protection. **3.** *nav.* ridge
rope. ⓒ *a-şi pune* ~ *gurii* to keep
one's tongue in check/order, to
hold in; *a sta/fi de* ~ to be on
guard/duty; *(ca sentinelă)* to stand
sentry, F→to do sentry duty.
strană *s.f.* **1.** *(pt. public)* pew. **2.**
(pt. cîntăreţi) lectern.
strangula *vb. tr.* **1.** to strangle, to
throttle. **2.** *fig.* to choke.
straniu I. *adj.* strange, queer, odd.
II. *adv.* strangely, queerly, oddly.
strapazan *s.n. nav.* thole(pin), oar
lock.
strapontin *s.n.*, **strapontină** *s.f. tea-
tru* flap/bracket seat.

stras *s.n. mineral.* strass, paste, -shinestone, imitatin diamond.

straşnic I. *adj.* **1.** *(sever)* severe, stern, rigorous; *(aspru)* harsh; *(teribil)* terrible; *(oribil)* horrible; *(excesiv)* excessive, extreme; *(violent)* violent. **2.** *(excelent)* excellent, fine, superior, F capital, grand, thumping. **3.** *(considerabil)* considerable, handsome; *(colosal)* colossal, tremendous; *ironic* egregious. **4.** *(solid)* sound, solid. **5.** *(măreţ)* grand, magnificent. ⓘ *ceva* ~ *sl.* a stunner; *foame* ~ă canine/hearty appetite; *un frig* ~ a severe/biting/bitter cold; *gospodină* ~ă excellent housewife; *iarnă* ~ă very inclement/severe/ bleak winter; *spectacol* ~ splendid performance; *succes* ~ signal/ marvellous success; a big hit. ⓒ *(e)* ~! that's grand/ capital/ splendid/F number one/F A one/F letter A; *ironic* that's rather too much/bad, that's (coming it) too strong! **II.** *adv.* severely etc. v. ~ I. **III.** *s.m. bot.* English maidenhair *(Asplenium trichomanes).*

strat *s.n.* **1.** *geol.* layer, bed, ledge, seam, stratum, stratification. **2.** layer, stratum; *(de vopsea)* coat (ing). **3.** *fig. (social)* stratum; section; walk of life. **4.** *(de flori etc.)* bed. ⓐ ~ *de flori* flower bed/plot/ bank; ~ *de nisip* layer/bed of sand, sand stratum; ~ *de pămînt* layer/bed/stratum of earth; ~ *de protecţie* protective coating; ~ *de vopsea* couch/coat (of paint); ~ *izolator constr.* seal, damp course; ~ *primar geol.* paleozoic stratum; ~uri *sociale* social strata. ⓘ *din toate* ~urile *sociale* from all walks of life, from all the strata/sections of the population. ⓒ *cartea înfăţişează toate* ~urile *sociale* the book is a cross-section of the population.

stratagemă *s.f.* **1.** *mil.* stratagem, artifice of war. **2.** *fig.* stratagem, ruse, manoeuvre; masterstroke; *(truc)* trick.

strateg *s.m.* strategist. ⓐ ~ *de salon* armchair strategist.

strategic I. *adj.* strategic(al). **II.** *adv.* strategically.

strategie *s.f.* strategy.

stratifica *vb. tr., vb. refl.* to stratify.

stratificare *s.f.* stratification; bedding. ⓐ ~ *concordantă* conformable bedding, conformity; ~ *discordantă* inconformity.

stratificaţie *s.f.* v. s t r a t i f i - c a r e. ⓐ ~ *diagonală/incrucişată* diagonal stratification.

stratiform *adj. geol. etc.* stratiform.

stratigrafic *adj.* stratigraphic.

stratigrafie *s.f. geol.* stratigraphy.

stratoplan *s.n. av.* stratospheric aircraft.

stratosferă *s.f. meteor.* stratosphere.

stratosferic *adj. meteor.* stratospheric. ⓘ *avion* ~ stratospheric aircraft; *balon* ~ stratospheric baloon.

stratostat *s.n.* stratospheric baloon.

stratus *s.m.* stratus (cloud).

străbate *vb. tr.* **1.** *(a cutreiera)* to wander/roam/ramble/rove through; *(a merge prin)* to go through/over; *(o distanţă)* to cover. **2.** *(a pătrunde prin)* to penetrate. **3.** v. s t r ă p u n g e.

străbun I. *adj.* **1.** ancient, antique. **2.** ancestors'..., forefathers'... **II.** *s.m.* **1.** ancestor, forefather. **2.** *pl.* ancestors, forefathers, progenitors, ancestry.

străbunic *s.m.* great-grandfather.

străbunică *s.f.* great-grandmother.

strădanie *s.f.* endeavour; *(efort)* effort; *(osteneală)* pains.

strădui *vb. refl. (să)* to strive (to; for *sau* after, *cu forme în* -ing); to endeavour (to), to take pains (to).

străduinţă *s.f.* v. s t r ă d a n i e.

străfulgera *vb. tr.* v. f u l g e r a. ⓒ *mă străfulgeră cu privirea* she looked at me as if she would wither me with her glance.

străfund *s.n.* (inmost) depth. ⓘ *din* ~ul *inimii* from the bottom of one's heart.

străin I. *adj.* **1.** *(din altă ţară)* foreign, alien; *(necunoscut)* unknown; *(nefamiliar, de altă natură)* strange, alien; *(ciudat)* strange, odd; *(al altuia)* another's, somebody else's. **2.** *med. etc.* heterogeneous. ① *ţări* ~*e* foreign countries; *ideologie* ~*ă* alien ideology. © ... *mi-e* ~ ...is alien to me. **II.** *s.m.* **1.** *(din altă ţară)* foreigner; alien; guest, visitor. **2.** *(necunoscut)* stranger. ① *prin/in* ~*i* **a.** amidst foreigners; in foreign countries. **b.** among strangers.

străinătate *s.f.* foreign countries; foreign/strange land. ① *în* ~ abroad; *din* ~ from abroad.

străinism *s.n.* foreignism, loan/foreign word.

străjer *s.m.* guard, watchman; *(sentinelă)* sentinel, sentry.

străjui I. *vb. tr.* to watch, to guard. **II.** *vb. intr.* to (be on the) watch.

străjuitor *adj.* watching, guarding.

străluc *s.m. entom.* capricorn beetle *(Cerambyx)*.

străluci *vb. intr.* **1.** to shine; *(a fi luminat)* to be bright; *(a lumina)* to light; *(a arunca raze)* to beam, to radiate; *(d. ochi, bijuterii etc.)* to gleam; *(ca fulgerul, ca flacăra)* to blaze (out), to flash, to flare; *(brusc)* to glance; *(orbitor)* to glare, to dazzle; *(a scînteia)* to sparkle. **2.** *(d. cineva)* to shine; to be conspicuous. © *ochii îi străluceau* his eyes were sparkling brightly. ⓐ *nu tot ce străluceşte e aur* all is not gold that glitters.

strălucire *s.f. şi fig.* lustre, brilliance, brilliancy; *fig.* magnificence, gorgeousness. ⓐ ~*a oţelului* glitter of steel; ~*a soarelui* brilliance/brightness of the sun. © *a da* ~ *(cu dat.)* to add lustre to...

strălucit I. *adj. şi fig.* brilliant; *(splendid)* splendid, gorgeous. **II.** *adv.* brilliantly etc. v. ~ **I.**

strălucitor *adj. şi fig.* brilliant; *(radios)* *(de)* beaming (with); *(splendid)* splendid, gorgeous.

strămoş *s.m.* **1.** great-grandfather, ancestor; *pl.* great-grandfathers. **2.** *pl.* forefathers, ancestors, forbears, progenitors; *col.* ancestry. ① *din moşi* ~*i* from time immemorial, time out of mind, from

ancient times, from remotest antiquity, (in times) of yore, in olden time(s).

strămoşesc *adj.* v. s t r ă b u n **I.**

strămurare *s.f.* P *(pt. îmboldit)* goad.

strămuta I. *vb. tr.* **1.** *(a preschimba)* to change; *(a modifica)* to modify; *(a transforma)* to transform. **2.** *(a muta)* to shift, to move/shove from *its* (former) place, to remove, to displace, to dislodge; *(a deranja)* to disarrange, to put awry. **II.** *vb. refl.* **1.** *(d. lucruri)* to shift, to move from *its* place. **2.** *(d. cineva)* to move to a new place, to change one's lodgings. **3.** *pas.* to be changed etc. v. ~ **I.**

strămutat *adj.* displaced. ① *persoane* ~*e pol.* displaced persons.

strănepoată *s.f.* great-granddaughter.

strănepot *s.m.* **1.** great-grandson. **2.** *pl.* great-grandchildren.

strănut *s.n.* sneeze, sneezing, S→ *med.* sternutation.

strănuta *vb. intr.* to sneeze. © *îmi vine să strănut* I feel like sneezing, I feel disposed to sneeze.

străpungător *adj.* piercing etc. v. s t r ă p u n g e.

străpunge *vb. tr.* to pass.../go through, to bore/pierce/dig/strike through; *(hîrtia, cu un ac)* to prick, to puncture; *(a face o gaură în...)* to make a hole in; *(cu lancea etc.)* to transfix; *(un munte, în vederea unui tunel)* to tunnel; *(cu o armă ascuţită)* to stab; to pierce; *(cu baioneta)* to bayonet. © *a* ~ *apărarea inamicului mil.* to break through the enemy's defences; *glontele îi străpunse braţul* the shot/bullet went through his arm; *a* ~ *inima cuiva* to pierce smb.'s heart; *fig.* to stab smb. in/to the heart, to shoot through smb.'s heart; *a* ~ *frontul mil.* to break the enemy front; *a* ~ *pe cineva cu privirea* to look daggers at smb., to pierce smb. with one's glances, to look smb. through and through; *a* ~ *pe cineva cu pumnalul* to stab smb. with a dagger; *a fost străpuns cu sabia* he was stabbed with the sword, he was run through (the body).

străşnici *vb. tr.* to awe; *(a înfricoşa)* to frighten.

străşnicie *s.f.* **1.** *(asprime)* harshness; *(cruzime)* cruelty. **2.** *(putere)* power, force. ⓟ *cu* ~ **a.** severely; strictly. **b.** harshly.

străvechi *adj.* very ancient/old, antique; age-old; *(prim, băştinaş)* aboriginal. ⓟ *din timpuri* ~ from time immemorial, time out of mind; *obicei* ~ ancient/old custom, time-honoured custom; *timpuri* ~ ancient/old(en) times, days of yore, immemorial ages.

străvedea *vb. refl.* to see one's own image.

străveziu *adj.* transparent, translucent, transpicuous, > semidiaphanous, (semi)pellucid, semiperspicuous; *(clar)* clear.

streaşină *s.f.* **1.** *(la o casă)* (overhanging) eaves, projecting roof. **2.** *(acoperiş)* roof.

streche *s.f. entom.* gadfly, horsefly *(Hypoderma)*. ⓒ *a fi apucat de* ~, *a da* ~*a în cineva*← F to fall into a panic, to stampede.

strechea *vb. intr.* to stampede.

strecura **I.** *vb. tr.* **1.** to strain, to filter, to percolate. **2.** *(a spăla)* to wash. **3.** *(a lăsa să treacă)* to let pass. **4.** *(a furişa cu greu)* to squeeze in *sau* out *sau* through *sau* past; *(o vorbă)* to put in edgeways. ⓒ *a* ~ *ceva în mîna cuiva* to slip smth. into smb's. hand. **II.** *vb. refl.* **1.** *pas.* to be strained etc. v. ~ I. **2.** *(a pătrunde)* *(in)* to penetrate (into). **3.** *(a se filtra)* to percolate (through). **4.** *(a se furişa)* to steal away *sau* in *sau* out *sau* by; to slip by *sau* past; *(cu greu)* to squeeze (past *sau* through *sau* in *sau* out); v. şi **s t r ă b a t e** 2. **5.** *(d. timp)* to lapse; *(neobservat)* to slip away; *(repede)* to fly. **6.** *(d. greşeli)* to slip in. ⓒ *a se* ~ *cu greu prin mulţime* to squeeze through the crowd.

strecurat *s.n.* straining etc. v. **s t r e c u r a.**

strecurătoare *s.f.* colander. strainer.

strein... v. **s t r ă i n...**

strepede *s.m. ent.* cheese maggot/hopper *(Piophila casei)*.

strepezi **I.** *vb. tr.* ⓒ *lămîia strepezeşte dinţii* lemon sets one's teeth on edge. **II.** *vb. refl. (d. dinţi)* to be set on edge.

streptococ *s.m. med.* streptococcus.

streptococic *adj.* streptococcic.

streptomicină *s.f.* streptomycin.

striat *adj. anat., geol.* striated.

striaţie *s.f. anat. etc.* striation.

strica **I.** *vb. tr.* **1.** to spoil, to mar, to impair, to injure, to damage, P→to deuce with; *(a deteriora)* to make worse, to deteriorate. **2.** *(a distruge)* to destroy, to ruin, to blight, to blast; *(ceva clădit)* to demolish, to pull down; *(prin lovituri)* to batter; *(aerul, apa)* to taint, to pollute, to contaminate; *(aerul)* to vitiate. **3.** *(a distruge)* to wreck. **4.** *(a sparge, a sfărîma)* to break; *(in bucăţi)* to break to pieces. **5.** *(a desfigura)* to deface, to disfigure. **6.** *(a dezorganiza)* to disorganize. **7.** *(a frustra)* to frustrate, to dash, to blast. **8.** *fig. (pe cineva)* to pervert, to corrupt, to deprave, to debauch. ⓒ *şi-a* ~*t ceasul* he has put his watch out of order; *asta e de ajuns ca să strice tot cheful* it's enough to entirely spoil one's pleasure; *o să-ţi strici ochii* you will spoil your eyes; *a* ~ *planurile cuiva* to upset smb.'s plans; to upset smb.'s applecart; *n-o să vă stric plăcerea* I won't be a spoil-game/a kill-joy; *a-şi* ~ *reputaţia* to compromise/injure one's reputation. **II.** *vb. refl.* **1.** *pas.* to be spoilt etc. v. ~ I. **2.** to deteriorate, to go bad; *(d. dinţi)* to decay; *(a putrezi)* to rot. **3.** *(moraliceşte)* to become corrupt/demoralized. **4.** *(a nu funcţiona etc.)* to be out of order; to break down; *(d. ceas etc.)* to go wrong. ⓒ *se strică vremea* we are in for a spell of bad weather; *nu vrea să se strice nici cu unii, nici cu alţii* he sits on the hedge/fence/*amer.* rail, *amer.* he is/rides on the fence, he is on both sides of the fence; *a se ~ de ris* to split one's sides with laughter. **III.** *vb. intr. (a face rău)* to hurt, to harm, to injure; *(a aduce prejudicii)* to prejudice, to be noxious/injurious. © *n-ar ~ (ca dumneata) să...* it would not be amiss for you to...; *ce stric eu?* it's not my fault; *cine strică? eu stric?* whose fault is it? who's to blame but yourself? *politeţea nu strică niciodată* politeness never comes amiss; *n-o să-ţi strice* it won't hurt you, it won't do you harm, you'll not be the worse for it, you will be none the worse for it; you'll be all the better for...; *nu-i strică* F (it) serves him right.

stricat I. *adj.* **1.** spoilt etc. v. s t r i c a; deteriorated; broken; *(d. produse)* rotten; *(mucegăit)* mouldy; *(d. ouă)* addle; *(d. carne)* tainted; *(d. aer)* polluted, vitiated, close, stuffy; *(d. apă)* foul, polluted; *(d. dinţi)* rotten. **2.** *(d. un copil)* vicious, depraved. **3.** *(pervers)* perverse; *(corupt)* corrupted, dissolute. **4.** *(bolnav)* diseased. © *e ~ pînă în măduva oaselor* he is rotten to the core. **II.** *adv.* © *vorbeşte ~ românește* he speaks broken Romanian. **III.** *s.m.* rake, dissolute fellow, debauchee, loose fish.
stricată *s.f.* dissolute woman, wanton, woman of loose morals, woman of the town.
stricăciune *s.f.* **1.** deterioration; *(vătămare)* harm; damage. **2.** corruption.
stricător *adj.* **1.** harmful, bad, injurious, deleterious. **2.** corrupting.
stricnină *s.f.* strychnin(e).
strict I. *adj.* strict; *(d. cineva)* severe, exact. ⓑ *in sensul cel mai ~ al cuvîntului* in the strict(est) sens of the word; *ordine ~e* strict orders; *regulă ~ă* strict rule. **II.** *adv.* strictly; severely. © *este ~ interzis* it is strictly forbidden. **III.** *s.n.* ⓐ *~ul necesar* no more than is necessary; the essentials of life.

stricteţe *s.f.* strictness; severity; exactness.
strident I. *adj.* strident, harsh, shrill, grating, jarring. **II.** *adv.* stridently etc. v. ~ I.
stridenţă *s.f.* harshness *of a sound, etc.*
stridie *s.f. zool.* oyster *(Ostrea).* ⓐ *~ americană* American oyster *(Ostrea virginiana).* © *a pescui stridii* to dredge for oysters; to dive for pearl oysters, to be engaged in pearl diving.
striga I. *vb. tr. (a chema)* to call. © *a ~ catalogul* to call the roll; *a ~ pe cineva în ajutor* to call smb. to one's assistance, to call upon smb. for assistance; *a ~ pe cineva pe nume* to call smb. by his name. **II.** *vb. intr.* to cry, to call/cry out, to hallo, to halloó; *(a ridica vocea)* to raise one's voice, to mouth; *(puternic; de bucurie)* to shout, < to bawl, to roar, F→to sing out; *(vociferînd)* to clamour, to brawl, to bellow, to vociferate; *(a zbiera)* to yell; *(a ţipa)* to shriek, to scream. ⓐ *a ~ după...* to call for...; *a ~ la...* to shout at... © *a ~ cît îl ţine gura* to cry at the top of one's voice; to scream one's lungs out, to cry/shout oneself hoarse; *a ~ (după) ajutor* to cry/call/roar for help.
strigare *s.f.* **1.** calling etc. v. s t r i g a. **2.** *pl.* banns.
strigat *s.n.* calling. ⓐ *~ul catalogului* roll call.
strigă *s.f.* **1.** *ornit.* barn/screech owl, hissing (white) owl *(Strix flammea).* **2.** v. s t r i g o a i c ă.
strigăt *s.n.* call; cry; shout; yell etc. v. s t r i g a. ⓐ *~ de luptă* battle cry.
strigător *adj.* **1.** scandalous, crying. **2.** *(d. culori)* loud, flashy. ⓐ *~ la cer* crying to heaven; revolting.
strigătură *s.f.* humorous *sau* satirical extempore verse *(chanted during a folk dance);* amer. holler.
strigoaică *s.f.* **1.** *(strigoi)* ghost, hobgoblin. **2.** *(babă urîtă şi rea)* old hag.
strigoi *s.m.* ghost, phantom, wraith; *(vrăjitor)* wizard.

stringent I. *adj.* acute; urgent. **II.** *adv.* acutely; urgently.

stringenţă *s.f.* acuteness; urgency.

strivi I. *vb. tr.* **1.** to crush; *(ceva moale)* to squash; *(d. un vehicul)* to run down. **2.** *fig.* to crush; *(a distruge)* to destroy; *(a copleşi)* to overwhelm. **II.** *vb. refl.* **1.** to cragh. **2.** *(reciproc)* to crush one another.

strivitor *adj.* crushing etc. v. s t r i v i.

strîmb I. *adj.* **1.** crooked; curved; wry; *(înclinat)* slanting, skew, oblique. **2.** *fig.* wrong; false; unfair. **II.** *adv.* **1.** crookedly; awry; slantwise, obliquely, aslant, a-skew; *(a se uita ~)* askew, aslant. **2.** *fig.* falsely. ⓒ *a călca ~* **a.** to, take/make a false step, to trip, to slip (F→up), to stumble. **b.** *fig.* to tread the shoe awry, to go astray; *a (se) jura ~* to swear falsely, to commit perjury, to forswear oneself, to perjure (oneself); *să stăm ~ şi să judecăm drept aprox.* in all fairness; *a se uita ~* to look awry, F to look both ways for Sunday.

strîmba I. *vb. tr.* to crook; to distort; *(a îndoi)* to bend; *(gura, tocurile)* to twist. **II.** *vb. refl.* **1.** *(a deveni strîmb)* to become/get crooked/bent/lop-sided. **2.** *(a face grimase)* to make a wry face; to grimace; *(a-şi da ifose)* to split oneself/one's sides with laughter/laughing. **III.** *vb. intr.* ⓒ *a ~ din nas* to screw/turn up one's nose.

strîmbătate *s.f.(nedreptate)* injustice.

strîmbătură *s.f.* **1.** *(lucru strîmb)* crooked thing. **2.** *(schimonositură)* grimace; wry face; *pl.* mops and mows.

strîmt *adj.* **1.** *(ant. larg)* tight; *(îngust)* narrow; *(d. spaţiu)* cramped; *(mic)* small. **2.** *(~ la minte)* narrow-minded.

strîmta I. *vb. tr.* to narrow, to make narrow *sau* narrower; to make tight(er); *(hainele)* to take in; *(a micşora)* to diminish. **II.** *vb. refl.* to narrow, to get/grow narrow; to get tight; *(a se micşora)* to diminish.

strîmtoare *s.f.* **1.** *(între munţi)* narrow pass(age), gorge, narrow. **2.** *(de mare)* strait(s), narrow sea, narrows. **3.** *(încurcătură)* puzzle(d) state, embarrassment; *(constringere)* constraint; *(situaţie neplăcută)* awkwardness; unpleasant/ embarrassing/perplexing situation, scrape, quandary, F→pickle; *(bănească)* straitened circumstances, F→pinch for money; *(necaz)* trouble, F→fix, mess. ⓓ *la ~* **a.** F high and dry, in a nice fix, in a tight box, under hatches, in for it, up a tree, at a pinch. **b.** v. s t r î m t o r a t. ⓒ *a scoate pe cineva din ~* to extricate smb. from an awkward position, to help smb. out of a scrape; *a intra la ~* to get (oneself) into trouble/ F→a mess.

strîmtora I. *vb. tr.* **1.** to drive/get smb. into a corner, to drive/push smb. hard/to extremities, to drive smb. in(to) straits, < to put smb. to a standstill, to pursue smb. close; *(a încurca)* to nonplus, F→to stump. **2.** *(a sili)* to oblige, to compel. **II.** *vb. refl.* to reduce one's expenses.

strîmtorare *s.f.* **1.** driving into a corner etc. v. s t r î m t o r a. **2.** v. s t r î m t o a r e.

strîmtorat *adj.* **1.** under straitened circumstances, F→pinched for money, on the rocks. **2.** *(încurcat)* embarrassed; awkward.

strîngător I. *adj.* thrifty, economical, sparing, chary, parsimonious. **II.** *s.m.* **1.** collector, gatherer. **2.** thrifty person.

strînge I. *vb. tr.* **1.** *(a apăsa)* to press, to squeeze; *(a înăbuşi)* to stifle, to suffocate; *(a comprima)* to compress; *(în scoabe etc.)* to clasp; *(d. pantofi etc.)* to pinch. **2.** *fig.* *(a apăsa)* to oppress, to weigh down, to overwhelm, <to crush. **3.** *(a scurta, a aduna o frînghie etc.)* to stretch, to straighten, to strain, to haul; *(a strimta)* to make tight(er). **4.** *(a reduce, a micşora)* to reduce, to lower, to diminish, to lessen. **5.** *(a retrage)*

to draw in/back. **6.** *(a contracta)* to shrink; to make narrower. **7.** *(a împături)* to fold/make up. **8.** *(a aduna)* to gather (up), to amass, to store up; *(recolta)* to gather/get in, to harvest, to reap; *(a culege)* to cull, to pick (up); *(cu trudă)* to glean; *(într-un întreg)* to bring/get/draw together; *(într-o colecţie, adunare)* to assemble, to congregate; *(a acumula)* to accumulate, to heap/lay up, to hoard (up), to treasure up, to stock; *(într-un loc)* to mass together; *(a face o colecţie)* to collect, to make a collection of; *(bani, pentru un scop social)* to club; *(legi)* to codify. **9.** *(a dobîndi)* to acquire. **10.** *(mărfuri în magazin)* to get in, to (lay in/put to) store, to (ware)house. **11.** *(a economisi)* to lay/put by/up. **12.** *(a pune în ordine)* to put in order. **13.** *(de jos)* to take/pick up. **14.** *(a constrînge)* to oblige, < to constrain, < to force. © *a ~ bani* to make one's fortune; to hoard up a treasure, F to feather one's nest; *a-şi ~ catrafusele* F to truss up bag and baggage, to pack (up); *a-şi ~ coarnele* to draw/ pull in the horns; *a ~ o frînghie nav.* to coil a cable; *a ~ frîul* to pull in the reins; *a ~ ierburi* to gather herbs, to botanize, S→to herborize; *a ~ impozite* to raise/gather/collect/levy taxes; *a ~ informaţii* to gain/gather/procure information; *l-a strîns foamea* hunger gnaws at him; *l-a strîns nevoia* he is in dire need; *a ~ legăturile/ relaţiile (de prietenie)* to strengthen the ties/bonds (of friendship;) *a ~ masa* to clear the table, to remove the cloth; *mă string pantofii* my shoes hurt/pinch me; *a ~ mîna cuiva* to press/squeeze smb.'s hand; *a ~ un nod* to tighten a knot; *a ~ noutăţi* to pick up (items of) news; *a ~ oşti* to raise/ levy troops; *a ~ patul* to make the bed; *a-şi ~ pălăria pe ochi* to pull one's hat over one's eyes; *a ~ pînzele nav.* to clew up; *a ~*

pumnul to clinch/double the fist; *a ~ puteri noi* to gather new strength; *a ~ razele de lumină într-un focar* to focus rays of light; *a ~ rîndurile mil.* to close/lock up/ serry the ranks/files; *~ţi rîndurile! mil.* close up! serry your ranks! *a ~ o sumă de bani* to make up a sum of money; *a ~ stofa* to gather/plait/frill the stuff; *a ~ trupe risipite* to rally scattered troops; *a ~ voturi* to collect votes; *a ~ cu uşa* to put the screws on smb., to tighten/put on the screw; *a ~ de gît* to seize smb. by the throat,<to throttle, to strangle; *a ~ în braţe* to press smb. in one's arms, to embrace smb. closely, to hug smb.; *a ~ într-o grămadă* to pile/heap up; *a ~ la perete* **a.** to jam smb. against the wall. **b.** *fig.* to push smb. to the wall; *a ~ la piept* to press/squeeze/clasp/ hug smb. to one's heart/breast/ bosom. **II.** *vb. refl.* **1.** *(a se aduna)* to gather, to draw together, to assemble, to collect, to cluster, to club (together), to congregate, to troop, to flock together, *mil.* to concentrate; *(într-un punct)* to converge; to accumulate. **2.** *(d. stofă, haine)* to shrink, to get narrower. **3.** *(a se ghemui)* to crouch. © *a se ~ la perete* to stand back against the wall, to press oneself against the wall. **III.** *vb. intr.* **1.** *(a apăsa)* to press. **2.** *(d. pantofi)* to pinch. © *frigul ~* the cold weather is getting sharper.

strîngere *s.f.* pressing etc. v. s t r î n g e. ⓐ *~ de inimă* pang, tug at one's heartstrings; *~ de mînă* squeeze of the hand, clasp of hands, handshake.

strîns I. *adj.* **1.** pressed etc. v. s t r î n g e. **2.** *(trainic)* lasting, durable. **3.** *(înghesuit)* crammed; *(d. rînduri)* serried. **II.** *adv.* closely. **III.** *s.n.* pressing etc. v. s t r î n g e. ⓐ *~ul recoltei* harvesting, gathering in.

strînsoare *s.f.* **1.** pressure. **2.** *(constrîngere)* restraint. **3.** strictness. **4.** v. î n g h e s u i a l ă.

strînsură *s.f.* **1.** reunion; meeting, gathering. **2.** v. a g o n i s i t ă. **3.** *(recoltă)* harvest; fodder. ⓑ *oaste de* ∼ army of sorts.
stroboscop *s.n. opt.* stroboscope.
stroboscopie *s.f. opt.* stroboscopy.
strofă *s.f.* **1.** stanza, verse. **2.** *(în lit. greacă)* strophe.
strolea *s.m.* F booby, ninny.
stronţiană *s.f. chim.* strontia.
stronţianit *s.n. mineral.* strontian (ite).
stronţiu *s.n. chim.* strontium.
strop *s.m.* **1.** drop, blob. **2.** *fig.* jot, bit, shade, grain. ⓐ ∼ *cu* ∼ drop by drop; *un* ∼ *de apă* a drop of water; *un* ∼ *în mare* a drop in the ocean/bucket. ⓑ *pînă la ultimul* ∼ to the last drop.
stropi I. *vb. tr. (cu)* to asperse (with), to sprinkle (with); *(florile etc.)* to water; *(şi a păta cu apă)* to splash water on; *(cu noroi)* to spatter, to (be)smear, to (be)smirch. **II.** *vb. refl.* **1.** *pas.* to be aspersed etc. v. ∼ I. **2.** *(a se murdări)* to soil oneself, to make oneself dirty. ⓐ *a se* ∼ *cu...* *(d. cineva)* to pour/spill... over oneself. **III.** *vb. intr. (d. toc ...c.)* to sp(l)utter.
stropitoare *s.f.* watering pot/can.
stropitură *s.f.* **1.** aspersion, sprinkling. **2.** *(strop)* drop.
stropş(e)ală *s.f.* abuse, bad language, swearing.
stropşi I. *vb. tr.* **1.** *(a călca)* to tread (down); *(a zdrobi)* to crush. **2.** *(în bătaie)* F to pommel, to sandbag. **3.** *(o limbă, un cuvînt)* to corrupt, to murder, to mangle. **II.** *vb. refl.* to swear, to curse, to use bad language. ⓒ *a se* ∼ *la cineva* to rate smb., to shout/yell at smb.
stropşit *adj.* **1.** trodden etc. v. s t r o p ş i. **2.** F v. s m i n t i t.
structura *vb. tr.* to organize, to structure.
structural I. *adj.* structural. **II.** *adv.* structurally.
structuralism *s.n.* structuralism.
structuralist *adj., s.m.* structuralist.
structură *s.f.* structure. ⓐ *structura economiei naţionale* national economy pattern; *structura solului* soil texture; ∼ *organizatorică* frame-work of organization; ∼ *sufletească* cast of mind. ⓑ *de* ∼ structural.
strugure *s.m.* **1.** bunch/cluster of grapes. **2.** *pl.* grapes.
strună I. *s.f.* **1.** *muz.* string; *(de maţ)* catgut, catling. **2.** *(coardă)* string, cord; *(de arc)* bow string. **3.** *(la cal)* bit. **4.** *med.* whitlow, felon, S→paronychia. **5.** *fig. (frîu)* bridle, rein. **6.** *(linie dreaptă) fig.* straight/right line. ⓒ *a cînta în* ∼ *cuiva* to dance to smb.'s tune/piping; *a ţine în* ∼ *pe cineva* to keep smb. in check; *(prin teamă)* to awe smb. into order; *a o întoarce pe altă* ∼ to change one's tune. **II.** *adv.* F like clockwork. ⓒ *merge* ∼ F it goes like clockwork.
strung *s.n.* lathe. ⓐ ∼ *automa* autolathe; ∼ *carusel/vertical* vertical (turret) lathe; ∼ *central* centre/pivot lathe; ∼ *cu pedală* tread lathe, pedal lathe; ∼ *de banc* bench lathe; ∼ *de copiat* copying/reproducing lathe; ∼ *de degroşare* roughing lathe; ∼ *de filetat/normal* screw-cutting lathe; ∼ *de mînă* hand lathe; ∼ *pentru lemn* wood (turning) lathe; ∼ *revolver* turret lathe; ∼ *universal* engine/machine lathe. ⓒ *a da la* ∼ to turn/form/shape on a lathe.
strungar *s.m.* lathe man, lathe operator, turner.
strungă *s.f.* **1.** sheepfold. **2.** v. s t r u n g ă r e a ţ ă. **3.** *(în munţi)* gorge, ravine, pass. **4.** *(deschizătură)* opening; *(spărtură)* breach.
strungăreaţă *s.f.* gap between two teeth.
strungări *vb. tr.* to shape/turn on (a) lathe.
strungărie *s.f.* **1.** *(ca atelier)* turnery, turning shop. **2.** *(ca meserie)* turning.
struni *vb. tr.* **1.** *(un cal)* to bridle. **2.** *fig.* to curb, to restrain; to control, to keep in check. **3.** *muz.* v. î n s t r u n a.
strunji *vb. tr.* to lathe, to fashion/shape/turn on (a) lathe.

struţ *s.m. ornit.* ostrich *(Struthio camelus).* ⓑ *pene de* ~ ostrich feathers, *com.* (ostrich) plumes.

stuc *s.n.* stucco, plaster.

stucatură *s.f. arhit.* stucco/plaster work.

studeniţă *s.f.* **1.** ←P v. **g i n g i v i t ă. 2.** *bot.* sandwort, sandweed *(Arenaria).* **3.** *bot.* knawel *(Scleranthus).*

student *s.m.* student, undergraduate, F→undergrad; *(in primul an)* freshman, F→fresher. ⓐ ~ *in drept* law student, student of law; ~ *in filologie* arts student; ~ *in filozofie* student of philosophy; *(in Anglia)* (under)graduate in arts; ~ *in istorie* historical student; ~ *in medicină* medical student. ⓑ *Uniunea Internaţională a Studenţilor* the International Union of Students; *viaţă de* ~ student's life.

studenţesc *adj.* student's...; students'...; student... ⓑ *asociaţie studenţească* students(') association; *cartier* ~ students' quarter; *cămin* ~ student(s') hostel; *club* ~ students' club; *şapcă studenţească* student's cap; *(in Anglia)* college cap, F→trencher; *viaţă studenţească* student's life.

studenţie *s.f.* **1.** *(ani de* ~*)* years spent at the University, student/college days. **2.** *(calitatea de student)* status of a student.

studenţime *s.f.* the students.

studia I. *vb. tr.* to study, to make a study of, to apply oneself to; *(autorii greci, şi)* to explore; *(a reflecta asupra)* to meditate/reflect on; *(a examina)* to examine; *(a pregăti)* to prepare; *(a cerceta)* to investigate, to go into, to inquire into, F→to look into. ⓒ *ce ~ză el?* what is his speciality? what is his branch of study? *a* ~ *dreptul* to prepare/read for the bar, to study for the bar/law, to eat one's terms/dinners; *a* ~ *medicina* to study/read medicine; *(mai ales la Londra)* to walk the hospitals; *a* ~ *un rol* to con over a part. II. *vb. intr.* to study; *(pînă noaptea tîrziu)* to burn the mid-

night oil; *(cu zel)* to be a studious/an assiduous reader. ⓐ *a* ~ *la...* to be educated at... ⓒ *a* ~ *la universitate* to study at the university, to pursue one's studies at the university, to go to college, to keep one's terms; *unde a* ~*t?* what university/college has he been at?

studiat *adj.* **1.** studied etc. v. **s t u d i a. 2.** *(d. maniere)* affected, artificial; *(d. un efect)* studied, elaborate, deliberate.

studio *s.n.* **1.** *(atelier artistic)* studio, F→workshop. **2.** *rad.* studio. **3.** *(cinematografic)* film studio. **4.** *(mobilă)* couch bed.

studios *adj.* studious; *(silitor)* diligent, industrious.

studiu *s.n.* **1.** study; *(studiere, şi)* studying. **2.** *pl.* studies; *(învăţătură)* education, learning; schooling. **3.** *(cercetare)* investigation, research; *(examinare)* examination. **4.** *muz.* étude, study. **5.** *pict.* study, sketch. ⓐ ~ *de vioară* violin study. ⓑ *birou de studii* research department. ⓒ *a-şi face studiile la ...* to be educated at...; *şi-a terminat studiile* he has finished his studies; *chestiunea e/se află in* ~ the question is under consideration/investigation; *a pune o piesă in* ~ to put a play in rehearsal.

stuf *s.n. bot.* (common) reed *(Phragmites communis).*

stufat *s.n.* lamb stew with garlic and fresh onion.

stufărie *s.f.* v. **s t u f ă r i ş 1.**

stufăriş, stufiş *s.n.* **1.** reed plot. **2.** *(desiş)* thicket, brake, spinney.

stufos *adj.* **1.** *(cu ramuri multe)* branchy; *(cu frunze multe)* leafy; *(des)* thick, dense. **2.** *(d. păr)* bushy. **3.** *(cu tufişuri)* bushy.

stup *s.m.* **1.** *şi fig.* beehive. **2.** family/colony (of bees).

stupar *s.m.* bee master, apiarist.

stupărie *s.f.* bee garden, apiary.

stupărit *s.n.* bee keeping, apiculture.

stupefacţie *s.f.* stupefaction.

stupefiant I. *adj.* stupefying. **II.** *s.n.* narcotic, stupefacient, drug. ⓘ *consumator de ~e* drug addict/fiend.

stupefiat *adj.* astounded, dumbfounded.

stupid I. *adj.* stupid, dull(-witted), silly; *(prostesc)* foolish. **II.** *adv.* stupidly; foolishly.

stupiditate *s.f.* **1.** stupidity; foolishness. **2.** *(ca act)* foolish/silly action, answer etc.

stupină *s.f.* bee garden, apiary.

stupoare *s.f.* **1.** stupor, stupefaction. **2.** *med.* stupor.

sturion *s.m. iht.* sturgeon *(Acipenser)*.

sturlubatic *adj.*, *s.m.* v. z v ă p ă i a t.

sturz *s.m. ornit.* thrush *(Turdus)*. ⓐ *~ de iarnă/munte* fieldfare, litorn *(Turdus pilaris)*; *~ de visc* mistle thrush *(Turdus viscivorus)*; *~ul viilor* common thrush *(Turdus musicus)*.

suav I. *adj.* pleasant, sweet, suave. **II.** *adv.* pleasantly etc. v. ~ I.

suavitate *s.f.* suavity, suaveness.

sub *prep.* **1.** *(spaţial)* under; *(ant. "above")* below; *(in dosul)* under; *poetic→*beneath, underneath; *(la poalele)* at the foot of; *(la)* at; *(in)* in; *(lingă)* near. **2.** *(în timpul)* under; during; *(inspre)* towards. **3.** *(cauzal)* under; *(din cauza)* because of, on account of. **4.** *(modal)* under *(implicînd inferioritatea)* below; *(mai puţin decît)* below, beneath. ⓐ *~ arme* under arms; *~ cincizeci de ani* under fifty, (on) this side (of) fifty, F→on the right side of fifty; *~ comanda...* *(cu gen.)* under the command of...; *~ influenţa... (cu gen.)* under the influence of...; *~ nivelul mării* below sea level; *~ numele de...* under the name of...; *~ orice critică* below criticism; *~ pămînt* underground, under/below ground; *~ preţul de cost* below cost price; *~ seară* towards evening, at dark, when evening sets in; *~ zero* below zero. ⓘ *de ~ ...* from under...; *pe ~ ...* under...

subalimenta *vb. tr* to underfeed.

subalimentare *s.f.* malnutrition, underfeeding.

subalimentat *adj.* underfeed.

subalpin *adj.* subalpine.

subaltern I. *adj.* subordinate. **II.** *s.m.* underling, subaltern; menial.

subaprecia *vb. tr.* to underestimate, to underrate, to undervalue, F→to lowrate.

subapreciere *s.f.* underestimation; underestimate; underrating.

subarenda *vb. tr.* to sub-lease.

subarendaş *s.m.* sub-lessee.

subcarpatic *adj.* sub-Carpathian.

subchiriaş *s.m.* subtenant, under-tenant.

subclasă *s.f.* sub-class.

subcomisar *s.m.←odin.* under-commissary.

subcomisie *s.f.*, **subcomitet** *s.n.* sub-committee; subcommission.

subconştient I. *cdj.* subconscious; *med.* subliminal. **II.** *s.n.* the subconscious; *med.* subliminal depths. ⓘ *în ~* at the back of one's mind.

subcortical *adj. anat.* subcortical.

subcutanat, subcutaneu *adj.* hypodermic, subcutaneous. ⓘ *injecţie ~ă med.* subcutaneous injection.

subdirector *s.m.←odin. (de fabrică etc.)* sub-manager; *(de şcoală)* vice-principal, deputy headmaster.

subdivide *vb. tr.* to subdivide.

subdiviziune *s.f.* subdivision.

subdominantă *s.f. muz.* subdominant.

subestima *vb. tr.* ⓒ. s u b a p r e c i a.

subetaj *s.n. geol.* sub-stage.

subevalua *vb. tr.* v. s u b a p r e c i a.

subgrindă *s.f. constr.* saddle beam.

subgrupă *s.f.* subgroup.

subiect *s.n.* **1.** *(al unei cărţi)* subject matter; *(de conversaţie)* topic; *(temă)* theme; *(chestiune)* matter. **2.** *(cauză, de ceartă etc.)* subject, cause, object, reason. **3.** *gram., log.* subject. **4.** subject; *(pacient)* patient; *(individ)* individual. ⓘ *în afara ~ului* beside the point/mark/question. ⓒ *a schimba ~ul* to change the subject, F→to start another hare.

subiectiv I. *adj.* subjective; *(părtinitor)* partial. **II.** *adv.* subjectively.

subiectivism *s.n. filoz.* subjectivism.

subiectivist *s.m. filoz.* subjectivist.

subiectivitate *s.f.* subjectivity; *(părtinire)* partiality.

subit I. *adj.* sudden, unexpected. ⓑ *deces* ~, *moarte* ~ă sudden/unexpected 'death. **II.** *adv.* suddenly, unexpectedly, all of a sudden. ⓒ *a murit* ~ he died unexpectedly.

subîmpărţi I. *vb. tr.* to subdivide. **II.** *vb. refl. pas.* to be subdivided.

subîmpărţire *s.f.* subdivision.

subînchiria I. *vb. tr. (d. chiriaşul principal)* to sub-let, to underlet, to sub-lease; *(d. cel de-al doilea chiriaş)* to rent from the tenant. **II.** *vb. refl. pas.* to be sub-let etc. v. ~ I.

subînţelege *vb. refl.* to be implied/meant/implicated; to be understood.

subînţeles I. *adj.* implied, implicated. **II.** *s.n.* understood implication.

subjonctiv *s.n. gram.* subjunctive.

subjuga *vb. tr.* **1.** to bring into subjection, to subjugate, to subdue. **2.** *fig.* to conquer, to captivate; to fascinate.

sublim I. *adj.* sublime. **II.** *adv.* sublimely. **III.** *s.n. sublimul* the sublime.

sublima I. *vb. intr. şi refl. chim.* to sublime. **II.** *vb. tr.* to sublime, to sublimate.

sublimare *s.f. chim., fiz.* sublimation.

sublimat *s.m. chim.* sublimate. ⓐ ~ *corosiv* corrosive sublimate.

sublimitate *s.f.* sublimity.

sublingual *adj. anat.* sublingual.

sublinia I. *vb. tr.* **1.** to underline, to underscore. **2.** *fig.* to emphasize, to stress, to lay stress/emphasis on. **II.** *vb. refl. pas.* to be underlined etc. v. ~ I.

subliniere *s.f.* **1.** underlining etc. v. s u b l i n i a. **2.** *(concret)* line underscoring a word, a sentence etc. **3.** *fig. (accent)* stress.

sublocotenent *s.m. mil.* junior lieutenant; second lieutenant, sub-lieutenant, *av.* pilot officer.

submarin I. *adj.* submarine; *(d. curenţi)* deep-sea... **II.** *s.n nav.* submarine (boat), F→sub.

submersibil *adj., s.n.* submersible.

submersiune *s.f.* submersion, submergence.

submina *vb. tr.* to undermine, to sap.

submultiplu *s.m (de)* submultiple (of).

subnutrit *adj.* underfed.

subnutriţie *s.f.* v. s u b a l i m e n t a r e.

subofiţer *s.m. mil.*←*odin.* non-commissioned officer, non-com., N.C.O.

subordin *s.n.* sub-order.

subordine *s.f.* ⓑ *in* ~ subordinate; under beck and call; *in* ~*a cuiva* at smb.'s beck and call, at smb.'s orders.

subordona *vb. tr.* to subordinate.

subordonare *s.f. şi gram.* subordination.

subordonat *adj. şi gram.* subordinate, dependent.

subpămîntean *adj.* underground..., subterranean.

subpolar *adj.* subpolar.

subprefect *s.m. odin.* sub-prefect.

subprefectură *s.f. odin.* sub-prefecture.

subrauri *s.n. pl.* dress shields.

subretă *s.f.* soubrette, abigail, waiting maid.

subroga *vb. tr. jur.* to subrogate.

subscrie I. *vb. tr. (a semna)* to sign. **II.** *vb. intr.* to subscribe. ⓐ *a* ~ *la...* **a.** to subscribe for... **b.** *fig.* to endorse..., to subscribe to...

subscripţie *s.f.* **1.** subscription. **2.** *(concret)* subscription, contribution. ⓑ *listă de* ~ subscription list.

subsecretar *s.m.* under-secretary. ⓐ ~ *de stat* under-secretary of State.

subsecretariat *s.n.* function of an under-secretary of State.

subsecţie *s.f.* sub-section.

subsemnatul *s.m.* **1.** I, the undersigned. **2.** *subsemnaţii* the undersigned. **3.** F *glumeţ* number one, first person singular, yours truly.

subsidiar *adj.* subsidiary, auxiliary. ⓑ *in* ~ subsidiarily, in addition.
subsidiu *s.n.* subsidy, stipend.
subsol *s.n.* 1. subsoil. 2. *constr.* basement. 2. *poligr.* foot (of a page). ⓑ *notă de* ~ foot note.
subsonic *adj.* subsonic.
substantiv *s.n. gram.* noun, *rar*→substantive. ⓐ ~*comun* common noun, appelative.
substantiva *gram.* I. *vb. tr.* to substantivize. II. *vb. refl.* to be substantivized.
substantival *adj. gram.* substantival.
substanță *s.f.* 1. substance. 2. *(materie)* matter, material. 3. *fig.* substance, gist; essence. ⓐ ~ *aglutinantă* agglutinating substance; ~ *colorantă* colouring agent, dye (stuff); ~ *corozivă* corrodent; ~ *explozivă* explosive; ~ *etalon* standard substance; ~ *minerală* mineral substance; ~ *organică* organic matter/substance; ~ *otrăvitoare* poisonous matter; ~ *proteică* albumen; ~ *radioactivă* radioactive matter/substance; ~ *răcitoare/de răcire/frigorifică* cooling medium, coolant, cooler; ~ *sicativă/de uscare* drying agent, drier; ~ *volatilă* volatile matter. ⓑ *in* ~ in brief/short; in essence.
substanțial I. *adj.* 1. substantial; *(d. alimente)* nutritious, nutritic. 2. *fig.* well-grounded, cogent, substantial, pregnant. II. *adv.* substantially.
substanțialitate *s.f.* substantiality.
substație *s.f.* sub-station.
substituent *s.m.* substitute.
substitui I. *vb. tr.* 1. *(a pune în locul)* to substitute (for); *(a înlocui)* to replace. 2. *jur.* to appoint *an heir* failing another. II. *vb. refl.* ⓐ *a se* ~ *(cu dat.)* to serve as a substitute for.., to take the place of...
substitut *s.m. jur.* deputy public prosecutor.
substituție *s.f.* substitution.
substrat *s.n.* 1. *filoz. etc.* substratum. 2. *fig.* hidden motive; real cause.
subsuma I. *vb. tr.* to subordinate; to include; to incorporate. II. *vb.*

refl. pas. to be subordinated etc. v. ~ I.
subsuoară I. *s.f.* armpit. II. *adv.* under (one's) arm.
subtensiune *s.f. electr.* low-tension voltage.
subteran I. *adj.* subterranean, underground... II. *s.n.* mine, pit.
subterană *s.f.* underground gallery; *(cavernă)* cave.
subterfugiu *s.n.* shift, subterfuge.
subtext *s.n.* subtext; undercurrent.
subtil I. *adj.* subtle; delicate; *(ascuțit)* keen; *(d. cineva)* subtle, shrewd; *(fin)* fine; *(d. miros, auz etc.)* keen, acute; *(d. distincție)* subtle, nice, fine; *(d. argumente)* subtle, fine-spun. II. *adv.* subtly; delicately, nicely.
subtilitate *s.f.* 1. subtlety; shrewdness; niceness, fineness; acuteness. 2. subtle argument.
subtiliza *vb. tr.* 1. to subtilize. 2. F to make away, to lift, to nobble, to sneak; to appropriate.
subtitlu *s.n.* sub-title.
subtropical *adj.* subtropical.
subția I. *vb. tr.* 1. to thin, to make thinner; *(a dilua)* to dilute; to water down; to adulterate (with water). 2. *fig.* to refine. II. *vb. refl.* 1. to become/get thin. 2. *fig.* to become refined.
subțioară *s.f., adv.* v. s u b s u o a r ă.
subțire I. *adj.* 1. thin; *(îngust)* narrow; *(zvelt)* slender, slim; *(fin)* fine; *(slab)* thin, skinny; *(nerezistent)* weak, delicate. 2. *(diluat)* thin; watery. 3. *(d. vînt)* biting. 4. *(d. voce)* thin, shrill. 5. *(rafinat)* refined; *(delicat)* delicate; *(ales)* choice; *(subtil)* shrewd, subtle; *(șiret)* sly, cunning. 6. *(dificil)* squeamish, fastidious. ⓑ *fir* ~ thin/fine thread; *picioare subțiri* thin/skinny legs; *(bine făcute)* slim/slender legs. II. *adv.* thinly. ⓑ *imbrăcat* ~ lightly dressed.
subțirel *adj.* thinnish.
subțirime *s.f.* thinness.
subunitate *s.f.* sub-unit.
suburban *adj.* suburban.
suburbie *s.f.* subuib.

subvenție *s.f.* subvention, subsidy.
subvenționa *vb. tr.* to subsidize; to grant financial aid to. ⓒ *a fi ~t de stat* to be subsidized by the State, to be State-paid.
subversiv *adj.* subversive, undermining.
subzista *vb. intr.* to subsist, to continue, to exist.
subzistență *s.f.* subsistence, sustenance. ⓓ *mijloace de ~* means of subsistence. ⓒ *a fi în ~ mil.* to be attached for rations to some unit other than one's own.
suc *s.n.* juice. ⓐ *~ de fructe* fruit juice; *~ gastric fiziol.* gastric juice.
sucală *s.f.* text. reel, winder.
succeda I. *vb. intr.* ⓐ *a ~ la (sau cu dat.)* to succeed to..., to follow (after)...; to replace... **II.** *vb. refl.* to succeed; to alternate.
succedaneu *s.n.* substitute, succedaneum.
succedare *s.f.* succession; alternation.
succes *s.n.* **1.** success, F→(good) luck; favourable result; *(neașteptat) amer.* bonanza. **2.** *pl. școl. etc.* progress. **3.** *teatru* success, hit; *~ de casă* box-office success; *~ monstru/nebun* smashing hit/success. ⓓ *cu ~* successfully; with success; very well. ⓒ *a avea ~* **a.** to be a success; to be successful; to meet with success; to succeed. **b.** *teatru* to make a success. **c.** *(d. o marfă)* to take on; *a nu avea ~* to be/prove a failure, to fail; *piesa a avut un mare ~* the play was a great/big hit, the play went over with a bang; *a avea ~ la bărbați* to be popular with men; *îți doresc ~!* I wish you every success! F→good luck to you! more power to your elbow!... *înlocuiește cu ~...* ...is a perfect substitute for...
succesiune *s.f.* **1.** succession, sequence, series. **2.** *jur.* succession, inheritance.
succesiv I. *adj.* successive. **II.** *adv.* successively.
succesor *s.m.* successor.
succesoral *adj. jur.* relating to a succession, successional.

succin(c)t *adj.* succinct, concise, brief.
suceală *s.f.* **1.** *(capricii)* caprices, whims, freaks. **2.** *(lipsă de rațiune)* lack of reason, unreason; *(absurditate)* absurdity; folly.
suci I. *vb. tr.* **1.** *(a răsuci)* to twist; *(frînghia)* to kink. **2.** *(mîna etc.)* to twist, to wrench, to wring; *(a disloca)* to sprain, to dislocate. **3.** *(a întoarce)* to turn. **4.** *(a face sul)* to roll. **5.** *(a mînui)* to wield. **6.** *(a îndoi)* to bend; *(a strîmba)* to crook, to distort. ⓒ *a ~ capul cuiva* to turn smb.'s head/brain; *a ~ gîtul cuiva* to wring smb.'s neck; *a-și ~ piciorul* to sprain one's foot; *a ~ o țigară* to roll a cigarette; *a ~ vorba* to wander from the point, to digress. **II.** *vb. refl.* **1.** *(a se răsuci)* to twist. **2.** *(a se învîrti)* to turn. **3.** *(a se îndoi)* to bend; *(a se strîmba)* to be crooked/distorted.
sucilă *s.m.* F wronghead, wrong-headed fellow.
sucit I. *adj.* **1.** twisted etc. v. s u c i. **2.** *(strîmb)* wry, distorted. **3.** wrong-headed/-minded; *(absurd)* absurd; *(ciudat)* queer, odd, strange; *(capricios)* whimsical, cross-/ill-natured. **4.** *(nefiresc)* unnatural; *(neobișnuit)* unusual, uncommon. **II.** *s.m.* wronghead.
sucitoare *s.f. ornit.* wry-neck *(Jynx torquilla).*
sucitor *s.n.* rolling pin, noodle maker.
sucitură *s.f. (cotitură)* turn(ing).
sucomba *vb. intr.* to succumb, to die. ⓒ *a ~ unei tentații* to succumb/yield to a temptation.
suculent *adj.* juicy, succulent; *(hrănitor)* nutritious; *(gustos)* toothsome.
suculență *s.f.* succulence; *(gust)* taste.
sucursală *s.f.* **1.** branch (office). **2.** branch *of a bank.*
sud *s.n.* south. ⓐ *~-vest* south-west. ⓓ *de ~* v. s u d i c; *în ~* in the south; *la ~ de...* (to the) south of..., southwards of...; *spre ~* southwards.

suda I. *vb. tr.* **1.** to solder; *(autogen)* to weld. **2.** *(oase)* to knit, to join, to unite. **3.** *fig.* to blend, to fuse. **II.** *vb. refl.* **1.** to weld, to fuse together. **2.** *(d. oase)* to knit. **3.** *fig.* to blend, to fuse.

sudabil *adj.* that can be soldered; weldable.

sudafrican *adj., s.m.* South-African.

sudalmă *s.f. (înjurătură)* oath.

sudamerican *adj., s.m.* South-American.

sudație *s.f.* sweating.

sud-dunărean *adj.* South of the Danube.

sud-est *s.n.* south-east.

sud-estic *adj. (d. o regiune)* south-eastern; *(d. vînt)* south-easterly.

sudic *adj.* south...; *(d. o regiune, latitudine etc.)* southern; *(d. vînt)* southerly.

sudoare *s.f.* sweat, perspiration. ⓘ *în ~a frunţii* by/in the sweat of one's brow; *plin de ~* wet/dripping with sweat.

sudor *s.m.* welder.

sudorific *adj., s.n.* sudorific.

sudoripar *adj. anat.* sudoriparous, sudoriferous.

sudui I. *vb. intr.* to swear. **II.** *vb. tr.* to abuse.

suduitură *s.f.* oath.

sudură *s.f.* soldering etc. v. s u d a. ⓐ *~ autogenă* autogenous welding.

sud-vest *s.n.* south-west.

sud-vestic *adj. (d. o regiune etc.)* south-western; *(d. vînt)* south-westerly.

suedez I. *adj.* Swedish. **II.** *s.m.* Swede.

suedeză *s.f.* **1.** Swede, Swedish girl *sau* woman. **2.** *(limbă)* Swedish, the Swedish language.

suferi I. *vb. intr.* to suffer; to feel pain. ⓐ *a ~ de...* to suffer from...; to be afflicted with... ⓒ *sufăr cînd îl văd atît de dezamăgit* it pains/grieves me to see him so disappointed. **II.** *vb. tr.* **1.** to suffer; *(a trece prin)* to undergo; *(a îndura)* to endure, to bear. **2.** *(a tolera)* to bear, to brook, to abide. **3.** *(a permite)* to allow, to permit. ⓒ *a ~ consecinţele pentru...* to take the rap for...; *nu suferă întîrziere* it ¦brooks no

delay, it admits of no delay; *nu-l pot ~ I* can't abide him, I abhor him.

suferind I. *adj.* unwell, ailing, < ill. **II.** *s.m.* sick person, invalid.

suferinţă *s.f.* suffering, < agony, anguish; *(durere)* pain. ⓒ *a fi în ~* to be in want.

sufertaş *s.n.* dinner pan, lunch pail.

suficient I. *adj.* **1.** sufficient, enough, adequate. **2.** *(d. cineva)* self-satisfied, conceited. **3.** *(ca notă şcolară)* satisfactory. **II.** *adv.* sufficiently, enough, adequately.

suficienţă *s.f.* self-importance/-sufficiency.

sufit *s.n. arhit.* soffit.

sufită *s.f. teatru* border.

sufix *s.n. lingv.* suffix.

sufixa *vb. tr. lingv.* to suffix.

sufixaţie *s.f. lingv.* suffixion.

sufla I. *vb. intr.* **1.** *(a respira)* to breathe; *(cu greu)* to pant, to gasp. **2.** *(d. vînt)* to blow, *(a adia)* to breathe. **3.** *şcol., teatru* to prompt. ⓐ *a ~ în...* to blow... ⓒ *a ~ în ceai ca să se răcească* to blow one's tea to make it cool; *a-şi ~ în degete* to breathe/blow on one's fingers; *a ~ în foc* to blow (up) the fire; *a ~ în luminare* to blow out a candle; *a nu (mai) ~* **1.** to be dead. **2.** *fig.* not to breathe a word. **II.** *vb. tr.* **1.** *(sticlă, nasul etc.)* to blow. **2.** *(a îndepărta prin suflare)* to blow off; to blow away; *(a stinge prin suflare)* to blow out. **3.** *(a şopti)* to whisper. **4.** *şcol. teatru* to prompt. **5.** *(a fura)* F to nobble, to prig. ⓒ *a nu ~ un cuvînt/o vorbă* not to breathe/utter a word.

suflai *s.n.* v. s u f l ă t o r II, 1.

suflantă *s.f. tehn.* blower.

suflare *s.f.* **1.** breathing etc. v. s u f l a. **2.** *(respiraţie)* breath. **3.** *(fiinţă)* being, soul. **4.** *(adiere)* breath (of wind). ⓘ *fără ~* breathless; dead; *într-o ~* **a.** at once, in a moment/trice. **b.** without a moment's respite; *toată ~a* everybody.

suflat *s.n.* v. s u f l a r e 1.

suflător I. *s.m. muz.* **1.** *pl.* wind instruments, F→winds. **2.** *pl. (muzi-*

canţi) winds, wind instrumental-
ists. ⓐ ~*i de alamă* the brass;
~*i de lemn muz.* wood winds,
woods, wood wind instruments.
II. *s.n.* 1. *tehn.* blow pipe. 2. *ferov.*
blower.

sufleca *vb. tr. (mînecile)* to roll/
turn up; *(poalele)* to tuck up.

sufler *s.n. teatru* prompter.

suflet *s.n.* 1. soul; *(conştiinţă)*
conscience; *(spirit)* mind. 2. *(al
unei iniţiative etc.)* (life and)
soul, prime mover, moving spirit.
3. *(viaţă)* soul, life; inspiration. 4.
(inimă, simţire) heart, feeling,
soul. 5. *(om)* soul; *(cap)* head;
(individ) individual. 6. *(suflare)*
breathing; *(respiraţie)* breath. 7.
(gîfîit) panting, gasp(ing). ① *copil
de* ~ adopted child; *cu* ~*ul la
gură* quite out, quite beside one-
self; *(cu) trup şi* ~ body and soul;
din adîncul ~*ului* in one's inner-
most soul, in one's soul of souls;
din tot ~*ul* from the bottom of one's
heart; with all one's heart and
soul; *fără* ~ I. *adj.* **a.** callous,
heartless. **b.** *(neînsufleţit)* soulless,
lifeless. II. *adv.* with indifference;
without feeling; *în* ~*ul lui* in
his soul; *într-un* ~ all in a breath;
pînă în străfundul ~*ului* to the
bottom of one's heart. ⓒ *n-ai* ~!
you have no feelings! *a-şi da* ~*ul*
to give/yield up one's ghost, to
breathe one's last, to draw one's
last breath; *a-şi descărca* ~*ul* to
unburden one's heart; *a-şi lua*
~ to breathe deeply; *a prinde* ~
to pluck/muster up courage; *a pune*
~ *în ceva* to put one's soul into
smth., to do smth. with feeling;
a-i scoate cuiva ~*ul* to worry/
plague smb. to death; *a-şi trage* ~*ul*
to breathe; *a cînta cu* ~ to sing
sau to play with feeling; *a lua
un copil de* ~ to adopt a child;
a dori ceva din tot ~*ul* to desire
smth. with all one's heart; *mă
doare în* ~ it grieves me deeply,
it grieves me to the heart, it
makes my heart bleed/ache; *a
avea ceva pe* ~ to have smth. on
one's mind/soul; *el era* ~*ul (cu*

gen.) he was the (life and) soul
of...; *erau ca la 500 de* ~*e* there
were about 500 souls/people; *nu
era acolo* ~ *de om* not a (living)
soul was there.

sufletesc *adj.* soul...; moral; spirit-
ual; *(psihic)* mental. ① *boală
sufletească* mental disease; *linişte
sufletească* peace of mind; *stare
sufletească* mood.

sufleteşte *adv.* morally; spiritually;
mentally.

sufleţel *s.n.* ⓐ ~*e!* F my dear/
darling!

sufleu *s.n.* soufflé.

suflu *s.n.* 1. breath. 2. *(al unei explo-
zii)* blast. ⓒ *n-are* ~ he is out/
short of breath.

suflură *s.f. metal.* blow (hole).

sufoca I. *vb. tr.* to suffocate, to
stifle, to smother. II. *vb. refl.* to
choke, to stifle.

sufocant *adj.* suffocating, stifling.

sufragerie *s.f.* 1. *(încăpere)* dining
room. 2. *(mobilă)* dining-room
furniture.

sufragetă *s.f. ist.* suffragette.

sufragiu *s.n.* 1. suffrage, vote. 2.
(aprobare) approval. ⓐ ~ *uni-
versal* universal franchise/suffrage.
ⓒ *a întrunit sufragii unanime* (it)
has met with unanimous approval;
it commended itself to everybody.

sugaci, sugar I. *adj.* suckling. II.
s.m. suckling, baby at the breast.

sugativă *s.f.* 1. blotting paper, blot-
ter. 2. *fig.* F bibber, boozer.

sugătoare *s.f.* 1. blotting paper. 2.
bot. pine sap, bird's nest *(Mono-
tropa hypopitys).*

suge I. *vb. intr.* 1. to suck. 2. *(a bea)*
F to bib, to guzzle, to booze. ⓒ
a da să sugă unui copil to suckle/
feed a baby. II. *vb. tr.* 1. to suck;
to suck in/up, to absorb; to im-
bibe. 2. *fig.* to extort; *(a slei)* to
wear out, to extenuate.

sugel *s.m.* 1. *med.* whitlow, panaris,
panaritium. 2. *bot.* dead nettle
(Lamium). ⓐ ~ *alb* white dead
nettle *(Lamium album).*

sugera *vb. tr.* to suggest; *(a propune)*
to propose; *(a insinua)* to hint,
to insinuate.

sugestie *s.f.* suggestion; *(idee)* idea, thought; *(propunere)* proposal.

sugestiona *vb. tr.* to produce an effect of suggestion on.

sugestiv I. *adj.* suggestive; impressive; effective; *(plastic)* graphical. II. *adv.* in a suggestive way; graphically.

sughiţ *s.n.* hiccough, hiccup; *(de plîns)* sob.

sughiţa *vb. intr.* to hiccough, to hiccup; *(a plînge cu sughiţuri)* to sob.

sughiţare *s.f.*, **sughiţat** *s.n.* hiccoughing, hiccuping.

sugiuc *s.n.* Turkish delight.

sugruma *vb. tr.* 1. to strangle. 2. *(a sufoca)* to stifle, to choke, to smother. 3. *fig.* to stifle, to suppress; to choke.

suhat *s.n.* common pasture.

sui I. *vb. tr.* *(a urca)* to climb (up); to mount. II. *vb. refl. şi intr. (a se urca)* to climb up. ⓐ *a se ~ pe...* to mount... ⓒ *a se ~ într-un tramvai* etc. to get on a tram, etc.

suicid *s.n.* suicide.

sui-generis *adj.* sui generis.

suiş *s.n.* 1. climbing. 2. *(pantă)* slope.

suit *s.n.* climbing (up).

suită *s.f.* 1. suite, retinue, train. 2. *(serie)* series; *(înlănţuire)* succession, concatenation. 3. *muz.* suite. 4. *cărţi de joc* suit; *(la pocher)* straight.

suitoare *s.f. min.* raising shaft.

suitor *adj.* climbing, rising.

sul *s.n.* 1. roll, scroll; *(de hîrtii)* bundle. 2. *(de sofa)* bolster. 3. *metal.* pinch bar. 4. *text.* beam. 5. *(de fum)* puff; *(de praf)* cloud. 6. *(de maşină de scris)* roller, platen. ⓒ *a face ~* to roll up.

sulă *s.f.* awl. ⓒ *a pune cuiva sula în coastă* ←F to hold/put a knife to smb.'s throat.

sulcină *s.f. bot.* v. s u l f i n ă.

sulf *s.n. chim.* sulphur, brimstone. ⓑ *floare de ~* flowers of sulphur.

sulfamidă *s.f.* sulph(on)amide.

sulfat *s.m. chim.* sulphate. ⓐ *~ de cupru* copper sulphate, F→blue vitriol; *~ de fier* ferrous sulphate, F→green vitriol; *~ de potasiu* potassium sulphate, lemery salt; *~ de sodiu* sodium sulphate; *~ de zinc* zinc sulphate, F→white vitriol.

sulfata *vb. tr.* 1. *chim.* to sulphate. 2. *agr.* to treat with copper sulphate.

sulfatază *s.f.* sulphatase.

sulfhidric *adj.* ⓑ *acid ~ chim.* hydrogen sulphide.

sulfină *s.f. bot.* melilot, plaster clover *(Melilotus officinalis)*. ⓐ *~ albastră* sweet melilot *(Trigonella coerulea)*; *~ albă* white melilot *(Melilotus albus)*.

sulfit *s.m. chim.* sulphite.

sulfura *vb. tr.* 1. to sulphurize. 2. *agr.* to treat with sulphide.

sulfurat *adj. chim.* sulphuretted. ⓑ *hidrogen ~* hydrogen sulphide, sulphuretted hydrogen.

sulfură *s.f. chim.* sulphide, sulphuret. ⓐ *~ de carbon* carbon disulphide; *~ de fier* iron pyrites; *~ de plumb* lead sulphide, galena.

sulfuric *adj. chim.* sulphuric. ⓑ *acid ~* sulphuric acid.

sulfuros *adj.* sulphurous; ⓑ *acid ~* sulphurous acid; *apă sulfuroasă* sulphur water.

suliman *s.n.*, **sulimeneală** *s.f.* rouge, paint, make-up.

sulimeni *vb. refl.* to (use) rouge, to paint one's face, to make up (one's face), to raddle.

sulimenită *adj. fem.* raddled, painted. ⓑ *o femeie ~* a (painted) Jezebel.

suliţaş *s.m. odin.* lancer, spearman.

suliţă *s.f.* 1. lance, spear; *(a infanteriştilor, odin.)* pike. 2. *sport* javelin. ⓑ *aruncarea suliţei* javelin throwing.

sultan *s.m.* sultan.

sultanat *s.n.* sultanate.

sultană *s.f.* sultana, sultaness.

sultănesc *adj.* sultan's...

suman *s.n. kind of long, coarse-stuff peasant coat.*

sumar I. *adj.* 1. summary, compendious, concise. 2. *(grăbit)* summary, hasty, improvised. II. *adv.* summarily. ⓑ *îmbrăcat ~* scantily dressed. III. *s.n.* summary, résumé, abstract, epitome.

sumator *s.m.* summator.

sumă *s.f.* **1.** sum of money; sum, amount. **2.** *(număr)* number; great/large number. ⓐ ~ *rotundă* even money; ~ *totală* sum total. ① *în* ~ *totală de...* the total amounting to..., totalling...

sumbru I. *adj*.gloomy, dark, sombre. **II.** *adv.* gloomily, sombrely.

sumedenie *s.f.* great number, multitude, host, legion, a good/great deal (of), F umpteen.

sumerian *adj., s.m.* Sumerian.

sumes *adj. (d. minecă)* rolled/turned up; *(d. haină)* tucked up.

sumete *vb. tr.* v. s u f l e c a.

suna I. *vb. intr.* **1.** to ring; to sound; *(a răsuna)* to resound; *(d. clopote)* to ring, to toll; to chime; *(d. trompete)* to sound, < to blare; *(cu paharele)* to clink; *(cu banii)* to jingle; *(d. ceas)* to strike. **2.** *(d. urechi)* to ring. **3.** *(a zice)* to say; *(a glăsui) (d. documente etc.)* to run, to read. ⓐ *a* ~ *din...* to blow..., to sound... ⓒ *a* ~ *a gol* to sound hollow; *a* ~ *din corn* to sound the horn; *sună bine* it sounds well; *a* ~ *fals* to ring false; *a* ~ *urît* to be ill-sounding; *sună* the bell is ringing; there is a ring at the door. **II.** *vb. tr.* **1.** *(clopotele)* to ring; *(orele)* to strike. **2.** *(pe cineva)* to ring; *(la telefon)* to ring up. ⓒ *a* ~ *alarma mil.* to sound the alarm; *a* ~ *deşteptarea mil.* to sound the reveille; *a* ~ *retragerea mil.* to sound the retreat; *a* ~ *stingerea mil.* to beat/sound the tattoo. **III.** *vb. refl.* **1.** *pas.* to be rung etc. v. ~ **II. 2.** *inv. (a se zvoni)* to be rumoured/said.

sunătoare *s.f.* **1.** *bot.* St. John's wort, all-saints'-wort *(Hypericum perforatum)*. **2.** *(de copil)* (baby's) rattle.

sunător *adj.* **1.** ringing. **2.** sonorous; resounding. **3.** *fig.* bombastic, F→high-falutin(g). ① *bani* ~*i* **a.** money, coins. **b.** cash, F→rhino.

sunet *s.n.* **1.** sound; *(de clopote)* peal, ringing; chime; *(funebru)* knell; *(ecou)* echo; *(foşnet)* rustle. **2.** *(în urechi)* ringing. **3.** *fon.* sound. ⓐ ~ *clar* clear sound; ~

vocalic vowel sound. ⓒ *a nu scoate (nici) un* ~ never to utter a sound.

supa *vb. intr.* to have supper, to sup.

supapă *s.f. tehn.* valve. ⓐ ~ *de siguranţă* safety valve.

supă *s.f.* soup; *(de carne)* broth. ⓐ ~ *cu tăiţei* noodle soup; ~ *de arpacaş* Scotch broth; ~ *de găină* chicken broth; ~ *de legume* vegetable soup; ~ *de mazăre* pea soup.

supăra I. *vb. tr.* **1.** to make angry, to anger; *(a irita)* to irritate, to irk; *(a plictisi)* to annoy; *(a exaspera)* to exasperate, to put out; *(a tachina)* to tease; *(a necăji în glumă)* to ballyrag; *(a cicăli)* to nag; *(a înfuria)* to infuriate. **2.** *(a deranja)* to trouble, to disturb; to inconvenience. **II.** *vb. refl.* **1.** *(pe)* to be angry/cross (with); F→to set up one's bristles; *(din cauza)* to be angry (at/about); *(a se enerva)* to get irritated/annoyed, to chafe; *(a se înfuria)* to fly into a rage/passion. **2.** *(a se întrista)* to grieve, to be sad. ⓒ *se supără degeaba* he shouldn't get so upset, there's nothing for him to be angry about; *nu te* ~ *dacă-ţi spun adevărul* don't take it amiss if I tell you the truth.

supărare *s.f.* **1.** *(necaz)* trouble; *(lipsă)* want; *(pagubă)* damage; *(rău)* harm; *(pierdere)* loss; *(povară)* burden. **2.** *(mîhnire)* sadness; *(amărăciune)* bitterness; *(suferinţă)* grief; suffering. **3.** anger; *(furie)* choler, fury, rage; *(ciudă)* spite. ① *fără* ~! no offence (meant), without offence.

supărat *adj.* **1.** *(pe)* angry (with), cross (with); *(din cauza)* angry (about/at); *(trist)* sad. **2.** *(mînios)* infuriated, furious; irritated. ⓐ ~ *foc* ablaze with anger, in a bad temper, F as cross as two sticks.

supărăcios *adj.* touchy, susceptible, quick to take offence; *(iritabil)* irritable; short of temper, short-tempered, bad-tempered, petulant, cross-grained.

supărător *adj.* annoying, vexatious; *(care provoacă dezamăgire)* disappointing; *(regretabil)* unfortunate.

superb I. *adj.* superb; splendid; *(de prima calitate)* first-rate; *(măreț)* stately, magnificent, grandiose. **II.** *adv.* superbly, magnificently.

superficial I. *adj.* superficial, shallow; *(d. răni)* skin-deep. **II.** *adv.* superficially.

superficialitate *s.f.* superficiality, shallowness.

superfin *adj.* superfine, of extra quality.

superfluu *adj.* superfluous, unnecessary; redundant, pleonastic.

superfosfat *s.m.* superphosphate.

superheterodină *s.f. rad.* superheterodine.

superior I. *adj.* **1.** *(față de)* superior (to); *(d. clase, etaje, membre etc.)* upper; *(d. școli, matematică etc.)* higher. **2.** *(de calitate superioară)* of superior/the highest quality. ⓛ *animalele superioare* the higher animals; *curs ~ al unui rîu* upper course of a river; *curte superioară jur.* higher court; *Dunărea superioară* the upper Danube; *funcționar ~* high official, higher functionary; *ofițer ~* superior/senior officer. ⓒ *ți-e ~* he is a better man than you. **II.** *s.m.* **1.** superior, one's better; chief. **2.** *rel.* superior, head of a convent *sau* monastery. ⓒ *el e ~ul meu ierarhic* he is above me in rank; he is my chief/, F → boss.

superioritate *s.f.* superiority.

superlativ *adj.*, *s.n.* superlative. ⓛ *la ~* in the superlative.

supersonic *adj.* supersonic.

superstiție *s.f.* superstition.

superstițios *adj.* superstitious.

supeu *s.n.* supper.

supieră *s.f.* soup tureen.

supin *s.n. gram.* supine. ⓛ *la ~* in the supine.

supleant *s.m.* substitute, deputy. ⓛ *membru ~ al C.C.* candidate/alternate member of the C.C.

supletiv *adj. gram.* suppletive.

suplețe *s.f.* suppleness, flexibility, litheness.

supliciu *s.n.* **1.** torture. **2.** *fig.* torment; ordeal; agony.

supliment *s.n.* **1.** supplement, addition. **2.** extra/additional payment.

2. *(ca mîncare)* extra (dish). **4.** *ferov.* extra/additional ticket. **5.** *(de carte, de revistă etc.)* supplement.

suplimentar *adj.* supplementary, additional. ⓛ *credit ~* additional credit; *muncă ~ă* overtime work; *ore ~e* overtime; *unghiuri ~e geom.* supplementary angles.

suplini *vb. tr.* *(pe cineva)* to take the place of, to deputize/supply for; *(a înlocui)* to replace; *(ceva)* to supply, to make up.

suplinire *s.f.* substitution; taking the place of smb. etc. v. s u p l i n i.

suplinitor *s.m.* deputy professor *sau* teacher; substitute teacher.

suplu *adj.* **1.** supple, flexible; *(d. trup etc.)* lithe, lissom(e), limber, nimble. **2.** *fig.* supple, elastic, easily moulded; docile, pliable, tractable, malleable.

suport *s.n.* **1.** support, prop; plinth. **2.** *tehn.* leg; clamp; holder; stay; support; base; body. **3.** *poligr.* mounts. **4.** *(pt. lampă etc.)* stand; *(pt. calendar etc.)* holder; *(pt. pahare de argint)* coaster.

suporta *vb. tr.* **1.** to support; *(tavanul etc.)* to sustain, to bear. **2.** *fig.* to tolerate, to stand; to abide; *(căldura etc.)* to endure, to suffer, to bear.

suportabil I. *adj.* **1.** bearable, tolerable, supportable. **2.** fairly good. **II.** *adv.* fairly/tolerably well.

supozitor *s.n. med.* suppository.

supoziție *s.f.* supposition, conjecture.

supozițional *adj.*, *s.n.* suppositional.

supraabundent *adj.* superabundant.

supraabundență *s.f.* superabundance; *com.* glut.

supraaglomera *vb. tr.* to overcrowd.

supraalimenta *vb. tr.* **1.** *med.* to feed up. **2.** *tehn.* to supercharge.

supraaprecia *vb. tr.* to overrate, to overestimate, to overvalue.

supraapreciere *s.f.* overrating.

supraarbitru *s.m.* referee (deciding a tie between umpires).

suprabugetar *adj.* extraordinary, not included in the budget.

supracopertă *s.f.* jacket.

supradimensionat *adj.* outsized.

supraestima, supraevalua *vb. tr.* v. s u p r a a p r e c i a.

supraetajare *s.f.* penthouse.

suprafață *s.f.* surface, area. ⓐ *suprafața unui triunghi* the area of a triangle; ~ *însămînțată/cultivată* sowing/sown area, land/area under crop, area under grain crops; ~ *însămînțată cu porumb* area sown to maize; ~ *locativă* dwelling space, floorspace; ~ *plană* plane surface. ⓑ *la* ~ **a.** on the surface. **b.** *(superficial)* on the face of it; *de* ~ surface..., shallow.

suprafiresc *adj.* supernatural.

suprafortăreață *s.f. av.* superfortress.

supraimprimare *s.f. poligr.* superimposition.

supraîncălzi *vb. tr.* to overheat; *(aburul)* to superheat.

supraîncălzitor *s.n. tehn.* (steam) superheater.

supraîncărca *vb. tr.* **1.** *(un vehicul, un cal)* to overload, to overburden; *(un acumulator)* to overcharge. **2.** *(muncitori)* to overwork.

supralicita *vb. tr.* to overbid, to outbid.

supralicitator *s.m.* overbidder.

supralicitație *s.f.* overbid.

supramodulație *s.f. rad.* overmodulation.

supramuncă *s.f.* surplus labour.

supranatural I. *adj.* supernatural, preternatural. **II.** *s.n. supranaturalul* the supernatural.

supranormativ *adj.* redundant, excess.

supranume *s.n.* appellation; *poreclă* nickname.

supranumerar *adj., s.n.* supernumerary.

supranumi *vb. tr.* to call, to name; *(a porecli)* to nickname.

supraofertă *s.f.* overbid.

supraom *s.m.* superman.

supraomenesc *adj.* superhuman, preterhuman.

suprapămîntesc *adj.* preternatural, supernatural.

suprapopula *vb. refl.* to over-populate; *(a supraaglomera)* to overcrowd.

suprapopulat *adj.* over-populated.

suprapresiune *s.f. tehn.* over-pressure.

suprapreț *s.n.* black-market price. ⓒ *a vinde cu* ~ to sell at a profit.

supraproducție *s.f. ec. pol. cap.* over-production. ⓓ *criză de* ~ overproduction crisis.

supraprofit *s.n.* superprofit.

suprapune I. *vb. tr.* to superpose, *fig.*, *și* to overlap. **II.** *vb. refl.* to be superposed; *fig.*, *și* to overlap.

suprapunere *s.f.* superposition.

suprarealism *s.n. arte* surrealism.

suprarealist *adj. arte* surrealist.

suprarenal *adj. anat.* suprarenal, surrenal. ⓑ *glandă* ~*ă* adrenal gland.

suprasarcină *s.f. tehn.* overload, overcharge, surcharge.

suprasatura *vb. tr.* to supersaturate.

suprasensibil *adj.* supersensible.

suprastatal *adj.* superstate...

suprastructural *adj. filoz.* superstructure...

suprastructură *s.f. filoz.* superstructure. ⓑ *bază și* ~ basis and superstructure.

suprataxa *vb. tr.* to surtax, to supertax.

suprataxă *s.f.* extra tax, surtax, supertax.

supratensiune *s.f.* over-pressure; *electr.* over-voltage.

supratimp *s.m.* overtime.

suprauman *adj.* superhuman.

supraveghea I. *vb. tr.* **1.** to supervise, to oversee, to superintend; to control. **2.** *(pe cineva)* to watch; *(copiii etc.)* to look after, to keep an eye on. **II.** *vb. refl.* to keep a watch upon oneself.

supraveghere *s.f.* control; supervision etc. v. s u p r a v e g h e a.

supraveghetor *s.m.* superintendent, overseer, supervisor.

supraviețui *vb. intr. (cu dat.)* to survive *(cu acuz.)*, to outlive *(cu acuz.)*.

supraviețuire *s.f.* survival, outliving.

supraviețuitor I. *adj.* surviving. **II.** *s.m.* survivor.

supravoltaj *s.n. electr.* boots(ing).

suprem *adj.* supreme; *(d. eforturi)* crowning; *(d. grad etc.)* highest. ⓑ *ceasul/momentul* ~ the hour of death; *putere* ~*ă* sovereignty.

supremație *s.f.* supremacy.

suprima I. *vb. tr. (un cuvînt etc.)* to leave/cut out; *(o revoltă)* to suppress, to smother, to quell; *(o lege)* to abolish, to cancel, to repeal; *(un tren etc.)* to cancel, to discontinue; *(abuzuri)* to put down, to abolish, to eradicate, to do away with, to eliminate. **II.** *vb. refl. pas.* to be left out etc. v. ~ I.

supt¹ *prep.* v. s u b.

supt² **I.** *adj.* wasted, emaciated; *(cu obrajii supți)* hollow-cheeked; *(d. obraji)* sunken, hollow. **II.** *s.n.* sucking etc. v. s u g e. ⓒ *a avea darul ~ului* F to be fond of the bottle.

supune I. *vb. tr.* **1.** to subdue, to subjugate; *(a învinge)* to defeat; *(a cîştiga)* to win. **2.** *(a sili)* to oblige, to force. **3.** *(unei influențe etc.)* to subject (to); *(unei amenzi)* to fine; *(unui examen)* to examine, to subject to an examination. **4.** *(a prezenta)* to present; to table. ⓒ *a ~ la torturi* to put to (the) torture; *a ~ unei încercări* to put to the test; *a ~ unei pedepse* to inflict a penalty/punishment upon. **II.** *vb. refl.* **1.** *(cu dat.)* to submit (to), ro resign oneself (to); *(a asculta)* to obey *(cu acuz.).* **2.** *pas.* to be presented. ⓐ *a se ~ (cu dat.)* to submit to, to comply with; *(a trece prin)* to undergo *(cu acuz.).*

supunere *s.f.* submission; obedience; *(respect)* respect.

supura *vb. intr. med.* to run, to suppurate, to ooze.

supurant *adj. med.* running, suppurating.

supurație *s.f.* running, suppuration.

supus I. *adj.* submissive, obedient; *(d. copii)* dutiful, biddable. ⓐ ~ *la (sau cu dat.)* subject/amenable to...; under the influence of...; *(impozite etc.)* liable to... **II.** *adv.* submissively; dutifully. **III.** *s.m.* subject.

supuşenie *s.f.* citizenship.

sur *adj. (cenuşiu)* grey, gray; *(cărunt)* hoary.

surată *s.f.* ←P *(soră)* sister; *(prietenă)* friend; *(dragă)* dear.

surcea *s.f.* chip, sliver. ⓐ ~*ua nu sare departe de trunchi/butuc* like father like son; a chip of the old block.

surd I. *adj.* **1.** deaf. **2.** *fon.* voiceless. **3.** *(d. zgomot) (dogit)* hollow; *(înăbuşit)* muffled, dull; *(îndepărtat)* distant; *(d. strigăt)* low, smothered. **4.** *fig. (ascuns)* hidden, secret; *(nelămurit)* vague, obscure. **5.** *fig. (la)* deaf (to). ⓐ ~ *de o ureche* deaf in one ear. ⓒ *a fi ~ la rugăminţile cuiva* to turn a deaf ear to smb.'s entreaties. **II.** *adv.* dully, with a dull sound. **III.** *s.m.* deaf person.

surda *adv.* ⓐ *de-a ~* uselessly, in vain, to no end.

surdă *s.f,* deaf woman *sau* girl.

surdină *s.f. muz.* mute, so(u)rdine. ⓐ *in ~* **a.** in a low tone/in an undertone voice. **b.** on the quiet.

surditate *s.f.* **1.** deafness. **2.** *fon* voicelessness.

surdomut I. *adj.* deaf-and-dumb. **II.** *s.m.* deaf-mute.

surescita *vb. tr.* to excite; to overexcite.

surescitabil *adj.* easily excited.

surescitabilitate *s.f.* (< over-)excitability.

surescitant *adj.* strongly exciting.

surescitare, surescitaţie *s.f.* **1.** excitement. **2.** *med. etc.* overstimulation.

surfila *vb. tr. text.* to overcast.

surghiun *s.n.* exile, banishment.

surghiuni *vb. tr.* to exile, to banish.

surghiunire *s.f.* exile; banishment, banishing.

surghiunit *s.m.* exile.

surguci *s.m.* **1.** *bot.* garden/rocket larkspur *(Delphinium Ajacis).* **2.** plume, tuft.

surioară *s.f.* little sister, F siss(y), sis.

suriu *adj.* greyish.

surîde *vb. intr. (cuiva)* to smile (at smb.). ⓐ *a-i ~ cuiva fig.* to appeal to smb., to prove attractive to smb., to please smb. ⓒ *îmi ~a ideea* I was (rather) taken with the idea; *norocul îi ~a* fortune smiled on him.

suris *s.n.* smile; *(afectat)* smirk, simper; *(mare)* grin; *(dispreţuitor)* sneer, scornful smile.

surîzător *adj.* smiling; *(vesel)* joyful; *(prietenos)* friendly.

surlă *s.f. muz.* fife; *(trompetă)* trumpet. ⓑ *cu surle şi trîmbiţe* with much ado/puffing.

surmena I. *vb. tr.* to overwork, to work too hard. **II.** *vb. refl.* to overwork oneself, to work too hard, to over-exert oneself, to work oneself to death.

surmenaj *s.n.*, **surmenare** *s.f.* overworking, over-exertion.

surogat *s.n.* substitute, succedaneum; *(imitaţie)* counterfeit, imitation.

surpa I. *vb. tr.* **1.** to crumble, to make fall. **2.** *fig.* to destroy, to annihilate; to ruin; *(a submina)* to undermine, to sap. **II.** *vb. refl.* **1.** to fall (in), to crumble, to cave in; to slide. **2.** *fig.* to fall to the ground. **3.** *(a se îmbolnăvi de hernie)* ← P to be ruptured.

surpare *s.f.* crumbling etc. v. s u r p a. ⓐ ~ *de pămînt* earth fall; landslide.

surpat *adj.* **1.** crumbled; caved/ fallen in; tumbledown. **2.** *(bolnav de hernie)*← P hernial.

surpătură *s.f.* **1.** crumbling etc. v. s u r p a. **2.** landslide. **3.** ruin(s). **4.** *(hernie)*←P rupture, hernia.

surplombă *s.f.* overhang, beetle; bulge.

surplus *s.n.* surplus, excess, overplus.

surprinde I. *vb. tr.* **1.** to surprise, to catch unawares; *(d. noapte·etc.)* to overtake; *(a prinde)* to catch. **2.** *(o conversaţie)* to overhear; *(o scrisoare, o privire)* to intercept; *(a descoperi)* to detect; *(a găsi)* to find; *(a sezisa)* to grasp. **3.** *(a mira)* to astonish, to surprise. ⓒ *nu mă* ~ I don't wonder at it, I am not surprised/astonished; *nu m-ar* ~ *dacă...* I should not be surprised if... **II.** *vb. refl.* to find/ catch oneself.

surprindere *s.f.* surprise, astonishment. ⓑ *cu* ~ surprised(ly); *prin* ~ by surprise; *spre marea mea* ~

much to my surprise, to my utter astonishment.

surprins *adj.* surprised, astonished. ⓑ *plăcut* ~ agreeably surprised.

surprinzător I. *adj.* surprising, astonishing. **II.** *adv.* wonderfully; astonishingly. ⓐ ~ *de...* surprisingly...; exceedingly...

surpriză *s.f.* **1.** surprise; astonishment. **2.** *(cadou)* surprise, (unexpected) present.

sursă *s.f.* source; fountain head. ⓐ ~ *de curent electr.* current source; ~ *de lumină* light source. ⓑ *din* ~ *sigură* on good authority.

surtuc *s.n.* coat, jacket.

surtucar *s.m.* ← *peior.* **1.** townsman. **2.** intellectual.

surugiu *s.m.* **1.** *odin.* postillion. **2.** *(vizitiu)* coachman.

surveni *vb. intr.* to supervene, to happen, F→to crop up.

surzeală, surzenie *s.f.* deafness.

surzi I. *vb. intr.* to become/grow deaf. **II.** *vb. tr.* to deafen.

surzire *s.f.* **1.** deafening. **2.** *(surzenie)* deafness.

sus I. *adv.* high (up), up, ↓ *poetic→* aloft; *(deasupra)* above; *(în vîrf)* on top. ⓐ ~ *inima!* keep up your courage! ~ *miinile!* hands up! ~ *şi tare* loudly. ⓑ *al 3-lea rînd de* ~ the third line from the top; *Cel de Sus* God Almighty; *cele de mai* ~ the above; the aforesaid; *cu un cap mai* ~ much/far more; *de* ~ **I.** *adj.* high; upper. **II.** *adv.* from above; from on high; *(din vîrf)* from (the) top; *de mai* ~ above; above-mentioned; *de* ~ *pînă jos* from top to bottom; *în* ~ **a.** *(drept)* upright; *(ţeapăn)* stiff. **b.** above, overhead; *în* ~ *şi în jos* up and down, to and fro; *mai* ~ higher; *mai* ~ *de...* **a.** above..., beyond... **b.** north of...; *pe* ~ **a.** high (up). **b.** *(zburînd)* flying by force; *vedere de* ~ view from above. ⓒ *a lua pe cineva de* ~ to high-hat smb.; to look down one's nose at smb.; *a privi pe cineva de* ~ to look down on smb.; *a sări în* ~ to spring up. **II.** *interj.* up! **III.** *s.n.* ⓑ *cu* ~*ul în jos* **a.** *(în dezordine)* upside down, in a mess. **b.** *(d. cineva)* head over heels; *în ~ul apei* upstream.

susai *s.m. bot.* sow/swine thistle *(Sonchus).*

susan *s.m. bot.* sesame, til, teel *(Sesamum orientale).*

susceptibil *adj.* susceptible. ⓐ ~ *de...* **a.** liable to... **b.** capable of...

susceptibilitate *s.f.* **1.** susceptibility, sensitiveness. **2.** irritability.

suscita *vb. tr.* to cause; *(a stîrni)* to arouse.

sus-citat *adj.* above-quoted.

sus-menţionat *adj.* above-mentioned.

sus-numit *adj.* above-named; above-mentioned.

suspect I. *adj.* suspicious, doubtful. **II.** *adv.* suspiciously. **III.** *s.m.* suspect.

suspecta *vb. tr. (de)* to suspect (of).

suspenda I. *vb. tr.* **1.** to hang up, to suspend. **2.** *fig. (a amîna)* to defer, *jur.* to adjourn. **3.** *fig.* to suspend; *(a opri)* to stop; *(plăţi)* to suspend, to stop; *(un funcţionar)* to suspend. **II.** *vb. refl. pas.* to be hung up etc. **v.** ~ **I.**

suspense *s.f.* suspense. ⓑ *cu* ~ thrilling, based on suspense.

suspensie *s.f.* suspension. ⓑ *puncte/ semne de* ~ suspension periods/ points, points of suspension. ⓒ *chestiunea e în* ~ the question is not (yet) settled/is outstanding.

suspensiv *adj.* suspensive.

suspensor I. *s.m. anat.* suspensory (ligament). **II.** *s.n.* **1.** *med.* suspensory bandage. **2.** *sport* jock (strap).

suspiciune *s.f.* suspicion.

suspin *s.n.* sigh.

suspina *vb. intr.* **1.** to sigh. **2.** *(a plînge cu suspine)* to sob (< one's heart out).

suspinare *s.f.* **1.** sighing. **2.** *(suspin)* sigh.

suspinatul *s.m. glum.* yours truly, number one. ⓑ *şi* ~ same here.

sus-pus *adj.* highly-placed.

sustentaţie *s.f.* sustentation; *av.,* *şi* lift.

sustrage I. *vb. tr.* to purloin, to take away; to appropriate; *(a fura)* to steal. **II.** *vb. refl.* to avoid/elude smth. ⓐ *ase* ~ *de la...* to avoid..., to elude..., to shirk...

sustragere *s.f.* **1.** purloining etc. **v.** s u s t r a g e. **2.** *(furt)* theft.

susţinător I. *adj.* sustaining, upholding. **II.** *s.m.* **1.** upholder; sustainer; supporter, backer. **2.** *(al unei teze)* maintainer. **3.** *(al familiei)* breadwinner.

susţine I. *vb. tr.* **1.** to support; *(o candidatură, o părere etc.)* to back (up), to second, to endorse; *(moraliceşte)* to encourage; to countenance; *(o rezoluţie)* to second; *(ideile etc. cuiva)* to advocate; *(moralul etc. cuiva)* to buoy up; *(a apăra)* to defend; *(o teză)* to maintain; *(o teză de doctorat etc.)* to defend. **2.** *(o conversaţie)* to keep up, F→to keep *the ball (of conversation)* rolling; *(a menţine)* to maintain. **3.** *(tehn. etc.)* to bear, to support. **4.** *(a afirma)* to affirm, to maintain, to assert; *(într-o discuţie)* to contend; *(a pretinde)* to allege. ⓒ *a* ~ *o cauză* to state the case for..., to uphold a cause; *a* ~ *ceva numai în vorbe* to give lip service to smth. **II.** *vb. refl.* **1.** *pas.* to be supported etc. **v.** ~ **I. 2.** to support/maintain oneself.

susţinere *s.f.* **1.** supporting etc. **v.** s u s ţ i n e. **2.** *(sprijin)* support.

susţinut I. *adj.* sustained; *(d. eforturi)* constant, unceasing, permanent; *(d. interes)* unfailing, unflagging; *(d. atenţie)* unremitting. **II.** *adv.* constantly; unceasingly; unfailingly.

susur *s.n.* murmur; purl, babble, ripple; *(foşnet)* rustle.

susura *vb. intr.* to murmur; to purl, to babble, to ripple; *(a foşni)* to rustle.

sutană *s.f.* soutane.
sutar *s.n.*←F hundred-lei note.
sutaş *s.m. ist. Romei* centurion.
sutaşa *vb. tr.*, *vb. intr.* to braid.
sută *num. card.*, *adj.*, *s.f.* hundred.ⓐ ~ *la* ~ a hundred per cent; *o* ~ *şapte* one hundred and seven.ⓑ *la* ~ per cent.
sutălea *num. ord.*, *adj. the* hundredth.
sutien *s.n.* bust bodice/supporter, bra(ssière).
sutură *s.f.* **1.** *med.* suture. **2.** *anat.* suture, join.

suveică *s.f. text.* shuttle. ⓐ ~ *cu fus* spindle shuttle.
suvenir *s.n.* keepsake, souvenir.
suveran *adj.*, *s.m.* sovereign.
suveranitate *s.f.* sovereignty.
suzeran *adj.*, *s.m. ist.* suzerain.
suzeranitate *s.f.* suzerainty.
suzetă *s.f.* baby's dummy, F→titty.
svastică *s.f.* swastika, fylfot; *(hitleristă, şi)* haken-kreuz.
sveter *s.n.* sweater.
sving *s.n. şi sport* swing.

Ş

Ş,ş *s.m.* the twenty-first letter of the Romanian alphabet *(corresponding English sound: sh in shoe).*

şa *s.f. şi geogr.* saddle. ⓒ *a pune ~ua pe cineva fig.* to ride smb.; *a scoate ~ua de pe...* to unsaddle...

şablon I. *s.n.* **1.** *(model)* stencil. **2.** *tehn.* templet, pattern. **3.** *text.* gauge. **4.** *fig.* cliché; commonplace. ⓓ *după ~* I. *adj.* cut and dried. II. *adv.* in a hackneyed/commonplace fashion; unimaginatively; mechanically. **II.** *adj.* indiscriminate, humdrum, hackneyed, pat. ⓓ *frază ~* trite expression.

şacal *s.m. zool.* jackal, golden wolf *(Canis aureus).*

şagă *s.f.* v. **g l u m ă.**

şagrin *s.n.* shagreen.

şah I. *s.m.* shah. **II.** *s.n.* **1.** chess. **2.** *şi interjecţional* check(!). ⓐ *~-mat(!)* checkmate(!). ⓑ *în ~* in check; *partidă de ~* game of chess. ⓓ *a da ~ la rege* to check the king; *a juca ~* to play chess; *a ţine pe cineva în ~* to hold smb. in check, to keep smb. at bay.

şahăr-mahăr *s.n.* ⓒ *a umbla cu ~* F v. a u m b l a c u ş m e c h e r i i.

şahist *s.m.* chess player.

şaibă *s.f. tehn.* **1.** *(rondelă)* washer. **2.** *(roată)* sheave.

şaisprezece *num. card., adj., s.m.* sixteen.

şaisprezecelea *num. ord., adj.* the sixteenth.

şaizeci *num. card., adj., s.m.* sixty, three score.

şaizecilea *num. ord., adj. the* sixtieth.

şal *s.n.* shawl; *(fular)* comforter.

şaland *s.n. nav.* scow.

şalău *s.m. iht.* pike perch, zander *(Lucioperca sandra).*

şale *s.f. pl. anat.* loins, small of the back.

şaltăr *s.n. electr.* switch.

şalupă *s.f. nav.* (ship's) boat; *(cu motor)* motorboat.

şalvari *s.m. pl.* shalwars, shulwaurs, sharovaries.

şambelan *s.m. odin.* chamberlain.

şamotă *s.f.* chamotte, fire clay.

şampanie *s.f.* champagne, F→ţiz(z).

şampaniza I. *vb. tr.* to aerate, to give sparkle to; to prepare champagne from. **II.** *vb. refl. pas.* to be aerated etc. v. ~ I.

şampon *s.n.* shampoo.

şampona *vb. tr.* to shampoo.

şan *s.n.* last, boot/shoe tree.

şancru *s.n. med.* chancre. ⓐ *~ moale* chancroid.

şandrama *s.f.* **I.** *(baracă)* booth. **2.** F ramshackle/tumbledown building.

şanjant *adj.* shotsilk.

şansă *s.f.* chance; *(noroc)* luck. ⓓ *ultima ~* the last chance/cast. ⓒ *a avea şanse de reuşită* to have/get a good hand, to be ahead.

şansonetă *s.f.* (music-hall) song, chansonnette.

şantagist *s.m.* blackmailer.

şantaj *s.n.* blackmail.

şantaja *vb. tr.* to blackmail.

şanteză *s.f.* chanteuse.

şantier *s.n.* **1.** *nav.* (ship)yard; ↓ *mil.* dockyard. **2.** *constr.* building/construction site. ⓐ *~ de abataj min.* stope, working place; *~ de construcţie* building site; *~ naval* shipyard, *presc.* yard. ⓓ *de ~* on the building site; *fig.* in hand, on the stocks.

şanţ *s.n.* **1.** ditch. **2.** *(de cetate) odin.* fosse, moat. **3.** *mil.* entrenchment, trench. **4.** *(renură)* groove.

ⓐ ~ *anticar mil.* (anti-)tank ditch.

şapcă *s.f.* (peaked) cap.

şapirograf *s.n,* mimeograph, transfer(r)otype.

şapirografia *vb. tr,* to mimeograph, to transfer. ⓑ *copie* ~*tă* transfer paper,

şapte *num. card., adj., s.m.* seven. ⓐ~*degete bot.* finger fern *(Comarum palustre).* ⓒ *a bea cît* ~ ← F to drink heavily; *a umbla pe* ~ *cărări* F to be making M's and T's, to have been boozing too much.

şaptelea *num. ord,, adj.* the seventh.

şaptesprezece *num. card., adj., s.m.* seventeen.

şaptesprezecelea *num. ord., adj. the* seventeenth.

şaptezeci *num. card., adj., s.m.* seventy.

şaptezecilea *num. ord., adj. the* seventieth.

şaradă *s.f.* charade,

şaretă *s.f.* gig.

şarampoi *s.n.* ←*reg.* pile, stake,

şarg *adj.* dun, light bay.

şariaj *s.n.* drifting (of alluvial deposits).

şarja I, *vb. intr.* to exaggerate; *teatru* to overdo/F→guy a part. **II.** *vb. tr. mil.* to charge.

şarjă *s.f.* **1.** *tehn., mil.* charge. **2.** *fig.* attack; *(caricatură)* caricature.

şarlatan *s.m.* quack, charlatan; *(impostor)* impostor, F→humbug.

şarlatanie *s.f.* quackery, charlatanry, F→flam; imposture.

şarlotă *s.f.* charlotte.

şarpantă *s.f. constr.* framework.

şarpe *s.m.* zool., *fig.* snake, serpent. ⓐ ~ *cu clopoţei* zool. v. c r o t a l ; ~ *cu ochelari* zool. v. c o b r a ; ~ *otrăvitor* zool. venomous/poisonous snake/serpent. ⓒ *a incălzi un* ~ *la sin* to warm a serpent, to take a snake to one's bosom, to nourish a viper in one's bosom; *a ţipa ca în gură de* ~ to bawl and squall, to shout at the top of one's voice.

şart[1] *interj.* slap!

şart[2] *s.n.* ⓓ *cu* ~ **I.** *adj.* due, proper, adequate. **II.** *adv.* duly; pro-

perly, adequately; *după* ~accord-ing to custom.

şase I. *num. card , adj., s.m.* six. **II.** *interj.* nixi jiggers!

şaselea *num. ord., adj. the* sixth.

şasesprezece *num. card., adj., s.m.* v. ş a i s p r e z e c e.

şasiu *s.n. tehn.* frame, chassis.

şaten *adj, (d, păr)* (chestnut-)brown; *(d. oameni)* brown-haired.

şatră *s.f.* **1.** *(cort)* (Gipsy) tent. **2.** *(tabără)* Gipsy camp. **3.** *(baracă)* booth.

şăgalnic I. *adj.* playful, jocular; *(comic)* funny. **II.** *adv.* playfully etc. v. ~ I.

şătrar *s.m,* wandering/nomadic Gipsy.

şchioapă *s.f.* short span, ⓓ *de-o* ~ a. a span broad, a span long etc. b. *fig.* little tiny/wee...

şchiop I. *adj.* **1.** lame, limping, halt. **2.** *(d. versuri)* halting. ⓒ *e* ~ *de piciorul sting* he is lame of/ in his left leg. **II.** *s.m.* lame man *sau* boy.

şchiopa *vb. intr.* **1.** to become lame. **2.** v. ş c h i o p ă t a.

şchiopăta *vb. intr.* **1.** to limp, to halt, F→ to dot and go one; to be lame; to walk lamely. **2.** *fig.* to be lame; to be poor, to leave much to be desired; not to be up to a standard; *(d. versuri)* to be halting, to halt. ⓒ *e ceva care şchiopătează* there is a hitch somewhere, there is a but in it.

şcoală *s.f.* **1.** school; *(clădirea)* school (house); *(învăţătură)* schooling, training, tuition; *(elevii)* school, scholars. **2.** *(filozofică etc.)* school. ⓐ *şcoala romantică* the romantic school; *şcoala vieţii* the school of life/adversity; ~ *comercială* commercial school; ~ *confesională* ← odin. denominational school; ~ *de corecţie* reform school, reformatory, remand home; ~ *de meserii*←odin. vocational school; ~ *de perfecţionare* finishing school; ~ *de război* staff college; ~*elementară* elementary/primary school; ~ *generală* all-round/general school; ~ *medie/secundară* secondary school; *(în Anglia, şi)* college, collegiate school, high school; ~ *profesională* vocational school; ~ *superioară* higher school. ⓑ *un om cu* ~ *a* man of education. ⓒ *a absolvi o* ~ to finish school, to graduate from a school; *a da pe cineva la* ~ to put/send smb. to school, to place smb. at school; *a se duce la* ~ to go to school; *a urma la (o)* ~ to attend a school; *azi nu e* ~ there are no lessons today, there's no school today.

școlar I. *adj.* school..., *elev.* scholastic. ⓑ *an* ~ school year; *vîrstă* ~*ă* school age. II. *s.m.* schoolboy; *(elev)* pupil.

școlaritate *s.f.* period of instruction (at school).

școlariza *vb. tr.* to (put/send to) school.

școlăresc *adj.* school...; schoolboy...

școlărește *adv.* like a schoolboy.

școlări *vb. intr.* to learn (at a school).

școlărime *s.f. col.* schoolboys, pupils.

școlăriță *s.f.* schoolgirl.

ședea *vb. intr.* 1. to sit; *(d. păsări, pe ram etc.)* to be perched. 2. *(a se așeza)* to sit down. 3. *(a sta, a rămîne)* to stay; to remain; *(a fi)* to be; *(a zăbovi)* to lag. 4. *(a locui)* to live. ⓐ *a-i* ~... v. a-i s t a... ⓒ *a* ~ *într-un fotoliu* to sit in an armchair; *a* ~ *la masă* to sit at the table; *a* ~ *pe ouă* to sit on eggs; *haina ți șade bine* the coat fits him well; *nu șade bine să*... it doesn't become one to...; *îți șade de minune* it s(u)its/ fits you well, it suits you to a T.

ședere *s.f.* 1. sitting etc. v. ș e d e a; *(rămînere într-un loc)* stay, sojourn; *(popas)* halt. 2. *(lenevie)* laziness, idleness.

ședință *s.f.* sitting; *(adunare)* meeting, gathering; *(conferință)* conference; *jur.* session. ⓐ ~ *închisă* closed meeting; ~ *plenară* plenary meeting/session; ~ *publică* open meeting. ⓒ *a deschide ședința* to open the meeting; *a ridica ședința* to adjourn (the meeting); to break up/close the meeting; *a ține* ~ to be sitting, to be in session; to take part in a conference etc. v. ~.

șef *s.m.* chief, head; *(al unui trib etc.)* chieftain; *(superior)* superior; *(conducător)* leader. ⓐ ~ *de atelier* shop foreman; ~ *de birou* head clerk; ~ *de cabinet* (minister's) principal private secretary; ~ *de catedră* head of a chair/department; ~ *de echipă* a. teamster, foreman. ᵇ. *sport* captain, skipper, teamster; ~ *de echipă agricolă* field-team leader; ~ *de gară* station-master; ~ *de orchestră* conductor; ~ *de serviciu* head of a service, departmental manager; ~ *de stat* head/chief of state; ~ *de stat major mil.* chief of staff; ~ *de șantier* superintendent of work; ~ *de tren* guard, *amer.* conductor; ~*ule!* F governor! ⓑ *bucătar-* ~ chef, head cook; *inginer-* ~ chief engineer.

șefie *s.f.* 1. leadership. 2. management; superintendence.

șeic *s.m.* sheik(h).

șelar *s.m.* saddler, saddle maker; harness maker.

șelărie *s.f.* saddler's, saddle-maker's.

șemineu *s.n.* fireplace.

șemizetă *s.f.* chemisette.

șenilă *s.f.* caterpillar/endless track.

șepcar *s.m.* hatter.

șeptel *s.n. agr.* live stock.

șeptime *s.f.* seventh (part).

șerb *s.m. ist.* serf.

șerbet *s.n.* sherbet, candied fruit juice.

șerbie *s.f. ist.* serfdom, serfage, serf-ownership.

șerif *s.m.* 1. *(în țările arabe)* shereef, sherif. 2. *(în Anglia și S.U.A.)* sheriff.

șerpar[1] *s.m. ornit.* snake buzzard, serpent eagle *(Circaetus gallicus)*.

șerpar[2] *s.n.* v. b r î u, c h i m i r.

șerpărie *s.f. col.* snakes.

șerpesc *adj.* snake...

șerpește *adv.* like a snake.

șerpoaică *s.f.* 1. *zool.* female snake. 2. *fig.* shrew, minx, vixen, hussy.

șerpui *vb. intr.* to wind, to sinuate; *(d. rîuri)* to meander.

șerpuit, șerpuitor *adj.* winding etc. v. ș e r p u i.

șerpuitură *s.f.* winding, turn; meander.

şerpuşor *s.m.* bot. club moss *(Lycopodium complanatum)*.

şervet *s.n.* 1. (table) napkin, serviette. 2. *(prosop)*←*reg.* towel.

şerveţel *s.n.* 1. paper serviette. 2. *(pt. copii)* baby's diaper.

şes I. *adj.* flat, plane. II. *s.n.* plain.

şesime *s.f.* sixth (part).

şevalet *s.n.* easel.

şeviot *s.n.* cheviot.

şevro *s.n.* kid.

şezătoare *s.f.* 1. *evening sitting of village women*; social; *amer.* bee. 2. *(literatură)* literary soirée.

şezlong *s.n.* lounge chair, long chair, deck chair.

şezut *s.n.* anat. seat, F→bottom, buttocks.

şfichi *s.n.* 1. whip lash. 2. *(lovitură)* stroke with/cut with/flick of a whip. 3. *(capăt)* end; *(vîrf)* tip. 4. *fig.* sting; hit, stroke of sarcasm. ⓒ *a lua pe cineva în* ~ to give smb. a cutting-up v. şi ş f i c h i u i 2.

şfichiui *vb. tr.* 1. to whip, to lash, to flog. 2. *fig.* to scourge, to lash at, to cut up, to give *smb.* a cutting-up, F→to slate.

şfichiuitor *adj. fig.* biting, cutting.

şfichiuitură *s.f.* 1. lash. 2. *fig.* cutting-up.

şi I. *conj.* and. ⓐ ~...~...both... and...; not only...but also... II. *adv.* 1. *(de asemenea)* also, too, as well. 2. *(chiar)* even. 3. *(inaintea unui comparativ)* still. 4. *(deja)* already. 5. *(nici)* nor. 6. *(ei ~ ce?)* and what of it? ⓐ ~ *eu* I too, F→same here; ~ *mai* ~ still greater; still better; still more terrible etc.

şiac *s.n.* kind of rough woollen fabric.

şic *s.n.* smartness, style, stylishness.

şicana I. *vb. tr.* to tease; *(a face şicane)* to cavil at, to find fault with. II. *vb. refl. reciproc* to tease each other.

şicanare *s.f.* pettifoggery; teasing etc., v. ş i c a n a.

şicanator *adj.* teasing; captious, cavilling, faultfinding, pettifogging.

şicană *s.f.* cavil, captious objection. ⓒ *a face şicane cuiva* to cavil at smb., to find fault with smb.

şifon *s.n.* text. chiffon.

şifona I. *vb. tr.* 1. to rumple, to wrinkle, to crease, to tumble. 2. *fig. (onoarea etc.)*←F to besmirch. II. *vb. refl.* 1. to crease. 2. *fig. (a se bosumfla)* F to take it ill, to blow one's top, to take offence.

şifonier *s.n.* wardrobe; *(mic)* chiffonier.

şiling *s.m.* shilling, F→bob. ① *doi* ~*i* florin; *doi* ~*i şi şase penny* half-crown; *cinci* ~*i* crown; *zece* ~*i* half-pound.

şimi *s.n.* shimmy.

şină *s.f.* 1. *ferov. etc.* rail. 2. *(de roată)* tire, tyre; *(de sanie)* runner.

şindrilar *s.m. (cel care face şindrilă)* shingle splitter; *(cel care bate şindrila)* shingler.

şindrilă *s.f.* shingle, splinter, tile of wood, *amer.* clapboard; *col.* shingles etc.

şindrili *vb. tr.* to shingle.

şinşilă *s.f. zool.* chinchilla *(Chinchilla lanigera)*.

şintoism *s.n. rel.* Shintoism.

şinui *vb. tr.* to tyre.

şip *s.m. iht.* (common) sturgeon *(Acipenser sturio)*.

şipcă *s.f.* lath, slat.

şipot *s.n.* 1. *(izvor)* (gushing) spring. 2. *(jgheab)* chute; *(burlan)* pipe.

şir *s.n.* 1. row, line. 2. *mil.* file. 3. *(de munţi)* range, chain. 4. succession; range; *(serie)* series; *(număr)* number; *(listă)* list. 5. *(scurgere)* course. 6. *(al gîndurilor)* train. 7. *(legătură)* connection. ⓐ *un* ~ *de...* a number/series of...; ~ *de camere* suite of rooms; ~ *neîntrerupt* unbroken series. ① *în* ~ **a.** in a row/line; in a string; in single/ /Indian file; in files. **b.** *(succesiv)* in succession, successively; *(neîntrerupt)* incessantly; *in* ~*uri strînse* in close/serried ranks; *un lung* ~ *de nume* a long string/bead-roll of names.

şirag *s.n.* 1. v. ş i r 1. 2. *(colier)* necklace.

șiră *s.f.* stack, rick. ⓐ *șira spinării* *anat.* spine, backbone, spinal column.

șiret[1] **I.** *adj*, sly, arch; *(viclean)* cunning, artful, **II.** *adv.* slyly etc. v, ~ I, **III.** *s.m.* sly/cunning one, *glumeț*→slyboots.

șiret[2] *s.n.* **1.** shoe lace/string. **2.** *(șnur)* cord. **3,** *pl.* face.

șiretenie *s.f.* **1.** slyness; cunning; craftiness. **2.** v. ș i r e t l i c.

șiretlic *s.n.* ruse; *(truc)* trick, artifice.

șiroi[1] *s.n.* flow, stream; *(torent)* torrent. ⓒ *a curge șiroaie* to stream, to flow (in great volumes), to gush; *lacrimile îi curgeau șiroaie* he shed torrents of tears, he wept in torrents.

șiroi[2] *vb. intr.* **1.** to stream, to flow (in great volumes), to gush; *(a se prelinge)* to drip. **2.** *(a curge repede)* to stream/run swiftly.

șist *s.n.* geol. shale, schist, slate. ⓐ ~ *bituminos* bituminous/combustible shale; ~ *nisipos* sandy shale; ~*uri argiloase* argillaceous schists, clay slates; ~*uri cristaline* crystalline schists.

șistos *adj.* geol. schistose, schistous, slaty.

șistozitate *s.f.* geol. schistosity.

șișăi *vb. intr.* to rustle.

șișcă *s.f.* chopped straw, chaff.

șiștar *s.n.* milk pail.

șiștav *adj.* *(pipernicit)* stunted, undergrown; *(mic)* small; *(plăpind)* feeble, weak.

șiștăvi *vb. refl.* **1.** *(a se zbîrci)* to shrivel. **2.** *(d. oameni)* to grow sickly.

șitar *s.m.* v. ș i n d r i l a r.

șițui *vb. tr.* v. ș i n d r i l i.

șlagăr *s.n. muz.* F hit; popular song.

șl(e)ampăt *adj, (neglijent)* F slovenly, slatternly; *(d. femei)* F draggle-tailed, dowdy(ish); sluttish. ⓓ *o femeie ~ă* a drab, a slut.

șleahtă *s.f.* **1.** *odin,* Polish gentry. **2.** *(ceată)* troop; *(clică)* gang, set. ⓓ *toată șleahta* F the whole kit/caboodle.

șleau[1] *s.n.* *(curea)* (rope of the) trace.

șleau[2] *s.n.* *(drum)* highroad, highway, causeway. ⓒ *o să-i spun pe* ~ I'll give him a bit of my mind; *i-am spus pe* ~ *ce gîndesc* I told him straight (out) what I thought; *ca să vorbim pe* ~ to put it bluntly, not to put too fine a point on it.

șleau[3] *s.n. silv.* mixed foliage forest.

șlefui *vb. tr.* **1.** to grind; *(prin pilire)* to file; *(a lustrui)* to polish; *(a îndepărta rugina)* to furbish. **2.** *fig. (un text)* to brush up, to polish, to stylize. **3.** *fig. (pe cineva)* to polish.

șlefuitor *s.m.* polisher.

șlep *s.n. nav.* barge.

șlibovița *s.f.* slibovitz, *kind of strong plum brandy.*

șliț *s.n.* **1.** *tehn.* slot, groove. **2.** *(prohab)* (front) slit, fly.

șmecher **I.** *adj.* *(șiret)* sly, arch; *(viclean)* cunning; crafty, artful, F deep, P→downy; *(care găsește soluții prompte)* quick-witted, long-headed; *(isteț)* clever, acute, snarp, F cute; *(prefăcut)* astute, slippery. **II.** *s.m.* cunning fellow, F slyboots, artful/sly dog; *(escroc)* F deep card/file, sharp dealer.

șmecheresc *adj.* F of a slyboots etc. v. ș m e c h e r I.

șmecheri **I.** *vb. tr.* to dupe, to swindle, F to take in. **II.** *vb. refl.* to grow wise.

șmecherie *s.f.* **1.** slyness; cunning, craft, artfulness, F depth. **2.** *(ca act)* artifice, trick, stratagem; *(înșelătorie)* swindle, F sell, plant, do, dodge. ⓒ *a prinde șmecheria* F to catch the knack (of)...; *a umbla cu șmecherii* F to play (at) fast and loose, to be a humbug.

șmirghel *s.n.* emery powder; *(ca hîrtie)* emery/sand paper.

șnapan *s.m.* rogue, scoundrel.

șnaps *s.n.* spirits, P →lush, the creature.

șnițel *s.n.* schnitzel, scotched collop.

șnur *s.n.* **1.** cord; *hort.* garden rope. *(șiret)* shoe lace/string.

șnurui *vb. tr.* **1.** *aprox.* to seal *a file of documents.* **2.** to lace up.

şoaldă *s.f.* © *a umbla cu şoalda* F
v. a u m b l a c u ş m e c h e-
r i i.

şoaldină *s.f. bot.* wall pepper, wall-
wort pricket *(Sedum acre)*.

şoaptă *s.f.* **1.** whisper. **2.** *(susur)*
murmur, gurgle, purl. ① *în* ~
in a whisper; below/under one's
breath.

şoarece *s.m. zool.* mouse *(Mus mus-
culus).* ⓐ ~ *de bibliotecă fig.*
bookworm; ~ *de cîmp* vole, field/
meadow mouse *(Microtus arvalis)*;
~ *de pădure* European wild mouse
(Apodemus sylvaticus).

şobolan *s.m. zool.* rat *(Mus decu-
manus).*

şoc *s.n.* **1.** *(izbire)* shock, impact;
percussion. **2.** *fig.* shock. ① *bri-
gadă de* ~ shock brigade; *trupe
de* ~ *mil.* shock troops, comman-
dos; *undă de* ~ *fiz.* shock wave.
© *a-şi reveni dintr-un* ~ to recover
from a shock.

şoca *vb. tr.* to shock, > to displease;
(bunul simţ) to offend, to be
contrary to.

şodo *s.n.* eggnog, eggflip, posset.

şodron *s.n.* v. ş o t r o n.

şofer *s.m.* (motor-car) driver; *(↓al
cuiva)* chauffeur; *(de taxi)* taxi
man/driver.

şofran *s.n. bot.* **1.** saffron (crocus),
crocus *(Crocus sativus).* **2.** meadow
saffron, upstart *(Colchicum autum-
nale).*

şofrănel *s.n. bot.* crocus *(Crocus
banaticus).*

şoim *s.m.* **1.** *ornit.* falcon, hawk
(Falco). **2.** *fig.* champion, hero;
(d. un pilot etc.) daring hawk/
eagle. **3.** *fig. (cal aprig)* fiery
horse. ① *vînătoare cu* ~*i* hawking,
falconry.

şoiman *s.m.* v. ş o i m.

şoimane *s.f. pl.* v. i e l e.

şoimar *s.m.* falconer, hawker.

şoimăriţe *s.f. pl.* v. i e l e.

şoimeşte *adv.* like a falcon; swiftly.

şold *s.n.* **1.** *anat.* hip, haunch. **2.**
(povîrniş) slope. ① *cu mîna/mîinile
în* ~ **a.** hands on the hips; with
arms akimbo. **b.** *fig. (cu braţele
încrucişate)* with arms folded; *(fără*

greutate) easily, without any dif-
ficulty.

şoldan *s.m.* **1.** *zool.* young hare,
leveret, puss. **2.** *fig.* young man;
(copil) child; *(mînz, fig.)* colt.

şoldar *s.m.* crupper, breeching.

şoldi *vb. tr.* v. s p e t i.

şolduros *adj.* large-hipped.

şoltic *adj., s.m.* **1.** v. g h i d u ş.
2. v. ş t r e n g a r.

şolticărie *s.f.* **1.** v. g h i d u ş i e. **2.**
v. ş t r e n g ă r i e.

şoma *vb. intr.* to be unemployed, to
be on the dole, to be out of work;
(parţial) to work (on) short hours.

şomaj *s.n.* unemployment.

şomer I. *adj.* unemployed, out of
work. ⓐ ~ *parţial* partially unem-
ployed; ~ *total* totally unem-
ployed. **II.** *s.m.* unemployed wor-
ker; *şomerii* the unemployed.

şomoiog *s.n.* wisp *of straw etc.*

şontîc *adv.* halting, hobbling, limp-
ing. ⓐ ~-~ F lickety-split.

şonticăi *vb. intr.* to limp, to hitch,
to halt, F→to dot and go one.

şontorog I. *adj.* lame, halt(ing). **II.**
s.m. v. s l ă b ă n o g I I.

şonţit *adj.* lame, halt(ing); de-
formed.

şopăi *vb. intr.* to whisper.

şopîrlaiţă *s.f.* **1.** *(anghină difterică)*
←P diphtheria. **2.** *bot.* germander
speedwell, bird's eye *(Veronica
chamaedrys).*

şopîrlă *s.f. zool.* lizard *(Lacerta).*
ⓐ ~ *verde* green lizard *(Lacerta
viridis).*

şopot *s.n.* **1.** *(susur)* murmur, purl;
(foşnet) rustle; *(idem, continuu)*
murmuring, purling; rustling. **2.**
(şoapte) whispers. ① *în* ~ in a
whisper.

şopoti *vb. intr.* **1.** *(a susura)* to mur-
mur, to purl; *(a foşni)* to rustle. **2.**
(a şopti) to whisper.

şopotitor *adj.* murmuring *etc.* v.
ş o p o t i.

şopron *s.n.* shed, penthouse.

şopru *s.n.* v. ş o p r o n.

şopti I. *vb. tr.* to whisper. **II.** *vb.
intr.* **1.** to whisper. **2.** *(a susura)*
to murmur, to purl, to gurgle;
(a foşni) to rustle.

şoptit I. *adj.* whispered etc. v. **şopti.** II. *s.n.* 1. whispering etc. v. **şopti.** 2. *(şoaptă)* whisper. ⓟ *pe* ~*e* in a whisper, under one's breath.

şoptitor *adj.* whispering.

şoricar *s.m.* 1. *zool.* ratter, rat terrier. 2. *ornit.* kite, forktail *(Milvus regalis)*.

şoricesc *adj.* mouse...

şorici *s.n.* skin of bacon, rind.

şoricioaică *s.f.*←P v. **arsenic**.

şort *s.n.* shorts.

şorţ *s.n.* 1. apron; *(de copii, femei, şi)* pinafore. 2. v. **catrinţă**.

şosea *s.f.* highway, (high) road; main road; macadam road; *(autostradă)* motor highway. ⓐ ~ *comunală* local/country road, by-road; ~ *naţională* state highway.

şosetă *s.f.* sock, *com.* half-hose.

şosele *s.f. pl.* ⓐ ~ *şi momele*←F lies and frauds. ⓒ *a umbla cu* ~ *şi momele* to play tricks, F to kid.

şoşon *s.m.* high overshoe; *(de cauciuc)* high galosh.

şotie *s.f.* 1. *(poznă)* trick; prank. 2. *(şiretlic)* stratagem, artifice.

şotron *s.n.* hop-scotch.

şovar *s.n. bot.* 1. bur flag/reed *(Sparganium ramosum)*. 2. v. **rogoz**. 3. v. **papură**.

şovăi *vb. intr.* to hesitate, to waver, to vacillate, F→to go seesaw, to hem and haw, to shilly-shally.

şovăială *s. f.* hesitation, wavering, F→shilly-shally.

şovăielnic *adj.* *(şovăitor)* hesitating, wavering, undecided, vacillating. ⓒ *a fi* ~ F→to blow hot and cold.

şovăire *s.f.* hesitation, wavering. ⓟ *fără* ~ unhesitatingly, without faltering, straight away.

şovăitor I. *adj.* 1. hesitating, wavering, undecided; *(d. atitudine etc.)* halting, F→shilly-shally. 2. *(d. glas etc.)* faltering; *(tremurat)* tremulous. II. *adv.* hesitatingly, waveringly.

şovin I. *adj.* chauvinist(ic), jingoist(ic). II. *s.m.* chauvinist, jingo.

şovinism *s.n.* chauvinism, jingoism.

şpagă *s.f.* v. **şperţ**.

şpalt *s.n. poligr.* 1. *(planşetă)* galley. 2. *(probă)* (galley) proof, slip.

şpan *s.n. tehn.* chip, splinter, slat; *pl.* chippings, shavings.

şparli *vb. tr. (a fura)* F to angle, to prig, to cabbage, to make. ⓐ *a o* ~ F to hook/bear it, to leave on the qt.

şperaclu *s.n.* skeleton/master key.

şperlă *s.f.* (hot) ashes. ⓒ *a zvîrli/ arunca* ~-*n ochii cuiva* to throw dust into smb.'s eyes.

şperţ *s.n.* bribe, F→palm oil, soap, *amer.* graft. ⓒ *a da* ~ *cuiva* to bribe smb., F→to grease smb.'s palm; *a lua* ~ to take/accept bribes.

şperţar *s.m.* bribe taker, *amer.* grafter.

şperţui *vb. tr.* v. **mitui**.

şperţuială *s.f.* bribery, *amer.* grafting.

şpilhozen *s.n. pl.* romper.

şpis *s.n. poligr.* turn.

şpiţ I. *s.m. zool.* spitz (dog), Pomeranian (dog). II. *s.n.* 1. *(vîrf)*←F tip. 2. *(ţigaret)*←F (short) cigarette holder.

şplint *s.n. tehn.* split/forelock pin.

şpriţ *s.n.* 1. ←F wine with soda water. 2. *tehn.* sprinkler.

şpriţui *vb. tr.* to sprinkle.

şrapnel *s.n. mil. odin.* shrapnel(shell).

şrot *s.n.* gri(s)t, groats.

ştab *s.m.* F boss, governor; big bug/noise/shot.

ştachetă *s.f.* 1. lath. 2. *sport* (jumping) lath.

ştafetă *s.f.* 1.←*înv.* courier. 2. *sport* relay race; *(persoană)* relay racer.

ştaif *s.n.* 1. *(la ghete)* counter. 2. *(la guler)* stiffener.

ştampila *vb. tr.* to stamp; *(a pecetlui)* to seal.

ştampilă *s.f.* stamp. ⓒ *a pune ştampila pe....* to stamp...

ştangă *s.f.* bar, rod.

ştanţa I. *vb. tr.* to punch, to stamp. II. *vb. refl. pas.* to be punched/ stamped.

ştanţă *s.f. tehn.* punching machine.

ştănţui *vb. tr.* v. **ştanţa**.

şteamp *s.n. min. odin.* stamp(head), pestle stamp.

ştecăr *s.n. electr.* plug.

ştemui *vb. tr. tehn.* to ca(u)lk.

ştergar *s.n.* 1. towel. 2. v. m a r a-
m ă.

ştergătoare *s.f.* door mat.

ştergător *s.n.* 1. v. ş t e r g a r. 2.
(cîrpă) rag; *(de praf)* duster; *(de
podea)* house flannel. 3. *auto etc.*
(wind-)screen wiper.

şterge I. *vb. tr.* 1. to wipe; *(ca să
se usuce)* to (wipe) dry; *(vasele)*
to wipe up; *(a îndepărta, a curăţa)*
to wipe off; *(a curăţa)* to clean; *(de
praf)* to dust. 2. *(ceva scris)* to
erase, to blot out, to rub out;
(a tăia din text) to strike/cross
out. 3. *fig. (a distruge)* to destroy,
to annihilate; *(a anula)* to annul.
4. *fig. (a fura)* F to pinch, to filch,
to annex, to cop, to crib, to nim.
ⓐ *a o ~* F to make a brush, to cut
one's stick, to bolt, to skedaddle,
to scuttle away, *sl.* to top one's
boom, to stump/walk one's chalks;
a-şi ~... (fruntea, picioarele) to
wipe one's...; *(fruntea)* to mop
one's... ⓒ *a-şi ~ lacrimile* to wipe
the tears from one's eyes, to dry
one's eyes; *a ~ numele cuiva de
pe listă* to strike smb./smb.'s name
off the list; *a ~ de pe faţa pămîn-
tului* to raze (to the ground), to
wipe out, to efface; *a ~ din amin-
tire* to raze from one's memory, to
efface from one's mind. II. *vb. refl.*
1. to wipe oneself; to dry oneself.
2. *(a fi ponosit)* to become thread-
bare. 3. *(d. culori)* to run. 4. *fig.
(a dispărea)* to disappear, to van-
ish. 5. *pas.* to be wiped etc. v.
~ I. ⓒ *a se ~ la ochi* to wipe
one's eyes; *a se ~ pe gură* to wipe
one's mouth.

şterpeleală *s.f.* F prigging etc. v.
ş t e r p e l i; *(furt)* theft.

şterpeli *vb. tr. (a fura)* F to prig,
to annex, to smouch, to make. ⓐ
a o ~ F v. a o ş t e r g e.

şters I. *adj.* 1. wiped etc. v. ş t e r-
g e. 2. *(fără culoare)* colourless;
(searbăd) dull; flat. II. *s.n.*
wiping etc. v. ş t e r g e.

ştersătură *s.f.* 1. wiping etc. v.
ş t e r g e. 2. erasure, blot; cor-
rection.

ştevie *s.f. bot.* patience (dock),
garden sorrel *(Rumex patientia)*.

şti I. *vb. tr.* 1. *(a cunoaşte)* to know;
(a-şi da seama de) to be aware of;
(a avea cunoştinţă de) to have a
knowledge of, to be acquainted
with. 2. *(a putea)* can. 3. *(a înţe-
lege)* to understand. 4. *(a-şi aminti
de)* to remember, to know. ⓒ *toată
lumea ~e asta* everybody knows
it, it's a well-known fact; *ḍe unde
~i (asta)?* where have you heard
ïnat? who told you so? *bine că
~u (asta)!* that's useful to
know! I am glad to know it/that!
~u precis că... I know for certain
that..., I know positively that...;
~u că e fericit I know him to be
happy; *ï~ï, çe?* look here! listen!
a nu ~ ce să facă to be at a loss,
F→to be at a loose end; *not to
know what to do; nu ~e nici el
ce vrea* he does not know his own
mind; *nu se poate ~ dacă...* there
is no knowing whether...; *aş vrea
să ~u dacă...* I should like to
know whether...; *a ~ măsura* to
know when to stop; *o ~u chiar
de la el* I have it from his own
lips; *~e să citească* he can read;
a ~ din auzite to know by hearsay;
aşa să ~i! and there's an end of
it! II. *vb. refl.* 1. *pas.* to be known.
2. *reciproc* to know each other. 3.
(a se simţi) to feel; *(a se considera)*
to consider oneself. ⓒ *nu se ~a
nimic despre...* nothing was known
about... III. *vb. intr.* to know. ⓐ
a ~ de/despre... to know about...,
to have heard of...; *a ~ de...* a. *(a
cunoaşte)* to know... b. *(a-i fi
teamă de)* to fear... c. *(a asculta
de)* to obey...; to listen to... d.
(a avea parte de) to enjoy... ǀⓒ
cine ~e? who knows? well, I won-
der; goodness knows; *(el) nici
nu vrea să ~e* he won't listen to
it; *(eu) nu ~u* I don't know,
F→ask (me) another.

ştift *s.n.* peg.

ştiinţă *s.f.* 1. science. 2. *(cunoaş-
tere)* knowledge; *(învăţătură)* learn-
ing; erudition. ⓐ *ştiinţa marxist-
leninistă* Marxist-Leninist Science;
~ de carte literacy; *ştiinţe aplicate*

applied sciences; *științe exacte* exact
sciences. ① *cu știința cuiva* with
smb.'s knowledge; *cu* ~ wittingly,
deliberately; *cu* ~ *de carte* literate;
oameni de ~ men of science.
științific I. *adj.* scientific. ⓐ ~*o-
-fantastic* science-fiction. ① *lite-
ratură* ~*o-fantastică* science-fic-
tion; *muncă* ~*ă* scientific work.
II. *adv.* scientifically.
știmă¹ *s.f.* pixy, pixie.
știmă² *s.f. muz.* part.
știobîlc *interj.* plop!
știr *s.m. bot.* amaranth *(Amarantus).*
ⓐ ~ *roșu* purple-velvet flower
(Amarantus sanguineus).
știrb *adj.* **1.** toothless. **2.** *(bont)*
dull, blunt; *(cu știrbituri)* jagged.
știrbi I. *vb. tr.* **1.** to jag, to notch;
(a toci) to dull. **2.** *fig. (a micșora)*
to diminish; *(a vătăma)* to harm;
(a prejudicia) to prejudice; *(a
strica)* to break. **II.** *vb refl.* **1.** *(a se
toci)* to dull. **2.** *(a se micșora)* to
diminish. **3.** *pas.* to be dimin-
ished etc. v. ~ **I.**
știrbitură *s.f.* **1.** gap between two
teeth. **2.** *(spărtură)* breach. **3.** *(colț
rupt)* chipped corner.
știre *s.f.* **1.** *(veste)* (piece/item of)
news, *pl.* tidings. **2.** *(cunoaștere)*
knowledge. ① *cu* ~*a cuiva* with
smb.'s knowledge. ① *a da de* ~
cuiva to inform/announce smb.
știubei *s.n.* v. **stup.**
știucă *s.f. iht.* pike, jack, river
pirate *(Esox lucius).*
știulete *s.m.* corn cob.
știut *adj.* well-known.
știutor I. *s.m.* ⓐ ~ *de carte* literate
person. **II.** *adj.* hep, knowledge-
able.
ștraif *s.n.* stripe.
ștrand *s.n.* swimming place; swim-
ming pool, piscine, lido.
ștrasuri *s.n. pl.* rhinestone.
ștreang *s.n.* **1.** *(fringhie)* rope. **2.**
(pt. spînzurat) noose, rope, F→
halter, *sl.* neckcloth. **3.** *(la cai)*
trace(s), halter.
ștrengar I. *adj.* prankish; *(jucăuș)*
playful, frolicsome; *(neascultă-
tor, neastîmpărat)* naughty. **II.** *s.m.*
prankish boy; madcap, romp;
naughty child, scapegrace; scamp.

ștrengăresc *adj.* v. **ștrengar I.**
ștrengărește *adv.* playfully etc. v.
ștrengar I.
ștrengărie *s.f.* prank; *pl. (nebunii)*
follies.
ștrengăriță *s.f.* playful/frolicsome
girl; *(neascultătoare)* naughty/mis-
chievous girl.
ștrudel *s.n.* strudel.
ștucaturi *s.f. pl.* mouldings.
ștuț *s.n. tehn.* connecting piece.
șubă *s.f.* long fur coat.
șuber *s.n. min.* filling/charging hop-
per.
șubler *s.n. tehn.* sliding/vernier cal-
lipers.
șubred *adj.* **1.** *(firav)* frail, flimsy.
2. *(d. obiecte)* flimsy. **3.** *fig.* flimsy;
(instabil) unstable; *(nedurabil)* not
solid/strong/durable; *(d. case)* jer-
rybuilt, ramshackle; *(slab)* weak,
feeble.
șubrezenie *s.f.* frailty; flimsiness;
(slăbiciune) weakness, feebleness.
șubrezi I. *vb. tr. (a slăbi)* to weaken.
II. *vb. refl.* **1.** *(a slăbi)* to weaken.
2. to become frail etc. v. **ș u b r e d.**
3. *(d. case)* to dilapidate.
șubrezire *s.f.* weakening etc. v.
ș u b r e z i.
șuetă *s.f.* gossip, chat.
șugărel *s.m. bot.* poly, pella moun-
tain *(Teucrium montanum).*
șugubăț I. *adj.* playful; jocular,
waggish; funny, droll. **II.** *s.m.*
wag, droll, joker, wit.
șugui *vb. intr. (a glumi)* to joke.
șui *adj.* **1.** *(zvelt)* slender. **2.** *(în-
gust)* narrow. **3.** *(țicnit)* doltish,
F cracked, batty, wrong in the
upper story.
șuier *s.n.* whistle; *(al vîntului, al
glonțului)* singing; *(al glonțului
etc.)* whizz.
șuiera *vb. intr.* to whistle; *(d. vînt,
gloanțe)* to sing; *(d. gloanțe etc.)*
to whizz, to ping.
șuierat I. *adj.* whistling. **II.** *s.n.*
1. whistling etc. v. **ș u i e r a.**
2. v. **ș u i e r;** pinging (of bul-
lets).
șuierător *adj.* whistling etc. v. **ș u-
i e r a.**
șuierătură *s.f.* v. **ș u i e r.**

şuiet *s.n.* **1.** *(al vîntului)* roar(ing).
2. *(al frunzelor)* rustle, rustling.
3. *(susur)* purl(ing), murmur(ing).
şuiţă *s.f. zool.* ground squirrel *(Citellus citellus)*.
şular *s.n.* **1.** basting, tacking. **2.** *(aţă)* basting/tacking thread.
şuncă *s.f.* ham. ⓐ ~ *fiartă* boiled ham.
şură *s.f.* **1.** shed, penthouse. **2.** *(şiră)* stack, rick.
şurub *s.n.* screw. ⓒ *a strînge* ~*ul* F to tighten the screw.
şurubărie *s.f.* **1.** *col.* screws. **2.** *fig.* v. **tertip**.
şurubelniţă *s.f.* screw driver, turnscrew.
şuşoteală *s.f.* whispering.
şuşoti *vb. intr.* to whisper; *(a susura)* to murmur.
şuşui *vb. intr. (a foşni)* to rustle; *(a murmura)* to murmur; *(a şopti)* to whisper.

şuşuit *s.n.* rustling etc. v. **şuşui**.
şuşuitor *adj.* rustling etc. v. **şuşui**.
şut *s.n. sport* shot, kick.
şuta *vb. tr. şi intr. sport* to shoot.
şuvar *s.m. bot.* bird grass, fowl meadow-grass *(Poa trivialis)*.
şuviţă *s.f.* **1.** lock (of hair); *(smoc)* tuft. **2.** *(fîşie)* stripe. **3.** *(de lumină)* streak.
şuvoi *s.n.* stream, torrent.
şvab[1] *s.m. entom.* cockroach, black beetle *(Blatta orientalis)*.
şvab[2] **I.** *adj.* Swabish, Swabian. **II.** *s.m.* Swabian.
şvaiţer *s.n.* Swiss cheese.
şvarţ *s.n.* black coffee.
şvăbesc *adj.* Swabish, Swabian.
şvăboaică *s.f.* Swabian (woman *sau* girl).

T

T, t *s.m.* T, t, the twenty-second letter of the Romanian alphabet.

ta *adj. pos. fem.* your, *inv.*, *poetic→* thy, thine. ⓘ *a* ～ *pron. pos.* yours, *inv.*, *poetic→*thine. ⓒ *fie pe-a* ～ have it your own way; let it be as you would have it.

tabac *s.n.* tobacco, F→baccy; *(de prizat)* snuff. ⓒ *a trage* ～ to take snuff.

tabacheră *s.f.* **1.** *(pt. tutun)* tobacco box; *(pt. tutun de prizat)* snuff box; *(pt. țigări)* cigarette case. **2.** *arhit.* (hinged) skylight.

tabagic *adj.* tobacco...

tabagism *s.n. med.* tabacism, tabacosis.

taban *s.n.* **1.** v. b r a n ț. **2.** v. p l a z.

tabără *s.f.* **1.** *mil. etc.* camp, encampment. **2.** *(de care)* string of carts. **3.** *(ceată)* camp, group. **4.** *(popas)* halting place; *(bivuac)* bivouac. **5.** *fig.* camp. **6.** *adverbial* all of a heap, aheap. ⓐ ～ *de pionieri* young pioneer camp. ⓘ *viață de* ～ camp life, F→camping-out. ⓒ *a așeza o* ～ to lay out a camp; *a ridica tabăra* to strike camp; *a sta în* ～ to be encamped.

tabel *s.n.* table, chart; *(index)* index; synopsis; *(listă)* list, schedule.

tabelar *adj.* tabular.

tabelă *s.f.* v. t a b e l.

tabernacol *s.n. rel., arhit.* tabernacle.

tabes *s.n. med.* tabes.

tabetic *adj. med.* tabetic.

tabiet *s.n.* **1.** *(obicei)* habit; mania. **2.** *(confort)* comfort.

tabinet *s.n.* tabby, tab(b)inet.

tabla *s.f.* *(tavă)* tray; *(a plăcintarilor)* pastrycook's tray.

tablagiu *s.m.* (passionate) backgammon player.

tablatură *s.f. muz. odin.* tablature.

tablă *s.f.* **1.** *(placă)* plate; *(de metal)* sheet; *(de fier)* plate/sheet iron; *(de piatră)* slab; *(de lemn, pt. pictori)* panel, board; *(de ardezie)* slate. **2.** *(neagră)* blackboard. **3.** *(avizier)* notice board. **4.** *pl.* *(joc)* backgammon. ⓐ *tabla înmulțirii/lui Pitagora* multiplication / Pythagorean / arithmetical table; ～ *cositorită* tin (plate); ～ *de logaritmi* table of logarithms, logarithmic table; ～ *de materii* table of contents/matters, content(s); ～ *de oțel zincată/galvanizată* galvanized iron; ～ *de zinc* zinc plate; ～ *neagră* blackboard; *tablele legii* the tables of stone, the decalogue. ⓒ *a juca table* to play (at) backgammon.

tabletă *s.f.* tablet, lozenge, troche, tabloid; *(de ciocolată)* cake, slab. ⓘ *sfaturi în tablete* fig. tabloid criticism.

tablier *s.n. constr.* deck, flooring, superstructure *of a bridge.*

tablou *s.n.* **1.** picture; *(imagine)* image; *(pictură)* painting; *(desen)* drawing; *(portret)* portrait; *(gravură)* engraving, print ;*(figură)* figure. **2.** *(tabel)* table, chart; *(listă)* list, schedule; *(de nume)* roll. **3.** *fig.* picture; *(descriere)* description, delineation; *(imagine)* image; *(aspect)* aspect. **4.** *adverbial* F knocked out of time, flabbergasted; thunderstruck, dumb /transfixed with surprise. ⓐ ～ *de bord av.* instrument board/panel; ～ *de comandă* control panel; ～ *de distribuție electr.* switchboard; *un* ～ *de fată* a girl who is a picture of beauty, a girl as handsome as a picture; ~ *frumos executat* finely painted piece; ~ *în mărime naturală* life-size/full-length picture; ~ *în perspectivă* perspective; ~ *în ulei* oil painting F→oil; ~*l periodic al elementelor chim.* periodic table; ~ *prost* daub; ~ *vivant* tableau vivant, living picture. ⓙ *cadru/ramă de* ~ picture frame; *colecţie de* ~*ri* collection of pictures; *expoziţie de* ~*ri* exhibition of paintings/pictures, gallery, galleries; *galerie de* ~*ri* picture art gallery, S→pinacotheca. ⓒ *a face un* ~ *al... (cu gen.)* to describe..., to depict...; *a-şi forma/ face un* ~ *al... (cu gen.)* to have/ form an idea of...; *a picta/F face un* ~ to paint/F do a picture; *... prezintă un* ~ *...* offers/presents a picture...; *a rămîne* ~ to be flabbergasted etc. v. ~ 4.

tabu *s.n.* taboo.

tabular *adj.* tabular.

tabun *s.n.* herd of half-wild horses.

taburet *s.n.* stool, ottoman; *(pt. picioare)* foot/buffet stool.

tac[1] *interj.* smack! slap! crack!

tac[2] *s.n.* (billiard) cue.

tachet *s.m. tehn.* lug, peg.

tachina I. *vb. tr.* to tease, to banter, F→to chaff. II. *vb. refl. (reciproc)* to tease each other.

tachinare *s.f.* teasing etc. v. t a c h i n a.

tacit I. *adj.* tacit; *(subînţeles)* understood, implicit. II. *adv.* tacitly.

taciturn *adj.* taciturn, sparing of words, close-lipped.

tacîm *s.n.* 1. *(restrîns)* knife, fork and spoon; *(tot ce e necesar pentru a aşterne o masă)* table linen; *(complet)* suit/set of table linen; *(pt. o singură persoană)* cover, F←knife and fork. 2. *(garnitură)* set. 3. *(orchestră)* band, orchestra. 4. *pl. (acareturi)* outhouses. 5← *peior.* sort, kind. ⓐ ~ *de cafea* coffee set/service, (set of) coffee things; ~ *de 12 persoane* table cloth/linen to dine a dozen. ⓒ *pune* ~*(uri) pentru două persoane* lay cover for two.

taclale *s.f. pl.* prattle, chatter, F confab, chit-chat.

tact *s.n.* 1. *anat.* (sense of) tact, sense of touch, feel(ing). 2. *fig. (delicateţe)* tact, delicacy of feeling, light hand. 3. *muz.* time, measure. ⓓ *cu* ~ I. *adj.* tactful. II. *adv.* tactfully; *fără* ~ I. *adj.* tactless. II. *adv.* tactlessly; *în* ~ in time; *lipsă de* ~ want of tact, tactlessness. ⓒ *.a avea* ~ to be tactful, to have tact; *a bate* ~*ul* to beat (the) time; *a pierde* ~*ul* to get out of time; *a ţine* ~*ul* to keep time; *a păşi în* ~ to keep step, *mai ales mil.* to march with measured tread.

tactic *adj. mil.* tactical. ⓓ *conducere* ~*ă* generalship; *unitate* ~*ă* tactical unit.

tactică *s.f. mil.* şi *fig.* tactics. ⓒ *a-şi schimba tactica* to change one's tactics.

tactician *s.m. mil.* tactician.

tacticos I. *adj.* leisurely; *(încet)* slow; steady, regular; *(calm)* calm, tranquil. II. *adv.* leisurely; slowly etc. v. ~ I.

tactil *adj.* tactile. ⓓ *simţ* ~ tactile sense, feel, (sense of) feeling, (sense of) touch.

tafta, taftă *s.f.* 1. taffeta, *rar*→taffety. 2. *adverbial* thoroughly, completely; neatly.

tagmă *s.f. (categorie)* category; *(clasă)* class; caste; *(breaslă)* corporation, corporate body, corps; *(clică)* clique, set, coterie, confraternity.

tahicardie *s.f. med.* tachycardia.

tahigraf *s.n. poligr.* recording tacheometer.

tahimetrie *s.f. poligr.* tacheometry.

tahimetru *s.n. topogr.* tacheometer, tachymeter.

tahîn *s.n. meal of sesame seeds.*

tahometru *s.n. tehn.* tachometer.

taică *s.m.*←P 1. *(tată, ca termen alintător)* father dear, F dear old dad(die); *sl.* gov(ernor). 2. *(la adresa unui moşneag sau preot)* father. 3. *(ca termen folosit de cineva mai în vîrstă faţă de cineva mai tînăr)* my dear.

taifas *s.n.* chit-chat, prattling, tittle-tattle, small talk, F mag(ging).

ⓒ *a şedea/sta la* ~ to talk, to
(have a) chat, to prattle, F to
mag.
taifun *s.n.* typhoon.
taiga *s.f.* taiga.
tain *s.n.* 1. *(raţie)* ration, portion,
share, allowance; *(de nutreţ)* feed.
2. *(hrană, întreţinere)* sustenance,
maintenance, F→bread and cheese.
3. *(cotă)* share.
taină *s.f.* 1. *(secret)* secret; *(mister)*
mystery; arcanum. 2. *rel.* mys-
tery. 3. *(ascunziş)* hidden place;
recess. ① *sfintele taine* the (seven)
sacraments (of the church); *(cu-
minicătură)* Holy Communion; *in*
~ secretly. ⓒ *a nu avea taine
faţă de cineva* to have no secrets
from smb., to hide nothing from
smb.; *nu fac o* ~ *din aceasta* I
don't make a mystery of it; *a
face o* ~ *din ceva* to make smth. a
secret, to conceal smth.; *a păs-
tra/ţine o* ~ to keep a secret, to
keep one's own counsel; *a spune
cuiva o* ~ to tell smb. a secret.
tainic I. *adj.* 1. *(secret)* secret;
(misterios) mysterious. 2. *(ascuns)*
hidden; *(izolat)* isolated. **II.** *adv.*
in secret, secretly, mysteriously.
tainiţă *s.f.* vault; *(ascunziş)* hid-
den place.
taior *s.n.* tailor-made costume.
tal *s.n.* *bot.* thallus.
talan *s.m.* P v. d a l a c.
talangă *s.f.* cow/cattle bell; sheep
bell.
talant *s.m.* 1. *(veche monedă)* ta-
lent. 2. *(talent)* talent.
talasoterapie *s.f.* *med.* thalasso-
therapy.
talaş *s.n.* shavings.
talaz *s.n.* billow, surge; *(care se
sparge)* breaker.
talc *s.n.* *mineral.* talc, S→talcum.
① *pudră de* ~ talc powder.
talcos *adj.* talcky, S→talcous, tal-
cose.
tale *adj.* *pos.* your, *înv.*, *poetic*→
thy, thine. ① *ale* ~ *pron. pos.*
yours, *înv.*, *poetic* →thine.
talent *s.n.* talent, aptitude, facul-
ty, *pl.* parts; *(natural)* gift, abi-
lity, accomplishment, F→turn. ①
fără ~ talentless. ⓒ *a avea* ~ *la...*

to have a talent/knack for...,
to be gifted/talented for...
talentat *adj.* talented, gifted, en-
dowed with talent(s), of parts.
taler[1] *s.m.* *odin.* thaler.
taler[2] *s.n.* 1. *(farfurie)* plate; *(de
lemn)* wooden platter, trencher;
(adînc) soup plate; *(întins)* shal-
low plate; *(mare)* large plate,
dinner plate; *(tavă)* tray. 2.
(conţinutul) plateful. 3. *(~ de
balanţă)* scale (of a balance),
pan/dish of a balance. 4. *pl.* *muz.*
cymbals. ⓒ *a umbla cu* ~*ul* **a.**
to make a collection by going
round with a plate. **b.** *fig.* to send/
hand/pass round the hat/plate;
a fi ~ *cu două feţe* to be a double
dealer, to carry two faces under
one hood, F→to blow hot and
cold.
talger *s.n.* 1. v. t a l e r 3. 2. *pl.*
muz. cymbals.
talie *s.f.* 1. *(mijlocul trupului)*
waist, figure. 2. *(statură)* stature,
size, bulk. 3. *(corsaj)* bodice,
body, corsage. ⓐ ~ *de viespe*
wasp-like waist; ~ *zveltă* small/
slender/slim waist. ① *de* ~ *mare*
of parts, talented; valuable; first-
-rate. ⓒ *nu e de talia ta fig.* he
is no match for you, he is below
you, he can hold no candle to
you; *nu sînt de aceeaşi* ~ they are
not equal, they don't match; *a
lua pe cineva de* ~ to put/lay/pass
one's arm round smb.'s waist.
talimănie *s.f.* *com.* *nav.* tally ser-
vice.
talion *s.n.* talion. ① *legea* ~*ului*
the lex talionis.
talisman *s.n.* talisman, charm.
taliu *s.n.* *chim.* thallium.
talmeş-balmeş I. *s.n.* hodge-podge,
hotch-potch, (heap of) confusion,
medley, jumble, olio, F omnium
gatherum. **II.** *adv.* pell-mell, F
higgledy-piggledy, hurry-scurry,
crawley-mawley, topsyturvy.
talmud *s.n.* Talmud.
talmudic I. *adj.* Talmudic(al). **II.**
adv. Talmudically.
talmudism *s.n.* 1. Talmudism. 2.
fig. bookishness, pedantry, hair-
splitting analysis.

talmudist *s.m.* 1, Talmudist, Tal-
mudic commentator. 2. *fig.* ped-
an:, doctrinaire.

talofite *s.f.* *pl.* *bot.* thallophytes.

talon *s.n.* 1. coupon; *(detașat,
și)* check; *(de chitanță)* counter-
foil, stub. 2. *(la jocul de cărți)*
talon, stock.

talpă *s.f.* 1. *anat.* sole (of the foot),
S→thenar, planta pedis; *zool.* track.
2. *(de gheață)* sole. 3. *(~ de sanie)*
(sledge) runner. 4. *(de leagăn)*
rocker. 5. *tehn.* bed plate. 6.
v. p l a z. 7. *(temelie)* foundation,
base, basis. ⓐ *talpa iadului* a.
(în basme) the devil's dam. b.
fig. devil in petticoats, devil's
daughter, (she-)devil; *talpa giștei*
a. F scribble-scrabble, scrawl(ing),
scratch, scribbling, scribble. b.
bot. (common) motherwort *(Leo-
nurus cardiaca)*; *talpa stîncii bot.*
field cress *(Lepidium campestre)*;
talpa ursului bot. bear's breech,
brank ursine *(Acanthus)*; *talpa
țării←înv.* the peasantry; *~ dublă*
double sole. ⓑ *cu ~ dublă* double-
soled. ⓒ *a-și lua tălpile la spinare*
F to scuttle away, to put one's
best leg forward; *a bate averea
la tălpi* to squander one's fortune/
money; *îmi ard tălpile fig.* the
floor/pavement burns under me.

taluz *s.n.* slope, batter.

talveg *s.n.* thalweg.

taman *adv.*←P just, only.

tamarin *s.m.* *bot.* tamarind (tree)
(Tamarindus indica).

tamariscă *s.f.* *bot.* tamarisk (plant)
(Tamarix).

tambuchi *s.n.* *nav.* hatch.

tambur[1] *s.m.* *mil.*←*înv.* drummer.
ⓐ *~ major.*←*înv.* 1. drum major.
2. v. p l u t o n i e r.

tambur[2] *s.n.* 1. *constr.* tambour,
lobby. 2. *tehn.* drum.

tambur ă *s.f.* *muz.* *odin.* tamboura.

tamburină *s.f.* *muz.* tambourine.

tam-nisam *adv.* v. n i t a m - n i -
s a m.

tampon *s.n.* 1. *ferov.* și *fig.* buffer.
2. *(accesoriu de birou)* (hand).
blotter. 3. *med.* tampon, swab,
pledget; *(de vată etc.)* wad, pad,

plug. 4. *min.* liquid blanket. ⓑ
stat ~ pol. buffer state.

tampona I, *vb.* *tr.* 1. *(o rană)* to
put a tampon into, to put a wad
over, to tampon, to plug. 2.
(a astupa) to plug. 3. *(d. vehi-
cule)* to ram, to run/F bump into,
to collide with. II. *vb.* *refl.* 1. *pas.*
to be tamponed etc. v. ~ I. 2.
reciproc to collide, to come into col-
lision, to run into each other.

tamponare *s.f.* 1. tamponing etc.
v. t a m p o n a. 2. *ferov.* *etc.*
collision.

tam-tam *s.n.* 1. *muz.* tom-tom,
tam-tam. 2. *fig.* F fuss, to-do,
hubbub.

tanagra *s.f.* Tanagra (figurine).

tanant *s.m.* *chim.*, *tehn.* tanning
material.

tanat *s.m.* *chim.* tannate.

tanc *s.n.* 1. *mil.* *etc.* tank. 2. *nav.*
tanker. ⓐ *~ petrolier nav.* oiler,
tanker, tank steamer/ship.

tanchetă *s.f.* *mil.* tankette, whippet.

tanchist *s.m.* *mil.* tankman, *amer.*
tanker.

tandem *s.n.* tandem.

tandrețe *s.f.* tenderness; *(dragoste)*
fondness, love; *(mîngîieri)* car-
esses.

tandru I. *adj.* tender; fond, affec-
tionate. II. *adv.* tenderly, fondly.

tangaj *s.n.* *nav.* pitching.

tangent *adj.* *geom.* tangent(ial).

tangentă *s.f.* *geom.* tangent. ⓒ *a
scăpa prin ~ fig.* to fly off at a
tangent.

tangență *s.f.* *geom.* tangency.

tangențial *geom.*, *fig.* I. *adj.* tan-
gential. II. *adv.* tangentially.

tangibil *adj.* tangible, touchable.

tangibilitate *s.f.* tangibility, tan-
gibleness.

tangou *s.n.* tango.

tanic *adj.* ⓑ *acid ~ chim.* tannic
acid.

tanin *s.n.* *chim.* tannin.

taninos *adj.* tannoid, tannic.

tantal *s.n.* *chim.* tantalum.

tantalic *adj.* tantalizing.

tantalit *s.n.* *mineral.* tantalite.

tanti *s.f.* 1. aunt, F auntie. 2. *(pro-
xenetă)* F procuress, *amer.* madam.

tantiemă *s.f.* share, percentage.

taolă *s.f.* meander.

tapa *vb. tr.* F 1. *(de bani)* to tap, to touch. (for money). 2. *(părul)* to tease.

tapaj *s.n.* (loud) noise, din, to-do, ado, row, F racket, shindy; *(scandal)* fuss. © *a face ~* to kick up a row.

tapet *s.n.* 1. tapestry; *(de hîrtie)* (wall)paper, paper hangings. 2. *(covor)* carpet. © *a fi pe ~* to be on the tapis/carpet; *a pune o chestiune pe ~* to bring a matter up for consideration/discussion.

tapeta *vb. tr.* to hang with tapestry; to (hang with) paper.

tapiocă *s.f.* tapioca (starch).

tapir *s.m. zool.* tapir *(Tapirus)*; American tapir *(Tapirus americanus)*; Malayan tapir *(Tapirus indicus)*.

tapisa *vb. tr.* 1. to hang with tapestry; to paper. 2. *(mobilă)* to upholster.

tapiserie *s.f.* 1. *(lucru de mînă)* tapestry work. 2. *(a unei mobile)* tapestry.

tapița *vb. tr.* v. **t a p i s a.**

tapițer *s.m.* upholsterer.

tapițerie *s.f.* 1. *(ca meserie)* upholstery, upholsterer's trade. 2. *(ca atelier)* upholsterer's.

taposnic *s.m. bot.* red hemp-nettle *(Galeopsis ladanum)*.

tapură *s.f. metal.* crack.

tarabagiu *s.m.* shopkeeper, retailer.

tarabă *s.f.* 1. *(prăvălie pt. desfaceri cu amănuntul)* general retail shop; booth. 2. *(tejghea)* counter, shopboard; *(în piață)* market stall.

tarac *s.m.* pole, pillar.

taraf *s.n.* 1. folk music band. 2. v. **g a ș c ă.**

tarantelă *s.f.* tarantella.

tarantulă *s.f. entom.* tarantula spider *(Tarantula)*.

tarapana *s.f. ←înv.* mint.

tarar *s.n.* fanning machine.

tară *s.f.* 1. tare. 2. defect; *(lipsă)* shortcoming; *(viciu)* vice.

tardiv I. *adj.* tardy, belated; *(tîrziu)* late. II. *adv.* tardily, belatedly.

tardivitate *s.f.* tardiness, lateness.

tare I. *adj.* 1. strong; *(solid)* solid; *(zdravăn)* sturdy, stalwart,

powerful, mighty; *(aprig)* fierce; *(violent)* violent; *(vehement)* vehement; *(intens)* intense; *(viguros)* vigorous; *(ca sunet)* loud. 2. *(ant. moale)* hard; *(d. carne etc.)* tough. 3. *(ferm)* firm; *(neșovăitor)* unflinching. 4. *(durabil)* durable, lasting, stout. Ⓐ *~ ca fierul* (as) hard as iron/horn; *~ ca piatra* (as) hard as stone, stone-hard, stony, flinty; *~ ca stejarul* (as) strong as a lion; *~ de cap* slow/dull of apprehension, F slow in the uptake; beef-witted; wise behindhand; *(încăpățînat)* stubborn, obstinate, F pig-headed; *~ de inger* courageous, brave; *~ de ureche* hard of hearing. Ⓑ *așternut ~* hard couch/bed; *băuturi tari* strong/ardent liquors/drinks/spirits; *bere ~* strong beer; *consoană ~ fon.* hard consonant; *culoare ~* strong colour; *dreptul celui mai ~* the right of the strongest, F→club law; *expresie ~* strong expression/word, *pl.* strong language; *frig ~* severe/intense/piercing cold; *cu glas/voce ~* aloud; *lemn ~* strong wood; *lovitură ~* vigorous blow; *măsură ~* severe measure; rough remedy; *ochelari tari* strong glasses; *otravă ~* powerful/strong poison; *ouă tari* hard(-boiled) eggs; *peniță ~* hard-nibbed pen; *perete/zid ~* strong/thick wall; *piele ~* hard/callous/horny skin; *pîine ~* hard bread; *(veche)* stale bread; *pînză ~* stout/thick cloth; *ploaie ~* heavy rain; *sexul ~* the stronger sex; *somn ~* sound/dead sleep; *tutun ~* strong tobacco; *țigară ~* strong cigarette; *verbe tari gram.* strong verbs; *vînt ~* strong/high/sharp wind, *nav.* heavy gale; *voce ~* strong/loud voice. © *e cam ~ (ceea ce spui)* that is a strong thing to say; F that is coming it (rather) strong, that's rough; *e ~ la asta* he is great at/in that; *a fi ~ în nenorocire* to be strong under misfortune, to bear up under misfortune. II. *adv.* 1. strongly, violently, heavily, with force. **2.** *(cu voce tare)* loudly. **3.** *(foarte)* very, F badly, vastly. **4.** *(neşovăitor)* unflinchingly; firmly. Ⓒ *a cădea* ~ to fall heavily; *a dormi* ~ to sleep soundly; *e fript prea* ~ it's overdone, it's done too much; *a îngheţa* ~ to freeze hard; *a ploua* ~ to rain hard/fast/heavily.

targă *s.f.* **1.** *(pt. cărat lucruri)* barrow. **2.** *(pt. bolnavi etc.)* litter, stretcher; *(pat mobil)* portable bed/couch. Ⓒ *a trage targa pe uscat* F to live from hand to mouth, to keep the wolf from the door.

tarhon *s.m. bot.* tarragon *(Artemisia dracunculus)*.

tarif *s.n.* tariff, price list. ⓐ ~ *vamal* customs tariff. Ⓕ *după* ~, *conform* ~*ului* as per tariff, according to the tariff...

tarifar *adj.* tariff...

tarla *s.f.* field; strip ground.

tarniţă *s.f. şi geogr.* saddle.

taroc *s.n.* tarot, taroc; *(partidă)* game of tarot.

tarpan *s.m. zool.* tarpan *(Equus gmelini)*.

tars *s.n.* tarse, tarsus.

tarsian *adj. anat.* tarsal.

tartan *s.n.* **1.** tartan (cloth). **2.** tartan (plaid).

Tartar *s.m. mit.* Tartarus.

tartă *s.f.* (cream *sau* fruit) tart.

tartină *s.f.* slice of bread and butter etc.; sandwich.

tartor *s.m.* fiend, devil.

tartoriţă *s.f.* she-devil.

tartrat *s.m. chim.* tartrate.

tartric *adj.* Ⓕ *acid* ~ *chim.* tartaric acid.

tartru *s.n. chim. etc.* tartar; *(dentar)* toph(us), scale.

tasa *vb. refl.* to settle, to set; *(a se afunda)* to sink.

taşcă *s.f.* bag; *(de tutun)* tobacco pouch.

tataie *s.m.* **1.** *(tıtă)* F dad(die). **2.** *(bunic)* F grandpa(pa).

tată *s.m.* father, (male) parent, *poetic*→sire, F→*sl.* gov(ernor); *(în limbajul copiilor)* papa, F→dad(die) ⓐ ~*l nostru (ca rugăciune)* Our Father, the Lord's Prayer; ~

~ *mare* grandfather, grandsire, (male) grandparent, F grandpa(pa); *taţii noştri* our ancestors, our (fore)-fathers. Ⓕ *casa* ~*lui* father's house, paternal roof, home (of one's childhood); *de* ~ paternal; *dragă* ~! dear father! F→daddie dear! dear old dad! *dragoste de* ~ father's/ parental love, fatherliness; *inimă de* ~ paternal/father's heart; *nume după* ~ patronymic, family name; *văr după* ~ cousin on the father's side. Ⓒ *a nu avea* ~ to have no father, to be fatherless.

tatona *vb. tr.* to probe, to sound; to explore. Ⓒ *a* ~ *terenul* to explore the ground, to take one's bearings.

tatu *s.m. zool.* tatu, armadillo *(Dasypus)*.

tatua I. *vb. tr.* to tattoo. **II.** *vb. refl.* to tattoo oneself, to have oneself tattooed.

tatuaj *s.n.* **1.** tattoo (marks). **2.** v. tatuare.

tatuare *s.f.* tattooing.

tatuat *adj.* tattooed.

taumaturg *s.m.* thaumaturge.

taur *s.m.* **1.** *zool.* bull. **2.** *Taurul astr.* Taurus, the Bull. **3.** *entom.* v. rădaşcă.

tautologic *adj.* redundant, tautological.

tautologie *s.f.* redundancy, tautology.

tavan *s.n. (al unei camere)* ceiling; *(al unei pivniţe)* vault; *(al unei biserici)* roof; *min.* hanging roof.

tavă *s.f.* **1.** tray; *(pt. servit)* waiter, salver. **2.** *(pt. copt)* baking tin.

tavernă *s.f.* tavern; public house, F→pub.

taxa I. *vb. tr.* (**1.** *(o scrisoare)* to surcharge. **2.** *(a impune)* to tax, to impose a tax on. **3.** *fig.* to consider, to style. **II.** *vb. refl. pas.* to be surcharged etc. v. ~ **I.**

taxator *s.m.* **1.** valuer, *amer.* appraiser; *(încasator)* collector. **2.** *(de tramvai etc.)* conductor.

taxă *s.f.* charge; *(tarif)* tariff; *(~ poştală)* postage; *(impozit)* tax; *(la electricitate etc.)* rate. ⓐ ~ *de moştenire/succesiune* death duties; *taxe şcolare* school/tuition fees.

taxi *s.n.* taxi cab, taxi, cab.

taximetru *s.n.* **1.** taxi(cab). **2.** *(aparat)* meter.

tăbăcar *s.m.* currier, leather dresser; *(dubălar)* tanner; *(de piei fine)* tawer.

tăbăcăresc *adj.* currier's...; tanner's...

tăbăcărie *s.f.* **1.** *(loc unde se tăbăcesc pieile)* tanning house, tan yard, tannery, tanner's yard; *(pt. piei fine)* tawer's workshop, tawery.* **2.** *(tăbăcire)* (leather) dressing. **3.** *(ca meserie)* tanner's trade; *(de piei fine)* tawer's trade, tawery.*

tăbăceală *s.f.* **1.** (leather) dressing; *(de piei fine)* tawing. **2.** *(argăscală)* (tan) ooze, oozing, bark liquor, tanning liquor, tan pickle, tannin(g).

tăbăci **I.** *vb. tr.* **1.** to dress, to curry, to leather; *(piei fine)* to taw; *(cu tanin)* to tan, to bark. **2.** F to curry/ tan *smb.*'s hide, to hide, to thrash, to give *smb.* a good hiding. **II.** *vb. refl. pas.* to be dressed etc. v. ~ I.

tăbăcit I. *adj.* **1.** dressed etc. v. tăbăci. **2.** *(ars de soare)* sunburnt. **II.** *s.n.* (leather) dressing etc. v. tăbăci.

tăbărî *vb. intr.* **1.** *mil. înv.* to camp, to encamp, to pitch a camp; *(în aer liber)* to camp (out), to bivouac. **2.** ⓐ *a ~ asupra/pe...* **a.** *(a se năpusti asupra)* to fall/come/ pounce/swoop (up)on..., to rush in upon..., to throw oneself (up)on...; *(a ataca)* to attack..., to set (up)on, ... to fall foul of..., P to walk into...; *(sălbatic)* to make a savage attack on... **b.** *fig.* to inveigh upon ..., to come down upon... ⓒ *a ~ asupra mîncării* to attack the dishes, to fall to; *a ~ cu gura asupra cuiva* to be down upon smb., F to talk to smb. like a Dutch uncle, to fly at smb.

tăblie *s.f. constr.* panel(ling), pane.

tăbliță *s.f.* **1.** *(~ de ardezie)* slate. **2.** *(cu inscripție la o ușă)* door plate. **3.** *(placă)* plate.

tăcăi *vb. intr.* *(d. păsări)* to peck; *(d. inimă)* to beat; *(d. ceas)* to tick, to go tick-tack.

tăcăitoare *s.f. ornit.* shrike, butcher bird *(Lanius)*.

tăcea *vb. intr.* to be/keep silent/F→ mum; *(a înceta de a vorbi)* to cease to speak, to pause; *(d. muzică, și)* to cease, to stop; *(a nu spune nimic)* to say nothing, to let smth. pass, not to reply to smth., to take no notice of smth. ⓒ *taci din gură, tacă-ți gura* F hold your tongue/ jaw, shut up, *sl.* stash it; *a face să tacă* to (cause, to keep) silence, to stop the mouth of; *(prin întrebări)* to pose, to nonplus; *(prin rîs)* to laugh down; *(tunurile) mil.* to dismount; *(o baterie) mil.* to silence; *a ordona cuiva să tacă* to order smb. to be silent, to command silence; *știi să taci?* can you keep a secret? *taci!* be silent! silence! hush! keep quiet! F cut it short!

tăcere *s.f.* **1.** silence; silentness; voicelessness, stillness, dumbness; *(pauză)* pause; *(liniște)* stillness, quiet(ness), tranquillity; *(mai ales după furtună sau după o izbucnire a pasiunilor)* calm, peace, lull. **2.** *interjecțional* silence! hush! ⓐ *~ adîncă/profundă/mormîntală* deep/ profound/ dead silence. ⓑ *în ~* in silence, silently. ⓒ *a întrerupe ~a* to break (the) silence; *a trece ceva sub ~* to pass smth. over in silence, to hush smth.

tăciuna *vb. refl.* to rust, to smut, to blight.

tăciune *s.m.* **1.** (smouldering) brand; *pl.* embers. **2.** *bot.* blight, mildew, blast.

tăciunos *adj. bot.* blighted, rusty, smutty, smutt(i)ed.

tăcut I. *adj.* **1.** *(taciturn)* taciturn, sparing of words. **2.** *(păstrînd tăcerea)* silent; *(liniștit)* quiet, still, tranquil; *(discret, rezervat)* discreet reticent, reserved. **II.** *adv.* silently, in silence. **III.** *s.n.* ⓑ *pe ~e* on the sly, F → underhand, on the q.t.

tăfălog *adj.* ← P *(încet)* sluggish, slow.

tăgadă *s.f.* **1.** *(negare)* denial, negation. **2.** *(îndoială)* doubt. ⓑ *fără ~* **I.** *adj.* doubtless; *(incontestabil)* incontestable, unquestionable.

II. *adv.* no doubt, doubtless(ly); *(incontestabil)* incontestably, unquestionably.

tăgădui I. *vb. tr. (a nega)* to deny, to disavow; *(a contrazice)* to gainsay; *(a contesta)* to contest; *(a nu recunoaşte)* to disown, to disclaim. **II.** *vb. intr.* to deny.

tăgăduire *s.f.* **1.** denying etc. v. t ă g ă d u i. **2.** *(ca act)* denial.

tăgîrţă *s.f.* bag, satchel.

tăia I. *vb. tr.* **1.** to cut; *(a răni prin tăiere)* to cut, to wound by cutting; *(mărunt)* to mince, to chop (small); *(grosolan)* to cut coarsely/grossly; *tehn.* to plane, to cut even; *(la capete)* to clip; *(în zigzag)* to zigzag; *(a cosi)* to mow; *(a deschide prin tăiere)* to cut/rip/break open; *(în felii)* to cut up to slices, to slice; *(a cresta)* to tally; *(a reteza)* to cut/chop/strike off; *(a castra)* to cut, to geld, to castrate; *(a despica)* to cleave, to rive, to split; *(cu ferăstrăul)* to saw; *(a grava)* to (en)grave, to cut; *(afară)* to cut/carve out, S→to excind; *(a ara)* to plough. **2.** *(a amputa)* to amputate, to take/cut off; *(a rezeca)* to resect; *(a face o incizie în)* to incise; *(a face o excizie)* to excise; *(a face o disecţie)* to dissect; *(a opera)* to operate upon. **3.** *(a scurta)* to shorten; *(a separa)* to separate; *(a micşora)* to diminish, to reduce. **4.** *(a masacra)* to massacre, to slaughter, to slay, to butcher. **5.** *(a sacrifica)* to sacrifice. **6.** *geom.* to cut, to bisect; to intersect. **7.** *(a întrerupe)* to interrupt, to break off. © *a ~ barba cuiva* to shave smb., to trim smb.'s beard; *a ~ capul cuiva* to behead/decapitate/decollate smb., to cut/strike off smb.'s head; *a ~ carne (la masă)* to carve meat; *a ~ cărţile* to cut the cards; *a ~ coada unui cal* to dock the tail of a horse; *a ~ coada unui ciine* to lop a dog's tail; *a ~ copaci* to fell (down) trees; *a ~ curentul* to cut off the current; *a-şi ~ degetul* to cut one's finger; *păsările îşi taie drum prin văzduh* the birds wing their way through the air; *vîntul*

ne ~ feţele the wind cut/nipped our faces; *a ~ fier* to cut iron; *a ~ firul în patru* to split hairs/straws, to draw it fine; *a ~ foile unei cărţi* to cut the leaves of a book; *a ~ grinele* to cut/reap corn; *a ~ iarba* to cut/mow the grass; *a ~ lemne* to chop/cleave/split wood; *a ~ lemnul* to saw timber, to cut stuff; *a ~ lina oilor* to shear/cut/ clip/crop/fleece sheep; *a ~ nutreţ* to cut down fodder; *a ~ paie* to chop straw; *a ~ o pană* to cut/make/mend a pen; *a ~ o pădure* to cut down a wood/forest, to root up a wood/forest; *a ~ părul cuiva (scurt)* to bob/shingle smb.'s hair; *(de tot)* to cut (off) smb.'s hair; *a ~ piele* to slit leather; *a ~un porc* to kill/stick off a pig; *a ~ retragerea cuiva* to cut off smb.'s retreat; *a ~ setea* to quench the thirst; *a ~şindrilă* to split shingles; *a-şi ~ unghiile* to cut one's nails; *corabia taie valurile* the ship cleaves/stems the waves; *a ~ vorba cuiva* to cut smb. short; *a ~ în bucăţi* to cut to/in/into pieces; *(a dezmembra)* to quarter, to dismember; *a ~ în două* to cut in two; *a ~ la minciuni/gogoşi/palavre/verzi şi uscate* to spin a yarn, to throw a hatchet; F to swagger, to stretch, to vapour; *(a exagera)* F to draw/pull/shoot the long bow; *mă taie la stomac* I have the colic/F the gripes/P mulligrubs/collywobbles; *a ~ fişii* to shred, to slit, to ribbon; *a ~ împrejur* to circumcise; *face (după) cum îl taie capul* he takes his own course, he uses his own discretion/pleasure. **II.** *vb. refl. pas.* **1.** to be cut etc. v. ~ I. **2.** to cut oneself. **3.** *(d. lapte)* to curdle. © *carnea se taie bine* the meat cuts/carves well; *lemnele se taie uşor* the wood is easily cleft, the wood cleaves easily; *a se ~ la deget* to cut one's finger. **III.** *vb. intr.* to cut. © *a ~ în carne vie fig.* to sting/touch to the quick; *a ~ în lemn* to carve/cut in wood; *cuţit care ~ ca un brici* a knife that cuts like a razor.

tăiere *s.f.* cutting etc. v. t ă i a. ⓐ ~ *autogenă* autogenous cutting; ~ *(cu flacără) oxiacetilenică tehn.* oxy-acetylene cutting; ~ *cu gaze tehn.* gas cutting.

tăietor I. *adj.* cutting etc. v. t ă i a. **II.** *s.m.* cutter. ⓐ ~ *de lemne* (wood), cutter, wood cleaver, (wood) hewer; ~ *de vite* butcher, slaughterer, slaughterman. **III.** *s.n.* (chopping), block.

tăietură *s.f.* **1.** cut(ting), scission. *med.* cut incision; *(rană produsă de ceva tăios)* cut/incised wound; *(mai adîncă)* slash, gash; *(cicatrice)* scar, cicatrice. **3.** *(deschizătură)* cut, slit, jag, cleft; *(crestătură)* notch, nick. **4.** *(brazdă)* furrow. **5.** *(bucată tăiată)* piece, *(secţiune)* section. **6.** *tehn.* channel, fluting, groove, score. **7.** *(făcută cu ferăstrăul)* kerf saw cut/notch. **8.** *(pe copaci) silv.* carve. **9.** *(stil)* cut, style, fashion; *(la haine)* make, set, F→build. **10.** *pl. med.* the gripes, colic.

tăifăsui *vb. intr.* to prattle, F→to mag.

tăinui I. *vb. tr.* to hide, to conceal. **II.** *vb. intr.* to talk, to prattle, F→ to mag.

tăinuit *adj.* hidden, concealed; *(tainic)* secret; *(izolat)* isolated; *(discret)* discreet.

tăinuitor *s.m. jur.* concealer.

tăios I. *adj.* **1.** sharp, cutting. **2.** *(d. vînt)* sharp, biting, cutting; *(d. ger.)* biting; *(d. ton)* sharp, rough; *(d. critică)* severe; *(d. o remarcă)* biting; *(d. răspuns)* curt. **II.** *adv.* sharply; roughly; severely.

tăiş *s.n.* **1.** edge. **2.** *fig.* edge; point. ⓑ *cu două* ~*uri* two-/double-edged.

tăiţei *s.m. pl.* noodles.

tălăzui *vb. intr. şi refl.* to billow, to form waves.

tălăzuire *s.f.* billowing; surge.

tălmaci *s.m. (traducător)* translator; *(interpret)* interpreter.

tălmăci I. *vb. tr.* **1.** *(a traduce)* to translate. **2.** *(a interpreta)* to interpret, to construe; *(a explica)* to explain; *(un text)* to expound, to gloss; *(a comenta)* to comment(ate).

II. *vb. refl. pas.* to be translated etc. v. ~ I.

tălmăcire *s.f.* **1.** translating, translation etc. v. t ă l m ă c i. **2.** *(ca act sau ca rezultat) (traducere)* translation; *(interpretare)* interpretation; *(explicaţie)* explanation; *(comentar)* commentary.

tălmăcitor *s.m.* **1.** *(traducător)* translator. **2.** *fig.* interpreter.

tălpăşiţă *s.f.* ⓒ *a-şi lua tălpăşiţa* F to scuttle away, to pack off.

tălpig *s.n.* **1.** treadle, pedal. **2.** *(de sanie)* runner.

tălpoi *s.n.* **1.** *constr.* beam. **2.** v. t ă l p i g 2. **3.** *fig.* v. t a l p a i a d u l u i.

tălpos *adj.* clayey.

tălpui *vb. tr.* to (new-)sole.

tămădui I. *vb. tr.* **1.** *(a vindeca)* to cure, to medicine, F→to doctor (up); *(răni)* to heal; *(o boală)* to cure, to remedy. **2.** *fig. (de)* to cure (of). **II.** *vb. refl.* **1.** to recover. **2.** *fig. (de)* to cure oneself (of).

tămăduire *s.f.* **1.** curing etc. v. t ă m ă d u i. **2.** cure, curing, healing, recovery, recuperation.

tămăduitor I. *adj.* healing. **II.** *s.m.* healer, curer.

tămbălău *s.n.* **1.** *(zgomot)* F row, shindy, rumpus. **2.** *(petrecere zgomotoasă)* F junket, high jinks.

tămîia I. *vb. tr.* **1.** to (perfume with) incense, to cense. **2.** *fig. (a parfuma)* to scent. **3.** *fig. (a linguşi)* to flatter, to sing the praises of, to praise to the skies, F to give smb. butter, to butter (up). **II.** *vb. refl.* **1.** *reciproc* to compliment each other, to pay each other compliments. **2.** *(a se îmbăta)* F to get tight/fuddled/boozy, to get lit up. **3.** *pas.* to be incensed etc. v. ~ I.

tămîiat *adj.* **1.** incensed etc. v. t ă m î i a. **2.** *(beat)* F boozy, tight, lit up, fuddled.

tămîie *s.f.* **1.** (frank)incense. **2.** *fig. (parfum)* perfume, odour. **3.** *fig. (linguşire)* fulsome praise, flattery. ⓒ *a fugi de cineva ca dracul de* ~ to avoid smb. like a pest house.

tămîiernĭţă *s.f. rel.* censer, thurible.

tămîioară *s.f. bot.* violet *(Viola).*

tămîioasă *s.f.* 1. *bot.* muscadine. 2. *(vin)* muscat(el), muscadel.

tămîios *adj.* (frank)incense...; *(aromat)* scented, perfumed. ⓘ *struguri tămîioşi bot.* muscadine; *vin* ~ muscat(el), muscadel.

tămîiţă *s.f. bot.* 1. goosefoot *(Chenopodium botrys)* 2. Mexican tea *(Chenopodium ambrosioides).* ⓐ ~ *de cîmp* ground pine, field cypress *(Ajuga chamaepithys).*

tăpălăgos, tăpălog *adj.* heavy-footed.

tăpşan *s.n.* 1. flat piece of ground. 2. v. m a i d a n. 3. *(pantă)* slope. 4. *(şes)* plain.

tăpşi *vb. tr.* 1. v. b ă t ă t o r i. I. 2. *fig. (a mîngîia)* to caress; *(a bate uşor)* to pat.

tărăboanţă *s.f.* (wheel)barrow.

tărăboi *s.n. (zgomot)* F row, shindy, halloo, hallabaloo, hullabaloo.

tărăbuţe *s.f. pl.* belongings, F goods and chattels.

tărăgăna *vb. tr.* 1. to dally, to tarry; *(a amîna)* to put off, to postpone, to procrastinate. 2. *(picioarele)* to shuffle. 3. *(cuvintele)* to drawl.

tărăgănat I. *adj.* 1. dallied etc. v. t ă r ă g ă n a. 2. drawling. II. *adv.* in a drawling voice.

tărăşenie *s.f.* F story, thing; *(bucluc)* F scrape, mess.

tărbacă *s.f.* ⓒ *a da / lua în* ~ a. *(a bate)* F to tar and feather, to pommel, to tan *smb.'s* hide. b. *(a batjocori)* ←F to make fun of.

tărbăci *vb. tr.* F v. a d a/l u a î n t ă r b a c ă.

tărcat *adj. (cu dungi)* striped; *(d. animale)* spotted; *(pestriţ)* motley.

tărhat *s.n. (povară)* burden; *(calabalîc)* chattels.

tăricel I. *adj.* rather strong; somewhat strong. II. *adv.* rather strongly; somewhat strongly.

tărie *sf.* 1. *(putere)* strength, force; *(soliditate)* solidity; *(vigoare)* vigour; *(energie)* energy. 2. moral. force; *(fermitate)* firmness, steadfastness. 3. *(toi)* depth, thick; *(intensitate)* intensity. 4. poetic vault/canopy/ dome of heaven; *(văzduh)* air. 5. *(înălţime)* height;

(vîrf) top, peak. 6. *(a unei soluţii etc.)* concentration, strength. 7. F strong drink/liquor/ spirits. ⓐ ~ *de caracter* strength of character. ⓘ *cu* ~ forcibly; *(a afirma etc.)* stoutly.

tărîm *s.n.* 1. *(ţinut)* realm, region, parts. 2. *fig.* sphere, domain. ⓐ ~*ul de jos, celălalt* ~ *mit.* the nether world, Hades, *poetic* the realm of shadows. ⓘ *activist pe* ~ *public* public man/figure.

tărîţe *s.f. pl.* 1. bran; *(cu făină)* pollard. 2. *v.* r u m e g u ş. ⓒ *a fi scump la* ~ *şi ieftin la făină* to be penny wise and pound foolish.

tărnaţ *s.n.* v. p r i s p ă.

tărtăcuţă *s.f.* 1. *bot.* gourd *(Lagenaria);* *(mare)* squash *(Cucurbita maxima).* 2. *(cap)* F nut, pate.

tărtăneţ *adj.* 1. podgy, squat. 2. *(rotund)* round.

tătar *s.m.* 1. Ta(r)tar. 2. *(cal tătăresc)* tarpan.

tătarcă *s.f.* v. t ă t ă r o a i c ă.

tătăiş *s.m. bot.* fleabane *(Pulicaria).*

tătăneasă *s.f. bot.* blackwort, comfrey *(Symphytum officinale).*

tătăresc *adj.* Tatar, Tartar(ic), Tartarian. ⓘ *cal* ~ tarpan.

tătăreşte *adv.* 1. like a Ta(r)tar. 2. *(ca limbă)* Tatar.

tătăroaică *s.f.* Ta(r)tar (girl *sau* woman).

tătîn *s.m.* ←P v. t a t ă.

tău[1] *adj. pos.* your, *înv., poetic*→thy, thine. ⓘ *al* ~ *pron. pos.* yours, *înv., poetic*→thine.

tău[2] *s.n.* mire; pool.

tăun *s.m. entom.* gadfly, horsefly *(Tabanus).*

tăurel, tăurean *s.m.* young bull, steerling.

tăvăleală *s.f.* 1. rolling etc. v. t ă v ă l i. 2. *(bătaie)* F drubbing, tanning.

tăvăli I. *vb. tr.* 1. *(a rostogoli)* to roll (over), to trundle. 2. *(a călca)* to tread. 3. *(a murdări)* to besmirch. II. *vb. refl. (a se rostogoli)* to roll (over), to trundle. ⓒ *a se* ~ *de rîs* F to be splitting with laughter, to break one's sides with laughter.

tăvălug *s.n.* **1.** *agr.* clod crusher/breaker. **2.** *(pt. drumuri)* (road) roller. ⓓ *de-a* ~*ul* head over heels.

tăvălugi *vb. tr.* **1.** *(a netezi)* to roll, to flatten out (with a roller). **2.** *agr.* to crush, to break.

te *pron.* you, *înv., poetic→*thee; *(reflexiv)* yourself, *înv. poetic→* thyself.

teacă *s.f.* **1.** *bot.* pod, cod, S→legume(n), silique. **2.** *(pt. arme)* sheath, case; *(de sabie)* (sword) scabbard, sheath; *(de cuțit)* knife case. ⓐ ~ *de fasole* bean pod/hull. ⓒ *a băga sabia în* ~ to put up/sheathe one's sword, to put one's sword into the scabbard/sheath; *a scoate sabia din* ~ to unsheathe one's sword, to draw one's sword (out of the scabbard).

teafăr *adj.* **1.** safe (and sound), in good condition/health, F→in a whole skin. **2.** *(la minte)* sane. ⓐ ~ *sănătos* safe and sound, F alive and kicking. ⓒ *ești* ~? are you all right? *a scăpa* ~ to get off/escape safely/unhurt; to get clean away; *(cu pielea întreagă)* to come off with a whole skin/ scotfree/ unscathed.

teamă *s.f.* fear, apprehension, < dread; *(plină de venerație)* awe; *(neliniște)* anxiety, alarm; *(spaimă)* fright, < terror; *(panică)* panic. ⓐ ~ *de moarte* fear of death. ⓑ *de* ~ *că...* for fear of..; *din/de* ~ out of/for/through fear. ⓒ *a pricinui* ~ to cause fear; *de* ~/ *frică să nu cadă* from a fear to fall, lest he should fall; *a-i fi* ~ *de...* to be afraid of.., to fear...; *mi-e* ~ *că nu va veni* I'm afraid (that) he won't come; *să nu-ți fie* ~ don't be afraid, you shouldn't be afraid.

teanc *s.n.* **1.** *com.* bale. **2.** *(grămadă)* pile, heap; *(legătură)* bundle. ⓐ ~*uri*, ~*uri*, by/in heaps, by armfuls; *un* ~ *de hîrtii* a bundle of papers/deeds; *un* ~ *de mărfuri* a bale of goods; *un* ~ *de scrisori* a file of letters.

teapă *s.f.* **1.** *(soi, fel)* kind, sort, class, description, category, cast, stamp, cut, F kidney. **2.** *(rang social)* condition, class, (social) standing. ⓓ *un om de teapa lui* a man of his stamp/cast/calibre; *George și cei de teapa lui* George and that ilk/his likes. ⓒ *sînt toți de-o* ~ F they are much of a muchness.

teasc *s.n.* **1.** *(de struguri)* (wine) press. **2.** *poligr.* printing/letter press. ⓒ *a da strugurii la* ~ to work the wine press, to tread the grapes.

teatral I. *adj.* **1.** *teatru* theatrical; *(amintind scena)* stage-like, F→ stagy. **2.** *(afectat)* theatrical, stagy, affected; *(melodramatic)* melodramatic; *(dramatic)* dramatic; *(scenic)* scenic. ⓓ *gest* ~ theatrical/ melodramatical/histrionic gesture. ⓒ *a lua o atitudine* ~ă to strike an attitude, to pose, to attitudinize. **II.** *adv.* theatrically.

teatrologie *s.f.* theatre science.

teatru *s.n.* **1.** theatre; *(scenă)* stage; *(clădire)* theatre, playhouse, F→ house. **2.** *(artă)* dramatic/histrionic art, histrionics. **3.** *(literatură)* drama, theatre. **4.** *fig.* *(dramă)* drama, stage. **5.** *(scenă a unei acțiuni)* theatre, seat, scene. ⓐ ~ *de marionete* puppet show; ~ *de operațiuni mil.* scene of operations; ~ *de păpuși* Punch and Judy show; ~ *de război* seat/theatre of war; ~ *în aer liber* open air theatre; ~ *național* national theatre. ⓑ *bilet de* ~ ticket (for the play); *director de* ~ manager (of a theatre), managing director; *erou de* ~ dramatic/stage hero; *lovitură de* ~ *fig.* stage effect, sensation; *ironic* claptrap display; *spectacol de* ~ (theatrical) performance. ⓒ *a face* ~ to be an actor; *și fig.* to act; *a juca* ~ *fig.* to be shamming; *e la* ~ he is at the theatre; *a se duce la* ~ to go to the theatre; *a intra în* ~ *fig.* to go on the stage/boards, to become an actor *(fem. an actress)*.

tebaină *s.f. chim.* thebaine.

teban *adj., s.m.* Theban.

tecnafes *s.n.* v. **t i g n a f e s.**

tectonică *s.f. geol.* tectonics.

Tedeum *s.n. rel.* Te-Deum.

tegument *s.n.* *anat.*, *bot.* tegument.
tegumentar *adj.* tegumentary.
tehnic I. *adj.* technical. ① *culturi/ plante* ~*e* *agr.* technical/industrial crops; *învăţămînt* ~ technical education; *redactor* ~ technical editor; *revizie* ~*ă* inspection; *şcoală* ~*ă* technical school; *ştiinţe* ~*e* technical sciences; *termeni* ~*i* technical terms. **II.** *adv.* technically.
tehnică *s.f.* technics, technique(s); *(amănunte tehnice)* technical parts; technicalities, technicals; *(indeminare)* technique, technical execution, *muz.* execution. ⓐ *tehnica securităţii* safety engineering, safety arrangements. ① *pe baza tehnicii celei mai înalte* on the basis of higher technics; *ştiinţă şi* ~ science and engineering.
tehniceşte *adv.* technically.
tehnician *s.m.* technician, technical expert, engineer.
tehnicism *s.n.* technicism.
tehnicitate *s.f.* technicalness, technicality.
tehnicolor *adj.* (techni)colour.
tehnico-organizatoric *adj.* technical and organizational.
tehnografie *s.f.* technography.
tehnolog *s.m.* technologist.
tehnologic *adj.* technological.
tehnologie *s.f.* technology.
tehnoredactare *v.* t e h n o r e d a c-
ţ i e.
tehnoredactor *s.m.* designer.
tehnoredacţie *s.f.* make-up.
tei *s.m.* *bot.* lime(-tree), tile/tell tree, *poetic* linden tree *(Tilia platyphyllos).* ① *coajă de* ~ (linden) bast; *floare de* ~ lime(-tree) blossom; *funie/curmei de* ~ (linden) bast; *lemn de* ~ lime/linden wood, lime, linden.ⓒ *a lega două-n* ~ to keep the pot boiling, F to make one's pile; *a nu putea lega două-n* ~ F to be thick-headed with a vengeance; *a nu şti lega două-n* ~ to be reduced to the lowest ebb, to be on one's back, F to be down (on one's luck).
teică *s.f.* **1.** *(la moară)* hooper. **2.** *(jgheab)* trough.
teină *s.f.* theine.

teios *adj.*, *bot.* fibrous.
teism *s.n.* *filoz.* theism.
teist *s.m.* *filoz.* theist.
teişor *s.m.* *bot.* corchorus *(Kerria japonica).*
tejghea *s.f.* **1.** counter. **2.** *(de timplar)* joiner's bench.
tejghetar *s.m.* shop clerk/assistant.
tel *s.n.* **1.** whisk. **2.** *(arc)* spring.
telal *s.m.* old-clothes man, *amer.* junkman.
teleagă *s.f.* *(căruţă)* cart; *(cu două roţi)* (wheel-)barrow.
teleap-teleap *adv.* limping along, lickety-split.
telebusolă *s.f.* tele-compass.
telecinematograf *s.n.* telecinematography, radio movies, filmtelevision.
telecomandat *adj.* *tehn.* (operated by) remote control.
telecomandă *s.f.* *tehn.* *(transmitere)* telemechanical/remote/distant control.
telecomunicaţie *s.f.* telecommunication.
teleferic *s.n.* cable railway, ropeway, rope railway.
telefon *s.n.* **1.** telephone, F→phone, *sl.*→blower. **2.** *(chemare telefonică)* telephone call, F phone, call, *sl.* →tinkle. **3.** *(număr de* ~) telephone number. ⓐ ~ *de cîmp mil.* portable telephone set; ~ *interurban* a. trunk line. b. trunk call. ~ *public* public telephone, *amer.* pay phone. ① *carte de* ~ telephone directory; *la* ~*! (ca răspuns)* hullo! ⓒ *ai* ~ *acasă?* are you on the telephone? have you a telephone at home? *a da cuiva un* ~ to ring/call smb. up; *a închide* ~*ul* to ring off, to hang up; *a chema la* ~ to call to the (tele-)phone; *a răspunde la* ~ to answer the (tele)phone; *to take the call; a vorbi la* ~ to speak on the (tele-)phone.
telefona *vb.* *tr.* *şi intr.* to telephone, F→to phone. ⓒ *a* ~ *cuiva* to ring/ call smb. up; *a* ~ *cu taxa inversă* to reverse charges.
telefonic I. *adj.* telephonic; (tele-)phone... ① *aparat* ~ telephonic apparatus; *aviz* ~ message; *cabină* ~*ă* telephone box, (public) call

box, *amer.* telephone booth; *ca-blu* ~ telephone cable; *centrală* ~*ă* telephone exchange; *comunicaţie* ~*ă* telephonic communication; *convorbire* ~*ă* telephone conversation, telephone call; *(interurbană)* trunk call, long distance call; *legătură* ~*ă* telephonic connection; *linie* ~*ă* telephone line; *reţea* ~*ă* telephonic-wire system; *serviciu* ~ telephonic service. **II.** *adv.* by (tele)phone, telephonically.

telefonie *s,f.* telephony. ⓐ ~ *fără fir* wireless/radio telephony.

telefonist *s.m.* telephonist, (tele-)phone operator.

telefotografie *s.f.* **1.** telephotography. **2.** *(in sens concret)* telephotograph.

telegar *s.m.* trotter, trotting horse.

teleghidat *adj.* radio-controlled; guided. ⓑ *proiectil* ~ guided missile.

telegraf *s.n.* **1.** telegraphy. **2.** *(aparat)* telegraph. ⓐ ~ *fără fir* wireless (telegraphy). ⓑ *bandă de* ~ telegraph tape; *prin* ~ v. t e l e g r a f i c II. *stîlp de* ~ telegraph pole/post.

telegrafia *vb. intr. şi tr.* to telegraph, to wire; *(↓peste ocean)* to cable. ⓒ ~*ză-mi* wire me, send me a wire/cable.

telegrafic I. *adj.* telegraphic, telegraph... ⓑ *adresă* ~*ă* telegraphic address; *depeşă* ~*ă* telegram; *fir* ~ telegraph wire; *răspuns* ~ reply by wire *sau* cable; *stil* ~ telegraphese, telegraphic style. **II.** *adv.* by telegraph/F→wire.

telegrafie *s.f.* telegraphy. ⓐ ~ *fără fir* wireless (telegraphy).

telegrafist *s.m.* telegraphist, telegrapher, telegraph operator.

telegramă *s.f.* telegram, F→wire; *(peste ocean)* cable. ⓐ ~ *fulger* lightning cable, express telegram.

teleimprimator *s.n.* start-stop teleprinter.

teleindicator *s.n.* teleindicator.

teleleică *s.f.* light woman, street walker, F strumpet.

telelen *s.m.* **1.** good-for-nothing, loafer. **2.** *adverbial* aimlessly. ⓒ *a umbla* ~ *(Tănase)* to gad about.

telemea *s.f.* ⓑ *brînză* ~ cottage cheese.

telemecanică *s.f.* telemechanics, remote control.

telemetric *adj.* telemetric(al).

telemetrie *s.f.* telemetry.

telemetru *s.n.* telemeter.

telencefal *s.n. anat.* telencephalon.

teleobiectiv *s.n. fot.* telelens, telescopic lens, telephotolens.

teleologic *adj. filoz.* teleological.

teleologie *s.f. filoz.* teleology.

telepatic *adj.* telepathic.

telepatie *s.f.* telepathy.

telereglaj *s.n. tel.* distant regulation.

telescop *s.n. opt.* (reflecting) telescope.

telescopic *adj.* telescopic.

telespectator *s.m.* (tele)viewer, TV spectator.

teletaip *s.n.* teletype (writer), F→ticker.

teletin *s.n.*←*reg.* Russia(n)/Muscovy leather.

televiza *vb. tr.* to televise, to telecast, to show on (television/T.V.).

televiziune *s.f.* television, T.V. F→telly, goggle box. ⓐ ~ *in culori* colourcast, colour T.V. ⓑ *aparat de* ~ v. t e l e v i z o r.

televizor *s.n.* T.V./television set, F→telly, goggle box. ⓑ *la* ~ on television/the T.V.

telur *s.n. chim.* tellurium.

teluric *adj.* **1.** *chim.* telluric. **2.** arising from the soil; earthly. ⓑ *acid* ~ telluric acid.

tematic *adj.* **1.** *muz., gram.* thematic. **2.** subject... ⓑ *plan* ~ (long-term) plan of subjects/themes.

tematică *s.f.* themes, subjects.

temă *s.f.* **1.** *(subiect)* subject, theme; *(de conversaţie)* topic. **2.** *muz.* theme. **3.** *şcol.* composition; *(exerciţiu)* task. **4.** *mil.* problem, scheme. **5.** *gram.* stem, theme. ⓐ ~ *tactică mil.* tactical scheme. ⓑ *pe tema... (cu gen.)* concerning...; about..., on...

temător *adj.* **1.** *(care se teme)* cowardly, fearful, timid, timorous, F→yellow. **2.** *(bănuitor)* suspicious, suspecting.

tembel I. *adj.* sluggish, indolent, slothful. **II.** *s.m.* sluggard, F slacker.

tembelism *s.n.* sluggishness, in-
dolence, sloth.

teme *vb. refl. (de)* to be afraid (of),
to fear *(cu acuz.)*, to apprehend
(cu acuz.), to be apprehensive (of),
< to dread *(cu acuz.)*. © *mă tem
că ai dreptate* I think/am afraid
you are right; *mă tem că nu înţe-
legi* I am afraid you don't under-
stand; *mă tem pentru viaţa lui*
I fear/am afraid/am apprehensive/
am in apprehension/tremble for
his life; *mă tem să nu cad* I fear
to fall, I am afraid of falling; *nu
mă tem de tine* I am not afraid of
you; *să nu te temi de asta* you
needn't be afraid of that.

temei *s.n.* 1. *(temelie)* şi *fig.* found-
ation, base, basis, ground. 2.
(fund) bottom. 3. rudiment, prin-
ciple. 4. principal/main part. 5.
(motiv) ground, reason. 6. *(toi)*
thick, depth, middle. ⓐ *cu* ~ I.
adj. **a.** *(intemeiat)* well grounded.
b. *(serios)* thorough(going), solid,
sound, substantial. II. *adv.* **a.**
with good reason, justly. **b.** *(cum
trebuie)* thoroughly, properly, ade-
quately; *cu deplin* ~ with good
reason; *de* ~ solid, sound; import-
ant; *fără* ~ I. *adj.* groundless,
unfounded, without foundation,
false, idle. II. *adv.* without reason,
groundlessly; *în* ~*ul... (cu gen.)*
on the grounds of...; *lipsit de orice*
~ absolutely unfounded; *nu fără*
~ not without reason; *pe* ~*ul
că...* on the ground that...; *pe ce*
~? on what grounds? © *a avea
toate* ~*urile să...* to have every
reason to..., to have good reason
to...; *nu pune* ~ *pe...* don't trust...

temeinic I. *adj.* solid, sound; *(com-
plet)* thorough; *(serios)* serious; *(a-
dinc)* deep, profound. II. *adv.* solid-
ly etc. v. ~ I.

temeinicie *s.f. (tărie)* solidity; firm-
ness.

temelie *s.f.* foundation, ground, base,
basis. ⓐ *pînă în/din* ~ thoroughly,
completely, utterly. © *a pune* ~
(cu dat.) to found...; *(a începe)*
to begin...; to initiate...

temenea *s.f.* low bow, F sala(a)m.
© *a face o* ~ to make a low bow,

to ko(w)tow, F to make one's sa-
la(a)m.

temerar I. *adj.* venturesome, fool-
hardy, daring, headstrong. II. *adv.*
daringly, rashly.

temere *s.f.* 1. fearing etc. v. t e m e.
2. *(teamă)* fear.

temeritate *s.f.* temerity, daring, fool-
hardiness, fearlessness.

temnicer *s.m.* jailer, keeper (of a
prison).

temniţă *s.f. (închisoare)* prison
(house), jail, goal, *sl.* quod.

tempera I. *vb. tr.* to temper, to mod-
erate. II. *vb. refl.* to moderate.

temperament *s.n.* 1. *(moral)* tem-
per(ament), disposition. 2. *(elan)*
temperament, life, spirit.

temperamental I. *adj.* temperament-
al. II. *adv.* temperamentally, by
temperament.

temperanţă *s.f.* temperance, abste-
miousness.

temperat I. *adj.* temperate, moder-
ate. ⓐ *zona* ~*ă* the temperate
zone. II. *adv.* temperately, moder-
ately.

temperatură *s.f.* temperature. ⓐ
~ *critică* critical point; ~ *de
fierbere* boiling point; ~ *de în-
gheţare* freezing point; ~ *înaltă*
high temperature; ~ *normală* nor-
mal temperature; ~ *ridicată* raised
temperature; ~ *scăzută* low
temperature. ⓑ *creştere a tempe-
raturii* rise of temperature; *scăde-
re a temperaturii* fall of tempera-
ture. © *nu are* ~ he hasn't a
temperature; *a avea* ~ to have a
(high) temperature; F to run a
fever; *seara face* ~ his temperature
goes up in the evening; *a lua tempe-
ratura* to take the temperature.

templier *s.m. ist.* (Knight) Templar.

templu *s.n.* temple, *poetic→*fane;
(sanctuar) sanctuary; *(mozaic)* syn-
agogue; *(mic, deschis)* monopte-
ron, monopteral temple.

tempo *s.n.* tempo, time, pace;
rhythm.

temporal *adj. gram. etc.* temporal.

temporală *s.f. gram.* temporal clause.

temporar I. *adj.* temporary; provi-
sional. II. *adv.* temporarily, pro-
visionally.

temporiza *vb. tr.* to delay, to tarry, to dally, to temporize.

temut *adj. (de ~)* dreaded, *poetic→* dread.

ten *s.n.* complexion.

tenace I. *adj.* 1. tenacious; *(d. culori)* wearing; *(tare)* strong. 2. *fig.* tenacious, dogged, stubborn. II. *adv.* tenaciously.

tenacitate *s.f.* tenacity; stubbornness.

tencui *vb. tr.* to plaster, to parget.

tencuială *s.f.* plaster.

tendar *s.n. nav.* awning stretcher.

tendă *s.f. nav.* awning.

tendenţios I. *adj.* tendentious, tendencious; bias(s)ed, partial. II. *adv.* tendentiously, partially.

tendenţiozitate *s.f.* tendentiousness; bias, partiality.

tender *s.n. ferov.* tender.

tendinţă *s.f.* tendency; *(dispoziţie)* disposition, inclination, bent, leaning, ply; proclivity, bearing, propensity; *(impuls)* impulse; *(scop)* purpose; *(năzuinţă)* striving, endeavour. ⓐ *~ fundamentală* basic tendency. ⓑ *cu ~* I. *adj.* tendentious. II. *adv.* tendentiously.

tendon *s.n. anat.* tendon; *(implicînd şi ideea de forţă etc.)* sinew.

tenebre *s.f. pl.* dark(ness).

tenebros *adj.* 1. dark, gloomy. 2. *fig.* obscure, mysterious. ⓑ *afacere tenebroasă* dark affair.

tenghelinţă *s.f. ornit.* thistle finch, goldfinch *(Fringilla carduelis)*.

tenie *s.f. zool.* tape worm, S→taenia *(Taenia solium)*.

tenis *s.n. sport* lawn tennis. ⓐ *~ de masă* table tennis, ping-pong.

tenor *s.m. muz.* 1. *(voce)* tenor (voice). 2. *(cîntăreţ)* tenor (singer), *rar→*tenorist.

tensiometru *s.n. fiz.* tensiometer.

tensiune *s.f.* 1. *fiz.* tension, strain; *electr.* tension voltage. 2. *(a muşchilor)* stretching. 3. *med. (~ arterială)* blood pressure. 4. *fig.* tension; strain. ⓐ *~ critică* ultimate stress. ⓑ *curent de înaltă ~ electr.* high tension current; *înaltă ~* high tension; *joasă ~ electr.* low tension/voltage/pressure.

tenta *vb. tr.* to tempt, to lure.

tentacul *s.n.* tentacle, tentaculum.

tentacular *adj.* tentacular.

tentativă *s.f.* attempt, endeavour.

tentaţie *s.f.* temptation.

tentă *s.f.* 1. tint. 2. *(nuanţă)* tint, hue, shade.

teobromină *s.f. chim.* theobromine.

teocrat *s.m.* theocrat.

teocratic *adj.* theocratic.

teocraţie *s.f.* theocracy.

teodicee *s.f.* theodicy.

teodolit *s.n.* theodolite.

teogonic *adj.* theogonic.

teogonie *s.f.* theogony.

teolog *s.m.* theologian.

teologic *adj.* theological.

teologie *s.f.* theology.

teorbă *s.f. muz.* theorbo.

teoremă *s.f.* theorem.

teoretic I. *adj.* theoretic(al). II. *adv.* theoretically.

teoreticeşte *adv.* theoretically.

teoretician *s.m.* theorist, theor(et)ician.

teoretiza *vb. tr.* to theorize.

teoretizare *s.f.* theorization.

teorie *s.f.* 1. theory. 2. *mil.* theoretical instruction. ⓐ *teoria cuantelor/cuantică* quantum theory; *teoria luptei de clasă* theory of class struggle; *teoria marxist-leninistă* Marxist-Leninist theory; *teoria revoluţiei socialiste* theory of the socialist revolution; *~ şi practică* theory and practice.

teozof *s.m.* theosophist.

teozofie *s.f.* theosophy.

teracotă *s.f.* terra-cotta.

terapeutic *adj.* therapeutic.

terapeutică *s.f. med.* therapeutics.

terapie *s.f.* therapy.

terasament *s.n.* earthwork, embankment.

terasă *s.f.* 1. terrace, *amer.* offset. 2. *arhit.* platform; *(pe acoperiş)* flat roof. 3. pavement in front of a café. 4. *geol.* terrace.

teratologie *s.f. anat., fiziol.* teratology.

terbiu *s.n. chim.* terbium.

terchea-berchea *s.m.* F good-for--nothing (fellow), never-do-well, ne'err-do-well.

terci *s.n.* **1.** (thin) hominy; *(fiertură)* gruel, porridge. **2.** any pulpy mass, mash. © *a face ~ pe cineva* F to beat smb. soundly/to a mummy/to a jelly, to squash smb.
terciui *vb. tr. şi refl.* to squash, to mash.
terebentină *s.f.* turpentine, F→turps.
terebint *s.m. bot.* terebinth (tree) *(Pistacia terebinthus).*
teren *s.n.* **1.** (piece of) ground, plot of land; *(sol)* soil; *(de fotbal, cricket)* field; *(de golf)* links course; *mil.* terrain. **2.** *fig.* domain, province; scene, venue, setting, location. ⓐ *~ accidentat* troubled land; *~ de aterizare* landing ground/field; *~ de joc* playground; *sport* playing field; *~ mlăştinos* marshy/boggy ground/soil; *~ nisipos agr.* sandy soil/ground, gravel soil; *~ pentru clădit* building site/ground; *~ petrolifer* oil field; *cunoaşterea ~ului* knowledge of the country, local knowledge; *ridicături de ~* elevations of the ground; *schiţă a ~ului* sketch of the ground; *pe ~ on* (the) spot. © *a cîştiga ~* to gain ground; *a pierde ~* to lose ground; *a pregăti ~ul* to pave the way; *a recunoaşte ~ul* to reconnoitre, to survey the ground, to make a reconnaissance; *a sonda ~ul* to explore the ground, to see how the land lies, F to throw out a feeler, to feel out the situation.
terestru *adj.* terrestrial, earthly. ① *paradis ~* earthly paradise.
terezie *s.f.* balance, scales.
terfeli *vb. tr.* **1.** to soil, to dirty, *şi fig.* to sully, to bemire. **2.** *fig.* to defile.
terfelit *adj.* solied etc. v. t e r f e-l i.
terfelog *s.n.* **1.** *(registru)* register. **2.** *pl.* v h î r ţ o a g e.
tergal *s.n.* tergal, terylene.
tergiversa *vb. tr.* to dally, to delay, to temporize.
teribil I. *adj.* **1.** terrible, awful. **2.** *şi* F terrible, tremendous; extraordinary. **II.** *adv. şi* F terribly, awfully.
terier *s.m.* terrier (dog).
terină *s.f.* terrine.

teritorial *adj.* territorial. ① *ape ~e* territorial waters.
teritoriu *s.n.* territory, area under jurisdiction.
termal *adj.* thermal. ① *băi ~e* thermal baths; thermae; *izvoare ~e* hot/thermal springs.
terme *s.f. pl. ist. Romei* thermae.
termen¹ *s.n.* **1.** term, time; *(ca moment fixat)* fixed/appointed/stated date/day *sau* hour; *(limită)* time limit; *(ca zi)* term day; *(pt. piaţă)* quarter day. **2.** *com. (păsuire)* time allowed, delay (granted), respite. **3.** *jur.* summons; day of appearance, court day. ⓐ *~ de plaiă* term of payment; *~ final* latest/final/extreme term; *jur.* peremptory day. ① *înainte de ~* I. *adj.* **a.** premature. **b.** *(d. un plan etc.)* ahead fo schedule. II. *adv.* **a.** prematurely. **b.** ahead of schedule; *în ~ de trei zile* within three days, in three days' time; *ultimul ~* deadline, time limit. © *are ~ miine jur.* he is (summoned) to appear (in court) tomorrow; *a fixa/pune un ~* to fix/appoint a time/term.
termen² *s.m.* **1.** term, word; expression. **2.** *pl. (raporturi)* terms, relation(s). **3.** *pl. (condiţii)* terms, conditions. ⓐ *~ ambiguu* equivocal/ambiguous term; *~ de botanică* botanical term; *~ familiar* familiar term; *~ figurat* figurative term; *~ învechit* archaism, obsolete word *sau* expression; *~ juridic* law term; *~ mediu* **a.** *mat.* intermediate term. **b.** *log.* middle term; *~ propriu* proper word; *~ tehnic* technical term. © *a fi în ~i buni cu cineva* to be on good terms with smb.; *a fi în ~i de prietenie cu cineva* to be on friendly terms with smb.; *nu sînt în ~i buni* there is no love lost between them.
termic *adj.* thermic.
termificare *s.f.* introduction of district heating plants.
termina I. *vb. tr.* to end, to bring to an end/a close, to finish, to terminate, to close, to conclude, to work off; *(a întrerupe)* to break

off; *(o lucrare)* to complete; *(munca)* to be through with; *(neînţelegeri)* to stop, to discontinue; *(o ceartă etc.)* to accommodate, to arrange, to make up, to settle; *(o şcoală)* to graduate, to graduate from. **II.** *vb. intr.* to finish, to come to an end. ⓐ *a ~ cu...* to have done with... ⓒ *termină!* enough! stop talking! Why don't you get yourself lost? **III.** *vb. refl.* to end, to come to an end. ⓐ *a se ~ cu...* to end in... ⓒ *cuvîntul se termină cu o consoană* the word ends in a consonant; *s-a ~t cu el* all is over with him; *cu asta nu s-a ~t* this is not all, this is not the end of the affair; *s-a ~t* all is over.

terminal *adj.* terminal.
terminaţie *s.f.* ending.
terminologic *adj.* terminological.
terminologie *s.f.* terminology.
terminus *s.n. ferov.* terminus; *(de autobuz etc.)* terminal point.
termit *s.n. metal.* thermit(e).
termită *s.f. entom.* white ant, S→ termitine.
termocauter *s.n. med.* thermo-cautery.
termocentrală *s.f.* thermo(-electric) power station.
termochimic *adj. chim.* thermochemical.
termochimie *s.f. chim.* thermochemistry.
termodinamică *s.f. fiz.* thermodynamics.
termoelectric *adj.* thermo-electric(al).
termoelectricitate *s.f.* thermo-electricity.
termoelement *s.n. fiz.* thermoelement, thermocouple.
termofor *s.n.* thermophore.
termogen *adj.* thermogenous.
termogenie *s.f. fiz.* thermogenesis.
termograf *s.n. fiz.* thermograph.
termoizolant *adj.* thermo-insulating.
termometric *adj.* thermometric(al).
termometrie *s.f.* thermometry.
termometru *s.n.* thermometer. ⓐ *~ centigrad* centigrade thermometer; *~ clinic* clinical thermometer; *~ cu alcool* alcohol thermometer.

termonuclear *adj.* thermonuclear. ⓓ *armă ~ă* thermonuclear weapon; *dispozitiv ~* thermonuclear device; *explozie ~ă* thermonuclear explosion/test.
termoregulator *s.n.* thermoregulator, thermostat.
termos *s.n.* thermos flask.
termoscop *s.n.* thermoscope.
termostabil *adj.* thermostable.
termostat *s.n.* thermostat.
termotehnică *s.f.* thermotechnics.
termoterapie *s.f.* heat cure, thermotherapy.
tern *adj.* **1.** dull, tarnished, lustreless. **2.** *fig.* dull, flat.
ternar *adj.* ternary, triple. ⓓ *măsură ~ă muz.* triple time.
teroare *s.f.* **1.** terror; dread. **2.** object of terror.
terorism *s.n.* terrorism.
terorist **I.** *s.m.* terrorist, terrorizer. **II.** *adj.* terrorist(ic).
teroriza *vb. tr.* to terrorize, to browbeat, F→to bully.
terpene *s.f. pl. chim.* terpenes.
terpentină *s.f.* v. t e r e b e n t i n ă.
tertip *s.n.* stratagem; *(şiretlic)* artifice, double manoeuvre, wrinkle; *(truc)* trick; *(născocire, gînd ascuns)* device, contrivance; *(capcană)* trap, catch, cunning fetch, F crook.
terţ **I.** *adj.* third. **II.** *s.m.* third person/party. ⓓ *principiul ~iului exclus log.* principle of excluded middle.
terţă *s.f.* **1.** *muz.* third, *rar*→tierce. **2.** *(la jocul de cărţi)* t(i)erce. **3.** *(la scrimă)* tierce. ⓐ *~ majoră/mare muz.* major third; *~ minoră/mică muz.* minor third.
terţet *s.n. muz.* terzetto, trio, three-part song.
terţiar *adj. geol.* tertiary. ⓓ *era ~ă* the tertiary epoch/age; *formaţie ~ă* tertiary formation.
terţină *s.f. metr.* terza rima.
tescovină *s.f.* **1.** marc of grapes. **2.** wine spirits.
tescui **I.** *vb. tr.* **1.** to press, to tread. **2.** *fig.* to press, to squeeze (in). **II.** *vb. refl. pas.* to be pressed etc. v. ~ I.

teslă *s.f.* adze.

test *s.n.* test.

testa *vb. intr.* to bequeath, to devise.

testaceu *zool.* I. *adj.* testacean, crustacean. II. *s.n.* testaceous/crustaceous animal.

testament *s.n.* (last) will, testament. ⓐ ~ *oral* will by word of mouth, nuncupative will; ~ *scris* written will. ⓑ *Noul Testament rel.* the New Testament; *Vechiul Testament rel.* the Old Testament; ⓒ *a deschide un* ~ to open a will; *a-şi face* ~*ul* to make one's will; *a lăsa un* ~ to leave a will; *a revoca un* ~ to revoke/annul/cancel a testament; *a lăsa prin* ~ to bequeath, to wille.

testamentar *adj.* testamentary. ⓑ *dispoziţie* ~*ă* clause (of a will); *executor* ~ executor; *moştenitor* ~ devisee.

testatoare *s.f. jur.* testatrix.

testator *s.m. jur.* testator.

testea *s.f.* 1. ten pieces. 2. *(duzină)* dozen. 3. *(24 coli de hîrtie)* quire.

testemel *s.n.* headcloth, kerchief (for the head).

testicul *s.n. anat.* testicle, testis, F→ball, stone.

testicular *adj.* testicular, orchic.

teşcherea *s.f.*←F purse.

teşi I. *vb. tr.* 1. *(marginea)* to bevel; *(a tăia oblic)* to cut diagonally. 2. *(a turti)* to flatten. II. *vb. refl. pas.* to be bevelled etc. v. ~ I.

teşilă *s.f.* ⓑ *cu gîndul (cam) pe* ~ hesitating(ly).

teşitură *s.f.* 1. *tehn.* bevel cant. 2. *(ciot)* stump, stub.

teşmecherie *s.f.*←F thievish/roguish trick, piece of roguery.

tetanic *adj. med.* tetanic.

tetanie *s.f. med.* tetany.

tetanism *s.n. med.* tetanism.

tetanos *s.n. med.* tetanus, lock-jaw.

tetea *s.m.*←P 1. *(tată)* father, F dad. 2. *(bunic)* grandfather, F grandpa.

teterist *s.m. mil. odin. educated young man with shorter term of conscription.*

tetină *s.f.* baby's dummy.

tetraclorură *s.f. chim.* tetrachloride.

tetracord *s.n. muz. odin.* tetrachord.

tetraedric *adj. geom.* tetrahedral.

tetraedru *s.n. geom.* tetrahedron.

tetraevanghel *s.n. the* four gospels.

tetragon *s.n. geom.* tetragon.

tetragonal *adj. geom.* tetragonal.

tetralogie *s.f.* tetralogy.

tetrapod *s.n. bis.* lectern.

tetrarh *s.m.* tetrarch.

tetrarhie *s.f.* tetrarchy.

tetrasilab(ic) *adj.* tetrasyllabic.

tetravalent *adj. chim.* tetravalent, quadrivalent.

teu *s.n.* drawing rule, T-square.

teugă *s.f. nav.* forecastle.

teuton *s.m. ist.* Teuton.

teuton(ic) *adj.* Teutonic.

tevatură *s.f.* 1. *(zarvă)* F shindy, row. 2. *(bucluc)* trouble, F scrape. 3. *(tulburare)* disturbance.

text *s.n.* 1. text; *(la un cîntec)* lyrics. 2. *poligr.* double pica, text (hand), paragon. ⓐ ~ *original* original text. ⓑ *însemnări sub* ~ footnotes. ⓒ *a cita un* ~ to quote a text.

textier *s.m.* lyricist.

textil *adj.* textile. ⓑ *fabrică* ~*ă* textile mill; *industria* ~*ă* the textile industry.

textilist I. *adj.* textile... II. *s.m.* textile worker.

textual I. *adj.* textual. II. *adv.* textually; word for word.

textură *s.f.* 1. texture. 2. *geol.* (rock) structure.

tezaur *s.n.* 1. *(comoară)* treasure; *(de monede şi)* hoard. 2. *(ca titlu de lucrare ştiinţifică)* thesaurus. 3. *fig.* treasury, treasure. ⓐ ~*ul public* public money.

tezauriza *vb. tr.* to hoard (up), to amass.

teză *s.f.* 1. thesis, argument, proposition. 2. *(disertaţie)* thesis, dissertation. 3. *şcol.* written work; *(de examen)* test paper. ⓒ *a susţine o* ~ to maintain a thesis.

ti *interj.* F dear me! goodness (me)! good(ness) gracious! (well) I declare! great Scot! oh my!

tiară *s.f.* (papal) tiara, triple crown.

tibia *s.f. anat.* shin(bone), tibia.

tibişir *s.n. (cretă)*←*înv.* chalk.

tic *s.n.* (spasmodic) tic.

ticăi[1] *vb. intr.* **1.** *(d. ceas)* to tick. **2.** *(d. inimă)* to beat; *(a palpita)* to throb.

ticăi[2] *vb. refl.* to worry.

ticăit I. *adj.* **1.** v. m o c ă i t I. **2.** *(nenorocit)* wretched, miserable. **II.** *s.n.* ticking etc. v. t i c ă i. **III.** *s.m.* v. m o c ă i t II.

ticălos I. *adj* **1.** *(nemernic)* mean, base, vile, foul, dastardly. **2.** *(nenorocit)* wretched, miserable. **II.** *s.m.* **1.** *(nemernic)* knave, scoundrel, rascal, dastard. **2.** *(nenorocit)* wretch.

ticăloşi I. *vb. tr.* to make mean/ base/vile/foul. **II.** *vb. refl.* to become mean/base/vile/foul, to become a mean fellow.

ticăloşie *s.f.* **1.** meanness, baseness. **2.** *(ca act)* mean/vile/base foul/ deed/action. **3.** *(mizerie)* misery, wretchedness.

tichet *s.n.* ticket; *ferov.* reserved seat ticket. ⓐ ∼ *de piine* bread coupon.

tichie *s.f.* cap; skull cap; *(de noapte)* night cap. ⓒ *a se naşte cu tichia in cap* to be born with a silver spoon in one's mouth/with a caul on one's head.

ticlui I. *vb. tr.* **1.** to arrange; *(a forma)* to form; *(a intocmi)* to make up. **2.** *(a compune)* to compose. **3.** *fig.* to plot, to concoct; to devise. **II.** *vb. refl. pas.* to be arranged etc. v. ∼ I.

ticsi *vb. tr.* to cram; *(a aglomera)* to crowd.

ticsit *adj.* crammed; crowded.

tic-tac I. *interj.* **1.** *(al ceasului)* tick-tack! **2.** *(al inimii)* pit-a- -pat. **II.** *s.n.* **1.** *(al ceasului)* tick- -tack. **2.** *(al inimii)* pit-a-pat. ⓒ *a face* ∼ *(d. ceas)* to tick, to go tick-tack; *(d. inimă)* to go pit-a- -pat.

tifdruc *s.n. poligr.* mezzotint.

tific *med.* **I.** *adj.* typhus... **II.** *s.m.* typhus patient.

tiflă *s.f.* ⓒ *a da cuiva cu tifla* F to make/pull a long nose at smb., to cock/cut/make a snook at smb., to thumb one's nose at smb.

tifoid *adj. med.* typhoid. ⓓ *febră* ∼ă typhoid (fever), S→typhus abdominalis.

tifon *s.n. text.* gauze.

tifos *s.n. med.* typhus, camp/hospital fever, S→petechial fever. ⓐ ∼ *exantematic* typhus, spotted/jail/ famine fever, S→typhus exanthematicus. ⓓ *bolnav de* ∼ ill with typhus.

tigaie *s.f.* (frying) pan.

tighel *s.n.* stitch. ⓒ *a trage cuiva un* ∼ F to give smb. a good dressing down.

tigheli *vb. tr.* to stitch (on both sides), to quilt.

tignafes *s.n. vet.* chest foundering, broken wind.

tigoare *s.f.*←*reg. (trintor)* lazybones, sluggard, slug-abed.

tigroaică *s.f. zool.* tigress.

tigru *s.m.* **1.** *zool.* (Bengal/Indian/ royal) tiger, F→*vînăt.* stripes *(Felis tigris).* **2.** *fig.* fierce/blood-thirsty person, person of tigerish disposition. ⓐ ∼ *american zool.* American tiger, jaguar *(Felis onca).* ⓓ *pui de* ∼ tiger's whelp.

tigvă *s.f.* **1.** *bot.* bottle gourd *(Lagenaria vulgaris)* **2.** *(ţeastă)* skull. **3.** *(cap)* F nut, pate, *sl.* nob.

tihai *interj.* oh my!

tihăraie *s.f.* **1.** ravine; *(povîrniş)* slope. **2.** *(desiş)* thicket. **3.** *v.* p ă p u r i ş.

tihnă *s.f.* *(odihnă)* rest; *(răgaz)* leisure; *(linişte)* quiet.

tihni *vb. intr.* ⓐ *a-i* ∼ *cuiva* to please/benefit smb. ⓒ *lasă-mă să-mi tihnească mîncarea* leave me alone so I may relish my food; *nu mi-a* ∼*t odihna* I couldn't enjoy my rest.

tihnit I. *adj.* quiet, calm; *(paşnic)* peaceful, peaceable. **II.** *adv.* quietly etc. v. ∼ I.

tijă *s.f.* **1.** *bot.* stem, stalk. **2.** *tehn.* rod.

tildă *s.f. poligr.* tilde, mark of repetition.

tilincă *s.f.* **1.** (shepherd's) pipe. **2.** v. t a l a n g ă.

tilişcă *s.f. bot.* enchanter's night-shade *(Circaea).*

timbra I. *vb. tr.* to stamp. II. *vb. refl. pas.* to be stamped.
timbrat *adj.*ˌ stamped. ⓑ *hîrtie* ~*ă* stamped paper.
timbru[1] *s.n. (marcă poştală)* (postage) stamp; *(fiscal)* stamp. ⓐ ~ *jubiliar* jubilee stamp; ~ *sec* impressed stamp; embossed press.
timbru[2] *s.n. muz.* timbre.
timid I. *adj.* timid, shy; *(ruşinos)* bashful, retiring; *(şovăitor)* hesitating; *(modest)* coy, modest; *(fricos)* nervous, timorous. II. *adv.* timidly etc. v. ~ I.
timiditate *s.f.* timidity, shyness; *(ruşinare)* bashfulness; *(şovăială)* hesitation; *(modestie)* coyness, modesty; *(frică)* nervousness, timorousness.
timoftică *s.f. bot.* cat's-tail grass, herd's grass, timothy (grass) *(Phleum pratense)*.
timol *s.m. chim.* thymol.
timonă *s.f. nav.* steering wheel.
timonerie *s.f. nav.* wheel house.
timonier *s.n. nav.* steersman.
timorat I. *adj.* timorous. II. *adv.* timorously.
timp I. *s.n.* **1.** *(cronologic)* time; *(personificat)* Father Time, *mit.* Saturn; *(epocă)* epoch; *(eră)* era; *(perioadă)* period, age; *(termen)* term; *(dată)* date; *(moment)* moment; *(oră)* hour; *(zi)* day; *(anotimp)* season. **2.** *(stare atmosferică)* weather, state/condition of the sky, F→day. **3.** *gram.* tense. **4.** *muz.* beat. ⓐ ~ *astronomic* astronomical/nautical time; ~ *berechet* plenty of (spare) time; ~ *ceţos* foggy/thickish weather; *un* ~ *destul de lung* a pretty long while; ~ *frumos* fine/fair/ < lovely weather/day; ~ *frumos staţionar* settled fair weather; ~ *liber* spare/vacant/ idle time, leisure (time), off time, time on hand; *un* ~ *lung* a long time, F→a dog's age, a week of Sundays; ~ *mort metal.* cool time; ~ *ploios* rainy weather; ~ *prezent gram.* present tense; ~ *scurt* a short time, a while; ~ *trecut gram.* past tense; ~*ul mesei* dinner time; ~*ul secerişului* harvest time;

~*urile ce vor veni* unborn ages, ages yet to come. ⓓ *calcularea* ~*ului* computation of the time, chronology; *cît* ~? how long? *cu* ~*ul* in the course/process of time, as time goes on; *(pînă la urmă)* in the long run, eventually, at length, at (long) last; *de cîtva* ~ for some time past; *din* ~ in advance, beforehand; *din* ~*ul...* *(cu gen.)* from/of the time of...; *din* ~*uri vechi* I. *adj.* old-time...; of the olden time. II *adv.* of old; *după cîtva/oarecare* ~ after a/some time; *după un oarecare* ~ after a time; *după un* ~ *îndelungat* after a long/considerable time; *diviziunea* ~*ului* division of time; *economie de* ~ saving of time; *fără pierdere de* ~ without delay, without losing time; *gustul* ~*ului* the prevailing taste; *în acelaşi* ~ at the same time, simultaneously, concurrently; *înainte de* ~ I. *adv.* before the right/proper time, prematurely. II. *adj.* unreasonable, premature; *în cel mai scurt* ~ with the utmost expedition, at shortest notice, F→in no time; *în scurt* ~ in a short time, shortly, by and by, before long; *din* ~ *în* ~ now and then, between whiles; *în* ~ *ce... as...,* while...; *(pe cîtă vreme)* while..., whilst...; *în* ~ *de două luni* in two months' time, within two months; *în toate* ~*urile* at all times/periods; *între* ~ (in the) meantime, meanwhile, in the interim; *în* ~*ul...* *(cu gen.)* during..., at the time of..., in the days of...; *în* ~*ul acela, în* ~*urile acelea* at that time, in those days; *în* ~*ul cînd...* at a/the time when..., in the days when...; *în* ~*ul de faţă* at present, for the time being, at the present time; *în* ~*ul lui Cicero* in Cicero's time, in the days of Cicero; *în* ~*ul şederii sale* during his stay/sojourn; *la* ~ in good/due time, in season; *la un* ~ *nepotrivit* at an unsuitable/inconvenient time/moment, inopportunely, unseasonably; out of season, at an unseasonable hour; *la* ~*ul fixat* at the appointed time; *măsurarea ~ului* the measurement of time, the time measurement; *pentru mult ~* for a long time, for long; *pentru un ~* for some time, for a certain time, for a short while; *pentru toate ~urile* for all time(s); *pe ~ul meu* in my time/day/days, within my memory; *pierdere de ~* loss/waste/sacrifice of time, time misspent; *pînă în~ul din urmă* until quite recently, down to our days; *scurgere de ~* lapse of time; *spiritul ~ului* the spirit/genius of the time/age; *tot~ul vieții sale* during/ all his lifetime, through life, (in) all his life; *unitate de ~* a. *teatru* unity of time. b. *fiz.* unit of time, second. © *e un ~ frumos pentru plimbare* it is a fine day for walking; *ai ~?* have you any spare time? *am ~* I have time, I am at leisure; *nu am ~* I have no time, I haven't time; *a nu avea ~ mult* not to have much time; *a lua/necesita mult ~* to take a long time; *a-și petrece ~ul* to spend one's time, to while away one's time; *a-și pierde ~ul* to lose/waste (one's) time; *o să te informez la ~* I will let you know in due time, F→I will tell you when the proper time arrives; *e destul ~* there's (quite) time enough (for that), there's plenty of time; *acum e ~ul să...* now is the time for..., it is now the (proper) time to...; *e ~ul să ...it* is time to...; *e ~ul să mergem* it is time for us to go, it is time we were off; *nu e ~ul potrivit* that is out of season; *~ul trecea greu* time lay/hung heavy. ⓕ *alte ~uri, alte obiceiuri* other times, other manners; *toate la ~ul lor* everything in its turn/season, all in good time. **II.** *s.m.* **1.** *muz.* measure, time, movement. **2.** time. ⓐ *timpi morți* wastage of time.

timpan *s.n.* **1.** *anat.* tympan(um), drum of the ear. **2.** *muz.* kettledrum, tymbal, timbal, *pl.* timpani. **3.** *arhit.* tympanon.

timpuriu I. *adj.* early; *(matinal)* ma-(tu)tinal; *(tineresc)* youthful; *(ma-*

turizat înainte de vreme) early, hasty, precocious; *(prematur)* premature, untimely. ⓕ *cireșe timpurii* early (sweet) cherries; *de ~* early, at an early hour; *(dimineața)* (early) in the morning; *moarte timpurie* untimely death; *prea (de) ~* too early. **II.** *adv.* v. de ~.

timus *s.n. anat.* thymus.

tină *s.f.* **1.** *(noroi)* slime, mud, ooze. **2.** *(pămînt)* earth.

tinctorial *adj.* tinctorial. ⓕ *lemn ~* dyewood, dyer's wood, colouring wood.

tinctură *s.f.* **1.** *farm.* tincture, infusion. **2.** *(culoare)* tinge, tincture. ⓐ *~ de iod* tincture of iodine.

tindă *s.f.* **1.** passage, parlour, entrance hall (of a peasant's cottage). **2.** *bis.* v. p r o n a o s.

tinde *vb. intr.* ⓐ *a ~ la...* to tend to...; *(a năzui la)* to seek..., to aim at..., to aspire to..., to strive for...; *a ~ să...* to tend to...

tindeche *s.f. text.* temple(t), stretcher.

tine *pron.* you *inv., poetic→*thee. ⓕ *de alde ~* such as you.

tinerel I. *adj.* youngish. **II.** *s.m.* stripling.

tineresc *adj.* youthful; *(întrucîtva dojenitor)* juvenile; *(tînăr)* young; *(proaspăt)* fresh.

tinerește *adv.* youthfully; *(a se îmbrăca etc.)* young.

tineret *s.n.* youth, young people. ⓐ *~ul muncitor* the working youth. ⓕ *Federația Mondială a Tineretului Democrat* the World Federation of Democratic Youth; *Uniunea Tineretului Comunist* the Union of Communist Youth.

tinerețe *s.f.* youth, youthful/juvenile age, youthful years, early life; youthfulness, state of being young; *(adolescență)* adolescence; *(copilărie)* child's age, childhood, infancy. ⓕ *ani de ~* juvenile years; *floarea tinereții* flower of youth, prime of life; *în prima ~* in early youth; *în ~a lui* early in (his) life, when (he was) young.

tinerime *s.f.* v. t i n e r e t.

tinetă *s.f.* bucket, utensil.

tingire *s.f.* (stew) pan, saucepan.

tinichea *s.f.* **1.** *(tablă)* sheet; *(cositorită)* tinned iron-plate, tin plate. **2.** *(vas de ~)* tin, vessel of tin plate; *(cutie de ~)* tin box/canister. **3.** *(decoraţie)* ← *peior.* decoration. ⓒ *a rămîne/a fi ~* to be left penniless, to be pinched/reduced.

tinichigerie *s.f.* **1.** *(ca meserie)* tinsmithing, tinman's/brazier's trade. **2.** *(atelier)* tinman's shop. **3.** *(prăvălie)* tin shop. **4.** *(vase de tinichea)* tinware.

tinichigiu *s.m.* tinman, tinner, tin worker, tinsmith, whitesmith.

tip[1] *s.n.* **1.** type; *(fel)* kind, sort; *(categorie)* category; *(simbol)* symbol. **2.** *(standard)* type.

tip[2] *s.m.* F fellow, chap, *sl.* cove, bloke, wight; *(om ciudat)* F queer bird.

tipar *s.n.* **1.** *(teasc)* printing press. **2.** *(arta de a tipări)* (art of) printing, typographic(al) art, tipography; *(ca industrie)* printing industry; *(tipărire)* printing. **3.** *(tipăritură)* print. **4.** *(model pt. croit)* pattern; *(tip)* type. **5.** *(pt. topitul metalelor)* (casting) mould, ingot mould; *(pt. metale nobile)* skillet. **6.** *(urmă)* imprint, impress(ion). **7.** v. c o f r a j. ⓐ *greşeală de ~* misprint, typographic(al) error, error/slip of the press; *sub ~ in press*, being printed. ⓒ *a da la ~* to print..., to have... printed; *a ieşi de sub ~* to come off the presses, to appear, to come out, to appear/make one's appearance in print/type; *a scoate de sub ~* to publish, to bring out; *a merge la ~* F to go to press.

tipări I. *vb. tr.* **1.** to print; *(la maşina de scris)* to type. **2.** *(a întipări)* to imprint. **3.** *(a modela)* to fashion. **4.** *(a netezi)* to smooth. II. *vb. refl. pas.* to be printed etc. v. ~ I. ⓒ *s-au ~i 3000 de exemplare din această lucrare* three thousand copies of this work have been printed.

tipărire *s.f.*, **tipărit** *s.n.* printing etc. v. t i p ă r i.

tipăritură *s.f.* **1.** *(tipărire)* printing. **2.** *(lucrare tipărită)* printed work; *(imprimat)* print, *pl.* printed matter/papers.

tipesă *s.f.* F jade, *sl.* flossy; *(femeie)* woman.

tipic[1] I. *adj.* *(pentru)* typical (of), characteristic (of), specific (to). II. *adv.* typically. III. *s.n.* typicalness.

tipic[2] *s.n.* **1.** *(regulă)* norm, (fixed) rule. **2.** *rel.* *(carte)* church formulary, ritual. **3.** *rel.* *(rînduială)* ritual; ritual law.

tipicar I. *adj.* formal(istic), stiff, precise; dogmatic. II. *s.m.* formalist, precisian, stickler for formalities; dogmatist.

tipiza *vb. tr.* to typify.

tipizare *s.f.* typification.

tipograf I. *s.m.* printer; *(zeţar)* compositor, type-setter, typographer, typographist. II. *adj.* ⓓ *lucrător ~* v. I. III. *s.n.* typograph.

tipografic *adj.* printing..., typographical. ⓓ *atelier ~* printing house/establishment; *maşină ~ă* printing press.

tipografie *s.f.* **1.** *(atelier, instalaţie)* printing house/office/establishment. **2.** *(arta tiparului)* (art of) printing, typographic(al) art, typography.

tipologic *adj.* typological.

tipologie *s.f.* typology.

tipometru *s.n.* poligr. typometer.

tipsie *s.f.* **1.** *(tavă)* salver, tray; *(de lemn)* platter; *(mică, în antichitate)* S→paten, patella. **2.** *pl. muz.* cymbals. **3.** *(~ de balanţă)* pan/dish of a balance, weighing scale. **4.** *(~ pt. cărbuni)* fire/coal pan, chafing dish, brazier. **5.** *ferov.* buffer.

tiptil *adv.* *(binişor)* gently; *(pe furiş)* stealthily, on the sly; *(încet)* slowly

tir *s.n.* mil. **1.** fire. **2.** *sport* target shooting. **3.** *(poligon)* shooting ground(s), practice ground, rifle range; *(acoperit)* shooting gallery. ⓐ *~ rapid* rapid fire. ⓓ *reglarea ~ului mil.* ranging.

tiradă *s.f.* **1.** *teatru* tirade. **2.** *fig.* tirade, flourish, rigmarole.

tiraj *s.n.* 1. number (of copies) printed; *(al periodicelor)* circulation; *(ediție)* edition. 2. *(curent)* ght.

tiralior *s.m. mil.* ←*inv.* rifleman.

tiran I. *adj.* v. t i r a n i c I. II. *s.m. și fig.* tyrant, despot.

tiranic I. *adj.* tyrannical, tyrannous, despotic; *(crud)* cruel; *(sever)* severe. II *adv.* tyrannically etc. v. ~ I.

tiranie *s.f.* 1. tyranny, rule of a tyrant. 2. *fig.* tyranny, despotism.

tiraniza *vb. tr.* to tyrannize (over).

tirbușon *s.n.* corkscrew.

tirighie *s.f. chim.* tartar.

tiroid *adj. anat.* thyroid. ① *glanda* ~ *ă* v. t i r o i d ă.

tiroidă *s.f. anat.* thyroid (gland).

tiroidian *adj., anat., med.* thyr(e)-oid.

tirolez *adj., s.m.* Tyrolese.

tiroleză *s.f.* 1. Tyrolese. 2. *muz.* Tyrolienne.

tisă *s.f. bot.* yew (tree), S→taxus *(Taxus baccata).*

tișlaifăr *s.n.* doily, doyly.

titan[1] *s.m. mit.* Titan.

titan[2] *s.m. chim.* titanium.

titanic *adj.* 1. titanic, titanesque. 2. *chim.* titanic. ① *acid* ~ *chim.* titanic acid.

titanit *s.n. mineral.* titanite.

titirez *s.n.* 1. whirligig, (humming) top. 2. *(la moară)* clack. 3 *fig.* fidget. ⓒ *a învîrti un* ~ to spin a top; *a se învîrti ca un* ~ to spin (like a top), to teetotum.

titlu *s.n.* 1. *(~ de carte)* title. 2. *jur.* title, section, chapter (of a law book). 3. *(nume, rang)* title. 4. *(act, document)* title (deed), deed. 5. *școl.* diploma, certificate. 6. *(probă la metale)* title, titre. 7. *com.* warrant, bond. 8. *(calificație)* (legal) title. ⓐ ~ *de noblețe* title of nobility; ~ *de proprietate* title (deed) of property; ~ *la purtător com.* bearer bond. ① *cu* ~ *de...* as a... ⓒ *a-și da* ~*l de...* to style oneself...

titra *vb. tr. chim.* to titrate.

titrat[1] *adj. chim.* titrated.

titrat[2] I. *adj. școl.* having a degree, certificated. II. *s.m.* titled/schooled

person, title holder, collegeman, *pl.* university people.

titru *s.n. chim.* titre.

titular I. *adj.* titular, title. ① *profesor* ~ titular/full professor, professor in ordinary; *rol* ~ title role. II. *s.m.* holder, titular; *(al unei funcții)* occupant; *(al unui act)* bearer.

titulatură *s.f.* 1. entitling. 2. *(titlu)* title.

tiv *s.n.* hem, seam.

tivi *vb. tr.* 1. to hem(stitch), to selvedge, to seam, to fell, to selvage. 2. *tehn.* to edge. 3. *fig.* to fringe, to border. ⓐ *a o* ~ F to scuttle away, to pack off.

tivitură *s.f.* 1. hemming etc. v. t i v i. 2. *(tiv)* hem, seam. 3. *(chenar)* edge, edging, border, welt(ing), skirt.

tiz *s.m.* namesake.

tizană *s.f.* herb tea.

tizic *s.n.* dung and straw used as fuel sau for brickmaking.

tîle *s.n.* 1. *(înțeles)* meaning, significance, sense. 2. *(pildă)* example; *(parabolă)* parable; *(comparație)* comparison; *(alegorie)* allegory. 3. *(glumă)* joke. 4. *(morală)* moral. ⓒ *a vorbi în* ~*uri* to speak in parables; to speak allegorically.

tîlcui *vb. tr.* to explain; *(un text)* to expound; *(a comenta)* to comment(ate); *(a traduce)* to translate; *(a interpreta)* to interpret.

tîlcuitor *s.m.* v. t ă l m ă c i t o r.

tîlhar *s.m.* 1. *(hoț)* thief, robber; *(de drumul mare)* highwayman, footpad, brigand. 2. *fig.* gangster; *(ticălos)* rascal, knave. 3. *fig.* *(ștrengar)* scoundrel.

tîlhărea *s.f. bot.* 1. lactuca *(Lactuca sagittata).* 2. v. s u s a i.

tîlhăresc *adj.* 1. thievish. 2. *fig.* predatory, gangster...; piratic(al); criminal.

tîlhărește *adv.* 1. like a thief/robber. 2. *fig.* piratically; criminally.

tîlhări *vb. intr.* to be a thief, to lead a thief's life.

tîlhărie *s.f. și fig.* robbery.

tîlpac *adj.* *(lutos)* clayey, sticky; *(mlăștinos)* marshy.

tîlv *s.n. bot.* v. t i g v ă 1.

timp *adj.* 1. *(tocit)* blunt. 2. v. t î m p i t I.

tîmpenie *s.f.* 1. stupidity; idiocy, imbecility. 2. *(ca act)* foolish act. 3. *(absurditate)* nonsense; *pl.* nonsense, < clotted nonsense.

tîmpi I. *vb. tr.* 1. *(mintea)* to blunt, to dull. 2. *(pe cineva)* to (make) dull, to besot, to stupefy; *fig.* F to flummox, to flabbergast. 3. *(a toci)* to blunt, to dull; to take the edge off. II. *vb. refl.* 1. *(a deveni timpit)* to get/grow/become stupid/dull. 2. *(a se toci)* to become/ grow blunt.

tîmpit I. *adj.* 1. *fig.* dull, blunt, imbecile, dim, <idiotic, addle--brained, brain-hampered. 2. *(tocit)* dull, blunt. II. *adv.* awfully. III. *s.m.* idiot, imbecile, nitwit, moron.

tîmplar *s.m.* joiner; *(de lux)* cabinet maker; *(dulgher)* carpenter.

tîmplă *s.f.* 1. *anat.* temple(t). 2. *bis.* v. c a t a p e t e a s m ă.

tîmplărie *s.f.* 1. *(ca meserie)* joinery, joiner's trade. 2. *(atelierul)* joiner's workshop. 3. *(obiecte)* woodwork.

tînăr I. *adj.* young; *adesea peior.* juvenile; *(copilăresc)* childish. ① *de* ~ from one's youth up; in one's youth. II. *s.m.* youth, young man; *(adolescent)* stripling.

tînără *s.f.* young girl; young woman.

tîndală *s.m.* good-for-nothing, ne'er--do-well.

tîndăli *vb. intr.* to idle, to dawdle, to loiter.

tîngui I. *vb. tr.* to lament, to (be) moan, <to bewail; *(a plînge după)* to mourn (for), to deplore, to weep (for). II. *vb. refl.* to lament, to complain, to wail; to cry, to weep; to mourn. ⓐ *a se* ~ *de* ...to complain of...

tînguios *adj., adv.* v. t î n g u i-t o r.

tînguire *s.f.* 1. lamentation etc. v. t î n g u i. 2. *(plîngere)* complaint.

tînguitor I. *adj.* mournful, sorrowful; *(d. un cîntec)* plaintive, doleful, dolorous. II. *adv.* mournfully etc. v. ~ I.

tînjală *s.f.* double carriage-pole/ -shaft. ⓒ *a se lăsa pe* ~ to idle away one's time, F to laze away one's life; to grow lazy, to acquire idle habits.

tînji *vb. intr.* 1. *(după/de)* to pine (for/after); to pine/languish away. 2. *(d. plante)* to wither, to fade away. 3. *(a stagna)* to stagnate, to slacken.

tînjitor I. *adj.* 1. languid, languorous. 2. *(plin de jale)* sorrowful. II. *adv.* languidly etc. v. ~ I.

tîrcoale *s.n. pl.* ⓒ *a da* ~ *(cu dat.)* to go round *(cu acuz.)*, to walk (round).

tîrfă *s.f. vulg.* harlot, whore, slut, bitch, tart, drab, *amer.* broad, dame.

tîrg *s.n.* 1. *(piață)* market (place); *(centru comercial)* emporium. 2. *(orășel)* market town, townlet, small town; *(oraș)* town; *(burg)* borough. 3. *(vînzare)* market, sale. 4. *(afacere)* bargain; *(comerț)* trade, business. 5. *(tocmeală)* haggle, haggling. 6. *(înțelegere)* agreement. 7. *(zi de* ~*)* market day. 8. *(* ~ *anual)* fair. ⓐ ~ *de vite* cattle market. ① *la spartul* ~*ului* a day after the fair, when the show is over, after the feast; *preț de* ~ market price. ⓒ *a face* ~ *cu cineva* to conclude a bargain with smb.; *a se duce la* ~ to go marketing, to go to market; ~*ul se ține de două ori pe săptămînă* the market is held twice a week.

tîrgaș *s.n.* v. t î r g u i a l ă.

tîrgoveață *s.f.* townswoman, town dweller.

tîrgoveț *s.m.* townsman, town dweller, *pl.* townsfolk.

tîrgui I. *vb. intr.* *(a cumpăra)* to buy; *(a se duce să facă cumpărături)* to go shopping. II. *vb. tr.* to buy, to purchase. III. *vb. refl.* 1. *(a se tocmi)* *(cu)* to bargain (with), to haggle (with). 2. *pas.* to be bought.

tîrguială *s.f.* 1. buying, purchasing; *(cumpărături)* shopping. 2. *(tocmeală)* haggling. ⓒ *a face tîrguieli* to go shopping.

tîrî I. *vb. tr.* **1.** to drag, to trail; *(ceva greu)* to lug; *(după sine)* to pull/drag along. **2.** *fig.* to drag. © *a-și ~ haina* to let one's dress trail, F to be draggle-tailed; *a-și ~ zilele* to drag out a miserable existence. **II.** *vb. refl.* to creep, to crawl along, to drag oneself along, to move slowly and with difficulty, F to trudge (away), to fag on/away; *(d. nori etc.)* to drift. © *a se ~ înaintea cuiva* to go on one's knees before smb.

tîrîie-brîu *s.m.* F squabbler, brawler; bully; *(golan)* F scallywag.

tîrîș *adv.* **1.** dragging etc. v. **t î r î.** **2.** *(tîrîndu-se)* creeping, crawling; on all fours. ⓐ *~-grăpiș* limping along, hobbling about.

tîrît *s.n.* dragging etc. v. **t î r î.**

tîrîtoare *s.f.* reptile.

tîrîtor *adj.* **1.** creeping, creepy, crawling. **2.** *fig.* grovelling, cringing, sneaking, servile, meanspirited, abject. ⓕ *plante tîrîtoare bot.* creepers, trailers.

tîrîtură *s.f.* **1.** lickspittle, toady; *(ticălos)* mean/base fellow. **2.** *(depravată)* peior. bitch, slattern, streetwalker.

tîrlaș *s.m.* sheep breeder.

tîrlă *s.f.* sheep fold/pen.

tîrlici *s.m. pl.* slippers.

tîrn *s.n.* besom.

tîrnaț *s.n.*←*reg.* v. **p r i s p ă.**

tîrnăcop *s.n.* pick(axe), *amer.* pick mattock.

tîrnosi *vb. tr. rel.* to consecrate, to dedicate *a church.*

tîrnui *vb. tr.* **1.** to besom. **2.** *(a bate)* F to pommel, to belabour.

tîrpan *s.n.* reed *sau* hemp scythe.

tîrșîi I. *vb. tr.* to drag; *(picioarele)* to shuffle. **II.** *vb. refl.* v. **t î r î II.**

tîrtiță *s.f.* ornit. rump, F→pope's/parson's nose, S→uropygium.

tîrziu I. *adj.* late; tardy; *(îndepărtat)* remote. ⓕ *cel mai ~* the latest; *(ultimul)* the last; *la o oră tîrzie* at a late hour; *mai ~* later; *oră tîrzie* late hour; *recoltă tîrzie* late harvest; *vară tîrzie* late summer. **II.** *adv.* late. ⓕ *cel mai ~* (at the) latest; *cinci minute mai ~* five minutes later; *mai devreme sau mai ~*

sooner or later; *mai ~* later (on); *pînă noaptea~* till late at night, till a late hour at night; *prea ~* too late. © *e ~* it is late; *e prea ~* it is too late in the day; *fig., și* after death the doctor, after meat mustard; *era ~ noaptea* it was late at night; the night was far spent; *a se scula ~* to get up late, to be a late riser; *a sta pînă ~* to sit/stay/be up late; *a veni ~* to be late; *a veni ~ acasă* to come home late; *(ca obișnuință)* to keep late hours. ⓓ *mai bine ~ decît niciodată* better late than never. **III.** *s.n.* *într-un ~* **a.** late in the day. **b.** (much) later.

toacă *s.f.* **1.** wooden or metal plate which, being sounded, calls people to church. **2.** *(ca timp)* vesper bell. © *a ști și toaca-n cer* to know all the ropes; *ucigă-l toaca* I. *s.m.* F Old Scratch; the devil. **II.** *expresie* F the devil take him!

toaie *s.f. bot.* v. **o m a g.**

toaletă *s.f.* **1.** *(măsuță de ~)* toilet/dressing table. **2.** *(lavabou)* washstand. **3.** *(odaie)* lavatory; *(closet)* water closet, privy. **4.** *(găteală)* toilet; *(spălat)* washing; *(îmbrăcat)* dressing. **5.** *(îmbrăcăminte)* dress, toilet(te). ⓕ *în ~ de seară* in evening/full dress. © *a-și face toaleta* to dress, to make one's toilet.

toamnă *s.f.* **1.** autumn, *amer.* fall; *(anotimpul fructelor)* fruit time; *(căderea frunzelor)* fall(ing) of leaves, fall of the leaf, defoliation; *(timpul recoltei)* harvest time. **2.** *toamna (adverbial)* in autumn, in the autumn. ⓕ *aer de ~* autumnal air; *de ~* autumn..., autumnal; *fruct(e) de ~* autumnal/late fruit; *lună de ~* autumnal month; *manevre de ~ mil.* autumn' manoeuvres; *seară de ~* autumnal evening, evening in autumn; *tîrg de ~* autumnal fair; *vînt de ~* autumnal wind; *vreme de ~* autumnal weather; *zi de ~* autumnal day, day in autumn. ⓓ *toamna se numără bobocii* don't count your chickens before they are hatched.

toană[1] *s.f.* **1.** *(gaură)* v. **c o p c ă[1].** **2.** (unfurled) fishing-net.

oană² *s.f.* **1.** *(capriciu)* caprice, fancy, whim, vagary, freak, F maggot, crotchet, crank. **2.** *(atac) med.* fit. **3.** *(dispoziţie)* humour, mood. **4.** *(clipă)* moment, F jiffy. ⓘ *in toane bune* in a good humour/ temper, in the best of humours, in high/excellent spirits, F in high feather, in (good) cue; *in toane proaste* in a bad/an ill humour, out of temper/humour, F in the sulks/ dumps. ⓒ *are/e apucat de toane* F he is in his tantrums, he has got up on the wrong side of the bed; *a avea toane* to be full of whims/ crotchets, to be capricious/wayward/ fretful/peevish; to be "everything by starts and nothing long; *cind il apucă toanele* when the fit takes him, when the fly stings.

toancă *s.f.* meander (of a swift stream); *(vîrtejuri)* whirlpools.

toarce I. *vb. tr.* to spin. II. *vb. refl.* **1.** to spin. **2.** *pas.* to be spun. ⓒ *inul se ~ bine* the flax spins well. III. *vb. intr.* **1.** to spin. **2.** *(d. pisică)* to purr.

toartă *s.f.* **1.** handle, ear, lug; *(de găleată etc.)* bail; *(cîrlig)* hook. **2.** *(cercel)* ear ring. **3.** *(inel de fier)* iron ring. ⓘ *duşmani la ~* deadly/ mortal/sworn enemies/foes; *la ~* awful, terrible; *prieteni la ~* bosom friends.

toast *s.n.* toast. ⓒ *a ridica/rosti un ~* v. t o a s t a.

toasta *vb. intr.* to give/ propose a toast, to toast. ⓒ *toastez pentru gazdă* I propose the host.

toată *adj., adv.* v. t o t I, III.

toate I. *adj.* v. t o t. II. *pron.* all; *(fiecare lucru)* everything.

tobă *s.f.* **1.** *muz.*, *tehn.* drum. **2.** *gastr.* thick sausage, *aprox.* pudding. **3.** *(caro)* diamonds. ⓐ *~ de carte* over-learned; *~ mare* big/ kettle drum; *~ mică* small/side drum. ⓘ *rigă/crai de ~* king of diamonds. ⓒ *a bate toba* a. to beat the drum. **b.** *(cu degetele)* to drum one's fingers, F to beat the devil's tattoo. **c.** *fig.* to bang the big drum. **4.** *fig. (a tuşi)* to cough; *a-i face cuiva spinarea ~* F to tan smb.'s hide, to beat smb. black

and blue; *toba bate* the drum beats.

tobogan *s.n.* slide, chute.

toboşar *s.m.* drummer.

toc¹ *interj.* tap! knock!

toc² *s.n.* **1.** *(cutie)* case, *poligr.* book case; *(de uşă)* door case; *(de fereastră)* window case; *(de ochelari)* spectacle case. **2.** *(condei)* pen (-holder); *(~ rezervor)* fountain pen. ⓐ *~ cu pastă* ball point (pen), byro.

toc³ *s.n.* *(la pantofi etc.)* heel piece/ tap. ⓐ *~-cui* stiletto/spike heel. ⓘ *pantofi cu ~ul jos* low-heeled shoes.

toca I. *vb. tr.* **1.** to hack, to chop, to hew, to hoe. **2.** *fig. (a risipi)* F to make ducks and drakes of; *(a cheltui)* to spend. **3.** *fig. (a stoarce)* to sweat; *(a ruina)* to ruin. **4.**←F *(a repeta mereu)* to say over and over again. **5.** *(la cap)* F to pester, to nag, to bother. ⓒ *a ~ carne* to hash/mince meat; *(pt. cîrnaţi)* to chop (up) meat; *l-am tot ~t la cap* I kept hammering it into his head; *a ~ verzi şi uscate* F to talk nineteen/thirteen to the dozen, to talk at random. II. *vb. intr.* **1.** *(a bate toaca)* to sound the "toaca". **2.** *(a ciocăni)* to knock. **3.** *(a flecări)* to chat, to prattle. **4.** *(d. barză)* to clatter.

tocană *s.f.* stew (made of beef *sau* pork); goulash.

tocat I. *adj.* hacked etc. v. t o c a. II. *s.n.* hacking etc. v. t o c a. ⓘ *maşină de ~* mincing machine, *amer.* meat grinder.

tocată *s.f. muz.* toccata.

tocă *s.f.* **1.** *(de femeie)* toque. **2.** ← *odin.* cap (of a magistrate).

tocăni *vb. intr.* to knock.

tocător I. *adj.* hacking etc. v. t o c a I, **1.** II. *s.n.* **1.** *(cuţit de tocat)* (meat) chopper, chopping knife, cleaver. **2.** *(scîndură de tocat)* chopping/cutting board.

tocătură *s.f. (carne tocată)* mince(d) meat, P → dog's paste.

toceală *s.f. şcol.* swotting up.

toci I. *vb. tr.* **1.** to blunt, to dull; to take the edge of, to thicken the edge/ point of. **2.** *(a uza)* to wear (away/ off/out). **3.** *(a învăţa)* F to cram, to con, to swot/grind at. II. *vb. refl.*

1. *(d. o unealtă etc.)* to lose its edge *sau* point; *(d. brici)* to get dull. **2.** *(a se uza)* to wear out. **III.** *vb. intr.* *şcol.* F to swot (up). © *a ~ la un examen* F to swot (up) for an exam, to grind for an examination.

tocilar *s.m.* **1.** grinder, whetter. **2.** *şcol.* F swot, crammer, grubber.

tocilă *s.f.* whetstone, rubbing stone; *(pt. coasă, şi)* bur; *(maşină)* grindstone; *(fină)* hone. © *a da la ~ to* whet, to grind; *(a ascuţi)* to sharpen; *(lame, brice)* to hone.

tocit *adj.* **1.** blunt, dull. **2.** *(uzat)* worn-out.

tocitoare *s.f.* (fermenting) tub.

tocmai *adv.* just; *(chiar)* even; *(exact)* exactly, precisely; *(numai)* only; *(in mod deosebit)* particularly. ⓐ *~ aşa* precisely like that; *~ aşa cum* precisely as; *~ ca şi... just as..., even as..., in the same manner as..., the same as..., F→for all the world like...; ~ cind... just when...; ~ dimpotrivă* quite the contrary; *~ in faţa mea* right in front of me, right before my face; *~ la timp* in the nick of time. ⓑ *nu ~* not exactly/quite. © *de ce ai ales ~ acest loc?* why did you choose that particular place? *~ asta (şi) vreau* that's just/precisely what I want, that's the very thing I want; *o face ~ din această cauză* that's just why he does it; *e ~ omul care ne trebuie* he is the very man we want; *nu e ~ plăcut* that's not particularly pleasant; *~ dansau cind am intrat* they were dancing when I entered; *~ (imi) termin scrisoarea* I am just finishing the letter; *vine ~ bine/la timp* that comes in good time, that comes in the very nick of time.

tocmeală *s.f.* **1.** *(tirguială)* haggling. **2.** *(contract)* contract; *(invoială)* agreement; *(convenţie)* convention. **3.** *(ordine)* order; *(organizare)* organization.

tocmi **I.** *vb. tr.* **1.** *(a angaja)* to engage. **2.** *(a drege)* to mend. **3.** *com.* to order. **II.** *vb. refl.* **1.** *(a se tirgui)* to haggle; *(a discuta)* to argue. **2.** to be engaged etc. v. *~* I.

tocsin *s.n.* tocsin.

togă *s.f.* toga. © *imbrăcat in ~* wearing the toga, toga(t)ed, toged.

toh(o)arcă *s.f.* kind of shepherd's long fur coat.

toi *s.n.* *(punct culminant)* climax; *(mijloc)* middle. ⓑ *in ~* in full swing; *in ~ul iernii* in the depth/dead of winter; *in ~ul luptei* in the thick of the battle, at the height of fighting, in the tightest point of the struggle; *in ~ul nopţii* at dead of night; *in ~ul verii* in the height of summer.

toiag *s.n.* **1.** staff; *(ca semn al autorităţii)* staff, wand, rod, baton, truncheon; *(sceptru)* sceptre. **2.** *fig.* *(sprijin)* staff.

tolă *s.f.* *metal.* sheet plate.

tolăni **I.** *vb. refl.* to lie down, to sprawl. **II.** *vb. intr.* to lie idle.

tolbă *s.f.* *(sac)* bag; *(~ de săgeţi)* quiver; *(~ de vinătoare)* game bag, sportsman's bag, shooting pocket; *(pt. păsări)* fowling bag.

tolera **I.** *vb. tr.* **1.** to tolerate, to suffer; *(a permite)* to permit, to allow, to admit. **2.** *(a suporta)* to bear, to endure, to suffer, to stand. **II.** *vb. refl. pas.* to be tolerated etc. v. ~ I.

tolerabil **I.** *adj.* tolerable. **II.** *adv.* tolerably.

tolerant *adj.* tolerant.

toleranţă *s.f.* **1.** tolerance; *(religioasă etc.)* toleration. **2.** *tehn.* tolerance; margin, limit. ⓑ *casă de ~* bawdy house, brothel, F cathouse.

tololoi[1] *s.n.* v. z a r v ă.

tololoi[2] *s.m.* v. f l e c a r II.

toluen *s.n.* *chim.* toluene.

tom *s.n.* volume; *(carte)* book.

tomată *s.f.* tomato.

tombac *s.f.* tombac(k).

tomberon *s.n.* dumping cart, tumbril.

tombolă *s.f.* tombola.

tomnatic *adj.* **1.** autumnal. **2.** *fig.* elderly; old. ⓑ *flăcău~* old bachelor.

ton *s.n.* **1.** *muz.* tone; *(timbru)* timbre; *(notă)* note; *(tonalitate)* key; *(inălţime)* pitch; *(sunet)* sound. **2.** *(al vocii)* tone (of voice), accent; *(voce)* voice; *(intonaţie)* intonation,

inflection (of the voice); tune. **3.**
pict. tone (of colour); *(nuanță)*
shade, tint. **4.** *fig.* tone. ⓐ ~ *cald*
pict. warm tone; ~ *coborîtor* falling
tone; ~ *înalt muz.* high note/tone;
~ *întreg muz.* (whole) tone; ~ *jos*
muz. low tone/note; ~ *major muz.*
major key; ~ *minor muz.* minor
key; ~ *urcător* rising tune. ⓒ *a da*
~*ul* **a.** *muz.* to strike the key note,
to give the note; to give the tuning/
A. **b.** *fig.* to seat/lead the fashion; *a*
schimba ~*ul (și fig.)* to change
one's tone; *fig.* to change one's
tune.

tonaj *s.n. nav.* (registered) tonnage.
tonalitate *s.f. muz.* tonality.
tonatic *adj.* whimsical, capricious.
tonă *s.f.* ton. ⓐ ~ *engleză* ton; ~
metrică metric ton; ~ *registru* regis-
ter ton. ⓓ *un vas de 5 000 tone* a
ship of 5,000 tons.
tonic *adj. med., muz.* tonic; *fig.*
bracing, invigorating.
tonică *s.f. muz.* tonic, key note.
tonicitate *s.f. med.* tonicity.
tonifica *vb. tr.* to brace, to tone up.
tonomat *s.n.* juke-box.
tonsură *s.f. rel.* tonsure, shaven
crown.
tont I. *adj.* dull-witted, dull of
comprehension, F thick-headed, dim,
addle-brained, brain-hampered. **II.**
s.m. blockhead, F duffer, dolt,
booby.
tontoroi *s.n.* whirl(ing), spinning
round. ⓒ *a juca/sări*~*ul* v. ț o p ă i.
tonus *s.n. med.* tonus.
top *s.n.* ream *of paper.*
topaz *s.n. mineral.* topaz.
topenie *s.f.* ←F disaster, calamity.
topi I. *vb. tr.* **1.** to (cause to) melt;
(a lichefia) to liquefy; *(metale)* to
(s)melt, to fuse, to flux, to liquefy;
(a dizolva) to dissolve; *(o masă*
sticloasă) to frit; *(cînepă)* to rot,
to ret. **2.** *fig.* to destroy, to ruin.
II. *vb. refl.* **1.** to melt, to become
liquid; *(d. metale)* to fuse, to smelt;
(a se dizolva) to dissolve; *(d. ză-*
padă) to thaw; *(d. cînepă)* to rot,
to ret. **2.** *(a se mistui)* to consume.

3. *fig.* to pine away, to languish.
4. *fig. (a se evapora)* to make
oneself scarce; to pack off. ⓒ *a se*
~ *în gură (d. biscuiți etc.)* to eat
short; *zăpada se topește la soare* the
snow melts in the sun; *afară se*
topește it thaws.
topic *adj.* **1.** topical; local. **2.** topo-
nymic.
topică *s.f. lingv.* (study of) order of
words in a sentence.
topilă *s.f.* retting pond, rettery.
topit *adj.* melted, molten etc. v.
t o p i. ⓓ *plumb* ~ molten lead;
unt ~ melted butter.
topitoare *s.f.* smelting furnace.
topitor *s.m.* founder, founding work-
er, caster, smelter.
topitorie *s.f.* foundry, smelting house.
topitură *s.f.* fusion.
topliță *s.f.* warm spring *sau* brook.
topograf *s.m.* topographer, topogra-
phist.
topografic *adj.* topographic(al), sur-
veying... ⓓ *ridicare* ~*ă* topogra-
phical survey.
topografie *s.f.* topography.
topologie *s.f.* topology.
topometric *s.f.* topometry.
toponimic *adj.* toponymic(al).
toponimie *s.f.* toponymy.
topor *s.n.* axe, hatchet. ⓓ *(ca) din* ~
clumsy, coarse; *(d. cineva)* uncouth;
coadă de ~ **a.** axe handle/helve.
b. *fig.* tool, stool-pigeon, stooge;
hanger-on; lickspittle, toady.
toporaș *s.m. bot.* violet *(Viola)*;
sweet violet *(Viola odorata).*
toporişcă *s.f.* v. b a r d ă.
toporişte *s.f.* scythe/axe handle.
toptan *s.n.* ⓓ *cu* ~*ul* **a.** *(cu ridicata)*
wholesale. **b.** *(cu ghiotura)* by the
lump; F galore.
toptangiu *s.m.* (large/wholesale) mer-
chant, wholesaler, *sl.* don.
topuz *s.n. odin.* mace.
tor *s.n.* **1.** *geom.* tore, torus. **2.** *arhit.*
torus.
torace *s.n. anat.* chest, thorax.
toracic *adj. anat.* thoracic.
torcătoare[1] *s.f. text.* spinning machine.
torcătoare[2] *s.f.* spinster.
torcător *s.m.* spinner.
torcătorie *s.f.* v. f i l a t u r ă.
toreador *s.m.* toreador, tauridor.

torent *s.n.* torrent.
torenţial I. *adj.* torrential. ① *ploaie*
~*ă* torrential rain, tremendous down-
pour. **II.** *adv.* torrentially.
torid *adj.* torrid; *(d. căldură)* scorch-
ing.
tornadă *s.f.* tornado.
toriu *s.n.* *chim.* thorium.
toroipan *s.n.* club; bludgeon, cudgel.
toron *s.n.* strand *of a rope.*
toropeală *s.f.* **1.** torpor. **2.** reverie,
dreaming. **3.** apathy. **4.** *(arşiţă)*
scorching heat.
toropi *vb. tr.* **1.** to wilt, to enervate.
2. to overcome, to overpower, to
unnerve.
toropitor *adj.* enervating, wilting.
torpila *vb. tr.* **1.** *nav.* to torpedo. **2.**
fig. to undermine.
torpilă *s.f.* **1.** *nav.* torpedo. **2.** *iht.*
torpedo, electric/cramp ray *(Tor-
pedo marmorata).* ① *tub lans-* ~
nav. torpedo-tube.
torpilor *s.n.* *nav.* torpedo boat. ⓐ
~ *submarin* submarine torpedo-boat.
① *vedetă/şalupă* ~ *nav.* motor
torpedo-boat.
torr *s.m.* *fiz.* torr.
tors[1] *s.n.* **1.** spinning. **2.** *(al pisicii)*
purring.
tors[2] *s.n.* torso, trunk.
torsadă *s.f.* *arhit.* cable moulding.
torsiometru *s.n.* *metal.* torsiometer.
torsiune *s.f.* **1.** torsion. **2.** v. c o n-
t o r s i u n e.
tort[1] *s.n.* **1.** spun yarn (of hemp *sau*
flax). **2.** spool (of hemp *sau* flax
yarn). **3.** hempen *sau* linen tissue.
tort[2] *s.n.*, **tortă** *s.f.* (iced) fancy cake;
(la ocazii) wedding cake etc.
tortura I. *vb. tr.* **1.** to (put to the)
rack. **2.** *fig.* to torture, to torment,
to excruciate. **II.** *vb. refl.* to
torture oneself.
tortură *s.f.* **1.** torture, torment. **2.**
fig. torment. ① *cameră de* ~ tor-
ture chamber, chamber of torture;
instrument de ~ instrument of
torture. ⓒ *a supune la torturi* to put
to the rack, to put to/upon the
stretch, to (set upon the) rack.
tortă *s.f.* torch.
torţel *s.m.* *bot.* dodder, devil's guts
(Cuscuta).

tos *adj.* ① *zahăr* ~ castor/granulated
sugar.
tot I. *adj.* all; *(întreg)* whole; *(fie-
care, implicîndu-se totalitatea)* every;
(destul) enough. ⓐ *toată Europa* all
Europe, the whole of Europe; *toată
lumea* all the world, the whole
world; *(fiecare)* everybody, every-
one; *toată ţara* all the country, the
whole country; *toată ziua* all (the)
day (long), the whole day; *toate
acestea* all this/that; *toate felurile*
all sorts; ~ *anul* all the year
round; ~ *omul* every man; ~ *res-
pectul pentru el!* all respect for
him! *toţi oamenii* all (men). ① *cu
toată/tot...* in spite of...., despite..,
in the teeth of...; *cu toată graba* at
full speed, with all possible speed;
cu toată puterea with all one's
might, with might and main; *cu
toate acestea* for all that, notwith-
standing (all this), nevertheless; *cu
toate eforturile sale* in spite of all
his efforts; *din toată inima* with all
one's heart/soul; with a will; *din
toate părţile* on every side, from
everywhere; *după toate probabili-
tăţile* in all probability, most prob-
ably, (very) likely; *în toată lumea*
all over the world; *în toate chipu-
rile/felurile* in every possible way;
în toate împrejurările under any
circumstances. ⓒ *am căutat prin
toată casa* I have looked all over
the house; *asta e toată povestea*
that's the whole story, F that is
the long and the short of it; *am* ~
timpul I have enough time. **II.**
pron. **1.** *(întreg)* whole; the whole
(of it). **2.** *pl.* everything; *(toate
lucrurile)* all things. ⓐ *toate bune*
all's well, all's right; *un* ~ *orga-
nic* an organic whole; ~*ul sau nimic*
all/neck or nothing. ① *cu* ~ in
all; *cu* ~*ul şi cu* ~*ul...* altogeth-
er..; *de* ~, *cu* ~*ul* quite, complete-
ly; *înainte de toate* first of all, first
and foremost; *întru* ~*ul* in all
respects; *mai presus de toate* above
all (things), of all things; *peste* ~
a. *(în total)* in all; all in all. **b.**
(pretutindeni) everywhere. ⓒ *asta
e* ~ that's all, F→that's all there
is to it; *asta le întrece pe toate* that

crowns it all; *cam asta e* ~ that's about all; *e* ~ *ce vrei, numai nu ceea ce ar trebui să fie* he is anything but what he ought to be;~ *ce vrei numai nu...* anything but... ⓓ *nu* ~ *ce zboară se mănîncă* all is not gold that glitters; ~*u-i bine ce sfîrşeşte bine* all's well that ends well. **III.** *adv.* **1.** *(numai)* only. **2.** *(într-una)* continually, ever. **3.** *(de asemenea)* also, too, as well. **4.** *(încă, totuşi)* still. **5.** *(cel mult)* at the most; *(aproximativ)* about, aproximately. **6.** *(mai ales că)* especially as; anyhow, anyway. ⓐ ~ *acolo* in the same place; ~ *aşa şi eu* so do I, F→same here; ~ *atît* the same amount/quantity; as much; ~ *de atîtea ori* as often/frequently, as many times; ~ *mai tare* stronger and stronger, ever stronger. ⓒ ~ *aveam eu de cumpărat ceva* as a matter of fact/in fact/after all/anyway/ anyhow/as it was I had to do some shopping; as it happened I was also going to do some shopping; *mi-e* ~ *una* it's all the same to me.
total I. *adj.* total, whole, entire. ⓓ *suma* ~*ă* sum total, total amount. **II.** *adv.* totally, utterly. **III.** *s.n.* whole, total. ⓓ *în* ~ in all, on the whole.
totalitar *adj.* totalitarian.
totalitarism *s.n.* totalitarianism.
totalitate *s.f.* totality, universality; *(sumă totală)* sum total, total (amount).
totaliza *vb. tr.* to tot(al) up, to totalize.
totalizator *s.n.* totalizator, totalize, F→total.
totalmente *adv.* absolutely, utterly, totally.
totdeauna *adv.* always; invariably; *(în orice timp)* at all times, at any time, in and out of season; *(perpetuu)* perpetually; *(fără întrerupere, fără sfîrşit)* ever; *(continuu)* continually; *(mereu)* all along. ⓐ ~ *acelaşi* always the same, unchangeable, consistent with oneself. ⓑ *ca* ~ as usual; *din* ~ **I.** *adj.* old, constant, invariable, permanent. **II.** *adv.* always, permanently, constantly, all the time, all along; *pentru* ~ for

ever (and ever), for ever and a day, for good (and all), for altogether. ⓒ *eşti* ~ *în urmă* you are always in arrears; *aşa face el* ~ that's his regular way, that's exactly like him; *n-am spus aceasta* ~? didn't I always say so? *am spus-o* ~ I have said so all along; *am ştiut asta (din)* ~ I knew that all along.
totdeodată *adv. v.* t o t o d a t ă.
totem *s.n.* totem.
totemic *adj.* totemic.
totemism *s.n.* totemism.
totodată *adv.* at the same time; simultaneously.
totuna *adv.* the same. ⓒ *mi-e* ~ it's all the same to me, it makes no difference to me.
totuşi *adv., conj.* yet, still, nevertheless, however, notwithstanding (this), for all that, F→though.
toţi I. *adj.* all *(fiecare, implicindu-se totalitatea)*, every *(cu sing.)*. **II.** *pron.* all; *(toată lumea)* everybody. ⓐ~ *fără excepţie,* ~ *pînă la unul* all together/in a body, all to a man, every one of them, F→every mother's son. ⓒ *îi cunosc pe* ~ *trei* I know all three of them; ~ *pentru unul şi unul pentru* ~ all for each, and each for all.
toval *s.n.* neat's leather.
tovarăş *s.m.* comrade; *(prieten)* friend; *(însoţitor)* companion; *(asociat)* associate. ⓐ ~ *de drum/ călătorie* fellow traveller/passenger, travelling companion; ~ *de viaţă* life mate/companion, partner for life, (help)mate.
tovărăşesc *adj.* comradely; *(prietenesc)* friendly.
tovărăşie *s.f.* **1.** comradeship; *(prietenie)* friendship. **2.** com. partnership. ⓑ *în* ~ *(cu)* in alliance/union (with). ⓒ *a face* ~ *cu cineva* to associate with smb.
toxic *adj.* toxic. ⓓ *gaz* ~ toxic gas.
toxicitate *s.f.* toxicity.
toxicologie *s.f.* toxicology.
toxicoman *s.m.* drug addict, F dope fiend.
toxină *s.f.* toxin.

trabuc *s.n.* cigar.
trac[1] *s.n.* funk, fright, *teatru* stage fright.
trac[2] *adj.*, *s.m.* Thracian.
tracic *adj.* Thracian.
tractabil *adj.* manageable, supple; kindly, amiable.
tractor *s.n.* tractor. ⓐ ~ *agricol* farm tractor; ~ *cu roţi* wheel tractor; ~ *pe şenile* caterpillar tractor; ~ *universal* universal tractor, all-purpose tractor.
tractorist *s.m.* tractor operator/driver.
tracţiune *s.f.* traction; transport. ⓐ ~ *animală* animal traction; ~ *hipo(mobilă)* horse traction; ~ *mecanică* mechanical traction. ⓑ *plug cu ~ animală* cattle-drawn plough; *plug cu ~ mecanică* tractor-drawn plough.
tradiţie *s.f.* tradition; *(obicei)* custom.
tradiţional I. *adj.* traditional. **II.** *adv.* traditionally.
tradiţionalism *s.n.* traditionalism.
tradiţionalist I. *adj.* traditionalistic. **II.** *s.m.* traditionalist.
traducător *s.m.* translator; *(interpret)* interpreter.
traduce I. *vb. tr.* **1.** to translate, to render, to turn. **2.** *fig.* to interpret, to render, to express. ⓒ *a ~ un proverb în englezeşte* to give the English equivalent of a proverb; *a ~ din română în engleză* to translate from Romanian into English, *sl. şcol.* to do from Romanian into English; *a~ în englezeşte* to (translate into) English; *a ~ în fapt/viaţă* to put into practice, to carry out, to translate into fact; *a ~ cuvînt cu cuvînt* to translate literally/word for word; *a~ greşit* to mistranslate, to translate erroneously. **II.** *vb. refl. pas.* to be translated. ⓐ *a se ~ prin... fig.* to find expression in... **III.** *vb. intr.* to translate, to be a translator.
traducere *s.f.* translation, rendering, version; *(juxtă) şcol.* crib. ⓐ ~ *îngrijită* accurate translation, translation faithful to the original, authentic version; ~ *liberă* free translation / rendering; ~ *literală* verbal / literal / close / word-for-word translation, S→metaphrase, meta-

phrasis. ⓒ *a face o~* to make/do a translation.
traductibil *adj.* translatable.
traductor *s.n. tel.* translator.
trafic *s.n.* **1.** *com.* traffic, trading, trade; *peior.* illicit trading. **2.** traffic; communication. ⓐ ~ *aerian* aerial communication; ~ *de carne vie* slave trade; *(de prostituate)* white slave trade; ~ *de influenţă* wangle(s), pressure, intercession; ~ *de mărfuri* goods traffic; ~ *de pasageri* passenger traffic; ~ *feroviar* rail freightage. ⓒ *a face ~ de influenţă* to trade on one's influence, to wangle, to intercede.
trafica *vb. intr. (cu)* to traffic (in), to deal (in).
traficant *s.m.* trader, trafficker; *peior.* speculator, profiteer. ⓐ ~ *de carne vie* white slaver, procurer; ~ *de influenţă* wangler.
traforaj *s.n.* fretwork. ⓑ *ferăstrău de ~* fretsaw.
trage I. *vb.tr.* **1.** *(a căuta să mişte)* to draw; *(îndărăt)* to pull; *(a tîrî)* to drag, to lug; *(cu efort, îndărăt)* to tug, *nav.* to haul, to tow; *(în jos)* to pull down; *(a duce)* to carry; *(a scoate)* to pull/take out; to extract. **2.** *(a absorbi)* to absorb, to suck up, to imbibe, to drink in. **3.** *(a suferi)* to suffer. **4.** *(a inspira)* to breathe in. **5.** *(a bea)* F to guzzle. **6.** *(a trasa)* to draw. **7.** *(a freca)* to rub. ⓒ *a ~ un cerc* to describe a circle; *a ~ un chibrit* to strike a match; *a ~ pe cineva de braţ* to pull smb. by the arm; *a ~ pe cineva de mînecă* to pluck smb. by the sleeve; *a ~ pe cineva de păr* to pull smb. by the hair, to pull smb.'s hair; *a-şi ~ ciorapii* to pull on one's stockings *sau* socks; *a ~ clopotul* to pull/ring/toll the bell; *a ~ dopul din sticlă* to uncork/take the cork out of a bottle, to pull/draw the cork; *a ~ o duşcă* to take a (good) draught/F pull; *a ~ foloase de pe urma... (cu gen.)* to derive benefit from...; *a ~ un glonţ* to shoot/fire a cartridge; *il ~ la somn* he is sleepy; *a ~ linii* to draw lines; *a-şi ~ pălăria peste ochi* to pull

one's hat over one's eyes; *a ~ per-deaua* to draw the curtain; *a ~ o plasă* to drag a net; *a ~ sabia din teacă* to draw/unsheathe one's sword; *a ~ de urechi* to pull *smb.'s* ears; *a ~ din apă* to fish out of the water, to fish up; *a ~ la ţărm* to haul... ashore. **II.** *vb. refl.* **1.** *pas.* to be drawn etc. **v.** ~ **I. 2. v.** t î r î II. ⓐ *a i se~ de la...* to be caused by...; *a se ~ din/de la...* **a.** to descend from..., to be descended from..., to go back to..., to come of... **b.** *(ca loc)* to come/hail from... **c.** to derive from...; *a se ~ la...* to long for..., to hanker after... **III.** *vb. intr.* **1.** *(a cîntări)* to weigh. **2.** *(a suferi)* to suffer. **3.** *(a fi curent)* to draw. **4.** *(a se opri) (la)* to stop (at). **5.** *(cu puşca etc.)* to fire, to shoot. **6.** *(d. vînt)* to blow (gently). **7.** *(a bea)* F to booze, to tipple, to drink. ⓐ *a ~ a...* **a.** *(a fi pe punctul de a)* to be about to..., to be on the point of... *(cu forme în -ing).* **b.** *(a ploaie etc.)* to look like rain etc. **c.** to want to become...; *a ~ în...* to shoot/fire at...; *a ~ la...* **a.** to go to..., to make for... **b.** *fig.* to strive for... ⓒ *~ a ploaie* it looks like rain; *a ~ în gazdă la cineva.* **a.** to rent/take a room with smb. **b. v.** m î n e a; *a ~ la cîntar* to weigh; *a ~ la (un) hotel* to check in at an hotel, to put up at an hotel; *a ~ la ţintă* to shoot/fire at a target; *~ prin uşă* there is a draught at that door, a draught comes in at that door; *a ~ să moară* to be dying, F to breathe one's last; *~ aici* there is a draught here.

tragedian *s.m.* tragedian, tragic actor.

tragediană *s.f.* tragedian, tragic actress, tragedienne.

tragedie *s.f.* tragedy, tragic drama.

tragere *s.f.* **1.** drawing etc. **v.** t r a g e. **2.**←P bent propensity, attraction. **3.** *mil.* firing, musketry; *(de artilerie)* gunnery. **4.** drawing of a lottery. ⓐ *~ de inimă* inclination, good-will, pleasure; *~ la sorţi* drawing of lots;

~ la ţintă target firing; *~ pe sfoară* swindle. ⓑ *cu ~ de inimă* willingly, readily; *cu ~ lungă* long-distance...

tragic I. *adj.* tragic; *(d. o intîmplare)* tragic(al). ⓒ *a lua o întorsătură ~ă* to take a tragic turn; *partea ~ă e că...* the tragic side of the business is that... **II.** *adv.* tragically. ⓒ *a sfîrşi ~* to end tragically. **III.** *s.n.* tragedy; tragicalness; tragical element. ⓒ *a lua ceva în ~* to make a tragedy of smth., to dramatize; *a lua lucrurile în ~* to dramatize.

tragicomedie *s.f.* tragi-comedy.

tragicomic *adj.* tragi-comic(al).

tragism *s.n.* tragism, dramatism; tragicalness. ⓐ *~ul situaţiei* the tragedy of the situation.

traheal *adj. anat.* tracheal.

trahee *s.f.* **1.** *anat.* trachea. **2.** *bot.* trachea, air vessel. ⓐ *~a arteră anat.* trachea, windpipe.

traheită *s.f. med.* tracheitis.

traheotomie *s.f. med.* tracheotomy.

trahit *s.n. mineral.* trachyte.

trahomă *s.f. med.* trachoma.

trai *s.n.* **1.** *(viaţă)* life. **2.** *(fel de viaţă)* (manner of) living; *(existenţă)* existence, bread, living. ⓐ *~ bun* welfare, prosperity, wellbeing, F→cakes and ale. ⓑ *mijloace de~* means of subsistence; *nivel de ~* living standard, standard of life/living. ⓒ *a duce ~ bun cu cineva* **a.** to live in harmony/concord with smb. **b.** *fig.* to get on with smb. like a house on fire, to be on good terms with smb.; *a duce ~ rău cu cineva* to be at odds with smb; *a-şi trăi ~ul* to have served one's time.

traiect *s.n.* line; route; distance.

traiectorie *s.f.* trajectory. ⓐ *~ curbă mil.* high trajectory, *amer.* curved trajectory; *~ razantă/ întinsă mil.* flat trajectory.

trailă *s.f.* ferry.

traină *s.f. nav.* dragging.

trainic I. *adj.* lasting, durable; *(d. culori)* fast; *(tare)* strong, solid, firm; secure. ⓑ *material ~* hard-wearing fabric, durable stuff; *pace ~ă şi îndelungată* lasting and durable peace; *temelie* ~ă stable foundation. **II.** *adv* solidly; firmly, well.

traistă *s.f.* bag; *(desagă)* wallet, knapsack. ⓐ *traista ciobanului bot.* shepherd's purse *(Capsella bursa pastoris).* ⓒ *a-și băga minţile-n* ~ to grow wiser.

tralala *interj.* tra la la, tol-de-rol. ⓒ *a fi cam*~ F to be a bit hare--brained/scatter-brained.

tramă *s.f.* tissue, texture.

trambala *vb. refl.* to stir about; to rove/ramble about; to wander/stray about.

trambulină *s.f.* și *fig.* spring/jumping board; *(la ski)* take off; *fig.* jumping-off place/ground.

tramcar *s.n.* tramcar.

trampă *s.f. com.* barter.

tramvai *s.n. (ca vagon)* tram(car), *amer.* street car; *(ca linie)* tram (-way), *amer.* street railway. ⓐ ~ *fluvial* river tram. ⓑ *depou de* ~*e* tram depot; *amer.* street--car yard; *staţie de* ~ tram stop. ⓒ *a lua* ~*ul* to take the tram; *a merge cu* ~*ul* to go by tram; *a se urca in* ·~ to get on the tram; *a-l călca/tăia* ~*ul, a cădea sub* ~ to be run over by a tram.

tranc *interj.* bang!

trancanale *s.f. pl.*←P **1.** *(catrafuse)* F sticks, traps. **2.** *(vorbe goale)* F twaddle.

tranchet *s.n. nav.* fender.

trandafir *s.m.* **1.** *bot.* rose tree/bush *(Rosa);* *(ca floare)* rose. **2.** *gastr.* highly-seasoned pork sausage. ⓐ ~ *de munte bot.* v. s m i r d a r; ~ *galben bot.* v. t e i ș o r; ~ *sălbatic bot.* v. m ă c i e ș. ⓑ *apă de* ~*i* rose water; *boboc de* ~ rose bud; *cunună de* ~*i* garland/ crown/ wreath of roses; *esenţă de* ~*i* (essential) oil of roses; *grădină de* ~*i* garden of roses, rosery, S→rosarium; *parfum de* ~*i* odour/ scent/smell of roses; *tufă de* ~*i* rose bush/shrub; *ulei de* ~*i* oil of roses.

trandafiriu *adj.* **1.** pink, rose-coloured; *(d. ten etc.)* rosy. **2.** *fig.* rosy, bright, cheerful.

transalpin *adj.* Transalpine.

transatlantic I. *adj.* transatlantic. **II.** *s.n. nav.* (Atlantic) liner.

transă *s.f.* trance. ⓒ *a cădea in* ~ to go/fall into a trance.

transborda *vb. tr.* to reload, to shift (from one ship *sau* waggon to another); *nav.* și to trans(s)hip.

transbordare *s.f.* reloading, *nav.* trans(s)hipment, reshipment. ⓑ *fără* ~ direct(ly), *com.,* și by one conveyance.

transbordor *s.n.* **1.** *ferov.* transporter bridge. **2.** *nav.* train ferry.

transcarpatic, transcarpatin *adj.* Transcarpathian.

transcaucazian *adj.* Transcaucasian.

transcendent *adj.* transcendent.

transcendental *adj.* transcendental.

transcendentalism *s.n. filoz.* transcendentalism.

transcrie *vb. tr.* **1.** to transcribe, to write out. **2.** *muz.* to make a transcription of.

transcriere *s.f.* transcription.

transcripţie *s.f.* **1.** transcription, copy. **2.** *jur.* registration.

transdanubian *adj.* Transdanubian.

transept *s.n. bis.* transept.

transfer *s.n.* **1.** transference. **2.** *jur.* transfer, assignment.

transfera I. *vb. tr.* **1.** *(pe cineva)* to transfer. **2.** *(un obiect)* to put/ place elsewhere, to shift. **3.** *jur.* to transfer; *(o proprietate)* to convey, to cede. ⓒ *a fost* ~*t de la Pitești la...* he was transferred/ shifted from Pitești to... **II.** *vb. refl.* to be transferred/shifted; to get a transfer / shift; *mil.,* și to join another corps *sau* regiment.

transferare *s.f.* **1.** transferring etc. v. t r a n s f e r a. **2.** *(ca act)* shift, transferring.

transferabil *adj.* transferable.

transfigura I. *vb. tr.* to transfigure. **II.** *vb. refl.* to be/become transfigured.

transforma I. *vb. tr.* **1.** to transform, to transmute; to metamorphose; *(a schimba)* to change. **2.** *(a comuta)* to commute. ⓐ *a* ~ *in...* to turn/ convert into... ⓒ *a* ~ *natura* to transform/remove nature; *a* ~ *in* *bani* to convert into money/cash; *a ~ în cenuşă* to reduce to ashes; *a ~ în oase* to ossify; *a ~ în sticlă* to vitrify. **II.** *vb. refl.* to be transformed; to change, F→ to transmogrify. ⓐ *a se ~ în...* to change/be transformed/turn into...; *(a deveni)* to become...

transformabil *adj.* transformable.

transformare *s.f.* **1.** transforming etc. v. t r a n s f o r m a. **2.** *(ca rezultat)* transformation, change. ⓐ *~a ecuaţiilor mat.* transformation of equations; *~ socialistă a agriculturii* socialist transformation of agriculture; *~ (pe cale) revoluţionară a societăţii* revolutionary remaking/reorganization of society. ⓑ *plan de ~ a naturii* plan for the remaking of nature.

transformator I. *adj.* transforming. **II.** *s.n. tehn., electr.* transformer. ⓐ*~de cuplaj* coupling transformer; *~de curent/intensitate* current transformer; *~ de forţă* power/means transformer; *~ de frecvenţă* frequency changer; *~ de ieşire* output transformer; *~ de intrare* input transformer; *~ de tensiune* voltage/potential transformer.

transformism *s.n.* transformism.

transformist *s.m.* transformist, quick--changer.

transfug *s.m.* **1.** *mil.* deserter. **2.** *pol.* turncoat, rat, F→Jack on both sides, cat in the pan, F *amer.* crawfish.

transfuza *vb. tr.* to transfuse.

transfuzie *s.f.* transfusion (of blood).

transgresiune *s.f.* transgression.

transhumanţă *s.f.* moving of flocks (to *sau* from an Alpine pasture).

transilvănean[1] *adj.* Transylvanian, of/from Transylvania.

transilvănean[2] *s.m.* Transylvanian, inhabitant native of Transilvania.

transistor *s.n. electr.* transistor.

translator *s.m.* translator; *(interpret)* interpreter.

translaţie *s.f.* translation. ⓑ *mişcare de ~* motion/movement of translation.

transliteraţie *s.f.* transliteration.

translucid *adj.* translucent.

transluciditate *s.f.* translucence.

transmarin *adj.* oversea... transmarine.

transmigra *vb. intr.* to transmigrate.

transmigraţie *s.f.* transmigration.

transmisibil *adj.* transmissible; *(d. boli)* infectious, contagious, catching.

transmisibilitate *s.f.* transmissibility.

transmisi(un)e *s.f.* **1.** transmission; *tehn., şi* gear(ing), drive. **2.** *rad.* broadcast. ⓐ *~ cardanică* cardan gear/drive, universal-joint drive; *~ cu balansier tehn.* transmission by rocking lever, rocking lever gear; *~ diferenţială tehn.* differential/compensating gear; *~ elicoidală* worm gear; *~ finală tehn.* end drive; *~ prin curea* belt drive; *~ prin fricţiune tehn.* friction gear(ing); *~ prin roţi dinţate tehn.* gearing, gear drive, transmission by gearing, toothed gearing; *~ reversibilă tehn.* reversing mechanism.

transmite I. *vb. tr.* **1.** *(a înmîna)* to hand (over), to deliver, to present, to convey. **2.** *(a transfera)* to transfer, to convey, to confer, *jur.* to cede, to assign, to make... over. **3.** *(a încredinţa)* to consign, to assign, to confer, to bestow. **4.** *(a răspîndi)* to transmit, to spread abroad, to circulate; *(ca fapt istoric)* to record. **5.** *(a lăsa)* to leave. **6.** *(tradiţii)* to hand down. **7.** *(boli)* to transmit. **8.** *rad.* to broadcast. **9.** *tehn.* to transmit, to convey; to feed (to). ⓒ *a ~ din generaţie în generaţie* to transmit from generation to generation; *a ~ posterităţii* to hand down to posterity. **II.** *vb. refl.* **1.** *(d. boli)* to be capable of being transferred, to be infectious/contagious/catching. **2.** *(a fi ereditar)* to be hereditary, to run in the family. **3.** *pas.* to be handed (over) etc. v. ~ **I. III.** *vb. intr. rad.* to broadcast.

transmiţător I. *adj.* transmitting. **II.** *s.m.* transmitter. **III.** *s.n. tel.* transmitter, transmitting set.

transmutaţie *s.f.* transmutation.

transoceanic *adj.* transoceanic.
transparent I. *adj.* **1.** transparent, translucent; perspicuous, (pel-) lucid; *(clar)* clear (as crystal); *(ca sticla)* glasslike, $S \rightarrow$ hyaline. **2.** *fig.* transparent; *(d. un pretext)* flimsy. ⓙ *aluzie* ~*ă* broad; hint. **II.** *s.n.* black/writing/ink lines.
transparenţă *s.f.* transparence, transparency; limpidity, limpidness; (pel)lucidity, (pel)lucidness, gauziness.
transperant *s.n.* (inside) blind, shade.
transpira *vb. intr.* **1.** to perspire, to be in perspiration, to sweat; *(d. geamuri)* to sweat, to be blurred /fogged/steamed/clouded; *(d. pereţi)* to sweat, to be moist/ damp; *(d. plante)* to perspire, to sweat. **2.** *fig.* to leak, to transpire, to become known, to get about. ⓒ *a nu lăsa să transpire fig.* to keep (snug), to suppress.
transpiraţie *s.f.* **1.** perspiration, sweating. **2.** perspiration, sweat.
transplanta *vb. tr.* **1.** to transplant, to replant; *(flori)* to pot/bed out; *(o specie din altă ţară)* to import. **2.** *fig.* to transplant. ⓒ *a* ~ *din nou* to retransplant.
transport *s.n.* **1.** *(transportare)* transport, conveyance; *amer.* transportation; *(mai ales de mărfuri)* carriage. **2.** *nav.* shipping. **3.** *com.* carrying over, transfer. **4.** *psih.* rapture. **5.** *jur.* transfer, assignment. ⓐ ~ *aerian* air transport; ~ *auto* motor transport; ~ *cu tracţiune animală* cartage, carting; ~ *de trupe* troop carrying/transportation; ~ *interurban* interurban transport; ~ *pe apă* water transport; ~ *pe cale ferată/feroviar* rail(way) transport; ~ *pe uscat/ terestru* land transport; ~*uri maritime*, ~ *pe mare* sea transport, sea shipping. ⓑ *birou de* ~ forwarding office; *cheltuieli de* ~ forwarding charges, charges/expenses of conveyance, transport charges, charges of transport, fees for carrying, carrying fees; *material de* ~ *ferov.* rolling stock; *mijloc de* ~ means of conveyance/forwarding; *vas de* ~ *nav.* transport ship/vessel.

transporta I. *vb. tr.* **1.** to transport, to convey; *(cu un vehicul)* to carry; *(a trimite mai departe)* to forward, to send on; *(a îndepărta)* to remove. **2.** *com.* *(în registre)* to carry/ bring forward/over, to post over. **3.** *(a deporta)* to transport; *(străinii)* to deport. **4.** *jur.* to transfer, to assign. **5.** *(a încînta peste măsură)* to transport (with joy/with delight), to (en)charm, to delight, to carry away. **II.** *vb. refl. pas.* to be transported etc. **v.** ~ **I.**
transportabil *adj.* transportable, capable of being removed; *(portabil)* portable.
transportat *adj. fig.* transported, beside oneself, overjoyed.
transportor *s.n.* conveyer (belt). ⓐ ~ *cu bandă* belt conveyer; ~ *cu cupe* bucket conveyer; ~ *cu raclete min.* scraper conveyer; ~ *cu role* roller train/bed/table.
transpoziţi(un)e *s.f.* transposition.
transpune *vb. tr.* to transpose.
transsaharian *adj.* Trans-Saharian.
transsiberian *adj.* Trans-Siberian.
transsubstanţiere *s.f.* transubstantiation.
transsudaţie *s.f.* transudation.
transvaza *vb. tr.* to decant.
transversal I. *adj.* transversal, tra(ns)verse; *(curmeziş)* cross, cross-cut; *(oblic)* slanting, oblique. ⓑ *grindă* ~*ă constr.* crossbeam, transverse; *secţiune* ~*ă* cross section. **II.** *adv.* transversely, crosswise.
transversală *s.f. geom.* transversal (line).
transvertor *s.n. electr.* transverter.
tranşa I. *vb. tr.* to settle (out of hand), to dispose of; *(o dificultate etc.)* to make short work of. **II.** *vb. refl. pas.* to be settled (out of hand); to be made short work of.
tranşant *adj.* trenchant, peremptory.
tranşă *s.f.* block, portion; *(rată)* instalment.
tranşee *s.f. mil.* trench(work); intrenchment, line of approach, approaches, cutting, sap. ⓐ ~ *dublă* double trench. ⓑ *război de* ~ trench warfare.

tranzacţie *s.f.* **1.** transaction, *pl.* deals, dealings. **2.** agreement; compromise.

tranzacţional *adj.* of the nature of a transaction etc. v. t r a n z a c-ţ i e.

tranzistorizat *adj. electr.* transistorized.

tranzit *s.n.* transit. ⓑ *în*∼ in transit.

tranzita *vb. tr.* to convey in transit.

tranzitare *s.f.* **1.** conveying in transit. **2.** transit.

tranzitiv *adj. gram.* transitive. ⓑ *verb* ∼ transitive verb.

tranzitoriu *adj.* transitory, transient; *(intermediar)* intermediate; *(provizoriu)* provisional.

tranziţie *s.f.* transition. ⓑ *de* ∼ transition...; transitional.

trap *s.n.* trot. ⓐ ∼ *uşor* easy trot. ⓑ *cursă de* ∼ trotting match/ race; *în plin* ∼ at full trot; *la* ∼ at a trot. ⓒ *veni în* ∼ he came running up; *a lăsa un cal la/în* ∼ to put a horse to a trot; *a merge la* ∼ to trot, to jog.

trapă *s.f.* trap/flap door.

trapez *s.n.* **1.** *geom.* trapezium, *rar*→trapeze. **2.** *(de gimnastică)* trapeze. **3.** *anat.* trapezius.

trapeză *s.f. rel.* refectory.

trapezoedru *s.n. geom.* trapezohedron.

trapezoid *s.n. geom.* trapezoid.

trapezoidal *adj.* trapezoidal.

trapist *s.m. rel.* Trappist (monk).

tras I. *adj. (d. faţă)* drawn, worn-out, pinched. ⓐ ∼ *de păr* far-fetched;∼ *la faţă* tired, haggard, F→peaky; ∼ *pe sfoară* F diddled, taken in; ∼ *printr-un inel* slim, slender. **II.** *s.n.* drawing etc. v. t r a g e.

trasa *vb. tr.* **1.** to trace; *(un drum)* to map out; *(o curbă etc.)* to plot, to set out; *(o linie de conduită etc.)* to trace/map out. **2.** to trace; *(a desena, a trage)* to draw; *(a schiţa)* to sketch.

traseu *s.n.* line, direction.

trasor *s.n. (şi cartuş* ∼*)* tracer (bullet). ⓑ *atom* ∼ tracer atom.

trata I. *vb. tr.* **1.** *(a se purta cu)* to treat, to behave to(wards);

to use. **2.** *(a califica)* to call, to style. **3.** *(o boală, un bolnav)* to treat; *(un bolnav)* to attend. **4.** *chim. etc.* to treat. **5.** *(un subiect)* to treat, to dwell on; *(exhaustiv)* to exhaust; *(a discuta)* to discuss. **6.** *(cu o prăjitură etc.)* to treat, to entertain, to regale; *(a ospăta)* to banquet, to feast. **7.** *(a negocia)* to negotiate; *(a dezbate)* to debate (upon), to argue. ⓐ *a* ∼ *de/drept...* to call..., to style..., to dub... ⓒ *a* ∼ *o afacere* to transact; *a* ∼ *ca străin* to make a stranger of *smb.*; *a* ∼ *cu acid sulfuric* to treat with sulphuric acid; *a* ∼ *cu indulgenţă* to deal indulgently with *smb.*, to spare *smb.*'s feelings; *a* ∼ *cu răceală* to give *smb.* the cold shoulder; *e* ∼*t de... med.* he is attended by..., he is under the care of...; *a* ∼ *fără mănuşi* to handle *smb.* without mittens/gloves. **II.** *vb. refl.* **1.** *pas.* to be treated etc. v. ∼ **I. 2.** *med.* to undergo a cure. **2.** *(a se ospăta) (cu)* to regale (on). **III.** *vb. intr.* to negotiate, to deal. ⓐ *a* ∼ *despre... (d. o carte etc.)* to deal with..., to treat of... ⓒ *a* ∼ *cu cineva despre ...* to treat/confer with smb. about...; *a* ∼ *pentru pace* to negotiate a peace/about the peace, to treat for peace.

tratament *s.n.* **1.** treatment; *(manipulare)* manipulation; *(mânuire)* handling. **2.** *med.* (medical) treatment, care; medical attendance; *(regim)* regimen. ⓐ ∼ *electric* electrotherapeutics, application of electricity to the treatment of a disease. ⓒ *a urma un* ∼ to undergo a cure.

tratare *s.f.* **1.** treatment, treating etc. v. t r a t a. **2.** v. t r a-ţ i e.

tratat *s.n.* **1.** treaty, convention; pact; *(acord)* agreement. **2.** *(ştiinţific etc.)* treatise; *(disertaţie)* dissertation; *(lucrare etc.)* paper.ⓐ ∼ *de pace* peace treaty, treaty of peace. ⓒ *a încheia un* ∼ *de pace* to conclude a peace treaty.

tratative *s.f. pl.* negotiations, talks; *(tranzacţii)* transactions. ⓐ ∼ *de* *armistiţiu* truce talks, armistice negotiations; ~ *de pace* peace negotiations; ~ *la nivel înalt* top-level talks. © *a duce* ~ to carry on negotiations, to negotiate; *a intra în* ~ *cu...* to enter into/to open negotiations with...; *mai ales mil.* to (hold a) parley with..., to confer with...

trataţie *s.f.* treat(ment), regale(ment). © *a face* ~ to stand a round (of drinks), to stand drinks all round.

trată *s.f. com.* bill of exchange.

traumatic *adj.* traumatic.

traumatism *s.n. med.* traumatism.

travaliu *s.n.* 1. work; labour; effort(s). 2. *med.* travail, F labour, throes. ⓐ ~ *artistic* creative/ artistic work.

travee *s.f. arhit.* bay.

traversa I. *vb. tr.* to cross; *(a trece prin)* to go/pass through; *(navigînd)* to go/sail through/over/across, to pass... in sailing/in a boat/navigating; *(oceanul)* to cross, *poetic→* to traverse; *(a curge prin)* to cut/ run across; *(o ţară)* to cross, to traverse, to perambulate; *(o stradă, munţii etc.)* to cross. © *doar am* ~*t oraşul* I only passed/came through the town. II. *vb. intr.* to go/pass/make over, to step across, to cross over.

traversă *s.f.* 1. *constr.* cross piece, traverse. 2. *ferov.* sleeper.

travertin *s.n. geol.* travertine.

travesti I. *vb. tr.* to disguise, to dress up; *(cu ajutorul măştii)* to mask. II. *vb. refl.* to disguise oneself, to (put on a) mask, to masquerade, ↓ *teatru* to make up. ⓐ *a se* ~ *ca/în...* to dress up as a(n)...

travestire *s.f.* 1. disguising etc. v. **travesti**. 2. disguise; mask; mummery, ↓ *teatru* make-up.

trăda I. *vb. tr.* 1. to betray; to play *smb.* false; *(a înşela)* to deceive. 2. *(a da în vileag)* to reveal, to disclose, F→to give away. II. *vb. refl.* to betray oneself away, F→ to let the cat out of the bag.

trădare *s.f.* 1. betrayal, betraying etc. v. **trăda**. 2. treachery,

perfidy, *jur.* treason. ⓑ *înaltă* ~ high treason.

trădătoare *s.f.* traitress.

trădător I. *adj.* treacherous, traitorous. II. *s.m.* traitor, F→cat in the pan. ⓐ ~ *de patrie* traitor to one's country.

trăgaci *s.n.* trigger, *odin.* cock, cocking piece. © *a apăsa pe* ~ to pull the trigger.

trăgătoare *s.f.* 1. *(riglă)* ruler. 2. v. **şleau**[1]. 3. *(~ de cizme)* boot jack. 4. *(vînă de bou)* bull's pizzle.

trăgător I. *s.m.* 1. one who draws, drawee. 2. *com.* drawer (of a bill of exchange). 3. shooter; *sport (la ţintă)* marksman; (gun)firer. ⓐ ~ *de elită* sharpshooter. ~ *de sfori* intriguer, wire puller. II. *s.n. tehn.* drawing/rulling pen.

trăi I. *vb. intr.* 1. *(a fi în viaţă)* to live, to be alive/living, to have life, to keep one's head above ground; *(a respira)* to breathe; *(a exista)* to exist, to be. 2. *(a dura)* to last. 3. *(a duce o viaţă de...)* to lead a life of..., to live... ⓐ *a* ~ *din...* a. *(a se hrăni cu)* to live on ...; *(d. animale)* to feed on... b. *(prin, datorită)* to live/subsist by... © *nu-i dau mai mult de un an de zile de* ~*t* he hasn't more than a year to live, his life is not worth a year's purchase; *n-avea din/cu ce* ~ he had nothing to live on, F→he was hard up, he had not a penny to bless himself with; *a* ~ *conform principiilor sale* to live up to one's principles; *a* ~ *cu cineva* to live with smb.; *a* ~ *de azi pe mîine* to make shift to live, to live from hand to mouth, to manage to keep soul and body together; *a* ~ *din munca mîinilor sale* to live by one's labour/hands; *a* ~ *fără griji* to live shiftlessly, to live at rack and manger; *nu poate* ~ *fără ea* he cannot live without her; *a* ~ *în chefuri şi petreceri* to lead a riotous life, F→to go it, to live up to the hilt; *a* ~ *la ţară* to live in the country; *a* ~ *numai pentru ceva* to live for smth.

only, to devote oneself to smth.; *statuia pare că* ∼*eşte* the statue seems to breathe; *atîta timp cît* ∼*eşte* during his lifetime, as long as he lives, while he remains alive; *a avea din ce să* ∼*ască* to have a competency, to have (the) wherewithal to live; *să* ∼*eşti* **a.** *(mulţumesc)* thank you; thanks. **b.** *(ca urare)* I wish you happiness! I wish you every success! *(de ziua naşterii etc.)* many happy returns of the day! *(închinînd paharul)* your (good) health! **c.** *(ca formă de salut)* hello! how are you? good morning etc.; *(la revedere)* good-bye! *a* ∼ *bine* to be in easy circumstances; to be well off, F→to be a warm man; *(a mînca bine)* to keep a good table, to make good cheer, to fare sumptuously; *a nu* ∼ *bine (d. soţi)* to live on indifferent terms; *a* ∼ *confortabil* to live in comfort, to be well-off *a fi* ∼*t destul* to have lived long enough, to have had one's fill of living; *mai* ∼*eşte (el)?* is he still alive? is he still in the land of the living?; *a* ∼ *marital/în concubinaj cu cineva* to live (tally) with smb.; *caii* ∼*esc rar mai mult de 16 ani* horses rarely live beyond 16 years; *o să mai* ∼*ască zece ani (fii sigur)* he is good for another ten years; *mulţi ani* ∼*ască!* long live! *a* ∼ *retras* to lead a retired life, to see no company; *a* ∼ *singur* to live by oneself, to live in retirement; *gloria sa va* ∼ *veşnic* his glory will never fade; ∼*ască pacea!* long live peace! **II.** *vb. tr.* **1.** to experience, to go through, to endure, to suffer. **2.** *(a simţi)* to feel. ⓒ *să te* ∼*ască dumnezeu!* God grant you long life!

trăinicie *s.f.* durability; solidity, firmness; strength.

trăire *s.f.* **1.** living. **2.** experience. **3.** *(simţire)* feelings.

trăirism *s.n.* life for life's sake.

trăit *s.n.* life, living.

trăitor *adj.* living.

trăncăneală *s.f.* chat(ting) etc. v. t r ă n c ă n i.

trăncăni I. *vb. intr.* **1.** *(a pălăvrăgi)* to chat, to babble, to prattle, to prate, P to jaw, to poll-parrot; *sl.* to flap one's mouth, *amer.* to bla-bla in the air. **2.** *(a zăngăni)* to clink, to clack, to click, to clash, to clatter. **II.** *vb. tr.* to babble, to bab.

trăncănit *s.n.* chattering etc. v. t r ă n c ă n i.

trăpaş *s.m.* trotter.

trăsătură *s.f.* **1.** stroke, touch. **2.** trait, feature, characteristic; aspect. ⓐ ∼ *de condei* stroke/dash/touch of the pen; ∼ *de unire* hyphen, division. ⓓ *dintr-o* ∼ *de condei* with a stroke of the pen.

trăscău *s.n.* strong brandy.

trăsnaie *s.f.* v. p o z n ă.

trăsnet *s.n. şi fig.* thunderbolt; *(fulger)* lightning.

trăsni I. *vb. intr.* **1.** to strike, to hurl thunderbolts, F→to fulminate. **2.** *(a bubui)* to peal, to thunder, to roar. ⓒ *a-i* ∼ *cuiva să...*←F to occur to smb. to..., to come into one's head to...; *a* ∼*t* the lightning has struck. **II.** *vb. tr.* **1.** to strike down, to blast. **2.** *(a izbi)* to hit, to strike, to swinge. ⓒ ∼*-l-ar!* the deuce take him! confound him! P drat him!

trăsnit *adj.* **1.** *şi fig.* thunderstruck; *fig. (uluit)* F struck all of a heap, dumbfounded. **2.** *(beat)* F screwed, afflicted, corky. **3.** *(zănatic)* F cracked, daft. ⓓ *cam* ∼ sort of way out, a little off one's base. ⓒ *a rămîne ca* ∼ to be thunderstruck, to be utterly taken aback, F to be struck all of a heap.

trăsură *s.f.* **1.** carriage, coach, conveyance; *(de piaţă)* cab, four-wheeler, hackney coach; *(mai uşoară)* dog cart, gig, phaeton; *(deschisă)* open carriage; *(de casă)* private carriage; *(cu doi cai)* carriage and pair, two-in-hand; *(cu patru cai)* carriage and four, four-in-hand. **2.** *(de unire)* hyphen, division.

trăsurică *s.f.* perambulator, F→ pram.

treabă *s.f.* **1.** *(chestiune)* affair, matter; *(preocupare)* concern; *(afacere)* business; *(lucru, muncă)* work; *(ocupaţie)* occupation, employment, engagement. **2.** *pl.* business; affairs; things (to do). ⓐ *treaba ta!* that's your own business! *o* ~ *grea* F→a great/hard pull; *treburi casnice* household business; *treburi curente* current affairs, pending business; *treburi mărunte* underwork; *treburi publice* public affairs; *treburi zilnice* daily tasks, routine. ⓑ *om de* ~ honest man, plain dealer. ⓒ *am* ~ I am busy; *am puţină* ~ *cu el* I have some business to transact with him; *a-şi lăsa treaba* to put down the work, to lay aside the work; *asta schimbă treaba* that alters the case; *a se apuca de* ~ to set to work, to go/ fall to work; *a nu mai putea de* ~ to have one's hands full of business, to be full of business, to be very busy, to have many irons in the fire; *te reţin de la* ~? am I keeping you from your work? *a-şi vedea de* ~ to mind one's own business; *hai la* ~ to work; *nu e treaba mea* that's no business/ concern of mine, that's none of my business, I am not concerned in it, that's not my business; *asta-i treaba mea* that is my business/ affair/F look-out, that concerns me, that's nothing to you; *asta-i cu totul altă* ~ that's quite another thing, F that's another story/pair of shoes/pair of breeches; *cum merg treburile?* how blows/lies the wind? *treburile îi mergeau prost* matters looked bad for him, it was a bad look-out for him; *treaba stă aşa* the matter stands thus/like that; *se vede treaba că...* probably..., it seems that...

treacă-meargă I. *adv.* so-so, passably, tolerably. **II.** *interj.* let it be!

treacăt *s.n.* passage; passing. ⓑ *în* ~ **a.** *(în trecere)* in passing (by). **b.** *(apropo)* by the way. **c.** *(la întîmplare)* by chance. **d.** *(pe scurt)* in short. **e.** *(printre altele)* among other things.

treanca-fleanca *s.f.* F (stuff and) nonsense, fiddlesticks.

treapăd *s.n.* **1.** *(alergătură)* running. **2.** *(diaree)* med. P looseness (of the bowels); diarrhoea. **3.** *(trap)* trot. **4.** v. t r o p ă i. **5.** *vet.* skit.

treaptă *s.f.* **1.** *(de scară)* step, rung. **2.** *(grad)* degree. **3.** *fig.* degree, grade, stage; *(rang)* rank. ⓐ *treapta cea mai înaltă* the highest summit/pinnacle, the loftiest height. ⓑ *din* ~ *în* ~ by degrees/stages, step by step; *pe aceeaşi* ~ on a level/par. ⓒ *a se urca cu o* ~ *mai sus* to go up/rise a step; *a urca treptele...* *(cu gen.)* to climb/ ascend the steps of...

treaz *adj.* **1.** *(care nu doarme)* awake, not asleep, (all) astir; *(în stare de veghe)* watchful, watching; *(care n-are somn)* sleepless, slumberless. **2.** *(vigilent)* vigilant. **3.** *(care nu e beat)* sober, F→dry. **4.** *(activ, vioi)* brisk, lively, (on the) alert. ⓑ *stare* ~*ă* wakeful state, wakefulness. ⓒ *a fi complet* ~ **a.** to be wide awake, to be on the alert. **b.** F→to be as sober as a judge; *a sta* ~ *toată noaptea* to lie awake all night; *a se ţine* ~ *(nu beat)* to keep oneself dry.

trebălui I. *vb. intr.* to bustle about. **II.** *vb. tr.* to occupy oneself with, to be occupied with/in.

trebnic *s.n. rel.* prayer book.

trebui *vb. intr.* **1.** *şi unipers. (a fi necesar)* to be necessary. **2.** *(a avea nevoie de)* to need. ⓐ *a-i* ~... to need..., to want...; *(a-i lipsi)* to lack...; *a* ~ *să* **a.** must..., to have to...; *(a fi constrîns fiziceşte sau moraliceşte)* to be obliged to..., to be forced/constrained/compelled to...; *(moraliceşte)* to be bound to..., ought to..., should...; *(a urma să)* to be to...; *(a fi necesar)* to be necessary to... **b.** *(a avea nevoie de)* to need... **c.** *(a merita)* to deserve to... ⓒ *ai tot ce-ţi* ~*e?* have you all you need/want? are you well supplied? *am să-i dau tot ce-i* ~*e* I will give him all that is necessary; *ar fi* ~*t s-o termin de mult* I ought to have done it long ago; *ar* ~ *mai bine să-i spui* you had better tell (it) him; *ar ~ să ştii* you ought to know; *asta e tocmai ce-mi ~e* that is just/ exactly what I am in need/want of; *aşa îţi ~e* it serves you right, P serve you right; *ce ~e să aud!* what do I hear? *cît îţi ~e?* how much must you have? *dacă ar ~ să....* if I were to..., if I should...; *i-au ~t trei săptămîni ca să...* it took him three weeks to...,he took three weeks to...; *îmi mai ~e cartea lui* I have not done with his book yet; *îmi ~e nişte bani* I am/stand in need of money; *învaţă cum ~e* he learns as he should; *îţi ~e ceva?* do you want anything? *ne ~a o călăuză* we needed a guide, a guide was indispensable; *nu-mi mai ~e nimic* I want nothing more, I am no longer in need of anything; *nu ~e să spun cît de mult...* I need not say how much I...; *aceasta nu ~e să te împiedice* don't let that prevent you; *omul acesta ~e să fie un savant* this man is most likely a scholar; *dacă ar ~ să...* if I were to..., if I should...; *~e să-ţi cer iertare?* am I expected to beg your pardon? *~e să se certe veşnic* he is always quarrelling, he can't help quarrelling; *nu ~e să te cerţi pentru asta* there is no need of disputing about that matter; *~e să fac asta?* am I to do that? shall I do that? *tu etc. ~e să faci asta* it is up to you, etc. to do it; *~e s-o facem* we must do it, we cannot but do it; *~e făcut* it must be done; *~e să fie adevărat* **a.** it is undoubtedly true. **b.** it is probably true; *~e să fie bolnav* he must be ill, I suppose he is ill; *~e să fie foarte cald acolo* it must be very hot there; *~a să moară* he was doomed to die; *chiar dacă ar ~ să merg* even if I were to go; *~e să plătim* we have to pay; *~e să plec* I have to leave, I must (needs) be gone/off; *~e să plec la Buzău* I am going to Buzău, I am bound for Buzău; *~a să fi sosit* he was to have come; *~e să-ţi spun că...* I must tell you that...,

I beg leave to tell you that...; *~e să-ţi spun ceva* I have something to tell you; *ai tot ce-ţi ~e?* have you all you need? are you well supplied? *am să-i dau tot ce-i ~e* I will give him all that is necessary.

trebuincios *adj.* **1.** necessary. **2.** useful.

trebuinţă *s.f.←rar* need, necessity. Ⓟ *de ~* needful, necessary.

trecătoare *s.f.* **1.** *(cheie, defileu)* pass, gorge, ravine, canyon. **2.** *(loc de trecere)* passage.

trecător I. *adj.* passing; transient; temporary, provisional. **II.** *s.m.* passer-by; pedestrian.

trece I. *vb. intr.* **1.** to pass (by/past); *(a se perinda)* to succeed each other; *(a zbura)* to fly; *(d. vînt)* to blow; *(d. ape)* to flow; *(a se mişca)* to move; *(a merge)* to go, to proceed; *(a dispărea)* to disappear; *(a înceta)* to cease. **2.** *(d. timp)* to elapse, to go (by); *(pe nesimţite)* to slip by; *(a expira)* to expire, to run out, to come to an end. **3.** *(a merge mai departe)* to pass on, to go further. **4.** *(a muri)* to pass over/away, to die. **5.** *(a se termina)* to be over; *(a fi avut loc)* to go off. ⓐ *a ~ ca/ drept...* to pass for..., to be considered as...; *a ~ de...* **a.** to leave behind..., to go further than... **b.** *(a depăşi)* to exceed...; *a ~ din/de la... în/la...* to pass from... to/into..., to turn from... to...; *a ~ la...* **a.** to pass to..., to be handed over to..., to be given to... **b.** *(un alt subiect etc.)* to pass on to..., to turn to...; *a ~ pe la...* to call on..., to drop in...; *a ~ peste ...* **a.** *(a traversa)* to cross... **b.** *(a călca)* to tread on... **c.** *(o dificultate)* to get over... **d.** *(a omite)* to pass by/over, to omit, to overlook; *(a neglija)* to neglect. **e.** *(a ierta)* to pass by, to forgive; *(a uita)* to forget. **f.** *(a ignora)* to ignore; *a ~ prin...* **a.** to go/pass through..., to pass by... **b.** *fig.* to pass through...; *(a suferi)* to undergo...; *(a încerca)*

to experience... ⓒ *n-a trecut încă
nici un an* a year has not yet passed/
elapsed/gone; *i-a trecut boala* his
illness has passed/is over; *nu tre-
cuseră nici cinci minute* within five
minutes; *drumul ~ printr-o pădure*
the road/way lies through a wood;
a trecut de 20 de ani he has passed
twenty; *a ~ de partea inamicului
mil.* to desert to the enemy; *a ~
din mînă în mînă* to pass through
many hands; *a ~ greu (d. timp)*
to lie/hang heavy; *a ~ în clasa
următoare* to get one's remove;
a ~ în mînă... (cu gen.) to pass
into the hands of...; *a ~ în revistă*
to survey, to review; *a ~ la ches-
tiunea următoare* to go on to the
next question; *a ~ la ofensivă* to
take/assume the offensive; *a ~ la
producţia de maşini* to turn to
making cars; *a ~ peste capul
cuiva* to obviate smb., to ignore/
undermine/subvert smb.'s autho-
rity; to act in smb.'s defiance;
II. *vb. tr.* **1.** to go further than, to
leave behind. **2.** *(a străbate)* to
cross, to pass, to traverse, to go
over; *(strada etc.)* to cross. **3.** *(a
transmite)* to transmit, to hand
down; *(ca moştenire)* to bequeath.
4. *(a nota)* to put down; *(a înre-
gistra)* to register; *(pe o listă)* to
enter; *(pe o hartă)* to plot. **5.** *(un
examen)* to pass; *(o lege)* to pass,
to vote. **6.** *(a filtra)* to strain,
to filter; *(a cerne)* to sift. ⓐ *a ~
peste...* to convey/carry across...;
(cu barca) to ferry... over; *a-şi ~
(timpul etc.)* to pass..., to spend...
ⓒ *de netrecut* insuperable; *a ~
sub tăcere* to pass by in silence.
III. *vb. refl.* **1.** *(a muri)* to pass
away, to die. **2.** *(a îmbătrîni)* to
grow old; *(a se ofili)* to wither
away, to fade; *(a se stinge)* to
go/die out; *(a se micşora)* to di-
minish; *(d. fructe)* to get/grow
overripe. **3.** *(a fi crezut)* to be
believed/credited.

trecere *s.f.* **1.** passing etc. v. t r e c e.
2. *com.* demand. **3.** influence?
(greutate) weight. ⓐ *~a oprită* no
entry (beyond this point); no
trespasing; *~ în revistă* survey,

review; *~ la/de nivel* level cross-
ing. ⓑ *perioadă de ~ de la capi-
talism la socialism* transition(al
period) from capitalism to social-
ism; *perioadă de ~* transition(al)
period. ⓒ *a avea ~ la...* **a.** to
have an influence over... **b.** to
have/enjoy success with...

trecut I. *adj.* **1.** past; *(ultim)* last;
(vechi) old; *(de odinioară, prece-
dent)* former; *(mort)* dead; *(apus)*
by-gone. **2.** *(fanat)* faded; *(în
vîrstă)* advanced in years; *(bătrîn)*
old; *(veştejit)* faded, drooped, with-
ered. **II.** *s.n.* şi *gram.* past; *(al
cuiva şi)* background, record. ⓐ
~ul apropiat the recent past; *~ul
de luptă al poporului* the people's
past struggles; *~ îndepărtat* re-
mote past. ⓑ *din ~* former; *în ~* in
the past; *(odinioară)* formerly;
(odată) once.

trefila *vb. tr. metal.* to wire-draw.
trefilat *s.n. metal.* wire drawing.
ⓑ *maşină de ~* drawing machine.
trefilator *s.m. metal.* wire drawer.
treflă *s.f.* clubs.
trei *num. card., adj., s.m.* three. ⓐ
~ fraţi bot. heart's ease *(Viola
saxatilis).*
treier *s.n.* threshing. ⓑ *arie de ~*
threshing floor.
treiera I. *vb. tr.* to thresh, to thrash.
II. *vb. refl. pas.* to be threshed/
thrashed.
treierat *s.n.* **1.** threshing, thrashing.
2. threshing time. ⓑ *maşină de
~* v. t r e i e r ă t o a r e.
treierătoare *s.f. agr.* threshing ma-
chine, thresher.
treierător *s.m.* thresher.
treieriş *s.n.* v. t r e i e r a t.
treilea *num. ord., adj. the* third.
treime *s.f.* **1.** third. **2.** *rel.* Trinity.
treisprezece *num. card., adj., s.m.*
thirteen.
treisprezecelea *num. ord., adj. the*
thirteenth.
treizeci *num. card., adj., s.m.* thirty.
treizecilea *num. ord., adj. the* thir-
tieth. *⸿*
trematod *s.n. zool.* trematode.
tremă *s.f. poligr.* diaeresis; *(umlaut)*
umlaut.

tremol(o) *s.n.* *muz.* tremolo.
tremur *s.n.* **1.** trembling etc. **v.**
t r e m u r a. **2.** tremble; tremor.
tremura *vb. intr.* to tremble, to
dither, to quiver; to shake; *(d.
voce)* to tremble, to quaver; *(de
frig)* to shiver; *(de teamă)* to
shudder, to shake; *(a vibra)* to
vibrate; *(d. apă)* to ripple; *(d.
lumină)* to flicker, to quiver. ⓐ
a ~ pentru... to tremble for...
tremurat *adj., s.n.* trembling etc.
v. t r e m u r a.
tremurătoare *s.f. bot.* dodder/quaking
grass *(Briza media)*.
tremurător *adj.* trembling etc. **v.**
t r e m u r a.
tremurătură *s.f.* tremble, quiver.
tremurici I. *s.n.* **v.** t r e m u r.
II. *s.m. (pl.)* quaker(s).
tremurînd *adj.* trembling etc. **v.**
t r e m u r a.
tren *s.n.* *ferov., mil., tehn.* train.
ⓐ *~ blindat* armoured train; *~
de aterizare* landing gear, chassis,
undercarriage; *~ de aterizare esca-
motabil av.* retractable undercar-
riage; *~ de călători/persoane* pas-
senger train; *~ de laminare text.*
rolling train; *~ de marfă* goods
train, *amer.* freight train; *~ de
roţi tehn.* train of wheels; *~ direct*
through/non-stop train; *~ fix tehn.*
fixed wheel gear; *~ forestier* log
train; *~ local* local (train), *amer.*
way train; *~ mixt* mixed train;
~ personal passenger/slow train;
~ rapid fast/express train; *~ re-
gimentar mil.*regimental/troop train;
~ special special train. ⓑ *cu ~ul*
by train; *in ~* on the train. ⓒ *a
se da jos din ~* to get off; *a se
urca in ~* to get in.
trena *vb. intr.* to drag on; to linger,
to dally.
trenă *s.f.* train *of a lady's dress.*
trenci *s.n.* raincoat, waterproof
(coat), mackintosh.
trening *s.n.* sports outfit, jumper and
bloomers.
trenţăros *adj.* ragged.
trenţui *vb. refl.* to be worn out, to
be frayed/torn.
trepan *s.n. med.* trepan.
trepana *vb. tr. med.* to trepan.

trepanaţie *s.f. med.* trephination,
trepanning, trephining.
trepăda *vb. intr.* **1.** to fidget. **2.**
(d. cai) to trot.
trepădătoare *s.f. bot.* mercury *(Mercu-
rialis annua)*.
trepăduş *s.m.* **1.** errand boy, runner.
2. menial, orderly.
trepida *vb. intr.* **1.** to vibrate, to
shake. **2.** *(d. cineva)* to fidget, to
fret.
trepidant *adj.* agitated; thrilling,
throbbing.
trepidaţie *s.f.* **1.** vibration, trepida-
tion. **2.** *(a cuiva)* state of alarm;
agitation.
trepied *s.n.* tripod, three-legged stool
sau stand.
treptat I. *adj.* gradual. ⓑ *trecere
~ă* gradual transition. **II.** *adv.*
gradually, little by little, step by
step.
tresă *s.f. mil., odin.* braid, pip, star.
tresălta *vb. intr.* **v.** t r e s ă r i.
tresări *vb. intr.* to (give a) start;
(a tremura) to quiver; *(de teamă)*
to shudder; *(d. inimă)* to bound,
to throb.
tresărire *s.f.* start(ing).
trestie *s.f. bot.* (common) reed *(Phrag-
mites communis)*; large-leaved/Spa-
nish reed *(Arundo donax)*. ⓐ *~
de cîmpuri* reed bent/grass *(Cala-
magrostis epigeios)*; *~ de mare* Ma-
lacca cane *(Calamus rotang)*; *~
de zahăr* sugar cane *(Saccharum
officinarum)*.
trestiiş *s.n.* reed plot.
trestioară *s.f. bot.* small reed *(Cala-
magrostis arundinacea)*.
tretin *s.m.* three-year old horse.
trezi I. *vb. tr.***1.** to wake, to awake(n).
2. *fig.* to awaken; *(a stîrni)*
to stir up. **II.** *vb. refl.* **1.** to wake
up, to awake. **2.** *(din beţie)* to be-
come sober, to sober (down). **3.**
(a se pomeni) to find oneself. **4.**
(d. băuturi) to go flat/stale. ⓐ
a se ~ că... to find/see that...;
(a-şi da seama că) to realize that...
ⓒ *unde te trezeşti?* where do you
think you are?
trezie *s.f.* **1.** wakeful state. **2.** so-
briety.

trezire *s.f.* (a)wakening etc. v. t r e-z i.

trezit *adj.* *(d. bere etc.)* flat.

trezorerie *s.f.* treasury. ⓐ *Trezoreria britanică* the Treasury, the Exchequer.

trezorier *s.m.* treasurer.

tria *vb. tr. (scrisori etc.)* to sort; *(vagoane)* to marshal; *(a selecţiona)* to pick/sort out, to select.

triadă *s.f.* triad.

triaj *s.n.* 1. sorting etc. v. t r i a. 2. *ferov. (gară)* marshalling yard.

trianglu *s.n. muz.* triangle.

triangula *vb. tr.* to triangulate.

triangulaţie *s.f.* triangulation.

triasic *geol.* I. *adj.* triassic. II. *s.n.* trias.

triatlon *s.n. sport.* triathlon.

triatomic *adj. chim.* triatomic.

trib *s.n.* tribe.

tribal *adj.* tribal.

tribazic *adj. chim.* tribasic.

tribord *s.n. nav.* starboard (side).

tribulaţie *s.f.* tribulation, trial.

tribun *s.m.* tribune.

tribunal *s.n.* tribunal, court. ⓐ ~ *militar* military tribunal; Court Martial; ~ *popular* People's Court; ~ *suprem* Supreme Court.

tribună *s.f.* 1. rostrum, platform. 2. *(de stadion etc.)* stand. 3. *(ziar)* tribune. ⓑ *din tribune* in the stands. ⓒ *a veni la* ~ to mount the rostrum, to take the floor.

tribut *s.n.* tribute.

tributar *adj.* tributary.

tricefal *adj.* tricephalic.

tricentenar *s.n.* tercentenary.

triceps *s.m. anat.* triceps (muscle).

trichiază *s.f. med.* trichiasis.

trichină *s.f. zool.* trichina, thread worm *(Trichinella spiralis).*

trichinoză *s.f. med.* trichinosis.

tricicletă *s.f.*, **triciclu** *s.n.* tricycle.

tricliniu *s.n.* triclinium.

tricolor I. *adj.* tricolour(ed). II. *s.n.* tricolour.

tricorn *s.n.* three-cornered hat, tricorn, cocked hat.

tricot *s.n.* stockinet.

tricota *vb. tr.* to knit.

tricotaj *s.n.* knitted work, *pl.* knitwear/goods.

tricotat I. *adj.* knitted. II. *s.n.* knitting. ⓑ *maşină de* ~ knitting loom/machine.

tricou *s.n.* 1. (knitted) jersey, jumper. 2. sleeveless vest, football shirt.

trictrac *s.n.* backgammon.

trident *s.n.* trident.

tridimensional *adj.* three-dimensional, 3-D.

triedru *geom.* I. *adj.* trihedral. II. *s.n.* trihedral angle.

trienal *adj.* triennial.

triere *s.f.* sorting etc. v. t r i a.

trifazat *adj. electr.* triphase. ⓑ *curent* ~ *electr.* three-phase current.

trifazic *adj. electr.* three-phase.

trifid *adj. bot.* trifid, three-cleft.

trifoi *s.m. bot.* clover, trefoil *(Trifolium).* ⓐ ~ *alb* white clover, shamrock *(Trifolium repens);* ~ *galben* v. t r i f o i a ş; ~ *mare* v. s u l f i n ă; ~ *mărunt* a. hop medick *(Medicago lupulina).* b. hop clover *(Trifolium strepens ameum).*

trifoiaş *s.m. bot.* yellow clover *(Trifolium procumbens).*

trifoişte *s.f.* 1. clover field. 2. *bot.* marsh/water trefoil *(Menyanthes trifoliata).*

triftong *s.m.* triphthong.

trifurcat *adj.* trifurcate.

trigemen I. *s.m.* trigeminal (nerve). II. *adj.* trigeminal. ⓑ *nerv* ~ v. ~ I.

triglif *s.n. arhit.* triglyph.

trigon *s.n.* triangular cookie. ⓐ ~ *cerebral anat.* fornix.

trigonometric I. *adj.* trigonometric(al). II. *adv.* trigonometrically.

trigonometrie *s.f.* trigonometry.

tril *s.n. muz.* trill, shake.

trilingv *adj.* trilingual.

trilion *s.n.* trillion.

trilobat *adj.* 1. *bot.* trilobate. 2. *arhit.* three-cusped.

trilobit *s.m.* trilobite.

trilogie *s.f.* trilogy.

trimestrial *adj.* quarterly, trimestrial.

trimestru *s.n.* quarter, three months, trimester, *şcol.* term.

trimis *s.m.* 1. messenger, envoy; representative, delegate; spokes-

man. **2.** *fig.* messenger, harbinger;
missionary, apostle. ⓐ ~ *extraordinar și ministru plenipotențiar*
envoy extraordinary and minister
plenipotentiary.
trimite I. *vb. tr.* **1.** to send, to dispatch; *(prin poștă)* to (send by)
post, to mail; *(prin cineva, nu
prin poștă)* to send by hand; *(a
expedia)* to forward, to send off.
2. *(la un text etc.)* to refer. **II.**
vb. refl. pas to be sent etc. **v.** ~
I. III. *vb. intr.* ⓐ *a* ~ *după...* to
send for...
trimitere *s.f.* **1.** sending etc. **v.**
t r i m i t e. **2.** reference, footnote.
trimițător I. *adj.* sending, forwarding. **II.** *s.m.* sender, forwarder.
trimorf *adj.* trimorphic, trimorphous.
trimorfism *s.n.* trimorphism.
trimotor *av.* **I.** *adj.* three-engined.
II. *s.n.* three-engined plane.
trincă *s.f. nav.* foresail.
trinchet *s.m. nav.* foremast.
trinitate *s.f.* trinity.
trinitroceluloză *s.f.* v. f u l m i c ot o n.
trinitrofenol *s.m. chim.* trinitrophenol.
trinitroglicerină *s.f.* v. n i t r o g l ic e r i n ă.
trinitrotoluen *s.n.* trinitrotoluene.
trinom *s.n. mat.* trinomial.
trio *s.n. muz. etc.* trio.
triod *s.n. bis.* triodyon.
triodă *s.f.* triode, three-electrode
lamp, electron tube.
triolet *s.n.* **1.** triolet. **2.** *muz.* triolet.
trior *s.n. agr.* screening machine,
sifter.
triora *vb. tr. agr.* to screen, to separate.
trioxid *s.m. chim.* trioxide.
tripartit *adj.* tripartite.
tripla *vb. tr. și refl.* to treble, to
triple.
triplet *s.n.* third copy; third form.
tripletă *s.f. sport the* three centre
men.
triplicat *s.n.* triplicate, third copy.
triplu I. *adj.* treble, triple. **II.** *adv.*
trebly, threefold.
tripod *s.n.* v. t r e p i e d.
tripoli *s.n. mineral.* Tripoli (stone).

tripotaj *s.n.* jobbery.
tripou *s.n.* gambling house/hell/den.
tripsină *s.f. fiziol.* trypsin.
triptic *s.n.* triptych.
triremă *s.f. ist., nav.* trireme.
trisepal *adj. bot.* trisepalous.
trisfetite *s.f. pl. rel.* the Three Saints/
Hierarchs.
trisilab *s.n.* trisyllable.
trisilabic *adj.* trisyllabic.
trist I. *adj.* sad; melancholy; *(d.
cineva)* sorrowful; *(abătut)* downcast; depressed; *(d. viață etc.)*
dreary, cheerless, gloomy; *(monoton)* dull; *(deprimant)* depressing;
(jalnic) doleful, woeful; *(d. față,
expresie)* woe-begone; *(dureros, penibil)* unfortunate, painful. ⓑ *de*
~*ă amintire* regrettable; odious,
hateful. **II.** *adv.* sadly, cheerlessly;
gloomily; dolefully.
tristețe *s.f.* sadness, melancholy,
gloom, dullness; bleakness.
trișa *vb. intr.* to cheat, F→to pigeon.
trișcă *s.f. muz.* kind of (short) pipe.
trișor *s.m.* cheat; *(la cărți)* sharper.
triton[1] *s.m.* **1.** *mit.* Triton. **2.** *zool.*
triton, water salamander *(Triton).*
3. *zool. (moluscă)* trumpet shell
(Triton).
triton[2] *s.n. muz.* tritone.
tritura *vb. tr. chim.* to triturate.
triumf *s.n.* triumph, victory. ⓒ *a
duce/purta pe cineva în* ~ to carry
smb. shoulder-high.
triumfa *vb. intr. (asupra)* to triumph
(over).
triumfal I. *adj.* triumphal; triumphant. **II.** *adv.* triumphantly.
triumfător I. *adj.* triumphant. **II.**
adv. triumphantly.
triumvir *s.m. ist.* triumvir.
triumvirat *s.n. ist.* triumvirate.
triunghi *s.n. și muz.* triangle. ⓐ ~
ascuțitunghi acute-angled triangle;
~ *dreptunghi* right-angled triangle;
~ *echilateral* equilateral triangle;
~ *isoscel* isosceles triangle; ~ *obtuzunghi* obtuse-angled triangle;
~ *scalen* scalene (triangle); ~*ul
forțelor mec.* force triangle, triangle of forces.
triunghiular I. *adj.* triangular. **II.**
adv. triangularly.

trivalent *adj. chim.* trivalent.
trivial I. *adj.* 1. trite, commonplace, trivial. 2. vulgar, coarse, low; obscene, smutty. **II.** *adv.* vulgarly, coarsely.
trivialitate *s.f.* 1. triteness. 2. vulgarity, obscenity. 3. vulgarism, bawdy, smut.
trivializa I. *vb. tr.* 1. to make trite. 2. to vulgarize. **II.** *vb. refl. pas.* to become trite.
trîmbă *s.f.* 1. v. v ă l ă t u c 1. 2. *(de apă)* waterspout; *(de nisip)* sandstorm; *(de praf)* whirlwind. 3. *(șir)* row, line. 4. *(ceată)* troop. 5. *adverbial* in crowds/bands/troops.
trîmbița I. *vb. intr.* to blow/sound the trumpet. **II.** *vb. tr.* 1. to proclaim by the sound of a trumpet, to trumpet abroad/forth. 2. *fig.* to puff; to sound.
trîmbițaș *s.m. mil., muz.* trumpeter.
trîmbiță *s.f.* trumpet, *mil.* bugle, *poetic și bibl.*→trump. ⓒ *a suna din* ~ to blow the trumpet, to play (on) the trumpet; *trîmbița sună* the trumpet calls/sounds.
trîndav I. *adj.* idle, lazy; slothful. **II.** *s.m.* v. t r î n t o r 2.
trîndăveală *s.f.* v. t r î n d ă v i r e.
trîndăvi *vb. intr.* to idle (away one's time), to be idle/lazy/sluggish, to lie idle, to slug, to lounge, F→to laze, to dawdle, to hang/potter about, to play (the) truant, to drone.
trîndăvie *s.f.* sloth(fulness), laziness, idleness.
trîndăvire *s.f.* idling etc. v. t r î n d ă v i.
trînji *s.m. pl. med.* F piles, S→h(a)emorrhoids.
trînjoaică *s.f. bot.* illyric cowfoot *(Ranunculus illyricus).*
trîntă *s.f.* wrestling (match), wrestle. ⓒ *a se lua la* ~ to wrestle with smb., to try a fall with smb.
trînteală *s.f.* 1. *(bătaie)* F licking, drubbing. 2. *(încăierare)* F scuffle. ⓒ *a mînca* ~ F to get hell/it hot.
trînti *vb. tr.* 1. to throw down; *(a arunca)* to throw, to pitch, to chuck. 2. *(a izbi)* to hit; *(ușa)* to slam, to bang. 3. *(o înjurătură etc.)* to

rap out; *(ceva ce trebuia ținut secret)* to blunder/blurt out. 4. *(la examen)* F to flunk, to pluck, to plough, *amer.* to plow. **II.** *vb. refl.* 1. *reciproc* to fight. 2. *(a se arunca)* to throw/fling oneself; *(a se culca)* to lie down.
trîntit *adj.* sprawling, (lying) at full length, recumbent.
trîntitură *s.f.* 1. throwing etc. v. t r î n t i. 2. v. t r î n t ă.
trîntor *s.m.* 1. *entom.* drone(bee), male (honey)bee, dog bee. 2. *fig.* drone, sluggard, idler, F→do-little, lazybones, afternoon farmer.
trîntori *vb. intr.* v. t r î n d ă v i.
troacă *s.f.* trough.
troc *s.n.* barter, truck. ⓒ *a face* ~ to barter.
trocar *s.n. med.* trocar.
trofeu *s.n.* trophy.
troglodit *s.m.* troglodyte.
trohaic *adj. metr.* trochaic,
troheu *s.m. metr.* trochee.
troian[1] *adj.* Trojan.
troian[2] *s.n.* 1. *(de zăpadă)* snow drift; *(morman)* heap, pile. 2. *(întăritură)* wall.
troică *s.f.* troika.
troieni *vb. tr.* to snow up.
troienit *adj.* snowed up.
troiță *s.f.* 1. wayside/roadside crucifix/cross; triptych. 2. trinity.
trol *s.n.* troll.
troleibuz *s.n.* trolley bus.
troleu *s.n.* trolley.
troliu *s.n. min.* winch. ⓐ ~ *de macara* crane winch.
trombă *s.f. (de apă)* waterspout; *(de vînt)* whirlwind.
trombon *s.n. muz.* trombone. ⓐ ~ *cu culisă* slide trombone; ~ *cu piston* key/valve trombone.
trombonist *s.m. muz.* trombonist.
trromboză *s.f. med.* thrombosis. ⓐ ~ *coronară* coronary thrombosis.
trompă *s.f.* 1. *(de elefant)* trunk; *(de animal sau de insectă)* proboscis; *(de insectă)* probe. 2. *pl. anat.* Fallopian tubes, oviducts. 3. *tehn.* shaft tube. 4. *arhit.* trumpet. ⓐ *trompa lui Eustache anat.* the Eustachian tube.
trompet *s.m. mil.* trumpeter

trompetă *s.f. muz. etc.* trumpet, *mil.* bugle.

trompetist *s.m.* trumpeter.

tron *s.n.* **1.** throne. **2.** *fig.* throne; sceptre; sway. ⓒ *a se urca pe* ~ to mount/ascend the throne.

trona *vb. intr.* to reign, to rule.

tronc *interj.* **1.** crash! **2.** *(exprimind surprinderea)* well, I never! ⓒ *a-i cădea cuiva cu* ~ *la inimă* F to be smitten with smb., to be gone on smb.

troncăni *vb. intr.* **1.** to rattle, to clatter. **2.** v. t r ă n c ă n i.

troncon *s.n. geom.* frustrum of a cone.

tronconic *adj. geom.* in the shape of a truncated cone.

trop¹ *interj.* (~, ~) tramp! (tramp!).

trop² *s.m.* trope.

tropar *s.n. rel.* hymn.

tropăi *vb. intr.* **1.** to tramp(le). **2.** *(a dansa)* F to foot it.

tropic *s.n.* tropic. ⓐ ~*ul Capricornului* tropic of Capricorne; ~*ul Racului/Cancerului* tropic of Cancer. ⓑ *de la* ~*e* tropical.

tropical *adj.* tropical. ⓑ *vegetaţie* ~*ă.* tropical vegetation; *climă* ~*ă* tropical climate.

tropism *s.n. biol.* tropism.

troposferă *s.f. meteor.* troposphere.

tropot *s.n.* tramping; *(de copite)* clatter (of hoofs).

tropoti *vb. intr.* v. t r o p ă i.

trosc *interj.* bang! thud! thump! ⓐ ~*-pleosc* slap! smack!

troscot *s.n.*, **troscovă** *s.f. bot.* knot grass *(Polygonum aviculare).*

trosnet *s.n.* crash, crack; *(zgomot)* noise.

trosni I. *vb. intr.* to crack; *(d. lemne, pe foc)* to crackle; *(din bici)* to crack, to smack. II. *vb. tr.* to crack.

trosnitor *adj.* cracking etc. v. t r o s n i.

trosnitură *s.f.* v. t r o s n e t.

trotil *s.n.* trotyl, TNT, *amer.* triton.

trotinetă *s.f.* scooter.

trotuar *s.n.* pavement, *amer.* sidewalk.

trubadur *s.m.* troubadour, minstrel.

truc¹ *s.n.* trick, dodge, gadget.

truc² *s.n. ferov.* truck.

trudă *s.f.* **1.** toil, hard work; effort(s); *(osteneală)* pains; *(muncă)* work, labour. **2.** *(oboseală)* tiredness, *poetic* fatigue; *(suferinţă)* suffering(s); *(durere)* pain(s); *(necaz)* trouble. **3.** *(folos)* use, profit; *(ctştig)* gain. ⓑ *cu* ~ with difficulty; < at great pains.

trudi I. *vb. intr. şi refl.* to toil, to labour, F→to fag. II. *vb. tr.* to torture; *(a exploata)* to grind.

trudit *adj. (obosit)* tired, < tired out.

truditor *adj.* toiling.

trudnic *adj.* tiresome, tiring; *(greu)* hard.

trufanda *s.f.* early vegetable; early fruit.

trufaş I. *adj.* **1.** haughty, arrogant. **2.** *fig.* stately, majestic. II. *adv.* **1.** haughtily, arrogantly. **2.** majestically.

trufă *s.f.* **1.** truffle **2.** *bot.* truffle *(Tuber).*

trufi *vb. refl.* to be haughty; to plume oneself.

trufie *s.f.* haughtiness, arrogance.

truism *s.n.* truism.

trunchi *s.n.* **1.** trunk. **2.** *(de pom)* trunk, body, bole. **3.** *(butuc)* stump, stub. **4.** *geom.* frustum. ⓐ ~ *de con* frustum of a cone.

trunchia *vb. tr.* **1.** to cut/chop off. **2.** *fig.* to cut down, to reduce; *(un text)* to truncate, to maim, to mangle; *(a denatura)* to distort, to twist.

trup *s.n.* **1.** *anat. etc.* body. **2.** *(cadavru)* (dead) body. ⓐ ~ *din* ~*ul cuiva* flesh of smb.'s flesh, bone of smb.'s bone; ~ *şi suflet* body and soul.

trupă *s.f.* **1.** troop, body of soldiers; unit; *(soldaţi)* privates. **2.** *teatru* (theatrical) company/group, troupe. ⓐ ~ *de revistă* revue; *trupe de şoc/asalt* commandos, rangers.

trupesc *adj. (material)* corporal; bodily, physical, corporeal; *(carnal)* carnal, fleshly, sensual, sensuous, sexual.

trupeş *adj.* sturdy, well-built, stout, corpulent, burly.

trupeşie *s.f.* sturdiness, stoutness, corpulence, burliness, fleshiness.

trupește *adv.* bodily, corporally.
trupină *s.f.* v. t u l p i n ă.
trupiță *s.f. agr.* body of a plough.
trusă *s.f.* medical pouch; *(de prim ajutor)* first-aid kit; *(de toaletă)* dressing case.
trusou *s.n.* (bride's) trousseau.
trust *s.n. ec. pol.* trust.
truvai *s.n.* gag.
truver *s.m.* trouvere.
tu *pron. pers.* you, *înv., poetic→* thou. ⓑ *nici ~ ..., nici ~ ...* neither ... nor ...
tub *s.n.* **1.** tube, pipe; *(de pastă etc.)* tube. **2.** *anat.* tube, duct. ⓐ *~ capilar* capillary tube; *~ de cartuș* cartridge case.
tubaj *s.n.* tubing.
tubare *s.f. min.* tubing.
tubă *s.f. muz.* (sax-)tuba, bass tuba.
tubercul *s.m.* **1.** *bot.* tuber. **2.** *med.* tubercule.
tuberculat *adj. bot.* tuberculed, tuberculated.
tuberculină *s.f. med.* tuberculin.
tuberculiza *vb. refl.* to become consumptive/phthisical.
tuberculos I. *adj.* tubercular; phthisical, consumptive. **II.** *s.m.* tubercular/phthisical/consumptive patient.
tuberculoză *s.f. med.* tuberculosis; *(la plămîni)* pulmonary tuberculosis, phthisis, consumption.
tuberoză *s.f. bot.* tuberose *(Polianthes tuberosa)*.
tubing *s.n. min.* tubing.
tubular *adj.* tubular, tube...
tubulatură *s.f.* (system of) pipes.
tubulură *s.f.* tubulure, tubulature.
tuci *s.n.* **1.** v. f o n t ă. **2.** v. c e a u n.
tuciuriu *adj.* blackish, darkish, swarthy.
tuf *s.n.* *(~ vulcanic)* tuff.
tufan *s.m. bot.* pubescent oak *(Quercus pubescens)*.
tufar *s.m.* bush-like tree.
tufă *s.f.* **1.** bush; *(arbust)* shrub. **2.** *(creangă)* branch. ⓐ *~ lemnoasă bot.* Siberian pea tree *(Caragana frutescens)*; *~-n buzunar* penniless, F broke.

tufănică *s.f. bot.* large simple chrysanthemum *(Chrysanthemum indicum)*.
tufărie *s.f.*, **tufăriș** *s.n.* v. t u f i ș.
tufiș *s.n.* (cluster of) bushes, bush, shrubs, shrubbery, coppice, underwood, baskage, boscage.
tufit *s.n. geol.* tuffite.
tufos *adj.* bushy.
tuia *s.f. bot.* (American) arbor vitae, white cedar *(Thuja occidentalis)*.
tuid *s.n.* v. t v i d.
tuior *s.n.* (dragging) tow boat.
tul *s.n. text.* tulle.
tulbura I. *vb. tr.* **1.** *(un lichid)* to make cloudy/thick/muddy; *(apa)* to muddy; *(d. vînt)* to ripple. **2.** *(a deranja)* to trouble, to disturb; *(liniștea)* to break (in upon); *(o activitate)* to disturb, to interfere with; *(a întrerupe)* to interrupt. **3.** *(pe cineva)* to perturb, to confuse, to upset; *(a deranja)* to disturb; *(a stîrni)* to stir, to excite; *(a supăra)* to irritate, to vex. **4.** *(mintea etc.)* to cloud; *(a zăpăci)* to flurry, to agitate. **II.** *vb. refl.* **1.** *(d. un lichid)* to grow turbid/muddy/dim. **2.** *(d. cer)* to become overcast, to cloud over. **3.** *(d. o imagine)* to grow dim, to become blurred.
tulburare *s.f.* **1.** making cloudy etc. v. t u l b u r a. **2.** agitation; *(neliniște)* unrest; *(emoție)* excitement; *(dezordine)* disorder; confusion; *(revoltă)* revolt, uprising; rebellion.
tulburat *adj.* **1.** muddy, dim, cloudy, turbid. **2.** *(d. mare)* ruffled. **3.** *(d. cineva)* anxious, uneasy; worried; agitated.
tulburător *adj.* exciting, stirring; *(care dă fiori)* thrilling; *(mișcător)* moving.
tulbure I. *adj.* **1.** turbid, muddy; agitated; *(d. vin)* thick... **2.** *(d. cer)* overcast, clouded over, murky. **3.** *(difuz)* dim, hazy, vague. **4.** *(d. ochi)* filmy, dim. **5.** *(d. o situație etc.)* confused; *(d. o epocă)* troubled. **6.** *(neliniștit)* unquiet, uneasy. **II.** *adv.* vaguely, dimly. ⓒ *a vedea ~* to see things through a mist.

tulburel *s.n.* thick (new) wine.
tulburos *adj.* P v. t u l b u r e **I.**
tulei *s.n.* down; downy beard.
tuleu *s.m. bot.* ha(u)lm, stem.
tuli I. *vb. tr.* ⓐ *a o* ~ F to decamp, to take one's hook, to hook it. **II.** *vb. intr.* to go, to proceed, to start.
tulichină *s.f. bot.* spurge olive *(Daphne mezereum)*.
tulipă *s.f.* v. l a l e a.
tuliu *s.n. chim.* thullium.
tulnic *s.n. aprox.* alp(en)horn.
tulpan *s.n.* **1.** *text.* muslin, mousseline. **2.** v. n ă f r a m ă.
tulpină *s.f.* **1.** *(de pom)* trunk, stem; *(de plantă)* stem, stalk. **2.** *fig.* stem. **3.** *med.* strain.
tulumbă *s.f. inv.* v. f u r t u n.
tumbă *s.f.* **1.** somersault, somerset. **2.** *pl.* v. g i u m b u ş l u c. ⓐ *a se da de-a tumba* to turn/cut somersaults, to turn head over heels.
tumefacţie *s.f. med.* tumefaction.
tumefia *vb. refl.* to tumefy, to swell.
tumefiat *adj.* tumefied, swollen.
tumoare *s.f. med.* tumour. ⓐ ~ *benignă* benign tumour; ~ *malignă* malignant tumour.
tumul *s.m.* tumulus.
tumular *adj.* tumular.
tumult *s.n.* tumult, uproar.
tumultuos I. *adj.* tumultuous, stormy, tempestuous. **II.** *adv.* tumultuously, stormily, tempestuously.
tun *s.n.* **1.** cannon, gun. **2.** *adverbial* F mightily, awfully, terribly. ⓐ ~ *antiaerian* anti-aircraft gun, high-angle gun; ~ *antitanc* anti--tank gun; ~ *cu tragere lungă* long-range gun; ~ *cu tragere rapidă* quick-firing gun; ~ *cu turelă* turret gun; ~ *de cimp* field gun/piece; ~ *de coastă* coastal gun; ~ *electronic fiz.* electron gun; ~ *greu* heavy gun. ⓑ *beat* ~ F (as) drunk as a fiddler/lord/beggar, full; *sănătos* ~ F as hearty as a buck, as sound as a bell/roach/colt. ⓒ *a bate cu* ~*ul* to cannonade, to batter with cannons; *a dormi* ~ F to sleep like a log/top; *a trage cu* ~*ul* to fire a cannon; to bring cannons into play; *se trăgea cu* ~*ul* the guns were being fired.

tuna *vb. intr. impers.* to thunder. ⓒ *a* ~ *şi fulgera* to rage; *a* ~*t şi i-a adunat* that's a nice set; *tună* it thunders, it is thundering.
tunar *s.m.* gunner.
tunător I. *adj.* thundering, roaring; *(d. voce)* thunderous. **II.** *adv.* thunderingly etc. v. ~ I.
tunde I. *vb. tr.* **1.** *(părul)* to cut, to clip; *(scurt)* to crop; *(a-l po- trivi)* to trim. **2.** *(oile)* to shear, to clip; *(iarba)* to trim; *(pomii, şi)* to prune, to lop. ⓐ *a o* ~ F to scuttle away, to hook it, to decamp. ⓒ *a-şi* ~ *părul* v. ~ II, 2. **II.** *vb. refl.* **1.** *pas.* to be cut etc. v. ~ I. 2. *(d. cineva)* to cut one's hair; *(la frizer)* to have one's hair cut to get a haircut.
tundere *s.f.* cutting etc. v. t u n d e.
tundră *s.f.* tundra.
tunel *s.n.* tunnel. ⓐ ~ *aerodinamic* wind tunnel.
tunet *s.n.* **1.** thunder; *(bubuit puternic de* ~*)* thunderpeal, thunderclap. **2.** *fig.* thunder, roar. ⓐ ~ *de aplauze* thunder of applause.
tungsten *s.m.* tungsten, wolfram(i- um).
tunică *s.f. (in diferite sensuri)* tunic.
tuns I. *adj. (d. cineva)* short-haired; *(d. păr)* short; *(d. oi)* shorn; *(d. pomi)* clipped; *(d. iarbă)* trimmed. **II.** *s.n.* hair-cutting; *(scurt)* crop; *(la femei)* shingle(d hair); *(al oilor)* shearing etc. v. t u n d e.
tunsoare *s.f.* v. t u n s II.
tupeu *s.n.* impudence, insolence, F→cheek.
tupila *vb. refl.* **1.** *(a se ghemui)* to cower. **2.** *(a se ascunde)* to hide. **3.** *(a se furişa)* to steal/sneak up.
tur[1] *s.n.* **1.** round; *(cotitură)* turn; *(ocol)* roundabout way. **2.** *(plimbare)* walk; *(scurtă)* stroll, saunter. **3.** *sport, cărţi etc.* round; *(de pistă)* lap. ⓐ ~ *de forţă* feat of strength; ~ *de orizont* general survey.
tur[2] *s.n. (al pantalonilor)* seat.
turanic *adj.* Turanian.
turaţie *s.f. tehn.,* **1.** revolution. **2.** number of revolutions. ⓑ *33 de turaţii pe minut* 33 **r. p. m.**

tura-vura *interj.* ⓛ *ce mai* ~ F the long and (the) short of it is..., to make/cut a long story short.

tură¹ *s.f.* *(la fabrică etc.)* shift. ⓐ ~ *de noapte* night shift; ~ *de zi* dayshift. ⓒ *a lucra în două ture* to work in two shifts.

tură² *s.f.* *(la șah)* rook, castle.

turba *vb.* *intr.* **1.** to go mad, to become rabid. **2.** *fig.* to rage, to be frantic/furious, to fly into a rage.

turban *s.n.* turban.

turbare *s.f.* **1.** *med.* rabies, hydrophobia. **2.** *fig.* mad fury, rage.

turbat I. *adj.* **1.** *med.* rabid, mad. **2.** *fig.* *(d. cineva)* furious, in a rage, < berserk; *(d. ură)* rabid; *(d. viteză)* break-neck..., furious; *(grozav)* awful, tremendous; *(sălbatic)* savage, wild; *(înnebunit)* mad(dened). **II.** *adv.* furiously, < berserk; awfully, tremendously; savagely.

turbă *s.f.* peat.

turbărie *s.f.* peat bog.

turbidimetru *s.n.* *tehn.* turbidimeter.

turbină *s.f.* turbine. ⓒ ~ *cu aburi/vapori* steam turbine; ~ *cu gaze* gas turbine; ~ *cu reacție* reaction turbine; ~ *hidraulică* water/hydraulic turbine.

turbocompresor *s.n.* *tehn.* turbocompressor.

turbogenerator *s.n.* *tehn.* turbogenerator.

turbopropulsor *s.n.* turboprop(eller).

turboreactor *s.n.* turboreactor.

turbosuflantă *s.f.* turbo-blower.

turbulent I. *adj.* turbulent, riotous; insubordinate. **II.** *adv.* turbulently etc. v. ~ I.

turbulență *s.f.* turbulence, turbulency.

turbur ... v. t u l b u r...

turc I. *adj.* Turkish. ⓛ *limba* ~*ă* Turkish, the Turkish language. **II.** *s.m.* Turk. ⓒ ~*ul plătește* F he stands the racket (for all others). ⓛ *cum e* ~*ul și pistolul* like master, like man.

turcă *s.f.* Turkish, the Turkish language.

turcese *adj.* Turkish.

turcește *adv.* **1.** like a Turk, after the manner of the Turks. **2.** *(ca limbă)* Turkish. ⓒ *a sta/ședea* ~ to sit cross-legged.

turchez *adj.* ←P blue.

turci I. *vb.* *tr.* to Turkify, to Turkicize. **II.** *vb.* *refl.* **1.** to become a Turk, to turn Mohammedan. **2.** *(a se îmbăta)* F to be three sheets in the wind.

turcime *s.f.* Turks.

turcism *s.n.* Turkish word *sau* idiom.

turcmen *adj.*, *s.m.* Turk(o)man.

turcoaică *s.f.* Turk, Turkish woman *sau* girl.

turcoază *s.f.* *mineral.* turquoise.

turco-tătar *adj.* Turco-Tatar.

tureatcă *s.f.* boot leg, leg of a boot.

turelă *s.f.* *mil. etc.* turret. ⓐ ~ *blindată* *mil.* armoured turret.

turf *s.n.* turf.

turgescent *adj.* turgescent.

turgescență *s.f.* turgor.

turicea *s.f.*, **turicel** *s.m.* *bot.* tower(s mustard/treacle *(Turritis glabra)*.

turicioară *s.f.* *bot.* v. t u r i ț ă m a r e.

turism *s.n.* **1.** tourism; travel. **2.** *auto* (motor) car.

turist *s.m.* tourist.

turistic *adj.* tourist's..., traveller's...

turiță *s.f.* *bot.* catch weed, grip grass *(Galium aparine)*. ⓐ ~ *mare* agrimony, liverwort *(Agrimonia eupatoria)*.

turlac *adj.* ←P **1.** *(beat)* tipsy. **2.** *(zăpăcit)* flurried.

turlă *s.f.* **1.** tower; *(de biserică)* cupola, dome, steeple, belfry (tower); *(ascuțită)* spire. **2.** *min.* derrick ⓐ ~ *de extracție* headgear.

turmalină *s.f.* *mineral.* tourmalin.

turmă *s.f.* **1.** flock. **2.** *fig. și rel.* flock; *peior.* herd.

turmenta *vb.* *refl.* *(a se îmbăta)* to get intoxicated/drunk.

turmentat *adj.* *(beat)* intoxicated, drunk, tipsy.

turn *s.n.* **1.** tower; *(mic)* turret. **2.** *(la șah)* rook, castle. ⓐ ~ *de fildeș* ivory tower.

turna I. *vb.* *tr.* **1.** to pour; *(o ceașcă de ceai etc.)* to pour out. **2.** *metal.* to cast, to found, to mould. **3.** *fig.* to shape, to mould, to fashion.

4. *(un film)* to shoot. **5.** *(pe cineva)* F to tell on *smb.* ⓒ *a ~ gaz peste foc* to add fuel to the fire. **II.** *vb. refl. pas.* to be poured etc. v. ~ I. **III.** *vb. intr. impers. (a ploua tare)* to be pouring (with rain), to be raining cats and dogs.

turnant *adj.* revolving. ⓑ *placă ~ă* turn-/traverse table; *scenă ~ă* revolving stage; *uşă ~ă* revolving door.

turnantă *s.f.* **1.** revolving book case. **2.** *sport* bend (of the track).

turnător *s.m.* **1.** founder, caster, smelter. **2.** F telltale, informer; *(delator)* denunciator; *şcol.* sneak, blab(ber).

turnătorie *s.f.* **1.** *(atelier)* foundry, smelting house. **2.** delation, blab- bing. ⓐ *~ de fontă* (cast-)iron foundry.

turnesol *s.m. chim.* litmus. ⓑ *hîrtie de ~* litmus paper.

turneu *s.n.* **1.** *teatru etc.* tour. **2.** *sport* tour, competition.

turnir *s.n. odin.* tournament.

turnişor, turnuleţ *s.n.* turret.

turnură *s.f.* **1.** turn. **2.** *lingv.* locu- tion; phrase. **3.** *odin.* tournure, bustle (of a woman's dress).

turpitudine *s.f.* **1.** turpitude. **2.** vile action.

turtă *s.f.* **1.** flat cake; *(de seminţe etc.)* cake. **2.** *(prăjitură)* cake. **3.** *bot.* carline thistle *(Carlina acau- lis)*. **4.** *adverbial* F (as) drunk as a lord/piper/fiddler/sailor, as tight as a drum. ⓐ *turta lupului bot.* poison nut *(Nuces vomicae)*; *turta vacii bot.* annulated boletus *(Bole- tus luteus)*; *~ de ceară* wax cake; *~ dulce* ginger bread; *~ oleagi- noasă* pomace; ⓑ *beat ~* F v. ~4.; *galben ca turta de ceară* as yel- low as wax. ⓒ *a face pe cineva ~* F to beat smb. black and blue, to sandbag smb.

turtel *s.m. bot.* v. j n e a p ă n.

turti I. *vb. tr.* to flatten; *(a zdrobi)* to crush, to batter in. **II.** *vb. refl.* **1.** to become flat. **2.** *(a se îmbăta)* F to get fuddled, to be three sheets in the wind.

turtit *adj.* **1.** flattened; *(plat)* flat. **2.** *(zdrobit)* crushed. **3.** F v. t u r- t ă 4.

turturea *s.f. ornit.* turtle dove *(Strep- topelia turtur)*.

turturel *s.m. ornit.* male turtle dove.

turturică *s.f. ornit.* v. t u r t u r e a.

turui *vb. intr.* v. h u r u i. ⓒ *ti ~ e gura* F his clack goes thirteen to the dozen.

turuială *s.f.* **1.** v. h u r u i a l ă. **2.** flow of language, volubility of tongue.

tuse *s.f.* cough, F→bark(ing). ⓐ *~ măgărească/convulsivă med.* (w)hoop- ing cough, pertussis; *~ seacă* hol- low cough.

tuslama *s.f. kind of* tripe stew.

tuspatru *num.* all four (of them).

tustrei *num.* all three (of them).

tuş *s.n.* **1.** Indian/Chinese/China ink. **2.** *sport* touch.

tuşă¹ *s.f.* aunt, F auntie.

tuşă² *s.f. sport* touch. ⓑ *linie de ~* touch line, out line.

tuşă³ *s.f. pict.* touch. ⓒ *a da ultima ~ (cu dat.)* to give *smth.* another brush/the finishing touches.

tuşeu *s.n. muz.* touch.

tuşi *vb. intr.* to cough.

tuşică *s.f.* F auntie.

tuşieră *s.f.* pad.

tuşit *s.n.* coughing.

tută *s.f. min.* screw socket.

tutela *vb. tr.* **1.** to be guardian/ward- en to, to have the wardship of. **2.** *fig.* to watch over, to take care of.

tutelaj *s.n.* v. t u t e l ă.

tutelar *adj.* tutorial, tutelar(y). ⓑ *for ~* higher body.

tutelă *s.f.* **1.** *jur. şi fig.* guardianship, wardship, tutelage, patronage, ae- gis. **2.** *pol.* trusteeship ⓑ *sub ~* under guardianship, in statu pu- pillaris; *teritorii sub ~* territories under trusteeship, a U.N. trust territory.

tutorat *s.n.* v. t u t e l ă.

tutore *s.m.* guardian; *(al unui mi- nor)* tutor.

tutui I. *vb. tr.* to thee(and thou). **II.** *vb. refl. reciproc* to thee and thou each other.

tutuială, tutuire *s.f.,* **tutuit** *s.n.* (theeing and) thouing.

tutun *s.n.* **1.** *bot.* tobacco *(Nicotiana tabacum).* **2.** tobacco; F → baccy; *(de mestecat)* chewing tobacco; *(de prizat)* snuff. ⓐ ~ *de pipă* smoking/ pipe tobacco; ~ *turcesc/țigănesc bot.* Turkish tobacco *(Nicotiana rustica).* ⓒ *a bea* ~←P to smoke.

tutunărie *s.f.* tobacco plantatíon.

tutungerie *s.f.* tobacconist's (shop).

tutungiu *s.m.* tobacconist.

tutuniu *adj.* snuff-coloured.

tuzlama *s.f.* v. t u s l a m a.

tvid, tweed *s.n.* **1.** *text.* tweed. **2.** *(haine)* tweed(s).

twist *s.n.* twist.

Ţ

Ţ, ţ *s.m.* the twenty-third letter of the Romanian alphabet (approximate English sound *ts*, as in *tsetse*).

ţac *interj.* **1.** *(imită zgomot de paşi grei)* tramp! **2.** *(imită zgomotul trăgaciului etc.)* click!

ţafandache *s.m.* F (dressed-up) swell masher, fine gentleman.

ţaglă *s.f. metal.* billet. ⓑ *cu ochii ~* with fixed/staring eyes.

ţambal *s.n. muz.* dulcimer; cembalo.

ţambalagiu *s.m.* dulcimer/cembalo player.

ţambră *s.f.* boarding, timbering.

ţanc *s.n.* pointed crag/cliff; *(stîncă)* rock; crag. ⓑ *la ~* F in the nick of time, to the tick.

ţandără *s.f.* **1.** *(aşchie)* chip, sliver, splinter. **2.** *(bucată)* fragment, splinter. ⓑ *în ţăndări* in a thousand bits, all to smithereens. © *a face ţăndări, a preface în ţăndări* to dash/smash into smithereens, to knock to pieces; *a se face ţăndări* to fly to bits, to go to smithereens; *a-i sări ţandăra* F to get one's monkey/the breeze up, to fly off the handle. ⓓ *ţandăra nu sare departe de trunchi* like father like son.

ţanţoş **I.** *adj.* haughty, F→bumptious. **II.** *adv.* haughtily, F→bumptiously.

ţap *s.m.* **1.** *zool.* he-goat, billy goat. **2.** *(de bere)* (half a pint) mug/glass. ⓐ *~ ispăşitor* scapegoat, F→whipping boy.

ţapină *s.f.* raftsman's pick.

ţapoş *adj.* with upright horns.

ţar *s.m. ist.* czar, tsar, tzar.

ţarat *s.n. ist.* czardom.

ţară *s.f.* **1.** country. **2.** *(patrie)* native land, native/home country. **3.** *(regiune)* country, region. **4.** *(popor)* people; *(ţărani)* peasantry. **5.** *(ant. oraş)* country (side). ⓐ *Ţara Galilor* Wales; *ţara lui Cremene* the Land of Cockaigne/of King Log/Stork; *Ţara Moldovei ist.* Moldavia; *Ţara Românească ist.* Wallachia; *~ de basm* Fairy Land; *~ de vis* cloudland; *~ în curs de dezvoltare* developing country; *~ nouă* newly emergent country; *ţări de democraţie populară* countries of People's Democracy; *Ţările de Jos* the Low Countries; *ţări necunoscute* unknown countries. ⓑ *de ~* rural; rustic; country-like; *dor de ~* homesickness, nostalgia; *dragoste de ~* love for one's country; patriotism; *la~(static)* in the country; *(dinamic)* to the country(side); into the country; *om de la ~* countryman, peasant, rustic; *pe ~* all-country...; *viaţa la ~* country life. © *a pune ţara la cale* ←F to indulge in petty politics.

ţarc *s.n.* fold, pen.

ţarcă *s.f. ornit.* magpie *(Pica).*

ţarevici *s.m. ist.* czarevitch.

ţarină¹ *s.f.* field under cultivation, tilled land.

ţarină² *s.f. ist.* czarevna.

ţarism *s.n. ist.* czarism, tsarism.

ţarist *adj. ist.* czarist, tsarist, czar's ..., tsar's...

ţaţă *s.f.* **1.** *(mătuşă)*←F aunt. **2.** *peior.* v. m a h a l a g i o a i c ă.

ţăcălie *s.f.* goatee; imperial.

ţăcăneală *s.f.* **1.** v. ţ ă c ă n i t. **2.** *fig.* ţ i c n e a l ă.

ţăcăni *vb. intr.* to rattle, to snap; *(d. copite etc.)* to click; *(d. mori, maşini etc.)* to clack; *(d. roţile de tren)* to rattle.

ţăcănit **I.** *s.n.* rattle; rattling etc. v. ţ ă c ă n i. **II.** *adj.* v. ţ i c n i t.

ţăcănitură *s.f.* rattle etc. v. ţ ă c ă-
n i.

ţăpoi *s.n.* **1.** *(furcă)* pitchfork, hay
fork. **2.** *(la casele ţărăneşti)* rafter
(of the roof).

ţăpoşică *s.f.* *bot.* matweed *(Nardus
stricta).*

ţăran *s.m.* countryman, peasant,
rustic. ⓐ ∼ *individual* individual
peasant; ∼ *mijlocaş* middle peas-
ant; ∼ *sărac* poor peasant. ⓑ *de*
∼ **a.** countryman's..., peasant('s)...
b. *fig.* clownish, churlish, F→coun-
trified.

ţărancă *s.f.* **1.** peasant woman, coun-
trywoman. **2.** *iht.* v. b a b u ş c ă.

ţărăncuţă *s.f.* country girl, *poetic*
lass.

ţărănesc *adj.* rural, rustic, peas-
ant('s)..., countryman's..., peasant-
like, country-like, F→countryfied. ⓑ
gospodărie ţărănească peasant house-
hold; *gospodărie ţărănească indi-
viduală* individual peasant farm;
mică gospodărie ţărănească small
peasant farm; *mase ţărăneşti* peas-
ant masses; *nuntă ţărănească* coun-
try wedding, rustic nuptials; *petre-
cere ţărănească* rural fête; *port* ∼
peasant dress; *răscoală ţărănească*
peasant revolt/(up)rising.

ţărăneşte *adv.* **1.** like a peasant; rus-
tically. **2.** *fig.* uncouthly, rudely,
boorishly.

ţărănie *s.f.* rustic life; rusticity.

ţărănime *s.f.* peasantry, peasants.
ⓐ ∼ *mijlocaşă* middle/medium
peasantry, middle peasants; ∼
muncitoare working peasantry.

ţărănoi *s.m.* lout, uncouth fellow,
boor, F booby.

ţărcui *vb.* *tr.* to enclose (in a fold).

ţărînă *s.f.* **1.** *(pămînt fărîmat)* dust.
2. *(pămînt)* earth, ground. **3.** *bibl.*
dust; *rel.* mortal/earthly remains;
poetic dust, ashes. ⓒ *a se face praf
şi* ∼ to crumble (in)to dust; *fie-i
ţărîna uşoară!* may he rest in
peace!

ţărm *s.n.* **1.** *(marginea unei ape)*
water's edge; *(de lac)* border, shore;
(de rîu) bank, riverside; *(de mare)*
coast, sea shore; *(plat)* beach, fore-
shore. **2.** *(tărîm)* realm. **3.** *fig.*
haven, refuge.

ţărmuri *vb.* *tr.* **1.** to form the bound-
ary/frontier of, to border on. **2.**
(a separa) to divide, to separate.
3. *fig.* to confine, to limit, to cir-
cumscribe.

ţăruş *s.m.* pile, stake; *(pt. cai)* peg,
wooden plug.

ţeapă *s.f.* **1.** *odin.* stake. **2.** *(vîrf de
par)* point of a pile/stake. **3.** *(aş-
chie)* splinter, chip, sliver. **4.** *zool.*
quill, spine. **5.** *(de plante)* prick(le),
thorn, S→acantha. **6.** *(pt. a mîna
boii)* goad. **7.** v. ţ e p u ş ă. ⓒ *a
trage/pune în* ∼ to impale, to
pierce with a sharp stake.

ţeapăn I. *adj.* **1.** *(rigid)* stiff, *fig.*,
şi rigid, inflexible. **2.** *(fără viaţă,
anat.)* numb, benumbed, lifeless.
3. *fig.* *(neîndemînatic)* awkward,
heavy; *(rigid)* stiff, strait-laced,
starchy, F as stiff as buckram/a
poker; *(ceremonios)* formal, pre-
cise, standing on ceremony. **4.**
fig. *(zdravăn)* robust, sturdy; vigor-
ous, stout, F big. **II.** *adv.* stiffly
etc. v. ∼ I.

ţeastă *s.f.* **1.** *anat.* brain pan, skull,
S→cranium. **2.** *(cap)* F poll,
pate, noodle.

ţeavă *s.f.* **1.** tube, pipe. **2.** *(mosor)*
spool, bobbin. **3.** *(*∼ *de puşcă)*
barrel, stock. ⓑ *puşcă cu trei
ţevi* three-barrelled gun.

ţechin *s.m.* *odin.* sequin(o).

ţel *s.n.* **1.** *mil.* target. **2.** *(ţintă)* aim,
object, goal, end (in view). ⓒ *a-şi
atinge* ∼ *ul* to attain one's end/
object, to attain the object of one's
desire, to carry one's point.

ţelină *s.f.* **1.** *agr.* fallow (soil/
land), layland. **2.** *bot.* celery *(Apium
graveolens).*

ţelinos *adj.* fallow, untilled, uncul-
tivated.

ţep *s.m.* **1.** *bot.* prick(le), thorn,
spike, S→spine. **2.** *zool.* spine,
quill, bristle.

ţepoaică *s.f.* *bot.* matweed *(Nardus).*

ţepos *adj.* **1.** thorny, spiky; prickly,
prickled. **2.** *zool.* spiny, spinous,
bristly. **3.** *fig.* stinging, poignant,
caustic.

ţepuşă *s.f.* **1.** (pointed) stake. **2.** v.
ţ e a p ă 2. **3.** *(ghimpe)* thorn.

țesălă *s.f.* **1.** *(pt. cai)* curry; (horse) comb. **2.** *agr.* chain harrow.

țesăla *vb. tr.* **1.** *(cai)* to curry (-comb). **2.** *fig.* F to whack, to pommel. **3.** *fig.* *(a cizela)* to polish, to brush up, to teach manners.

țesălat *s.n.* curry-combing etc. v. ț e s ă l a.

țesător *s.m.* weaver; *(de ciorapi)* stockinger.

țesătorie *s.f.* **1.** *(ca meserie, artă)* weaving, weaver's trade. **2.** *(ca atelier)* weaving mill. **3.** *(mărfuri de~)* woven materials, textures, tissues.

țesătură *s.f.* **1.** (woven) material, stuff, texture, fabric, tissue, web. **2.** *anat.* tissue, texture. **3.** *fig.* tissue; texture.

țese I. *vb. tr.* **1.** to weave; *(goblenuri)* to work; *(a damaschina)* to damask; *(a cirpi)* to darn; *(a broda)* to embroider; *(a impleti)* to knit. **2.** *fig.* to hatch, to lay, to get up, to concoct, to devise. **II.** *vb. refl. pas.* to be woven etc. v. ~ **I. III.** *vb. intr.* to be engaged in weaving; to work at the loom, to weave.

țest *s.n.* **1.** *(carapace)* crust, test. **2.** *kind of lid used in baking bread etc. on a hearth.*

țestos *adj.* hard-shelled, S→testaceous. ⓑ *broască țestoasă zool.* tortoise *(Chelonia);* *(de mare)* turtle *(Testudo, Chelonia).*

țesut I. *adj.* woven etc. v. ț e s e. **II.** *s.n.* **1.** weaving etc. v. ț e s e. **2.** *anat.* texture; tissue.

țețe *s.f.* ⓑ *musca ~ entom.* tsetse (fly) *(Glossina palpalis).*

țevărie *s.f.* **1.** tubes; piping. **2.** *(instalație de apă)* plumbing.

țevui *vb. tr. text.* to wind.

ți, -ți, ți- *pron.* v. ț i e.

țică *s.m.* F brat; kid(dy), urchin.

țiclău *s.n.* cliff; *(pisc)* peak.

țiceneală *s.f.* *(nebunie)*←F madness; folly; *(manie)* F hobby.

țieni I. *vb. tr.* to move. **II.** *vb. refl.* *(a innebuni)* to go off one's chump, to go mad/F crazy.

țienit *adj.* F daft, dotty, potty, cracked, crazy, pixilated. ⓒ *e cam ~* F he is barmy on the crumpet,

he is a bit wrong in the upper story, he's got apartments to let.

țidulă *s.f.*←*reg.* **1.** note. **2.** ticket. **3.** receipt.

ție *pron.* (to) you, *poetic. bibl.*→(to) thee.

țigaie *s.f.* **1.** *(oaie ~)* breed of sheep with prime wool; sheep belonging to this breed. **2.** *(lină ~)* prime wool.

țigan *s.m.* gipsy, *rar*→Bohemian; *(termen folosit intre ~i și in scrieri)* Romany. ⓐ *ceată de ~i* band of gipsies, gipsy band; *fată de ~* gipsy girl; *viață de ~* gipsy life. ⓒ *a se ineca ca ~ul la mal* to lose by a neck. ⓓ *tot ~ul iși laudă ciocanul* every potter praises his own pot.

țigancă *s.f.* gipsy woman, female gipsy.

țigară *s.f.* cigarette, F→fag; *rar*→ paper cigar. ⓐ *~ de foi* cigar, F→cig, weed. ⓑ *pachet de țigări* pack(age) /packet of cigarettes. ⓒ *a aprinde o ~* to light a cigarette; *a face o ~* to make a cigarette; *a fuma ~ după ~* to chain smoke; *a răsuci o ~* to roll a cigarette.

țigaret *s.n.* cigarette holder.

țigaretă *s.f.* **1.** v. ț i g a r ă. **2.** *(portțigaret)* cigarette holder.

țigănesc *adj.* gipsy-like; gipsy... ⓑ *dans ~* gipsy dance; *limbă țigănească* Romany, gipsy language; *pasăre țigănească* v. c o d o b a t u ră; *pește ~ iht.* a. v. a v a t. b. v. p ă l ă m i d ă

țigănește *adv.* **1.** like a gipsy.. **2.** (in) Romany.

țigăni *vb. refl.* **1.** *(a cerși)* F to cadge. **2.** *(a se tocmi)*←F to bargain over smth., to haggle.

țigănie *s.f.* **1.** gipsy colony; gipsy quarter; gipsy district. **2.** v. ț i g ă n i m e. **3.** *(faptă urîtă)* dirty trick. **4.** *(scandal)* racket, F row, shindy.

țigănime *s.f.* gipsies, gipsy tribe.

țigănos *adj.* **1.** *(brunet)* swarthy, dark. **2.** *(zgircit)* stingy, niggardly, miserly.

țigănuș *s.m.* **1.** gipsy boy. **2.** *ornit.* eastern flossy ibis *(Plegadis fal-*

cinellus). **3.** *iht.* umbra *(Umbra canina)*.

ţigher *s.n. (vin prost)* crab wine, F rot gut.

ţiglar *s.m.* tile maker.

ţiglă *s.f.* tile.

ţiglean *s.n. ornit.* titmouse, tomtit *(Parus)*.

ţiglină *s.f.* scraper.

ţignal *s.n.* v. s i g n a l.

ţiitoare *s.f.* kept woman, mistress, concubine, wench.

ţincvais *s.n.* zinc white

ţine(a) I. *vb. tr.* **1.** *(a opri)* to stop, to arrest; to hold, to check. **2.** *(a conţine)* to hold. **3.** *(a păstra)* to keep, to preserve, to hold. **4.** *(a reţine)* to retain. **5.** *(a considera) (ca, drept)* to consider (as); to regard (as); *(a trata)* to treat (as). **6.** *(a sprijini)* to support, to keep up. **7.** *(a respecta)* to observe; to keep, to abide by; *(cu sfinţenie)* to observe strictly. **8.** *(a purta)* to carry; *(a minui)* to wield. **9.** *(a avea)* to have; *(a stăpini)* to own; *(a administra)* to manage, to administer. **10.** *(a întreţine)* to keep up; to maintain. **11.** *(a ocupa)* to occupy. **12.** *(a serba)* to celebrate. **13.** *(a urma)* to follow. **14.** *(a continua)* to continue. **15.** *(a face să aştepte)* to keep waiting. **16.** *(a dori)* to like, to wish, to want, to insist on. ⓐ *a ~ de/drept...* to look upon *smb.* as..., to believe *smb.* to be..., to consider *smb.* ..., to take *smb.* for...; *a ~ să...* to want to...; *(a insista să)* to insist on *(cu forme in -ing)*. ⓒ *a ~ o adunare* to hold a meeting; *a ~ calul strins* to keep the horse well in hand; *a-şi ~ capul sus* to hold up one's head, < to hold one's head high; *a ~ casa com.* to act as cashier, to keep the cash, to handle the money; *a ~ contabilitatea* to keep books/accounts, to do the bookkeeping; *a ~ o cuvintare* to deliver/make a speech; *a-şi ~ firea* to retain/preserve one's self-possession, to hold tight; *a-şi ~ lacrimile* to restrain/sup-

press one's tears; *a ~ o lecţie* to give a lesson; *a ~ loc de ceva* to serve as a substitute for smth.; *a ~ locul cuiva* to take *smb.'s* place, to replace *smb.*; *nu ~m marfa aceasta com.* we do not keep this article; *drept ce mă ţii?* what do you take me for? *a ~ minte* to remember, to bear in mind; *~ minte ce-ţi spun!* mind you! mind my words! F put that/this under your hat; *a ~ o prelegere* to give a lecture; *a-şi ~ respiraţia* to hold one's breath; *ţin să-l văd* **a.** I'd like to see him. **b.** I insist on seeing him; *a ~ seama de* to take into account, to heed, to consider; *a ~ şcoală* to hold/F have school; *a ~ de braţ* to hold by the arm; *a ~ de mină* to hold by the hand; *a ~ din scurt* to keep an iron rod over *smb.*, to keep a strict hand over *smb.*; *a ~ in bună stare* to keep in good repair; *a ~ in mină* to hold in one's hand; *a ~ in ordine* to keep *smth.* in (good) order; *a ~ in viaţă* to keep alive; *a ~ la foc* to hold *smth.* to the fire; *a ~ la lumină* to hold *smth.* against/to the light; *a ~ secret* to keep *smth.* secret. **II.** *vb. refl.* **1.** *pas.* to be kept etc. v. ~ I. **2.** *(a avea loc)* to take place; *(a se intimpla)* to happen, to come to pass. **3.** to hold; *(a nu se preda)* to hold out; *(a nu ceda)* to stand firm. **4.** *(unul de altul)* to hold together. **5.** *(a sta in picioare)* to stand. **6.** *(a se abţine)* to contain/refrain oneself. **7.** *(a se socoti)* to think oneself. **8.** *(a continua)* to continue; *(a urma)* to follow. **9.** *(a se intreţine)* to maintain oneself; *(a trăi)* to live. ⓐ *a se ~ de...* **a.** *(cu mina)* to catch at... **b.** *(cineva)* to stick/cling to... **c.** *(a face)* to do... ⓒ *a se ~ de cuvint* to keep one's word; *de-abia pot să mă ţin de ris* I can hardly contain myself from laughing, F I can hardly keep from laughing; *a se ~ mereu după cineva* to dog *smb.'s* steps; *(d. poliţişti)* to shadow *smb.*;

a se ~ *tare* to carry/keep a stiff up-a-per lip; *bîlciul se ținu în 1938* the fair took place in 1938; *dea-bia se* ~ *pe picioare* he is barely able to stand (on his feet); *care se* ~ *bine (d. bătrîni)* hale and hearty; ~-*te bine! (cu mîna etc.)* hold tight! *(nu ceda)* steady! stand firm! *se* ~ *că e frumoasă* she thinks (that) she is beautiful, she thinks/ fancies herself good--looking; *a se* ~ *rezervat* to show (great) reserve, to keep one's distance, to stand aloof. **III.** *vb. intr.* **1.** *(a dura)* to last; *(a continua)* to continue. **2.** *(a rezista)* to resist; *sl.* to hold water, to do. ⓐ *a* ~ *cu...* to side with...; to sympathize with; *a* ~ *de...* **a.** to belong to... **b.** to depend on...; to refer to...; *(a privi...)* to concern...; *a* ~ *la...***a.** to be fond of...; to be attached to...; to like...<to love... **b.** *(a pune preț pe...)*to lay great value/stress on/upon... **3.** *(a insista asupra...)* to insist on... © *nu* ~F it doesn't hold water; *gheața* ~ the ice bears; *a țipa cît îl* ~ *gura* to shout at the top of one's voice; *cît țin lemnele la d-ta?* how long do you make the wood last? *merele țin pînă-n martie* apples keep till March; *e o stofă care* ~ *mult* this stuff wears well; *dacă* ~ *vremea aceasta* if this weather continues, if there is no change in the weather; *a* ~ *cu cineva* to hold/side with smb., to be on smb.'s side; ~*de noi* it belongs to us, it is ours; *nu* ~ *la căldură* it cannot stand the heat, it cannot keep in hot weather; *a* ~ *mai mult decît...* to last longer than..., to outlive...; ~ *prea mult, nu-mi place* it is too long for my liking, I find it too tedious/long--winded.

ținere *s.f.* keeping etc. v. ț i n e. ⓐ ~ *de minte* memory; ~*a registrelor com.* bookkeeping.

țingău *s.m.* F nipper; youngster.

țintar *s.n.* *(joc)* (nine men's/ penny) morris.

țintaș *s.m.* marksman; shot. © *e un* ~ *perfect* he is a dead shot;

e prost ~ he is a bad marksman/a poor shot.

țintat *adj.* **1.** v. ț i n t u i t . **2.** *(d. animale)* with a blaze.

țintaură *s.f. bot.* **1.** centaury *(Centaurea).* **2.** ball/crop/knap weed, bull's head *(Centaurea nigra).*

țintă I. *s.f.* **1.** *(cui)* nail; *(mic)* (tin) tack; *(mare)* spike; *(pt. bocanci de alpinist)* clinker, welt-nail; *(fără vîrf)* brad; *(de lemn)* peg, plug, *nav.* tree nail, trennel. **2.** ↓ *mil.* target; *(punct alb)* bull's eye, white. **3.** *(țel)* aim, goal, end (in view), object, purpose; *(intenție)* design, intention. **4.** *(pată pe fruntea unei vite)* blaze. ⓐ *ținta atacurilor* the receiving end; *ținta batjocurilor* laughing stock; ~ *mobilă mil.* moving target; *o* ~ *sigură* a sitting target/bird; ~ *vie* live target. ⓑ *fără* ~ **I.** *adj.* aimless, without aim. **II.** *adv.* aimlessly; *tragere la* ~ target/firing practice; *(ca întrecere)* rifle/shooting match. © *a-și atinge ținta* to attain/secure one's object, to carry one's point, to attain/encompass one's end; *a bate o* ~ *în perete* to knock/drive/ force/ thrust a nail in the wall; *a greși ținta și fig.* to miss the mark, *numai fig.* to miss one's aim; *a lovi ținta* to hit/strike the target; *a bate cu ținte în...* to fasten with nails to..., to nail to...; *a lua la* ~ to (take) aim at *smth.*; *a trage la* ~ to shoot at a target; *era ținta batjocurii noastre* he served as a butt/target for our mockery. **II.** *adv.* fixedly, staringly; © *a privi/se uita* ~ *la...* to stare at..., to fix/rivet one's eyes/ glances upon...

ținti I. *vb. tr.* to aim at, *mil. și* to take aim at; *(cu pușca, și)* to sight, to point/level one's gun at; *(cu tunul)* to train a cannon at. **II.** *vb. intr. (în)* to aim (at), *mil. și* to take aim *(at)*; *(cu pușca, și)* to sight *(cu acuz.)*, to point/ level one's gun (at); *(cu tunul)* to train a cannon (at). ⓐ *a* ~ *la...* to aim at..., to tend to (bring

about)...; to point to...; to refer/
allude to..., to make allusion
to...; *(a năzui la...)* to strive
for..., to aspire to... © *eu nu
țintesc atît de sus* I do not aim
so high.

țintui *vb. tr.* **1.** *(a bate în ținte)
(de)* to nail (to); to fasten with
nails (to); *(complet)* to nail up
(to); *(cu ținte de lemn)* to peg
(to). **2.** *(a fixa)* to fix, to fasten;
(atenția) to rivet; *(ochii cuiva)*
to arrest, to charm **3.** *(a captiva)*
to captivate, to fascinate. © *boa-
la îl ~ în pat* his illness confined
him to his bed, he was bed-
-ridden (on account of illness), his
illness made him a prisoner to
his couch.

țintuit *adj.* **1.** nailed. **2.** *fig.* dumb-
founded; stock-still ⓐ ~ *de
groază* terror-strick , *în pat*
bed-ridden, laid-up.

ținut¹ *s.n. (regiune)* country, re-
gion, part(s); *(teritoriu)* terri-
tory; *(provincie)* province; *(tă-
rîm)* realm;←*odin* district.

ținut² *adj.* **1.** kept etc. v. ț i n e.
2. *(silit)* obliged, bound.

ținută *s.f.* **1.** *(mod de a se purta)*
conduct, behaviour. **2.** *(a corpului)*
carriage, bearing; poise; *(demnă)*
deportment, port; *(în mers)* gait.
3. *(atitudine)* attitude. **4.** *(costum)*
suit, attire, clothing, garb; *(uni-
formă)* uniform. ⓐ ~ *de campanie
mil.* field dress, marching order;
~ *de paradă mil.* full-dress (uni-
form); ~ *de rigoare/gală* dress/
gala/formal suit; ~ *de serviciu*
office clothes/dress. ⓑ *de mare* ~
formal.

țipa I. *vb. intr.* to (set up a) shout,
to cry out; *(ascuțit)* to scream, to
shriek, to utter shrill/piercing
sounds; *(a zbiera)* to yell. **II.**
vb. tr. to shout, to cry out; to
scream; to yell.

țipar *s.m. iht.* **1.** loach, loch, grig
(Cobitis fossilis). **2.** eel *(Anguilla
vulgaris)*.

țipăt *s.n.* shout, scream, shriek;
yell. © *a da/scoate un* ~ to (set
up a) scream.

țipător *adj.* **1.** shouting etc. v.
ț i p a. **2.** *(strident)* shrill, harsh,
strident, blatant. **3.** *(d. culori)*
glaring, gaudy, loud, blatant,
showy. **4.** *(d. o nedreptate)* fla-
grant, burning.

țipenie *s.f.* living creature/soul. ©
(nici) ~ *de om nu se vedea pe stra-
dă* not a living creature/ soul
was to be seen in the street; there
wasn't the shadow of a ghost in
the street.

țipirig *s.n.* **1.** *chim.* sal ammo-
niac. **2.** *bot.* v. p i p i r i g. ⓑ
spirt de ~ v. a m o n i a c.

țiplă *s.f.* **1.** *tehn.* gold-beater's(s)
skin. **2.** *(bășică de bou)* ox blad-
der. **3.**←F cellophane paper; cel-
luloid.

țist *interj.* hush! sh! mum! (w)hist!

țiteră *s.f. muz.* zither, *rar*→cithern.

țiței *s.n.* crude/rock oil.

țiui *vb. intr.* **1.** *(d. vînt)* to whiz,
to whistle. **2.** *(d. proiectile)* to
whiz, to ping. **3.** *(d. urechi)* to
tingle. © *îmi ~e urechile* my
ears tingle, I have a singing/
buzzing in my ears.

țiuit *s.n.* whiz(zing), tingle etc. v.
ț i u i.

țiuitor *adj.* whizzing etc. v. ț i-
u i.

țiuitură *s.f.* whiz etc. v. ț i u i.

țivlitoare *s.f.* decoy/bird whistle,
bird call.

țîfnă *s.f.* **1.** *(la găini)* pip. **2.** *(ifose)*
←F airs. **3.** *(dispoziție)*←F mood,
frame of mind. © *a-i sări țîfna
F* to get one's monkey up, to
fly off the handle.

țîfnos *adj.* **1.**←F haughty, arro-
gant, grumpy. **2.** *(irascibil)* F
peppery, testy; hot-/quick-tem-
pered, petulant, peevish.

țîmburuc *s.n.* v. ț u m b u r u ș.

țînc *s.m.* chit, tot, brat, dandi-
prat. ⓐ ~*ul pămîntului* v. c ă-
ț e l u l p ă m î n t u l u i.

țînțar *s. m. entom.* **1.** gnat *(Culex
pipiens)*. **2.** mosquito *(Phleboto-
mus pappatasi)*. ⓐ ~ *anofel* v.
a n o f e l. © *a face din* ~ *amărsar*
to make a mountain (out) of a
mole hill.

țîr *s.m.* (small) dried herring. ⓑ *slab ca un* ~ (as) thin as a lath; (as) lean as a rake.

țîră *s.f.* ⓐ *o* ~ F a (little) bit. ⓑ *nici o* ~ not the least bit. ⓒ *așteaptă o* ~ F wait a mo'/ sec; *e o* ~ *cam tare* F that's a bit too strong/thick.

țîrcovnic *s.m.* verger, sexton.

țîrîi I. *vb. intr.* **1.** *(a picura)* to drip, to trickle, to fall (down) in drops. **2.** *(a ploua mărunt)* to drizzle. **3.** *(d. păsări, greieri)* to chirp. **4.** *(d. sonerie)* to ring. **II.** *vb. tr.* to let trickle, to let fall in drops; to instil(l).

țîrîit *s.n.* **1.** dripping etc. v. ț î- r î i. **2.** chirp.

țîrîită *s.f.* ⓑ *cu țîrîita* **a.** *(treptat)* little by little, gradually. **b.** *(din cînd în cînd)* now and then. **c.** *(cîte puțin)* bit by bit; *(cîte un strop)* drop by drop.

țîrîitură *s.f.* v. ț î r î i t.

țîșni *vb. intr.* to gush (out), to spout; to bubble forth, to well/ spring forth; *(a se elibera)* to break loose; *(a sări dintr-un loc)* to spring out; *(a se ivi brusc)* (suddenly) to spring up, F→to pop up. ⓒ *îi* ~ *singele din rană* blood gushed from his wound.

țîșnitură *s.f.* gush; spring, leap. ⓐ ~ *de apă* jet of water.

țîșt *interj.* hist! hush! sh! silence!

țîță *s.f.* **1.** P *anat.* teat, pap, nipple, titty, *pl.* bubs; breast. **2.** *(uger)* teat, udder, P dug. ⓐ *țîța vacii bot.* v. c i u b o ț i c a c u- c u l u i; *țîța viei bot.* foxglove *(Digitalis)*. ⓑ *copil de* ~ suckling babe, infant at the breast; *sfîrc de* ~ nipple, S→papilla. ⓒ *a da* ~ *unui copil* to suckle a baby, to give the breast to a baby/child.

țîțîi *vb. intr.* **1.** *(de frică)* to quiver/ tremble with fear. **2.** *(d. greier)* to chirp. **3.** *(de bucurie)* to frisk (about).

țîțîit *s.n.* quivering etc. v. ț î ț î i.

țîțînă *s.f.* (door) hinge. ⓒ *a scoate pe cineva din țîțîni* to get smb.'s monkey/dander/Irish up, to drive smb. mad, to get upon smb.'s

nerves; *a scoate o ușă din țîțîni* to unhinge a door, to take a door off its hinges.

țoală *s.f.*←P **1.** *(haină)* article of clothing/dress; *pl.* clothes, apparel, F togs, toggery. **2.** *(covor)* carpet.

țoapă *s.f.* **1.** *(d. un bărbat)* F cad, rough, clodhopper, chaw-bacon, yokel. **2.** *(d. o femeie)* F dowdy, frump; slut.

țoc *interj.* smack!

țocăi *vb. tr.* F to smack, to give smb. a smacking kiss, to bill, to peck.

țoi¹ *s.m. ornit.* v. s c o r ț a r.

țoi² *s.n.* long-necked/bottle-shaped glass.

țol *s.m.* inch.

țop *interj.* hop! jumb! go!

țopăi *vb. intr.* **1.** *(a dansa)* F to hop, to toe and heel it; to dance. **2.** *(a sălta)* to hop, to skip, to jumb.

țopăială *s.f.* F hopping etc. v. ț o p ă i.

țopăit *s.n.* F hopping etc. v. ț o- p ă i.

țopîrlan *s.m.* v. ț o a p ă 1.

țucal *s.n.* chamber pot, F→pot.

țucără *s.f. bot.* *(fasole* ~) French bean, scarlet runner *(Phaseolus vulgaris)*.

țucsui *vb. intr.* F to booze, to guzzle.

țugui *s.n.* **1.** *(pisc conic)* conical (mountain) peak; *(vîrf)* top, peak. **2.** *(con)* cone.

țuguia I. *vb. tr.* to taper; *(buzele)* to purse (up). **II.** *vb. refl.* to taper; *(d. buze)* to purse (up).

țuguiat *adj.* tapering, conic, like a sugar loaf.

țuhaus *s.n. argou (închisoare)* quod, limbo, cooler, sneezer. ⓒ *a sta la* ~ to pick oakum, to be put in quod/jug.

țuicar *s.m.* (plum-brandy) distiller.

țuică *s.f.* plum brandy.

țumburuș *s.n.* salience, protuberance.

țurcan *adj.* *(d. oi)* tzurcana,... with long wool; *(d. lînă)* long-stapled.

țurcană *s.f.* **1.** tzurcana sheep. **2.** (tzurcana) lambskin cap/bonnet.

țurcă *s.f.* **1.** tipcat, tip cheese. **2.** v. **țurcană** 2.

țurcănesc *adj.* v. **țurcan.**

țurloi *s.n.*←P **1.** *anat.* shin bone, S→tibia. **2.** *(picior)* F pin, hook, peg; leg. **3.** *(canal)* gully, sewer.

turțur(e) *s.m.* icicle.

țuțuia *vb. refl.* v. **cocoța** II.

țuțuian *s.m.* Transylvanian shepherd.

U

U, u, *s.m.* U, u, the twenty-fourth letter of the Romanian alphabet.

ubicuitate *s.f.* ubiquity, omnipresence.

ucaz *s.n.* **1.** ukase, decree of the Czar. **2.** *fig.* ukase.

ucenic *s.m.* **1.** *(la un meşter)* apprentice. **2** *(novice)* novice, beginner, tyro. **3.** *(elev)*←*inv.* pupil, scholar. **4.** *(apostol)*←*inv.* apostle; *(discipol)* disciple. Ⓒ *a intra (ca)* ~ to be apprenticed (to a trade), to be bound apprentice (to a trade), to be indentured/articled.

ucenicie *s.f.* **1.** *(la un meşter)* term of apprenticeship, prenticehood, (term of) articles, F←time. **2.** *(instruire)* instruction. **3.** *(noviciat)* novitiate, probationership. Ⓒ *a-şi face ucenicia* to serve one's apprenticeship *(to smth.)*, to be apprenticed, to be bound apprentice; *nu mi-am făcut încă ucenicia* I am not articled yet; *a da la/ în ~ (la)* to bind apprentice (to), to put apprentice (to), to apprentice (to), to indent (to).

ucide I. *vb. tr.* *(a omorî)* to kill, to destroy, to slay; *(prin înăbuşire)* to smother, to suffocate; *(a otrăvi)* to poison; *(a asasina)* to murder, F→to do for; *(a executa)* to execute; *(a strangula)* to strangle; *(în bătaie)* to beat/thrash within an inch of *smb.'s* life. **II.** *vb. refl.* **1.** *(a se sinucide)* to kill/ destroy oneself. **2.** *reciproc* to strike one another.

ucidere *s.f.* killing etc. v. u c i d e. ⓐ ~*a pruncilor* the Massacre of the Innocents.

ucigaş I. *adj.* **1.** *(criminal)* murderous, homicidal. **2.** *(setos de sînge)* bloodthirsty; *(sîngeros)* sanguinary. **3.** *(mortal)* deadly, fatal. **II.** *s.m.*

(asasin) murderer; *(năimit)* hired assassin, bravo. ⓐ ~ *de copii* infanticide, child murderer; ~ *de frate* fratricide; ~ *de mamă* matricide; ~ *de tată* parricide, patricide.

ucigă-l-crucea/-toaca *s.m.* P F the Foe/Enemy, Old Nick/Harry/ Blazes/Scratch.

ucigător *adj.* **1.** v. u c i g a ş I. **2.** *(grozav)* terrible, dreadful. ⓑ *armă ucigătoare* murderous weapon.

ucisătură *s.f.* **1.** *(bătaie)* F good hiding, sound flogging. **2.** *(vătămare prin lovituri)* bruising.

ucrainean *adj., s.m.* Ukrainian.

ucraineană *s.f.* **1.** Ukrainian (woman *sau* girl). **2.** Ukrainian, the Ukrainian language.

ucraineancă *s.f.* v. u c r a i n e a n ă **1.**

ucrainesc *adj.* Ukrainian.

ucraineşte *adv.* **1.** like a Ukrainian. **2.** *(ca limbă)* Ukrainian.

ud¹ *adj.* **1.** *(ant. uscat)* wet, soaked, sodden. **2.** *(umed)* damp, moist; *chim.* humid. ⓐ ~ *leoarcă* dripping wet; ~ *pînă la piele* wet/ drenched/soaked to the skin/bone; ~ *de sudoare* wet with perspiration.

ud² *s.n.* F water, S→urine.

uda I. *vb. tr.* **1.** *(a face ud)* to wet (through), to drench; *(a muia în apă)* to soak in water, to souse, to dip, to plunge; *(a umezi)* to damp, to moisten; *(a stropi)* to sprinkle; *(a spăla)* to wash; *(a iriga)* to irrigate; *(cu rouă)* to bedew. **2.** *(a împroşca)* to squirt, to splash; *(a murdări)* to stain. **3.** *(a curge prin)* to flow through. Ⓒ *a ~ florile* to water the flowers; *a-şi ~ gîtul* F to moisten one's throat/clay; to wet one's whistle; *a-şi ~ hainele* to wet one's clothes; *a* ~ *iarba* to sprinkle the grass; *a* ~ *patul* to wet one's bed; *a-și* ~ *picioarele* to get one's feet wet; *a* ~ *un tîrg* F to wet a bargain; *a* ~ *cu lacrimi* to wet/bedew with tears; *a* ~ *cu sînge* to stain/imbue with blood. **II** *vb. refl.* **1.** *(a se face ud)* to become/ get wet, to wet oneself. **2.** *(a se stropi)* to get a sprinkling.

udarnic *s.m.* shock worker, udarnik.

udat I *adj.* wet(ted) etc. v. u d a. **II.** *s.n.* wetting etc. v. u d a.

udătură *s.f.* **1.** *(băutură)*←F potable drink; *pl.* F drinkables. **2.** *(ploaie)* rain, downpour. **3.** *(apă)* water. **4.** *(faptul de a bea)* drinking.

udeală *s.f.* v. u d ă t u r ă 1, 2.

udmă *s.f.* *med.*←P plump, rising, swell(ing).

udometru *s.n.* *fiz.* v. p l u v i o-m e t r u.

uf *interj.* **1.** *(expr. durere)* ah! oh! *(vai!)* alas! **2.** *(o, Doamne)* oh dear (me)! **3.** *(ce idee!)* the idea (of such a thing)! **4.** *(m-am săturat!)* tut! *(expr. nemulțumire)* pshaw! pooh! poh! **5.** *(în fine!)* at last!

uger *s.n.* udder; P→dug. ① *cu* ~*ul plin* full-uddered.

ugui *vb. intr.* to coo.

uguit *s.n.* cooing.

uhu *interj.* tu-whit! to-whoo!

uideo *interj.* v. h u i d e o II.

uie *s.f. ornit.* buzzard *(Falco buteo)*.

uimi *vb. tr.* to surprise, to astonish, < to amaze, < to stupefy, to bewilder, tu put out of countenance; F→to flabbergast, to flummox.

uimire *s.f.* surprise, astonishment, amazement. ① *înlemnit/mut de* ~ thunderstruck, taken aback (with astonishment), dumbfounded; *spre marea mea* ~ much to my surprise, to my great/utter surprise; *spre* ~*a mea* to my surprise.

uimit *adj.* surprised, astonished, < amazed, taken aback, dumbfounded.

uimitor *adj.* **1.** *(care uimește)* surprising, astonishing,<amazing. **2.** *(strașnic)* prodigious, stupendous.

uita I. *vb. tr.* **1.** to forget, (about), to be forgetful/oblivious of; *(a scăpa din vedere)* to overlook; *(a neglija)* to neglect. **2.** *(a omite)* to omit, to leave out. **3.** *(a lăsa în urmă)* to leave behind. **4.** *(a neglija)* to neglect. **5.** *(a lăsa în părăsire)* to forsake. **6.** *(a ierta)* to forgive. ⓒ *să nu uiți asta!* F→bite on that! **II.** *vb. refl.* **1.** *(a privi)* *(la)* to look (at), to eye *(cu acuz.)*, to face *(cu acuz.)*; *(atent)* to view *(cu acuz.)*. **2.** *(pe sine)* to forget oneself. **3.** *(a-și pierde controlul)* to lose all self-control. **4.** *pas.* to slip *smb.*'s memory, to be forgotten. ⓐ *a se* ~*după* to look after...; to follow smb. with one's eyes; *a se* ~ *la...* **a.** *(a ține seama de)* to mind, to be mindful of...**b.** *(a examina)* to examine; *ia te uită la el!* F there he goes! **III.** *vb. intr.* v. ~ I, 1—4.

uitare *s.f.* **1.** forgetting, oblivion. **2.** *(iertare)* forgiveness; forgiving. ⓐ ~ *de sine* self-oblivion. ⓒ *a se cufunda în* ~ to fall/sink into oblivion, to drop from people's memories; *a îngropa în* ~ to bury in oblivion. *poetic* to drown in Lethe.

uitat *adj.* **1.** forgotten etc. v. u i t a. **2.** *(f. vechi)* very old. **3.** *(îndelungat)* long.

uitător *adj.* **1.** *(care uită)* forgetting. **2.** *(care privește)* looking.

uitătură *s.f.* look, glance; *(plină de curiozitate)* peep.

uituc I. *adj.* **1.** forgetful, easily forgetting, oblivious, of weak memory. **2.** *(distrat)* absent-minded. **II.** *s.m.* forgetful person.

uitucie *s.f.* **1.** forgetfulness. **2.** absent-mindedness.

uiuiu *interj.* oh!

ulan *s.m. mil. odin.* uhlan, lancer.

ulcea *s.f.* v. u l c i c ă.

ulcer *s.n. med.* ulcer, abscess, S→aposteme; *(canceros)* tumour, cancer; *(rană deschisă)* running sore. ⓐ ~ *duodenal med.* duodenal ulcer/ulceration; ~ *stomacal med.* stomach ulcer.

ulcera I. *vb. tr.* **1.** *med.* to ulcerate. **2.** *fig.* to wound, to hurt, to vex. II. *vb. refl.* to ulcerate.

ulcerație *s.f. med.* ulceration.

ulceros *adj. med.* ulcerous.

ulcică *s.f.* small mug, small jar, small pot.

ulcior *s.n.* v. u r c i o r.

ulei *s.n.* **1.** oil. **2.** *(culoare)* oil. **3.** *(stup)* beehive. ⓐ ~ *animal* animal oil, bone oil; ~ *comestibil* edible oil, salad oil; ~ *de automobil* automobile oil; ~ *de avion* aviation oil; ~ *de balenă* blubber oil; ~ *de cînepă* hemp-seed oil; ~ *de cocos* coco(a)nut oil; ~ *de dovleac* pumpkin(-seed) oil, gourd-seed oil; ~ *de floarea soarelui* sunflower oil; ~ *de măsline* olive oil; ~ *de nucă* nut oil, walnut oil; ~ *de oase* bone oil; ~ *de rapiță* colza/rape oil; ~ *de ricin* castor oil, ricinus oil; ~ *de terebentină* oil of turpentine; ~ *de trandafir* (essential) rose oil; ~ *mineral* mineral oil; ~*uri eterice* essential/ethereal oils; ~ *vegetal* vegetable/plant oil. ⓑ *emulsie de* ~ oil emulsion; *fabrică de* ~*uri* oil mill; *pictură/tablou în* ~ oil painting. ⓒ *a presa* ~ to press oil; *a rafina* ~ to refine oil; *a unge cu* ~ to (lubricate with) oil; *a picta în* ~ to paint in oil(s) /oil colours; *a prăji în* ~ to fry in oil.

uleios *adj.* oleaginous, oleous, oleose.

ulicioară *s.f.* narrow/little lane/alley.

uligaie *s.f. zool.* **1.** v. u l i u. **2.** v. e r e t e.

uliță *s.f.* **1.** *(stradă îngustă)* narrow street, lane, alley. **2.** *(stradă)* street.

uliu *s.m. ornit.* **1.** hen hawk, goshawk, kite *(Astur palumbarius)*. **2.** sparrow hawk *(Accipiter Nisus)*.

ulm *s.m. bot.* elm (tree) *(Ulmus)*.

ulmiș *s.n.* elm grove.

ulster *s.n.* ulster.

ulterior I. *adj.* **1.** *(ulterior)* ulterior, subsequent. **2.** *(ant. anterior)* posterior, later. **3.** *(următor)* following. **4.** *(viitor)* future. II. *adv.* after that, afterwards, then, subsequently; *(mai tîrziu)* later on; *(curînd după aceea)* soon after (that), presently.

ultim *adj.* **1.** *(cel din urmă)* last, ultimate, final, closing; *(din doi)* latter. **2.** *(din capăt)* final, extreme. **3.** *(cel mai de jos)* lowest. **4.** *(suprem)* supreme. **5.** *(cel mai recent)* latest. **6.** *(cel mai din spate)* hindmost, back..., rear(ward)... **7.** *(~ul, regretatul)* late. ⓐ ~*a bucată (pe care n-o mănîncă nimeni)* F old maid's bit; ~*a încercare* last/supreme effort; ~*ele sale cuvinte* his dying/last words; ~*ele știri/noutăți* the latest news. ⓑ *de* ~*ă oră* latter-day; *în* ~*ele cîteva zile* these last few days; *pînă la* ~*ul om* to the last man. ⓒ *a avea* ~*ul cuvînt* to have the last word; *a-i da cuiva* ~*a lovitură* to give smb. the finishing stroke/touch/blow; *a-și da* ~*a suflare* to be breathing one's last, to fetch one's last breath; *a da* ~*ul salut* to pay *smb.* the last tribute (of respect), to attend *smb.'s* funeral; *a plăti pînă la* ~*ul ban* to pay to the last farthing; ~*a dată/oară cînd l-am văzut* the last I saw of him.

ultimativ *adj.* ultimatum... ⓑ *notă* ~*ă* note of the nature of an ultimatum.

ultimatum *s.n.* ultimatum. ⓒ *a da un* ~ *(cu dat.)* to deliver an ultimatum to..., to present a *country* with an ultimatum.

ultimo I. *s.n.* last day of the month. II. *adv.* at the end of the month.

ultrafiltru *s.n.* ultrafilter.

ultragia *vb. tr.* to outrage, to abuse, to insult, to molest.

ultraj *s.n.* **1.** outrage, insult. **2.** *(la pudoare)* indecent assault.

ultra-liberal *adj., s.m.* ultra-liberal.

ultra-liberalism *s.n.* ultra-liberalism.

ultramarin *adj., s.n.* ultra-marine.

ultramicroanaliză *s.f.* ultra-micro-analysis.

ultramicron *s.m. fiz.* ultramicron.

ultramicroscop *s.n. fiz.* ultramicroscope.

ultramicroscopic *adj.* ultramicroscopical.

ultramontan *adj.* ultramontane.

ultramontanism *s.n.* ultramontanism.

ultraroşu *adj.* ultrared, infrared.

ultrascurt *adj.* ultra-short. ⓑ *unde* ~*e rad.* ultra-short waves.

ultrasentimental *adj.* gushing.

ultrasonic *adj.* *fiz.* ultrasonic. ⓑ *unde* ~*e* ultrasonic/ultrasound waves.

ultrasunet *s.n.* *fiz.* ultrasound.

ultraviolet *adj.* ultraviolet. ⓑ *raze* ~*e* ultraviolet rays; *lampă pentru raze* ~*e* ultraviolet lamp.

ultravirus *s.n.* *biol.* ultravirus.

uluc *s.n.* *constr.* **1.** v. s c o c. **2.** v. j g h e a b. **3.** *(şanţ)* groove.

ulucă *s.f.* **1.** *(scindură groasă)* thick plank/board. **2.** *pl.* board fence.

uluci *vb.* *tr.* **1.** *(a da la rindea)* to plane, to smooth. **2.** *(a face un şanţ in)* to groove.

ului **I.** *vb.* *tr.* to amaze, > to astonish, to flurry, to puzzle, to perplex, to confuse, to flabbergast, F→to muddle *smb.'s* brain/head. **II.** *vb.* *refl.* **1.** to be amazed/ > astonished. **2.** *(a se zăpăci)* to be(come) perplexed, to show oneself bewildered.

uluială *s.f.* **1.** amazement, > astonishment. **2.** *(zăpăceală)* bewilderment, perplexity, giddiness.

uluit *adj.* **1.** *(uimit)* amazed, astounded, taken aback, dumbfounded, dumbstruck, > astonished. **2.** *(zăpăcit)* flurried.

uman **I.** *adj.* **1.** *(omenesc)* human. **2.** *(omenos)* humane. **II.** *adv.* humanely.

umanioare *s.f.* *pl.* humanities, classical learning.

umanism *s.n.* humanism.

umanist *s.m.* humanist, classical scholar.

umanistic *adj.* humanistic. ⓑ *ştiinţele* ~*e* the humanities.

umanistică *s.f.* humanities.

umanitar *adj.* humanitarian.

umanitarism *s.n.* humanitarianism.

umanitarist *s.m.* humanitarian.

umanitate *s.f.* **1.** *(fire omenească)* humanity, human nature *sau* frailty **2.** *(omenire)* mankind. **3.** *(omenie)* humaneness.

umaniza **I.** *vb.* *tr.* to humanize. **II.** *vb.* *refl.* **1.** to become human. **2.** to become more humane.

umăr *s.m.* *anat.* shoulder. ⓐ ~ *de şină* rail shoulder; ~ *la* ~ shoulder to shoulder. ⓑ *cu arma pe* ~ *mil.* with arms shouldered; *cu capul intre/pe umeri* with a (good) head on one's shoulders; *la* ~ *arm'!mil.* shoulder arms! *strimt in umeri* narrow in the shoulders. ⓒ *a avea umeri largi* to be broad-shouldered, to have a broad back; *a pune* ~*ul* to give a helping hand, to give a lift; *a da/stringe din umeri* to shrug one's shoulders; *a bate pe cineva pe* ~ to tap smb. on the shoulder; *a lua ceva pe umeri* to take smth. on one's shoulders; *a privi pe cineva peste* ~, *a se uita la cineva peste* ~ to look down upon smb., to give smb. the cold shoulder.

umbelă *s.f.* *bot.* umbel.

umbelifer *adj.* *bot.* umbelliferous.

umbeliferă *s.f.* *bot.* umbelliferous plant, *pl.* umbelliferae.

umbeliform *adj.* *bot.* umbelliform.

umbla **I.** *vb.* *intr.* **1.** *(a merge)* to go; *(numai pe jos)* to walk (on foot), to go on foot, F→to tramp it; *(călare)* to ride; *(cu un vehicul)* to drive; *(a se mişca)* to move. **2.** *(a funcţiona)* to work, to act, to be in full swing. **3.** *(a călători)* to travel, to journey; *(a rătăci)* to wander; *(a trece)* to pass. **4.** *(a circula)* to circulate; *(a avea căutare)* to be in demand. **5.** *(a fi imbrăcat)* to be dressed. ⓐ *a* ~ *cu...* **a.** *(a minui)* to handle...; *(a folosi)* to use..., to make use of... **b.** *(a recurge la)* to resort to... **c.** *(a incerca)* to try..., to attempt...; *(a avea de gind să)* to mean..., to intend...; *a* ~ *după...* *(a căuta)* to look for; *a* ~ *prin (a scotoci)* to rummage/poke about. ⓒ *florinul nu* ~ *acolo* the florin had no currency there; *imi umblă furnici prin corp* I itch/feel itching all over my body; *maşina umblă* the machine is going/running/at work; *mii de gînduri îi ~u prin cap* a lot of things revolved in his head/mind; *~ vorba că...* people/they said that..., there was a rumour that...; *ştie cum să umble cu oamenii* he knows how to deal with people; he knows the world; *a ~ din mînă în mînă* to pass from hand to hand; *a ~ încoace şi încolo* to walk up and down; *a ~ în negru* to wear black/mourning; *a ~ pe faţă* to act straightforwardly; *a ~ pe jos* to walk on foot; *pe unde mi-ai ~t?* F where have you been gadding about? *umblă sănătos!* God speed! *au ~t să-l omoare* they tried to kill him; *sînt trei ore de ~t* it is three hours' walk. **II.** *vb. tr. (a cutreiera)* to scour.

umblat I. *adj.* **1.** *(călătorit)* travelled, having travelled much. **2.** *(frecventat)* (much) frequented. Ⓓ *drum ~* (much) frequented thoroughfare, well-worn road, beaten path; *un om ~* a great traveller, a widely travelled man. **II.** *s.n.* walking etc. v. u m b l a.

umblător *adj.* **1.** *(pe jos)* walking. **2.** *(rătăcitor)* wandering. **3.** *(mobil)* mobile. Ⓓ *pod ~* bridge of boats, floating/pontoon bridge.

umblătură *s.f.* v. u m b l e t.

umblet *s.n.* **1.** walking etc. v. u m b l a. **2.** *(plimbare)* walk, stroll. **3.** *(mod de a umbla al oamenilor)* gait; *(pas)* step, pace; *(al calului)* carriage, bearing. **4.** *(alergătură)* much running (about). **5.** *(mişcare)* movement, motion, action, play of a machine.

umbrar *s.n.* arbour, bower; *(construit)* summer house; *(acoperiş de frunze)* leafy roof, canopy of leaves.

umbratic *adj.* shady, umbrageous.

umbră *s.f.* **1.** *(plăcută sau răcoritoare)* shade; *(a cuiva)* shadow. **2.** *(întuneric)* dark(ness), gloom; *(noapte)* night. **3.** F P *(închisoare)* jail, gaol, F quod. **4.** *(urmă, nuanţă)* shade. **5.** *(fantomă)* shadow. ⓒ *a arunca ~ asupra unui lucru* to cast a shadow upon a thing;

a face ~ pămîntului F to loaf about; to be good for nothing; *a pune/lăsa în ~* to eclipse, to put in the shade, to throw into the shade; F→to beat hollow; *a băga la ~* F to put in(to) quod, to clap into jail, to lay by the heels; *era cald chiar la ~* it was hot even in the shade; *a pune pe cineva în ~* to cast smb. into the shade.

umbrelar *s.m.* **1.** umbrella maker. **2.** *(ca negustor)* umbrella man.

umbrelă *s.f. (de ploaie)* umbrella; *(de soare)* sun shade, parasol.

umbri I. *vb. tr.* **1.** *(a face umbră)* to shade; *(a arunca umbră asupra)* to cast/throw a shadow on. **2.** *(pictură)* to shade (off), to tint. **3.** *fig. (a eclipsa)* to eclipse, to put into shade, to throw into the shade. **4.** *(a apăra)* to protect; to screen; *(a acoperi)* to overshadow, to darken; *fig.* to obscure, to cast aspersions. **II.** *vb. intr. v. ~ I (fără prep.)* **III.** *vb. refl.* **1.** *(a sta la umbră)* to rest in/under the shade. **2.** *(a căuta protecţie)* to seek shelter.

umbric *adj. ist.* Umbrian.

umbriş *s.n.* shady place/corner.

umbros *adj.* **1.** *(care dă umbră)* shady, giving/affording shade. **2.** *(stufos sau des)* thick.

umectare *s.f.* moistening.

umed *adj.* **1.** moist, damp; *(ud)* wet, humid. **2.** *(mlăştinos)* boggy.

umeraş *s.n.* coat hanger.

umezeală *s.f.* moistness, dampness, moisture, humidity.

umezi I. *vb. tr.* to moisten, to (make) damp, to wet. **II.** *vb. refl.* **1.** *(a deveni umed)* to be(come) moist, to be/get damp. **2.** *fig. (a bea)* F to moisten one's throat/clay, to wet one's whistle.

umfla I. *vb. tr.* **1.** *(a umple)* to fill; *(cu aer)* to fill with wind; *(prin suflare etc.)* to inflate, to distend, to blow out; *(a bomba etc.)* to swell (up/out); *(în formă de sac)* to bag, to puff; *(pînzele)* to belly, to bunt. **2.** *(a spori)* to increase, to grow; *(a lărgi)* to

widen; *(a întinde)* to extend. **3.**
(a bate) F to tan *smb.'s* hide, to
leather. **4.** *(a apuca brutal)*←F
to seize. **5.** *(a fura)* F to prig, to
make, to lift, to pinch. ⓒ *îl umflă
rîsul* a fit of laughter (has) seized
him. **II.** *vb. refl.* **1.** to swell, to
be rising/heaving, to distend, to
swell up; *(d. pînze)* to belly, to
bunt. **2.** *(a se îngîmfa)* F to puff
up. ⓒ *mi s-a ∼t un picior* my leg
is swollen; *rîul s-a ∼t de ploaie*
the stream is swollen with rain;
a se ∼ de rîs to split (one's sides)
with laughing.

umflare *s.f.* inflation etc. v. u m f l a.

umflat *adj.* **1.** swollen etc. v. u m-
f l a. **2.** *(bombastic)* bombastic,
highflown, inflated. ⓒ *a rămîne
cu buza ∼ ă*←F to be too late in
field.

umflătură *s.f.* **1.** *med.* swelling,
inflation. **2.** *ferov.* swelling.

umidificare *s.f.* moistening.

umiditate *s.f.* humidity. ⓑ *grad de
∼* moisture content.

umil I. *adj.* **1.** *(smerit)* humble,
meek, lowly; *(supus)* submissive.
2. *(sărac)* humble, poor, low(ly).
II. *adv.* humbly etc. v. ∼ I.

umili I. *vb. tr.* to humble, to humi-
liate; F→to take *smb.* down a
peg. **II.** *vb. refl.* to humble/humi-
liate oneself, to stoop low, F→to
eat humble pie; *(a se supune)* to
submit.

umilință *s.f.* humility, meekness,
lowliness; *(supunere)* submissive-
ness.

umilit *adj.* humbled etc. v. u m i l i.
ⓒ *a se·simți ∼* to feel cheap.

umilitor *adj.* humiliating, degrad-
ing.

umoare *s.f. anat.* humour. ⓐ *∼
apoasă* aqueous humour; *∼ sticloasă/
vitroasă* vitreous humour.

umor *s.n.* humour. ⓐ *∼ ieftin* slap-
stick. ⓒ *a avea ∼* to have a sense
of humour; *a fi lipsit de ∼* to
have no sense of humour.

umorist *s.m.* humorist, humorous
writer.

umoristic *adj.* humorous; *(glumeț)*
facetious.

umple I. *vb. tr.* **1.** to fill (up); *(din
nou)* to replenish; *(pînă sus)* to
stuff, to cram; *(spații, a completa)*
to fill in; *(a cuprinde)* to contain,
to comprise. **2.** *(a minji)* to stain.
3. *med. (a molipsi)* to infect (with).
4. *(ardei etc.)* to stuff. **5.** *(a apro-
viziona)* to stock. ⓒ *a-și ∼ capul
cu...* F to addle one's brain/head
with... **II.** *vb. refl.* to fill (up);
pas. to be filled etc. v. ∼ I.

umplut *adj.* filled etc. v. u m p l e.
ⓐ *∼ pînă sus* filled up. ⓑ *gîscă ∼ă*
stuffed goose.

umplutură *s.f.* **1.** *(tocătură)* force-
meat. **2.** *(substitut)* stopgap, make-
shift; *(material de ∼ ; și fig.)*
padding.

un I. *art. nehot.* **1.** one; *(forma slabă)*
a, an. **2.** *pl. unii* some. ⓐ *∼ii
oameni* some people; *∼ om* a
man; *(un singur om)* one man.
II. *num., pron. nehot.* **1.** *(cineva)*
someone, somebody; *(se)* one. **2.**
(singurul) one. **3.** *pl. unii* some.
ⓐ *∼a peste alta* all in all, in the
lump, taking one with another;
∼ul altuia (to) one another, (to)
each other; *∼ul cîte ∼ul* one by
one; *∼ul din ei* one of them; *∼ul
din trei etc.* one (pupil etc.) in
three; *∼ul după altul* one after
another; *∼ul și același* one
and the same; *∼ul și indivi-
zibil* one and indivisible. ⓑ *cîte
∼ul și cîte doi* by ones and twos;
cu ∼a, cu alta all in, taken all
in all; what with one thing and
another; *eu ∼ul* I for one; *incă
∼ul* one more; *intr-∼a* without
cessation, continually; *nici ∼ul*
none; *(din doi)* neither; *pînă ∼a
alta* for the time being; *(între
timp)* in the meantime; *pînă la
∼ul* to a man; *tot ∼ul și ∼ul*
the best of the best, the pick rud-
flower. ⓒ *zice ∼a și face alta* he
says one thing and does another,
he plays fast and loose; *ce mi-e
∼a, ce mi-e alta* F it's as broad
as it is long, it is six of one and
half a dozen of the other; *e tot ∼a*
it amounts (much) to the same
thing; it is the same in the end; *e
tot ∼a pentru mine* it is all the

same to me; *ti e tot ~a* it is all one to him; *a fi ~a* to be one; F→to be hand and glove (together); *se poate ~a ca asta?* how is such a thing possible?

una *adj., pron., num.* v. u n.

unanim I. *adj.* unanimous. **II.** *adv.* unanimously, with one voice/accord/ consent, by common consent.

unanimitate *s.f.* unanimity, concord, agreement, harmony. ⓐ *adoptat în ~* adopted/carried unanimously; *cu ~ de voturi* without one dissentient voice; *principiul unanimității* the principle of unanimity.

unchi *s.m.* uncle.

unchiaș *s.m.* aged/old man, greybeard.

unchieș *s.m.* v. u n c h i a ș.

uncial *adj.* uncial.

uncie *s.f.* ounce.

uncrop *s.n.* boiling water.

undă *s.f.* **1.** wave. **2.** *tel.* wave; *(lungime de ~)* wavelength. **3.** *(flux)* high tide/water.

unde *adv.* **1.** *(în care loc)* where; *(incotro)* where (to), to what place, whither; *(în ce direcție)* in which/ what direction. **2.** *(cînd)* when; *(atunci)* then; *(deodată)* at once. **3.** *(fiindcă)* because, for, as. ⓐ *~ și ~* here and there. ⓑ *acolo ~* (there) where; *(da') de ~ !* F not at all! not in the least! nothing of the kind! catch me! not by a long chalk! not half; it is not the case; *de ~* **a.** whence, from where. **b.** *(aşi!)* v. d a ' d e ~! *de ~ nu...* if not...; *de ~ pînă acum...* while/ whence so far..., if till now...; *de ~ pînă ~?* how (is that)? *pe ~?* (by) which way? *pînă ~?* how far? ⓒ *a avea de ~* to be well off/well-to-do, to be a man of means; *~ te duci?* where are you going (to) ? *ia-l de ~ nu e* F he had cleared out; *nu știu ~ e acum* I don't know where he is now, I don't know his present whereabouts; *~ ești?* where are you? *de ~ ești (de fel)* where do you hail from? *ori ~ ai fi* wherever you may be; *~ să fie?* where can he be? *nu știu de ~ să încep* I don't know

where to begin; *casa ~ locuiesc* the house in which I live; *~ Dumnezeu poate fi?* F where on earth can he be? *de ~ putem conchide că...* from which we may conclude that...; *Dumnezeu știe ~* Heaven knows where; *pe ~ a trecut?* which way has he gone?

undeva *adv.* somewhere, in some place (or other), F→some place; *(în propozițiile interogative și negative)* anywhere; *(indicînd direcția)* to some place. ⓐ *~ în altă parte* somewhere else.

undină *s.f.* undine, water pixy, pixie.

undiță *s.f.* angling rod/line. ⓒ *a se prinde în ~ fig.* to jump at the bait.

undrea *s.f.* **1.** *(ac de împletit)* knitting needle. **2.** *anat.* collar bone, clavicle.

undui *vb. intr.* to wave, to stream in the wind, to float, to flutter.

unduios *adj.* undulous, wavy.

unealtă *s.f.* **1.** (working) tool, instrument, implement, utensil. **2.** *pl. (avere mobilă)* household effects, furniture. **3.** *fig.* tool, puppet. ⓐ *unelte agricole* agricultural/ farming implements; *unelte de bucătărie* kitchen utensils/things; *unelte de timplar* joiner's tools.

unelti I. *vb. tr.* **1.** to hatch (out), to plot, to intrigue. **2.** *(a născoci)* to contrive, to devise. **II.** *vb. intr.* to set intrigues on foot, to hatch (out) plots, to intrigue, to plot (against *smb.*).

uneltire *s.f. (intrigă)* intrigue; *(conspirație)* conspiracy, plot.

uneltitor I. *adj.* plotting etc. v. u n e l t i. **II.** *s.m.* intriguer, plotter, conspirator.

uneori *adv.* sometimes; *(din cînd in cînd)* at times, now and then/again, occasionally, between whiles.

ungar *adj.* Hungarian. ⓑ *limba ~ă* Hungarian, the Hungarian language.

ungară *s.f.* Hungarian, the Hungarian language.

unge I. *vb. tr.* **1.** to smear; *(cu grăsime)* to grease; *(cu ulei)* to oil, to lubricate; *(cu o alifie)* to salve; *(cu săpun)* to soap; *(cu smoală)* to paint with pitch, to peck. **2.** *fig.* *(a mitui)* F to grease *smb.'s* palm, to bribe. **3.** *(a vărui)* to whitewash. **4.** *fig. (a bate)* F to tan, to drab, to lick. © *a ~ ptinea cu unt* to spread butter on bread; *a ~ domn* to anoint *smb.* ruler. **II.** *vb. refl. pas.* to be greased etc. v. ~ I.

ungher *s.n.* **1.** *(colț de casă)* corner. **2.** *(unghi)* angle. **3.** *(margine)* edge. **4.** *fig.* corner, nook.

unghi *s. n.* angle. ⓐ ~ *adiacent* contiguous/adjacent angle; ~ *ascuțit* acute/sharp angle; ~ *complimentar* complementary/complemental angle; ~ *de așchiere tehn.* cutting angle; ~ *de atac av.* angle of attack/incidence; ~ *de avans* angle of lead/advance, lead angle; ~ *de orientare geogr.* grid azimuth; ~ *de împrăștiere fiz.* angle of dispersion; ~ *de pantă/înclinare* angle of slope; ~ *de refracție fiz.* refraction angle; ~ *de teren mil.* angle of site; ~ *drept* right/normal angle; ~ *obtuz* obtuse angle.

unghie *s.f.* **1.** *anat.* nail, S→unguis. **2.** *(gheară)* claw. **3.** *(copită)* hoof. ⓐ *unghia găinii bot.* **a.** cock's head *(Onobrychis sativa)*. **b.** tragacanth, milk vetch *(Astragalus)*. ⓑ *nici cît negru sub* ~ F not a jot/whit. © *a-și curăța unghiile* to clean one's nails; *a fi* ~ *și carne cu cineva* F to be hand in/and glove with smb.; *a-și tăia unghiile* to cut one's nails.

unghiular *adj.* angular, cornered; *(în unghiuri drepte)* bent at right angles. ⓑ *piatră* ~*ă* cornerstone, foundation stone.

unguent *s.n. med.* ointment salve.
ungur *s.m.* Hungarian; Magyar.
unguraș *s.m. bot.* horehound *(Marrubium)*.
ungurean *s.m.* **1.** v. u n g u r. **2.** Transylvanian.
ungureancă *s.f.* v. u n g u r o a i c ă.
unguresc *adj.* Hungarian.

ungurește *adv.* **1.** after the manner of Hungarians. **2.** *(ca limbă)* Hungarian.
unguroaică *s.f.* Hungarian (woman sau girl).
uni I. *vb. tr.* **1.** to unite; *(a lega)* to combine, to join; to amalgamate, to merge; *(într-un focar)* to focus. **2.** *(a pune de acord)*to reconcile with, to make agree with, to bring in agreement with. © *a* ~ *eforturile* to combine efforts. **II.** *vb. refl.* to unite; to amalgamate, to merge; *mil.* to effect a junction; *(d. rîuri)* to meet, to unite; *(din nou)* to re-unite; *mil.* to rally; *(a se învoi)* to agree. **III.** *adj.* *(d. culoare)* plain.
unic *adj.* **1.** one; *(d. un copil)* only; *(d. un moștenitor)* sole. **2.** *(superior)* unique. ⓐ ~ *în felul său* unique of its kind. ⓑ *conducere* ~*ă* *ec.* one-man management; *front* ~ *pol.* united front.
unicelular *adj.* unicellular.
unicitate *s.f.* oneness.
unicolor *adj.* one-coloured.
unicord *adj. muz.* single-string...
unicorn *s.m. mit.* unicorn.
unifica I. *vb. tr.* to unify; to amalgamate. **II.** *vb. refl. pas.* to be unified; to merge.
unificare *s.f.* unification; amalgamation.
uniflor *adj. bot.* uniflorous.
uniform I. *adj.* of like form, uniform; *(monoton)* monotonous. **II.** *adv.* uniformly, unvaryingly; monotonously.
uniformă *s.f.* uniform; *mil.* F→ regimentals. ⓑ *în* ~ uniform.
uniformitate *s.f.* uniformity, conformity, evenness, sameness.
uniformiza *vb. tr.* to make uniform; to standardize.
unilateral *adj.* **1.** one-sided, unilateral. **2.** *fig.* narrow-minded.
unime *s.f. mat.* unit, figure of one dimension.
uninominal *adj.* uninominal.
unional *adj.* union... ⓑ *republică* ~*ă* Union republic.
unionism *s.n. pol.* unionism.
unionist *s.m. ist.* unionist.

unipar *adj. biol.* uniparous.
unipersonal *adj. gram. ec.* unipersonal. ① *conducere* ~ă one-man management.
unipolar *adj.* unipolar, single-pole...
unire *s.f.* **1.** union; *(alianță)* alliance, coalition, confederacy; *(învoială)* agreement, accord; *(fuziune)* fusion; *(armonie)* harmony. **2.** *(de rîuri)* juncture, confluence. ① *liniuță de* ~ hyphen. ① *~a face puterea* union is strength.
unisexual *adj. biol.* unisexual.
unison *s.n.* **1.** *muz.* unison. **2.** *fig.* accord, unison.
unit *adj.* **1.** united etc. v. u n i. **2.** *fig. și* close-knit. **3.** *(d. biserică)* Uniat(e).
unitar *adj.* unitary, unitarian. ① *preț* ~ *com.* unit price; *un tot* ~ a single whole, an entity.
unitate *s.f.* **1.** *mat. etc.* unit. **2.** *(unire)* unity, union. **3.** *mil.* unit. **4.** *(uniformitate)* uniformity, identity, conformity. ⓐ *~a partidului* the unity of the Party; *~a teoriei și practicii* unity of theory and practice; ~ *de loc, de timp și de acțiune lit.* the unities of place, time and action; ~ *de măsură* unit of measure; ~ *de vederi* unity of opinion, unanimity/unity of views; ~ *moral-politică* moral and political unity; *unitățile dramatice* the dramatic unities. ① *legea unității contrariilor filoz.* the law of the unity of opposites. ⓒ *a submina ~a (cu gen).* to disrupt the unity (of).
uniune *s.f.* **1.** union. **2.** *pol., mil.* alliance, confederation. **3.** cooperative association; *(asociație)* association, society, club. **4.** *(căsătorie)* union, marriage. **5.** *ec. cap.* monopoly union, syndicate; corporation. ⓐ *Uniunea Republicilor Sovietice Socialiste* the Union of Soviet Socialist Republics; *Uniunea Tineretului Comunist* The Union of Communist Youth.
univalv *adj. bot.* univalvular; *(d. moluște)* univalve.
univers *s.n.* universe; *(cosmos)* cosmos; *(lume)* world.

universal I. *adj.* general, universal. ① *istorie* ~ă world history; *magazin* ~ department/general store(s); *moștenitor* ~ sole heir; *jur.* residuary legatee; *vot* ~ universal suffrage. **II.** *adv.* universally. **III.** *s.n.* **1.** *tehn.* lathe chuck. **2.** *universalul filoz.* the universal.
universalitate *s.f.* generality, universality.
universaliza *vb. tr.* to generalize.
universitar I. *adj.* university... ① *profesor* ~ university professor. **II.** *s.m.* member of a university.
universitate *s.f.* university.
uns I. *adj.* greased; smeared etc. v. u n g e. **II.** *s.m.* anointed.
unsoare *s.f.* **1.** *(alifie)* ointment, salve. **2.** *(grăsime topită)* fat, grease. **3.** *(pomadă)* pomade, pomatum. ⓐ ~ *de căruță* cart/axle grease; ~ *de mașini* machine/ engine oil; ~ *de piele* leather grease.
unsprezece *num. card., adj., s.m.* eleven.
unsprezecelea *num. ord., adj. the* eleventh.
unsuros *adj.* greasy, messy, smeary; *(ca untdelemnul)* oily; *(lipicios)* sticky; *(gras)* fatty, oleous, oleose, unctuous.
unt *s.n.* **1.** butter; *(pt. gătit)* cooking butter; *(margarină)* margarine. **2.** *(ulei)* oil. ① *o bucățică de* ~ a roll of butter; *pîine cu* ~ bread and butter. ⓒ *merge ca pe* ~ F it goes like clockwork, it goes with a buzz; things go on swimmingly, everything is lovely and the goose hangs high; *a unge pîinea cu* ~ to spread butter on the bread, to butter one's bread.
untdelemn *s.n. (ulei)* oil; *(de măsline)* olive oil; *(de salată)* salad oil.
untieră *s.f.* butter dish.
untișor *s.n. bot.* figwort *(Ranunculus ficaria)*
untos *adj.* buttery.
untură *s.f* **1.** *(grăsime)* fat, grease; *(de porc)* lard. **2.** *(ulei)* oil. ⓐ ~ *de gîscă* goose dripping; ~ *de pește* fish/train oil; *farm.* cod-liver oil; ~ *de porc* lard.

ura¹ I. *s.n.* cheer. ⓒ *a primi cu ~le* to receive with cheers. **II.** *interj.* hurra(h)!

ura² I. *vb. tr. (a dori)* to wish; *(a felicita)* to congratulate. **II.** *vb. intr.* to go through the streets on New Year's Eve reciting congratulatory verse.

uragan *s.n.* hurricane.

uranisc *s.n.* canopy.

uranită *s.f. agr.* rotten manure.

uraniu *s.n. chim.* uranium. ⓑ *minereu de ~* uranium ore.

uranografie *s.f. astr.* uranography.

urare *s.f.* **1.** *(dorire)* wish(ing). **2.** *(felicitare)* congratulation; *pl.* good wishes; *elev.→* felicitation. ⓒ *a-i aduce cuiva urări pentru ceva* to offer smb. one's congratulations for smth.

ură *s.f.* hatred. *elev.→*hate. ⓒ *a-și atrage ura cuiva* to incur smb.'s hatred; *a avea ~ pe cineva* to have a spite against smb., to harbour a grudge against smb.

urător *s.m. aprox.* wait; v. u r a² **II.**

urătură *s.f.* v. u r a r e.

urban *adj.* urban, town...

urbanism *s.n.* **1.** *arhit.* town planning. **2.** *lingv.* urbanism.

urbanist *s.m.* urbanist, town-planner.

urbanistic *adj.* town-planning...

urbanistică *s.f.* town-planning.

urbanitate *s.f.* urbanity.

urbaniza *vb. tr.* to urbanize.

urbe *s.f.* town, city.

urca I. *vb. tr.* **1.** *(o scară, un amvon etc.)* to mount; *(un munte, un tron)* to ascend; *(un deal, un stîlp)* to go/climb up; *(a escalada)* to scale; *(un cal)* to mount, to bestride. **2.** *(un zmeu)* to fly. **3.** *(a spori)* to increase, to up. **II.** *vb. refl.* to ascend, to mount, to go up, to climb up; *(d. lucruri)* to rise; *(d. păsări)* to soar; *(la etaj)* to go upstairs. ⓐ *a se ~ la...* *fig.* to amount to..., to figure up/come to... ⓒ *a se ~ în pat* to go to bed; *la cît se urcă în total?* how much does it total up to? *a se ~ în (tren etc.)* to get on the (train etc.); *~ți-vă în vagoane!* take your seats, please! *amer.* all a-

board! *a se ~ într-un pom* to climb/swarm up a tree; *suma se ~ la...* the sum amounted to...; *a se ~ pe acoperiș* to climb on the roof; *~ți-vă pe bord! nav.* all aboard! *a se ~ pe cal* to mount on horseback; *a se ~ pe fereastră* to climb in through the window; *a se ~ pe tron* to ascend the throne; *a se ~ peste gard* to get/climb over the fence; *~ți(-vă), vă rog!* please, step up there! **III.** *vb. intr.* **1.** to rise; *(a crește)* to grow, to go up; *(a spori)* to increase. **2.** v. ~**I.** ⓒ *termometrul urcă* the thermometer is rising.

urcare *s.f.* rise; climbing etc. v. u r c a.

urcat I. *adj. (înalt)* high; *(exagerat)* exaggerated. **II.** *s.n.* v. u r c a r e.

urcător *adj.* rising, climbing. ⓑ *plante urcătoare bot.* climbing plants; *ton ~* rising tone.

urcior *s.n.* **1.** jug; *(mai mare sau pt. apă)* pitcher. **2.** *med.* eyesore, sty, S→ hordeolum, chalazion. ⓑ *~ul nu merge de multe ori la apă* the pitcher goes so often to the well, that it comes home broken at last.

urcuș *s.n.* **1.** *(pantă)* slope, incline. **2.** *(ascensiune)* ascent; *(urcare)* going up.

urdă *s.f.* soft cow cheese. ⓐ *urda-vacii bot.* v. h r e n i ț ă.

urdinare *s.f.* P the runs, S→diarrhoea.

urdiniș *s.n.* bee entrance.

urdoare *s.f.* blearedness, S→lippitude, rheum, gum of the eyes.

urduros *adj.* blear-eyed, rheumy, gumming.

ureche *s.f.* **1.** *anat.* ear. **2.** *(auz)* ear, hearing. **3.** *pl. iht.* v. b r a n h i i. **4.** *(de ac)* eye (of a needle). **5.** *(toartă)* handle. ⓐ *~a babei bot.* cup mushroom *(Peziza aurantia)*; *~a iepurelui bot.* hare's ear *(Bupleurum rotundifolium)*; *~a porcului bot.* meadow sage *(Salvia pratensis)*; *~a șoarecelui bot.* **a.** v. v u l t u r i c ă. **b.** v. n u-m ă-u i t a;

~*a ursului bot.* bear's ear *(Primula auricula)*; ~ *externă anat.* external ear, auricle; ~ *internă anat.* internal ear. ⓑ *boală de urechi* disease of the ear, aural disease; *doctor de urechi* S→otologist, specialist for ear diseases; ~ *de măgar* donkey's ear; *zgomot în urechi med.* buzzing in the ears. ⓒ *a-și apleca* ~*a la…* to give ear to…, to lend one's ear to…, to listen to…; *are* ~ he has an ear for music; *a ciuli* ~*a* to prick up one's ears; *a împuia urechile cuiva* to din into smb.'s ears; *a trage cu* ~*a* to eavesdrop; *a ajunge la urechile cuiva* to meet smb.'s ear; *e cam fudul de* ~*a dreaptă* he is slightly deaf in the right ear; *a fi tare de* ~ to be hard/dull of hearing; *a lua pe cineva de* ~ to take smb. by the ear; *a cînta după* ~ to play by ear; *îmi țiuie în* ~ my ears are tingling/ringing; *a roși pînă în vîrful urechilor* to blush up to one's ears; *a fi cam într-o* ~ F to be wrong in the upper story; *a aduce ceva la urechile cuiva* to inform/apprise smb. of smth.; *a ajuns/venit la* ~*a mea* it has come to my ears/knowledge; *asta e floare la* ~ F it's not a pin's matter; *a șopti ceva la* ~*a cuiva* to whisper smth. in(to) smb.'s ear; *îi intră pe o* ~ *și îi iese pe alta* in at one ear (and) out at the other; *a fi în datorii pînă peste urechi* to be deeply/hopelessly/over ears in debt; *a fi îndrăgostit pînă peste urechi* to be over head and ears in love; *a fi numai urechi* to be all ears. ⓓ *pereții au urechi* walls have ears.

urechelniță *s.f.* **1.** *entom.* ear wig, piercer *(Forficula auricularia).* **2.** *bot.* bear's ear, French cowslip *(Primula auricula).* **3.** *bot.* houseleak *(Sempervivum tectorum).*

urechia *vb. tr.* F to warm *smb.'s* ears.

urechiat I. *adj.* long-eared. **II.** *s.m.* F neddy, donkey.

uree *s.f. chim.* urea.

ureide *s.f. pl. chim.* ureides.

uremie *s.f. med.* uraemia.

ureter *s.n. anat.* ureter.

uretral *adj.* urethral.

uretră *s.f. anat.* urethra.

uretrită *s.f. med.* urethritis.

urgent I. *adj.* urgent, pressing; requiring haste/speed; *(prompt)* quick, prompt, fast. ⓑ *nevoi* ~*e* urgent/pressing needs. **II.** *adv.* urgently etc. *v.* ~ I; post-haste.

urgență *s.f.* urgency; *(caz urgent)* emergency. ⓑ *de* ~ immediately.

urgie *s.f.* **1.** *(mînie)* wrath, *poetic* ire. **2.** *(blestem)* curse.

urgisi *vb. tr.* **1.** *(a lăsa în părăsire)* to forsake, to leave. **2.** *(a urî)* to hate, to abhor, to hold in abhorrence.

urgisit *adj.* **1.** forsaken. **2.** (ac)cursed.

uriaș I. *adj.* huge, gigantic, colossal, enormous; immense, prodigious. ⓐ ~*a majoritate* the vast majority. ⓑ *putere* ~*ă* gigantic/Herculean strength. **II.** *s.m.* giant, F→Goliath, son of Anak; *(în povestiri)* ogre; *(colos)* colossus.

uric[1] *s.n. înv. v.* h r i s o v.

uric[2] *adj. chim.* uric. ⓑ *acid* ~ uric acid.

uridină *s.f. chim., biol.* uridine.

urina *vb. intr.* to urinate, to pass/discharge urine, to relieve nature, F→to make water, to do number one, to spend a penny, to pea; *(în limbajul copiilor)* to piddle.

urinar *adj.* urinary. ⓑ *bășică* ~*ă* (urinary) bladder, urocyst.

urină *s.f.* urine, F→water.

urî I. *vb. tr.* to hate, to have a hatred/grudge against; *(a detesta)* to abhor, to loathe, to detest, to abominate, to hold in abhorrence. **II.** *vb. refl.* **1.** *reciproc* to hate etc. each other *v.* ~ I. **2.** ⓐ *a i se* ~ *cu/de ceva* F to be sick of smth., to be fed up/fed to the teeth with smth.; to have had enough of smth.

urîcios *adj.* *(neplăcut)* nasty, unpleasant, objectionable; *(scîrbos)* loathsome; *(josnic)* mean; *(imoral)* offensive, immoral, indecent; *(ant. frumos)* plain(-looking), ugly, unsightly, nasty(-looking), hideous; *(d. caracter)* wicked, vicious, villainous; *(respingător)* repugnant, repulsive; *(dezgustător)* disgusting; *(nesuferit)* disagreeable, F→tiresome; *(ursuz)* grumpy; *(supărăcios)* ill-tempered.

urîciune *s.f.* **1.** *(urîţenie)* ugliness; unsightliness. **2.** *(pocitanie)* freak of nature; *(om urît)* fright; *(monstru)* monster.

urît¹ I. *adj. (ant. frumos)* ugly, unsightly, nasty(-looking), hideous; *(d. figură)* deformed; *(d. faţă)* ill-favoured, plain(-looking), F→ordinary-looking; *(d. haine, nepotrivit)* unbecoming; *(d. caracter)* wicked, vicious, villainous; *(comun sau josnic)* mean; *(imoral)* offensive, immoral, indecent; *(murdar)* filthy, dirty; *(stîrnind dezgust)* odious, hateful; *(vătămător)* obnoxious; *(rău, prost)* bad. ⓐ ~ *foc* F (as) ugly as sin. ⓑ *expresii* ~*e* nasty expressions, foul language; *miros* ~ unpleasant/bad/offensive smell; *vreme* ~ *ă* bad weather. **II.** *adv.* unfairly.

urît² s.n. *(plictiseală)* weariness of mind, tediousness, boredom, ennui. ⓒ *a-şi trece* ~*ul* to kill time, to pass away the time; *a ţine cuiva de* ~ to amuse/entertain smb.; *mi-e* ~ I'm bored, < F→I'm bored stiff.

urîţenie *s.f.* ugliness, unsightliness, plainness.

urîţi I. *vb. tr.* to uglify, to make ugly. **II.** *vb. refl.* to lose one's good looks, to grow ugly *sau* uglier.

urla *vb. intr.* to (set up a) howl; *(d. vînt)* to roar; *(d. lupi etc.)* to howl; *(a geme)* to wail, to moan; *(d. oameni, de furie)* to howl (with a thundering voice); *(d. valuri)* to roar.

urlătoare *s.f. (cascadă)* waterfall.

urlător *adj.* howling.

urlet *s.n.* howl(ing) etc. v. u r l a.

urlui *vb. tr.* to rough-grind.

urluială *s.f.* coarse meal/flour.

urluitoare *s.f. agr.* grinder.

urma I. *vb. tr.* **1.** to follow; *(a merge pe urmele)* to follow (in the footsteps of), to follow on the heels of; *(foarte de aproape)* to dog *smb.'s* footsteps, to shadow; *(a succeda)* to follow, to succeed. **2.** *(a relua)*

to resume. **3.** *(a duce sau a executa)* to carry on. **4.** *(a imita)* to imitate. **5.** *(a asculta)* to obey. **6.** *(a se ţine strîns de)* to cling/stick to. **7.** *(cursuri etc.)* to attend. **8.** *(a respecta)* to keep, to observe. ⓐ *a* ~ *să...* to be to...; *(a trebui să)* to have to..., must... ⓒ *a* ~ *pe cineva la groapă* to attend smb.'s funeral; *a* ~ *curentul* to go with the stream; *a-şi* ~ *drumul* to go on one's way; *a-şi* ~ *propriile sale idei* to follow out one's own ideas; *a* ~ *pilda...* *(cu gen.)* to follow the example of...; *a* ~ *o regulă* to observe a rule; *a* ~ *sfatul cuiva* to act upon/follow smb.'s advice/suggestion; to be guided by smb.('s counsel); *urmează-mi sfatul!* take my advice! listen to me! *dacă sfatul mi-ar fi fost* ~*t* had my advice been followed/taken; *urmînd...* in pursuance of..., following... **II.** *vb. intr. (a continua)* to continue, to go on, to be continued. *a* ~ *din...* to result/ensue from...; *a* ~ *după...* to follow..., to come after...; *a* ~ *la...* to attend...; *(a studia)* to study at...; *urmează* **a.** *(în cărţi)* to be continued. **b.** *(continuă!)* go on! continue! ⓒ *după cum urmează* as follows; *a* ~ *la şcoală* to go to school, to attend a school; *va* ~ to be continued (in the next number etc.).

urmare *s.f.* **1.** following etc. v. u r m a. **2.** *(rezultat)* result; *(efect)* effect. **3.** *(continuare)* sequel, continuation. **4.** *(consecinţă)* consequence, aftermath. **5.** *(imitare)* imitation. ⓑ *ca* ~ as a result; *prin* ~ consequently, accordingly, in consequence (whereof); *(de aceea)* therefore, hence; *(astfel)* thus. ⓒ *a da* ~ *la* to consider, to heed; to apply, to put into practice; to answer.

urmaş *s.m.* **1.** *(descendent)* descendant, successor *(to smb.)*, after-comer. **2.** *(aderent)* adherent, follower; *(discipol)* disciple. **3.** *(moştenitor)* heir, *jur.* inheritor. **4.** *(vlăstar)* progeny, offspring; *pl.* offspring, issue, posterity, des-

cendants. ⓑ *fără* ~*i* childless, without progeny. © *a murit fără* ~*i* he died intestate/without issue.
urmă *s.f. (semn rău)* trace; *(de vînat)* trail, scent, track; *(de picior)* footprint, footmark; *(de corabie)* wake; *(întipărire)* imprint; *(semn)* mark; *(de roată)* rut (of a wheel); *fig.* trace, sign, vestige. ⓑ *cel din* ~ the last; *cu cîteva zile în* ~ a few days ago; *din* ~ **a.** *(din spate)* from behind. **b.** *(trecut)* last, past; *fără* ~ without a trace; *în cele din* ~ finally, at last/length, F→in the long run; *în urma... (cu gen.)* as a result of...; *în* ~ **a.** *(spaţial)* behind.**b.** *(temporal)* before; *(acum...)* ago; *(după aceea)* afterwards; *la urma urmei/urmelor* after all; *(în ultimă analiză)* in the last analysis; come to think of it; *la* ~ **a.** *(înapoi)* behind. **b.** *(la sfîrşit)* at the end; *pe* ~ then; *(după aceea)* afterwards; *(mai tîrziu)* later (on). © *a nu lăsa nici o* ~ to leave no trace (behind); *a ajunge pe cineva din* ~ to catch smb. up, to catch up with smb.; *a fi/rămîne în* ~ to lag behind; *a călca pe urmele cuiva* to follow in smb.'s footsteps; *a fi pe urmele... (cu gen.)* to hunt after, to track..., to dog... ⓓ *(la toate) urma alege* we shall see the end of it yet.
urmări I. *vb. tr.* **1.** *jur.* to sue, to bring an action against, to take proceedings against. **2.** *(a avea drept scop)* to have in view, to aim at; *(a avea de gînd)* to mean, to intend, to purpose. **3.** *(pe cineva)* to pursue; to press hard *(a fila)* to shadow, to follow on the heels of; *(a fi pe urmele)* to hunt after, to track, to dog; *(a persecuta)* to persecute. **4.** *(cu privirea)* to watch, to follow with one's eyes. **5.** *(a goni)* to chase. **6.** *(a asculta)* to listen; *(cu atenţie)* to follow. © *ce urmăreşte el prin asta?* what can be his object in that? what is he aiming at? *a* ~ *un iepure* to course a hare. ⓐ *a* ~ *pas cu pas pe cineva* to walk step for step behind smb.; *a-şi* ~ *planurile* to pursue/to

follow/to prosecute one's plans, to push (forward); *nu te pot* ~ I cannot follow you; *a fi* ~*t de ceva (de o idee)* to have smth. on the brain, to be haunted by smth. **II.** *vb. refl. pas.* to be pursued etc. v. ~ I.
urmărire *s.f.* pursuit etc. v. u r m ă-r i.
urmăritor *s.m.* pursuer; *(al unui animal, al unui răufăcător etc.)* tracker; *(persecutor)* persecutor.
următor *adj.* next, following; *(d. lucruri)* subsequent, ensuing; *(succesiv)* successive. ⓑ *în ziua următoare* the next day, the day after.
urnă *s.f.* urn. ⓐ ~ *de vot* ballot box, *fig.* poll; ~ *funerară* cinerary/funeral urn. © *a se prezenta în faţa urnelor* to report to the polls.
urni I. *vb. tr.* **1.** *(a mişca)* to move; *(a pune în mişcare)* to set going/in motion. **2.** *(a împinge la o parte)* to push/F shove away/out of the way. **II.** *vb. refl.* **1.** *(a se mişca)* to move. **2.** *(a se clinti)* to stir, to budge. **3.** *(a porni)* to start.
urobilină *s.f. chim., biol.* uro-biline.
urologie *s.f. med.* urology.
uroscopie *s.f. med.* ur(in)oscopy.
urotropină *s.f. med.* methenamine, hexamethylenamine.
urs *s.m.* **1.** *zool.* (male) bear *(Ursus)*, **2.** *fig. (om bombănitor)* grumbler. growler; *(stîngaci)* numb hand. ⓐ ~ *alb* polar bear *(Ursus maritimus)*; ~ *brun* brown bear *(Ursus arctos)*; ~ *cenuşiu* grizzly (bear) *(Ursus horribilis)*; ~ *negru* black bear *(Ursus americanus)*. ⓑ *piele de* ~ bear's skin; *pui de* ~ bear whelp, bear's cub. © *cînd se băteau urşii-n coadă* time out of mind. ⓓ *nu vinde pielea* ~*ului din pădure* don't count your chickens before they are hatched.
ursar *s.m.* **1.** bear leader. **2.** *(ţigan)* gipsy.
ursă *s.f.* female bear. ⓐ *Ursa Mare astr.* the Great(er) Bear; *Ursa Mică astr.* the Lesser Bear.
ursăresc *adj.* bear leader's...
ursi *vb. tr.* to predestinate, to preordain, to foreordain.

ursit *s.m.* predestined husband.

ursită *s.f.* **1.** foreordained wife; *(viitoare soție)* the lady of one's choice, the beloved of one's heart, F one's lady love. **2.** *(soartă)* fate, destiny.

ursitoare *s.f.* Fate, any one of the three weird/Fatal Sisters.

ursiu *adj.* reddish-brown.

ursoaică *s.f.* **1.** she-bear, female bear. **2.** *arhit.* dormer window; funnel, chimney.

ursuleț *s.m.* *(ca jucărie)* Teddy bear.

ursulină *s.f.* Ursuline (nun).

ursuz I. *adj.* sullen, sulky; *(arțăgos)* peevish; *(bombănitor)* grumbling, surly, F→grumpy, cantankerous; *(neprietenos)* morose, F→crabby, crusty. **II.** *adv.* sullenly etc. v. ~ **1. III.** *s.m.* grumbler, growler.

urticarie *s.f.* *med.* nettle rash, urticaria.

urui... v. h u r u i...

urzeală *s.f.* **1.** warp. **2.** *fig.* texture; *(structură)* structure; *(intrigă)* plot.

urzi *vb.* *tr.* **1.** *text.* to warp. **2.** *(a unelti)* to frame, to hatch, to contrive, to devise, to plot, to stage. **3.** *(a cauza)* to cause; *(a provoca)* to provoke; *(a incita)* to abet. **4.** *(a crea)* to create; *(a produce, a face)* to produce, to make.

urzica I. *vb.* *tr.* **1.** to prick, to sting, to bite. **2.** *fig.* to taunt, to sneer at, to tease. **II.** *vb.* *refl.* to prick/ sting oneself. **III.** *vb.* *intr.* to prick, to sting.

urzică *s.f.* *bot.* stinging nettle *(Urtica dioica)*. ⓐ ~ *moartă* dead nettle *(Lamium maculatum)*.

urzitor *s.m.* **1.** *text.* warper. **2.** *fig.* *(uneltitor)* plotter, schemer, intriguer.

urzitură *s.f.* **1.** warp; *(țesătură)* texture. **2.** *fig.* *(temelie)* foundation, basis; *(structură)* structure.

usca I. *vb.* *tr.* **1.** to (make) dry; *(a pune la uscat)* to lay out to dry; *(prin ștergere)* to wipe dry; *(imbunătățind calitatea)* to season; *(prin atîrnare)* to hang out to dry; *(rufe)* to air, to desiccate; *(fin)* to ted. **2.** *(a arde)* to scorch, to parch, to swelter. **3.** *(a seca)* to dry up, to drain. **4.** *fig.* *(a istovi)* F to fag

out. **II.** *vb.* *refl.* **1.** to (become) dry. **2.** *(a se ofili)* to wither (away), to fade away, to lose one's freshness; *(d. flori, și)* to droop; *(a seca)* to drain. **3.** *fig.* *(a se istovi)* F to be fagged out. ⓒ *a se* ~ *d-an-picioarele* to dwindle away.

uscare *s.f.* drying, *etc.* v. u s c a. ⓐ ~ *artificială* artificial drying; ~ *naturală* natural drying; ~ *termică* thermical drying.

uscat I. *adj.* dry; *(d. lemn, și)* well--seasoned; *(ars)* parched; *(slab)* lean (and lanky), thin; *(arid)* arid, barren; *(fără carne)* fleshless; *(scorojit)* shrunken. ⓑ *foarte* ~ F→(as) dry as a bone; *frunză* ~*ă* dry leaf, *poetic*→sear/sere leaf; *ger* ~ dry frost; *pămînt* ~ dry ground; *(sterp)* barren land; *pom* ~ dead tree; *sol* ~ parched soil; *zonă* ~*ă* arid zone. **II.** *s.n.* **1.** v. u s c a r e. **2.** *(pămint)* land; *(continent)* mainland; continent. ⓑ *armată de* ~ *mil.* land forces; *pe mare și pe* ~ by water/sea and by land.

uscăcios *adj.* **1.** rather dry. **2.** v. u s c ă ț i v.

uscăciune *s.f.* **1.** *și fig.* dryness. **2.** *(ariditate)* aridity, aridness. **3.** *(secetă)* drought.

uscător *s.n.* drier, drying device/apparatus.

uscătorie *s.f.* drying room.

uscături *s.f.* *pl.* **1.** dry wood; v. v r e a s c u r i. **2.** v. m e z e l u r i. **3.** v. m i n c i u n ă 2.

uscățele *s.f.* *pl.* v. v r e a s c u r i.

uscățiv *adj.* lean (and lanky).

uscior *s.m.* v. u ș o r[1].

ustensile *s.f.* *pl.* utensils, tools, implements.

ustura *vb.* *tr.* **1.** *(a arde)* to burn. **2.** *(a minca)* to itch. **3.** to smart. **4.** *fig.* to sting, to bite. ⓒ *mă ustură ochii* my eyes smart.

usturător *adj.* **1.** *(d. durere)* smarting, burning; *(d. căldură)* parching, scorching. **2.** *fig.* prurient itching, itchy; *(sarcastic)* sarcastic; *(amar)* bitter; *(arzător)* burning.

usturătură *s.f.* **1.** v. u s t u r i m e. **2.** *(arsură)* burning.

usturime *s.f.* *(durere usturătoare)* smarting (pain).

usturoi *s.n.* *bot.* garlic *(Allium sativum).*

usturoiţă *s.f.* *bot.* garlic mustard, hedge garlic, Jack-by-the-hedge *(Alliaria officinalis).*

usuc *s.n.* *(în lina oilor)* yolk, wool oil.

uşă *s.f.* **1.** door; *(deschizătură)* doorway. **2.** *fig.* gate. ⓐ ~ *batantă* swing door; ~ *dublă* double door; ~ *exterioară* house door; ~ *glisantă* sliding door; ~ *interioară* room door; ~ *în două canaturi* folding door, doubleway door; ~ *într-un canat* panel door; ~ *oarbă* blind door; ~ *pivotantă/turnantă* revolving door; ~ *secretă* secret door. ⓕ *ctine de două uşi* F toady, sneak; *cu uşile închise* with closed doors, in private. ⓒ *a trînti uşa* to slam/bang the door; *(închizînd-o)* to slam/bang the door to/shut; *(de perete)* to slam/bang the door open.

uşcior *s.m.* v. u ş o r¹.

uşier *s.m.* **1.** doorkeeper, porter, janitor. **2.** *(la tribunal)* usher of the court, bailiff.

uşiţă *s.f. (ghişeu)* wicket.

uşor¹ *s.m.* vertical framework of a door *sau* window; *(al uşii, şi)* door case, door frame/jamb.

uşor² **I.** *adj.* **1.** *(de mică greutate)* light, of small weight. **2.** *(facil)* easy; *(d. efort)* slight. **3.** *(blind)* mild. **4.** *(vioi)* light, lively. **5.** *(abia perceptibil)* gentle. **6.** *(puţin important)* slight. **7.** *(subţire)* thin. **8.** *(superficial)* superficial. ⓐ ~ *ca o pană* (as) light as a feather. ⓕ *adiere uşoară* light breeze; *artilerie uşoară mil.* light artillery; *cavalerie uşoară mil.* light horse; *cu inima uşoară* I. *adj.* light-hearted, cheerful. II. *adv.* light-heartedly; *haine uşoare* light/thin clothing; *muzică uşoară* light music; *somn ~!* sweet dreams (to you)! ⓒ *e o chestiune uşoară pentru el* it is an easy/a trifling matter to him; *a face ~* to render easy/less difficult; *a fi ~ de cap* F to be quick in the uptake; *Cicero e ~ de în-* teles Cicero is easy to understand; *e ~ să greşeşti* one is very apt/liable to make a mistake. **II.** *adv.* **1.** easily, F→like a bird. **2.** lightly. ⓒ *a călca ~* to tread lightly; *o ia ~* he treats it lightly, F he takes it easy; *poţi să-ţi închipui ~* you may easily/readily imagine; *s-ar putea ~ să...* it could well be that...; *a răci ~* to be subject to colds; *a scăpa ~* to get off cheaply; *a se vinde ~* to meet with a ready sale, to sell like hot cakes; *(mai) de zis, (mai) greu de făcut* it is more easily said than done, easier said than done.

uşura **I.** *vb. tr. (o povară)* to lighten; *(o durere)* to relieve, to alleviate, to soothe; *(o însărcinare)* to facilitate; *(a modera)* to moderate; *(a calma)* to calm, to appease, to pacify; *(a înmuia)* to soften; *(a despovăra)* to disburden; *(a micşora)* to lessen. ⓒ *a-şi ~ conştiinţa* to ease/clear one's conscience, to make a clear/clean breast of things; *a ~ crampele* to diminish the spasms; *a-şi ~ inima* to disburden one's heart; *a ~ o sarcină* to facilitate a task; *a-şi ~ stomacul* to relieve oneself, F to make oneself comfortable. **II.** *vb. refl.* **1.** *(la stomac)* to relieve oneself, F to make oneself comfortable; *(a urina)* F to pass water, to relieve nature, to do number one. **2.** *pas.* to be alleviated etc. v. ~ I. **3.** F *(d. o femeie)* to be delivered.

uşurare *s.f.* relief etc. v. u ş u r a.

uşuratic **I.** *adj.* light-minded; *(nepăsător)* careless. **II.** *adv.* light-mindedly; carelessly.

uşurătate *s.f.* v. u ş u r i n ţă.

uşurel *adv.* **1.** *(încet)* slowly; *(uşor)* lightly. **2.** *interjecţional* F steady! fair and softly! ⓒ *ia-o ~!* F take it easy!

uşurime *s.f.* **1.** facility. **2.** *fig.* light-mindedness.

uşurinţă *s.f.* **1.** *(ant. greutate, la cîntar)* lightness. **2.** *(înlesnire)* facility. **3.** *(nesocotinţă)* levity, rashness, recklessness; *(nepăsare)* carelessness; *(frivolitate)* frivolity, wantonness. **4.** *(ant. dificultate)* ease, easiness, facility. **5.** *(agilitate)* nimbleness, facility, agility. **6.** *(lipsă de seriozitate)* levity, lightness of temper, lightness of conduct, want of seriousness. ⓓ *cu* ~ easily, without (any) difficulty, F→like a bird.

ut *s.m. muz.* ut.

utecist *s.m.* member of the Romanian Union of Communist Youth.

utemist *s.m.* member of the Romanian Union of Working Youth.

util I. *adj.* useful, of use; *(care serveşte la ceva)* serviceable. available. **II.** *adv.* usefully.

utila *vb. tr.* to equip, to fit out.

utilaj *s.n.* equipment; *(unelte)* tools.

utilare *s.f.* equipment.

utilitar *adj., s.m.* utilitarian.

utilitarism *s.n. filoz.* utilitarianism.

utilitate *s.f.* utility, usefulness; *(folos)* use, avail, service. ⓓ *de mare* ~ of great use/utility; *fără* ~ useless; *de prima* ~ essential.

utiliza *vb. tr.* to utilize.

utilizabil *adj.* utilizable.

utopic *adj.* Utopian.

utopie *s.f. (fantezie)* fancy, Utopia; *(ţară de vis)* dreamland; *(plan utopic)* Utopian scheme.

utopism *s.n.* utopianism.

utopist *s.m.* Utopian, Utopist.

utrenie *s.f. bis.* early service; *(bis. cat.)* matins.

uţa *adv.* ⓒ *a da* ~ *(pe genunchi)* to dance/dangle on one's knees; *a se da* ~ to rock, to swing; *(pe un scaun)* to balance oneself on a chair.

uvertură *s.f. muz.* overture, prelude.

uvraj *s.n.* literary *sau* scientific work.

uvrier *s.m.* worker, workman.

uz *s.n.* **1.** usage; *(întrebuinţare)* use, using; *(utilizare)* utilization, employment. **2.** *(datină)* old custom/usage/practice. ⓓ *ieşit/scos din* ~ (gone) out of use/fashion; *(demodat)* obsolete, antiquated; *pentru* ~ *extern* for external applica-

tion. ⓒ *a face* ~ *de...* to use, to make use of...; *a ieşi din* ~ to go/grow of use, to come/fall into disuse; *a intra în* ~ to come into use.

uza I. *vb. tr.* **1.** to use, to make use of; *(a utiliza)* to utilize. **2.** *(a purta)* to wear (out). **3.** *fig.* to wear out. **II.** *vb. refl.* to wear (away). **III.** *vb. intr.* ⓐ *a* ~ *de...* to make use of..., to resort to..., to use...

uzanţă *s.f.* **1.** *com.* usance. **2.** *(obicei)* usage, custom.

uzat *adj.* **1.** *(d. haine)* worn-out, shabby, threadbare. **2.** *(d. cineva)* worn-out.

uzbec *adj. s.m.* Uzbek, Uzbeg.

uzină *s.f.* plant, work; *(fabrică)* factory. ⓐ ~ *constructoare de maşini* machine-building plant; ~ *de apă* waterworks; ~ *de avioane* aeroplane factory; ~ *de elaborare a fontei* iron foundry; ~ *electrică* power station; ~ *de gaz* gas works; ~ *metalurgică* metal works. ⓓ *fabrici şi uzine* mills and factories, factories and plants.

uzita I. *vb. tr.* to use. **II.** *vb. refl. pas.* to be used.

uzitat *adj.* in use/usage; *(curent)* current, commonly used; *(comun)* ordinary, common; *(obişnuit)* customary, usual; *(convenţional)* conventional; *(acceptat)* accepted.

uzual I. *adj.* usual, customary v. şi u z i t a t. **II.** *adv.* usually.

uzufruct *s.n. jur.* usufruct, life interest.

uzufructuar *adj., s.m. jur.* usufructuary.

uzurar I. *adj. com.* usurious, usurer's ... ⓑ *împrumut* ~ usurious loan, loan at an exorbitant interest. **II.** *s.m.* usurer.

uzură *s.f.* **1.** *com.* v. c a m ă t ă. **2.** *(stricare)* wear (and tear). ⓓ *război de* ~ war of attrition.

uzurpa *vb. tr.* to usurp.

uzurpare *s.f.* usurpation.

uzurpator *s.m.* usurper.

V

V, v *s.m.* V, v, the twenty-fifth letter of the Romanian alphabet.

v- *pron.* v. v ă.

va *vb. intr. defectiv* © *mai* ~ *pînă atunci* it's a long way; ~ *să zică...* in other words...; that is to say..., namely...; *(atunci)* then...

vacant *adj. (d. un post, loc etc.)* vacant; *(nelocuit)* unoccupied; *(gol)* empty.

vacanţă *s.f.* **1.** *şcol.* holidays, *amer.* vacation (time), F→vac; *jur.* recess, vacation(s); *parl.* recess; *(timp de repaus)* holidays. **2.** *(post vacant)* vacancy. ⓐ *vacanţa mare* summer holidays, F→the long. © *a lua* ~ to take (one's) holidays; *a fi în* ~ to be on holiday/ on one's holiday; *a intra în* ~ to break up for the holidays, to begin the holidays.

vacarm *s.n.* uproar, hubbub, din, racket.

vacat *s.n. poligr.* white page.

vacă *s.f.* **1.** *zool.* cow; *bibl. şi pl.* kine. **2.** *fig.* silly goose. ⓐ *vaca Domnului* v. b u b u r u z ă; ~ *cu lapte* milch cow, cow in milk; ~ *de fătat* cow with calf; ~ *de mare zool.* v. m o r s ă; ~ *(bună) de muls fig.* milch cow, *sl.* pigeon; ~ *încălţată* F blockhead, duffer, silly ass; ~ *stearpă* dry cow. ⓑ *brînză de* ~ cow cheese; *coadă de* ~ cow's tail; *lapte de* ~ cow's milk; *uger de* ~ cow's udder. © *a mulge o* ~ to milk a cow.

vaccin *s.n. med.* vaccine; *(vaccinare)* vaccination.

vaccina I. *vb. tr.* to vaccinate; to inoculate. **II.** *vb. refl.* to be/get vaccinated *sau* inoculated.

vaccinare *s.f.* vaccination; inoculation.

vaccinator *s.m. med.* vaccinator; *(doctor)* vaccinating physician.

vaccină *s.f. med.* vaccinia, cow pox.

vacs *s.n.* **1.** blacking. **2.** *(fleac)* F a mere song; *interjecţional* F child's play! *(prostii)* F fiddlesticks! bosh! moonshine! nonsense!

vacuolă *s.f. biol.* vacuole.

vacuum *s.n.* **1.** *(vid)* vacuum. **2.** vacuum apparatus.

vacuumetru *s.n. fiz.* low-pressure manometer/gauge, vacuum-meter.

vad *s.n.* **1.** *(de rîu)* ford. **2.** *(loc de trecere)* crossing. **3.** *(drum)* road; *(cale)* way; *fig.* headway. **4.** *com. (abstract)* good custom, prosperous business; *(loc frecventat)* place of great resort, shop with a large custom. © *a trece un rîu în* ~ to ford a river; to wade through a river; *a-şi face* ~ *fig.* to make headway, to make/work/push one's way; *com.* to acquire/establish good custom.

vademecum *s.n.* vade-mecum, guide book.

vadră *s.f.* **1.** *measure of capacity,* about three gallons. **2.** pail.

vag I. *adj.* **1.** vague, indefinite. **2.** *fig. (nedesluşit)* hazy, vague, indistinct. ⓐ ~*ă amintire* dim recollection. **II.** *adv.* vaguely etc. v. ~ I. **III.** *s.m. anat.* vagus (nerve).

vagabond I. *adj.* vagrant, on the tramp. **II.** *s.m.* vagrant, tramp, vagabond.

vagabonda *vb. intr.* to roam/rove/ loaf about.

vagabondaj *s.n.* vagrancy, vagabondage.

vagin *s.n. anat.* vagina.

vaginal *adj. anat.* vaginal.

vaginită *s.f. med.* vaginitis.

vagon *s.n.* **1.** *ferov.* coach, car, (railway) carriage; *(de marfă)* waggon, truck. **2.** *(de tramvai)* tramcar; *amer.* street car, trolley. **3.** *(ca încărcătură)* wag(g)on load, carload. ⓐ ~ *capitonat* softseated/upholstered carriage; ~ *cisternă* tank waggon/car; ~ *de bagaje* luggage van, *amer.* baggage car; ~ *de dormit* sleeping car, F→sleeper; ~ *de lux/internațional* international sleeping car; ~ *de marfă* goods van/waggon; *(deschis)* goods truck, *maer.* freight car; ~ *pentru fumători* smoking carriage, smoker; ~ *pentru nefumători* non-smoker; ~ *platformă* flat wag(g)on, flatcar, *amer.* platform car; ~ *poștal/de poștă* mail van/*amer.* car; ~ *restaurant* dining/restaurant car, diner. ⓒ *poftiți în vagoane!* take your seats, please! *amer.* all aboard!

vagonet *s.n.* trolley, truck.

vai *interj.* oh dear! oh me! *înv.*→ alas! ⓐ ~ *de mine* **a.** oh/poor me! **b.** *(nu se poate)* you don't say so! you don't mean it! *(ce nenorocire!)* how unfortunate! what a pity! ~ *de tine!* poor fellow! poor you! ~ *de tine dacă...* F you'll get hell/it hot if... ⓑ *cu chiu cu* ~ with the greatest trouble, F by the skin of one's teeth. ⓒ *a fi* ~ *de capul cuiva* F to be in a bad way; *o ducea ca* ~ *de el* F he lived from hand to mouth, he barely kept the wolf from the door; *e obosit ca* ~ *de el* F he is knocked up (with fatigue).

vaier *s.n.* v. **vaiet**.

vaiet *s.n.* **1.** groan, moan. **2.** lamentation.

vajnic *adj.* **1.** *(viguros)* vigorous. **2.** *(aprig)* fiery. **3.** *(strașnic)* terrible, frightful, fearful.

val *s.n.* **1.** wave; *(mare)* huge wave, billow; *(care se sparge)* breaker. **2.** *(zid)* wall. **3.** *fig.* wave. **4.** *(sul)* roll. **5.** *poligr.* roller. ⓐ ~ *de căldură* heat wave; ~ *de flux hidr.* tidal wave; ~ *de greve* strike wave; ~*urile vieții* the vicissitudes of life, the ups and downs of life; ~*vîrtej* **a.** head foremost, head over heels. **b.** *(ca o furtună)* like a bolt. **c.** v. **de-a valma**. ⓑ *aruncat de* ~*uri* wave-tossed. ⓒ

a forma/face ~*uri* **a.** to form waves; to rise in waves. **b.** *fiz.* to undulate; *a întări cu* ~*uri* to wall in; *a-și găsi moartea în* ~*uri* to find a watery grave; *sînt* ~*uri mari* the waves are running high, there is a heavy sea on.

valabil *adj.* **1.** *(d. un titlu, argument, o scuză etc.)* valid. **2.** *jur.* valid, available; legal(ly binding), legitimate, lawful; *(autentic)* authentic. **3.** *(d. monede)* current, good, passable; *(d. bilete)* valid, available, good. ⓒ *cît timp e* ~ *biletul meu?* for what period is my ticket available? (for) how long does my ticket run? *a fi* ~ *(pentru)...* to hold good (for)..., to be applicable (to)...

valabilitate *s.f.* validity; currency; legality, lawfulness; *(a unui pașaport sau bilet)* availability, validity.

valah *adj., s.m. ist.* Wallachian, Vlach.

valahic *adj. ist.* Wallachian.

vale *s.f.* **1.** valley, *poetic*→vale; *(mică)* dale; *(în Scoția)* glen. **2.** *(bazin)* valley. **3.** *(apă curgătoare)* river, stream. ⓑ *ce mai calea* ~*a* F the short and the long of the matter (is), to make a long story short, to cut it short; *ce mai la deal la* ~ to use plain language/ words, not to mince matters straightforward, point-blank; *cînd la deal cînd la* ~ now one way, now the other; *(inconstant)* blowing hot and cold; *de* ~ below, further/ lower down; *la* ~ **a.** *(în jos)* down(ward). **b.** *(în josul văii)* down the valley; *(în josul dealului)* downhill. **c.** *(în josul rîului)* down stream; *mai la* ~ further/lower down. ⓒ *a-și lua* ~*a* F to pack off, to walk one's chalks; *a lun pe cineva la* ~ F to snap one's fingers at smb., to pull smb.'s leg.

valență *s.f. chim.* valence, valency.

valeriană *s.f.* **1.** *bot.* v. **odolean**. **2.** *(picături de* ~*)* tincture of valerian.

valet *s.m.* **1.** valet, footman, man-servant. **2.** *(la cărți)* knave jack.

valeu *interj.* v. a o l e u.
valid *adj.* **1.** *mil. etc.* able-bodied, fit for service. **2.** *jur.* valid.
valida *vb. tr.* to validate.
validare *s.f.* validation.
validitate *s.f.* validity.
valiză *s.f.* valise; *(small)* portmanteau; *amer.* gripsack; *(geamantan)* suitcase. ⓐ ~ *diplomatică* embassy dispatch-bag/-box.
valmă *s.f. (învălmăşeală)* bustle. ⓑ *de-a valma* helter-skelter, higgledy--piggledy; all of a heap.
valoare *s.f.* **1.** value, worth; *(total etc.)* amount. **2.** *fig. (merit)* merit; *(virtute)* virtue, good quality. **3.** *muz.* (time) value. **4.** *(accepţie)* acception. **5.** *(importanţă)* importance, consequence. ⓐ ~ *a forţei de muncă ec. pol.* cost of labour; ~ *de întrebuinţare ec. pol.* use value; ~ *de schimb ec. pol.* exchange value; ~ *mobiliară* transferable security; ~ *nominală* nominal value; ~ *semantică* semantic force. ⓑ *de* ~ valuable; *fără* ~ **a.** of no value. **b.** *fig.* worthless; *hîrtii de* ~ securities; *în* ~ *de...* amounting to..., F→to the tune of...; *în* ~ *totală de...* to a total value of...; *obiecte de* ~ valuables; *om de* ~ man of real ability; man of merit; *pachet cu* ~ *declarată* (registered) parcel with valuables; *pînă la* ~*a de...* (up) to the amount *sau* value of...; *scrisoare cu* ~ *declarată* letter containing valuables; *teoria valorii bazate pe muncă ec. pol.* labour theory of value. ⓒ *a creşte în* ~ to increase /rise/ advance in value; *a pune în* ~ v. v a l o r i f i c a; *a scoate în* ~ to point out, to emphasize.
valon *adj., s.m.* Walloon, Wallonian.
valora *vb. intr.* to be worth.
valoric *adj.* value...
valorifica *vb. tr.* to turn to (good) account, to capitalize, to revaluate, to render profitable/valuable; *(pămînt)* to enhance the value of; *(o cădere de apă)* to harness; *(o mlaştină, pămînt înţelenit)* to reclaim.

valorificare *s.f.* capitalization, revaluation, turning to (good) account v. v a l o r i f i c a. ⓐ ~*a pămînturilor virgine şi înţelenite* development of virgin and unused lands; ~ *de noi pămînturi* opening up/ development of new lands.
valoros *adj.* **1.** *(preţios)* valuable, precious. **2.** *(important)* important; *(cu greutate)* weighty; *(distins)* distinguished; *(talentat)* talented.
vals *s.n.* waltz, round dance.
valsa *vb. intr.* to (dance a) waltz.
valsator *s.m.* waltzer.
valtrap *s.n.* shabrack; caparison.
valţ *s.n. tehn.* **1.** roll(er). **2.** *(maşină)* mixing mill.
valutar *adj.* currency..., money...
valută *s.f.* standard (of coinage); (foreign) currency. ⓐ ~ *forte* hard currency.
valvar *adj.* valv(ul)ar.
valvă *s.f. bot., tehn. etc.* valve.
valvular *adj.* valvular.
valvulă *s.f. anat., tehn.* valvule; valvelet.
vamal *adj.* customs...; custom-house ... ⓑ *autorităţi* ~*e* custom-house authorities; *contract* ~ customs examination; *declaraţie* ~*ă* custom-house clearance; *formalităţi* ~*e* custom-house formalities; *funcţionar* ~ revenue/custom-house officer; *politică* ~*ă* customs policy; *revizie* ~*ă* examination of passengers' luggage; *sistem* ~ tariff/custom-house system; *taxe* ~*e* customs, custom(s) duties; *uniune* ~*ă* custom union.
vamă *s.f.* **1.** *(taxă)* toll, *mai ales com.* duty, custom. **2.** *(administraţie)* custom-house authorities. **3.** *(clădire)* custom house. **4.** *fig.* tribute. ⓑ *funcţionar de* ~ v. v a m e ş **1.**
vameş *s.m.* **1.** revenue/custom-house officer. **2.** *bibl.* publican.
vampir *s.m.* **1.** *zool.* vampire *(Phyllostoma spectrum)*. **2.** *fig.* vampire, blood sucker, ghoul.
van *adj.* vain; *(d. vorbe)* idle; *(d. eforturi etc.)* futile, abortive, fruitless; *(d. o laudă etc.)* vainglorious; *(d. un pretext etc.)* flimsy; *(d. o*

femeie) coquettish; *(lumesc)* world-ly. ① *in* ~ in vain, vainly, to no purpose; of no avail, F→(of) no use. © *a se osteni in* ~ to have one's trouble for nothing; to toil in vain.

vanadiu *s.n. chim.* vanadium.

vană *s.f.* **1.** tub. **2.** *tehn.* valve.

vandabil *adj. ec.* merchantable, sa-lable, marketable.

vandabilitate *s.f. ec.* salability, mar-ketability.

vandal *s.m.* **1.** *ist.* Vandal. **2.** *fig.* vandal.

vandalic *adj.* vandalic.

vandalism *s.n.* vandalism.

vanilie *s.f.* **1.** *bot.* vanilla (plant) *(Vanilia aromatica)*. **2.** vanilla. ① *boabă de* ~ vanilla bean; *cioco-lată de* ~ vanilla chocolate; *praf de* ~ vanilla powder.

vanilină *s.f. chim.* vanillin.

vanitate *s.f.* vanity, futility; vain-gloriousness; coquettishness; fri-volity; *(ingimfare)* conceit(edness).

vanitos *adj.* vain; *(ingimfat)* con-ceited.

vapor¹ *s.m.* steam, vapour. ⓐ ~*i de apă* watery/aqueous vapours; ~*i vătămători* noxious effluvia. ① *ma-șină cu* ~*i* steam engine.

vapor² *s.n.* steamship, steam vessel; steam boat, steamer. ⓐ ~ *de pasageri* passenger ship/boat; li-ner.

vaporean *s.m.* v. m a r i n a r.

vaporiza I. *vb. tr.* to vaporize; to turn/convert into vapour. II. *vb. refl.* to rise as vapour; to pass off vapour; to vaporize.

vaporizare *s.f.* vaporization.

vaporizator *s.n.* **1.** *fiz., med.* vapor-izer, spray. **2.** *(pt. parfumuri)* spray diffuser/instrument; sprayer, atomizer.

vaporos *adj.* **1.** vaporous, vapoury, steamy, filled with steam; filled with fumes; gaseous. **2.** *(cețos)* hazy, misty. **3.** *(eteric)* ethereal.

var *s.n. chim.* lime, chalk. ⓐ ~ *hidraulic* water cement; hydrau-lic/Roman cement; ~ *nestins* quick lime; ~ *stins* slaked lime. ① *alb ca* ~*ul* white as a sheet, pale as a ghost; *apă de* ~ lime water;

clorură de ~ calcium hypochloride, F bleaching powder; *cuptor de* ~ lime kiln; *lapte de* ~ (fluid) slaked lime, milk of lime. © *a spoi /da cu* ~ to whitewash.

vară¹ *s.f.* girl cousin. ⓐ ~ *bună/ primară* first cousin, cousin ger-man.

vară² *s.f.* **1.** summer (time). **2.** *vara (adverbial)* in summer; during the summer. ① *aer de* ~ summer(y) air; *astă* ~ last summer; *casă/ locuință de* ~ country house, sum-mer residence; *dimineață de* ~ summer('s) morning; *griu de* ~ summer corn; *imbrăcăminte de* ~ light/summer clothing; *in toiul verii* in the middle/height of sum-mer; *la* ~ next summer; *măr de* ~ early apple; *miez de* ~ midsum-mer; *orar de* ~ summer time-table; *plantă de* ~ summer growth, aestival plant; *seară de* ~ summer('s) evening; *teatru de* ~ open-air theatre; *toată vara* all/through the summer; *zi de* ~ summer('s) day. © *nu are decit 25 de veri* she has seen but twenty-five summers; *au trecut trei veri* three summers/ years have flown/passed.

varec *s.n. bot* seaweed.

vargă *s.f.* **1.** rod, wand; birch, switch. **2.** *(dungă)* stripe, streak. © *a tremura ca varga* to tremble like an aspen leaf, to shake in every limb.

varia¹ I. *vb. tr.* to vary, to change, to alter. II. *vb. intr.* to take place/ to come alternately; to change, to alter.

varia² *s.n.* varia, miscellanea.

variabil I. *adj.* **1.** variable, change-able, mutable; *(nestabil)* incon-stant, unstable, unsteady; *(fluc-tuind)* fluctuating. **2.** *mat.* varia-ble. ① *capital* ~ *ec. pol.* vari-able capital; *mărime* ~*ă mat.* variable (quantity); *timp* ~ change-able/unsettled weather; *vint* ~ variable wind. II. *adv.* variably etc. v. ~ I.

variabilă *s.f. mat.* variable.

variabilitate *s.f.* variability, change-ableness, mutability; unstead-iness; fluctuation.

variantă *s.f.* variant, different reading.

variat *adj.* varied, various, sundry, manifold, multifarious, multiple.

variator *s.n. tehn.* speed variating device.

variați(un)e *s.f.* variation. ⓐ *variațiuni pe o temă de... muz.* variations on a theme by... ⓑ *temă cu variațiuni muz.* theme with variations.

varice *s.f. med.* varix, milkleg.

varicelă *s.f. med.* varicella, chicken pox.

varicocel *s.n. med.* varicocele.

varicos *adj. med.* varicose.

varietate *s.f.* variety.

varieteu *s.n.* music hall, variety theatre/show; variety entertainment.

variolă *s.f. med.* variola, smallpox.

variometru *s.n. electr., av.* variometer.

varniță *s.f.* **1.** lime chest. **2.** *(cuptor de stins varul)* lime kiln.

varză *s.f. bot.* cabbage *(Brassica oleracea).* ⓐ ~ *acră/murată* sauerkraut; ~ *creață* savoy *(Brassica oleracea sabauda)*; ~ *de Bruxelles* Brussels sprouts *(Brassica oleracea gemmifera)*; ~ *de iarnă* headed cabbage *(Brassica oleracea capitata)*; ~ *de mare* sea cabbage, cole *(Crambe maritima* ⓑ *cocean de* ~ cabbage head.

vas *s.n.* **1.** *(recipient)* vessel, receptacle. **2.** *anat.* vessel. **3.** *nav.* vessel, craft; *(corabie)* ship. **4.** *(butoi)* cask. ⓐ ~ *de expansiune* expansion jar; ~ *de linie* battleship; ~ *de luptă* battleship; ~ *de pământ* earthen vessel/jar; ~ *de război* man-of-war, war ship/ vessel; ~*e comunicante fiz.* communication vessels; ~*e de bucătărie* kitchen utensils, kitchenware; ~ *pescăresc* fishing boat; ~ *sanguin anat.* blood sanguiferous vessel; ~ *transoceanic* ocean liner.

vasal *adj., s.m. ist.* vassal.

vasalitate *s.f. ist.* vassalage.

vascular *adj. anat.* vascular, vasculiferous. ⓑ *sistem* ~ vascular system.

vascularizа *vb. tr.* to vascularize.

vaselină *s.f.* vaseline, petroleum jelly, *amer.* petrolatum.

vasoconstrictor *adj., s.n.* vasoconstrictor.

vasoconstricție *s.f. fiziol.* vasoconstriction.

vasodilatare *s.f. med.* vasodilatation.

vasodilatator *adj. med.* vasodilator, vasodilating; vasohypotonic.

vasodilatație *s.f. med.* vasodilatation.

vasomotor *adj. fiziol.* vasomotor.

vast *adj.* vast, immense; *(larg)* wide, spacious, extensive, ample, capacious.

vastitate *s.f.* vastness; immensity.

vatală *s.f. text.* weaver's reed.

vată *s.f. (de bumbac)* wadding; *med.* cotton-wool. ⓐ ~ *de cuarț* quartz wadding; ~ *de hîrtie* cellulose wadding; ~ *de sticlă* glass wool; ~ *higroscopică/hidrofilă* absorbent cotton(wool).

vatelină *s.f.* wadding linen.

vatman *s.m.* tramcar driver; motorman; *rar*→wattman.

vatră *s.f.* **1.** hearth, fireplace. **2.** *(casă)* house, dwelling (place), poetic abode; *(cămin)* home. ⓐ *vatra unui sat* precincts of a village. ⓒ *lăsat la* ~ *mil.* discharged.

vază¹ *s.f.* note; *(autoritate)* authority, esteem; *(influență)* influence. ⓑ *un om cu* ~ an influential man; a man of note.

vază² *s.f.* vase.

vă *pron.* **1.** *acuz.* you. **2.** *dat.* (to) you.

văcar *s.m.* **1.** cowherd, neatherd, *amer.* cowboy. **2.** *Văcarul astr.* Bootes.

văcălie *s.f.* v. v e ș c ă.

văcăriță *s.f.* cowherd.

văcsui *vb. tr.* to black, to polish, to shine (up).

văcsuitor *s.m.* polisher, shoeblack, *amer.* bootblack.

vădană *s.f. (văduvă)* ← P widow;

vădi I. *vb. tr.* **1.** *(a arăta)* to show. *(a scoate la lumină)* to bring to light; *(a dovedi)* to evince, to prove, to evidence, to manifest.

2. *(a denunţa)* to denounce; *(complicii)* to split on. **II.** *vb. refl. (a deveni clar)* to be(come) clear/apparent; *(a se dovedi)* to prove, to be evidenced; to manifest itself; *(a ieşi la lumină)* to come to light, to become known.

vădit I. *adj.* obvious, evident, manifest. **II.** *adv.* obviously etc. v. ~ I.

văduv *s.m.* widower.

văduvă *s.f.* widow, ↓ *jur.* relict; *(bogată)* dowager; *(regină)* queen dowager. ⓐ ~ *de paie* grass widow.

văduvi I. *vb. tr.* ⓐ *a* ~ *de...* to deprive/bereave of... **II.** *vb. intr.* to become a widower *sau* a widow.

văduvie *s.f.* widowhood.

văduvioară *s.f.* **1.** young widow. **2.** *iht.* orfe, ide *(Leuciscus idusidus).*

văduvit *adj.* widowed.

văgăună *s.f.* **1.** (mountain) gorge, gully; ravine, hollow. **2.** v. v i-z u i n ă. **3.** *anat.* socket, orbit (of the eye).

văicăreală *s.f.* (< endless) lamentation/wailing.

văicări *vb. refl.* v. v ă i t a II.

văicărit *s.n.* v. v ă i c ă r e a l ă.

văita I. *vb. tr.* to mourn over. **II.** *vb. refl.* to lament, to groan, to wail.

văitare *s.f.*, **văitat** *s.n.* lamentation wailing.

văl *s.n.* **1.** veil; *(mai scurt)* fall. **2.** *fig. (ceaţă)* haze, film; *(văl)* veil. **3.** *anat.* soft palate. ⓐ ~*ul uitării* the veil of oblivion. ⓒ *a arunca un* ~ *peste...* *fig.* to cast/draw/throw a veil over...; *mi se luă un* ~ *de pe ochi* the scales fell from my eyes.

vălătuc *s.m.* **1.** *(sul)* roll; *(cilindru)* cylinder. **2.** *(tăvălug)* roller. **3.** *(rotocol)* thread. **4.** *(pt. case)* wattle.

vălătuci *vb. tr.* to roll out, to flatten (out) with a roller.

vălmăşag *s.n.* **1.** *(dezordine)* confusion, disorder, medley, F omniumgatherum, muddle, jumble. **2.** *(zarvă)* tumult, bustle. **3.** *(mulţime)* dense crowd/throng, great con-

course. ⓑ *în* ~*ul luptei* in the thickest of the fight.

vămui *vb. tr.* **1.** to charge custom duties for. **2.** *fig.* to take a toll off, F to filch, to pinch.

vămuire *s.f.* payment of duty.

văpaie *s.f.* **1.** flame; blaze. **2.** *fig.* flame, glow, fire, passion.

văr *s.m.* cousin. ⓐ ~ *bun/primar* first cousin, cousin german.

vărar *s.m.* **1.** lime burner. **2.** *(vînzător de var)* lime dealer.

văratic I. *adj.* summer-like; of summer...; summer..., summery, aestival. **II.** *adv.* summer-like, in summer fashion.

vărărie *s.f.* *(cuptor)* lime kiln; *(depozit)* lime storage.

vărdare *s.f.* *ornit.* popinjay *(Picus viridis).*

vărga *vb. tr.* to streak.

vărgat *adj.* striped, streaked.

vărsa I. *vb. tr.* **1.** *(a turna)* to pour (out); *(d. solide)* to put; *(a risipi)* to spill; *(bani)* to pay in, to deposit, to lodge; *(singe, lacrimi)* to shed. **2.** *(a vomita)* to vomit, F to bring up, to throw up, to cast forth. **3.** *(a răsturna)* to overthrow, to tipple, to topple over. ⓒ *a* ~ *griu în sac* to put corn into a sack; *a* ~ *lacrimi amare* to shed/weep bitter tears, to weep bitterly; *a-şi* ~ *minia asupra cuiva* to vent one's ill-humour upon smb.; *mai mulţi ostaşi au fost* ~*ţi la alt batalion* several soldiers have been drafted off into another battalion. **II.** *vb. refl.* **1.** *pas.* to be poured (out) etc. v. ~ I. **2.** *(a ieşi din matcă)* to overflow (its banks). ⓐ *a se* ~ *în...* to flow into..., to empty/discharge oneself into... **III.** *vb. intr.* *(a vomita)* to vomit, to be sick, to bring up one's food, F to cast up accounts. ⓒ *varsă (plouă puternic)* it is pouring (with rain), F it's raining cats and dogs.

vărsare *s.f.* **1.** pouring (out) etc. v. v ă r s a. **2.** *(a unui riu)* river mouth. ⓐ ~ *de singe* bloodshed.

vărsat *s.n.* **1.** v. v a r i o l ă. **2.** v. v ă r s a r e. **3.** vomiting, etc. v. v ă r s a III. ⓐ ~ *de vînt med.* chicken pox; ~ *mare med.*←P

v. s c a r l a t i n ă ; ~ *mic med.*
v. p o j a r; ~ *negru med.*
variola.

vărsămînt *s.n.* payment.

Vărsătorul *s.m. astr.* the Water /carrier, Aquarius.

vărsătură *s.f. (vomitat)* vomiting.

vărui *vb. tr.* to whitewash, to lime-wash; *(copaci)* to cover with lime/chalk, to chalk.

văruială *s.f.,* **văruire** *s.f.,* **văruit** *s.n.* whitewashing etc. v. v ă r u i.

vărzar *s.m.* cabbage grower.

vărzare *s.f.* cabbage pie.

vărzărie *s.f.* 1. cabbage garden. 2. *(grădină de zarzavat)* vegetable garden.

vătaf *s.m.* 1. *(~ de moșie)←odin.* bailiff (of an estate). 2. *(căpete-nie)←înv.* head. 3. *mil. ←odin.* captain. 4. *(supraveghetor)←inv.* overseer. 5. *(administrator)←inv.* manager. 6. *←odin.* administrative head of a district, sheriff.

vătală *s.f. text.* weaver's reed.

vătăma I. *vb. tr.* 1. *(a răni)* to hurt, to injure, to wound. 2. *(a prejudicia)* to prejudice, to be prejudicial to; to wrong, to injure, to damage. II. *vb. refl.* 1. to injure/hurt oneself. 2. *(a căpăta hernie)* to get a rupture.

vătămare *s.f.* 1. hurting etc. v. v ă t ă m a; *(rană)* wound. 2. *(pagubă)* damage.

vătămătoare *s.f. bot.* anthyllis *(Anthyllis vulneraria).*

vătămător *adj.* injurious, hurtful; harmful; *(otrăvitor)* noxious; nocuous; *(aducînd prejudicii) (cu dat.)* prejudicial (to), detrimental (to). ① ~ *sănătății* injurious to health, unhealthy, unwholesome. ① *efecte vătămătoare ale radiațiilor med.* radiation damage.

vătămătură *s.f. med.←P* rupture; colic.

vătrai *s.n.* 1. *(de sobă)* poker, fire hook, furnace rake. 2. *(de oiște)* pole hook.

vătui *vb. tr.* to wad, to line/stuff with wadding, to pad.

vătuit *adj.* wadded etc. v. v ă t u i.

văz *s.n.* sight. ① *în* ~*ul tuturor* in sight of everybody. ② *a lua* ~*ul (cu gen.) fig.* to dazzle *(cu acuz.).*

văzdoagă *s.f. bot.* common tansy *(Tanacetum vulgare).*

văzduh *s.n.* air.

văzut *adj., part.* seen etc. v. v e d e a. ① *de* ~ **a.** *(vizibil)* visible. **b.** *(vrednic de* ~*)* worth seeing; *nimic de* ~ nothing worth seeing. ② *a fi bine* ~ *de...* to be well thought of by...

veac *s.n.* 1. *(secol)* century. 2. *(epocă)* age, period, epoch. 3. *(viață)* life. 4. eternity. 5. ←P *(vreme)* weather. ③ ~*ul al două-zecilea* the twentieth century; ~*ul de apoi* the end of the world. ~*ul de atîta* ~ *de vreme* for ages/an age, ever so long; *din* ~ since the beginning; for all eternity; *după* ~*uri* in future ages, in centuries to come; *în* ~*/veci* for ever/ evermore; to the end of time; *(niciodată)* never; *în* ~*ul trecut* in/ during the last century; *în veci de veci* to all eternity, to the end of days.

vecernie *s.f. rel.* vespers, evening service.

vechi *adj.* old; early, ancient; *(demodat)* obsolete, old-fashioned, antique, superannuated.

vechil *s.m.←odin.* steward/steward manager/ bailiff of an estate.

vechime *s.f.* 1. (old) age, oldness, old character etc. 2. *(în muncă)* length of service, years of service, seniority. 3. *(antichitate)* antiquity. ① *din* ~ from/of ancient times; *în* ~ in olden times, of old.

vechitură *s.f.* 1. *(mobilă veche)* second-hand furniture; *(haină, veche)* rag, *pl.* rags, cast-off clothes. 2. *pl.* (old) lumber, rubbish, trumpery stuff. 3. *(hîrțoagă)* old manuscript; old book. ① *hală de vechituri* old-clothes market, rag fair.

vecie *s.f.* eternity. ① *pe* ~ for ever.

vecin I. *adj.* neighbouring; *(mărgi-naș) (cu)* adjacent (to); adjoining *(cu acuz.),* contiguous (to). II. *s.m.* 1. neighbour, one who dwells near (by); *(de cameră sau casă)* next-door neighbour. **2.** *pl.* neighbours, F→ next-door people; *(toți ~ii)* neighbourhood. **3.** *(șerb)* ist. bondsman, serf. ⓐ *~ul din dreapta* right neighbour; *~ul din stînga* left neighbour. ⓑ *de ~* neighbourly; *prin ~i* in the neighbourhood. ⓒ *a trăi ca buni ~i* to live on neighbourly terms, to have friendly intercourse with one's neighbours.

vecinătate *s.f.* **1.** *(preajmă)* neighbourhood. **2.** *(toți vecinii)* neighbourhood. **3.** *(apropiere)* proximity. ⓑ *în imediata ~ a... (cu gen.)* in close vicinity of..., in the immediate neighbourhood of...; *în ~a ...(cu gen.)* in the neighbourhood/ vicinity of...; *politică de bună ~* good-neighbour policy.

vector *s.m.* mat. vector. ⓐ *~ de bază* ground vector; *~ unitate* unit vector; *~ potențial* electr. vector potential.

vectorial *adj.* mat. vectorial.

vedea I. *vb. tr.* **1.** to see; *(a zări)* to behold; *(a observa)* to perceive, to notice, to observe; *(a recunoaște)* to recognize; *(a fi martor la)* to see, to witness; *(a se uita la)* to look at; *(a întîlni)* to meet, to come across; *(a-și da seama de)* to realize; *(a vizita)* to visit, to pay a visit to. **2.** *(a socoti)* to consider. **3.** *(a înțelege)* to see, to understand. ⓒ *a ~ ca toate să fie la locul lor* to see that everything is put right; *văd de aici că...* (w)hence it appears to me that...; *văd că nu e aici* I see he is not here; *am văzut la Cicero că...* I noticed in Cicero that... ; *și ce să vezi! se stîrni o furtună* and behold, there arose a storm; *ce-mi văzură ochii!* how wonderful/marvellous! *a ~ ceva neclar* to get only a glimpse of smth.; *am să văd dacă...* F I will try to...; I will see if I can manage...; *n-am ochi să-l văd* I cannot bear him, F I can't stomach him; *văzîndu-l, ai zice că...* by the look of him one would say..., judging/to judge by his looks one would say...; *nu l-am*

mai văzut de ani (de zile) I haven't seen/met him for years; *cum mă vezi și te văd* F as sure as death/a gun; *mă uit, dar nu văd nimic* I look, but I don't see anything; *vezi să... mind...*, take care ...; *vezi să fie lucrarea gata!* see that the work is through/completed! *vezi să nu lunece* take care/see that it does not slip away; *aș vrea să te văd în locul meu* I should like to see you in my place/position; *a ~ toate în roz* to see everything in a rosy light, to see everything through rose-coloured spectacles; *ia să văd!* let me see it! *e bine văzut* he is highly esteemed/appreciated, he is well thought of; *nu e nimic de văzut acolo* there is nothing to be seen there; there is nothing worth seeing there. **II.** *vb. refl.* **1.** *(a fi destulă lumină)* to be light. **2.** *(a se pomeni)* to find oneself. **3.** *reciproc* to see each other, to see one another; *(a se întîlni)* to meet. **4.** *(a se întîmpla)* to happen. **5.** *pas.* to be seen. ⓒ *m-am văzut nevoit să plec* I was compelled to depart; *să ne vedem sănătoși* I hope soon to see you again; *au revoir!* till next time! *ți se vede juponul* your petticoat is showing; *se vede cît de colo* it's as clear as broad daylight, one can see with half an eye; *după cum se vede* **a.** *(probabil)* to all appearances, in all probability. **b.** *(e clar)* it's clear/obvious/ evident. **III.** *vb. intr.* to see, to be endowed/gifted with sight. ⓐ *a ~ de... a. (a îngriji)* to tend..., to look after... **b.** *(ceva)* to look to...; *a-și ~ de...* to mind one's ... ⓒ *cît vezi cu ochii...* as far as the eye can reach...; *a-și ~ de ale sale* to attend to/mind one's own business; *a ~ de copii* to look after the children; *nu vede de nimic* he does not attend to anything; *a ~ în inima cuiva* to read (in) smb.'s heart; *nu ~i la doi pași* one could not see one's hand before one's face; *a ~ bine* to have a good sight, to have good eyes, to be clear-/keen-sighted; *vezi bine* certainly, sure(ly); *vezi dedesubt/mai jos* see below; *a ~ limpede/clar* to see clearly/distinctly; *a ~ prost* to have a bad sight, to have weak eyes; *ca să vezi!* F just fancy! *ia vezi* **a.** *(vino și vezi)* F look here! (come and) see! only look! **b.** *(bagă de seamă)* F mind! look alive! have a care! **c.** *(ține cont de ceea ce spun eu)←*F mark my word.

vedenie *s.f.* apparition, ghost; *(viziune)* vision.

vedere *s.f.* **1.** seeing etc. v. v e d e a. **2.** *(simțul văzului)* (eye)sight. **3.** *(vizită)←*P visit. **4.** *(priveliște)* sight, view; *(tablou)* picture. **5.** *(părere)* view, opinion; *(concepție)* conception; *(idee)* idea. ⓑ *avînd în ~ ...* in view of..., in consideration of..., on the strength of..., out of regard for...; *avînd în ~ că...* taking into account/ consideration that...; *cameră cu ~ spre grădină* room that looks out on the garden; *casă cu ~ spre stradă* house that looks into the street, house that faces/overlooks the street; *în ~a... (cu gen.)* with a view to..., with the view of...; *(pentru)* for..., in order to...; *la prima ~* at first sight, F→at the first blush; *punct de ~* point of view; standpoint, viewpoint, angle. ⓒ *a fura/lua vederile* to dazzle; *a pierde ~a* to lose one's sight; *a trece cu ~a* **a.** to overlook; not to notice; *(cu intenție)* to take no notice of. **b.** *(greșeli)* to connive at *(smb.'s faults)*, to turn a/the blind eye on *(smb.'s faults)*; to excuse/ overlook *(smb.'s mistakes)*; *îl cunosc din ~* I know him by sight; *a pierde din ~* **a.** to lose out of sight; to lose sight of. **b.** *(a omite)* to overlook; *nu-l pierde din ~!* keep track of him! *a pieri din ~* to be lost to sight, to vanish, to disappear; *a avea în ~* to take into account/consideration...; to make allowance for...; *a avea ceva în ~* to have smth. in view; *a pune în ~* to warn; *a cînta la prima ~ muz.* to play at sight.

vedetă *s.f.* **1.** *fig.* star, leading man *sau* lady. **2.** *nav.* vedette boat,

scout, gun/motor boat. **3.** *mil.* vedette, mounted guard. ⓐ *~ de cinema* film star; *~ rapidă* motor gun boat.

vedetism *s.n.* peior. aprox. self--importance.

vegeta *vb. intr.* **1.** to vegetate. **2.** *fig.* to vegetate, to lead a bare existence; merely to exist.

vegetal *adj.* vegetable, vegetal, plant. ⓑ *organism ~* vegetable organism; *regnul ~* the vegetable kingdom; *ulei ~* vegetable oil.

vegetale *s.f. pl.* plants.

vegetalin *s.n.* vegetable butter.

vegetarian *adj., s.m.* vegetarian. ⓑ *regim ~* vegetarian diet.

vegetar(ian)ism *s.n.* vegetarianism.

vegetativ *adj.* vegetative. ⓑ *înmulțire ~ă* vegetative propagation; *sistem neuro-~* vegetative nervous system; *viață ~ă* vegetable life.

vegetație *s.f. bot., med.* vegetation. ⓑ *vegetații în nas* adenoïd growths, F adenoids. ⓑ *lipsit de ~* bleak, barren.

veghe *s.f.* **1.** *(stare de ~)* wakeful state, wakefulness. **2.** *(strajă)* watch. **3.** *(diviziune a nopții)* night watch. **4.** *rel.* vigil(s). ⓑ *de ~* wide awake, on the alert, on one's guard. ⓒ *a sta de ~* to be on the watch.

veghea I. *vb. intr.* **1.** *(a fi treaz)* to be awake; *(a nu se culca încă)* to be astir; to be still up; *(pînă tîrziu)* to sit up till small hours. **2.** *(a sta de strajă)* to watch; *(a fi cu ochii în patru)* to be on the look--out. **3.** *rel.* to keep vigil. ⓐ *a ~ asupra... (cu gen.)* to watch (over)..., to keep an eye on... II. *vb. tr.* to watch.

vehement I. *adj.* vehement, violent, passionate, bitter; impetuous. **II.** *adv.* vehemently, passionately, bitterly; etc. v. ~ I.

vehemență *s.f.* vehemence, violence, passion, bitterness, acrimony; impetuosity.

vehicul *s.n.* **1.** vehicle, conveyance. **2.** *fig.* vehicle, medium. ⓐ *~(e) cosmic(e)/ spațial(e)* spacecraft.

vehicula *vb. tr.* to spread, to circulate.

velar *adj. fon.* velar.

velă *s.f. nav.* sail. ⓐ ∼ *mare* mainsail; ∼ *triunghiulară* lateen sail.

veleat *s.n.*←P **1.** year **2.** end of one's life/days.

veleitate *s.f.* slight desire, feeble intention, stray impulse; *(ambiţie)* ambition, velleity.

velin *adj.* ⓑ *hîrtie* ∼*ă* vellum (paper).

velinţă *s.f.* **1.** v. c e r g ă. **2.** *(covor)* carpet.

velociped *s.n.* (ordinary) cycle, F→ machine.

velocitate *s.f.* velocity.

velodrom *s.n.* cycling track/course, cycle-racing track. ⓐ ∼ *de iarnă* winter velodrome.

velur *s.n. text.* velvet.

venal *adj.* venal, mercenary, corruptible; corrupt.

venalitate *s.f.* venality, corruption.

venă *s.f.* **1.** (good) luck. **2.** *anat.* v. v î n ă 1.

vendetă *s.f.* vendetta, murderous revenge.

venera *vb. tr.* venerate, to revere, to worship.

venerabil *adj.* venerable.

venerabilitate *s.f.* venerability.

venerare *s.f.* veneration.

venerat *adj.* venerated.

veneraţie *s.f.* veneration, reverence.

veneric *adj.* venereal. ⓑ *boli* ∼*e* venereal diseases, V.D.

venetic I. *adj.* foreign, alien. **II.** *s.m.* foreigner; *(nou venit)* new comer; *(intrus)* intruder.

veneţian *adj., s.m.* Venetian.

veni *vb. intr.* **1.** *(a sosi)* to come, to arrive; *(a face o vizită)* to pay a visit; *(a fi adus)* to be brought; *(a bate)* to blow; *(a se ivi)* to appear. **2.** *(a urma)* to come, to follow. ⓐ *a-i* ∼ ... **a.** *(a se potrivi)* to suit, to fit... **b.** *(ca parte)* to fall to *one's* share; *a-i* ∼ *să*... to feel inclined to..., to feel like... *(cu forme în -ing)*; *(a avea chef să)* to have a mind to...; *(a fi pe punctul de a)* to be about to...; *a* ∼ *de la*... to come from... ⓒ *asta vine de la fumat* that comes/ results from smoking; *fiecăruia îi*

vine atît each man's share amounts to so much; *ce i-a* ∼*t să facă asta?* F what possessed him to do it? *vine cineva* somebody is coming; *cuvîntul vine din greacă* the word is derived from Greek; *vine o furtună* there is a storm brewing/threatening; *haina îi vine bine* the coat fits/sits him well/suits him to a T; *haina nu-i vine bine* the coat is a bad fit, the coat is a misfit; *cum de ţi-a* ∼*t această idee?* how did you light/hit upon this idea? *nu-i venea să-şi creadă ochilor* he would/could not believe his eyes; *nu-mi vine (deloc) să cînt* I am in no mind to sing; *nu-i vine să lucreze* the work comes hard/difficult to him; *a* ∼ *în contact cu* to come in(to) contact with, to get in(to) touch; *a-i* ∼ *în minte/cap/gînd/cuget* to cross/flash through one's mind, to occur to one, to be borne in upon one; *nu-mi vine în minte* it has slipped (from) my memory; *să* ∼*m la subiect* let us go straight to the point; *a* ∼ *la timp* to come in time; *a* ∼ *la ţanc* F to come in the (very) nick of time; *a* ∼ *pe lume* to be born, F→to be ushered into this world; *a* ∼ *acasă* to come home; *a* ∼ *aproape* to draw near, to approach; *bine ai* ∼*t! (be)* welcome! (I am) happy to see you! *nu i-a* ∼*t bine, cînd...* he didn't feel at ease when...; *va* ∼ *curînd* he will soon be here, F→he won't be long; *a* ∼ *fuga*←F to come running; *a* ∼ *înapoi* to come back, to return; *vino încoace* come here; *a* ∼ *jos* to come down, to descend; *vine mîine* he comes/is coming/will come to-morrow; *a* ∼ *sus* to come up; *a* ∼ *tîrziu* to be late, to be behind one's time; *vino de mă ajută* come and help me; *vino să ne vezi* come round to our place; *iată-l* ∼*nd/că vine* (t)here he comes; *săptămîna ce vine* next week; *(lasă-l) să vină! (şi ameninţător)* let him come!

venin *s.n.* **1.** poison; *(de animale)* poison, venom. **2.** *(fiere)* ←P gall, bile. **3.** *fig.* venom, bitterness; *(furie)* rage, fury; *(răutate)*venom,

malice. ⓐ ~ *de şarpe* snake poison.
ⓒ *a-şi vărsa ~ul asupra cuiva* to
vent one's anger/spleen upon smb.

veninariţă *s.f. bot.* hedge/water hyssop *(Gratiola officinalis)*.

veninos *adj.* 1. poisonous, venomous.
2. *fig.* full of venom/malice; *(periculos)* pernicious.

venire *s.f.* 1. coming, arrival. 2.
(întoarcere) return. ⓑ *la~a noastră*
on our arrival, when we arrived.

venit I. *adj.* ⓑ *nou* ~ *s.m.* newcomer. II. *s.n.* 1. v. v e n i r e. 2.
(cîştig sau încasări) income, emoluments, proceeds; revenue; *(rentă)* rent. ⓐ ~ *anual* annual revenue; ~ *global* gross profit/receipts;
~ *naţional* national revenue/income; ~ *net* net profit; ~*uri mai
mici decît minimul de trai* lower
than subsistence incomes. ⓑ *bun
~!* (be) welcome! I am happy to
see you! *impozit pe* ~ income tax.
ⓒ *a da/produce un bun* ~ to yield
good returns.

venos *adj.* venous.

ventil *s.n.* valve.

ventila I. *vb. tr.* 1. to ventilate, to
fan. 2. *fig. (o idee)* to air, to spread,
to float; *(un zvon)* to bruit/noise
abroad. II. *vb. refl.* to be bruited/
noised about.

ventilare *s.f.* 1. ventilation, airing.
2. *fig.* spreading.

ventilator *s.n.* fan, ventilator. ⓐ ~
electric electric fan.

ventilaţie *s.f.* ventilation.

ventral *adj. anat. etc.* ventral.

ventricea *s.f. bot.* speedwell *(Veronica)*.

ventricul *s.n. anat.* ventricle.

ventricular *adj. anat.* ventricular.

ventrilică *s.f. bot.* (common) speedwell *(Veronica officinalis)*.

ventriloc *s.m.* ventriloquist.

ventuză *s.f.* 1. *med.* cup(ping glass).
2. *zool.* sucker. ⓒ *a pune ventuze
cuiva* to cup/bleed smb.

Venus *s.f. mit. astr.* Venus. ⓐ ~ *de
Milo* Venus of Melos.

veracitate *s.f.* truthfulness, veracity.

verandă *s.f. arhit.* verandah.

verb *s.n. gram.* verb. ⓐ ~ *activ*
active verb; ~ *auxiliar* auxiliary

verb; ~ *defectiv* defective verb; ~
impersonal impersonal verb; ~ *intranzitiv* intransitive verb; ~ *neregulat* irregular/strong verb; ~ *regulat* regular/weak verb; ~ *tranzitiv* transitive verb.

verbal I. *adj.* 1. *(oral)* verbal, oral.
2. *gram.* verbal. ⓑ *adjectiv* ~
verbal adjective. II. *adv.* by word
of mouth; *(personal)* personally.

verbină *s.f. bot.* vervain *(Verbena
officinalis)*.

verbozitate *s.f.* verbosity, wordiness,
prolixity.

verde I. *adj.* 1. green; *(necopt)*
green, unripe. 2. *fig.* green, new,
inexperienced. 3. *fig. (viguros)*
vigorous, robust, hearty; *(zdravăn)*
stout. 4. *(proaspăt)* fresh. ⓑ *iarbă*
~ green grass; *masă* ~ a. *(oficială)* green table/board/cloth, official board. b. *(de joc)* gam(bl)ing/
card table; *tînăr* ~ greenhorn, raw
youth. ⓒ *a dormi pe iarba* ~ to
sleep in the open (air), F to camp
out; *a vedea stele verzi* F to see
stars (before one's eyes); *a se face*
~ to grow green; *a spune/îndruga
verzi şi uscate* F to jaw, to gabble,
sl. to shoot the breeze; *(a vorbi
prostii)* to talk rot. II. *adv.* plainly,
openly; *(obraznic)* boldly. III. *s.n.*
1. *(culoare)* green colour; *(al naturii)* green, verdure. 2. *(la cărţi)*
spades. ⓐ ~ *chinezesc* China green.
ⓑ *regele de* ~ the king of spades.
ⓒ *a bate în* ~ to have a greenish
tint, to be inclining to green.

verdeaţă *s.f.* 1. *(culoare)* green
(colour). 2. *(plante verzi)* verdure.
3. *pl. (legume)* greengrocery, greens,
greenstuff, green meat.

verdict *s.n.* verdict (of the jury).
ⓒ *a da /pronunţa un* ~ to return/
give/deliver a verdict.

veresie *s.f. (credit)* F tick. ⓒ *a da
pe* ~ F to give on tick.

vergă *s.f. nav.* yard.

vergea *s.f.* 1. *(vargă)* rod. 2. *nav.*
yard. ⓐ ~ *de fier* iron rod; ~ *de
puşcă* ramrod, gunrod; ~ *de turnare* iron bar.

veridic I. *adj.* truthful, veridical,
veracious. II. *adv.* truthfully, veraciously.

veridicitate *s.f.* veracity, truthfulness, lifelikeness.

verifica *vb. tr.* to verify; *(a controla)* to control, to check up; *(a examina)* to examine; *(a selecţiona)* to screen.

verificabil *adj.* verifiable.

verificare *s.f.* verification v. v e r i f i c a.

verificator I. *adj.* verifying etc. v. v e r i f i c a. **II.** *s.m.* controller, inspector.

verigar *s.m. bot.* buckthorn *(Rhamnus cathartica).*

verigaş *s.m.* pander, pimp, procurer.

verigaşă *s.f.* procuress.

verigă *s.f.* link (of a chain); chain loop; *(inel)* ring; *(de cununie)* wedding ring.

verigel *s.m. bot.* broom rape *(Orobanche).*

verighetă *s.f.* wedding ring.

verism *s.n.* verism.

verist I. *adj.* verist(ic). **II.** *s.m.* verist.

verişoară *s.f.* **1.** (girl) cousin. **2.** *interjecţional* my dear.

verişor *s.m.* cousin, coz.

veritabil *adj.* genuine; *(adevărat)* true; *(nefalsificat)* unadulterated, pure; *(real)* real; *(autentic)* authentic; *(care nu se dezminte)* staunch. ⓑ *aur* ~ sterling/pure/fine gold; *diamant* ~ real/pure diamond; *document* ~ authentic deed; *păr* ~ natural hair; *un scoţian* ~ a regular/*elev.*→true-born Scotchman.

vermicid *s.n.* vermicide.

vermicular *adj.* vermicular, worm-shaped.

vermiform *adj.* vermiform, vermicular.

vermifug *adj., s.n.* vermifuge.

vermilion *s.n.* **1.** *chim.* vermilion. **2.** *pict.* cinnabar.

vermină *s.f. entom., fig.* vermin.

vermut *s.n.* vermouth; *(italian şi)* it.

vernal *adj.* vernal.

vernier *s.n. geom., fiz.* vernier (scale).

vernis *s.n.* varnish.

vernisa *vb. tr.* to varnish.

vernisaj *s.n. pict.* **1.** varnishing. **2.** varnishing day.

veros *adj. (d. afaceri)* bubble *(scheme)*; F→fishy (business); *(d. persoane)* of dubious character, F→ fishy.

verosimil *adj.* verisimilar; credible; *(probabil)* likely.

vers *s.n.* **1.** verse *(şi ca pl.)*, line. **2.** *bibl.* verse. **3.** *(poezii)* poetry. ⓐ ~ *alb/liber* blank verse. ⓒ *a face/compune/scrie* ~*uri* to make/ write poetry, to versify.

versant *s.n.* slope, side.

versat *adj. (în)* well acquainted (with), skilled (in), experienced (in); *(în arte sau ştiinţe)* versed (in), conversant (with).

versatil *adj.* inconstant, fickle, vacillating, wavering, irresolute.

versatilitate *s.f.* inconstancy, fickleness, vacillation.

verset *s.n.* verse.

versifica I. *vb. tr.* to versify, to put into verse. **II.** *vb. intr.* to versify, to write/make poetry.

versificare *s.f.* versification.

versificator *s.m.* versifier. ⓐ ~ *prost* rhym(est)er.

versificaţie *s.f.* **1.** versification, metrical structure. **2.** versification, poetic art.

versiune *s.f.* version; *(traducere)* translation.

verso *s.n.* yerso, back, reverse. ⓑ *pe* ~ overleaf, on the back.

versta *s.f.* verst.

vertebral *adj. anat.* vertebral. ⓑ *coloană* ~*ă* vertebral column, spine, rachis.

vertebrat *adj., s.n.* vertebrate.

vertebră *s.f. anat.* vertebra. ⓐ ~ *cervicală* cervical vertebra; ~ *dorsală* dorsal vertebra.

vertical I. *adj.* vertical, upright, perpendicular, plumb. **II.** *adv.* vertically, by the plumb line, perpendicularly; *(la cuvinte încrucişate)* down.

verticală *s.f.* vertical.

verticalitate *s.f.* verticality, perpendicularity.

verticil *s.n. bot.* verticil, whirl.

vertiginos I. *adj.* dizzy, giddying. ⓑ *creştere vertiginoasă a industriei* rapid growth of industry. **II.** *adv.* dizzily; rapidly.

vervă *s.f.* zest, verve, gusto, F→go. ⓒ *a fi în* ~ to be in capitalform.
vervenă *s.f.* *bot.* v. **verbină**.
verzală *s.f.* *poligr.* capital letter.
verziş *s.n.* *(frunziş)* foliage.
verzui *adj.* greenish.
vesel I. *adj.* cheerful, joyful, glad, merry; *mai ales poetic*→blithe (-some); *(fericit)* happy. ⓓ *om* ~ F→gay bird. **II.** *adv.* cheerfully etc. v. ~ I.
veselă *s.f.* plates and dishes.
veseli I. *vb. tr.* *(a ridica moralul)* to cheer; *(a bucura)* to gladden, to give pleasure to, to delight. **II.** *vb. refl.* *(de)* to rejoice (at/in); to make merry.
veselie *s.f.* **1.** cheerfulness, joy(fulness), mirth, gladness; blithesomeness, blitheness. **2.** rejoicing, merriment, F→jolly time. **3.** *(petrecere)* feast.
vespasiană *s.f.* street urinal, chalet, public convenience.
vest *s.n.* west. ⓓ *de* ~ **a.** west(ern). **b.** *(dinspre vest)* westerly; *înspre* ~ westward(s); *la* ~ *de* ... west(ward) of...; *vînt de* ~ west(erly) wind.
vestală *s.f.* **1.** *ist.* vestal (virgin), priestess of Vesta. **2.** *fig.* vestal.
vestă *s.f.* waistcoat; *(↓ în limbajul croitorilor)* vest.
veste *s.f.* *(ştire)* news; *(privind ↓ persoane)* tidings; *(informaţie)* (piece of) information, intelligence; *(zvon)* rumour, report. ⓐ ~ *bună* good (piece of) news; ~ *proastă/rea* bad (piece of) news. ⓓ *ce mai* ~ *poveste?* F what's the (best) news? *fără* ~ unawares, suddenly, unexpectedly. ⓒ *a da cuiva de* ~ to inform smb.; *a prinde de* ~ to hear, to learn, to be informed; *a-i merge* ~*a de om*... to be considered/held/thought to be a... man; *se răspîndi* ~*a că*... a rumour/report was afloat/spreading that.
vestern *s.n.* Western.
vesti I. *vb. tr.* **1.** *(pe cineva) (despre)* to inform/advise (of); *(că)* to let smb. know (that). **2.** *(ceva)* to announce. **II.** *vb. refl. pas.* to be announced, to be ushered in.
vestiar *s.n.* *(la teatru)* cloakroom; *(la un internat)* wardrobe room;

(într-o sală de sport etc.) changing/locker room.
vestibul *s.n.* **1.** vestibule, (entrance) hall; *parl.*, *teatru* lobby. **2.** *anat.* vestibule.
vestibular *adj.* vestibular.
vestic *adj.* western.
vestigiu *s.n.* vestige, trace.
vestimentar *adj.* vestimentary *elev.*→ sartorial.
vestire *s.f.* information, announcing. ⓓ *Buna* ~ Feast of the Annunciation.
vestit *adj.* **1.** *(pentru/prin)* renowned (for), celebrated (for), illustrious (for), famous (for). **2.** *(notoriu)* notorious. **3.** *(rău famat)* in ill/bad repute, ill-famed.
vestitor *s.m.* announcer, harbinger, herald, bearer of news; *(de rele)* harbinger of evil; *(mesager)* messenger; *(care anunţă public)* proclaimer, herald.
veston *s.n.* (man's) jacket.
veşcă *s.f.* *tehn.* sieve frame/hoop.
veşmînt *s.n.* **1.** *şi fig.* garment, garb, dress, attire. **2.** *rel.* vestment, raiment, *pl.* *(clerical)* robes, canonicals.
veşnic I. *adj.* *(care există de totdeauna)* eternal; *(fără sfîrşit)* everlasting, endless; *(neîntrerupt)* continuous, continual, unceasing, perpetual; *(nemuritor)* immortal. **II.** *adv.* for ever(more), to the end of time.
veşnicie *s.f.* eternity; everlastingness; perpetuity. ⓒ *nu te-am văzut de o* ~ F I haven't seen you for ages/ an age/ever so long.
veşted *adj.* *şi fig.* withered, faded.
veşteji I. *vb. tr.* **1.** *şi fig.* to fade, to parch, to dry up. **2.** *fig.* *(a înfiera)* to stigmatize. **II.** *vb. refl.* *şi fig.* to wither, to fade (away), to dry (up); *(d. flori, şi)* to droop.
veteran *s.m.* *mil.* veteran, old campaigner.
veterinar I. *adj.* veterinary. ⓓ *doctor/medic* ~ veterinary surgeon; *Facultatea de Medicină Veterinară* veterinary academy; *medicină* ~*ă* veterinary surgery/science. **II.** *s.m.* veterinary surgeon; *mil. şi* farrier.

veto *s.n.* veto. ⓘ *drept de* ~ right of veto. ⓒ *a declara* ~ to use the veto, to oppose a veto; *a declara* ~ *cu privire la...* to veto...

vetrice *s.f. bot.* common tansy (*Tanacetum vulgare*).

vetust *adj.* obsolete, old-fashioned, antiquated.

veveriță *s.f. zool.* squirrel (*Sciurus vulgaris*).

vexa *vb. tr.* to vex; to offend.

vexatoriu *adj.* insulting, offending.

vexațiune *s.f.* insult; offence.

vezical *adj. anat., med.* vesical.

vezicant *adj.* vesicant, vesicatory. ⓘ *gaz* ~ vesicant (war) gas.

vezică *s.f. anat.* vesicle. ⓐ ~ *biliară* gall bladder; ~ *urinară* urinary bladder.

vezicătoare *s.f. farm.* blister, vesicatory.

veziculă *s.f.* vesicle, bladder. ⓐ ~ *aeriană iht.* air bladder, (fish) sound, swimming bladder.

vi *pron.* (to) you.

via *prep.* via, by way of.

viabil *adj.* viable, fit to live, capable of living.

viabilitate *s.f.* viability.

viaduct *s.n.* viaduct.

viager *adj.* lifelong... ⓘ *pensie* ~*ă* life annuity.

viață *s.f.* life, existence; (*vitalitate*) vitality, vigour, vital power; (*vioiciune*) liveliness, cheerfulness, alacrity, animation, bustle; (*realitate*) reality; (*mod de viață*) manner/mode/way of life; (*biografie*) life, biography. ⓐ ~ *de plăceri* cakes and ale; ~ *de școală* school life; ~ *la țară* country life; ~ *lungă* long life, longevity. ⓘ *amurgul vieții* the evening/close/decline of life; *asigurare pe* ~ life insurance/assurance; *cu pericolul/riscul vieții* at the peril/risk of one's life; *dragoste de* ~ love of life, attachment to life; *durata vieții* span/duration/term of life; *în* ~ alive; *în viața de fiecare zi* in everyday life, ordinarily; *în* ~ *fiind* during his lifetime; *luptă pe* ~ *și pe moarte* life-and-death struggle, mortal combat; *mod de* ~ way/

mode/manner of life, way of living; *odată în* ~ once in a lifetime; *pe viața mea!* F as I live! upon my life! *pe* ~ for life, to the end of (one's) life; *primăvara vieții* the spring of life; *principiile vieții* vital principles; *putere de* ~ vital power(s); (ardent) energy; *tovarăș de* ~ partner for life. ⓒ *n-are* ~ *într-însul* there is no life/spring/ F→go in him; *a avea nouă vieți* to have nine lives like a cat, to be tenacious of life, to be hard to kill, to die hard; *a-și câștiga viața* to earn/get one's living/livelihood; *a cruța viața cuiva* to spare smb.'s life; *mil.* to give quarter to smb.; *a-și da viața pentru...* to give (up) one's life for...; to lay down/ sacrifice one's life for...; *a da* ~ (*cu dat.*) **a.** to give life/birth to... **b.** *fig.* to call... into existence, to give/render life to...; to breathe/ infuse (a) new life into...; *duceau o* ~ *simplă* they led simple lives, they led a simple life; *a duce o* ~ *de....* to lead a life of...; *a duce o* ~ *fericită* to lead a happy/ heavenly life; *a duce o* ~ *grea* to lead a precarious existence; *a duce o* ~ *retrasă* to lead a retired/secluded life, to live in a backwater; *a-i face cuiva viața amară* to lead smb. a hard life of it, to lead smb. a dog's life, to make life a burden for smb., to make smb.'s life a hell; *a gusta viața din plin* to lead a gay/jolly/merry life, to live (well); *a lua/răpi viața cuiva* to take smb.'s life, to kill smb.; *a-și lua viața* to take one's life, to kill oneself; to commit suicide, to lay violent hands on oneself; *a-și pierde viața* to lose one's life, to perish; *a muri cu* ~ to die full of life; *a nu da nici un semn de* ~ **a.** (*a nu scrie*) to remain silent, not to write. **b.** (*a nu se mișca*) not to stir; *e plin de* ~ he is all alive; *a se sătura de* ~ to get tired of life; *nici unul nu rămase în* ~ nobody survived/escaped; *a atenta la viața cuiva* to compass smb.'s death, to attempt smb.'s life; to make an attempt on smb.'s life;

a reduce la ~ to bring back to
life; *viaţa lui atîrna de un fir de
păr* his life hung upon a thread;
era în joc viaţa lor their lives were
at stake.
vibra *vb. intr.* to vibrate. ⓒ *a face
să vibreze* **a.** to make *smth.* vibrate.
b. *(a emoţiona)* to thrill.
vibrant *adj.* **1.** vibrating, resonant,
vibrant. **2.** *fig.* rousing, stirring.
ⓑ *voce* ~*ă* quivering/vibrating/
tremulous voice.
vibrare *s.f.* vibration.
vibratil *adj.* vibratile.
vibrator **I.** *adj.* vibrating. **II.** *s.n.*
fiz. vibrator.
vibraţie *s.f.* vibration.
vibrion *s.m. med., biol.* vibrio.
vicar *s.m. bis.* locum tenens, substi-
tute of a prelate.
vicariat *s.n.* office of locum tenens.
viceamiral *s.m.* vice-admiral.
vicecancelar *s.m.* vice-chancellor.
viceconsul *s.m.* vice-consul.
vicepreşedinte, **viceprezident** *s.m.*
vice-president/-chairman; deputy
chairman.
viceregal *adj.* viceroyal, viceregal.
vicerege *s.m.* viceroy.
viceversa *adv.* vice versa.
vicia **I.** *vb. tr.* to vitiate; *(aerul)*
to taint, to pollute. **II.** *vb. refl.*
to become tainted.
viciat *adj.* vitiated, corrupt; *(d.
aer)* bad, stale, foul, polluted,
tainted.
vicinal *adj.* ⓑ *drum* ~ by-road/
local/country road; field way.
vicios *adj.* vicious. ⓑ *cerc* ~ vicious
circle.
vicisitudine *s.f.* vicissitude. ⓐ *vici-
situdinile vieţii* the vicissitudes of
life, the ups and downs of life.
viciu *s.n.* vice. ⓐ ~ *de formă*
informality, (technical) error, flaw.
viclean **I.** *adj.* sly, cunning, crafty,
astute, malicious, < F→(as) artful
as a cartload of monkeys. ⓑ *cel*
~ the Evil One. **II.** *adv.* slyly.
vicleim *s.n. popular drama, repre-
senting Jesus Christ's birth.*
viclenie *s.f.* cunning, slyness; *(înşe-
lăciune)* fraud, cheating, decep-
tion; *(falsitate)* falseness; *(perfi-
die)* perfidiousness, F→depth.

vicleşug *s.n.* v. v i c l e n i e.
viconte *s.m.* viscount.
vicontesă *s.f.* viscountess.
victimă *s.f.* victim ⓐ *victima tuturor*
anybody's meat; ~ *sigură/uşoară*
a sitting target/bird. ⓒ *a cădea*
~ *(cu dat.)* to fall a victim (to).
victorie *s.f. mil.* victory; *(triumf)*
triumph; *(succes)* success. ⓐ ~
grea narrow victory; ~ *uşoară*
easy victory/conquest; *parl., sport*
walk-over. ⓒ *a obţine o* ~ *asupra…
(cu gen.)* to win/gain/obtain/have
a/the victory over…
victorios **I.** *adj.* victorious, trium-
phant. **II.** *adv.* victoriously, trium-
phantly.
vid *s.n.* **1.** *fiz.* vacuum. **2.** *fig.* void.
ⓐ ~ *barometric* barometrical va-
cuum.
vidanja *vb. tr. tehn.* to empty.
vidanjor *s.m.* nightman.
vidră *s.f. zool.* otter *(Lutra vulgaris)*.
vie *s.f.* vineyard. ⓑ *culesul* ~*i* vin-
tage; *cultura* ~*i* vine culture, vine
growing, viticulture, cultivation of
the vine.
vienez **I.** *adj.* of Vienna, Viennese.
II. *s.m.* Viennese, inhabitant of
Vienna.
vier[1] *s.m.* vine grower; *(podgorean)*
vintager.
vier[2] *s.m. zool.* boar; *(mistreţ)*
wild boar.
vierit *s.n.* vine culture/growing.
viermănos *adj.* worm-eaten, vermi-
culate.
vierme *s.m.* **1.** *entom.* worm; *(larvă)*
maggot, grub. **2.** *fig.* worm; poor
little wretch. ⓐ ~ *de mătase
entom.* silkworm.
viermişor *s.m.* little/tiny worm,
wormling, vermicule.
viermui *vb. intr.* to swarm.
viermuială *s.f.* swarming.
viermuşor *s.m.* v. v i e r m i ş o r.
viespar[1] *s.m. ornit.* bee eater, mud-
wall *(Merops apiaster)*.
viespar[2] *s.n.* **1.** *(cuib de viespi)*
wasps' nest. **2.** *fig.* swarm, hornets'
nest.
viespariţă *s.f.* wasps' nest.
viespe *s.f.* **1.** *entom.* wasp *(Vespa)*.
2. *fig.* F shrew, scold, vixen, terma-
gant. ⓑ *înţepătură de* ~ sting of

a wasp; wasp's sting; *talie/mijloc de* ~ wasp/spider's waist.

vietate *s.f.* creature, living/animate being.

vieţui *vb. intr. (a trăi)* to live.

vieţuire *s.f.* living; *(viaţă)* life.

vieţuitoare *s.f. v.* v i e t a t e.

vieţuitor *adj.* living, animate.

viezure *s.m. zool.* (common) badger *(Meles taxus* sau *vulgaris)*.

vifor *s.n. (furtună mare)* hurricane; *(de zăpadă)* snowstorm.

viforatic *adj.* stormy, tempestuous.

vifori *vb. intr.* **1.** to be stormy. **2.** v. v i s c o l i.

viforniţă *s.f. v.* v i f o r.

viforos *adj. şi fig.* stormy, tempestuous.

vigilent *adj.* vigilant, watchful, alert, open-eyed.

vigilenţă *s.f.* vigilance, watchfulness. ⓒ *a-şi spori vigilenţa* to increase/heighten/redouble one's vigilance; *a da dovadă de* ~ to exercise/display vigilance.

vignetă *s.f.* vignette.

vigoare *s.f.* vigour, strength. ⓑ *în* ~ in force. ⓒ *a intra în* ~ to come into force/effect/operation.

vigonie *s.f. text.* vicuna yarn.

viguros I. *adj.* vigorous; *(bine clădit)* robust, sturdy; well set-up; *(zdravăn)* stout, corpulent, big. **II.** *adv.* vigorously.

viitor I. *adj.* future; *(care urmează)* next; *(care va veni)* to come, coming. ⓐ ~*ul ei soţ* her husband (that is) to be; her intended husband. ⓑ *anul* ~ the coming year, next year; *data viitoare* next time; *generaţiile viitoare* the future/coming generations, the generations to come; *săptămîna viitoare* next week. **II.** *s.n. şi gram.* future; *(timpuri viitoare)* future times, coming ages, the time to come, futurity. ⓐ ~*ul anterior/al doilea gram.* the future perfect. ⓑ *un băiat de* ~ a most promising boy; *în* ~ **a.** *(de acum înainte)* henceforth. **b.** *(în timpurile ce vor veni)* in (the) future, in times to come, hereafter; *un om al* ~*ului* rising star, coming man; *pe* ~ for the future; *planuri/pro-*

iecte de ~ plans/schemes for the future; *verb la* ~ verb in the future.

viitorime *s.f.* **1.** *(timpuri viitoare)* after-ages/-times, futurity. **2.** *(posteritate)* posterity, future generations.

viitură *s.f.* high flood; *(revărsare)* freshet.

vijelie *s.f.* hurricane; *(furtună)* storm.

vijelios *adj.* stormy, tempestuous.

vilă *s.f.* villa, country house/residence/cottage.

vilbrochen *s.n. tehn.* crankshaft.

vileag *s.n.* publicity. ⓑ *în* ~ publicly. ⓒ *a da în* ~ to make known; *(a divulga)* to reveal, to let out.

vilegiatură *s.f.* stay/sojourn in the country, *elev.*→villegiatura, villegiature. ⓒ *a fi în* ~ to be staying in the country, to be on holidays.

vilegiaturist *s.m.* summer resident (in the country); holiday maker.

vilozitate *s.f. anat.* villosity.

vin *s.n.* wine. ⓐ ~ *acru* tart/sourish wine; ~ *alb* white wine; ~ *de masă* (ordinary) table/dinner wine; ~ *dulce* sweet wine; ~ *fiert* mulled wine; ~ *gol* neat / unadulterated/undiluted wine; ~ *nou* new wine; ~ *roşu* red wine; *(francez)* claret; *(portughez)* port; *(spaniol)* sherry; *(de Rin)* hock; ~ *sec* dry wine; ~ *spumos* sparkling wine; ~ *tare* strong wine; ~ *vechi* old wine. ⓑ *aroma* ~*ului* perfume/aroma of wine; *beat de* ~ drunk with wine; *buchet al* ~*ului* bouquet/flavour of wine; *cunoscător de* ~*uri* connoisseur of wine; *fermentaţia* ~*ului* wine fermentation; *gust de* ~ winy taste; *oţet din* ~ vinegar made from wine; *pahar cu* ~ glass of wine; *pahar de* ~ *(pt. vin)* wine glass; *pată de* ~ wine stain, stain from wine; *sos de* ~ wine sauce.

vinariţă *s.f. bot.* sweet(-scented) woodruff *(Asperula odorata)*.

vinaţuri *s.n. pl.* wines.

vină *s.f.* **1.** fault, guilt. **2.** *jur.* offence, misdemeanour. **3.** *(cauză)* cause, reason. ⓑ *fără vina mea* through no fault of mine. ⓒ *n-am* *nici o* ∼, *nu e vina mea* it is not my fault, the fault does not lie/rest with me; *a da/arunca vina pe cineva* to lay the blame for smth. on smb., to lay the blame for smth. at smb.'s door; *e vina lui, el e de* ∼ he is the cause of it, he is at the bottom of it, it's his doing/fault; he is to blame for it; *e propria lui* ∼ it's his own fault; *cine e de* ∼? *a cui e vina?* whose fault is it? who is to blame for it?

vinci *s.n. nav., tehn.* winch; hoist.

vinclu *s.n.* v. c o l ț a r.

vinde **I.** *vb. tr.* **1.** *(și fig.)* to sell; *(mărfuri, și)* to dispose of; *com.* to clear (off), to vend. **2.** *(a trăda)* to betray. ⓒ *a* ∼ *pielea ursului din pădure* to sell the bear's skin before the bear is caught; *a* ∼ *cu amănuntul* to sell (by) retail; *a* ∼ *cu pierdere* to sell at a loss, to sell at a sacrifice; *a* ∼ *cu plată imediată* to sell for cash/ready money; *a* ∼ *cu profit* to sell at a profit; *a* ∼ *cu ridicata/toptanul* to sell (by) wholesale; *a* ∼ *la licitație* to sell by auction, to put up for sale; *a* ∼ *la un preț de nimic/derizoriu* to sell dirt-cheap/F→for a song; *a* ∼ *pe credit* to sell on credit. **II.** *vb. refl.* **1.** *(a face vînzare; a fi de vînzare)* to sell. **2.** *fig.* to sell oneself. ⓒ *a se* ∼ *greu/incet* to sell slowly; *cartea se* ∼ *bine* the book sells well, the book is a good seller; *a se* ∼ *ușor* to sell readily/F→like hot cakes. **III.** *vb. intr.* to sell. ⓒ *a* ∼ *mai ieftin ca altul* to undersell smb.

vindeca **I.** *vb. tr. (de)* to cure (of), to heal (of). **II.** *vb. refl. (de)* to be cured (of), to recover (from).

vindecabil *adj.* curable; that can be healed.

vindecare *s.f.* cure, healing.

vindecătoare *s.f. bot.* v. u s t u-r o i ț ă.

vindecător **I.** *adj.* healing. **II.** *s.m.* healer.

vindecea *s.f. bot.* wood/common betony *(Betonica officinalis).*

vindecuță *s.f. bot.* v. u s t u r o i ț ă.

vindereu *s.m. ornit.* kerstel *(Falco tinnunculus).*

vindicativ *adj.* vindictive.

vineri **I.** *s.f.* Friday. ⓐ *Vinerea mare* Good Friday. **II.** *adv.* on Friday.

vineriță *s.f. bot.* bugle *(Ajuga reptans).*

vinețea *s.f. bot.* corn flower, blue-bottle *(Centaurea cyanus).*

vinețeală *s.f.* **1.** v. v î n ă t a i e. **2.** washing blue, bluing.

vinețică *s.f. bot.* **1.** v. v i n e r i ț ă. **2.** russula *(Russula).*

vinețit *adj.* bluish.

vingalac *s.n. poligr.* composing stick.

vinicer *s.m.* P wine month; September.

vinicol *adj.* wine-making.

vinietă *s.f.* vignette.

vinifer *adj.* **1.** viniferous, wine-bearing, wine-producing. **2.** v. v i n i c o l.

vinificare *s.f.* wine making, vinification.

vinificator *s.m.* wine maker, viniculturist.

vinificație *s.f.* v. v i n i f i c a r e.

vinil *s.m.* vinyl.

vinilin *s.n.* polyvilyn.

viniplast *s.n.* vinyplast.

vinos *adj.* **1.** *(plin de vin)* winy, vinous. **2.** *(aducind a vin)* tasting/smelling like wine, of a winy flavour/taste.

vinovat **I.** *adj.* **1.** guilty, culpable. **2.** *(dator)* owing money, in debt. ⓒ *cu ce este el* ∼? what has he done wrong? what is his fault? how is he to blame? *a fi* ∼ *de ceva* to be guilty of smth.; *a fi* ∼ *față de cineva* to be guilty towards smb.; *eu sint* ∼ it is my fault, I am to blame. **II.** *s.m.* culprit; guilty person.

vinovăție *s.f.* guilt.

vintir *s.n.* pound net.

vintre *s.f. pl.*←P **1.** *anat.* groin, inguinal region. **2.** *med.* v. d i a-r e e.

vintrilică *s.f. bot.* speedwell *(Veronica).*

vioară *s.f.* **1.** *muz.* violin, F→fiddle. **2.** *bot.* violet *(Viola).* ⓒ *a cinta la* ∼ to play the violin; *a cinta* *ceva la* ~ to play smth. on the violin.

vioi I. *adj.* **1.** lively; alert; *(plin de viață)* animated, full of life, brisk; lithesome; *(vesel)* cheerful, sprightly; *(d. culori)* bright, gay, vivid; *(d. mișcări etc.)* quick, impulsive. **2.** *(ager)* quick of apprehension, F→quick in the uptake. II. *adv.* briskly, smartly.

vioiciune *s.f.* **1.** liveliness, vivacity, fire, briskness, animation; cheerfulness, sprightliness. **2.** quick apprehension.

viol *s.n.* rape, abuse, ravishment, violation, *jur. și* indecent assault, *amer.* assault.

viola *vb. tr.* **1.** *jur.* to break, to infringe. **2.** *(ceva sacru)* to violate, to profane. **3.** *(o fată)* to rape, to ravish, *jur.* to assault, to violate.

violacee *s.f. pl. bot.* violaceae.

violaceu *adj.* violaceous, purplish--blue.

violator *s.m.* **1.** *jur.* law breaker, trespasser, offender. **2.** violator. **3.** ravisher.

violă *s.f. muz.* viol(a).

violent I. *adj.* violent, vehement, impetuous; *(iritabil)* irritable, irascible; *(d. o dorință etc.)* intense, ardent, keen; *(năpraznic)* sudden. II. *adv.* violently etc. v. ~ I.

violenta *vb. tr.* to do violence to.

violență *s.f.* violence; *jur.* duress. ⓑ *prin* ~ by violence/force, forcibly.

violet *adj., s.n.* violet.

violetă *s.f. bot.* violet *(Viola)*; sweet violet *(Viola odorata)*.

violină *s.f. muz.* v. vioară 1.

violoncel *s.n. muz.* (violon)cello.

violoncelist *s.m. muz.* (violon)cello player, cellist.

violonist *s.m. muz.* violin player, violinist.

viorea *s.f. bot.* **1.** violet *(Viola)*, sweet violet *(Viola odorata)*. **2.** bluebell *(Scilla)*.

viorist *s.m. muz.* violin player, F fiddler.

vioriu *adj.* violet blue.

viperă *s.f.* **1.** *zool.* adder *(Viperina)*. **2.** *fig.* (rattle) snake, viper.

vipușcă *s.f.* (trouser) braid, piping braiding, edging.

vira I. *vb. tr.* **1.** *com.* to transfer. **2.** *fot.* to intensify. II. *vb. intr.* to turn; *(d. mașini)* to take a bend/corner, to corner.

viraj *s.n.* turn(ing), corner(ing), bend. ⓒ *a lua un* ~ to negotiate a turning.

virament *s.n. com.* transfer.

viran *adj.* waste, vacant. ⓑ *loc* ~ waste/vacant land.

virgin *adj.* virgin, maiden; *(nepătat)* immaculate, stainless, virgin. ⓑ *pădure* ~ă primeval/virgin forest; *pămînt* ~ virgin soil.

virginal *adj.* virginal, maiden(ly).

virgină *s.f.* virgin, maid(en).

virginitate *s.f.* virginity, maidenhead, maidenhood; *fig.* purity.

virgulă *s.f.* **1.** *gram.* comma. **2.** *(la fracții mat.)* decimal point/dot. ⓑ *bacilul* ~ *med.* comma bacillus; *punct și* ~ semi-colon.

viril *adj.* virile.

virilitate *s.f.* virility, manliness.

virnanț *s.m. bot.* rue *(Ruta graveolens)*.

viroagă *s.f.* ravine.

viroză *s.f. med.* virosis.

virtual I. *adj.* virtual. II. *adv.* virtually.

virtualitate *s.f.* virtuality; potentiality.

virtuos I. *adj.* virtuous, chaste; honest. II. *s.m.* virtuoso, eminent/far-famed artist, star, great master.

virtuozitate *s.f.* virtuosity, virtuosoship, professional/consummate skill, artistic perfection, masterly style.

virtute *s.f.* virtue. ⓑ *în* ~*a...* *(cu gen.)* by virtue of..., on the strength of...

virulent *adj.* virulent.

virulență *s.f.* virulence.

virus *s.n.* virus. ⓐ ~ *filtrant* filtrable virus.

vis *s.n.* dream; *(reverie)* reverie, day dream; *(urît)* nightmare; *(închipuire)* fancy; *(viziune)* vision; apparition in a dream; *(himeră)* chimera. ⓐ ~*e plăcute!* sweet dreams (to you)! ⓑ *țara* ~*elor* dreamland. ⓒ *am avut/visat un* ~

frumos I have had/dreamt a beautiful dream; *nici în* ~ *nu m-am gîndit la aşa ceva* I never dreamt/thought of such a thing, it never even entered my thoughts/head, it never occurred to me.

visa I. *vb. tr.* to dream (about); *fig.* to dream of. ⓒ *n-aş fi* ~*t niciodată aşa ceva* I should never have dreamt of such a thing. **II.** *vb. intr. (la)* to dream (of); *(treaz)* to be in a dreamy state.

visare *s.f.* **1.** dreaming; *(reverie)* day-dreaming. **2.** v. **v i s.** ⓑ *stare de* ~ dreamy state.

visător I. *adj.* dreamy, wistful, wishful; (fond of) brooding. **II.** *s.m.* **1.** dreamer. **2.** *fig.* visionary, dreamy person, wishful thinker.

visătorie *s.f.* dreaminess.

visceral *adj. anat.* visceral.

viscere *s.n. pl. anat.* viscera.

viscol *s.n.* snow storm, < blizzard.

viscoli *vb. intr.* ⓒ *viscoleşte* there is a snow-storm.

viscolit *adj.* storm-swept.

viscoză *s.f.* viscose.

viscozimetru *s.n. fiz.* viscosimeter.

viscozitate *s.f.* viscosity, viscidity, stickiness.

visigot I. *adj.* Visigothic. **II.** *s.m.* Visigoth.

vist *s.n.* whist.

vistierie *s.f.* *(tezaur)*←*înv.* treasury, exchequer.

vistiernic *s.m.*←*înv.* treasurer.

vişin *s.m. bot.* (sour) cherry tree; morello *(Prunus acida, Cerasus acida).* ⓐ ~ *sălbatic* v. **v i ş i- n e l;** ~ *turcesc* mahaleb *(Prunus mahaleb).*

vişinată *s.f.* cherry brandy, (sour) cherry liqueur.

vişină *s.f.* (sour) cherry, morello cherry; *(turcească)* mahaleb.

vişinel *s.m. bot.* ground cherry *(Prunus chamaecerasus).*

vişinet *s.n.* (sour) cherry orchard.

vişiniu *adj.* cherry-coloured.

vital *adj.* vital. ⓑ *o chestiune* ~*ă* a vital question, a question/matter of life (and death); *forţă* ~*ă* vital strength/energy.

vitalism *s.n. biol.* vitalism.

vitalist I. *adj.* vitalistic. **II.** *s.m.* vitalist.

vitalitate *s.f.* vitality.

vitamină *s.f.* vitamin(e). ⓐ *vitamina A* vitamin(e) A.

vită *s.f.* **1.** *(bou)* ox; *(vacă)* cow; *pl.* cattle. **2.** *fig.* brute, beast. ⓐ ~ *încălţată* F dunderhead, blockhead; *vite cornute* horned cattle, S→cornigerous animals; *vite de rasă* blood/breeding stock, pedigree cattle; *vite de tracţiune* draught cattle. ⓑ *creşterea vitelor* cattle breeding; *turmă de vite* herd/drove of cattle.

viteaz I. *adj.* brave; valiant, valorous, heroic; *(curajos)* courageous, plucky; *(îndrăzneţ)* bold, daring, gallant. **II.** *s.m.* hero.

vitejesc *adj.* heroic, valiant, brave; *(dîrz)* stout, gallant.

vitejeşte *adv.* heroically etc. v. **v i t e a z.**

vitejie *s.f.* bravery, valour; *(curaj)* courage, pluck.

vitelină *s.f. chim.* vitellin.

viteză *s.f.* **1.** speed, quickness, swiftness, celerity, velocity; *(a unei corăbii)* headway; *(la expedieri etc.)* promptness, dispatch; *(rapiditate)* rapidity. **2.** *(tehn., auto)* gear. ⓐ ~ *accelerată* accelerated velocity; ~ *de croazieră* cruising speed; ~ *iniţială fiz.* initial velocity; ~ *întîrziată fiz.* retarded velocity; *viteza întîi* first/bottom gear; *viteza a patra* top gear; ~ *uniformă fiz.* uniform velocity. ⓑ *cu o* ~ *de...* at the rate/speed of...; *cu maximum de* ~ at the top of one's speed; *cutie de viteze* gear box; *cu* ~ *de melc* at a snail's speed; *în* ~ with all speed; *pierdere de* ~ stall (-ing); *schimbător de viteze* change-speed gear. ⓒ *dă-i* ~*!* F step on it! *a lua* ~ to pick up speed, to gather pace; *a pierde din* ~ to lose speed, *av.* to stall; *a băga în* ~ F to make smb. step on the gas; *a fi/ intra în pierdere de* ~ *av.* to stall.

vitezometru *s.n.* speedometer, tachometer.

viticol *adj.* viticultural, wine... ⓐ *industrie* ~ă wine industry; *regiune* ~ă wine-growing district/country.

viticultor *s.m.* wine grower/dresser, viticulturist.

viticultură *s.f.* cultivation of the vine; viticulture, wine growing.

vitraliu *s.n.* stained-glass window.

vitreg I. *adj.* **1.** *(d. părinţi sau copii)* step..., half... **2.** *(crud)* cruel; *(nenorocit)* miserable; *(nefavorabil)* unfavourable, inauspicious; *(rău)* wicked. ⓑ *frate* ~ stepbrother, half-brother; *împrejurări* ~e unfavourable circumstances; *mamă* ~ă **a.** stepmother, father's second wife. **b.** *fig.* unnatural/cruel mother; *părinţi* ~i stepfather and stepmother; *soartă* ~ă cruel fate; *tată* ~ stepfather, mother's second husband. **II.** *adv.* cruelly.

vitregie *s.f.* hostility; *(răutate)* wickedness; *(cruzime)* cruelty.

vitrifica *vb. tr. şi refl.* to vitrify.

vitrină *s.f.* **1.** show/shop window, shop front. **2.** *(dulăpior)* glass case/cabinet. **3.** *(la muzeu etc.)* show case. ⓒ *expus în* ~ shown in the window.

vitriol *s.n. chim.* vitriol. ⓐ ~ *alb* white vitriol, sulphate of zinc; ~ *albastru* blue/copper vitriol; ~ *verde* iron/green vitriol.

vitros *adj.* glassy, vitreous.

viţă *s.f.* **1.** *bot.* vine *(Vitis vinifera)*; v. coardă; v. curpen. **2.** *(şuviţă)* lock. **3.** *(fîşie)* strip. **4.** *(descendent)* descendant, offspring; *(neam)* race; *(origină)* stock/extract. **5.** *(fel)* kind/sort. ⓐ ~ *albă bot.* clematis *(Clematis)*; ~ *de Canada/sălbatică bot.* Virginia creeper *(Ampelopsis hederacea)*. ⓑ *de* ~ of noble stock/extract; *frunză de* ~ vine leaf. ⓒ *a tăia viţa* to prune/dress the vine.

viţea *s.f.* heifer.

viţel *s.m.* **1.** *zool.* calf. **2.** *(carne de* ~*)* veal. ⓐ ~ *ul de aur bibl.* the golden calf. ⓑ *cotlet de* ~ veal cutlet; *friptură de* ~ (joint of) roast veal; *piele de* ~ calf's skin, calf (skin); *com. pl.* calves; *piftie din picioare de* ~ calf's foot jelly; *vacă cu* ~ cow with calf. ⓒ *a*

făta viţei to calve; *a înjunghia* ~ *ul cel gras* to kill the fatted calf; *a rămîne ca* ~ *ul la poarta nouă* F to be like a dying duck in a thunderstorm, to stare *at smth.* like a stuck pig.

viţelar *s.m. bot.* sweet vernal grass *(Anthoxanthum odoratum)*.

viţos *adj.* long-haired; *(d. lînă)* long-staple(d).

viu I. *adj.* **1.** living; *predicativ* alive; *(d. plante)* vigorous; green. **2.** *(etern)* eternal, immortal. **3.** *(animat)* animated. **4.** *(d. zgomote etc.)* loud; *(d. lumină)* lively, bright, intense, < dazzling; *(d. culori)* bright, vivid. **5.** *(vioi)* lively, brisk. **6.** *fig. (puternic)* strong; *(intens)* intense. ⓐ ~ *sau mort* dead or alive. ⓑ *apă vie* v. apă ⓐ; *argint* ~ quicksilver; *carne vie* live/living flesh, quick; *cărbuni vii* live coals; *culori vii* bright/gay/vivid colours; *de* ~ alive; *discuţie vie* heated discussion; *dracul* ~ the devil incarnate, old Nick himself; *durere vie* acute/smart pain; *foc* ~ brisk/quick fire; *mil.* galling fire; *forţă vie* living force; *gard* ~ quick-set hedge; *imaginaţie vie* vivid imagination; *mai mult mort decît* ~ more dead than alive; *mişcări vii* quick/impulsive movements; *portretul* ~ *al...* *(cu gen.)* the living likeness/image of... ⓒ *a fi îngropat de* ~ to be buried alive; *a tăia în carne vie fig.* to cut to the quick/heart/soul. **II.** *adv.* vividly; briskly. **III.** *s.m.* living person; *pl.* the living, *bibl.* the quick. ⓐ *viii şi morţii* the quick and the dead.

vivace *adj.* **1.** lively, full of life. **2.** *bot.* perennial. **3.** *muz.* vivace.

vivacitate *s.f.* liveliness, vivacity, vivaciousness.

vivandieră *s.f. mil. odin.* cateress for soldiers, sutler.

vivant *adj.* ⓑ *tablou* ~ tableau vivant, living picture.

vivat I. *interj.* hurrah! long live! **II.** *s.n.* cheer.

vivipar I. *adj. zool., bot.* viviparous. **II.** *s.n. bot.* viviparous plant.

vivisecți(un)e *s.,f.* vivisection.
viza *vb. tr.* **1.** *(a pune viza pe)* to vise, to endorse. **2.** *(a ținti la)* to aim at; *(a face aluzie la)* to hint at.
vizare *a.f.* vise(ing), endorsement. ⓐ ∼*a unui pașaport* endorsement of a passport.
vizavi I. *adv.* opposite. ⓐ ∼ *de...* **a.** opposite... **b.** *(față de)* to (-wards)... **II.** *s.n.* smth. opposite. ⓑ *de* ∼ **a.** opposite. **b.** *(de peste drum)* across the street.
viză[1] *s.f. iht.* vyza *(Acipenser glaber)*.
viză[2] *s.f.* visa, official endorsement, visé. ⓒ *a pune viza pe...* v. **viza 1.**
vizetă *s.f.* peep hole.
vizibil I. *adj.* visible. ⓒ *a deveni* ∼ **a.** to become visible, *nav.* to heave in sight, to loom. **b.** *fig.* to grow manifest; *a fi* ∼ *cu ochiul liber* to be visible to the naked eye. **II.** *adv.* visibly, perceptibly.
vizibilitate *s.f.* visibility.
vizieră *s.f.* **1.** *odin.* visor, vizor. **2.** v. **vizetă.**
viziona *vb. tr.* to see *a film etc.*; to watch.
vizionar I. *adj.* visionary. **II.** *s.m.* visionary; *(visător)* dreamer.
vizir *s.m. ist.* vizier.
vizirat *s.n. ist.* vizierate, viziership.
vizita *vb. tr.* **1.** *(persoane)* to go to see; *(pt. un scop anumit)* to visit, to pay a visit to; *(oficial)* to pay/make a call on; *(pt. scurt timp)* to call on, F→to drop in upon; *(un loc)* to call at; *(d. doctor)* to visit, to attend. **2.** *(un loc)* to visit; *(o adunare)* to attend. **3.** *(a inspecta)* to inspect, to examine, to view. ⓒ *l-am* ∼*t* I have been to see him, F→I've given him a look-up; *vizitează-mă (ori) cînd vrei* look me up whenever you like; *îi place să viziteze magazinele* she is fond of shopping.
vizitator *s.m.* **1.** visitor, caller; *(musafir)* guest. **2.** *(care vine des undeva)* frequenter (of a place). **3.** *com.* customer.
vizită *s.f.* **1.** visit; *(social)* call. **2.** *med.* attendance. ⓐ ∼ *de prietenie*

goodwill visit; ∼ *fulger* flying visit; ∼ *medicală* medical inspection/examination; ∼ *oficială* official call; ∼ *scurtă* short call, flying visit. ⓑ *carte de* ∼ (visiting) card; *in* ∼ *la/în...* on a visit to...; *ore de* ∼ **a.** calling hours. **b.** *(la spital etc.)* visiting hours. ⓒ *a face o* ∼ *cuiva* to pay smb. a visit; to pay/make a call to smb.; *(pt. scurt timp)* to make a call on smb., F→to drop in on smb.; *a-și lăsa cartea de* ∼ to leave one's (visiting) card; *sînt aici în* ∼ I am on a visit.
vizitiu *s.m.* coachman; driver.
viziune *s.f.* vision.
vizon *s.m. zool.* vison, American mink *(Lutreola lutreola)*.
vizor *s.n.* **1.** *fot.* view finder. **2.** *mil.* sight. **3.** *(la ușă)* eye (hole).
vizual *adj.* visual. ⓑ *cîmp* ∼ field of vision; *plan* ∼ vertical aiming plane; *unghi* ∼ visual angle.
vizuină *s.f.* **1.** *(a animalelor sălbatice)* hole; burrow, kennel, warren, lodge, earth; *(de animal mare)* lair. **2.** *fig. (cocioabă)* hole; *(speluncă)* den. ⓐ ∼ *de castor* beaver's den/lodge; ∼ *de hoți* den of thieves; ∼ *de leu* lion's den; ∼ *de viezure* bagder's burrow/hole/earth/lodge; ∼ *de vulpe* fox earth/hole.
vîj *interj.* *(d. aripi, obuz, elice de avion)* whirr! *(d. glonț, mașină care trece în viteză)* whizz!
vîjîi *vb. intr.* **1.** ↓ *d. vînt)* to whistle, to whizz, to roar, to howl, to storm, to rage, to come blustering along; *(d. proiectile, săgeți)* to whizz. **2.** v. **dudui. 3.** *(a bîzîi)* to buzz, to hum, to whirr, to whizz. **4.** to clash, to crash; *(d. urechi)* v ∼ ⓒ. **5.** *(d. ape)* to rush, to swish; *(d. valuri)* to hiss. ⓒ *îmi* ∼ *e capul* I feel giddy/dizzy; *proiectilele* ∼*au prin văzduh* the shells came whirring/whizzing through the air; *îmi* ∼*e urechile* I have a singing/buzzing in my ears.
vîjîială *s.f.* v. **vîjîit.** ⓑ *în* ∼F on the spree/rampage/randan.
vîjîietoare *s.f.* rattle.

vîjîit *s.n.* whiz(zing); roar(ing) etc.
v. v î j î i.

vîjîitor *adj.* roaring etc. v. v î j î i.

vîjîitură *s.f.* v. v î j î i t.

vîlcea *s.f.* dale, small/narrow valley.

vîltoare *s.f.* **1.** whirlpool, < eddy. **2.** *fig.* vortex, whirl.

vîlvă *s.f.* **1.** *(senzație)* sensation, comotion, stir; *(agitație)* agitation; *(surprindere)* surprise. **2.** *(renume)* fame, renown. © *a face* ~ to create a commotion/sensation.

vîlvătaie *s.f.* blaze, F→flare.

vîlvoi *adj.* dishevelled, frowzy, frousy, tousled. ① *cu părul* ~ (with one's hair) dishevelled.

vîna **I.** *vb. intr.* to go out hunting/shooting, to take part in a hunt; *(fără permis)* to poach. **II.** *vb. tr.* **1.** to hunt, to chase, to drive; to pursue; *(cu cîinii)* to course; *(a împușca)* to shoot. **2.** *(a pescui)* to fish. **3.** *fig.* to hunt after.

vînat *s.n.* **1.** v. v î n ă t o a r e; **2.** *(ca animale)* game; *(preparat)* venison.

vînă *s.f.* **1.** *anat.* vein; *(vas sanguin)* blood vessel; *(tendon)* sinew, tendon. **2.** *geol.* vein. **3.** *mineral.* lode, seam; *(în sticlă, pietre prețioase)* cloud, flaw; *(în piatră etc.)* vein; streak. **4.** *bot.* nerve; nervure; vein (of a leaf). ⓐ *vîna cavă* vena cava; ~ *de bou* bull's pizzle: *(pt. bătut)* cowhide, horse whip; ~ *groasă* *anat.* artery; ~ *poetică* poetic vein. © *a sta/ședea pe vine* to squat (F→on one's hams).

vînăt *adj.* **1.** violet-blue; *(albastru)* bluish-grey. **2.** *fig.* (deadly) pale.

vînătaie *s.f.* bruise. ① *plin de vînătăi* beaten/all black and blue.

vînătă *s.f. bot.* **1.** eggplant *(Solanum melongena).* **2.** eggfruit, eggplant, aubergine.

vînătoare *s.f.* **1.** hunt(ing), *inv.*→sport; *(urmărire)* chase, pursuit; *(cu pușca)* shooting; *(în desișuri)* cover shooting; *(de păsări)* fowling; *(de balene)* whaling. **2.** *(vînători, cîini, cai)* field, hunt. ⓐ ~ *de balene* whaling; ~ *de ie-*

puri hare hunting; ~ *de lei* lion hunting; ~ *de lupi* wolf hunting; ~ *de urși* bear baiting/hunting. ① *armă/pușcă de* ~ shoulder-gun, shoot-gun, sporting gun; shooting rifle; *(pt. păsări)* fowling piece; *calendar de* ~ sporting almanac; *cîine de* ~ hound, sporting dog; *corn de* ~ hunting horn/bugle; *costum de* ~ hunting dress; *cuțit de* ~ hunting knife; *permis de* ~ shooting license; *sezon de* ~ shooting season. © *a merge la* ~ to go (out) hunting/shooting.

vînător *s.m.* hunter; huntsman; sportsman; *(fără permis)* poacher. ⓐ ~*i de munte* mountain corps.

vînătoresc *adj.* hunter's...; hunting.

vînătorește *adv.* like a hunter etc. v. v î n ă t o r.

vînătorie *s.f.* hunting.

vîndut *adj.* sold. ① *un om* ~ *dușmanului* a traitor to his country.

vînjos *adj.* sinewy; sinewed; brawny; *(sănătos)* healthy; *(robust)* stout.

vînos *adj.* **1.** *(cu vine)* veined; full of veins; *(cu tendoane)* sinewy; sinewed. **2.** *(d. pietre prețioase)* clouded, flawy.

vînt *s.n.* **1.** wind; breeze; zephyr; *(tăios)* searching/piercing wind; *(puternic)* high wind, gale; *(furtună)* storm; *(uragan)* hurricane. **2.** *(aer)* air. **3.** *med.* windy colic. ⓐ ~ *de est* east wind; ~ *de nord/miazănoapte* north wind; ~ *de primăvară* breath of spring; vernal breeze; ~ *de sud* south wind; ~ *de vest* west wind. ① *adiere/boare/suflare de* ~ breath/puff of wind; *ca* ~*ul* (as) quick as lightning, (as) swift as an arrow; *instrumente de* ~ *muz.* wind instruments; *moară de* ~ wind mill; *rafală de* ~ gust of wind; *vorbe în* ~ empty talk. © *a avea* ~*ul în spate* to have the wind at one's back; *fă-i* ~! *fig.* F give him the slip/bag! *a face* ~ **a.** to fan. **b.** *(a se lăuda)* to brag, to boast. **c.** *(a vorbi fleacuri)* F to talk rubbish/twaddle, to gas; *a-și face* ~ **a.**

(cu evantaiul) to fan oneself. **b.**
(a-și lua avînt) to take a run (for
jumping); *a paște* ~ F to stand
gaping about, to gape at the moon,
to buy gape seed; *a alerga ca ~ul*,
a se așterne ~ului to run like the
wind, to outstrip the wind, *amer.*
to split the wind; *a se da în ~
după ceva* F to be mad on/about
smth., to be (dead) keen on smth.;
a vorbi în ~ to preach to deaf
ears, to preach to the winds, to
speak in vain, to speak to the
wind, to whistle down the wind;
a se duce pe ~uri to go/fly to the
winds; *ce ~ te aduce pe aici?*
F what wind brings/blows you
here? *bate ~ul* the wind blows;
a vedea dincotro bate ~ul to see
whence/how the wind blows/lies;
e ~ it is windy (weather); *~ul
s-a potolit* the wind has abated.
ⓓ *cine seamănă ~ culege furtună*
he that sows the wind will reap
the whirlwind.

vîntoasă *s.f.* strong gust of wind,
great gale; *(furtună)* storm; *(vîr-
tej de vînt)* whirlwind; *(vînt puter-
nic)* high wind.

vîntos *adj.* windy.

vîntrea *s.f. nav.* sail.

vîntura I. *vb. tr.* **1.** to winnow, to
fan. **2.** *(a flutura)* to flutter, to
wave. **3.** *(a colinda)* F to knock
about. **4.** *(a împrăștia)* to scatter
(to the four winds). **III.** *vb. refl.*
to wander, to roam, to rove.

vîntură-lume *s.m.* **1.** *(aventurier)*
adventurer. **2.** *(flecar)* F gassy/
windy fellow, gas bag.

vînturătoare *s.f. agr.* winnow(ing
machine).

vînturător *s.m.* adventurer. ⓐ ~
de fraze F gas bag, phrase-
monger.

vîntură-țară *s.m.* v. v î n t u r ă-
- l u m e.

vînturel *s.m. ornit.* v. v i n d e r e u.

vînzare *s.f.* **1.** sale. **2.** *(trădare)*
treason; treachery; perfidious act.
ⓐ ~ *de țară* treason against one's
country; ~ *la licitație* sale by
auction; ~ *publică* public sale;
auction (sale); ~*silită* sale by

order of the court. ⓒ *a avea* ~ to
meet with a ready/rapid sale/de-
mand; to sell well; to go off quickly/
briskly; *a pune în* ~ to put up for
sale; to expose/offer for sale; *de
~ la...* on sale at...; to be had
from...

vînzătoare *s.f.* **1.** shop assistant,
saleswoman; shopwoman, shop-
girl; *amer.* clerk. **2.** *fig.* traitress v.
și v î n z ă t o r 1, 2.

vînzător *s.m.* **1.** seller; dealer; *(in
mic)* retailer; retail dealer; *(in
(prăvălii)* shop assistant, sales-
man, shopman, *amer.* clerk. **2.**
(trădător) traitor (to one's country);
(al unui secret) betrayer (of a
secret). ⓐ ~ *ambulant* pedlar;
hawker; *(pe stradă)* pavement/
street vendor.

vînzoli I. *vb. tr.* to stir. **II.** *vb. refl.*
to fuss, to bustle, to go to and
fro.

vîrcolac *s.m.* werwolf, wolfman;
(vampir) vampire, ghoul; *(strigoi)*
ghost.

vîrf *s.n.* **1.** *(culme)* summit; *(pisc)*
peak; *(partea cea mai de sus)* top.
2. *fig.* climax, meridian; culmi-
nation, acme, culminating point.
3. *(ascuțit)* point(ed end), spike,
extremity; *(al părților corpului)*
tip. **4.** *fig. (loc dominant)* head.
5. *(capăt)* end. **6.** *geom.* vertex. ⓐ
~ *de ac* point of a needle; ~ *de
casă* gable of a house; ~ *de cre-
ion* point of a pencil; ~ *de munte*
peak/summit/top of a mountain;
de pom top of a tree, tree top; ~
de templu pinnacle of a temple;
~ul capului the top/crown of the
head; *~ul degetului* the tip of
the finger. **b** *cu* ~ **a.** *(d. recipi-
ente)* brimful. **b.** *(d. o sală etc.)*
overcrowded, packed, filled to
capacity; *de* ~ peak; *ore de* ~
rush/peak hours; *cu* ~ *și îndesat*
overfull, too full, F → chock-full;
fig. with a vengeance. ⓒ *asta (le)
pune* ~ *(la toate)* F this crowns
it all, it beats the devil; *a plăti
cuiva cu* ~ *și îndesat* to return smb.
with interest/usury; to give smb.
as good as he sent; *a umbla în*

~ul *degetelor* to walk on tiptoe/ the toes.

vîrî I. *vb. tr.* **1.** *(a băga) (în)* to put (in/into); *(prin împingere)* to push; to shove (into); to poke (into); to thrust (into). **2.** *(a implica)* to involve, to implicate. © *a-și* ~ *banii în ceva* to put/invest one's money into smth.; *a-și* ~ *miinile în buzunar* to thrust/stuff/bury one's hands in(to) one's pockets; *(ea) își virî nasul în toate* she thrusts/F pokes her nose into every thing/everywhere; *a* ~ *pe cineva în belea* F to get smb. into trouble/a scrape. **II.** *vb. refl.* **1.** *pas.* to be put in etc. v. ~ **I. 2.** *(a se furișa)* to creep. **3.** *(a se angaja) (în)* to enter (into), to engage (in). **4.** *(a se amesteca) (în)* to (inter)meddle (in), to interfere (with); *(ca mijlocitor)* to intercede, to interpose; *(nechemat)* to intrude, to pry. © *a se* ~ *în afacerile cuiva* to (inter)meddle/interfere in smb.'s affairs; *a se* ~ *în conversație* to butt into the conversation; *a se* ~ *în pat* to creep into bed; *a se* ~ *sub pielea cuiva* to insinuate oneself into smb.'s good graces, to ingratiate oneself with smb.; *nu vrea să se vire* he will have nothing to do with it.

vîrstă *s.f.* **1.** age. **2.** *(veac)* century; *(eră)* era; *(perioadă)* age, period; *(epocă)* epoch. **3.** *(bătrinețe)* old/ great age. ⓐ ~ *de aur* golden age; ~ *de bronz* bronze age; ~ *de fier* iron age; ~ *de mijloc* middle age; ~ *de piatră* stone age; ~ *fragedă* tender age, childhood; ~ *înaintată* advanced/old/great age; decline/autumn of life. ⓑ *de aceeași* ~ of the same age; *decan de* ~ senior; *în floarea vîrstei* in the vigour/prime of life; *in* ~ *de 27 (de) ani* 27 (years old/of age); *între două vîrste* middleaged; *la vîrsta lui* at his age, at his time of life. © *ce* ~ *ai?* how hold are you? *nu are vîrsta (cerută)* he has not the requisite/required age; *a atinge o* ~ *înaintată* to attain a great age; to live to a green old age; *e de vîrsta mea* he

is (of) my age; he is as old as I (am), he is of the same age as myself; *e cu doi ani mai în* ~ *decit mine* he is two years older than I (am), he is two years my senior, he is two years senior to me, he is my senior by two years; *a fi în* ~ to be of age; *cu cit înaintăm în* ~ the more we advance in years, the older we get.

vîrstnic I. *adj.* of (full) age. **II.** *s.m.* grown-up, adult.

vîrșă *s.f.* bow net; *(pt. țipari)* eel (pout) basket.

vîrtej *s.n.* **1.** *(de apă)* eddy, whirlpool, vortex; *(de vînt)* whirlwind, tornado, cyclone. **2.** *(învîrtitură amețitoare)* whirl, twirl, rotation, gyration. **3.** *anat.* crown/top of the head, vertex. **4.** *(cotitură)* bent, meander. **5.** *fig. (amețeală)* giddiness, dizziness, vertigo. **6.** *fig. (zarvă)* turmoil, F hubbub; bustle, confusion, F→upset. **7.** *tehn.* lifting jack. **8.** *(parte a carului)* draw beam. **9.** *fig. (toi)* thick.

vîrtelniță *s.f.* **1.** reel. **2.** *metal.* winch.

vîrtos I. *adj.* **1.** *(uscat)* dry. **2.** *(solid)* firm, solid; *(tare)* strong, vigorous, *(ant. moale)* hard; *(rigid)* rigid, stiff; *(zdravăn)* stout; *(vînjos)* sinewy. **3.** *(d. caracter)* harsh, stern; inflexible. ⓑ *carne vîrtoasă* tough meat. **II.** *adv.* **1.** strongly. **2.** very much etc. ⓑ *cu atît mai* ~ *cu cît...* all the more so as...; *mai* ~ especially.

vîrtoșie *s.f.* **1.** *(vigoare)* vigour; *(putere)* strength; *(forță)* force. **2.** *(duritate)* hardness; *(a pielii)* roughness; *(a oțelului)* temper. **3.** *(a caracterului)* harshness, sternness, rigour, asperity, inflexibility.

vîrtute *s.f.*←*înv.* **1.** *(putere)* strength. **2.** *(curaj)* courage, bravery. **3.** *(proprietate)* property; quality.

visc *s.n. bot.* mistletoe *(Viscum album)*.

vîscos *adj.* gluey; viscous, viscid, glutinous, clammy; adhesive, F→ sticky.

vîslaş *s.m.* rower, oarsman, boatman.

vîsl *s.f.* oar, scull.

vîsli *vb. intr.* to row (a boat); to pull (at the oar), to ply an oar; to paddle (a canoe). ©️ *a ~ din răsputeri* to ply the oars; to pull with all one's might/strength.

vîzdoagă *s.f. bot.* African marigold *(Tageteş erecta)*.

vlad *s.m. (prost)* P Simple Simon.

vlagă *s.f.* 1. *(sevă)* sap. 2. *fig.* force, energy, F→vim.

vlădică *s.m.* bishop.

vlăgui I. *vb. tr.* to exhaust; to wear out; F→to bleed white ; *(pămîntul)* to exhaust, to emaciate, to impoverish; *(resursele)* to deplete. II. *vb. refl.* to grow/become weak; *(a slăbi)* to grow/become emaciated/thin; *(d. resurse)* to run low; *(d. sol)* to be emaciated/impoverished.

vlăguit *adj.* exhausted, worn/F→fagged out, F→done in, dead beat/ to the world.

vlăguitor *adj.* exhausting, F→fagging.

vlăjgan *s.m.* sturdy/square(-built)/ stout fellow, stalwart (fellow).

vlăstar *s.n.* 1. *bot.* shoot, offshoot, sucker, S→stolon; *(din rădăcină)* runner, tiller. 2. *fig.* scion, offspring.

voaiant *adj.* gaudy, showy, blatant, *sl.* tacky.

voal *s.n.* veil.

voala I. *vb. tr.* 1. to veil. 2. *fig.* to veil, to dim, to obscure; *(sunete)* to muffle. 3. *fot.* to fog. II. *vb refl.* 1. *(d. voal)* to become veiled. 2. *fot.* to become fogged.

voaletă *s.f.* (hat) veil.

voastră *adj. pos.* your. ⓑ *a ~* yours.

vocabular *s.n.* vocabulary.

vocabulă *s.f.* word.

vocal I. *adj.* vocal; relating to the voice. ⓑ *coardele ~e anat.* vocal chords; *muzică ~ă* vocal music. II. *adv.* vocally.

vocală *s.f. fon.* vowel. ⓐ *~ accentuată* stressed vowel; *~ finală* terminal vowel; final vowel; *~ lungă* long vowel; *~ scurtă* short vowel.

vocalic *adj. fon.* vocalic, vowel... ⓑ *sunet ~* vowel sound.

vocalism *s.n. fon., muz.* vocalism.

vocaliza *vb. tr. şi intr.* to vocalize.

vocaliză *s.f. muz.* exercise in vocalization.

vocativ *s.n. gram.* vocative.

vocaţie *s.f.* vocation, calling, bent, inclinaton. ©️ *a avea ~ pentru...* to have a turn/talent for...; F→to be cut out for...; *a-şi greşi vocaţia* to mistake/miss one's vocation.

voce *s.f.* 1. *şi muz.* voice; *(bună)* good voice. 2. *muz.* part. ⓐ *~ de bas* bass (voice); *~ de cap* head voice; *~ de piept* chest voice. ⓑ *cu ~ înceată* in a low voice/ tone; in an undertone; *cu ~ tare* aloud. ©️ *a avea ~* to have a voice; *a ridica ~a şi fig.* to raise one's voice; *a vorbi cu ~ înceată* to speak in a low voice; to speak low/under one's breath.

vocifera *vb. intr.* to shout, to yell, to vociferate.

vociferare *s.f.* shouts, vociferation, outcries, uproar, clamour, to-do, ado, hubbub.

vodă *s.m.*←*odin.* prince; *(rege)* king. ©️ *a umbla ca ~ prin lobodă* to strut (about), to peacock (about), to strut/swagger along.

vodevil *s.n.* vaudeville, light musical comedy.

vodevilist *s.m.* vaudevillist.

vogă *s.f.* fashion, vogue. ⓑ *în ~* in fashion/vogue, F→all the go/ rage.

voi[1] *pron.* you (all), *înv.*, *poetic*→ ye.

voi[2] *vb. intr.* will; *(a dori)* to want, *înv.*→to will; *(ca auxiliar etc.)* will; *(a intenţiona)* to intend; to purpose; *(a cere)* to demand; to request. ©️ *o ~ face* I will do it; *ar ~ dacă ar putea* he would if he could.

voiaj *s.n.* travel; *(pe uscat)* journey; *(pe mare)* voyage; *(scurt)* trip.

voiaja *vb. intr. (a călători)* to journey; *(fără indicarea destinaţiei)* to travel; to be touring; to go touring; *(pe mare)* to voyage.

voiajor *s.m.* traveller; *(pe mare)* voyager. ⓐ ~ *comercial* commercial traveller, *amer.* saleman, *peior.*→bagman.

voie *s.f.* *(voință)* will; *(dispoziție)* humour; frame of mind; *(permisiune)* permission; *(dorință)* wish; desire; *(liberă alegere)* free choice. ⓐ ~ *bună* good humour/temper; ~ *rea* bad humour/temper. ⓑ *cu voia cuiva* with smb.'s knowledge *sau* consent; *cu voia dvs.* with your permission; with/by your leave; *cu* ~ *bună* in a good humour/temper; *de (bună)* ~ **a.** of one's own accord; willingly; voluntarily. **b.** of one's own free will; *de* ~ freely; *mil.* stand at easel; *de* ~ *de nevoie* whether he likes it or not; willy-nilly; *după voia cuiva* in accordance with smb.'s wishes; *după voia dumitale* as you feel inclined; as you like; *ironic* at your own sweet will; *după* ~ **a.** at will, F→to the top of one's bent; ad lib(itum). **b.** according to one's heart's desire, as one wishes. **c.** as much as one wishes; *fără voia mea* without my consent; without my wish; *fără voia sa* **a.** against one's will; contrary to one's wish(es). **b.** v. **f ă r ă** (d e) ~; *fără (de)* ~ **I.** *adv.* **a.** *(involuntar)* involuntarily. **b.** *(fără plăcere)* unwillingly. **c.** *(neintenționat)* unintentionally. **II.** *adj.* **a.** involuntary. **b.** unwilling. **c.** unintentional; *în voia...* *(cu gen.)* at the mercy of... ⓒ *a cere* ~ to ask leave/permission; *a cere* ~ *să...* to beg leave to...; *a da* ~*să... (cu dat.)* to allow *smb.* to..., to permit *smb.* to..., to let *smb.* ..., to give *smb.* leave to...; *dați-mi* ~ *!* allow me! pardon me! excuse me! *a face voia cuiva* to do as smb. wishes; *a intra în voia cuiva* to accede to smb.'s request; to gratify smb.'s wish(es); *las aceasta în voia dumitale* I leave that to your discretion, F→(you may) please yourself about it; do as you like about it; *dacă asta ți-e voia* if such be your pleasure; *e* ~*?* may I?

voievod *s.m. ist.* voivode, hospodar, waiwode.

voievodat *s.n. ist.* **1.** principality. **2.** *(ca demnitate)* voivodeship, waiwodeship.

voinic I. *adj.* vigorous, hale (and hearty); *(sănătos)* healthy; *(robust)* strapping, robust; *(zdravăn)* stout. **II.** *s.m.* **1.** brave/courageous man *sau* youth; *(erou)* hero. **2.** *(flăcău)* lad; *(tînăr)* young man.

voinicesc *adj.* **1.** *(eroic)* heroic. **2.** *(curajos)* courageous, brave; *(bărbătesc)* manly. ⓑ *faptă voinicească* heroic deed/exploit; act of heroism.

voinicește *adv.* heroically etc. **v. v o i n i c e s c.**

voinicică *s.f. bot.* **1.** hedge mustard *(Sisymbrium).* **2.** v. **u s t u r o i- ț ă.**

voinicie *s.f.* **1.** *(vitejie)* valiance, courage, manliness. **2.** *(faptă vitejească)* heroic deed/exploit. **3.** v. **h a i d u c i e.**

voinicos *adj.* *(chipeș)* handsome; *(puternic)* strong.

voință *s.f.* **1.** will. **2.** *(dorință)* wish; *(intenție)* intention. ⓐ ~ *de fier* iron will; ~ *puternică* strong/firm will; ~ *slabă* weak will. ⓑ *după* ~ at will/pleasure, ad lib(itum); as much as one wishes; *fără* ~ without a will of one's own; *(slab)* weak(-minded); *(nehotărît)* irresolute; undecided; shilly-shally(-ing); *împotriva voinței mele* against my will; contrary to my wish(es); *liberă* ~ free will; *filoz., și* free agency; *lipsă de* ~ want/lack of will; weakness (of purpose); infirmity of purpose; irresoluteness, indecision; *ultima* ~ last wishes. ⓒ *a face ceva împotriva voinței sale* to do smth. reluctantly/unwillingly/against one's inclination/ < against one's will.

voios I. *adj.* cheerful; gay; bright F→merry, jovial; *(bine dispus)* in good humour/temper. **II.** *adv.* cheerfully etc. v. ~ **I.**

voioșie *s.f.* cheerfulness, gaiety (of heart), joviality; *(bună dispoziție)* good humour/temper.

voit I. *adj.* wilful, intentional, deliberate; *(premeditat)* premeditated, afore-thought. **II.** *adv.* wilfully, intentionally, deliberately.

voitor *adj.* willing, ready.

volan¹ *s.n.* *(de rochie)* flounce.

volan² *s.n.* *auto* (steering) wheel.

volant I. *adj.* loose, detachable. ⓓ *foaie* ~*ă* loose leaf. **II.** *s.n.* *tehn.* flywheel.

volapuk *s.n.* *lingv.* Volapuk.

volatil *adj.* volatile, essential.

volatilitate *s.f.* volatility.

volatiliza I. *vb.* *tr.* to volatilize. **II.** *vb.* *refl.* **1.** to volatilize. **2.** *fig.* to vanish (into thin air), to disappear (into thin air); F to make oneself scarce.

volatilizabil *adj.* volatilizable.

volatilizare *s.f.* volatilization.

volbura *vb.* *refl.* v. î n v o l b u r a.

volbură *s.f.* **1.** *(de vînt)* whirlwind; tornado; *(de apă)* eddy, < whirlpool. **2.** *bot.* bindweed *(Convolvulus arvensis)*.

volburos *adj.* eddying.

volei *s.n.* *sport* volleyball.

voleibalist *s.m.* *sport* volley baller, volley-ball player.

volitiv *adj.* volitional, volitive.

volițional *adj.* volitional.

voloc *s.n.* trammel, drag/sweep/ trawling/trail net.

volt *s.m.* *electr.* volt.

voltaic *adj.* *electr.* Voltaic, of Volta. ⓓ *arc* ~ Voltaic arc; *pilă* ~*ă* Voltaic pile.

voltaj *s.n.* *electr.* voltage.

voltametru *s.n.* *electr.* voltameter.

voltamper *s.m.* *electr.* voltampere.

voltampermetru *s.n.* *electr.* wattmeter.

voltă *s.f.* **1.** turning round, wheel round. **2.** *sport (la scrimă)* volte; *(la gimnastică)* vaulting. **3.** *nav.* tack. **4.** *fig.* complete change of front/side/policy.

volterian *adj.* Voltairean, Voltairian.

voltijă *s.f.* *sport* mounting gymnastics.

voltmetru *s.n.* *electr.* voltmeter.

volubil *adj.* **1.** *bot.* volub(i)le. **2.** *fig.* voluble, fluent, loquacious, glib.

volubilitate *s.f.* volubility, flue of speech, glibness of tongue, gift of the gab.

volum *s.n.* **1.** *(carte)* volume, tom **2.** *(al unui corp)* volume, bulk capacity; *(mărime)* size. **3.** *mu* volume. ⓐ ~ *de muncă* volum of work; ~ *total al producției* total volume of production.

volumetric *adj.* volumetric(al).

voluminos *adj.* **1.** voluminous, (consisting) of many volumes. **2.** spacious, wide; *(ca volum)* voluminous, bulky; *(întins)* extensive; *(gros)* thick; *(mare)* big. **3.** v. c o r p o l e n t.

voluntar I. *adj.* voluntary; *(neascultător)* self-willed, disobedient; *(încăpățînat)* obstinate, stubborn; *(autoritar)* authoritative; *(nărăvaș)* ornery. **II.** *s.m.* volunteer.

voluntariat *s.n.* voluntariate.

voluntarism *s.n.* *filoz.* voluntarism.

voluntarist *s.m.* *filoz.* voluntarist.

voluptate *s.f.* **1.** voluptuousness, lust, sensual pleasure. **2.** *(desfătare)* great pleasure/delight.

voluptos I. *adj.* voluptuous. **II.** *adv.* voluptuously.

volută *s.f.* *arhit.* volute, scroll.

voma *vb.* v. v o m i t a.

vomică *adj.* ⓓ *nucă* ~ *bot.* nux vomica, vomic/vomiting nut.

vomita I. *vb.* *tr.* to vomit, F→to throw up, to cast forth. **II.** *vb.* *intr.* to vomit, to be sick, to bring up one's food, F→to feed the cats.

vomitiv *adj.* *s.n.* vomitive, emetic.

vonicer *s.m.* *bot.* (common) spindle tree *(Evonymus europaea)*.

vopsea *s.f.* dye, paint; *(culoare)* colour. ⓒ *a ieși la* ~ F to extricate oneself from a fix, to manage/ make it, to make a hairbreadth escape, to contrive it.

vopsi I. *vb.* *tr.* **1.** to colour. *(lînă, pînză etc.)* to dye; *(sticlă, hîrtie)* to stain. **2.** *(a zugrăvi)* to paint. **3.** *(a vărui)* to whitewash **II.** *vb.* *refl.* F to make up, to paint (one's lips etc.).

vopsit I. *s.n.* dyeing etc. v. v o p s i. **II.** *adj.* painted etc. ⓓ *proaspăt* ~ fresh paint.

vopsitor *s.m.* dyer.
vopsitorie *s.f.* dye house/works.
vorace *adj.* voracious, greedy, ravenous, gluttonous.
voracitate *s.f.* voracity, voraciousness, ravenousness, gluttony, greediness.
vor *vb. aux. they* will; *they* shall.
vorbă *s.f.* 1. *(cuvînt)* word; *pl.* words. 2. *(ant. faptă)* saying. 3. *(proverb)* proverb; *(zicală)* saying, adage. 3. *(conversație)* talk; *(discuție)* discussion; *(pl. vorbărie)* (idle) talk, prattle; *(ceartă)* quarrel. 5. *(fel de a vorbi)* manner of speaking, speech. 6. *(promisiune)* word, promise. 7. *(înțelegere)* agreement. 8. *(chestiune)* question; *(subiect)* subject. 9. *(zvon)* rumour, report. 10. *pl.* words; *(bîrfeală)* gossip, talk. ⓐ *vorba aia/ceea/ăluia*←F as it were, as the saying is/goes; *vorba între noi* between ourselves, between you and me and the (bed-) post/door-post/lamp-post/gate; ~ *cu* ~ word for word, verbatim; ~ *lungă* a. F great babbler, long-winded person. b. *(poveste lungă)* F a long yarn/rigmarole; *vorbe goale/de clacă, vorbe mari și late* F idle works/talk; ~ *peltică* lisping, S→lallation; *vorbe pretențioase/umflate* long words. ⓑ *de o* ~ for example; *din* ~ *în* ~ little by little; bit by bit; *fără multă* ~ without much ado, without many words; *la aceste vorbe...* at these words...; *nici* ~*!* not an earthly*!*; *nici o* ~*!* F mum's the word*! (taci)* not a(nother) word*! numai cîteva vorbe* only a word or two; *scurtă* ~ in short/a word, briefly speaking, to cut a long tale. ⓒ *a arunca o* ~ to drop a remark; *a-și călca vorba* to break one's word, to go back on one's word, to depart from one's word, to be worse than one's word; *își cîntărește vorbele* he weighs his words; *a deschide/aduce vorba despre...* to bring up..., to broach...; *nu înțeleg o* ~ I don't understand a single word; *(lasă) vorba!* F shut up! not another word! hold your jaw/tongue, *sl.* cheese it! *a*

lăsa ~ to leave word; *nu poate să lege două vorbe* he is unable to put two words together; *mi-ai luat vorba din gură* you take the very words out of my mouth, I was going to say the very same thing; *a lungi vorba* to protract a conversation; *ca să nu mai lungim vorba* to make a long matter/story short; *a pune o* ~ *(bună) pentru...* to speak in favour of..., to put in a word for..., to speak up for..., to say/speak a good word for...; *(a recomanda)* to recommend, to give *smb.* one's good word; *a-i scăpa o* ~ to drop a word; *să schimbăm vorba* let us change the subject; *a nu scoate (nici) o* ~ to have a bone in one's throat; *nu pot să scot o* ~ *de la el* I can't get a word out of him; *doar o* ~ *(să-ți spun)!* F just a word! I want a word with you; *a nu sufla o* ~ *nimănui* not to say a syllable to anybody, not to breathe a word to a soul; *a trimite* ~ *cuiva să...* to send *smb.* word that...; *cînd zice el o* ~ his word is as good as his bond, he is a man of his word; *a avea un schimb de vorbe aspre cu cineva* to have words with *smb.*; to bandy (rude) words with *smb.*; *au avut un schimb de vorbe* words ran high/passed between them; *a sluji/susține numai în vorbe* to give lip service to...; *nu-mi pasă de vorba lumii* I don't care what the world says, I don't trouble about people's gossip/talk; *a sta/a ședea de* ~ to talk, to have a chat/a talk; *a se ține de* ~ to keep/hold one's word, to be as good as one's word; *judecînd după vorbele lui* judging·from what he says; *a fi în* ~ *cu cineva* ←F to go about with *smb.*, to be about to marry *smb.*; *a intra în* ~ *cu cineva* to engage *smb.* in conversation, to enter/fall into conversation with *smb.*; *a fi scump la* ~ not to be a person of many words, to be a person of few words; *a fi scurt la* ~ to use few words, to be brief in one's remarks; *o să vii tu la vorba mea* you will see that I was right; *cînd e vorba de...* when

it comes to...; *e vorba de două ore* it is a matter/question of two hours; *e vorba de onoarea lui* his honour is involved/jeopardized/at stake; *despre ce e vorba?* **a.** what's the matter? what happened? **b.** what are you talking about? **c.** what is the point in question? *despre ce e vorba în...?* what does... deal with? what is... about? *nu e vorba despre asta* that is not the question; *nici n-a fost vorba despre așa ceva* there was no question of that; *veni vorba despre...* the conversation turned upon...; *fiindcă veni vorba despre...* talking of...; *dacă e vorba (pe) așa...* if that's how the matter stands...; *vorba lui nu are greutate* his word has no great weight; *mai e ~?*←F there's no doubt about it; *o singură ~ nu e adevărată* there isn't a grain of truth in it; *~ să fie! (ei asta-i)* F not a bit of it; not at all; *fie vorba între noi* this is quite between ourselves, it must not go any further; *nu-i ~ it* is true; *vorba vine* as it were; *(ironic)* save the mark; *a fi ~ lungă* to be a long-winded person. ⓐ *vorba dulce mult aduce* good words cost nothing and are worth much; *vorba ~ aduce* one word leads to another; *~ multă/lungă sărăcia omului aprox.* many words will not fill a bushel; all talk and no cider; *de la ~ pînă la faptă e mare deosebire* facts/deeds prove more than mere words; *vorba e de argint, tăcerea e de aur* speech is silver, silence is gold; *să nu zici ~ mare* never is a long word/day, one never knows to what one may be obliged to have recourse.

vorbăreţ I. *adj.* garrulous, talkative, loquacious, fond of talking. **II.** *s.m.* (great) talker, prattler, chatterbox.

vorbărie *s.f.* F (idle) talk, prattle, patter.

vorbi I. *vb. tr.* to speak; *(a rosti)* to utter; *(a spune)* to say. ⓒ *a ~ de bine pe cineva* to speak smb. fair, to speak well of smb.; *a ~ de rău pe cineva* to speak/talk ill of smb., to speak evil of smb.,

to slander/libel/vilify smb. **II.** *vb. refl.* **1.** to make an arrangement/appointment with smb. **2.** *(a unelti)* to plot, to scheme. ⓒ *se vorbește că...* they/people say that..., it is being said/reported/rumoured/given out that..., the story/ rumour goes that...; *se vorbește că vrea să devină actor* there is some talk of his intending to become an actor; *se vorbește mult despre el* he is much being spoken of, he is much (being) talked about. **III.** *vb. intr. (cu)* to speak (to); *(a sta de vorbă) (cu)* to talk (to/with), to converse (with); *(a flecări)* to chat (with); *(a pleda)* to plead; *(a ține un discurs)* to make/deliver a speech. ⓐ *a ~ de(spre)...* to speak/talk of/about... ⓑ *in general ~nd* generally/broadly/roughly speaking; *la drept(ul) ~nd* truth to say, as a matter of fact, frankly speaking. ⓒ *acum vorbește cu totul altfel* he talks in quite a different tone/strain now; *toată lumea vorbește despre asta* it is the general talk of the town, it is in everybody's mouth; *să vorbim despre altceva* let us change the subject; *cum ~m despre asta...* as we are on the subject...; *a ~ în fața unei adunări* to address a meeting; *faptele care vorbesc în favoarea lui...* the facts which tell/argue in his favour...; *a ~ în glumă* to jest, to joke, to kid; *a ~ în public* to speak in public, F→to speechify; *a ~ în vînt* to speak to no purpose, to waste words; *a ~ pe larg despre ceva* to discuss a matter at some length; *a ~ pe nas* to speak through the nose, to (have a nasal) twang; *a ~ afectat* to put it on (thickly), to gild the lily; *a ~ aiurea* **a.** to talk incoherently/irrationally, to rave. **b.** *fig.* F to talk at random, to talk through one's hat; *vorbești degeaba/în zadar* you speak in vain, you speak to no purpose; *vorbește mai departe* go on (talking), carry on; *a ~ deschis/fără înconjur* to speak one's mind (out), to speak out (bluntly/boldly); *a ~ englezește stricat* to speak broken English;

a ~ *liber* **a.** to speak openly. **b.** to speak extempore, to extemporize; *a face să se vorbeacă mult despre sine* to cause a great stir (in the world), to create/make a sensation; *a* ~ *mult* to talk a great deal; *a* ~ *peltic* to stutter, to stammer, to lisp, S→to lallate; *a* ~ *rar* to speak slowly, to be slow of speech; *a* ~ *românește cu cineva* **a.** to speak Romanian to smb. **b.** *fig.* to speak plain English to smb., to give smb. a piece of one's mind; *a face pe cineva să vorbească* to work secrets out of smb.; *îți vine ușor să vorbești* it is easy for you to talk (like that).

vorbire *s.f.* **1.** speaking, speech/ talk; *(fel de a vorbi)* manner of speech. **2.** *(cuvântare)* speech. ⓐ ~ *directă gram.* direct speech; ~ *indirectă gram.* indirect speech. ⓑ *părțile vorbirii gram.* parts of speech. ⓒ *a avea darul vorbirii* to have the gift of speech/F→of the gab.

vorbitor I. *adj.* speaking, talking etc. v. v o r b i. **II.** *s.m.* speaker; talker; lecturer. **III.** *s.n.* receiving room.

vornic *s.m.* **1.** *(ministru de interne)* ←*inv.* Minister for Internal Affairs. **2.** *(ministru de justiție)* ← *inv.* Minister of Justice. **3.** *(primar)* ← *odin.* village chief, magistrate, headman of a village. **4.** *(judecător de pace)*→*odin.* justice of the peace. **5.** v. v o r n i c e l.

vornicel *s.m.* best man.

vorovi *vb. inv.* v. v o r b i.

vostru *adj. pos.* your. ⓑ *al* ~ yours.

vot *s.n.* **1.** vote, suffrage. **2.** *(drept de* ~*)* franchise. **3.** *(votare)* voting. ⓐ ~ *consultativ* advisory vote; ~ *de încredere* vote of confidence; ~ *secret* secret ballot/voting, ballot(ing), poll(ing); ~ *universal* universal suffrage; ~*urile pentru și* ~*urile contra* the ayes and the noes. ⓑ *abținere de la* ~ abstention from voting; *buletin de* ~ ballot (paper), voting paper; *cu o majoritate de* ~*uri* by a majority of votes; *majoritate de* ~*uri* majority of votes; *numărătoarea* ~*urilor* the count(ing) of votes. ⓒ *a avea* ~

deliberativ to be entitled to speak and vote; *a-și da* ~*ul (cu dat.)* to give one's vote (to/for); to cast one's ballot (for); to vote for; *a lua parte la* ~ to go to the poll(s), to vote.

vota I. *vb. tr.* to vote; *(a alege)* to elect, to poll for; *(un proiect de lege în parlament etc.)* to pass, to carry; *(pt. parlament)* to elect as member of parliament. **II.** *vb. intr.* *(pentru; împotriva)* to vote (for; against), to give one's vote; *(în parlament)* to come to a division. ⓒ *a* ~ *prin ridicare de mâini* to vote by (a) show of hands.

votant *s.m.* voter.

votare *s.f.* voting etc. v. v o t a. ⓑ *secție de* ~ polling station/district.

votcă *s.f.* vodka.

votiv *adj.* votive. ⓑ *capelă* ~*ă* chantry; *tablou* ~ votive/commemorative picture.

vrabie *s.f. ornit.* sparrow, *fem.* hen sparrow *(Passer domesticus)*.

vrac *s.n.* bulk goods. ⓒ *a vinde în* ~ *com.* to sell in bulk.

vraci *s.m.*←P **1.** doctor; *(pretins)* quack (doctor), charlatan, mountebank, empiric. **2.** *(vrăjitor)* wizard.

vraf *s.n.* heap, pile; *(de hîrtii)* stack; *(de mărfuri)* bale, pack; *(de ziare)* file; *(de scrisori)* bundle, packet.

vraiște I. *s.f.* heap of confusion. **II.** *adv.* **1.** higgledy-piggledy, helter-skelter. **2.** *(deschis larg)* wide open. ⓒ *a lăsa totul* ~ to leave everything topsyturvy.

vrajă *s.f.* *(farmec)* charm, spell; *(magie)* enchantment, magic, conjuring; *(vrăjitorie)* magic art, sorcery, witchcraft, witchery; *(efect magic)* magic effect. **2.** *fig.* charm. ⓑ *ca prin* ~ as if by magic. ⓒ *a risipi vraja* to dissolve the charm, to break the spell.

vrajbă *s.f.* brawl(ing), feud; *(disensiune)* dissension; *(dușmănie)* enmity. ⓒ *a semăna* ~ *între...* to cast (in) a bone between..., to set (people) by the ears; to sow (the seeds of) discord/dissension/strife between/ among...

vrană *s.f.* bung hole. ⓑ *cep de* ~ bung.

vrăbioi *s.m. ornit.* cock sparrow.
vrăbioară *s.f.* sirloin (steak).
vrăfui *vb. tr.* to heap/to store up.
vrăji I. *vb. tr.* 1. to bewitch. 2. to change by magic/ sorcery, to enchant. 3. *fig.* to charm, to enchant, to fascinate. II. *vb. intr.* to practise sorcery.
vrăjit *adj.* 1. bewitched, spellbound etc. v. v r ă j i. 2. *fig.* charming, enchanting.
vrăjitoare *s.f.* 1. *şi fig.* witch, sorceress. 2. *fig.* enchantress, F→charmer.
vrăjitor *s.m.* 1. magician, sorcerer, wizard. 2. *fig.* charming/fascinating person.
vrăjitorie *s.f.* sorcery, magic, witchcraft.
vrăjmaş I. *adj. (cu dat.)* 1. *(duşman)* hostile (to), inimical, opposed (to), unfriendly (towards); *(crud)* cruel (to/towards). 2. *(teribil)* terrible, inimical, dreadful; *(potrivnic)* unfavourable. II. *s.m.* enemy, foe.
vrăjmăşi I. *vb. tr.* to show enmity/ill will to, to malign; *(a uri)* to hate. II. *vb. refl. (reciproc)* to be at enmity.
vrăjmăşie *s.f.* enmity; hostility.
vrea *vb. tr. şi intr.* v. voi². ⓐ *a ~ să...* to want to...; to intend to..., to be going to..., to mean to..., F→to feel like. ⓒ *vrei nu vrei* willing or not, F willy-nilly; *dacă vrei să aştepţi* if you'd care to wait; *vrei să bei ceai?* do you feel like tea drinking *sau* having a cup of tea? *ce ai ~ să fac pentru el?* what would you like me to do for him? *ce vrei să fac?* a. how can I help it? b. what do you want me to do?
vreascuri *s.n. pl.* brushwood; *(ca sarcină)* fag(g)ot.
vrednic *adj.* 1. *(demn) (de)* worthy, deserving (of); *(plin de demnitate)* dignified. 2. *(harnic)* diligent, industrious; hardworking; quick (at work), active, busy. 3. *(capabil) (să, de)* able (to), competent (to), fit (to), capable (of). ⓐ *~ de o cauză mai bună* worthy of a better cause; *~ de stimă* worthy of esteem. ⓒ *a fi ~ de...* to deserve..., to be worthy of...

vrednicie *s.f.* 1. merit. 2. industry, diligence, sedulousness; application; assiduity. 3. capability, capacity, efficiency. 4. *(vitejie)* bravery, valour. 5. *(cinste)* honour.
vrej *s.n.* creeping stem/stalk.
vreme *s.f.* 1. *(timp)* time; *(moment)* moment; *(prilej)* opportunity. 2. *pl.* times; *(perioadă)* age. 3. *(timp, stare a atmosferei)* weather. ⓐ *~ bună* good/fine weather; *~ frumoasă* fine weather; *~ ploioasă* rainy weather; *~ urîtă* bad weather; *~a probabilă* weather forecast. ⓑ *cu ~a* in (the course of) time, in process/course of time, as time goes on, with (the lapse of) time; *de cu ~. (de ~)* early. b. *(din timp)* in advance, in due course; in due/good time; *de la o (bucată de) ~ (încoace)* for some time now/past; *de scurtă ~* short-lived; *de ~ce...* since..., as..., because...; *din vremuri* from time immemorial, time out of mind; *după o bucată de ~* after a time/while; *înainte ~* formerly; *în toate vremurile* at all times; *într-o ~ cind...* at a time when...; *în ~a aceea* at that time, then; in those times; *în ~a de faţă* nowadays, in our time; *în vremurile de demult (apuse)* in the days of yore/old, in times past, in olden times; *pe o astfel de ~* in this/such weather; *pe cîtă ~..., in ~ce..* while...; whereas...; *pe orice ~* in all weathers; *pe ~a...* at/during the time of...; *pe ~a mea* in my time; *pe vremuri* formerly; *prea de ~* too early, before time; *toate la ~a lor, fiecare lucru la ~a lui* there is a time for everything. ⓒ *era o ~ cind...* time was when...; *dacă se strică ~a* if there is a break in the weather; *pe ~a cind eram tinăr* (in the days) when I was young, in my youth; *în vremurile ce vor să vină* in times to come.
vremelnic I. *adj.* 1. temporary, lasting a (short) while; *(provizoriu)* provisional. 2. *(trecător)* transient, transitory, ephemeral, evanescent. II. *adv.* temporarily, for a (short) while etc. v. ~ I.

vremelnicie *s.f.* transitoriness, transience.

vremui *vb. intr.* to break up.

vreo *adj.* v. v r e u n.

vreodată *adv.* ever; *(cîndva)* some time.

vrere *s.f.* **1.** *(voință)* will. **2.** *(hotărîre)* decision. **3.** *(dorință)* wish, desire. **4.** *(intenție)* intention.

vreun *adj.* some; *(în prop. interogative)* any.

vreunul *pron.* *(cineva)* somebody; *(oricare)* anybody.

vrută *s.f.* v. v r e r e. ⓐ *vrute și nevrute* idle/empty talk; small talk, *sl.* gas. ⓑ *pe vrute, pe nevrute* willy-nilly.

vui *vb. intr.* **1.** *(d. vînt etc.)* to boom, to roar; *(d. tunet)* to rumble, to mutter; *(d. mașini)* to hum, to din; *(d. valuri etc.)* to swish, to roar, to thunder. **2.** *(d. urechi)* v. v î j î i 4.

vuiet *s.n.* rumble, boom, rumbling; *(de voci)* hum, buzz; *(de mașini)* din; *(al vîntului etc.)* roaring; *(zarvă)* hubbub, uproar.

vuietoare *s.f. bot.* crowberry, crakeberry *(Empetrum nigrum)*.

vulcan *s.m. și fig.* volcano. ⓐ ~ *activ* active volcano; ~ *stins* extinct volcano.

vulcanic *adj.* **1.** volcanic. **2.** *fig.* ardent, fiery. ⓑ *bombă* ~*ă* volcanic bomb; *erupție* ~*ă* volcanic eruption; *fire* ~*ă* volcanic nature; *insulă* ~*ă* volcanic island; *lavă* ~*ă* volcanic lava; *munți* ~*i* volcanic mountains; *rocă* ~*ă* volcanic rock; *sticlă* ~*ă* volcanic glass.

vulcaniza *vb. tr.* to vulcanize.

vulcanizare *s.f.* vulcanization.

vulg *s.n. peior.* rabble, mob, riff-raff, ragtag (and bobtail).

vulgar I. *adj.* **1.** *(obișnuit)* common, vulgar, general. **2.** *(josnic)* vulgar, mean, low, base. **3.** *(neștiin-țific)* vulgar. ⓑ *latină* ~*ă* low/ vulgar Latin. **II.** *adv.* vulgarly etc. v. ~ I.

vulgarism *s.n.* vulgarism.

vulgaritate *s.f.* vulgarity, <blatancy.

vulgariza I. *vb. tr.* **1.** *(știința etc.)* to popularize. **2.** *(a face vulgar)* to coarsen, to vulgarize. **II.** *vb. refl.* to grow vulgar.

vulgarizare *s.f.* popularization etc. v. v u l g a r i z a.

vulgarizator *s.m.* vulgarizer, popularizer.

vulgata *s.f. rel.* the Vulgate.

vulnerabil *adj.* vulnerable, easily wounded/hurt. ⓑ *loc* ~ sore place, weak point, blind side, foible, *poetic→*heel of Achilles.

vulnerabilitate *s.f.* vulnerability.

vulpe *s.f.* **1.** *zool.* fox; *fem.* she-fox, vixen *(Vulpes vulpes)*. **2.** *fig.* sly/ cunning fox, F→artful dodger. ⓑ *blană de* ~ fur made of fox skin; *pui de* ~ young fox, fox's cub; *vînătoare de vulpi* fox hunt(ing).

vulpesc *adj.* **1.** fox-like, vulpine. **2.** *fig.* cunning.

vulpește *adv.* like a fox.

vulpoaică *s.f.* **1.** *zool.* she-fox, vixen. **2.** *fig.* v. v u l p e 2.

vulpoi *s.m.* **1.** *zool.* he-fox. **2.** *fig.* v. v u l p e 2.

vultan *s.m. ornit.* v. v u l t u r 1.

vultur *s.m.* **1.** *ornit.* eagle, vulture *(Aquila)*. **2.** *fig.* eagle. **3.** *Vulturul astr.* the Eagle. ⓐ ~ *imperial ornit.* golden eagle *(Aquila imperialis)*; ~*ul mieilor ornit.* bearded/lamb vulture, lammergeyer *(Gypaetus barbatus)*; ~ *pleșuv ornit.* golden eagle *(Aquila chrysaetus)*.

vulturaș *s.m.* eaglet.

vulturesc *adj.* aquiline, eagle('s)...

vulturește *adv.* like an eagle.

vulturică *s.f. bot.* mouse ear *(Hieracicum pilosella)*.

vulvă *s.f. anat.* vulva.

W

W, w *s.m.* W, w.
walon *adj.*, *s.m.* Walloon.
warant *s.n. com.* warrant.
water closet *s.n.* water closet.
water-polo *s.n. sport* water polo.
watt *s.m. fiz., electr.* watt.
wattmetru *s.m. electr.* wattmeter.
wattoră *s.f. fiz.* watt-hour.

weber *s.m. fiz.* Weber.
western *s.n.* Western (film), *sl.* horse opera.
whisky *s.n.* whisky.
wolfram *s.n. mineral.* wolfram(ium), tungsten.
wolframit *s.n. mineral.* wolframite.
wulfenit *s.n. mineral.* wulfenite.

X

X, x *s.m.* X, x, the twenty-sixth let-
ter of the Romanian alphabet.
x *s.m. mat. etc.* x. ⓑ *raze* ∼ x-rays.
xantină *s.f. chim.* xanthine.
xantonă *s.f. chim.* xanthone.
xenofob *adj., s.m.* xenophobe.
xenofobie *s.f.* xenophobia.
xenomanie *s.f.* xenomania.
xenon *s.m. chim.* xenon.
xeroftalmie *s.f. med.* xerophthalmia.
xifoid *adj. anat.* xiphoid. ⓑ *apendice*
∼ xiphoid appendix.

xilen *s.m. chim.* xylene.
xilofag *adj.* xylophagous.
xilofon *s.n. muz.* xylophone.
xilograf *s.m.* wood carver.
xilografia *vb. intr.* to carve in wood,
to engrave on wood.
xilografic *adj.* xylographic.
xilografie *s.f.* **1.** xylography, wood
carving. **2.** *v.* x i l o g r a v u r ă.
xilogravură *s.f.* xylograph, woodcut.

Y

yancheu *adj., s.m.* yankee.
yemenit *s.m., adj.* Yemenite.

Z

Z,z, *s.m.* Z, z, the twenty-seventh letter of the Romanian alphabet.

za *s.f.* **1.** *(verigă de lanț)* link of a chain; chain loop. **2.** *(lanț)* chain. **3.** *pl. odin.* mail shirt; mail coat. ⓕ *îmbrăcat în/cu* ~*le* mail-clad, clad în mail/armour.

zacuscă *s.f.* **1.** *(gustare)* hors d'oeuvre, snack, refreshments. **2.** *(conserve de pește)* pickled fish.

zadar *s.n.* ⓕ *în* ~ v. z a d a r n i c. **II.** ⓒ *a se strădui în* ~ to have one's trouble for nothing, to labour/toil in vain.

zadarnic I. *adj. (inutil)* useless, unavailing, vain, fruitless, futile; *(superfluu)* superfluous. ⓕ *efort* ~ futile effort; *vorbe* ~*e* idle talk. **II.** *adv.* in vain, to no purpose, of no avail, F→ (of) no use.

zadă *sf. bot.* **1.** larch tree/fir *(Larix decidua).* **2.** pitch pine *(Pinus abies).*

zaharicale *s.f. pl.* sweetmeats, F→ sweets, lollipops.

zaharifica *vb. tr.* to saccharify.

zaharimetrie *s.f.* saccharimetry.

zaharimetru *s.n.* saccharimeter.

zaharină *s.f.* saccharine.

zaharisi I. *vb. tr.* to (sweeten with) sugar; *(fructe etc.)* to candy. **II.** *vb. refl.* **1.** to become sugared. **2.** *(a se ramoli)* to grow decrepit, to become a dotard.

zaharisit *adj.* **1.** candied, sugared; *(dulce)* sweet. **2.** *fig. (ramolit)* ←F decrepit. ⓕ *fructe* ~*e* candied/preserved fruit.

zaharniță *s.f.* sugar box/basin; canister for sugar.

zaharos *adj.* **1.** sugar... **2.** *fig.* sugar--like.

zaharoză *s.f. chim.* saccharose.

zaharuri *s.n. pl.* sugars.

zahăr *s.n.* sugar, *chim.* saccharum; *(brut)* raw sugar. ⓐ ~ *ars* burnt sugar; ~ *candel* sugar candy; ~ *cubic* lump sugar; ~ *de fructe* fruit sugar, levulose, fructose; ~ *de sfleclă* beet sugar; ~ *de struguri* grape sugar; ~ *de trestie* cane sugar; ~ *pudră* glazing sugar, sugar in powder, powdered sugar; ~ *rafinat* refined/granulated sugar; ~ *tos* castor sugar. ⓕ *apă cu* ~ a. sugared water, sugar and water. ⓕ *fig.* eyewash, moonshine; *un băiat de* ~ F a brick of a boy; *căpățină de* ~ sugar loaf; *clește pentru* ~ sugar tongs; *cutie de* ~ sugar box; *fabrică de* ~ sugar factory/works; *fermentația* ~*ului chim.* saccharine fermentation; *plantație de* ~ sugar plantation; *rafinărie de* ~ sugar boilery/refinery; *(clădire)* sugar house; *sfeclă de* ~ sugar beet; *trestie de* ~ sugar cane; *vată de* ~ candy floss. ⓒ *a pune* ~ *în ceva* to put sugar into smth., to sugar/sweeten smth.; *a preface în* ~ to turn to sugar, to saccharify.

zaiafet *s.n. (petrecere)* feast; *(chef)* drinking bout, carousal, F→spree; *(masă)* (rich) repast/meal, F (fine) spread, (good) tuck-in.

zalhana *s.f.* shamble, slaughterhouse, abattoir.

zambilă *s.f. bot.* hyacinth *(Hyacinthus).* ⓐ ~ *de cîmp* v. v i o r e a.

zapis *s.n. (act)* ←*inv.* deed.

zar *s.n.* die. ⓐ ~*uri măsluite* loaded dice, *ist.* fulhams. ⓒ *a arunca* ~*urile* to throw/cast the dice/F→ bones; ~*urile sînt aruncate fig.* the die is cast/thrown.

zaraf *s.m.* ← *inv.* money-changer, broker, usurer.

zară *s.f.* butter milk.

zare *s.f.* **1.** *(lumină)* light; *(lumină slabă)* subdued (gleam of) light, F→shine, *poetic* sheen; *(puternică)* shining light. **2.** *(strălucire)* brilliancy. **3.** *(orizont)* horizon, sky line. **4.** *(culme a muntelui)* summit. ⓐ ~ *de foc* glow/flare of fire; ~ *de lumină* gleam of light. ⓑ *în* ~ in the distance.

zargan *s.m. iht.* garfish, garpike *(Belona belonacuzini)*.

zariște *s.f.* horizon, sky line.

zarnacadea *s.f. bot.* **1.** (poet's) narcissus *(Narcissus poeticus)*. **2.** daffodil *(Narcissus pseudonarcissus)*.

zarvă *s.f.* **1.** *(zgomot)* noise, hubbub, racket, din; *(larmă)* uproar, < tumult, row, riot; *(scandal)* fuss; ado, to-do; *(agitație)* bustle. **2.** *(ceartă)* quarrel, dispute, altercation; *(cu zgomot mare)* squabble, brawl(ing). ⓑ *ce mai* ~! what a to-do! *fără* ~ *fig.* without a fuss, without any fanfares. ⓒ *a face* ~ F to kick up a great row/rumpus/ shindy/shine; *a face* ~ *mare pe chestia… (cu gen.)* F to make a great stir/fuss about…

zarzavagiu *s.m.* greengrocer; *(ambulant)* costermonger.

zarzavat *s.n.* **1.** vegetables, greens, F→green stuff; *(pt. bucătărie)* pot/ green herbs, greengrocery. **2.** *fig.* F hotchpotch. ⓑ *grădină de* ~ vegetable/kitchen garden.

zarzăr *s.m. bot.* apricot tree *(Prunus armeniaca)*

zarzără *s.f.* apricot.

zaț *s.n.* **1.** *poligr.* matter. **2.** sediment, dregs/lee, grounds. ⓒ ~ *de bere* dregs/lees of beer; ~ *de cafea* grounds of coffee, coffee grounds.

zaveră *s.f.* **1.** *ist.* the Greek revolution of 1821. **2.** *(răscoală)* revolt, rebellion, rising.

zavragiu I. *adj. (certăreț)* quarrelsome, F fond of a row. **II.** *s.m.* **1.** *(tinichigiu)* tinner. **2.** *(certăreț)* squabbler, brawler.

zăbală *s.f. (bridle)* bit, curb bit. ⓒ *a mușca zăbala* to champ the bit.

zăbălos *adj.* nasty looking; hideous.

zăbăluță *s.f.* curb (chain).

zăbavă *s.f.* **1.** *(întîrziere)* delay. **2.** *(amuzament)* amusement; *(trecere de vreme)* pastime. ⓑ *cu* ~ too late; *după multă* ~ after much dawdling; *fără* ~ I. *adv.* without delay, forthwith, there and then. **II.** *adj.* immediate, instant, prompt. ⓒ *chestiunea nu suferă (nici o)* ~ the matter does/will not brook delay. ⓓ *graba cu zăbava* the more haste, the less/worse speed.

zăbovi *vb. intr.* **1.** to tarry, to delay (doing smth.); to linger/stay/ lie/lay behind. **2.** to be/come too late, to be behind one's time. ⓐ *a* ~ *asupra… (cu gen.)* to insist/dwell (up)on…

zăbovitor *adj.* tarrying etc. v. z ă-b o v i.

zăbranic *s.n.* crape.

zăbrea *s.f.* **1.** iron bar. **2.** *pl.* lattice/trellis work; *arhit.* screen; *(grilaj)* rail(ing); *(gard)* fence; *(gratii)* grating; *(de sîrmă, pt. protejarea plantelor)* wire netting; *(la sobă)* fender, guard. ⓑ *cu zăbrele* latticed; *fereastră cu zăbrele* lattice(d) window; *ușă cu zăbrele* grated door, hack.

zăbreli *vb. tr.* to surround with a grating/railing; to lattice.

zăbrelit *adj.* latticed.

zăbun *s.n. peasant's* quilted homsspun coat.

zăcare *s.f. (îmbolnăvire)* falling ill; *(boală)* disease, illness, sickness.

zăcămînt *s.n. geol., min.* deposit. ⓐ ~ *de cărbuni* coal deposits; ~ *de minereuri* ore/mineral deposits; ~ *de țiței* oil field(s).

zăcea *vb. intr.* **1.** *(pe masă, pe podea etc.)* to lie, to rest. **2.** *(a fi situat)* to be situated/placed; *(a se afla)* to be. **3.** *(a sta culcat)* to lie. ⓒ *zace de friguri* he is laid low with a fever; *a* ~ *în mormînt* to rest in one's grave, to be bedded under ground; *a* ~ *în pat* to lie in bed; *(ca bolnav)* to keep (to) one's bed, to be laid up; *aici zace…* here lies…; *a* ~ *grămadă* to lie in a heap, to be piled up.

zăcere *s.f.*, **zăcut** *s.n.* **1.** lying. **2.** v. z ă c a r e.

zădărî *vb. tr. (un ciine etc.)* to tease, to harass; *(a stîrni)* to excite, to rouse.

zădărnici *vb. tr.* **1.** *(a dejuca, planuri etc.)* to frustrate, to baffle, to balk, to thwart, to foil. **2.** *(a înfringe)* to defeat; *(a distruge)* to ruin, to destroy; *(a nimici)* to annihilate. ⓒ *a ~ planurile cuiva* to frustrate/thwart/upset smb.'s designs; to defeat/discomfit smb.'s schemes; *a ~ speranţele cuiva* to shatter / disappoint / dash smb.'s hopes.

zădărnicie *s.f.* **1.** *(inutilitate)* uselessness, utility, wantonness. **2.** *(deşertăciune)* vanity.

zădărnicire *s.f.* frustration, defeat, discomfiture etc. v. z ă d ă r n i- c i.

zăduf *s.n.* **1.** *(căldură înăbuşitoare)* stifling heat, sultriness, closeness, oppressiveness. **2.** *fig. (supărare)* trouble, worry.

zăgan *s.m. ornit.* bearded/lamb vulture, lammergei(e)r, lammergeyer *(Gypaetus barbatus)*.

zăgaz *s.n.* **1.** dam, dike, barrier; *(pe malul unui riu)* bank, embankment; *(portuar)* jetty, mole; *(dig)* breakwater, groin, sea wall; *(ecluză)* weir. **2.** *fig.* barrier, obstacle. ⓒ *a pune ~ (cu dat.)* to stem *(cu acuz.)*.

zăgăzui *vb. tr.* **1.** to dam up/in, to (em)bank. **2.** *fig.* to check, to restrain.

zăhărel *s.n.* ⓒ *a duce pe cineva cu ~ul aprox.*←F to allure/lure/decoy/entice smb.; F to gild/sugar-(-coat) the pill for smb.

zăloagă *s.f.* **1.** bookmark. **2.** *(capitol)* chapter; *(parte)* part.

zălog *s.n.* **1.** *(ca obiect)* guarantee, deposit; *(in bani)* security, caution money; *(imobil)* mortgage; *(in unele jocuri)* forfeit. **2.** *(ostatic)* hostage. ⓒ *a pune/da ~* v. z ă- l o g i; *a ţine ceva ca ~* to hold smth. as security.

zălogi *vb. tr.* **1.** *(a amaneta)* to (put in) pawn, to (give as a) pledge, F→ to put up the spout; *jur.* to mortgage, to hypothecate. **2.** *fig.* to engage.

zălud *adj.*←*reg. (smintit)* cracked, cranky; *(prost)* silly, foolish, doltish.

zămisli **I.** *vb. tr.* **1.** *(un copil)* to conceive, to become pregnant with. **2.** *fig. (a concepe)* to conceive, to imagine; *(a forma)* to form; *(a produce)* to produce; *(a inventa)* to invent. **II.** *vb. refl. pas.* to be conceived etc. v. ~ I. **III.** *vb. intr.* to conceive, to become pregnant.

zămoşiţă *s.f. bot.* hibiscus *(Hibiscus)*.

zănatic *adj. (zăpăcit)* thoughtless, F scatter-brained; *(nebun)* F crazy, cracked, daft.

zăngăneală *s.f.* clancking, clashing.

zăngăni **I.** *vb. tr.* to clang, to clank. ⓒ *a ~ armele fig.* to brandish one's arms. **II.** *vb. intr. (d. lanţuri, arme, pinteni, ferestre)* to clank, to clink, to rattle; *(d. pahare)* to jingle.

zăngănit *s.n.* clanking etc. v. z ă n- g ă n i. ⓐ *~ de arme* clash(ing) of arms; *~ de lanţuri* clanking of chains; *~ de pahare* jingling of glasses.

zăngănitor *adj.* clanging etc. v. z ă n g ă n i.

zănoagă *s.f.* **1.** *(vale intre munţi)* high valley; v. c ă l d a r e. **2.** *(poiană)* (forest) glade.

zăpadă *s.f.* **1.** snow. **2.** *pl.* masses of snow. ⓕ *Albă ca Zăpada* (Little) Snow-White; *alb ca zăpada* snow-white, (as) white as (the driven) snow; *bulgăre de ~* snowball; *ca zăpada* snowy, like snow, niveous; *cădere de ~* fall of snow, snowfall; *fulg de ~* flake of snow, snow flake; *furtună de ~* snow storm; *nor de ~* cloud full of snow; *om de ~* snowman; *plug de ~* snow plough. ⓒ *cade ~* it is snowing.

zăpăceală *s.f.* **1.** *(agitaţie)* flurry; *(incurcătură)* entanglement; *(dezordine)* confusion, disorder. **2.** *(a minţii)* bewilderment, perplexity; < distraction.

zăpăci **I.** *vb. tr.* to flurry, to puzzle, to perplex, to confuse, to disconcert, to bewilder. **II.** *vb. refl.* to become flustered, to lose one's head/presence of mind, to be all adrift; to be at a loss.

zăpăcit I. *adj.* thoughtless, F scatter-brained, hare-brained, flighty; *(iresponsabil)* reckless; rash, irresponsible; *(nebun)* F crazy; *(amețit)* dizzy, giddy, headless, F muddled. ⓒ *ce, ești* ~? F are you out of your senses? **II.** *s.m.* F scatter-brains, muddle-headed fellow, giddy fellow.

zăplan *s.m.* v. v l ă j g a n.

zăpor *s.n.* *(puhoi)* torrent; *(șuvoi)* stream, flow; *(revărsare)* flood; *(dezgheț)* thaw.

zăpuș(e)ală *s.f.* oppressive/intense/burning heat.

zăpuși *vb. tr.* *(d. soare)* to burn (hot).

zăpușitor *adj.* stifling, burning.

zări I. *vb. tr.* **1.** *(a vedea)* to behold, to view, to perceive; *(↓ de la prima privire)* to espy, to discover, to catch sight of, to get a glimpse of; ↓ *nav.* to descry, to sight. **2.** *(a observa)* to perceive, to notice, to observe. **3.** *(a-și da seama de)* to become aware of, to realize. **II.** *vb. refl.* **1.** *(a apărea)* to appear; to make one's appearance, to come to light, to crop up. **2.** *(a deveni clar)* to become clear/evident/manifest. **3.** *(a deveni vizibil)* to become visible, to loom; *nav.* to heave in sight.

zăticneală *s.f.* disturbance, trouble, inconvenience, upset, intrusion.

zăticni *vb. tr.* to disturb, to trouble, to derange, to upset, to interrupt, to prevent, to check, to arrest.

zău *interj.* **1.** *(cu adevărat)* really, actually, truly, in fact. **2.** *(serios?)* are you serious/in earnest? really? indeed? is that a fact? is that so? are you sure? is it true? do you actually mean it? **3.** *(pe cuvînt)* upon my word! F honour bright! *(pe legea mea)* on my soul! by/upon my faith! by Heaven! by Jove! **4.** *(te conjur)* I beg/entreat you. **5.** *peior.* *(ce zici!?)* really! v. și ~ 2; *(adesea se redă prin repetarea la interogativ a vb. auxiliar sau modal: „E foarte frumos." „Zău?"*

"It's very fine". "Is it?"). ⓒ *ba nu* ~*!* **a.** *(ce tot vorbești)* what are you talking about? v. și ~ 2. **b.** *(cu siguranță că nu)* indeed no! no, certainly not! of course not! *nu știu* ~ *dacă...* I really/actually don't know whether...; *zic* ~*!* v. ~ 3.

zăvod *s.m.* butcher's dog, mastiff.

zăvoi *s.n.* riverside coppice; v. și l u n c ă.

zăvor *s.n.* bolt. ① *sub* ~ (safely) locked up. ⓒ *a pune* ~*ul* to put up the bolt, to shoot the bolts, to bolt/bar the door; *a trage* ~*ul* to unbolt.

zăvorî I. *vb. tr.* **1.** to (bar and) bolt up. **2.** *fig.* to close; *(a ascunde)* to hide, to conceal. **II.** *vb. refl.* **1.** to shut oneself up, to shut oneself in a room. **2.** *fig.* to shut oneself up (in one's own shell).

zbanghiu *adj.* v. s a ș i u.

zbate *vb. refl.* **1.** to struggle (with one's hand and feet), to kick and strike about one, to toss/fling about; *(cu picioarele)* to kick about. **2.** *fig.* to struggle; *(a se zbuciuma)* to worry, to fret (oneself); *(a se zvîrcoli)* to throw oneself about.

zbengui *vb. refl.* **1.** to gambol, to frolic, to cut capers/ditoes. **2.** v. h î r j o n i.

zbenguială *s.f.* gambolling, frolicking.

zbici *vb. tr. și refl.* to dry.

zbicit *adj.* dried.

zbiera *vb. intr.* **1.** to bellow; to bawl out; *(d. vaci)* to low, to moo; *(d. măgari)* to bray. **2.** *(d. cineva)* *(la)* to bawl (at), to roar (at), to yell (at), F to sing out.

zbierăt *s.n.* **1.** bellow(ing); low(ing), moo(ing); bray(ing). **2.** bawl(ing), roar(ing), yell(ing).

zbilț *s.n.* noose.

zbir *s.m.* brute; tyrant; *(asupritor)* oppressor, sbirro.

zbîrci I. *vb. tr.* **1.** to wrinkle. **2.**←F to fail in, to miss. ⓒ *ai* ~*t-o*←F you've failed. **II.** *vb. refl.* to form wrinkles, to pucker, to crumple; to get wrinkles, to grow wrinkled. **III.** *vb. intr.* ⓒ *a* ~ *din nas* to turn op one's nose.

zbîrciog *s.m. bot.* morel *(Morchella)*.
zbîrcit *adj.* wrinkled etc. v. z b î r-
c i.
zbîrcitură *s.f.* wrinkle.
zbîrli I. *vb. tr. (părul)* to tousle;
(penele; apa) to ruffle; *(apa)* to
ripple. **II.** *vb. refl.* **1.** *(d. păr)* to
get dishevelled; to bristle up, to
stand on end; *(d. pene, apă)* to
ruffle. **2.** *fig.* F to fire/flare up,
to fly out.
zbîrlit *adj.* tousled, dishevelled.
zbîrn *interj.* whirr!
zbîrnîi *vb. intr.* to buzz, to hum; to
whirr.
zbîrnîit *s.n.* buzz(ing); whirr(ing).
zbîrnîitor *adj.* buzzing, humming.
zbor *s.n.* **1.** flight; flying; *(planat)*
gliding; *(în înaltul cerului)* soar-
(-ing), tower(ing); *(al păsărilor)*
S→vol(it)ation; *(al şoimului)* ca-
reer. **2.** *(avînt)* soaring, flight. **3.**
fig. (fugă) run, race. ⓐ ~ *acro-
batic av.* acrobatic flight; ~ *cir-
cumorbital* orbit flight; ~ *cosmic*
space flight; ~ *de antrenament av.*
training flight; ~ *de încercare av.*
test/trial flight; ~ *de noapte av.*
night flight; ~ *fără escală av.* non-
-stop flight; ~ *fără vizibilitate av.*
blind flying; ~ *instrumental av.*
instrumental flying; ~ *la mare
înălţime av.* altitude flying; ~ *în
picaj av.* diving; ~ *planat av.*
low-level flight, F→hedge hop-
ping; ~*ul omului în cosmos* manned
space flight(s). ⓑ *în/din* ~ **a.** on
the fly; flying, on/upon the wing;
(în aer) in the air. **b.** *fig.* quickly,
rapidly. ⓒ *a face un* ~ *circum-
orbital* to orbit the earth; *a-şi lua
*~*ul* **a.** to fly up, to take wing,
to take one's flight. **b.** *fig.* to run
away; *a prinde din* ~ *fig.* to be
quick *to understand etc.*
zborşi I. *vb. tr.* ⓐ *a-şi* ~*... (penele)*
to ruffle one's...; *(părul)* to bris-
tle/ruffle one's... **II.** *vb. refl. (a
striga) (la)* to shout (at), to bel-
low (at); to raise one's voice (at).
ⓐ *a se* ~ *la...* F to fly at..., to
be down upon...
zborşit I. *adj.* **1.** *(d. oameni)* furi-
ous, F in high dudgeon. **2.** v. z b î r-
l i t. **II.** *adv.* furiously.

zbucium *s.n.* **1.** agitation; nervous-
ness, fret; *(nelinişte)* anxiety, un-
easiness. **2.** *(zbatere)* struggle; strug-
gling.
zbuciuma *vb. refl.* **1.** to be agitated/
nervous; to fret; to be anxious/
uneasy. **2.** to struggle.
zbuciumat *adj.* **1.** agitated; nervous;
anxious, uneasy. **2.** struggling; tu-
multuous.
zbughi[1] *interj.* hop! jump! go! flip!
flop!
zbughi[2] *vb. tr.* ⓐ *a o* ~ F to scam-
per/scour away/off, to scuttle
away.
zbura I. *vb. intr.* **1.** to fly, to be on
the wing, F→to wing it; *(cu avio-
nul)* to go by air; *(a-şi lua zbo-
rul)* to take one's flight; *(în aer)*
to sail; *(planat)* to soar, to tow-
er; *(f. repede)* to dart through the
air. **2.** *fig. (a se mişca repede)* to
move rapidly, to pass swiftly, to
sweep, to dash, to shoot; *(ca o
săgeată)* to dart, to flit. **3.** *fig.
(a se pierde)* to be lost/gone. **4.**
fig. (a trece repede) to fly (away).
5. *(a pleca)* to fly, to flee. ⓒ *a*
~ *în aer* to be blown up, to ex-
plode; *a* ~ *în ajutorul cuiva* to
run to help smb.; to hasten to
smb.'s aid; *îl lovi aşa de rău încît
zbură sub masă* he knocked him
under the table; *a* ~ *împrejur* to
fly round/about, to circumvolute;
a ~ *încoace şi încolo* to fly/flut-
ter about; *zboară scîntei* sparks
fly/flash about; *timpul zboară* time
flies (away); *a lăsa să zboare* to let
fly/loose; *(porumbei)* to fly...; *a
*~*t (a plecat)* he has fled/flown.
ⓓ *nu tot ce zboară se mănîncă* all
is not gold that glitters. **II.** *vb.
tr. (a reteza)* to cut off. ⓒ *a-şi*
~ *creierii* to blow out one's brains,
to shoot oneself through the head.
zburat *adj.* flown away. ⓑ *lapte* ~
curd, curdled milk.
zburătăci I. *vb. tr.* to cast/fling
smth. at. **II.** *vb. refl.* v. ~ III, 2,
3. **III.** *vb. intr.* **1.** *(d. zburătoare)*
to take wing, to take one's flight.
2. *(d. pui)* to grow. **3.** *(d. copii)*
to grow up.

zburătoare *s.f.* 1. (flying) bird. 2. *bot.* French willow, fireweed *(Epilobium angustifolium)*.

zburător I. *adj.* flying; *(înaripat)* winged. II. *s.m.* 1. *av.* flier, flyer, airman, pilot. 2. *mit.* P *evil spirit (tormenting girls and women)*; *a-prox.* (hob)goblin. 3. *nav.* fore-top gallant sail.

zburătură *s.f.* 1. chop (of wood), splinter, chunk (of wood, stone etc.). 2. stone's throw. ① *la o* ~ *de piatră* at a stone's throw.

zburda *vb. intr.* to sport, to romp, to gambol, to frolic, to frisk (about).

zburdalnic *adj.* sportive, frolicsome, frisky; *(jucăuş)* playful.

zburdă *s.f.* sporting, gambolling, frolic, frisking; *(joacă)* play.

zburdălnicie *s.f.* 1. sporting; sportiveness; playfulness. 2. *pl.* v. n e b u n i e 2.

zburdătură *s.f.* skip, jump.

zdranc, zdrang *interj.* crash! smash!

zdravăn I. *adj.* 1. *(voinic)* sturdy, vigorous; sinewy. 2. *(sănătos)* healthy; *(întreg)* whole; *(la minte)* sane. 3. *(straşnic)* F mighty, terrible. ⓒ *nu eşti* ~ *(la cap)?* F are you crazy? are you out of your senses? II. *adv.* F mightily, awfully, terribly. ⓒ *a bea* ~ to drink heavily.

zdrăngăni I. *vb. intr.* 1. to rattle, to jingle. 2. *(la; din)* to thrum *(cu acuz.).* II. *vb. tr.* ⓒ *a* ~ *sabia* to rattle the sabre.

zdrăngănit *s.n.* rattling etc. v. z d r ă n g ă n i.

zdreanţă *s.f.* 1. rag, tatter. 2. *fig.* F *peior.* rag, milksop, backboneless/spineless creature. ① *(îmbrăcat) în zdrenţe* in rags (and tatters), ragged.

zdreli I. *vb. tr.* to scratch, < to gall. II. *vb. refl* to scratch/graze oneself.

zdrelitură *s.f.* scratch, < gall.

zdrenţăros I. *adj.* ragged, in rags/tatters; *(d. haine)* shabby. II. *s.m.* ragged fellow, ragamuffin.

zdrenţui *vb. refl.* to be frayed/torn, to be worn out.

zdrenţuit *adj.* 1. frayed, torn, worn out, in tatters. 2. v. z d r e n ţ ă-r o s I.

zdrobi I. *vb. tr.* 1. to crush; *(ceva moale, şi)* to squash; *(a sfărîma)* to break (< to pieces). 2. *fig.* to crush; *(a învinge)* to defeat, to overwhelm; *(a distruge)* to destroy. II. *vb. refl. pas.* to be crushed etc. v. ~ I.

zdrobit *adj.* 1. crushed etc. v. z d r o-b i. 2. *fig. (sleit)* tired/worn/fagged out, done/knocked up, exhausted. 3. *fig. (de durere)* overwhelmed with grief.

zdrobitor *adj. (d. o înfringere etc.)* crushing; *(d. majoritate)* overwhelming.

zdrumica *vb. tr.* 1. v. d u m i c a. 2. v. z d r o b i.

zdruncin *s.n.* 1. shaking, jolting. 2. *fig.* commotion; *(şoc)* shock.

zdruncina I. *vb. tr. şi fig.* to shake; *(a submina)* to undermine; *(a slăbi)* to weaken. II. *vb. refl. pas.* to be shaken etc. III. *vb. intr.* to jolt.

zdruncinător *adj. (d. trăsuri)* jolty.

zdruncinătură *s.f.* 1. jolt. 2. *fig.* v. z d r u n c i n 2.

zdup I. *interj.* bump! smash! flop! bang! thud! thump! II. *s.n.* F rogue house, limbo quod, jug.

zdupăi *vb. intr.* to tread heavily, to trample.

zeamă *s.f.* 1. *(de fructe)* juice. 2. *(sos)* gravy, sauce. 3. *(sevă)* sap. 4. *(supă)* soup. 5. *(sînge)*←F blood. ⓐ ~ *de carne* a. *(bulion)* meat, gravy/broth; *(de carne de vită)* beef tea, bovoil. b. *(a cărnii)* juice of meat; ~ *de lămîie* lemon juice; ~ *de roşii* tomato juice; ~ *de struguri* grape juice; ~ *de varză* cabbage pickle; ~ *lungă* a. skilly. b. *fig. (poveste lungă)* F long rigmarole/yarn/story. ① *cine s-a fript cu* ~ *suflă şi în lapte* once bitten twice shy.

zebră *s.f.* zebra *(Equus/Hippotigris zebra).*

zebu *s.m.* zool. zebu *(Bos indicus).*

zece I. *num.* 1. *şi adj.* ten. 2. *pl.* tens, dozens, scores. ⓐ ~ *ani* ten years, decade; ~ *mii* ten thou-

sand. ⓑ *de* ~ *ori* ten times. ⓒ
nu cred nici a zecea parte din ce (-mi)
spui I don't believe a tithe of what
you say; *a avea* ~ *vieți* to bear a
charmed life/existence; *e* ~ *și un*
sfert it is a quarter past ten. **II.**
s.n. **1.** *(number)* ten. **2.** *(la cărți)*
a ten. **3.** *(ca notă)* ten. ⓐ *un* ~
de pică a ten of spades. ⓒ *a pri-*
mit (un) ~ *la latină* he got ten
for Latin.

zece(le)a *num. ord., adj. the* tenth.

zecimal *adj. (decimal)* decimal.

zecimală *s.f. mat.* decimal fraction.

zecime *s.f.* **1.** *(a zecea parte)* tenth.
2. *pl.* tens.

zeciui *vb. tr. (a încasa zeciuială de*
la) to levy tithe on, to tithe; *(a*
plăti zeciuială) to pay tithe(s) to.

zeciuială *s.f.* tithe.

zefir I. *s.m.* zephyr, soft wind/
breeze. **II.** *s.n. text.* zephyr.

zeflemea *s.f.* banter, raillery, quiz-
zing, gibe, F chaff(ing). ⓒ *a lua*
în ~ v. z e f l e m i s i.

zeflemisi *vb. tr.* to rail/mock, to
scoff/sneer at, to ridicule, to de-
ride, F→to chaff.

zeflemisit *s.m.* scoffer, mocker, sar-
castical person, F chaffer, quizzer,
wag.

zeghe *s.f.* **1.** thick twilled cloth. **2.**
kind of peasant's twilled cloth coat.

zeină *s.f. chim.* zein(e).

zeitate *s.f. (zeu)* (male) deity, god;
(zeiță) (female) deity, goddess.

zeiță *s.f. și fig.* goddess.

zel *s.n.* zeal, eagerness, ardour, ferv-
our. ⓑ *cu* ~ eagerly, zealously,
with zeal/zest; *exces de* ~ false/
misguided zeal. ⓒ *a face exces de*
~ **a.** to make a show of zeal. **b.**
to go beyond one's orders.

zelos I. *adj.* zealous, eager, keen,
ardent, fervent, earnest; *(in a*
face un serviciu) officious. **II.** *adv.*
zealously etc.

zemos I. *adj.* juicy, rich in juice.
II. *s.m. bot.* v. p e p e n e g a l-
b e n.

zemui *vb. intr.* to be juicy, to be
rich in juice; to ooze.

zenana *s.f. text.* zenana.

zenit *s.n.* **1.** *astr.* zenith, vertex.
2. *fig.* zenith, vertex, acme, cli-
max.

zeolit *s.n. min.* zeolite.

zepelin *s.n.* zeppelin, F→zep(p).

zer *s.n.* whey.

zeri *vb. refl.* to whey (off).

zero *num., s.n.* **1.** *mat.* zero; *(ca*
cifră) cipher, F→nought; *(la te-*
lefon) 0; *(în sport)* nil; *(la ter-*
mometru) zero; *(punct de îngheț)*
freezing point; *(nimic)* nothing,
nought, naught. **2.** *fig.* a mere
cipher; a (mere) nobody, a (per-
fect) nonentity. ⓐ ~ *la* ~ *sport*
love all. ⓑ *deasupra lui* ~ above
zero; *sub* ~ below zero. ⓒ *termo-*
metrul înregistrează ~ *grade* the
thermometer registers/is at/stands
at zero; *rezultatul a fost egal cu*
~ F→the result was nil.

zeros *adj.* wheyey.

zestre *s.f.* dowry, marriage portion,
dower; *(trusou)* trousseau. ⓑ *fată*
fără ~ portionless girl; *foaie de*
~ marriage contract; *ladă cu* ~
bottom drawer, *amer.* hope chest;
vînător de ~ fortune hunter. ⓒ
a da de ~ *(cuiva)* to dower (smb.).

zețaj *s.n. mineral.* settling method.

zețar *s.m. poligr.* compositor, F→
comp.

zețărie *s.f. poligr.* composing room,
case department.

zețui *poligr.* **I.** *vb. tr.* to compose,
to set up. **II.** *vb. intr.* to set up
type.

zeu *s.m. și fig.* god.

zevzec I. *adj.* silly, foolish, F thick-
-headed, addle-headed/-pated/-
-brained. **II.** *s.m.* simpleton, F block-
head, addle-brain/-pate.

zgaibă *s.f. med.*←P pustule; blis-
ter.

zgardă *s.f.* dog collar.

zgîi I. *vb. tr.* ⓒ *a* ~ *ochii* to open
one's eyes wide. **II.** *vb. refl. (la)*
to stare (at), F to goggle (at).

zgîlții I. *vb. tr.* **1.** to shake, to jog;
(a smuci) to jerk. **2.** *fig.* to shake
up. **II.** *vb. refl.* to shake; *(a se*
smuci) to jerk.

zgîlțîială *s.f.,* **zgîlțîit** *s.n.* shaking
etc. v. z g î l ț i i.

zgîlţiitură *s.f.* shake, jog; *(smucitu-ră)* jerk.

zgîndări *vb. tr.* **1.** *(focul)* to mend, to rake, to poke. **2.** *(o rană)* to irritate; *fig.* to rub salt on, to rub it into. **3.** *(a înţepa)* to prick; *(a atinge)* to touch. **4.** *(pofta)* to whet, to sharpen. **5.** *fig.* to embitter, to aggravate; *(a irita)* to rub (up) the wrong way, to anger, to provoke.

zgîrcenie *s.f.* avarice, stinginess, niggardliness; meanness, skimp.

zgîrci[1] *s.n. anat.* cartilage, S→chondrus.

zgîrci[2] **I.** *vb. tr.* *(pumnul)* to clench; *(d. căldură etc.)* to shrivel; *(a încorda)* to strain; *(a contracta)* to contract. **II.** *vb. refl.* **1.** *(de căldură etc.)* to shrivel, to shrink; *(a se contracta)* to contract; *(a se paraliza)* to be paralysed. **2.** *(a fi zgîrcit)* to be stingy/niggardly. ⓐ *a se ~ la...* *fig.* to be sparing of..., to kick at..., to stint...

zgîrcioabă *s.f.* *(zgîrcit)* F skinflint, flayflint.

zgîrcit **I.** *adj.* **1.** close-/tight-fisted, grasping, avaricious, greedy (of gain), stingy, niggardly, miserly, skimpy, mean, F→(as) mean as the grave. **2.** *(d. pumn etc.)* clenched etc. v. z g î r c i[2] **I.** ⓐ *~ la vorbă* chary of words, *a person* of few words. **II.** *s.m.* miser, niggard, F→close liver, skinflint, flayflint.

zgîria **I.** *vb. tr.* **1.** to scratch; to scrape; < to gall. **2.** *fig. (hîrtia)* to scrawl; *(vioara)* to scrape. **3.** *muz.* v. c i u p i. ⓒ *mă zgîrie in gît* F I feel a scratching in my throat. **II.** *vb. refl.* to get scratched, < galled.

zgîriat *adj.* scratched.

zgîrie-brînză *s.m.* *(zgîrcit)* F skinflint.

zgîrieci *s.m.* carpenter's scraper.

zgîrie-nori *s.m.* sky scraper.

zgîrietură *s.f.* scratch, scrape, < gall.

zgîtie *s.f. reg.* v. ş t r e n g ă r i ţ ă.

zglăvoacă *s.f. iht.* miller's thumb *(Cottus gobio).*

zglăvoc *s.m. bot.*←P **1.** hemp flower. **2.** v. g h i o c[2].

zglobiu *adj.* **1.** v. z b u r d a l n i c. **2.** *(vioi)* lively; sprightly.

zgomot *s.n.* noise; *(agitaţie)* bustle; *(tărăboi)* hubbub, racket, din, ado, to-do, uproar; tumult; F→row, shindy, shine, rumpus; *(ceartă)* brawl(ing); *(strigăte)* shouting, clamour; *(scandal)* fuss; *(murmur)* murmur. ① *mult ~ pentru nimic* much ado about nothing. ⓒ *a face ~* to make a noise.

zgomotos **I.** *adj.* noisy, boisterous, < tumultuous, uproarious. **II.** *adv.* noisily etc. v. ~ I.

zgrăbunţă *s.f.*←P pimple, blotch.

zgrăbunţică *s.f. bot.* doc cress, nipplewort *(Lapsana communis).*

zgrăbunţos *adj.*←P pimpled, pimply.

zgribuli *vb. refl.* to shrivel, to shrink; *(de frig)* to huddle oneself up; *(a se face mic)* to cower (down), to squat down.

zgribulit *adj.* shrivelling, shrinking; huddled up.

zgripţor *s.m.* **1.** *ornit.* royal eagle *(Aquila heliaca);* v. şi p a j u r ă 1. **2.** *mit.* griffin, griffon. **3.** *fig. (zgîrcit)* miser, niggard, F skinflint; *(om rău)* brute, beast.

zgripţoroaică, zgripţuroaică *s.f.* *(cotoroanţă)* *fig.* (old) hag, (old) crone.

zgrunţuros *adj.* rough, uneven.

zgudui **I.** *vb. tr. (zdruncina)* şi *fig.* to shake; < to shake violently, to convulse. **II.** *vb. refl.* v. z d r u n c i n a II; *şi fig.* to be shaken; < to be shaken violently, to be convulsed.

zguduire *s.f.* **1.** shaking; convulsion etc. v. z g u d u i. **2.** *(ca act)* shake; shake-up. **3.** *fig.* shock; *(turburare)* commotion, *pl.* convulsions.

zguduitor · *adj.* **1.** shaking. **2.** *fig.* staggering; *(grozav)* tremendous; terrible, awful; *(care înfioară)* thrilling.

zguduitură *s.f.* shake, jerk, jolt, jog.

zgură *s.f.* **1.** slag, dross, scoria; *(la terenuri de sport)* cinders. **2.** *fig.* dross.

zgurifica *vb. refl.* to slag.

zguros *adj.* slaggy.

zi *s.f.* **1.** day. **2.** *(dată)* date. **3.** *(lumina zilei)* daylight. **4.** *pl. (vremuri)* times, days; *(ani)* years. **5.** *(viață)* life, day(s). ⓐ ~ *albă* happy day; ~ *astronomică* astronomical day; ~ *caldă* warm/hot day; ~ *civilă* civil day; ~ *de iarnă* winter day; ~ *de lucru* working/week day; ~ *de muncă* work day; ~ *de naștere* birthday; ~ *de post rel.* fast(ing) day; ~ *de sărbătoare* day of rest, holiday, red-letter day, *rel.* festival, feast day; ~ *de tîrg* market day; ~ *de toamnă* autumnal day; ~ *de vară* summer's day; ~ *de* ~ every day, day by day, day in, day out; ~ *din săptămînă* week day; ~ *frumoasă* fine day; ~ *însorită* sunny/bright day; ~*le întregi* for whole days, for days (together); ~*lele acestea* **a.** *(de curînd)* during the last few days, lately, of late. **2.** *(curînd)* one of these days, soon; ~ *liberă* day off; ~*-muncă* work-day unit; ~ *obișnuită* black-letter day; ~ *ploioasă* raining day, rainy day; ~ *rece* cold day; ~ *siderală* sideral day; ~ *solară* solar day; *splendidă* glorious/gorgeous day; ~*ua* in the day time; by day; ~*ua bună!* v. b u n ă ~u a; ~*ua de Anul Nou* New Year's Day; ~*ua întreagă* all day (long), day in (and) day out; ~*ua judecății de apoi* the Day of Judgement, Doomsday; ~*ua-namiaza mare* in broad/full daylight; ~*ua numelui* name day. ⓑ *acum cinci* ~*le* five days ago; *acum cîteva* ~*le* a few days ago, the other day; *acum 14* ~*le* a fortnight ago/since; *un an de* ~*le* I. *s.m.* a year. II. *adv.* for a whole year; *ani de* ~*le* many years/a year; *bună* ~*ua!* *(dimineața)* good morning! *(după ora 12)* good afternoon; *(mai ales la plecare)* good day! *cale de o* ~ *de la...* a day's journey from...; *conversație de fiecare* ~ everyday conversation; *corespondența* ~*lei* daily/day's correspondence; *cu o* ~ *înainte* a day before; *cursul* ~*lei com.* current exchange; *(d. acțiuni)* quotation of the day; *de*

două ori pe ~ twice a day; *de fiecare* ~ (occurring) daily, every day's...; *de la o* ~ *la alta* from one day to another; *de pe o* ~ *pe alta* from day to day; *de trei* ~*le* I. *adj.* of/lasting three days, three days'... II. *adv.* for three days (running); *din* ~ *în* ~, *pe* ~ *ce trece* every day, day after day; *haină de toate* ~*lele* ordinary/every day clothes; *în faptul* ~*lei* at dawn/daybreak, at break of day; *în fiecare* ~ every day; *în plină* ~ in broad/full daylight; *într-o bună* ~ one (fine) day; *intr-o (in trecut)* one day; *(in viitor)* some day; *în* ~*lele noastre* in these/our days, nowadays; *în* ~*ua aceea* (on) that day; *în* ~*ua precedentă* on the day previous, (on) the day before; *(în)* ~*ua următoare* (the) next day; *la două* ~*le* every other day, day about; *la orice oră a* ~*lei* at every hour of the day, at any time of the day; *la ordinea* ~*lei* of the day; *la* ~ up to date; *literatura* ~*lei* literature of the day, current literature; *luceafărul de* ~ morning star; *lucrător cu* ~*ua* dayworker, day labourer; *lucru cu* ~*ua* day work; *lumina* ~*lei* daylight; *marele eveniment al* ~*lei* the great event of the day; *moda* ~*lei* the fashion of the day; *omul* ~*lei* the man of the day; *ordin de* ~ *mil.* order of the day, general order; *ordine de* ~ order of the day, agenda; *pe ordinea de* ~ on the agenda; *peste 8* ~*le* a week hence, in a week; *pe* ~ a day; *poșta* ~*lei* day's/daily mail; *problemele (sau chestiunile)* ~*lei* the questions of the day; *serviciu de* ~ day('s) service; *știrile* ~*lei* the news of the day; *timpul* ~*lei* day time, time of day; *toată* ~*ua* all day long, round the clock; *zori de* ~, *faptul* ~*lei* daybreak, dawn/break of day. ⓒ *anul are 365 de* ~*le* the year has 365 days, there are 365 days in a year; *a căuta* ~*ua de ieri* F to look for a mare's nest; *a-și da* ~*lele pentru...* to give one's life for...; *a face cuiva* ~*le fripte/amare* F to

make a place too hot for smb.,
to play hell and tommy with smb.;
a fixa o ~ to appoint a day; *a
fixa* ~*ua nunţii* to name the day;
a-şi lua ~*ua bună* to take leave,
to say good-bye; *a munci cu* ~*ua*
to work by the day; *a muri cu*
~*le* to die before one's time, to
come to an untimely death; *a
scăpa cu* ~*le* to escape with one's
life, to escape with life and limb;
se face/luminează de/se crapă de
~*uă* the day is dawning/break-
ing, it is growing light; *a aduce
la lumina* ~*lei* to bring to light;
a fi la ~ *com.* to have no arrears,
to have one's books in perfect or-
der; *a fi la* ~ *cu...* to be in cur-
rent/touch with...; to keep
abreast of/with...; *a strînge bani
albi pentru* ~*le negre* to lay by
for a rainy day; *e* ~*uă (deja)* it
is quite light; *a munci* ~*ua şi
noaptea* to work day and night.

ziar *s.n.* (news)paper, journal, pub-
lic print; *(oficial)* gazette; *(zil-
nic)* daily (paper), *pl.* daillies. ⓐ
~ *de dimineaţă* morning paper;
~ *de seară* evening paper; ~ *zilnic*
daily paper, daily; ~*ele de azi*
today's papers/press. ⓑ *anunţ de/
la* ~ notice (inserted) in a paper;
articol de ~ newspaper article;
(mai scurt) paragraph, F→item;
tăietură de ~ newspaper cutting,
clipping; *corespondent de* ~ news-
paper correspondent; *informaţii de*
~ news report, news/information
items; *redactor de* ~ editor of a
(news)paper; *rubrică de* ~ news-
paper column; *supliment de* ~ sup-
plement of/to a newspaper; *vîn-
zător de* ~*e* newsboy, newsman. ⓒ
e în ~*(e)* that's (written) in the
paper(s), the newspaper says so;
a da la ~ to insert in a paper, to
publish in a paper; *a da un anunţ
la* ~ to advertise in a newspaper;
a publica la/într-un ~ to publish
in a paper.

ziarist *s.m.* journalist, newspaper-
man, pressman, newsman, writer
for the press/newspapers; *(repor-
ter)* reporter; *(corespondent)* corre-
spondent.

ziaristică *s.f.* journalism.
zibelină *s.f.* **1.** *zool.* sable *(Mustela
zibellina).* **2.** *(blană de* ~*)* sable
fur; *(ca haină)* sable cloack/cape.
zibetă *s.f. zool.* civet cat *(Viverra
zibetha).*
zicală *s.f.* proverb(ial saying), say-
ing, (old) adage, saw, household
word; maxim. ⓒ *(după) cum e
zicala* as the old adage has it, as
the saying is/goes.
zicătoare *s.f.* v. z i c a l ă.
zice I. *vb. tr.* **1.** to say *smth.* to *smb.*,
to tell *smb. smth.*; *(a declara)* to
declare; *(a afirma)* to affirm. **2.**
(a recita) to recite. **3.** *(a citi)* to
read. **4.** *(a socoti)* to think; to say.
5. ←P *(a cînta)* to sing; *(dintr-un
instrument)* to play. ⓒ *nu vreau
să zic asta* I don't mean that, I
don't want to imply that; *eu zic
că nu* I should say not; *(mai că)
aş* ~ *că e urîtă* I might (venture
to) say that she is ugly; *bine, să*
~*m că e aşa, ei şi?* well, say it
were true, what then? *n-am ce* ~*!*
a. *(foarte)* very; *(extraordinar)*
exceedingly. **b.** *(fireşte)* certainly,
of course. **c.** v. h a l a l; *a* ~ *ceva
la urechea cuiva* to whisper smth.
in smb.'s ear; *ce-ai* ~ *să vedem
un film?* what do you say to (seeing/
amer. taking in) a picture? *ce zici!*
F now really! yo don't say so!
you don't mean it! *ei, ce zici?*
(well) what say you? well? *ce vo-
iam să zic?* what was I going to
say? *ce vrei să zici?* what do you
mean? *ce vrei să zici cu asta?* what
do you mean by it? *a* ~ *da* to
answer in the affirmative; *o să
i-o zic în faţă* I will tell him so
to/in his face; *cît ai* ~ *peşte* F
before you could say Jack Robin-
son; *a* ~ *o poezie* to recite a poem;
i-am zis să plece I told him to go
away; *ca să zic aşa...* so to speak/
say...; *cît pe ce să zic...* I wasn't
far from saying...; *zi-i-nainte!* go
on! carry on! *a vrea să zică* to
mean (to say); *să* ~*m...* say...;
*n-am nimic de zis în această ches-
tiune* I have no(thing to) say in
the matter. **II.** *vb. refl.* ⓐ *se* ~
it is said, they/people say, F→it

is given out; *a i se* ~ to be called/
named. ⓒ *se* ~ *că e orb* they say
he is blind, he is said to be blind;
fă cum ţi se ~ do as you are told;
cum se ~ *la...* in *englezeşte?* what
is the English for...? *s-a zis cu...*
F it's all over with...; *cum s-ar*
~ as it were, as one might say;
s-ar ~ *că vrea să plouă* it looks
like rain; *cum s-a zis mai sus* as
mentioned above. **III.** *vb. intr.* **1.**
to say. **2.**←P *(din vioară)* to play
(on) the violin. ⓐ *a-i* ~ to be
called/named. ⓑ *ca să* ~*m aşa*
in a manner (of speaking); so to
speak; *aşa zicînd* so to speak; ~
numai (aşa) that's only his way
of speaking, he does not mean it;
că bine zici! F now that's a wise
word! right you are! of course!
cum ~ *proverbul* as the saying
goes; *cum ţi zici?* what do you
call it? what's his name? *cum am
zis înainte* as I said before; *nimic
de zis!* F I should say! *între noi
fie zis* speaking confidentially, be-
tween you and me; *zis şi făcut* no
sooner (was it) said than done; *mi-e
ruşine să-i zic om* I am ashamed
to call him a man; *(care) va să
zică* (and) so, in other words; *(adi-
că)* that is (to say).
zid *s.n.* **1.** wall. **2.** *fig.* barrier,
wall. ⓐ ~ *de cărămidă* brick wall;
~ *fără ferestre* dead wall; ~ *de
piatră* stone wall; ~*ul chinezesc*
the Great Wall. ⓒ *a împrejmui cu*
~*uri* to wall in.
zidar *s.m.* brick layer, (brick) ma-
son, builder; *(tencuitor)* plasterer.
zidărie *s.f.* **1.** *(ca meserie)* masonry,
bricklayer's / builder's / building
trade. **2.** *(ca lucru)* brick laying,
brick(layer's) work, F←brick-and-
-mortar (work). **3.** *(ca masă de ma-
terial)* masonry (work), brickwork.
zidărit *s.n.* v. z i d ă r i e 1.
zidi *vb. tr.* **1.** *(a clădi)* to build
(up), to construct; *(a ridica)* to
erect, to raise (up). **2.** *(a împrejmui
cu zid)* to wall in. **3.** *fig. (a crea)*
to create. **4.** *fig. (a închide)* to
inmure.

zidire *s.f.* **1.** building etc. v. z i d i.
2. *(concret)* building, construc-
tion.
zidit I. *adj.* built etc. v. z i d i. ⓑ
bine ~ well built. **II.** *s.n.* v. z i-
d i r e 1.
ziditor *s.m.* **1.** *(constructor)* builder,
constructor. **2.** *(fondator)* founder.
3. *fig. (creator)* creator, maker.
zigomatic *adj.* anat. zygomatic.
zigomă *s.f.* anat. cheek/yoke bone,
zygoma.
zigzag *s.n.* zigzag (line), crinkum-
-crankum. ⓑ *in* ~ (in) zigzag.
ⓒ *a naviga în* ~ *nav.* to steer a
zigzag course, to tack about; *dru-
mul face* ~*uri* the road runs zig-
zag.
zil(i)er *s.m.* day-labourer, day work-
er.
zilnic *adj.*, *adv.* daily, everyday.
zimază *s.f.* chim., biol. zymase.
zimbru *s.m.* zool. urus, ure ox, Eu-
ropean bison, *înv.*→aurochs *(Bos
primigenius).*
zimină *s.f.* chim. ferment, zymin.
zimologie *s.f.* chim. zymology.
zimţ *s.m.* **1.** *(de ferăstrău etc.)* tooth,
dent; *(de roată)* cog (of a wheel);
pl. (ai unei monezi) milled edge.
2. v. c r e n e l. ⓑ *cu* ~*i* milled.
zimţa *vb. tr.* v. z i m ţ u i.
zimţar *s.n.* tehn. punch(eon).
zimţat *adj.* **1.** toothed; *(d. monezi)*
milled. **2.** *bot.* dentate(d), ser-
rate(d); denticulate(d); *(ca ferăs-
trăul)* dentate-serrate. **3.** *(cu cre-
neluri)* crenel(l)ated, embattled. **4.**
(crestat) notched, indented, jag-
ged. **5.** *(d. roţi)* cogged.
zimţui *vb. tr.* to jag, to notch.
zinc *s.n.* zinc. ⓐ ~ *dur* hard zinc.
ⓑ *acoperit cu* ~ zinc-covered;
placă de ~ zinc plate; zincograph,
zincotype.
zinca *vb. tr.* to zincify; to zinc.
zincat *adj.* zinc(k)ed, zincified, zinc-
-coated.
zincofotografie *s.f.* zincophotogra-
phy.
zincograf *s.m.* poligr. zincographer.
zincografia *vb. tr.* poligr. to zinco-
graph.
zincografic *adj.* poligr. zincographic-
ic(al).

zincografie *s.f. poligr.* zincography.
zincogravură *s.f.* zinc engraving.
zincui *vb. tr.* to zinc; to zincify.
zirconiu(m) *s.n. chim., mineral.* zirconium.
zis *adj. (numit)* named, called; *(poreclit)* nicknamed. ⓙ *aşa* ~... so-called..., would-be...
zisă *s.f. (vorbă)* word; *(vorbe)* words; *(zicală)* saying.
ziuă *s.f.* v. z i.
ziulică *s.f.* ⓒ *cît e ziulica de mare* F all day long.
zizanie *s.f. bot.* ray grass *(Lolium perenne)*.
zîmbăreţ *adj.*←F smiling.
zîmbet *s.n.* smile; *(afectat)* smirk, simper; *(dispreţuitor)* sneer; *(larg)* grin.
zîmbi *vb. intr.* to smile. ⓒ *a* ~ *minzeşte* to give a wry/forced smile.
zîmbitor I. *adj.* smiling. II. *adv.* with a smile.
zîmbre *s.f. pl. vet.* flaps. ⓒ *făcea* ~ *fig.* his mouth watered.
zînă *s.f.* 1. fairy, *poet.* fay. 2. *(zeiţă)* goddess. 3. *fig.* fairy.
zîng *interj.* clank!
zîrnă *s.f. bot.* black nightshade *(Solanum nigrum)*.
zîzanie *s.f.* discord; *(ceartă)* quarrel. ⓒ *a băga* ~ *intre...* to cast a bone between...; to set *people* by the ears; *a semăna* ~ to breed discord/dissension, to sow the seeds of discord/dissension/strife.
zîzîi *vb. intr.* v. b î z î i.
zlătar *s.m.* v. a u r a r.
zloată *s.f.* sleet.
zlot *s.m. (polonez)* zloty.
zmeesc *adj.* dragon's..., dragon...
zmeoaică *s.f.* 1. *(in basme)* dragon's mother; dragon's wife; dragon's sister. 2. fiery mare.
zmeu¹ *s.m.* 1. *(balaur)* dragon. 2. *fig. (d. cineva)* thunderbolt. 3. *fig. (cal aprig)* fiery horse.
zmeu² *s.n.* kite. ⓒ *a inălţa un* ~ to fly a kite.
zmeur *s.m. bot.* raspberry, hindberry *(Rubus idaeus)*.
zmeură *s.f.* raspberry; *col.* raspberries.
zmeuriş *s.n.*, **zmeurişte** *s.f.* raspberry bushes.

zoaie *s.f.* 1. *(apă cu săpun)* soap suds, soapy water. 2. *(lături)* dish water, F slops, P hog wash.
zoană *s.f. agr.* chaff, huff.
zob *s.n.* 1. *bot. (ovăz)* oats. 2. *(aşchii)* chips. ⓒ *a face* ~ to crush; *fig.* to break up.
zobi *vb. tr. (a fărîmiţa)* to crumb; *(a zdrobi)* to crush.
zodiac *s.n.* zodiac. ⓙ *semnele* ~*ului* the signs of the zodiac.
zodiacal *adj.* zodiacal.
zodie *s.f.* 1. *(semn)* sign of the zodiac. 2. *(constelaţie)* zodiacal constellation. 3. *fig.* fate, star. ⓐ *zodia berbecului* the Ram; *zodia gemenilor* the Twins. ⓙ *in zodia* under the sign of... ⓒ *s-a născut in zodia porcului peior.* F he is a lucky dog, everything turns up trumps with him.
zodier *s.m.* astrologer.
zoios *adj. (murdar)* dirty, greasy.
zonal *adj.* zone...
zonare *s.f.* division into zones.
zonă *s.f. şi geom. etc.* zone; *(regiune)* area, region. ⓐ *zona dolarului* the dollar area/zone; *zona lirei sterline* lb. sterling area; ~ *de evacuare tehn.* evacuation zone; ~ *denuclearizată* atom-free zone; ~ *de război* war zone; ~ *glacială/ ingheţată* frigid zone; ~ *neutră* neutral zone; ~ *temperată* temperate zone; ~ *toridă* torrid zone; ~ *tropicală* tropical zone; ~ *verde* green, lung, verdure spot.
zoochimie *s.f.* zoochemistry.
zooeconomie *s.f.* zooeconomics.
zoofit *s.n.* zoophyte, animal plant.
zoografie *s.f.* zoography.
zoolatrie *s.f.* zoolatry.
zoolatru *s.m.* zoolater, worshipper of beasts.
zoolog *s.m.* zoologist.
zoologic *adj.* zoological. ⓙ *grădină* ~*ă* zoological gardens, F→zoo.
zoologie *s.f.* zoology.
zoomagnetism *s.n.* animal magnetism, zoomagnetism.
zoomorfic *adj.* zoomorphic.
zoomorfie *s.f.* zoomorphy.
zoomorfism *s.n.* zoomorphism.
zoospor *s.m. biol.* zoospore, swarm spore.

zoosterină *s.f. chim., biol.* zoosterine.

zootehnic *adj.* zootechnic. ⓑ *ferme* ~*e* live-stock farms.

zootehnician *s.m.* zootechnician, live-stock expert/specialist.

zootehnie *s.f.* zootechny, zootechnics.

zooterapie *s.f.* zootherapy.

zor *s.n.* *(grabă)* haste, hurry, dispatch, precipitancy; *(viteză)*speed. ⓓ *cu mare* ~ as fast as possible, post-haste, at the top of one's speed; *de* ~ **a.** in great/hot haste, with (great) dispatch. **b.** *(cu toată puterea)* with all one's might, with might and main. ⓒ *n-am nici un* ~ I am in no hurry, I am not in a hurry, I'm not pressed/ pushed for time; *a avea* ~ to be in a hurry, to be pressed/pushed for time; *a da* ~ **a.** v. z o r i¹ I. **b.** *(a se grăbi) (să)* to make haste (to), to hasten (to); to hurry, F→to put one's best foot/leg forward; *amer.* to hustle, to be quick; *dă-i* ~*!* make haste! hurry up! F look sharp/alive! step upon it! P buck up! *nu e nici un* ~ there's no (special) hurry, there is plenty of time for that.

zoralie *s.f. kind of Romanian folk dance.*

zorcan *s.m. iht.* v. p l ă t i c ă 1.

zorea *s.f. bot.* v. z o r e l e.

zorean *s.m. iht.* whiting, dace *(Gadus, Leuciscus).*

zorele *s.f. pl. bot.* morning glory *(Ipomaea purpurea).* ⓐ ~ *pitice* bindweed *(Convolvulus tricolor).*

zori¹ I. *vb. tr.* 1. to hurry, to hasten. 2. *(a precipita)* to precipitate; *(a indemna)* to urge. II. *vb. refl.* 1. to make haste, to hasten, to hurry (oneself), F→to put one's best leg forward; *amer.* to hustle. 2. *(a se arăta zorile)* to be dawning, to be getting light. III. *vb. intr.* v. ~ II.

zori² *s.f. pl.* 1. daybreak, break/dawn of day (early) dawn. 2. *mil.* reveille. ⓓ *in* ~ *(de zi)* at the break of day; early in the morning; *la revărsatul* ~*lor* at the break of day, at dawn/daybreak.

Zorilă *s.m.* 1. *personification of the dawn in Romanian folk tales.* 2. calf born at dawn.

zorit¹ I. *adj.* hasty, hurried. ⓒ *a fi* ~ to be in a hurry. II. *adv.* hurriedly.

zorit² *s.n. (zori)* daybreak.

zornăi *vb. tr. și intr. (lanțuri, pinteni)* to clank, to clink, to rattle; *(bani)* to jingle; *(clopoței)* to tinkle, to jingle.

zornăit *s.n.* clanking etc. v. z o r n ă i.

zornăitor *adj.* clanking etc. v. z o r n ă i.

zorzoane *s.f. pl.* fal-lals, cheap finery/jewellery/trinkets, gewgaws.

zuav *s.m. mil.* zouave.

zugrav *s.m.* 1. *(~ de case)* house painter. 2. *(pictor)*←*inv.* painter.

zugrăveală *s.f.* painting.

zugrăvi I. *vb. tr.* 1. *(a picta)* to paint; *(cu ulei)* to paint in oils. 2. to decorate with paintings. 3. *(a împodobi)* to decorate. 4. *(a vărui)* to whitewash. 5. *fig.* to describe, to depict, to portray. II. *vb. refl. pas.* to be painted etc. v. ~ I.

zugrăvire *s.f.*, **zugrăvit** *s.n.* painting etc. v. z u g r ă v i.

zuluf *s.m.* lock, curl, ringlet.

zumzăi *vb. intr.* to buzz, to hum.

zumzet *s.n.* buzzing, humming.

zur *interj.* whirr!

zurbagiu *s.m.* F noisy/riotous fellow, brawler.

zurgălău *s.m.* little bell; *pl.* (set of) bells; *(la un cal)* bell harness; *(de sanie)* sleigh bells.

zurliu *adj.* 1. v. z v ă p ă i a t. 2. *(smintit)* F batty, cracked.

zurui... v. z o r n ă i...

zuzui *vb. intr.*←P to murmur, to purl.

zvastică *s.f.* swastika, fylfot, haken-kreuz.

zvăpăiat *adj.* giddy, empty-headed; *(inconstant)* flighty; *(fără griji etc.)* thoughtless.

zvelt *adj.* 1. slender, slim; *(suplu)* supple; lithe, lissom(e). 2. *(armonios)* harmonious.

zvîcni *vb. intr.* 1. *(d. inimă)* to throb, to beat; *(d. tîmple)* to twitch. 2. *(a o zbughi)* to scamper

away. **3.** *(a sări în picioare)* to
spring up, to spring to one's feet.
4. *(a tresări)* to start.
zvîcnire *s.f.* **1.** throb. **2.** twitch; jerk.
3. *(tresărire)* start.
zvînta I. *vb. tr.* **1.** *(a aerisi)* to air;
(a usca) to dry. **2.** *fig. (a bate)*
F to thrash, to pommel. **II.** *vb.*
refl. pas. to be aired; *(a se usca)*
to dry.
zvîntat *adj.* aired etc. v. z v î n t a.
zvînturatic *adj.* v. z v ă p ă i a t.
zvîrcoli *vb. refl.* **1.** to writhe, to
squirm; *(in pat etc.)* to toss
(about); *(a se lupta)* to struggle.
2. *fig. (a se frăminta)* to fret.

zvîrcolire *s.f.* **1.** writhing etc. v.
z v î r c o l i. **2.** *(ca act)* convul-
sion. **3.** *fig. (frămintare)* fret(ting).
zvîrli... v. a z v î r l i...
zvîrlugă *s.f. iht.* groundling, com-
mon loach *(Cobitis taenia)*.
zvon *s.n.* **1.** rumour, hearsay. **2.**
(rumoare) hum, low and confused
noise; *(murmur)* murmur; *(de clo-
pote)* peal, ringing; chime. Ⓒ *um-
bla ~ul că...* there was some talk
that..., a rumour was afloat/a-
broad/in the air that...
zvoni I. *vb. refl.* to be rumoured.
II. *vb. intr. (a murmura)* to mur-
mur, to purl.

Cîteva denumiri geografice

Abisinia	Abyssinia	Cheviot	Cheviot Hills
Accra	Accra, Akkra	Chişinău	Kishinev
Adis Abeba	Addis Ababa	Ciad	Chad
Adriatica	the Adriatic (Sea)	Cipru	Cyprus
Albania	Albania	Coasta de Fildeş	the Ivory Coast
Alegani	the Allegnenies,	Columbia	*(ţară)* Colombia; *(rîu, stat din*
	the Allegheny Mountains		*S.U.A., oraş)* Columbia
Aleutine	the Aleutian Islands	Congo	(the) Congo
Alger	Algiers, Alger	Constantinopol	Constantinople
Alpi	the Alps	Copenhaga	Copenhagen
Alsacia	Alsace	Coreea	Korea
Amazon	the Amazon	Coreea de Sud	South Korea
Anglia	England	Cracovia	Krakow
Antarctica	the Antarctic	Creta	Crete
Antile	the Antilles	Crimeea	Crimea
Anvers	Antwerp	Croaţia	Croatia
Anzi	the Andes	Cumbrieni	the Cumbrian Mountains
Apalaşi	the Appalachians,	Curentul Golfului	the Gulf Stream
	the Appalachian Mountains	Dakota de Nord	North Dakota
Apenini	the Apennines	Dakota de Sud	South Dakota
Arctic *(oceanul)*	the Arctic (Ocean)	Dalmaţia	Dalmatia
Argentina	Argentina, the Argentine	Damasc	Damascus
Atlantic	the Atlantic (Ocean)	Danemarca	Denmark
Avon	the Avon	Dardanele	the Dardanelles
Bahama	the Bahama Islands	Delhi	New Delhi
Balcani	the Balkans	Districtul Columbia	District of Columbia
Baltica	the Baltic (Sea)	Dobrogea	(the) Dobru(d)ja
Belgia	Belgium	Dunăre	the Danube
Belgrad	Belgrade	Egee	the Aegean (Sea)
Belucistan	Baluchistan	Elveţia	Switzerland
Berna	Bern(e)	Erie	Lake Erie
Birmania	Burma	Estonia	Esthonia
Bosfor	the Bosphorus, sau Bosporus	Etiopia	Aethiopia, Ethiopia
Brazilia	Brazil	Europa	Europe
Bruxelles	Brussels	Everest	Mount Everest
Bucovina	(the) Bukovina	Filadelfia	Philadelphia
Bucureşti	Bucharest	Filipine	the Philippines
Budapesta	Budapest	Finlanda	Finland
Bulgaria	Bulgaria	Franţa	France
Camerun	The Cameroons, Kamerun	Gand	Ghent
Canalul Mînecii	the English Channel	Germania	Germany
Canare	The Canary Islands	Grampieni	the Grampians,
Capul Bunei Speranţe	the Cape of Good Hope		the Grampian Mountains
Capul Horn	Cape Horn	Grecia	Greece
Caraci	Karachi	Groenlanda	Greenland
Caraibe	the Caribbees	Guineea	Guinea
Carolina de Nord	North Carolina	Guyana	Guiana
Carolina de Sud	South Carolina	Haga	the Hague
Carpaţi	the Carpathian Mountains,	Hanovra	Hanover
	the Carpathians	Hawai(i)	Hawaii
Cascada Niagara	(the) Niagara Falls	Hebride	the Hebrides
Caspica	the Caspian (Sea)	Himalaya	the Himalayas
Caucaz	the Caucasus (Mountains)	Hiroşima	Hiroshima
Cehoslovacia	Czechoslovakia	Hudson	Hudson River
Ceilon	Ceylon	Humber	the Humber

Huron	Lake Huron	Porţile de Fier	the Iron Gate
Ierusalim	Jerusalem	Praga	Prague
Indochina	Indo-China	Regatul Unit al	the United Kingdom of Great
Indonezia	Indonesia	Marii Britanii şi	Britain and Northern Ireland
Insula Paştelui	Easter Island	Irlandei de Nord	
Iordania	Jordan	Republica Arabă	the United Arab Republic
Irak	Iraq	Unită	
Iran	Iran, Persia	Republica Cuba	the Republic of Cuba
Irlanda	Ireland, Eire	Republica Demo-	the Democratic Republic
Islanda	Iceland	crată Vietnam	of Vietnam
Italia	Italy	Republica Malgaşă	the Mal(a)gashi Republic
Iugoslavia	Yugoslavia	Republica Mali	the Mali Republic
Izmir	Izmir	Republica Popu-	the Chinese People's Republic,
Japonia	Japan	lară Chineză	the People's Republic of China
Kaşmir	Kashmir	Republica Populară Democrată Coreeană	
Kilimanjaro	Mount Kilimanjaro		the Korean People's Republic
Kuweit	Kuwait	Republica Popu-	the Mongolian People's
Letonia	Latvia	lară Mongolă	Republic
Liban	the Lebanon	Republica Moldova	The Moldavian Republic
Lisabona	Lisbon	Republica	
Lituania	Lithuania	Sud-Africană	the South African Republic
Livorno	Leghorn	Rhon	the Rhone
Londra	London	Rin	the Rhine
Luxemburg	Luxembourg	Roma	Rome
Lyon	Lyon(s)	România	Romania
Malaesia	Malaysia	Rusia	Russia
Marea Britanie	Great Britain	Sahara	the Sahara
Marea Caraibelor	the Caribbean Sea	Salvador	El Salvador
Marea Moartă	the Dead Sea	San Domingo	Santo Domingo,
Marea Neagră	the Black Sea	Saxonia	Saxony
Maroc	Marocco	Scoţia	Scotland
Michigan	(statul) Michigan;	Seul	Seoul
	(lacul) Lake Michigan	Sicilia	Sicily
Milano	Milan	Siria	Syria
Moldova	Moldavia	Smirna	Izmir
Moscova	Moscow	Spania	Spain
Muntenia	Wallachia	Statele Unite	
Munţii Caucaz	the Caucasus (Mountains)	ale Americii	the United States of America
Napoli, Neapole	Naples	Strasburg	Strasbourg
Niagara	(the) Niagara Falls	Sudan	(the) Sudan
Niger	the Niger	Suedia	Sweden
Nil	the Nile	Tailanda	Thailand
Nipru	the Dnieper	Taivan	Taiwan
Norvegia	Norway	Tamisa	the Thames
Noua Zeelandă	New Zeeland	Tanganika	Tanganyika
Oceanul Indian	the Indian Ocean	Terra Nova	Newfoundland
Ohio	(statul) Ohio; (fluviul) the Ohio	Transilvania	Transylvania
Olanda	Holland, the Netherlands	Turcia	Turkey
Ontario	Lake Ontario	Ţara Galilor	Wales
Orcade	the Orkney Islands,the Orkneys	Ucraina	Ukraine
Pacific	the Pacific (Ocean)	Ungaria	Hungary
Palestina	Palestine	Uniunea Sud	
Pekin	Peking	Africană	the Union of South Africa
Penini	the Pennines	Valahia	Wallachia
Polinezia	Polynesia	Varşovia	Warsaw
Polonia	Poland	Viena	Vienna
Portugalia	Portugal	Volga	the Volga